Panneaux de danger

virage
à droite

succession
de virages

chaussée rétrécie

circulation dans les
deux sens

carrefour à sens
giratoire

annonce
de feux tricolores

chaussée
glissante

descente
dangereuse

endroit fréquenté par
les enfants

débouché
de cyclistes

passage
pour piétons

ralentisseur

cassis
ou dos-d'âne

risque de chutes de
pierres

pont
mobile

passage à niveau avec
barrières

passage à niveau
sans barrières

vent
latéral

passage
d'animaux sauvages

autres
dangers

Panneaux d'interdiction

sens
interdit

interdiction
de tourner à gauche

interdiction
de faire demi-tour

circulation
interdite

interdiction
de dépasser

stationnement
interdit

arrêt
interdit

interdit
aux véhicules à moteur

interdit
aux piétons

interdit
aux cycles

police :
arrêt obligatoire

péage :
arrêt obligatoire

charge
limitée

largeur
limitée

hauteur
limitée

vitesse
limitée

interdit
aux poids lourds

intervalle
minimal

priorité
au sens inverse

signaux sonores
interdits

Dictionnaire super major

LAROUSSE

21, rue du Montparnasse 75283 Paris Cedex 06

Pour cette refonte

DIRECTION DU DÉPARTEMENT DICTIONNAIRES ET ENCYCLOPÉDIES :	Carine Girac-Marinier.
DIRECTION ÉDITORIALE :	Claude Nimmo.
DIRECTION ÉDITORIALE ADJOINTE :	Stéphanie Auvergnat.
RESPONSABLE ÉDITORIALE :	Catherine Boulègue.
COORDINATION ÉDITORIALE :	Marion Vaillant.
RÉDACTION :	Anne-Françoise Robinson ; Catherine Bruguière, Antoine Caron, Anne Charrier, Françoise Delacroix, Bruno Durand, Michel Giraud, Laurent Girerd, Christelle Grisat, Nathalie Lanckriet , Patricia Maire, Mathilde Majorel, Marianne Mouchot, Simon Parlier, Nicole Rein-Nikolaev. *Fiches aide-mémoire* : Cécile de Ram, Xavier Knowles, Sylvie Paré.
DIRECTION ARTISTIQUE :	Uli Meindl.
MISE EN PAGE :	Sophie Rivoire ; Vincent Caronnet, Jérôme Faucheux, Sylvie Fécamp.
LECTURE-CORRECTION :	Chantal Pagès ; Henri Goldszal, Nathalie Kristy, Joëlle Narjolet.
INFORMATIQUE ÉDITORIALE :	Dalila Abdelkader, Serge Boucher, Philippe Cazabet, Willemine Jaspars, Sharareh Maljaei, Marion Pépin.
ICONOGRAPHIE :	Valérie Perrin ; Catherine Boulègue, Marie-Annick Réveillon, Claudie Rouquié-Troiville.
CARTOGRAPHIE :	Nadine Martrès. D'après l'*Atlas* de l'Encyclopédie des jeunes, Larousse, préparé et réalisé par Madeleine Benoit-Guyot, Krystyna Mazoyer-Dzieniszewska, Michel Mazoyer, Léonie Schlosser et Victoire Zalacain, mis en couleurs par Laurent Blondel et Yannick Garbin (COREDOC).
DESSINS	Jacqueline Pajouès. Archives Larousse. Isabelle Arslanian, Chantal Beaumont, Alain Bertrand, Andrée Bienfait, Laurent Blondel, Noël Blotti, Pierre Bon, Paul Bontemps, Vincent Boulanger, Frank Bouttevin, Alain Boyer, Isabelle Calin, Jacques Cartier, Dominique Chambolle, Frédérique Collinet, François Crozat, Jacques Cuisin, Bruno David, Jean-Pierre Djivanides, Christian Godard, Corinne Gosset, Régis Haghebaert, Serge Hochain, Pierre de Hugo, Emmanuelle Josserand, Brenda Katté, Walter Lalonde, Marc Legrand, Marie-Christine Lemayeur-Alunni, Gilbert Macé, Hassan Massoudy, Emmannuel Mercier, Patrick Morin, Jean-Marc Pariselle, Jean-Marc Pau, François Pichon, Claude Poppé, François Poulain, Bernard Rocamora, Dominique Roussel, Richard Roussel, Dominique Sablons, Michel Saemann, Tom Sam You, Sandra Smith, Masako et Patrick Taëron, Jacques Toutain, Amélie Veaux, Olivier Verbrugghe, Nathalie Weinsapfeln.
FABRICATION :	Marlène Delbeken.
REMERCIEMENTS :	L'éditeur remercie pour leur aide ou leurs conseils : Marie-Pierre Belleteste, Françoise Melluso, Chayma Soltani ; *au Québec* : Solange Deschênes, Denis Vaugeois.

Pour l'édition princeps

CONCEPTION ET DIRECTION DE L'OUVRAGE :	Claude Kannas.
COORDINATION ÉDITORIALE :	Janine Faure.
RÉDACTION :	Christophe Andreau, Dominique Beaux, Marianne Briault, Pascale Cheminée, Muriel Coret, Bruno Durand, Anne Luthaud, Patricia Maire, Philippe Raulet, Claudette Schwartz, Patrick Werly.
RÉVISION :	Hélène Houssemaine-Florent, Dorine Morel, Nicole Rein-Nikolaev et Gérard Petit (pour les étymologies) ; *au Québec* : Marcelle Cinq-Mars, Louise Côté, Solange Deschênes, Nicole Labrecque, Denis Vaugeois.
REMERCIEMENTS :	L'éditeur remercie pour leur contribution aux planches encyclopédiques : Astrid Bonifacj, Jean-Noël Charniot, Pierre Chiesa, Gilbert Gatellier, Philippe de La Cotardière, Éric Mathivet, René Oizon, Christian Robin, Pascale Solana, Édith Ybert-Chabrier.

Le titre « SUPER MAJOR » a pu être utilisé avec l'autorisation amiable des PRESSES UNIVERSITAIRES DE FRANCE.

ISBN 978-2-03-592883-2 – ISBN 978-2-03-592889-4

Avant-propos

Ce **dictionnaire encyclopédique** s'adresse aux enfants à partir de 9 ans. À cet âge, les curiosités se diversifient et les attentes scolaires s'élargissent : les bases du français doivent être maîtrisées, la différenciation des disciplines se précise.

Nous avons conçu cet ouvrage pour répondre à ces objectifs, avec la volonté de donner au lecteur, écolier ou jeune collégien, le goût de la recherche autonome et de la découverte.

Pour mieux connaître le français et maîtriser son usage

- les différents **sens** des mots ainsi que les expressions et les locutions sont faciles à repérer ;
- les **remarques** attirent l'attention sur toutes les difficultés ;
- les **histoires du mot** sont une initiation à l'étymologie. Elles ont été choisies pour informer l'enfant sur l'histoire de la langue, sur les relations qu'entretiennent noms communs et noms propres, sur les mots « voyageurs » qui passent d'une langue à l'autre. Elles sont aussi une initiation aux langues anciennes et permettent d'établir des rapprochements entre des mots qui ont la même origine. Enfin, parce qu'elles aident à comprendre, elles sont un soutien à la mémorisation de l'orthographe lexicale ;
- les **encadrés de grammaire** au fil du texte apportent les repères nécessaires à la compréhension de la syntaxe du français et de l'orthographe d'accord ;
- **privilégiant l'orthographe classique**, nous avons néanmoins tenu à mentionner l'**orthographe réformée** à l'entrée de chaque article, à la suite du symbole ✎.

Afin de s'ouvrir à la diversité des connaissances pour construire peu à peu sa culture

- les **1 900 articles** consacrés aux **noms propres** ont été choisis et rédigés pour donner le goût d'apprendre et de découvrir tous les domaines du savoir, tout en restant proches de l'univers des jeunes, et en conformité avec les orientations pédagogiques des programmes ;
- les **60 fiches aide-mémoire** sont des passerelles entre les contenus du dictionnaire et les **enseignements de l'école.** Elles proposent des prolongements encyclopédiques à ceux-ci.

Pour le plaisir de la découverte

Notre souhait a été de familiariser l'enfant avec tous les types d'informations qu'il pourra trouver plus tard dans un dictionnaire encyclopédique plus adulte :

- les **développements encyclopédiques** font passer de la définition au discours sur la chose désignée ;
- les **tableaux encyclopédiques** donnent des ordres de grandeur, fournissent des informations synthétiques et situent la chose définie dans son contexte ;
- les **gros plans** sur les **œuvres** (littéraires, musicales, cinématographiques) constituent des « zooms » de culture générale et apprennent à rédiger des notes de lecture bien construites ;
- la **chronologie** et l'**atlas**, qui permettent de situer le sujet d'une recherche dans le temps et l'espace, ouvrent sur le monde d'hier et d'aujourd'hui ;
- les **renvois** invitent l'élève à circuler dans le dictionnaire pour rassembler et confronter des informations sur un sujet ou un thème que le principe du classement alphabétique tend à éparpiller ;
- la **mise en page** claire et structurée, les illustrations, les planches thématiques et les encadrés ont été conçus pour que l'enfant ait envie de suivre avec curiosité les pistes qui lui sont proposées.

Sommaire

Les planches illustrées

Les encadrés de grammaire et d'orthographe

Les tableaux encyclopédiques

Les gros plans sur des œuvres

Comment utiliser le *Super Major* :

mot-repère
encadré de grammaire
entrée
sous-entrée
renvoi
renvoi à un autre article
contraire
homographes
locution ou expression
différents sens des mots
participes
numéro de conjugaison
synonyme

A B C D E F G H I J K L M N O P Q R S T U V W X Y Z

autrui **pron. indéfini.** Toute autre personne que soi. *Ne reproche pas à autrui ce que tu fais toi-même.*

auvent **n.m.** Petit toit en avant d'un mur, protégeant de la pluie.

auvergnat, e **adj.** et **n.** De l'Auvergne. ▸ REM. Quand il désigne une personne, le mot prend une majuscule : *un Auvergnat, une Auvergnate.*

aux → **à**

auxiliaire **adj.** Qui n'est pas indispensable mais qui peut servir en cas de besoin. *Quand il n'y a pas de vent, le voilier peut avancer grâce à son moteur auxiliaire.* ◆ **n.m.** ❶ En grammaire, verbe qui sert à former les temps composés des verbes. *« Avoir » et « être » sont des auxiliaires : le passé composé du verbe « chanter » s'écrit « j'ai chanté » ; celui du verbe « partir », « je suis parti ».* → VOIR encadré ci-contre. ❷ Soldat étranger qui combattait dans l'armée romaine.

HISTOIRE DU MOT Vient d'un mot latin qui signifie « secours ».

auxquels, auxquelles → **lequel**

avachi, e **adj.** Qui n'a plus de forme. *Il faut que tu t'achètes de nouvelles chaussures, tes tiennes sont tout avachies !*

s'avachir avachissant, avachi **v.pron.** (CONJUG. 16). ❶ Perdre sa forme, devenir mou. *Cette veste est de mauvaise qualité, elle s'est vite avachie.* ❷ Se laisser aller. *Quand il rentre chez lui, il s'avachit sur un canapé au lieu de faire ses devoirs.*

1 aval **n.m.** *L'aval*, c'est la partie d'un cours d'eau qui est du côté de l'embouchure ou la partie d'une montagne qui est du côté de la vallée par rapport à l'endroit où l'on se trouve. *Un bateau qui se dirige vers l'aval descend le courant. Le ski aval est le ski qui se trouve du côté de la vallée quand on est en travers de la pente.* CONTR. amont.

2 aval **n.m.** (PLUR. : avals). ● **Donner son aval :** apporter son soutien, donner son accord. *Elle n'osera pas se lancer dans sa recherche si le professeur ne lui donne pas son aval.*

avalanche **n.f.** Importante masse de neige qui se détache d'une montagne et qui dévale la pente, en entraînant des pierres, de la boue. *Il y a des risques d'avalanche, ne skiez pas hors des pistes.* ● **Une avalanche de :** indique une grande quantité. *Il est débordé, il croule sous une avalanche de dossiers !*

avaler **v.** (CONJUG. 3). ❶ Faire descendre de la bouche dans l'estomac par le gosier. *Elle a tout avalé d'un trait et elle a failli s'étrangler.* SYN. absorber. ❷ Attirer, aspirer, absorber quelque chose. *Le gros aspirateur avalait la poussière avec une rapidité étonnante.* ❸ (Familier) Admettre, croire ou accepter quelque chose. *Aglaé croit tout ce qu'on lui raconte, on peut lui faire avaler n'importe quoi !*

avance **n.f.** ❶ Distance qu'on parcourt avant quelqu'un d'autre ; chose que l'on fait avant le moment prévu ou avant les autres. *Marie va gagner la course, elle a une avance de deux mètres sur sa concurrente ! J'ai pris de l'avance pour mes devoirs, je peux aller au cinéma.* ❷ Somme d'argent que l'on verse avant la date du paiement ; somme d'argent que l'on prête à quelqu'un. *Verser une avance. Demander une avance.* ● **À l'avance, d'avance, en avance :** indiquent que quelque chose se fait avant un moment quelconque. *À l'avance je vous remercie de votre aide. Pierre est arrivé en avance.* CONTR. en retard. ● **En avance :** se dit de quelqu'un qui a davantage progressé que les autres par rapport à son âge. *Aline est en avance pour son âge, à cinq ans elle sait déjà lire.* ● **Faire des avances à quelqu'un :** lui faire comprendre qu'on veut obtenir sa sympathie, son affection ou son amour.

Les auxiliaires

■ Les auxiliaires **avoir** et **être** servent à former les temps composés de la conjugaison. L'auxiliaire **être** s'emploie aussi pour construire la voix passive.

➤ **Avoir** s'emploie

– avec tous les verbes transitifs	**Il *a* lu ce livre.**
– avec certains verbes intransitifs	**Il *a* couru.**
– avec le verbe *être*	**Il *a* été malade.**

➤ **Être** s'emploie

– avec certains verbes intransitifs	**Je *suis* arrivé.**
– pour construire la voix passive	**La souris *est* mangée par le chat.**
– avec tous les verbes pronominaux	**Il *s'est* aperçu de son erreur.**

■ Le verbe **aller** s'emploie comme auxiliaire pour exprimer le futur proche : **Je *vais* partir.**

avancé, e **adj.** ❶ Qui est en avance. *Elle est très avancée pour son âge, à cinq ans elle sait déjà lire.* ❷ Qui est à la pointe du progrès. *Ce sont là des techniques très avancées.*

avancée **n.f.** ❶ Mouvement, marche en avant, progrès. *Grâce aux avancées de la médecine, on guérira vite cette maladie.* ❷ Partie qui s'avance, qui dépasse un alignement. *L'avancée du toit protège le mur de la pluie.*

avancement **n.m.** ❶ La façon dont quelque chose progresse, va vers son achèvement. *L'avancement des travaux n'est pas aussi rapide que j'espérais.* SYN. progression. ❷ Poste supérieur, promotion que l'on obtient dans son travail. *Il a fourni un travail sérieux et considérable ; c'est ce qui lui a valu son avancement.*

avancer avançant, avancé **v.** (CONJUG. 4). ❶ Aller de l'avant, progresser. *Avancez plus vite si vous voulez qu'on soit à l'heure ! Il n'avance pas vite dans ses études, à quatorze ans, il est encore en sixième !* ❷ Indiquer une heure plus tardive que l'heure réelle. *Ma montre avance, elle indique 3 h 30 alors qu'il n'est que 3 h.* ❸ Porter, placer en avant dans l'espace. *Elle lui a avancé une chaise pour qu'il se repose. Il a avancé la main pour attraper la tasse au bord de la table.* ❹ Décider que quelque chose arrivera avant le temps prévu. *Nous vous quittons demain, nous avons avancé la date de notre départ.* ❺ Proposer, mettre en avant. *L'idée que tu as avancée est intéressante, nous l'étudierons.*

la partie noms communs

remarque

orthographe réformée

ignifugé, e adj. Traité de façon à résister au feu. *Les sièges de cette salle de spectacle sont ignifugés.*

ignoble adj. ❶ D'une bassesse écœurante. *S'attaquer à des personnes âgées, c'est ignoble !* SYN. abject, répugnant. CONTR. noble. ❷ Très sale ; très mauvais. *Il vit dans un endroit ignoble.* SYN. sale, sordide. *La nourriture qu'on nous servait était ignoble.* SYN. infect.

HISTOIRE DU MOT Vient du latin *ignobilis* qui signifie « qui n'est pas noble ».

ignominie n.f. Acte honteux, ignoble. *Les calomnies sont des ignominies. Commettre les pires ignominies.* SYN. turpitude. → VOIR AUSSI **infamie**.

▸ REM. Ce mot appartient à la langue soutenue.

ignorance n.f. ❶ Manque d'instruction, de connaissances. *Il a commis des erreurs par ignorance.* ❷ Le fait d'ignorer quelque chose, d'être ignorant dans un domaine. *J'avoue mon ignorance en la matière.* SYN. incompétence.

ignorant, e adj. et n. Qui manque de connaissances, de savoir. *Il est complètement ignorant en géométrie.* SYN. ignare, inculte. CONTR. savant.

ignoré, e adj. Qui n'est pas connu. *La cause ignorée d'un phénomène. Un chef-d'œuvre ignoré.* SYN. méconnu.

ignorer v. (CONJUG. 3). ❶ Ne pas savoir, ne pas connaître un fait. *Nous ignorons la raison de son départ.* CONTR. connaître. *J'ignorais que tu devais arriver aujourd'hui* (= je n'étais pas au courant). ❷ Marquer de l'indifférence à l'égard de quelqu'un, faire comme s'il n'existait pas. *Il ne te parle plus, il t'ignore.*

iguane n.m. Reptile d'Amérique tropicale, de Madagascar et de certaines îles du Pacifique, qui porte souvent sur le dos une crête d'écailles pointues.

▸ REM. 1. On prononce [igwan]. 2. Ce mot est du masculin.

HISTOIRE DU MOT Vient de l'espagnol *iguano*, lui-même formé à partir d'un mot des Caraïbes qui signifie « gros lézard ».

ENCYCLOPÉDIE L'iguane vert est l'un des plus grands lézards du monde (jusqu'à 2 m de long). Il vit dans les forêts tropicales d'Amérique. Les jeunes se nourrissent surtout d'insectes, alors que les adultes mangent des feuilles et des fruits.

il, ils pron. personnel. Représente la 3e personne du masculin. *Va-t-il répondre au téléphone ?* → VOIR **pronom** (encadré).

iguane

île, ✎ **ile** n.f. Étendue de terre entièrement entourée d'eau. → VOIR tableau ci-dessous ; VOIR AUSSI **archipel, atoll, presqu'île**. ● **Île flottante :** dessert fait de blancs d'œufs montés en neige que l'on présente sur une crème anglaise.

île d'Ilur (Bretagne)

Les plus grandes îles du monde

Groenland* (Danemark)	2 200 000 km²
Nouvelle-Guinée (Océanie)	800 000 km²
Bornéo (Indonésie-Malaisie)	750 000 km²
Madagascar (Afrique)	587 000 km²
Sumatra (Indonésie)	473 600 km²
Baffin (Canada)	470 000 km²
Grande-Bretagne	253 500 km²
Honshu (Japon)	230 000 km²
Victoria (Canada)	212 000 km²
Ellesmere (Canada)	196 000 km²

La plus grande île du monde est l'Australie (7 700 000 km²) mais elle est considérée comme un continent. Par comparaison, la Sicile, en Europe, a une superficie de 25 700 km² et la Corse occupe 8 700 km².

*Les trois quarts de la surface du Groenland sont recouverts par la calotte glaciaire.

illégal, ale, aux adj. Contraire aux prescriptions de la loi. *Ce contrat est illégal.* SYN. illicite. CONTR. légal.

illégalement adv. De façon illégale. *Il a passé illégalement la frontière.*

illégalité n.f. Acte illégal, situation illégale. *Commettre une illégalité. Vivre dans l'illégalité.* CONTR. légalité.

illégitime adj. Qui n'est pas légitime. *Une union illégitime* (= en dehors du cadre fixé par la loi). *Des prétentions illégitimes* (= que rien ne justifie).

illettré, e adj. et n. Qui sait à peine lire ou écrire. → VOIR AUSSI **analphabète**.

illettrisme n.m. Situation des personnes illettrées. *Faire reculer l'illettrisme en organisant des cours du soir.*

illicite adj. Contraire à la morale ou à la loi. *Une activité illicite.* SYN. illégal.

illico adv. [Familier] Tout de suite, sur-le-champ. *Elle est sortie illico.* SYN. aussitôt.

a b i j k l m n o p q r s t u v w x y z

renvois analogiques

tableau encyclopédique

catégorie grammaticale

histoire du mot

développement encyclopédique

niveau de langue

Comment utiliser le *Super Major* : la partie noms propres

article consacré à un pays

données statistiques, administratives ou démographiques

carte de situation du pays

drapeau du pays

œuvres principales datées des écrivains, artistes ou musiciens

développement géographique

lieu géographique ou historique

développement historique

biographies

Fort Paul **(1872-1960)**
Poète français. Il a écrit des ballades en prose et en vers où se mêlent simplicité et fantaisie. Certains de ses poèmes furent mis en musique par Georges Brassens* (*le Petit Cheval dans le mauvais temps*, *Si le Bon Dieu l'avait voulu*).

ŒUVRES PRINCIPALES *Ballades françaises*, 1897-1951.

Fort-de-France
Ville française des Antilles. 92 000 habitants (les *Foyalais*) ; 135 000 dans l'agglomération. Chef-lieu de la Martinique. On y trouve un Musée départemental sur les cultures des Arawaks et des Caraïbes (Amérindiens qui peuplaient la Guyane et les Antilles françaises avant la découverte du Nouveau Monde).

Forum
Ensemble de places de la Rome antique. Il servit de centre politique, commercial et religieux. D'abord place de marché, le Forum fut couvert de temples et de monuments célébrant les victoires. Il fut imité dans toutes les villes de l'Empire. Ses ruines sont les plus célèbres vestiges romains de l'Europe.

Fouquet Nicolas **(1615-1680)**
Homme d'État français. Sous le règne de Louis XIV, il occupa des fonctions importantes dans la justice et les finances. Il possédait une immense fortune et fut un grand mécène, encourageant les écrivains et les artistes (Molière*, La* Fontaine). Jaloux de son prestige, Louis XIV* le fit emprisonner à vie.

Fragonard Jean Honoré **(1732-1806)**
Peintre et graveur français. Il a peint des sujets très variés : des paysages, des portraits ou encore des scènes traitant de l'amour. Ses œuvres allient la fougue à la grâce.

ŒUVRES PRINCIPALES *L'Écrivain*, vers 1769 ; *la Fête à Saint-Cloud*, vers 1775.

France (Europe)
- Superficie : 549 000 km^2
- Habitants : 65 027 000 *(les Français)*
- Capitale : *Paris*
- Langue : *français*
- Monnaie : *euro*

Géographie. Puissance moyenne, la France compte 1% de la population mondiale. Le milieu naturel est constitué aux deux tiers de plaines et de bas plateaux et pour un tiers de relief montagneux. Sa latitude et la proximité de l'océan Atlantique lui confèrent un climat à dominante océanique (temps variable avec des écarts de température faibles). La population française s'accroît doucement en raison d'un taux de natalité faible mais qui est néanmoins un des plus élevés d'Europe occidentale. Les Français sont des citadins à 75%. Les activités économiques sont pour les trois quarts tertiaires ; l'industrie représente 22 % et l'agriculture environ 3%.

Histoire. Peuplée dès le Ier millénaire avant J.-C. par les Celtes*, le territoire actuel de la France (alors appelée la Gaule) est conquis par les Romains en 51 avant J.-C. Au Ve siècle après J.-C., les invasions barbares mettent fin à la domination romaine. Les Francs de Clovis se rendent maîtres de la plus grande partie du territoire. En 800, le roi des Francs, Charlemagne*, est couronné empereur d'Occident à Rome par le pape. En 987, Hugues* Capet devient roi de France et fonde

La Flûte enchantée : un chemin qui mène à la vertu et à l'amour.

La Flûte enchantée, dernier opéra de Mozart, fut composée en 1791, l'année de sa mort. C'est un opéra en deux actes dont le livret, en allemand, fut écrit par Emanuel Schikaneder, metteur et scène et directeur d'un théâtre de Vienne.

Ce conte de fées oppose le monde de la Lumière, celui de Sarastro, et le monde des Ténèbres, celui de la Reine de la Nuit. Faisant croire au jeune prince Tamino que sa fille, la princesse Pamina, est prisonnière de Sarastro, la Reine de la Nuit charge Tamino de la délivrer. Celui-ci et Papageno, un oiseleur qui l'accompagne dans son périple, reçoivent des objets magiques destinés à les protéger : une flûte en or pour le premier et un jeu de cloches pour le second. Grâce à la flûte magique, Tamino traverse victorieusement les épreuves qui le conduisent à la vertu, à la sagesse et à l'amour de la princesse Pamina. Cette série d'épreuves que doit subir Tamino pour acquérir amour et sagesse font de *la Flûte enchantée* un récit d'initiation.

La Flûte enchantée est une œuvre très diverse, où Mozart fait intervenir différentes formes de l'art lyrique et où alternent des passages graves et des passages comiques (avec les interventions de Papageno). Cet opéra connut un triomphe dès sa création en 1791, à Vienne. Mozart, très malade, ne put profiter de son succès. *La Flûte enchantée* reste l'un des opéras les plus représentés au monde. Le réalisateur suédois Ingmar Bergman l'a adapté au cinéma en 1974.

Illustration : Le personnage de Papageno.

noms propres

gros plan sur une œuvre majeure du patrimoine culturel mondial

Liste des abréviations

adj.	adjectif	km/h	kilomètre-heure
adj. f.	adjectif féminin	l	litre
adj. m.	adjectif masculin	loc. adverbiale	locution adverbiale
adv.	adverbe	loc. impers.	locution impersonnelle
après J.-C.	après Jésus-Christ	m	mètre
art.	article	m. ou masc.	masculin
auj.	aujourd'hui	mg	milligramme
avant J.-C.	avant Jésus-Christ	min.	minute
cm	centimètre	mm	millimètre
conj.	conjonction	n.	nom
conjug.	conjugaison	n.f.	nom féminin
contr.	contraire	n.m.	nom masculin
€	euro	°	degré
ex.	exemple	plur.	pluriel
f. ou fém.	féminin	prép.	préposition
g	gramme	pron.	pronom
h	heure	s.	siècle
ha	hectare	sing.	singulier
hab.	habitants	syn.	synonyme
impers.	impersonnel	t	tonne
interj.	interjection	v.	verbe
invar.	invariable	v. pron.	verbe pronominal
kg	kilogramme	W	watt
km	kilomètre		

* signifie que le mot est traité à son ordre alphabétique et que l'on peut s'y reporter

Prononciation et orthographe

	orthographe courante		orthographe plus rare	
voyelles				
[a]	a, à ha	papa, bras, là	enn emm	solennel femme
[ɑ]	â	hâvre, pâte		
[e]	e, é hé	pied, messieurs, pré, rosée hélicoptère	ay, æ œ, er ez, ë ey	payer, et cætera fœtus, manger nez, canoë geyser
[ɛ]	e, è, ê, he ai, ei, aî, hai	bec, près, être, hêtre chaise, pleine, chaîne, haine	ay, ey ë, eï	paye, asseyent Noël, reître
[i]	i, î, y, ï, hi	il, gîte, cycle, maïs, hibou	hi, ee ea, ie	trahir, week-end leader, lied
[o]	o, ô au, eau ho, hau, heau	rose, sot, côte baume, oiseau cahot, hauteur, heaume	a aô, ow aw	football Saône, bungalow crawl
[ɔ]	o ho	sotte, bosse, or homme	oi, um oo	oignon, album alcool
[y]	u, û, hu	tu, mur, mûre, cahute	eu	eusse
[ø]	eu, œu, eû	feu, émeute, œufs, jeûne	œ, ö	fœhn, föhn
[œ]	eu, œu, œ	fleur, œuf, sœur, œil	u	club
[ə]	e	venir, pelote	ai, on	faisan, monsieur
[u]	ou, oû, hou	fou, goût, houe	aou, aoû où, ew oo, ow	saoul, août où, interview footing, bowling
voyelles nasales				
[ɑ̃]	an, am en, em	vanter, lampe lente, embellir	aon, aen ean, aën	faon, Caen Jean, Saint-Saëns
[ɛ̃]	in, im ain, aim en, ein	fin, impossible sain, faim examen, chien, plein	yn, ym în	lynx, thym vînt
[ɔ̃]	on, om	ton, sombre	un	acupuncture
[œ̃]	un, um	un, brun, parfum	eun	à jeun
semi-voyelles ou semi-consonnes				
[j]	il, ill y, i	rail, paille, fille yeux, payer, lieu	ï, hi hy	faïence, hier hyène
[w]	**devant une voyelle** ou oi oy w	 ouate, échouer oiseau royal watt	 oî eoi oe oê	 cloître asseoir moelle poêle
[ɥ]	**devant une voyelle** u	 lui, huile, aiguille		

	orthographe courante		orthographe plus rare	
consonnes				
[p]	p	pas, poupée, pont	b	absolu
[b]	b	bas, début, bond		
[t]	t	tas, tout, tenter	th	théâtre
[d]	d	dada, doux, ronde	dh	adhésif
[k]	c, qu k, q ch	car, cou, cube, qui kilo, coq chœur, orchestre, chronologie	cq, ck kh cch	becquée, ticket khôl bacchantes
[g]	g gu	gare, grand guet, gui	gh c	ghetto second
[f]	f ph	faire, touffe phare, éléphant	v	leitmotiv
[v]	v	avoir, visite, laver	w	wagon
[s]	s ss c ç sc t	sac, rictus passé cent, cinq, cycle ça, leçon, reçu ascenseur nation, patience	sth z x	asthme quartz dix, six, soixante
[z]	s z	rose, raser zèbre, zigzag	x	deuxième
[ks]	x cc	extrait accepter, accident		
[gz]	x	examen	xh	exhaler
[ʃ]	ch	chat, chou, cher, vache	sh sch	shampoing, shérif schéma
[ʒ]	j g ge	jeu, joue, jardin manger, gibier, gypse protégeant, geôle, Georges		
[l]	l	la, les, lit, loup, débile		
[r]	r	rat, ré, rond, barre	rh	rhume
[m]	m	ma, mon, mérite, tome		
[n]	n	non, ni, neveu, âne	mn	automne
[ɲ]	gn	rognon, montagne, gnangnan		
[ŋ]	ng	camping, ping-pong		
[θ]	th	Commonwealth		

Note sur la nouvelle orthographe

En 1990, une série de **rectifications orthographiques** ont été rédigées par un comité d'experts. Ce texte a été adopté par le Conseil supérieur de la langue française et d'autres institutions de la francophonie et approuvé par l'Académie française.

Cette « réforme » a pour but de réduire certaines anomalies et incohérences orthographiques afin de faciliter l'apprentissage du français. Elle concerne quelque 2 000 mots.

L'emploi de la nouvelle orthographe n'est pas imposé, mais il est recommandé. Par exemple, il est désormais recommandé d'écrire *boite* pour *boîte*, *nénufar* au lieu de *nénuphar*, ou *pingpong*, sans trait d'union.

Ces rectifications orthographiques entrent progressivement dans les ouvrages de référence et les manuels scolaires. Elles n'ont toutefois pas de caractère obligatoire et, en conséquence, **aucune des deux graphies** (classique et rectifiée) **ne peut être tenue pour fautive.**

Dans sa nomenclature, le Super Major mentionne la nouvelle orthographe à chaque mot et privilégie les graphies que l'usage a validées. Mais pour l'information complète des lecteurs nous présentons ci-dessous les **nouvelles règles** qui ont guidé ces propositions de rectifications.

- **Le pluriel des mots composés**

Les mots composés du type « verbe + nom » ou « préposition + nom » suivent la règle d'accord des mots simples (des *abat-jours* ; des *après-midis*). Au singulier, le second mot ne prend pas la marque du pluriel : un *compte-goutte.*

- **Le trait d'union**

Dans un grand nombre de mots composés, le trait d'union est remplacé par une soudure (*autostop* pour *auto-stop*, *portemonnaie* pour *porte-monnaie*).

- **Les accents et le tréma**

– On met un **accent aigu** sur les *e* qui sont prononcés *é* : *caméraman, diésel.*

– On remplace l'accent aigu par un **accent grave** sur les *e* qui sont prononcés *è* : *crèmerie*, il *cèdera*, *évènement.*

– **L'accent circonflexe** n'est plus obligatoire sur les lettres *i* et *u* : une *boite*, il *connait*, *aout.* Mais on le maintient dans les terminaisons verbales du passé simple, du subjonctif : nous *partîmes*, qu'il *fît*, et en cas d'ambiguïté : il *croît* (verbe *croître*), il a *dû, mûr, sûr.*

– Un **tréma** est désormais placé sur la voyelle prononcée : *ambigüité, gageüre…*

- **Les adjectifs numéraux**

Les numéraux composés sont systématiquement reliés par des traits d'union : *vingt-et-un, deux-cents, trois-millième.*

- **Les mots d'origine étrangère**

Les mots empruntés suivent les règles d'accentuation et d'accord des mots français, et les mots composés d'origine étrangère s'écrivent soudés : *guérilléro, pizzéria* ; des *matchs*, des *spaghettis* ; *baseball, weekend.*

- **Le participe passé** devient invariable après le verbe ***laisser*** suivi d'un infinitif (*elle s'est laissé tomber* ; *elles se sont laissé faire*).

- **Les verbes en *-eler* ou *-eter*** se conjuguent comme *peler* ou *acheter.* Les dérivés en *-ment* de ces verbes suivent la même orthographe : *j'amoncèle, amoncèlement* ; il *étiquètera.* Font exception à cette règle *appeler, jeter* et leurs dérivés.

- **Diverses anomalies sont corrigées**

– Les **mots en *-olle*** (à l'exception de *colle, folle* et *molle*) et les **verbes en *-otter*** s'écrivent avec une consonne simple : *corole, frisoter.*

– Les mots comme *joailler, serpillère* perdent le dernier *i.*

– Les mots *douçâtre* et *assoir* perdent le *e* ; *ognon* s'écrit sans *i* ; *nénufar* remplace *nénuphar.*

– Les mots *boursoufflé, charriot, imbécilité…* voient leur orthographe mise en conformité avec celle de *souffler, charrette, imbécile…*

à préposition. Mot qui peut se combiner avec *le* ou *les* (*à* + *le* = *au* ; *à* + *les* = *aux*). → VOIR **préposition** (encadré).
▸ REM. Ne pas confondre la préposition *à* (avec un accent grave) et la 3e personne du singulier du présent du verbe *avoir* : il, elle *a* (sans accent).

a- ou **an- préfixe.** Indique l'absence ou la privation, comme dans *amoral, anormal, analphabète*, etc.

abaisser v. (CONJUG. **3**). Mettre à un niveau plus bas, faire descendre. *Abaisser une manette.* SYN. baisser. CONTR. lever. *Abaisser la température de quelques degrés dans une pièce.* • **Abaisser une perpendiculaire :** tracer une perpendiculaire à une droite à partir d'un point. ◆ **s'abaisser v.pron.** Faire une chose qu'on considère comme humiliante. *Je ne m'abaisserai pas à lui répondre.* SYN. s'humilier.

abandon n.m. ❶ Le fait d'abandonner une personne, un animal dont on a la charge. *Il y a malheureusement de nombreux abandons d'animaux avant les départs en vacances.* ❷ Le fait de renoncer, de ne pas continuer. *Dans une épreuve difficile comme le Tour de France, les abandons sont fréquents.* • **À l'abandon :** laissé de côté, sans soin ou sans protection. *Une maison à l'abandon.*

abandonner v. (CONJUG. **3**). ❶ Laisser seul ou sans soin. *Ne m'abandonne pas, je n'y arriverai pas sans toi.* ❷ Cesser de se consacrer à quelque chose, y renoncer. *Il abandonne la compétition, il est découragé.* ❸ Quitter un lieu, en partir. *Abandonner le domicile conjugal.* ◆ **s'abandonner v.pron.** Se laisser aller à. *S'abandonner au désespoir.*

abasourdir abasourdissant, abasourdi v. (CONJUG. **16**). Laisser quelqu'un hébété, provoquer une grande stupéfaction. *Je suis abasourdi par tant de mauvaise foi* (= je reste sans réaction).
▸ REM. On prononce [abazurdir].

HISTOIRE DU MOT Vient de l'ancien français *basourdir* qui signifiait « tuer » et non de *sourd*.

abat-jour n.m.invar., ✎ ***n.m.*** (PLUR. : *abat-jours*). Objet qui recouvre une lampe pour en rabattre la lumière.

abats n.m.plur. Les parties comestibles des animaux qui ne sont pas de la viande. *Le foie, les tripes, les rognons, le cœur sont des abats.*

abattage n.m. L'action d'abattre un arbre, un animal.

abattant n.m. Partie d'un meuble qui peut se rabattre.

abattement n.m. ❶ Le fait de se sentir découragé, abattu. SYN. accablement, désespoir. ❷ Réduction sur une somme à payer. *Un abattement d'impôt.*

abattis n.m. Nom que l'on donne aux ailes et à l'extrémité des pattes de la volaille ou du gibier à plume.

abattoir n.m. Lieu où l'on abat les animaux de boucherie.
▸ REM. On dit *les abattoirs de la ville* (au pluriel) mais *mener un animal à l'abattoir* (au singulier).

abattre abattant, abattu v. (CONJUG. **50**). ❶ Faire tomber, mettre à terre. *Le bûcheron abat les arbres. Abattre un mur.* ❷ Tuer un animal. *Un éleveur ne peut abattre une vache pour la vendre, il doit la conduire à l'abattoir.* ❸ Détruire un avion en vol, au moyen d'armes ; tuer une personne avec une arme à feu. *L'avion a été abattu en plein vol. Le gangster a été abattu.* ❹ Laisser sans réaction, décourager. *La nouvelle de son départ m'a abattu.* • **Abattre son jeu, ses cartes :** montrer ses cartes aux autres joueurs ou, au figuré, révéler ses véritables intentions. ◆ **s'abattre v.pron.** Tomber avec une grande violence ; frapper soudainement. *La grêle s'est abattue sur les vignes et a tout ravagé.*

abattu, e adj. Triste, sans énergie. *Après cet échec, elle était très abattue.* SYN. déprimé.

abbatiale n.f. Église qui appartient à une abbaye.
▸ REM. On prononce [abasjal].

abbaye n.f. Ensemble de bâtiments où vivent des moines ou des moniales chrétiens ; couvent. *Une abbaye de bénédictins.*
▸ REM. On prononce [abei].

abbé n.m. ❶ Prêtre catholique. *Bonjour, monsieur l'abbé.* ❷ Titre donné à la personne qui est à la tête d'une abbaye (dans ce sens, le féminin est *abbesse*).

A B C D E F G H I J K L M N O P Q R S T U V W X Y Z

abc **n.m.** Les connaissances de base, les premières choses qu'il faut savoir dans un domaine. *Tu pourrais au moins savoir cela, c'est l'abc du métier.* SYN. b.a.-ba.

abcès **n.m.** Amas de pus, infection, dans une partie du corps. *Souffrir d'un abcès dentaire.* ● **Crever, vider l'abcès :** prendre des mesures énergiques pour régler une situation embrouillée.

abdication **n.f.** Le fait d'abdiquer, de renoncer à régner. *L'abdication de Napoléon en 1814.*

abdiquer **v.** (CONJUG. **3**). ❶ Renoncer à ses fonctions de roi ou d'empereur. ❷ Abandonner, renoncer à trouver une solution. *Le problème est vraiment trop difficile, j'abdique !*
▸ REM. Un roi ou un empereur *abdique*, un président *démissionne*.

abdomen **n.m.** Partie du corps où se trouve l'appareil digestif. SYN. ventre.
▸ REM. Le *-n* final se prononce.

abdominal, ale, aux **adj.** De l'abdomen. *Les muscles abdominaux.*

abdominaux **n.m.plur.** ❶ Les muscles de la paroi de l'abdomen. ❷ Exercices de gymnastique qui font spécialement travailler ces muscles. *Faire trente abdominaux tous les matins.*

abécédaire **n.m.** Petit livre illustré dans lequel les enfants apprennent les lettres de l'alphabet.
HISTOIRE DU MOT Vient du latin *abecedarius* qui signifie « qui concerne l'alphabet ».

abeilles

abeille **n.f.** Insecte volant qui vit dans une ruche et produit de la cire et du miel.
▸ REM. Au mot *abeille* correspond l'élément tiré du grec *api-* que l'on retrouve dans *apiculture*.

ENCYCLOPÉDIE Les abeilles vivent en sociétés organisées, les *essaims*. Il y a 10 000 à 60 000 abeilles dans un essaim, dont une grande majorité d'*abeilles ouvrières*, quelques *faux bourdons* mâles et la *reine*. La reine, quelques jours après sa naissance, sort pour un vol nuptial et certains mâles peuvent alors la féconder ; elle pond ses œufs (jusqu'à 2 000 par jour) dans les alvéoles de la ruche. Les ouvrières butinent les fleurs et transforment leur nectar en miel. Ce miel sert à nourrir les larves.

aberrant, e **adj.** Contraire à la raison, qui s'écarte du bon sens. *Il m'a raconté une histoire aberrante pour s'excuser de son absence.* SYN. absurde, insensé.

aberration **n.f.** Ce qui est aberrant, ce qui n'est pas logique. *Il y a des aberrations dans son récit, tous les faits ne concordent pas.* SYN. absurdité.

abêtir **abêtissant, abêti** **v.** (CONJUG. **16**). Rendre stupide, bête. *Son travail l'abêtit complètement : il passe sa journée à trier des clous et des vis.*

abêtissant, e **adj.** *Une activité abêtissante* rend stupide, abêtit. SYN. abrutissant.

abhorrer **v.** (CONJUG. **3**). Avoir quelque chose en horreur. *Abhorrer le mensonge.* SYN. détester, exécrer.
▸ REM. Ce mot appartient à la langue soutenue.
HISTOIRE DU MOT Vient du latin *horror* qui signifie « frisson d'horreur » ; d'où le *h* après le *b*.

abîme, ✎ ***abime*** **n.m.** ❶ Gouffre très profond. *Les abîmes sous-marins sont appelés des « abysses » par les géographes.* ❷ Ce qui divise ou sépare profondément des personnes. *Le temps a creusé un abîme entre eux, ils ne se comprennent plus du tout.* SYN. fossé. ❸ *Être au bord de l'abîme*, être dans une situation proche du désastre.

1 abîmer, ✎ ***abimer*** **v.** (CONJUG. **3**). Mettre en mauvais état, endommager. *Il a abîmé ses souliers neufs en marchant dans les rochers. La grêle a abîmé les fleurs du jardin.* ◆ **s'abîmer** **v.pron.** Se détériorer, être endommagé. *La viande a vite fait de s'abîmer si on ne la met pas au frais.*

2 s'abîmer, ✎ ***s'abimer*** **v.pron.** (CONJUG. **3**). S'engloutir comme dans un abîme. *Après l'explosion, l'avion s'est abîmé dans l'océan.*
▸ REM. Ce mot appartient à la langue soutenue.

abject, e **adj.** Qui inspire du dégoût et du mépris. *Il s'est conduit de façon abjecte.* SYN. dégoûtant, ignoble.

abjuration **n.f.** Le fait d'abjurer sa religion.

l'abjuration du roi Henri IV

abjurer **v.** (CONJUG. **3**). *Abjurer une religion, une opinion*, c'est y renoncer publiquement. *Henri IV a abjuré le protestantisme en 1593.*

ablation **n.f.** Opération chirurgicale par laquelle on enlève un corps étranger, un organe, une tumeur.
▸ REM. On parle de l'*ablation* d'un organe (par exemple un rein) mais de l'*amputation* d'un membre (par exemple une jambe).

ablette **n.f.** Petit poisson d'eau douce aux écailles argentées qui vit dans les eaux claires et calmes.

ablutions **n.f.plur.** Acte de purification par l'eau. *Les musulmans font des ablutions rituelles avant la prière.* • **Faire ses ablutions :** faire une toilette rapide.

abnégation **n.f.** Comportement d'une personne qui ne se préoccupe pas de son intérêt personnel, qui fait preuve d'un grand dévouement. *Il aurait pu devenir un riche industriel, mais il a choisi, par abnégation, d'être instituteur dans un petit village.*

aboiement **n.m.** Cri du chien.

abois **n.m.plur.** • **Être aux abois :** être dans une situation désespérée, sans issue.

HISTOIRE DU MOT Cette expression s'emploie dans la chasse à courre, quand l'animal chassé est cerné par la meute des chiens hurlants et qu'il ne peut plus s'échapper.

abolir **abolissant, aboli v.** (CONJUG. 16). *Abolir une loi, une coutume*, c'est les supprimer, les annuler. *La peine de mort a été abolie en France en 1981. L'esclavage a été aboli au XIXe siècle.* → VOIR AUSSI **abroger.**

abolition **n.f.** Le fait d'abolir une loi, de mettre fin à une coutume. *La nuit du 4 août 1789 fut proclamée en France l'abolition des privilèges de la noblesse.*

abominable **adj.** ❶ Qui fait horreur. *Un crime abominable.* SYN. atroce, monstrueux. ❷ Qui est très mauvais. *Quel temps abominable !* SYN. détestable, exécrable.

abominablement **adv.** De façon abominable, extrêmement désagréable. *Il fait abominablement froid. Cela coûte abominablement cher.* SYN. horriblement, très.

abomination **n.f.** ❶ *Avoir quelque chose en abomination*, c'est le détester, l'avoir en horreur. ❷ Ce qui est abominable, ce qui fait horreur. *Dire des abominations.*
▸ REM. Ce mot appartient à la langue soutenue.

abondamment **adv.** En grande quantité. *La blessure était profonde, il a abondamment saigné.* SYN. beaucoup.

abondance **n.f.** Très grande quantité. *Cette année, il y a des champignons en abondance.* • **Vivre dans l'abondance :** vivre dans la richesse, le luxe.

abondant, e **adj.** Qui se trouve en grande quantité. *Dans les bonnes années, les récoltes sont abondantes.*

abonder **v.** (CONJUG. 3). ❶ Se trouver en grande quantité. *Les poissons abondent dans la rivière.* SYN. pulluler. ❷ Contenir beaucoup de choses, en être plein. *La rivière abonde en poissons.* SYN. grouiller de, pulluler de. • **Abonder dans le sens de quelqu'un :** être tout à fait d'accord avec lui.

abonné, e **n.** Personne qui dispose d'un abonnement à un journal, une revue, un service. *Les abonnés au téléphone.*

abonnement **n.m.** Paiement que l'on fait pour avoir droit à la fourniture ou à l'utilisation de quelque chose. *Souscrire un abonnement à une revue. Régler l'abonnement de son téléphone portable.*

abonner **v.** (CONJUG. 3). Souscrire un abonnement. *Nous l'avons abonné à une revue d'astronomie.*

abord **n.m.** *Être d'un abord facile* ou *difficile*, c'est être facile ou difficile à rencontrer, à aborder. • **De prime abord** ou **au premier abord :** à première vue. *De prime abord, cela paraît facile.* • **D'abord, tout d'abord :** pour commencer, avant de faire autre chose. *Il a d'abord dit non, puis il a fini par accepter.* ◆ **abords** **n.m.plur.** *Les abords d'une ville*, ce sont ses environs immédiats.

abordable **adj.** ❶ *Un prix abordable* n'est pas trop élevé, reste accessible à tous. ❷ *Une personne abordable* est une personne à qui l'on peut facilement parler, qui accepte de rencontrer les gens. SYN. accessible.

abordage **n.m.** Le fait de donner l'assaut à un navire ennemi. *« À l'abordage ! » hurla le chef des pirates.*

HISTOIRE DU MOT Vient du mot *bord* qui désigne le haut de la coque d'un navire.

aborder **v.** (CONJUG. 3). ❶ Arrêter quelqu'un pour lui parler. *J'ai abordé un passant pour lui demander mon chemin.* SYN. accoster. ❷ Commencer à s'engager dans un lieu. *Le conducteur a ralenti pour mieux aborder le virage.* ❸ *Aborder un sujet*, c'est commencer à en parler. ❹ *Aborder un navire*, c'est le heurter accidentellement ou s'en rapprocher pour lui donner l'assaut.

aborigène **n.** et **adj.** Mot qui désigne les peuples, les animaux ou les plantes qui vivent depuis toujours dans un pays, par opposition à ceux qui y sont venus plus tard. SYN. indigène. → VOIR noms propres.

HISTOIRE DU MOT Ce mot est formé à partir de *ab* (qui signifie *à* en latin) et *origine*.

aboutir **aboutissant, abouti v.** (CONJUG. 16). ❶ Arriver à, finir dans. *Ce sentier aboutit à la mer.* ❷ Avoir pour conséquence un résultat, y mener. *Les recherches de Pasteur ont abouti à la découverte du vaccin contre la rage.* ❸ Parvenir à un résultat positif, s'achever avec succès. *Les négociations ont abouti.* CONTR. échouer.

aboutissement **n.m.** Ce qu'il y a au bout d'un effort, d'un travail, le résultat. *Ce livre est l'aboutissement de ses recherches.*

aboyer **v.** (CONJUG. 14). ❶ Pour un chien, faire entendre son cri, l'*aboiement*. ❷ Pour une personne, parler en criant et de manière fort désagréable.

abracadabra. Formule qui est supposée avoir des pouvoirs magiques.

abracadabrant, e **adj.** *Une histoire abracadabrante* est invraisemblable, c'est une histoire à dormir debout.

abrasif, ive **adj.** *Une poudre, un produit abrasifs* sont utilisés pour polir une surface et la rendre lisse. ◆ **abrasif** **n.m.** Tout produit abrasif.

A B C D E F G H I J K L M N O P Q R S T

abrégé **n.m.** Forme réduite, condensée d'une histoire, d'un texte. • **En abrégé :** en peu de mots, ou en peu de lettres. *« Et cetera » s'écrit « etc. » en abrégé.*

abréger **abrégeant, abrégé v.** (CONJUG. 9, ✎ *10*). Diminuer la durée, la longueur de quelque chose. *Abréger ses vacances.* SYN. raccourcir.

HISTOIRE DU MOT Vient d'un mot latin qui signifie « bref ».

abreuver **v.** (CONJUG. 3). ❶ *Abreuver un animal*, c'est lui donner à boire. ❷ *Abreuver quelqu'un d'injures, de compliments*, c'est lui adresser un flot d'injures, de compliments. ◆ **s'abreuver v.pron.** Boire, en parlant d'un animal.

abreuvoir **n.m.** Lieu ou récipient aménagé pour que les animaux viennent y boire, s'y abreuver.

abréviation **n.f.** Forme abrégée d'un mot. *« Kilo », « Mlle », « adj. » sont les abréviations de « kilogramme », « mademoiselle » et « adjectif ».*

abri **n.m.** Lieu où l'on est protégé des dangers extérieurs ou des intempéries. *Un abri antiatomique permet de se protéger des radiations nucléaires.* • **À l'abri :** dans un endroit protégé. *Il pleut, mettez-vous à l'abri.* • **Être à l'abri du besoin :** avoir le nécessaire pour vivre.

Abribus **n.m.** Petit édifice qui permet d'être à l'abri du mauvais temps en attendant le bus ou le car. ▸ REM. C'est un nom de marque, le mot prend une majuscule, en France, dans les textes imprimés.

abricot **n.m.** Fruit à noyau, de couleur jaune-orangé. ◆ **adj.invar.** D'une couleur jaune-orangé. *Des tissus abricot.*

abricotier **n.m.** Arbre fruitier dont les fleurs blanches ou roses paraissent avant les feuilles et qui donne les abricots.

abri-sous-roche **n.m.** (PLUR. : **abris-sous-roche**). Cavité rocheuse peu profonde ayant servi d'habitation à l'époque préhistorique.

abrité, e **adj.** *Un endroit abrité* est un endroit où l'on est à l'abri des intempéries et en particulier du vent.

abriter **v.** (CONJUG. 3). ❶ Mettre à l'abri, offrir un abri, une protection. *Je l'ai abrité sous mon parapluie.* ❷ *Un bâtiment qui abrite des personnes, des services*, leur est destiné, les accueille. *Ces bâtiments abriteront le nouveau club sportif.*

abricots

abrogation **n.f.** Annulation d'une loi ou d'un décret par le gouvernement ou une autorité.

abroger **abrogeant, abrogé v.** (CONJUG. 5). *Abroger une loi, un décret*, c'est les annuler, mettre fin à leur application. → VOIR AUSSI **abolir.**

abrupt, e **adj.** ❶ *Une pente abrupte* est presque verticale. *Pour aller là-haut, le chemin est très abrupt.* SYN. escarpé, raide. ❷ *Une question abrupte* est très directe, va droit au but.

abruti, e **adj.** et **n.** (Familier) Idiot, imbécile. *Quel abruti ! Il ne comprend vraiment rien !*

abrutir **abrutissant, abruti v.** (CONJUG. 16). Rendre quelqu'un incapable de comprendre, de raisonner. *Le vacarme des marteaux piqueurs m'abrutit.*

HISTOIRE DU MOT Vient de *brute.*

abrutissant, e **adj.** Qui abrutit.

abrutissement **n.m.** Le fait d'être abruti par quelque chose.

abscisse **n.f.** Nombre qui sert à repérer la position d'un point sur un axe gradué. *L'axe des abscisses est perpendiculaire à l'axe des ordonnées.* ▸ REM. Attention, *-sc-*.

absence **n.f.** ❶ Le fait de ne pas être en un lieu, d'être absent. *Ton absence hier a été très remarquée.* CONTR. présence. ❷ Le fait de manquer, de faire défaut. *En l'absence de preuves, nous ne pouvons pas tirer de conclusion.*

absent, e **adj.** et **n.** Qui n'est pas là. *Il est absent pour cause de maladie.* CONTR. présent. • **Avoir l'air absent :** avoir l'air de penser à autre chose.

absentéisme **n.m.** Le fait d'être souvent absent du lieu de travail, de l'école. *Autrefois, à la campagne, il y avait un fort taux d'absentéisme à l'école à l'époque des récoltes.* CONTR. assiduité.

s'absenter **v.pron.** (CONJUG. 3). S'éloigner momentanément, partir. *Permettez-moi de m'absenter un instant.*

abside **n.f.** La partie arrondie d'une église située derrière le chœur.

absolu, e **adj.** Qui n'admet aucune restriction, qui est complet, total. *Son père a une confiance absolue en lui. Interdiction absolue de descendre du train en marche.* • **Monarchie absolue :** monarchie où le roi ne partage le pouvoir avec personne. ◆ **absolu n.m.** • **Dans l'absolu :** en théorie. *Dans l'absolu tu as raison, mais en pratique le cas ne se rencontre jamais.*

absolument **adv.** ❶ D'une manière qui n'admet aucune réserve. *Il veut absolument le voir.* SYN. à tout prix, sans faute. ❷ Entièrement. *C'est absolument faux. « Tu es bien d'accord ? – Absolument ! »*

absolution **n.f.** • **Donner l'absolution :** dans la religion catholique, pardonner ses péchés à une personne. *Après sa confession, le prêtre lui donna l'absolution.*

HISTOIRE DU MOT Vient de *absoudre.*

absolutisme **n.m.** Régime politique dans lequel tout le pouvoir est entre les mains d'un souverain, roi ou empereur, ou d'un dictateur. → VOIR **absolu.**

absorbant, e **adj.** ❶ Qui absorbe, retient les liquides. *Un tissu absorbant.* ❷ Qui prend énormément de temps et d'énergie. *Un travail absorbant.*

absorber **v.** (CONJUG. **3**). ❶ Retenir une substance liquide, s'en imprégner comme une éponge. *La terre absorbe l'eau de pluie.* ❷ Boire ou manger, avaler. *Le malade ne peut rien absorber.* ❸ *Absorber un bruit, un choc,* c'est les atténuer, faire qu'on les perçoive moins. *La laine de verre absorbe bien les bruits.* ❹ Occuper entièrement les pensées ou le temps de quelqu'un. *La musique et le sport absorbent tout son temps* (= l'accaparent). ◆ **s'absorber** **v.pron.** Être plongé très profondément dans ses réflexions ou dans une activité. *S'absorber dans la lecture d'un roman.*

absorption **n.f.** Le fait d'absorber, d'avaler. *Les plantes se nourrissent par absorption de l'eau et des sels minéraux du sol.*
▸ REM. *Absorber* s'écrit avec un *b* mais *absorption* avec un *p*.

absoudre **absolvant, absous, te** ✎ ***absout, te*** **v.** (CONJUG. **54**). Pardonner à quelqu'un ses péchés, lui donner l'absolution. *Le prêtre absout celui qui se confesse.*

s'abstenir **abstenant, abstenu v.pron.** (CONJUG. **20**). ❶ Décider volontairement de ne pas faire quelque chose. *Ce serait bien si vous pouviez vous abstenir de fumer. Dans le doute abstiens-toi* (= lorsqu'on n'est pas sûr de ce qu'il faut faire, il vaut mieux ne rien faire du tout). ❷ Ne pas prendre part à un vote. *Il s'est abstenu aux dernières élections.*

abstention **n.f.** Le fait de ne pas intervenir ou de s'abstenir dans une élection, un vote. *Les résultats du vote : 15 pour, 7 contre et 3 abstentions.*

abstentionniste **n.** Personne qui, volontairement, ne prend pas part à un vote.

abstinence **n.f.** Le fait de se priver de certains plaisirs. *Le carême, le ramadan sont des périodes d'abstinence.*

abstraction **n.f.** ❶ Faculté intellectuelle qui permet, à partir d'éléments concrets, d'élaborer des idées, des notions, des règles générales. *L'être humain est capable d'abstraction.* ❷ Activité de l'esprit qui porte sur des notions abstraites. *Les mathématiques sont des raisonnements de pure abstraction.* ❸ Idée très abstraite, très éloignée de la réalité. *Pour ceux qui ne l'ont pas connue, la guerre n'est qu'une abstraction.* • **Faire abstraction de :** ne pas tenir compte de quelque chose.

s'abstraire **abstrayant, abstrait v.pron.** (CONJUG. **77**). S'isoler par la pensée pour réfléchir. *Il a du mal à s'abstraire de ses difficultés.*

HISTOIRE DU MOT Vient d'un verbe latin qui signifie « tirer de ».

abstrait, e **adj.** ❶ *Une notion abstraite* est conçue par l'esprit, par opposition aux objets qui existent indépendamment de la pensée. *La justice, la bonté sont des notions abstraites.* ❷ *Un mot abstrait* est un mot qui désigne une notion abstraite. *Le mot « justice », le mot « bonté » sont des mots abstraits.* ❸ *L'art abstrait, la peinture abstraite* ne représentent ni des objets ni des êtres mais jouent de combinaisons de couleurs et de formes. CONTR. figuratif.

art **abstrait** (tableau de Malevitch,1915)

ENCYCLOPÉDIE Dès la préhistoire, on trouve des œuvres artistiques qui représentent des formes abstraites. Ce genre d'ornements se retrouve dans l'art viking, dans la décoration des églises du Moyen Âge, dans l'art des pays musulmans où il est interdit de figurer des personnes. Au début du XXe siècle, des peintres occidentaux décident de ne plus représenter la réalité extérieure mais de peindre des formes et des couleurs libres qui sont l'expression de leur imagination. L'un d'eux peint même un carré blanc sur un fond blanc !

absurde **adj.** Qui est contraire à la raison, au bon sens. *Il nous a raconté une histoire absurde de maison hantée.* SYN. extravagant, insensé. ◆ **n.m.** • **Raisonnement par l'absurde :** raisonnement qui prouve quelque chose en montrant que le point de vue contraire aboutirait à quelque chose d'illogique.

HISTOIRE DU MOT Vient du latin *absurdus* qui signifia « discordant » puis « hors de propos ».

absurdité **n.f.** ❶ Le caractère absurde de quelque chose. *Il avait du mal à accepter l'absurdité de la situation.* ❷ Ce qui est contraire à la raison, qui est dépourvu de sens. *Dire des absurdités.* SYN. stupidité.

abus **n.m.** Usage exagéré ou mauvais usage d'une chose. *L'abus de tabac est dangereux pour la santé.*

a b c d e f g h i j k l m n o p q r s t u v w x y z

SYN. excès. • **Abus de pouvoir, abus de confiance :** le fait de profiter du pouvoir ou de la confiance dont on dispose pour commettre une injustice. • (Familier) **Il y a de l'abus ! :** c'est exagéré.

abuser v. (CONJUG. 3). ❶ Faire un mauvais emploi, un mauvais usage de quelque chose. *Il abuse de la gentillesse de son oncle* (= il en profite exagérément). *Il ne faut pas abuser des bonnes choses* (= manger, boire avec excès). ❷ Exagérer. *Vraiment, vous abusez, ma patience est à bout !* ❸ Tromper une personne crédule, naïve. *Ils se sont laissé abuser par les journalistes.* ◆ **s'abuser** v.pron. • **Si je ne m'abuse :** si je ne me trompe pas.

abusif, ive adj. ❶ Qui dépasse les limites fixées. *L'emploi abusif des médicaments peut être très dangereux.* SYN. exagéré. ❷ *L'emploi abusif d'un mot*, c'est le fait de l'utiliser avec un sens qu'il n'a pas.

abusivement adv. D'une façon exagérée, abusive.

abysse n.m. Fond océanique situé à plus de 2 000 m de profondeur. *La faune des abysses.*
▸ REM. Ce mot est du masculin.

acabit n.m. • **Du même acabit :** du même genre, de la même nature. *Ils restent entre gens du même acabit.*
▸ REM. On ne prononce pas le *-t*.

acacia n.m. Arbre souvent épineux aux petites feuilles persistantes et aux fleurs jaunes ou roses. *Les fleurs d'acacia sont très odorantes.*

académicien, enne n. Membre d'une académie, en particulier de l'Académie française.

académie n.f. ❶ Groupe de savants, de gens de lettres ou d'artistes qui se réunissent pour discuter de questions scientifiques, littéraires ou artistiques. → VOIR noms propres : **Académie française.** ❷ Lieu où l'on enseigne la pratique d'un art, d'un jeu, etc. *Une académie de dessin, de billard.* ❸ En France, zone géographique dans laquelle tous les services de l'Éducation nationale sont sous la direction d'un recteur. *L'académie de Bordeaux, de Lille.*

HISTOIRE DU MOT Vient de *Akadêmia*, nom grec du jardin d'Athènes où enseignait Platon.

académique adj. ❶ Qui suit les règles d'une académie, d'un enseignement traditionnel. *Danse académique.* ❷ Qui est sans originalité, sans invention. *C'est une peinture tout à fait académique.* SYN. conventionnel.

acadien, enne adj. et n. D'Acadie, région du Canada. ◆ **acadien** n.m. Parler franco-canadien de l'est du Canada.
▸ REM. Quand il désigne une personne, ce mot prend une majuscule : *un Acadien, des Acadiennes.*

acajou n.m. Arbre d'Amérique et d'Afrique dont on tire un bois précieux de couleur brun-roux qui sert à faire des meubles. ◆ **adj.invar.** De la couleur de l'acajou. *Des meubles acajou.*

acanthe n.f. Plante à feuilles longues, très découpées et recourbées.

a cappella ou **a capella** adv. *Chanter a cappella*, c'est chanter sans être accompagné par des instruments.

acariâtre adj. *Une personne acariâtre* a mauvais caractère ou est d'humeur grincheuse.
▸ REM. Le dernier *a* prend un accent circonflexe.

acarien n.m. Petit animal invertébré, mesurant quelques millimètres. *Certaines espèces d'acariens (comme l'aoûtat ou la tique) sont des parasites.*

acarien (vue au microscope)

accablant, e adj. ❶ *Une chaleur accablante* est une très grande chaleur, qui fatigue beaucoup. SYN. écrasant, suffocant. ❷ *Une preuve, un témoignage accablants* sont extrêmement défavorables à un accusé et peuvent entraîner sa condamnation.

accablement n.m. L'état d'une personne accablée, très abattue.

accabler v. (CONJUG. 3). ❶ Imposer une trop lourde charge à quelqu'un. *Il nous accable de travail. Les commerçants se plaignent d'être accablés d'impôts.* ❷ Provoquer le désespoir, causer beaucoup de peine. *Nous avons été accablés par la nouvelle.* SYN. abattre. ❸ Fournir des preuves de la culpabilité d'un accusé.

accalmie n.f. Calme momentané après une période d'agitation. *Nous avons profité d'une accalmie entre deux averses pour pique-niquer.*

accaparer v. (CONJUG. 3). ❶ S'emparer de quelque chose à son seul profit. *Accaparer le pouvoir. Accaparer la conversation.* ❷ Prendre tout son temps à

feuilles d'**acanthe** et décor en feuille d'acanthe

quelqu'un, retenir toute son attention. *Son travail l'accapare, il n'a plus le temps de sortir.*

accastillage **n.m.** L'ensemble des accessoires (poulies, leviers, treuils, etc.) que l'on trouve sur un navire de faible tonnage.

accastillage de bateau

accéder **v.** (CONJUG. 9, ✎ *10*). ❶ Atteindre un lieu, une position, une situation, y avoir accès. *On accède au grenier par un escalier. Tous les pays veulent accéder à l'indépendance.* ❷ *Accéder à une demande*, c'est accorder ce qui est demandé.

accélérateur **n.m.** Dispositif (en général pédale ou poignée) qui permet d'accélérer, de faire tourner un moteur plus vite. *Appuyer sur l'accélérateur.*

accélération **n.f.** Le fait d'aller plus vite, d'être plus rapide. *L'accélération de l'avion, lors du décollage, plaque les passagers contre leur siège.*

accéléré **n.m.** Au cinéma, effet spécial par lequel les images défilent plus vite que dans la réalité. CONTR. ralenti.

accélérer **v.** (CONJUG. 9, ✎ *10*). ❶ Rendre plus rapide. *Il va falloir accélérer votre rythme de travail.* ❷ Aller plus vite, augmenter la vitesse de son véhicule en appuyant sur l'accélérateur. *Il a dû accélérer pour dépasser le camion.* CONTR. ralentir. ◆ **s'accélérer** **v.pron.** Devenir de plus en plus rapide. *Son pouls s'accélère.*

accent **n.m.** ❶ Façon de prononcer les mots, qui est propre aux gens d'une région, d'un pays. *L'accent parisien, l'accent alsacien, l'accent russe.* ❷ Façon de s'exprimer, effet, intonation de la voix. *Un accent de sincérité.* ❸ Signe graphique placé sur une voyelle pour noter une prononciation *(épée, tête)* ou pour éviter de confondre deux mots *(dû, à, où)*. • **Mettre l'accent sur quelque chose :** faire remarquer quelque chose en insistant particulièrement dessus.

ENCYCLOPÉDIE L'accent aigu se place sur la voyelle *e (pré, thé)* ; l'accent grave sur le *e (très)* et le *a (déjà)* ; l'accent circonflexe sur le *a (théâtre)*, le *e (tête)*, le *i (abîme)*, le *o (apôtre)* et le *u (fût)*.

accentuation **n.f.** Le fait de mettre les accents sur les lettres.

accentuer **v.** (CONJUG. 3). ❶ Mettre les accents sur les lettres. ❷ Donner du relief, de l'importance à quelque chose. *Une caricature accentue certains traits du visage.* ◆ **s'accentuer** **v.pron.** Apparaître de plus en plus nettement, de façon de plus en plus prononcée. *Le froid s'est nettement accentué ces derniers temps.*

acceptable **adj.** Que l'on peut accepter, admettre ou tolérer. *On lui a offert un compromis acceptable.* CONTR. inacceptable.

acceptation **n.f.** Le fait d'accepter, d'être d'accord. *Votre adhésion au club est soumise à l'acceptation du comité.* SYN. consentement.
▶ REM. Ne pas confondre avec *acception*.

accepter **v.** (CONJUG. 3). ❶ Répondre oui à une proposition, être d'accord. *Nous acceptons votre invitation.* CONTR. refuser. *Acceptez-vous de prendre pour épouse Nadine R... ?* SYN. consentir à. ❷ Admettre, tolérer ou supporter quelque chose. *Je n'accepte pas que l'on soit en retard.* SYN. tolérer. ❸ Accueillir quelqu'un, l'adopter. *Il a été bien accepté par la classe.*

acception **n.f.** Sens d'un mot. *Le mot « cher » a plusieurs acceptions ; il signifie « d'un prix élevé » ou « tendrement aimé ».*
▶ REM. Ne pas confondre avec *acceptation*.

accès **n.m.** ❶ Possibilité de se rendre quelque part, d'y accéder. *Les courants rendaient difficile l'accès à l'île.* ❷ Possibilité d'atteindre une situation, d'obtenir quelque chose. *Ce diplôme donne accès aux carrières d'ingénieur. Par son métier, il a accès à des renseignements confidentiels.* ❸ *Un accès de fièvre, de colère*, une brusque élévation de la température, une brusque explosion de colère.

accessible **adj.** ❶ Un lieu accessible est un lieu où il est permis ou facile d'aller. *Toutes les salles du musée ne sont pas accessibles au public.* CONTR. inaccessible. ❷ *Une personne accessible* est une personne à qui l'on peut parler, qui écoute ce qu'on lui dit. SYN. abordable. ❸ *Un livre, une émission accessibles* sont faciles à comprendre.

accession **n.f.** Le fait d'arriver à quelque chose, d'y accéder. *L'accession à la propriété* (= le fait de devenir propriétaire de son logement).

1 accessoire **adj.** Qui n'est pas vraiment indispensable. *Ce n'est qu'un détail tout à fait accessoire.* SYN. secondaire. CONTR. essentiel, primordial.

2 accessoire **n.m.** Partie d'un appareil ou objet qui vient compléter un élément principal. *Les accessoires d'un appareil photo sont le flash, l'étui et les objectifs. Les accessoires de théâtre* (= les meubles et objets divers utilisés par les acteurs).

accessoirement **adv.** En plus de ce qui est nécessaire, sans que ce soit très important. *Nous visiterons le château et, accessoirement, le musée.*

accessoiriste **n.** Personne qui s'occupe de fournir les accessoires dans un théâtre ou un studio de cinéma.

accident **n.m.** ❶ Événement imprévu, plus ou moins malheureux. *Son zéro en math n'est qu'un accident,*

a b c d e f g h i j k l m n o p q r s t u v w x y z

A B C D E F G H I J K L M N O P Q R S T U V W X Y Z

cela ne se reproduira pas. ❷ Événement malheureux qui survient brutalement, cause des dégâts et peut faire des victimes. *Un accident de voiture. Un accident domestique.* • **Accident de terrain :** inégalité du relief du sol.
▸ REM. Ne pas confondre avec *incident.*

accidenté, e adj. et n. Qui a été victime d'un accident, blessé lors d'un accident. *Le nombre des accidentés de la route reste trop important.* ◆ **adj.** ❶ Qui a été endommagé lors d'un accident. *Le véhicule accidenté a été mis sur le bas-côté de la route.* ❷ *Un sol, un terrain accidentés* présentent beaucoup d'inégalités, de creux, de bosses.

accidentel, elle adj. ❶ Qui n'est pas prévu, qui arrive par hasard. *Une rencontre accidentelle.* SYN. fortuit, imprévu. ❷ Qui est dû à un accident. *Une mort accidentelle.* CONTR. naturel.

accidentellement adv. ❶ Par hasard. *Je suis tombé accidentellement sur lui en sortant du cinéma.* ❷ Par suite d'un accident. *Il est mort accidentellement un soir de novembre.*

acclamation n.f. Cri de joie poussé pour acclamer quelqu'un. *Elle fut accueillie, à sa descente d'avion, par les acclamations de la foule.*

acclamer v. (CONJUG. 3). Accueillir quelqu'un par des cris de joie, manifester bruyamment son admiration. *La foule en délire l'acclamait.* CONTR. huer.

acclimatation n.f. Adaptation d'un être vivant à un nouveau climat. *Une tentative d'acclimatation de fauves dans un parc animalier.*

acclimater v. (CONJUG. 3). Faire en sorte qu'un être vivant, animal ou végétal, s'adapte à un autre climat. *Le dindon, l'oie, le cobaye, de même que le dahlia, le lilas, la tulipe, la pomme de terre et le tabac, ont été acclimatés en Europe.* ◆ **s'acclimater** v.pron. S'adapter à un nouvel endroit, à de nouvelles personnes. *Elle n'arrivait pas à s'acclimater au lycée.* SYN. s'accoutumer, se faire.

accointances n.f.plur. Relations avec des gens plus ou moins louches.

accolade n.f. ❶ Geste par lequel on serre une personne dans ses bras, en plaçant sa tête à côté de la sienne, d'un côté, puis de l'autre, mais sans lui donner de baiser. *Donner, recevoir l'accolade lors de la remise d'une décoration.* ❷ Signe ({) qui indique que l'on réunit dans un même ensemble des mots ou des lignes.

HISTOIRE DU MOT Vient de l'ancien mot *col* qui signifiait « cou ».

accoler v. (CONJUG. 3). Mettre côte à côte deux choses. *Leurs deux noms sont accolés sur l'affiche.* SYN. réunir.

accommodant, e adj. *Une personne accommodante* est une personne avec laquelle il est toujours possible de s'entendre. SYN. arrangeant, conciliant.

accommoder v. (CONJUG. 3). Préparer un aliment selon une recette particulière. *Accommoder une viande en ragoût.* SYN. cuisiner. ◆ **s'accommoder** v.pron. Se contenter de quelque chose même si l'on souhaitait autre chose. *C'est un garçon facile, il s'accommode de tout.*

accompagnateur, trice n. ❶ Personne chargée d'accompagner un groupe d'enfants, de touristes, etc., au cours d'un voyage. ❷ Musicien qui accompagne un chanteur ou un autre musicien.

accompagnement n.m. ❶ Ce qui va avec quelque chose, ce qui s'y ajoute. *Un gigot avec un accompagnement de haricots blancs.* SYN. garniture. ❷ Musique qui soutient un chant ou un instrument. *Une sonate pour clarinette avec accompagnement au piano.*

accompagner v. (CONJUG. 3). ❶ Aller avec quelqu'un quelque part. *Tu ne voudrais pas m'accompagner chez le dentiste ? La foule de ses admirateurs l'accompagna jusque chez lui.* SYN. escorter. ❷ Aller avec quelque chose, y être joint. *Une lettre accompagne le colis. C'est du vin blanc qu'il faudrait pour accompagner le poisson !* ❸ Soutenir un chant, un morceau de musique en jouant d'un instrument. *Chante, nous allons t'accompagner à la guitare.*

accompli, e adj. Qui est très fort dans son domaine. *Une maîtresse de maison accomplie.* SYN. parfait. • **Un fait accompli :** une situation à laquelle on ne peut rien changer et qu'on est obligé de subir. *Elle s'est mariée sans prévenir ses parents, elle les a mis devant le fait accompli.*

accomplir accomplissant, accompli v. (CONJUG. 16). Réaliser un travail, un projet jusqu'au bout. *Ça y est, j'ai accompli ma tâche.* SYN. effectuer. *Vous avez accompli des prodiges.* SYN. faire. ◆ **s'accomplir** v.pron. Se produire, avoir lieu. *Son vœu le plus cher s'est accompli.* SYN. se réaliser.

accomplissement n.m. Le fait de s'accomplir, d'être accompli. *L'accomplissement d'un désir.* SYN. réalisation.

accord n.m. ❶ Entente entre des personnes qui partagent les mêmes façons de voir. *L'accord n'est pas toujours complet dans la famille.* SYN. harmonie. *Les deux pays sont en parfait accord sur ce point.* SYN. intelligence. ❷ Autorisation donnée par une personne, un organisme, un pays. *J'ai obtenu l'accord de tes parents pour que tu viennes à mon anniversaire !* SYN. consentement, permission. ❸ Solution de compromis qui convient à tout le monde. *Les syndicats sont parvenus à un accord avec le patronat.* SYN. arrangement. ❹ Variation de la forme de l'article, de l'adjectif, du nom ou du verbe selon le mot dont ils dépendent. *L'accord de l'adjectif en genre et en nombre avec le nom auquel il se rapporte.* → VOIR encadré page suivante. ❺ Le fait de jouer en même temps plusieurs notes sur un instrument de musique. *Plaquer un accord sur le piano.* • **D'accord :** s'emploie pour indiquer son approbation ou son consentement. *« Tu t'es trompé. – Bon, d'accord »* (= oui, c'est vrai, je te l'accorde). *« Tu viens ? – D'accord, j'arrive ! »* SYN. oui. • **D'un commun accord :** en étant tous du même avis. • **Être d'accord :** partager le même point de vue ou accepter, donner son consentement. *Je suis tout à fait d'accord avec vous* (= je suis du même avis). *Tes parents sont d'accord, on peut y aller !* (= ils acceptent). • **Mettre d'accord deux personnes :** réussir à concilier des points de vue différents, à trouver un terrain d'entente.

accordéon **n.m.** Instrument de musique portatif à air, qui comporte un soufflet et un ou deux claviers. • **En accordéon :** qui fait des plis comme le soufflet d'un accordéon.

ENCYCLOPÉDIE Le premier accordéon a été fabriqué à Vienne au début du XIXe siècle. Les accordéons ont un clavier (ou des boutons) à droite, qui permet de jouer la mélodie, et un autre clavier à gauche avec des touches pour l'accompagnement. On nomme parfois cet instrument le *piano du pauvre* ou encore le *piano à bretelles*.

accordéoniste **n.** Musicien qui joue de l'accordéon.

accorder **v.** (CONJUG. 3). ❶ Accepter de donner quelque chose à quelqu'un. *Accorder un jour de congé aux élèves.* SYN. octroyer. ❷ Admettre que quelque chose est vrai, que quelqu'un a raison. *Ce chemin-ci est plus long, je te l'accorde, mais c'est tellement plus joli !* SYN. concéder, en convenir, reconnaître. ❸ Mettre un instrument de musique au diapason, le régler pour qu'il soit juste. *Mon piano est de plus en plus faux, je dois le faire accorder.* ◆ **s'accorder** **v.pron.** ❶ Être ou se mettre d'accord avec quelqu'un. *Ils s'accordent toujours pour jouer des tours au petit.* SYN. s'entendre. *Tout le monde s'accorde à dire qu'il est très gentil.* ❷ En grammaire, se mettre au même genre et au même nombre qu'un autre mot. *L'adjectif s'accorde avec le nom.*

accordeur, euse **n.** Personne dont le métier est d'accorder les pianos, les clavecins et les orgues.

accostage **n.m.** Le fait d'accoster. *Assister à l'accostage des navires au port.*

manœuvres d'**accostage**

accoster **v.** (CONJUG. 3). ❶ Pour un bateau, venir se ranger à côté du quai. *Le yacht est en train d'accoster.* ❷ S'approcher d'une personne pour lui parler. *Une touriste l'accosta pour lui demander son chemin.* SYN. aborder.

HISTOIRE DU MOT Vient de l'ancien mot *coste* qui signifiait « côte ».

L'accord

➤ L'**adjectif qualificatif** s'accorde en genre et en nombre avec le nom. → VOIR **adjectif.**

➤ Certains **déterminants** s'accordent en genre, en nombre et parfois en personne avec le nom. → VOIR **déterminant.**

➤ Le **verbe** s'accorde en nombre et en personne avec le sujet.

➤ Selon les cas, le **participe passé** s'accorde en genre et en nombre avec le sujet ou avec le complément d'objet, ou enfin ne s'accorde pas. → VOIR **participe.**

➤ Les **adverbes** et les **mots-outils** (prépositions, conjonctions) ne s'accordent jamais, ce sont des mots **invariables.**

accotement **n.m.** Le bas-côté d'une route, la partie située entre la chaussée et le fossé. *Il est interdit de stationner sur l'accotement.*

accouchement **n.m.** Le fait d'accoucher.

ENCYCLOPÉDIE Au terme de la grossesse, le col de l'utérus se dilate pour permettre le passage du bébé, et des séries de contractions poussent l'enfant hors de l'utérus. Lorsque l'accouchement se produit au bout de 9 mois (280 jours exactement), on parle d'*accouchement à terme* ; entre 6 et 9 mois, il s'agit d'*accouchement prématuré* ou *avant terme.*

accoucher **v.** (CONJUG. 3). ❶ Donner naissance à un enfant, le mettre au monde. *Ma tante a accouché d'une petite fille, j'ai une cousine !* ❷ Aider une femme à mettre son enfant au monde. *C'est une sage-femme qui a accouché ma tante.*

accoucheur, euse **adj.** et **n.** *Le médecin accoucheur* est celui qui assiste une femme au moment de l'accouchement. → VOIR AUSSI **sage-femme.**

s'accouder **v.pron.** (CONJUG. 3). Appuyer ses coudes sur quelque chose. *Il s'accouda à la fenêtre pour regarder dans la rue.*

accoudoir **n.m.** Chacune des deux parties d'un siège faites pour poser les coudes.

accouplement **n.m.** Chez les animaux, union de la femelle et du mâle. *Le mulet est le produit de l'accouplement d'un âne et d'une jument.*

s'accoupler **v.pron.** (CONJUG. 3). S'unir pour la reproduction. *Au printemps, les tourterelles se sont accouplées.*

HISTOIRE DU MOT Vient de *couple.*

accourir **accourant, accouru** **v.** (CONJUG. 21). Venir en courant, aussi vite que l'on peut. *En entendant l'énorme bruit, tous les habitants sont accourus sur la place du village.* SYN. se précipiter.

▸ REM. Ce verbe est l'un des rares que l'on conjugue avec l'auxiliaire *être* ou avec l'auxiliaire *avoir* ; *être* est cependant plus fréquent.

accoutrement **n.m.** Tenue bizarre et un peu ridicule. *Je ne l'ai pas reconnue dans cet accoutrement !*

s'accoutrer **v.pron.** (CONJUG. 3). S'habiller d'une façon grotesque. SYN. s'affubler.

a b c d e f g h i j k l m n o p q r s t u v w x y z

accoutumance **n.f.** ❶ Le fait de s'habituer à quelque chose au point de ne plus en souffrir. *L'accoutumance au froid se fait progressivement chez les alpinistes.* SYN. adaptation. ❷ Habitude de prendre régulièrement un médicament ou une drogue, ce qui oblige à augmenter progressivement les doses pour que le produit reste efficace. *Le danger des drogues même douces est qu'elles entraînent une accoutumance.* SYN. dépendance.

accoutumé, e **adj.** Qui est habituel, dont on a l'habitude. *Elle m'a reçue avec sa gentillesse accoutumée.* SYN. coutumier, ordinaire. CONTR. inaccoutumé. • **Comme à l'accoutumée :** comme d'habitude.

accoutumer **v.** (CONJUG. 3). Donner l'habitude de quelque chose à quelqu'un. *Ses parents l'ont accoutumé très tôt aux longues marches en montagne.* SYN. habituer. ◆ **s'accoutumer** **v.pron.** Prendre l'habitude de. *Il s'est accoutumé à sa nouvelle vie et maintenant il est très content.* SYN. s'adapter, se faire.
HISTOIRE DU MOT Vient de *coutume.*

accréditer **v.** (CONJUG. 3). *Accréditer une information, une nouvelle*, c'est les rendre croyables, vraisemblables. *La démission du ministre accrédite l'idée d'une crise au sein du gouvernement.* SYN. démentir.
HISTOIRE DU MOT Vient de *crédit.*

accroc **n.m.** Trou, déchirure, dans un tissu. *Elle a fait un accroc à sa robe.* • **Sans accroc :** sans ennui, sans problème. *Notre voyage en Italie s'est passé sans accroc* (= sans incident).
▸ REM. On ne prononce pas le *-c* final.
HISTOIRE DU MOT Vient de *croc*, comme *crochet.*

accrochage **n.m.** ❶ Action d'accrocher un objet. *L'accrochage des tableaux d'une exposition.* ❷ Désaccord, petite dispute entre des personnes. *Nous n'étions pas d'accord, nous avons eu un accrochage à ce sujet.* ❸ Bref combat entre des petits groupes. *Il y a eu quelques accrochages avec la police.* SYN. affrontement, heurt. ❹ Choc sans gravité entre deux véhicules.

accroche-cœur **n.m.** (PLUR. : accroche-cœur ou accroche-cœurs). Petite mèche en forme de boucle plate sur le front ou la tempe.

accrocher **v.** (CONJUG. 3). ❶ Suspendre un objet à un crochet ; attacher avec des crochets ou un mécanisme quelconque. *Accrocher un tableau au mur.* SYN. fixer. *Accrocher sa veste au portemanteau. Accrocher une remorque à sa voiture.* SYN. atteler. CONTR. décrocher. ❷ Heurter légèrement en passant. *Justin a accroché la porte du garage en faisant une marche arrière.* ❸ Arrêter quelqu'un au passage et le retenir pour lui parler. *Je me suis fait accrocher par un homme qui voulait me vendre un tapis.* SYN. aborder, accoster. ◆ **s'accrocher** **v.pron.** ❶ Se prendre dans quelque chose, s'y entortiller. *Des algues se sont accrochées dans l'hélice.* ❷ Se retenir fermement à quelque chose, à quelqu'un pour éviter de tomber ou d'être entraîné. *Accroche-toi à moi, on va essayer de traverser la rivière.* SYN. s'agripper, se cramponner. ❸ Compter sur quelque chose ou sur quelqu'un pour ne pas désespérer. *Elle s'accrochait encore à ce mince espoir.* ❹ Persévérer dans ce que l'on fait, même si l'effort est pénible. *Il s'accroche, il réussira.* ❺ Avoir un accrochage, une petite dispute avec quelqu'un. *Ils se sont accrochés pour une bêtise.* SYN. se disputer, se quereller.

accroire **v.** • **En faire accroire à quelqu'un :** lui raconter des histoires, lui faire croire des choses fausses.
▸ REM. 1. Ce verbe ne s'emploie qu'à l'infinitif après les verbes *faire* et *laisser*. 2.2. Ce mot appartient à la langue soutenue.

accroissement **n.m.** Augmentation en quantité ou en intensité. *L'accroissement de la population.* SYN. développement. CONTR. diminution.

accroître, ✎ *accroitre* **accroissant, accru** **v.** (CONJUG. 75). Rendre plus grand, plus intense, développer quelque chose. *Il accrut son domaine en rachetant des terres avoisinantes.* SYN. agrandir, augmenter. ◆ **s'accroître** **v.pron.** Devenir plus grand, plus important. *Le nombre de personnes atteintes par l'épidémie s'accroît de jour en jour.* SYN. augmenter. CONTR. diminuer.

s'accroupir **accroupissant, accroupi** **v.pron.** (CONJUG. 16). Se baisser en pliant les jambes jusqu'à s'asseoir sur les talons. *Élise s'était accroupie au bord de la mare pour essayer d'attraper des têtards.*
HISTOIRE DU MOT Vient de *croupe.*

accru, e **adj.** Qui est plus grand, de plus en plus grand. *Le vent s'est mis à souffler avec une violence accrue.*

accueil **n.m.** Le fait et la manière d'accueillir quelqu'un ou quelque chose. *Aglaé est chargée de l'accueil des nouveaux élèves.* SYN. réception. *Élisabeth leur réservait toujours l'accueil le plus chaleureux.*
▸ REM. Attention, *-ueil.*

accueillant, e **adj.** ❶ Qui reçoit volontiers et de façon très amicale. *Ses parents sont des gens charmants, très accueillants.* SYN. aimable, hospitalier. ❷ Où l'on est toujours bien accueilli, bien reçu. *Leur maison était accueillante, on aimait y aller.* SYN. hospitalier. CONTR. inhospitalier.
▸ REM. Attention, *-ueil-.*

accueillir **accueillant, accueilli** **v.** (CONJUG. 26). ❶ Être là pour recevoir une personne à son arrivée. *Boris nous a accueillis à l'aéroport.* ❷ Donner l'hospitalité à quelqu'un pour un certain temps. *Quand nous sommes passés à Alger, la famille de Malika nous a accueillis une semaine.* SYN. héberger, recevoir. ❸ Recevoir de manière positive ou négative. *La nouvelle de son départ a été assez mal accueillie.*
▸ REM. Attention, *-ueil-.*

acculer **v.** (CONJUG. 3). ❶ Pousser contre un obstacle qui empêche de reculer. *Il était acculé au mur, et l'autre le visait avec son fusil.* ❷ Mettre dans l'impossibilité d'échapper à quelque chose. *De nombreux petits commerçants ont été acculés à la faillite.* SYN. pousser, réduire.

accumulateur **n.m.** Appareil qui emmagasine l'électricité pour la restituer au fur et à mesure des

besoins. *La batterie est à plat, il faut recharger les accumulateurs.*
▸ REM. On abrège souvent ce mot en disant les *accus* pour les accumulateurs d'une batterie.

accumulation **n.f.** Monceau de choses accumulées. *Il y a une grande accumulation de vieilleries dans le grenier.* SYN. amoncellement, entassement. *Cet article dans le journal n'est qu'une accumulation de mensonges.* SYN. suite.

accumuler **v.** (CONJUG. 3). Rassembler en grande quantité, en grand nombre. *Le vent avait accumulé le sable contre la palissade.* SYN. amasser, amonceler. ◆ **s'accumuler** **v.pron.** S'entasser. *Le courrier s'accumule sur mon bureau.*

accusateur, trice **n.** Personne qui accuse, qui reproche une faute à quelqu'un. *Je veux répondre à mes accusateurs.* ◆ **adj.** *Un regard, un silence accusateurs* sont pleins de reproches, ils accusent sans qu'une parole soit prononcée.

accusation **n.f.** ❶ Propos qui accusent quelqu'un d'une faute. *Tes accusations sont injustes.* SYN. attaque, critique. ❷ L'acte qui consiste à accuser une personne devant la justice d'un délit ou d'un crime. ❸ *L'accusation*, en France, c'est l'ensemble des magistrats qui poursuivent en justice un accusé, par opposition à *la défense*.

1 accusé **n.m.** • **Accusé de réception :** avis informant l'expéditeur de la bonne réception d'un envoi. *Elle a reçu une lettre recommandée avec accusé de réception.*

2 accusé, e **n.** Personne qui est accusée en justice d'un crime ou d'un délit. SYN. prévenu.

accuser **v.** (CONJUG. 3). ❶ Dire de quelqu'un qu'il est coupable, lui reprocher une faute. *On l'accuse d'avoir accroché des casseroles à la voiture du directeur.* ❷ Traduire en justice une personne dont on soupçonne qu'elle est coupable d'un délit ou d'un crime. *Il est accusé du cambriolage de la rue du Commerce.* ❸ Rendre responsable d'un événement désagréable. *Cet accident n'était pas de sa faute, il accusait le brouillard.* SYN. incriminer. ❹ Souligner, mettre en évidence. *La lumière accusait les traits de son visage.* SYN. marquer. *L'âge accusait leur ressemblance.* SYN. accentuer. CONTR. atténuer, estomper. • **Accuser réception :** faire savoir à l'expéditeur qu'on a bien reçu son envoi.

acerbe **adj.** *Des paroles acerbes* ont un caractère sec, blessant. SYN. aigre, mordant.

acéré, e **adj.** ❶ Qui est très aiguisé, pointu, tranchant. *Une épée au tranchant acéré.* SYN. affilé. CONTR. émoussé. *Les griffes acérées d'un chat.* ❷ *Une critique acérée* est faite pour blesser. SYN. acerbe, caustique, mordant.
HISTOIRE DU MOT Vient de *acier.*

les griffes **acérées** d'une chouette

acétone **n.f.** Liquide incolore, à forte odeur, qui s'évapore très vite et que l'on utilise fréquemment pour dissoudre des produits tels que les vernis, les colles, etc.

acétylène **n.m.** Gaz incolore à forte odeur de vinaigre, qui brûle avec une flamme éclairante. *Les mineurs utilisaient des lampes à acétylène.*

achalandé, e **adj.** *Un magasin bien achalandé* est bien approvisionné ; on y trouve un grand choix de marchandises.
HISTOIRE DU MOT Vient de *chaland* qui signifiait « client ». Un magasin *bien achalandé* avait de nombreux clients, donc un bon choix de marchandises.

un étal de fruits et légumes bien **achalandé**

acharné, e **adj.** ❶ Qui met toute son énergie, toute son obstination dans ce qu'il fait. *C'était une joueuse acharnée.* SYN. enragé. *Son adversaire était acharné.* SYN. tenace. ❷ Où l'on met toute son ardeur. *C'était un combat acharné.* SYN. féroce, furieux.

acharnement **n.m.** Obstination que l'on met à lutter, à faire quelque chose. *Nos joueurs se sont battus avec acharnement, mais ils ont perdu le match.* SYN. ardeur.

s'acharner **v.pron.** (CONJUG. 3). ❶ Poursuivre sa victime avec acharnement, violence, sans la lâcher. *Le chat s'acharne sur la souris.* ❷ Se battre avec ténacité pour parvenir à son but. *Je ne sais s'il aura son examen, mais en tout cas il s'acharne !*
HISTOIRE DU MOT Vient de l'ancien français *charn* qui signifie « chair » et que l'on retrouve dans *charnel.*

achat **n.m.** ❶ Action d'acheter, acte par lequel on acquiert quelque chose. *Elle envisage l'achat d'une maison.* SYN. acquisition. CONTR. vente. ❷ Ce qui a été acheté. *Elle avait hâte de nous montrer ses achats.* SYN. emplette.

acheminement **n.m.** L'opération par laquelle on achemine quelque chose. *L'acheminement du courrier est assuré tous les jours.*

acheminer **v.** (CONJUG. 3). Conduire vers le lieu de destination, faire parvenir à destination. *Le quartier général avait décidé d'acheminer des troupes vers le front.* SYN. diriger, envoyer. *Acheminer du courrier.* ◆ **s'acheminer** **v.pron.**

Être en route vers une destination, s'en rapprocher. *Nous nous acheminions doucement vers le lac.* SYN. aller, se diriger, marcher.
HISTOIRE DU MOT Vient de *chemin*.

acheter **v.** (CONJUG. **11**). ❶ Obtenir, acquérir quelque chose en payant. *J'achète des gaufres, qui en veut ? Nous achetons une maison.* SYN. acquérir. CONTR. vendre. ❷ Obtenir la complicité ou les faveurs de quelqu'un en le payant. *Les trafiquants ont essayé d'acheter les journalistes.* SYN. corrompre, soudoyer.

acheteur, euse **n.** Personne qui achète. *Les acheteurs se pressaient autour de l'étalage du magasin.* SYN. client. CONTR. vendeur. *Voici mon prix, êtes-vous acheteur ?* SYN. acquéreur.

achevé, e **adj.** Qui a atteint la perfection dans son genre. *C'est le type achevé du snob.* SYN. accompli. *Elle lui fit une scène d'un ridicule achevé.* SYN. complet.

achèvement **n.m.** Action d'achever, de mener à son terme. *Vous pourrez vous installer dès l'achèvement des travaux.* SYN. fin. CONTR. commencement.

achever **v.** (CONJUG. **10**). ❶ Terminer ce que l'on a entrepris. *Laissez-moi au moins achever ma phrase !* SYN. finir. *Il est mort avant d'avoir pu achever son roman.* ❷ Tuer un animal blessé. ❸ (Familier) Donner le coup de grâce à quelqu'un, finir d'accabler. *Ce procès l'a achevé, il ne s'en est pas remis.* ◆ **s'achever** **v.pron.** Prendre fin, arriver à son terme. *L'année s'achève.*

achopper **v.** (CONJUG. **3**). Être arrêté par une difficulté, un obstacle. *Dimitri achoppe toujours sur la prononciation des « j » et des « u ».* SYN. buter.
HISTOIRE DU MOT Vient de l'ancien français *chopper* qui signifiait « trébucher, faire un faux pas ».

1 acide **adj.** ❶ Qui a un goût piquant. *Annette aime les pommes encore vertes, un peu acides.* CONTR. doux. ❷ Se dit de précipitations (pluies, brouillards, etc.) polluées par les fumées industrielles, nuisibles à la végétation, en particulier aux forêts. *Des pluies acides.*

2 acide **n.m.** Substance chimique qui a la caractéristique de ronger certaines matières. *Le vinaigre, qui contient de l'acide acétique, attaque la craie.*

acidité **n.f.** ❶ Le goût acide d'un aliment. *Tout le monde n'apprécie pas l'acidité du citron.* ❷ Le caractère acide, mordant et intentionnellement déplaisant d'une parole. *Son ton ironique soulignait l'acidité de sa remarque.*

acidulé, e **adj.** Légèrement acide. *Des bonbons acidulés.*

acier **n.m.** Métal dur obtenu par un alliage de fer et d'une petite quantité de carbone. *Les cordes du piano sont en acier.* • **D'acier :** très dur, très résistant. *Des muscles d'acier.*

aciérie **n.f.** Usine où l'on transforme la fonte en acier.

acné **n.f.** Maladie de la peau caractérisée par des boutons, en particulier sur le visage.
▶ REM. Ce mot est du féminin.

acolyte **n.m.** Le compagnon d'un bandit, d'un malfaiteur, celui qui l'aide dans ses mauvais coups. *Le pirate de l'air et deux de ses acolytes ont été arrêtés.* SYN. complice.
▶ REM. Attention, *-y-*.
HISTOIRE DU MOT Vient du grec *akolouthos* qui signifie « serviteur » ; ce mot désignait, dans la religion catholique, celui qui aidait le prêtre à servir la messe.

acompte **n.m.** Partie d'une somme à payer que l'on verse à l'avance. *Verser un acompte sur une commande.*

s'acoquiner **v.pron.** (CONJUG. **3**). Se lier avec des personnes peu recommandables pour faire des mauvais coups. *Il s'était acoquiné avec un très curieux serrurier pour ouvrir le coffre-fort de la banque.*
HISTOIRE DU MOT Vient de *coquin*.

à-côté **n.m.** (PLUR. : **à-côtés**). Ce qui est secondaire, accessoire, qui vient à côté de l'essentiel. *Il faut prévoir de l'argent pour les à-côtés du voyage.*

à-coup **n.m.** (PLUR. : **à-coups**). Arrêt puis reprise dans un mouvement qui devrait être continu. *Le moteur avait des à-coups, la panne s'annonçait.* • **Par à-coups :** de façon irrégulière, sans aucune continuité. *Nous avancions par à-coups.*

acoustique **adj.** Qui concerne les sons et leur propagation dans l'espace. *Le nerf acoustique permet de percevoir les sons.* SYN. auditif. *L'écho est un phénomène acoustique.* ◆ **n.f.** ❶ Qualité bonne ou mauvaise d'une salle, d'un lieu, du point de vue de la propagation du son. *On cherche encore aujourd'hui le secret de l'acoustique des théâtres grecs et romains.* ❷ La partie de la physique qui étudie les sons.

acquéreur **n.m.** Personne qui acquiert quelque chose, qui l'achète. *Il voulait vendre sa vieille voiture mais il n'a pas trouvé d'acquéreur.* SYN. acheteur, preneur.
▶ REM. En France, *acquéreur* n'a pas de féminin, mais au Canada, en Suisse et en Belgique, on dit *une acquéreuse*.

acquérir **acquérant, acquis v.** (CONJUG. **23**). ❶ Devenir le possesseur de quelque chose. *Avec ses économies il a pu acquérir seul son vélo tout-terrain.* SYN. acheter. ❷ Parvenir à obtenir quelque chose après des recherches, grâce à des efforts. *Elle avait acquis une grande habileté à l'escrime.*

viaduc en **acier** (Garabit, France)

A B C D E F G H I J K L M N O P Q R S T U V W X Y Z

acquiescement n.m. Le fait d'acquiescer, d'approuver, de dire oui. *Il hocha la tête en signe d'acquiescement.* SYN. acceptation, accord. CONTR. refus.

acquiescer acquiesçant, acquiescé v. (CONJUG. 4). Dire oui, être d'accord avec ce qui est proposé, ce qui est dit. *Elle acquiesça d'un signe de tête.* SYN. accepter, approuver. CONTR. refuser.

1 **acquis** n.m. Avantage, expérience ou savoir que l'on a acquis par la lutte ou le travail. *La démocratie française est un acquis de la Révolution. Il ne progresse plus guère en anglais, il vit sur ses acquis.*
▸ REM. Ne pas confondre avec *acquit*.

2 **acquis, e** adj. ❶ Qu'on a obtenu par l'habitude, l'éducation. *Caractères acquis.* CONTR. inné. ❷ Qui a été obtenu et qui est reconnu une fois pour toutes. *Des avantages acquis. Sa culpabilité est un fait acquis.* SYN. certain, incontestable. • **Être (tout) acquis à quelqu'un :** être prêt à le soutenir en toute occasion. SYN. dévoué.

acquisition n.f. ❶ Le fait d'acquérir quelque chose. *Ambroise a fait l'acquisition d'une paire de rollers.* SYN. achat, emplette. ❷ Ce qui a été acquis, acheté. *Regarde ma nouvelle acquisition !*

acquit n.m. • **Par acquit de conscience :** pour être vraiment sûr, pour éviter d'avoir des remords. *Je vais vérifier dans mon sac, par acquit de conscience, mais je suis sûre que je n'ai pas ta clef.*

acquittement n.m. Décision par laquelle le tribunal reconnaît un accusé non coupable. *L'avocat a demandé l'acquittement de son client.*

acquitter v. (CONJUG. 3). Déclarer innocent d'un délit ou d'un crime. *Le tribunal a acquitté l'accusé.* SYN. disculper, innocenter. CONTR. condamner. ◆ **s'acquitter** v.pron. Remplir une obligation ; faire ce que l'on doit faire. *S'acquitter d'une dette* (= la payer). *S'acquitter d'une mission, d'une tâche, d'un devoir* (= remplir une mission, accomplir sa tâche, son devoir).

âcre adj. Dont le goût ou l'odeur sont forts et piquants. *Tom aimait la saveur âcre des prunes encore vertes.* SYN. âpre. *Une fumée âcre.*

HISTOIRE DU MOT Vient du latin *acer* qui signifie « aigu, âpre, piquant ».

âcreté n.f. Goût âcre, odeur âcre. *L'âcreté de la fumée le faisait tousser.*

acrimonie n.f. Amertume, agressivité dans le ton et les paroles. *Il lui exposa ses griefs sur un ton plein d'acrimonie.* SYN. aigreur, hargne.

acrobate n. Artiste de cirque ou de music-hall, très souple et très agile, capable de réaliser des exercices physiques très difficiles. *Les trapézistes, les funambules, les contorsionnistes sont des acrobates.*

HISTOIRE DU MOT Vient du grec *akrobatês* qui signifie « qui marche sur la pointe des pieds ».

acrobatie n.f. Exercice de souplesse, d'équilibre ou d'adresse. *Le saut périlleux, la voltige, le trapèze sont des acrobaties.* • **Acrobaties aériennes :** exercices d'adresse exécutés avec un avion.

acrobatique adj. Qui relève de l'acrobatie. *Le numéro des gymnastes comportait des exercices acrobatiques au trapèze.*

acropole n.f. La partie la plus élevée des cités de la Grèce antique, qui servait de citadelle et contenait les sanctuaires de la ville. → VOIR noms propres.

acrosport n.m. Sport par équipes mêlant acrobaties, gymnastique, danse et musique.

acrostiche n.m. Poème composé de telle sorte qu'en lisant verticalement la première lettre de chaque vers on obtient un mot ou un nom.

HISTOIRE DU MOT Vient des mots grecs *akros*, qui signifie « extrême », et *stikhos*, qui signifie « vers ».

acrylique adj. • **Peinture acrylique :** peinture à base de produits chimiques dérivés de certains acides, par opposition à la peinture à l'huile ou à l'eau. ◆ **n.m.** Fibre synthétique faite à partir de produits chimiques et qui sert à fabriquer certains tissus.

1 **acte** n.m. Ce que l'on accomplit volontairement, qui a un but et des conséquences. *On est responsable de ses actes devant la loi.* SYN. action. *Un acte de courage.* • **Faire acte d'autorité :** manifester son autorité, faire la preuve qu'on en a. • **Faire acte de présence :** n'être présent quelque part que par politesse ou par obligation.

2 **acte** n.m. Écrit, document officiel qui constate un fait. *Signer au bas d'un acte de vente.*

3 **acte** n.m. Chacune des parties d'une pièce de théâtre. *Les tragédies classiques de Corneille ou de Racine se divisent souvent en cinq actes.*

acteur, trice n. ❶ Personne qui joue un rôle dans un film ou une pièce de théâtre. SYN. comédien. ❷ Toute personne qui participe activement à un événement. *Il fut l'un des principaux acteurs de la négociation.*

1 **actif, ive** adj. ❶ Qui est plein d'énergie, qui agit et aime agir. *C'est une personne active et efficace, le travail ne lui fait pas peur !* SYN. dynamique, entreprenant. ❷ Qui est efficace. *J'ai trouvé un produit actif contre les taches de fruits.* • **Entrer dans la vie active :** commencer à exercer une activité professionnelle. • **La population active :** les personnes qui travaillent, qui sont en activité, par opposition aux enfants et aux retraités.

2 **actif, ive** adj. • **La voix active :** en grammaire, la forme d'un verbe où le sujet fait l'action (par opposition à *la voix passive*). *Dans « Pierre écrit une lettre » ou*

acrobatie

a b c d e f g h i j k l m n o p q r s t u v w x

A B C D E F G H I J K L M N O P Q R S T U V W X Y Z

dans « la charrette gravit la pente », les verbes sont à la voix active. ◆ **actif** **n.m.** Voix active. *Conjuguez ce verbe à l'actif et au passif.*

1 **action** **n.f.** ❶ Ce que l'on fait. *Les raisons profondes de cette action sont difficiles à saisir.* SYN. acte. *Une bonne action. La première femme qui pilota un avion fit une action d'éclat* (= un exploit). *Son action auprès des réfugiés a été très efficace.* SYN. activité. ❷ La faculté d'agir de quelqu'un. *Ce n'est pas un penseur, c'est un homme d'action.* ❸ L'effet produit par quelque chose. *Ses cheveux se sont décolorés sous l'action du soleil.* ❹ Le déroulement des événements dans un récit, une œuvre théâtrale ou cinématographique ; le rythme de ces événements. *L'action se passe au Moyen Âge.* SYN. intrigue. *On ne s'ennuie pas une seconde dans ce film, il y a de l'action tout le temps.* • **Être, entrer en action :** agir, commencer à agir. *Les pompiers sont entrés en action à l'aube.* • **Passer à l'action :** se mettre à agir ; passer à l'offensive. *Le commando est passé à l'action.*

2 **action** **n.f.** Titre qui représente une part du capital d'une entreprise et qui donne droit à recevoir une part des bénéfices. *On peut acheter des actions à la Bourse.*

actionnaire **n.** Personne qui possède des actions. *Les actionnaires ont touché des revenus importants cette année.*

actionner **v.** (CONJUG. 3). Faire marcher, mettre en mouvement quelque chose. *Actionner un signal d'alarme. La chute d'eau actionne la roue à aubes du moulin.*

activement **adv.** De manière très active. *Elle prépare activement ses vacances.* SYN. énergiquement.

activer **v.** (CONJUG. 3). ❶ Rendre plus actif, plus vif. *C'est un médicament qui active la circulation du sang.* SYN. stimuler. ❷ (Familier) Aller plus vite. *Allez, activez, les gars, ou nous n'y serons jamais à temps !* SYN. accélérer, se dépêcher, se hâter. ◆ **s'activer** **v.pron.** Faire preuve d'une grande activité. *On s'activait autour des blessés.* SYN. s'empresser.

activité **n.f.** ❶ Ce que l'on fait dans sa vie professionnelle, dans ses loisirs, etc. *Ses activités professionnelles l'absorbent complètement.* SYN. obligation, tâche. *Camille a de nombreuses activités en dehors de l'école : musique, escalade...* SYN. occupation. ❷ Le fait d'agir, d'être occupé. *Quelle activité ! À plus de quatre-vingts ans !* SYN. dynamisme. CONTR. apathie, inertie. ❸ L'animation qui règne dans un lieu. *Il y avait dans le magasin une activité fébrile.* • **En activité :** en action, ou au travail. *Un volcan en activité.* CONTR. éteint. *L'instituteur est toujours en activité.* SYN. en exercice. CONTR. à la retraite.

actualité **n.f.** Ce qui se passe au moment présent, les événements actuels. *L'actualité politique, sportive, culturelle du pays. Ce documentaire n'est plus d'actualité* (= il est dépassé, il ne correspond pas à l'époque présente). ◆ **actualités** **n.f.plur.** Au cinéma, à la télévision, présentation en images des principaux événements du moment. *Les actualités sportives, régionales.*

actuel, elle **adj.** ❶ Qui se passe en ce moment, qui appartient au temps présent. *À l'heure actuelle* (= aujourd'hui, à présent). ❷ Qui concerne notre époque. *Bien que ce livre ait été écrit avant la guerre, il est encore tout à fait actuel* (= d'actualité). CONTR. démodé, désuet.

actuellement **adv.** À l'époque actuelle ; pour le moment. *Ces idées n'ont plus cours actuellement* (= aujourd'hui, de nos jours). *Elle est actuellement en congé* (= en ce moment).

acuité **n.f.** Le caractère aigu, perçant et perspicace des sens ou de l'intelligence. *L'acuité visuelle* (= la capacité à bien voir).

acupuncteur, trice ou **acuponcteur, trice** **n.** Spécialiste d'acupuncture.
▶ REM. On prononce toujours « acuponcteur ».

acupuncture ou **acuponcture** **n.f.** Discipline médicale d'origine chinoise qui consiste à piquer de fines aiguilles d'or ou d'argent en certains points du corps.
▶ REM. On prononce toujours « acuponcture ».

HISTOIRE DU MOT Vient du latin *acus*, qui signifie « aiguille », et *punctura*, qui signifie « piqûre ».

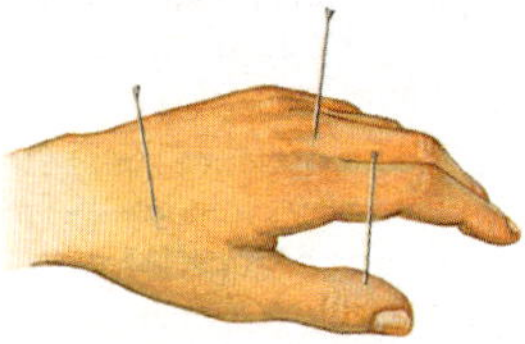

aiguilles d'acupuncture

adage **n.m.** Formule brève et frappante, qui s'est transmise de génération en génération et qui exprime une règle de conduite pratique, une sentence. *« Comble de justice, comble d'injustice » est un adage qui signifie qu'en appliquant trop bien la loi, on commet souvent des injustices.* SYN. dicton, maxime.

adagio **adv.** Terme porté sur une partition de musique pour indiquer que le mouvement doit être joué lentement. ◆ **n.m.** Morceau de musique joué sur un rythme lent.
▶ REM. On prononce [adadʒjo].

HISTOIRE DU MOT Vient de l'italien *ad agio* qui signifie « à l'aise ».

adaptable **adj.** Qui peut s'adapter. *Un accessoire adaptable à tous les modèles de voitures.*

1 **adaptateur** **n.m.** Petit dispositif qui permet de brancher un appareil électrique sur une prise qui n'a pas les mêmes dimensions.

2 **adaptateur, trice** **n.** Personne qui adapte un roman pour en faire un film ou une pièce de théâtre.

adaptation **n.f.** ❶ Le fait de s'adapter, de s'habituer à un nouvel élément, à un nouveau milieu. *Ce travail demande une période d'adaptation. Ces animaux ont une grande capacité d'adaptation.* ❷ Œuvre théâtrale ou cinématographique réalisée à partir d'un roman ; travail fait pour réaliser cette œuvre. *Ce dessin animé est l'adaptation à l'écran du roman « le Merveilleux Voyage de Nils Holgersson... » de Selma Lagerlöf.*

adapter **v.** (CONJUG. 3). ❶ Joindre, relier une chose à une autre. *On peut adapter un presse-citron sur ce robot ménager.* SYN. fixer, mettre. ❷ Modifier une attitude, des habitudes pour qu'elles conviennent à une situation nouvelle. *Le professeur a adapté ses méthodes à ses nouveaux élèves.* SYN. ajuster. ❸ *Adapter un roman à l'écran, au théâtre*, c'est le modifier pour qu'il puisse être joué, mis en scène. ◆ **s'adapter** **v.pron.** S'habituer à une nouvelle situation. *On s'adapte à tout.* SYN. s'accoutumer.

addax **n.m.** Antilope d'Afrique dont les cornes sont roulées en spirales.
▸ REM. Le *-x* se prononce.

addiction **n.f.** Comportement répétitif plus ou moins difficile à réprimer et nuisible à la santé. *L'alcoolisme, le tabagisme sont des addictions.*

additif **n.m.** ❶ Petit texte qui s'ajoute à un texte déjà écrit pour apporter une précision. *Un additif à une loi, à un contrat.* ❷ Ce que l'on ajoute à un produit, à une substance. *Les colorants sont des additifs alimentaires.*

addition **n.f.** ❶ La première des quatre opérations de l'arithmétique qui permet de trouver la somme de plusieurs nombres. *Le signe + est le signe de l'addition.* → VOIR Fiche 13. ❷ Action d'ajouter une chose à une autre. *Ce produit est garanti sans addition de colorant.* SYN. adjonction, ajout. ❸ Total des dépenses faites dans un café, un restaurant. *Garçon, l'addition !* SYN. note.

additionner **v.** (CONJUG. 3). ❶ Faire l'addition, la somme de plusieurs nombres. *Additionner les nombres d'une colonne.* SYN. totaliser. ❷ Ajouter une substance à une autre. *Additionner son thé de miel.*

adduction **n.f.** Transport d'eau, de gaz dans une conduite jusqu'aux installations de traitement et de distribution. *Travaux d'adduction d'eau.*

adepte **n.** ❶ Partisan convaincu d'une doctrine, d'une idée. *Une idée qui fait des adeptes.* ❷ Personne qui aime beaucoup une activité et qui la pratique. *Babeth est une adepte de la planche à voile.*

adéquat, e **adj.** Qui correspond parfaitement à ce qu'on attend. *Ce n'est pas tout à fait l'expression adéquate.* SYN. convenable. CONTR. inadéquat. *J'ai trouvé l'outil adéquat pour réparer la porte.* SYN. approprié.
▸ REM. Au masculin, on prononce [adekwa].

adéquation **n.f.** Parfaite correspondance entre deux choses. *Ce qu'il fait n'est pas en adéquation avec ses idées.*
▸ REM. On prononce [adekwasjɔ̃].

adhérence **n.f.** Le fait d'adhérer, de coller à quelque chose. *Des pneus lisses ont peu d'adhérence au sol.*

adhérent, e **adj.** Qui adhère, qui tient très fortement à quelque chose. *Sparadrap très adhérent.* ◆ **n.** Personne qui adhère à un club, un parti, un syndicat, etc. *La carte d'adhérent donne droit à une entrée gratuite dans certaines expositions.* SYN. membre.
▸ REM. Ne pas confondre avec le participe présent du verbe *adhérer* : *En adhérant* (avec un *a*) *à un parti, on devient un adhérent* (avec un *e*) *de ce parti.*

addax

adhérer **v.** (CONJUG. 9, ✎ 10). ❶ Rester fortement attaché à quelque chose comme avec de la colle. *Le plâtre adhère bien sur le ciment mais très mal sur le bois.* SYN. coller, tenir. ❷ *Adhérer à une idée, à une doctrine*, c'est les faire siennes, en devenir partisan. SYN. se rallier, se ranger. CONTR. rejeter. ❸ *Adhérer à un parti, à une association*, c'est en devenir membre, adhérent. SYN. s'affilier, s'inscrire.

adhésif, ive **adj.** *Un ruban, un pansement adhésifs* ont une face recouverte d'une substance qui leur permet d'adhérer, de coller. *Fermer un paquet avec du ruban adhésif.* ◆ **adhésif** **n.m.** Ruban adhésif. *Est-ce que tu as de l'adhésif pour fermer ce paquet ?*

adhésion **n.f.** ❶ Le fait d'adhérer, de s'inscrire à un parti, à une association. *L'adhésion à l'association sportive est facultative.* SYN. inscription. ❷ *Donner son adhésion à une idée, à un projet*, c'est être d'accord avec cette idée, avec ce projet.

ad hoc **adj.invar.** Qui convient parfaitement, qui est adéquat. *J'ai trouvé la vis ad hoc, on va pouvoir construire notre jouet.*

adieu **interj.** et **n.m.** ❶ Mot de salutation que l'on dit quand on part pour longtemps ou pour toujours. *« Et, quand il arrosa une dernière fois la fleur, [...] il se découvrit une envie de pleurer. Adieu, dit-il à la fleur »* (*le Petit Prince*, Saint-Exupéry). ❷ Parfois synonyme de *bonjour* ou de *bonsoir*, selon le moment de la journée. *Adieu, Marius, comment vas-tu ?* • **Dire adieu à quelque chose** : y renoncer. *Je crois que je peux dire adieu à mon chandail, il est perdu.* • **Faire ses adieux** : prendre congé, dire au revoir. *Je suis venu vous faire mes adieux, je pars demain.*

HISTOIRE DU MOT Vient de *à* et de *Dieu*.

adipeux, euse **adj.** Qui est fait de graisse. *Le tissu adipeux, les cellules adipeuses de notre corps.*

HISTOIRE DU MOT Vient d'un mot latin qui signifie « graisse ».

A B C D E F G H I J K L M N O P Q R S T U V W X Y Z

adjacent, e adj. ❶ Qui est situé juste à côté. *Des gens, chargés de paniers, sortaient des maisons et des petites rues adjacentes.* SYN. avoisinant, voisin. ❷ *Deux angles adjacents* ont le même sommet et un côté commun.

adjectif n.m. Mot qui qualifie ou détermine un nom. *Les adjectifs s'accordent en genre et en nombre avec le nom dont ils dépendent.* → VOIR encadré ci-dessous.

adjoindre adjoignant, adjoint v. (CONJUG. 49). ❶ Désigner une personne pour aider une autre personne dans sa tâche. *On lui a adjoint deux jeunes collègues pour terminer au plus vite.* ❷ Ajouter une chose à une autre. *À ses difficultés d'argent se sont adjoints des problèmes de santé.*

adjoint, e n. et adj. Personne qui est chargée d'en seconder une autre dans son travail et de la représenter éventuellement. *Les conseillers municipaux ont élu l'adjoint au maire. Sa mère a été nommée directrice adjointe.*

adjonction n.f. Le fait d'adjoindre, d'ajouter une chose à une autre. *L'adjonction d'une webcam à un ordinateur.* SYN. addition.

adjudant, e n. Grade de sous-officier au-dessus du sergent-chef et au-dessous de l'adjudant-chef.

adjuger adjugeant, adjugé v. (CONJUG. 5). ❶ Attribuer une chose à quelqu'un. *Le premier lot a été adjugé à Karim.* SYN. décerner. ❷ Attribuer un objet au plus offrant dans une vente aux enchères. *Le commissaire-priseur a adjugé le tableau à Mlle Louise en disant ces mots : « Une fois, deux fois, trois fois, adjugé, vendu ! »*

◆ **s'adjuger** v.pron. Prendre pour soi, sans demander l'avis des autres. *Il s'est adjugé la plus grosse part du gâteau.* SYN. s'octroyer.

adjurer v. (CONJUG. 3). Prier quelqu'un avec insistance de faire quelque chose. *Elle l'adjura de se taire.* SYN. implorer, supplier.
▸ REM. Ce mot appartient à la langue soutenue.

admettre admettant, admis v. (CONJUG. 51). ❶ Accepter dans un groupe, dans un lieu. *On l'a tout de suite admis dans notre bande.* SYN. accueillir. *Les chiens, même tenus en laisse, ne sont pas admis dans le parc.* SYN. tolérer. ❷ Accepter un élève, un candidat. *Vingt candidats ont été admis au concours.* SYN. recevoir. ❸ Consentir à quelque chose. *Mon père n'admet pas que je me couche après dix heures.* SYN. accepter, tolérer. ❹ Reconnaître comme vrai. *Admettre qu'on a eu tort.* SYN. convenir. ❺ Prendre comme hypothèse. *En admettant que tu aies dit cela...* (= en supposant).

administrateur, trice n. Personne qui est chargée d'administrer, de gérer les biens d'une société.

administratif, ive adj. Qui concerne une administration ou l'Administration. *Pour s'inscrire à l'université, il faut faire de nombreuses démarches administratives.*

administration n.f. ❶ Le fait d'administrer, de s'occuper des affaires d'une société, d'un organisme. *L'administration d'une région. L'administration de son entreprise lui prend tout son temps.* SYN. gestion. ❷ (Avec une majuscule.) L'ensemble des services publics d'un pays (ministères, mairies, préfectures, etc.) ; l'ensemble des employés qui travaillent dans

Les **adjectifs**

L'**adjectif** est un mot qui est toujours associé à un nom.

L'adjectif non qualificatif

Les adjectifs possessifs, démonstratifs, indéfinis, numéraux, interrogatifs ou exclamatifs sont des déterminants du nom. → VOIR **déterminant**.

L'adjectif qualificatif

▪ **Le rôle de l'adjectif**

L'adjectif sert à décrire ou à établir une relation.

➤ l'adjectif de **description** indique l'aspect, la dimension, la qualité :
un maillot *rayé* / une *grande* maison / un style *agréable*.

➤ l'adjectif de **relation** indique un simple rapport au nom ; il est le plus souvent formé à partir de ce nom :
la voiture *présidentielle* (= du président)
ma grand-mère *paternelle* (= du côté de mon père).

▪ **Les fonctions de l'adjectif**

➤ **épithète** : l'adjectif **épithète** est un constituant du groupe du nom ; il se rapporte directement au nom, qu'il soit placé avant ou après ce nom :
une *gentille* fille **une fille *gentille*.**

➤ **attribut** : l'adjectif **attribut** est un constituant du groupe du verbe. → VOIR **attribut**.
– ***l'attribut du sujet*** se rapporte au nom par l'intermédiaire de certains verbes d'état comme *être, paraître, sembler, devenir*, etc. :
Le ciel est *bleu*.
– ***l'attribut du complément d'objet*** direct se rapporte au nom par l'intermédiaire de certains verbes comme *trouver, croire, rendre, penser, juger*, etc.
Je trouve vos idées *excellentes*.

➤ **apposé** : l'adjectif **apposé** (ou **mis en apposition**) fait partie du groupe du nom ; il est séparé du nom par une virgule à l'écrit ou une pause à l'oral :
Julie, *gentille*, a accepté de venir.

▪ **L'accord de l'adjectif**

Quelle que soit sa fonction (attribut, épithète ou apposé), l'adjectif s'accorde en genre et en nombre avec le nom auquel il se rapporte :
un *beau* tableau / de *beaux* tableaux
une *belle* peinture / de *belles* peintures.

Cas particulier

L'adjectif se rapporte à plusieurs noms :
– si ces noms sont du même genre, l'adjectif se met au pluriel et au genre de ces noms :
Du chocolat et un gâteau *délicieux*.
Une tarte et une tartelette *délicieuses*.
– si ces noms sont de genres différents, l'adjectif se met au masculin pluriel :
Une tarte et un gâteau *délicieux*.

ces services. *Il cherche un poste dans l'Administration* (=fonction publique).

administré, e **n.** Citoyen considéré par rapport à l'Administration publique. *Le maire s'adressa à ses administrés.*

administrer **v.** (CONJUG. 3). ❶ Diriger des affaires, publiques ou privées. *Le conseil municipal administre la commune.* SYN. gérer. ❷ Faire prendre un médicament. *Le médecin lui a administré un calmant.* SYN. donner. ❸ Infliger une punition à quelqu'un. *Son père lui a administré une paire de gifles.* SYN. appliquer, donner. ❹ Donner un sacrement. *Administrer le baptême à un enfant.*

admirable **adj.** Qui fait naître un sentiment d'admiration. *Marie-Hélène a fait preuve d'un courage admirable.* SYN. remarquable. *Un admirable paysage.* SYN. merveilleux.

admirablement **adv.** Très bien, merveilleusement. *Ils s'entendent admirablement pour faire des bêtises !* SYN. magnifiquement.

admirateur, trice **n.** Personne qui admire quelqu'un ou quelque chose. *La chanteuse distribuait des autographes à tous ses admirateurs.*

admiratif, ive **adj.** Plein d'admiration. *Ambroise est très admiratif devant les talents de sa sœur. Elle lui lança un regard admiratif.*

admiration **n.f.** ❶ Sentiment d'émerveillement, de plaisir qu'on éprouve face à quelque chose de remarquable, de beau, de bien. *Un murmure d'admiration parcourut la salle. Les élèves sont tombés en admiration devant le dessin d'Élise.* ❷ Reconnaissance, mêlée de respect, des qualités de quelqu'un. *Avoir beaucoup d'admiration pour les pompiers.*

admirer **v.** (CONJUG. 3). Éprouver de l'admiration pour quelqu'un ou quelque chose. *J'admire les pompiers, quel courage il leur faut pour affronter le danger !*

l'Adoration des Mages
(détail d'un tableau du XVIe siècle)

admis, e **adj.** et **n.** Accepté à un examen, un concours. SYN. reçu.

admissible **adj.** ❶ Se dit d'un candidat qui a passé avec succès une série d'épreuves et est admis à se présenter aux épreuves orales. ❷ Que l'on peut tolérer, accepter. *Ce comportement n'est pas admissible.* SYN. acceptable, tolérable. CONTR. inadmissible.

admission **n.f.** Le fait d'admettre ou d'être admis quelque part. *Elle a passé l'examen d'admission à l'école.* SYN. entrée.

A.D.N. **n.m.** Abréviation de *acide désoxyribonucléique*, nom du constituant essentiel des chromosomes, support matériel de l'hérédité.

adolescence **n.f.** La période de la vie d'un être humain comprise entre l'enfance et l'âge adulte. *Pendant l'adolescence, le corps se transforme, la voix mue.*

adolescent, e **n.** et **adj.** Fille ou garçon dans l'adolescence.

HISTOIRE DU MOT Vient du latin *adolescere* qui signifie « grandir ». Ce mot a la même origine que le mot *adulte.*

s'adonner **v.pron.** (CONJUG. 3). ❶ Se livrer par goût à une activité que l'on aime. *Dès qu'il a un moment, il s'adonne au football.* SYN. se consacrer. ❷ Se laisser aller à un penchant néfaste. *S'adonner à la boisson.* SYN. s'abandonner.

adopter **v.** (CONJUG. 3). ❶ Prendre légalement pour fille ou fils un enfant qui était sans famille. ❷ Traiter quelqu'un comme s'il était de sa famille. *Sabrina est très douce, très calme, les enfants l'ont immédiatement adoptée.* SYN. accepter, admettre. ❸ *Adopter un comportement*, c'est le prendre, l'avoir. *Dès le début, Katia a adopté une attitude agressive à l'égard de Cédric.* ❹ *Adopter un projet, une loi, un texte*, c'est les approuver, en particulier par un vote.

adoptif, ive **adj.** ❶ *Des parents adoptifs* ont adopté un enfant. ❷ *Un enfant adoptif* a été adopté par quelqu'un.

adoption **n.f.** ❶ Acte par lequel une personne ou un couple adoptent un enfant. ❷ *Ville, pays d'adoption*, où l'on a soi-même choisi de vivre.

adorable **adj.** Tout à fait charmant, délicieux. *Ce sont des amis adorables !* SYN. merveilleux. CONTR. insupportable. *Un petit chat adorable.* SYN. ravissant. CONTR. affreux.

adorateur, trice **n.** ❶ Personne qui adore une divinité. *Les Incas étaient des adorateurs du Soleil.* ❷ Personne qui a de la vénération pour un être humain, en particulier pour une star. *La diva était entourée de ses adorateurs.* SYN. admirateur.

adoration **n.f.** ❶ Culte rendu à Dieu. *L'adoration des Mages venus rendre visite à Jésus est représentée sur de nombreux tableaux.* ❷ Sentiment d'amour passionné, de très vive affection pour une personne. *Mathieu a une adoration pour sa mère.*

A B C D E F G H I J K L M N O P Q R S T U V W X Y Z

adorer v. (CONJUG. 3). ❶ Rendre un culte à un dieu ou à une divinité, leur adresser des prières, des offrandes. *« Un seul Dieu adoreras » est le premier des dix commandements.* SYN. honorer, révérer, vénérer. ❷ Aimer beaucoup quelqu'un ; apprécier quelque chose à l'extrême. *Il adore sa femme.* SYN. chérir. *J'adore marcher sous la pluie. Elle adore la glace à la fraise.* SYN. raffoler de. CONTR. détester, exécrer.

HISTOIRE DU MOT Vient du latin *orare* qui signifie « prier ».

adosser v. (CONJUG. 3). Appuyer contre un support. *La boutique du cordonnier est adossée contre l'église.* ♦ **s'adosser** v.pron. S'appuyer le dos contre quelque chose. *Il s'était adossé à un arbre.*

HISTOIRE DU MOT Vient de *dos*.

adoubement n.m. Cérémonie solennelle au cours de laquelle un jeune noble était armé chevalier, au Moyen Âge.

ENCYCLOPÉDIE Le jeune noble, après avoir été page, valet et écuyer d'un seigneur, devenait chevalier à dix-huit ans par la cérémonie de l'adoubement. Pour se préparer à sa nouvelle vie, il passait la nuit en prières dans la chapelle du château ; son épée était déposée sur l'autel pour y être sanctifiée : c'était la *veillée d'armes*. Le lendemain, son parrain, choisi parmi les vaillants chevaliers, lui remettait son équipement (épée, heaume, écu, éperons, armure) puis le frappait avec la paume ou du plat de l'épée sur la nuque, pour tester sa résistance : c'était la *colée*. Enfin, le jeune homme jurait sur la Bible de défendre les faibles et de servir Dieu, et il était accueilli parmi les *chevaliers*.

cérémonie d'**adoubement**

adouber v. (CONJUG. 3). Au Moyen Âge, armer un jeune homme chevalier.

adoucir **adoucissant, adouci** v. (CONJUG. 16). ❶ Rendre doux, moins rêche. *Cette crème adoucit la peau.* ❷ Rendre plus agréable, plus doux, moins rude. *Sa nouvelle coupe de cheveux adoucit les traits de son visage.* ❸ Rendre plus supportable. *Le temps a adouci son chagrin.* SYN. apaiser, atténuer, calmer. ♦ **s'adoucir** v.pron. ❶ Devenir plus doux, moins rude. *Depuis quelques jours, le temps s'est adouci.* ❷ Devenir plus tendre, plus gentil. *En voyant la petite fille, il s'est adouci et sa colère est retombée.*

adoucissant, e adj. Qui adoucit l'eau, la peau, les textiles. *J'ai acheté une lotion adoucissante à la pharmacie.* ♦ **adoucissant** n.m. Produit adoucissant pour l'eau ou la lessive.

adoucissement n.m. Le fait de rendre quelque chose plus doux, de devenir plus doux, plus supportable. *L'adoucissement du temps.*

adoucisseur n.m. Appareil qui permet d'adoucir l'eau en empêchant le calcaire de se déposer.

1 **adresse** n.f. Indication précise de l'endroit où l'on habite, où l'on peut recevoir son courrier (nom de la rue, numéro, localité, code postal, pays, etc.). *Partir sans laisser d'adresse.* • **À l'adresse de :** à l'intention de. *Il a lancé des injures à l'adresse de son adversaire.*

2 **adresse** n.f. Grande habileté, manuelle ou intellectuelle. *Le prestidigitateur a fait disparaître le lapin avec une adresse époustouflante.* SYN. agilité, dextérité. *J'admire l'adresse avec laquelle tu as réussi à esquiver toutes les questions embarrassantes.* SYN. art, ingéniosité. CONTR. maladresse.

adresser v. (CONJUG. 3). ❶ Faire parvenir quelque chose à l'adresse de quelqu'un. *Elle a adressé une lettre au directeur.* SYN. envoyer, expédier. ❷ Dire quelque chose, faire un geste à l'intention de quelqu'un. *Adresser des compliments, des remerciements, des reproches à quelqu'un. Elle lui a adressé un regard très tendre.* • **Adresser la parole à quelqu'un :** lui parler. *Depuis notre dispute, je n'ose plus lui adresser la parole.* ♦ **s'adresser** v.pron. ❶ Aller vers une personne susceptible de fournir un renseignement. *Adressez-vous à la gardienne.* ❷ Parler à quelqu'un en particulier. *Oui, c'est bien à vous que je m'adresse, pas à votre voisine !* ❸ Être destiné à quelqu'un. *Ce que je dis s'adresse à tout le monde.* SYN. concerner, intéresser, regarder.

adret n.m. Le versant sud d'une montagne dont l'ensoleillement favorise les cultures, par opposition à l'*ubac*.

adroit, e adj. Qui sait très bien s'y prendre, qui fait preuve d'une grande habileté manuelle ou de subtilité dans les situations délicates. *Seras-tu assez adroit pour défaire le nœud sans casser le fil ?* SYN. habile. CONTR. maladroit. *Elle est trop adroite pour tomber dans le piège.* SYN. astucieux, fin, malin, rusé.

aduler v. (CONJUG. 3). Adorer quelqu'un, lui témoigner une admiration excessive, mêlée de flatterie. *Elle est adulée par le public.* SYN. idolâtrer.

adulte adj. Qui a atteint son plein développement et ne grandira plus. *Mon chat n'a pas encore atteint sa taille adulte. L'âge adulte succède à l'adolescence.* ♦ **n.** Personne qui n'est plus ni enfant ni adolescent, mais a atteint la maturité (= grande personne).

HISTOIRE DU MOT Vient, comme *adolescent*, du latin *adolescere* qui signifie « grandir ».

adultère n.m. Infidélité d'une personne mariée envers son conjoint.

Les **adverbes**

L'**adverbe** est un mot **invariable** qui modifie un verbe, un adjectif ou un autre adverbe.

Les différents types d'adverbes

manière	*facilement, gentiment, lentement…*	Il a répondu *poliment*. C'était *merveilleusement* bon.
temps	*tard, tôt, aujourd'hui, demain, toujours…*	Il est trop *tôt*. *Aujourd'hui*, nous sommes lundi.
lieu	*ici, là, partout, ailleurs…*	Viens *ici*. *Là* se trouve un trésor.
quantité	*aussi, autant, moins, beaucoup, très, trop…*	J'aime *beaucoup* le chocolat. Il est *trop* tard.
opinion	*oui, non, peut-être…*	Je viendrai *peut-être*.
négation	*ne … pas, ne … rien, ne … jamais, ne … personne*	Il *n'*a *rien* dit.
interrogation	*comment ?, où ?, pourquoi ?…*	*Pourquoi* est-il venu ?
exclamation	*quoi !, comment !*	*Comment !* Encore un gâteau !

advenir **advenant, advenu v.** (CONJUG. **20**). Arriver par hasard, survenir. *Il advint un jour que la reine mourut. Quoi qu'il advienne, il faut continuer.* SYN. se passer, se produire. • **Fais ce que dois, advienne que pourra :** proverbe qui signifie qu'on doit d'abord faire son devoir sans se soucier des conséquences.
▶ REM. Ce verbe se conjugue avec l'auxiliaire *être* et ne s'emploie qu'aux 3es personnes, au participe passé et à l'infinitif.

adverbe **n.m.** Mot invariable qui modifie, précise le sens d'un verbe, d'un adjectif ou d'un autre adverbe.
→ VOIR encadré ci-dessus.

adversaire **n.** Personne à qui l'on s'oppose dans un match, un jeu, une discussion ou contre laquelle on lutte. *Nos adversaires sont favorisés parce qu'ils connaissent très bien le terrain.* SYN. rival. *Les adversaires de la démocratie ont organisé un coup d'État.* SYN. ennemi. CONTR. défenseur, partisan.

adverse **adj.** *Le camp, l'équipe adverses*, c'est l'ensemble des adversaires. CONTR. allié.

adversité **n.f.** Situation dans laquelle le sort semble s'acharner contre quelqu'un. *Dans l'adversité, elle faisait face, avec un courage exceptionnel.* SYN. malheur.

aération **n.f.** L'action d'aérer ; l'ouverture conçue pour amener de l'air dans un local fermé afin de l'aérer. *Les bouches d'aération du métro permettent de renouveler l'air.*

aéré, e **adj.** Où l'air se renouvelle en permanence. *La cuisine était une pièce claire et aérée.* • **Centre aéré :** en France, lieu en plein air où sont accueillis les jeunes élèves en dehors des jours de classe et pendant les vacances.

aérer **v.** (CONJUG. **9**, ✎ *10*). ❶ Faire rentrer de l'air frais dans un local ou exposer à l'air. *Aérez un peu, on étouffe ici ! Il faut aérer la literie avant de refaire le lit* (= la mettre à l'air frais). ❷ Mettre de l'espace dans un texte, un dessin. *Faire des paragraphes pour aérer un texte.* ◆ **s'aérer** **v.pron.** Prendre l'air. *Vous avez bien travaillé, allez vous aérer un peu !*

aérien, enne **adj.** ❶ Qui se rapporte à l'air. *Les parapentes utilisent les courants aériens.* ❷ Qui est en hauteur, à l'air libre. *Métro aérien.* CONTR. souterrain. ❸ Qui concerne l'aviation, qui se fait par avion. *Les transports aériens. Une attaque aérienne.* ❹ Qui semble léger comme l'air. *On aurait dit qu'elle ne touchait pas terre en marchant, elle avait une démarche aérienne.* CONTR. lourd, pesant.

aérodrome **n.m.** Terrain d'aviation aménagé pour le décollage et l'atterrissage des avions, et comportant généralement des installations (hangars, ateliers) destinées à la maintenance des avions. *Philippe a réussi à poser son planeur sur l'aérodrome.*
▶ REM. Un *aérodrome*, plus petit qu'un *aéroport*, ne comporte pas d'*aérogare*.

aérodynamique **adj.** *Un profil, une forme aérodynamiques* sont conçus pour offrir peu de résistance à l'air. *Les voitures de course ont des profils aérodynamiques.*

aérofrein **n.m.** Sur un avion, volet qui augmente le freinage en offrant une résistance à l'air.

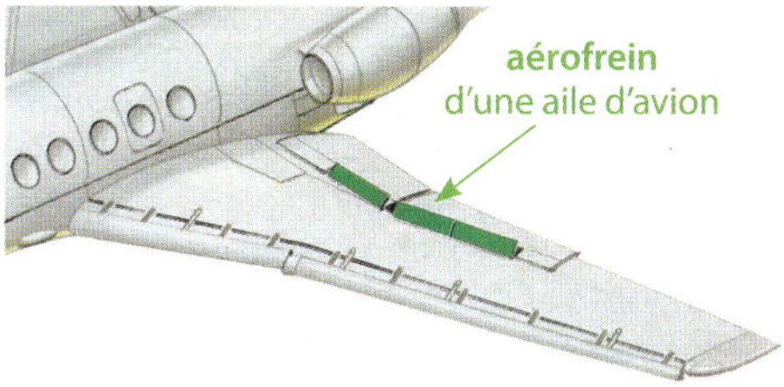

aérogare **n.f.** ❶ La partie d'un aéroport réservée aux voyageurs et aux marchandises, dans laquelle on délivre les billets, on enregistre les bagages. ❷ Gare de départ et d'arrivée des autocars, des métros, des trains ou hélicoptères qui desservent un aéroport.

A B C D E F G H I J K L M N O P Q R S T U V W X Y Z

aéroglisseur **n.m.** Véhicule qui se déplace sur un coussin d'air. *Le premier aéroglisseur a été mis en service en 1959.*

aéromodélisme **n.m.** Construction et utilisation de modèles réduits d'avions ou de planeurs.

ENCYCLOPÉDIE Les clubs d'aéromodélisme organisent des championnats. Certains modèles réduits peuvent atteindre 300 km/h en vol circulaire contrôlé, voler sur plusieurs centaines de kilomètres et pendant plus de douze heures par beau temps.

aéronautique **adj.** Qui concerne les avions. *L'industrie aéronautique.* ◆ **n.f.** Science de la navigation aérienne et ensemble des techniques qu'elle utilise.

aéronef **n.m.** Nom donné dans les textes administratifs à tous les appareils capables de s'élever ou de circuler dans les airs. *Les ballons, les avions sont des aéronefs.*

aérophagie **n.f.** Ensemble de troubles qui se manifestent lorsqu'on a avalé trop d'air en déglutissant, ce qui peut provoquer des hoquets ou des maux d'estomac.

HISTOIRE DU MOT Vient du grec *aêr*, qui signifie « air », et *phagein*, qui signifie « manger ».

aéroplane **n.m.** Nom que l'on donnait autrefois à l'avion. *L'ingénieur Louis Blériot fit la première traversée de la Manche en aéroplane le 25 juillet 1909.*

aéroport **n.m.** Installation destinée au trafic aérien, formée par un aérodrome, une aérogare et les bâtiments administratifs correspondants. *Kennedy Airport est l'aéroport principal de New York.*

aéroportuaire **adj.** Relatif à un aéroport. *Trafic aéroportuaire.* • **Ville aéroportuaire :** ville qui possède un ou plusieurs aéroports.

aérosol **n.m.** Récipient qui permet de pulvériser en très fines gouttelettes un liquide sous pression. *Un insecticide vendu en aérosol.* SYN. bombe.

affabilité **n.f.** Caractère aimable, affable d'une personne. *Ce sont des gens d'une extrême affabilité.* SYN. courtoisie, amabilité.
▸ REM. Ce mot appartient à la langue soutenue.

HISTOIRE DU MOT Vient du latin *affabilis* qui signifie « à qui l'on peut parler ».

affable **adj.** Qui est très aimable, courtois et bienveillant. *L'hôtelier est un homme charmant, particulièrement affable.* SYN. amène, avenant.

affabulation **n.f.** Récit qui transforme complètement la réalité ; invention mensongère. *Ce n'est pas un témoignage, c'est de l'affabulation !*

HISTOIRE DU MOT Vient du latin *fabula* qui signifie « fable ».

affadir **affadissant, affadi v.** (CONJUG. 16). Faire perdre son goût, sa saveur à quelque chose, le rendre insipide. *Tu n'aurais pas dû ajouter d'eau, cela affadit la sauce.*

affaiblir **affaiblissant, affaibli v.** (CONJUG. 16). Rendre faible, diminuer les forces, la résistance, la vigueur de quelqu'un, de quelque chose. *Cette grippe l'a beaucoup affaibli.* SYN. fatiguer. *La crise a affaibli notre monnaie.* CONTR. renforcer. ◆ **s'affaiblir** **v.pron.** Perdre de sa force, de son intensité. *Ma vue s'est affaiblie.* SYN. baisser.

affaiblissement **n.m.** Le fait de s'affaiblir ; perte de force, de vigueur, de puissance. *L'affaiblissement très net d'un malade. L'affaiblissement du pouvoir royal.* SYN. déclin. CONTR. affermissement.

affaire **n.f.** ❶ Ce dont on s'occupe, ce que l'on a à faire. *J'ai une affaire urgente à régler.* SYN. problème, question. *C'est mon affaire !* (= cela ne regarde que moi). *Mêlez-vous de vos affaires !* (= de ce qui vous regarde). ❷ Situation compliquée où sont impliquées plusieurs personnes. *Il faut tirer l'affaire au clair. L'affaire Dreyfus.* ❸ Opération financière, commerciale. *En achetant ce vélo d'occasion, j'ai fait une très bonne affaire. Conclure une affaire de façon satisfaisante.* SYN. marché. • **Avoir affaire à quelqu'un :** être en rapport avec lui, l'avoir comme interlocuteur. *J'ai déjà eu affaire au sous-directeur.* • **Être à son affaire :** faire quelque chose que l'on aime et que l'on fait bien. • **Faire l'affaire :** être suffisant ; convenir. *Ce fil de fer fera l'affaire.* • **Se tirer d'affaire :** se sortir d'une situation particulièrement délicate ou dangereuse. ◆ **affaires** **n.f.plur.** ❶ Les vêtements et objets personnels de quelqu'un. *Prends tes affaires et attends-moi en bas !* ❷ L'ensemble des activités commerciales, financières, industrielles. *Elle est dans les affaires. C'est un homme d'affaires étranger.* ❸ Tout ce qui concerne les intérêts d'une personne, d'une collectivité. *Le ministère des Affaires étrangères s'occupe des relations d'un pays avec les autres pays.*

affairé, e **adj.** Qui a ou qui semble avoir beaucoup à faire, qui est actif. *La vendeuse était très affairée.* SYN. occupé.

s'affairer **v.pron.** (CONJUG. 3). S'occuper activement de quelque chose. *Les invités vont arriver, on s'affaire beaucoup aux cuisines.* SYN. s'agiter, se démener.

affaissement **n.m.** Le fait de s'affaisser, d'être affaissé. *La neige et le gel ont provoqué un affaissement de la chaussée.*

s'affaisser **v.pron.** (CONJUG. 3). ❶ Céder sous une charge trop grande ou sous son propre poids. *Le plancher s'affaisse par endroits.* SYN. s'écrouler, s'effondrer. ❷ Fléchir sur ses jambes et tomber doucement. *Elle s'affaissa sur le sofa, évanouie.*

HISTOIRE DU MOT Vient de *faix* qui signifie « fardeau ».

s'affaler **v.pron.** (CONJUG. 3). Se laisser tomber lourdement, s'écrouler quelque part. *En rentrant de la balade, il s'est affalé sur le lit.* SYN. s'effondrer.

affamé, e **adj.** ❶ Qui souffre de la faim, qui est mal nourri. *Des enfants affamés mendiaient dans les rues.* ❷ Qui a très faim. *Le grand air m'a creusé, je suis affamé !* • **Ventre affamé n'a point d'oreilles :** proverbe qui s'emploie pour dire qu'il est inutile de vouloir raisonner avec une personne qui souffre de la faim, car elle ne pense qu'à manger.

affamer **v.** (CONJUG. 3). Donner faim à quelqu'un. *L'excursion en montagne nous a affamés.*

1 **affectation** **n.f.** Attitude d'une personne qui fait des manières, qui manque de naturel. *Il y a toujours beaucoup d'affectation dans sa façon de parler.* CONTR. naturel, spontanéité.

2 **affectation** **n.f.** Poste auquel on est affecté, nommé. *J'ai reçu un changement d'affectation, je suis nommé à Montréal !*

affecté, e **adj.** *Des manières affectées* manquent de naturel, sont artificielles. SYN. apprêté, étudié, prétentieux.

1 **affecter** **v.** (CONJUG. 3). ❶ Destiner une chose à un usage précis ou à une personne particulière. *Le jardinier a affecté la cabane au rangement des outils. On a affecté les chambres aux blessés.* ❷ Nommer une personne pour remplir une tâche ou occuper un poste. *Il a été affecté aux cuisines.*

2 **affecter** **v.** (CONJUG. 3). Faire semblant d'éprouver un sentiment. *Elle affectait l'indifférence.* SYN. feindre, simuler.

3 **affecter** **v.** (CONJUG. 3). Atteindre quelqu'un, lui faire de la peine. *Elle a été très affectée par la mort de son amie.* SYN. affliger, peiner.

affectif, ive **adj.** *Une réaction affective* est inspirée par un sentiment et non par la raison, la réflexion.

1 **affection** **n.f.** Sentiment de tendresse que l'on éprouve à l'égard d'une personne. *C'est un enfant sensible, attachant, j'ai beaucoup d'affection pour lui.*

2 **affection** **n.f.** Trouble, maladie. *L'acné est une affection de la peau.*

affectionné, e **adj.** Qui éprouve de l'affection. *On lisait au bas de la lettre : « Votre fils affectionné, qui vous aime tendrement, Henry ».* SYN. dévoué.
▶ REM. Ce mot ne s'emploie plus beaucoup.

affectionner **v.** (CONJUG. 3). Avoir une prédilection pour quelque chose, l'aimer beaucoup. *C'était une maison qu'elle affectionnait tout particulièrement.* SYN. adorer. CONTR. détester.

affectueusement **adv.** Avec beaucoup d'affection. *Anne regardait affectueusement le petit garçon.* SYN. tendrement.

affectueux, euse **adj.** Qui montre de l'affection, qui est particulièrement tendre et gentil. *C'est un garçon très affectueux.* SYN. tendre. CONTR. indifférent.

affermir **affermissant, affermi** **v.** (CONJUG. 16). Rendre plus ferme, consolider. *Cela n'a fait que l'affermir dans sa résolution.* SYN. fortifier, renforcer. CONTR. affaiblir.

affermissement **n.m.** Renforcement, consolidation. *L'affermissement du pouvoir de l'État.*

affichage **n.m.** L'action d'afficher. *L'affichage est interdit sur ce mur, veuillez utiliser le panneau réservé à cet effet.*

affiche **n.f.** Grande feuille de papier portant des inscriptions, des dessins, des photos, etc., destinée à être placardée dans un lieu public. *Une affiche publicitaire.* • **Être à l'affiche :** être au programme d'une salle de spectacle.

ENCYCLOPÉDIE Dans l'Antiquité, l'affichage public existait déjà : on écrivait sur des murs enduits de plâtre. Au Moyen Âge, les affiches étaient manuscrites et réservées au roi et à l'Église. Mais l'affiche comme nous la connaissons aujourd'hui naît au XIXe siècle avec la lithographie. L'affiche se développe avec la fabrication industrielle d'objets de consommation dont elle permet de vanter les qualités.

afficher **v.** (CONJUG. 3). ❶ Annoncer quelque chose par voie d'affiche. *Les résultats des examens seront affichés dans le hall. Afficher complet* (= annoncer qu'il n'y a plus de place). ❷ Poser, fixer au mur comme une affiche. *Afficher des photos au mur.* ❸ *Afficher un sentiment,* c'est le montrer ouvertement. *Elle affiche son mépris.* ❹ Donner un message, des indications par des procédés divers. *Les panneaux lumineux affichent les scores.* ◆ **s'afficher** **v.pron.** ❶ Se montrer pour être vu dans certains lieux, en compagnie de certaines personnes. *Il s'affichait en public avec sa nouvelle amie.* ❷ S'inscrire, devenir visible sur un écran, un panneau, un cadran, etc. *Les chiffres ne s'affichent plus sur ma montre.*

affichette **n.f.** Petite affiche.

affilé, e **adj.** Qui est bien aiguisé. *Des ciseaux affilés.* SYN. coupant, tranchant. CONTR. émoussé. • **Avoir la langue bien affilée :** être bavard et médisant ou avoir de la repartie.
▶ REM. Ne pas confondre avec *effilé.*

d'affilée **adv.** De suite, sans interruption. *Il a parlé deux heures d'affilée.*

affiche
(les Restaurants du cœur avec Coluche)

a b c d e f g h i j k l m n o p q r s t u v w x y z

A B C D E F G H I J K L M N O P Q R S T U V W X Y Z

affiliation **n.f.** Le fait de s'affilier, d'être membre d'un groupe.

affilié, e **adj.** et **n.** Qui appartient à un groupe. *Les affiliés d'une mutuelle.* SYN. adhérent, membre.

s'affilier **v.pron.** (CONJUG. 7). Devenir membre d'un organisme, d'un groupement. *S'affilier à un syndicat. Notre association sportive s'est affiliée à la fédération nationale.* SYN. adhérer.

HISTOIRE DU MOT Vient du latin *filius* qui signifie « fils ».

affiner **v.** (CONJUG. 3). ❶ Rendre plus fin. *Cette coiffure lui affine le visage.* ❷ Rendre plus subtil, plus précis, moins grossier. *Affiner des méthodes de travail.* ◆ **s'affiner** **v.pron.** Devenir plus fin. *Ses traits se sont affinés.*

affinité **n.f.** Points communs, goûts qui rapprochent deux personnes. *Il n'y avait guère d'affinité entre eux et ils se sont séparés.* SYN. harmonie.

affirmatif, ive **adj.** Qui affirme, qui a l'air sûr de ce qu'il dit. *Un signe de tête affirmatif.* CONTR. négatif. *Tu seras choisie pour jouer ce rôle, il a été très affirmatif !*

affirmation **n.f.** Ce qu'affirme quelqu'un, ce qu'il dit avec force, en étant sûr. *Je n'ai pas cru aux affirmations du témoin.* SYN. déclaration.

affirmative **n.f.** • **Répondre par l'affirmative :** répondre que l'on est d'accord, répondre oui. *Elle a demandé si elle pouvait poser sa candidature, on lui a répondu par l'affirmative.* • **Dans l'affirmative :** au cas où la réponse serait affirmative. *Êtes-vous libre en juillet ? Dans l'affirmative, faites-le-moi vite savoir* (= si c'est oui).

affirmativement **adv.** De manière affirmative, en disant oui. *Il a répondu affirmativement à ma proposition.* CONTR. négativement.

affirmer **v.** (CONJUG. 3). Dire avec force et certitude que quelque chose est vrai ou existe. *Il ne s'est rien passé d'autre, je vous l'affirme.* SYN. assurer, garantir. *Il m'a affirmé que Sylvie était arrivée.* SYN. certifier, soutenir. ◆ **s'affirmer** **v.pron.** ❶ Devenir de plus en plus net, de plus en plus ferme. *Le talent de la cinéaste s'est affirmé.* SYN. se confirmer. ❷ Dire qui l'on est, extérioriser sa personnalité. *Il est un peu excessif, il cherche à s'affirmer, c'est normal à son âge !*

affleurer **v.** (CONJUG. 3). Apparaître en dépassant à peine de la surface, être à fleur de. *On apercevait des rochers qui affleuraient à la surface de l'eau.*
▸ REM. Ne pas confondre *affleurer* et *effleurer*.

affliction **n.f.** Grand chagrin, douleur profonde. *La mort de notre grand-père nous a plongés dans l'affliction.*
▸ REM. Ce mot appartient à la langue soutenue.

affligeant, e **adj.** Qui afflige. *Depuis qu'il a perdu son travail, il est dans une situation affligeante.*

affliger affligeant, affligé **v.** (CONJUG. 5). Provoquer une grande douleur, un profond chagrin. *La disparition de son chien l'a profondément affligé.*
▸ REM. Ne pas confondre avec *infliger*.

affluence **n.f.** Arrivée ou présence d'un grand nombre de personnes dans un même lieu. *Il est difficile de prendre le bus aux heures d'affluence.*

affluent **n.m.** Cours d'eau qui se jette dans un autre. *La Saône est un affluent du Rhône.*

affluer **v.** (CONJUG. 3). Arriver en masse au même endroit. *Lors des départs en vacances, les voyageurs affluent dans les gares.*

HISTOIRE DU MOT Vient du latin *affluere* qui signifie « couler vers ».

afflux **n.m.** Arrivée massive en un même lieu. *Dès les premiers beaux jours il y a eu un afflux de touristes au jardin botanique.*
▸ REM. On ne prononce pas le *-x*.

affolant, e **adj.** Qui provoque une vive inquiétude. *Les prix augmentent sans cesse : c'est affolant.*

affolement **n.m.** Le fait de s'affoler, d'être affolé. *Devant les flammes, l'affolement était général.* SYN. panique.

affoler **v.** (CONJUG. 3). Faire perdre son sang-froid, causer une vive frayeur. *Les flammes affolèrent les chevaux.* SYN. effrayer. ◆ **s'affoler** **v.pron.** Être saisi par la peur et ne plus savoir que faire. *Ne vous affolez pas, il n'y a pas de danger.*

HISTOIRE DU MOT Vient de *fol*, autre forme de *fou*.

affranchi, e **adj.** et **n.** *Un esclave affranchi* est un esclave libéré de la servitude, de l'appartenance à son maître. *Dans l'Antiquité, à Rome, de nombreux affranchis devenaient commerçants.*

affranchir affranchissant, affranchi **v.** (CONJUG. 16). ❶ Payer le port d'une lettre, d'un paquet en collant un ou plusieurs timbres sur son emballage. *Affranchir un envoi au tarif urgent.* ❷ Rendre libre, indépendant de toute domination, de toute servitude. *Au Moyen Âge, certains seigneurs affranchissaient leurs serfs pour les récompenser. À la fin de la guerre, le pays a été affranchi de la domination de l'ennemi.*

affranchissement **n.m.** ❶ Action d'affranchir une lettre, un paquet. *L'affranchissement est obligatoire.* ❷ Action de rendre libre, indépendant. *L'affranchissement d'un esclave.*

affres **n.f.plur.** Très grande angoisse, tourments. *Être dans les affres du doute.*
▸ REM. Ce mot appartient à la langue soutenue.

HISTOIRE DU MOT Vient d'un ancien mot provençal qui signifiait « effroi ».

affréter **v.** (CONJUG. 9, ✎ *10*). Pour une compagnie de transport, louer un véhicule, un bateau, un avion pour transporter des marchandises ou des passagers. *Au moment des congés annuels, les compagnies d'aviation affrètent un plus grand nombre d'appareils.*

lévrier **afghan**

affreusement **adv.** ❶ De façon affreuse. *Le prisonnier a été affreusement torturé.* SYN. horriblement. ❷ Extrêmement. *Il est affreusement tard !*

affreux, euse **adj.** ❶ Qui fait peur et provoque la pitié. *C'est affreux, ils se sont perdus dans le désert et sont morts de soif.* SYN. horrible, terrible. ❷ Qui est très laid. *Il a le nez tordu et de tout petits yeux enfoncés, il est affreux !* ❸ Qui est très mauvais. *Il fait un temps affreux.*

HISTOIRE DU MOT Vient de *affres.*

affriolant, e **adj.** Qui attire, qui séduit. *Des promesses affriolantes.*

affront **n.m.** Injure ou offense faite en public à quelqu'un pour l'humilier. *Devant toute la classe, Paul a fait un affront à Marc en lui disant qu'il était trop petit pour pouvoir se battre.*

affrontement **n.m.** Le fait de s'affronter. *Un affrontement entre les deux pays était devenu inévitable.*

affronter **v.** (CONJUG. **3**). Aller avec courage au-devant d'une difficulté, d'un danger ; faire face à un adversaire. *Julien a eu un carnet de notes désastreux ; il va devoir affronter la colère de son père.* ◆ **s'affronter** **v.pron.** S'opposer, lutter l'un contre l'autre. *Au Moyen Âge, dans les tournois, les chevaliers s'affrontaient à cheval avec des lances.*

HISTOIRE DU MOT Vient de *front.*

s'affubler **v.pron.** (CONJUG. **3**). S'habiller de manière bizarre, ridicule. *Il s'est affublé d'un chapeau à plumes, on dirait qu'il s'est déguisé pour une fête.* SYN. s'accoutrer.

affût, ✎ ***affut*** **n.m.** Endroit où le chasseur attend sa proie. ● **Être à l'affût :** guetter sa proie ou n'importe quelle chose que l'on recherche. *Un chasseur à l'affût. La journaliste était à l'affût d'une nouvelle sensationnelle.*

affûter, ✎ ***affuter*** **v.** (CONJUG. **3**). Rendre coupant un objet tranchant qui s'est émoussé. *Autrefois, les couteaux étaient affûtés par des rémouleurs.* SYN. aiguiser.

afghan, e **adj.** et **n.** D'Afghanistan. ● **Lévrier afghan :** lévrier à poil long originaire d'Afghanistan.
▸ REM. Quand il désigne une personne, le nom prend une majuscule : *un Afghan, une Afghane.*

afin de **prép.**, **afin que** **conj.** Indiquent le but dans lequel une action est faite. *Elle s'est beaucoup entraînée afin de mettre toutes les chances de son côté.* SYN. pour. *Pourriez-vous remonter l'écran afin que tous les spectateurs voient bien ?* SYN. pour que.
▸ REM. *Afin que* est suivi du subjonctif.

à-fonds **n.m.plur.** ● **Faire les à-fonds :** en Suisse, faire le grand nettoyage de printemps.

a fortiori, ✎ ***à fortiori*** **adv.** À plus forte raison. *Il n'aime pas trouver de fautes d'orthographe dans les copies, a fortiori quand il vient d'expliquer la règle* (= d'autant plus).
▸ REM. Le *t* se prononce [s].

africain, e **adj.** et **n.** D'Afrique. *Une danse africaine. Un Africain du Mali.*
▸ REM. Quand il désigne une personne, le mot prend une majuscule : *un Africain, une Africaine.*

afrikaans, ✎ ***afrikans*** **n.m.** Langue proche du néerlandais, parlée en Afrique du Sud.

after-shave **n.m.invar.,** ✎ ***aftershave n.m.*** Lotion adoucissante que les hommes se mettent sur la peau après s'être rasés. SYN. lotion après-rasage.
▸ REM. 1. On prononce [aftœrʃɛv]. 2. Au Québec, on doit dire *lotion après-rasage.*

HISTOIRE DU MOT C'est un mot anglais qui signifie « après le rasage ».

agaçant, e **adj.** Qui agace, qui énerve. *Sébastien est agaçant à répéter toujours la même chose.* SYN. énervant, irritant.

agacement **n.m.** Le fait d'être agacé, irrité. *Marie n'a pas pu cacher son agacement.* SYN. irritation.

agacer **agaçant, agacé** **v.** (CONJUG. **4**). Provoquer chez quelqu'un de l'irritation, de l'énervement. *Vous commencez à m'agacer avec vos histoires !* SYN. énerver, irriter.

agami **n.m.** Oiseau d'Amérique du Sud, de la taille d'un coq, que l'on appelle aussi *oiseau-trompette* à cause du cri éclatant du mâle.

agapes **n.f.plur.** ● **Faire des agapes :** faire un repas copieux et joyeux entre amis.

agaric **n.m.** Champignon comestible à chapeau et à lamelles. *Le champignon de Paris est un agaric.*

agate **n.f.** Pierre translucide qui comporte des zones de différentes couleurs. *Certaines billes sont fabriquées dans un verre imitant l'agate.*

HISTOIRE DU MOT Vient du nom d'une rivière de Sicile.

agate

âge **n.m.** ❶ Temps pendant lequel une personne ou une chose a déjà existé. *Amélie est née en 1982 ; quel âge avait-elle en 1992 ?* ❷ Période de la vie humaine. *Être à l'âge mûr* (= être adulte). ❸ Période de l'évolution du monde, de l'humanité. *L'âge de la pierre taillée. L'âge du bronze. Le Moyen Âge* (= l'époque intermédiaire entre l'Antiquité et les Temps modernes). ● **Âge de raison :** on dit qu'un enfant a l'âge de raison (à sept ans) quand il est capable de comprendre ce qui est bien ou mal et d'agir en conséquence.

A B C D E F G H I J K L M N O P Q R S T U V W X Y Z

âgé, e adj. ❶ *Être âgé de*, expression qui sert à indiquer l'âge. *L'homme devait être âgé d'environ cinquante ans.* ❷ Qui a beaucoup d'années de vie, qui a vécu longtemps. *Il ne peut plus conduire, il est trop âgé.* SYN. vieux. *Les personnes âgées.*

agence n.f. ❶ Entreprise qui ne vend pas de marchandises mais fournit des services à ses clients. *Une agence immobilière aide les particuliers à trouver un logement. Une agence de voyages organise des séjours touristiques.* ❷ Organisme administratif chargé d'une mission. *L'Agence nationale pour l'emploi (A.N.P.E.), chargée d'aider les chômeurs à trouver du travail, s'est muée en 2009 en Pôle emploi.* ❸ Succursale d'une banque où sont reçus les clients.

agencement n.m. Manière dont des lieux sont agencés, des choses disposées. *Il faudrait revoir l'agencement de cet appartement, on ne peut plus passer entre les meubles !* SYN. aménagement.

agencer agençant, agencé v. (CONJUG. 4). Disposer, arranger dans un certain ordre. *Cette bibliothèque est bien agencée, on y trouve facilement les livres.*

agenda n.m. Carnet dans lequel on peut inscrire, pour chaque jour de l'année, ce qu'on doit faire, ce à quoi on doit penser. *Sur mon agenda, je note le jour et l'heure de mes rendez-vous.*

HISTOIRE DU MOT Mot latin qui signifie « ce qui doit être fait » et dont on retrouve la racine dans *agir.*

s'agenouiller v.pron. (CONJUG. 3). Se mettre à genoux.

1 agent, e n. ❶ Personne, en général rattachée à une agence, qui travaille pour des clients, une société ou l'État. *Un agent immobilier aide ses clients à trouver un logement. Le célèbre James Bond est un agent des services secrets.* ❷ Fonctionnaire de police, en général en uniforme, sur la voie publique. ❸ Intermédiaire entre un artiste (acteur, chanteur, écrivain...) et ceux qui l'emploient. *Un bon agent doit savoir trouver de nombreuses propositions de films pour ses comédiens.*

2 agent n.m. Ce qui agit sur quelque chose en le transformant. *Le vent est un agent atmosphérique qui provoque l'érosion des montagnes.* • **Complément d'agent :** être ou objet par lequel une action est accomplie. → VOIR **passif** (encadré).

agglomération n.f. ❶ Groupe d'habitations et de bâtiments. *Il faut ralentir en traversant une agglomération.* ❷ Ensemble formé par une ville et ses banlieues. *L'agglomération parisienne compte près de 11 millions d'habitants.* ❸ Opération par laquelle on agglomère des éléments. *Certains papiers de luxe s'obtiennent par agglomération de chiffons blancs et de colle.*

aggloméré n.m. Bois reconstitué, obtenu à partir de matériaux divers (copeaux, sciure, liège, etc.). *Des étagères en aggloméré.*

agglomérer v. (CONJUG. 9, ✎ *10*). Regrouper des éléments en une masse très dense. *Pour faire du béton, on agglomère du sable, du gravier et du ciment.* SYN. mélanger, mêler.

HISTOIRE DU MOT Vient d'un mot latin qui signifie « pelote ».

agglutiner v. (CONJUG. 3). Regrouper, rassembler plusieurs choses en une masse compacte. *Il a laissé ses bonbons dans la voiture et le soleil les a agglutinés.* SYN. coller. ◆ **s'agglutiner** v.pron. Se rapprocher, se coller les uns aux autres. *À Paris, au moment de Noël, les enfants s'agglutinent devant les vitrines animées des grands magasins.*

aggravant, e adj. • **Circonstances aggravantes :** celles qui peuvent alourdir une peine pour une infraction à la loi. CONTR. circonstances atténuantes.

aggravation n.f. Le fait de s'aggraver. *Il maigrissait de jour en jour ; devant l'aggravation de son état, les médecins ont décidé de l'opérer.*

aggraver v. (CONJUG. 3). Rendre plus grave, plus difficile à supporter. *Après avoir eu de très mauvaises notes, Mélanie a aggravé son cas en ne rendant pas son devoir à temps.* ◆ **s'aggraver** v.pron. Prendre une mauvaise tournure, devenir de plus en plus mauvais. *Sa situation s'est aggravée, il a perdu son travail.* SYN. se détériorer. *L'état du malade s'est aggravé.* SYN. empirer.

agile adj. ❶ Adroit et rapide dans ses mouvements, ses gestes. *Toi qui es si agile, monte sur la chaise et attrape le pot qui est tout en haut du placard !* SYN. habile. ❷ *Avoir un esprit agile*, c'est comprendre vite. SYN. vif.

agilité n.f. Le fait d'être agile, souple et rapide. *Benoît grimpe à la corde avec agilité, on dirait un petit singe ! En finissant son exercice très vite, Marion a encore une fois prouvé son agilité d'esprit.*

agir agissant, agi v. (CONJUG. 16). ❶ Mener une action, faire quelque chose. *Si vous n'êtes pas satisfaits de votre situation, ne restez pas sans rien faire, agissez ! Il a mal agi en n'aidant pas la vieille dame à traverser la rue.* ❷ Avoir une action, faire de l'effet. *Dès que le médicament aura agi, tu n'auras plus mal à la tête.* ◆ **s'agir** v.pron. • **Il s'agit de :** il est question de. *Tu ne vois toujours pas de qui il s'agit ?*

agglomération (Paris)

agissements **n.m.plur.** Actions condamnables. *Suite à ses agissements, Pierre a été renvoyé de son travail.*

agitateur, trice **n.** Personne qui crée de l'agitation, qui provoque des troubles au sein d'un groupe. *Des agitateurs s'étaient glissés dans la manifestation pour provoquer des bagarres.*

agitation **n.f.** ❶ L'état de ce qui est agité. *L'agitation de la mer a rendu malades les passagers du bateau.* ❷ État de trouble, d'excitation. *Le soir de Noël, les enfants sont en proie à une grande agitation.* SYN. excitation, fébrilité.

agité, e **adj.** ❶ Qui bouge beaucoup. *La mer est trop agitée aujourd'hui pour sortir en bateau.* CONTR. calme. ❷ *Avoir un sommeil agité*, c'est bouger, se retourner beaucoup pendant son sommeil.

agiter **v.** (CONJUG. 3). ❶ Mettre quelque chose en mouvement. *Tandis que le train démarrait, elle agitait sa main pour nous dire au revoir.* ❷ Remuer quelque chose pour le mélanger. *Il faut bien agiter le jus d'orange avant de le servir.* SYN. secouer. ❸ Mettre dans un état d'excitation. *Il n'arrivait pas à rester en place tellement la colère l'agitait.* ◆ **s'agiter** **v.pron.** Bouger dans tous les sens, ne pas tenir en place. *Il est tard et si vous vous agitez trop, vous ne pourrez plus dormir !*

agneau **n.m.** Le petit de la brebis. *On entendait le bêlement des agneaux dans la bergerie. Être doux comme un agneau* (= être très doux). • **L'agneau pascal :** l'agneau sacrifié au moment de la Pâque juive, en souvenir du passage de la mer Rouge raconté dans l'Ancien Testament. • **L'Agneau de Dieu :** dans la religion chrétienne, Jésus-Christ.

agneau

agnelle **n.f.** Agneau femelle.

agnostique **n.** et **adj.** Personne qui pense que l'homme ne peut rien savoir de l'origine de l'univers ni de sa destinée. *Les agnostiques ne nient pas l'existence de Dieu mais disent qu'on ne peut la prouver.*
▸ REM. On prononce [agnɔstik].

agonie **n.f.** Le moment qui précède la mort. *Son agonie a duré toute la nuit, il est mort au matin.*

HISTOIRE DU MOT Vient du grec *agônia* qui signifie « lutte » mais aussi « angoisse ».

agonir **agonissant, agoni v.** (CONJUG. 16). *Agonir quelqu'un d'injures*, c'est lui en dire beaucoup à la fois. *Je n'ai même pas pu lui parler, il m'a tout de suite agoni d'injures !*
▸ REM. Ne pas confondre avec *agoniser*.

agoniser **v.** (CONJUG. 3). Être à l'agonie, en train de mourir. *De nombreux soldats agonisaient sur le champ de bataille.*
▸ REM. Ne pas confondre avec *agonir*.

agora **n.f.** ❶ Dans l'Antiquité grecque, place avec des boutiques et des bâtiments publics où se retrouvaient les citoyens pour traiter toutes les questions politiques, économiques et religieuses. *Dans la cité grecque, les femmes n'avaient pas le droit d'aller à l'agora.* ❷ Aujourd'hui, nom donné aux zones piétonnes dans certaines villes nouvelles.

agrafe **n.f.** ❶ Petite pièce de métal ou de plastique servant à attacher, fixer du papier, du carton, du tissu, etc. *Plutôt que de coller ton tissu au mur, tu devrais essayer les agrafes.* ❷ Pièce de métal servant à suturer une plaie. *Pierre s'est ouvert le front en tombant, on lui a posé des agrafes.* ❸ Crochet servant à attacher les deux bords d'un vêtement. *L'agrafe d'un manteau.*

agrafer **v.** (CONJUG. 3). Assembler, attacher ou fermer avec une ou plusieurs agrafes. *Agrafer des feuilles. Agrafer sa ceinture.*

agrafeuse **n.f.** Appareil qui sert à poser des agrafes.

agraire **adj.** De l'agriculture ; qui a un rapport avec les champs. *Les réformes agraires ont permis de mieux répartir les terres entre les paysans.*

HISTOIRE DU MOT Vient du latin *ager* qui signifie « champ » et que l'on retrouve dans *agricole*, *agriculture*.

agrandir **agrandissant, agrandi v.** (CONJUG. 16). Rendre plus grand. *J'ai fait agrandir la photo, on voit mieux les détails.* CONTR. réduire. ◆ **s'agrandir** **v.pron.** Devenir plus grand. *Cette banlieue s'est tellement agrandie qu'on s'y perd !* SYN. se développer.

agrandissement **n.m.** Opération par laquelle on agrandit quelque chose. *J'ai fait faire un agrandissement d'une photo de Julie.*

agréable **adj.** Qui procure un sentiment de plaisir. *L'endroit est agréable, il y a beaucoup de fleurs et des oiseaux partout dans les arbres.* ◆ **n.m.** • **Joindre l'utile à l'agréable :** faire quelque chose de plaisant qui est en même temps utile.

agréablement **adv.** D'une façon agréable. *Sa visite m'a permis de passer le temps agréablement.*

agréer **v.** (CONJUG. 8). ❶ Accepter sans difficulté, approuver. *Votre demande a été agréée.* ❷ S'utilise dans les formules de politesse employées dans certains courriers. *Veuillez agréer mes salutations distinguées.*

HISTOIRE DU MOT Vient de *gré*.

agréger **agrégeant, agrégé v.** (CONJUG. 9, ✎ *10*). Regrouper ensemble, en formant un tout. *Dans le granit, des cristaux de feldspath et de quartz sont agrégés.* SYN. agglomérer.

HISTOIRE DU MOT Vient du latin *agregare*, formé sur *gregis*, « troupeau ».

agrément **n.m.** ❶ Le fait de donner son accord. *Il n'a pas pu faire de travaux dans l'appartement, car il n'a pas eu l'agrément du propriétaire.* SYN. autorisation. CONTR. refus. ❷ Ce qui plaît, est agréable. *Pouvoir*

a b c d e f g h i j k l m n o p q r s t u v w x y z

A B C D E F G H I J K L M N O P Q R S T U V W X Y Z

écouter de la belle musique est l'un des agréments de la vie. SYN. charme, plaisir. ❸ *Un voyage d'agrément* se fait pour le plaisir, par opposition à *un voyage d'affaires.*

HISTOIRE DU MOT Vient de *gré*, comme *agréer.*

agrémenter v. (CONJUG. 3). Ajouter diverses choses pour rendre plus agréable. *Son jardin est beaucoup plus joli depuis qu'elle l'a agrémenté de fleurs multicolores.* SYN. orner. *Le conteur agrémente ses récits d'histoires drôles.*

agrès n.m.plur. L'ensemble des appareils utilisés pour les exercices de gymnastique. *La corde, la poutre, la barre fixe, les barres parallèles sont des agrès.*

agresser v. (CONJUG. 3). ❶ Attaquer sans avoir été provoqué. *Sa grand-mère s'est fait agresser par deux hommes qui l'ont frappée et lui ont volé son sac à main.* ❷ Être dur, violent à l'égard de quelqu'un. *Ne m'agresse pas comme cela, je ne t'ai rien fait !*

agresseur n.m. La personne ou le groupe qui agresse, qui attaque. *La victime a reconnu son agresseur. C'est ce pays, l'agresseur.*

▸ REM. Au Canada, la forme féminine de ce mot est *agresseuse.*

agressif, ive adj. ❶ Qui cherche à se quereller, qui attaque. *Pour un rien, Cyril devient agressif et se bat avec ses frères.* SYN. violent. *Le ton de son discours était trop agressif, les gens ont quitté la salle.* SYN. provocant. ❷ Qui choque, qui déplaît. *Ces couleurs sont agressives, tu ne devrais pas mélanger de l'orange et du vert pomme.* SYN. criard.

agression n.f. ❶ L'action d'agresser quelqu'un, un groupe, de les attaquer. *Depuis qu'elle a été victime d'une agression, elle ne sort plus toute seule la nuit.* ❷ Ce qui perturbe, gêne vivement. *Le bruit est une agression perpétuelle pour ceux qui habitent près d'un aéroport.*

agressivité n.f. Le caractère d'une personne agressive.

agricole adj. Qui est lié à l'agriculture. *Le développement des tracteurs a rendu les travaux agricoles moins pénibles pour l'homme.*

HISTOIRE DU MOT Vient, comme *agraire*, du latin *ager* qui signifie « champ ».

agriculteur, trice n. Personne qui s'occupe d'une exploitation agricole. SYN. cultivateur.

agriculture n.f. L'ensemble des activités liées à la culture du sol et à l'élevage des animaux.

ENCYCLOPÉDIE Les hommes ont commencé par vivre de la chasse et de la cueillette des fruits qu'ils trouvaient dans la forêt avant de penser à cultiver eux-mêmes les plantes et à élever leur bétail. Peu à peu, les principaux outils, comme l'araire (puis la charrue), la herse, la faux, ont été inventés. Aux XVIIIe et XIXe siècles apparaissent les machines agricoles (première faucheuse moissonneuse mécanique). Puis l'utilisation des engrais, la mécanisation et l'apparition des méthodes de conservation des produits vont permettre à l'agriculture et au secteur agroalimentaire de se développer.

aï (la tête en bas)

agripper v. (CONJUG. 3). Attraper quelque chose ou quelqu'un en s'y accrochant. *Elle avait le vertige et a agrippé la rampe.*

agroalimentaire adj. *Les industries agroalimentaires* transforment les produits agricoles en aliments pour les hommes ou les animaux.

agronome n. Spécialiste de l'agronomie.

agronomie n.f. Science qui s'occupe des activités et des techniques agricoles.

agrume n.m. Nom donné aux fruits qui ressemblent au citron par leur écorce, leurs quartiers et leur goût acide. *Le pamplemousse, l'orange, la mandarine sont des agrumes.*

HISTOIRE DU MOT Vient du latin *acer* qui signifie « âcre, aigre ».

s'aguerrir aguerrissant, aguerri v.pron. (CONJUG. 16). Apprendre à mieux supporter les choses pénibles. *Il a tellement souffert qu'il s'est aguerri contre la douleur.* SYN. s'endurcir.

aguets n.m.plur. • **Être aux aguets :** faire le guet, épier. *Le chasseur était aux aguets, derrière une haie* (=était à l'affût).

aguicher v. (CONJUG. 3). Séduire quelqu'un en le provoquant, en l'excitant.

ah interj. Mot qui sert à exprimer la surprise, l'admiration, le soulagement, la lassitude, le regret, etc.

ahuri, e adj. Qui est tellement étonné qu'il a l'air un peu stupide. *Quand il m'a dit le prix de sa voiture, je suis resté ahuri.*

HISTOIRE DU MOT Ce mot signifiait autrefois « qui a des cheveux hérissés ».

ahurissant, e adj. Qui est tout à fait surprenant. *C'est ahurissant ce que vous pouvez être têtus.*

ahurissement n.m. L'état dans lequel se trouve une personne ahurie. *Elle le regarda avec ahurissement.*

aï **n.m.** Petit mammifère d'environ 60 cm de long qui vit en Amérique du Sud et dont les mouvements très lents font qu'on l'appelle aussi le *paresseux*. *L'aï vit suspendu dans les arbres, la tête en bas, et ne descend à terre que tous les huit à dix jours.*

1 aide **n.f.** ❶ Le fait d'aider quelqu'un ; le secours, l'assistance qu'on lui apporte. *Je ne pourrai pas transporter cette commode tout seul ; j'ai besoin de votre aide.* SYN. concours. *Tu devrais arriver à faire ton exercice de mathématiques sans aucune aide.* ❷ Secours qu'on apporte sous forme d'argent ou d'avantages. *L'aide au tiers-monde.* • **À l'aide !** : au secours ! • **À l'aide de** : grâce à, au moyen de. *Elle s'est cassé la jambe, elle marche à l'aide de béquilles.*

2 aide **n.** Personne qui aide, qui assiste quelqu'un dans son travail. *Sa grand-mère a une aide ménagère pour lui faire ses courses et entretenir sa maison.*

aide-mémoire **n.m.invar.**, ✎ ***n.m.*** (PLUR. : *aide-mémoires*). Liste, recueil de ce qu'on ne doit pas oublier dans un domaine particulier. *Un aide-mémoire des grandes dates de l'histoire.*

aider **v.** (CONJUG. **3**). Porter secours à quelqu'un ou lui rendre un service. *Aidez-moi, je vais tomber !* SYN. secourir. *Elle m'a demandé de l'aider à faire ce travail.* SYN. seconder. ◆ **s'aider** **v.pron.** • **S'aider de** : se servir de. *La vieille dame marchait en s'aidant d'une canne.*

aide-soignant, e **n.** (PLUR. : **aides-soignants, es**). En France, personne qui donne des soins aux malades sans être infirmier ou infirmière. *L'aide-soignante lui a refait son pansement.*

aïe **interj.** Cri que l'on pousse quand on a mal ou qu'on a peur. *Aïe ! mon pied ! Aïe ! le voilà qui arrive !*

aïeul, e **n.** (PLUR. : **aïeuls, es**). Mot employé autrefois pour désigner le grand-père, la grand-mère. *Dans le conte de Perrault, le Petit Chaperon rouge va porter un petit pot de beurre à son aïeule.*

aïeux **n.m.plur.** Les ancêtres d'une personne. *Il avait accroché dans sa maison tous les portraits de ses aïeux.*

aigle **n.m.** Grand rapace de 2,50 m d'envergure environ, ayant des serres acérées qui lui permettent d'attraper ses proies vivantes et un bec fort et crochu. *L'aigle, qui planait en décrivant de larges cercles, fondit soudain sur sa proie.* • **Avoir un œil d'aigle** : voir de loin et avec une grande précision.

ENCYCLOPÉDIE Cri : l'aigle glatit. Femelle : l'aigle. Petit : l'aiglon. Nid : l'aire. L'aigle est un rapace diurne qui se nourrit de rongeurs et, pour les plus gros, de proies de grande taille (agneau, singe...). Il construit son aire sur les hauteurs des montagnes. L'aigle fait partie des animaux menacés de disparition. L'aigle symbolise la force et il est l'emblème de certains pays.

aiglefin **n.m.** → **églefin**

aigre **adj.** ❶ *Un goût aigre* est acide, piquant et un peu amer. *Le lait qui a tourné a un goût aigre.* ❷ *Une voix aigre* est aiguë et désagréable. ❸ *Un ton, des propos aigres* sont désagréables et méchants. *Ses propos aigres ont blessé ses amis.* SYN. acerbe, malveillant, mordant.

HISTOIRE DU MOT Vient du latin *acer* qui signifie « piquant ».

aigre-doux, douce **adj.** (PLUR. : **aigres-doux, douces**). ❶ Qui a un goût à la fois aigre et doux. *Le porc à la sauce aigre-douce est une spécialité de la cuisine chinoise, qui marie souvent des saveurs différentes.* ❷ Qui exprime sur un ton doux, aimable des choses désagréables. *Elle lui dit sur un ton aigre-doux qu'au fond elle n'avait pas besoin de lui pour vivre.*

aigrelet, ette **adj.** Légèrement aigre. *Ce vin blanc a un goût aigrelet.*

aigrement **adv.** Sur un ton aigre, avec aigreur. *Il a répondu aigrement que ça ne l'intéressait pas.*

aigrette **n.f.** ❶ Faisceau de plumes qui surmonte la tête de certains oiseaux. *L'aigrette du paon, du héron.* ❷ L'ensemble de plumes ou de crins qui ornent le sommet de certains casques militaires. ❸ Grand héron blanc et gris perle des pays chauds qui porte de grandes plumes au moment de la reproduction. *Les plumes d'aigrette sont utilisées comme ornements de certaines coiffures.*

aigrette d'une grue d'Afrique

aigreur **n.f.** ❶ Le goût de ce qui est aigre. *J'aime l'aigreur des pommes vertes.* ❷ Le caractère aigre, un peu méchant d'un propos. *Elle lui a répliqué avec aigreur qu'elle était assez grande pour savoir ce qu'elle faisait.* • **Aigreurs d'estomac** : sensations douloureuses de brûlure à l'estomac.

aigri, e **adj.** *Une personne aigrie* est devenue désagréable, amère, en raison des déceptions qu'elle a eues.

aigu, uë, ✎ ***üe*** **adj.** ❶ Dont le bout est effilé, pointu. *Il le menaçait de la lame aiguë de son couteau.* ❷ Dont le son est haut, clair et perçant. *Ce bébé pousse des cris aigus qui font mal aux oreilles.* SYN. stridant. CONTR. grave. ❸ Qui est très intense et qui arrive tout à coup, de manière brutale. *Il ressentit soudain une douleur aiguë au côté droit.* ❹ Qui est rapide, vif et précis. *Diane a une intelligence aiguë, elle saisit immédiatement et en détail ce qu'on lui explique. Guillaume a un sens aigu de la politesse* (= un sens très développé). • **Accent aigu** : accent incliné en descendant de droite à gauche et qu'on place sur la lettre *e*. • **Angle aigu** : angle qui est plus petit que l'angle droit.

▸ REM. Attention au tréma sur le féminin.

a b c d e f g n o p q r s t u v w x y z

aigue-marine **n.f.** (PLUR. : **aigues-marines**). Pierre dont on se sert pour faire des bijoux, dont la couleur bleu clair avec des nuances de vert fait penser à l'eau de mer.

HISTOIRE DU MOT Vient du provençal *aigue*, qui signifie « eau », et de *marine*, qui signifie « de la mer ».

aiguillage **n.m.** Sur une voie ferrée, dispositif composé d'un ensemble de rails qui peuvent bouger pour permettre aux trains de passer d'une voie à une autre. *Deux trains se sont percutés à cause d'une erreur d'aiguillage.*

aiguille **n.f.** ❶ Fine tige généralement en acier, dont les caractéristiques varient selon les usages. *L'aiguille à coudre est percée d'un trou (*« le chas »*) pour enfiler le fil. L'aiguille à tricoter n'a pas de chas.* ❷ Tige rigide qui sert à indiquer l'heure sur un cadran de montre ou d'horloge. *La petite aiguille indique les heures, la grande aiguille, les minutes.* ❸ Sommet pointu d'une montagne. *L'aiguille du Midi se trouve dans le massif du Mont-Blanc.* ❹ Nom donné aux feuilles de conifères. *Des aiguilles de pin.* • **Chercher une aiguille dans une botte de foin :** expression que l'on emploie pour dire que ce que l'on cherche sera très difficile à trouver.

aiguiller **v.** (CONJUG. **3**). ❶ Diriger un train grâce à un système d'aiguillage. *Bien aiguiller les trains est essentiel si l'on veut éviter les accidents.* ❷ Orienter quelqu'un, lui indiquer une direction. *Ce passant m'a mal aiguillé, j'ai encore perdu ma route ! On a aiguillé le détective sur une fausse piste.*

aiguilleur **n.m.** Personne responsable, dans les chemins de fer, du fonctionnement et de l'entretien du système d'aiguillage. • **Aiguilleur du ciel :** personne chargée de contrôler la navigation aérienne. ▸ REM. Au Canada, la forme féminine de ce mot est *aiguilleuse.*

aiguillon **n.m.** ❶ Dard de certains insectes, qui leur sert à se défendre. *Le frelon a un aiguillon.* ❷ Ce qui incite à agir. *Son seul aiguillon dans la vie, c'est l'argent.* SYN. stimulant.

aiguillon de frelon

aiguise-crayon **n.m.** (PLUR. : **aiguise-crayons**). Au Québec, taille-crayon.

aiguiser **v.** (CONJUG. **3**). ❶ Rendre une lame plus coupante, tranchante. SYN. affûter. ❷ Rendre plus fort, accentuer. *Voir tous ces bons plats a aiguisé mon appétit.* SYN. stimuler. *Avec ses histoires de passages secrets, il a aiguisé ma curiosité.* SYN. exciter.

aïkido **n.m.** Type de combat à mains nues qui consiste à utiliser la force de celui qui attaque pour le déstabiliser. *L'aïkido est un art martial.*

HISTOIRE DU MOT C'est un mot japonais qui signifie « la voie de la paix ».

ail **n.m.** (PLUR. : **ails**). Plante dont le bulbe, appelé *tête d'ail*, est formé de gousses et qu'on utilise en cuisine pour son odeur forte et son goût piquant et relevé. ▸ REM. Au pluriel, on peut dire aussi des *aulx*, c'est une forme ancienne plus rare.

aile **n.f.** ❶ Chacun des membres mobiles d'un oiseau, d'une chauve-souris ou d'un insecte qui leur permettent de voler. *L'aigle déploie ses ailes. Icare s'était fabriqué des ailes avec des plumes et de la cire.* ❷ Chacune des parties latérales d'un avion qui lui permettent de se maintenir en l'air. ❸ Ce qui se situe de chaque côté d'une partie centrale ou y est relié. *L'aile droite et l'aile gauche d'un bâtiment. Au cours du match de football, ce sont les joueurs de l'aile droite qui ont marqué les buts. L'aile droite de son nez se soulevait légèrement lorsqu'il était en colère. Les ailes d'un moulin à vent.* • **Aile libre :** machine qui permet de voler sans moteur. SYN. deltaplane. • **Avoir des ailes :** se sentir léger, n'avoir aucun souci. • **Battre de l'aile :** perdre de sa force, aller mal. *Son entreprise bat de l'aile, il va être obligé de la fermer.* • **Sous l'aile de :** sous la protection de. *Personne n'ose plus l'ennuyer depuis que le directeur l'a pris sous son aile.* • **Voler de ses propres ailes :** se débrouiller tout seul. → VOIR planche ci-contre. ▸ REM. Au mot *aile* correspond l'élément tiré du grec *-ptère* que l'on retrouve dans *coléoptère, hélicoptère.*

ailé, e **adj.** Qui a des ailes. *Un insecte ailé.*

aileron **n.m.** ❶ Extrémité de l'aile d'un oiseau. ❷ Nageoire dorsale de certains poissons comme le requin et l'espadon. *Les ailerons fonctionnent comme un gouvernail de bateau.*

ailier, ère **n.** Dans une équipe de rugby, de football, etc., le joueur qui se trouve placé sur l'aile droite ou l'aile gauche du terrain.

ailleurs **adv.** Dans un autre lieu, à un autre endroit. *Il n'y a rien ici, allons voir ailleurs.* • **D'ailleurs :** de plus, en outre. *Ça ne sert à rien de pleurer, d'ailleurs, si tu m'avais écouté, tu n'en serais pas là !*

ailloli **n.m.** → **aïoli**

aimable **adj.** Qui est gentil, poli, qui cherche à faire plaisir. *Loïc est toujours prêt à rendre service, c'est vraiment quelqu'un d'aimable !* SYN. agréable.

aimablement **adv.** Avec amabilité, avec douceur. *Tu pourrais lui répondre aimablement au lieu de l'agresser !* SYN. poliment.

aimant **n.m.** Matière qui attire le fer et certains autres métaux ; objet fait de cette matière. *Elle ramassa toutes les épingles grâce à un aimant.*

aimanté, e **adj.** Qui a la propriété de l'aimant. *L'aiguille d'une boussole est aimantée de manière qu'une de ses pointes indique toujours le nord.*

mésange bleue

chauve-souris

faucon pèlerin

aigle royal

oie cendrée

casoar

albatros hurleur

Des membres pour voler

Les ailes sont des membres antérieurs mobiles qui se sont modifiés afin de permettre le vol. Chez les oiseaux, elles sont recouvertes de **plumes** qui, selon leur position, offrent plus ou moins de résistance à l'air. Les plumes les plus importantes sont les **rémiges** qui constituent la surface portante de l'aile, les **rectrices** situées sur le croupion, qui interviennent dans les manœuvres en vol, et les **tectrices** qui recouvrent la base des rémiges et facilitent le glissement de l'air. Le faucon pèlerin peut atteindre en vol piqué une vitesse de 290 km/h, alors que l'aigle royal se sert des courants ascendants pour planer sans bouger les ailes. Chez les chauves-souris, les ailes sont constituées d'os fins et allongés reliés par une peau membraneuse. La plupart des insectes ont deux paires d'ailes et utilisent le vol battu à raison de 520 battements par seconde.

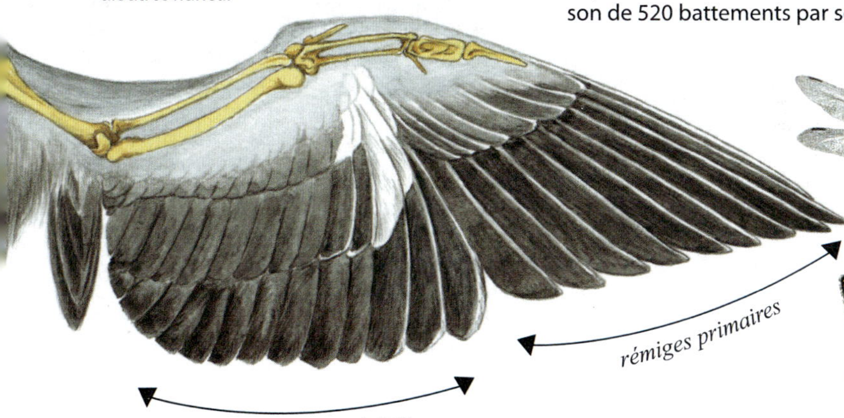

libellule

machaon

Nageoires et parachutes

Il existe aussi d'autres formes de vol animal. Ainsi, grâce à des **nageoires** planeuses, certains poissons (exocet) planent à quelques mètres de hauteur au-dessus des vagues. Des écureuils et des dragons volants possèdent des membranes en forme de **parachute** qui leur permettent de ralentir leur chute des arbres. Le serpent volant, reptile arboricole que l'on rencontre en Asie du Sud-Est, possède un corps allongé qui lui permet de se parachuter d'un arbre à l'autre et étendant ses côtes.

manchot

dragon volant

exocet

polatouche

A B C D E F G H I J K L M N O P Q R S T U V W X Y Z

aimer v. (CONJUG. 3). ❶ Avoir de l'affection, de la tendresse pour quelqu'un. *J'aime beaucoup Julie, elle est très gentille.* SYN. chérir. ❷ Avoir de l'amour pour quelqu'un, en être amoureux. *Il l'aimait depuis la première fois qu'il l'avait vue.* ❸ Avoir du goût pour quelque chose. *Si tu aimes les chocolats, reprends-en !* SYN. apprécier. *Mélissa aime danser alors que Pauline déteste ça.* • **Aimer mieux :** préférer. *Tu aimes mieux la mer ou la montagne ?* • **Qui aime bien châtie bien :** proverbe signifiant qu'aimer quelqu'un c'est aussi savoir le punir pour son bien. ◆ **s'aimer** v.pron. Avoir de l'affection, de l'amour l'un pour l'autre. *« Deux pigeons s'aimaient d'amour tendre » est le début d'une fable de La Fontaine. Nous nous aimons beaucoup, ma mère et moi.*
▶ REM. Au mot *aimer* correspond l'élément tiré du grec *phile* que l'on retrouve dans des mots comme *cinéphile, philanthrope*.

aine n.f. La partie du corps entre le haut de la cuisse et le bas du ventre.
▶ REM. Ne pas confondre avec *haine*.

aîné, e, ✎ ***ainé, e*** adj. et n. ❶ Qui est né en premier dans une famille. *Leur fils aîné a appris à son jeune frère à jouer au tennis. Marie est l'aînée d'une famille de cinq enfants.* ❷ Personne plus âgée qu'une autre. *J'ai dix ans et Pierre, qui en a quatorze, est mon aîné de quatre ans.*

HISTOIRE DU MOT Vient de l'ancien français *ainz*, qui signifiait « avant », et de *né*.

aînesse, ✎ ***ainesse*** n.f. • **Droit d'aînesse :** ensemble des privilèges dont jouissait autrefois l'aîné d'une famille.

ainsi adv. De cette manière, comme cela. *Il ne faut pas parler ainsi ! Ainsi va la vie ! Puisqu'il en est ainsi...* (= dans ces conditions). • **Ainsi que :** exprime une addition, un ajout. *J'ai écrit à Pierre ainsi qu'à Paul et Julie.* SYN. et. • **Ainsi soit-il :** que tout se passe comme il a été dit (formule qui termine en général les prières de l'Église catholique).

aïoli ou **ailloli** n.m. Mayonnaise faite avec de l'ail pilé et de l'huile d'olive.

1 air n.m. ❶ Mélange de plusieurs gaz qui forme l'atmosphère que l'on respire. *Pour les Anciens, l'air était un des quatre éléments, avec la terre, l'eau et le feu. Elle est allée au bord de la mer respirer du bon air. Allons prendre l'air* (= sortons respirer l'air frais). ❷ Espace au-dessus de la Terre ou au-dessus du sol. *Avion qui s'élève dans l'air, dans les airs* (= dans le ciel). *Jeter une pièce en l'air* (= vers le haut). • **De plein air :** qui se fait dehors. *Des activités de plein air.* • **Il y a de l'orage, de la dispute dans l'air :** une dispute va bientôt éclater. • **Libre comme l'air :** tout à fait libre. • **Vivre de l'air du temps :** se contenter de peu de chose pour vivre.
▶ REM. Au mot *air* correspond l'élément tiré du grec *aéro* que l'on retrouve dans *aéroport, aéroplane*.

ENCYCLOPÉDIE L'air pur est constitué de différents gaz, dont les deux plus importants sont l'*azote* et l'*oxygène*. L'air ordinaire contient aussi de la vapeur d'eau et du gaz carbonique produit par la respiration des êtres vivants. Les végétaux ont la capacité d'absorber du gaz carbonique et de rejeter de l'oxygène. Ce processus *(photosynthèse)* est indispensable à la vie.
→ VOIR Fiches 51 et 54.

2 air n.m. Manière d'être, aspect de quelqu'un. *Tu as l'air d'un clown avec ton chapeau !* (= tu ressembles à). *Elle a l'air honnête* (= elle paraît, elle semble être). • **N'avoir l'air de rien :** donner faussement l'impression d'être sans valeur. *Ce produit n'a l'air de rien, mais il fait des miracles !* • **Prendre de grands airs :** avoir une attitude orgueilleuse.

3 air n.m. Mélodie, morceau de musique. *Je me souviens de l'air de la chanson, mais j'ai oublié les paroles. Écoute ce très bel air de flûte !*

airbag n.m. Dans un véhicule, coussin qui se gonfle en cas d'accident pour protéger les passagers.
▶ REM. C'est un mot anglais, il vaut mieux dire *coussin gonflable*.

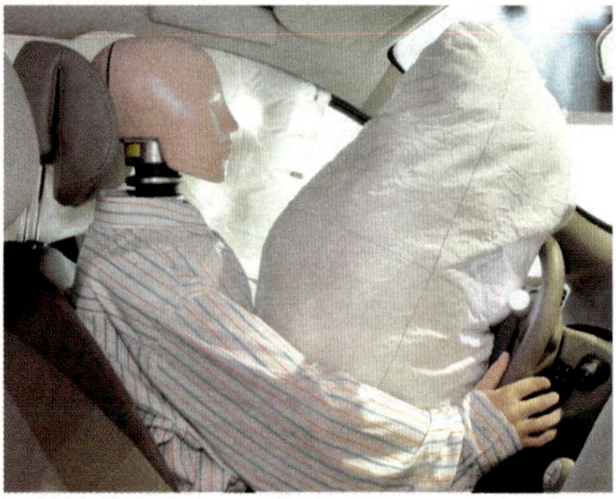

airbag

aire n.f. ❶ Terrain, en général bien délimité, qui sert à une activité précise. *L'aire d'atterrissage d'un aérodrome. Une aire de jeu.* ❷ Nom donné au nid de certains oiseaux de proie. *L'aire d'un aigle.* ❸ Surface, superficie. *L'aire d'un rectangle est égale à sa longueur multipliée par sa largeur.* → VOIR encadré ci-contre.
▶ REM. Ne pas confondre avec *air*.

airelle n.f. Arbrisseau qui pousse en montagne et qui a des baies, rouges ou noires, qu'on appelle aussi airelles. *La myrtille est une variété d'airelle.*

HISTOIRE DU MOT Vient du latin *atra* qui signifie « noir ».

aisance n.f. Manière d'être, de parler, d'agir avec facilité et naturel. *On voit qu'il est habitué à faire des discours, il parle avec aisance.* • **Vivre dans l'aisance :** sans difficultés d'argent. • **Lieux d'aisances :** nom qu'on donnait autrefois aux toilettes.

aise n.f. • **À l'aise :** dans une situation, une position ou une tenue où l'on se sent bien, où l'on n'éprouve ni gêne ni contrainte. *Quand Pierre rentre de son travail, il enlève son costume et sa cravate, et se met à l'aise* (= dans des vêtements confortables). • **Mal à l'aise :** dans une situation, une position ou une tenue où l'on se sent mal, où l'on éprouve de la gêne. *Je* *ne connaissais personne et j'étais mal à l'aise* (= j'étais embarrassé, gêné). • **Prendre ses aises** : s'installer confortablement sans se soucier des autres. *Il prend ses aises sur la banquette, et moi je n'ai plus de place !*

aisé, e adj. ❶ Que l'on fait sans peine. *Un travail aisé.* SYN. facile, simple. CONTR. difficile, malaisé. ❷ Qui a de l'argent. *C'est un homme aisé, il pourrait te prêter de l'argent.* SYN. riche.

aisément adv. De manière aisée, avec facilité. *Il peut aisément nager un kilomètre.* SYN. facilement. CONTR. difficilement.

aisselle n.f. Creux situé sous le bras.

ajonc n.m. Arbrisseau épineux à fleurs jaunes. *Les ajoncs sont très communs en Bretagne, sur la lande.* ▶ REM. On ne prononce pas le *-c* final.

ajouré, e adj. Qui est orné de jours, d'ouvertures. *Un chemisier ajouré.*

ajournement n.m. Action d'ajourner, de renvoyer à un autre jour. *L'ajournement d'une réunion.* SYN. report.

ajourner v. (CONJUG. 3). ❶ Repousser dans le temps. *Elle a ajourné son départ en vacances.* SYN. repousser, retarder. ❷ *Ajourner un candidat*, c'est le renvoyer à une autre session d'examen.

HISTOIRE DU MOT Vient de *jour. Ajourner*, c'est repousser à un autre jour.

L'aire des figures géométriques

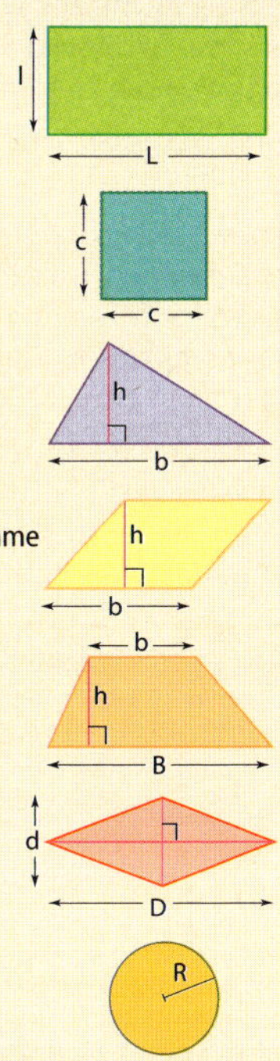

rectangle	$A = L \times l$
carré	$A = c \times c$
triangle	$A = \frac{b \times h}{2}$
parallélogramme	$A = b \times h$
trapèze	$A = \frac{(B + b) \times h}{2}$
losange	$A = \frac{D \times d}{2}$
disque*	$A = \pi \times R \times R$

* Ne pas confondre le disque et le cercle : le cercle n'a pas d'aire, il a une longueur qui correspond au périmètre du disque.

ajout n.m. Ce qu'on ajoute, en particulier à un texte. *Faire des ajouts à un chapitre.*

ajouter v. (CONJUG. 3). ❶ Mettre en plus. *Ajoute un peu de sel à ta sauce et elle sera parfaite !* ❷ Dire en plus. *Avant de partir, il a ajouté : « Et encore merci ! »* ◆ **s'ajouter v.pron.** Venir en plus. *Et à tous ces malheurs s'ajoute le fait qu'il est ruiné !*

ajustage n.m. L'opération, le travail de celui qui ajuste des pièces mécaniques.

ajustement n.m. L'action d'ajuster, le fait d'être ajusté. *Le texte a subi quelques ajustements.*

ajuster v. (CONJUG. 3). ❶ Mettre à la bonne taille, adapter une chose à une autre. *Ajuster des pièces mécaniques. Il ajusta soigneusement le couvercle pour que le récipient soit bien fermé.* ❷ Arranger pour rendre plus convenable. *Ajuster un emploi du temps, un texte.*

ajusteur, euse n. Personne dont le métier est de fabriquer et d'ajuster des pièces mécaniques. *L'ajusteur-monteur est spécialisé dans l'assemblage de pièces mécaniques.*

alaise ou **alèse n.f.** Pièce de tissu, souvent imperméable, que l'on place sous le drap de dessous pour protéger le matelas.

alambic n.m. Appareil qui sert à distiller, en particulier de l'alcool. *C'est avec un alambic qu'on extrait l'eau-de-vie du vin.*

HISTOIRE DU MOT Vient d'un mot arabe, tiré du grec *ambix*, « vase ».

alambiqué, e adj. *Des phrases alambiquées* sont compliquées, tortueuses. *Ses explications étaient si alambiquées que je n'ai rien compris.* CONTR. simple.

HISTOIRE DU MOT Vient de *alambic* à cause de la forme en spirale du serpentin de cet appareil.

alarmant, e adj. Qui inquiète au plus haut point, qui fait peur. *Le blessé est dans un état alarmant.* CONTR. rassurant.

alarme n.f. ❶ Signal pour avertir d'un danger. *La maison est équipée d'un système d'alarme contre les voleurs.* ❷ Grande émotion, vive inquiétude provoquées par un danger. *L'alarme a été chaude.* SYN. alerte.

HISTOIRE DU MOT Ce mot vient de l'expression italienne *all'arme !* qui signifiait « aux armes ! ».

alarmer v. (CONJUG. 3). Causer de l'inquiétude, de la peur. *Ce n'est pas grave, inutile d'alarmer les parents !* SYN. affoler, effrayer, inquiéter.

albanais, e adj. et **n.** D'Albanie. *Un film albanais.* ◆ **albanais n.m.** Langue parlée en Albanie, ainsi que par les communautés albanaises de Macédoine et du Kosovo.
▶ REM. Quand il désigne une personne, le mot prend une majuscule : *un Albanais, une Albanaise.*

albâtre n.m. Roche au grain très fin, blanche et légèrement translucide, dont on fait des objets décoratifs. *Une lampe en albâtre. Un teint d'albâtre* (= qui a la blancheur éclatante de l'albâtre).

albatros **n.m.** Oiseau palmipède, d'une envergure de trois mètres environ, très vorace, qui vit dans les mers australes. *Le grand albatros peut voler pendant 1 000 kilomètres sans donner un seul coup d'aile, uniquement en utilisant les vents.*
▸ REM. On prononce le *-s*.

albatros

albinos **adj.** et **n.** Être vivant atteint d'un défaut de pigmentation de la peau, des poils et, parfois, des yeux. *Les lapins et les souris albinos ont le poil blanc et les yeux rouges. Un albinos.*
▸ REM. On prononce le *-s*.

album **n.m.** ❶ Gros cahier relié, classeur, où l'on range des images des photos, etc. *Un album de timbres.* ❷ Livre illustré. *Un album de bandes dessinées.* ❸ Disque comprenant plusieurs morceaux. *Le chanteur a sorti son troisième album.*

HISTOIRE DU MOT Chez les Romains, l'*album* était un panneau d'affichage enduit de plâtre sur lequel on inscrivait au pinceau les actes officiels et publics, et les annonces des particuliers.

albumine **n.f.** Substance visqueuse, coagulant à la chaleur, qui forme le blanc d'œuf et qui est aussi présente dans le sang, le lait, etc. *Lorsqu'on dit qu'on a de l'albumine, cela signifie qu'on en a en trop grande quantité dans l'urine.*

alchimie **n.f.** Science occulte des alchimistes du Moyen Âge qui cherchaient à découvrir, à travers des expériences en laboratoire, la « pierre philosophale », qui serait capable de transformer tous les métaux en or, et la « panacée », remède qui pourrait guérir toutes les maladies. *On doit à l'alchimie la découverte de l'éther, de l'alcool, de l'ammoniaque.*

alchimiste **n.** Celui qui pratiquait l'alchimie.

alchimiste

alcool **n.m.** ❶ Substance chimique liquide qui s'obtient par la fermentation et la distillation de jus de fruits, de graines, etc. ❷ Boisson forte en alcool. *Le cognac, le rhum, l'eau-de-vie sont des alcools.*

alcoolique **adj.** Qui concerne l'alcool ou qui en contient. *Le degré alcoolique d'une boisson. Une solution alcoolique.* ◆ **adj.** et **n.** Qui boit de l'alcool régulièrement et en trop grande quantité.

alcoolisé, e **adj.** *Une boisson alcoolisée* est une boisson à laquelle on a ajouté de l'alcool. *Le punch est une boisson alcoolisée à base de rhum, de jus de fruits et de sirop de canne.*

alcoolisme **n.m.** Maladie due à l'abus de boissons alcooliques.

Alcotest ou **Alcootest** **n.m.** Appareil dans lequel on souffle pour évaluer la quantité d'alcool consommée.
▸ REM. *Alcootest* est le nom d'une marque ; le mot prend une majuscule.

alcôve **n.f.** Renfoncement ménagé dans le fond d'une pièce en général pour y mettre un lit.

al dente **adv.** *Des pâtes cuites al dente* sont cuites de façon à rester fermes sous la dent.
▸ REM. C'est une expression italienne, on prononce [aldɛnte].

aléa **n.m.** (Le plus souvent au plur.) Tous les événements imprévus, les risques qui peuvent survenir. *L'accident est toujours possible, ce sont les aléas du métier.*

HISTOIRE DU MOT En latin, *alea* signifiait « dé » et « chance ». On retrouve ce mot dans l'expression *alea jacta est* qui signifie « les dés sont jetés ».

aléatoire **adj.** Qui est soumis aux aléas, au hasard. *Je ne peux rien promettre, la réalisation de ce projet est aléatoire.* SYN. hasardeux, incertain. CONTR. certain, sûr.

alémanique **adj.** Qui appartient à la Suisse de langue allemande.

alentours **n.m.plur.** Les lieux qui entourent un endroit. *Les alentours d'une ville.* SYN. abords. *C'est désert, personne aux alentours !* SYN. environs. • **Aux alentours de :** vers, autour de. *Je serai chez moi aux alentours de onze heures* (= aux environs de).

1 alerte **n.f.** ❶ Signal qui prévient d'un danger imminent ; durée pendant laquelle le danger persiste. *Il y a eu une alerte à la bombe dans le magasin. L'alerte a duré deux heures.* ❷ Fait insolite, inquiétant, qui avertit d'un danger. *Il a eu un malaise, ce n'était qu'une alerte, mais il doit ménager sa santé.* • **Donner l'alerte :** avertir, prévenir par les moyens appropriés. *La petite fille avait disparu, ce sont les voisins qui ont donné l'alerte.*

HISTOIRE DU MOT Vient de l'italien *all'erta !*, cri d'appel des soldats de garde, qui signifie « sur la hauteur ».

2 alerte **adj.** Plein de vivacité et d'agilité. *Avoir une démarche alerte.* SYN. rapide. CONTR. lourd, pesant. *Un esprit vif et alerte.* SYN. éveillé, prompt. CONTR. lent, lourd.

alerter **v.** (CONJUG. 3). Signaler un danger, un risque. *Un passant a vu de la fumée et a alerté les pompiers.* SYN. avertir, prévenir. *C'est un petit bruit qui m'a alerté* (= donner l'alerte).

alèse **n.f.** → **alaise**

alevin **n.m.** Très jeune poisson qui sert à repeupler les étangs, les rivières.

alexandrin **n.m.** Vers français de douze syllabes que l'on trouve surtout dans les épopées et les tragédies. *« Un frais parfum sortait des touffes d'asphodèles ; / Les souffles de la nuit flottaient sur Galgala »* sont des alexandrins de Victor Hugo.

HISTOIRE DU MOT Vient du nom d'un poème du XIIe siècle, *le Roman d'Alexandre.*

algarade **n.f.** Querelle vive et soudaine. *Avoir une algarade avec un automobiliste.* SYN. altercation, dispute.

algèbre **n.f.** Partie des mathématiques qui étudie les propriétés générales des opérations et permet de trouver la valeur de certaines inconnues représentées par des lettres. *Par l'algèbre on peut trouver la valeur de* x *dans l'équation* x + 2 = 5.

HISTOIRE DU MOT Vient de l'arabe *al-djabr* qui signifie « réduction ».

algérien, enne **adj.** et **n.** D'Algérie. *Oran est une ville algérienne.*

▶ REM. Quand il désigne une personne, le mot prend une majuscule : *un Algérien, une Algérienne.*

algorithme **n.m.** Enchaînement logique de consignes et d'opérations permettant de résoudre un problème. *Un algorithme peut être traduit en un programme exécutable par un ordinateur.*

HISTOIRE DU MOT Vient de *Algorithmus,* nom latin d'un mathématicien arabe du IXe siècle.

algue **n.f.** Végétal aquatique sans feuilles ni racines, de taille microscopique ou pouvant atteindre plusieurs mètres de long.

différents types d'**algues**

ENCYCLOPÉDIE On distingue trois groupes principaux : les *algues brunes,* les *algues rouges* et les *algues vertes.* Chez ces dernières, une forme peut proliférer sous l'action de la pollution aux nitrates ou aux phosphates, due à l'agriculture intensive : ce phénomène de *marée verte* peut dégager des gaz toxiques. On utilise les algues dans l'alimentation, dans l'industrie pharmaceutique et comme engrais agricole.

alias **adv.** Sert à introduire un surnom ou un pseudonyme et signifie « autrement dit, autrement appelé ». *Le célèbre auteur de « Tintin » est Georges Remi, alias Hergé.* SYN. dit.

▶ REM. On prononce le *-s* final.

alibi **n.m.** Preuve apportée par une personne suspectée d'un crime ou d'un délit qu'elle n'était pas à l'endroit où celui-ci s'est commis au moment où il s'est commis. *Le suspect a fourni un alibi, il a dit qu'il cueillait des champignons avec des amis à l'heure du vol.*

HISTOIRE DU MOT Mot latin qui signifie « ailleurs ».

aliéné, e **n.** Ancien mot pour désigner un malade mental.

alignement **n.m.** Le fait d'être aligné, mis en ligne droite. *Un alignement de maisons et de boutiques formait la rue principale du village.*

aligner **v.** (CONJUG. 3). ❶ Mettre en ligne, ranger sur une ligne droite. *Le jardinier aligne ses semis de salades au cordeau. Les livres sont alignés sur l'étagère.* ❷ Présenter des choses les unes à la suite des autres. *Aligner des chiffres. Aligner des preuves.* ◆ **s'aligner** **v.pron.** ❶ Se mettre en ligne. *Alignez-vous, les enfants.* ❷ Adopter le même comportement que quelqu'un, faire comme lui. *Dans ces graves circonstances, les partis se sont alignés sur la politique gouvernementale.* SYN. se conformer à.

aliment **n.m.** Ce qui sert à nourrir un être vivant. *Le lait est un aliment complet. Les plantes prennent leurs aliments dans l'air et dans le sol.*

alimentaire **adj.** Qui sert à nourrir, qui concerne l'alimentation. *Des produits alimentaires. Régime alimentaire. Le tribunal l'a condamné à verser une pension alimentaire à ses enfants* (= de l'argent qui sert à les faire vivre).

alimentation **n.f.** ❶ Le fait de se nourrir. *Une alimentation équilibrée doit comporter une grande variété d'aliments.* SYN. nourriture. ❷ Commerce des produits alimentaires. *En ville, les magasins d'alimentation sont souvent fermés le lundi.* ❸ Action d'alimenter ou d'approvisionner quelque chose. *Le barrage assure l'alimentation électrique de toute la région.* SYN. approvisionnement. *L'alimentation d'un moteur en carburant.*

ENCYCLOPÉDIE Pour avoir un régime alimentaire équilibré, tout le monde devrait composer ses repas de façon à consommer 10 à 20 % de *protéines* (contenues essentiellement dans la viande et les laitages), 30 % de *lipides,* c'est-à-dire de graisses, et 50 à 60 % de *glucides,* c'est-à-dire de sucres (contenus dans divers aliments).

alimenter **v.** (CONJUG. 3). ❶ Donner à manger à un être vivant. *Alimenter un petit chat au biberon.* SYN. nourrir. ❷ Fournir ce qui est nécessaire au fonctionnement ou à l'entretien de quelque chose. *La source alimente la commune en eau.* SYN. approvisionner. *Il faut alimenter le feu.* SYN. entretenir. ◆ **s'alimenter** **v.pron.** Se nourrir.

a b c d e f g h i j k l m n o p q r s t u v w x y z

A B C D E F G H I J K L M N O P Q R S T U V W X Y Z

alinéa **n.m.** Ligne en retrait dans un texte ; passage commençant par cette ligne. *Un alinéa commence le paragraphe.*

HISTOIRE DU MOT Vient de l'expression latine *a linea* qui signifie « en s'écartant de la ligne ».

s'aliter **v.pron.** (CONJUG. 3). Se mettre au lit parce qu'on est malade.

alizé **n.m.** Vent régulier qui souffle pendant toute l'année dans les régions tropicales. *Les voiliers profitent des alizés pour traverser l'Atlantique, de l'Europe vers les Antilles.*

allaitement **n.m.** Action ou manière d'allaiter. *L'allaitement maternel est bien adapté aux besoins des nourrissons.*

allaiter **v.** (CONJUG. 3). Nourrir de son lait un petit, au sein ou à la mamelle. *Kipling raconte que Mowgli fut allaité par une louve.*

alléchant, e **adj.** Qui allèche, fait envie. *Un plat, un gâteau alléchants.* SYN. appétissant. *Une proposition alléchante.* SYN. attirant, séduisant, tentant.

allécher **v.** (CONJUG. 9, ✎ 10). Attirer quelqu'un en lui faisant envie, l'appâter. *« Maître Corbeau, sur un arbre perché / Tenait en son bec un fromage. / Maître Renard, par l'odeur alléché / Lui tint à peu près ce langage »* (La Fontaine). *Il alléchait ses clients par des offres apparemment avantageuses.* SYN. attirer, séduire.

allée **n.f.** ❶ Voie généralement bordée d'arbres. *De la grille du parc, une allée plantée de rosiers menait à la maison.* ❷ Passage entre des rangées de chaises, de bancs. *Le professeur s'avança dans l'allée centrale.* • **Allées et venues :** trajets en tous sens de personnes qui vont et viennent. *Le matin de la fête, c'était des allées et venues continuelles d'enfants dans la maison.* SYN. va-et-vient.

allégé, e **adj.** *Un aliment allégé* a été débarrassé d'une partie de ses graisses ou de son sucre. *Beurre, lait allégé. Soda allégé.*

allègement **n.m.** Le fait d'alléger un travail, une dette, une peine, etc. *Il a pu bénéficier d'un allègement de ses horaires. Le prisonnier a obtenu un allègement de sa peine.* SYN. adoucissement.

alléger **allégeant, allégé v.** (CONJUG. 9, ✎ 10). ❶ Rendre plus léger (au propre et au figuré). *On a enlevé des colis pour alléger le chargement.* CONTR. alourdir. *Le ministre souhaite alléger les programmes scolaires* (= en supprimer une partie). ❷ Diminuer l'intensité d'une peine, d'une douleur. *Ils ont tout tenté pour alléger ses souffrances.* SYN. soulager.

allégorie **n.f.** Procédé par lequel on exprime une idée abstraite au moyen d'une image, en la personnifiant. *La justice est souvent représentée par une femme qui tient un plateau, et le temps par un personnage qui tient un sablier d'une main et une faux de l'autre ; ces deux images sont des allégories.*

HISTOIRE DU MOT Vient d'un verbe grec qui signifie « parler par images ».

représentation **allégorique** de l'Égalité

allégorique **adj.** Qui a le caractère d'une allégorie. *Un tableau allégorique.*

allègre **adj.** Vif et gai, plein d'un joyeux entrain. *Avoir le cœur allègre.* SYN. enjoué.

allègrement **adv.** Avec vivacité, avec entrain.

allégresse **n.f.** Joie très vive et sans retenue qui se manifeste souvent par des cris, des danses, etc. *Quand on sut que le danger était écarté, ce fut l'allégresse générale.* SYN. enthousiasme. CONTR. consternation.

allegro, ✎ allégro **adv.** Terme porté sur une partition de musique pour indiquer que le mouvement doit être joué rapidement. ◆ **allégro n.m.** Morceau de musique joué sur un rythme vif. *L'allégro d'une sonate.*

alléluia **interj.** Mot hébreu signifiant « louez l'Éternel », qui se trouve au début et à la fin de plusieurs psaumes et qui marque l'allégresse dans la liturgie juive et chrétienne.

allemand, e **adj.** et **n.** D'Allemagne. *Une voiture allemande.* ◆ **allemand n.m.** Langue germanique parlée en Allemagne, en Autriche et dans une partie de la Suisse.

▸ REM. Quand il désigne une personne, le mot prend une majuscule : *un Allemand, une Allemande.*

1 **aller** **allant, allé v.** (CONJUG. 18 ; auxiliaire *être*). ❶ Se déplacer d'un lieu à un autre, se rendre quelque part. *Édith va au cinéma samedi. Aller chez le coiffeur.* ❷ Mener quelque part, aboutir à un lieu. *Ce chemin va au village.* SYN. conduire. ❸ Partir de pour arriver à (dans l'espace ou dans le temps). *La route va de Paris à Lyon. Les vacances vont du 1er au 31 août.* ❹ Progresser, évoluer vers. *Nous allons vers la victoire.* ❺ S'emploie pour indiquer une manière d'agir. *Va plus vite ! Il y est allé trop fort* (= il a exagéré). ❻ S'emploie pour indiquer une manière d'être, en parlant de quelqu'un ou de quelque chose. *Comment allez-vous ? Je vais bien.* SYN. se porter.

Les affaires ne vont pas bien en ce moment. SYN. marcher. ❼ Convenir, être adapté à, être en harmonie avec. *Le rouge va bien avec le blanc. Ce manteau ne lui va pas du tout, il est trop grand. Ils vont bien ensemble* (= ils sont assortis). ❽ *Aller sur tel âge*, l'atteindre bientôt. *Il va sur ses cinquante ans.* ❾ S'emploie, suivi de l'infinitif, pour exprimer le futur proche. *Il allait partir quand je suis arrivée* (= il était sur le point de partir). *Attends, tu vas comprendre. Il va bientôt faire nuit.* → VOIR **auxiliaire** (encadré). • **Allons !, allez ! :** interjections que l'on emploie pour encourager ou presser quelqu'un. *Allons ! avancez !* • **Allons donc !, allez donc ! :** interjections que l'on emploie pour marquer son désaccord ou exprimer un doute. *Lui ? faire un cadeau ? allons donc, tu plaisantes !* • **Cela va de soi :** c'est évident. • **Il en va de :** introduit une comparaison d'égalité. *Il en va de cette affaire comme de l'autre.* • **Il y va de :** il s'agit de. *C'est important, il y va de ton avenir !* (= ton avenir est en jeu). ◆ **s'en aller** **v.pron.** ❶ Quitter un lieu. *Pierre s'en va, il voudrait te dire au revoir. Vous vous en allez déjà ?* SYN. partir. *Va-t'en ! Hors d'ici !* ❷ Partir, disparaître. *La tache s'en ira au lavage.*

2 aller **n.m.** ❶ Première partie d'un trajet d'un endroit à un autre. *À l'aller, j'ai pris le train, au retour, l'avion.* ❷ Titre de transport valable seulement à l'aller. *Je voudrais un aller pour Bruxelles et un aller (et) retour pour Genève.* • **Un aller et retour :** un déplacement très bref au cours duquel on ne s'arrête qu'un instant à l'endroit où l'on se rend. *Je vais à l'épicerie et je reviens, je ne fais qu'un aller et retour.*

allergie **n.f.** ❶ Réaction très forte et anormale du corps à certaines substances. *Le rhume des foins a pour origine une allergie au pollen des fleurs.* ❷ Réaction de rejet envers une chose quelconque. *Son allergie aux mathématiques était connue de tous.*

allergique **adj.** ❶ Qui concerne l'allergie. *Il a facilement de l'urticaire et des rhumes d'origine allergique.* ❷ Qui souffre d'allergie. *Elle est allergique aux poils de chat.* ❸ Qui supporte mal quelque chose. *Je suis allergique aux mathématiques, je n'y comprends rien !* SYN. réfractaire.

alliage **n.m.** Mélange de deux ou de plusieurs métaux, ou d'un métal et d'une autre substance. *Le laiton est un alliage de cuivre et de zinc, l'acier un alliage de fer et de carbone.*

alliance **n.f.** ❶ Accord conclu entre des pays, des groupes, des personnes, qui les engage à s'aider mutuellement. *L'Organisation du traité de l'Atlantique Nord* (= O.T.A.N.) *est un traité d'alliance. Elle se disait mon amie mais elle a fait alliance avec mes pires ennemis* (= elle s'est entendue avec eux). ❷ Rapport de parenté établi par le mariage. *C'est mon cousin par alliance* (= il est marié à ma cousine). ❸ Anneau de mariage.

allié, e **adj.** et **n.** Qui est uni, par un pacte ou une alliance, à un pays, à un groupe, à une personne. *Pendant les deux guerres mondiales, les puissances alliées qui luttaient contre l'Allemagne furent appelées « les Alliés ».* CONTR. ennemi.

allier **v.** (CONJUG. 7). ❶ Associer plusieurs éléments. *Un mobilier qui allie le moderne et l'ancien.* SYN. marier, mêler, unir. ❷ Combiner plusieurs métaux en les fondant ensemble. *Pour fabriquer la monnaie, on allie l'argent et le cuivre.* ◆ **s'allier** **v.pron.** ❶ S'unir, être uni par une alliance, un accord. *La France s'est alliée avec l'Angleterre. Par son mariage, il s'est allié à une grande famille.* ❷ S'associer à quelque chose, être en accord. *Le rose de la tapisserie s'allie à merveille avec celui des rideaux.* SYN. être assorti, s'harmoniser, se marier.

alligator **n.m.** Crocodile d'Amérique et de Chine au museau court.

HISTOIRE DU MOT Vient de l'espagnol *el lagarto* qui signifie « le lézard ».

alligator

allitération **n.f.** Procédé utilisé en poésie, dans les comptines, en publicité, etc., et qui consiste à répéter plusieurs fois dans une suite de mots une consonne ou une syllabe. *« Pour qui sont ces serpents qui sifflent sur vos têtes »* (*Andromaque*, Racine).

allô, ✎ ***allo*** **interj.** Mot qu'on utilise en français pour entrer en communication téléphonique. *Allô ! Parlez plus fort, je vous entends très mal !*
▸ REM. Les Anglais disent « hello ! », les Italiens « pronto ! », les Portugais « està là ! », etc.

allocation **n.f.** Somme d'argent allouée régulièrement par un organisme d'État à un citoyen dans certaines circonstances. *Toucher les allocations familiales, une allocation chômage.*
▸ REM. Ne pas confondre avec *allocution*.

allocution **n.f.** Discours prononcé par un personnage officiel. *Monsieur le Maire a prononcé une courte allocution pour féliciter le vainqueur de la course.*
▸ REM. Ne pas confondre avec *allocation*.

allongé, e **adj.** ❶ Qui est étendu, en position couchée. *Allongé sur le sable, il faisait semblant de dormir.* ❷ Qui est étiré, étendu en longueur. *Un instrument de forme allongée.*

allongement **n.m.** Augmentation de la longueur ou de la durée. *L'allongement des vacances.* CONTR. raccourcissement.

allonger **allongeant, allongé v.** (CONJUG. 5). ❶ Augmenter en longueur ou en durée. *Allonger une robe, un pantalon.* SYN. rallonger. CONTR. raccourcir.

Elle a décidé d'allonger son séjour. SYN. prolonger. CONTR. abréger, écourter. ❷ Tendre un membre dans l'espace, le déplier. *Allonger ses jambes sur une chaise.* SYN. étendre. CONTR. replier. ❸ Coucher quelqu'un sur un lit, par terre. *Ils allongèrent le blessé sur la civière.* SYN. étendre. ❹ Faire paraître plus long. *Les tissus rayés en long allongent la silhouette.* ◆ **s'allonger** **v.pron.** ❶ S'étendre, se coucher. *Allonge-toi près de moi.* ❷ Devenir de plus en plus long. *La liste des victimes s'allonge d'heure en heure.* ❸ Grandir et mincir. *Tu t'es allongé pendant les vacances !*

allouer **v.** (CONJUG. 3). Accorder une somme d'argent, une allocation. *L'État a alloué des crédits supplémentaires à la recherche.* SYN. attribuer, octroyer.

HISTOIRE DU MOT Vient du latin *locare* qui signifie « louer », que l'on retrouve dans *location, allocation.*

allumage **n.m.** ❶ Le fait d'allumer quelque chose. ❷ Dans un moteur à explosion, le dispositif produisant les étincelles électriques qui enflamment le mélange d'air et d'essence dans les cylindres. *Nous avons eu une panne d'allumage ce matin.*

allume-gaz **n.m.invar.** Petit appareil électrique qui sert à allumer le gaz dans une cuisine.

allumer **v.** (CONJUG. 3). ❶ Produire des flammes, un feu. *Allumer un incendie, un feu de bois. Allumer le gaz. Allumer une bougie.* SYN. enflammer. ❷ Faire fonctionner une source de lumière. *Allumer une lampe, des phares.* ❸ Mettre en marche un appareil électrique. *Allumer le chauffage, la télévision.* ◆ **s'allumer** **v.pron.** ❶ Prendre feu. *Il fait humide, le feu ne veut pas s'allumer.* SYN. prendre. ❷ Devenir éclairé, lumineux. *De la plage, le soir, on voit s'allumer les lumières de la côte anglaise.* ❸ Se mettre à briller soudain, avec un vif éclat, sous l'effet d'un sentiment. *À cette vue, son regard s'alluma.* SYN. briller.

▸ REM. Dans tous les cas, le contraire d'*allumer* est *éteindre*.

allumette **n.f.** Petite bûchette de bois, tige de carton dont le bout est enduit d'un produit qui s'enflamme quand on le frotte. *Une boîte d'allumettes.*

ENCYCLOPÉDIE Les anciennes allumettes étaient faites d'un bâtonnet trempé dans du soufre fondu, qu'on enflammait seulement au contact d'une flamme. C'est en 1831 que Charles Sauria inventa les allumettes au phosphore, qui s'enflammaient par frottement sur n'importe quelle surface rugueuse. Comme cela les rendait dangereuses, deux Suédois améliorèrent son invention en créant les allumettes dites *de sûreté*, longtemps appelées *suédoises*, qui nécessitent un frottoir spécial.

allumeur **n.m.** • **Allumeur de réverbères :** personne qui, autrefois, était chargée de l'allumage et de l'extinction des appareils d'éclairage des rues. « *La cinquième planète était très curieuse. C'était la plus petite de toutes. Il y avait là juste assez de place pour loger un réverbère et un allumeur de réverbères* » (*le Petit Prince*, Saint-Exupéry).

allure **n.f.** ❶ Façon plus ou moins rapide de se déplacer, de se mouvoir. *La moto roulait à toute allure* (= à toute vitesse). *L'étrange lumière se déplaçait dans le ciel à vive allure. Accélérez un peu l'allure, ce travail doit être fini dans deux jours.* SYN. rythme. ❷ Aspect d'une personne ou d'une chose. *Il a une drôle d'allure avec son chapeau !* • **Avoir de l'allure :** avoir de la distinction, de l'élégance.

HISTOIRE DU MOT Vient de *aller.*

allusif, ive **adj.** Qui contient une allusion ou des allusions, qui est plein de sous-entendus. *Elle a abordé le sujet de façon allusive.* CONTR. explicite.

allusion **n.f.** Parole qui rappelle une chose, une personne, qui y fait penser sans en parler de façon précise. *Il n'a pas compris l'allusion.* SYN. sous-entendu. *Je connais le metteur en scène auquel vous faites allusion* (= que vous évoquez, mentionnez).

alluvions **n.f.plur.** Dépôts fertiles de boue, de sable, de graviers laissés par les eaux d'un fleuve quand il se retire après avoir débordé. *Les deltas, comme celui du Rhône qui forme la Camargue, sont formés par des alluvions.*

almanach **n.m.** Petit livre publié tous les ans, qui contient un calendrier mentionnant les fêtes, les lunaisons, les éclipses, les heures du lever et du coucher du soleil, et divers conseils et histoires pour chaque jour.

▸ REM. On ne prononce pas le *-ch*.

aloès **n.m.** Plante des régions chaudes désertiques, souvent cultivée comme plante ornementale, dont les feuilles charnues fournissent une résine amère que l'on utilise en médecine et en teinturerie.

▸ REM. On prononce le *-s*.

aloi **n.m.** • **De bon, de mauvais aloi :** de bonne, de mauvaise nature ou qualité. *Une gaieté de bon aloi* (= franche). *Une plaisanterie de mauvais aloi* (= équivoque, louche).

HISTOIRE DU MOT Vient de l'ancien français *aloier* qui signifiait « allier, combiner les métaux ». Une pièce de *mauvais aloi* ne contenait pas assez d'or ou d'argent.

alors **adv.** ❶ Indique un moment dans le temps. *Je n'étais alors qu'une toute petite fille* (= à ce moment-là). ❷ Introduit l'expression d'une conséquence. *Tu aimes cela ? alors reprends-en* (= dans ce cas). ❸ Renforce la conjonction *ou*, quand on pense n'avoir le choix qu'entre deux possibilités. *Il ne se rend pas compte du danger, ou alors il est fou.* ❹ (Familier) Renforce une interrogation ou une exclamation qui expriment la surprise, l'impatience, l'indignation, etc. *Alors, raconte-nous tes vacances ! Ça, alors ! tu en es sûre ? J'ai plus de bonbons que toi ? et alors, qu'est-ce que ça peut te faire ?* ◆ **alors que** **conj.** Marque une opposition. *Ici on grelotte alors que là-bas on étouffe.*

alouette **n.f.** Oiseau passereau au plumage brunâtre, que l'on trouve couramment dans les

alouette

champs. *« Alouette, gentille alouette, alouette je te plumerai... »* (chanson).

ENCYCLOPÉDIE Cri : l'alouette grisolle. L'alouette a son nid à même le sol et elle le surveille toujours, même lorsqu'elle vole. Très matinale, elle fait entendre son chant dès le point du jour, à la belle saison. Souvent, elle s'élève verticalement à une grande hauteur, où elle est capable de rester longtemps. Comme elle se nourrit de petits vers, de chenilles, de fourmis, de sauterelles, l'alouette est un oiseau utile à l'agriculture.

alourdir **alourdissant, alourdi v.** (CONJUG. 16). ❶ Rendre plus lourd. *Tous ces livres vont alourdir mon sac.* SYN. charger. CONTR. alléger. ❷ Rendre plus pesant. *L'emploi du participe présent alourdit le style* (= le rend plus maladroit). ◆ **s'alourdir v.pron.** Devenir ou paraître plus lourd. *Ses paupières s'alourdissaient, le sommeil la gagnait.*

alpaga n.m. ❶ Mammifère voisin du lama, domestiqué en Amérique du Sud pour sa longue fourrure laineuse. ❷ Étoffe faite avec de la laine d'alpaga, fine, longue et soyeuse, très chaude.

alpage n.m. Prairie naturelle en haute montagne qui sert de pâturage aux troupeaux en été. *Les alpages sont situés au-dessus de la zone de forêts, entre 1 600 et 2 400 m environ.*

HISTOIRE DU MOT Vient de *Alpes*.

alpestre adj. Qui est propre aux Alpes ou qui rappelle les Alpes. *La faune et la flore alpestres.*

alpha n.m.invar., ✎ *n.m.* La première lettre de l'alphabet grec. • **L'alpha et l'oméga :** le début et la fin. *L'évangéliste Jean dit dans l'Apocalypse que Dieu est l'alpha et l'oméga de toutes choses.*

alphabet n.m. Liste de toutes les lettres qui servent à noter les sons d'une langue et permettent d'écrire les mots. *À côté de l'alphabet latin qui est le plus communément utilisé existent aussi l'alphabet cyrillique pour les langues slaves, l'alphabet sanscrit pour certaines langues indiennes, les alphabets arabe, hébreu, grec, etc.*

HISTOIRE DU MOT Vient de *alpha* et de *bêta*, noms des deux premières lettres de l'alphabet grec.

ENCYCLOPÉDIE L'écriture alphabétique s'est probablement constituée entre le XVIIe et le XIVe siècle avant J.-C. dans les cités de marchands du Proche-Orient, qui avaient besoin d'un système d'écriture plus simple que les anciens pictogrammes. C'est vers 1200 avant J.-C. qu'est apparu l'alphabet phénicien, ancêtre direct de tous les alphabets occidentaux. Il notait seulement les consonnes. C'est l'alphabet grec qui a été le premier à noter les voyelles. → VOIR Fiche 1.

alphabétique adj. *L'ordre alphabétique* est l'ordre des lettres de l'alphabet.

alphabétisation n.f. Apprentissage de la lecture et de l'écriture aux personnes qui n'ont pas ou peu été à l'école.

alphanumérique adj. *Un clavier alphanumérique* comporte à la fois des lettres et des chiffres.

alpin, e adj. Des Alpes ou de la haute montagne. *Un village alpin. Faire du ski alpin. Le Club alpin. Les chasseurs alpins sont des fantassins spécialement entraînés à la haute montagne.*

alpinisme n.m. Sport des ascensions en montagne.

ENCYCLOPÉDIE L'alpinisme est né en France, dans les Alpes, à Chamonix au XVIIIe siècle. C'est de là que sont partis le guide Jacques Balmat, dit « le roi des Alpes », et le docteur Paccard pour la première ascension du mont Blanc (4 810 m), le 8 août 1786. La recherche scientifique est à l'origine de ces entreprises car les savants voulaient pouvoir étudier la pression atmosphérique en altitude, le degré d'ébullition de l'eau, etc.

alpiniste n. Personne qui pratique l'alpinisme. *Les alpinistes s'aident de piolets, de crampons et s'encordent.*

alpinistes

alsacien, enne adj. et **n.** D'Alsace. *Une maison alsacienne.*
▸ REM. Quand il désigne une personne, le mot prend une majuscule : *un Alsacien, une Alsacienne.*

altération n.f. ❶ Changement qui dénature quelque chose, qui le rend autre en l'abîmant. *Je fus saisi par l'altération de son visage : ses joues étaient livides, son teint brouillé, son air sombre.* ❷ En musique, signe qui indique une modification de la hauteur d'une note. *Le dièse, le bémol et le bécarre sont les trois altérations.*

altercation n.f. Querelle vive et brève entre deux personnes. *Une altercation éclata entre un automobiliste et un livreur.* SYN. algarade, dispute.

altéré, e adj. *Une voix altérée* est changée par l'émotion.

alter ego n.m.invar. Personne en qui on a toute confiance, à qui on peut même demander parfois d'agir à sa place. *Voici mon assistant et, pour ainsi dire, mon alter ego.*

HISTOIRE DU MOT Ces mots latins signifient « un autre moi-même ».

A B C D E F G H I J K L M N O P Q R S T U V W X Y Z

altérer v. (CONJUG. 9, ✎ *10*). ❶ Changer de bien en mal. *La chaleur altère le vin.* SYN. abîmer. ❷ Dénaturer quelque chose, le rendre inexact. *L'article du journal altère les faits.* SYN. falsifier. ◆ **s'altérer** v.pron. Se dénaturer, s'abîmer. *Avec le temps, les couleurs se sont altérées.*

HISTOIRE DU MOT Vient du latin *alter* qui signifie « autre ».

alternance n.f. Le fait d'alterner, de se succéder. *Dans ce théâtre, on joue deux pièces de Molière en alternance* (= une fois l'une, une fois l'autre).

alternateur n.m. Appareil, machine qui produit du courant électrique alternatif.

alternatif, ive adj. *Un mouvement alternatif* va tantôt dans un sens, tantôt dans un autre, régulièrement. *Le balancier des anciennes horloges a un mouvement alternatif.* • **Courant électrique alternatif :** courant qui change de sens à intervalles réguliers, qui n'est pas continu.

alternative n.f. Situation dans laquelle on a à choisir entre deux possibilités. *Se trouver devant une alternative très embarrassante.* SYN. dilemme. *Il faut travailler, il n'y a pas d'alternative !* (= il n'y a pas d'autre choix).

alternativement adv. Tour à tour, en alternant. *Le feu passe alternativement du vert au rouge.* SYN. successivement.

alterner v. (CONJUG. 3). ❶ Se succéder, se présenter l'un après l'autre. *Les jours et les nuits alternent.* ❷ Faire tour à tour un travail, une activité. *Il ne faut pas que ce soit toujours les mêmes qui mettent la table, alternez !* SYN. se relayer, se remplacer.

altesse n.f. Titre donné aux princes et aux princesses, ainsi qu'aux souverains. *Son Altesse reprendra-t-elle un peu de thé ?*

HISTOIRE DU MOT Vient de l'italien *altezza* qui signifie « hauteur ».

altier, ère adj. Qui manifeste de l'orgueil, de la fierté. *La jeune femme lui répondit d'un ton altier qu'elle ne souhaitait plus le voir.* SYN. hautain.

HISTOIRE DU MOT Vient du latin *altus*, qui signifie « haut » et que l'on retrouve dans *altesse, alto, altimètre, altitude, exalter.*

altimètre n.m. Appareil qui permet de savoir à quelle altitude on se trouve.

altitude n.f. ❶ Élévation par rapport au sol. *L'avion prend de l'altitude* (= il s'élève). *L'avion perd de l'altitude* (= il descend). ❷ Hauteur d'un endroit par rapport à la mer. *Le village de Saint-Véran dans les Hautes-Alpes, situé à 2 040 m d'altitude, est le plus haut d'Europe.*

alto n.m. ❶ Nom donné à la plus grave des voix de femme et, autrefois, à la plus aiguë des voix d'homme. ❷ Instrument de musique un peu plus grand et un peu plus grave que le violon.
▸ REM. On dit aussi *contralto* pour les voix de femmes et *haute-contre* pour les voix d'hommes.

altocumulus n.m. Nuage formé de gros flocons blancs disposés en groupes ou en files, donnant au ciel un aspect pommelé. → VOIR **nuage** (planche).
▸ REM. On prononce le *-s*.

altostratus n.m. Nuage assez sombre, qui a la forme d'un voile grisâtre. → VOIR **nuage** (planche).
▸ REM. On prononce le *-s* final.

altruisme n.m. Capacité à s'intéresser aux autres, à se mettre à leur place et à leur vouloir du bien. SYN. générosité. CONTR. égoïsme.

HISTOIRE DU MOT Vient du latin *alter* qui signifie « autre » et que l'on retrouve dans *altercation, alterner, subalterne.*

altruiste adj. et n. Qui se soucie des autres de manière désintéressée. SYN. généreux. CONTR. égoïste.

aluminium n.m. Métal blanc, très mou, qui ne s'oxyde pas à l'air, le plus léger des métaux usuels et le plus employé après le fer.

alunir alunissant, aluni v. (CONJUG. 16). Se poser sur le sol de la Lune. *Les engins spatiaux, quand ils arrivent sur la Lune, alunissent.*

alunissage n.m. Le fait de se poser sur la Lune.

alvéole n.f. ❶ Petite cavité en cire que font les abeilles dans la ruche pour y déposer leur miel, leur pollen et leurs œufs. ❷ *Alvéole dentaire*, chacune des cavités de l'os de la mâchoire dans lesquelles sont plantées les dents. ❸ *Alvéoles pulmonaires*, cavités à paroi mince qui terminent les bronches, et entre lesquelles circulent les vaisseaux. *Les alvéoles se forment à la naissance au moment du premier cri.*
▸ REM. On trouve parfois *alvéole* au masculin.

alvéoles d'une ruche

amabilité n.f. ❶ Le fait d'être aimable. *Elle a été pleine d'amabilité pour moi.* SYN. affabilité, gentillesse, prévenance. ❷ S'emploie dans des formules de politesse. *Auriez-vous l'amabilité de le prévenir ?* SYN. courtoisie, gentillesse.

amadouer v. (CONJUG. 3). Attendrir une personne désagréable ou hostile en étant aimable avec elle, en la flattant, en général pour obtenir quelque chose d'elle. *Mathieu a si bien réussi à amadouer la marchande de journaux qu'elle lui a donné un autocollant.*

amaigri, e adj. Devenu maigre ou plus maigre. *Il est rentré de son voyage les traits tirés, le visage amaigri.*

amaigrir amaigrissant, amaigri v. (CONJUG. 16). Faire maigrir. *Sa maladie l'a considérablement amaigri.*

amaigrissant, e adj. *Un régime amaigrissant* est un régime que l'on fait pour maigrir.

amaigrissement n.m. Le fait de maigrir, de perdre du poids.

amalgame n.m. ❶ Alliage utilisé pour boucher, obturer les caries dentaires. ❷ Mélange de choses ou de personnes très différentes. *Un amalgame de couleurs.* ❸ *Faire un amalgame*, c'est mélanger, confondre, mettre ensemble par la pensée des choses de nature bien différente. *Les journalistes ont fait un fâcheux amalgame entre les deux événements.*

HISTOIRE DU MOT D'origine arabe, ce mot était utilisé par les alchimistes pour désigner l'alliage du mercure avec un autre métal.

amalgamer v. (CONJUG. 3). Mélanger, incorporer quelque chose à autre chose. *L'auteur a amalgamé plusieurs légendes en un seul récit.* SYN. combiner.

amande n.f. ❶ Fruit de l'amandier contenu dans une coque verte. ❷ Graine contenue dans le noyau de certains fruits tels que la cerise, la prune, la pêche, etc. • **En amande :** dont la forme allongée rappelle celle de l'amande. *Des yeux en amande.*
▸ REM. Ne pas confondre avec *amende.*

amandes

amandier n.m. Arbre originaire d'Asie, haut de 7 m environ, que l'on cultive pour ses fruits comestibles, appelés *amandes. Les amandiers sont les premiers arbres fruitiers en fleur au printemps.*

amanite n.f. Champignon des bois dont certaines espèces, comme l'*amanite phalloïde* (à chapeau jaune ou vert), sont mortelles. → VOIR **champignon** (planche).
▸ REM. Ne pas confondre avec l'*ammonite*, qui est un fossile.

amant n.m. L'homme avec lequel une femme a des relations sexuelles en dehors du mariage. → VOIR AUSSI **maîtresse.** ◆ **amant, e** n. Autrefois, ce mot désignait la personne qui aimait et qui était aimée d'amour. *Roméo et Juliette, Tristan et Yseut sont des amants célèbres de la littérature.*

amarante n.f. Plante d'automne, aussi appelée *queue-de-renard*, à fleurs pourpres, en grappes.

amarre n.f. Cordage ou câble qui sert à relier un bateau à un point fixe dans un port, une rade, etc. *La tempête fut si violente que le navire rompit ses amarres. Larguez les amarres !*

amarrer v. (CONJUG. 3). ❶ Retenir un bateau avec des amarres, des cordages. *Amarrer un navire au quai.* ❷ Fixer solidement un paquet, un bagage. *J'ai amarré le vélo sur la galerie de la voiture.*

amaryllis n.f. Plante bulbeuse ornementale qui donne de grandes fleurs odorantes d'un rouge éclatant.
▸ REM. On prononce le *-s.*

amas n.m. ❶ Accumulation de choses formant une masse. *Il ne restait plus qu'un amas de ruines.* SYN. amoncellement, entassement, monceau. ❷ Ensemble formé par un très grand nombre d'étoiles ou de galaxies.

amasser v. (CONJUG. 3). Rassembler, réunir petit à petit et en grande quantité. *Dans le creux d'un gros chêne, l'écureuil avait amassé un énorme tas de noisettes pour l'hiver.* SYN. entasser. *Amasser des connaissances.* SYN. accumuler. • **Pierre qui roule n'amasse pas mousse :** proverbe qui s'emploie pour dire qu'on ne fait pas fortune si on change souvent d'endroit ou de profession. ◆ **s'amasser** v.pron. S'accumuler, se rassembler en grand nombre. *Les feuilles se sont amassées dans la gouttière et l'ont bouchée.* SYN. s'amonceler, s'entasser. *La foule, qui s'était amassée près des grilles, voulait entrer.* SYN. se grouper, se masser. CONTR. se disperser, s'éparpiller.

amateur, trice n. et adj. ❶ Personne qui pratique un art, un sport, une activité par plaisir, par opposition à *professionnel. Un musicien amateur. Une photographe amatrice.* ❷ Personne qui a du goût, une attirance particulière pour quelque chose. *Les amateurs de mousse au chocolat feraient bien de se dépêcher ! Elle est grande amatrice de peinture, elle vous apprendra beaucoup.* ❸ Personne qui manque de sérieux dans ce qu'elle fait. *Il travaille en amateur.* SYN. dilettante.

HISTOIRE DU MOT Vient de *aimer.*

amateurisme n.m. ❶ Le fait de pratiquer un art, un sport, une activité, etc., en amateur. ❷ Manque de sérieux dans un travail, une activité. *On critique son amateurisme et sa paresse.*

amazone n.f. Femme qui monte à cheval. • **Monter en amazone :** avec les deux jambes du même côté de la selle d'un cheval.

HISTOIRE DU MOT Vient du nom d'une tribu de femmes guerrières de la mythologie, les Amazones. → VOIR noms propres.

sans **ambages** adv. Sans détour, en parlant de façon nette et claire. *Elle me dit sans ambages qu'elle préférait partir.* SYN. franchement.
▸ REM. Cette expression appartient à la langue soutenue.

a b c d e f g h i j k l m n o p q r s t u v w x y z

A B C D E F G H I J K L M N O P Q R S T U V W X Y Z

ambassade **n.f.** L'ensemble des diplomates qui représentent en permanence leur pays dans un pays étranger ; le bâtiment qui les abrite. *L'ambassade des États-Unis à Paris. Il faut que j'aille chercher mon visa à l'ambassade.* • **En ambassade :** en mission auprès de quelqu'un pour demander, négocier quelque chose. *Jean avait envoyé sa sœur en ambassade pour obtenir la permission d'aller au cinéma.*

ambassadeur, drice **n.** ❶ Diplomate qui représente officiellement un État dans un pays étranger. ❷ Personne qui représente un groupe, un pays auprès d'un autre groupe, d'un autre pays. *Elle est notre ambassadrice de la mode à l'étranger.*

ambiance **n.f.** ❶ Climat agréable ou désagréable qui règne dans un lieu, dans un groupe. *Il y a toujours une ambiance chaleureuse dans cette famille.* SYN. atmosphère. ❷ Gaieté, entrain. *Il n'y avait pas d'ambiance à la fête, mais Bruno s'est chargé d'en mettre !* SYN. animation.

ambiant, e **adj.** *La température ambiante, l'air ambiant* sont ceux de l'endroit où l'on se trouve. *Servir le vin à température ambiante. J'ai ouvert la fenêtre pour renouveler l'air ambiant.*

ambidextre **adj.** et **n.** Qui se sert aussi bien de la main gauche que de la main droite.

ambigu, uë, ✎ ***üe*** **adj.** Qui laisse dans le doute parce qu'il y a plusieurs interprétations possibles. *La phrase « le secrétaire est dans la salle » est ambiguë parce qu'on ne sait pas s'il est question du meuble ou de la personne* (= à double sens).

ambiguïté, ✎ ***ambigüité*** **n.f.** Le caractère ambigu d'une phrase, d'un mot, d'une situation. *Quand on fait un contrat ou une loi, il faut éviter les ambiguïtés. Il m'a parlé sans aucune ambiguïté* (= sans laisser la moindre place au doute).

ambitieux, euse **adj.** ❶ Qui a de l'ambition, qui désire passionnément réussir dans ce qu'il fait. *Elle ne se contentera jamais de ce poste, elle est trop ambitieuse.* ❷ Qui a des objectifs importants, difficiles, de grande envergure. *Un plan ambitieux, une entreprise ambitieuse.* SYN. audacieux. ◆ **n.** Personne poussée par l'ambition de réussir socialement. → VOIR AUSSI **arriviste.**

ambition **n.f.** ❶ But que l'on s'est donné, que l'on souhaite réaliser. *Son ambition est d'instaurer plus de justice.* SYN. aspiration, but. ❷ Désir ardent de réussir, de devenir puissant, riche, célèbre. *Bonaparte était un jeune homme dévoré d'ambition.*

ambre **n.m.** • **Ambre jaune :** résine fossile translucide, jaune pâle ou rougeâtre, dont on fait des bijoux, des pommeaux de canne, des fume-cigarette, etc. *Certains morceaux d'ambre contiennent des fossiles d'insectes.* • **Ambre gris :** matière très odorante utilisée en parfumerie, qui provient de l'intestin du cachalot.
▸ REM. Ce mot est du masculin.

ENCYCLOPÉDIE Le gisement le plus connu d'ambre jaune est situé sur les rives de la mer Baltique ; il provient de conifères qui poussaient dans cette région à l'ère tertiaire. C'est à l'ambre jaune, qui se disait en grec *êlektron*, que l'électricité doit son nom ; les Grecs avaient, en effet, remarqué (au VIe siècle avant J.-C.) la propriété qu'a l'ambre jaune, lorsqu'il est frotté, d'attirer les corps légers, ce qui est le principe de l'*électricité statique*.

ambulance **n.f.** Véhicule aménagé pour le transport des malades et des blessés.

HISTOIRE DU MOT Vient du verbe latin *ambulare*, « marcher », car, autrefois, une ambulance était un hôpital mobile qui suivait une armée en marche.

ambulancier, ère **n.** Personne qui conduit une ambulance, s'occupe du transport des malades.

ambulant, e **adj.** Qui se déplace d'un endroit à un autre pour exercer sa profession. *Un cirque ambulant.*

âme **n.f.** ❶ Ce qui anime le corps de l'être humain, le fait vivre, penser, avoir des sentiments, agir et qui, dans certaines religions, survit au corps après la mort. *Que Dieu ait son âme !* ❷ Ce qu'il y a de plus personnel chez quelqu'un du point de vue de la sensibilité, de la pensée. *Aimer quelqu'un de toute son âme.* SYN. cœur. *C'est une âme sensible. Une âme noble, une grande âme* (= une personne qui a de grandes qualités de cœur et d'intelligence). ❸ Personne qui joue un rôle déterminant, qui est le moteur principal d'une entreprise. *Il fut l'âme du projet.* ❹ Vie qui semble habiter un lieu et qui touche notre cœur. *J'aime cette maison parce qu'elle a une âme.* ❺ Être vivant. *Un village de cinq cents âmes.* SYN. habitant. *La rue était déserte, pas âme qui vive !* (= personne). • **En son âme et conscience :** en toute honnêteté, selon sa conviction. *J'ai voté en mon âme et conscience.* • **Errer comme une âme en peine :** être désemparé, tourmenté, ne pas savoir quoi faire de soi. • **Force d'âme :** courage dont peut faire preuve une personne dans des situations difficiles. • **La mort dans l'âme :** malgré soi, parce qu'on ne peut pas faire autrement. *Il a obéi la mort dans l'âme.* • **Rendre l'âme :** mourir.

HISTOIRE DU MOT Vient du latin *anima* qui signifie « souffle de vie » ; pour les Anciens, l'âme était liée au souffle, et ne plus respirer, c'était *rendre l'âme.*

amélioration **n.f.** Changement en mieux. CONTR. aggravation.

améliorer **v.** (CONJUG. 3). Rendre meilleur, changer en mieux. *Il s'entraîne quatre heures par jour pour améliorer ses performances en natation.* SYN. perfectionner. ◆ **s'améliorer** **v.pron.** Devenir meilleur. *Si le temps s'améliore nous sortirons en mer.* SYN. s'arranger. CONTR. se dégrader.

amen **n.m.invar.** Mot signifiant « ainsi soit-il » par lequel se terminent souvent les prières juives et chrétiennes. • (Familier) **Dire amen à tout :** tout accepter sans discuter.
▸ REM. On prononce le *-n*.

HISTOIRE DU MOT *Amen* est un mot hébreu qui signifie « oui, vraiment ».

aménagement **n.m.** Ensemble des travaux de transformation que l'on fait pour adapter un lieu, un local au but auquel on le destine, pour l'aménager. *L'aménagement d'un bureau.* SYN. installation.

aménager **aménageant, aménagé v.** (CONJUG. 5). Arranger, modifier, transformer pour rendre plus commode ou plus agréable. *Je me suis aménagé un coin bureau dans ma chambre.* SYN. installer. *Un local bien aménagé.* SYN. arranger. *Aménager les horaires de travail* (= les adapter à chacun).
▸ REM. Ne pas confondre avec *emménager*.

HISTOIRE DU MOT Vient de *ménage*.

amende **n.f.** ❶ Peine qui condamne une personne n'ayant pas respecté la loi à verser une certaine somme d'argent à l'État. *Défense de stationner sous peine d'amende.* SYN. contravention. ❷ Gage ou punition qu'on impose par jeu. *Un euro d'amende par gros mot, la cagnotte va être vite pleine !* • **Faire amende honorable :** reconnaître publiquement ses torts et s'en excuser.
▸ REM. Ne pas confondre avec *amande*.

amendement **n.m.** Proposition faite par des députés pour modifier le texte d'un projet de loi qui est en discussion.

amender **v.** (CONJUG. 3). ❶ *Amender le texte d'une loi*, c'est proposer des modifications. ❷ *Amender une terre*, c'est la rendre plus fertile. *On peut amender une terre argileuse en y mêlant de la chaux.* ◆ **s'amender v.pron.** Devenir meilleur, avoir une conduite plus honorable.

amène **adj.** Qui charme par sa douceur. *Une personne très amène.* SYN. affable, agréable, avenant. CONTR. acariâtre, revêche. *Des paroles peu amènes.* SYN. aimable, courtois.
▸ REM. Ce mot appartient à la langue soutenue.

amener **v.** (CONJUG. 10). ❶ Faire venir une personne avec soi. *Pierre amènera sa sœur à ton anniversaire.* ❷ Conduire ou transporter quelque part. *Le métro vous amène jusqu'à la mairie.* ❸ Provoquer l'arrivée de quelque chose, faire venir quelqu'un. *J'ai bien peur que cette chaleur ne nous amène de l'orage. Quel bon vent vous amène ?* (= qu'est-ce qui nous vaut le plaisir de votre visite ?). ❹ Pousser à dire ou à faire quelque chose. *Son métier l'amène à voyager dans le monde entier.* • **Amener les voiles :** les descendre. CONTR. hisser.
▸ REM. On *amène* quelqu'un, mais on *apporte* un objet.

aménité **n.f.** • **Sans aménité :** sans courtoisie ni amabilité. *Je vous le dis sans aménité, je ne suis pas content.*
▸ REM. Ce mot appartient à la langue soutenue.

s'amenuiser **v.pron.** (CONJUG. 3). Aller en diminuant, devenir de plus en plus petit. *Nos provisions d'eau s'amenuisent, il va falloir se rationner.* SYN. diminuer, se réduire. CONTR. s'accroître, augmenter.

HISTOIRE DU MOT Vient de l'ancien français *menuiser* qui voulait dire « rendre plus menu, plus mince » ; quand on *amenuise* une planche, on enlève une épaisseur de bois.

amer, ère **adj.** ❶ Dont le goût est rude, âpre, en général par manque de sucre. *L'écorce des oranges est amère.* SYN. âcre, âpre. CONTR. doux, sucré. ❷ Qui est difficile à supporter, qui cause de la tristesse. *Ce fut une amère déception.* SYN. cruel, douloureux. *Il lui fit d'amers reproches.* SYN. âpre, dur. ❸ Qui marque de l'amertume, de la déception mêlée de tristesse, de regret. *Un sourire amer.*

amèrement **adv.** Avec amertume, dureté ou tristesse. *Il se reprochait amèrement de l'avoir laissé partir.*

américain, e **adj.** et **n.** ❶ D'Amérique. *Le continent américain.* ❷ Des États-Unis d'Amérique. *Le président américain. Le drapeau américain.* ◆ **américain n.m.** La langue anglaise telle qu'on la parle aux États-Unis. (On dit aussi *anglo-américain*.)
▸ REM. Quand il désigne une personne, le mot prend une majuscule : *un Américain, une Américaine*.

amérindien, enne **adj.** et **n.** Qui se rapporte aux Amérindiens. → VOIR noms propres.

amerrir **amerrissant, amerri v.** (CONJUG. 16). Se poser sur la mer, sur l'eau. *L'hydravion amerrit.*

amerrissage **n.m.** Le fait d'amerrir.

amertume **n.f.** ❶ Goût amer, désagréable. *Les noix encore vertes ont une telle amertume qu'elles sont immangeables.* ❷ Sentiment de tristesse ou de rancœur dû à une déception. *Ses paroles laissaient poindre une certaine amertume.* SYN. dépit, ressentiment. *Des critiques pleines d'amertume.* SYN. aigreur.

améthyste **n.f.** Pierre fine d'un beau violet.
▸ REM. Attention, *-thy-*.

HISTOIRE DU MOT Vient d'un mot grec qui signifie « qui n'est pas ivre », car les Anciens pensaient que cette pierre, de la couleur du vin, avait le pouvoir de dissiper l'ivresse.

améthyste

ameublement **n.m.** L'ensemble des meubles et objets qui garnissent une maison, une pièce. *Un magasin d'ameublement vend du mobilier, des meubles. Les tissus d'ameublement sont destinés à la décoration de la maison.*

ameublir **ameublissant, ameubli v.** (CONJUG. 16). Rendre une terre plus meuble, moins compacte. *Les labours ameublissent le sol.*

ameuter **v.** (CONJUG. 3). Faire accourir la foule par ses cris. *Arrête de hurler comme ça, tu vas ameuter le quartier !*

HISTOIRE DU MOT Vient de *meute*.

A B C D E F G H I J K L M N O P Q R S T U V W X Y Z

ami, e n. ❶ Personne que l'on aime beaucoup et avec laquelle on se sent en confiance. *Un ami est plus qu'un camarade, on peut lui confier ses secrets.* ❷ Personne avec laquelle on a une relation amoureuse. *C'est son petit ami, plus tard ils veulent se marier.* ◆ **adj.** et **n.** ❶ Qui est en excellente relation avec une personne, un groupe, un pays. *Ils seront de notre côté, ce sont nos amis.* SYN. allié. CONTR. ennemi. *Un pays ami.* ❷ Qui est bienveillant, accueillant ou proche de nous. *Nos amies les bêtes. Une maison amie.* CONTR. ennemi, hostile.

à l'**amiable** **adv.** En s'entendant directement pour régler un problème, sans avoir recours à une autorité. *Régler un conflit à l'amiable.*

amiante **n.m.** Minéral qui a la caractéristique de ne pas brûler et dont on tire des sortes de fibres qui protègent du feu.

ENCYCLOPÉDIE La vente de produits contenant de l'amiante, néfaste pour la santé, est interdite, en France, depuis 1997.

amibe **n.f.** Être vivant microscopique des eaux douces ou salées, fait d'une seule cellule. *Dans les pays chauds, certaines amibes sont absorbées avec l'eau et vivent en parasites dans l'intestin.*

amical, ale, aux **adj.** Qui manifeste de l'amitié, de la sympathie. *Nos relations sont très amicales.* SYN. cordial. CONTR. hostile, inamical.

amicale **n.f.** Nom que l'on donne à certaines associations dont le but est de faire durer les relations entre des personnes. *L'amicale des anciens élèves du collège vous invite à un bal costumé.*

amicalement **adv.** De façon amicale, avec amitié. *Elle a répondu très amicalement à ma lettre.* SYN. aimablement, cordialement, gentiment.

amidon **n.m.** Substance blanche qui se trouve dans de nombreux végétaux (pomme de terre, riz, blé, haricot, etc.) et qui est utilisée en particulier pour fabriquer des gels, des colles et des produits pour empeser le linge.

amidonner **v.** (CONJUG. **3**). Imprégner du linge d'amidon délayé dans l'eau pour lui donner de la tenue.

amincir **amincissant, aminci v.** (CONJUG. **16**). ❶ Rendre quelque chose plus mince. *Le menuisier amincit une planche à la raboteuse.* ❷ Faire paraître plus mince. *Cette robe t'amincit.*

amiral **n.m.** (PLUR. : **amiraux**). Le grade le plus élevé dans la marine militaire, qui équivaut à celui de général dans l'armée de terre.
▸ REM. Au Canada, la forme féminine de ce mot est *amirale*.

HISTOIRE DU MOT Vient de l'arabe *amîr* qui signifie « chef » et que l'on retrouve dans *émir*.

amitié **n.f.** ❶ Sentiment que l'on a pour quelqu'un qu'on aime beaucoup, en qui on a toute confiance ; lien d'affection qui unit deux personnes. *Plus qu'une camaraderie, c'était une amitié profonde qui liait les deux garçons.* CONTR. aversion, hostilité, inimitié. *Elle a de l'amitié pour lui.* SYN. affection. CONTR. antipathie. ❷ S'emploie au pluriel dans des formules de politesse pour témoigner de son affection. *Faites-lui toutes mes amitiés.*

amitieux, euse **adj.** (Familier) En Belgique, affectueux, gentil.

ammoniac **n.m.** Gaz dont l'odeur est suffocante et qui, en se dissolvant dans l'eau, donne une solution, l'*ammoniaque*.
▸ REM. Le gaz s'écrit avec un *-c*, le produit avec *-que*.

ammoniaque **n.f.** Solution d'ammoniac utilisée en chimie, en médecine ou dans les produits d'entretien.
▸ REM. Le produit s'écrit avec *-que*, le gaz avec un *-c*.

ammonite **n.f.** Coquillage fossile enroulé comme une corne de bélier. *On trouve beaucoup d'ammonites dans les terrains de l'ère secondaire.*
▸ REM. Ne pas confondre avec l'*amanite*, qui est un champignon.

HISTOIRE DU MOT Vient de *Ammon*, divinité libyenne.

ammonite

amnésie **n.f.** Perte ou diminution de la mémoire qui peut être momentanée ou durable. *Après son accident, il a souffert d'amnésie, il ne savait plus qui il était et il ne reconnaissait plus personne.*

HISTOIRE DU MOT Mot d'origine grecque formé à partir de *mnêsis* qui signifie « mémoire » et que l'on retrouve dans *mnémotechnique*.

amnésique **adj.** et **n.** Qui est atteint d'amnésie, qui a perdu la mémoire.

amnistie **n.f.** Pardon général prononcé officiellement, qui efface les condamnations et supprime l'exécution des peines. *De nombreux détenus ont bénéficié d'une amnistie prononcée à l'occasion de l'élection du nouveau président.*
▸ REM. Ne pas confondre avec *armistice*.

HISTOIRE DU MOT Vient d'un mot grec qui signifie « oublié ».

amnistier **v.** (CONJUG. **7**). Accorder une amnistie en effaçant les condamnations. *Quand une personne est graciée, la peine n'est pas exécutée, mais la condamnation reste inscrite sur le casier judiciaire ; si elle est amnistiée, la condamnation est effacée.*

amocher **v.** (CONJUG. **3**). (Familier) Abîmer quelque chose ; blesser quelqu'un. *Un camion a amoché l'aile de la voiture.* SYN. endommager. *Tu saignes du nez, ton œil est gonflé, qui t'a amoché comme ça ?* SYN. blesser.

amoindrir **amoindrissant, amoindri v.** (CONJUG. **16**). ❶ Diminuer l'importance, la valeur, la force de quelque chose, le rendre moindre. *Tous ces scandales risquent d'amoindrir son prestige.* SYN. affaiblir, entamer. CONTR. renforcer. ❷ Réduire les forces de quelqu'un. *La maladie l'a beaucoup amoindri.* SYN. affaiblir, diminuer. ◆ **s'amoindrir v.pron.** Devenir de plus en plus faible. *Ses chances de guérir s'amoindrissent de jour en jour.* SYN. s'affaiblir, diminuer.
▸ REM. Ce mot appartient à la langue soutenue.

s'amollir **amollissant, amolli v.pron.** (CONJUG. **16**). Devenir plus mou. *Quand il fait très chaud, on s'amollit.*
→ VOIR AUSSI **ramollir.**

amonceler **v.** (CONJUG. **12**, ✎ *11*). Mettre en tas, former un monceau de quelque chose. *Le vent a amoncelé les feuilles contre la grille du parc.* SYN. amasser, entasser. CONTR. éparpiller. ◆ **s'amonceler v.pron.** Former un tas. *Les lettres s'amoncellent dans la boîte aux lettres depuis son départ.* SYN. s'accumuler.
HISTOIRE DU MOT Vient de *monceau.*

amoncellement, ✎ ***amoncèlement*** **n.m.** Accumulation d'objets entassés. *Il y a un amoncellement d'ordures dans les rues depuis que les éboueurs sont en grève.* SYN. entassement.

amont **n.m.** *L'amont*, c'est la partie d'un cours d'eau qui est du côté de la source, ou la partie d'une montagne qui est du côté du sommet par rapport à l'endroit où l'on se trouve. *Un bateau qui se dirige vers l'amont remonte le courant. Le ski amont est le ski qui se trouve du côté de la montagne quand on est en travers de la pente.* CONTR. aval.

amorce **n.f.** ❶ Début d'une action, phase initiale. *Il y a eu une amorce de discussion, qui a vite tourné court.* SYN. commencement, ébauche, esquisse. ❷ Morceau d'un film ou d'une bande magnétique destiné à être engagé dans l'appareil. ❸ Petite charge de poudre placée entre deux rondelles de papier collées qui produit une légère explosion quand on la frappe. *Un pistolet à amorces.* ❹ Petite masse d'explosif dont la détonation enflamme la charge d'une cartouche, d'un obus ou d'une mine. ❺ Produit, nourriture qu'on met au bout de la ligne ou qu'on jette dans l'eau pour attirer le poisson. *Les mouches, les vers de terre, le blé servent d'amorce.* SYN. appât.

amorcer **amorçant, amorcé v.** (CONJUG. **4**). ❶ Mettre en route, commencer à faire quelque chose. *Quand l'avion amorce la descente, les passagers sont priés d'attacher leur ceinture. Amorcer un geste.* SYN. ébaucher, esquisser. *Amorcer une discussion.* SYN. entamer. ❷ Attirer le poisson en jetant des amorces dans l'eau ou en en garnissant l'hameçon. *Amorcer au blé cuit.* SYN. appâter. ❸ Placer une amorce sur une arme ou un explosif. *Amorcer une bombe.* CONTR. désamorcer. ❹ *Amorcer une pompe, un siphon*, c'est y verser du liquide et faire un appel d'air pour les mettre en état de fonctionner.

amours

amorphe **adj.** Qui est ou qui paraît sans énergie, sans réaction. *Il était là, devant la télévision, complètement amorphe !* SYN. apathique, indolent, mou.
HISTOIRE DU MOT Vient d'un mot grec qui signifie « sans forme ». On retrouve l'élément *morphe*, qui signifie « forme », dans *métamorphose, morphologie* et *anamorphose.*

amortir **amortissant, amorti v.** (CONJUG. **16**). ❶ Rendre un choc, un bruit moins fort, moins brutal. *Sa chute a été amortie par les branchages.* SYN. adoucir, atténuer, freiner. *La neige amortissait le bruit de ses pas.* SYN. assourdir, étouffer. CONTR. amplifier, intensifier. ❷ *Amortir un achat*, c'est rentrer dans ses frais par l'usage qu'on en a fait. *Il faudra trois ans pour amortir l'achat de la voiture.*

amortisseur **n.m.** Dispositif qui sert à atténuer les secousses, les cahots de la route pour les passagers d'un véhicule.

amour **n.m.** ❶ Sentiment profond d'attachement, d'affection qui lie deux êtres. *L'amour des parents pour leurs enfants.* ❷ Sentiment profond qui pousse à vénérer, à respecter, à servir. *L'amour de Dieu. L'amour de la justice.* ❸ Sentiment passionné, doublé d'une attirance physique, entre deux êtres. *Aimer d'amour.* ❹ Relation amoureuse. *C'est un amour de jeunesse.* ❺ Intérêt passionné pour quelque chose. *L'amour de la musique.* ❻ Sculpture ou peinture représentant un enfant ailé, un *cupidon*, qui symbolise l'amour. • **Faire l'amour :** avoir des relations sexuelles avec quelqu'un. • **Un amour de :** s'emploie pour dire d'une personne ou d'une chose qu'elles sont charmantes, adorables. *Un amour d'enfant. Un amour de petit chapeau.*
▸ REM. Au plur. *amour* peut être féminin pour parler des relations amoureuses : *des amours éternelles.*

amourette **n.f.** Petite histoire d'amour sans lendemain. SYN. flirt, passade.

amoureusement **adv.** Avec amour, tendrement. *Je lui avais mijoté amoureusement un de ses plats préférés* (= avec un soin particulier).

amoureux, euse **adj.** et **n.** ❶ Qui ressent de l'amour et une attirance physique pour quelqu'un. *Depuis qu'il est amoureux, il est gai comme un pinson. Les deux amoureux se promenaient main dans la main.* ❷ Qui éprouve une grande passion pour quelque chose. *C'est un amoureux de la voile.* SYN. fou, passionné.

amour-propre **n.m.** (PLUR. : **amours-propres**). Sentiment que l'on a de sa valeur, de sa dignité personnelle. *Il est retourné chez ces gens qui l'avaient mis à la porte, il n'a aucun amour-propre.* SYN. dignité, fierté. *Elle a été atteinte dans son amour-propre* (= elle a été humiliée).

amovible adj. Que l'on peut enlever et remettre à volonté. *Une tablette amovible.* SYN. mobile. CONTR. fixe.

ampère n.m. Unité de mesure d'intensité du courant électrique.

HISTOIRE DU MOT Vient du nom du physicien Ampère.
→ VOIR noms propres.

amphibie adj. ❶ *Un animal amphibie* peut vivre à la fois à l'air et dans l'eau. *Le crabe et la grenouille sont des animaux amphibies.* ❷ *Un véhicule amphibie* peut se déplacer sur le sol et dans l'eau.

amphibien n.m. *Les amphibiens* sont des animaux vertébrés à peau humide et nue (sans poils ni plumes ni écailles) qui vivent d'abord à l'état de larve dans l'eau (les têtards), puis à l'état adulte sur terre avec respiration pulmonaire, tels que les grenouilles, les crapauds, etc.
▶ REM. On les appelait autrefois *batraciens*.

HISTOIRE DU MOT Mot formé des éléments grecs *amphi*, qui signifie « des deux côtés, double », et *bio*, qui signifie « vie ».

amphithéâtre n.m. ❶ Dans l'Antiquité romaine, édifice de forme ronde ou ovale comprenant une arène entourée de gradins et des coulisses, où avaient lieu les combats de gladiateurs, des spectacles, etc. *Le Colisée à Rome, les arènes de Nîmes en France sont des amphithéâtres.* ❷ Salle de cours dont les sièges sont disposés en gradins.

amphithéâtre romain (El Djem, Tunisie)

amphore n.f. Grand vase en terre cuite à deux anses et à fond pointu qui servait dans l'Antiquité au transport ou à la conservation des aliments.

ENCYCLOPÉDIE Les amphores servaient à recueillir les cendres des défunts, mais surtout à transporter du vin, de l'huile de palme, des grains, à conserver des figues, du poisson séché, etc. Certaines, à fond pointu, s'introduisaient dans un support ou se plantaient dans le sable.

ample adj. ❶ Qui est large, qui ne serre pas. *Elle était vêtue d'un ample manteau de drap noir.* SYN. large, vaste. CONTR. ajusté, étriqué. ❷ Qui est abondant, copieux ou développé. *Pour de plus amples informations, adressez-vous à l'hôtesse.* CONTR. succinct.

amplement adv. De façon plus que suffisante. *Il a été amplement dédommagé.* SYN. largement, grandement.

ampleur n.f. ❶ La largeur d'un tissu, d'un vêtement. *Il faudrait donner un peu plus d'ampleur aux emmanchures, sinon tu vas être vraiment serré.* ❷ Importance de quelque chose. *Il était encore trop tôt pour mesurer l'ampleur des dégâts.* SYN. étendue.

ampli n.m. (Familier) Abréviation courante d'*amplificateur*.

amplificateur n.m. Appareil qui sert à amplifier le son. *La guitare électrique de James est branchée sur un amplificateur.*

amplifier v. (CONJUG. 7). ❶ Augmenter la force, l'intensité de quelque chose. *L'écho amplifiait démesurément le moindre chuchotement.* ❷ Donner à un événement plus d'importance qu'il n'en a. *Les journalistes ont amplifié l'affaire.* SYN. exagérer, grossir. CONTR. minimiser.

amplitude n.f. Différence, écart entre la plus grande et la plus petite valeur d'une grandeur. *L'amplitude des températures sur Mars semble très importante puisque celles que l'on a pu enregistrer vont de + 22 °C à – 143 °C* (= l'écart entre les températures les plus chaudes et les plus froides).

ampoule n.f. ❶ Petit globe de verre qui contient le dispositif d'une lampe électrique. *L'ampoule est grillée, il faut la changer.* ❷ Petite cloque sous la peau, remplie de liquide, et qui est due à un frottement répété. *À force de ramer, Boris s'est fait des ampoules aux mains.* ❸ Petit tube en verre fin rempli d'une dose de médicament et dont les bouts sont effilés.

amputation n.f. Opération chirurgicale qui consiste à couper un membre ou une partie d'un membre.
▶ REM. On parle d'*amputation* pour un membre, une partie d'un membre et d'*ablation* pour un organe.

amputer v. (CONJUG. 3). Couper un membre, une partie d'un membre par une opération chirurgicale. *Il fallut lui amputer la jambe jusqu'au-dessus du genou.*

amulette n.f. Porte-bonheur que certaines personnes portent sur elles pour écarter la maladie, la malchance, le mauvais œil. SYN. fétiche, grigri, talisman.

amulette égyptienne (IXe siècle avant J.-C.)

amusant, e adj. Qui amuse, distrait, fait rire. *Ce jeu est très amusant.* SYN. divertissant, drôle. CONTR. ennuyeux.

amuse-gueule n.m. (PLUR. : **amuse-gueule** ou **gueules**). Ce que l'on prend à l'apéritif, avant le repas. *Les canapés, cacahouètes, olives et petits gâteaux salés sont des amuse-gueule.*

amusement n.m. ❶ Sentiment de plaisir qu'on éprouve devant quelque chose qui amuse, distrait. *De*

A B C D E F G H I J K L M N O P Q R S T U V W X Y Z

nombreux passants s'étaient arrêtés et regardaient la scène avec amusement. ❷ Occupation qui amuse, qui est très agréable à faire. *Il y a des amusements pour tous les âges.* SYN. distraction, jeu.

amuser v. (CONJUG. 3). ❶ Distraire ou faire rire quelqu'un. *Joseph nous a amusés avec ses histoires, on a ri comme des fous !* SYN. divertir. ❷ Plaire, procurer du plaisir. *L'idée de lire ces vieilles lettres m'amuse beaucoup.* SYN. réjouir. *Ça ne m'amuse pas du tout de devoir t'attendre une heure.* SYN. enchanter. CONTR. ennuyer. ◆ **s'amuser** v.pron. ❶ Jouer, passer agréablement son temps. *Les enfants ont l'air de bien s'amuser.* ❷ Prendre plaisir à faire quelque chose. *Je me suis beaucoup amusée à les regarder jouer.* CONTR. s'ennuyer.

amygdale n.f. Chacun des organes en forme d'amande situés au fond de la gorge. *Mathieu avait des angines à répétition, on l'a fait opérer des amygdales.*
▸ REM. On prononce [amidal].

HISTOIRE DU MOT Vient du grec *amugdalê* qui signifie « amande ».

1 an n.m. Mot qui a le même sens que *année* mais que l'on emploie tout particulièrement dans l'expression de l'âge, de la date ou de la durée. *Cédric a onze ans. L'an 2050 n'est pas très loin. L'an dernier, l'an prochain. Cela fait deux ans que nous nous connaissons.* • **Bon an mal an** : en moyenne, une bonne année compensant une mauvaise. *La vigne nous donne, bon an mal an, huit cents litres de vin.* • **Le jour de l'An, le premier de l'An** : le premier jour de l'année, le 1er janvier.

2 an- préfixe → **a-**

anachronique adj. Qui n'est pas conforme à l'époque concernée. *Dans ce film sur Louis XV, on a laissé passer un détail anachronique : on aperçoit un poteau électrique dans un paysage !*

HISTOIRE DU MOT Vient du grec *khronos*, « temps », que l'on retrouve dans *chronomètre, chronique.*

anachronisme n.m. Ce qui est anachronique.

anaconda n.m. Grand serpent d'Amérique du Sud, qui peut mesurer jusqu'à 12 m de long. *L'anaconda vit près des rivières calmes et des marécages, et se nourrit des oiseaux et des mammifères qui viennent y boire.*

anagramme n.f. Mot formé avec toutes les lettres d'un autre mot mais placées dans un ordre différent. *« Niche » est l'anagramme de « chien ».*
▸ REM. Ce mot est du féminin.

HISTOIRE DU MOT Vient d'un mot grec qui signifie « renversement des lettres ». On retrouve l'élément *-gramme* qui signifie « lettre » dans *idéogramme, pictogramme, télégramme.*

analogie n.f. Ressemblance, traits communs qu'il y a entre deux choses pourtant bien distinctes mais qui font que l'une fait penser à l'autre. *Il y a une analogie entre ces deux accidents, ils ont dû être provoqués par la même cause. On appelle l'aile de l'avion une aile par analogie avec la forme et la fonction de l'aile de l'oiseau.*

analogique adj. ❶ Qui est fondé sur une analogie, une ressemblance. *Les mots « brousse », « savane » et « steppe » sont des renvois analogiques.* ❷ Qui transmet des données chiffrées concernant un phénomène sous une forme non numérique. *L'affichage analogique de cette montre traduit l'écoulement du temps par le mouvement de ses aiguilles.*

analogue adj. Qui est proche, semblable sans être pourtant identique. *Ce ne sera pas difficile, vous avez eu un exercice analogue la semaine dernière.* SYN. comparable, équivalent, similaire.

analphabète adj. et n. Qui n'a pas appris à lire et à écrire.
▸ REM. Il y a une différence entre un *analphabète*, qui n'a jamais été scolarisé, et un *illettré*, qui a oublié presque tout ce qu'il a appris à l'école.

HISTOIRE DU MOT Vient du grec *analphabêtos* qui signifie « qui ne sait ni A ni B ». → VOIR **alphabet**.

analyse n.f. L'étude des principaux éléments qui entrent dans la composition d'un ensemble. *Faire une analyse de sang, d'urine. L'analyse grammaticale, c'est l'étude de la nature et de la fonction des mots dans une phrase.*

analyser v. (CONJUG. 3). Faire l'étude, l'analyse de quelque chose. *Dans ce roman les sentiments sont très bien analysés.* SYN. étudier.

anamorphose n.f. ❶ Image déformée donnée par certains miroirs courbes. ❷ Dessin volontairement déformé destiné à être reflété dans un miroir convexe ou à être regardé sous un certain angle.

HISTOIRE DU MOT Vient d'un verbe grec qui signifie « changer de forme ».

ananas n.m. Gros fruit à pulpe sucrée et savoureuse, cultivé dans les régions chaudes et porté par une plante appelée aussi l'*ananas.*
▸ REM. On prononce [anana] ou [ananas].

ENCYCLOPÉDIE L'ananas a été découvert en 1493, en Guadeloupe, par Christophe Colomb. On dit qu'il a commencé à être cultivé en serre en France sous Louis XV, qui en aurait lancé la mode tant il l'avait apprécié.

anarchie n.f. ❶ Doctrine qui voudrait établir un système politique et social sans État, où l'individu vivrait sans contraintes. ❷ Chaos, désordre complet qui résultent d'un manque d'organisation, de règles. *L'anarchie règne dans ce secteur économique.* SYN. confusion, désordre, désorganisation. CONTR. ordre, organisation.
▸ REM. On dit aussi *anarchisme.*

HISTOIRE DU MOT Vient d'un mot grec qui signifie « absence de chef ».

anaconda

A B C D E F G H I J K L M N O P Q R S T U V W X Y Z

anarchique **adj.** Qui se caractérise par l'absence d'ordre, d'organisation. *Travailler d'une manière anarchique.*

anarchiste **adj.** et **n.** Partisan de l'anarchie. *Le Russe Bakounine était un anarchiste célèbre.*
▸ REM. L'abréviation familière est *anar.*

anathème **n.m.** ❶ Autrefois, excommunication lancée contre les hérétiques qui les rejetait de l'Église en les maudissant. ❷ *Jeter, lancer l'anathème contre une personne, une chose*, c'est les condamner publiquement.

anatomie **n.f.** ❶ Science qui étudie et décrit la forme, la disposition et la structure des organes de l'être humain, des animaux et des plantes. *Anatomie humaine. Anatomie animale. Anatomie végétale.* ❷ La forme, la structure d'un organe ou d'une partie du corps. *Étudier l'anatomie du bras.*

HISTOIRE DU MOT Vient du grec *anatomê* qui signifie « dissection », parce que la dissection est, avec l'observation, un des moyens d'étude de la forme et de la structure des organes.

ENCYCLOPÉDIE C'est en Égypte qu'apparaissent les premières notions d'anatomie et de chirurgie vers 1500 avant J.-C.

ancestral, ale, aux **adj.** Qui remonte aux ancêtres, qui vient d'eux. *Notre village a gardé des coutumes ancestrales.* SYN. ancien, séculaire.

ancêtre **n.m.** ❶ Personne dont on descend. *Marion m'a dit qu'un de ses ancêtres avait été chirurgien-barbier du roi Louis XVI.* SYN. ascendant. CONTR. descendant. ❷ Personne qui en a précédé une autre dans un domaine (artistique, technique, etc.) ; invention qui est à l'origine d'une autre plus connue et plus au point. *Les frères Montgolfier, qui réussirent leur premier vol en 1783, sont les ancêtres des aviateurs, et la montgolfière, l'ancêtre de l'avion.*

anche **n.f.** Lame de roseau ou de métal qui, mise en vibration par l'air, permet de produire le son des instruments à vent. *L'accordéon, le basson, la clarinette, le hautbois, l'harmonica, l'harmonium fonctionnent avec des anches.*
▸ REM. Ne pas confondre avec *hanche.*

anchois **n.m.** Petit poisson marin argenté, voisin du hareng.

ENCYCLOPÉDIE Les anchois, longs de 15 à 20 cm, sont communs en Méditerranée. On les conserve dans la saumure ou dans l'huile, le plus souvent en filets.

ancien, enne **adj.** ❶ Qui existe depuis longtemps. *Ce château est très ancien.* SYN. vieux. *Elle habite un immeuble ancien.* CONTR. neuf. ❷ Qui existait autrefois, qui appartient au passé. *Une exposition de voitures anciennes. Dans l'ancien temps* (= autrefois). ❸ Qui n'est plus en fonction. *Son père est un ancien ministre des Finances.* ◆ **n.** ❶ Personne qui est depuis longtemps dans un poste, une école, une entreprise. *Que les nouveaux demandent conseil aux anciens.* ❷ (Avec une majuscule.) Personnage de l'Antiquité. *La vie des Anciens.*
▸ REM. 1. Au mot *ancien* correspond l'élément tiré du grec *paléo-* que l'on trouve dans des mots savants comme *paléontologie, paléolithique.* 2. Comparer *l'ancien directeur de l'école* et *un directeur ancien dans l'école.*

anciennement **adv.** À une époque lointaine ; auparavant. *Cette pièce était anciennement la salle des gardes du château.* SYN. autrefois, jadis.

ancienneté **n.f.** ❶ Le fait d'être ancien. *Les archéologues n'ont aucun doute sur l'ancienneté de ces fresques.* ❷ Le temps passé à un poste de travail, dans une fonction. *C'est le plus vieil employé, il a quarante-deux ans d'ancienneté.*

ancolie **n.f.** Plante cultivée pour ses fleurs bleues, blanches ou roses, dont les pétales se terminent en éperon. « *L'anémone et l'ancolie / Ont poussé dans le jardin / Où dort la mélancolie / Entre l'amour et le dédain* » (G. Apollinaire).

ancre **n.f.** Lourd crochet d'acier ou de fer fixé par une chaîne, qui immobilise le bateau en s'accrochant au fond de l'eau. *Le voilier a jeté l'ancre dans une baie abritée* (= il a mouillé). *Le navire lèvera l'ancre demain à l'aube* (= il partira).
▸ REM. Ne pas confondre avec *encre.*

s'ancrer **v.pron.** (CONJUG. **3**). ❶ Pour un bateau, s'immobiliser en jetant l'ancre au fond de l'eau. *Le paquebot est allé s'ancrer près de la jetée.* ❷ Se fixer, s'installer solidement dans l'esprit de quelqu'un. *La certitude de ne jamais le revoir s'était profondément ancrée en lui.* SYN. s'enraciner, s'implanter.

andante **adv.** et **n.m.** Terme porté sur une partition de musique pour indiquer qu'un morceau doit être joué sur un rythme modéré ; ce morceau.

andouille **n.f.** ❶ Boyau rempli de tripes de porc ou de veau hachées, cuites et assaisonnées, qui se mange froid et que vendent les charcutiers. ❷ (Familier) Personne niaise ou maladroite. *Quelle andouille !* SYN. idiot, imbécile.

andouiller **n.m.** Ramification qui pousse chaque année au bois des cerfs, des daims et des chevreuils, et qui permet de leur donner un âge. *Le maître andouiller, qui pointe en avant, est une arme redoutable dans les combats entre mâles.*

andouillette **n.f.** Petite andouille qui se mange grillée.

âne **n.m.** ❶ Animal domestique voisin du cheval mais plus petit, à longues oreilles et à robe généralement grise. ❷ Personne ignorante et stupide. *Quel âne, ce garçon, il ne réfléchit pas !*

ENCYCLOPÉDIE Cri : l'âne brait. Femelle : l'ânesse. Petit : l'ânon.

ânesse et son ânon

anéantir **anéantissant, anéanti v.** (CONJUG. **16**). ❶ Détruire entièrement. *En l'an 79, la ville de Pompéi fut anéantie par une éruption du Vésuve.* SYN. détruire. *La récolte a été anéantie par la grêle.* SYN. ravager. *La guerre et les épidémies ont anéanti le pays.* SYN. ruiner. ❷ Priver de toute force physique. *J'ai nettoyé l'appartement de fond en comble, je suis anéantie !* SYN. épuiser. ❸ Plonger dans le découragement. *Elle était anéantie par ce qu'elle venait d'entendre.* SYN. abattre, accabler.

anéantissement **n.m.** Destruction complète. *C'est l'anéantissement de tous ses espoirs.* SYN. fin, ruine.

anecdote **n.f.** Petite histoire qui raconte un fait curieux, amusant et véridique, souvent révélateur d'une personne ou d'un milieu, mais qui n'est pas essentiel. *Au dîner, il y avait un volcanologue qui racontait des anecdotes sur certaines de ses expéditions.*

HISTOIRE DU MOT Vient du grec *anekdota* qui signifie « choses inédites ».

anecdotique **adj.** *Un détail anecdotique* est amusant, pittoresque, mais ne touche pas à l'essentiel.

anémie **n.f.** Faiblesse maladive due à un manque de globules rouges dans le sang.

anémier **v.** (CONJUG. **7**). Rendre anémique. *Son régime l'a anémiée.*

anémique **adj.** *Un enfant anémique* est un enfant qui souffre d'anémie.

anémone **n.f.** Fleur aux couleurs variées qu'on trouve à l'état sauvage *(anémone des bois)* ou qui est cultivée *(anémone couronnée).* • **Anémone de mer :** animal marin aux nombreux tentacules qui vit fixé sur les rochers.

HISTOIRE DU MOT Vient du grec *anemos* qui signifie « vent », car cette fleur s'ouvre au souffle du vent.

ânerie **n.f.** Ce qui est stupide. *Il n'y a que des âneries à la télévision ce soir.* SYN. bêtise, sottise.

ânesse **n.f.** Femelle de l'âne.

anesthésie **n.f.** Suppression de la douleur par l'usage d'un anesthésique. *Avant l'opération, on lui a fait une anesthésie générale* (= on l'a endormi pour qu'il ne sente rien).

ENCYCLOPÉDIE Dès l'Antiquité, les Anciens avaient recours à des plantes pour supprimer la douleur. Au XVIIIe siècle, l'Allemand Mesmer hypnotise ses patients pour les anesthésier. Ce n'est que dans la seconde moitié du XIXe siècle que les techniques d'anesthésie commencent à se développer.

anesthésier **v.** (CONJUG. **7**). Rendre le corps, ou une partie du corps, insensible à la douleur au moyen d'un anesthésique.

anesthésique **n.m.** Produit utilisé pour pratiquer une anesthésie.

anesthésiste **n.** Médecin spécialisé en anesthésie, qui est chargé d'endormir le patient et de contrôler les effets de l'anesthésie tout au long de l'opération.

aneth **n.m.** Plante aromatique à feuilles vert foncé, appelée aussi *faux anis.*

ange musicien (tableau du XVe siècle)

anfractuosité **n.f.** Trou irrégulier et sinueux dans une roche. *Il a escaladé la paroi en s'aidant des anfractuosités.* SYN. renfoncement. CONTR. aspérité. *Marion pêchait les crevettes dans les anfractuosités du rocher.* SYN. cavité, creux.

HISTOIRE DU MOT Vient du latin *anfractus* qui signifie « tortueux ».

ange **n.m.** ❶ Messager de Dieu auprès des hommes dans les religions juive, chrétienne et musulmane. ❷ Personne très douce et très patiente, qui a toutes les qualités. *Léa est un ange, les enfants l'adorent !* CONTR. démon. *Elle a une patience d'ange !* • **Ange gardien :** personne qui protège quelqu'un, qui veille sur lui. • **Être aux anges :** être parfaitement heureux (= être enchanté, ravi). • **Rire aux anges :** en parlant d'un bébé, rire dans son sommeil. • **Un ange passe :** expression qui se dit quand il se produit un silence insolite et prolongé au milieu d'une conversation.

HISTOIRE DU MOT Vient du grec *angelos* qui signifie « le messager, celui qui annonce » et que l'on retrouve dans *évangile.*

ENCYCLOPÉDIE Selon la Bible, les anges sont des êtres immatériels, proches des génies de la tradition orientale. Comme Dieu les a créés libres de choisir le bien ou le mal, certains ont choisi le mal ; ce sont les *anges déchus*, aussi appelés *diables* ou *démons*. Les *bons anges* habitent le ciel et Dieu les envoie auprès des hommes remplir des missions.

1 **angélique** **adj.** Qui est digne d'un ange. *Une patience angélique* (= très grande). *Un sourire angélique* (= doux et pur comme celui d'un ange). CONTR. démoniaque, diabolique.

2 **angélique** **n.f.** Plante dont on peut consommer les tiges, confites dans du sucre. *Un bâton d'angélique.*

angelot **n.m.** Petit ange.

angélus **n.m.** ❶ Prière catholique qui commence par « Angelus Domini... », récitée le matin, à midi et le soir. ❷ Sonnerie de cloche qui annonce cette prière. *Sonner l'angélus.*
▶ REM. 1. C'est un mot latin, le *-s* se prononce. 2. Lorsqu'il s'agit de la prière, le mot prend une majuscule : *réciter l'Angélus.*

angine **n.f.** Maladie qui se manifeste par une inflammation de la gorge et de la fièvre.
HISTOIRE DU MOT En latin, *angina* vient du verbe *angere* qui signifie « serrer à la gorge, étrangler ».

angiosperme **n.f.** Plante se reproduisant grâce à des fleurs et dont la graine est contenue dans un fruit, par opposition à *gymnosperme.*
ENCYCLOPÉDIE Les angiospermes sont aussi appelées couramment « plantes à fleurs ». La fleur n'est pas seulement un ornement mais un organe essentiel dans le processus de reproduction. Les angiospermes dominent le règne végétal : on en compte environ 250 000 espèces.

anglais, e **adj.** et **n.** D'Angleterre. *La campagne anglaise.* ◆ **anglais** **n.m.** Langue parlée surtout en Grande-Bretagne et aux États-Unis, mais aussi au Canada et en Afrique du Sud.
▶ REM. 1. Quand il désigne une personne, le mot prend une majuscule : *un Anglais, une Anglaise.* 2. On emploie souvent à tort *anglais* pour *britannique*, qui signifie « de Grande-Bretagne », l'Angleterre n'étant, en effet, qu'une partie de la Grande-Bretagne.

anglaise **n.f.** ❶ Écriture calligraphique très élégante penchée vers la droite, utilisée pour les cartes de visite, les faire-part, etc. ❷ Longue boucle de cheveux enroulée sur elle-même. *Au XIXe siècle, les anglaises étaient très à la mode.* • **Filer à l'anglaise :** partir sans prévenir.
HISTOIRE DU MOT L'expression *filer à l'anglaise* vient du fait qu'autrefois la coutume anglaise était de se retirer sans saluer les maîtres de maison, tandis qu'en France, au contraire, on y était obligé.

angle **n.m.** ❶ Figure géométrique formée par deux demi-droites qui partent du même point. *Les angles aigus sont inférieurs à 90 °, les angles droits mesurent 90 °, les angles obtus sont supérieurs à 90 °.* → VOIR Fiche 16. ❷ Endroit où se rejoignent deux rues, deux murs, les deux côtés d'un meuble, etc. *Ma maison est située à l'angle de deux rues. Il y avait un petit buffet dans l'angle de la pièce.* SYN. encoignure. • **Sous l'angle de :** d'un certain point de vue. *Vu sous cet angle, cela paraît plus facile.*

anglican, e **n.** et **adj.** Personne dont la religion est l'anglicanisme.

anglicanisme **n.m.** Religion chrétienne de l'Église d'Angleterre. → VOIR AUSSI **protestantisme.**
ENCYCLOPÉDIE C'est le roi Henri VIII qui, à la suite d'un désaccord avec le pape, a été à l'origine de cette religion en 1534.

anglicisme **n.m.** ❶ Mot anglais employé en français ou dans une autre langue. *Les mots « parking », « chewing-gum », « chips » sont des anglicismes.* ❷ Tournure, expression propre à la langue anglaise que l'on ne peut pas traduire mot à mot.

anglophone **adj.** et **n.** Qui parle anglais. *Au Québec, 80 % de la population est francophone tandis que 20 % est anglophone.*

anglo-saxon, onne **adj.** et **n.** (PLUR. : **anglo-saxons, onnes**). De civilisation britannique. *Les peuples anglo-saxons.*
▶ REM. Quand il désigne une personne, ce mot prend une majuscule : *un Anglo-Saxon, une Anglo-Saxonne.*
ENCYCLOPÉDIE Les Anglo-Saxons étaient les peuples de Germanie et du Jütland (Angles, Jutes et Saxons) qui occupèrent l'Angleterre au Ve siècle.

angoissant, e **adj.** Qui cause de l'angoisse. *La situation internationale est angoissante.*

angoisse **n.f.** Très forte inquiétude qui rend presque malade physiquement. *L'angoisse lui serrait la gorge.* SYN. peur.
HISTOIRE DU MOT Vient du latin *angustia* qui signifie « resserrement », parce que l'angoisse donne l'impression d'avoir la gorge très serrée.

angoissé, e **adj.** et **n.** Qui est d'un naturel anxieux, qui prévoit toujours le pire. *Elle est angoissée et dort très mal depuis un mois. C'est un grand angoissé.* ◆ **adj.** Qui exprime la peur, l'angoisse. *On entendit un cri angoissé dans la nuit.*

angoisser **v.** (CONJUG. 3). Provoquer l'angoisse.

angora **adj.** ❶ *Un chat, un lapin, une chèvre angoras* ont des poils longs et soyeux. ❷ *La laine angora* est faite de poil de chèvre ou de lapin angora. ◆ **n.m.** Laine angora.
HISTOIRE DU MOT Vient du nom de la capitale de la Turquie : *Ankara.* L'angora a été rapporté de Turquie par des voyageurs italiens.

cochon d'Inde **angora**

anguille **n.f.** Poisson qui vit en eau douce ou dans la mer et dont la forme se rapproche de celle du serpent. *La chair de l'anguille est très estimée.* • **Il y a anguille sous roche :** expression qu'on emploie quand on sent que quelque chose se prépare, qu'on cherche à dissimuler.
ENCYCLOPÉDIE Lorsque l'anguille européenne a passé dix ans dans un cours d'eau, elle le descend jusqu'à la mer. Elle traverse alors l'océan Atlantique jusqu'à la mer des Sargasses et y pond ses œufs. Les larves (les *civelles*, ou *pibales*) mettent deux ou trois ans pour retraverser l'Atlantique et revenir en Europe qu'elles quitteront pour la nouvelle ponte.

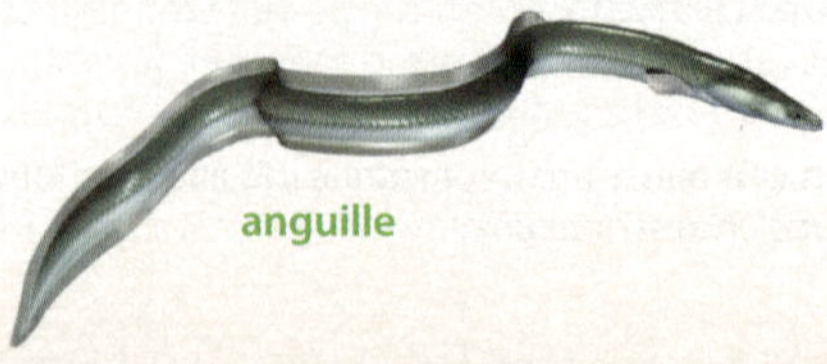
anguille

Les **animaux** : classification, durée de vie et temps de gestation

Classification	Durée de vie moyenne		Durée de gestation	
Invertébrés	tortue géante	140 ans	éléphante	2 ans
• éponges	anémone de mer	90 ans	girafe	14 mois
• méduses, coraux…	crocodile en captivité	60 ans	baleine	1 an
• vers	alligator	50 ans	ânesse	1 an
• mollusques	perroquet	50 ans	jument	11 mois
• insectes, crustacés, araignées, scorpions…	rhinocéros	40 ans	vache	9 mois
• oursins, étoiles de mer	orang-outan	40 ans	phoque	9 mois
Vertébrés	baleine	30 ans	ourse	8 mois
• poissons	chimpanzé	30 ans	chèvre	5 mois
• reptiles	dauphin	30 ans	brebis	5 mois
• amphibiens	cheval	25 ans	lionne	4 mois
• oiseaux	chat	15-20 ans	chatte	2 mois
• mammifères	chien	10-20 ans	chienne	2 mois
	grenouille	5 ans	louve	2 mois
	souris	1-3 ans	souris	21 jours

On connaît aujourd'hui plus d'un million d'espèces animales mais des milliers d'espèces nouvelles sont découvertes chaque année.

anguleux, euse **adj.** *Un visage anguleux* est un visage maigre, aux traits profondément creusés, qui semble être formé d'angles, d'arêtes.

anicroche **n.f.** Petit ennui qui fait obstacle à la réalisation d'un projet, qui le retarde. *Le voyage s'est terminé sans anicroche.* SYN. accroc, histoire, incident, problème.
▶ REM. Ce mot est du féminin.

1 **animal** **n.m.** (PLUR. : **animaux**). ❶ Tout être vivant non microscopique se nourrissant de matière organique, par opposition aux plantes. *L'être humain est un animal et plus précisément un mammifère.* ❷ Être vivant dépourvu de langage, par opposition à l'être humain. *Nicolas adore les animaux, il a chez lui un perroquet, une couleuvre et un furet.* SYN. bête. → VOIR encadré ci-dessus.
▶ REM. Au mot *animal* correspond l'élément tiré du grec *zoo-* que l'on retrouve dans des mots comme *zoologie*.

ENCYCLOPÉDIE Il existe environ 1,3 million d'espèces d'animaux qui ont des caractères communs : ils se nourrissent, sont capables de sentir ce qui se passe autour d'eux, ont un tube digestif et se débarrassent des aliments digérés, respirent et se reproduisent.

2 **animal, ale, aux** **adj.** D'un animal, des animaux. *Le règne animal. La chaleur animale* (= la chaleur qui provient du corps des animaux).

animalier, ère **adj.** • **Parc animalier** : parc zoologique où les animaux vivent en liberté.

animateur, trice **n.** ❶ Personne chargée d'animer, de diriger une émission de radio, de télévision, un débat. *Un animateur radio.* SYN. présentateur. ❷ Personne chargée d'organiser les activités, les distractions d'un groupe. *Cet été, Gaëlle était animatrice dans un village de vacances.*

animation **n.f.** ❶ Le mouvement, l'activité qui règnent quelque part ; l'entrain mis à faire quelque chose. *Il y a beaucoup d'animation, le soir, dans les rues de Madrid.* SYN. vie. *À l'entracte, les spectateurs discutaient avec animation.* SYN. vivacité. ❷ Le travail de l'animateur. *Elle est chargée de l'animation du ciné-club.* ❸ Technique qui consiste à filmer image par image des dessins, des marionnettes, etc., et à les projeter à un rythme qui donne l'illusion du mouvement. *Un film d'animation.*

animé, e **adj.** Plein d'animation, de vie, d'entrain. *Une rue animée. Une discussion animée.* SYN. vif. • **Les êtres animés** : les êtres vivants. *Les animaux et les végétaux sont des êtres animés, par opposition aux minéraux.* • **Dessin animé** → VOIR **dessin.**

animer **v.** (CONJUG. 3). ❶ Donner plus de vie, de vivacité, d'animation à quelque chose. *Animer la conversation.* ❷ Être l'animateur d'un débat, d'une émission. *Animer un débat à la télévision.* ❸ Pousser une personne, un groupe à agir. *L'enthousiasme qui l'anime est communicatif.* ◆ **s'animer** **v.pron.** Devenir animé, plein de vie. *Dans le Midi, les villages s'animent en fin de journée.*

HISTOIRE DU MOT Vient du latin *anima* qui signifie « âme, souffle vital ».

animisme **n.m.** Forme de religion qui attribue une âme aux animaux, aux phénomènes et aux objets naturels.

animosité **n.f.** Sentiment agressif, hostile qu'on manifeste à l'égard de quelqu'un. *Je n'ai aucune animosité à votre égard.* SYN. antipathie, hostilité.

anis **n.m.** Nom donné à plusieurs plantes aromatiques ou médicinales. *Une boisson à l'anis. L'anis étoilé a un parfum qui rappelle la réglisse.*
▶ REM. On prononce [ani] ou [anis].

anisé, e **adj.** *Une boisson anisée* est aromatisée à l'anis.

anisette **n.f.** Boisson alcoolisée préparée avec des graines d'anis vert.

A B C D E F G H I J K L M N O P Q R S T U V W X Y Z

ankylosé, e **adj.** Qui est engourdi et un peu raide après être resté trop longtemps dans une mauvaise position. *J'ai dormi la tête sur mon coude replié, j'ai le bras complètement ankylosé.*

annales **n.f.plur.** ❶ Livre qui relate des événements historiques année par année. SYN. chroniques. ❷ L'ensemble des anecdotes et des souvenirs d'un groupe, que l'on a plaisir à raconter. *C'est resté dans les annales de la famille.*

anneau **n.m.** ❶ Cercle de bois, de métal ou de plastique qui sert à attacher, à retenir ou à suspendre quelque chose. *Les anneaux du rideau coulissent sur la tringle. Les anneaux d'une chaîne.* SYN. maillon. ❷ Petit cercle que l'on porte en bijou, au doigt ou aux oreilles. *L'annulaire est le doigt qui porte l'anneau de mariage.* SYN. alliance. • **Anneau de Saturne :** cercle lumineux qui entoure cette planète. ◆ **anneaux n.m.plur.** Appareil de gymnastique fait de deux anneaux de fer fixés chacun à une corde. *Sur la plage, il y a un portique avec une corde lisse et des anneaux.*

ENCYCLOPÉDIE Les anneaux olympiques représentent l'union des cinq continents.

anneau de Saturne
(pris par le télescope spatial Hubble)

année **n.f.** ❶ Période de douze mois qui va du 1er janvier au 31 décembre et qui correspond au temps que met la Terre à tourner autour du Soleil. *Une année ordinaire comprend 365 jours, une année bissextile a 366 jours avec un 29e jour en février. En quelle année es-tu né ?* → VOIR AUSSI **an.** ❷ Période de douze mois, quel qu'en soit le début. *Chaque année, nous allons à la mer.* ❸ Temps que met une planète à tourner autour du Soleil. *L'année terrestre dure 365 jours, l'année sur Vénus est de 224,7 jours.* • **Bonne année ! :** souhait que l'on adresse le jour de l'An. • **Les Années folles :** la période de 1919 à 1929.

ENCYCLOPÉDIE L'année n'avait pas la même durée dans toutes les sociétés : les Égyptiens avaient une année de 365 jours, comme nous, mais les Romains avaient une année de 445 jours, les Grecs, une année de 354 jours. De même, le début de l'année n'a pas toujours été le 1er janvier : sous Charlemagne c'était le 1er mars, sous la Révolution, le 22 septembre (1er vendémiaire). → VOIR AUSSI **calendrier.**

année-lumière **n.f.** (PLUR. : **années-lumière**). Distance que parcourt la lumière en une année et qui est égale à 9 461 milliards de kilomètres.

annexe **adj.** Qui est secondaire ou qui se joint à quelque chose de plus important pour le compléter. *Un document annexe. Une question annexe.* ◆ **n.f.** ❶ Bâtiment qui dépend d'un bâtiment principal. *Le collège est trop petit pour accueillir toutes les classes, certaines iront à l'annexe.* ❷ Ce qui se joint à quelque chose de principal. *Voici le guide, vous trouverez en annexe la liste des adresses utiles.*

annexer **v.** (CONJUG. **3**). Joindre quelque chose à un ensemble plus important et, en particulier, réunir un territoire à un État. *L'Allemagne a annexé l'Alsace entre 1940 et 1944.*

annexion **n.f.** Rattachement d'un État ou d'une partie de territoire à un autre État. *L'annexion par la France de Nice et de son comté date de 1860.*

annihiler **v.** (CONJUG. **3**). Réduire à rien, détruire complètement quelque chose. *La grande sécheresse a annihilé tous les efforts des agriculteurs.* SYN. anéantir, annuler, ruiner. *La drogue annihile la volonté.* SYN. paralyser.
▶ REM. Attention, deux *n* et un *h*.

HISTOIRE DU MOT Vient du latin *nihil* qui signifie « rien ».

anniversaire **n.m.** ❶ Jour de la naissance de quelqu'un, qu'on fête chaque année. *Demain, c'est son anniversaire, il a dix ans.* ❷ Retour annuel du jour où il s'est produit un événement dans le passé, où l'on fête ce souvenir. *Un anniversaire de mariage.*

annonce **n.f.** ❶ Le fait d'annoncer quelque chose. *L'annonce de son départ a surpris tout le monde.* ❷ Petit texte qui fait part publiquement d'une offre ou d'une demande. *Dans les petites annonces, j'ai trouvé un vélo tout-terrain à très bon marché.* ❸ Fait qui laisse prévoir quelque chose. *Un vol d'oies sauvages se dirige vers le nord, c'est l'annonce du printemps !* SYN. indice, présage.

annoncer **annonçant, annoncé v.** (CONJUG. **4**). ❶ Dire, faire savoir d'une façon plus ou moins officielle. *Maman nous a annoncé la nouvelle de sa nomination.* SYN. apprendre, avertir de, informer de. *Les Duval ont annoncé leur visite pour dimanche.* SYN. prévenir de. ❷ Laisser prévoir un événement, en être le signe avant-coureur. *Le ciel est rouge ce soir, cela annonce du beau temps pour demain* (= laisse présager). ❸ *Annoncer une personne*, c'est faire savoir qu'elle est arrivée et qu'elle demande à être reçue. *Veuillez m'annoncer au directeur.*

HISTOIRE DU MOT Vient du latin *nuntius* qui signifie « messager ».

annonceur, euse **n.** ❶ Personne, entreprise qui fait passer une annonce à la radio, dans un journal, etc. ❷ Au Québec, présentateur d'une émission ou des informations à la télévision ou à la radio.
▶ REM. L'Office québécois de la langue française recommande l'emploi du mot *annonceure* pour une femme.

annonciateur, trice **adj.** Qui annonce, qui laisse prévoir un événement. *Les signes annonciateurs de l'hiver.* SYN. avant-coureur.

annotation **n.f.** Petite note, remarque que l'on inscrit à la main dans les marges d'un livre, d'un devoir. *Un livre bourré d'annotations.*

annoter **v.** (CONJUG. 3). Ajouter des commentaires, des explications dans les marges d'un texte. *Cette partition de musique est annotée de la main de Mozart.*

annuaire **n.m.** Recueil publié chaque année, qui donne la liste des membres d'une profession, des abonnés d'un service, etc., et, en particulier, des abonnés au téléphone (avec leur adresse et leur numéro de téléphone).

annuel, elle **adj.** ❶ Qui a lieu chaque année. *C'est le bal annuel des pompiers.* ❷ Qui couvre une période d'un an, qui dure un an. *Pour faire sa déclaration d'impôts, il faut calculer son revenu annuel.*

annulaire **n.m.** Le quatrième doigt de la main, à partir du pouce.
HISTOIRE DU MOT Vient du latin *annulus* qui signifie « anneau », parce que c'est à ce doigt que l'on porte l'anneau de mariage.

annulation **n.f.** Le fait d'annuler, de déclarer nul ce qui a été dit, fait, commandé auparavant. *On ne part plus, je m'occupe de l'annulation des réservations.*

annuler **v.** (CONJUG. 3). Rendre nul, déclarer que ce qui a été dit ou fait auparavant n'est plus valable. *Comme j'avais la grippe, j'ai dû annuler mon voyage. Annuler un rendez-vous.* SYN. décommander. *Annuler un contrat.* SYN. résilier.

anoblir **anoblissant, anobli v.** (CONJUG. 16). Accorder un titre de noblesse à quelqu'un.
▶ REM. Ne pas confondre avec *ennoblir*. Un roi peut *anoblir* une personne, pas l'*ennoblir*.

anodin, e **adj.** Qui est sans grande importance, sans grand effet. *Une remarque anodine.* SYN. insignifiant. *Un médicament anodin* (= qui ne peut pas faire de mal).
HISTOIRE DU MOT Vient d'un mot grec qui signifie « sans douleur ».

anomalie **n.f.** Erreur, défaut ou irrégularité. *Dans ce dessin, il y a dix anomalies.*

ânon **n.m.** Le petit de l'âne et de l'ânesse.

ânonner **v.** (CONJUG. 3). Lire, parler ou réciter en butant sur chaque mot.
HISTOIRE DU MOT Vient de *ânon.*

anonymat **n.m.** Le fait d'être anonyme. *Notre auditeur a préféré garder l'anonymat* (= il n'a pas dit son nom).
▶ REM. On ne prononce pas le *-t*.

anonyme **adj.** ❶ Dont on ignore l'identité. *Bien des œuvres du Moyen Âge sont anonymes, car les artistes ne les signaient pas. Le maire a reçu des lettres de menace anonymes.* ❷ Qui est sans personnalité, sans âme. *Il me reçut dans une pièce confortable mais anonyme.*
▶ REM. On reconnaît l'élément *-onyme*, tiré du grec *onoma* qui signifie « nom » et que l'on retrouve dans *synonyme, homonyme, paronyme.*

anonymement **adv.** Sans dire son nom. *Répondre anonymement à un questionnaire.*

anorak **n.m.** Grosse veste imperméable et chaude, à capuchon.
HISTOIRE DU MOT Vient d'un mot inuit qui signifie « vent ».

anormal, ale, aux **adj.** Qui n'est pas normal. *Il y a un bruit anormal dans le moteur.* SYN. bizarre, insolite. *Une chute de neige anormale pour la saison.* SYN. exceptionnel, inhabituel. CONTR. habituel, normal. ◆ **adj.** et **n.** Qui n'a pas tout son bon sens. *Seuls des anormaux ont pu faire ça !* SYN. déséquilibré, fou.

anormalement **adv.** De façon anormale, inhabituelle. *Il fait anormalement chaud.* CONTR. normalement.

1 anse **n.f.** Partie courbe par laquelle on prend un vase, un panier, etc. *L'anse de la tasse est cassée.*

2 anse **n.f.** Petite baie peu profonde. *Le voilier a jeté l'ancre dans une anse abritée.* SYN. crique.

antagonisme **n.m.** Opposition profonde entre des personnes ou des opinions.

antagoniste **adj.** ❶ *Des idées, des thèses antagonistes* sont opposées. ❷ *Des muscles antagonistes* ont une action opposée. *Le grand pectoral et le deltoïde sont des muscles antagonistes de l'épaule.*

d'antan **adv.** Du temps passé. *Les amours d'antan. « Mais où sont les neiges d'antan ? »* (F. Villon).
HISTOIRE DU MOT Vient du latin *ante annum* qui signifie « l'année dernière ».

antarctique **adj.** Du pôle Sud et des régions environnantes, par opposition à *arctique. La faune antarctique.*
▶ REM. On ne prononce pas le *-c-*.

paysage **antarctique** avec des manchots

antécédent **n.m.** En grammaire, mot repris par un pronom relatif. *Dans la phrase « la poire que j'ai mangée était délicieuse », le pronom relatif « que » a pour antécédent « poire ».* ◆ **antécédents** **n.m.plur.** Les faits et les actes qui se sont produits dans la vie d'une personne et qui permettent de comprendre sa conduite. *Les antécédents d'un accusé.*

A B C D E F G H I J K L M N O P Q R S T U V W X Y Z

antédiluvien, enne adj. ❶ Qui a existé avant le Déluge. ❷ Qui a l'air de dater d'une époque très ancienne. *Il circulait dans une voiture antédiluvienne.*
HISTOIRE DU MOT Vient du latin *diluvium* qui signifie « déluge ».

antenne n.f. ❶ Chacun des organes situés des deux côtés de la tête des insectes et des crustacés, longs et mobiles, qui leur permettent de sentir, de voir, de s'orienter. *Les antennes des crustacés, sensibles aux goûts et aux odeurs, leur servent aussi à détecter les vibrations et à assurer leur équilibre.* ❷ Dispositif métallique qui permet de diffuser ou de recevoir les émissions de radio, de télévision. ❸ Connexion qui permet la retransmission directe d'une émission. *Je passe l'antenne à notre correspondant permanent à New York. Vous pourrez suivre le match en direct sur notre antenne.*

antérieur, e adj. ❶ Qui vient avant dans le temps, qui précède. *Le vélocipède est antérieur à la bicyclette.* CONTR. postérieur. *À une époque antérieure.* CONTR. ultérieur. *Il est impossible de revenir à la situation antérieure.* SYN. précédent. ❷ Qui est situé à l'avant. *Les pattes antérieures d'un animal* (= de devant). CONTR. postérieur.

antérieurement adv. À une époque antérieure, auparavant. *La décision a été prise antérieurement à sa nomination.* SYN. avant. CONTR. après, ultérieurement.

anthologie n.f. Recueil de textes, morceaux choisis de musique, qui sont parmi les meilleurs et les plus représentatifs d'un auteur, d'un pays, d'une époque, etc. *Une anthologie de la littérature du Moyen Âge.*
HISTOIRE DU MOT Vient d'un mot grec qui signifie « fleurs ».

anthracite n.m. Variété de charbon qui se présente sous la forme de cailloux d'un noir brillant, aux arêtes vives, qui brûle en faisant de petites flammes bleues et en dégageant une forte chaleur. *Un poêle à anthracite.* ◆ **adj.invar.** Gris très foncé. *Des pulls anthracite.*
HISTOIRE DU MOT Vient du grec *anthrax* qui signifie « charbon ».

anthropoïde n.m. Singe qui a beaucoup de caractères communs avec l'homme. *Les chimpanzés et les gorilles sont des anthropoïdes.*

anthropologie n.f. Science qui étudie les caractéristiques physiques de l'être humain, mais aussi les institutions, les mythes, les rites, les coutumes des différentes sociétés humaines. *L'anthropologie étudie l'être humain comme une espèce parmi les autres.*
HISTOIRE DU MOT Vient du grec *anthropos*, « homme », et *logos*, « science, étude ».

anthropologue n. Spécialiste d'anthropologie.

anthropomorphisme n.m. Tendance à attribuer aux objets, aux animaux et aux créations mythiques des caractères humains. *L'anthropomorphisme dans les fables de La Fontaine.* → VOIR AUSSI **personnification.**
ENCYCLOPÉDIE Dans les fables de La Fontaine, les personnages sont des animaux mais ils parlent et se comportent comme des humains. Ce procédé permet à l'auteur de critiquer les comportements et les mœurs de son époque.

anthropophage n. et adj. Personne qui consomme de la chair humaine. *Les cannibales sont des anthropophages.*
HISTOIRE DU MOT Vient du grec *anthropos*, qui signifie « homme », et *phagein*, qui signifie « manger ».

anthropophagie n.f. Comportement des êtres humains qui mangent de la chair humaine.

anti- préfixe. Marque l'opposition, comme dans *antimilitariste, anticlérical*, ou la protection, la défense contre quelque chose, comme dans *antivol, antimite.* ▸ REM. Les mots formés avec *anti-* s'écrivent en un mot sauf quand deux *-i-* se suivent : *antivol*, mais *anti-inflammatoire.*

antialcoolique adj. Qui combat ou aide à combattre l'alcoolisme. *Une campagne antialcoolique.*

antiatomique adj. *Un abri antiatomique* est aménagé pour offrir un refuge et une protection contre les radiations en cas d'explosion atomique.

antibiotique n.m. Médicament très puissant fait d'une substance qui détruit rapidement certains micro-organismes ou les empêche de se multiplier. *Le médecin a prescrit des antibiotiques à Mathieu pour guérir son angine.*

antibrouillard adj.invar. et n.m. *Des phares antibrouillard* permettent d'améliorer la visibilité sur route par temps de brouillard. *Allume tes antibrouillards !*

antibruit adj.invar. Qui sert à protéger du bruit. *On construit des murs antibruit le long des autoroutes pour protéger les habitants du bruit de la circulation.*

antichambre n.f. Entrée d'un appartement ou pièce qui servent de salle d'attente aux visiteurs du cabinet d'un ministre. *Patienter dans l'antichambre.*

anticipation n.f. ❶ Le fait d'anticiper, de faire quelque chose avant l'heure. *Payer une dette par anticipation.* SYN. par avance. ❷ *Film, roman d'anticipation*, dont l'action se passe dans le futur. *Dans ses romans d'anticipation, Jules Verne avait imaginé que l'être humain irait un jour sur la Lune et explorerait le fond des mers.*

anticipé, e adj. Qui se produit avant la date prévue. *Ils ont pris une retraite anticipée.*

anticiper v. (CONJUG. 3). ❶ Exécuter quelque chose avant la date prévue. *Anticiper un paiement.* ❷ Faire comme si un événement avait déjà eu lieu alors qu'il est prévu pour plus tard. *N'anticipons pas, tu n'as pas encore passé ton examen !*

anticlérical, ale, aux adj. et n. Qui est hostile à l'influence du clergé dans la vie publique, dans l'enseignement. *Au début du XXe siècle, beaucoup d'instituteurs étaient anticléricaux.*

anticoagulant n.m. Substance qui empêche le sang de se figer, de coaguler. *On prescrit des anticoagulants pour empêcher la formation de caillots dans le sang.*

anticonformisme **n.m.** Comportement, mode de pensée des anticonformistes.

anticonformiste **adj.** et **n.** Dont les habitudes et les goûts ne sont pas conformes à ceux des autres et qui se moque de ce qu'on peut en penser.

anticorps **n.m.** Substance sécrétée par l'organisme pour se protéger dès qu'un micro-organisme (l'*antigène*) pénètre dans le sang.

anticyclone **n.m.** Zone de hautes pressions atmosphériques qui s'étend sur plusieurs milliers de kilomètres carrés. *Au cœur des anticyclones, le temps est normalement beau.*

antidater **v.** (CONJUG. **3**). Mettre sur un document une date antérieure à celle du jour où il a été écrit. *Si je date ma lettre du 7 mars alors que nous sommes le 9, je l'antidate.*

antidérapant, e **adj.** Qui empêche de déraper, de glisser. *Acheter des pneus antidérapants.*

antidote **n.m.** ❶ Médicament agissant contre un poison, une substance toxique. SYN. contrepoison. ❷ Remède contre un mal moral, psychologique. *Le cinéma est un antidote contre l'ennui.*
▸ REM. Ce mot est du masculin.

antigel **n.m.** Produit qui permet d'empêcher l'eau de geler dans le radiateur d'une automobile.

anti-inflammatoire **n.m.** et **adj.** (PLUR. : **anti-inflammatoires**). Médicament qui combat l'inflammation.

antillais, e **adj.** et **n.** Des Antilles. *Du rhum antillais.*
▸ REM. Quand il désigne une personne, le mot prend une majuscule : *un Antillais, une Antillaise.*

antilope **n.f.** Mammifère ruminant sauvage aux pattes hautes et fines qui vit en troupeau dans les régions chaudes d'Afrique et d'Asie. *Les antilopes peuvent courir à 90 kilomètres à l'heure.*

ENCYCLOPÉDIE L'antilope appartient à la famille des *bovidés.* Il en existe plus de cent espèces, dont la taille peut varier de celle d'un chevreau à celle d'un bœuf : l'*algazelle* au Sahara, le *gnou* et le *bubale* en Afrique noire, le *nilgaut* en Asie, etc.

antilope

antimilitariste **adj.** et **n.** Qui est contre l'autorité militaire, l'existence même de l'armée et l'état d'esprit qui y règne.

antimissile **adj.** Qui est conçu pour neutraliser l'action des missiles ennemis. *Un dispositif antimissile.*

antimite **adj.invar.** et **n.m.**, ✎ *adj.* Se dit d'un produit qui protège les lainages contre les mites. *Une boule antimite.*

antinucléaire **adj.** Qui est contre l'emploi de l'énergie nucléaire, contre l'armement atomique. *Une manifestation antinucléaire.*

antipathie **n.f.** Sentiment d'hostilité, de rejet que l'on éprouve à l'égard de quelqu'un. *Il éprouve une profonde antipathie pour les lâches.* SYN. inimitié. CONTR. sympathie.

antipathique **adj.** Qui est déplaisant, désagréable, peu aimable et pour qui on a de l'antipathie. *Il a une tête antipathique !* CONTR. sympathique.

antipelliculaire **adj.** Qui permet d'éliminer les pellicules du cuir chevelu. *Shampooing antipelliculaire.*

antipersonnel **adj.invar.**, ✎ *adj. Des armes, des engins antipersonnel* sont utilisés dans une guerre pour tuer ou blesser des personnes sans s'attaquer au matériel. *Les mines antipersonnel ont mutilé des milliers de personnes.*

antipode **n.m.** • **Être à l'antipode** ou **aux antipodes de** : en un point du globe terrestre qui est diamétralement opposé à un autre ; au sens figuré, être très différent de. *La France est aux antipodes de la Nouvelle-Zélande, la Nouvelle-Zélande aux antipodes de la France. Les idées de mon frère sont à l'antipode des miennes.*

antipodiste **n.** Acrobate qui, couché sur le dos, exécute des tours d'adresse avec les pieds.

antipoison **adj.invar.**, ✎ *adj.* • **Centre antipoison** : centre médical qui traite les intoxications, les empoisonnements.

antiquaire **n.** Commerçant qui achète et revend des meubles et des objets anciens.

antique **adj.** ❶ Qui date de l'Antiquité. *Le pont du Gard, le Parthénon, les pyramides d'Égypte sont des monuments antiques.* ❷ Qui est très ancien et souvent démodé. *Une antique croyance. L'homme conduisait une antique limousine qui semblait sortir d'un vieux film.*

antiquité **n.f.** ❶ Période très ancienne. *Ce mythe date de la plus haute antiquité.* ❷ Objet ancien. *Un magasin d'antiquités* (= la boutique de l'antiquaire). *Le musée des antiquités de la ville.* → VOIR noms propres.

antirabique **adj.** *Le vaccin antirabique* est le vaccin employé contre la rage.

antiraciste **adj.** Qui lutte contre le racisme.

antireflet **adj.invar.** *Des verres antireflet* sont traités de façon à éliminer les reflets.

antirouille **n.m.** et **adj.invar.**, ✎ *adj.* Substance, produit qui préservent de la rouille ou qui la font disparaître.

antisémite **adj.** et **n.** Qui est hostile aux Juifs, de manière systématique, qui fait preuve de racisme à leur égard. *La politique antisémite de Hitler est responsable de la mort de six millions de Juifs dans les camps entre 1933 et 1945.*

HISTOIRE DU MOT Mot créé au XIXe siècle à partir de *anti-*, qui signifie « contre », et de *sémite*, les Juifs étant un des peuples sémites de l'Antiquité.

a b c d e f g h i j k l m n o p q r s t u v w x y z

A B C D E F G H I J K L M N O P Q R S T U V W X Y Z

antisémitisme **n.m.** Ensemble d'idées et de comportements qui sont dirigés contre les Juifs ; racisme envers les Juifs.

antiseptique **adj.** et **n.m.** *Un produit antiseptique* combat l'infection et détruit les micro-organismes. *L'eau oxygénée est un antiseptique.*

HISTOIRE DU MOT Vient de *anti-* et du mot grec *sêptikos* qui signifie « qui pourrit » et que l'on retrouve dans *aseptisé, fosse septique.*

ENCYCLOPÉDIE Jusqu'à la seconde moitié du XIXe siècle, les progrès de la chirurgie étaient freinés par l'ignorance de l'existence des germes infectieux. Les personnes que l'on amputait mouraient souvent de gangrène, car les tissus en contact avec l'air pourrissaient. Pasteur a montré que ce sont des micro-organismes en suspension dans l'air, et non l'oxygène, qui sont cause de la putréfaction. Le chirurgien britannique Joseph Lister eut alors l'idée de faire des pansements avec une substance capable d'éliminer ces microbes. La chirurgie connut dès lors un formidable développement.

antistatique **adj.** Qui empêche la formation de l'électricité statique. *Passer un produit antistatique sur l'écran d'un ordinateur.*

antitabac **adj.invar.**, ✎ *adj. Les campagnes, les mesures antitabac* luttent contre l'usage du tabac.

antitétanique **adj.** *Le vaccin antitétanique* est le vaccin employé contre le tétanos.

antituberculeux, euse **adj.** *Le vaccin antituberculeux* (ou *B.C.G.*) est le vaccin employé contre la tuberculose.

antivariolique **adj.** *Le vaccin antivariolique* est le vaccin employé contre la variole.

antivirus **n.m.** Logiciel qui permet de détecter et de détruire un virus informatique. → VOIR AUSSI **virus.**

antivol **n.m.**, ✎ *adj.* Appareil, système de sécurité pour se protéger d'un vol.

antonyme **n.m.** Mot dont le sens est opposé à celui d'un autre. *« Grand » est l'antonyme de « petit ».* SYN. contraire. CONTR. synonyme. → VOIR Fiche 9.
▸ REM. On reconnaît l'élément *-onyme*, du grec *onoma* qui signifie « nom » et que l'on retrouve dans *synonyme, anonyme, paronyme, homonyme.*

antre **n.m.** ❶ Creux naturel dans le rocher, cavité où les fauves et les bêtes sauvages trouvent un abri. *L'antre du lion.* ❷ Lieu mystérieux où l'on s'isole pour être à l'abri du monde. *L'antre des flibustiers.* SYN. repaire.

anus **n.m.** Nom de l'orifice du rectum, à l'extrémité du tube digestif, qui donne passage aux matières fécales.
▸ REM. On prononce le *-s.*

anxiété **n.f.** Vive inquiétude qui naît de la crainte d'un événement ou de l'incertitude dans laquelle on est. *Il attend les résultats de son examen avec anxiété.* SYN. angoisse, crainte.
▸ REM. *Anxiété* est moins fort que *angoisse.*

anxieusement **adv.** Avec anxiété, inquiétude. *Ils guettaient anxieusement l'arrivée de l'équipe de secours.*

anxieux, euse **adj.** et **n.** Qui éprouve momentanément de l'anxiété ou qui est inquiet par nature. *Elle était anxieuse et regardait constamment l'heure.* SYN. soucieux. CONTR. serein, tranquille. *Il a toujours peur de mal faire, c'est un anxieux.* SYN. angoissé, tourmenté. CONTR. calme. ◆ **adj.** Qui trahit une inquiétude, de l'anxiété. *Un regard anxieux.* SYN. inquiet.

aorte **n.f.** Nom de l'artère principale du cœur, qui part du ventricule gauche et porte le sang oxygéné à toutes les parties du corps.

août, ✎ ***aout*** **n.m.** Le huitième mois de l'année. *Le mois d'août a trente et un jours.*
▸ REM. Le *-t* final peut se prononcer ou ne pas se prononcer.

HISTOIRE DU MOT Vient du latin *Augustus*, nom d'un empereur romain. Auparavant, « août » se disait *sextilis*, « sixième mois ».

aoûtat, ✎ ***aoutat*** **n.m.** Acarien parasite dont la piqûre provoque de vives démangeaisons pendant quelques jours.

aoûtat

ENCYCLOPÉDIE L'aoûtat est appelé ainsi parce qu'il apparaît vers le mois d'août, à la fin de l'été.

apache **adj.** et **n.** Relatif aux Apaches → VOIR noms propres.

apaisant, e **adj.** Qui calme, apaise. *Une musique apaisante.*

apaisement **n.m.** Retour au calme, à la paix. *La tempête était passée, il éprouva un sentiment d'apaisement.*

apaiser **v.** (CONJUG. 3). ❶ Ramener au calme, à un sentiment de sérénité, de paix. *Le bébé pleurait, mais la voix de sa mère l'a apaisé.* SYN. calmer. *Les mesures prises par le gouvernement apaiseront peut-être les esprits.* SYN. tranquilliser. ❷ *Apaiser la soif, la faim*, faire cesser la sensation de soif, de faim. ◆ **s'apaiser** **v.pron.** Devenir calme. *Sa colère s'est apaisée d'un seul coup* (= elle est tombée). *La tempête s'apaise.* SYN. se calmer, cesser, décroître.

HISTOIRE DU MOT Vient du mot *paix*, comme *paisible.*

apanage **n.m.** Ce qui appartient en propre à une personne ou à un groupe de personnes et qui les avantage par rapport aux autres. *L'intelligence n'est pas nécessairement l'apanage des gens instruits.* SYN. lot. *Ne croyez pas que vous ayez l'apanage de la sagesse !* SYN. exclusivité, privilège.
▸ REM. Ce mot appartient à la langue soutenue.

HISTOIRE DU MOT *L'apanage* était la donation que les souverains faisaient à leurs fils cadets.

aparté **n.m.** *Faire des apartés*, c'est échanger des propos avec une personne de façon à ne pas être entendu des autres. *Ils n'ont cessé de faire des apartés au dîner, c'était très désagréable.* SYN. (Fam.) messe basse.

HISTOIRE DU MOT Vient de l'italien *a parte* qui signifie « à part ».

apartheid **n.m.** Nom donné à la politique de ségrégation raciale du gouvernement blanc d'Afrique du Sud, qui visait à séparer les Noirs (ainsi que les Indiens et les métis) des Blancs, à ne pas leur accorder les mêmes droits, à ne pas les accepter dans les mêmes écoles, les mêmes hôpitaux, etc. *Les lois de l'apartheid ont été abrogées en 1991, mais elles ont été appliquées jusqu'en 1994.*

HISTOIRE DU MOT Ce mot signifie « séparation » en afrikaans (langue néerlandaise parlée en Afrique du Sud).

apathie **n.f.** Absence totale d'énergie et d'enthousiasme, état de nonchalance et d'indolence complètes. *Mes enfants, secouez un peu votre apathie, ne restez donc pas plantés devant la télévision !* SYN. inertie, mollesse, torpeur. CONTR. dynamisme, énergie.

HISTOIRE DU MOT Vient d'un mot grec qui signifie « insensibilité ». L'élément *-pathie* qui signifie « qui éprouve » se retrouve dans *sympathie* et *antipathie*.

apathique **adj.** Qui est sans énergie, sans réaction. *Il ne s'intéresse à rien, il reste vautré sur son lit, complètement apathique !* SYN. indolent, mou. CONTR. dynamique, énergique.

apatride **n.** et **adj.** Personne qui n'a pas de patrie. *Le Haut-Commissariat des Nations unies pour les réfugiés, dont le siège est à Genève, est chargé de protéger les apatrides.*

apercevoir **apercevant, aperçu v.** (CONJUG. 31). ❶ Voir de façon assez confuse quelque chose ou quelqu'un, soit parce qu'on est loin, soit parce que la visibilité n'est pas bonne. *On aperçoit des phares dans le brouillard.* SYN. entrevoir. ❷ Distinguer quelqu'un ou quelque chose de façon soudaine ou fugitive. *J'aperçois Martin là-bas, venez, je vais vous présenter.* SYN. voir. *Cléa était là, je l'ai aperçue, mais elle a disparu !* SYN. entrapercevoir. ◆ **s'apercevoir** **v.pron.** Prendre conscience de quelque chose. *Tout le monde s'est aperçu de votre absence.* SYN. remarquer. *Elle s'est aperçue qu'elle avait oublié ses clefs.* SYN. se rendre compte.

▸ REM. *S'apercevoir* s'accorde toujours avec le sujet : *ils se sont aperçus de leur erreur.*

aperçu **n.m.** • **Un aperçu de :** une impression, une idée rapide de quelque chose. *Ce bref exposé vous a donné un aperçu de la situation actuelle.* SYN. idée.

apéritif, ive **adj.** Qui ouvre l'appétit. *L'anis, la camomille, la gentiane, le quinquina ont des vertus apéritives.* ◆ **apéritif** **n.m.** Boisson souvent alcoolisée que l'on sert avant le repas, en général avec des amuse-gueule.

apesanteur **n.f.** Absence de pesanteur, due au fait que l'attraction terrestre ne se fait plus sentir. *Dans les véhicules spatiaux, les astronautes sont en apesanteur.* SYN. impesanteur.

ENCYCLOPÉDIE En état d'apesanteur, les objets et les personnes ont tendance à flotter, les liquides se mettent en boule. Les astronautes ont du mal à contrôler leurs mouvements et ils ne peuvent travailler ou dormir qu'une fois fixés aux parois du véhicule. Ils peuvent être sujets à des vertiges et des nausées. C'est pour cette raison qu'ils sont soumis à de longues séances d'entraînement qui les habituent aux effets de l'apesanteur.

à-peu-près **n.m.invar.** Approximation grossière. *Ce travail n'est pas assez précis, ce n'est que de l'à-peu-près.*

apeuré, e **adj.** Qui a peur et le montre. *Une biche apeurée.* SYN. effarouché. *Un regard apeuré.* SYN. effrayé.

aphasie **n.f.** Maladie du cerveau qui fait perdre l'usage de la parole ou qui fait qu'on ne comprend plus le sens des mots, qu'on ne trouve plus les mots adéquats pour s'exprimer.

aphone **adj.** Qui n'a plus de voix, qui ne peut que chuchoter. *Nils a une angine, il a une extinction de voix, il est complètement aphone.*

HISTOIRE DU MOT Vient du grec *aphônia* qui signifie « sans voix ». On reconnaît l'élément *phone*, « voix », qui se retrouve dans *téléphone* et dans *phonographe*.

aphorisme **n.m.** Formule courte qui résume en quelques mots un certain nombre de pensées, ou une vérité simple de la vie de tous les jours. *« Vouloir, c'est pouvoir » est un aphorisme.* SYN. adage, dicton, maxime, proverbe.

aphte **n.m.** Petite plaie dans la bouche, sur la langue ou les lèvres. *Les aphtes peuvent apparaître lorsque l'on a mangé des fruits sans les laver ni les éplucher.*

▸ REM. On prononce [aft].

api **n.m.** *Une pomme d'api* est une variété de pomme rouge et blanc, ferme et sucrée.

à-pic **n.m.** (PLUR. : **à-pics**). Endroit très escarpé, versant d'une falaise ou d'un rocher. *L'alpiniste était en train d'escalader des à-pics vertigineux.*

apiculteur, trice **n.** Personne qui élève des abeilles et qui vend le miel et la cire récoltés.

apiculteur

apiculture **n.f.** L'art d'élever et de soigner les abeilles afin de récolter le miel et la cire.

apitoiement **n.m.** Le fait de s'apitoyer, d'avoir pitié de quelqu'un. *L'apitoiement se lisait dans son regard.* SYN. commisération, compassion, pitié.
▸ REM. Attention, *-ement.*

apitoyer **v.** (CONJUG. 14). Faire pitié à quelqu'un, le toucher. *Et n'essayez pas de m'apitoyer avec vos histoires !* SYN. attendrir. *Avec ses grands yeux tristes, elle apitoierait un bourreau !* SYN. émouvoir, toucher. ◆ **s'apitoyer** **v.pron.** Être touché par quelqu'un, avoir pitié de lui. *Quand finiras-tu de t'apitoyer sur ton sort ?*

aplanir **aplanissant, aplani** **v.** (CONJUG. 16). ❶ Rendre plane une surface, faire disparaître creux et bosses. *Les terrassiers ont aplani le terrain au rouleau compresseur pour en faire un court de tennis.* SYN. égaliser, niveler. ❷ *Aplanir des difficultés*, c'est les rendre facilement surmontables, les faire disparaître (= lever les obstacles).

aplati, e **adj.** Dont la forme est un peu plate. *Les bouledogues ont le museau aplati. La terre est aplatie aux deux pôles.*

aplatir **aplatissant, aplati** **v.** (CONJUG. 16). Rendre plat. *Lorène aplatit la boule de pâte avec un rouleau à pâtisserie.* ◆ **s'aplatir** **v.pron.** ❶ Devenir plat, prendre une forme plate. *La Terre s'aplatit aux pôles.* ❷ S'allonger par terre pour se cacher ; tomber à plat ventre. *Quand il a entendu les avions, il s'est aplati dans un fossé.* SYN. se coucher.

aplomb **n.m.** Assurance excessive, un peu insolente. *Vous ne manquez pas d'aplomb, jeune homme !* SYN. audace, impudence. CONTR. réserve, timidité. • **D'aplomb :** bien droit, bien en équilibre. *Cette table n'est pas d'aplomb, il faut lui mettre une cale ! Le bébé n'est pas encore bien d'aplomb sur ses jambes.* SYN. stable. *Huit jours au ski l'ont remis d'aplomb* (= sur pied).

HISTOIRE DU MOT Vient de *à plomb* qui signifiait « à la verticale », la verticale étant la direction donnée par le *fil à plomb*. → VOIR **fil**.

apnée **n.f.** *Plonger en apnée*, c'est plonger sans bouteille, en bloquant sa respiration pendant un moment. *Les chercheurs d'éponges plongent encore parfois en apnée.*

apocalypse **n.f.** ❶ Catastrophe épouvantable qui offre un spectacle effrayant, de fin du monde. *Le bombardement avait tout dévasté, les survivants erraient au milieu d'un paysage d'apocalypse.* ❷ (Avec une majuscule.) Nom du dernier livre du Nouveau Testament, vision prophétique de la fin du monde et du Jugement dernier, qui annonce le triomphe de Dieu sur Satan.

HISTOIRE DU MOT Vient d'un mot grec qui signifie « révélation ».

apocalyptique **adj.** Qui évoque la fin du monde. *L'hiver nucléaire qui, selon les savants, succéderait à une explosion atomique, aurait quelque chose d'apocalyptique.*

apogée **n.m.** Le plus haut degré de la gloire, de la puissance. *La civilisation aztèque était à son apogée quand les Espagnols sont arrivés.* SYN. point culminant, sommet.
▸ REM. Ce mot est du masculin.

apologie **n.f.** Plaidoyer en faveur de quelqu'un ou de quelque chose. *Le philosophe Platon a écrit une célèbre « Apologie de Socrate » pour défendre son ami en exposant ses idées. On a accusé le journaliste de faire l'apologie du crime.* SYN. éloge.

HISTOIRE DU MOT Vient d'un mot grec qui signifie « défense ».

apoplexie **n.f.** Perte de connaissance brutale et qui est généralement due à une hémorragie cérébrale. *Être frappé d'apoplexie.*
▸ REM. Aujourd'hui, on dit plutôt *hémorragie cérébrale* ou *attaque.*

a posteriori, ✎ ***à postériori*** **adv.** Expression latine qui signifie « après coup », par opposition à *a priori.*

apostolat **n.m.** Tâche, métier auxquels on se donne corps et âme, de façon complètement désintéressée, comme si l'on avait une mission à remplir et non sa vie à gagner. *La médecine, chez elle, c'est un apostolat !* SYN. sacerdoce, vocation.

HISTOIRE DU MOT Vient du grec *apostolos*, « envoyé de Dieu », que l'on retrouve dans *apôtre.*

1 apostrophe **n.f.** Parole peu aimable qu'on adresse brutalement à quelqu'un. *Il lança une apostrophe injurieuse à l'automobiliste qui venait de l'éclabousser.*

HISTOIRE DU MOT Vient du grec *apostrophê* qui signifie « action de se retourner ».

2 apostrophe **n.f.** Signe graphique qui marque l'élision d'une voyelle. *Dans « s'il vient », l'apostrophe signale la chute du « i », et dans « l'herbe », la chute du « a ».*

apostropher **v.** (CONJUG. 3). Interpeller quelqu'un de façon brutale et peu polie. *Elle s'est fait apostropher par un agent.*

apothéose **n.f.** ❶ La dernière partie d'un spectacle, d'une fête, qui est la plus éclatante, la plus grandiose. *Il y avait des feux d'artifice dans toute la ville, la fête se terminait en apothéose.* ❷ Chez les Grecs et les Romains de l'Antiquité, cérémonie qui marquait l'admission d'un mortel au rang des dieux.

HISTOIRE DU MOT Vient du grec *theos* qui signifie « dieu ».

apothicaire **n.m.** Pharmacien d'autrefois. • **Des comptes d'apothicaire :** des comptes exagérément minutieux qui ne font grâce d'aucun détail et sont difficiles à vérifier.

apôtre **n.m.** ❶ Chacun des douze disciples choisis par Jésus-Christ pour aller prêcher l'Évangile. ❷ Personne entièrement dévouée à un idéal, à une cause, et qui cherche à les faire partager. *Martin Luther King*

A B C D E F G H I J K L M N O P Q R S T U V W X Y Z

s'est fait l'apôtre de la lutte pacifique pour la liberté des Noirs. SYN. défenseur.

HISTOIRE DU MOT Vient du grec *apostolos* qui signifie « envoyé de Dieu ». → VOIR **apostolat**.

apparaître, ✎ *apparaitre* **apparaissant, apparu v.** (CONJUG. **73** ; auxiliaire *être*). ❶ Commencer à exister. *L'homme est apparu sur la Terre il y a environ 4 millions d'années.* ❷ Se montrer soudain. *Lorsqu'elle apparut dans la salle, tout le monde fit silence.* ❸ Se matérialiser, devenir visible aux yeux de quelqu'un. *La vérité lui est apparue.* ❹ Devenir évident à l'esprit. *Il nous est vite apparu que son histoire n'était que mensonge.* ❺ *Apparaître comme*, donner, par son apparence, l'impression d'être ceci ou cela. *Quand on ne le connaît pas, il apparaît comme un être froid et sévère ; pourtant il est la gentillesse même.* SYN. sembler.

apparat n.m. Éclat particulier, faste, luxe dont on s'entoure pour marquer avec solennité un événement. *La ville a reçu le président en grand apparat* (= en grande pompe).

appareil n.m. ❶ Tout objet, instrument ou dispositif qui est spécialement conçu pour réaliser certaines opérations. *Un chronomètre est un appareil de mesure du temps. Les robots, les centrifugeuses sont des appareils électroménagers. Un appareil photo.* ❷ Combiné téléphonique. *Qui est à l'appareil ?* ❸ Avion. *Il y avait soixante-dix personnes à bord de l'appareil.* ❹ Ensemble d'organes qui assurent une même fonction. *L'appareil digestif. L'appareil respiratoire.* → VOIR **organe** (planche). ❺ L'ensemble des organismes qui assurent la direction et le fonctionnement d'une société, d'un parti, etc. *L'appareil de l'État. L'appareil d'un parti politique, d'un syndicat.* • **Dans le plus simple appareil :** tout nu.

appareil photo

1 appareiller v. (CONJUG. **3**). Mettre un appareil, une prothèse à quelqu'un. *Depuis qu'il a été appareillé, le président entend presque normalement.*

2 appareiller v. (CONJUG. **3**). Pour un bateau, faire les manœuvres pour quitter le port. *Le bateau appareillera à l'aube* (= lèvera l'ancre). CONTR. mouiller.

apparemment adv. Si l'on en croit les apparences. *Apparemment rien n'était changé, en réalité, tout était différent* (= en apparence).

apparence n.f. L'aspect extérieur d'une personne ou d'une chose, qui peut correspondre ou ne pas correspondre à la réalité. *Une maison de belle apparence. Un enfant d'apparence chétive. Il ne faut pas se fier aux apparences* (= il ne faut pas juger une personne sur sa mine). • **En apparence :** à en juger d'après ce que l'on voit. SYN. apparemment. CONTR. en fait, en réalité.

apparent, e adj. ❶ Qui se voit. *Les traces d'effraction sont encore apparentes.* SYN. visible. *Un plafond avec des poutres apparentes.* ❷ Qui apparaît au regard, à l'observation, mais qui peut n'être qu'une illusion. *Le mouvement apparent du Soleil autour de la Terre.*

apparenté, e adj. Qui a un lien de parenté avec quelqu'un.

s'apparenter v.pron. (CONJUG. **3**). ❶ Ressembler à quelque chose, en être proche. *L'aspect de la grenouille s'apparente à celui du crapaud. Cette attitude s'apparente à la lâcheté.* ❷ Acquérir un lien de parenté avec une personne, une famille. *Par son mariage, il s'est apparenté au maire de la ville.* SYN. s'allier à.

HISTOIRE DU MOT Vient de *parent.*

apparier v. (CONJUG. **7**). Mettre par paires. *Julien ne devait pas être bien réveillé ce matin, ses chaussettes ne sont pas appariées !* SYN. assortir.

apparition n.f. ❶ Le fait d'apparaître, de commencer à exister. *Les scientifiques font remonter l'apparition de l'homme sur la Terre à environ 4 millions d'années.* SYN. naissance. CONTR. disparition. *L'hiver est fini, les crocus ont fait leur apparition.* ❷ Le fait de se montrer. *La salle applaudit à chaque apparition du chanteur.* SYN. entrée. *Gilles n'a fait qu'une apparition à mon anniversaire* (= il n'a fait qu'une très courte visite). ❸ Manifestation visible d'un être surnaturel. *À quatorze ans, Bernadette Soubirous eut, dit-elle, dix-huit apparitions de la Vierge à Lourdes.* SYN. vision.

appartement n.m. Logement composé d'une ou de plusieurs pièces dans un immeuble. *Appartement à louer.*

appartenance n.f. Le fait d'appartenir à un groupe, d'en faire partie. *L'appartenance à un syndicat.*

appartenir **appartenant, appartenu v.** (CONJUG. **20**). ❶ Être la propriété de quelqu'un, être à lui. *Ce stylo m'appartient.* ❷ Faire partie d'un ensemble, d'un groupe. *Le pingouin, l'autruche appartiennent à la classe des oiseaux.* SYN. se rattacher à. ❸ Dépendre, relever de quelqu'un, de sa décision. *Il vous appartient de refuser ou d'accepter de signer ce contrat.*

appât n.m. Nourriture dont on se sert pour attirer le poisson ou le gibier. *Le pêcheur a jeté du blé cuit comme appât dans la rivière avant de tendre ses lignes.* SYN. amorce. • **L'appât du gain :** l'envie, le désir de gagner de l'argent. *L'appât du gain lui a souvent fait faire des sottises.*

HISTOIRE DU MOT Vient de l'ancien français *past* qui signifiait « nourriture » et que l'on retrouve dans *paître, pâture, repaître, repas.*

appâter v. (CONJUG. **3**). ❶ Attirer un animal dans un piège avec de la nourriture. *Appâter des poissons.* SYN. amorcer. ❷ Attirer une personne par une proposition alléchante. *Le camelot appâtait les badauds en leur promettant monts et merveilles.*

appauvrir **appauvrissant, appauvri v.** (CONJUG. **16**). Rendre pauvre ou plus pauvre. *La guerre a appauvri le pays.* CONTR. enrichir. *L'emploi intensif d'engrais a appauvri la terre.* SYN. épuiser. ◆ **s'appauvrir v.pron.** Devenir pauvre ou plus pauvre. *La région s'est appauvrie depuis la fermeture des usines.*

appauvrissement n.m. Le fait de s'appauvrir, de perdre progressivement ses ressources.

appeau n.m. Petit instrument avec lequel les chasseurs imitent le cri de certains oiseaux, de certains animaux pour les prendre au piège.

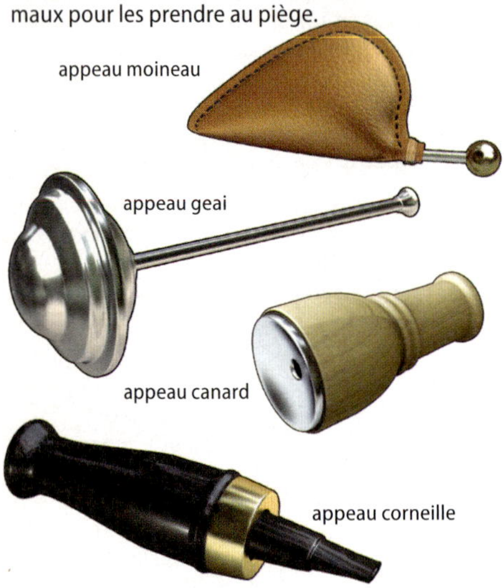

appeaux

appel n.m. ❶ Cri d'une personne qui appelle, qui demande qu'on vienne auprès d'elle. *À l'appel de sa mère, Clémence accourut. Vite ! C'est un appel au secours !* ❷ Invitation à agir. *Les journalistes ont lancé un appel à la radio dans l'espoir de retrouver le petit garçon.* ❸ Communication téléphonique. *Il y a eu plusieurs appels pour toi !* SYN. coup de téléphone. ❹ Contrôle des présences fait en appelant par son nom chacun des membres d'un groupe. *Au début du cours, le professeur fait l'appel.* ❺ En sport, appui que l'on prend sur un pied pour s'élancer lors d'un saut. *Pied, jambe d'appel.* • **Appel de préparation à la défense :** journée de formation aux questions de défense nationale, destinée aux jeunes avant leur dix-huitième anniversaire. • **Faire appel à quelqu'un :** lui demander son aide. *J'ai fait appel au plombier pour déboucher le lavabo.* • **Faire appel :** en justice, demander qu'un jugement soit revu. • **Sans appel :** se dit d'une décision, d'un jugement sur lesquels il est impossible de revenir. *Inutile d'argumenter, ma décision est sans appel.* SYN. irrévocable.

appelé, e n. Jeune soumis à l'appel de préparation à la défense. *Les appelés du contingent.*

appeler v. (CONJUG. **12**). ❶ Demander à quelqu'un de venir par un mot, un cri, un signal. *Viens ! Maman nous a appelés pour dîner. Il faut appeler un médecin. Appeler à l'aide. Appeler un taxi.* ❷ Téléphoner à quelqu'un. *Serge t'a appelée, il a demandé que tu le rappelles après sept heures.* ❸ Rendre quelque chose nécessaire. *Cette réponse appelle une explication.* SYN. exiger, réclamer. ❹ Pousser quelqu'un à agir. *Appeler à la grève. Le devoir m'appelle.* ❺ Donner un nom. *On l'a appelée Léonie.* SYN. prénommer. *On appelle « dahu » un animal imaginaire à la poursuite duquel on envoie les naïfs.* SYN. nommer. • **Appeler un chat un chat** ou **appeler les choses par leur nom :** dire les choses telles qu'elles sont, sans avoir peur des mots. ◆ **s'appeler v.pron.** Avoir tel nom ou tel prénom. *Comment s'appelle ta mère ?* (= quel est son nom ?). *Elle s'appelle Patricia.* SYN. se prénommer. • **Voilà qui s'appelle parler :** c'est exactement ce qu'il fallait dire.

appellation n.f. Terme par lequel on désigne quelque chose, on qualifie quelqu'un. *C'est le même produit, sous une appellation différente.* SYN. dénomination, nom.

appendice n.m. ❶ Nom du petit organe qui prolonge le gros intestin. *Le chirurgien lui a enlevé l'appendice.* ❷ Supplément placé à la fin d'un livre pour le compléter, où l'on trouve des notes, des documents. *L'éditeur a mis des cartes dans l'appendice à la fin du dictionnaire.* SYN. annexe, complément.

HISTOIRE DU MOT Vient du latin *appendix* qui signifie « ce qui pend ».

appendicite n.f. Inflammation de l'appendice. *Chloé a eu une crise d'appendicite, elle a été opérée ce matin.*

appentis n.m. Petit bâtiment dont le toit est adossé à un garage, à un mur, et qui sert le plus souvent de remise.

s'appesantir **appesantissant, appesanti v.pron.** (CONJUG. **16**). S'attarder sur un sujet, en parler un peu trop longuement. *Il vaut mieux ne pas s'appesantir sur la question.* SYN. insister.

appétissant, e adj. Qui a l'air bon et met en appétit. *Ces gâteaux au chocolat sont très appétissants.*

appétit n.m. Désir, envie de manger. *Gaël a un appétit d'ogre* (= il mange beaucoup). *Son frère a un appétit d'oiseau* (= il mange peu). *Une petite marche nous ouvrira l'appétit* (= nous donnera envie de manger). *Son histoire m'a coupé l'appétit* (= je n'ai plus envie de manger). • **Bon appétit ! :** formule de politesse qu'on adresse à quelqu'un avant le repas. • **L'appétit vient en mangeant :** il suffit de commencer à manger pour que la faim vienne et, au figuré, plus on possède de choses, plus on en désire (proverbe).

HISTOIRE DU MOT Vient d'un mot latin qui signifie « désir ».

applaudir **applaudissant, applaudi v.** (CONJUG. **16**). ❶ Frapper ses mains l'une contre l'autre pour marquer sa satisfaction, son admiration. *À la fin du spectacle, les spectateurs ont applaudi. La chanteuse a été très applaudie.* ❷ Approuver très fortement quelque chose. *Les gens du quartier ont applaudi au projet de construction de la piscine.*

applaudissements **n.m.plur.** Battements de mains par lesquels on montre son contentement. *Ce fut un tonnerre d'applaudissements. La salle croulait sous les applaudissements.* SYN. acclamations. CONTR. huées, sifflets.

application **n.f.** ❶ Le fait d'appliquer, de poser ou de plaquer une matière contre une surface. *La première couche de peinture doit sécher avant l'application de la seconde.* SYN. pose. ❷ Le fait d'appliquer, de mettre en pratique une règle, des connaissances, etc. *L'arbitre veille à l'application du règlement.* ❸ Soin attentif que l'on met à faire un travail. *Elle recopie son devoir avec beaucoup d'application.* SYN. attention. *Elles travaillent avec application.* SYN. sérieux, zèle. ❹ Programme destiné à aider l'utilisateur d'un ordinateur pour le traitement d'une tâche précise.

applique **n.f.** Support de lampe fixé au mur. *Plusieurs appliques en bronze éclairaient le couloir.*

appliqué, e **adj.** Qui est très attentif dans son travail. *C'est une élève très appliquée.* SYN. sérieux, studieux, travailleur. CONTR. négligent.

appliquer **v.** (CONJUG. 3). ❶ Poser un objet, une matière contre une surface. *Appliquer du papier peint sur un mur.* SYN. poser. *Appliquer une couche de vernis sur un meuble.* SYN. étaler, étendre, passer. ❷ Mettre en pratique une règle, une théorie. *Le douanier n'a fait qu'appliquer la loi.* ♦ **s'appliquer** **v.pron.** ❶ Porter une grande attention à ce que l'on fait. *Éric s'applique, il a fait beaucoup de progrès en guitare.* ❷ Être utilisable, convenir dans tel cas. *Ce traitement s'applique seulement aux cas graves.* SYN. convenir. *Ma remarque ne s'appliquait pas à toi* (= ne te concernait pas).

appoint **n.m.** *Faire l'appoint*, donner le compte exact pour qu'il n'y ait pas de monnaie à rendre. *Pour l'achat des tickets, on est prié de faire l'appoint.* • **D'appoint :** qui vient en supplément, qui complète ce que l'on a déjà. *Un chauffage d'appoint.*

appointements **n.m.plur.** Rémunération fixe attachée à un poste, un emploi. *Les appointements d'un employé.* SYN. paie, rétribution, salaire.

apport **n.m.** Ce qui est apporté. *On étudiera l'apport de la civilisation grecque à l'art de la Renaissance.* SYN. contribution.

apporter **v.** (CONJUG. 3). ❶ Porter un objet à quelqu'un, venir avec un objet. *Si on lui apportait des fleurs ?* ❷ Donner, fournir quelque chose. *Apporter des capitaux dans une affaire.* SYN. mettre. *Cette enfant ne m'apporte que des satisfactions.* SYN. donner. *L'informatique a apporté des changements fondamentaux dans notre vie quotidienne.* SYN. entraîner, produire.

apposer **v.** (CONJUG. 3). ❶ Poser, appliquer une chose sur une autre. *On a apposé une plaque sur la maison, en souvenir du peintre.* SYN. mettre. ❷ *Apposer une signature, un cachet*, les mettre sur un document. *L'employé a apposé le cachet de la poste.*

L'apposition

L'**apposition** est une fonction d'un mot ou d'un groupe de mots qui précise un nom ou un pronom. Les mots apposés sont placés à côté de ceux auxquels ils se rapportent et sont souvent entre virgules ou introduits par la préposition **de** :

Pierre, *ravi,* a accepté de venir.
Victor Hugo, *célèbre écrivain français,* est né en 1802.
Le mois *de mai* est un joli mois.

apposition **n.f.** ❶ L'action d'apposer quelque chose. *L'apposition d'un timbre sur un document.* ❷ En grammaire, fonction d'un mot qui, placé près d'un autre mot, en modifie, qualifie ou précise le sens. → VOIR encadré ci-dessus.

appréciable **adj.** ❶ Dont on apprécie la valeur, qu'on est content d'avoir. *En été, le soir au bord de la mer, un pull est parfois appréciable.* SYN. précieux, utile. ❷ Qui peut s'évaluer, qui est assez important. *Il y a eu un changement appréciable dans son attitude.* SYN. notable, sensible.

appréciation **n.f.** ❶ Évaluation d'une quantité, de la valeur ou de l'importance de quelque chose. *Quand on roule, la pluie rend difficile l'appréciation de la distance entre les véhicules.* SYN. estimation. ❷ Opinion que l'on se fait sur quelqu'un, sur sa valeur, sur celle de son travail. *Son professeur a donné une appréciation favorable.* SYN. avis.

apprécier **v.** (CONJUG. 7). ❶ Aimer quelque chose, quelqu'un, leur trouver des qualités. *Quand on est très fatigué, on apprécie un bon bain. Il n'apprécie pas la plaisanterie. Chloé apprécie beaucoup son professeur de dessin.* SYN. estimer. ❷ Évaluer, déterminer une mesure, une quantité, un prix. *Par temps de pluie, on a du mal à apprécier les distances.*

HISTOIRE DU MOT Vient du latin *pretium* qui signifie « prix ».

appréhender **v.** (CONJUG. 3). ❶ Envisager un événement avec inquiétude. *Muriel appréhende beaucoup la rentrée.* SYN. avoir peur de, craindre, redouter. ❷ Procéder à l'arrestation d'une personne. *La police a appréhendé le malfaiteur.* SYN. arrêter.

HISTOIRE DU MOT Vient d'un verbe latin qui signifie « saisir ». → VOIR **apprendre**.

appréhension **n.f.** Crainte vague d'un danger qui pourrait survenir. *Depuis son accident, Serge a toujours une certaine appréhension quand il prend sa moto.* SYN. inquiétude, peur.

apprendre **apprenant, appris v.** (CONJUG. 48). ❶ Acquérir des connaissances, une technique, un savoir-faire. *Élisabeth apprend sa leçon. Raphaël apprend à jouer de la guitare.* ❷ Enseigner quelque chose à quelqu'un, lui faire acquérir une connaissance, une pratique. *Son professeur d'aïkido lui a appris à tomber* (= lui a montré comment tomber). ❸ Recevoir une information qu'on ne connaissait pas. *On a appris par les journaux qu'elle se mariait.* ❹ Annoncer une nou-

A B C D E F G H I J K L M N O P Q R S T U V W X Y Z

velle à quelqu'un. *C'est Marc qui me l'a appris.* SYN. informer de, mettre au courant. • **Ça lui apprendra ! :** ça lui servira de leçon.

HISTOIRE DU MOT Vient, comme *appréhender*, du latin *apprehendere* qui signifie « saisir ».

apprenti, e n. Jeune personne qui apprend un métier chez un artisan, dans une école, etc. *Elle est apprentie couturière. Le boulanger a un nouvel apprenti.* • **Apprenti sorcier :** personne qui, en se livrant à d'imprudentes et dangereuses expériences, déclenche des forces, des réactions qu'elle ne maîtrise pas.

apprentissage n.m. ❶ Formation technique que l'on reçoit chez un patron, dans une école professionnelle où l'on est apprenti ; le temps que dure cette formation. *Il est en apprentissage chez un joaillier.* ❷ *Faire l'apprentissage de*, c'est apprendre quelque chose en en faisant l'expérience. *Elle a fait très jeune l'apprentissage de la vie.*

apprêt n.m. Matière dont on enduit les tissus, les cuirs, etc., pour leur donner de la tenue.

apprêté, e adj. Qui est assez maniéré et manque de naturel. *Elle a toujours des toilettes très recherchées, je la trouve un peu apprêtée !* SYN. affecté. CONTR. simple.

s'apprêter v.pron. (CONJUG. 3). ❶ Se préparer, s'habiller avec soin. *Cendrillon s'apprête pour le bal.* ❷ Être sur le point de faire quelque chose. *Vous tombez mal, je m'apprêtais à sortir.* SYN. se préparer à, se disposer à.

apprivoiser v. (CONJUG. 3). ❶ Habituer un animal à la compagnie des êtres humains. *Le vieux paysan avait réussi à apprivoiser un merle. « Mais, si tu m'apprivoises, nous aurons besoin l'un de l'autre. Tu seras pour moi unique au monde. Je serai pour toi unique au monde » (le Petit Prince,* Saint-Exupéry). ❷ Gagner la confiance d'une personne craintive ou réservée. *C'était une sauvageonne, mais peu à peu nous l'avons apprivoisée.*

approbateur, trice adj. *Un air, un regard, un sourire approbateurs* montrent qu'on est d'accord, que l'on approuve ce que l'on voit, ce que l'on entend.

approbation n.f. Accord exprimé par un geste, une parole, un texte. *Il hocha la tête en signe d'approbation.* SYN. acquiescement, assentiment. CONTR. désaccord, désapprobation. *Quand on est mineur, on ne peut se marier sans l'approbation de ses parents.* SYN. consentement, permission.

approchant, e adj. • **Quelque chose d'approchant :** quelque chose d'analogue, d'équivalent, de similaire. *Ils s'appellent Durand ou quelque chose d'approchant.*

approche n.f. ❶ *À l'approche de*, au moment où quelque chose, quelqu'un approche, arrive. *À l'approche de l'hiver, l'écureuil fait ses provisions.* ❷ *Les approches d'une ville*, ce sont ses environs immédiats.

approcher v. (CONJUG. 3). ❶ Venir plus près ou mettre, placer plus près. *Approche, je te vois mal. Si tu approchais ta chaise du bureau, tu serais plus à l'aise pour écrire.* SYN. rapprocher. CONTR. éloigner. ❷ Être plus proche, dans le temps. *L'hiver approche, il fait de plus en plus froid.* ❸ Être plus près d'atteindre quelque chose, ne pas en être loin. *Nous approchons du but, encore un peu de courage !* ◆ **s'approcher** v.pron. Venir plus près, être de plus en plus près. *Il s'approcha de l'enfant et le prit par la main.*

approfondir approfondissant, approfondi v. (CONJUG. 16). Examiner plus à fond un sujet, l'étudier de plus près. *Il faudra approfondir la question.* SYN. creuser. *Approfondir ses connaissances.*

approfondissement n.m. Examen approfondi, étude plus complète d'un sujet. *L'approfondissement des connaissances dans ce domaine a permis de nombreuses découvertes.*

approprié, e adj. Qui est parfaitement adapté à la situation. *Un ciré, des bottes, voilà une tenue appropriée à une sortie en mer !* SYN. adéquat. CONTR. impropre.

s'approprier v.pron. (CONJUG. 7). Prendre pour soi ce qui appartient à quelqu'un d'autre ou ce qui n'appartient à personne. *Julie s'est approprié ma place au premier rang.* SYN. s'adjuger, s'attribuer.

approuver v. (CONJUG. 3). Dire qu'on est d'accord avec quelqu'un, avec ce qui est fait. *J'approuve la décision que tu as prise.* CONTR. désapprouver.

approvisionnement n.m. ❶ Le fait d'approvisionner ou de s'approvisionner. *L'approvisionnement en eau de la ville a été interrompu.* SYN. alimentation. ❷ L'ensemble des provisions, des fournitures nécessaires à la vie d'une collectivité. *Pour votre approvisionnement, vous trouverez tout ce qu'il faut au petit village à côté.* SYN. ravitaillement.

approvisionner v. (CONJUG. 3). Fournir ce qui est nécessaire aux besoins d'une personne, d'un groupe, au bon fonctionnement de quelque chose. *Approvisionner un marché en fruits.* SYN. alimenter. *Approvisionner un compte en banque* (= y mettre de l'argent). ◆ **s'approvisionner** v.pron. Faire des provisions. *S'approvisionner en bois pour l'hiver.*

approximatif, ive adj. Qui manque de précision. *Un poids approximatif.* CONTR. exact. *Vos connaissances sont plutôt approximatives !* SYN. imprécis, vague. CONTR. précis.

approximation n.f. Estimation qui correspond à peu près à la réalité. *Prévoyez quinze euros par personne, mais ce n'est qu'une approximation.*

HISTOIRE DU MOT Vient du latin *proximus* qui signifie « très proche » et que l'on retrouve dans *proximité*.

approximativement adv. À peu de chose près. *Le film va durer approximativement une heure et demie.* SYN. à peu près, environ. CONTR. exactement.

appui n.m. ❶ Ce sur quoi on peut s'appuyer, ce qui sert à soutenir. *Le vieil homme prit appui sur les bras du fauteuil pour se mettre debout.* ❷ Soutien apporté par une personne à une autre. *Grâce à l'appui de ses amis, elle a réussi à surmonter son chagrin.* SYN. aide. • **À l'appui :** pour servir de confirmation. *Je peux vous montrer, preuves à l'appui, qu'il ment.*

appui-tête **n.m.** (PLUR. : appuis-tête) ou **appuie-tête** **n.m. inv.,** ✎ ***n.m.*** (PLUR. : appuie-têtes). Dispositif réglable, souvent rembourré, placé au sommet d'un fauteuil et qui sert à soutenir la tête, à protéger la nuque en cas de choc.

appuyer **v.** (CONJUG. 14). ❶ Exercer une pression, une poussée sur quelque chose. *Pour mettre en marche la radio, appuyez sur ce bouton.* ❷ Poser une chose sur ou contre une autre qui sert à la soutenir. *On appuya l'échelle contre le mur.* ❸ Aider, soutenir quelqu'un en usant de son influence. *Le directeur a dit qu'il appuierait ma demande.* ❹ Insister sur quelque chose. *Quand tu t'expliqueras, n'appuie pas trop sur les erreurs que nous avons faites !* ◆ **s'appuyer** **v.pron.** ❶ Prendre appui sur quelque chose, se tenir à quelqu'un. *Appuyez-vous sur moi, je vais vous aider à marcher.* ❷ Utiliser un argument, se servir d'un fait pour défendre son point de vue. *Nous nous appuyons sur des preuves, des témoignages.*

âpre **adj.** ❶ Qui est rude, pénible, désagréable. *Sur ces sommets désolés, il soufflait un vent âpre.* SYN. mordant. *Les prunelles sauvages ont un goût âpre.* SYN. âcre. ❷ Qui est dur et violent. *D'âpres combats ont encore lieu dans certaines parties du pays.* SYN. acharné, violent. • **Être âpre au gain :** être obsédé par l'argent, être avide (= être cupide).

HISTOIRE DU MOT Vient du latin *asper* que l'on retrouve dans *aspérité.*

âprement **adv.** Avec âpreté, acharnement. *Les résistants combattaient âprement.* SYN. farouchement, violemment. *On critiqua âprement sa conduite.* SYN. durement, sévèrement.

1 après **prép.** et **adv.** Indique que quelque chose ou quelqu'un vient à la suite de quelque chose ou de quelqu'un d'autre, dans le temps, dans l'espace ou dans une série. *Mardi vient après lundi. Ce n'est pas la première rue, c'est la rue d'après* (= la rue suivante). *Discutons-en d'abord, après on décidera* (= ensuite). *Cela s'est passé deux jours après* (= plus tard). *Après Luc, c'est Marie qui a la meilleure note.* • **Après tout :** tout bien réfléchi. *Après tout, il a peut-être raison.* • **D'après :** selon ce que dit quelqu'un, un journal, etc. *D'après lui, toute la classe passerait dans la classe supérieure.* ◆ **après que** **conj.** Indique qu'une action se passe après une autre. *Après qu'il eut parlé, il se rassit.*
▸ REM. 1. *Après que* est normalement suivi de l'indicatif, même si dans l'emploi courant on utilise le subjonctif. 2. Au mot *après* correspond l'élément latin *post-* que l'on retrouve dans des mots comme *postsynchronisé, postdater.*

2 après-. S'emploie dans la formation de mots composés, tous avec trait d'union. *Après-guerre, après-ski.*

après-demain **adv.** Le jour qui vient après demain. *Nous sommes aujourd'hui jeudi, après-demain sera samedi.*
▸ REM. À *après-demain* que l'on emploie dans le discours direct correspond le nom *surlendemain* que l'on emploie dans un récit. *Nous étions jeudi, le surlendemain était donc un samedi.*

après-guerre **n.m.** ou **n.f.** (PLUR. : après-guerres). La période qui suit une guerre. *Dans l'immédiat après-guerre, la vie était difficile.*

après-midi **n.m.invar.** ou **n.f.invar.,** ✎ ***n.m.*** ou ***n.f.*** (PLUR. : *après-midis*). Période comprise entre midi et le soir. *Passer ses après-midi à la plage. Il était 3 heures de l'après-midi.*

après-ski **n.m.** (PLUR. : après-skis). Chaussure de sport, chaude et imperméable, que l'on porte à la neige lorsqu'on ne skie pas.

après-vente **adj.invar.,** ✎ ***adj.*** (PLUR. : *après-ventes*). *Le service après-vente d'un magasin* s'occupe de l'installation, de l'entretien et de la réparation des appareils vendus.

âpreté **n.f.** Le caractère âpre, désagréable, pénible à supporter, de quelque chose. *La Sibérie est réputée pour l'âpreté de son climat.* SYN. rigueur, rudesse. *L'âpreté d'un vin.*

a priori, ✎ ***à priori*** **adv.** Expression latine qui signifie « à première vue », par opposition à *a posteriori. A priori, je ne vois aucune objection à votre demande.* ◆ **n.m.invar.** Idée toute faite qui ne tient pas compte des réalités, de l'expérience. *Avoir des a priori.* SYN. préjugé.

à-propos **n.m.invar.** Qualité d'une remarque, d'une action qui vient au bon moment et avec pertinence. *Il lui a répondu avec beaucoup d'à-propos* (= il a le sens de la repartie). *Il manque d'à-propos* (= présence d'esprit).

apte **adj.** Qui est capable de remplir une fonction, un emploi. *Elle est parfaitement apte à faire des études de droit. Le médecin l'a déclaré apte au travail* (= bon pour). CONTR. inapte.

aptitude **n.f.** Capacité à faire quelque chose. *Cet enfant n'a aucune aptitude pour le dessin.* SYN. disposition.

aquaculture **n.f.** Élevage des animaux aquatiques et culture des plantes aquatiques.
▸ REM. On prononce [akwa-].

HISTOIRE DU MOT Vient du latin *aqua,* « eau ».

aquarelle **n.f.** Peinture à l'eau aux couleurs légères et transparentes, que l'on utilise sur un papier spécial ; l'œuvre réalisée avec cette peinture. *Peindre à l'aquarelle. Exposer ses aquarelles.*
▸ REM. On prononce [akwa-].

HISTOIRE DU MOT Vient de l'italien *acquarella* qui signifie « couleurs détrempées ». On reconnaît l'élément latin *aqua,* « eau ».

aquarelle

cime
platane
pin
baobab
les parasites
larve du hanneton
scolyte typographe
gale du chêne
pucerons
arbre vieux
branche
cœur
aubier
tronc
écorce
racine
arbre jeune
écorce lisse

séquoia

Une grande diversité

De leurs **racines**, qui puisent dans le sol l'eau et les sels minéraux, jusqu'à leur **cime**, les arbres présentent des silhouettes variées, c'est ce que l'on appelle le **port**. Le sapin est conique, le baobab a un tronc énorme, le séquoia peut atteindre plus de 100 m de haut, et le pin parasol doit son nom à sa forme évocatrice.
Les feuilles permettent de caractériser un arbre. Les arbres à **feuilles persistantes** les conservent ; les arbres à **feuilles caduques** les perdent en hiver dans les régions à climat tempéré. L'écorce peut être lisse et fine (charme, hêtre) ou, au contraire, composée d'épaisses écailles (pin maritime). De même, le fruit peut revêtir des aspects très différents selon les espèces, de la pomme à la noix de coco.

ginkgo

peuplier

saule

cèdre

Un écosystème indispensable

La **coupe d'un tronc** d'arbre raconte son histoire. Au centre, le cœur constitue la partie la plus solide et la plus foncée. Chaque été, l'**aubier** qui l'entoure, plus tendre, forme un anneau supplémentaire dans le tronc et permet ainsi de définir l'âge de l'arbre. Utilisé comme un ornement dans les parcs ou en alignement le long des routes, l'arbre protège aussi les terrains contre l'**érosion**. Accueillant les nids des oiseaux sur ses branches, nourrissant les écureuils de ses fruits, il abrite également sous son écorce ou sur ses feuilles de nombreux insectes parasites (chenilles, pucerons...). Par la **photosynthèse**, l'arbre contribue à purifier l'air en le débarrassant du gaz carbonique.

orme

pin parasol

sapin

A B C D E F G H I J K L M N O P Q R S T U V W X Y Z

aquarelliste **n.** Artiste qui peint à l'aquarelle.
▸ REM. On prononce [akwa-].

aquarium **n.m.** ❶ Bac en verre rempli d'eau dans lequel on fait vivre des plantes et des animaux aquatiques. ❷ Bâtiment dans lequel se trouvent de très grands aquariums où l'on peut voir toutes sortes de poissons. *L'aquarium de Québec, de Boulogne-sur-Mer.*
▸ REM. On prononce [akwarjɔm].

aquatique **adj.** Qui vit dans l'eau ou près de l'eau. *Les nénuphars sont des plantes aquatiques. Les oiseaux aquatiques, comme les flamants roses, aiment les marais et les étangs.*
▸ REM. On prononce [akwa-].

aqueduc **n.m.** Canal construit pour conduire l'eau d'un endroit à un autre ; pont que l'on construit pour permettre à ce canal de franchir une vallée. *L'aqueduc du pont du Gard.*

HISTOIRE DU MOT Vient du latin *aqua*, qui signifie « eau », et *ductus*, qui signifie « conduite ».

aqueduc

ara **n.m.** Perroquet d'Amérique du Sud, à longue queue et au plumage très coloré.

arabe **adj.** et **n.** De l'Arabie et des peuples originaires de l'Arabie. ◆ **n.m.** ❶ Langue parlée d'abord en Arabie puis dans de nombreux pays conquis par les Arabes, en Afrique, au Moyen-Orient et en Asie. ❷ Écriture qui sert à transcrire l'arabe, le persan, etc., et qui s'écrit de droite à gauche. • **Chiffres arabes** → VOIR **chiffre.**
▸ REM. Quand il désigne une personne, le mot prend une majuscule : *un Arabe, une Arabe.*

arabesque **n.f.** ❶ Ligne sinueuse et décorative. *Le givre avait dessiné de gracieuses arabesques sur la vitre.* ❷ Figure de danse, de gymnastique qui se réalise une jambe au sol, l'autre tendue en arrière.

HISTOIRE DU MOT Vient de l'italien *arabesco* qui signifie « ornement de style arabe ».

arable **adj.** *Une terre arable* est une terre que l'on peut cultiver, labourer. SYN. cultivable.

arachide **n.f.** Plante des pays chauds cultivée pour sa graine, appelée *cacahuète*, que l'on consomme grillée et dont on tire une huile très utilisée en cuisine. *De l'huile d'arachide.*

araignée

arachnide **n.m.** Arthropode terrestre possédant quatre paires de pattes, tel que les araignées, les scorpions et les acariens.

HISTOIRE DU MOT Vient du grec *arakhnê* qui signifie « araignée ». → VOIR noms propres : **Arachné.**

araignée **n.f.** Animal invertébré à huit pattes qui tisse une toile et sécrète un venin. *La mygale est une araignée à la morsure douloureuse.* • **Araignée de mer :** crabe comestible aux longues pattes. • **Toile d'araignée :** réseau de fils tissés par l'araignée pour capturer ses proies.

ENCYCLOPÉDIE Les araignées ne sont pas des insectes mais des *arachnides*, comme les acariens et les scorpions. Toutes sont venimeuses et leur venin est foudroyant pour les insectes. Certaines espèces tropicales sont dangereuses pour l'homme. C'est à l'aide de la soie sécrétée par les glandes de leur abdomen qu'elles tissent leur toile et fabriquent les cocons qui entourent leurs œufs.

araire **n.m.** Instrument de labour à traction animale, muni d'un soc, qui rejette la terre de part et d'autre du sillon.

araméen **n.m.** Langue parlée pendant l'Antiquité dans tout le Proche-Orient. *L'araméen disparut avec la conquête arabe au* VIIe *siècle après J.-C.*

aratoire **adj.** *Les instruments aratoires*, ce sont les outils pour labourer, cultiver la terre.

HISTOIRE DU MOT Vient du latin *arare* qui signifie « labourer », comme *arable, araire.*

arbalète **n.f.** Arme faite d'un arc d'acier qui se bande avec un ressort et avec laquelle on envoie une sorte de flèche appelée *carreau*. *L'arbalète était une arme très répandue au Moyen Âge.*

arbitrage **n.m.** Le fait d'arbitrer un match ou un débat, un conflit.

arbitraire **adj.** ❶ Qui ne relève que du simple principe du choix et ne répond à aucune nécessité logique. *L'ordre des lettres de l'alphabet est arbitraire.* SYN. conventionnel. ❷ Qui ne relève que de l'autorité de quelqu'un sans souci de justice ou de vérité. *Une mesure, une décision arbitraire.* SYN. injustifié.

arbitrairement **adv.** D'une façon arbitraire.

arbitre **n.** ❶ Personne chargée de veiller au bon déroulement d'un match, au respect du règlement. *L'arbitre a expulsé du terrain deux joueurs qui en étaient venus aux mains.* ❷ Personne choisie pour trancher une question, pour régler un désaccord à l'amiable. *On a fait appel à lui comme arbitre pour sa réputation d'impartialité.* SYN. juge, médiateur.

arbitrer v. (CONJUG. 3). ❶ Veiller au bon déroulement d'un jeu, d'un match, d'une compétition, au respect du règlement. *Arbitrer un match de tennis.* ❷ Trancher une question, mettre différentes personnes d'accord par une décision équitable et définitive. *Le maire a arbitré le conflit entre les deux familles.*

arboré, e adj. Planté d'arbres dispersés. *Un terrain arboré.*

arborer v. (CONJUG. 3). ❶ Élever en haut d'un mât, placer sur une façade, de manière très visible. *Arborer le pavillon italien. Pour la fête, les maisons arboraient les couleurs de la ville.* ❷ Porter sur soi de manière très visible, avec fierté ou par défi. *Elle arbore son insigne de scoute avec fierté.*

HISTOIRE DU MOT Vient du latin *arborare* qui signifie « dresser comme un arbre ».

arborescent, e adj. *Une fougère arborescente* a la taille et la forme d'un petit arbre.
▶ REM. Attention, *-sc-*.

HISTOIRE DU MOT Vient du latin *arbor* qui signifie « arbre ».

arboricole adj. Qui vit sur les arbres. *Les singes et les écureuils sont des animaux arboricoles.*

HISTOIRE DU MOT Vient du latin *arbor* qui signifie « arbre », comme *arboriculture*.

arboriculture n.f. Culture des arbres d'ornement et des arbres fruitiers.

arbre n.m. ❶ Nom donné à tous les végétaux de grande taille qui sont fixés en terre par des racines, et dont la tige principale ligneuse, appelée *tronc*, n'est garnie de branches et de feuilles qu'à partir d'une certaine hauteur. *Planter un arbre dans son jardin. Les enfants aiment grimper aux arbres.* → VOIR planche page précédente. ❷ Tige, axe de métal qui transmet un mouvement. *L'arbre d'un moteur.* • **Arbre généalogique :** dessin en forme d'arbre qui représente les liens de parenté des membres d'une famille, sur plusieurs générations.

arbrisseau n.m. Petit arbre haut de un à quatre mètres qui porte des branches dès sa base. *L'aubépine, le noisetier sont des arbrisseaux.*

arbuste n.m. Petit arbre qui ne dépasse pas dix mètres. *Le lilas, la glycine sont des arbustes.*

arc n.m. ❶ Arme faite d'une corde tendue entre les deux extrémités d'une tige flexible, et avec laquelle on lance des flèches. *Pratiquer le tir à l'arc.* ❷ Portion de cercle déterminée par un angle dont le sommet se trouve au centre du cercle. ❸ Courbure, forme d'une voûte. *Les porches des églises romanes sont des arcs en plein cintre, leur voûte est courbe ; les églises gothiques ont des arcs brisés, leur voûte est pointue.* • **Arc de triomphe :** porte monumentale en forme d'arc, édifiée d'abord par les Romains pour célébrer une victoire ou un chef de guerre.

1 arcade n.f. • **Arcade sourcilière :** rebord proéminent de l'orbite de l'œil sur lequel sont implantés les sourcils. *Le boxeur avait l'arcade sourcilière fendue.* ◆ **arcades** n.f.plur. Galerie couverte dont les piliers sont reliés par des arcs. *Les arcades de la place des Vosges, à Paris.*

arcades de la Grande Mosquée de Sousse (Tunisie)

2 arcade n.f. En Suisse, petit local commercial.

arcanes n.m.plur. *Les arcanes de la politique*, ce sont les secrets, les mystères qu'elle comporte, qui ne semblent connus que des initiés.
▶ REM. Ce mot est du masculin.

HISTOIRE DU MOT Vient d'un mot latin qui signifie « secret ».

arc-boutant (PLUR. : **arcs-boutants**), ✎ ***arcboutant*** n.m. Contrefort en forme d'arc qui soutient les murs d'un édifice de l'extérieur pour les empêcher de s'écarter sous la poussée de la voûte. *Les arcs-boutants d'une église gothique.*

s'arc-bouter, ✎ **s'*arcbouter*** v.pron. (CONJUG. 3). Prendre fortement appui sur les pieds pour pousser de tout son corps sur quelque chose. *Ariane et Nils s'arc-boutent contre la porte pour empêcher Gilles d'entrer.*

arceau n.m. Pièce en forme de demi-cercle. *Les enfants ont planté les arceaux pour jouer au croquet.*

arc-en-ciel n.m. (PLUR. : **arcs-en-ciel**). Bande lumineuse multicolore en forme d'arc que l'on voit parfois quand il pleut, à l'opposé du soleil. *L'arc-en-ciel naît de la décomposition de la lumière solaire par les gouttes de pluie, et l'on y distingue habituellement, de l'extérieur vers l'intérieur, le rouge, l'orangé, le jaune, le vert, le bleu, l'indigo et le violet.*

archaïque adj. Qui est très ancien et qui ne s'utilise plus dans le monde moderne. *Je me demande comment vous pouvez encore utiliser cette voiture, elle est franchement archaïque !* CONTR. moderne.
▶ REM. Le *-ch-* se prononce [k].

archaïsme n.m. ❶ Le fait d'être trop ancien, périmé. *L'archaïsme d'un procédé de fabrication.* CONTR. mo-

A B C D E F G H I J K L M N O P Q R S T U V W X Y Z

dernisme. ❷ Mot ancien qu'on utilise parfois en poésie, en littérature.
▸ REM. Le *-ch-* se prononce [k].

archange n.m. Ange qui, dans la classification des anges, commande aux autres, qui leur est supérieur. *L'ange Gabriel est un archange.*
▸ REM. Le *-ch-* se prononce [k].

1 arche n.f. • **L'arche de Noé** → VOIR noms propres : Noé.

HISTOIRE DU MOT Vient du latin *arca* qui signifie « coffre ».

2 arche n.f. Voûte qui relie les piliers d'un pont.

archéologie n.f. Science qui étudie les civilisations anciennes à partir des vestiges qu'elles ont laissés, des objets qu'on a retrouvés.
▸ REM. Le *-ch-* se prononce [k].

HISTOIRE DU MOT Ce mot est formé à partir de deux éléments : *archéo-*, qui signifie « ancien », et *-logie*, qui signifie « étude ».

ENCYCLOPÉDIE C'est à la Renaissance qu'on a commencé à inventorier toutes les œuvres antiques. On entreprit les fouilles de Troie, puis celles de Pompéi et d'Herculanum au XIXe siècle. En 1822, Champollion réussit à déchiffrer les hiéroglyphes égyptiens. On commença également à s'intéresser aux civilisations précolombiennes, à la Crète, mais aussi à la préhistoire, et l'on ouvrit les premiers grands musées archéologiques. Depuis la mise au point de la méthode du *carbone 14*, on peut mieux dater les objets découverts et l'on a appris à protéger et à conserver les sites qui se détérioraient à la lumière du jour.

archéologique adj. Qui concerne l'archéologie. *Des fouilles archéologiques. Un site archéologique.*
▸ REM. Le *-ch-* se prononce [k].

archéologue n. Spécialiste, chercheur en archéologie.
▸ REM. Le *-ch-* se prononce [k].

archéoptéryx n.m. Grand oiseau préhistorique à mâchoire dentée et à queue de reptile.
▸ REM. Le *-ch-* se prononce [k].

archéoptéryx (reconstitution)

archer n.m. ❶ Soldat armé d'un arc. *En France, les archers ont disparu de l'armée au XVIe siècle.* ❷ Tireur à l'arc.

archet n.m. Baguette en bois tendue de crins avec laquelle on fait vibrer les cordes des violons et des violoncelles.

archétype n.m. Le type le plus parfait d'une espèce, celui qui la représente le mieux. *Azay-le-Rideau est l'archétype des châteaux du début de la Renaissance.* SYN. modèle.
▸ REM. Le *-ch-* se prononce [k].

archevêché n.m. La résidence de l'archevêque et l'ensemble des évêchés placés sous son autorité.

archevêque n.m. Évêque qui est à la tête d'un territoire de l'Église comprenant plusieurs diocèses. *L'archevêque a autorité sur plusieurs évêques et administre lui-même un diocèse.*

archi- préfixe. Augmente la valeur d'un mot, comme dans *archifou, archimillionnaire.*

archiduc n.m. Titre porté autrefois par les princes de la maison d'Autriche. *L'archiduc Rodolphe de Habsbourg était le fils de l'impératrice d'Autriche Élisabeth, dite « Sissi ».*

archiduchesse n.f. ❶ Titre porté par les princesses de la maison d'Autriche. ❷ Titre porté par la femme ou la fille d'un archiduc.

archipel n.m. Groupe d'îles. *L'archipel des Marquises.*

architecte n. Personne dont le métier est d'imaginer des constructions, d'en dessiner les plans et d'en diriger l'exécution. *Le Corbusier est un grand architecte du XXe siècle.*

architectural, ale, aux adj. De l'architecture. *La beauté architecturale du Parthénon est célèbre.*

architecture n.f. ❶ L'art de construire des bâtiments, d'en dessiner les plans, d'organiser les espaces. *Cléa fait des études d'architecture. L'architecture contemporaine allie des matériaux comme le verre, l'acier, la pierre, le béton.* → VOIR planche ci-contre. ❷ Style, aspect d'un bâtiment, manière dont il est construit. *J'aime l'architecture de ce palais.*

archives n.f.plur. Ensemble de documents anciens qui sont classés et conservés ; lieu où ces documents sont conservés. *Pour retrouver ce document, allez voir aux archives.*

archiviste n. Spécialiste du classement, de la conservation et de l'étude des archives.

arçon n.m. Armature de la selle d'un cheval, formée de deux pièces de métal (le *pommeau* à l'avant, le *troussequin* à l'arrière) reliées entre elles. *Vider les arçons, c'est tomber de cheval.*

arctique adj. Du pôle Nord et des régions environnantes, par opposition à *antarctique.*
▸ REM. On ne prononce pas le *-c-*.

Cité radieuse, Marseille, Le Corbusier

De nouveaux matériaux

De nouveaux matériaux comme le **béton** et l'**acier**, puis l'aluminium, le verre, les plastiques, etc., libèrent l'architecture des contraintes techniques et formelles que lui imposaient la **pierre** (même si, avec elle, les architectes du passé avaient su accomplir des prouesses, comme la voûte).

Souvent décrié, le béton autorise presque toutes les formes. L'un des plus grands architectes du XXe siècle, **Le Corbusier**, l'a utilisé notamment au profit de la production, en série, d'habitats collectifs fonctionnels, comme la **Cité radieuse** de Marseille (1952). D'autres, comme le Brésilien Oscar Niemeyer (cathédrale de **Brasília**, 1958-1960), y ont recouru pour la richesse poétique des formes qu'il permet.

Renforcé d'armatures métalliques ou de câbles enfouis en lui, le béton rend possibles des franchissements et des portées importants (Stade olympique de Montréal de Roger Taillibert, 1976).

L'acier présente lui l'avantage d'un montage simple et rapide. Il rend envisageables des constructions de grande hauteur. Associé au verre, il ouvre les bâtiments à la lumière.

Centre Pompidou, Paris, Piano et Rogers

tour Pei, Hong kong, Pei

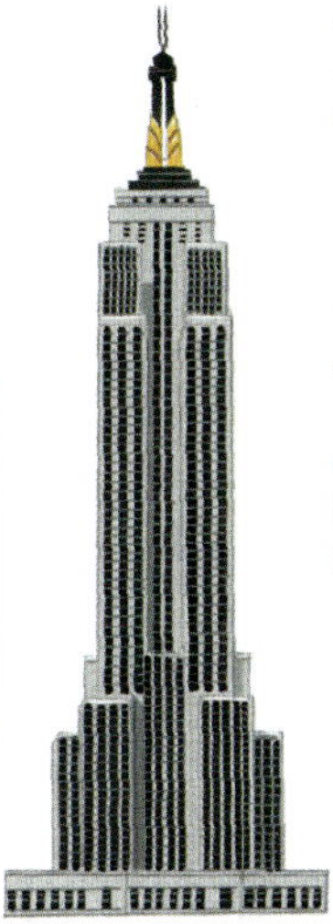

Empire State Building, New York, Shreve, Lamb et Harmon

Opéra de Sydney, Utzon

Stade olympique, Montréal, Taillibert

Les échecs de la reconstruction

Les besoins très grands en logements (notamment après la Seconde Guerre mondiale) ont produit un urbanisme souvent critiqué (tours, grandes barres de logements). À la fin du XXe siècle, sans renier l'intérêt des matériaux modernes, les architectes conçoivent des projets de dimensions plus humaines et plus soucieux du cadre de vie et de l'environnement. Leurs recherches s'orientent aussi vers des solutions économes en énergie.

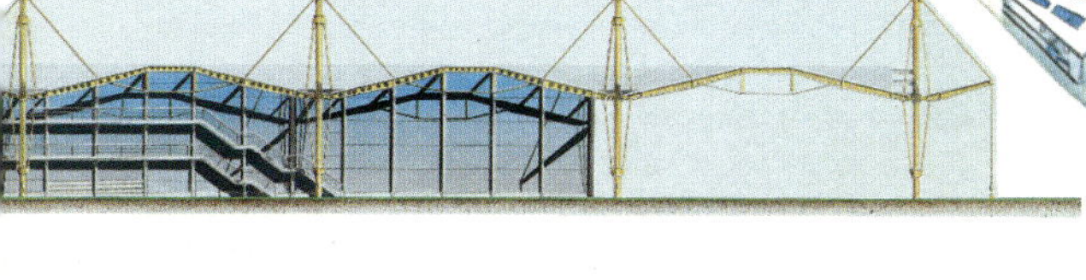

entrepôt Renault, Swindon, Foster

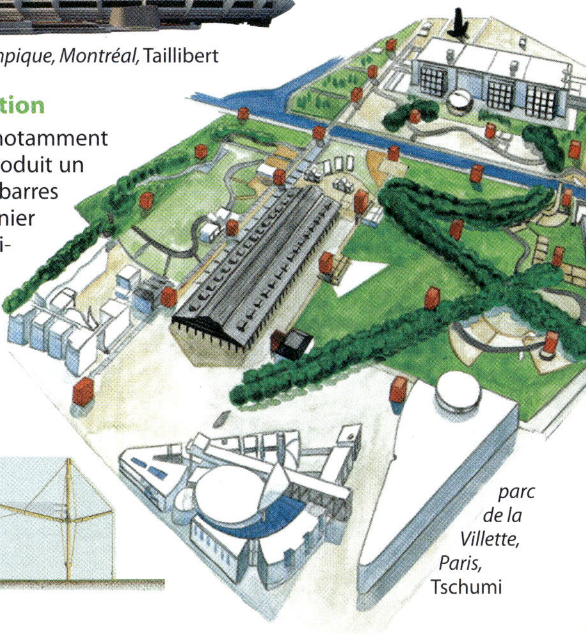

parc de la Villette, Paris, Tschumi

A B C D E F G H I J K L M N O P Q R

ardemment adv. Beaucoup et avec ardeur. *Il désirait ardemment la revoir.* SYN. passionnément, vivement.

ardent, e adj. ❶ Qui brûle ou qui chauffe très fort. *Des charbons ardents. Un soleil ardent nous accablait de chaleur.* SYN. brûlant. ❷ Qui est plein de fougue, d'enthousiasme, de vigueur, d'ardeur. *Un jeune homme ardent.* SYN. bouillant, passionné. *Une lutte ardente.* SYN. acharné, vif.

ardeur n.f. ❶ Enthousiasme que l'on met à faire quelque chose. *Gaëlle était pleine d'ardeur et d'entrain.* SYN. dynamisme, énergie. ❷ Caractère de ce qui est ardent. *Elle ne pouvait modérer l'ardeur de sa passion.* SYN. ferveur, violence.

HISTOIRE DU MOT Vient d'un verbe latin qui signifie « brûler ».

ardoise n.f. ❶ Roche de couleur gris foncé qui se divise en feuilles minces et dont on se sert parfois pour couvrir les toits. *Les châteaux de la Loire ont des toits couverts d'ardoise.* ❷ Surface en ardoise (ou aujourd'hui dans une autre matière) sur laquelle on écrit et que l'on peut facilement effacer. *Karine fait de beaux dessins à la craie sur son ardoise.*

ardu, e adj. Qui est difficile à faire, à comprendre, à résoudre. *Un travail ardu.* SYN. pénible. *Une question ardue.* SYN. compliqué.

are n.m. Unité de mesure pour la surface des champs, des terres, égale à 100 m^2. *Cent ares valent un hectare.*
▸ REM. Ne pas confondre avec *art.*

aréna n.m. Au Canada, patinoire couverte ou centre sportif.

arène n.f. ❶ Grande piste de sable, ronde et entourée de gradins, où ont lieu les corridas, les courses de taureaux et d'autres spectacles. *Le taureau est entré dans l'arène.* ❷ (Au plur.) L'ensemble formé par la piste, les gradins et les murs d'enceinte. *Les plus grandes arènes du monde sont celles de Mexico.*

HISTOIRE DU MOT Vient du latin *arena*, « sable ». La partie centrale des amphithéâtres et des cirques romains était sablée.

arènes (Séville, Espagne)

aréopage n.m. ❶ (Avec une majuscule.) Dans l'Antiquité, l'*Aréopage* était le nom d'un tribunal d'Athènes qui siégeait sur la colline d'Arès. ❷ Aujourd'hui, le mot s'emploie pour désigner, avec respect ou avec ironie, une assemblée de personnes très savantes. *Il était là, entouré d'un aréopage de critiques littéraires.*

HISTOIRE DU MOT Vient du grec *Areios pagos* qui signifie « colline d'Arès ».

arête n.f. ❶ Chacun des petits os fins et pointus du squelette des poissons. *Les poissons d'eau douce ont souvent beaucoup d'arêtes.* ❷ La ligne formée par deux surfaces planes qui se rejoignent. *Un cube a douze arêtes. L'arête d'un toit.* SYN. faîte. ❸ La ligne qui sépare deux versants d'une montagne. *Une arête rocheuse.*

argent n.m. ❶ Métal précieux, blanc et brillant, que l'on allie avec du cuivre pour le rendre plus dur afin d'en faire de la monnaie, des bijoux, des couverts, etc. ❷ Toute monnaie, qu'elle soit en billets ou en pièces. *As-tu de l'argent ? J'ai oublié mon porte-monnaie.* ❸ Richesse, fortune dont on dispose. *C'est une famille riche, qui a de l'argent.* • **Plaie d'argent n'est pas mortelle :** proverbe qui signifie qu'on ne meurt pas d'une perte d'argent, qu'on peut toujours y remédier. ◆ **adj.invar.** De couleur gris-blanc.

argenté, e adj. ❶ Qui est recouvert d'argent. *Du métal argenté.* ❷ Qui rappelle la couleur gris-blanc, l'éclat de l'argent. *Un homme d'un certain âge, aux tempes argentées.* SYN. gris. *Les reflets argentés de la lune sur l'eau du lac.*

argenterie n.f. Vaisselle et couverts en argent. *L'argenterie noircit si on ne l'entretient pas.*

1 **argentin, e** adj. *Un son argentin* est un son clair comme celui des pièces d'argent qu'on faisait sonner.

2 **argentin, e** adj. et n. D'Argentine. *Le tango est une danse argentine.*
▸ REM. Quand il désigne une personne, le mot prend une majuscule : *un Argentin, une Argentine.*

argile n.f. Terre glaise imperméable, que l'on peut travailler en l'imbibant d'eau. *Avec l'argile on fait de la poterie, des briques, des tuiles, avec l'argile à faïence et le kaolin, on fabrique la porcelaine.*

argileux, euse adj. Qui contient de l'argile. *Une terre argileuse.*

argot n.m. Le vocabulaire très familier qui est particulier à un certain milieu. *« Buter » est un mot d'argot qui signifie « tuer ». Le verlan est l'argot de la jeunesse française des années 1990.*

argotique adj. Qui appartient à l'argot. *Chez les lycéens, le mot « bahut » est un terme argotique qui désigne le lycée.*

argument n.m. ❶ Ce que l'on dit pour essayer de prouver quelque chose, de convaincre quelqu'un. *Je n'étais pas décidée à sortir, mais il a su trouver des arguments convaincants !* (= il a trouvé de bonnes raisons pour me convaincre). ❷ Les grandes lignes qui résument l'histoire d'un ballet, d'une pièce de théâtre, d'une œuvre.

HISTOIRE DU MOT Vient du latin *arguere* qui signifie « prouver ».

argumentatif, ive adj. Se dit d'un écrit, d'un propos qui utilisent une argumentation. *Un texte argumentatif.* → VOIR Fiche 5.

argumentation n.f. L'ensemble des arguments choisis pour démontrer quelque chose, pour appuyer une affirmation. *L'argumentation de l'avocat était très solide et sa plaidoirie a convaincu les jurés.*

argumenter v. (CONJUG. 3). Apporter des arguments à l'appui de ce que l'on affirme. *Inutile d'argumenter davantage, vous ne me convaincrez pas.* SYN. discuter.

aride adj. Qui est sec, où rien ne peut pousser. *Un climat, une région arides.* SYN. désertique, sec.

aridité n.f. Sécheresse extrême d'un sol, d'un climat.

aristocrate n. Membre de l'aristocratie. SYN. noble.

aristocratie n.f. ❶ La classe des nobles. *Une partie de l'aristocratie française émigra au moment de la Terreur pour échapper à la guillotine.* SYN. noblesse. ❷ Les meilleurs, l'élite d'une catégorie de personnes.

HISTOIRE DU MOT Vient d'un mot grec qui signifie « le gouvernement des meilleurs », de *aristos*, « meilleur », et *krateîn*, « commander ».

aristocratique adj. De l'aristocratie. *Un gouvernement aristocratique. Des manières aristocratiques.* SYN. distingué, raffiné.

arithmétique n.f. La partie des mathématiques qui étudie les nombres et les calculs sur les nombres. *À partir des quatre opérations élémentaires que sont l'addition, la soustraction, la multiplication et la division, l'arithmétique peut calculer des surfaces, des volumes, un bénéfice, etc.*

arlequin n.m. • **Costume, habit d'arlequin :** costume fait de losanges ou de triangles multicolores. → VOIR noms propres.

armada n.f. • **Une armada de :** une grande quantité de. *Une armada de camions. Une armada de clients a envahi le magasin.* SYN. foule.

HISTOIRE DU MOT Vient du nom de l'*Invincible Armada*. → VOIR noms propres.

armateur n.m. Personne qui possède des bateaux de pêche ou de commerce, qui les équipe et les loue.

HISTOIRE DU MOT Vient de *armer*, au sens de « équiper un navire ».

armature n.f. Assemblage de pièces rigides qui forment l'ossature d'un objet et assurent sa solidité. *L'armature d'un abat-jour. Une tente à armature métallique.*

arme n.f. ❶ Tout instrument qui sert à se battre ou à chasser. *Le couteau est une arme blanche, la matraque une arme de choc, le casque une arme défensive, le fusil une arme à feu, la fronde, le javelot des armes de jet.* ❷ Tout moyen qui permet de combattre un adversaire. *Cette information doit rester secrète, ce serait une arme terrible pour des gens malveillants.* ❸ Corps particulier de l'armée. *Dans quelle arme est-il : l'infanterie, la cavalerie, l'artillerie ou le génie ?* • **À armes égales :** en disposant d'autant de moyens que son adversaire. • **La carrière des armes :** le métier militaire. • **Déposer les armes :** se rendre, cesser le combat. • **Faire ses premières armes :** faire ses premières expériences dans une profession, une activité. • **Fait d'armes :** acte de bravoure au combat. SYN. exploit, haut fait. • **Maître d'armes :** professeur d'escrime. • **Partir avec armes et bagages :** partir avec toutes ses affaires, dans l'idée de ne plus revenir. • **Passer par les armes :** fusiller. SYN. exécuter. • **Présenter les armes :** pour un militaire, saluer en mettant son arme en position réglementaire. ◆ **armes n.f.plur.** *Les armes d'une ville, d'une famille*, ce sont leurs armoiries. SYN. blason.

armé, e adj. ❶ Qui porte une arme. *Un vigile armé. Il y a eu une attaque à main armée à la banque* (= hold-up). ❷ Qui est renforcé par une armature en métal. *Du béton, du ciment armé.*

armée n.f. ❶ L'ensemble des militaires d'un État. *L'armée française. L'armée belge.* ❷ Grande unité militaire terrestre. *Une armée comprend plusieurs corps d'armée, qui, à leur tour, se divisent en régiments. La Grande Armée était l'armée commandée par Napoléon Ier.* ❸ *Une armée de*, un grand nombre de. *Il y avait dans l'hôtel une armée de domestiques et de maîtres d'hôtel.* SYN. armada, légion, régiment.

ENCYCLOPÉDIE Les différents corps d'armée sont l'*armée de l'air* ou aviation militaire, l'*armée de mer* ou marine de guerre, l'*armée de terre* qui se compose en particulier de l'infanterie, des blindés, de l'artillerie, et de la gendarmerie.

armement n.m. L'équipement en armes d'une personne, d'une troupe. • **Course aux armements :** compétition entre des pays qui les pousse à avoir les armes les plus modernes et les plus puissantes.

arménien, enne adj. et **n.** D'Arménie. *Un village arménien.* ◆ **arménien n.m.** La langue parlée par les Arméniens.

▸ REM. Quand il désigne une personne, le mot prend une majuscule : *un Arménien, une Arménienne.*

armer v. (CONJUG. 3). ❶ Fournir en armes une personne, un pays. *Armer des volontaires.* ❷ Donner à quelqu'un les moyens de se défendre. *L'éducation qu'il a reçue l'a bien armé pour la vie.* ❸ *Armer un chevalier*, au Moyen Âge c'était faire entrer un jeune homme dans l'ordre de la chevalerie en lui remettant son équipement lors de la cérémonie de l'adoubement. *Le jeune noble était armé chevalier à dix-huit ans* (= était adoubé). ❹ *Armer un navire*, c'est le munir de ce qui est nécessaire pour prendre la mer et le doter d'un équipage. ❺ *Armer un appareil*, c'est actionner la pièce qui lui permet de fonctionner. *Armer un appareil photo.* ◆ **s'armer v.pron.** Prendre un objet pour s'en servir comme d'une arme ou prendre en main une arme. *Elle s'arma d'un bâton pour repousser* *l'animal.* • **S'armer de patience, de courage :** se préparer à être très patient, très courageux.

armistice **n.m.** Accord entre des chefs militaires pour cesser les combats. *Le 11 novembre, les Français fêtent l'armistice de 1918 qui a mis fin à la Première Guerre mondiale.*
▸ REM. 1. Ce mot est du masculin. 2. Ne pas confondre avec *amnistie*.

HISTOIRE DU MOT Vient du latin *arma*, qui signifie « armes », et *sistere*, qui signifie « arrêter ».

armoire **n.f.** ❶ Meuble plus haut que large, fermé d'une ou deux portes, dans lequel on range des vêtements. *Sa chambre était meublée d'un lit, d'une table de nuit et d'une belle armoire ancienne.* ❷ Meuble de rangement à tablettes, fermé par des portes. *Le peigne et le rasoir sont dans l'armoire de toilette.* • (Familier) **Une armoire à glace :** un homme à la carrure imposante.

armoiries **n.f.plur.** Les dessins et les devises qui ornent l'écu d'une famille noble, d'une ville, d'un État. *Les armoiries étaient peintes sur la vaisselle, le mobilier, les carrosses, les portes de châteaux, etc.* SYN. armes, blason.

armoiries d'Anne de Bretagne.

armoricain, e **adj.** De l'Armorique, ancien nom de la Bretagne.

armure **n.f.** L'ensemble des protections métalliques dont se revêtaient les hommes d'armes du Moyen Âge pour se protéger lors des combats. *La cuirasse, le casque sont des parties de l'armure.*

armurerie **n.f.** Magasin et atelier de l'armurier.

armurier **n.m.** Vendeur, réparateur ou fabricant d'armes.
▸ REM. Au Canada, la forme féminine de ce mot est *armurière*.

arnica **n.m.** ou **n.f.** Plante des montagnes, à fleurs jaunes, dont on extrait une teinture qui soigne les bosses, les foulures et diverses contusions. *Une pommade à l'arnica.*

aromate **n.m.** Plante que l'on utilise en cuisine, en pharmacie pour son parfum caractéristique. *L'anis, le céleri, le persil, le laurier, le thym sont des aromates.*
▸ REM. L'*aromate* est utilisé pour son parfum, le *condiment* pour sa saveur, l'*épice* pour l'assaisonnement.

aromatique **adj.** Qui a l'odeur agréable et pénétrante des aromates. *Une huile aromatique. La lavande est une plante aromatique.*

aromatisé, e **adj.** Qui est parfumé avec un arôme naturel ou artificiel. *Une boisson aromatisée.*

aromatiser **v.** (CONJUG. 3). Parfumer avec une substance aromatique naturelle ou artificielle. *Aromatiser une crème à la vanille.*

arôme **n.m.** Odeur agréable d'une fleur, d'une boisson, d'un aliment. *L'arôme des gardénias emplissait le salon.* SYN. parfum, senteur. *L'arôme du café lui chatouillait les narines.*

arpège **n.m.** Accord joué en égrenant les notes l'une après l'autre au lieu de les jouer ensemble.

HISTOIRE DU MOT Vient de l'italien *arpeggio* qui signifie « jeu de la harpe ».

arpent **n.m.** Ancienne mesure agraire pour les bois et les vignes, qui variait selon les provinces (de 35 à 50 ares).

armures du XIIe et du XIVe siècles

arpenter **v.** (CONJUG. **3**). ❶ Parcourir un endroit à grands pas. *Il arpentait nerveusement le trottoir en attendant Madeleine.* ❷ Mesurer la surface d'un terrain.
HISTOIRE DU MOT Vient de *arpent*.

arpenteur **n.m.** Personne dont le métier est de relever le plan d'un terrain, d'en mesurer la surface.
▶ REM. Au Canada, la forme féminine de ce mot est *arpenteure*.

arqué, e **adj.** Qui est courbé en forme d'arc. *Il a les jambes arquées.*

arquebuse **n.f.** La plus ancienne des armes à feu, en usage au XVIe siècle, de la longueur d'un fusil et qui se portait sur l'épaule. *L'arquebuse, qui pesait une vingtaine de kilogrammes et dont la cadence était d'un coup toutes les cinq minutes, a été remplacée par le mousquet.*

arrachage **n.m.** Le fait d'arracher des herbes, des racines. *Les enfants ont entrepris l'arrachage des mauvaises herbes.*

à l'**arraché** **adv.** De justesse et au prix d'un gros effort. *Le joueur de tennis a obtenu la victoire à l'arraché.*

d'**arrache-pied,** ✎ d'*arrachepied* **adv.** • **Travailler d'arrache-pied :** travailler énormément et sans relâche.

arracher **v.** (CONJUG. **3**). ❶ Enlever en tirant avec force ce qui est fixé, enfoncé, planté. *Arracher des mauvaises herbes. Le dentiste lui a arraché une dent de sagesse.* SYN. extraire. ❷ Prendre, retirer de force quelque chose à quelqu'un. *Il m'a arraché la lettre des mains.* ❸ Obtenir à grand-peine quelque chose de quelqu'un. *Alexandra a arraché à sa mère la permission d'aller au cinéma.* SYN. extorquer, soutirer. ❹ Tirer brutalement quelqu'un de la situation dans laquelle il est. *Un coup de sonnette l'arracha à sa rêverie.* SYN. sortir de. ❺ *Arracher un titre, une victoire*, c'est les obtenir de justesse et au prix de grands efforts. ◆ **s'arracher** **v.pron.** Se disputer pour avoir quelque chose ou quelqu'un. *Les chiens se sont arraché la carcasse du poulet.*

arracheur **n.m.** • **Mentir comme un arracheur de dents :** faire des gros mensonges dont tout le monde sait que ce sont des mensonges. (Avant que n'existe l'anesthésie, certains charlatans qui arrachaient les dents sur la place publique prétendaient, pour attirer la clientèle, que leurs patients ne souffriraient pas, d'où l'expression.)

arraisonner **v.** (CONJUG. **3**). Arrêter en mer un navire pour vérifier d'où il vient et où il va, ce qu'il transporte, l'identité des personnes à bord, etc. *La police du port a arraisonné un bateau.*
▶ REM. Attention : deux *r* et deux *n*.

arrangeant, e **adj.** *Avec une personne arrangeante* on peut toujours s'arranger, trouver un terrain d'entente. *Les bons commerçants sont toujours arrangeants.* SYN. accommodant, conciliant. CONTR. intraitable.

arrangement **n.m.** ❶ Action d'arranger. *L'arrangement d'un appartement.* ❷ Accord amiable conclu entre deux parties. *Trouver un arrangement.* SYN. compromis. ❸ Adaptation d'une musique pour qu'elle convienne à d'autres instruments.

arranger **arrangeant, arrangé v.** (CONJUG. **5**). ❶ Disposer d'une manière pratique ou esthétique. *Tu as très bien arrangé ta chambre, elle paraît plus grande maintenant.* SYN. aménager, installer. ❷ Remettre en état, réparer ou transformer quelque chose. *J'ai arrangé la prise, maintenant elle marche. La couturière va m'arranger le col, qui n'est plus à la mode.* ❸ Régler au mieux un problème. *Tu veux la voir ? Je vais tâcher d'arranger ça !* ❹ *Arranger quelqu'un*, c'est lui convenir, ne pas lui poser de problème. *Cette date arrange tout le monde, gardons-la.* SYN. satisfaire. CONTR. déranger. ◆ **s'arranger** **v.pron.** ❶ Se mettre d'accord, s'entendre à l'amiable. *Ils se sont arrangés avec la voisine pour la garde du petit chien.* ❷ Aller mieux, s'améliorer. *Dans la vie, tout finit par s'arranger.* ❸ Faire en sorte que tout se passe comme prévu. *Arrange-toi pour être à l'heure !* (= prends tes dispositions). SYN. se débrouiller, tâcher de.

arrestation **n.f.** Le fait d'arrêter une personne pour la remettre à la justice. *La police a procédé à plusieurs arrestations de trafiquants.*

arrêt **n.m.** ❶ Interruption momentanée ou définitive d'un mouvement, d'une action. *Il faut appuyer sur le bouton pour demander l'arrêt du bus. On annonce enfin l'arrêt des hostilités.* SYN. cessation, fin. *Marquer un temps d'arrêt* (= faire une pause). ❷ L'endroit habituel où s'arrête un autobus. *Il faut descendre au troisième arrêt.* SYN. station. ❸ Décision prise par un tribunal. *Voici l'arrêt rendu par la cour d'assises.* SYN. jugement, verdict. • **Sans arrêt :** continuellement, sans marquer de pause (= sans cesse). • **Tomber en arrêt :** s'arrêter brusquement en ne pouvant détacher les yeux de ce qu'on voit. *Je suis tombée en arrêt devant cette pure merveille !*

1 **arrêté** **n.m.** Décision prise par une autorité administrative. *Par arrêté municipal, les chiens doivent être tenus en laisse dans ce parc.*

2 **arrêté, e** **adj.** *Avoir une idée, des idées bien arrêtées*, c'est avoir des idées nettes et précises, un avis définitif sur un sujet. *Il n'a pas d'idée bien arrêtée sur ce qu'il veut faire plus tard* (= il hésite encore).

arrêter **v.** (CONJUG. **3**). ❶ Empêcher d'avancer, interrompre un mouvement. *Arrêter une voiture. Elle a arrêté un passant pour lui demander l'heure.* ❷ Mettre fin à quelque chose. *Arrête de crier ! Les soldats ont arrêté les combats.* SYN. cesser. ❸ Se saisir d'une personne pour la mettre en prison. *La police a arrêté le criminel.* SYN. appréhender. ❹ Décider définitivement de quelque chose. *Nous n'avons pas encore arrêté la date de la fête. Les malfaiteurs avaient arrêté leur plan.* ◆ **s'arrêter** **v.pron.** ❶ Cesser de fonctionner, de faire quelque chose. *Ma montre s'est arrêtée.* ❷ Ne pas continuer, ne pas aller plus loin. *Les traces s'arrêtent ici, devant la maison.* ❸ Faire un arrêt quelque part. *Je me suis arrêtée en route pour faire des courses. Le bus s'arrête devant chez moi.*

a b c d e f g h i j k l m n o p q r s t u v w x y z

A B C D E F G H I J K L M N O P Q R S T U V W X Y Z

arrhes **n.f.plur.** La partie du prix d'un achat versée à la commande comme garantie, et que le vendeur peut garder si le client change d'avis. *L'agence de voyages a demandé de verser des arrhes pour le voyage en Égypte.*
▶ REM. Attention, *-rrh-*.

HISTOIRE DU MOT Vient d'un mot latin qui signifie « gage ».

1 arrière **n.m.** ❶ Le côté, la direction opposés à l'avant, la partie qui est derrière. *Ça va, à l'arrière ? Vous n'êtes pas trop serrés ? L'arrière d'un bateau.* SYN. poupe. CONTR. avant, proue. ❷ Au football ou au rugby, joueur qui est derrière, près des buts, pour assurer la défense. CONTR. avant. • **En arrière :** dans le sens contraire de la marche ; derrière, à une certaine distance. *Faire trois pas en arrière.* CONTR. en avant. *Il est resté en arrière, il bavarde avec son ami.* CONTR. à l'avant. • **En arrière de :** derrière. *Restez en arrière de la ligne de départ !* CONTR. devant, en avant de.
▶ REM. Au mot *arrière* correspond l'élément tiré du latin *rétro-* que l'on retrouve dans *rétrospective, rétroviseur*.

2 arrière **adj.invar.** ❶ Qui est situé derrière, à l'arrière de quelque chose. *Les roues arrière d'un véhicule.* CONTR. avant. ❷ Qui permet de se diriger vers l'arrière ou d'agir sur l'arrière d'un véhicule. *La marche arrière d'une automobile permet de reculer. Le frein arrière d'une bicyclette.*

3 arrière-. Mot invariable qui s'emploie dans la formation des mots composés, tous avec trait d'union.

arriéré, e **adj.** Qui est en retard sur son temps pour les idées, les coutumes, l'économie, etc. *Il a des idées arriérées.* SYN. archaïque, démodé. *Un pays arriéré.* ◆ **adj.** et **n.** Dont l'intelligence ne s'est pas développée normalement. *C'est un arriéré, un faible d'esprit.*
▶ REM. Ce mot est péjoratif.

arrière-boutique **n.f.** (PLUR. : **arrière-boutiques**). Petite salle à l'arrière d'un magasin où l'on entrepose souvent des marchandises.

arrière-garde **n.f.** (PLUR. : **arrière-gardes**). La partie d'une armée qui marche derrière la troupe pour la protéger des attaques ennemies. *L'arrière-garde de l'armée de Charlemagne, sous la conduite du comte Roland, fut taillée en pièces à Roncevaux.* • **Un combat d'arrière-garde :** une lutte inutile, qui vient trop tard.

arrière-goût (PLUR. : **arrière-goûts**), ✎ ***arrière-gout*** (PLUR. : **arrière-gouts**) **n.m.** Goût souvent désagréable, qui reste dans la bouche quand on a mangé certains aliments. *Ce jus d'orange a un arrière-goût de médicament.*

arrière-grand-mère **n.f.** (PLUR. : **arrière-grands-mères**). La mère de l'un des grands-parents.

arrière-grand-père **n.m.** (PLUR. : **arrière-grands-pères**). Le père de l'un des grands-parents.

arrière-grands-parents **n.m.plur.** Les parents de l'un des grands-parents.

arrière-pays **n.m.invar.** La région qui est en arrière du littoral, à l'intérieur des terres. *L'arrière-pays niçois.*

arrière-pensée **n.f.** (PLUR. : **arrière-pensées**). Pensée, intention que l'on cache, que l'on garde pour soi. *J'ai dit cela sans arrière-pensées* (= j'étais sincère, franc).

arrière-petite-fille **n.f.** (PLUR. : **arrière-petites-filles**). La fille des petits-enfants.

arrière-petit-fils **n.m.** (PLUR. : **arrière-petits-fils**). Le fils des petits-enfants.

arrière-petits-enfants **n.m.plur.** Les enfants du petit-fils ou de la petite-fille.

arrière-plan **n.m.** (PLUR. : **arrière-plans**). ❶ La partie la plus éloignée, qui est située derrière ce que l'on observe. *À l'arrière-plan de la photo, on distinguait la chaîne des Alpes.* CONTR. premier plan. ❷ Ce qui, dans une situation, devient secondaire. *Étant donné les événements, ce projet est passé tout à fait à l'arrière-plan de nos préoccupations.*

à l'**arrière-plan :** des montagnes ;
au premier plan : un village

arrière-saison **n.f.** (PLUR. : **arrière-saisons**). Période qui prolonge la belle saison ; derniers beaux jours avant l'hiver. *Dans cette région, l'arrière-saison est toujours agréable.*

arrière-train **n.m.** (PLUR. : **arrière-trains**). Postérieur d'un animal à quatre pattes. *Assis sur son arrière-train, Smirre le Renard regardait Nils Holgersson sur son arbre.*

arrimer **v.** (CONJUG. **3**). Fixer un chargement avec des cordes. *Papa a arrimé la planche à voile sur le toit de la voiture.*

arrivage **n.m.** Arrivée de marchandises, de denrées, etc. *Regardez mes langoustes si elles sont belles, toutes fraîches, du dernier arrivage !*

arrivant, e **n.** Personne qui vient d'arriver dans un endroit. *Les derniers arrivants iront chercher des chaises dans la salle d'à côté.* CONTR. partant.

arrivée **n.f.** ❶ Le fait d'arriver ; le moment ou l'endroit où quelqu'un, quelque chose arrive. *Nous attendions l'arrivée du printemps avec impatience.* SYN. venue. *Téléphone pour prévenir de ton arrivée. La ligne d'arrivée du parcours est tracée sur le sol.* CONTR. départ. ❷ La partie d'un tuyau, d'une conduite qui libère un gaz, un liquide. *Il y a deux arrivées d'eau dans cette pièce.*

arriver v. (CONJUG. 3 ; auxiliaire *être*). ❶ Parvenir à sa destination. *Aglaé est arrivée à la maison. Le colis est arrivé à bon port.* ❷ Approcher dans l'espace ou le temps. *Voilà le train qui arrive. Le printemps arrive.* SYN. venir. ❸ Atteindre un certain point, un certain niveau, un certain âge. *Elle m'arrive déjà au menton ! Arrivé à un certain âge, on devient plus tolérant.* ❹ Obtenir ce que l'on veut, atteindre un but. *À force d'insister, elle est arrivée à ses fins.* SYN. parvenir. *C'est difficile, mais j'y arriverai.* SYN. réussir. ❺ Survenir, se produire. *Racontez-moi comment l'accident est arrivé. Je vous l'affirme, cette histoire est vraiment arrivée* (= elle a eu lieu). *Il m'arrive une drôle d'histoire. Il peut arriver à tout le monde de se tromper.*

HISTOIRE DU MOT Vient de *rive. Arriver*, c'était parvenir sur l'autre rive.

arriviste n. Personne qui veut à tout prix réussir dans la vie professionnelle ou en politique et qui est prête à utiliser tous les moyens pour y parvenir.

arrogance n.f. Insolence provocante et méprisante. *Il y avait beaucoup d'arrogance dans sa voix.* SYN. impudence, morgue. CONTR. modestie.

arrogant, e adj. Qui manifeste une insolence provocante et méprisante à l'égard des autres. *Elle le regardait d'un air arrogant.* SYN. impertinent, impudent.

HISTOIRE DU MOT Vient du latin *arrogare* qui signifie « revendiquer ».

s'arroger arrogeant, arrogé v.pron. (CONJUG. 5). *S'arroger un droit*, c'est se l'attribuer sans y être autorisé. *Ils se sont arrogés un droit de passage sur ma propriété.* SYN. s'octroyer.

arrondi, e adj. Qui a une forme plus ou moins ronde. *Des chaussures à bout arrondi.* ◆ **arrondi** n.m. La partie ronde de quelque chose. *L'arrondi d'une jupe.*

arrondir arrondissant, arrondi v. (CONJUG. 16). ❶ Donner une forme ronde ou courbe. *Arrondir une pièce de bois.* ❷ *Arrondir une somme, un résultat*, c'est donner un chiffre voisin, qui fasse un compte rond. *Arrondir à l'euro, au dollar supérieur, inférieur* (= donner un chiffre sans les centimes, sans les cents). ❸ Augmenter ce que l'on gagne par des travaux supplémentaires. *Elle faisait des heures supplémentaires pour arrondir ses fins de mois.*

arrondissement n.m. Division administrative d'un département et de certaines grandes villes. *Paris a vingt arrondissements, Lyon en a neuf.*

ENCYCLOPÉDIE En France, un arrondissement regroupe plusieurs cantons, et un département plusieurs arrondissements, placés chacun sous l'autorité d'un sous-préfet, qui siège au chef-lieu d'arrondissement.

arrosage n.m. Le fait, l'action d'arroser quelque chose. *Au printemps, l'arrosage se fait le matin ou dans la journée ; en été, il se fait le soir. Un tuyau, une lance d'arrosage.*

arroser v. (CONJUG. 3). ❶ Répandre de l'eau ou un autre liquide sur quelque chose, quelqu'un. *Marie arrose ses géraniums.* ❷ Lancer des projectiles de haut sur des ennemis. *Du haut des créneaux, les assiégés arrosaient les assaillants de pierres et de flèches.* SYN. bombarder. ❸ Pour un fleuve, une rivière, couler à travers une région. *Le Rhône arrose le Valais suisse et le sud-est de la France.* ❹ (Familier) *Arroser un événement*, c'est boire et offrir à boire à l'occasion de cet événement. SYN. fêter.

arroseur n.m. • **C'est l'arroseur arrosé :** se dit lorsqu'une personne est victime de ce qu'elle a voulu faire aux autres.

arroseuse n.f. Véhicule qui sert à arroser les rues d'une ville. *L'arroseuse municipale passe l'été pour rafraîchir l'air et faire tomber la poussière.*

arrosoir n.m. Ustensile de jardinage dont on se sert pour arroser les plantes. *L'arrosoir est muni d'une « pomme » percée de petits trous pour que l'eau tombe en pluie.*

arsenal n.m. (PLUR. : **arsenaux**). ❶ Dépôt d'armes et de munitions de l'armée ; tout dépôt d'armes. *La police a découvert un arsenal clandestin dans un appartement.* ❷ Équipement, matériel compliqué. *L'arsenal d'un photographe.* ❸ Lieu aménagé dans un port militaire pour construire et entretenir les navires de guerre.

HISTOIRE DU MOT Vient d'un mot arabe qui signifie « maison où l'on construit ».

arsenic n.m. Poison très violent.

art n.m. ❶ L'ensemble des activités créatrices par lesquelles on exprime sa sensibilité et son sens de la beauté. *La peinture, la sculpture, l'architecture, la gravure, la musique, la danse sont des arts classiques. On appelle souvent le cinéma le septième art.* → VOIR AUSSI **beaux-arts.** ❷ L'ensemble des œuvres de peinture, de sculpture, de gravure produites à une époque, dans un style, par une population, etc. *L'art de la Renaissance, l'art aztèque. Étudier l'art contemporain.* ❸ Toute activité qui exige un savoir-faire particulier, délicat. *La cuisine est un art. La critique est facile mais l'art est difficile* (= il est plus facile de critiquer que de faire). ❹ Talent, habileté et sens de ce qui est beau. *Arranger un bouquet avec art.* • **L'art dramatique :** le travail du comédien. • **Les arts plastiques** → VOIR **plastique.**

artère n.f. ❶ Chacun des gros vaisseaux sanguins qui transportent le sang du cœur au reste du corps. *Le sang est expulsé du ventricule droit vers les poumons par l'artère pulmonaire.* → VOIR AUSSI **veine.** ❷ Grande voie de communication dans une ville. *La poste se trouve dans l'artère principale.*

artériel, elle adj. Des artères. *La tension artérielle est la pression du sang exercée sur la paroi des artères.*

artériole n.f. Petite artère.

artésien, enne adj. • **Puits artésien :** puits qui donne une eau, un liquide qui jaillit.

arthropode n.m. Invertébré au corps articulé, tel que les insectes, les arachnides, les crustacés.

artichaut n.m. Plante dont le bouton floral, que l'on cueille avant sa floraison, est comestible. *On mange le fond de l'artichaut, après avoir enlevé le foin et les feuilles.*

HISTOIRE DU MOT Vient de l'arabe *al-kartchoûf.*

A B C D E F G H I J K L M N O P Q R S T U V W X Y Z

article **n.m.** ❶ Chaque texte d'un journal, d'une revue, d'un dictionnaire, qui porte sur un sujet particulier ou sur un mot. *J'ai lu un article sur la robotique dans un magazine.* ❷ Chacun des paragraphes d'un traité, d'un code, d'un contrat, etc. *Un article du Code de la route. Relisez l'article 2 du Code civil.* ❸ Chaque objet proposé à la vente par un magasin. *Des articles de pêche.* ❹ En grammaire, l'*article* est l'un des déterminants du nom. → VOIR **déterminant** (encadré). • **Être à l'article de la mort :** être sur le point de mourir. • **Faire l'article :** faire valoir une marchandise ; vanter les mérites de quelqu'un ou de quelque chose comme si on devait les vendre.

articulaire **adj.** Qui concerne les articulations. *Armelle a des rhumatismes articulaires.*

articulation **n.f.** ❶ L'endroit où deux os s'emboîtent l'un dans l'autre, permettant un certain mouvement. *L'articulation du genou.* SYN. jointure. ❷ La manière de bouger les lèvres et la langue pour articuler les sons. *Les acteurs ont en général une excellente articulation.* SYN. diction, prononciation.

articulé, e **adj.** Qui est formé d'éléments mobiles les uns par rapport aux autres, grâce à des articulations mécaniques. *Un pantin articulé.*

articuler **v.** (CONJUG. 3). Parler distinctement en détachant bien les mots, les syllabes. *Ar-ti-cu-lez ! Vos camarades ne vous comprennent pas ! Il était si ému qu'il n'a pu articuler un seul mot.* SYN. dire, prononcer. ◆ **s'articuler** **v.pron.** Se joindre, être uni par une jointure mobile. *La tête s'articule au cou par les vertèbres cervicales.*

artifice **n.m.** Moyen habile dont on se sert pour résoudre un problème ou pour tromper quelqu'un. *Pour sortir de la caverne du Cyclope, Ulysse eut recours à un ingénieux artifice.* SYN. ruse, stratagème, subterfuge. • **Feu d'artifice :** spectacle nocturne en plein air composé d'une suite de tirs de fusées lumineuses, de feux de Bengale, etc.

HISTOIRE DU MOT Vient du latin *artificium* qui signifie « art, ruse ».

artificiel, elle **adj.** ❶ Qui est l'œuvre de l'homme et non de la nature. *Un lac artificiel.* CONTR. naturel. *Une lumière artificielle.* CONTR. solaire. ❷ Qui manque de naturel. *Sa joie paraissait artificielle.* SYN. factice. CONTR. spontané.

HISTOIRE DU MOT Vient du latin *artificialis* qui signifie « fait avec art ».

artificiellement **adv.** D'une manière artificielle. *Des fruits mûris artificiellement.* CONTR. naturellement.

artificier **n.m.** ❶ Spécialiste des feux d'artifice. ❷ Spécialiste de la manipulation des explosifs. ▸ REM. Au Canada, la forme féminine de ce mot est *artificière*.

artillerie **n.f.** ❶ L'ensemble du matériel militaire composé des mitrailleuses, des canons, des missiles, de leurs munitions et des véhicules qui les transportent. ❷ Corps de l'armée spécialisé dans le service des canons.

artilleur **n.m.** Militaire qui sert dans l'artillerie.

artimon **n.m.** Le mât arrière d'un voilier ; la voile que porte ce mât.

artisan, e **n.** Personne qui exerce à son compte un métier manuel, et en particulier un métier traditionnel. *Le potier, le relieur, le facteur d'orgues, le cordonnier sont des artisans.*

artisanal, ale, aux **adj.** Qui concerne les artisans ; qui est fabriqué avec les méthodes de l'artisanat (souvent par opposition à *industriel*). *Un tissage artisanal.*

artisanat **n.m.** L'ensemble des artisans ; l'activité des artisans.

artiste **n.** ❶ Personne qui exerce professionnellement un art, qui crée des œuvres. *Un artiste peintre.* ❷ Personne dont le métier est d'interpréter une œuvre musicale, théâtrale, cinématographique ou chorégraphique ; musicien, comédien, danseur, chanteur. *Les artistes saluent à la fin du spectacle.* ❸ Personne qui a une sensibilité, une originalité dignes d'un artiste. *Sa maison est arrangée avec beaucoup de goût, c'est une artiste !*

artistique **adj.** ❶ Qui se rapporte à l'art, aux œuvres d'art. *Les richesses artistiques d'un pays.* ❷ Qui est fait avec goût, avec art. *Une décoration artistique.*

as **n.m.** ❶ Face d'un dé, carte à jouer marquée d'un seul point. *L'as est la carte la plus forte dans de nombreux jeux. L'as de cœur, de pique, de trèfle, de carreau.* ❷ Personne très forte dans un domaine. *C'est un as du volant.* SYN. champion.

HISTOIRE DU MOT À l'époque romaine, l'*as* était le nom d'une unité de monnaie, de poids et de mesure.

les quatre as

1 ascendant, e **adj.** Qui va de bas en haut, qui monte ou qui progresse. *Les sportifs qui font du parapente utilisent les courants ascendants de l'air. Son entreprise est florissante, elle est dans une phase ascendante.* ◆ **ascendant** **n.m.** Pouvoir d'attraction qu'une personne exerce sur son entourage. *Serge avait de l'ascendant sur ses camarades.* SYN. emprise, influence.

HISTOIRE DU MOT Vient du latin *ascendere* qui signifie « monter ».

2 ascendants **n.m.plur.** *Les ascendants d'une personne*, ce sont les membres de la famille dont elle descend, sur plusieurs générations. *Je ne sais plus si ce sont ses grands-parents ou ses arrière-grands-parents, en tout cas il a des ascendants américains.* CONTR. descendants.

ascenseur **n.m.** Appareil, installation qui transportent des personnes dans une cabine, aux différents étages d'un immeuble. *E. G. Otis installa le premier ascenseur au Fifth Avenue Hotel à New York, en 1859.*

ascension **n.f.** ❶ Le fait de s'élever, d'aller vers le haut. *L'ascension d'un ballon dans les airs.* ❷ L'action de gravir une montagne. *L'ascension du plus haut sommet de la Terre, l'Everest, a été réalisée en 1953.* • **L'Ascension :** la montée au ciel du Christ, quarante jours après Pâques ; la fête qui commémore cet événement (avec une majuscule en ce sens).

aseptiser **v.** (CONJUG. **3**). Désinfecter en détruisant les germes qui pourraient transmettre une maladie. *Aseptiser un instrument chirurgical.* SYN. stériliser.

HISTOIRE DU MOT Vient de *a-* et du grec *sêptikos* qui signifie « qui pourrit » et que l'on retrouve dans *antiseptique, fosse septique.*

asexué, e **adj.** • **Reproduction asexuée :** chez certains végétaux, mode de reproduction qui s'effectue sans qu'interviennent des cellules reproductrices. *Le fraisier, le muguet, la pomme de terre ont une reproduction asexuée.*
▶ REM. On dit aussi *multiplication végétative.*

asiatique **adj.** et **n.** D'Asie. *Les pays asiatiques.*
▶ REM. Quand il désigne une personne, ce mot prend une majuscule : *un Asiatique, une Asiatique.*

asile **n.m.** ❶ Lieu où l'on peut se mettre à l'abri, où l'on peut trouver repos ou protection. *La pluie faisait rage, le vagabond se mit en quête d'un asile pour la nuit.* SYN. gîte, refuge. *Donner asile à des réfugiés.* ❷ Nom donné autrefois à des hospices et ancien nom de l'hôpital psychiatrique. • **Droit d'asile :** autorisation de séjour accordée par un État à un réfugié poursuivi par le gouvernement de son pays pour des motifs politiques.

HISTOIRE DU MOT Vient d'un mot grec qui signifie « lieu inviolable ».

asparagus **n.m.** Plante ornementale au feuillage léger et très fin, dont se servent les fleuristes pour agrémenter les bouquets.
▶ REM. On prononce le *-s* final.

aspect **n.m.** ❶ Allure extérieure d'une chose ou d'une personne, manière dont elles se présentent à la vue. *Un homme à l'aspect négligé se tenait à la porte.* SYN. air, apparence. ❷ Chacune des faces sous lesquelles on peut examiner une question. *Étudier les différents aspects d'un problème. Vous présentez les choses sous l'aspect le plus favorable.* SYN. angle, côté, jour.
▶ REM. On prononce [aspɛ].

asperge **n.f.** Plante potagère dont on mange les pousses quand elles sont encore tendres, en mai-juin. *Une botte d'asperges.*

asperger aspergeant, aspergé **v.** (CONJUG. **5**). Mouiller en projetant de l'eau. *Cyril asperge les passants en roulant dans les flaques avec son vélo.* SYN. éclabousser.

aspérité **n.f.** Légère bosse, inégalité qui fait saillie sur une surface. *Il s'est égratigné sur les aspérités de la paroi.*

asphalte **n.m.** Revêtement d'une rue, d'un trottoir. *Les soldats s'approchaient, on entendait leurs pas résonner sur l'asphalte.* SYN. bitume.

asphyxie **n.f.** Manque d'air, d'oxygène qui empêche de respirer et qui peut entraîner la mort. *Le poêle à charbon dégageait de l'oxyde de carbone, ils ont failli mourir par asphyxie.*

HISTOIRE DU MOT Vient d'un mot grec qui signifie « arrêt du pouls ».

asphyxier **v.** (CONJUG. **7**). Causer la mort par asphyxie ; faire dépérir un organisme vivant par manque d'oxygène. *Il a été asphyxié par le gaz. L'air pollué asphyxie les plantes.* ◆ **s'asphyxier** **v.pron.** Mourir par asphyxie. *Il s'est asphyxié en respirant un gaz mortel.*

aspic **n.m.** Variété de vipère, au museau retroussé, que l'on trouve en France où elle fréquente les endroits secs et pierreux. *La morsure de l'aspic est très dangereuse.*

aspirant, e **n.** Élève officier de l'armée de terre ou de l'air dont le grade est intermédiaire entre celui d'adjudant-chef (sous-officier) et celui de sous-lieutenant (officier).

aspirateur **n.m.** Appareil électroménager qui sert à aspirer la poussière. *Passer l'aspirateur dans une pièce.*

aspiration **n.f.** ❶ Action d'aspirer un fluide, un liquide. ❷ Élan vers un idéal, vers une meilleure situation. *L'aspiration à une réelle justice.* SYN. désir. *Ses aspirations sont enfin satisfaites.* SYN. rêve, souhait.

aspiré, e **adj.** Un « h » aspiré empêche l'élision et la liaison avec le mot précédent. *Dans « le héros », il y a un « h » aspiré, mais dans « l'homme » il y a un « h » muet.*

aspirer **v.** (CONJUG. **3**). ❶ Faire entrer de l'air dans ses poumons. *Elle ouvrit la fenêtre et aspira l'air profondément.* ❷ Attirer un liquide dans la bouche en inspirant. *Aspirer son jus d'orange avec une paille.* ❸ Attirer un fluide, un gaz ou un liquide, dans un appareil. *L'aspirateur n'aspire plus.* ❹ Avoir très envie de quelque chose. *J'aspire au calme et à la tranquillité.* SYN. désirer, souhaiter.

aspirine **n.f.** Médicament contre la douleur et la fièvre.

assagir assagissant, assagi **v.** (CONJUG. **16**). Rendre plus sage, calmer. *Son accident ne l'a guère assagi, il roule toujours comme un fou.* SYN. modérer. ◆ **s'assagir** **v.pron.** Devenir plus sage. *Avec le temps, ils se sont assagis.*

assaillant, e **n.** Personne qui donne l'assaut, qui attaque. *Les assaillants ont été repoussés.*

assaillir assaillant, assailli **v.** (CONJUG. **27**). ❶ Attaquer avec violence et par surprise. *Il a été assailli par quatre voyous en rentrant chez lui.* SYN. agresser.

botte d'asperges

A B C D E F G H I J K L M N O P Q R S T U V W X Y Z

❷ Harceler quelqu'un de questions, le poursuivre en l'importunant. *Les journalistes ont assailli le ministre de questions.*

assainir **assainissant, assaini v.** (CONJUG. **16**). ❶ Rendre sains, plus salubres une atmosphère, un lieu. *En asséchant les marais, on a assaini la région.* ❷ Ramener une situation à un état plus normal. *Ces mesures visent à assainir le marché immobilier.*

assainissement **n.m.** Action d'assainir, de rendre salubres un lieu, l'air ou l'eau. *L'assainissement est une priorité pour préserver l'environnement.*

assaisonnement **n.m.** En cuisine, ajout d'ingrédients (épices, condiments, aromates) pour relever le goût d'un plat.

assaisonner **v.** (CONJUG. **3**). Ajouter des condiments, des épices, des aromates pour relever le goût d'un plat. *Assaisonner une salade avec huile, vinaigre, moutarde, sel et poivre.*

HISTOIRE DU MOT Vient de *saison*. En ancien français, *assaisonner* signifiait « cultiver dans une saison favorable ».

assassin **n.m.** L'auteur d'un meurtre, celui qui tue volontairement un être humain. *La police recherche l'assassin.* SYN. criminel, meurtrier.

assassinat **n.m.** Meurtre qui a été préparé à l'avance, prémédité. *L'enquête a établi qu'il ne s'agissait pas d'un suicide mais bien d'un assassinat.* SYN. crime, meurtre.

assassiner **v.** (CONJUG. **3**). Tuer volontairement quelqu'un.

assaut **n.m.** Vive attaque menée par des combattants pour s'emparer d'une place. *Au matin, les soldats donnèrent l'assaut.* • **Prendre d'assaut** : s'emparer d'un lieu par la force et, au figuré, se précipiter quelque part. *Les fans de la chanteuse prirent d'assaut toutes les meilleures places.*

assécher **v.** (CONJUG. **9**, ✎ *10*). Ôter l'eau d'un lieu, le mettre à sec. *Assécher des marais.*

assemblage **n.m.** ❶ L'opération par laquelle on assemble les éléments d'un tout. *Les ouvriers n'ont mis qu'une journée pour faire l'assemblage de la charpente.* SYN. montage. ❷ Le fait de mettre ensemble certaines choses. *J'aime cet assemblage de couleurs, c'est très réussi.* SYN. combinaison.

assemblée **n.f.** ❶ L'ensemble des personnes venues assister à un spectacle, à un débat, etc. *L'assemblée était houleuse, menaçante, l'orateur mal à l'aise.* SYN. assistance, auditoire, public. ❷ Tout ensemble de personnes liées par des intérêts communs et qui se réunissent pour discuter et prendre des décisions. *L'assemblée générale des copropriétaires aura lieu mardi prochain.* → VOIR noms propres : **Assemblée nationale.**

assembler **v.** (CONJUG. **3**). ❶ Mettre, poser à sa place chacun des éléments d'un tout. *Assembler toutes les parties d'un moteur.* SYN. monter. ❷ Mettre ensemble certaines choses. *Elle a l'art d'assembler les couleurs.* SYN. marier. ◆ **s'assembler v.pron.** Se réunir, venir ensemble dans un même lieu. *La foule s'est assemblée sur la place du village.* SYN. se rassembler. CONTR. se disperser. • **Qui se ressemble s'assemble** : proverbe qui s'emploie pour dire que des personnes qui ont les mêmes penchants, les mêmes idées, se recherchent mutuellement.

asséner ou **assener** **v.** (CONJUG. **9**, ✎ *10*). ❶ *Asséner un coup*, c'est frapper violemment. *Le brigand asséna un bon coup de bâton sur la tête de Polichinelle.* SYN. porter. ❷ *Asséner une critique, une remarque*, les dire sans détour, avec violence.

assentiment **n.m.** Accord, approbation qu'on donne à des paroles, à un projet. *Elle hocha la tête en signe d'assentiment.* SYN. accord, consentement. CONTR. désaccord.

asseoir, ✎ ***assoir*** **asseyant** ou **assoyant, assis v.** (CONJUG. **41**). ❶ Mettre quelqu'un en position assise, l'installer sur un siège. *Aujourd'hui, l'infirmière a assis le malade dans un fauteuil.* ❷ Établir quelque chose sur des bases solides. *Asseoir son opinion sur des témoignages irréfutables.* SYN. fonder. ◆ **s'asseoir v.pron.** S'installer en appui sur les fesses.
▸ REM. Au sens 2, *asseoir* appartient à la langue soutenue.

assermenté, e **adj.** Qui a prêté serment pour exercer une fonction, une profession ou pour témoigner devant un tribunal. *Un médecin assermenté. Un expert assermenté.*

asservir **asservissant, asservi v.** (CONJUG. **16**). Rendre esclave, dépendant, soumis à son autorité. *César asservit la Gaule.* SYN. assujettir, soumettre. CONTR. affranchir, libérer. *C'est un homme libre, il ne veut pas se laisser asservir.* SYN. enchaîner.

HISTOIRE DU MOT Vient de *serf*. Ce mot a la même origine que *service*.

assesseur **n.m.** Magistrat qui assiste le juge principal dans un tribunal.
▸ REM. Au Canada, la forme féminine de ce mot est *assesseure*.

assez **adv.** ❶ En quantité suffisante, autant qu'il faut. *J'ai assez mangé, merci.* CONTR. insuffisamment. *As-tu assez d'argent ? Elle est assez grande pour comprendre.* SYN. suffisamment. ❷ Plus qu'un peu et moins que beaucoup. *Je n'ai pas de nouvelles, je suis assez inquiet.* SYN. passablement, plutôt. *Il va assez bien.* SYN. à peu près. • **En avoir assez** : être lassé de quelque chose, être agacé. *J'en ai assez, je m'en vais.* SYN. être excédé, fatigué de.

assidu, e **adj.** Qui est régulier et constant dans une occupation. *Cet élève fournit un travail assidu.* SYN. soutenu, suivi. *Une présence assidue aux cours est exigée.* SYN. régulier.

HISTOIRE DU MOT Vient d'un verbe latin qui signifie « être assis auprès ».

assiduité **n.f.** Exactitude, régularité dans une occupation, un travail. *Cet élève a travaillé avec beaucoup d'assiduité au cours du trimestre.*

assidûment, ✎ ***assidument*** **adv.** D'une manière assidue, régulière. *Il fréquente assidûment la bibliothèque de son quartier.*

assiégeants **n.m.plur.** Ceux qui font le siège d'une ville, d'un fort. *Les assiégeants ont donné l'assaut final à l'aube.* CONTR. assiégés.

assiéger **assiégeant, assiégé v.** (CONJUG. **9**, ✎ *10*). Faire le siège d'une ville, d'un fort, l'encercler pour s'en emparer. *Fort Alamo fut assiégé et pris par les Mexicains en 1836.*

assiégés **n.m.plur.** Ceux qui se trouvent enfermés dans une ville dont on fait le siège. *Les assiégés demandent une trêve.* CONTR. assiégeants.

assiette **n.f.** ❶ Pièce de vaisselle généralement ronde, dans laquelle on dispose les aliments. *J'ai mis des assiettes plates, des assiettes creuses et des assiettes à dessert.* ❷ Contenu d'une assiette. *Veux-tu encore une assiette de soupe ?* SYN. assiettée. ❸ Position, équilibre d'un cavalier sur son cheval. • (Familier) **Ne pas être dans son assiette :** ne pas se sentir bien.
▸ REM. On dit *assiette à soupe, assiette à dessert* pour parler de l'objet et *assiette de soupe, assiette de dessert* pour parler du contenu.

HISTOIRE DU MOT Vient du latin *assedita* qui signifie « manière d'être assis ». Ce mot avait au Moyen Âge le sens de « action de placer les convives à table ».

ENCYCLOPÉDIE Jusqu'au Moyen Âge, on se servait directement dans le plat posé sur la table. Puis on a commencé à fabriquer des écuelles en bois et en étain, dans lesquelles on mangeait la soupe et le ragoût à deux ; on servait la viande sur des « tranchoirs », grandes tranches de pain dur. L'assiette individuelle remplaça petit à petit l'écuelle, au XVIe siècle.

assiettée **n.f.** Le contenu d'une assiette. *Une assiettée de pâtes.* SYN. assiette.
▸ REM. S'écrit *-ée*, comme les autres noms de contenants : *charretée, cuillerée*, etc.

assignat **n.m.** Billet émis en France entre 1789 et 1796 et qu'on ne pouvait pas convertir en pièces, mais qui était remboursable sur le produit de la vente des biens du clergé.

assigner **v.** (CONJUG. **3**). *Assigner une place, une tâche à quelqu'un*, c'est les lui attribuer d'office. SYN. destiner, fixer, imposer.

assimilation **n.f.** ❶ Le fait d'assimiler deux choses, de les considérer comme semblables. *L'assimilation de ces deux événements est abusive.* ❷ Le fait d'assimiler des connaissances. *L'assimilation des règles de grammaire est difficile.* ❸ L'ensemble des processus qui transforment les aliments dans l'estomac et dans l'intestin. ❹ Le fait de s'assimiler, de s'intégrer à un nouveau milieu. *Une politique d'assimilation des immigrants.*

assimiler **v.** (CONJUG. **3**). ❶ Considérer comme semblables deux êtres, deux objets, les prendre l'un pour l'autre. *On assimile souvent, à tort, le clavecin au piano.* SYN. comparer. ❷ Intégrer des connaissances en les comprenant, les faire siennes. *Elle a assimilé très vite les premiers rudiments d'anglais.* SYN. acquérir. *Il assimile bien* (= il comprend facilement). ❸ Digérer un aliment, le transformer en énergie. ◆ **s'assimiler** **v.pron.** Se fondre dans un groupe, se mêler à sa vie. *Les élèves étrangers de notre classe se sont assimilés très vite.* SYN. s'intégrer.

assis, e **adj.** Dans une position où le corps est en appui sur les fesses par opposition à *debout* ou *couché*. *Position assise. Restez assis !* • **Place assise :** place où l'on peut s'asseoir.

assise **n.f.** ❶ Ce qui constitue la base d'une construction, ce qui lui donne de la solidité. *Les assises d'un pont.* ❷ Base d'un raisonnement, fondement d'une théorie. *Établir un projet de Constitution sur des assises solides.*

assises **n.f.plur.** Assemblée générale d'un parti politique, d'un syndicat, d'un groupement de chercheurs, etc. • **Cour d'assises :** en France, tribunal qui juge les crimes.

HISTOIRE DU MOT Vient de *s'asseoir*. Au XIIIe siècle, les assemblées de seigneurs tenaient des séances et leurs décisions étaient appelées des *assises*.

assistance **n.f.** ❶ Le public, l'ensemble des personnes qui assistent à une réunion, une conférence, un spectacle, etc. *L'orateur était flatté de parler devant une si nombreuse assistance.* SYN. assemblée, auditoire, public. ❷ Le fait d'aider, d'assister quelqu'un ; l'appui, l'aide qu'on lui apporte. *Porter assistance à un blessé.* SYN. secours. • **Assistance publique :** administration qui était chargée de venir en aide aux personnes défavorisées (aujourd'hui on dit l'*aide sociale*) ; cette administration gérait aussi les hôpitaux, mais l'appellation d'*assistance publique*, pour les hôpitaux, n'est utilisée aujourd'hui qu'à Paris et à Marseille.

assistant, e **n.** Personne qui en assiste une autre dans son travail. *Arthur sera l'assistant du metteur en scène pour le prochain tournage.* • **Assistant(e) social(e) :** personne chargée de conseiller et d'aider les personnes en difficulté pour les problèmes matériels et financiers, les questions de santé physique et psychique.

1 **assisté, e** **n.** et **adj.** Personne qui bénéficie des aides de l'État, des collectivités.

2 **assisté, e** **adj.** • **Assisté par ordinateur :** se dit d'activités dans lesquelles une partie des tâches est assurée par un ordinateur. *Dessin assisté par ordinateur. Publication assistée par ordinateur* (en abrégé, P.A.O.).

assister **v.** (CONJUG. **3**). ❶ Être présent à un spectacle, à une réunion. *Pierre n'a pas assisté au cours hier. Assister à un concert.* ❷ Voir un événement au moment où il se produit. *J'ai malheureusement assisté au drame, je peux en témoigner.* ❸ Apporter son soutien, son aide à une personne. *Assister un malade.* ❹ Aider, seconder quelqu'un dans son travail. *C'est elle qui assistera le chirurgien pour l'opération.*

HISTOIRE DU MOT Vient d'un verbe latin qui signifie « se tenir auprès », de *ad*, « auprès », et *sistere*, « se tenir ».

association **n.f.** ❶ Regroupement de personnes qui ont un objectif commun : pratiquer une activité, défendre des intérêts particuliers, mener certaines actions, etc. *Marc s'est inscrit à l'association sportive du collège, et mes parents font partie de l'association des parents d'élèves.* ❷ Le fait d'associer des choses. *Une belle association de couleurs. Le mot « vacances » me fait penser à « mer » par association d'idées* (= quand je pense à l'un, je pense automatiquement à l'autre).

associé, e **n.** Dans le travail, personne qui exerce les mêmes fonctions qu'une autre, qui partage les frais de l'entreprise. *Mon dentiste avait une trop grosse clientèle, il a pris un associé.*

associer **v.** (CONJUG. 7). ❶ Faire participer une personne, un groupe à une entreprise. *Le metteur en scène a associé tout le village au tournage du film.* ❷ Combiner des choses entre elles, les mettre ensemble. *Pierre a su admirablement associer les couleurs dans son tableau.* SYN. assembler, marier. ◆ **s'associer** **v.pron.** S'allier avec une ou plusieurs personnes pour faire un travail commun. *Mes deux frères se sont associés pour ouvrir un restaurant.*

assoiffé, e **adj.** ❶ Qui a très soif. *J'ai couru au soleil, je suis assoiffé.* ❷ Qui est avide de quelque chose, qui en éprouve un désir violent. *Être assoiffé de vengeance.*

assolement **n.m.** Manière d'exploiter une terre agricole en répartissant et en alternant les cultures sur chacune des parcelles. *L'assolement triennal consiste à diviser en trois un terrain et à laisser chaque année un tiers en jachère.*

HISTOIRE DU MOT Vient du vieux mot *sole* qui signifie « parcelle de terre ».

assombrir **assombrissant, assombri v.** (CONJUG. 16). Rendre plus sombre. *La couleur de cette peinture assombrit la pièce.* ◆ **s'assombrir** **v.pron.** Devenir sombre. *Il va pleuvoir, le ciel s'assombrit.* SYN. se couvrir, s'obscurcir. CONTR. s'éclaircir. *En entendant la mauvaise nouvelle, son visage s'assombrit.* SYN. se rembrunir. CONTR. s'éclairer.

assommant, e **adj.** (Familier) Qui assomme, fatigue. *Une personne assommante.* SYN. fatigant. *Un travail assommant.* SYN. ennuyeux, fastidieux.

assommer **v.** (CONJUG. 3). ❶ Frapper d'un coup sur la tête qui étourdit ou fait perdre connaissance. *Tintin a assommé le bandit d'un coup de matraque.* ❷ Faire perdre toute capacité de réaction. *Cette chaleur m'assomme.* SYN. abrutir. *La nouvelle l'a assommé.* SYN. abasourdir, abattre, anéantir. ❸ (Familier) Ennuyer à un très haut point. *Il répète toujours la même chose, il m'assomme à la fin !* SYN. fatiguer.

HISTOIRE DU MOT En ancien français, *assommer* signifiait « endormir ». *Assommer quelqu'un*, c'était lui faire faire un somme.

assorti, e **adj.** ❶ Qui s'harmonise, va bien avec quelque chose, quelqu'un d'autre. *Zoé cherche des collants assortis à sa robe.* SYN. harmonisé. *Ces deux-là font la paire pour les bêtises, ils sont bien assortis !* ❷ Qui est composé d'éléments variés. *Une assiette de hors-d'œuvre assortis.*

assortiment **n.m.** Ensemble de choses différentes les unes des autres, mais qui appartiennent à la même catégorie. *Un assortiment de bonbons.* SYN. choix.

assortiment de bonbons

assortir **assortissant, assorti v.** (CONJUG. 16). Mettre ensemble deux choses qui s'accordent bien, qui s'harmonisent bien entre elles. *Elle assortit toujours ses toilettes à la couleur de ses yeux.* SYN. accorder, adapter.

s'assoupir **assoupissant, assoupi v.pron.** (CONJUG. 16). Se laisser gagner doucement par un demi-sommeil. *Après ce bon repas, certains convives s'étaient assoupis.*

assoupissement **n.m.** Le fait de s'assoupir ; demi-sommeil.

assouplir **assouplissant, assoupli v.** (CONJUG. 16). Rendre quelque chose plus souple. *On met de la graisse de phoque sur les chaussures de montagne pour en assouplir le cuir. Il fait des exercices pour assouplir ses articulations.* ◆ **s'assouplir** **v.pron.** Devenir plus souple.

assouplissement **n.m.** L'action d'assouplir, le fait de s'assouplir. *Les athlètes doivent faire des exercices d'assouplissement* (= pour avoir un corps souple).

assourdir **assourdissant, assourdi v.** (CONJUG. 16). ❶ Rendre comme sourd, incapable d'entendre. *Le sifflement des réacteurs nous assourdissait.* ❷ Rendre un bruit moins sonore, l'atténuer. *La neige épaisse assourdit les bruits.* SYN. amortir, étouffer. CONTR. amplifier.

assourdissant, e **adj.** Qui assourdit. *Ils faisaient un vacarme assourdissant.*

assouvir **assouvissant, assouvi v.** (CONJUG. 16). Satisfaire un besoin, un désir. *Assouvir sa faim. Assouvir sa soif.* SYN. étancher. *Assouvir sa curiosité.* SYN. contenter. ▸ REM. Ce mot appartient à la langue soutenue.

assouvissement **n.m.** Satisfaction d'un besoin, réalisation d'un désir, d'une ambition.

assujettir **assujettissant, assujetti v.** (CONJUG. 16). ❶ *Assujettir un peuple, une nation*, c'est les soumettre à une domination totale. SYN. asservir. ❷ *Être assujetti à l'impôt*, c'est être contraint par la loi de le payer. SYN. astreindre.

HISTOIRE DU MOT Vient de *sujet*.

assumer v. (CONJUG. 3). ❶ Prendre en charge une fonction. *Assumer de hautes fonctions dans une entreprise.* ❷ Prendre la responsabilité d'un acte en acceptant les conséquences que cela entraîne. *Il faut assumer ses choix.*

assurance n.f. ❶ Confiance en soi. *Julie a récité sa leçon avec beaucoup d'assurance. Ces critiques lui ont fait perdre un peu de son assurance.* ❷ Garantie, certitude que l'on donne de la vérité de quelque chose (s'emploie surtout dans des formules de politesse). *Recevez l'assurance de mes meilleurs sentiments.* ❸ Contrat par lequel on s'assure contre un risque, un danger auprès d'un assureur. *Prendre une assurance contre le vol. Compagnie d'assurances* (= qui propose des contrats).

assuré, e adj. ❶ Qui montre qu'une personne est parfaitement à l'aise et sûre d'elle. *Parler d'un ton assuré.* SYN. décidé, ferme. ❷ Qui ne fait aucun doute, qui est acquis d'avance. *Avec ce tour de magie, votre succès est assuré* SYN. certain, garanti, sûr. ◆ **adj.** et **n.** Qui est couvert par un contrat d'assurance. *Les assurés sociaux.*

assurément adv. Sans aucun doute, à coup sûr. *« Croyez-vous qu'il viendra ? – Assurément ! »* SYN. certainement, sûrement.

assurer v. (CONJUG. 3). ❶ Rendre sûr, durable. *Ce traité assurera la paix entre nos deux pays.* SYN. garantir. ❷ Dire, affirmer que quelque chose est vrai. *Je vous assure que cela s'est passé ainsi.* ❸ *Assurer un service, une fonction*, c'est faire que quelque chose fonctionne. *Ce car assure la liaison entre les villages et l'école.* ❹ Garantir quelque chose contre certains risques, moyennant le paiement d'une somme convenue. *Ils avaient assuré leurs tableaux contre le vol.* ◆ **s'assurer** v.pron. ❶ Vérifier que quelque chose est sûr. *Assurez-vous que toutes les portes sont bien fermées.* ❷ Prendre un contrat d'assurance. *S'assurer contre le vol, l'incendie et les dégâts des eaux.*

assureur n.m. Personne dont la profession est d'établir pour ses clients des contrats d'assurance.
▸ REM. Au Canada, la forme féminine de ce mot est *assureure.*

astérisque n.m. Signe d'imprimerie en forme d'étoile (*) qui renvoie en général le lecteur à une note ou à un autre mot.
▸ REM. Ce mot est du masculin.

HISTOIRE DU MOT Vient d'un mot grec qui signifie « étoile ».

astéroïde n.m. Petite planète de diamètre inférieur à mille kilomètres. *Les astronomes ont recensé environ deux mille cinq cents astéroïdes.*

asthmatique adj. et n. Qui a de l'asthme.
▸ REM. On prononce [asmatik].

asthme n.m. Maladie des bronches qui provoque des crises au cours desquelles on a une grande difficulté à respirer. *Enfant, il faisait des cures thermales pour soigner son asthme.*
▸ REM. On prononce [asm].

asticot n.m. Larve de la mouche à viande, qui a la forme d'un petit ver, et dont les pêcheurs se servent comme appât.

asticoter v. (CONJUG. 3). (Familier) Irriter, contrarier pour des choses sans importance. *Arrête d'asticoter ta petite sœur !* SYN. agacer, taquiner.

astigmate adj. et n. Qui est atteint d'astigmatisme.

astigmatisme n.m. Anomalie de l'œil qui provoque une vision trouble.

astiquer v. (CONJUG. 3). Frotter soigneusement et avec vigueur un métal, un cuir ou un bois pour le faire briller. *Avec la brosse et le chiffon, il astiquait consciencieusement ses chaussures.*

astrakan, ✎ ***astracan*** n.m. Fourrure de jeune agneau d'Asie à poil frisé, le plus souvent noire ou grise. *Un bonnet d'astrakan.*

HISTOIRE DU MOT Vient d'Astrakhan, nom d'une ville russe du bord de la mer Caspienne, d'où provenait l'astrakan.

astral, ale, aux adj. Des astres. *Ceux qui s'intéressent à l'astrologie croient aux influences astrales sur les êtres vivants.*

astre n.m. ❶ Tout corps céleste naturel (Soleil, Lune, étoile, planète, comète). *Le Soleil, les étoiles sont des astres lumineux, tandis que les planètes, la Lune, les comètes sont des astres qui ne font que réfléchir la lumière solaire.* ❷ En astrologie, nom donné au Soleil, à la Lune et aux dix principales planètes du Système solaire. • **Beau, belle comme un astre** : d'une beauté resplendissante.

astreignant, e adj. *Un travail, un horaire astreignants* laissent peu de temps libre. SYN. contraignant.

astreindre astreignant, astreint v. (CONJUG. 49). Obliger quelqu'un à faire quelque chose. *La loi astreint les automobilistes et les passagers à attacher leur ceinture de sécurité.* SYN. contraindre, forcer.

HISTOIRE DU MOT Vient du latin *astringere* qui signifie « serrer ».

astringent, e adj. *Une lotion astringente* resserre les pores de la peau.

HISTOIRE DU MOT Vient du latin *astringere* qui signifie « serrer ».

astrolabe n.m. Instrument avec lequel les anciens navigateurs et les astrologues mesuraient la position du Soleil et des étoiles au-dessus de l'horizon.

astrolabe d'origine arabe (IXe siècle)

a b c d e f g h i j k l m n o p q r s t u v w x y z

astrologie n.f. Étude de l'influence supposée des astres sur les événements terrestres, le comportement et la destinée des êtres humains.
▸ REM. Ne pas confondre avec *astronomie*.

ENCYCLOPÉDIE L'astrologie est née en Mésopotamie où, très tôt, les savants ont observé le mouvement des astres et ont attribué à leur position des influences sur les hommes. Hippocrate et Gallien, médecins de l'Antiquité, en firent les bases de la médecine. Au XVe siècle, les rois de France avaient leur astrologue officiel. Le célèbre Nostradamus, à la fois médecin et voyant, était l'astrologue de Catherine de Médicis.

astrologue n. Personne qui pratique l'astrologie.

astronaute n. Personne qui voyage à bord d'un engin spatial. *Les astronautes sont soumis à de longues périodes d'entraînement.*

astronaute dans l'espace en train de filmer

astronautique n.f. Science et technique de la navigation dans l'espace.

astronef n.m. Véhicule spatial.

astronome n. Spécialiste d'astronomie. *Les astronomes étudient le mouvement des étoiles avec des télescopes.*

astronomie n.f. Étude scientifique de l'Univers, de sa constitution, de son évolution, de la position, du mouvement et de la nature des astres.

ENCYCLOPÉDIE L'astronomie moderne est née au XVIe siècle. En 1543, Copernic affirma que la Terre tourne autour du Soleil. En 1580, Tycho Brahe construisit le premier observatoire ; Kepler établit alors les lois du mouvement des planètes. Galilée révolutionna l'observation du ciel en introduisant l'emploi de la lunette (1609), qui révéla l'existence d'astres invisibles à l'œil nu : les découvertes qu'il fit prouvèrent que Copernic ne s'était pas trompé. À la fin du XVIIe siècle, Newton établit la théorie de la gravitation universelle et les lois de la mécanique céleste. Au XVIIIe siècle, on découvrit que le Système solaire est inclus dans une *galaxie*, puis au XXe siècle on eut confirmation que l'Univers est peuplé de galaxies, et on mit en évidence le phénomène de l'expansion de l'Univers.

astronomique adj. ❶ Qui concerne l'astronomie. *La première lunette astronomique fut mise au point par un Hollandais en 1608 et utilisée par Galilée l'année suivante.* ❷ (Familier) Qui est excessif. *Elle a payé tous ses bijoux un prix astronomique !* SYN. exagéré, exorbitant.

astrophysicien, enne n. Spécialiste d'astrophysique.

astrophysique n.f. Partie de l'astronomie qui étudie les propriétés physiques des astres.

astuce n.f. ❶ Habileté, finesse d'esprit dont quelqu'un fait preuve pour trouver des solutions. *Faire preuve d'astuce.* ❷ Invention pratique et ingénieuse ; trouvaille. *J'ai trouvé une astuce pour réparer la lampe.* SYN. truc. ❸ (Familier) Jeu de mots, plaisanterie plus ou moins drôle. *Il ne cesse de faire des astuces idiotes.*

astucieusement adv. D'une manière astucieuse.

astucieux, euse adj. Qui fait preuve d'astuce, d'habileté, de finesse. *Un système très astucieux.* SYN. ingénieux. *Une réponse astucieuse.* SYN. adroit, intelligent, malin.

asymétrie n.f. Absence de symétrie.

asymétrique adj. Qui n'est pas symétrique.

atelier n.m. ❶ Local où travaillent des artisans, des ouvriers. *Un atelier de menuisier. Un atelier de réparation.* ❷ L'ensemble des personnes qui travaillent dans un atelier. *Tout l'atelier était d'accord pour travailler le samedi.* ❸ Local où travaille un artiste peintre, un sculpteur, un photographe. ❹ Groupe qui travaille sur un même sujet. *Atelier de lecture, d'écriture.*

atermoiements n.m.plur. Hésitations avant d'agir, délais qu'on met à agir. *Après mille atermoiements, elle décida de dire la vérité à son père.* SYN. tergiversations.
▸ REM. Attention, *-ement*.

athée adj. et n. Qui ne croit pas en l'existence de Dieu ni d'aucune autre divinité. *Un athée. Il est athée mais respecte les croyants.*

HISTOIRE DU MOT Vient du grec *atheos* qui signifie « sans dieu » ; on retrouve *theos* dans *théologie.*

athéisme n.m. Le fait de ne pas croire en Dieu, d'être athée.

athénée n.m. En Belgique, établissement d'enseignement secondaire.

HISTOIRE DU MOT En Grèce, l'*athênaion* était le temple d'Athéna, dans lequel des orateurs et des poètes venaient lire leurs textes.

athlète n. ❶ Personne qui pratique l'athlétisme. ❷ Personne aux muscles puissants. *Il a une carrure d'athlète.*

athlétique adj. ❶ Qui concerne l'athlétisme. *Une épreuve athlétique.* ❷ Fort, musclé comme un athlète. *Une femme athlétique.*

athlétisme n.m. Ensemble de disciplines sportives qui comprend la course à pied (du 100 m au marathon), le saut (en hauteur, à la perche ou en longueur) et le lancer (poids, javelot, etc.).

ENCYCLOPÉDIE L'athlétisme était pratiqué dans la plus haute antiquité, en particulier chez les Grecs à l'occasion des jeux Olympiques. Il est réapparu au XIXe siècle en Angleterre, dans les collèges et les universités. Mais ce n'est qu'à partir de 1896 — date à laquelle sont organisés, par Pierre de Coubertin, les premiers jeux Olympiques de l'ère moderne — que l'athlétisme se développe véritablement et que ses différentes disciplines sont définies.

atlantique adj. et n.m. • **Océan Atlantique** → VOIR noms propres : **Atlantique.**

atlas n.m. Recueil de cartes géographiques, historiques ou économiques du monde entier ou d'une partie du monde. *Un atlas historique montre quels ont été les changements de frontières d'un pays au cours des siècles.*

HISTOIRE DU MOT Vient du nom mythologique *Atlas.* → VOIR noms propres.

atmosphère n.f. ❶ L'air qu'on respire. *L'atmosphère est surchauffée ici, ouvre les fenêtres.* ❷ Les couches de gaz qui entourent la Terre ou une autre planète. *L'existence d'une atmosphère sur Mars et sur Vénus a longtemps fait croire que ces planètes étaient peut-être habitées.* ❸ Ambiance, environnement dans lesquels on se trouve. *Il règne une atmosphère de travail à la bibliothèque.*

ENCYCLOPÉDIE On distingue plusieurs couches dans l'atmosphère. Dans la plus basse, la *troposphère*, la température décroît jusqu'à – 60 °C ; c'est dans cette zone que s'observent les phénomènes météorologiques. Dans la *stratosphère*, la température remonte jusqu'à 0 °C ; c'est dans cette région, à environ 25 km d'altitude, que se trouve la couche d'ozone, qui, en empêchant les rayons ultraviolets du Soleil de passer, rend possible la vie sur la Terre. Les couches suivantes sont la *mésosphère*, où la température descend jusqu'à – 100 °C, et la *thermosphère*, où la température atteint 1 800 °C.

atmosphérique adj. De l'atmosphère. *La pression atmosphérique.*

atoca n.m. Au Canada, variété d'airelle, appelée aussi canneberge. *Les atocas accompagnent la dinde de Noël.*

atoll n.m. Île des mers tropicales formée de récifs de corail qui dessinent un anneau autour d'une lagune centrale appelée *lagon.*

HISTOIRE DU MOT *Atoll* est un mot des îles Maldives, dans l'océan Indien.

atoll (Polynésie française)

atome n.m. ❶ Particule de matière invisible à l'œil nu qui se combine avec d'autres particules pour former toutes les substances de l'Univers. *Les atomes se combinent en molécules pour former de la matière. La plus petite quantité d'eau possible est faite de deux atomes d'hydrogène et d'un atome d'oxygène. C'est en fragmentant les atomes qu'on produit de l'énergie nucléaire.* ❷ La plus petite quantité de quelque chose. *Il n'a pas un atome de générosité.* • **Atomes crochus :** sympathie spontanée entre deux personnes. *Il n'y a pas d'atomes crochus entre nous.*

HISTOIRE DU MOT Vient du grec *atomos* qui signifie « qu'on ne peut pas diviser » (on a d'abord cru que l'atome n'était pas divisible ; en fait, il est lui-même constitué de petites particules).

atomique adj. ❶ *L'énergie atomique* est obtenue par la fragmentation du noyau d'un atome. SYN. nucléaire. ❷ *Une usine atomique, une pile atomique* utilisent l'énergie atomique pour la transformer en électricité. • **Bombe atomique :** bombe qui utilise la très grande quantité d'énergie tirée de l'atome à des fins de destruction militaire. *La première bombe atomique a été lancée sur Hiroshima, au Japon, en août 1945, et les conséquences de son explosion se font encore sentir plus de soixante ans après.*

l'**atmosphère** terrestre, vue de l'espace

atomiseur **n.m.** Flacon qui permet de projeter le liquide qu'il contient en fines particules quand on appuie sur le bouchon dont il est muni. *Du parfum en atomiseur.* → VOIR AUSSI **pulvérisateur, vaporisateur.**

atours **n.m.plur.** *Mettre ses plus beaux atours*, c'est mettre ses plus beaux vêtements, ses plus beaux bijoux. *Parée de ses plus beaux atours, la princesse entra dans la salle de bal.*

HISTOIRE DU MOT Vient de l'ancien français *atourner* qui signifiait « orner ».

atout **n.m.** ❶ À certains jeux de cartes, couleur qui l'emporte sur les autres dans une partie. *On joue atout pique.* ❷ Avantage, moyen de réussir. *Bien connaître une langue étrangère est un atout dans la vie.*

âtre **n.m.** Partie de la cheminée où on fait le feu. *Il a mis des bûches dans l'âtre pour ranimer les flammes.* SYN. foyer.

HISTOIRE DU MOT Vient du latin *astracus* qui signifiait « carrelage ».

atroce **adj.** ❶ D'une terrible cruauté, qui provoque de la répulsion. *Un crime atroce.* SYN. monstrueux. *Les deux guerres mondiales furent d'atroces massacres.* SYN. abominable. ❷ Qui est presque impossible à supporter. *Elle a une peur atroce des araignées.* SYN. épouvantable. *Il a d'atroces douleurs au ventre.* ❸ Qui est très mauvais. *Il fait un temps atroce.* SYN. affreux.

atrocement **adv.** De façon atroce. *Le malheureux a été atrocement brûlé.* SYN. horriblement.

atrocité **n.f.** ❶ Le caractère atroce de quelque chose. *L'atrocité de la guerre.* ❷ Acte d'une très grande cruauté. *Commettre des atrocités.* SYN. monstruosité.

atrophie **n.f.** Perte de volume, de poids et de force qui fait que quelque chose ne peut plus fonctionner normalement. *S'il garde trop longtemps son plâtre, il aura une atrophie des muscles de la jambe.*

s'atrophier **v.pron.** (CONJUG. 7). S'affaiblir par suite d'une atrophie ; perdre de sa force, de sa puissance.

s'attabler **v.pron.** (CONJUG. 3). S'asseoir à une table. *S'attabler à la terrasse d'un café.*

attachant, e **adj.** Qui attire l'affection, l'amitié, qui suscite l'intérêt, la sympathie. *Pierre a une personnalité très attachante* (= qui fait qu'on s'attache à lui).

attache **n.f.** ❶ Tout objet qui sert à attacher, à lier : épingle, agrafe, lien, courroie, etc. ❷ Lien affectif, d'amitié, de sympathie. *Il a gardé des attaches dans son village natal.* • **Port d'attache :** pour une personne qui voyage beaucoup, lieu où elle revient après chacun de ses voyages. ◆ **attaches** **n.f.plur.** Les poignets et les chevilles. *Avoir des attaches fines.*

attaché, e **n.** Personne qui travaille auprès d'un ambassadeur, d'un consul, d'un ministre. *Attaché d'ambassade, attaché militaire, attaché commercial.* • **Attaché(e) de presse :** dans une entreprise, personne qui s'occupe des relations avec la presse et l'ensemble des médias.

attachement **n.m.** Le fait d'être attaché, de tenir à une personne ou à une chose. *Son attachement pour notre famille était sincère.*

attacher **v.** (CONJUG. 3). ❶ Faire tenir, retenir par un lien. *M. Seguin attacha sa chèvre à un pieu. Elle attache ses cheveux avec une barrette.* ❷ *Un aliment qui attache* colle à la casserole dans laquelle il est mis à cuire. *Les pâtes ont attaché, il fallait les surveiller !* • **Attacher de l'importance à quelque chose :** le considérer comme important. ◆ **s'attacher** **v.pron.** ❶ S'efforcer de, s'appliquer à. *Il s'attache à écrire proprement.* ❷ Se lier d'affection, d'amitié. *Je me suis beaucoup attachée à lui, je regrette qu'il doive repartir.*

HISTOIRE DU MOT Vient d'un mot de la langue des Francs qui signifiait « pieu ».

attaquant, e **n.** ❶ La personne, le groupe qui attaque. *Du haut des créneaux du château fort, les soldats versaient de la poix brûlante sur les attaquants.* ❷ Joueur qui fait partie de la ligne d'attaque, dans certains sports d'équipe. *Au football, on distingue les attaquants et les défenseurs.*

attaque **n.f.** ❶ L'action d'engager une bataille, d'attaquer quelqu'un. *Se préparer à l'attaque. Ils ont vaillamment repoussé l'attaque de leurs ennemis.* ❷ Accusation portée contre quelqu'un. *Jean m'énerve avec ses attaques permanentes contre notre club !* SYN. critique. ❸ Crise grave et soudaine dans une maladie. *Une attaque cardiaque.* • (Familier) **Être d'attaque :** en grande forme, en bonne condition pour faire quelque chose.

attaquer **v.** (CONJUG. 3). ❶ Engager une bataille, un combat. *L'ennemi a attaqué.* ❷ S'en prendre physiquement à quelqu'un. *Mamie a été attaquée par un malfaiteur qui voulait lui prendre son sac.* ❸ Critiquer vivement. *Les députés de l'opposition ont attaqué la politique du gouvernement.* ❹ Ronger, endommager, entamer une matière. *La rouille attaque le fer.* ❺ Entreprendre, commencer. *Luc a attaqué la lecture des romans de Jules Verne.* • **Attaquer en justice :** faire un procès à quelqu'un. ◆ **s'attaquer** **v.pron.** ❶ Combattre quelqu'un ou quelque chose ; le critiquer. *Ils se sont attaqués au projet de loi.* ❷ Entreprendre. *Il s'est attaqué à une lourde tâche.*

attardé, e **adj.** et **n.** *Un enfant attardé* est en retard dans son développement, surtout mental.

s'attarder **v.pron.** (CONJUG. 3). Rester longtemps quelque part. *Loïc s'est attardé chez son ami.*

HISTOIRE DU MOT Vient de *tard*.

atteindre **atteignant, atteint** **v.** (CONJUG. 49). ❶ Toucher une cible. *Regarde, je tire et je suis sûr que j'atteins l'arbre qui est là-bas.* ❷ Parvenir à un but, gagner un lieu, arriver à un niveau. *Atteindre ses objectifs* (= réussir). *Nous atteindrons Lyon dans dix minutes* (= arriver à). *L'eau atteint déjà le niveau des quais* (= l'eau a monté jusque-là). ❸ Toucher, blesser quelqu'un, lui faire de la peine. *Tout ce que tu peux me dire ne m'atteint pas.* ❹ Pour une maladie, un mal, gagner un organe, une personne, une population. *Le mal a atteint* *le poumon droit. Cette terrible maladie atteint surtout les personnes de quarante ans.*

atteint, e **adj.** Touché par un mal, une maladie. *Les malades atteints du sida.*

atteinte **n.f.** Effet d'une maladie, dommage causé par quelque chose (surtout au plur.). *Il sentait déjà les premières atteintes du mal.* • **Hors d'atteinte :** qu'on ne peut pas prendre, toucher, atteindre. *Ce livre est trop haut, il est hors d'atteinte.* SYN. hors de portée. • **Porter atteinte à l'honneur, à la réputation de :** faire du tort. *Les calomnies répandues à son sujet ont fini par porter atteinte à sa réputation.*

attelage **n.m.** ❶ Ensemble d'animaux attelés pour tirer un véhicule. *L'attelage de chiens tirait le traîneau sur la neige.* ❷ Dispositif, crochet qui servent à atteler des véhicules. *L'attelage d'une caravane.*

attelage de chiens

atteler **v.** (CONJUG. 12, ✎ *11*). ❶ Attacher un animal à un véhicule pour qu'il le tire. *Julien a attelé la vieille jument à la carriole de la ferme.* ❷ Attacher un véhicule à un autre. *Atteler une caravane à sa voiture. Atteler une remorque au tracteur.* ◆ **s'atteler** **v.pron.** *S'atteler à une tâche*, c'est l'entreprendre, s'y mettre.

attelle **n.f.** Pièce qui permet de maintenir immobiles un bras ou une jambe fracturés.

attenant, e **adj.** Qui est tout contre un local, un lieu, qui les touche. *Un hangar attenant à la maison.*

attendre **attendant, attendu** **v.** (CONJUG. **46**). ❶ Rester quelque part jusqu'à ce que quelque chose ou quelqu'un arrive. *Attendre le bus. Dépêche-toi, je t'attends.* ❷ Ne pas agir avant une certaine date, avant que quelque chose se produise. *Nous attendrons le printemps pour retourner à la campagne.* ❸ Souhaiter, espérer la venue de quelque chose ou de quelqu'un. *J'attends Noël avec impatience. Qu'attendez-vous de moi ?* (= que voulez-vous que je fasse?). ❹ Prendre patience, patienter. *Attendez ! je n'ai pas fini.* ❺ Être destiné à quelqu'un, en parlant de quelque chose. *Il avait décidé de partir, sans savoir ce qui l'attendait là-bas. Un gros travail nous attend.* ❻ Rester intact pendant un certain temps. *À table ! Le soufflé n'attendra pas.* • **Attendre un enfant :** pour une femme, être enceinte. • **En attendant :** pour l'instant. *Je viendrai vous voir demain, en attendant je vous souhaite une bonne soirée !* ◆ **s'attendre** **v.pron.** Se préparer à quelque chose, penser que quelque chose va se produire. *Eh bien ! je ne m'attendais pas à ce qu'il parte si rapidement.*

attendrir **attendrissant, attendri** **v.** (CONJUG. **16**). ❶ Rendre une viande moins dure. *Le boucher attendrit la viande.* ❷ Toucher, émouvoir quelqu'un et le rendre plus indulgent. *Les larmes de Paul ont attendri sa mère.* ◆ **s'attendrir** **v.pron.** Être ému, touché. *Il s'attendrit sur le malheur des gens.*

HISTOIRE DU MOT Vient de l'adjectif *tendre.*

attendrissant, e **adj.** Qui émeut, touche, attendrit. *Ces petits chiots qui tètent leur mère sont attendrissants.* SYN. touchant.

attendrissement **n.m.** Mouvement de tendresse d'une personne qui s'attendrit. *La vieille dame regardait les enfants avec attendrissement.*

attendu **prép.**, **attendu que** **conj.** Introduisent une cause. *Attendu les circonstances, il n'a pu se déplacer* (= étant donné). SYN. vu. *Attendu que vous ne vous êtes pas présenté à l'examen, vous êtes recalé.* SYN. puisque.

▸ REM. Ces mots appartiennent surtout à la langue du droit, de l'Administration.

attentat **n.m.** Action violente (agression, explosion, destruction) menée contre une personne, un groupe, un lieu, en général pour des raisons politiques. *Un attentat à la bombe contre l'ambassade a fait plusieurs blessés graves.*

attente **n.f.** ❶ Le fait d'attendre ; temps passé à attendre. *Il y a une demi-heure d'attente avant la prochaine séance. Une salle d'attente* (= où l'on attend son tour, un train, etc.). *Une liste d'attente* (= une liste sur laquelle on inscrit des gens dont la demande ne peut être satisfaite tout de suite). ❷ Ce qu'on attend, ce qu'on espère. *Ce film n'a pas répondu à l'attente des spectateurs.* • **Contre toute attente :** alors qu'on s'attendait à autre chose, au contraire. *Il n'avait pas révisé ses cours, mais, contre toute attente, il a eu une bonne note.* • **En attente :** qu'on réalisera plus tard. *Projet en attente.*

attenter **v.** (CONJUG. 3). *Attenter à la vie de quelqu'un*, c'est tenter de le tuer. *Il a attenté à ses jours* (= il a tenté de se suicider).

HISTOIRE DU MOT Vient d'un verbe latin qui signifie « porter la main sur ».

attentif, ive **adj.** ❶ Qui fait attention à ce qui est en train de se passer, de se dire. *Elle est très attentive en classe.* CONTR. distrait. ❷ Qui est plein d'attentions. *C'est grâce aux soins attentifs de tout le service qu'il a pu guérir dans les meilleures conditions.* SYN. vigilant.

attention **n.f.** ❶ Attitude de quelqu'un qui se concentre, qui fixe son esprit sur quelque chose.

A B C D E F G H I J K L M N O P Q R S T U V W X Y Z

Marie écoute avec attention l'histoire que lui raconte son ami. SYN. intérêt. CONTR. distraction, indifférence. ❷ Geste, parole qui cherchent à faire plaisir à quelqu'un. *Il est plein d'attentions pour sa petite sœur. Voilà une délicate attention de sa part.* • **Faire attention à :** se méfier de, veiller à. *Elle fait attention aux voitures quand elle traverse la rue* (= être prudent). ◆ **interj.** Prenez garde. *Attention à la peinture.*

attentionné, e adj. Qui cherche à faire plaisir, qui est plein d'attentions pour quelqu'un. *Elle est très attentionnée envers ses grands-parents.* SYN. prévenant.

attentivement adv. Avec attention, en étant très attentif. *Lire attentivement une leçon, c'est déjà l'apprendre.*

atténuant, e adj. • **Circonstances atténuantes :** les faits particuliers dont les juges et les jurés tiennent compte pour adoucir une peine. *Son enfance malheureuse, la grande misère de sa famille ont valu à l'accusé les circonstances atténuantes.* CONTR. circonstances aggravantes.

atténuer v. (CONJUG. 3). Rendre moins fort, moins violent, moins grave. *Tout faire pour atténuer les inégalités entre les élèves.* CONTR. aggraver, augmenter. ◆ **s'atténuer v.pron.** Devenir moins fort, moins violent. *La douleur s'atténue.* CONTR. augmenter.

atterrer v. (CONJUG. 3). Saisir de stupeur, de consternation. *J'ai été atterré par son livret scolaire.* SYN. accabler.

atterrir atterrissant, atterri **v.** (CONJUG. 16). ❶ Se poser sur le sol après un vol. *L'avion va bientôt atterrir.* ❷ (Familier) Se retrouver brusquement quelque part. *Comment cette lettre a-t-elle atterri dans la corbeille à papier ?*

atterrissage n.m. L'ensemble des manœuvres faites pour atterrir ; le moment où un avion se pose sur le sol. *La tour de contrôle donne au pilote tous les renseignements nécessaires pour l'atterrissage.* CONTR. décollage. • **Le train d'atterrissage :** les roues qui permettent à l'avion de rouler sur le sol.

attestation n.f. Document qui certifie l'exactitude d'un fait. *Il faut une attestation de domicile pour s'inscrire à la bibliothèque municipale.*

attester v. (CONJUG. 3). Donner la preuve, certifier qu'une chose est vraie. *Le reçu atteste que la somme a bien été payée.* SYN. confirmer.

HISTOIRE DU MOT Vient du latin *testis* qui signifie « témoin ».

attirail n.m. (PLUR. : **attirails**). Ensemble d'objets nécessaires à une activité précise. *Il avait préparé tout son attirail de pêcheur pour aller sur les bords de l'Aveyron.*

attirance n.f. Sentiment éprouvé par une personne qui est attirée, séduite par quelqu'un ou par quelque chose. *Marie éprouvait une forte attirance pour son ami.*

▶ REM. Comparer *attirance, attrait* et *attraction.*

attirant, e adj. ❶ *Une personne attirante* a un charme particulier, elle attire la sympathie. ❷ *Un projet attirant, une idée attirante* font envie, séduisent et tentent. *Partir ensemble au ski ? voilà une proposition attirante.* SYN. attrayant, séduisant.

attirer v. (CONJUG. 3). ❶ Exercer une force qui fait venir, qui rapproche. *L'aimant attire le fer. La lumière attire les papillons.* ❷ Tenter quelqu'un, le séduire, lui faire envie. *Le tennis est un sport qui m'attire.* ❸ Faire venir en un lieu. *Ce spectacle va attirer beaucoup de monde.* ❹ *Attirer des ennuis, des difficultés à quelqu'un,* c'est les lui occasionner. *Son insolence va lui attirer de graves ennuis à l'école.* ❺ *Attirer l'attention, le regard,* etc., c'est éveiller la curiosité, l'intérêt. *Son dessin attire l'œil, il est très original. J'attire votre attention sur ce point* (= je vous demande d'y faire attention).

attiser v. (CONJUG. 3). *Attiser le feu,* c'est le faire brûler plus fort en soufflant dessus.

HISTOIRE DU MOT Vient de *tison.*

attitude n.f. ❶ Manière de se comporter avec les autres. *Il a changé d'attitude depuis qu'il lit des romans d'aventures, il est devenu très curieux de tout.* SYN. comportement. ❷ Position du corps, manière de se tenir. *Le chat prend des attitudes gracieuses.* SYN. pose, posture.

attraction n.f. ❶ Phénomène physique par lequel une chose en attire une autre. *La pesanteur est l'un des aspects de l'attraction terrestre qui fait que tout objet est attiré vers le sol.* → VOIR AUSSI **gravitation.** ❷ Ce qui attire une personne. *Ces jeux ont un grand pouvoir d'attraction sur les jeunes.* SYN. attirance. ❸ Divertissement qui attire le public. *Ils ont passé tout leur dimanche dans un parc d'attractions. L'attraction de la soirée était mon numéro d'équilibriste.*

attrait n.m. Charme par lequel une chose ou une personne plaît, séduit. *Il ne résiste pas à l'attrait des voyages.*

attrape n.f. • **Farces et attrapes :** objets avec lesquels on peut faire des farces. *Il a acheté une cuillère qui fond dans la tasse, chez le marchand de farces et attrapes.*

attrape-nigaud n.m. (PLUR. : **attrape-nigauds**). Tout moyen par lequel on trompe les gens naïfs. *Cette publicité qui promet de faire pousser les cheveux en une semaine est un attrape-nigaud.*

attraper v. (CONJUG. 3). ❶ Réussir à prendre quelque chose ou quelqu'un, à s'en saisir. *Le chat a attrapé la souris. Il a attrapé le ballon au vol.* ❷ Tromper quelqu'un, lui faire une farce. *Elle l'a bien attrapé avec ses bonbons au poivre.* ❸ (Familier) Gronder, faire des

reproches. *Il s'est fait attraper parce qu'il est arrivé en retard.* ❹ (Familier) Être atteint par une maladie, un mal. *Elle a attrapé un rhume.*
▶ REM. Attention : deux *t* et un *p*.
HISTOIRE DU MOT Vient de *trappe*.

attrayant, e adj. Qui attire, qui suscite l'intérêt. *Un travail attrayant.* SYN. agréable, amusant, distrayant.

attribuer v. (CONJUG. 3). ❶ Accorder, donner quelque chose lors d'un partage, d'une distribution. *Le jury a attribué le premier prix aux élèves de sixième pour le tableau qu'ils ont peint.* ❷ *Attribuer quelque chose à quelqu'un*, c'est considérer qu'il en est l'auteur. *On attribue ce tableau à Léonard de Vinci.*

attribut n.m. ❶ Ce qui est propre à quelqu'un ou à quelque chose, ce qui le caractérise. *La parole est l'attribut de l'être humain.* ❷ Ce qui symbolise une fonction. *La balance est l'attribut de la justice.* SYN. emblème. ❸ Fonction grammaticale d'un mot relié à un autre mot par l'intermédiaire d'un verbe d'état. → VOIR encadré ci-dessous.

attribution n.f. Action d'attribuer, de donner quelque chose à quelqu'un. *L'attribution d'un rôle à un acteur.* ◆ **attributions n.f.plur.** L'ensemble des fonctions d'une personne, ce qu'elle a à faire dans un service, une équipe, etc. *Désolé, ce n'est pas dans mes attributions, adressez-vous à quelqu'un d'autre.* SYN. mission, tâche.

attristant, e adj. Qui fait de la peine, qui rend triste. SYN. affligeant, navrant.

attrister v. (CONJUG. 3). Rendre triste, causer de la peine. *Son départ m'a réellement attristé, il était si gentil avec nous !* SYN. peiner. CONTR. réjouir.

attroupement n.m. Rassemblement de plusieurs personnes dans la rue. *L'incendie du magasin a provoqué un attroupement.*

s'attrouper v.pron. (CONJUG. 3). Former un rassemblement, un attroupement dans la rue. *La foule s'attroupait sous les fenêtres de l'hôtel où était descendue la star.*

atypique adj. Qui ne ressemble à rien de précis.

au → **à**

aubade n.f. Musique jouée le matin, à l'aube, sous les fenêtres de quelqu'un. *Il l'aimait tant qu'il lui offrait une aubade chaque matin.*
▶ REM. L'*aubade* est jouée le matin, la *sérénade* le soir.

aubaine n.f. Chance inespérée. *Quelle aubaine, nos parents ont choisi le même lieu de vacances !*

1 aube n.f. Le moment du jour où une première lueur blanchit l'horizon. *L'aube précède l'aurore et le lever du soleil.* • **À l'aube de :** au tout début de. *À l'aube de la Révolution.*
HISTOIRE DU MOT Vient du latin *alba* qui signifie « blanc ».

2 aube n.f. Longue robe blanche que portent le prêtre et les enfants de chœur pendant la messe ; vêtement des premiers communiants.

3 aube n.f. • **Roue à aubes :** roue qui tourne parce que l'eau d'une rivière tombe sur ses palettes. *Certains moulins fonctionnaient avec des roues à aubes.*
HISTOIRE DU MOT Vient du latin *alapa* qui signifie « palette ».

roue à **aubes**

aubépine n.f. Arbrisseau épineux à fleurs printanières blanches ou roses, qui est souvent utilisé pour former des haies.
HISTOIRE DU MOT Vient du latin *alba spina*, « épine blanche ».

L'attribut

L'**attribut** est une fonction du nom, du pronom, de l'adjectif ou de l'adverbe. Il indique une qualité, un état ou une manière d'être. C'est un constituant du groupe verbal. Il se rapporte au nom par l'intermédiaire de certains verbes qui varient selon qu'il s'agit de l'**attribut du sujet** ou de l'**attribut du complément d'objet**. → VOIR **adjectif**.

fonctions	verbes	exemples
attribut du sujet	verbes d'état : *être, paraître, sembler, devenir, rester, demeurer…*	**Paul est** ***gentil.*** **Marie est devenue** ***institutrice.*** **Ce livre me paraît** ***bien.***
attribut du complément	verbes comme *croire, appeler, créer, faire, nommer, savoir, vouloir, trouver…*	**Il l'a trouvée** ***gentille.*** **On a nommé Paul** ***président.*** **Je juge ce livre** ***bien.***

A B C D E F G H I J K L M N O P Q R S T U V W X Y Z

auberge **n.f.** Petit hôtel-restaurant, en général à la campagne. *Ils descendirent à l'auberge pour se reposer.* • **Auberge de jeunesse :** maison où les jeunes peuvent se loger et se nourrir lorsqu'ils font des voyages. • **Auberge espagnole :** lieu où l'on mange ce qu'on apporte, où l'on ne dispose que de ce qu'on a apporté soi-même. • **Ne pas être sorti de l'auberge :** n'en avoir pas fini avec les difficultés. *Si tu t'arrêtes à chaque détail du rapport, tu n'es pas sorti de l'auberge.*

HISTOIRE DU MOT Vient d'un mot d'ancien français qui signifiait « héberger ».

aubergine **n.f.** Plante cultivée pour son fruit oblong et violacé que l'on consomme comme légume. *On met des aubergines dans la ratatouille.*

aubergines

aubergiste **n.** Personne qui tient une auberge.

aubette **n.f.** En Alsace, dans le Nord et en Belgique, kiosque à journaux ou abri sous lequel on attend le bus.

auburn **adj.invar.,** ✎ ***adj.*** *Des cheveux auburn* sont châtains avec des reflets roux.
▸ REM. On prononce [obœrn].

HISTOIRE DU MOT C'est un mot anglais qui signifie « brun-roux ».

aucun, e **adj. indéfini** et **pron. indéfini.** Personne, pas un. *Aucun de nous ne l'a vu entrer dans la maison. Elle est toujours toute seule, elle n'a aucune amie.* • **D'aucuns :** certains. *D'aucuns disent que la Méditerranée est dangereuse.*

audace **n.f.** ❶ Attitude de celui ou de celle qui entreprend quelque chose sans tenir compte des difficultés, des dangers. *Elle avait beaucoup d'audace, elle se lançait dans des opérations très risquées.* SYN. courage, hardiesse. ❷ Attitude effrontée, insolente. *Il a eu l'audace de me dire que j'étais en retard, lui qui oublie en général ses rendez-vous !* SYN. (Fam.) culot.

audacieux, euse **adj.** et **n.** Qui ne craint pas le danger, qui a de l'audace. *C'est un alpiniste audacieux, il a réussi des choses inimaginables.* SYN. intrépide, téméraire. ◆ **adj.** Qui est risqué, difficile et nécessite donc de l'audace. *Un projet audacieux* (= de grande envergure).

au-dedans (de) **adv.** et **prép.** À l'intérieur, à l'intérieur de. *Rentrez, il fera plus chaud au-dedans.*

au-dehors (de) **adv.** et **prép.** À l'extérieur, à l'extérieur de. *Vous êtes priés d'attendre au-dehors.*

au-delà (de) **adv.** et **prép.** Plus loin, plus loin que. *Il était en colère, ses paroles sont allées au-delà de sa pensée.* ◆ **au-delà** **n.m.invar.** • **L'au-delà :** dans certaines religions, ce qui fait suite à la vie terrestre ; le monde où l'on situe la vie future. *La peur de l'au-delà.*

au-dessous (de) **adv.** et **prép.** Plus bas, inférieur ; plus bas que, inférieur à. *Le thermomètre est descendu à six degrés au-dessous de zéro. Il est au-dessous de la moyenne.*

au-dessus (de) **adv.** et **prép.** Plus haut, supérieur ; plus haut que, supérieur à. *Les Dupond habitent au-dessus de chez nous. Cet élève est bien au-dessus de la moyenne.*

au-devant (de) **adv.** et **prép.** À la rencontre de. *Elles sont venues au-devant de nous pour nous accueillir.*

audible **adj.** Qu'on peut entendre. *Ses paroles étaient à peine audibles dans le bruit des machines.*

audience **n.f.** ❶ Entretien accordé par un supérieur ou une personnalité. *Demander une audience au ministre.* ❷ Séance d'un tribunal. *Plusieurs témoins ont été entendus au cours de l'audience.* ❸ L'ensemble des personnes qui écoutent une émission. *Le débat a eu une très forte audience.*

HISTOIRE DU MOT Vient du latin *audire* qui signifie « entendre ».

audio **adj.invar.,** ✎ ***adj.*** Qui concerne l'enregistrement ou la transmission des sons. • **Livre audio :** livre ou texte enregistré sur un objet informatique (disque compact, fichier à télécharger) afin de pouvoir être écouté.

audiovisuel, elle **adj.** Qui utilise le son et l'image. *Il a appris l'anglais par une méthode audiovisuelle.* ◆ **audiovisuel** **n.m.** L'ensemble des techniques qui associent le son et l'image, par exemple la télévision.

auditeur, trice **n.** Personne qui écoute une conférence, un cours, une émission de radio, etc. *Le conteur tenait ses auditeurs sous le charme de son récit.*

auditif, ive **adj.** Qui concerne l'oreille ou l'ouïe. *Ma grand-mère n'entend plus très bien, on lui a mis un appareil auditif* (= qui aide à entendre).

audition **n.f.** ❶ La capacité à entendre, bien ou mal. *Il souffre de troubles de l'audition.* ❷ Le fait d'entendre ce que quelqu'un a à dire. *Au cours d'un jugement, l'audition des témoins est importante pour avoir différentes versions des faits.* ❸ *Passer une audition*, pour un artiste, présenter son répertoire pour être engagé. *Son audition s'est bien passée, je crois qu'elle sera reçue au conservatoire d'art dramatique.*

auditoire n.m. L'ensemble des personnes qui écoutent un discours, un concert, qui assistent à un cours. *L'auditoire a été très attentif durant tout le temps du discours.* SYN. assemblée, public.

auditorium n.m. Salle spécialement conçue pour écouter ou enregistrer de la musique, des émissions de radio.
▸ REM. C'est un mot latin, on prononce [oditɔrjɔm].

auge n.f. Récipient dans lequel les animaux domestiques boivent et mangent. *Les auges de la porcherie.* • **Vallée en auge :** vallée d'origine glaciaire dont le fond est plat et les versants raides. *En France, la vallée de Chamonix est une vallée en auge.*

HISTOIRE DU MOT Vient du latin *alveus* qui signifie « récipient ».

augmentation n.f. ❶ Le fait d'augmenter. *L'augmentation du nombre de chômeurs inquiète tout le monde.* ❷ Hausse de salaire. *Les infirmières ont organisé une manifestation pour obtenir des augmentations.*

augmenter v. (CONJUG. 3). ❶ Rendre plus important ; accroître. *Si tu veux qu'on entende ta chanson, augmente le volume de la radio !* ❷ Devenir plus important, s'accroître. *Plus l'heure avançait, plus son inquiétude augmentait devant le retard de son fils.*

augure n.m. ❶ Dans l'Antiquité romaine, devin qui tirait des présages du chant et du vol des oiseaux, de l'appétit des poulets, etc. ❷ Le présage, la prédiction du devin. • **De bon, de mauvais augure :** qui laisse prévoir quelque chose de bien, de mauvais. *Ce matin, il est arrivé au travail souriant, c'est de bon augure pour le reste de la journée. Ces nuages sont de mauvais augure pour notre promenade en bateau !*
▸ REM. Ce nom est du masculin.

1 auguste adj. Qui est important et impose le respect. *Je suis fière de m'adresser à cette auguste assemblée.*
▸ REM. Ce mot appartient à la langue soutenue, mais il s'emploie souvent de façon ironique.

HISTOIRE DU MOT Vient du latin *augustus* qui signifie « consacré par les augures ». Le titre d'*Auguste* était conféré aux empereurs romains et leur donnait une dimension religieuse.

2 auguste n.m. Clown maquillé avec des couleurs violentes et habillé de façon ridicule. *L'auguste se moque souvent du clown blanc.*

aujourd'hui adv. ❶ Le jour où l'on est, ce jour. *Je vous avais dit de rendre votre rédaction aujourd'hui, demain je ne la prends plus ! Il n'a pas pu arriver hier, mais il sera là aujourd'hui.* ❷ L'époque où l'on vit, par opposition au passé et à l'avenir. *Aujourd'hui, on sait soigner la tuberculose.* CONTR. à l'avenir, autrefois.

aula n.f. En Suisse, grande salle dans un musée, une université, etc.

aulne ou **aune** n.m. Arbre qui pousse au bord de l'eau, qui ressemble au bouleau et peut atteindre 20 m de haut.
▸ REM. Les deux mots se prononcent [on].

aulx n.m.plur. → **ail**

aumône n.f. ❶ Don que l'on fait aux pauvres. *Il en est réduit à demander l'aumône aux passants pour vivre.* ❷ Ce qu'on accorde à quelqu'un dont on a pitié. *Après l'avoir ignoré pendant toute la réunion, elle lui a fait l'aumône d'un regard.* SYN. faveur.

HISTOIRE DU MOT Vient d'un mot grec qui signifie « pitié ».

aumônier n.m. Prêtre d'un établissement scolaire, d'une prison, d'un régiment, etc. *L'aumônier organise des débats avec les élèves.*

aune n.m. → **aulne**

auparavant adv. Avant le moment dont on parle. *Il est devenu gros et empâté alors qu'auparavant il était mince et beau.* SYN. avant. *Nous irons au cinéma, mais auparavant nous passerons chez ta tante* (= d'abord, dans un premier temps).

auprès de prép. ❶ À côté de, près de. *Il est resté auprès de sa femme durant toute sa maladie.* ❷ Comparé à, en comparaison de. *Mon accident n'est pas grave auprès du sien.* ❸ Aux yeux de, dans l'esprit de. *Avec son air ahuri, il passe pour un imbécile auprès de tous, alors qu'il est très malin.*

auquel → **lequel**

auréole n.f. ❶ Cercle qui entoure la tête des saints, de Jésus-Christ, dans les peintures, les sculptures chrétiennes. ❷ Cercle de lumière que l'on voit autour de certains astres, de certains objets. *L'auréole de la Lune, du Soleil.* ❸ Trace en forme de cercle laissée par un liquide ou quelque chose de gras sur du tissu, du papier, du bois. *Ce produit détache mal, il laisse des auréoles.*

HISTOIRE DU MOT Vient du latin *aureolus* qui signifie « en or ». L'auréole, au Moyen Âge, était représentée comme une couronne d'or.

auréoler v. (CONJUG. 3). Entourer comme d'une auréole. *Ses cheveux auréolaient son visage.* • **Être auréolé de gloire :** être considéré comme quelqu'un de glorieux, d'une grande valeur. *À Rome, César a été auréolé de gloire en raison de ses victoires.*

aulne

auriculaire **n.m.** Le cinquième doigt de la main, le petit doigt.

HISTOIRE DU MOT Vient du latin *auricula* qui signifie « petite oreille » : l'auriculaire est assez petit pour entrer dans l'oreille.

aurochs, ✎ ***auroch*** **n.m.** Bœuf sauvage noir, de grande taille, que l'on trouvait en Europe centrale et qui a aujourd'hui disparu.
▸ REM. On prononce [ɔʀɔk].

aurochs

aurore **n.f.** Le moment du jour où le soleil va se lever. *Comme nous avons un long voyage à faire, nous partirons à l'aurore. Homère parlait de « l'aurore aux doigts de rose » pour évoquer les couleurs de l'aurore.* • **Aurore polaire :** phénomène lumineux dans le ciel polaire. (On dit *aurore boréale* pour le pôle Nord, *aurore australe* pour le pôle Sud.) • (Familier) **Aux aurores :** très tôt le matin. *Je me suis levée aux aurores !*
▸ REM. À l'aurore, le ciel est rose, à l'aube il est encore blanc.

auscultation **n.f.** L'action d'ausculter. *Le stéthoscope est un appareil pour l'auscultation.*

ausculter **v.** (CONJUG. 3). Examiner avec soin un patient, un malade en écoutant les bruits qui se produisent à l'intérieur de son corps. *Le médecin ausculte son patient avec un stéthoscope.*

auspices **n.m.plur.** • **Bons ou mauvais auspices :** bons ou mauvais signes, qui permettent de prévoir si l'avenir sera heureux ou non. *Il est né sous de mauvais auspices.* • **Sous les auspices de :** sous la protection de. *Au Moyen Âge, un chevalier sous les auspices du roi ne craignait rien.*

HISTOIRE DU MOT Dans l'Antiquité romaine, les auspices étaient l'ensemble des présages tirés du vol des oiseaux ou de leur chant. *Être né sous de bons auspices*, c'était comme être né sous une bonne étoile, avoir de la chance.

aussi **adv.** ❶ Indique une égalité. *Charlotte est aussi grande que toi. Benoît a eu du gâteau au chocolat, moi aussi j'en veux !* ❷ Indique une addition. *Je voudrais emporter des livres et aussi quelques disques.* ❸ Marque l'intensité. *Aussi surprenant que cela paraisse, c'est pourtant vrai.* • **Aussi bien que :** de même que, de la même manière que. *Tu es aussi bien que moi au courant de cette histoire !* ◆ **aussi** **conj.** Par conséquent. *Je n'ai plus rien à te dire, aussi si tu veux partir, je ne te retiens pas !*

aussitôt **adv.** Immédiatement, sans attendre. *On l'a appelé et il est accouru aussitôt.* • **Aussitôt dit, aussitôt fait :** expression employée pour dire qu'on fait quelque chose immédiatement après l'avoir décidé. *« Aussitôt dit, aussitôt fait ! J'avais promis de laver ta voiture, c'est fait ! »* • **Aussitôt que :** dès que. *Elle est venue aussitôt qu'elle a pu.*

austère **adj.** Qui est sérieux, sévère, sans fantaisie. *Elle mène une vie austère, elle ne voit jamais personne. Cette pièce est austère, les murs sont nus, il n'y a aucune décoration.*

austérité **n.f.** Vie austère, sans plaisirs ni fantaisie, ou aspect austère, sévère de quelque chose. *Mon oncle s'était retiré dans une petite maison et il y vivait dans une grande austérité.*

austral, ale **adj.** (PLUR. : **australs** ou **austraux**). ❶ *L'hémisphère austral* est situé au sud de l'équateur. CONTR. boréal. ❷ Des régions proches du pôle Sud. *De nombreuses expéditions ont traversé les terres australes.*

HISTOIRE DU MOT Vient du latin *auster* qui désignait le vent du sud.

australien, enne **adj.** et **n.** D'Australie. *Le kangourou vit dans les steppes australiennes.*
▸ REM. Quand il désigne une personne, le mot prend une majuscule : *un Australien, une Australienne.*

australopithèque **n.m.** Primate apparu en Afrique il y a 4,2 millions d'années. *Les australopithèques sont des hominidés.* → VOIR AUSSI **hominidé, homininé** et **évolution** (planche).

ENCYCLOPÉDIE Les australopithèques, dont le squelette baptisé Lucy est le représentant le plus célèbre, mesuraient entre 1,10 m et 1,40 m. Parmi les différentes espèces d'australopithèques se trouve un ancêtre direct de l'espèce humaine. Les derniers australopithèques connus ont vécu il y a 1,8 million d'années.
→ VOIR noms propres : **Lucy**.

autant **adv.** ❶ Indique une quantité, un degré équivalents. *Il y a autant de cadeaux pour toi que pour Émilie. Cédric aime autant le rugby que le football.* ❷ Exprime une grande quantité, un haut degré. *Pourquoi manges-tu autant ?* SYN. tant, tellement. • **D'autant que** ou **d'autant plus que :** étant donné que, pour la raison supplémentaire que. *Je regrette vraiment d'être allé chez elle, d'autant que j'ai eu un accident en rentrant. J'espère que tu réussiras, d'autant plus que j'ai parié sur toi.* • **Pour autant :** pour cette raison, cependant. *Il a beau m'offrir plein de cadeaux, je ne lui pardonnerai pas pour autant !* (= ce n'est pas pour cela que je lui pardonnerai).

a b c d e f g h i j k l m n o x y z

autel n.m. ❶ Table, surface sur laquelle on dépose ce qu'on offre aux dieux. *Dans l'Antiquité, les hommes dressaient des autels avant les batailles pour y sacrifier des animaux au dieu de la Guerre.* ❷ Dans la religion chrétienne, table où l'on célèbre la messe.

auteur, e n. ❶ Personne qui crée une œuvre, qui écrit un livre, une pièce de théâtre, qui réalise un film, etc. *En classe, on étudie les grands auteurs comme Racine, Molière...* ❷ Personne qui est à l'origine de quelque chose ou qui est responsable d'un acte. *C'est elle, l'auteure de cette farce stupide !*

authenticité n.f. Le caractère authentique, vrai de quelque chose. *L'authenticité de ce document a été prouvée, vous ne pouvez pas dire qu'il est faux !*

authentique adj. ❶ Qui est vrai, qui n'est ni une copie ni un faux. *Croyez-moi, ce certificat est authentique, ce n'est pas un faux !* ❷ Qui est vrai, qui n'est pas une simulation. *Sa joie était authentique !* SYN. sincère.

autisme n.m. Trouble mental de certains enfants repliés sur eux-mêmes, qui ne parlent pas et ne communiquent pas avec les autres.

autiste adj. et n. Qui est atteint d'autisme. *Les enfants autistes arrivent parfois à faire de très beaux dessins, c'est une manière pour eux de s'exprimer.*

auto n.f. Abréviation de *automobile.*

autobiographie n.f. L'histoire de la vie d'une personne, sa biographie, écrite par elle-même. *Aujourd'hui, de nombreux acteurs écrivent leur autobiographie pour raconter tout ce qui leur est arrivé.*

HISTOIRE DU MOT Vient du grec *autos*, qui signifie « soi-même », *bios*, qui signifie « vie », et *graphein*, qui signifie « écrire ».

autobus n.m. Grand véhicule qui transporte les personnes dans les villes et les banlieues. *L'autobus et le métro sont des transports en commun.*
▸ REM. En France, on emploie le plus souvent l'abréviation *bus.*

autocar n.m. Grand véhicule qui sert au transport des voyageurs d'une ville à une autre ou pour le tourisme. *On peut faire le tour de Paris en autocar pour avoir un aperçu de tous les monuments de la ville.*
▸ REM. On emploie le plus souvent l'abréviation *car.*

autocaravane n.f. Mot qu'il est recommandé d'employer à la place de *camping-car.*

autochtone adj. et n. Originaire du pays qu'il habite, que ses ancêtres ont aussi habité. *Antoine n'est pas un autochtone, ses parents sont d'origine anglaise et sont venus habiter en France alors qu'il avait trois ans.*
▸ REM. 1. Le *-ch-* se prononce [k]. 2. Au Canada, ce mot désigne principalement les Amérindiens.

autocollant, e adj. Qui colle tout seul. *Les enveloppes autocollantes sont pratiques, il n'est pas nécessaire de les humecter !* ◆ **autocollant** n.m. Image autocollante. *Il a mis beaucoup d'autocollants sur sa voiture.*

autocuiseur n.m. Récipient qui permet de cuire les aliments rapidement, sous pression, grâce à la vapeur. *La Cocotte-Minute est le nom que l'on donne couramment à l'autocuiseur, mais c'est une marque d'autocuiseur.*

autodafé n.m. Destruction par le feu. *Un autodafé de livres censurés.*

HISTOIRE DU MOT Vient du portugais *auto da fé* qui signifie « acte de foi ».

autodéfense n.f. Le fait de se défendre tout seul, en usant de ses propres moyens.

autodictée n.f. Exercice pratiqué à l'école, qui consiste à réécrire un texte de quelques lignes appris par cœur.

autodidacte n. Personne qui a appris toute seule, sans l'aide d'un professeur. *Boris sait beaucoup de choses mais il n'a jamais fait d'études, c'est un autodidacte.*

HISTOIRE DU MOT Vient du grec *autos*, « soi-même », et *didaskein*, « instruire ».

autodiscipline n.f. La discipline, les règles de conduite qu'on s'impose à soi-même.

auto-école (PLUR. : auto-écoles), ✎ ***autoécole*** n.f. École où l'on apprend à conduire une automobile. *Quand j'ai eu dix-huit ans, je me suis inscrit dans une auto-école pour passer le permis.*

autofocus adj. et n.m. *Un appareil photo autofocus* dispose d'une mise au point automatique.

autographe adj. Qui est écrit de la main même de l'auteur. *Une lettre autographe de Vincent Van Gogh vaut très cher de nos jours.* ◆ n.m. Signature ou écrit d'une personne célèbre. *Rémy a une collection impressionnante d'autographes de chanteurs !*

HISTOIRE DU MOT Vient du grec *autos*, qui signifie « soi-même », et *graphein*, qui signifie « écrire ».

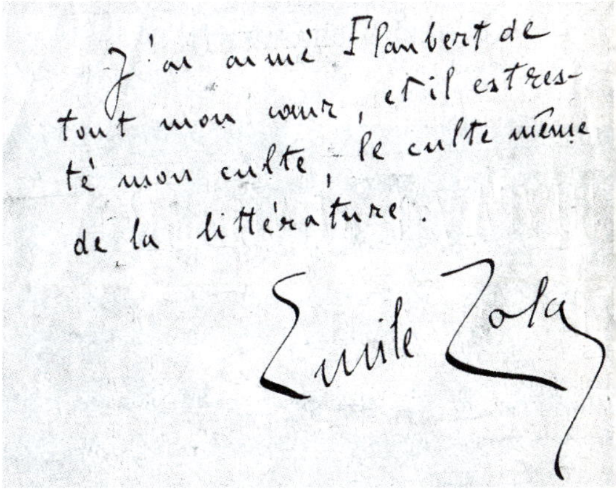

autographe de l'écrivain Émile Zola

automate n.m. ❶ Objet représentant souvent un personnage ou un animal, et qui est mis en mouvement par un mécanisme. *Dans les vitrines, à Noël, des automates jouaient de tous les instruments.* ❷ Personne qui agit sans réfléchir, comme une machine.

La nouvelle l'avait tellement frappée qu'elle marchait dans la rue comme un automate. ❸ En Suisse, distributeur automatique.

automatique adj. ❶ Qui fonctionne grâce à des moyens mécaniques, électriques. *Attention à la fermeture automatique des portières, le train va partir !* ❷ Qui se fait sans qu'on y pense. *Il fait le même métier depuis si longtemps que ses gestes sont devenus automatiques, il ne réfléchit plus !* ❸ Qui se produit régulièrement, sans qu'on ait à intervenir. *Ne t'inquiète pas, le renouvellement de ton abonnement au club est automatique !*

automatiquement adv. De manière automatique. *Quand le moteur de la voiture chauffe trop, le ventilateur se met automatiquement en marche pour le refroidir.*

automatisation n.f. Le fait d'automatiser un travail. *L'automatisation de certaines tâches dans les usines a rendu le travail des hommes moins pénible.*

automatiser v. (CONJUG. 3). Transformer un geste, un travail qui se font à la main en un geste, un travail qui se font avec une machine, un robot. *Dans l'industrie automobile, on a automatisé la chaîne de montage des véhicules.*

automatisme n.m. Ce qu'on fait sans réfléchir, par habitude ou parce qu'on l'a appris. *Accorder le participe passé avec le verbe « être » doit devenir pour vous un automatisme !*

automnal, ale, aux adj. De l'automne. *Le colchique est une fleur automnale.*
▸ REM. On ne prononce pas le *-m-*.

automne n.m. ❶ La saison qui suit l'été et précède l'hiver. *L'automne commence le 22 ou le 23 septembre et finit le 21 ou le 22 décembre.* ❷ *L'automne de la vie* est une expression poétique qui désigne la vieillesse. *À l'automne de sa vie, elle découvrit le plaisir d'être grand-mère.*
▸ REM. On ne prononce pas le *-m-*.

départ d'une course d'**automobiles**

automobile n.f. Véhicule à quatre roues et à moteur, qui sert au transport des personnes. *Il pleut, tu devrais prendre l'automobile plutôt que d'aller à pied.* SYN. voiture. ◆ **adj.** ❶ Qui se déplace grâce à un moteur. *Voiture, véhicule automobiles.* ❷ Qui concerne l'automobile, la voiture. *Sport automobile. Industrie automobile.*

HISTOIRE DU MOT Vient du grec *autos*, qui signifie « soi-même », et du latin *mobilis*, qui signifie « qui se déplace, qui bouge ».

ENCYCLOPÉDIE Les premières automobiles étaient à vapeur. En 1887, les Français Albert de Dion et Léon Serpollet mettent au point le *tricycle de Dion*, plus léger et pouvant atteindre 60 km/h. Mais la première automobile moderne, avec un moteur à explosion, apparaît en 1886 grâce aux travaux de l'Allemand Carl Benz. La construction en France en 1890 de la première voiture d'Armand Peugeot marque le début de l'industrie automobile.

automobiliste n. Personne qui conduit une automobile.

autonome adj. ❶ Qui a une certaine indépendance, qui est capable de décider et d'agir seul. *À dix ans, Adrien était déjà autonome, il savait aller tout seul au football et même se faire cuire un œuf !* ❷ Qui s'administre, se gère, se développe par ses propres moyens, sans dépendre d'autres organismes. *Une université autonome.*

autonomie n.f. ❶ Le fait d'être autonome, indépendant, de pouvoir décider seul. *Certains Corses réclament l'autonomie politique de la Corse. Organise ton travail tout seul et fais preuve d'autonomie !* ❷ La distance ou le temps durant lesquels un véhicule à moteur peut se déplacer sans être réapprovisionné en carburant. *Cet hélicoptère a une autonomie d'environ quatre heures.*

autonomiste n. et adj. Personne qui souhaite l'autonomie politique d'un pays, d'une région. *Des autonomistes basques, bretons, corses, québécois.*

autoportrait n.m. Portrait d'un artiste fait par lui-même. *Van Gogh a peint de nombreux autoportraits, dont le plus célèbre est l'« Autoportrait à l'oreille coupée ».*

autopsie n.f. Examen d'un cadavre pour déterminer les causes de la mort. *L'autopsie devrait révéler s'il s'agit d'une mort naturelle ou d'un empoisonnement.*

autoradio n.m. Poste de radio destiné à être fixé dans une automobile.

autorail n.m. Type de train en général équipé d'un moteur Diesel et destiné au transport des voyageurs.

autorisation n.f. ❶ Accord, permission donnés par ceux dont on dépend. *Je ne peux pas venir chez toi, je n'ai pas l'autorisation de mes parents.* ❷ Document qui autorise quelque chose. *Demander une autorisation de sortie du territoire.*

autoriser v. (CONJUG. 3). ❶ Donner son accord, permettre. *Si tu m'autorises à parler, je te dirai ce que je pense. Vous ne pouvez pas vous garer ici, ce n'est pas autorisé* (= c'est interdit). ❷ Rendre possible quelque chose. *Ce n'est pas parce que tu es plus âgé que cela t'autorise à me parler sur ce ton !*

autoportrait : portrait du peintre Paul Gauguin par lui-même (1893-1894)

autoritaire **adj.** Qui montre de l'autorité, qui impose sa volonté sans permettre qu'on s'y oppose. *Son ton est tellement autoritaire que personne n'ose lui répondre. Dans les régimes autoritaires, les journalistes ne peuvent pas écrire librement.*

autoritairement **adv.** Avec autorité, sans donner le choix.

autorité **n.f.** ❶ Le pouvoir de commander, d'imposer l'obéissance. *Les élèves sont sous l'autorité du principal du collège.* ❷ Ce qui permet à quelqu'un de se faire obéir sans obligation, par respect. *Elle a une autorité naturelle, tout le monde lui obéit sans qu'elle ait besoin de se fâcher.* • **Autorité parentale :** celle du père et de la mère sur leurs enfants jusqu'à leur majorité. • **D'autorité :** de manière autoritaire, sans consulter personne. *Il a été désigné d'autorité pour cette mission à l'étranger.* • **Faire autorité :** être reconnu par tous dans un domaine particulier. *Son ouvrage sur les Indiens d'Amérique du Nord fait autorité.*

autoroute **n.f.** Large route à plusieurs voies, sans croisement ni passage à niveau. *Les autoroutes permettent de faire des centaines de kilomètres sans s'arrêter.*

autoroutier, ère **adj.** Qui concerne les autoroutes. *Ce pays a un bon réseau autoroutier* (= il est bien équipé en autoroutes).

autosatisfaction **n.f.** La satisfaction qu'on a de soi-même. *Quel vaniteux ! il fait toujours de l'autosatisfaction !*

auto-stop, ✎ ***autostop*** **n.m.sing.** • **Faire de l'auto-stop :** faire signe à un véhicule de s'arrêter en levant le pouce pour se faire transporter gratuitement. *Sa mère lui a interdit de faire de l'auto-stop, elle dit que c'est trop dangereux !*
▸ REM. Au Canada, on dit *faire du pouce.*

auto-stoppeur, euse (PLUR. : auto-stoppeurs, euses), ✎ ***autostoppeur, euse*** **n.** Personne qui fait de l'auto-stop. *Elle a pris une auto-stoppeuse qui lui a tenu compagnie.*

autour (de) **adv.** et **prép.** ❶ Dans l'espace qui entoure, qui environne quelque chose ou quelqu'un. *La Lune tourne autour de la Terre et la Terre tourne autour du Soleil.* ❷ Auprès de, à côté de. *Elle est très séduisante, il y a toujours des hommes autour d'elle !*
▸ REM. Au mot *autour* correspond l'élément tiré du grec *péri-* que l'on retrouve dans des mots comme *périmètre, périphrase, périphérique.*

autre **adj.** et **pron. indéfini.** ❶ Qui n'est pas le même individu, pas la même chose, qui est différent. *Ce n'est pas lui, c'est un autre homme qui a fait le hold-up. Mets un autre pantalon, celui-là est taché ! Il est égoïste, c'est d'abord lui et après les autres ! « Tu préfères le tennis ou le squash ? – Je n'aime ni l'un ni l'autre ! »* ❷ Qui vient en plus ; supplémentaire. *Je reprendrais bien une autre pomme.* • **Sans autre :** expression suisse qui signifie « avec simplicité, sans faire de façons ».
▸ REM. Au mot *autre* correspond l'élément tiré du grec *hétéro-* que l'on retrouve dans *hétérogène.*

autrefois **adv.** Il y a longtemps, dans le passé. *Autrefois, à la campagne, on faisait de longues veillées devant le feu qui brûlait dans la cheminée.*
▸ REM. *Autrefois* et *jadis* signifient « il y a fort longtemps », *naguère* s'emploie pour un passé plus récent.

autrement **adv.** ❶ D'une autre manière, différemment. *La prochaine fois, tu t'habilleras autrement, les robes, ce n'est pas pratique pour faire du vélo.* ❷ Sinon, dans le cas contraire. *Prends un parapluie, autrement tu seras mouillée !* • **Autrement dit :** en d'autres termes. *Je suis aphone, autrement dit j'ai une extinction de voix.*

autre part **adv.** → **part**

autrichien, enne **adj.** et **n.** D'Autriche. *Les valses autrichiennes.*
▸ REM. Quand il désigne une personne, le mot prend une majuscule : *un Autrichien, une Autrichienne.*

autruche **n.f.** Oiseau de grande taille, qui court très vite mais qui ne peut voler en raison de ses ailes très petites. • (Familier) **Avoir un estomac d'autruche :** digérer n'importe quel aliment sans difficulté. • **La politique de l'autruche :** l'attitude de celui qui refuse de voir un danger, comme l'autruche qui, selon la légende, se met la tête dans le sable en cas de menace.

ENCYCLOPÉDIE Les autruches sont les plus grands oiseaux actuels. Elles vivent par bandes en Afrique et au Proche-Orient où elles se nourrissent de végétaux. Leurs pattes fortes (à deux orteils) leur permettent de courir très vite. Les plumes d'autruche sont travaillées pour la haute couture ; les plus belles sont les plumes des mâles.

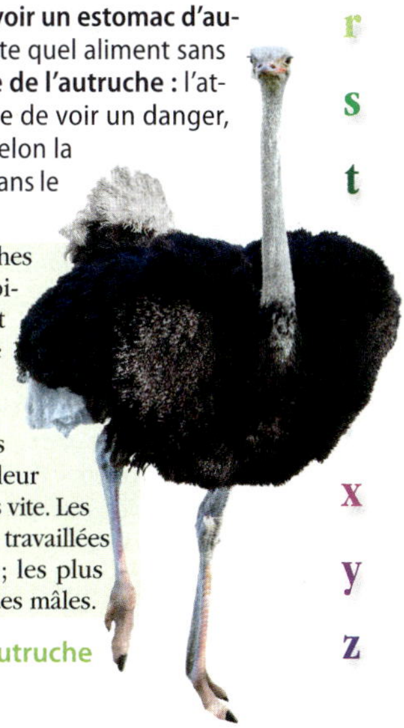

autruche

autrui **pron. indéfini.** Toute autre personne que soi. *Ne reproche pas à autrui ce que tu fais toi-même.*

auvent **n.m.** Petit toit en avant d'un mur, protégeant de la pluie.

auvergnat, e **adj.** et **n.** De l'Auvergne. ▸ REM. Quand il désigne une personne, le mot prend une majuscule : *un Auvergnat, une Auvergnate.*

aux → **à**

auxiliaire **adj.** Qui n'est pas indispensable mais qui peut servir en cas de besoin. *Quand il n'y a pas de vent, le voilier peut avancer grâce à son moteur auxiliaire.* ◆ **n.m.** ❶ En grammaire, verbe qui sert à former les temps composés des verbes. *« Avoir » et « être » sont des auxiliaires : le passé composé du verbe « chanter » s'écrit « j'ai chanté » ; celui du verbe « partir », « je suis parti ».* → VOIR encadré ci-contre. ❷ Soldat étranger qui combattait dans l'armée romaine.

HISTOIRE DU MOT Vient d'un mot latin qui signifie « secours ».

auxquels, auxquelles → **lequel**

avachi, e **adj.** Qui n'a plus de forme. *Il faut que tu t'achètes de nouvelles chaussures, les tiennes sont tout avachies !*

s'avachir **avachissant, avachi v.pron.** (CONJUG. 16). ❶ Perdre sa forme, devenir mou. *Cette veste est de mauvaise qualité, elle s'est vite avachie.* ❷ Se laisser aller. *Quand il rentre chez lui, il s'avachit sur un canapé au lieu de faire ses devoirs.*

1 aval **n.m.** *L'aval*, c'est la partie d'un cours d'eau qui est du côté de l'embouchure ou la partie d'une montagne qui est du côté de la vallée par rapport à l'endroit où l'on se trouve. *Un bateau qui se dirige vers l'aval descend le courant. Le ski aval est le ski qui se trouve du côté de la vallée quand on est en travers de la pente.* CONTR. amont.

2 aval **n.m.** (PLUR. : **avals**). • **Donner son aval :** apporter son soutien, donner son accord. *Elle n'osera pas se lancer dans sa recherche si le professeur ne lui donne pas son aval.*

avalanche **n.f.** Importante masse de neige qui se détache d'une montagne et qui dévale la pente, en entraînant des pierres, de la boue. *Il y a des risques d'avalanche, ne skiez pas hors des pistes.* • **Une avalanche de :** indique une grande quantité. *Il est débordé, il croule sous une avalanche de dossiers !*

avaler **v.** (CONJUG. 3). ❶ Faire descendre de la bouche dans l'estomac par le gosier. *Elle a tout avalé d'un trait et elle a failli s'étrangler.* SYN. absorber. ❷ Attirer, aspirer, absorber quelque chose. *Le gros aspirateur avalait la poussière avec une rapidité étonnante.* ❸ (Familier) Admettre, croire ou accepter quelque chose. *Aglaé croit tout ce qu'on lui raconte, on peut lui faire avaler n'importe quoi !*

avance **n.f.** ❶ Distance qu'on parcourt avant quelqu'un d'autre ; chose que l'on fait avant le moment prévu ou avant les autres. *Marie va gagner la course, elle a une avance de deux mètres sur sa concurrente ! J'ai pris de l'avance pour mes devoirs, je peux aller au cinéma.* ❷ Somme d'argent que l'on verse avant la date du paiement ; somme d'argent que l'on prête à quelqu'un. *Verser une avance. Demander une avance.* • **À l'avance, d'avance, en avance :** indiquent que quelque chose se fait avant un moment quelconque. *À l'avance je vous remercie de votre aide. Pierre est arrivé en avance.* CONTR. en retard. • **En avance :** se dit de quelqu'un qui a davantage progressé que les autres par rapport à son âge. *Aline est en avance pour son âge, à cinq ans elle sait déjà lire.* • **Faire des avances à quelqu'un :** lui faire comprendre qu'on veut obtenir sa sympathie, son affection ou son amour.

Les **auxiliaires**

▪ Les auxiliaires **avoir** et **être** servent à former les temps composés de la conjugaison. L'auxiliaire **être** s'emploie aussi pour construire la voix passive.

➤ **Avoir** s'emploie

– avec tous les verbes transitifs	**Il *a* lu ce livre.**
– avec certains verbes intransitifs	**Il *a* couru.**
– avec le verbe *être*	**Il *a* été malade.**

➤ **Être** s'emploie

– avec certains verbes intransitifs	**Je *suis* arrivé.**
– pour construire la voix passive	**La souris *est* mangée par le chat.**
– avec tous les verbes pronominaux	**Il *s'est* aperçu de son erreur.**

▪ Le verbe **aller** s'emploie comme auxiliaire pour exprimer le futur proche : **Je *vais* partir.**

avancé, e **adj.** ❶ Qui est en avance. *Elle est très avancée pour son âge, à cinq ans elle sait déjà lire.* ❷ Qui est à la pointe du progrès. *Ce sont là des techniques très avancées.*

avancée **n.f.** ❶ Mouvement, marche en avant, progrès. *Grâce aux avancées de la médecine, on guérira vite cette maladie.* ❷ Partie qui s'avance, qui dépasse un alignement. *L'avancée du toit protège le mur de la pluie.*

avancement **n.m.** ❶ La façon dont quelque chose progresse, va vers son achèvement. *L'avancement des travaux n'est pas aussi rapide que j'espérais.* SYN. progression. ❷ Poste supérieur, promotion que l'on obtient dans son travail. *Il a fourni un travail sérieux et considérable ; c'est ce qui lui a valu son avancement.*

avancer **avançant, avancé v.** (CONJUG. 4). ❶ Aller de l'avant, progresser. *Avancez plus vite si vous voulez qu'on soit à l'heure ! Il n'avance pas vite dans ses études, à quatorze ans, il est encore en sixième !* ❷ Indiquer une heure plus tardive que l'heure réelle. *Ma montre avance, elle indique 3 h 30 alors qu'il n'est que 3 h.* ❸ Porter, placer en avant dans l'espace. *Elle lui a avancé une chaise pour qu'il se repose. Il a avancé la main pour attraper la tasse au bord de la table.* ❹ Décider que quelque chose arrivera avant le temps prévu. *Nous vous quittons demain, nous avons avancé la date de notre départ.* ❺ Proposer, mettre en avant. *L'idée que tu as avancée est intéressante, nous l'étudierons.*

❻ Prêter de l'argent. *Je vais t'avancer dix euros pour que tu puisses aller au cinéma.* ◆ **s'avancer v.pron.** ❶ Aller vers quelque chose ou quelqu'un. *Quand il s'est avancé vers moi, je l'ai reconnu.* ❷ Oser dire ou faire des choses sans prendre de précautions, en prenant des risques. *Ne t'avance pas trop, tu ne sais pas si tu pourras vraiment venir le voir.*

1 avant prép. et **adv.** Indique que quelque chose ou quelqu'un précède quelque chose ou quelqu'un d'autre, dans le temps, dans l'espace ou dans une série. CONTR. après. *Lundi vient avant mardi. Ce n'est pas cette rue, c'est la rue d'avant* (= la rue précédente). *Nous allons chez Fanny, mais nous passerons prendre Loïc avant* (= d'abord). *Cela s'est passé deux jours avant* (= plus tôt). *A est avant B dans l'alphabet.* ● **Avant tout :** tout d'abord, en premier lieu, ou principalement. *C'est avant tout un chercheur.* ◆ **avant de prép., avant que conj.** Indiquent qu'une action se passe avant une autre. *Vérifie que tu as la clé avant de fermer la porte, avant que tu ne fermes la porte.*
▸ REM. 1. 1. *Avant que* est suivi du subjonctif. 2. Au mot *avant* correspondent les éléments tirés du latin *pré-*, que l'on retrouve dans des mots comme *prévoir, préfabriqué*, etc., et *anté-*, que l'on retrouve dans des mots comme *antécédent, antérieur*, etc.

2 avant n.m. ❶ Le côté, la direction, la partie qui sont devant soi, dans le sens de la marche. CONTR. arrière. *S'installer à l'avant d'une voiture. L'avant d'un bateau.* SYN. proue. CONTR. arrière, poupe. ❷ Au football ou au rugby, joueur qui est devant les autres, sur la ligne d'attaque. *Les avants d'une équipe.* ● **Aller de l'avant :** avancer, continuer dans sa progression. ● **En avant :** dans le sens de la marche ; à une certaine distance devant. *Faire trois pas en avant.* ◆ **adj.invar.** ❶ Qui est situé devant, à l'avant de quelque chose. *Les pneus avant de l'automobile sont dégonflés.* ❷ Qui permet de se diriger vers l'avant ou d'agir sur l'avant d'un véhicule. *La marche avant d'une automobile. La roue avant et le frein avant d'une bicyclette.*

3 avant-. Mot le plus souvent invariable qui s'emploie dans la formation de mots composés, tous avec trait d'union.
▸ REM. On écrit des *avants-centres* mais des *avant-bras*, des *avant-premières*...

avantage n.m. ❶ Ce qui donne une supériorité, un privilège. *Habiter près de son travail est un avantage, on perd moins de temps dans les transports.* CONTR. désavantage, inconvénient. *Elle a l'avantage de parler plusieurs langues.* CONTR. handicap. ❷ La supériorité qu'une personne, une équipe a sur une autre. *Notre équipe a pris l'avantage dès la deuxième épreuve.* ❸ *Se mettre, être à son avantage*, c'est se mettre en valeur, être dans une situation plus favorable que d'autres. *À l'oral, elle est à son avantage, car elle sait bien s'exprimer.*

avantager avantageant, avantagé v. (CONJUG. 5). ❶ Donner un avantage à quelqu'un, le favoriser. *Ce n'est pas juste, tu as avantagé Cyril à la course, tu l'as laissé partir trois secondes avant moi !* ❷ Mettre en valeur. *Sa robe l'avantage.*

avantageusement adv. D'une manière favorable, avantageuse. *Ce manteau remplacera avantageusement ton imperméable.*

avantageux, euse adj. Qui procure, qui offre un avantage. *Il est plus avantageux d'acheter certains produits par grosses quantités.*

avant-bras n.m.invar. La partie du bras qui va du coude au poignet.

avant-centre n. (PLUR. : avants-centres). Au football, le joueur qui est placé au centre de la ligne d'attaque.

avant-coureur adj.m. (PLUR. : avant-coureurs). ● **Signe avant-coureur :** ce qui annonce quelque chose qui va se passer bientôt. *Ces petites fleurs sont les signes avant-coureurs du printemps.* SYN. annonciateur.

avant-dernier, ère adj. et **n.** (PLUR. : avant-derniers, ères). Qui vient juste avant le dernier. *Il est l'avant-dernier de sa classe.*

avant-garde n.f. (PLUR. : avant-gardes). La partie d'une armée qui est en avant du reste de la troupe. *L'avant-garde a très vite repéré l'ennemi.* ● **D'avant-garde, à l'avant-garde :** en avance sur son temps, à la pointe du progrès, très moderne. *Des idées d'avant-garde. Une technique à l'avant-garde de l'informatique.*

avant-goût (PLUR. : avant-goûts), ✎ ***avant-gout*** (PLUR. : *avant-gouts*) **n.m.** Première impression, agréable ou désagréable, qui donne déjà l'idée de quelque chose. *Dès que je suis arrivée, l'odeur de la mer m'a donné un avant-goût des vacances.*

avant-hier adv. Le jour qui se situe deux jours avant le jour où l'on parle. *Ils sont partis avant-hier et hier j'ai fait tout le ménage.*
▸ REM. Au mot *avant-hier* correspond dans un récit le nom *avant-veille* : *La veille était un mardi, l'avant-veille était donc un lundi.*

avant-midi n.m.invar. ou **n.f.invar.**, ✎ ***n.m.*** (PLUR. : *avant-midis*). Au Canada, synonyme de matinée.

avant-première n.f. (PLUR. : avant-premières). Présentation d'un film, d'un spectacle à des journalistes ou à des invités avant la première représentation publique. *Paul est journaliste, il peut voir les films en avant-première.*

avant-propos n.m.invar. Présentation, introduction au début d'un livre.

avant-scène n.f. (PLUR. : avant-scènes). Au théâtre, la partie de la scène qui est devant le rideau ; les loges qui sont près de la scène.

avant-veille n.f. (PLUR. : avant-veilles). Le jour qui se situe avant la veille, deux jours avant le jour dont il est question. *C'était un mardi, l'avant-veille était un dimanche.* → VOIR AUSSI **avant-hier.**

avare n. et **adj.** Personne qui aime l'argent, les richesses et les garde sans les dépenser. *Elle ne te prêtera jamais d'argent, elle est trop avare. Dans « l'Avare », de Molière, le personnage principal de la pièce est un*

A B C D E F G H I J K L M N O P Q R S T U V W X Y Z

vieil avare qui se nomme Harpagon. ◆ **adj.** *Être avare de quelque chose*, c'est le garder pour soi, ne pas le donner. *Il est avare de compliments, il ne te dira pas qu'il est satisfait de ton travail.*
▸ REM. Il existe un autre mot : *avaricieux*, qu'on emploie surtout à l'écrit.

l'Avare de Molière
(affichette de spectacle)

avarice n.f. L'attitude d'une personne qui aime anormalement les richesses et ne veut pas les dépenser. « *Je dis que la peste soit de l'avarice et des avaricieux* » (*l'Avare*, Molière).

avarie n.f. Dégât, sur un navire, un véhicule ou sur les marchandises qu'ils transportent. *Le bateau a subi une grosse avarie au cours de la tempête, il a dû rester au port deux semaines pour être réparé.*
HISTOIRE DU MOT Vient d'un mot arabe qui signifie « dommages ».

avarié, e adj. *Un aliment avarié* a commencé à se gâter, à pourrir.

avatar n.m. ❶ Au sens propre, tout changement dans le sort de quelqu'un ou de quelque chose. *Le projet de loi est passé par de nombreux avatars avant d'être voté.* ❷ Au sens courant, tout événement fâcheux, tout incident. *Les avatars d'un voyage.*
HISTOIRE DU MOT Dans la religion hindoue, le dieu Vishnou, lorsqu'il se rend sur terre, revêt la forme d'un homme ou d'un animal ; chacune de ces formes s'appelle *avatara*. D'où le mot *avatar*.

avec prép. ❶ Indique l'accompagnement, l'équipement, le moyen, la manière. *Il vient avec sa sœur. Une voiture avec un moteur Diesel. Couper avec des ciseaux. Marcher avec peine.* ❷ Indique que quelque chose arrive ou se fait en même temps que quelque chose d'autre. *Se lever avec le jour.* ❸ Indique une relation, et en particulier un accord. *Être gentil avec tout le monde* (= envers, à l'égard de). *Nous sommes avec toi.* CONTR. contre.
▸ REM. Au mot *avec* correspond l'élément tiré du latin *co-* que l'on retrouve dans *copropriétaire, cohabiter*, etc.

avenant, e adj. Qui plaît par son air, sa grâce. *Elle est toujours agréable, c'est une personne très avenante !*
▸ REM. Ce mot appartient à la langue soutenue.

avènement n.m. ❶ L'accession au pouvoir suprême. *L'avènement de Louis XIV, roi de France, eut lieu alors qu'il n'avait que cinq ans.* ❷ L'arrivée, l'établissement de quelque chose d'important. *L'avènement d'une ère de prospérité.*

avenir n.m. ❶ Le temps futur, ce qui va arriver. *Les voyantes prétendent voir l'avenir dans des boules de cristal.* CONTR. passé. ❷ Situation future de quelqu'un, réussite future de quelque chose. *Travaille bien en classe, songe à ton avenir ! Son affaire n'a aucun avenir, il perd trop d'argent !* • **À l'avenir :** à partir de maintenant. *À l'avenir, vous ne sortirez plus sans mon autorisation.* SYN. désormais, dorénavant. • **D'avenir :** qui aura de l'importance dans le futur. *Un métier d'avenir.*

avent n.m. La période de quatre semaines avant Noël, pendant laquelle l'Église catholique se prépare à la fête de la Nativité.
▸ REM. Ne pas confondre avec *avant*.
HISTOIRE DU MOT Vient d'un mot latin qui signifie « arrivée ».

aventure n.f. ❶ Ce qui arrive de manière imprévue, surprenante ; événement peu habituel. *Un roman plein d'aventures passionnantes. Il m'est arrivé une drôle d'aventure.* SYN. histoire. ❷ Toutes les activités qui comportent des risques. *Pascal aime partir dans des pays lointains et dangereux, il aime l'aventure.* • **À l'aventure :** au hasard, sans but fixé. *Quand elle fait un voyage, elle ne réserve aucun hôtel, elle part à l'aventure.* • **D'aventure :** par hasard. *Si d'aventure tu le rencontres, tu lui transmettras mes amitiés.* • **Dire la bonne aventure :** prédire l'avenir.

s'aventurer v.pron. (CONJUG. 3). Se risquer quelque part. *Ne t'aventure pas trop loin sur le chemin, il fait déjà nuit !*

aventureux, euse adj. ❶ Qui aime l'aventure, qui prend des risques. *C'est un homme aventureux, il entreprend toujours de nouvelles choses.* SYN. audacieux. ❷ Plein d'aventures, de risques. *Les cow-boys menaient une vie aventureuse dans le Far West.* SYN. dangereux, périlleux.

aventurier, ère n. Personne qui recherche l'aventure, le risque, le danger.

avenue n.f. Dans une ville, rue large et longue, souvent bordée d'arbres.

s'avérer v.pron. (CONJUG. 9, ✎ 10). Se révéler à l'usage, à l'expérience. *Décidément, cet exercice s'avère trop* *difficile pour moi ! Je lui ai acheté un livre, mais il s'est avéré qu'il l'avait déjà.*

HISTOIRE DU MOT Vient du latin *verus*, « vrai » ; *s'avérer* signifiait « se trouver être vrai ».

averse n.f. Pluie ou neige qui tombe soudainement et ne dure pas longtemps.

HISTOIRE DU MOT Vient de *pleuvoir à verse*, comme si quelqu'un versait de l'eau.

aversion n.f. Sentiment de dégoût profond, grande répulsion. *J'ai de l'aversion pour l'hypocrisie et la vanité.* SYN. répugnance.

averti, e adj. Qui est au courant, prévenu. *« Un homme averti en vaut deux » est un proverbe. Ces films sont destinés à un public averti.* SYN. avisé, informé.

avertir avertissant, averti v. (CONJUG. 16). Informer quelqu'un pour qu'il fasse attention. *Je vous avais avertis du danger de vous baigner à cet endroit ; vous avez failli vous noyer !* SYN. prévenir.

avertissement n.m. ❶ Ce qu'on dit pour avertir quelqu'un. *Elle a négligé nos avertissements, et maintenant elle le regrette.* ❷ Petit texte au début d'un livre, d'un film pour attirer l'attention sur certains points.

avertisseur n.m. Appareil qui émet un signal pour avertir d'un danger. *L'avertisseur sonore d'une voiture est couramment appelé « Klaxon ».*

aveu n.m. Le fait d'avouer quelque chose. *Je vais vous faire un aveu, je n'ai pas lu votre livre. Après qu'il lui eut fait l'aveu de son amour, il n'osa plus la revoir.* • **Passer aux aveux :** avouer sa culpabilité. *Le criminel est passé aux aveux après de longs interrogatoires.*

aveuglant, e adj. Qui aveugle, qui éblouit. *Je suis obligée de mettre mes lunettes de soleil, la lumière est aveuglante ici !*

aveugle adj. ❶ Qui ne voit pas, qui est privé de la vue. *Sa grand-mère ne peut plus coudre, elle devient aveugle.* ❷ Qui est incapable de bien juger, qui ne voit pas la réalité. *La passion le rend aveugle ! Laure a une confiance aveugle en Lucie.* ◆ **n.** Personne privée de la vue. SYN. non-voyant.

HISTOIRE DU MOT Vient du latin *ab oculis* qui signifie « privé d'yeux ».

aveuglement n.m. État de celui dont la raison, le jugement sont troublés. *Dans l'aveuglement de la colère, il ne s'est pas rendu compte que plus personne ne l'écoutait.* → VOIR AUSSI **cécité.**

aveuglément adv. Sans réfléchir. *Il lui obéit aveuglément, il se laisse mener par le bout du nez !*

aveugler v. (CONJUG. 3). ❶ Gêner la vision, en particulier par une lumière qui éblouit. *Elle ne peut pas conduire la nuit parce que les phares des voitures l'aveuglent.* ❷ Gêner le raisonnement, empêcher de voir les choses telles qu'elles sont. *Quand la colère l'aveugle, Marie ne sait plus ce qu'elle fait.* ◆ **s'aveugler** v.pron. Se faire des illusions, se tromper. *Pierre est très malade, mais il s'aveugle sur son état : il dit qu'il va très bien.*

à l'**aveuglette** adv. ❶ Sans y voir, à tâtons. *Pour ne pas la réveiller avec la lumière, j'ai marché à l'aveuglette dans le noir.* ❷ Au hasard, sans calculer les risques. *Nicolas s'est lancé à l'aveuglette dans cette affaire et maintenant il le regrette.*

aviateur, trice n. Personne qui pilote un avion. *Lise rêve de devenir aviatrice plus tard.* → VOIR AUSSI **pilote.**

aviation n.f. ❶ Navigation aérienne en avion, en hélicoptère, etc. ❷ Ensemble des avions, des installations et du personnel qui permettent la navigation aérienne. *L'aviation commerciale sert au transport des passagers et des marchandises. L'aviation militaire.*

aviculture n.f. L'élevage des oiseaux, des volailles.

avide adj. Qui désire quelque chose violemment, avec passion. *Il est tellement avide d'apprendre qu'il lit tout ce qu'il trouve !*

avidement adv. Avec avidité. *C'était son premier repas depuis trois jours, il mangeait avidement.*

avidité n.f. Désir très fort et sans retenue de quelque chose. *Boire avec avidité.*

avilir avilissant, avili v. (CONJUG. 16). Faire perdre à quelqu'un sa dignité, le rendre méprisable. *Dans certains pays, les prisonniers sont avilis par des conditions de détention inhumaines.* ◆ **s'avilir** v.pron. S'abaisser, se déshonorer.

avilissant, e adj. Qui avilit, rend méprisable. *Aucun travail n'est avilissant.* SYN. déshonorant.

avion n.m. Appareil de navigation aérienne, plus lourd que l'air, possédant des ailes et un ou plusieurs moteurs. *Léa n'a jamais pris l'avion. Un avion à réaction.* → VOIR planche page suivante.

HISTOIRE DU MOT Mot inventé par Clément Ader en 1897, à partir du latin *avis* qui signifie « oiseau » et que l'on retrouve dans *aviculture*.

avionnerie n.f. Au Canada, usine où l'on construit des avions.

aviron n.m. ❶ Rame légère ayant un long manche. ❷ Sport pratiqué sur un bateau de petite taille, propulsé avec l'aviron. *Mon frère est champion d'aviron.*

aviron à quatre

Le rêve d'Icare

Fasciné par l'oiseau, l'homme a toujours rêvé de voler. Dans la mythologie grecque, l'aventure d'**Icare**, qui tente de s'évader par les airs du Labyrinthe du Minotaure de Cnossos en est l'illustration.
En 1783, Pilâtre de Rozier et le marquis d'Arlandes y parviennent grâce au **ballon** à air chaud des frères Montgolfier. Avec une sorte de **planeur**, l'Allemand Lilienthal réalise plus de 2 000 glissades avant de se tuer en 1896. Mais le premier homme qui quitte le sol – de 20 cm sur une distance de 50 m –, s'élevant à bord d'un appareil à moteur (l'*Éole*), est Clément **Ader** en 1890.

le vol d'Icare

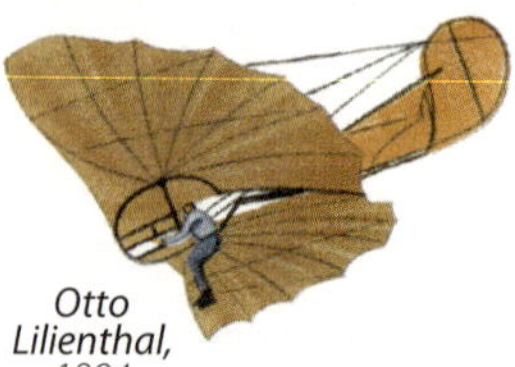
Otto Lilienthal, 1894

Clément Ader, 1897

Orville et Wilbur Wright, 1903

Blériot, 1909

Fokker, 1918

Des premiers bonds au tour du monde

En 1903, Orville **Wright** fait voler un appareil autopropulsé sur 284 m pendant 59 s. Les exploits se succèdent ensuite sous forme de records de hauteur, de vitesse et de distance. En 1910, les 1 000 m d'altitude et les 100 km/h sont atteints. Louis **Blériot** réussit la première traversée de la Manche en 1909, et l'Américain Charles **Lindbergh** la première liaison New York-Paris en 1927. L'homme utilise désormais l'avion à des fins militaires (Messerschmitt allemand contre Spitfire britannique pendant la Seconde Guerre mondiale) ou commerciales (moyen- et long-courriers), et il lui donne des formes très différentes (hydravion, hélicoptère, supersonique...). En 1986, au terme de 9 jours et 4 minutes de vol, l'avion expérimental Voyager boucle le premier tour du monde sans escale et sans recevoir aucun type de ravitaillement.

Lindbergh, 1927

Spitfire, 1940

Airbus A380

planeur

hélicoptère

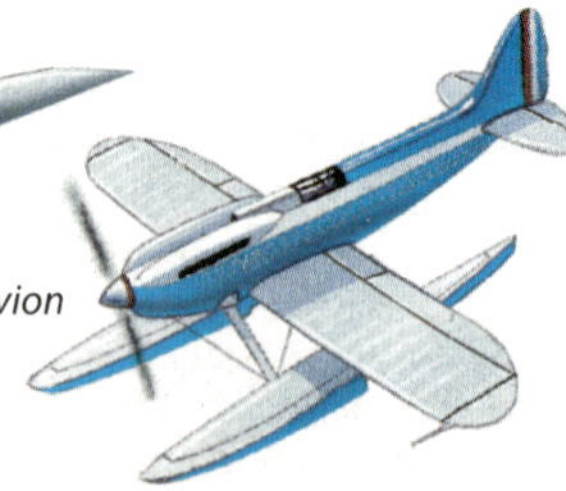
hydravion

Airbus A320

Concorde

avis **n.m.** ❶ Ce qu'on exprime, ce qu'on pense de quelqu'un ou de quelque chose, l'opinion qu'on en a. *Claire ne donne jamais son avis, on ne sait pas ce qu'elle pense.* ❷ Texte qui avertit de quelque chose, parfois sous forme d'affiche. *Il est inquiet, il a reçu un avis de passage des huissiers.* • **À mon avis, à ton avis, etc. :** selon moi, toi, etc. *À son avis, il est plus agréable de se lever tôt l'été que l'hiver.* • **De l'avis de :** selon, d'après. *De l'avis de tous, Aurélie est une excellente élève.* • **Être d'avis que, de :** penser que, estimer que. *Je suis d'avis qu'il faudrait repeindre en bleu. Je suis d'avis de ne pas insister.*

avisé, e **adj.** Qui agit avec habileté et perspicacité, après avoir bien réfléchi. *C'est un homme avisé, il te donnera de bons conseils.* SYN. sage, sensé.

1 aviser **v.** (CONJUG. 3). ❶ Apercevoir, remarquer. *Armand était sur le point de partir quand il avisa Climène et revint sur ses pas.* ❷ Décider après réflexion. *Je vais réfléchir à la question, j'aviserai et vous appellerai.* ◆ **s'aviser** **v.pron.** ❶ S'apercevoir tout à coup. *Quand je me suis avisé de sa présence, il était trop tard.* ❷ Oser ce qu'on ne devrait pas faire, se permettre. *Ne t'avise pas de mettre les pieds sur la table !*
▸ REM. Ce mot appartient à la langue soutenue.

2 aviser **v.** (CONJUG. 3). Avertir, prévenir quelqu'un d'un fait, d'un événement. *Ils ont été avisés de notre date d'arrivée par courrier.*

aviver **v.** (CONJUG. 3). Rendre plus vif. *Mets un peu de rouge à joues, cela avive le teint.* SYN. raviver.

1 avocat, e **n.** Personne dont la profession est de défendre les intérêts de quelqu'un ou d'une entreprise en justice. *L'avocat écoute, conseille son client et plaide en sa faveur au tribunal.* • **Se faire l'avocat de :** défendre une cause, une personne. *Amnesty International s'est fait l'avocat des droits de l'homme à travers le monde.* • **Se faire l'avocat du diable :** présenter les arguments de la partie adverse pour mieux les faire tomber.

HISTOIRE DU MOT Vient du latin *advocatus*, « appelé auprès de quelqu'un ».

2 avocat **n.m.** Fruit comestible de l'avocatier, en forme de poire, à peau verte, contenant un gros noyau.

HISTOIRE DU MOT Vient d'un mot aztèque.

avocatier **n.m.** Arbre originaire d'Amérique, très cultivé en Floride et en Californie pour son fruit, l'avocat.

avoine **n.f.** Céréale dont les grains contenus dans des grappes servent notamment à l'alimentation des chevaux. • **Des flocons d'avoine :** des grains d'avoine réduits en lamelles servis au petit déjeuner avec du lait.

1 avoir **ayant, eu v.** (CONJUG. 1). ❶ Posséder. *Il a un chien et moi je ne peux même pas avoir un oiseau ! Elle a de beaux jouets.* ❷ Ressentir une impression, être touché par un sentiment. *Avoir faim, froid. Avoir de la peine, du chagrin. Avoir peur.* ❸ Être caractérisé par quelque chose. *Léonie a les cheveux bruns.* ❹ Être en relation avec. *Il a peu d'amis mais il peut compter sur eux. J'ai un bon instituteur.* • **Avoir à :** devoir. *Il faut que je te laisse, j'ai un exercice à faire.* • **Avoir bon :** en Belgique, être content. • **Avoir mauvais :** en Belgique, être mal à l'aise. • **Il y a :** voir à son ordre alphabétique.
▸ REM. Le verbe *avoir* s'emploie comme auxiliaire pour former les temps composés de certains verbes. *J'ai vu ton frère. À cette heure-là nous aurons déjà dîné. Tu aurais pu le dire plus tôt.*

avocat

2 avoir **n.m.** ❶ Ce que l'on possède. *Ce jour-là, tout mon avoir se résumait à quelques pièces de monnaie !* ❷ Somme d'argent dont un client dispose chez un commerçant, à la suite d'un échange ou d'un retour. *Je possédais un avoir de quinze euros dans le magasin.*

avoisinant, e **adj.** Qui est voisin, proche. *Nous n'avons pas pu dormir en raison du bruit dans les rues avoisinantes.*

avorté, e **adj.** Qui n'est pas allé jusqu'au bout de son développement. *Après sa tentative avortée d'écrire un livre, il a décidé de ne plus jamais recommencer.*

avortement **n.m.** ❶ Arrêt volontaire ou accidentel d'une grossesse. *Une loi autorisant l'avortement a été votée en France en 1975.* ❷ Échec d'un projet.

avorter **v.** (CONJUG. 3). ❶ Expulser un embryon ou un fœtus avant qu'il n'ait atteint son développement normal. ❷ Ne pas réussir, s'arrêter avant d'aboutir. *Le complot a avorté.* SYN. échouer.

avorton **n.m.** (Péjoratif) Personne chétive et mal faite.

avouer **v.** (CONJUG. 3). ❶ Reconnaître qu'on a fait quelque chose de mal, de répréhensible. *Avoue que c'est toi qui as cassé le vase ! « Faute avouée est à moitié pardonnée »* (proverbe). ❷ Reconnaître, dire ce qui est délicat, difficile ou pénible à exprimer. *Il lui avoua son amour. Avouer son ignorance.* ◆ **s'avouer** **v.pron.** • **S'avouer vaincu :** reconnaître qu'on a perdu. *Je continuerai ma lutte, je ne m'avoue pas vaincue !*

avril **n.m.** Le quatrième mois de l'année. *« En avril, ne te découvre pas d'un fil ; en mai, fais ce qu'il te plaît »* (proverbe). • **Poisson d'avril :** plaisanterie que l'on fait traditionnellement, en France et au Québec, le 1er avril.

A B C D E F G H I J K L M N O P Q R S T U V W X Y Z

awalé **n.m.** Jeu africain qui se joue à deux et consiste à accumuler des pions (graines, cailloux) en les faisant passer par les cases d'un parcours, ces cases étant creusées dans un support en bois ou parfois dans le sol. ▸ REM. On appelle aussi ce jeu le *walé*.

axe **n.m.** ❶ Pièce autour de laquelle tournent un ou plusieurs éléments. *L'axe d'une roue.* ❷ Ligne droite qui passe par le centre d'un espace et le divise en deux parties égales. *Un axe de symétrie.* ❸ Grande voie de communication. *Un axe routier.* ❹ Orientation, direction générale. *Depuis dix ans, ce parti a profondément modifié l'axe de sa politique.*

HISTOIRE DU MOT Vient du latin *axis* qui signifie « essieu ».

axer **v.** (CONJUG. **3**). Orienter, organiser, diriger selon un axe. *Elle a axé tout son discours sur le problème des banlieues.*

axiome **n.m.** En mathématiques, énoncé évident par lui-même et que l'on n'a pas à démontrer. *« Deux quantités égales à la même quantité sont égales entre elles » est un axiome d'Euclide.*

azalée **n.f.** Arbuste que l'on cultive pour ses fleurs, roses ou blanches.

azimut **n.m.** L'azimut est un angle qui se mesure à partir du nord magnétique dans le sens des aiguilles d'une montre. *Pendant la course d'orientation, les enfants doivent prendre un azimut pour savoir dans quelle direction aller.* • **Tous azimuts :** dans toutes les directions. *Ils ont fait une publicité tous azimuts pour un nouveau produit.*

HISTOIRE DU MOT Vient d'un mot arabe qui signifie « chemin ».

fleur d'**azalée**

azote **n.m.** Gaz incolore et inodore. *L'air est composé principalement de 21 % d'oxygène et de 78 % d'azote.*

aztèque **adj.** et **n.** Qui se rapporte aux Aztèques. → VOIR noms propres.

azur **n.m.** Bleu intense, comme celui du ciel ; nom donné en poésie au ciel lui-même. *Couleur d'azur.*

HISTOIRE DU MOT Vient d'un mot persan qui désigne le lapis-lazuli, une pierre d'un bleu intense.

azyme **adj.** • **Pain azyme :** pain qui est cuit sans levain. *Pour la Pâque, les juifs mangent du pain azyme. Les hosties sont faites avec du pain azyme.*

B b

b.a.-ba **n.m.invar.** La première chose à savoir dans un domaine particulier. *Savoir cuire un œuf, c'est vraiment le b.a.-ba de la cuisine !* SYN. abc.

baba **n.m.** Gâteau à base de farine, de levure, d'œufs, de sucre et de raisins secs, arrosé d'un sirop parfumé au rhum.

> HISTOIRE DU MOT Le mot et le gâteau sont d'origine polonaise. Le *baba* a été introduit en France au XVIIIe siècle par Stanislas Leszczyński, duc de Lorraine et ancien roi de Pologne.

babil **n.m.** Bavardage, sons prononcés par les petits enfants au moment où ils commencent à parler. *On entendait le babil des tout-petits.* SYN. babillage.

babillage **n.m.** ❶ Le fait de babiller, pour un petit enfant. ❷ Les sons produits par un petit enfant qui commence à parler. *Le babillage des nourrissons* SYN. babil, gazouillis.

babillard **n.m.** (Familier) Au Canada, tableau d'affichage.

babiller **v.** (CONJUG. 3). ❶ Prononcer des sons qui ne sont pas encore des mots, pour les petits enfants. ❷ Parler gentiment, bavarder.

babines **n.f.plur.** Lèvres de certains animaux. *Le chien retrousse ses babines quand il est en colère.* • **Se lécher les babines :** se régaler par avance à la pensée d'une bonne chose qu'on va manger. *Il se léchait les babines en pensant au gâteau qu'il allait manger.*

babiole **n.f.** (Familier) Petit objet de peu de valeur ou chose sans importance. *Les boutiques de souvenirs sont remplies de babioles. Ils se sont chamaillés pour des babioles.* SYN. bagatelle, broutille.

bâbord **n.m.** Partie gauche d'un bateau quand on regarde vers l'avant, par opposition à *tribord*. *Le bateau vire à bâbord, à gauche toute !*

babouche **n.f.** Chaussure en cuir souple sans talon, ne couvrant que l'avant du pied et portée dans les pays musulmans.

babouin **n.m.** Singe au museau allongé comme celui d'un chien et qui vit en Afrique en troupes nombreuses. *Le babouin appartient au genre des cynocéphales, ce qui en grec signifie « à tête de chien ».*

baby-foot **n.m.invar.**, ✎ ***babyfoot*** ***n.m.*** Jeu de football de table où l'on pousse une balle avec des figurines actionnées par des tiges.
▸ REM. C'est un mot anglais, on prononce [babifut].

baby-sitter (PLUR. : baby-sitters), ✎ ***babysitteur, euse*** **n.** Personne payée pour garder de jeunes enfants en l'absence de leurs parents.
▸ REM. 1.. On prononce [babisitœr]. 2. Au Québec, on doit dire *gardien, gardienne d'enfants.*

baby-sitting (PLUR. : baby-sittings), ✎ ***babysitting*** **n.m.** *Faire du baby-sitting*, c'est garder de jeunes enfants en l'absence de leurs parents.
▸ REM. 1.. On prononce [babisitiŋ]. 2. Au Québec, on doit dire *gardiennage d'enfants.*

1 bac **n.m.** ❶ Nom donné à toutes sortes de récipients ayant des dimensions et des usages divers. *Bac à fleurs, bac à glace, bac à sable.* ❷ Large bateau à fond plat utilisé pour traverser une étendue d'eau et transporter des passagers, des véhicules.

2 bac **n.m.** Abréviation courante de *baccalauréat.*

baccalauréat **n.m.** ❶ Examen qu'on passe en France à la fin des études secondaires. *On peut choisir de faire un baccalauréat scientifique ou littéraire.*

babouins
(femelle et mâle)

A B C D E F G H I J K L M N O P Q R S T U V W X Y Z

Il faut avoir son baccalauréat pour faire des études à l'université. ❷ Au Canada, le premier des diplômes universitaires. *Diane a obtenu son baccalauréat en droit.*
▸ REM. Attention, *-cc-*.

HISTOIRE DU MOT Vient du latin *bacca laurea*, « baie de laurier », parce qu'on couronnait les bacheliers de laurier.

bacchanales **n.f.plur.** Nom des fêtes célébrées dans le monde romain antique en l'honneur du dieu Bacchus.
▸ REM. Le *-cch-* se prononce [k].

bacchantes ou **bacantes** **n.f.plur.** (Familier) Moustaches, et plus particulièrement grosses moustaches aux longues pointes.
▸ REM. On prononce [bakɑ̃t].

bâche **n.f.** Tissu en grosse toile imperméable ou en matière plastique, utilisé pour protéger des marchandises, des voitures, etc. *On a recouvert d'une bâche le chargement du camion.*

bachelier, ère **n.** Personne titulaire du diplôme du baccalauréat.

HISTOIRE DU MOT Vient de l'ancien français *bacheler* qui signifie « jeune homme aspirant à devenir chevalier » et qui s'est employé dès le Moyen Âge pour désigner le titulaire du premier examen universitaire.

bâcher **v.** (CONJUG. 3). Couvrir d'une bâche. *Il bâche sa voiture quand il la laisse longtemps dehors.*

bachoter **v.** (CONJUG. 3). Préparer un examen en se servant surtout de sa mémoire, en allant vite et sans approfondir.

bacille **n.m.** Bactérie en forme de bâtonnet qui, le plus souvent, provoque une maladie. *Le bacille de Koch est responsable de la tuberculose.*
▸ REM. On prononce [basil].

bâcler **v.** (CONJUG. 3). (Familier) Faire son travail en vitesse et sans aucun soin. *Nathalie a bâclé ses devoirs pour pouvoir aller jouer. C'est du travail bâclé.* CONTR. soigner.

bacon **n.m.** Lard maigre, salé et fumé, découpé le plus souvent en fines lamelles. *Je me suis régalé d'œufs au bacon pendant mon séjour en Angleterre.*
▸ REM. C'est un mot anglais, on prononce [bekœn].

bactérie **n.f.** Nom général donné aux micro-organismes constitués d'une cellule unique, de formes variables (sphère, bâtonnet, etc.), qui vivent dans les matières en décomposition ou en parasites de l'homme, des animaux et des plantes.

ENCYCLOPÉDIE Les bactéries sont les premiers organismes vivants apparus sur la Terre. Elles se multiplient très rapidement, résistent aux fortes variations de température et peuvent même vivre sans air. Les bactéries ont une importance capitale dans l'équilibre du monde vivant : elles permettent la fermentation, la putréfaction des matières organiques ainsi que la digestion intestinale. Certaines transmettent des maladies.

bactériologie **n.f.** La science qui étudie les bactéries. *La bactériologie a pris vraiment naissance avec les travaux de Pasteur et de Koch, à la fin du* XIXe *siècle.*

badaud, e **n.** Passant ou promeneur qui s'arrête pour regarder ce qui lui paraît curieux ou inhabituel dans la rue. *Les badauds formaient un cercle autour des musiciens.*
▸ REM. Le féminin *badaude* n'est pas fréquent.

HISTOIRE DU MOT Vient du mot provençal *badar* qui signifie « regarder bouche bée ».

baderne **n.f.** • (Familier) **Vieille baderne :** vieil homme, militaire aux idées bornées et d'une autre époque.

badge **n.m.** Insigne que l'on porte en broche pour faire connaître son identité, le mouvement auquel on appartient ou simplement à des fins décoratives ou publicitaires. *Chacun des conférenciers porte un badge à son nom.*

badger **v.** (CONJUG. 5). Introduire son badge dans un lecteur pour entrer dans un local ou en sortir, ou pour enregistrer ses horaires de travail.

badigeon **n.m.** Enduit léger fait d'eau, de chaux et parfois d'un colorant, servant au revêtement et à la protection des murs.

badigeonner **v.** (CONJUG. 3). ❶ Peindre une surface à grands coups de pinceau. *En Bretagne, on badigeonnait de chaux les murs intérieurs des maisons.* ❷ Couvrir d'un produit liquide ou pâteux. *La cuisinière a badigeonné les brioches de jaune d'œuf.* SYN. enduire.

badin, e **adj.** Qui exprime l'envie de plaisanter, qui est d'une gaieté légère. *Un ton badin.* SYN. léger. CONTR. sérieux.

badinage **n.m.** Manière badine de parler, fait de tenir des propos badins. *Cessons ce badinage et parlons de choses sérieuses !*

badine **n.f.** Baguette de bois longue, mince et souple ou petite cravache.

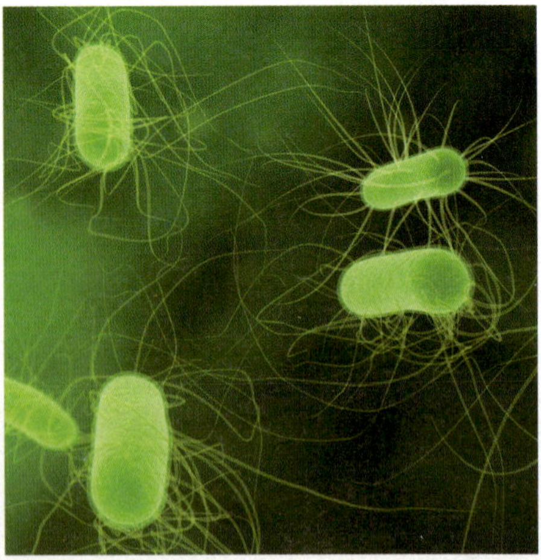

bactéries en bâtonnets (vue au microscope)

badiner v. (CONJUG. 3). Parler en plaisantant de façon légère et amusante ou prendre les choses à la légère. *Je disais ça pour badiner. Dans l'armée, on ne badine pas avec la discipline.* SYN. plaisanter.

badminton n.m. Sport dans lequel les joueurs se renvoient un volant à l'aide d'une raquette par-dessus un filet tendu à 1,55 m du sol.
▶ REM. C'est un mot anglais, on prononce [badmintɔn].

HISTOIRE DU MOT Héritier de l'ancien jeu du volant, le badminton doit son nom à *Badminton House*, château d'Angleterre où se joua la première partie en 1873.

baffe n.f. (Familier) Gifle.

baffle n.m. Haut-parleur d'une chaîne haute-fidélité. *Il faut déplacer les deux baffles pour avoir un meilleur effet stéréo.* SYN. enceinte.
▶ REM. Ce nom est du masculin.

bafouer v. (CONJUG. 3). Tourner en ridicule la loi, les règlements ou les personnes sous l'autorité de qui on se trouve. *Les bandits ont bafoué la police en multipliant les attaques de banques.*

bafouillage n.m. (Familier) Manière de parler embrouillée et indistincte. *Quel bafouillage quand il essaie de dire quelques mots en anglais !*

bafouiller v. (CONJUG. 3). (Familier) Parler d'une manière confuse en prononçant mal. *Il a bafouillé une réponse à laquelle je n'ai rien compris.* SYN. bredouiller.

bagage n.m. ❶ (Surtout au plur.) Ce qu'on emporte avec soi en voyage ; les sacs, valises et malles qui contiennent les affaires. *Il a mis du temps à faire ses bagages.* ❷ (Toujours au sing.) L'ensemble des connaissances ou le niveau d'études d'une personne. *Son bagage est impressionnant, il est très savant.* • **Plier bagage :** s'en aller, partir.

bagarre n.f. Bataille qui oppose deux personnes ou deux groupes en une mêlée confuse. *Il y a eu une bagarre au café.* SYN. rixe. *S'il cherche la bagarre, il va l'avoir !* (= s'il me provoque).

se **bagarrer** v.pron. (CONJUG. 3). ❶ Se battre, se livrer à une bagarre. *Les deux garçons se bagarraient encore dans la cour de récréation quand la sonnerie a retenti.* ❷ (Familier) S'acharner malgré les difficultés pour obtenir quelque chose. *Il a dû se bagarrer pour obtenir son inscription au club.* SYN. lutter.

bagarreur, euse adj. et n. ❶ Qui aime la bagarre et se bat très souvent avec d'autres personnes. ❷ Qui fait preuve d'audace et de combativité pour obtenir quelque chose. *Elle arrivera dans la vie, elle a un tempérament bagarreur.* SYN. combatif.

bagatelle n.f. ❶ Petit objet de peu de valeur ou chose sans importance. *Elle dépense son argent de poche en bagatelles.* SYN. babiole. *Ils se sont disputés pour des bagatelles.* SYN. bêtise, broutille. ❷ Très petite somme d'argent ou au contraire, de manière ironique, très grosse somme. *J'ai fait une affaire en achetant pour une bagatelle un manteau en solde. Le tableau de Van Gogh « les Tournesols » a coûté la bagatelle de 267 millions de francs en 1985* (= la somme folle de).

joueuse de badminton

bagnard n.m. Forçat condamné aux travaux forcés du bagne. *Autrefois, les bagnards étaient envoyés en Guyane ou en Nouvelle-Calédonie.*

HISTOIRE DU MOT Vient de l'italien *bagno*, « bain ». Les chrétiens envoyés aux galères étaient d'abord détenus dans un établissement de bains à Constantinople.

bagne n.m. ❶ Pénitencier où étaient autrefois détenus les condamnés aux travaux forcés. *Dans « les Misérables » de Victor Hugo, le héros Jean Valjean fut condamné au bagne. Le bagne a succédé aux galères au* XVIII*e siècle.* ❷ Au figuré, travail ou situation très pénibles, où l'on est très surveillé. *Ici, c'est le bagne, on ne peut pas arrêter un instant de travailler.*

bagnole n.f. (Familier) Voiture.

bagout n.m. (Familier) Facilité de parole, tendance à parler beaucoup et de façon convaincante. *Il a un tel bagout qu'il réussirait à vendre n'importe quoi !*

bague n.f. ❶ Anneau que l'on porte au doigt, souvent orné d'une perle ou d'une pierre précieuse. *Ma grand-mère m'a montré sa bague de fiançailles.* ❷ Marque que l'on fixe à la patte de certains oiseaux pour les identifier et étudier leurs migrations. *Les pigeons voyageurs sont munis d'une bague où sont inscrits leurs numéro matricule, année de naissance et pays d'origine.* ❸ Objet en forme d'anneau utilisé pour divers usages. *Une bague maintient le tuyau de la cuisinière au conduit d'arrivée du gaz. Le père de Josué collectionne les bagues de cigare.*

bagué, e adj. Qui porte une bague, un anneau. *Un pigeon bagué.*

baguette n.f. ❶ Petit bâton mince qui sert à divers usages. *Le maître d'école montrait avec sa baguette les villes sur la carte. Le chef d'orchestre leva sa baguette. Les fées ont des baguettes magiques.* ❷ Pain long et mince d'environ 250 g. • **D'un coup de baguette magique :** très vite, comme par enchantement, sans aucune difficulté. *Tout ce travail ne peut pas se faire d'un coup de baguette magique !* • **Mener quelqu'un à la baguette :** le diriger d'une manière très autoritaire. *L'entraîneur menait son équipe à la baguette.*

A B C D E F G H I L M N O P Q R S T U V W X Y Z

bah interj. Mot qui exprime l'indifférence, la résignation ou l'étonnement. *Bah ! laisse tomber, ça n'a aucune importance. Bah ! n'y pense plus, on ne peut rien y faire.*

bahut n.m. ❶ Armoire ou buffet bas utilisés pour ranger de la vaisselle, du linge. ❷ (Familier) En France, collège, lycée ou pension. *Un copain du bahut.* ❸ (Familier) Taxi, voiture, camion.

1 baie n.f. Échancrure de la côte, du littoral plus petite, en général, qu'un golfe. *La baie d'Hudson, au Canada.*

2 baie n.f. Fruit sans noyau, à graines ou à pépins. *Les groseilles, le raisin sont des baies.*

différentes **baies**

3 baie n.f. Ouverture pratiquée dans un mur et qui sert de fenêtre ou de porte-fenêtre. *Le soleil entre à flots par la large baie vitrée.*

baignade n.f. ❶ Le fait de se baigner quelque part. *Sur le panneau était écrit : « Baignade interdite ».* ❷ Lieu aménagé pour se baigner au bord d'un cours d'eau, d'une étendue d'eau.

baigner v. (CONJUG. 3). ❶ Donner un bain à quelqu'un. *Michel baigne tous les soirs la petite Louise avant de lui donner à dîner.* ❷ Plonger dans un liquide. *Baigner son doigt enflé dans l'eau salée.* ❸ Pour un cours d'eau, une mer, border une région. *La Méditerranée baigne tout le sud de l'Europe et le nord de l'Afrique.* ❹ Envelopper de tous côtés. *La lumière de la lune baignait la campagne.* ❺ Être plongé, immergé dans un liquide, être entouré de liquide. *Les frites baignent dans l'huile. Le rôti baigne dans son jus.* • **Baigner dans la joie, dans le bonheur :** être envahi par ces sensations, être très heureux. ◆ **se baigner** v.pron. Prendre un bain, se plonger dans l'eau. *Se baigner à la piscine, dans une rivière.*

baigneur, euse n. Personne qui prend un bain, se plonge dans l'eau pour nager. *Dans la piscine, le maître-nageur surveille les baigneurs pour éviter les accidents. Renoir a peint de nombreuses baigneuses.* ◆ **baigneur** n.m. Poupée en matière plastique représentant un bébé.

baignoire n.f. ❶ Appareil sanitaire de forme allongée où l'on prend son bain. ❷ Loge au rez-de-chaussée d'un théâtre à l'ancienne, qui comporte une avancée en forme de baignoire.

ENCYCLOPÉDIE Au Moyen Âge, les baignoires étaient des cuves en bois cerclées de fer où plusieurs personnes se baignaient ensemble dans les bains publics. La forme actuelle de la baignoire date du XVIIe siècle, mais c'était encore un objet de grand luxe, souvent en marbre sculpté. C'est à partir du XIXe siècle que les baignoires en métal commencent à équiper les maisons bourgeoises.

bail n.m. (PLUR. : **baux**). Contrat signé entre un propriétaire et un locataire, qui fixe le montant, la durée et les conditions de la location d'une terre, d'une maison. *Il a signé un bail de trois ans pour la location de l'appartement.* • (Familier) **Ça fait un bail :** il y a longtemps. *Ça fait un bail qu'on ne s'est pas vus.*

bâillement n.m. Ouverture involontaire de la bouche quand on bâille.

bâiller v. (CONJUG. 3). ❶ Ouvrir largement la bouche et aspirer, puis expirer l'air de façon parfois bruyante. *Bâiller de faim, d'ennui ou de fatigue. Bâiller à se décrocher la mâchoire* (= en ouvrant très grand la bouche). ❷ Présenter une ouverture ; être mal fermé, mal ajusté. *Une porte qui bâille. Son décolleté bâillait largement, elle l'ajusta avec une broche.*
▸ REM. Ne pas confondre avec *bayer*.

bailli n.m. Autrefois, représentant du roi dans une circonscription administrative, le *bailliage*, où il rendait la justice au nom du roi.
▸ REM. Il s'appelait *sénéchal* dans le midi de la France.

bâillon n.m. Bandeau qu'on met sur la bouche de quelqu'un pour l'empêcher de parler, de crier. *Elle réussit à écarter le bâillon et à appeler au secours.*

bâillonner v. (CONJUG. 3). ❶ Poser un bâillon sur la bouche de quelqu'un pour l'empêcher de parler ou de crier. ❷ Au figuré, empêcher de s'exprimer, de donner son avis. *Le dictateur a bâillonné la presse après le coup d'État.*

bain n.m. ❶ Eau ou liquide dans lesquels on se baigne pour se laver ou dans lesquels on se plonge pour se soigner, se relaxer. *Faire couler un bain dans la baignoire. Un bain moussant. Donner un bain* (= baigner). *Prendre un bain* (= se baigner). ❷ Liquide dans lequel on trempe quelque chose pour le soumettre à l'action d'un produit. *Un bain de teinture.* ❸ Le fait de se baigner. *Un maillot de bain. Les bains de mer. La salle de bains* (= la pièce où se trouve la baignoire). • **Bain de foule :** pour un homme politique, contact direct avec un grand nombre de personnes, dans la rue. • **Bain de soleil :** le fait d'exposer son corps au soleil. • **Être** ou **se remettre dans le bain :** s'habituer ou se réhabituer à un travail, à une activité.

bain-marie n.m. (PLUR. : **bains-marie**). Mode de cuisson de certains aliments que l'on place dans un récipient plongé dans un autre récipient rempli d'eau en ébullition. *La sauce béarnaise se fait au bain-marie, car elle doit cuire très doucement.*

baïonnette n.f. Lame très effilée qui se fixe au bout du fusil. • **Douille à baïonnette :** douille d'une lampe électrique qui s'adapte au culot de l'ampoule par un système d'encoches et de pointes, par opposition à la *douille à vis*.

HISTOIRE DU MOT Vient du nom de la ville de *Bayonne* où la baïonnette fut d'abord fabriquée.

baisemain n.m. ❶ Geste de respect cérémonieux qui consiste à baiser la main d'un souverain ou d'un haut personnage. ❷ Geste de salutation par lequel un homme approche ses lèvres de la main d'une dame. *Il se pencha pour lui faire un baisemain et lui dit : « Mes hommages, madame. »*

1 baiser v. (CONJUG. 3). Poser les lèvres sur une personne ou une chose, par affection, respect ou vénération. *Il baisa le front de la petite fille venue lui apporter des fleurs. Baiser le sol de son pays.* SYN. embrasser.

2 baiser n.m. Geste d'affection, de respect ou de vénération, qui consiste à toucher de ses lèvres une personne ou une chose. *Avant de s'endormir, Marcel réclamait à sa mère un dernier baiser. Le prêtre déposa un baiser sur le crucifix.* • **Baiser de Judas :** baiser de traître comme celui que Judas fit à Jésus-Christ pour le désigner aux soldats romains.

baisse n.f. Le fait de diminuer, de perdre en valeur, en quantité, en intensité. *Baisse des prix, des températures.* CONTR. hausse. *Les notes sont en baisse.* SYN. chute, diminution. CONTR. augmentation.

baisser v. (CONJUG. 3). ❶ Mettre plus bas. *Baisse un peu la vitre de la voiture pour aérer.* SYN. descendre. *Quand il veut attaquer, le taureau baisse la tête.* ❷ Diminuer la quantité, la valeur, l'intensité de quelque chose. *Les commerçants ont baissé les prix pendant les soldes.* SYN. diminuer. CONTR. augmenter. *Baisser le son de la radio.* ❸ Pour quelque chose, descendre, perdre en quantité, en valeur, en intensité. *La température va baisser en fin de semaine. Le jour baisse, il va bientôt faire nuit.* SYN. décliner. *Le niveau de la classe a baissé ce trimestre* (= il est moins bon). *Elle attend que les prix baissent pour acheter un nouveau téléviseur.* SYN. diminuer. CONTR. augmenter. *Sa vue baisse, il doit porter des lunettes plus fortes.* SYN. décliner, faiblir. • **Baisser les bras :** renoncer à faire quelque chose, s'avouer vaincu. ◆ **se baisser** v.pron. Se pencher, incliner une partie du corps vers le sol. *Il s'est baissé pour ramasser son stylo.*

bajoue n.f. Joue pendante de certains animaux. *Les veaux, les porcs, les cochons d'Inde ont des bajoues.*

bal n.m. (PLUR. : bals). Réunion où l'on danse au son d'un orchestre ; le lieu où l'on danse. *Les jeunes gens allaient au bal le samedi soir. Les musiciens répétaient pour le bal du village.* • **Ouvrir le bal :** être le premier, la première à danser sur la piste.

HISTOIRE DU MOT Vient de l'ancien verbe *baller* qui signifiait « danser », que l'on retrouve dans l'expression *les bras ballants*.

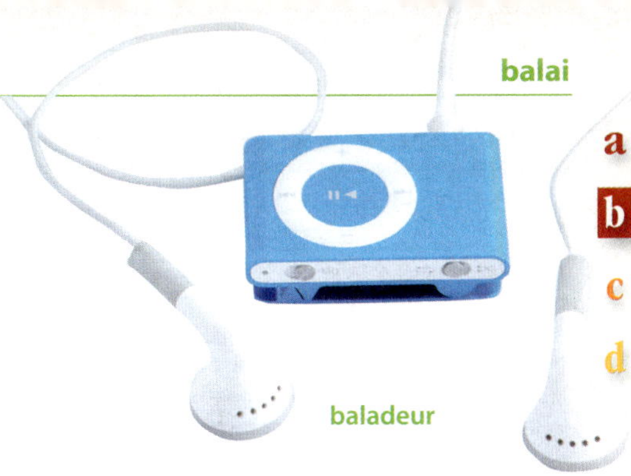

baladeur

balade n.f. (Familier) Promenade. *Elles vont revenir, elles sont parties faire une balade dans les champs.*

▶ REM. Ne pas confondre avec *ballade*.

balader v. (CONJUG. 3). (Familier) ❶ Promener. *Balader des enfants.* ❷ Emporter partout avec soi. *Carlos balade son vieil ours en peluche.* ❸ *Envoyer balader quelqu'un*, c'est lui refuser brutalement quelque chose, lui demander de partir. ◆ **se balader** v.pron. (Familier) Se promener ou voyager sans but précis. *Elle aime se balader dans les rues de Paris.* SYN. flâner.

▶ REM. Attention, un seul *l*.

baladeur n.m. Petit appareil électronique portatif qui sert à reproduire le son et/ou l'image et qui est équipé d'écouteurs. *Elle ne sort jamais sans son baladeur.*

baladeuse n.f. Lampe mobile reliée à une prise électrique par un long fil.

baladin n.m. Artiste jouant dans des spectacles ambulants. *Les baladins dansaient et chantaient entre les différentes parties de la pièce de théâtre.* SYN. bateleur, saltimbanque.

▶ REM. Ce mot est vieilli, on le rencontre surtout dans les textes anciens.

balafon n.m. Xylophone africain qui comporte dix-huit lames de bois posées sur des calebasses qui permettent la résonance. *On frappe les lames du balafon avec un petit maillet garni d'une boule en caoutchouc.*

balafre n.f. Longue entaille faite au visage ; la cicatrice qu'elle laisse. *Le vieux marin avait une grande balafre sur la joue.*

balafré, e adj. et n. Qui est marqué par une balafre. *Avoir une joue balafrée.*

balai n.m. Ustensile pour nettoyer les sols, composé d'un long manche et, selon les usages, d'une brosse, d'un faisceau de brindilles, d'une grande éponge, etc. *Passer le balai sur le sol. Donner un coup de balai dans une pièce.* • **Balai-brosse :** balai muni d'une brosse dure pour laver le sol. • (Familier) **Du balai ! :** se dit pour renvoyer vigoureusement quelqu'un. SYN. dehors !, ouste ! • **Balai d'essuie-glace :** raclette qui se déplace sur le pare-brise d'un véhicule pour le nettoyer. • **Manche à balai :** levier pour piloter un avion. • **Voiture-balai :** véhicule qui récupère les coureurs cyclistes qui abandonnent la course.

HISTOIRE DU MOT Vient du breton *balazn* qui signifie « genêt ». On utilisait en effet les genêts, abondants en Bretagne, pour faire des balais.

a b c d f g h i j k l m n o p q r s t u v w x y z

A B C D E F G H I J K L M N O P Q R S T U V W X Y Z

balalaïka **n.f.** Instrument de musique populaire russe à trois cordes pincées et dont la caisse de résonance est triangulaire.

HISTOIRE DU MOT Ce mot est d'origine russe.

balance **n.f.** ❶ Instrument de mesure qui sert à peser, à mesurer des masses. *Balance de Roberval* (= à deux plateaux). *Balance électronique. Balance romaine* (= où l'on accroche ce qu'on pèse). ❷ Le symbole de la justice. *À l'entrée du tribunal, une sculpture montre la Justice, un bandeau sur les yeux, tenant une balance d'une main et un glaive de l'autre.* ❸ (Avec une majuscule.) *Signe de la Balance*, septième signe du zodiaque, qui commence le 23 septembre et s'achève le 22 octobre. ❹ Équilibre qui existe entre deux choses. *Quand un pays importe plus de produits qu'il n'en exporte, sa balance commerciale est déséquilibrée.* • **Faire pencher la balance en faveur de quelqu'un** : le favoriser. • **Mettre en balance deux choses** : les comparer. *Avant de prendre sa décision, elle a mis en balance les avantages et les inconvénients.* • **Peser dans la balance** : avoir une grande importance. *Son expérience a pesé lourd dans la balance, c'est lui qui a été choisi.*

ENCYCLOPÉDIE Avant d'être le symbole de la justice des hommes, la balance a été celui de la justice divine. Le Livre des morts, papyrus de l'Égypte ancienne qui accompagne le mort dans sa tombe, représente la pesée des âmes : Anubis, dieu des cérémonies funéraires, surveille la balance. Dans un des plateaux se trouve l'âme du mort représentée par son cœur, dans l'autre, une plume. Si l'âme est aussi légère qu'une plume, le défunt connaîtra la résurrection en entrant dans le royaume d'Osiris, gardien des morts. Les chrétiens du Moyen Âge représentaient également la pesée des âmes lors du Jugement dernier par une balance que tient l'archange saint Michel.

balancement **n.m.** Mouvement qui fait pencher alternativement d'un côté puis d'un autre.

balancer **balançant, balancé v.** (CONJUG. 4). ❶ Faire aller et venir alternativement d'un côté puis de l'autre. *Balancer les bras, les jambes.* ❷ (Familier) Jeter un objet, s'en débarrasser d'une manière brutale. *De colère, elle a balancé son livre à l'autre bout de la pièce.* ❸ Hésiter entre deux solutions possibles, sans arriver à prendre une décision. *Entre les deux, mon cœur balance* (= je ne sais qui choisir). ◆ **se balancer** **v.pron.** ❶ Bouger, aller d'un côté et d'un autre ; jouer sur une balançoire. *Se balancer sur sa chaise.* ❷ (Familier) Se moquer de quelque chose, ne lui accorder aucune importance. *Tu peux dire ce que tu veux, je m'en balance complètement.*

balancier **n.m.** ❶ Pièce rattachée à un mécanisme et qui se balance de part et d'autre d'un axe. *Le balancier d'une horloge fait tic-tac.* ❷ Longue perche qui permet aux funambules de garder l'équilibre en marchant sur un fil.

balançoire **n.f.** ❶ Siège suspendu par deux cordes et sur lequel on se balance. ❷ Bascule composée d'une longue pièce de bois ou de métal fixée en son milieu à un point d'appui et sur laquelle deux personnes, assises aux extrémités, se balancent.

balayage **n.m.** ❶ Action de balayer, de nettoyer avec un balai ou une balayeuse. *Le balayage des trottoirs.* ❷ Parcours d'un faisceau lumineux qui balaie une surface.

balayer **v.** (CONJUG. 13). ❶ Nettoyer avec un balai ; repousser à grands coups de balai. *J'ai balayé la cuisine. Il balaie les papiers qui jonchent le trottoir en les poussant vers le caniveau.* ❷ Au figuré, chasser, repousser, éliminer quelque chose. *Il a balayé tous les arguments qui s'opposaient à son projet.* ❸ Parcourir successivement les différentes portions d'une étendue. *Les projecteurs balayaient les murs et la cour du château.* • **Balayer devant sa porte** : s'occuper d'abord de ses affaires avant de se mêler des affaires des autres.

balayette **n.f.** Petit balai à manche court qui sert souvent à pousser les balayures dans une pelle.

balayeur, euse **n.** Employé municipal chargé du balayage des rues.

balayeuse **n.f.** Machine munie de brosses rotatives utilisée pour le nettoyage des sols, des rues.

balayures **n.f.plur.** Les poussières et les déchets ramassés avec un balai.

balbutiement **n.m.** Le fait de parler avec difficulté, en balbutiant. • **Les premiers balbutiements** : le tout début de quelque chose. *À la fin du XIXe siècle, le cinéma en était à ses premiers balbutiements.*

balbutier **v.** (CONJUG. 7). Prononcer avec difficulté, en hésitant sur les mots, comme un enfant qui apprend à parler. *Gêné de sa maladresse, il balbutia des excuses.* SYN. bredouiller.

HISTOIRE DU MOT Vient du latin *balbus* qui signifie « bègue ».

balcon **n.m.** ❶ Petite plate-forme entourée d'une rambarde qui forme une avancée sur la façade d'un immeuble, d'une maison, et communique avec l'intérieur. *Il commençait à faire beau, ils ont pu dîner sur le balcon.* ❷ Chacune des galeries du premier et du deuxième étage d'une salle de spectacle.

baldaquin **n.m.** Tenture dressée au-dessus d'un trône, d'un lit. *La princesse dormait dans un lit à baldaquin.*

HISTOIRE DU MOT Vient de l'italien *baldacchino* qui signifie « étoffe de soie de Bagdad ». Les riches étoffes tissées de soie et d'or qui ornaient le trône des rois provenaient de cette ville d'Iraq.

baleine **n.f.** ❶ Mammifère marin pouvant mesurer de quelques mètres à 30 m de long. *La baleine bleue, ou rorqual bleu, est le plus gros animal vivant sur la Terre.* ❷ Tige flexible et souple qui sert à garder un tissu tendu et qui autrefois était taillée dans des fanons de baleine. *Les baleines d'un parapluie constituent son armature.*

ENCYCLOPÉDIE La baleine est un *cétacé.* Son petit est le *baleineau.* La baleine respire au moyen de poumons. Elle peut plonger une demi-heure, puis, en revenant à la surface, elle expire l'air saturé de vapeur d'eau, ce qui provoque de grands jets d'eau visibles de loin. L'énorme bouche de la baleine est garnie à la mâchoire supérieure de lames en corne, les *fanons*. Pour se nourrir, la baleine avale une grande quantité d'eau avec la nourriture qu'elle contient (plancton, petits crustacés), puis repousse l'eau avec sa langue ; les fanons agissent comme un filtre et retiennent la nourriture. La chasse à la baleine est interdite, mais certains pays continuent à la pratiquer.

baleineau n.m. Petit de la baleine.

baleinier n.m. Navire équipé pour capturer et remorquer des baleines et des cachalots.

baleinière n.f. Barque longue et pointue aux deux extrémités, placée à bord d'un baleinier, et dont on se servait autrefois pour approcher la baleine et la harponner. *Le capitaine Achab combattit Moby Dick dans sa baleinière.*

balisage n.m. Signalisation à l'aide de balises. *Le balisage des virages dangereux sur la route est réalisé à l'aide de bornes.*

balise n.f. Marque, objet qui permettent de signaler les endroits dangereux ou qui tracent la voie de circulation des bateaux dans un chenal, des avions sur une piste d'atterrissage.

baliser v. (CONJUG. 3). Installer des balises, signaler un endroit dangereux, une route à suivre. *Des bouées et des tourelles balisent l'entrée du port.*

baliste n.f. Machine de guerre qui, dans l'Antiquité et au Moyen Âge, servait à lancer des projectiles.

balistique n.f. et **adj.** Science qui étudie le mouvement des projectiles (balle, obus, bombe, fusée, missile) et leurs effets sur une cible. *Le service de balistique communiqua au commissaire les informations sur l'arme du crime et la trajectoire de la balle.*
HISTOIRE DU MOT Vient de *baliste*.

balivernes n.f.plur. Paroles sans importance, futiles ou même fausses. *Arrête de débiter des balivernes, passons aux choses sérieuses.* SYN. fadaises, sornettes.

balkanique adj. Des Balkans. *La péninsule balkanique.*

ballade n.f. ❶ Petit poème composé de trois strophes et d'un refrain. *François Villon écrivit la « Ballade des pendus » en prison.* ❷ Poème de forme libre qui raconte une légende, l'histoire d'un héros, une histoire d'amour. *Les « Odes et Ballades » de Victor Hugo.* ❸ Musique qui s'inspire d'une ballade littéraire ou qui en reflète l'atmosphère. *Les ballades de Chopin.*
▶ REM. Ne pas confondre avec *balade*.

balise marine

ballant, e adj. • **Bras ballants, jambes ballantes :** bras ou jambes qui pendent mollement, tous les muscles étant relâchés. • **Rester les bras ballants :** rester sans réaction sous l'effet de la surprise ; se dit aussi à propos de quelqu'un qui ne fait rien.

ballast n.m. ❶ Pierres concassées que l'on tasse sous les traverses d'une voie de chemin de fer. ❷ Réservoir dont le remplissage à l'eau de mer ou la vidange permettent à un sous-marin de plonger ou de revenir en surface ; compartiment étanche d'un bateau qui, rempli d'eau de mer, sert de lest.

1 balle n.f. ❶ Boule, sphère dont on se sert dans divers jeux ou sports. *Une balle de golf, de tennis, de ping-pong. Il a arrêté la balle au vol.* ❷ Petit projectile d'une arme à feu. • **Enfant de la balle :** artiste qui a toujours vécu dans le milieu du cirque, du cinéma ou du théâtre. (Autrefois, on appelait *enfant de la balle* le fils d'un maître de jeu de paume qui continuait la profession de son père.) • **Prendre** ou **saisir la balle au bond :** profiter d'une occasion favorable sans attendre (= saisir l'occasion).

baleine à bosse effectuant un saut

a b c d e f g h i j k l m n o p q r s t u

A B C D E F G H I J K L M N O P Q R S T U V W X Y Z

2 balle n.f. Très gros paquet de marchandises. *Sur le quai du port, on déchargeait d'énormes balles de coton.*

3 balle n.f. Enveloppe du grain des céréales. *On sépare la balle du grain par le battage.*

4 balle n.f. (Familier) Franc. *T'as pas cent balles ?*

ballerine n.f. ❶ Danseuse de ballet. ❷ Chaussure de femme, plate et légère, à bout arrondi, qui rappelle un chausson de danse.

ballet n.m. ❶ Spectacle de danse dont les figures sont réglées par une chorégraphie ; la musique composée pour ce spectacle. *« Le Lac des cygnes » fut le premier ballet composé par le musicien russe Tchaïkovski.* ❷ Troupe de danseurs. *Le ballet de l'Opéra de Paris.*

ENCYCLOPÉDIE Le ballet, divertissement des cours princières, est né en Italie au XVIe siècle. Puis il devient l'affaire de danseurs professionnels au début du XVIIIe siècle et un spectacle ouvert à tous. → VOIR noms propres : **Ballets russes.**

1 ballon n.m. ❶ Grosse balle à jouer en caoutchouc, en cuir. *Ils jouaient au ballon dans la cour. Le ballon ovale* (= le ballon de rugby). ❷ Aérostat gonflé à l'air chaud ou avec un gaz plus léger que l'air, ce qui lui permet de s'élever dans l'atmosphère. *As-tu lu « Cinq Semaines en ballon » de Jules Verne ? Un ballon dirigeable* (= muni d'hélices et d'un système de direction). ❸ Verre de forme sphérique ; son contenu. *Patron, un ballon de rouge !*

ENCYCLOPÉDIE En 1783 eurent lieu trois expériences décisives dans l'histoire des ballons. Devant Louis XVI, Étienne de Montgolfier lance un ballon gonflé à l'air chaud qui transporte un coq, un canard et un mouton. François Pilâtre de Rozier et le marquis d'Arlandes survolent Paris pendant vingt minutes en *montgolfière*. Les frères Robert font le premier voyage en ballon gonflé à l'hydrogène, qui se révélera plus pratique que la montgolfière.

2 ballon n.m. Montagne au sommet arrondi, dans les Vosges. *Le ballon de Guebwiller est le point le plus haut du massif des Vosges (1 424 m).*

ballon-balai n.m. (PLUR. : **ballons-balais**). Au Canada, sport d'hiver qui se joue sur la glace avec un ballon et des balais.

ballonné, e adj. *Avoir le ventre* ou *l'estomac ballonné*, c'est avoir le ventre gonflé par des gaz.

ballonnement n.m. Gonflement du ventre ou de l'estomac. *Avoir des ballonnements.*

ballon-sonde n.m. (PLUR. : **ballons-sondes**). Ballon sans passager, muni d'appareils enregistreurs que les météorologues utilisent pour étudier l'atmosphère.

1 ballot n.m. Paquet de marchandises, de vêtements.

2 ballot adj. et n.m. (Familier) Qui est niais, nigaud, balourd. *Que tu es ballot ! Il voulait juste faire une plaisanterie et tu n'as pas compris.* SYN. bête, idiot.

ballottage, ✎ ***ballotage*** n.m. Lors d'une élection, situation où aucun candidat n'a obtenu la majorité des voix pour être élu, ce qui entraîne un deuxième tour de scrutin.

HISTOIRE DU MOT Vient de *ballotter* qui signifiait jusqu'au XVIIe siècle « voter avec des ballottes ». Les ballottes, petites balles de diverses couleurs, jouaient le rôle des bulletins de vote actuels.

ballotter, ✎ ***balloter*** v. (CONJUG. 3). ❶ Secouer ou remuer en tous sens, comme un ballot, ce qu'on transporte. *La tempête ballottait les navires.* ❷ *Être ballotté d'un endroit à l'autre, d'une personne à l'autre, d'un sentiment à l'autre*, c'est passer sans cesse de l'un à l'autre.

ball-trap (PLUR. : **ball-traps**), ✎ ***balltrap*** n.m. Jeu dans lequel on tire au fusil sur des disques d'argile projetés en l'air.

balluchon ou **baluchon** n.m. (Familier) Petit paquet de vêtements et d'objets personnels enveloppés dans un morceau d'étoffe.

HISTOIRE DU MOT Vient de *balle* au sens de « paquet ».

balnéaire adj. *Une station balnéaire* est une ville ou un village en bord de mer où les vacanciers peuvent prendre des bains de mer.

balourd, e adj. et n. Qui commet des maladresses par manque d'esprit et de délicatesse. *Quel balourd avec ses questions indiscrètes !* SYN. lourdaud.

balsa n.m. Bois très léger utilisé pour l'isolation et la construction des modèles réduits.
▸ REM. On prononce [balza].

balte adj. et n. De la Baltique, et plus spécialement des pays situés au bord de cette mer (Estonie, Lettonie, Lituanie). *Les États baltes.* ◆ n.m. Langue parlée par les habitants de la Lituanie et de la Lettonie.
▸ REM. Quand il désigne une personne, le mot prend une majuscule : *un Balte, une Balte.*

baluchon n.m. → **balluchon**

balustrade n.f. Barrière formée de petits piliers renflés, les *balustres*, et d'une barre d'appui au bord d'un escalier, d'un pont, d'un balcon, pour empêcher de tomber. SYN. garde-fou, parapet, rambarde.

bambin n.m. (Familier) Petit enfant. *Un charmant bambin.*

bambou n.m. Plante des pays chauds à tige creuse qui peut atteindre, pour certaines espèces, 30 m de haut. *Le bambou est utilisé pour fabriquer des meubles. Il a mangé des pousses de bambou au restaurant chinois* (= de jeunes tiges tendres).

ban n.m. Applaudissements rythmés en l'honneur de quelqu'un. *Un ban pour l'orateur !* • **Convoquer le ban et l'arrière-ban** : faire venir le plus de monde possible. • **Être en rupture de ban** : avoir rompu avec son milieu social, son entourage. • **Mettre quelqu'un au ban de la société** : l'exclure en le considérant comme indigne d'en faire partie. • **Publier les bans** : afficher l'annonce d'un mariage à la mairie.

HISTOIRE DU MOT Le ban était une convocation que le suzerain adressait à ses vassaux, en particulier pour partir à la guerre. Puis ce fut une condamnation à l'exil, une interdiction de séjour. → VOIR **bannir.**

banal, ale, als adj. Qui est commun, sans originalité. *Il n'a dit que des choses banales, on n'a rien appris de nouveau.* SYN. connu. CONTR. original. *C'était une journée banale, il n'y a rien à signaler.* SYN. ordinaire. CONTR. extraordinaire.

banalisé, e adj. • **Voiture banalisée :** voiture qui n'a aucun signe extérieur permettant de l'identifier. *Une voiture de police banalisée.*

banaliser v. (CONJUG. 3). Rendre ordinaire, courant, banal. *Un film qui banalise la violence.*

banalité n.f. ❶ Le caractère banal, sans originalité de quelque chose. *Sa vie était d'une grande banalité.* ❷ Toute parole, toute histoire banale. *Il n'y a que des banalités dans ce livre.* SYN. platitude.

banane n.f. Fruit comestible du bananier, à pulpe farineuse et à peau épaisse, qui pousse en grappes appelées *régimes*.

HISTOIRE DU MOT Vient du portugais *banana*, car ce sont les Portugais qui ont rapporté ce fruit d'Afrique.

régime de **bananes** sur l'arbre

bananeraie n.f. Plantation de bananiers.

bananier n.m. ❶ Grande plante des régions chaudes à très grandes feuilles et dont le fruit est la banane. *Le bananier n'est pas un arbre car sa tige n'est pas en bois.* ❷ Navire équipé pour le transport des bananes.

banc n.m. Long siège étroit, avec ou sans dossier, où plusieurs personnes peuvent s'asseoir. *S'asseoir sur un banc public. Le banc des accusés dans un tribunal.* • **Banc de neige :** au Canada, amas de neige. SYN. congère. • **Banc de poissons :** groupe important de poissons de la même espèce. • **Banc de sable :** amas de sable dans l'eau qui rend la navigation dangereuse.

bancaire adj. Qui concerne la banque. *Un compte bancaire* (= compte en banque).
▶ REM. *Bancaire* s'écrit avec *c*, malgré *banque*.

bancal, ale, als adj. ❶ *Un meuble bancal* a un pied plus court que les autres, ce qui le rend instable. *J'ai renversé mon verre à cause de cette table bancale !* SYN. branlant. ❷ *Un projet, un raisonnement bancals* sont mal construits, manquent de rigueur. *Ta démonstration est bancale, on ne comprend pas comment tu arrives à ton résultat.*

HISTOIRE DU MOT Vient de *banc* ; ce mot a d'abord signifié « qui a les jambes de travers comme les pieds écartés d'un banc ».

bandage n.m. Action de mettre une bande pour maintenir un pansement, protéger ou soutenir une partie du corps ; la bande elle-même. *Il a dû garder quelques jours un bandage autour de la tête à cause d'une brûlure.*

1 **bande** n.f. ❶ Groupe de personnes ou d'animaux qui vont ensemble. *Une bande de joyeux convives sortit du restaurant. Les loups chassent en bande.* ❷ Personnes qui se sont regroupées pour se livrer à des activités illégales. *Une bande de malfaiteurs est en train de sévir dans la région.* • **Faire bande à part :** se retirer à l'écart d'un groupe. *Ludovic fait toujours bande à part et refuse de jouer avec nous.*

2 **bande** n.f. ❶ Morceau d'étoffe, de papier, etc., plus long que large, servant à divers usages. *Bande de papier adhésif, de sparadrap. Elle doit mettre une bande à sa cheville.* ❷ Surface de terrain plus longue que large. *Bande d'arrêt d'urgence* (= la partie réservée au stationnement d'urgence sur une autoroute). • **Bande magnétique :** ruban magnétique servant à l'enregistrement du son par un magnétophone.

bandeau n.m. Bande de tissu entourant la tête, le front ou recouvrant les yeux pour empêcher de voir. *Le joueur de tennis portait un bandeau pour retenir ses cheveux. On met un bandeau sur les yeux de celui qui doit attraper les autres, au jeu de colin-maillard.*

bande dessinée (PLUR. : **bandes dessinées**) ou **B.D.** n.f. Suite de cases qui comportent des dessins et des textes, pour raconter une histoire.

ENCYCLOPÉDIE La bande dessinée est apparue dans les journaux américains, au début du XXe siècle. Tarzan, Flash Gordon, Mickey Mouse, Donald Duck, Superman, Batman sont les héros qui ont fait rêver entre les deux guerres. Tintin, créé par le dessinateur belge Hergé, commence ses aventures « au pays des soviets » en 1929. Vers 1950, en Belgique et en France apparaissent Gaston Lagaffe, Spirou, Lucky Luke, les Schtroumpfs, Astérix, etc. Les années 1980 sont marquées par l'entrée en force des séries de *mangas* venant du Japon.

bandelette **n.f.** Bande étroite, petite bande. *Les momies égyptiennes étaient complètement enveloppées de bandelettes avant d'être déposées dans leurs sarcophages.*

bander **v.** (CONJUG. 3). ❶ Entourer d'une bande. *L'infirmière a bandé le bras du blessé.* ❷ *Bander un arc,* c'est en tendre la corde pour lui donner du ressort, avant de tirer. ❸ *Bander ses muscles,* c'est les contracter avant un effort qui demande de la force. *Il banda ses muscles, saisit les haltères et les souleva.*

banderole **n.f.** Longue bande de tissu marquée d'une inscription qui s'accroche à une façade d'immeuble ou est brandie dans les manifestations, les défilés. *Une grande banderole, portée par deux manifestants, se déployait à la tête du cortège.*

bandit **n.m.** ❶ Malfaiteur qui commet des vols à main armée, des crimes. *Deux bandits armés ont dévalisé la banque, ce matin.* SYN. gangster. ❷ Nom qu'on donne par exagération à une personne malhonnête. *J'ai eu affaire à un vrai bandit qui m'a vendu deux fois trop cher une voiture d'occasion.* SYN. fripouille, voleur.

HISTOIRE DU MOT Vient de l'italien *bandito*, qui signifie « banni, mis hors la loi ».

banditisme **n.m.** Ensemble des actions criminelles, dans un pays, une région. *La lutte contre le grand banditisme* (= les actions criminelles les plus graves).

bandonéon **n.m.** Petit accordéon utilisé dans les orchestres de tango.

bandoulière **n.f.** Courroie que l'on fait passer d'une épaule à la hanche opposée pour porter un sac, un fusil.

banjo **n.m.** Instrument de musique à cordes pincées dont la caisse de résonance se compose d'une membrane de peau tendue sur un cadre circulaire en bois. *Le banjo est souvent utilisé dans les musiques populaires des États-Unis.* ▶ REM. On prononce [bɑ̃dʒo].

banjo

banlieue **n.f.** ❶ Ensemble des localités qui entourent une grande ville. *Chaque matin, des millions de personnes viennent des banlieues travailler à Paris, Londres, New York. La grande banlieue* (= les communes les plus éloignées de la ville). ❷ En Belgique, train omnibus qui dessert la banlieue d'une grande ville.

HISTOIRE DU MOT Autrefois, la banlieue était la zone, large d'une lieue, qui entourait la ville et sur laquelle cette dernière exerçait son pouvoir.

banlieusard, e **n.** (Familier) Habitant de la banlieue.

banni, e **n.** et **adj.** Personne condamnée à l'exil ; proscrit.

HISTOIRE DU MOT Vient de *bannir*.

bannière **n.f.** ❶ Au Moyen Âge, drapeau servant de signe de ralliement à la troupe d'un seigneur qui conduisait ses vassaux à la guerre. *La bannière royale était de soie ou de velours azur et portait un semis de fleurs de lis d'or.* ❷ Étendard fixé sur un support en forme de T, qui accompagne des processions, des cortèges. *La fanfare municipale a sorti sa bannière pour la parade.* • **La bannière étoilée :** le drapeau des États-Unis. • (Familier) **C'est la croix et la bannière :** c'est toute une cérémonie, c'est compliqué. *C'est la croix et la bannière pour faire travailler un fainéant !* • **Se ranger** ou **combattre sous la bannière de quelqu'un :** le rejoindre dans sa lutte.

bannir **bannissant, banni v.** (CONJUG. 16). ❶ Contraindre à l'exil. *Tous les membres de la famille de Napoléon furent bannis à perpétuité par la loi du 12 janvier 1816.* ❷ Supprimer, écarter ce que l'on juge mauvais. *Nous avons banni ce sujet de la conversation pour éviter de nous disputer.* SYN. exclure.

bannissement **n.m.** Ancienne peine qui condamnait un citoyen à l'exil avec interdiction de retourner dans son pays.

banque **n.f.** ❶ Entreprise qui reçoit des dépôts d'argent, prête de l'argent, gère des fonds, achète et vend pour ses clients des valeurs boursières, etc. *Dès son premier salaire, il s'est fait ouvrir un compte en banque.* ❷ Dans certains jeux, la somme d'argent que tient un joueur pour payer les gagnants. *Tenir la banque au Monopoly.* • **Banque de données :** ensemble d'informations dans un domaine particulier, que l'on peut consulter rapidement à l'aide d'un ordinateur. • **Banque du sang, banque d'organes, etc. :** réserve de sang, de tissus vivants, d'organes destinés à des transfusions, à des transplantations.

HISTOIRE DU MOT Vient de l'italien *banca* qui signifie « banc » et qui désignait le comptoir du changeur de monnaie.

banqueroute **n.f.** *Faire banqueroute*, pour un commerçant ou une entreprise, c'est ne plus pouvoir payer ce qu'il y a à payer.

HISTOIRE DU MOT Vient de l'italien *banca rotta* qui signifie « banc rompu », parce que lorsqu'un banquier avait fait faillite on brisait le banc qui lui servait de comptoir.

banquet **n.m.** Repas somptueux qui réunit de nombreux invités à l'occasion d'événements extraordinaires ou de cérémonies officielles. *Dans ce restaurant, on peut organiser des banquets.*

banquette **n.f.** Siège à plusieurs places dans une voiture de train, de métro, un restaurant ; banc rembourré ou canné. *Les enfants sont assis sur la banquette arrière de la voiture.*

banquier, ère **n.** Personne qui dirige ou possède une banque.

banquise **n.f.** Couche de glace, souvent épaisse, qui se forme à la surface de la mer quand elle gèle, dans les régions polaires. *La banquise recouvre une grande partie de l'océan Arctique.*

bantou, e **adj.** et **n.** Qui se rapporte aux Bantous.
→ VOIR noms propres.

baobab **n.m.** Gros arbre d'Afrique tropicale, d'Asie et d'Australie dont le tronc énorme peut atteindre une vingtaine de mètres de circonférence.

baobabs

baptême **n.m.** ❶ Sacrement par lequel une personne est accueillie dans la communauté des chrétiens ; la cérémonie qui l'accompagne. *Le jour de son baptême, l'enfant est entouré de son parrain et de sa marraine.* ❷ Bénédiction solennelle d'un navire, d'une cloche, d'un édifice, etc. • **Baptême de l'air :** premier vol que fait une personne en avion, en hélicoptère, etc. • **Baptême du feu :** le premier combat d'un soldat, d'un pompier.
▸ REM. On ne prononce pas le *-p-*.

HISTOIRE DU MOT Vient du grec *baptizein* qui signifie « immerger », parce que les premiers chrétiens recevaient le baptême par immersion dans l'eau d'un fleuve ou de la mer.

baptiser **v.** (CONJUG. 3). ❶ Donner le sacrement du baptême à quelqu'un. *Le prêtre a baptisé six enfants, ce matin.* ❷ Donner un nom à quelque chose, un nom ou un surnom à quelqu'un. *Ses camarades l'ont baptisé Tintin à cause de sa touffe de cheveux.* SYN. appeler, surnommer.
▸ REM. On ne prononce pas le *-p-*.

baquet **n.m.** Grand récipient arrondi servant à divers usages. *Autrefois on faisait tremper la lessive dans un baquet.*

1 **bar** **n.m.** ❶ Débit de boissons où l'on peut consommer assis dans la salle ou debout devant un comptoir. SYN. café. ❷ Comptoir d'un café, d'un restaurant derrière lequel les serveurs préparent les boissons. *Il boit son café, accoudé au bar.* ❸ Meuble contenant des verres et des bouteilles, dans une maison.

2 **bar** **n.m.** Poisson de l'Atlantique et de la Méditerranée appelé également *loup* à cause de sa voracité.

baragouiner **v.** (CONJUG. 3). (Familier) Parler mal une langue étrangère au point d'avoir du mal à se faire comprendre. *Je baragouine quelques mots de portugais, ce qui m'a permis de me débrouiller dans les restaurants de Lisbonne.*

HISTOIRE DU MOT Vient des mots bretons *bara*, qui signifie « pain », et *gwin*, qui signifie « vin », parce que c'étaient les deux mots prononcés pour se faire servir du pain et du vin dans les auberges.

baraque **n.f.** ❶ Construction légère, généralement en planches. *Le matériel est entreposé dans des baraques, sur le chantier. Les baraques des fêtes foraines.* ❷ (Familier) Maison.

baraqué, e **adj.** (Familier) *Une personne baraquée* est solidement bâtie et a une forte carrure.

baraquement **n.m.** Construction plus grande qu'une baraque, qui sert de logement provisoire à des militaires, des prisonniers, des ouvriers sur un chantier, etc.

baratin **n.m.** (Familier) Flot de paroles destiné à convaincre quelqu'un ou à le tromper. *Il nous a fait tout un baratin sur l'importance de son travail.*

baratiner **v.** (CONJUG. 3). (Familier) Faire du baratin, raconter des boniments. *Christophe m'a baratiné pour que je le laisse partir en week-end.*

baratineur, euse **n.** (Familier) Celui, celle qui aime bien baratiner.

baratte **n.f.** Appareil dans lequel on bat la crème du lait pour obtenir du beurre.

barbant, e **adj.** (Familier) Qui est très ennuyeux. *Qu'est-ce qu'il est barbant avec ses histoires sans fin !* SYN. assommant.

barbare **adj.** et **n.** ❶ Qui agit avec une cruauté et une férocité indignes de l'homme. *Le massacre de la population fut un crime barbare.* SYN. inhumain, sauvage. ❷ Étranger, pour les Grecs et les Romains. → VOIR noms propres : **Invasions barbares.**

HISTOIRE DU MOT Vient du latin *barbarus* qui signifie « étranger » et, au figuré, « grossier, rude ».

barbarie **n.f.** Comportement d'une extrême cruauté, d'une violence sauvage. *La barbarie nazie a coûté la vie à des millions d'hommes.* SYN. cruauté, férocité, sauvagerie.
▸ REM. Ne pas confondre avec *barbarisme*.

barbarisme **n.m.** Faute de langage. *Employer un mot dans un sens qu'il n'a pas ou bien déformer un mot sont des barbarismes.*
▸ REM. Ne pas confondre avec *barbarie*.

barbe **n.f.** ❶ Les poils qui poussent sur les joues, le menton des hommes. *Se raser la barbe. Il se laisse pousser la barbe.* ❷ La touffe de poils sous la mâchoire inférieure de certains animaux, comme la chèvre. ❸ Longs filaments d'une plume d'oiseau, d'un épi de céréale, etc. *Les barbes d'une plume d'oiseau sont fixées au tuyau. Les épis de seigle ont des barbes rêches.* • **Barbe à papa :** sucre étiré en longs filaments enroulés autour d'un bâtonnet. • (Familier) **La barbe ! :** exclamation qui exprime l'ennui et l'exaspération. • **Parler dans sa barbe :** de façon incompréhensible.

A B C D E F G H I J K L M N O P Q R S T U V W X Y Z

barbecue n.m. Appareil de cuisson fonctionnant souvent au charbon de bois pour faire des grillades en plein air ; repas ainsi réalisé. *On va cuire les merguez et les côtelettes au barbecue. Inviter des amis à un barbecue.*
▸ REM. On prononce [barbəkju].

barbelé adj. et n.m. • **Fil de fer barbelé :** fil de fer muni de pointes, utilisé pour les clôtures et comme matériel de défense militaire.

barber v. (CONJUG. 3). (Familier) Ennuyer. *Tu nous barbes avec tes pleurnicheries !*

barbiche n.f. Barbe en pointe au menton.

barbichette n.f. Petite barbiche. « *Je te tiens, tu me tiens par la barbichette : le premier de nous deux qui rira aura une tapette* » (comptine française).

barbier n.m. Autrefois, personne dont le métier était de raser ou de tailler la barbe et de coiffer les hommes.

ENCYCLOPÉDIE Jusqu'au milieu du XVIIe siècle, tout barbier était en même temps chirurgien : il rasait, faisait des saignées, posait des ventouses, pansait les plaies... Pour satisfaire les médecins qui voulaient que les barbiers ne s'occupent que des poils et des cheveux, Louis XIII autorisa la création d'un nouveau métier, celui des « barbiers barbants » appelés sous Louis XIV « barbiers-perruquiers ».

barboter v. (CONJUG. 3). ❶ S'agiter dans une eau peu profonde, marcher dans la boue en faisant des clapotements. *Le canard barbote en fouillant l'eau pour trouver sa nourriture. On marchait en barbotant dans le chemin détrempé.* SYN. patauger. ❷ (Familier) Voler, dérober. *Il s'est fait barboter sa montre dans le bus.*

HISTOIRE DU MOT Vient de l'ancien français *borbeter* ou *bourbouter*, de *bourbe* qui désigne une sorte de boue.

barboteuse n.f. ❶ Vêtement de petit enfant d'une seule pièce, à culotte courte et gonflante et qui laisse bras et jambes nus. ❷ Au Canada, piscine peu profonde pour les enfants.

barbouillage ou **barbouillis** n.m. Peinture, dessin réalisés de façon grossière et maladroite, en faisant des taches. *Le mur était couvert de barbouillages.*

barbouiller v. (CONJUG. 3). Étaler maladroitement de la peinture, une matière salissante. *Étienne ne sait pas peindre, il barbouille. Elle avait barbouillé son visage de confiture.* • **Être barbouillé** ou **avoir l'estomac barbouillé :** avoir mal à l'estomac, envie de vomir.

barbu, e adj. et n. Qui a de la barbe. *Mon grand-père a décidé de ne plus se raser et il commence à être barbu.* CONTR. glabre, imberbe.

barbue n.f. Poisson de mer, proche du turbot.

barda n.m. (Familier) Paquetage d'un militaire ; bagages encombrants que l'on emporte avec soi. *Comment vas-tu te débrouiller pour porter tout ton barda ?*

1 **barde** n.f. Mince tranche de lard dont on entoure une volaille, une pièce de viande qu'on veut rôtir.

2 **barde** n.m. Chez les anciens Celtes, poète chanteur qui célébrait la gloire d'un chef et le conseillait. *Assurancetourix est le barde du village d'Astérix.*

bardeau n.m. Planchette en forme de tuile, utilisée pour le revêtement des murs extérieurs et des toitures de maisons en bois (régions de montagnes, pays nordiques).

1 **barder** v. (CONJUG. 3). ❶ Entourer une volaille, un rôti de bardes, de tranches de lard. ❷ *Être bardé de diplômes, de décorations*, c'est en avoir beaucoup. *À la tribune d'honneur, les généraux avaient la poitrine bardée de décorations.* SYN. consteller.

2 **barder** v. (CONJUG. 3). • (Familier) **Ça barde !** ou **ça va barder ! :** expressions que l'on emploie quand une violente dispute ou une bagarre éclatent.

barème n.m. Tableau, recueil de calculs qui permettent de connaître rapidement un tarif, un salaire, etc. *Le professeur a appliqué un barème pour la correction du devoir, chaque réponse juste vaut cinq points.*
▸ REM. S'écrit avec un accent grave.

HISTOIRE DU MOT Vient du nom d'un mathématicien du XVIIe siècle, *François Barrême.*

barge n.f. Péniche très basse servant au transport de matières en vrac.

baril n.m. ❶ Petite barrique ; son contenu. *Un baril de poissons salés. Un baril de lessive.* ❷ *Baril de pétrole*, mesure de capacité, empruntée au système américain, d'environ 159 l.
▸ REM. On prononce le *-l.*

barillet n.m. Nom donné à une pièce cylindrique, en forme de petit baril, dans divers mécanismes. *Le barillet d'un pistolet est destiné à recevoir les cartouches.*

bariolé, e adj. Qui est coloré de teintes vives et contrastées. *Les robes bariolées des femmes tournoyaient au rythme de la danse.* SYN. bigarré, multicolore.

barmaid n.f. Mot anglais qui désigne une serveuse dans un bar.
▸ REM. On prononce [barmɛd].

barman n.m. (PLUR. : **barmans** ou **barmen**). Mot anglais qui désigne un serveur dans un bar.
▸ REM. On prononce [barman] au sing. et [barmɛn] au plur.

bar-mitsva n.f.invar. Mot hébreu qui désigne la cérémonie religieuse au cours de laquelle un jeune garçon juif est admis dans la communauté, devient majeur.
▸ REM. Le mot s'emploie aussi, au masculin, pour parler du jeune garçon lui-même. Pour une fille, on dit *bat-mitsva.*

baromètre n.m. ❶ Instrument qui sert à mesurer la pression atmosphérique et à prévoir le temps qu'il fera. *Le baromètre est au beau fixe* (= l'aiguille pointe sur l'inscription « beau fixe »). ❷ Ce qui signale et mesure des variations dans n'importe quel domaine. *Les sondages politiques sont les baromètres de l'opinion publique.*

baron n.m., **baronne** n.f. Titre de noblesse qui se situe au-dessous de vicomte et de vicomtesse.

baroque **adj.** ❶ *Le style baroque* est un style artistique qui s'est développé après la Renaissance et le classicisme, et qui est marqué par la recherche d'ornements. *Architecture, musique baroques.* ❷ Qui surprend par sa bizarrerie, sa fantaisie étrange. *Il n'avait que des idées baroques.* SYN. extravagant, insolite. ◆ **n.m.** L'art baroque. *Le baroque est souvent caractérisé par une surcharge d'ornements.*

HISTOIRE DU MOT Vient du portugais *barroco* qui désigne une perle de forme irrégulière, dans le langage de la joaillerie : le baroque recherche l'irrégularité tandis que le style classique aime la régularité.

barque **n.f.** Petit bateau utilisé surtout sur les rivières, les étangs et en mer pour le cabotage et la pêche près du littoral. *Des barques de pêcheurs se dirigent vers le port.* • **Bien mener sa barque** : conduire habilement ses affaires.

barquette **n.f.** ❶ Tartelette ovale, en forme de petite barque. ❷ Emballage léger et rigide, pour certains produits alimentaires. *Une barquette de fraises.*

barrage **n.m.** ❶ Construction qui barre un cours d'eau pour en régulariser le débit ou pour créer un réservoir d'eau. *Le barrage d'Assouan sur le Nil a permis d'irriguer une très grande région.* ❷ Obstacle installé pour barrer le passage. *Un barrage de police bloque la rue.* • **Faire barrage à** : empêcher quelque chose de se réaliser. *Il a fait barrage à ses projets en refusant de lui prêter de l'argent* (= il s'y est opposé).

barre **n.f.** ❶ Longue pièce de bois, de métal ou de toute autre matière servant à différents usages. *Des barres de fer sont entassées sur le chantier. La danseuse fait des exercices à la barre.* ❷ Nom donné à différents objets de forme allongée. *De l'or en barre* (= en bloc rectangulaire). SYN. lingot. *Une barre de chocolat.* ❸ Dans une salle de tribunal, barrière derrière laquelle se place le témoin pour son témoignage, l'avocat pour sa plaidoirie. ❹ Trait droit. *Sous la barre de soustraction apparaît le résultat. Un code à barres.* ❺ Commande du gouvernail qui permet de diriger un bateau. *Pendant la tempête, le capitaine a tenu la barre.* ❻ Vague qui forme un énorme rouleau et que les bateaux ont du mal à franchir. • (Familier) **Avoir un coup de barre** : être brusquement fatigué, comme si l'on avait été assommé. • **Barre de mesure** : en musique, ligne verticale en travers de la portée pour séparer les mesures. • **Barre fixe, barres parallèles** : agrès utilisés pour des exercices de gymnastique.

barreau **n.m.** ❶ Petite barre de bois, de métal sur une grille, une échelle, etc. *Le prisonnier s'est évadé en sciant les barreaux de sa cellule.* ❷ En France, ensemble des avocats établis dans un même tribunal. *Mon avocat est inscrit au barreau de Montpellier.* ❸ Profession d'avocat.

barrer **v.** (CONJUG. 3). ❶ Bloquer le passage, empêcher de passer. *Des camions barraient la route.* SYN. couper, fermer. ❷ Rayer d'un trait un mot, une ligne. *Il s'était trompé et barra ce qu'il venait d'écrire.* SYN. rayer. ❸ Tenir la barre d'un gouvernail, gouverner un bateau. • **Barrer une porte** : au Canada, la fermer à clé.

un exemple d'art **baroque :** la fontaine de Trevi à Rome

barrette **n.f.** Pince à cheveux munie d'un fermoir. *Une barrette à pois verts retenait ses cheveux.*

barreur, euse **n.** La personne qui tient la barre d'un bateau pour le diriger.

barricade **n.f.** Entassement d'objets divers que l'on dresse pour se protéger ou pour interdire un passage lors de combats de rue.

HISTOIRE DU MOT Vient de *barrique*, parce que, autrefois, les barricades étaient souvent édifiées avec des barriques.

se **barricader** **v.pron.** (CONJUG. 3). S'enfermer avec soin dans un endroit clos. *Le forcené s'est barricadé dans sa maison.* SYN. se retrancher. *Elle s'est barricadée dans sa chambre et ne veut voir personne.*

barrière **n.f.** ❶ Assemblage de pièces de bois ou de métal qui sert de clôture ou ferme un passage. *Les barrières d'un passage à niveau.* ❷ Tout obstacle au passage. *Une montagne difficile à franchir constitue une barrière naturelle entre deux régions.* ❸ Tout obstacle aux relations entre plusieurs personnes ou groupes. *La barrière de la langue les empêche de bien communiquer.*

barrique **n.f.** Tonneau d'une contenance d'environ 200 litres. *Mettre du vin en barriques.*

barrir **barrissant, barri** **v.** (CONJUG. 16). Pour un éléphant, un rhinocéros, faire entendre son cri, le *barrissement*.

barrissement **n.m.** Nom du cri de l'éléphant et du rhinocéros.

m n o p q r s t u v w x y z

A B C D E F G H I J K L M N O P Q R S T U V W X Y Z

baryton **n.m.** Voix d'homme située entre le ténor et la basse ; chanteur qui a cette voix.

1 **bas, basse** **adj.** ❶ Dont la hauteur est peu élevée, dont le niveau est faible. *Le plafond est bas, ne vous cognez pas !* CONTR. haut. *Nous parlions à voix basse* (= tout doucement). CONTR. fort. *Les températures sont basses.* CONTR. élevé. ❷ Qui est méprisable, vil. *Une basse vengeance.* ❸ *La partie basse d'une région, d'une rivière*, c'est la partie la plus proche de la mer. *La basse Normandie. Le bas Saint-Laurent.* ❹ *Une note, un son bas* sont dans les graves. *C'est trop bas pour moi, je n'arriverai pas à le chanter.* CONTR. aigu, haut. • **Enfant en bas âge :** tout jeune enfant. • **La tête basse :** la tête baissée par honte ou timidité. CONTR. la tête haute. ◆ **bas** **adv.** ❶ À peu de hauteur. *L'avion vole bas.* ❷ Avec peu d'intensité. *Parlez plus bas, on nous écoute.* SYN. doucement. CONTR. fort. • (Familier) **Bas les mains !, bas les pattes ! :** enlevez vos mains d'ici, n'y touchez pas ! • **Mettre bas :** pour une femelle, mettre ses petits au monde. • **Tomber bien bas :** être dans une grande déchéance morale. ◆ **bas** **n.m.** La partie inférieure de quelque chose. *Le bas de l'armoire est abîmé. Signer dans le bas de la page, au bas de la page.* • **En bas :** à l'étage inférieur. *La cuisine est en bas, les chambres sont en haut.*

2 **bas** **n.m.** Vêtement féminin qui habille et moule le pied et la jambe. *Elle s'est acheté une paire de bas.* • (Familier) **Bas de laine :** l'argent que l'on met de côté (et que l'on cachait, autrefois, dit-on, dans un bas de laine).

basalte **n.m.** Roche volcanique de couleur sombre qui forme de longues coulées.

basané, e **adj.** *Une peau basanée* est brunie, bronzée par le soleil ou le grand air. SYN. hâlé.

bas-côté **n.m.** (PLUR. : **bas-côtés**). Chacun des deux côtés d'une route, le long de la chaussée. *Il a dû s'arrêter sur le bas-côté pour laisser le moteur refroidir.* SYN. accotement.

bascule **n.f.** ❶ Balançoire placée en équilibre sur un axe, dont une extrémité s'élève tandis que l'autre s'abaisse quand on pèse sur elle. ❷ Balance à plateforme utilisée pour peser de lourdes charges. • **Cheval, fauteuil à bascule :** cheval de bois ou fauteuil muni d'un système qui lui permet de se balancer d'avant en arrière. *Le garçon se balançait sur un cheval à bascule.*

basculer **v.** (CONJUG. 3). ❶ Faire une chute provoquée par un mouvement brusque qui déséquilibre. *La voiture a basculé dans le fossé.* SYN. culbuter, tomber. ❷ Subir un mouvement de bascule et s'abaisser d'un côté. *Le pont-levis basculait pour permettre l'entrée dans le château fort.* ❸ Changer brusquement de situation, d'opinion, de sentiment. *La commune a basculé dans l'opposition aux dernières élections.* SYN. passer.

base **n.f.** ❶ La partie inférieure d'une chose, ce sur quoi elle repose. *La base d'un édifice, d'une pyramide.* CONTR. sommet. ❷ *La base d'une figure géométrique*, c'est le segment de droite ou le plan à partir desquels on mesure la hauteur. *Base d'un triangle.* ❸ Ce sur quoi repose quelque chose, ce qui est le fondement, l'essentiel. *Une alimentation à base de riz. Leur amitié repose sur des bases solides.* ❹ En mathématiques, nombre qui sert de référence dans un système de numération. *La base 10 du système décimal.* ❺ Lieu où sont établies des troupes et leur matériel. *Base militaire.* • **Base de données :** ensemble de renseignements spécialement classés et auxquels on a accès par des moyens informatiques. • **Base de lancement :** lieu spécialement aménagé pour le lancement d'engins spatiaux. • **Base de plein air :** au Canada, lieu aménagé en pleine nature, où l'on peut séjourner et pratiquer des activités de plein air.

base-ball (PLUR. : **base-balls**), ✎ ***baseball*** **n.m.** Sport surtout pratiqué en Amérique du Nord, qui oppose deux équipes sur un terrain carré jalonné de *bases* (piquets), et qui se joue avec une batte et une petite balle.
▸ REM. C'est un mot anglais, on prononce [bɛzbol].

joueurs de **base-ball**

baser **v.** (CONJUG. 3). ❶ Établir, installer des troupes dans une base. *Le régiment était basé près de la frontière.* ❷ Appuyer un raisonnement sur quelque chose. *Son argumentation est basée sur une idée très simple.* SYN. fonder.
▸ REM. Au sens 2, on préférera l'emploi du verbe *fonder*.

bas-fond (PLUR. : **bas-fonds**), ✎ ***basfond*** **n.m.** ❶ Fond éloigné de la surface de la mer, d'un cours d'eau. *Les navires peuvent passer sans danger au-dessus d'un bas-fond.* CONTR. haut-fond. ❷ *Les bas-fonds d'une ville*, ce sont ses quartiers misérables. *Sherlock Holmes menait son enquête dans les bas-fonds de Londres.*

1 **basilic** **n.m.** Plante aromatique dont les feuilles sont utilisées comme condiment, appelée *pistou* dans le midi de la France.

2 **basilic** **n.m.** ❶ Reptile légendaire que l'on croyait capable de tuer par son seul regard. ❷ Grand lézard d'Amérique à crête dorsale, proche de l'iguane.

basilique **n.f.** ❶ Dans la Rome antique, édifice de forme rectangulaire, situé à côté de la place publique, qui abritait marchands, banquiers, etc. ; église des premiers siècles du christianisme bâtie sur le même plan. ❷ Nom que l'on donne à une église de première importance. *La basilique de Saint-Denis est la cathédrale où sont enterrés les rois de France. La basilique Saint-Pierre de Rome est l'église de la papauté.*

HISTOIRE DU MOT Vient du grec *basilikê* qui signifiait « royale », d'où « principale ».

1 basket ou **basket-ball** (PLUR. : **basket-balls**), ✎ ***basketball*** **n.m.** Sport opposant deux équipes de cinq joueurs, qui consiste à marquer le plus de points possible en envoyant le ballon dans le panier du camp adverse.

HISTOIRE DU MOT Vient de l'anglais *basket*, qui signifie « panier », et *ball*, qui signifie « balle ».

2 basket **n.f.** Chaussure de sport souple et montante.

basketteur, euse **n.** Joueur, joueuse de basket.

1 basque **n.f.** Partie d'une veste qui part de la taille et forme un pan tombant sur les hanches. *Il releva les basques de son habit avant de s'asseoir.* • (Familier) **Être pendu aux basques de quelqu'un :** le suivre partout.

2 basque **adj.** et **n.** Du Pays basque. *Saint-Jean-de-Luz est un port situé sur la côte basque française.* ◆ **n.m.** La langue parlée par les Basques.
▸ REM. Quand il désigne une personne, le mot prend une majuscule : *un Basque, une Basque.*

bas-relief **n.m.** (PLUR. : **bas-reliefs**). Sculpture à faible relief où les objets, les personnes représentés se détachent peu du fond, par opposition au haut-relief.

basse **n.f.** ❶ Notes, sons les plus graves d'une composition musicale. ❷ La voix d'homme qui est la plus grave ; le chanteur qui a cette voix. ❸ Nom que l'on donne souvent, en jazz, à la contrebasse. *Le trio était composé d'un piano, d'une basse et d'une batterie.*

basse-cour (PLUR. : **basses-cours**), ✎ ***bassecour*** **n.f.** Partie d'une ferme où l'on élève de la volaille et des lapins ; l'ensemble des animaux qui y vivent. *Sa basse-cour compte de nombreuses poules, un coq et des dindons.*

bassement **adv.** De façon moralement basse, indigne, vile. *Comment peut-on se conduire aussi bassement ?* CONTR. dignement, noblement.

bassesse **n.f.** ❶ Caractère de ce qui est bas, vil, sans qualité morale. *Il avait rarement vu un individu d'une telle bassesse.* ❷ Action, parole méprisables et viles. *Il aurait fait les pires bassesses pour obtenir ce qu'il voulait.* SYN. ignominie.

basset **n.m.** Chien très bas sur pattes et au corps allongé. *Le teckel est un basset.*

1 bassin **n.m.** ❶ Récipient portatif large, peu profond, et de forme circulaire ou ovale. ❷ Lieu aménagé pour contenir de l'eau dans un jardin, une construction ; chacune des parties d'une piscine. *Le grand bassin, le petit bassin d'une piscine. Les enfants faisaient naviguer des bateaux sur le bassin du jardin du Luxembourg.* SYN. pièce d'eau, plan d'eau. ❸ Partie d'un port bordée de quais, à l'abri des vagues, où les bateaux sont ancrés. ❹ Dans une région, un pays, vaste cuvette où les roches sédimentaires se sont entassées quand la mer la recouvrait. *Le Bassin parisien.* • **Bassin houiller** ou **bassin minier :** région minière où l'on exploite des gisements de houille, de charbon, etc.

2 bassin **n.m.** La ceinture osseuse située à la base du tronc et qui s'articule avec les membres inférieurs. *Le coccyx est un os du bassin.*

bassine **n.f.** Récipient généralement rond qui sert à divers usages. *Le linge trempait dans la bassine. Une bassine à confiture.*

bassiner **v.** (CONJUG. 3). Humecter, mouiller pour rafraîchir. *Bassiner le front, les tempes d'un malade.*

bassinoire **n.f.** Récipient muni d'un long manche, dans lequel on mettait des braises et qui servait à réchauffer les lits.

bassiste **n.** Musicien qui joue de la contrebasse ou de la guitare basse. SYN. contrebassiste. *Le bassiste des Beatles était Paul McCartney.*

basson **n.m.** Instrument de musique à vent, en bois, plus grave que le hautbois.

bastide **n.f.** ❶ Ville fortifiée construite au Moyen Âge dans le sud-ouest de la France à l'initiative du roi ou d'un grand seigneur. ❷ Nom donné à certaines maisons de campagne dans le midi de la France.

HISTOIRE DU MOT Vient du provençal *bastida* qui signifie « bâtie », comme *Bastille.*

bastingage **n.m.** Rambarde entourant le pont d'un navire et qui empêche objets et passagers de tomber à l'eau. *Accoudé au bastingage, il regarde la mer.*

bastion **n.m.** ❶ Partie en saillie qui renforçait les ouvrages de fortification. ❷ Au figuré, ce qui constitue une défense solide, un soutien inébranlable. *Cette région fut un des bastions du protestantisme.*

bastonnade **n.f.** Série de coups de bâton. *Recevoir une bastonnade.*
▸ REM. Ce mot est ancien.

bas-ventre **n.m.** (PLUR. : **bas-ventres**). Partie du ventre située au-dessous du nombril.

animaux de la **basse-cour**
(carte postale ancienne)

A B C D E F G H I J K L M N O P Q R S T U V W X Y Z

bât **n.m.** Support en forme de selle muni d'un rembourrage, que l'on place sur le dos d'une bête de somme pour la charger et qui protège sa peau des frottements. • **C'est là que le bât blesse :** voilà le point sensible de l'affaire.
▸ REM. Ne pas confondre avec *bas*.

bataclan **n.m.** • (Familier) **Et tout le bataclan :** et tout le reste des objets divers et encombrants. *Ils sont partis avec les lunettes de plongée, les palmes et tout le bataclan.* SYN. attirail.

bataille **n.f.** ❶ Combat, lutte entre deux armées ennemies. *En 1792, la bataille de Valmy permit aux Français d'arrêter les Prussiens.* ❷ Lutte, bagarre entre des personnes. *La dispute a dégénéré en véritable bataille rangée* (= en bagarre). *Une bataille de polochons.* • **En bataille :** en désordre, comme après une bagarre. *Il ne s'était pas peigné et avait les cheveux en bataille.*

batailler **v.** (CONJUG. 3). ❶ Discuter avec acharnement pour convaincre quelqu'un. *Il est toujours prêt à batailler pour la défense des espèces en voie de disparition.* ❷ Au figuré, se battre, lutter pour obtenir quelque chose, surmonter toutes sortes d'obstacles. *Batailler pour gagner sa vie.*

batailleur, euse **adj.** Qui aime se battre. *Elle avait un tempérament batailleur.* SYN. belliqueux, querelleur.

bataillon **n.m.** ❶ Unité militaire composée de plusieurs compagnies et faisant partie d'un régiment. *Il existe cinq bataillons de chasseurs alpins en France.* ❷ Groupe réunissant de nombreuses personnes. *Un bataillon de touristes visite le musée.* SYN. troupe.

bâtard, e **adj.** et **n.** ❶ Autrefois, se disait d'un enfant né de parents qui n'étaient pas mariés ensemble. *Les bâtards du roi avaient le titre de prince* (= enfant naturel, illégitime). CONTR. enfant légitime. ❷ Pour un animal, être issu d'un croisement entre deux races. ◆ **adj.** Qui n'est pas d'un genre bien défini, qui est composé d'éléments différents et mal accordés. *Une solution bâtarde* (= qui cherche à satisfaire tout le monde).

batavia **n.f.** Variété de laitue à feuilles dentelées et craquantes.

1 bateau **n.m.** ❶ Tout moyen de transport qui navigue sur l'eau. *Nous avons pris le bateau pour faire la traversée de Marseille à Alger.* → VOIR planche ci-contre. ❷ La partie abaissée d'un trottoir devant une porte cochère, un accès à un garage, etc. *Il est interdit de stationner sur un bateau.* • (Familier) **Mener quelqu'un en bateau** ou **monter un bateau à quelqu'un :** lui faire croire une histoire inventée de toutes pièces pour se moquer de lui.

HISTOIRE DU MOT Vient du vieil anglais *bat* (aujourd'hui *boat*).

2 bateau **adj.invar.** *Une question bateau, un sujet bateau* sont sans originalité, donc sans difficulté.

bateleur, euse **n.** Autrefois, personne qui amusait le public par des pitreries, des acrobaties, des tours d'adresse et de force sur les places et dans les foires. SYN. saltimbanque.

batelier, ère **n.** Personne dont le métier est de conduire un bateau, une péniche sur les cours d'eau. *Le batelier manœuvra sa péniche pour passer l'écluse.* SYN. marinier.
▸ REM. Ce mot est rare au féminin.

bathyscaphe **n.m.** Engin de plongée à grande profondeur, autonome et habitable.

HISTOIRE DU MOT Vient du grec *bathus*, qui signifie « profond », et *skaphê*, qui signifie « barque » et que l'on retrouve dans *scaphandre*.

ENCYCLOPÉDIE Le bathyscaphe, ainsi nommé par son inventeur, est le premier appareil utilisé pour l'observation scientifique des fonds sous-marins. Inventé par Auguste Piccard en 1948, il a battu le record de profondeur en 1960, à 10 900 m, dans la fosse des îles Mariannes, dans l'océan Pacifique. Trop coûteux, il a été remplacé par des soucoupes et d'autres sous-marins.

1 bâti, e **adj.** *Une personne bien* ou *mal bâtie* a un corps bien ou mal proportionné (= bien, mal fait).
▸ REM. *Mal bâti* s'écrit aussi *malbâti*, en un seul mot.

2 bâti **n.m.** Assemblage des pièces de bois ou de métal qui forment la charpente d'une maison, le cadre d'un objet. *Le bâti d'une fenêtre, d'une porte.*

batifoler **v.** (CONJUG. 3). (Familier) Perdre son temps à des choses futiles, à des enfantillages. SYN. folâtrer.

bâtiment **n.m.** ❶ Toute construction, en général de grandes dimensions. *Les bâtiments d'une usine.* → VOIR AUSSI **bâtisse, édifice.** ❷ L'ensemble des industries et des métiers qui concernent la construction. *Travailler dans le bâtiment.* ❸ Navire de grandes dimensions, en particulier navire de guerre.

bâtir **bâtissant, bâti v.** (CONJUG. 16). ❶ Construire une habitation, un édifice en assemblant des matériaux. *Il a bâti lui-même sa maison.* ❷ Assembler à grands points les pièces d'un vêtement avant de les coudre. SYN. faufiler. ❸ Assembler des idées pour former un ensemble organisé. *Bâtir une phrase.* SYN. construire. *Hercule Poirot bâtissait ses théories sur des indices invisibles aux autres.* SYN. édifier, fonder.

HISTOIRE DU MOT Vient du mot de la langue des Francs *basta* qui signifiait « fil de chanvre », puis « construction ».

bâtisse **n.f.** Gros bâtiment sans caractère particulier. *L'école est une grande bâtisse à côté de la mairie.*

bâtisseur, euse **n.** Personne qui bâtit ou fait bâtir des édifices. *Les Romains de l'Antiquité ont été de grands bâtisseurs.*

bâton **n.m.** ❶ Long morceau de bois rond qui sert en particulier d'appui pour la marche. *Un bâton de berger.* ❷ Objet rigide et allongé utilisé pour divers usages. *Des bâtons de ski.* ❸ Objet de matière consistante qui se présente sous la forme d'un petit cylindre. *Bâton de colle, de chocolat, de craie, de rouge à lèvres.* • **Mettre des bâtons dans les roues à quelqu'un :** lui susciter des difficultés, des obstacles pour l'empêcher de réussir quelque chose. • **Parler à bâtons rompus :** bavarder en passant d'un sujet à l'autre.

La navigation au gré du vent

barque égyptienne 1300 av. J.-C.

drakkar

Parce que le bois flotte sur l'eau, les premiers hommes ont utilisé des **troncs d'arbres assemblés** (**radeau**) ou **creusés** (**pirogue**), ou encore des peaux de bêtes tendues sur de l'osier (kayak) sur les milieux aquatiques. Ils s'aident de rames pour mieux diriger la course des bateaux. Les Égyptiens ajoutent des **voiles** pour se propulser grâce à la force du vent. De même, associant rames et voiles, les Grecs naviguent sur des trières, les Romains sur des galères et les Vikings sur des **drakkars**. Grâce au **gouvernail** et à la boussole, les premiers explorateurs peuvent partir à la découverte du monde en naviguant au large. Les trois-mâts en bois qui assurent le transport des marchandises entre les pays européens et leurs colonies peuvent mesurer 60 m de long.

navire marchand romain

galion XVIe siècle

trois-mâts 1850

La navigation à moteur

navire à vapeur

catamaran

Au début du XIXe siècle, la force motrice de la vapeur fait tourner des **roues à aubes** qui battent l'eau de chaque côté du navire. Dès 1840, les roues sont remplacées par des **hélices** et les moteurs Diesel ou les **turbines** à mazout succèdent aux chaudières.

Il existe aujourd'hui des bateaux de toutes sortes : paquebots géants pour croisières de luxe, pétroliers de 500 000 t, chalutiers de pêche, péniches ou voiliers de plaisance.

chalutier

pétrolier

aéroglisseur

le « Normandie »

A B C D E F G H I J K L M N O P Q R

bâtonnet n.m. Petit bâton. *Un bâtonnet de colle.*

batracien n.m. Ancien nom donné aux amphibiens.

battage n.m. ❶ Action de battre un objet, un matériau. *Battage d'un tapis. Battage de l'or.* ❷ Technique utilisée pour séparer les grains de l'épi de leur enveloppe. ❸ (Familier) *Faire du battage autour de quelque chose*, c'est en parler beaucoup, en particulier dans la presse, à la radio et à la télévision (= faire une publicité tapageuse).

1 battant n.m. ❶ Pièce de métal suspendue à l'intérieur d'une cloche, qui bat contre ses parois quand on la met en branle et la fait résonner. ❷ Partie mobile d'une porte, d'une fenêtre, d'une armoire, qui peut s'ouvrir et se fermer. *Une porte à deux battants.* SYN. vantail.

2 battant, e adj. • **Pluie battante :** pluie violente. • **Porte battante :** qui s'ouvre dans les deux sens et se referme d'elle-même. *La porte battante permet aux serveurs de passer de la cuisine à la salle de restaurant, les bras chargés d'assiettes.*

3 battant, e n. Personne combative et énergique. *Il fallait une battante comme elle pour redonner de l'enthousiasme à l'équipe.*

batte n.f. ❶ Instrument de bois long et plat qui sert à battre une substance, un matériau, un objet. ❷ Bâton renflé à une extrémité, utilisé au base-ball et au cricket pour frapper la balle.
▸ REM. Au Québec, on dit *un bâton de base-ball.*

battement n.m. ❶ Mouvement de ce qui bat, bruit causé par ce mouvement. *D'un battement d'ailes, l'oiseau s'est envolé. Les battements de son cœur s'accéléraient.* ❷ Intervalle de temps libre entre deux activités. *Entre les heures de cours, nous avons cinq minutes de battement.*

batterie n.f. ❶ Ensemble des instruments à percussion d'un orchestre. *La batterie est constituée généralement d'une grosse caisse, d'une caisse claire et de différentes cymbales.* ❷ Rangée de pièces d'artillerie, de canons disposés pour tirer sur une même cible. *Une batterie de missiles était pointée sur l'ennemi.* ❸ *Une batterie de cuisine*, la série des récipients qui servent à faire la cuisine. ❹ *La batterie d'un véhicule*, le dispositif qui fournit l'électricité nécessaire à la marche du moteur. → VOIR AUSSI **accumulateur.**

batterie

1 batteur, euse n. ❶ Personne qui tient la batterie, dans un orchestre. ❷ Personne qui tient la batte au cricket ou au base-ball.

2 batteur n.m. Ustensile ménager qui sert à battre les œufs, à faire des mélanges.

battoir n.m. Sorte de palette en bois munie d'un manche que les blanchisseuses utilisaient pour battre le linge afin d'en éliminer l'eau.

battre battant, battu v. (CONJUG. 50). ❶ Frapper une personne, un animal, lui donner des coups. *Il ne faut pas battre les animaux.* SYN. taper. ❷ Frapper quelque chose à coups répétés, à l'aide d'un instrument, pour le nettoyer, le façonner. *On bat un tapis pour en chasser la poussière. On bat le blé, l'orge, pour séparer le grain de l'épi. Le forgeron bat le fer* (= le forge en le frappant à l'aide d'un marteau). *Battre les œufs en neige* (= fouetter les blancs d'œufs jusqu'à ce qu'ils forment une mousse consistante). ❸ Faire des mouvements répétés avec une partie du corps. *L'oiseau bat des ailes pour voler. Battre des mains pour applaudir.* ❹ Remporter une victoire sur un ennemi, un adversaire. *L'équipe de basket du collège a battu celle du collège voisin.* SYN. triompher de, vaincre. ❺ Heurter quelque chose à coups répétés. *La pluie bat contre la vitre.* SYN. cingler. *Les vagues battaient sans répit contre les rochers. Le vent fait battre le volet.* ❻ Palpiter, avoir des mouvements réguliers. *Le cœur bat dans la poitrine. Le cœur de Rodrigue battait pour Chimène* (= il était amoureux d'elle). ◆ **se battre** v.pron. ❶ Se donner réciproquement des coups. *Ils se sont encore battus pour des bêtises.* ❷ Lutter contre un adversaire ou contre des obstacles. *Se battre pour la liberté.*

battu, e adj. • **Avoir l'air d'un chien battu :** avoir l'air de quelqu'un qui craint toujours d'être puni ou battu. • **Avoir les yeux battus :** avoir les yeux cernés ou gonflés. • **Sortir des sentiers battus :** être original, se distinguer des autres.

battue n.f. ❶ Manière de chasser où des chasseurs (les *rabatteurs*) battent les buissons et les fourrés pour en déloger le gibier et diriger sa fuite vers les chasseurs. ❷ Exploration systématique d'un terrain pour rechercher quelqu'un ou quelque chose. *On a organisé une battue pour retrouver un enfant disparu.*

batture n.f. Au Canada, nom donné à la partie du rivage laissée à découvert par la marée.

baudet n.m. (Familier) Âne. • **Être chargé comme un baudet :** être très chargé (car autrefois on transportait de lourdes charges à dos d'âne).

baudrier n.m. ❶ Large courroie de cuir passant de l'épaule à la hanche opposée et qui soutient une épée, un tambour ou un ceinturon. ❷ Harnais qu'utilise un alpiniste pour se relier à son compagnon de cordée.

baudruche n.f. ❶ Pellicule provenant de l'intestin de certains animaux, dont on se servait autrefois pour faire des ballons gonflables très légers. *Aujourd'hui les ballons de baudruche sont en caoutchouc très fin.* ❷ Personne sans caractère.

bauge n.f. L'endroit boueux où vit le sanglier.
▸ REM. Ce mot est du féminin.

baume n.m. ❶ Substance odorante sécrétée par certaines plantes. ❷ Médicament avec lequel on frictionne la peau pour calmer la douleur. • **Mettre, verser du baume dans le cœur de quelqu'un :** apaiser son chagrin, sa douleur, le consoler, le réconforter.
▸ REM. Ne pas confondre avec *la bôme.*

bauxite n.f. Roche rougeâtre qu'on exploite pour l'aluminium qu'elle contient.

HISTOIRE DU MOT Vient du nom des *Baux-de-Provence.*

bavard, e adj. et n. Qui aime parler et parle beaucoup, ou qui parle trop. *Aussi bavardes l'une que l'autre, elles peuvent parler pendant des heures.* SYN. loquace, volubile. CONTR. silencieux, taciturne. *Il est bavard comme une pie* (= très bavard).

HISTOIRE DU MOT Ce mot a la même origine que *bave*, car en ancien français *bave*, du latin *baba*, désignait le « babil des enfants ».

bavardage n.m. Action de bavarder ; ce que l'on dit en bavardant. *Elle ne s'intéressait pas aux bavardages des commères.* SYN. commérage.

bavarder v. (CONJUG. 3). ❶ Parler beaucoup, discuter de choses et d'autres. *Ils passaient leurs soirées à bavarder.* SYN. converser. ❷ Parler de manière indiscrète et médisante.

bave n.f. ❶ Salive qui s'écoule de la bouche d'une personne ou de la gueule d'un animal. *Le chien enragé avait la bave aux lèvres.* ❷ Liquide que répandent certains mollusques. *La bave d'un escargot.*

HISTOIRE DU MOT Vient du latin *baba* qui désignait le « babil des enfants », d'où aussi le mot *bavard.*

baver v. (CONJUG. 3). ❶ Laisser couler de la bave. *Le bébé a bavé sur sa serviette.* ❷ (Familier) *Baver d'admiration, d'envie*, c'est admirer, envier à en rester bouche bée (= être béat d'admiration). ❸ *De l'encre, de la peinture qui bavent* débordent du trait, du dessin et font des taches. *La peinture rouge a bavé sur le blanc.* • (Familier) **En baver :** souffrir, supporter des choses pénibles. *Il en a bavé, le travail était très dur.*

bavette n.f. ❶ Petite serviette qu'on attache au cou d'un enfant pour protéger ses vêtements quand il bave ou quand il mange. SYN. bavoir. ❷ Partie d'un tablier, d'une salopette qui couvre la poitrine. ❸ Morceau de viande de bœuf à longues fibres, découpé sur le côté de l'abdomen. *Un bifteck dans la bavette.*

baveux, euse adj. *Une omelette baveuse* a été peu cuite pour qu'elle reste moelleuse.

bavoir n.m. Petite serviette qui protège les vêtements d'un bébé. SYN. bavette.

HISTOIRE DU MOT Vient de *bave.*

bavure n.f. ❶ Tache sur le contour d'un dessin, le tracé d'une lettre quand la peinture ou l'encre a bavé. ❷ Erreur ou faute aux conséquences graves. *Une bavure a eu lieu pendant l'arrestation des malfaiteurs, un passant a été blessé.* • (Familier) **Sans bavure :** sans aucun défaut, irréprochable.

bayer v. (CONJUG. 3). • **Bayer aux corneilles :** rêver en regardant en l'air ou au loin, la bouche ouverte.
▸ REM. Ne pas confondre avec *bâiller*, même si les deux mots viennent du latin *batare* qui signifie « tenir la bouche ouverte ».

bazar n.m. ❶ Marché couvert dans les pays d'Orient, qu'on appelle *souk* en Afrique du Nord. *Il existe un grand bazar à Istanbul.* ❷ (Familier) Ensemble d'objets de toutes sortes, en désordre. *« Quel bazar ! » a dit ma mère en voyant la chambre.* SYN. capharnaüm.

bazar (Marrakech, Maroc)

bazarder v. (CONJUG. 3). (Familier) Se débarrasser de quelque chose. *Bazarder ses vieux jouets.*

bazooka n.m. Arme utilisée pour percer le blindage des chars, composée d'un tube tirant un projectile.
▸ REM. On prononce [bazuka].

B.C.D. n.f. Bibliothèque des écoles maternelle et primaire. *Nous allons à la B.C.D. chaque semaine.*
▸ REM. C'est le sigle de *bibliothèque centre de documentation.*

B.C.G. n.m. Vaccin contre la tuberculose.

HISTOIRE DU MOT C'est le sigle de [vaccin] *bilié de Calmette et Guérin.*

B.D. n.f. Sigle de *bande dessinée.*

B2I n.m. → **brevet**

béant, e adj. Qui est grand ouvert. *Le loup, la gueule béante, se jeta sur le Petit Chaperon rouge et le dévora. Un gouffre béant s'ouvrait à leurs pieds.*

a b c d e f g h i r s t u v w x y z

A B C D E F G H I J K L M N O P Q R S T U V W X Y Z

béat, e adj. *Un air, un sourire béats* expriment un immense contentement qui peut paraître niais. • **Être béat d'admiration :** être rempli d'une admiration sans bornes.

HISTOIRE DU MOT Vient du latin *beatus* qui signifie « heureux ».

béatitude n.f. Bonheur, contentement que rien ne trouble. *Éprouver un sentiment de béatitude.* SYN. félicité.

beau ou **bel, belle** adj. ❶ Agréable à regarder, à écouter. *Un beau paysage. C'est une belle chanson.* SYN. joli, superbe. CONTR. hideux, laid. *Nous avions un bel olivier dans notre jardin.* ❷ Qui suscite l'admiration. *Il a fait un beau geste en les aidant.* SYN. grand, noble. ❸ Qui est important. *Son père a une belle situation.* SYN. considérable, gros. CONTR. modeste, petit. *Le pêcheur a fait une belle prise.* ❹ Qui est ensoleillé. *Une belle journée. Un bel été.* ◆ **beau** n.m. Ce qui est beau. *Elle avait acquis le goût du beau très jeune.* SYN. beauté. • **C'est du beau ! :** exclamation ironique pour exprimer son mécontentement. *C'est du beau de frapper un petit !* (=c'est honteux). ◆ **beau** adv. • **Il fait beau :** le temps est ensoleillé. CONTR. mauvais. ▸ REM. *Bel* remplace *beau* devant un nom masculin commençant par une voyelle ou un *h* muet : *un bel enfant, un bel homme.*

beaucoup adv. ❶ S'emploie pour indiquer une grande quantité, un grand nombre, une grande intensité. *J'ai beaucoup de choses à faire. Avoir beaucoup d'amis. Les enfants ont beaucoup ri au cirque.* SYN. énormément. ❷ Un grand nombre de personnes ou de choses. *La récolte de pêches est abondante, mais beaucoup sont abîmées.* CONTR. peu. • **Beaucoup plus** ou **beaucoup moins** ou **beaucoup mieux :** renforcent une différence dans une comparaison. SYN. bien. • **De beaucoup :** indique que la différence est grande. *Il est plus rapide que nous, et de beaucoup !* SYN. de loin. ▸ REM. *Beaucoup* s'emploie avec un nom ou un verbe ; avec un adjectif, on emploie *très*. *J'ai beaucoup ri ; je suis très contente.*

beau-fils n.m. (PLUR. : **beaux-fils**). ❶ Le fils du conjoint, né d'une précédente union. ❷ L'époux de la fille ; le gendre. *Le beau-fils de Mme Dupont est le mari de sa fille.*

beau-frère n.m. (PLUR. : **beaux-frères**). ❶ Le frère du conjoint. *Le beau-frère de mon père est le frère de ma mère et mon oncle.* ❷ Le mari de la sœur ou de la belle-sœur.

beau-père n.m. (PLUR. : **beaux-pères**). ❶ Pour un enfant, le deuxième mari de sa mère. ❷ Le père du conjoint.

beauté n.f. ❶ Qualité de ce qui est beau. *La beauté du spectacle l'a enthousiasmé.* SYN. splendeur. CONTR. laideur. *La beauté d'un visage.* SYN. charme, grâce. *La beauté d'une musique, d'un texte.* ❷ *La beauté d'un geste, d'un sentiment*, c'est leur noblesse, leur générosité. ❸ Personne ou chose très belle. *Cette femme est une beauté.* • **De toute beauté :** extrêmement beau. *J'ai trouvé une pierre de toute beauté.* • **Finir, terminer en beauté :** en apothéose, magnifiquement.

beaux-arts n.m.plur. L'ensemble des arts plastiques (l'architecture, la peinture, la sculpture et la gravure) ainsi que la musique et la danse.

beaux-parents n.m.plur. Les parents du conjoint.

bébé n.m. ❶ Tout petit enfant, âgé de moins de deux ans. ❷ *Faire le bébé*, c'est se conduire d'une façon puérile. ❸ Animal très jeune. *Un bébé phoque.*

bébelle n.f. Au Québec, jouet.

bec n.m. ❶ Organe saillant de la tête des oiseaux avec lequel ils attrapent leurs nourriture et attaquent leurs ennemis. *« Maître Corbeau, sur un arbre perché, / Tenait en son bec un fromage »* (*le Corbeau et le Renard*, La Fontaine). → VOIR planche ci-contre. ❷ Nom donné à des objets qui font penser à un bec d'oiseau. *Le bec verseur d'une casserole. Le bec d'une clarinette* (=son embouchure). ❸ (Familier) Bouche. *Ma remarque lui a cloué le bec* (=l'a fait taire). ❹ Au Canada, un baiser. • (Familier) **Avoir une prise de bec avec quelqu'un :** avoir une violente dispute avec lui. • **Un bec fin :** un gourmet.

HISTOIRE DU MOT Vient d'un mot gaulois qui signifiait « crochet ».

bécane n.f. Mot familier employé pour parler d'un vélo, d'une moto ou d'un ordinateur, d'une machine.

bécarre n.m. Signe qui, sur une portée musicale, ramène à sa hauteur normale une note qui avait été haussée par un dièse ou baissée par un bémol.

bécasse n.f. ❶ Oiseau migrateur à long bec. *La bécasse plonge son bec dans la vase à la recherche de vers et de larves.* ❷ (Familier) Femme, fille sottes.

bécasse

bec-de-cane n.m. (PLUR. : **becs-de-cane**). Serrure fonctionnant sans clé au moyen d'une poignée, appelée « béquille », ou d'un bouton.

bec-de-lièvre n.m. (PLUR. : **becs-de-lièvre**). Malformation de la lèvre supérieure qui se sépare en deux par une fente, comme celle du lièvre. *Il ne lui reste qu'une petite cicatrice comme trace de son bec-de-lièvre.*

béchamel n.f. Sauce blanche épaisse à base de farine, de beurre et de lait.

HISTOIRE DU MOT Vient du nom de *Louis de Béchamel* qui inventa cette sauce au XVIIe siècle.

Un outil corné

ara Macao

Avec leur bec, les oiseaux disposent d'un organe efficace pour se nourrir. Ce bec est composé de deux ou plusieurs **lames cornées**, et sa forme dépend du régime alimentaire de l'oiseau. Le bec peut revêtir des couleurs différentes selon le sexe ou la saison (macareux, moineau). Ainsi, le bec jaune-orangé du merle noir mâle le rend bien reconnaissable. D'autres animaux possèdent un bec semblable à celui des oiseaux : la tortue, l'ornithorynque ou encore certains têtards d'amphibiens. En revanche, les **plaques dentaires** de certains poissons (brouteurs de coraux, par exemple) ne sont pas en kératine, comme les vrais becs cornés.

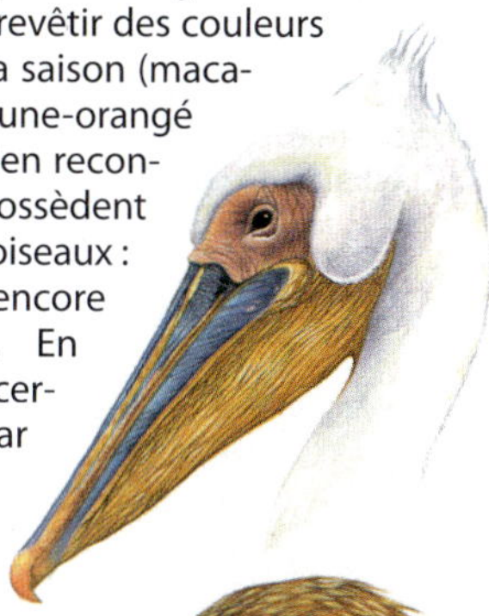
pélican

bec-croisé

grand corbeau

martin-pêcheur

pic épeiche

aigle royal

À chacun son bec

Les **oiseaux granivores** (bouvreuil, gros-bec) ont un bec court et massif qui leur permet de briser les graines et les amandes. Les **insectivores**, qui se nourrissent à terre d'insectes et de baies (fauvette), ont un bec long et pointu. Le bec très court et pouvant largement s'ouvrir de l'hirondelle, du martinet ou de l'engoulevent est parfaitement adapté à la capture des insectes en vol. Les rapaces (aigle) sont des **carnivores** et leur bec crochu sert à déchirer les proies qu'ils ne peuvent avaler d'une seule bouchée. De même, le goéland possède un long bec dont la pointe recourbée lui permet d'attraper puis de déchiqueter des poissons. Le bec des oiseaux pêcheurs peut être également long et droit (héron, martin-pêcheur) ou posséder une poche sous la **mandibule** inférieure (pélican). De nombreux canards ont un bec assez large et aplati, afin de filtrer les aliments qui se trouvent en suspension dans l'eau.

spatule

calao bicorne

gros-bec

bec-en-sabot du Nil

toucan toco

avocette

barge rousse

percnoptère d'Égypte

flamant rose

macareux

A B C D E F G H I J K L M N O P Q R S T U V W X Y Z

bêche n.f. Outil de jardinage composé d'une lame d'acier plate et large fixée à un manche en bois, qui sert à retourner la terre, à bêcher.

bêcher v. (CONJUG. 3). ❶ Retourner la terre à l'aide d'une bêche. ❷ (Familier) Être prétentieux ; snober.

bêcheur, euse n. (Familier) Nom que l'on donne à une personne prétentieuse et méprisante.

becquée n.f. ❶ Quantité de nourriture qu'un oiseau tient dans son bec pour nourrir ses oisillons. ❷ (Familier) *Donner la becquée à un petit enfant*, c'est lui donner à manger par petites bouchées.

becqueter (CONJUG. 12, ✎ *11*) ou **béqueter**, ✎ ***bèqueter*** v. (CONJUG. 11). Attraper avec le bec, en parlant d'un oiseau.

HISTOIRE DU MOT Vient de *bec*.

bedaine n.f. (Familier) Gros ventre. *Sa grosse bedaine l'empêchait de se rapprocher de la table.* SYN. (Fam.) bedon.

HISTOIRE DU MOT Vient de l'ancien français *boudine* qui signifiait « nombril ».

bedeau n.m. Employé qui veille au bon déroulement des cérémonies et à l'entretien d'une église.

bedon n.m. (Familier) Gros ventre.

bedonnant, e adj. (Familier) Qui a un ventre rebondi. *Comme il commençait à être bedonnant, il s'est mis à faire du sport.*

bédouin, e adj. et n. Qui se rapporte aux Bédouins. → VOIR noms propres.

bée adj.f. • **Être** ou **rester bouche bée :** être si étonné que l'on est sans réaction. *La nouvelle nous a abasourdis, nous sommes restés bouche bée.*

beffroi n.m. Tour, dans une ville, dont la cloche sonnait l'alarme et annonçait les réunions à l'hôtel de ville. *Les beffrois du nord de la France et de Belgique.*

bégaiement n.m. Trouble de la parole caractérisé par la répétition de syllabes et la difficulté à prononcer certains mots.

bégayer v. (CONJUG. 13). ❶ Être atteint de bégaiement. *Quand il est intimidé, il se met à bégayer.* ❷ Prononcer quelque chose en balbutiant, de façon confuse et gênée. *Il a timidement bégayé quelques excuses.* SYN. bafouiller, bredouiller.

bégonia n.m. Plante ornementale originaire d'Amérique tropicale, aux fleurs blanches, roses ou rouges.

bègue n. Personne qui bégaie.

bégueule adj. (Familier) Qui est très pudibond.

HISTOIRE DU MOT Vient de *bée gueule* qui signifie « bouche bée ». Voir *bée*.

béguin n.m. Coiffe qui s'attache sous le menton ; petit bonnet d'enfant. • (Familier) **Avoir le béguin pour quelqu'un :** en être amoureux. *Il avait le béguin pour Nathalie mais n'osait pas le lui avouer.*

bégum n.f. Titre oriental équivalant à celui de princesse. *« Les Cinq Cents Millions de la bégum » est le titre d'un roman de Jules Verne.*
▸ REM. On prononce [begɔm].

belettes

beige adj. et n.m. D'une couleur brun clair tirant sur le jaune. *Le chameau a un pelage beige. Le beige va avec presque toutes les couleurs.*

beigne n.m. Au Canada, pâtisserie en forme d'anneau, frite dans l'huile.

beignet n.m. Pâte sucrée ou salée que l'on fait frire en la plongeant dans de l'huile. *Les beignets aux crevettes sont une spécialité chinoise.*

bel adj.m. → **beau**

bel canto, ✎ ***belcanto*** n.m.invar. L'art du chant selon la tradition de l'opéra italien, qui met en valeur la beauté de la voix et la virtuosité du chanteur.

bêlement n.m. Le cri du mouton ou de la chèvre.

bêler v. (CONJUG. 3). Pour un mouton ou une chèvre, pousser des bêlements.

belette n.f. Petit mammifère carnassier au corps effilé et au museau pointu dont le pelage brun devient blanc lors des hivers très froids. *La belette s'attaque aux terriers des lapins.*

HISTOIRE DU MOT Ce mot est le diminutif de *belle*. Au Moyen Âge, on évitait de lui donner son nom *(mustele)* et on l'appelait *belette*, « belle petite bête », parce que l'on croyait ainsi se protéger de ses ravages dans les basses-cours.

belge adj. et n. De Belgique. *Anvers est un port belge. Les Belges parlent le français ou le flamand.*
▸ REM. Quand il désigne une personne, le mot prend une majuscule : *un Belge, une Belge.*

bélier n.m. ❶ Mâle de la brebis aux puissantes cornes recourbées. *Le bélier blatère.* ❷ Instrument ancien utilisé pour enfoncer une porte, constitué d'une poutre terminée par une tête de bélier en fer. ❸ (Avec une majuscule.) *Signe du Bélier,* premier signe du zodiaque, qui commence le 21 mars et se termine le 20 avril.

bellâtre **n.m.** Nom que l'on donne à un homme d'une beauté fade.

1 belle **adj.f.** → **beau**

2 belle **n.f.** ❶ Jolie jeune fille. *« La Belle au bois dormant » est le titre d'un conte de Perrault.* ❷ Partie décisive qui doit départager deux joueurs, deux équipes à égalité après les parties précédentes. *Après la revanche, ils ont joué la belle.*

belle-de-jour **n.f.** (PLUR. : **belles-de-jour**). Autre nom du *liseron* dont les fleurs ne s'ouvrent que le jour.

belle-de-nuit **n.f.** (PLUR. : **belles-de-nuit**). Plante ornementale originaire du Pérou et dont la fleur ne s'ouvre qu'à la tombée de la nuit.

belle-famille **n.f.** (PLUR. : **belles-familles**). La famille de la personne que l'on a épousée.

belle-fille **n.f.** (PLUR. : **belles-filles**). ❶ La fille du conjoint, née d'une première union. ❷ L'épouse du fils ; la bru. *La belle-fille de M. et Mme François, c'est la femme de leur fils.*

belle-mère **n.f.** (PLUR. : **belles-mères**). ❶ Pour un enfant, la deuxième épouse de son père. ❷ La mère du conjoint.

belle-sœur **n.f.** (PLUR. : **belles-sœurs**). ❶ La sœur du conjoint. ❷ L'épouse du frère ou du beau-frère.

belliciste **adj.** et **n.** Qui est partisan de la guerre pour régler les conflits entre des pays. CONTR. pacifiste.

belligérants **n.m.plur.** Pays, États qui sont en guerre.

HISTOIRE DU MOT Vient du latin *bellum,* qui signifie « guerre », et *gerere,* qui signifie « faire ».

belliqueux, euse **adj.** Qui aime la guerre ou la bagarre. *Son comportement belliqueux provoquait souvent des bagarres.* SYN. agressif, batailleur. CONTR. pacifique, paisible.

belote **n.f.** Jeu de cartes qui se joue avec trente-deux cartes. *Jouer à la belote sans atout ou tout atout.*

béluga ou **bélouga** **n.m.** Mammifère marin qui habite surtout les mers arctiques.

belvédère **n.m.** Terrasse naturelle située en hauteur et d'où l'on a un beau panorama.

HISTOIRE DU MOT Vient de l'italien *bel,* « beau », et *vedere,* « voir ».

bémol **n.m.** Signe musical qui, placé devant une note, indique qu'il faut la baisser d'un demi-ton.

bénédictin **n.m.** • **Travail de bénédictin :** travail qui exige beaucoup de patience et d'attention.

HISTOIRE DU MOT Les bénédictins sont des religieux de l'ordre de Saint-Benoît qui se consacrent à la réflexion.

bénédiction **n.f.** ❶ Acte religieux d'un prêtre qui bénit une personne ou une chose pour la placer sous la protection divine. *Les jeunes mariés ont reçu la bénédiction du curé.* ❷ (Familier) Événement heureux et inattendu. *C'est une bénédiction que vous soyez arrivés à temps !* • (Familier) **Donner sa bénédiction :** donner son plein accord.

bénéfice **n.m.** ❶ Gain d'argent réalisé quand les recettes sont supérieures aux dépenses. *Sur cette affaire, nous avons fait un gros bénéfice.* SYN. profit. CONTR. déficit, perte. ❷ Avantage que procure une action ou une situation. *Tirer bénéfice de ses études.* • **Au bénéfice du doute :** puisqu'il n'y a pas suffisamment de preuves. *Il a été acquitté au bénéfice du doute.*

bénéficiaire **adj.** Qui fait des bénéfices. *Une entreprise bénéficiaire.* CONTR. déficitaire. ◆ **n.** La personne qui tire un avantage, un bénéfice de quelque chose. *Nous félicitons le gagnant du concours, heureux bénéficiaire d'un voyage au Congo.*

bénéficier **v.** (CONJUG. 7). Profiter d'un avantage, d'un bénéfice. *Il a bénéficié d'un jour de vacances supplémentaire.*

bénéfique **adj.** Qui fait du bien, qui exerce une bonne influence. *Rémi a une influence bénéfique sur ta sœur, il la calme.* SYN. bienfaisant. CONTR. maléfique, nocif.

benêt **n.m.** Garçon un peu sot, naïf et maladroit. *Ce grand benêt de Lucien ne fait que des sottises.* SYN. dadais, nigaud.

bénévolat **n.m.** Travail, action bénévoles. *Sa grande sœur fait du bénévolat auprès des personnes âgées.*

bénévole **adj.** et **n.** Qui fait quelque chose de son plein gré et gratuitement. *Des bénévoles sont arrivés sur les lieux du tremblement de terre.*

HISTOIRE DU MOT Vient du latin *benevolus* qui signifie « bienveillant, dévoué ».

bénévolement **adv.** De manière bénévole, sans se faire payer.

bénin, bénigne **adj.** Qui est sans gravité, sans conséquences graves. *Une maladie bénigne. Une erreur bénigne.*

béluga femelle et son petit

A B C D E F G H I J K L M N O P Q R S T U V W X Y Z

bénir **bénissant, béni v.** (CONJUG. 16). ❶ Appeler la protection divine sur quelqu'un ou consacrer des objets à Dieu. *Le pape bénit les fidèles. Le prêtre a béni un bateau.* → VOIR **bénit.** ❷ Se réjouir d'un événement heureux. *Il a béni l'arrivée du dépanneur.*

HISTOIRE DU MOT Vient du latin *benedicere* qui signifie « dire du bien ».

bénit, e adj. *Eau bénite, pain bénit,* qui ont été bénis par un prêtre.
▸ REM. Ne pas confondre avec *béni,* participe passé du verbe *bénir.*

bénitier n.m. Petit bassin destiné à contenir de l'eau bénite, dans une église.

benjamin, e n. ❶ Le plus jeune enfant d'une famille ou d'un groupe. *Jean était l'aîné, Jules le cadet et Léon le benjamin. C'est la benjamine de la classe.* ❷ En France, jeune sportif de dix à onze ans. *Il est entré dans l'équipe des benjamins.*
▸ REM. On prononce [bɛ̃ʒamɛ̃].

HISTOIRE DU MOT Vient du nom de *Benjamin* qui est, dans la Bible, le plus jeune des douze fils de Jacob.

benne n.f. ❶ Sorte de caisse qui sert à transporter des matériaux. *Une benne à gravats, à ordures. Un camion à benne basculante.* ❷ Cabine de téléphérique ou de télécabine qui transporte des passagers.

béquille n.f. ❶ Canne munie d'une poignée horizontale, sur laquelle s'appuie une personne qui a des difficultés pour se déplacer. *Son plâtre l'oblige à marcher avec des béquilles.* ❷ Support d'une bicyclette, d'un vélomoteur qui les maintient en équilibre à l'arrêt.

HISTOIRE DU MOT Vient de *bec.*

berbère adj. et **n.** Qui se rapporte aux Berbères.
→ VOIR noms propres.

bercail n.m.sing. • (Familier) **Rentrer au bercail :** rentrer dans son foyer, chez soi.
▸ REM. Ce mot ne s'emploie qu'au singulier.

HISTOIRE DU MOT Vient du latin *berbicale* qui signifie « bergerie », de *berbix,* « brebis ».

berceau n.m. ❶ Petit lit de bébé qui permet de le bercer. ❷ Lieu d'origine d'une famille, d'une civilisation. *L'Arabie a été le berceau de la religion musulmane.*

bercement n.m. Mouvement de ce qui berce. *Le bercement des vagues.*

bercer **berçant, bercé v.** (CONJUG. 4). ❶ Balancer d'un mouvement doux et régulier. *Il berçait le bébé dans ses bras. Les vagues nous berçaient dans le bateau.* ❷ Marquer, imprégner de manière agréable une période de sa vie. *Je me souviens des histoires de ma grand-mère qui ont bercé mon enfance.*

berceuse n.f. ❶ Chanson, au rythme lent, pour bercer un petit enfant ; morceau de musique sur le même rythme. ❷ Au Canada, chaise, appelée aussi *berçante,* qui permet de se balancer d'avant en arrière (= fauteuil à bascule, en France).

béret n.m. Coiffure ronde et plate sans bords. *Un béret de marin.*

bérézina n.f. • **C'est la bérézina :** c'est une catastrophe, un échec complet.

HISTOIRE DU MOT Vient du nom d'une rivière de Russie, la *Berezina,* où eut lieu la déroute de l'armée de Napoléon pendant la campagne de Russie, en novembre 1812.

bergamote n.f. Fruit d'un arbre voisin de l'oranger, le *bergamotier,* dont on extrait une essence utilisée en parfumerie et en confiserie. *Des bonbons à la bergamote.*

berge n.f. Bord en surplomb d'un cours d'eau. *Il a rencontré plusieurs pêcheurs en longeant la berge de la rivière.* SYN. rive.

1 **berger, ère n.** Celui, celle qui garde des moutons. *Le berger conduit le troupeau vers les pâturages de montagne.* • **L'étoile du Berger :** la planète Vénus, celle qui brille la première quand vient la nuit, comme une étoile.

2 **berger n.m.** Chien de berger, utilisé pour garder les troupeaux. *Berger des Pyrénées. Berger allemand.* SYN. chien-loup.

chien de **berger** gardant des moutons

bergère n.f. Fauteuil large et profond.

bergerie n.f. Petite construction, abri pour les moutons. • **Le loup est dans la bergerie :** expression qu'on emploie quand une personne s'est introduite dans un groupe où elle peut faire du mal.

bergeronnette n.f. Petit oiseau passereau qui vit au bord des eaux et qui marche en balançant sa longue queue, d'où son autre nom de *hochequeue.*

bergeronnette

berline n.f. ❶ Autrefois, voiture à cheval suspendue, à quatre roues, et recouverte d'une capote. ❷ Modèle de voiture à quatre portes. *Il a préféré une berline à un coupé, c'est plus confortable.*

HISTOIRE DU MOT Vient du nom de la ville de *Berlin* où cette voiture à cheval fut inventée, vers 1670.

berlingot **n.m.** ❶ Bonbon à quatre faces triangulaires. ❷ Type d'emballage en carton ou en plastique pour les liquides. *Un berlingot de lait. Un berlingot d'eau de Javel.*

berlue **n.f.** • (Familier) **Avoir la berlue :** avoir un trouble passager de la vue ou s'imaginer faussement quelque chose. *Tu as la berlue ! Il n'y a personne.*

bermuda **n.m.** Short qui descend jusqu'aux genoux.
HISTOIRE DU MOT Vient du nom des îles *Bermudes* où les touristes ont mis ce short à la mode.

bernard-l'ermite ou **bernard-l'hermite** **n.m.invar.** Crustacé qui se loge dans la coquille vide d'un gastéropode, comme l'escargot de mer.

bernard-l'ermite s'abritant dans une coquille

berne **n.f.** *Drapeau en berne*, qui n'est pas déployé, en signe de deuil. *À la mort du président de la République, les drapeaux avaient été mis en berne sur tous les bâtiments publics. Le pavillon du navire était en berne* (= hissé à mi-mât en signe de deuil ou de détresse).

berner **v.** (CONJUG. 3). Tromper quelqu'un en lui racontant des mensonges. *Il a été berné par un escroc.* SYN. abuser, duper.

bernique **n.f.** Petit coquillage.
▶ REM. On dit aussi *bernicle*.

besace **n.f.** Sac à deux poches ouvert par le milieu.

bésicles **n.f.plur.** (Familier) Lunettes. SYN. binocles.

besogne **n.f.** Travail ou tâche que l'on doit faire. *C'était une rude besogne de couper les blés à la faux.* • **Aller vite en besogne :** être expéditif, faire les choses rapidement.

besogneux, euse **adj.** Qui s'applique beaucoup à accomplir des tâches mal payées et jugées peu intéressantes. *Il ambitionnait d'être autre chose qu'un gratte-papier besogneux.*

besoin **n.m.** Sentiment que l'on a qu'il nous manque quelque chose qui nous est nécessaire. *J'ai besoin d'un dictionnaire.* • **Au besoin :** si c'est vraiment nécessaire. • **Être dans le besoin :** manquer du nécessaire pour vivre, être pauvre. ◆ **besoins** **n.m.plur.** Ce qui manque dans un domaine quelconque. *Quels sont les besoins en instituteurs dans l'école ?* • **Faire ses besoins :** uriner ou aller à la selle.

bestial, ale, aux **adj.** *Un comportement bestial* rappelle la sauvagerie d'une bête. *Pris d'une fureur bestiale, il hurlait et se démenait en cassant tout.*

bestialité **n.f.** Caractère brutal, bestial d'un comportement. SYN. barbarie, sauvagerie.

bestiaux **n.m.plur.** Les animaux que l'on élève en troupeaux dans une ferme, et dont l'ensemble forme le bétail. *Les paysans vont vendre leur bétail dans les foires aux bestiaux.*

bestiole **n.f.** Petite bête, en particulier insecte. *Le rosier est plein de bestioles.*

best-seller (PLUR. : **best-sellers**), ✎ ***bestseller*** **n.m.** Livre qui connaît un grand succès commercial, dont on vend beaucoup d'exemplaires. « *Autant en emporte le vent* » *est un best-seller qui s'est vendu à des centaines de millions d'exemplaires dans le monde.*
▶ REM. On prononce [bɛstsɛlœr].
HISTOIRE DU MOT Vient des mots anglais *the best*, qui signifie « le meilleur », et *to sell*, qui signifie « vendre ».

1 bêta **n.m.invar.**, ✎ ***n.m.*** La deuxième lettre de l'alphabet grec.

2 bêta, bêtasse **adj.** et **n.** (Familier) Qui agit d'une manière naïve et maladroite ou qui est bête. *Quel gros bêta ! le voilà qui pleure pour rien.*

bétail **n.m.sing.** Ensemble des animaux élevés en troupeaux dans une exploitation agricole. *Les vaches, les bœufs et les veaux constituent le gros bétail. Les moutons et les porcs forment le petit bétail. La foire au bétail.* SYN. bestiaux. • **Traiter les gens comme du bétail :** les traiter sans aucun égard, en les considérant comme un troupeau.
▶ REM. Ce mot ne s'emploie qu'au singulier.

1 bête **n.f.** Tout être animé autre que l'homme. *José se passionne pour la vie des bêtes.* SYN. animal. *Le tigre est une bête fauve ; le mulet est une bête de somme.* • **Bête à bon Dieu :** autre nom de la *coccinelle*. • **La bête noire de quelqu'un :** la personne qu'il déteste le plus, la chose qu'il redoute le plus. • **Regarder quelqu'un comme une bête curieuse :** le regarder avec insistance comme une bête au zoo.

2 bête **adj.** Qui est sans intelligence, stupide, ou qui manque de réflexion. *Ils sont bêtes, ils ne comprendront jamais.* SYN. idiot, sot, stupide. CONTR. intelligent. *On m'a raconté une histoire bête à pleurer* (= très bête). *Cette petite n'est pas bête, elle ira loin ! Mais que je suis bête ! j'ai oublié mes clés.* SYN. étourdi. • **Bête comme chou :** très facile. • (Familier) **Bête comme ses pieds :** très bête. • **C'est bête :** c'est dommage.

bêtement **adv.** D'une manière stupide, bête. *Arrête de rire bêtement.* SYN. sottement, stupidement. • **Tout bêtement :** sans chercher de complications, simplement. « *Comment a-t-il réussi ? – Il a tout bêtement suivi le mode d'emploi.* »

bêtifier **v.** (CONJUG. 7). (Familier) Parler d'une manière niaise en voulant imiter les petits enfants. *Elle se croit obligée de bêtifier dès qu'elle parle à un bébé.*

A B C D E F G H I J K L M N O P Q R S T U V W X Y Z

bêtise n.f. ❶ Manque d'intelligence et de réflexion ; chose bête, stupide. *Ce qu'il a dit est d'une rare bêtise.* SYN. idiotie, stupidité. *Elle a peur qu'il fasse une grosse bêtise.* SYN. sottise. ❷ Chose sans importance. *Ils se disputent pour des bêtises.* SYN. bagatelle, broutille.

béton n.m. Matériau de construction très résistant composé d'un mélange de sable, de gravillons, de ciment et d'eau. *On construit beaucoup d'immeubles en béton armé* (= coulé autour de tiges métalliques pour en renforcer la résistance). • (Familier) **En béton :** aussi solide et difficile à démolir que du béton.

bétonnière ou **bétonneuse** n.f. Machine à cuve tournante qui sert à la fabrication du béton.

bette ou **blette** n.f. Plante potagère dont on mange les feuilles et les tiges, appelées *côtes* ou *cardes.*

betterave n.f. Plante cultivée pour sa racine charnue et qui sert à divers usages alimentaires, selon les espèces. *La betterave rouge est consommée en hors-d'œuvre. On extrait le jus de la betterave sucrière pour fabriquer du sucre.*

betteraves

beuglement n.m. Cri des bovins. SYN. meuglement, mugissement.

beugler v. (CONJUG. 3). ❶ Pour un bovin (vache, buffle, etc.), pousser un beuglement. SYN. meugler, mugir. ❷ (Familier) Pousser des hurlements. *Beugler des injures.*

beur n. (Familier) Nom donné aux jeunes Français dont les parents sont originaires d'Afrique du Nord.

HISTOIRE DU MOT Vient de *arabe* après plusieurs transformations en verlan : *rebeu, beure, beur.*

beurre n.m. ❶ Matière grasse obtenue en battant la crème du lait de vache. *Une tartine de beurre.* ❷ Matière grasse extraite de certains végétaux. *Du beurre de cacao.* • **Beurre d'arachide** ou **de cacahuète :** pâte à tartiner onctueuse que l'on fabrique en pilant des arachides grillées. • (Familier) **Compter pour du beurre :** compter pour rien, être traité comme quelqu'un qui n'a pas d'importance. • (Familier) **Œil au beurre noir :** œil marqué par des coups.

beurrer v. (CONJUG. 3). Enduire de beurre. *Beurrer une tartine, un plat.*

beurrier n.m. Récipient pour conserver et servir le beurre.

bévue n.f. Grosse erreur due à l'ignorance, l'inattention ou la maladresse. *Faire, commettre une bévue.* SYN. impair.

biais n.m. ❶ Ligne, direction oblique. *Marcher en biais. Le biais d'un tissu* (= la diagonale par rapport à la chaîne et à la trame). *Regarder quelqu'un de biais* (= de côté, sans montrer qu'on le regarde). ❷ Moyen détourné et habile de faire quelque chose. *Trouver un biais pour convaincre quelqu'un.*

biaiser v. (CONJUG. 3). Prendre un biais, un moyen détourné pour éviter quelque chose. *Arrête de biaiser et réponds directement à ma question !* SYN. tergiverser.

bibelot n.m. Petit objet décoratif. *Il avait rempli une étagère de bibelots rapportés de ses nombreux voyages.*

biberon n.m. Petite bouteille munie d'une tétine qui sert à allaiter les tout petits enfants.

bible n.f. ❶ (Avec une majuscule.) Livre sacré des religions juive et chrétienne. → VOIR noms propres. ❷ Livre qu'on lit souvent, qui sert de guide. *Son dictionnaire, c'est sa bible, il l'ouvre sans cesse.*

HISTOIRE DU MOT Vient du grec *biblion* qui signifie « livre ».

bibliobus n.m. Bibliothèque installée dans un véhicule automobile.

bibliographie n.f. Liste de livres sur un sujet particulier, qui comprend le nom de l'auteur, le titre du livre et parfois un résumé.

HISTOIRE DU MOT Vient du grec *biblion,* qui signifie « livre », et *graphein,* qui signifie « écrire ».

bibliophile n. Amateur de beaux livres et de livres anciens.

bibliothécaire n. Personne chargée du classement et du prêt des livres dans une bibliothèque.

bibliothèque n.f. ❶ Salle ou édifice où l'on peut consulter et emprunter des livres. *On est allés à la bibliothèque municipale pour préparer notre dossier.* ❷ Meuble de rangement pour les livres. *Les étagères de ma bibliothèque ploient sous le nombre de livres.* ❸ Ensemble de livres dont on dispose chez soi. *Elle a chez elle une bibliothèque de deux mille livres.*

biblique adj. Qui appartient à la Bible. *Les textes bibliques.*

bicentenaire n.m. Anniversaire d'un événement qui a eu lieu deux cents ans auparavant. *Le bicentenaire de la Révolution française a été célébré en 1989.*

biceps n.m. Muscle du bras, qui s'étend de l'omoplate à l'avant-bras. *Il faisait saillir ses biceps pour montrer sa force.*

▸ REM. On prononce le *-s.*

HISTOIRE DU MOT Vient du latin *biceps* qui signifie « à deux têtes », ce muscle ayant deux attaches à sa partie supérieure.

biche n.f. Femelle du cerf. *La biche ne porte pas de bois sur la tête. Le petit de la biche est le faon.* • **Des yeux de biche :** de grands yeux doux. • (Familier) **Ma biche :** petit mot tendre adressé à une petite fille ou à une femme.

bichonner v. (CONJUG. 3). (Familier) S'occuper avec un soin attentif et constant de quelque chose ou de quelqu'un. *Elle bichonne son enfant.* SYN. choyer. ◆ **se bichonner** **v.pron.** (Familier) Se préparer avec soin et coquetterie. SYN. se pomponner.

bicolore **adj.** Qui a deux couleurs. *Un maillot bicolore, rouge et jaune.*

bicoque **n.f.** (Familier) Petite maison pas très confortable.

bicorne **n.m.** Chapeau à deux pointes, dans certains uniformes ou costumes.

bicross **n.m.** ❶ Vélo ressemblant au V.T.T., mais aux roues plus petites. *Faire du bicross dans les bois.* ❷ Sport pratiqué avec ce vélo.

bicyclette **n.f.** Véhicule à deux roues fixées à un cadre et dont la roue motrice arrière est mise en mouvement quand on pédale. *Ils partirent faire un tour à bicyclette.* SYN. vélo.

ENCYCLOPÉDIE C'est à la fin du XVIIIe siècle et au début du XIXe siècle que naît l'idée de la bicyclette. Le photographe Niépce et le baron allemand Drais l'inventent chacun de leur côté : la machine de Drais portera le nom de *draisienne*. Peu à peu, de nombreuses inventions (chambre à air, pédalier, vitesses, etc.) feront de la draisienne la bicyclette d'aujourd'hui.

bidasse **n.m.** (Familier) Nom donné à un simple soldat.

HISTOIRE DU MOT Vient de *Bidasse*, nom d'un personnage de chanson.

bidet **n.m.** Appareil sanitaire qui sert à la toilette intime.

biche avec ses faons

Bonaparte coiffé d'un **bicorne** (détail d'un tableau de David, 1800)

bidon **n.m.** ❶ Grand récipient pour les liquides, que l'on ferme avec un bouchon. *Un bidon d'essence. Un bidon d'huile. Un bidon de lait.* ❷ (Familier) Ventre. *Il a du bidon.* • (Familier) **C'est du bidon ! :** c'est faux, c'est un mensonge.

bidonville **n.m.** Quartier périphérique d'une ville, constitué d'abris construits avec des matériaux de récupération (vieilles planches, plaques de tôle) où vivent des populations misérables. *Il y a de nombreux bidonvilles dans les villes d'Amérique du Sud.*

bidule **n.m.** (Familier) Nom qu'on donne à une chose, à une personne dont on ne connaît pas le nom ou que l'on ne veut pas nommer. *À quoi ça sert, ce bidule ?* SYN. (Fam.) machin, truc. *J'ai rencontré bidule samedi soir.*

bief **n.m.** Partie d'une voie navigable située entre deux écluses ou canal qui conduit l'eau d'une rivière vers la roue d'un moulin.

HISTOIRE DU MOT Vient du mot gaulois *bedu* qui signifie « canal ».

bielle **n.f.** Tige dont chaque extrémité est articulée à une pièce mobile et qui transmet le mouvement. *Dans les anciennes locomotives à vapeur, une bielle transmettait le mouvement aux roues.*

1 **bien** **adv.** ❶ D'une manière qui convient, qui est satisfaisante. *Le plombier a bien travaillé, tout fonctionne.* SYN. correctement. CONTR. mal. *Vous avez bien fait de le lui dire* (= vous avez eu raison). *Pierre était malade, mais maintenant il va bien* (= il est en bonne santé). *Je me sens bien avec toi* (= à l'aise, en confiance). ❷ Sert à renforcer une affirmation, ce que l'on dit. *Nous étions bien contents de la voir.* SYN. très. *J'aimerais bien vous voir à ma place !* SYN. beaucoup. ❸ Avec *du, de la, des*, indique une grande quantité, un grand nombre, une grande intensité. *Nous avons eu bien du mal à faire cet exercice.* SYN. beaucoup. *Bien des enfants seraient contents d'avoir ce que nous avons.* ◆ **adj.invar.** Qui a de grandes qualités. *C'est une fille bien, on peut lui faire confiance* (= honnête, droite). *Le film était très*

A B C D E F G H I J K L M N O P Q R S T U V W X Y Z

bien. SYN. bon. CONTR. mauvais. *Il a dû être bien dans sa jeunesse.* SYN. beau.
▸ REM. Le comparatif de supériorité de *bien* est *mieux*.

2 bien **n.m.** ❶ Ce qui est conforme à la morale, ce qui est juste, bon, généreux. *Faire la différence entre le bien et le mal. Faire le bien autour de soi. C'est pour ton bien que je dis ça* (= dans ton intérêt). ❷ Ce qui procure un sentiment ou une sensation de satisfaction, de plaisir. *On m'a dit du bien de toi* (= des choses agréables). *Ce médicament te fera du bien* (= il te soulagera). ❸ Ce que l'on possède. *Les biens de la famille sont gérés par un notaire. Il a dépensé tout son bien* (= son capital, sa fortune).
▸ REM. Aux sens 1 et 2, *bien* est toujours au singulier.

3 bien que **conj. de subordination.** S'emploie dans une phrase pour souligner qu'une action se fait malgré un événement, une circonstance qui auraient pu l'empêcher. *Il vient de sortir bien qu'il se soit mis à pleuvoir* (= malgré la pluie).
▸ REM. *Bien que* est toujours suivi du subjonctif.

bien-aimé, e **adj.** et **n.** (PLUR. : **bien-aimés, es**). Que l'on aime tout particulièrement. *Sa tante bien-aimée l'avait invitée pour les vacances.* SYN. chéri. *Son bien-aimé lui a écrit une lettre d'amour.* SYN. amoureux.

bien-être **n.m.invar.**, ✎ ***bienêtre n.m.*** ❶ Sensation d'être bien, physiquement et moralement. *Je ressens un grand bien-être quand je prends un bain bien chaud !* SYN. plaisir. ❷ Aisance matérielle qui permet de vivre bien. *Ils gagnent suffisamment d'argent pour assurer le bien-être de leur famille.*

bienfaisance **n.f.** *Une fête, un gala, une œuvre de bienfaisance* sont organisés par une association charitable pour aider des personnes en difficulté.

bienfaisant, e **adj.** Qui fait du bien, qui soulage. *Les effets bienfaisants d'un massage.* SYN. bénéfique, salutaire.

bienfait **n.m.** ❶ Acte généreux, ce que l'on fait pour aider quelqu'un. *Elle a comblé de bienfaits son village natal.* SYN. faveur, largesse. ❷ Effet bénéfique de quelque chose. *Les bienfaits de la science.*

bienfaiteur, trice **n.** Personne qui distribue des dons, qui accomplit des bienfaits. *La ville a honoré le bienfaiteur qui a financé l'hôpital.* SYN. donateur. *La découverte du vaccin contre la rage a fait de Louis Pasteur un des bienfaiteurs de l'humanité.*

bien-fondé (PLUR. : **bien-fondés**), ✎ ***bienfondé*** **n.m.** *Reconnaître le bien-fondé d'une opinion, d'une action*, c'est reconnaître que cette opinion, cette action sont justes, légitimes.

bienheureux, euse **adj.** et **n.** Qui ressent un grand bonheur. • **Dormir comme un bienheureux :** dormir profondément et paisiblement. ◆ **adj.** Qui rend heureux. *Un bienheureux hasard nous a réunis.*

biennale **n.f.** Manifestation, exposition artistique ou commerciale qui a lieu tous les deux ans. *La Biennale de Venise est une exposition d'art.*

bien-pensant, e **n.** (PLUR. : **bien-pensants, es**). Nom que l'on donne par ironie aux personnes qui respectent les traditions sans réfléchir. *Les discours provocants choquent les bien-pensants.*

bienséance **n.f.** Le respect des règles de politesse, des usages. *Quel grossier personnage ! Il a dépassé les limites de la bienséance.* SYN. savoir-vivre.
▸ REM. Ce mot appartient à la langue soutenue.

bientôt **adv.** Dans peu de temps. *Il va bientôt arriver, patientez un petit moment.* • **À bientôt !** ou **à très bientôt ! :** formules utilisées pour dire au revoir à quelqu'un que l'on souhaite revoir prochainement.

bienveillance **n.f.** Gentillesse mêlée d'indulgence. *On nous regardait faire avec bienveillance.* SYN. indulgence. CONTR. hostilité, malveillance, sévérité.

bienveillant, e **adj.** Qui montre de la bienveillance. *Son sourire bienveillant m'a rassuré.* SYN. aimable. CONTR. hostile, malveillant.

> HISTOIRE DU MOT Vient de *bien* et de *veuillant*, ancien participe de *vouloir*. Être *bienveillant*, c'est « vouloir du bien ».

bienvenu, e **adj.** et **n.** Qui est bien accueilli, qui arrive au bon moment. *Vous serez toujours les bienvenus chez nous, n'hésitez pas à revenir. L'arrivée d'un chèque serait bienvenue.* SYN. opportun. CONTR. malvenu.

bienvenue **n.f.** *Souhaiter la bienvenue à quelqu'un*, c'est lui faire un bon accueil.

1 bière **n.f.** Boisson faiblement alcoolisée, fabriquée à partir de la fermentation d'orge séchée (ou de malt) et de houblon. *Il existe de la bière blonde, brune ou rousse.*

2 bière **n.f.** Le cercueil. *La mise en bière* (= le moment où l'on installe le mort dans son cercueil).

> HISTOIRE DU MOT Vient du mot *bera*, de la langue des Francs, qui signifiait « civière ».

biface **n.m.** Outil préhistorique, en silex, taillé en pointe et aux arêtes tranchantes.

biface datant du paléolithique

biffer **v.** (CONJUG. 3). Rayer d'un trait ce qui est écrit. *Biffer un nom sur une liste.* SYN. barrer.

bifteck **n.m.** Tranche de viande de bœuf ou de cheval que l'on mange grillée ou cuite à la poêle. SYN. steak.

> HISTOIRE DU MOT Vient de l'anglais *beefsteak* qui signifie « tranche de bœuf ».

bifurcation **n.f.** L'endroit en forme de fourche où une route, une voie ferrée se divisent en deux. *À la prochaine bifurcation, vous prenez à droite.*

bifurquer **v.** (CONJUG. 3). ❶ Pour une route, une voie, se diviser en deux parties qui vont dans des directions différentes. ❷ Prendre une autre direction. *À cent mètres, bifurquez à gauche.* ❸ Changer d'orientation ou de métier. *Il a bifurqué vers le droit après un an de médecine.* SYN. s'orienter.

bigame adj. *Une personne bigame* est mariée à deux personnes en même temps.

bigamie n.f. Situation d'une personne bigame. → VOIR AUSSI **monogamie, polygamie.**

bigarré, e adj. ❶ Qui a des couleurs et des dessins variés. *Un parterre de fleurs bigarré.* SYN. bariolé. ❷ *Une foule bigarrée* est composée de personnes très différentes d'aspect et d'origine.

bigarreau n.m. Cerise rouge et blanc à chair très ferme et sucrée.

HISTOIRE DU MOT Le bigarreau est ainsi nommé parce qu'il est bigarré de deux couleurs.

bigarrure n.f. Aspect bigarré, couleurs bigarrées. *Les bigarrures des ailes de papillon.*

bigler v. (CONJUG. 3). (Familier) Loucher.

bigleux, euse adj. (Familier) Qui a une mauvaise vue. *Tu ne les vois pas approcher à vingt mètres ? Tu deviens bigleuse !*

bigorneau n.m. Petit coquillage marin qui ressemble à un escargot tout noir. *On mange les bigorneaux avec une épingle pour les attraper au fond de leur coquille.*

bigot, e n. Personne qui pratique sa religion d'une manière mesquine et outrée.

HISTOIRE DU MOT Vient d'un ancien juron anglais *bi God* qui signifie « par Dieu ».

bigoudi n.m. Petit rouleau autour duquel on enroule une mèche de cheveux pour la friser.

bigre interj. Mot qui exprime un grand étonnement. *Bigre ! en voilà une belle voiture !*

HISTOIRE DU MOT Ce mot est une déformation de *bougre.*

bigrement adv. (Familier) Très. *Il est bigrement abîmé, ton vélo.*

biguine n.f. Danse récréative originaire des Antilles.

bihebdomadaire adj. Qui a lieu deux fois par semaine. *Une réunion bihebdomadaire.*

bijou n.m. (PLUR. : **bijoux**). ❶ Petit objet de parure finement travaillé, le plus souvent dans une matière précieuse. *Des bijoux en or, en argent.* SYN. joyau. ❷ Ce qui est joli, très bien fait, très bien arrangé. *Ton studio est un petit bijou.*

HISTOIRE DU MOT Vient du breton *bizou* qui signifie « anneau ».

bijouterie n.f. ❶ Métier de celui qui fabrique des bijoux. ❷ Boutique du bijoutier. → VOIR AUSSI **joaillerie.**

bijoutier, ère n. Personne qui fabrique ou vend des bijoux.

bilan n.m. ❶ Tableau de chiffres qui permet de connaître la situation financière d'une entreprise, ses profits ou ses pertes. ❷ Examen de tous les éléments positifs et négatifs d'une situation quelconque. *Ce livre est un peu le bilan de sa vie. Se faire faire un bilan de santé* (= toutes sortes d'examens médicaux). • **Déposer son bilan :** pour une entreprise, faire faillite.

HISTOIRE DU MOT Vient de l'italien *bilancio* qui signifie « balance ».

bilatéral, ale, aux adj. Qui a deux côtés, qui se rapporte à deux côtés. *Ici le stationnement est bilatéral* (= on peut stationner des deux côtés de la rue). CONTR. unilatéral.

bilboquet n.m. Jouet composé d'un petit bâton pointu et d'une boule percée d'un trou, les deux pièces étant reliées par un cordon. *Quand on joue au bilboquet il faut faire retomber la boule sur le petit bâton.*

bile n.f. Liquide jaunâtre et amer sécrété par le foie et qui agit sur la digestion. *La bile s'accumule dans la vésicule biliaire.* • (Familier) **Se faire de la bile :** se faire du souci.

bileux, euse adj. (Familier) Qui s'inquiète facilement, qui se fait de la bile pour rien.
▸ REM. Ne pas confondre avec *bilieux.*

biliaire adj. • **Vésicule biliaire** → VOIR **vésicule.**

bilieux, euse adj. ❶ *Un teint, un visage bilieux* ont la couleur jaune de la bile. ❷ *Avoir un caractère, un tempérament bilieux*, c'est être enclin à la colère (parce qu'on croyait autrefois que la colère était due à un excès de bile).
▸ REM. Ne pas confondre avec *bileux.*

bilingue adj. ❶ Qui est en deux langues. *Un dictionnaire bilingue donne pour chaque mot la traduction d'une langue dans une autre.* ❷ Qui parle deux langues ; où l'on parle deux langues. *Mélanie est bilingue : elle parle espagnol avec son père et français avec sa mère. Une région bilingue.*

billard n.m. ❶ Jeu dans lequel on pousse des boules (ou billes) sur une table spéciale, à l'aide d'une longue canne appelée *queue* ; la table sur laquelle on joue. *Une partie de billard. Il y avait un billard dans la salle au fond.* ❷ (Familier) Table d'opération chirurgicale. *Passer sur le billard* (= se faire opérer). • **Billard électrique :** jeu dans lequel on envoie et on dirige, sur un plan incliné, des billes vers des mécanismes électriques qui déclenchent le comptage des points. SYN. flipper.

jeu de **billard**

A B C D E F G H I J K L M N O P Q R S T U V W X Y Z

1 bille **n.f.** ❶ Petite boule de métal, de verre ou de terre cuite dont on se sert dans différents jeux. *Les enfants jouaient aux billes dans la cour de l'école.* ❷ Petite boule, petite sphère servant à divers usages. *Roulement à billes. Stylo à bille.* ❸ (Familier) Tête. *Avoir une bonne bille, une bille de clown !.*

2 bille **n.f.** Tronc d'arbre coupé, débarrassé des branches.

billet **n.m.** Petit papier imprimé qui donne le droit de participer à un jeu, de prendre un moyen de transport ou d'entrer dans divers endroits payants. *Un billet de tombola. Un billet d'avion, de train. On vend les billets à l'entrée du musée.* SYN. ticket. • **Billet de banque :** monnaie de papier imprimée par la banque centrale d'un État.

billetterie **n.f.** ❶ Lieu où sont délivrés des billets de spectacles ou de transport. ❷ Distributeur automatique de billets de banque qui fonctionne avec une carte bancaire.
▸ REM. 1.. Attention, deux *t*. 2. Au sens 2, on dit plus souvent *guichet automatique*.

billion **n.m.** Un million de millions.
▸ REM. 1.. On prononce [biljɔ̃]. 2. Ne pas confondre avec l'américain *billion* qui désigne un milliard (mille millions).

billot **n.m.** ❶ Bloc de bois sur lequel on fend des bûches et sur lequel autrefois on tranchait la tête des condamnés. ❷ Table de bois sur laquelle un boucher découpe la viande.

bimensuel, elle **adj.** Qui a lieu, qui paraît deux fois par mois. *Un magazine bimensuel.*
▸ REM. Ne pas confondre avec *bimestriel*.

bimestriel, elle **adj.** Qui a lieu, qui paraît tous les deux mois. *Une revue bimestrielle.*
▸ REM. Ne pas confondre avec *bimensuel*.

bimoteur **n.m.** Avion qui a deux moteurs.

binaire **adj.** Qui est composé de deux éléments. *Un rythme binaire* (= à deux temps).

biner **v.** (CONJUG. 3). Retourner la terre en surface pour l'aérer.

binette **n.f.** Outil de jardinage dont la lame d'acier est oblique par rapport au manche et qui sert à biner.

biniou **n.m.** Cornemuse bretonne. *Le biniou accompagne la bombarde dans les fêtes bretonnes.*

binocle **n.m.** Lunettes sans branches qui se maintenaient sur le nez par une pince à ressort. SYN. lorgnon, pince-nez. → VOIR AUSSI **monocle.** ◆ **n.m.plur.** (Familier) Lunettes. SYN. bésicles.

HISTOIRE DU MOT Vient du latin *bini*, « deux par deux », et *oculus*, « œil ».

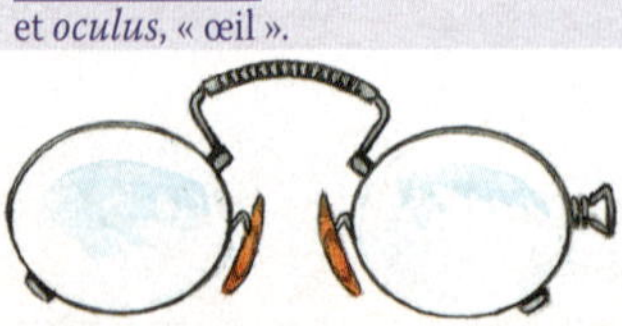

binocle

biocarburant **n.m.** Carburant végétal qui complète ou remplace l'essence dans les moteurs.

biochimie **n.f.** Partie de la biologie qui étudie la composition et les réactions chimiques des cellules des êtres vivants.

biodégradable **adj.** *Des produits biodégradables* se décomposent naturellement. *Les lessives biodégradables ne polluent pas la nature.*

déchets **biodégradables**

biodiversité **n.f.** ❶ La variété des espèces vivant sur la Terre, ou dans un lieu donné. *Baleines, algues, plancton constituent une partie de la biodiversité des océans.* → VOIR Fiche 57. ❷ Les variations génétiques dans un groupe d'êtres vivants. *Ces espèces de félins offrent une grande biodiversité.*

biographie **n.f.** Texte qui raconte la vie d'une personne. *Sa mère est en train d'écrire une biographie de Mozart.*
▸ REM. Une *autobiographie* est une *biographie* où l'auteur raconte lui-même sa vie.

HISTOIRE DU MOT Vient du grec *bios*, qui signifie « vie », et *graphein*, qui signifie « écrire ».

biographique **adj.** Qui donne la biographie d'une personne. *Lire la notice biographique de l'auteur.*

biologie **n.f.** Science qui étudie les êtres vivants, leur développement, leur reproduction, et plus particulièrement le tissu vivant, les cellules, leurs caractéristiques. *La biologie animale et la biologie végétale. Les examens de sang sont faits dans des laboratoires de biologie.*

HISTOIRE DU MOT Vient du grec *bios*, qui signifie « vie », et *logos*, qui signifie « science ».

biologique **adj.** ❶ Qui concerne la vie, les organismes vivants. *Manger et dormir sont des besoins biologiques.* SYN. vital. ❷ *Une arme biologique* a recours à des bactéries, des virus pour tuer ou rendre malades les hommes. ❸ Qui n'a recours qu'aux produits naturels et exclut donc les produits chimiques. *Culture biologique. Produits biologiques.*

biomasse n.f. ❶ La masse de tous les êtres vivants d'un espace donné. *La biomasse d'une forêt.* ❷ Partie des déchets agricoles, industriels et ménagers qu'on peut utiliser comme énergie.

biosphère n.f. L'ensemble des milieux naturels et des espèces vivantes de la planète.

ENCYCLOPÉDIE La biosphère correspond à la zone de 20 km d'épaisseur où l'on trouve de la vie sur la Terre. Elle est située dans la partie basse de l'atmosphère, dans les océans et immédiatement sous et sur la surface terrestre.

biotope n.m. Milieu homogène, parfois très petit, abritant des êtres vivants. *Les mares, les étangs sont des biotopes.*

bipède adj. et n. Qui a deux pieds, qui marche sur deux pieds. *L'homme est un bipède.* → VOIR AUSSI **quadrupède.**

HISTOIRE DU MOT Vient du latin *bipes, bipedis*, qui signifie « qui a deux pieds ».

bique n.f. (Familier) Chèvre. *Il portait un vieux manteau en peau de bique.*

birman adj. et n. De la Birmanie. ◆ **birman** n.m. Langue parlée en Birmanie.
▸ REM. Quand il désigne une personne, le mot prend une majuscule : *un Birman, une Birmane.*

1 bis, bise adj. D'une couleur gris-brun. *Du pain bis* (= de couleur grise à cause du son qu'il contient). *Une toile bise* (= grise parce qu'elle n'a pas été blanchie après le tissage).
▸ REM. On prononce [bi, biz].

2 bis adj. Indique que le même numéro est utilisé deux fois, et permet de distinguer le deuxième du premier. *Il habite au 20 bis, ne le cherche pas au 20 !* • **Itinéraire bis :** itinéraire parallèle pour éviter les encombrements de l'itinéraire principal. ◆ **interj.** Mot que l'on crie à la fin d'un spectacle pour demander une nouvelle chanson, un nouveau morceau, etc.
→ VOIR **bisser.**
▸ REM. On prononce le -*s*.

HISTOIRE DU MOT *Bis* est un mot latin qui signifie « deux fois ».

bisaïeul, e n. (PLUR. : **bisaïeuls, es**). Le père ou la mère d'un aïeul, l'arrière-grand-père ou l'arrière-grand-mère.

bisbille n.f. • (Familier) **Être en bisbille avec quelqu'un :** être un peu fâché avec lui (= être brouillé).
▸ REM. En Belgique, on dit *bisbrouille.*

biscornu, e adj. ❶ Qui a une forme irrégulière, qui est tout de travers. *Notre appartement est complètement biscornu.* ❷ (Familier) *Une idée biscornue, un esprit biscornu* sont bizarres, extravagants et tortueux.

biscotte n.f. Tranche de pain de mie desséchée par une deuxième cuisson au four.

HISTOIRE DU MOT Vient de l'italien *biscotto* qui signifie « cuit deux fois » et que l'on retrouve dans *biscuit.*

1 biscuit n.m. Petit gâteau sec. *Un biscuit au chocolat, aux fruits.*

2 biscuit n.m. Objet en porcelaine cuit sans revêtement d'émail, ce qui lui donne l'aspect mat et blanc du marbre.

biscuiterie n.f. Usine spécialisée dans la fabrication des gâteaux secs.

1 bise n.f. (Familier) Petit baiser. *Faire la bise à quelqu'un* (= l'embrasser).

2 bise n.f. Vent froid qui souffle très fort du nord ou du nord-est.

biseau n.m. *Taillé en biseau*, taillé de telle sorte que le bord est oblique et non droit. *Un miroir taillé en biseau.*

biseauté, e adj. Dont les bords ont été taillés en biseau. *Glace biseautée.*

bisexué, e adj. Qui possède des organes des deux sexes. *Un animal bisexué.* SYN. hermaphrodite. *Une fleur bisexuée a des étamines (organes mâles) et un pistil (organe femelle).*

bison n.m. Grand mammifère ruminant, au front large et bombé armé de courtes cornes, au cou bossu et qui porte un grand collier de fourrure laineuse. *Le bison est un bovin.*

bison d'Amérique

bisou n.m. (Familier) Petit baiser affectueux.

bisque n.f. Potage épais fait avec de la chair d'écrevisse ou de homard.

bissectrice n.f. En géométrie, demi-droite qui partage un angle en deux angles égaux.

bisser v. (CONJUG. 3). Crier *bis* pour qu'un artiste chante ou joue un autre morceau.

bissextile adj. • **Année bissextile :** année qui revient tous les quatre ans et dont le mois de février compte vingt-neuf jours au lieu de vingt-huit. *Les années bissextiles ont 366 jours.*

ENCYCLOPÉDIE Les années bissextiles sont des années divisibles par 4 : 2000, 2004, 2008, 2012, etc.

bistouri n.m. Instrument de chirurgie, pointu et très tranchant, qui est utilisé pour faire des incisions.

bistrot ou **bistro** n.m. (Familier) Bar, café. *Ils sont allés boire un café au bistrot du coin.*

bitte n.f. • **Bitte d'amarrage :** borne placée sur le quai d'un port, à laquelle on fixe les amarres d'un bateau, afin qu'il soit immobilisé.

A B C D E F G H I J K L M N O P Q R

bitume n.m. Matière utilisée pour le revêtement des routes et des trottoirs. SYN. asphalte, goudron.

bivouac n.m. Campement provisoire en plein air. *Les alpinistes ont installé leur bivouac pour passer la nuit.*

bivouaquer v. (CONJUG. 3). Camper en plein air, installer un bivouac.

bizarre adj. Qui surprend par son aspect, son comportement inhabituels et étranges, qui semblent inexplicables. *Personne ne trouve d'explication à cet accident bizarre.*

HISTOIRE DU MOT Vient de l'italien *bizzarro* qui signifie « coléreux, capricieux ».

bizarrement adv. D'une manière bizarre, inattendue. *Il était bizarrement habillé.* SYN. curieusement.

bizarrerie n.f. Ce qui étonne par son côté bizarre, curieux. *Un veau à deux têtes est une bizarrerie de la nature.*

bla-bla ou **bla-bla-bla** n.m. invar., ✎ ***bla-bla, blablabla*** *n.m.* (Familier) Flot de paroles, qui n'apprend rien ou essaie de tromper. *Ce ne sont que des bla-bla.*

blafard, e adj. Qui est très pâle, presque blanc, et donne une impression de tristesse. *La lune était blafarde et éclairait faiblement le sentier. Il doit être malade, il a un teint blafard.* SYN. blême, livide.

blague n.f. ❶ Petit sac pour mettre le tabac. *Les fumeurs de pipe ont souvent une blague à tabac.* ❷ (Familier) Histoire drôle, plaisanterie ou mensonge. *Raconter des blagues pour faire rire. Je ne te crois pas, c'est une blague !* • **Faire une blague :** faire une farce ou un mauvais tour.

blaguer blaguant, blagué v. (CONJUG. 6). Plaisanter en racontant des blagues.

blaireau n.m. ❶ Petit mammifère omnivore qui vit dans les bois et s'abrite dans de profonds terriers. ❷ Brosse en poils de blaireau ou en poils synthétiques qui sert à savonner la barbe avant de la raser.

blaireau

Z

blâmable adj. Qui peut ou doit être blâmé. *Une conduite blâmable.* SYN. condamnable, répréhensible.

blâme n.m. Réprimande officielle. *Le conseil de discipline lui a infligé un blâme.*

blâmer v. (CONJUG. 3). ❶ Faire un reproche à quelqu'un, réprouver quelque chose. *Il a été blâmé pour sa négligence. Blâmer le mensonge et l'injustice.* SYN. condamner, critiquer. ❷ Infliger un blâme à un élève, un employé.

1 blanc, blanche adj. ❶ Qui est de la couleur la plus claire, celle de la neige, du lait, etc., ou qui s'en rapproche. *Le drapeau blanc est un signal de paix. Son père a les cheveux blancs.* ❷ Qui est de couleur claire. *Du vin blanc et du vin rouge. Elle a la peau blanche.* ❸ Qui ne porte aucun signe écrit. *Une page blanche.* SYN. vierge. *Un bulletin de vote blanc* (= qui ne porte aucun nom). ❹ Qui est sans tache, innocent et pur. *Il n'est pas complètement blanc dans cette affaire.* CONTR. coupable. *Être blanc comme neige* (= être innocent). • **Examen blanc :** examen que l'on passe à titre de préparation et dont les résultats ne comptent pas pour l'examen final. • **Nuit blanche :** nuit passée sans dormir. • **Verre blanc :** verre incolore. • **Voix blanche :** voix sans timbre. *Elle parlait d'une voix blanche que je n'ai pas reconnue.*

2 blanc n.m. ❶ La couleur blanche, résultant de la combinaison de toutes les couleurs du spectre solaire. *Le blanc éclatant du mur réfléchissait la lumière. Un blanc cassé* (= légèrement teinté). ❷ Matière colorante blanche. *J'ai acheté un tube de blanc.* ❸ Linge de table, de toilette ou de literie. *La grande quinzaine du blanc.* ❹ La partie blanche ou très claire de quelque chose. *Le blanc de l'œil. Du blanc de poulet. Du blanc d'œuf.* ❺ Partie d'une page où il n'y a rien d'écrit ou d'imprimé. *Laisser un blanc entre deux paragraphes. Veuillez remplir tous les blancs dans les phrases incomplètes.* ❻ Silence dans une conversation, un discours, une bande sonore, etc. • **Regarder quelqu'un dans le blanc des yeux :** le regarder bien en face et avec fermeté. • **Tir à blanc :** avec une cartouche sans projectile.

3 blanc, blanche adj. et n. Qui appartient à un groupe humain caractérisé par sa peau peu pigmentée, claire. *La population blanche d'Afrique du Sud. Les Blancs sont arrivés en Amérique au XVe siècle.*
▸ REM. Quand il désigne une personne, le mot prend une majuscule : *un Blanc, les Blancs.*

blanc-bec n.m. (PLUR. : **blancs-becs**). Nom que l'on donne à un jeune homme prétentieux qui croit tout connaître alors qu'il n'a pas d'expérience. *À peine arrivé, ce jeune blanc-bec s'est mis à donner des conseils à tout le monde.*

blanchâtre adj. D'une couleur pâle qui tire sur le blanc. *La farine avait laissé des traces blanchâtres sur ses vêtements.*

blanche n.f. En musique, note qui vaut deux noires.

blancheur n.f. Couleur blanche, éclat blanc de quelque chose. *Le mur était d'une blancheur éblouissante.*

blanchiment n.m. ❶ Procédé industriel pour rendre blancs des produits (textiles, papier, etc.) en les décolorant. *Le blanchiment des toiles écrues.* ❷ Action de blanchir de l'argent. *Le blanchiment de l'argent de la drogue.*
▸ REM. Ne pas confondre avec *blanchissage*.

blanchir blanchissant, blanchi v. (CONJUG. 16). ❶ Devenir blanc. *Ses cheveux blanchissaient avec l'âge.* ❷ Recouvrir d'une matière blanche. *La neige blanchissait les collines.* ❸ *Blanchir du linge*, c'est le laver. → VOIR **blanchissage.** ❹ Innocenter quelqu'un. *Ce dernier témoignage l'a complètement blanchi.* SYN. disculper. ❺ *Blanchir de l'argent*, c'est effectuer une opération financière qui permet de remettre en circulation de l'argent obtenu de façon malhonnête, illégale. → VOIR **blanchiment.** ❻ Au Canada, battre un adversaire sans qu'il ait marqué un seul point.

blanchissage n.m. Action de laver le linge dans une blanchisserie.
▸ REM. Ne pas confondre avec *blanchiment*.

blanchisserie n.f. Boutique où l'on donne son linge à laver et à repasser. → VOIR AUSSI **pressing.**

blanchisseur, euse n. Personne dont le métier est de laver et de repasser le linge qui lui est confié.

blanchon n.m. Au Canada, nom donné au petit du phoque.

1 blanquette n.f. Ragoût de veau servi avec une sauce blanche et des champignons.

2 blanquette n.f. Vin blanc mousseux produit dans le midi de la France.

blasé, e adj. Que plus rien ne surprend, qui est indifférent et ne s'enthousiasme plus. *Il a été tellement gâté qu'il est blasé.*

blason de la ville de Lyon

blason n.m. Ensemble des signes et des figures (les *armoiries*, ou *armes*) qui symbolisent une famille, une ville, un club. *Le blason rouge et bleu de la ville de Paris représente un bateau qui flotte sur la Seine.*

blasphème n.m. Paroles gravement injurieuses à l'égard de Dieu, d'une divinité ou de la religion. *Devant ce coup du sort, il proféra un blasphème épouvantable.*
▸ REM. Le *blasphème* est une parole, le *sacrilège* et la *profanation* sont des actions.

blasphémer v. (CONJUG. 9, ✎ *10*). Dire des blasphèmes.

blatérer v. (CONJUG. 9, ✎ *10*). Pour un bélier, un chameau, un dromadaire, faire entendre son cri.

blatte n.f. Insecte plat qui s'active la nuit et que l'on trouve souvent dans les cuisines ; au Canada, coquerelle). SYN. cafard, cancrelat.

blazer n.m. Veste droite en lainage, le plus souvent de couleur bleu marine ou grise.
▸ REM. C'est un mot anglais, on prononce le *-r*.

blé n.m. Céréale dont les grains, disposés en épis, sont moulus pour faire de la farine. *Un champ de blé.* • **Blé noir** : autre nom du *sarrasin*. • **Blé d'Inde** : au Canada, maïs.

épis de **blé**

bled n.m. (Familier) Village isolé dans la campagne. *Elle venait d'un bled où personne ne passait jamais* (= un coin perdu). → VOIR AUSSI **patelin.**

HISTOIRE DU MOT Mot d'origine arabe qui désignait la campagne en Afrique du Nord, dans l'argot des militaires français.

blême adj. ❶ Très pâle sous le coup de l'émotion ou de la fatigue. *En apprenant la triste nouvelle, il devint blême.* SYN. blafard, livide. ❷ Se dit d'une lumière qui n'a presque pas de couleur. *Les petits matins blêmes.*

blêmir blêmissant, blêmi v. (CONJUG. 16). Devenir blême. *Il a blêmi en apprenant la nouvelle.*

blessant, e adj. *Des paroles, une attitude blessantes* font de la peine ou vexent, blessent.

blessé, e n. Personne qui a été blessée. *Le service des urgences accueille les blessés. On déplore trois blessés graves et un blessé léger.*

A B C D E F G H I J K L M N O P Q R S T U V W X Y Z

blesser v. (CONJUG. 3). ❶ Faire, causer une blessure à quelqu'un. *Il l'a blessé à coups de couteau. Une balle perdue a blessé un passant.* ❷ Faire mal, provoquer une douleur, un malaise. *Des chaussures trop petites blessent les pieds. La lumière violente blessait les yeux.* ❸ Dire ou faire quelque chose qui peine ou vexe quelqu'un. *Il l'a blessée en se moquant d'elle en public.* SYN. froisser. *Il a été profondément blessé dans son amour-propre.* SYN. offenser. ◆ **se blesser** v.pron. Se faire une blessure. *Il s'est blessé à la main.*

blessure n.f. ❶ Toute plaie, coupure, contusion, fracture, etc., qui résulte d'un coup, d'un choc sur le corps ou une partie du corps. *Il s'est fait une blessure au genou en tombant.* ❷ Sentiment pénible que l'on éprouve quand on est blessé dans son amour-propre, ou atteint dans sa sensibilité.

blet, blette adj. *Un fruit blet* est trop mûr et commence à pourrir. *Une poire blette est farineuse.*

blette n.f. → **bette**

1 **bleu, e** adj. ❶ De la couleur du ciel sans nuages le jour, de l'azur ou qui s'en rapproche. *Des yeux bleus. Elle a les lèvres bleues de froid.* ❷ *Un steak bleu*, à peine cuit. • **Une peur bleue, une colère bleue** : une très grande peur, une violente colère.

2 **bleu** n.m. ❶ La couleur bleue (qui est une des trois couleurs primaires). *Le bleu du ciel.* ❷ Matière colorante bleue. *Passer une couche de bleu sur un mur.* ❸ Marque sur la peau provoquée par un choc, par un coup. *Il s'est fait des bleus en se cognant.* SYN. ecchymose. ❹ *Un bleu de travail* est un vêtement de travail en toile bleue. ❺ (Familier) Nom que l'on donne à un nouveau venu dans une caserne, une école, une entreprise. • **Bleu ciel** : bleu clair. • **Bleu marine** : bleu très foncé. • **Bleu outremer** : bleu tirant sur le violet.

bleuâtre adj. D'une couleur qui tire sur le bleu. *Il a des marques bleuâtres sur la peau.*

bleuet n.m. ❶ Petite fleur bleue très commune dans les champs de blé. *Les bleuets et les coquelicots.* ❷ Au Canada, nom que l'on donne à la myrtille. *Une tarte aux bleuets.*

bleuir bleuissant, bleui v. (CONJUG. 16). ❶ Rendre bleu. *Le froid bleuissait mes lèvres.* ❷ Devenir bleu. *Mon polo a bleui au lavage.*

bleuté, e adj. Qui est légèrement coloré de bleu. *Une nacre aux reflets bleutés.*

blindage n.m. L'ensemble des plaques d'acier qui protègent contre les projectiles ou contre l'effraction. *Le blindage d'une voiture, d'un coffre, d'une porte.*

blindé n.m. Engin, véhicule de combat armé et recouvert d'un blindage.

ENCYCLOPÉDIE Le 15 septembre 1916, dans la Somme, les premiers blindés britanniques, munis de chenilles, traversaient les lignes allemandes. Cette arme nouvelle, appelée *tank* par les Anglais, *char d'assaut* par les Français, permettait de franchir les tranchées et les barbelés sous le feu de l'ennemi.

blinder v. (CONJUG. 3). Revêtir, garnir d'un blindage une porte, un coffre, un véhicule.

blizzard n.m. Vent glacial et violent, souvent accompagné de tempêtes de neige, qui souffle sur le Canada et le nord des États-Unis, en hiver et au printemps.

bloc n.m. ❶ Grosse masse compacte de matière. *Un bloc de béton. Le sculpteur travaillait un bloc de bois.* ❷ *Bloc de papier*, ensemble de feuilles de papier collées les unes aux autres d'un côté et facilement détachables. SYN. bloc-notes. ❸ Ensemble d'éléments groupés qui forment une unité. *Un bloc-cuisine. Un bloc d'immeubles. Un bloc opératoire* (= l'ensemble des installations destinées aux opérations chirurgicales). • **À bloc** : à fond, au maximum. *Serrer, visser à bloc.* • **En bloc** : dans sa totalité, sans faire le détail. *Il a racheté les meubles en bloc.* • **Faire bloc** : former un groupe uni pour s'opposer à d'autres personnes. *La classe a fait bloc contre le nouveau professeur.*

blocage n.m. ❶ L'action de bloquer quelque chose. *Blocage d'une porte.* ❷ Le fait de se bloquer, réaction de rejet qui empêche de progresser, dont on n'est pas conscient et qu'on n'arrive pas à empêcher. *Il a un blocage en mathématiques, il n'arrive pas à comprendre.*

blockhaus n.m. Construction fortifiée, en béton armé, pour défendre un lieu. *L'armée allemande avait construit, pendant la Seconde Guerre mondiale, une ligne de blockhaus, de la Norvège à l'Espagne, destinée à empêcher le débarquement des Alliés.*
▸ REM. On prononce [blɔkos].

HISTOIRE DU MOT C'est un mot allemand, composé de *Block*, qui signifie « bloc », et de *Haus*, qui signifie « maison ».

bloc-notes n.m. (PLUR. : **blocs-notes**). Ensemble de feuilles de papier détachables qui servent à prendre des notes. SYN. bloc.

blocus n.m. Le fait d'isoler de l'extérieur une ville, une région, un pays en coupant tout moyen de communication, tout moyen de commerce ou tout moyen d'approvisionnement. → VOIR AUSSI **embargo, siège.**
▸ REM. On prononce le -s.

blog ou **blogue** n.m. Site Web sur lequel une personne tient son journal ou écrit sur les sujets qui l'intéressent. *J'ai posté sur mon blog mes photos de vacances.*

blond, e adj. ❶ D'une teinte claire proche d'un jaune doré. *Avoir les cheveux blonds.* ❷ D'une couleur claire, par opposition à *brun*. *Une bière blonde. Du tabac blond.* ◆ **adj.** et **n.** Qui a les cheveux blonds. *C'est un grand blond aux yeux noirs.* ◆ **blond** n.m. Couleur blonde. *Des cheveux d'un beau blond.* ◆ **blonde** n.f. ❶ Cigarette ou bière blonde. ❷ (Familier) Au Canada, petite amie, compagne. *Sortir avec sa blonde.*

blondeur n.f. Couleur blonde. *Des cheveux d'une blondeur éclatante.*

blondinet, ette **n.** Enfant ou jeune personne qui a des cheveux blonds. *Nicole, c'est la petite blondinette, à droite sur la photographie.*

blondir **blondissant, blondi v.** (CONJUG. **16**). Devenir blond, plus clair. *Ses cheveux blondissent au soleil.*

bloquer **v.** (CONJUG. **3**). ❶ Empêcher le passage, le mouvement ou l'action. *Un camion bloque la rue.* SYN. barrer, obstruer. *Je n'ai pas de livre, cela me bloque pour ma rédaction.* ❷ Immobiliser quelque chose. *Le gardien de but a bloqué le ballon.* SYN. arrêter. ❸ Provoquer un blocage psychologique, paralyser quelqu'un. *La peur de l'échec le bloque.* • **Bloquer les prix, les salaires :** interdire leur augmentation.

se **blottir** **blottissant, blotti v.pron.** (CONJUG. **16**). Se replier sur soi-même, se faire tout petit pour se réfugier quelque part, contre quelque chose. *L'oiseau s'est blotti dans son nid. Il se blottissait dans les bras de sa mère.* SYN. se pelotonner.

blouse **n.f.** ❶ Vêtement de travail que l'on met sur ses vêtements pour les protéger. *Une blouse de dentiste.* ❷ Corsage assez ample. *Une blouse roumaine brodée.*

blouser **v.** (CONJUG. **3**). *Faire blouser un vêtement*, c'est lui laisser de l'ampleur au-dessus de la taille.

blouson **n.m.** Veste courte et ample resserrée à la taille ou aux hanches. *Un blouson en cuir. Un blouson d'aviateur.*

blues **n.m.** Chant lent et mélancolique créé par les Noirs d'Amérique du Nord dans les plantations de coton et qui est à l'origine du jazz. *La grande chanteuse de blues Bessie Smith était surnommée « l'Impératrice ».* • **Avoir le blues :** avoir le cafard, avoir des idées sombres.
▸ REM. 1. Au Canada, au lieu de *avoir le blues* on dit *avoir les bleus*. 2.On prononce [bluz].

bluff **n.m.** Attitude de celui qui veut faire croire à un adversaire qu'il possède un avantage sur lui. *Ne l'écoute pas, c'est du bluff, il veut nous impressionner.*
▸ REM. On prononce [blœf].

HISTOIRE DU MOT Mot anglais qui est un terme du jeu de poker. Dans ce jeu, celui qui gagne n'a pas forcément la combinaison la plus forte, mais il a réussi à le faire croire aux autres.

bluffer **v.** (CONJUG. **3**). Tromper par un bluff ou bien exagérer volontairement quelque chose. *Elle bluffe, elle n'a rien dans son jeu.*
▸ REM. On prononce [blœfe].

blutage **n.m.** Séparation de la farine et du son à l'aide d'un tamis appelé *blutoir*, qui s'effectue après le broyage du grain.

BMX **n.m.** Bicross.
▸ REM. C'est un nom de marque.

boa **n.m.** ❶ Grand serpent d'Amérique tropicale, non venimeux, qui se nourrit d'animaux qu'il étouffe. *Le boa constricteur serre sa proie dans ses anneaux.* ❷ Longue écharpe en plumes évoquant un serpent.

bob **n.m.** Chapeau d'été tout simple en toile, à bords piqués, que l'on porte pour se protéger du soleil.

HISTOIRE DU MOT Un *Bob* était un marin américain (qui portait ce type de chapeau).

bobard **n.m.** (Familier) Mensonge, histoire inventée, le plus souvent pour se vanter. *J'espère que vous n'avez pas cru les bobards qu'il vous a racontés.* SYN. boniment.

bobet, ette **adj.** et **n.** En Suisse, personne stupide, sotte.

bobettes **n.f. plur.** (Familier) Au Québec, sous-vêtement comme les culottes, slips ou caleçons.

bobine **n.f.** Petit cylindre à rebords sur lequel on enroule du fil, de la ficelle, etc. *Une bobine de fil. Une bobine de pellicule photographique.*

bobsleigh **n.m.** Sport pratiqué avec un traîneau à deux ou quatre places sur des pistes de glace ou de neige.
▸ REM. On prononce [bɔbslɛg].

HISTOIRE DU MOT Vient de l'anglais *to bob*, « ballotter », et *sleigh*, « traîneau ».

bobsleigh sur une piste de glace

bocage **n.m.** Région où les champs, de petite taille, sont entourés de haies. *La Bretagne et la Normandie sont des régions de bocage.*

bocal **n.m.** (PLUR. : **bocaux**). ❶ Récipient en verre ou en grès, à large ouverture, dans lequel on conserve toutes sortes de produits ; le contenu du bocal. *Des bocaux de confitures. Il a mangé tout le bocal de cornichons.* ❷ Aquarium en forme de globe. *Le poisson rouge tournait dans son bocal.*

bœuf **n.m.** ❶ Mâle de la famille des bovins. ❷ Taureau châtré pour le rendre plus docile aux travaux des

champs. *Autrefois, les charrues étaient tirées par des bœufs.* ❸ Viande du bœuf. *Un rôti de bœuf.*
▸ REM. Le *f* se prononce au singulier, mais pas au pluriel : *un bœuf* [bœf], *des bœufs* [bø].

bof **interj.** Mot qui exprime l'indifférence, la résignation. *Bof, quelle importance ?*

1 bogue **n.f.** Enveloppe du marron et de la châtaigne, hérissée de piquants.

bogue et châtaignes

2 bogue **n.m.** Défaut dans le fonctionnement d'un logiciel.
▸ REM. *Bogue* est la forme française de l'anglais *bug* qui signifie « défaut ».

bohème **adj.** et **n.** *Être bohème*, c'est vivre de manière insouciante, sans penser au lendemain, avec des goûts d'artiste. (Au XIXe siècle, en France, on appelait *la bohème* les jeunes artistes qui vivaient au jour le jour, comme les bohémiens.)

bohémien, enne **n.** Nomade tsigane. *Un campement de bohémiens s'était installé à l'entrée de la ville.* → VOIR AUSSI **gitan, romanichel, tsigane.**

HISTOIRE DU MOT Vient de *Bohême*, pays dont on croyait originaires toutes ces populations nomades.

1 boire **buvant, bu v.** (CONJUG. **69**). ❶ Avaler un liquide. *Boire de l'eau, du café.* ❷ Abuser de boissons alcoolisées. *Il a réussi à s'arrêter de boire.* ❸ Pour un papier, une matière, absorber un liquide, s'en imprégner. *Papier qui boit l'encre.* SYN. s'imbiber de. • **Boire les paroles de quelqu'un :** l'écouter avec une attention admirative et béate.

2 boire **n.m.invar.** • **En perdre le boire et le manger :** avoir tellement de soucis ou être tellement accaparé par une passion qu'on en oublie de boire et de manger.

bois **n.m.** ❶ Matière qui constitue un arbre et qui sert de matériau pour fabriquer différents objets ou pour se chauffer. *Le bois du sapin est utilisé pour faire la pâte à papier. Du bois de menuiserie.* ❷ Lieu couvert d'arbres, plus petit qu'une forêt. *« Prom'nons-nous dans les bois, / Pendant que le loup y est pas »* (chanson française). • **Bois rond :** au Canada, rondin. • **Toucher du bois :** expression que l'on emploie pour conjurer le mauvais sort en touchant un objet en bois. ◆ **n.m.plur.** ❶ *Les bois du renne, du cerf*, leurs cornes en forme de branches d'arbre. ❷ *Les bois d'un orchestre*, les instruments à vent en bois, comme la flûte ou le hautbois.
▸ REM. Au mot *bois* correspond l'élément tiré du grec *xylo-*, que l'on retrouve dans *xylophone, xylogravure*.

boisé, e **adj.** *Un lieu boisé* est planté d'arbres, couvert de bois.

boiserie **n.f.** Ornement en bois qui couvre les murs intérieurs d'une maison. *Des boiseries en chêne décoraient les murs de la pièce.*

boisson **n.f.** Tout liquide que l'on boit pour se désaltérer, accompagner un repas ou fêter un événement. *Préférez-vous une boisson fraîche ou une boisson chaude ? Une boisson alcoolisée.* • **Être pris de boisson :** être ivre.

boîte, ✎ ***boite*** **n.f.** ❶ Mot très général qui désigne toutes sortes de récipients, de contenants que l'on peut fermer avec un couvercle ; le contenu de la boîte. *Une boîte de petits pois. Une boîte à bijoux.* ❷ Dispositif, appareil qui renferme certains mécanismes. *Boîte de vitesses.* ❸ (Familier) L'endroit où l'on travaille : école, lycée, entreprise, etc. *Ils sont dans la même boîte.* • (Familier) **Boîte** ou **boîte de nuit :** établissement où l'on peut danser, écouter de la musique. *Aller en boîte.* SYN. discothèque. • **Boîte à lunch :** au Canada, boîte de métal ou de plastique dans laquelle on transporte son repas. • **Boîte à musique :** jouet contenant un mécanisme qui fait de la musique. • **Boîte aux lettres :** boîte dans laquelle on dépose le courrier. • **Boîte crânienne :** cavité osseuse qui contient le cerveau. SYN. crâne. • **Boîte noire :** équipement placé à bord d'un avion, qui conserve l'enregistrement des événements survenus en cas d'accident. • (Familier) **Mettre quelqu'un en boîte :** se moquer de lui.

boiter **v.** (CONJUG. **3**). Marcher en penchant le corps plus d'un côté que de l'autre. *Elle boite à cause de son entorse.*
▸ REM. *Boiter* n'a pas d'accent circonflexe.

boiteux, euse **n.** et **adj.** Personne qui boite. ◆ **adj.** Qui manque d'équilibre ou de logique. *Un raisonnement boiteux.* SYN. bancal, faux.

boîtier, ✎ boitier **n.m.** La partie de certains appareils qui renferme et protège leurs mécanismes. *Un boîtier de montre. Les piles sont dans le boîtier de la lampe.*

boitiller **v.** (CONJUG. 3). Boiter légèrement. *Une ampoule au pied la faisait boitiller.*

boit-sans-soif **n.invar.** (Familier) Personne qui boit de l'alcool avec excès. SYN. alcoolique, ivrogne.

1 bol **n.m.** ❶ Récipient en forme de demi-sphère dans lequel on boit certains liquides ; le contenu du bol. *Un bol en faïence. Boire un bol de café au lait.* ❷ (Familier) Chance. *Avoir du bol.* • **Prendre un bol d'air :** aller respirer au grand air, dans la nature. SYN. s'aérer.

HISTOIRE DU MOT Vient de l'anglais *bowl* qui signifie « jatte ».

2 bol **n.m.** • **Bol alimentaire :** la quantité d'aliments mâchés qui est avalée en une seule fois. *Le bol alimentaire descend dans l'œsophage avant d'arriver dans l'estomac.*

HISTOIRE DU MOT Vient du latin *bolus* qui signifie « boulette ».

bolée **n.f.** Contenu d'un bol. *Une bolée de cidre.*

boléro **n.m.** ❶ Danse espagnole à trois temps ; l'air sur lequel on la danse, exécuté avec chant et castagnettes, parfois avec guitare et tambourin. ❷ Veste courte et droite, s'arrêtant au-dessus de la taille, sans manches et non boutonnée.

bolet **n.m.** Champignon à chapeau épais, à base souvent renflée et dont plusieurs espèces, parmi lesquelles les *cèpes*, sont comestibles.

bolide **n.m.** Tout véhicule qui roule à très grande vitesse, et en particulier voiture de course.

bombance **n.f.** • (Familier) **Faire bombance :** participer à un festin. → VOIR AUSSI **ripaille.**

bombarde **n.f.** ❶ Pièce d'artillerie, apparue pendant la guerre de Cent Ans et ancêtre du canon, qui lançait des boulets de pierre ou de fer. ❷ Instrument de musique à vent de la famille du hautbois qui accompagne le biniou dans la musique traditionnelle bretonne.

bombarde

bombardement **n.m.** Attaque d'un objectif au moyen de bombes. *Pendant les bombardements, la population se réfugiait dans les abris.*

bombarder **v.** (CONJUG. 3). ❶ Lancer des bombes sur un objectif pour le détruire. *La ville a été bombardée pendant la nuit.* ❷ Lancer de nombreux projectiles sur quelqu'un ou quelque chose. *Ils l'ont bombardé de boules de neige.* ❸ Harceler. *Les journalistes l'ont bombardé de questions.*

bombardier **n.m.** Avion militaire équipé pour lancer des bombes.

1 bombe **n.f.** ❶ Projectile qui détruit quelque chose en explosant. *Un attentat à la bombe a ravagé la gare. Bombe atomique* (= qui utilise l'énergie nucléaire). ❷ Récipient métallique qui permet de projeter un liquide sous pression en fines particules. *Une bombe d'insecticide. Peindre à la bombe sur un mur.* → VOIR AUSSI **aérosol.** • **Bombe glacée :** glace en forme de demi-sphère ou de cône. • **Faire l'effet d'une bombe :** surprendre vivement, provoquer la stupéfaction. *Sa nomination au poste de directeur a fait l'effet d'une bombe.*

2 bombe **n.f.** Coiffure de cavalier, à visière et en forme de demi-sphère, qui protège la tête en cas de chute.

bombé, e **adj.** Qui a une forme arrondie, convexe. *Un front bombé.*

1 bomber **v.** (CONJUG. 3). *Bomber la poitrine, le torse,* les arrondir en aspirant de l'air et en cambrant la colonne vertébrale, parfois pour se donner un air avantageux. *Le toréador bomba le torse quand il entra dans l'arène.*

2 bomber **v.** (CONJUG. 3). Peindre, écrire à la bombe sur un mur.

bombyx **n.m.** Papillon nocturne. *La chenille du bombyx du mûrier est le ver à soie.*

bôme **n.f.** La longue pièce de bois (ou de métal) qui, sur un voilier, est placée horizontalement à la base du mât et sur laquelle on fixe le bas des voiles.
▸ REM. Ne pas confondre avec *un baume.*

1 bon, bonne **adj.** ❶ Qui manifeste de la bonté. *Ma mère est une personne très bonne.* SYN. bienveillant. CONTR. méchant. *Il est trop bon avec eux, ils en profitent.* SYN. gentil. ❷ Qui est très agréable au goût. *Ce gâteau est très bon !* ❸ Qui est agréable, qui fait plaisir. *Quelle bonne nouvelle !* ❹ Qui convient tout à fait. *Donner une bonne réponse.* SYN. exact. *Un médicament bon pour le foie.* SYN. efficace. *La voiture est en bon état.* CONTR. mauvais. ❺ Dont on reconnaît les qualités. *Une bonne élève.* ❻ Renforce un nombre, une quantité. *Ils ont marché deux bonnes heures. Un bon nombre de gens n'étaient pas d'accord.* SYN. grand. ❼ S'emploie dans des formules de souhait. *Bonnes vacances ! Bonne route !* • **C'est bon :** expression qui sert à conclure ou à approuver. *C'est bon, j'accepte.* ◆ **n.** Personne qui fait preuve de bonté. *Les bons et les méchants.* • **Un bon à rien, une bonne à rien :** un, une incapable. ◆ **bon** **adv.** • **Il fait bon :** le temps est doux, agréable. • **Il fait bon faire quelque chose :** c'est un plaisir de le faire. *« Auprès de ma blonde, / Qu'il fait bon dormir »* (chanson française). • **Sentir bon :** avoir une bonne odeur. ◆ **bon** **n.m.** Ce qui est bon, agréable. *En toutes choses, il y a du bon et du mauvais.* • **Pour de bon :** réellement, sans plaisanter. *Il s'est mis en colère pour de bon.*

A B C D E F G H I J K L M N O P Q R S T U V W X Y Z

2 bon **interj.** Mot qui, dans une phrase, marque une constatation, une conclusion, annonce une décision. *Bon ! n'en parlons plus. Bon ! allons-y tout de suite.*

3 bon **n.m.** Document qui donne droit à quelque chose. *Un bon d'achat. Durant la Seconde Guerre mondiale, on distribuait des bons d'alimentation.*

bonbon **n.m.** Sucrerie, friandise que l'on suce ou que l'on croque. *Un bonbon au miel, à la menthe.*

bonbonne **n.f.** Récipient pour les liquides, en forme de très grosse bouteille ronde. *Une bonbonne de vin.*

bonbonnière **n.f.** ❶ Petite boîte décorative où l'on met des bonbons. *Une bonbonnière en porcelaine.* ❷ Nom que l'on donne à un petit logement très propre et joliment décoré.

bond **n.m.** ❶ Saut par lequel un homme, un animal s'élève brusquement du sol. *En trois bonds, la grenouille a parcouru presque dix mètres.* ❷ Augmentation, progrès brusques et importants. *Les cours de la Bourse ont fait un bond spectaculaire.* • **Faire faux bond à quelqu'un :** ne pas venir à un rendez-vous, ne pas tenir un engagement. *Il m'a fait faux bond, j'ai dû aller seul au cinéma.*

bonde **n.f.** ❶ L'objet qui ferme le trou d'évacuation d'un évier, d'une baignoire, d'un bassin. ❷ Le trou rond par lequel on verse le liquide dans un tonneau ou un fût ; le bouchon qui le ferme.

bondé, e **adj.** Plein de gens, sans qu'il puisse en tenir davantage. *Au moment des départs en vacances, les trains sont souvent bondés.*

bondir **bondissant, bondi v.** (CONJUG. 16). ❶ S'élancer brusquement en faisant un bond. *La lionne bondit sur la gazelle.* ❷ Se précipiter sur quelque chose. *Dès la première sonnerie, il bondit sur le téléphone.* SYN. sauter.

bongo **n.m.** Instrument de musique, pour les percussions, fait de deux petits tambours fixés l'un à l'autre. *Le bongo vient d'Amérique du Sud.*

bongo

bonheur **n.m.** L'état dans lequel on est quand on éprouve le sentiment d'être parfaitement heureux. *Leur bonheur faisait plaisir à voir. Je vous souhaite beaucoup de bonheur. C'est un bonheur de les voir en pleine santé.* SYN. joie. → VOIR AUSSI **félicité.** • **Au petit bonheur** ou **au petit bonheur la chance :** au hasard, n'importe comment. • **Par bonheur :** par chance. *Par bonheur, vous êtes arrivés à temps* (= heureusement). • **Porter bonheur :** amener des événements heureux. CONTR. porter malheur.

HISTOIRE DU MOT Vient de *bon* et de *heur* qui, en ancien français, signifiait « chance, sort ». Ce mot ne subsiste aujourd'hui que dans l'expression *avoir l'heur de*, « avoir la chance de ».

bonhomie, ✎ ***bonhommie*** **n.f.** Caractère d'une personne simple et bienveillante. *Sa bonhomie mettait à l'aise les plus timides.*

1 bonhomme **n.m.** (PLUR. : **bonshommes**). ❶ Figure représentant schématiquement un homme. *Un bonhomme de pain d'épice. Un bonhomme de neige.* ❷ (Familier) Homme ou garçon. *Il y avait trois bonshommes un peu louches devant la maison.* → VOIR AUSSI **bonne femme.** • **Bonhomme Sept Heures :** au Canada, personnage imaginaire terrifiant dont on menace les enfants qui refusent d'aller au lit.

2 bonhomme **adj.** *Un air, une attitude, un ton bonhommes* expriment la bonté, la bienveillance, la simplicité. SYN. débonnaire. CONTR. hautain.

bonifier **v.** (CONJUG. 7). *Bonifier une terre*, c'est en améliorer la qualité pour obtenir de meilleures récoltes.

boniment **n.m.** Discours habile pour séduire ou tromper. *Le camelot, grâce à son boniment, arrivait à vendre ses produits miracles.*

bonjour **n.m.** Terme de salutation que l'on adresse aux personnes que l'on rencontre dans la journée. *Bonjour, madame. Il ne dit jamais bonjour* (= il ne salue jamais personne). • **Donner, passer le bonjour à quelqu'un :** le saluer par l'intermédiaire de quelqu'un. • **Simple comme bonjour :** très facile.

bonne **n.f.** Employée de maison chargée des travaux de ménage.

bonne femme **n.f.** (PLUR. : **bonnes femmes**). (Familier) Femme ou fille. *Une sacrée petite bonne femme !*

bonnement **adv.** • **Tout bonnement :** tout simplement. *Il a tout bonnement oublié de prendre ses clefs.*

bonnet **n.m.** Coiffure souple sans bord qui couvre entièrement la tête. *Un bonnet de laine.* • **Prendre quelque chose sous son bonnet :** prendre seul la responsabilité de quelque chose.

bonneterie, ✎ ***bonnèterie*** **n.f.** Industrie, commerce de vêtements en tissu à mailles. *Les chaussettes, les bas sont des articles de bonneterie.*

bonsaï **n.m.** Arbre nain cultivé en pot selon une technique japonaise.
▸ REM. On prononce [bɔnzaj].

HISTOIRE DU MOT Vient du japonais *bon*, qui signifie « pot », et *saï*, qui signifie « arbre ».

bonsoir **n.m.** Terme de salutation que l'on adresse aux personnes que l'on rencontre ou que l'on quitte en fin d'après-midi. *Bonsoir, monsieur. Viens me dire bonsoir quand je serai au lit.*

bonté **n.f.** ❶ Qualité d'une personne généreuse. *Il est d'une grande bonté, toujours prêt à aider ses camarades.* SYN. générosité, gentillesse. ❷ S'emploie dans des formules de politesse pour demander quelque chose. *Auriez-vous la bonté de me rendre service ?* SYN. gentillesse, obligeance.

bonus **n.m.** Réduction du montant de l'assurance automobile accordée par l'assureur aux conducteurs qui n'ont pas eu d'accidents. CONTR. malus.

bonze **n.m.** Moine bouddhiste.

boom, ✎ ***boum*** **n.m.** Croissance très rapide. *Le boom des naissances après la Seconde Guerre mondiale.*
▸ REM. On prononce [bum].

HISTOIRE DU MOT Vient de l'anglais *boom* qui imite le bruit d'une explosion, comme le mot français *boum*.

boomerang **n.m.** Arme de chasse ou de combat des aborigènes d'Australie formée d'une lame de bois dur recourbée, qui revient à son point de départ si la cible n'est pas atteinte ; le jeu pratiqué avec un boomerang.
▸ REM. On prononce [bumʀɑ̃g].

boots **n.m.plur.** Bottes courtes qui s'arrêtent au-dessus des chevilles.
▸ REM. 1. C'est un mot anglais, on prononce [buts]. 2. Ce mot est peu utilisé au Canada.

boqueteau **n.m.** Petit groupe d'arbres isolé. *Les prairies étaient parsemées de boqueteaux.*

borborygme **n.m.** Bruit que fait entendre l'estomac pendant la digestion. SYN. gargouillement.

1 bord **n.m.** Le côté, la limite, le pourtour de quelque chose. *Le bord de la table, de l'assiette. Il s'est garé au bord de la route* (= sur le bas-côté). *Le bord de mer.* SYN. côte, rivage. *Remplir un verre jusqu'au bord.* • **À ras bord :** aussi plein que possible. • **Être au bord, sur le bord de :** être très proche du moment où l'on ne va plus pouvoir se contrôler. *Elle était au bord des larmes* (= sur le point de pleurer).

2 bord **n.m.** *Être à bord d'un navire, d'un avion*, c'est s'y trouver comme membre d'équipage ou comme passager. *Le commandant vous souhaite la bienvenue à bord.* • **Journal de bord :** compte rendu écrit des événements survenus à bord d'un bateau.

HISTOIRE DU MOT Vient d'un ancien mot des Francs qui désignait le côté du navire, d'où *bâbord, tribord*.

bordeaux **adj.invar.** et **n.m.** D'une couleur rouge foncé comme un vin de Bordeaux rouge.

bordée **n.f.** *Une bordée d'injures, d'insultes*, c'est une suite d'injures, d'insultes lancées d'un seul coup. *Les bordées d'injures du capitaine Haddock sont célèbres.* • **Bordée de neige :** au Canada, forte chute de neige.

HISTOIRE DU MOT La *bordée* était la rangée de canons placés du même côté (ou *bord*) d'un navire de guerre.

border **v.** (CONJUG. 3). ❶ Garnir le bord d'un tissu d'une bordure. *Border un col de dentelle.* ❷ Occuper le bord, la bordure de quelque chose. *Des platanes bordaient la route.* ❸ Replier les draps et les couvertures d'un lit sous les bords du matelas. *J'aimais qu'on vienne me border dans mon lit.*

boomerang

bordereau **n.m.** Relevé détaillé de marchandises livrées ou d'opérations effectuées.

bordure **n.f.** La partie qui forme le bord de quelque chose ou qui le garnit. *Assis sur la bordure en ciment du bassin, il regardait les poissons. Une maison en bordure d'un lac.*

boréal, ale **adj.** (PLUR. : **boréals** ou **boréaux**). ❶ *L'hémisphère boréal* est situé au nord de l'équateur. CONTR. austral. ❷ *Une région boréale* est proche du pôle Nord.

HISTOIRE DU MOT Vient de *Borée*, dieu grec des Vents du nord. Voir aussi *bourrasque*.

borgne **adj.** et **n.** Qui ne voit que d'un œil ou qui a perdu un œil. *Le pirate, un borgne portant un bandeau noir, entra dans la taverne.*

borne **n.f.** ❶ Grosse pierre ou bloc de béton qui sert à marquer les limites d'un champ, à servir de repère ou à indiquer des distances. *Borne kilométrique.* ❷ (Familier) Kilomètre. ❸ Système de communication installé dans les rues et qui a la forme d'une borne. *Borne de station de taxis.* ◆ **bornes** **n.f.plur.** Limites de ce qui est autorisé ou supportable. *Dépasser les bornes. Ma patience a des bornes.*

borné, e **adj.** *Une personne bornée* est entêtée, obstinée et ne veut rien entendre. *Ton frère est tellement borné que personne n'a réussi à le convaincre de son erreur.* SYN. buté, obtus. CONTR. ouvert.

borner **v.** (CONJUG. 3). Placer des bornes le long d'un terrain pour en indiquer les limites. ◆ **se borner** **v.pron.** Se contenter de faire le minimum sans dépasser cette limite. *Il s'est borné à quelques phrases au lieu de faire un récit détaillé.* SYN. se limiter à.

bosquet **n.m.** Petit groupe d'arbres ou d'arbustes. *Fatigués de leur marche au soleil, ils se reposèrent à l'ombre d'un bosquet.*

HISTOIRE DU MOT Vient du provençal *bosc* qui signifie « bois », comme *boqueteau* et *bouquet*.

bosse **n.f.** ❶ Renflement anormal dans le dos dû à une déformation de la colonne vertébrale. *Polichinelle a deux bosses.* ❷ Enflure à la suite d'un choc. *Il s'est fait une bosse au front.* ❸ Protubérance sur le dos de certains animaux, qui contient des réserves de graisse. *Le chameau d'Asie a deux bosses et le dromadaire africain n'en a qu'une.* ❹ Relief arrondi sur une surface. *Les creux et les bosses d'un chemin.* • (Familier) **Avoir la bosse des maths :** être doué pour les maths.

bosselé, e **adj.** Qui est déformé par des bosses.

bosser **v.** (CONJUG. 3). (Familier) Travailler. *Il s'est mis à bosser comme un fou pour ne pas redoubler.*

A B C D E F G H I J K L M N O P Q R S T U V W X Y Z

bosseur, euse **n.** (Familier) Personne qui travaille avec ardeur. SYN. travailleur.

bossu, e **adj.** et **n.** Qui porte une bosse dans le dos. *Quasimodo est un bossu célèbre.*

bot **adj.m.** *Un pied bot* est atteint d'une malformation qui l'empêche de reposer normalement sur le sol.
▸ REM. On ne prononce pas le *-t*.

botanique **n.f.** Science qui étudie les espèces végétales et la vie des plantes. ◆ **adj.** • **Jardin botanique :** parc ouvert au public où l'on cultive de nombreuses espèces de plantes et d'arbres. *Le jardin botanique de Montréal est un des plus beaux du monde.*

HISTOIRE DU MOT Vient du grec *botanê* qui signifie « plante ».

1 **botte** **n.f.** Ensemble de végétaux de même catégorie que l'on a serrés par un lien. *Les radis se vendent en botte.*

2 **botte** **n.f.** Coup porté avec une épée, un fleuret. *La botte secrète d'un escrimeur* (= sa manière de porter un coup, que personne ne connaît).

3 **botte** **n.f.** Chaussure qui couvre le pied et la jambe. *Des bottes fourrées.*

botté, e **adj.** Qui porte des bottes. *« Le Chat botté » est un conte de Perrault.*

bottier **n.m.** Artisan qui fabrique et vend des chaussures sur mesure.
▸ REM. Au Canada, le féminin de ce mot est *bottière*.

bottillon **n.m.** Petite botte confortable. *Des bottillons fourrés.*

bottine **n.f.** Chaussure montante souvent serrée à la cheville et qui se ferme par des boutons, des lacets, etc.

boubou **n.m.** Tunique longue et large en coton portée comme vêtement dans certains pays d'Afrique.

boubous africains

bouc **n.m.** ❶ Mâle de la chèvre. ❷ Petite barbe au menton. • **Bouc émissaire :** personne ou groupe que l'on rend responsables des malheurs des autres et que l'on accuse.

ENCYCLOPÉDIE Il est dit dans la Bible que les prêtres d'Israël, chaque année, chargeaient symboliquement un bouc de tous les péchés d'Israël et le chassaient dans le désert pour qu'il les emporte au loin.

boucan **n.m.** (Familier) Tapage, vacarme. *Arrêtez de faire du boucan, vous nous cassez les oreilles.*

boucane **n.f.** Au Canada, fumée.

bouche **n.f.** ❶ Cavité du bas du visage bordée par les lèvres et qui communique avec le tube digestif et les voies respiratoires. *Il ouvrit la bouche pour bâiller.* ❷ Ouverture qui fait communiquer un conduit, un souterrain avec l'extérieur. *Une bouche d'aération, une bouche d'égout. Ils sont descendus dans une bouche de métro.* • **Bouche cousue ! :** expression que l'on emploie pour demander à quelqu'un de garder un secret. • **De bouche à oreille :** oralement, lors d'une conversation particulière. *La nouvelle s'est transmise de bouche à oreille.* • **Faire la fine bouche :** faire le difficile, comme une personne qui pince les lèvres de dégoût. ◆ **bouches** **n.f.plur.** L'embouchure d'un fleuve. *Les bouches du Nil, du Danube.*

bouché, e **adj.** ❶ Qui est obstrué ou encombré. *Le lavabo est bouché* (= l'eau ne s'écoule plus). *Avoir le nez bouché* (= avoir du mal à respirer). *Avoir les oreilles bouchées après un plongeon. Le temps, le ciel sont bouchés* (= il y a beaucoup de nuages). ❷ (Familier) *Une personne bouchée* ne comprend rien ou comprend trop lentement.

bouche-à-bouche **n.m.invar.** Procédé de respiration artificielle pratiqué par un sauveteur qui souffle par sa bouche de l'air dans la bouche d'un malade. *Le secouriste a fait du bouche-à-bouche au noyé.*

bouchée **n.f.** ❶ Quantité d'aliments que l'on met en une seule fois dans la bouche. *Une bouchée de pain, de purée.* ❷ Friandise fourrée au chocolat, au praliné, etc. • **Pour une bouchée de pain :** à très bon marché. • **Mettre les bouchées doubles :** travailler beaucoup plus et plus vite que précédemment. *Il a mis les bouchées doubles pour rendre son devoir à temps.* • **Ne faire qu'une bouchée de quelqu'un :** le vaincre très facilement.

1 **boucher** **v.** (CONJUG. 3). ❶ Remplir, combler un trou. *Le peintre a bouché les fissures avec de l'enduit.* SYN. obturer. ❷ Fermer avec un bouchon. *Bouche ton flacon de parfum.* CONTR. déboucher, ouvrir. ❸ Faire obstacle, empêcher le passage. *Un car bouche la rue.* SYN. obstruer. *Le nouvel immeuble nous bouche la vue.* SYN. cacher. ◆ **se boucher** **v.pron.** • **Se boucher les oreilles, se boucher les yeux :** refuser d'entendre, refuser de voir.

2 **boucher, ère** **n.** Commerçant qui prépare et vend de la viande dans une boucherie. ◆ **boucher** **n.m.** Personne cruelle et sanguinaire.

boucherie **n.f.** ❶ Commerce de la viande ; magasin où l'on vend de la viande au détail. *Une boucherie* *chevaline.* ❷ Massacre, tuerie sauvage. *La bataille de Verdun en 1916 a été une véritable boucherie.* SYN. carnage, hécatombe.

bouche-trou **n.m.** (PLUR. : **bouche-trous**). Personne qui ne sert qu'à remplacer quelqu'un d'autre. *Si vous m'invitez, c'est pour moi-même et non parce qu'il vous manque quelqu'un, je ne suis pas un bouche-trou !*

bouchon **n.m.** ❶ Pièce de liège, de métal ou de matière plastique qui sert à fermer l'ouverture d'une bouteille, d'un bidon, d'un tube, etc. ❷ Poignée de paille tortillée qui sert à frictionner un cheval, à le bouchonner. ❸ Ce qui obstrue un conduit, bouche le passage. *Six kilomètres de bouchon à l'entrée du tunnel !* SYN. embouteillage.

bouchonner **v.** (CONJUG. 3). ❶ *Bouchonner un cheval*, c'est le frotter avec un bouchon de paille pour essuyer sa sueur. ❷ (Familier) *Ça bouchonne*, il y a un bouchon, un embouteillage.

bouchot **n.m.** *Les bouchots* sont des pieux de bois que l'on plante dans la mer, non loin du rivage, pour que les moules viennent s'y fixer.

boucle **n.f.** ❶ Ce qui s'enroule en forme d'anneau. *Des boucles de cheveux* (= des mèches enroulées sur elles-mêmes). *Les boucles de la Seine.* SYN. méandre. *Un nœud à une boucle, à deux boucles.* ❷ Pièce en forme d'anneau ou de rectangle qui sert à fermer une ceinture, une courroie. *Une boucle de ceinturon.* • **Boucle d'oreille :** bijou qui s'accroche au lobe de l'oreille.

bouclé, e **adj.** *Des cheveux bouclés* forment des boucles. → VOIR AUSSI **frisé.**

boucler **v.** (CONJUG. 3). ❶ Pour les cheveux, former des boucles, ne pas être raides, et pour une personne, avoir de tels cheveux. *Ses cheveux bouclent naturellement ; elle boucle naturellement.* ❷ Attacher ou fermer au moyen d'une boucle. *Boucler sa ceinture de sécurité.* ❸ Encercler un lieu pour empêcher tout passage. *La police a bouclé le quartier.* ❹ (Familier) Enfermer quelqu'un quelque part. *On l'a bouclé dans sa chambre.* ❺ (Familier) *Boucler un travail*, c'est le terminer.

bouclette **n.f.** Petite boucle, frisette. *Ses bouclettes lui cachent le front.*

bouclier **n.m.** ❶ Plaque bombée, qu'on tient d'une main pour se protéger des coups et des projectiles. ❷ Nom donné à divers moyens de protection. *Les engins spatiaux ont un bouclier thermique* (= qui les protège des très hautes températures). • **Une levée de boucliers :** une protestation générale contre un projet, une décision.

▸ REM. Au Moyen Âge, le bouclier du chevalier s'appelait l'*écu*.

bouddhisme **n.m.** Religion et philosophie fondée par le Bouddha, très répandue en Asie (Inde, Japon, Chine, Thaïlande, etc.) et qui enseigne l'art de se détacher du monde.

ENCYCLOPÉDIE L'enseignement du Bouddha, qui a vécu entre 560 et 480 avant J.-C., a été propagé oralement par les disciples. Sa doctrine tient en plusieurs points : en ce monde rien ne dure, rien n'est stable, tout se transforme sans cesse. Les souffrances de l'homme viennent de ce qu'il désire toujours autre chose que ce qu'il possède. Et tant qu'il n'aura pas fait taire ses désirs, il renaîtra dans un autre corps. Ces réincarnations, ces transformations ne cessent que lorsqu'il atteint le *nirvana*, c'est-à-dire un total détachement du monde.

bouddhiste **adj.** et **n.** Qui a pour religion le bouddhisme. *Un moine bouddhiste* (= un bonze).

▸ REM. En 2000, on comptait 350 millions de bouddhistes dans le monde.

bouder **v.** (CONJUG. 3). ❶ Montrer qu'on est fâché par une attitude renfrognée et en refusant de parler. *Il boude dès qu'on le contrarie* (= il fait la tête). ❷ Éviter quelqu'un en signe de fâcherie. *Félix me boude, il ne donne plus de nouvelles.*

bouderie **n.f.** L'attitude d'une personne qui boude. *Assez de bouderie, fais un petit sourire.*

boudeur, euse **adj.** et **n.** Qui boude, qui manifeste sa mauvaise humeur. *Un enfant boudeur. Un air boudeur.* SYN. grognon, renfrogné.

boudin **n.m.** ❶ Produit de charcuterie fait d'un boyau rempli de sang et de graisse de porc assaisonnés et cuits. ❷ Nom de divers objets en forme de boudin. *Utiliser un boudin de tissu pour calfeutrer le bas de la porte.*

boudiné, e **adj.** ❶ *Des bras, des doigts boudinés* sont grassouillets, ronds comme des boudins. ❷ *Une personne boudinée* est serrée dans ses vêtements.

bouclier de chevalier

A B C D E F G H I J K L M N O P Q R S T U V W X Y Z

1 **boudoir** **n.m.** Petite pièce élégante où la maîtresse de maison se retirait pour bavarder avec ses intimes.

HISTOIRE DU MOT Vient de *bouder* ; on *boudait la compagnie* lorsqu'on se retirait dans un *boudoir*.

2 **boudoir** **n.m.** Biscuit allongé recouvert de sucre cristallisé.

boue **n.f.** Terre très mouillée. *Après l'orage, le chemin était rempli de boue.* • **Traîner quelqu'un dans la boue** : dire du mal de lui pour lui faire du tort.

bouée **n.f.** ❶ Objet qui flotte et qui sert de repère pour les bateaux. *Il y a de grosses bouées à l'entrée du port.* ❷ Anneau de caoutchouc rempli d'air que l'on utilise pour se maintenir sur l'eau quand on ne sait pas nager ou que l'on est en danger. *Bouée d'enfant. Bouée de sauvetage.*

boueux, euse **adj.** Rempli ou couvert de boue. *Un chemin boueux après la pluie. Des chaussures boueuses.*

bouffant, e **adj.** Qui est à la fois large et resserré à la base, comme gonflé d'air. *Un pantalon bouffant.*

bouffée **n.f.** ❶ Souffle d'air. *Une bouffée d'air frais entra dans la pièce.* ❷ Petite quantité d'air, de fumée que l'on aspire ou que l'on souffle d'un coup. *Il tira une bouffée de sa cigarette.* ❸ Brusque accès de fièvre, de colère, d'orgueil, etc. SYN. poussée.

bouffer **v.** (CONJUG. 3). ❶ Augmenter de volume en se gonflant d'air. *Faire bouffer ses cheveux.* ❷ (Très familier) Manger.

bouffi, e **adj.** ❶ *Un visage bouffi* est enflé, gonflé. *Il se réveille les yeux bouffis de sommeil.* ❷ *Être bouffi d'orgueil*, c'est être plein d'orgueil.

bouffon **n.m.** ❶ Autrefois, l'homme chargé de divertir un roi et sa cour ; acteur qui jouait un rôle burlesque dans une farce. *Triboulet fut le bouffon de Louis XII, puis de François Ier.* SYN. fou. *Un bouffon de comédie.* ❷ (Familier) Personne qui se ridiculise par son comportement grotesque. *Il n'est qu'un bouffon, prétentieux et incapable.* SYN. pantin. ◆ **bouffon, onne** **adj.** Qui fait rire par des situations comiques et ridicules. *Une comédie bouffonne.* SYN. burlesque, grotesque.

bouffonnerie **n.f.** Action ou parole bouffonne, caractère bouffon d'une situation.

bougainvillée **n.f.** ou **bougainvillier** **n.m.** Plante grimpante originaire d'Amérique, à feuilles persistantes et à fleurs rouge violacé.

HISTOIRE DU MOT Vient du nom du navigateur français *Louis Antoine de Bougainville.*

bouge **n.m.** Logement malpropre et insalubre. SYN. taudis.

bougeoir **n.m.** Petit support pour les bougies. → VOIR AUSSI **candélabre, chandelier.**

bougeotte **n.f.** • (Familier) **Avoir la bougeotte** : être incapable de rester sans bouger ou de demeurer au même endroit.

bouger **bougeant, bougé v.** (CONJUG. 5). ❶ Faire un mouvement. *Le rideau bouge dans les courants d'air. Ne bougez plus et gardez la pose !* SYN. remuer, s'agiter. ❷ (Familier) Sortir de chez soi. *Je n'ai pas bougé de la journée.* ❸ Changer, évoluer, se transformer. *Tout bouge, ce n'est plus comme avant !*

1 **bougie** **n.f.** Bâton de cire, de paraffine ou de stéarine comportant une mèche et dont la combustion produit une flamme éclairante. *On a allumé des bougies pendant la panne d'électricité.* SYN. chandelle. → VOIR AUSSI **cierge.**

HISTOIRE DU MOT Vient de *Bougie* (aujourd'hui *Bejaia*), port d'Algérie d'où provenait la cire pour la fabrication des bougies.

2 **bougie** **n.f.** Élément d'un moteur qui produit une étincelle au passage du courant électrique, ce qui enflamme le mélange gazeux du carburateur.

bougnat **n.m.** (Familier) Autrefois, marchand de bois et de charbon qui était souvent débitant de boissons.

HISTOIRE DU MOT Vient de *charbougna*, forme auvergnate de *charbonnier*, parce que la majorité des charbonniers de Paris était d'origine auvergnate.

bougon, onne **adj.** et **n.** Qui manifeste sa mauvaise humeur en se plaignant souvent. *Quel bougon ! Il n'est jamais content.* SYN. grognon.

bougonner **v.** (CONJUG. 3). Parler indistinctement, entre ses dents, pour montrer sa mauvaise humeur. *Il a fini par faire son lit, mais en bougonnant.* SYN. grommeler, marmonner.

bougre **n.m.** (Familier) S'emploie dans quelques expressions familières pour parler d'un homme qu'on ne respecte pas beaucoup. *Le pauvre bougre, il est bien malade. Ce n'est pas un mauvais bougre mais quel paresseux !*

bouillabaisse **n.f.** Plat provençal à base de différents poissons servi avec des croûtons de pain frottés d'ail et une sauce épicée, la *rouille*.

HISTOIRE DU MOT Vient du provençal *boui-abaisso* qui signifie « bous et abaisse », c'est-à-dire « baisse le feu quand ça bout » ; en effet, le poisson ne doit pas bouillir longtemps.

bouillant, e **adj.** ❶ Qui bout. *Jeter les pâtes dans l'eau bouillante.* ❷ Qui est très chaud. *Attention ! le plat est bouillant.* ❸ Qui est plein d'ardeur, de fougue. *Ce bouillant jeune homme s'impatiente.* SYN. ardent, fougueux.

bouille **n.f.** (Familier) Le visage et son expression. *Son petit frère a une bonne bouille.* SYN. tête.

bouilli **n.m.** Au Canada, pot-au-feu.

bouillie **n.f.** ❶ Aliment liquide épais à base de farine cuite dans de l'eau, du lait. *Un biberon de bouillie.* ❷ (Familier) *En bouillie*, écrasé. *J'ai retrouvé les gâteaux en bouillie dans mon sac.*

bouillir **bouillant, bouilli v.** (CONJUG. 25). ❶ Être en ébullition sous l'action de la chaleur. *L'eau bout à cent degrés.* ❷ *Faire bouillir un aliment, du linge*, les laisser un certain temps dans une eau qui bout. ❸ *Bouillir de colère, d'impatience*, c'est être très en colère, très impatient.

HISTOIRE DU MOT Vient du latin *bulla* qui signifie « bulle ».

bouilloire **n.f.** Récipient à couvercle et à bec verseur, pour faire bouillir l'eau. *Certaines bouilloires sifflent quand l'eau bout.*

bouillon **n.m.** ❶ Grosse bulle qui se forme à la surface d'un liquide qui bout. *Cuire à gros bouillons.* ❷ L'eau de cuisson d'une viande ou de légumes que l'on a fait bouillir. *Un bouillon de pot-au-feu.* • **Bouillon de culture :** liquide dans lequel on cultive en laboratoire des bactéries, des virus, etc.

bouillonnant, e **adj.** Qui bouillonne. *Les eaux bouillonnantes d'un torrent.*

bouillonnement **n.m.** L'état de ce qui bouillonne. *Le bouillonnement d'un liquide. Le bouillonnement des esprits faisait surgir toutes sortes d'idées nouvelles.* SYN. effervescence.

bouillonner **v.** (CONJUG. 3). ❶ Pour un liquide, former de grosses bulles. *La source jaillit en bouillonnant.* ❷ *Bouillonner d'idées*, avoir sans cesse des idées nouvelles.

bouillotte **n.f.** Récipient étanche que l'on remplit d'eau très chaude et que l'on met dans son lit pour se réchauffer.

boulanger, ère **n.** Commerçant qui fait et vend du pain.

boulangerie **n.f.** ❶ Fabrication et commerce du pain. ❷ Magasin du boulanger.

boule **n.f.** Tout objet de forme sphérique. *Faire des boules de neige. Une boule de billard.* • (Familier) **Être** ou **se mettre en boule :** être ou se mettre en colère. *Quand il se met en boule, il crie très fort.* • **Faire boule de neige :** grossir, prendre de l'ampleur, de l'importance. ◆ **boules** **n.f.plur.** Jeu de pétanque.

bouleau **n.m.** Arbre à écorce blanche très commun dans les pays froids et tempérés. *Le bois du bouleau est utilisé en menuiserie et pour la fabrication de la pâte à papier.*

▸ REM. Ne pas confondre avec *boulot*.

ENCYCLOPÉDIE En Russie et dans tout le nord de l'Europe, le bouleau a été, pendant très longtemps, l'arbre providentiel : avec son bois, on construisait les maisons et on se chauffait ; on fabriquait des semelles, des sabots, des cordages, etc., avec son écorce, et, de sa sève, on tirait une boisson fermentée appelée *vin de bouleau*. Le bouleau peut atteindre 30 m de haut.

boule-de-neige **n.f.** (PLUR. : **boules-de-neige**). Nom usuel d'un arbrisseau cultivé pour ses petites fleurs blanches groupées en boules et que l'on appelle aussi *obier*.

bouledogue **n.m.** Chien aux mâchoires proéminentes, au museau très aplati et aux oreilles droites.

HISTOIRE DU MOT Vient de l'anglais *bull*, qui signifie « taureau », et *dog*, qui signifie « chien ».

boulet **n.m.** ❶ Grosse boule de métal. *Un boulet de canon. Le forçat traînait un boulet attaché par une chaîne à son pied.* ❷ Au figuré, personne, travail dont on ne peut se débarrasser, que l'on traîne comme le forçat son boulet. SYN. fardeau. • **Tirer à boulets rouges sur quelqu'un :** l'attaquer violemment.

boulette **n.f.** ❶ Petite boule souvent faite à la main. *Il lance des boulettes de papier. Une boulette de viande hachée.* ❷ (Familier) Erreur, maladresse. *J'ai fait une boulette, je l'ai appelé madame.*

boulevard **n.m.** Nom donné à certaines voies de communication urbaines, larges et souvent plantées d'arbres. *À Paris, les boulevards extérieurs sont construits en bordure des anciennes fortifications du XIXe siècle.* • **Théâtre de boulevard :** théâtre de divertissement qui se fonde sur la vie des couples bourgeois. *Au XIXe siècle, le théâtre de boulevard était surtout joué sur les Grands Boulevards, à Paris.*

▸ REM. On écrit en abrégé *bd*.

HISTOIRE DU MOT Vient du néerlandais *bolwerc* qui signifie « ouvrage de fortification ».

bouleversant, e **adj.** Qui bouleverse, provoque une vive émotion. *Un film bouleversant.* SYN. émouvant.

bouleversement **n.m.** Changement total et brutal. *La crise a entraîné un profond bouleversement politique.*

bouleverser **v.** (CONJUG. 3). ❶ Mettre dans un grand désordre. *Elle a tout bouleversé dans sa chambre en recherchant ses clefs* (= elle l'a mise sens dessus dessous). ❷ Changer complètement une situation. *L'absence de neige a bouleversé nos projets de vacances.* ❸ Causer une forte émotion à quelqu'un. *La nouvelle de l'accident l'a bouleversé.*

bouleau

a b c d e f g h i j k l m n o p q r s t u v w x y z

A B C D E F G H I J K L M N O P Q R S T U V W X Y Z

boulier **n.m.** Instrument pour compter, constitué d'un cadre portant des tiges horizontales parallèles sur lesquelles des boules sont enfilées. *Les Chinois se servent de bouliers pour faire des opérations parfois très compliquées avec une très grande rapidité.*

boulier chinois

boulimie **n.f.** Besoin maladif d'absorber de très grandes quantités de nourriture.
HISTOIRE DU MOT Vient du grec *boulimia*, de *bous*, qui signifie « bœuf », et de *limos*, qui signifie « faim ». *Être atteint de boulimie*, c'est avoir une « faim de bœuf » !

boulon **n.m.** Ensemble formé par une vis et son écrou. *Les roues d'une voiture sont fixées par des boulons.*

boulonner **v.** (CONJUG. 3). ❶ Fixer avec des boulons. ❷ (Familier) Travailler.

1 **boulot** **n.m.** (Familier) Travail ou emploi. *Elle cherche du boulot.* • **Petit boulot :** travail pas très bien payé et dont la durée n'est pas assurée.
▸ REM. Ne pas confondre avec *bouleau*.

2 **boulot, otte** **adj.** (Familier) *Une personne boulotte* est petite et rondelette.
HISTOIRE DU MOT Vient de *boule*.

1 **boum** **interj.** Mot qui sert à imiter le bruit d'une chute, d'une explosion ou d'un choc. *Boum ! le voilà par terre.*

2 **boum** **n.m.** • **Être en plein boum :** être dans une période d'activité intense. *Pendant la période de Noël, les commerçants sont en plein boum.* → VOIR AUSSI **boom.**

3 **boum** **n.f.** (Familier) Fête où l'on danse entre amis. *Mélanie a organisé une boum pour son anniversaire.*

bouquet **n.m.** ❶ Ensemble de fleurs coupées réunies harmonieusement. *La fleuriste a composé un magnifique bouquet de fleurs des champs.* ❷ Ensemble d'arbres, de plantes. *Il y avait un bouquet d'arbres au milieu du champ. Un bouquet de persil* (= une petite botte). ❸ Partie finale et la plus belle d'un feu d'artifice où de nombreuses fusées éclairent le ciel. SYN. apothéose. ❹ *Le bouquet d'un vin*, c'est son parfum. *Un vin au bouquet fruité.* • (Familier) **C'est le bouquet ! :** c'est l'ennui qui vient après tous les autres (= c'est le comble).

bouquetin **n.m.** Chèvre sauvage aux grandes cornes recourbées et formées d'anneaux, qui vit dans les montagnes d'Europe.

bouquin **n.m.** (Familier) Livre. *J'emporte plein de bouquins en vacances.*
HISTOIRE DU MOT Vient du néerlandais *boeckijn* qui signifie « petit livre ».

bouquiner **v.** (CONJUG. 3). (Familier) Lire un livre. *Il est capable de bouquiner pendant des heures.*

bouquiniste **n.** Marchand de livres anciens ou d'occasion. *Les bouquinistes sont installés le long des quais de la Seine, à Paris.*

bourbe **n.f.** Boue noire et épaisse. *La bourbe d'un marais.*

bourbeux, euse **adj.** Plein de bourbe, de boue épaisse. *Un chemin bourbeux.*

bourbier **n.m.** ❶ Terrain boueux dans lequel on peut s'embourber. *La voiture s'est enlisée dans un bourbier.* ❷ Situation difficile, délicate dont on n'arrive pas à sortir. *Il se demandait comment il allait sortir du bourbier où l'avaient conduit tous ses mensonges.*
HISTOIRE DU MOT Vient de *bourbe*.

bourde **n.f.** (Familier) Erreur, bévue. *Tu as fait une belle bourde en jetant son billet gagnant !*

bourdon **n.m.** ❶ Insecte au corps massif et velu, voisin de l'abeille mais qui ne fait pas de miel. *« Le Vol du bourdon », morceau du compositeur russe Rimski-Korsakov, imite le bruit du bourdon.* ❷ Grosse cloche au son grave qui s'entend de très loin. • **Faux bourdon :** le mâle de l'abeille.

bourdon

bourdonnement **n.m.** Bruit de ce qui bourdonne. *Le bourdonnement d'une ruche. Elle se laissait bercer par le bourdonnement du moteur.* SYN. ronronnement.

bourdonner **v.** (CONJUG. 3). Émettre un bruit sourd et continu qui ressemble au bruit que font les ailes des bourdons. *La ruche bourdonne.*

bourg **n.m.** Village assez important. *Le bourg s'anime les jours de marché.*
▸ REM. On ne prononce pas le *-g*.
HISTOIRE DU MOT Vient du latin *burgus* qui signifie « château fort », et du germanique *burg*.

bourgade **n.f.** Petit bourg. *Une bourgade de mille habitants.*

bourgeois, e **n.** ❶ Au Moyen Âge, habitant aisé d'un bourg. ❷ Personne qui a des revenus assez élevés et qui vit d'une manière assez conformiste. ◆ **adj.** Qui concerne la bourgeoisie, sa manière de vivre, ses goûts. *Il habite dans un quartier bourgeois aux immeubles en pierre de taille.* SYN. cossu, riche. *Mener une vie bourgeoise.* SYN. rangé.

bourgeoisie **n.f.** Ensemble des personnes aux revenus assez élevés qui n'exercent pas de métier manuel ; ensemble des bourgeois. *C'est au Moyen Âge qu'est apparue la bourgeoisie, en même temps que le commerce se développait.*

HISTOIRE DU MOT Vient de *bourg*, les bourgeois étant autrefois les commerçants et artisans des bourgs.

bourgeon **n.m.** Petit renflement de la tige d'une plante, qui, en se développant, donnera des feuilles ou des fleurs. *Les bourgeons s'ouvrent au printemps.*

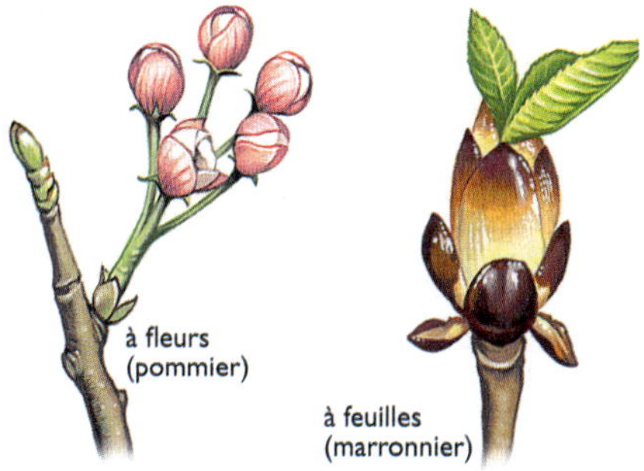

bourgeons

bourgeonner **v.** (CONJUG. **3**). Se couvrir de bourgeons. *Les arbres bourgeonnent au printemps.*

bourgmestre **n.** En Belgique et en Suisse, la personne qui administre la commune.
▸ REM. On prononce le *-g-*.

HISTOIRE DU MOT Vient de l'allemand *Bürgermeister* qui signifie « maître du bourg ».

bourlinguer **bourlinguant, bourlingué v.** (CONJUG. **6**). (Familier) Voyager en menant une vie aventureuse. *Il a longtemps bourlingué en Amérique du Sud.*

bourrade **n.f.** Coup brusque donné à quelqu'un. *D'une bourrade, il l'a écarté de son chemin.*

bourrage **n.m.** • (Familier) **Bourrage de crâne :** ce qui est répété très souvent, non pas pour que cela soit mieux compris, mais simplement pour que cela finisse par se graver dans l'esprit. *Cette publicité, c'est du bourrage de crâne.*

bourrasque **n.f.** Coup de vent brusque et très violent. *La bourrasque a arraché des tuiles.*

HISTOIRE DU MOT A la même origine que *boréal*.

bourrasser **v.** (CONJUG. **3**). Au Canada, traiter avec brutalité ou rudesse. SYN. maltraiter, rudoyer.

bourratif, ive **adj.** (Familier) *Un aliment bourratif* bourre, alourdit l'estomac. *Le cassoulet était tellement bourratif que je n'avais plus faim pour le dessert.* CONTR. léger.

bourre **n.f.** ❶ Amas de matériaux divers (poils, déchets de tissus ou de matières plastiques) utilisés pour rembourrer des sièges ou d'autres objets. ❷ Duvet protecteur des bourgeons.

bourré, e **adj.** Qui est rempli au maximum. *Une valise bourrée de livres.* SYN. plein.

bourreau **n.m.** ❶ Personne chargée d'exécuter les condamnés à mort. *En France, quand le bourreau mourait, le prochain condamné à mort était gracié.* ❷ Au figuré, personne qui maltraite, qui torture quelqu'un physiquement ou moralement. • (Familier) **Bourreau des cœurs :** grand séducteur ; don Juan.

bourrée **n.f.** Air de danse traditionnel du centre de la France (Auvergne, Berry, etc.).

bourrelé, e **adj.** *Être bourrelé de remords*, c'est être tourmenté par le remords.

bourrelet **n.m.** ❶ Bande de feutre ou de mousse qui se fixe au cadre d'une fenêtre ou d'une porte pour empêcher l'air de passer. ❷ (Familier) Repli de chair à certains endroits du corps des personnes grasses, comme la taille, le ventre.

bourrelier, ère **n.** Artisan qui fabrique et qui vend des harnais de chevaux, des sacs, des courroies.

bourrellerie **n.f.** Travail et commerce du bourrelier.

bourrer **v.** (CONJUG. **3**). ❶ Remplir au maximum en tassant. *Tu bourres trop la valise, on ne pourra pas la fermer. Il bourre bien sa pipe avant de l'allumer.* ❷ Donner un aliment en trop grande quantité. *On nous bourrait de pommes de terre.* SYN. gaver. ❸ *Bourrer quelqu'un de coups*, c'est lui donner de très nombreux coups. • (Familier) **Bourrer le crâne à quelqu'un :** lui répéter sans cesse les mêmes choses. ◆ **se bourrer v.pron.** (Familier) Manger trop de quelque chose. *Arrête de te bourrer de chocolat, tu vas avoir mal au cœur.* SYN. se gaver.

bourriche **n.f.** Panier ou cageot fermés pour transporter du poisson, des coquillages. *Une bourriche d'huîtres.*

bourricot **n.m.** Petit âne.

bourrique **n.f.** (Familier) ❶ Âne ou ânesse. ❷ Personne stupide et têtue comme un âne. • (Familier) **Faire tourner quelqu'un en bourrique :** l'exaspérer.

bourru, e **adj.** Qui est peu aimable, qui a des manières brusques et rudes. *Sous son apparence bourrue se cachait un cœur d'or.* SYN. revêche, rude. CONTR. affable, aimable.

1 bourse **n.f.** ❶ Petit sac de cuir dans lequel on mettait ses pièces de monnaie ; aujourd'hui, sorte de porte-monnaie. *Une bourse remplie de louis d'or.* ❷ Pension accordée à un élève, à un étudiant ou à un chercheur pour l'aider à poursuivre ses études, ses travaux. • **La bourse ou la vie ! :** formule que les brigands employaient pour demander aux victimes leur argent.

HISTOIRE DU MOT Vient du latin *bursa* qui signifie « sac en cuir ».

2 Bourse **n.f.** Établissement où l'on achète et vend des actions, et où l'on fixe leur cours selon la variation de l'offre et de la demande. *Les cours sont en hausse à la Bourse de New York. C'est au* XVI*e siècle que naissent les premières Bourses, en Hollande et en Belgique.*
▸ REM. S'écrit avec une majuscule.

HISTOIRE DU MOT Vient du nom d'une famille de banquiers, les *Van der Burse*.

A B C D E F G H I J K L M N O P Q R S T U V W X Y Z

1 boursier, ère adj. et n. Qui bénéficie d'une bourse pour faire ses études.

2 boursier, ère adj. Qui se rapporte à la Bourse. *Les cours boursiers.*

boursouflé, e, ✎ ***boursoufflé, e*** **adj.** Qui est gonflé par endroits, de manière plutôt disgracieuse. *Un visage boursouflé.* SYN. bouffi, enflé.

boursouflure, ✎ ***boursoufflure*** **n.f.** Renflement, gonflement qui déforment quelque chose. *À cause de l'humidité, il y avait des boursouflures sur le papier peint.*

bousculade **n.f.** ❶ L'agitation et le désordre d'une foule où tout le monde se bouscule. *Aux heures de pointe, à la gare, c'est la bousculade.* ❷ Trop grande précipitation qui fait qu'on ne sait plus où donner de la tête. *Dans la bousculade du départ, il a oublié les billets de train.* SYN. hâte, précipitation.

bousculer **v.** (CONJUG. 3). ❶ Heurter brutalement. *Il l'a bousculé pour passer le premier.* ❷ Brusquer quelqu'un pour le faire aller plus vite. *Elle travaille à son rythme, ne la bouscule pas* (= ne la presse pas). ❸ Changer brutalement une situation. *Les travaux dans la maison ont bousculé nos habitudes.* ◆ **se bousculer v.pron.** Se presser les uns contre les autres, se pousser. *Inutile de se bousculer, il y a de la place pour tout le monde !*

HISTOIRE DU MOT Vient de l'ancien français *bouteculer* qui signifiait littéralement « pousser au cul ».

bouse **n.f.** Excrément d'une vache, d'un bœuf.

bousier **n.m.** Insecte coléoptère se nourrissant de bouse qu'il roule en boulettes et pousse devant lui.

bousier

bousiller **v.** (CONJUG. 3). (Familier) Abîmer, casser, gâcher quelque chose.

boussole **n.f.** Instrument pour s'orienter, composé d'un cadran sur lequel une aiguille aimantée indique toujours le nord.

ENCYCLOPÉDIE L'aimant obéit au magnétisme de la Terre (le pôle nord de l'aimant pointe vers le nord de la Terre). Ce sont les Chinois qui ont découvert ces propriétés de l'aimant et qui les ont transmises aux Arabes. Au XIIe siècle, les Arabes ont fait connaître la boussole aux Européens qui l'ont utilisée pour développer la navigation.

bout **n.m.** ❶ Morceau de quelque chose, petite quantité. *Des bouts de tissus. Cela fait un bon bout de temps que je patiente* (= longtemps). ❷ L'extrémité de quelque chose. *Avoir le bout du nez tout froid. S'asseoir en bout de table.* ❸ Le terme, la fin d'une action ou d'une période. *Ce que ce voyage est long, je n'en vois pas le bout ! Au bout de deux jours de marche, ils arrivèrent enfin. Venir à bout d'un travail* (= le finir). • **Être à bout de forces :** être exténué, ne plus avoir de forces. • **Pousser quelqu'un à bout :** lui faire perdre patience, provoquer sa colère.

boutade **n.f.** Réplique spirituelle qui en général n'est pas le reflet de ce que l'on pense. *Ne le prenez pas mal, ce n'était qu'une boutade !* SYN. plaisanterie.

boute-en-train **n.m.invar.,** ✎ ***boutentrain n.m.*** Personne pleine d'entrain qui met de l'animation dans un groupe. *On a bien ri grâce à ce boute-en-train de Julie.*

bouteille **n.f.** ❶ Récipient allongé à goulot étroit, fermé par un bouchon ou une capsule et qui sert à contenir des liquides ; le contenu de la bouteille. *Une bouteille d'un litre. Pour l'occasion, nous avons bu une bouteille de champagne.* ❷ Grand récipient métallique destiné à contenir un gaz sous pression. *Une bouteille de butane, d'oxygène.*

HISTOIRE DU MOT Vient du latin *butticula* qui signifie « petit tonneau ». Les bouteilles des Gaulois avaient la forme d'un petit tonneau.

bouter **v.** (CONJUG. 3). Pousser loin, vers l'extérieur. *Jeanne d'Arc bouta les Anglais hors de France.*
▸ REM. Ce mot appartient à la langue soutenue.

boutique **n.f.** Petit magasin spécialisé où un commerçant, un artisan vend ses produits. *La boutique du charcutier. Elle préfère les petites boutiques aux grands magasins.* • (Familier) **Parler boutique :** parler du travail dans une réunion prévue pour se divertir.

HISTOIRE DU MOT Vient du grec *apothêkê* qui signifie « magasin, dépôt ». On retrouve ce mot dans *apothicaire* qui, au Moyen Âge, signifiait « boutiquier » puis en est venu à désigner le pharmacien.

boutoir **n.m.** Le groin et les canines du sanglier avec lesquels il fouit la terre et peut donner des coups violents. • **Coup de boutoir :** coup violent qui ébranle un obstacle.

bouton **n.m.** ❶ Bourgeon qui, lorsqu'il éclôt, donne naissance à une fleur. *Un bouton de rose. Des fleurs en bouton.* ❷ Petite grosseur qui apparaît sur la peau. *Un bouton de fièvre.* ❸ Petite pièce de matière dure (nacre, métal, etc.) qui sert à fermer un vêtement, un coussin, etc. *Coudre un bouton.* ❹ Petite pièce d'un appareil, d'un mécanisme qui sert à le faire fonctionner. *Appuyer sur le bouton de l'autoradio.*

bouton-d'or **n.m.** (PLUR. : **boutons-d'or**). Renoncule des prés dont les fleurs sont jaune doré.

boutons-d'or

boutonner v. (CONJUG. 3). Fermer un vêtement avec des boutons.

boutonneux, euse adj. Qui a des boutons sur la peau, et en particulier des boutons d'acné.

boutonnière n.f. Petite fente dans un tissu pour passer un bouton. *Broder les boutonnières d'un gilet.*

bouture n.f. Pousse que l'on détache d'une plante et qui, mise en terre, développe une racine et donne une nouvelle plante.

bouvreuil n.m. Oiseau passereau au corps trapu, au plumage gris et noir, et au ventre rose ou rouge. *Les bouvreuils sont des oiseaux communs des bois et des jardins.*

bovidé n.m. Tout mammifère ruminant ayant des cornes creuses et des sabots, tel que la vache, le mouton, la chèvre et l'antilope. *Les bovins, les ovins, les caprins, les antilopes sont des bovidés.*

bovin, e adj. Qui se rapporte au bœuf et à la vache. *L'élevage bovin.* ◆ **bovin** n.m. Animal de la famille des *bovidés*, tel que le bœuf, le buffle, le bison, etc.

bowling n.m. Jeu dans lequel il faut faire tomber des quilles avec une grosse boule qu'on lance et fait rouler sur une piste ; le local où sont installées ces pistes de jeu.
▸ REM. 1. C'est un mot anglais, on prononce [buliŋ] ou [boliŋ]. 2. L'Office québécois de la langue française recommande l'emploi du mot *quilles*.

joueur de **bowling**

box n.m. ❶ Dans une écurie, compartiment où on loge un cheval. SYN. stalle. ❷ Garage individuel. *Il a loué un box pour garer sa voiture.* ❸ Dans une salle de tribunal, place où se trouve l'accusé.
HISTOIRE DU MOT C'est un mot anglais qui signifie « boîte ».

boxe n.f. Sport opposant deux adversaires qui se battent à coups de poing, les mains revêtues de gants spéciaux. *Le combat de boxe a duré six rounds.*
HISTOIRE DU MOT Vient de l'anglais *box* qui signifie « coup ».

ENCYCLOPÉDIE La boxe actuelle est née en Angleterre au XVIIIe siècle, d'où son nom de *boxe anglaise*. À la fin du XIXe siècle, une réglementation est établie pour réduire la violence des combats. La *boxe française* est un mélange de boxe anglaise et de *savate* : on peut frapper avec les poings et les pieds.

1 **boxer** v. (CONJUG. 3). ❶ Faire de la boxe. ❷ (Familier) Donner des coups de poing à quelqu'un.

2 **boxer** n.m. Chien de garde à robe fauve ou tachetée, proche du dogue allemand et du bouledogue.
▸ REM. On prononce [bɔksɛr].

boxeur, euse n. Sportif qui pratique la boxe. *Un boxeur poids plume.*

ENCYCLOPÉDIE Les boxeurs combattent toujours contre un adversaire de poids égal. Ces poids sont classés en plusieurs catégories. Parmi celles-ci, il y a les poids mouche (entre 49 et 51 kg), les poids plume (entre 53 et 57 kg), les poids légers, les poids moyens, les poids lourds (plus de 91 kg).

boyau n.m. ❶ L'intestin d'un animal. *À partir de boyaux d'animaux on fabrique des cordes d'instruments de musique et de raquettes de tennis. On utilise aussi des boyaux pour fabriquer du boudin, des saucisses, etc.* ❷ Mince chambre à air d'un vélo de course. ❸ Passage long et étroit. *Les tranchées, pendant la Première Guerre mondiale, communiquaient entre elles par des boyaux.* ❹ Au Canada, tuyau souple en plastique ou en caoutchouc. *Un boyau d'arrosage.*

boycott ou **boycottage** n.m. L'action de boycotter un pays, un produit, une réunion, etc.
HISTOIRE DU MOT Vient de *Boycott*, intendant très sévère d'un grand domaine irlandais qui subit le premier boycottage, en 1879.

boycotter v. (CONJUG. 3). Rompre toute relation commerciale avec un pays ou un groupe, refuser d'acheter un produit, ne pas participer à des réunions, etc., pour marquer son mécontentement.

bracelet n.m. ❶ Bijou que l'on porte autour du poignet. *Un bracelet en argent.* ❷ Bande de cuir, de métal qui maintient une montre que l'on porte au poignet. ❸ Bande de cuir protectrice que certains travailleurs ou certains sportifs portent autour du poignet.

brachiation n.f. Manière de se déplacer de branche en branche à l'aide des bras, chez certains singes.
▸ REM. On prononce [brakjasjɔ̃].

braconnage n.m. Le fait de braconner.

braconner v. (CONJUG. 3). Chasser sans permis ou par des moyens interdits sur les terres de quelqu'un. *Il braconnait depuis des années dans la forêt domaniale.*

braconnier, ère n. Personne qui braconne. *Le garde-chasse traquait les braconniers.*

brader v. (CONJUG. 3). Vendre un article à très bas prix pour s'en débarrasser.

braderie n.f. Grande vente d'articles divers à des prix très bas. *Chaque été, les commerçants organisent une braderie dans la ville.*

A B C D E F G H I J K L M N O P Q R S T U V W X Y Z

braguette n.f. Ouverture sur le devant d'un pantalon, qui va de la taille à l'entrejambe.
HISTOIRE DU MOT Vient du latin *braca* qui désignait l'ample pantalon porté par les Celtes.

brahmane n.m. Membre de la première des castes hindoues.

braillard, e ou **brailleur, euse** adj. et n. (Familier) Qui braille. *Un enfant braillard.*

braille n.m. Système d'écriture pour les aveugles, dont chaque lettre, chiffre ou signe de ponctuation est représenté par des petits points en relief (de un à six) que l'aveugle lit en passant son index dessus.
HISTOIRE DU MOT Vient du nom de l'inventeur, *Louis Braille.*

lecture d'un livre composé en **braille**

braillement n.m. Cri assourdissant que pousse une personne qui braille. *Les braillements du bébé ont réveillé toute la maisonnée.*

brailler v. (CONJUG. 3). Crier très fort, chanter mal et fort ou pleurer bruyamment. *On l'entend brailler à l'autre bout de la cour.* SYN. hurler.
HISTOIRE DU MOT Vient du latin *bragere*. Le verbe *braire* a la même origine.

braiment n.m. Cri de l'âne.

braire v. (CONJUG. 77). ❶ Pour un âne, faire entendre son cri, le *braiment.* ❷ (Familier) Crier aussi fort et aussi désagréablement qu'un âne. *Arrête de braire, tu nous casses les oreilles.* SYN. brailler.
▸ REM. Ce verbe se conjugue seulement à l'infinitif présent et aux 3es personnes de l'indicatif présent et futur ainsi que du conditionnel présent.

braise n.f. Ce qui reste du bois quand il a bien brûlé, mais qu'il n'est pas encore éteint. *Cuire des pommes de terre dans la braise.*

braisé, e adj. Cuit longtemps et à feu doux dans un récipient fermé. *Des endives braisées.*

bramer v. (CONJUG. 3). Pour un cerf, un daim, un renne, faire entendre leur cri, le *bramement* ou le *brame.*

brancard n.m. ❶ Chacune des pièces de bois qui permettent de porter une civière, de pousser une brouette ou d'atteler un animal de trait. ❷ Civière pour transporter les blessés, les malades. • **Ruer dans les brancards :** se rebeller violemment comme un cheval rétif.
HISTOIRE DU MOT Vient du mot normand *branque* qui signifie « branche ».

brancardier, ère n. Personne chargée de porter un brancard.

branchage n.m. ❶ L'ensemble des branches d'un arbre. *On voyait le ciel à travers le branchage.* ❷ Au pluriel, branches coupées d'un arbre. *Ramasser des branchages.*

branche n.f. ❶ Partie d'un arbre, d'un arbuste qui part du tronc et qui porte les feuilles. *Il est monté dans l'arbre en s'agrippant aux branches.* ❷ Chacune des tiges mobiles et articulées d'un compas, d'une paire de lunettes, etc. ❸ Partie d'une science, d'une discipline. *L'ornithologie est une branche de la zoologie. Il est très fort dans sa branche.* SYN. spécialité. ❹ Division d'un arbre généalogique. *La branche aînée, la branche cadette d'une famille.*

branchement n.m. L'opération par laquelle on branche quelque chose. *L'employé du téléphone vient faire le branchement de la ligne.*

brancher v. (CONJUG. 3). ❶ Raccorder un appareil, une canalisation à un circuit principal. *Brancher l'eau, le gaz, le téléphone.* ❷ (Familier) *Brancher quelqu'un sur un sujet de conversation,* c'est le pousser à parler de ce sujet. *Dès qu'on le branche sur les jeux vidéo, il en parle pendant des heures.*

branchie n.f. Chacun des deux organes respiratoires des poissons et d'autres animaux aquatiques.
ENCYCLOPÉDIE Par les branchies, l'animal capte l'oxygène de l'eau et rejette du gaz carbonique.

brandade n.f. • **Brandade de morue :** plat cuisiné à base de morue émiettée, d'huile d'olive et d'ail.

brandir brandissant, brandi v. (CONJUG. 16). ❶ Lever un objet au-dessus de sa tête d'un geste menaçant ou pour bien le montrer. *Le chevalier brandit son épée et se précipita sur son ennemi. Il brandissait un drapeau en tête du défilé.* ❷ Se servir d'un argument comme d'une arme. *Quand on a refusé ses projets, il a brandi sa démission* (= il a menacé de démissionner).
HISTOIRE DU MOT Vient de l'ancien français *brand* qui signifiait « épée ».

brandon n.m. Débris enflammé d'une matière en combustion qui peut mettre le feu à autre chose. *Le vent soulevait des brandons au-dessus de l'incendie.* • **Brandon de discorde :** ce qui provoque et attise les querelles.

branlant, e adj. Qui n'est pas stable, qui n'est pas solide. *Une chaise branlante.* SYN. bancal.

branle n.m. • **Mettre en branle, se mettre en branle :** mettre, se mettre en mouvement. *Toute l'équipe s'est mise en branle pour réussir ce projet.*

branle-bas, ✎ ***branlebas*** **n.m.invar.** • **branle-bas :** Agitation qui précède un événement important. *La veille de la fête de fin d'année, il y a un grand branle-bas à l'école.*
▸ REM. On dit aussi *branle-bas de combat.*
HISTOIRE DU MOT Le *branle* désignait le hamac dans lequel dormaient les marins. Chaque matin, on « mettait bas les branles », ce qui créait de l'agitation.

branler **v.** (CONJUG. 3). Remuer par manque de stabilité. *Sa dent de lait commence à branler, elle va bientôt tomber.* • **Branler la tête :** la remuer d'avant en arrière ou de droite à gauche. SYN. hocher.

braquage **n.m.** ❶ Action de braquer les roues d'un véhicule. ❷ (Familier) Attaque à main armée. *Le braquage d'une banque.* SYN. hold-up.

braquer **v.** (CONJUG. 3). ❶ Diriger une arme, un instrument ou ses regards sur quelque chose ou quelqu'un. *Elle gardait les yeux braqués sur lui* (= fixés). ❷ Changer la direction des roues d'un véhicule en tournant le volant. *Braquer à droite, à gauche.* ◆ **se braquer** **v.pron.** Pour une personne, se bloquer, avoir une attitude de défense, de refus. *Dès qu'on lui fait la moindre critique, il se braque.*

braquet **n.m.** Sur une bicyclette, *changer de braquet*, c'est faire passer le dérailleur sur un autre pignon pour faire varier le développement.

bras **n.m.** ❶ En anatomie, partie du membre supérieur qui va de l'épaule au coude et se prolonge par l'avant-bras et la main. *Le biceps est un muscle du bras.* ❷ D'une manière courante, le membre supérieur tout entier. *Avoir mal au bras. Tenir quelqu'un par le bras. Prendre un enfant dans ses bras.* ❸ Au figuré, toute personne qui peut apporter son aide par son travail. *Nous manquons de bras, viens nous aider. Elle est le bras droit de la directrice* (= sa collaboratrice la plus proche). ❹ Partie d'un fauteuil sur laquelle on repose le bras. ❺ Objet ou partie d'un objet en forme de bras. *Le bras articulé d'une lampe de bureau.* ❻ Division d'un cours d'eau séparée des autres par des îles. • **À bras raccourcis :** avec une grande violence. *Frapper à bras raccourcis.* • **À tour de bras :** avec force ou à profusion. *Il distribuait des bonbons à tour de bras.* • **Avoir le bras long :** avoir de l'influence, connaître des gens haut placés. • **Baisser les bras :** s'avouer vaincu, céder. • **Bras de fer :** jeu dans lequel deux personnes s'affrontent, chacune essayant de rabattre le bras de l'autre sur la table ; au figuré, épreuve de force, lutte opiniâtre. • **Recevoir, accueillir quelqu'un à bras ouverts :** l'accueillir avec beaucoup de chaleur.

brasero, ✎ ***braséro*** **n.m.** Récipient métallique contenant des braises et qui sert à chauffer des aliments ou à se réchauffer en plein air. *Il faisait griller des marrons sur un brasero.*
▸ REM. On prononce [brazero].
HISTOIRE DU MOT C'est un mot espagnol qui signifie « brasier ».

brasier **n.m.** Feu très vif, violent incendie. *En quelques heures, la forêt se transforma en un immense brasier.* SYN. fournaise.
HISTOIRE DU MOT Vient de *braise.*

à bras-le-corps **adv.** ❶ *Saisir une personne à bras-le-corps*, c'est la saisir par le milieu du corps en la serrant avec les bras. *Le lutteur saisit son adversaire à bras-le-corps et le souleva.* ❷ *Prendre un problème à bras-le-corps*, c'est l'affronter résolument.

brassage **n.m.** ❶ L'action de brasser, de remuer. *Le brassage de l'air.* ❷ Le fait de se mélanger, de se mêler les uns aux autres. *Le brassage des populations.*

brassard **n.m.** ❶ Bande d'étoffe, de cuir, de plastique, etc., que l'on porte au bras comme signe distinctif. *Les cyclistes doivent porter un brassard lumineux pour être vus dans la nuit.* → VOIR AUSSI **dossard.** ❷ Petite bouée en forme d'anneau que l'on met au bras. *N'oublie pas tes brassards pour la piscine !*

brasse **n.f.** Type de nage sur le ventre où les bras et les jambes font des mouvements symétriques et simultanés.

brassée **n.f.** Quantité de choses que l'on peut porter dans les bras. *Une brassée de fleurs.*

brasser **v.** (CONJUG. 3). ❶ *Brasser de la bière*, c'est la fabriquer. *On brasse la bière en faisant d'abord macérer le malt dans l'eau.* ❷ Mélanger, agiter, remuer. *Le ventilateur brasse l'air.* ❸ Mêler des personnes, des populations différentes. *Les grandes migrations, en Europe, ont brassé de nombreux peuples.* SYN. mélanger. • **Brasser des affaires :** s'occuper de beaucoup d'affaires financières ou commerciales.

brasserie **n.f.** ❶ Usine où l'on brasse la bière. ❷ Nom donné à de vastes restaurants. *Nous avons mangé une bonne choucroute dans une brasserie.*

brassière **n.f.** Sous-vêtement de bébé qu'on enfile par les manches et qui se ferme dans le dos.
HISTOIRE DU MOT Vient de *bras.*

bravade **n.f.** Acte ou parole qui cherchent à impressionner ou à braver les autres. *Par bravade, il a voulu se battre avec le plus fort.*

brave **adj.** et **n.** ❶ Qui est courageux au combat, qui ne craint pas le danger. *« Voilà un brave », dit le capitaine aux soldats en montrant le héros du jour.* CONTR. couard, lâche. ❷ S'emploie, souvent avec condescendance, pour parler d'une personne simple et bonne. *C'est un brave homme, toujours prêt à rendre service. De braves gens.*
▸ REM. Comparer *un homme brave* (sens 1) et *un brave homme* (sens 2).
HISTOIRE DU MOT Vient de l'italien *bravo* qui signifie « courageux, noble ».

bravement **adv.** Avec courage, avec bravoure. *Il a bravement retenu ses larmes pour ne pas montrer sa peine.*

braver **v.** (CONJUG. 3). ❶ *Braver un danger*, c'est l'affronter sans peur. *Braver la tempête pour secourir des naufragés.* ❷ *Braver une personne*, c'est lui résister, ne pas hésiter à lui tenir tête.

A B C D E F G H I

bravo **interj.** et **n.m.** S'emploie pour marquer son admiration, pour féliciter quelqu'un. *Bravo pour ton succès ! Les applaudissements et les bravos explosèrent à la fin du spectacle.*

HISTOIRE DU MOT En italien, *bravo* se disait à un homme brave.

bravoure **n.f.** Grand courage face au danger. *Ce pompier était connu pour sa bravoure.* SYN. vaillance. • **Un morceau de bravoure :** un exercice, un numéro qui exige une grande prouesse, une grande virtuosité de la part de l'artiste.

break **n.m.** Automobile en forme de fourgonnette dont la porte arrière peut se relever et la banquette arrière se replier.

▸ REM. 1. C'est un mot anglais, on prononce [brɛk]. 2. Au Québec, on dit *une familiale.*

brebis **n.f.** La femelle du bélier. *On fait des fromages avec le lait de brebis.*

ENCYCLOPÉDIE Cri : la brebis bêle. Petits : l'agneau, l'agnelle.

brebis avec ses agneaux

brèche **n.f.** Ouverture faite dans un mur, un rempart, un obstacle. *Colmater une brèche dans le mur.* SYN. trou. *Les assaillants ont ouvert une brèche dans les lignes ennemies.* • **Battre quelqu'un en brèche :** l'attaquer vivement. • **Être toujours sur la brèche :** être toujours en action.

HISTOIRE DU MOT Vient de l'ancien allemand *brecha* qui signifiait « fracture » et que l'on retrouve dans *ébrécher.*

bréchet **n.m.** La petite crête osseuse qui se trouve sur le sternum des oiseaux.

bredouillant, e **adj.** Qui bredouille. *Répondre d'une voix bredouillante.*

bredouille **adj.** • **Être ou rentrer bredouille :** n'avoir rien pris à la pêche, à la chasse ou n'avoir pas obtenu ce que l'on désirait. *Il est rentré bredouille de sa journée en mer : pas le moindre petit maquereau.*

bredouillement **n.m.** Paroles indistinctes et incompréhensibles de quelqu'un qui bredouille.

bredouiller **v.** (CONJUG. 3). Parler de manière indistincte et inintelligible, en butant sur les mots. *Il a bredouillé des excuses incompréhensibles.* SYN. bafouiller.

bref, brève **adj.** ❶ Qui ne dure pas longtemps. *Notre séjour a été trop bref.* SYN. court. ❷ Qui est rapide et va à l'essentiel. *Soyez bref* (= exprimez-vous en peu de mots). ◆ **bref** **adv.** En un mot, pour conclure une discussion. *Bref, il ne viendra pas.*

HISTOIRE DU MOT Au Moyen Âge, *bref* signifiait « court, petit » : le roi Pépin le Bref était de petite taille.

breloque **n.f.** Petit bijou fantaisie qui s'accroche à un bracelet, à un collier. *Son bracelet à breloques faisait du bruit lorsqu'elle bougeait.*

bretelle **n.f.** ❶ Bande de tissu, de cuir que l'on passe sur l'épaule pour porter un objet encombrant. *Les bretelles de son sac à dos lui font mal aux épaules.* ❷ Chacune des deux bandes de tissu qui maintiennent aux épaules un vêtement. *Une robe à bretelles. Il préfère les bretelles aux ceintures pour maintenir son pantalon.* • **Bretelle d'autoroute :** voie qui relie une autoroute au réseau routier.

breton, onne **adj.** et **n.** De Bretagne. *Les côtes bretonnes.* ◆ **breton** **n.m.** La langue parlée dans l'ouest de la Bretagne. *Le breton est une langue celtique.*

▸ REM. Quand il désigne une personne, le mot prend une majuscule : *une Bretonne, des Bretons.*

breuvage **n.m.** ❶ Boisson supposée avoir des vertus particulières. *La sorcière préparait un mystérieux breuvage.* → VOIR AUSSI **élixir, mixture, philtre, potion.** ❷ Au Québec, boisson non alcoolisée.

brevet **n.m.** ❶ Diplôme ou certificat que l'on obtient après avoir réussi un examen, une série d'épreuves. *Il est titulaire d'un brevet de technicien. Un brevet de pilote de ligne.* ❷ Document officiel qui précise que telle invention est le fait de telle personne et que celle-ci est la seule à pouvoir l'exploiter pendant une période déterminée. • **Brevet informatique et Internet (B2I) :** attestation qui valide la capacité d'un élève à utiliser l'ordinateur et Internet.

▸ REM. 1. Le B2I est délivré en fin d'école primaire, puis à la fin du collège et à la fin du lycée. 2. Ce mot est une appellation officielle déposée par l'Éducation nationale.

breveter **v.** (CONJUG. 12, ✎ *11*). Protéger une invention par un brevet. *Il a breveté un nouveau système de freinage.*

bréviaire **n.m.** Dans l'Église catholique, livre contenant les prières correspondant à chaque jour de l'année. *Le curé lit son bréviaire.*

bribe **n.f.** Petit morceau, petit bout de quelque chose. *Il restait quelques bribes de tabac au fond du paquet. Je n'ai entendu que des bribes de leur conversation.*

bric-à-brac **n.m.invar.** Ensemble d'objets hétéroclites, souvent usagés, rassemblés dans un grand

S T U V W X Y Z

désordre. *Elle aime fouiller dans le bric-à-brac des brocanteurs.* → VOIR AUSSI **capharnaüm.**

de **bric et de broc** **adv.** En utilisant des éléments très différents rassemblés au hasard des trouvailles. *Il a construit sa cabane de bric et de broc, avec des matériaux de récupération.*

1 **brick** **n.m.** Navire à voiles carrées, à deux mâts. *Le brick était utilisé pour le commerce et la guerre.*

2 **brick** **n.m.** Dans la cuisine tunisienne, beignet salé, frit, à pâte fine et croustillante, garni d'un œuf, de thon, etc.

bricolage **n.m.** ❶ L'activité qui consiste à bricoler. *Le bricolage est son passe-temps favori.* ❷ Réparation provisoire, installation mal faite. *Son bricolage ne va pas tenir longtemps.*

bricole **n.f.** (Familier) Ce qui n'a que peu de valeur ou peu d'importance. *Il a acheté des bricoles.* SYN. babiole. *Ils se disputent pour des bricoles.* SYN. bagatelle, broutille.

bricoler **v.** (CONJUG. 3). ❶ Faire des petits travaux d'installation, de réparation dans la maison. *Il passe tous ses week-ends à bricoler.* ❷ (Familier) Faire des petits travaux divers et mal payés. *Il bricole à droite et à gauche en attendant de trouver un travail.*

bricoleur, euse **n.** Personne qui aime bricoler, qui a un talent pour cela. *Son père est un bon bricoleur.*

bride **n.f.** ❶ La partie du harnais, fixée à la tête du cheval, qui sert à le diriger. *La bride comprend notamment le mors et les rênes. Tenir un cheval par la bride.* ❷ Lien servant à retenir un objet. *La bride d'un bouton, d'un chapeau. Des chaussures à brides.* • **Courir à bride abattue** : courir très vite. • **Laisser la bride sur le cou à quelqu'un** : le laisser libre d'agir, comme un cheval dont on ne tient plus les rênes.

bridé, e **adj.** • **Yeux bridés** : dont les paupières sont étirées vers les tempes. *Les Asiatiques ont souvent les yeux bridés.*

brider **v.** (CONJUG. 3). ❶ Mettre la bride à un cheval. ❷ Au figuré, retenir, gêner un mouvement ou une activité de l'esprit. *Je me sens bridé dans ce vêtement* (= serré, mal à l'aise). *Trop de contraintes peuvent brider la créativité.*

1 **bridge** **n.m.** Petit appareil qui sert à faire tenir des fausses dents entre des dents saines.
▸ REM. Au Québec, on doit dire *prothèse dentaire.*

HISTOIRE DU MOT Vient de l'anglais *bridge* qui signifie « pont ».

2 **bridge** **n.m.** Jeu de cartes qui se joue à quatre (deux contre deux) avec cinquante-deux cartes.

bridger **bridgeant, bridgé v.** (CONJUG. 5). Jouer au bridge.

bridgeur, euse **n.** Personne qui joue au bridge.

brie **n.m.** Fromage à pâte molle fabriqué dans la Brie.

brièvement **adv.** En peu de mots. *Il a brièvement raconté son aventure.* SYN. succinctement. CONTR. longuement.

brick (début du XIXe siècle)

brièveté **n.f.** Le caractère bref, rapide de quelque chose. *La brièveté d'un discours.* CONTR. longueur.

brigade **n.f.** ❶ Unité à l'intérieur d'une division, dans l'armée. ❷ Groupe de personnes travaillant sous les ordres d'un chef dans différents métiers. *Une brigade de gendarmerie. La Brigade de répression du banditisme.*

HISTOIRE DU MOT Vient de l'italien *brigata* qui signifie « bande ». Ce mot a la même origine que *brigand.*

brigadier, ère **n.** ❶ Militaire ayant le grade le moins élevé, dans l'artillerie, l'arme blindée. *Le grade de brigadier correspond à celui de caporal dans l'infanterie.* ❷ Chef d'une brigade de gendarmerie, de police, etc. ❸ En Suisse, le *colonel brigadier* est le commandant d'une brigade.

brigand **n.m.** ❶ Autrefois, malfaiteur qui volait et pillait, et qui appartenait le plus souvent à une bande armée. *« Nous étions vingt ou trente brigands dans une bande » (la Complainte de Mandrin).* ❷ Individu malhonnête ou enfant espiègle.

HISTOIRE DU MOT Vient de l'italien *brigante* qui signifie « qui va en bande ».

brigandage **n.m.** Activités malhonnêtes des brigands.

briguer **briguant, brigué v.** (CONJUG. 6). *Briguer une faveur, un honneur, un poste,* c'est chercher à les obtenir. *Il briguait le siège de maire pour la seconde fois.* SYN. aspirer à, convoiter.

brillamment **adv.** De manière remarquable, excellente. *Il a brillamment réussi son examen.*

1 **brillant, e** **adj.** ❶ Qui brille. *De beaux cheveux brillants.* CONTR. terne. *Préférez-vous des photos brillantes ou mates ?* ❷ Qui est remarquable, excellent. *Elle a fait un exposé brillant.* SYN. magistral. *Elle a été brillante à l'oral de son examen, le jury l'a félicitée.* • **Ce n'est pas brillant** : cela ne va pas bien du tout.

2 **brillant** **n.m.** ❶ L'éclat de ce qui brille. *Le brillant du vernis.* ❷ Diamant taillé. *Un brillant comporte 57 ou 58 facettes.*

A B C D E F G H I J K L M N O P Q R S T U V W X Y Z

briller v. (CONJUG. 3). ❶ Réfléchir la lumière ou émettre de la lumière avec éclat. *Les étoiles brillaient dans le ciel.* SYN. scintiller. *Son diamant brille de mille feux. Il a bien astiqué ses chaussures pour qu'elles brillent.* SYN. reluire. ❷ Se faire remarquer par un talent particulier. *Pierre aime briller en société.* SYN. se distinguer.

brimade n.f. Mesure injuste, vexation qu'on fait subir à quelqu'un uniquement pour l'humilier.

brimer v. (CONJUG. 3). Infliger des brimades, des vexations à quelqu'un. *Tous les autres vont à la piscine sauf moi, je suis brimé !* SYN. défavoriser, désavantager.

brin n.m. ❶ Fine tige ou petite pousse d'une plante. *Un brin d'herbe. Un brin de muguet.* ❷ Petit morceau de fil ou filament d'un tissu. *Elle a rassemblé des brins de laine pour faire un pompon.* • (Familier) **Un beau brin de fille :** une belle jeune fille. • **Un brin de :** un petit peu de. *Il lui manque vraiment un brin de fantaisie, il est trop sérieux.*

brindille n.f. Petite branche fine et sèche. *Ramassez des brindilles pour allumer le feu.*

bringuebaler ou **brinquebaler** v. (CONJUG. 3). ❶ (Familier) Pencher à gauche, à droite, osciller de façon irrégulière. *La vieille voiture bringuebalait sur la route caillouteuse.* ❷ (Familier) Transporter d'un endroit à l'autre. *Ses parents l'ont bringuebalé d'un pays à l'autre.*

brio n.m. • **Avec brio :** avec virtuosité, d'une manière remarquable. *Le pianiste a interprété avec brio la « Marche turque » de Mozart.* SYN. maestria. *Il a réussi avec brio à mener cette discussion difficile et embarrassante.* SYN. talent.

HISTOIRE DU MOT En italien, *brio* signifie « vivacité ».

brioche n.f. Pâtisserie légère faite à partir d'une pâte qui gonfle à la cuisson.

brique n.f. ❶ Matériau de construction en terre cuite qui se présente en petits blocs rectangulaires de couleur jaune ou rougeâtre. *La ville de Toulouse est presque entièrement construite en brique.* ❷ En France, emballage qui a la forme d'une brique. *Une brique de lait.* ❸ (Familier) Un million de centimes de francs. ◆ **briques** n.f.plur. En Suisse, éclats de verre ou d'une autre matière, fragments.

HISTOIRE DU MOT Vient du néerlandais *bricke* ; en Hollande, de nombreuses maisons sont construites en brique.

briquer v. (CONJUG. 3). (Familier) Frotter énergiquement pour nettoyer. *Elle a briqué la maison de fond en comble.*

briquet n.m. Petit appareil qui produit une flamme. *Un briquet à gaz.*

bris n.m. Le fait de fracturer, de briser quelque chose. *Déposer une plainte pour bris de clôture.*

▸ REM. Le mot appartient à la langue du droit.

brisant n.m. Rocher sur lequel les vagues viennent se briser.

brise n.f. Petit vent doux et frais. *En été, la brise qui souffle de la mer rafraîchit la côte.*

brisé, e adj. • **Ligne brisée :** ligne composée d'une succession de segments qui forment entre eux des angles. *Une ligne brisée dessine des zigzags.* • **Pâte brisée :** pâte à base de farine, de beurre, d'eau et parfois d'un œuf, que l'on utilise pour les tartes.

brise-fer n.invar., ✎ *n.* (PLUR. : *brise-fers*). (Familier) Personne qui casse tout, même les objets les plus solides.

brise-glace n.m. (PLUR. : **brise-glaces**). Navire dont la coque, renforcée à l'avant, permet d'ouvrir un passage dans les eaux gelées.

brise-glace

brise-jet n.m.invar., ✎ *n.m.* (PLUR. : *brise-jets*). Embout d'un robinet destiné à réduire la violence du jet et à éviter les éclaboussures.

brise-lames n.m.invar., ✎ ***brise-lame*** ***n.m.*** (PLUR. : *brise-lames*). Digue de protection construite à l'entrée d'un port.

briser v. (CONJUG. 3). ❶ Casser, mettre en pièces. *Briser un verre.* ❷ Interrompre brutalement, mettre fin à quelque chose. *Briser le silence.* SYN. rompre. *Briser la résistance de l'ennemi.* SYN. triompher de, vaincre. • **Briser le cœur de quelqu'un :** lui causer une très grande peine. • **Brisons là :** expression que l'on employait pour dire « cessons cette discussion ». ◆ **se briser** v.pron. Se casser, se fracasser. *Le verre s'est brisé. Les vagues se brisent sur les rochers.*

bristol n.m. Carton blanc à surface lisse employé pour les cartes de visite.

HISTOIRE DU MOT Vient de *Bristol*, ville d'Angleterre où ce papier fut d'abord fabriqué.

britannique adj. et n. De Grande-Bretagne. *Au XIXe siècle, l'Empire britannique était la première puissance mondiale.*

▸ REM. 1. Quand il désigne une personne, le mot prend une majuscule : *un, une Britannique*. 2. Ne pas confondre avec *anglais* qui signifie « d'Angleterre » : en effet, la Grande-Bretagne comprend l'Angleterre, le pays de Galles, l'Écosse et l'Irlande du Nord.

broc **n.m.** Récipient muni d'un bec verseur et d'une anse, qui sert à contenir et à transporter de l'eau ou d'autres liquides. *Quand l'eau courante n'existait pas, on utilisait un broc et une cuvette en faïence pour la toilette.*
▶ REM. On ne prononce pas le *-c*.

brocante **n.f.** Commerce, métier de brocanteur. *Son père a un magasin de brocante.*

brocanteur, euse **n.** Personne qui achète ou récupère des objets plus ou moins anciens et qui les revend. *Elle a déniché cette lampe chez un brocanteur.*
▶ REM. Contrairement à l'*antiquaire*, le *brocanteur* n'est en général pas spécialisé dans un genre d'objets ni sur une période particulière.

broche **n.f.** ❶ Tige de fer pointue que l'on passe au travers d'une volaille, d'un morceau de viande pour les faire rôtir en tournant lentement. *Faire cuire un mouton à la broche.* ❷ Bijou qui s'agrafe à un vêtement grâce à une épingle à fermoir. *Elle portait une broche en forme de plume.* ❸ Fine tige métallique qu'un chirurgien pose pour consolider un os fracturé. ◆ **broches** **n.f. plur.** Au Québec, appareil dentaire.

broché, e **adj.** ❶ *Un livre broché* a une couverture souple, en papier, et n'a pas de reliure. ❷ *Un tissu broché* présente des dessins en relief faits de fils d'or, d'argent ou de soie.

brochet **n.m.** Poisson d'eau douce très vorace, aux mâchoires garnies de plusieurs centaines de dents.
HISTOIRE DU MOT Vient de *broche*, en raison de la forme des mâchoires du brochet.

brochet

brochette **n.f.** ❶ Petite broche pour faire griller des morceaux d'aliments ; les aliments ainsi préparés. *Nous avons mangé des brochettes d'agneau.* ❷ (Familier) Groupe d'objets ou de personnes disposés en ligne. *Une brochette de décorations ornait son uniforme.*

brochure **n.f.** Petit ouvrage imprimé moins épais qu'un livre.

brocoli **n.m.** Variété de chou-fleur vert à longue tige, originaire du sud de l'Italie.

brodequin **n.m.** Autrefois, chaussure de marche montante à lacets.

broder **v.** (CONJUG. 3). ❶ Orner une étoffe de motifs en relief exécutés à l'aiguille avec des fils de coton, de laine, de soie. *Elle a brodé ses initiales.* ❷ (Familier) Ajouter des détails fantaisistes à un récit pour l'embellir. *Il brode un peu quand il nous raconte ses exploits.* SYN. exagérer, inventer.

broderie **n.f.** L'action de broder sur du tissu ; le motif brodé lui-même. *Faire de la broderie. Son corsage est orné de délicates broderies de couleur.*

brodeur, euse **n.** Personne dont le métier est d'exécuter des broderies. *Les brodeurs ornaient les somptueux vêtements de cour, les tissus d'ameublement.*

bronche **n.f.** Chacun des deux conduits qui prolongent la trachée et par lesquels l'air arrive jusqu'aux poumons. *Les bronches pénètrent dans chaque poumon, où elles se ramifient en branches de plus en plus fines jusqu'aux bronchioles.*

broncher **v.** (CONJUG. 3). ❶ Exprimer son désaccord ou son mécontentement. *Pour une fois, il est parti se coucher sans broncher.* SYN. protester. *Que personne ne bronche, exécutez les ordres !* ❷ En parlant d'un cheval, faire un faux pas.

bronchiole **n.f.** Petite bronche qui aboutit aux alvéoles pulmonaires.

bronchiolite **n.f.** Inflammation des bronchioles.

bronchite **n.f.** Maladie provoquée par l'inflammation des bronches. *Sa bronchite le fait beaucoup tousser.*

brontosaure **n.m.** Grand reptile préhistorique du groupe des dinosaures, quadrupède, long d'environ 20 m. *On a retrouvé des fossiles de brontosaures en Amérique du Nord.*
HISTOIRE DU MOT Vient du grec *brontê*, « tonnerre », et *sauros*, « lézard ».

bronzage **n.m.** Le fait de bronzer ; la couleur, le hâle que l'on obtient en bronzant. *Tout son bronzage est parti depuis son retour de vacances.*

bronze **n.m.** Métal fait d'un alliage de cuivre et d'étain. *Des cloches, des canons en bronze.* ● **Âge du bronze :** la période où l'homme a découvert la métallurgie du bronze et où son usage s'est répandu, environ 3 000 ans avant J.-C.

bronzé, e **adj.** Qui a bruni au soleil. *Il est revenu tout bronzé de ses vacances.* SYN. hâlé.

bronzer **v.** (CONJUG. 3). Brunir au soleil. *Elle a une peau qui bronze vite.* SYN. hâler.

brossage **n.m.** Nettoyage à l'aide d'une brosse. *Son dentiste lui a rappelé l'importance du brossage des dents.*

brosse **n.f.** ❶ Ustensile pour nettoyer, frotter, lustrer, qui est formé d'un assemblage de poils ou

cloche en bronze

A B C D E F G H I J K L M N O P Q R S T U V W X Y Z

de fibres synthétiques sur une monture. *Une brosse à cheveux. Une brosse à dents.* ❷ Pinceau large et plat utilisé par les peintres. ❸ *Des cheveux en brosse* sont courts et raides comme les poils d'une brosse.

brosser v. (CONJUG. 3). ❶ Frotter avec une brosse. *Il a dû brosser ses chaussures qui étaient couvertes de boue.* ❷ *Brosser un tableau, un portrait*, c'est décrire une situation, une personne à gros traits, sans entrer dans les détails, comme un peintre qui ébauche un tableau à la brosse. ◆ **se brosser** v.pron. Se nettoyer ou se coiffer avec une brosse. *Se brosser les dents, les cheveux.*

brou n.m. • **Brou de noix** : liquide brun tiré de l'enveloppe de la noix et qui sert à donner une teinte foncée au bois.

brouette n.f. Petit véhicule à une roue, à fond plat et muni de deux brancards, qui sert au transport de petites charges. *Il pousse une brouette pleine de sable.*

HISTOIRE DU MOT Vient du latin *birota* qui signifie « véhicule à deux roues » ; le mot est resté pour désigner la brouette actuelle à une seule roue.

brouettée n.f. Le contenu d'une brouette.

brouhaha n.m. Le bruit confus que font une foule, un groupe de gens. *Le brouhaha s'est arrêté quand le professeur est entré dans la classe.*

brouillage n.m. Le fait de brouiller un message transmis par radio ou par téléphone.

brouillard n.m. Très fines gouttelettes d'eau qui se condensent juste au-dessus du sol, et qui forment un nuage gênant la visibilité. *La nappe de brouillard se dissipe. Les randonneurs se sont égarés à cause du brouillard.* • (Familier) **Être dans le brouillard** : ne pas voir clairement la situation. *La police est dans le brouillard, elle n'a aucune piste.*

brouille n.f. Désaccord, dispute qui séparent des personnes proches. *Leur brouille risque de durer longtemps si aucun des deux ne fait le premier pas.* SYN. fâcherie.

brouillé, e adj. Qui n'est pas clair, net. *Avoir la vue brouillée. L'image est brouillée. Il a le teint brouillé, il doit être malade.* • **Œufs brouillés** : dont les blancs et les jaunes sont mélangés, et sans cesse remués pendant la cuisson.

brouiller v. (CONJUG. 3). ❶ Mélanger les choses. *Brouiller des œufs.* ❷ Rendre trouble, confus, difficile à voir, entendre, repérer, comprendre. *Brouiller une émission de radio. Des larmes lui brouillaient la vue. Les voleurs ont tout fait pour brouiller leur piste.* ◆ **se brouiller** v.pron. ❶ Se troubler, perdre de sa netteté. *Ma vue se brouille.* ❷ Avoir une brouille avec quelqu'un. *Elle s'est brouillée avec sa meilleure amie, mais cela passera.*

1 brouillon, onne adj. Qui manque de méthode, qui est confus. *Si elle était moins brouillonne, elle ferait son travail beaucoup plus vite.* SYN. désordonné. CONTR. méthodique, ordonné.

2 brouillon n.m. Première rédaction d'un texte, qui sera reprise et corrigée au propre. *Elle a déjà terminé le brouillon de son devoir.*

broussaille n.f. ❶ Végétation touffue de buissons et de ronces qui poussent sur des terrains laissés à l'abandon. *Nous avions les mains et les jambes griffées par les broussailles.* ❷ *Des cheveux, une barbe en broussaille* sont aussi emmêlés et touffus que des broussailles.

broussailleux, euse adj. ❶ Couvert de broussailles. *Un terrain broussailleux.* ❷ Emmêlé, en broussaille. *Il avait de gros sourcils broussailleux.*

brousse n.f. Dans les régions tropicales sèches, étendue couverte de buissons et de petits arbres.
→ VOIR AUSSI **savane, steppe.**

brouter v. (CONJUG. 3). Pour un animal, manger de l'herbe, des feuilles, des jeunes pousses en les arrachant sur place. *Les vaches broutaient paisiblement dans un pré.* SYN. paître.

HISTOIRE DU MOT Vient de l'ancien français *brost* qui signifie « jeune pousse ».

broutille n.f. Chose sans importance. *Ils se sont fâchés pour des broutilles.* SYN. rien, vétille.

broyer v. (CONJUG. 14). Réduire en minuscules morceaux ou en poudre, en écrasant. *Dans les moulins, on broie le grain pour produire de la farine. Les molaires broient les aliments.* • **Broyer du noir** : avoir des idées très sombres, très tristes.

broyeur n.m. Machine faite pour broyer diverses matières. *Les bennes à ordures sont équipées de broyeurs qui concassent les ordures.*

brrr interj. Mot qui exprime une sensation de froid, un sentiment désagréable. *Brrr ! j'en ai la chair de poule.*
▶ REM. Ce mot est une *onomatopée.*

bru n.f. Épouse du fils. *Jeanne est l'une des brus de Mme Robert, c'est la femme de son fils Michel.* SYN. belle-fille.
▶ REM. L'équivalent masculin est le *gendre.*

brugnon n.m. Fruit à peau lisse dont la chair et le noyau sont proches de ceux de la pêche. *Le brugnon est un hybride de la pêche.*

bruine n.f. Pluie très fine qui tombe en minuscules gouttelettes que l'on sent à peine. *Ce n'est pas cette petite bruine qui nous empêchera de partir en promenade !*

brugnons

bruiner **v.impers.** (CONJUG. 3). • **Il bruine :** il tombe de la bruine. *Il commence à bruiner, le temps change.*
▸ REM. Ce verbe ne s'emploie qu'à la 3e personne du singulier.

bruire **v.** (CONJUG. 63). Faire un bruit très léger comme les feuilles dans le vent ou du papier que l'on froisse. *Les arbres bruissaient dans la brise.*
▸ REM. Ce verbe ne s'emploie qu'aux 3es personnes du présent *(bruit, bruissent)* et de l'imparfait *(bruissait, bruissaient)* de l'indicatif.

bruissement **n.m.** Bruit faible que produit quelque chose qui bruit. *Elle aimait entendre le bruissement de la soie quand elle mettait sa robe.* SYN. froufrou.

bruit **n.m.** ❶ Tout son ou ensemble de sons que l'on entend, par opposition au *silence. Écouter le bruit des vagues.* ❷ Tout son ou ensemble de sons qui gênent ou qui ne sont pas mélodieux. *Ne faites pas de bruit. Pour moi ce n'est pas de la musique, ce n'est que du bruit.* ❸ Nouvelle, rumeur qui courent. *Il y a des bruits sur lui, on raconte des choses étranges.* • **Faire du bruit :** avoir des retombées, faire l'objet de nombreux commentaires. *Ce livre va faire du bruit, tout le monde va en parler.*

bruitage **n.m.** L'ensemble des techniques qui permettent de recréer artificiellement les bruits et les sons qui accompagnent l'action au cinéma, à la radio, etc.

bruiteur, euse **n.** Personne qui est chargée du bruitage d'un film, d'un spectacle.

brûlant, e, ✎ ***brulant, e*** **adj.** ❶ Qui est très chaud. *Attention ! le plat est brûlant.* SYN. bouillant. *Son front est brûlant, il a sûrement de la fièvre.* ❷ *Une question brûlante, un sujet brûlant* sont des problèmes d'actualité, dont il peut être délicat de discuter. *Les élections étaient un sujet brûlant qu'il valait mieux éviter ce jour-là.* SYN. épineux.

brûlé, e, ✎ ***brulé, e*** **n.** *Grands brûlés*, les personnes qui souffrent de très graves brûlures. ◆ **brûlé** **n.m.** *Le brûlé*, c'est ce qui a brûlé ou l'odeur de ce qui brûle. • **Sentir le brûlé :** prendre mauvaise tournure, ne rien annoncer de bon.

brûle-parfum **n.m.** (PLUR. : **brûle-parfums**) ou **brûle-parfums** **n.m.invar.,** ✎ ***brule-parfum*** ***n.m.*** (PLUR. : *brule-parfums*). Petit récipient dans lequel on brûle des produits aromatiques pour parfumer une pièce.

à **brûle-pourpoint,** ✎ ***à brule-pourpoint*** **adv.** De façon soudaine et inattendue. *Cédric était bien embarrassé quand on l'a interrogé à brûle-pourpoint.* SYN. brusquement, de but en blanc.

HISTOIRE DU MOT Autrefois, *tirer à brûle-pourpoint* signifiait « tirer à bout portant, de très près », car alors on brûlait le pourpoint, c'est-à-dire la veste de la personne visée.

brûler, ✎ ***bruler*** **v.** (CONJUG. 3). ❶ Se détruire, se consumer sous l'action du feu, être en feu, en flammes. *Il y a un incendie, la maison brûle.* ❷ Cuire trop longtemps et se détériorer. *Le rôti a brûlé, il est immangeable* (= se calciner). ❸ Être très chaud. *Le soleil brûle aujourd'hui.* ❹ Détruire, abîmer, blesser par le feu ou par une très forte chaleur. *Brûler des vieux papiers. Elle est restée trop longtemps au soleil, cela lui a brûlé la peau.* ❺ Causer une sensation de brûlure ou les mêmes dégâts qu'une brûlure. *L'alcool brûle. L'acide brûle les tissus.* ❻ Au figuré, désirer ardemment quelque chose. *Je brûlais de le voir.* • **Brûler un feu, un signal :** ne pas s'arrêter à un feu rouge. SYN. griller. ◆ **se brûler** **v.pron.** Se faire une brûlure. *Attention à ne pas te brûler avec le fer à repasser.*

brûlerie, ✎ ***brulerie*** **n.f.** Établissement où l'on torréfie le café.

brûleur, ✎ ***bruleur*** **n.m.** La partie d'un appareil à gaz, à alcool ou à mazout où le combustible brûle en donnant des flammes. *Les brûleurs d'une cuisinière à gaz.*

brûlis, ✎ ***brulis*** **n.m.** *Culture sur brûlis*, méthode qui consiste à brûler la végétation existant sur un terrain, pour enrichir le sol par les cendres obtenues.

brûlure, ✎ ***brulure*** **n.f.** ❶ Blessure sur le corps, dégât sur un objet qui sont causés par le feu, une forte chaleur ou par un acide. *Elle s'est fait une belle brûlure à la main ! Il y a des traces de brûlures de cigarette sur la moquette.* ❷ Sensation d'irritation, d'acidité. *Il a des brûlures d'estomac.*

brumaire **n.m.** Le deuxième mois du calendrier républicain, qui commençait, selon les années, les 22, 23 ou 24 octobre et finissait les 20, 21 ou 22 novembre. *Bonaparte devient Premier consul grâce au coup d'État du 18 brumaire an VIII* (= 9 novembre 1799).

HISTOIRE DU MOT Vient de *brume*, car cette période de l'année est souvent brumeuse.

brume **n.f.** Léger brouillard. *La brume matinale s'est dissipée avec les premiers rayons du soleil.*

brumeux, euse **adj.** ❶ Où il y a de la brume, qui est couvert de brume. *Le ciel était brumeux.* ❷ Qui est vague, confus. *Il n'a gardé que des souvenirs brumeux de sa petite enfance.* SYN. flou. CONTR. clair, précis.

brun, e **adj.** ❶ D'une couleur foncée, intermédiaire entre le roux et le noir. *Avoir les cheveux bruns. Un tissu dans les tons bruns.* SYN. marron. ❷ Qui est bronzé, hâlé. *Aline est revenue toute brune de vacances.* ❸ D'une couleur foncée, par opposition à *blond. Une bière brune.* ◆ **adj.** et **n.** Qui a les cheveux bruns. *C'est une brune aux yeux noirs.* ◆ **brun** **n.m.** Couleur brune. *Des cheveux d'un beau brun.* ◆ **brune** **n.f.** Cigarette ou bière brune.

brunâtre **adj.** D'une couleur qui tire sur le brun. *Il a des taches brunâtres de chocolat sur son pull.*

brunir **brunissant, bruni v.** (CONJUG. 16). Devenir brun. *Il a bruni au soleil du Midi.* SYN. bronzer.

Brushing **n.m.** Mise en forme des cheveux mèche par mèche, à l'aide d'un sèche-cheveux et d'une brosse.
▸ REM. 1. C'est un mot anglais, on prononce [brœʃiŋ]. 2. C'est un nom de marque, le mot prend une majuscule dans les textes imprimés.

A B C D E F G H I J K L M N O P Q R S T U V W X Y Z

brusque **adj.** ❶ Qui arrive de manière soudaine et imprévue. *Un brusque coup de froid nous a surpris en pleine randonnée. Elle a eu une brusque envie de partir, en plein milieu de la fête.* SYN. soudain. ❷ Qui manque de douceur. *D'un geste brusque, il a repoussé son assiette.* SYN. brutal. *Il est très brusque dans ses manières, mais il n'est pas méchant.* SYN. rude.

brusquement **adv.** D'une façon brusque, soudaine et imprévue. *Le temps a brusquement changé.*

brusquer **v.** (CONJUG. 3). ❶ *Brusquer quelqu'un*, c'est le traiter sans ménagement. *Ne le brusquez pas, il aime qu'on soit gentil et patient avec lui.* ❷ *Brusquer quelque chose*, c'est agir avec précipitation et sans aucune souplesse. *Ne brusquons pas les événements, laissons les choses se faire.*

brusquerie **n.f.** Manière d'agir brusque, sans égard. *Il lui a répondu avec brusquerie qu'il n'irait pas avec elle au cinéma.* SYN. brutalité, rudesse.

brut, e **adj.** ❶ Qui est à l'état naturel, pas encore travaillé par l'homme. *Le pétrole brut est transformé dans les raffineries.* CONTR. raffiné. *Les diamants bruts sont taillés et polis avant d'être montés en bijoux.* ❷ *Du champagne, du cidre bruts* ne comportent pas de sucre ajouté (= très sec). CONTR. doux. • **Poids brut :** poids d'un objet avec l'emballage. • **Salaire brut :** dont le montant est calculé sans soustraire les cotisations. CONTR. net.

HISTOIRE DU MOT Vient du latin *brutus* qui signifie « pesant, stupide ». Ce mot a la même origine que *brute* et *brutal*.

brutal, ale, aux **adj.** ❶ Qui est violent, sans égard. *C'est un maître brutal qui maltraite son chien.* SYN. violent. *Ses paroles brutales l'ont profondément blessée.* SYN. dur. ❷ Qui arrive brusquement, de façon inattendue. *Il vient d'apprendre la mort brutale d'un ami dans un accident de la route.* SYN. subit.

brutalement **adv.** Avec violence, dureté. *Il nous a annoncé brutalement la terrible nouvelle* (= sans aucun ménagement).

brutaliser **v.** (CONJUG. 3). Traiter de façon violente, brutale. *Il a été brutalisé par son agresseur.* SYN. molester.

brutalité **n.f.** Comportement brutal, violent d'une personne. *Des gens d'une brutalité révoltante.* SYN. cruauté, férocité. *Des manifestants ont été victimes de brutalités policières.* SYN. violence.

brute **n.f.** Personne violente, brutale. *Quelle brute ! il l'a frappé de toutes ses forces.*

bruyamment **adv.** D'une manière bruyante, en faisant du bruit. *Elle a bruyamment claqué la porte.*

bruyant, e **adj.** ❶ Qui fait beaucoup de bruit. *Un marteau piqueur est une machine très bruyante.* ❷ Où il y a beaucoup de bruit. *La rue où elle habite est bruyante à cause de la circulation automobile.*

HISTOIRE DU MOT Vient de *bruire*.

bruyère **n.f.** Plante à petites fleurs roses ou violettes qui pousse sur les sols sableux. *La lande bretonne est couverte de bruyères.*

buanderie **n.f.** Local où l'on fait la lessive. *Dans son pavillon, elle a installé une buanderie au sous-sol.*

HISTOIRE DU MOT Vient, comme *buée*, de l'ancien verbe *buer*.

buccal, ale, aux **adj.** Qui se rapporte à la bouche. *Ce médicament se prend par voie buccale* (= par la bouche). SYN. oral.

bucco-dentaire (PLUR. : bucco-dentaires), ✎ ***buccodentaire*** **adj.** Qui concerne la bouche et les dents. *L'hygiène bucco-dentaire.*

bûche, ✎ ***buche*** **n.f.** Gros morceau de bois coupé pour servir au chauffage. *Une bûche flambe dans la cheminée.* • **Bûche de Noël :** gâteau en forme de bûche que l'on consomme à Noël.

1 **bûcher**, ✎ ***bucher*** **n.m.** Tas de bois sur lequel on incinère les morts dans certains pays (en Inde notamment) ou sur lequel on brûlait les condamnés au supplice du feu. *Jeanne d'Arc fut brûlée vive sur un bûcher à Rouen, en 1431.*

2 **bûcher**, ✎ ***bucher*** **v.** (CONJUG. 3). (Familier) Étudier, travailler beaucoup. *Il a énormément bûché pour préparer son examen. Il doit bûcher la géographie, c'est sa matière faible.*

▸ REM. Au Canada, *bûcher*, c'est abattre des arbres.

HISTOIRE DU MOT Autrefois, *bûcher* signifiait « dégrossir une bûche ».

bûcheron, onne, ✎ ***bucheron, onne*** **n.** Personne dont le métier est d'abattre les arbres, dans une forêt. *« Il était une fois un bûcheron et une bûcheronne qui avaient sept enfants, tous garçons » (le Petit Poucet).*

bûchette, ✎ ***buchette*** **n.f.** Petite bûche utilisée pour allumer le feu.

bûcheur, euse, ✎ ***bucheur, euse*** **n.** et **adj.** (Familier) Personne qui travaille beaucoup en classe. *Elle a de bons résultats, il faut dire que c'est une bûcheuse !* SYN. travailleur. CONTR. fainéant, paresseux.

bucolique **adj.** Qui évoque la vie à la campagne, la vie des bergers. *Elle mène une existence bucolique.*

HISTOIRE DU MOT Vient du grec *boukolikos* qui signifiait « celui qui conduit les bœufs, le bouvier ». Un livre du poète latin Virgile porte le titre de *Bucoliques* ; il raconte la vie et les amours des bergers.

budget **n.m.** ❶ L'ensemble des recettes et des dépenses annuelles de l'État, d'une collectivité, d'une entreprise. *Chaque année, les députés votent le budget de l'État. Le budget de l'Éducation nationale.* ❷ L'argent dont dispose une famille, une personne. *Leur budget ne leur permet pas d'acheter une voiture aussi chère.*

budgétaire **adj.** Du budget. *Les impôts font partie des recettes budgétaires.*

buée **n.f.** Fine couche de minuscules gouttelettes d'eau qui se forme par condensation sur une vitre, une surface plus froide que l'air ambiant. *L'hiver, il y a de la buée sur les vitres.*

HISTOIRE DU MOT Vient de l'ancien verbe *buer* qui signifiait « faire la lessive » et que l'on retrouve dans *buanderie*.

buffet **n.m.** ❶ Meuble dans lequel on range de la vaisselle et divers objets. *Les assiettes sont dans le buffet.* ❷ Grande table sur laquelle sont présentés des plats et des boissons lors d'une réception ; l'ensemble des mets qui sont servis ; la réception elle-même. *Il a réussi à s'approcher du buffet malgré la foule qui s'y pressait. Pour l'anniversaire de Jonathan, ils ont préparé un buffet froid composé de salades et de charcuteries.* ❸ Dans une gare, restaurant où l'on peut boire et manger rapidement.

buffle **n.m.** Gros mammifère ruminant proche du bœuf, dont il existe plusieurs espèces en Afrique, en Asie et dans le sud de l'Europe.

building **n.m.** Grand immeuble moderne ayant souvent de nombreux étages. *Il travaillait au cinquantième étage d'un building du quartier des affaires.*
▸ REM. 1. On prononce [bildiŋ]. 2. En France, on dit plutôt *tour* ou *grand immeuble*.

HISTOIRE DU MOT Vient de l'anglais *to build* qui signifie « construire ».

buis **n.m.** Arbuste à petites feuilles toujours vertes ; le bois jaune très dur que l'on en tire. *Le jardinier a taillé les buis de la terrasse en grosses boules. Il a acheté un jeu d'échecs en buis.*

buis taillés (parc du château de Versailles)

buisson **n.m.** Groupe touffu d'arbrisseaux sauvages aux branchages entremêlés. *Ils ont cueilli des mûres dans les buissons.* SYN. fourré. *Un buisson d'aubépines en fleur.*

buissonnier, ère **adj.** • **Faire l'école buissonnière :** aller se promener au lieu d'aller en classe. *Il racontait qu'il dénichait les oiseaux quand il faisait l'école buissonnière.*

bulbe **n.m.** Sur certaines plantes, dites *plantes à bulbe*, le renflement rempli de réserves nutritives qui reste sous terre et d'où repartent, chaque année, la tige et les feuilles. *Un bulbe de tulipe, de jacinthe.* SYN. oignon.

bulgare **adj.** et **n.** De la Bulgarie. *Milena est bulgare.* ◆ **bulgare** **n.m.** Langue parlée par les Bulgares.
▸ REM. Le nom prend une majuscule quand il désigne une personne : *un Bulgare, une Bulgare.*

bulldozer, ✎ ***bulldozeur*** **n.m.** Engin de terrassement très puissant, monté sur des chenilles, qui est équipé à l'avant d'une grande lame rectangulaire pour niveler et déblayer des terrains.
▸ REM. On prononce [byldɔzɛr] ou [byldozœr].

bulle **n.f.** ❶ Petite sphère remplie d'air, de gaz, qui se forme dans un liquide qui est en effervescence ou en ébullition. *Les bulles de l'eau gazeuse éclatent à la surface.* ❷ Dans une bande dessinée, l'espace limité par un trait, où sont inscrites les paroles que prononce un personnage. SYN. phylactère. • **Bulle de savon :** petit globe formé d'une mince pellicule de savon remplie d'air.

bulletin **n.m.** Tout document comportant des informations et qui provient d'une administration, d'un organisme spécialisé, etc. *Le bulletin scolaire informe les parents des notes de leurs enfants.* • **Bulletin de vote :** papier qui porte le nom d'un candidat à une élection et que l'on met dans l'urne pour exprimer son vote. • **Bulletin d'informations :** à la radio et à la télévision, résumé des nouvelles de la journée.

bulletin-réponse **n.m.** (PLUR. : **bulletins-réponses** ou **bulletins-réponse**). Imprimé à remplir et à renvoyer pour participer à un jeu, à un concours ou pour faire une commande à un centre de vente par correspondance.

bungalow **n.m.** ❶ Petite maison très simple, en matériaux légers, habitée surtout pendant les vacances. ❷ Au Québec, petite maison de plain-pied, de construction simple.
▸ REM. On prononce [bœ̃galo].

HISTOIRE DU MOT Ce mot anglais vient lui-même du hindi *bangla* qui signifie « du Bengale » et qui désignait une maison indienne basse.

bunker **n.m.** Construction en béton armé, faite pour résister aux bombardements.
▸ REM. C'est un mot allemand, on prononce [bunkœr].

buraliste **n.** Personne qui tient un bureau de tabac.

bure **n.f.** Étoffe épaisse et rude en laine brune qui sert à confectionner des vêtements pour les moines.

bureau **n.m.** ❶ Meuble sur lequel on écrit, et qui est le plus souvent muni de tiroirs pour le rangement des papiers. ❷ Pièce de travail équipée d'un bureau et du mobilier de rangement qui l'accompagne. *Le notaire nous a reçus dans son bureau.* ❸ Lieu de travail des employés d'une administration, d'une entreprise de services. *Il part tous les jours au bureau à huit heures. Elle travaille dans les bureaux d'une société commerciale.* ❹ Lieu ouvert au public où sont installés des services administratifs, commerciaux. *Il est allé chercher un paquet recommandé au bureau de poste. Un bureau de tabac. Le bureau de vote est installé dans l'école communale.* ❺ Les membres élus d'une association, d'un parti politique, d'une assemblée qui dirigent certains travaux et qui assurent la permanence dans l'intervalle des réunions. *On a élu le bureau de l'assemblée.*

bureaucrate **n.** Nom que l'on donne à un fonctionnaire ou à un employé qui s'attache davantage aux multiples réglementations qu'il doit suivre qu'au

A B C D E F G H I J K L M N O P Q R S T U V W X Y Z

service qu'il doit rendre au public. *Il s'est plaint d'un bureaucrate qui l'a fait revenir trois fois au guichet.*

burette **n.f.** Petit flacon muni d'un tube fin et long qui sert à verser de l'huile de graissage dans les rouages d'une machine, dans les gonds d'une porte, etc.

burin **n.m.** Ciseau d'acier qui sert à graver sur les métaux, le bois.

buriné, e **adj.** *Un visage buriné* est marqué de rides profondes, comme s'il était taillé au burin. *Le vieux marin avait les traits burinés par ses longues années passées en mer.*

burlesque **adj.** D'un comique extravagant qui repose sur des farces grotesques et des plaisanteries absurdes. *Les films burlesques de Laurel et Hardy la faisaient toujours autant rire. Il a toujours des idées burlesques.* SYN. bouffon, cocasse, saugrenu.

HISTOIRE DU MOT Vient du latin *burla* qui signifie « farce ».

burnous **n.m.** ❶ Long manteau de laine à capuchon que l'on porte dans les pays d'Afrique du Nord. ❷ Vêtement de même type pour les tout petits enfants.
▸ REM. Le *-s* ne se prononce généralement pas.

burqa ou **burka** **n.f.** Vêtement que portent certaines femmes musulmanes et qui recouvre tout leur corps, y compris le visage. → VOIR AUSSI **niqab, tchador.**
▸ REM. On prononce [burka].

bus **n.m.** Abréviation courante de *autobus.*

buse **n.f.** Oiseau rapace diurne qui se nourrit de rongeurs, de reptiles et de petits oiseaux.

busqué, e **adj.** *Un nez busqué* a une courbure très marquée. *Henri IV avait le nez busqué caractéristique de la famille des Bourbons.* SYN. arqué.

buste **n.m.** ❶ Partie supérieure du corps humain, qui va de la taille au cou. *Il marche le buste bien droit.* SYN. torse. ❷ Sculpture qui représente la tête d'un personnage et une partie de son buste, souvent sans les bras. *Un buste en bronze, en marbre.* ❸ Décolleté et poitrine d'une femme.

bustier **n.m.** Sous-vêtement ou vêtement féminin très ajusté qui couvre le buste.

but **n.m.** ❶ Endroit précis que l'on cherche à atteindre. *La flèche avait manqué son but.* SYN. cible. *L'expédition atteignait enfin son but.* SYN. objectif. ❷ L'objectif, l'intention que l'on a lorsqu'on fait quelque chose. *Dans quel but avez-vous fait cela ?* (= quelle était votre intention ?). *Il errait sans but.* ❸ Dans certains sports, comme le football, le handball, le cadre dans lequel il faut faire entrer le ballon. *Arrivant balle au pied devant les buts, l'avant-centre trompa le gardien de but.* • **Aller droit au but :** dire sans détour ce que l'on veut, exposer directement sa pensée. • **De but en blanc :** de façon abrupte, sans prendre de gants. *Il lui annonça de but en blanc la mauvaise nouvelle.* SYN. à brûle-pourpoint, directement.
▸ REM. En grammaire, le *complément de but* est souvent introduit par la préposition « pour ».

butane **n.m.** Gaz combustible vendu dans des bouteilles métalliques.

buté, e **adj.** Qui s'obstine dans ses opinions ou ses attitudes. *Tu n'arriveras pas à le faire changer d'avis, il est trop buté.* SYN. entêté, têtu.

buter **v.** (CONJUG. 3). ❶ *Buter contre quelque chose,* c'est heurter du pied un obstacle. *Il est tombé après avoir buté contre le bord du trottoir.* ❷ *Buter sur quelque chose,* c'est être arrêté par une difficulté. *Il bute sur une question qu'il n'arrive pas à résoudre.* SYN. achopper. ◆ **se buter** **v.pron.** S'entêter, ne pas vouloir céder aux arguments de quelqu'un, même s'ils sont justes. *Il se bute facilement quand on le contrarie.* SYN. s'entêter.

butin **n.m.** ❶ L'ensemble des objets, des biens, des richesses qu'une armée prend à l'ennemi pendant une guerre, en particulier en pillant le territoire conquis. *Après la défaite de 1815, la France dut rendre le butin des guerres napoléoniennes et, notamment, les objets d'art pris dans toute l'Europe.* ❷ Ce que prend un voleur. *Les voleurs se sont retrouvés pour partager le butin.* ❸ Ce qui a été amassé après une longue recherche. *La cueillette des champignons a donné un maigre butin.* SYN. récolte.

butiner **v.** (CONJUG. 3). Pour une abeille, aller de fleur en fleur pour récolter du pollen et du nectar.

HISTOIRE DU MOT Vient de *butin.*

butoir **n.m.** Obstacle qui arrête une machine, un véhicule en mouvement, sur lequel ils butent. *Le butoir placé à l'extrémité d'une voie ferrée bloque une locomotive en cas de freinage insuffisant.*

butor **n.m.** ❶ Oiseau échassier proche du héron, au plumage brun-roux strié de noir. *Le butor est aussi appelé « bœuf des marais » à cause de son cri qui ressemble à un mugissement.* ❷ (Familier) Homme grossier et brutal.

butte **n.f.** Relief peu élevé à la surface de la terre. *L'église du Sacré-Cœur domine la butte Montmartre.* SYN. colline, tertre. *Les terrassiers ont élevé une butte sur laquelle la maison est construite.* • **Être en butte à quelque chose :** subir de façon répétée des gestes ou des paroles hostiles. *Il est en butte aux moqueries incessantes de ses camarades.*

buvable **adj.** Que l'on peut boire. *Un breuvage à peine buvable.* → VOIR AUSSI **potable.**

buvard **n.m.** Papier poreux que l'on utilise pour sécher l'encre fraîche.

buvette **n.f.** Petit local ou comptoir dans un lieu public où l'on sert des boissons. *La buvette du théâtre vend des jus de fruits.*

buveur, euse **n.** ❶ Personne qui boit beaucoup d'alcool. *C'est un buveur invétéré.* SYN. alcoolique. ❷ Personne qui consomme une certaine boisson en grande quantité. *Une grande buveuse de thé.* SYN. amateur.

byzantin, e **adj.** et **n.** De Byzance. → VOIR noms propres : **Byzance.**

ça **pron. démonstratif.** S'emploie couramment à la place de *cela*.
▸ REM. Ne pas confondre avec *çà*.

çà **adv.** • **Çà et là :** de côté et d'autre, par-ci par-là. *Çà et là, dans le sous-bois, apparaissent les premières jonquilles.*
▸ REM. Ne pas confondre avec *ça*.

cabale **n.f.** Manœuvres secrètes menées contre une personne ou un projet. *Ils ont monté une cabale contre un journaliste.* SYN. complot.
▸ REM. Ce mot appartient à la langue soutenue.

cabalistique **adj.** *Un signe cabalistique* est énigmatique, mystérieux, on ne peut pas le comprendre facilement.

caban **n.m.** Veste longue de grosse étoffe portée, à l'origine, par les marins.

cabane **n.f.** Petite maison de branchages, de planches, de briques, etc. *Cabane à outils. Cabane à lapins.* SYN. clapier. • **Cabane à sucre :** au Canada, bâtiment où l'on fabrique le sirop d'érable.

cabanon **n.m.** ❶ Petite cabane. ❷ Petite maison de campagne dans le midi de la France.

cabaret **n.m.** Petite salle de spectacle où l'on peut boire et parfois manger. *« Le Chat noir » était un célèbre cabaret de Montmartre au début du* XXe *siècle.*

cabas **n.m.** Sac à provisions souple, avec des anses, souvent en paille tressée.

cabestan **n.m.** Treuil vertical qui sert à manœuvrer de très lourdes charges. *Sur un bateau, le cabestan sert à lever l'ancre.*

cabestan

cabillaud **n.m.** Nom sous lequel on vend la morue fraîche.

cabine **n.f.** ❶ Petit local, petit espace ou petite construction où l'on peut s'isoler. *Se changer dans les cabines d'une piscine. Les cabines d'essayage d'un magasin de vêtements. Une cabine téléphonique.* ❷ Petite chambre à bord d'un navire. ❸ Espace aménagé pour l'équipage d'un avion ou d'un engin spatial ; dans un avion de transport, partie du fuselage réservée aux passagers.

cabinet **n.m.** ❶ Bureau où un médecin, un dentiste, un avocat reçoivent leurs patients, leurs clients. ❷ Service qui travaille pour un ministre, un préfet. *Le chef de cabinet du ministre des Affaires étrangères.* ❸ (Familier) Au pluriel, pièce réservée aux besoins naturels. SYN. toilettes, W.-C. • **Cabinet de toilette :** petite pièce avec lavabo et parfois douche. • **Cabinet de travail :** petit bureau particulier dans un appartement, une maison.

câble **n.m.** ❶ Gros cordage fait de fils de fer, d'acier ou de chanvre qui sert à soulever ou à tirer de lourdes charges. *Les câbles d'un téléphérique.* ❷ Faisceau de fils qui conduisent de l'électricité ou assurent des liaisons par télécommunications. *Câble électrique, téléphonique. Télévision par câble.*

câbler **v.** (CONJUG. 3). Installer la télévision par câble. *Câbler un quartier, un immeuble.*

cabochard, e **adj.** (Familier) Entêté, têtu.

caboche **n.f.** (Familier) Tête.

cabossé, e **adj.** Déformé par des creux et des bosses. *L'aile de la voiture était toute cabossée.*

cabot **n.m.** (Familier) ❶ Chien. ❷ Cabotin.

cabotage **n.m.** Le fait de naviguer le long des côtes, et spécialement entre les ports d'un même pays, par opposition à la *navigation au long cours*.

caboteur **n.m.** Navire qui fait du cabotage.

cabotin, e **n.** et **adj.** Personne qui parle comme si elle était sur une scène de théâtre, en voulant se faire admirer. SYN. (Fam.) cabot.

cabotinage **n.m.** Le comportement d'un cabotin.

se **cabrer** **v.pron.** (CONJUG. 3). ❶ Pour un animal, se dresser sur ses pattes arrière. *Le cheval prit peur*

A B C D E F G H I J K L M N O

et se cabra. ❷ Pour une personne, se révolter contre quelque chose, s'opposer à une idée.

HISTOIRE DU MOT Vient du latin *capra* qui signifie « chèvre ».

cabri **n.m.** Autre nom du *chevreau.* • **Sauter comme un cabri :** sauter légèrement, joyeusement.

cabriole **n.f.** Petit bond léger et joyeux. *Les enfants faisaient des cabrioles dans le jardin.*

cabriolet **n.m.** ❶ Autrefois, voiture à cheval, à deux roues et à capote rabattable. ❷ Aujourd'hui, automobile décapotable.

HISTOIRE DU MOT Vient de *cabriole*, car ces voitures à cheval étaient légères et sautaient au moindre cahot.

caca **n.m.** (Familier) Dans le langage des enfants, excrément. *Faire caca* (= aller à la selle). ◆ **adj.invar.** et **n.m.invar.** • **Caca d'oie :** d'une couleur jaune verdâtre.

cacahouète ou **cacahuète** **n.f.** Graine de l'arachide que l'on mange grillée.

HISTOIRE DU MOT Ce mot, comme *cacao*, est d'origine aztèque. C'est d'Amérique du Sud que les Européens ont rapporté l'arachide et le cacao.

cacao **n.m.** ❶ Graine du cacaoyer dont on extrait la poudre de cacao qui sert à faire le chocolat. ❷ Boisson faite de poudre de cacao délayée dans du lait ou de l'eau, et sucrée.

cacaoté, e **adj.** Qui contient du cacao. *Une boisson cacaotée.*

cacaoyer ou **cacaotier** **n.m.** Arbre de petite taille originaire d'Amérique du Sud. *Le fruit du cacaoyer est la « cabosse », dont on extrait la graine nommée « cacao ».*

cabosses et graines de **cacaoyer**

U V W X Y Z

cacatoès ou **kakatoès** **n.m.** Oiseau proche du perroquet, originaire d'Australie et des îles du Pacifique, qui a une queue courte et une huppe souvent colorée. *Le cacatoès est facile à apprivoiser et il vit très vieux.*

cachalot **n.m.** Très grand mammifère marin carnivore.

HISTOIRE DU MOT Vient du portugais *cachola* qui signifie « grosse tête ».

ENCYCLOPÉDIE Le cachalot est un *cétacé.* C'est le plus grand des cétacés à dents (de 12 à 25 m). Sa tête énorme (un tiers de son corps) contient de la graisse, que l'on appelle le *blanc de baleine*, utilisée pour faire des chandelles, des lubrifiants, etc. Sa mâchoire inférieure est garnie de 40 à 50 dents et il se nourrit surtout de poissons et de calmars. La digestion de l'encre des calmars laisse dans l'intestin un produit, l'*ambre gris*, à l'odeur de musc, très recherché pour la parfumerie. L'espèce est aujourd'hui protégée.

1 cache **n.f.** Endroit où l'on peut se cacher. *Il a trouvé une cache dans un vieil immeuble.* SYN. cachette.

2 cache **n.m.** Morceau de papier, de carton qu'on utilise pour cacher une partie d'une surface. *On utilise des caches pour tirer des photographies.*

cache-cache **n.m.invar.**, ✎ ***cachecache n.m.*** Jeu où l'un des joueurs doit trouver ceux qui se sont cachés. *Ils jouaient à cache-cache dans la forêt.*

cache-col **n.m.** (PLUR. : **cache-cols**). Petite écharpe qui protège le cou.

cachemire **n.m.** ❶ Tissu très fin en poil de chèvre du Cachemire ou du Tibet. ❷ Ensemble de motifs colorés et sinueux qui ornent un tissu.

cache-nez **n.m.invar.** Écharpe en laine, généralement longue.

cache-pot **n.m.** (PLUR. : **cache-pots**). Vase décoratif dans lequel on place un pot de fleurs.

cacher **v.** (CONJUG. 3). ❶ Mettre, placer dans un endroit secret, à l'abri des regards et des recherches. *Elle cacha sa précieuse lettre au fond de son armoire.* ❷ Empêcher de voir. *Ces nouveaux immeubles nous cachent la mer.* SYN. masquer. ❸ Ne pas communiquer une information, ne pas montrer ce que l'on ressent. *Cacher la vérité.* SYN. dissimuler. *Je ne vous cache pas que je suis inquiète* (= je vous le dis). ◆ **se cacher** **v.pron.** ❶ Se mettre à l'abri des regards, des recherches. *Le voleur se cache quelque part.* ❷ *Se cacher de quelqu'un*, c'est faire une chose à son insu, sans qu'il le sache, sans le lui dire. *Sortir en se cachant de ses parents* (= en cachette).

cachet **n.m.** ❶ Médicament présenté dans une capsule ou sous forme de comprimé. *Un cachet d'aspirine.* SYN. comprimé. ❷ Marque imprimée par un tampon. *Le cachet de la poste indique le lieu, la date, l'heure d'expédition d'une lettre.* ❸ *Avoir du cachet*, c'est avoir un charme particulier, quelque chose d'unique qui attire. *Leur maison a un certain cachet* (= elle est pittoresque). ❹ Ce que gagne un artiste pour sa participation à un spectacle.

cacheter **v.** (CONJUG. 12, ✎ *11*). Fermer une enveloppe en la collant. CONTR. décacheter.

cachette **n.f.** Endroit où l'on cache un objet ou une personne. *J'ai trouvé une cachette merveilleuse sous l'escalier.* • **En cachette :** sans le dire et sans le montrer. *Elle voyait son ami en cachette car ses parents le lui interdisaient.* SYN. secrètement. CONTR. ouvertement. *Il a acheté son cadeau en cachette de sa mère* (= sans qu'elle le sache). SYN. à l'insu de.

cachot **n.m.** Cellule sombre et minuscule d'une prison.

cachotterie, ✎ ***cachoterie*** **n.f.** *Faire des cachotteries*, c'est faire des mystères sur des petites choses sans importance.

cachottier, ère, ✎ ***cachotier, ère*** **adj.** et **n.** Qui fait des cachotteries. *Tu aurais pu me dire que c'était ton anniversaire, petit cachottier !*

cachou n.m. Petite pastille à sucer qui est noire et parfumée.

cacophonie n.f. Mélange de sons discordants, désagréables à l'oreille. SYN. charivari, tintamarre.

HISTOIRE DU MOT Vient du grec *kakos*, qui signifie « mauvais », et *phonê*, qui signifie « son, voix ».

cactus n.m. Plante grasse des régions désertiques aux feuilles réduites à des piquants et aux fleurs colorées.

▶ REM. On prononce le -*s*.

cadastral, ale, aux adj. Du cadastre. *Plan cadastral.*

cadastre n.m. Registre, tenu par chaque commune, où sont notés les plans de toutes les parcelles de terrain, l'implantation des bâtiments, leur surface et le nom des propriétaires ; le service qui tient ce registre.

cadavérique adj. *Avoir une mine cadavérique*, c'est être pâle comme un mort.

cadavre n.m. Corps d'un homme ou d'un animal morts. *On a retrouvé son cadavre dans le canal.* → VOIR AUSSI **corps, dépouille.** • (Familier) **Un cadavre ambulant :** nom que l'on donne à une personne pâle et très maigre.

Caddie n.m. Chariot métallique à roulettes dans lequel on transporte ses achats dans les magasins en libre-service.

▶ REM. C'est le nom d'une marque, le mot prend une majuscule, en France, dans les textes imprimés.

cade n.m. Genévrier des bords de la Méditerranée dont on tire une huile pour la pharmacie.

cadeau n.m. Ce qu'on offre à quelqu'un pour lui faire plaisir. *Ouvrir ses cadeaux d'anniversaire. Un joli cadeau.* SYN. présent. *Pour l'achat de deux livres il m'a fait cadeau d'une bande dessinée* (= il m'a offert). • **Ne pas faire de cadeau à quelqu'un :** ne lui laisser passer aucune erreur ; être dur avec lui.

cadenas n.m. Système de fermeture, à clef ou à combinaison chiffrée, muni d'un arceau mobile à une extrémité, pour verrouiller chaînes, boîtes, portes, etc.

HISTOIRE DU MOT Vient du latin *catena* qui signifie « chaîne ».

cadenasser v. (CONJUG. 3). Fermer avec un cadenas. *La porte était cadenassée.*

cadence n.f. ❶ Rythme régulier selon lequel des sons, des mouvements, des actions se répètent. *Quand il écoute de la musique, son pied bat la cadence.* SYN. mesure. *Les matelots ramaient en cadence.* ❷ Rythme de travail. *Les ouvriers se plaignent parfois des cadences qu'on leur impose.*

cadencé, e adj. • **Pas cadencé :** rythme de marche, en général militaire, où chaque pas est marqué. *Les troupes défilaient au pas cadencé.*

cadet, ette n. et **adj.** ❶ Enfant plus jeune qu'un autre. *J'ai un frère cadet et deux sœurs cadettes, moi je suis l'aîné.* ❷ Personne plus jeune qu'une autre. *Elle est ma cadette d'un an* (= elle a un an de moins que moi). CONTR. aîné. ❸ En France, sportif âgé de 13 à 16 ans. • (Familier) **C'est le cadet de mes soucis :** cela m'est complètement indifférent.

cadrage n.m. Mise en place dans le viseur d'une caméra, d'un appareil photo, du sujet que l'on veut filmer ou photographier.

cadran n.m. Surface plane, ronde ou carrée, portant des divisions et sur laquelle se déplacent une ou plusieurs aiguilles. *Le cadran d'une montre, d'un baromètre.* • **Cadran solaire :** système pour indiquer l'heure, composé d'une pierre plate marquée de divisions correspondant aux heures de la journée, avec une tige plantée en son centre (l'ombre de la tige se déplace avec le soleil, ce qui permet de lire l'heure). → VOIR AUSSI **clepsydre.** • (Familier) **Faire le tour du cadran :** dormir douze heures de suite.

1 cadre n.m. ❶ Ce qui entoure quelque chose et lui sert de support. *Mettre des photos dans des cadres. Le menuisier monte le cadre de la porte.* SYN. encadrement. ❷ Le milieu dans lequel on est, ce qui nous entoure. *C'est un cadre idéal pour camper.* SYN. décor, endroit. *Il se sentait mieux dans son cadre familial.* SYN. milieu. ❸ Les limites qui définissent un domaine d'activité. *Cela sort du cadre de ses responsabilités.*

2 cadre n. Dans un organisme, une entreprise, personne exerçant une fonction d'encadrement d'équipe ou de direction de projets. *Cadre supérieur.*

cadrer v. (CONJUG. 3). ❶ Aller bien avec quelque chose, concorder. *Ce départ inattendu cadre bien avec le personnage.* ❷ Mettre en place, dans les limites du viseur d'un appareil photographique, d'une caméra, le sujet dont on veut obtenir l'image. *Il a mal cadré sa photo, la tête de Louis est coupée.*

cadreur, euse n. Technicien qui manœuvre la caméra pour la prise de vues. SYN. cameraman, opérateur.

caduc, caduque adj. ❶ *Les feuilles caduques* sont celles qui tombent chaque année, par opposition aux

cadran solaire

a b c d e f g h i j k l m n o p q r s t u v w x y z

feuilles persistantes. Le chêne est un arbre à feuilles caduques. ❷ Qui n'est plus en usage. *Un règlement caduc.* SYN. périmé.

caducée **n.m.** Emblème des médecins, vignette qui représente cet emblème. *Le caducée est composé d'une baguette autour de laquelle s'enroule un serpent et que surmonte le miroir de la Prudence.*
▸ REM. Ce mot est du masculin.

cafard **n.m.** ❶ Petit insecte noir qui envahit parfois les maisons. *On a retrouvé des cafards fossiles datant de l'ère secondaire identiques à nos cafards actuels, preuve de la résistance de ces insectes !* SYN. blatte, cancrelat. ❷ (Familier) *Avoir le cafard*, c'est éprouver de la tristesse, de la mélancolie. ❸ (Familier) Rapporteur.
▸ REM. Au Canada, pour l'insecte on dit aussi *coquerelle*.

HISTOIRE DU MOT Vient de l'arabe *kafir* qui signifie « mécréant, renégat ». Au XVIe siècle, on appelait *cafards* les hypocrites qui faisaient semblant de croire aux enseignements de la religion. Ils étaient habillés de noir, d'où peut-être le nom donné à l'insecte.

cafarder **v.** (CONJUG. 3). (Familier) Dénoncer.

cafardeux, euse **adj.** Triste et maussade. *Je me sentais un peu cafardeuse à l'idée de repartir.* SYN. déprimé, mélancolique, morose.

café **n.m.** ❶ Graine du caféier ; boisson obtenue à partir de cette graine torréfiée puis moulue. *Le matin, son père boit du café au lait. Boire un café noir* (= sans lait ni crème). ❷ Établissement où l'on consomme du café et d'autres boissons. SYN. bar.

HISTOIRE DU MOT Vient de l'arabe *qahwa*.

ENCYCLOPÉDIE Le café contient une substance excitante, la *caféine*. L'habitude de boire du café s'est répandue en Europe à partir du siège de Vienne par les Turcs (1683). Ce sont en effet les Arabes puis les Turcs qui furent les premiers consommateurs de café.

caféier **n.m.** Arbuste à feuilles persistantes cultivé en Asie, en Afrique et en Amérique du Sud, dont la graine rouge fournit le café.

caféine **n.f.** Substance contenue dans le café et le thé, et qui a un effet excitant. *Un café décaféiné ne contient plus de caféine.*

cafétéria **n.f.** Établissement ou local où l'on consomme des boissons et des repas légers, souvent en libre-service.

cafetière **n.f.** Appareil ménager pour faire le café ou pour le servir.

ENCYCLOPÉDIE C'est un pharmacien de Rouen, François-Antoine Descroizilles, qui a inventé la cafetière, en 1802. Elle était alors faite de deux récipients placés l'un au-dessus de l'autre et séparés par un filtre où l'on mettait le café, et s'appelait *caféolette*.

cafouiller **v.** (CONJUG. 3). (Familier) Agir de façon désordonnée, confuse. *Il a cafouillé dans ses explications, on a tout compris de travers.* SYN. s'embrouiller, s'emmêler.

cafter **v.** (CONJUG. 3). (Familier) Dénoncer, rapporter.

branche de **caféier**

grains de **café**

cage **n.f.** Espace clos par des barreaux ou du grillage pour enfermer des animaux. *Une cage à oiseaux. La cage aux lions, au zoo.* • **Cage d'escalier, d'ascenseur :** espace réservé à l'escalier ou à l'ascenseur dans un immeuble. • **Cage thoracique :** partie du squelette qui contient notamment le cœur et les poumons.

cageot **n.m.** Caissette en bois où l'on met les fruits et les légumes. → VOIR AUSSI **clayette.**

cagibi **n.m.** Pièce minuscule qui sert pour le rangement. SYN. débarras, réduit.

cagneux, euse **adj.** ❶ *Un cheval cagneux* a les pattes tordues et rapprochées à la hauteur des genoux, écartées près des sabots. ❷ *Des genoux cagneux* ont tendance à se toucher.

cagnotte **n.f.** Caisse commune dans laquelle on dépose régulièrement de l'argent ; l'argent qui s'est ainsi accumulé.

cagoule **n.f.** ❶ Coiffure de laine qui encadre le visage et couvre le cou. ❷ Capuchon percé de trous pour les yeux, porté pour ne pas être reconnu.

cahier **n.m.** ❶ Ensemble de feuilles de papier cousues ou attachées, pour écrire, dessiner, etc. *Un cahier d'exercices. Un cahier de brouillon. Un cahier à spirale.* ❷ Chacun des groupes de pages qui sont assemblés pour former un livre ou un magazine.

HISTOIRE DU MOT Vient du latin *quaterni* qui signifie « par quatre ». Une feuille pliée en quatre et coupée forme un cahier de huit pages.

cahin-caha, ✎ ***cahincaha*** **adv.** Tant bien que mal, avec difficulté. *La voiture très chargée avançait cahin-caha dans le chemin caillouteux.*

cahot **n.m.** Secousse provoquée par les inégalités de la route. *Les cahots de l'autobus faisaient tressauter les passagers.*
▸ REM. Ne pas confondre avec *chaos*.

cahotant, e **adj.** Qui cahote. *Une vieille automobile cahotante.*

cahoter v. (CONJUG. 3). Être secoué par des cahots. *La vieille voiture avançait en cahotant au milieu des ornières.*

cahoteux, euse adj. Qui provoque des cahots. *Un chemin cahoteux.*
▸ REM. Ne pas confondre avec *chaotique.*

cahute, ✎ ***cahutte*** n.f. Petite cabane, petite maison misérable.

caïd n.m. (Familier) ❶ Le chef d'un gang. *Le caïd a été dénoncé et arrêté.* ❷ Une personne qui s'impose par ses qualités, son caractère. *Frédéric est le caïd de la classe.*

HISTOIRE DU MOT Chez les Arabes, le *caïd* était un chef de tribu, un chef militaire.

caillasse n.f. (Familier) Cailloux, pierraille.

caille n.f. Oiseau migrateur des champs et des plaines, proche de la perdrix. *La caille carcaille, courcaille ou margotte.*

caillé, e adj. • **Lait caillé :** lait qui, par fermentation, s'est transformé en une masse solide.

caillebotis n.m. Petit plancher à claire-voie permettant de marcher sans glisser sur une surface mouillée tout en laissant l'eau s'écouler.

cailler v. (CONJUG. 3). ❶ Se solidifier, se figer, faire des caillots. *On fait cailler le lait pour fabriquer du fromage.* ❷ (Familier) Avoir froid.
▸ REM. Au sens 2 on peut dire aussi *se cailler.*

caillot n.m. Petite masse de liquide coagulé. *Caillot de sang, d'albumine.*

caillou n.m. (PLUR. : **cailloux**). ❶ Petite pierre. *Il lançait des cailloux dans l'eau.* ❷ (Familier) Crâne, tête. *Il a trois poils sur le caillou* (= il est presque chauve).

caillouteux, euse adj. *Un chemin, un terrain caillouteux* sont couverts de cailloux.

caïman n.m. Grand crocodile d'Amérique centrale et du Sud, à museau court et large.

ENCYCLOPÉDIE Le caïman est un reptile amphibie ovipare. C'est la peau de son ventre et de ses flancs qu'on utilise en maroquinerie sous le nom de *crocodile.* Les *caïmans à lunettes* et ceux *à front lisse* sont généralement indolents et peu dangereux, et se nourrissent surtout de coquillages, de poissons, de serpents. Seul le *caïman noir* s'attaque parfois aux gros mammifères, voire aux hommes.

caisse n.f. ❶ Grande boîte en bois ou en fer servant au transport des marchandises ou au rangement d'objets. *Une caisse de champagne. Une caisse à outils.* ❷ Meuble, tiroir où un commerçant range sa recette ; l'argent contenu dans la caisse. ❸ L'endroit où l'on paie, dans un magasin. *La caisse est au rez-de-chaussée.* ❹ Organisme qui gère de l'argent. *Caisse d'épargne.* • **Caisse claire :** tambour au son clair. • **Caisse de résonance :** corps d'un instrument à cordes dont la cavité sert à amplifier le son. • **Grosse caisse :** tambour au son grave.

caissette n.f. Petite caisse.

caissier, ère n. Personne qui tient la caisse dans un magasin, un cinéma, etc.

caisson n.m. Local étanche qui permet de travailler sous l'eau.

cajoler v. (CONJUG. 3). Entourer d'affection, de tendresse, de caresses. *Cajoler un enfant.* SYN. câliner, dorloter. CONTR. brusquer, brutaliser, rudoyer.

cajou n.m. • **Noix de cajou :** fruit d'un arbre d'Amérique, dont on mange la graine oléagineuse.

noix de **cajou**

cajun adj. et n. Qui concerne les francophones de Louisiane. *La musique cajun.*
▸ REM. Quand il désigne une personne, le mot prend une majuscule : *les Cajuns, une Cajun.*

cake n.m. Gâteau garni de raisins secs et de fruits confits.
▸ REM. On prononce [kɛk].

HISTOIRE DU MOT C'est un mot anglais qui signifie « gâteau ».

cal n.m. (PLUR. : **cals**). Durcissement de la peau provoqué par un frottement. *La paume des mains du paysan est pleine de cals.* → VOIR AUSSI **cor, durillon.**
▸ REM. Ne pas confondre avec *cale.*

calage n.m. Action, fait de caler.

calamar n.m. → **calmar**

calame n.m. Roseau taillé utilisé dans l'Antiquité pour écrire.

calamité n.f. Grand malheur qui frappe beaucoup de gens. *Les épidémies, les guerres sont des calamités.* SYN. catastrophe, fléau.

HISTOIRE DU MOT Vient du latin *calamitas* qui signifie « fléau qui atteint les récoltes ». L'orage et notamment la grêle détruisaient la tige (*calamus* en latin) des blés et étaient une *calamité.*

calandre n.f. Grille ou plaque, en avant du moteur d'une automobile, qui protège le radiateur.

calanque n.f. Crique étroite et profonde, au bord de la Méditerranée.

caïman

a b c d e f g h i j k l m n o p q r s t u v w x y z

A B C D E F G H I J K L M N O P Q R S T U V W X Y Z

calcaire **n.m.** Type de roche sédimentaire de couleur blanche formée à partir de la décomposition d'algues et de squelettes de petits animaux. ◆ **adj.** Qui contient du calcaire. *La craie, le marbre sont des matériaux calcaires. L'eau est très calcaire ici.*

ENCYCLOPÉDIE Le calcaire s'est déposé sur les terres autrefois recouvertes par la mer. Les nombreux coquillages qu'il renferme en témoignent. Il existe des calcaires tendres et friables, comme la craie, d'autres sont très durs, comme le marbre. Les calcaires sont très utilisés en construction.

calciner **v.** (CONJUG. 3). Dessécher, brûler complètement, sous l'effet d'une chaleur excessive. *L'incendie a totalement calciné la voiture.* SYN. carboniser.

calcium **n.m.** Métal blanchâtre que l'on trouve dans la nature sous forme de composés et non à l'état brut. *Le calcaire, la chaux, le plâtre, le marbre, la craie, le phosphate sont des composés du calcium.*
▸ REM. On prononce [kalsjɔm].

ENCYCLOPÉDIE L'un des composés du calcium, le *carbonate de calcium*, se dépose dans les grottes, formant des stalagmites et des stalactites. Chez les êtres vivants, la coquille de l'escargot, la carapace des crustacés, les coquilles d'œufs ainsi que les os sont constitués de carbonate de calcium. Si un organisme perd le calcium qui lui est nécessaire, on dit qu'il se *décalcifie*.

1 **calcul** **n.m.** ❶ Opération qui sert à trouver le résultat de la combinaison de plusieurs nombres. *Être bon en calcul.* ❷ Raisonnement qui permet de prévoir quelque chose. *D'après mes calculs, il devrait arriver demain soir. C'est un mauvais calcul* (= une mauvaise estimation de la situation). *Agir par calcul* (= dans un but intéressé).

HISTOIRE DU MOT Vient du latin *calculus* qui signifie « caillou » car, autrefois, on utilisait des cailloux pour compter.

2 **calcul** **n.m.** Petit caillou composé de matières qui auraient dû se dissoudre dans l'organisme, et qui se forme dans les reins, la vessie, etc., où il peut causer diverses maladies.

calculateur, trice **adj.** Qui agit par calcul pour arriver à ce qu'il veut. *Un esprit calculateur et intéressé.*

calculatrice **n.f.** Petite machine qui permet de faire automatiquement des calculs. → VOIR AUSSI **calculette.**

calculer **v.** (CONJUG. 3). ❶ Trouver, déterminer par des calculs, un nombre, une quantité, etc. *Peux-tu calculer la surface de ce triangle ? Calculer de tête* (= sans écrire). *Une machine à calculer.* ❷ Prévoir le résultat de ses paroles, de ses actes. *Il calcule ses chances de réussite au bac.* SYN. estimer, peser. *Tous ses gestes sont calculés au millimètre près.* SYN. contrôler.

calculette **n.f.** Petite machine à calculer ; calculatrice de poche.

1 **cale** **n.f.** Petit morceau de bois, de carton, de pierre, que l'on glisse sous un objet pour en rétablir l'équilibre ou pour l'immobiliser.
▸ REM. Ne pas confondre avec *cal*.

2 **cale** **n.f.** L'endroit d'un navire, situé sous le pont, où l'on met la cargaison. • **Cale sèche :** bassin d'un port que l'on peut vider. *On met le bateau en cale sèche pour le réparer.*
▸ REM. Ne pas confondre avec *cal*.

calé, e **adj.** (Familier) ❶ Qui est très instruit. *Il est drôlement calé, ton frère !* SYN. savant. ❷ Qui est difficile, compliqué. *Un problème très calé.*

calebasse **n.f.** Grosse courge qui, une fois vidée et séchée, sert de récipient, en Afrique noire et en Amérique du Sud.

calèche **n.f.** Voiture à cheval, à quatre roues, très légère, ordinairement à deux places, découverte à l'avant et munie d'une capote mobile à l'arrière.

caleçon **n.m.** Sous-vêtement à jambes longues ou courtes, ou pantalon moulant féminin.

HISTOIRE DU MOT Vient de l'italien *calzoni*, de *calza* qui signifiait « chausses ».

calembour **n.m.** Jeu de mots qui utilise le fait que des mots peuvent se prononcer de la même façon tout en ayant des sens différents. *« C'est assez (cétacé), dit la baleine, je me cache à l'eau (cachalot), car j'ai le dos fin (dauphin) » est un calembour.*

calendaire **adj.** Du calendrier. *L'année calendaire commence le 1er janvier et finit le 31 décembre.*

calendes **n.f.plur.** Premier jour du mois chez les Romains, où l'on payait ses dettes. • **Renvoyer aux calendes grecques :** remettre à plus tard, à un temps qui ne viendra jamais, puisque les mois grecs n'avaient pas de calendes.

calendrier **n.m.** ❶ Système de division du temps en années, mois, jours. ❷ Tableau des jours de l'an-

Le **calendrier** républicain

Les mois d'automne		Les mois d'hiver		Les mois de printemps		Les mois d'été	
VENDÉMIAIRE	mois des vendanges	NIVÔSE	mois des neiges	GERMINAL	mois de la germination	MESSIDOR	mois des moissons
BRUMAIRE	mois des brumes	PLUVIÔSE	mois des pluies	FLORÉAL	mois des fleurs	THERMIDOR	mois de la chaleur
FRIMAIRE	mois des frimas	VENTÔSE	mois des vents	PRAIRIAL	mois des prairies	FRUCTIDOR	mois des fruits

Dans le calendrier républicain, le mois n'était pas divisé en semaines de sept jours, mais en décades de 10 jours.
Le calendrier républicain a été remplacé le 1er janvier 1806 par le calendrier grégorien.

née où sont indiqués les semaines et les mois, les lunaisons, les saisons, les fêtes, etc.

ENCYCLOPÉDIE Jusqu'en 45 avant J.-C., dans l'Empire romain, l'année commençait au 1er mars. Septembre, octobre, novembre et décembre étaient alors respectivement les 7e, 8e, 9e et 10e mois, d'où leurs noms. Jules César réforma le calendrier en 46 avant J.-C. et fit élaborer le *calendrier julien*, où l'année commençait le 1er janvier. Au bout de quelques siècles, comme il n'y avait plus de concordance exacte entre le début des saisons et les dates du calendrier, le pape Grégoire XIII réforma à nouveau le calendrier, réglant plus précisément le rythme des années bissextiles. C'est le *calendrier grégorien*, qui est notre calendrier actuel. Lorsque le pape Grégoire XIII mit en application ce calendrier, on passa du jeudi 4 octobre 1582 au vendredi 15 octobre (la succession des jours de la semaine étant ainsi respectée). Le *calendrier républicain* fut institué par la Convention en 1793 et demeura en usage jusqu'en 1805. Il commençait à l'équinoxe d'automne. → VOIR encadré page ci-contre.

cale-pied **n.m.** (PLUR. : **cale-pieds**). Attache qui permet au cycliste de fixer son pied à la pédale.

calepin **n.m.** Petit carnet de poche. *Je note tous les mots que je ne connais pas dans mon calepin.* SYN. carnet.

HISTOIRE DU MOT Vient du nom d'un moine italien, *Ambrogio Calepino.*

caler **v.** (CONJUG. 3). ❶ Mettre d'aplomb, immobiliser avec une cale. *Caler un meuble.* ❷ Pour un moteur, s'arrêter de fonctionner subitement. *La voiture est froide, elle cale tout le temps.* ❸ (Familier) Ne pas pouvoir manger davantage. ❹ Au Canada, s'enfoncer. *Caler dans la neige.*

calfeutrer **v.** (CONJUG. 3). Boucher soigneusement les fentes, les trous par où l'air et le froid peuvent pénétrer. *J'ai calfeutré les portes et les fenêtres avec des bourrelets.* ◆ **se calfeutrer** **v.pron.** S'enfermer, se retirer chez soi. *On ne le voit plus en ce moment, il se calfeutre dans sa maison.* SYN. se cloîtrer.

calibre **n.m.** ❶ Diamètre intérieur d'un tube, en particulier du canon d'une arme à feu. *Un revolver de 7,65 mm de calibre.* ❷ Diamètre d'un objet sphérique, d'un fruit. *Le calibre d'un œuf, d'une tomate.*

calibrer **v.** (CONJUG. 3). Classer des choses selon leur calibre, leur taille. *Pour calibrer des fruits, on les passe sur des tables percées de trous : les plus petits passent à travers les trous, à la différence des gros.*

calice **n.m.** ❶ L'ensemble des sépales d'une fleur qui forment une sorte de coupe à la base des pétales. ❷ Dans la religion catholique, vase sacré en métal précieux, où le prêtre verse et boit le vin de messe. • **Boire le calice jusqu'à la lie :** supporter des humiliations ou des malheurs jusqu'au bout avec courage.

calicot **n.m.** ❶ Toile fine en coton. ❷ Banderole, à l'origine en calicot, qui porte une inscription.

HISTOIRE DU MOT Vient de *Calicut*, nom d'une ville d'Inde où l'on fabriquait cette étoffe.

calligraphie

calife **n.m.** Titre du chef suprême des musulmans après la mort du prophète Mahomet.

à califourchon **adv.** *S'asseoir à califourchon*, c'est s'asseoir comme sur un cheval, une jambe à gauche, l'autre à droite.

1 câlin, e **adj.** Qui aime les caresses, qui est tendre et affectueux. *Un enfant câlin, un air câlin.* SYN. caressant. CONTR. dur.

2 câlin **n.m.** Caresse, geste tendres, affectueux. *Aimer les câlins.*

câliner **v.** (CONJUG. 3). Traiter avec tendresse, faire des câlins. *Cet enfant aime se faire câliner.* SYN. cajoler.

HISTOIRE DU MOT Vient du normand *caliner* qui signifie « se reposer à l'ombre », du latin *calere* qui signifie « faire chaud ».

calleux, euse **adj.** Dont la peau est endurcie, épaissie, pleine de cals. *Des mains calleuses.* CONTR. doux, lisse.

calligraphie **n.f.** L'art de former les lettres avec élégance.

calligraphier **v.** (CONJUG. 7). Écrire avec soin et élégance.

HISTOIRE DU MOT Vient du grec *kalos*, qui signifie « beau », et *graphein*, qui signifie « écrire ».

callosité **n.f.** Endroit où la peau est dure, épaissie, rugueuse à force de frottements. *La pierre ponce enlève les callosités des pieds.* → VOIR AUSSI **cal**.

calmant, e **adj.** Qui calme, qui apaise. *Il m'a fait boire une tisane calmante.* CONTR. excitant. ◆ **calmant** **n.m.** Médicament qui apaise la douleur ou la nervosité, l'anxiété.

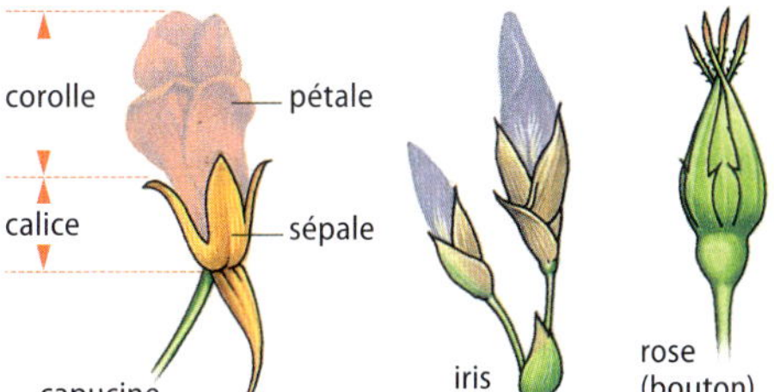

calices de différentes fleurs

calmar ou **calamar** **n.m.** Mollusque céphalopode marin, comestible, voisin de la seiche, qui envoie, comme elle, un jet d'encre pour se défendre et qu'on appelle parfois *encornet*.

HISTOIRE DU MOT Jusqu'au XVIIe siècle, le *calamaro* était une écritoire portative qui contenait des roseaux (*calamus* en latin) pour écrire, et un encrier. On a appelé ainsi le *calmar* à cause de l'encre noire qu'il répand et qu'on utilisait parfois pour écrire.

1 **calme** **adj.** ❶ Où il n'y a ni trouble, ni agitation, ni excès d'activité. *Nous habitons un quartier très calme.* SYN. tranquille. CONTR. bruyant. *La mer est calme.* CONTR. houleux. *Nous avons passé un dimanche très calme.* SYN. paisible, tranquille. CONTR. animé. ❷ Qui ne se laisse pas emporter par ses sentiments. *Julia est une femme très calme, elle s'énerve rarement.* SYN. placide. CONTR. emporté, violent.

2 **calme** **n.m.** ❶ Tranquillité, absence d'agitation, de bruit. *Quel calme quand ils sont partis ! J'aime le calme de la nuit.* ❷ Qualité de quelqu'un qui n'est ni agité, ni agressif, ni anxieux. *Mesdames, messieurs, gardez votre calme s'il vous plaît ! Son calme rassurait.* SYN. sérénité. CONTR. agitation, emportement.

calmement **adv.** Avec calme, sans s'énerver. *Il a pris les choses très calmement.*

calmer **v.** (CONJUG. 3). ❶ Tranquilliser, apaiser une personne. *La voix de sa mère calma l'enfant petit à petit et ses sanglots s'espacèrent.* CONTR. exciter. ❷ Faire cesser une douleur. *L'aspirine calme les maux de tête.* ◆ **se calmer** **v.pron.** ❶ Devenir moins violent. *La tempête commence à se calmer.* SYN. s'apaiser. *Mon angine est presque finie, la toux commence à se calmer.* CONTR. s'aggraver. ❷ Devenir calme, apaisé, tranquille. *L'enfant se calme.*

calomnie **n.f.** Mensonge que l'on raconte sur quelqu'un pour détruire sa réputation. *C'est une infâme calomnie.* SYN. diffamation, médisance.

calomnier **v.** (CONJUG. 7). Attaquer l'honneur et la réputation d'une personne par des mensonges, des calomnies. *Il dit que les journalistes l'ont calomnié, il va leur faire un procès en diffamation.*

calomnieux, euse **adj.** *Des propos calomnieux* sont des paroles mensongères qui cherchent à nuire à la réputation de quelqu'un. SYN. diffamatoire.

calorie **n.f.** Unité qui sert à mesurer les quantités de chaleur et la valeur énergétique des aliments pour l'organisme. *Un adulte a besoin de 2 500 calories par jour en moyenne.*

HISTOIRE DU MOT Vient du latin *calor* qui signifie « chaleur ».

calorifère **n.m.** Au Canada, radiateur de chauffage central à air chaud.

calorique **adj.** *La ration calorique d'une personne*, c'est la quantité de calories dont elle a besoin pour être en bonne santé.

1 **calot** **n.m.** Bonnet étroit et allongé porté par certains militaires.

2 **calot** **n.m.** Grosse bille de verre.

calotte **n.f.** ❶ Petit bonnet rond qui ne couvre que le sommet du crâne. ❷ (Familier) Gifle. *Flanquer une calotte à quelqu'un.* • **Calotte glaciaire :** masse de neige et de glace qui recouvre les pôles.

calque **n.m.** ❶ Copie d'un dessin qui se fait à l'aide d'un papier transparent appelé aussi *calque* ou *papier-calque*. ❷ Ce qui est à peu près la même chose que quelque chose d'autre. *Ce projet est le calque de celui que nous avons examiné l'an dernier.*

calquer **v.** (CONJUG. 3). ❶ Faire une copie d'un dessin, d'une image en les recouvrant d'une feuille transparente, sur laquelle on reproduit les contours exacts de l'image. SYN. décalquer. ❷ Imiter, copier une chose ou une personne. *Calquez votre attitude sur lui, imitez son comportement.*

calumet **n.m.** Pipe de cérémonie à long tuyau que les Indiens d'Amérique du Nord fumaient avant de signer un traité de paix. *Fumer le calumet de la paix.*

HISTOIRE DU MOT *Calumet* est la forme normande de *chalumeau*.

calvaire **n.m.** ❶ Croix, souvent plantée sur une petite butte à la croisée des chemins, qui représente la Crucifixion ou rappelle le supplice du Christ. *Les calvaires bretons sont faits de trois croix de pierre et de personnages sculptés.* ❷ Suite d'épreuves pénibles à supporter. *Sa vie n'a été qu'un long calvaire.* SYN. martyre.

calvinisme **n.m.** Doctrine religieuse du réformateur Jean Calvin, qui s'est répandue en France à partir de 1541 et qui est l'une des formes du protestantisme.

calviniste **adj.** et **n.** De Calvin ; qui agit et pense selon la doctrine de Calvin. *Le protestantisme français est surtout calviniste.*

calvitie **n.f.** Absence complète ou partielle de cheveux.

► REM. On prononce [kalvisi].

HISTOIRE DU MOT Vient du latin *calvus*, comme *chauve*.

camaïeu **n.m.** Ensemble des différents tons d'une même couleur. *Des camaïeux de bleus.*

camarade **n.** Personne avec laquelle on partage une activité (études, sport, etc.) et avec qui en général on s'entend bien. *Un camarade de classe.* SYN. compagnon, copain.

HISTOIRE DU MOT Vient de l'espagnol *cámara* qui signifie « chambre ». Au XVIe siècle, *camarade* était un terme militaire qui signifiait « compagnon de chambrée, celui avec lequel on partage sa chambre ».

camaraderie **n.f.** Bonne entente, solidarité qui lie entre eux des camarades d'école, de régiment, de travail.

cambodgien, enne **adj.** et **n.** Du Cambodge. *Les temples cambodgiens.* ◆ **n.m.** Langue parlée au Cambodge.

► REM. Quand il désigne une personne, le mot prend une majuscule : *un Cambodgien, une Cambodgienne.*

cameraman

cambouis **n.m.** Graisse devenue noirâtre après avoir servi à lubrifier quelque chose. *Le mécanicien a les mains pleines de cambouis.*

cambré, e **adj.** • **Dos cambré :** dos qui est très creux au niveau des reins. • **Pied cambré :** pied bombé dont la voûte plantaire est courbée en creux. CONTR. pied plat.

se **cambrer** **v.pron.** (CONJUG. 3). Creuser les reins, se courber légèrement en arrière. *Quand il a mal au dos, il se cambre.*

cambrien **n.m.** La période de l'histoire de la Terre qui va de -542 à -488 millions d'années. → VOIR AUSSI **précambien.**

cambriolage **n.m.** Vol commis dans une maison, un appartement, un local.

cambrioler **v.** (CONJUG. 3). Commettre un vol chez quelqu'un en pénétrant par effraction. *Notre maison de campagne a été cambriolée.*

cambrioleur, euse **n.** La personne qui cambriole. *Les cambrioleurs sont entrés par la fenêtre.* SYN. voleur.

cambrure **n.f.** ❶ Courbure d'une partie du corps, en particulier du bas du dos ou de la plante des pieds. ❷ Partie de la semelle d'une chaussure qui soutient la voûte plantaire.

camée **n.m.** Pierre fine ornée d'une figure en relief. ▸ REM. Ce mot est du masculin.

caméléon **n.m.** ❶ Lézard à longue queue qui vit dans les arbres, qui se nourrit d'insectes et qui peut changer de couleur pour se confondre avec ce qui l'entoure. ❷ Personne versatile, qui change souvent d'opinion.

ENCYCLOPÉDIE Le caméléon mesure de 4 à 60 cm et change de peau trois fois par an. Avec sa queue, il peut s'accrocher aux branches. Avec sa langue gluante, qui est aussi longue que son corps, il attrape les insectes. Sa vue est prodigieuse et ses yeux peuvent bouger indépendamment l'un de l'autre. Sa peau verte a la propriété de changer de couleur, pour lui permettre de se camoufler (on appelle ce phénomène le *mimétisme*). Mais elle devient aussi noire sous l'effet de la peur et grise quand l'animal dort, qu'il est malade ou qu'il meurt.

camélia **n.m.** Arbrisseau à feuilles persistantes, à grosses fleurs rouges, roses ou blanches ; la fleur de cet arbrisseau.

HISTOIRE DU MOT Vient du nom du père *Camelli* qui rapporta cette fleur d'Asie orientale au XVIIe siècle.

camelot **n.m.** ❶ Marchand ambulant d'objets sans grande valeur. ❷ Au Canada, personne qui livre les journaux.

camelote **n.f.** (Familier) Marchandise de mauvaise qualité. SYN. pacotille.

camembert **n.m.** Fromage à pâte molle et fermentée, fait avec du lait de vache dans une petite ville de Normandie, appelée *Camembert.*

caméra **n.f.** Appareil de prise de vues qui permet de réaliser des films.

HISTOIRE DU MOT Vient du latin *camera* qui signifie « chambre », car la caméra est d'abord une *chambre noire* (une boîte obscure) où la lumière pénètre par un petit trou.

cameraman (PLUR. : **cameramans** ou **cameramen**), ✎ ***caméraman*** (PLUR. : ***caméramans***) **n.m.** Personne qui tient la caméra lors du tournage d'un film, d'une émission télévisée ; cadreur.
▸ REM. 1. C'est un mot anglais, on prononce le *-n* final. 2. Il est recommandé d'utiliser le mot français *cadreur*. 3. Au Canada, ce mot s'emploie aussi au féminin.

Caméscope **n.m.** Caméra vidéo portative.
▸ REM. C'est un nom de marque : le mot prend une majuscule, en France, dans les textes imprimés.

camion **n.m.** Gros véhicule automobile qui sert au transport des marchandises ou de charges très lourdes. *Il partait en camion porter des légumes au marché. Un camion semi-remorque.* SYN. poids lourd.

camion-citerne **n.m.** (PLUR. : **camions-citernes**). Camion pour le transport des liquides (vin, essence, lait, etc.).

camionnette **n.f.** Petit camion.

camionneur, euse **n.** ❶ Personne qui conduit des camions, des poids lourds. ❷ Personne qui dirige une entreprise de transports par camions.

camisard **n.m.** Surnom des protestants des Cévennes qui résistèrent aux armées de Louis XIV après la révocation de l'édit de Nantes et qui furent sévèrement réprimés.

HISTOIRE DU MOT Dans la langue d'oc (parlée dans les Cévennes), *camiso* signifie « chemise ». Les camisards portaient une chemise blanche par-dessus leurs vêtements pour se reconnaître entre eux la nuit.

camisole **n.f.** ❶ Petite chemise, petite blouse. ❷ Au Canada, sous-vêtement sans manches qui couvre le torse. • **Camisole de force :** sorte de blouse que l'on passait aux malades mentaux agités pour les neutraliser.

caméléon

A B C D E F G H I J K L M N O P Q R S T U V W X

camomille n.f. ❶ Plante odorante qui ressemble à la marguerite. ❷ Tisane, infusion faites avec cette plante.

camouflage n.m. L'ensemble des techniques, des moyens qui permettent de dissimuler du matériel militaire ou des troupes à l'ennemi. *Une tenue de camouflage. Les branchages servent au camouflage des blindés.*

camoufler v. (CONJUG. 3). Maquiller, transformer pour rendre méconnaissable ou invisible, surtout lors d'une guerre. *Camoufler des chars.* SYN. cacher, dissimuler.

camouflet n.m. Acte ou parole qui insultent, humilient quelqu'un. SYN. affront.
▸ REM. Ce mot appartient à la langue soutenue.

camp n.m. ❶ Terrain sur lequel s'installe provisoirement une armée en temps de guerre ou de manœuvre. ❷ Terrain où l'on campe, où l'on s'installe de manière sommaire. ❸ Installation rudimentaire où l'on regroupe des personnes. *Camp de réfugiés, de prisonniers.* ❹ Partie d'un terrain de sport, défendue par une équipe. ❺ Équipe ou groupe de personnes qui s'opposent à une autre équipe, à un autre groupe. *Le pays est partagé en deux camps.* • **Camp de vacances :** au Canada, colonie de vacances.

campagnard, e adj. et n. Qui vit à la campagne.

campagne n.f. ❶ La partie d'un pays où il y a les plaines, les champs, les prés, les fermes, par opposition à la *ville*. *Les agriculteurs vivent à la campagne.* ❷ Toute expédition militaire menée sur une zone déterminée. *La campagne de Russie, menée par Napoléon, marqua l'effondrement de l'Empire.* ❸ Ensemble d'actions menées auprès de l'opinion publique pour soutenir un projet, vendre un produit, etc. *Campagne publicitaire. Campagne électorale.*

HISTOIRE DU MOT Vient du latin *campania* qui signifie « plaine ».

campagnol n.m. Petit mammifère rongeur à queue courte et poilue, très nuisible pour l'agriculture.

campanile n.m. Clocher en forme de tour. *Les campaniles italiens.*

campanule n.f. Plante des champs dont les fleurs ont la forme d'une petite cloche.

campement n.m. Installation provisoire de tentes ou de caravanes. *Les soldats ont installé leur campement au bord de la rivière. Un campement de nomades.*

1 camper v. (CONJUG. 3). ❶ Installer un camp, un campement militaire. *Les soldats campaient à la fin de chaque journée de marche.* ❷ Loger sous la tente ou dans une caravane. *Cet été nous irons camper en Italie* (= faire du camping). ❸ S'installer comme on peut pour dormir quelque part. *Nous avons campé dans le salon.*

campagnols

2 camper v. (CONJUG. 3). *Camper un personnage, une scène, une histoire*, c'est les décrire à grands traits caractéristiques. ◆ **se camper** v.pron. Prendre une posture assurée. *Il se campa devant moi en me toisant du regard.*

campeur, euse n. Personne qui campe, fait du camping.

camphre n.m. Substance blanche à forte odeur extraite du laurier du Japon (le *camphrier*), qu'on utilise comme antimite et comme médicament.

camping n.m. Manière de séjourner quelque part ou de voyager en dormant sous la tente ou dans une caravane. *Cet été nous ferons du camping au bord du lac.*

camping-car n.m. (PLUR. : **camping-cars**). Camionnette aménagée pour faire du camping.
▸ REM. Il est recommandé d'employer le mot *autocaravane*

camus, e adj. *Un nez camus* est court et aplati, très peu proéminent. → VOIR AUSSI **busqué, épaté.**

Canadair n.m. Avion équipé de réservoirs à eau pour lutter contre les incendies. *Le Canadair pompe l'eau dans la mer ou dans les lacs et la déverse sur les foyers d'incendie.*
▸ REM. C'est un nom de marque (celui de la firme canadienne qui a la première fabriqué ces avions) ; le mot prend une majuscule, en France, dans les textes imprimés.

Canadair déversant de l'eau

canadien, enne adj. et n. Du Canada. *Montréal est une ville canadienne.*
▸ REM. Quand il désigne une personne, le mot s'écrit avec une majuscule : *un Canadien, une Canadienne.*

canadienne n.f. Longue veste en tissu doublée de peau de mouton, à col enveloppant, comme en portaient les trappeurs dans le Grand Nord canadien.

canaille n.f. ❶ Personne malhonnête, à qui on ne peut pas faire confiance. SYN. crapule, gredin, scélérat. ❷ Mot affectueux qu'on utilise parfois en parlant aux enfants délurés. SYN. coquin, fripon, polisson.

HISTOIRE DU MOT Vient du latin *canis*, « chien » ; autrefois, on disait *chiennaille.*

canal n.m. (PLUR. : **canaux**). ❶ Cours d'eau artificiel, fait par l'homme, pour permettre la navigation. *Le canal de Suez relie la mer Rouge à la mer Méditerranée. Les péniches passent sur le canal du Midi.* ❷ Conduit aménagé pour le transport des liquides ou des gaz. *Les aqueducs, les oléoducs, les gazoducs sont des canaux.* ❸ En anatomie, nom donné à des conduits qui permettent l'écoulement de liquides autres que le sang. *Le canal biliaire.* ❹ Voie de transmission des ondes radioélectriques. *Chaque chaîne de télévision utilise un canal pour sa diffusion.*

HISTOIRE DU MOT Vient, comme *chenal*, du latin *canna* qui signifie « roseau, tuyau ».

canalisation n.f. Gros tuyau, gros conduit qui distribuent l'eau, le gaz de ville, etc. *Les ouvriers changent les canalisations.* SYN. conduite.

canaliser v. (CONJUG. 3). ❶ Aménager un cours d'eau pour le rendre navigable, pour régulariser son débit. *On a canalisé la rivière pour éviter que ses eaux ne se répandent au moment des crues de printemps.* ❷ Faire en sorte que quelque chose ou quelqu'un n'aille pas dans n'importe quelle direction. *Une assistante est chargée de canaliser les réclamations* (= centraliser et orienter).

canapé n.m. ❶ Long siège à dossier pour deux personnes ou plus et sur lequel on peut parfois s'étendre. SYN. sofa. ❷ Petite tranche de pain de mie sur laquelle sont servies certaines préparations. *Préparer des canapés pour un buffet.*

canapé-lit n.m. (PLUR. : **canapés-lits**). Canapé que l'on peut déplier pour en faire un lit.

canard n.m. ❶ Oiseau palmipède, migrateur à l'état sauvage. *Le canard est un animal aquatique qui vit au bord des lacs et des étangs.* ❷ Fausse note. SYN. couac. ❸ (Familier) Journal. • **Un canard boiteux** : dans un groupe, celui ou celle qui a le plus de difficultés et qui n'arrive pas à suivre les autres. • **Un froid de canard** : un très grand froid. • **Marcher en canard** : marcher en se dandinant, chaque pied tourné vers l'extérieur.

ENCYCLOPÉDIE Cri : le canard cancane, nasille. Femelle : la cane. Petit : le caneton. Le canard est *ovipare*. Quelques jours après l'éclosion de l'œuf, le jeune caneton est déjà capable de suivre sa mère à la nage et de rechercher lui-même sa nourriture. Le canard sauvage est un oiseau migrateur qui peut effectuer de très longs déplacements. Le canard domestique est apprécié dans de nombreux pays pour sa chair et, parfois, pour ses œufs (en Chine, par exemple).

canari n.m. Petit oiseau jaune proche du serin et originaire des îles Canaries, d'où son nom.

canasson n.m. (Familier) Mauvais cheval.

1 cancan n.m. Danse en quadrille, en vogue dans les bals populaires, vers 1830. • **French cancan** : spectacle qui évoque cette danse dans les cabarets du début du XXe siècle. *Quand Nini Pattes-en-l'Air dansait le cancan au Moulin-Rouge de Paris, elle levait la jambe assez haut pour faire, d'un coup de pied, voler le chapeau de son danseur.*

HISTOIRE DU MOT Vient de *canard*, parce que la danse évoquait le dandinement du canard.

vue du **canal** du Midi, reliant la Garonne à la mer Méditerranée

2 cancan n.m. (Surtout au plur.) Bavardages généralement médisants colportés sur une personne. SYN. commérages, médisances, racontars.

HISTOIRE DU MOT Vient du latin *quamquam* qui signifie « quoique ».

cancaner v. (CONJUG. 3). ❶ Pour un canard, pousser son cri. ❷ (Familier) Pour une personne, faire des cancans, des commérages.

cancer n.m. ❶ Maladie grave qui se caractérise par une multiplication désordonnée de cellules qui peuvent finir par former une tumeur. ❷ (Avec une majuscule.) *Signe du Cancer*, quatrième signe du zodiaque, qui commence le 21 juin et se termine le 21 juillet.

cancéreux, euse adj. *Une tumeur cancéreuse* est produite par un cancer (= tumeur maligne).

cancérigène ou **cancérogène** adj. Qui peut provoquer un cancer. *Une substance cancérigène.*

cancre n.m. (Familier) Élève paresseux et nul. *On dit que les cancres aiment être au fond de la classe.*

cancrelat n.m. Autre nom de la *blatte*, du *cafard*.

candélabre n.m. Grand chandelier à plusieurs branches.

candeur n.f. Innocence, pureté de l'âme chez une personne qui n'imagine même pas qu'on puisse mal agir. *On parle souvent de la candeur de l'enfance pour dire que les enfants sont purs, ne connaissent pas encore le mal.* SYN. ingénuité. *Dans sa candeur, il croit tout ce qu'on dit à la télévision.* SYN. naïveté. → VOIR **candide**.

candi, e adj. • **Sucre candi** : sucre raffiné qui se présente sous forme de gros cristaux translucides bruns.

candidat, e n. Personne qui se présente pour passer un examen, pour obtenir un emploi, une fonction, etc. *Les candidats à l'examen doivent apporter leur dossier. Elle est candidate aux élections municipales.*

HISTOIRE DU MOT Vient du latin *candidus* qui signifie « blanc », car, à Rome, les candidats aux fonctions publiques étaient vêtus d'une toge blanche. On retrouve cette origine dans *candeur* et *candide*.

A B **C** D E F G H I J K L M N O P Q R S T U

candidature **n.f.** Le fait d'être candidat à un concours, à une fonction, etc. *M. André a posé sa candidature aux élections municipales.*

candide **adj.** Qui est plein de candeur, d'innocence, qui ne songe pas au mal. *Son regard candide inspirait la confiance.* SYN. ingénu, naïf, pur. *« Candide » est le nom d'un personnage de Voltaire.*

cane **n.f.** La femelle du canard.
▸ REM. Ne pas confondre avec *canne.*

caneton **n.m.** Le petit de la cane.

1 canette **n.f.** Une petite cane.

2 canette ou **cannette** **n.f.** ❶ Petite bouteille ou petite boîte de bière, de soda, de limonade, etc. ❷ Dans un métier à tisser ou sur une machine à coudre, petite bobine contenue dans la navette et sur laquelle on enroule le fil.

canevas **n.m.** ❶ Grosse toile peu serrée sur laquelle on fait de la tapisserie à l'aiguille. ❷ Plan servant de base à un roman, à une pièce, à un exposé. *Pour s'exercer, les comédiens improvisent sur un canevas.* SYN. plan, trame.

caniche **n.m.** Petit chien à poils frisés.

caniculaire **adj.** Qui rappelle la canicule. *Il fait une chaleur caniculaire.*

canicule **n.f.** Temps excessivement chaud ; période de très forte chaleur. *C'était la canicule, cet été, il faisait 40 degrés à l'ombre !*

HISTOIRE DU MOT Vient du latin *canicula* qui signifie « la petite chienne ». Il y a 3 000 ans, en effet, les Égyptiens avaient remarqué que l'étoile Sirius, appelée aussi la *Petite Chienne,* se levait en même temps que le Soleil, au début des grosses chaleurs.

canif **n.m.** Petit couteau de poche à lame pliante.

canin, e **adj.** Qui concerne le chien. *Une exposition canine. L'espèce canine.*

canine **n.f.** Chacune des dents pointues situées entre les incisives et les prémolaires.

ENCYCLOPÉDIE L'homme a quatre canines qui permettent de déchirer les aliments. Ces dents se développent en crocs chez certains carnivores (tigre, loup) ou en défenses (chez le sanglier). Elles sont réduites ou inexistantes chez les mammifères végétariens (rongeurs, bovidés).

canisse ou **cannisse** **n.f.** Roseau dont on fait des barrières utilisées dans le midi de la France comme coupe-vent et pour protéger les cultures, les habitations.

tiges de canne à sucre

caniveau **n.m.** Rigole située de chaque côté d'une chaussée pour évacuer les eaux.

cannage **n.m.** Garniture cannée d'un siège, d'un meuble.

canne **n.f.** ❶ Bâton sur lequel on s'appuie pour marcher. *Le vieil homme marchait avec une canne.* ❷ Nom donné couramment à certains roseaux ou bambous. • **Canne à pêche :** longue tige flexible de bambou, de fibre de verre, etc., munie d'une ligne et d'un hameçon, utilisée pour la pêche. • **Canne à sucre :** plante tropicale, à écorce lisse et dure, de laquelle on extrait le sucre de canne. *La canne à sucre est cultivée aux Antilles, à Java, en Inde.*
▸ REM. Ne pas confondre avec *cane.*

HISTOIRE DU MOT Vient du latin *canna* qui signifie « roseau, tuyau ».

canné, e **adj.** *Un siège canné* est recouvert d'un treillis de minces lanières de rotin, de jonc ou de bambou.

canneberge **n.f.** Arbrisseau des tourbières des régions froides dont les baies ont un goût acidulé très apprécié en jus. → VOIR AUSSI **atoca.**

1 cannelé, e **adj.** Qui est marqué de cannelures. *Les colonnes cannelées des temples grecs.*

2 cannelé **n.m.** Petit gâteau à pâte molle, à fine croûte caramélisée, cuit dans un moule à cannelures.

cannelés

cannelle **n.f.** Épice qui est faite de l'écorce séchée du *cannelier,* sorte de laurier aromatique. *Une compote de pommes à la cannelle.*

cannelloni **n.m.** Rouleau de pâte alimentaire farci.

cannelure **n.f.** ❶ Chacune des rainures verticales creusées sur une colonne. *Les cannelures des colonnes des temples grecs.* ❷ Strie longitudinale sur la tige de certaines plantes. ❸ Chacune des stries parallèles qui ornent la tranche d'une pièce de monnaie.

cannette **n.f.** → **canette**

cannibale **adj.** et **n.** ❶ Qui mange un animal de sa propre espèce. *La mante religieuse est cannibale.* ❷ Personne qui se nourrit de chair humaine. SYN. anthropophage.

cannibalisme **n.m.** Le fait d'être cannibale.

cannisse **n.f.** → **canisse**

canoë, ✎ ***canoé*** **n.m.** Embarcation légère, à fond plat, que l'on manœuvre avec une pagaie simple ; sport pratiqué avec cette embarcation. → VOIR AUSSI **kayak.**
HISTOIRE DU MOT Vient d'une langue des Caraïbes.

canoë-kayak **n.m.sing.,** ✎ ***canoé-kayak*** ***n.m.*** (PLUR. : *canoés-kayaks*). Ensemble des épreuves sportives disputées en canoë et en kayak.

1 canon **n.m.** ❶ Pièce d'artillerie composée d'un tube de fonte, de bronze ou d'acier monté sur un support, et qui sert à lancer des projectiles lourds. *Canon antiaérien. Canon antichar.* ❷ Tube d'une arme à feu portative par lequel passent les projectiles. *Le canon d'un fusil, d'un revolver.*
HISTOIRE DU MOT Mot d'origine italienne qui vient du latin *canna* qui signifie « roseau, tuyau ».

2 canon **n.m.** ❶ Chant à plusieurs voix qui entonnent les unes après les autres la même mélodie. *« Frère Jacques » se chante en canon.* ❷ Ensemble des règles fixant les proportions idéales dans les arts plastiques ; modèle auquel on doit se conformer. *Les Grecs de l'Antiquité avaient un canon de la beauté.* ❸ Chaque règle qui concerne la foi ou la discipline religieuse.
HISTOIRE DU MOT Ce mot en latin *(canon)* et en grec *(kanôn)* signifie « règle ».

cañon **n.m.** → **canyon**

canonique **adj.** • **Âge canonique :** autrefois, âge de quarante ans, fixé par les lois, auquel une femme pouvait légalement entrer au service d'un curé ; aujourd'hui, s'emploie pour parler d'un âge avancé, respectable.
HISTOIRE DU MOT Vient de *canon (2).*

canoniser **v.** (CONJUG. **3**). Mettre au nombre des saints honorés par l'Église catholique. *Louis IX a été canonisé en 1297.*

canonnade **n.f.** Tir continu de canons.

canonner **v.** (CONJUG. **3**). Bombarder au canon. *Le bateau a canonné le port.*

canot **n.m.** ❶ Embarcation légère à rames ou à moteur. *Un canot pneumatique. Un canot de sauvetage.* ❷ Au Canada, embarcation légère, d'origine amérindienne, aux extrémités relevées et que l'on fait avancer avec des avirons.

canotage **n.m.** Le fait de canoter.

canoter **v.** (CONJUG. **3**). Se promener en canot. *Ils aimaient canoter sur le lac.*

canotier **n.m.** Chapeau de paille à fond et bord plats, garni d'un ruban, très à la mode avant la Première Guerre mondiale. *On portait des canotiers pour se protéger du soleil lors des promenades en canot.*

cantal **n.m.** (PLUR. : **cantals**). Fromage à pâte grasse et à croûte épaisse fait avec du lait de vache dans une région d'Auvergne appelée le *Cantal.*

cantate **n.f.** Morceau de musique à une ou plusieurs voix accompagnées d'instruments et, souvent,

Canotiers
(tableau de Gustave Caillebotte, 1877)

de chœurs. *On a répertorié 222 cantates, religieuses et profanes, écrites par J.-S. Bach.*
HISTOIRE DU MOT Vient du latin *cantare* qui signifie « chanter », car à l'origine la *cantate* désignait toute pièce chantée, par opposition à la *sonate*, qui était une pièce jouée sur un instrument.

cantatrice **n.f.** Chanteuse de musique classique et d'opéra. *La Callas était une grande cantatrice.*

cantine **n.f.** ❶ Service qui s'occupe des repas dans une école, une entreprise ; salle où l'on sert ces repas. *Les élèves demi-pensionnaires mangent à la cantine.* ❷ Malle de voyage en bois ou en métal dont se servent surtout les militaires.

cantinier, ère **n.** Personne qui s'occupe d'une cantine.

cantique **n.m.** Chant religieux dans les rites chrétiens. *Le « Magnificat » est un cantique.*

canton **n.m.** ❶ Division administrative du territoire français. *Les électeurs de chaque canton élisent un conseiller départemental.* → VOIR AUSSI **arrondissement, chef-lieu, département.** ❷ Chacun des États de la Confédération helvétique. *Le canton de Genève.*
ENCYCLOPÉDIE Depuis 1789, en France, un canton regroupe plusieurs communes, un arrondissement regroupe plusieurs cantons et un département regroupe plusieurs arrondissements. Chaque canton a son chef-lieu. La France est divisée en 2 054 cantons.

cantonade **n.f.** *Parler à la cantonade*, c'est parler à haute voix devant plusieurs personnes, mais sans paraître s'adresser précisément à quelqu'un.
HISTOIRE DU MOT Autrefois, la *cantonade* désignait les coulisses d'un théâtre. *Parler à la cantonade*, c'était pour un comédien s'adresser à un personnage supposé être en coulisse.

cantonal, ale, aux **adj.** Du canton. • **Élections cantonales :** où l'on élisait, jusqu'en 2015, les conseillers généraux des cantons.

cantonnement **n.m.** Installation provisoire de troupes dans un endroit habité. → VOIR AUSSI **campement.**

cantonner **v.** (CONJUG. **3**). ❶ Installer provisoirement des troupes dans un endroit habité. *Le régiment est cantonné dans l'école du village.* ❷ Réduire le rôle ou

A B C D E F G H I J K L M N O P Q R S T U V W X Y Z

l'activité d'une personne à quelques occupations jugées peu importantes. *On a longtemps cantonné les femmes à la cuisine.* SYN. limiter.

cantonnier **n.m.** Ouvrier chargé de l'entretien des chemins, des routes, des voies ferrées. *« Sur la route de Louviers / Y avait un cantonnier / Et qui cassait / Des tas d'cailloux »* (chanson française).
▶ REM. Au Canada, la forme féminine de ce mot est *cantonnière*.

canular **n.m.** Farce, histoire inventée, montée pour tromper quelqu'un. *Le journal avait publié la nouvelle du vol de la tour Eiffel par une bande de malfaiteurs : c'était un canular.* SYN. mystification.

canut **n.m.**, **canuse** **n.f.** Ouvrier, ouvrière des manufactures de soie de Lyon.

ENCYCLOPÉDIE La révolte des Canuts compte parmi les révoltes ouvrières importantes. Le tissage de la soie se faisait dans des conditions de travail effroyables : ateliers insalubres, sans entretien ni hygiène, maigres salaires, journées de travail de 15 heures, absence de repos hebdomadaire. Particulièrement touchés par la crise économique, les canuts se révoltèrent en novembre 1831 contre les propriétaires des manufactures. Cette révolte fut écrasée dans le sang par une armée conduite par le duc d'Orléans et le maréchal Soult.

canyon ou **cañon** **n.m.** Vallée étroite et très profonde, aux parois abruptes, creusée par une rivière. *Les parois du Grand Cañon du Colorado aux États-Unis mesurent 1 800 m de haut à certains endroits.*
▶ REM. C'est un mot d'origine espagnole, on prononce [kanjɔn].

caoutchouc **n.m.** ❶ Matière élastique et résistante obtenue à partir de la sève (le *latex*) d'un arbre tropical, l'*hévéa*. ❷ N'importe quel élastique, qu'il soit en caoutchouc ou non. ❸ Nom que l'on donne au *ficus*, plante d'appartement. ❹ Vêtement imperméable enduit de caoutchouc.

ENCYCLOPÉDIE Vers 1740, lors d'une expédition en Amérique du Sud, le savant français Charles de La Condamine vit les Indiens de l'Amazonie recueillir la sève de l'hévéa (qu'ils appelaient *caa-o-chu*, « bois qui pleure »). Ils incisaient l'écorce de l'arbre, recueillaient le liquide blanc, le *latex*, dans un godet. Une fois extraite, cette substance se solidifiait rapidement pour donner une matière élastique. Avec ce caoutchouc, ils imperméabilisaient leurs vêtements.

caoutchouté, e **adj.** Enduit de caoutchouc. *Une toile caoutchoutée.*

caoutchouteux, euse **adj.** Qui a l'aspect ou la consistance du caoutchouc. *Une viande caoutchouteuse.*

cap **n.m.** ❶ Pointe de terre qui s'avance dans la mer. *Le cap Horn se trouve à l'extrémité sud du continent américain.* ❷ Direction que prend un bateau. *Nous avons mis le cap sur les Antilles.* • **Doubler un cap, franchir un cap :** dépasser un endroit dangereux à cause des

le Grand **Canyon** et la rivière Colorado (Arizona, États-Unis)

courants ; au figuré, franchir une étape difficile. • **De pied en cap :** des pieds à la tête.
▶ REM. Ne pas confondre avec *cape*.

HISTOIRE DU MOT Vient du latin *caput* qui signifie « tête ».

capable **adj.** ❶ Qui peut faire quelque chose. *Sophie est capable de rentrer toute seule à la maison maintenant, elle est assez grande. Il est capable de tout* (= il est prêt à faire n'importe quoi). ❷ Qui a beaucoup de compétences, qui a les qualités nécessaires pour faire quelque chose. *C'est un menuisier très capable, très adroit.* SYN. qualifié. CONTR. inapte, incapable, incompétent.

capacité **n.f.** ❶ Le fait de pouvoir comprendre ou faire quelque chose. *Marc a des capacités étonnantes, il savait déjà lire à quatre ans.* SYN. faculté. ❷ La quantité que peut contenir un récipient. *La capacité d'une bouteille de vin ordinaire est de 0,75 litre.* → VOIR Fiche 17.

caparaçonné, e **adj.** *Un animal caparaçonné* est revêtu d'une protection de cuir, de métal, d'étoffe, etc., souvent décorée. *Perceval avança dans le champ clos, monté sur son destrier tout caparaçonné d'or et d'argent.*
▶ REM. Attention, vient de *cape* et non de *carapace* ; on dit donc *caparaçonné*.

cape **n.f.** Manteau sans manches très large, avec ou sans capuche, et ayant parfois des fentes pour passer les bras. *La cape noire de Zorro.* • **Film, roman de cape et d'épée :** qui contiennent des scènes de duel ou de bagarre à l'épée. *« Le Capitaine Fracasse » de Théophile Gautier et « les Trois Mousquetaires » d'Alexandre Dumas sont des romans de cape et d'épée.* • **Rire sous cape :** sans le montrer, en le dissimulant.
▶ REM. Ne pas confondre avec *cap*.

capeline n.f. Chapeau de femme à grands bords souples.

capétien, enne adj. et n. Qui concerne les Capétiens, leur époque → VOIR noms propres.

capharnaüm n.m. Endroit où règne un grand désordre, où tous les objets sont entassés pêle-mêle. *La boutique du brocanteur était un invraisemblable capharnaüm.* SYN. bazar. → VOIR AUSSI **bric-à-brac.**
▶ REM. On prononce [-naɔm].

HISTOIRE DU MOT Vient du nom de la ville de *Capharnaüm*, en Galilée.

capillaire adj. *Une lotion capillaire* est utilisée pour le soin des cheveux. • **Vaisseau capillaire :** petit vaisseau sanguin fin comme un cheveu.

HISTOIRE DU MOT Vient du latin *capillus*, « cheveu ».

en **capilotade** adv. (Familier) En pièces, écrasé. *Au fond du panier, les fruits étaient en capilotade* (= en bouillie, en marmelade).

HISTOIRE DU MOT En espagnol, *capirotada* est un nom de ragoût.

capitaine n. ❶ Grade d'officier au-dessus du lieutenant et au-dessous du commandant. ❷ Officier qui commande un navire de commerce. ❸ Chef d'une équipe sportive. *La capitaine de l'équipe de basket encourage ses joueuses.*

1 capital, ale, aux adj. Qui est plus important que tout. *Tâchez de trouver mon assistant, il est capital que je puisse l'avertir avant demain.* SYN. essentiel, indispensable. *Sa découverte est d'un intérêt capital pour l'avenir.* SYN. fondamental, primordial. CONTR. secondaire. • **Peine capitale :** peine de mort.

HISTOIRE DU MOT Vient du latin *caput* qui signifie « tête » et que l'on retrouve dans *cap, capitaine, capiteux, décapiter.*

chevaux **caparaçonnés**

2 capital n.m.sing. ❶ L'ensemble de ce que l'on possède (biens et argent) et qui peut rapporter un revenu. *Avoir un gros capital.* ❷ Ensemble de biens que l'on possède, quelle que soit leur nature. *Notre santé est un capital précieux.* ◆ **capitaux** n.m.plur. Argent que l'on place dans une affaire, que l'on utilise pour un gros achat.

1 capitale n.f. ❶ Ville où siège le gouvernement d'un État. *Washington est la capitale des États-Unis.* ❷ Ville très importante dans un domaine quelconque. *Lyon est la capitale de la gastronomie.*

2 capitale n.f. Lettre d'imprimerie majuscule. *Inscrivez votre nom en capitales.*

capitalisme n.m. Organisation de la société et de l'économie dans laquelle les capitaux et les moyens de production (usines, commerces, terres, etc.) appartiennent à des particuliers et ne sont pas la propriété de l'État.

capitaliste adj. Qui appartient au capitalisme, qui s'y rattache. *Régime, système capitaliste.* ◆ n. Personne qui a des capitaux qui lui rapportent.

capiteux, euse adj. Dont le goût et l'odeur sont si forts que cela fait tourner la tête. *Un vin, un parfum capiteux.*

HISTOIRE DU MOT Vient du latin *caput* qui signifie « tête ».

capiton n.m. Bourre de laine ou de soie, masse de fils, de tissu qu'on utilise pour rembourrer des sièges, des couvre-lits, des portes, etc.

capitonner v. (CONJUG. 3). Rembourrer un fauteuil, une porte avec du capiton ou une autre matière.

capitulaire n.m. Recueil de lois des rois carolingiens.

capitulation n.f. Acte par lequel un pays, une armée capitulent, se rendent. SYN. reddition.

capituler v. (CONJUG. 3). ❶ Cesser le combat, se rendre à l'ennemi. ❷ S'avouer vaincu devant une situation trop difficile. *Ces mots croisés sont trop compliqués, je capitule.* SYN. abandonner.

caporal, e n. (PLUR. : **caporaux**). Grade le plus bas dans l'infanterie, le génie et l'aviation. *Le caporal est intermédiaire entre les soldats et les sous-officiers.* • **Le Petit Caporal :** surnom familier donné par ses soldats à Napoléon Ier.

capot n.m. La partie de la carrosserie d'un véhicule qui protège le moteur. *Le mécanicien a soulevé le capot pour réparer le moteur.*

HISTOIRE DU MOT Un *capot* était, au début du XXe siècle, une sorte de cape (manteau avec capuchon) qui protégeait de la pluie, du froid, etc.

capote n.f. ❶ Toit d'une voiture en cuir, en plastique, en tissu, qui se replie en soufflet. *Il pleut, relève la capote.* ❷ Manteau en drap épais qui fait partie de l'uniforme militaire.

capoter v. (CONJUG. 3). ❶ Se renverser et se retourner complètement. *La voiture a capoté dans le tour-*

a b c d e f g h i j k l m n o p q r s t u v w x y z

A B C D E F G H I J K L M N O P Q R S T U V W X Y Z

nant (= elle a fait un tonneau). SYN. culbuter. ❷ Au figuré, échouer, ne pas aboutir. *Notre projet a capoté.* ❸ Au Canada, devenir fou, perdre la tête.

câpre n.f. Bouton des fleurs d'un petit arbre (le *câprier*), de couleur verte, qu'on utilise comme condiment. *Une pizza avec des tomates, des olives, des anchois, des câpres.*

caprice n.m. Envie soudaine et passagère que l'on veut voir se réaliser sur l'instant. *Faire des caprices. Céder aux caprices de quelqu'un* (= faire tout ce qu'il veut).

HISTOIRE DU MOT Vient de l'italien *capriccio* qui signifia d'abord « frisson de peur », puis « idée fantasque ».

capricieux, euse adj. ❶ Qui fait des caprices. *C'était un homme capricieux qui voulait qu'on lui cède tout de suite.* ❷ Qui change souvent sans qu'on puisse rien prévoir. *Le temps est capricieux.*

capricorne n.m. ❶ Insecte nuisible dont les longues antennes font penser aux cornes du bouc. *Les capricornes s'installent parfois dans les poutres des maisons où ils creusent de longues galeries.* ❷ (Avec une majuscule.) *Signe du Capricorne*, dixième signe du zodiaque, qui commence le 22 décembre et se termine le 21 janvier.

HISTOIRE DU MOT Vient du latin *capra*, qui signifie « chèvre », et de *corne*.

caprin, e adj. *L'espèce caprine* est l'espèce à laquelle appartiennent les chèvres, les bouquetins, etc.

capsule n.f. ❶ Sorte de bouchon plat en métal ou en plastique utilisé pour fermer une bouteille. ❷ Enveloppe soluble de certains médicaments. *Une gélule est une capsule contenant un médicament.* ❸ Partie habitable d'un engin spatial ou petit véhicule spatial que l'on peut récupérer.

captage n.m. L'action de capter une source, une émission.

capter v. (CONJUG. 3). ❶ Recueillir les eaux d'une source, d'une rivière pour les utiliser ou les canaliser. ❷ Recevoir les ondes d'une chaîne de radio, de télévision. *Dans cette région, on peut capter une vingtaine de chaînes.* ❸ *Capter l'attention de quelqu'un*, c'est retenir toute son attention.

HISTOIRE DU MOT Vient du latin *captare* qui signifie « essayer de prendre ».

capteur n.m. • **Capteur solaire** : appareil qui capte l'énergie solaire pour la transformer en énergie électrique ou thermique. *Certains chauffe-eau fonctionnent grâce à des capteurs solaires.*

captif, ive n. et adj. Personne privée de liberté. SYN. prisonnier.
▸ REM. Ce mot appartient à la langue soutenue.

captivant, e adj. Qui captive, qui passionne. *Le film était captivant.* SYN. palpitant, passionnant.

captiver v. (CONJUG. 3). Retenir l'attention de quelqu'un, le tenir sous le charme. *Lorène est captivée par la lecture de son roman.* SYN. passionner.

captivité n.f. ❶ Situation d'une personne prisonnière. *Il revoit ses camarades de captivité.* ❷ Situation d'un animal qui vit hors de son milieu naturel, dans un zoo par exemple.

capture n.f. Le fait de s'emparer d'une personne, d'un animal, de les capturer. *La capture d'un bandit.*

capturer v. (CONJUG. 3). Attraper une personne, un animal, s'en emparer. *Trois militaires ont été capturés par une patrouille ennemie.* SYN. faire prisonnier, prendre. *Les chasseurs ont capturé un tigre royal dans la jungle.*

capuche n.f. Partie d'un vêtement attachée au col et que l'on peut rabattre sur la tête. *Un manteau à capuche.* SYN. capuchon.

capuchon n.m. ❶ Capuche. ❷ Partie d'un stylo qui protège la plume ou la bille.

capucine n.f. Plante potagère et ornementale à fleurs jaunes, orange ou pourpres et aux feuilles rondes.

capucines

caquet n.m. • **Rabattre son caquet à quelqu'un** : le faire taire.

HISTOIRE DU MOT Le *caquet* est le cri de la poule quand elle pond.

caqueter v. (CONJUG. 12, ✎ 11). ❶ Pour la poule, pousser de petits cris. *La poule caquette quand elle pond ses œufs.* ❷ Pour une personne, parler pour ne rien dire ou pour médire des autres. SYN. jacasser.

1 **car** conj. de coordination. Mot qui annonce une explication. *Lorène ne m'entend pas, car elle est absorbée par sa lecture.* SYN. parce que.

2 **car** n.m. Autocar.

carabine n.f. Fusil léger. *Tirer à la carabine.*

carabiné, e adj. (Familier) Qui est très fort, très violent. *J'ai un rhume carabiné.*

carabinier n.m. Autrefois, soldat armé d'une carabine.

carabistouille n.f. En Belgique, histoire inventée ou déformée, blague.

caracoler v. (CONJUG. 3). Faire des petits sauts légers. *Le cheval caracolait dans la prairie.*

caractère n.m. ❶ Signe utilisé pour écrire ou pour imprimer un texte. *L'écriture chinoise comporte environ 50 000 caractères. Ce livre est écrit en gros caractères.* ❷ Signe distinctif, marque particulière. *Humidité et chaleur sont les caractères principaux du climat tropical.* SYN. caractéristique, trait. ❸ Ce qui donne à quelque chose son aspect original. *Le village a beaucoup de caractère.* SYN. cachet, style. ❹ Manière habituelle d'agir, de se comporter. *Je m'entends bien avec lui, il a un caractère facile.* SYN. nature. *Avoir bon caractère* (= être toujours de bonne humeur). *Avoir mauvais caractère* (= être désagréable, toujours mécontent). • **Avoir du caractère :** avoir de l'énergie, de la volonté (= avoir de la personnalité).

HISTOIRE DU MOT Vient d'un mot grec qui signifie « signe gravé ».

caractériel, elle adj. et n. Qui présente des troubles du comportement et a des difficultés à s'adapter à la vie en groupe.

caractériser v. (CONJUG. 3). ❶ Être le caractère qui définit le mieux une personne ou une chose. *Ce qui caractérise le T.G.V., c'est sa grande vitesse.* ❷ Décrire les qualités principales de quelque chose. *Comment caractériseriez-vous la mode de cet hiver ?* SYN. définir.

caractéristique adj. Qui caractérise, qui définit. *Le « r » roulé est caractéristique du parler du Berry.* SYN. propre à, typique de. ◆ n.f. Ce qui caractérise une personne ou une chose, en constitue le trait dominant. *La caractéristique essentielle du T.G.V., c'est sa vitesse.* SYN. particularité.

carafe n.f. Récipient en verre ou en cristal dans lequel on met l'eau ou le vin pour les servir. • (Familier) **Rester en carafe :** attendre, être laissé de côté, oublié. *Il n'y avait pas de correspondance, nous sommes restés quatre heures en carafe à Angers.*

HISTOIRE DU MOT Vient de l'arabe *qarrafa*.

carafon n.m. Petite carafe. *Un carafon de vin, dans un restaurant, contient un quart de litre.*

carambolage n.m. Accident dans lequel plusieurs voitures qui se suivent entrent en collision. SYN. télescopage.

HISTOIRE DU MOT La *carambole* était la bille rouge d'un jeu de billard avec laquelle on devait heurter les deux autres billes.

caramel n.m. ❶ Substance de couleur brun-roux obtenue en faisant cuire un sirop fait d'eau et de sucre. *Une glace nappée de caramel.* ❷ Bonbon à base de caramel et de beurre ou de lait. *Je préfère les caramels durs aux caramels mous.*

caraméliser v. (CONJUG. 3). Se transformer en caramel. *Le sucre de la tarte est tombé sur la plaque du four, il a caramélisé.*

carapace n.f. Enveloppe dure et solide qui protège le corps de certains animaux. *La tortue, les crustacés, les cloportes ont une carapace.*

se **carapater** v. (CONJUG. 3). (Familier) Partir en courant.

carat n.m. ❶ Unité de poids qui sert aux joailliers pour estimer la valeur d'un diamant ou d'une pierre précieuse. *Un carat égale deux décigrammes.* ❷ Quantité d'or fin contenue dans un alliage. *L'or à dix-huit carats est un alliage, alors que celui à vingt-quatre carats est pur.*

HISTOIRE DU MOT Vient de l'arabe *qirat* qui signifie « petit poids ».

caravane n.f. ❶ Remorque aménagée comme une petite maison pour les séjours de vacances ou pour les gens du voyage. ❷ Convoi de voyageurs et de marchands qui traversent ensemble à dos de chameau ou en voiture les régions désertiques d'Orient ou d'Afrique. *Les marchands partaient de Chine en caravane pour apporter leur thé en Europe.* • **Les chiens aboient, la caravane passe :** proverbe arabe qui veut dire qu'on doit continuer sa route sans se soucier de ce que disent les jaloux.

caravaning ou **caravanage** n.m. Tourisme en caravane.

▸ REM. *Caravanage* est le mot français qu'il est recommandé d'utiliser.

caravansérail n.m. (PLUR. : **caravansérails**). Autrefois, dans les pays d'Orient, abri où pouvaient loger les personnes et les animaux qui faisaient partie d'une caravane.

caravelle n.f. Navire à trois ou quatre voiles, rapide et de petit tonnage, en usage du XIIIe au XVIIe siècle. *Christophe Colomb et Vasco de Gama firent leurs voyages sur des caravelles.*

carbone n.m. Élément chimique très répandu dans la nature, qui est un des constituants essentiels des êtres vivants. • **Carbone 14 :** variété radioactive du carbone, qui sert, en archéologie, à dater des échantillons d'origine animale ou végétale. • **Papier carbone :** papier recouvert d'un enduit noir ou bleu qui permet de transférer un texte par pression.

HISTOIRE DU MOT Vient du latin *carbo* qui signifie « charbon ».

ENCYCLOPÉDIE Le carbone est à la base de la plupart des *charbons* naturels (houille, lignite, anthracite, etc.), et se trouve sous forme cristallisée, à l'état pur dans le *diamant*, et presque pur dans le *graphite*. Le carbone entre en composition avec d'autres corps simples (oxygène, hydrogène, azote) : c'est ce qu'étudie la *chimie organique*.

carbonique adj. • **Gaz carbonique :** gaz qui provient de la combinaison du carbone avec l'oxygène lors de la respiration, de la putréfaction, etc. (Symbole chimique : CO_2.) *Les bulles des eaux gazeuses proviennent de la présence de gaz carbonique dans l'eau.*

carboniser v. (CONJUG. 3). Réduire en charbon, trop cuire un aliment. *Il a carbonisé le gigot !* SYN. calciner.

a b c d e f g h i j k l m n o p q r s t u v w x y z

A B C D E F G H I J K L M N O P Q R S T U V W X Y Z

carburant **n.m.** Combustible liquide qui sert à faire fonctionner un moteur. *L'essence, le mazout sont des carburants.*

carburateur **n.m.** La pièce du moteur où se fait le mélange du carburant et de l'air.

carcan **n.m.** ❶ Collier de fer avec lequel on attachait autrefois à un poteau un condamné pour l'exposer à la moquerie. *La peine du carcan a été abolie en 1832, celle du pilori en 1789.* ❷ Ce qui empêche la liberté d'action. *Le carcan du règlement.* SYN. entrave.

carcasse **n.f.** ❶ Squelette d'un animal mort. ❷ *La carcasse d'une volaille*, c'est ce qu'il en reste quand on a déjà mangé les cuisses, les ailes, le blanc et les abats. ❸ Ossature de bois ou de métal de certaines constructions, de certains objets. *La carcasse d'un abat-jour. La voiture a brûlé, il n'en reste plus que la carcasse.*

carcéral, ale, aux **adj.** *La vie carcérale*, c'est la vie en prison.

HISTOIRE DU MOT Vient du latin *carcer* qui signifie « prison » et que l'on retrouve dans *incarcérer.*

cardamome **n.f.** Plante d'Asie dont les graines ont une saveur poivrée.

cardan **n.m.** Mécanisme qui transmet le mouvement aux roues motrices d'une automobile.

1 carde **n.f.** Côte comestible des cardons et des bettes.

2 carde **n.f.** Sorte de peigne à pointes d'acier pour démêler, carder la laine.

carder **v.** (CONJUG. 3). Démêler les fibres de la laine, du coton.

cardiaque **adj.** Qui concerne le cœur. *Le muscle cardiaque* (= le cœur). *Le rythme cardiaque.* ◆ **adj.** et **n.** Qui a une maladie du cœur. *Il est cardiaque.*

HISTOIRE DU MOT Vient du grec *kardia* qui signifie « cœur » et que l'on retrouve dans *cardiologie* et *cardiologue.*

cardigan **n.m.** Gilet en tricot à manches et en général sans col.

1 cardinal, ale, aux **adj.** ❶ *Les adjectifs numéraux cardinaux* indiquent la quantité, le nombre, par opposition aux *adjectifs numéraux ordinaux* qui indiquent le rang. *« Quatre » est un adjectif numéral cardinal, « quatrième » est un adjectif numéral ordinal.* ❷ *Les quatre points cardinaux* sont le nord, le sud, l'est et l'ouest.

2 cardinal **n.m.** (PLUR. : **cardinaux**). Prélat choisi parmi les évêques pour avoir une haute fonction dans l'Église catholique. *Ce sont les cardinaux qui élisent le pape.*

cardiologie **n.f.** Partie de la médecine qui étudie et soigne les maladies du cœur et des artères.

cardiologue **n.** Médecin spécialiste des maladies du cœur.

cardio-vasculaire (PLUR. : **cardio-vasculaires**), ✎ ***cardiovasculaire*** **adj.** Qui concerne le cœur et les vaisseaux. *L'infarctus est une maladie cardio-vasculaire.*

cardon **n.m.** Plante potagère dont on consomme la côte charnue des feuilles, appelée *carde.*

carême **n.m.** Pour les catholiques et les orthodoxes, période de pénitence qui s'étend du mercredi des Cendres au jeudi saint, soit quarante jours.

HISTOIRE DU MOT Vient du latin *quadragesima dies* qui signifie « quarantième jour ».

carence **n.f.** Absence ou quantité insuffisante d'éléments qui sont nécessaires à l'organisme. *Une carence en vitamines, en calcium* (= manque de).

carène **n.f.** La partie de la coque d'un bateau qui est située sous la ligne de flottaison.

HISTOIRE DU MOT Vient du latin *carina* qui signifie « coquille de noix ».

caressant, e **adj.** ❶ *Un enfant caressant* est doux et tendre, il aime les caresses. SYN. affectueux, câlin, tendre. ❷ *Une voix caressante* est agréable comme une caresse. SYN. doux, suave. CONTR. dur, sec.

caresse **n.f.** Geste de la main, tendre et affectueux, pour caresser une personne, un animal.

caresser **v.** (CONJUG. 3). ❶ Toucher de la main avec tendresse une personne ou un animal, lui faire des caresses. ❷ Effleurer de la main, ou bien frôler doucement. *Le pianiste caresse les touches de son piano. La brise du soir caressait nos visages.* ❸ *Caresser un rêve, une idée*, c'est se plaire à les entretenir en y pensant souvent. *Il caressait l'espoir d'être élu maire de sa ville natale.*

cargaison **n.f.** Le chargement en marchandises d'un bateau, d'un camion ou d'un avion. SYN. fret.

cargo **n.m.** Navire ou avion qui ne transporte que des marchandises.

cargo

cari **n.m.** → **curry**

caribou **n.m.** Renne du Canada.

caricatural, ale, aux **adj.** Qui rappelle une caricature. *Dessin caricatural.*

caricature **n.f.** ❶ Portrait peint ou écrit, qui exagère les particularités de la silhouette, du visage de quelqu'un et le rend ridicule. *Les hommes politiques n'échappent pas à la caricature.* ❷ Ce qui déforme la réalité. *C'est une caricature de mes propos.*

HISTOIRE DU MOT Vient du latin *caricare* qui signifie « charger » : *charger un portrait*, c'est en accentuer les traits.

caricaturer **v.** (CONJUG. 3). ❶ Faire la caricature d'une personne. *On caricature souvent les gens célèbres.* ❷ Simplifier la pensée ou les paroles de quelqu'un, les déformer. *Vous caricaturez ma pensée.*

caricaturiste **n.** Dessinateur qui fait des caricatures. *Daumier est un célèbre caricaturiste du XIXe siècle.*

carie **n.f.** Maladie de la dent qui détruit l'émail et l'ivoire, creuse l'intérieur de la dent et finit par la détruire.

carié, e **adj.** *Une dent cariée* est gâtée par une carie.

carillon **n.m.** ❶ Horloge qui sonne tous les quarts d'heure en faisant entendre un air. ❷ Assemblage de cloches qui jouent un air de musique. ❸ Sonnerie de cloches rapide et gaie.

HISTOIRE DU MOT Vient du latin *quadrinio* qui signifie « groupe de quatre cloches ».

ENCYCLOPÉDIE Les premiers carillons ont été installés au XVe siècle dans les beffrois des hôtels de ville de Flandre (Bruges, Amsterdam, etc.).

carillonner **v.** (CONJUG. 3). ❶ *Lorsque les cloches carillonnent*, elles sonnent longuement en carillon pour annoncer un événement joyeux. ❷ Sonner énergiquement et longuement à la porte de quelqu'un.

caritatif, ive **adj.** *Les associations caritatives* apportent leur aide, matérielle ou morale, aux plus démunis.

carlingue **n.f.** La partie de l'avion réservée aux personnes, par opposition à la *soute*.

carmagnole **n.f.** ❶ Veste courte portée pendant la Révolution française. ❷ (Avec une majuscule.) Le chant et la ronde des sans-culottes.

carmin **n.m.** Matière colorante d'un rouge éclatant que l'on tirait autrefois d'un insecte, la *cochenille*. ◆ **adj.invar.** De la couleur rouge vif du carmin. *Des tuniques carmin.*

HISTOIRE DU MOT Vient de l'arabe *qirmiz* qui signifie « cochenille ».

carnage **n.m.** Massacre d'hommes ou d'animaux en grand nombre. *La bataille fut un véritable carnage.*

HISTOIRE DU MOT Vient du latin *carnis* qui signifie « chair » et que l'on retrouve dans *carnassier, carné, carnivore* mais aussi *carnaval.*

carnassier, ère **adj.** et **n.** Qui se nourrit exclusivement de chair crue, de proies vivantes. *Le loup, le renard, la belette sont des carnassiers.*
▸ REM. Ne pas confondre avec *carnivore*.

carnassière **n.f.** Sac dans lequel le chasseur met le gibier qu'il a tué. SYN. carnier, gibecière.

carnaval **n.m.** (PLUR. : carnavals). Fête populaire où l'on se déguise, l'on met des masques et l'on organise des défilés de chars.

HISTOIRE DU MOT Vient du latin *carnelevare* qui signifie « ôter la viande », du latin *carnis*, « chair » ; le Mardi gras précède le carême, pendant lequel on ne mangeait pas de viande.

ENCYCLOPÉDIE Parmi les carnavals les plus célèbres, on compte ceux de Nice, de Venise, de Rio de Janeiro. Cette période se situe généralement dans les jours qui précèdent le Mardi gras.

carne **n.f.** (Familier) ❶ Viande dure. ❷ Vieux cheval.

carné, e **adj.** *Une alimentation carnée* est à base de viande.

carnet **n.m.** ❶ Petit cahier pour prendre des notes. *J'ai tout inscrit dans mon carnet.* SYN. calepin. *Un carnet d'adresses. Un carnet de rendez-vous* (= un agenda). ❷ Série de tickets, de billets, de timbres, etc., vendus ensemble et qu'on peut détacher au fur et à mesure des besoins. *Un carnet de tickets de transport. Un carnet de chèques* (= un chéquier).

carnier **n.m.** Petite carnassière. SYN. gibecière.

carnivore **adj.** et **n.** Qui se nourrit, entre autres choses, de chair, de viande.
▸ REM. Ne pas confondre avec *carnassier*.

HISTOIRE DU MOT Vient du latin *carnis*, qui signifie « chair », et de *-vore*, qui signifie « qui mange ».

carnotset ou **carnotzet** **n.m.** En Suisse, petit endroit aménagé en bar, dans la cave d'une maison ou dans une autre pièce, pour y boire entre amis.

carolingien, enne **adj.** et **n.** Qui concerne les Carolingiens, leur dynastie. → VOIR noms propres.

défilé de carnaval (Nice, France)

a b c d e f g h i j k l m n o p q r s t u

carotide **n.f.** Artère du cou. *Les deux carotides portent le sang du cœur à la tête.*

carotte **n.f.** ❶ Plante dont la racine, riche en sucre et de couleur orange, est comestible ; la racine de cette plante. *Une purée de carottes.* ❷ *Manier la carotte et le bâton*, c'est faire successivement des promesses et des menaces pour obtenir quelque chose de quelqu'un. ◆ **adj.invar.** D'une couleur tirant sur l'orange. *Des cheveux carotte.*
▶ REM. Attention, ce mot a un seul *r* et deux *t*.

carpe **n.f.** Gros poisson d'eau douce comestible. • **Être muet comme une carpe :** être tout à fait silencieux, ne pas dire un mot.

carpette **n.f.** ❶ Petit tapis. ❷ (Familier) Personne servile, qui s'abaisse devant une autre.

carquois **n.m.** Étui où l'archer range ses flèches et qu'il porte à la ceinture ou en bandoulière.

carre **n.f.** Baguette d'acier qui borde la semelle d'un ski et qui mord sur la neige ; tranchant d'un patin à glace qui mord sur la glace.

1 carré **n.m.** ❶ Figure géométrique, quadrilatère dont les quatre côtés sont égaux et les quatre angles droits. *La cour de la ferme formait un carré.* ❷ Le produit d'un nombre que l'on a multiplié par lui-même. *Le carré de 2, c'est 4, c'est-à-dire 2 × 2.* ❸ *Un carré de soie* est un petit foulard de forme carrée. *Elle portait un carré de soie autour du cou.* ❹ À certains jeux de cartes, réunion de quatre cartes de même valeur. *Carré d'as, de valets.* ❺ Sur un bateau, local réservé aux repas et au repos des officiers.
▶ REM. On calcule l'aire d'un carré en multipliant le côté par lui-même. ⟶ VOIR **aire** (encadré).

2 carré, e **adj.** ❶ Qui a la forme d'un carré. *Ma table de travail est carrée.* ❷ *Une personne très carrée* est directe, franche, sans complications, mais un peu rigide. • **Mètre carré :** unité de mesure de surface égale à la surface d'un carré de 1 m de côté. (On écrit m^2 en abrégé.)

carreau **n.m.** ❶ Vitre d'une fenêtre. *Les carreaux sont mal lavés.* ❷ Petite plaque de terre cuite, de faïence, etc., que l'on assemble à d'autres pour recouvrir les sols et les murs, l'ensemble formant un *carrelage*. ❸ Motif en forme de carré. *Un tissu à carreaux.* ❹ En Suisse, parcelle de jardin consacrée à la culture d'une seule plante. SYN. carré. ❺ L'une des couleurs des cartes à jouer, marquée d'un losange rouge. ❻ Grosse flèche d'arbalète dont la pointe a quatre faces.

carreauté, e **adj.** *Un tissu carreauté*, au Canada, c'est un tissu à carreaux.

carrefour **n.m.** ❶ L'endroit où se croisent plusieurs routes. SYN. croisement, embranchement. ❷ Le moment où l'on a le choix entre plusieurs directions, plusieurs possibilités. *Se retrouver à un carrefour de sa vie.* ❸ Lieu de rencontre de diverses cultures, façons de vivre ou idées. *L'Europe est le carrefour de civilisations très différentes.*

botte de carottes

HISTOIRE DU MOT Vient du latin *quadrifurcus* qui signifie « à quatre fourches ».

carrelage **n.m.** Revêtement d'un sol, d'un mur, fait de carreaux assemblés.

carreler **v.** (CONJUG. **12**, ✎ *11*). Recouvrir avec des carreaux. *Le rez-de-chaussée du mas est carrelé de tomettes rouges.*

carreleur, euse **n.** Ouvrier, ouvrière qui pose le carrelage.

carrément **adv.** De manière nette, franche. *Il a carrément dit sa façon de penser.* SYN. franchement, sans détour.

se **carrer** **v.pron.** (CONJUG. **3**). *Se carrer dans son fauteuil*, c'est s'y installer confortablement.

1 carrière **n.f.** Terrain d'où l'on extrait de la pierre, du marbre, du sable, etc., pour construire maisons et bâtiments.

HISTOIRE DU MOT Vient du latin *quadrus* qui signifie « pierre carrée ».

2 carrière **n.f.** Profession que l'on choisit et dont on gravit petit à petit les échelons. *Alexandre s'est renseigné sur les carrières de l'enseignement.* SYN. métier. • **Faire carrière :** franchir avec succès les étapes d'une profession. *Elle a fait carrière dans le journalisme.*

carriole **n.f.** ❶ Petite charrette à deux roues tirée par un âne ou un cheval. ❷ Au Canada, traîneau tiré par un ou plusieurs chevaux.

HISTOIRE DU MOT Vient du latin *carrus* qui signifie « chariot ».

carrossable **adj.** *Un chemin carrossable* peut être emprunté par les voitures, bien qu'il ne soit pas goudronné ; on dit aussi qu'il est *praticable*. (Un chemin carrossable était autrefois celui où pouvaient passer les carrosses.)

carrosse **n.m.** ❶ Luxueuse voiture à quatre roues, couverte et suspendue, tirée par des chevaux. *Le carrosse de la reine d'Angleterre.* ❷ Au Canada, landau (= voiture d'enfant). • (Familier) **La cinquième roue du carrosse :** une personne qui ne sert à rien ou que l'on considère comme inutile.

ENCYCLOPÉDIE C'est Catherine de Médicis qui introduisit l'usage du carrosse en France au XVIe siècle. Jusque-là, les hommes se déplaçaient à cheval et les dames à dos de mule ou en litière. Aujourd'hui, le carrosse n'est plus utilisé que lors de cérémonies exceptionnelles par des familles royales.

carrosserie **n.f.** L'habillage, généralement en tôle, d'une voiture, d'une machine à laver, etc.

carrossier n.m. Réparateur ou fabricant de carrosseries d'automobiles.
▸ REM. Au Canada, la forme féminine de ce mot est *carrossière*.

carrousel n.m. ❶ Parade équestre au cours de laquelle les cavaliers exécutent des figures variées. ❷ Manège de chevaux de bois.

carrure n.f. ❶ Largeur du dos entre les épaules. *Il est très musclé et il a une carrure d'athlète.* ❷ *Une personne d'une carrure exceptionnelle* a une très forte personnalité. SYN. envergure.

cartable n.m. Sac où les écoliers mettent leurs livres, leurs cahiers et leurs crayons. SYN. sacoche, serviette.
▸ REM. Au Canada, on dit un *sac d'école*.

carte n.f. ❶ Dessin qui représente, à échelle réduite, la géographie d'un pays, d'une région, le plan d'une ville, l'emplacement des astres dans le ciel, etc. *Un atlas est un ensemble de cartes géographiques. Une carte routière permet de choisir son itinéraire. La carte du ciel nous montre la position des planètes.* ❷ Rectangle de carton qui porte une figure, un symbole et qui sert à jouer. *Un jeu de 32 cartes.* ❸ Petit carton comportant divers types de renseignements. *Carte d'identité. Carte d'électeur. Carte de visite* (= qui porte le nom et l'adresse de son propriétaire). ❹ Petit carton magnétique pour réaliser diverses opérations. *Carte de téléphone* (= Télécarte). *Carte de crédit. Carte à mémoire, à puce.* ❺ Au restaurant, liste des plats et des boissons parmi lesquels on peut choisir. *Manger à la carte* (= en choisissant ses plats, par opposition au *menu*). • **Carte postale :** carton illustré sur une face, l'autre étant réservée à la correspondance. • **Avoir carte blanche :** être libre de choisir sa méthode pour remplir une mission. • **Jouer cartes sur table :** négocier une affaire en ne cachant rien.

HISTOIRE DU MOT Vient du latin *charta* qui signifie « papier » et que l'on retrouve dans *charte*.

carter n.m. L'enveloppe qui protège la boîte de vitesses d'une automobile.
▸ REM. On prononce [kartɛr].

HISTOIRE DU MOT Vient du nom de son inventeur, Carter.

la Carriole du père Junier (Henri Rousseau, dit le Douanier Rousseau, 1908)

carte-vue n.f. (PLUR. : **cartes-vues**). En Belgique, carte postale illustrée.

cartilage n.m. Tissu organique résistant, flexible, moins dur que les os. *Les cartilages du nez, de l'oreille.*

cartilagineux, euse adj. Fait de cartilage. *Certains poissons comme la raie ou le requin ont un squelette cartilagineux.*

cartographe n. Spécialiste de cartographie.

cartographie n.f. L'art de réaliser des cartes géographiques.

ENCYCLOPÉDIE Les premières cartes du monde datent de l'Antiquité grecque (IIIe siècle avant J.-C.). Aux XIVe et XVe siècles, les voyages des navigateurs génois et vénitiens firent faire d'énormes progrès à la cartographie. Aujourd'hui, la photographie par avion ou satellite ainsi que les procédés informatiques (dessin assisté par ordinateur) ont révolutionné la technique de la cartographie.

cartographique adj. Qui concerne la cartographie.

cartomancien, enne n. Personne qui pratique l'art de lire l'avenir dans les cartes.

carton n.m. ❶ Papier épais et rigide. *Les couvertures de livre sont souvent en carton.* ❷ Emballage en carton. *Préparer des cartons pour un déménagement.* ❸ Cible pour le tir d'entraînement. • **Carton à dessin :** assemblage de deux grandes feuilles de carton reliées et fermées par des rubans, pour ranger et transporter des dessins.

HISTOIRE DU MOT Vient, comme *carte*, du latin *charta*.

cartonné, e adj. Formé de carton ou renforcé par du carton. *Mon livre a une couverture cartonnée.*

carton-pâte n.m. (PLUR. : **cartons-pâtes**). Carton obtenu à partir de résidus de carton et de colle et qui sert à la confection de masques, de décors, etc. *Les enfants ont fabriqué des petits animaux en carton-pâte.* • **En carton-pâte :** qui est factice. *Des décors en carton-pâte.*

1 cartouche n.f. ❶ Ensemble constitué par la douille, l'amorce et le projectile, et qu'on place dans une arme à feu pour tirer. *Une cartouche pour fusil de chasse.* ❷ Charge d'explosif. *Une cartouche de dynamite.* ❸ Recharge d'encre, de gaz, etc. ❹ Support de jeu électronique que l'on insère dans une console. ❺ Emballage contenant plusieurs paquets de cigarettes, plusieurs boîtes d'allumettes, etc.

2 cartouche n.m. ❶ Boucle dans laquelle se trouve le nom d'un pharaon dans les hiéroglyphes égyptiens. ❷ Espace prévu pour mettre une légende, un titre ou un texte dans une illustration.

cartouchière n.f. Petite sacoche en cuir fixée au ceinturon, ou ceinture compartimentée où le chasseur met ses cartouches.

1 cas n.m. ❶ Ce qui arrive ou peut arriver ; situation dans laquelle on se trouve ou on peut se trouver. *C'est un cas fréquent* (= cela arrive souvent). *Que feriez-vous* *en pareil cas ?* SYN. circonstance. *Il faut envisager tous les cas.* SYN. hypothèse, éventualité. *Il y a eu trois cas de grippe intestinale dans la classe* (= trois élèves en ont été atteints). ❷ (Familier) Personne très particulière. *Ton amie, c'est un cas !* • **Cas de conscience :** situation dans laquelle on a un choix difficile à faire d'un point de vue moral. • **Cas social :** personne qui a de grosses difficultés dans sa vie de tous les jours et que la société doit aider. • **En aucun cas :** jamais, en aucune manière, pas du tout. • **En tout cas :** quoi qu'il arrive, quoi qu'il en soit. • **Faire grand cas :** accorder beaucoup d'importance à quelqu'un ou à quelque chose.

2 cas n.m. Dans les langues qui ont des déclinaisons, comme le latin, l'allemand ou le russe, forme prise par un mot, selon sa fonction dans la phrase.

casanier, ère adj. *Une personne casanière* aime bien rester chez elle et déteste qu'on dérange ses habitudes.

casaque n.f. Jaquette en soie de couleurs vives que portent les jockeys.

cascade n.f. ❶ Chute d'eau, qui rebondit de rocher en rocher, souvent provoquée par le jaillissement d'une source à flanc de montagne. *La cascade la plus haute du monde est celle d'Angel Falls au Venezuela (279,7 m).* ❷ Chute, accident, acrobatie, au cinéma. ❸ *Des événements en cascade* se suivent très rapidement, comme si l'un déclenchait l'autre (= en série).

HISTOIRE DU MOT Vient de l'italien *cascare* qui signifie « tomber ».

cascadeur, euse n. Spécialiste des cascades, au cinéma. *Certains comédiens sont eux-mêmes cascadeurs.*

case n.f. ❶ Habitation traditionnelle d'Afrique, des Antilles, d'Océanie, etc., faite de roseaux, de feuilles, de torchis, etc. *« La Case de l'oncle Tom » est un célèbre roman américain sur l'esclavage.* ❷ Compartiment d'une boîte, d'un meuble, d'un tiroir, etc. *Les cases d'un coffret à bijoux.* ❸ Chacun des espaces délimités par des lignes horizontales et verticales. *Les cases d'une grille de mots croisés.*

HISTOIRE DU MOT Vient du latin *casa* qui signifie « maison ».

caser v. (CONJUG. 3). ❶ Trouver une place pour quelque chose dans un espace souvent réduit. *Mon armoire est déjà pleine, je n'arriverai jamais à caser cet imperméable !* SYN. loger, ranger. ❷ (Familier) Trouver un emploi à quelqu'un. *Leurs enfants sont bien casés, ils ont tous une bonne situation.*

caserne n.f. Bâtiment où logent les militaires, les pompiers. *En France, on doit les premières casernes à l'architecte Vauban.*

cash adv. *Payer cash*, c'est payer la totalité du prix d'un objet au moment où on l'achète, souvent en argent liquide. *J'avais des économies, j'ai payé ma voiture cash.* SYN. comptant. CONTR. à crédit.
▸ REM. Au Québec, on doit dire *payer comptant.*

HISTOIRE DU MOT *Cash* est un mot anglais qui signifie « comptant ».

casoar

casher adj.invar. → **kasher**

casier n.m. ❶ Meuble ou objet de rangement ayant des cases, des compartiments. *Un casier à disques, à bouteilles.* ❷ Compartiment d'un meuble de rangement. *Les lycéens ont un casier pour mettre leurs affaires personnelles.* SYN. case. • **Casier judiciaire :** bulletin sur lequel sont inscrites les peines auxquelles une personne a été condamnée. *Son casier judiciaire est vierge* (= il n'a jamais été condamné).

casino n.m. Établissement public comportant des salles de jeux d'argent, un restaurant et, souvent, une salle de spectacle.

HISTOIRE DU MOT C'est un mot italien qui signifie « maison de plaisance ».

casoar n.m. Grand oiseau coureur de Nouvelle-Guinée qui ne peut pas voler, qui a sur la tête une sorte de bosse appelée « casque ».

casque n.m. ❶ Coiffure faite dans une matière rigide pour protéger la tête. *Le port du casque est obligatoire pour aller sur ce chantier.* ❷ Appareil individuel pour écouter de la musique. *Les deux écouteurs d'un casque.* ❸ Appareil qu'on utilise dans les salons de coiffure pour sécher les cheveux. • **Casque bleu :** soldat appartenant aux forces militaires de l'O.N.U.

casqué, e adj. Avec un casque sur la tête.

casquette n.f. Coiffure à visière, sans bords, souple ou rigide. *La casquette du chef de gare est plate.*

cassant, e adj. ❶ Qui se casse facilement. *Le châtaignier est un bois cassant.* ❷ Qui est brusque dans sa manière de parler. *Il répondit d'un ton cassant qu'on n'avait qu'à y penser avant.* SYN. sec. CONTR. conciliant.

cassation n.f. Annulation d'une décision judiciaire. • **La Cour de cassation :** cour suprême qui peut annuler, casser le jugement d'un autre tribunal.

casse n.f. ❶ (Familier) Objets cassés, dégâts. *Tous se sont battus et il y a eu de la casse.* ❷ Lieu où l'on casse, démonte les voitures accidentées ou très usagées.

cassé, e adj. • **Blanc cassé :** blanc qui comporte une petite pointe de couleur jaune ou grise. • **Voix cassée :** dont le timbre est éraillé, rauque.

casseau n.m. Au Canada, récipient qui sert à la cueillette et à la vente des fraises, des framboises, etc.

casse-cou n.invar. et **adj.invar.**, ✎ ***n.*** et ***adj.*** (PLUR. : *casse-cous*). Personne qui aime prendre des risques.

casse-croûte n.m.invar., ✎ ***casse-croute*** *n.m.* (PLUR. : *casse-croutes*). ❶ Repas sommaire ou sandwich. ❷ Au Québec, snack-bar.

casse-noisette n.m. (PLUR. : casse-noisettes). Instrument dont on se sert pour casser la coquille des noisettes ou des fruits durs.

casse-noix n.m.invar. Ustensile dont on se sert pour casser la coquille des noix et d'autres fruits à coque dure.

casse-pieds adj.invar. et n.invar., ✎ ***casse-pied*** *adj.* et *n.* (PLUR. : *casse-pieds*). (Familier) Qui ennuie, lasse, énerve. *Ce que c'est casse-pieds de l'attendre !* SYN. énervant. *Encore un casse-pieds qui sonne à la porte !* SYN. gêneur, importun.

casse-pipe n.m. (PLUR. : casse-pipes) ou **casse-pipes** n.m.invar. (Familier) *Aller au casse-pipe*, c'est aller à la guerre, aller se faire tuer.

casser v. (CONJUG. 3). ❶ Mettre en morceaux. *Arrête de te balancer sur ta chaise, tu vas la casser !* SYN. briser, rompre. ❷ Abîmer quelque chose, le mettre hors d'usage. *À force de jouer avec la télécommande, je l'ai cassée.* ❸ En droit, annuler un jugement. → VOIR cassation. • (Familier) **Casser la croûte :** manger rapidement. • (Familier) **Casser les oreilles :** déranger en faisant trop de bruit. • (Familier) **Casser les pieds :** ennuyer, énerver, importuner. • **Casser les prix :** les baisser fortement. ◆ **se casser** v.pron. ❶ Se briser, être en morceaux. *Les œufs se sont cassés pendant le transport.* ❷ Se faire une fracture, se briser un os. *Michelle est tombée et elle s'est cassé la jambe.* • (Familier) **Se casser la figure :** tomber. • (Familier) **Se casser la tête :** réfléchir longtemps, faire des efforts pour trouver une solution.

casserole n.f. ❶ Ustensile de cuisine cylindrique, à fond plat et à manche, qui sert à cuire des aliments, chauffer des liquides, etc. ❷ (Familier) Voix fausse, instrument discordant.

casse-tête n.m.invar., ✎ *n.m.* (PLUR. : *casse-têtes*). ❶ Ce qui est très compliqué et qui demande donc beaucoup de réflexion. *Que décider ? C'est un vrai casse-tête.* ❷ Au Québec, puzzle. • **Casse-tête chinois :** jeu fait de pièces de formes différentes, avec lesquelles on doit reconstituer des figures précises.

cassette n.f. ❶ Boîtier contenant une bande magnétique pour l'enregistrement des sons ou des images. *Il a des cassettes audio et des cassettes vidéo. Une cassette vierge* (= sur laquelle rien n'a encore été enregistré). ❷ Petite boîte où l'on plaçait autrefois son argent, ses bijoux. SYN. coffret.

1 **cassis** n.m. Petit fruit noir au goût légèrement acide et qui est voisin de la groseille. *Le cassis est la baie d'un arbuste aux feuilles odorantes, appelé aussi « cassis » ou « cassissier ».*
▸ REM. On prononce le *-s* final.

2 **cassis** n.m. Rigole, creux en travers de la route, qui constitue un danger pour une voiture si elle ne ralentit pas. CONTR. dos-d'âne.
▸ REM. On ne prononce pas le *-s* final.
HISTOIRE DU MOT Vient de *casser.*

cassonade n.f. Sucre de canne qui n'a été raffiné qu'une fois.

cassoulet n.m. Plat du sud de la France fait de haricots blancs, de viande de porc ou de mouton, de confit d'oie ou de canard cuits en ragoût.

cassure n.f. ❶ Endroit où un objet est cassé. *Le vase est recollé mais la cassure est apparente.* ❷ Au figuré, interruption brutale des bonnes relations entre des personnes. *Il y a une cassure dans leur amitié.*

castagnettes n.f.plur. Instrument de musique fait de deux plaquettes de bois réunies par un cordonnet et que l'on fait claquer l'une contre l'autre dans le creux de la main. *Les castagnettes sont, avec la guitare, l'instrument typique du flamenco en Espagne.*

caste n.f. ❶ Groupe social très attaché à son mode de vie, à ses privilèges et qui reste fermé aux autres personnes. SYN. clan. ❷ Classe de la société indienne.

ENCYCLOPÉDIE La société traditionnelle de l'Inde était divisée en quatre castes principales : les brahmanes (les prêtres), les guerriers, les marchands et paysans, les artisans et serviteurs. De naissance, on appartenait à l'une ou l'autre caste, ou bien l'on était « paria », c'est-à-dire « hors caste ». Ce système, bien qu'aboli, se maintient encore de nos jours.

castillan n.m. La langue espagnole, qui, à l'origine, vient de la région de Castille.

castor n.m. Petit mammifère rongeur à queue plate couverte d'écailles et aux pattes arrière palmées, dont la fourrure est très recherchée, et qui vit en colonies près des cours d'eau d'Amérique du Nord, d'Europe et de Sibérie.

ENCYCLOPÉDIE Le castor d'Europe mesure en moyenne 95 cm et pèse 25 kg. Sa queue, qui fait un tiers de sa longueur, lui sert de palme et de gouvernail. Le castor d'Amérique aménage des terriers-huttes au bord de l'eau, dont l'entrée est toujours immergée ; au besoin, il construit des barrages qui maintiennent un niveau d'eau constant. Les castors se nourrissent d'écorces en hiver et de feuilles de saules et de peupliers dont ils peuvent abattre le tronc en rongeant la base avec leurs incisives.

castrer v. (CONJUG. 3). Priver des organes sexuels qui permettent la reproduction. *Un bœuf est un taureau que l'on a castré.* SYN. châtrer.

castor

cataclysme n.m. Grande catastrophe naturelle qui crée des bouleversements sur la Terre. *Déluges, tremblements de terre sont des cataclysmes.*

HISTOIRE DU MOT Vient d'un mot grec qui signifie « inondation ».

catacombes n.f.plur. Cimetière souterrain. *À Rome, les premiers chrétiens enterrèrent leurs martyrs dans des catacombes.*

catafalque n.m. Estrade décorée où l'on place le cercueil lors d'une cérémonie funéraire.

catalan n.m. La langue parlée en Catalogne. *Le catalan est proche de l'occitan.*

catalogue n.m. Liste des articles proposés à la vente, liste des livres d'une bibliothèque, des tableaux d'une exposition, etc. ; brochure ou livre qui présente cette liste. *Un catalogue de vente par correspondance. Le catalogue de l'exposition « Picasso ».*

cataloguer cataloguant, catalogué v. (CONJUG. 6). Classer définitivement quelqu'un dans une catégorie. *On l'avait catalogué comme une mauvaise langue.* ▸ REM. Ce mot est péjoratif.

catalyse n.f. En chimie, l'action particulière d'un corps, qui provoque ou accélère une réaction chimique.

catalyser v. (CONJUG. 3). ❶ En chimie, provoquer une catalyse. ❷ Au figuré, provoquer une forte réaction. *Un chanteur qui catalyse l'enthousiasme du public.*

catalyseur n.m. ❶ En chimie, corps, élément qui provoque une catalyse. ❷ Au figuré, ce qui déclenche des réactions. *La crise économique a servi de catalyseur aux mouvements révolutionnaires.*

catamaran n.m. Voilier à deux coques, très rapide et très stable. *Le catamaran a été imité des radeaux des pêcheurs de l'Inde de l'Ouest, faits de deux troncs de cocotier.* → VOIR AUSSI **trimaran.**

catamaran

cataplasme n.m. Bouillie épaisse faite à partir de farines médicamenteuses que l'on appliquait entre deux linges sur la peau pour soigner une inflammation. → VOIR AUSSI **emplâtre.**

catapulte n.f. ❶ Dans l'Antiquité, engin de guerre qui servait à lancer des projectiles. *Les catapultes lançaient des pierres, du plomb, de la ferraille.* ❷ Dispositif utilisé sur les porte-avions pour le lancement des avions.

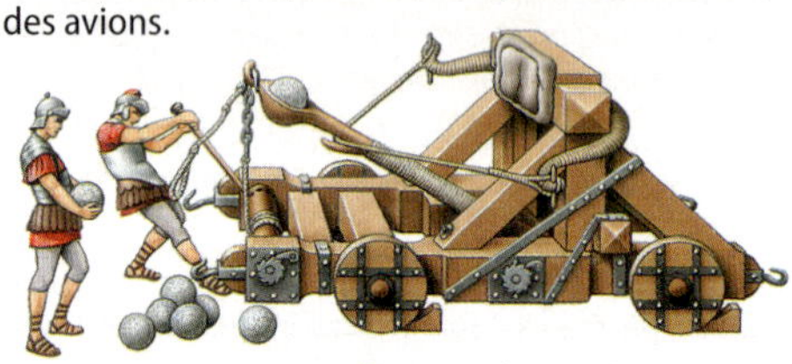

catapulte romaine

1 cataracte n.f. Énorme chute d'eau sur un fleuve, provoquée par un brusque changement de niveau du lit. *Les plus célèbres cataractes sont celles du Niagara, à la frontière du Canada et des États-Unis (47 m de haut), et les chutes Victoria sur le Zambèze, en Afrique.*

2 cataracte n.f. Maladie du cristallin de l'œil qui le rend progressivement opaque et qui peut provoquer la perte de la vue. *Aujourd'hui, l'opération de la cataracte est très courante.*

catastrophe n.f. Malheur brutal et terrible, accident très grave. *Les incendies qui ravagent chaque année cette région sont une catastrophe.* SYN. désastre. *On déplore vingt morts dans la catastrophe aérienne.* • **Catastrophe naturelle :** une catastrophe causée par les forces de la nature. *Les tempêtes, les inondations, les tremblements de terre sont des catastrophes naturelles.* • **Courir à la catastrophe :** aller au-devant de gros ennuis. • **En catastrophe :** très vite, sans avoir le temps de réfléchir ou de prendre les précautions nécessaires. *Je suis parti en catastrophe ce matin, j'ai oublié mon livre.*

catastrophé, e adj. (Familier) *Avoir l'air catastrophé,* c'est avoir l'air accablé, consterné. SYN. abattu, atterré.

catastrophique adj. Qui est très mauvais. *Des résultats catastrophiques.* SYN. désastreux.

catch n.m. Lutte libre, spectaculaire, où la plupart des coups sont permis.

HISTOIRE DU MOT Vient de l'anglais *catch as catch can* qui signifie « attrape comme tu peux ».

catcheur, euse n. Personne qui pratique le catch.

catéchisme n.m. L'enseignement de la foi et de la morale chrétiennes. *Aller au catéchisme.*

catégorie n.f. Ensemble dans lequel on classe des objets, des personnes de la même espèce. *La trompette appartient à la catégorie des instruments à vent.* SYN. famille. *Il fait partie de cette catégorie de gens qui se moquent de tout.* SYN. espèce, genre. *Le nom, l'adjectif, le verbe sont des catégories grammaticales.* SYN. classe.

catégorique adj. ❶ Très net, qui ne laisse aucun doute, qui est sans appel. *C'est un non catégorique.* ❷ *Une personne catégorique* exprime son avis d'une manière nette et sans réplique. *Je suis catégorique : je n'ai jamais vu cette femme* (= j'en suis sûr).

A B C D E F G H I J K L M N O P Q X Y Z

catégoriquement **adv.** Tout net. *Il a refusé catégoriquement de venir.*

caténaire **n.f.** Système de suspension des fils électriques sur une voie de chemin de fer.

cathare **n.** et **adj.** Adepte d'un mouvement religieux condamné et réprimé par l'Église catholique. *Les cathares du Languedoc étaient appelés « albigeois ».*
→ VOIR noms propres.

cathédrale **n.f.** L'église principale de la ville où réside l'évêque.

HISTOIRE DU MOT Vient du latin *cathedra* qui signifie « siège, chaire ».

catholicisme **n.m.** La religion des catholiques.
→ VOIR AUSSI **christianisme.**

catholique **adj.** *La religion catholique* est une religion chrétienne qui reconnaît le pape comme son chef suprême. ◆ **adj.** et **n.** Qui est de religion catholique. *Les catholiques, les orthodoxes et les protestants sont des chrétiens.*

HISTOIRE DU MOT Vient du grec *katholikos* qui signifie « universel ».

en **catimini** **adv.** En cachette, discrètement, sans faire part de ses intentions à personne. *Il est parti en catimini.*

catogan **n.m.** Nœud en ruban avec lequel on attache ses cheveux sur la nuque ; coiffure réalisée ainsi. *Mozart est toujours représenté avec un catogan.*

HISTOIRE DU MOT Vient du nom du général anglais *lord Cadogan* qui lança la mode de cette coiffure chez les soldats au XVIIIe siècle.

cauchemar **n.m.** ❶ Mauvais rêve qui provoque la peur ou l'angoisse. ❷ (Familier) Ce qui est pénible, ce qui obsède. *Les maths, c'est mon cauchemar !*
▸ REM. Attention, *cauchemar* s'écrit sans *d* malgré *cauchemardesque.*

cauchemardesque **adj.** Qui semble sortir d'un cauchemar, qui ressemble à un mauvais rêve. *Un voyage cauchemardesque.* SYN. horrible.

caudal, ale, aux **adj.** Qui se rapporte à la queue *La nageoire caudale d'un poisson. Les plumes caudales d'un oiseau.*

causant, e **adj.** (Familier) Qui prend plaisir à causer, à bavarder. *Il n'est pas très causant aujourd'hui, il est mal réveillé.* SYN. loquace. CONTR. taciturne.

1 **cause** **n.f.** ❶ Ce qui provoque un événement, ce qui fait qu'une action se produit. *Peut-on jamais connaître toutes les causes d'une guerre ?* SYN. origine. *Quelle est donc la cause de sa soudaine gentillesse ?* SYN. motif, raison. *Sa paresse fut pour lui la cause de bien des ennuis.* SYN. source. ❷ Idée que l'on défend, ce pour quoi l'on se bat. *Spartacus s'est battu pour la cause des esclaves* (= il a pris leur parti). *La lutte contre cette maladie est une noble cause.* ❸ Dossier, affaire ou personne que l'on défend. *Je vais plaider ta cause auprès du professeur* (= te soutenir). *La cause est entendue* (= l'affaire est classée, n'en parlons plus). ● **En tout état de cause :** quoi qu'il en soit, quoi qu'il arrive. SYN. de toute façon, en tout cas. ● **Et pour cause :** pour une raison que tout le monde comprend, qu'il n'y a pas à expliquer. *Il ne s'est pas vanté de ses exploits, et pour cause !* ● **Être en cause :** faire l'objet d'un débat ; être incriminé, compromis. ● **Être hors de cause :** être lavé de tout soupçon. ● **Mettre en cause :** accuser, incriminer.

2 à **cause de** **prép.** En raison de, du fait de. *C'est à cause de lui que je suis en retard.*

1 **causer** **v.** (CONJUG. 3). Être la cause de quelque chose. *Le verglas a causé plusieurs accidents.* SYN. provoquer. *Ton départ nous a causé bien des ennuis.* SYN. attirer, occasionner, susciter.

2 **causer** **v.** (CONJUG. 3). ❶ Parler avec quelqu'un. *Nous avons causé un bon moment au square.* SYN. bavarder, discuter. ❷ (Familier) Parler avec malveillance de quelqu'un, médire de lui. *On commence à causer beaucoup sur son compte.* SYN. cancaner, jaser.

causerie **n.f.** Petite conférence simple et sans prétention.

causette **n.f.** (Familier) *Faire la causette, faire un brin de causette,* c'est bavarder un moment avec quelqu'un.

causse **n.m.** Plateau calcaire du centre et du sud de la France. *Sur le causse du Larzac les paysans élèvent des troupeaux de moutons.*

caustique **adj.** ❶ Qui attaque les tissus de l'organisme. *La soude est caustique.* SYN. corrosif. ❷ *Un esprit caustique* est acerbe, cinglant.

HISTOIRE DU MOT Vient du grec *kaustikos*, « brûlant ».

cautère **n.m.** En médecine, tige de métal ou produit chimique que l'on utilise pour brûler les tissus afin d'arrêter une hémorragie ou de détruire une partie malade. ● (Familier) **Un cautère sur une jambe de bois :** un remède inutile et inefficace.

HISTOIRE DU MOT Vient du grec *kautêrion* qui signifie « brûlure ».

cautériser **v.** (CONJUG. 3). Brûler une plaie afin de la cicatriser, d'arrêter une hémorragie ou d'enlever les parties malades.

caution **n.f.** ❶ Somme que l'on verse pour servir de garantie. *Pour nous promener dans l'île, nous avons loué des vélos : on nous a demandé une caution de 80 euros.* ❷ Garantie morale apportée par une personne respectée de tous. *Agir avec la caution d'un ministre.* ● **Être sujet à caution :** être suspect, douteux, attirer la méfiance. *L'information est sujette à caution, on ne peut la vérifier.* SYN. contestable, discutable.

cautionner **v.** (CONJUG. 3). Soutenir une action ou une idée. *Le ministre ne voulait pas cautionner une mesure qu'il estimait injuste, et il a démissionné.*

cavalcade **n.f.** Course désordonnée et bruyante d'un groupe de personnes. *Les enfants font une de ces cavalcades dans le grenier !*

cavaler **v.** (CONJUG. 3). (Familier) Courir.

A B C

cavalerie n.f. Corps d'armée constitué à l'origine par des troupes à cheval, aujourd'hui équipé de chars de combat et de véhicules blindés.

1 cavalier, ère n. ❶ Personne qui monte à cheval. → VOIR AUSSI **écuyer.** ❷ Soldat de la cavalerie. ❸ Partenaire dans un cortège, un mariage ou un bal. ◆ **adj.** • **Allée cavalière :** piste réservée à la promenade à cheval.

cavalière

2 cavalier, ère adj. Qui ne respecte pas les convenances. *Cela me semble un peu cavalier d'aller chez lui sans y être invité.* SYN. désinvolte. *Une réponse cavalière.*

cavalièrement adv. De façon cavalière. *Ils sont partis très cavalièrement, sans prendre congé.*

cave n.f. ❶ Local aménagé dans le sous-sol d'une maison, où l'on conserve des provisions, ou qui sert de débarras. ❷ Local, souterrain ou non, où l'on conserve des vins pour sa consommation personnelle ou pour la vente.

caveau n.m. Dans un cimetière, fosse surmontée d'un petit bâtiment, servant généralement de sépulture à plusieurs personnes. *Un caveau de famille.*

caverne n.f. Cavité naturelle, assez vaste, creusée dans la terre ou les rochers. *À l'époque préhistorique, certaines cavernes servaient d'habitation.* SYN. grotte. • **L'âge, l'homme des cavernes :** l'âge, l'homme de la préhistoire.

caverneux, euse adj. *Une voix caverneuse* est profonde et résonne comme si elle sortait d'une caverne. SYN. sépulcral.

caviar n.m. Œufs d'esturgeon salés, constituant un mets très recherché. *Il existe du caviar noir et du caviar gris.*

cavité n.f. ❶ Creux dans une matière dure. *Les gouffres, les cavernes, les grottes sont des cavités naturelles du sol.* SYN. excavation. ❷ Espace creux à l'intérieur du corps ou d'un organe. *Les dents sont logées dans des cavités.*

C.B. n.f. Appareil émetteur-récepteur pour des communications radio entre automobilistes, routiers, motards, etc.
▸ REM. On prononce [sibi].

HISTOIRE DU MOT *C* et *B* sont les initiales des mots anglais *citizen band*, qu'on traduit par « bande publique ».

CD n.m.invar. Disque compact. *Écouter des CD.*
▸ REM. *C* et *D* sont les initiales des mots anglais *Compact Disc.*

C.D.I. n.m. Centre de documentation et d'information, au collège et au lycée.

CD-ROM n.m.invar. → **cédérom**

1 ce ou **cet, cette, ces** adj. démonstratif. Déterminant qui désigne la personne ou la chose que l'on montre ou dont il est question. *Donnez-moi ce journal. Cette jeune femme est très intelligente.*
▸ REM. 1.. Devant un nom masculin singulier commençant par une voyelle ou un *h* muet, on emploie *cet. J'ai déjà vu cet homme.* 2. Les particules *-ci* et *-là* peuvent accompagner l'adjectif démonstratif. *Cet homme-ci. Ce soir-là.*

2 ce ou **c'** pron. démonstratif. ❶ S'emploie avec le verbe *être* et peut désigner une personne ou une chose. *Ce serait bien d'y aller ensemble. C'est Julie qui vient. Est-ce compréhensible ?* ❷ S'emploie avec un pronom relatif pour désigner quelque chose. *Ce à quoi je pense. Ce dont je parle.*
▸ REM. 1.. *Ce* s'élide en *c'* devant un *e.* 2. Ne pas confondre avec *se.*

céans adv. Mot ancien qui signifie *ici*, dans ce lieu. *Or çà, messieurs, que venez-vous faire céans ?* • **Le maître de céans :** le maître de cette maison.

ceci, cela, ça pron. démonstratif. *Ceci* s'emploie pour désigner la chose la plus proche de soi ou celle dont on va parler, par opposition à *cela* qui désigne quelque chose de plus éloigné ou dont on vient de parler ; *ça* s'emploie dans la langue parlée. *Prenez ceci en souvenir de moi. Gardez cela, je n'en ai plus besoin. C'est ça ! Ça va ?*

cécité n.f. L'état d'une personne aveugle. *Il a été atteint de cécité après un accident.*

HISTOIRE DU MOT Vient du latin *caecus* qui signifie « aveugle ». Au XVIIIe siècle, on disait *aveuglement* à la place de *cécité* ; aujourd'hui, *aveuglement* ne s'emploie plus qu'au sens figuré.

céder v. (CONJUG. 9, ✎ *10*). ❶ Se briser, rompre sous une force trop grande. *La valise était trop lourde, la poignée a cédé.* CONTR. tenir. ❷ Cesser de résister, se plier à la volonté de quelqu'un d'autre. *J'étais lasse de toutes ces discussions, j'ai fini par céder.* SYN. abandonner, capituler. ❸ Laisser, donner à quelqu'un ce que l'on avait. *Asseyez-vous, madame, je vous cède ma place. Je cède la parole à M. Nimbus.* ❹ Vendre un bien, une propriété. *M. Varenne nous a cédé un pré.* → VOIR **cession.**

cédérom n.m. ou **CD-ROM** n.m.invar. Disque compact à lecture laser qui peut stocker un nombre

O P Q R S T U V W X Y Z

considérable de textes, d'images et de sons. *La capacité d'un cédérom est de plus de 400 disquettes.*

cédille **n.f.** Signe que l'on place sous la lettre *c* devant les voyelles *a, o, u*, pour indiquer qu'elle se prononce [s], comme dans *français*.

HISTOIRE DU MOT Vient du mot espagnol *cedilla* qui signifie « petit *c* ».

ENCYCLOPÉDIE Au Moyen Âge, les copistes transcrivaient le son [s] en ajoutant un *e* au *c*. Ainsi, ils écrivaient *receut* pour *reçut*. C'est l'imprimerie qui imposera l'emploi de la cédille, après 1530.

cèdre **n.m.** ❶ Arbre majestueux du Liban, de l'Atlas et de l'Himalaya, de la famille du pin et du sapin ; bois de cet arbre. *Le cèdre est un symbole de majesté et de force.* ❷ Au Canada, arbre du genre thuya.

ENCYCLOPÉDIE Le cèdre a un tronc rugueux, très droit, très haut (jusqu'à 40 m), dont la cime est souvent inclinée vers le nord. Son bois rouge est imputrescible et très odorant. Le cèdre est l'emblème du Liban.

cèdre de l'Atlas (Afrique)

cégep **n.m.** Au Québec, collège d'enseignement général et professionnel.

HISTOIRE DU MOT *Cégep* est le sigle de « collège d'enseignement général et professionnel ».

cégépien, enne **n.** Au Québec, élève d'un cégep.

ceinture **n.f.** ❶ Bande de tissu ou de cuir qui maintient les vêtements autour de la taille. ❷ La taille, l'endroit du corps où se met la ceinture. *Entrer dans l'eau jusqu'à la ceinture.* ❸ Zone qui entoure une agglomération. *Une ceinture de fortifications.* ❹ *La ceinture de judo, d'aïkido* marque les grades (nommés *dans*) par différentes couleurs. • **Ceinture de sécurité :** courroie qui maintient une personne sur le siège d'un véhicule en cas de choc. • **Ceinture fléchée :** au Québec, longue ceinture de laine à franges et aux motifs en forme de flèche. *Les ceintures fléchées se portent pendant le carnaval d'hiver de Québec.* • (Familier) **Se serrer la ceinture :** se priver de nourriture ; se restreindre.

ceinturer **v.** (CONJUG. 3). ❶ Immobiliser quelqu'un en le saisissant par le milieu du corps. *Il ceintura son adversaire et le colla contre le mur.* ❷ Entourer d'une enceinte. *Les murailles ceinturent la ville.*

ceinturon **n.m.** Solide ceinture fermée par une boucle de métal.

cela → **ceci**

célébration **n.f.** L'action de célébrer un événement. *La célébration du baptême aura lieu en l'église Notre-Dame.* SYN. cérémonie.

célèbre **adj.** Qui est très connu, renommé. *Connaissez-vous l'histoire du célèbre Tartarin de Tarascon ?* SYN. fameux, illustre. CONTR. obscur.

HISTOIRE DU MOT Vient du latin *celeber* qui signifie « fréquenté, connu ».

célébrer **v.** (CONJUG. 9, ✎ *10*). ❶ Marquer un événement par une cérémonie ou une fête. *Célébrer un anniversaire.* SYN. fêter. *Célébrer une victoire, un armistice.* SYN. commémorer. ❷ Accomplir un office religieux. *Célébrer la messe.*

célébrité **n.f.** ❶ Le fait d'être célèbre, d'être très connu. *Les artistes aiment la célébrité.* SYN. gloire, notoriété. ❷ Personne célèbre. *De nombreuses célébrités ont été réunies pour cette émission.*

céleri **n.m.** Plante potagère dont on mange la tige et les feuilles *(céleri en branches)* ou la racine *(céleri-rave)*.

célérité **n.f.** Rapidité. *L'enquête a été menée avec célérité.* SYN. diligence, promptitude.
▸ REM. Ce mot appartient à la langue soutenue.

HISTOIRE DU MOT Vient du latin *celer* qui signifie « rapide ».

céleste **adj.** ❶ Du ciel. *La voûte céleste resplendissait d'étoiles ce soir-là. Un corps céleste* (= astre). ❷ Qui évoque le ciel comme un lieu paradisiaque. *Une musique céleste.*

célibat **n.m.** Situation d'une personne qui n'est pas mariée.

célibataire **adj.** et **n.** Qui n'est pas marié. *Ma tante est restée célibataire, c'est une célibataire.*

celle → **celui**

cellier **n.m.** Pièce fraîche et sèche d'une maison où l'on conserve vin et provisions.

Cellophane **n.f.** Feuille transparente utilisée pour l'emballage. *Maman a recouvert ses pots de confitures avec de la Cellophane.*
▸ REM. C'est un nom de marque : le mot prend une majuscule, en France, dans les textes imprimés.

cellulaire **adj.** Qui se rapporte à la cellule vivante. *Biologie cellulaire.* • **Téléphone cellulaire :** téléphone portable. ◆ **n.m.** Au Québec, téléphone portable.

A B C D E F G H I J K L M N O P Q R S T U V W X Y Z

cellule n.f. ❶ Chambre isolée où vit un moine dans un monastère. ❷ Pièce où est emprisonné un détenu dans une prison. *Le prisonnier regagna sa cellule.* ❸ Chaque alvéole des rayons de cire où les abeilles déposent le couvain (= les œufs, les larves et les nymphes) et la nourriture. ❹ Petit groupe de base d'une organisation plus grande. *La cellule familiale. La cellule d'un parti politique.* ❺ Le plus petit élément constitutif d'un ensemble vivant. *La cellule est l'élément fondamental de toute matière vivante. La cellule est composée d'une membrane, le cytoplasme, et d'un noyau. Cellules végétales, animales.*

HISTOIRE DU MOT Vient du mot latin *cellula*, diminutif de *cella* qui signifie « chambre ».

cellulite n.f. Accumulation de cellules graisseuses sous la peau, en particulier au niveau des cuisses et des hanches.

Celluloïd n.m. Matière plastique qu'on utilisait pour faire les poupées, les peignes, les boutons.
▸ REM. C'est un nom de marque : le mot prend une majuscule, en France, dans les textes imprimés.

cellulose n.f. Substance contenue dans la membrane des cellules végétales. *Le coton hydrophile est de la cellulose presque pure.*

Celsius → **degré**

celtique adj. Qui concerne les Celtes. *La langue celtique est à l'origine de l'irlandais, du breton, etc.*

celui, celle, ceux, celles pron. démonstratif. Représente dans la phrase la personne ou la chose dont on parle, que l'on montre. *J'ai oublié mon ballon, je vais emprunter celui de Pierre. Que ceux d'entre vous qui n'ont pas compris lèvent le doigt. Cette tarte est bonne mais celle d'hier était meilleure.* → VOIR **pronom** (encadré).
▸ REM. *Celui, celle, ceux, celles* peuvent être accompagnés des particules *-ci* et *-là*.

cendre n.f. Le résidu gris et poudreux d'un objet, d'une matière qui a brûlé. *Le foyer de la cheminée est rempli de cendres.* ◆ **cendres** n.f.plur. ❶ Ce qui reste de quelque chose qui a été dévasté, anéanti, brûlé ; les restes des morts. *Après la catastrophe, la ville n'était que cendres. Paix à ses cendres.* ❷ Plus particulièrement, les restes d'un mort que l'on a incinéré, en général conservés dans une urne. • **Réduire en cendres** : détruire complètement. • **Renaître de ses cendres** : revenir à la vie, prendre un nouvel essor.

cendré, e adj. *Les cheveux blond cendré* ont des reflets gris, qui rappellent la cendre.

cendrier n.m. Petit récipient pour déposer cendres et restes de cigarettes.

cène n.f. • (Avec une majuscule.) **La Cène** : le souper que Jésus prit avec les apôtres avant de mourir et au cours duquel il institua l'eucharistie. • **La sainte cène** : communion que les protestants prennent en partageant le pain et le vin.
▸ REM. Ne pas confondre avec *scène*.

HISTOIRE DU MOT Vient du latin *cena* qui signifie « repas du soir ».

la Cène (tableau de Dirk Bouts, 1464-1468)

cénozoïque n.m. La période géologique qui a débuté il y a 65,5 millions d'années. *Les Alpes se sont formées au cénozoïque.* → VOIR AUSSI **quaternaire, tertiaire.**

censé, e adj. *Être censé faire quelque chose*, c'est être supposé le faire. *Je suis censé avoir fini ce travail dans huit jours !* • **Nul n'est censé ignorer la loi** : tout citoyen a le devoir de connaître la loi.
▸ REM. Ne pas confondre avec *sensé*.

HISTOIRE DU MOT Vient du latin *censere* qui signifie « estimer ».

censeur n.m. ❶ Personne chargée de faire respecter la discipline dans un lycée. ❷ Personne chargée par le gouvernement de contrôler le contenu des films, des livres avant leur sortie pour vérifier s'ils sont pour tous publics.
▸ REM. Au Canada, la forme féminine de ce mot est *censeure*.

censitaire adj. • **Suffrage censitaire** : système de vote réservé aux citoyens les plus riches.

HISTOIRE DU MOT Vient du mot *cens* qui désigne un montant minimal d'impôts.

censure n.f. Contrôle du contenu des journaux, des livres, des films, etc., par une commission chargée d'autoriser leur diffusion ; la commission chargée de ce contrôle. *Visa de censure d'un film.*

censurer v. (CONJUG. 3). Interdire un ouvrage, un film ou en supprimer certains passages jugés scandaleux ou diffamatoires.

1 cent adj. numéral. Dix fois dix. *Un cahier de deux cents pages.* • **Cent pour cent** : entièrement, totalement. *Une chemise cent pour cent coton.* ◆ **n.m.invar.** Nombre exprimant la centaine. *Cinquante et cinquante font cent.* • **Pour cent** : s'emploie pour indiquer une

proportion, un pourcentage. *Il y avait cinquante pour cent d'élèves absents.*
▸ REM. 1.. On écrit aussi %. 2. *Cent* ne prend pas de *s* au pluriel s'il est suivi d'un autre nombre : *quatre cent trente.* 3. À *cent* correspond l'élément tiré du grec *hecto-* que l'on retrouve dans des mots comme *hectolitre, hectomètre*, etc. 4 *Cent* s'écrit 100 en chiffres arabes et C en chiffres romains.

2 cent **n.m.** Au Canada, aux États-Unis, etc., centième partie du dollar. *Il faut cent cents pour faire un dollar.*
▸ REM. C'est un mot anglais, on prononce [sɛnt].

centaine **n.f.** ❶ Groupe de cent unités. *Dans 421, 4 est le chiffre des centaines.* ❷ Cent ou à peu près cent. *J'ai une centaine d'euros sur moi.* ❸ Indique une grande quantité, un grand nombre. *Il y avait des centaines de spectateurs.*

centaure **n.m.** Monstre de la mythologie grecque à tête d'homme et à corps de cheval.

centenaire **adj.** et **n.** Qui a atteint cent ans. *Les forêts d'Île-de-France ont beaucoup d'arbres centenaires. Dans les montagnes du Caucase, il y a, dit-on, beaucoup de centenaires.* ◆ **n.m.** Anniversaire des cent ans. *En 1992, on a fêté le cinquième centenaire de la découverte de l'Amérique par Christophe Colomb.*

centième **adj. numéral** et **n.** Qui occupe un rang, une place marqués par le numéro 100. *Être classé centième à un concours.* ◆ **n.m.** ❶ Partie contenue cent fois dans un tout. *Le centime vaut un centième de l'euro* (= il en faut cent pour avoir un euro). ❷ Très petite partie d'un tout. *Je n'ai pas fait le centième de ce que j'avais à faire.*

centigramme **n.m.** Un centième de gramme.
▸ REM. On écrit *cg* en abrégé.

centilitre **n.m.** Un centième de litre.
▸ REM. On écrit *cl* en abrégé.

centime **n.m.** ❶ Un centième d'euro. *Il faut cent centimes pour faire un euro.* ❷ La plus petite somme d'argent. *Je n'ai plus un centime en poche.*

centimètre **n.m.** ❶ Un centième de mètre. ❷ Ruban gradué qu'utilisent les couturières et les tailleurs, qui mesure 1 ou 2 m.
▸ REM. Au sens 1, on écrit *cm* en abrégé.

1 central, ale, aux **adj.** ❶ Qui est au centre ou non loin du centre. *Le noyau occupe la partie centrale de la cellule. Habiter un quartier central.* CONTR. périphérique. ❷ Qui est très important, capital. *Il s'agit là d'une question centrale.* SYN. essentiel, primordial. CONTR. accessoire, annexe, secondaire.

2 central **n.m.** (PLUR. : centraux). • **Central téléphonique :** endroit où sont mis en relation les différents réseaux et lignes téléphoniques d'une ville, d'une région.

centrale **n.f.** Installation qui produit de l'électricité en utilisant des formes d'énergie différentes. *Les centrales éoliennes utilisent le vent pour faire marcher leurs moteurs ; les centrales solaires, le soleil ; les centrales hydroélectriques, l'eau des rivières ; les centrales nucléaires, la chaleur dégagée par la fission de certains atomes lourds d'uranium.*

centralisé, e **adj.** *Un pays centralisé* est un pays où le pouvoir, l'Administration et l'information sont détenus par un organisme central et où les autorités locales dépendent d'une autorité centrale.

centraliser **v.** (CONJUG. 3). Réunir, regrouper en un même endroit. *Notre service de documentation centralise toutes les informations qui viennent de la presse.*

centre **n.m.** ❶ L'endroit situé au milieu d'un espace, à égale distance des bords. *La table est au centre de la pièce. Le centre d'un cercle.* ❷ Le quartier le plus animé d'une ville, où se trouvent les commerces, les cinémas, les cafés, etc. *Les grands magasins sont au centre de la ville.* CONTR. périphérie. *Nous sommes allés dans le centre faire des achats* (= au centre-ville). ❸ Ce qui est le plus important dans une affaire, une vie, etc. *Vous êtes au centre du problème.* SYN. cœur. ❹ Tout lieu important par son activité commerciale, artistique. *Un centre industriel* (= une région où sont concentrées les industries). *Un centre touristique. Un centre culturel.* ❺ Tout endroit où sont regroupées des activités, des personnes. *Un centre de tri du courrier, un centre commercial, un centre de documentation. Un centre hospitalier* (= un hôpital). ❻ Orientation politique modérée qui se situe entre la droite et la gauche. *Les députés du centre.* • **Centre d'intérêt :** ce à quoi on s'intéresse. *Il a plusieurs centres d'intérêt.*

centrer **v.** (CONJUG. 3). ❶ Placer au milieu, au centre. *Le titre est mal centré sur la page.* ❷ Orienter vers un point précis. *J'ai centré mon exposé sur les conséquences de la Révolution.*

centre-ville **n.m.** (PLUR. : centres-villes). Quartier central d'une ville où sont rassemblés les commerces et les activités.

centrifuge **adj.** • **Force centrifuge :** force qui éloigne du centre, qui repousse vers l'extérieur. *Dans un virage, un véhicule est soumis à la force centrifuge.*

centriste **adj.** et **n.** Qui a des opinions politiques modérées, situées au centre.

centuple **n.m.** *Le centuple d'un nombre* est égal à cent fois ce nombre. *Sept cents est le centuple de sept.* • **Au centuple :** en quantité beaucoup plus grande. *Je te le rendrai au centuple.*

centupler **v.** (CONJUG. 3). Être multiplié par cent. *Leurs ventes ont centuplé en dix ans.*

centurie **n.f.** Dans l'Antiquité, compagnie de cent soldats romains ou groupe de cent citoyens romains.

centurion **n.m.** Dans l'Antiquité, officier de la légion romaine, qui commandait une centurie. *L'insigne du centurion était un bâton en bois de vigne : il s'en servait pour frapper les soldats indisciplinés.*

centurion

a b c d e f g h i j k l m n o z

cerceau de gymnastique

cep **n.m.** Pied de vigne.
▸ REM. Ne pas confondre avec *cèpe*.
HISTOIRE DU MOT Vient du latin *cippus* qui signifie « pieu ».

cépage **n.m.** Variété de plant de vigne. *Le « gamay » est un cépage surtout cultivé dans la vallée de la Loire.*

cèpe **n.m.** Champignon comestible au chapeau brun sur le dessus et jaunâtre en dessous. *Le cèpe est une variété de bolet, mais tous les bolets ne sont pas comestibles.*
▸ REM. Ne pas confondre avec *cep*.

cependant **adv.** Introduit une opposition, un contraste avec ce qui vient d'être dit. *Il est très aimable, cependant quelque chose me dit que nous devrions être prudents.* SYN. mais, néanmoins, pourtant, toutefois.

céphalopode **n.m.** *Les céphalopodes* sont des mollusques marins carnivores formés d'une tête et de tentacules portant des ventouses. *Le calmar, la pieuvre, la seiche sont des céphalopodes.*
HISTOIRE DU MOT Vient du grec *kephalê*, qui signifie « tête », et *podos*, qui signifie « pied ».

céramique **n.f.** ❶ L'art de fabriquer des poteries et des objets en terre cuite, en faïence, en porcelaine ; l'objet fabriqué. ❷ Nom donné à des matériaux cuits à de très hautes températures. *Le verre, le ciment, l'émail, la porcelaine, etc., sont des céramiques.*
HISTOIRE DU MOT Vient du grec *keramos* qui signifie « argile ».

ENCYCLOPÉDIE Les objets en céramique apparaissent dès le néolithique ; ils permettaient de stocker les grains, les liquides et d'autres produits. Dès le IVe millénaire avant J.-C., on commence en Égypte et en Mésopotamie à peindre les céramiques. Les céramiques grecques sont célèbres pour leurs figures noires et rouges, et les céramiques étrusques, toutes noires, ressemblent à du métal.

céramiste **n.** Artiste, technicien qui fait des céramiques. *Bernard Palissy est un célèbre céramiste français qui, un jour, brûla tous les meubles de sa maison pour chauffer son four.*

cerbère **n.m.** Mot qu'on emploie pour parler d'un gardien particulièrement revêche. *Le cerbère qui est à l'entrée de l'hôtel ne laisse passer que les invités.*
HISTOIRE DU MOT Vient de Cerbère, chien à trois têtes dans la mythologie grecque. → VOIR noms propres.

cerceau **n.m.** ❶ Cercle de bois léger utilisé dans certains jeux ou sports, comme lagymnastique rythmique. ❷ Arceau ou cercle de bois, de métal, etc., qui sert d'armature. *Les cerceaux d'un lampion.*

cercle **n.m.** ❶ Figure formée par une courbe fermée, dont tous les points sont situés à égale distance d'un point appelé *centre*. *La distance du centre à un des points du cercle est le rayon.* → VOIR AUSSI **disque.** ❷ Ce qui est rond, qui a la forme d'un cercle. *On a mis des cercles au tonneau pour le consolider* (= des ronds de métal). ❸ Local d'une association où les gens se réunissent pour jouer, dîner, etc. ❹ Groupe de personnes qui appartiennent au même milieu, qui ont les mêmes préoccupations. *Leur petit cercle est très fermé, il n'est pas facile d'y être admis.* • **Cercle vicieux :** situation dont on n'arrive pas à sortir. *Plus je mange, plus j'ai faim, et plus j'ai faim, plus je mange, c'est un cercle vicieux.*
▸ REM. En géométrie, ne pas confondre *cercle* et *disque*.

cercler **v.** (CONJUG. 3). Garnir quelque chose de cercles. *Cercler un tonneau. Cercler des lunettes.*

cercueil **n.m.** Long coffre de bois où l'on met un mort pour l'enterrer.
HISTOIRE DU MOT Ce mot a la même origine que *sarcophage*.

céréale **n.f.** Plante cultivée pour ses graines, qui sert de base à l'alimentation des hommes et des animaux. *Le blé, le riz, l'avoine, l'orge, le maïs, le sorgho, le mil sont des céréales.* ◆ **céréales** **n.f.plur.** Préparation alimentaire à base de blé, maïs, riz, etc., que l'on consomme en général avec du lait et du sucre. *Chaque matin nous mangeons des céréales.*

cérébral, ale, aux **adj.** Du cerveau. *Une tumeur cérébrale.*
HISTOIRE DU MOT Vient du latin *cerebrum* qui signifie « cerveau ».

cérémonial **n.m.** (PLUR. : **cérémonials**). L'ensemble des règles qui fixent le déroulement d'une cérémonie. *Il y avait à Versailles un cérémonial du coucher du roi.* → VOIR AUSSI **protocole, rituel.**

cérémonie **n.f.** Célébration solennelle d'un événement social ou religieux. *Lors de la cérémonie du sacre, le 2 décembre 1804, Napoléon Ier mit lui-même la couronne impériale sur la tête de Joséphine.* • **Sans**

différentes **céréales**

cérémonie : simplement, sans faire de manières. *Restez donc dîner..., ce sera sans cérémonie !* (= sans façon).

cérémonieusement adv. D'une manière cérémonieuse, très polie.

cérémonieux, euse adj. Qui suit à la lettre, et même avec excès, toutes les règles de la politesse.

cerf n.m. Mammifère sauvage ruminant dont la tête porte des bois.
▶ REM. On ne prononce pas le *-f*.

ENCYCLOPÉDIE Cri : le cerf brame. Femelle : la biche. Petit : le faon. Le cerf vit en petites troupes, les *hardes*, dans les forêts d'Europe, d'Amérique et d'Asie. Il peut mesurer 1,50 m et peser jusqu'à 150 kg. Ses bois tombent tous les ans et repoussent avec une branche de plus, nommée l'*andouiller*. Il fait partie, avec le renne et le chevreuil, de la famille des *cervidés*.

cerf

cerfeuil n.m. Plante aromatique qu'on emploie pour l'assaisonnement.

cerf-volant n.m. (PLUR. : **cerfs-volants**). Jouet fait de papier ou de tissu tendu sur un cadre, et qu'on fait voler dans le vent en le tirant avec une ficelle. *Dans l'Antiquité, le cerf-volant était un jeu d'adulte.*
▶ REM. On ne prononce pas le *-f*.

cerise n.f. Petit fruit rouge, rond et charnu, qui a un noyau et qui pousse sur un arbre, le cerisier.

ENCYCLOPÉDIE Il existe plusieurs variétés de cerises : les *bigarreaux* sont rouge et blanc comme les *burlats*, les *cœurs-de-pigeon*, les *napoléons* ; les *guignes* sont noires ou rouge foncé, douces et sucrées ; les *griottes* sont des cerises acides.

cerises

cerisier n.m. Arbre cultivé pour ses fruits, les cerises, et son bois, utilisé en ébénisterie.

cerne n.m. Zone bleuâtre qui apparaît sous les yeux lorsqu'on est très fatigué.
▶ REM. Ce mot est du masculin.

cerné, e adj. *Des yeux cernés* sont marqués de cernes.

cerneau n.m. • **Cerneau de noix :** chacune des deux parties d'une noix tirée de sa coquille.

cerner v. (CONJUG. 3). ❶ Encercler, entourer de toutes parts sans laisser d'issue pour la fuite. *« Rendez-vous, l'immeuble est cerné ! » crièrent les policiers aux voleurs.* ❷ Souligner le contour d'un dessin par un trait. ❸ *Cerner un problème, une question*, c'est en faire le tour, envisager ses différents aspects.

1 certain, e adj. ❶ Qui est exact, dont on ne peut douter. *Tous ses maîtres l'ont dit : elle a un talent certain pour le dessin.* SYN. évident, incontestable, indéniable, indiscutable. *Son succès est certain !* SYN. assuré, garanti, sûr. CONTR. aléatoire, douteux. ❷ Qui ne doute pas, qui est assuré de ce qu'il dit ou fait. *Je suis certaine qu'il viendra.* SYN. convaincu, persuadé, sûr.

2 certain, e adj. indéfini. ❶ S'emploie devant le nom d'une personne pour signaler qu'on ne la connaît pas, ou qu'on fait semblant de ne pas la connaître. *Un certain M. Morgenpost est passé pendant votre absence.* ❷ S'emploie devant le nom d'une chose pour indiquer une quantité, un degré assez importants. *Il faut un certain courage pour faire ce qu'il a fait. Une personne d'un certain âge* (= déjà assez vieille). ❸ (Au plur.) Quelques. *Certains savants pensent que la vie peut exister dans d'autres galaxies.* ◆ **certains pron. indéfini plur.** Quelques-uns, quelques personnes. *Certains croient à l'existence d'extraterrestres.*

certainement adv. À coup sûr, sans aucun doute, de façon certaine. *Il y a certainement moyen de sortir d'ici, il n'y a qu'à chercher.* SYN. sûrement. *« Voulez-vous m'aider ? - Mais certainement ! »* SYN. assurément, bien sûr.

certes adv. Bien sûr. *Certes, vous pouvez venir demain, mais ne serait-il pas préférable de remettre à plus tard ?* SYN. bien sûr, évidemment, sans doute. *« Êtes-vous convaincue maintenant ? - Certes. »* SYN. assurément.

certificat n.m. ❶ Écrit ou document officiel qui garantit quelque chose. *Le certificat de baptême prouve qu'on a été baptisé. Un certificat médical.* ❷ Nom donné à certains diplômes. *En France, le certificat d'aptitude professionnelle, ou C.A.P., est un diplôme qu'on obtient à la fin de son apprentissage.*

certifier v. (CONJUG. 7). ❶ Garantir, dans un certificat, l'exactitude de quelque chose. *Je soussigné, docteur Untel, certifie que...* ❷ Dire, affirmer avec force. *Il travaillera, je vous le certifie !* SYN. assurer.

certitude n.f. ❶ Sentiment que l'on a d'être sûr de quelque chose. *Elle avait la certitude qu'elle ne le reverrait pas.* SYN. conviction. ❷ Ce qui est réel, certain, vérifié, qu'on ne peut mettre en doute. *Grâce à la sonde Voyager 2, nous savons aujourd'hui que les Martiens n'existent pas, c'est une certitude.* CONTR. hypothèse.

cérumen n.m. Substance jaune-brun qui se dépose dans les oreilles et que l'on nomme couramment *cire*.
▶ REM. On prononce le *-n*.
HISTOIRE DU MOT Vient du latin *cera* qui signifie « cire ».

cerveau n.m. ❶ Organe principal du système nerveux, situé dans le crâne, qui contrôle toutes les fonctions réflexes ou volontaires du corps, et qui, chez l'être humain, est aussi le siège de la conscience, de la mémoire, de la pensée, du langage. ❷ Personne exceptionnellement intelligente. *Cette fille-là, c'est un cerveau !* ❸ Personne qui met au point les mauvais coups d'une bande de malfaiteurs. *Le cerveau de la bande a été arrêté.*

cervelas n.m. Saucisson cuit salé et épicé qui se consomme souvent en salade.
HISTOIRE DU MOT Vient de l'italien *cervellato*, nom d'une saucisse de Milan qui était faite de viande et de cervelle de porc.

cervelet n.m. Centre nerveux situé sous l'arrière du cerveau. *Le cervelet intervient dans l'équilibre et les contractions des muscles.*

cervelle n.f. ❶ Nom donné au cerveau des animaux de boucherie, que l'on consomme. *Une cervelle d'agneau au beurre noir.* ❷ (Familier) Tête, cerveau. *Se creuser la cervelle. Une cervelle d'oiseau* (= une personne qui oublie tout). *Une tête sans cervelle* (= une personne qui ne réfléchit pas).

cervical, ale, aux adj. *Les vertèbres cervicales* sont les vertèbres du cou.
▶ REM. Ne pas confondre avec *cérébral*.
HISTOIRE DU MOT Vient du latin *cervix* qui signifie « nuque ».

ces → **ce**

césarienne n.f. Opération chirurgicale qui consiste à inciser la paroi abdominale et l'utérus pour extraire l'enfant lorsque l'accouchement ne peut se faire par les voies naturelles.

cessation n.f. Le fait de cesser, de s'arrêter. *Réclamer la cessation des hostilités.*

cesse n.f. • **Sans cesse :** sans arrêt, constamment. *Il pleure sans cesse.* SYN. continuellement, toujours.

cesser v. (CONJUG. 3). ❶ S'arrêter, ne plus exister. *Le bruit a cessé.* CONTR. continuer, persister. ❷ Mettre fin à quelque chose. *Cessez de crier ! Les soldats ont cessé le combat.* SYN. arrêter. CONTR. continuer, poursuivre.

chacal

cessez-le-feu n.m.invar. Arrêt des combats dans une guerre. SYN. trêve.

cession n.f. Dans le langage commercial, le fait de céder, de vendre un bien.
▶ REM. Ne pas confondre avec *session*.

c'est-à-dire adv. Introduit une explication ou une précision à ce qui vient d'être dit. *Elle s'adonne à la philatélie, c'est-à-dire qu'elle collectionne les timbres.* SYN. autrement dit, en d'autres termes. *Il souffre de céphalées, c'est-à-dire de maux de tête* (= soit, à savoir).
▶ REM. On écrit en abrégé *c.-à-d.*

césure n.f. En poésie, pause, coupure qui partage le vers en plusieurs groupes de syllabes. *Dans « Rien ne sert de courir, il faut partir à point », la césure se fait après « courir ».*

cet, cette → **ce**

cétacé n.m. *Les cétacés* sont des mammifères marins parfaitement adaptés à la vie aquatique et dont le corps rappelle celui des poissons. *La baleine, le dauphin, le cachalot, l'orque, le marsouin, le narval et le rorqual sont des cétacés.*

ENCYCLOPÉDIE Les cétacés sont les plus grands et les plus gros des animaux. Ils ont la peau nue et de simples « battoirs » en guise de membres antérieurs. Leur corps se termine par une nageoire horizontale. Les cétacés à *fanons* sont communément appelés « baleines », les autres ont des dents. Les cétacés sont presque aveugles et ont peu d'odorat. En revanche, ils ont une ouïe très fine. Ils vivent en groupes et ont un petit tous les deux ou trois ans.

ceux, celles → **celui**

C.F.C. n.m. Gaz à effet de serre produit par les aérosols et certaines matières plastiques, et qui menace la couche d'ozone.
▶ REM. C'est l'abréviation du mot *chlorofluorocarbure*.

chacal n.m. (PLUR. : **chacals**). Mammifère carnivore d'Asie et d'Afrique qui ressemble au renard par sa taille et sa queue touffue, et au loup par sa couleur.

ENCYCLOPÉDIE Cri : le chacal jappe. Animal des prairies et des forêts, le chacal se nourrit surtout des reliefs laissés par les grands fauves mais il chasse aussi les jeunes ruminants. Dans l'ancienne Égypte, on représentait Anubis, le dieu des Morts, avec une tête de chacal.

chacun, e pron. indéfini singulier. ❶ Toute personne ou toute chose faisant partie d'un ensemble. *Ne criez pas, chacun aura sa part de glace. Remettez ces livres chacun à sa place* (= chaque livre). ❷ N'importe quelle personne, qui que ce soit. *Chacun sait combien j'ai dû travailler pour arriver à ce résultat* (= tout le monde).

chafouin, e adj. Qui a l'air sournois et rusé. *Un regard chafouin.*
HISTOIRE DU MOT Vient de *chat* et de *fouine*.

1 chagrin n.m. Sentiment de tristesse causé par un fait précis ; événement malheureux, blessure morale, déception, etc. *Sa remarque m'a fait du chagrin.* SYN. peine. *C'est son premier chagrin d'amour.*

2 chagrin, e **adj.** *Avoir l'esprit chagrin, être d'humeur chagrine*, c'est être triste, déçu ou mécontent.

chagriner **v.** (CONJUG. 3). Faire de la peine, causer du chagrin. *Son absence m'a chagriné.* SYN. attrister, désoler, peiner.

chah ou **shah** **n.m.** Titre porté par certains souverains d'Asie, surtout en Iran.

HISTOIRE DU MOT En persan, *shah* signifie « roi ».

chahut **n.m.** Agitation bruyante et désordonnée. *Il y en a qui aiment faire du chahut dans la classe.*

ENCYCLOPÉDIE Entre 1830 et 1850, le *chahut* était une danse à la mode, dans les bals publics, pleine de sauts comiques, de contorsions, proche du cancan.

chahuter **v.** (CONJUG. 3). Faire du chahut, créer du désordre. *Des élèves chahutaient au fond de la classe.*

chahuteur, euse **adj.** et **n.** Qui aime faire du chahut.

chai **n.m.** Local, en général au niveau du sol, où l'on garde vins et alcools en fûts. *Visiter les chais d'une coopérative.*

chaîne, ✎ ***chaine*** **n.f.** ❶ Suite d'anneaux, appelés maillons, passés les uns dans les autres, et ayant divers usages. *Le chien était attaché à une chaîne. Porter au cou une chaîne en or. La chaîne du vélo transmet le mouvement du pédalier à la roue arrière.* ❷ Ensemble de montagnes issues d'un même plissement. *La chaîne des Alpes.* ❸ Ensemble d'établissements commerciaux qui appartiennent à une même société. *Chaîne d'hôtels.* ❹ Ensemble des programmes de télévision diffusés sur un même canal. ❺ Ensemble composé d'un lecteur de disques, d'un amplificateur et de deux enceintes acoustiques pour écouter de la musique. ❻ Ensemble de machines destinées chacune à une opération particulière et par lesquelles passe successivement un objet en cours de fabrication. *Chaîne de montage d'une automobile.* ❼ Ensemble des fils d'un tissu dans le sens de la longueur, entre lesquels passe la trame. • **Chaîne alimentaire :** organisation des espèces vivantes selon laquelle une espèce se nourrit d'une espèce qui elle-même se nourrit d'une autre espèce. *Dans la chaîne alimentaire, les végétaux sont mangés par les herbivores, les herbivores par les carnivores, ceux-ci par des prédateurs, etc.* • **Chaîne de solidarité :** ensemble de personnes qui s'unissent pour en aider une ou plusieurs autres. • **Chaîne du froid :** ensemble des opérations de fabrication, de transport, de stockage et de distribution des produits réfrigérés ou surgelés. • **En chaîne :** en série. *Des accidents en chaîne.* • **Faire la chaîne :** se mettre les uns à côté des autres pour se passer des objets. • **Travailler à la chaîne :** dans une usine, travailler de façon répétitive sur une chaîne de fabrication.

chaînette, ✎ ***chainette*** **n.f.** Petite chaîne. *Il portait une chaînette en or autour du cou.*

chaînon, ✎ ***chainon*** **n.m.** ❶ Anneau d'une chaîne. SYN. maillon. ❷ Chacun des éléments d'une suite. *Cela a l'air logique, pourtant un chaînon du raisonnement m'échappe.*

chair **n.f.** ❶ La matière constituée par les muscles des hommes et des animaux, par opposition à la peau et aux os. ❷ Dans le langage religieux, le corps, par opposition à l'âme. ❸ Ce que l'on mange d'un animal, par opposition à la peau, aux abats et aux os, ou d'un fruit, par opposition à la peau et au noyau. *La chair d'un poulet, d'un poisson. La pêche avait une chair savoureuse.* • **Chair à saucisse :** viande hachée qu'on utilise en cuisine surtout pour les farces. • **En chair et en os :** en personne. *Voir une vedette en chair et en os.* • **Avoir la chair de poule :** avoir les poils qui se hérissent sous l'effet du froid, d'un bruit grinçant, de la peur, etc.

▶ REM. Ne pas confondre avec *chaire.*

HISTOIRE DU MOT Vient du latin *caro, carnis* qui signifie « chair » et que l'on retrouve dans *carnage, carnivore, carnassier, charnel, charnier.*

chaire **n.f.** ❶ Tribune d'où le prêtre, le pasteur, etc., font leur sermon. ❷ Poste de professeur dans une université. *Il a obtenu la chaire de mathématiques.*

▶ REM. Ne pas confondre avec *chair.*

HISTOIRE DU MOT On dit encore une *chaire* pour une chaise dans l'ouest de la France, car les deux mots viennent du latin *cathedra* qui signifie « siège » (la cathédrale est l'église où se trouve le siège de l'évêque).

chaise **n.f.** Siège à quatre pieds, à dossier et sans bras. *S'asseoir sur une chaise.* • **Chaise à porteurs :** autrefois, petite cabine à brancards dans laquelle on se faisait porter par deux personnes, l'une à l'avant, l'autre à l'arrière. • **Chaise électrique :** dans certains États des États-Unis, siège sur lequel on place le condamné à mort pour l'exécuter par des décharges électriques. • **Chaise longue :** siège pliant garni de toile qu'on utilise pour s'allonger dehors. • **Chaise percée :** siège percé d'un trou qu'on utilisait pour satisfaire les besoins naturels. • **Être assis entre deux chaises :** être dans une situation incertaine qui fait que l'on hésite entre deux partis, deux solutions.

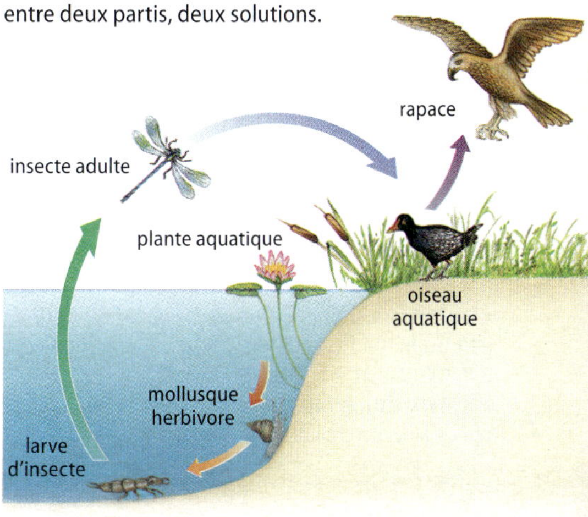

principe de la **chaîne** alimentaire près d'un étang

a b c d e f g h i j k l m n o p q r s

A B C D E F G H I J K L M N O P Q R S T U V W X Y Z

chaland **n.m.** ❶ Autrefois, client d'un magasin. *Attirer le chaland.* ❷ Sorte de péniche pour le transport des marchandises.

châle **n.m.** Grande pièce d'étoffe que l'on porte sur les épaules.

chalet **n.m.** ❶ Maison au toit très pentu, faite principalement de bois, construite surtout en haute montagne. ❷ Au Canada, maison à la campagne.

chaleur **n.f.** ❶ Le fait d'être chaud. *La chaleur du feu. Sentir la chaleur du sable sous ses pieds.* CONTR. fraîcheur. ❷ Température élevée d'un lieu, de l'atmosphère. *Quelle chaleur étouffante ici ! Pendant les grandes chaleurs nous allons à la mer* (= quand il fait très chaud). ❸ Manière d'être cordiale, amicale ou enthousiaste d'une personne. *Recevoir des amis avec chaleur.* SYN. cordialité. CONTR. froideur. *Il parlait de son projet avec chaleur.* SYN. enthousiasme. • **Être en chaleur :** pour un animal femelle, rechercher le mâle en vue de l'accouplement.
▸ REM. Au mot *chaleur* correspondent l'élément tiré du grec *thermo-*, que l'on retrouve dans *thermomètre*, et l'élément tiré du latin *calor-*, que l'on retrouve dans *calorie, calorique.*

chaleureusement **adv.** Avec empressement, de façon chaleureuse. *Elle nous a remercié chaleureusement.* SYN. cordialement. CONTR. froidement.

chaleureux, euse **adj.** Qui manifeste de l'empressement, de la cordialité, de la chaleur. SYN. cordial. CONTR. froid, glacial.

challenge, ✎ ***chalenge*** **n.m.** ❶ Nom donné à certaines compétitions sportives qui se déroulent en dehors des championnats. *Un challenge d'escrime.* ❷ Entreprise difficile, risquée, dans laquelle on se lance comme par défi. *Achever ce projet en un mois, quel challenge !*
▸ REM. Au Québec, on doit dire *défi.*

HISTOIRE DU MOT C'est un mot anglais qui signifie « défi ».

challenger ou **challengeur** **n.m.,** ✎ ***chalengeur, euse*** ***n.*** En sport, et en particulier en boxe, celui qui doit se battre contre le champion.
▸ REM. On prononce [tʃalɛnʒœr] ou [ʃalɑ̃ʒœr].

chaloupe **n.f.** ❶ Grand canot embarqué sur les navires pour transporter les passagers jusqu'à la côte lorsqu'il n'y a pas de quai, ou pour les évacuer en cas de naufrage. ❷ Au Canada, petite barque.

chalumeau **n.m.** ❶ Instrument pour projeter un jet de gaz enflammé sur un métal que l'on veut découper ou souder. *Des cambrioleurs avaient découpé la porte du coffre-fort au chalumeau.* ❷ Paille pour boire. ❸ Petit instrument à vent qui est un ancêtre de la clarinette.

HISTOIRE DU MOT Vient du latin *calamus* qui signifie « roseau ».

chalut **n.m.** Grand filet de pêche en forme d'entonnoir traîné sur le fond de la mer ou entre deux eaux par le chalutier.

chalutier **n.m.** ❶ Bateau de pêche en mer équipé pour traîner un chalut. ❷ Pêcheur qui se sert du chalut.

chamade **n.f.** *Battre la chamade*, pour le cœur, c'est battre à coups précipités sous l'effet d'une forte émotion.

HISTOIRE DU MOT Autrefois, la *chamade* était un roulement de tambour qui avertissait l'ennemi que l'on était prêt à se rendre ou à faire une trêve.

se **chamailler** **v. pron.** (CONJUG. 3). Se disputer, en général pour des raisons sans importance.

chamaillerie **n.f.** Petite dispute sans conséquence grave.

chamarré, e **adj.** ❶ Surchargé d'ornements voyants. *Un uniforme chamarré de décorations.* ❷ Orné de couleurs variées et vives. SYN. bariolé.

chambardement **n.m.** (Familier) Changement, bouleversement total qui crée du désordre. *Un nouveau chef avait été nommé, il allait y avoir du chambardement.*

chambarder **v.** (CONJUG. 3). (Familier) ❶ Mettre en désordre. *Pierre a tout chambardé dans ma chambre.* SYN. bouleverser. ❷ Modifier totalement. *Sa venue a chambardé notre projet.* SYN. désorganiser.

chambellan **n.m.** Autrefois, gentilhomme de la cour qui était chargé du service des appartements du roi. *En France, les derniers chambellans officièrent à la cour de Napoléon III.*

chambouler **v.** (CONJUG. 3). (Familier) Mettre sens dessus dessous, mettre en désordre. *Avec ces événements, mon emploi du temps a été complètement chamboulé.* SYN. bouleverser.

chambranle **n.m.** L'encadrement d'une fenêtre, d'une porte, d'une cheminée.

chambre **n.f.** ❶ Pièce d'habitation où l'on couche. *Lucas jouait dans sa chambre.* ❷ Nom donné à des assemblées qui se réunissent pour délibérer et aux locaux où elles se réunissent. *La Chambre des députés en France et au Québec s'appelle l'Assemblée nationale.* • **Chambre à air :** boyau de caoutchouc que l'on gonfle, placé entre la jante et le pneu d'une roue. • **Chambre froide :** pièce où l'on conserve au froid la viande et les denrées périssables. • **Musique de chambre** → VOIR **musique.**

chambré, e **adj.** Pour un vin, être à la température de la pièce. *Certains vins se boivent chambrés.*

chambrée **n.f.** L'ensemble des personnes et surtout des soldats qui partagent la même chambre ; la chambre elle-même. *Compagnon de chambrée.*
→ VOIR AUSSI **dortoir.**

chambreur, euse **n.** Au Canada, locataire d'une chambre.

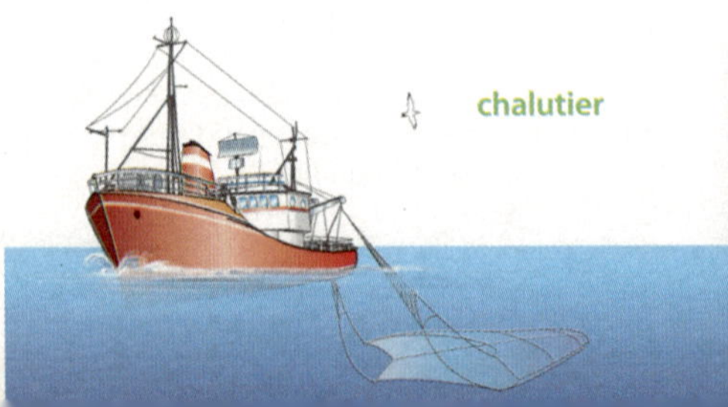

chalutier

chameau **n.m.** ❶ Mammifère ruminant d'Asie centrale, reconnaissable aux deux bosses qu'il a sur le dos. ❷ (Familier) Terme que l'on emploie pour parler d'une personne qu'on trouve désagréable ou méchante.
▶ REM. On emploie fréquemment le mot *chameau* pour désigner sans distinction le *chameau* ou le *dromadaire* qui, lui, n'a qu'une bosse.

ENCYCLOPÉDIE Cri : le chameau blatère. Femelle : la chamelle. Petit : le chamelon. Le chameau est adapté aux régions désertiques parce qu'il est endurant et sobre, c'est-à-dire qu'il mange peu et peut rester longtemps sans boire. Le chameau sert de monture ou de bête de somme.

chameau

chamelier **n.m.** La personne qui conduit ou garde des chameaux ou des dromadaires.

chamelle **n.f.** La femelle du chameau.

chamois **n.m.** Mammifère ruminant, aux cornes recourbées vers l'arrière à leur extrémité, qui vit dans les hautes montagnes d'Europe et du Proche-Orient. *Le chamois appartient à la famille des bovidés.* • **Peau de chamois :** pièce de cuir tanné d'une façon particulière qui sert à nettoyer les vitres, les chromes des voitures, etc.

champ **n.m.** ❶ Terrain agricole. *Un champ de betteraves. Mener les bêtes aux champs* (= aux pâturages). ❷ Terrain utilisé pour des activités particulières. *Les armées combattent sur le champ de bataille. Il est mort au champ d'honneur* (= à la guerre). *Un champ de courses.* SYN. hippodrome. ❸ Étendue de la zone à l'intérieur de laquelle l'œil peut voir tout en restant immobile (on dit aussi *champ visuel*). ❹ *Le champ d'une caméra*, c'est la zone délimitée par le cadrage. • (Familier) **À tout bout de champ :** à tout instant, à la moindre occasion. • **Champ d'action :** domaine où s'exerce l'activité ou le pouvoir de quelqu'un. *Depuis qu'il a changé de travail, son champ d'action s'est nettement agrandi.* • **Champ lexical :** ensemble des mots qui se rapportent à une même idée ou à un même thème. *Les mots « plage », « nager », « coquillage », « poisson » appartiennent au champ lexical de la mer.* • **Champ sémantique :** ensemble des sens d'un même mot. *Le mot « fraise » a au moins 3 sens différents, son champ sémantique est étendu.* • **Sur-le-champ :** sans délai, aussitôt, immédiatement. • **Avoir le champ libre :** pouvoir agir à son gré.

champagne **n.m.** Vin blanc mousseux très réputé provenant de vignes cultivées en Champagne, et que l'on boit à l'occasion de réjouissances. *On boit le champagne dans des coupes ou dans des flûtes.*

champêtre **adj.** De la campagne. *Une fête champêtre. Un garde champêtre.*

champignon **n.m.** ❶ Végétal sans feuilles, sans fleurs ni chlorophylle, qui pousse dans les lieux humides. *Il existe de nombreux types de champignons, certains sont comestibles, d'autres sont vénéneux, voire mortels. L'étude des champignons s'appelle la « mycologie ».* → VOIR planche page suivante. ❷ Nom que l'on donne à des objets ou des formes qui rappellent un champignon. *Le nuage d'une explosion atomique forme un champignon.* ❸ Végétal parasite des plantes, des animaux ou de l'homme. • **Pousser comme un champignon :** pousser, grandir très vite.

ENCYCLOPÉDIE On compte environ 200 000 espèces de champignons. Les plus connus sont les champignons à chapeau, mais il en existe de formes très différentes. Certains se nourrissent de matières en décomposition (on les appelle *saprophytes*, comme par exemple les moisissures), d'autres croissent sur des êtres vivants (ce sont des parasites, comme le mildiou). Chez l'homme, certains provoquent des mycoses.

champignonnière **n.f.** Galerie souterraine où l'on cultive une variété de champignons comestibles, les *champignons de couche*, appelés aussi *champignons de Paris*.

champion, onne **n.** et **adj.** ❶ Vainqueur d'une compétition lors d'un championnat (en sports ou dans certains jeux). *Elle a été championne du monde du saut en longueur.* ❷ Personne qui se distingue des autres, en bien ou en mal, dans un domaine quelconque. *On ne peut pas le nier, c'est un champion en mathématiques !* SYN. as. *Pour arriver en retard, il est champion !* SYN. imbattable. ❸ *Le champion d'une cause* est la personne qui met toute son énergie à défendre une cause, une catégorie de personnes. *L'abbé Pierre s'était fait le champion des sans-abri.*

HISTOIRE DU MOT Vient du latin *campus* qui signifie « champ de bataille ». En effet, au Moyen Âge, le champion était celui qui se battait en tournoi, en champ clos, pour défendre sa cause ou celle d'une autre personne.

championnat **n.m.** Nom donné à certaines compétitions (dans un sport, un jeu) dont le vainqueur se voit décerner le titre de champion. *Championnat de basket-ball, championnat d'échecs.*

chance **n.f.** ❶ Hasard heureux, qui favorise quelqu'un. *On dit qu'il ne faut pas trop compter sur la chance. Prenez ce trèfle, il vous portera chance* (= il vous portera bonheur). ❷ Probabilité pour que quelque chose se produise. *Il y a neuf chances sur dix que je ne puisse pas venir.* • **Tenter sa chance :** essayer de gagner, de réussir, en comptant un peu sur le hasard.

lépiote élevée

Des végétaux à part

On hésite à classer dans les végétaux ces êtres vivants qui ne pratiquent pas la photosynthèse, et qui, comme les animaux, doivent prélever le carbone qui leur est indispensable sur d'autres organismes qu'eux-mêmes. Les champignons forment un large groupe. Les représentants les plus connus (les champignons supérieurs) comprennent les espèces dont on se nourrit. Les autres sont souvent réunis sous le nom de « moisissures ».

chanterelles

psalliote

truffe

clavaire dorée

coprin micacé

morille

polypore

pied-de-mouton

champignons vénéneux

amanite panthère

amanite tue-mouches

amanite vireuse

amanite phalloïde

cèpe de Bordeaux

Un mode de reproduction particulier

Les champignons supérieurs sont souvent constitués d'un **pied** et d'un **chapeau**. Mais cette structure n'est que la partie visible et éphémère du champignon. En fait, c'est un réseau de filaments blanchâtres cachés dans le sol, appelé « **mycélium** », qui en constitue la partie permanente. Ce mycélium est la conséquence de la germination des **spores**, qui sont les cellules reproductrices des champignons. La croissance rapide du champignon, favorisée par des conditions climatiques mêlant l'humidité et la chaleur, a pour résultat de soulever les spores au-dessus du sol et de faciliter leur dispersion. En effet, les spores du champignon adulte sont situées à l'abri du chapeau, composé selon les cas de **lamelles** (rosé), d'**aiguillons** (pied-de-mouton) ou de **tubes** (cèpe).

différents types de chapeaux

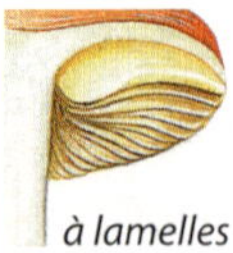
à lamelles

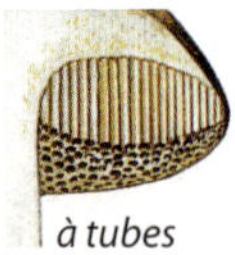
à tubes

à aiguillons

développement de l'amanite oronge

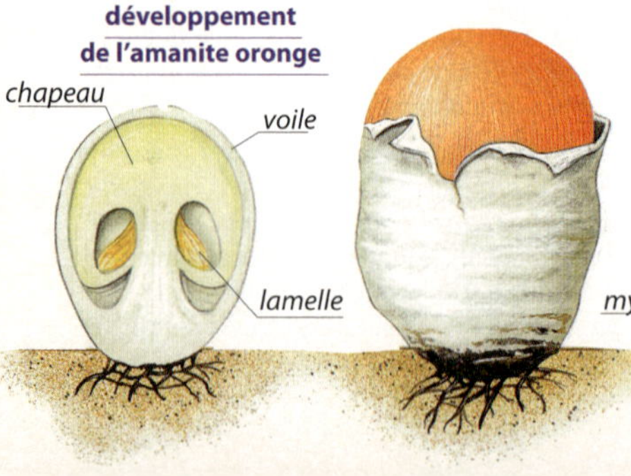

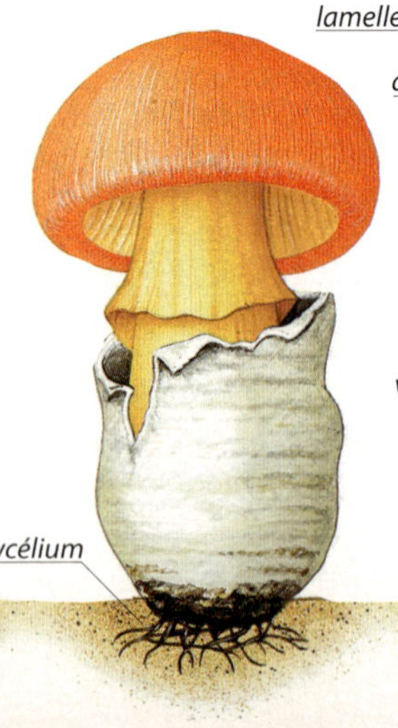

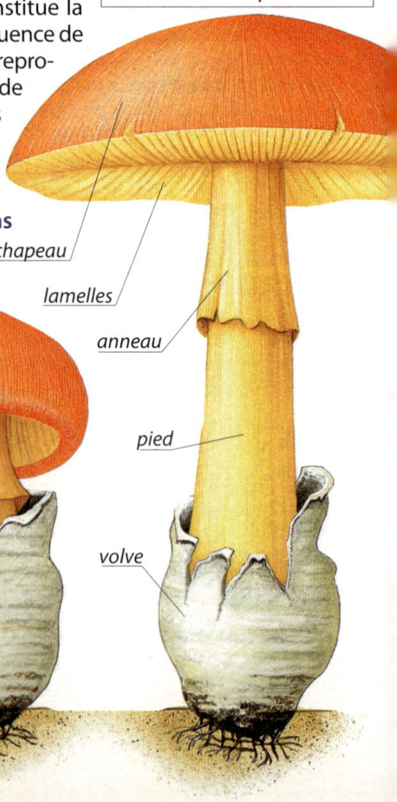

chancelant, e **adj.** Qui chancelle. *Il apprend à marcher, son pas est encore chancelant.* SYN. hésitant.

chanceler **v.** (CONJUG. 12, ✎ 11). ❶ Ne pas tenir sur ses jambes, vaciller. *La balle avait atteint la cuisse, il chancela et s'écroula.* SYN. tituber. ❷ Faiblir, manquer de fermeté. *Son courage chancelle.*

chancelier, ère **n.** ❶ Celui qui a la garde des sceaux dans certaines institutions ou administrations. *Le grand chancelier de la Légion d'honneur. Le chancelier de l'Académie française.* ❷ Titre donné au chef du gouvernement en Allemagne et en Autriche. • **Le chancelier de l'Échiquier :** le ministre des Finances, en Grande-Bretagne.

chanceux, euse **adj.** Qui a de la chance.

chandail **n.m.** Tricot de laine qu'on enfile par la tête. SYN. pull-over.

HISTOIRE DU MOT Vient de *marchand d'ail*, nom donné au tricot des vendeurs de légumes des Halles, à Paris, à la fin du XIXe siècle.

Chandeleur **n.f.** Fête catholique (le 2 février) qui commémore la Présentation de Jésus au Temple et la Purification de la Vierge. *« À la Chandeleur, l'hiver se passe ou prend vigueur »* (proverbe).
▸ REM. Ce mot s'écrit avec une majuscule.

chandelier **n.m.** Grand bougeoir à pied, ayant parfois plusieurs branches, où l'on pique cierges ou chandelles.

chandelle **n.f.** ❶ Bâton de résine, de suif ou de cire entourant une mèche que l'on enflammait pour s'éclairer ; bougie. *Dîner aux chandelles.* ❷ Figure d'acrobatie, dans laquelle le corps, appuyé au sol sur les bras et les épaules, doit monter le plus possible à la verticale. • **Brûler la chandelle par les deux bouts :** dépenser son argent, user sa santé de façon peu raisonnable. • **Devoir une fière chandelle à quelqu'un :** avoir de la reconnaissance pour une personne qui nous a rendu un grand service. • **Le jeu n'en vaut pas la chandelle :** le résultat qu'on obtiendra ne vaut pas le mal qu'on se donne. • (Familier) **Voir trente-six chandelles :** avoir un éblouissement à la suite d'un coup sur la tête.

HISTOIRE DU MOT Vient du latin *candela*, que l'on retrouve dans *candélabre*.

change **n.m.** ❶ Opération par laquelle on convertit une monnaie en une autre. *Un bureau de change.* ❷ Couche jetable pour bébé. • **Donner le change :** chercher à passer pour autre qu'on est, à tromper sur ses intentions réelles. • **Perdre, gagner au change :** se trouver désavantagé ou avantagé par un changement. *Nous avions peur de changer de quartier, finalement, nous n'avons pas perdu au change, au contraire !*

changeant, e **adj.** Qui change, varie. *En mars, le temps est souvent changeant.* SYN. instable, variable.

changement **n.m.** Le fait de changer. *Tout est pareil, il n'y a pas de changement.* SYN. modification. *Mon rosier supporte mal les changements de température.* SYN. variation.

changer **changeant, changé v.** (CONJUG. 5). ❶ Devenir différent. *Le temps change, il va pleuvoir. Tu n'as pas changé depuis dix ans !* ❷ Rendre différent, transformer, modifier. *Cette coiffure te change beaucoup. La sorcière avait changé le prince en crapaud.* ❸ Remplacer une chose ou une personne par une autre. *Changer une lampe qui a grillé. Changer de vêtements* (= en mettre d'autres). *Nous avons changé de professeur.* ❹ *Changer un bébé*, c'est lui mettre des couches propres. ❺ *Changer de train, de métro, d'avion, etc.*, c'est prendre une correspondance, une autre ligne, au cours d'un même voyage. ❻ *Changer de l'argent*, c'est échanger une monnaie contre une autre. *Changer des euros en dollars.* • **Changer d'air :** partir dans un autre endroit pour se distraire, pour se remettre en forme ou simplement pour penser à autre chose. ◆ **se changer** **v.pron.** Mettre d'autres vêtements. *Vous pouvez vous changer dans la cabine.* • **Se changer les idées :** faire autre chose, aller ailleurs pour se détendre ou se distraire.

chanson **n.f.** ❶ Texte mis en musique, composé de couplets et d'un refrain. ❷ Bruit mélodieux. *La chanson du vent dans les arbres.* SYN. chant. • **C'est toujours la même chanson :** expression que l'on emploie pour dire avec agacement que l'on sait à l'avance ce qui va se passer, ce qui va être dit.

chansonnette **n.f.** Petite chanson légère et sans prétention.

chansonnier, ère **n.** Artiste qui compose et interprète des chansons comiques et satiriques dans les cabarets ou au théâtre.

chant **n.m.** ❶ L'art de chanter, c'est-à-dire de moduler des sons avec sa voix selon certaines règles. *Babeth apprend le chant, elle voudrait devenir cantatrice.* ❷ Pièce de musique qui comprend des paroles. *Un chant religieux.* ❸ Suite de sons produits par certains animaux (baleine, cigale, etc.) et par les oiseaux mâles. *Le chant du rossignol.* ❹ Bruit agréable que l'on compare à un chant. *Le chant d'un ruisseau.* ❺ Division d'un poème épique. *« L'Odyssée » a 24 chants.*

HISTOIRE DU MOT Vient du latin *cantus* qui signifie « chant » et que l'on retrouve dans *cantate, cantique, incantation.*

chantage **n.m.** Pression exercée sur quelqu'un pour lui faire faire ce que l'on veut et en particulier pour lui extorquer de l'argent. *Les maîtres chanteurs font du chantage.*

chanter **v.** (CONJUG. 3). ❶ Émettre des sons harmonieux avec la voix, produire un chant. *Apprendre à chanter. Chanter une chanson, un air d'opéra.* ❷ Produire de jolis sons. *Les oiseaux chantent.* ❸ *Faire chanter quelqu'un*, c'est lui extorquer de l'argent en le menaçant de révéler quelque chose qu'il tient à garder secret. • (Familier) **Qu'est-ce que tu me chantes ? :** je ne crois pas un mot de ce que tu me racontes. • (Familier) **Si cela vous chante :** si cela vous plaît.

1 chanterelle **n.f.** Champignon comestible au chapeau jaune d'or, qui pousse dans les bois. SYN. girolle. → VOIR **champignon** (planche).

2 chanterelle **n.f.** La corde la plus fine et donc la plus aiguë du violon ou de la guitare.

chanteur, euse **n.** Personne qui chante. *Dans une chorale, les chanteurs se divisent en ténors et basses, et les chanteuses, en sopranos et altos. Une chanteuse d'opéra.* SYN. cantatrice. *Un chanteur de blues, de variétés.* ◆ **adj.** Qui a un beau chant, en parlant d'un oiseau. *Le merle, le rossignol sont des oiseaux chanteurs.*

chantier **n.m.** ❶ Endroit où se font des travaux de construction ou de rénovation. *Sur les chantiers, le port du casque est obligatoire. Un immeuble en chantier* (= en construction). ❷ Lieu où règne le désordre. *Quel chantier ici, il va falloir ranger.* • **Mettre** ou **avoir quelque chose en chantier :** le commencer ou être en train de le réaliser.

chantilly **n.f.** Crème fraîche fouettée et légèrement sucrée.

HISTOIRE DU MOT Vient du nom du château de *Chantilly*, parce que ses cuisines avaient une excellente réputation.

chantonner **v.** (CONJUG. **3**). Chanter un air à mi-voix. SYN. fredonner.

chantre **n.m.** Celui qui chante aux offices religieux.

chanvre **n.m.** ❶ Plante que l'on cultive pour sa tige, qui fournit une excellente fibre textile, et pour ses graines, qui donnent de l'huile. ❷ Fibre textile que l'on tire de cette plante.

chaos **n.m.** Grand désordre, confusion et désorganisation. *Depuis la guerre, le chaos règne dans le pays.* SYN. anarchie. CONTR. ordre, organisation. → VOIR AUSSI **tohu-bohu**.

▸ REM. 1. On prononce [kao]. 2. Ne pas confondre avec *cahot*.

HISTOIRE DU MOT Vient du grec *khaos*, « la masse confuse des éléments avant la création du monde ».

chaotique **adj.** Qui paraît sans ordre, incohérent, comme le chaos.

▸ REM. 1. On prononce [kaɔtik]. 2. Ne pas confondre avec *cahoteux*.

chapardage **n.m.** Vol de petits objets. *Il vivait de menus chapardages.*

chaparder **v.** (CONJUG. **3**). Voler, dérober de petites choses. *Un maraudeur avait chapardé quelques œufs dans le poulailler.*

chapardeur, euse **n.** et **adj.** Personne qui chaparde.

chapeau **n.m.** ❶ Toute coiffure d'homme ou de femme, plus ou moins rigide. *Un chapeau de paille, un chapeau melon.* ❷ La partie supérieure ronde de certains types de champignons, appelée aussi *tête*. *Le chapeau d'un bolet.* ❸ Les quelques lignes, mises en valeur, qui introduisent un texte, un article de journal ou de magazine. • **Je lui tire mon chapeau** ou **chapeau ! :** expression que l'on emploie pour montrer son admiration et son respect. *Chapeau ! Il a réussi malgré les difficultés !* • **Porter le chapeau :** être désigné comme responsable d'un échec, d'une erreur. • **Sur les chapeaux de roue :** à toute vitesse. *La voiture démarra sur les chapeaux de roue.*

chapeauté, e **adj.** Coiffé d'un chapeau. *Mademoiselle ne sortait que gantée et chapeautée.*

chapeauter **v.** (CONJUG. **3**). Avoir la responsabilité, comme supérieur hiérarchique, d'un groupe de personnes ou de services. *Elle chapeaute tout le service commercial.*

chapelain **n.m.** Prêtre d'une chapelle privée. *Le chapelain de l'hôpital.*

chapelet **n.m.** ❶ Objet de piété fait de grains enfilés sur une chaînette, que l'on fait glisser entre ses doigts en disant des prières ; l'ensemble des prières récitées. *Dire son chapelet.* ❷ Série de choses qui viennent à la suite les unes des autres. *Un chapelet d'oignons.*

chapelier, ère **n.** Celui, celle qui fabrique ou vend des chapeaux d'homme.

▸ REM. Le fabricant de chapeaux de femme est le *modiste*.

chapelle **n.f.** ❶ Petite église n'ayant qu'un seul autel ou partie d'une église où se trouve un autel. ❷ Petit groupe très fermé d'artistes, d'intellectuels partageant les mêmes idées. *Avoir l'esprit de chapelle* (= ne pas être ouvert aux idées des autres).

chapelure **n.f.** Pain séché au four et réduit en minuscules miettes. *On enrobe les escalopes dans de la chapelure avant de les faire cuire, pour faire des escalopes panées.*

chaperon **n.m.** ❶ Au Moyen Âge, capuche que portaient les hommes et les femmes, qui couvrait la tête et le cou jusqu'aux épaules. *« Il était une fois une petite fille, la plus jolie qu'on eût su voir, et coiffée d'un petit chaperon rouge qui lui seyait si bien, que partout on l'appelait le Petit Chaperon rouge »* (Charles Perrault). ❷ Autrefois, personne chargée d'accompagner et de surveiller une jeune fille quand elle sortait avec un jeune homme.

femme **chapeautée**
(*le Chapeau de paille*, Rubens, 1577)

chapiteau de style roman (monastère de Sant Cugat, Espagne)

chapiteau **n.m.** ❶ Sommet, souvent décoré, d'un pilier ou d'une colonne. *Les chapiteaux d'un cloître.* ❷ Tente où ont lieu des spectacles de cirque, des concerts, etc. *Le cirque a dressé son chapiteau sur la place du village.*

HISTOIRE DU MOT Vient du latin *caput* qui signifie « tête, sommet ».

chapitre **n.m.** Chacune des parties d'un livre. *Livre en neuf chapitres.* • **Sur ce chapitre :** à ce sujet. *Elle connaît tout sur les dinosaures, elle est incollable sur ce chapitre.*

chapitrer **v.** (CONJUG. 3). Faire la leçon à quelqu'un. *L'enfant avait fait une bêtise, il a été longuement chapitré par sa mère.* SYN. réprimander, sermonner.

chapon **n.m.** Nom donné à un jeune coq châtré, élevé pour être mangé.

chaque **adj. indéfini singulier.** ❶ Indique que tout élément d'un ensemble est concerné par ce qui est dit. *Chaque enfant aura droit à deux carrés de chocolat.* ❷ Indique la répétition. *Chaque matin, je vais au collège* (= tous les matins).

char **n.m.** ❶ Dans l'Antiquité, voiture à deux roues tirée par un ou plusieurs chevaux, que les Grecs et les Romains conduisaient debout dans les combats, les jeux et les cérémonies publiques. *Attelé de deux chevaux blancs, le char triomphal entra dans Rome.* ❷ Voiture décorée de fleurs, de grands personnages en carton-pâte, de masques, etc. *Les chars du carnaval.* • **Char à voile :** voilier monté sur roues ou sur patins à glace et qui se déplace en utilisant la force du vent. • **Char d'assaut :** véhicule automobile blindé et à chenilles, armé de canons, de missiles, etc. → VOIR AUSSI **blindé, tank.**

charabia **n.m.** (Familier) Langage confus, suite de mots incompréhensibles. *Je ne comprends rien à votre charabia, parlez clairement et faites des phrases.* SYN. galimatias.

charade **n.f.** Devinette dans laquelle il s'agit de trouver un mot de plusieurs syllabes à partir de définitions correspondant à un homonyme de chacune des syllabes. *Mon premier est un animal domestique* (chat) *; mon second abrite des bateaux* (rade) *; mon tout vous est proposé ici* (réponse : charade).

charançon **n.m.** Insecte nuisible qui s'attaque aux graines de céréales et au bois.

charançon

charbon **n.m.** Matière combustible noire et solide que l'on extrait du sol dans des mines. *La houille, l'anthracite, le lignite sont des charbons.* • **Charbon de bois :** variété de charbon fait de bois à moitié carbonisé. *On utilise du charbon de bois pour faire des grillades sur le barbecue.* • **Être sur des charbons ardents :** être très inquiet ou impatient.

charbonnier, ère **n.** Personne qui vend ou qui livre du charbon. • **Charbonnier est maître chez soi :** proverbe qui signifie que chacun est libre de faire ce qu'il veut quand il est chez lui.

ENCYCLOPÉDIE On raconte que François Ier, s'étant égaré à la chasse, entra à la nuit tombante dans la hutte d'un charbonnier. Quand celui-ci revint, il permit au roi de rester, mais prit la place la plus confortable tout en lui disant : « J'agis ainsi sans façon, parce que je suis chez moi. Or, par droit et par raison, chacun est maître en sa maison. » Le roi applaudit et lui accorda le droit de chasse à perpétuité.

charcuterie **n.f.** ❶ Boutique du charcutier, où l'on peut trouver des produits à base de porc. ❷ Ensemble des mets préparés à partir du porc. *Une assiette de charcuterie est composée de jambon, de saucisson, de pâté, etc.*

HISTOIRE DU MOT Vient de l'ancien français *charcuite* qui signifiait « viande cuite ».

charcutier, ère **n.** Commerçant qui prépare et vend de la charcuterie.

chardon **n.m.** Plante à feuilles et à tiges épineuses dont il existe diverses variétés. *Les ânes aiment manger des chardons.* • **Chardon bleu :** nom courant d'une plante à feuilles épineuses bleuâtres, le *panicaut.*

chardonneret **n.m.** Oiseau à plumage rouge, noir, jaune et blanc, qui se nourrit notamment des graines du chardon.

charge **n.f.** ❶ Poids que peut porter un animal, un être humain, un véhicule. *La mule ploie sous la charge.* SYN. chargement, fardeau. ❷ Souci qui pèse sur une personne lorsqu'elle a une responsabilité. *Je ne voudrais pas être une charge pour vous.* SYN. gêne. ❸ (Au plur.) Dépenses, obligations coûteuses. *Il a de lourdes charges familiales.* SYN. frais. ❹ Tâche, mission que l'on a à remplir. *On lui a confié la charge de nourrir le chat.* ❺ Indice ou présomption pouvant faire croire à la culpabilité d'une personne. *Ce mensonge constitue une nouvelle charge contre lui.* ❻ Attaque lancée par une armée, par la police. *La charge de la cavalerie légère.* SYN. assaut. ❼ Dose de

chardonneret

a b c d e f g h i j k l m n o p q r s

poudre d'une cartouche ou dose d'explosif nécessaire pour faire sauter quelque chose. *Une charge de cinq kilos de dynamite.* • **À charge de revanche :** à condition de pouvoir rendre la pareille un jour prochain. *Merci de m'avoir dépanné, mais c'est à charge de revanche !* • **Au pas de charge :** en se dépêchant, en courant. • **Être à la charge de quelqu'un :** dépendre de lui financièrement. • **Prendre en charge :** s'occuper de, prendre la responsabilité de. *Il a tout pris en charge, les courses et la cuisine.*

chargé, e **n.** • **Chargé d'affaires :** diplomate qui remplace un ambassadeur dans un pays étranger.

chargement **n.m.** L'action de charger ; l'ensemble des marchandises transportées. *Le camion a perdu tout son chargement.* SYN. cargaison, charge, fret. *On a utilisé des grues pour faire le chargement du bateau.*

charger **chargeant, chargé v.** (CONJUG. 5). ❶ Mettre une charge, un chargement sur quelque chose, sur quelqu'un. *Charger une voiture, un camion. Vous êtes trop chargés pour cette randonnée, il faut alléger vos sacs.* ❷ Mettre des objets dans un véhicule. *J'ai chargé les valises dans le coffre.* ❸ Demander à une personne de faire un travail, d'accomplir une mission. *Je te charge de débarrasser la table.* ❹ Mettre dans un appareil ce qui est nécessaire à son fonctionnement. *Charger un baladeur numérique. Attention, le fusil est chargé ! Charger une batterie.* ❺ Attaquer, donner l'assaut. *Cavaliers, chargez ! Les policiers ont chargé les manifestants.* ♦ **se charger v.pron.** Prendre la responsabilité de quelque chose, s'occuper de quelqu'un. *Comptez sur moi, je me charge de l'organisation. C'est un nouveau : voulez-vous vous charger de lui ?*

HISTOIRE DU MOT Vient du latin *carrus* qui signifie « char ».

chargeur **n.m.** ❶ Boîtier d'une arme automatique contenant plusieurs cartouches. ❷ Appareil pour recharger une batterie d'accumulateurs. *Le chargeur d'un téléphone portable.*

charia **n.f.** Chez les musulmans, la loi de Dieu définie par le Coran. *Prêcher la charia.*

chariot, ✎ ***charriot*** **n.m.** ❶ Petit véhicule à quatre roues qui sert à déplacer des objets lourds ou encombrants. *Un chariot à bagages.* ❷ Autrefois, voiture à quatre roues tirée par des bœufs ou des chevaux. • **Petit Chariot, Grand Chariot :** autres noms de la Petite et de la Grande Ourse.

charitable **adj.** Qui fait preuve de bienveillance, d'indulgence, de générosité. *Vous n'êtes guère charitable avec ce pauvre homme, cessez de le tourmenter !*

charité **n.f.** ❶ Générosité qui porte à faire du bien aux autres. ❷ Don, acte de bienfaisance, secours apporté à quelqu'un. *Un mendiant demandait la charité.* SYN. aumône. *Une vente de charité* (= dont le bénéfice est destiné à une œuvre de bienfaisance). ❸ En religion, amour du prochain.

charivari **n.m.** Tapage assourdissant. *Autrefois, « faire un charivari », c'était faire du chahut à la porte des époux dont on désapprouvait le mariage.*

HISTOIRE DU MOT Vient, par le latin, du grec *karêbaria* qui signifie « mal de tête ».

charlatan **n.m.** ❶ Autrefois, personne qui vendait des remèdes sur les places publiques. ❷ Aujourd'hui, mauvais médecin, personne qui exerce illégalement la médecine ou imposteur qui cherche à gagner de l'argent en profitant de la naïveté des gens.

charlotte **n.f.** Entremets fait dans un moule en forme de timbale, à base de crème et de fruits, entouré de biscuits.

charmant, e **adj.** Très agréable, qui plaît, qui séduit par son charme, sa douceur. *Quel endroit charmant !* SYN. délicieux, plaisant. *Lucie est une personne tout à fait charmante.* SYN. aimable, délicieux, sympathique. CONTR. déplaisant, désagréable.

1 charme **n.m.** ❶ Attrait mystérieux qu'exerce une personne. *Je ne peux résister au charme de son sourire. Elle a beaucoup de charme* (= un grand pouvoir de séduction). *J'ai rencontré Brigitte, je suis sous le charme !* ❷ Sortilège, opération magique faite pour ensorceler quelqu'un. *La fée lui a jeté un charme.* • **Se porter comme un charme :** être en parfaite santé.

2 charme **n.m.** Arbre très répandu dans les forêts d'Europe, dont le bois blanc est utilisé essentiellement dans la fabrication des panneaux agglomérés, de la pâte à papier, etc.

charme

charmer **v.** (CONJUG. 3). ❶ Enchanter, séduire, tenir sous son charme. *Elle nous a charmés toute la soirée par sa gaieté et son esprit.* SYN. ravir. ❷ S'emploie dans des formules de politesse pour exprimer sa satisfaction. *J'ai été charmé de faire sa connaissance.*

charmeur, euse **adj.** et **n.** Qui cherche à séduire, à charmer. *Un sourire charmeur. Prenez garde, c'est une charmeuse !* SYN. séducteur. • **Charmeur de serpents :** en Orient, personne qui fait danser des serpents au son de la flûte.

charmille **n.f.** Haie de charmes taillés de façon décorative et formant une allée, une tonnelle, etc.

charnel, elle **adj.** Qui concerne le corps et les sens. *L'amour charnel.* SYN. physique. CONTR. platonique. *Les plaisirs charnels* (= ceux des sens).

HISTOIRE DU MOT Vient de *chair.*

charnier **n.m.** Fosse où sont entassés des cadavres en grand nombre.

HISTOIRE DU MOT Vient de *chair.*

charnière n.f. ❶ Ensemble de deux pièces métalliques dont l'une est fixe et l'autre mobile et qui servent à faire tourner une porte, une fenêtre, un couvercle, etc. ❷ Ce qui sert de transition entre deux périodes. *L'invention des caractères mobiles en relief par Gutenberg de Mayence fut un événement charnière de l'histoire de l'imprimerie.*

charnu, e adj. ❶ *Des lèvres charnues* sont épaisses. CONTR. mince. ❷ *Un fruit charnu* est un fruit dont la pulpe est épaisse.

charognard n.m. Nom que l'on donne couramment aux animaux qui se nourrissent de charognes. *Le vautour est un charognard.*

charogne n.f. Cadavre d'un animal à demi décomposé.

charpente n.f. ❶ L'ensemble des poutres et des pièces de bois qui supportent un toit. *La charpente de la maison est à refaire.* ❷ Ce qui constitue l'ossature de quelque chose. *La charpente d'un bateau.*

charpenté, e adj. *Être bien charpenté*, c'est être bien bâti, solide, robuste.

charpentier, ère n. Artisan qui fabrique et pose des charpentes.

charpie n.f. • **Mettre en charpie :** réduire en petits morceaux. *Le petit chat a mis les rideaux en charpie.*

HISTOIRE DU MOT Vient de l'ancien verbe *charpir* qui signifiait « déchirer ». La *charpie*, c'était des débris de toile usée et effilochée que l'on utilisait pour faire des pansements.

charretée n.f. Le contenu d'une charrette. *Une charretée de foin.*
▸ REM. S'écrit *-ée*, comme les autres noms de contenants : *poêlée, cuillerée, assiettée*, etc.

charretier, ère n. Personne qui conduit un chariot, une charrette. • **Jurer comme un charretier :** parler grossièrement, dire des jurons.

charrette n.f. Voiture à cheval à deux roues, munie de deux longues pièces de bois, qui servait à transporter des fardeaux. *Une charrette à bras était tirée par une personne.*
▸ REM. S'écrit avec deux *r*, contrairement à *chariot*.

charrier v. (CONJUG. 7). ❶ Transporter dans une charrette, une remorque, etc. *M. André charrie du sable dans sa brouette.* ❷ Pour un cours d'eau, transporter, entraîner dans le courant. *Le fleuve en crue charrie des troncs d'arbres.*

charrue n.f. Outil agricole qui sert à labourer, fait d'un *soc* pour fendre la terre et d'un *versoir* pour la retourner. • **Mettre la charrue avant** (ou **devant**) **les bœufs :** commencer par ce qui devrait être fait en dernier.

charte n.f. ❶ Au Moyen Âge, acte écrit dans lequel le seigneur accordait des droits ou des privilèges. ❷ Aujourd'hui, texte écrit qui énonce de grands principes ou des règles d'organisation. *La Charte des Nations unies a été signée en 1945.*

HISTOIRE DU MOT Vient du latin *carta*, qui a aussi donné *carte.*

charter n.m. Avion loué par une compagnie de tourisme, sur lequel le prix du billet est très avantageux.
▸ REM. 1. C'est un mot anglais, on prononce [ʃartɛr]. 2. Au Québec, on dit *un vol nolisé*.

HISTOIRE DU MOT Vient du verbe anglais *to charter* qui signifie « affréter, louer ».

chartreux n.m. Chat à poil gris cendré.

chas n.m. Trou d'une aiguille à coudre où l'on passe le fil.
▸ REM. 1. On ne prononce pas le *-s*. 2. Ne pas confondre avec l'homonyme *chat*.

1 **chasse** n.f. ❶ Recherche et poursuite d'un gibier pour le capturer ou le tuer. *L'ouverture de la chasse a lieu en automne et la clôture en hiver. Un chien, un fusil de chasse.* → VOIR AUSSI **courre.** ❷ Recherche active d'un objet, d'une personne. *Chasse au trésor. Chasse à l'homme.* ❸ Opération par laquelle on poursuit un avion ennemi pour le détruire. *L'avion a été pris en chasse. Un avion de chasse. Un pilote de chasse.* • **Chasse gardée :** espace réservé à ceux qui ont l'autorisation d'y chasser ; au sens figuré, domaine qu'on se réserve. • **Donner** ou **faire la chasse à :** chercher à s'emparer de, à tuer. *Avant de vous coucher, il faudra faire la chasse aux moustiques.* • **Qui va à la chasse perd sa place :** proverbe qui signifie que celui qui ne prend pas soin de protéger sa place quand il s'en va n'est pas sûr de la retrouver à son retour.

2 **chasse** n.f. • **Chasse d'eau :** appareil qui permet de déverser d'un seul coup une masse d'eau importante pour nettoyer une cuvette de W.-C.

châsse n.f. Boîte, coffre décorés d'émail, de métaux précieux, où l'on garde les reliques d'un saint ou d'une sainte.
▸ REM. Attention à l'accent circonflexe.

chassé-croisé n.m. (PLUR. : chassés-croisés). Suite de mouvements, de démarches semblables, mais sans résultat. *C'est un véritable chassé-croisé : au moment où j'allais chez elle, elle passait chez moi.*

chasse-neige n.m.invar., ✎ *n.m.* (PLUR. : *chasse-neiges*). ❶ Véhicule qui sert à déblayer les routes enneigées. ❷ Position des skis que l'on obtient en écartant les talons. *Daphné descend la piste en chasse-neige.*

chasse-neige

a b c d e f g h i j k l m n o p q r s t u v

chasser v. (CONJUG. 3). ❶ Pratiquer la chasse. *Chasser le lièvre. Il faut un permis pour chasser.* ❷ Faire partir, faire disparaître. *La police a chassé les squatters. Le vent chasse les nuages.* SYN. balayer. *Une guêpe va te piquer, chasse-la ! Chasser les mauvaises odeurs.*

chasseur, euse n. ❶ Personne qui chasse. *Les chasseurs sont rentrés bredouilles.* ❷ Jeune employé en livrée qui fait les courses des clients dans certains hôtels et restaurants. SYN. groom. ❸ Pilote d'un avion de chasse. • **Chasseur d'images :** personne qui recherche des lieux ou des objets originaux qu'il photographie ou filme. ◆ **chasseur** n.m. Avion de chasse.

châssis n.m. ❶ Assemblage de pièces métalliques qui supporte le moteur, les essieux et la carrosserie d'une voiture. ❷ Cadre en bois sur lequel est tendue la toile d'un tableau. ❸ Bac en bois, plastique, etc., couvert d'un panneau vitré, dans lequel le jardinier fait pousser des plantes qui craignent le froid.
▸ REM. On ne prononce pas le *-s* final.

chaste adj. Pudique et pur ou qui fait preuve de chasteté. *Un amour chaste, un baiser chaste.*

chasteté n.f. Le fait de s'abstenir des plaisirs sexuels. *Certains religieux font vœu de chasteté.*

chasuble n.f. Vêtement sans manches orné d'une croix, que le prêtre met par-dessus l'aube et l'étole pour dire la messe. • **Robe chasuble :** robe échancrée sans manches.

chat n.m. Petit mammifère carnivore au poil doux, aux oreilles triangulaires, aux longues moustaches, et aux griffes qui se rétractent. • **Avoir un chat dans la gorge :** être enroué, avoir la voix éraillée.

ENCYCLOPÉDIE Cri : le chat miaule. Femelle : la chatte. Petit : le chaton. Le chat fait partie, avec le lion, la panthère et le guépard, de la famille des *félins*. Ce sont les Égyptiens qui ont, les premiers, domestiqué le chat. En Europe, c'est au Moyen Âge qu'il a été adopté comme animal domestique, notamment lors des grandes pestes, où les rats pullulaient. L'*angora* (à poils longs), le *siamois* (aux yeux bleus et à pelage beige), le *chartreux* (au pelage bleuâtre), le *birman*, l'*abyssin*, etc., comptent parmi les principales races de chats domestiques. Mais on trouve beaucoup de chats croisés, dits *chats de gouttière* ou *chats européens*.

châtaigne n.f. Fruit comestible du châtaignier que protège une enveloppe épineuse, la *bogue*.
▸ REM. On confond souvent la châtaigne et le marron.

châtaigneraie n.f. Forêt plantée de châtaigniers.

châtaignier n.m. Grand arbre à feuilles dentées dont le fruit, appelé *châtaigne*, est comestible. *Le châtaignier peut atteindre 35 m de haut et vivre plusieurs siècles.*

chat

châtain adj. *Des cheveux châtains, une chevelure châtain* sont d'une couleur entre le brun et le blond.
▸ REM. Cet adjectif a la même forme au masculin et au féminin : *il est châtain, elle est châtain.*

château n.m. ❶ Habitation de plaisance des rois et des seigneurs à partir de la Renaissance, sans fortifications, entourée de jardins ou d'un parc. *Azay-le-Rideau est un des châteaux de la Loire.* ❷ Vaste demeure à la campagne, souvent agrémentée d'un parc et close de murs. SYN. gentilhommière, manoir. • **Château d'eau :** grand réservoir d'eau construit sur une hauteur pour la distribution d'eau sous pression. • **Château fort :** demeure féodale fortifiée, protégée par des douves, des murailles, des tours, un donjon et un pont-levis. *Au Moyen Âge, de nombreux châteaux forts ont été construits.* • **Bâtir des châteaux en Espagne :** faire des projets qui n'aboutiront jamais. • **Mener la vie de château :** vivre dans le luxe, sans travailler.

château de Malahide en Irlande (XIIe siècle)

châtelain, e n. Propriétaire ou locataire d'un château.

chat-huant n.m. (PLUR. : **chats-huants**). Nom courant de la *hulotte*. *Dans la campagne éclairée par la lune, on entendait ululer les chats-huants.*

châtié, e adj. *Un langage châtié* est très correct, jamais familier et même un peu recherché.

châtier v. (CONJUG. 7). Infliger un châtiment, une punition à quelqu'un. *Le roi châtia ses sujets rebelles. La justice châtie les criminels.* SYN. punir. • **Qui aime bien châtie bien :** proverbe qui signifie que lorsqu'on aime vraiment quelqu'un, on doit, dans son intérêt, être sévère avec lui.

chatière n.f. Petite ouverture faite au bas d'une porte, qui permet aux chats d'entrer et de sortir.

châtiment n.m. Sanction très sévère infligée à une personne qui a commis une faute grave. *Le capitaine décida d'infliger un châtiment exemplaire aux mutins.* SYN. peine, punition.

chatoiement n.m. Reflet brillant, moiré, changeant d'une étoffe ou d'une pierre qui chatoie. *Le chatoiement de la soie.*

chatons

1 chaton n.m. Petit du chat, jeune chat.

2 chaton n.m. Groupe de fleurs en forme d'épi qui pousse sur certains arbres, tels le noisetier, le saule, etc.
HISTOIRE DU MOT Vient de *chat*, parce que le *chaton* fait penser au bout de la queue du chat.

3 chaton n.m. La partie d'une bague où sont sertis une perle, une pierre, un diamant, où sont gravées des initiales.

chatouille n.f. (Familier) Geste par lequel on chatouille quelqu'un. *Son frère lui faisait des chatouilles jusqu'à ce qu'il se torde de rire.*

chatouiller v. (CONJUG. 3). ❶ Effleurer la peau à certains endroits sensibles, ce qui provoque le rire ou l'énervement. *Il lui chatouillait la plante des pieds avec une plume.* ❷ Exciter agréablement le goût ou l'odorat. *Le parfum de l'omelette au lard lui chatouilla agréablement les narines.*

chatouilleux, euse adj. ❶ Qui est très sensible aux chatouilles. ❷ Qui est susceptible, facilement irritable sur certaines questions. *Son père est très chatouilleux sur la politesse.*

chatoyant, e adj. Aux reflets brillants, moirés et changeants, agréables à l'œil. *Un tissu de taffetas chatoyant.*

chatoyer v. (CONJUG. 14). Avoir des reflets changeants. *La bague chatoyait aux rayons du soleil.*
HISTOIRE DU MOT Vient de *chat*, à cause des reflets changeants des yeux de cet animal.

châtrer v. (CONJUG. 3). Enlever ses testicules ou ses ovaires à un animal pour l'empêcher de se reproduire. SYN. castrer.

chatte n.f. Femelle du chat.

1 chaud, e adj. ❶ Dont la température est plus élevée que celle du corps humain, qui produit une sensation de chaleur. *Un thé chaud. Un bain chaud.* CONTR. froid, glacial. ❷ Qui garde la chaleur et protège du froid. *Un chandail très chaud.* ❸ Caractérisé par une forte animation ; agité. *Le printemps sera chaud, on s'attend à des grèves. Une discussion très chaude.* SYN. âpre, dur. ❹ Qui s'enthousiasme pour quelque chose, passionné. *C'est un chaud partisan du retour à la nature.* • **Ne pas être chaud pour** : ne pas être très favorable à quelque chose. ◆ **chaud** adv. • **Avoir eu chaud** : l'avoir échappé belle. *La voiture s'est arrêtée à cinquante centimètres, il a eu chaud.* • **Il fait chaud** : la température est élevée. • **Manger** ou **boire chaud** : manger un plat chaud, absorber une boisson chaude.

2 chaud n.m. Chaleur, température élevée. *Je ne supporte pas le chaud.* CONTR. froid. • **À chaud** : dans le feu de l'action. *Les journalistes ont fait leur enquête à chaud.* • **Au chaud** : là où il fait chaud. *Venez vous mettre au chaud.* • **Un chaud et froid** : un refroidissement dû à une succession trop rapide de chaleur et de fraîcheur.

chaudement adv. ❶ *S'habiller chaudement*, c'est s'habiller de manière à avoir chaud. ❷ *Recommander chaudement quelqu'un*, c'est le recommander avec chaleur, avec enthousiasme.

chaudière n.f. Appareil pour produire de l'eau chaude ou de la vapeur. *La chaudière du chauffage central.*

chaudron n.m. Récipient de cuivre ou de fonte muni d'une anse où l'on faisait chauffer l'eau ou les aliments dans la cheminée. *La sorcière prépara un philtre magique dans son chaudron.*

chaudron de cuivre rouge
(détail d'un tableau de Chardin, XVIIIe siècle)

chauffage n.m. Le fait de chauffer un local ; installation qui permet de le chauffer. *Le chauffage au gaz, à l'électricité. Le chauffage solaire.*

chauffant, e adj. Qui chauffe. *Couverture chauffante. Plaque chauffante.*

chauffard n.m. (Familier) Conducteur imprudent et dangereux.

chauffe-biberon n.m. (PLUR. : **chauffe-biberons**). Appareil électrique pour chauffer les biberons.

chauffe-eau n.m.invar., ✎ *n.m.* (PLUR. : *chauffe-eaux*). Appareil qui fournit de l'eau chaude et fonctionne au gaz, à l'électricité, à l'énergie solaire.

chauffe-plat n.m. (PLUR. : **chauffe-plats**). Plaque pour garder au chaud les plats que l'on apporte sur la table.

chauffer v. (CONJUG. 3). ❶ Élever la température de quelque chose. *Chauffer une pièce.* ❷ Produire de la chaleur, devenir chaud. *L'eau chauffe, le thé sera bientôt prêt. Le soleil chauffe aujourd'hui.* ❸ Devenir anormalement chaud. *Le radiateur de la voiture chauffe, attention à la panne !* ❹ Provoquer l'enthousiasme d'un public, d'une foule. *Le saxophoniste avait tellement chauffé la salle que tout le monde s'était mis à danser.* ◆ **se chauffer** v.pron. ❶ S'exposer à une source de chaleur. *Elle se chauffe les pieds devant la cheminée.* ❷ Chauffer sa maison. *Nous nous chauffons au bois.* • **Montrer à quelqu'un de quel bois on se chauffe** : le traiter sans ménagement.

chaufferie n.f. Local où sont installées les chaudières sur un bateau, dans une usine, un immeuble, etc.

A B C D E F G H I J K L M N O P Q R S T U V W X Y Z

chauffeur **n.m.** Personne qui conduit un camion, une automobile, un taxi. *Une limousine avec chauffeur l'attendait à l'hôtel. Son père est chauffeur de poids lourd.*

▸ REM. 1. On parle d'un *chauffeur de taxi* mais d'un *conducteur d'autobus*. 2. Au Canada, la forme féminine de ce mot est *chauffeuse*.

chaume **n.m.** ❶ Partie des tiges de céréales restant en terre après la moisson. ❷ Paille de blé, de seigle, etc., dont on a retiré le grain et qu'on utilisait autrefois pour couvrir les toits des maisons. *Dans certaines régions, il reste encore des toits de chaume.*

HISTOIRE DU MOT Vient du latin *calamus* qui signifie « tige de roseau ».

chaumière **n.f.** Petite maison au toit recouvert de chaume.

chaussée **n.f.** La partie de la route ou de la rue réservée à la circulation des véhicules. *Prière de ne pas stationner sur la chaussée.*

chausse-pied (PLUR. : **chausse-pieds**), ✎ ***chaussepied*** **n.m.** Petit instrument utilisé pour mettre plus facilement une chaussure.

chausser **v.** (CONJUG. **3**). ❶ Mettre au pied des chaussures, des skis, etc. *L'ogre chaussa ses bottes de sept lieues.* ❷ Avoir telle ou telle pointure de chaussures. *Mon frère chausse du 42.* ◆ **se chausser** **v.pron.** Mettre ses chaussures.

chausses **n.f.plur.** Caleçon long (bas-de-chausses) ou culotte courte (haut-de-chausses) portés par les hommes jusqu'au XVIIe siècle.

chaussette **n.f.** Pièce d'habillement de laine, de coton, de fil, etc., qui couvre le pied et la jambe jusqu'à mi-mollet ou jusqu'au genou. *Des chaussettes de ski.*

chausson **n.m.** ❶ Chaussure d'intérieur souple à talon plat. SYN. pantoufle. ❷ Chaussure légère et souple de danse ou de gymnastique. ❸ Pâtisserie faite d'un rond de pâte feuilletée, plié en deux, fourré et cuit au four. *Chausson aux pommes, à la confiture.*

chaussure **n.f.** Pièce de l'habillement qui couvre et protège le pied. *Mettre ses chaussures.* SYN. soulier. *Les bottes sont des chaussures montantes.*

ENCYCLOPÉDIE Les babouches, les ballerines, les baskets, les bottillons, les bottines, les brodequins, les chaussons, les escarpins, les espadrilles, les galoches, les mocassins, les nu-pieds, les Pataugas, les sabots, les sandales, les savates, les tennis... sont des types de chaussures.

chaut **v.** • **Peu me chaut** ou **peu m'en chaut** : expression que l'on employait autrefois pour dire « peu m'importe ».

▸ REM. L'infinitif de ce verbe est *chaloir*.

chauve **adj.** et **n.** Qui a perdu ses cheveux ou n'en a plus beaucoup. → VOIR **calvitie.**

chauve-souris (PLUR. : **chauves-souris**), ✎ ***chauvesouris*** **n.f.** Mammifère volant qui se nourrit d'insectes.

chauvin, e **adj.** Qui aime sa patrie, sa ville et tout ce qui vient de son pays plus que tout le reste, parfois de façon agressive. *Des supporters chauvins.*

HISTOIRE DU MOT Vient du nom de *Nicolas Chauvin*, soldat admirateur enthousiaste de Napoléon.

chauvinisme **n.m.** Patriotisme exagéré, comportement des personnes chauvines.

chaux **n.f.** Matière minérale blanche utilisée dans la construction. *Une maison blanchie à la chaux.*

HISTOIRE DU MOT Vient du latin *calx* que l'on retrouve dans *calcaire, calciner.*

ENCYCLOPÉDIE On obtient la chaux en faisant cuire des pierres calcaires dans des *fours à chaux*. On la mélange avec l'argile pour faire du ciment, on l'utilise pour faire le mortier, pour améliorer les terres, etc.

chavirer **v.** (CONJUG. **3**). Pour un bateau, se renverser la coque en l'air. *Le voilier a chaviré, il a fallu venir repêcher l'équipage.*

HISTOIRE DU MOT Vient du provençal *cap virar*, « tourner la tête en bas ».

chéchia **n.f.** Coiffure masculine cylindrique portée par les musulmans de certains pays d'Afrique.

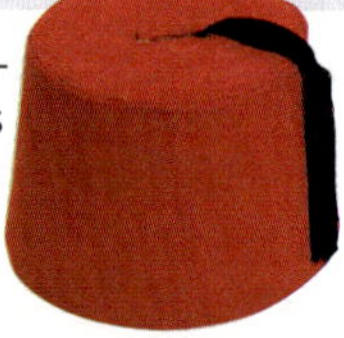

chéchia

chef **n.** ❶ Personne qui dirige un groupe, qui est à sa tête. *Les soldats obéissent à leur chef. Une chef scoute. Mandrin fut un célèbre chef de bande.* SYN. meneur. ❷ Sert à désigner certaines fonctions. *Mme H... est chef de service en pédiatrie à l'hôpital Sainte-Eulalie* (= elle dirige le service). *Charles de Gaulle est l'un des chefs d'État français les plus connus. Il était chef cuisinier dans un grand restaurant.* • **Chef d'orchestre :** musicien qui dirige un orchestre. *Herbert von Karajan était un chef d'orchestre connu dans le monde entier.* • **De son propre chef :** de sa propre initiative.

HISTOIRE DU MOT Vient du latin *caput* qui signifie « tête » et que l'on retrouve dans *capital.*

chef-d'œuvre **n.m.** (PLUR. : **chefs-d'œuvre**). ❶ Œuvre la plus réussie d'un artiste. *« Don Quichotte » est le chef-d'œuvre de Cervantès.* ❷ Ce que l'on a parfaitement réussi. *Son exposé est un chef-d'œuvre !*

▸ REM. On ne prononce pas le *-f*.

chef-garde **n.m.** (PLUR. : **chefs-gardes**). En Belgique, contrôleur dans un train.

chef-lieu **n.m.** (PLUR. : **chefs-lieux**). Ville principale d'un département, d'un arrondissement ou d'un canton, où sont centralisés les services administratifs.

chauve-souris

cheftaine n.f. Jeune fille qui dirige une troupe de scouts (guides, éclaireurs, louveteaux).

HISTOIRE DU MOT Vient de l'anglais *chieftain* formé sur l'ancien français *chevetain* qui signifiait « capitaine ».

cheikh n.m. ❶ Chef de tribu arabe. ❷ Titre donné à tout musulman respectable par son âge ou sa fonction. ▶ REM. On prononce [ʃɛk].

chemin n.m. ❶ Voie de terre que l'on emprunte pour se rendre d'un endroit à un autre, à la campagne. *Un chemin vicinal.* ❷ Distance à parcourir. *Vous n'êtes pas arrivés, vous avez encore du chemin à faire !* SYN. route. ❸ Direction à suivre pour aller d'un endroit à un autre. *Connais-tu le chemin pour aller à la gare ?* • **Chemin de ronde :** passage aménagé au sommet d'une muraille fortifiée. • **Chemin faisant :** tout en marchant. • **En chemin :** en cours de route. • **Faire son chemin :** réussir dans sa profession. • **Ne pas y aller par quatre chemins :** exprimer son avis, agir franchement et brutalement. • **Tous les chemins mènent à Rome :** proverbe qui signifie que différents procédés peuvent conduire au même résultat ou que tous les moyens sont bons pour réussir.

chemin de fer n.m. (PLUR. : **chemins de fer**). ❶ Moyen de transport qui utilise la voie ferrée. *Nous avons voyagé en chemin de fer pour venir.* SYN. train. ❷ Entreprise qui s'occupe de faire fonctionner et d'entretenir les installations ferroviaires. *M. Michel est employé des chemins de fer.*

ENCYCLOPÉDIE Les chemins de fer se sont développés entre 1825 et 1830. En France, les premières lignes ont été exploitées dans la région de Lyon et Saint-Étienne, région hautement industrialisée. Peu à peu, le réseau s'est développé autour de Paris, où toutes les lignes aboutissent. Des entreprises privées exploitaient les lignes de chaque région. Mais, en 1938, ces compagnies étant déficitaires, l'État prit le contrôle de tout le réseau. Ainsi fut créée la S.N.C.F. (Société nationale des chemins de fer français). Celle-ci est chargée aujourd'hui de l'exploitation des trains, tandis que les infrastructures ferroviaires sont gérées par le Réseau ferré de France (R.F.F.), créé en 1997.

chemineau n.m. Autrefois, vagabond qui courait les chemins, à la campagne.
▶ REM. Ne pas confondre avec *cheminot*.

cheminée n.f. ❶ Partie d'une habitation où l'on peut faire du feu, constituée d'un foyer ouvert et d'un conduit dans le mur par où sort la fumée. *Mets une bûche dans la cheminée, le feu va s'éteindre. Sur la cheminée, il y a la photo de mariage de nos grands-parents* (= sur l'encadrement en pierre, en marbre, etc.). ❷ Extrémité du conduit d'évacuation de la fumée qui dépasse des toits des maisons, des bateaux, des locomotives à vapeur. ❸ Partie d'un volcan par laquelle s'échappent la lave et les gaz volcaniques.

cheminement n.m. Progression lente et régulière de personnes qui marchent, qui cheminent. *Les bourrasques de neige et de vent ralentirent encore le lent cheminement de l'expédition.* SYN. marche.

branche de chêne

cheminer v. (CONJUG. 3). Marcher lentement mais régulièrement, suivre son chemin. *La troupe cheminait à travers la steppe depuis des jours.* SYN. avancer, progresser.

cheminot n.m. Employé des chemins de fer.
▶ REM. Ne pas confondre avec *chemineau*.

chemise n.f. ❶ Vêtement masculin qui couvre le haut du corps, qui comporte un col, des manches courtes ou longues, et qui se boutonne sur le devant. *Une chemise de coton, de toile.* ❷ Feuille de carton pliée en deux dans laquelle on range des documents. • (Familier) **Changer d'avis comme de chemise :** changer d'avis tout le temps. • **Chemise de nuit :** vêtement de nuit, surtout féminin, en forme de robe. • **Être en bras de chemise :** pour un homme, être sans veste par-dessus la chemise.

chemisette n.f. Chemise en tissu léger à manches courtes.

chemisier n.m. Corsage de femme avec col et manches, qui se boutonne sur le devant.

chênaie n.f. Terrain planté de chênes.

chenal n.m. (PLUR. : **chenaux**). Passage naturel ou artificiel sur un cours d'eau ou sur la mer, et qui permet aux gros bateaux de naviguer entre des terres, des écueils ou des bancs de sable. *En mer, les chenaux sont signalés par des balises.*

HISTOIRE DU MOT Vient de l'ancien français *chenel*, qui a la même origine que *canal*.

chenapan n.m. Nom que l'on donne à un enfant qui se conduit mal. *Petit chenapan, tu vas voir si je t'attrape !* SYN. galopin, garnement.

HISTOIRE DU MOT Vient de l'allemand *Schnapphahn* qui signifie « maraudeur ».

chêne n.m. Grand arbre très commun des forêts d'Europe, que l'on reconnaît à son écorce craquelée, ses branches tordues, ses feuilles caduques et ses fruits, appelés *glands*. *On utilise le bois du chêne, très résistant, pour fabriquer des parquets et des meubles.*

ENCYCLOPÉDIE En raison de son bois dur et résistant, de sa longévité (il vit plusieurs siècles) et de l'impression de grande solidité qu'il donne, le chêne a longtemps été considéré comme un arbre sacré. Les Grecs pensaient que le chêne était l'arbre de Zeus, et les Celtes vénéraient cet arbre sur les branches duquel la présence de gui révélait celle du dieu suprême.

chêne-liège n.m. (PLUR. : **chênes-lièges**). Variété de chêne à feuillage persistant dont l'écorce fournit le liège.

chenet n.m. Chacun des deux supports métalliques sur lesquels on pose les bûches dans la cheminée.

HISTOIRE DU MOT Vient de *chien*, à cause des têtes de chien qui décoraient souvent les chenets.

chenil n.m. ❶ Local pour loger les chiens de chasse. *La meute était rentrée au chenil.* ❷ Établissement où l'on garde les chiens en l'absence des maîtres, où l'on élève et dresse des chiens pour les vendre. ❸ En Suisse, désordre qui règne dans une pièce. *Qu'est-ce que c'est que ce chenil ?*

chenille n.f. ❶ Nom courant de la larve du papillon. ❷ Bande métallique articulée qui équipe les véhicules destinés à circuler sur tous terrains.

HISTOIRE DU MOT Vient du latin *canicula* qui signifie « petite chienne », à cause de la forme de la tête de la chenille.

chenille de machaon

ENCYCLOPÉDIE La chenille a un corps long, mou, formé d'anneaux et pourvu de trois paires de pattes et de plusieurs paires de ventouses. Très vorace, elle ne se nourrit que de végétaux, ce qui la rend nuisible.

chenu, e adj. *Un vieillard chenu* a les cheveux blanchis par le temps.
▸ REM. Ce mot appartient à la langue soutenue.

HISTOIRE DU MOT Vient du latin *canus* qui signifie « blanc ».

cheptel n.m. L'ensemble des animaux d'une exploitation agricole, d'une région, d'un pays, à l'exception de ceux de la basse-cour. *Le cheptel de la ferme se compose de cinquante vaches, vingt porcs et huit chevaux.*

chèque n.m. Feuillet imprimé, détachable d'un carnet, grâce auquel une personne titulaire d'un compte en banque peut effectuer des paiements. *Vous payez par chèque ou en espèces ? Faites votre chèque à l'ordre de la société B... Chèque sans provision* (= qui ne peut être payé faute d'un dépôt suffisant sur le compte).

chéquier n.m. Carnet de chèques.

1 cher, chère adj. ❶ Que l'on aime tendrement. *Pleurer un être cher. Ma chère maman.* SYN. bien-aimé, chéri. ❷ S'emploie dans des formules de politesse. *Veuillez agréer, cher Monsieur... Ma chère. Très cher. Cher ami.* ❸ Auquel on attache du prix, de l'importance. *Ce village est cher à mon cœur. Une idée qui m'est chère.*
▸ REM. Ne pas confondre avec *chair, chaire* et *chère*.

2 cher, chère adj. ❶ Dont le prix est élevé. *Un livre cher.* SYN. coûteux, onéreux. CONTR. bon marché. ❷ Qui vend à un prix élevé. *Ce fleuriste est cher.* ◆ **cher** adv. S'emploie avec des verbes comme *payer, coûter, valoir, donner* pour indiquer un prix élevé, au propre comme au figuré. *Nous avons payé notre maison très cher. Les vacances coûtent cher* (= beaucoup d'argent). *Il a payé cher sa liberté* (= au prix de grands sacrifices). *Je donnerais cher pour savoir ce que tu penses* (= j'aurais très envie de le savoir).
▸ REM. Ne pas confondre avec *chair, chaire* et *chère*.

chercher v. (CONJUG. 3). ❶ S'efforcer de trouver ou de découvrir. *Je cherche mes clefs. On vous cherche partout !* SYN. rechercher. *Chercher la solution d'une énigme* (= faire des recherches). ❷ Tout faire pour parvenir à un résultat. *Nous avons cherché à le convaincre pendant deux heures.* SYN. tenter de. *Elle cherche à plaire.* ❸ (Familier) Tout faire pour s'exposer à la colère de quelqu'un. *Tu as fini par l'énerver, mais franchement tu l'as bien cherché ! Tu me cherches avec tes insinuations !* SYN. provoquer. ❹ *Aller chercher une personne, une chose*, c'est ramener quelqu'un, prendre quelque chose et le rapporter. *Allez chercher le médecin. Je vais chercher de l'argent à la banque.*

chercheur, euse n. ❶ Personne dont la profession est de faire de la recherche dans le domaine dont elle est une spécialiste. *Il est chercheur en biologie.* ❷ Personne qui recherche des objets rares ou des métaux précieux. *Au XIXe siècle, de nombreux chercheurs d'or partirent à l'aventure dans le Far West.*
→ VOIR AUSSI **orpailleur.**

chère n.f. • **Faire bonne chère :** faire un bon repas, bien manger.
▸ REM. 1. Cette expression appartient à la langue soutenue. 2. Ne pas confondre ce mot avec *chair, chaire* et *cher*.

chèrement adv. • **Défendre chèrement sa vie :** se défendre avec acharnement, au prix de gros sacrifices. *Roland et ses preux défendirent chèrement leur vie à Roncevaux.*

chéri, e adj. Qui est tendrement aimé. *Mes enfants chéris.* SYN. adoré, bien-aimé. ◆ **n.** Terme d'affection que l'on emploie pour s'adresser à une personne que l'on aime tendrement. *Je t'attends à la maison, ma chérie.*

chérir chérissant, chéri v. (CONJUG. 16). ❶ Aimer tendrement une personne, avoir beaucoup d'affection pour elle. *Il chérit sa femme et ses enfants.* SYN. adorer. CONTR. détester, haïr. ❷ Être fortement attaché à quelque chose. *Nous chérissons la mémoire de nos amis disparus.* SYN. révérer, vénérer.

cherté n.f. Le fait d'être cher ou trop cher. *Ils se plaignaient de la cherté de la vie.*

chérubin n.m. ❶ Ange qui, dans la classification chrétienne, appartient à la plus haute catégorie, avec, notamment, les *séraphins*. *En peinture et en sculpture, le chérubin est représenté par une tête d'enfant portée* *par deux ailes.* ❷ Enfant doux et charmant comme un ange. *Regardez-moi ce petit chérubin !*

HISTOIRE DU MOT Vient de l'hébreu *kerub* qui signifie « ange ».

chétif, ive **adj.** ❶ Qui est faible et maladif, de constitution délicate. *Ces enfants sont chétifs*. SYN. fluet, frêle, malingre. CONTR. robuste, vigoureux. ❷ Qui a une taille anormalement petite. *Un arbre chétif.*

cheval **n.m.** (PLUR. : **chevaux**). ❶ Grand mammifère ongulé aux longues pattes, appelées *jambes*, terminées par un seul doigt muni d'un sabot, ce qui en fait un coureur remarquable. → VOIR AUSSI **étalon.** ❷ Viande de cet animal. ❸ Équitation : *Julie fait du cheval.* • **À cheval :** monté sur un cheval ou assis à califourchon sur quelque chose. *À cheval sur une branche.* • **Cheval de bataille :** sujet favori d'une personne, d'un groupe, celui qu'ils défendent tout particulièrement. *Chaque parti a son cheval de bataille.* • **Cheval fiscal** ou **CV :** unité de mesure de la puissance d'un moteur d'automobile, utilisée par le fisc pour déterminer le montant des primes d'assurance (symbole CV). • **Chevaux de bois :** figures de chevaux qui tournent sur un manège. • **Monter sur ses grands chevaux :** se fâcher, s'emporter, avec une certaine arrogance. • **Remède de cheval :** remède très énergique.

▸ REM. Au mot *cheval* correspond l'élément tiré du grec *hippo-* que l'on retrouve dans *hippique, hippodrome*, etc.

ENCYCLOPÉDIE Cri : le cheval hennit. Femelle : la jument. Petits : le poulain ; la pouliche. Originaire des steppes de l'Asie centrale, le cheval a la capacité de s'adapter à tous les climats, ce qui explique qu'on le rencontre aujourd'hui dans tous les pays du monde. Domestiqué dès la préhistoire, il a toujours participé à la plupart des activités humaines, soit comme animal de trait, soit comme animal de selle. Le cheval fait partie de la famille des *équidés*.

cheval-d'arçons **n.m.invar.** Agrès de gymnastique composé d'une pièce de bois recouverte de cuir et montée sur quatre pieds, sur laquelle deux arceaux permettent au gymnaste de prendre appui pour exécuter ses figures de voltige.

chevaleresque **adj.** Qui manifeste des sentiments nobles et généreux, dignes d'un chevalier. *Éric a agi de manière chevaleresque en défendant un petit nouveau à l'école.*

chevalerie **n.f.** Au Moyen Âge, ordre propre à la noblesse qui imposait à ses membres d'appliquer l'idéal de perfection chrétienne à la vie guerrière.
→ VOIR AUSSI **adoubement.**

chevalet **n.m.** ❶ Support en bois sur lequel le peintre pose sa toile pour peindre. *Les peintres impressionnistes aimaient planter leur chevalet en plein air pour peindre des paysages.* ❷ Support des cordes d'un instrument de musique. *Le chevalet d'un violoncelle.*

cheval au galop

chevalier **n.m.** ❶ Au Moyen Âge, guerrier doté de l'armement d'un cavalier qui faisait partie de l'ordre de la chevalerie. ❷ Titre de noblesse qui se situe au-dessous du baron.

chevalier en armure (fin du Moyen Âge)

chevalière **n.f.** Bague dont le chaton est gravé des armes d'une famille ou des initiales d'une personne.

chevalin, e **adj.** Relatif aux chevaux. *La race chevaline. Une boucherie chevaline* (= où l'on vend de la viande de cheval).

chevauchée **n.f.** Course à cheval. *Une chevauchée de plusieurs heures nous avait menés loin de notre village.*

chevaucher **v.** (CONJUG. 3). ❶ Aller à cheval sur une grande distance. *Le roi Arthur et ses preux chevauchèrent longtemps en silence.* ❷ S'asseoir sur une monture pour se déplacer. *Perceval chevauche son blanc destrier.* ◆ **se chevaucher** **v.pron.** Empiéter l'un sur l'autre, se recouvrir partiellement. *Le soir, quand je suis fatigué, les lignes de mon livre se chevauchent parfois.*

chevau-léger **n.m.** (PLUR. : **chevau-légers**). Nom que l'on donnait aux soldats d'un corps de cavalerie légère qui exista en France du XVIe au XIXe siècle.

chevelu, e **adj.** Dont la chevelure est longue ou fournie. *Les Mérovingiens étaient nommés « les Rois chevelus » car porter les cheveux longs était le signe de leur royauté ; détrônés, ils étaient tondus.*

A B C D E F G H I J K L M N O P Q R S T U V W X Y Z

chevelure **n.f.** L'ensemble des cheveux. *Alexandra peigne sa magnifique chevelure rousse.*

chevet **n.m.** ❶ Autre nom de la tête du lit. *Une lampe de chevet, une table de chevet* (= qui se trouvent près de la tête du lit). *L'infirmière resta au chevet du malade* (= près de lui pour le veiller). ❷ La partie d'une église située derrière le chœur, à l'extérieur, et qui a la forme d'un demi-cercle. • **Livre de chevet :** livre qu'on garde toujours près de soi pour pouvoir le lire et le relire.

cheveu **n.m.** (PLUR. : **cheveux**). Chacun des poils qui poussent sur la tête, chez les êtres humains. *Elle a de très beaux cheveux blonds* (= une très belle chevelure). • **Couper les cheveux en quatre :** perdre du temps à raisonner avec plus de subtilité qu'il n'est nécessaire. • **Être tiré par les cheveux :** manquer de logique, être d'une subtilité excessive. *Son explication est tirée par les cheveux.* • **Faire dresser les cheveux sur la tête :** faire très peur. • (Familier) **Se faire des cheveux (blancs) :** se faire du souci.

ENCYCLOPÉDIE Un adulte jeune a de 100 000 à 150 000 cheveux. Ils se renouvellent constamment et on en perd de 50 à 100 par jour en moyenne, mais un peu plus en automne et au printemps. Les cheveux poussent d'à peu près 1 cm par mois.

cheville **n.f.** ❶ Articulation qui relie le pied à la jambe. *Je me suis foulé la cheville.* ❷ Pièce de bois dur, de plastique, etc., qui sert à assembler deux pièces de bois ou à fixer une vis dans un mur. • (Familier) **Être en cheville avec quelqu'un :** lui être associé, être de connivence avec lui.

chevillé, e **adj.** Assemblé par des chevilles. *Un buffet chevillé.* • **Avoir l'âme chevillée au corps :** être résistant, être très attaché à la vie.

chèvre

chèvre **n.f.** ❶ Mammifère ruminant des régions montagneuses, aux cornes courbées en arrière, dont il existe de nombreuses races, sauvages ou domestiques. ❷ Femelle du chevreuil ou du chamois. ◆ **n.m.** Fromage fait avec du lait de chèvre.

ENCYCLOPÉDIE Cri : la chèvre bêle. Mâle : le bouc. Petits : le chevreau ; la chevrette.

chevreau **n.m.** Petit de la chèvre. SYN. cabri.

tige de chèvrefeuille

chèvrefeuille **n.m.** Plante grimpante, à fleurs très parfumées, qui est une variété de liane.

chevreuil **n.m.** ❶ Mammifère ruminant sauvage des forêts d'Europe et d'Asie, plus petit que le cerf, à robe fauve, blanchâtre sur le ventre. ❷ Au Canada, nom donné au cerf de Virginie.

ENCYCLOPÉDIE Cri : le chevreuil brame ou rée. Femelle : la chèvre ou la chevrette. Petit : le faon. Les bois du chevreuil sont verticaux et n'ont que deux branches (que l'on appelle *cors*). Cet animal peut vivre jusqu'à quinze ans ; comme le cerf et le renne, il appartient à la famille des *cervidés*.

chevron **n.m.** ❶ Dessin en zigzag qui répète un motif en forme de V. *Un tissu à chevrons. Le chevron était un ornement très employé dans l'art roman.* ❷ Dessin en forme de V renversé sur la manche d'un uniforme, qui indique l'ancienneté. ❸ Pièce de bois qui soutient les lattes d'une toiture.

chevronné, e **adj.** Qui a fait ses preuves depuis longtemps dans une activité. *Un alpiniste chevronné.* SYN. compétent, qualifié. CONTR. novice.

HISTOIRE DU MOT Vient de *chevron*. Un soldat *chevronné* a de nombreux galons.

chevrotant, e **adj.** *Une voix chevrotante* tremble et fait penser au bêlement de la chèvre. SYN. tremblotant.

chevroter **v.** (CONJUG. 3). Parler ou chanter d'une voix tremblante. *Elle a le trac, sa voix chevrote.*

chevrotine **n.f.** Gros plomb utilisé pour la chasse au chevreuil, au gros gibier.

chewing-gum **n.m.** (PLUR. : **chewing-gums**). Pâte aromatisée que l'on mâche.
▸ REM. 1. On prononce [ʃwiŋgɔm]. 2. Au Québec, on dit *gomme à mâcher.*

chez **prép.** S'emploie devant un nom de personne pour indiquer un lieu. *Il faut porter tes chaussures chez le cordonnier. On est bien, chez nous. Être galant, c'est très naturel chez lui* (= dans son caractère).
▸ REM. On dit *chez le* cordonnier (parce qu'il s'agit d'une personne) et *à la* cordonnerie (parce qu'il s'agit du local).

chez-soi **n.m.invar.** (Familier) L'endroit où l'on habite. *La soirée finie, chacun retourna dans son chez-soi.*
▸ REM. On rencontre aussi *un chez-moi, un chez-toi : Depuis que j'ai un chez-moi, je peux inviter des amis.*

chic **adj.** ❶ Habillé avec goût et recherche. *Vous êtes très chic ce soir.* SYN. distingué, élégant. ❷ Bienveillant, sympathique, généreux. *Une chic fille.* ◆ **n.m.** Élégance, attitude distinguée. *Votre tenue a beaucoup de chic.* SYN. classe. • **Avoir le chic pour :** avoir la spécialité de. *Il a le chic pour arriver toujours au mauvais moment*

(= il a l'art de). ◆ **interj.** Exprime la joie, la satisfaction. *Chic ! On a gagné !* (= quelle chance !).
▶ REM. L'adjectif a la même forme au féminin et au masculin : *un chic garçon, une chic fille.*

chicane **n.f.** ❶ Querelle de mauvaise foi, portant sur des détails sans importance et sans intérêt. *Chercher chicane à ses voisins.* ❷ Parcours en zigzag imposé par une série d'obstacles dressés par la police pour faire barrage.

chicaner **v.** (CONJUG. 3). Chercher querelle à tort, critiquer une personne sur des détails sans importance. *Il a chicané sur le montant du pourboire que nous avions laissé.*

1 chiche **adj.** Qui n'aime pas dépenser, qui ne donne pas beaucoup. *Il est un peu chiche, il a fait des pâtes et du jambon pour fêter son augmentation de salaire ! Elle est assez chiche de compliments !* (= elle fait peu de compliments).

HISTOIRE DU MOT Vient du latin *ciccum* qui signifie « chose de peu de valeur ».

2 chiche **adj.** • **Pois chiche :** gros pois gris.

3 chiche **adj.** et **interj.** (Familier) Mot que l'on emploie en général pour lancer un défi, dire qu'on est capable de faire quelque chose. *Tu n'es pas chiche d'aller lui demander ! « Je plonge. - Chiche ! »*

chichement **adv.** En dépensant le moins possible d'argent. *Ils vivent très chichement.* SYN. modestement.

chichis **n.m.plur.** (Familier) *Faire des chichis*, c'est faire des manières, manquer de simplicité. SYN. façons.

chicorée **n.f.** ❶ Plante dont on cultive plusieurs variétés pour leurs feuilles, que l'on mange en salade. *La frisée, la scarole, l'endive sont des variétés de chicorées.* ❷ Racine torréfiée et réduite en poudre de la chicorée sauvage, que l'on ajoute parfois au café. *Boire une tasse de chicorée.*

chicot **n.m.** (Familier) La partie d'une dent cassée ou abîmée qui reste dans la gencive.

chien **n.m.** Mammifère carnivore domestique, dont il existe un grand nombre de races. *Le chien est un animal que l'on peut facilement dresser.* • **Avoir un mal de chien à :** avoir beaucoup de mal à. • **En chien de fusil :** couché sur le côté, jambes repliées vers le ventre. *Dormir en chien de fusil.* • **Entre chien et loup :** à la tombée de la nuit. • **Être comme chien et chat :** se disputer sans cesse. • **Être malade comme un chien :** très malade. • **Se regarder en chiens de faïence :** se dévisager avec hostilité. • **Traiter quelqu'un comme un chien :** le traiter avec mépris ou durement. • **Vie de chien** ou **temps de chien :** vie très pénible, temps très désagréable.

ENCYCLOPÉDIE Cri : le chien aboie, jappe, hurle. Femelle : la chienne. Petit : le chiot. Le chien vit entre dix et quinze ans. Il a été dressé par l'homme pour diverses fonctions, selon les races : *chiens de traîneau, de garde, de chasse, chiens policiers, chiens sauveteurs*, etc. C'est aussi un animal de compagnie, très fidèle. D'une race à l'autre, les différences peuvent être très grandes : le saint-bernard pèse jusqu'à 100 kg, et le petit pékinois, 1,5 kg. Le chien est le premier animal que l'homme a domestiqué. Il fait partie, avec le loup, le renard et le chacal, de la famille des *canidés*.

chiendent **n.m.** Mauvaise herbe résistante qui se multiplie très rapidement. *Avec la racine du chiendent, on fait des brosses.*

chien-loup **n.m.** (PLUR. : **chiens-loups**). Chien qui ressemble au loup et que l'on appelle aussi *berger allemand.*

chienne **n.f.** Femelle du chien.

chiffe **n.f.** • (Familier) **Chiffe molle :** personne sans énergie, qui donne une impression de mollesse.

chiffon **n.m.** Vieux morceau de tissu qu'on utilise pour les travaux ménagers. • (Familier) **Parler chiffons :** parler de vêtements, de toilettes, surtout entre femmes.

chiffonné, e **adj.** • **Visage chiffonné :** visage aux traits tirés, qui exprime la fatigue.

chiffonner **v.** (CONJUG. 3). ❶ Froisser un tissu ou un papier. *Attention, en t'asseyant par terre tu vas chiffonner ta jupe.* ❷ (Familier) Contrarier quelqu'un, l'ennuyer. *Cette histoire me chiffonne.* SYN. préoccuper, tracasser.

chiffonnier, ère **n.** Personne qui récupère les vieux papiers, les vieux chiffons, la ferraille pour les revendre. • **Se disputer comme des chiffonniers :** se quereller en criant fort et en ameutant tout le quartier.

chiffre **n.m.** ❶ Chacun des signes qui servent à écrire les nombres. *Un nombre à trois chiffres.* ❷ Montant d'une somme ou total d'une estimation. *À quel chiffre arrives-tu ?* (= quel est le résultat ?). ❸ Code

chiens
de différentes races

qui est utilisé dans tout langage chiffré, pour correspondre secrètement. *Il travaille au service du chiffre* (= au bureau civil ou militaire où l'on code et décode les dépêches secrètes). • **Chiffre d'affaires :** total des ventes d'un magasin, d'une entreprise, pendant un certain temps, en général un an. • **Chiffres arabes :** les dix chiffres de 0 à 9. • **Chiffres romains :** système de numération qui utilise des lettres (I pour 1, V pour 5, X pour 10, etc.).

ENCYCLOPÉDIE Les chiffres que nous utilisons sont les *chiffres arabes*. C'est un mathématicien italien, Leonardo Fibonacci, qui, au XIIIe siècle, les a empruntés aux Arabes. Ces chiffres ont remplacé les anciens *chiffres romains*. → VOIR Fiche **11**.

chiffré, e **adj.** *Un langage chiffré* utilise un code qui permet de correspondre secrètement. *5 – 21 – 18 – 5 – 11 – 1 est un message chiffré qui remplace les lettres par des chiffres.* SYN. codé.

chiffrer **v.** (CONJUG. 3). ❶ Évaluer, calculer le montant d'une dépense ou d'une recette. *Avez-vous pu chiffrer le coût des travaux ?* ❷ (Familier) Atteindre une somme importante. *Les sorties au restaurant, au théâtre, les menus achats au cours des promenades, tout cela commence à chiffrer !* ♦ **se chiffrer** **v.pron.** S'élever à, se compter en. *Les victimes du tremblement de terre se chiffrent en dizaines de milliers.*

chignole **n.f.** Outil à main ou électrique, pour percer, pour faire des trous.

chignon **n.m.** Cheveux roulés et noués ensemble sur la nuque ou sur la tête. *Hélène a relevé ses cheveux en chignon.*

chihuahua **n.m.** Très petit chien d'origine mexicaine à poil ras et à museau pointu, élevé comme chien de compagnie.
▸ REM. On prononce [ʃiwawa].

chiisme **n.m.** Courant de l'islam né de la division provoquée par la désignation du successeur du Prophète. → VOIR AUSSI **sunnisme.**

chimère **n.f.** ❶ Monstre de la mythologie, représenté avec une tête de lion, le corps d'une chèvre et la queue d'un dragon. ❷ Rêve vain, projet illusoire et irréalisable. *Son projet de voyage aux Seychelles est une chimère : il n'a pas un sou !* SYN. illusion, utopie.

chimérique **adj.** ❶ Qui est irréalisable, qui n'est qu'une chimère. *Un projet chimérique.* SYN. fou, illusoire, utopique. CONTR. réaliste. ❷ Qui se plaît à imaginer des chimères. *Un esprit chimérique.* SYN. rêveur. CONTR. réaliste.

chimie **n.f.** ❶ La science qui étudie les éléments constituant la matière et la façon dont ils se combinent. ❷ La science et les techniques qui permettent de produire artificiellement de nouvelles matières, de nouvelles substances. *La chimie a permis de créer les matières plastiques, des médicaments, etc.*

chimiothérapie **n.f.** Traitement des maladies, et en particulier des cancers, par des substances chimiques. *La chute des cheveux est fréquente au cours d'une chimiothérapie.*

jeune **chimpanzé**

chimique **adj.** ❶ Qui concerne la chimie. *L'analyse chimique de l'eau a montré qu'elle est composée d'hydrogène et d'oxygène.* ❷ Qui résulte des découvertes de la chimie et de leur application. *De nombreux médicaments sont des produits chimiques.*

chimiste **n.** Spécialiste de chimie. *Lavoisier fut un grand chimiste français.*

chimpanzé **n.m.** Singe d'Afrique équatoriale, qui vit en groupe et s'apprivoise facilement.

ENCYCLOPÉDIE Le chimpanzé mesure 1,40 m de haut pour un poids de 75 kg. Sa longévité est de cinquante ans. Il est considéré comme le plus intelligent de tous les animaux et est capable de se servir d'outils simples.

chinchilla **n.m.** Rongeur d'Amérique du Sud, à la fourrure gris clair.
▸ REM. On prononce [ʃɛ̃ʃila].

chinchilla

chiné, e **adj.** *Un tissu chiné, un pull chiné* ont un aspect moucheté dû à l'alternance des couleurs dans les fils.

HISTOIRE DU MOT Vient de *Chine* car l'art de donner ainsi des couleurs différentes aux fils du tissu est originaire de ce pays.

chinois, e **adj.** et **n.** De la Chine. *Pékin est la capitale chinoise.* ♦ **chinois** **n.m.** Langue parlée en Chine. • (Familier) **C'est du chinois :** c'est incompréhensible.
▸ REM. Quand il désigne une personne, le mot prend une majuscule : *un Chinois, une Chinoise.*

ENCYCLOPÉDIE Pour écrire leur langue, les Chinois utilisent des idéogrammes. Il en existe environ 50 000, mais la plupart des Chinois n'en connaissent que de 3 000 à 5 000.

chinoiseries **n.f.plur.** ❶ (Familier) Subtilités inutiles et incompréhensibles qui ne font qu'embarrasser. *Les chinoiseries du règlement.* SYN. tracasseries. ❷ Nom donné à des objets d'art fabriqués en Europe à la manière chinoise, surtout au XVIIIe siècle.

chiot **n.m.** Petit du chien ; jeune chien.

chiper **v.** (CONJUG. 3). (Familier) Dérober, prendre, voler. *Je lui ai chipé sa boîte d'allumettes.*

chipie **n.f.** Nom qu'on donne familièrement à une petite fille ou à une femme au caractère insupportable. *Quelle chipie ! elle m'a pincé !* SYN. peste.

chipolata n.f. Petite saucisse de porc.

chipoter v. (CONJUG. 3). (Familier) ❶ Faire des difficultés pour des petites choses sans importance. *Elle chipote toujours sur des détails.* SYN. chicaner. ❷ Faire le difficile pour manger. *Elle mangeait à peine et chipotait sur tous les plats.*

chips n.f. Tranche très fine de pomme de terre, frite, séchée et salée.
▸ REM. 1. On prononce le *-s*. 2. Au Québec, l'Office de la langue française recommande l'emploi du mot *croustille*.

HISTOIRE DU MOT Vient de l'anglais *chip* qui signifie « éclat, copeau ».

chiqué n.m. • (Familier) **C'est du chiqué** : c'est faux, c'est truqué ou c'est du bluff, pour en imposer aux autres. *Tout ce qu'il raconte, c'est du chiqué, en fait il n'a pas un sou !*

chiquenaude n.f. Coup donné avec un doigt replié contre le pouce et brusquement détendu. *D'une chiquenaude, il expédia la boulette de pain dans l'assiette de son voisin.* SYN. pichenette.

chiromancien, enne n. Personne qui pratique l'art de lire l'avenir dans les lignes de la main.
▸ REM. On prononce [kiro-].

HISTOIRE DU MOT Vient du grec *kheir*, « main », et *manteia*, « divination ».

chirurgical, ale, aux adj. Qui est du domaine de la chirurgie. *L'ablation de l'appendice est une opération chirurgicale.*

chirurgie n.f. Partie de la médecine qui consiste à opérer les malades ou les blessés. *Ambroise Paré est le père de la chirurgie moderne, mais les opérations chirurgicales ont sans doute existé dès la préhistoire : on a en effet retrouvé des crânes qui avaient subi des trépanations.*

HISTOIRE DU MOT Vient d'un mot grec qui signifie « opération manuelle ».

chirurgien, enne n. Médecin spécialisé en chirurgie.

chirurgien-dentiste n.m. (PLUR. : **chirurgiens-dentistes**). Médecin spécialiste des soins de la bouche et des dents. SYN. dentiste.
▸ REM. Au Canada, le féminin de ce mot est *chirurgienne-dentiste*.

chistera, ✎ ***chistéra*** n.m. Accessoire en osier du jeu de pelote basque, de forme allongée et recourbée, que l'on attache au poignet pour envoyer la balle contre le fronton.
▸ REM. On prononce [ʃistera].

HISTOIRE DU MOT C'est un mot basque qui vient du latin *cistella*, « petite corbeille ».

chlore n.m. Gaz toxique de couleur jaune verdâtre, à l'odeur âcre, suffocante. *Le chlore est employé comme désinfectant et pour le blanchiment des tissus (sous forme d'eau de Javel, par exemple) et du papier.*

HISTOIRE DU MOT Vient du grec *khlôros* qui signifie « vert » et que l'on retrouve dans *chlorophylle* et *chloroforme*.

chloroforme n.m. Liquide incolore longtemps utilisé comme anesthésique. *Pratiquée pour la première fois en 1847 par un Anglais, l'anesthésie au chloroforme est abandonnée depuis 1940.*

chlorophylle n.f. Pigment vert de la plupart des végétaux, qui ne se forme qu'en présence de la lumière et permet aux plantes d'absorber le gaz carbonique de l'air et de rejeter de l'oxygène par le procédé de la *photosynthèse*.

HISTOIRE DU MOT Mot créé par des savants en 1817 à partir des mots grecs *khlôros*, qui signifie « vert », et *phullon*, qui signifie « feuille ».

choc n.m. ❶ Heurt causé par la rencontre plus ou moins violente de plusieurs choses. *Fais attention, le moindre choc pourrait briser ce miroir.* ❷ Émotion brutale qui ébranle une personne. *On m'avait dit qu'il était mort et voilà que je le rencontre dans la rue... quel choc !* SYN. coup. ❸ *Un traitement de choc* est d'une grande efficacité. *Avec ce traitement de choc, le malade devrait bientôt être rétabli.*

chocolat n.m. ❶ Aliment composé de pâte de cacao et de sucre additionnés de beurre, de lait, de noisettes, etc., et présenté sous diverses formes. *Du chocolat au lait, praliné. Du chocolat noir en tablette.* ❷ Friandise au chocolat. *Une boîte de chocolats.* ❸ Boisson faite de poudre de cacao ou de chocolat dissoute dans du lait. *Boire un bol de chocolat chaud.*

ENCYCLOPÉDIE Le chocolat est fait à partir des *cabosses*, fruits du *cacaoyer*, ou *arbre à cacao*, originaire d'Amérique du Sud. Ce sont les conquistadores espagnols qui ont introduit le chocolat au XVIe siècle en Europe, où on le buvait mêlé de sucre et de vanille. Jusqu'à la Révolution, le chocolat demeura en France à l'usage exclusif de la cour et de l'aristocratie.

chocolaté, e adj. *Une boisson chocolatée* est aromatisée au chocolat.

1 chœur n.m. ❶ Groupe de chanteurs, de choristes qui chantent ensemble. *Les chœurs de l'Opéra.* ❷ Chant destiné à être chanté par un chœur. *Les chœurs de la « Passion selon saint Matthieu », de J.-S. Bach.* ❸ Dans le théâtre antique, notamment dans les tragédies grecques, groupe de personnages qui commentent le déroulement de l'action par des paroles, des chants et des danses. • **En chœur** : ensemble. *Reprenons le refrain en chœur. Ils protestèrent en chœur : « Oh ! Monsieur ! Vous ne pouvez pas faire ça »* (= d'un commun accord).
▸ REM. 1. On prononce [kœr]. 2. Ne pas confondre avec *cœur*.

2 chœur n.m. Partie d'une église en tête de la nef où prennent place le prêtre et les chanteurs durant l'office. • **Enfant de chœur** : enfant qui assiste le prêtre au cours de la messe.
▸ REM. 1. On prononce [kœr]. 2. Ne pas confondre avec *cœur*.

choir v. Ancien verbe que l'on employait pour *tomber*. *Elle se laissa choir dans le fauteuil, épuisée.*
▸ REM. Ne s'emploie plus guère qu'à l'infinitif et dans une langue soutenue. Autrefois, *choir* se conjuguait : *« Tirez la chevillette, et la bobinette cherra »* (*le Petit Chaperon rouge*, Charles Perrault).

HISTOIRE DU MOT Vient du latin *cadere* qui signifie « tomber ».

A B C D E F G H I J K L M N O P Q R S T U V W X Y Z

choisi, e **adj.** ❶ Qui a été sélectionné, retenu parmi un ensemble. *Un recueil de morceaux choisis.* ❷ *Un langage choisi* est recherché, élégant, cherche à faire de l'effet. *Le comte s'exprimait toujours dans un langage choisi.* SYN. châtié. CONTR. banal, ordinaire.

choisir **choisissant, choisi v.** (CONJUG. **16**). ❶ Retenir, sélectionner une chose parmi d'autres, de préférence à d'autres. *Quel dessert choisissez-vous ?* ❷ Se décider pour une chose. *Elle avait choisi de devenir médecin.*

choix **n.m.** ❶ Décision que l'on prend de faire une chose plutôt qu'une autre, sélection que l'on fait entre diverses possibilités. *Allons, allons, faites votre choix, messieurs dames ! Tu as fait le bon choix en prenant des chaussettes bleues !* ❷ Liberté que l'on a de choisir. *Faites comme vous voulez, vous avez le choix. Il a dû se plier à ses exigences, il n'avait pas le choix.* ❸ Ensemble de choses parmi lesquelles on peut choisir. *Vous avez un grand choix de chemises à l'intérieur du magasin.* • **Au choix :** selon ce que l'on souhaite. *Dans le menu, c'est fromage ou dessert, au choix.* • **De choix :** de bonne qualité. *Des produits de choix.* • **Premier choix :** de très bonne qualité. *Un saumon premier choix !* (= la meilleure qualité de saumon que l'on puisse trouver).

choléra **n.m.** Maladie très contagieuse et mortelle si elle n'est pas soignée, qui se traduit par des vomissements et des diarrhées incessantes. *Quand on voyage dans un pays où il y a une épidémie de choléra, on ne doit boire que de l'eau bouillie et ne manger que des aliments cuits.*
▶ REM. On prononce [kɔlera].

cholestérol **n.m.** Substance d'origine graisseuse présente dans le sang et qui peut se déposer sur les parois des artères.
▶ REM. 1. On prononce [kɔ-]. 2. Le cholestérol provient d'une alimentation trop riche en sucres et en graisses et peut provoquer des maladies cardio-vasculaires.

chômage **n.m.** ❶ Situation dans laquelle se trouve une personne qui n'a pas ou qui n'a plus de travail. *Être au chômage.* ❷ Nombre de chômeurs. *Le chômage est en augmentation.* • **Allocations de chômage :** somme versée par un organisme à un chômeur.

chômé, e **adj.** *Les jours chômés* sont les jours pendant lesquels un salarié est payé bien qu'il ne travaille pas.

chômer **v.** (CONJUG. **3**). Manquer provisoirement de travail. *Les ouvriers du bâtiment ont chômé cet hiver.* • **Ne pas chômer :** avoir beaucoup à faire. *Avec ses cinq enfants, elle ne chôme pas !*

HISTOIRE DU MOT Vient du latin *caumare* qui signifie « se reposer pendant la chaleur ».

chômeur, euse **n.** Personne qui n'a pas de travail, qui est au chômage.

chope **n.f.** Grand verre à anse utilisé pour boire de la bière.

choquant, e **adj.** Qui scandalise ou qui heurte. *Tenir des propos choquants.* SYN. inconvenant.

choquer **v.** (CONJUG. **3**). ❶ Heurter la sensibilité de quelqu'un, dire ou faire ce qui est contraire à ses principes. *Pierre a été très choqué qu'on lui ait menti.* SYN. blesser, offenser. ❷ Déranger les habitudes de pensée, les goûts des gens. *Les œuvres de Picasso ont longtemps choqué le public.* SYN. heurter.

1 choral, ale **adj.** (PLUR. : **choraux** ou **chorals**). Chanté par un chœur. *Chant choral.*
▶ REM. On prononce [kɔral].

2 choral **n.m.** (PLUR. : **chorals**). Chant religieux en usage chez les protestants.
▶ REM. 1. On prononce [kɔral]. 2. Ne pas confondre avec *chorale.*

chorale **n.f.** Groupe de chanteurs qui chantent en chœur à plusieurs voix ou à l'unisson. *La chorale du lycée manque de ténors.*
▶ REM. 1. On prononce [kɔral]. 2. Ne pas confondre avec *choral.*

chorégraphe **n.** Personne qui compose et règle une danse, un ballet. *Maurice Béjart était un célèbre chorégraphe français.*
▶ REM. On prononce [kɔregraf].

chorégraphie **n.f.** ❶ L'art d'écrire, de composer et d'organiser les figures et les pas d'un ballet ou d'une danse. *Ce fut un chanoine, dit « Thoinot Arbeau », qui, en 1588, eut le premier l'idée de noter les chorégraphies avec des sortes de hiéroglyphes de son invention.* ❷ L'ensemble des pas et des figures d'un ballet. *La chorégraphie du « Lac des cygnes ».*
▶ REM. On prononce [kɔre-].

HISTOIRE DU MOT Vient du grec *khoreia*, qui signifie « danse », et *graphein*, qui signifie « écrire ».

choriste **n.** Personne qui chante dans un chœur.
▶ REM. On prononce [kɔrist].

chorizo **n.m.** Saucisson espagnol, demi-sec, qui doit sa couleur rougeâtre au piment avec lequel il est assaisonné.
▶ REM. On prononce [tʃorizo] ou [ʃɔrizo].

chorus **n.m.** • **Faire chorus :** joindre sa voix à d'autres pour manifester bruyamment son accord. *D'autres écoliers, faisant chorus avec les premiers, répétèrent avec eux : « Ce devoir est trop difficile ! »*
▶ REM. On prononce [kɔrys].

HISTOIRE DU MOT Mot latin qui signifie « chœur », au sens de « accord de toutes les voix ».

chose **n.f.** ❶ Tout objet concret. *J'ai acheté beaucoup de choses au marché.* ❷ Tout ce qu'on peut dire, penser, faire ; toute réalité abstraite. *J'ai plusieurs choses à vous demander* (= renseignements ou services). *Dites-lui bien des choses de ma part. Il faut regarder les choses en face.* SYN. réalité. *Il m'est arrivé une drôle de chose* (= événement). ❸ (Familier) Nom qu'on donne à ce qu'on ne peut pas ou ne veut pas appeler par son nom. *Qu'est-ce que c'est que cette chose ?* SYN. machin, truc. • (Familier) **Autre chose :** quelque chose d'autre. *Désirez-vous autre chose ?* • **C'est peu de chose :** c'est sans importance. *« Quel beau cadeau, comment vous remercier ? - C'est peu de chose. »* ◆ **adj.** • (Familier) **Être**

ou **se sentir tout chose :** être troublé, désorienté, ressentir un malaise inexplicable. *Après le départ de ses amis, il était tout chose.*

1 chou **n.m.** (PLUR. : **choux**). ❶ Plante dont on cultive de nombreuses variétés pour l'alimentation de l'homme et des animaux. *Choux pommés, choux rouges, choux-fleurs, choux de Bruxelles.* ❷ Petite pâtisserie ronde comme un chou. *Un chou à la crème.* • (Familier) **Bête comme chou :** facile à comprendre. • (Familier) **Feuille de chou :** petit ou mauvais journal.

chou

2 chou **adj.invar.** (Familier) Mignon. *Qu'elle est chou avec ce petit foulard !*

chouan **n.m.** Paysan royaliste du Maine, de la Bretagne et de la Normandie, insurgé contre la Ire République pendant la Révolution française.

HISTOIRE DU MOT Vient du surnom d'un des chefs chouans, Jean Cottereau, dit *Jean Chouan*, parce qu'il sortait surtout la nuit comme le chat-huant, et qu'il avait donné le hululement de cet oiseau comme signe de ralliement à ses hommes.

choucas **n.m.** Oiseau voisin de la corneille, à plumage noir et à nuque grise, qui vit en bandes bruyantes dans les tours et les clochers.
▸ REM. On ne prononce pas le *-s*.

1 chouchou **n.m.**, **chouchoute** **n.f.** (Familier) Enfant, élève préféré, favori. *C'est la chouchoute de la maîtresse ! Les derniers-nés sont souvent les chouchous.*

2 chouchou **n.m.** (PLUR. : **chouchous**). Anneau de tissu froncé par un élastique et servant à tenir les cheveux.

chouchouter **v.** (CONJUG. **3**). (Familier) Traiter un enfant en le favorisant, le gâter tout spécialement. *Il est chouchouté par ses parents.*

choucroute **n.f.** Chou blanc coupé en fines lamelles, mis à fermenter dans la saumure et cuit avec du vin blanc et des baies de genièvre ; plat à base de choucroute, de pommes de terre, de saucisses, de viande et de lard.

HISTOIRE DU MOT Vient de l'allemand *sauer*, qui signifie « aigre », et *Kraut*, qui signifie « herbe » ; le chou fermenté a un goût aigre.

1 chouette **n.f.** Nom donné à tous les rapaces nocturnes, comme la *hulotte*, la *chevêche*, l'*effraie*, qui n'ont pas de plumes en aigrette sur la tête, contrairement au hibou. Cri : la chouette chuinte.

2 chouette **adj.** (Familier) Sympathique, bien, agréable. *Un garçon chouette.* ◆ **interj.** Exprime la satisfaction. *Chouette alors ! nous partons demain en vacances !*

chou-fleur **n.m.** (PLUR. : **choux-fleurs**). Variété de chou dont les fleurs forment une masse blanche charnue et comestible. *Du chou-fleur au gratin.*

chou-rave **n.m.** (PLUR. : **choux-raves**). Chou dont on consomme la tige, renflée et charnue.

choyer **v.** (CONJUG. **14**). Combler de tendresse, d'affection, d'attentions. *Il était fils unique, il a été aimé et choyé par ses parents.* SYN. gâter.

chrétien, enne **n.** et **adj.** Personne qui croit en Jésus-Christ, Fils de Dieu. *Les catholiques, les protestants, les orthodoxes sont des chrétiens.* ◆ **adj.** Qui se conforme à l'enseignement du christianisme. *Une vie chrétienne. Le « Roi Très Chrétien » est un titre qu'ont porté les rois de France à partir du XVe siècle.*

ENCYCLOPÉDIE Les chrétiens croient en un seul Dieu, ils sont *monothéistes*. Les premiers chrétiens sont les douze apôtres et les disciples de Jésus, considéré comme le Fils de Dieu et le fondateur du christianisme. Les chrétiens se répartissent en trois groupes principaux : les catholiques, les protestants, les orthodoxes. Le culte est célébré par un prêtre (*curé* chez les catholiques, *pope* chez les orthodoxes, *pasteur* chez les protestants). Le livre sacré des chrétiens est la Bible, qui comprend l'Ancien et le Nouveau Testament.

chrétienté **n.f.** L'ensemble des chrétiens.

christ **n.m.** Toute représentation de Jésus sur la croix, que ce soit un crucifix, un tableau ou une statuette. *Un christ de plâtre.*

christianisme **n.m.** La religion des chrétiens, fondée sur les écrits rapportant les paroles et les pensées de Jésus-Christ, et qui a été répandue dans le monde par ses apôtres et ses disciples. → VOIR Fiche **24**.

chromatique **adj.** • **Gamme chromatique :** en musique, gamme formée d'une succession de demi-tons.

chrome **n.m.** Métal blanc, brillant, dur et inoxydable qu'on emploie dans des alliages ou dont on recouvre certains métaux pour les protéger. ◆ **chromes** **n.m.plur.** Les parties chromées d'une moto, d'une voiture. *Il astique les chromes de sa moto.*

HISTOIRE DU MOT Vient du grec *khroma* qui signifie « couleur », parce que les composés de ce métal ont une belle couleur.

chouette

A B C D E F G H I J K L M N O P Q R S T

chromé, e adj. Recouvert de chrome. *Le guidon de mon vélo est en acier chromé.*

chromosome n.m. Élément du noyau des cellules vivantes généralement en forme de bâtonnet, et qui contient les gènes, par lesquels se transmettent les caractères héréditaires.

1 chronique n.f. ❶ Récit qui rapporte des événements, réels ou imaginaires, dans l'ordre où ils se sont déroulés. *Les « Chroniques » de Jean Froissart relatent les événements qui se sont déroulés en Europe entre 1325 et 1400.* ❷ Rubrique d'un journal ou d'un programme de radio régulièrement consacrée au même sujet. *Il tient la chronique sportive.*

HISTOIRE DU MOT Vient du grec *khrônos* qui signifie « temps ».

2 chronique adj. *Une maladie chronique* est une maladie qui réapparaît régulièrement. *L'asthme, l'ulcère à l'estomac sont des maladies chroniques. Une bronchite chronique.*

chroniqueur, euse n. Auteur de chroniques. *Les chroniqueurs du Moyen Âge. Une chroniqueuse de mode.*

chronologie n.f. Ordre dans lequel les événements se déroulent dans le temps. *Rétablissons la chronologie des faits.*

chronologique adj. *L'ordre chronologique* respecte l'ordre dans lequel se sont passés les faits, du plus ancien au plus récent.

chronomètre n.m. Instrument de précision qui permet de mesurer le temps en minutes, secondes et fractions de seconde.
▸ REM. On dit familièrement *chrono.*

HISTOIRE DU MOT Vient du grec *khrônos,* qui signifie « temps », et *metron,* qui signifie « mesure ».

chronométrer v. (CONJUG. 9, ✎ *10*). Mesurer exactement la durée d'une action avec un chronomètre. *J'ai chronométré ton temps, tu as fait neuf secondes et neuf dixièmes au 60 mètres.*

chrysalide n.f. Forme que prennent certains insectes au cours de leur croissance, entre l'état de larve et celui d'insecte accompli. *La chrysalide du papillon.*

ENCYCLOPÉDIE Avant de se changer en chrysalide, certaines larves se glissent dans une feuille roulée, d'autres, comme la chenille, s'entourent d'un cocon soyeux. La chrysalide est comme une petite momie emmaillotée, ailes, pattes et trompe serrées contre la poitrine. L'insecte peut rester ainsi de quelques jours jusqu'à un ou deux ans. Sur le point de sortir, le papillon rompt son enveloppe et s'en extrait lentement en dépliant ses ailes.

chrysanthème n.m. Plante ornementale qui fleurit au début de l'hiver et dont il existe de nombreuses variétés. *En France, on orne souvent les tombes avec des chrysanthèmes.*

HISTOIRE DU MOT Vient du grec *khrusos,* qui signifie « or », et *anthemon,* qui signifie « fleur ».

chuchotement ou **chuchotis** n.m. Bruit de voix qui chuchotent, qui murmurent tout bas. *Quand l'obscurité s'est faite dans la salle de cinéma, les chuchotements se sont arrêtés.*

chuchoter v. (CONJUG. 3). Parler à voix basse pour ne pas être entendu de l'entourage. *La nouvelle qu'il me chuchota à l'oreille me fit frémir.* SYN. murmurer.

chuchotis n.m. → **chuchotement**

chuinter v. (CONJUG. 3). ❶ Faire entendre un sifflement sourd. *La bouilloire chuinte.* ❷ Pour la chouette, faire entendre son cri.

chut interj. Mot que l'on dit pour réclamer le silence, souvent en mettant un doigt sur les lèvres. *« Chut ! Plus de bruit, / C'est la ronde de nuit, / En diligence, / Faisons silence, / Marchons sans bruit »* (chanson française).

chute n.f. ❶ Le fait de tomber. *Hélène a fait une chute de cheval.* ❷ Le fait de se détacher d'un support et de tomber. *La chute des cheveux.* ❸ Brusque déclin, effondrement. *La capitulation de Sedan marqua la chute du second Empire. La chute des cours de la Bourse.* ❹ Tout morceau de tissu, de bois, etc., qui tombe au moment de la coupe. ❺ L'eau d'une rivière ou d'un fleuve qui tombe d'une certaine hauteur. *Les cascades, les cataractes sont des chutes d'eau.* • **Chutes de neige, de pluie, de grêle :** pour la neige, la pluie, la grêle, fait de tomber.

chuter v. (CONJUG. 3). Diminuer brusquement, perdre de sa valeur. *La température a brusquement chuté cette nuit. Ce zéro en maths va faire chuter ma moyenne.* SYN. baisser.

chutes d'Iguaçu (Amérique du Sud)

1 ci **adv.** S'emploie pour indiquer quelque chose de proche dans l'espace ou dans le temps, par opposition à *là*. *Ce stylo-ci. Ces jours-ci.* → VOIR AUSSI **ci-joint.** ▸ REM. Ce mot est précédé d'un trait d'union.

2 ci **pron. démonstratif.** S'emploie familièrement à la place de *ceci*. *Il a commandé ci et ça. « Comment allez-vous ? - Comme ci, comme ça. »*

ci-après **adv.** Un peu plus loin dans le texte. *Vous trouverez ci-après le mot « cible ».*

cible **n.f.** ❶ Plaque ou disque de bois, de métal, etc., que l'on vise dans les exercices de tir. *Il a mis cinq fléchettes au milieu de la cible !* ❷ L'objectif, le but à atteindre dans une attaque, une stratégie, une action, qu'elles soient militaires ou commerciales, etc. *Ce public de jeunes est leur cible principale.* ❸ Personne ou groupe de personnes qui sont l'objet d'attaques, de choses désagréables. *Depuis le scandale auquel il a été mêlé, le député S... est la cible de ses adversaires politiques.*

ciblé, e **adj.** Qui est orienté vers un objectif et notamment un public bien particulier. *Un produit ciblé pour les jeunes de 10 à 15 ans.*

ciboule **n.f.** Plante cultivée pour ses feuilles, que l'on utilise comme condiment.

ciboulette **n.f.** Plante voisine de la ciboule, mais dont la saveur est plus douce. SYN. civette.

cicatrice **n.f.** Marque laissée sur la peau par une blessure ou une intervention chirurgicale. *On ne voit presque plus la cicatrice de mon opération de l'appendice.*

cicatrisant, e **adj.** Qui aide les plaies à se refermer rapidement, à cicatriser. *Une pommade cicatrisante.*

cicatrisation **n.f.** Guérison d'une plaie, d'une brûlure qui se cicatrise en formant un nouveau tissu.

cicatriser **v.** (CONJUG. 3). En parlant d'une brûlure, d'une blessure, d'une coupure ou de la peau, guérir et se refermer grâce à la formation naturelle de nouveaux tissus. *Sa peau cicatrise bien, on ne verra plus rien de cette coupure dans quelques jours.*

ci-contre **adv.** À côté, sur la page, en vis-à-vis. *Voici mon petit frère, sur la photo ci-contre.*

ci-dessous **adv.** Plus bas dans la page ou plus loin dans le texte. *Reportez-vous au dessin ci-dessous.* CONTR. ci-dessus.

ci-dessus **adv.** Plus haut dans la page ou dans le texte. *J'ai déjà mentionné ce fait ci-dessus.* CONTR. ci-dessous.

ci-devant **n.invar.** Nom donné pendant la Révolution française aux anciens nobles qui avaient perdu leurs titres, leurs privilèges. *La ci-devant comtesse de Boisgrollier !*

cidre **n.m.** Boisson légèrement alcoolisée obtenue à partir de jus de pomme fermenté. *À Dinard, en Bretagne, j'ai mangé des crêpes au sarrasin avec une bolée de cidre.*

ciel **n.m.** ❶ L'espace au-dessus de nos têtes. *Trois oiseaux traversèrent le ciel. « Le ciel est, par-dessus les toits / Si bleu, si calme ! »* (Verlaine). ❷ L'espace qui environne notre planète et où se meuvent les astres. *La carte du ciel.* ❸ L'espace où, pour certaines religions, se trouvent Dieu, les divinités et les âmes des morts ; les puissances divines elles-mêmes. *Monter, aller au ciel.* • **À ciel ouvert :** qui est ouvert, à découvert. *Une piscine, une mine à ciel ouvert.* • **Ciel de lit :** dais placé au-dessus d'un lit et auquel sont suspendus des rideaux.
▸ REM. Dans l'expression *ciel de lit*, le mot *ciel* a pour pluriel *ciels*. Dans les autres cas, le pluriel est *cieux*.

cierge **n.m.** Grande chandelle de cire que l'on fait brûler dans les églises catholiques et orthodoxes.
HISTOIRE DU MOT Vient du latin *cera* qui signifie « cire ».

cieux **n.m.plur.** S'emploie dans la langue soutenue, littéraire ou religieuse comme synonyme de *ciel*. *Les cieux étaient constellés d'étoiles.* • **Sous d'autres cieux :** ailleurs, dans un autre pays, une autre région.

cigale **n.f.** Insecte commun dans les régions méditerranéennes, qui vit sur les arbres et dont le mâle fait entendre, aux heures les plus chaudes, un bruit strident et monotone. *Le chant des cigales.*

cigale

ENCYCLOPÉDIE Cri : la cigale craquette. Les femelles pondent dans les tiges des plantes. Les larves se laissent tomber au sol et creusent jusqu'aux racines, dont elles aspirent la sève. Au bout de deux ans ou plus, elles remontent à la surface, grimpent sur un arbre et deviennent adultes.

cigare **n.m.** Petit rouleau serré de feuilles de tabac. *Fumer un cigare.*

cigarette **n.f.** Tabac haché, enroulé serré dans une feuille de papier très fin. *Fumer une cigarette.*

ci-gît, ✎ ***ci-git*** **locution verbale.** Formule que l'on trouve sur certaines pierres tombales et qui signifie « ici repose ». → VOIR **gésir.**

cigogne **n.f.** Grand oiseau échassier migrateur dont l'espèce la plus connue, la cigogne blanche à ailes noires, mesure plus d'un mètre de haut. Cri : la cigogne claquette ou craquette. *L'arrivée des cigognes en Alsace annonce la fin de l'hiver ; elles font leur nid sur le toit des maisons.*

cigognes

a b c d e f g h i j k l m n o p q r s t u v

A B C D E F G H I J K L M N O P Q R S T U V W X Y Z

cigüë, ✎ ***cigüe*** **n.f.** ❶ Plante que l'on trouve dans les décombres, au bord des chemins, et qui renferme une substance toxique. ❷ Poison que l'on extrayait d'une variété de cigüë et dont on se servait, dans la Grèce antique, pour faire mourir les condamnés. *Socrate fut condamné à boire une coupe de cigüë.*

ci-joint, e adj. S'emploie dans des formules administratives pour indiquer que quelque chose est joint à un texte, à un envoi. *Vous trouverez ci-joint photocopie de la carte. La facture ci-jointe est à payer d'urgence.*
▶ REM. Placé immédiatement avant le nom, *ci-joint* est invariable ; placé après, il s'accorde avec le nom.

cil n.m. Chacun des poils qui se trouvent au bord des paupières des humains et de certains mammifères. *Marine se fait les cils* (= elle se les maquille). → VOIR AUSSI **sourcil.**

cime n.f. Le sommet, le point le plus haut d'une montagne, d'un arbre, d'un mât, etc. SYN. faîte.
▶ REM. Il n'y a pas d'accent circonflexe sur le *i*. Pour s'en souvenir, on se sert de la petite phrase mnémotechnique « le chapeau de la *cime* est tombé dans l'*abîme* ».

ciment n.m. Poudre très fine, à base d'argile et de chaux, qui, mélangée à de l'eau et du sable, forme une pâte qui durcit en séchant et est utilisée pour agglomérer des matériaux de construction. *Un sac de ciment. Le maçon jette le ciment sur le mur avec sa truelle.*

cimenter v. (CONJUG. 3). Recouvrir de ciment ou faire tenir avec du ciment. *Cimenter le sol d'une cave. Cimenter les pierres d'un mur.*

cimetière n.m. Lieu où l'on enterre les morts.

cinéaste n. Auteur ou réalisateur de films.

ciné-club (PLUR. : **ciné-clubs**), ✎ ***cinéclub*** **n.m.** Association d'amateurs de cinéma qui organise des projections de films accompagnées parfois de discussions ; lieu où sont projetés ces films.

cinéma n.m. ❶ L'art de faire des films, d'utiliser la technique qui permet de donner l'illusion du mouvement. *Il rêve de faire du cinéma, de devenir réalisateur. Le Festival de Cannes décerne chaque année des grands prix du cinéma.* ❷ Salle où sont projetés des films. *Nous sommes allés au cinéma voir un film de science-fiction.* ❸ (Familier) Attitude qui n'est pas sincère. *Il ne s'est pas fait mal, c'est du cinéma !*
▶ REM. On emploie souvent l'abréviation familière *ciné*.

HISTOIRE DU MOT *Cinéma* est une abréviation de *cinématographe*, qui vient du grec *kinêma*, « mouvement », et *graphein*, « écrire ».

ENCYCLOPÉDIE C'est en 1895 que les frères Lumière ont mis au point le premier appareil de prise de vues et de projection. Ainsi commença l'époque du *cinéma muet*. Georges Méliès, prestidigitateur, illusionniste et cinéaste français, fut le premier à tourner des films en studio ; il fut l'inventeur des truquages. Les premiers grands films du *cinéma parlant*, ou *cinéma sonore*, sont sortis en 1927 *(le Chanteur de jazz)* et les premiers longs-métrages en couleurs en 1935. Le cinéma étant devenu un moyen reconnu d'expression artistique, on l'appelle aujourd'hui le *septième art*.

cinémathèque n.f. Lieu où on conserve les films et où, en général, on les projette. *Nous sommes allés voir de vieux films à la cinémathèque.*

HISTOIRE DU MOT Ce mot est formé sur le modèle de *bibliothèque*.

cinématographique adj. Qui se rapporte au cinéma. *L'industrie cinématographique.*

ciné-parc (PLUR. : **ciné-parcs**), ✎ ***cinéparc*** **n.m.** Au Canada, cinéma en plein air où l'on peut voir un film, projeté sur un écran géant, en restant dans sa voiture.

cinéphile n. Amateur de cinéma, qui s'intéresse à l'histoire, à l'évolution, à la production des films. *Mireille est une grande cinéphile, elle connaît tous les réalisateurs du cinéma muet.*

cinglant, e adj. ❶ *Une pluie cinglante* est violente, serrée et drue. ❷ *Des paroles cinglantes* sont vives et blessantes. *Il lui fit une remarque si cinglante qu'elle se mit à pleurer.*

cinglé, e adj. et **n.** (Familier) Qui est fou ou qui a, momentanément, les comportements de quelqu'un de fou. *C'est sûr qu'il va tomber, il est complètement cinglé de se pencher ainsi !*

1 cingler v. (CONJUG. 3). ❶ Frapper vivement avec une lanière ou une fine baguette. *Le cavalier cingla la croupe de sa bête avec sa cravache.* SYN. fouetter. ❷ Frapper de petits coups vifs et nombreux en parlant de la pluie ou de la grêle. *La tempête faisait rage, la pluie cinglait le visage des marins.*

2 cingler v. (CONJUG. 3). Pour un bateau à voiles, se diriger vers un lieu. *Les trois vaisseaux cinglaient vers Malte.*
▶ REM. Ce verbe appartient à la langue soutenue.

cinq adj. numéral invar. et **n.m.invar.** Quatre plus un. *Les cinq doigts de la main. Prendre la clef de la chambre cinq. Nous avons une réunion le cinq.*
▶ REM. 1. Au mot *cinq* correspondent l'élément tiré du grec *penta-*, que l'on retrouve dans des mots comme *pentagone, pentathlon*, et l'élément tiré du latin *quinqua-*, que l'on retrouve dans des mots comme *quinquagénaire, quinconce, quinze*. 2. S'écrit 5 en chiffres arabes et V en chiffres romains.

cinquantaine n.f. ❶ Groupe de cinquante unités ou d'environ cinquante. *Il y avait une cinquantaine de personnes.* ❷ Âge de cinquante ans ou à peu près. *Il approche de la cinquantaine.*

cinquante adj. numéral invar. et **n.m.invar.** Cinq fois dix. *Son père a cinquante ans. Ouvrez votre livre page cinquante. Habiter au cinquante de la rue.*
▶ REM. S'écrit 50 en chiffres arabes et L en chiffres romains.

cinquantenaire n.m. Cinquantième anniversaire d'un événement. *Dimanche, nous fêterons le cinquantenaire du mariage de mes grands-parents* (= noces d'or).

cinquantième adj. numéral et **n.** Qui occupe un rang, une place marqués par le numéro 50. *Être classé cinquantième. Le cinquantième a eu un lot de consolation.*

cinquième **adj. numéral** et **n.** Qui occupe un rang, une place marqués par le numéro 5. *Ce trimestre, il est classé cinquième. C'est la cinquième de la liste.* ◆ **n.m.** Quantité contenue cinq fois dans un tout. *Nous avons eu chacun le cinquième de la somme.* ◆ **n.f.** En France, la classe de deuxième année du premier cycle de l'enseignement secondaire. *Il est en sixième, l'année prochaine, il sera en cinquième.*

cinquièmement **adv.** Sert à introduire le cinquième point d'une explication, d'une énumération.

cintre **n.m.** Support en forme de petit arc, muni d'un crochet, sur lequel on suspend les vêtements. • **En plein cintre :** en demi-cercle. *L'arc en plein cintre des églises romanes.* ◆ **cintres** **n.m.plur.** La partie supérieure de la scène d'un théâtre qui va jusqu'aux combles, et d'où les machinistes descendent ou remontent les décors.

cintré, e **adj.** *Un habit cintré* est resserré à la taille par des pinces.

cirage **n.m.** Pâte à base de cire dont on se sert pour entretenir et faire briller le cuir. • (Familier) **Être dans le cirage :** ne pas avoir les idées claires.

circoncis, e **adj.** Qui a subi la circoncision.

circoncision **n.f.** Opération qui consiste à couper le repli de peau qui recouvre le gland de la verge du petit garçon. *La circoncision se pratique pour des raisons rituelles dans les religions juive et musulmane ou pour des raisons médicales.*

circonférence **n.f.** Périmètre d'un cercle. *La circonférence est égale à 2 π R, c'est-à-dire 2 fois le rayon multiplié par* π (= 3,14).

circonflexe **adj.** • **Accent circonflexe :** accent (^) qui se met sur les voyelles *a, e, i, o, u* pour noter une prononciation, pour marquer une lettre disparue (*crûment* s'écrivait autrefois *cruement* ; *hôpital* s'écrivait *hospital*) ou pour distinguer des homographes (*sûr* et *sur* ; *crû* et *cru*, etc.).

circonscription **n.f.** Division administrative, militaire ou religieuse d'un territoire. *La commune, le canton, le département, la Région sont des circonscriptions administratives. Une « circonscription électorale » est une division du territoire qui sert de cadre au déroulement des élections.*

circonscrire **circonscrivant, circonscrit** **v.** (CONJUG. **62**). Déterminer, tracer les limites de quelque chose. *Les pompiers ont réussi à circonscrire l'incendie* (= l'ont empêché de s'étendre).

circonspect, e **adj.** Qui envisage les choses avec réflexion et prudence. *Il est resté très circonspect, ne voulant pas porter de jugement hâtif.*
▸ REM. Au masculin, se prononce [sirkɔ̃spɛ] ou [sirkɔ̃spɛkt].

HISTOIRE DU MOT Vient d'un mot latin qui signifie « qui regarde autour ».

circonspection **n.f.** Prudence et précaution dont quelqu'un fait preuve avant d'agir ou de prendre une décision. *Il a fait preuve de circonspection dans cette affaire, il a demandé une semaine de réflexion.*

circonstance **n.f.** Situation particulière, contexte général dans lequel a lieu un événement. *Vous souvenez-vous avec précision des circonstances dans lesquelles vous l'avez rencontré ?* • **De circonstance :** qui convient à la situation. *Vos plaisanteries ne sont pas de circonstance en ce jour de deuil.*

circonstanciel, elle **adj.** *Le complément circonstanciel* donne des informations sur les conditions dans lesquelles se déroule une action, en répondant aux questions *où ?* (= lieu), *quand ?* (= temps), *comment ?* (= moyen), *pourquoi ?* (= but, cause), etc.

circuit **n.m.** ❶ Itinéraire qui ramène au point de départ après un parcours plus ou moins long. *L'agence de voyages propose un circuit en péniche sur les canaux flamands.* ❷ Parcours sportif, généralement en boucle. *Le circuit automobile de Daytona, aux États-Unis, est une piste fermée.* • **Circuit électrique :** ensemble des fils et des appareils reliés par ces fils par où passe le courant.

1 circulaire **adj.** Qui a la forme d'un cercle ou qui décrit un cercle. *Une place circulaire. Il lança un regard circulaire pour mesurer l'effet de ses paroles sur le public.*

2 circulaire **n.f.** Lettre officielle adressée au personnel d'une entreprise, d'une administration. *Circulaire ministérielle.*

circulation **n.f.** ❶ Mouvement des véhicules, des piétons, dans les rues d'une ville et sur les routes ; action de circuler. *La circulation est dense sur l'autoroute à cause des départs en vacances.* SYN. trafic. ❷ *Mettre de la monnaie en circulation*, c'est la mettre en usage. *En 2002, la banque a mis en circulation les nouvelles pièces en euros.* ❸ Mouvement des gaz ou des liquides. *La circulation de l'air dans la pièce est assurée par des ventilateurs.* ❹ Mouvement continu du sang dans le corps. *Grand-mère a des troubles de la circulation.*

Cirque (tableau de G. Seurat, 1891)

A B C D E F G H I J K L M N O P Q R S T U V W X Y Z

circulatoire **adj.** Qui concerne la circulation du sang dans le corps. *Sa grand-mère a des problèmes circulatoires.*

circuler **v.** (CONJUG. 3). ❶ Se déplacer sur les voies de communication. *En Angleterre, on circule à gauche. Circulez, il n'y a rien à voir* (= poursuivez votre chemin). ❷ Être en usage, être répandu dans le public. *Il y a beaucoup de faux billets qui circulent en ce moment. Il circule de drôles de choses sur son compte.* ❸ Pour un gaz, un liquide, se déplacer selon un circuit, en général pour se renouveler. *Le sang circule dans les veines.*

cire **n.f.** ❶ Substance jaune produite par les abeilles, qui leur sert à construire leurs rayons. *On obtient la cire pure en plongeant les rayons dans l'eau bouillante après en avoir enlevé le miel ; la cire fondue monte à la surface et se durcit en séchant.* ❷ Pâte plus ou moins solide à base de cire d'abeille qu'on utilise pour entretenir le bois. SYN. encaustique.
▸ REM. Ne pas confondre avec *sire*.

1 **ciré, e** **adj.** • **Toile cirée :** toile enduite d'un produit qui la rend imperméable. *Il a mis une toile cirée rouge sur la table.*

2 **ciré** **n.m.** Vêtement imperméable en toile huilée ou plastifiée. *Le marin mit son ciré et monta sur le pont du bateau.*

cirer **v.** (CONJUG. 3). Enduire de cire ou de cirage. *Cirer ses chaussures. Les escaliers ont été cirés, ça brille !*

cireuse **n.f.** Appareil utilisé pour cirer les parquets.

cireux, euse **adj.** *Un teint cireux* a un aspect jaunâtre, une couleur blême, terne. *Le malade avait un teint cireux.*

cirque **n.m.** ❶ Dans l'Antiquité, enceinte avec des gradins où se déroulaient des courses de chars, des combats de gladiateurs ou d'animaux. *Les jeux du cirque à Rome.* ❷ Spectacle qui se déroule sur une piste circulaire et qui présente des numéros d'acrobates, de clowns, de dompteurs, etc. ; l'ensemble des installations où a lieu ce spectacle. *Le Cirque du Soleil a installé son chapiteau au bois de Vincennes.* ❸ En montagne, cuvette semi-circulaire creusée par l'érosion. *Le cirque de Gavarnie est un site touristique français qui se trouve dans les Pyrénées.*

ENCYCLOPÉDIE C'est l'écuyer anglais Philip Astley qui eut, en 1770, l'idée de présenter des exercices de manège spectaculaires sur une piste couverte ; il y ajouta quelques numéros d'acrobates, de dresseurs, de clowns : le cirque était né. La plupart des cirques sont itinérants, mais certains se sont fixés dans des grandes villes et donnent leurs représentations sous un chapiteau... de pierre.

cirrocumulus **n.m.invar.** Nuage de la famille des cirrus qui forme des sortes de flocons blancs donnant au ciel un aspect moutonné.
▸ REM. On prononce le *-s*.

cirrostratus **n.m.invar.** Nuage de la famille des cirrus qui forme un voile blanc et un halo autour de la Lune et du Soleil.
▸ REM. On prononce le *-s*.

cirrus **n.m.invar.** Nuage qui forme des filaments blancs et annonce le mauvais temps. → VOIR **nuage** (planche).
▸ REM. On prononce le *-s*.

cisailler **v.** (CONJUG. 3). Couper avec des cisailles. *Le prisonnier s'est évadé en cisaillant ses chaînes.*

cisailles **n.f.plur.** Gros ciseaux servant à découper les métaux, à élaguer les arbres.

ciseau **n.m.** Outil fait d'une lame affûtée à son extrémité et d'un manche, qui sert à travailler le bois, la pierre, le métal. *L'ébéniste creuse une mortaise au ciseau.* ◆ **ciseaux** **n.m.plur.** ❶ Instrument fait de deux lames d'acier articulées qui sert à couper le tissu, le papier, etc. *J'ai perdu mes ciseaux ; auriez-vous vu ma paire de ciseaux ?* ❷ Mouvement de gymnastique qui consiste à écarter et à rapprocher les jambes comme les deux branches d'une paire de ciseaux. *Éric fait des ciseaux pour muscler ses abdominaux.*

ciseler **v.** (CONJUG. 11). Travailler très finement le métal ou la pierre. *Il avait rapporté de ses voyages des bijoux en or ciselé qu'il collectionnait.*

HISTOIRE DU MOT Vient de l'ancien français *cisel* qui signifiait « ciseau ».

citadelle **n.f.** Ensemble de fortifications qui protégeait autrefois les places fortes, les cités et où l'on pouvait se réfugier et tenter de résister en cas de siège. *La citadelle de Besançon a été construite par Vauban.*

la **citadelle** de Belle-Île, construite par Vauban

citadin, e **n.** Personne qui habite une ville. *C'est une citadine, elle ne connaît rien à la campagne !* ◆ **adj.** Qui concerne la vie en ville. *M. Gaétan a des habitudes citadines, il aurait du mal à s'habituer à la campagne.* → VOIR AUSSI **urbain.**

HISTOIRE DU MOT Vient de *cité*.

citation **n.f.** Court extrait de l'œuvre d'un écrivain, du discours de quelqu'un, que l'on cite pour mettre en valeur une idée ou pour illustrer ce que l'on dit. *Il ne peut pas s'empêcher de faire des citations à tout propos ! Une citation s'écrit entre guillemets.*

cité **n.f.** ❶ Ancien nom de la ville, en particulier dans l'Antiquité. ❷ Aujourd'hui, quartier le plus ancien de certaines villes. *La Cité de Carcassonne est entourée de remparts.* ❸ Nom que l'on donne à certains ensembles d'immeubles. *Une « cité universitaire » est un ensemble de logements pour les étudiants. La Cité des sciences et de l'industrie, à Paris, est à la fois un musée et un endroit où ont lieu certaines manifestations.* • **Cité-État :** territoire formé d'une ville et des campagnes qui l'entourent.

citer v. (CONJUG. 3). ❶ Donner le nom d'une chose ou d'une personne. *À 90 ans, mon arrière-grand-mère pouvait encore citer de mémoire tous les départements de notre pays.* SYN. nommer. *Peux-tu me citer un écrivain anglais ?* ❷ Répéter, rapporter exactement les paroles de quelqu'un ou certains passages d'une œuvre. *Il cite toujours la même phrase de son père ! Elle connaissait « Cyrano de Bergerac » d'Edmond Rostand par cœur, elle pouvait en citer des passages entiers !* ❸ *Citer une personne comme témoin*, c'est lui donner l'ordre de se présenter devant le tribunal pour témoigner. SYN. assigner.

citerne n.f. ❶ Réservoir dans lequel on recueille l'eau de pluie. ❷ Cuve étanche qui sert à stocker le mazout, l'essence, le vin, etc.

cithare n.f. ❶ Dans l'Antiquité, instrument de musique proche de la lyre. ❷ Instrument de musique à caisse plate sans manche, à cordes généralement pincées à l'aide d'un *plectre*. *C'est surtout en Autriche et en Bavière qu'on joue de la cithare.*

musicien jouant de la **cithare** (X^e-XIe siècle)

citoyen, enne n. ❶ Personne qui, ayant la nationalité d'un pays, a de ce fait certains droits et certains devoirs. *Tout citoyen français a le droit de voter à partir de 18 ans.* ❷ Sous la Révolution française, terme utilisé pour s'adresser aux gens ou pour les désigner, l'emploi de « monsieur », « madame » étant jugé trop aristocratique. *Le citoyen Robespierre.* ◆ **adj.** Qui respecte ses devoirs de citoyen, les obligations de la vie collective. *Recevoir une éducation citoyenne.* → VOIR AUSSI **civique** et Fiches **39** et **46.**

HISTOIRE DU MOT Vient de *cité.*

citoyenneté n.f. La qualité de citoyen d'un État. *La citoyenneté française, canadienne, italienne.*

citron n.m. Fruit du citronnier, de couleur jaune clair et de saveur acide, entouré d'une peau épaisse. *Le citron fait partie, comme l'orange et le pamplemousse, des agrumes.* ◆ **adj.invar.** Qui a la couleur jaune du citron. *Une cravate jaune citron.*

citronnade n.f. Boisson rafraîchissante à base de jus de citron. *Après cette promenade au soleil, une citronnade avec des glaçons vous fera du bien !*
▸ REM. Au Canada, on dit *limonade.*

branche de **citronnier**

citronnelle n.f. Nom que l'on donne à diverses plantes aromatiques qui contiennent une essence à odeur de citron, telles que la mélisse, la verveine odorante. *L'essence de citronnelle fait fuir les moustiques.*

citronnier n.m. Arbre cultivé dans les régions méditerranéennes et dans les régions proches des tropiques, et dont le fruit est le citron. *On utilise le bois du citronnier pour faire certains meubles.*

citrouille n.f. Variété de courge que l'on cultive pour son fruit arrondi et volumineux de couleur orangée, pouvant peser jusqu'à 50 kg. *Après minuit, le carrosse de Cendrillon redevint citrouille. Le jour de Halloween, au Québec, on décore des citrouilles.*

civet n.m. Ragoût de lapin, de lièvre, ou d'autre gibier, mariné au vin rouge et cuit dans une sauce au sang avec des oignons. *Il a préparé un civet de chevreuil.*

1 civette n.f. Mammifère carnivore, long de 50 cm environ, au pelage gris orné de bandes et de taches noirâtres, et qui vit en Afrique et en Inde. *La civette possède une poche sécrétant une matière odorante que l'on emploie en parfumerie.*

2 civette n.f. Autre nom de la *ciboulette.*

civière n.f. Sorte de lit qui sert au transport des blessés, formé d'une toile tendue entre deux tiges de bois ou de métal appelées aussi *brancards*. *Les pompiers ont mis le blessé sur une civière.*

1 civil, e adj. ❶ Qui concerne l'ensemble des citoyens d'un État. *Une guerre civile oppose les citoyens d'un même pays. Se marier, faire son testament, être propriétaire sont des droits civils.* ❷ Qui n'a pas de caractère religieux ou militaire. *Le mariage civil aura lieu à 15 h à la mairie et le mariage religieux à 16 h. Des vêtements civils.* ◆ **civil** n.m. ❶ Celui qui n'est ni militaire ni religieux. *Les civils ont souffert de la guerre autant que les militaires.* ❷ La *vie civile* par opposition à la *vie militaire*. *Que faites-vous dans le civil ?* • **En civil :** en tenue de ville, sans uniforme. *Un policier en civil.*

HISTOIRE DU MOT Vient du latin *civis* qui signifie « citoyen ».

2 civil, e adj. Qui a d'excellentes manières, qui respecte les convenances. SYN. courtois. *« Autrefois le Rat de ville / Invita le Rat des champs, / D'une façon fort civile, / À des reliefs d'ortolans »* (La Fontaine).
▸ REM. Ce mot appartient à la langue soutenue.

civilisation n.f. ❶ Ensemble des usages sociaux, artistiques, moraux, religieux, politiques, etc., qui caractérisent la vie d'une société humaine à un moment donné. *La civilisation chinoise, égyptienne, grecque.*

e f g h i j k l m n o p q r s t u v w x y z

A B C D E F G H I J K L M N O P Q R S T U V W X Y Z

❷ Ensemble des progrès accomplis par l'humanité. *Les méfaits et les bienfaits de la civilisation.*

civilisé, e adj. ❶ Dont la civilisation est très développée, qui est avancé dans la voie du progrès. ❷ Qui est sociable, qui se comporte de façon agréable. *Avec le temps, il devient plus civilisé.*

civiliser v. (CONJUG. 3). Amener un peuple à un état de civilisation considéré comme supérieur. *Les colons européens cherchaient à civiliser l'Afrique.*

civique adj. Qui concerne le citoyen et son rôle dans la vie politique d'un pays. *L'éducation civique est une matière qui prépare les élèves à leur rôle de citoyen : on y apprend quels sont les droits et les devoirs de chacun.*

civisme n.m. Attitude d'une personne qui agit en bon citoyen, de façon civique. *Tu manques de civisme en refusant d'aller voter.*

clac interj. Mot qui imite un bruit sec, bref, comme le claquement d'un fouet. *Et clac ! il lui a refermé la porte au nez.*

clafoutis n.m. Gâteau fait d'une sorte de pâte à crêpes versée sur des fruits, notamment des cerises, et cuit au four.

claie n.f. Treillis d'osier sur lequel on fait s'égoutter des fromages, mûrir ou sécher des fruits. *Dans le cellier, des fromages de chèvre sont posés sur des claies.*

1 clair, e adj. ❶ Qui reçoit beaucoup de lumière. *Ma chambre est au sud, elle est très claire.* SYN. lumineux. ❷ Qui est peu foncé, peu coloré. *L'été, il porte un costume clair.* ❸ Qui est transparent, limpide. *« J'ai trouvé l'eau si claire / Que je m'y suis baigné »* (*À la claire fontaine*, chanson). ❹ *Un temps, un ciel clairs* sont dégagés, sans nuages. ❺ Dont le son est bien net, bien timbré. *Une voix claire.* ❻ Que l'on comprend aisément. *Son explication était très claire.* ◆ **clair** adv. • **Il fait clair :** il fait jour. • **Voir clair :** avoir une bonne vue ou, au figuré, comprendre. *Sans lunettes, je n'y vois plus très clair. Je vois enfin clair dans votre jeu* (= je vois où vous voulez en venir).

2 clair n.m. • **Clair de lune :** clarté répandue par la lune. *Le clair de lune était si intense qu'on y voyait comme en plein jour.* • **En clair :** en traduisant en termes simples. *En clair, cela veut dire que vous ne voulez pas venir ?* • **Le plus clair de :** la plus grande partie de. *Il passe le plus clair de son temps à jouer.* • **Tirer une affaire au clair :** l'éclaircir, y trouver des explications valables.

clairement adv. ❶ De façon nette, distincte. *Dans mon rêve, je voyais très clairement tous les détails du paysage.* SYN. distinctement, nettement. ❷ De façon compréhensible. *Mais exprimez-vous donc clairement !*

à **claire-voie,** ✎ ***à clairevoie*** loc. adjectivale. Qui est ajouré, qui laisse passer la lumière à travers des lattes ou des fentes. *Une clôture à claire-voie. Des volets à claire-voie.*

clairière n.f. Dans une forêt ou un bois, endroit sans arbres ni buissons. *Nous avons pique-niqué dans une clairière.*

clair-obscur n.m. (PLUR. : **clairs-obscurs**). Effet d'opposition des parties claires et des parties sombres dans un tableau. *Les clairs-obscurs de Georges de La Tour sont célèbres.*

clair-obscur (*la Ronde de nuit*, tableau de Rembrandt, 1642)

clairon n.m. Instrument de musique à vent, sans piston, en cuivre, à son aigu et utilisé surtout dans l'armée.

claironner v. (CONJUG. 3). Annoncer une nouvelle avec éclat. *Il est allé claironner partout qu'il allait avoir un petit frère.* SYN. clamer.

clairsemé, e adj. Dont les éléments sont dispersés. *Une forêt clairsemée.* CONTR. dense, touffu. *Un public clairsemé.* CONTR. nombreux.

clairvoyance n.f. Qualité d'une personne clairvoyante. *Faire preuve de clairvoyance.*

clairvoyant, e adj. Qui juge les faits avec lucidité, sans se laisser tromper par les apparences. *Se montrer clairvoyant.* SYN. avisé, perspicace.

clamer v. (CONJUG. 3). Dire quelque chose à haute voix, avec force ou violence. *Elle clame à qui veut l'entendre qu'elle ne restera pas dans cette maison.* SYN. proclamer. *Il clame son innocence.*

clameur n.f. Bruit confus produit par les cris d'une foule qui manifeste son mécontentement ou sa joie. *Une clameur hostile salua le coup de sifflet de l'arbitre.*

clan n.m. Groupe de personnes qui ont en commun les mêmes idées, les mêmes intérêts et qui en général s'opposent aux autres. *Pour une vieille querelle de famille dont tout le monde a oublié l'origine, le village est divisé en deux clans.*

clandestin, e adj. Qui est fait en cachette, en secret. *Les résistants ont organisé une réunion clandestine.* • **Passager clandestin :** sur un bateau ou dans un avion, passager qui n'a pas payé son transport et qui se cache pendant tout le trajet. ◆ **n.** et **adj.** Personne qui a immigré dans un pays et y vit en cachette des autorités, sans papiers.

HISTOIRE DU MOT Vient du latin *clam* qui signifie « en secret ».

clandestinité n.f. Situation d'une personne qui mène une existence clandestine. *Dans les pays où règne la dictature, bien des gens sont forcés de vivre dans la clandestinité.*

clapet n.m. ❶ Petit couvercle muni d'une charnière, qui permet la fermeture ou l'ouverture d'une soupape. ❷ Partie mobile d'un appareil, en forme de couvercle, qui peut être soulevée ou abaissée. *Un téléphone à clapet.*

clapier n.m. Cage ou ensemble de cages en bois ou en béton où l'on élève les lapins.

clapir clapissant, clapi v. (CONJUG. 16). Pour un lapin, faire entendre son cri.

clapoter v. (CONJUG. 3). *L'eau qui clapote* est agitée de minuscules vagues et fait un léger bruit.

clapotis ou **clapotement** n.m. Bruit que fait l'eau en clapotant.

claquage n.m. Déchirure accidentelle d'un muscle. *Matthieu s'est fait un claquage à la cuisse en courant.*

claque n.f. ❶ Coup sec donné avec le plat de la main sur la joue d'une personne. *Donner, recevoir une paire de claques.* SYN. gifle. ❷ (Familier) Échec ou vexation. *Le parti a reçu une claque aux élections.*

claquement n.m. Bruit de ce qui claque. *On entendit le claquement des portières.*

claquer v. (CONJUG. 3). ❶ Faire un bruit sec et très bref. *Les drapeaux claquaient au vent.* ❷ (Familier) Se briser d'un seul coup, cesser de fonctionner brutalement. *L'ampoule a claqué, il faut la changer.* ❸ *Claquer une porte*, c'est la refermer brutalement. • **Claquer des dents :** frissonner de froid, de fièvre ou de peur au point que les dents s'entrechoquent. ◆ **se claquer** v.pron. *Se claquer un muscle*, c'est se faire un claquage.

claquettes n.f.plur. Style de danse d'origine américaine qui se caractérise par le rythme que l'on marque à chacun des pas grâce à des chaussures spéciales, munies à la pointe et au talon d'une lame métallique. *Fred Astaire était un grand danseur de claquettes.*

clarifier v. (CONJUG. 7). Rendre plus clair, plus compréhensible. *Les dernières informations ont nettement clarifié la situation.*

clarinette n.f. Instrument de musique à vent formé d'un tube en bois percé de trous que l'on peut boucher avec des « clés », et qui est muni d'un bec.

clarinettiste n. Musicien qui joue de la clarinette.

clarté n.f. ❶ Lumière répandue par une source lumineuse. *La clarté des étoiles.* ❷ Le caractère de ce qui est clair, facile à comprendre. *Je vous remercie de la clarté de votre exposé.*

1 classe n.f. ❶ Niveau, année d'étude. « *En quelle classe es-tu ? - En 6ᵉ.* » ❷ Ensemble des élèves d'un

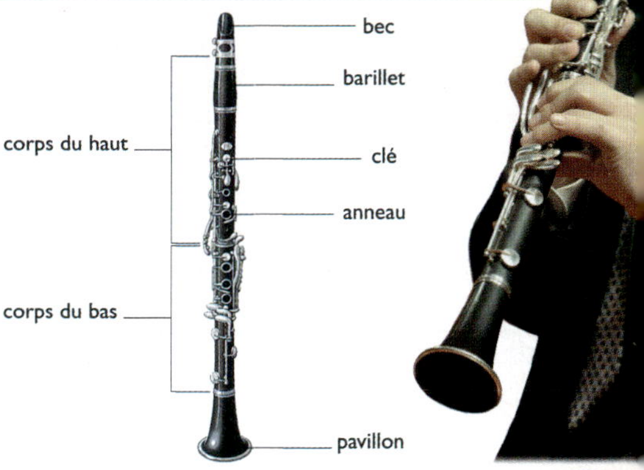

clarinette et clarinettiste

même niveau d'étude. *Elle est dans une bonne classe.* ❸ Salle où ont lieu les cours. *Les élèves sont sortis de la classe très bruyamment.* ❹ Enseignement donné dans les écoles, les collèges ou les lycées. *Un livre de classe. M. Lucas fait la classe depuis trente ans* (= il fait cours). • **En classe :** à l'école. *Marine ira en classe à l'automne prochain.* • **Faire ses classes :** pour un appelé, suivre une période d'instruction militaire. *Après avoir fait ses classes, il savait se servir d'un fusil.*

2 classe n.f. ❶ Groupe d'animaux ou de choses qui ont des caractères communs et que l'on classe ensemble. *La classe des mammifères. Les noms, les adjectifs, les verbes sont des classes de mots.* → VOIR Fiche 2. ❷ Ensemble de personnes qui ont en commun un niveau de vie, une histoire, des habitudes sociales, des traditions. *La classe ouvrière, la classe paysanne, la classe bourgeoise.* ❸ Rang attribué à une chose ou une personne selon sa valeur, son importance. *Nous voyagerons en 1ʳᵉ classe, c'est plus confortable. Un athlète de classe internationale.* ❹ Distinction, élégance, raffinement. *Elle a beaucoup de classe.*

classement n.m. ❶ Ordre que l'on met dans un ensemble de choses. *Il m'a fallu une journée pour faire le classement de mon courrier.* ❷ Manière de ranger, de classer des choses. *Le classement alphabétique des livres est simple et pratique.* ❸ Rang dans lequel une personne a été classée pour une épreuve. *Louis a obtenu un très bon classement à son concours, il est troisième.*

classer v. (CONJUG. 3). ❶ Faire entrer dans des catégories en constituant des ensembles de choses ou de personnes ayant des caractères communs. *Comment classe-t-on les animaux ?* ❷ Mettre de l'ordre dans un ensemble de choses, les ranger en respectant certaines règles. *J'ai classé mes photos par années.* ❸ *Classer un édifice, un site*, c'est les mettre sous la protection de l'État en raison de leur histoire, de leur beauté, etc. *Ce théâtre ne pourra être détruit, il a été classé monument historique.* ❹ *Classer une affaire*, c'est la considérer comme définitivement réglée. *Je n'en reparlerai plus, c'est une affaire classée.* ◆ **se classer** v.pron. Obte-

g h i j k l m n o p q r s t u v w x y z

nir une place dans un classement. *Il s'est classé dans les premiers à l'épreuve de saut en hauteur.*

classeur **n.m.** Chemise en carton épais ou en plastique, où l'on range des cours, des documents. *Pour le cours de biologie, vous devrez avoir un cahier et un classeur.*

classicisme **n.m.** Le caractère de ce qui est classique. *Le classicisme d'une architecture, d'une sculpture, d'une musique.*

classification **n.f.** Classement par catégories établi par des spécialistes. *La classification des animaux permet de les ranger chacun dans un groupe plus ou moins étendu : le chien, par exemple, est de l'ordre des carnivores, de la classe des mammifères, de l'embranchement des vertébrés.*

1 classique **adj.** ❶ Qui appartient à l'Antiquité gréco-romaine. *Virgile est un écrivain classique.* ❷ Se dit des auteurs, des artistes, des œuvres des XVIe et XVIIe siècles qui se sont inspirés des modèles de l'Antiquité. *Racine, Molière sont des écrivains classiques. Poussin, Le Nôtre sont des artistes classiques. Le château de Versailles est un bel exemple d'architecture classique.* ❸ Qui est considéré comme un modèle dans son genre et que, par conséquent, on enseigne. *Au collège, nous étudions des œuvres classiques comme celles de La Fontaine, de Victor Hugo, etc.* ❹ Qui révèle des goûts traditionnels et conventionnels, sans volonté d'innovation. *Elle s'habille d'une façon très classique.* • **Danse classique :** danse qui obéit à des règles très strictes et très précises, et que l'on distingue de la danse folklorique, de la danse contemporaine, etc. • **Musique classique :** musique que l'on oppose à la musique populaire, de variétés, au jazz, etc.

danse **classique**

2 classique **n.m.** ❶ Auteur, compositeur ou ouvrage qui sont devenus des modèles. *Étudier ses classiques. Ce film est devenu un classique du western.* ❷ Musique classique. *Elle écoute surtout du classique.* ❸ Danse classique. *Elle prend des cours de classique.*

claudicant, e **adj.** *Une démarche claudicante*, c'est la démarche d'une personne qui boite.

claudication **n.f.** Le fait de boiter. *De cet accident, il lui est resté une légère claudication.*
▸ REM. Ce mot est surtout employé dans un langage scientifique.

clause **n.f.** Chaque article d'un bail, d'un contrat ou d'un traité qui indique quelles sont les conditions à respecter par les personnes qui l'ont signé. *Lire attentivement toutes les clauses d'un contrat.*

claustrophobe **adj.** Qui éprouve une peur maladive des endroits clos. *Marguerite est claustrophobe, elle a l'impression d'étouffer dans les tunnels.*

claustrophobie **n.f.** Sentiment d'angoisse insurmontable, d'oppression qu'on éprouve lorsqu'on se trouve dans un lieu clos.

clavecin **n.m.** Instrument de musique à un, deux ou trois claviers et à cordes métalliques pincées. *Les sonates pour violon et clavecin de W. A. Mozart.*

ENCYCLOPÉDIE Le clavecin était l'instrument privilégié entre le XVIe et le XVIIIe siècle, avant l'invention du piano. Bach, Couperin, Rameau, Scarlatti sont les compositeurs les plus célèbres de musique pour clavecin. Considéré comme un symbole de l'aristocratie, cet instrument fut brûlé dans les rues de Paris à la Révolution, mais il connaît aujourd'hui un renouveau.

claveciniste **n.** Musicien qui joue du clavecin.

clavicule **n.f.** Chacun des deux os longs qui vont du cou à l'épaule. *Sylvestre s'est cassé la clavicule gauche en tombant dans l'escalier.*

clavier **n.m.** ❶ L'ensemble des touches de certains instruments de musique comme le piano, le clavecin, l'orgue, l'accordéon. *Le clavier d'un piano comporte des touches noires et blanches.* ❷ L'ensemble des touches de certaines machines ou d'appareils électroniques. *Le clavier d'un téléphone portable, d'un ordinateur.*

clayette **n.f.** ❶ Petite étagère amovible à claire-voie. *Les clayettes d'un réfrigérateur.* ❷ Petit cageot.

clé ou **clef** **n.f.** ❶ Objet qui permet de fermer et d'ouvrir une serrure, d'arrêter ou de mettre en route un mécanisme. *Le tiroir est fermé à clé. J'ai mis les chocolats sous clé* (= je les ai enfermés). *Clé de contact d'une automobile.* ❷ Outil métallique qui permet de serrer, desserrer des écrous, des boulons. *Il me faudrait une clé à molette ou une clé de treize pour desserrer ce boulon.* ❸ Ce qui permet de comprendre, de résoudre un problème. *As-tu trouvé la clé du mystère ?* ❹ (En apposition, avec ou sans trait d'union.) S'emploie pour marquer le rôle fondamental joué par quelqu'un, quelque chose. *Robespierre est un des personnages clés de la Révolution. C'est là une question-clé.* SYN. essentiel. ❺ En musique, signe placé au début de la portée qui permet de lire les notes qui y sont inscrites. *En clé de « sol », la note écrite sur la ligne du bas est un « mi » ; en clé de « fa », c'est un « sol ».* ❻ Sorte

clé de sol

de petit clapet qui permet de boucher et d'ouvrir les trous de certains instruments de musique comme la flûte traversière ou la clarinette. ❼ Prise de lutte, de judo. • **Prendre la clé des champs :** s'évader.

clématite **n.f.** Plante grimpante à fleurs en bouquets, très commune dans les haies. *La clématite des haies est aussi appelée « herbe aux gueux ».*

clémence **n.f.** ❶ L'attitude d'une personne clémente. *Les jurés ont fait preuve de clémence.* SYN. indulgence. ❷ La tiédeur agréable d'un climat. *La clémence du temps permet d'agréables promenades.* SYN. douceur.

clément, e **adj.** ❶ Qui n'est pas trop sévère à l'égard d'une personne qui a commis une faute. *Le tribunal s'est montré clément dans son verdict.* SYN. indulgent. ❷ *Une saison, une température clémentes* sont douces, agréables. *L'hiver a été clément.* CONTR. rigoureux.

clémentine **n.f.** Variété de mandarine à peau très fine. *La clémentine est le fruit du clémentinier.*

clepsydre **n.f.** Horloge à eau de l'Antiquité.

ENCYCLOPÉDIE La clepsydre a été inventée par les Égyptiens. Son principe est simple et voisin de celui du sablier : une cuve percée d'un petit trou en son fond est remplie d'eau, et des marques faites sur les parois du récipient indiquent les heures au fur et à mesure que l'eau s'écoule.

clepsydre

cleptomane ou **kleptomane** **n.** Personne qui vole parce qu'elle ne peut pas s'en empêcher, et non pour ce que lui rapportent ses larcins.

cleptomanie ou **kleptomanie** **n.f.** Comportement du cleptomane, manie du vol pour le vol. *Certaines personnes souffrent de cleptomanie.*

clerc **n.m.** Membre du clergé. SYN. ecclésiastique. CONTR. laïque. • **Clerc de notaire :** employé dans une étude de notaire.
▸ REM. On ne prononce pas le *-c* final.

clergé **n.m.** L'ensemble des ecclésiastiques d'une religion. *Le clergé catholique français comprend les prêtres, les évêques, ainsi que les moines. Le clergé était l'un des ordres de l'Ancien Régime.*

clérical, ale, aux **adj.** Qui se rapporte au clergé. *Il arrive que des laïques aient des fonctions cléricales.*

clic **interj.** et **n.m.** Mot par lequel on imite le bruit d'un déclic. *On entendit un léger clic quand elle referma son sac.*

clic-clac **interj.** Mot qui exprime le bruit d'un claquement bref, d'un déclic. *Ne bougeons plus... clic-clac ! La photo est prise !*

cliché **n.m.** ❶ Image photographique en négatif. *Avez-vous des clichés de votre radio des poumons ?* ❷ Idée banale et sans originalité, formule toute faite. *« Rapide comme l'éclair » est un cliché.* SYN. lieu commun.

client, e **n.** Personne qui achète des marchandises ou fait appel aux services de quelqu'un. *En fin d'année, les clients se pressent dans les magasins.* SYN. acheteur. *L'avocat défend son client.*

clientèle **n.f.** L'ensemble des clients d'un commerce, d'une société, d'une personne. *La clientèle d'un hôtel, d'un avocat.*

cligner **v.** (CONJUG. 3). • **Cligner des yeux :** fermer à demi les paupières ou battre rapidement des paupières. *Il est difficile de rester longtemps sans cligner des yeux* (= ciller). • **Cligner de l'œil :** faire un clin d'œil.

clignotant **n.m.** Signal lumineux qui clignote. *Quand un conducteur veut tourner, il met son clignotant.*

clignotement **n.m.** Le fait de clignoter. *Le clignotement des enseignes lumineuses lui faisait mal aux yeux.*

clignoter **v.** (CONJUG. 3). S'allumer et s'éteindre à intervalles très courts. *La guirlande lumineuse clignote sur le sapin de Noël.*

climat **n.m.** ❶ L'ensemble des conditions météorologiques qui caractérisent l'état moyen de l'atmosphère dans une région (température, vents, pluies, pression, humidité, etc.). *Les climats varient selon les régions du globe.* → VOIR planche page suivante et Fiche **34.** ❷ L'ambiance qui règne au sein d'un groupe. *Il y a un bon climat dans la classe.* SYN. atmosphère. *Le climat social est très tendu dans le pays.*

climatique **adj.** Qui se rapporte au climat. *Les conditions climatiques* (= le temps qu'il fait). *Les zones climatiques* (= l'espace délimité auquel correspond un type de climat).

climatisation **n.f.** L'installation qui permet de climatiser un local.

climatiser **v.** (CONJUG. 3). Maintenir la même température et le même degré d'humidité dans un endroit clos, quel que soit le temps. *Climatiser un magasin.*

clin d'œil **n.m.** (PLUR. : **clins d'œil**). Bref battement de paupières en signe de complicité. *Je te dis que c'est une blague puisqu'elle m'a fait un clin d'œil !* • **En un clin d'œil :** très rapidement. *La table a été débarrassée en un clin d'œil.*

clinique **n.f.** Établissement privé où l'on soigne les malades, où on les opère. *Une clinique chirurgicale.*

HISTOIRE DU MOT Vient du grec *klinê*, « lit ».

clinquant, e **adj.** Qui est très voyant, qui brille beaucoup mais n'a pas grande valeur. *Des bijoux clinquants.*

HISTOIRE DU MOT Vient de l'ancien français *clinquer* ou *cliquer*, « faire du bruit ».

1 clip **n.m.** Bijou, le plus souvent boucle d'oreille, qui se fixe avec une pince.

Causes et caractéristiques d'un climat

Le climat résulte de la combinaison des **facteurs météorologiques** (pression atmosphérique, vent, humidité), **astronomiques** (position du Soleil par rapport à la Terre) et **géographiques** (altitude, relief, proximité des océans). Plus une région est proche de l'équateur, plus elle est ensoleillée et chaude. Plus une région est proche des océans, plus elle est humide.

Les cinq grands types de climats

- le climat **tempéré** : il se distingue par la succession des quatre saisons ; il peut être **océanique**, **méditerranéen** ou **continental**.
- le climat **équatorial** : chaud et humide toute l'année.
- le climat **tropical** : très chaud ; deux saisons se succèdent : l'une sèche, l'autre humide et très pluvieuse.
- le climat **désertique** ou **aride** : très chaud ou très froid ; très faibles précipitations.
- le climat **polaire** : hiver glacial et très long.

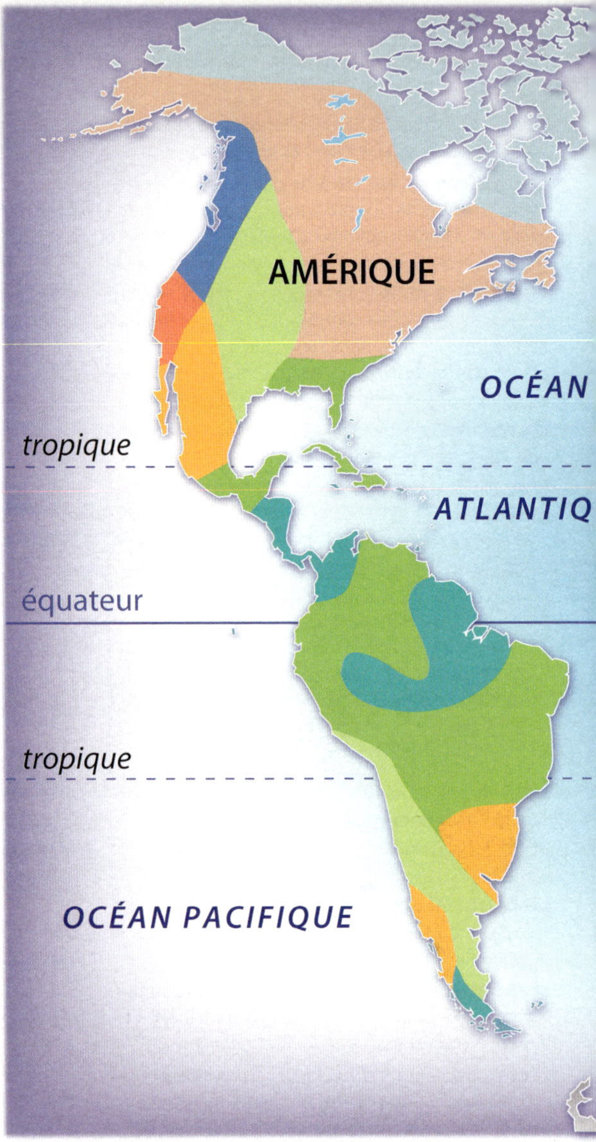

climat polaire

climat tempéré continental

climat tempéré océanique

climat tempéré méditerranéen

climat polaire

climat tempéré continental

climat tempéré océanique

climat tempéré méditerranéen

climat aride

climat désertique

climat tropical

climat équatorial

A B C D E F G H I J K L M N O P Q R S T U V W X Y Z

2 clip **n.m.** Petit film illustrant une chanson, une publicité. *Des clips vidéo.*
▸ REM. Ce mot est familier au Québec où l'on utilise le mot *vidéoclip*.

clique **n.f.** ❶ Formation musicale composée essentiellement de tambours et de clairons qui joue de la musique militaire. ❷ (Familier) Nom que l'on donne, pour les dénigrer, à un groupe de personnes qui travaillent ou complotent ensemble. *Ils font partie de la même clique.* SYN. bande, clan.
HISTOIRE DU MOT Vient de l'ancien français *cliquer* qui signifiait « faire du bruit » et que l'on retrouve dans *cliquetis* et *déclic*.

cliquer **v.** (CONJUG. 3). Appuyer sur la souris d'un ordinateur pour lui donner une instruction.

cliques **n.f.plur.** • (Familier) **Prendre ses cliques et ses claques :** s'en aller en emportant tout ce que l'on a.
HISTOIRE DU MOT Autrefois, les *cliques* étaient des sabots et les *claques*, des chaussures de bois. On prenait ses *cliques* ou ses *claques* pour sortir.

cliqueter **v.** (CONJUG. 12, ✎ *11*). Produire le bruit léger d'objets qui s'entrechoquent. *Le prisonnier entendit cliqueter le trousseau de clefs du gardien.*

cliquetis **n.m.** Le bruit produit par ce qui cliquette. *Dans le salon, on entendait le cliquetis des verres et les rires des invités.*
▸ REM. On dit aussi *cliquètement*.

clitoris **n.m.** Petit organe érectile situé à la partie supérieure de la vulve de la femme.
▸ REM. On prononce le *-s*.

clivage **n.m.** ❶ Le fait de cliver ou de se cliver. *Le clivage de l'ardoise.* ❷ Écart qui se creuse entre des personnes. *« Évitons le clivage au sein de notre parti ! » dit le député.* SYN. division.

cliver **v.** (CONJUG. 3). Fendre une roche, des minéraux. *Cliver de l'ardoise.* ◆ **se cliver** **v.pron.** Se fendre en lames. *Le mica se clive en fines lamelles.*

cloaque **n.m.** Lieu rempli d'eaux malpropres et stagnantes. *Le purin s'était répandu, transformant la cour de la ferme en un véritable cloaque.*
HISTOIRE DU MOT Vient du latin *cloaca* qui signifie « égout ».

clochard, e **n.** Personne sans travail qui vit dans les rues en mendiant. *Deux clochards dormaient dans la salle d'attente de la gare.* SYN. sans-abri, vagabond.
HISTOIRE DU MOT Ce mot a la même origine que le verbe *clocher*, il vient du latin *cloppus* qui signifie « boiteux ».

cloche **n.f.** ❶ Instrument de métal en forme de coupe renversée, avec, au centre, un battant mobile qui produit des sons lorsqu'il frappe les parois. *Pour les mariages, les cloches sonnent à toute volée. La plus grande cloche du monde, en Birmanie, pèse 88 t.* → VOIR AUSSI **bourdon, carillon.** ❷ Objet en forme de coupe renversée, qui sert à protéger des aliments ou certains objets. *Cloche à fromage, à melon.* • **Déménager à la cloche de bois :** partir sans prévenir les propriétaires pour ne pas payer le loyer. • **Entendre plusieurs sons de cloche :** entendre plusieurs versions de la même histoire, des opinions différentes.
ENCYCLOPÉDIE On fabrique les cloches en coulant le bronze dans des moules enfouis dans la terre. Une fois le métal solidifié, on démoule la cloche. Selon la taille de la cloche et l'épaisseur du métal, on a des sons différents.

à **cloche-pied,** ✎ *à clochepied* **adv.** En sautant sur un pied. *Quand on joue à la marelle, on saute à cloche-pied.*

1 clocher **n.m.** Tour d'une église, d'un temple où se trouvent les cloches. *Il y a souvent une girouette au sommet des clochers.* • **Avoir l'esprit de clocher :** avoir l'esprit étroit, ne s'intéresser qu'à ce que l'on connaît déjà.

2 clocher **v.** (CONJUG. 3). (Familier) Ne pas fonctionner normalement, avoir un défaut. *Il y a quelque chose qui cloche dans ton histoire, ce n'est pas logique.*
HISTOIRE DU MOT Vient du mot latin *cloppus* qui signifie « boiteux ».

clocheton **n.m.** Petit clocher. *Le clocheton d'une chapelle, d'une mairie.*

clochette **n.f.** ❶ Petite cloche. ❷ Fleur en forme de petite cloche. *Les clochettes du muguet.*

cloison **n.f.** Paroi peu épaisse qui sépare deux espaces. *On entend ce qui se passe dans l'autre chambre à travers la cloison. Les cloisons d'un tiroir. La cloison nasale sépare les deux narines.*

cloisonnement **n.m.** ❶ Le fait de cloisonner un espace. ❷ Toute séparation à l'intérieur d'une organisation, d'un groupe. *Le cloisonnement entre les différents services de cette administration est tel que l'information circule mal.*

cloisonner **v.** (CONJUG. 3). Séparer par des cloisons, établir des cloisonnements. *On a cloisonné le grenier pour en faire quatre chambres. Une organisation trop cloisonnée* (= dans laquelle l'information circule mal).

cloître, ✎ *cloitre* **n.m.** ❶ Dans un monastère, l'ensemble des galeries qui entourent une cour, un jardin. *Les moines se promenaient dans le cloître en méditant.* ❷ Monastère, couvent. *Se retirer au cloître.*

cloître d'un monastère

cloîtré, e, ✎ ***cloitré, e*** **adj.** Qui vit dans un monastère, un couvent. *Religieux cloîtré.*

se cloîtrer, ✎ ***se cloitrer*** **v.pron.** (CONJUG. 3). Rester volontairement enfermé, s'isoler des autres. *Il ne veut voir personne et se cloître chez lui.*

clonage **n.m.** Technique pratiquée en laboratoire qui permet d'obtenir des clones.

clone **n.m.** ❶ En biologie, cellule ou organisme identique à un autre sur le plan génétique. ❷ Individu qui est la copie conforme d'un autre. *Dans les romans de science-fiction, on fabrique des clones humains.*

clopin-clopant, ✎ ***clopinclopant*** **adv.** En traînant la jambe, en boitant légèrement. *Il s'est tordu la cheville, il est rentré de l'école clopin-clopant.*

cloporte **n.m.** Petite bête grise qui vit sous les pierres ou dans les recoins humides et sombres des maisons.

HISTOIRE DU MOT Vient de *clore* et de *porte*, car cet animal se replie au moindre contact comme quelqu'un qui fermerait sa porte en présence d'un danger.

cloporte

cloque **n.f.** ❶ Bulle sur la peau, ampoule qui peut apparaître en cas de brûlure, de frottement, etc. ❷ Boursouflure dans une couche de peinture ou sous une tapisserie.

cloquer **v.** (CONJUG. 3). Former des cloques, des poches d'air. *Le papier peint de la chambre cloque à cause de l'humidité.*

clore **closant, clos v.** (CONJUG. 78). ❶ Fermer. *Clore les paupières. Un petit mur de pierre clôt le potager.* ❷ Mettre un terme à une discussion, à une affaire. *Clore un débat.*

1 clos, e **adj.** Fermé. *Il était allongé, les yeux clos. Je suis allé chez lui comme prévu, mais j'ai trouvé porte close* (= personne n'a ouvert).

2 clos **n.m.** Terrain cultivé entouré de murs, de haies ou d'une clôture, souvent planté d'arbres ou de vignes.

clôture **n.f.** ❶ Palissade, grillage, etc., qui entoure un terrain. *Une clôture électrique empêchait les vaches de sortir du pré.* ❷ Le fait de se terminer. *La cérémonie de clôture des jeux Olympiques.*

clôturer **v.** (CONJUG. 3). ❶ Mettre une clôture autour d'un terrain. ❷ Terminer une réunion, une discussion, en marquer la fin. *Une brillante conférence a clôturé le congrès.* SYN. clore.

clou **n.m.** ❶ Petite tige pointue, de fer ou d'acier, munie d'une tête et qui sert à assembler des planches, à suspendre un objet, etc. *Accrocher un tableau avec un clou.* ❷ Le moment le plus réussi d'une fête. *Le clou de la soirée a été le feu d'artifice sur la rivière.* • (Familier) **Ne pas valoir un clou** : ne rien valoir. • **Les clous** : passage protégé pour les piétons.

▸ REM. On dit *les clous*, parce que, autrefois, les passages pour piétons *(passages cloutés)* étaient signalés par de gros clous sur la chaussée.

clouer **v.** (CONJUG. 3). ❶ Fixer avec des clous. ❷ Rendre incapable de bouger ou de réagir. *Un lumbago l'a cloué au lit. Il fut tellement stupéfait qu'il resta cloué sur place.* • (Familier) **Clouer le bec à quelqu'un** : lui dire quelque chose qui le fait taire.

clouté, e **adj.** Garni de clous. *Un blouson clouté.*

clown

clown **n.m.** ❶ Artiste de cirque, très maquillé et habillé de façon grotesque, qui fait rire par ses bouffonneries. *Des clowns musiciens.* ❷ Personne qui amuse les autres par ses mimiques, ses blagues. *Ton frère, c'est le clown de la classe !* SYN. pitre.

▸ REM. 1. On prononce [klun]. 2. Au Canada, ce mot s'emploie aussi au féminin.

ENCYCLOPÉDIE L'*auguste* fait rire par ses maladresses et son costume mal ajusté tandis que son partenaire, le *clown blanc*, a le visage tout blanc, un chapeau pointu, un costume pailleté et joue les personnes sérieuses.

clownerie **n.f.** Tour, farce ou plaisanterie de clown. *Elle amuse toute la classe par ses clowneries.* SYN. pitrerie, singerie.

▸ REM. On prononce [klunri].

1 club **n.m.** Association de personnes qui partagent la même occupation, le même loisir. *Un club photo. Un club de ping-pong. Chaque soir, sir Charles se rendait à son club.* SYN. cercle.

▸ REM. C'est un mot anglais, on prononce [klœb].

2 club **n.m.** Canne de golf avec laquelle on pousse la balle.

▸ REM. C'est un mot anglais, on prononce [klœb].

co- **préfixe.** Indique l'association comme dans *coéquipier*, ou la simultanéité, comme dans *coexistence.*

coagulation **n.f.** L'action, le fait de coaguler. *La coagulation du sang.*

coaguler **v.** (CONJUG. 3). Rendre ou devenir pâteux, se figer, se solidifier. *La chaleur coagule le blanc d'œuf. Le sang coagule à l'air.*

se coaliser **v.pron.** (CONJUG. 3). Former une coalition. *Ils m'en veulent, ils se sont tous coalisés contre moi.* SYN. s'allier, se liguer.

coalition **n.f.** Alliance qui se fait entre des pays, des partis ou des personnes contre un ennemi ou dans un but commun. *La Russie, l'Angleterre et la Prusse ont formé une coalition pour vaincre Napoléon Ier.*

A B C D E F G H I J K L M N O P Q R S T U V W X

coassement **n.m.** Nom donné au cri de la grenouille et du crapaud.
▸ REM. Ne pas confondre avec *croassement*.

coasser **v.** (CONJUG. 3). Pour la grenouille ou le crapaud, faire entendre leur cri, le *coassement*.
▸ REM. Ne pas confondre avec *croasser*.

cobalt **n.m.** Métal qui entre dans la composition de certains alliages et dont on tire une matière qui sert à fabriquer des colorants bleus. *Un bleu de cobalt* (= bleu foncé).

cobaye **n.m.** Petit mammifère rongeur, appelé aussi *cochon d'Inde*. • (Familier) **Servir de cobaye :** être utilisé pour tester quelque chose, pour permettre à quelqu'un de se faire la main (parce que les cobayes sont utilisés dans les expériences de laboratoire). *Je n'ai pas envie de servir de cobaye à ce coiffeur débutant.*

cobra **n.m.** Serpent d'Afrique et d'Asie dont la morsure peut être mortelle. *Le cobra des Indes s'appelle aussi « serpent à lunettes ».*

cocagne **n.f.** • **Mât de cocagne :** mât enduit de savon au sommet duquel on doit grimper pour décrocher les lots qui y sont suspendus. *Dans certaines fêtes de village, on dresse un mât de cocagne.* • **Pays de cocagne :** pays imaginaire où n'existent que fêtes et plaisirs.

cocaïne **n.f.** Substance tirée des feuilles du *coca*, un arbrisseau des Andes, et qui était utilisée en médecine pour combattre la douleur. *La cocaïne est une drogue.*

cocarde **n.f.** Insigne rond aux couleurs d'un pays, d'un parti, etc. *Le jour du 14 Juillet, en France, on vend des cocardes tricolores.*

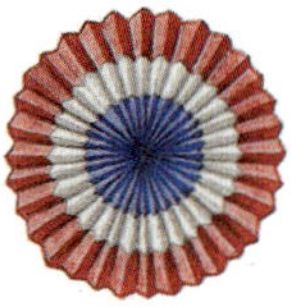
cocarde

cocasse **adj.** Qui est drôle parce que tout à fait inattendu. *Une réflexion, une aventure cocasses.* SYN. comique.

cocasserie **n.f.** Le caractère cocasse de quelque chose. *La cocasserie de la situation fit rire tout le monde.* SYN. drôlerie.

coccinelle **n.f.** Petit insecte de la famille des coléoptères, qui a des élytres orangés ou rouges, ornés de points noirs. *La coccinelle est utile car elle se nourrit de pucerons.*

coccyx **n.m.** Le bas de la colonne vertébrale, composé de petites vertèbres soudées. *Marc s'est fêlé le coccyx en tombant sur les fesses.*
▸ REM. On prononce [kɔksis].

HISTOIRE DU MOT Vient d'un mot grec qui signifie « coucou », par analogie de forme avec le bec de cet oiseau.

coche **n.m.** Grande voiture à cheval qui transportait autrefois les voyageurs et qui fut remplacée par la diligence. • (Familier) **Manquer, rater le coche :** laisser passer une bonne occasion.

coccinelle

cochenille **n.f.** Insecte parasite des plantes (surtout des cactus) dont on extrait un colorant rouge vif, qui porte le même nom.

1 cocher **n.m.** Conducteur d'un coche, d'une voiture à cheval. *Lucien héla un fiacre et promit une récompense au cocher s'il allait vite.*

2 cocher **v.** (CONJUG. 3). Marquer d'une encoche ou d'un signe. *Cocher un nom sur une liste.*

cochère **adj.f.** • **Porte cochère :** dans un immeuble, porte à deux battants donnant sur la rue, assez grande pour permettre à une voiture (autrefois un *coche*) de passer. *Il pleuvait, Zoé s'abrita sous une porte cochère.*

1 cochon **n.m.** Nom que l'on donne couramment au porc domestique. Cri : le cochon grogne et couine. Petit : le cochonnet ou, s'il tète encore sa mère, le cochon de lait. • **Cochon d'Inde :** petit mammifère rongeur. SYN. cobaye.

cochons d'Inde

2 cochon, onne **adj.** et **n.** (Familier) Qui est sale. *Tu es un cochon, tu as encore sali ta chemise !*

cochonner **v.** (CONJUG. 3). (Familier) Salir ou mal faire quelque chose. *Il a cochonné son travail.*

cochonnerie **n.f.** (Familier) ❶ Saleté. *Regarde-moi les cochonneries que tu as faites sur la nappe !* ❷ Marchandise de mauvaise qualité. *Quelle cochonnerie, cette montre !* SYN. pacotille.

cochonnet **n.m.** À la pétanque, petite boule en bois dont il faut s'approcher le plus possible. *Marius a lancé sa boule tout contre le cochonnet.*

cocker **n.m.** Petit chien de chasse, aux longs poils très doux et aux grandes oreilles pendantes. *Le cocker est une variété d'épagneul.*
▸ REM. C'est un mot anglais, on prononce [kɔkɛr].

cockpit **n.m.** ❶ L'endroit où se tient le barreur, à l'arrière d'un voilier. ❷ La cabine de pilotage d'un avion.
▸ REM. On prononce le *-t*.

cocktail **n.m.** ❶ Boisson faite d'un mélange d'alcools ou de jus de fruits. *Un cocktail au fruit de la Passion et à la goyave.* ❷ Réception en fin d'après-midi avec buffet et boissons.

HISTOIRE DU MOT C'est un mot anglais qui signifie « queue de coq », car celle-ci est faite de plumes de plusieurs couleurs.

coco **n.m.** • **Noix de coco :** gros fruit comestible du cocotier. *Un gâteau à la noix de coco.*

cocon **n.m.** ❶ L'enveloppe dans laquelle vivent, en particulier, les chrysalides avant de devenir des papillons. *Le cocon du bombyx sert à fabriquer la soie.* ❷ *Être élevé dans un cocon*, c'est être choyé, protégé des difficultés de la vie.

cocorico **interj.** et **n.m.** Mot qui imite le chant du coq. *Un concert de cocoricos.*
▸ REM. En allemand les coqs font *kikiriki* et en anglais *cock-a-doodle-do !*

cocotier **n.m.** Grand palmier des tropiques, mesurant jusqu'à 25 m de haut, et dont le fruit est la noix de coco.

1 cocotte **n.f.** ❶ Nom donné à la poule dans le langage des petits enfants. ❷ Mot affectueux que l'on dit aux petites filles et aux femmes. *Oh ! tu t'es fait mal, ma cocotte !* • **Cocotte en papier :** pliage en papier qui a à peu près la forme d'une poule. *Je sais faire les cocottes en papier.*

2 cocotte **n.f.** Marmite avec un couvercle, dans laquelle on fait mijoter les aliments.

cocu, e **adj.** et **n.** (Familier) *Une personne cocue* est trompée (par son mari ou par sa femme).

HISTOIRE DU MOT Vient de *coucou*, car la femelle de cet oiseau pond ses œufs dans les nids des autres oiseaux. On a donc imaginé qu'elle était infidèle.

codage **n.m.** L'action de coder, de transcrire une information en code. *Un codage en morse.*

code **n.m.** ❶ Recueil de lois et de règles. *Le Code pénal fixe les peines applicables aux fautes commises. Le Code de la route donne les règles de la circulation.* → VOIR noms propres : **Code civil.** ❷ Ensemble de signes, de symboles que l'on utilise pour transmettre secrètement un message. *Il a utilisé un code secret pour écrire, il faut le déchiffrer.* ❸ Combinaison de chiffres, de lettres, etc., qui permet l'accès à quelque chose. *Tapez votre code. La porte est fermée et j'ai oublié le code !* • **Code postal :** numéro que l'on écrit dans une adresse avant le nom de la ville. • **Les codes :** les feux de croisement d'un véhicule, moins aveuglants que les phares.

codé, e **adj.** Qui est rédigé selon un code pour n'être compris que de ceux qui en ont la clé. *Un message codé* (= chiffré).

code-barres **n.m.** (PLUR. : **codes-barres**). Code formé de barres verticales, imprimé sur l'emballage d'un article. Il est lu par un lecteur laser pour donner diverses informations (catégorie, prix, etc.) et gérer les stocks.

codifier **v.** (CONJUG. **7**). Établir des règles pour quelque chose. *La planche à voile est un sport récemment codifié.* SYN. réglementer.

noix de coco

coefficient **n.m.** Nombre par lequel on doit, dans certains cas, multiplier une quantité, une variable. *Certaines matières, à l'examen, sont affectées de coefficients ; il faut alors multiplier la note obtenue à l'épreuve par le coefficient pour connaître son nombre de points total.*

cœlacanthe **n.m.** Gros poisson marin dont la taille avoisine deux mètres et qui vivait déjà il y a plus de 300 millions d'années. *Une espèce de cœlacanthe vit au large de Madagascar.*
▸ REM. On prononce [selakɑ̃t].

coéquipier, ère **n.** Personne qui fait équipe avec une autre. *Il aura Jean comme coéquipier dans la course.*

cœur **n.m.** ❶ Muscle creux qui fait circuler le sang et se trouve dans la cage thoracique. *Les battements du cœur.* ❷ Nom que l'on donne parfois à la poitrine. *Mamie serra Jean contre son cœur.* ❸ Siège des sentiments profonds. *Je t'embrasse de tout mon cœur. Sa gentillesse m'est allée droit au cœur. Avoir des peines de cœur* (= un chagrin d'amour). ❹ La nature profonde de quelqu'un. *Sylvie a très bon cœur, elle a même un cœur d'or !* (= elle est généreuse). *Un cœur de pierre* (= une personne insensible). ❺ Là où l'on garde ses pensées secrètes. *Que pense-t-elle de tout cela dans le fond de son cœur ?* SYN. âme. *Le cri du cœur* (= ce que l'on dit sans pouvoir s'en empêcher parce que c'est ce que l'on pense vraiment). ❻ Enthousiasme, énergie à faire quelque chose. *Mettre du cœur à l'ouvrage. Elle s'est remise au travail, mais le cœur n'y est pas.* ❼ Ce qui a la forme d'un cœur. *Elle porte un petit cœur en pendentif.* ❽ L'une des deux couleurs rouges des cartes à jouer. *L'as de cœur.* ❾ Ce qui est au centre de quelque chose. *Le cœur d'une ville. Le cœur du débat.* • **Avoir, donner mal au cœur :** avoir envie de vomir, donner la nausée. *En voiture, les virages me donnent mal au cœur.* • **Avoir le cœur gros, le cœur serré :** avoir de la peine, éprouver de l'inquiétude. • **Avoir le cœur sur la main :** être très généreux. • **De bon cœur :** bien volontiers. • **En avoir le cœur net :** vouloir savoir exactement la vérité. • **Par cœur :** de mémoire et parfaitement. • **S'en donner à cœur joie :** s'amuser tant qu'on peut.
▸ REM. 1. Au mot *cœur* correspond l'élément tiré du grec *cardi-*, *cardio-* que l'on retrouve dans des mots comme *cardiaque, cardiologie*. 2. Ne pas confondre avec *chœur*.

HISTOIRE DU MOT Vient du latin *cor, cordis* qui signifie « cœur, âme » et que l'on retrouve dans des mots comme *cordial, concorde, accord*, etc.

ENCYCLOPÉDIE Le cœur est une sorte de moteur qui fonctionne comme une pompe. Il reçoit le sang des veines, chargé de gaz carbonique, et l'envoie dans les poumons, où il se recharge en oxygène. De là, le sang revient au cœur qui le propulse dans les artères pour irriguer tout le corps.

coexistence **n.f.** Le fait de coexister. *Nous avons partagé la même chambre et notre coexistence a été plutôt agréable.* SYN. cohabitation.

coexister **v.** (CONJUG. **3**). Exister en même temps et ensemble. *Il est curieux qu'autant de gentillesse et d'avarice coexistent dans une même personne.* SYN. cohabiter.

coffrage n.m. ❶ Sorte de moule fait de planches, dans lequel on coule le béton. ❷ Planches que l'on met autour de canalisations pour les cacher.

coffre n.m. ❶ Meuble en bois muni d'un couvercle où l'on range des objets. *Un coffre à jouets.* ❷ L'endroit où l'on met les bagages, à l'arrière ou, quelquefois, à l'avant de la voiture. • **Avoir du coffre :** avoir une voix puissante (parce que la cage thoracique semble forte et développée).

coffre-fort n.m. (PLUR. : **coffres-forts**). Armoire blindée munie d'une serrure à combinaison, où l'on enferme son argent et ses biens précieux.

coffrer v. (CONJUG. 3). ❶ Faire un coffrage. *Coffrer une conduite d'eau.* ❷ (Familier) Arrêter quelqu'un pour le mettre en prison. *Il s'est fait coffrer à la frontière.*

coffret n.m. ❶ Petit coffre ou petite boîte qui ferment à clef et où l'on met des objets auxquels on tient. *Un coffret à bijoux.* ❷ Emballage qui présente plusieurs objets ensemble. *Un coffret de disques.*

cogitations n.f.plur. (Familier) Réflexions, pensées. *Quel est le résultat de tes cogitations ?* SYN. méditations, pensées.

HISTOIRE DU MOT Vient du latin *cogitare* qui signifie « penser », que l'on rencontre dans la formule de Descartes *Cogito, ergo sum*, « Je pense, donc je suis ».

cogiter v. (CONJUG. 3). (Familier) Réfléchir, penser. *Tu veux une réponse ? Laisse-moi cogiter deux minutes.*

cognassier n.m. Arbre fruitier originaire d'Asie qui donne les coings.

cognassier et coing

cognée n.f. Grande hache de bûcheron. • **Jeter le manche après la cognée :** abandonner ce qu'on est en train de faire par découragement.

cogner v. (CONJUG. 3). Donner des coups. *Le forgeron cognait sur l'enclume à grands coups de marteau.* SYN. frapper. *Cogner à la porte.* SYN. taper. ◆ **se cogner** v.pron. Se heurter à quelque chose. *Je me suis cognée contre le coin de l'étagère !*

HISTOIRE DU MOT Vient de *coin*.

cohabitation n.f. Le fait de cohabiter. *Nous avons vécu sous le même toit en vacances, la cohabitation a été facile.*

cohabiter v. (CONJUG. 3). ❶ Partager le même logement. *Cohabiter avec des amis.* ❷ Coexister, se trouver en même temps ensemble. *L'amour et la haine cohabitaient dans son cœur.*

cohérence n.f. Le caractère cohérent de quelque chose. *Votre devoir a beaucoup de cohérence, les idées s'enchaînent bien et vous ne sortez jamais du sujet.*

cohérent, e adj. Dont les idées ou les actions ne sont pas en contradiction les unes avec les autres, mais s'accordent bien, s'organisent logiquement. *Un raisonnement cohérent, une histoire cohérente.* SYN. logique. CONTR. incohérent.

cohésion n.f. Qualité d'un groupe dont tous les membres s'entendent et se soutiennent. *Tout va mieux quand il y a une bonne cohésion dans la classe.*

cohorte n.f. ❶ Dans l'Antiquité, sous-division de la légion romaine. *La légion comportait dix cohortes, d'environ cinq à six cents hommes.* ❷ Troupe de gens, assez désordonnée. *Des cohortes de réfugiés se dirigent vers la frontière.*

cohue n.f. Foule qui se presse quelque part, de manière désordonnée et bruyante. *Quelle cohue dans les magasins à Noël !* SYN. bousculade.

coi, coite adj. • **En rester coi :** être muet de surprise, médusé. • **Se tenir, rester coi :** rester tranquille, immobile, sans parler.

coiffe n.f. Bonnet de toile ou de tissu léger qui fait généralement partie d'un costume. *Une coiffe paysanne.*

coiffé, e adj. ❶ Dont la chevelure est arrangée. *Être impeccablement coiffé.* ❷ Qui porte une coiffure sur la tête. *On le voyait toujours coiffé d'un chapeau haut de forme, une canne à la main.*

coiffer v. (CONJUG. 3). ❶ Peigner les cheveux, arranger la coiffure avec soin. ❷ Mettre sur sa tête. *Coiffer un bonnet, une casquette.* ◆ **se coiffer** v.pron. Arranger ses cheveux.

coiffeur, euse n. Personne dont la profession est de coiffer les cheveux, de les couper. *Allez chez le coiffeur.*

coiffeuse n.f. Petite table de toilette comportant des tiroirs pour les produits de beauté et une glace inclinable. *Elle se maquillait devant sa coiffeuse.*

coiffure n.f. ❶ La manière dont les cheveux sont coupés ou peignés. *Changer de coiffure.* ❷ Métier du coiffeur et de la coiffeuse. *Apprendre la coiffure. Ouvrir un salon de coiffure.* ❸ Mot qui désigne toute pièce du vêtement ou du costume que l'on porte sur la tête. *Le bonnet, le chapeau, le turban, la casquette sont des coiffures.*

colibri (ou oiseau-mouche)

coin **n.m.** ❶ L'angle formé par les deux côtés d'une chose, par deux parois, deux rues, etc. *Le coin de la table. Le coin de la pièce.* SYN. encoignure. *Le coin de la bouche.* SYN. commissure. ❷ Lieu, ville, endroit quelconques. *Dans quel coin allez-vous pour les vacances ?* (= où). *Ils habitent un coin perdu* (= un endroit retiré, isolé de tout). *Elle ne me parle plus, elle reste dans son coin.* ❸ Petit espace. *De mon lit, j'aperçois un coin de ciel. Le coin des bricoleurs* (= l'espace réservé aux bricoleurs dans un magasin). ❹ Pièce de fer pour fendre le bois. • **Aux quatre coins du monde :** partout, même dans les endroits les plus éloignés.

coincer **coinçant, coincé v.** (CONJUG. 4). ❶ Placer une chose de telle sorte qu'elle ne risque plus de bouger. *Coincer une bouteille dans une caisse.* ❷ Bloquer ce qui normalement bouge, est mobile. *Coincer une fermeture à glissière.*

coïncidence **n.f.** Le fait que des événements aient lieu par hasard au même moment. *Vous ici ! Quelle coïncidence ! je pensais justement à vous.* SYN. hasard.

coïncider **v.** (CONJUG. 3). ❶ Avoir lieu au même moment. *Le début des vacances coïncide cette année avec la date de mon anniversaire.* ❷ Correspondre exactement à quelque chose. *Les habits, la barbe, la voiture, tout coïncide avec son signalement.* SYN. concorder.

coing **n.m.** Fruit jaune, comestible, du cognassier. *Le coing sert à faire des confitures, des gelées et la pâte de coings.*
▸ REM. 1. On ne prononce pas le *-g*. 2. Ne pas confondre avec *coin.*

coke **n.m.** Résidu combustible obtenu à partir de la houille. *Le coke est utilisé dans les hauts-fourneaux pour faire fondre les minerais de fer.*

col **n.m.** ❶ La partie du vêtement qui entoure le cou. *Un col de chemise.* ❷ La partie rétrécie et allongée d'un objet. *Le col d'une bouteille.* SYN. goulot. *Le col du fémur.* ❸ Passage entre deux montagnes. *Le col est fermé à la circulation à cause de la neige.*

HISTOIRE DU MOT Jusqu'au XVIIe siècle, on a dit *col* pour « cou », c'est pourquoi on retrouve *col* dans *licol, torticolis, collier, colporter.*

cola **n.m.** → **kola**

colchique **n.m.** Plante très commune des prés humides, dont les fleurs roses, blanches ou violettes apparaissent à l'automne et qui contient un poison violent.

coléoptère **n.m.** Nom donné à un grand ensemble d'insectes (au moins 300 000 espèces) dont les ailes au repos sont protégées par des élytres. *Le hanneton, la coccinelle, la cigale sont des coléoptères.*

colère **n.f.** Réaction violente et passagère qu'on peut avoir lorsqu'on est très mécontent ou qu'on s'est senti attaqué. *Être en colère* (= être fâché, furieux). SYN. rage. *Une colère noire* (= une très forte colère).

coléreux, euse ou **colérique** **adj.** Qui se met facilement et souvent en colère. *Un enfant coléreux.* SYN. emporté, irascible, irritable.

colibri **n.m.** Tout petit oiseau au vol rapide et au plumage éclatant. SYN. oiseau-mouche. *Le colibri se nourrit du nectar des fleurs grâce à son long bec.*

colifichet **n.m.** Petit objet de parure sans grande valeur.

colimaçon **n.m.** • **Escalier en colimaçon :** escalier qui monte en tournant sur lui-même comme la spirale d'une coquille d'escargot. *On peut monter au sommet du donjon par un escalier en colimaçon* (= escalier à vis).

escalier en colimaçon

colin **n.m.** Poisson marin que l'on trouve sur les côtes de l'Atlantique et de la Manche, et qui est aussi appelé *lieu* ou *lieu noir.*

colin-maillard **n.m.** (PLUR. : **colin-maillards**). Jeu dans lequel un joueur, qui porte un bandeau sur les yeux, tâche d'attraper l'un des autres joueurs et de deviner qui il est en le touchant. *Jouer à colin-maillard.*

colique **n.f.** Douleur violente au ventre, souvent accompagnée de diarrhée. *Avoir la colique.*

colis **n.m.** Paquet que l'on transporte ou que l'on envoie par la poste, le train, etc.

HISTOIRE DU MOT Vient de l'italien *colli* qui signifie « charges portées sur le cou ».

collaborateur, trice **n.** ❶ La personne qui collabore à quelque chose. *Le journal a de nombreux collaborateurs.* ❷ Pendant l'occupation de la France (1940 à 1944), personne qui collaborait avec les Allemands.

collaboration **n.f.** ❶ Le fait de collaborer. *Le film a été réalisé en collaboration avec les habitants du village.* ❷ La coopération avec l'occupant allemand entre 1940 et 1944, en France.

collaborer **v.** (CONJUG. 3). ❶ Participer à un travail avec d'autres personnes, ou travailler ensemble. *De nombreuses personnes ont collaboré à l'émission.*

A B C D E F G H I J K L M N O P Q R S T U V W X Y Z

SYN. participer. *Si nous voulons réussir, nous devons collaborer* (= nous entraider). ❷ En 1940 en France, aider l'armée d'occupation allemande. *À la Libération, de nombreuses personnes ont été jugées pour avoir collaboré.*

collage **n.m.** ❶ Action de fixer avec de la colle, de coller. *Les pièces sont prêtes, on peut passer au collage.* ❷ Œuvre d'art faite de différentes images ou objets collés sur un support. *Les premiers collages ont été faits en 1912 par Picasso et Braque.*

1 collant, e **adj.** ❶ Qui colle. *Du papier collant.* SYN. adhésif. *Avoir les mains collantes.* SYN. poisseux. ❷ Qui s'ajuste exactement au corps. *Des jeans collants.* SYN. moulant, serré.

2 collant **n.m.** Sous-vêtement ou vêtement de tissu élastique, avec ou sans pieds, qui moule les jambes et monte jusqu'à la taille.

collation **n.f.** Petit repas. *Dans l'avion, on nous a servi une collation.*

1 colle **n.f.** Matière liquide ou pâteuse, qui, en séchant, permet de fixer ensemble deux éléments. *Un tube, un pot de colle.*

2 colle **n.f.** (Familier) ❶ Au collège et au lycée, punition par laquelle un élève est obligé de venir les jours de congé pour travailler. *Avoir deux heures de colle.* ❷ Question piège. *Poser une colle à quelqu'un.*

collecte **n.f.** L'action de collecter des objets, de l'argent. *La collecte de vêtements.*

collecter **v.** (CONJUG. 3). ❶ Réunir, recueillir des fonds, des dons, des signatures, etc. ❷ Faire le ramassage de produits agricoles, rassembler des choses. *La coopérative collecte le lait dans les fermes.*

collecteur **n.m.** et **adj.m.** Conduit, tuyau qui reçoivent les eaux d'autres conduits moins importants.

collectif, ive **adj.** Qui est fait par un groupe ou qui concerne un ensemble de personnes. *La décision a été collective. Le volley-ball est un sport collectif.* CONTR. individuel. • **Nom collectif :** nom qui désigne un groupe d'êtres ou d'objets. *« Foule », « masse », « troupe » sont des noms collectifs.*

collection **n.f.** ❶ Ensemble d'objets de même nature bien que différents les uns des autres. *Une collection de boîtes d'allumettes, de timbres.* ❷ Ensemble de modèles, de vêtements créés et présentés par un grand couturier. *La collection de printemps.*

ENCYCLOPÉDIE Il existe toutes sortes de collections : de timbres (philatélie), de livres (bibliophilie), de cartes postales (cartophilie), de porte-clés (copoclephilie), de disques (discophilie), d'œuvres d'art, de voitures miniatures, d'épinglettes, etc.

collectionner **v.** (CONJUG. 3). ❶ Rassembler, réunir, acquérir des objets de même nature pour en faire une collection. *Il collectionne les orchidées.* ❷ (Familier) Accumuler. *Gérard est le champion des bêtises, il les collectionne.*

collectionneur, euse **n.** Personne qui collectionne des objets. *C'est un collectionneur de timbres.*

collectivement **adv.** De façon collective. *La décision a été prise collectivement.* CONTR. individuellement.

collectivité **n.f.** Groupe de personnes qui vivent dans un même lieu et qui ont des intérêts communs. *La vie en collectivité* (= en groupe). *Les collectivités locales ou territoriales* (= en France, les communes, les départements, les Régions, la Corse). • **Collectivité d'outre-mer** ou **C.O.M. :** territoire de la France d'outre-mer possédant un statut plus souple que celui des départements d'outre-mer. → VOIR noms propres : **Outre-mer.**

collège **n.m.** ❶ Établissement scolaire de l'enseignement secondaire. ❷ Réunion de personnes qui ont la même fonction. *Le collège des cardinaux.*
▸ REM. Au Québec, ce mot, au sens 1, désigne aujourd'hui un établissement d'enseignement privé.

collégial, ale, aux **adj.** Au Québec, qui se rapporte à l'enseignement dispensé dans les cégeps et dans les collèges.

collégien, enne **n.** Élève d'un collège.

collègue **n.** La personne qui travaille dans la même entreprise qu'une autre, ou qui a le même métier.

1 coller **v.** (CONJUG. 3). ❶ Faire tenir, fixer avec de la colle. *Coller des images.* ❷ Placer contre quelque chose. *Coller son oreille à la porte.* ❸ Être fait d'une matière qui attache. *Les caramels mous collent aux dents. Un riz qui ne colle pas* (= dont les grains cuits restent séparés). ❹ Être plaqué contre la peau. *Sa robe lui colle au corps.*

2 coller **v.** (CONJUG. 3). (Familier) ❶ Punir un élève par une retenue, une colle. ❷ Refuser à un examen. *Elle a été collée au bac.* CONTR. recevoir. ❸ Poser une question piège à quelqu'un. *Difficile de la coller sur les dinosaures !*

collerette **n.f.** Col rond en toile fine plissée ou en dentelle. *Sous Henri IV, les hommes portaient des collerettes plissées qu'on appelait des « fraises ».*

collerette ou fraise (portrait d'Henri IV)

collet n.m. Piège fait d'un nœud coulant pour attraper les oiseaux, les lapins, etc., en les étranglant. *Le braconnier va poser ses collets.* • **Être collet monté :** se prendre au sérieux et avoir des principes moraux rigides (= être guindé).

HISTOIRE DU MOT Au XVIIe siècle, un *collet monté* était un col si haut que les femmes qui le portaient avaient toujours l'air de considérer les gens de haut ; d'où l'expression *être collet monté.*

se **colleter** v.pron. (CONJUG. 12, ✎ *11*). En venir aux mains, se battre. *Les manifestants se sont colletés avec la police.*

colleur, euse n. *Un colleur d'affiches* est une personne dont le métier est de coller des affiches.

colley n.m. Chien de berger écossais au poil long et abondant, au museau allongé et aux oreilles fines et pointues.

collier n.m. ❶ Bijou ou ornement qu'on porte autour du cou. *Un collier de perles. Un collier de fleurs.* ❷ Courroie ou chaîne que les chiens et les chats portent autour du cou. *Un collier anti-puces.* ❸ Partie du harnais des chevaux qui enserre la base du cou. ❹ Courte barbe qui va d'une tempe à l'autre en passant sous le menton. • **Donner un coup de collier :** faire un gros effort au cours d'un travail.

collimateur n.m. Appareil qui permet de viser avec précision. *Le collimateur d'une lunette astronomique, d'une mitrailleuse.* • (Familier) **Avoir quelqu'un dans le collimateur :** le surveiller de très près pour le prendre en défaut.

colline n.f. Petite élévation de terrain aux pentes douces et arrondies.

collision n.f. Choc violent entre deux véhicules. *Le car est entré en collision avec un camion.*

colloque n.m. Réunion organisée par des spécialistes pour discuter d'un sujet précis. *Un colloque d'astrophysique.* SYN. conférence.

HISTOIRE DU MOT Vient du latin *cum*, qui signifie « avec, ensemble », et *loqui*, qui signifie « parler » et que l'on retrouve dans *éloquent* et *loquace*.

collyre n.m. Médicament liquide pour les yeux.

colmater v. (CONJUG. 3). Rendre étanche en bouchant les fissures. *Colmater une fuite.*

colombage n.m. *Une maison à colombage* a des murs faits d'un assemblage de poutres. *En Alsace, on voit des maisons à colombage.*

maison médiévale à colombage

colombe n.f. Nom donné à certains pigeons et à certaines tourterelles, en particulier aux variétés à plumage blanc.

ENCYCLOPÉDIE La colombe est le symbole de la paix. On la représente avec un rameau d'olivier dans le bec, par allusion au récit biblique de l'arche de Noé.

colombe de la paix

colombier n.m. Bâtiment souvent en forme de tour, au toit pointu et percé de trous ronds, où l'on élève des pigeons. SYN. pigeonnier.

colon n.m. Personne qui a quitté son pays pour aller cultiver une terre ou faire du commerce dans une colonie. *De nombreux colons se sont installés en Amérique au XIXe siècle.*

▸ REM. Ne pas confondre avec *côlon*.

côlon n.m. Nom donné au gros intestin, excepté dans sa partie terminale, appelée *rectum*.

▸ REM. Ne pas confondre avec *colon*.

colonel, elle n. Grade élevé des officiers supérieurs de l'armée, immédiatement inférieur à celui de général. *Le colonel commande un régiment.*

colonial, ale, aux adj. Des colonies. *L'Inde appartenait à l'Empire colonial britannique.*

colonialisme n.m. Doctrine qui prône la création de colonies, l'occupation d'un territoire ou d'un État par une nation étrangère.

colonie n.f. ❶ Territoire occupé et administré par une nation étrangère dont il dépend, en particulier sur le plan économique. *Le Sénégal, Madagascar étaient des colonies françaises.* ❷ Groupe de personnes qui ont quitté leur pays pour s'établir dans un autre. *Marseille a été fondée par une colonie de Grecs.* ❸ Groupe d'animaux vivant ensemble. *Colonie d'abeilles, de pucerons.* • **Colonie de vacances :** groupe d'enfants qui partent en vacances avec des moniteurs.

colonisation n.f. Le fait de coloniser un pays.
→ VOIR AUSSI **décolonisation.**

ENCYCLOPÉDIE C'est au XVIe siècle, grâce aux progrès de la navigation et de l'artillerie, qu'a commencé la colonisation d'une grande partie du monde par l'Europe. Les Espagnols et les Portugais se sont emparés du sud de l'Amérique, les Anglais et les Français du nord de l'Amérique. Puis les Anglais ont colonisé l'Inde. Au XIXe siècle, une nouvelle vague de colonisation touche surtout l'Afrique et le Moyen-Orient. Dès le XVIIIe siècle, les premières colonies réclament leur indépendance, c'est le début de la décolonisation.

coloniser v. (CONJUG. 3). Faire d'un pays une colonie. *L'Angleterre a colonisé l'Australie.*

colonnade n.f. Rangée de colonnes. *La colonnade d'un temple grec.*

colonne n.f. ❶ Pilier, souvent cylindrique et décoré, qui soutient, avec d'autres, certains édifices. *Une colonne comprend un fût, une base et un chapiteau.* ❷ Monument décoratif en forme de colonne.

A B C D E M N O P Q R S T U V W X Y Z

La colonne Vendôme à Paris. ❸ Masse de gaz, de liquide, qui prend la forme d'une colonne. *Une colonne de fumée.* ❹ Ensemble de chiffres placés les uns sous les autres. *Colonne des unités, des dizaines.* ❺ Chacune des divisions verticales d'une page. *Les colonnes d'un dictionnaire, d'un journal.* ❻ Groupe de personnes ou de véhicules qui avancent en file. *Une colonne de blindés.* • **Colonne vertébrale :** partie centrale du squelette constituée, chez l'homme, par la superposition de trente-trois vertèbres, qui soutiennent le haut du corps.

colonnes du cloître de la basilique Saint-Jean-de-Latran à Rome

colophane **n.f.** Résine jaune, translucide, utilisée en particulier pour enduire les crins des archets de violon pour qu'ils « mordent » mieux les cordes.

coloquinte **n.f.** Plante proche de la pastèque, dont le fruit séché est très décoratif.

1 colorant, e **adj.** Qui colore, qui teint. *Un shampooing colorant.*

2 colorant **n.m.** Substance servant à colorer. *Cet aliment ne contient ni conservateur ni colorant.*

coloration **n.f.** Le fait de se colorer. *On voyait à la coloration de ses joues qu'elle avait couru.* SYN. couleur.

coloré, e **adj.** Qui a une couleur ou des couleurs. *Du verre coloré.* CONTR. incolore. *Des joues colorées.* CONTR. pâle.

colorer **v.** (CONJUG. 3). Donner une teinte, des couleurs à quelque chose. *L'air vif lui colore les joues. Le feu d'artifice colore le ciel.* ◆ **se colorer** **v.pron.** Prendre une teinte vive. *À la remarque de Sylvestre, le visage de la jeune fille se colora.*
▸ REM. Ne pas confondre avec *colorier.*

coloriage **n.m.** Le fait de colorier ; dessin à colorier. *Faire des coloriages. Un album de coloriages.*

colorier **v.** (CONJUG. 7). Mettre des couleurs sur un dessin ou un objet. *Un album à colorier.*
▸ REM. Ne pas confondre avec *colorer.*

coloris **n.m.** Couleur ou assemblage de couleurs. *Nous avons un grand choix de coloris dans ce modèle.*

colossal, ale, aux **adj.** Qui dépasse de beaucoup ce qui est considéré comme normal. *Une force colossale.* SYN. énorme. *Une fortune colossale.* SYN. gigantesque, immense, prodigieux.

colosse **n.m.** Homme d'une taille hors du commun, donnant une impression de force prodigieuse.
HISTOIRE DU MOT Vient du grec *kolossos* qui signifie « très haute statue ».

colportage **n.m.** L'activité du colporteur ; l'action de colporter.

colporter **v.** (CONJUG. 3). ❶ *Colporter des marchandises,* c'était autrefois les vendre à domicile, en les portant de village en village. *On colportait surtout des livres et de la mercerie.* ❷ *Colporter une nouvelle, des bruits,* c'est les raconter partout, les répéter.
HISTOIRE DU MOT Vient de l'ancien français *porter à col* qui signifiait « porter sur le cou ».

colporteur, euse **n.** Autrefois, marchand ambulant, qui colportait des marchandises.

colt **n.m.** Type de pistolet automatique. *Jesse James sortit son colt et l'abattit froidement.*
HISTOIRE DU MOT Vient du nom de *Samuel Colt,* qui inventa cette arme en 1835.

colvert **n.m.** Canard sauvage qui vit dans les marais et les eaux calmes, dont le mâle se pare, à la saison des amours, de vives couleurs.

colvert mâle

colza **n.m.** Plante à fleurs jaunes, que l'on cultive pour ses graines dont on extrait une huile.

coma **n.m.** État, momentané ou prolongé, d'une personne qui a perdu conscience et qui ne réagit plus tout en conservant toutes les fonctions vitales. *À la suite de son accident, elle est restée dans le coma pendant deux jours.*

comateux, euse **adj.** *Être dans un état comateux,* c'est être sans réaction, avec l'esprit confus.
HISTOIRE DU MOT Vient de *coma.*

combat **n.m.** ❶ Affrontement entre plusieurs groupes armés. *Les combats ont fait rage près de la frontière.* SYN. bataille. ❷ Lutte organisée, par sport ou par jeu. *Un combat de boxe.* SYN. match. ❸ Le fait de lutter contre un danger, une menace. *Le combat de la médecine contre la tuberculose.* ❹ *Mettre quelqu'un hors de combat,* c'est le vaincre et le désarmer.

combatif, ive, ✎ ***combattif, ive*** **adj.** Qui n'hésite pas à se battre, qui ne s'avoue jamais vaincu. *Un tempérament combatif* (= de lutteur).

combativité, ✎ ***combattivité*** **n.f.** L'ardeur à se battre, le goût de la lutte, de la compétition. *La combativité des troupes leur a permis de gagner la bataille.*

combattant, e **n.** Personne qui combat, qui participe à une bataille. *« Et le combat cessa faute de combattants »* (*le Cid*, Corneille).

combattre **combattant, combattu v.** (CONJUG. **50**). ❶ Participer à un combat. *Les alliés combattirent à nos côtés.* SYN. se battre, lutter. ❷ Mener un combat contre quelque chose. *Combattre l'injustice.* SYN. se battre, lutter contre.

combien **adv.** ❶ Sert à interroger sur la quantité, le nombre, le prix, le poids, etc. *Combien de frères et sœurs as-tu ? Combien coûte ce vase ?* ❷ Dans une exclamation, indique un haut degré. *Je ne peux pas te dire combien je t'aime !* (= à quel point). • (Familier) **Le combien :** sert à interroger sur la date. *Nous sommes le combien ?* (= quel jour du mois ?).

1 combinaison **n.f.** Manière dont sont assemblés, réunis et organisés différents éléments. *Avec ces trois couleurs il y a plusieurs combinaisons possibles. Les voleurs ont trouvé la combinaison du coffre* (= la suite de chiffres ou de lettres qui permet de l'ouvrir).

2 combinaison **n.f.** ❶ Sous-vêtement féminin maintenu par des bretelles aux épaules. ❷ Vêtement de sport, de travail, etc., d'une seule pièce, qui protège tout le corps. *Une combinaison de plongée, de mécanicien.*

combinard, e **adj.** et **n.** (Familier) Qui est astucieux et aime les combines.

combine **n.f.** (Familier) Moyen ingénieux, mais quelquefois malhonnête, d'obtenir quelque chose. *J'ai une combine pour aller à la piscine sans payer.* SYN. astuce.

HISTOIRE DU MOT Ce mot est l'abréviation de *combinaison.*

combiné **n.m.** Partie d'un téléphone fixe qui associe un microphone pour parler et un écouteur pour entendre. *Décrocher le combiné.*

combiner **v.** (CONJUG. **3**). ❶ Réunir plusieurs choses en les arrangeant ensemble d'une certaine manière. *Connaître l'art de combiner les couleurs.* SYN. arranger, associer. ❷ Organiser dans une intention précise. *Nous avons combiné nos vacances de manière à pouvoir être dans le Midi en même temps que vous.* SYN. arranger.

HISTOIRE DU MOT Vient du latin *combinare* qui signifie « unir deux choses, les mettre ensemble » ; de *cum*, qui signifie « avec », et *bini*, qui signifie « deux par deux ».

1 comble **n.m.** ❶ (Souvent au plur.) Partie d'une maison qui se situe sous les toits. *Aménager les combles d'une maison.* ❷ Le degré le plus élevé d'un sentiment, d'une situation. *Le comble du bonheur.* SYN. apogée, summum. ❸ Ce qu'il y a de plus fort, de plus incroyable dans une situation. *Ça, c'est le comble !* SYN. le bouquet. • **De fond en comble :** entièrement, sans rien oublier. *La police a fouillé la maison de fond en comble.*

2 comble **adj.** *Une salle comble* est remplie de monde. *La salle est comble, c'est le succès !* SYN. bondé, bourré.

combler **v.** (CONJUG. **3**). ❶ Remplir un trou, un vide. *Combler un fossé.* SYN. boucher, remblayer. ❷ Réaliser les souhaits d'une personne, la satisfaire totalement en lui apportant ce qu'elle souhaite. *Merci beaucoup pour tous ces cadeaux, vraiment, vous me comblez !*

combustible **adj.** Qui est capable de brûler. *L'anthracite est combustible.* CONTR. incombustible. ◆ **n.m.** Matière qu'on fait brûler pour en tirer de la chaleur, de l'énergie. *Le butane est un combustible gazeux.*

combustion **n.f.** Le fait de brûler, de se consumer. *La combustion du bois produit des cendres et dégage de la fumée.*

comédie **n.f.** ❶ Pièce de théâtre ou film comiques qui montrent le ridicule de certains traits de caractère, de certaines situations. *« La Mégère apprivoisée » est une comédie de Shakespeare.* ❷ Comportement qui n'est pas sincère. *Cesse de jouer la comédie !* • **Comédie musicale :** spectacle, film où des scènes sont chantées et dansées. *« Un Américain à Paris » est une célèbre comédie musicale.*

comédien, enne **n.** ❶ Personne qui joue un rôle dans une pièce de théâtre ou dans un film. *Gérard Depardieu est un grand comédien.* SYN. acteur. ❷ Nom que l'on donne, pour s'en moquer, à une personne qui fait semblant d'éprouver des sentiments ou qui les manifeste d'une façon excessive. *Si on l'écoutait, il nous ferait pleurer sur son sort, quel comédien !*

comestible **adj.** Que l'on peut manger. *Certains champignons ne sont pas comestibles.*

HISTOIRE DU MOT Vient du latin *comedere*, manger.

comète **n.f.** Astre formé d'un noyau solide rocheux et glacé, qui, au voisinage du Soleil, éjecte une atmosphère ténue de gaz et de poussière (la chevelure), s'étirant dans la direction opposée au Soleil en une queue parfois spectaculaire.

HISTOIRE DU MOT Vient du grec *komêtê* qui signifie « astre chevelu ».

ENCYCLOPÉDIE On a recensé environ 1 500 apparitions de comètes depuis l'Antiquité, mais les astronomes pensent qu'il y en a des milliards aux confins du Système solaire. La célèbre *comète de Halley* est passée à proximité de la Terre en 1986 et elle repassera en 2062.

comète

A B C D E F G H I J K L M N O P Q R S T U V W X Y Z

comices **n.m.plur.** Dans l'Antiquité, assemblée des citoyens romains, réunis selon leur richesse ou leur quartier.

comique **adj.** Qui fait rire. *Elle a raconté son aventure de façon si comique que nous ne pouvions nous empêcher de rire.* SYN. amusant, cocasse, drôle. CONTR. sérieux. ◆ **n.** ❶ Artiste spécialisé dans les rôles comiques. *Charlie Chaplin était un célèbre comique.* ❷ Personne qui fait rire par son comportement. *Totoche, c'est le comique de la classe !*

comité **n.m.** Groupe de personnes chargé d'une mission particulière. *Le comité des fêtes doit préparer la réception du ministre.* • **En petit comité :** avec très peu de personnes. *Nous avons dîné en petit comité.*

commandant, e **n.** ❶ Grade d'officier au-dessus du capitaine et au-dessous du lieutenant-colonel. ❷ Officier qui commande un navire de guerre. • **Commandant de bord :** personne qui commande à bord d'un avion de ligne.

commande **n.f.** ❶ Le fait de commander un article, un produit ou une consommation. *Remplir un bon de commande. Le serveur est passé prendre notre commande. Je n'ai pas encore reçu ma commande* (= ce que j'ai commandé). ❷ Mécanisme qui fait fonctionner un véhicule, un avion, une machine. *Le pilote se met aux commandes de son avion.*

commandement **n.m.** ❶ Le fait de commander, d'avoir autorité sur un groupe et de donner les ordres. *Exercer le commandement d'une armée.* ❷ L'ordre donné. *À mon commandement... partez !* ❸ Loi, précepte que l'on doit suivre. *« Tu ne tueras point » est l'un des dix commandements transmis par Moïse aux Hébreux.*

commander **v.** (CONJUG. 3). ❶ Avoir autorité sur un groupe, être le chef et donner les ordres. *Commander une armée. Qui commande ici ?* ❷ Passer un ordre d'achat ; demander la fourniture d'un produit, d'un article, d'une consommation, etc. *J'ai commandé un gâteau pour ton anniversaire.* ❸ Enclencher le mécanisme qui va mettre en marche un système, un appareil. *Ce bouton commande la fermeture automatique des portières.*

commanditer **v.** (CONJUG. 3). Fournir des fonds pour aider à la réalisation de quelque chose. *Commanditer une expédition.* SYN. sponsoriser.

commando **n.m.** Petit groupe de soldats ou d'hommes armés chargé de mener à bien des missions périlleuses. *Un commando de parachutistes.*

comme **adv.** et **conj.** ❶ Introduit une comparaison. *Elle est comme sa sœur. Il était rouge comme un coq.* ❷ Introduit un exemple. *Certaines fleurs, comme le gardénia et la jacinthe, sont très parfumées* (= telles que). ❸ Indique la simultanéité, la cause ou la manière. *Juste comme nous sortions, il s'est mis à pleuvoir* (= au moment où). *Comme le temps est mauvais, je reste à la maison* (= puisque). *Je vous raconte les faits comme ils se sont passés* (= ainsi que). ❹ Indique un haut degré. *Comme il fait beau aujourd'hui !* • **Comme ci, comme ça :** ni bien ni mal. • **Comme il faut :** de manière convenable. *Se tenir comme il faut.* SYN. correctement. • **Comme tout :** extrêmement. *C'est gentil comme tout* (= c'est très gentil).

commedia dell'arte **n.f.** Type de comédie d'origine italienne, dans laquelle les acteurs improvisent à partir d'un scénario et de rôles traditionnels. *Arlequin, Scapin, Pantalon, Scaramouche sont des personnages de la commedia dell'arte.*
▸ REM. C'est une expression italienne, il y a deux *m* à *commedia*.

personnages de la **commedia dell'arte** (tableau de Claude Gillot, 1717)

commémoratif, ive **adj.** Qui rappelle le souvenir d'un événement, d'une personne. *Un monument commémoratif. Une plaque commémorative.*

commémoration **n.f.** Cérémonie destinée à rappeler un événement important. *La commémoration de la Révolution française.*

commémorer **v.** (CONJUG. 3). Célébrer par des cérémonies le souvenir d'un événement.

commencement **n.m.** Moment ou endroit où quelque chose commence. *Au commencement, le film est un peu lent.* SYN. début. CONTR. fin. *Sa maison est juste au commencement de la rue.*

commencer **commençant, commencé v.** (CONJUG. 4). ❶ Être à son début ; avoir comme début. *Taisez-vous, le film commence ! Le printemps commence le 21 mars. Le repas commence par des huîtres.* CONTR. finir, se terminer. ❷ Se mettre à faire quelque chose. *Il faut commencer ton travail à présent.* CONTR. achever. *Lise commence à marcher. Gilles commence le piano* (= il débute).

comment **adv.** ❶ Dans une interrogation, sert à poser une question sur la manière ou le moyen. *Comment vous sentez-vous aujourd'hui ? Je ne sais pas comment faire. « Comment comptez-vous aller là-bas ? En voiture ou en train ? »* ❷ Dans une exclamation, sert à exprimer l'étonnement, la surprise ou l'indignation. *Comment ! Vous n'avez pas encore compris !*

commentaire **n.m.** ❶ Explication et analyse d'un événement, d'un texte, etc. *Notre professeur de français a fait le commentaire d'un poème de Victor Hugo.* ❷ (Souvent au plur.) Interprétation plutôt malveillante des paroles ou de l'attitude d'une personne. *Après son départ, les commentaires allèrent bon train.* • **Sans commentaire :** expression que l'on emploie pour dire que la situation est assez claire et qu'il n'est pas utile de la commenter.

commentateur, trice **n.** Journaliste qui commente l'actualité à la télévision ou à la radio. *Un commentateur sportif.*

commenter **v.** (CONJUG. **3**). Expliquer et interpréter un texte ou un événement. *Les journalistes ont longuement commenté l'intervention du Président.*

commérage **n.m.** (Familier) Ensemble de commentaires malveillants sur une personne. *Ne crois pas ce qu'il raconte, ce ne sont que des commérages !* SYN. racontar, ragot.

HISTOIRE DU MOT Vient de *commère.*

commerçant, e **n.** Personne dont la profession est de faire du commerce. *Les boulangers, les bouchers, les épiciers, les fleuristes, etc., sont des commerçants.* ◆ **adj.** ❶ Où il y a de nombreux magasins, où le commerce est très actif. *Nous habitons une rue très commerçante.* ❷ Qui sait vendre, qui a un grand sens du commerce. *Notre libraire est très commerçant.*

commerce **n.m.** ❶ Activité qui consiste à acheter des marchandises, des produits pour les revendre. *Mon oncle travaille dans le commerce. Le commerce extérieur* (= avec les pays étrangers). ❷ Endroit où l'on vend des produits, des articles ; boutique. *Elle tient un commerce près du centre.* SYN. magasin.

commercer **commerçant, commercé v.** (CONJUG. **4**). Faire du commerce. *La France commerce avec de nombreux pays.*

commercial, ale, aux **adj.** ❶ Qui concerne le commerce, où l'on fait du commerce. *L'activité commerciale d'une ville. Il y a toutes sortes de magasins dans un centre commercial.* ❷ Qui se vend bien, qui est fait pour plaire au plus large public possible. *Un livre, un film très commercial.*

commercialiser **v.** (CONJUG. **3**). Mettre un produit sur le marché, le diffuser dans les circuits de vente. *Son invention sera commercialisée par une grande entreprise.*

commère **n.f.** Personne curieuse et bavarde, qui colporte les nouvelles de façon souvent malveillante.

commettre **commettant, commis v.** (CONJUG. **51**). Faire quelque chose de mal, de mauvais, etc. *Un vol a été commis à la bijouterie. L'erreur qu'il a commise lui a été fatale.*

commis **n.m.** Employé dans un bureau ou dans un magasin. *Le boucher a engagé un commis.*

commisération **n.f.** Sentiment de pitié que l'on éprouve pour une personne qui est dans le malheur, dans la misère. SYN. compassion.
▸ REM. Ce mot appartient à la langue soutenue.

commissaire **n.** ❶ En France, fonctionnaire de la police nationale qui veille au maintien de l'ordre et à la sécurité des citoyens et qui a sous ses ordres des inspecteurs et des agents de police. ❷ Personne officiellement chargée de vérifier le bon déroulement d'une épreuve sportive, l'exactitude de certains comptes, etc.

commissaire-priseur **n.m.** (PLUR. : **commissaires-priseurs**). Personne qui a la charge d'estimer le prix des objets d'art, de meubles, etc., et de procéder à leur vente aux enchères.
▸ REM. Au Canada, on dit *encanteur, encanteuse.*

commissariat **n.m.** Bâtiment où sont installés le commissaire de police et ses services.

commission **n.f.** ❶ Message que l'on doit transmettre de la part d'une personne, acte que l'on fait pour quelqu'un. *J'ai vu Luc hier, il m'a chargée d'une commission pour vous.* ❷ Groupe de personnes désignées temporairement pour étudier une question particulière. *Une commission d'enquête.* ❸ Pourcentage sur une vente que l'on donne à la personne qui a permis de conclure l'affaire. *Toucher une commission.* ◆ **commissions** **n.f.plur.** Achats réguliers que l'on fait pour la maison, la nourriture et l'entretien. *As-tu fait les commissions ?* SYN. courses.

commissure **n.f.** *La commissure des lèvres*, c'est l'endroit où elles se rejoignent, de chaque côté de la bouche.

1 commode **adj.** ❶ Facile à utiliser, maniable, bien adapté à son emploi. *Son agenda est très commode.* SYN. pratique. ❷ Facile à faire. *C'est très commode d'aller chez lui, il habite à côté !* CONTR. compliqué. ❸ *Une personne qui n'est pas commode* a un caractère difficile, elle est peu aimable. *Thomas n'est vraiment pas commode, quel ours !*

2 commode **n.f.** Meuble bas à tiroirs dans lequel on range du linge.

commodité **n.f.** • **Pour plus de commodité :** pour que ce soit plus facile ou plus confortable. *Pour plus de commodité, nous avons placé le lave-linge dans la cuisine.* ◆ **commodités** **n.f.plur.** Ce qui rend la vie plus confortable. *Son appartement est pourvu de toutes les commodités : salle de bains, toilettes, chauffage central, etc.*

commotion **n.f.** Violent ébranlement physique, sans blessures apparentes, causé par un choc. *Une commotion cérébrale lui a fait perdre l'usage de la parole pendant plusieurs semaines.*

commotionné, e **adj.** Qui a subi une commotion. *Par chance, Pierre n'a pas été blessé, mais il a été fortement commotionné.*

1 commun, e **adj.** ❶ Qui est partagé par plusieurs personnes, qui appartient à un groupe. *Le français* *est une langue commune à tous les francophones. Nous avons une cousine commune. Je n'ai rien de commun avec lui* (= je ne lui ressemble en aucune façon). ❷ Qui se trouve un peu partout, qui est habituel, ordinaire. *Le chêne est un arbre commun dans les forêts d'Europe.* SYN. courant, répandu. CONTR. rare. *Il est assez commun d'avoir le trac avant un examen.* SYN. banal, habituel.

2 commun n.m. • **En commun :** ensemble ; à la disposition de tous les membres d'un groupe. *Faire un travail en commun. Mettre son argent en commun.* • **Hors du commun :** qui n'est pas ordinaire. *Une femme hors du commun.* SYN. exceptionnel. • **Le commun des mortels :** à peu près tout le monde. ◆ **communs n.m.plur.** Bâtiments d'une propriété où se trouvent les écuries, les cuisines, etc.

communal, ale, aux adj. Qui concerne une commune et ses habitants. *L'école communale. Les élections communales.* SYN. municipal.

communautaire adj. De la communauté, qui se fait en communauté. *Les religieux ont une vie communautaire.*

communauté n.f. ❶ La totalité, l'ensemble des personnes, par opposition à l'*individu*. *Il a agi dans l'intérêt de la communauté, sans penser à son intérêt personnel* (= dans l'intérêt de tous). SYN. collectivité. ❷ Ensemble de personnes qui ont une même origine, une même langue, une même religion, etc. ❸ Groupe de personnes qui vivent ensemble en obéissant aux mêmes règles de vie. *Les moines vivent en communauté.*

commune n.f. Division administrative du territoire français dirigée par un maire assisté d'un conseil municipal. *Le hameau où il habitait faisait partie d'une commune de 2 000 habitants.*

communément adv. Selon l'usage le plus commun, le plus répandu. *C'était une idée communément admise avant Galilée que le Soleil tournait autour de la Terre.* SYN. couramment, généralement.

communiant, e n. Personne qui communie ou qui fait sa première communion. *Chez les catholiques, le communiant reçoit l'hostie, tandis que les communiants protestants prennent le pain et le vin.*

communicant, e adj. *Des pièces communicantes* communiquent entre elles par une porte. • **Vases communicants :** vases en partie remplis d'eau, reliés par un tube qui fait que l'eau circule de l'un à l'autre et que son niveau reste le même dans les deux vases.
▸ REM. Ne pas confondre avec *communiquant*, participe présent de *communiquer*.

communicatif, ive adj. ❶ Qui gagne facilement les autres personnes, qui se transmet, se communique. *Elle a un rire communicatif, quand elle rit, tout le monde rit.* SYN. contagieux. ❷ Qui fait volontiers part de ses sentiments, de ses pensées à tout le monde.

communication n.f. ❶ Le fait de communiquer. *Quand on ne parle pas la langue d'un pays, la communication est difficile.* ❷ Exposé, discours dans lesquels des informations sont données. *Le Président a fait une communication à la presse.* ❸ Liaison et conversation par téléphone. *Quel est le prix de la communication téléphonique pour Montréal ?* ❹ Liaison, possibilité de passage d'un endroit à l'autre. *Le train, le bateau sont des moyens de communication ; les routes, les voies ferrées sont des voies de communication.*

appareils de communication

communier v. (CONJUG. 7). ❶ Chez les chrétiens, recevoir la communion. ❷ Être en parfait accord d'idées ou de sentiments avec d'autres.

communion n.f. Chez les catholiques, réception du sacrement de l'eucharistie ; profession de foi.

communiqué n.m. Information officielle donnée au public par l'intermédiaire des médias.

communiquer v. (CONJUG. 3). ❶ Être en relation avec quelqu'un, échanger des idées, des informations. *C'est un enfant solitaire qui a du mal à communiquer avec les autres.* ❷ Comporter un passage qui donne accès quelque part. *Ces deux pièces communiquent par une porte.* ❸ Transmettre quelque chose. *Le soleil nous communique sa chaleur.* ❹ Donner une information. *On nous communique que la directrice sera absente demain* (= fait savoir).

communisme n.m. ❶ Doctrine qui prône une organisation de la société dans laquelle tous les moyens de production (usines, terres, commerces, etc.) seraient mis en commun et où les biens de consommation seraient répartis selon les besoins de chacun. ❷ Système politique établi à partir de cette doctrine dans certains pays, organisé autour d'un pouvoir central fort et dans lequel tous les biens appartiennent à l'État.

communiste adj. et **n.** Qui a le communisme comme doctrine ou comme système politique.

commutateur n.m. Appareil, système qui permet d'établir ou d'interrompre le passage du courant électrique.

compact, e adj. ❶ Dont les éléments sont très rapprochés. *Une foule compacte entourait l'automobiliste.* SYN. dense. CONTR. clairsemé. *Une pâte compacte* (= épaisse). ❷ Qui prend peu de place. *Un appareil photo compact.* • **Disque compact :** disque dont les sons sont enregistrés sous forme numérique et qui est lu par un lecteur laser.

disques compacts

compagne n.f. → **compagnon**

compagnie n.f. ❶ Le fait d'être là, présent auprès de quelqu'un. *J'ai voyagé en compagnie de ton professeur* (= avec lui). *Me tiendrez-vous compagnie ce soir ?* (= resterez-vous avec moi ?). ❷ Nom donné à certains groupes de personnes qui ont une activité commune ; nom donné à certaines sociétés. *Une compagnie théâtrale. Une compagnie de parachutistes. Une compagnie d'assurances.* • **Fausser compagnie à quelqu'un :** quitter brusquement quelqu'un, s'éclipser. *Marie nous a faussé compagnie à l'entracte.*

1 **compagnon** n.m., **compagne** n.f. Personne qui vit, travaille ou voyage en compagnie de quelqu'un. *Un compagnon de route. Philippe nous a présenté sa compagne* (= la femme avec qui il vit).

HISTOIRE DU MOT Vient du latin *companio*, de *cum*, qui signifie « avec », et *panis*, qui signifie « pain ». Un *compagnon* était celui avec qui on partageait son pain.

2 **compagnon** n.m. Dans certains métiers, ouvrier qui a fini son apprentissage et travaille chez un artisan. *Un compagnon ébéniste, pâtissier, charpentier.* ▸ REM. Au Canada, la forme féminine de ce mot est *compagne*.

comparable adj. Qui est peu différent. *Leurs résultats en classe sont tout à fait comparables, on ne peut pas dire que l'un est meilleur que l'autre.* SYN. analogue, voisin. *Ces deux étoffes sont de qualité comparable* (= de même qualité).

comparaison n.f. ❶ L'action de comparer deux ou plusieurs choses, deux ou plusieurs personnes. *Goûtez ces deux fromages et faites la comparaison, vous me direz lequel est le meilleur.* ❷ Tournure qui consiste à comparer une chose à une autre pour mieux se faire comprendre. *« Ses yeux brillaient comme des étoiles » est une comparaison.*

comparaître, ✎ ***comparaitre*** **comparaissant, comparu** v. (CONJUG. 73). Se présenter devant une autorité, un conseil, un tribunal après en avoir reçu l'ordre. *Comparaître devant le conseil de discipline. Comparaître en justice comme accusé ou comme témoin.*

comparatif n.m. En grammaire, emploi de l'adjectif ou de l'adverbe avec *plus*, *moins* ou *aussi* dans une comparaison, pour indiquer la supériorité, l'infériorité ou l'égalité. *« Il est plus gentil que toi » est un comparatif de supériorité.* → VOIR AUSSI **superlatif.**

comparer v. (CONJUG. 3). ❶ Examiner plusieurs choses, plusieurs personnes pour faire apparaître leurs ressemblances et leurs différences. *Les experts ont comparé le tableau original et la copie.* ❷ Établir un rapprochement entre deux choses ou deux personnes pour mieux faire comprendre ce que l'on veut dire. *Les poètes comparent la jeune fille à une rose pour dire que la jeunesse est courte.* ❸ Placer au même niveau qu'une personne ou qu'une chose. *Petit, il était tellement doué pour le piano qu'on le comparait à Mozart.*

comparse n. Personne associée à une autre dans une affaire douteuse ou malhonnête. *Le voleur a été arrêté avec ses comparses.* SYN. acolyte, complice.

compartiment n.m. ❶ Chacune des parties d'une voiture de chemin de fer. *La famille occupait tout le compartiment.* ❷ Division d'un meuble, d'un objet. *Un tiroir à compartiments.* SYN. case.

HISTOIRE DU MOT Vient de l'italien *compartire* qui signifie « partager ».

comparution n.f. Le fait de comparaître en justice. *Demander la comparution d'un témoin.*

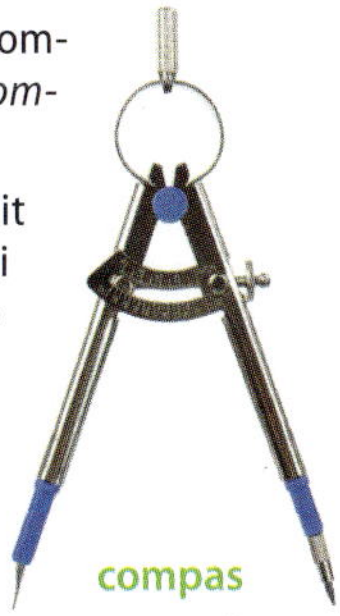
compas

compas n.m. ❶ Instrument fait de deux branches articulées, qui sert à tracer des cercles ou à relever des longueurs. ❷ Nom donné à la boussole dont se servent les marins et les aviateurs.

compassé, e adj. *Avoir un air compassé*, c'est paraître exagérément digne et raide, sans spontanéité. SYN. affecté, guindé. CONTR. naturel.

compassion n.f. Sentiment de celui qui compatit aux souffrances des autres ; pitié mêlée de sympathie qu'il éprouve envers eux. *Il était plein de compassion pour ces pauvres gens qu'il souhaitait aider.* ▸ REM. Ce mot appartient à la langue soutenue.

compatible adj. Qui peut aller avec autre chose, qui peut exister en même temps. *Le métier de reporter n'est pas toujours compatible avec la vie de famille !* SYN. conciliable. CONTR. incompatible, inconciliable.

compatir **compatissant, compati** v. (CONJUG. 16). Partager les souffrances d'une autre personne, avoir de la compassion pour elle. *Elle compatissait à la peine de son amie.*

HISTOIRE DU MOT Vient d'un mot latin qui signifie « souffrir avec ».

compatissant, e adj. Qui fait preuve de compassion, de pitié bienveillante. *La famille regardait le malade d'un air compatissant.*

compatriote n. Personne originaire du même pays, de la même patrie qu'une autre. *Rencontrer des compatriotes à l'étranger.*

compensation n.f. Le fait de compenser une perte, un inconvénient ; ce qui est pris ou donné pour les compenser. *Les villageois ont reçu de l'argent en compensation des dégâts subis par l'inondation.*

compenser v. (CONJUG. 3). Contrebalancer un inconvénient par un avantage. *Je n'ai pas pu aller au cinéma avec toi hier, pour compenser je t'emmènerai au théâtre samedi !*

compère n.m. Complice dans une supercherie ou une escroquerie. *À peine eurent-ils entendu la police que les deux compères détalèrent sans demander leur reste.* SYN. comparse.

a b c d e f g h i j k l m n o p q r s t u v w x y z

A B C D E F G H I J K L M N O P Q R S T U V W X Y Z

compétence **n.f.** ❶ Savoir-faire d'une personne dans un domaine quelconque. *Tout le monde reconnaît sa compétence dans ce domaine scientifique.* ❷ Étendue du pouvoir d'un fonctionnaire, d'un tribunal, etc. *L'affaire relève de la compétence du juge d'instruction.*

compétent, e **adj.** Qui a des connaissances, du savoir-faire et de l'expérience dans un domaine quelconque. *Un chirurgien compétent.* CONTR. incompétent. *J'apprécie la peinture mais je ne suis guère compétente en la matière.* SYN. connaisseur, expert.

compétitif, ive **adj.** Qui est capable de supporter la concurrence. *Un produit compétitif sur le marché international. Notre magasin propose des ordinateurs à des prix très compétitifs.*

compétition **n.f.** ❶ Épreuve sportive où se rencontrent plusieurs équipes ou concurrents. *Participer à une compétition de saut en hauteur.* ❷ Rivalité entre deux personnes, deux groupes qui cherchent à obtenir la même chose. *Les deux entreprises sont en compétition pour obtenir le marché italien.*

compilation **n.f.** ❶ Ouvrage réalisé en rassemblant des textes ou des idées empruntés à divers auteurs. ❷ Disque ou cassette qui présente un choix de grands succès.

compiler **v.** (CONJUG. **3**). Faire une compilation.

complainte **n.f.** Chanson populaire sur un sujet triste.

se **complaire** **complaisant, complu v.pron.** (CONJUG. **71**). Prendre plaisir à rester dans une situation que d'ordinaire on trouve désagréable ou triste. *Tu te complais dans ton chagrin.*

complaisance **n.f.** ❶ Qualité d'une personne complaisante ; désir qu'elle a de rendre service. *C'est un homme d'une grande complaisance.* SYN. amabilité. ❷ Sentiment de satisfaction que l'on a envers soi-même. *Il parlait de son propre courage avec complaisance.*

complaisant, e **adj.** Qui aime à faire plaisir, à être agréable aux autres. *Ma voisine est quelqu'un de très complaisant, elle rend service à tout le monde.* SYN. aimable, prévenant, serviable.

complément **n.m.** ❶ Ce qu'il faut ajouter à une chose pour la rendre complète. *Il ne reste pas grand-chose à payer, vous me donnerez le complément quand vous pourrez.* SYN. reste. ❷ En grammaire, mot ou groupe de mots qui, dans une phrase, complètent le sens d'un autre mot. → VOIR encadré ci-contre.

complémentaire **adj.** ❶ Qui vient s'ajouter à ce que l'on avait déjà et le complète. *J'aurais besoin de renseignements complémentaires.* ❷ *Des angles complémentaires* ont leur somme égale à 90°.

1 complet, ète **adj.** ❶ Auquel il ne manque rien. *Le jeu de cartes est complet.* CONTR. incomplet. *Un aliment complet contient en quantité suffisante tout ce dont l'organisme a besoin.* ❷ Où il n'y a plus de place. *L'hôtel était complet, plus une chambre à louer !* ❸ Total, absolu. *Je suis dans la plus complète ignorance de ce qui a pu leur arriver.* • **Au complet** ou **au grand complet** : dans sa totalité, sans que rien ni personne ne manque. *La famille s'est réunie au grand complet ce dimanche.*

2 complet **n.m.** Costume d'homme composé d'une veste, d'un pantalon et souvent d'un gilet, de la même étoffe.

complètement **adv.** Tout à fait ; entièrement. *Il est complètement fou. L'île a été complètement ravagée par le cyclone.*

compléter **v.** (CONJUG. **9**, ✎ *10*). Rendre complet en ajoutant ce qui manquait. *Pour compléter ma collection, je souhaiterais avoir le numéro 1 de votre journal.* ◆ **se compléter** **v.pron.** Former, en s'associant, un tout. *L'un a de l'imagination, l'autre a l'esprit pratique, leurs caractères se complètent admirablement.*

1 complexe **adj.** Qui est fait d'éléments multiples, qui est difficile, compliqué. *Un problème complexe.* CONTR. simple.

2 complexe **n.m.** Ensemble d'installations, de bâtiments groupés pour un usage commun. *Un complexe sidérurgique est un ensemble d'usines de traitement du fer.*

3 complexe **n.m.** • **Avoir des complexes** : éprouver un sentiment d'infériorité face aux autres, manquer de confiance en soi.

complexé, e **adj.** et **n.** Qui a des complexes. *Il est complexé parce qu'il a les oreilles décollées.*

complexité **n.f.** Caractère de ce qui est complexe, difficile. *La complexité de ce problème est épouvantable.* SYN. difficulté.

complication **n.f.** ❶ Le caractère compliqué de quelque chose. *Ton histoire est d'une complication inutile.* SYN. complexité. CONTR. simplicité. ❷ Élément nouveau qui vient compliquer une situation, augmenter une difficulté ou aggraver une maladie. *Nous pensions en avoir fini avec cette affaire mais il y a eu des complications.*

complice **adj.** et **n.** Qui participe avec un autre à une mauvaise action, à un délit ou à un crime. *Être complice d'un meurtre. La police pense que le voleur avait des complices dans la banque.* ◆ **adj.** Qui manifeste une entente secrète. *Un regard complice* (= de connivence).

complicité **n.f.** ❶ Fait d'être complice d'une mauvaise action. *Le jeune homme a été accusé de complicité de meurtre.* ❷ Entente profonde entre deux personnes qui découle d'une parfaite connaissance mutuelle. *Elles riaient des mêmes choses, il y avait une complicité étonnante entre elles.* SYN. connivence.

compliment **n.m.** ❶ Paroles agréables, élogieuses que l'on dit à quelqu'un pour le féliciter. *Le professeur a fait des compliments à Marc, il lui a dit que sa rédaction était excellente.* ❷ Petit discours en l'honneur de quelqu'un.

Les **compléments**

Le **complément** est une fonction du **nom**, du **verbe à l'infinitif** ou d'une **proposition**. Il existe différents types de compléments : complément de l'adjectif, du nom et du verbe.

Complément de l'adjectif

Il est fier *de son fils*. **Je suis contente *de partir*.**
Sois gentille *avec lui*. **Je suis ravi *que tu viennes*.**

Complément du nom

Un stylo *à encre*. **Le livre *de Jean*.**
L'idée *de partir*.

Complément du verbe

- **Les compléments d'objet**

➤ **Le complément d'objet direct (C.O.D.)** indique sur qui ou sur quoi porte l'action exprimée par le verbe et se construit **sans préposition** :

Elle mange *une pomme*. **Je veux *que tu viennes*.**
Tu peux *partir*. **J'ai vu *Aline*.**

Remarque : les verbes qui admettent des C.O.D. sont appelés **verbes transitifs directs**.

➤ **Le complément d'objet indirect (C.O.I.)** indique sur qui ou sur quoi porte l'action exprimée par le verbe et se construit **avec une préposition** :

Je pense *à toi*. **Pense *à prévenir*.**
Je profite *du beau temps*.

Remarque : les verbes qui admettent des C.O.I. sont appelés **verbes transitifs indirects**.

➤ **Le complément d'objet second (C.O.S.)**. Certains verbes admettent deux compléments d'objet, l'un direct, l'autre indirect ; ce deuxième complément est alors appelé complément d'objet second :

Écrire une lettre *à un ami*.

- **Les compléments circonstanciels**

Ils indiquent les circonstances de l'action ou de l'état exprimés par le verbe. On distingue différents types de compléments circonstanciels qui répondent à des questions différentes et s'emploient avec différentes prépositions *(voir tableau ci-dessous)*.

compléments	questions	prépositions	exemples
lieu	où, d'où... ?	*à, de, vers, après, avant, sous, sur…*	**Le livre est *sur* la table.** **Je viens *de* Paris.**
temps	quand ?	*à, durant, pendant, depuis…*	**Elle est partie *pendant* la nuit.** **Nous sommes arrivés *à* l'aube.**
manière	comment ?	*à, de, avec…*	**Il conduit *avec* nervosité.**
cause	pourquoi ?	*à cause de*	**Je ne peux pas partir *à cause de* la pluie.**
but	dans quel but ?	*pour*	**Il faut travailler *pour* vivre.**
moyen	au moyen de quoi ?	*avec, grâce à*	**Couper le pain *avec* un couteau.**
condition	à quelle condition ?	*avec, en cas de*	***Avec* un peu de chance, cela réussira.**
concession	malgré quoi ?	*malgré*	***Malgré* la pluie, nous sommes là.**

Ces compléments sont soit des **constituants du groupe du verbe**, soit des **compléments de la phrase**.

complimenter v. (CONJUG. 3). Adresser un compliment, des compliments à quelqu'un. *Sa mère l'a complimenté pour son succès.* SYN. féliciter.

compliqué, e adj. ❶ Qui est fait d'éléments multiples. *Le mécanisme d'un automate est très compliqué.* SYN. complexe. ❷ Qui est difficile à comprendre ou à faire. *Le problème est trop compliqué.* SYN. ardu. CONTR. facile, simple. ❸ Qui use de détours et ne va pas droit au but. *Il est vraiment très compliqué, rien n'est simple avec lui !*

compliquer v. (CONJUG. 3). Rendre difficile, confus. *Voilà qui complique la situation.* CONTR. clarifier, simplifier. ◆ **se compliquer** v.pron. ❶ Devenir difficile, obscur, confus. *L'affaire se complique.* ❷ Pour une maladie, devenir plus grave.

complot n.m. Projet secret, mis au point par plusieurs personnes, contre une personne ou un groupe. *Le complot a pu être déjoué à temps.*

comploter v. (CONJUG. 3). ❶ Préparer en secret une action, un complot contre une personne ou un groupe. *Des opposants au régime complotaient contre la reine.* SYN. conspirer. ❷ Faire supposer par son attitude que l'on prépare un mauvais tour. *Qu'est-ce que vous complotez derrière mon dos ?* SYN. manigancer.

comportement n.m. Manière de se conduire, de se comporter. *Vous répondez avec insolence, votre comportement est inadmissible.* SYN. conduite.

1 **comporter** v. (CONJUG. 3). Avoir, contenir telle ou telle chose. *La maison comporte des dépendances importantes.* SYN. comprendre. *Le problème comporte plusieurs difficultés.*

A B C D E F G H I J K L M N O P Q R S T U V W X Y Z

2 se comporter **v.pron.** (CONJUG. 3). Se conduire d'une certaine manière. *Augustin s'est toujours comporté en ami avec moi* (= il a toujours agi en ami).

composant **n.m.** Élément chimique ou constituant d'une machine, d'un circuit électrique ou électronique. *Les composants du sang. Les composants électroniques d'un ordinateur.*

composé, e **adj.** Qui est formé de plusieurs éléments. *Un mot composé est formé de plusieurs mots. « Arc-en-ciel » est un mot composé.* ◆ **composé** **n.m.** Substance formée de plusieurs éléments, par opposition à un *corps simple. Un composé chimique.*

composer **v.** (CONJUG. 3). ❶ Réaliser quelque chose en assemblant plusieurs éléments. *Composer un bouquet.* ❷ Constituer un ensemble, entrer dans sa composition. *Ces quelques meubles composent tout mon bien.* ❸ Écrire de la musique. *Composer une chanson.* ❹ *Composer un numéro de téléphone, un code,* c'est en faire successivement tous les chiffres et les lettres sur un cadran, un clavier. ◆ **se composer** **v.pron.** Comporter, avoir dans sa composition. *L'appartement se compose de deux pièces et d'une cuisine.*

composite **adj.** Qui est formé d'éléments très différents, qui est hétéroclite.

compositeur, trice **n.** Personne qui compose de la musique. *J.-S. Bach est un grand compositeur allemand.*

composition **n.f.** ❶ L'arrangement de divers éléments pour faire un tout. *La composition d'un bouquet de fleurs demande de l'habileté, de la patience et du goût.* ❷ L'ensemble des éléments dont une chose est composée. *Quelle est la composition de ce médicament ?* ❸ Exercice écrit de contrôle des connaissances des élèves. *Une composition d'anglais, d'histoire.* ❹ Œuvre musicale, artistique. *Il a joué une de ses compositions.* • **Être de bonne composition :** être facile à vivre, être accommodant.

compost **n.m.** Engrais fait d'un mélange de déchets, de feuilles mortes, etc., qu'on a laissé fermenter.

compostage **n.m.** L'action de composter un billet.

composter **v.** (CONJUG. 3). Valider un billet de transport en le passant dans un appareil qui y inscrit la date du voyage.

composteur **n.m.** Appareil mis à la disposition des voyageurs, dans les gares ou les autobus, pour valider leurs billets.

compote **n.f.** Dessert fait de fruits cuits avec du sucre et un peu d'eau. *Une compote de pommes.*

compotier **n.m.** Plat creux dans lequel on sert des fruits ou des compotes.

appareil de **compostage**

compréhensible **adj.** Que l'on peut comprendre. *Calme-toi et explique-toi d'une manière compréhensible.* SYN. clair, intelligible. *Qu'on ait envie de se baigner quand il fait chaud, c'est bien compréhensible.* SYN. naturel, normal.
▸ REM. Ne pas confondre avec *compréhensif.*

compréhensif, ive **adj.** Qui a la capacité de comprendre les autres, d'accepter leur point de vue. *Il s'est montré très compréhensif quand je lui ai exposé mon désir de partir.*
▸ REM. Ne pas confondre avec *compréhensible.*

compréhension **n.f.** ❶ Travail de l'intelligence qui cherche à comprendre le sens ou la marche de quelque chose. *Un dessin aide toujours mieux à la compréhension qu'une savante explication.* ❷ Aptitude à comprendre les autres, à faire preuve de sympathie et d'indulgence à leur égard. *Il a montré beaucoup de compréhension à mon égard* (= il s'est montré compréhensif).

1 comprendre **comprenant, compris v.** (CONJUG. 48). ❶ Saisir le sens de quelque chose. *Comprenez-vous l'allemand ? Est-ce que vous comprenez que je ne veux plus vous voir ici ?* ❷ Se représenter les raisons du comportement, des actes de quelqu'un et les accepter ; être d'accord avec quelqu'un. *Je vous comprends, j'aurais fait la même chose à votre place.* SYN. approuver.

2 comprendre **comprenant, compris v.** (CONJUG. 48). Avoir en soi, être formé de, comporter. *L'équipe comprend onze joueurs.*

compresse **n.f.** Morceau de gaze hydrophile stérile que l'on utilise comme pansement ou dans certains soins.

compresseur **adj.m.** • **Rouleau compresseur :** machine qui comporte un très lourd cylindre pour aplanir la chaussée quand on vient de la recouvrir d'une couche de pierres.

compressible **adj.** ❶ Qui peut être comprimé. *Les gaz sont compressibles.* ❷ *Des dépenses compressibles* peuvent être réduites. CONTR. incompressible.

compression **n.f.** L'action de comprimer quelque chose. *La compression de l'air, la compression d'un gaz.*

1 comprimé, e **adj.** • **Air comprimé :** air dont le volume a été diminué par compression, pour en augmenter la pression.

2 comprimé **n.m.** Médicament fait de poudre pressée, comprimée en pastille. *Avaler un comprimé avec un verre d'eau.*

comprimer **v.** (CONJUG. 3). ❶ Serrer en appuyant. *Comprimer une artère pour stopper une hémorragie.* ❷ Réduire le volume de quelque chose par pression. *Comprimer des gaz. Des freins à air comprimé.*

compris, e **adj.** Qui est inclus dans un compte, un total. *Le service est compris. Cela fait 50 euros tout compris* (= en tout). • **Y compris :** et même avec. *La famille est venue au complet, y compris la petite dernière.*
▸ REM. *Y compris* est invariable.

rouleau compresseur

compromettant, e adj. Qui met en danger la réputation de quelqu'un. *Des photos compromettantes.*

compromettre compromettant, compromis v. (CONJUG. 51). ❶ Porter atteinte à la réputation de quelqu'un, l'engager dans une affaire contraire aux lois ou à la morale. *Ses ennemis ont réussi à le compromettre dans un scandale immobilier.* ❷ Mettre en danger quelque chose. *C'est un incident grave, qui compromet la paix.* ◆ **se compromettre** v.pron. S'engager dans une mauvaise affaire qui ne peut que nuire à sa réputation d'honnêteté.

compromis n.m. Accord obtenu grâce aux concessions que chacun accepte de faire. *Parvenir à un compromis.* SYN. arrangement.

compromission n.f. Arrangement conclu par intérêt, qui fait renoncer à une partie de ses principes. *Il a accepté toutes les compromissions pour parvenir au pouvoir.*

comptabiliser v. (CONJUG. 3). Enregistrer une opération dans ses comptes, dans sa comptabilité, ou compter avec précision. *Je n'ai pas comptabilisé toutes les dépenses.*

comptabilité n.f. L'ensemble des comptes, des dépenses et des recettes d'un particulier ou d'une société. *La comptabilité de ce commerçant est parfaitement en règle.*

1 comptable n. Personne qui tient la comptabilité d'une entreprise, d'un commerce, ou qui vérifie les comptes.

2 comptable adj. • **Nom comptable :** nom qui désigne des êtres ou des choses que l'on peut compter. *« Veau » est un nom comptable quand il désigne l'animal (un, deux, trois veaux) et un nom non comptable quand il désigne la viande de cet animal (manger du veau).*

comptage n.m. Action de compter. *Lors d'un recensement de la population, on procède au comptage des habitants.*

comptant adv. • **Payer comptant :** payer la totalité de la somme due immédiatement. *J'ai payé cette table comptant* (= au moment de l'achat). CONTR. à crédit.

compte n.m. ❶ Opération sur des nombres, calcul ; le résultat que l'on a trouvé. *Trois plus deux égale cinq, le compte est bon. Elle fait ses comptes de fin d'année* (= elle calcule les recettes et les dépenses). ❷ Somme d'argent déposée à la banque ou à la poste et qui permet d'effectuer des paiements par chèque, carte bancaire, etc. *Un compte bancaire. Un compte postal. Ouvrir un compte.* ❸ En informatique, espace qui sert à regrouper les données personnelles de l'utilisateur d'un site Web ou d'un système informatique. *Gérer son compte e-mail.* • **Au bout du compte** ou **en fin de compte** ou **tout compte fait :** tout bien réfléchi, après avoir pesé le pour et le contre. SYN. finalement. • **Mettre quelque chose sur le compte de :** attribuer à. *On a mis sa distraction sur le compte de l'émotion.* • **N'avoir de comptes à rendre à personne :** être indépendant, être son propre patron. • **Rendre compte de quelque chose :** informer de, tenir au courant de. • **Se rendre compte de :** s'apercevoir de, réaliser que. • **Sur le compte de quelqu'un :** à son sujet. *J'en ai appris de belles sur son compte !* • **Tenir compte de :** prendre en considération, au moment où l'on doit décider et agir. • **Travailler, être à son compte :** avoir sa propre entreprise, ne pas dépendre d'un patron.
▶ REM. Ne pas confondre avec *conte* et *comte*.

compte-chèques n.m. (PLUR. : **comptes-chèques**). Compte bancaire ou postal qui fonctionne avec un carnet de chèques.

compte-gouttes n.m.invar., ✎ ***compte-goutte*** *n.m.* (PLUR. : *compte-gouttes*). Tube qui permet de doser un liquide en le versant goutte à goutte. • **Au compte-gouttes :** en très petites quantités.

compter v. (CONJUG. 3). ❶ Énumérer les nombres dans l'ordre. *Elle sait compter jusqu'à dix !* ❷ Surveiller ses dépenses, dépenser son argent avec parcimonie. *Elle dépense sans compter* (= sans regarder à la dépense). ❸ Avoir de l'importance, de la valeur. *Chaque minute compte, il n'y a plus un instant à perdre.* ❹ Faire des opérations, calculer un nombre, une quantité. *Il compte les jours en attendant de la revoir. Je compte très bien de tête* (= sans écrire les opérations). ❺ Avoir dans ses projets, avoir l'intention. *Je compte bien vous inviter à mon retour* (= je le souhaite). ❻ Tenir compte de certains éléments. *Les voleurs avaient compté sans la présence du vigile.* ❼ Se composer de ; comporter. *Mon village compte 800 habitants.* • **À compter de :** à partir de. *Le foyer sera ouvert à compter de lundi.* • **Compter sur :** faire confiance à quelqu'un pour qu'il fasse quelque chose. *Si j'ai des ennuis un jour, je crois que je peux compter sur elle.* • **Ses jours sont comptés :** il ne lui reste plus beaucoup de temps à vivre.

HISTOIRE DU MOT Vient du latin *computare* qui a donné aussi le verbe *conter* (énumérer les détails d'un événement). Le français a créé deux orthographes pour distinguer les deux mots.

compte rendu (PLUR. : **comptes rendus**) ou **compte-rendu** (PLUR. : **comptes-rendus**) n.m. Exposé écrit ou oral qui relate un événement, informe du contenu d'un débat, d'un livre, etc. *Il m'a fait le compte rendu de son voyage.* SYN. récit.

compteur n.m. Appareil qui sert à mesurer une vitesse, un débit, etc., ou à enregistrer une consommation. *Le compteur kilométrique d'une voiture.*

comptine **n.f.** Petite chanson que récitent les enfants pour tirer l'un d'eux au sort lors d'un jeu. *« Am, stram, gram - piké, piké kollégram - bourré, bourré rattatam - am, stram, gram » est une vieille comptine germanique qui signifiait : « Une, deux, trois - vole, vole, hanneton - cours, cours, cavalier - une, deux, trois. »*

comptoir **n.m.** ❶ Dans un café, sorte de table haute, longue et étroite sur laquelle sont servies les consommations. *Ils prirent un café au comptoir.* ❷ Longue table sur laquelle les commerçants étalent leurs marchandises. *Maria déploya l'étoffe de soie sur le comptoir pour la présenter au client.*

compulser **v.** (CONJUG. 3). Feuilleter des livres, des documents pour y trouver des renseignements. *Il compulsa toutes sortes d'ouvrages sur la région pour trouver une réponse au mystère du château.* SYN. consulter.

comte **n.m.**, **comtesse** **n.f.** Titre de noblesse qui se situe au-dessous du marquis et au-dessus du vicomte. ▸ REM. Ne pas confondre avec *compte* et *conte*.

HISTOIRE DU MOT Vient du latin *comes* qui signifie « celui qui va avec », le « compagnon » ; le comte était au Moyen Âge un compagnon du roi.

1 **comté** **n.m.** ❶ Fief dont le possesseur avait le titre de comte. *Le comté de Blois.* ❷ Au Canada, aux États-Unis, en Grande-Bretagne, division administrative.

2 **comté** **n.m.** Fromage fabriqué en Franche-Comté.

comtesse **n.f.** → **comte**

concasser **v.** (CONJUG. 3). Réduire en petits morceaux une matière dure. *Concasser des pierres pour refaire la route.* SYN. broyer, écraser.

concave **adj.** Dont la surface est incurvée, creuse. *Quand on se regarde dans un miroir concave, on se voit très grand et filiforme.* CONTR. convexe.

HISTOIRE DU MOT Vient du latin *cavus* qui signifie « creux » et que l'on retrouve dans *cave, caverne, cavité*.

concéder **v.** (CONJUG. 9, ✎ 10). Dire à quelqu'un qu'on admet son point de vue, qu'on reconnaît qu'il a en partie raison. *Je vous concède que Pierre a changé en bien, mais, tout de même, quel caractère !* SYN. accorder.

concentration **n.f.** ❶ Rassemblement en un même lieu de choses ou de personnes. *Étudier le phénomène de la concentration de la population dans les grandes villes.* ❷ Proportion d'une substance dans une autre, en particulier dans l'eau. *Une boisson à forte concentration d'alcool.* ❸ Aptitude d'une personne à porter toute son attention sur quelque chose. *Les sportifs ont besoin de beaucoup de concentration avant l'épreuve.* • **Camp de concentration :** camp dans lequel sont rassemblées des populations, sous l'étroite surveillance de militaires ou de policiers. *Pendant la Seconde Guerre mondiale, les nazis ont déporté dans de nombreux camps de concentration des millions de personnes (Juifs, Tsiganes, communistes, résistants, opposants), et peu en sortirent vivants.*

façade concave

1 **concentré, e** **adj.** ❶ *Une substance concentrée* est rendue plus forte, plus intense, souvent par élimination de l'eau qu'elle contenait. *Un parfum très concentré. Du lait concentré.* ❷ Qui est extrêmement attentif. *Elle avait l'air si concentré qu'on n'osait la déranger.* CONTR. distrait.

2 **concentré** **n.m.** Produit obtenu par élimination de l'eau ou d'autres constituants. *Du concentré de tomate.*

concentrer **v.** (CONJUG. 3). Rassembler au même endroit ; diriger vers un même point. *L'ennemi a concentré des troupes et des chars près de la frontière.* SYN. masser, rassembler. CONTR. éparpiller. ◆ **se concentrer** **v.pron.** ❶ Se rassembler au même endroit. *Les manifestants se sont concentrés aux abords du palais présidentiel.* ❷ Fixer son attention sur un sujet. *Mais taisez-vous donc ! Je ne peux pas me concentrer !*

concentrique **adj.** *Des cercles concentriques* ont le même centre mais pas la même circonférence. *Quand on jette un caillou dans l'eau, à la surface se forment des cercles concentriques.*

concepteur, trice **n.** Personne dont le métier est de trouver des idées, de concevoir la manière de présenter des produits, ou encore d'imaginer des thèmes, des dessins, des textes publicitaires.

conception **n.f.** ❶ Le fait de concevoir, d'élaborer une idée, un projet. *La conception d'un film, d'un roman.* ❷ Manière que l'on a de voir les choses, idée que l'on s'en fait. *Tu as une curieuse conception de la vie !* ❸ Moment où l'enfant est conçu dans l'utérus de la mère, où l'œuf se forme par la rencontre d'un ovule et d'un spermatozoïde.

concernant **prép.** Au sujet de. *Je n'ai rien de particulier à dire concernant votre devoir de français, vous avez bien compris et bien traité le sujet.* SYN. à propos de, quant à.

concerner **v.** (CONJUG. 3). ❶ S'appliquer à quelqu'un ou à quelque chose. *La loi concerne tous les citoyens* (= s'adresse à). ❷ Toucher, intéresser quelqu'un. *Cette histoire me concerne personnellement.* SYN. regarder. • **En ce qui concerne :** pour ce qui est de, quant à. *En ce qui concerne l'argent que vous me devez, cela peut attendre.*

concert **n.m.** ❶ Spectacle où l'on écoute de la musique. *Je vais ce soir au concert écouter du Brahms.* ❷ Ensemble de bruits ou de paroles qui sont émis

A B C D E F G H I J K L M N O P Q R S T U

en même temps. *Un concert de Klaxons. Un concert de lamentations.*

concertation **n.f.** L'action de se concerter. *Ce projet ne pourra pas aboutir sans qu'il y ait concertation entre tous les intervenants.*

se **concerter** **v.pron.** (CONJUG. 3). Se consulter et se mettre d'accord avant de prendre une décision pour agir dans une voie qui convienne à tous. *Les enfants se sont concertés pour choisir le cadeau de leur mère.*

concertiste **n.** Musicien qui donne un concert.

concerto **n.m.** Morceau de musique classique dans lequel un ou plusieurs instruments solistes alternent avec l'orchestre. *Frédéric Chopin a écrit des concertos pour piano et orchestre.*

concession **n.f.** Le fait d'accepter de céder sur certains points pour parvenir à un accord. *Nous ne pourrons jamais nous entendre si tu ne veux pas faire quelques concessions !*

concessionnaire **n.** Commerçant qui a l'exclusivité de la vente d'une marque dans une région donnée. *Le concessionnaire d'une marque de voitures.*

concevable **adj.** Qui peut se concevoir, que l'on peut imaginer. *Son histoire est si extraordinaire qu'elle est à peine concevable.*

concevoir **concevant, conçu v.** (CONJUG. 31). ❶ Comprendre avec son intelligence ; admettre un point de vue. *« Ce que l'on conçoit bien s'énonce clairement, / Et les mots pour le dire arrivent aisément »* (Boileau). *Je conçois que vous ayez été choqué.* SYN. comprendre. ❷ Se représenter quelque chose par la pensée, s'en faire une idée. *Nous ne concevons pas la vie de la même façon.* SYN. envisager, voir. ❸ Créer, élaborer, imaginer quelque chose. *Cet appartement est très bien conçu, l'architecte a pensé à tous les détails de la vie quotidienne.* ❹ *Concevoir un enfant*, c'est accomplir l'acte sexuel par lequel il sera engendré.

concierge **n.** Personne qui a la garde d'un immeuble, d'un édifice. SYN. gardien.

concile **n.m.** Assemblée d'évêques et de religieux présidée par le pape et chargée de régler les questions concernant la foi, la discipline et les mœurs de l'Église catholique.

conciliable **adj.** Qui peut se concilier avec une autre chose. *Les demandes de Margot ne sont pas conciliables avec celles de Thomas.* SYN. compatible. CONTR. incompatible, inconciliable.

conciliabule **n.m.** Conversation plus ou moins secrète, faite à voix basse. *Lise et Loïc ont tenu un conciliabule pendant la récréation.*

conciliant, e **adj.** Avec qui il est facile de s'entendre, qui trouve toujours un arrangement. *Allez le voir, vous trouverez certainement une solution, c'est un homme conciliant.* SYN. accommodant, arrangeant. CONTR. intransigeant.

conciliation **n.f.** Discussion, négociation visant à aboutir à un terrain d'entente, entre des personnes qui s'opposent ; l'accord obtenu. *S'il y a conciliation, il n'y aura pas de procès.* SYN. arrangement, compromis.

concombre

concilier **v.** (CONJUG. 7). Rendre compatibles des éléments qui s'opposent, leur permettre d'exister ensemble. *Il n'est pas toujours facile de concilier l'apprentissage de la musique avec les études.* SYN. allier.

concis, e **adj.** Qui exprime beaucoup de choses en peu de mots. *Sa réponse a été concise.* SYN. laconique.

concision **n.f.** Le fait d'être concis. *Un style d'une grande concision.*

concitoyen, enne **n.** Personne qui est de la même ville ou du même pays qu'une autre. *Le maire s'est adressé à ses concitoyens.*

concluant, e **adj.** *Une expérience concluante* est une expérience dont le résultat confirme ce que l'on attendait.

conclure **concluant, conclu v.** (CONJUG. 58). ❶ Terminer un texte, un discours. *Conclure par quelques mots de remerciement.* ❷ Tirer une conclusion de ce que l'on a observé. *Elle est venue ici sans passer nous voir, j'en conclus qu'elle est fâchée.* SYN. déduire. ❸ *Conclure un accord, une affaire*, c'est parvenir à s'entendre après discussions et négociations. *Les deux pays ont conclu la paix.* SYN. signer. *Tope là, le marché est conclu !*

conclusion **n.f.** ❶ La partie qui termine un texte, un discours, par opposition à l'*introduction*. *En conclusion nous dirons que ce livre est l'un des meilleurs de l'auteur.* ❷ Ce à quoi on arrive, à l'issue d'un raisonnement, d'une observation. *Nos experts vont vous exposer leurs conclusions.* ❸ Le fait de conclure un accord, de régler une affaire. *Se féliciter de la conclusion d'un marché.*

concocter **v.** (CONJUG. 3). (Familier) Préparer avec soin et minutie. *Je vous ai concocté un petit plat à ma façon.*

concombre **n.m.** Plante potagère rampante cultivée pour son fruit allongé que l'on consomme cru ou cuit ; le fruit de cette plante.

concomitant, e **adj.** *Deux événements concomitants* ont lieu en même temps.

concordance **n.f.** Le fait pour deux ou plusieurs éléments de concorder, de correspondre les uns aux autres. *La concordance des témoignages au sujet du meurtre est frappante.* • **Concordance des temps :** en grammaire, règle selon laquelle le temps d'un

A B C D E F G H I J K L M N O P Q R S T U V W X Y Z

verbe d'une subordonnée dépend de celui du verbe de la principale.

concordant, e **adj.** *Deux éléments concordants* vont dans le même sens, concordent. *Des témoignages concordants.* CONTR. divergent.

concordat **n.m.** Accord passé entre le pape et les gouvernements des pays catholiques.

concorde **n.f.** Bonne entente entre des personnes. *Le sage monarque fit régner la concorde et la paix entre ses sujets.* SYN. harmonie, union. CONTR. discorde.
▶ REM. Ce mot appartient à la langue soutenue.

concorder **v.** (CONJUG. 3). Être en accord, aller dans le même sens. *Ce qu'a dit le témoin concorde avec ce que nous savons déjà.* SYN. coïncider.

concourir **concourant, concouru v.** (CONJUG. 21). ❶ Participer à un concours. *Concourir pour le titre de champion du monde.* ❷ Tendre ensemble au même but. *Tout concourt à faire de cette fête un moment délicieux.*

HISTOIRE DU MOT Vient du latin *concurrere* qui signifie « courir ensemble, se rencontrer en un même lieu », que l'on retrouve dans *concurrent.*

concours **n.m.** ❶ Épreuve ou compétition au terme de laquelle seuls les candidats classés dans les premiers obtiennent une place, un titre, une récompense. *Passer le concours d'entrée à une école. Gagner un concours de beauté.* ❷ Le fait de participer à une activité, d'y apporter son aide. *Le gala sera organisé avec le concours des plus grandes vedettes du music-hall.* • **Concours de circonstances :** ensemble d'événements qui contribuent, par hasard, au même résultat. *Par un extraordinaire concours de circonstances, j'ai retrouvé une amie d'enfance lors d'un voyage en Inde* (= coïncidence).

concret, ète **adj.** ❶ Qui désigne quelque chose que l'on peut voir, toucher. *« Oiseau », « fleur », « maison » sont des noms concrets.* CONTR. abstrait. ❷ Qui se rapporte à la réalité. *Une théorie qui a des applications concrètes.* SYN. pratique.

concrètement **adv.** Dans les faits, en pratique. *C'est bien joli de discuter sur la misère du monde, mais qu'êtes-vous décidé à faire concrètement pour y remédier ?*

concrétisation **n.f.** Le fait de se concrétiser. *La concrétisation d'un projet.*

se **concrétiser** **v.pron.** (CONJUG. 3). Devenir réel, concret. *Il rêvait depuis toujours de voyager et ses rêves ont fini par se concrétiser puisqu'il est devenu marin !* SYN. se réaliser.

concubin, e **n.** La personne qui vit avec une autre, sans être mariée avec elle.

concubinage **n.m.** Le fait de vivre avec une personne sans être marié avec elle.

concurrence **n.f.** Rivalité, lutte d'intérêts entre plusieurs personnes ou plusieurs entreprises, qui les amène à faire toujours plus ou mieux. *Les deux candidats sont en concurrence pour ce poste.* SYN. compétition. *La concurrence entre les commerçants du quartier est très grande.*

concurrencer **concurrençant, concurrencé v.** (CONJUG. 4). Faire concurrence à quelqu'un ou à une entreprise, chercher à faire mieux, en particulier dans le domaine commercial.

concurrent, e **n.** et **adj.** ❶ Personne qui est en compétition avec d'autres pour une épreuve sportive, un concours, une élection. *Des milliers de concurrents participent à ce marathon.* SYN. participant. *Une équipe concurrente.* ❷ Personne en rivalité, en concurrence sur le plan commercial. *Si l'électricien ne vient toujours pas la semaine prochaine, je m'adresserai à l'un de ses concurrents.*

HISTOIRE DU MOT Vient, comme *concourir*, du latin *concurrere.*

concurrents au départ d'une course

condamnable **adj.** Que l'on doit blâmer, condamner. *Des actes condamnables.*
▶ REM. On ne prononce pas le *-m-*.

condamnation **n.f.** ❶ Le fait de condamner, de réprouver un acte. ❷ Jugement d'un tribunal qui condamne un accusé à une peine. *Il a déjà eu plusieurs condamnations pour vol à main armée.*
▶ REM. On ne prononce pas le *-m-*.

condamné, e **n.** Personne que le tribunal a condamnée à une peine. *Après la promenade, le condamné regagne sa cellule.* ◆ **adj.** Qui est atteint d'une maladie mortelle et que les médecins considèrent comme perdu. *Il n'y a plus rien à faire, il est condamné.*
▶ REM. On ne prononce pas le *-m-*.

condamner **v.** (CONJUG. 3). ❶ Désapprouver, être contre une attitude, une méthode. *Condamner l'injustice.* SYN. réprouver. ❷ Déclarer coupable un accusé et lui infliger une peine, une condamnation. *Le voleur a été pris en flagrant délit, le tribunal l'a condamné.* ❸ Déclarer un malade incurable, le considérer comme perdu. *Les médecins l'avaient condamné, et voyez comme il se porte !* ❹ Obliger à subir une situation désagréable. *Sa fracture du tibia le condamne à l'immobilité.* ❺ Fermer, bloquer une ouverture pour em-

pêcher qu'on l'utilise. *J'ai condamné cette porte parce qu'on ne s'en servait jamais.*
▸ REM. On ne prononce pas le *-m-*.

condensation **n.f.** Phénomène par lequel la vapeur se transforme en liquide. *La rosée provient de la condensation de la vapeur d'eau contenue dans l'air.*

condensé **n.m.** Bref résumé. SYN. abrégé.

condenser **v.** (CONJUG. **3**). ❶ Faire passer de l'état de vapeur à l'état liquide. *La surface froide de la vitre condense la vapeur d'eau.* ❷ Résumer un texte ou une pensée en n'en donnant que l'essentiel.

HISTOIRE DU MOT Vient du latin *condensare* qui signifie « rendre dense, épais ».

condescendance **n.f.** Attitude méprisante d'une personne qui fait sentir sa supériorité en accordant une faveur.

condescendant, e **adj.** Qui accorde une faveur avec condescendance. *Son frère lui a dit avec un sourire condescendant : « Laisse, ce n'est pas un travail de fille ! »*

condescendre **condescendant, condescendu v.** (CONJUG. **46**). Accepter de faire quelque chose comme s'il s'agissait d'une faveur exceptionnelle que l'on accorde à quelqu'un. *Il a enfin condescendu à m'expliquer ce que je devais faire* (= il a daigné me l'expliquer).

condiment **n.m.** Produit comestible à saveur forte qu'on ajoute aux aliments pour leur donner plus de goût. *Le sel, les cornichons, les câpres, la moutarde, le poivre, la cannelle, le gingembre, le thym, l'ail sont des condiments.*

condisciple **n.** Personne avec qui on a suivi les mêmes études, camarade de classe.

HISTOIRE DU MOT Vient du latin *discipulus*, qui signifie « élève », et *cum*, qui signifie « avec ».

condition **n.f.** ❶ Ce qui est nécessaire, ce qui est exigé pour que quelque chose se fasse. *Je viendrais à la condition que tu viennes aussi* (= si tu viens aussi). *Quelles sont les conditions à remplir pour obtenir ce poste ?* (= que faut-il faire, que faut-il avoir). ❷ État physique ou moral d'une personne. *Une bonne condition physique est indispensable pour passer l'épreuve.* ❸ Situation sociale, rang social d'une personne. *Être de condition modeste.* ◆ **conditions** **n.f.plur.** Ensemble des circonstances, des éléments qui caractérisent quelque chose ; situation générale. *Nous sortirons en mer si les conditions atmosphériques le permettent. Voyager dans de bonnes conditions* (= de manière confortable). *J'ai acheté ma voiture à des conditions très avantageuses.*

conditionné, e **adj.** *Une marchandise conditionnée* est présentée sous emballage. • **Air conditionné :** dans un local, air maintenu à une température et un degré d'humidité constants.

conditionnel **n.m.** En grammaire, mode du verbe que l'on utilise quand l'action exprimée par le verbe dépend d'une condition. *Dans la phrase « elle ferait du parapente si elle n'avait pas le vertige », le verbe « faire » est au conditionnel.*
▸ REM. Le conditionnel est considéré par certains comme un temps de l'indicatif.

conditionnement **n.m.** Emballage des marchandises pour le transport et la vente. *Un conditionnement sous vide.*

conditionner **v.** (CONJUG. **3**). ❶ Être la condition, l'élément dont dépend la réalisation de quelque chose. *C'est la date des congés de mon père qui conditionne notre départ en vacances.* ❷ Créer chez quelqu'un certains comportements, certains réflexes. *La publicité conditionne le public.* ❸ *Conditionner des marchandises*, c'est les emballer pour le transport et la vente.

condoléances **n.f.plur.** Regrets et sentiment de compassion qu'on exprime à une personne en deuil. *Présenter, exprimer ses condoléances.*

HISTOIRE DU MOT Vient du latin *condolere* qui signifie « partager la douleur, la peine de quelqu'un ».

condor **n.m.** Grand vautour des Andes, qui peut atteindre 3 m d'envergure, au plumage noir et blanc.

1 **conducteur, trice** **n.** Personne qui conduit un véhicule. *Le conducteur du train. Mon père est un excellent conducteur.* SYN. chauffeur. ◆ **adj.** • **Fil conducteur :** ce qui guide une recherche, un récit. *Le fil conducteur d'une enquête policière.*

2 **conducteur** **n.m.** Matière qui a la propriété de transmettre la chaleur ou l'électricité. *Le fer est un bon conducteur de la chaleur.*

conduire **conduisant, conduit v.** (CONJUG. **60**). ❶ Diriger, manœuvrer un véhicule. *Conduire une voiture de sport. On ne doit pas conduire à plus de 130 km/h sur autoroute.* SYN. rouler. ❷ Mener, accompagner une personne quelque part. *Marguerite a conduit sa mère à l'hôpital.* SYN. emmener. ❸ Mener, aboutir à tel endroit. *L'escalier du fond conduit au grenier.* SYN. mener, monter. ❹ Amener, pousser à tel état, telle situation. *Il a conduit son entreprise à la faillite.* SYN. mener. ❺ Pour une matière, transmettre la chaleur ou l'électricité. *Le fer conduit très bien l'électricité.* ❻ Mener, diriger une affaire, un débat. *Conduire des négociations.*

condor

♦ **se conduire** **v.pron.** Agir d'une certaine manière, avoir telle attitude. *Cet enfant se conduit très mal.* SYN. se comporter.

conduit **n.m.** Tuyau, canal par où passe quelque chose. *Le conduit d'une cheminée. Le conduit auditif* (= situé dans l'oreille).

conduite **n.f.** ❶ L'action ou la manière de conduire un véhicule, une affaire, un débat. *La conduite par temps de brouillard demande beaucoup de prudence.* ❷ Façon de se comporter, de se conduire. *Elle a eu une conduite étrange pendant toute la soirée.* SYN. attitude, comportement. ❸ Tuyau par où s'écoule de l'eau, du gaz. SYN. canalisation. • **Faire un brin de conduite à quelqu'un** : l'accompagner une partie du chemin.

cône **n.m.** ❶ Figure géométrique dont la base est un disque et dont le sommet est un point. ❷ Ce qui a la forme d'un cône. *Un cône glacé à la vanille.* ❸ Fruit des conifères, en forme de cône.

chapeaux en forme de **cône**

confection **n.f.** ❶ L'action de confectionner quelque chose, de le fabriquer. *La confection d'un gâteau.* SYN. préparation. ❷ Fabrication de vêtements en série. *Travailler dans la confection.* SYN. prêt-à-porter.

HISTOIRE DU MOT Au Moyen Âge et jusqu'au XVIe siècle, une *confection* était une « préparation pharmaceutique ».

confectionner **v.** (CONJUG. 3). Fabriquer, préparer une chose qui demande un certain temps et du matériel. *Cet été, nous avons confectionné un cerf-volant pour le faire voler sur la plage.* SYN. faire.

confédération **n.f.** ❶ Union de plusieurs États ou territoires qui se soumettent à un pouvoir général tout en conservant une grande autonomie. *Avant 1999, la Suisse était appelée Confédération helvétique.* ❷ Groupement d'associations professionnelles, politiques, sportives, etc.

confédéré, e **adj.** et **n.** Réuni en confédération. *Territoires confédérés.*

conférence **n.f.** ❶ Réunion de plusieurs personnes qui discutent d'un même sujet. *Conférence internationale sur la paix.* SYN. colloque. ❷ Exposé oral fait par un conférencier devant un auditoire. • **Conférence de presse** : réunion où une personnalité s'adresse aux journalistes et répond à leurs questions.

conférencier, ère **n.** Personne qui donne une conférence.

conférer **v.** (CONJUG. 9, ✎ *10*). Attribuer, donner un titre, un droit, un privilège. *Le grade de chevalier de l'ordre national du Mérite a été conféré à Mlle C... pour ses activités dans le service social.* SYN. décerner.

confesser **v.** (CONJUG. 3). Avouer, reconnaître avec regret. *Confesser ses fautes, ses erreurs.* ♦ **se confesser** **v.pron.** Faire une confession.

confesseur **n.m.** Prêtre ou personne à qui l'on se confesse.

confession **n.f.** ❶ Dans la religion catholique, déclaration de ses péchés à un prêtre. ❷ Aveu d'un secret ou d'une faute que l'on fait à quelqu'un. *J'ai une confession à vous faire : je vous ai menti.* ❸ Religion à laquelle on appartient. *Elle est de confession orthodoxe.*

confessionnal **n.m.** (PLUR. : **confessionnaux**). Dans les églises, petite cabine où le prêtre entend la confession d'un fidèle.

confessionnel, elle **adj.** *Une école confessionnelle*, en France, est une école privée qui donne à la fois un enseignement général et un enseignement religieux. CONTR. laïque.

confetti **n.m.** Chacune des petites rondelles de papier coloré qu'on se lance par poignées dans les carnavals et les fêtes.

HISTOIRE DU MOT Vient de l'italien et signifie « dragée ».

confiance **n.f.** ❶ Sentiment qu'on éprouve pour une personne dont on sait qu'elle ne nous trompera pas, qu'elle ne nous décevra pas. CONTR. défiance, méfiance. *Je le connais depuis longtemps, j'ai tout à fait confiance en lui* (= je suis sûr de lui). ❷ Sentiment de sécurité. *C'est une grande compagnie, vous pouvez voyager sur ses lignes en toute confiance.* • **Confiance en soi** : sentiment d'être sûr de soi et de ses capacités.

HISTOIRE DU MOT Vient de l'ancien français *fiance* qui signifie « foi » et que l'on retrouve dans *méfiance, défiance.* Ce mot a la même origine que *confidence.*

confiant, e **adj.** Qui a confiance en quelqu'un ou en quelque chose. *Elle est confiante en l'avenir.*

confidence **n.f.** Secret que l'on confie à quelqu'un. *Un soir, elle m'a fait une confidence.*

HISTOIRE DU MOT Vient du latin *confidentia* qui signifie « confiance ». Jusqu'au XVIIe siècle, *confidence* voulait d'ailleurs dire « confiance ».

confident, e **n.** Personne à qui l'on fait ses confidences, à qui l'on se confie. *Elle raconte tout ce qui lui arrive à Marie, c'est sa confidente.*

confidentiel, elle **adj.** ❶ Qui se dit de façon secrète, en confidence. *Il lui parlait sur un ton confidentiel.* ❷ Qui doit être gardé secret. *Ce que je vous dis là est strictement confidentiel.*

confier **v.** (CONJUG. 7). ❶ Dire un secret à quelqu'un, lui faire une confidence. *Sylvie m'a confié qu'elle était* *amoureuse.* ❷ Donner en garde à une personne en qui l'on a confiance. *Je vous confie mon chat pour les vacances, prenez-en grand soin.* ◆ **se confier v.pron.** Ouvrir son cœur à quelqu'un, lui faire ses confidences.

confiné, e adj. • **Air confiné :** air non renouvelé, dans lequel on a du mal à respirer. SYN. vicié.

confiner v. (CONJUG. **3**). Enfermer un être vivant dans un espace étroit, limité. *Il a confiné son chien dans une niche minuscule.* ◆ **se confiner v.pron.** Ne pas sortir de son domaine, s'en tenir toujours aux mêmes occupations. *Il se confine à la lecture de la page sportive du journal.* SYN. se borner, se limiter.

confins n.m.plur. Limites extrêmes, frontières d'un territoire, d'un pays. *Il a passé ses vacances aux confins de la Norvège.*

confire confisant, confit v. (CONJUG. **63**). Imprégner de graisse, de vinaigre ou d'un sirop de sucre. *Confire des cornichons, des fruits.*

confirmation n.f. Ce qui confirme, qui prouve que ce qui a été dit auparavant est exact. *Y a-t-il eu confirmation de cette nouvelle ?*

confirmer v. (CONJUG. **3**). ❶ Assurer, affirmer que quelque chose est vrai, exact. *On vient de confirmer à la radio que l'armistice a été signé entre les deux pays.* CONTR. démentir. *Confirmez-vous votre réservation ?* CONTR. annuler. ❷ Apporter la preuve que quelque chose est exact. *Les analyses faites en laboratoire ont confirmé les hypothèses des enquêteurs.* SYN. corroborer.

confiscation n.f. L'action de confisquer quelque chose, le fait d'être confisqué. *Les douaniers ont procédé à la confiscation de marchandises de contrebande.*

confiserie n.f. ❶ Magasin où l'on achète des friandises à base de sucre, des bonbons. ❷ Friandise vendue dans ce magasin. *Bonbons, caramels, fruits confits sont des confiseries.*

confiseur, euse n. Personne qui fabrique ou qui vend des friandises à base de sucre, des confiseries.

confisquer v. (CONJUG. **3**). Enlever provisoirement un objet à quelqu'un en application d'un règlement. *Nicolas s'est fait confisquer son portable en classe.*

HISTOIRE DU MOT Vient de *fisc*, car, autrefois, *confisquer des marchandises*, c'était les saisir au nom du fisc.

1 confit, e adj. Préparé et conservé dans du sucre, de la graisse ou du vinaigre, en parlant d'un aliment. *Des fruits confits. De petits oignons confits.*

2 confit n.m. Morceau de viande conservé dans sa graisse de cuisson. *Des confits d'oie, de canard.*

confiture n.f. Préparation faite de fruits cuits et conservés dans le sucre. *Pour faire de la confiture, on met généralement la même proportion de fruits et de sucre.*

conflictuel, elle adj. *Des relations, des situations conflictuelles* laissent apparaître les conflits ou de fortes tensions entre des personnes, des groupes.

conflit n.m. ❶ Désaccord grave ou guerre entre deux ou plusieurs pays. *Un conflit armé a éclaté au sud de l'équateur.* ❷ Désaccord, opposition, tension entre des personnes ou des groupes. *Les employés de l'administration sont entrés en conflit avec la direction.*

HISTOIRE DU MOT Vient du latin *conflictus* qui signifie « choc ».

confluent n.m. Endroit où deux cours d'eau se rejoignent. *Nevers est au confluent de la Loire et de la Nièvre.*

ville de Coblence (Allemagne), au **confluent** du Rhin et de la Moselle

confondre confondant, confondu v. (CONJUG. **46**). Faire une erreur en mélangeant deux personnes, deux noms, deux situations, etc. *On me confond souvent avec ma sœur* (= on me prend pour elle). *Au contrôle d'histoire, j'ai confondu toutes les dates.* ◆ **se confondre v.pron.** Se mêler, se mélanger. *La couleur du ciel et celle de la mer se confondaient.* • **Se confondre en excuses :** faire des excuses interminables.

conforme adj. En accord avec un règlement, une norme, un usage, un modèle. *L'installation électrique du théâtre est conforme aux normes de sécurité.*

conformément à adv. En accord avec. *Conformément au règlement, vous ne devez pas fumer dans les couloirs.*

se conformer v.pron. (CONJUG. **3**). Agir, se conduire en respectant un usage, un règlement, une norme, un ordre. *Se conformer aux règles du jeu.* SYN. se soumettre.

conformisme n.m. L'attitude d'une personne conformiste.

conformiste adj. et **n.** Qui se conforme aux goûts, aux opinions ou aux usages de la majorité des gens, par manque d'imagination ou par crainte de se faire remarquer. *Avoir une attitude conformiste.*

conformité n.f. Le fait, pour deux ou plusieurs choses, d'être en accord l'une avec l'autre, de concorder. *Ce qu'il dit n'est jamais en conformité avec ce qu'il fait* (= en accord).

A B C D E F G H I J K L M N O P Q R S T U V W X Y Z

confort **n.m.** ❶ Tout ce qui rend la vie chez soi plus facile, plus agréable, qui procure un bien-être matériel. *Une maison avec tout le confort. Il aime son confort* (= ses aises). ❷ Bien-être que l'on éprouve dans une situation quelconque. *Apprécier le confort d'un vêtement ample et souple.*

confortable **adj.** ❶ Qui offre du confort. *Un appartement confortable. Un fauteuil confortable* (= où l'on se sent bien). ❷ Qui permet de se sentir à l'aise. *Il a une avance très confortable sur ses concurrents.*

confortablement **adv.** Bien à son aise. *Il s'était installé confortablement dans un vaste fauteuil.*

confrère **n.m.**, **consœur** **n.f.** Personne qui exerce la même profession libérale qu'une autre. *Un médecin, un avocat ont des confrères. Je vous adresse à ma consœur, Mme Dubois.* → VOIR AUSSI **collègue.**

confrérie **n.f.** Association de laïques fondée sur des principes religieux et ayant des buts charitables.

ENCYCLOPÉDIE Au Moyen Âge, les confréries étaient des associations pieuses mises sous la protection d'un saint patron. Elles groupaient souvent les artisans d'une même *corporation*. Ces confréries organisaient des cérémonies religieuses, assuraient une assistance aux travailleurs, s'occupaient des pauvres et géraient les biens de la communauté. Elles furent dissoutes en 1791.

confrontation **n.f.** Le fait de confronter des choses ou des personnes. *La confrontation des deux traductions montre qu'il s'agit d'un même texte d'origine. Le juge a demandé la confrontation de l'accusé avec les témoins.*

confronter **v.** (CONJUG. 3). ❶ Rapprocher des opinions, des événements, pour les comparer. *Confronter ses idées avec celles des autres les fait évoluer.* ❷ Mettre en présence des personnes pour comparer leurs témoignages. *Le juge a confronté l'accusé avec les témoins.* ❸ *Être confronté à une situation, à un problème,* c'est être placé devant une situation difficile, devoir affronter un problème.

confus, e **adj.** ❶ Dont on ne distingue pas bien les éléments, où tout se mélange. *On apercevait sur la plage une masse confuse de personnes qui semblaient se battre et on entendait un bruit confus de voix.* ❷ Qui manque de clarté, que l'on a du mal à comprendre. *Vos explications sont très confuses.* ❸ Qui éprouve de la gêne, du trouble, de la confusion. *Je suis confus de vous déranger.*

confusément **adv.** De manière vague, confuse. *Je sentais confusément qu'on ne souhaitait pas ma présence.* CONTR. nettement.

confusion **n.f.** ❶ Erreur qui vient du fait qu'on a pris une personne ou une chose pour une autre, qu'on les a confondues. *Je ne m'appelle pas Mireille mais Magali, vous faites une confusion.* SYN. méprise. ❷ Situation de désordre et d'agitation. *Après l'explosion, la confusion fut à son comble dans la ville.* SYN. désordre. ❸ Manque de clarté dans des paroles, dans un texte, etc. *L'exposé était d'une telle confusion qu'il a réussi à nous embrouiller tout à fait.* ❹ Gêne qui vient d'une maladresse, d'une faute ou de la timidité ; fait d'être confus.

congé **n.m.** Le fait de ne pas travailler pendant un certain temps ; la période pendant laquelle on ne travaille pas. *La ville se vide pendant les congés d'été.* SYN. vacances. *Notre professeur est en congé de maladie pour huit jours* (= il sera absent huit jours). • **Donner son congé à quelqu'un :** le renvoyer. • **Prendre congé de quelqu'un :** le quitter, lui dire au revoir.

congédier **v.** (CONJUG. 7). Donner son congé à quelqu'un, le renvoyer de son travail, ou bien le prier de sortir. *Arsène Rampois a congédié son maître d'hôtel* (= il l'a mis à la porte). *Sur ces mots, il le congédia sans même lui serrer la main.*

congélateur **n.m.** Appareil frigorifique qui permet de congeler les aliments pour les conserver.

congélation **n.f.** Action de congeler ; le fait de se congeler. *On conserve des aliments par congélation. Le point de congélation de l'eau est à 0 °C.*

congeler **v.** (CONJUG. 11). ❶ Faire passer un liquide à l'état solide sous l'action du froid. ❷ Soumettre des aliments à l'action d'un froid intense pour les conserver. *Ces poissons sont congelés en mer, à bord des chalutiers.* SYN. frigorifier, surgeler. ◆ **se congeler** **v.pron.** Devenir solide sous l'action du froid. *L'eau se congèle à 0 °C.*

congénère **n.** Personne semblable à une autre, de la même nature. *Cet individu et ses congénères ne m'inspirent aucune sympathie.* SYN. pareil, semblable.
▸ REM. Ce mot est péjoratif.

congénital, ale, aux **adj.** *Une maladie, une malformation congénitales* existent dès la naissance.

congère **n.f.** Gros amas de neige entassée par le vent. *On tente de dégager la route coupée par des congères.*
▸ REM. Au Canada, on dit *banc de neige*.

congestion **n.f.** Accumulation anormale de sang dans les vaisseaux d'un organe. *Une congestion cérébrale, une congestion pulmonaire.*

congestionné, e **adj.** ❶ *Un visage congestionné* est rouge et un peu bouffi à cause d'un soudain afflux de sang. ❷ *Un réseau routier, un centre-ville congestionnés* sont paralysés par des embouteillages.

congratulations **n.f.plur.** Félicitations, compliments un peu exagérés. *Les chefs d'État ont échangé des congratulations.*

congratuler **v.** (CONJUG. 3). Féliciter vivement, chaleureusement. *Tous congratulèrent le vainqueur.*

congre **n.m.** Poisson de mer long de 2 à 3 m, gris-bleu foncé, qui vit dans les creux de rochers, et qui est aussi appelé *anguille de mer.*

congre

congrégation n.f. Association de religieux ou de laïques qui obéissent à une règle de vie commune. *La congrégation des Petites Sœurs des pauvres.*

congrès n.m. ❶ Grande réunion de personnes qui délibèrent sur des études, des activités communes. *Un congrès de dentistes.* ❷ Assemblée, conférence de chefs d'État ou d'ambassadeurs de divers pays pour traiter d'intérêts politiques. *Le congrès de Vienne réorganisa l'Europe en 1815.* ❸ (Avec une majuscule.) Réunion des deux chambres d'un Parlement.

conifère n.m. Nom donné à l'ensemble des arbres souvent résineux dont le feuillage persistant est constitué d'*aiguilles* et dont les fruits sont en forme de cône. *Les sapins, les pins, les cyprès, les épicéas, les mélèzes, les ifs sont des conifères.* → VOIR **feuillu.**

HISTOIRE DU MOT Vient du latin *conus*, qui signifie « cône », et *ferre*, qui signifie « porter ».

conique adj. Qui a la forme d'un cône. *Le chapeau conique d'un clown.*
▶ REM. *Cône* a un accent circonflexe mais *conique* n'en a pas.

conjecture n.f. Simple supposition, hypothèse qui n'a pas encore été confirmée. *Ils ne trouvaient aucune réponse et se perdaient en conjectures* (= ils faisaient des suppositions).
▶ REM. Ne pas confondre avec *conjoncture*.

conjoint, e n. Chacun des deux époux. *Elle est venue avec son conjoint.*

conjointement adv. Ensemble, en même temps. *Ils ont agi conjointement pour plus d'efficacité.*

conjonctif, ive adj. • **Locution conjonctive :** locution qui joue le rôle d'une conjonction. *« Bien que » est une locution conjonctive.* • **Proposition conjonctive :** proposition qui commence par une conjonction de subordination. • **Tissu conjonctif :** tissu vivant qui joue un rôle de soutien et de nutrition.

conjonction n.f. En grammaire, mot invariable qui sert à relier deux mots ou deux propositions. *Conjonction de coordination, de subordination.* → VOIR encadré ci-dessous.

conjonctive n.f. Muqueuse qui tapisse l'intérieur des paupières et l'extérieur du globe de l'œil.

conjonctivite n.f. Affection de l'œil due à une inflammation de la conjonctive.

conjoncture n.f. Situation qui résulte d'un ensemble de circonstances économiques, sociales, politiques, etc. *La conjoncture n'est pas favorable pour ceux qui cherchent du travail.*
▶ REM. Ne pas confondre avec *conjecture*.

conjugaison n.f. L'ensemble des différentes formes que peut prendre un verbe.

conjugal, ale, aux adj. Qui se rapporte aux époux, aux conjoints. *Le domicile conjugal.*

conjuguer conjuguant, conjugué v. (CONJUG. 6). ❶ Énumérer toutes les formes d'un verbe selon les temps, les modes et les personnes. *Conjuguer le verbe « prendre » au conditionnel.* ❷ *Conjuguer ses efforts*, c'est unir ses efforts pour aboutir à un résultat. *En conjuguant nos efforts, nous réussirons.*

conjuration n.f. ❶ Complot pour renverser le pouvoir en place, pour destituer ou abattre un roi, un chef d'État. SYN. conspiration. ❷ Suite de paroles censées chasser le mauvais sort.

conjuré, e n. Personne qui prend part à une conjuration. SYN. conspirateur.

conjurer v. (CONJUG. 3). ❶ Prier quelqu'un avec insistance. *Je vous en conjure, écoutez-moi !* ❷ *Conjurer le mauvais sort*, c'est tenter de l'écarter par des pratiques magiques, surnaturelles.

connaissance n.f. ❶ Ce que l'on sait, ce que l'on a appris, le fait d'apprendre ou de connaître. *Vos connaissances en histoire sont extraordinaires ! Quand on voyage dans un pays étranger, la connaissance de la langue facilite les contacts.* ❷ Personne que l'on connaît, dont on est proche. *Parmi mes connaissances, il y a un spéléologue.* • **À ma connaissance :** d'après ce que je sais. *À ma connaissance il n'y a pas eu de courrier pour vous ce matin* (= autant que je sache).

Les **conjonctions**

Les **conjonctions** sont des mots **invariables**. Elles servent à « faire la jonction », c'est-à-dire à relier des éléments dans la phrase.

Les conjonctions de coordination

Mais, ou, et, donc, or, ni, car relient deux mots, deux groupes de mots ou deux propositions de même nature, en indiquant des nuances diverses (addition, exclusion, opposition...) :

Elle est venue *et* elle est repartie.

Il ne veut *ni* sel *ni* poivre dans la salade.

Les conjonctions de subordination

Les conjonctions de subordination relient une proposition appelée *subordonnée* à une autre appelée *principale*. Elles peuvent indiquer l'objet, le temps, le lieu, la cause, la conséquence, la condition, etc.
Les principales conjonctions de subordination sont ***que, comme, pour, lorsque, puisque, quand, quoique, parce que, si.***
Que peut se combiner avec d'autres mots pour former d'autres conjonctions : ***alors que, dès que, après que, bien que, tandis que, pendant que, de même que, pourvu que, sans que...*** :

Il souhaite *que* je travaille avec lui (= objet).

***Lorsqu'*il neige, les enfants font du ski** (= temps).

Je ne suis pas venu *parce que* j'étais malade (= cause).

A B C D E F G H I J K L M N O P Q R S T U V W X Y Z

• **En connaissance de cause :** en étant bien informé. *J'ai pris ma décision en connaissance de cause.* • **Faire connaissance :** rencontrer quelqu'un pour la première fois. • **Perdre connaissance, être sans connaissance :** perdre conscience, être évanoui.

connaisseur, euse n. Personne qui s'y connaît en quelque chose. *Vous pouvez lui faire confiance sur le choix du vin, c'est une connaisseuse.* SYN. expert.

connaître, ✎ ***connaitre*** **connaissant, connu v.** (CONJUG. 73). ❶ Avoir acquis un savoir, dans un domaine quelconque. *Mon garagiste connaît parfaitement son métier.* ❷ Avoir déjà rencontré, vu, entendu, etc., quelqu'un ou quelque chose. *Vous connaissez André, je ne vous le présente pas. Je ne connais pas ce mot* (=je ne sais pas ce qu'il veut dire). *Vous connaissez la nouvelle ?* SYN. savoir. CONTR. ignorer. ❸ Être en relation avec quelqu'un depuis plus ou moins longtemps. *Il connaît beaucoup de monde à Marseille.* ❹ Avoir ou subir telle situation. *Ce film connaîtra le succès, j'en suis sûr. Connaître un échec.* ◆ **se connaître v.pron.** ❶ Savoir qui on est. *« Connais-toi toi-même » était la maxime de Socrate.* ❷ Être en relation les uns avec les autres. *Les deux amis se connaissaient depuis l'enfance.* • **S'y connaître :** avoir une grande expérience, un grand savoir dans un domaine. *Sophie s'y connaît en mécanique, elle réparera ton vélo.*

connecter v. (CONJUG. 3). Relier un appareil électrique à un circuit ou à un autre appareil. ◆ **se connecter v.pron.** Établir une liaison avec un réseau informatique.

connecteur n.m. Mot qui permet d'ajouter une proposition à une phrase ou de mettre en relation deux phrases. *« Et », « ou », « donc », « alors » sont des connecteurs.* → VOIR AUSSI **conjonction.**

connexion n.f. Liaison d'un appareil électrique à un circuit, à un réseau informatique ou à un autre appareil.

connivence n.f. Entente secrète entre deux ou plusieurs personnes. *Les deux jeunes filles échangèrent un sourire de connivence.* SYN. complicité.

> HISTOIRE DU MOT Vient du latin *conivere* qui signifie « cligner, fermer les yeux » et donc « laisser faire ».

connu, e adj. ❶ Que tout le monde connaît, qui est célèbre, renommé. *C'est un acteur très connu, demande-lui un autographe !* ❷ Que tout le monde sait, qui est sans surprise. *L'ivresse des profondeurs est un danger bien connu de ceux qui pratiquent la plongée sous-marine.*

conque n.f. Coquille en forme de spirale de certains mollusques, comme le triton. *La conque, percée à la pointe, peut être utilisée comme trompe.*

conquérant, e adj. et **n.** ❶ Qui fait ou qui a fait des conquêtes par les armes. *Attila, le roi des Huns, fut un conquérant si cruel qu'on l'appelait le « fléau de Dieu ». Un peuple conquérant.* ❷ Qui veut s'imposer, gagner. *Un esprit conquérant.*

conquérir conquérant, conquis v. (CONJUG. 23). ❶ S'emparer par la force d'un pays, d'un territoire. *Hernán Cortés a conquis l'Empire aztèque entre 1519 et 1521.* ❷ Gagner quelque chose au prix d'efforts, de luttes. *Les salariés ont conquis le droit aux congés payés en 1936.* ❸ Séduire par son charme, sa gentillesse, son pouvoir de conviction, etc. *Dès le premier air, la cantatrice avait conquis son auditoire.* SYN. charmer.

conquête n.f. ❶ L'action de conquérir. *La conquête de l'Ouest en Amérique. La conquête de l'espace.* ❷ Ce que l'on a obtenu, conquis. *Ce médicament est une dernière conquête de la médecine.* ❸ (Familier) Personne que l'on a séduite, dont on a conquis le cœur. *Le nombre de ses conquêtes féminines lui a fait une solide réputation de don Juan.*

conquis, e adj. • **Se comporter comme en pays conquis :** se comporter avec sans-gêne et sans tenir compte des autres dans un endroit où l'on vient d'arriver. → VOIR **conquérir.**

conquistador n.m. (PLUR. : **conquistadors** ou **conquistadores**). Conquérant et aventurier espagnol qui partit à la conquête de l'Amérique, donnant ainsi à l'Espagne un empire colonial au XVIe siècle. *Hernán Cortés était un célèbre conquistador.*

> HISTOIRE DU MOT C'est un mot espagnol qui signifie « conquérant ».

consacrer v. (CONJUG. 3). ❶ Employer son temps, son argent, etc., à faire quelque chose. *Elle consacre tous ses loisirs à la photo. Combien de temps pouvez-vous me consacrer ?* (=m'accorder). ❷ Offrir à Dieu, bénir. *Consacrer un prêtre, une église.* ❸ Pour un mot, une expression, une pratique, devenir habituels par l'usage. *C'est un mot que l'usage a consacré.* ◆ **se consacrer v.pron.** Employer tout son temps à. *Elle se consacre à son travail, elle ne sort jamais.*

consciemment adv. En se rendant compte de ce que l'on fait ou dit, en étant conscient. *Il l'a humiliée consciemment.* SYN. sciemment, volontairement. CONTR. inconsciemment.

conscience n.f. ❶ Le fait de pouvoir sentir, de percevoir ce qui nous entoure ; le fait de pouvoir penser, d'avoir présent à l'esprit. *Quand on dort, on n'a pas conscience de ce qui se passe autour de soi. Perdre conscience, c'est s'évanouir, perdre connaissance. Des souvenirs heureux de son enfance lui vinrent à la conscience.* SYN. esprit. *Il a enfin pris conscience des risques de l'aventure* (=il s'en rend compte). ❷ Sentiment que l'on a de ce qui est bien et de ce qui est mal, et qui guide la conduite. *J'ai agi selon ma conscience. Vous n'avez rien à vous reprocher, vous pouvez avoir la conscience tranquille. Pierre a mauvaise conscience, il sait qu'il n'aurait pas dû faire ce qu'il a fait.* ❸ Sentiment de responsabilité qui pousse à accomplir au mieux sa tâche. *Elle travaille avec beaucoup de conscience. Elle a de la conscience professionnelle.*

consciencieusement adv. D'une manière consciencieuse, avec application. *Cet artisan travaille très consciencieusement.*

conscienciEux, euse **adj.** ❶ Qui accomplit sa tâche avec conscience, en faisant de son mieux. *Un travailleur consciencieux.* ❷ Qui est fait avec soin et application. *Un travail consciencieux.*

conscient, e **adj.** Qui a conscience de ce qu'il fait ou de ce qui lui arrive. *Êtes-vous conscient de votre responsabilité dans cette affaire ? Le malade n'est plus conscient* (= il a perdu conscience).

conscrit **n.m.** Jeune homme qui est appelé pour faire son service militaire avec les autres garçons nés la même année que lui.

consécration **n.f.** ❶ Le fait d'atteindre la célébrité et de voir ainsi son talent reconnu. *Le succès de son dernier roman fut la consécration de sa carrière.* ❷ Le fait de dédier, d'offrir à Dieu. *La consécration d'un pasteur, d'une église.*

consécutif, ive **adj.** ❶ *Des éléments consécutifs* viennent à la suite l'un de l'autre, sans interruption. *À son retour de voyage, il a dormi pendant quatorze heures consécutives.* SYN. de suite. ❷ Qui est la conséquence, le résultat de. *Elle a eu une crise de rhumatisme articulaire consécutive à une scarlatine.*

conseil **n.m.** ❶ Avis que l'on donne, ou que l'on prend auprès de quelqu'un, sur ce qu'il vaut mieux faire dans telle ou telle situation. *Vous m'avez donné un bon conseil, je vous remercie. « La nuit porte conseil »* (proverbe). ❷ Assemblée de personnes chargées de donner leur avis, de délibérer et de prendre des décisions sur certains sujets. *En France, le conseil municipal est présidé par le maire et il est chargé de gérer la commune.* • **Tenir conseil :** discuter pour savoir ce que l'on décide de faire. *Les Indiens tinrent conseil pour décider du sort du prisonnier.*

1 **conseiller** **v.** (CONJUG. 3). ❶ Donner un avis à quelqu'un pour l'aider à choisir, lui donner des conseils. *La bibliothécaire m'a bien conseillé dans le choix des livres.* SYN. guider. ❷ Recommander quelque chose ou quelqu'un. *Je vous conseille ce gâteau, il est très bon.* CONTR. déconseiller.

2 **conseiller, ère** **n.** Personne qui donne des conseils, à titre amical ou professionnel. *Ce chef d'entreprise est entouré de bons conseillers.*

consensus **n.m.** Accord d'un très grand nombre de personnes sur un même sujet, notamment en politique. *La signature du traité de paix entre les deux pays a recueilli un large consensus dans l'opinion.*
▸ REM. On prononce [-sɛ̃sys].

consentant, e **adj.** Qui est d'accord, qui consent. *Ils vont se marier, leurs parents sont consentants.*

consentement **n.m.** Accord que l'on donne à un projet. *Il ne se mariera pas sans le consentement de ses parents.* SYN. acceptation. CONTR. refus.

consentir **consentant, consenti v.** (CONJUG. 19). ❶ Accepter, souvent avec un peu de réserve, que quelque chose se fasse ; donner son approbation, son consentement. *Je consens à partir, mais à une seule condition. « Qui ne dit mot consent »* (proverbe). ❷ *Consentir une remise,* c'est l'accorder.

conséquence **n.f.** Résultat logique et inévitable d'un fait, d'une action ; ce qui découle de quelque chose. *La sécheresse peut avoir de graves conséquences sur la récolte.* SYN. effet. • **Ne pas tirer** ou **ne pas porter à conséquence :** ne pas avoir de conséquences importantes ou de suites graves.

conséquent, e **adj.** ❶ Qui fait preuve, dans son comportement, d'une certaine logique. *Cet homme est conséquent avec lui-même, il refuse d'être militaire car il est contre la guerre.* ❷ (Familier) Assez important. *Un salaire conséquent.* ◆ **par conséquent** **adv.** Puisqu'il en est ainsi. *Ma mère a besoin de moi, par conséquent ne comptez pas sur ma présence demain.* SYN. donc.

1 **conservateur, trice** **n.** et **adj.** Personne qui n'est pas favorable aux innovations, surtout dans le domaine politique et le domaine social, qui est partisan du maintien de l'ordre existant et des institutions. *C'est un conservateur. Il a des opinions conservatrices.* CONTR. progressiste. ◆ **n.** Fonctionnaire chargé d'administrer et d'organiser un musée, une bibliothèque. *Le conservateur du musée a décidé d'enrichir les collections du XVIIIe siècle.*

2 **conservateur** **n.m.** Substance ajoutée à un produit alimentaire pour qu'il se conserve mieux.

conservation **n.f.** Le fait de conserver, de garder quelque chose intact, en bon état ou d'en empêcher la décomposition. *La congélation est un procédé de conservation des aliments par le froid.* • **Instinct de conservation :** instinct qui pousse un être humain, un animal à sauver sa vie.

conservatoire **n.m.** Établissement où l'on enseigne la musique, la danse, le théâtre. *Elle étudie la guitare au conservatoire municipal.*

conserve **n.f.** Aliment stérilisé et conservé hermétiquement dans une boîte de fer-blanc ou un bocal de verre ; la boîte ou le bocal. *Des petits pois en conserve.*

conserver **v.** (CONJUG. 3). ❶ Garder en bon état ou empêcher de s'abîmer, de se décomposer. *Autrefois, on conservait la viande dans du sel.* ❷ Garder en sa possession, ne pas jeter. *J'ai conservé longtemps dans ma bibliothèque une lettre qu'il m'avait écrite.* ❸ Continuer d'avoir. *Malgré son âge, elle a conservé tout son dynamisme.* SYN. garder. ◆ **se conserver** **v.pron.** Rester en bon état.

considérable **adj.** Très important, très grand. *Vous avez fait des progrès considérables.* SYN. notable. CONTR. insignifiant, minime.

considérablement **adv.** De manière considérable, en grande quantité. *Nos dépenses ont considérablement augmenté.*

considération **n.f.** Respect que l'on a pour quelqu'un, opinion favorable que l'on a de lui. *J'ai beaucoup de considération pour son grand-père.* SYN. estime, respect. • **Prendre en considération :** exa-

A B C D E F G H I J K L M N O P Q R S T U V W X Y Z

miner avec attention, tenir compte de. *Messieurs les jurés, je vous demanderai de prendre en considération l'enfance difficile de l'accusé.* ◆ **considérations** **n.f.plur.** Réflexions, pensées qui manquent souvent d'intérêt. *Il s'est lancé dans de grandes considérations sur la couleur de ses pyjamas.*

considérer v. (CONJUG. 9, ✎ *10*). ❶ Examiner avec attention, longuement. *L'homme nous considérait gravement.* SYN. examiner, observer. *Tout bien considéré, je ne pars plus* (= réflexion faite, tout compte fait). ❷ Être d'avis, penser. *Il considéra qu'il était trop tard pour sortir.* SYN. estimer, juger. ❸ Tenir pour. *Je le considère comme responsable.*

consigne **n.f.** ❶ Instruction à respecter dans une situation précise. *Il avait reçu la consigne formelle de ne laisser entrer personne. Respectez les consignes de sécurité.* ❷ Local, service d'une gare, d'un aéroport où l'on peut laisser ses bagages en dépôt. *J'ai laissé ma valise à la consigne.* ❸ Somme d'argent que l'on donne provisoirement pour un emballage et qui est restituée quand on le rend. *La consigne d'une bouteille de butane.*

consigner v. (CONJUG. 3). ❶ Faire payer un emballage provisoirement, en percevoir la consigne. *Cette bouteille est-elle consignée ?* ❷ Prendre en note quelque chose pour le retenir. *J'ai consigné mes pensées dans mon journal intime.*

consistance **n.f.** ❶ L'aspect d'une matière, d'une substance, du point de vue de sa fermeté, de l'impression qu'elle donne au toucher. *L'argile séchée a une consistance dure.* ❷ Caractère de ce qui est ferme, solide. *Une argumentation qui manque de consistance.*

consistant, e **adj.** ❶ Qui est épais, ferme, qui a de la consistance. *La mousse était si consistante que la cuillère tenait droite dans mon bol.* ❷ *Un repas consistant* est nourrissant, copieux.

consister v. (CONJUG. 3). ❶ Être composé de certains éléments. *Son équipement consistait en une couverture de survie, une torche et des vêtements de rechange.* ❷ Avoir comme objet, comme nature. *En quoi consiste mon travail ?* (= qu'aurai-je à faire ?). *Votre travail consistera à veiller aux devoirs des enfants.*

consœur n.f. → **confrère**

consolant, e **adj.** Qui a le pouvoir de réconforter, de consoler. *Une bonne note après une mauvaise, c'est plutôt consolant.* SYN. réconfortant.

consolateur, trice **adj.** Qui console, apaise. *Des paroles consolatrices.*

consolation **n.f.** Ce qui atténue, adoucit la peine de quelqu'un. *Un prix, un lot de consolation* (= pour récompenser ceux qui n'ont pas gagné les premiers prix).

console **n.f.** ❶ Table étroite que l'on place contre un mur. ❷ Petit ordinateur comportant un écran ou relié à une télévision et qui est dédié aux jeux vidéo.

consoler v. (CONJUG. 3). Apaiser le chagrin de quelqu'un par des paroles, de la tendresse. *Pour consoler la petite fille, Lucie lui a raconté une histoire.* ◆ **se consoler** **v.pron.** Oublier son chagrin. *Je ne me console pas d'avoir perdu.*

consolidation **n.f.** L'action de consolider quelque chose ; le fait d'être consolidé.

consolider v. (CONJUG. 3). Rendre plus solide, plus résistant. *Il faut consolider ce muret, sinon il va s'écrouler.* SYN. renforcer.

consommateur, trice **n.** ❶ Personne qui achète des produits pour son usage personnel. *Une revue de défense des consommateurs.* ❷ Personne qui prend une consommation dans un café.

consommation **n.f.** ❶ Usage que l'on fait d'un produit. *L'hiver, notre consommation d'électricité est plus importante car nous avons un chauffage électrique.* ❷ Le fait de consommer un aliment, une boisson. *Cette conserve est avariée, elle est impropre à la consommation.* ❸ Boisson que l'on prend au café, au restaurant. *En France, les cafés sont tenus d'afficher le tarif des consommations.*

consommé **n.m.** Bouillon de viande qui, par une longue et lente cuisson, a recueilli tout le suc de la viande. *Un consommé de poulet.*

consommer v. (CONJUG. 3). ❶ Utiliser un produit, une matière, une source d'énergie. *Cette voiture consomme beaucoup d'essence.* ❷ Manger ou boire. *Les jeunes consomment beaucoup de pain.* ❸ Prendre une boisson, une consommation dans un café, un restaurant.

consonance **n.f.** Ensemble des sons d'un mot, impression sonore qui s'en dégage. *« Brise » est un mot aux consonances douces, tandis que « crac » a des consonances rudes.*
▸ REM. *Consonance* n'a qu'un seul *n*, *consonne* en a deux.

consonne **n.f.** Son d'une langue qui est produit par le passage du souffle à travers la gorge et la bouche et qui ne peut être entendu qu'associé à une voyelle. *Les lettres « k », « f », « s » sont des consonnes.*

conspirateur, trice **n.** Personne qui prend part à une conspiration. *Ils avaient des mines de conspirateurs lorsqu'ils sont entrés* (= des airs mystérieux, comme s'ils avaient préparé quelque chose de louche).

conspiration **n.f.** Complot tramé par une ou plusieurs personnes contre un régime, un homme politique ou une personne quelconque. *Brutus prit part à la conspiration formée contre Jules César.*

mine de conspirateur (1792)

conspirer v. (CONJUG. 3). Se mettre d'accord en secret pour renverser un

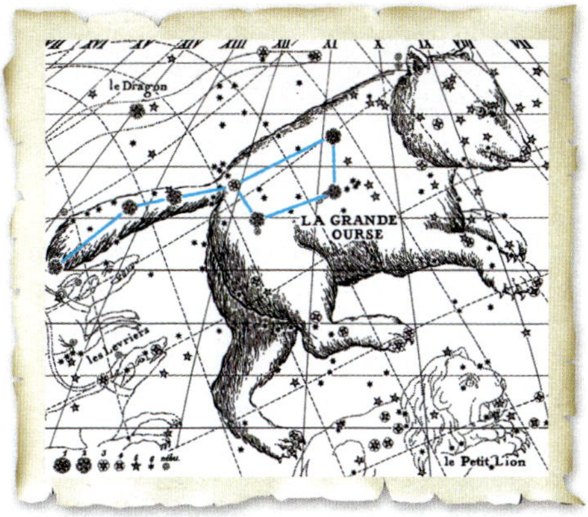

constellation de la Grande Ourse
(gravure ancienne)

constellation de la Petite Ourse
(vue d'artiste)

régime, un tyran, un chef d'État ; prendre part à une conspiration. *Le roi soupçonnait certains de ses ministres de conspirer contre lui.*

conspuer **v.** (CONJUG. 3). Montrer bruyamment son hostilité et son mépris. *L'auditoire a conspué le député.* SYN. huer. CONTR. acclamer, applaudir.
▶ REM. Ce mot appartient à la langue soutenue.

HISTOIRE DU MOT Vient du latin *conspuere* qui signifie « cracher sur ».

constamment **adv.** De façon répétitive, sans cesse ; continuellement. *L'enfant posait constamment des questions à sa mère.*

constance **n.f.** ❶ Qualité d'une personne qui ne renonce pas dans ce qu'elle entreprend, qui ne varie pas dans ses idées ou ses sentiments. *Travailler avec constance.* SYN. opiniâtreté, persévérance. *Faire preuve de constance dans ses amitiés.* SYN. fidélité. CONTR. inconstance. ❷ Caractère de ce qui ne change pas, ne varie pas et se répète. *La constance d'un phénomène.*

constant, e **adj.** Qui ne varie pas, qui dure ou se répète de façon identique. *Ses difficultés d'argent sont constantes.* SYN. continuel, permanent.

constante **n.f.** Tendance permanente, durable ; phénomène constant. *La confiance est une constante de son caractère.*

constat **n.m.** ❶ Le résultat d'une observation, d'une action ; le bilan que l'on peut faire. *Après toutes ces expériences, nous n'arrivons qu'à ce seul constat : il faut recommencer.* ❷ Document officiel qui décrit une situation ou les circonstances et les effets d'un accident, d'un dégât, etc. *Faire faire un constat après une inondation.*

HISTOIRE DU MOT Vient du latin *constat* qui signifie « il est certain que ».

constatation **n.f.** Le fait de constater quelque chose ; ce que l'on a constaté. *Vous n'étiez pas là hier, ce n'est pas un reproche mais une simple constatation. Il nous a fait part de ses constatations.*

constater **v.** (CONJUG. 3). ❶ Voir, observer objectivement un fait. *J'ai pu constater par moi-même qu'il n'était pas chez lui.* ❷ Dresser l'acte officiel d'un constat. *On a appelé le médecin pour constater le décès.*

constellation **n.f.** Groupe d'étoiles qui forment un dessin particulier dans le ciel. *La Grande Ourse est une constellation que l'on appelle aussi le « Grand Chariot » parce que ses étoiles semblent dessiner un chariot.*

HISTOIRE DU MOT Vient du latin *constellatio*, de *cum*, qui signifie « avec », et *stella*, qui signifie « étoile ».

ENCYCLOPÉDIE Les étoiles que les constellations rassemblent peuvent être très éloignées les unes des autres. Grouper les étoiles en constellations ne correspond pas à une réalité astronomique, c'est un moyen pratique pour se repérer dans le ciel. Il existe 88 constellations mais on ne les voit jamais toutes d'un même point de la Terre.

consteller **v.** (CONJUG. 3). Couvrir, parsemer d'éléments éparpillés. *Le ciel est constellé d'étoiles. Sa robe est constellée de taches.*

consternant, e **adj.** Qui désole, qui rend très triste et décourage, qui consterne. *Tes résultats de ce trimestre sont consternants !* SYN. affligeant, navrant.

consternation **n.f.** Tristesse profonde provoquée par l'annonce d'un événement malheureux. *Quand on apprit la mort de l'alpiniste, ce fut la consternation dans le village.* SYN. accablement.

consterner **v.** (CONJUG. 3). Remplir brusquement de tristesse, d'accablement, de stupeur. *Une telle ignorance me consterne !* SYN. désoler, navrer.

constipation **n.f.** Le fait d'avoir des difficultés à évacuer les selles.

constipé, e **adj.** ❶ Qui souffre de constipation. ❷ (Familier) Qui est mal à l'aise, embarrassé ou guindé. *Il a un air constipé.*

constituant, e **adj.** et **n.** ❶ Qui entre dans la constitution, la composition de quelque chose. *Le chimiste a analysé les éléments constituants d'un mélange.* ❷ *Une assemblée constituante* est chargée d'établir ou de modifier la Constitution d'un pays.

A B C D E F G H I J K L M N O P Q R S T U V W X Y Z

constitué, e adj. • **Bien, mal constitué** : dont le corps est bien ou mal formé.

constituer v. (CONJUG. 3). ❶ Former un tout, un ensemble. *Une table, un lit et trois chaises constituaient l'essentiel de son mobilier.* ❷ Créer, composer un groupe, un ensemble. *Quelques élèves du lycée ont constitué une troupe de théâtre.* SYN. former. ❸ Être un élément important, être la base de quelque chose. *La pollution constitue un danger pour l'avenir de notre planète.* • **Se constituer prisonnier** : se présenter de soi-même aux autorités pour se faire arrêter.

1 constitution n.f. ❶ Le fait de rassembler des éléments et de les organiser pour faire un tout. *Procéder à la constitution d'un dossier.* SYN. établissement. ❷ L'ensemble des éléments qui constituent un tout. *Quelle est la constitution de l'équipe ?* SYN. composition. ❸ La nature physique d'une personne, la manière dont elle est bâtie. *Il faut une robuste constitution pour faire de la montagne.*

2 Constitution n.f. Charte où sont écrites les lois qui définissent le régime politique d'un État.

ENCYCLOPÉDIE La Constitution règle la forme du gouvernement d'un pays ou d'un État, les droits et les devoirs des citoyens et de l'État. Elle fixe les pouvoirs du roi, du président de la République, des ministres, du Parlement, et les droits des citoyens : droit de vote, droit à la justice, droit des étrangers, etc.

constitutionnel, elle adj. Qui relève de la Constitution d'un pays. *En France, le Conseil constitutionnel veille au respect de la Constitution. Cette loi n'est pas constitutionnelle* (= elle n'est pas en accord avec la Constitution).

constricteur adj.m. • **Boa constricteur** : long boa qui étouffe ses proies en s'enroulant autour d'elles. ▸ REM. On dit aussi *constrictor.*

constructeur, trice n. Personne ou entreprise qui bâtit des maisons, qui construit des machines, des véhicules, etc. *Un constructeur d'automobiles.*

constructif, ive adj. Qui est positif, qui fait progresser. *Ses critiques ont été constructives pour la suite de mon travail.*

construction n.f. ❶ L'action de construire, de bâtir quelque chose. *La construction de l'immeuble a pris six mois.* CONTR. destruction. *Une maison en construction.* ❷ Bâtiment construit. *Cette banlieue est en plein développement, il y a de nouvelles constructions partout.* SYN. bâtiment. ❸ La manière dont est construit, agencé quelque chose. *La construction d'un poème, d'un morceau de musique, d'un tableau.* • **Jeu de construction** : jeu composé de divers éléments à assembler, à emboîter pour construire des maisons, des objets.

construire construisant, construit v. (CONJUG. 60). ❶ Bâtir, édifier selon un plan. *Construire une maison, un pont, un immeuble.* ❷ Assembler les différents éléments d'un appareil, d'une machine, etc. *Construire un avion.* ❸ Agencer les différentes parties d'une phrase, d'un texte écrit. *Cette phrase est*

illustration d'un **conte** de Charles Perrault : *Barbe-Bleue*

mal construite. Ce roman policier est bien construit, le suspense est gardé jusqu'à la fin.

consul, e n. Fonctionnaire qui représente son pays dans un État étranger, et qui a la charge de protéger ses compatriotes. ◆ **consul** n.m. ❶ Dans l'Antiquité romaine, nom donné à chacun des deux magistrats élus pour un an, qui devaient exercer le pouvoir et commander l'armée. ❷ En France, de 1799 à 1804, nom donné aux trois magistrats (Bonaparte, Cambacérès et Lebrun) chargés de gouverner la République.

consulat n.m. ❶ Aujourd'hui, charge de consul dans un pays étranger. ❷ Les locaux où un consul exerce sa fonction. *Je suis allé chercher mon visa au consulat.* ❸ Dans l'Antiquité romaine, charge du consul. → VOIR noms propres.

consultant, e n. Personne qui donne des consultations, des conseils professionnels sur des problèmes particuliers. *Un consultant en informatique.*

consultatif, ive adj. *Une assemblée consultative, un comité consultatif* sont consultés ; ils émettent des avis mais ne prennent pas part à un vote.

consultation n.f. ❶ Le fait de consulter des documents, d'y chercher des renseignements. ❷ Examen d'un malade par un médecin. *Le docteur n'a pas fini ses consultations.*

consulter v. (CONJUG. 3). ❶ Parcourir ou regarder attentivement quelque chose pour y trouver un renseignement. *Consulte ton agenda et dis-nous si tu es libre. C'est en consultant le dictionnaire que j'ai trouvé ce mot.* ❷ Prendre l'avis de quelqu'un. *Elle aurait dû me consulter avant de prendre une décision.* ❸ Se faire examiner par un médecin. *Il est allé consulter un médecin pour sa sinusite.* ❹ Pour un médecin, recevoir des patients, donner une consultation. *Le docteur C... consulte le matin.*

se **consumer** **v.pron.** (CONJUG. 3). Brûler lentement et complètement. *Une cigarette oubliée finissait de se consumer dans le cendrier.*

contact **n.m.** ❶ Ce qui se produit lorsque deux corps, deux matériaux, deux substances se touchent. *Le contact avec le corps froid d'un serpent est impressionnant. Au contact d'un acide ce métal s'abîme.* ❷ Fait pour deux pièces électriques de se toucher, ce qui laisse passer le courant. *Il y a un mauvais contact dans la prise, l'ampoule ne s'allume pas.* ❸ Relation qui s'établit avec quelqu'un. *Hubert aime beaucoup les contacts, il est très sociable.* • **Verres, lentilles de contact :** verres qui corrigent la vue et s'appliquent directement sur le globe de l'œil.

contacter **v.** (CONJUG. 3). Se mettre en relation avec une personne, un organisme.

contagieux, euse **adj.** ❶ *Une maladie contagieuse* se transmet d'une personne à l'autre, par contagion. ❷ *Un fou rire contagieux* se communique facilement. SYN. communicatif.

contagion **n.f.** Transmission d'une maladie d'une personne à une autre.

HISTOIRE DU MOT Vient du latin *contagio* qui signifie « contact ».

container **n.m.** → **conteneur**

contamination **n.f.** Propagation d'une maladie, d'éléments polluants, etc., le fait d'être contaminé. *La contamination de l'eau de la rivière a provoqué la mort de nombreux poissons.*

contaminer **v.** (CONJUG. 3). Transmettre une maladie contagieuse, des micro-organismes, des éléments polluants. *Un des marins était atteint du choléra, il a contaminé tout l'équipage. L'eau de la rivière a été contaminée par les déchets.* SYN. polluer.

conte **n.m.** Récit, en général assez court, d'aventures imaginaires, souvent merveilleuses. *Un conte de fées.*
▸ REM. Ne pas confondre avec *compte* et *comte*.

contemplatif, ive **adj.** et **n.** Qui est porté à la rêverie, à la contemplation.

contemplation **n.f.** Attitude d'une personne qui regarde longuement quelque chose ou quelqu'un en les admirant ou en méditant. *Il était en contemplation devant le feu de cheminée.*

contempler **v.** (CONJUG. 3). Considérer, regarder quelque chose longuement, avec intérêt, attention ou admiration, en oubliant tout ce qu'il y a autour. *Ils ne se lassaient pas de contempler le soleil couchant.*

contemporain, e **adj.** et **n.** Qui est de la même époque que quelqu'un ou quelque chose d'autre. *Rimbaud et Verlaine étaient contemporains, ils ont tous deux vécu au XIXe siècle. Dans son livre, l'auteur s'adresse à ses contemporains.* ◆ **adj.** Qui est du temps présent. *La mode contemporaine* (= actuelle). *L'architecture contemporaine* (= moderne).

HISTOIRE DU MOT Vient du latin *contemporaneus*, de *cum*, qui signifie « avec », et *tempus*, qui signifie « temps ».

1 contenance **n.f.** Quantité que peut contenir un récipient. *La contenance de cette bouteille est d'un litre.* SYN. capacité.

2 contenance **n.f.** Attitude prise par quelqu'un, façon de se tenir. *La jeune femme rougit, se troubla, elle ne savait quelle contenance prendre.* • **Perdre contenance :** se troubler. *L'accusé perdit contenance en entendant le témoin.*

contenant **n.m.** Ce qui contient quelque chose, par opposition à *contenu*.

conteneur ou **container** **n.m.** Caisse de métal qui sert à grouper des objets pour leur transport par air, terre ou mer, ou à protéger armes et approvisionnements lors des parachutages de l'armée.
▸ REM. 1. Le mot *container* se prononce [kɔ̃tɛnɛr]. 2. *Conteneur* est le mot français qu'il est conseillé d'employer.

conteneurs sur un cargo

contenir **contenant, contenu v.** (CONJUG. 20). ❶ Avoir telle ou telle capacité. *Cette bonbonne contient dix litres.* ❷ Avoir à l'intérieur de soi, dans sa composition. *Ce flacon contient du parfum. Le bronze contient du cuivre et de l'étain.* ❸ Empêcher de dépasser certaines limites. *La police ne put contenir la foule qui se répandit sur la place.* ◆ **se contenir** **v.pron.** Maîtriser des sentiments violents. *J'ai eu du mal à me contenir.* SYN. se contrôler.

content, e **adj.** Qui est gai, dont les désirs sont satisfaits. *C'est demain les vacances, je suis contente !* SYN. heureux. *Je suis très content de mon nouveau stylo.* CONTR. mécontent. *Être content de soi.* SYN. satisfait.

contentement **n.m.** Sentiment d'une personne dont les désirs sont satisfaits. *À l'idée que toute sa famille serait enfin réunie, Otilia soupira de contentement.* SYN. bonheur, plaisir. CONTR. mécontentement.

contenter **v.** (CONJUG. 3). Rendre heureux, content. *Ces violettes me font grand plaisir... Vous voyez, je ne suis pas difficile à contenter !* SYN. satisfaire. CONTR. mécontenter. ◆ **se contenter** **v.pron.** Ne rien demander d'autre, se limiter à telle ou telle chose. *Contentez-vous de regarder, ne touchez à rien ! Vous devrez vous contenter d'un sandwich.*

A B C D E F G H I J K L M N O P Q R S T U V W X Y Z

contentieux **n.m.** Ensemble des conflits non résolus entre deux personnes, deux sociétés, etc. *Il existe un service du contentieux dans certaines entreprises.*
HISTOIRE DU MOT Vient du latin *contentiosus* qui signifie « querelleur ».

contenu **n.m.** Ce qui est à l'intérieur d'une chose, ce qui y est contenu. *Le contenu d'un flacon. Le contenu de sa lettre m'a surprise.*

conter **v.** (CONJUG. 3). Faire le récit d'une histoire réelle ou imaginaire. *Si vous le permettez, je voudrais vous conter une anecdote.* SYN. raconter. • **Ne pas s'en laisser conter :** ne pas se laisser tromper.
▸ REM. 1. Ne pas confondre avec *compter.* 2. On dit plus souvent *raconter.*

contestable **adj.** Que l'on peut mettre en doute, contester. *Votre version des faits est tout à fait contestable.* SYN. discutable.

contestataire **adj.** et **n.** Qui critique systématiquement les règles établies, les valeurs de la société. *Un journal contestataire. Le mouvement contestataire de Mai 68.*

contestation **n.f.** Le fait de ne pas être d'accord avec quelque chose et de le dire, le fait de contester quelque chose. *La contestation porte sur les limites du terrain qui, selon nos voisins, ne seraient pas conformes au cadastre.* SYN. controverse, discussion.

sans **conteste** **adv.** Sans discussion possible, sans que l'on puisse mettre la chose en doute. *Blanche-Neige est, sans conteste, la plus jolie princesse au monde.* SYN. assurément, incontestablement, sans contredit.

contester **v.** (CONJUG. 3). Remettre en question quelque chose, refuser d'en admettre la valeur ou la vérité. *Cet homme ment, je conteste formellement ce qu'il vient de dire ! L'opposition conteste la politique du gouvernement.* SYN. critiquer. CONTR. approuver.

conteur, euse **n.** Personne qui dit des contes ; auteur de contes. *Lucie a un remarquable talent de conteuse.*

contexte **n.m.** ❶ Ensemble des circonstances qui accompagnent un événement. *Il faut se replacer dans le contexte de l'époque, pour comprendre son geste.* ❷ Ensemble du texte qui précède et suit une phrase, un paragraphe et qui permet de mieux les comprendre. *Hors de leur contexte, les mots peuvent complètement changer de sens.*

contigu, uë, ✎ *üe* **adj.** *Deux éléments contigus* se touchent, sont l'un à côté de l'autre. *Le salon et la salle à manger sont contigus.* SYN. attenant.

continent **n.m.** Vaste étendue de terre que l'on peut parcourir sans rencontrer la mer, par opposition à une *île*. *L'Europe, l'Asie, l'Afrique, l'Amérique sont des continents. À Istanbul, le détroit du Bosphore sépare le continent européen du continent asiatique.*
ENCYCLOPÉDIE On distingue traditionnellement cinq continents : l'Afrique, l'Amérique, l'Asie (dont la limite avec l'Europe est formée par les monts Oural en Russie), l'Europe et l'Océanie, continent formé des très nombreuses îles du Pacifique. On compte parfois l'Antarctique, qui est une immense terre déserte, parmi les continents. L'Afrique, l'Asie et l'Europe sont aussi appelées l'Ancien Continent ou l'Ancien Monde, par opposition à l'Amérique, que l'on appelle le Nouveau Continent ou le Nouveau Monde.

continental, ale, aux **adj.** D'un continent ; plus spécialement, qui se rapporte à l'intérieur d'un continent, par opposition aux *côtes*. • **Climat continental :** climat qui règne à l'intérieur d'un continent, par opposition à *climat océanique*. → VOIR Fiche **34.** ◆ **n.** Personne qui habite un continent, par opposition à *insulaire*.

contingent **n.m.** Ensemble des jeunes gens appelés à faire leur service national pendant la même année. *Les soldats du contingent.*

continu, e **adj.** Qui ne présente aucune interruption dans le temps ou dans l'espace. *Un effort continu.* SYN. constant. *Un bruit continu.* SYN. incessant, ininterrompu. *La ligne continue sur la route indique qu'il est interdit de doubler.* CONTR. discontinu.

ligne **continue** (opération de marquage de la chaussée)

continuation **n.f.** L'action de continuer. *Ce nouveau système n'est que la continuation du précédent.* SYN. poursuite, suite. → VOIR AUSSI **continuité.**

continuel, elle **adj.** Qui se répète constamment, qui ne cesse jamais. *Entre eux, c'était des disputes continuelles.* SYN. constant, incessant.

continuellement **adv.** Sans arrêt. *La télévision marche continuellement chez le voisin.* SYN. constamment, sans cesse.

continuer **v.** (CONJUG. 3). ❶ Poursuivre ce qui a été commencé, ne pas cesser de le faire. *Nous continuerons cette conversation à table. Les enfants ont continué à jouer après dîner. Elle continue d'aimer passionnément la musique.* ❷ Se poursuivre, ne pas cesser. *Après ces événements, la vie continua.* CONTR. s'arrêter.

continuité **n.f.** Le fait d'être continu. *Assurer la continuité de ses efforts.* → VOIR AUSSI **continuation.**

contondant, e **adj.** *Une arme contondante* est une arme qui blesse en causant des fractures, en meurtrissant la peau sans la couper. *Une matraque, un bâton sont des armes contondantes.*
HISTOIRE DU MOT Vient de l'ancien verbe *contondre* qui signifiait « écraser ».

contorsions **n.f.plur.** Mouvements d'une personne qui se tord dans tous les sens. *Le prisonnier faisait des contorsions pour se libérer.*

HISTOIRE DU MOT Vient, comme *torsion*, du latin *torquere* qui signifie « tordre ».

se **contorsionner** **v.pron.** (CONJUG. 3). Tordre son corps dans tous les sens.

contorsionniste **n.** Acrobate qui fait des contorsions.

contour **n.m.** ❶ Limite extérieure d'un objet, d'une chose. *Le contour des lèvres. Repassez à l'encre les contours du dessin.* ❷ Tracé sinueux d'un cours d'eau, d'une route. *Les contours en zigzag d'un sentier de montagne.*

contourner **v.** (CONJUG. 3). Passer autour, à côté ou à l'arrière de quelque chose pour l'éviter. *L'autoroute permet de contourner la ville. Contourner le règlement* (= ne pas le respecter).

contraceptif **n.m.** Moyen ou produit permettant la contraception. *La pilule est un contraceptif oral.*

contraception **n.f.** Ensemble des moyens utilisés pour éviter que les rapports sexuels n'entraînent une grossesse.

contracté, e **adj.** ❶ Qui est crispé, raidi sous l'effet de l'émotion ou de l'anxiété. *Vous êtes trop contracté, relaxez-vous.* ❷ Se dit d'un mot formé de deux éléments réunis en un seul. *« Du » est un article contracté.*

1 **contracter** **v.** (CONJUG. 3). ❶ Diminuer le volume ou la longueur d'un corps, d'une chose. *Le froid contracte le métal.* CONTR. dilater. ❷ Resserrer et durcir ses muscles pour faire un effort. CONTR. décontracter, relâcher. ◆ **se contracter** **v.pron.** Se crisper, se raidir. *Elle s'est contractée avant la prise de sang.* CONTR. se décontracter.

2 **contracter** **v.** (CONJUG. 3). ❶ Attraper une maladie, en être atteint. *Il a contracté la grippe.* ❷ *Contracter une habitude*, c'est la prendre. *Il a contracté l'habitude de fumer quand il était étudiant.*

contraction **n.f.** ❶ Le fait de se contracter, de diminuer de volume. ❷ Tension musculaire ou nerveuse. *L'épilepsie se manifeste par des contractions musculaires involontaires.*

contractuel, elle **n.** Auxiliaire de police engagé sous contrat, chargé d'appliquer les règlements de stationnement.

HISTOIRE DU MOT Vient de *contrat*.

contradiction **n.f.** Affirmation qui en contredit une autre dans un raisonnement ; le fait de contredire quelqu'un, de se contredire. *On a relevé de nombreuses contradictions dans les déclarations des témoins. Ses actes sont en contradiction avec ses paroles.* • **Esprit de contradiction :** disposition à contredire.

contradictoire **adj.** ❶ Qui contredit quelque chose. *Vos témoignages sont contradictoires.* ❷ Qui contient une contradiction. *Ton attitude est contradictoire, tu dis qu'il t'ennuie et tu l'invites à ta fête !* SYN. incohérent.

contraignant, e **adj.** Qui oblige à quelque chose de pénible, qui contraint. *Des horaires de travail contraignants.* SYN. astreignant.

contraindre **contraignant, contraint v.** (CONJUG. 49). Forcer une personne à faire quelque chose. *L'orage nous a contraints à écourter la promenade.* SYN. obliger.

contrainte **n.f.** ❶ Pression physique ou morale exercée sur quelqu'un pour l'obliger à faire quelque chose contre son gré. *Les malfaiteurs ont obtenu ce qu'ils voulaient par la contrainte.* SYN. force. ❷ Obligation à laquelle on doit se conformer, règle que l'on doit suivre. *Les contraintes de l'emploi du temps.*

contraire **adj.** ❶ Qui est exactement à l'opposé de quelque chose, qui est incompatible avec autre chose. *Il ne mange pas de pâtes, c'est contraire à son régime.* CONTR. conforme. ❷ Qui est, qui va dans une direction opposée. *Tourner dans le sens contraire des aiguilles d'une montre.* SYN. inverse. ◆ **n.m.** ❶ Personne ou chose qui est l'opposé d'une autre. *Elle est le contraire de sa mère. Elle fait toujours le contraire de ce qu'on lui dit.* SYN. inverse. ❷ Mot dont le sens est l'inverse d'un autre. *« Bon » est le contraire de « mauvais ».* • **Au contraire :** loin de là. *Je ne vous déteste pas, au contraire.*

contrairement à **prép.** En opposition avec ; d'une manière opposée à. *Contrairement à toi, je suis arrivée à l'heure.*

contralto **n.m.** La voix de femme qui est la plus grave ; la chanteuse qui a cette voix. *La Malibran était un célèbre contralto du* XIXe *siècle.*

▸ REM. On dit aussi *alto*.

contrariant, e **adj.** Qui contrarie, provoque de la gêne ou du souci. *C'est bien contrariant qu'ils ne soient pas encore arrivés.* SYN. ennuyeux, fâcheux.

contrarié, e **adj.** ❶ Qui ressent une contrariété, fâché. *Il avait l'air contrarié.* SYN. mécontent. ❷ Qui rencontre des obstacles, de l'opposition. *Une passion contrariée.*

contrarier **v.** (CONJUG. 7). Causer du déplaisir, du souci, du chagrin à quelqu'un en n'agissant pas comme il le souhaite. *Ton refus de venir l'a contrariée.* SYN. fâcher. CONTR. réjouir.

contrariété **n.f.** ❶ Le fait d'être contrarié. *Tu imagines sa contrariété de ne pas avoir été invitée !* SYN. dépit, déplaisir. ❷ Ce qui fâche, ce qui contrarie. *J'ai eu mille contrariétés depuis mon retour, ma voiture m'a lâché, j'ai été cambriolé...* SYN. ennui.

contraste **n.m.** Opposition très marquée entre deux choses. *Le contraste de leurs caractères est frappant : il est aussi lent que sa sœur est vive.* CONTR. ressemblance.

contrasté, e **adj.** Dont les contrastes de couleurs, d'ombre et de lumière sont très marqués. *Une photographie très contrastée.*

contraster **v.** (CONJUG. 3). Former un contraste. *Sa nervosité contrastait avec le calme de sa sœur.* SYN. trancher.

A B C D E F G H I J K L M N O P Q R S T U V W X Y Z

contrat **n.m.** Accord écrit officiel qui précise les droits et les obligations de chacune des parties qui l'ont signé. *Un contrat de travail. Un contrat d'assurance. Un contrat de mariage.*

contravention **n.f.** Infraction à une loi, un règlement ; procès-verbal qui constate cette infraction et entraîne une sanction, une amende. *Le policier lui a dressé une contravention pour excès de vitesse.* → VOIR AUSSI **crime, délit.**

HISTOIRE DU MOT Vient du latin *contravenire* qui signifie « s'opposer à ».

1 contre **prép.** ❶ Introduit un complément de lieu, de manière. *Léa se serre contre sa maman. Poser son vélo contre le mur.* SYN. le long de. *Nager contre le courant.* CONTR. dans le sens de. ❷ Indique l'opposition, l'action contraire. *Ils sont contre ce changement.* CONTR. pour. *Une lotion contre les poux.* ❸ Indique l'échange. *Elle a troqué ses chaussures de marche contre des escarpins.* • **Contre vents et marées :** malgré tous les obstacles. *Le savant s'est obstiné, il a continué ses recherches contre vents et marées.* • **Envers et contre tout :** malgré tout. ◆ **adv.** En opposition, en désaccord. *Quels sont ceux qui sont pour, quels sont ceux qui sont contre ?* • **Par contre :** mais, au contraire. SYN. en revanche.

▶ REM. Au mot *contre* correspond l'élément tiré du grec *anti-* qu'on retrouve dans des mots comme *antiatomique, anticlérical.*

HISTOIRE DU MOT Vient du latin *contra*, « contre », qui se retrouve dans des mots comme *contraire, à l'encontre de, malencontreux, rencontrer.*

2 contre- **préfixe.** Indique une opposition, une réaction, comme dans *contre-attaque.*

contre-allée (PLUR. : contre-allées), ✎ ***contrallée*** **n.f.** Allée secondaire qui longe la rue principale. *J'ai garé ma voiture dans la contre-allée.*

contre-attaque (PLUR. : contre-attaques), ✎ ***contrattaque*** **n.f.** Riposte d'une troupe ou d'une équipe sportive qui passe à son tour à l'offensive. SYN. contre-offensive.

contre-attaquer, ✎ ***contrattaquer*** **v.** (CONJUG. **3**). Lancer une contre-attaque, passer à l'offensive.

contrebalancer **contrebalançant, contrebalancé v.** (CONJUG. **4**). Rétablir un équilibre, corriger un effet par un autre. *L'augmentation des salaires n'a pas réussi à contrebalancer la hausse des prix.* SYN. compenser.

contrebande **n.f.** Introduction clandestine de marchandises dans un pays, soit parce qu'elles sont interdites, soit parce qu'on ne veut pas payer les droits de douane. *Passer des cigarettes en contrebande.*

HISTOIRE DU MOT Vient de l'italien *contrabbando* qui signifie « contre le ban », c'est-à-dire « contre la loi ».

contrebandier, ère **n.** Personne qui fait de la contrebande. *Les contrebandiers ont été arrêtés à la douane.*

en **contrebas** **adv.** et **prép.** Plus bas que l'endroit où l'on se trouve. *Vous apercevez la rivière en contrebas. Le chalet se trouve en contrebas de la route.*

contrebasse **n.f.** Le plus grand et le plus grave des instruments de musique à cordes.

ENCYCLOPÉDIE La contrebasse est née à la fin du XVIe siècle. Elle a la même forme que le violoncelle et un son d'une octave au-dessous. Elle mesure de 1,60 m à 2 m et a quatre cordes. On en joue avec les doigts (en pizzicato) ou avec un archet. On l'utilise dans les orchestres de musique classique et dans les formations de jazz.

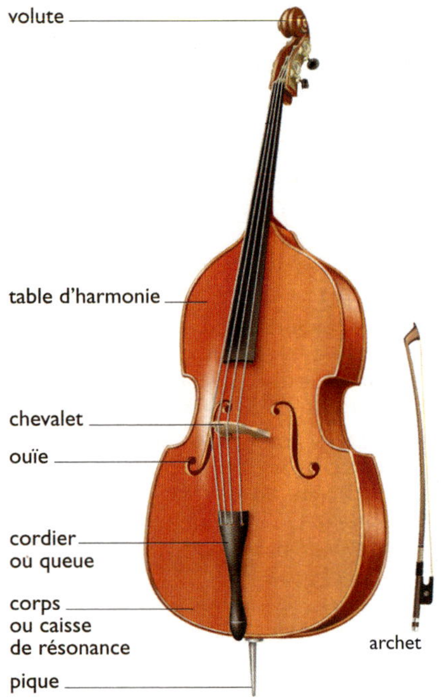

contrebasse

contrebassiste **n.** Musicien qui joue de la contrebasse.

contrecarrer **v.** (CONJUG. **3**). S'opposer aux projets de quelqu'un en dressant des obstacles. *Pourquoi cherchez-vous à contrecarrer mes plans ?* CONTR. favoriser.

contre-chant (PLUR. : contre-chants), ✎ ***contrechant*** **n.m.** En musique, mélodie composée sur les harmonies d'un thème principal et qui accompagne ce thème.

à **contrecœur** **adv.** Malgré soi, avec répugnance. *Elle n'avait aucune envie de se promener, elle nous a accompagnés à contrecœur* (= de mauvaise grâce). CONTR. volontiers.

contrecoup **n.m.** Conséquence indirecte d'une situation, d'un événement fâcheux. *Le chômage est le contrecoup de la crise.*

à **contre-courant,** ✎ ***à contrecourant*** **adv.** ❶ En remontant le courant. *Nager à contre-courant.* ❷ Dans le sens inverse de la tendance générale. *C'est un original, il va toujours à contre-courant de la mode.*

contredanse **n.f.** (Familier) Contravention. SYN. procès-verbal.

contredire **contredisant, contredit v.** (CONJUG. **65**). Dire le contraire de ce qu'affirme quelqu'un. *Son témoignage contredit le vôtre.* ◆ **se contredire v.pron.** Dire des choses contradictoires. *Vous vous contredisez sans cesse, je pense que vous mentez.*

sans **contredit** **adv.** Sans discussion possible, assurément. *L'être humain est, sans contredit, la créature la plus curieuse de notre planète.* SYN. incontestablement, indiscutablement, sans conteste.

contrée **n.f.** Étendue de pays. *Nous traversâmes maintes contrées.* SYN. pays, région.
▸ REM. Ce mot appartient à la langue soutenue.

contre-enquête (PLUR. : contre-enquêtes), ✎ ***contrenquête*** **n.f.** Enquête demandée pour vérifier les résultats d'une précédente enquête.

contre-espionnage (PLUR. : contre-espionnages), ✎ ***contrespionnage*** **n.m.** Service de l'État chargé de démasquer les espions étrangers et de les empêcher d'agir. *Depuis 1945, les services du contre-espionnage français relèvent du Premier ministre.*

contre-exemple (PLUR. : contre-exemples), ✎ ***contrexemple*** **n.m.** Exemple qui illustre le contraire de ce qui vient d'être dit. *On prétend que les jeunes ne sont pas travailleurs, mais il y a des quantités de contre-exemples !*

contrefaçon **n.f.** Imitation ou reproduction frauduleuse d'une œuvre, d'un objet ; l'objet lui-même. *La contrefaçon des billets de banque est sévèrement punie par la loi. Ces chemises sont des contrefaçons.*

contrefaire **contrefaisant, contrefait v.** (CONJUG. **70**). ❶ Imiter quelque chose dans l'intention de frauder. *Le faussaire avait contrefait la signature du peintre.* ❷ *Contrefaire sa voix*, c'est la rendre méconnaissable pour tromper quelqu'un. *En contrefaisant ma voix au téléphone, je me suis fait passer pour mon père.*

HISTOIRE DU MOT Vient du latin *contrafacere* qui signifie « imiter ».

contrefait, e **adj.** Dont le corps est malbâti. SYN. difforme.

contrefort **n.m.** ❶ Pilier de maçonnerie bâti contre un mur pour le soutenir. *Les contreforts d'un château, d'une église.* ❷ *Les contreforts d'une montagne* sont les premières hauteurs qui bordent une montagne principale. *Les plateaux du Limousin constituent les contreforts du Massif central.*

contre-indication (PLUR. : contre-indications), ✎ ***contrindication*** **n.f.** Circonstance, cas qui empêchent un traitement médical, une intervention chirurgicale. *La présence d'albumine dans le sang constitue une contre-indication à certaines vaccinations.*

contre-indiqué, e (PLUR. : contre-indiqués, es), ✎ ***contrindiqué, e*** **adj.** Qui est fortement déconseillé pour des raisons médicales. *Le sel est contre-indiqué pour les personnes qui ont de la tension.*

à **contre-jour,** ✎ ***à contrejour*** **adv.** En regardant dans la direction d'où vient la lumière, dans un sens opposé à la direction de la lumière. *La photo a été prise à contre-jour, de sorte que les silhouettes se détachent en noir sur le soleil couchant.*

contre-la-montre **n.m.invar.** Épreuve cycliste sur route dans laquelle les coureurs roulent seuls et tentent de réaliser le temps le plus court sur un parcours donné. *En général, le Tour de France comporte plusieurs contre-la-montre.*
▸ REM. On dit aussi *une course contre la montre.*

contremaître, esse, ✎ ***contremaitre, esse*** **n.** Employé qui dirige le travail d'une équipe d'ouvriers ou d'ouvrières sur un chantier ou dans un atelier.
▸ REM. Le féminin est *contremaîtresse* ou *contremaître.*

contre-offensive (PLUR. : contre-offensives), ✎ ***controffensive*** **n.f.** Attaque lancée pour riposter à une offensive de l'ennemi.

contrepartie **n.f.** Ce qui est donné en échange, en dédommagement, en compensation d'autre chose. *Tu m'as aidé pour les maths, en contrepartie, je veux bien te donner un coup de main en anglais* (= en échange).

contre-performance (PLUR. : contre-performances), ✎ ***contreperformance*** **n.f.** Échec d'un sportif dont on attendait la victoire.

contrepèterie **n.f.** Jeu de mots, qui consiste à intervertir des lettres ou des syllabes afin de produire des phrases comiques ou absurdes. *« Je préfère les assiettes de Picasso aux assauts des pique-assiettes » est une contrepèterie.*

HISTOIRE DU MOT Vient de l'ancien verbe *contrepéter* qui signifiait « inverser les sons ».

contre-pied, ✎ ***contrepied*** **n.m.** • **Prendre le contre-pied de quelque chose :** s'évertuer à dire ou à faire tout le contraire. *Les adolescents prennent souvent le contre-pied de ce que disent leurs parents.*

contreplaqué **n.m.** Matériau de 3 à 18 mm d'épaisseur, constitué de fines lames de bois collées les unes sur les autres. *Des étagères en contreplaqué.*

contrepoids **n.m.** ❶ Masse lourde destinée à contrebalancer un poids, une force. *Elle prit une valise dans chaque main pour faire contrepoids.* ❷ Ce qui compense l'effet de quelque chose. *La douceur de sa mère fait contrepoids à la sévérité de son père.*

contrepoison **n.m.** Substance qui neutralise les effets d'un poison. *Le blanc d'œuf, le lait, le café peuvent servir de contrepoison.* SYN. antidote.

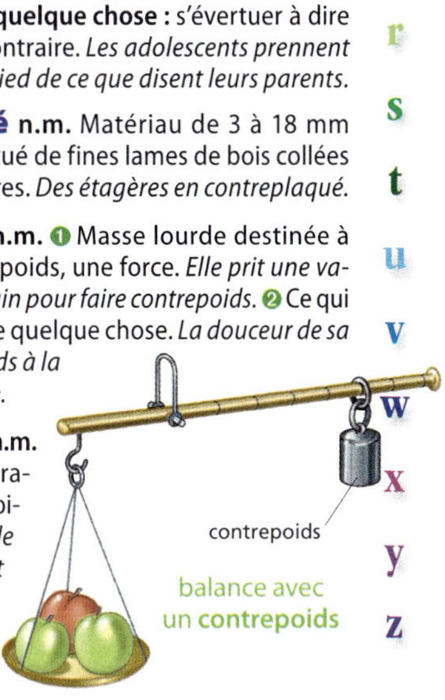

balance avec un contrepoids

A B C D E F G H I J K L M N O P Q R S T U V W X Y Z

contrer v. (CONJUG. 3). *Contrer un projet, une proposition*, c'est s'y opposer.

contresens n.m. Mauvaise interprétation du sens d'un mot. *Il a fait un contresens en traduisant le texte anglais.* • **À contresens :** dans le sens opposé au sens normal. *Un automobiliste ivre a pris l'autoroute à contresens.*

contretemps n.m. ❶ Incident qui vient retarder la réalisation d'un projet ou le déroulement normal des événements. *Sans ce contretemps, nous aurions fini depuis longtemps.* ❷ En musique, procédé rythmique qui consiste à attaquer un son sur le temps faible et non sur le temps fort. • **À contretemps :** mal à propos, au mauvais moment.

contribuable n. Personne qui paie des impôts.
HISTOIRE DU MOT Vient de *contribuer*.

contribuer v. (CONJUG. 3). Apporter sa part à quelque chose, participer à une action. *Voulez-vous contribuer à l'achat du cadeau pour notre professeur ?* SYN. participer.

contribution n.f. Le fait de contribuer à quelque chose ; aide apportée par quelqu'un à une action, une dépense commune. *Elle a apporté sa contribution à l'achat de la bicyclette.* SYN. écot, participation. • **Les contributions :** en France, les impôts. • **Mettre quelqu'un à contribution :** lui demander son aide.

contrit, e adj. *Avoir l'air contrit*, c'est avoir l'air ennuyé, désolé de l'erreur qu'on a commise. *Il a avoué sa faute d'un air contrit.* SYN. confus, navré.
▸ REM. Ce mot appartient à la langue soutenue.

contrôle n.m. ❶ Le fait de contrôler, de vérifier quelque chose. *La police peut faire des contrôles d'identité. Il n'y a pas eu de contrôle des billets dans le train.* ❷ Le fait de maîtriser son comportement, de diriger quelque chose. *La colère lui a fait perdre le contrôle de lui-même. Malgré le verglas, elle a gardé le contrôle de son véhicule. Ce groupe de presse a pris le contrôle de la nouvelle chaîne de télévision.* ❸ Devoir fait en classe pour contrôler les connaissances des élèves. *Un contrôle d'histoire.* SYN. interrogation écrite.
HISTOIRE DU MOT Vient de l'ancien français *contrerole* qui signifiait « registre tenu en double ».

contrôler v. (CONJUG. 3). ❶ Vérifier le bon fonctionnement de quelque chose, la validité d'un document. *Avant le décollage, le pilote contrôle les instruments de bord.* SYN. vérifier. ❷ Exercer une surveillance, le pouvoir sur un secteur, un groupe. *Les policiers contrôlaient toute la région.* ◆ **se contrôler** v.pron. Garder son sang-froid. *Devant les enfants, essayez de vous contrôler un peu.* SYN. se maîtriser.

contrôleur, euse n. Employé chargé d'exercer une vérification, un contrôle. *Le contrôleur du train a poinçonné nos billets.*

contrordre n.m. Ordre qui vient en annuler un autre. *Il y a un contrordre, nous ne partons plus. Sauf contrordre, je serai là demain.*

controverse n.f. Discussion qui s'élève entre des personnes d'avis différents. *Sa découverte a déclenché une vive controverse dans la presse.* SYN. débat.

controversé, e adj. Qui fait l'objet d'une controverse, qui est contesté. *L'authenticité de ces manuscrits a longtemps été controversée.* SYN. discuté.

contusion n.f. Bleu, bosse, meurtrissure, plaie causés par un coup, un choc sans qu'il y ait ni blessure grave ni fracture. *Ils se sont sortis de l'accident avec de simples contusions.*

convaincant, e adj. Qui est capable de persuader, de convaincre. *Il a été si convaincant que j'ai accepté.*
▸ REM. Ne pas confondre l'adjectif *convaincant* et le participe présent de *convaincre*.

convaincre convainquant, convaincu v. (CONJUG. 79). Amener à reconnaître la vérité, la justesse, le bien-fondé de quelque chose. *Ses arguments étaient logiques, ils m'ont convaincu. Je l'ai convaincu de renoncer à son projet.* SYN. persuader.

convaincu, e adj. Qui croit fortement en quelque chose, qui en est persuadé. *Je suis convaincu que ce séjour vous fera du bien* (= j'en suis sûr).

convalescence n.f. Période après une maladie, pendant laquelle on se rétablit progressivement. *Lucie est en convalescence à la campagne.*

convalescent, e adj. et n. Qui est en convalescence.

convenable adj. ❶ Qui respecte les bonnes manières et les convenances. *Je ne trouve pas sa conduite très convenable.* SYN. correct. CONTR. inconvenant. ❷ Qui est suffisant sans être extraordinaire ; qui convient. *Elle a un salaire tout à fait convenable.* SYN. acceptable, correct.

convenablement adv. Comme il faut, de manière convenable. *Tiens-toi convenablement, s'il te plaît !* SYN. bien, correctement. CONTR. mal. *Je ne me plains pas, je suis payée convenablement.*

convenance n.f. (Surtout au plur.) Les règles de bonne conduite et de bienséance en société. *Mon grand-père était très respectueux des convenances.* • **À votre convenance :** selon votre goût. *Salez et poivrez à votre convenance.*

1 convenir convenant, convenu v. (CONJUG. 20). ❶ Aller avec quelque chose, lui être approprié. *Pour chaque tâche, il faut prendre l'outil qui convient.* ❷ Aller à quelqu'un, le satisfaire, lui plaire. *Votre proposition me convient tout à fait, je suis d'accord.*

2 convenir convenant, convenu v. (CONJUG. 20). ❶ Reconnaître quelque chose, l'admettre. *Il a bien voulu convenir de son erreur. Je conviens que j'avais vu un peu grand !* SYN. admettre, avouer. ❷ Se mettre d'accord sur quelque chose. *Nous avons convenu d'un jour pour aller au cinéma.* SYN. décider. *Il est convenu que nous ne rentrerons pas après minuit* (= il est entendu).
▸ REM. Au sens 2 on utilise l'auxiliaire *être* dans une langue soutenue : *Comme nous étions convenus, la réunion aura lieu jeudi.*

convention **n.f.** ❶ Accord passé entre des personnes, des sociétés, des pays, qui contient un certain nombre de règles que les signataires doivent respecter. ❷ Règle arbitraire que tout le monde admet. *On représente le danger par un point d'exclamation sur les panneaux de signalisation, c'est une convention, on pourrait utiliser un autre dessin.* • **Conventions sociales :** ensemble des règles de bonne conduite, de bienséance (= les convenances). • **La Convention** → VOIR noms propres.

conventionnel, elle **adj.** ❶ Qui résulte d'une convention, d'une règle arbitraire admise par tous. *Les dessins employés sur les cartes de géographie sont des signes conventionnels.* ❷ Qui respecte strictement les conventions sociales, et manque donc de naturel, de spontanéité. *Elle m'a écrit une lettre très conventionnelle pour me remercier.*

convenu, e **adj.** • **Comme convenu :** selon notre accord. *Je viens vous chercher demain à 8 h, comme convenu.* SYN. prévu.

convergence **n.f.** Le fait de converger, d'aboutir au même point, au même résultat. *Il y a une réelle convergence d'idées entre eux.*

convergent, e **adj.** Qui tend vers un même but, un même résultat. *Des efforts convergents.*

converger **convergeant, convergé v.** (CONJUG. **5**). ❶ Se diriger vers un même point. *Place Charles-de-Gaulle, à Paris, douze avenues convergent vers l'Arc de Triomphe. Tous les regards convergeaient sur lui.* ❷ Aboutir au même résultat, à la même conclusion. *Sur ce point, les opinions de tous les spécialistes convergent.* CONTR. diverger.

conversation **n.f.** Ensemble de propos tenus par deux ou plusieurs personnes. *J'ai eu une longue conversation avec Gilles à propos de son voyage en Afrique.* SYN. entretien. *La conversation était très animée.* SYN. discussion. • **Avoir de la conversation :** savoir parler agréablement et de façon intéressante.

converser **v.** (CONJUG. **3**). Parler avec quelqu'un, avoir une conversation avec lui. *Le ministre a longuement conversé avec l'attaché d'ambassade* (= s'est entretenu avec lui).
▸ REM. Ce mot appartient à la langue soutenue.

conversion **n.f.** ❶ Changement de religion, ou passage de l'athéisme à la foi. ❷ Le fait d'exprimer un nombre, une grandeur, dans une unité différente. *Je ne sais pas faire la conversion d'heures en minutes.*

convertible **adj.** ❶ *Une monnaie convertible* peut s'échanger contre une autre. ❷ *Un meuble convertible* peut être transformé pour un autre usage. *Un canapé convertible se transforme en lit.*

convertir **convertissant, converti v.** (CONJUG. **16**). ❶ Amener quelqu'un à la foi religieuse ou le faire changer de religion, de conduite, d'opinion. *Les missionnaires cherchaient à convertir les populations à la religion chrétienne.* ❷ Exprimer un nombre, une grandeur, en une autre unité. *Convertir mille euros en dollars.* ❸ Adapter une chose à un autre usage, la transformer complètement. *On a converti le débarras en salle de jeu pour les enfants.* ◆ **se convertir** **v.pron.** Choisir une religion ou en changer. *Elle s'est convertie à l'islam.*

convertisseur **n.m.** Calculatrice qui fait la conversion entre deux monnaies, notamment entre les euros et les anciennes monnaies des pays de l'Union européenne.

convexe **adj.** Dont la surface est bombée, courbe. *Quand on se regarde dans un miroir convexe, on se voit petit et très gros.* CONTR. concave.

conviction **n.f.** ❶ Sentiment d'une personne qui est convaincue de quelque chose. *J'ai la conviction que nous ne le reverrons pas de sitôt.* SYN. certitude. ❷ Conscience que l'on a de l'importance de ce que l'on fait, de ce que l'on dit. *Jouer son rôle avec conviction. Elle s'est mise au travail sans conviction.* ❸ (Souvent au plur.) Ce à quoi l'on croit, les croyances. *Il a des convictions religieuses que je ne partage pas.* • **Pièce à conviction :** objet qui peut convaincre de la culpabilité d'un accusé.

convier **v.** (CONJUG. **7**). Inviter quelqu'un à prendre part à quelque chose. *Vous êtes tous chaleureusement conviés au vin d'honneur offert par la mairie.*

convive **n.** Personne qui prend part à un repas en compagnie d'autres personnes. *La maîtresse de maison pria les convives de passer à table.*

convivial, ale, aux **adj.** Qui favorise les échanges, les bonnes relations entre les personnes. *Une soirée très conviviale.*

HISTOIRE DU MOT Vient du latin *convivere* qui signifie « vivre, manger avec ».

convocation **n.f.** ❶ Lettre par laquelle on demande à quelqu'un de se présenter quelque part. *J'ai reçu ma convocation pour l'examen.* ❷ Le fait de convoquer des personnes, de les appeler à se réunir. *Louis XVI décida la convocation des États généraux en mai 1789.*

convoi **n.m.** ❶ Ensemble de véhicules de transport qui ont la même destination, qui font route ensemble. *Attention, convoi exceptionnel !* ❷ Train. *Le convoi va entrer en gare.* • **Convoi funèbre :** cortège qui suit le corbillard.

convoiter **v.** (CONJUG. **3**). Désirer fortement posséder quelque chose, le vouloir avec avidité. *L'héritage que Gaétan convoitait depuis toujours lui a échappé.*

convoitise **n.f.** Désir intense de posséder quelque chose. *Quand le père Noël entra avec ses jouets, les yeux des enfants brillèrent de convoitise.*

convoquer **v.** (CONJUG. **3**). ❶ Demander impérativement ou officiellement à quelqu'un de se présenter quelque part. *Le tribunal a convoqué les témoins. Marion a été convoquée chez le conseiller d'éducation.* ❷ Appeler à se réunir. *Convoquer une assemblée générale.*

A B C D E F G H I J K L M N O P Q R S T U V W X Y Z

convoyer **v.** (CONJUG. 14). Escorter, accompagner des véhicules, des personnes, des marchandises, etc., pour les surveiller ou les protéger. *Des bénévoles convoient les blessés vers l'hôpital. Convoyer de l'or de Paris à Marseille.*

HISTOIRE DU MOT Vient du latin *conviare* qui signifie « faire route avec ».

convoyeur, euse **n.** • **Convoyeur de fonds :** personne chargée d'accompagner et de surveiller un transport d'argent.

convulsif, ive **adj.** Nerveux, saccadé. *Des gestes convulsifs.*

convulsion **n.f.** Contraction involontaire, violente, saccadée des muscles, qui apparaît au cours de certaines maladies. *Les crises d'épilepsie se manifestent notamment par des convulsions.*

coolie **n.m.** Nom donné aux porteurs en Chine et en Inde.
▶ REM. C'est un mot anglais : *-oo-* se prononce [u].

coopérant, e **n.** Personne qui, au titre de la coopération, est mise au service d'un pays en voie de développement.

coopératif, ive **adj.** Qui participe volontiers à un travail, à un effort commun ; qui est prêt à aider. *Quand on a tourné le film, les habitants du village se sont montrés très coopératifs.*
▶ REM. Ne pas confondre avec *coopérant.*

coopération **n.f.** ❶ Participation à un travail commun. *Nous avons besoin de votre coopération pour réussir notre entreprise.* SYN. aide, collaboration. ❷ Aide économique, technique, culturelle apportée à certains pays en voie de développement.

coopérative **n.f.** Association de producteurs, de commerçants qui se regroupent pour que les coûts soient moins élevés et, par conséquent, les produits moins chers. *Une coopérative agricole.*

coopérer **v.** (CONJUG. 9, ✎ *10*). Travailler ensemble à quelque chose. *Dans cette affaire, la police et l'armée ont coopéré.* SYN. collaborer.

coordination **n.f.** Le fait de coordonner des actions, des activités. *La coordination des recherches est indispensable aux progrès de la science.* • **Conjonction de coordination :** mot qui sert à relier, à coordonner deux mots, deux groupes de mots ou deux propositions ayant la même fonction dans la phrase. *« Mais, ou, et, donc, or, ni, car » sont des conjonctions de coordination.*

coordonnées **n.f.plur.** Les indications qui permettent de joindre quelqu'un, comme son adresse, son numéro de téléphone. *Laissez-moi vos coordonnées, je vous rappellerai.* • **Coordonnées géographiques :** indications de la longitude et de la latitude qui permettent de repérer un point du globe à partir d'un méridien et de l'équateur.

coordonner **v.** (CONJUG. 3). ❶ Relier des actions, des choses entre elles, les organiser afin de parvenir à un but déterminé. *Un groupe de bénévoles s'est chargé de coordonner les secours.* ❷ Combiner des gestes entre eux pour parvenir à un résultat. *Pour nager, il faut parvenir à coordonner ses mouvements.* ❸ Lier, réunir des mots, des propositions par une conjonction de coordination. *« Et » peut servir à coordonner deux verbes, comme dans « manger et dormir ».*

copain **n.m., copine** **n.f.** (Familier) Bon camarade de jeu, de classe, de travail, etc. *Je vais retrouver les copains à la piscine.*

HISTOIRE DU MOT Vient du latin *companio* qui signifie « celui avec lequel on partage son pain » et que l'on retrouve dans *compagnon.*

copeau **n.m.** Petit morceau de bois ou de métal détaché par le rabot ou un autre instrument tranchant. *L'atelier du menuisier était jonché de copeaux.*

copie **n.f.** ❶ Reproduction exacte de quelque chose. *Le notaire a fait parvenir une copie de l'acte de vente à son client.* SYN. double, duplicata. CONTR. original. *Le tableau volé n'était qu'une copie.* SYN. faux, imitation. ❷ Feuille de papier double sur laquelle les écoliers font leurs devoirs. *Des copies à petits carreaux.* ❸ Devoir d'élève fait sur ces feuilles. *Le professeur corrige les copies.*

copier **v.** (CONJUG. 7). ❶ Reproduire exactement un texte, un dessin, un modèle, etc. *Pour s'exercer, Francine copie les dessins du livre.* ❷ Tricher en classe en s'inspirant du devoir de son voisin. *Vous avez copié, vous aurez zéro.* ❸ Imiter quelqu'un, faire comme lui. *Il copie tout le temps son grand frère !*

copieur, euse **n.** Personne qui copie quelqu'un ; élève qui copie sur son voisin. ◆ **copieur** **n.m.** Photocopieur.

copieusement **adv.** En grande quantité, beaucoup. *Jacques s'est copieusement servi de mousse au chocolat.* SYN. abondamment.

copieux, euse **adj.** Où il y a beaucoup de choses, qui est abondant. *Un repas copieux.* CONTR. frugal.

copilote **n.** Pilote qui assiste le premier pilote d'un avion.

copine **n.f.** → **copain**

copiste **n.** Au Moyen Âge, personne qui copiait les manuscrits.

ENCYCLOPÉDIE Avant l'invention de l'imprimerie, tous les livres étaient *manuscrits.* Dans l'Antiquité, les *scribes* étaient des esclaves lettrés dont les talents étaient fort recherchés. Au Moyen Âge, les moines remplirent ces fonctions : ils copiaient les textes sacrés ou religieux, mais aussi les textes profanes, et c'est souvent grâce à eux que les œuvres des auteurs de l'Antiquité grecque et romaine nous sont parvenues.

coproduction **n.f.** Production d'un film ou d'un spectacle assurée par plusieurs producteurs, généralement de pays différents. *Une coproduction franco-italienne.*

copropriétaire **n.** Personne qui est propriétaire avec d'autres d'une maison, d'un immeuble, etc. *Le syndic de l'immeuble a convoqué les copropriétaires à l'assemblée générale.*

copropriété **n.f.** *Un immeuble en copropriété* appartient en commun à plusieurs personnes.

coq **n.m.** ❶ Oiseau de basse-cour qui est le mâle de la poule, et dont la tête est ornée d'une grande crête rouge dentelée. *Le coq chante à l'aube.* ❷ Nom donné au mâle d'autres oiseaux. *Le coq faisan.* • **Être comme un coq en pâte :** être gâté, dorloté. • **Le coq gaulois :** un des emblèmes de la nation française. • **Passer du coq à l'âne :** dans une conversation, sauter d'un sujet à l'autre, sans raison.

coque **n.f.** ❶ Enveloppe de certains fruits. *Coque de noix, de noisette.* SYN. coquille. ❷ Petit coquillage comestible qui vit enfoui dans le sable des plages. ❸ La partie extérieure d'un navire. *Il repeint tous les ans la coque de son voilier.* • **Œuf à la coque :** œuf que l'on mange à peine cuit dans sa coquille.

coque

coquelet **n.m.** Jeune coq. *Il a préparé un coquelet au vin blanc.*

coquelicot **n.m.** Plante de l'espèce du pavot, très commune dans les champs, et qui a une fleur d'un rouge vif.

HISTOIRE DU MOT Ce mot est fait d'une onomatopée rappelant le cri du coq, car la couleur rouge de cette fleur rappelle celle de la crête du coq.

coqueluche **n.f.** ❶ Maladie contagieuse qui atteint surtout les enfants et qui se manifeste par des quintes de toux violentes. ❷ (Familier) Personne très admirée, en vogue, dont tout le monde est fou. *Renaud est la coqueluche du quartier.*

coquerelle **n.f.** Au Canada, cafard, blatte.

coquet, ette **adj.** ❶ Qui aime plaire par son élégance. *Voyez le soin qu'il prend à choisir ses cravates, il est très coquet !* ❷ Qui est joli et soigné. *Avec leurs géraniums à toutes les fenêtres, ces villages sont très coquets.* ❸ *Une coquette somme d'argent* est assez considérable.

HISTOIRE DU MOT Vient de *coq*.

coquetier **n.m.** Petite coupe étroite qui sert à manger un œuf à la coque.

coquetterie **n.f.** Désir de plaire, d'attirer le regard sur soi par le soin que l'on porte à sa manière de s'habiller. *Marie s'habille avec coquetterie.* • (Familier) **Avoir une coquetterie dans l'œil :** loucher légèrement d'un œil.

coquillage **n.m.** Nom donné à tout mollusque qui porte une coquille. *Nous ramassons des coquillages, à marée basse, sur la plage.*

coquille **n.f.** ❶ Enveloppe calcaire qui recouvre le corps de divers animaux comme les huîtres, les moules, les escargots, etc. ❷ Enveloppe calcaire de l'œuf des oiseaux. ❸ Enveloppe dure de certains fruits. *La coquille d'une noix, d'une noisette.* • **Coquille Saint-Jacques :** mollusque marin qui peut se propulser en refermant ses valves, et dont la chair est très appréciée.

coquillette **n.f.** Pâte alimentaire en forme de petit tube courbe. *Des coquillettes au beurre.*

coquin, e **n.** et **adj.** Nom donné par affection à un enfant espiègle et malicieux. *Petit coquin, où t'étais-tu caché ?* ◆ **adj.** Vif et rieur. *Des yeux coquins.* SYN. malicieux.

1 **cor** **n.m.** Instrument de musique à vent, en cuivre ou en laiton, qui est fait d'un tube enroulé sur lui-même et terminé par un pavillon évasé. • **À cor et à cri :** avec beaucoup de bruit et d'insistance. *Les révolutionnaires ont réclamé le roi à cor et à cri.* • **Cor de chasse :** trompe employée dans les chasses à courre.

HISTOIRE DU MOT Vient du latin *cornu* qui signifie « corne », parce que cet instrument a remplacé les anciennes trompes de chasse qui étaient des cornes de ruminants.

2 **cor** **n.m.** ❶ Branche du bois d'un cerf. ❷ Durillon sur les doigts de pied.

corail **n.m.** (PLUR. : **coraux**). ❶ Animal des mers chaudes à squelette de calcaire, vivant en colonies. ❷ Matière calcaire produite par les coraux et utilisée en bijouterie pour ses teintes allant du rouge au blanc. *Un collier de corail.* ◆ **adj.invar.** et **n.m.invar.** D'un rouge orangé. *Des chemises corail.*

ENCYCLOPÉDIE Les coraux sont constitués de petits tubes (les polypes) munis de tentacules avec lesquels ils attrapent leurs proies. Ils sont fixés à une base, appelée « squelette », dans laquelle ils peuvent pénétrer. Les squelettes sont parfois si grands qu'ils forment des récifs.

corallien, enne **adj.** Formé de coraux. *Des récifs coralliens.*

Coran **n.m.** Livre sacré de l'islam. → VOIR noms propres.

coranique **adj.** Du Coran. *Dans les écoles coraniques, on étudie le Coran.*

champ de **coquelicots**

A B C D E F G H I J K L M N O P Q R S T U V W X Y Z

corbeau **n.m.** ❶ Grand oiseau au plumage et au bec noirs qui se nourrit de charognes, de petits animaux et de fruits. ❷ Nom donné couramment à un certain nombre d'oiseaux passereaux à plumage noir, tels que la corneille, le choucas, le freux, etc. Cri : le corbeau croasse.

corbeille **n.f.** ❶ Petit panier de vannerie, de plastique, etc., généralement sans anse, servant à divers usages ; son contenu. *Une corbeille à pain.* ❷ Dans certains théâtres, balcon situé au-dessus des fauteuils d'orchestre.

corbillard **n.m.** Voiture dans laquelle on transporte les morts au cimetière. *Autrefois, les corbillards étaient tirés par des chevaux.*

HISTOIRE DU MOT D'après certains, vient du nom de la ville de *Corbeil* ; en effet, les « corbillards » ou « corbeillats » étaient de grandes barques plates qui transportaient sur la Seine la farine et le pain des moulins de Corbeil jusqu'à Paris. Lors d'une épidémie de peste, on a utilisé ces bateaux pour transporter les corps des pestiférés et, depuis, on a gardé le mot *corbillard* pour désigner la voiture qui transporte les morts.

cordage **n.m.** Grosse corde ou câble qui sert à la manœuvre d'un bateau.

corde **n.f.** ❶ Ensemble de fils (textiles, métalliques, en Nylon, etc.) tordus ensemble et servant à divers usages. *Une corde à linge en Nylon. Une corde à sauter. Grimper à la corde.* ❷ Gros fil, fait autrefois d'un boyau, aujourd'hui de métal, de Nylon, etc., qui est tendu sur certains objets ou instruments. *Les cordes d'une raquette de tennis. Le violon est un instrument à cordes frottées. La guitare est un instrument à cordes pincées. Le piano est un instrument à cordes frappées.* • **Cordes vocales :** les deux membranes musculaires, situées dans le larynx, qui permettent de produire des sons. • **Avoir plusieurs cordes à son arc :** avoir plusieurs possibilités d'agir, avoir plusieurs talents. • **Être sur la corde raide :** être dans une situation très risquée. • **Tirer sur la corde :** exagérer, abuser d'une situation. • **Usé jusqu'à la corde :** très usé. ◆ **cordes** **n.f.plur.** ❶ Dans un orchestre, les instruments à cordes frottées, comme le violon, le violoncelle, par opposition aux *bois* et aux *cuivres*. ❷ Les limites d'un ring.

cordeau **n.m.** Petite corde tendue entre deux piquets pour faire des plantations en ligne droite. • **Fait, tiré au cordeau :** fait très régulièrement, impeccablement, mais sans fantaisie.

cordée **n.f.** Groupe d'alpinistes qui, par mesure de sécurité, sont attachés à la même corde lors d'une ascension.

cordelette **n.f.** Corde fine.

cordial, ale, aux **adj.** Qui exprime une sympathie franche et chaleureuse. *Un accueil cordial. Les deux hommes ont échangé une cordiale poignée de main.*

HISTOIRE DU MOT Vient du latin *cordis* qui signifie « cœur ».

cordialement **adv.** De façon cordiale, franche et amicale. *Il nous a reçus très cordialement.*

cordialité **n.f.** Manière d'être d'une personne cordiale, amicale, chaleureuse. *Ils nous ont reçus avec cordialité.* SYN. chaleur. CONTR. froideur.

cordillère **n.f.** Nom que l'on donne, notamment dans les pays de langue espagnole, à une chaîne de montagnes. *La cordillère des Andes.*

cordon **n.m.** ❶ Cordelette avec laquelle on attache, on suspend, on tire quelque chose. *Les cordons d'un tablier. Les cordons du rideau.* ❷ Ligne, rangée de personnes. *Un cordon de police barre la rue.* • **Cordon ombilical :** canal qui contient les vaisseaux qui unissent le fœtus au placenta, permettant ainsi de nourrir le fœtus. • **Tenir les cordons de la bourse :** surveiller de près les dépenses qui sont faites par une famille, un groupe.

cordon-bleu **n.m.** (PLUR. : **cordons-bleus**). Personne qui fait particulièrement bien la cuisine. *Cette cuisinière est un cordon-bleu, j'aime manger chez elle.*

cordonnerie **n.f.** Le métier du cordonnier ; la boutique où il exerce son métier.

cordonnier, ère **n.** Artisan qui répare les chaussures.

HISTOIRE DU MOT Vient de l'ancien français *cordoan* qui signifiait « cuir de Cordoue » ; en effet, cette ville d'Espagne était très célèbre pour son travail du cuir.

coréen, enne **adj.** et **n.** De la Corée. *Une voiture de fabrication coréenne.* ◆ **coréen** **n.m.** Langue parlée en Corée.

▸ REM. Quand il désigne une personne, le mot prend une majuscule : *un Coréen, une Coréenne.*

coriace **adj.** ❶ *Une viande coriace* est très dure à mâcher, à couper. CONTR. tendre. ❷ (Familier) *Une personne coriace* est dure et tenace, et ne cède pas facilement.

coriandre **n.f.** Plante à fleurs blanches dont le fruit séché sert de condiment, et dont on extrait une huile utilisée en pâtisserie ainsi qu'en parfumerie.

▸ REM. Ce mot est du féminin.

cormoran **n.m.** Oiseau palmipède marin, long de 60 à 80 cm, au plumage sombre, que l'on trouve près des côtes rocheuses où il construit son nid. *Le cormoran est un excellent plongeur.*

grand cormoran

cornemuse

cornac n.m. Celui qui est chargé de soigner et de conduire un éléphant. *Le cornac est armé d'un long bâton terminé en crochet.*

HISTOIRE DU MOT C'est un mot d'une langue indienne qui signifiait « dompteur d'éléphant ».

corne n.f. ❶ Organe dur et pointu qui pousse, le plus souvent par paire, sur la tête de certains animaux. *Le taureau, l'antilope, le bouquetin, la girafe ont des cornes. Le rhinocéros d'Asie n'a qu'une seule corne sur le museau.* ❷ Organe pair en forme de corne. *Cornes d'escargot, d'insectes.* ❸ Matière dure tirée de la corne des animaux, dont on fabrique certains objets. *Un chausse-pied, un peigne en corne. Un couteau à manche de corne.* ❹ Trompe en métal ou en corne qui sert à avertir ou à appeler. ❺ Partie pointue d'une chose. *Cornes de la lune.* ❻ Pli fait au coin d'une page. *Pour retrouver l'endroit où elle s'est arrêtée, elle a fait une corne à la page.* • **Corne de brume** : avertisseur sonore dont se servent les marins par temps de brume.

cornée n.f. Membrane bombée et transparente, située à l'avant du globe de l'œil.

corneille n.f. Oiseau de la famille du corbeau, mais plus petit, au plumage tout noir. Cri : la corneille craille. *La corneille est omnivore mais se nourrit surtout d'insectes et de petits rongeurs.*

cornemuse n.f. Instrument de musique à vent fait de plusieurs tuyaux percés de trous et d'une poche à air en peau de mouton, dont on joue surtout en Bretagne, en Irlande, en Écosse.

1 **corner** v. (CONJUG. 3). *Corner une page*, c'est en plier le coin pour retrouver l'endroit où l'on s'est arrêté dans sa lecture.

2 **corner** n.m. Au football, faute d'un joueur qui envoie le ballon derrière sa ligne de but.
▸ REM. On prononce [kɔrnɛr].

HISTOIRE DU MOT C'est un mot anglais qui signifie « coin ».

cornet n.m. ❶ Sachet en papier en forme de cône ; contenu de ce sachet. *Un cornet de dragées. Un cornet de frites.* ❷ Cône en gaufrette sur lequel on présente une ou plusieurs boules glacées. ❸ En Suisse, sac en papier ou en plastique. ❹ Gobelet dans lequel on agite les dés avant de les lancer. • **Cornet à pistons** : instrument de musique à vent proche de la trompette.

corn flakes n.m.plur., ✎ ***cornflake*** *n.m.* Préparation alimentaire faite de flocons de semoule de maïs grillés. *Au petit déjeuner, j'ai mangé des corn flakes avec du lait et du sucre.*
▸ REM. 1. On prononce [kɔrnflɛks]. 2. Au Canada, *Corn Flakes* est une marque déposée.

HISTOIRE DU MOT C'est un mot américain, formé de *corn*, qui signifie « maïs », et de *flake*, qui signifie « flocon ».

corniche n.f. ❶ Moulure qui surplombe le sommet d'un édifice, d'un bâtiment, d'un meuble, etc. *La corniche d'une armoire.* ❷ Route taillée à flanc de montagne, qui longe des précipices ou qui surplombe la plaine, la mer.

corniche

cornichon n.m. Petit concombre que l'on consomme comme condiment, après l'avoir fait macérer dans du vinaigre.

cornu, e adj. Qui porte des cornes. *Un petit diable cornu.*

cornue n.f. Récipient rond, au long col recourbé, qui sert en chimie à la distillation. *Le laboratoire était plein de cornues et d'alambics.*

corolle, ✎ ***corole*** n.f. Ensemble des pétales d'une fleur.

HISTOIRE DU MOT Vient du latin *corolla* qui signifie « petite couronne ».

coron n.m. Groupe de maisons de mineurs.

coronaire adj. et n.f. • **Artère coronaire** : chacune des deux artères qui partent de l'aorte et apportent au cœur le sang nécessaire à son fonctionnement.

corporation n.f. ❶ En France, avant la Révolution, association d'artisans ou de marchands qui regroupait toutes les personnes appartenant au même corps de métier. ❷ Aujourd'hui, ensemble des personnes qui exercent la même profession. *La corporation des enseignants.*

ENCYCLOPÉDIE Les marchands (orfèvres, drapiers, épiciers, etc.) et les artisans (bouchers, menuisiers, serruriers, etc.) étaient organisés jusqu'au XVIIIe siècle en corporations, appelées *métiers*, qui avaient chacune leurs règles et leur administration. On y distinguait les *maîtres*, les *compagnons* et les *apprentis*. Pour devenir maître, il fallait avoir produit un chef-d'œuvre. Les corporations ont été abolies en 1791.
→ VOIR AUSSI **confrérie.**

corporatisme n.m. Attitude de ceux qui défendent exclusivement les intérêts de la profession à laquelle ils appartiennent.

A B C D E F G H I J K L M N O P Q R S T U V W X Y Z

corporel, elle adj. Qui concerne le corps humain. *Les soins corporels.*

corps n.m. ❶ La partie matérielle d'une personne ou d'un animal, siège des fonctions physiologiques. *Le corps humain comprend la tête, le tronc, les quatre membres. Le corps souple des félins. On a retrouvé son corps sur la plage* (= cadavre). ❷ Le tronc, par opposition aux membres et à la tête. *Il porte des tatouages sur le corps et sur les bras.* ❸ Dans les sciences, nom qu'on donne à tout objet, à toute substance. *Les étoiles et les planètes sont des corps célestes. L'eau est un corps liquide, l'air est un corps gazeux.* ❹ La partie principale de quelque chose. *Le corps d'une lampe.* ❺ Ensemble de personnes qui ont la même activité ou qui jouent le même rôle. *Le corps médical. Le corps enseignant. Le corps électoral* (= les électeurs). ❻ Ensemble de militaires formant une unité autonome. *Les soldats doivent rejoindre leur corps.* • **À corps perdu :** de toutes ses forces, avec ardeur. *Il s'est jeté à corps perdu dans la lutte.* • **Corps et âme :** de tout son être. *Mon médecin se donne corps et âme à son travail.* SYN. sans réserve. • **Prendre corps :** prendre de la consistance, devenir réel. *Le projet commence à prendre corps* (= prendre tournure).

corps-à-corps n.m.invar. Combat serré entre des adversaires qui se battent à mains nues.

corpulence n.f. Taille et grosseur plus ou moins importantes d'un corps humain. *L'homme recherché par la police est de corpulence moyenne.*

corpulent, e adj. Qui a une forte corpulence, qui est gros et grand. *Son père est plutôt corpulent.* SYN. gros. CONTR. mince.

corpuscule n.m. Très petit élément de la matière. *Les poussières que l'on voit voltiger dans un rayon de soleil sont des corpuscules.*

correct, e adj. ❶ Conforme aux règles, sans fautes. *L'orthographe de ce mot est-elle correcte ?* SYN. exact. *Ce calcul n'est pas correct.* SYN. juste. CONTR. faux. ❷ Qui respecte les règles de la politesse, les convenances. *Il serait plus correct de vous excuser.* SYN. convenable, poli. ❸ Qui est acceptable sans être extraordinaire. *Votre devoir est correct, sans plus.* SYN. passable.

correctement adv. Sans fautes, comme il faut. *Hans parle très correctement le français.* SYN. bien, convenablement.

correcteur, trice adj. Qui corrige, rectifie un défaut. *Verres correcteurs, lunettes correctrices.* ◆ **n.** Personne qui corrige des épreuves, des textes.

correction n.f. ❶ Le fait de corriger un texte, une épreuve. *Nous allons passer à la correction de l'exercice.* ❷ Annotation, remarque, rectification portées sur un texte corrigé. *Les corrections sont en rouge.* ❸ Opération par laquelle on rectifie un défaut physique. *La correction de la vue par des lunettes.* ❹ Volée de coups donnée pour punir quelqu'un. *Tu mériterais une sévère correction.* ❺ Le fait d'être correct dans sa manière de parler, dans son comportement. *Il a toujours fait preuve d'une parfaite correction à mon égard.* SYN. courtoisie, politesse.

corrida

correctionnel, elle adj. • **Tribunal correctionnel :** tribunal chargé de juger les délits, par opposition à la *cour d'assises* qui juge les crimes.
▸ REM. On dit aussi *la correctionnelle* (n.f.).

correspondance n.f. ❶ Échange de lettres entre deux personnes ; l'ensemble des lettres écrites. *Ils ont entretenu une correspondance pendant de longues années. Publier sa correspondance.* ❷ Concordance des horaires entre deux moyens de transport en commun, ce qui permet aux voyageurs de passer d'une ligne à une autre, de changer de direction ; le moyen de transport que l'on prend après avoir quitté le précédent. *J'avais trois minutes pour changer de train, j'ai raté la correspondance.* ❸ Le fait, pour plusieurs choses, de se ressembler, d'avoir des points de concordance. *Il y a une correspondance certaine entre le portrait-robot et cet homme.* SYN. analogie, conformité.

1 **correspondant, e** adj. Qui correspond à quelque chose. *Voici le stylo que vous avez demandé et les cartouches correspondantes.*

2 **correspondant, e** n. Personne avec qui on correspond par courrier, par téléphone, etc. *Marie a une correspondante en Angleterre, elles s'écrivent régulièrement. Ces informations viennent de notre correspondant permanent en Égypte* (= le journaliste avec lequel la rédaction reste en contact).

correspondre correspondant, correspondu v. (CONJUG. 46). ❶ Communiquer par lettres avec quelqu'un. *J'ai longtemps correspondu avec lui.* ❷ Concorder avec quelque chose. *Le grade d'amiral dans la marine correspond à celui de maréchal dans l'armée de terre.* SYN. équivaloir. *Cela correspond tout à fait à ce que je souhaitais.*

corrida n.f. Spectacle de combat entre un homme et un taureau, au cours duquel l'animal est mis à mort par le torero. *La corrida est très répandue en Espagne, dans le sud de la France, au Portugal et en Amérique latine.*
HISTOIRE DU MOT C'est un mot espagnol qui signifie « course ».

corridor n.m. Passage étroit et long sur lequel ouvrent plusieurs pièces d'une maison. SYN. couloir.
HISTOIRE DU MOT Vient de l'italien *corridore* qui signifie « galerie où l'on court ».

corrigé **n.m.** Solution d'un exercice, modèle de devoir rédigé. *Le corrigé d'une dictée, d'un problème.*

corriger **corrigeant, corrigé v.** (CONJUG. **5**). ❶ Supprimer les erreurs d'un texte, d'un exercice. *Corriger une faute d'orthographe. Le professeur a corrigé le devoir* (= a relevé les fautes et l'a noté). ❷ Faire disparaître un défaut moral ou physique, chercher à l'atténuer. *Les lunettes corrigent la vue. Si cela pouvait te corriger de ton insolence !* ❸ Infliger une correction à quelqu'un. *Matthieu s'est fait corriger par son père.* SYN. battre.

corroborer **v.** (CONJUG. **3**). Servir de preuve, de confirmation à une hypothèse, une opinion. *Les derniers indices fournis par les analyses du laboratoire corroborent les soupçons de la police.* SYN. confirmer.
▶ REM. Ce mot appartient à la langue soutenue.

corrompre **corrompant, corrompu v.** (CONJUG. **47**). Détourner de son devoir une personne investie d'une autorité en lui proposant de l'argent, des avantages. *Corrompre un juge.* SYN. soudoyer.

corrosif, ive **adj.** ❶ Qui ronge, brûle les tissus. *Un acide corrosif lui a brûlé la peau.* ❷ Qui blesse cruellement, qui est méchant. *Un humour corrosif.* SYN. caustique, cinglant.

corrosion **n.f.** Oxydation progressive par un liquide ou un gaz. *La rouille résulte de la corrosion.*

corruption **n.f.** Le fait de corrompre moralement quelqu'un ou d'être corrompu. *La tentative de corruption d'un fonctionnaire est punie par la loi.*

corsage **n.m.** Vêtement féminin qui couvre le buste. SYN. chemisier.

corsaire **n.m.** Marin qui poursuivait des navires d'autres pays pour s'emparer de leur cargaison. *Surcouf, Jean Bart sont des corsaires célèbres.*
▶ REM. À la différence d'un *pirate*, qui travaillait pour son propre compte, un *corsaire* travaillait pour le roi, avec son autorisation.

HISTOIRE DU MOT Vient de l'italien *corsaro* qui signifie « pirate qui court sur la mer ».

corse **adj.** et **n.** De Corse. *Les côtes corses.*
▶ REM. Quand il désigne une personne, le mot prend une majuscule : *un Corse, une Corse.*

corsé, e **adj.** Qui a beaucoup de goût, qui est fort. *Un café corsé.*

HISTOIRE DU MOT Vient de *corps. Être corsé,* c'est avoir du « corps », c'est-à-dire une forte consistance.

corser **v.** (CONJUG. **3**). Ajouter à un récit des éléments qui le rendent plus intéressant. *Pour corser son histoire, il a ajouté quelques détails.* SYN. pimenter. ◆ **se corser** **v.pron.** Se compliquer, prendre une tournure délicate. *L'affaire se corse.* SYN. s'aggraver.

corset **n.m.** Sous-vêtement féminin à baleines, qui maintient le buste et la taille.

cortège **n.m.** ❶ Suite de personnes qui accompagnent quelqu'un pour lui faire honneur. *En tête du cortège, une dizaine d'enfants précédaient les mariés. Le cortège funèbre* (= les personnes qui suivent un enterrement). ❷ Groupe de personnes qui défilent dans la rue. *Le cortège des manifestants occupait tout le boulevard.* SYN. défilé.

corvéable **adj.** → **taillable**

corvée **n.f.** ❶ Autrefois, travail gratuit qui était dû par le paysan à son seigneur pour l'entretien des routes, des forêts, etc. *La corvée a été abolie le 4 août 1789.* ❷ Dans une collectivité, tâche accomplie à tour de rôle. *Être de corvée de ravitaillement.* ❸ Travail pénible, rebutant. *La vaisselle, quelle corvée !*

corvette **n.f.** ❶ Autrefois, trois-mâts plus petit que la frégate, armé de canons. ❷ Aujourd'hui, navire de guerre chasseur de sous-marins.

cosaque **n.m.** Autrefois, cavalier de l'armée russe recruté parmi les populations des steppes de la Russie méridionale.

cosmétique **n.m.** et **adj.** Produit de beauté pour la peau, les cheveux. *Les fonds de teint sont des cosmétiques.*

cosmique **adj.** Qui concerne le cosmos. *Le vaisseau spatial partait pour un voyage cosmique.*

cosmonaute **n.** Pilote ou passager d'un vaisseau spatial. *C'est le cosmonaute soviétique Iouri Gagarine qui, le 12 avril 1961, fit le tour de la Terre en 108 minutes.* SYN. astronaute, spationaute.

HISTOIRE DU MOT Vient du grec *kosmos*, « univers », et *nautês*, « navigateur ».

cosmopolite **adj.** *Une ville cosmopolite* est une ville dans laquelle vivent des personnes de nationalités très diverses. *Paris est une ville cosmopolite.*

HISTOIRE DU MOT Vient du grec *kosmopolitês* qui signifie « citoyen du monde ».

cosmos **n.m.** ❶ L'univers dans son ensemble. ❷ L'espace intersidéral, situé hors de l'atmosphère terrestre. *La fusée parcourt le cosmos.*

cosse **n.f.** L'enveloppe qui renferme les graines des petits pois, des haricots, des fèves, des lentilles.

cossu, e **adj.** ❶ Qui vit dans l'aisance. *Une famille cossue.* SYN. riche. ❷ Qui révèle que quelqu'un possède de la fortune. *Une maison cossue.*

HISTOIRE DU MOT Vient de *cosse*, parce qu'un champ rempli de cosses laisse présager une bonne récolte.

cosmonaute sur la Lune (Buzz Aldrin, juillet 1969)

costaud, e adj. et **n.** (Familier) Qui est grand et fort. *Elle est souvent malade, elle n'a jamais été très costaud.* SYN. solide. CONTR. fragile.
▸ REM. Le féminin n'est pas fréquent.

costume n.m. ❶ Tenue vestimentaire masculine composée d'un pantalon, d'une veste, et parfois d'un gilet. *Un costume de flanelle.* SYN. complet. ❷ Habillement qui varie selon l'époque, le pays, les circonstances. *Un costume de Pierrot.* SYN. habit. *Des danseurs en costume régional* → VOIR planche page ci-contre.

costumé, e adj. • **Bal costumé :** bal où tout le monde est déguisé.

cote n.f. ❶ Indication de la valeur d'une marchandise, d'une action, d'une monnaie. *La cote d'un timbre rare.* ❷ Appréciation portée sur la valeur d'une personne, d'une chose. *La cote du Président est en baisse.* SYN. popularité. ❸ Chiffre indiquant une dimension, un niveau, etc., et qui est porté sur un dessin, une carte, un plan. • (Familier) **Avoir la cote :** être très apprécié. • **Cote d'alerte :** situation qui devient critique. *Le niveau de la rivière a atteint la cote d'alerte, il y a risque d'inondation.*
▸ REM. Ne pas confondre avec *côte* ou *cotte.*

1 côte n.f. ❶ Chacun des os qui forment la cage thoracique. *L'homme a douze paires de côtes.* ❷ Grosse nervure des feuilles de certaines plantes. *Les côtes du céleri.* ❸ Ligne en relief de certains tissus, de certains tricots. *Du velours à grosses côtes.* • **Côte à côte :** l'un à côté de l'autre. *Marcher côte à côte.*
▸ REM. Ne pas confondre avec *cote* ou *cotte.*

HISTOIRE DU MOT Vient du latin *costa* qui signifie « côte, côté » et que l'on retrouve dans *accoster, côtier, costaud.*

2 côte n.f. ❶ Pente d'un chemin, d'une colline. *Monter, descendre une côte.* ❷ La partie d'un continent ou d'une île qui borde la mer ; le rivage. *Une côte rocheuse, sablonneuse.*
▸ REM. Ne pas confondre avec *cote* ou *cotte.*

coté, e adj. Qui est très estimé, que l'on apprécie beaucoup. *Un restaurant très coté.*

côté n.m. ❶ La partie droite ou gauche du corps. *Il eut soudain une vive douleur au côté gauche, dans la région du cœur. Je dors toujours sur le côté.* SYN. flanc. ❷ La partie située à droite ou à gauche de quelque chose. *Il faut marcher sur le côté gauche de la route.* ❸ La partie opposée à une autre. *Les deux côtés d'une médaille.* SYN. face. ❹ Chaque segment qui délimite une figure géométrique. *Le carré a quatre côtés égaux.* ❺ Aspect sous lequel apparaît la nature de quelque chose, la personnalité de quelqu'un. *Il ne voit pas le côté pratique des choses. On a tous nos bons et nos mauvais côtés* (= nos qualités et nos défauts). ❻ S'emploie pour indiquer une direction, une position. *De quel côté allez-vous ?* (= dans quelle direction). *Les gens arrivaient de tous côtés* (= de partout). *Dans cette affaire, je suis de ton côté* (= avec toi contre les autres). • **À côté** ou **à côté de :** auprès de. *Pierre habite à côté. Mon dessin n'est pas réussi à côté du tien* (= si on le met à côté, si on le compare au tien). • **Laisser de côté :** ne pas s'occuper de quelque chose ou de quelqu'un. • **Mettre de côté :** garder en réserve de l'argent ou des choses quelconques.

cotillons

coteau n.m. Colline ou versant d'une colline, souvent plantés de vignes.
▸ REM. *Côte* a un accent circonflexe, *coteau* n'en a pas.

côtelé, e adj. • **Velours côtelé :** velours qui présente des côtes dans le sens de la longueur.

côtelette n.f. Côte d'un petit animal de boucherie. *Une côtelette d'agneau.*

coterie n.f. Groupe de personnes qui se soutiennent pour faire passer leurs intérêts avant ceux des autres. SYN. clan.

côtier, ère adj. Qui est près de la côte, en bordure de mer ou près du rivage. *Un fleuve côtier. La navigation côtière.*

cotillons n.m.plur. Confettis, serpentins, etc., que l'on utilise au cours d'une fête.

cotisation n.f. L'action de cotiser ; la somme d'argent versée. *Payer sa cotisation annuelle au club photo.*

cotiser v. (CONJUG. 3). Verser une somme déterminée à un organisme, à une association pour en être membre. *À quelle mutuelle cotisez-vous ?* ◆ **se cotiser v.pron.** Donner, selon ses moyens, une somme d'argent pour faire un cadeau collectif ou un don de solidarité.

fleur de coton

coton n.m. ❶ Les filaments qui recouvrent les graines du cotonnier. ❷ Fil, tissu fait avec ces filaments. *Le coton reste le textile le plus utilisé dans le monde. Des chaussettes en coton.* ❸ Ouate préparée à partir de ces filaments ; morceau de ouate. *Un paquet de coton hydrophile.* • **Élever un enfant dans du coton :** lui donner une éducation trop douillette, en le protégeant de façon excessive. • (Familier) **Filer un mauvais coton :** traverser un moment difficile ou être en mauvaise santé.

cotonnade n.f. Tissu en coton. *Elle portait une robe de cotonnade claire.*

cotonneux, euse adj. Dont l'aspect rappelle le coton. *Un ciel cotonneux* (= couvert de nuages blancs).

cotonnier n.m. Arbuste, originaire de l'Inde, cultivé dans les régions chaudes pour le coton qui entoure sa graine et pour l'huile qu'on tire de cette graine.

A B C D E F G H I J K L M N O P Q R S T U V W X

Antiquité

Proche-Orient

Égypte

Les fonctions du vêtement

La **protection du corps** n'est pas la seule fonction du vêtement : le costume remplit également un **rôle social** et permet de distinguer les individus selon leur âge, leur sexe et leur place dans la société.

Au fil des siècles, le vêtement va dépendre aussi des **prescriptions religieuses**, des **événements politiques** et des **échanges commerciaux**.

Dans l'Antiquité, par exemple, certaines populations adoptent le **vêtement cousu**, tel le pantalon des Gaulois (les braies) ; d'autres, comme les Méditerranéens, le **vêtement drapé** : pagne en lin finement plissé en Égypte, laine en Grèce et à Rome pour le péplum et la toge.

Grèce

Byzance

Rome

XIIIe siècle

Frivolité, austérité, confort

Les fantaisies et les extravagances de la **mode** s'épanouissent surtout dans le costume féminin. Les silhouettes y sont d'une étonnante variété : longilignes au Moyen Âge, rigides et à taille de guêpe à la fin du XVIe siècle, encombrées de larges paniers au XVIIIe siècle. Après la Révolution, la ligne est souple et soulignée par la transparence des voiles et des mousselines.

Les armatures des crinolines et des tournures prennent le relais, mais les unes et les autres ne résisteront pas au mode de vie moderne. Après 1918, les robes raccourcissent, le corset disparaît. Désormais, la notion de **confort** est associée à toute création.

XVIe siècle

XVIIe siècle

XVIIIe siècle

1820

1865

1900

1925

A B C D E F G H I J K L M N O P Q R S T U V W X Y Z

côtoyer v. (CONJUG. 14). Être en contact, en relation avec quelqu'un. *Son métier l'amène à côtoyer des gens célèbres.* SYN. coudoyer, fréquenter.

cottage n.m. Maison de campagne anglaise.
▸ REM. On prononce [kɔtɛdʒ] ou [kɔtaʒ].

cotte n.f. Salopette, bleu de travail. *Une cotte de mécanicien.* • **Cotte de mailles :** tunique faite de mailles de fer entrelacées que portaient les hommes d'armes au Moyen Âge pour se protéger le buste. SYN. haubert.
▸ REM. Ne pas confondre avec *cote* ou *côte.*

cotylédon n.m. Partie d'une graine qui contient les réserves nécessaires au développement de la plante. *Les cotylédons d'une graine de haricot.*

cou n.m. La partie du corps qui relie la tête au tronc. • **Sauter au cou de quelqu'un :** l'embrasser avec fougue. • **Se casser le cou :** se tuer ou se blesser grièvement.

couac n.m. Fausse note ou son discordant émis par un instrument à vent ou par un chanteur.

couard, e adj. et n. Qui est lâche et peureux. SYN. pleutre, poltron.
▸ REM. Ce mot appartient à la langue soutenue.

HISTOIRE DU MOT Vient de l'ancien français *cuard* qui signifiait « qui a la queue basse ».

couchage n.m. • **Sac de couchage :** sac de tissu matelassé dans lequel dorment les campeurs. SYN. duvet.

couchant, e adj. • **Soleil couchant :** soleil sur le point de disparaître à l'horizon. ◆ **couchant** n.m. L'ouest, l'endroit du ciel où le soleil se couche, par opposition au *levant.*

couche n.f. ❶ Épaisseur régulière d'une matière déposée sur une surface. *Il faudra passer une deuxième couche de peinture.* ❷ Disposition d'éléments en niveaux superposés ; chacun de ces niveaux. *L'atmosphère terrestre est composée de plusieurs couches.* ❸ Protection que l'on met entre les jambes des bébés tant qu'ils ne sont pas propres. ❹ Ensemble de personnes appartenant au même milieu social. *Les couches défavorisées de la société.* SYN. classe. ❺ Mot ancien ou littéraire qui signifie « lit ». *Être étendu sur sa couche.* • **Fausse couche :** avortement spontané, accidentel.

couche-culotte n.f. (PLUR. : couches-culottes). Couche jetable en forme de culotte.

1 **coucher** v. (CONJUG. 3). ❶ Allonger, étendre quelqu'un, ou le mettre au lit. *Coucher un blessé sur une civière. Il est grand temps de coucher cet enfant.* CONTR. lever. ❷ Pencher, incliner quelque chose. *Le vent couche les blés.* ❸ Dormir, passer la nuit quelque part. *Coucher à l'hôtel.* ◆ **se coucher** v.pron. ❶ S'allonger, s'étendre, ou se mettre au lit. *Se coucher dans l'herbe.* ❷ Pour le soleil ou la lune, disparaître derrière l'horizon. CONTR. se lever.

2 **coucher** n.m. Le moment où l'on se couche. *C'était un honneur, à Versailles, d'assister au coucher du roi.* • **Coucher de soleil :** moment où le soleil se couche.

couchette n.f. ❶ Banquette pour dormir dans un compartiment de chemin de fer. ❷ Lit dans une cabine de bateau.

couci-couça, ✎ **coucicouça** adv. (Familier) Comme ci, comme ça, à peu près.

1 **coucou** n.m. ❶ Oiseau migrateur, à dos gris et à ventre blanc rayé de brun, qui a la particularité de déposer ses œufs dans le nid d'autres oiseaux. ❷ Pendule de bois qui imite le chant du coucou quand elle sonne les heures. ❸ (Familier) Petit avion vétuste, dans lequel on n'est pas rassuré de monter. ◆ **interj.** S'emploie pour signaler familièrement sa présence à d'autres gens. *Coucou, c'est moi !*

2 **coucou** n.m. Nom courant de deux plantes à fleurs jaunes qui fleurissent au printemps, la *primevère* et le *narcisse des bois.*

coude n.m. ❶ Articulation qui relie le bras à l'avant-bras. ❷ La partie de la manche d'un vêtement qui couvre le coude. *Ton pull-over est usé aux coudes.* ❸ Angle saillant ou courbure que présentent un objet, une chose à l'endroit où ils changent de direction. *Les coudes d'une tuyauterie. La rivière fait un coude.* SYN. méandre. • **Coude à coude :** en étant très unis, en se soutenant les uns les autres. *Les deux hommes travaillent coude à coude.*

coudé, e adj. Qui se courbe brusquement en faisant un coude. *Un tuyau coudé.*

coudée n.f. Ancienne mesure de longueur qui représentait la distance du coude à l'extrémité du majeur, soit environ 50 cm. • **Avoir les coudées franches :** pouvoir agir librement.

cou-de-pied n.m. (PLUR. : cous-de-pied). Partie supérieure et bombée du pied.
▸ REM. Ne pas confondre avec *coup de pied.*

coudoyer v. (CONJUG. 14). Être en contact fréquent avec quelqu'un, un groupe de personnes. SYN. côtoyer.

coudre cousant, cousu v. (CONJUG. 52). Fixer ou assembler par une suite de points, avec une aiguille et du fil, à la main ou à l'aide d'une machine. *Coudre un bouton.*

coudrier n.m. Autre nom du *noisetier.*

couenne n.f. ❶ Peau de porc dure. *La couenne du jambon.* ❷ En Suisse, croûte du fromage.
▸ REM. On prononce [kwan].

1 **couette** n.f. Édredon enveloppé d'une housse amovible, qui sert à la fois de drap et de couverture.

HISTOIRE DU MOT Vient du latin *culcita,* « oreiller ».

2 **couette** n.f. Chacune des grosses mèches de cheveux que l'on retient par un lien quelconque au-dessus des oreilles.

HISTOIRE DU MOT Vient de l'ancien français *coue* qui signifiait « queue ».

couffin n.m. Grand panier souple en vannerie, muni de deux anses, qui sert généralement de berceau portatif.

couinement n.m. ❶ Cri du lapin, du lièvre, du porc. ❷ Bruit que produit un objet qui grince. *Le couinement des freins d'une voiture.* SYN. grincement.

échantillon de **couleurs**

couiner **v.** (CONJUG. 3). ❶ Pour le lapin, le lièvre, le porc, faire entendre son cri. ❷ Produire un grincement. *La porte couine.*

coulant, e **adj.** (Familier) Qui est assez indulgent, peu sévère. *La nouvelle surveillante est assez coulante.* SYN. accommodant. • **Nœud coulant :** nœud fait d'une boucle qui se serre et se desserre par glissement. *Un lasso est muni d'un nœud coulant.*

coulée **n.f.** Masse de matière liquide qui coule, se répand. *Une coulée de lave.*

couler **v.** (CONJUG. 3). ❶ Pour un liquide, une pâte, se répandre, s'écouler. *Les larmes coulent sur ses joues. Le sang coule dans les veines.* SYN. circuler. *Un ruisseau coule près de la maison. La bougie coule.* ❷ Verser une pâte liquide. *Le maçon coule du ciment.* ❸ Tomber au fond de l'eau. *Le bateau a coulé. « Au secours ! Je coule ! »* ❹ Faire sombrer un navire, l'envoyer au fond de l'eau. *La torpille a coulé le navire.* • **Couler de source :** aller de soi, être évident.

couleur **n.f.** ❶ Impression que produit sur l'œil la lumière diffusée par les corps, les objets. *Le violet, l'indigo, le bleu, le vert, le jaune, l'orange et le rouge sont les sept couleurs de l'arc-en-ciel.* ❷ Ce qui n'est ni blanc ni noir. *Faire une lessive de couleur* (= de linge de couleur). *Il sait développer des photos en couleurs.* ❸ Matière colorante. *Des tubes de couleur.* ❹ Teint, coloration du visage. *Il a pris des couleurs au bord de la mer.* ❺ Chacun des quatre dessins d'un jeu de cartes (trèfle, pique, cœur, carreau). ❻ *Les couleurs d'un pays,* c'est son drapeau. *Les soldats ont hissé les couleurs.* • **En voir de toutes les couleurs, en faire voir de toutes les couleurs à quelqu'un :** avoir toutes sortes d'ennuis, faire subir toutes sortes de désagréments à quelqu'un.

HISTOIRE DU MOT Vient du latin *color* que l'on retrouve dans *colorer, coloris,* etc.

couleuvre **n.f.** Serpent inoffensif pour l'homme, long de 2 m environ, dont plusieurs espèces vivent en France. • (Familier) **Avaler des couleuvres :** croire de gros mensonges, subir des affronts sans réagir.

ENCYCLOPÉDIE Petit : le couleuvreau. Les couleuvres sont très utiles aux agriculteurs car elles se nourrissent de rongeurs. Elles sont ovipares. On les distingue des vipères à leur queue longue et à leur pupille ronde.

coulis **n.m.** Sauce réalisée à partir de substances alimentaires diverses. *Coulis de framboises. Coulis d'écrevisses.*

coulissant, e **adj.** Qui se ferme et s'ouvre en glissant horizontalement sur de petits rails. *Une porte coulissante.*

coulisse **n.f.** Dispositif composé d'une rainure dans laquelle glisse une pièce mobile. *Une fenêtre à coulisse.* ◆ **coulisses** **n.f.plur.** ❶ La partie d'un théâtre que le public ne voit pas, située derrière les décors et sur les côtés de la scène, et où se tiennent les acteurs avant d'entrer en scène. ❷ Ce qui se passe en secret, sans que le public soit informé. *Les coulisses de la politique* (= les dessous).

coulisser **v.** (CONJUG. 3). Glisser dans une rainure, une coulisse. *La porte coulissa silencieusement.*

couloir **n.m.** Passage généralement long et étroit qui permet d'accéder aux différentes pièces d'une maison, d'un bâtiment ou de circuler dans un endroit fermé. *Ne restons pas à bavarder dans le couloir.* SYN. corridor. *J'ai voyagé debout dans le couloir du train.* • **Couloir d'autobus :** la partie de la chaussée réservée à certains véhicules (autobus, taxis, ambulances).

country **n.f.invar.** ou **n.m.invar.** Musique folklorique américaine, d'origine britannique, apparue dans les années 1920 dans le sud-est des États-Unis.
▸ REM. On prononce [kuntri].

HISTOIRE DU MOT C'est un mot anglais qui signifie « campagne ».

coup **n.m.** ❶ Geste brusque, mouvement rapide fait lorsqu'on frappe, on tape, on lance ou on tire. *D'un coup de pied précis, il envoya le ballon dans les buts.* ❷ Choc entre deux objets ; action de frapper. *Je me suis donné un coup contre la porte* (= je me suis cogné). ❸ Bruit produit par un choc. *Je suis fatiguée d'entendre ces coups de marteau.* ❹ Marque laissée par un choc. *La victime avait le corps noir de coups.* ❺ Choc moral. *Cette triste nouvelle fut pour eux un coup terrible. Ils sont encore sous le coup* (= sous l'effet du choc). ❻ Action rapide, geste rapide. *Se donner un coup de peigne* (= se peigner). *Donner un coup de balai* (= balayer rapidement). *Jette un coup d'œil à la tarte pour voir si elle ne brûle pas.* ❼ Action manigancée, préparée à l'avance. *Il prépare un mauvais coup. C'est un coup monté.* ❽ Chaque essai, chaque tentative. *À tous les coups on gagne ! Réussir du premier coup* (= dès la première fois). ❾ Manifestation bru-

couleuvre

A B C D E F G H I J K L M N O P Q R S T U V W X Y Z

tale, rapide et soudaine d'une force ; effet brutal de quelque chose. *Un coup de vent a emporté son chapeau. C'est un coup du sort.* • **Après coup :** après un événement, quand ce n'est plus le moment. • **Coup sur coup :** successivement. *Nous avons eu trois visites coup sur coup* (= l'une après l'autre). • **Du coup** ou **du même coup :** par la même occasion. • **Sur le coup :** au moment où l'événement a lieu. *Sur le coup, il n'a rien dit.* • **Tout à coup** ou **tout d'un coup :** subitement, soudain.

coupable adj. et **n.** Qui a commis une faute, une erreur. *Être coupable de vol. Je me sens coupable de ne pas lui avoir proposé mon aide.* SYN. fautif. *La police recherche les coupables.* SYN. responsable. ◆ **adj.** Qui mérite d'être blâmé ; condamné. *Ils ont fait preuve d'une faiblesse coupable.*

HISTOIRE DU MOT Vient du latin *culpa* qui signifie « faute », que l'on retrouve dans *culpabilité*.

coupant, e adj. Qui coupe très bien. *Une lame coupante.* SYN. tranchant.

1 coupe n.f. ❶ Verre à pied plus large que profond ; son contenu. *Elle a rempli les coupes. Une coupe de champagne.* ❷ Récipient large et rond avec ou sans pied. *Une coupe de fruits.* ❸ Prix remis au vainqueur d'une épreuve sportive. *La coupe est souvent un vase de métal.* SYN. trophée. ❹ Compétition récompensée par une coupe. *Une coupe de tennis.* → VOIR noms propres : **Coupe Davis, Coupe de l'America, Coupe du monde de football.**

2 coupe n.f. ❶ Action de couper les cheveux ; façon dont ils sont coupés. *Une coupe en brosse.* ❷ La façon dont est taillé un vêtement. *Un manteau de coupe classique.* ❸ Endroit d'un bois où l'on coupe des arbres. *Une coupe de dix hectares.* ❹ Dessin qui représente l'intérieur d'un objet, d'un bâtiment, comme si on l'avait coupé par le milieu. *La coupe d'une pyramide.* • **Être sous la coupe de quelqu'un :** dépendre de quelqu'un, lui obéir aveuglément.

coupé n.m. Voiture fermée à deux places et à deux portes.

coupe-coupe n.m.invar., ✎ ***coupecoupe n.m.*** Sabre qui sert à se frayer un chemin dans la forêt vierge. SYN. machette.

coupe-feu adj.invar. *Une porte coupe-feu* est une porte métallique qui fait obstacle au feu et permet d'éviter sa propagation dans un bâtiment, lors d'un incendie.

coupe-gorge n.m.invar. Lieu où l'on risque de se faire attaquer par des malfaiteurs.

coupelle n.f. Petite coupe sans pied.

coupe-ongles n.m.invar., ✎ ***coupe-ongle n.m.*** (PLUR. : *coupe-ongles*). Petite pince pour couper les ongles.

coupe-papier n.m. (PLUR. : **coupe-papiers**). Petite lame pour couper le papier. *Mylène ouvre l'enveloppe avec un coupe-papier.*

coupole (Galeries Lafayette, Paris)

couper v. (CONJUG. 3). ❶ Être tranchant ; pouvoir fendre, entailler, sectionner quelque chose. *Attention au verre, ça coupe !* ❷ Partager en deux ou plusieurs morceaux à l'aide d'un instrument tranchant. *Couper du pain, un rôti.* SYN. découper. *Couper une robe dans un coupon.* SYN. tailler. ❸ Trancher la tige, le tronc d'un végétal. *Couper des fleurs.* ❹ Sectionner un membre. *Il fallut lui couper la jambe.* SYN. amputer. ❺ Enlever une partie d'un texte, une scène d'un film, etc. ❻ Interrompre le passage, la circulation, le fonctionnement de quelque chose. *Couper l'eau, l'électricité. On a coupé la route à cause de l'accident.* ❼ Interrompre une personne qui parle. *Excusez-moi, je vous ai coupé la parole.* ❽ Passer au milieu de quelque chose. *La voie ferrée coupe la route à la sortie du village.* SYN. croiser. *Couper à travers champs.* ❾ Au jeu, partager les cartes en deux tas ou emporter un pli avec un atout quand on n'a pas de carte de la couleur demandée. *Je coupe à cœur !* ◆ **se couper v.pron.** ❶ Se faire une coupure. *Il s'est coupé avec son canif.* ❷ Perdre le contact avec quelqu'un. *Il s'est coupé de sa famille.*

couperet n.m. La lame de la guillotine. • **Tomber comme un couperet :** créer un effet de surprise extrêmement désagréable.

coupe-vent n.m.invar. Vêtement souvent imperméable dont le tissu ne laisse pas passer l'air.

couple n.m. ❶ Ensemble formé par deux personnes. *Un couple de danseurs.* ❷ Deux personnes liées par l'amour, la vie commune. *Gilbert et Annie forment un couple très uni.* ❸ Deux animaux, mâle et femelle. *Un couple de pigeons.*

HISTOIRE DU MOT Vient du latin *copula* qui signifie « lien, union ».

couplet n.m. Chaque strophe d'une chanson généralement suivie du refrain. *Tous les couplets d'une chanson sont chantés sur le même air.*

coupole n.f. Voûte dont la forme évoque une coupe renversée. *La coupole d'une église.*
▶ REM. Ce mot désigne plus particulièrement la voûte vue de l'intérieur ; l'aspect extérieur s'appelle généralement un *dôme*.

coupon n.m. ❶ Reste d'une pièce d'étoffe que l'on vend à un prix avantageux. *Je vais me faire une jupe dans ce coupon.* ❷ En France, titre de transport qui donne le droit de voyager pendant une certaine période. *N'oublie pas d'acheter ton coupon, nous sommes le 1er du mois.*

coupure n.f. ❶ Blessure provoquée par quelque chose de tranchant. SYN. entaille. ❷ Interruption momentanée de l'électricité, du gaz, de l'eau, du téléphone. *Une coupure de courant.* ❸ Billet de banque. *L'auteur du rapt a demandé que la rançon soit payée en petites coupures.* • **Coupure de journal :** article découpé dans un journal.

cour n.f. ❶ Espace découvert, entouré de murs ou de bâtiments, faisant partie d'une habitation ou d'un bâtiment public. *Les enfants jouent dans la cour de l'école.* ❷ Nom donné à certains tribunaux ; l'ensemble des magistrats qui y siègent. *Le criminel est passé en cour d'assises.* ❸ Résidence d'un roi, d'une reine ; l'ensemble des personnes qui l'entourent. ❹ Groupe de personnes qui s'empressent autour d'une autre en cherchant à lui plaire. *Marianne a toute une cour d'admirateurs.* • **Faire la cour à quelqu'un :** chercher à lui plaire, à gagner son cœur. SYN. courtiser.
▶ REM. Ne pas confondre avec *cours* et *court*.

courage n.m. ❶ Force de caractère qui permet d'affronter le danger, la peur, d'endurer une situation pénible. *Se battre avec courage.* SYN. bravoure. CONTR. lâcheté. *Manquer de courage.* ❷ Énergie pour faire quelque chose. *Je n'ai pas le courage de me mettre au travail ce soir.* • **Prendre son courage à deux mains :** vaincre sa timidité, sa lassitude ou sa paresse pour faire quelque chose.

HISTOIRE DU MOT Vient de *cœur*, car on situait le *courage* dans la poitrine.

courageusement adv. Avec courage ou énergie. *Il a courageusement fait face à ses agresseurs.* SYN. bravement. *Elle s'est mise courageusement au travail.*

courageux, euse adj. Qui a du courage, de l'énergie, de l'ardeur. *Il travaille en faisant ses études, c'est un garçon courageux.* SYN. énergique. CONTR. paresseux.

couramment adv. ❶ Habituellement, de façon courante. *C'est un mot qui se dit très couramment.* SYN. fréquemment. CONTR. rarement. ❷ *Parler couramment une langue étrangère*, c'est la parler avec facilité, aisance.

1 courant, e adj. Qu'on a l'habitude de dire, de faire ou de voir. *Une expression courante.* SYN. fréquent, usuel. *C'est une espèce de fleur très courante.* SYN. commun, ordinaire. CONTR. rare. • **L'eau courante :** l'eau qui coule (d'un robinet, d'un tuyau, etc.).

2 courant n.m. ❶ Mouvement d'un liquide, de l'air dans telle ou telle direction ; masse d'eau qui se déplace dans un fleuve, dans la mer. *Ne vous baignez pas ici, il y a trop de courant. Quand on fait du parapente, on utilise les courants ascendants.* ❷ Passage de l'électricité dans des fils conducteurs. *Une panne de courant.* ❸ Mouvement d'opinions, d'idées ou de sentiments à l'intérieur d'un groupe. *L'acteur fit naître dans la salle un courant de sympathie.* • **Courant d'air :** souffle causé par la circulation de l'air dans une habitation, une rue, etc. • **Être au courant :** être informé, renseigné. • **Mettre, tenir quelqu'un au courant :** l'informer, le renseigner au sujet de quelque chose.

courbatu, e, ✎ ***courbattu, e*** ou **courbaturé, e** adj. Qui a des courbatures. *J'ai fait des abdominaux hier, je suis tout courbatu !*

HISTOIRE DU MOT *Courbatu*, qui vient de *court* et de *battu*, signifiait « battu à bras raccourcis », c'est-à-dire « violemment ».

courbature, ✎ ***courbatture*** n.f. Douleur musculaire, sensation de fatigue physique dus à un effort intense ou à la fièvre. *Pédaler m'a donné des courbatures dans les cuisses et les mollets.*

courbe adj. Qui a la forme d'un arc, qui suit une ligne dont la direction change sans jamais faire d'angle. *Un cercle est une ligne courbe fermée.* ◆ **n.f.** ❶ Ligne ou forme courbe, incurvée. *La courbe des sourcils. La route fait une courbe.* SYN. tournant, virage. ❷ Ligne d'un graphique qui indique la variation d'un phénomène. *Une courbe de température.*

courber v. (CONJUG. 3). ❶ Donner une forme courbe, plier. *Le vent courbe les arbres.* ❷ Incliner une partie du corps. *Il dut courber la tête pour passer la porte.* • (Familier) **Courber l'école :** en Suisse, faire l'école buissonnière. ◆ **se courber** v.pron. ❶ Prendre une forme courbe. *Les branches se courbent au vent.* ❷ Incliner son corps. *Il se courba pour les saluer.*

courbette n.f. (Familier) *Faire des courbettes*, c'est être exagérément poli avec quelqu'un, le flatter.

courbure n.f. Forme courbe. *La courbure d'une voûte.*

coureur, euse n. ❶ Personne qui participe à une course. *Un coureur à pied. Une coureuse cycliste.* ❷ Personne qui cherche les aventures amoureuses. *Un coureur de jupons.*

courge n.f. Plante à tiges rampantes, cultivée pour ses fruits parfois très gros (potiron, citrouille, courgette, etc.) que l'on consomme comme légumes.

courgette n.f. Fruit allongé d'une variété de courge. *On met des courgettes dans la ratatouille.*

courgettes

A B C D E F G H I J K L M N O P Q R S T U V W X Y Z

courir **courant, couru v.** (CONJUG. **21**). ❶ Se déplacer rapidement. *Cours, tu es en retard. L'autruche court à 40 km/h.* ❷ Pratiquer la course, participer à une course. *Jean-Louis courra le 110 m haies dimanche. Tous les chevaux partants ont couru.* ❸ Aller de divers côtés pour chercher quelque chose. *J'ai couru dans tous les magasins pour trouver ce disque.* ❹ Pour une nouvelle, se répéter de bouche à oreille, se propager. *Le bruit court qu'ils se sont séparés.* • **Courir les rues :** être banal. • **Courir sa chance :** la tenter. • **Courir un danger, un risque :** être en danger, être exposé à un risque. • **Par les temps qui courent :** dans les circonstances actuelles.

courlis **n.m.** Oiseau échassier migrateur, à long bec, qui vit près des rivières, des lacs ou sur les côtes.

courlis

couronne **n.f.** ❶ Cercle de métal précieux ou tresse de feuillage ou de fleurs qu'on porte sur la tête comme insigne du pouvoir ou comme symbole de récompense. *La couronne royale. La couronne impériale. En Grèce, les vainqueurs des concours de poésie recevaient une couronne de laurier.* ❷ Objet de forme circulaire. *Une couronne de cheveux blancs.* ❸ Capsule de céramique ou de métal, que le dentiste met sur une dent abîmée. ❹ Monnaie qui a cours notamment en Suède, au Danemark et en Norvège.

couronnement **n.m.** ❶ Cérémonie au cours de laquelle un empereur ou un roi est couronné. SYN. sacre. ❷ Ce qui consacre une réussite, un succès. *Son élection à l'Académie des sciences fut le couronnement de sa carrière.*

couronner **v.** (CONJUG. **3**). ❶ Poser solennellement une couronne sur la tête d'un souverain pour le sacrer roi, empereur. *Élisabeth II a été couronnée reine d'Angleterre en 1952.* ❷ Récompenser l'œuvre, l'action, la carrière de quelqu'un par un prix, une distinction. *Son livre a été couronné par le jury.*

courre **v.** • **Chasse à courre :** chasse où l'on traque le gibier à cheval et avec une meute de chiens.

HISTOIRE DU MOT Vient du latin *currere* qui signifie « courir ». En ancien français, *courre* était employé pour *courir.*

courriel **n.m.** Message électronique. *Je vous ai envoyé trois courriels.* SYN. e-mail.

courrier **n.m.** Correspondance qu'on reçoit ou qu'on expédie par la poste. *Le courrier est arrivé. J'ai reçu du courrier.* • **Courrier des lecteurs :** rubrique d'un journal dans laquelle sont publiées des lettres de lecteurs.

courroie **n.f.** Lanière munie d'une boucle qui sert à attacher des choses. *J'ai fixé les bagages avec des courroies.*

courroucé, e **adj.** Furieux, en colère. *Le roi regarda son ministre d'un air courroucé.* SYN. irrité.
▸ REM. Ce mot appartient à la langue soutenue.

courroux **n.m.** Vive colère.
▸ REM. Ce mot appartient à la langue soutenue.

1 cours **n.m.** ❶ Série de leçons données par un professeur ; séance pendant laquelle se déroule une leçon. *Un cours de français. Aller en cours. Mon frère donne des cours particuliers de chimie.* ❷ En France, chaque division de l'école primaire. *Cours préparatoire. Cours élémentaire. Cours moyen.*
▸ REM. Ne pas confondre avec *cour* et *court.*

2 cours **n.m.** ❶ Mouvement de l'eau d'une rivière ; parcours de cette rivière. *Le cours du Rhône.* ❷ Déroulement d'un événement dans le temps. *Le cours de la vie. L'enquête suit son cours* (= se poursuit normalement). *Au cours de la nuit.* SYN. durant. *En cours de route* (= pendant le trajet). *Des essais sont en cours* (= en train de se faire). ❸ *Donner libre cours à un sentiment*, c'est l'exprimer sans réserve. *Elle donna libre cours à son chagrin.* • **Cours d'eau :** nom général donné aux fleuves, rivières, torrents, ruisseaux et canaux.
▸ REM. Ne pas confondre avec *cour* et *court.*

3 cours **n.m.** Prix d'une marchandise, taux d'une monnaie. *Le cours du pétrole. Le cours du dollar a baissé.* • **Avoir cours :** être reconnu comme légal, valide. *Ce timbre n'a plus cours.*
▸ REM. Ne pas confondre avec *cour* et *court.*

4 cours **n.m.** Nom donné à certaines avenues aux larges trottoirs qui servent de promenade. *Le cours Mirabeau à Aix-en-Provence.*
▸ REM. Ne pas confondre avec *cour* et *court.*

course **n.f.** ❶ L'action de courir. *Je l'ai rattrapé à la course. Il est parti au pas de course* (= en marchant très vite). ❷ Compétition sportive au cours de laquelle chaque concurrent essaie d'arriver le premier. *Course cycliste, automobile. Course de chevaux. Course à pied.* ❸ Déplacement d'un objet dans l'espace. *La course*

couronnement (détail du tableau de David : *le Sacre de Napoléon*, 1807)

d'un piston dans un tuyau. ❹ Achat, démarche qu'on a à faire. *J'ai plusieurs courses à faire, à la poste et à l'épicerie. J'ai fait les courses.* ❺ En Suisse, trajet en chemin de fer ou en bateau ; excursion, voyage organisé. ▶ REM. Au mot *course* correspond l'élément tiré du grec *-drome* que l'on retrouve dans des mots comme *hippodrome, vélodrome.*

course-poursuite n.f. (PLUR. : **courses-poursuites**). Poursuite rapide et souvent pleine de péripéties, de retournements.

coursier, ère n. Employé chargé de faire les courses, de porter les lettres et les paquets d'une entreprise.

coursive n.f. Couloir long et étroit situé à l'intérieur d'un bateau, dans le sens de la longueur.

1 court, e adj. ❶ De faible longueur ou de faible hauteur. *Une jupe courte.* CONTR. long. *Des cheveux courts. L'échelle est trop courte pour monter sur le cerisier.* CONTR. haut. ❷ De faible durée. *Une histoire courte.* SYN. bref. *À partir de la Saint-Jean, les jours sont de plus en plus courts.* CONTR. long. *Il a la mémoire courte* (= il oublie vite ce qu'on lui a dit). ▶ REM. Ne pas confondre avec *cour* et *cours.*

2 court adv. D'une manière courte. *On m'a coupé les cheveux très court.* • **Couper court à** : arrêter, faire cesser au plus vite. *Il faut couper court à ces rumeurs.* • **Être à court de** : manquer de. *Il était à court d'idées.* • **Prendre de court** : prendre au dépourvu, ne pas laisser le temps de réagir. • **Tourner court** : s'arrêter brusquement. *La discussion a tourné court.* ▶ REM. Ne pas confondre avec *cour* et *cours.*

3 court n.m. • **Court de tennis** : terrain aménagé pour jouer au tennis. ▶ REM. Ne pas confondre avec *cour* et *cours.*

courtaud, e adj. Qui est de petite taille et assez gros. *Un individu courtaud.* SYN. trapu.

court-bouillon n.m. (PLUR. : **courts-bouillons**). Bouillon épicé, additionné de vin blanc ou de vinaigre, dans lequel on fait cuire du poisson, des crustacés.

court-circuit n.m. (PLUR. : **courts-circuits**). Dans un circuit électrique, contact accidentel entre deux fils qui ne devraient pas se toucher ; rupture de courant qui en résulte.

court-circuiter v. (CONJUG. 3). ❶ Provoquer un court-circuit. ❷ Laisser de côté quelqu'un ou quelque chose afin d'atteindre plus rapidement son but. *Ils ont court-circuité le directeur et se sont adressés directement au ministre.*

courtepointe n.f. Couverture garnie de ouate et piquée.

courtisan n.m. Noble qui vivait à la cour des rois, des princes. *Louis XIV vivait à Versailles entouré de ses courtisans.*

HISTOIRE DU MOT Vient de l'italien *corte* qui signifie « cour ».

course hippique

courtisane n.f. Nom donné autrefois aux prostituées qui se distinguaient par leur élégance et leurs manières raffinées.

courtiser v. (CONJUG. 3). *Courtiser une jeune fille, une femme,* c'est chercher à lui plaire, lui faire la cour.

court-métrage n.m. (PLUR. : **courts-métrages**). Film dont la durée dépasse rarement 20 minutes. ▶ REM. On écrit aussi *court métrage.*

courtois, e adj. Qui est extrêmement affable, poli, délicat. CONTR. grossier.

HISTOIRE DU MOT Vient de l'ancien français *court* qui signifiait « cour princière ».

courtoisie n.f. Politesse raffinée. *Elle a toujours été d'une très grande courtoisie.*

couru, e adj. (Familier) Prévisible. *Il a raté son train, c'était couru !*

couscous n.m. Plat traditionnel d'Afrique du Nord à base de semoule de blé, de viandes, de légumes et de bouillon ; la semoule elle-même.

couscoussier n.m. Grosse marmite munie d'une passoire pour faire le couscous.

1 cousin, e n. Membre de la famille né d'un oncle ou d'une tante ou descendant de cet oncle ou de cette tante. *Mon cousin germain* (= le fils de mon oncle et de ma tante). *Marie est une cousine éloignée du côté de ma mère.*

2 cousin n.m. Moustique aux longues pattes fines, très commun en France.

coussin n.m. Enveloppe de tissu, de cuir, etc., garnie d'un rembourrage, sur laquelle on s'appuie ou on s'assoit.

HISTOIRE DU MOT Vient du latin *coxa* qui signifie « cuisse », parce que les coussins furent d'abord réservés aux chaises et aux bancs.

coussinet n.m. ❶ Petit coussin. ❷ Corne souple sous la patte de certains mammifères, en contact avec le sol. *Les coussinets des pattes du chat.*

coût, ✎ ***cout*** n.m. ❶ Montant, prix de quelque chose. *Quel est le coût de la réparation ?* ❷ Conséquence fâcheuse entraînée par quelque chose. *Le coût de cette guerre en vies humaines est effroyable.* • **Coût de la vie :** valeur des dépenses que l'on doit faire pour acheter ce qui est nécessaire à la vie de tous les jours. ▸ REM. On prononce [ku].

coûtant, ✎ ***coutant*** **adj.m.** • **À prix coûtant :** au prix que cela a coûté, sans bénéfice pour le vendeur.

1 couteau n.m. Instrument fait d'une ou de plusieurs lames coupantes, fixées à un manche. *Un couteau de cuisine. Un couteau à cran d'arrêt.* • **Être à couteaux tirés avec quelqu'un :** ne pas s'entendre du tout avec lui. • **Mettre le couteau sous la gorge :** obliger quelqu'un à faire quelque chose contre sa volonté et immédiatement.

2 couteau n.m. Coquillage dont la forme rappelle celle d'un manche de couteau et que l'on trouve enfoncé verticalement dans le sable, à marée basse.

coutelas n.m. Grand couteau à lame large et pointue.

coutelier, ère n. Personne qui fabrique ou vend des couteaux.

coutellerie n.f. Fabrication des couteaux ; leur commerce.

coûter, ✎ ***couter*** **v.** (CONJUG. **3**). ❶ Avoir tel prix à l'achat ou à la vente. *« Combien coûte ce livre ? - Il ne coûte pas cher. »* ❷ Occasionner des dépenses. *Sa nouvelle maison lui a coûté très cher.* SYN. revenir à. ❸ Avoir pour conséquence un événement malheureux. *Son imprudence lui a coûté la vie.* ❹ Causer de la peine, demander beaucoup de courage et d'effort. *Cela me coûte beaucoup de partir.* • **Coûte que coûte :** à tout prix. *Elle doit être à Paris ce soir coûte que coûte.* • **Il n'y a que le premier pas qui coûte :** proverbe qui veut dire que, quoi qu'on fasse, c'est toujours le début qui est le plus difficile.

coûteux, euse, ✎ ***couteux, euse*** **adj.** Qui coûte cher. *Un projet coûteux.* SYN. onéreux.

coutume n.f. Manière habituelle d'agir, façon de vivre partagées par les habitants d'un pays, d'une région. *Les coutumes locales. Les jeunes filles d'autrefois avaient coutume de broder leur trousseau avant leur mariage.* • **Une fois n'est pas coutume :** c'est un cas exceptionnel qui ne remet pas en cause l'usage habituel.

coutumier, ère adj. *Être coutumier du fait*, c'est avoir l'habitude de commettre une action, le plus souvent répréhensible. *On dit qu'il a voyagé sans billet, ce ne serait pas étonnant, car il est coutumier du fait.*

couture n.f. ❶ L'art de coudre, l'ensemble des travaux que constituent les ourlets, les reprises, la pose des pièces, la confection des habits, des rideaux, etc. *J'ai de la couture à faire. Un professeur de couture.* ❷ Suite de points qui assemblent des pièces de tissu. *Ta chemise n'est pas déchirée, c'est la couture qui a lâché.* • **Examiner sous toutes les coutures :** examiner avec beaucoup d'attention. • **La haute couture :** l'ensemble des grands couturiers.

couturier n.m. • **Grand couturier :** personne qui crée des modèles de vêtements. *La célèbre Coco Chanel était un grand couturier.*

couturière n.f. Femme qui confectionne des vêtements féminins d'après des modèles. ▸ REM. Une *couturière* confectionne des vêtements de femme, un *tailleur* confectionne des vêtements d'homme.

couvain n.m. Ensemble des œufs, des larves, des nymphes des insectes sociaux.

couvée n.f. Ensemble des œufs qu'un oiseau couve en même temps ; ensemble des oisillons nés en même temps. *La poule a eu une couvée de douze poussins.*

couvent n.m. Maison où vivent en communauté des religieuses ou des religieux.

couver v. (CONJUG. **3**). ❶ Pour un oiseau, couvrir ses œufs de son corps pour entretenir la chaleur nécessaire à l'éclosion. *La poule couve ses œufs.* ❷ Protéger excessivement un enfant, lui éviter tout ce qui peut être désagréable. *C'était un enfant unique, il a été couvé par ses parents.* SYN. dorloter. ❸ *Couver une maladie*, c'est l'avoir déjà sans qu'elle se déclare nettement. *Je crois bien que Michel couve la rougeole.* ❹ Pour un événement violent, être sur le point d'éclater. *La révolte des ouvriers couvait depuis quelques semaines.* SYN. se préparer.

manchot **couvant** un œuf

couvercle n.m. Plaque mobile qui sert à couvrir ou à fermer un récipient, une boîte, une valise, etc. *Visser le couvercle d'un bocal. Retire le couvercle de la casserole.*

1 couvert, e adj. ❶ Qui porte des vêtements suffisamment chauds. *Mets un manteau, tu n'es pas assez couvert.* ❷ *Un endroit couvert* est abrité par un toit. *Une piscine couverte.* ❸ *Un ciel couvert* est plein de nuages. • **À mots couverts :** sans révéler toute sa pensée, en parlant par allusions. *Il lui fit comprendre à mots couverts qu'on les avait dénoncés.*

2 couvert n.m. ❶ Cuillère, fourchette et couteau assortis. *Des couverts à poisson. Les couverts sont dans le tiroir.* ❷ Ensemble des accessoires de table. *Mets un couvert en plus, ton oncle reste dîner. Mettre le couvert* (= disposer sur la table ce qui est nécessaire au repas).

couverture n.f. ❶ Grande pièce de tissu chaud dont on recouvre les draps du lit pour protéger du froid. *La petite s'est blottie sous les couvertures.* ❷ Ce qui protège et couvre un livre, un cahier, une revue. *La couverture de mon cahier est déchirée.* • **Tirer la couverture à soi :** chercher à s'attribuer tous les avantages d'une situation.

couveuse n.f. ❶ Appareil où l'on fait éclore les œufs artificiellement. ❷ Appareil dans lequel on place les prématurés et les nouveau-nés fragiles en les gardant constamment à la même chaleur et à l'abri des microbes.

couvre-chef n.m. (PLUR. : couvre-chefs). (Familier) Chapeau, et spécialement chapeau d'homme.

couvre-feu n.m. (PLUR. : couvre-feux). Interdiction faite à la population de sortir le soir après une certaine heure, surtout en temps de guerre.

couvre-lit n.m. (PLUR. : couvre-lits). Grande pièce de tissu décorative avec laquelle on recouvre le lit. SYN. dessus-de-lit.

couvreur n.m. Ouvrier qui couvre les toits de tuiles ou d'ardoises et les répare.
▸ REM. Au Canada, la forme féminine de ce mot est *couvreuse*.

couvrir couvrant, couvert v. (CONJUG. 28). ❶ Protéger avec une couverture. *J'ai fini de couvrir mes livres. Couvrir un toit de tuiles.* ❷ Fermer avec un couvercle. *Couvrir le fait-tout et faire mijoter à feu doux.* ❸ Combler, donner en quantité. *Il couvrait sa femme de cadeaux. Sa maman la couvre de baisers.* ❹ Protéger quelqu'un en se déclarant responsable de ce qu'il a fait. *La police le couvre.* ❺ Pour une assurance, garantir financièrement. *Cette assurance couvre l'incendie.* ❻ Masquer un son, empêcher qu'on l'entende en produisant un bruit plus fort. *Le train couvrit sa voix.* ◆ **se couvrir** v.pron. ❶ Mettre des habits chauds. *Couvre-toi, tu vas prendre froid.* ❷ Se recouvrir de, se remplir de. *Le ciel se couvre de nuages. La vitre se couvre de buée.*

cow-boy (PLUR. : cow-boys), ✎ ***cowboy*** n.m. Gardien d'un troupeau de bovins dans un ranch américain.
▸ REM. On prononce [kobɔj] ou [kawbɔj].

HISTOIRE DU MOT Vient de l'anglais *cow*, qui signifie « vache », et *boy*, qui signifie « garçon ».

coyote n.m. Mammifère carnassier d'Amérique du Nord, voisin du loup et du chacal.

coyote

C.Q.F.D. Abréviation de *Ce qu'il fallait démontrer*, formule qu'on mettait autrefois à la fin d'une démonstration de géométrie.

crabe n.m. Nom donné à de nombreux crustacés possédant quatre paires de pattes, une paire de grosses pinces et un abdomen plat et arrondi. *L'araignée de mer fait partie des crabes.*

crabe

ENCYCLOPÉDIE Il existe dans le monde environ 3 000 espèces de crabes. Certains vivent sur les plages, respirent hors de l'eau et se déplacent sur le côté, comme les tourteaux ; d'autres restent au fond des mers. Le plus petit, qui vit en Méditerranée, mesure moins de 5 mm. Au Japon, on trouve un crabe géant qui a une carapace de 40 cm et une envergure de 3,50 m.

crac interj. Mot qui imite le bruit d'une cassure sèche et soudaine. *Crac ! la branche a cassé !*

crachat n.m. Salive ou matière provenant de la gorge qu'on crache.

cracher v. (CONJUG. 3). ❶ Rejeter quelque chose hors de sa bouche. *Défense de cracher par terre. Crache le noyau ! Il crache du sang.* ❷ Rejeter une substance liquide, gazeuse, etc. *La cheminée de l'usine crache une épaisse fumée noire.*

crachin n.m. Petite pluie très fine, continue et pénétrante. *Il y avait du crachin ce matin-là sur la Bretagne.*

HISTOIRE DU MOT Vient de *cracher*.

crack n.m. (Familier) Personne particulièrement douée dans un domaine. *C'est un crack aux échecs.* SYN. champion.

HISTOIRE DU MOT C'est un mot anglais qui signifie « fameux ».

craie n.f. ❶ Roche calcaire blanchâtre, tendre et friable, formée au crétacé. *Les falaises de craie d'Étretat.* ❷ Bâtonnet de cette roche qui sert à écrire au tableau ou sur une ardoise. *La craie grince sur le tableau.*

craindre craignant, craint v. (CONJUG. 49). ❶ Avoir peur de. *Craindre la mort. Elle craint beaucoup son père.* SYN. redouter. ❷ S'inquiéter, se faire du souci. *Vous n'avez rien à craindre, vous serez à l'heure.* ❸ Être sensible à quelque chose qui peut avoir un effet néfaste. *Les géraniums craignent le gel, il faut les rentrer en hiver.*

crainte n.f. Sentiment d'inquiétude, de peur. *L'enfant ne retrouvait plus son chemin, la crainte s'empara de lui. N'ayez crainte, tout ira bien* (= ne vous inquiétez pas). • **De crainte de, que :** pour éviter de, que. *Il a mis deux pulls de crainte d'avoir froid. Parlez bas, de crainte qu'on ne vous entende.*

craintif, ive adj. Qui a facilement peur. *Un homme craintif.* SYN. peureux. CONTR. hardi.

a b f g h i j k l m n o p q r s t u v w x y z

cramoisi, e **adj.** ❶ Rouge foncé, presque violet. *Des rideaux de velours cramoisi.* → VOIR AUSSI **carmin.** ❷ Qui devient tout rouge sous l'effet d'une forte émotion.

HISTOIRE DU MOT Vient de l'arabe *qirmiz* qui désigne la cochenille, puceron avec lequel on faisait la teinture rouge.

crampe **n.f.** Contraction musculaire douloureuse mais passagère. *J'ai eu des crampes dans les mollets après la course.*

crampon **n.m.** ❶ Crochet métallique pour attacher ou retenir. ❷ Pointe de cuir, de métal, etc., qu'on fixe à la semelle des chaussures de sport pour empêcher de glisser. *Des chaussures à crampons.*

se **cramponner** **v.pron.** (CONJUG. **3**). Se retenir à quelque chose ou à quelqu'un en le serrant bien fort, parce qu'on a peur ou pour éviter de tomber. *Il s'est cramponné à son fauteuil pendant tout le film. Elle se cramponnait à la branche en appelant au secours.*

cran **n.m.** ❶ Trou qui permet de régler une ceinture, une courroie, etc. *Serre d'un cran la ceinture de ton pantalon, il tombe !* ❷ Encoche qui sert à accrocher une pièce mobile. *Les crans de la crémaillère. Le cran d'arrêt d'un couteau cale la lame.* ❸ Marque servant de repère, de graduation ; degré, rang occupés par quelqu'un. *Tourne encore d'un cran le bouton. Poussez-vous d'un cran. Monter d'un cran dans le classement.* ❹ Ondulation dans les cheveux. ❺ (Familier) Courage et sang-froid. *Il faut du cran pour plonger dans la rivière en plein hiver.*

HISTOIRE DU MOT Vient de l'ancien français *crener* qui signifiait « entailler » et que l'on retrouve dans *créneau.*

crâne **n.m.** ❶ Partie osseuse de la tête qui contient le cerveau. *En comparant les crânes préhistoriques, les savants essaient de reconstituer l'évolution de l'espèce humaine.* ❷ Tête, sommet de la tête d'une personne. *Il a le crâne rasé.* ❸ (Familier) Cerveau, ce qui sert à penser, à raisonner. *Mets-toi bien ça dans le crâne.* SYN. cervelle.

crâner **v.** (CONJUG. **3**). (Familier) Faire le fier, comme si on ne craignait rien ; prendre un air de supériorité. *Il crânait avant d'aller chez le dentiste.*

crâneur, euse **adj.** et **n.** (Familier) Qui crâne, qui est prétentieux, vaniteux. SYN. fanfaron.

crânien, enne **adj.** Du crâne. *La boîte crânienne* (= le crâne). *Les nerfs crâniens.*

cranter **v.** (CONJUG. **3**). Faire des crans dans quelque chose. *Les ciseaux à cranter d'une couturière.*

crapaud **n.m.** Amphibien sans queue, aux formes trapues, à peau rugueuse, qui se nourrit d'insectes.

ENCYCLOPÉDIE Cri : le crapaud siffle ou coasse. Les crapauds vivent sur la terre, les femelles ne vont à l'eau que pour pondre. Ce sont des animaux nocturnes.

crapaud

crapule **n.f.** Nom que l'on donne à un individu sans scrupule, capable de commettre les pires malhonnêtetés. SYN. bandit, canaille, fripouille.

crapuleux, euse **adj.** *Un crime crapuleux* est commis dans le but de voler.

se **craqueler** **v.pron.** (CONJUG. **12**, ✎ *11*). Se couvrir de craquelures. *La terre se craquelle à cause de la sécheresse.* SYN. se fendiller.

craquelure **n.f.** Petite fente, petite fissure sur la surface d'un vernis, d'une peinture, etc.

craquement **n.m.** Bruit sec produit par quelque chose qui craque. *On entendit un craquement dans l'escalier.*

craquer **v.** (CONJUG. **3**). ❶ Faire un petit bruit sec. *C'est une vieille maison, les parquets craquent.* ❷ Se casser, se déchirer en faisant un petit bruit sec. *La branche a craqué.* SYN. se briser. *La couture de ma jupe a craqué.* ❸ S'effondrer physiquement ou nerveusement. *Il travaillait trop, il a craqué et a dû s'arrêter un mois.*

crasse **n.f.** ❶ Couche de saleté qui se forme sur la peau, le linge ou les objets. ❷ (Familier) Méchanceté, mauvais tour que l'on joue à quelqu'un. *Il m'a fait une crasse, je ne lui parle plus.* ◆ **adj.** (Familier) *Une ignorance, une paresse crasses* atteignent un degré inadmissible.

HISTOIRE DU MOT Vient du latin *crassus* qui signifie « gras, épais, grossier ».

crasseux, euse **adj.** Couvert de crasse. *Un peigne crasseux. Un col crasseux.* SYN. sale.

cratère **n.m.** ❶ Orifice évasé de la cheminée d'un volcan par où sont expulsées les laves et les cendres. *En Auvergne, de nombreux lacs se sont formés dans les cratères de volcans éteints.* ❷ Trou en forme de cratère. *On suppose que les cratères de la Lune sont dus à l'impact de météorites qui se sont écrasées à sa surface.*

cravache **n.f.** Fouet sans lanière fait d'une baguette courte et flexible gainée de cuir, de coton, etc., avec lequel le cavalier stimule ou corrige son cheval.

cravacher **v.** (CONJUG. **3**). Fouetter avec une cravache.

cravate **n.f.** Bande d'étoffe ou de cuir longue et étroite qu'on passe sous le col de la chemise et qu'on noue par-devant. *Je ne sais pas faire les nœuds de cravate.*

HISTOIRE DU MOT Vient de *croate*, parce que les cavaliers croates portaient un tissu autour du cou.

crawl **n.m.** Nage ventrale dans laquelle on projette les bras verticalement dans l'eau l'un après l'autre, tout en battant continuellement des pieds. *Le crawl est la nage la plus rapide qui existe.*
▸ REM. C'est un mot anglais, on prononce [krol].

crawlé, e **adj.** • **Dos crawlé :** nage en crawl sur le dos.

crayon **n.m.** Petit bâton de bois renfermant une mine de plomb ou de matière colorée servant à écrire ou dessiner. *Un crayon de papier. Des crayons de couleur.* • **Avoir un bon coup de crayon :** savoir très bien dessiner.

crayonner v. (CONJUG. 3). Écrire ou dessiner à la hâte. *Il a crayonné des remarques dans la marge. Le journaliste a crayonné un portrait de l'accusé.* SYN. esquisser.

créancier, ère n. Personne à qui on doit de l'argent. CONTR. débiteur.

créateur, trice n. ❶ Personne qui crée, imagine, invente quelque chose de nouveau dans le domaine artistique, scientifique, technique, etc. *Léonard de Vinci était un créateur. Une créatrice de mode.* ❷ Personne qui interprète un rôle qui n'a encore jamais été joué, ou qui met en scène une pièce, une œuvre pour la première fois. *Louis Jouvet est le créateur de « Knock ».* • **Le Créateur :** Dieu. ◆ **adj.** Qui a le don d'inventer, de créer. *Une imagination créatrice.* SYN. fécond.

créatif, ive adj. Capable d'invention, d'originalité, qui a beaucoup d'imagination. *C'est un esprit créatif, qui trouve toujours des idées pour distraire les enfants.* SYN. inventif.

création n.f. ❶ Le fait de créer quelque chose à partir de rien. *La Bible raconte la création du monde dans le livre de la Genèse.* ❷ L'ensemble des êtres et des choses de la nature. *Les merveilles de la création.* SYN. univers. ❸ Le fait de produire des choses ou des situations nouvelles. *La création artistique. La création d'emplois.* ❹ Produit nouvellement créé, œuvre d'art réalisée par un artiste. *Le couturier présente aujourd'hui ses dernières créations.* SYN. modèle. ❺ Première interprétation publique d'une œuvre musicale, théâtrale, d'un rôle, etc. *Création mondiale d'un ballet à l'Opéra de Paris.*

créativité n.f. Faculté d'invention, d'imagination ; pouvoir créateur. *Dans les écoles maternelles, on favorise la créativité des jeunes enfants.*

créature n.f. ❶ Chacun des êtres vivants. *La Terre et toutes les créatures.* ❷ Être humain, personne. *Le héros de ce roman est une créature diabolique.*

crécelle n.f. Instrument en bois constitué par un moulinet denté et une languette flexible, et que l'on fait tourner à toute vitesse pour produire un crépitement bruyant. *Au Moyen Âge, la crécelle était utilisée par les lépreux pour prévenir les passants de leur approche afin qu'ils s'écartent.* • **Voix de crécelle :** voix aiguë, criarde, désagréable.

crèche n.f. ❶ En France, établissement qui accueille les enfants de moins de 3 ans pendant que leurs parents travaillent. ❷ Représentation de l'étable de Bethléem où naquit Jésus, sous la forme d'un petit édifice garni de figurines de personnages et d'animaux.

HISTOIRE DU MOT Vient d'un mot de la langue des Francs qui signifiait « mangeoire ».

crédible adj. Que l'on peut croire, en quoi ou en qui l'on peut avoir confiance. *Son histoire ne tient pas debout, elle n'est pas crédible.* SYN. croyable, vraisemblable. *Après ces scandales, le ministre n'est plus crédible.*

crédit n.m. ❶ Prêt accordé par une banque. *La banque m'a accordé un crédit sur quinze ans pour l'achat de ma maison.* ❷ Sur un relevé de compte, colonne où sont inscrits les versements reçus et l'argent que l'on a. CONTR. débit. ❸ Dans un budget, somme d'argent qui peut être dépensée. *Notre association nous a accordé un crédit de 1 500 euros pour le voyage.* ❹ Confiance qu'on inspire à quelqu'un. *Ce savant a un grand crédit auprès du ministre.* SYN. influence. ❺ Possibilité de payer plus tard, accordée à un client par un commerçant. *J'ai acheté ce téléviseur à crédit. Si vous n'avez pas assez d'argent sur vous, nous pouvons vous faire crédit.* • **Carte de crédit :** carte de paiement électronique qui permet de régler des achats sans chèque ni argent liquide ou de retirer de l'argent à un distributeur automatique.

HISTOIRE DU MOT Vient du latin *credere* qui signifie « croire ». Le crédit est basé sur la confiance.

créditer v. (CONJUG. 3). ❶ Inscrire une somme au crédit de quelqu'un ; l'attribuer au possesseur d'un compte. *Votre compte a été crédité d'une grosse somme.* CONTR. débiter. ❷ Attribuer à une personne une qualité, le mérite d'une action ; reconnaître qu'un sportif a réalisé telle performance. *On crédite ce professeur d'un grand savoir-faire avec les adolescents. Le coureur a été crédité d'un excellent temps.*

crédule adj. Qui croit trop facilement tout ce qu'on lui dit. SYN. naïf. CONTR. incrédule.

crédulité n.f. Tendance à croire tout ce qu'on entend, par naïveté, ignorance ou sottise. *Les camelots profitent souvent de la crédulité des gens.* CONTR. incrédulité, méfiance.

créer v. (CONJUG. 8). ❶ Donner vie, faire exister à partir de rien. *Au commencement, Dieu créa le ciel et la terre.* ❷ Fabriquer quelque chose de neuf à partir de différents éléments, l'imaginer. *Créer un nouveau modèle de voiture.* SYN. inventer. ❸ Fonder, organiser, donner naissance à. *Un festival de marionnettes a été créé à Charleville. Cette industrie créera des emplois.* ❹ Faire une œuvre d'art. *Le peintre, l'écrivain, le compositeur créent.* ❺ Interpréter pour la première fois. *Cette comédie a été créée à Avignon en 1997.* ❻ Être la source, la cause de. *Cette affaire va vous créer des ennuis.* SYN. causer.

crémaillère n.f. ❶ Tige en fer munie de crans qui servait à suspendre les marmites dans la cheminée. ❷ Rail denté qui permet aux trains de gravir de

crawl

fortes pentes. • **Pendre la crémaillère :** fêter son installation dans un nouveau logement en invitant des amis à une soirée.

crématoire **adj.** • **Four crématoire :** four dans lequel on incinère les cadavres.
▸ REM. Depuis que les nazis ont utilisé ces fours pour détruire les corps de leurs victimes, on préfère employer le mot *crématorium*.

crème **n.f.** ❶ Matière grasse tirée du lait, avec laquelle on fait le beurre et le fromage. *Des framboises à la crème fraîche.* ❷ Dessert à base de lait et d'œufs. *Une crème au chocolat. Des choux à la crème.* ❸ Produit de toilette ou de beauté fait d'une pâte plus ou moins épaisse, onctueuse et parfumée. *Une crème solaire. De la crème à raser.* • **Café crème :** café additionné de lait ou de crème. *Boire un café crème.* • **Crème glacée** → VOIR **glacé.** ◆ **adj.invar.** De la couleur de la crème, blanc un peu jaune. *Des gants crème.*

crémerie **n.f.** Magasin du crémier.

crémeux, euse **adj.** Qui contient de la crème, qui a l'aspect de la crème. *Un lait crémeux.*

crémier, ère **n.** Commerçant qui vend du lait, du beurre, du fromage, de la crème et des œufs.

crémone **n.f.** Dispositif de fermeture d'une porte ou d'une fenêtre, composé d'une tige de fer qu'on soulève ou qu'on abaisse en faisant tourner une poignée.

créneau **n.m.** ❶ Échancrure en forme de dentelure faite à intervalles réguliers au sommet de la muraille d'un château fort, d'un donjon et par laquelle on pouvait observer les assaillants et envoyer des projectiles. ❷ Manœuvre qu'on fait pour ranger sa voiture le long d'un trottoir, entre deux autres véhicules en stationnement.

créole **n.** et **adj.** Personne née aux Antilles, en Guyane, à la Réunion, etc., de parents européens. ◆ **adj.** Langue qui mélange une langue européenne et des langues africaines, et qui s'est constituée entre le XVIe et le XIXe siècle, à l'époque de l'esclavage.
▸ REM. Ne pas confondre avec *métis* et *mulâtre*.

1 **crêpe** **n.f.** Galette fine et ronde faite de farine délayée dans de l'eau ou du lait et des œufs, et cuite dans une poêle. *À la Chandeleur, on fera des crêpes. Au Québec, on mange souvent les crêpes avec du sirop d'érable.*

2 **crêpe** **n.m.** ❶ Tissu très léger de soie ou de laine, à l'aspect ondulé. ❷ Ruban de crêpe noir qu'on porte sur le revers ou à la manche d'une veste en signe de deuil. ❸ Caoutchouc avec lequel on fait des semelles de chaussures.

HISTOIRE DU MOT Vient de l'ancien français *cresp* qui signifiait « crépu ».

crêper **v.** (CONJUG. 3). Faire bouffer les cheveux en rebroussant chaque mèche vers la racine et en lissant le dessus. ◆ **se crêper** **v.pron.** • (Familier) **Se crêper le chignon :** se battre en se tirant les cheveux.

crêperie **n.f.** Restaurant où l'on sert principalement des crêpes.

crépi **n.m.** Enduit de sable et de chaux, de mortier ou de plâtre, appliqué sur un mur sans être lissé.

crépir **crépissant, crépi** **v.** (CONJUG. 16). Recouvrir un mur de crépi. *Le maçon a crépi la façade.*

crépitement **n.m.** Succession de petits bruits vifs, secs, de petites explosions. *Le crépitement du sel dans la poêle.*

crépiter **v.** (CONJUG. 3). Faire entendre de petits bruits secs et fréquents, des crépitements. *Le bois crépite dans la cheminée.*

crépon **adj.m.** et **n.m.** • **Papier crépon** ou **crépon :** papier gaufré de différentes couleurs que l'on utilise pour faire des déguisements, des objets en papier.

crépu, e **adj.** *Des cheveux crépus* sont des cheveux frisés en ondulations serrées.

crépuscule **n.m.** Moment de la journée où la lumière persiste encore entre le coucher du soleil et la nuit noire. *Les chauves-souris sortent au crépuscule.*

crescendo **adv.** Terme porté sur une partition de musique pour indiquer que le mouvement doit être joué de plus en plus fort. CONTR. decrescendo.
▸ REM. On prononce [kreʃɛndo].

HISTOIRE DU MOT C'est un mot italien qui signifie « en augmentant ».

cresson **n.m.** Plante vivace qui pousse dans l'eau douce et que l'on cultive, dans des bassins, pour ses feuilles comestibles qu'on mange en salade.
▸ REM. On prononce [kresɔ̃] ou [krəsɔ̃].

crétacé **n.m.** La dernière période de l'ère secondaire pendant laquelle s'est formée la craie.

HISTOIRE DU MOT C'est un mot scientifique formé à partir du mot latin *creta* qui signifie « craie ».

ENCYCLOPÉDIE Au crétacé, les débris rocheux ainsi que les restes d'êtres vivants se sont empilés en couches épaisses et régulières de sédiments qui ont formé la craie. C'est à cette époque que s'est formé l'Atlantique sud, que s'est ouverte la Manche ; c'est aussi l'époque des oursins, des reptiles marins, des dinosaures géants (qui disparaîtront brusquement à la fin du crétacé) et des ptérodactyles ; à cette période, des figuiers poussaient au Groenland !

crête **n.f.** ❶ Protubérance de chair rouge et dentelée qui se trouve sur la tête du coq et de quelques oiseaux. ❷ *La crête d'une montagne, d'une vague,* c'est leur sommet.

crétin, e **n.** et **adj.** (Familier) Imbécile.

crête du coq

A B C D E F G H I J K L M N O P Q R S T U V W X Y Z

cretonne **n.f.** Tissu d'ameublement en coton de couleur, imprimé de dessins variés. *Des rideaux de cretonne.*

HISTOIRE DU MOT Vient de *Creton*, nom d'un village de l'Eure où l'on a d'abord fabriqué ce tissu.

cretons **n.m.plur.** Au Québec, pâté fait surtout avec de la viande de porc.

creuser **v.** (CONJUG. 3). ❶ Faire une cavité, un trou dans le sol. *Creuser une fosse avec une pelle et une pioche. On a creusé un tunnel sous la Manche.* SYN. percer. ❷ Évider quelque chose en enlevant de la matière. *Ils ont creusé un tronc d'arbre pour faire une pirogue.* ❸ (Familier) Ouvrir l'appétit, donner faim. *La marche, ça creuse !* ◆ **se creuser** **v.pron.** • (Familier) **Se creuser la tête** : réfléchir beaucoup, chercher longtemps une solution.

creuset **n.m.** ❶ Récipient qui sert à faire fondre ou à brûler certaines substances en laboratoire, dans l'industrie. ❷ Endroit où se mêlent, se fondent divers éléments. *Les États-Unis sont un creuset de cultures.*

1 **creux, creuse** **adj.** ❶ Dont l'intérieur est vide. *Les briques sont souvent creuses.* CONTR. plein. *Une dent creuse* (= creusée intérieurement par une carie). *Ne pars pas à l'école le ventre creux !* (= sans avoir mangé). ❷ Qui présente un creux, une partie concave. *Une assiette creuse.* CONTR. plat. ❸ Qui est amaigri ou creusé par la fatigue. *Des joues creuses.* CONTR. rebondi. ❹ Où l'activité, la consommation d'énergie, l'affluence sont réduites. *Visiter un musée pendant les heures creuses.* CONTR. heure de pointe. ❺ Qui est vide, sans contenu et sans intérêt. *Des paroles creuses.* ◆ **creux** **adv.** • **Sonner creux** : pour un objet, rendre un son caractéristique qui indique qu'il y a un vide sous la surface. *À cet endroit, le mur sonnait creux, c'était là que se trouvait le trésor.*

2 **creux** **n.m.** La partie vide ou concave de quelque chose. *Pêcher des crevettes dans les creux des rochers.* SYN. anfractuosité, trou. *Regarde les perles que j'ai dans le creux de la main !* SYN. paume. • (Familier) **Avoir un creux à l'estomac** : avoir faim.

crevaison **n.f.** Éclatement d'un objet gonflé, d'un pneu.

crevant, e **adj.** (Familier) Très fatigant. SYN. épuisant.

crevasse **n.f.** ❶ Fente étroite et profonde dans un glacier. *Les deux alpinistes étaient tombés dans une crevasse.* ❷ Fente plus ou moins profonde à la surface d'un mur, du sol, etc. *Le tremblement de terre a fait des crevasses dans les murs des immeubles.* SYN. fissure, lézarde. ❸ Petite fente peu profonde qui se forme sur la peau et qui est due au froid ou à l'action corrosive de certains produits. *En hiver, elle a parfois des crevasses aux mains.* SYN. gerçure.

crevé, e **adj.** ❶ Qui a crevé, éclaté. *Mon père a changé le pneu crevé.* ❷ (Familier) Très fatigué. *Lisa a nagé une heure, elle est complètement crevée.* SYN. épuisé.

crève-cœur **n.m.invar.**, ✎ *n.m.* (PLUR. : *crève-cœurs*). Sentiment de grand chagrin mêlé de pitié. *C'est un crève-cœur de voir cette maison à l'abandon !*

crever **v.** (CONJUG. 10). ❶ Pour quelque chose qui est gonflé, s'ouvrir en éclatant. *L'abcès a crevé et le pus est sorti. J'ai crevé en route* (= un pneu de ma voiture a éclaté). ❷ Percer, déchirer, faire éclater quelque chose de gonflé. *Loïc a crevé son ballon sur un clou.* ❸ Pour une plante ou un animal, mourir. *Le citronnier a crevé l'hiver dernier.* ❹ (Familier) Fatiguer, épuiser quelqu'un. *Ce voyage nous a crevés.* • (Familier) **Crever de faim** ou **de soif** : avoir très faim, très soif.

crevette **n.f.** Petit crustacé qui possède cinq paires de pattes et vit en eau douce ou dans la mer. *On pêche pour les manger les crevettes grises, les crevettes roses, les gambas et certaines crevettes des pays chauds.*

HISTOIRE DU MOT Vient de *chevrette*, car la crevette fait des bonds comme la chevrette.

crevettes

cri **n.m.** ❶ Son perçant que l'on émet sous le coup de l'émotion ou pour attirer l'attention de quelqu'un. *Le choc lui arracha un cri de douleur. En voyant le serpent, Elia a poussé un cri. Des cris dans la nuit.* SYN. hurlement. ❷ Son, ou ensemble de sons, émis par un animal et qui caractérise son espèce. *Le « feulement » est le cri du tigre.* • (Familier) **Le dernier cri** : ce qu'il y a de plus moderne, ce qui se fait de mieux. • **Pousser les hauts cris** : protester énergiquement contre quelque chose.

criant, e **adj.** ❶ Qui choque, qui fait crier d'indignation. *Nous avons fait ce devoir ensemble, il a eu 18 et moi 10, c'est une injustice criante !* SYN. révoltant, scandaleux. ❷ Qui est incontestable, que l'on ne peut nier. *Un portrait criant de vérité.*

criard, e **adj.** ❶ *Une voix criarde* est perçante et désagréable. CONTR. doux. ❷ *Des couleurs criardes* sont trop vives, trop voyantes.

crible **n.m.** Instrument à fond plat percé de petits trous permettant de trier des objets de grosseur inégale. *Un crible pour le gravier, les grains.* • **Passer au crible** : examiner en détail, avec soin.

cribler **v.** (CONJUG. 3). Atteindre quelqu'un ou quelque chose en de nombreux endroits en faisant des trous, des marques. *Le sol de la Lune est criblé de cratères. Cribler quelqu'un de coups de pied.* • **Être criblé de dettes** : devoir de l'argent à un grand nombre de personnes.

1 **cric** **n.m.** Instrument qui sert à soulever de lourdes charges, et notamment un véhicule. *Il me faut un cric pour changer la roue de la voiture.*

2 cric ou **cric crac** **interj.** Mot qui imite le bruit de la clef dans la serrure ou un bruit de craquement. *Cric crac ! C'est fermé à clé, personne ne peut plus entrer !*

joueur de cricket

cricket **n.m.** Jeu anglais qui se joue avec des battes de bois et des balles de son recouvertes de cuir dur. *Un match de cricket dure souvent plusieurs jours !*
▶ REM. 1. C'est un mot anglais, on prononce [krikɛt]. 2. Ne pas confondre avec *criquet*.

criée **n.f.** Sur un port, vente aux enchères des poissons pêchés le jour même.
▶ REM. On dit aussi *vente à la criée*.

crier **v.** (CONJUG. 7). ❶ Pousser un cri, des cris. *Avez-vous fini de crier, les enfants, on ne s'entend plus ! Le jour de la piqûre, Nils criait avant même qu'on l'ait touché.* SYN. hurler. ❷ Élever la voix pour manifester son mécontentement. *Le père criait contre son fils.* • **Crier quelque chose sur les toits :** l'annoncer, le faire savoir à tout le monde.

crime **n.m.** ❶ Le fait de tuer volontairement une personne. *Un crime a été commis cette nuit, la police s'est immédiatement rendue sur les lieux.* SYN. assassinat, meurtre. ❷ La plus grave des infractions à la loi, passible d'une peine de prison et qui est jugée en cour d'assises. *Un meurtre, un vol à main armée, un enlèvement sont des crimes.* ❸ Au figuré, action blâmable, faute grave. → VOIR AUSSI **délit, infraction.**

criminalité **n.f.** Ensemble des délits et actes criminels commis pendant une période déterminée dans un groupe social déterminé. *En un an, la criminalité a baissé de 10 %.*

criminel, elle **n.** Personne qui a commis un meurtre, un crime. *La police a arrêté le criminel au moment où il essayait de s'enfuir.* SYN. assassin, meurtrier. ◆ **adj.** Qui constitue un crime, qui a un crime comme origine. *Un incendie criminel.* CONTR. accidentel.

crin **n.m.** Poil long et rude qui pousse sur le cou et la queue du cheval et de quelques autres animaux.

HISTOIRE DU MOT Vient du latin *crinis* qui signifie « cheveu ».

crincrin **n.m.** (Familier) Mauvais violon.

crinière **n.f.** Ensemble des crins qui poussent sur le cou du cheval, du lion. *Le cheval galopait, crinière au vent.*

crinoline **n.f.** Large jupon garni de baleines ou de cerceaux métalliques, que les femmes portaient au XIXe siècle sous leur jupe pour la rendre bouffante. *Une robe à crinoline.*

crique **n.f.** Petite échancrure dans un littoral, qui forme un abri naturel pour les bateaux. *On s'est baignés dans une crique où s'était abrité un voilier.* SYN. anse.

criquet **n.m.** Insecte herbivore très vorace, de couleur grise ou brune, qui se déplace en sautant et en volant.
▶ REM. Ne pas confondre avec *cricket*.

ENCYCLOPÉDIE Certaines espèces de criquets des régions chaudes *(criquet pèlerin, criquet migrateur)*, lorsqu'elles n'ont plus assez de nourriture, peuvent se déplacer par milliards d'individus et s'abattre sur les cultures, qu'elles ravagent entièrement.

criquet

crise **n.f.** ❶ Manifestation brusque et intense d'une émotion ou d'un état d'esprit. *Elle a été si contrariée qu'elle a eu une crise de nerfs. Une crise de fou rire, de larmes.* ❷ Manifestation soudaine ou aggravation brutale d'une maladie. *Il a eu une crise cardiaque.* ❸ Période difficile dans la vie de quelqu'un, d'un groupe, d'une société. *La grande crise économique de 1929 a commencé par le krach de la Bourse de New York ; celle de 2007-2008 a aussi débuté aux États-Unis.*

crispant, e **adj.** Très agaçant, qui provoque une tension nerveuse. *Cette longue attente est crispante.* SYN. énervant, exaspérant, horripilant.

crispation **n.f.** ❶ Contraction involontaire d'un muscle due à l'émotion, à l'angoisse. ❷ Le fait d'être irrité, agacé, horripilé.

crispé, e **adj.** Qui est tendu, anxieux, mal à l'aise. *Il est toujours crispé quand il est au volant de sa voiture.* SYN. contracté. CONTR. décontracté.

crisper **v.** (CONJUG. 3). ❶ Contracter ses muscles sous l'effet de l'inquiétude ou de l'émotion. *Le cow-boy crispa les doigts sur son pistolet.* ❷ Exaspérer, irriter au plus haut point. *Il me crispe avec ses grands airs !* SYN. agacer, énerver.

crissement **n.m.** Bruit souvent désagréable, produit par deux objets assez durs qui frottent l'un contre

robes à **crinoline** (*Femmes au jardin*, Claude Monet, 1867)

l'autre en grinçant légèrement. *Le crissement des pneus sur le gravier.*

crisser **v.** (CONJUG. 3). Produire un crissement. *Marc fait crisser sa fourchette contre son assiette. Faire crisser ses pneus.*

cristal **n.m.** (PLUR. : **cristaux**). ❶ Verre très limpide et très fin qui donne, quand on le heurte légèrement, un son clair prolongé. *Des coupes de champagne en cristal ! Les voyantes lisent l'avenir dans une boule de cristal.* ❷ (Souvent au plur.) Objet de cristal. *Des cristaux de Bohême.* ❸ Substance minérale solide qui a une forme géométrique bien déterminée. *Des cristaux de glace, de sel, de soude.* • **Cristal liquide :** substance intermédiaire entre un liquide et un solide, que l'on utilise pour l'affichage dans les montres, les calculatrices, les écrans de téléviseurs et d'ordinateurs, etc.

ENCYCLOPÉDIE Le cristal existe sous deux formes, le *cristal naturel*, ou *cristal de roche*, et le *cristal artificiel*, qui est une variété de verre fabriquée avec de la potasse, de la silice et de l'oxyde de plomb.

cristallerie **n.f.** Fabrique d'objets en cristal.

1 cristallin, e **adj.** ❶ Qui est formé de cristaux. *Le granit est une roche cristalline.* ❷ Qui est transparent, pur, limpide comme le cristal. *Un lac de montagne à l'eau cristalline. Un petit chanteur à la voix cristalline.*

2 cristallin **n.m.** Partie transparente de l'œil située derrière l'iris, qui joue le rôle de lentille.

cristallisation **n.f.** Transformation d'une matière en cristaux. *La cristallisation du sel.*

cristallisé, e **adj.** Qui est formé de tout petits cristaux. *On fait la confiture avec du sucre cristallisé.*

se cristalliser **v.pron.** (CONJUG. 3). ❶ Se changer en cristaux. *En hiver, les fines gouttelettes de brouillard se cristallisent en givre.* ❷ Prendre forme, se fixer sur quelqu'un, autour de quelque chose. *Tous les espoirs se sont cristallisés sur lui.* SYN. se concentrer.

critère **n.m.** Principe sur lequel on s'appuie, qu'on utilise comme repère pour émettre une appréciation, un jugement, pour conduire une analyse. *Quels ont été les critères pour la sélection des candidats ?*

critérium **n.m.** Épreuve sportive permettant de qualifier et de classer des concurrents en vue d'autres épreuves.

critiquable **adj.** Qui peut être critiqué. SYN. contestable, discutable.

1 critique **adj.** ❶ *L'esprit critique*, c'est l'attitude de celui qui n'admet un fait ou une opinion qu'après en avoir longuement examiné la valeur. *Un bon journaliste doit faire preuve d'esprit critique. Julien manque de sens critique et croit d'emblée tout ce qu'on lui raconte.* ❷ Qui émet des jugements sévères, négatifs. *Luc s'est montré très critique à l'égard de notre projet.*

HISTOIRE DU MOT Vient du grec *krinein* qui signifie « juger ».

2 critique **adj.** S'emploie pour indiquer que quelque chose de décisif va arriver. *Des blessés dans un état critique* (= dont l'état est très grave). *Les réfugiés sont dans une situation critique.* SYN. alarmant.

3 critique **n.f.** ❶ L'action de critiquer quelqu'un ou quelque chose. *Il ne cesse pas de faire des critiques sur le travail de ses collaborateurs.* SYN. reproche. CONTR. compliment, éloge. ❷ L'art de juger les œuvres artistiques, littéraires ; jugement porté sur une œuvre. *Il est spécialisé dans la critique théâtrale. Ce film n'a eu que de bonnes critiques, si nous allions le voir ?* ❸ L'ensemble des critiques professionnels. *Ce film a été encensé par la critique.* ◆ **n.** Personne dont le métier est la critique des œuvres artistiques ou littéraires. *Une critique de cinéma. Un critique musical.*

critiquer **v.** (CONJUG. 3). Trouver des défauts à ce qui est dit, fait ; juger défavorablement quelqu'un, quelque chose. *Il critique toujours tout, par principe !* SYN. désapprouver. *On l'a beaucoup critiquée quand elle a divorcé.* SYN. blâmer, condamner.

croassement **n.m.** Cri du corbeau et de la corneille.
▸ REM. Ne pas confondre avec *coassement*.

croasser **v.** (CONJUG. 3). Pour le corbeau, faire entendre son cri.
▸ REM. Ne pas confondre avec *coasser*.

croate **adj.** et **n.** De Croatie. *Zagreb est la capitale croate.* ◆ **croate** **n.m.** Langue parlée en Croatie et en Bosnie-Herzégovine.
▸ REM. Quand il désigne une personne, le mot prend une majuscule : *un Croate, une Croate.*

croc **n.m.** ❶ Chacune des quatre canines longues, fortes et pointues des mammifères carnassiers, tels que le lion, le tigre, le chien, etc. *Les crocs servent à la mise à mort des proies chez les carnivores.* ❷ Tige recourbée qui sert à suspendre quelque chose. *Le boucher accrocha la carcasse de bœuf au croc.*
▸ REM. On ne prononce pas le *-c* final.

crocs d'un tigre du Bengale

croc-en-jambe **n.m.** (PLUR. : **crocs-en-jambe**). Mouvement pour faire tomber une personne qui marche, fait en plaçant brusquement le pied devant ses jambes. SYN. croche-pied.

1 croche **n.f.** En musique, note qui porte un crochet et dont la durée est la moitié de celle d'une noire.

2 croche **adj.** (Familier) ❶ Au Québec, qui est courbe, tordu. *Elle a les jambes croches.* ❷ Au Québec, qui est malhonnête. *Un commerçant très croche.* ◆ **adv.** (Familier) Au Québec, de travers. *Cette affaire marche tout croche !*

croche-pied (PLUR. : **croche-pieds**), ✎ ***crochepied*** **n.m.** Croc-en-jambe.

crochet **n.m.** ❶ Pièce de métal recourbée sur laquelle on peut accrocher quelque chose. *Suspendre son manteau à un crochet.* ❷ Tige de fer recourbée à son extrémité. *Ouvrir une porte avec un crochet.* ❸ Tige rigide dont la pointe est recourbée et avec laquelle on peut travailler la laine, le coton. *Un napperon au crochet.* ❹ Détour que l'on fait sur un itinéraire. *En revenant, j'ai fait un crochet par Senlis.* ❺ Chacun des deux signes graphiques (l'un ouvrant, l'autre fermant) que l'on utilise pour marquer certains éléments dans un texte. *L'alphabet phonétique s'écrit entre crochets.* ❻ Dent recourbée des serpents venimeux pourvue d'un canal par où s'écoule le venin. • **Vivre aux crochets de quelqu'un :** vivre à ses frais, profiter de lui.

crocheter **v.** (CONJUG. 11). *Crocheter une serrure*, c'est l'ouvrir avec un crochet. *Le cambrioleur était en train de crocheter la serrure.*

crochu, e **adj.** Recourbé comme un crochet. *La sorcière prit un crapaud entre ses doigts crochus.*

crocodile **n.m.** ❶ Grand reptile pouvant atteindre 6 m de long, aux fortes mâchoires et aux courtes pattes palmées, qui vit dans les fleuves et lacs d'Afrique et d'Inde. Cri : le crocodile vagit. ❷ Peau de cet animal utilisée en maroquinerie. • **Larmes de crocodile :** larmes qui ne sont pas sincères et sont destinées à tromper quelqu'un.

crocus **n.m.** Plante à bulbe, qui pousse au printemps et dont une espèce à fleurs jaunes est le safran.
▸ REM. On prononce le *-s*.

crocus

croire **croyant, cru v.** (CONJUG. 68). ❶ Penser que quelque chose est vrai, que quelqu'un dit la vérité. *Si c'est toi qui le dis, alors je le crois.* ❷ Penser qu'un être ou une chose existent, et qu'ils ont un pouvoir. *Croire aux fantômes, au père Noël.* ❸ Avoir la foi religieuse, être croyant. *Croire en Dieu.* ❹ Supposer quelque chose, l'avoir dans l'idée, en avoir l'impression. *Je crois que je vais rater mon train* (= je le pense). ◆ **se croire** **v.pron.** ❶ S'imaginer être dans telle situation. *Qu'il fait beau ! On se croirait en été !* ❷ Se considérer comme, se prendre pour. *Tu te crois malin, mais rira bien qui rira le dernier !*

croisade **n.f.** ❶ Au Moyen Âge, expédition militaire menée par les chrétiens pour chasser les musulmans de la Terre sainte. → VOIR noms propres. ❷ Campagne qui vise à créer un mouvement d'opinion pour soutenir une cause, pour promouvoir une réforme ou combattre un abus. *Lancer une croisade contre le sida.*

scène de combat lors de la 1re **croisade** (XIe siècle)

HISTOIRE DU MOT Vient de *croix*, car les croisés portaient une croix d'étoffe cousue sur leur vêtement.

1 croisé, e **adj.** *Des feux croisés* sont des tirs de projectiles qui viennent de divers côtés mais qui convergent sur un seul objectif.

2 croisé **n.m.** Celui qui, au Moyen Âge, participait à une croisade.

croisée **n.f.** ❶ Ancien mot qui signifie « fenêtre ». *Regarder par la croisée.* ❷ Croisement. • **À la croisée des chemins :** à l'endroit où deux chemins se croisent ; et, au figuré, au moment où il faut faire un choix important qui engage l'avenir.

croisement **n.m.** ❶ Pour deux véhicules, le fait de se croiser. *La route est si étroite que tout croisement est impossible.* ❷ Endroit où deux voies se croisent. *Au croisement, vous prendrez à droite.* SYN. carrefour. ❸ Reproduction d'animaux ou de végétaux de même espèce, mais de races différentes. *Mon chien est un croisement de cocker et de setter.*

croiser **v.** (CONJUG. 3). ❶ Mettre deux choses l'une sur l'autre en formant une croix, un X. *Croiser les jambes. Croiser sa fourchette et son couteau sur son assiette.* ❷ Passer à côté d'une personne, d'un véhicule qui vont dans la direction opposée. *Je l'ai croisé dans la rue, mais il ne m'a pas vu.* ❸ Pour une rue, une voie, former une croix avec une autre voie, la traverser. *Le chemin croise la route après le village.* ❹ Pour un bateau, aller et venir dans une même zone de la mer pour accomplir une mission de surveillance. *Une partie de la flotte croisait dans les mers du Sud.* SYN. naviguer. ◆ **se croiser** **v.pron.** Passer l'un à côté de l'autre, en venant de directions opposées. *Nous nous croisons parfois dans la rue.* • **Se croiser les bras :** rester à ne rien faire, refuser de travailler.

croiseur **n.m.** Navire de guerre rapide employé pour escorter les convois, lutter contre les sous-marins, etc.

croisière **n.f.** Voyage qu'on fait pour son plaisir sur un paquebot ou sur un bateau de plaisance.

croisillon n.m. Motif formé par des lignes qui s'entrecroisent.

croissance n.f. ❶ Le fait de grandir, ou de pousser. *Un enfant en pleine croissance. La croissance d'une plante.* ❷ Le fait de prendre de l'importance. *Un secteur industriel en pleine croissance.* SYN. développement.

1 croissant n.m. ❶ Aspect de la Lune à son premier ou à son dernier quartier. *Le croissant de lune se reflète dans la mer.* ❷ Pâtisserie en forme de croissant, faite de pâte feuilletée roulée sur elle-même.

HISTOIRE DU MOT Vient de *croître*, car *croissant* a d'abord désigné le « temps pendant lequel la Lune croît ».

2 croissant, e adj. Qui va en augmentant, qui croît. *Un nombre croissant de candidats.* SYN. grandissant. • **Par ordre croissant :** du plus petit au plus grand.

croître, ✎ ***croitre*** croissant, crû v. (CONJUG. 76). ❶ Pousser en se développant. *La mauvaise herbe croît rapidement.* ❷ Augmenter, devenir de plus en plus important, nombreux. *À partir de Noël, les jours croissent.* CONTR. décroître.

croix n.f. ❶ Dans l'Antiquité, instrument de supplice fait d'un poteau et d'une traverse horizontale, sur lequel on attachait ou clouait les condamnés. *Jésus-Christ est mort sur la croix.* ❷ Objet de piété ou bijou en forme de croix. ❸ Signe fait de deux traits qui se coupent par le milieu. *Signer d'une croix.* ❹ Décoration en forme de croix. *Être décoré de la croix de guerre.* • **Faire une croix sur quelque chose :** y renoncer. • **Signe de croix :** pour les catholiques et les orthodoxes, geste par lequel on trace sur soi la forme de la croix. → VOIR noms propres : **Croix-Rouge.**

HISTOIRE DU MOT Vient du latin *crux*, qui signifie « croix », que l'on retrouve dans des mots comme *crucial, crucifier, cruciverbiste.*

croquant, e adj. *Un aliment croquant* croque sous la dent. *Une salade croquante.*

à la **croque-au-sel** adv. Qu'on mange cru avec seulement du sel. *Des artichauts à la croque-au-sel.*

croquemitaine n.m. Personnage fantastique dont on menaçait les enfants.
▸ REM. Au Canada, l'équivalent du croque-mitaine est le Bonhomme Sept Heures.

croque-monsieur n.m.invar., ✎ ***croquemonsieur*** *n.m.* Sandwich chaud fait de pain de mie, de jambon et de fromage, gratiné au gril.
▸ REM. Si l'on ajoute un œuf au plat, on obtient un *croque-madame.*

croque-mort (PLUR. : croque-morts), ✎ ***croquemort*** n.m. (Familier) Employé des pompes funèbres.

croquer v. (CONJUG. 3). ❶ Broyer entre ses dents en faisant un bruit sec. *Croquer une dragée.* ❷ Faire un bruit sec sous la dent. *Un biscuit qui croque.* SYN. craquer.

croquet n.m. Jeu qui consiste à faire passer, sous des arceaux, des boules qu'on pousse avec un maillet.

croquette n.f. ❶ Boulette de pâte, de viande, de poisson, que l'on fait frire. *Des croquettes de pommes de terre.* ❷ Aliment pour chien ou chat fait de boulettes sèches.

croquis n.m. Dessin rapide qui ne présente que les traits essentiels du sujet. *Avant de faire un tableau, les peintres font souvent de nombreux croquis.* SYN. esquisse. *Voici un croquis des lieux.* SYN. schéma.

cross ou **cross-country** (PLUR. : cross-countrys ou cross-countries), ✎ ***crosscountry*** n.m. Course à pied en terrain accidenté avec franchissement d'obstacles.

HISTOIRE DU MOT Vient de l'anglais *across the country* qui signifie « à travers la campagne ».

crosse n.f. ❶ La partie d'une arme à feu, opposée au canon, que l'on tient dans la main ou que l'on appuie contre son épaule pour tirer. *Il l'a assommé d'un coup de crosse.* ❷ Long bâton recourbé au sommet, insigne de l'évêque et de l'abbé. ❸ Bâton recourbé qui est utilisé dans certains sports pour pousser la balle. ❹ Au Canada, sport d'origine amérindienne qui se joue avec un bâton recourbé muni d'un filet. *Jouer à la crosse.*

crotale n.m. Serpent venimeux d'Amérique, appelé aussi *serpent à sonnette* parce qu'il a au bout de la queue une série de cônes creux qui font un bruit de crécelle.

HISTOIRE DU MOT Vient du latin *crotalum* qui signifie « castagnettes, crécelle ».

crotte n.f. Excrément en forme de boule de certains animaux, en particulier du chien, de la chèvre, du lapin, de la souris. • **Crotte en chocolat :** bonbon au chocolat fourré de crème, de pâte d'amandes, etc.

crotté, e adj. Couvert de boue. *Des souliers tout crottés.*

HISTOIRE DU MOT Vient de *crotte* qui signifiait autrefois « boue ».

jeu de **croquet**

A B C D E F G H I J K L M N O P Q R S T U V W X Y Z

crottin n.m. ❶ Excrément de cheval, d'âne ou de mulet. *Il y avait du crottin le long du chemin.* ❷ Petit fromage de chèvre rond. *Un crottin de Chavignol.*

crouler v. (CONJUG. 3). ❶ Tomber en ruine, s'affaisser. *La vieille maison menaçait de crouler.* SYN. s'effondrer. ❷ Être surchargé. *La maison croulait sous la glycine. Crouler sous le travail.* • **Crouler sous les applaudissements :** résonner d'applaudissements très nombreux.

croupe n.f. Partie postérieure du corps du cheval, qui va des reins jusqu'au début de la queue. • **En croupe :** à califourchon derrière le cavalier, ou à l'arrière d'une moto.

croupi, e adj. *L'eau croupie* est une eau qui sent mauvais parce qu'elle ne s'écoule pas et qu'elle contient des matières qui pourrissent. SYN. fétide.

croupion n.m. La partie arrière du corps d'un oiseau ou d'une volaille, qui porte les plumes de la queue.

croupir croupissant, croupi v. (CONJUG. 16). ❶ *De l'eau qui croupit* devient impure et sent de plus en plus mauvais parce qu'elle ne s'écoule pas. *L'eau croupissait dans les fossés du château.* ❷ Rester, sans évoluer, dans une fonction, un état. *Je ne veux pas croupir dans ce bureau toute ma vie !* SYN. moisir, végéter.

HISTOIRE DU MOT En ancien français, *croupir* signifiait « rester accroupi à la même place ».

croustillant, e adj. ❶ *Un aliment croustillant* craque sous la dent. *Du pain croustillant.* ❷ *Une histoire croustillante, des détails croustillants* excitent la curiosité par leur côté comique ou inconvenant.

croustille n.f. Au Québec, fine tranche de pomme de terre frite, séchée et salée. SYN. chips.

croustiller v. (CONJUG. 3). Croquer sous la dent. *Du pain qui croustille.*

croûte, ✎ ***croute*** n.f. ❶ Partie dorée et dure du pain, qui entoure la mie, ou partie extérieure plus cuite ou plus dure de certains aliments. *La croûte du fromage.* ❷ Plaque épaisse, granuleuse et brunâtre formée sur une plaie par le sang séché. • **Croûte terrestre :** partie superficielle de la Terre (= écorce terrestre).

croûton, ✎ ***crouton*** n.m. ❶ Extrémité d'un pain ou morceau de pain dur. *Préfères-tu une tranche ou le croûton ?* ❷ Petit morceau de pain frit. *Une salade aux croûtons.*

croyable adj. Que l'on peut croire vrai ou réel. *Cette coïncidence est difficilement croyable.* SYN. vraisemblable. → VOIR AUSSI **crédible.**

croyance n.f. ❶ Le fait de croire à l'existence ou au pouvoir d'un être ou d'une chose. *La croyance en Dieu.* SYN. foi. *La croyance aux fantômes.* ❷ Opinion religieuse, philosophique ou politique. *Respecter toutes les croyances.* SYN. conviction.

croyant, e adj. et n. Qui a la foi religieuse. *Elle est croyante et très pratiquante.*

C.R.S. n.m. Policier d'une compagnie républicaine de sécurité, chargé du maintien de l'ordre.

1 **cru, crue** adj. ❶ *Un aliment cru* n'a pas subi de cuisson. *Du poisson cru.* CONTR. cuit. ❷ *Une lumière, une couleur crues* sont très vives, très violentes. CONTR. doux. ❸ *Un langage cru* exprime les choses sans détour, souvent avec des mots grossiers. ◆ **cru** adv. • **Monter à cru :** monter sans selle.

HISTOIRE DU MOT Vient du latin *cruor* qui signifie « sang » et que l'on retrouve dans *cruauté, cruel.*

2 **cru** n.m. Terroir spécialisé dans la production d'un vin ; vin provenant de ce terroir. *Un grand cru de Bourgogne.* • **De son cru :** de son invention. *Voici un petit plat de mon cru.*

HISTOIRE DU MOT Vient de *croître.*

cruauté n.f. Caractère cruel d'une personne ou d'un acte. *Il est d'une grande cruauté, il arrache les pattes des mouches.* SYN. férocité, sadisme. CONTR. douceur, humanité.

cruche n.f. ❶ Récipient muni d'une anse et d'un bec verseur. *Une cruche d'eau.* ❷ Personne sotte. • **Tant va la cruche à l'eau qu'à la fin elle se casse :** proverbe qui signifie que tout finit par s'user ou bien que, à force de prendre des risques, on peut avoir des ennuis.

crucial, ale, aux adj. D'une importance extrême. *Un problème crucial.* SYN. fondamental. *Le moment crucial* (= le moment décisif).

crucifier v. (CONJUG. 7). Dans l'Antiquité, attacher ou clouer un condamné sur une croix et l'y laisser mourir. *De nombreux martyrs chrétiens furent crucifiés.*

crucifix n.m. Croix de bois, de plâtre, de métal, sur laquelle est représenté Jésus-Christ crucifié.
▸ REM. On ne prononce pas le *-x.*

crucifixion n.f. L'action de crucifier quelqu'un.

cruciverbiste n. Amateur de mots croisés.

crudité n.f. Caractère choquant, grossier de ce qui est dit ; franc-parler. *La crudité du langage de Mme Souline stupéfiait toujours les nouveaux pensionnaires.* ◆ **crudités** n.f.plur. Légumes crus, ou parfois cuits, consommés froids. *Prendre une assiette de crudités.*

crue n.f. Montée des eaux d'une rivière due à de fortes pluies ou à la fonte des neiges. CONTR. décrue.

HISTOIRE DU MOT Vient du verbe *croître.*

cruel, elle adj. ❶ Qui prend plaisir à faire souffrir ou à voir souffrir. *Néron fut un des plus cruels empereurs romains.* SYN. féroce, inhumain. CONTR. bon, humain. ❷ Qui cause une vive souffrance, physique ou morale. *Sa mort fut pour nous une perte cruelle.*

HISTOIRE DU MOT Vient du latin *crudelis* qui signifie « qui fait couler le sang ».

cruellement adv. ❶ De façon méchante, cruelle. *Il s'est cruellement vengé.* SYN. méchamment. ❷ De façon pénible, douloureuse. *Cet argent nous manque cruellement.*

crustacé n.m. *Les crustacés* sont des animaux sans os, au corps mou, protégé par une carapace articulée. *Les crevettes, les homards, les crabes sont des crustacés.* → VOIR planche ci-contre.

LES CRUSTACÉS

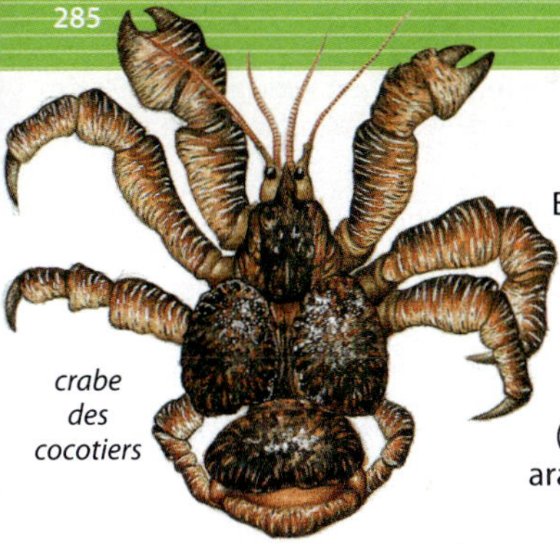
crabe des cocotiers

Des espèces variées mais une même forme de développement

Bien qu'il en existe quelques espèces terrestres (cloporte), les crustacés sont essentiellement aquatiques. L'œuf éclôt sous forme de larve nageuse sans carapace, appelée « **nauplius** ». Après des mues successives, la larve acquiert de nouveaux segments jusqu'à devenir adulte. Certains crustacés mesurent quelques millimètres comme ces sortes de petites crevettes (**krill**) dont se nourrissent les baleines ; à l'opposé, certaines araignées de mer ont des pattes de 2 m ! Beaucoup d'espèces d'eau de mer (crevette, crabe, langouste, homard) et d'eau douce (écrevisse) sont comestibles.

crabe violoniste

calappe

nymphon (araignée de mer)

anatife

squille

étrille

krill

cigale de mer

puce de mer

balane

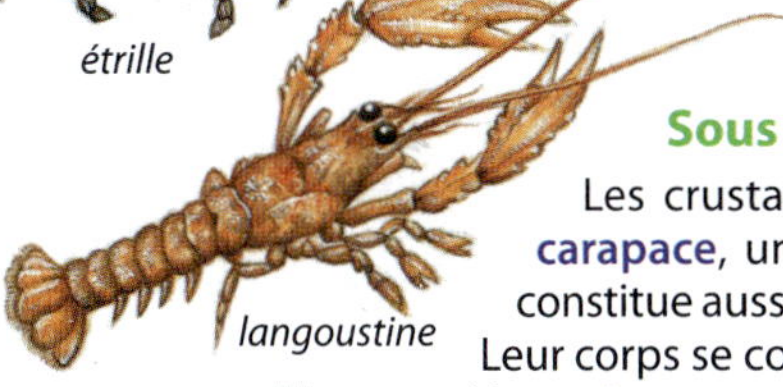
langoustine

Sous la protection d'une carapace

Les crustacés tiennent leur nom de leur **carapace**, une sorte de croûte épaisse, qui constitue aussi une façon de squelette externe. Leur corps se compose d'une tête, souvent soudée au **thorax**, et d'un tronc formé d'une série de segments. Chez de nombreux crustacés, ces segments se terminent par une paire d'appendices (**antennes**, **pattes**) de chaque côté du tronc. Les premières pattes servent à capturer des proies et à mâcher (on les appelle pattes-mâchoires), les autres sont des pattes marcheuses. Les crustacés ont deux yeux, deux paires d'antennes et une paire de **mandibules**. Ils respirent par des **branchies**.

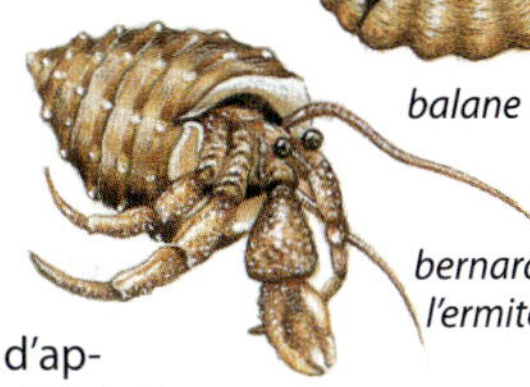
bernard-l'ermite

crevette

galathée

anatomie d'un homard

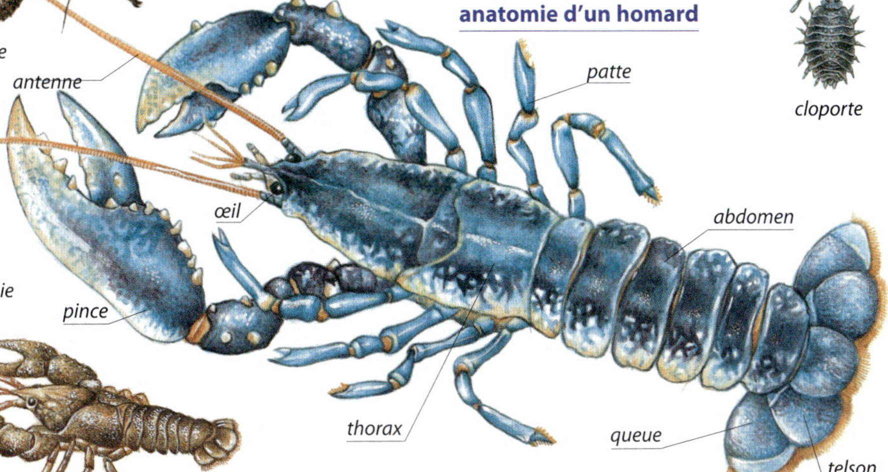

cloporte

daphnie

écrevisse

crypte **n.f.** Chapelle souterraine creusée sous le chœur d'une église.

HISTOIRE DU MOT Vient du grec *kruptos* qui signifie « caché ».

cryptogramme **n.m.** Texte écrit en langage codé. *Dans les cryptogrammes, les lettres sont remplacées par des chiffres ou d'autres lettres.*

cube **n.m.** ➊ Objet dont les six faces sont des carrés égaux. *Les dés à jouer sont des cubes.* ➋ *Le cube d'un nombre,* c'est ce nombre multiplié deux fois par lui-même. *27 est le cube de 3 (3 × 3 × 3 ; on écrit 3³).* ◆ **adj.** • **Mètre cube :** unité de mesure équivalant au volume d'un cube ayant 1 m de côté. (On écrit *m³* en abrégé.)

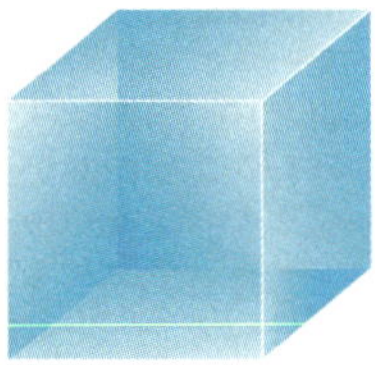

cube

HISTOIRE DU MOT Vient du grec *kubos* qui signifie « dé à jouer ».

cubique **adj.** Qui a la forme d'un cube. *Une boîte cubique.*

cubisme **n.m.** Mouvement artistique du début du XXe siècle qui représente la réalité par l'intermédiaire de formes géométriques et plus particulièrement de cubes. *Picasso est l'un des créateurs du cubisme.*

cubitus **n.m.** Os long qui, avec le radius, forme l'avant-bras.
▸ REM. On prononce le *-s*.

cueillette **n.f.** L'action de cueillir des fruits, des légumes, des fleurs ; ce que l'on a cueilli. *La cueillette des cerises, des olives.* SYN. récolte.
▸ REM. Attention, *-ueil-*.

cueillir **cueillant, cueilli v.** (CONJUG. **26**). Détacher une fleur, un fruit, un légume de sa tige, de sa branche, de sa racine. *Le jardinier cueille des roses.* SYN. récolter.
▸ REM. Attention, *-ueil-*.

cuillère ou **cuiller** **n.f.** Ustensile de cuisine ou couvert fait d'un manche et d'une partie creuse ; son contenu. *Une cuillère à soupe. Une cuillère de farine.*

HISTOIRE DU MOT Vient du latin *cochlearium* qui signifie « ustensile à manger les escargots ».

cuillerée **n.f.** Contenu d'une cuillère. *Pour faire une vinaigrette, on peut mettre une cuillerée à soupe de vinaigre pour trois d'huile.*
▸ REM. On prononce [kɥijere] ; mais il n'y a pas d'accent sur le premier *e*.

cuir **n.m.** Peau tannée d'un animal que l'on utilise pour faire toutes sortes d'objets ou de vêtements. *Un cartable en cuir. Un blouson de cuir.* • **Cuir chevelu :** la peau du crâne sur laquelle sont implantés les cheveux.

cuirasse **n.f.** ➊ La partie de l'armure qui protégeait le buste. ➋ Blindage métallique dont sont recouverts les navires de guerre et les chars d'assaut. • **Le défaut de la cuirasse :** le point faible d'une personne.

HISTOIRE DU MOT Vient de *cuir*, car la cuirasse était à l'origine un corset de cuir.

cuirassé **n.m.** Jusque vers 1960, gros navire de guerre puissamment armé et protégé par un épais blindage.

cuirassier **n.m.** Autrefois, soldat de la cavalerie qui portait une cuirasse.

cuire **cuisant, cuit v.** (CONJUG. **60**). ➊ Soumettre certains aliments ou certains matériaux à l'action de la chaleur. *Le boulanger cuit son pain. Le potier cuit ses pots.* ➋ Être soumis à l'action de la chaleur. *Le rôti cuit dans le four.* ➌ (Familier) Avoir trop chaud. *Ouvrez la fenêtre, on cuit ici.*

cuisant, e **adj.** Qui affecte douloureusement. *Un échec cuisant.*

cuisine **n.f.** ➊ Pièce où l'on prépare les repas. *Nous dînons dans la cuisine.* ➋ Préparation des repas ; art de préparer les aliments. *Roger fait la cuisine.* ➌ Manière de préparer les aliments propre à une personne ou à un groupe. *J'aime la cuisine orientale.*

cuisiné, e **adj.** *Un plat cuisiné* est vendu tout préparé. *Ce charcutier fait des plats cuisinés.*

cuisiner **v.** (CONJUG. **3**). ➊ Faire la cuisine. *Mon mari cuisine très bien.* ➋ (Familier) Interroger quelqu'un avec insistance pour lui arracher un renseignement. *On a cuisiné nos parents pour savoir quels seraient nos cadeaux, mais rien à faire !*

cuisinette **n.f.** Petite cuisine.

cuisinier, ère **n.** ➊ Personne dont le métier est de faire la cuisine. *Le restaurant vient d'embaucher un nouveau cuisinier.* ➋ Personne qui sait faire la cuisine. *C'est une cuisinière hors pair !*

cuisinière **n.f.** Appareil électrique ou à gaz, équipé de plaques de cuisson et d'un four et qui sert à faire cuire les aliments.

cuissarde **n.f.** Botte qui monte jusqu'en haut des cuisses. *Le pêcheur enfila ses cuissardes.*

cuisse **n.f.** Partie du membre inférieur qui va de la hanche au genou. *Pour traverser la rivière, on avait de l'eau jusqu'aux cuisses. Manger des cuisses de grenouille.* • **Se croire sorti de la cuisse de Jupiter :** se croire supérieur aux autres. (L'expression vient d'un épisode de la mythologie grecque : la mère de Diony-

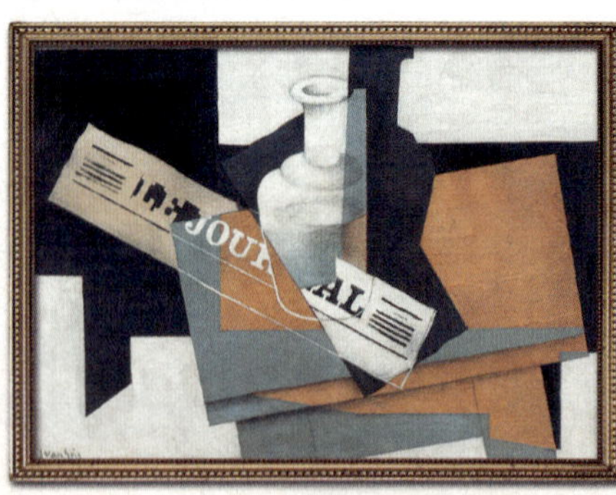

cubisme : *Carafe et journal*, tableau de Juan Gris (1916)

A B C D E F G H I J K L M N O P Q R S T U V W X Y Z

sos étant morte avant d'accoucher, Zeus [Jupiter est le nom que les Romains donnaient à Zeus] prit l'enfant et le plaça dans sa cuisse, d'où il naquit quelques mois plus tard.)

cuisson **n.f.** L'action, la façon de cuire. *La cuisson des meringues se fait à four doux ; la cuisson à la vapeur, au bain-marie.*

cuistre **n.m.** Homme vaniteux qui ne sait pas grand-chose mais fait comme s'il savait tout.

cuit, e **adj.** Que l'on a fait cuire. *Ce rôti est cuit à point.* CONTR. cru. *Un pot en terre cuite.*

cuivre **n.m.** ❶ Métal rougeâtre, très malléable et très bon conducteur de la chaleur et de l'électricité. *Une mine de cuivre. Un chaudron en cuivre.* ❷ Objet en cuivre. *Faire briller les cuivres en les astiquant.* ◆ **cuivres** **n.m.plur.** L'ensemble des instruments de musique à vent en cuivre. *Le clairon, le cor, le cornet à pistons, le trombone, la trompette font partie des cuivres.*

ENCYCLOPÉDIE Le cuivre pur est rouge ; il entre dans la composition de nombreux alliages, tels le laiton et le bronze. C'est, après l'argent, le meilleur conducteur de l'électricité. À l'air humide, un dépôt verdâtre se forme sur ce métal, appelé couramment *vert-de-gris*. On a su marteler le cuivre vers 9000 avant J.-C. Deux mille ans plus tard, on savait le fondre : c'est ainsi qu'est née la métallurgie.

cuivré, e **adj.** Dont la couleur brun-rouge rappelle celle du cuivre. *Un teint cuivré.* SYN. basané, bronzé.

cul **n.m.** ❶ Partie inférieure de certains objets. *Un cul de bouteille.* SYN. fond. ❷ (Très familier) Derrière d'un être humain ou d'un animal. SYN. postérieur.
▶ REM. On ne prononce pas le *-l*.

culbute **n.f.** ❶ Mouvement que l'on fait en roulant sur soi-même, les pieds passant au-dessus de la tête. SYN. galipette. ❷ Chute brusque en avant ou en arrière. *La voiture a fait une culbute dans le ravin.*

culbuter **v.** (CONJUG. 3). Faire une culbute, tomber à la renverse.

cul-de-jatte **n.** (PLUR. : **culs-de-jatte**). Personne infirme qui n'a plus ses membres inférieurs.

en **cul-de-poule** **adj.invar.** • **Bouche en cul-de-poule :** bouche dont les lèvres sont pincées et arrondies comme pour faire la moue.

cul-de-sac **n.m.** (PLUR. : **culs-de-sac**). Chemin, rue qui n'ont pas d'issue. SYN. impasse.

culinaire **adj.** Qui concerne la cuisine. *Avoir des talents culinaires. L'art culinaire.*

culminant, e **adj.** • **Point culminant :** partie la plus élevée d'une montagne ; et, au figuré, degré le plus fort, moment de plus grande intensité. *Le mont Blanc est le point culminant de la chaîne des Alpes. Ce jour marqua le point culminant de la crise.*

culminer **v.** (CONJUG. 3). Atteindre son point ou son degré le plus élevé, son sommet. *Le mont Blanc culmine à 4 810 m environ.*

cuivres

culot **n.m.** ❶ Fond métallique de certains objets creux. *Le culot d'une ampoule électrique, d'une douille de cartouche, d'un obus, etc.* ❷ (Familier) Comportement effronté. *Quel culot tu as de me dire ça !* SYN. audace.

culotte **n.f.** ❶ Sous-vêtement qui couvre les fesses. SYN. slip. ❷ Vêtement masculin à jambes, qui va de la taille aux genoux. *Les petits garçons portent des culottes courtes.*
▶ REM. Quand il désigne le vêtement masculin, le mot peut s'employer au singulier ou au pluriel.

culotté, e **adj.** ❶ Dont l'intérieur est noirci par un dépôt qui s'y est accumulé à l'usage. *Une pipe, une théière culottées.* ❷ (Familier) Qui fait preuve d'une audace effrontée. *Il est culotté de m'avoir fait attendre une heure !*

culpabiliser **v.** (CONJUG. 3). Provoquer chez une personne un sentiment de culpabilité.

culpabilité **n.f.** ❶ Le fait d'être coupable d'un délit, d'un crime. *L'enquête a établi avec certitude la culpabilité de l'accusé.* CONTR. innocence. ❷ Sentiment d'une personne qui se juge coupable de quelque chose, responsable. *Il n'avait pas pu les secourir et cela avait créé en lui un sentiment de culpabilité.*

HISTOIRE DU MOT Vient du latin *culpa* qui signifie « faute » et que l'on retrouve dans *coupable*.

culte **n.m.** ❶ Hommage que l'on rend à Dieu, à une divinité, à un saint ; cérémonie religieuse par laquelle on rend cet hommage. *Le culte de la Vierge.* ❷ Forme de pratique religieuse. *Le culte orthodoxe, réformé.* SYN. religion. *La mosquée est consacrée au culte musulman, la synagogue au culte israélite.* ❸ Admiration et respect passionnés. *Il voue un véritable culte à son père.*

cultivable **adj.** Que l'on peut cultiver, qui se prête à la culture. *Une terre cultivable.* SYN. arable.

cultivateur, trice **n.** Personne dont le métier est de cultiver la terre. SYN. agriculteur.

cultivé, e **adj.** ❶ *Une terre cultivée* est exploitée, mise en culture. CONTR. en friche, inculte. ❷ *Une personne cultivée* a de la culture, des connaissances dans de nombreux domaines. SYN. érudit, instruit. CONTR. inculte.

A B C D E F G H I J K L M N O P Q R S T U V W X Y Z

cultiver v. (CONJUG. 3). ❶ Travailler la terre pour la rendre fertile et lui faire produire les végétaux nécessaires à l'homme. *Ce paysan a 100 ha à cultiver.* SYN. exploiter. ❷ Faire pousser et récolter des plantes. *Dans la ferme voisine, on cultive du blé et du maïs.* ❸ Développer par des exercices répétés. *Il cultive sa mémoire en apprenant des poèmes.* ◆ **se cultiver** v.pron. Acquérir des connaissances afin d'enrichir son esprit.

culture n.f. ❶ L'action de cultiver, de travailler la terre, les plantes. *La culture du blé.* ❷ (Au plur.) Le terrain et les plantes cultivés. *Les inondations ont endommagé les cultures.* ❸ L'ensemble des connaissances qu'une personne a acquises. *Une femme d'une grande culture* (= très cultivée). *La culture générale* (= le savoir en de nombreux domaines). ❹ L'ensemble des modes de pensée, des connaissances et des réalisations artistiques, littéraires, etc., propres à une société. *La culture occidentale. La culture chinoise.* → VOIR AUSSI **civilisation.** • **Culture physique :** gymnastique.
▸ REM. Aux sens 1 et 2 correspond l'élément tiré du latin *-cole* que l'on retrouve dans *agricole, vinicole*, etc.

culturel, elle adj. Qui concerne la culture intellectuelle d'un groupe, d'un pays. *La richesse culturelle d'un peuple. Notre centre culturel présente un cycle sur le cinéma russe.*

culturisme n.m. Culture physique intensive pratiquée pour développer les muscles.

cumin n.m. Plante dont les graines sont utilisées comme aromate.

cumul n.m. L'action de cumuler plusieurs choses ; la somme de ces choses.

cumuler v. (CONJUG. 3). Faire ou avoir plusieurs choses à la fois. *Il cumule la fonction de maître d'école avec celle de secrétaire de mairie.*

HISTOIRE DU MOT Vient du latin *cumulare* qui signifie « entasser » et que l'on retrouve dans *accumuler, combler* et *cumulus.*

cumulonimbus n.m.invar. Nuage sombre de grande dimension, qui apporte des orages et parfois de la grêle.
▸ REM. On prononce le *-s.*

cumulus n.m. Nuage de beau temps, blanc et à sommet arrondi.
▸ REM. On prononce le *-s.*

cunéiforme adj. *L'écriture cunéiforme* s'écrit avec des caractères en forme de clous.

HISTOIRE DU MOT Vient du latin *cuneus* qui signifie « coin », au sens de « la pièce de fer qui fend le bois ».

ENCYCLOPÉDIE C'était l'écriture des Assyriens, des Mèdes et des Perses de l'Antiquité. Elle était tracée en creux dans l'argile fraîche à l'aide d'un roseau taillé, le *calame*, et fut inventée vers 2900 avant J.-C. par les intendants des temples pour leur comptabilité. Elle est composée de traits ayant la forme d'un clou et formant des angles entre eux. Cette écriture sera utilisée jusqu'au Ier siècle après J.-C. et déchiffrée à partir de 1802.

cupide adj. Qui aime passionnément l'argent, qui recherche la richesse. SYN. avide. CONTR. désintéressé.

cupidité n.f. Caractère d'une personne cupide ; désir excessif de posséder de l'argent.

curare n.m. Poison végétal violent qui paralyse les muscles.

1 cure n.f. ❶ Traitement associé à un séjour dans une station thermale. ❷ Traitement suivi pour améliorer sa santé. *En hiver, je fais une cure de vitamines.* • **N'avoir cure de quelque chose :** ne pas s'en préoccuper.
▸ REM. L'expression *n'avoir cure* appartient à la langue soutenue ou littéraire.

HISTOIRE DU MOT Vient du latin *cura* qui signifie « soin » et que l'on retrouve dans *incurable.*

2 cure n.f. ❶ Circonscription administrée par un curé. ❷ Habitation d'un curé. SYN. presbytère.

curé n.m. Prêtre catholique chargé de s'occuper d'une paroisse.

cure-dents n.m.invar. ou **cure-dent** n.m. (PLUR. : **cure-dents**). Petit bâtonnet pointu dont on se sert pour débarrasser ses dents des restes de nourriture.

curée n.f. Moment où, à la fin d'une chasse à courre, la meute des chiens se rue sur les entrailles de l'animal que les chasseurs lui laissent.

curer v. (CONJUG. 3). Nettoyer en raclant, en grattant. *L'étang est plein de vase, il faut le curer.* ◆ **se curer** v.pron. *Se curer les dents, les ongles*, c'est les nettoyer.

curieusement adv. De manière inattendue, étrange. *Elle se comporte curieusement.* SYN. bizarrement.

curieux, euse adj. et n. Qui cherche à savoir. *Je suis curieuse de savoir comment il réagira* (= j'aimerais savoir). *C'est un enfant curieux de tout* (= qui s'intéresse à tout). *Cela ne vous regarde pas, vous êtes trop curieux.* SYN. indiscret. *La police éloigna les curieux* (= les badauds). ◆ adj. Qui intrigue, qui surprend. *C'est une bien curieuse histoire.* SYN. bizarre, étonnant. CONTR. banal.

curiosité n.f. ❶ Désir de connaître, de comprendre le monde dans lequel on vit. *Un livre qui éveille la curiosité des enfants.* ❷ Tendance à trop s'intéresser aux secrets des autres. *La curiosité est un vilain dé-*

écriture **cunéiforme** (tablette du IIe millénaire avant J.-C.)

faut. SYN. indiscrétion. ❸ Ce qui éveille l'intérêt ou paraît inhabituel, rare. *Ils ont visité les curiosités de la ville.*

curriculum vitae n.m.invar., ✎ *n.m.* (PLUR. : *curriculums vitae*) ou **curriculum** n.m. Document qui indique l'état civil, les diplômes, l'expérience professionnelle d'une personne qui pose sa candidature à un poste.
▸ REM. 1. On écrit en abrégé *C.V.* 2. On prononce [kyrikylɔmvite].
HISTOIRE DU MOT Expression latine qui signifie « cours de la vie ».

curry ou **cari** n.m. Mélange d'épices, de couleur jaune, à base de piment ; plat préparé avec ce mélange. *Un curry d'agneau.*

curseur n.m. Pièce mobile le long d'une glissière graduée et qui sert à indiquer une mesure, une position.
HISTOIRE DU MOT Vient du latin *cursor* qui signifie « coureur ».

cursif, ive adj. *Une écriture cursive* est tracée au fil de la plume.
▸ REM. On l'appelle aussi *écriture courante* ou « en lettres attachées », par opposition à *script.*

cutané, e adj. De la peau. *L'eczéma et l'acné sont des affections cutanées.*

cuti-réaction (PLUR. : cuti-réactions) ou **cutiréaction** n.f. Test médical pour déceler la tuberculose, consistant à inciser légèrement la peau pour y déposer une petite quantité de substance qui produit ou non une réaction visible.
▸ REM. On dit aussi *cuti.*

cutter n.m. Instrument qui sert à couper le papier, le carton, etc., fait d'une lame escamotable qui coulisse dans un manche.
▸ REM. 1. C'est un mot anglais, on prononce [kœtœr]. 2. Au Canada, le mot *Exacto* est plus courant.
HISTOIRE DU MOT Vient de l'anglais *to cut* qui signifie « couper ».

cuve n.f. Grand récipient destiné à contenir des liquides. *Une cuve à mazout.*

cuvée n.f. Vin produit annuellement par une vigne. *Une bonne cuvée.*

cuvette n.f. ❶ Récipient large et peu profond qui sert à divers usages. *J'ai fait tremper du linge dans la cuvette.* ❷ Partie en faïence des W.-C. ❸ En géographie, étendue de terrain qui forme une dépression fermée de tous côtés. *Paris se trouve au centre d'une cuvette.* SYN. bassin.

C.V. n.m. → **curriculum vitae**

cyan adj.invar. et n.m. • **Bleu cyan** ou **cyan** : couleur bleue qui est une des trois couleurs primaires avec le jaune et le rouge magenta.

cyanure n.m. Poison violent.

cyclable adj. • **Piste cyclable** : piste aménagée sur le bord d'une route ou d'une rue et réservée aux cyclistes.

cyclamen n.m. Plante à fleurs roses des régions montagneuses, dont on cultive plusieurs variétés pour leurs grandes fleurs.
▸ REM. On prononce [siklamɛn].

cycle n.m. ❶ Ensemble de phénomènes ou de faits qui se reproduisent périodiquement, toujours dans le même ordre. *Le cycle des saisons.* ❷ Chacune des périodes de l'enseignement. *Cycles de l'enseignement secondaire.* ❸ Nom donné à tous les véhicules à deux ou trois roues. *Chez un marchand de cycles on trouve des bicyclettes, des tandems, des tricycles, des vélomoteurs.*
• **Cycle menstruel** → VOIR **menstruel.**
HISTOIRE DU MOT Vient du grec *kuklos* qui signifie « cercle ».

cyclique adj. Qui revient périodiquement, selon un cycle.

cyclisme n.m. Pratique de la bicyclette comme sport. *Une épreuve internationale de cyclisme.*

cyclisme sur piste

cycliste n. Personne qui roule à bicyclette. ◆ adj. Relatif au cyclisme. *Les courses cyclistes. Un coureur cycliste.*

cyclo-cross, ✎ *cyclocross* n.m.invar. Épreuve de cyclisme en terrain accidenté.

cyclomoteur n.m. Bicyclette munie d'un moteur moins puissant que celui d'une motocyclette.

cyclone n.m. Perturbation atmosphérique tourbillonnaire accompagnée de vents violents et de fortes pluies. *Les cyclones tropicaux.* SYN. ouragan, typhon.
• **L'œil du cyclone** : le centre du tourbillon.
HISTOIRE DU MOT Vient, comme *cycle,* du grec *kuklos* qui signifie « cercle ».

ENCYCLOPÉDIE Les *cyclones tropicaux* naissent et se déplacent sur la mer et les régions littorales. Ils peuvent déclencher des raz de marée, et la vitesse du vent peut atteindre 300 km/h. La *base du cyclone* est circulaire et son rayon peut aller de 35 à 200 km. Le cyclone se déplace à une vitesse de 15 à 35 km/h. En son centre, l'*œil du cyclone* est une zone calme qui peut atteindre 40 km de diamètre.

a b c d e f g h i p q r s t u v w x y z

cygne

cygne n.m. Grand oiseau palmipède migrateur, au long cou souple et au plumage blanc, noir ou blanc et noir. • **Le chant du cygne :** la dernière œuvre d'un poète, d'un musicien, par allusion à la légende selon laquelle le cygne lance un chant merveilleux avant de mourir.

cylindre n.m. Objet en forme de rouleau, limité par deux disques.
▸ REM. Le volume du cylindre est égal à la surface du cercle de sa base multipliée par la hauteur.

cylindrée n.f. Volume des cylindres d'un moteur, qui se mesure en centimètres cubes. *Une voiture de 1 600 cm³ de cylindrée.*

cylindrique adj. En forme de cylindre.

cymbale n.f. Instrument de musique à percussion composé de deux disques de cuivre ou de bronze que l'on frappe l'un contre l'autre.

cynique adj. et n. Qui se moque délibérément des principes moraux généralement admis et des conventions sociales ; qui cherche à choquer.

cynisme n.m. L'attitude d'une personne cynique.

cynorhodon n.m. Fruit comestible de l'églantier, dont on fait des confitures. (On l'appelle souvent *gratte-cul*.)

cyprès n.m. Arbre résineux à feuilles persistantes en forme d'écaille et aux fruits coniques.

cyrillique adj. • **Alphabet cyrillique :** alphabet qui sert à transcrire certaines langues slaves. *Le russe, l'ukrainien, le bulgare, le serbe s'écrivent en alphabet cyrillique.*

HISTOIRE DU MOT Vient du nom de *saint Cyrille de Salonique*, à qui l'on attribue l'invention de cet alphabet au IXe siècle.

cytise n.m. Arbuste ornemental à fleurs jaunes.

cytoplasme n.m. La partie de la cellule vivante située entre la membrane et le noyau.

cyprès

d n.m. inv. • **2D** ou **3D** : système d'animation ou de projection en deux dimensions, en trois dimensions. *J'ai emmené les enfants voir un film en 3D.*

dactylo n. Personne dont le métier est de taper des textes à la machine.

dactylographier v. (CONJUG. 7). Écrire, taper à la machine.

HISTOIRE DU MOT Vient du grec *daktulos*, « doigt », que l'on retrouve dans *ptérodactyle*, et *graphein*, « écrire », que l'on retrouve dans *orthographier.*

dada n.m. ❶ Dans le langage des enfants, cheval. ❷ (Familier) Occupation préférée ; idée favorite. *Son dada, ce sont les voitures de course.*

dadais n.m. (Familier) Garçon qui a l'air sot, niais et qui se tient d'une façon gauche, embarrassée. *Un grand dadais.*

dague n.f. Poignard à lame large et pointue en usage du Moyen Âge à la Révolution.

daguerréotype n.m. Nom donné aux anciennes photographies fixées sur une plaque de cuivre argentée.

HISTOIRE DU MOT Vient du nom de *Jacques Daguerre* qui, en poursuivant les travaux de N. Niépce, a mis ce procédé au point en 1838.

dahlia n.m. Plante ornementale aux fleurs de couleurs variées, qui fleurit d'août aux premières gelées. ▶ REM. Attention, le *h* est avant le *l*.

daigner v. (CONJUG. 3). Avoir la bonté de faire quelque chose, y consentir. *Il n'a même pas daigné répondre à ma lettre.* SYN. condescendre à.

daim n.m. ❶ Mammifère ruminant des forêts d'Europe, plus petit que le cerf, dont la robe est tachetée de blanc et dont les bois sont aplatis dans leur partie supérieure. ❷ Peau de cet animal utilisée pour la fabrication d'habits, de gants, etc. *Une veste en daim.*

ENCYCLOPÉDIE Cri : le daim brame. Femelle : la daine. Petit : le faon.

dais n.m. Ouvrage en bois ou en tissu, suspendu ou soutenu par des montants et qui forme un plafond au-dessus d'un trône, d'un autel, d'un lit. → VOIR AUSSI **baldaquin.**

dalaï-lama n.m. (PLUR. : **dalaï-lamas**). Titre donné au souverain et chef de la religion du Tibet (le bouddhisme).

dallage n.m. Ensemble des dalles qui recouvrent un sol. *Un dallage en marbre.*

dalle n.f. ❶ Chacune des plaques de pierre, de terre cuite, etc., dont on se sert pour recouvrir un sol. *On entendait ses pas résonner sur les dalles du parvis.* ❷ Bloc de pierre qui recouvre une tombe. *Sur la dalle était inscrit en lettres d'or le nom du défunt.*

dallé, e adj. Recouvert de dalles. *Un sol dallé.*

dalmatien n.m. Chien de compagnie à poil court dont la robe blanche est couverte de nombreuses petites taches noires ou brun foncé.

daltonien, enne adj. et n. Qui est atteint d'une anomalie de la vision des couleurs. *Les daltoniens confondent souvent le rouge et le vert.*

daguerréotype (fin du XIXe siècle)

A B C D E F G H I J K L M N O P Q R S T U V W X Y Z

dam **n.m.** • **Au grand dam de quelqu'un :** à son grand étonnement, et en lui causant une très mauvaise surprise. *Au grand dam de Gaspard, sa candidature fut refusée.*
▸ REM. 1. On prononce [dam] ou [dɑ̃]. 2. Ce mot appartient à la langue soutenue.

HISTOIRE DU MOT Vient du latin *damnum* qui signifie « perte ». Le *dam* était autrefois un préjudice ou un châtiment.

damassé, e **adj.** *Un tissu damassé* est un tissu dont les motifs sont obtenus par des effets de tissage. *Une nappe blanche damassée.*

dame **n.f.** ❶ Titre donné autrefois aux femmes de la noblesse. ❷ Toute personne adulte de sexe féminin. *La dame qui est assise là-bas te fait signe.* SYN. femme. *Coiffeur pour dames.* ❸ S'emploie à la place de *femme* dans un sens affectueux ou admiratif. *C'est une charmante vieille dame. C'est une grande dame de la chanson.* ❹ Figure du jeu de cartes. SYN. reine. ❺ Pièce du jeu d'échecs. SYN. reine. ❻ Pion doublé au jeu de dames. • **Jeu de dames :** jeu qui se joue à deux avec vingt pions noirs et vingt pions blancs sur un damier.

HISTOIRE DU MOT Vient du latin *domina* qui signifie « maîtresse ».

damer **v.** (CONJUG. 3). Tasser la neige. *La piste de ski a été damée avant l'arrivée des skieurs.*

damier **n.m.** Plateau divisé en cent cases noires et blanches, sur lequel sont placés les pions du jeu de dames.

damnation **n.f.** Dans la religion chrétienne, condamnation à l'enfer. *En vendant son âme au diable, Faust s'est voué à la damnation éternelle.*
▸ REM. On ne prononce pas le *-m-*.

damné, e **n.** et **adj.** Dans la religion chrétienne, personne condamnée à l'enfer après la mort. • **Être l'âme damnée de quelqu'un :** lui inspirer de mauvaises actions, être son mauvais conseiller. • **Souffrir comme un damné :** souffrir terriblement.
▸ REM. On ne prononce pas le *-m-*.

damoiseau **n.m.** Au Moyen Âge, jeune noble qui n'était pas encore chevalier.

damoiselle **n.f.** Au Moyen Âge, titre donné aux jeunes filles nobles avant le mariage, ou aux femmes des damoiseaux.

damier et jeu de dames

dan **n.m.** Au judo, chacun des dix grades que peut obtenir un judoka qui a déjà la ceinture noire. *Il est troisième dan.*
▸ REM. On prononce [dan].

se dandiner **v.pron.** (CONJUG. 3). Balancer son corps d'un côté et de l'autre. *Les canards se dandinent en marchant.*

dandy **n.m.** (PLUR. : **dandys**). Homme qui cherche à être d'une très grande élégance dans sa tenue vestimentaire, dans ses manières, dans son comportement.

dandys (1821)

danger **n.m.** Situation dans laquelle on est menacé ; ce qui constitue un risque. *Mettre sa vie en danger. Les alpinistes connaissent bien les dangers de la montagne.* SYN. péril, risque. *Ses jours ne sont pas en danger* (= il ne risque pas de mourir). • **Danger public :** personne qui représente une menace pour la sécurité des autres. *Ce chauffard est un vrai danger public.*

dangereusement **adv.** D'une manière dangereuse. *Il aime le risque, l'aventure, il vit dangereusement.*

dangereux, euse **adj.** ❶ Qui présente un danger, un risque. *Il est dangereux de traverser les voies de chemin de fer. Attention, virage dangereux !* ❷ Qui peut nuire, faire du mal. *La police est sur la piste d'un dangereux criminel.* SYN. redoutable.

danois, e **adj.** et **n.** Du Danemark. *Le cinéma danois.* ◆ **danois** **n.m.** La langue parlée par les Danois.
▸ REM. Quand il désigne une personne, le mot prend une majuscule : *un Danois, une Danoise.*

dans **prép.** Introduit un complément de lieu, de temps, de manière. *Elle est entrée dans la pièce.* SYN. à l'intérieur de. *Dans son enfance, il aimait beaucoup qu'on lui raconte des histoires.* SYN. au cours de, durant. *Je reviens dans trois jours.* SYN. d'ici. *Ils ont vécu dans la misère* (= misérablement). • **Dans les :** indique une approximation. *Cela fait bien dans les cinq kilomètres d'ici à chez toi.* SYN. à peu près, autour de.

danse **n.f.** ❶ Art dans lequel le corps et ses mouvements sont le seul moyen d'expression. *Elle fait de la danse classique. J'ai vu un spectacle de danse contemporaine.* ❷ Suite de pas et de mouvements rythmés que l'on exécute sur un air de musique. *La samba, la valse, le rock sont des danses.*

danser **v.** (CONJUG. 3). ❶ Pratiquer l'art de la danse. *Monique danse dans un ballet créé par Maurice Béjart.* ❷ Exécuter les mouvements d'une danse particulière. *Ils ont dansé le tango toute la soirée.* ❸ Être agité de mouvements qui évoquent une danse. *Les flammes dansent dans la cheminée.* • **Ne pas savoir sur quel pied danser :** ne pas savoir quelle décision prendre, ne pas savoir ce qu'on doit faire.

danseur, euse **n.** ❶ Artiste dont le métier est de danser. *Les danseurs de l'Opéra de Paris.* ❷ Personne qui danse. *Dès que la musique se fit entendre, de nombreux danseurs prirent place sur la piste.* • **En danseuse :** en pédalant debout pour appuyer de tout son poids sur les pédales. *Les cyclistes montaient la côte en danseuse.*

dard **n.m.** Aiguillon que portent certains insectes ou certains animaux et avec lequel ils inoculent leur venin. *Les abeilles, les guêpes, les scorpions ont un dard.*

darder **v.** (CONJUG. **3**). Lancer comme un dard ou comme une flèche. *Le soleil darde ses rayons. Darder son regard sur quelqu'un.*

▸ REM. Ce mot appartient à la langue soutenue ou littéraire.

HISTOIRE DU MOT Vient de *dard*, car le dard était autrefois une sorte de javelot, et *darder un animal*, c'était le transpercer avec un dard.

dartre **n.f.** Plaque rouge qui apparaît sur la peau et qui cause des démangeaisons.

datation **n.f.** Le fait de déterminer la date d'un événement, l'âge d'un fossile, d'un terrain. *Les tessons de poterie permettent aux archéologues de donner la datation exacte d'un lieu de fouilles.*

datcha **n.f.** En Russie, maison de campagne près d'une grande ville.

date **n.f.** ❶ Indication plus ou moins précise du moment où une lettre est écrite, où un texte est rédigé, où un événement se situe. *Sur un document officiel, la date doit indiquer le jour, le mois, l'année et parfois l'heure de la signature. On ne connaît pas la date exacte de la disparition des dinosaures. Fixer une date pour un rendez-vous.* ❷ Événement marquant de l'histoire. *La prise de la Bastille est une date importante de la Révolution française.* • **De longue date :** depuis longtemps. *Pierre et Paul sont des amis de longue date.* • **Faire date :** marquer un moment important. *La découverte de la pénicilline a fait date dans l'histoire de la médecine.*

▸ REM. Ne pas confondre avec *datte*.

dater **v.** (CONJUG. **3**). ❶ Déterminer la date de quelque chose. *Les spécialistes datent certains manuscrits de la mer Morte du* III*e siècle avant J.-C.* ❷ Indiquer la date sur un document. *Datez et signez ici.* ❸ Remonter à telle époque. *Le château de l'Augerie date du* XIII*e siècle. Notre rencontre ne date pas d'hier.* ❹ Être démodé, dépassé. *Il y a longtemps que ça ne se fait plus, ces chaussures, ça date !* • **À dater de :** à partir de. *À dater d'aujourd'hui, les retards ne seront plus tolérés.*

datte **n.f.** Fruit comestible du dattier, à pulpe très sucrée. *L'Algérie, la Tunisie, l'Iraq, l'Égypte et l'Iran produisent et exportent des dattes.*

▸ REM. Ne pas confondre avec *date*.

dattier **n.m.** Variété de palmier cultivée en Afrique du Nord et au Moyen-Orient pour ses fruits, les dattes.

daube **n.f.** • **Bœuf en daube :** viande de bœuf cuite longtemps et doucement, avec du vin rouge, dans un récipient couvert.

danseuse (détail du tableau de Degas : *Examen de danse*, 1874)

1 dauphin **n.m.** Mammifère marin cétacé dont la taille peut atteindre 3 m, qui vit en troupes et se nourrit de poissons. *Le dauphin est un animal très sociable.*

ENCYCLOPÉDIE Les dauphins communiquent entre eux par de courts sifflements et sont capables d'échanger ainsi des messages complexes. Ce « langage » fait l'objet d'études.

2 dauphin **n.m.** Titre porté par le fils aîné des rois de France, qui était l'héritier de la Couronne. *Louis de France, fils aîné de Louis XIV, fut appelé le Grand Dauphin.*

▸ REM. S'écrit le plus souvent avec une majuscule.

daurade ou **dorade** **n.f.** Poisson de mer, à reflets dorés ou argentés, dont la chair est appréciée.

HISTOIRE DU MOT Vient du provençal *daurada* qui signifie « doré ».

davantage **adv.** ❶ En plus grande quantité. *En été, il y a davantage de gens dans le village.* SYN. plus. ❷ Plus longtemps. *N'attends pas davantage, elle ne viendra pas.*

de **préposition.** Mot qui peut se combiner avec *le* ou *les* (*de* + *le* = *du* ; *de* + *les* = *des*). → VOIR **préposition** (encadré).

1 dé- ou **dés-** **préfixe.** Donne l'idée de contraire, d'inverse, d'absence, comme dans *boucher/déboucher, espoir/désespoir.*

2 dé **n.m.** ❶ Petit cube dont chaque face comporte de un à six points et dont on se sert dans certains jeux. *À toi de lancer les dés.* ❷ Petit cube taillé dans

a b c d e f g h i j k l m n o p q r s t u v w x y z

A B C D E F G H I J K L M N O P Q R S T U V W X Y Z

une matière quelconque. *Couper des carottes en dés.* • **Les dés sont jetés :** la décision est prise et on ne peut plus revenir en arrière.

3 dé **n.m.** Petit étui en métal qu'on met au bout du doigt pour ne pas se piquer quand on coud.

HISTOIRE DU MOT Vient du latin *digitus* qui signifie « doigt ».

déambuler **v.** (CONJUG. 3). Marcher au hasard, sans but précis. *Des touristes déambulent dans les rues de la ville.* SYN. flâner.

débâcle **n.f.** ❶ Fuite désordonnée d'une armée vaincue. *L'armée battit en retraite, puis ce fut la débâcle générale.* SYN. débandade, déroute. ❷ Rupture de la couche de glace sur un cours d'eau. *La débâcle d'une rivière se produit au printemps, au moment du dégel.* → VOIR AUSSI **dégel.**

déballage **n.m.** L'action de déballer. *Attention au moment du déballage, ce sont des marchandises fragiles.* CONTR. emballage.

déballer **v.** (CONJUG. 3). ❶ Sortir un objet de son emballage. *Aide-moi à déballer les verres.* ❷ (Familier) Dire sans retenue ce qu'on sait, ce qu'on pense. *Elle a déballé tout ce qu'elle avait sur le cœur.*

débandade **n.f.** Le fait de se disperser rapidement et en désordre. *Dès les premiers coups de feu, ce fut une débandade générale.* SYN. sauve-qui-peut.

débaptiser **v.** (CONJUG. 3). *Débaptiser une rue*, c'est changer son nom. *La rue des Lilas a été débaptisée et a reçu le nom de « rue Jacques-Prévert ».*
▸ REM. On ne prononce pas le *-p-*.

se **débarbouiller** **v.pron.** (CONJUG. 3). Se laver la figure.

débarbouillette **n.f.** Au Canada, carré de tissu-éponge utilisé pour se laver le visage.

débarcadère **n.m.** Endroit aménagé dans un port, au bord d'un cours d'eau pour embarquer ou débarquer marchandises et passagers. (On dit aussi un *embarcadère*.)

débardeur **n.m.** ❶ Ouvrier qui charge et décharge des navires. ❷ Maillot de corps, sans manches et très échancré. *En été, elle ne portait que des débardeurs et des shorts.*
▸ REM. Au sens 1, ce mot est souvent remplacé en France par le mot *docker*, mais il est courant au Québec.

débarquement **n.m.** ❶ L'action de débarquer. *Le débarquement des marchandises, des passagers.* CONTR. embarquement. ❷ Opération militaire au cours de laquelle des troupes armées débarquent sur un rivage occupé par l'ennemi. *En 1944, le débarquement des Alliés a eu lieu sur les côtes normandes.*

débarquer **v.** (CONJUG. 3). ❶ Descendre d'un bateau ou d'un avion. *Les voyageurs ont débarqué à Roissy.* CONTR. embarquer. ❷ Déposer à terre des marchandises, des bagages. *Le navire a débarqué sa cargaison.* ❸ (Familier) Arriver à l'improviste chez quelqu'un. *Ils ont débarqué chez nous la veille de Noël.*

débarras **n.m.** Local où l'on met des objets dont on ne se sert pas beaucoup, ou qui sont encombrants. *La valise est dans le débarras.* • **Bon débarras ! :** exprime la joie qu'on éprouve après le départ d'une personne indésirable. *Ils sont partis, bon débarras !*
▸ REM. Attention aux deux *r*.

débarrasser **v.** (CONJUG. 3). ❶ Enlever ce qui encombre, ce qui embarrasse. *Débarrasser la cave. Débarrasser un invité de son manteau.* ❷ Enlever les plats, les couverts, ce qui reste sur la table après le repas. *Tu veux bien débarrasser ?* ❸ Libérer une personne de quelque chose qui lui pèse. *Mes contrôles sont finis, je suis bien débarrassée !* SYN. soulager. ◆ **se débarrasser** **v.pron.** ❶ Se défaire de quelque chose dont on ne se sert plus. *Elle s'est débarrassée de ses vieux jouets.* ❷ Éloigner une personne gênante. *Se débarrasser d'un intrus.*

débat **n.m.** Discussion sur un sujet précis au cours de laquelle des avis différents s'expriment. *L'autre jour, en classe, il y a eu un débat passionné sur la peine de mort. Le « Journal officiel » publie les comptes rendus des débats parlementaires.*

débattre **débattant, débattu** **v.** (CONJUG. 50). Discuter une question avec plusieurs personnes. *Ils ont débattu toute la nuit du problème des jeunes dans les banlieues.* ◆ **se débattre** **v.pron.** ❶ Lutter, s'agiter pour essayer d'échapper à quelqu'un ou à quelque chose. *Le poisson se débat au bout de l'hameçon.* ❷ Se démener pour essayer de sortir d'une situation difficile. *Il se débat dans des problèmes financiers énormes.*

débaucher **v.** (CONJUG. 3). Renvoyer du personnel parce que le travail manque. *En ce moment, on débauche dans l'industrie automobile.* SYN. licencier. CONTR. embaucher.

débile **adj.** et **n.** Idiot, stupide. *J'ai vu un film complètement débile à la télé.* • **Débile mental :** personne dont l'intelligence ne s'est pas développée.

HISTOIRE DU MOT Vient du latin *debilis* qui signifie « faible, sans vigueur ».

débilitant, e **adj.** ❶ Qui enlève toute force, qui rend mou. *Un climat débilitant.* ❷ Qui rend bête, stupide. *Un film débilitant.*

le **débarquement** en Normandie (1944)

débiner v. (CONJUG. 3). (Familier) Dire du mal de quelqu'un. *Il faut toujours qu'il débine les copains.* SYN. dénigrer. ◆ **se débiner** **v.pron.** (Familier) Partir, s'enfuir.

1 débit **n.m.** ❶ Quantité d'eau qui s'écoule en une seconde en un point donné d'un cours d'eau. *En hiver, le débit du Rhône augmente.* ❷ Écoulement, vente des marchandises au détail. *Ce magasin de CD a un gros débit* (= on y vend beaucoup de CD). • **Débit de boissons, de tabac :** établissement où on vend des boissons à consommer sur place, du tabac.

HISTOIRE DU MOT Vient de *débiter 1.*

2 débit **n.m.** Sur un relevé de compte en banque, colonne où sont inscrites les sommes dépensées. CONTR. crédit.

HISTOIRE DU MOT Vient du latin *debitum*, dette.

1 débiter v. (CONJUG. 3). ❶ Découper un arbre en planches, en bûches, etc. *Débiter un chêne.* ❷ Vendre des marchandises au détail. *Débiter du vin.* ❸ Laisser s'écouler telle quantité d'eau en un temps donné. *À son embouchure, le Mississippi débite environ 20 000 m^3 à la seconde.* ❹ Réciter, dire un texte de façon monotone, plate. *Il a débité sa tirade d'un trait, sans aucune expression.*

HISTOIRE DU MOT Vient de l'ancien français *bitte* qui signifiait « billot ».

2 débiter v. (CONJUG. 3). Retirer du compte en banque d'une personne les sommes dépensées et les inscrire dans la colonne du débit. CONTR. créditer.

HISTOIRE DU MOT Vient de *débit 2.*

débiteur, trice **n.** ❶ Personne qui doit de l'argent à quelqu'un. *Gilles est mon débiteur, il m'a emprunté de l'argent pour s'acheter des livres.* CONTR. créancier. ❷ Personne qui a une dette morale à l'égard d'une autre. *Il m'a rendu un grand service autrefois, je reste son débiteur.*

déblaiement **n.m.** Action de déblayer. *Le déblaiement d'une route enneigée.*
▸ REM. 1. On prononce [deblɛmɑ̃]. 2. On peut aussi dire *déblayage.*

déblais **n.m.plur.** La terre, les gravats qu'on retire d'un chantier. *Un camion est venu charger les déblais.*

déblatérer v. (CONJUG. 9, ✎ *10*). (Familier) Tenir des propos malveillants sur quelqu'un, critiquer violemment quelque chose. *Déblatérer contre la presse.*

HISTOIRE DU MOT Vient du latin *blaterare* qui signifie « babiller ».

déblayer v. (CONJUG. 13). Dégager un lieu de ce qui l'encombre, l'obstrue. *Après l'avalanche on a dû déblayer la route.* • **Déblayer le terrain :** éliminer les premières difficultés, les premiers obstacles avant de s'engager dans une entreprise ou d'aborder l'essentiel d'une question.

HISTOIRE DU MOT Vient de l'ancien français *desbleer* qui signifiait « récolter le blé, moissonner ».

débloquer v. (CONJUG. 3). ❶ Dégager, desserrer ce qui était bloqué. *Il faudrait débloquer cet écrou. Je n'arrive pas à débloquer le tiroir.* ❷ *Débloquer une situation*, c'est lever les obstacles qui l'empêchaient d'évoluer. ❸ *Débloquer des crédits*, c'est les mettre à la disposition de ceux qui en ont besoin.

déboires **n.m.plur.** Échecs qui causent une amère déception. *Il a connu bien des déboires dans sa vie.* SYN. déconvenues.

HISTOIRE DU MOT Vient de *boire*. Jusqu'au XVIIIe siècle, *avoir des déboires*, c'était avoir un arrière-goût désagréable dans la bouche après avoir bu.

déboisement **n.m.** Le fait de déboiser. SYN. déforestation. CONTR. reboisement.

ENCYCLOPÉDIE Le déboisement des montagnes a de graves conséquences sur l'environnement, car la terre, qui n'est plus retenue par les racines, est entraînée par le ruissellement des eaux de pluie.

déboisement d'une forêt

déboiser v. (CONJUG. 3). Enlever les arbres, les forêts qui recouvrent une région. *Une fois le terrain déboisé, on y construira une maison.*

déboîtement, ✎ ***déboitement*** **n.m.** Déplacement d'un os hors de son articulation. *Déboîtement de l'épaule.* SYN. luxation.

déboîter, ✎ ***déboiter*** v. (CONJUG. 3). ❶ En parlant d'une voiture, sortir de la file où elle se trouve. *Mets ton clignotant avant de déboîter.* ❷ Faire sortir un os de son articulation. *Le choc lui a déboîté le genou, l'épaule.*

HISTOIRE DU MOT Vient de *boîte*, au sens ancien de « cavité d'un os ».

A B C D E F G H I J K L M N O P Q R S T U V W X Y Z

débonnaire **adj.** Qui est généreux et bienveillant, parfois même trop. *Un directeur débonnaire.*
HISTOIRE DU MOT Vient de l'ancienne expression *de bonne aire* qui signifiait « de bonne race ».

débordant, e **adj.** ❶ Qui se manifeste avec force, qu'on a du mal à freiner. *Une imagination, un enthousiasme débordants.* ❷ *Être débordant d'activité, de vie,* c'est être toujours en train d'agir, comme si on laissait s'écouler un trop-plein d'énergie. *Des enfants débordants de vie.*

débordé, e **adj.** Qui a trop de travail. *Ne dérange pas ton père, il est débordé.* SYN. surchargé.

débordement **n.m.** Le fait de déborder. *Le débordement d'un fleuve.* ◆ **débordements** **n.m.plur.** Actions qu'on ne contrôle pas. *Il y a eu des débordements au cours de la manifestation.*

déborder **v.** (CONJUG. 3). ❶ Se répandre par-dessus les bords. *Surveille le lait ou il va déborder !* ❷ Être trop plein, laisser échapper son contenu. *La baignoire va déborder.* ❸ Dépasser une limite, aller au-delà de quelque chose. *Attention de ne pas déborder avec votre pinceau !* ❹ Manifester un sentiment avec force. *Elle déborde de tendresse pour ses élèves.*

débotté **n.m.** • **Au débotté :** sans préparation ; à l'improviste.
▸ REM. Ce mot appartient à la langue soutenue.

débouché **n.m.** ❶ Perspectives d'avenir offertes dans un secteur professionnel. *Ce diplôme offre peu de débouchés.* ❷ Possibilité de vendre des marchandises. *Il cherche des débouchés pour ses nouveaux produits.* SYN. marché.

1 **déboucher** **v.** (CONJUG. 3). ❶ Enlever le bouchon ou la capsule qui ferment une bouteille, un tube, etc. *Tu veux déboucher la bouteille de cidre, s'il te plaît ?* ❷ Retirer ce qui bouche un conduit. *On a dû faire appel au plombier pour déboucher la baignoire.*
HISTOIRE DU MOT Vient du verbe *boucher.*

2 **déboucher** **v.** (CONJUG. 3). ❶ Sortir d'un endroit, venir de quelque part. *Il a débouché du métro en courant.* SYN. surgir. ❷ Aboutir quelque part. *Le passage de la Main-d'Or débouche dans la rue Duguay.* SYN. donner dans. ❸ Avoir comme conséquence, comme résultat. *Les négociations ont débouché sur un accord.* SYN. aboutir à, mener à.
HISTOIRE DU MOT Vient de *bouche.*

débouler **v.** (CONJUG. 3). Venir ou descendre rapidement d'un endroit. *Totoche déboulait de la rue des Saules.*

débourser **v.** (CONJUG. 3). Dépenser de l'argent. *Il n'a rien déboursé.* SYN. payer.
HISTOIRE DU MOT Vient de *bourse.*

déboussoler **v.** (CONJUG. 3). (Familier) Troubler, déconcerter quelqu'un, si bien qu'il ne sait plus ce qu'il doit faire. SYN. décontenancer, désorienter.

debout **adv.** ❶ En position verticale, le corps en appui sur les pieds. *Il n'y avait pas de sièges, nous sommes restés debout toute la soirée.* CONTR. assis. ❷ Hors du lit. *Il est debout tous les matins à six heures.* SYN. levé. CONTR. couché. ❸ Dans sa position verticale normale. *La chaise est tombée, remets-la debout.* • **Tenir debout :** être vraisemblable, logique. *Ton histoire est insensée, elle ne tient pas debout !*

débouter **v.** (CONJUG. 3). Rejeter, en justice, la demande de quelqu'un.

déboutonner **v.** (CONJUG. 3). Dégager un bouton de sa boutonnière, défaire les boutons d'un vêtement. *Pierre déboutonne son col de chemise.*

débraillé, e **adj.** Qui est habillé d'une manière négligée, les vêtements en désordre.
HISTOIRE DU MOT Vient de l'ancien français *braies* qui signifiait « pantalon » : quand la ceinture qui retenait les braies était détachée, on était « débraillé ».

débrancher **v.** (CONJUG. 3). Arrêter le fonctionnement d'un appareil en retirant la prise qui le relie au circuit d'alimentation. *Débrancher la radio, le téléphone.*

débrayage **n.m.** Action de débrayer.

débrayer **v.** (CONJUG. 13). ❶ Dans un véhicule, interrompre la liaison entre le moteur et les roues pour passer les vitesses. *Il n'a pas débrayé et il a calé.* CONTR. embrayer. ❷ Faire une grève de courte durée. *Les ouvriers ont débrayé une demi-heure.*

débridé, e **adj.** *Avoir une imagination débridée,* c'est avoir beaucoup d'imagination et lui laisser libre cours.

débris **n.m.** Morceau d'une chose brisée. *Elle a cassé l'assiette et n'a même pas ramassé les débris !*
HISTOIRE DU MOT Vient de l'ancien verbe *débriser* qui signifiait « mettre en pièces ».

débrouillard, e **adj.** et **n.** (Familier) Qui sait se débrouiller. *Il est débrouillard, il a réussi à entrer dans la maison sans sa clé !* SYN. astucieux, ingénieux.

débrouillardise **n.f.** (Familier) Qualité d'une personne débrouillarde. SYN. astuce, ingéniosité.

débrouiller **v.** (CONJUG. 3). Démêler, remettre en ordre ou éclaircir ce qui est embrouillé, emmêlé ou confus. *Débrouiller des fils de laine. Débrouiller une affaire compliquée.* SYN. éclaircir, élucider. ◆ **se débrouiller** **v.pron.** ❶ (Familier) Se tirer d'affaire par ses propres moyens, en faisant preuve d'ingéniosité, d'habileté. *Dans la vie, il faut savoir se débrouiller.* ❷ Trouver une solution. *Débrouille-toi pour arriver avant huit heures.* SYN. s'arranger.

débroussailler **v.** (CONJUG. 3). Couper ou arracher les broussailles. *On débroussaille la forêt pour éviter la propagation des incendies.*

débusquer **v.** (CONJUG. 3). Faire sortir de sa retraite, de son refuge. *Débusquer un lièvre à la chasse.*

début **n.m.** Moment où quelque chose commence ; première partie de quelque chose. *Le début du printemps.* SYN. commencement. *Je vous appelle début janvier. Le début du livre est passionnant.* • **Faire ses débuts :** débuter, faire ses premiers pas dans un domaine. *Faire ses débuts au cinéma.*

débutant, e adj. et n. Qui débute dans un domaine. *Ne lui en voulez pas s'il se trompe, c'est un débutant !*

débuter v. (CONJUG. 3). ❶ Commencer. *Le match a mal débuté, aucun but n'a été marqué.* ❷ Faire ses débuts dans une carrière.

déca- préfixe. Placé devant un nom d'unité, il la multiplie par 10. *Un décalitre, c'est dix litres.*

en **deçà de** prép. ❶ De ce côté-ci. *Nous sommes restés en deçà de la rivière, nous ne l'avons pas traversée.* CONTR. au-delà. ❷ Au-dessous. *Ce que je vous dis est encore en deçà de la vérité.*

décacheter v. (CONJUG. 12, ✎ *11*). Ouvrir ce qui est cacheté. *Décacheter une enveloppe.*

décade n.f. Période de dix jours. *Dans le calendrier républicain français de 1793, la décade remplaçait la semaine.* → VOIR AUSSI **décennie.**

HISTOIRE DU MOT Du grec *dekados*, « groupe de dix ».

décadence n.f. Le fait de perdre progressivement sa renommée, sa puissance. *La décadence d'une civilisation, d'une grande famille.* SYN. déclin.

HISTOIRE DU MOT Vient du latin *cadere* qui signifie « tomber ».

décadent, e adj. Qui est en décadence, en déclin. *Une époque décadente.*

décaféiné adj. *Un café décaféiné* est un café sans caféine.
▸ REM. On dit familièrement *un déca*.

décagramme n.m. Dix grammes.
▸ REM. On écrit *dag* en abrégé.

décalage n.m. ❶ Écart dans le temps ou dans l'espace. *Il y a un décalage d'une heure entre l'heure d'hiver et l'heure d'été. En revenant de New York, j'ai souffert du décalage horaire.* ❷ Manque de correspondance entre deux choses. *Il y a un grand décalage entre ce qu'il dit et ce qu'il fait.* CONTR. concordance.

décalcification n.f. Manque de calcium dans l'organisme, ce qui fragilise les os. *Il faut boire du lait et manger du fromage pour éviter la décalcification.*

se **décalcifier** v.pron. (CONJUG. 7). Se fragiliser par manque de calcium.

décalcomanie n.f. Procédé permettant de transférer des images coloriées sur une surface à décorer ; l'image ainsi obtenue.

décaler v. (CONJUG. 3). Déplacer dans l'espace ou dans le temps. *Décaler un rendez-vous d'une heure.*

décalitre n.m. Dix litres.
▸ REM. On écrit *dal* en abrégé.

décalquer v. (CONJUG. 3). Reporter un dessin sur un support avec un calque. *Décalquer une carte de géographie.*

décamètre n.m. ❶ Dix mètres. ❷ Ruban ou chaîne en acier de dix mètres servant à mesurer des distances. *Les arpenteurs se servent d'un décamètre.*
▸ REM. Au sens 1, on écrit *dam* en abrégé.

décamper v. (CONJUG. 3). (Familier) Partir très vite, se sauver. *Quand ils ont entendu le surveillant, les enfants ont décampé.* SYN. déguerpir.

décantation n.f. Le fait de décanter un liquide. *Procéder à la décantation d'une sauce.* • **Bassin de décantation :** bassin où de l'eau repose pour que les impuretés qu'elle contient puissent tomber au fond et être séparées.

décanter v. (CONJUG. 3). Laisser se déposer au fond d'un récipient les impuretés que contient un liquide. *Décanter du vin vieux.*

décapant n.m. Produit qui sert à décaper.

décaper v. (CONJUG. 3). Ôter la couche superficielle de peinture, de cire, etc., qui recouvre quelque chose. *La vieille table était peinte en bleu, on l'a décapée pour lui redonner sa couleur naturelle.*

décapiter v. (CONJUG. 3). ❶ Trancher la tête de quelqu'un. *Autrefois, on décapitait les condamnés à mort.* ❷ Enlever la partie supérieure de quelque chose. *Le sapin a été décapité par la foudre.* ❸ Priver un groupe de ses chefs. *Décapiter un réseau terroriste.*

HISTOIRE DU MOT Vient du latin *caput* qui signifie « tête » et que l'on retrouve dans *capitaine, capital, capiteux.*

décapotable adj. et n.f. *Une (voiture) décapotable* est munie d'une capote que l'on peut mettre ou enlever à volonté.

décapsuler v. (CONJUG. 3). Enlever la capsule d'une bouteille.

décapsuleur n.m. Instrument qui sert à décapsuler les bouteilles. SYN. ouvre-bouteille.

se **décarcasser** v.pron. (CONJUG. 3). (Familier) Se donner du mal pour arriver à un résultat. SYN. se démener.

décathlon n.m. Ensemble de dix épreuves d'athlétisme qui se déroulent en deux journées consécutives. *Un décathlon comprend quatre épreuves de course, trois épreuves de saut et trois épreuves de lancer.*

décati, e adj. (Familier) *Une personne décatie* est marquée par l'âge, elle a perdu sa beauté, sa fraîcheur.

HISTOIRE DU MOT *Décatir un tissu*, c'est lui enlever son brillant et son apprêt.

décauser v. (CONJUG. 3). En Belgique, dire du mal des gens, médire.

décéder v. (CONJUG. 9, ✎ *10* ; auxiliaire *être*). Mourir. *M. Dupont est décédé le 3 janvier lors de son transport en ambulance.*
▸ REM. Ce verbe ne s'emploie que pour les êtres humains.

HISTOIRE DU MOT Vient du latin *decedere* qui signifie « s'en aller ».

voiture **décapotable**

déceler v. (CONJUG. 11). Découvrir, trouver ou percevoir ce qui n'était pas apparent. *On a décelé des traces de radioactivité dans l'eau de la rivière.* SYN. découvrir, détecter.

▶ REM. Ne pas confondre avec *desceller* et *desseller*.

HISTOIRE DU MOT Vient de *celer* qui signifie « cacher ».

décembre n.m. Le douzième mois de l'année. *L'hiver commence en décembre.*

HISTOIRE DU MOT Vient du latin *decem*, « dix », le mois de décembre étant le dixième mois du calendrier romain, qui commençait en mars.

décemment adv. De manière décente.

décence n.f. Respect des convenances ; réserve, retenue dans le comportement. *La décence m'interdit de répéter ses paroles.* SYN. pudeur.

décennie n.f. Période de dix ans. → VOIR AUSSI décade.

décent, e adj. ❶ Qui est conforme à la décence. *Une tenue décente.* SYN. correct, pudique. ❷ Qui est acceptable, qui correspond à ce que l'on peut attendre. *Avoir une rémunération décente.* SYN. convenable.

décentralisation n.f. ❶ Le fait d'accorder plus d'autonomie à des régions, des administrations, des entreprises, par rapport à un organisme central. ❷ Le fait de répartir en différents lieux d'un territoire des entreprises qui étaient concentrées à certains endroits.

décentraliser v. (CONJUG. 3). Pratiquer la décentralisation. *Décentraliser des entreprises.* → VOIR AUSSI délocaliser.

déception n.f. Sentiment que l'on éprouve lorsqu'on n'a pas obtenu ce que l'on souhaitait. *Éprouver une grande déception après un échec.* SYN. déconvenue, désappointement.

décerner v. (CONJUG. 3). Attribuer solennellement une récompense, un titre à quelqu'un. *On lui a décerné la médaille d'or.*

décès n.m. Mort d'une personne. *Le médecin est venu constater le décès et a établi un certificat de décès.*

décevant, e adj. Qui déçoit. *Le match était décevant et les joueurs aussi ; on s'est ennuyés.*

décevoir décevant, déçu v. (CONJUG. 31). Causer du chagrin, du dépit à quelqu'un en ne répondant pas à ce qui était attendu. *C'est mon amie, elle ne m'a jamais déçue.*

déchaîné, e, ✎ ***déchainé, e*** adj. Qui est très agité. *Les enfants sont déchaînés ce soir.*

déchaînement, ✎ ***déchainement*** n.m. Le fait de se déchaîner. *Un déchaînement de haine.* SYN. débordement.

déchaîner, ✎ ***déchainer*** v. (CONJUG. 3). Amener un sentiment à se manifester dans toute sa violence. *Chanteur qui déchaîne l'enthousiasme du public.* SYN. soulever. ◆ **se déchaîner** v.pron. ❶ Pour un sentiment, un phénomène naturel, se manifester avec violence. *La tempête se déchaîne sur l'océan.* ❷ Pour une personne, un groupe, être animés par un sentiment violent. *Dès qu'elle est montée en scène, le public s'est déchaîné.*

déchanter v. (CONJUG. 3). Être déçu, perdre ses illusions. *Elle rêvait d'une vie facile, elle a vite déchanté.*

décharge n.f. ❶ Lieu où l'on dépose les ordures, les déchets. *La décharge municipale.* ❷ Tir d'une ou de plusieurs armes à feu. *Le voleur a pris une décharge de fusil dans les jambes.* • **Décharge électrique :** choc produit par le passage du courant électrique quand on touche un fil électrique ou un appareil mal isolé. *Ne mets pas tes doigts dans la prise, tu risques de recevoir une décharge !*

déchargement n.m. L'action de décharger des marchandises.

décharger déchargeant, déchargé v. (CONJUG. 5). ❶ Enlever le chargement d'un véhicule, débarrasser une personne des paquets qu'elle porte. *Les dockers déchargent les marchandises des navires. Il m'a déchargée de mes paquets.* ❷ Débarrasser d'un travail. *Son assistant la décharge de certains dossiers.* ❸ Vider le chargeur d'une arme à feu, tirer sur une personne. *Il a déchargé son arme sur ses poursuivants.*

décharné, e adj. Très maigre, qui n'a plus que la peau sur les os. *Elle a un visage décharné.*

HISTOIRE DU MOT Vient de l'ancien français *charn* qui signifiait « chair ».

une vache décharnée

déchausser v. (CONJUG. 3). ❶ Retirer les chaussures de quelqu'un. *Déchausser un enfant.* ❷ Ôter ses skis. *Les skieurs déchaussent devant l'hôtel.* ◆ **se déchausser** v.pron. ❶ Enlever ses chaussures, ses patins, ses skis. *Déchausse-toi, tes bottes sont pleines de boue.* ❷ *Une dent se déchausse* quand elle n'est plus maintenue par la gencive et que la racine apparaît.

déchéance n.f. Dégradation physique ou morale. *L'alcool l'a mené à la déchéance.*

déchet n.m. Ce qui reste d'une matière qu'on travaille ; partie irrécupérable de quelque chose. *Cette salade est très fraîche, il n'y a pas beaucoup de déchet.* ◆ **déchets** n.m.plur. ❶ Ce que l'on jette, résidus inutilisables. *Mettre les déchets à la poubelle.* SYN. ordures. *Des déchets radioactifs.* ❷ Les morceaux de viande ou de poisson qu'on ne destine pas à la consommation humaine. *Avez-vous des déchets pour mon chien ?*

déchiffrer **v.** (CONJUG. 3). ❶ Réussir à lire des signes, des caractères, un code, un texte. *Déchiffrer des hiéroglyphes. La pharmacienne n'a pas pu déchiffrer l'écriture du médecin.* ❷ Lire et jouer un morceau de musique qu'on ne connaît pas. ❸ Comprendre, deviner ce qui est caché, mystérieux. *Œdipe déchiffra l'énigme du sphinx.* SYN. élucider.

HISTOIRE DU MOT Vient de *chiffre.*

déchiqueter **v.** (CONJUG. 12, ✎ *11*). Mettre en lambeaux, en pièces, en arrachant, en déchirant. *Il a eu la main déchiquetée par l'explosion.*

déchirant, e **adj.** Qui déchire le cœur, qui fait de la peine. *Un spectacle déchirant.* SYN. bouleversant. *Des cris déchirants.*

déchirement **n.m.** ❶ Le fait de se déchirer. *Le déchirement d'un muscle.* ❷ Grande douleur morale. *Leur séparation fut un véritable déchirement.* SYN. souffrance.

déchirer **v.** (CONJUG. 3). ❶ Mettre en pièces un papier, un tissu, y faire un accroc. *Elle a déchiré la lettre sans même la lire. J'ai déchiré mon pantalon.* ❷ Causer un grand chagrin à quelqu'un. *L'idée de la laisser lui déchirait le cœur.* ❸ Au figuré, marquer comme d'une déchirure. *Un éclair déchira le ciel. Son cri déchira la nuit.* ◆ **se déchirer** **v.pron.** ❶ Se percer, se rompre brutalement, craquer. *Zut ! ma chemise s'est déchirée !* ❷ Se faire du mal réciproquement, se faire souffrir. *Ils devraient se séparer plutôt que de se déchirer sans cesse !* ❸ *Se déchirer un muscle*, c'est se distendre un muscle.

déchirure **n.f.** Rupture faite en déchirant quelque chose. *Il a fait une déchirure à son pantalon.* SYN. accroc. *Elle souffre d'une déchirure musculaire.* SYN. claquage.

déchoir, **déchu** **v.** (CONJUG. 45). Se trouver brusquement dans une situation inférieure à celle où on était. *Elle trouvait que faire la vaisselle, c'était déchoir.*
▸ REM. Ce verbe s'emploie surtout à l'infinitif et au participe passé.

déchu, e **adj.** ❶ Qui a perdu son rang, son prestige, son autorité. *Un homme politique déchu.* ❷ *Être déchu d'une fonction, d'un droit*, c'est ne plus avoir le droit de les exercer.

déci- **préfixe.** Placé devant un nom d'unité, il la divise par 10. *Un décimètre équivaut à un dixième de mètre.*

décibel **n.m.** Unité servant à évaluer l'intensité des sons. *Les sons que peut percevoir l'oreille sont compris dans un intervalle de 0 à 120 décibels.*
▸ REM. On écrit *dB* en abrégé.

de-ci, de-là **adv.** De côté et d'autre. *Elle se promenait en cueillant des fleurs de-ci, de-là.*

décidé, e **adj.** Qui sait ce qu'il veut et n'hésite pas à prendre une décision ; qui fait preuve d'assurance. *C'est un homme décidé, rien ne l'arrête.* SYN. résolu, volontaire. *Elle marche d'un pas décidé.* SYN. assuré.

décidément **adv.** Souligne une constatation, une conclusion. *Décidément, je ne gagnerai jamais à ce jeu !*

décider **v.** (CONJUG. 3). ❶ Choisir, après avoir réfléchi, de faire quelque chose. *J'ai décidé de partir.* ❷ Avoir le pouvoir de trancher, de donner des ordres. *C'est moi qui décide, ici !* ❸ Amener quelqu'un à prendre une décision. *Julie l'a enfin décidé à prendre des vacances.* SYN. convaincre, persuader. ◆ **se décider** **v.pron.** Choisir de faire quelque chose, prendre une résolution après avoir hésité. *Il a fini par se décider, il viendra me voir cet été !*

HISTOIRE DU MOT Vient du latin *decidere* qui signifie « trancher ».

décigramme **n.m.** Un dixième de gramme.
▸ REM. On écrit *dg* en abrégé.

décilitre **n.m.** Un dixième de litre.
▸ REM. On écrit *dl* en abrégé.

décimal, ale, aux **adj.** ❶ *Le système décimal*, fondé sur le regroupement des unités par dizaines, comprend des unités, des dizaines et des centaines. *Dans le système décimal, chaque unité vaut dix fois l'unité inférieure.* → VOIR AUSSI **sexagésimal.** ❷ *Un nombre décimal* est un nombre qui comporte une virgule. *Dans le nombre décimal 4,25, « 4 » est la partie entière, « 25 » est la partie décimale.* ◆ **décimale** **n.f.** Chiffre situé après la virgule dans un nombre décimal. *4,25 est un nombre à deux décimales.* → VOIR Fiche **12.**

décimer **v.** (CONJUG. 3). Faire mourir un très grand nombre de personnes, d'animaux. *L'épidémie a décimé la population.*

HISTOIRE DU MOT Vient du latin *decimare* qui signifie « mettre à mort une personne sur dix ».

décimètre **n.m.** ❶ Un dixième de mètre. ❷ Règle graduée en centimètres et en millimètres, d'une longueur d'un décimètre. *Un double décimètre.*
▸ REM. Au sens 1, on écrit *dm* en abrégé.

décisif, ive **adj.** Qui conduit à un résultat définitif, qui met fin à une hésitation. *Il a trouvé un argument décisif pour le convaincre.* SYN. indiscutable. *La dernière bataille a été décisive.* SYN. déterminant.

décision **n.f.** ❶ Le fait de décider ; ce qui a été décidé. *Elle a pris une décision.* SYN. résolution. *C'est une bonne décision.* ❷ Qualité d'une personne qui est ferme, déterminée. *Agir avec décision.* SYN. détermination. CONTR. hésitation.

déclamation **n.f.** Le fait de déclamer.

déclamer **v.** (CONJUG. 3). Dire, réciter un texte avec emphase. *Député qui déclame son discours. Déclamer des vers.*

déclaratif, ive **adj.** *Une phrase déclarative* énonce simplement quelque chose, par opposition à une *phrase interrogative* ou à une *phrase exclamative.* *« Je m'appelle Pierre » est une phrase déclarative.* → VOIR **phrase** (encadré) et Fiche **4.**

déclaration **n.f.** ❶ Discours ou écrit par lequel on déclare, on annonce quelque chose. *Écoutez-le, il va faire une déclaration ! Faire sa déclaration de revenus.* ❷ Le fait de dire à quelqu'un qu'on en est amoureux. *Déclaration d'amour.* • **Déclaration des droits de l'homme et du citoyen** → VOIR **droit.**

déclarer v. (CONJUG. 3). ❶ Dire, faire savoir nettement et officiellement. *Il a déclaré que sa décision était prise.* SYN. annoncer. *Déclarer son amour à quelqu'un.* SYN. révéler. *En 1940, l'Italie a déclaré la guerre à la France et à la Grande-Bretagne.* ❷ Fournir certains renseignements à l'Administration. *Déclarer des marchandises à la douane.* ◆ **se déclarer** v.pron. ❶ Déclarer son amour. ❷ Commencer à se manifester, apparaître. *L'incendie s'est déclaré vers minuit.*

déclasser v. (CONJUG. 3). Mettre du désordre dans ce qui était classé. *Mes fiches sont tombées, elles sont toutes déclassées !* SYN. déranger. CONTR. classer.

déclenchement n.m. Le fait de se déclencher. *Le déclenchement d'un signal d'alarme.*

déclencher v. (CONJUG. 3). ❶ Provoquer la mise en route d'un mécanisme. *En touchant le tableau, il a déclenché le signal d'alarme du musée.* ❷ Faire apparaître une situation, faire naître un sentiment. *Sa déclaration pourrait déclencher un conflit.* SYN. entraîner, occasionner. ◆ **se déclencher** v.pron. Se mettre à fonctionner. *Le chauffage se déclenche automatiquement.*

déclic n.m. ❶ Bruit sec provoqué par le déclenchement d'un mécanisme. *Le déclic d'un appareil photo.* ❷ (Familier) *Avoir un déclic*, c'est comprendre ou se souvenir brusquement.

déclin n.m. ❶ État de ce qui décline ; période où quelqu'un, quelque chose décline. *Le déclin d'une civilisation. Un écrivain sur le déclin.* ❷ Moment où un astre finit sa course. *Le soleil est à son déclin.* • **Déclin du jour :** le crépuscule.

déclinaison n.f. Ensemble des formes que prennent les noms, les pronoms, les adjectifs, selon leur fonction grammaticale dans la phrase, dans certaines langues. *La langue allemande comporte trois déclinaisons, le latin en a cinq, le russe six.*

décliner v. (CONJUG. 3). ❶ Perdre de sa vitalité, de son importance, de son prestige. *Vieillard qui décline.* SYN. s'affaiblir. *Sa vue décline de jour en jour.* SYN. baisser. *Ce pays décline.* ❷ Ne pas accepter. *Elle a décliné notre offre.* SYN. refuser. ❸ Énoncer les différentes formes de la déclinaison d'un nom, d'un adjectif, d'un pronom. *Décliner « rosa » en latin.* ❹ *Décliner son identité*, c'est donner son nom et son prénom. • **Le jour décline :** il va bientôt faire nuit.

déclivité n.f. La pente d'un terrain. *La déclivité est très forte à cet endroit !* SYN. inclinaison.

déclouer v. (CONJUG. 3). Défaire ce qui est cloué. *Déclouer une caisse pour l'ouvrir.* CONTR. clouer.

décocher v. (CONJUG. 3). ❶ *Décocher une flèche, un coup*, c'est les lancer avec force et de façon soudaine. ❷ *Décocher un regard, un sourire à quelqu'un*, c'est le regarder, lui sourire de façon inattendue. *Elle me décocha un gentil sourire.*

décoction n.f. Liquide obtenu en faisant bouillir une plante dans de l'eau. *La décoction d'écorce de noyer sert à la teinture.*

décoder v. (CONJUG. 3). ❶ Rétablir en langage clair un message codé. SYN. décrypter. ❷ Comprendre quelque chose de compliqué, qui semble codé.

décodeur n.m. Appareil qui permet d'avoir accès à une chaîne de télévision codée.

décoiffer v. (CONJUG. 3). Mettre en désordre les cheveux de quelqu'un. *Le vent m'a toute décoiffée !*

décoincer décoinçant, décoincé v. (CONJUG. 4). Dégager ce qui est coincé. *Aide-moi, je n'arrive pas à décoincer le tiroir.*

décollage n.m. Moment où un avion décolle, quitte le sol. *Il est interdit de fumer pendant le décollage.* CONTR. atterrissage.

décollage d'un avion

décollement n.m. Le fait de se décoller.

1 décoller v. (CONJUG. 3). Détacher ce qui est collé. *Décoller une enveloppe à la vapeur.* • **Avoir les oreilles décollées :** qui s'écartent de la tête. ◆ **se décoller** v.pron. Ne plus être collé, se défaire. *Le papier peint se décolle par endroits.*

2 décoller v. (CONJUG. 3). Pour un avion, quitter le sol. *L'avion a décollé de Marseille à 13 h, il atterrira à Paris à 14 h 10.*

décolleté, e adj. Qui laisse le cou, les épaules découverts. *Une robe très décolletée.* ◆ **décolleté** n.m. L'échancrure d'un vêtement qui laisse voir le cou et parfois les épaules ; partie du corps ainsi découverte.

décolonisation n.f. Ensemble des processus, des actions et des décisions qui amènent un pays colonisé à son indépendance. → VOIR AUSSI **colonisation.**

ENCYCLOPÉDIE Jusqu'au XIXe siècle, le monde est partagé entre les empires coloniaux des grandes puissances comme la France, l'Angleterre, l'Espagne, le Portugal, la Hollande. La naissance des États-Unis marque l'indépendance des colonies anglaises d'Amérique, puis les empires portugais et espagnol s'effondrent avec l'indépendance du Brésil (1822) et des autres pays de l'Amérique latine (1809-1826). Après la Seconde Guerre mondiale, toutes les anciennes colonies proclament leur indépendance.

décolorant, e adj. Qui décolore. *L'eau de Javel est un produit décolorant.*

décolorer v. (CONJUG. 3). Enlever, éclaircir ou changer la couleur de quelque chose. *Le soleil a décoloré ses cheveux.*

décombres n.m.plur. L'ensemble des débris d'un édifice détruit. *Les habitants de l'immeuble ont été ensevelis sous les décombres.*

décommander v. (CONJUG. 3). Annuler une commande, une invitation, un rendez-vous. *Ma mère était malade, nous avons décommandé le dîner.*

décomposer v. (CONJUG. 3). ❶ Diviser quelque chose en ses éléments composants. *On peut décomposer l'eau par une opération chimique. Pour apprendre à nager le crawl, décompose les mouvements.* ❷ *Décomposer le visage, les traits d'une personne*, c'est en modifier profondément l'expression. *La peur lui décomposait les traits.* ◆ **se décomposer v.pron.** Se putréfier, pourrir. *La viande se décompose à l'air.*

décomposition n.f. ❶ Action de séparer en plusieurs éléments. *La décomposition d'une phrase en propositions.* ❷ Le fait de se décomposer, de pourrir. *Un cadavre en décomposition.*

décompresser v. (CONJUG. 3). (Familier) Relâcher sa tension nerveuse lorsqu'on a été très occupé, très stressé. *Dans deux minutes, je m'occupe de vous, laissez-moi décompresser un peu !* SYN. se détendre, se relaxer.

décompte n.m. Compte, identification de chacun des éléments d'un total. *Faire le décompte des votes.*

décompter v. (CONJUG. 3). Déduire une somme d'un compte. *Nous avons décompté la somme versée à la commande.*

déconcentrer v. (CONJUG. 3). Troubler une personne qui était concentrée sur ce qu'elle faisait. *Arrête de lui parler, tu le déconcentres !*

déconcertant, e adj. Qui déconcerte. *C'est un garçon déconcertant.* SYN. déroutant. *Sa réponse est déconcertante.* SYN. surprenant.

déconcerter v. (CONJUG. 3). Surprendre, troubler, désorienter par une attitude inattendue. *Son refus nous a déconcertés.* SYN. décontenancer, dérouter.

déconfit, e adj. Qui est à la fois décontenancé et déçu. *Il était déconfit de ne trouver personne pour l'accueillir.* SYN. dépité. *La mine déconfite.* SYN. penaud.

HISTOIRE DU MOT Vient de l'ancien français *déconfire* qui signifiait « défaire, battre un ennemi ».

déconfiture n.f. Échec désastreux. *Le parti est en pleine déconfiture.*

décongélation n.f. L'action de décongeler.

décongeler v. (CONJUG. 11). Ramener un aliment congelé à son état ordinaire.

déconnecter v. (CONJUG. 3). Débrancher un appareil électrique, interrompre une liaison électrique.

déconseiller v. (CONJUG. 3). Conseiller de ne pas faire ou choisir quelque chose. *Il lui a déconseillé de faire de la boxe* (= il l'en a dissuadé).

déconsidérer v. (CONJUG. 3). Faire perdre la considération, l'estime que l'on a auprès de quelqu'un. *Un scandale financier les a déconsidérés.* SYN. discréditer.

décontenancer décontenançant, décontenancé v. (CONJUG. 4). Faire perdre contenance à quelqu'un, le surprendre, en l'embarrassant. *Il a été décontenancé par les questions de l'examinateur.* SYN. déconcerter, démonter.

décontracté, e adj. ❶ Qui n'est pas contracté. *Quand les muscles sont parfaitement décontractés, commencez l'exercice.* ❷ Qui n'a pas d'appréhension, qui fait preuve d'assurance. SYN. détendu.

se décontracter v.pron. (CONJUG. 3). Faire cesser sa tension musculaire ou psychique. *Décontracte-toi, tout ira bien !* SYN. se détendre.

décontraction n.f. ❶ Fait d'être décontracté, relâché. *La décontraction des muscles après l'effort.* ❷ Aisance, désinvolture. *J'admire sa décontraction les jours d'examen.*

déconvenue n.f. Grosse déception. *Son échec lui a causé une vive déconvenue.* SYN. désappointement, désillusion.

décor n.m. ❶ L'ensemble des éléments utilisés pour orner, aménager un local. *Elle a changé tout le décor de son appartement.* ❷ Environnement. *Une maison située dans un décor de verdure.* SYN. cadre. ❸ Dessin qui orne un objet, qui le rend plus joli. *Un paravent avec des décors chinois.* SYN. décoration. ❹ L'ensemble des accessoires utilisés au théâtre, au cinéma ou à la télévision pour reconstituer un lieu, créer une atmosphère.

atelier de **décors** (Comédie-Française, Sarcelles, 1979)

a b c d e f g h i j k l m n o p z

A B C D E F G H I J K L M N O P Q R S T U V W X Y Z

décorateur, trice **n.** ❶ Personne dont le métier est de décorer, d'aménager des locaux. ❷ Artiste qui fait des décors pour des spectacles.

décoratif, ive **adj.** Qui décore, qui produit un effet esthétique. *Des plantes décoratives.*

décoration **n.f.** ❶ L'action de décorer, la manière dont un lieu ou un objet est décoré ; ce qui sert à décorer. *Il faut chercher du houx pour la décoration de la maison, c'est Noël !* ❷ Métier du décorateur. *Travailler dans la décoration.* ❸ Insigne remis comme distinction honorifique. *Une décoration militaire.* SYN. médaille.

décorer **v.** (CONJUG. **3**). ❶ Garnir d'éléments destinés à embellir. *Amélie a décoré sa chambre avec des affiches de chanteurs.* SYN. orner. ❷ Attribuer, remettre une décoration à quelqu'un. *Son grand-père a été décoré de la Légion d'honneur.*

décortiquer **v.** (CONJUG. **3**). ❶ Retirer l'enveloppe d'un fruit, la carapace d'un crustacé, etc. *Décortiquer des crevettes.* ❷ Analyser un à un les éléments d'une histoire, d'une affaire.

HISTOIRE DU MOT Vient du latin *cortex* qui signifie « écorce ».

décorum **n.m.sing.** L'ensemble des règles officielles que l'on observe dans certaines circonstances. SYN. cérémonial.
▸ REM. C'est un mot latin, on prononce [dekɔrɔm].

découcher **v.** (CONJUG. **3**). Ne pas rentrer coucher chez soi. *Sophie a découché la nuit dernière.*

découdre **décousant, décousu v.** (CONJUG. **52**). Défaire une couture. *Il découd l'ourlet de son pantalon pour le rallonger.* • **En découdre avec quelqu'un :** avoir une vive discussion avec lui ; l'affronter.

découler **v.** (CONJUG. **3**). Être la conséquence logique, la suite de quelque chose. *Cette erreur découle d'une faute de traduction.* SYN. provenir, résulter.

découpage **n.m.** ❶ L'action de découper un matériau, du papier. *On utilise un chalumeau pour le découpage des tôles. Marie fait des découpages* (= elle découpe des images). ❷ Division d'un ensemble en parties. *Le découpage électoral, c'est la division en circonscriptions. Le découpage d'un scénario, c'est sa division en scènes.*

découpé, e **adj.** Dont les bords sont irréguliers, avec des pointes et des entailles. *À cet endroit, la côte est très découpée.*

découper **v.** (CONJUG. **3**). ❶ Couper en suivant les contours. *Découper une image dans un magazine.* ❷ Couper en morceaux, en parts. *Découper une tarte, un poulet.* ◆ **se découper** **v.pron.** Se détacher sur un fond en laissant voir ses contours. *Le soir, les arbres se découpent sur le ciel.*

décourageant, e **adj.** Qui décourage. *Des nouvelles décourageantes.* SYN. démoralisant. *Vous êtes vraiment décourageants.* SYN. décevant.

découragement **n.m.** Le fait de se décourager, d'être découragé. *Quand j'ai vu tous les devoirs qu'il me restait à faire, j'ai eu un moment de découragement.* SYN. abattement.

décourager **décourageant, découragé v.** (CONJUG. **5**). ❶ Faire perdre courage à quelqu'un. *Les difficultés l'ont découragé.* SYN. démoraliser. ❷ Ôter l'envie de faire quelque chose. *L'alarme devrait décourager les voleurs.* SYN. dissuader.

décousu, e **adj.** ❶ Dont la couture est défaite. *L'ourlet de sa robe est décousu.* ❷ Qui est incohérent, sans suite, sans logique. *Il était ivre et tenait des propos décousus.* SYN. confus.

1 découvert, e **adj.** ❶ Qui n'est pas couvert. *Robe qui laisse les épaules découvertes.* ❷ *Un terrain, un pays découverts* sont peu boisés. CONTR. boisé.

2 découvert **n.m.** *Être à découvert*, c'est avoir dépensé plus d'argent qu'on n'en avait sur son compte en banque.

découverte **n.f.** ❶ Action de découvrir ce qui était inconnu, de trouver ce qui était caché. *Partir à la découverte d'une ville.* ❷ Ce que l'on trouve ou découvre. *Les découvertes de la médecine.* • **Les grandes découvertes :** les terres et les itinéraires jusqu'alors inconnus qui ont été découverts à partir du XVe siècle.
→ VOIR Fiche **27**.

ENCYCLOPÉDIE Au XVe siècle, la recherche de l'or, des épices ou d'autres produits précieux a amené les Européens à explorer des contrées lointaines et à chercher des voies commerciales nouvelles pour les atteindre. En entreprenant de tels voyages, Christophe Colomb découvre l'Amérique et Vasco de Gama trouve un accès maritime à l'Inde par le contournement de l'Afrique. En 1522, l'expédition de Magellan boucle le premier tour du monde. Les régions polaires seront les dernières du globe à être explorées, au XXe siècle.

découvrir **découvrant, découvert v.** (CONJUG. **28**). ❶ Enlever ce qui couvre, ce qui protège. *Ne découvre pas la casserole, l'eau ne bout pas encore.* ❷ Trouver quelque chose qui était jusque-là inconnu, caché. *Découvrir un trésor.* ❸ Apercevoir de loin. *Du balcon, on découvre les sommets enneigés.* ◆ **se découvrir** **v.pron.** ❶ Pour un homme, ôter son chapeau. ❷ Enlever ses couvertures en dormant.

décrasser **v.** (CONJUG. **3**). Enlever la crasse, nettoyer. *Décrasser la cheminée.*

décrépit, e **adj.** Qui est très affaibli par son grand âge. *Un vieillard décrépit.*

décrépitude **n.f.** État de grand affaiblissement dû à la vieillesse ou de décadence, de déclin.

decrescendo, ✎ ***décrescendo*** **adv.** Terme porté sur une partition de musique pour indiquer que le mouvement doit être joué de moins en moins fort. CONTR. crescendo.
▸ REM. On prononce [-ʃɛndo].

HISTOIRE DU MOT Mot italien signifiant « en diminuant ».

décret **n.m.** Décision écrite prise par le gouvernement, et qui a la valeur d'une loi. *Le Conseil des ministres a adopté plusieurs décrets concernant la sécurité sur les routes.*

décréter **v.** (CONJUG. **9**, ✎ *10*). ❶ Ordonner par décret. *Au moment de la guerre, la mobilisation générale des hommes a été décrétée.* ❷ Décider de manière autoritaire. *Brusquement, elle a décrété qu'elle n'irait plus voir sa tante.* SYN. déclarer, se jurer.

décrier **v.** (CONJUG. **7**). Dire du mal de quelqu'un ou de son action. *De son vivant, Van Gogh était décrié.* SYN. critiquer, dénigrer.
▸ REM. Ce verbe appartient à la langue soutenue.

décrire **décrivant, décrit v.** (CONJUG. **62**). ❶ Donner, par des mots, une idée précise de la forme, de l'apparence d'un être ou d'une chose, ou dire comment une action s'est déroulée. *Décrivez l'endroit où vous avez passé vos vacances. Je lui ai décrit la scène avec précision.* ❷ Effectuer un mouvement en suivant un certain tracé, une ligne. *L'aigle décrivait des cercles au-dessus de son nid.* SYN. tracer.

décrocher **v.** (CONJUG. **3**). ❶ Détacher ce qui était accroché. *Il me faut un escabeau pour décrocher les rideaux.* CONTR. accrocher. *Décrocher le téléphone* (= soulever le combiné). CONTR. raccrocher. ❷ (Familier) Réussir à avoir, obtenir. *J'ai décroché le premier prix.* ❸ Cesser de s'intéresser à quelque chose. *Au bout d'une heure de cours, les élèves décrochent.* SYN. se déconcentrer.

décrocheur, euse **n.** Au Canada, nom donné à un élève qui interrompt ses études avant la fin de la scolarité obligatoire.

décroissant, e **adj.** Qui décroît, qui va en diminuant. *Dans la série 5, 4, 3, 2, 1, 0, les nombres sont classés par ordre décroissant* (= du plus grand au plus petit).

poids en ordre **décroissant** (de gauche à droite)

décroître, ✎ ***décroitre*** **décroissant, décru v.** (CONJUG. **75**). Diminuer peu à peu. *À partir du 24 juin, les jours décroissent.* CONTR. croître.

décrotter **v.** (CONJUG. **3**). *Décrotter des chaussures*, c'est enlever la boue dont elles sont couvertes.

HISTOIRE DU MOT Vient de *crotte* qui a signifié « boue ».

décrue **n.f.** Baisse du niveau des eaux, après une crue. *La décrue de la rivière a commencé la nuit dernière.*

décrypter **v.** (CONJUG. **3**). Déchiffrer un texte qui a été rédigé avec des caractères secrets ou dans un code dont on ne connaît pas la clef. SYN. décoder.

HISTOIRE DU MOT Vient du grec *kruptein* qui signifie « cacher » et que l'on retrouve dans *crypte*, *cryptogramme*.

déçu, e **adj.** ❶ Qui a éprouvé une déception. *Je suis déçu de ne pas l'avoir vu.* SYN. désappointé. ❷ Qui ne s'est pas réalisé. *Un espoir déçu.*

déculotter **v.** (CONJUG. **3**). Enlever la culotte, le pantalon.

décupler **v.** (CONJUG. **3**). ❶ Rendre ou devenir dix fois plus grand, plus important. *La population a décuplé en un siècle.* ❷ Augmenter considérablement. *La colère décuplait ses forces.*

HISTOIRE DU MOT Vient du latin *decuplus*, de *decem* qui signifie « dix », que l'on retrouve dans *décimal*, *décembre*.

dédaigner **v.** (CONJUG. **3**). Considérer comme indigne d'attention ou d'intérêt. *Elle dédaigne mes amis parce qu'elle ne les trouve pas intéressants.* SYN. mépriser.

dédaigneusement **adv.** Avec dédain. *Pauline haussa dédaigneusement les épaules.*

dédaigneux, euse **adj.** Qui montre du dédain. *Une moue, un regard dédaigneux.* SYN. hautain, méprisant.

dédain **n.m.** Mépris orgueilleux que l'on exprime par son attitude, ses manières, le ton de sa voix. *Il toisait les nouveaux venus avec dédain.* SYN. arrogance, mépris. CONTR. respect.

dédale **n.m.** Réseau compliqué de rues, de ruelles, de chemins où l'on risque de s'égarer. *Flâner dans le dédale des rues de la vieille ville.* SYN. labyrinthe.

HISTOIRE DU MOT Vient de *Dédale*, nom de l'architecte légendaire grec qui construisit le labyrinthe de Crète.
→ VOIR noms propres.

dedans **adv.** À l'intérieur. *Ouvre la boîte pour voir ce qu'il y a dedans !* ◆ **n.m.** Ce qui est à l'intérieur, la partie intérieure de quelque chose. *La pomme paraissait bonne, mais le dedans était pourri. Il marche les pieds en dedans* (= les pointes des pieds tournées l'une vers l'autre).

dédicace **n.f.** Formule écrite sur une œuvre ou un objet que l'on offre ou dédie à une personne.

dédicacer **dédicaçant, dédicacé v.** (CONJUG. **4**). Inscrire une dédicace sur une œuvre. *L'écrivain lui a dédicacé son dernier roman.*

dédier **v.** (CONJUG. **7**). ❶ Vouer, consacrer à Dieu, à un saint, à quelque chose. *La cathédrale de Chartres est dédiée à la Vierge Marie.* ❷ Honorer quelqu'un en inscrivant son nom en tête de l'ouvrage qu'on vient d'écrire. *Le compositeur Claude Debussy a dédié un recueil de musique à sa fille, la petite « Chouchou ».*

se **dédire** **dédisant, dédit v.pron.** (CONJUG. **65**). Revenir sur ce que l'on a dit, sur ce que l'on a promis. *Tu m'as donné ta parole, tu ne peux plus te dédire !* SYN. se rétracter.

dédommagement **n.m.** Ce que l'on accorde à quelqu'un pour le dédommager. *Ils ont touché des dédommagements à la suite des inondations.* SYN. indemnité.

A B C D E F G H I J K L M N O P Q R S T U V W X Y Z

dédommager **dédommageant, dédommagé v.** (CONJUG. **5**). Offrir à quelqu'un une compensation pour un dommage qu'il a subi, ou un travail particulier qu'il a fourni. *Le gouvernement a dédommagé les victimes de l'explosion.* SYN. indemniser.

dédouaner **v.** (CONJUG. **3**). Faire sortir des marchandises des bâtiments de la douane en payant des droits.

dédoublement **n.m.** L'action de dédoubler. *Le dédoublement d'une classe.*

dédoubler **v.** (CONJUG. **3**). Partager en deux. *La classe a été dédoublée car elle comportait trop d'élèves. Dédoubler un train* (= en faire partir deux au lieu d'un, pour la même destination).

dédramatiser **v.** (CONJUG. **3**). Faire apparaître comme moins dramatique, moins grave. *Elsa a mimé Nils en train de s'étaler par terre, cela a dédramatisé la situation.*

déductible **adj.** Que l'on peut déduire. *Certaines dépenses sont déductibles des impôts.*

déduction **n.f.** ❶ L'action de déduire, de retrancher. *Déduction faite de ce que vous avez déjà payé, voici ce qui vous reste à verser.* ❷ Raisonnement par lequel on arrive à une conclusion à partir de faits connus au départ. *La police a relevé de nombreux indices et, par déduction, a trouvé le repaire des bandits.*

déduire **déduisant, déduit v.** (CONJUG. **60**). ❶ Soustraire, retrancher d'un total. *N'oublie pas de déduire la somme que je t'ai prêtée la semaine dernière.* ❷ Tirer la conséquence logique de certains faits. *Il ne m'a pas rappelé : j'en déduis qu'il ne veut plus me voir.* SYN. conclure.

déesse **n.f.** Divinité féminine. *Vénus était la déesse de l'Amour chez les Romains.*

la **déesse** Athéna casquée (monnaie)

défaillance **n.f.** ❶ Perte soudaine et momentanée des forces physiques ou de ses capacités. *Il a eu une défaillance en conduisant.* SYN. malaise. *Une défaillance de mémoire.* ❷ Mauvais fonctionnement d'une machine qui apparaît brusquement. *L'accident de train est dû à une défaillance technique.*

défaillant, e **adj.** *Une mémoire défaillante* fait tout à coup défaut.

défaillir **défaillant, défailli v.** (CONJUG. **27**). Avoir un malaise ou s'évanouir. *J'ai cru défaillir en apprenant la nouvelle.*
▸ REM. Ce verbe s'emploie surtout à l'infinitif.

défaire **défaisant, défait v.** (CONJUG. **70**). ❶ Indique une action qui réduit à néant l'action précédente. *Défaire un nœud de cravate* (= dénouer une cravate). *Défaire un paquet* (= l'ouvrir). *Le vent a défait ma coiffure* (= je suis décoiffé). *Le chat a défait mon tricot* (= il a tiré les fils). ❷ *Défaire l'ennemi*, c'est lui imposer une défaite. ❸ *Défaire quelqu'un d'une habitude*, c'est lui faire perdre cette habitude. *On a tout tenté pour le défaire de cette habitude qu'il a de crier, mais en vain.*

défait, e **adj.** *Un visage défait* est décomposé par la fatigue ou par une violente émotion. *On pouvait voir à sa mine défaite qu'il était arrivé un malheur.*

défaite **n.f.** Échec dans une bataille, une guerre, une compétition. *La guerre de 1914-1918 s'est terminée par la défaite de l'Allemagne. La défaite de l'équipe de rugby.* CONTR. succès, victoire.

défaitisme **n.m.** État d'esprit d'une personne qui ne croit pas à la victoire et qui pense qu'il faut arrêter de lutter. SYN. pessimisme.

défaitiste **adj.** et **n.** Qui fait preuve de défaitisme. SYN. pessimiste.

défaut **n.m.** ❶ Ce qui n'est pas bien chez quelqu'un, selon la morale ou les règles de vie d'une société. *Ma grand-mère dit que la curiosité est un vilain défaut.* CONTR. qualité. ❷ Ce qui est mal fait dans quelque chose ; imperfection. *Il a payé sa veste moins cher parce que le tissu a un défaut.* • **À défaut de :** en l'absence de. *À défaut de pain, tu mangeras des biscottes.* • **Défaut d'attention :** manque d'attention. *Au volant, le moindre défaut d'attention peut être dangereux.* • **Faire défaut :** manquer.

défaveur **n.f.** • **Tomber en défaveur :** ne plus être apprécié, perdre l'estime, la faveur de quelqu'un. *Un écrivain tombé en défaveur.*

défavorable **adj.** Qui n'est pas favorable. *Des circonstances défavorables. Le jury était défavorable à l'accusé.* SYN. hostile.

défavoriser **v.** (CONJUG. **3**). Priver de certains avantages ; porter préjudice. *Le testament le défavorise.* SYN. désavantager.

défection **n.f.** Le fait de ne pas être là où l'on était attendu, d'abandonner sa tâche. *La réunion n'a pas pu avoir lieu car le président a fait défection au dernier moment.*

défectueux, euse **adj.** Qui présente des imperfections, des défauts. *Il a fallu changer la pièce défectueuse de la machine.*

défendable **adj.** Qui peut se défendre, être soutenu. *Ton point de vue est tout à fait défendable.*

défendre **défendant, défendu v.** (CONJUG. **46**). ❶ Interdire l'accès d'un lieu. *Les murs d'enceinte défendaient la ville.* ❷ Interdire de faire quelque chose. *On m'a défendu d'aller au cinéma ce soir.* ❸ Protéger contre une attaque en se battant. *Les soldats ont défendu la citadelle assiégée.* CONTR. attaquer. *Défendre sa vie.* ❹ Soutenir en répondant aux accusations. *L'avocate a bien défendu son client.* ❺ Se battre pour une cause, soutenir une idée en répondant aux critiques. *Défendre les droits de l'homme partout dans le monde.* • **À son corps défendant :** malgré soi, à contrecœur. *Obéir aux ordres à son corps défendant.* ◆ **se défendre** **v.pron.** ❶ Résister à une attaque, à une critique. *Se défendre* *contre l'ennemi.* ❷ (Familier) Montrer des aptitudes, de l'habileté dans un domaine. *Il se défend très bien en anglais.* ❸ Être plausible, acceptable, se justifier. *Son point de vue se défend* (= il tient debout).

1 défense **n.f.** ❶ Mot que l'on emploie pour signaler une interdiction. *Défense d'entrer.* ❷ Action de défendre une personne ou un groupe, de les protéger contre des attaques. *L'armée assure la défense du pays.* SYN. protection. *Quand on dit du mal de son frère, elle prend toujours sa défense.* ❸ Action de défendre une cause. *La défense des libertés, des droits de l'homme.* ❹ Dans certains sports, groupe de joueurs chargés de protéger les buts. *Il est arrière, il joue en défense.* ❺ Dans un tribunal, la partie qui se défend et les avocats qui représentent ses intérêts. • **Légitime défense :** cas où la loi considère qu'il n'y a ni délit ni crime puisque l'accusé agissait uniquement pour se défendre. ◆ **défenses** **n.f.plur.** *Les défenses immunitaires*, ce sont les moyens biologiques dont dispose l'organisme pour lutter contre une infection, un microbe, un virus.

2 défense **n.f.** Dent allongée et saillante de certains mammifères, comme les incisives de l'éléphant, les canines du sanglier. *Les éléphants ont été massacrés pour l'ivoire de leurs défenses.*

défenses d'éléphant

défenseur **n.** ❶ Personne qui défend quelqu'un ou un groupe, qui cherche à les protéger. *L'abbé Pierre a passé sa vie à être le défenseur des pauvres. Au basket-ball, on distingue les défenseurs et les attaquants.* ❷ Joueur chargé de protéger les buts. ❸ Avocat chargé de la défense, lors d'un procès. • **Défenseur des enfants :** en France, fonctionnaire indépendant chargé de défendre ou de développer les droits de l'enfant.
▸ REM. Au féminin, on écrit aussi *une défenseure, une défenseuse*.

défensif, ive **adj.** Qui sert à se défendre. *Les missiles tactiques sol-air sont des armes défensives.* CONTR. offensif.

défensive **n.f.** • **Être sur la défensive :** être prêt à riposter à toute attaque. *Il est toujours sur la défensive* (= il se tient sur ses gardes).

déférence **n.f.** Respect et considération que l'on manifeste à quelqu'un. *Il a salué son professeur avec déférence.*
▸ REM. Ce mot appartient à la langue soutenue.

déférer **v.** (CONJUG. 9, ✎ *10*). Envoyer un accusé devant un tribunal. *Déférer un criminel à la cour d'assises.* SYN. traduire.

déferlant, e **adj.** Qui déferle. *Une vague déferlante.*

déferlement **n.m.** Fait de déferler.

déferler **v.** (CONJUG. 3). ❶ Pour les vagues, rouler et retomber avec force, en s'écrasant. *La mer déferle sur les rochers.* ❷ Se précipiter en masse comme les vagues. *Les touristes déferlent sur la plage.*

défi **n.m.** Provocation, pari qu'on lance à quelqu'un pour le forcer à accepter un combat, une compétition. *La championne a lancé un défi à sa rivale. Relever le défi* (= accepter la lutte). *Il l'a mis au défi de sauter plus haut que lui.*

défiance **n.f.** Manque de confiance à l'égard d'une personne. *Il regardait avec défiance l'inconnu qui s'approchait de lui.* SYN. méfiance. CONTR. confiance.
▸ REM. Ce mot appartient à la langue soutenue.

déficeler **v.** (CONJUG. 12, ✎ *11*). Retirer la ficelle qui entoure, qui attache un paquet.

déficience **n.f.** Insuffisance physique ou intellectuelle. *Il est soigné pour une déficience rénale. La débilité est une déficience mentale.*

déficient, e **adj.** Qui présente une déficience. *Sa vue déficiente est un handicap dans son métier.*

déficit **n.m.** Somme qui manque pour que les recettes équilibrent les dépenses. *Un déficit de vingt millions.* CONTR. bénéfice.
▸ REM. On prononce le *-t*.

HISTOIRE DU MOT Vient du latin *deficit* qui signifie « il manque ».

déficitaire **adj.** Qui présente un déficit. *Une entreprise déficitaire.* CONTR. bénéficiaire.

1 défier **v.** (CONJUG. 7). ❶ Lancer un défi à quelqu'un. *Je vous défie de trouver la solution de l'énigme.* ❷ Affronter sans crainte. *Les secouristes défiaient le danger pour dégager les blessés.* SYN. braver. ❸ Résister à la comparaison avec quelque chose. *Nos prix défient toute concurrence.*

2 se défier **v.pron.** (CONJUG. 7). Être réservé par rapport à quelqu'un ou à quelque chose, ne pas leur faire confiance. SYN. se méfier.
▸ REM. Ce mot appartient à la langue soutenue.

défigurer **v.** (CONJUG. 3). Déformer, enlaidir au point de rendre méconnaissable. *Ces panneaux publicitaires défigurent le paysage.*

défilé **n.m.** ❶ Groupe de personnes qui marchent en colonnes, en file. *Un défilé militaire. Un défilé de mode.* ❷ Passage étroit entre deux montagnes, où l'on ne peut passer qu'en file. SYN. gorge.

défiler **v.** (CONJUG. 3). ❶ Marcher en rangs, en file. *Les manifestants ont défilé dans les rues de la ville.* ❷ Se succéder sans interruption. *Les visiteurs défilent toute la journée devant ce célèbre tableau.*

A B C D E F G H I J K L M N O P Q R S T U V W X Y Z

défini, e **adj.** Qui est déterminé avec précision. *Cet événement a eu lieu à une époque bien définie.* SYN. précis. CONTR. vague. • **Article défini :** article qui se rapporte à une chose ou un être précis. *« Le », « la », « les » sont des articles définis.* → VOIR AUSSI **indéfini.**

définir **définissant, défini v.** (CONJUG. 16). ❶ Indiquer avec précision la nature, les caractéristiques essentielles de quelqu'un ou de quelque chose. *Si je devais définir Pierrot, je dirais que c'est un rigolo !* ❷ Donner, expliquer le sens d'un mot.

HISTOIRE DU MOT Vient du latin *definire* qui signifie « délimiter ».

définitif, ive **adj.** Qui ne peut être remis en cause. *On m'a opposé un refus définitif.* SYN. irrévocable. CONTR. provisoire.

définition **n.f.** ❶ L'explication du sens d'un mot, l'ensemble des caractéristiques de l'être ou de la chose que ce mot désigne. *Si tu ne comprends pas un mot, cherche la définition dans le dictionnaire !* ❷ *La définition d'une image de télévision*, c'est son degré de finesse. *La télévision haute définition.*

en **définitive** **adv.** Finalement, en fin de compte. *Où pars-tu en vacances, en définitive ?*

définitivement **adv.** De manière définitive. *Partir définitivement* (= pour toujours).

déflagration **n.f.** Violente explosion. *On a entendu le bruit d'une déflagration.*

défoncer **défonçant, défoncé v.** (CONJUG. 4). ❶ Briser en enfonçant. *Il a défoncé la chaise en montant dessus. Les cambrioleurs ont défoncé la porte à coups de barre de fer.* ❷ Creuser profondément le sol. *La route est complètement défoncée par endroits, à cause du gel.*

déforestation **n.f.** Destruction de la forêt. *La déforestation peut provoquer des glissements de terrain.* SYN. déboisement. CONTR. reboisement.

déformant, e **adj.** • **Miroir déformant :** miroir dans lequel les objets semblent déformés.

déformation **n.f.** L'action de déformer ; le fait d'être déformé. *La déformation de son dos est due à une scoliose.*

déformer **v.** (CONJUG. 3). ❶ Changer la forme de quelque chose. *La chaleur déforme les métaux.* ❷ Donner une forme anormale à quelque chose. *Les rhumatismes ont déformé ses doigts.* ❸ *Déformer la pensée, les propos de quelqu'un*, c'est les rapporter de façon inexacte, en en changeant le sens. ◆ **se déformer** **v.pron.** Changer de forme. *Les métaux se déforment à la chaleur.*

défoulement **n.m.** Le fait de se défouler ; ce qui permet de se défouler.

se **défouler** **v.pron.** (CONJUG. 3). Se libérer de la tension intérieure provoquée par les contraintes quotidiennes. *Il se défoule en faisant du sport.*

défraîchi, e, ✎ ***défraichi, e*** **adj.** Qui a perdu son aspect neuf, son éclat. *Il portait un costume défraîchi.*

défrayer **v.** (CONJUG. 13). Rembourser quelqu'un de ses frais, ses dépenses. *Son entreprise le défraie de tout pendant sa tournée d'inspection.* • **Défrayer la chronique :** être le sujet de toutes les conversations, faire beaucoup parler de soi. *Les aventures amoureuses de la vedette défraient la chronique.*

HISTOIRE DU MOT Vient de l'ancien verbe *frayer* qui signifiait « faire les frais ».

défricher **v.** (CONJUG. 3). Enlever les broussailles, les arbustes, etc., d'un terrain en friche.

défroisser **v.** (CONJUG. 3). Défaire les plis d'un papier, d'un tissu froissés.

défroque **n.f.** Vêtement usé et démodé. *Pour se déguiser, Muriel a trouvé une vieille défroque au grenier.*

défroqué, e **adj.** et **n.** *Un moine, un prêtre défroqués* ont renoncé à l'état religieux.

HISTOIRE DU MOT Vient de *froc* qui désignait autrefois l'habit du moine. *Quitter le froc* signifiait « quitter l'état ecclésiastique ».

défunt, e **n.** La personne qui est décédée, le mort. *La défunte a laissé un testament.*

dégagé, e **adj.** ❶ Qui n'est pas encombré ; où rien n'arrête le regard. *Une vue dégagée sur la ville. Le ciel est dégagé, il n'y a pas un nuage.* ❷ *Avoir les oreilles, la nuque, le front dégagés*, c'est avoir les cheveux coupés de telle manière que les oreilles, la nuque, le front sont visibles. ❸ *Prendre un air dégagé*, c'est donner l'impression de ne pas être touché par ce qui se passe.

dégagement **n.m.** Action de dégager. *Une voie de dégagement.*

dégager **dégageant, dégagé v.** (CONJUG. 5). ❶ Libérer de ce qui retient, emprisonne. *Les pompiers ont dégagé les blessés des voitures accidentées.* SYN. retirer. ❷ Débarrasser de ce qui encombre. *Dégagez le passage, circulez !* ❸ Extraire d'un ensemble, mettre en évidence. *Dégagez bien les points importants.* ❹ Produire une impression, une sensation, libérer et répandre quelque chose. *Les lis dégageaient un lourd parfum. Le corps dégage de la chaleur.* ❺ Laisser visible. *Sa coiffure lui dégage bien le front.* • **Dégager le ballon :** l'envoyer le plus loin possible quand on joue au football, au rugby. • **Dégager sa responsabilité :** annoncer qu'on ne se considère pas comme responsable de ce qui peut se produire. ◆ **se dégager** **v.pron.** ❶ Apparaître, se faire sentir. *Une impression de tristesse se dégageait du tableau.* ❷ Ne plus être chargé, encombré. *Le ciel se dégage, les nuages s'en vont. L'autoroute se dégage.*

dégaine **n.f.** (Familier) Attitude, allure bizarre ou ridicule.

dégainer **v.** (CONJUG. 3). Sortir une arme d'un fourreau, d'une gaine ou d'un étui.

se **dégarnir** **dégarnissant, dégarni v.pron.** (CONJUG. 16). ❶ Se vider de son contenu. *Les rayons du supermarché se dégarnissent vite le samedi.* ❷ Perdre peu à peu ses cheveux.

dégât **n.m.** Dommage causé par une tempête, un accident, etc. *La grêle qui est tombée hier a fait beaucoup de dégâts. La police est venue constater les dégâts.*
HISTOIRE DU MOT Vient de l'ancien français *deguaster* qui signifiait « dévaster ».

dégazer **v.** (CONJUG. 3). Débarrasser les citernes d'un pétrolier des hydrocarbures qui subsistent après le déchargement. *Dégazer en mer risque de provoquer une marée noire.*

dégel **n.m.** Fonte des glaces et de la neige quand la température augmente. → VOIR AUSSI **débâcle.**

dégeler **v.** (CONJUG. 11). ❶ Cesser d'être gelé. *La rivière dégèle, la glace commence à fondre.* ❷ Faire disparaître un sentiment de gêne. *Il a raconté une blague et cela a dégelé l'atmosphère.* SYN. détendre.

dégénérer **v.** (CONJUG. 9, ✎ *10*). ❶ Pour des animaux, des végétaux, perdre les qualités de leur race, de leur espèce. ❷ Se transformer en quelque chose de mauvais, mal tourner. *Leur dispute a dégénéré en véritable combat.*

dégingandé, e **adj.** Qui est grand et maigre, et balance ses membres en marchant comme un pantin désarticulé.
▸ REM. On prononce [-ʒɛ̃gɑ̃-].
HISTOIRE DU MOT Vient de l'ancien français *deshingandé* qui signifiait « disloqué ».

dégivrage **n.m.** Action de dégivrer, d'ôter le givre.

dégivrer **v.** (CONJUG. 3). Faire disparaître le givre. *Dégivrer un réfrigérateur.*

déglacer **déglaçant, déglacé v.** (CONJUG. 4). Dissoudre avec du liquide, en fin de cuisson, les matières attachées au fond d'un plat pour faire une sauce.

déglinguer **déglinguant, déglingué v.** (CONJUG. 6). (Familier) Casser un véhicule, un appareil, les disloquer. *Il a déglingué son vélo en tombant dans le fossé.*

déglutir **déglutissant, dégluti v.** (CONJUG. 16). Faire passer sa salive de la bouche dans l'œsophage. *Il déglutit péniblement à cause de son mal de gorge.* SYN. avaler.

dégonfler **v.** (CONJUG. 3). ❶ Faire sortir l'air, le gaz d'un objet gonflé. *Il a dégonflé le matelas pneumatique.* CONTR. gonfler. ❷ Cesser d'être enflé. *Son genou a commencé à dégonfler.* SYN. désenfler. CONTR. enfler.

dégorger **dégorgeant, dégorgé v.** (CONJUG. 5). Tremper dans du sel, de l'eau salée avant d'être utilisé en cuisine. *Laissez les concombres dégorger, ils perdront leur amertume.*

dégouliner **v.** (CONJUG. 3). (Familier) Couler lentement le long de quelque chose. *La pluie dégouline sur son cou.*
HISTOIRE DU MOT Vient de l'ancien mot *goule*, « gueule », que l'on retrouve dans *goulet, goulot, goulu.*

dégourdi, e **adj.** et **n.** Qui a un esprit vif et ingénieux. *Des enfants très dégourdis.* SYN. astucieux, malin.

se dégourdir **dégourdissant, dégourdi v.pron.** (CONJUG. 16). • **Se dégourdir les jambes :** marcher pour faire cesser la sensation d'engourdissement.

dégoût, ✎ ***dégout*** **n.m.** Sentiment de rejet, de recul devant ce qui ne plaît pas du tout. *Elle a eu une grimace de dégoût en voyant le plat d'escargots, elle déteste ça. Je n'ai que du dégoût pour ce genre de personnes.* SYN. répugnance, répulsion.

dégoûtant, e, ✎ ***dégoutant, e*** **adj.** ❶ Très sale. *Tes mains sont dégoûtantes, va les laver !* ❷ Qui provoque de la répugnance, du dégoût. *Cette sauce est dégoûtante.* CONTR. appétissant. *C'est dégoûtant d'abandonner un animal.* SYN. révoltant.

dégoûté, e, ✎ ***dégouté, e*** **adj.** Qui manifeste du dégoût, de la répulsion. *Lucie a pris un air dégoûté en voyant les huîtres.* ◆ **n.** • **Faire le dégoûté :** faire le difficile, celui qui ne trouve rien à son goût.

dégoûter, ✎ ***dégouter*** **v.** (CONJUG. 3). ❶ Provoquer du dégoût chez quelqu'un. *Les escargots le dégoûtent. Ses méchancetés ont fini par dégoûter tous ses amis.* SYN. écœurer, révolter. ❷ Ôter l'envie de quelque chose. *Passer trois heures dans les embouteillages, c'est à vous dégoûter de prendre la voiture !* SYN. décourager.

dégradant, e **adj.** Qui abaisse moralement. SYN. avilissant, déshonorant.

dégradation **n.f.** Le fait de dégrader ou de se dégrader. *« Toute dégradation du matériel sera punie. »* SYN. détérioration.

dégradé **n.m.** *Un dégradé de couleurs*, c'est un ensemble de tons d'une même couleur, du plus foncé au plus clair. *Il a peint les feuillages avec des dégradés de vert.*

dégradé de couleurs au soleil couchant

1 dégrader **v.** (CONJUG. 3). Mettre en mauvais état, détériorer, endommager. *Les locataires ont dégradé les murs en faisant des trous partout.* SYN. abîmer. ◆ **se dégrader** **v.pron.** Se détériorer progressivement. *Son état de santé se dégrade.* SYN. empirer.

2 dégrader **v.** (CONJUG. 3). Sanctionner un militaire en lui faisant perdre son grade. *Le capitaine fut dégradé pour crime de haute trahison.*

A B C D E F G H I J K L M N O P Q R S T U V W X Y Z

dégrafer v. (CONJUG. 3). Détacher les agrafes. *Elle a dégrafé sa robe.*

dégraisser v. (CONJUG. 3). ❶ *Dégraisser un vêtement*, c'est le nettoyer pour enlever les taches de graisse. SYN. détacher. ❷ *Dégraisser de la viande, du bouillon*, c'est en retirer la graisse.

degré n.m. ❶ Position, rang occupés par une personne ou une chose dans une série, une gradation. *Les degrés d'une hiérarchie.* SYN. échelon. *À quel degré de difficulté se situe cet exercice ?* SYN. niveau. ❷ Intensité, importance plus ou moins grande d'un sentiment, d'un état. *Elles sont avares au plus haut degré.* ❸ Marche d'un escalier, barreau d'une échelle. ❹ Chacune des divisions d'une échelle qui correspond à un système de mesure. *Un angle droit est un angle de 90 degrés* (on écrit aussi *90°*). • **Degré Celsius :** unité de mesure de la température suivant une échelle couramment utilisée qui est divisée en cent parties égales (abréviation : °C). • **Degré Fahrenheit :** unité de mesure de la température utilisée dans les pays anglo-saxons, où 32 degrés correspondent à 0 °C (abréviation : °F). • **Au premier degré :** qui se comprend immédiatement. *C'est de l'humour au premier degré.* • **Degré de parenté :** proximité plus ou moins grande de parenté. *Une mère et sa fille sont parentes au premier degré.* • **Degré d'un adjectif** ou **d'un adverbe :** possibilité qu'il a d'exprimer de façon plus ou moins forte une qualité, grâce aux adverbes *assez, aussi, moins, plus, très, peu, trop*, etc. • **Par degrés :** petit à petit, progressivement. SYN. graduellement.

dégressif, ive adj. *Un tarif dégressif* va en diminuant au fur et à mesure que la quantité demandée augmente. *Tarif dégressif de l'électricité* (= qui diminue quand la consommation augmente).

dégriffé, e adj. *Un vêtement dégriffé* est un vêtement dont on a retiré la griffe, la marque, pour le vendre à prix réduit. SYN. démarqué.

dégringolade n.f. (Familier) Chute brutale, précipitée. *La dégringolade des prix agricoles.* SYN. baisse.

dégringoler v. (CONJUG. 3). (Familier) Faire une chute, tomber en roulant de haut en bas. *Le pot de fleurs a dégringolé dans la rue.* • **Dégringoler les escaliers :** les descendre à toute allure. SYN. dévaler.

dégriser v. (CONJUG. 3). ❶ Faire passer l'ivresse. *Le retour sous la pluie commença à le dégriser.* SYN. dessoûler. ❷ Ramener durement à la réalité, faire sortir du rêve, de la griserie. *Son échec l'a complètement dégrisé.*

dégrossi, e adj. • **Mal dégrossi :** grossier et mal élevé.

dégrossir dégrossissant, dégrossi v. (CONJUG. 16). Façonner grossièrement un matériau brut pour lui donner une forme. *Le sculpteur dégrossit un bloc de pierre.*

déguenillé, e adj. Qui est habillé de vêtements déchirés, de guenilles. SYN. dépenaillé.

déguerpir déguerpissant, déguerpi v. (CONJUG. 16). Partir à toute vitesse. *Le voleur a déguerpi quand il nous a entendus.* SYN. s'enfuir, se sauver.

déguisé, e adj. Qui porte un déguisement. *Les enfants sont arrivés déguisés.* SYN. travesti. • **Fruit déguisé :** petit fruit enrobé de sucre mêlé de pâte d'amandes, ou fruit imité en pâte d'amandes. *« Et comme un duc de Guise qui se déguise en bec de gaz [...] la pomme se déguise en beau fruit déguisé »* (J. Prévert).

déguisement n.m. Le costume et les accessoires qui permettent de se déguiser. *Un déguisement de fée.*

déguisements de carnaval

déguiser v. (CONJUG. 3). *Déguiser son écriture, sa voix*, c'est les modifier pour qu'on ne les reconnaisse pas. *Il a déguisé sa voix au téléphone pour faire une farce à sa sœur.* SYN. contrefaire. ◆ **se déguiser** v.pron. Changer complètement son apparence en mettant costume, postiche, masque, lunettes, etc. *Les enfants se sont déguisés pour aller à l'anniversaire de Daphné.* SYN. se travestir.

HISTOIRE DU MOT Vient de *guise* qui signifiait « manière d'être » ; *se déguiser*, c'est changer sa manière d'être.

dégustation n.f. Action de déguster, de goûter un aliment, une boisson. *Le restaurant offre une dégustation de coquillages.*

déguster v. (CONJUG. 3). Manger ou boire un aliment avec plaisir, en prenant le temps d'en apprécier le goût. *Elle dégustait sa glace à la pistache.* SYN. savourer.

déhanchement n.m. Mouvement d'une personne qui marche en se déhanchant.

se **déhancher** v.pron. (CONJUG. 3). Se déplacer en balançant les hanches. *Il dansait en se déhanchant sur un rythme effréné.*

dehors adv. À l'extérieur. *Dîner dehors.* ◆ n.m. ❶ Ce qui est situé à l'extérieur ; l'extérieur. *Les bruits du dehors. Il marche les pieds en dehors* (= les pointes du pied tournées vers l'extérieur). ❷ (Au plur.) Aspect extérieur, première impression donnée. *Sous des dehors un peu bourrus, il est très sympathique.* SYN. apparence. • **En dehors de :** excepté, hormis. *Personne n'est au courant en dehors de toi.*

déjà adv. ❶ Dès maintenant ; dès ce moment. *Elle est déjà arrivée. À quinze ans, il avait déjà remporté trois victoires.* ❷ Auparavant, dans le passé. *J'ai déjà vu cette tête quelque part.* CONTR. jamais.

déjections **n.f.plur.** ❶ Les matières rejetées par un torrent, un volcan. ❷ Les excréments.

1 **déjeuner** **n.m.** Le repas de midi ou du matin. *Le déjeuner est prêt, venez à table.* • **Petit déjeuner :** le repas que l'on prend au réveil.

HISTOIRE DU MOT Vient d'un verbe latin qui signifie « rompre le jeûne », c'est-à-dire prendre le premier repas de la journée.

2 **déjeuner** **v.** (CONJUG. 3). Prendre le petit déjeuner ou le repas de midi. *Il déjeune d'un bol de céréales. À midi, attends-moi pour déjeuner.*

déjouer **v.** (CONJUG. 3). *Déjouer des manœuvres, un plan*, c'est les faire échouer.

se **déjuger** **déjugeant, déjugé v.pron.** (CONJUG. 5). Revenir sur son opinion, son jugement ; changer sa décision. *Après un discours si solennel, il peut difficilement se déjuger.*

delà → **au-delà** et **par-delà**

délabré, e **adj.** Qui tombe en ruine. *Un vieux château délabré.*

une maison délabrée

délabrement **n.m.** L'état de ce qui est délabré.

se **délabrer** **v.** (CONJUG. 3). Se détériorer progressivement. *L'immeuble se délabre.* SYN. s'abîmer, se dégrader.

HISTOIRE DU MOT Vient d'un mot de la langue des Francs qui signifiait « lambeau ».

délacer **délaçant, délacé v.** (CONJUG. 4). Dénouer et desserrer les lacets. *Délacer ses chaussures.* CONTR. lacer.

▸ REM. Ne pas confondre avec *délasser*.

délai **n.m.** Le temps accordé pour faire quelque chose. *Vous avez un délai de dix jours pour envoyer votre réponse.* • **Dans les délais :** dans les limites de temps fixées. • **Sans délai :** immédiatement. SYN. sur-le-champ.

délaissé, e **adj.** Qui est laissé seul, qui est privé d'affection. *Une vieille personne délaissée.*

délaisser **v.** (CONJUG. 3). Cesser de s'intéresser à une personne, à une activité. *Elle délaisse ses amis depuis son mariage* (= elle ne les voit plus). *Délaisser son travail.* SYN. négliger.

délassant, e **adj.** Qui permet de se délasser. *C'est un livre délassant.* SYN. reposant.

délassement **n.m.** Moyen de se délasser. *La lecture est un bon délassement.*

le Déjeuner (tableau de Claude Monet, 1874)

se **délasser** **v.pron.** (CONJUG. 3). Se reposer, se détendre. *Il se délasse en regardant les émissions de variétés.*

▸ REM. Ne pas confondre avec *délacer*.

HISTOIRE DU MOT Vient de *las*.

délateur, trice **n.** Dénonciateur qui agit par vengeance ou par intérêt.

délation **n.f.** Dénonciation faite par vengeance ou par cupidité. *En temps de guerre, on encourage la délation pour arrêter les résistants.*

délavé, e **adj.** Dont la couleur est comme éclaircie par de l'eau. *Il achète des jeans délavés.*

délayage **n.m.** ❶ Action de délayer une pâte, une poudre, etc. *Le délayage de la gouache.* ❷ Flot de mots, suite sans intérêt de phrases qui cachent l'absence d'idée. *Son discours n'était qu'un long délayage sur des banalités.*

délayer **v.** (CONJUG. 13). ❶ Diluer une matière pâteuse ou une poudre dans un liquide. *Délayer des peintures. Délayer la farine dans de l'eau pour faire une pâte homogène.* SYN. mélanger. ❷ Au sens figuré, noyer une idée sans originalité dans un flot de mots, faire du délayage.

délectation **n.f.** Plaisir que l'on éprouve en savourant quelque chose. *Il lisait son livre avec délectation.* SYN. délice.

▸ REM. Ce mot appartient à la langue soutenue.

se **délecter** **v.** (CONJUG. 3). Prendre un très grand plaisir à quelque chose. *Il se délecte de ce délicieux gâteau.* SYN. se régaler. *Elle se délectait à écouter les histoires de sa grand-mère.*

délégation **n.f.** Groupe de personnes envoyées comme représentants pour remplir une mission. *Une délégation des parents d'élèves a été reçue par le directeur.*

délégué, e **n.** Personne qui est chargée de représenter un groupe pour une mission particulière. *Chaque classe a élu ses délégués au début de l'année scolaire.* SYN. représentant.

déléguer **déléguant, délégué v.** (CONJUG. 9, ✎ *10*). Envoyer quelqu'un comme représentant d'un groupe,

A B C D E F G H I J K L M N O P Q R S T U V W X Y Z

avec une mission particulière. *La classe délègue deux élèves pour la représenter au conseil de classe.*

délester v. (CONJUG. 3). ❶ Enlever le lest, la charge. *Délester un ballon pour reprendre de l'altitude.* ❷ (Familier) Voler quelqu'un. *Il s'est fait délester de sa précieuse mallette.* SYN. dérober.

délétère adj. *Un gaz délétère* est dangereux pour la santé. SYN. nocif, toxique.

HISTOIRE DU MOT Vient d'un mot grec qui signifie « nuisible ».

délibération n.f. L'action de délibérer. *Les résultats seront donnés après les délibérations du jury.*

délibéré, e adj. Qui est conscient, bien réfléchi, volontaire. *Elle a agi avec l'intention délibérée de nous nuire.*

délibérément adv. D'une manière délibérée. *Il lui a délibérément claqué la porte au nez.* SYN. volontairement. CONTR. involontairement.

délibérer v. (CONJUG. 9, ✎ *10*). Examiner avec d'autres personnes les différents aspects d'une affaire et en discuter afin de prendre une décision. *Les jurés de la cour d'assises se sont retirés pour délibérer.*

HISTOIRE DU MOT Vient du latin *libra* qui signifie « balance ».

délicat, e adj. ❶ Qui se distingue par sa finesse, son élégance, son raffinement. *Il aimait respirer les parfums délicats des fleurs du jardin.* SYN. subtil. *Les délicates ciselures d'un bijou ancien.* SYN. fin. ❷ Qui est fragile. *C'est une plante délicate qui craint les courants d'air.* CONTR. robuste, solide. *Une santé délicate.* ❸ Qui fait preuve de tact, d'une grande sensibilité. *Il nous a envoyé des fleurs, c'était un geste délicat.* SYN. courtois. CONTR. grossier. *Ses plaisanteries choqueraient des oreilles délicates.* SYN. pudique. ❹ *Une question, une situation délicates* sont embarrassantes, difficiles à démêler. *Il doit régler un délicat problème d'argent avec son ami.* SYN. épineux.

délicatement adv. D'une manière adroite et précise, délicate. *Elle a délicatement retiré l'épine de mon pied.*

délicatesse n.f. ❶ Raffinement d'une chose délicate. *La délicatesse d'un parfum, d'un coloris.* ❷ L'attitude d'une personne sensible, délicate. *Quel manque de délicatesse de s'imposer chez vous sans y être invité !* SYN. discrétion, tact.

délice n.m. Très grand plaisir ; ce qui donne un tel plaisir. *Quel délice d'écouter cette sonate !* SYN. ravissement. *Cette glace à la framboise est un vrai délice.* SYN. régal.

délicieusement adv. D'une manière très agréable, délicieuse. *Il fait délicieusement bon en ce début de printemps.*

délicieux, euse adj. Qui procure un très grand plaisir, qui est très agréable. *Merci pour ce délicieux repas.* SYN. exquis, savoureux. *Quelle femme délicieuse, j'ai été charmé de faire sa connaissance.* SYN. charmant.

délié, e adj. ❶ *Un corps délié, une taille déliée* sont minces, fins et souples. ❷ *Un esprit délié* est vif et subtil. ◆ **délié** n.m. La partie fine d'une lettre tracée à la plume, par opposition à *plein*. *Il s'appliquait à faire les pleins et les déliés.*

délier v. (CONJUG. 7). ❶ Défaire, détacher, dénouer un lien. *Dès qu'il fut entré dans la cellule, il délia les mains et les pieds du prisonnier.* ❷ Libérer quelqu'un d'une promesse, d'un serment, d'une obligation. *Si tu ne tiens pas ta parole, je me considérerai comme délié de ma promesse.*

délimiter v. (CONJUG. 3). Fixer, indiquer les limites de quelque chose. *Délimiter un terrain.*

délinquance n.f. Conduite marquée par des infractions à la loi, des délits répétés. *Il aide des jeunes à trouver du travail pour participer à la lutte contre la délinquance.*

délinquant, e n. Personne qui viole la loi, qui commet un délit.

délirant, e adj. ❶ Qui est excessif, extravagant. *Il a une imagination délirante.* ❷ Qui manifeste avec force de la joie, de l'enthousiasme. *Un accueil délirant.*

délire n.m. ❶ État de folie passagère où le malade confond la réalité et l'imaginaire. *Dans son délire, il se croyait menacé par des animaux féroces.* ❷ Grande agitation, enthousiasme exubérant. *La foule en délire acclamait le chanteur.*

délirer v. (CONJUG. 3). ❶ Avoir le délire. *La fièvre le faisait délirer.* ❷ (Familier) Dire ou faire des choses insensées. *Si tu crois que je vais te donner mon blouson, tu délires.* SYN. divaguer.

HISTOIRE DU MOT Vient du latin *delirere* qui signifie « sortir du sillon ».

délit n.m. Acte contraire à la loi, pour lequel la justice prévoit une peine. *Le conducteur responsable de l'accident est recherché pour délit de fuite* (= il est parti sans faire connaître son identité, ce qui constitue un délit). → VOIR AUSSI **crime, infraction.** ● **Flagrant délit :** situation d'une personne qui est surprise par la police au moment où elle commet un délit, un crime.

HISTOIRE DU MOT Vient du latin *delinquere* qui signifie « commettre une faute » et que l'on retrouve dans *délinquance, délinquant.*

délivrance n.f. Le fait d'être délivré ; l'impression de soulagement qui en résulte. *Quelle délivrance ! Ce cauchemar est enfin terminé.* SYN. libération.

délivrer v. (CONJUG. 3). ❶ Remettre une personne ou un animal en liberté. *Il a délivré l'oiseau qu'il avait capturé.* SYN. libérer. ❷ Débarrasser d'une contrainte, d'une souffrance morale. *Délivrer quelqu'un de ses soucis.* SYN. soulager. ❸ Remettre officiellement à quelqu'un. *On m'a délivré mon visa à l'ambassade. Délivrer une ordonnance.*

délocaliser v. (CONJUG. 3). Déplacer une entreprise, une usine dans une autre région, un autre pays. *Ils ont délocalisé la production en Asie.* → VOIR AUSSI **décentraliser.**

déloger **délogeant, délogé v.** (CONJUG. 5). Faire sortir une personne, un objet de l'endroit qu'ils occupent. *Le chien a réussi à déloger le renard de son terrier.* SYN. débusquer. *Déloger une balle du bras d'un blessé.* SYN. extraire.

déloyal, ale, aux **adj.** Qui manque de loyauté, de droiture, d'honnêteté. *C'est un adversaire déloyal, pour qui tous les coups sont permis.* CONTR. loyal. *Concurrence déloyale.* SYN. malhonnête.

déloyauté **n.f.** Manque de loyauté.

delta **n.m.invar.,** ✎ *n.m.* ❶ Quatrième lettre de l'alphabet grec, dont la majuscule a la forme d'un triangle. ❷ Embouchure d'un fleuve qui se divise en plusieurs bras et qui a cette forme. *La Camargue s'étend dans le delta du Rhône.*

le **delta** du Nil en Égypte (vue par satellite)

deltaplane **n.m.** Type de planeur très léger pour le vol libre, aux ailes en forme de delta.

déluge **n.m.** ❶ (Avec une majuscule.) Inondation de la terre entière selon la Bible et dans diverses traditions du Proche-Orient. *D'après la Bible, pendant le Déluge la pluie se déversa sur la terre pendant quarante jours et quarante nuits.* ❷ Pluie torrentielle. *Quel déluge ! On ne pouvait pas sortir sous ces trombes d'eau.* ❸ S'emploie pour indiquer une grande quantité. *Un déluge de feu.* • **Remonter au Déluge :** être très ancien.

déluré, e **adj.** Qui est vif, habile et débrouillard. SYN. dégourdi.

HISTOIRE DU MOT Vient d'un mot régional *déleurré* qui signifie « qui ne se laisse pas prendre au leurre, à l'appât ».

démagogie **n.f.** Attitude politique qui consiste à vouloir avant tout séduire l'opinion publique en la flattant, en faisant des promesses, etc.

démagogique **adj.** Qui fait preuve de démagogie. *Un programme électoral démagogique.*

démagogue **n.** Personne qui fait preuve de démagogie.

HISTOIRE DU MOT Vient du grec *dêmos*, qui signifie « peuple » et que l'on retrouve dans *démocratie*, et *agein*, qui signifie « conduire » ; le démagogue était celui qui « conduisait le peuple ».

demain **adv.** ❶ Le jour qui suit immédiatement aujourd'hui. *Si je n'ai pas fini ce travail aujourd'hui, je le terminerai demain.* ❷ Dans un avenir plus ou moins proche. *On ne sait pas ce qui se passera demain.*
▸ REM. *À demain* que l'on emploie dans le discours direct correspond *le lendemain* que l'on emploie dans un récit. *Nous étions dimanche, sa lettre est arrivée le lendemain, c'est-à-dire lundi.*

demande **n.f.** Action, fait de demander quelque chose ; le souhait exprimé. *À la demande générale, je vais vous chanter une chanson. Nous ne pouvons pas satisfaire toutes les demandes.*

demander **v.** (CONJUG. 3). ❶ Poser une question, chercher à savoir quelque chose. *Il te demande si tu viendras avec lui demain. Demander l'heure à un passant.* ❷ Exprimer un souhait ou une volonté. *Tous demandent à nous aider* (= ils le souhaitent). *Je vous demande de sortir tout de suite* (= je l'exige, je l'ordonne). ❸ Chercher à obtenir la présence de quelqu'un, vouloir lui parler, le rencontrer. *On te demande au téléphone.* ❹ Nécessiter quelque chose. *Ce travail demande beaucoup de précision et d'habileté.* SYN. exiger, réclamer. ◆ **se demander** **v.pron.** Réfléchir sur ce que l'on doit faire ou sur ce qui se passe. *Je me demande si je dois dire oui ou non.*

demandeur, euse **n.** • **Demandeur d'emploi :** personne qui cherche du travail.

démangeaison **n.f.** Irritation de la peau qui donne envie de se gratter.

démanger **démangeant, démangé v.** (CONJUG. 5). Causer des démangeaisons. *Ses boutons sur le bras le démangent.*

démantèlement **n.m.** Destruction ou désorganisation. *Le démantèlement d'un réseau d'espionnage.*

démanteler **v.** (CONJUG. 11). Détruire un ensemble, une organisation. *La police a démantelé un réseau de trafiquants.*

démantibuler **v.** (CONJUG. 3). (Familier) Démolir, mettre en pièces. *Il a démantibulé la poupée de sa sœur.*

HISTOIRE DU MOT Vient de l'ancien verbe *démandibuler* qui signifiait « rompre, briser la mandibule », c'est-à-dire la mâchoire.

vol en **deltaplane**

a b c d e f g h i j k l m n o p q r s z

A B C D E F G H I J K L M N O P Q R S T U V W X Y Z

démaquillant n.m. Produit qui sert à enlever le maquillage.

se **démaquiller** v. (CONJUG. 3). Ôter le fard, le maquillage de son visage.

démarcation n.f. • **Ligne de démarcation :** ligne artificielle qui marque les limites de deux territoires, de deux camps, de deux choses. *De 1940 à 1942, une ligne de démarcation séparait la France en deux zones.*

démarchage n.m. *Faire du démarchage*, c'est contacter les clients à leur domicile. SYN. porte-à-porte.

démarche n.f. ❶ Manière de marcher d'une personne. *Elle savait bien imiter la démarche de Charlot, les pieds tournés vers l'extérieur en se dandinant.* ❷ Manière dont l'esprit progresse en développant un raisonnement. *Il aboutit à la même conclusion que toi par une démarche différente.* SYN. méthode. ❸ Action, demande faite auprès d'une personne, d'un service administratif pour obtenir quelque chose. *Ses parents ont fait les démarches nécessaires pour l'inscrire au collège.*

démarcheur, euse n. Vendeur, vendeuse qui recherchent les clients à domicile, qui font du démarchage.

démarqué, e adj. *Un vêtement démarqué* est un vêtement dont on a retiré la marque du fabricant et qui est vendu à prix réduit. SYN. dégriffé.

se **démarquer** v. (CONJUG. 3). Se différencier, prendre ses distances par rapport à une personne, à un groupe. *Il s'est démarqué de ses camarades en protestant contre leur décision.* SYN. se distinguer.

démarrage n.m. Le fait de démarrer, moment où l'on démarre. *C'est un bon démarrage, continue sur ta lancée.* SYN. début.

démarrer v. (CONJUG. 3). ❶ Pour un moteur, un véhicule, se mettre en marche. *La voiture a démarré à toute allure.* CONTR. s'arrêter. ❷ Commencer, débuter. *Les travaux ont démarré hier, ils dureront une semaine.*

HISTOIRE DU MOT Ce verbe signifiait « rompre ses amarres », d'où le sens de « partir, quitter le port ».

démarreur n.m. Dispositif qui permet de mettre en marche un moteur, de démarrer.

démasquer v. (CONJUG. 3). *Démasquer un malfaiteur*, c'est découvrir et faire connaître son identité. *Les graphologues ont démasqué l'auteur des lettres anonymes.* SYN. identifier.

HISTOIRE DU MOT Vient de *masque*. *Démasquer*, c'est « ôter le masque ».

démêler v. (CONJUG. 3). ❶ Défaire et remettre en ordre ce qui est mêlé, emmêlé. *Démêler des fils.* ❷ Éclaircir ce qui est confus, embrouillé. *Il a réussi à démêler une affaire extrêmement compliquée.* SYN. débrouiller.

démêlés n.m.plur. Difficultés, ennuis, qui viennent d'opinions ou d'intérêts opposés. *Il a des démêlés avec son voisin dont le chien aboie toute la nuit.* SYN. dispute. *Dans sa jeunesse, il a eu des démêlés avec la justice.* SYN. ennui.

démembrement n.m. Action de démembrer. *Le démembrement des terres agricoles.*

démembrer v. (CONJUG. 3). Diviser, partager en plusieurs parties ce qui formait un tout. *Démembrer un terrain en parcelles pour les vendre séparément.* SYN. morceler.

HISTOIRE DU MOT Vient de *membre*.

déménagement n.m. L'action de déménager d'un lieu à un autre. *Quel travail ce déménagement, il a fallu emballer toute la vaisselle !*

déménager déménageant, déménagé v. (CONJUG. 5). ❶ Quitter son logement, son bureau pour un autre en emportant son mobilier, ses affaires. *Il va déménager à la fin du mois.* CONTR. emménager. ❷ Transporter d'un endroit à un autre. *Veux-tu me donner un coup de main pour déménager le piano dans l'autre pièce ?*

HISTOIRE DU MOT Vient du verbe *ménager* au sens ancien de « habiter ».

déménageur n.m. Personne dont le métier est de faire des déménagements.

▸ REM. Au Canada, la forme féminine de ce mot est *déménageuse*.

démence n.f. Maladie mentale, folie. *Un accès de démence.*

se **démener** v.pron. (CONJUG. 11). ❶ Faire des mouvements en tous sens, s'agiter avec force. *Ce n'est pas facile de le tenir, il se démène comme un forcené.* SYN. se débattre. ❷ Se donner beaucoup de mal. *Il s'est démené pour trouver une place de concert.*

dément, e adj. et n. Qui est atteint de démence. SYN. aliéné, fou. ◆ adj. (Familier) Qui est formidable, extraordinaire. *Si tu aimes les films d'horreur, va voir ce film, c'est dément !* SYN. génial.

HISTOIRE DU MOT Vient du latin *demens* qui signifie « privé de raison », de *mens*, « l'esprit, la raison », que l'on retrouve dans *mental*.

démenti n.m. Déclaration par laquelle on fait savoir que ce qui a été précédemment annoncé est faux. *Publier un démenti après un article à sensation.*

démentiel, elle adj. Qui est très exagéré, extravagant ou délirant, comme marqué par la démence. *Il a le projet démentiel de construire une ville dans le désert.* SYN. fou, insensé.

démentir démentant, démenti v. (CONJUG. 19). ❶ Déclarer qu'une information donnée précédemment est fausse. *On avait dit que l'acteur allait se remarier, puis le journal a démenti la nouvelle.* ❷ Être en contradiction avec quelque chose. *Ses bons résultats démentent complètement vos prévisions.* SYN. contredire. CONTR. confirmer.

démériter v. (CONJUG. 3). Se rendre indigne de l'estime des autres en se conduisant mal. *Pierre n'a jamais démérité.*

démesure n.f. Manque de modération, de mesure. *Il fait tout avec démesure, s'il invite cinq personnes à dîner, il achète à manger pour vingt.* CONTR. mesure.

démesuré, e **adj.** ❶ Qui dépasse de beaucoup les mesures habituelles. *Ils étaient assis aux extrémités d'une table démesurée.* SYN. gigantesque, immense. ❷ Qui est excessif, qui n'a aucune mesure. *Une ambition, un orgueil démesurés.* SYN. exagéré, illimité. CONTR. mesuré, modéré.

démesurément **adv.** D'une manière excessive, démesurée. *Il est démesurément grand, c'est un vrai géant.* SYN. excessivement, immensément.

démettre **démettant, démis v.** (CONJUG. 51). *Démettre une personne de ses fonctions*, c'est les lui retirer. *Le directeur l'a démis de ses fonctions pour faute professionnelle.* SYN. destituer. ◆ **se démettre v.pron.** *Se démettre une articulation*, c'est avoir l'articulation de l'os déplacée. *En sautant du mur, il s'est démis la cheville.* SYN. se déboîter, se luxer.

au **demeurant** **adv.** Tout bien considéré, en somme. *Au demeurant, cet exposé était intéressant.*

1 **demeure** **n.f.** Habitation et, en particulier, maison d'une certaine importance. *Il avait fait construire dans un parc une somptueuse demeure.* SYN. résidence. • **À demeure :** de façon durable. *Maintenant, il est installé à demeure chez nous* (= en permanence). • **Dernière demeure :** le tombeau.

2 **demeure** **n.f.** • **Mettre en demeure :** avertir une personne qu'elle doit impérativement faire quelque chose sous peine d'avoir de graves ennuis. *Le commerçant l'a mise en demeure de régler sa dette dans les plus brefs délais.*

demeuré, e **adj.** et **n.** (Familier) Qui est idiot. *Il doit être un peu demeuré pour ne pas comprendre une chose aussi simple !* SYN. débile.

demeurer **v.** (CONJUG. 3). ❶ Habiter. *J'ai demeuré dans cette rue.* ❷ Rester. *Il est demeuré immobile pendant des heures.*
▸ REM. 1. Au sens 1, *demeurer* se conjugue avec l'auxiliaire *avoir*, au sens 2 avec l'auxiliaire *être*. 2. Ce mot appartient à la langue soutenue.

1 **demi** **n.m.** Moitié d'une unité. *Un demi s'écrit 0,5 ou 1/2. Deux demis font un entier.* • **Demi de mêlée :** joueur de rugby qui doit lancer le ballon dans la mêlée et le récupérer à la sortie. ◆ **demi, e adj.** S'emploie toujours au singulier mais en s'accordant au masculin ou au féminin avec le nom, pour indiquer qu'on ajoute la moitié d'une unité à la quantité exprimée. *Il est deux heures et demie* (= deux heures et la moitié d'une heure). *Ils sont restés deux mois et demi chez leurs cousins* (= deux mois et la moitié d'un mois). ◆ **à demi adv.** S'emploie devant un adjectif ou un participe et signifie « à moitié ». *La bouteille est à demi vide.* ◆ **demie n.f.** Demi-heure. *Une pendule qui sonne les demies. Il est la demie.*

2 **demi-** **préfixe.** Mot invariable qui signifie « la moitié » et qu'on emploie avec un trait d'union devant un nom. *Un demi-pain, une demi-baguette, un demi-litre, une demi-journée.*

demi-cercle **n.m.** (PLUR. : **demi-cercles**). Portion de cercle limitée par un diamètre. *Un demi-cercle est la moitié d'un cercle.* • **En demi-cercle :** disposé en arc de cercle. *Les enfants, assis en demi-cercle, écoutaient le conteur.*

demi-dieu **n.m.** (PLUR. : **demi-dieux**). Dans la mythologie, fils d'un dieu (ou d'une déesse) et d'une mortelle (ou d'un mortel).

demi-douzaine **n.f.** (PLUR. : **demi-douzaines**). ❶ Moitié d'une douzaine, c'est-à-dire six. *Achète une demi-douzaine d'œufs.* ❷ À peu près six. *Cette semaine, je l'ai bien vu une demi-douzaine de fois !*

demi-droite **n.f.** (PLUR. : **demi-droites**). En géométrie, droite qui a une extrémité fixée par un point et l'autre extrémité à l'infini. *La bissectrice d'un angle est une demi-droite.*

demi-finale **n.f.** (PLUR. : **demi-finales**). Avant-dernière épreuve d'une compétition, qui permet, en cas de succès, de se présenter en finale. *L'équipe s'est qualifiée pour les demi-finales.*

demi-frère **n.m.** (PLUR. : **demi-frères**). Frère né seulement du même père ou de la même mère. *Elle a un demi-frère né du précédent mariage de sa mère.*

demi-heure **n.f.** (PLUR. : **demi-heures**). Moitié d'une heure, soit 30 minutes.

demi-mal **n.m.** (PLUR. : **demi-maux**). Un inconvénient, un ennui moins grave que prévu. *Cet incident est un demi-mal, on craignait le pire !* (= moindre mal).

demi-mesure **n.f.** (PLUR. : **demi-mesures**). Mesure, décision insuffisante et peu efficace. *Le problème de la drogue dans ce quartier est dramatique, les demi-mesures ne servent à rien, il faut trouver des solutions de fond.*

à **demi-mot** **adv.** Sans qu'il soit nécessaire de tout dire pour se comprendre. *C'est un homme très fin qui comprend tout à demi-mot.*

déminage **n.m.** L'action de déminer un terrain. *Les opérations de déminage ont commencé.*

déminer **v.** (CONJUG. 3). Retirer d'un terrain les mines, les explosifs qui y sont enfouis. *Déminer un champ.*

demi-pension **n.f.** (PLUR. : **demi-pensions**). ❶ Tarif d'un hôtel qui comprend la chambre, le petit déjeuner et l'un des deux repas de la journée. ❷ Situation des élèves qui prennent le repas de midi dans l'établissement scolaire.

demi-pensionnaire **n.** (PLUR. : **demi-pensionnaires**). Élève inscrit à la demi-pension, à la cantine de l'école.

demi-saison **n.f.** (PLUR. : **demi-saisons**). *Un vêtement de demi-saison* n'est ni trop léger ni trop chaud pour pouvoir être porté au printemps ou en automne.

demi-sœur **n.f.** (PLUR. : **demi-sœurs**). Sœur née seulement du même père ou de la même mère. *Il a une demi-sœur née après le remariage de son père.*

demi-sommeil **n.m.** (PLUR. : **demi-sommeils**). *Être dans un demi-sommeil*, c'est être entre la veille et le sommeil, ni profondément endormi ni vraiment réveillé.

A B C D E F G H I J K L M N O P Q R S T U V W X Y Z

démission n.f. *Donner sa démission*, c'est faire savoir officiellement que l'on quitte son emploi, ses fonctions.

démissionner v. (CONJUG. 3). ❶ Se démettre de ses fonctions, donner sa démission. *Il a démissionné pour un emploi plus intéressant.* ❷ Renoncer à remplir son rôle, s'avouer vaincu. *Mes enfants, vous êtes trop insupportables, moi, je démissionne !* SYN. capituler.

demi-tarif adj.invar. Dont le prix est réduit de moitié. *Un billet demi-tarif.*

demi-teinte n.f. (PLUR. : demi-teintes). Teinte intermédiaire entre le clair et le foncé. *C'est un peintre qui aime beaucoup les demi-teintes et les dégradés.* • **En demi-teinte :** qui est nuancé, subtil. *Un récit en demi-teinte.*

demi-ton n.m. (PLUR. : demi-tons). En musique, intervalle équivalant à la moitié d'un ton.

demi-tour n.m. (PLUR. : demi-tours). Moitié d'un tour fait sur soi-même. *Demi-tour à droite, droite !* • **Faire demi-tour :** revenir sur ses pas. SYN. rebrousser chemin.

démobilisation n.f. ❶ Le fait de renvoyer dans leurs foyers des soldats qui avaient été mobilisés (pour une guerre, une action militaire). ❷ Le fait de ne plus avoir l'énergie, le dynamisme nécessaires à la poursuite d'une action (pour une cause, une revendication, etc.).

démobiliser v. (CONJUG. 3). ❶ Renvoyer dans leurs foyers des soldats mobilisés. ❷ Décourager des personnes, ce qui leur ôte toute énergie pour poursuivre leur action.

démocrate adj. Qui est conforme à la démocratie, qui en respecte les principes. *La Suisse est un pays démocrate.* ◆ **adj.** et **n.** ❶ Qui est partisan de la démocratie. *Bruno est démocrate, il pense que toutes les opinions doivent s'exprimer dans un pays.* ❷ Membre du Parti démocrate, aux États-Unis.

démocratie n.f. ❶ Forme de gouvernement, régime politique dans lequel le pouvoir est exercé par des représentants du peuple que les citoyens ont élus. → VOIR Fiche 40. ❷ État qui a cette forme de gouvernement. *Le Canada est une démocratie.*

HISTOIRE DU MOT Vient du grec *dêmos*, qui signifie « peuple », et *kratein*, qui signifie « commander ».

démocratique adj. Qui appartient à la démocratie, qui est conforme à la démocratie. *Dans un pays démocratique, tout le monde peut s'exprimer.*

démocratiquement adv. Conformément aux usages d'une démocratie. *Être élu démocratiquement.*

démocratiser v. (CONJUG. 3). Rendre accessible au plus grand nombre. *Démocratiser la pratique de l'équitation.* ◆ **se démocratiser** v.pron. Devenir plus démocratique.

démodé, e adj. Qui n'est plus à la mode ou qui est vieilli. *Il se moque de porter des vêtements démodés, la mode ne l'intéresse pas. Ce sont là des idées bien démodées* (= d'une autre époque). SYN. dépassé, désuet.

se démoder v.pron. (CONJUG. 3). Cesser d'être à la mode, passer de mode. *Il a choisi un costume classique qui ne se démodera pas trop vite.*

démographie n.f. ❶ Étude statistique de la population, de sa croissance, de sa composition (par âges, par professions) et de ses déplacements. ❷ Population d'une région, nombre d'habitants. *Une démographie en baisse.*

démographique adj. Qui se rapporte à la démographie, à la population. *Croissance démographique.*

1 **demoiselle** n.f. ❶ Jeune fille. *Quand ces demoiselles voudront bien se taire, je continuerai la leçon.* ❷ Terme qui s'emploie encore parfois pour désigner une femme non mariée. *C'était une vieille demoiselle, professeur de musique.*

2 **demoiselle** n.f. Espèce particulière de libellule.

demoiselle

démolir démolissant, démoli v. (CONJUG. 16). ❶ Détruire, abattre une construction. *On va démolir les maisons délabrées pour construire un immeuble neuf.* SYN. abattre. CONTR. bâtir, construire. ❷ Abîmer, endommager ou détériorer gravement quelque chose. *Il paraît qu'on lui a démoli sa voiture à coups de pierres.* SYN. casser, détériorer. *L'alcool va vous démolir la santé.* SYN. détruire.

démolisseur, euse n. Personne ou société chargées de la démolition des bâtiments, des immeubles.

démolition n.f. L'ensemble des opérations par lesquelles on démolit une construction. *Les travaux de démolition de la vieille maison viennent de commencer.*

démon n.m. ❶ Dans l'Antiquité, génie, bon ou mauvais, qui était attaché à une divinité. ❷ Dans la religion chrétienne, ange déchu, qui habite l'enfer, puissance du mal. SYN. diable. ❸ Au figuré, personne dangereuse ou simplement turbulente, espiègle, imprévisible. ❹ Ce qui pousse à une passion néfaste, à un vice. *Le démon du jeu.*

HISTOIRE DU MOT Vient du grec *daimôn* qui signifie « génie, esprit ».

démoniaque adj. Qui évoque un démon, qui est diabolique. *Ils entendirent soudain un rire démoniaque qui leur glaça le sang. Une ruse démoniaque.*

démonstrateur, trice n. Personne employée par une marque pour faire la démonstration d'un appareil, d'un produit. *Il a été longtemps démonstrateur d'aspirateurs avant d'être responsable du service commercial.*

démonstratif, ive adj. ❶ Qui extériorise ses sentiments, qui les montre. *Il est peu démonstratif, on ne sait pas ce qu'il ressent.* SYN. communicatif, expansif. ❷ En grammaire, *les adjectifs et les pronoms démonstratifs* servent à désigner tout particulièrement une personne ou une chose. *« Ce » est un adjectif démonstratif ; « celui » est un pronom démonstratif.*

démonstration n.f. ❶ Raisonnement, explication qui permettent de démontrer quelque chose. *Le professeur de mathématiques a fait la démonstration au tableau.* ❷ Action de montrer à quelqu'un son savoir-faire. *Elle a fait une brillante démonstration de sa souplesse en réussissant un saut périlleux.* ❸ Le fait de montrer le fonctionnement d'un appareil ou l'usage d'un produit. *La démonstration du livre électronique l'a tellement convaincue qu'elle en a acheté un !* ◆ **démonstrations** n.f.plur. Gestes, paroles qui manifestent ouvertement un sentiment. *À ses démonstrations de joie, j'ai su qu'il était content de me voir.*

démontable adj. Que l'on peut démonter et remonter au besoin. *L'armoire est démontable, on pourra la déménager sans difficulté.*

démontage n.m. Opération par laquelle on démonte un appareil. *Le démontage d'un moteur.*

démonter v. (CONJUG. 3). ❶ Défaire une à une les parties d'un objet. *Le garagiste va démonter le moteur pour le réparer.* CONTR. monter, remonter. ❷ Troubler quelqu'un, lui faire perdre de son assurance. *On lui a dit tout ce qu'on pensait de lui, mais cela ne l'a pas démonté.* • **Mer démontée :** mer très houleuse.

démontrer v. (CONJUG. 3). Montrer, par des raisonnements, que quelque chose est vrai, le rendre évident. *Je vais te démontrer que j'ai raison et que tu as tort.*

démoralisant, e adj. Qui démoralise. *C'est démoralisant de me répéter qu'il y aura peu de reçus à l'examen !* SYN. déprimant.

démoraliser v. (CONJUG. 3). Faire perdre son courage, sa confiance à quelqu'un, atteindre son moral. *Son échec au concours l'a démoralisé.* SYN. abattre, décourager.

démordre **démordant, démordu** v. (CONJUG. 46). • **Ne pas démordre de :** refuser obstinément de changer d'avis. *Rien à faire, il ne démordra pas de ce projet idiot.*

démouler v. (CONJUG. 3). Retirer d'un moule. *Pour démouler le gâteau plus facilement, elle enduit le moule de beurre.*

démuni, e adj. Qui est sans argent, sans ressources. *Cette association aide les personnes démunies.*

se **démunir** **démunissant, démuni** v. (CONJUG. 16). Se séparer d'une chose nécessaire, utile. *Il ne se démunit jamais de ses papiers d'identité.* SYN. se dessaisir. CONTR. se munir.

mer **démontée**

dénaturer v. (CONJUG. 3). ❶ Changer le goût de quelque chose, ses qualités naturelles. *Il dit que le sucre dénature le goût du café.* SYN. altérer. ❷ Fausser le sens de quelque chose. *Ce n'est pas du tout ce que j'ai dit, vous dénaturez ma pensée !* SYN. déformer.

déneiger **déneigeant, déneigé** v. (CONJUG. 5). Débarrasser une route, un chemin, etc., de la neige.

dénicher v. (CONJUG. 3). ❶ Enlever les œufs ou les oiseaux d'un nid. *Rémy passait ses mercredis à tirer sur les pies au lance-pierre ou à dénicher leurs œufs.* ❷ (Familier) Trouver après de patientes recherches. *En fouillant dans les articles soldés, elle a déniché une jolie robe pas très chère.* SYN. découvrir.

denier n.m. Nom d'une ancienne monnaie qu'on emploie comme synonyme d'*argent* dans quelques expressions. *Payer de ses propres deniers* (= avec son argent). *Les deniers publics* (= l'argent de l'État).

dénier v. (CONJUG. 7). Refuser d'admettre, de reconnaître un fait. *Dénier toute responsabilité dans une affaire.*

dénigrement n.m. L'action de dénigrer, de critiquer. *Le dénigrement systématique ne sert à rien.*

dénigrer v. (CONJUG. 3). Critiquer, attaquer, dire du mal. *Pierre passe son temps à dénigrer tout ce que nous faisons, mais lui ne propose rien.* CONTR. louer, vanter.
▶ REM. Ce mot appartient à la langue soutenue.

HISTOIRE DU MOT Vient du latin *niger* qui signifie « noir ». *Dénigrer quelqu'un*, c'est le noircir.

dénivelé n.m. Différence d'altitude entre deux points. *Entre le haut de la piste et le bas, il y a 500 m de dénivelé.* → VOIR AUSSI **dénivellation.**

dénivellation n.f. ou **dénivellement** n.m., ✎ ***dénivèlation, dénivèlement***. Endroit où un sol, un cours d'eau changent de niveau. *Ce terrain, avec ses dénivellations, ferait une très bonne piste de ski* (= ses creux et ses bosses).

A B C D E F G H I J K L M N O P Q R S T U V W X Y Z

dénombrement **n.m.** Le fait de compter les éléments d'un ensemble, de les dénombrer. *Le dénombrement de la population, en France, a lieu tous les cinq ans.* SYN. recensement.

dénombrer **v.** (CONJUG. **3**). Faire le compte des éléments d'un ensemble. *On a dénombré cinquante nouveaux habitants dans la commune depuis un an.* SYN. compter. *Il est impossible de dénombrer les insectes qui peuplent le bois.* SYN. recenser.

dénominateur **n.m.** Nombre inscrit sous une barre de fraction, qui indique en combien de parties il faut diviser le nombre inscrit au-dessus de la barre. → VOIR AUSSI **numérateur.** • **Dénominateur commun :** au figuré, point commun à plusieurs personnes, à plusieurs choses.

dénomination **n.f.** Le fait de donner un nom à une personne ou à une chose ; le nom donné. *La dénomination d'un nouveau produit.* SYN. appellation.

dénommé, e **adj.** S'emploie dans des formules administratives pour désigner une personne par son nom. *Le dénommé Legrand s'est présenté hier à nos bureaux.*

dénommer **v.** (CONJUG. **3**). Donner un nom à une personne, à une chose. *Christophe Colomb avait dénommé « Indiens » les habitants de l'Amérique parce qu'il croyait avoir débarqué en Inde.* SYN. appeler, nommer.

dénoncer **dénonçant, dénoncé v.** (CONJUG. **4**). ❶ *Dénoncer une personne*, c'est donner son nom à ceux qui la recherchent et qui ont le pouvoir de la punir, de la sanctionner. *Dénoncer un criminel, un malfaiteur à la police.* ❷ *Dénoncer un crime, un scandale, un abus*, c'est faire savoir publiquement qu'ils se produisent. ❸ *Dénoncer un accord, un traité*, c'est les rompre officiellement.

dénonciateur, trice **n.** La personne qui dénonce quelqu'un à la police, aux autorités.

dénonciation **n.f.** Le fait de dénoncer une personne. *Il a été arrêté sur dénonciation d'un voisin.*

dénoter **v.** (CONJUG. **3**). Être le signe de quelque chose. *Ses paroles dénotent beaucoup de bon sens et de perspicacité.* SYN. montrer, témoigner de.

dénouement **n.m.** Fin d'une histoire, façon dont elle se termine. *Le dénouement approche, le héros retrouvera-t-il sa bien-aimée ? Un heureux dénouement.* ▸ REM. Attention, *-ement.*

dénouer **v.** (CONJUG. **3**). ❶ Défaire un nœud. ❷ Mettre fin à une situation compliquée, trouver une solution. *Il a le mérite d'avoir dénoué la situation.*

dénoyauter **v.** (CONJUG. **3**). Ôter le noyau d'un fruit.

denrée **n.f.** Tout produit destiné à l'alimentation. *Le pain, la viande, les légumes sont des denrées. Des denrées périssables.* • **Denrée rare :** chose précieuse parce qu'elle est difficile à trouver. *L'amabilité devient une denrée rare dans cette maison !*

HISTOIRE DU MOT Vient du mot d'ancien français *denerée* qui signifiait « la valeur d'un denier », d'où le sens de « marchandise achetée ».

dense **adj.** ❶ Qui est compact, épais. *Un brouillard dense a ralenti la circulation.* SYN. épais. *Une végétation dense a envahi le jardin abandonné.* SYN. touffu. CONTR. clairsemé. *Une foule dense s'entassait sur les quais de la gare.* ❷ Qui a un grand poids pour un volume donné. *Le plomb est plus dense que l'aluminium.* ❸ Qui est rempli d'idées exprimées en peu de mots. *Un texte dense.*

densité **n.f.** ❶ L'état de ce qui est dense, dont les éléments sont très serrés. *La densité de la fumée était telle qu'il était impossible de respirer.* SYN. épaisseur. ❷ Rapport entre la masse (le poids) d'un certain volume d'un corps et celui du même volume d'eau, quand il s'agit de solides et de liquides, d'air, quand il s'agit de gaz. • **Densité de la population :** nombre moyen d'habitants au km^2. *Au Sahara, la densité de la population est très faible, alors qu'au Japon elle est très forte.*

dent **n.f.** ❶ Organe dur composé principalement d'ivoire recouvert d'émail, fixé à la mâchoire et qui permet de couper, de broyer et de mâcher les aliments. *Incisives, canines, prémolaires et molaires sont les quatre types de dents de l'être humain.* ❷ Chacun des éléments pointus de certains objets. *Les dents d'un peigne. Les dents d'un râteau. Les dents d'une scie.* ❸ Le sommet pointu, aux versants abrupts, d'une montagne. *La dent du Midi se trouve dans le massif des Alpes suisses.* • (Familier) **Avoir la dent dure :** être très dur dans ses critiques. • **Avoir une dent contre quelqu'un :** lui en vouloir. • (Familier) **Être sur les dents :** être très tendu ou avoir trop de choses à faire.

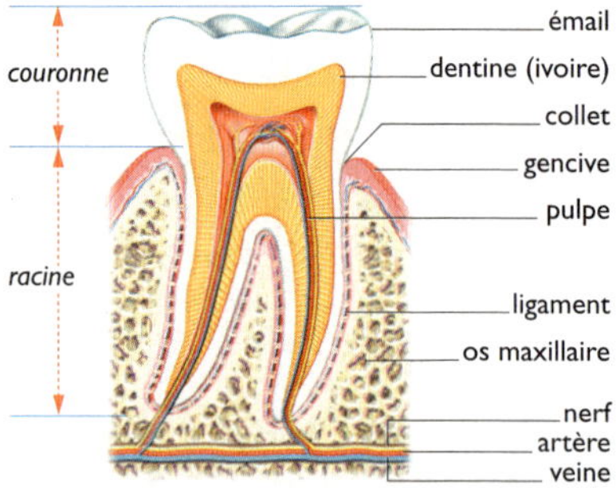

dent (coupe de molaire)

dentaire **adj.** Qui concerne les dents. *Elle porte un appareil dentaire pour redresser ses dents.*

denté, e **adj.** Qui est garni de pointes en forme de dents. *Certains mécanismes, comme ceux des montres, ont des roues dentées.*

dentelé, e **adj.** Qui est découpé, qui présente des petites dents et des petites échancrures. *Des feuilles dentelées.*

la **Dentellière** (tableau de Vermeer, 1665)

dentelle **n.f.** ❶ Tissu très ajouré, fait de fils entrelacés qui dessinent des motifs variés. *Dentelle à l'aiguille, dentelle au crochet. Un col de dentelle.* ❷ Ce qui imite ou rappelle la dentelle par la délicatesse de ses motifs. *Le porche de l'église est orné d'une véritable dentelle de pierre.*

dentellière **n.f.** Femme dont le métier est de faire de la dentelle.

▶ REM. Attention aux deux *l*.

dentier **n.m.** Appareil dentaire avec des dents artificielles. SYN. prothèse dentaire.

dentifrice **n.m.** et **adj.** Produit que l'on utilise pour nettoyer les dents. *Un tube de dentifrice. Une pâte dentifrice.*

dentiste **n.** Personne dont le métier est de soigner les dents (on dit aussi *chirurgien-dentiste*). *Aller chez le dentiste.*

▶ REM. En Suisse, on dit *médecin-dentiste*.

dentition **n.f.** L'ensemble des dents. *Avoir une bonne ou une mauvaise dentition.*

dénuder **v.** (CONJUG. **3**). ❶ Laisser à nu une partie du corps. *Elle portait une robe qui lui dénudait le dos.* ❷ *Dénuder du fil électrique*, c'est enlever la gaine isolante qui le recouvre.

dénué, e **adj.** Qui manque de quelque chose, qui en est tout à fait dépourvu. *C'est un livre dénué d'intérêt.*

HISTOIRE DU MOT En ancien français, *denuer* signifiait « dénuder ».

dénuement **n.m.** *Être dans le dénuement*, c'est manquer du nécessaire pour vivre. *Il vivait dans un grand dénuement, sans même un lit pour dormir.*

▶ REM. Attention, *-ement*.

déodorant **n.m.** Produit utilisé pour faire disparaître les odeurs de transpiration.

▶ REM. Ne pas confondre avec *désodorisant*.

dépannage **n.m.** L'action de dépanner. *Certains garagistes sont spécialisés dans le dépannage des voitures sur les autoroutes.*

dépanner **v.** (CONJUG. **3**). ❶ Réparer une machine en panne. *Le réparateur doit venir dépanner la chaudière.* ❷ Remorquer un véhicule en panne pour le réparer dans un garage. *Un garagiste est venu nous dépanner sur l'autoroute.* ❸ (Familier) Rendre service à quelqu'un en lui donnant ce dont il a immédiatement besoin. *Peux-tu me dépanner en me prêtant un euro jusqu'à demain ?*

1 dépanneur, euse **n.** Personne dont le métier est de dépanner les machines ou les véhicules.

2 dépanneur **n.m.** Au Canada, petite épicerie ouverte au-delà des heures habituelles des autres commerces.

dépanneuse **n.f.** Véhicule équipé pour remorquer d'autres véhicules en panne.

dépareillé, e **adj.** Dont tous les éléments ne sont pas pareils ou au complet. *Un service à café dépareillé. Il portait des chaussettes dépareillées, l'une rouge, l'autre bleue.*

déparer **v.** (CONJUG. **3**). Rompre l'harmonie, la beauté d'un ensemble. *Une horrible construction dépare maintenant le paysage.* SYN. enlaidir.

départ **n.m.** ❶ Le fait de partir, de quitter un lieu. *Depuis son départ, nous avons reçu deux lettres. On annonce le départ du train. Les coureurs viennent de prendre le départ.* ❷ Le commencement, le début. *Le point de départ de la discussion a été une histoire de vacances. Nous étions d'accord au départ, mais il a changé d'avis.*

départager **départageant, départagé v.** (CONJUG. **5**). Trouver un moyen de classer deux concurrents de même niveau. *Une question supplémentaire permettra de départager les ex aequo.*

département **n.m.** ❶ Dans certains pays, division administrative du territoire. *Les départements français sont dirigés par des préfets.* ❷ Secteur spécialisé à l'intérieur d'une administration, d'une entreprise. *Le département des antiquités égyptiennes du musée du Louvre.* • **Département d'État :** nom du ministère des Affaires étrangères, aux États-Unis.

départemental, ale, aux **adj.** Qui relève du département. *Les routes départementales sont construites et entretenues aux frais du département.* • **Élections départementales :** où l'on élit les conseillers départementaux des cantons, depuis 2015.

se **départir** **départissant, départi v.** (CONJUG. **16** ; auxiliaire *être*). *Ne pas se départir de son calme, sa bonne humeur, son sang-froid, etc.*, c'est conserver son calme, sa bonne humeur, son sang-froid, etc. *À aucun moment elle ne s'est départie de son sang-froid.*

▶ REM. Dans la langue écrite, ce verbe se conjugue comme *partir*, à l'exception du participe présent.

A B C D E F G H I J K L M N O P Q R S T U V W X Y Z

dépassé, e **adj.** Qui est en retard par rapport à la société actuelle, qui n'a plus cours. *Une théorie scientifique dépassée.* SYN. périmé.

dépassement **n.m.** ❶ Le fait de doubler un véhicule, de le dépasser. *Attention, dépassement dangereux.* ❷ Fait de dépasser la somme, la durée, la quantité qui étaient prévues au départ. *Dépassement de budget, d'horaire.*

dépasser **v.** (CONJUG. 3). ❶ Passer devant une personne, un véhicule en allant plus vite qu'eux. *Une voiture nous a dépassés alors que c'était interdit.* SYN. doubler. ❷ Avoir des dimensions, une durée, une importance plus grandes que quelque chose. *Son fils aîné le dépasse de dix centimètres. L'attente au guichet ne dépasse pas un quart d'heure.* SYN. excéder. ❸ Aller au-delà d'une limite. *Sans faire attention, j'avais dépassé son immeuble. Les mots ont dépassé ma pensée.* SYN. outrepasser. • **Cela me dépasse :** je n'y comprends rien. • **Être dépassé par les événements :** être incapable d'y faire face. ◆ **se dépasser** **v.pron.** Aller au-delà de ses forces physiques ou morales en faisant un effort sur soi-même. *Il s'est dépassé dans cette traversée en solitaire.* SYN. se surpasser.

dépaysement **n.m.** Le fait d'être dépaysé. *Il est parti quelques jours à l'étranger, le dépaysement lui a fait du bien.*

dépayser **v.** (CONJUG. 3). Faire changer de décor, d'habitudes, de milieu. *Elle va s'habituer à cette nouvelle ville, pour l'instant elle est dépaysée. J'aime les voyages, ça me dépayse.*

dépecer **dépeçant, dépecé v.** (CONJUG. 10). Mettre en pièces un animal, découper en morceaux. *Le boucher dépeçait un quartier de bœuf sur son étal.*

dépêche **n.f.** Information brève transmise aux médias. *Le présentateur du journal télévisé s'est interrompu pour lire une dépêche qui venait d'arriver.*

dépêcher **v.** (CONJUG. 3). Envoyer rapidement une personne pour porter un message. *Le gouvernement a dépêché un représentant sur les lieux du drame.* ◆ **se dépêcher** **v.pron.** Agir vite, se presser de faire quelque chose. *Il a dû se dépêcher pour ne pas rater son train.* SYN. se hâter.

dépeigner **v.** (CONJUG. 3). Mettre les cheveux en désordre ; décoiffer. *Le vent m'a dépeignée, il faut que je me recoiffe !*

dépeindre **dépeignant, dépeint v.** (CONJUG. 49). Faire une description précise. *Dans ses lettres, il dépeint d'une manière amusante les personnages qu'il rencontre.* SYN. décrire.

dépenaillé, e **adj.** Dont les vêtements sont déchirés, en loques. *Des vagabonds dépenaillés.* SYN. déguenillé.

HISTOIRE DU MOT Vient de l'ancien français *penaille* qui signifiait « hardes ».

dépendance **n.f.** ❶ Situation d'une personne, d'une société, qui dépend d'une autre, qui n'a pas son autonomie, sa liberté. *Jusqu'à leur majorité, les enfants sont sous la dépendance de leurs parents.* ❷ État d'une personne qui ne peut se passer d'une drogue, d'un médicament. SYN. addiction. ◆ **dépendances** **n.f.plur.** Bâtiments, terrains rattachés à un bâtiment principal. *Ils ont acheté une grande ferme aux vastes dépendances.*

dépendant, e **adj.** Qui ne peut pas se passer de quelqu'un ou de quelque chose, qui est sous sa dépendance. *À cet âge, un enfant est encore très dépendant de sa mère.* CONTR. autonome, indépendant.

dépendre **dépendant, dépendu v.** (CONJUG. 46). ❶ Être sous l'autorité, le contrôle d'une personne, d'un groupe, d'une administration. *Un enfant dépend de ses parents. Elle a fait sa déclaration de vol au commissariat dont elle dépend* (= qui s'occupe des problèmes de son quartier). ❷ Être lié à une condition. *L'avenir de cet enfant dépend de son entourage. « Aimes-tu le cinéma ? – Ça dépend, j'aime les films d'action. »*

dépens **n.m.plur.** Mot qui signifie « frais, dépenses » dans le vocabulaire juridique et qui s'emploie dans quelques autres expressions. *Depuis dix ans, il vit aux dépens de son frère* (= il est à sa charge). *Rire aux dépens de quelqu'un* (= en se moquant de lui, en le ridiculisant). *J'ai appris à mes dépens qu'il vaut parfois mieux se taire.*

dépense **n.f.** ❶ Fait de dépenser de l'argent ; somme que l'on paye. *On a fait de grosses dépenses pour aménager la maison.* ❷ Usage, consommation d'une source d'énergie. *Dépenses d'essence, d'électricité.*

dépenser **v.** (CONJUG. 3). ❶ Employer de l'argent pour acheter, payer quelque chose. *Il n'a plus rien dans sa tirelire, il a tout dépensé.* ❷ Consommer de l'énergie pour fonctionner. *Ta voiture dépense trop d'essence.* ◆ **se dépenser** **v.pron.** Faire de grands efforts, des exercices physiques. *Allez vous dépenser au stade !*

dépensier, ère **adj.** et **n.** Qui aime dépenser, qui dépense beaucoup d'argent. *Marie est très dépensière, elle ne peut entrer dans un magasin sans y acheter quelque chose !*

déperdition **n.f.** Perte d'énergie. *La maison est mal isolée, il y a des déperditions de chaleur.*

dépérir **dépérissant, dépéri v.** (CONJUG. 16). Perdre peu à peu ses forces, sa vitalité, aller de plus en plus mal. *Si tu continues à ne pas vouloir manger, tu vas dépérir !* SYN. s'affaiblir. *Depuis le changement de directeur, l'entreprise dépérit* (= elle va mal).

dépérissement **n.m.** Le fait de dépérir, d'aller de plus en plus mal. *Le dépérissement d'une entreprise.* SYN. baisse, déclin.

se **dépêtrer** **v.pron.** (CONJUG. 3). Se dégager, se libérer d'une mauvaise situation, se tirer d'embarras. *Laisse-le se dépêtrer tout seul, il est grand maintenant !*

HISTOIRE DU MOT Vient du latin *pastoria* qui signifie « entrave pour les bestiaux ». *Dépêtrer un animal,* c'était « dégager ses pattes d'une entrave ».

dépeuplement **n.m.** Le fait de se dépeupler. *Le développement de l'industrie a entraîné le dépeuplement des campagnes au profit des villes.*

se dépeupler **v.pron.** (CONJUG. 3). Avoir de moins en moins d'habitants. *Dans les pays industrialisés, les campagnes se dépeuplent de plus en plus.* SYN. se désertifier.

déphasé, e **adj.** Qui n'est pas en contact avec la réalité présente, qui n'est pas en phase avec ce qui l'entoure. *Je suis complètement déphasé quand je reviens de vacances.* SYN. désorienté.

dépistage **n.m.** Ensemble des examens faits en vue de dépister une maladie dans le cadre de la prévention.

dépister **v.** (CONJUG. 3). ❶ Rechercher et découvrir en suivant à la trace, en menant des enquêtes. *Le policier a rapidement dépisté les voleurs.* ❷ Rechercher les signes qui marquent une maladie en faisant des examens approfondis. *Sa maladie a été dépistée à temps, il a toutes les chances de guérir.*

dépit **n.m.** Sentiment de chagrin mêlé à de la colère que l'on éprouve lorsqu'on a une déception. *Quand elle a su qu'elle n'était pas choisie, elle a pleuré de dépit.* • **En dépit de :** malgré. *Il s'est forcé à être aimable en dépit de sa mauvaise humeur.* • **En dépit du bon sens :** d'une façon incohérente, sans logique. *Un travail fait en dépit du bon sens.*

dépité, e **adj.** Qui montre du dépit, de la déception. *Elle est dépitée d'avoir raté son examen.*

déplacé, e **adj.** Qui n'est pas à sa place, qui est malvenu. *Ta remarque était déplacée pendant le repas d'anniversaire.* SYN. choquant.

déplacement **n.m.** ❶ Le fait de se déplacer. *Avec ce télescope on peut suivre le déplacement des étoiles. Ce spectacle vaut le déplacement* (= cela vaut la peine d'y aller). ❷ Voyage que l'on fait dans le cadre de son travail. *Le directeur est en déplacement.*

déplacer **déplaçant, déplacé v.** (CONJUG. 4). ❶ Changer de place. *Pierre a déplacé les fauteuils.* SYN. déranger. ❷ Modifier l'heure, la date d'un rendez-vous. *J'en ai assez, c'est la troisième fois qu'il déplace notre rendez-vous !* ◆ **se déplacer** **v.pron.** Aller d'un lieu à un autre. *Elle ne prend jamais le métro, elle se déplace toujours en bus. Le typhon se déplace vers le sud.*

déplaire **déplaisant, déplu v.** (CONJUG. 71). Ne pas plaire. *Le film m'a déplu, je pensais qu'il serait plus amusant. Ma remarque lui a déplu.* • **Ne vous en déplaise :** quoi que vous en pensiez. *J'irai tout de même la voir, ne vous en déplaise !* ◆ **se déplaire** **v.pron.** Ne pas se trouver bien là où l'on est. *Elle a déménagé parce qu'elle se déplaisait dans cette maison.*

déplaisant, e **adj.** Qui déplaît, qui est désagréable. *Que tu peux être déplaisant quand tu parles sur ce ton !*

déplaisir **n.m.** Impression désagréable provoquée par quelque chose qui déplaît. *J'ai constaté avec déplaisir que Carole ne m'avait pas invité à sa fête.*

dépliant **n.m.** Prospectus ou formulaire fait d'une grande feuille de papier imprimée et plusieurs fois pliée. *Nous avons lu les dépliants de l'agence de voyages.*

perroquet aux ailes **déployées**

déplier **v.** (CONJUG. 7). Étendre, ouvrir ce qui était plié. *Elle a déplié son journal et elle s'est mise à lire.*

déploiement **n.m.** L'action de déployer. *Le déploiement des forces militaires était impressionnant.* ▸ REM. Attention, *-ement*.

déplorable **adj.** ❶ Qui rend triste à pleurer. *Elle a eu une fin déplorable, ses enfants ne venaient même plus la voir.* ❷ Que l'on n'apprécie pas du tout, qui est très mauvais. *Une attitude déplorable. Des résultats déplorables.* SYN. lamentable.

déplorer **v.** (CONJUG. 3). ❶ Regretter vivement. *Je déplore que vous ne puissiez pas venir.* ❷ *Déplorer de nombreuses victimes*, c'est constater avec une grande tristesse qu'il y a de nombreuses victimes.

HISTOIRE DU MOT Vient du latin *deplorare* qui signifie « pleurer ».

déployer **déployant, déployé v.** (CONJUG. 14). ❶ Ouvrir en grand, étendre largement ce qui était replié. *L'oiseau déploie ses ailes pour prendre son envol.* ❷ Installer, disposer sur une grande étendue. *L'armée a déployé ses troupes avant la bataille.* ❸ Montrer, manifester quelque chose. *Déployer une activité fébrile. Elle déploie des trésors d'imagination pour décorer sa maison.*

dépoli, e **adj.** *Du verre dépoli*, c'est du verre translucide, qui laisse passer la lumière mais qui ne permet pas de voir distinctement les formes. *On utilise parfois du verre dépoli pour les vitres des salles de bains.*

déportation **n.f.** Situation de ceux qui sont envoyés dans un camp de concentration, dans une région éloignée. *Durant la Seconde Guerre mondiale, des millions d'hommes et de femmes sont morts en déportation.*

déporté, e **adj.** et **n.** Qui a été envoyé en déportation, enfermé dans un camp de concentration. *Les conditions de vie des déportés étaient atroces.*

déporter **v.** (CONJUG. 3). ❶ Faire dévier de sa route. *Le vent violent a déporté le bateau vers les rochers.* ❷ Condamner quelqu'un à la déportation, l'envoyer dans un camp de concentration. *Les nazis ont déporté et exterminé des millions de Juifs, ainsi que des Tsi-*

ganes, des communistes et des résistants. ◆ **se déporter v.pron.** S'écarter brusquement de sa route. *Le camion s'est déporté sur la gauche pour éviter l'animal.*

déposer v. (CONJUG. 3). ❶ Poser quelque part un objet que l'on portait. *Le voyageur a déposé ses valises dans le hall de l'hôtel.* ❷ Conduire une personne dans un véhicule, la laisser descendre et continuer sa route. *Je suis en voiture, je te dépose quelque part ? Le bus me dépose devant chez moi.* ❸ Mettre de l'argent à la banque, dans un coffre. *Combien avez-vous déposé sur votre compte ?* SYN. mettre, verser. ❹ Laisser du dépôt. *Le fleuve a déposé des sédiments.* ❺ *Déposer un roi*, c'est le destituer. ❻ Faire une déposition, un témoignage devant un tribunal. *Le témoin a déposé en faveur de l'accusé.* ❼ *Déposer un brevet, une marque*, c'est les faire enregistrer officiellement pour les protéger, afin qu'ils ne soient pas utilisés par d'autres. *« Frigidaire » est une marque déposée de réfrigérateurs.* ◆ **se déposer v.pron.** Tomber et s'accumuler quelque part. *La poussière se dépose sur les meubles. Des particules de calcaire se sont déposées au fond de la bouteille.*

dépositaire n. Personne à qui l'on a confié quelque chose d'important. *Au moment de mourir, elle le fit dépositaire de son secret.* SYN. gardien.

déposition n.f. ❶ Le fait de déposer en justice, déclaration que l'on fait. *La déposition du témoin est formelle : il n'était pas dans l'immeuble au moment du crime.* ❷ Le fait de déposer un souverain. *La déposition du roi a provoqué la guerre civile.* SYN. destitution.

déposséder v. (CONJUG. 9, ✎ *10*). Priver quelqu'un de ce qu'il possédait. *Le vieil oncle disait que nous l'avions tous dépossédé de ses biens.* SYN. dépouiller.

dépôt n.m. ❶ Endroit où l'on dépose certaines choses. *C'est un scandale, ils ont transformé le pré en dépôt d'ordures ! Un dépôt de marchandises.* ❷ Lieu où sont stationnés les bus, les cars lorsqu'ils ne roulent pas. *L'autobus rentre au dépôt.* ❸ Le fait de déposer quelque chose ; ce que l'on met en lieu sûr. *Elle a laissé une importante somme d'argent en dépôt à la banque.* ❹ Matière qui se dépose au fond d'un liquide au repos. *Tu ne peux pas servir ce vin, il a trop de dépôt.*

dépoter v. (CONJUG. 3). Retirer une plante d'un pot.

dépotoir n.m. Endroit où l'on met tout ce dont on ne se sert plus. *Range ta chambre, on dirait un véritable dépotoir !*

dépouille n.f. ❶ Peau enlevée à un animal ou dont se débarrasse un animal. *Il tenait à bout de bras la dépouille du lion qu'il venait de tuer. On retrouve parfois la dépouille des serpents après leur mue.* ❷ Corps d'un mort. *Tous s'inclinèrent devant la dépouille du chef d'État.*

dépouillé, e adj. Qui est sans aucun ornement, très sobre. *Un style moderne, très dépouillé.*

dépouillement n.m. Action de dépouiller un scrutin, des notes, des documents. *Assister au dépouillement des bulletins de vote.*

dépouiller v. (CONJUG. 3). ❶ Enlever la peau d'un animal. *Le chasseur a dépouillé le lion après l'avoir tué.* ❷ Enlever, prendre, voler à quelqu'un ce qu'il a. *Il a été dépouillé de toutes ses économies.* ❸ Ouvrir, lire, examiner des documents. *Dépouiller son courrier. Dépouiller des bulletins de vote.*

dépourvu, e adj. Indique l'absence, le manque de quelque chose. *Ce film est dépourvu d'intérêt, ne va pas le voir !* (= il est sans intérêt). SYN. dénué de. • **Prendre au dépourvu :** faire quelque chose par surprise, sans que l'on s'y attende. *Il m'a prise au dépourvu, je n'ai pas su répondre.*

dépoussiérer v. (CONJUG. 9, ✎ *10*). Ôter la poussière. *Dépoussiérer les meubles.*

dépravé, e adj. Qui a de mauvaises mœurs, qui est sans moralité. *Une société dépravée.* SYN. corrompu.

déprécier v. (CONJUG. 7). Ne pas considérer à sa juste valeur. *Elle est découragée, son père déprécie tout ce qu'elle fait.* SYN. dénigrer, dévaloriser. ◆ **se déprécier v.pron.** Perdre de sa valeur, voir son prix baisser.

HISTOIRE DU MOT Vient du latin *pretium* qui signifie « prix ».

déprédation n.f. Vol accompagné de dégâts.

dépressif, ive adj. et **n.** Qui a tendance à faire des dépressions, qui montre une grande lassitude, une absence d'énergie et de goût pour la vie.

dépression n.f. • **Dépression atmosphérique :** baisse de la pression atmosphérique qui provoque généralement un temps couvert et pluvieux. • **Dépression de terrain :** partie en creux d'un terrain. • **Dépression nerveuse :** état de grande tristesse, de découragement total qui peut faire perdre le goût de la vie.

déprimant, e adj. Qui déprime, rend triste, abattu. *Ce temps pluvieux est vraiment déprimant !*

déprime n.f. (Familier) Petite dépression nerveuse.

déprimé, e adj. Qui souffre de dépression ; qui est abattu, triste.

déprimer v. (CONJUG. 3). Décourager quelqu'un, le rendre las, moralement et physiquement. *Ses échecs l'ont déprimé.*

depuis prép. Indique un point de départ dans le temps ou dans l'espace. *Depuis son départ, je suis triste.* ◆ **adv.** À partir de ce moment. *C'était un vendredi, depuis, je ne l'ai jamais revu.* • **Depuis que :** à partir du moment où.

député, e n. Personne élue à l'Assemblée nationale, qui propose et vote les lois. *En France, l'Assemblée nationale comprend 577 députés élus pour cinq ans au suffrage universel lors des élections législatives.*

déraciné, e adj. et **n.** Qui a été obligé de quitter son pays ou sa région d'origine et qui en souffre. *Il vit dans notre pays depuis dix ans, mais il ne s'y est jamais habitué, il se sent déraciné.*

déraciner v. (CONJUG. 3). ❶ Arracher une plante, un arbre de la terre avec les racines. *L'orage a déraciné de gros arbres.* ❷ Retirer quelqu'un de son milieu d'origine.

déraillement n.m. Accident au cours duquel un train déraille. *Le trafic ferroviaire est interrompu à cause d'un déraillement sur la ligne C.*

dérailler v. (CONJUG. 3). ❶ Pour un train, quitter accidentellement les rails. ❷ (Familier) Divaguer, dire des choses insensées.

dérailleur n.m. Sur une bicyclette, mécanisme qui permet de changer de vitesse en faisant passer la chaîne d'un pignon sur un autre.

dérailleur arrière

déraisonnable adj. Qui n'est pas raisonnable, qui manque de bon sens. *Ce serait déraisonnable de sortir par ce temps !*

déraisonner v. (CONJUG. 3). Dire des choses dénuées de raison, de bon sens. *Tu crois qu'à quatre-vingt-dix ans il peut faire de la course à pied ? Tu déraisonnes !* SYN. divaguer.

dérangé, e adj. (Familier) ❶ Qui est un peu fou. *Ne fais pas attention à ce qu'il dit, il est un peu dérangé.* ❷ Qui a des troubles digestifs. *Je préfère ne pas prendre de gâteau, je suis un peu dérangé en ce moment.*

dérangement n.m. Le fait de se déranger, de se déplacer. *Cette exposition vaut le dérangement, elle est magnifique !* SYN. déplacement. • **Être en dérangement** : ne pas être en état de fonctionner. *La ligne téléphonique est en dérangement.*

déranger dérangeant, dérangé v. (CONJUG. 5). ❶ Mettre en désordre, déplacer ce qui était rangé. *Cédric a encore dérangé ma chambre, je ne trouve plus mes affaires.* ❷ Gêner quelqu'un dans ce qu'il fait. *Ne le dérangez pas, il dort !* ◆ **se déranger** v.pron. Se déplacer ; interrompre ses occupations. *Je me suis dérangée pour aller la voir et elle n'était même pas chez elle !*

dérapage n.m. Le fait de déraper.

déraper v. (CONJUG. 3). Glisser brusquement sur le sol en s'écartant de sa trajectoire. *La moto a dérapé dans le virage sur le sol mouillé.*

dératé, e n. • (Familier) **Courir comme un dératé** : courir très vite.

HISTOIRE DU MOT Vient du mot *rate* ; autrefois, on enlevait la rate aux chiens pour qu'ils courent plus vite.

dératisation n.f. L'action de dératiser un lieu.

dératiser v. (CONJUG. 3). Débarrasser un lieu des rats qui l'ont envahi, en les détruisant systématiquement. *Ils ont dératisé l'immeuble l'an dernier.*

derechef adv. De nouveau. *Le chevalier insistait ; le roi lui dit derechef : « Vous n'épouserez jamais ma fille ! »* ▸ REM. Ce mot appartient à la langue littéraire.

déréglé, e adj. ❶ Qui ne fonctionne plus correctement, qui est mal réglé. *La balance est déréglée, elle n'indique pas le bon poids.* ❷ Qui n'obéit pas aux règles de la société, qui est désordonné. *« Tous ces jeunes mènent une vie déréglée et se couchent tous les jours à l'aube », pensa-t-il.*

dérider v. (CONJUG. 3). Rendre moins soucieux, faire sourire. *Jean avait l'air sombre, mais nous avons réussi à le dérider en lui racontant des histoires drôles.*

dérision n.f. • **Tourner en dérision** : ne pas prendre quelque chose au sérieux, préférer en rire. *Rien n'est jamais sérieux avec lui, il tourne tout en dérision !*

dérisoire adj. Sans importance, insignifiant. *J'ai acheté des chaussettes à un prix dérisoire.* SYN. ridicule.

dérivatif n.m. Activité qui détourne l'esprit de ses préoccupations. *Quand on a du chagrin, le travail est un bon dérivatif.*

dérivation n.f. ❶ Action de dériver un cours d'eau. *La dérivation de la rivière a permis de mieux irriguer les champs.* ❷ Le fait de former un mot nouveau, le *dérivé*, par ajout d'un préfixe ou d'un suffixe à un autre mot.

dérive n.f. ❶ Le fait de dériver, de quitter sa route normale. *La mer était trop forte, le bateau est parti à la dérive et les marins ont eu des difficultés à retrouver leur route.* ❷ Pièce placée sous la coque d'un bateau et qui l'empêche de trop dériver. • **Être, aller à la dérive** : ne plus être dirigé ; se laisser aller. *Ses affaires vont à la dérive. Depuis qu'il est au chômage, il est à la dérive.*

dérivé n.m. Mot qui dérive d'un autre mot. *« Facilement », « facilité » sont des dérivés de « facile ».*

dériver v. (CONJUG. 3). ❶ S'écarter de sa direction, être déporté par le vent ou le courant. *Le bateau dérive, il va toucher les rochers !* ❷ Donner une autre direction à un cours d'eau. *Les hommes ont dérivé la rivière pour irriguer de nouveaux champs.* ❸ Venir de quelque chose, en être issu. *Le rock dérive du blues. Le nom « observation » dérive du verbe « observer ».*

dériveur n.m. Voilier muni d'une dérive.

dériveur

a b c d e f g h i j k l m n o p q

A B C D E F G H I J K L M N O P Q R S T U V W X Y Z

dermatologie n.f. Partie de la médecine qui étudie et soigne les maladies de la peau.

HISTOIRE DU MOT Vient de *derme.*

dermatologue n. Médecin spécialiste en dermatologie.

derme n.m. Couche profonde de la peau, recouverte par l'épiderme.

HISTOIRE DU MOT Vient du grec *derma*, « peau », que l'on retrouve dans *dermatologie, épiderme, pachyderme*, etc.

dernier, ère adj. et n. Qui vient après les autres. *Elle a raté le dernier train. Michel travaille mal, c'est le dernier de la classe.* CONTR. premier. ◆ adj. Qui est le plus récent. *On a déjeuné ensemble mercredi dernier. Elle est toujours habillée à la dernière mode. Il se prépare toujours à la dernière minute* (= juste avant de partir). • **En dernier :** après tous les autres. *Tu es le plus grand, tu seras servi en dernier.*

dernièrement adv. Il y a peu de temps. *Je l'ai rencontrée dernièrement.* SYN. récemment.

dernier-né n.m., **dernière-née** n.f. (PLUR. : **derniers-nés, dernières-nées**). Le plus jeune des enfants d'une famille, qui est né en dernier.

dérobade n.f. Le fait de se dérober, d'éviter une difficulté. *Son silence est une dérobade.*

dérobé, e adj. Qui est caché, secret. *Un escalier dérobé.* • **À la dérobée :** sans être vu et avec rapidité. *Il la regardait à la dérobée.* SYN. furtivement. CONTR. ouvertement.

dérober v. (CONJUG. 3). Voler rapidement quelque chose à quelqu'un. *Il lui a dérobé son porte-monnaie sans qu'elle s'en aperçoive.* ◆ **se dérober** v.pron. ❶ Éviter d'affronter une difficulté, manquer à ses obligations. *Ne vous dérobez pas ! répondez-moi franchement !* ❷ *Sentir le sol se dérober sous ses pieds*, c'est avoir l'impression de perdre l'équilibre, avoir le vertige.

dérogation n.f. Autorisation accordée par une autorité de sortir du cadre d'une règle, d'une loi.

déroger dérogeant, dérogé v. (CONJUG. 5). Ne pas respecter une règle, une loi. *Nous ne dérogerons pas au règlement.*

dérouiller v. (CONJUG. 3). ❶ Débarrasser de la rouille. *Dérouiller une clé.* ❷ (Familier) *Se dérouiller les jambes, les doigts, le corps*, c'est faire des exercices pour récupérer de la souplesse. SYN. se dégourdir.

déroulement n.m. ❶ Fait de dérouler ou de se dérouler. *Le déroulement d'un câble.* ❷ Manière dont des événements se déroulent. *Le professeur veille au bon déroulement de l'examen.*

dérouler v. (CONJUG. 3). Défaire ce qui était enroulé. *Le vendeur a déroulé trois tapis pour nous les montrer.* ◆ **se dérouler** v.pron. Avoir lieu, se passer. *Toute l'histoire se déroule en France, mais les héros sont anglais.*

déroutant, e adj. Qui déroute, provoque de l'étonnement, de la surprise. *Loïc est déroutant : il peut aussi bien passer des semaines sans donner de nouvelles que sonner chez nous à l'improviste.* SYN. déconcertant.

déroute n.f. Fuite désordonnée d'une troupe vaincue. *Après avoir mené une rude bataille, ils mirent l'ennemi en déroute. La déroute d'une armée.* SYN. débâcle, débandade.

dérouter v. (CONJUG. 3). ❶ Obliger un bateau, un avion, etc., à changer leur route. *Tous les navires ont été déroutés en raison de la tempête.* ❷ Surprendre et déconcerter quelqu'un. *Elle a été déroutée par les questions de l'examinateur et n'a pas su répondre.* SYN. déconcerter, décontenancer, désorienter.

derrick n.m. Dans un puits de pétrole, charpente métallique en forme de tour qui supporte l'appareil de forage.

derrick

1 derrière prép. ❶ En arrière de. *Elle s'est cachée derrière un arbre.* ❷ À la suite de. *Il est tout de suite derrière moi dans le classement.* ◆ adv. En arrière, à l'arrière. *Ne restez pas derrière ! En général, je préfère monter derrière en voiture.*

2 derrière n.m. ❶ La partie postérieure de quelque chose. *Je ne peux pas faire de vélo, la roue de derrière est à plat !* CONTR. devant. ❷ (Familier) La partie du corps de l'homme ou de certains animaux qui comprend les fesses. *Elle est tombée sur le derrière !* SYN. postérieur. • **Par-derrière :** secrètement et de façon sournoise. *Il se moque de son professeur par-derrière.* CONTR. franchement, ouvertement.

derviche n.m. Moine d'une confrérie musulmane qui fait vœu de pauvreté. *On appelle « derviches tourneurs » des derviches qui dansent en tournant sur eux-mêmes.*

HISTOIRE DU MOT Vient d'un mot persan qui signifie « pauvre ».

des → **du** et **un**

dès **prép., dès que conj.** À partir de, à partir du moment où. *Dès les premiers beaux jours, il sort ses chemises à fleurs. Dès qu'il fait trop froid, les hirondelles s'en vont.*

dés- → **dé-**

désabusé, e **adj.** Qui ne croit plus en rien, qui a perdu ses illusions. *Il s'est battu toute sa vie et n'a jamais rien obtenu ; maintenant il est désabusé et ne garde plus l'espoir de voir les choses s'arranger.* SYN. désenchanté.

désaccord **n.m.** Absence d'accord, fait de ne pas s'entendre avec quelqu'un, de ne pas avoir les mêmes idées, les mêmes opinions. *Je suis en désaccord avec toi sur ce sujet et je suis sûr que tu te trompes.*

désaccordé, e **adj.** *Un instrument de musique désaccordé* est faux, n'est plus accordé. *Piano désaccordé.*

se **désaccoutumer** **v.pron.** (CONJUG. **3**). Perdre une habitude. *Il a mis du temps à se désaccoutumer du tabac.* SYN. se déshabituer.

désaffecté, e **adj.** *Un local désaffecté* n'a plus sa fonction d'origine ou n'est plus utilisé. *Ils ont installé la colonie de vacances dans une école désaffectée. L'usine désaffectée tombe en ruine.*
▸ REM. Ne pas confondre avec le participe de *désinfecter*.

désaffection **n.f.** Perte de l'intérêt que l'on portait à quelqu'un ou à quelque chose. *Ce grand chanteur a mal supporté la désaffection de son public.*
▸ REM. Ne pas confondre avec *désinfection*.

désagréable **adj.** Qui n'est pas agréable, qui déplaît. *C'est une femme vraiment désagréable, elle se dispute avec tout le monde !* SYN. déplaisant. *Une nouvelle désagréable* (= une mauvaise nouvelle). SYN. fâcheux.

désagréablement **adv.** De manière désagréable. *Son attitude m'a désagréablement surprise, je ne le reverrai pas.*

désagrégation **n.f.** Le fait de se désagréger. *La désagrégation de la matière.*

derviches tourneurs

se **désagréger** **désagrégeant, désagrégé v.pron.** (CONJUG. **9**, ✎ *10*). Se défaire, se détruire peu à peu. *La peinture du portail se désagrège.* SYN. s'effriter. *Le sucre se désagrège dans l'eau* (= il se dissout).

désagrément **n.m.** Chose désagréable, qui contrarie. *Sa visite imprévue m'a causé bien des désagréments.* SYN. ennui.

désalpe **n.f.** En Suisse, retour de la transhumance, lorsque les troupeaux redescendent des alpages dans la plaine.

désaltérant, e **adj.** Qui désaltère, enlève la soif. *Quand il fait très chaud, l'eau est la boisson la plus désaltérante.*

désaltérer **v.** (CONJUG. **9**, ✎ *10*). Enlever la soif, l'apaiser. *La menthe à l'eau que j'ai bue m'a désaltéré.* ◆ **se désaltérer** **v.pron.** Boire pour apaiser sa soif.

désamorcer **désamorçant, désamorcé v.** (CONJUG. **4**). Enlever l'amorce, le détonateur d'un obus, d'une grenade, d'une bombe, etc. *La bombe n'a pas explosé, elle a été désamorcée à temps.*

désappointé, e **adj.** Qui montre un sentiment de déception. *On comprenait à son air désappointé qu'il avait espéré autre chose.* SYN. déçu.
▸ REM. Ce mot appartient à la langue soutenue.

désappointement **n.m.** Le fait d'être désappointé, déçu. *L'immense désappointement de Jean se lisait sur son visage.* SYN. déception.

désapprobateur, trice **adj.** Qui montre son désaccord. *Julie me lança un regard désapprobateur.*

désapprobation **n.f.** Le fait de montrer son désaccord. *L'idée n'a pas plu, un murmure de désapprobation s'éleva dans la salle.*

désapprouver **v.** (CONJUG. **3**). Ne pas être d'accord. *Sachez que je désapprouve ce genre de méthode.* SYN. blâmer. CONTR. approuver.

désarçonner **v.** (CONJUG. **3**). ❶ Faire tomber de cheval. *Le cheval s'arrêta net devant l'obstacle et désarçonna son cavalier.* ❷ Mettre quelqu'un dans un embarras tel qu'il ne sait plus que répondre ou que faire. *La question l'a désarçonnée, elle est restée muette.* SYN. déconcerter.

HISTOIRE DU MOT Vient de *arçon*. *Désarçonner un cavalier*, c'est le mettre hors de ses arçons.

désargenté, e **adj.** ❶ Qui a perdu la pellicule d'argent qui le recouvrait. *Mon bracelet est ancien et tout désargenté.* ❷ (Familier) Qui n'a plus d'argent. *Une famille désargentée.*

désarmant, e **adj.** Qui laisse sans réaction et fait perdre toute agressivité. *Elle est d'une naïveté désarmante, comment veux-tu que je la gronde !*

désarmement **n.m.** Décision prise par des pays de limiter ou d'interdire la fabrication de certaines armes. *Les grandes puissances se sont réunies pour signer un traité de désarmement nucléaire.*

A B C D E F G H I J K L M N O P Q R S T U V W X Y Z

désarmer v. (CONJUG. 3). ❶ Enlever ses armes à quelqu'un. *Le voleur a été immédiatement désarmé par les gendarmes.* ❷ Faire tomber l'agressivité de quelqu'un. *Elle était très en colère, mais le sourire de son fils l'a désarmée.* • **Ne pas désarmer :** ne pas renoncer, ne pas abandonner.

désarroi n.m. État d'une personne profondément troublée, désemparée, qui ne sait plus ce qu'elle doit faire ou penser. *Cette décision inattendue nous laissa dans le plus grand désarroi.*

HISTOIRE DU MOT Vient de l'ancien français *desarroyer* qui signifiait « mettre en désordre ».

désarticuler v. (CONJUG. 3). ❶ Faire sortir un os de son articulation. ❷ Séparer en plusieurs morceaux. *Désarticuler une marionnette.* SYN. disloquer.

désastre n.m. Grand malheur, événement qui provoquent des dégâts, des drames. *Ce désastre a causé la mort de dizaines de personnes. La bataille de Waterloo fut un désastre pour Napoléon et son armée.*

HISTOIRE DU MOT Vient de l'italien *disastrato* qui signifie « né sous une mauvaise étoile ».

désastreux, euse adj. Qui est très mauvais. *Des résultats désastreux.* SYN. catastrophique.

désavantage n.m. Ce qui présente des inconvénients, ce qui rend quelque chose moins bon. *Mon père a refusé la situation qu'on lui proposait, elle n'offrait que des désavantages.* SYN. inconvénient. CONTR. avantage.

désavantager désavantageant, désavantagé v. (CONJUG. 5). Ne pas avantager quelqu'un, le défavoriser. *Marie est désavantagée par sa timidité.* SYN. handicaper, léser.

désavantageux, euse adj. Qui présente des inconvénients, qui désavantage. *Son oncle n'aurait jamais dû signer le contrat, il était très désavantageux pour lui.*

désaveu n.m. (PLUR. : **désaveux**). Le fait de désavouer quelqu'un ou quelque chose. *Son discours est un désaveu total de ses actions passées.*

désavouer v. (CONJUG. 3). ❶ Refuser de reconnaître comme sien. *Il a publiquement désavoué son texte, pourtant je suis certain que c'est lui qui l'a écrit !* SYN. renier. ❷ Déclarer que l'on est en désaccord avec quelqu'un, cesser de le soutenir. *Je suis certain que c'est lui qui a écrit ce texte, mais il l'a désavoué publiquement.*

désaxé, e adj. et n. Qui est déséquilibré, fou.

desceller v. (CONJUG. 3). Défaire ce qui était scellé, fixé dans un mur, dans de la pierre. *Le prisonnier avait descellé un à un les barreaux de sa cellule.*
▸ REM. Ne pas confondre avec *déceler* et *desseller*.

descendance n.f. L'ensemble des personnes d'une famille qui sont issues d'un même ancêtre. *L'aïeul a réparti ses biens entre tous les membres de sa nombreuse descendance.*

1 **descendant, e** adj. Qui va de haut en bas, qui descend ou qui régresse. *La marée est descendante, nous pouvons aller pêcher des crevettes ! L'entreprise périclite, elle est sur la pente descendante.*

2 **descendant, e** n. *Les descendants d'une personne* sont les membres de sa famille qui descendent d'elle. *Il paraît que Pierre est un descendant de Victor Hugo.* CONTR. ascendant.

descendre descendant, descendu v. (CONJUG. 46). ❶ Aller du haut vers le bas. CONTR. monter. *La route descend jusqu'à la rivière. Pierre est descendu à la cave. J'ai descendu l'escalier à toute vitesse.* ❷ Aller vers le sud d'une région, vers l'aval d'une rivière. ❸ Apporter en bas. *Peux-tu me descendre ma valise, je n'y arrive pas.* ❹ Baisser de niveau. *Les températures descendent. La marée descend.* ❺ Sortir d'un véhicule. *Ils sont descendus du train.* ❻ S'arrêter pour loger un certain temps quelque part. *Dans quel hôtel êtes-vous descendu ?* ❼ Être issu d'un ancêtre, d'une famille. *Loïc dit qu'il descend d'un célèbre pirate.* ❽ (Familier) Abattre un avion ou tuer quelqu'un avec une arme à feu.
▸ REM. Ce verbe se conjugue soit avec l'auxiliaire *être*, soit avec l'auxiliaire *avoir* lorsqu'il y a un complément d'objet : *Marie « est » descendue chez les voisins. Marie « a » descendu le livre chez les voisins.*

descente n.f. ❶ Le fait de descendre, d'aller du haut vers le bas. *L'avion commence sa descente.* ❷ Pente qui descend. *Freine ! la descente est dangereuse !* ❸ Épreuve de vitesse de ski alpin sur une forte pente. • **Descente de lit :** petit tapis placé sur le sol, le long d'un lit. • **Descente de police :** opération surprise de police dans un lieu pour une enquête ou une vérification d'identité.

descente à ski

descriptif, ive adj. Qui décrit dans le détail quelque chose, donne des détails. *Les passages descriptifs d'un roman.* → VOIR Fiche 5. ◆ **descriptif** n.m. Document qui donne une description exacte et détaillée, parfois avec des schémas, des plans. *Demander un descriptif exact des travaux à faire.*

description n.f. Le fait de décrire quelque chose. *Alain nous a fait une belle description de ton jardin.*

désemparé, e adj. Qui se sent perdu, désorienté et ne sait plus que dire ou que faire. *Dès que sa mère le quitte une heure, il est tout désemparé !*

désemparer v. (CONJUG. 3). • **Sans désemparer :** sans s'arrêter, en persévérant. *Les pompiers ont travaillé toute la nuit sans désemparer.*

désemplir **désemplissant, désempli v.** (CONJUG. **16**). • **Ne pas désemplir :** pour un local, être toujours plein. *Son affaire marche bien, le restaurant ne désemplit pas.*

désenchanté, e **adj.** Qui montre du désenchantement. *Il est revenu désenchanté de son séjour aux États-Unis. Un sourire désenchanté.* SYN. désabusé.

désenchantement **n.m.** Déception que l'on éprouve lorsqu'on est bien obligé de passer d'une illusion, d'un espoir à une réalité beaucoup moins agréable. *Ils ont connu bien des désenchantements dans cette ville qu'ils croyaient merveilleuse.* SYN. désillusion.

désenfler **v.** (CONJUG. **3**). Cesser d'être enflé. *Ta cheville a désenflé.*

désengorger **désengorgeant, désengorgé v.** (CONJUG. **5**). Dégager ce qui était engorgé. *Mettre en place une déviation pour désengorger la route principale.*

désensibiliser **v.** (CONJUG. **3**). En médecine, rendre un malade moins sensible à l'effet d'une substance, en particulier dans le cadre des allergies.

déséquilibre **n.m.** Manque d'équilibre, instabilité. *Le vase est en déséquilibre, il va tomber !*

déséquilibré, e **adj.** et **n.** Qui a perdu son équilibre mental. *L'incendie a été allumé par un déséquilibré.* SYN. désaxé, détraqué.

déséquilibrer **v.** (CONJUG. **3**). Faire perdre l'équilibre. *Si vous vous asseyez à l'arrière du bateau, vous allez le déséquilibrer.*

1 désert, e **adj.** Qui est inhabité ou peu fréquenté. *La plage est encore déserte.*

2 désert **n.m.** ❶ En géographie, région très sèche, aride, où la végétation est rare. *Les déserts chauds et les déserts froids.* → VOIR encadré ci-contre. ❷ Région inhabitée, vide. *L'Antarctique est un désert.* • **Prêcher dans le désert :** parler sans être écouté, donner des conseils que personne ne suit.

ENCYCLOPÉDIE Environ un tiers du globe terrestre est occupé par des déserts. Il existe des déserts chauds, des déserts tempérés et des déserts froids. Les plus grands déserts chauds se trouvent en Afrique et en Asie. Les conditions de vie y sont très difficiles en raison du climat (précipitations très faibles, températures supérieures à 50 °C le jour et inférieures à 0 °C la nuit). La faune et la flore sont adaptées pour résister à la sécheresse. Des hommes vivent dans ces déserts. Certains sont nomades, comme les Touareg, appelés *hommes bleus*, qui portent un voile pour se protéger du sable. D'autres sont sédentaires et se rassemblent dans les oasis où ils cultivent principalement les dattiers. L'exploitation du pétrole a transformé l'économie de certains pays désertiques, comme la Libye ou l'Algérie.

déserter **v.** (CONJUG. **3**). ❶ Quitter un lieu et ne plus y revenir. *Les jeunes désertent les villages.* SYN. abandonner. ❷ Pour un soldat, quitter son unité ou son poste sans y être autorisé.

Les plus grands **déserts** du monde

Sahara (Afrique du Nord)	9 100 000 km²
Grand désert de Victoria (Australie)	3 830 000 km²
Désert de Gobi (Asie)	1 295 000 km²
Rub'al-Khali (Arabie saoudite)	650 000 km²
Kalahari (Afrique du Sud)	520 000 km²
Désert de Karakoum (Asie centrale)	340 000 km²
Désert de Takla-Makan (Asie)	327 000 km²

Le Sahara occupe à peu près la même surface que les États-Unis d'Amérique soit environ 17 fois la France.

désert rocheux (Monument Valley, Arizona)

désert de sable (Sahara)

désert froid (Mongolie)

déserteur **n.m.** Soldat qui a déserté. *Les déserteurs sont recherchés par la police militaire.*

désertification **n.f.** La transformation d'une région en désert. *La désertification est due à l'aridité croissante du climat et à la destruction des sols et de la végétation par l'homme.*

se **désertifier** **v.pron.** (CONJUG. **7**). ❶ Se transformer en désert. *Certaines régions d'Amazonie se sont désertifiées parce qu'on a détruit les forêts.* ❷ Se dépeupler. *Avec le développement de l'industrie, les campagnes se sont désertifiées.*

désertion **n.f.** L'acte d'un soldat qui déserte. *En temps de guerre, autrefois, la désertion était punie par la peine de mort.*

désertique **adj.** ❶ Qui est propre aux déserts. *Le cactus est une plante désertique. Un paysage désertique.* ❷ Où personne ne vit. *Une région désertique.*

désespérant, e **adj.** Qui décourage. *Sa paresse est désespérante.*

désespéré, e **adj.** ❶ Qui n'a plus d'espoir, de courage, d'énergie. *Il a encore raté le concours, il est désespéré.* ❷ Qui ne laisse plus d'espoir. *Le médecin dit que son cas est désespéré.*

désespérément **adv.** ❶ De manière désespérée, sans espoir. *Il appelait à l'aide, désespérément.* ❷ Avec acharnement, en employant toutes ses forces. *Le naufragé s'accrochait désespérément à une épave.*

désespérer **v.** (CONJUG. **9**, ✎ *10*). ❶ Rendre très malheureux, enlever tout espoir. *Sa mauvaise conduite désespère ses parents.* SYN. démoraliser. ❷ Perdre espoir, se laisser aller au découragement. *Ne désespère pas, les choses vont s'arranger !*

désespoir **n.m.** ❶ L'état de celui qui n'a plus d'espoir ; détresse profonde. *Il était malheureux et le désespoir se lisait sur son visage.* ❷ *Faire le désespoir de quelqu'un*, c'est lui causer beaucoup de souci et le décourager profondément. *Il fait le désespoir de sa mère.* • **En désespoir de cause :** après avoir essayé tous les autres moyens, en dernier ressort.

déshabillé **n.m.** Sorte de peignoir léger porté par les femmes.

déshabiller **v.** (CONJUG. **3**). Enlever à quelqu'un ses habits. *Déshabiller un enfant.* SYN. dévêtir. ◆ **se déshabiller** **v.pron.** Ôter ses habits, se dévêtir.

se **déshabituer** **v.pron.** (CONJUG. **3**). Perdre une habitude. SYN. se désaccoutumer.

désherbant **n.m.** Produit chimique qui sert à désherber.

désherber **v.** (CONJUG. **3**). Détruire, arracher les mauvaises herbes.

déshérité, e **adj.** et **n.** Qui est défavorisé. *Une région déshéritée. Aider les déshérités.* SYN. pauvre.

déshériter **v.** (CONJUG. **3**). Priver quelqu'un de son héritage.

déshonneur **n.m.** Perte de l'honneur, de la dignité. *Fuir devant l'ennemi est un déshonneur.*
▸ REM. *Déshonneur* a deux *n*, mais *déshonorer, déshonorant* n'en ont qu'un.

déshonorant, e **adj.** Qui déshonore. *Une conduite déshonorante.* SYN. honteux.

déshonorer **v.** (CONJUG. **3**). Faire perdre son honneur, sa dignité, sa réputation à une personne ou à un groupe. *Ce médecin déshonore la profession par ses agissements.* SYN. déconsidérer, discréditer.

déshydratation **n.f.** Le fait de se déshydrater. *La déshydratation peut être très dangereuse pour les bébés.*

déshydrater **v.** (CONJUG. **3**). Diminuer considérablement la teneur en eau d'un aliment ou du corps. *Le soleil déshydrate la peau.* SYN. dessécher. ◆ **se déshydrater** **v.pron.** En parlant d'un corps vivant, perdre une partie de son eau. *On se déshydrate vite en marchant sous le soleil ; il faut boire souvent.*

desiderata **n.m.plur.**, ✎ ***désidérata*** ***n.m.*** Ensemble de demandes, de souhaits qu'on adresse à une administration, à un supérieur, etc. *Les habitants de la commune ont écrit au maire pour faire connaître leurs desiderata.*

HISTOIRE DU MOT C'est un mot latin qui signifie « choses désirées ».

design **n.m.** et **adj.invar.** Style décoratif moderne et fonctionnel qui privilégie les formes pures, rappelant ainsi le dessin industriel.
▸ REM. On prononce [dizajn].

HISTOIRE DU MOT C'est un mot anglais qui signifie « dessin, esquisse, plan ».

désignation **n.f.** Action de désigner quelqu'un pour remplir une fonction. *La désignation des délégués de classe a pris trois heures !* SYN. nomination.

désigner **v.** (CONJUG. **3**). ❶ Nommer, choisir quelqu'un pour une fonction, une tâche. *Le professeur a désigné Christelle pour s'occuper du cahier de texte de la classe.* ❷ Montrer, indiquer avec précision. *Elle a désigné l'endroit sur la carte avec son doigt.* ❸ Représenter un être ou une chose, signifier. *Le mot « air » désigne trois choses bien distinctes.*

HISTOIRE DU MOT Vient du latin *signum* qui signifie « signe ».

désillusion **n.f.** Le fait d'être déçu, de perdre ses illusions, de revenir tristement à la réalité. *Ce fut une réelle désillusion pour lui de perdre le match.* SYN. déception, déconvenue.

désinence **n.f.** Terminaison d'un mot qui indique un féminin, un pluriel, une forme conjuguée. *En français, la désinence du pluriel, pour les noms et les adjectifs, est le plus souvent le « s ».*

désinfectant, e **adj.** et **n.m.** Qui désinfecte. *Un liquide désinfectant. Un flacon de désinfectant.*

désinfecter **v.** (CONJUG. **3**). Détruire les microbes d'une plaie, d'un objet, d'un local.

désinfection **n.f.** Action de désinfecter.
▸ REM. Ne pas confondre avec *désaffection.*

désintégration **n.f.** Fait de désintégrer ou de se désintégrer.

désintégrer **v.** (CONJUG. 9, ✎ *10*). Provoquer la destruction complète de quelque chose. *Le choc a désintégré le pare-brise.* ◆ **se désintégrer** **v.pron.** ❶ Se désagréger. *La fusée s'est désintégrée dans le ciel.* ❷ Perdre sa cohésion. *Le groupe de rock s'est désintégré.*

HISTOIRE DU MOT Vient du latin *integer* qui signifie « intact, entier ».

désintéressé, e **adj.** Qui ne tient pas compte de son intérêt personnel. *C'est une femme désintéressée.* SYN. généreux. CONTR. égoïste, intéressé.

désintéressement **n.m.** Manière d'être d'une personne désintéressée. *Son désintéressement est total, elle n'a agi que par générosité.*
▸ REM. Ne pas confondre avec *désintérêt.*

se **désintéresser** **v.pron.** (CONJUG. 3). Perdre l'intérêt qu'on avait pour quelque chose ou quelqu'un. *Depuis quelque temps, Pierre se désintéresse de sa collection de timbres. Je ne me suis jamais désintéressée de mes amis.*

désintérêt **n.m.** Manque d'intérêt, indifférence à l'égard des choses ou des personnes. *Il n'éprouve que du désintérêt pour tout ce qui concerne le sport.*
▸ REM. Ne pas confondre avec *désintéressement.*

désintoxication **n.f.** Le fait de se désintoxiquer. *Depuis sa cure de désintoxication, il ne s'est plus jamais drogué.*

désintoxiquer **v.** (CONJUG. 3). Soumettre une personne à un traitement pour la guérir de sa dépendance au tabac, à l'alcool, à la drogue. ◆ **se désintoxiquer** **v.pron.** Suivre un traitement pour se guérir de sa dépendance à un produit toxique.

désinvolte **adj.** Qui se comporte de manière trop libre, sans respecter les convenances ou sans attacher suffisamment d'importance aux êtres et aux choses. *C'est un élève un peu trop désinvolte qui ne travaille que quand il en a envie.* SYN. décontracté, sans-gêne.

désinvolture **n.f.** Attitude, comportement désinvoltes. *Ses professeurs n'apprécient pas sa désinvolture.*

désir **n.m.** ❶ Envie très forte de quelque chose. *Tes désirs sont des ordres.* SYN. souhait. *Mon principal désir est de réussir.* ❷ Attirance physique pour quelqu'un. • **Prendre ses désirs pour des réalités :** se tromper en croyant que ce que l'on souhaite se réalisera. *Si tu crois qu'elle te prêtera sa robe rouge, tu prends tes désirs pour des réalités !*

désirable **adj.** ❶ Que l'on peut attendre, souhaiter. *Il a toutes les qualités désirables pour devenir un bon professeur.* SYN. souhaitable. ❷ Qui inspire du désir physique.

désirer **v.** (CONJUG. 3). ❶ Souhaiter vivement, avoir envie de. *Je désire vous voir le plus tôt possible.* SYN. souhaiter. *Désires-tu encore un peu de fromage ?* SYN. vouloir. ❷ Éprouver un vif attrait physique pour quelqu'un. • **Laisser à désirer :** être insuffisant, médiocre, défectueux. *L'ensemble du texte est convenable, mais il y a des passages qui laissent à désirer.*

désireux, euse **adj.** *Être désireux de faire quelque chose*, c'est souhaiter sincèrement le faire. *Ne la gronde pas, elle était désireuse de bien faire.*

désistement **n.m.** Le fait de se désister. *C'est grâce au désistement de Lucien que Jérémie a été élu délégué de classe.*

se **désister** **v.pron.** (CONJUG. 3). Retirer sa candidature à une élection, à un concours. *Si tu te présentes comme déléguée de classe, je me désiste en ta faveur.*

désobéir **désobéissant, désobéi** **v.** (CONJUG. 16). Ne pas obéir. *Morgane a désobéi à sa mère. Si vous désobéissez au règlement, vous serez exclu de l'école.*

désobéissance **n.f.** Le fait de désobéir. *À l'armée, la désobéissance d'un soldat est sévèrement punie.*

désobéissant, e **adj.** Qui désobéit. *Des élèves désobéissants.*

désobligeant, e **adj.** Qui est fort peu aimable et vexant. *Il m'a tenu des propos si désobligeants que je ne le reverrai plus.* SYN. blessant, discourtois.
▸ REM. Ce mot appartient à la langue soutenue.

désodorisant **n.m.** Produit qui désodorise.
▸ REM. Ne pas confondre avec *déodorant.*

désodoriser **v.** (CONJUG. 3). Faire disparaître ou masquer les mauvaises odeurs dans un local.

désœuvré, e **adj.** Qui n'a rien à faire, qui n'a pas d'occupation. *Je me sentais désœuvrée, alors je me suis inscrite à un ciné-club.* SYN. oisif.

désœuvrement **n.m.** L'état dans lequel se trouve une personne désœuvrée. *Le désœuvrement lui pèse.* SYN. inaction, oisiveté.

désolant, e **adj.** Qui désole, attriste. *Il pourrait être bon élève mais il ne travaille pas, c'est désolant !* SYN. consternant, navrant.

désolation **n.f.** Très grande tristesse, profonde douleur. *La mort de ses parents l'a plongée dans la désolation.* SYN. affliction, consternation.
▸ REM. Ce mot appartient à la langue soutenue.

désolé, e **adj.** ❶ Qui est contrarié, attristé de quelque chose. *Je suis désolée, je ne pourrai pas venir vous voir* (= je regrette). ❷ Qui est aride et inhabité. *Après des jours de marche, ils arrivèrent dans une région désolée où pas un arbre ne poussait.* SYN. désertique.

désoler **v.** (CONJUG. 3). Attrister une personne et la contrarier. *La paresse de Michel désole ses parents.* SYN. chagriner. ◆ **se désoler** **v.pron.** S'affliger, éprouver du chagrin. *Ne te désole pas, je sais comment avoir des places pour son prochain concert !*

se **désolidariser** **v.pron.** (CONJUG. 3). Ne plus être solidaire d'une personne, d'une action, cesser de les soutenir. *Je ne suis plus d'accord avec vous, je me désolidarise du groupe.*

a b c d e f g h i j k l m n o p q r s t u v w x y z

A B C D E F G H I J K L M N O P Q R S T U V W X Y Z

désopilant, e adj. Qui est très drôle, qui fait beaucoup rire. *Mon oncle a toujours des histoires désopilantes à raconter !* SYN. hilarant.

HISTOIRE DU MOT Vient de l'ancien verbe *opiler* qui signifiait « obstruer ».

désordonné, e adj. ❶ Qui n'a pas d'ordre. *Une personne désordonnée ne retrouve jamais ses affaires.* ❷ Qui se fait sans ordre, qui manque de coordination. *Le clown exécutait des mouvements désordonnés qui faisaient rire les enfants.*

désordre n.m. ❶ Absence d'ordre. *Ta chambre est dans un tel désordre que tu ne risques pas de retrouver tes jouets !* ❷ Agitation qui trouble le calme et l'ordre dans une société, un groupe. *La famine est à l'origine de graves désordres dans ce pays.* SYN. trouble. *Son expulsion a provoqué du désordre dans la classe.* SYN. tumulte.

désorganiser v. (CONJUG. 3). Détruire l'organisation de quelque chose. *En changeant la date de notre départ, il a désorganisé tous mes plans.*

désorienté, e adj. ❶ Qui ne sait plus où il est. *On s'est éloigné de la rue principale et je suis désorienté.* SYN. égaré, perdu. ❷ Qui ne sait plus quel comportement adopter. *Ils sont désorientés par le changement de professeur.* SYN. déconcerté, décontenancé.

désorienter v. (CONJUG. 3). Déconcerter quelqu'un, le faire hésiter, le troubler. *Il était sûr de lui jusqu'à ce qu'une question imprévue du professeur le désoriente tout à fait.* SYN. décontenancer.

désormais adv. À partir de maintenant. *Désormais, les cours auront lieu dans cette nouvelle salle.* SYN. dorénavant.

désosser v. (CONJUG. 3). Enlever les os d'une viande. *Désosser un gigot.*

despote n.m. ❶ Souverain qui exerce un pouvoir autoritaire et absolu. *Ivan le Terrible était un despote.* SYN. tyran. ❷ Personne qui abuse de son pouvoir sur son entourage, qui le tyrannise. *Agir en despote.*

HISTOIRE DU MOT Vient du grec *despotês* qui signifie « maître ».

despotique adj. Qui est très autoritaire et se conduit en despote. *Un maître despotique.* SYN. tyrannique.

despotisme n.m. ❶ Forme de gouvernement dans lequel une seule personne a tous les pouvoirs et gouverne de façon arbitraire et autoritaire. ❷ Comportement tyrannique. SYN. tyrannie. ● **Despotisme éclairé :** au XVIIIe siècle, système politique dans lequel le souverain favorise les progrès de la société. → VOIR noms propres : **Lumières.**

desquamation n.f. Fait de perdre des petites lamelles de peau, les squames.

HISTOIRE DU MOT Vient du latin *squama* qui signifie « écaille ».

desquels, desquelles → **lequel**

dessaisir dessaisissant, dessaisi v. (CONJUG. 16). Retirer à quelqu'un la tâche, la mission, l'affaire qui lui était confiée. *On l'a dessaisi de tous ses dossiers. Le tribunal a été dessaisi de l'affaire.* ◆ **se dessaisir** v.pron. Se défaire de quelque chose, l'abandonner. *Il n'a jamais voulu se dessaisir des affaires de son père.*

1 dessaler v. (CONJUG. 3). Rendre moins salé, débarrasser de son sel. *Il faut dessaler la morue en la faisant tremper dans de l'eau avant de la cuisiner.*

2 dessaler v. (CONJUG. 3). (Familier) En marine à voile, chavirer avec son voilier. *Le vent était très fort, ils ont dessalé juste avant d'arriver au port.*

dessèchement n.m. Le fait d'être desséché. *Les expositions au soleil provoquent un dessèchement de la peau.*

dessécher v. (CONJUG. 9, ✎ *10*). Rendre sec en faisant disparaître l'humidité naturelle. *Le froid dessèche la peau. Les raisins qui sont restés au soleil sont tout desséchés.*

dessein n.m. Ce que l'on se propose de faire. *Je me demande quels sont ses desseins.* SYN. plan, projet. ● **À dessein :** exprès, en le voulant. *C'est à dessein que je n'ai pas répondu, je voulais qu'il trouve la solution tout seul.* ▸ REM. Ce mot appartient à la langue soutenue.

desseller v. (CONJUG. 3). Enlever la selle d'une monture. *Il a dessellé son cheval avant de le bouchonner.* ▸ REM. Ne pas confondre avec *desceller* et *déceler*.

desserrer v. (CONJUG. 3). Relâcher ce qui était serré. *Après avoir mangé, il est obligé de desserrer sa ceinture ! Desserrer un écrou.* CONTR. resserrer, serrer. ● **Ne pas desserrer les dents :** se taire, ne pas dire un mot.

dessert n.m. Pâtisserie, fruit, plat sucré que l'on sert à la fin du repas ; moment du repas où on les sert. *Ils sont arrivés au dessert.*

1 desserte n.f. Le fait de desservir une localité. *La desserte du village est mal assurée, il n'y a qu'un autocar par jour !*

2 desserte n.f. Petite table sur laquelle on pose les aliments et la vaisselle pendant le repas, pour éviter de se déplacer.

1 desservir desservant, desservi v. (CONJUG. 19). ❶ *Desservir une localité*, c'est y assurer un service régulier de transport public. *Le train dessert toutes les petites gares de la côte.* ❷ *Desservir une pièce*, c'est y donner accès, permettre d'y entrer. *Le couloir dessert trois chambres et une salle de bains.*

2 desservir desservant, desservi v. (CONJUG. 19). ❶ Débarrasser la table, après le service d'un plat ou à la fin du repas. *Benoît aide ses parents en desservant la table après le repas.* ❷ Rendre un mauvais service à quelqu'un, lui causer du tort. *Son physique le dessert un peu pour être comédien, mais il a un tel talent !*

dessin n.m. ❶ Ensemble de traits qui représentent des êtres ou des choses. *Il a fait un dessin à la craie.* ❷ L'art de faire des dessins, l'apprentissage des différentes techniques. *Luc prend des cours de dessin.* ❸ Ensemble de lignes, contours d'un objet. *Regarde le dessin que fait l'arbre sur le soleil couchant !* ● **Dessin animé :** film réalisé à partir de dessins qui défilent au rythme de 24 par seconde et qui donnent l'impression du mouvement sur l'écran.

ENCYCLOPÉDIE Le dessin animé est né en France, à la fin du XIXe siècle. La première « vedette » du dessin animé est *Félix le Chat*, de Pat Sullivan (1919). C'est en 1926 que Walt Disney crée sa petite souris, qu'il appelle tout d'abord *Mortimer* et qui deviendra célèbre sous le nom de *Mickey* en 1928. À partir du milieu du XXe siècle, le dessin animé s'adresse à tous les publics. Parmi les représentants de l'animation contemporaine, l'Américain Tex Avery excelle dans le genre humoristique et le Français Paul Grimault dans le genre poétique. Aujourd'hui, beaucoup d'artistes travaillent avec la technologie informatique et les images de synthèse.

dessinateur, trice **n.** Artiste qui pratique le dessin. *Sylvie est dessinatrice, elle fait des dessins pour un hebdomadaire.* • **Dessinateur industriel :** dessinateur spécialisé dans le dessin technique.

dessiner **v.** (CONJUG. 3). ❶ Faire du dessin. *Pierre apprend à dessiner.* ❷ Représenter par le dessin. *Dessiner une maison.* ❸ Mettre en valeur, faire ressortir le contour de quelque chose. *Sa robe dessine bien sa taille.* ◆ **se dessiner** **v.pron.** ❶ Apparaître sur un fond. *On voyait les montagnes se dessiner à l'horizon.* ❷ Se préciser, être en voie de se réaliser. *Les négociations ont commencé et le retour à la paix se dessine.*

dessouder **v.** (CONJUG. 3). Défaire ce qui était soudé.

dessous **adv.** Sous quelque chose. *Tu vois le fauteuil là-bas, eh bien, le chat est dessous.* ◆ **n.m.** La partie située sous quelque chose. *Le dessous de la table est tout gribouillé.* ◆ **n.m.plur.** ❶ Sous-vêtements féminins. ❷ Ce que l'on ne dit pas, ce qui est tenu secret. *Il avait du mal à comprendre ce qui se passait car il ne connaissait pas les dessous de l'affaire.*
▸ REM. *Dessous* forme avec *au-*, *ci-*, *par-* des mots que l'on trouvera à leur ordre alphabétique.

dessous-de-plat **n.m.invar.** Support sur lequel on pose les plats, à table.

dessus **adv.** Sur quelque chose. *Mets les légumes au fond du panier et les fruits fragiles dessus.* ◆ **n.m.** La partie supérieure, située en haut de quelque chose. *Leur mère cachait les cadeaux sur le dessus de l'armoire.* • **Avoir le dessus, prendre, reprendre le dessus :** dans une compétition, un combat, l'emporter, reprendre l'avantage.
▸ REM. *Dessus* forme avec *au-*, *ci-*, *par-* des mots que l'on trouvera à leur ordre alphabétique.

dessus-de-lit **n.m.invar.** Grande pièce de tissu qu'on met sur un lit pour le recouvrir et le protéger. SYN. couvre-lit.

déstabiliser **v.** (CONJUG. 3). Faire perdre de sa stabilité, de son équilibre. *Les révoltes incessantes ont déstabilisé le pays.*

destin **n.m.** ❶ Puissance qui semble régler la vie des hommes, le cours des choses. *Le destin a voulu qu'ils se rencontrent trop tard.* SYN. fatalité, sort. ❷ Ensemble des événements qui forment l'existence d'un être humain, indépendamment de sa volonté. *Cette grande comédienne eut un destin tragique.* SYN. destinée.

dessin animé : *Toy Story 3* de Lee Unkrich, 2010

destinataire **n.** ❶ La personne à qui est adressé un envoi. *Écrivez lisiblement le nom du destinataire.* CONTR. expéditeur. ❷ La personne qui reçoit le message envoyé par l'émetteur. → VOIR AUSSI **récepteur.**

destination **n.f.** ❶ L'endroit où l'on se rend, où l'on envoie quelque chose. *Nous sommes arrivés à destination. Ce sont des lettres à destination de l'étranger.* ❷ Emploi, utilisation prévus pour quelque chose. *La destination première du Louvre était d'être une résidence royale.*

destinée **n.f.** ❶ Ensemble des événements qui forment la vie d'un être humain, indépendamment de sa volonté. *La rencontre d'une femme a bouleversé sa destinée.* SYN. destin. ❷ Puissance qui semble régler la vie des hommes, le cours des choses. SYN. sort.

destiner **v.** (CONJUG. 3). ❶ Déterminer l'avenir de quelqu'un. *Rien ne le destinait particulièrement à une carrière médicale.* ❷ Fixer l'usage, l'emploi de quelque chose. *Elle destine cet argent à l'achat d'une voiture.* SYN. réserver. ❸ *Être destiné à quelqu'un*, lui être adressé en particulier. *Le premier paragraphe de la lettre t'est destiné, lis-le.*

destituer **v.** (CONJUG. 3). Priver quelqu'un de ses attributions, lui retirer ses fonctions. *Le ministère a destitué un général.* SYN. révoquer. *Le Parlement a destitué le Président.* SYN. déposer.

destitution **n.f.** Le fait de destituer quelqu'un, d'être destitué.

destrier **n.m.** Nom donné, au Moyen Âge, aux chevaux de bataille.

HISTOIRE DU MOT Vient de l'ancien français *destre* qui signifiait « main droite », car le cheval était conduit de la main droite par l'écuyer.

destructeur, trice **adj.** Qui détruit. *La tempête a été destructrice : aucune maison n'a été épargnée !*

A B C D E F G H I J K L M N O P Q R S T U V W X Y Z

destruction **n.f.** Le fait de détruire, d'être détruit. *Ces armes terribles peuvent provoquer la destruction de toute une ville. Ordonner la destruction d'un immeuble.* SYN. démolition.

désuet, ète **adj.** Qui est tombé en désuétude. *Le baisemain est une coutume désuète.* SYN. démodé, suranné.

désuétude **n.f.** • **Tomber en désuétude :** ne plus être utilisé, être vieilli. *L'électrophone est un appareil tombé en désuétude. Un mot qui tombe en désuétude.*

désuni, e **adj.** Qui n'est plus uni, qui est divisé par la mésentente. *Une famille désunie.*

désunion **n.f.** Le fait d'être désuni. *Il faut tout faire pour éviter la désunion au sein de notre groupe.* SYN. désaccord, mésentente.

désunir **désunissant, désuni v.** (CONJUG. **16**). Faire cesser la bonne entente entre des personnes. SYN. diviser.

détachable **adj.** Qu'on peut détacher. *Les feuilles détachables d'un bloc de papier.*

détachant, e **adj.** et **n.m.** Qui sert à enlever les taches.

détaché, e **adj.** Qui montre de l'indifférence, du désintérêt. *Il nous écoutait parler de lui d'un air détaché.* SYN. indifférent. • **Pièce détachée :** pièce que l'on peut acheter séparément pour remplacer une pièce défectueuse d'un appareil, d'un véhicule.

détachement **n.m.** ❶ Attitude, comportement d'une personne détachée. *Répondre avec détachement.* SYN. indifférence. ❷ Groupe de militaires ou de policiers détachés d'une troupe et envoyés en mission spéciale. *Un détachement est parti en reconnaissance à la frontière.*

1 détacher **v.** (CONJUG. **3**). Enlever les taches. *Il porte son costume chez le teinturier pour le faire détacher.* SYN. nettoyer.

HISTOIRE DU MOT Vient de *tache.*

2 détacher **v.** (CONJUG. **3**). ❶ Défaire ce qui était attaché, enlever les liens, les attaches. *Détacher un wagon d'un train.* SYN. décrocher. *Détacher un prisonnier.* CONTR. attacher. ❷ Envoyer quelqu'un en mission. *L'entreprise a détaché un responsable pour enquêter sur place.* ❸ *Détacher des syllabes, des mots,* c'est les articuler nettement sans les lier. ◆ **se détacher** **v.pron.** ❶ Défaire ses liens. *Le prisonnier a réussi à se détacher.* ❷ Rompre un lien affectif. *Il s'est peu à peu détaché de sa famille.* CONTR. s'attacher. ❸ Apparaître de manière distincte, ressortir sur un fond. *Les montagnes se détachent sur l'horizon.*

HISTOIRE DU MOT Vient de l'ancien français *destachier,* qui signifiait « dégager de ce qui attachait ».

détail **n.m.** (PLUR. : **détails**). ❶ Partie d'un tout, élément d'un ensemble qui peut être considéré comme secondaire. *Les détails d'un tableau. Raconte-moi ton histoire et surtout n'oublie aucun détail. Ne t'inquiète pas pour ça, c'est un détail* (= ce n'est pas important). ❷ Énumération précise, liste de tous les éléments d'un ensemble. *Donne-moi le détail de tes dépenses.* ❸ *Vendre* ou *acheter au détail,* c'est vendre ou acheter en petites quantités ou à l'unité, par opposition au *gros.*

détaillant, e **n.** Commerçant qui vend au détail. *Les détaillants achètent leurs marchandises aux grossistes.*

détaillé, e **adj.** *Une description, un récit détaillés* sont précis et contiennent de nombreux détails. CONTR. sommaire, vague.

détailler **v.** (CONJUG. **3**). ❶ Décrire dans les moindres détails ; examiner minutieusement. *Il nous a détaillé toutes les phases de sa maladie. Elle détaillait tous les gens qui entraient.* SYN. dévisager. ❷ Vendre au détail. *Le marchand ne détaille pas les assiettes, il vend le service entier.*

détaler **v.** (CONJUG. **3**). (Familier) Se sauver, s'enfuir très vite. *Le lapin a détalé devant le chasseur.* SYN. déguerpir, filer.

détartrage **n.m.** L'action de détartrer. *Le chauffe-eau a besoin d'un détartrage. Les dentistes conseillent de faire faire un détartrage régulier des dents.*

détartrant **n.m.** Produit qui détartre.

détartrer **v.** (CONJUG. **3**). Enlever, dissoudre le tartre. *Le dentiste m'a détartré les dents. Détartrer une cafetière électrique.*

détaxe **n.f.** Suppression ou diminution d'une taxe. *On peut bénéficier de détaxes sur certains produits dans les aéroports.*

détaxer **v.** (CONJUG. **3**). Diminuer ou supprimer les taxes sur une marchandise.

détecter **v.** (CONJUG. **3**). Découvrir l'existence de ce qui est caché, le déceler. *Les pompiers, alertés par l'odeur, ont détecté la fuite de gaz à temps.*

HISTOIRE DU MOT Vient de l'anglais *to detect* qui signifie « découvrir ».

détecteur **n.m.** Appareil qui sert à détecter. *Les militaires utilisent des détecteurs de mines.*

détection **n.f.** L'action de détecter. *La détection d'avions ennemis a été rendue possible grâce au radar.*

détective **n.** Personne dont le métier est de mener des enquêtes pour le compte de particuliers. *Hercule Poirot est le célèbre détective des romans d'Agatha Christie.*

déteindre **déteignant, déteint v.** (CONJUG. **49**). ❶ Perdre sa couleur d'origine. *Le parasol a déteint au soleil.* ❷ Communiquer sa couleur à autre chose. *Tes chaussettes rouges vont déteindre sur ton pantalon blanc.* ❸ Influencer quelqu'un, le pousser à nous ressembler. *Son optimisme a déteint sur nous.*

statue du célèbre **détective** Sherlock Holmes (Londres)

dételer v. (CONJUG. 12, ✎ *11*). ❶ Détacher des animaux attelés. ❷ Séparer des véhicules de leur attelage. *Dételer des wagons.*

détendre ou **se détendre** **détendant, détendu** **v.** (CONJUG. **46**). ❶ Relâcher ce qui était tendu. *Détends un peu la corde, sinon elle va se casser !* ❷ Faire disparaître la tension nerveuse, la fatigue. *Ces quelques jours de vacances l'ont détendue.* SYN. délasser. *La soirée avait mal commencé ; heureusement, ses plaisanteries ont détendu l'atmosphère.*

détendu, e **adj.** Qui n'est plus tendu, qui est moins énervé, moins fatigué. *Elle a passé une bonne nuit, elle est très détendue ce matin.* SYN. apaisé, calme.

détenir **détenant, détenu v.** (CONJUG. **20**). ❶ Avoir quelque chose en sa possession, le garder. *Nous cherchons la personne qui détient les clés du coffre. Il détient le record du monde de saut en hauteur.* ❷ Garder prisonnier. *Les ravisseurs ont détenu leur otage pendant deux semaines.*

détente **n.f.** ❶ Relâchement brusque de ce qui était tendu. *Les tapettes pour attraper les souris fonctionnent grâce à la détente d'un ressort.* ❷ Pièce d'une arme à feu qui sert à faire partir le coup en agissant sur la gâchette. *Il avait le doigt sur la détente.* ❸ Le fait de se décontracter, de prendre du repos après une période de tension. *J'ai bien travaillé, j'ai besoin d'un peu de détente.*

détenteur, trice **n.** Personne qui détient quelque chose. *Être le détenteur d'un secret. Qui sera la prochaine détentrice du record du monde féminin ?*

détention **n.f.** ❶ Le fait de détenir, d'avoir en sa possession. *Elle a été arrêtée pour détention illégale d'arme à feu.* ❷ Le fait d'être détenu, emprisonné. *Il est sorti de prison après six mois de détention.*

détenu, e **n.** Personne qui est retenue en captivité, en prison. *Les détenus se sont mutinés.* SYN. prisonnier.

détergent, e **adj.** et **n.m.** Qui nettoie, qui dissout les saletés. *Un produit détergent pour la vaisselle.*

détérioration **n.f.** Action de détériorer quelque chose, fait de se détériorer. *Les journaux soulignent la détérioration des relations entre les deux pays.* SYN. dégradation.

détériorer **v.** (CONJUG. **3**). Mettre quelque chose en mauvais état. *Le matériel a été détérioré pendant le transport.* SYN. abîmer, endommager. ◆ **se détériorer** **v.pron.** ❶ Subir des dommages et nécessiter des réparations. *Les fresques se détériorent à cause de l'humidité.* SYN. s'abîmer. ❷ *Un état, une situation qui se détériorent* deviennent moins bons, se gâtent. SYN. se dégrader.

HISTOIRE DU MOT Vient du latin *deterior* qui signifie « pire » ; *se détériorer*, c'est « devenir pire ».

1 déterminant, e **adj.** Qui amène à se déterminer, à agir. *Je lui ai fourni un argument déterminant.* SYN. décisif.

2 déterminant **n.m.** En grammaire, tout mot qui précède le nom et l'introduit dans la phrase. *Les articles, les adjectifs démonstratifs, possessifs et indéfinis sont des déterminants.* → VOIR encadré ci-dessous.

détermination **n.f.** Attitude déterminée, décidée d'une personne. *Le boxeur s'avançait avec détermination vers son adversaire.*

déterminé, e **adj.** ❶ Qui est bien défini, qui ne peut varier. *Un avion accepte un nombre déterminé de passagers.* SYN. fixé, précis. ❷ Qui a pris une décision et s'y tient. *Je vois bien à ton air déterminé que je ne te ferai pas changer d'avis.* SYN. décidé, résolu. CONTR. indécis, irrésolu.

Les déterminants

Élément du groupe du nom, placé avant le nom, le **déterminant** est généralement **variable en genre et en nombre**. Il permet souvent de distinguer le masculin du féminin et le singulier du pluriel.

Les articles

	singulier masculin	*singulier* féminin	*pluriel*	*exemples*
▪ **article défini** Il est utilisé pour désigner un être, une chose connus ou déjà identifiés.	**le, l'**	**la, l'**	**les**	***Le*** **camion.** ***L'*****auto.** ***La*** **voiture.** ***Les*** **vélos.**
▪ **article défini contracté** Il est combiné à la préposition *à*.	**au** (à + le)		**aux** (à + les)	**Aller** ***au*** **marché.**
▪ **article indéfini** Il désigne un être ou une chose dont on parle pour la première fois ou dont on ne précise pas l'identité.	**un**	**une**	**des**	**C'était** ***un*** **jour de printemps.** ***Des*** **enfants jouaient.**
▪ **article partitif** Il est formé de la préposition *de* et de l'article défini. Il désigne une partie d'un tout ou une quantité.	**du** **de l'**	**de la** **de l'**	**des**	**J'ai acheté** ***du*** **pain.** **Avoir** ***de l'*****argent.**

(suite page suivante)

A B C D E F G H I J K L M N O P Q R S T U V W X Y Z

Les déterminants (suite)

Les autres déterminants

Les déterminants adjectifs sont des mots qui remplissent une fonction semblable à celle des articles.

▪ **Les adjectifs possessifs :** ils indiquent une relation entre le nom qu'ils déterminent et un autre nom ou pronom. La forme de l'adjectif possessif varie selon la personne, le genre et le nombre.

personne	*singulier*		*pluriel*	*exemples*
	masculin	*féminin*		
je	**mon**	**ma**	**mes**	***Mon*** **chapeau,** ***ma*** **canne,** ***mes*** **gants.**
tu	**ton**	**ta**	**tes**	***Ton*** **chapeau,** ***ta*** **canne,** ***tes*** **gants.**
il, elle	**son**	**sa**	**ses**	***Son*** **chapeau,** ***sa*** **canne,** ***ses*** **gants.**
nous	**notre**		**nos**	***Notre*** **livre,** ***nos*** **livres.**
vous	**votre**		**vos**	***Votre*** **livre,** ***vos*** **livres.**
ils, elles	**leur**		**leurs**	***Leur*** **livre,** ***leurs*** **livres.**

Mon, ton, son s'emploient aussi devant des noms féminins singuliers commençant par une voyelle ou un ***h*** muet :

Mon **aventure /** ***Mon*** **histoire.**

▪ **Les adjectifs démonstratifs :** ils permettent de désigner, de montrer l'être ou l'objet dont il s'agit. Ils varient en genre et en nombre avec le nom qu'ils déterminent.

singulier		*pluriel*	*exemples*
masculin	*féminin*		
ce, cet	**cette**	**ces**	**Je veux** ***ce*** **livre.** ***Cet*** **homme est mon père.** ***Ces*** **garçons sont gentils.** ***Cette*** **histoire est amusante.** ***Ces*** **filles sont gentilles.**

Cet s'emploie devant un nom masculin commençant par une voyelle ou un ***h*** muet :

Cet **individu /** ***Cet*** **hiver.**

▪ **Les adjectifs indéfinis :** ce sont des mots comme **aucun**, **quelque**, **certain**, **tout**, **chaque**, qui indiquent une quantité, une répartition :

Pierre vient ***chaque*** **dimanche.** ***Aucun*** **élève n'est venu.**

▪ **Les adjectifs numéraux :**

– les ***adjectifs numéraux cardinaux*** permettent de dénombrer : **un** (ou **une**), **deux**, **trois**, **quatre**, **cinq**… ;
– les ***adjectifs numéraux ordinaux*** donnent un rang : **premier** (ou **première**), **deuxième**, **troisième**, **quatrième**, **cinquième**…

▪ **Les adjectifs interrogatifs** et **exclamatifs** indiquent sur quel mot porte l'interrogation ou l'exclamation.

	singulier	*pluriel*	*exemples*
masculin	**quel**	**quels**	***Quel*** **livre veux-tu ?** ***Quels*** **beaux tableaux !**
féminin	**quelle**	**quelles**	***Quelle*** **heure est-il ?** ***Quelles*** **aventures !**

déterminer v. (CONJUG. 3). ❶ Définir, indiquer avec précision. *On n'a pas réussi à déterminer les causes de l'accident.* SYN. établir. ❷ Pousser quelqu'un à faire quelque chose. *Le beau temps l'a déterminé à sortir se promener.* SYN. décider, inciter. ◆ **se déterminer** v.pron. Choisir de faire telle chose ; prendre une résolution. *Elle s'est déterminée à tout avouer.* SYN. se décider.

déterré, e n. • (Familier) **Avoir une tête, une mine de déterré :** avoir très mauvaise mine.

déterrer v. (CONJUG. 3). Sortir de la terre. *Le chien a déterré un os.* • **Déterrer la hache de guerre :** déclarer la guerre, entrer en conflit avec quelqu'un (par allusion à la coutume des Indiens d'Amérique du Nord qui enterraient la hache de guerre en temps de paix et la déterraient avant la guerre).

détestable adj. Qui a tout pour déplaire, qui est très désagréable, très mauvais. *Un caractère détestable. Un temps détestable.* SYN. exécrable.

détester v. (CONJUG. 3). Ne pas aimer du tout quelqu'un ou quelque chose, les avoir en horreur. *Elle déteste marcher sous la pluie. Je le déteste.* CONTR. adorer.

détonant, e adj. Qui produit une détonation, une explosion. *Certains gaz forment un mélange détonant.* ▶ REM. Attention, un seul *n*.

détonateur n.m. Dispositif qui permet de faire exploser une charge, un engin. *Le détonateur d'une charge de dynamite.*

détonation n.f. Bruit violent d'une explosion. *On entendit une détonation ; « c'est un coup de fusil », dit mon père.*

détoner **v.** (CONJUG. 3). Exploser en faisant un bruit violent. *En faisant des expériences de chimie, mon frère a fait détoner un mélange gazeux.*
▸ REM. Ne pas confondre avec *détonner.*

détonner **v.** (CONJUG. 3). ❶ Chanter ou jouer faux, faire des fausses notes. ❷ Ne pas être en harmonie, produire un effet choquant. *Tu devrais changer la table en plastique, elle détonne au milieu des meubles en bois.* SYN. jurer.
▸ REM. Ne pas confondre avec *détoner.*
HISTOIRE DU MOT Vient de *ton.*

détour **n.m.** ❶ Trajet qui va d'un point à un autre sans emprunter la voie la plus directe. *Nous avons été obligés de faire des détours pour éviter les encombrements.* ❷ Ce que l'on dit pour éviter de s'exprimer franchement, directement. *Après bien des détours, il nous dit enfin ce qu'il désirait. Parlez-moi sans détour !* • **Au détour du chemin :** à l'endroit où il tourne.

détourné, e **adj.** Qui n'est pas direct, qui fait des détours. *Un sentier détourné. Elle nous a adressé des reproches de façon détournée.* SYN. indirect.

détournement **n.m.** ❶ Le fait de détourner quelque chose, de le faire changer de direction. *Le détournement d'un cours d'eau. Un détournement d'avion.* ❷ Le fait de détourner une somme d'argent. *Le caissier a été arrêté pour détournement de fonds.* SYN. vol. • **Détournement de mineur :** délit consistant, pour un adulte, à abuser d'un enfant mineur.

détourner **v.** (CONJUG. 3). ❶ Faire changer de direction. *La circulation est détournée pendant les travaux.* SYN. dévier. *Des terroristes ont détourné un avion* (= ils l'ont obligé à prendre une autre direction). *Quand elle le vit entrer, elle détourna les yeux.* ❷ Écarter quelqu'un de sa voie, de ses projets ou de son milieu. *Rien ne peut le détourner de son travail.* SYN. détacher. ❸ *Détourner de l'argent*, c'est le voler alors qu'on en est responsable. • **Détourner la conversation :** la diriger vers un autre sujet. ◆ **se détourner** **v.pron.** Se tourner d'un autre côté. *Il se détourna pour qu'on ne voie pas ses larmes.*

détracteur, trice **n.** Personne qui critique, qui dénigre violemment. *Les partisans et les détracteurs d'un projet.*

détraqué, e **adj.** Dont le mécanisme est cassé, qui ne fonctionne plus. *Des pendules détraquées traînaient dans un coin de la boutique.* ◆ **n.** et **adj.** (Familier) Personne atteinte de troubles mentaux. *Fais attention à lui, c'est un détraqué, et il peut être dangereux !* SYN. déséquilibré.

détraquer **v.** (CONJUG. 3). ❶ Casser un mécanisme, en empêcher le fonctionnement. *Tu as complètement détraqué le réveil.* SYN. dérégler. ❷ (Familier) Nuire à la santé de quelqu'un, à l'équilibre de son esprit. *Cette histoire l'a totalement détraqué, il n'est plus comme avant.* ◆ **se détraquer** **v.pron.** Ne plus fonctionner ou fonctionner mal. • (Familier) **Le temps se détraque :** il ne correspond pas à ce qu'il devrait être.

détremper **v.** (CONJUG. 3). Mouiller, imprégner d'un liquide. *Le sol est détrempé par les pluies.*

détresse **n.f.** ❶ Sentiment d'abandon, de solitude. *La détresse des réfugiés.* SYN. désarroi. ❷ Situation dangereuse, qui nécessite un secours d'urgence. *Le port a reçu l'appel d'un navire en détresse.* SYN. en perdition. *Certaines associations aident les familles dans la détresse.* SYN. malheur.

détriment **n.m.** • **Au détriment de :** en faisant du tort. *Elle a fait une erreur au détriment de Jean.* SYN. aux dépens de.

détritus **n.m.** Ce que l'on jette, que l'on met à la poubelle. *Il y avait un tas de détritus dans la cour.* SYN. ordures.
▸ REM. On prononce le *-s.*
HISTOIRE DU MOT Vient du latin *detritus* qui signifie « usé, broyé ».

détroit **n.m.** Bras de mer étroit entre deux terres. *Le détroit de Gibraltar sépare l'Espagne du continent africain et unit la mer Méditerranée à l'océan Atlantique.*
HISTOIRE DU MOT Vient du latin *districtus* qui signifie « serré ».

détromper **v.** (CONJUG. 3). Faire comprendre à quelqu'un qu'il se trompe, le tirer de son erreur. *Elle a cru qu'elle était invitée et personne n'a osé la détromper* (= lui dire que ce n'était pas le cas).

détrôner **v.** (CONJUG. 3). ❶ Chasser un roi, un empereur. SYN. déposer, destituer. ❷ Prendre la place de quelque chose. *Le rock a détrôné la valse dans les bals.*

détrousser **v.** (CONJUG. 3). Dépouiller quelqu'un de ce qu'il porte sur lui. *Mandrin était un bandit qui détroussait les riches pour donner aux pauvres.*
▸ REM. Ce mot appartient à la langue soutenue.

détruire **détruisant, détruit** **v.** (CONJUG. 60). ❶ Démolir, réduire à l'état de ruines, anéantir. *Les bombardements de la Seconde Guerre mondiale ont détruit de nombreuses villes. Sa maison a été entièrement détruite par le feu.* SYN. ravager. ❷ Faire périr. *Les paysans mettent dans les champs des produits pour détruire les parasites.* SYN. tuer. ❸ Nuire gravement à la santé physique ou à l'équilibre moral. *La drogue le détruit petit à petit.* ◆ **se détruire** **v.pron.** ❶ Se donner la mort, se suicider. ❷ Se faire du mal psychologiquement.

dette **n.f.** ❶ Somme d'argent que l'on doit à quelqu'un. *Payer ses dettes* (= rembourser ce qu'on doit). ❷ *Avoir une dette envers quelqu'un*, c'est lui être reconnaissant de quelque chose. *Tu m'as aidé, j'ai une dette envers toi.*

deuil **n.m.** ❶ Douleur, tristesse que l'on éprouve à la suite du décès de quelqu'un. *Après cette catastrophe, le pays tout entier est en deuil.* ❷ Décès d'un proche. *Cette année, j'ai eu trois deuils dans ma famille.* • (Familier) **Faire son deuil de quelque chose :** se résigner à ne pouvoir l'obtenir, y renoncer. *Étant donné l'humeur de ton père, tu peux faire ton deuil de ta sortie au cinéma.*
HISTOIRE DU MOT Vient du latin *dolere* qui signifie « souffrir » et que l'on retrouve dans *douleur.*

deux **adj. numéral invar.** et **n.m.invar.** Un plus un. *Son fils a deux mois. Le tome deux d'un livre. Rendez-vous le deux du mois prochain.* • (Familier) **À nous deux ! :** phrase de défi que l'on adresse à celui qu'on veut affronter. • (Familier) **En moins de deux :** très vite. *Elle a fait son travail en moins de deux.* • (Familier) **Jamais deux sans trois :** ce qui arrive deux fois risque d'arriver une troisième fois.

▸ REM. 1. À *deux* correspondent l'élément tiré du latin *ambi-*, que l'on retrouve dans *ambidextre, ambigu*, l'élément tiré du latin *bi-*, que l'on retrouve dans *bicyclette, bipède*, et l'élément tiré du grec *di-*, que l'on retrouve dans *diphtongue*. 2. S'écrit 2 en chiffres arabes et II en chiffres romains.

deuxième **adj. numéral** et **n.** Qui occupe un rang, une place marqués par le numéro deux. *J'ai fini le deuxième chapitre de mon livre. Il est toujours deuxième, il voudrait bien être premier. Elle est la deuxième sur la liste.*

▸ REM. On dit plutôt *deuxième* quand l'ensemble contient plus de deux éléments *(le deuxième étage)* et *second* s'il n'en a que deux *(la Seconde Guerre mondiale)*.

deuxièmement **adv.** Sert à introduire le deuxième point d'une explication, d'une énumération.

deux-mâts **n.m.invar.** Voilier à deux mâts. *La goélette est un deux-mâts.*

deux-mâts

deux-pièces **n.m.invar.** ❶ Maillot de bain porté par les femmes qui comporte un soutien-gorge et un slip. ❷ Appartement qui comporte deux pièces, en plus de la cuisine et de la salle de bains.

deux-points **n.m.invar.** Signe de ponctuation formé de deux points superposés (:) qui se place avant une énumération ou une explication.

deux-roues **n.m.invar.** Véhicule à deux roues. *Le vélo, la moto, le scooter sont des deux-roues.*

dévaler **v.** (CONJUG. 3). Descendre très vite. *Il était pressé et dévala l'escalier. Lors de l'éboulement, des blocs de pierre ont dévalé jusqu'à la route.*

dévaliser **v.** (CONJUG. 3). ❶ Voler tout ce qu'a quelqu'un, cambrioler un local en emportant beaucoup

des **deux-roues**

de choses. *Des cambrioleurs ont dévalisé la bijouterie pendant la nuit.* ❷ (Familier) *Dévaliser une boutique*, c'est acheter une grosse partie des marchandises qu'elle contient. *Les touristes ont dévalisé les boutiques de souvenirs.*

HISTOIRE DU MOT Vient de *valise*.

dévaloriser **v.** (CONJUG. 3). Accorder à quelque chose ou à quelqu'un moins de valeur qu'ils n'en ont. *Il dévalorise tout ce que je fais.* SYN. critiquer. *Cesse de dévaloriser ta sœur.* SYN. déprécier. ◆ **se dévaloriser** **v.pron.** ❶ Perdre de sa valeur. *Cette monnaie est en train de se dévaloriser.* ❷ Mettre en avant ses défauts plutôt que ses qualités, ne pas montrer ses capacités. *Pierre passe son temps à se dévaloriser alors qu'il est capable de bien faire.*

dévaluation **n.f.** Le fait de dévaluer une monnaie.

dévaluer **v.** (CONJUG. 3). Diminuer la valeur d'une monnaie par rapport aux monnaies étrangères.

devancer **devançant, devancé v.** (CONJUG. 4). ❶ Arriver avant, ou faire quelque chose avant quelqu'un. *Tu m'as devancée, j'allais poser la même question.* ❷ Être devant, distancer dans l'espace ou dans un classement. *Marie-José s'est échappée du peloton et devance les autres.* SYN. précéder. *Notre équipe devance la leur de dix points.*

devant **prép.** et **adv.** En avant, vers l'avant. *Pour marcher, il faut mettre un pied devant l'autre. Regarde devant toi quand tu marches, tu éviteras les réverbères. « Où est Annie ? – Devant, c'est elle qui ouvre le chemin. »* ◆ **n.m.** La partie d'une chose qui se trouve en avant. *Il a embouti le devant de sa voiture.* • **Prendre les devants :** faire quelque chose avant quelqu'un pour l'empêcher d'agir. *Quand il a compris que j'allais lui faire des reproches, il a pris les devants.*

▸ REM. *Devant* forme avec *au-, ci-, par-* des mots que l'on trouvera à leur ordre alphabétique.

devanture **n.f.** La partie d'un magasin où les articles sont exposés au regard des passants. *Les enfants s'arrêtent à la devanture de la librairie.* SYN. étalage, vitrine.

dévastateur, trice **adj.** Qui dévaste. *Des inondations dévastatrices.*

dévaster **v.** (CONJUG. 3). Provoquer de très grands dégâts. *La guerre a dévasté le pays.* SYN. ravager. *Les orages ont dévasté les cultures.* SYN. anéantir, détruire, ruiner.

déveine **n.f.** (Familier) Malchance.

développement n.m. ❶ Le fait de se développer, de grandir. *Ce secteur industriel connaît un grand développement.* SYN. croissance. *La science fait des progrès rapides grâce au développement de la recherche.* SYN. essor. ❷ Distance que parcourt une bicyclette à chaque tour complet de pédalier. ❸ L'opération par laquelle on développe une pellicule. *Après le développement, on procède au tirage de la photo.* ❹ Exposé détaillé d'un sujet. *Votre introduction est bonne, mais votre développement n'est pas suffisant.* ❺ Suite, prolongement d'un événement. *Le scandale connaît de nouveaux développements.* • **Développement durable :** façon d'organiser la vie des hommes qui tient compte de l'environnement et qui utilise les ressources naturelles de la Terre, tout en les préservant et en les entretenant.

développer v. (CONJUG. 3). ❶ Former, fortifier le corps ou l'esprit. *Un jeu qui développe la mémoire. Un sport qui développe les muscles du dos.* ❷ Assurer la croissance, augmenter l'importance de quelque chose. *Un industriel qui développe son usine.* ❸ *Développer une pellicule, un film, une photo*, c'est faire apparaître, grâce à un procédé chimique, les images fixées sur la pellicule. *Mon père a acheté du matériel pour pouvoir développer ses photos lui-même.* ❹ Exposer en détail. *Pourriez-vous développer un peu votre idée ?* ◆ **se développer** v.pron. ❶ Grandir, croître. *Ses biceps se sont développés.* ❷ Augmenter en nombre, en importance, en puissance. *Dans certaines conditions, les bactéries se développent très vite.* SYN. se multiplier. *Un secteur d'activité qui se développe.* SYN. grandir.

1 devenir devenant, devenu v. (CONJUG. 20). ❶ Passer d'un état à un autre, commencer à être ce qu'on n'était pas. *Nous deviendrons tous vieux un jour ou l'autre. Zoé est devenue chef d'équipe.* ❷ Avoir tel sort, tel avenir. *Je ne l'ai pas vu depuis longtemps, je ne sais pas ce qu'il est devenu* (= ce qui lui est arrivé, où il en est).

2 devenir n.m. Le futur, ce que les choses ou les êtres vont devenir. *Les écologistes s'inquiètent du devenir de l'homme et de la planète.* SYN. avenir.

dévergondé, e adj. et n. Qui ne respecte pas les règles de la morale, en particulier sexuelle, qui est sans pudeur.

se **dévergonder** v.pron. (CONJUG. 3). Adopter une conduite peu sérieuse, inconvenante.

déverrouiller v. (CONJUG. 3). ❶ Ouvrir en tirant le verrou. *Déverrouiller une porte.* ❷ Ôter un dispositif de verrouillage. *Le pilote déverrouille le train d'atterrissage de l'avion.*

déverser v. (CONJUG. 3). ❶ Verser en grande quantité, répandre. *Le camion déverse le contenu de sa benne dans la tranchée. Torrent qui déverse ses eaux dans un lac.* ❷ Amener en grand nombre. *Le train déverse des flots de voyageurs.*

dévêtir dévêtant, dévêtu v. (CONJUG. 22). Enlever ses vêtements ou certains vêtements à quelqu'un. *Tu peux dévêtir le bébé, il fait assez chaud dans cette pièce.* ◆ **se dévêtir** v.pron. Ôter ses vêtements. SYN. se déshabiller.

déviation n.f. ❶ Itinéraire mis en place pour dévier la circulation. *La route est en travaux, il faut emprunter la déviation.* ❷ Direction, position anormales que prennent certaines parties du corps. *Une déviation de la colonne vertébrale.*

dévider v. (CONJUG. 3). Dérouler, défaire ce qui était enroulé. *Le chat a dévidé la pelote.*

dévier v. (CONJUG. 7). ❶ Modifier la direction, le trajet de quelque chose. *Les gendarmes ont dévié la circulation à cause du passage de la course cycliste.* SYN. détourner. *Dévier une route.* ❷ S'écarter de la direction suivie, de son orientation. *Le bateau a dévié de sa route à cause de la tempête. La conversation a dévié sur la démission du ministre.*

devin n.m., **devineresse** n.f. Personne qui prétend être capable de prédire l'avenir, de faire de la divination. • **Je ne suis pas devin :** expression que l'on emploie pour dire qu'on ne sait pas ce que l'avenir réserve.

deviner v. (CONJUG. 3). ❶ Découvrir ce qui n'est pas dit, ce qui est caché, en faisant appel à son intuition ou à sa logique. *Je devine ce qui va se passer. Devine qui vient dîner.* ❷ Distinguer à peine. *On devinait sa présence derrière le rideau.*

devinette n.f. Jeu qui consiste à poser des questions et à faire deviner la réponse. « *Voici une devinette : qu'est-ce qui est blanc en l'air et jaune par terre ? – Un œuf.* »

devis n.m. Évaluation détaillée de ce que coûtera un travail ; document présentant cette évaluation. *Avant d'entreprendre des travaux dans la maison, ma mère a demandé un devis à l'entrepreneur.*

dévisager dévisageant, dévisagé v. (CONJUG. 5). Regarder quelqu'un avec insistance ou curiosité. *J'étais gênée, il m'a dévisagée pendant tout le repas !*

1 devise n.f. Formule qui exprime une pensée, une règle de conduite, un idéal. « *Liberté, Égalité, Fraternité* » *est la devise de la République française.* → VOIR encadré ci-dessous.

2 devise n.f. Monnaie considérée par rapport à son taux de change. *L'euro, le dollar, le yen sont des devises. Acheter des devises* (= de la monnaie étrangère).

Les devises de quelques nations

Afrique du Sud	**« L'union fait la force »**
Allemagne	**« Unité, Droit et Liberté »**
Belgique	**« L'union fait la force »**
Brésil	**« Ordre et Progrès »**
Canada	**« D'un océan à l'autre »**
Québec	**« Je me souviens »**
Espagne	**« Une, Grande, Libre »**
États-Unis	**« En Dieu notre confiance »**
France	**« Liberté, Égalité, Fraternité »**
Grande-Bretagne	**« Dieu et mon droit »**
	« Honni soit qui mal y pense »
Inde	**« La vérité l'emportera »**
Portugal	**« Le bien de la nation »**
Suisse	**« Un pour tous, tous pour un »**

a b c d e f g h i j k l m n o p q r s t u v w x y z

A B C D E F G H I J K L M N O P Q R S T U V W X Y Z

deviser v. (CONJUG. 3). Discuter, s'entretenir avec quelqu'un. *Nous devisions gaiement de choses et d'autres lorsque son père entra.* SYN. bavarder, converser.
▸ REM. Ce mot appartient à la langue soutenue.

dévisser v. (CONJUG. 3). ❶ Défaire ce qui est vissé. *Dévisser le couvercle d'un bocal.* ❷ En montagne, lâcher prise et faire une chute.

de visu adv. En constatant quelque chose de ses propres yeux.

HISTOIRE DU MOT Mots latins qui signifient « d'après ce que l'on a vu ».

dévitaliser v. (CONJUG. 3). *Dévitaliser une dent*, c'est enlever le nerf qui la rend vivante.

dévoiler v. (CONJUG. 3). ❶ Enlever le voile qui recouvre un objet. *Lorsqu'il dévoila la statue, l'assistance applaudit.* ❷ Révéler ce qui était caché, ce qui était tenu secret. *L'identité des criminels n'a pas été dévoilée. Elle n'a dévoilé à personne ce qu'elle voulait faire.* SYN. révéler.

1 devoir devant, dû v. (CONJUG. 30). ❶ Avoir à donner une somme d'argent à quelqu'un. *Je dois 2,50 euros à Stéphane, il me les a prêtés hier. « C'est tout ce qu'il vous faut ? – Oui, merci, je vous dois combien ? »* → VOIR **dû**. ❷ Avoir une obligation envers quelqu'un. *Je me suis trompé, je vous dois des excuses.* ❸ Être redevable de quelque chose à quelqu'un, en bénéficier grâce à lui. *Ils m'ont sauvé, je leur dois la vie.* ❹ S'emploie suivi d'un autre verbe pour indiquer l'obligation, l'intention ou la possibilité. *On doit être à l'heure* (= il le faut). *Marie doit venir ce soir* (= elle a dit qu'elle viendrait). *Ils sont en retard, ils ont dû avoir une panne* (= ils ont probablement eu une panne).

2 devoir n.m. ❶ Ce à quoi on est obligé par la loi ou par la morale. *Voter fait partie des devoirs du citoyen. Elle considère que c'est un devoir d'aider les malheureux.* ❷ Travail écrit qu'un professeur fait faire à ses élèves. *Je n'arriverai jamais à faire tous mes devoirs !*

1 dévolu, e adj. *Être dévolu à quelqu'un, à quelque chose*, c'est lui être destiné, réservé. *Cette tâche lui était dévolue.*

2 dévolu n.m. • **Jeter son dévolu sur quelqu'un, sur quelque chose** : fixer son choix sur quelqu'un ou quelque chose. *Elle a jeté son dévolu sur ce tableau, c'est celui qu'elle veut acheter.*

dévorer v. (CONJUG. 3). ❶ Manger en déchirant avec les dents. *Le lion dévora sa proie.* ❷ Manger avec voracité. *Les enfants ont dévoré leurs sandwichs.* ❸ Détruire, ravager. *Les mites ont dévoré mon pull. Le feu a dévoré la forêt.* ❹ *Être dévoré par un sentiment, une sensation*, c'est les éprouver au plus haut point. *Être dévoré par la jalousie, la soif, la curiosité.* • **Dévorer des yeux** : regarder avec convoitise, gourmandise, admiration. *Il dévorait le gâteau des yeux.* • **Dévorer un livre** : le lire avec avidité et rapidement. *Elle a dévoré « Cinq Semaines en ballon ».*

combat de saint Michel avec le **diable** Lucifer (miniature du XVe siècle)

dévot, e adj. et n. Qui observe scrupuleusement les pratiques religieuses.
▸ REM. Il n'y a pas d'accent circonflexe sur le *o*.

dévotion n.f. ❶ Le fait d'être très attaché à la religion et à ses pratiques. SYN. piété. ❷ *Être à la dévotion de quelqu'un*, c'est lui être entièrement dévoué, être prêt à satisfaire ses moindres désirs.

HISTOIRE DU MOT Vient du latin *devotio* qui signifie « dévouement ».

dévoué, e adj. Qui manifeste son attachement, son affection par ses actes. *Benoît est un ami dévoué, je peux compter sur lui quoi qu'il m'arrive.* SYN. empressé, serviable.

dévouement n.m. L'attitude d'une personne qui se dévoue. *Les infirmières s'occupent des malades avec dévouement.*
▸ REM. Attention au *-e-*.

se **dévouer** v.pron. (CONJUG. 3). ❶ Se consacrer à quelque chose, à quelqu'un, leur donner tout son temps. *Il s'est entièrement dévoué aux sans-abri.* ❷ Accepter de faire une chose désagréable ou difficile, par sacrifice, par gentillesse. *C'est toujours moi qui me dévoue pour faire la vaisselle !*

dextérité n.f. ❶ Habileté à faire quelque chose avec ses mains. *La dextérité d'un prestidigitateur.* SYN. adresse. ❷ Au figuré, adresse, habileté dans la manière d'agir. *Il a mené l'affaire avec dextérité.* CONTR. maladresse.

HISTOIRE DU MOT Vient du latin *dexter* qui signifie « qui est à droite ».

diabète n.m. Maladie caractérisée par une présence trop importante de sucre dans le sang et dans les urines.

diabétique **adj.** et **n.** Qui a du diabète.

diable **n.m.** ❶ Personnage qui représente l'esprit du mal dans certaines religions ou croyances. *Satan, Lucifer, Belzébuth, Méphistophélès, le Malin sont différents noms donnés au diable. Le diable est souvent représenté avec des oreilles pointues et une queue fourchue.* → VOIR AUSSI **démon.** ❷ Enfant turbulent et espiègle. *Cet enfant est un vrai petit diable, il ne reste jamais une minute en place !* → VOIR AUSSI **diablesse.** ❸ S'emploie pour renforcer une question, pour marquer son étonnement. *« Que diable allait-il faire dans cette galère ? »* (*les Fourberies de Scapin*, Molière). ❹ Petit chariot à deux roues basses pour transporter des objets. • **Au diable :** très loin. *Elle habite au diable !* • **De tous les diables :** extrême, très fort et insupportable. *Il fait un bruit de tous les diables avec sa machine.* • **Tirer le diable par la queue :** avoir des difficultés d'argent. • **Un pauvre diable :** un homme qui inspire la pitié.

diablement **adv.** (Familier) Très, extrêmement. *Ta valise est diablement lourde !*

diablesse **n.f.** Petite fille turbulente et espiègle.

diablotin **n.m.** Petit diable.

diabolique **adj.** Qui rappelle le diable, qui est rusé, inquiétant.

diacre **n.m.** ❶ Chez les catholiques, homme qui aide le prêtre au cours de la messe. ❷ Chez les protestants, laïc qui s'occupe des pauvres et des biens de l'Église.

diadème **n.m.** Bijou en forme de demi-cercle, orné de pierreries et posé sur les cheveux. *La reine portait un diadème de diamants.*

diagnostic **n.m.** Identification d'une maladie d'après ses symptômes. *Quel est le diagnostic du médecin ?*

diagnostiquer **v.** (CONJUG. **3**). Faire le diagnostic d'une maladie. *Le médecin a diagnostiqué une rougeole.*

diagonale **n.f.** Droite qui joint deux sommets opposés dans un quadrilatère, un polygone. *Les diagonales d'un carré ou d'un rectangle se coupent en leur milieu.* • **En diagonale :** en biais, en passant par le milieu d'un endroit. *Il traversa la place en diagonale.*

diagramme **n.m.** Représentation schématique d'une série de statistiques. *On utilise des diagrammes circulaires, semi-circulaires, à bandes ou à bâtons.*

HISTOIRE DU MOT Vient du grec *diagramma* qui signifie « dessin ».

dialecte **n.m.** Variante régionale d'une langue. → VOIR AUSSI **patois.**

dialogue **n.m.** ❶ Conversation entre deux ou plusieurs personnes, sur un sujet précis. *Le dialogue entre les ambassadeurs reprendra demain.* SYN. entretien. *Le dialogue est impossible avec lui.* SYN. discussion. ❷ L'ensemble des paroles qu'échangent les personnages d'une pièce de théâtre, d'un film, d'un récit. → VOIR AUSSI **monologue.**

HISTOIRE DU MOT Vient du grec *dialogos*, de *logos* qui signifie « parole ».

dialoguer **dialoguant, dialogué v.** (CONJUG. **6**). Converser, avoir un dialogue avec quelqu'un. *Il ne sait pas dialoguer avec ses enfants* (= leur parler et les écouter).

dialoguiste **n.** Personne qui écrit les dialogues d'un film.

diamant **n.m.** ❶ Pierre précieuse en général transparente et incolore, très dure, constituée de carbone pur cristallisé. *On taille les diamants pour en faire des bijoux. Un collier de diamants.* ❷ Pointe de cette pierre utilisée dans certaines techniques. *Couper le verre avec un diamant.*

diamant

ENCYCLOPÉDIE Le diamant est la plus recherchée des pierres précieuses. On le trouve dans des mines au Botswana, en Australie, en Russie, etc. Il est surtout connu pour son utilisation en joaillerie où on le taille pour le rendre brillant.

diamantaire **n.** Personne qui taille ou vend des diamants.

diamétralement **adv.** • **Diamétralement opposé :** tout à fait, entièrement opposé. *Je suis d'un avis diamétralement opposé au tien.* SYN. totalement.

diamètre **n.m.** Segment de droite qui passe par le centre d'un cercle, d'une sphère, et qui s'arrête à la courbe. *Le diamètre d'un cercle est égal à deux fois son rayon.*

diantre **interj.** Mot qui marque l'étonnement, l'admiration, le mécontentement. *Que diantre faisiez-vous là-bas ?*

▸ REM. Ce mot ancien s'emploie dans le langage littéraire ou par plaisanterie.

diapason **n.m.** Petit instrument d'acier en forme de fourche qui donne le *la* lorsqu'on le fait vibrer. *L'accordeur utilise un diapason pour accorder un piano.* • **Se mettre au diapason :** adopter les manières de ceux avec qui l'on se trouve. *Il s'est tout de suite mis au diapason : il a enlevé sa veste et a dansé avec nous !*

diaphane **adj.** Qui laisse passer la lumière mais n'est pas tout à fait transparent. *De la porcelaine diaphane.*

HISTOIRE DU MOT Vient du grec *diaphainein*, « laisser entrevoir ».

diaphragme **n.m.** Muscle qui sépare la poitrine de l'abdomen et dont les contractions permettent la respiration. *Le hoquet est dû à une contraction subite du diaphragme.*

diaporama **n.m.** Projection de diapositives accompagnée d'un montage sonore, d'un commentaire ou de musique.

diapositive **n.f.** Photographie sur support transparent, que l'on projette sur un écran. *Passer des diapositives.*

A B C D E F G H I J K L M N O P Q R S T U V W X Y Z

diapré, e **adj.** Qui a des couleurs vives et chatoyantes. *Peau-d'Âne parut dans sa robe diaprée.*
▸ REM. Ce mot appartient à la langue soutenue.
HISTOIRE DU MOT Vient de l'ancien français *diaspre* qui signifiait « drap à fleurs ».

diarrhée **n.f.** Trouble des intestins qui rend les excréments liquides et oblige à aller fréquemment à la selle.
▸ REM. Attention, *-rrh-*.

diaspora **n.f.** ❶ (Avec une majuscule.) L'ensemble des communautés juives établies hors de Palestine depuis le VIe siècle après J.-C. ou qui ne vivent pas en Israël de nos jours. ❷ Toute dispersion d'un peuple, d'une ethnie, à travers le monde. *La diaspora arménienne, la diaspora grecque.*
HISTOIRE DU MOT C'est un mot grec qui signifie « dispersion ».

diatribe **n.f.** Critique violente, parfois injurieuse. *Il s'est lancé dans une longue diatribe contre la publicité à la télévision.*
▸ REM. Ce mot appartient à la langue soutenue.
HISTOIRE DU MOT Vient d'un mot grec qui signifie « discussion ».

dicotylédone **n.f.** et **adj.** Plante à fleurs dont la graine contient deux cotylédons. *Les roses sont des dicotylédones.*

dictateur **n.m.** ❶ Chef d'État qui détient tous les pouvoirs et les exerce de manière autoritaire. *« Le Dictateur » est un film de Charlie Chaplin qui caricature Adolf Hitler.* ❷ Personne trop autoritaire. → VOIR AUSSI **despote, tyran.**

dictatorial, ale, aux **adj.** Qui se rapporte à la dictature. *Un pouvoir dictatorial.*

dictature **n.f.** Régime politique mis en place par un dictateur. *Les dictatures sont le contraire des démocraties.*

dictée **n.f.** Exercice scolaire d'orthographe au cours duquel les élèves écrivent un texte lu par le professeur. *Benoît a fait zéro faute dans sa dictée.* • **Écrire sous la dictée :** écrire ce que quelqu'un dicte. *Le secrétaire écrivait sous la dictée du ministre.*

dicter **v.** (CONJUG. 3). ❶ Dire à voix haute des mots, un texte à quelqu'un qui les écrit au fur et à mesure. *Je vais vous dicter l'énoncé du problème.* ❷ *Dicter sa conduite à quelqu'un*, c'est lui dire ce qu'il doit faire.

diction **n.f.** Manière de dire un texte, d'articuler les mots. *L'acteur avait une très mauvaise diction.*
SYN. élocution.
HISTOIRE DU MOT Vient du latin *dicere* qui signifie « dire ».

dictionnaire **n.m.** Livre qui regroupe un certain nombre de mots d'une langue classés par ordre alphabétique et qui donne leur définition ou leur traduction dans une autre langue.
ENCYCLOPÉDIE On distingue les *dictionnaires monolingues* (en une seule langue) et les *dictionnaires bilingues* (en deux langues). Parmi les dictionnaires monolingues, on peut consulter des *dictionnaires de langue* (ou dictionnaires de mots) et des *dictionnaires encyclopédiques* (ou dictionnaires de choses).

dicton **n.m.** Courte phrase qui traduit une opinion générale devenue proverbiale. *« En avril, ne te découvre pas d'un fil » est un dicton.*

didacticiel **n.m.** Logiciel pédagogique.

dièse **n.m.** Signe musical qui, placé devant une note, indique qu'il faut l'élever d'un demi-ton.

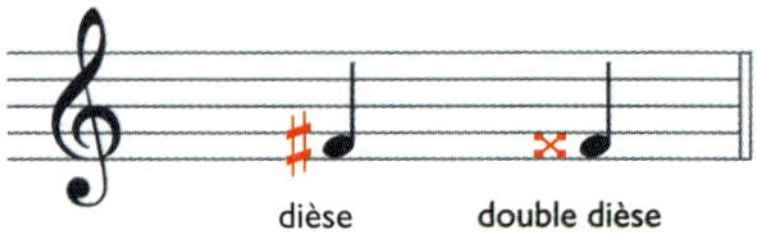

dièse

diesel, ✎ ***diésel*** **n.m.** Moteur qui fonctionne avec du gazole ; véhicule équipé de ce genre de moteur. *Les véhicules équipés d'un diesel sont polluants.*
▸ REM. On prononce [djezɛl].
HISTOIRE DU MOT Vient de *Rudolf Diesel*, nom de l'inventeur de ce moteur.

diète **n.f.** Régime au cours duquel on ne mange que certains aliments, pour des raisons médicales. *Le médecin m'a mise à la diète, je n'ai plus droit qu'au bouillon de poireaux !*

diététicien, enne **n.** Spécialiste de diététique.
→ VOIR AUSSI **nutritionniste.**

diététique **n.f.** La science des régimes alimentaires. ◆ **adj.** Qui concerne la diététique. *Une épicerie diététique.*

dieu **n.m.** ❶ Dans les religions polythéistes, être supérieur à l'homme, qui a des pouvoirs surnaturels et des attributs particuliers. *Poséidon, dieu grec de la Mer, avait pour attribut un trident.* → VOIR encadré ci-contre. ❷ (Avec une majuscule et sans article.) Dans les religions monothéistes, être suprême, éternel, tout-puissant, créateur de l'univers. *Prier Dieu.* ❸ Personne considérée comme exceptionnelle, à qui l'on voue une sorte de culte. *Pour Cédric, son père est un dieu.* • **Dieu merci, grâce à Dieu :** expriment le soulagement. *Dieu merci, tu n'étais pas chez toi quand l'immeuble a brûlé.* • **On lui donnerait le bon Dieu sans confession :** il a l'air doux et gentil, mais ce n'est qu'une apparence.
▸ REM. Au mot *Dieu* correspond l'élément tiré du grec *théo-* que l'on retrouve dans des mots comme *théologie*.
ENCYCLOPÉDIE Dans l'Antiquité, les Grecs et les Romains avaient de nombreux dieux et déesses, dominés par un maître, appelé *Zeus* chez les Grecs, *Jupiter* chez les Romains. Les peuples de Mésopotamie et les Égyptiens adoraient eux aussi plusieurs dieux. C'est dans l'histoire des Hébreux (et dans la Bible qui en fait le récit) qu'apparaît un Dieu unique, qui exclut tout autre objet d'adoration. Ce dieu universel n'est plus le dieu d'un seul peuple mais celui que les Hébreux doivent faire connaître au monde entier. C'est ce Dieu qui, pour les chrétiens, s'est incarné en Jésus et qui, pour les musulmans, a dicté le Coran à Mahomet.

Zeus, **dieu** suprême des Grecs (monnaie)

diffamation **n.f.** L'action de diffamer ; propos qui attaque la réputation, l'honneur de quelqu'un. *Vous dites que je triche ? C'est de la diffamation.* SYN. calomnie.

diffamatoire **adj.** *Des propos diffamatoires* ont pour but de diffamer quelqu'un.

diffamer **v.** (CONJUG. **3**). Porter atteinte par ses propos à la réputation, à l'honneur de quelqu'un. SYN. calomnier.

HISTOIRE DU MOT Vient du latin *fama* qui signifie « renommée » ; *diffamer quelqu'un*, c'est « porter atteinte à sa renommée ».

différé **n.m.** *Une émission en différé* est diffusée après avoir été enregistrée. *Le match était transmis en différé.* CONTR. en direct. → VOIR **différer.**

différemment **adv.** De manière différente. *Je te répondrai quand tu te comporteras différemment.* SYN. autrement.

différence **n.f.** ❶ Ce qui distingue une chose ou une personne d'une autre chose ou d'une autre personne. *Le jeu consiste à trouver toutes les différences entre les deux images.* CONTR. ressemblance. ❷ Écart entre deux nombres ; résultat d'une soustraction. *Ils ont une grande différence d'âge. Il me doit 30 euros mais il ne m'en a donné que 20 ; il me paiera la différence une autre fois.* • **Faire la différence :** faire une distinction entre deux choses ou deux personnes.

Dieux grecs et romains

grecs	romains
Aphrodite	Vénus
Apollon	Apollon
Arès	Mars
Artémis	Diane
Asclépios	Esculape
Athéna	Minerve
Cronos	Saturne
Déméter	Cérès
Dionysos	Bacchus
Éros	Cupidon
Hadès	Pluton
Héphaïstos	Vulcain
Héra	Junon
Hermès	Mercure
Hestia	Vesta
Perséphone	Proserpine
Poséidon	Neptune
Zeus	Jupiter

• **Faire des différences :** ne pas avoir la même attitude avec l'un ou avec l'autre.

différencier **v.** (CONJUG. **7**). Distinguer des êtres ou des choses grâce à leurs différences. *On différencie ces deux champignons par la couleur de leur chapeau.* ◆ **se différencier** **v.pron.** ❶ Acquérir des caractères distinctifs. *Des cellules qui se différencient.* ❷ Montrer qu'on est différent des autres.

différend **n.m.** Désaccord entre des personnes dû à des divergences d'opinions, de points de vue. *Ils ont eu un différend avec le directeur à propos des horaires.* ▸ REM. Ne pas confondre avec *différent*.

différent, e **adj.** ❶ Qui présente des différences avec une autre chose ou une autre personne. *Aline est très différente de son frère, elle n'aime pas les mêmes choses.* ❷ Qui est autre, qui n'est pas pareil. *Depuis qu'elle a changé de travail, elle est différente* (= elle n'est plus la même). ◆ **adj.plur.** Divers, plusieurs. *Il a terminé les différents travaux qu'il a entrepris.* SYN. divers. *Différentes personnes sont entrées dans la pièce en même temps.* SYN. plusieurs.
▸ REM. 1. Comparer *des personnes différentes* et *différentes personnes*. 2. Ne pas confondre avec *différend* et avec le participe présent du verbe *différer*.

1 différer **v.** (CONJUG. **9**, ✎ *10*). Remettre à plus tard. *Différer un rendez-vous.* SYN. reculer, repousser, retarder.

2 différer **v.** (CONJUG. **9**, ✎ *10*). ❶ Ne pas être semblable, être différent. *Les habitudes alimentaires diffèrent selon les pays.* ❷ Ne pas être du même avis. *Boris et Camille diffèrent sur ce point.*
▸ REM. Comparer *elle a un sac différant un peu du tien* et *elle a un sac un peu différent du tien*.

difficile **adj.** ❶ Qui exige des efforts. *Cet exercice est trop difficile, je n'arrive pas à le faire !* SYN. compliqué. CONTR. facile. ❷ Qui n'est pas facile à contenter ; qui se montre souvent désagréable. *Tu ne veux pas de cette casquette, tu es bien difficile.* SYN. exigeant. ❸ Qui est pénible, dur à vivre. *C'est un moment difficile pour elle, elle vient de perdre son petit chien.* SYN. douloureux. ◆ **n.** • **Faire le difficile, la difficile :** être trop exigeant.

difficilement **adv.** Avec difficulté. *Nous avancions difficilement sous la pluie et dans le vent.*

difficulté **n.f.** ❶ Caractère de ce qui est difficile. *Cette question est d'une grande difficulté, il n'arrivera pas à la résoudre.* SYN. complexité. ❷ Ce qui est difficile, ce qui pose des problèmes. *Nous avons triomphé de toutes les difficultés.* SYN. obstacle. • **Être en difficulté :** être dans une situation difficile. *Le bateau était en difficulté, il lançait des S.O.S.*

difforme **adj.** Qui n'a pas une forme normale. *Un corps difforme.* SYN. contrefait.

difformité **n.f.** Malformation du corps, d'une partie du corps. *Être atteint d'une difformité dans le dos.*

diffus, e **adj.** Qui se répand dans toutes les directions en perdant de sa force. *Une douleur diffuse. Une lumière diffuse.*

A B C D E F G H I J K L M N O P Q R S T U V W X

diffuser v. (CONJUG. 3). ❶ Répandre dans toutes les directions et de façon régulière. *L'abat-jour diffuse une lumière agréable. La cheminée diffuse la chaleur dans toute la pièce.* ❷ Transmettre au moyen de la presse, de la radio, de la télévision. *Les journaux ont diffusé la nouvelle dans tout le pays.*

diffuseur n.m. Récipient permettant à un parfum, à un insecticide de se répandre lentement dans une pièce. *Un diffuseur de lavande en terre cuite.*

diffusion n.f. Action de diffuser. *Ce film passe en première diffusion à la télévision ce soir. Les livres permettent la diffusion des idées.*

digérer v. (CONJUG. 9, ✎ *10*). ❶ Assimiler les aliments au cours de la digestion. *Elle ne mange jamais d'oignons parce qu'elle ne les digère pas.* ❷ Au figuré, assimiler par l'intelligence. *Prendre le temps de digérer ce que l'on a appris.* ❸ (Familier) Accepter, admettre quelque chose. *Je n'ai pas encore digéré le sale coup qu'il m'a fait.*

digeste adj. Facile à digérer. *Le concombre n'est pas très digeste.*

1 digestif, ive adj. Qui concerne la digestion. *Avoir des troubles digestifs* (= avoir du mal à digérer). *Le foie, l'estomac, l'intestin font partie des organes de l'appareil digestif.*

2 digestif n.m. Alcool, liqueur que l'on prend après le repas.

digestion n.f. L'ensemble des actions mécaniques (mastication) et des réactions chimiques que les aliments subissent dans l'appareil digestif pour pouvoir être assimilés par l'organisme. *Une digestion difficile.*

digital, ale, aux adj. *Les empreintes digitales* sont les traces qu'on laisse sur un objet avec le bout de ses doigts. *Chaque personne a des empreintes digitales particulières.*

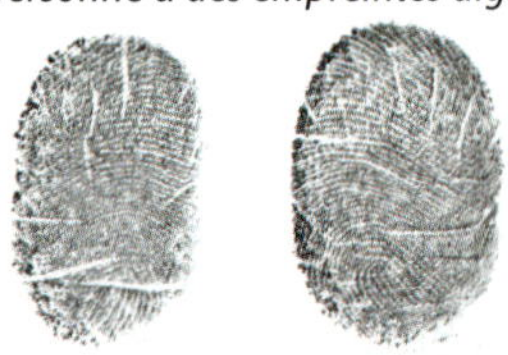

empreintes digitales

digitale n.f. Plante dont les fleurs de couleur pourpre, jaune ou blanche, disposées en grappes, ressemblent aux doigts d'un gant. *La digitale contient un produit très toxique.*

digne adj. ❶ Qui inspire le respect par son attitude grave ou pleine de retenue. *Elle est restée très digne malgré sa douleur.* ❷ *Être digne de quelqu'un*, c'est correspondre à ce qu'il est, à ses qualités profondes. *Ce n'est pas digne de toi d'avoir fait cette mauvaise action.* ❸ *Être digne de quelque chose*, c'est le mériter. *Tu peux t'adresser à lui, c'est un homme digne de confiance.*

dignement adv. D'une manière digne. *Il garda dignement le silence devant les critiques.*

dignitaire n.m. Personne qui occupe une très haute fonction. *Les évêques, les archevêques, les cardinaux sont des dignitaires de l'Église.*
▸ REM. Au Canada, ce mot s'emploie aussi au féminin.

dignité n.f. ❶ Attitude d'une personne digne. *Elle a répondu avec dignité à ses attaques.* ❷ Respect que l'on doit à toute personne ; respect de soi-même. *La torture est une atteinte à la dignité de l'être humain.* ❸ Très haute fonction occupée par une personne. *La plus haute dignité de l'État est la présidence de la République.*

digression n.f. Développement qui s'écarte du sujet. *Une rédaction pleine de digressions.*

digue n.f. Construction qui sert à arrêter les eaux de la mer ou à régulariser le cours d'un fleuve.

diktat, ✎ ***dictat*** n.m. Ce qui est imposé par la force, en général dans le domaine des relations internationales. *Au moment de la Seconde Guerre mondiale, l'Allemagne a voulu imposer son diktat à l'Europe.*
▸ REM. On prononce le *-t* final.

HISTOIRE DU MOT C'est un mot allemand qui signifie « ce qui est ordonné ».

dilapidation n.f. L'action de dilapider quelque chose.

dilapider v. (CONJUG. 3). Dépenser, gaspiller jusqu'à ce qu'il ne reste rien. *Il a dilapidé la fortune de son père en deux mois !*

dilatation n.f. Le fait de se dilater. *As-tu déjà remarqué la dilatation des pupilles du chat dans l'obscurité ?*

dilater v. (CONJUG. 3). ❶ Augmenter le volume d'une substance, d'un matériau. *La chaleur dilate le mercure à l'intérieur du thermomètre.* ❷ Agrandir l'ouverture de quelque chose. *Pour observer l'œil, le médecin y met un produit qui dilate la pupille.* ◆ **se dilater** v.pron. Augmenter de volume ou s'agrandir. *Le métal se dilate sous l'action de la chaleur. Quand nous respirons fort, nos narines se dilatent.*

dilemme n.m. Obligation de choisir entre deux solutions qui comportent chacune des inconvénients. *Je suis devant un dilemme : je ne sais quel parti prendre.*
▸ REM. Attention, deux *m*.

dilettante n. Personne qui s'adonne à une activité ou à un art pour son seul plaisir. *Il fait de la peinture en dilettante.* SYN. amateur.

HISTOIRE DU MOT C'est un mot italien qui signifie « qui se délecte à faire quelque chose ».

diligence n.f. ❶ Empressement à faire quelque chose. *Travailler avec diligence. S'il vous plaît, faites diligence* (= allez vite). ❷ Véhicule tiré par des chevaux qui servait autrefois au transport des voyageurs. *La*

digue

diligence était une voiture très rapide et s'appelait au tout début « carrosse de diligence ».
▶ REM. Au sens 1, ce mot appartient à la langue soutenue ou littéraire.

diluant **n.m.** Produit pour diluer la peinture, les vernis.

diluer **v.** (CONJUG. 3). Ajouter un liquide à une substance pour qu'elle soit moins concentrée. *La peinture à l'huile se dilue avec un solvant.*

dilution **n.f.** Action de diluer un produit. *La dilution du vernis se fait mieux en ajoutant du solvant.*

diluvien, enne **adj.** *Une pluie diluvienne*, c'est une pluie très forte, très abondante.

HISTOIRE DU MOT Vient du latin *diluvium*, « déluge ».

dimanche **n.m.** Le septième jour de la semaine. *Tous les dimanches matin je fais de la bicyclette.*

HISTOIRE DU MOT Vient du latin *dies dominicus* qui signifie « le jour du Seigneur ».

dîme, ✎ ***dime*** **n.f.** Autrefois, en France, impôt qui était versé par les paysans au clergé. *La dîme a été abolie en 1789.*

dimension **n.f.** Taille d'un objet, chacune des mesures d'un espace. *Il a pris les dimensions de la fenêtre pour faire des rideaux. La dimension de la statue m'a impressionnée, je l'imaginais plus petite.* • **La quatrième dimension :** le temps, en particulier dans la science-fiction. *Elle a voyagé dans la quatrième dimension et s'est retrouvée au Moyen Âge.*
▶ REM. La première dimension est celle des lignes, la deuxième, celle des surfaces, et la troisième, celle des volumes.

diminué, e **adj.** Qui n'a plus toutes ses aptitudes physiques ou intellectuelles. *Depuis son accident, il est très diminué.*

diminuer **v.** (CONJUG. 3). ❶ Rendre ou devenir moins grand, moins important. *Diminuer la flamme du gaz.* SYN. réduire. *Les réserves de nourriture diminuaient, ils n'auraient bientôt plus à manger.* SYN. baisser. *Les jours diminuent, c'est l'automne.* SYN. raccourcir. ❷ Déprécier, réduire le mérite de quelqu'un. *Il cherche toujours à diminuer sa sœur.* SYN. rabaisser.

diminutif **n.m.** ❶ Mot formé à partir d'un autre mot pour donner une idée de petitesse, un sens plus faible. *« Maigrelet » est un diminutif de « maigre », « maisonnette » est un diminutif de « maison ».* ❷ Nom formé à partir du nom d'une personne et qu'on emploie par affection, tendresse ou moquerie gentille. *« Alex » est le diminutif d'Alexandre.*

diminution **n.f.** Action ou fait de diminuer. *Les employés ont protesté contre la diminution des salaires.* SYN. réduction. *La limitation de la vitesse sur les routes devrait entraîner une diminution du nombre d'accidents.* SYN. baisse.

dinde **n.f.** La femelle du dindon. *La dinde aux marrons est un plat traditionnel de Noël en France.*

HISTOIRE DU MOT Vient de *poule d'Inde*, cet animal étant originaire d'Amérique, qu'on appelait « les Indes occidentales ».

dindon

dindon **n.m.** Oiseau gallinacé originaire d'Amérique du Nord et introduit en Europe au XVIe siècle. • **Être le dindon de la farce :** être la victime d'une plaisanterie, être dupé.

ENCYCLOPÉDIE Cri : le dindon glougloute. Femelle : la dinde. Petit : le dindonneau.

dindonneau **n.m.** Le petit du dindon.

1 dîner, ✎ ***diner*** **n.m.** ❶ Repas du soir. *Chez son oncle, le dîner est servi tous les soirs à huit heures.* ❷ Au Canada, en Suisse, en Belgique et en République démocratique du Congo, repas de midi.

2 dîner, ✎ ***diner*** **v.** (CONJUG. 3). ❶ Prendre le repas du soir. *Des amis viennent dîner à la maison ce soir.* ❷ Au Canada, en Suisse et en Belgique, prendre le repas de midi. SYN. déjeuner.

dînette, ✎ ***dinette*** **n.f.** ❶ Petit repas que les enfants font pour jouer. *Il joue à la dînette avec sa sœur.* ❷ Vaisselle miniature qui sert de jouet aux enfants. *Il a acheté une dînette à sa fille.*

dingue **adj.** et **n.** (Familier) Fou, bizarre. *Tu es dingue, tu ne feras jamais le tour de Paris en courant !*

dinosaure **n.m.** Reptile terrestre de l'ère secondaire, de taille et de forme très variées. → VOIR planche page suivante.

HISTOIRE DU MOT Vient du grec *deinos*, « terrible », et *sauros*, « lézard ».

diocèse **n.m.** Territoire dont s'occupe un évêque ou un archevêque. *Chaque église dépend d'un diocèse.*

diode **n.f.** • **Diode électroluminescente** → VOIR **LED.**

dioxyde **n.m.** • **Dioxyde de carbone :** gaz carbonique. → VOIR **carbonique.**

dioxygène **n.m.** Oxygène gazeux.

diphtérie **n.f.** Maladie contagieuse qui peut provoquer la mort par étouffement à cause de membranes qui se forment dans la gorge et l'obstruent.

diphtongue **n.f.** Voyelle formée de deux voyelles et qui se prononce en changeant de timbre au cours de l'articulation. *Dans le mot « moi », on entend la diphtongue « ou/a ».*

diplodocus **n.m.** Grand reptile herbivore préhistorique du groupe des dinosaures.

a b c d e f g h i j k l m n o p q r s t u v w x y z

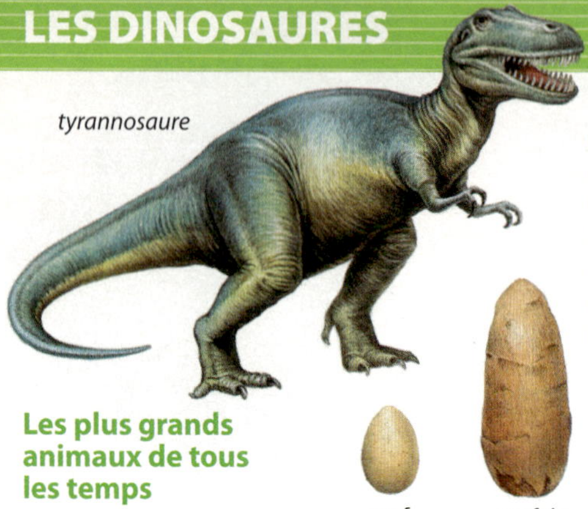

tyrannosaure

Les rois de la planète

Il y a plus de **200 millions d'années** que les dinosaures sont apparus sur la Terre. Ce sont tous des **reptiles** qui pondent des œufs à coquille dure. Leur peau imperméable est recouverte d'écailles. Leur taille et leur forme sont très diverses.

œuf de poule *œuf de protocératops*

struthiomimus

corythosaurus

Les plus grands animaux de tous les temps

Les plus gigantesques sont **herbivores**. Ainsi, le **diplodocus** (26 m de long pour 15 t) possède un cou démesuré qui lui permet de se nourrir à la cime des arbres. D'autres sont **carnivores**, comme le **tyrannosaure**. Certains courent rapidement sur deux pattes, et il existe même des reptiles proches des dinosaures, comme le ptéranodon, qui peuvent voler.

euplocéphalus

tricératops

Une disparition inexpliquée

L'extinction des dinosaures semble avoir été causée par la chute sur Terre d'une ou de plusieurs météorites qui auraient détruit la faune et la flore en provoquant un brutal **refroidissement du climat** terrestre. Mais d'autres hypothèses sont avancées, comme celle d'une éruption volcanique géante.
En tout cas, il y a 65 millions d'années, ces **sauriens** (à l'exception des lézards, des crocodiles et des tortues) laissent la place aux oiseaux et aux mammifères.

stégosaure

diplodocus

iguanodon

compsognathus

1 diplomate **n.** Personne qui représente son pays dans un pays étranger, dans les négociations internationales. *Les attachés d'ambassade sont des diplomates.*

2 diplomate **adj.** et **n.** Qui est habile, qui agit avec tact dans ses relations avec les autres. *Elle est diplomate, elle sait comment lui demander un effort sans qu'il se fâche.*

diplomatie **n.f.** ❶ Domaine de la politique qui s'occupe des relations entre les États. *La diplomatie essaie de trouver des solutions pacifiques aux problèmes internationaux.* ❷ Manière adroite de se comporter avec les autres. *Tu n'auras pas ce que tu veux par la force, essaie plutôt la diplomatie.* SYN. finesse, habileté.
▸ REM. On prononce [-masi].

diplomatique **adj.** Qui se rapporte à la diplomatie. *Les deux pays ont rompu leurs relations diplomatiques.*

diplôme **n.m.** Document qui atteste qu'une personne est arrivée au terme de ses études avec succès et qui lui confère un titre. *Elle a un diplôme de puéricultrice.*

HISTOIRE DU MOT Vient du grec *diplôma* qui signifie « papier plié en deux ».

diplômé, e **adj.** et **n.** Qui est titulaire d'un diplôme. *Une infirmière diplômée.*

1 dire **disant, dit v.** ❶ Prononcer des sons articulés, des mots. *Dites « Ah ! » pour que je voie le fond de votre gorge.* ❷ Transmettre une information, communiquer par la parole ou l'écrit. *Il m'a dit un secret.* SYN. confier. *Le journal ne dit rien sur l'accident d'avion* (= il n'en parle pas). *Je vous dis qu'elle est partie.* SYN. affirmer. ❸ Exprimer par une attitude, par des signes extérieurs. *Son silence en disait long sur ses pensées.* ❹ Plaire à quelqu'un, le tenter, lui faire envie. *Cela vous dit d'aller faire un tour ?* ❺ Évoquer, rappeler quelque chose ou donner une certaine impression. *Son nom ne vous dit rien ? Le ciel se couvre, on dirait qu'il va pleuvoir.* • **Cela va sans dire :** c'est naturel, évident. *Après tout ce que vous avez fait pour moi, je vous invite, cela va sans dire !* • **Dire que... ! :** exprime le regret, le dépit. *Dire que j'ai fait tout ce travail pour rien !* • **Pour tout dire :** en résumé. *Pour tout dire, votre travail est à refaire.* • **Soit dit en passant :** sans vouloir insister. *Soit dit en passant, il aurait pu faire l'effort de venir.* • **Vouloir dire :** signifier. *Qu'est-ce qu'il a voulu dire en faisant ce geste ? Que veut dire « love » en anglais ?*
◆ **se dire** **v.pron.** ❶ Être désigné par tel mot, dans une langue donnée. *« Chat » se dit « cat » en anglais.* ❷ Penser en soi-même. *Je me disais que ce serait bien d'aller pique-niquer.*

2 dire **n.m.** • **Au dire de :** d'après les propos, les affirmations de. *Au dire des spécialistes, sa maladie est incurable.* SYN. selon.

1 direct, e **adj.** ❶ Qui va d'un endroit à un autre sans détour, sans s'arrêter. *Il est arrivé avant moi parce qu'il a pris un chemin direct. Elle n'a pas pu prendre un train direct, elle a été obligée de changer à Fréjus.* ❷ Qui se passe d'intermédiaire. *Ici, vente directe de pommes, du producteur au consommateur.* ❸ Qui est étroitement lié à quelque chose. *Ce rhume est la conséquence directe de ta promenade sous la pluie.* ❹ Qui est sans détour, qui va droit au but. *C'est un homme direct, il te dira exactement ce qu'il pense de toi.* ❺ En grammaire, une *construction directe* n'est pas introduite par une préposition. *Complément d'objet direct.* CONTR. indirect.

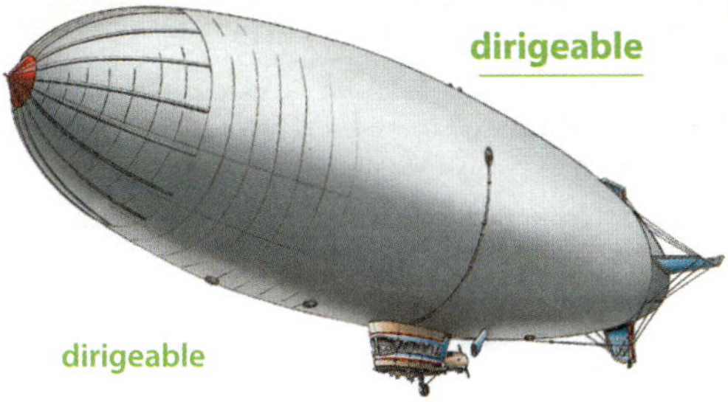
dirigeable

2 direct **n.m.** ❶ En boxe, coup donné en détendant brusquement le bras devant soi. ❷ À la radio ou à la télévision, diffusion d'un programme, d'un reportage au moment même où ils se font. *Le match a été retransmis en direct.* CONTR. en différé.

directement **adv.** ❶ D'une manière directe, sans faire de détour. *Rentrer directement à la maison après l'école.* ❷ Sans passer par un intermédiaire. *Adressez-vous directement au chef de chantier.*

directeur, trice **n.** Personne qui dirige une entreprise, une société, un établissement scolaire, une administration, un service, qui est à leur tête. *Directrice d'une école primaire. Directeur financier.*

directif, ive **adj.** Qui impose une ligne de conduite, qui donne des orientations très fermes. *Dans cette école, on applique une pédagogie directive.*

direction **n.f.** ❶ Sens dans lequel se déplace quelqu'un, quelque chose. *Il s'est perdu, il a pris la mauvaise direction. Elle marchait en direction de l'église* (= vers l'église). ❷ L'action de diriger, la fonction de directeur. *Elle a pris la direction de l'entreprise depuis un an. L'orchestre est placé sous la direction d'un nouveau chef.* ❸ Ensemble des services directement rattachés au directeur d'une entreprise, d'une administration. *Les syndicats ont négocié avec la direction.* ❹ Les pièces d'un véhicule qui permettent de le diriger. *Il a eu un accident car la direction de sa voiture était faussée.*

directives **n.f.plur.** Recommandations générales, ordres donnés par ceux qui dirigent. *En partant, il nous a laissé ses directives de façon à assurer la bonne marche du service.*

directorial, ale, aux **adj.** Du directeur, de la direction. *Le bureau directorial.*

dirigeable **n.m.** Ballon, gonflé à l'hydrogène, muni d'hélices et d'un système de direction.

ENCYCLOPÉDIE Le premier dirigeable date de 1852. D'abord utilisés pendant la Première Guerre mondiale, afin de servir d'éclaireurs à la marine de guerre, les dirigeables ont ensuite servi au transport de passagers, notamment pour la traversée de l'Atlantique. Les plus célèbres sont des dirigeables allemands, les *zeppelins*.

dirigeant, e **n.** et **adj.** Personne qui dirige une société, un parti politique, etc.

diriger **dirigeant, dirigé v.** (CONJUG. **5**). ❶ Avoir des responsabilités de direction, d'autorité, de commandement. *Elle dirige l'entreprise de son père. Il dirige l'orchestre de l'Opéra.* ❷ Faire aller de tel ou tel côté. *Il dirigea sa voiture vers le centre-ville. On nous a dirigés vers la sortie.* SYN. orienter. *La présentatrice a très bien dirigé le débat.* SYN. conduire, mener. ◆ **se diriger v.pron.** Avancer dans telle ou telle direction. *Les invités se dirigèrent vers le salon.*

discernement **n.m.** La capacité de juger avec justesse, bon sens. *Elle choisit ses amis avec discernement.*
▸ REM. Attention, *-sc-*.

discerner **v.** (CONJUG. **3**). ❶ Distinguer plus ou moins nettement, en faisant un effort de la vue. *Je n'arrive pas à discerner la maison à travers le brouillard.* ❷ Distinguer, percevoir par l'esprit. *Discerner le vrai du faux.*
▸ REM. Attention, *-sc-*.

disciple **n.** Personne qui suit l'enseignement d'un maître, qui adopte ses idées ou sa façon de vivre. *Les apôtres étaient des disciples de Jésus.*

HISTOIRE DU MOT Vient du latin *discipulus*, « élève », que l'on retrouve dans *condisciple, discipline, discipliné*.

disciplinaire **adj.** *Des mesures disciplinaires* sont prises à la suite d'un manquement à la discipline.

discipline **n.f.** ❶ Ensemble de règles de conduite, de lois qui régissent la vie d'un groupe pour y faire régner l'ordre. *Il a été renvoyé du collège pour manquement à la discipline.* ❷ Matière d'enseignement. *La physique et la chimie sont des disciplines scientifiques.*

HISTOIRE DU MOT Vient, comme *disciple*, du latin *discipulus*.

discipliné, e **adj.** Qui obéit à la discipline. *Des élèves disciplinés.* CONTR. dissipé, indiscipliné.

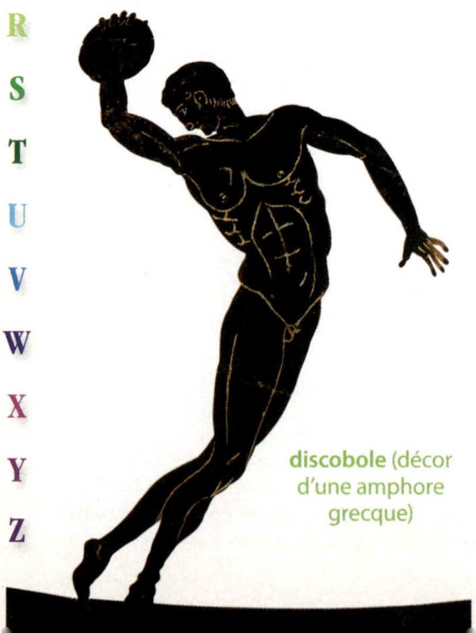

discobole (décor d'une amphore grecque)

disc-jockey **n.** (PLUR. : **disc-jockeys**). Personne responsable de l'animation musicale d'une discothèque ou d'une fête privée.
▸ REM. 1. C'est un mot anglais. On prononce [diskʒɔkɛ]. 2. Il vaut mieux dire *animateur*. 3. En abrégé, on dit et on écrit *DJ*.

disco **n.m.** Style de musique populaire spécialement destiné à la danse, né à la fin des années 1970.

discobole **n.m.** Dans la Grèce antique, athlète qui lançait le disque. *Les discoboles concouraient aux jeux Olympiques.*

discographie **n.f.** Ensemble des disques d'un compositeur, d'un interprète ou qui concernent un même thème.

discontinu, e **adj.** Qui comporte des interruptions. *Ligne discontinue.*

discontinuer **v.** (CONJUG. **3**). • **Sans discontinuer :** sans arrêt, sans interruption. *Il pleut sans discontinuer depuis trois jours.*

disconvenir **disconvenant, disconvenu v.** (CONJUG. **20**). • **Ne pas disconvenir de quelque chose :** être d'accord, ne pas le nier. *Il nous a très mal reçus, je n'en disconviens pas* (= je ne le conteste pas).
▸ REM. Ce mot appartient à la langue soutenue.

discordant, e **adj.** Qui manque d'harmonie, qui est désagréable à entendre. *Des sons discordants.* CONTR. harmonieux.

discorde **n.f.** Désaccord, parfois violent, qui oppose des personnes entre elles. *La politique est un éternel sujet de discorde entre eux.* SYN. dispute.
▸ REM. Ce mot appartient à la langue soutenue.

discothèque **n.f.** ❶ Lieu où l'on peut écouter des disques et danser, en consommant éventuellement des boissons. → VOIR AUSSI **boîte.** ❷ Lieu où l'on peut emprunter des disques. *La discothèque municipale a un bon choix de musiques de films.* ❸ Collection de disques. *Il a une discothèque énorme : au moins deux mille disques !*

discount **n.m.** Vente de produits à un prix inférieur à celui du circuit commercial normal.
▸ REM. 1. C'est un mot anglais, on prononce [diskunt] ou [diskawnt]. 2. Au Québec, on doit dire *rabais*.

discourir **discourant, discouru v.** (CONJUG. **21**). Parler longuement de quelque chose. *Il n'est plus temps de discourir, il faut agir.* SYN. bavarder.

discours **n.m.** Paroles prononcées en public pour une occasion particulière, sur un sujet déterminé. *Le maire a fait un discours pour l'inauguration du nouveau théâtre.* SYN. allocution. → VOIR AUSSI **conférence, exposé.**

discourtois, e **adj.** Qui manque de courtoisie. *Ce n'est pas parce que vous êtes de mauvaise humeur que vous devez être discourtois.* SYN. grossier, impoli.
▸ REM. Ce mot appartient à la langue soutenue.

discrédit **n.m.** • **Jeter le discrédit sur :** porter atteinte à la réputation, à l'honneur d'une personne ou d'un groupe. *Avec leurs manœuvres malhonnêtes, ces journalistes ont jeté le discrédit sur toute leur profession.*

discréditer v. (CONJUG. 3). Jeter le discrédit sur une personne, un groupe, une activité. *Ce mensonge l'a discrédité.* SYN. déconsidérer.

discret, ète adj. ❶ Qui ne se fait pas remarquer, qui n'attire pas l'attention. *Elle est très discrète, on l'a à peine entendue pendant la soirée.* SYN. réservé. *Porter une tenue discrète.* SYN. sobre. ❷ Qui sait garder un secret. *Christelle est discrète, tu peux te confier à elle.*

HISTOIRE DU MOT Vient du latin *discretus* qui signifie « capable de discerner, de juger ».

discrètement adv. De façon discrète, sans se faire remarquer. *Mets discrètement le cadeau dans l'assiette d'Émilie.*

discrétion n.f. ❶ Attitude d'une personne discrète, réservée. *Il s'est retiré de la pièce avec discrétion, pour les laisser seuls.* ❷ Faculté de savoir garder un secret. *Je compte sur ta discrétion, n'en parle à personne.* • **À discrétion :** à volonté, autant que l'on en veut. *Au menu : entrée, plat du jour, dessert ; pain à discrétion.*

discrimination n.f. Le fait de distinguer et de traiter différemment des personnes ou des groupes par rapport aux autres. *La discrimination raciale.* SYN. ségrégation. → VOIR Fiche **46.**

discriminatoire adj. *Des mesures discriminatoires* sont des règlements, des lois qui visent à introduire une discrimination entre des personnes. *Interdire aux femmes de voter était une mesure discriminatoire.*

disculper v. (CONJUG. 3). Prouver qu'une personne n'est pas coupable. *Le témoignage de sa voisine l'a disculpé.* SYN. innocenter. ◆ **se disculper** v.pron. Prouver son innocence.

HISTOIRE DU MOT Vient du latin *culpa* qui signifie « faute ».

discussion n.f. ❶ Échange de paroles, d'idées, d'avis en général différents. *Quel est le sujet de la discussion ? Ils ont eu une longue discussion à propos de leurs parents.* SYN. conversation, débat. ❷ Action de discuter une question. *La discussion d'un projet de loi au Parlement.*

discutable adj. Qui n'est pas sûr, qui offre matière à discussion. *L'existence des extraterrestres est discutable.* SYN. douteux. *Son point de vue sur la question est discutable.* SYN. contestable, critiquable.

discuter v. (CONJUG. 3). ❶ Échanger des propos, des idées ; parler avec d'autres personnes. *Elle a discuté avec lui jusqu'à une heure du matin.* SYN. bavarder. ❷ *Discuter un projet, une question, une affaire*, c'est les examiner en détail, en faire l'analyse critique. *Les députés ont longuement discuté le projet de loi sur le logement.* SYN. débattre de. ❸ Mettre en cause la justesse, l'intérêt de quelque chose. *Il faut toujours qu'il discute les ordres.* SYN. contester. *Cesse de discuter et mets-toi au travail.* SYN. protester.

disette n.f. Manque de ce qui est nécessaire pour vivre, en particulier de nourriture. *Jusqu'au XVIIe siècle en France, les disettes étaient fréquentes à cause des mauvaises récoltes.* → VOIR AUSSI **famine, pénurie.**

diseur, euse n. • **Diseur de bonne aventure :** personne qui prédit l'avenir.

disgrâce n.f. Perte de la considération et de la faveur dont on jouissait auprès de quelqu'un, du public. *Le député est tombé en disgrâce auprès de ses électeurs.* SYN. défaveur.

disgracier v. (CONJUG. 7). Retirer à une personne la confiance qu'on lui accordait. *La ministre a disgracié son conseiller.*

disgracieux, euse adj. Qui est sans grâce, sans élégance. *Une démarche disgracieuse.*
▸ REM. Sans accent circonflexe malgré *grâce* et *disgrâce*.

disjoindre disjoignant, disjoint v. (CONJUG. 49). ❶ Écarter, séparer ce qui était joint. *Le gel a disjoint les pierres.* ❷ Séparer, dissocier. *Disjoindre deux problèmes.*

disjoint, e adj. *Des pierres disjointes* ne sont plus jointes, soudées.

disjoncteur n.m. Appareil électrique qui interrompt automatiquement le courant lorsque la tension est trop forte.

dislocation n.f. État de ce qui est disloqué.

disloquer v. (CONJUG. 3). Détruire un assemblage en disjoignant violemment ses éléments. *Le choc a disloqué la voiture.* ◆ **se disloquer** v.pron. Se séparer, se disperser. *La manifestation s'est disloquée vers 17 h.* CONTR. se former.

disparaître, ✎ ***disparaitre*** disparaissant, disparu v. (CONJUG. 73). ❶ Cesser d'être visible, perceptible. *Le soleil disparaît derrière les nuages.* CONTR. apparaître. ❷ Être parti sans explications. *Romain a disparu depuis trois jours.* ❸ Ne plus être là sans que l'on sache pourquoi. *La lettre a disparu.* ❹ Ne plus exister. *La mode des crinolines a disparu. Les taches disparaissent au lavage.* ❺ Mourir. *C'est un grand acteur qui vient de disparaître.*

disparate adj. Qui manque d'unité, d'harmonie. *Son mobilier est disparate : table de ferme, chaises modernes et fauteuils en velours.* SYN. hétéroclite.

disparité n.f. Grande différence entre des choses ou des personnes que l'on compare. *Malgré les lois, il y a encore des disparités de salaires entre les hommes et les femmes.*

disparition n.f. Le fait de disparaître. *La disparition de l'enfant remonte à trois jours. La disparition des douleurs.* SYN. fin. *Il n'est plus le même depuis la disparition de son ami.* SYN. mort. *En France, les corbeaux sont une espèce en voie de disparition* (= il n'y en a presque plus).

disparu, e adj. et n. Qui est mort ou considéré comme mort. *Pendant la guerre, de nombreux soldats ont été portés disparus. On déplore neuf disparus dans le naufrage.*

a b c d e f g h i j k l m n o p q r s t u v w x y z

A B C D E F G H I J K L M N O P Q R S T U V W X Y Z

dispendieux, euse adj. Qui entraîne des dépenses importantes. *Le fonctionnement de ce nouveau ministère est très dispendieux.* SYN. coûteux, onéreux. ▸ REM. Ce mot appartient à la langue soutenue, mais il est très courant au Québec.

HISTOIRE DU MOT Vient du latin *dispendium* qui signifie « dépense ».

dispensaire n.m. Établissement médical où l'on donne des soins gratuits ou peu coûteux aux malades.

dispense n.f. Autorisation spéciale qui permet de ne pas se plier à un règlement. *Martin a une dispense pour manquer le cours de gymnastique.* → VOIR AUSSI **dérogation.**

dispenser v. (CONJUG. 3). ❶ Permettre de ne pas faire quelque chose d'obligatoire. *Le médecin l'a dispensée de gymnastique parce qu'elle s'est foulé la cheville.* SYN. exempter. ❷ S'emploie pour inviter quelqu'un à ne pas exprimer quelque chose. *Je te dispense de tes réflexions.* ❸ *Dispenser des soins, des conseils, etc.*, c'est les donner, les accorder. ◆ **se dispenser v.pron.** Se permettre de ne pas faire quelque chose. *Vous ne pouvez pas vous dispenser d'aller à cette réunion.*

disperser v. (CONJUG. 3). ❶ Séparer les éléments d'un ensemble, les faire aller de divers côtés. *Le vent a dispersé les feuilles dans le jardin.* SYN. disséminer. ❷ *Disperser son attention, ses efforts*, c'est manquer de concentration, faire porter son attention, ses efforts sur trop de choses à la fois. ◆ **se disperser v.pron.** ❶ S'en aller de tous les côtés. *La foule se disperse.* CONTR. se rassembler. ❷ Avoir trop d'occupations, d'intérêts à la fois. *Un élève qui se disperse trop* (= qui fait trop de choses à la fois).

dispersion n.f. Le fait de disperser, de se disperser. *La dispersion des manifestants s'est faite dans le calme. Trop de dispersion nuit à la qualité de ce que l'on fait.*

disponibilité n.f. ❶ L'état d'une personne, d'une chose disponibles. *Être professeur exige une grande disponibilité* (= exige que l'on puisse consacrer du temps aux autres). *Le contrat précise la date de disponibilité de l'appartement* (= la date à laquelle on pourra l'occuper). ❷ *Un fonctionnaire en disponibilité* est momentanément déchargé de ses fonctions.

disponible adj. ❶ Dont on peut disposer, se servir. *Il reste trois places disponibles dans ma voiture.* SYN. inoccupé, libre. CONTR. occupé. ❷ Qui dispose de temps, qui n'est pas occupé. *Es-tu disponible lundi à trois heures ?* SYN. libre. ❸ Qui est prêt à consacrer du temps, de l'attention aux autres. *Depuis qu'elle travaille, elle est moins disponible pour ses amis.*

dispos, e adj. Qui est physiquement et moralement en forme. *Elle s'éveilla fraîche et dispose, prête à aller courir.*

disposé, e adj. ❶ Arrangé d'une certaine façon, mis dans un certain ordre. *Des objets joliment disposés dans une vitrine.* ❷ Prêt à faire quelque chose. *Êtes-vous enfin disposés à sortir ?* ❸ *Être bien ou mal disposé à l'égard de quelqu'un*, c'est avoir une attitude bienveillante ou malveillante à son égard.

disposer v. (CONJUG. 3). ❶ Placer, arranger d'une certaine façon. *Elle disposa avec soin ses figurines dans la vitrine.* ❷ Pouvoir utiliser quelque chose à son gré, faire ce que l'on veut de quelque chose ou de quelqu'un. *Je dispose d'une voiture, je peux vous conduire. Le droit des peuples à disposer d'eux-mêmes.* ◆ **se disposer v.pron.** S'apprêter à faire quelque chose. *Je me disposais à sortir lorsqu'elle est arrivée.* SYN. se préparer à.

dispositif n.m. ❶ Ensemble des pièces qui constituent un mécanisme, un appareil. *Il y a une panne dans le dispositif d'alarme.* ❷ Ensemble de mesures, de moyens mis en œuvre pour parvenir à un résultat. *Un important dispositif policier a été mis en place pour arrêter les malfaiteurs.*

disposition n.f. ❶ Manière dont sont disposés des objets ou des personnes. *La disposition des sièges autour de la table.* ❷ Possibilité de disposer de quelque chose, de quelqu'un. *Elle a mis sa voiture à notre disposition. Je suis à votre disposition pour vous faire visiter la ville.* ◆ **dispositions n.f.plur.** ❶ Manière d'être physique ou morale, attitude de quelqu'un devant une situation. *Il est furieux, attends qu'il soit dans de meilleures dispositions.* ❷ Aptitudes, facilités. *Elle a des dispositions pour la peinture.* • **Prendre ses dispositions pour :** s'organiser pour faire quelque chose. *Elle a pris ses dispositions pour pouvoir prendre l'avion de six heures.*

disproportion n.f. Trop grande différence entre deux choses. *Il y a une disproportion entre la punition et la faute commise par Louis.*

disproportionné, e adj. Qui est trop grand, trop petit, trop important par rapport à quelque chose. *C'est une punition disproportionnée.* SYN. démesuré, excessif.

dispute n.f. Discussion vive née d'un désaccord. *Une violente dispute éclata entre eux pour savoir qui ferait la vaisselle.* SYN. querelle.

disputer v. (CONJUG. 3). ❶ *Disputer un match, une compétition*, c'est y prendre part. ❷ Tout faire pour obtenir ce que l'autre a. *Le bouledogue disputait l'os de poulet au caniche.* ❸ (Familier) Réprimander quelqu'un. *Si tu rentres à minuit, tu vas te faire disputer.* SYN. gronder. ◆ **se disputer v.pron.** ❶ Avoir lieu, en parlant d'un match, d'une compétition. *Le match s'est disputé hier au stade municipal.* ❷ Se quereller, échanger des propos violents. *Il n'arrête pas de se disputer avec son frère.* SYN. se chamailler.

disquaire n. Commerçant qui vend des disques et des cassettes.

disqualification n.f. Exclusion d'un concurrent qui a manqué au règlement. *Le jury a prononcé la disqualification du coureur qui s'était dopé.*

disqualifier v. (CONJUG. 7). ❶ Exclure un concurrent d'une épreuve pour infraction au règlement. ❷ Faire perdre à quelqu'un l'estime et la confiance dont il jouissait auprès des autres ; le discréditer.

disque **n.m.** ❶ Plaque circulaire sur laquelle sont enregistrés des sons. *Écouter un disque de musique classique.* → VOIR AUSSI **CD, cédérom.** ❷ Support circulaire sur lequel sont mises en mémoire des données informatiques. *Les disques durs ont une très grande capacité de stockage.* ❸ Plaque circulaire que lancent les athlètes. ❹ Cartilage élastique situé entre deux vertèbres. ❺ En géométrie, surface plane délimitée par un cercle. → VOIR AUSSI **aire.** • **Disque compact** → VOIR **compact.** • **Disque dur :** support circulaire permettant l'enregistrement des informations dans un ordinateur.

dissection **n.f.** L'action de disséquer. *La dissection d'animaux a permis les progrès de l'anatomie.*

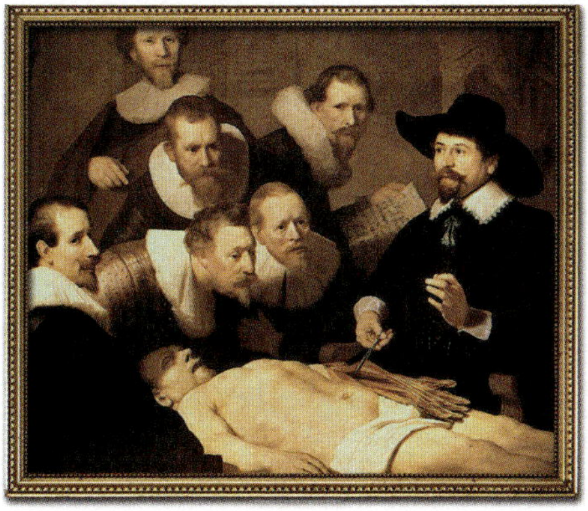

dissection (tableau de Rembrandt, *la Leçon d'anatomie*, 1632)

dissémination **n.f.** Dispersion, fait d'être disséminé.

disséminer **v.** (CONJUG. 3). Répandre dans toutes les directions. *Le vent a disséminé des graines de coquelicot dans le champ.* SYN. disperser, éparpiller. *Les troupes sont disséminées dans toute la région.*

HISTOIRE DU MOT Vient du latin *seminare* qui signifie « semer ».

dissension **n.f.** Opposition, profond désaccord entre des personnes. *Les dissensions au sein d'un parti politique.*

disséquer **v.** (CONJUG. 9, ✎ 10). ❶ Couper, ouvrir les différentes parties d'un corps pour en faire l'examen. *Le professeur a disséqué une grenouille pour montrer aux élèves le fonctionnement des muscles.* ❷ Au figuré, examiner dans tous les détails. *Disséquer un texte.*

dissertation **n.f.** Exercice écrit dans lequel il s'agit de développer ses idées sur une question.

disserter **v.** (CONJUG. 3). Faire un exposé oral ou écrit sur un sujet précis. *Les candidats ont disserté sur une pensée de Voltaire.*

HISTOIRE DU MOT Vient du latin *dissertare* qui signifie « discuter ».

dissidence **n.f.** Mouvement des dissidents, groupe de dissidents.

dissident, e **adj.** et **n.** Qui cesse de reconnaître l'autorité d'un gouvernement, d'un chef, qui se sépare d'une communauté sociale, politique.

dissimulateur, trice **n.** et **adj.** Personne qui dissimule ses pensées, ses intentions.

dissimulation **n.f.** ❶ Action de dissimuler. *La dissimulation de pièces à conviction est punie par la loi.* ❷ L'attitude d'une personne dissimulatrice. SYN. hypocrisie, sournoiserie. CONTR. franchise.

dissimuler **v.** (CONJUG. 3). ❶ Cacher au regard des autres. *Il dissimula le magazine sous son cahier. Le maquillage dissimulera ta cicatrice.* ❷ Ne pas laisser paraître ses sentiments, cacher ses pensées. *Il avait de la peine à dissimuler sa colère.*

dissipation **n.f.** ❶ Le fait de se dissiper, de disparaître. *Après dissipation des brouillards matinaux, le soleil brillera.* ❷ Le fait d'être dissipé, inattentif, indiscipliné.

dissipé, e **adj.** Qui manque d'application, d'attention ; qui ne respecte pas la discipline. *Cet élève est trop dissipé pour obtenir des résultats satisfaisants.* SYN. indiscipliné, turbulent. CONTR. discipliné.

dissiper **v.** (CONJUG. 3). ❶ Faire disparaître, faire cesser. *Le vent a dissipé la fumée.* SYN. disperser. *Sa mise au point a dissipé le malentendu.* ❷ Entraîner un camarade dans l'indiscipline. *Le professeur l'a mise au fond de la classe parce qu'elle dissipait ses camarades.* ◆ **se dissiper** **v.pron.** ❶ Disparaître. *Le brouillard s'est dissipé.* ❷ Être agité, turbulent. *Élèves qui se dissipent à l'interclasse.*

dissociable **adj.** Que l'on peut dissocier.

dissociation **n.f.** Séparation ; action de dissocier.

dissocier **v.** (CONJUG. 7). Séparer ce qui était lié ou réuni. *Pour traiter le problème, il faut d'abord en dissocier les différents éléments.* SYN. distinguer. CONTR. associer.

dissolution **n.f.** ❶ Le fait de se dissoudre, de fondre. *La dissolution du sucre dans l'eau est assez rapide.* ❷ Action de dissoudre une assemblée, un parti, un groupe constitué. *Le gouvernement a prononcé la dissolution de l'Assemblée nationale.*

dissolvant **n.m.** Produit qui sert à dissoudre une peinture, un vernis. *Du dissolvant pour vernis à ongles.*

dissonant, e **adj.** Qui choque l'oreille, qui semble peu harmonieux. *Beaucoup d'auditeurs sont gênés par les sons dissonants de la musique contemporaine.* SYN. discordant.

▸ REM. Attention, un seul *n*.

dissoudre **dissolvant, dissous, te,** ✎ **dissout, te v.** (CONJUG. 54). ❶ *Dissoudre une matière, un produit,* c'est les désagréger en les mélangeant à un liquide. *Dissoudre du sucre dans l'eau.* ❷ *Dissoudre un mariage, un parti politique, une société,* c'est mettre fin légalement à leur existence. ❸ *Dissoudre une assemblée élue,* c'est mettre fin à son mandat avant le terme légal.

dissuader v. (CONJUG. 3). Persuader quelqu'un de ne pas faire quelque chose, l'amener à y renoncer. *Ils l'ont dissuadé de sortir par ce mauvais temps.* SYN. détourner. CONTR. persuader.

dissuasif, ive adj. Qui dissuade de faire quelque chose. *Les armes atomiques ont un effet dissuasif sur l'ennemi.*

dissuasion n.f. L'action de dissuader quelqu'un, un groupe. *Les menaces de son père ont eu un effet de dissuasion.* • **Force de dissuasion :** l'arme nucléaire, si puissante qu'elle dissuade tout ennemi d'attaquer.

dissymétrie n.f. Absence de symétrie. *La dissymétrie dans une construction.*

dissymétrique adj. Qui présente une dissymétrie. *L'escargot a une coquille dissymétrique.* CONTR. symétrique.

les pinces **dissymétriques** d'un crabe

distance n.f. Intervalle qui sépare deux points dans l'espace, deux moments dans le temps. *La distance entre la Terre et la Lune est de 384 400 km. Sans mes lunettes, je ne vois rien à cette distance* (= de si loin). *Il a été cambriolé deux fois à trois mois de distance.* • **Garder ses distances :** ne pas être trop familier avec quelqu'un. *Attends de les connaître mieux, pour l'instant, garde tes distances.* • **Tenir quelqu'un à distance :** éviter de le fréquenter, de le rencontrer.

distancer distançant, distancé v. (CONJUG. 4). Dépasser, laisser derrière soi. *Il a distancé les autres coureurs.* SYN. devancer. *Élève qui distance les autres en géométrie.* SYN. surpasser.

distant, e adj. ❶ Qui est situé à une certaine distance. *Les deux villages sont distants de 15 km.* SYN. éloigné. ❷ Qui garde ses distances ; réservé, froid. *C'est un homme distant, il ne montre jamais ses sentiments.*

distendre distendant, distendu v. (CONJUG. 46). Trop étirer quelque chose. *Un ressort distendu ne reprend plus sa forme initiale.*

distillation n.f. Opération par laquelle on sépare les constituants d'un liquide en le faisant chauffer ou bouillir. *La distillation du jus de canne à sucre permet d'obtenir du rhum. La distillation du pétrole permet d'obtenir de l'essence.*
▸ REM. On prononce [distilasjɔ̃].

distiller v. (CONJUG. 3). Soumettre un liquide à la distillation. *Dans cette région on distille le vin pour obtenir des alcools forts.* • **Eau distillée :** eau dont on a enlevé les impuretés en la faisant bouillir puis en la condensant.
▸ REM. On prononce [distile].

distillerie n.f. Usine où se fait la distillation.
▸ REM. On prononce [distilri].

distinct, e adj. ❶ Que l'on peut percevoir nettement, clairement. *Des traces distinctes de pas sur la neige.* SYN. visible. *Un bruit à peine distinct.* SYN. perceptible. ❷ Qui est bien différent, que l'on ne peut confondre avec autre chose. *Ce sont là deux problèmes distincts, il ne faut pas tout mélanger !*

distinctement adv. De façon distincte, avec netteté. *On voit distinctement le bateau à l'horizon.* SYN. nettement. *Parle distinctement, je ne t'entends pas !* SYN. clairement.

distinctif, ive adj. Qui permet de distinguer, de reconnaître. *La crête est un signe distinctif du coq.* SYN. caractéristique, spécifique.

distinction n.f. ❶ Action de distinguer une chose d'une autre, de faire la différence. *Il ne sait pas faire la distinction entre une mandarine et une clémentine.* ❷ Élégance des gestes, des attitudes, raffinement. *Une femme d'une grande distinction.* SYN. classe.

distingué, e adj. Qui a de la distinction, des manières élégantes. *Une vieille dame distinguée.* • **Sentiments distingués, salutations distinguées :** formules de politesse que l'on emploie à la fin des lettres.

distinguer distinguant, distingué v. (CONJUG. 6). ❶ Percevoir nettement. *Les marins distinguaient la terre à l'horizon.* SYN. voir. *L'oreille humaine ne peut pas distinguer les ultrasons. Les aveugles savent distinguer les objets au toucher.* ❷ Faire une distinction, une différence entre plusieurs choses, personnes ou idées ; les différencier. *Personne n'arrive à distinguer les jumeaux.* SYN. reconnaître. *Elle ne sait pas distinguer le vrai du faux.* SYN. discerner. ❸ Rendre distinct, reconnaissable par rapport aux autres. *Son accent le distingue des autres, et tout le monde le reconnaît au téléphone.* ◆ **se distinguer** v.pron. Se faire remarquer en bien ou en mal. *Julia s'est distinguée par ses bons résultats au deuxième trimestre. Il s'est encore distingué par ses âneries !*

distraction n.f. ❶ Activité qui distrait, qui permet de s'amuser, de se divertir. *Quelle est ta distraction favorite ?* SYN. passe-temps. ❷ Manque d'attention. *Il a mis une chaussette rouge avec une chaussette verte par distraction.* SYN. étourderie, inattention.

distraire distrayant, distrait v. (CONJUG. 77). ❶ Procurer une occupation agréable qui évite l'ennui. *Inventer des jeux pour distraire les enfants.* SYN. divertir. ❷ Détourner l'attention de quelqu'un de ce qu'il fait.

Ne le distrais pas, il fait ses devoirs. ◆ **se distraire v.pron.** Se détendre par une occupation agréable. *Va au cinéma pour te distraire.*

distrait, e adj. et **n.** Qui manque d'attention dans ce qu'il fait ou dit, qui a la tête ailleurs. *Elle est distraite, elle est capable de sortir dans la rue en pantoufles.* SYN. étourdi. *Je l'écoutais d'une oreille distraite.* CONTR. attentif.

distraitement adv. De manière distraite, sans y penser vraiment. *Il m'a répondu distraitement, je ne sais pas s'il se souviendra de ce qu'il m'a dit.*

distrayant, e adj. Qui distrait, divertit. *Les bandes dessinées sont pour elle une lecture distrayante.* SYN. amusant, délassant, divertissant.

distribuer v. (CONJUG. 3). ❶ Remettre des choses à différentes personnes. *Romain distribue les cartes aux joueurs.* SYN. donner. *Le facteur distribue le courrier. Le moniteur nous a distribué nos tâches.* SYN. attribuer. ❷ Fournir quelque chose. *Un appareil qui distribue des billets.* ❸ Mettre dans le commerce, mettre en vente un produit, un film, un livre.

1 distributeur, trice n. Personne ou entreprise qui distribue des produits. *Son père est distributeur de films, il décide des salles de cinéma dans lesquelles vont passer les nouveaux films.*

2 distributeur n.m. Appareil qui distribue des produits, des titres de transport en échange d'un paiement, ou des billets de banque quand on y introduit une carte de crédit. *Un distributeur de bonbons. Elle a acheté ses billets de train au distributeur.*

distribution n.f. ❶ L'action de distribuer. *Dans l'immeuble, la distribution du courrier a lieu à neuf heures. Son oncle travaille dans la distribution de produits alimentaires, sa tante dans la distribution de films.* ❷ Attribution des rôles aux acteurs dans une pièce de théâtre, un film. *Ce film a une distribution éblouissante.*

district n.m. Subdivision d'un territoire, qui a une étendue variable suivant les États.
▸ REM. On prononce le *-t* final.

dit, dite adj. ❶ Surnommé, appelé. *Louis II, dit le Bègue, Louis X, dit le Hutin.* ❷ Fixé, précisé. *Venez à l'heure dite.*

dithyrambique adj. Très élogieux. *Il a tenu sur sa sœur des propos dithyrambiques.*
▸ REM. Ce mot appartient à la langue soutenue.

diurne adj. ❶ Qui se fait pendant le jour. *Travaux diurnes.* ❷ *Un animal diurne* vit, s'active pendant le jour. *Les faucons, les aigles sont des rapaces diurnes.* CONTR. nocturne.

HISTOIRE DU MOT Vient du latin *diurnus*, de *dies*, « jour ».

diva n.f. Cantatrice célèbre et adulée.

HISTOIRE DU MOT C'est un mot italien qui signifie « déesse ».

divagation n.f. (Surtout au plur.) Propos incohérents que produisent le délire, la rêverie. *Les divagations d'un malade.*

divaguer divaguant, divagué **v.** (CONJUG. 6). Tenir des propos incohérents, déraisonner. *C'est la fièvre qui la fait divaguer.* SYN. délirer. *Et tu crois qu'il te prêtera son jeu ? Tu divagues !* SYN. rêver.

HISTOIRE DU MOT Vient du latin *divagari* qui signifie « errer çà et là ».

divan n.m. Canapé sans bras ni dossier, souvent garni de coussins.

HISTOIRE DU MOT Vient d'un mot persan qui désignait la salle garnie de coussins où se tenait le conseil du Sultan à Istanbul.

dame assise sur un **divan**

divergence n.f. Le fait de diverger. *Il n'y a pas de divergence de goûts entre nous, nous aimons les mêmes choses !* SYN. différence. *Des divergences d'opinions.* SYN. désaccord, opposition.

divergent, e adj. Qui diverge. *Ce n'est pas la peine de discuter, nous avons des avis trop divergents sur de nombreuses questions !* SYN. contraire, opposé. CONTR. convergent.
▸ REM. Ne pas confondre l'adjectif *divergent* et le participe présent du verbe *diverger*.

diverger divergeant, divergé **v.** (CONJUG. 5). S'écarter l'un de l'autre. *La route et l'autoroute divergent à l'entrée de la ville. Nos avis divergent sur de nombreux sujets.* CONTR. converger.

divers, e adj. ❶ Qui présente des caractéristiques différentes. *Nous devons faire face à des problèmes divers.* SYN. varié. *Les divers sens d'un mot.* SYN. différent. ❷ Indique la multiplicité. *Il pleuvra en divers endroits.* SYN. plusieurs. *Il a regardé divers objets mais n'en a acheté aucun.* SYN. quelques.

diversement adv. De plusieurs manières. *La proposition a été diversement accueillie selon les personnes.* SYN. différemment.

diversification n.f. Action de diversifier. *La diversification de l'offre en informatique* SYN. élargissement. CONTR. uniformisation.

diversifier v. (CONJUG. 7). Ajouter d'autres éléments à ce qui existe déjà. *Le commerçant a diversifié ses produits pour offrir plus de choix.* SYN. varier.

a b c d e f g h i j k l m n o p q r s t u v w x y z

A B C D E F G H I J K L M N O P Q R S T U V W X Y Z

diversion **n.f.** • **Faire diversion** : faire brusquement dévier une conversation, une action en attirant l'attention sur autre chose. *Elle allait nous interroger en géographie, mais l'entrée du directeur a fait diversion.*

diversité **n.f.** Variété dans un ensemble. *Il y a une grande diversité de paysages aux États-Unis.* CONTR. uniformité.

divertir **divertissant, diverti v.** (CONJUG. **16**). Détourner quelqu'un de ce qui le préoccupe ou l'ennuie, lui faire passer le temps agréablement. *Ce film les a bien divertis, ils en sont ressortis joyeux.* SYN. amuser, détendre. CONTR. ennuyer. ◆ **se divertir v.pron.** S'amuser, se distraire. *J'ai beaucoup travaillé, j'ai besoin de me divertir un peu.*

HISTOIRE DU MOT Vient du latin *divertere* qui signifie « détourner ».

divertissant, e **adj.** Qui divertit, distrait. *Le cirque est un spectacle divertissant.* SYN. distrayant.

divertissement **n.m.** Ce qui divertit, ce qui procure une distraction. *Pour Benoît, la lecture est le plus agréable des divertissements.* SYN. délassement, passe-temps.

dividende **n.m.** ❶ En mathématiques, le nombre que l'on divise par un autre appelé le *diviseur. Dans la division « 100 : 5 », « 100 » est le dividende et « 5 » est le diviseur.* ❷ Part des bénéfices d'une société distribuée aux actionnaires.

divin, e **adj.** ❶ Qui appartient à Dieu, aux dieux. *La volonté divine. L'immortalité est un attribut divin.* ❷ Qui a les plus grandes qualités. *Il est divin dans ce film.* SYN. excellent. *La mousse au chocolat était divine.* SYN. exquis.

divination **n.f.** L'art de prédire l'avenir. *Les Anciens pratiquaient la divination en interprétant le vol des oiseaux.*

divinement **adv.** De manière divine, extraordinaire. *Il dessine divinement.* SYN. merveilleusement.

divinité **n.f.** ❶ Être divin, dieu ou déesse. *Les Anciens honoraient les divinités en leur apportant des offrandes.* ❷ La nature divine d'un être. *La religion chrétienne proclame la divinité de Jésus.*

diviser **v.** (CONJUG. **3**). ❶ Séparer en plusieurs parties. *J'ai divisé le gâteau en trois. Ils ont divisé la chambre pour que chaque enfant ait son coin à lui.* SYN. partager. ❷ En mathématiques, faire une division, chercher combien de fois un nombre est contenu dans un autre. *Combien obtient-on si l'on divise 72 par 9 ?* CONTR. multiplier. ❸ Séparer des personnes en les dressant les unes contre les autres, en créant des désaccords entre elles. *La question de l'éducation des enfants divise ses parents.* SYN. opposer.

diviseur **n.m.** En mathématiques, nombre par lequel on en divise un autre appelé le *dividende. Dans la division « 100 : 5 », « 100 » est le dividende et « 5 » est le diviseur.*

divisible **adj.** *Un nombre divisible par un autre* peut être exactement divisé par lui, sans qu'il y ait de reste à la division. *Les nombres pairs sont divisibles par 2.*

division **n.f.** ❶ L'action de diviser. *La division de la France en plusieurs départements date de la Révolution.* SYN. découpage, partage. ❷ En arithmétique, opération par laquelle on cherche combien de fois un nombre est contenu dans un autre. → VOIR Fiche **13.** ❸ Trait, marque sur un cadran ou une ligne graduée, qui correspondent à une mesure. *Chaque division d'un thermomètre indique un degré.* SYN. graduation. ❹ Grande unité militaire qui rassemble des soldats de différents régiments. *Une division blindée.* ❺ Désaccord, désunion entre des personnes. *Il a semé la division dans la famille avec ses histoires !* SYN. discorde, dissension.

divorce **n.m.** Rupture du mariage civil prononcée lors d'un jugement. *Ses parents sont en instance de divorce* (= le jugement n'a pas encore été prononcé).

divorcé, e **adj.** et **n.** Dont le mariage a été rompu par un divorce. *Dans la classe, il y a neuf enfants de parents divorcés.*

divorcer **divorçant, divorcé v.** (CONJUG. **4**). Se séparer de son conjoint par un divorce, rompre légalement son mariage.

divulgation **n.f.** Révélation de ce qui était secret, action de divulguer. *La divulgation d'un secret d'État est passible de prison.*

divulguer **divulguant, divulgué v.** (CONJUG. **6**). Rendre public quelque chose qui devait rester secret ou qui était ignoré. *La presse a divulgué le nom du suspect.* SYN. dévoiler, révéler.

HISTOIRE DU MOT Vient du latin *vulgus* qui signifie « peuple » : *divulguer*, c'est « répandre dans le peuple ».

dix **adj. numéral** et **n.m.invar.** Neuf plus un. *Sa sœur a dix ans. Nous avons rendez-vous le dix.*
▸ REM. 1. On prononce [di] devant une consonne ou un *h* aspiré, [diz] devant une voyelle ou un *h* muet, et [dis] lorsque le mot est employé seul : *J'en ai vu dix.* 2. À *dix* correspond l'élément tiré du grec *déca-* que l'on retrouve dans *décathlon.* 3. S'écrit 10 en chiffres arabes et X en chiffres romains.

dix-huit **adj. numéral invar.** Dix-sept plus un. *En France, on est majeur à dix-huit ans. Reportez-vous page dix-huit.*
▸ REM. S'écrit 18 en chiffres arabes et XVIII en chiffres romains.

dix-huitième **adj. numéral** et **n.** Qui occupe un rang, une place marqués par le numéro 18. *Ce mois-ci, il est classé dix-huitième. Vous êtes le dix-huitième sur la liste des reçus.*

dixième **adj. numéral** et **n.** Qui occupe un rang, une place marqués par le numéro 10. *Il habite au dixième étage. Je suis le dixième sur la liste.* ◆ **n.m.** Quantité contenue dix fois dans un tout. *Il lui a donné un dixième de sa fortune.*
▸ REM. À *dixième* correspond l'élément tiré du latin *déci-* que l'on retrouve dans des mots comme *décilitre, décimètre, décibel.*

dixièmement **adv.** Sert à introduire le dixième point d'une explication, d'une énumération.

dix-neuf **adj. numéral invar.** Dix-huit plus un. *Il a passé son permis de conduire à dix-neuf ans. J'ai la chambre dix-neuf.*
▸ REM. S'écrit 19 en chiffres arabes et XIX en chiffres romains.

dix-neuvième **adj. numéral** et **n.** Qui occupe un rang, une place marqués par le numéro 19. *Victor Hugo est un écrivain du dix-neuvième siècle. Elle est la dix-neuvième de la liste.*

dix-sept **adj. numéral invar.** Seize plus un. *Il lui a offert dix-sept roses. Ouvrez votre livre page dix-sept.*
▸ REM. S'écrit 17 en chiffres arabes et XVII en chiffres romains.

dix-septième **adj. numéral** et **n.** Qui occupe un rang, une place marqués par le numéro 17. *Louis XIV a régné au dix-septième siècle. Il est le dix-septième à se présenter pour ce poste.*

dizaine **n.f.** ❶ Groupe de dix unités. *Dans « 231 », « 3 » est le chiffre des dizaines.* ❷ Groupe d'environ dix. *Nous partons dans une dizaine de jours.*

DJ **n.** → **Disc-jockey**

djembé **n.m.** Tambour africain en bois, recouvert d'une peau de chèvre tendue par des cordes.
▸ REM. C'est un mot africain, on prononce [dʒɛmbe].

do **n.m.invar.** Note de musique. *Le « do » est la première note de la gamme de « do ».*
▸ REM. Autrefois, on disait *ut*.

doberman **n.m.** Chien de garde d'origine allemande, solide et musclé, au poil ras et dur.
▸ REM. On prononce [-bɛrman].

doberman

docile **adj.** Qui obéit facilement. *Un enfant docile.* SYN. obéissant. CONTR. rétif.

docilement **adv.** Avec docilité. *Le chien l'a suivi docilement.*

docilité **n.f.** Disposition à obéir. *Un élève d'une grande docilité.* SYN. obéissance.

dock **n.m.** Dans un port, hangar servant au stockage des marchandises, et qui est situé près des quais.

docker **n.m.** Ouvrier qui charge et décharge les navires, qui travaille dans les docks. SYN. débardeur.
▸ REM. C'est un mot anglais, on prononce [dɔkɛr].

docte **adj.** Qui a beaucoup de connaissances et en fait étalage. SYN. pédant.
▸ REM. Ce mot appartient à la langue littéraire.

HISTOIRE DU MOT Vient du latin *doctus* qui signifie « savant ».

docteur, e **n.** ❶ Personne qui a obtenu un doctorat. *Pierre est docteur en physique.* ❷ Personne qui a obtenu un doctorat en médecine et qui exerce la médecine. *Allez chez le docteur.* SYN. médecin.

doctoral, ale, aux **adj.** *Parler sur un ton doctoral,* c'est parler d'une manière pédante, sûre de soi, comme si l'on faisait un cours.

doctorat **n.m.** Diplôme accordé par une université à une personne qui, après plusieurs années d'études et de recherches, a rédigé et soutenu une thèse.

doctoresse **n.f.** Nom que l'on donne parfois à une femme médecin.
▸ REM. Ce mot ne s'emploie plus beaucoup, on dit *docteur* ou *docteure* pour une femme.

doctrine **n.f.** Ensemble des croyances, des idées sur lesquelles sont fondés une religion, un système politique, une école philosophique ou artistique.

document **n.m.** ❶ Écrit qui donne des informations. *Ces papiers sont des documents très importants. Remplir des documents administratifs.* ❷ Tout ce qui peut apporter une information, un témoignage, une preuve. *Un enregistrement est un document sonore. Ces outils anciens sont des documents intéressants pour connaître la vie du village au XIXe siècle.*

documentaire **adj.** Qui a le caractère, la valeur d'un document. *Un livre documentaire.* CONTR. de fiction. ◆ **n.m.** Film qui présente la réalité, qui montre des faits réels, par opposition aux films de fiction. *Un documentaire sur la vie des abeilles.*

documentaliste **n.** Personne dont le métier est de rechercher et de classer des documents.

documentation **n.f.** Ensemble de documents concernant le même sujet. *Il a réuni une documentation importante sur Napoléon.*

documenter **v.** (CONJUG. 3). Fournir des documents. *À la bibliothèque, on te documentera sur la vie au Moyen Âge.* ◆ **se documenter** **v.pron.** Rechercher, réunir des documents. *Écrivain qui se documente avant d'écrire un roman.*

dodeliner **v.** (CONJUG. 3). • **Dodeliner de la tête :** balancer doucement la tête. *Elle dodelinait de la tête et hésitait à répondre.*

dodo **n.m.** Lit, sommeil dans le langage enfantin. *Aller au dodo. Faire dodo.*

dodu, e **adj.** Bien en chair, rond. *Un poulet dodu. Un bébé dodu.* SYN. potelé.

doge **n.m.** Chef élu de l'ancienne république de Venise. *Le palais des Doges se trouve sur la place Saint-Marc à Venise.*

HISTOIRE DU MOT C'est un mot italien qui a la même origine que *duc*.

a b c d e f g h i j k l m n o p q r s t u v w x y z

A B C D E F G H I J K L M N O P Q R S

dogmatique adj. Qui exprime ses opinions d'une manière catégorique et a la certitude de détenir la vérité.

dogme n.m. ❶ Point d'une doctrine religieuse qui est considéré comme une vérité fondamentale, incontestable. *Le dogme de l'immortalité de l'âme.* ❷ Idée considérée comme un principe incontestable dans un système philosophique, politique, etc.

HISTOIRE DU MOT Vient du grec *dogma* qui signifie « opinion ».

dogue n.m. Nom donné à différentes races de chiens de garde trapus et au museau aplati.

HISTOIRE DU MOT Vient de l'anglais *dog*, « chien ».

doigt n.m. ❶ Chacun des éléments articulés qui terminent la main et le pied de l'homme. *Les cinq doigts de la main sont le pouce, l'index, le majeur, l'annulaire et l'auriculaire. Les doigts de pieds sont les orteils.* ❷ Extrémité articulée des pattes de certains animaux. *Le cheval a un seul doigt, la vache en a deux.* ❸ Mesure équivalente à la largeur d'un doigt. *Verse-moi un doigt de vin* (= très peu de vin). • **Être à deux doigts de :** être tout près de, risquer de. *Il était à deux doigts de se noyer.* • **Obéir au doigt et à l'œil :** sans discussion. • **Sur le bout des doigts :** parfaitement, à fond. *Il connaît sa ville sur le bout des doigts.*

▸ REM. Au mot *doigt* correspond l'élément tiré du grec *dactylo-* que l'on retrouve dans *dactylographier*.

HISTOIRE DU MOT Vient du latin *digitus* que l'on retrouve dans *digital*.

doigté n.m. ❶ En musique, position des doigts sur l'instrument. *Le doigté est indiqué sur sa partition.* ❷ Adresse, habileté, savoir-faire. *Il a fait preuve de doigté pour réussir cette affaire.* SYN. diplomatie, tact.

doigtier n.m. Sorte de gaine, de fourreau servant à protéger un doigt. *Il a mis un doigtier à son pouce blessé.*

doléance n.f. (Surtout au plur.) Plainte, réclamation adressée à un supérieur ; exposé de ce que l'on ne peut pas supporter. SYN. récrimination.

ENCYCLOPÉDIE En 1789, les *cahiers de doléances* contenaient les vœux et les réclamations des Français.

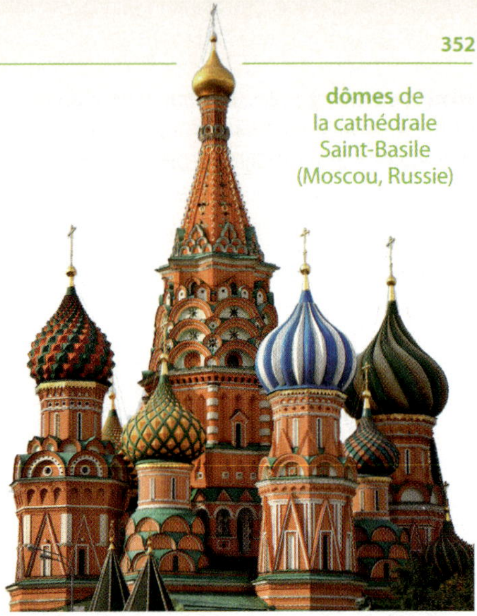

dômes de la cathédrale Saint-Basile (Moscou, Russie)

dollar n.m. Monnaie des États-Unis d'Amérique, du Canada, d'Australie et de certains autres pays.

dolmen n.m. Monument préhistorique constitué d'une dalle horizontale reposant sur des pierres dressées verticalement. *On trouve de nombreux dolmens en Bretagne.*

▸ REM. On prononce [dɔlmɛn].

HISTOIRE DU MOT Vient du breton *dol* (ou *taol*), « table », et *men*, « pierre ».

domaine n.m. ❶ Grande terre que possède un propriétaire. *Le châtelain nous a fait visiter son domaine.* ❷ (Avec une majuscule.) L'ensemble des biens appartenant à l'État : routes, rivières, fleuves, forêts, etc. ❸ Le lieu où une personne, un animal se sentent à l'aise, chez eux. *Le jardin est le domaine des enfants.* ❹ Matière, discipline, activité, etc., dans lesquelles une personne a des compétences. *Le bricolage, c'est son domaine.* SYN. spécialité. ❺ Secteur d'activité. *Le domaine de la médecine.*

HISTOIRE DU MOT Vient du latin *dominium*, de *dominus* qui signifie « maître » ; le domaine est la propriété du maître.

domanial, ale, aux adj. Qui appartient au Domaine (de l'État). *Une forêt domaniale.*

dôme n.m. ❶ Toit arrondi qui surmonte certains monuments. *Le dôme du Panthéon, à Paris.* → VOIR AUSSI **coupole.** ❷ Sommet montagneux de forme arrondie.

domestication n.f. L'action de domestiquer un animal. *La domestication du cheval remonte à 3500 avant J.-C.*

1 domestique adj. ❶ Qui concerne la maison, le ménage. *Les travaux domestiques.* SYN. ménager. *Les accidents domestiques.* ❷ *Un animal domestique* vit auprès de l'homme et lui obéit. CONTR. sauvage.

HISTOIRE DU MOT Vient du latin *domus* qui signifie « maison » et que l'on retrouve dans *domicile*.

dolmen (Côtes-d'Armor, Bretagne)

2 domestique **n.** Personne employée pour le service, l'entretien d'une maison.
▸ REM. Ce mot ne s'emploie plus beaucoup, on dit aujourd'hui « employé de maison ».

domestiquer **v.** (CONJUG. 3). Apprivoiser un animal, le rendre domestique.

domicile **n.m.** Lieu d'habitation. *Son domicile est à une minute de la gare.* • **À domicile :** chez soi. *Elle travaille à domicile.* CONTR. à l'extérieur. *On lui a livré sa machine à laver à domicile.* • **Sans domicile fixe :** se dit des personnes qui n'ont pas de logement et vivent dans la rue. SYN. sans-abri.
HISTOIRE DU MOT Vient, comme *domestique*, du latin *domus* qui signifie « maison ».

domicilier **v.** (CONJUG. 7). *Être domicilié quelque part*, c'est y avoir son domicile, son adresse légale. *Il faut être domicilié dans une ville pour avoir le droit d'y voter.*

dominant, e **adj.** Qui domine, qui est le plus important. *Les traits dominants de son caractère sont la douceur et la gentillesse.* SYN. essentiel, principal.

dominateur, trice **adj.** Qui cherche à s'imposer, à dominer. *Un grand frère dominateur.* SYN. autoritaire.

domination **n.f.** L'action de dominer, de tenir sous son autorité. *Après la bataille d'Alésia, la Gaule a vécu sous la domination des Romains.*

dominer **v.** (CONJUG. 3). ❶ Tenir sous son autorité. *Les Romains ont dominé la Gaule.* ❷ Être plus fort. *Elle domine les autres concurrentes.* SYN. surpasser. ❸ L'emporter, en intensité, en nombre. *Dans ce tableau, c'est le vert qui domine.* ❹ Être situé au-dessus de quelque chose. *La forteresse domine la plaine. Le mont Royal domine la ville de Montréal.* SYN. surplomber. ◆ **se dominer** **v.pron.** Maîtriser ses impulsions, ses élans. *Quand je suis en colère, j'ai du mal à me dominer.*
HISTOIRE DU MOT Vient du latin *dominus* qui signifie « maître ».

dominical, ale, aux **adj.** Du dimanche. *Ils ont fait leur promenade dominicale.*
HISTOIRE DU MOT Vient du latin *Dominus*, « Seigneur ». Le dimanche est, dans la religion chrétienne, le jour du Seigneur.

domino **n.m.** • **Jeu de dominos :** jeu formé de 28 pièces rectangulaires divisées chacune en deux parties portant de zéro à six points, et qu'il faut assembler selon certaines règles.

dommage **n.m.** ❶ Dégât causé à quelque chose. *Les orages de grêle ont provoqué de nombreux dommages.* ❷ En droit, tort causé à quelqu'un. *Réparer le dommage causé à quelqu'un.* SYN. préjudice. • **Quel dommage, c'est dommage :** c'est fâcheux, c'est regrettable. *Quel dommage qu'il soit parti si tôt !*
HISTOIRE DU MOT Vient de l'ancien français *dam* qui signifiait « perte, préjudice » et qui s'est transformé en *damage* puis *dommage*.

dompter **v.** (CONJUG. 3). Forcer un animal à l'obéissance, le rendre docile. *Dompter un lion.* SYN. dresser.
▸ REM. On ne prononce pas le *-p-*.
HISTOIRE DU MOT Vient du latin *domitare* qui signifie « apprivoiser, soumettre ».

dompteur, euse **n.** Personne qui dompte et dresse des animaux sauvages et qui, souvent, leur fait faire des tours au cirque.
▸ REM. On ne prononce pas le *-p-*.

don **n.m.** ❶ L'action de donner, d'offrir ce que l'on donne. *M. Dupont a fait don de sa collection de films à la cinémathèque de la ville* (= il en a fait cadeau). *Nous avons reçu de nombreux dons d'argent et de vêtements pour les victimes du tremblement de terre.* ❷ Aptitude, talent que l'on a naturellement. *Elle a des dons pour le dessin.*

donateur, trice **n.** Personne qui fait un don, une donation.

donation **n.f.** Acte juridique par lequel une personne donne un bien à un particulier ou à une institution. *Une donation entre époux.*
▸ REM. Attention, un seul *n* malgré *donner*.

donc **conj. de coordination.** ❶ Sert à relier des mots ou des phrases de même nature pour introduire une conséquence, une conclusion. *Tu es venu à sept heures, donc tu étais là quand l'accident est arrivé. Cette pierre est rare, donc recherchée.* ❷ Sert à renforcer un ordre, une question, une exclamation. *Sortez donc et vous verrez s'il ne fait pas froid. Allons donc ! Que veux-tu donc ?*

donjon **n.m.** La plus haute tour d'un château fort, qui formait le dernier retranchement en cas d'attaque.

don Juan (PLUR. : **dons Juans**), ✎ ***donjuan*** **n.m.** Homme qui cherche à séduire de nombreuses femmes.
HISTOIRE DU MOT Vient de *Don Juan*, nom d'un personnage littéraire. → **VOIR** noms propres.

donnant **adv.** • **Donnant donnant :** à condition de recevoir quelque chose en échange. *Tu veux mon stylo ? Alors, donnant donnant, je prends le tien.*

donne **n.f.** L'action de distribuer les cartes au jeu. *Il faut redistribuer les cartes, il y a mauvaise donne* (= maldonne).

donné, e **adj.** ❶ Bon marché. *À ce prix-là, c'est donné !* (= ce n'est vraiment pas cher). ❷ Fixé, déterminé à l'avance. *Il faut faire l'exercice en un temps donné.* • **Étant donné :** introduit l'expression d'une cause, d'un motif, suivie d'une conclusion. *Étant donné les circonstances, nous comprenons que tu ne viennes pas* (= vu). *Étant donné qu'il pleut, nous ne sortirons pas* (= puisque).

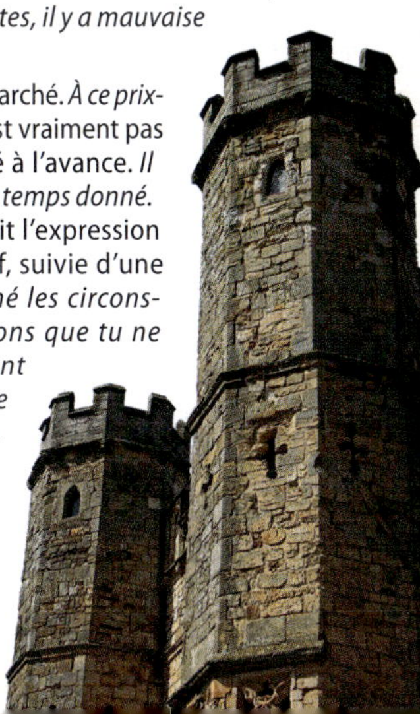

donjon d'un château médiéval (Grande-Bretagne)

donnée **n.f.** ❶ Ce qui est connu et qui sert de base à un raisonnement, à une discussion. *Dans l'exercice de mathématiques, il faut partir des données du problème pour trouver la solution.* ❷ Information traitée par un ordinateur. *Consulter une base de données.*

donner **v.** (CONJUG. 3). ❶ Faire un cadeau. *Tu veux mon livre, eh bien, je te le donne, il est à toi.* SYN. offrir. ❷ Remettre, verser, confier. *C'est à toi de donner les cartes.* SYN. distribuer. *On lui donne de l'argent pour laver les carreaux. Elle a donné sa montre à réparer.* ❸ Causer, occasionner. *Ce travail lui a donné beaucoup de mal. Tous ces gâteaux me donnent faim.* ❹ Dire, indiquer. *Pouvez-vous me donner l'heure, s'il vous plaît ? Il m'a donné son adresse.* ❺ Produire, rapporter. *Cet arbre donne beaucoup de fruits.* ❻ Présenter, jouer un spectacle. *Ce soir, on donne « l'Avare » à la Comédie-Française.* ❼ Être situé du côté de. *Cette fenêtre donne sur la cour.* ◆ **se donner** **v.pron.** Se consacrer à quelque chose, y mettre toute son énergie. *Il s'est donné entièrement à cette cause humanitaire.*

donneur, euse **n.** • **Donneur de sang** : personne qui donne son sang pour permettre une transfusion sanguine.

dont **pron. relatif.** Remplace un nom précédé de *de*. *Voici une œuvre dont je suis fier* (= je suis fier de cette œuvre). *Les chanteurs dont tu m'as parlé viennent de sortir un nouveau CD.* → VOIR **pronom** (encadré).

dopage **n.m.** L'action de doper, le fait de se doper. *Le dopage est interdit dans les épreuves sportives.*

doper **v.** (CONJUG. 3). Donner un produit qui stimule et augmente les forces physiques. ◆ **se doper** **v.pron.** Prendre des stimulants.

HISTOIRE DU MOT Vient de l'anglais *to dope*, « droguer ».

dorade **n.f.** → **daurade**

doré, e **adj.** ❶ Recouvert d'une mince couche d'or. *Il fabrique des bijoux en métal doré.* ❷ De la couleur de l'or. *Un reflet doré.*

dorénavant **adv.** À partir de maintenant. *Dorénavant, j'irai à mon travail en bus.* SYN. désormais.

dorer **v.** (CONJUG. 3). ❶ Couvrir d'une mince couche d'or. *Dorer un cadre.* ❷ Donner ou prendre une teinte jaune foncé, dorée. *Le soleil a doré sa peau. Le poulet dore dans le four.*

dorloter **v.** (CONJUG. 3). Entourer de soins attentifs et de tendresse. *On aime tous se faire dorloter de temps en temps.*

dormant, e **adj.** *Une eau dormante* ne coule pas, reste immobile. SYN. stagnant. CONTR. courant.

dormeur, euse **n.** Personne qui aime bien dormir. *C'est un gros dormeur.*

dormir **dormant, dormi v.** (CONJUG. 19). Être dans l'état de sommeil. *Avez-vous bien dormi, les enfants ?* CONTR. veiller. • **Dormir debout** : avoir très sommeil. • **Une histoire à dormir debout** : une histoire incroyable, absurde.

dorsal, ale, aux **adj.** Qui se rapporte au dos ou est situé sur le dos. *Douleurs dorsales. Nageoire dorsale. Parachute dorsal* (= qui se porte sur le dos). CONTR. ventral.

dortoir **n.m.** Grande salle contenant plusieurs lits et où dorment plusieurs personnes. *En colonie de vacances, Victor dormait dans un dortoir de dix lits.* • **Ville-dortoir, cité-dortoir** : ville, quartier où l'on ne fait que loger, dormir alors que les lieux de travail se trouvent ailleurs.

dorure **n.f.** Couche d'or qui recouvre certains objets. *La dorure du cadre du tableau s'est abîmée.*

doryphore

doryphore **n.m.** Insecte coléoptère, qui se nourrit de feuilles de pommes de terre et cause de grands ravages.

dos **n.m.** ❶ Partie du corps qui va des épaules au bas des reins. *Pierre dort sur le dos.* CONTR. ventre. ❷ Partie supérieure du corps des animaux. *Installez la selle sur le dos de votre cheval.* ❸ Partie du vêtement qui couvre le dos. ❹ Côté bombé de certaines choses. *Le dos d'une cuillère. Le dos de la main.* CONTR. paume. ❺ Envers d'une feuille de papier, d'un tableau, etc. *Inscrivez votre nom au dos du chèque.* SYN. verso. • **Se mettre quelqu'un à dos** : s'en faire un ennemi. • **Tourner le dos** : se présenter de telle sorte que seul le dos est visible ou aller dans la mauvaise direction. *Dès que le maître a le dos tourné, les élèves ricanent. « La poste, s'il vous plaît ? – Vous lui tournez le dos ! »*

dosage **n.m.** Action de doser ; proportion des quantités dans un mélange.

dos-d'âne **n.m.invar.** Bosse sur toute la largeur d'une route.

dose **n.f.** ❶ La quantité d'un médicament qui doit être prise en une seule fois. *Sur certains médicaments, il est écrit qu'il ne faut pas dépasser la dose prescrite.* ❷ Quantité déterminée d'un produit. *Mettre deux doses de lessive dans la machine.* ❸ Quantité quelconque. *Il faut une bonne dose de patience pour le supporter* (= il faut être extrêmement patient).

doser **v.** (CONJUG. 3). Déterminer la quantité d'un médicament ou d'un produit dans un mélange.

dossard **n.m.** Carré d'étoffe que les sportifs portent sur le dos de leur maillot pendant certaines compétitions et qui permet de les identifier.

1 dossier **n.m.** La partie d'une chaise, d'un fauteuil où on appuie le dos quand on est assis.

2 dossier **n.m.** ❶ Ensemble de documents qui concernent un même sujet. *Le maire l'a chargé du dossier des transports.* ❷ Chemise de carton qui contient des documents concernant un sujet. *Sur son bureau s'entassaient les dossiers.*

dot **n.f.** Biens mobiliers et argent qu'une femme apporte en se mariant.
▸ REM. On prononce le *-t*.

doter **v.** (CONJUG. 3). ❶ Fournir un équipement, du matériel. *Sa voiture est dotée d'un antivol.* SYN. équiper. ❷ Donner une dot à sa fille.

douane **n.f.** ❶ Administration qui perçoit une taxe sur les marchandises qui entrent dans un pays ou en sortent. *Payer les droits de douane.* ❷ Bureau de cette administration à une frontière, dans un aéroport, etc. *Il y a beaucoup de voyageurs qui attendent à la douane.*

HISTOIRE DU MOT Vient, comme *divan*, d'un mot persan qui signifiait « lieu de réunion », puis « registre ».

douanier, ère **adj.** De la douane. *Les tarifs douaniers.* ◆ **n.** Agent, fonctionnaire de la douane. *Les douaniers ont fouillé la voiture de fond en comble.*

doublage **n.m.** Le fait de doubler un film ou un acteur.

1 double **adj.** Qui est répété deux fois, multiplié par deux. *Elle ferme la porte à double tour. Un double décimètre est une règle qui mesure deux décimètres. La nappe est ornée d'une double rangée de fleurs.* • **Faire double emploi :** être rendu inutile par l'existence d'un objet identique. ◆ **adv.** Deux fois. *Les derniers points comptent double.* • **Voir double :** voir deux choses alors qu'il n'y en a qu'une en réalité.

2 double **n.m.** ❶ Quantité qui est égale à deux fois une autre. *Dix est le double de cinq.* ❷ Copie d'un document, d'un objet. *Il a fait faire un double de son diplôme. J'ai le double des clés.* ❸ Partie de tennis ou de ping-pong où deux joueurs en affrontent deux autres.

double-croche **n.f.** (PLUR. : **doubles-croches**). En musique, note dont la durée vaut la moitié de celle d'une croche, et qui porte deux crochets.

doublement **adv.** De deux façons ou pour deux raisons. *Il a été doublement puni. Je vous suis doublement reconnaissant.*

doubler **v.** (CONJUG. 3). ❶ Être multiplié par deux. *Les prix ont doublé.* ❷ Pour un véhicule, en dépasser un autre. *Ils se sont fait doubler par une moto.* ❸ Remplacer un acteur, au théâtre ou au cinéma. *Les acteurs sont doublés pour les scènes dangereuses.* ❹ Mettre une doublure à un vêtement. *Son manteau est doublé de fourrure.* ❺ *Doubler un film*, c'est enregistrer ses dialogues dans une autre langue que la langue d'origine.

doublure **n.f.** ❶ Étoffe dont on garnit l'intérieur d'un vêtement. *Une doublure amovible.* ❷ Personne qui remplace un acteur ou une actrice dans certaines scènes dangereuses ou en cas d'absence.

douceâtre, ✎ ***douçâtre*** **adj.** D'un goût trop doux, fade. *Je n'aime pas ces pommes, elles sont douceâtres.*

doucement **adv.** Avec douceur, sans bruit, sans violence, sans excès. *Parle plus doucement, tu vas réveiller ton petit frère. En voiture, il roule doucement.* SYN. lentement. *Doucement ! Vous allez trop vite en besogne !* (= du calme, pas si vite).

doucereux, euse **adj.** Qui se donne des airs aimables, doux. *Un sourire doucereux.* SYN. mielleux.

douceur **n.f.** ❶ Qualité de ce qui est doux. *J'aime la douceur de la soie. L'hiver a été d'une douceur exceptionnelle.* ❷ Qualité d'une personne qui agit avec patience et affection, sans violence, sans brutalité. *Il parle à ses enfants avec douceur.* SYN. gentillesse. • **En douceur :** sans brutalité, doucement. ◆ **douceurs** **n.f.plur.** Friandises, sucreries.

douche **n.f.** Jet d'eau que l'on fait couler sur le corps pour se laver ; installation qui permet de se laver ainsi. *À la piscine il y a des cabines de douche.* • **Douche écossaise :** douche qui passe sans arrêt du chaud au froid ; et, au figuré, alternance de bonnes et de mauvaises nouvelles, d'espoirs et de déceptions. • **Douche froide :** grande déception qui fait tomber tous les espoirs, toutes les illusions.

doucher **v.** (CONJUG. 3). Donner une douche. ◆ **se doucher** **v.pron.** Prendre une douche.

doudoune **n.f.** (Familier) Veste très chaude, généralement en tissu synthétique, rembourrée de duvet.

doué, e **adj.** ❶ Qui a des dons, des aptitudes dans un domaine. *Il est doué pour la peinture.* ❷ Qui a naturellement telle qualité. *Son oncle est doué d'une force peu commune.*

douille **n.f.** ❶ Pièce cylindrique où l'on fixe le culot d'une ampoule. *Douille à vis, à baïonnette.* ❷ Cylindre creux qui contient la poudre d'une cartouche.

douillet, ette **adj.** ❶ Qui craint la plus petite douleur. *Antoine est si douillet qu'il pleure dès qu'il a une égratignure.* ❷ Confortable, doux. *Bien au chaud dans son lit douillet.*

douleur **n.f.** ❶ Sensation pénible ressentie dans une partie du corps. *Se plaindre de douleurs dans le ventre.* ❷ Chagrin, peine, souffrance morale. *La mort de son chien lui a causé une grande douleur.*

douloureux, euse **adj.** ❶ Qui fait mal, qui provoque une douleur. *La rage de dents est très douloureuse.* ❷ Qui cause de la peine, du chagrin. *Ce fut un douloureux échec.*

doute **n.m.** ❶ État d'esprit d'une personne qui n'est pas sûre que quelque chose est vrai. *Ne me laisse pas dans le doute, dis-moi la vérité.* SYN. incertitude. ❷ Manque de confiance dans quelque chose ou quelqu'un. *J'ai des doutes sur la sincérité de ses sentiments.* SYN. soupçon. • **Hors de doute :** tout à fait sûr, certain. *Il est absolument hors de doute qu'il va gagner.* • **Sans doute** ou **sans aucun doute :** probablement, certainement. *Il viendra sans doute vers huit heures.*

douter **v.** (CONJUG. 3). ❶ Ne pas être sûr, certain de quelque chose. *Je doute de l'efficacité de ce produit.* ❷ Ne pas avoir confiance. *Il doute de lui-même.* • **Ne douter de rien :** avoir une confiance excessive en soi, être plein d'audace. ◆ **se douter** **v.pron.** Considérer quelque chose comme probable, s'y attendre. *Je me doutais que tu ne serais pas content.* SYN. pressentir, soupçonner.

a b c d e f g h i j k l m n o p q r s t u v w x y z

A B C D E F G H I J K L M N O P

douteux, euse **adj.** ❶ Dont on n'est pas très sûr. *Le sens de sa phrase était douteux.* SYN. ambigu, équivoque. ❷ Qui manque de propreté, de fraîcheur, etc. *Le col de ta chemise est douteux, il faudrait la laver.*

douve **n.f.** Large fossé rempli d'eau qui entoure le mur d'enceinte d'un château. *Le pont-levis permet de franchir les douves du château.*

doux, douce **adj.** ❶ Qui provoque une sensation agréable au toucher, à l'oreille, au goût, etc. *Les bébés ont une peau douce.* CONTR. rugueux. *Une voix douce et mélodieuse.* CONTR. criard. *Préférer les pommes douces aux pommes acides. L'hiver a été très doux.* CONTR. rigoureux. ❷ Qui est gentil, patient, qui agit avec indulgence, sans violence. *Être doux comme un agneau.*
• **Eau douce :** eau non salée par opposition à *eau de mer*, ou eau non calcaire par opposition à *eau dure*.
• **En douce :** sans bruit, discrètement. *Il est parti en douce, sans nous prévenir.*

douzaine **n.f.** ❶ Groupe de douze unités. *Acheter une douzaine d'œufs.* ❷ Douze ou à peu près douze. *Il y avait une douzaine d'élèves absents.*

douze **adj. numéral invar.** Onze plus un. *Il y a douze mois dans l'année. Prenez votre livre page douze.*
▸ REM. S'écrit 12 en chiffres arabes et XII en chiffres romains.

douzième **adj. numéral** et **n.** Qui occupe un rang, une place marqués par le numéro 12. *Ils sont classés douzièmes ex aequo. Fred est le douzième de la liste.*

doyen, enne **n.** ❶ Personne la plus âgée dans un groupe. *La doyenne de la ville vient de fêter ses cent ans.* ❷ Personne la plus ancienne dans une assemblée. ❸ Dans certaines institutions, nom donné au directeur. *Le doyen de la faculté des lettres.*

draconien, enne **adj.** Très sévère. *Dans notre école, le règlement est draconien.* SYN. dur, strict.
HISTOIRE DU MOT Vient du nom de *Dracon*, homme de loi grec du VIIe siècle avant J.-C.

douves du château de Fougères (France)

dragage **n.m.** Action de draguer, de nettoyer le fond d'une rivière, d'un marais, d'un lac.
▸ REM. Attention, *-ga-*.

dragée **n.f.** Bonbon fait d'une amande recouverte de sucre durci. *Les baptêmes sont souvent l'occasion d'offrir des dragées aux invités.*

dragon **n.m.** ❶ Animal imaginaire qu'on représente avec des ailes, des griffes et une queue de serpent. *La princesse était prisonnière d'un horrible dragon.* ❷ Autrefois, soldat de cavalerie ; aujourd'hui, soldat d'un régiment blindé.

dragon-cheval (esprit du fleuve Jaune) sortant des eaux (enluminure chinoise du VIIIe siècle)

dragonne **n.f.** Courroie d'un bâton de ski, que l'on passe au poignet.

draguer **draguant, dragué** **v.** (CONJUG. **6**). ❶ Racler le fond d'un cours d'eau, d'un plan d'eau pour les nettoyer du sable, des cailloux ou de la boue qui les encombrent ou pour y retrouver quelque chose. ❷ (Familier) Chercher à séduire en vue d'une aventure amoureuse.

dragueur **n.m.** • **Dragueur de mines :** bateau équipé pour retirer les engins explosifs, les mines qui sont sous l'eau.

drain **n.m.** ❶ En médecine, tube souple placé dans une plaie pour en faire sortir le pus. *Le médecin a posé un drain au malade.* ❷ Conduit, tuyau mis dans un sol très humide pour permettre l'écoulement des eaux.

drainage **n.m.** Action de drainer une plaie ou un terrain.

drainer **v.** (CONJUG. **3**). ❶ Placer un drain dans une plaie pour en faire sortir le pus. ❷ Débarrasser un terrain trop humide de son excès d'eau. ❸ Attirer, faire venir. *Le festival de musique a drainé une foule considérable.*

drakkar **n.m.** Bateau qu'utilisaient les Vikings pour leurs expéditions, et dont la proue et la poupe étaient ornées de figures fantastiques, notamment de dragons.
HISTOIRE DU MOT Vient d'un mot suédois qui signifie « dragon ».

dramatique adj. ❶ Très grave, terrible. *La situation des victimes du tremblement de terre est dramatique.* SYN. tragique. ❷ Qui concerne le théâtre. *Un auteur dramatique écrit des pièces de théâtre.* ◆ **n.f.** Pièce de théâtre diffusée à la télévision ou à la radio.

dramatiquement adv. De façon dramatique, grave ou tragique.

dramatiser v. (CONJUG. 3). Exagérer la gravité d'une situation. *Il faut toujours qu'il dramatise les choses.*

drame n.m. ❶ Événement très grave, terrible, tragique. *Les inondations sont un drame pour la région.* SYN. tragédie. ❷ Pièce de théâtre qui met en scène une histoire violente ou douloureuse. *« Hernani » est un drame en cinq actes de Victor Hugo.* CONTR. comédie.

drap n.m. ❶ Grande pièce de tissu léger dont on garnit un lit pour isoler le corps du matelas ou de la couverture. *Drap de dessus, de dessous. Il faudra changer les draps.* ❷ Étoffe de laine très serrée, feutrée. *Un manteau de drap.* • **Drap de bain :** très grande serviette en tissu-éponge. • **Être dans de beaux draps :** être dans une situation bien embarrassante.

drapé n.m. L'ensemble des plis formés par une étoffe. *Le drapé d'un rideau de théâtre.*

drapeau n.m. ❶ Morceau d'étoffe portant les couleurs et les emblèmes d'un pays, d'un groupe ou d'un organisme. *Le drapeau de l'Europe est bleu et comporte douze étoiles de couleur jaune disposées en cercle.* ❷ Pièce d'étoffe montée sur un bâton, dont on se sert comme signal. *Le drapeau rouge annonce un danger.* • **Être sous les drapeaux :** faire son service militaire.

se **draper** v.pron. (CONJUG. 3). S'envelopper, se couvrir d'un vêtement, d'un tissu. *Elle s'était drapée dans une longue cape.*

draperie n.f. Grand morceau de tissu formant des plis. *De belles draperies ornaient les fenêtres du château.*

drave n.f. Au Canada, transport du bois par flottage.

dressage n.m. Action de dresser un animal pour l'habituer à faire ce qu'on lui demande. *Le dressage d'un cheval demande beaucoup de travail et de patience.*

dresser v. (CONJUG. 3). ❶ Mettre droit, disposer verticalement. *Il dressa l'échelle contre le mur.* ❷ Monter, installer. *Les manifestants ont dressé des barricades au milieu de la rue.* SYN. élever. *Dresser une tente.* ❸ Établir, préparer, disposer. *Dresser un plan, une liste. Dresser la table, le couvert.* ❹ Habituer un animal à obéir. *Il dresse son chien.* • **Dresser l'oreille :** écouter attentivement. ◆ **se dresser** v.pron. ❶ Se mettre debout, se tenir droit. *Elle se dressait sur la pointe des pieds pour attraper le livre sur l'étagère du haut.* ❷ S'opposer à quelqu'un. *Ils se sont dressés contre le tyran.*

dresseur, euse n. Personne qui dresse un animal.

dribble n.m. Dans un jeu de ballon, l'action de dribbler.

HISTOIRE DU MOT C'est un mot anglais.

dribbler v. (CONJUG. 3). Dans un jeu de ballon, courir en poussant par petits coups le ballon du pied ou en le faisant rebondir à la main de façon à éviter l'adversaire.

drille n.m. • **Joyeux drille :** homme gai, joyeux compagnon. SYN. joyeux luron.
▸ REM. On prononce [drij].

drisse n.f. Cordage ou câble qui sert à hisser la voile d'un navire.

drogue n.f. ❶ Produit toxique, dangereux, qui provoque des troubles graves. *Le haschisch, l'héroïne sont des drogues.* SYN. stupéfiant. ❷ Autrefois, médicament.

drogué, e n. et adj. Personne qui prend régulièrement de la drogue, qui est intoxiquée par l'usage de stupéfiants. SYN. toxicomane.

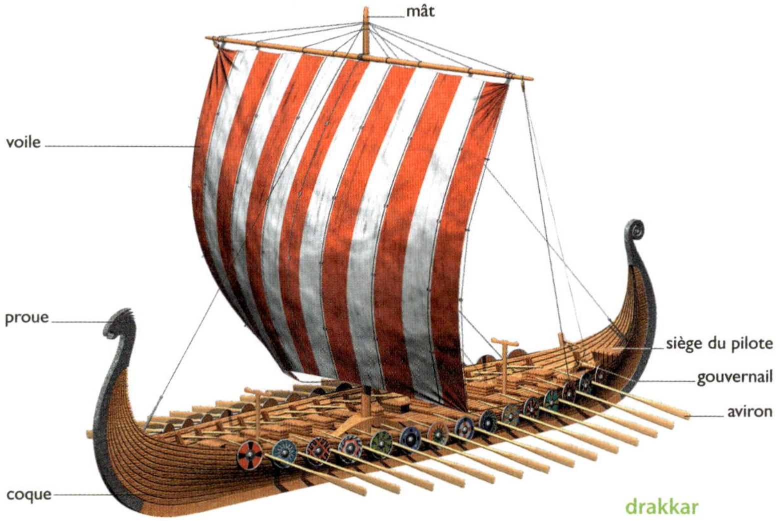

drakkar

droguer **droguant, drogué v.** (CONJUG. **6**). Faire prendre une drogue, des drogues. *Les ravisseurs ont drogué leur prisonnier.* ◆ **se droguer v.pron.** Prendre de la drogue, des stupéfiants. *Maintenant qu'il a suivi une cure de désintoxication, il ne se drogue plus.*

droguerie n.f. En France, magasin où l'on vend des produits d'entretien, d'hygiène, de ménage.

HISTOIRE DU MOT Vient de *drogue* au sens ancien de « médicament » : on vendait jadis des médicaments dans une droguerie.

droguiste n. Commerçant qui tient une droguerie.

1 droit n.m. ❶ Ce qui est permis par la loi. *En France, les femmes ont obtenu le droit de vote en 1944.* ❷ Ce à quoi on peut légitimement prétendre. *Les droits et les devoirs du citoyen. Le droit à l'éducation, au logement. Vous êtes en droit de réclamer à votre locataire le loyer qu'il ne vous a pas payé.* ❸ Autorisation, permission accordée par une personne quelconque ou par un règlement quelconque. *Carole a le droit d'aller au cinéma avec ses amies le samedi. Qui t'a donné le droit de prendre mon livre ?* ❹ L'ensemble des lois qui régissent un pays, des relations internationales, etc. *Selon le droit français, le droit canadien.* SYN. législation. *Le droit international. Pierre veut devenir avocat, il faut qu'il fasse des études de droit.* ❺ Somme d'argent que l'on doit payer pour obtenir quelque chose dans le cadre d'une réglementation. *Si tu achètes un bijou à l'étranger, tu devras payer des droits de douane en rentrant en France.* SYN. taxe. *Les étudiants qui s'inscrivent à l'université doivent payer des droits d'inscription.* • **À bon droit :** à juste titre, avec raison. *Elle a protesté à bon droit, les livreurs l'ont fait attendre des heures.* • **Avoir droit à :** pouvoir légitimement obtenir quelque chose ; ou, familièrement, ne pas pouvoir y échapper. *Après un tel effort, tu as droit à une belle part de gâteau. Si vous recommencez, vous aurez droit à une punition exemplaire !* • **Être dans son droit :** avoir raison, conformément à un règlement. *Cet automobiliste était dans son droit, c'est l'autre qui n'a pas respecté le Code de la route.* CONTR. être en tort. • **Déclaration des droits de l'homme et du citoyen :** texte rédigé en 1789, au début de la Révolution française. (La *Déclaration universelle des droits de l'homme* adoptée en 1948 par les Nations unies s'en inspire.) → VOIR planche ci-contre et Fiche **39.**

2 droit, e adj. Qui est situé du côté opposé au cœur. *Il a mis une boucle à son oreille droite.* CONTR. gauche.

dromadaire (à l'arrière-plan, les pyramides de Gizeh)

3 droit, e adj. ❶ *Une ligne droite* ne tourne pas, ne dévie pas, elle va par le plus court chemin d'un point à un autre. *La règle permet de tracer des lignes droites.* SYN. rectiligne. CONTR. courbe. ❷ Qui est bien vertical. *Les murs ne sont pas droits. Le miroir n'est pas droit, il penche d'un côté.* CONTR. oblique, penché. ❸ Qui agit honnêtement selon sa conscience, son sens du devoir. *C'est un homme droit, tu peux lui faire confiance.* SYN. loyal. CONTR. malhonnête. • **Angle droit :** angle formé par deux lignes perpendiculaires, qui fait 90°. ◆ **droit adv.** ❶ En ligne droite. *Marcher droit* ❷ Verticalement. *Tiens-toi droit !*

▸ REM. Au mot *droit* correspond l'élément tiré du grec *ortho-* que l'on retrouve dans *orthographe, orthopédique, orthophoniste.*

droite n.f. ❶ Ligne droite. *L'instituteur a demandé aux élèves de tracer deux droites perpendiculaires et deux droites parallèles.* ❷ Le côté droit. *Il y a un dictionnaire à votre droite.* CONTR. gauche. ❸ En politique, l'ensemble des partis conservateurs, dont les représentants, à l'Assemblée, siègent à droite du président. *La droite, la gauche et le centre sont les trois groupes traditionnels de la vie politique.*

droitier, ère adj. et **n.** Qui se sert plus facilement de la main droite que de la main gauche. CONTR. gaucher.

droiture n.f. Comportement honnête, loyal. *On connaissait sa droiture et les gens lui faisaient confiance.*

drôle adj. ❶ Qui fait rire. *Mon cousin nous raconte souvent des histoires drôles. C'est un garçon très drôle.* SYN. amusant, comique. ❷ Qui étonne, surprend. *C'est drôle, je ne retrouve pas le livre que je viens de poser sur la table.* SYN. bizarre, curieux, étrange.

HISTOIRE DU MOT Vient du néerlandais *drol* qui signifiait « lutin ».

drôlement adv. ❶ D'une manière bizarre. *Elle est drôlement accoutrée.* ❷ (Familier) Extrêmement. *Il a fait drôlement froid, l'hiver dernier.*

drôlerie n.f. Caractère de ce qui est drôle, amusant. *Une situation d'une drôlerie incroyable.*

dromadaire n.m. Mammifère ruminant voisin du chameau mais à une seule bosse, utilisé, pour sa résistance, comme monture ou comme bête de somme dans les déserts d'Afrique ou du Proche-Orient.

▸ REM. Le dromadaire qui sert de monture est aussi appelé *méhari.*

HISTOIRE DU MOT Vient du grec *dromas kamêlos* qui signifie « chameau qui court ».

dru, e adj. Qui est épais et dense. *De l'herbe drue. Le vieux pêcheur avait une barbe drue.* CONTR. clairsemé. ◆ **dru adv.** D'une façon drue, en grande quantité. *La pluie est tombée dru.*

druide n.m. Prêtre celte en Gaule, en Bretagne et en Irlande. *En Gaule, les druides cueillaient le gui sacré chaque année.*

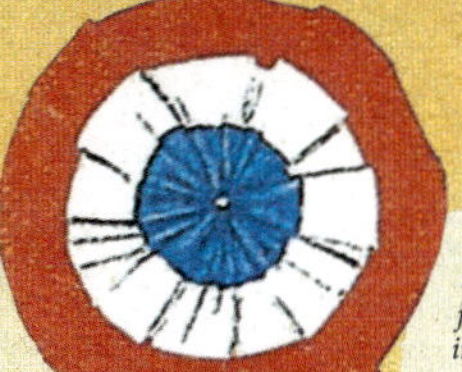

Déclaration des droits de l'homme et du citoyen

art. I. *Les hommes naissent et demeurent libres et égaux en droits ; les distinctions sociales ne peuvent être fondées que sur l'utilité commune.*

art. II. *Le but de toute association politique est la conservation des droits naturels et imprescriptibles de l'homme. Ces droits sont : la liberté, la propriété, la sûreté et la résistance à l'oppression.*

art. III. *Le principe de toute souveraineté réside essentiellement dans la nation ; nul corps, nul individu ne peut exercer d'autorité qui n'en émane expressément.*

art. IV. *La liberté consiste à pouvoir faire tout ce qui ne nuit pas à autrui. Ainsi, l'exercice des droits naturels de chaque homme n'a de bornes que celles qui assurent aux autres membres de la société la jouissance de ces mêmes droits. Ces bornes ne peuvent être déterminées que par la loi.*

art. V. *La loi n'a le droit de défendre que les actions nuisibles à la société. Tout ce qui n'est pas défendu par la loi ne peut être empêché, et nul ne peut être contraint à faire ce qu'elle n'ordonne pas.*

art. VI. *La loi est l'expression de la volonté générale ; tous les citoyens ont le droit de concourir personnellement, ou par leurs représentants, à sa formation ; elle doit être la même pour tous, soit qu'elle protège, soit qu'elle punisse. Tous les citoyens, étant égaux à ses yeux, sont également admissibles à toutes dignités, places et emplois publics, selon leur capacité et sans autre distinction que celle de leurs vertus et de leurs talents.*

art. VII. *Nul homme ne peut être accusé, arrêté, ni détenu que dans les cas déterminés par la loi, et selon les formes qu'elle a prescrites. Ceux qui sollicitent, expédient, exécutent ou font exécuter des ordres arbitraires doivent être punis ; mais tout citoyen appelé ou saisi en vertu de la loi doit obéir à l'instant : il se rend coupable par la résistance.*

art. VIII. *La loi ne doit établir que des peines strictement et évidemment nécessaires et nul ne peut être puni qu'en vertu d'une loi établie et promulguée antérieurement au délit, et légalement appliquée.*

art. IX. *Tout homme étant présumé innocent jusqu'à ce qu'il ait été déclaré coupable, s'il est jugé indispensable de l'arrêter, toute rigueur qui ne serait pas nécessaire pour s'assurer de sa personne doit être sévèrement réprimée par la loi.*

art. X. *Nul ne doit être inquiété pour ses opinions, même religieuses, pourvu que leur manifestation ne trouble pas l'ordre public établi par la loi.*

art. XI. *La libre communication des pensées et des opinions est un des droits les plus précieux de l'homme ; tout citoyen peut donc parler, écrire, imprimer librement, sauf à répondre de l'abus de cette liberté dans les cas déterminés par la loi.*

art. XII. *La garantie des droits de l'homme et du citoyen nécessite une force publique ; cette force est donc instituée pour l'avantage de tous, et non pour l'utilité particulière de ceux à qui elle est confiée.*

art. XIII. *Pour l'entretien de la force publique et pour les dépenses d'administration, une contribution commune est indispensable ; elle doit être également répartie entre tous les citoyens, en raison de leurs facultés.*

art. XIV. *Les citoyens ont le droit de constater, par eux-mêmes ou par leurs représentants, la nécessité de la contribution publique, de la consentir librement, d'en suivre l'emploi et d'en déterminer la quotité, l'assiette, le recouvrement et la durée.*

art. XV. *La société a le droit de demander compte à tout agent public de son administration.*

art. XVI. *Toute société dans laquelle la garantie des droits n'est pas assurée, ni la séparation des pouvoirs déterminée, n'a pas de constitution.*

art. XVII. *La propriété étant un droit inviolable et sacré, nul ne peut en être privé, si ce n'est quand la nécessité publique, légalement constatée, l'exige évidemment, et sous la condition d'une juste et préalable indemnité.*

La fin de l'Ancien Régime

Le texte de la **Déclaration des droits de l'homme et du citoyen** a été voté par les membres de l'Assemblée constituante, issue de la Révolution, du 17 au 26 août 1789. Il servit de préface à la Constitution de 1791. Ses auteurs se sont inspirés notamment des idées des philosophes du XVIIIe siècle (les **Lumières**), Voltaire, Condorcet, Montesquieu, Rousseau, et des demandes exprimées dans les **cahiers de doléances** rédigés à l'occasion des **états généraux** convoqués par le roi Louis XVI en mai 1789.

Les bases de la démocratie moderne

Ces 17 articles définissent notamment les droits imprescriptibles de l'homme, au premier desquels la **liberté** sous ses différentes formes (art. 1 et 2, 4 et 5, 7 à 9, 10 et 11), puis la **propriété** (art.17), l'**égalité** (art. 6 et 13) et abordent les notions de **sûreté**, de **séparation des pouvoirs** et de **souveraineté de la nation**.

En raison de son caractère universel, cette déclaration sera reprise et enrichie par la **Déclaration universelle des droits de l'homme** adoptée par les Nations unies en 1948

allégorie de la Liberté

Séance d'ouverture de l'Assemblée des états généraux, le 5 mai 1789

allégorie de l'Égalité

du, de la, des **art.** Articles formés à partir de la préposition *de* et des articles définis *le, la, les.* → VOIR **déterminant** (encadré).

dû, due **adj.** (PLUR. : **dus, dues**). ❶ Que l'on doit. *Il n'a pas encore payé la somme due.* ❷ Causé par, provoqué par. *L'incendie, dû à une explosion de gaz, n'a pas fait de victime.* • **En bonne et due forme :** selon les formes voulues, comme il convient. *Il a rédigé pour son employé un contrat en bonne et due forme.* ◆ **dû** **n.m.sing.** Ce qui est dû, ce que l'on doit à quelqu'un. *Il est venu réclamer son dû.*
▸ REM. *Dû* s'écrit avec un accent circonflexe mais *due* n'en a pas.

dubitatif, ive **adj.** Qui exprime le doute, l'hésitation. *Hocher la tête d'un air dubitatif.*

1 **duc** **n.m.**, **duchesse** **n.f.** Titre de noblesse, le plus élevé après celui de prince.

HISTOIRE DU MOT Vient du latin *dux, ducis* qui signifie « chef ».

2 **duc** **n.m.** Nom donné à trois espèces de hiboux : le *grand duc*, le *moyen duc* et le *petit duc*, que l'on distingue par leur taille.

ducal, ale, aux **adj.** Du duc ou de la duchesse. *La couronne ducale.*

ducat **n.m.** Ancienne monnaie d'or frappée à l'effigie des doges de Venise.

duché **n.m.** Territoire qui était gouverné par un duc. *Le duché de Bourgogne.*

duchesse **n.f.** → **duc (1)**

duel **n.m.** ❶ Combat qui mettait face à face deux personnes, assistées chacune de deux témoins, pour réparer l'offense que l'une avait faite à l'autre. *Le marquis avait provoqué son adversaire en duel.* ❷ Au figuré, lutte, compétition entre deux personnes ou deux groupes.

duelliste **n.m.** Chacune des deux personnes qui se battent en duel. *Les duellistes avaient armé leur pistolet.*

duettiste **n.** Musicien qui joue ou chante en duo, ou qui présente un numéro comique avec un autre artiste.

duffel-coat ou **duffle-coat** **n.m.** (PLUR. : **duffel-coats** ou **duffle-coats**). Manteau court, en tissu de laine chaud et imperméable.
▸ REM. C'est un mot anglais, on prononce [dœfəlkot].

dulcinée **n.f.** (Familier) Nom que l'on donne par plaisanterie à la bien-aimée d'un homme. *Il est allé retrouver sa dulcinée.*

HISTOIRE DU MOT *Dulcinée* est le nom de la bien-aimée de Don Quichotte.

dune **n.f.** Colline de sable formée par le vent, au bord de la mer ou dans les régions désertiques.

dunette **n.f.** La partie surélevée qui se trouve à l'arrière d'un navire.

duo **n.m.** ❶ Morceau de musique pour deux instruments ou deux voix. *Mozart a composé des duos pour*

duels en public en 1627
(malgré l'interdiciton édictée par Richelieu)

instruments à cordes. Chanter, jouer en duo. ❷ Groupe de deux personnes qui, dans un spectacle, font un numéro ensemble. ❸ Groupe de deux personnes qui s'entendent particulièrement bien. *Jean et Paul forment un sacré duo.* SYN. paire.

dupe **n.f.** Personne trompée ou facile à tromper. *Ludovic a été la dupe d'escrocs sans scrupule. Un marché de dupes* (= une affaire dans laquelle chacun trompe l'autre). ◆ **adj.** • **Ne pas être dupe :** ne pas se laisser tromper. *Il me ment mais je ne suis pas dupe* (= je le sais).

duper **v.** (CONJUG. 3). Tromper quelqu'un en lui proposant un échange à son désavantage. *Il s'est laissé duper en vendant ses tableaux pour presque rien.* SYN. abuser, berner, leurrer.

duperie **n.f.** Tromperie. *Elle s'est laissé prendre à cette duperie, quelle naïve !*

duplex **n.m.** ❶ Appartement sur deux étages reliés par un escalier intérieur. ❷ Au Canada, maison comprenant deux logements généralement pourvus d'entrées distinctes. ❸ *Une émission en duplex* est une émission de radio ou de télévision diffusée à partir de deux lieux différents.

HISTOIRE DU MOT C'est un mot latin qui signifie « double ».

duplicata **n.m.** Copie d'un document officiel. *J'ai perdu l'original de mon diplôme, on m'en a délivré un duplicata.* SYN. double.
▸ REM. Ce mot latin peut rester invariable au pluriel ou prendre un *s* : *des duplicata* ou *des duplicatas.*

HISTOIRE DU MOT Vient du latin *duplicata littera* qui signifie « lettre redoublée ».

A B C D E F G H I J K L M N O P Q R S T U V W X Y Z

duplicité **n.f.** Caractère d'une personne qui manque de franchise, qui volontairement ne se présente pas sous son vrai jour. *Je me méfie beaucoup de sa duplicité.* SYN. fourberie, hypocrisie.

HISTOIRE DU MOT Vient du latin *duplex* qui signifie « double ».

duquel → lequel

1 dur, e **adj.** ❶ Qui résiste à la pression, au toucher, est difficile à entamer. *Un matériau dur.* SYN. résistant. CONTR. moelleux, mou, tendre. *Une viande dure.* SYN. coriace. CONTR. tendre. ❷ Qui demande un effort physique ou intellectuel. *Les volets de ma chambre sont durs à fermer.* SYN. difficile. CONTR. facile. ❸ Pénible à supporter. *L'hiver a été dur.* SYN. rigoureux, rude. CONTR. doux. ❹ Qui est sans indulgence, qui manque de cœur. *Il lui parla d'un ton dur.* SYN. sévère. CONTR. gentil, tendre. • **Eau dure :** eau très calcaire. ◆ **dur** **adv.** (Familier) Beaucoup. *Le soleil tape dur aujourd'hui.* CONTR. faiblement. *Il a travaillé dur pour réussir son examen.* SYN. énergiquement.

2 dur, e **n.** Personne qui n'a peur de rien. *Il joue les durs devant ses camarades.* ◆ **dur** **n.m.** *Une construction en dur,* c'est une construction en matériaux solides et résistants, faits pour durer. *Dans notre école, un bâtiment en dur a été construit pour remplacer les préfabriqués qui commençaient à se détériorer.*

durable **adj.** Qui dure longtemps. *Après cette période de troubles, une paix durable devait régner dans le pays.* SYN. stable. • **Développement durable** → VOIR **développement.**

durablement **adv.** De façon durable, pour une durée assez longue. *Il cherchait le moyen d'améliorer durablement ses conditions de vie.*

durant **prép.** ❶ Indique la période où se passe une action. *Durant son séjour, elle s'est fait de nouvelles amies.* SYN. pendant. ❷ Indique la durée d'une action. *Il est resté sans dire un mot durant des heures.* SYN. pendant.

▸ REM. Au sens 2, *durant* peut se placer avant ou après le complément : *il a travaillé durant trois heures* ou *il a travaillé trois heures durant* (= trois heures de suite).

durcir **durcissant, durci** **v.** (CONJUG. **16**). ❶ Devenir dur. *Ta pâte va durcir si tu attends trop longtemps.* CONTR. ramollir. ❷ Donner une apparence de dureté, de sévérité. *Il avait un air sévère qui durcissait son visage.* CONTR. adoucir.

durcissement **n.m.** ❶ Le fait de durcir, de devenir plus dur. *Le durcissement du ciment peut être très rapide.* ❷ Le fait de devenir plus dur, plus intransigeant. *Le durcissement de leurs positions était tel qu'ils refusaient désormais de faire la moindre concession.*

dure **n.f.** • (Familier) **En voir de dures :** vivre toutes sortes de choses difficiles. *Il en a vu de dures, il n'est plus à ça près !* • **Être élevé à la dure :** être élevé sans douceur, de manière rude et sévère. *Il n'est pas douillet, il a été élevé à la dure !*

durée **n.f.** Le temps qui s'écoule entre le début et la fin d'une action, d'un événement, etc. *La rue est interdite aux voitures pendant la durée des travaux. Son absence n'a été que de courte durée.*

durement **adv.** D'une manière sévère, avec dureté. *Elle m'a parlé durement.* SYN. sévèrement. CONTR. gentiment. *Toute la famille a été durement éprouvée par ce deuil.* SYN. profondément, vivement.

durer **v.** (CONJUG. **3**). ❶ Occuper un certain intervalle de temps. *Le film dure deux heures.* ❷ Se prolonger dans le temps. *Il fait beau, pourvu que ça dure !* SYN. continuer.

dureté **n.f.** ❶ Le caractère de ce qui est dur, résistant. *Le quartz et le marbre sont des roches d'une grande dureté.* ❷ Manque de gentillesse, manque de cœur. *Il traitait ses élèves avec dureté.* SYN. sévérité. CONTR. gentillesse.

durillon **n.m.** Endroit, sur les mains ou les pieds, où la peau a durci à la suite de frottements répétés. *Il a eu des durillons aux mains à force de piocher la terre.* SYN. cal. → VOIR AUSSI **cor (2).**

duvet **n.m.** ❶ Premières plumes, douces et légères, d'un oisillon ; plumes légères sur le ventre et le dessous des ailes de certains oiseaux. *Quand il sort de l'œuf, le poussin est recouvert de duvet.* ❷ Sac de couchage garni de duvet d'oie ou de canard. *Quand je fais du camping, je dors dans un duvet.* ❸ Ensemble des poils fins qui poussent sur le corps des humains et sur certains végétaux. *Les pêches sont recouvertes d'un duvet très doux.*

HISTOIRE DU MOT Vient d'un mot d'ancien français, *dumet,* qui signifiait « plume légère, petite plume ».

ENCYCLOPÉDIE Le duvet permet aux oiseaux de mieux conserver leur chaleur. Il est particulièrement abondant sur le corps des oiseaux aquatiques tels que l'*oie* ou l'*eider.*

duveté, e ou **duveteux, euse** **adj.** Qui a la même douceur et le même toucher que le duvet. *Une pêche duvetée.*

DVD **n.m.invar.** Disque compact à lecture optique, surtout destiné au stockage de programmes vidéo. *Les DVD ont remplacé les cassettes vidéo.*

DVD

A B C D E F G H I J K L M N O P Q R S T U V W X Y Z

dynamique **adj.** Qui agit avec énergie, fait preuve de vitalité. *Véronique est une fille très dynamique, elle a de nombreuses activités.*

dynamiser **v.** Donner du dynamisme, de l'énergie. *L'entraîneur essaie de dynamiser son équipe.* SYN. stimuler.

dynamisme **n.m.** Énergie avec laquelle on entreprend quelque chose. *J'admire le dynamisme de Cécile : on dirait qu'elle n'est jamais fatiguée.* SYN. entrain.

dynamite **n.f.** Explosif très puissant. *Un attentat à la dynamite a détruit la gare. L'inventeur de la dynamite est Alfred Nobel.*

HISTOIRE DU MOT Vient du grec *dunamis*, « force ».

dynamiter **v.** (CONJUG. **3**). Faire sauter à la dynamite. *Les terroristes ont dynamité le pont.*

dynamo **n.f.** Appareil qui produit de l'électricité à partir d'une énergie mécanique. *Sur un vélo la dynamo fonctionne lorsque les roues tournent.*

dynastie **n.f.** ❶ Succession, suite de souverains d'une même famille. *Hugues Capet a donné son nom à la dynastie des Capétiens.* ❷ Famille qui se transmet, de génération en génération, une entreprise, une fortune, un domaine. *Une dynastie de banquiers.*

dynastique **adj.** Qui concerne une dynastie. *Des querelles dynastiques opposent les membres de la famille royale.*

dysenterie **n.f.** Maladie infectieuse qui provoque des douleurs abdominales et des diarrhées.
▶ REM. Attention, on prononce [disɑ̃tri].

dysfonctionnement **n.m.** ❶ Fonctionnement anormal d'un organe. *Le médecin a noté un dysfonctionnement de la glande thyroïde chez ce malade.* ❷ Mauvais fonctionnement d'un appareil, d'un système. *Le dysfonctionnement d'un avion téléguidé.*

dyslexie **n.f.** Trouble de la lecture qui consiste à intervertir des lettres.

dyslexique **adj.** et **n.** Qui est atteint de dyslexie.

Ee

eau **n.f.** ❶ Liquide incolore, inodore et sans saveur à l'état pur, qui est très répandu dans la nature. *L'eau est essentielle à la vie.* → VOIR Fiches **51**, **55** et **58.** ❷ Eau d'une source, d'une rivière, d'un fleuve, d'un lac ou de la mer. *Une branche flotte sur l'eau. Mettre un bateau à l'eau.* • **Cycle de l'eau** → VOIR planche page suivante. • **Eau douce :** eau d'un lac ou d'une rivière, par opposition à l'*eau de mer*. • **Eau minérale :** eau provenant d'une source et qui est chargée en sels minéraux. • **Eau de Cologne :** mélange d'alcool et d'huiles de plantes que l'on utilise pour se parfumer. • **Mettre de l'eau dans son vin :** se montrer plus conciliant, être moins exigeant. • **Mettre l'eau à la bouche :** faire saliver, ouvrir l'appétit. • **Se jeter à l'eau :** se risquer à faire quelque chose que l'on appréhende. • (Familier) **Tomber à l'eau :** ne pas aboutir, ne pas se réaliser. *Son projet est tombé à l'eau.* ◆ **eaux** **n.f.plur.** • **Eaux territoriales :** nom que l'on donne à la zone de mer qui borde un pays et qui lui appartient, par opposition aux *eaux internationales*. • **Eaux usées :** eaux qui ont été utilisées pour l'entretien d'une maison, le fonctionnement d'une industrie, et qui sont à évacuer.
▸ REM. Au mot *eau* correspondent l'élément tiré du latin *aqua-*, que l'on retrouve dans *aquatique, aqueduc, aqueux,* etc., et l'élément tiré du grec *hydro-*, que l'on retrouve dans *hydrocution, hydrophile,* etc.

eau-de-vie **n.f.** (PLUR. : **eaux-de-vie**). Boisson alcoolisée très forte faite à partir de fruits ou de céréales. *De l'eau-de-vie de prune.*

eau-forte **n.f.** (PLUR. : **eaux-fortes**). Gravure sur cuivre faite à l'aide d'un acide spécial qui attaque le cuivre là où il a été gratté par le graveur.

HISTOIRE DU MOT On donnait autrefois le nom d'*eau forte* aux acides assez puissants pour attaquer les métaux.

ébahi, e **adj.** Très étonné. *La nouvelle était tellement inattendue qu'il en est resté tout ébahi.* SYN. abasourdi, sidéré, stupéfait.

ébahir **ébahissant, ébahi v.** (CONJUG. **16**). Provoquer un grand étonnement. *Les tours du magicien ont ébahi le public.* SYN. sidérer, stupéfier.

ébats **n.m.plur.** Mouvements vifs et gais. *Les ébats des petits chiots nous amusaient.*
▸ REM. Ce mot appartient à la langue soutenue.

s'ébattre **ébattant, ébattu v.pron.** (CONJUG. **50**). Jouer en faisant beaucoup de mouvements, en courant, en sautant. *Les enfants s'ébattaient joyeusement dans le jardin.* SYN. folâtrer.
▸ REM. Ce mot appartient à la langue soutenue.

ébauche **n.f.** ❶ La première forme d'un objet, d'un dessin, d'une sculpture, etc., qui en donne l'allure générale. *Ce plan n'est qu'une ébauche, mais il donne une idée de ce que je voudrais faire.* SYN. canevas, esquisse. ❷ Le commencement de quelque chose. *Elle était moins triste, je voyais l'ébauche d'un sourire sur ses lèvres.*

ébaucher **v.** (CONJUG. **3**). Faire une ébauche, commencer. *Ébaucher des plans. Il ébaucha un sourire timide.* SYN. esquisser.

ébène **n.f.** Bois noir, dur et lourd de l'arbre des régions équatoriales appelé *ébénier*. • **D'ébène :** d'un noir brillant, éclatant. *Des cheveux d'ébène.*

ébénier

Une ressource vitale

Berceau de la vie, l'eau a abrité les premiers **vertébrés** – les poissons – il y a environ 500 millions d'années. L'homme et les animaux sont composés de 70 % d'eau ; les végétaux, de 60 à 80 %. Sur la Terre, l'eau représente un volume de 1 400 millions de km³, dont 95,5 % est **salé**. Près de la moitié de l'**eau douce** est constituée par les glaciers et les calottes glaciaires des pôles. Le reste est stocké dans le sous-sol ou se partage entre les rivières, les lacs et l'atmosphère ; seule une infime quantité de l'eau de la planète est disponible pour l'homme.

Une ressource menacée

La **consommation** en eau ne cesse d'augmenter. À l'échelle de la planète, la pénurie semble globalement exclue ; toutefois, **plusieurs facteurs menacent** cette ressource : la surpopulation, l'industrialisation, la pollution, l'irrigation, la sécheresse et la faiblesse des précipitations.

glace polaire

torrent de montagne

Le cycle de l'eau

Sous l'effet du soleil, l'eau des océans s'évapore, puis se condense lorsqu'elle se refroidit et forme les nuages. Transportés par le vent, ceux-ci donnent naissance à la pluie, à la neige et à la grêle. Une partie de ces précipitations ruisselle à la surface du sol et rejoint les rivières, les fleuves, puis la mer. Elles peuvent aussi demeurer sous forme de neige et de glace, ou pénétrer dans le sol. L'eau s'infiltre alors jusqu'aux nappes phréatiques.

ébéniste n. Personne qui fabrique ou répare des meubles en bois précieux, comme l'ébène par exemple. → VOIR AUSSI **menuisier.**

ébénisterie n.f. Le travail de l'ébéniste.

éberlué, e adj. Très étonné, stupéfait. *J'étais éberlué par le sans-gêne de Loïc.*

HISTOIRE DU MOT Vient de *berlue. Une personne éberluée* semble avoir la berlue, elle ne peut croire ce qu'elle voit.

éblouir éblouissant, ébloui v. (CONJUG. 16). ❶ Faire mal aux yeux, aveugler avec une lumière trop vive. *Éteins ta torche, la lumière m'éblouit.* ❷ Forcer l'admiration de quelqu'un. *L'acteur a ébloui les spectateurs.* SYN. émerveiller.

éblouissant, e adj. ❶ Dont la lumière, difficile à supporter, éblouit. *Les phares des voitures sont éblouissants.* SYN. aveuglant. ❷ Qui frappe par sa beauté, son talent, ses qualités. *Elle était éblouissante dans sa robe de satin. Le pianiste a eu un jeu éblouissant, ce soir.* SYN. brillant.

éblouissement n.m. ❶ Sensation d'être ébloui, trouble de la vue qui peut s'accompagner de vertiges, de malaises. ❷ Émerveillement. *Quand elle apparut, ce fut un éblouissement.*

e-book n.m. (PLUR. : **e-books**). Livre électronique, qui se lit sur un écran. SYN. liseuse. → VOIR AUSSI **livre.**
▸ REM. C'est un mot anglais, on prononce [ibuk].

éborgner v. (CONJUG. 3). Crever un œil à quelqu'un, le rendre borgne. *Fais attention avec ton parapluie, tu vas éborgner un passant !*

éboueur n.m. Personne chargée du ramassage des ordures.
▸ REM. Au Canada, la forme féminine de ce mot est *éboueuse.*

HISTOIRE DU MOT Vient de *boue.* Autrefois, les *éboueurs* débarrassaient la rue de ses saletés et de sa boue.

ébouillanter v. (CONJUG. 3). ❶ Plonger dans l'eau bouillante. *On ébouillante les tomates pour les éplucher plus facilement.* ❷ Brûler avec un liquide bouillant ou très chaud. *Fabrice a été ébouillanté accidentellement à l'âge de deux ans.*

éboulement n.m. Chute de terre et de pierres qui se détachent d'un terrain en pente. *Il y a un risque d'éboulement sur cette route.*

s'ébouler v.pron. (CONJUG. 3). S'écrouler, s'effondrer. *La falaise s'éboule.*

éboulis n.m. Amas de terre et de pierres qui sont tombées par suite d'un éboulement.
▸ REM. On ne prononce pas le *-s.*

ébouriffé, e adj. Qui a les cheveux en désordre, qui est tout décoiffé. *Il se réveille à peine, il est tout ébouriffé.*

HISTOIRE DU MOT Vient de *bourre.* Une personne ébouriffée a les cheveux comme de la bourre, c'est-à-dire comme de la laine non peignée.

ébranlement n.m. ❶ Secousse produite par un choc. ❷ Le fait de s'ébranler. *Dès l'ébranlement du train, il se plongea dans son livre.* SYN. départ.

ébranler v. (CONJUG. 3). ❶ Faire trembler, faire vibrer. *L'explosion a ébranlé les vitres.* ❷ Rendre fragile, affaiblir. *Cet échec a ébranlé sa confiance* (= l'a rendu moins sûr de lui). CONTR. affermir. ◆ **s'ébranler** v.pron. Pour un train, un convoi, se mettre en mouvement, commencer à rouler. *Dès que le train s'est ébranlé, Jeannette s'est endormie.* SYN. démarrer.

ébrécher v. (CONJUG. 9, ✎ 10). Abîmer un objet en cassant un petit morceau sur le bord. *Ce verre est ébréché, il vaut mieux le jeter.*

HISTOIRE DU MOT Vient de *brèche.*

ébriété n.f. État d'une personne ivre. *Il est interdit par la loi de conduire en état d'ébriété.* SYN. ivresse.

s'ébrouer v.pron. (CONJUG. 3). Se secouer pour se débarrasser de l'eau, de la poussière qu'on a sur soi. *En sortant de l'eau, les chiens adorent venir s'ébrouer près de vous.*

ébruiter v. (CONJUG. 3). Faire largement connaître une nouvelle, la rendre publique. SYN. divulguer.

HISTOIRE DU MOT Vient de *bruit.*

ébullition n.f. ❶ État d'un liquide qui bout. *Portez l'eau à ébullition puis laissez cuire à feu doux.* ❷ Grande agitation, surexcitation. *Après ce coup d'éclat, toute la ville était en ébullition.* SYN. effervescence.

écaille n.f. ❶ Chacune des petites plaques qui recouvrent le corps de certains animaux comme les poissons ou les reptiles et les pattes de certains oiseaux. ❷ Matière qu'on tire de la carapace des tortues de mer et dont on fait différents objets. *Des lunettes en écaille.*

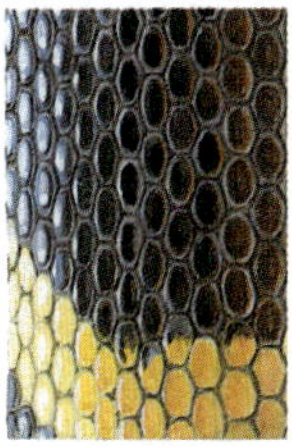
serpent

poisson

tortue

pangolin

écailles d'animaux

écailler v. (CONJUG. 3). Enlever les écailles d'un poisson. ◆ **s'écailler** v.pron. Se détacher par petites plaques, qui tombent d'elles-mêmes les unes après les autres. *La peinture des volets s'écaille par endroits.*

écarlate adj. Rouge très vif. *Une robe écarlate. Il est devenu écarlate en entendant prononcer son nom.* SYN. cramoisi.

écarquiller v. (CONJUG. 3). • **Écarquiller les yeux :** les ouvrir très grands par étonnement ou pour mieux voir.

A B C D E F G H I J K L M N O P Q R S T U V W X Y Z

échafaudage en bambou (Thaïlande)

écart n.m. ❶ Mouvement de côté, qui écarte brusquement de sa direction. *Le camion a fait un écart pour éviter la voiture.* SYN. embardée. ❷ Différence entre deux valeurs, deux nombres, etc. *Des écarts de température.* SYN. variation. *Il y a un écart de 15 euros entre ces deux articles.* • **À l'écart :** loin de ; en dehors de. *Il habite à l'écart de la ville. On l'a tenu à l'écart de l'affaire.* • **Écart de conduite :** acte qui ne suit pas les règles de la morale. *Il a commis bien des écarts de conduite dans sa jeunesse.* • **Grand écart :** position de danse où les jambes sont tendues, l'une à l'avant, l'autre à l'arrière du corps, de façon à toucher le sol sur toute leur longueur.

écarté, e adj. ❶ *Deux choses écartées* sont éloignées l'une de l'autre. *Il a les yeux écartés.* CONTR. rapproché. ❷ Situé à l'écart. *Il habite une petite maison écartée.* SYN. isolé.

écarteler v. (CONJUG. 11). ❶ Autrefois, faire subir à un condamné un supplice qui consistait à attacher ses membres à quatre chevaux qui tiraient chacun de son côté. ❷ Tirailler entre plusieurs possibilités différentes. *Il est écartelé entre toutes ses obligations.*

HISTOIRE DU MOT Vient de l'ancien français *esquarterer* qui signifie « mettre en quartiers ».

écartement n.m. Distance, espace entre deux choses. *L'écartement des rails de chemin de fer n'est pas le même dans tous les pays.*

écarter v. (CONJUG. 3). ❶ Mettre une certaine distance entre deux choses. *Écarte les rideaux, tu verras un superbe ciel bleu. Il ne peut plus écarter les doigts.* ❷ Repousser, éloigner. *Écarte la chaise, elle gêne le passage.* ❸ Rejeter, ne pas tenir compte de. *Sa demande a été écartée.* ◆ **s'écarter** v.pron. S'éloigner, se mettre à l'écart. *Écartez-vous du mur. S'écarter du droit chemin.* SYN. se détourner.

ecchymose n.f. Tache qui reste sur la peau quand on a reçu un coup. SYN. bleu.
▸ REM. On prononce [ekimoz].

ecclésiastique adj. Qui concerne l'Église, le clergé. *La vie, l'habit ecclésiastiques.* ◆ **n.m.** Membre du clergé, prêtre de l'Église.

écervelé, e n. Personne qui agit sans réfléchir, comme si elle n'avait pas de cervelle. *Ne te fie pas à cet écervelé.* SYN. étourdi.

HISTOIRE DU MOT Vient de l'ancien français *escerveler* qui signifiait « casser la tête et faire jaillir la cervelle ».

échafaud n.m. ❶ Estrade sur laquelle les condamnés étaient décapités ou pendus. ❷ Peine de mort. *Mériter l'échafaud.*

échafaudage n.m. Construction en métal ou en bois installée le long d'un mur pour accéder aux parties hautes. *Pour repeindre la façade, les peintres ont installé un échafaudage.*

échafauder v. (CONJUG. 3). *Échafauder des plans, des hypothèses*, c'est les imaginer, les concevoir en combinant des éléments comme quand on construit un échafaudage. SYN. bâtir, élaborer.

échalas n.m. Pieu en bois qu'on plante à côté des arbustes pour les soutenir. *Certaines vignes poussent sur des échalas.* SYN. tuteur. • (Familier) **Grand échalas :** manière moqueuse de désigner une personne grande et maigre.

échalote n.f. Plante potagère, proche de l'oignon, dont les bulbes sont utilisés comme condiment. *Du vinaigre à l'échalote.*

échalotes

échancré, e adj. ❶ Dont le bord est largement creusé. *Une côte très échancrée.* ❷ *Un vêtement échancré* est largement ouvert au bas du cou. SYN. décolleté.

échancrure **n.f.** ❶ Bord creusé de quelque chose. *Les échancrures d'une feuille d'arbre.* ❷ Partie échancrée d'un vêtement. *L'échancrure en V d'un pull.*

échange **n.m.** ❶ Action d'échanger. *Mon pull était trop petit, le magasin a accepté de faire l'échange. Un échange de lettres. Un échange de coups de feu.* ❷ Commerce entre plusieurs pays. *Les échanges internationaux.* ❸ Le fait d'envoyer un enfant dans une famille à l'étranger pour qu'il apprenne la langue, et de recevoir à son tour chez soi l'enfant de cette famille. • **En échange :** à la place. SYN. en contrepartie.

échanger **échangeant, échangé v.** (CONJUG. 5). ❶ Donner une chose pour en obtenir une autre en retour. *J'ai échangé mon vieux vélo contre des rollers.* SYN. troquer. ❷ S'adresser quelque chose mutuellement. *Les deux amis ont échangé un sourire complice. Ils ont échangé des textos.*

HISTOIRE DU MOT Vient de *changer.*

échangeur **n.m.** Carrefour où des autoroutes et des routes importantes se rejoignent sans que jamais les voitures se croisent.

échangeur autoroutier (Los Angeles, États-Unis)

échantillon **n.m.** ❶ Petite quantité d'un produit qui permet de le faire connaître. *Des échantillons de parfum, de tissu.* ❷ Exemple représentatif de quelque chose. *On lui a demandé de montrer un échantillon de son talent.* SYN. aperçu, avant-goût.

HISTOIRE DU MOT Vient de l'ancien français *eschantillon* qui signifiait « échelle pour mesurer ».

échantillonnage **n.m.** ❶ Ensemble d'échantillons. ❷ Petit nombre de personnes choisies pour des sondages parce qu'elles sont représentatives de la population.

échappatoire **n.f.** Moyen de se tirer d'embarras, d'échapper à une situation difficile. *Chercher une échappatoire.* SYN. issue.
▸ REM. Ce mot est du féminin.

échappée **n.f.** ❶ Dans certaines courses, action de distancer le peloton, les autres concurrents. *Et voici Poulibic qui tente une échappée !* ❷ Espace étroit mais dégagé par lequel on peut voir au loin. *De la terrasse sud, on a une échappée sur la mer.* SYN. vue.

échappement **n.m.** Expulsion des gaz d'un moteur. *Pot d'échappement d'une voiture.*

échapper **v.** (CONJUG. 3). ❶ S'enfuir et se soustraire à la surveillance de quelqu'un. *Le bandit a échappé aux policiers.* ❷ Éviter une situation désagréable. *Elle a échappé à la grippe.* ❸ Tomber des mains accidentellement ; être prononcé involontairement. *Il a laissé échapper les verres, tous sont cassés. Pardon d'avoir dit cela, ça m'a échappé.* ❹ Sortir de l'esprit ou ne pas avoir frappé l'attention de quelqu'un. *Impossible de me le rappeler, son nom m'échappe ! Ce détail m'a échappé.* ◆ **s'échapper** **v.pron.** ❶ S'enfuir d'un lieu où l'on était enfermé. *Le prisonnier s'est échappé.* SYN. se sauver. ❷ Se répandre au-dehors. *La fumée s'échappe par la cheminée.* SYN. sortir.

écharde **n.f.** Petit morceau de bois pointu qui est rentré dans la peau. *En portant ces vieilles planches, je me suis enfoncé une écharde dans le doigt.*

écharpe **n.f.** Bande de tissu qu'on met autour du cou. *Une écharpe de laine.* SYN. cache-col. *Une écharpe de soie.* SYN. foulard. • **Avoir le bras en écharpe :** soutenir un bras blessé par une bande de tissu qui passe autour du cou. *Il a eu un accident, il a le bras en écharpe.*

écharper **v.** (CONJUG. 3). • **Se faire écharper :** se faire vivement prendre à partie, recevoir des insultes, des coups. *Il a failli se faire écharper par la foule.*

échasse **n.f.** Chacun des longs bâtons munis d'un appui pour poser le pied, qui permettent de marcher à une certaine hauteur. *Autrefois, les bergers se déplaçaient sur des échasses.*

échassier **n.m.** *Les échassiers* sont des oiseaux carnivores caractérisés par de très longues pattes, un long cou, et qui vivent près des étendues d'eau. *Les cigognes, les ibis, les hérons, les grues sont des échassiers.*

échauder **v.** (CONJUG. 3). Causer une déception qui sert de leçon. *Il a été échaudé une fois, on ne l'y reprendra plus.* • **Chat échaudé craint l'eau froide :** proverbe qui signifie qu'un chat qui a reçu de l'eau très chaude se méfie de l'eau, même quand elle est froide ; autrement dit, quand on a souffert d'une situation, on se méfie de tout ce qui peut y ressembler, de près ou de loin.

échauffement **n.m.** Action de préparer ses muscles à l'effort, de s'échauffer. *Faire des exercices d'échauffement avant une épreuve sportive.*

échauffer **v.** (CONJUG. 3). Produire une excitation, animer. *Ton histoire a échauffé les esprits.* SYN. enflammer, exciter. • **Échauffer les oreilles :** agacer, mettre en colère. SYN. énerver. ◆ **s'échauffer** **v.pron.** ❶ Se préparer à une épreuve de sport par des mouvements qui assouplissent les muscles, les rendent plus chauds. *Les coureurs s'échauffaient sur la piste.* ❷ S'animer, s'emporter. *Dès qu'il parle de politique, il s'échauffe.* SYN. s'exciter.

échauffourée **n.f.** Bagarre de courte durée. *Il y a eu quelques échauffourées avec la police.* SYN. accrochage, bagarre.

échauguette **n.f.** Petite guérite pour le guet placée en surplomb aux angles des remparts.

échauguette (remparts d'Essaouira, Maroc)

échéance **n.f.** La date à laquelle se termine le délai accordé pour payer ce que l'on doit, pour remettre un travail commandé, etc. *L'échéance du loyer tombe dans une semaine.* • **À longue échéance** ou **à brève échéance :** dans un délai long ou bref. *Luc fait des projets à longue échéance* (= pour dans longtemps).

échéant **adj.invar.** • **Le cas échéant :** si le cas se présente. *Le cas échéant, je te téléphonerai* (= s'il y a lieu).

HISTOIRE DU MOT Vient du verbe *échoir*, au sens de « arriver, avoir lieu par hasard ».

échec **n.m.** ❶ Le fait d'échouer, de ne pas réussir quelque chose. *Avec ces mauvaises méthodes de travail, vous courez à l'échec.* CONTR. réussite, succès. ❷ *Tenir son adversaire en échec*, c'est l'empêcher de prendre l'avantage.

échecs **n.m.plur.** Jeu où deux adversaires déplacent des pièces sur un *échiquier* pour essayer de capturer le roi adverse.

HISTOIRE DU MOT Vient du persan *shah*, « roi ». Les Perses, à ce jeu, disaient *shah mat*, « le roi est mort », pour avertir l'adversaire de la menace qui pesait sur son roi. On dit aujourd'hui « échec et mat ».

jeu d'échecs

échelle **n.f.** ❶ Ensemble formé de deux montants verticaux réunis par des barreaux, les *échelons*, qui servent de marches pour grimper ou descendre. *Nils a pris une échelle pour grimper dans le cerisier.* ❷ Au figuré, succession de degrés, de niveaux, hiérarchie. *Nous n'avons pas la même échelle de valeurs. Grimper dans l'échelle sociale.* ❸ Rapport de dimension entre une chose et sa reproduction, utilisé notamment pour l'établissement des plans et des cartes. ❹ Ensemble défini de degrés permettant de mesurer une vitesse, une intensité. *L'échelle de Beaufort permet de mesurer la force du vent.* • **À l'échelle de :** au niveau de. *Il faut agir à l'échelle de la région.* • **Sur une grande échelle :** dans de grandes proportions.

ENCYCLOPÉDIE

L'échelle numérique. Si, sur une carte routière, 1 cm correspond à 10 km dans la réalité (c'est-à-dire 1 000 000 cm), l'échelle est de 1 : 1 000 000 (on dit « un millionième »).

L'échelle de Richter. Elle mesure l'intensité d'un séisme. C'est une échelle sans limite, contrairement à celle de Beaufort, qui mesure la force du vent. Le plus fort séisme enregistré a atteint 9,5 sur l'échelle de Richter.

échelon **n.m.** ❶ Chacun des barreaux d'une échelle. ❷ Chacun des degrés d'une hiérarchie. *Son salaire a été augmenté lorsqu'il est passé au troisième échelon.*

échelonnement **n.m.** Action d'échelonner. *L'échelonnement d'un remboursement.* SYN. étalement.

échelonner **v.** (CONJUG. 3). *Échelonner des livraisons, des paiements*, c'est les faire en plusieurs fois, les répartir dans le temps.

écheveau **n.m.** Assemblage de fils de laine repliés plusieurs fois et formant un rouleau lâche.

échevelé, e **adj.** ❶ Qui a les cheveux en désordre. SYN. ébouriffé. ❷ Qui est désordonné et sans mesure. *Une danse échevelée.* SYN. effréné.

échevin **n.m.** ❶ En Belgique, magistrat adjoint au bourgmestre. ❷ Au Canada, conseiller municipal.

échine **n.f.** La colonne vertébrale de l'homme et de certains animaux ; le dos. *Un frisson lui parcourut l'échine.* • **Courber, plier l'échine :** se soumettre, se plier aux volontés de quelqu'un.

s'échiner **v.pron.** (CONJUG. 3). (Familier) Faire beaucoup d'efforts, se donner beaucoup de peine. *Il s'échine à retaper une vieille voiture.* SYN. s'épuiser, se fatiguer, se tuer.

échinoderme **n.m.** Animal marin invertébré qui se déplace ou vit fixé aux rochers grâce à des ventouses. *L'oursin et l'étoile de mer sont des échinodermes.* ▸ REM. On prononce [ekinodɛrm].

échiquier **n.m.** Plateau carré, divisé en cases noires et blanches, sur lequel on joue aux échecs. *Un échiquier comporte soixante-quatre cases.*

écho **n.m.** ❶ Répétition d'un son répercuté par un obstacle (un mur, une montagne, etc.). *Il y a de l'écho dans la salle.* ❷ Nouvelle que l'on a parce qu'elle a été répétée. *J'ai eu quelques échos de la réunion.* ▸ REM. Le *ch* se prononce [k].

HISTOIRE DU MOT Vient du grec *êkhô* qui signifie « bruit ». → VOIR noms propres.

éclairs

échographie n.f. Technique d'observation par ultrasons qui fournit des informations sur un objet caché à la vue.

ENCYCLOPÉDIE Dans une échographie, c'est la réflexion, l'« écho » des faisceaux d'ultrasons qui donne une image de ce que l'on observe. Par une échographie, on peut voir le fœtus dans le ventre de sa mère.

échoir échéant, échu v. (CONJUG. 44). ❶ Être attribué par le sort, le hasard. *Le gros lot lui est échu.* SYN. revenir à. ❷ Arriver à échéance, être payable à telle date. *Le paiement échoit le 5 janvier.*
▸ REM. Ce verbe est rare aux formes conjuguées et s'emploie surtout dans la langue administrative.

échoppe n.f. Petite boutique. *Le cordonnier travaille dans son échoppe.*

HISTOIRE DU MOT Vient, comme le mot anglais *shop*, du néerlandais *shoppe* qui désignait une petite boutique adossée à un mur.

échouer v. (CONJUG. 3). ❶ Ne pas réussir, subir un échec. *Il a échoué à son examen. Son plan a échoué.* SYN. rater. CONTR. réussir. ❷ *Le bateau a échoué* ou *s'est échoué*, il a touché accidentellement le fond et s'est immobilisé.

éclabousser v. (CONJUG. 3). ❶ Faire rejaillir un liquide. *Ne saute pas dans les flaques, tu nous éclabousses !* SYN. asperger. ❷ Compromettre la réputation d'une personne par contrecoup. *Le scandale a éclaboussé tout le monde.* SYN. salir.

éclaboussure n.f. Tache faite par un liquide qui rejaillit. *Mon pantalon est couvert d'éclaboussures de peinture.*

1 éclair n.m. ❶ Lumière très vive et très brève provoquée par une décharge électrique. *Les éclairs de l'orage. L'éclair d'un flash.* ❷ Manifestation très brève d'un sentiment, d'une faculté. *Un éclair de malice passe dans ses yeux. Il a eu un éclair de génie.* • **Comme un éclair** ou **en un éclair** : très rapidement. *Il est passé comme un éclair, à peine le temps de dire bonjour ! La table a été débarrassée en un éclair.*

2 éclair n.m. Gâteau allongé, fourré de crème parfumée au chocolat, au café, etc.

éclairage n.m. Action ou manière d'éclairer un lieu, de répandre la lumière. *Pierre s'occupe de l'éclairage du théâtre. L'éclairage est insuffisant, on ne peut pas lire.*

éclairant, e adj. Qui éclaire. *Gaz éclairant. Une explication éclairante.*

éclaircie n.f. Court moment où le ciel est clair, entre deux nuages ou deux averses.

éclaircir éclaircissant, éclairci v. (CONJUG. 16). ❶ Rendre une couleur plus claire. *Je voudrais éclaircir ce bleu, il est trop foncé.* ❷ Rendre plus simple, plus facile à comprendre. *Il faudra éclaircir ce mystère.* SYN. élucider. ◆ **s'éclaircir** v.pron. ❶ Devenir plus lumineux, plus dégagé. *Le ciel s'éclaircit.* CONTR. s'assombrir. ❷ Devenir moins dense, moins nombreux. *La forêt s'éclaircissait vers la lisière. Petit à petit, les rangs du public s'éclaircissaient.* • **S'éclaircir la voix** : la rendre plus claire, plus nette, par exemple en toussant.

éclaircissement n.m. Explication qui aide à mieux comprendre une chose. *Demander des éclaircissements.*

éclairé, e adj. ❶ Qui reçoit de la lumière. *Une salle bien, mal éclairée.* ❷ Qui a des connaissances sur un sujet ; qui fait preuve de discernement. *Ce livre s'adresse à des lecteurs éclairés. Nous avons besoin d'un avis éclairé.* SYN. sensé.

éclairer v. (CONJUG. 3). ❶ Projeter, répandre de la lumière. *Le Soleil éclaire la Terre. Tu veux bien m'éclairer avec ta torche pour descendre à la cave ? La lampe*

a b c d e f g h i j k l m n o p q r s t u v w x y z

éclipse totale de Soleil

n'éclaire pas bien. ❷ Donner des explications, des éclaircissements. *Pouvez-vous nous éclairer sur cette question ?* ◆ **s'éclairer v.pron.** Avoir tel système d'éclairage. *S'éclairer au gaz, à la bougie, à l'électricité.* • **Tout s'éclaire :** tout devient clair, compréhensible.

1 **éclaireur n.m.** Soldat qui marche en avant pour reconnaître le terrain.

2 **éclaireur, euse n.** Membre d'une organisation de scoutisme.

éclat n.m. ❶ Petit morceau ou fragment d'un objet qui s'est cassé. *Fais attention aux éclats de verre.* ❷ Bruit qui fuse, qui part brusquement. *On entend des éclats de voix. Il est parti d'un énorme éclat de rire.* ❸ Vivacité d'une lumière ou d'une couleur. *L'éclat du soleil est éblouissant. Ce jaune a beaucoup d'éclat.* ❹ Splendeur de quelque chose. *L'éclat d'une cérémonie.* SYN. magnificence. • **Action d'éclat :** action remarquable, exploit. • **Faire un éclat :** faire un scandale. • **Rire aux éclats :** rire très fort. • **Voler en éclats :** se briser en mille morceaux. *La vitrine a volé en éclats.*

éclatant, e adj. ❶ Qui brille, qui a beaucoup d'éclat. *Une lumière, une couleur éclatantes.* CONTR. terne. ❷ Que tout le monde admire. *Une victoire, un succès éclatants.* SYN. spectaculaire.

éclatement n.m. Le fait d'éclater. *L'accident est peut-être dû à l'éclatement d'un pneu.*

éclater v. (CONJUG. 3). ❶ Se rompre, se briser brusquement. *Le pneu a éclaté.* SYN. exploser. ❷ Se diviser en plusieurs parties. *Notre groupe a éclaté.* ❸ Laisser ses sentiments se manifester brusquement. *Il a éclaté en sanglots. Il a éclaté de rire.* ❹ Se produire, commencer brusquement, violemment. *Les applaudissements éclatèrent dès le dernier accord. L'orage va éclater. La guerre a éclaté.* ❺ Apparaître nettement, au grand jour. *Faire éclater la vérité.*

éclipse n.f. ❶ Phénomène au cours duquel la Lune ou le Soleil disparaît momentanément. *Il y a une éclipse de Lune lorsque la Terre, se trouvant entre le Soleil et la Lune, empêche la Lune de recevoir la lumière du Soleil et donc d'être visible.* ❷ Disparition momentanée d'une personne. *Après une petite éclipse, il est revenu à la scène.*

éclipser v. (CONJUG. 3). Faire oublier les autres en attirant l'attention sur soi. *Il éclipse tous ses rivaux.* ◆ **s'éclipser v.pron.** S'en aller de façon discrète, sans se faire remarquer. *Il s'est éclipsé avant la fin de la réunion.*

éclopé, e adj. et **n.** Qui a du mal à marcher. SYN. boiteux, estropié.

HISTOIRE DU MOT Vient de l'ancien français *cloper* qui signifiait « boiter » et que l'on retrouve dans *clopin-clopant.*

éclore **éclosant, éclos v.** (CONJUG. 78). ❶ Naître en sortant de l'œuf. *Les poussins éclosent au bout de vingt jours.* ❷ S'ouvrir, en parlant des œufs ou des fleurs. *Une rose à peine éclose* (= fleurie, épanouie). ❸ Paraître, commencer à naître. *Une idée venait d'éclore dans son esprit.*

éclosion n.f. Le fait d'éclore. *L'éclosion des œufs. L'éclosion des bourgeons.*

HISTOIRE DU MOT Vient du latin *excludere* qui signifie « faire sortir ».

écluse n.f. Construction sur un cours d'eau qui permet aux bateaux de franchir une dénivellation. *Grâce aux portes et aux vannes de l'écluse, on fait monter et descendre l'eau pour permettre aux bateaux de passer d'un niveau à l'autre.*

écluses sur la Seine

éclusier, ère n. Personne chargée de faire fonctionner une écluse.

écocitoyen, enne n. et **adj.** Personne qui agit dans le respect de l'environnement, de la nature.

écœurant, e adj. ❶ Qui donne envie de vomir, qui soulève le cœur. *Une odeur de moisi écœurante régnait dans la pièce.* ❷ Qui choque, qui révolte. *Son comportement est écœurant.* SYN. dégoûtant, répugnant.

❸ (Familier) Qui décourage. *Il gagne toujours, c'est vraiment écœurant !* SYN. démoralisant.

écœurement **n.m.** Ce que ressent une personne écœurée. SYN. dégoût.

écœurer **v.** (CONJUG. **3**). ❶ Donner envie de vomir. *Il a mangé des bonbons jusqu'à en être écœuré.* ❷ Révolter en inspirant du mépris, du dégoût. *Sa mauvaise foi m'a écœuré.* SYN. dégoûter.

école **n.f.** ❶ Établissement d'enseignement collectif destiné à donner une instruction générale à tous les enfants. *Ma sœur ne va pas encore à l'école, elle est trop petite.* ❷ Établissement d'enseignement spécialisé. *Une école de dessin, de danse, de commerce.* ❸ L'ensemble des élèves et du personnel de l'école. *Toute l'école part à la montagne.* ❹ Ensemble de personnes qui ont eu la même formation et qui donc partagent les mêmes idées. *Ils sont de la vieille école et ils ont du mal à comprendre les jeunes. Une école de pensée.* • **Être à bonne école :** bénéficier d'une bonne formation, avoir de bons modèles. • **Faire école :** faire des adeptes, se faire imiter.

écolier, ère **n.** Enfant qui fréquente l'école maternelle ou l'école primaire.

écologie **n.f.** Science qui étudie l'environnement, c'est-à-dire les relations entre les êtres vivants et leur milieu.

écologique **adj.** Qui concerne l'écologie. *La navigation fluviale est le moyen de transport le plus écologique.*

écologiste **n.** Personne qui s'intéresse à l'écologie, qui défend la nature et l'environnement.

éconduire **éconduisant, éconduit v.** (CONJUG. **60**). Renvoyer quelqu'un sans lui accorder ce qu'il voulait. *On a éconduit le représentant qui sonnait à la porte.*
▸ REM. Ce verbe appartient à la langue soutenue.

économat **n.m.** Bureau et service de l'économe. *Le livreur a présenté sa facture à l'économat.*

1 économe **n.** Personne chargée de gérer l'argent d'une école, d'un hôpital ou d'une communauté religieuse.

2 économe **adj.** Qui dépense le moins d'argent possible. CONTR. dépensier.

économie **n.f.** ❶ Souci de bien gérer son argent, de ne pas dépenser plus que nécessaire. *Par économie, nous avons acheté une voiture d'occasion.* ❷ Ce que l'on gagne, ce que l'on ne gaspille pas en faisant attention. *Faire des économies d'énergie.* CONTR. gaspillage. *En achetant en solde, tu réalises une économie de 20 %.* SYN. gain. ❸ L'ensemble des activités de production, de distribution et de consommation d'une société ; la science qui étudie ces activités. *La loi de l'offre et de la demande est une des lois fondamentales de l'économie.* ◆ **économies** **n.f.plur.** L'argent que l'on met de côté. *Je me suis acheté un vélo avec mes économies.*

économique **adj.** ❶ Qui ne fait pas dépenser beaucoup d'argent. *Elle s'habille dans les magasins de soldes, c'est plus économique.* SYN. avantageux. CONTR. coûteux. ❷ Qui concerne l'économie. *La crise économique de 1929 a été terrible.*

économiser **v.** (CONJUG. **3**). ❶ Mettre de l'argent de côté, ne pas le dépenser. *Il économise chaque mois pour acheter de nouveaux rollers.* SYN. épargner. ❷ Faire attention à ne pas gaspiller quelque chose. *Économiser l'eau pendant la sécheresse. Économiser ses forces.* SYN. ménager.

économiste **n.** Spécialiste des sciences économiques.

écoper **v.** (CONJUG. **3**). ❶ Vider l'eau qui se trouve dans le fond d'un bateau. ❷ (Familier) Recevoir une punition, une amende. *Il a écopé de trois mois de prison.*

écorce **n.f.** ❶ Enveloppe extérieure du tronc et des branches de l'arbre, riche en liège. *L'écorce du bouleau est blanche.* ❷ Peau épaisse de certains fruits. *Une écorce d'orange.* • **L'écorce terrestre :** la croûte de roches solidifiées qui forme la surface du globe. SYN. croûte terrestre.

ENCYCLOPÉDIE L'écorce terrestre a environ 40 km d'épaisseur sur les continents et 12 km au fond des mers. C'est l'enveloppe solide de la Terre ; elle entoure le magma.

écorces de différents arbres

écorché **n.m.** Personne ou animal représentés sans la peau, pour permettre d'observer les muscles, les nerfs, les veines.

a b c d e f g h i j k l m n o p q r s t u v w x y z

écorcher v. (CONJUG. 3). Entamer superficiellement la peau, blesser légèrement. *Il est tombé de vélo, ses genoux sont écorchés.* • **Écorcher les oreilles :** produire des sons qui déplaisent. *Le violon lui écorchait les oreilles.* • **Écorcher un nom :** le prononcer de travers, le déformer.

écorchure n.f. Petite blessure sur la peau, quand on s'est écorché. SYN. égratignure.

écosser v. (CONJUG. 3). Retirer de la cosse. *Écosser des petits pois.*

écosystème n.m. Ensemble constitué par le milieu naturel et les espèces vivantes (végétales et animales) qui l'occupent. *Une forêt, un lac sont des écosystèmes.*

écot n.m. • **Payer son écot :** payer sa part, apporter sa contribution à une dépense commune. *Chacun paiera son écot.*
▸ REM. Ne pas confondre avec *écho*.

écoulement n.m. Le fait de s'écouler. *L'écoulement des eaux usées dans les égouts.*

écouler v. (CONJUG. 3). Vendre des marchandises qu'on a en réserve jusqu'à épuisement. *Le papetier a écoulé tout son stock d'agendas.* ◆ **s'écouler** v.pron. ❶ Couler d'un endroit à un autre. *L'eau s'écoule du toit par la gouttière.* ❷ Passer, en parlant du temps. *Un mois s'est écoulé depuis ton départ.*

écourter v. (CONJUG. 3). Mettre un terme à quelque chose avant le moment prévu. *La réunion a été écourtée.* SYN. raccourcir. CONTR. prolonger. *Écourter un discours.* SYN. abréger.

1 écoute n.f. ❶ Le fait d'écouter une émission. *Restez à l'écoute, notre programme va reprendre. Les heures de grande écoute* (= les heures où il y a le plus grand nombre d'auditeurs). ❷ Système de surveillance téléphonique permettant d'écouter les conversations privées de quelqu'un. *Mettre un téléphone sur écoute.*

2 écoute n.f. Sur un bateau, cordage qui permet d'orienter et de fixer une voile.

écouter v. (CONJUG. 3). ❶ Faire attention à ce qu'on entend, prêter une oreille attentive. *Écouter de la musique. Écoute-moi !* ❷ Obéir, suivre les conseils qu'on a reçus. *Tu aurais dû m'écouter, cela t'aurait évité bien des ennuis.* ◆ **s'écouter** v.pron. ❶ Attacher trop d'importance au moindre petit malaise qu'on peut avoir. *Il se plaint tout le temps, il s'écoute trop.* ❷ Se laisser aller à ses envies. *Si je m'écoutais, je n'irais pas à l'école ce matin.*

écouteur n.m. Appareil que l'on porte à l'oreille pour écouter une radio, un enregistrement, une communication téléphonique. *L'écouteur d'un téléphone. Les écouteurs d'un baladeur.*

écoutille n.f. Sur un bateau, ouverture qui permet de passer du pont à la cale.

écrabouiller v. (CONJUG. 3). (Familier) Écraser, réduire en bouillie. *Les œufs ont été écrabouillés au fond du sac.*

écran n.m. ❶ Surface sur laquelle on projette des images. *Un grand drap blanc fixé au mur peut servir d'écran.* ❷ Partie d'un téléviseur, d'un ordinateur sur laquelle apparaissent images, textes, etc. ❸ Ce qui empêche de voir, protège ou cache. *Un écran de fumée cachait la maison. Une haie de cyprès forme un écran contre le vent.* SYN. obstacle, protection. • **À l'écran :** au cinéma. *Elle se produit à l'écran et au théâtre.* • **Le petit écran :** la télévision.

écrasant, e adj. ❶ Qui est physiquement accablant. *Une chaleur écrasante.* ❷ Qui écrase par sa supériorité, par le nombre. *Ils ont remporté une victoire écrasante.*

écrasement n.m. Action d'écraser ; fait de s'écraser. *Il a assisté à l'écrasement d'un hélicoptère.*

écraser v. (CONJUG. 3). ❶ Réduire en miettes, en bouillie. *Écraser de l'ail.* SYN. piler. *Il s'est assis brutalement et a écrasé ses lunettes.* SYN. briser. ❷ Exercer une forte pression, faire mal. *Il lui écrasait les pieds en dansant.* ❸ Passer sur le corps d'une personne, d'un animal, en roulant. *Pour ne pas écraser le chien, la voiture a fait un écart.* ❹ Faire peser une charge trop lourde sur quelqu'un. *Écraser de travail, d'impôts.* SYN. surcharger. ❺ Remporter une victoire totale sur un adversaire. *Notre équipe a été écrasée par huit buts à zéro.* SYN. vaincre.

écrémer v. (CONJUG. 9, ✎ 10). Enlever la crème, la matière grasse. *Du lait écrémé.*

écrevisse n.f. Crustacé des lacs et des ruisseaux, long d'une dizaine de centimètres, aux fortes pinces. *Lorsqu'on cuit une écrevisse, elle devient rouge, d'où l'expression « rougir comme une écrevisse ».*

écrevisse

s'écrier v.pron. (CONJUG. 7). Dire d'une voix forte et vive, en criant. *« C'est injuste ! » s'écria-t-il furieux.* SYN. s'exclamer.

écrin n.m. Petite boîte pour ranger des bijoux ou des objets précieux. *Il lui présenta un diamant dans un écrin de velours.*

écrire écrivant, écrit v. (CONJUG. 62). ❶ Tracer des lettres, utiliser l'écriture pour communiquer. *Les enfants apprennent à écrire vers 5 ans.* ❷ Former un mot en traçant des lettres. *Comment écris-tu ce mot ?* ❸ Envoyer une lettre. *Il lui écrivait souvent.* ❹ Composer une œuvre littéraire ou musicale. *Depuis son adolescence, elle rêvait d'écrire. Mozart a écrit plusieurs opéras.* SYN. composer.

HISTOIRE DU MOT Vient du latin *scribere* que l'on retrouve dans *scribe*.

1 écrit, e adj. Noté par l'écriture. *Je n'ai trouvé aucune trace écrite de ses déclarations. La langue écrite.* • **C'était écrit :** cela devait arriver, c'était fatal.

2 écrit n.m. ❶ Œuvre littéraire ou scientifique. *Tous ses écrits ont été rassemblés en un seul volume.* ❷ Par-

A B C D E F G H I J K L M N O P Q R S T U V W X Y Z

tie d'un examen où l'on répond par écrit. *Il a très bien réussi l'écrit.* CONTR. oral. • **Par écrit :** en écrivant sur un papier et non simplement en parlant. *Il s'y est engagé par écrit.* CONTR. oralement.

écriteau **n.m.** Panneau sur lequel on inscrit un renseignement destiné au public. *J'ai vu un écriteau « À vendre » devant la maison.*

écriture **n.f.** ❶ Ensemble de signes qui permettent de représenter visuellement le langage. *Les caractères de l'écriture égyptienne étaient des hiéroglyphes, nos caractères sont des lettres.* → VOIR planche page suivante et Fiche 1. ❷ La façon personnelle qu'a chacun de tracer les lettres. *Marie a une très belle écriture.* • **L'Écriture sainte** ou **les Écritures :** les livres saints, la Bible.
▸ REM. Au mot *écriture* correspond l'élément tiré du grec *grapho-* que l'on retrouve dans des mots comme *graphologie, dactylographier, orthographe.*

ENCYCLOPÉDIE Il y a deux moyens d'écrire une langue : soit on représente les *sons*, avec un *alphabet*, soit on représente les choses et les idées, avec des dessins qui peuvent être des *pictogrammes* ou des *idéogrammes*. On pense que l'homme parle depuis 35 000 ans ; il écrit depuis 5 500 ans. Les plus anciennes traces d'écriture ont été trouvées en Mésopotamie. Il s'agit des comptes du temple d'Ourouk à Sumer, écrits sur des tablettes d'argile. Le français, le grec, le russe, l'arménien sont écrits avec des alphabets différents et se lisent tous de gauche à droite. Ils notent les voyelles et les consonnes. L'arabe et l'hébreu ont d'autres alphabets et se lisent de droite à gauche. Ils notent surtout les consonnes. Le japonais et le chinois s'écrivent avec des idéogrammes et se lisent de haut en bas en partant de la droite de la page. Les hiéroglyphes de l'ancienne Égypte pouvaient se lire dans tous les sens, l'orientation des dessins indiquant le sens de la lecture.

écrivain, e **n.** Personne qui écrit des œuvres littéraires. *Colette est une écrivaine célèbre.* SYN. auteur. • **Écrivain public :** personne qui écrit des lettres pour ceux qui ne savent pas écrire.
▸ REM. Au féminin, on dit aussi *une écrivain*.

écrou **n.m.** Pièce percée d'un trou, dans laquelle on fixe une vis. → VOIR AUSSI **boulon.**

écrouer **v.** (CONJUG. 3). Mettre en prison. SYN. emprisonner, incarcérer. CONTR. libérer, relâcher.

écroulement **n.m.** Le fait de s'écrouler, de s'effondrer. *L'écroulement d'un mur.* SYN. effondrement.

s'**écrouler** **v.pron.** (CONJUG. 3). ❶ Pour une construction, tomber brusquement en se brisant. *Le séisme était si fort que des immeubles se sont écroulés.* SYN. s'effondrer. ❷ Être anéanti, détruit. *Avec ce témoignage, son alibi s'écroule.* ❸ Se laisser tomber de tout son poids. *Saisie d'un malaise, elle s'est écroulée.*

écru, e **adj.** ❶ Qui n'a subi aucune préparation, qui est à l'état naturel. *De la soie écrue.* ❷ Qui a la couleur beige clair de la laine écrue.

1 écu **n.m.** ❶ Bouclier des hommes d'armes au Moyen Âge. ❷ Ancienne monnaie française d'or, puis d'argent

écu d'or de Saint Louis

(appelée ainsi parce qu'elle portait, comme les boucliers, des armoiries sur l'une de ses faces).
HISTOIRE DU MOT Vient du latin *scutum*, « bouclier ».

2 écu **n.m.** Ancien nom de la monnaie de l'Union européenne.
▸ REM. Il est remplacé par l'*euro*.
HISTOIRE DU MOT Sigle de *European Currency Unit*.

écueil **n.m.** ❶ Rocher qui dépasse à peine du niveau de l'eau et présente des dangers pour la navigation. *Une côte bordée d'écueils.* ❷ Difficulté, obstacle qui peut être cause d'échec. *Il a su éviter les écueils de l'exercice.* SYN. piège, traquenard.

écuelle **n.f.** Assiette creuse sans rebord ; son contenu.

éculé, e **adj.** ❶ Dont le talon est usé, déformé. *Des chaussures éculées.* ❷ Qui n'a plus aucun effet à force d'avoir été répété ou utilisé. *Une plaisanterie, une ruse éculées.* SYN. rebattu.

écumant, e **adj.** Qui produit de l'écume ou qui en est couvert. *Les vagues écumantes se brisent sur la digue.*

écume **n.f.** ❶ Mousse blanchâtre qui se forme à la surface d'un liquide agité ou sur le point de bouillir. *La mer laisse de l'écume sur la plage en se retirant.* ❷ Bave mousseuse produite par certains animaux, ou parfois par l'homme. *Il était dans un tel état de rage qu'un peu d'écume s'amassait aux coins de ses lèvres.*

écumer **v.** (CONJUG. 3). ❶ Se couvrir d'écume. *La mer écumait.* ❷ Enlever la mousse, l'écume qui se forme à la surface d'un liquide. *Écumer le bouillon d'un pot-au-feu.* • **Écumer de rage** ou **de colère :** être fou de rage, de colère.

écumoire **n.f.** Grande cuillère plate percée de trous pour écumer un bouillon ou retirer des aliments du liquide où ils ont cuit.

écureuil **n.m.** Mammifère rongeur à pelage roux ou gris et dont la queue touffue est presque aussi longue que le reste du corps. *Les écureuils sont des animaux granivores.*

écureuil

a b c d e f g h i j k l m n o p q r s

Les premiers signes

cunéiforme, – 3000 env.

latin archaïque

En **Mésopotamie**, la nécessité de compter les sacs de céréales et les têtes de bétail est à l'origine de l'apparition de dessins simplifiés servant d'aide-mémoire. Ce sont des **pictogrammes**. Vers 2900 av. J.-C., les pictogrammes sont progressivement remplacés par des signes **cunéiformes** ; certains renvoient aux sons des mots de la langue parlée, comme des rébus. Entre 3000 et 2500 av. J.-C., apparaissent les **hiéroglyphes** égyptiens, constitués de pictogrammes représentant des choses et des êtres, associant des idées et des sons. Deux mille ans avant notre ère, la Chine invente l'écriture qui est encore la sienne aujourd'hui, composée d'**idéogrammes**.

idéogrammes sumériens

hiéroglyphes

Les premiers alphabets

L'écriture cunéiforme, les hiéroglyphes ou les caractères chinois transcrivent des mots ou des syllabes. Au milieu du IIe millénaire av. J.-C., les Phéniciens inventent un **alphabet**, mais composé uniquement de consonnes. Les Grecs s'en inspirent, transforment certaines consonnes en voyelles avant de transmettre leur alphabet aux Romains. L'écriture arabe, comme l'écriture hébraïque, est issue de l'alphabet phénicien ; toutes deux s'écrivent et se lisent de droite à gauche et ignorent les voyelles. L'écriture de la langue sacrée de l'Inde, le sanskrit, et celle de la langue la plus courante aujourd'hui, le hindi, comportent des voyelles et des consonnes.

évolution de la lettre A

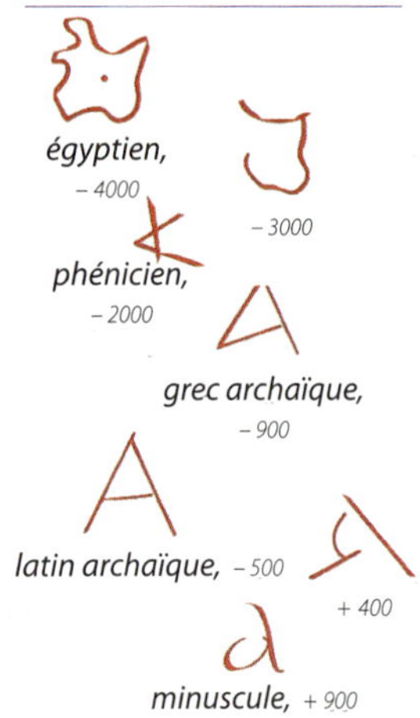

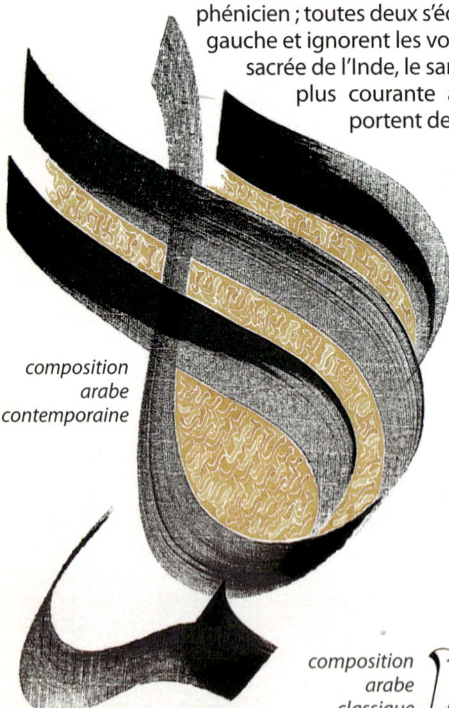

composition arabe contemporaine

traduction du mot « paix »

chinois

ΕΙΡΗΝΗ

grec

平和

japonais

МИР

cyrillique

שלום

hébreu

composition arabe classique

शान्ति

sanskrit

écurie **n.f.** ❶ Bâtiment où on loge les chevaux. ❷ L'ensemble des chevaux de course d'un même propriétaire. ❸ L'ensemble des pilotes de voitures de course ou des cyclistes courant pour une même marque. (On dit aussi *écurie de courses*.) ❹ En Suisse, étable.

écusson **n.m.** Panneau décoratif, souvent en forme de bouclier, d'écu, ou morceau d'étoffe sur lequel est représenté un emblème ou inscrite une devise. *L'écusson d'un militaire indique l'unité à laquelle il appartient.*

1 **écuyer** **n.m.** Au Moyen Âge, gentilhomme qui accompagnait le chevalier et lui portait son écu.

2 **écuyer, ère** **n.** ❶ Personne qui sait bien monter à cheval. → VOIR AUSSI **cavalier.** ❷ Personne qui fait des numéros d'équitation dans un cirque. ❸ Professeur d'équitation, instructeur d'équitation militaire.

eczéma, ✎ ***exéma*** **n.m.** Maladie de la peau qui cause des rougeurs et des démangeaisons.
▸ REM. On prononce [ɛgzema].

edelweiss, ✎ ***édelweiss*** **n.m.invar.** Plante recouverte d'un duvet blanc qui pousse en montagne, au-dessus de 1 000 m.
▸ REM. 1. Ce mot est du masculin. 2. On prononce [edɛlvɛs] ou [edɛlvajs].

HISTOIRE DU MOT Vient de l'allemand *edel*, qui signifie « noble », et *weiss*, qui signifie « blanc ».

edelweiss

éden **n.m.** ❶ (Avec une majuscule.) Nom du paradis terrestre dans la Bible. ❷ Lieu très agréable, enchanteur. *Ce coin de campagne est un véritable éden.* SYN. paradis.
▸ REM. On prononce [edɛn].

édenté, e **adj.** Qui a perdu ses dents. *Un vieillard édenté. Une bouche édentée.*

édicter **v.** (CONJUG. 3). Ordonner quelque chose sans discussion possible. *Édicter un nouveau règlement.*

édicule **n.m.** Petit édifice construit sur une voie publique. *Les kiosques, les toilettes publiques sont des édicules.*

HISTOIRE DU MOT Vient du latin *aedicula* qui signifie « petite maison ».

édifiant, e **adj.** ❶ Qui donne le bon exemple. *Une vie édifiante.* SYN. exemplaire. CONTR. scandaleux. ❷ Qui est très instructif. *J'ai eu droit hier à des révélations édifiantes sur ta conduite.*

édification **n.f.** ❶ L'action d'édifier, de bâtir. *L'édification du monument a duré plusieurs années.* SYN. construction. ❷ L'action d'inspirer le bien, la vertu. *Des livres pour l'édification de la jeunesse.*

édifice **n.m.** Bâtiment de taille importante. *Un hôtel de ville est un édifice public.*

édifier **v.** (CONJUG. 7). ❶ Construire, bâtir. *On a édifié un musée sur l'emplacement du vieux château.* ❷ Chercher à inspirer une conduite vertueuse.

édit **n.m.** Sous l'Ancien Régime, loi émanant du roi et concernant un sujet particulier ou une certaine catégorie de personnes. *L'édit de Nantes reconnaissait aux protestants le droit de pratiquer librement leur culte.* → VOIR noms propres : **édit de Nantes.**

éditer **v.** (CONJUG. 3). Publier et mettre en vente une œuvre écrite. *Le premier roman de ce jeune auteur va être édité cet hiver.*

éditeur, trice **n.** Personne ou société qui édite des livres. *Son éditrice lui a conseillé de changer le titre de son roman.*

édition **n.f.** ❶ Le fait d'éditer un texte, un ouvrage. *L'édition d'un roman, d'un livre d'art.* ❷ L'industrie et le commerce du livre en général. *Il travaille dans l'édition. Créer une maison d'édition.* ❸ Chaque tirage d'un livre, d'un journal. *On annonce une nouvelle édition de son recueil de nouvelles. Les événements ont amené ce journal à sortir une édition spéciale.*

éditorial **n.m.** (PLUR. : **éditoriaux**). Article important, placé en tête d'un journal, qui exprime l'opinion d'un journaliste ou celle de la direction du journal.

éditorialiste **n.** Personne qui écrit l'éditorial d'un journal.

édredon **n.m.** Couverture faite d'une enveloppe de tissu garnie de duvet et que l'on pose sur la literie pour avoir chaud.

HISTOIRE DU MOT Vient du danois *ederduun* qui signifie « duvet d'eider » ; l'eider est un canard qui vit notamment en Islande.

éducateur, trice **n.** ❶ Personne qui s'occupe de l'éducation des enfants ou des jeunes. *Les instituteurs, les professeurs, les animateurs de centres pour jeunes sont des éducateurs.* ❷ Personne chargée de la réinsertion sociale des délinquants. • **Éducateur spécialisé :** éducateur qui s'occupe d'enfants handicapés.

éducatif, ive **adj.** Qui a pour but d'instruire, d'éduquer. *Un jeu éducatif.*

éducation **n.f.** ❶ L'action et la manière d'éduquer, de former et d'instruire . *Les parents veillent à l'éducation de leurs enfants. Une bonne éducation musicale.* ❷ La connaissance et la pratique des bonnes manières. *Il manque d'éducation.* SYN. savoir-vivre. • **Éducation nationale :** l'ensemble des services de l'enseignement public, qui organisent l'instruction des élèves, des étudiants. • **Éducation physique :** l'ensemble des exercices physiques ou des sports qui permettent un développement équilibré du corps.

a b c d e f g h i j k l m n o p q r s t u v w x y z

A B C D E F G H I J K L M N O P Q R S T U V

édulcorant, e adj. et n.m. Qui donne un goût sucré. *On utilise des édulcorants dans la fabrication des médicaments.*

édulcorer v. (CONJUG. 3). ❶ Adoucir une boisson en ajoutant du sucre. ❷ Atténuer la violence d'un texte, d'un film, en modifiant ou retirant ce qui peut choquer.

éduquer v. (CONJUG. 3). ❶ Développer les capacités intellectuelles, physiques et le sens moral de quelqu'un. *Les parents, les professeurs ont la charge d'éduquer les enfants.* ❷ Apprendre à quelqu'un les bonnes manières. *Ces enfants sont très mal éduqués* (= mal élevés). ❸ Développer une aptitude particulière. *Éduquer son oreille, sa mémoire.* SYN. exercer.

efface n.f. Au Canada, gomme à effacer.

effacé, e adj. *Une personne effacée* ne se met jamais en avant, cherche à ne pas se faire remarquer. *C'est un garçon effacé.* SYN. timide.

effacement n.m. Action de s'effacer, fait de se tenir à l'écart. *Kelly n'est pas timide, son effacement m'étonne.*

effacer effaçant, effacé v. (CONJUG. 4). ❶ Faire disparaître par frottement, lavage ou usure ce qui était tracé, inscrit. *La mer a effacé la trace de nos pas sur la plage. Elle a effacé l'enregistrement qu'il y avait sur la cassette.* ❷ Faire oublier. *Le temps effacera ce mauvais souvenir.* ◆ **s'effacer** v.pron. ❶ Disparaître. *Avec le temps, les inscriptions se sont effacées.* ❷ Se reculer légèrement pour tenir moins de place. *Il s'est effacé pour nous laisser passer.* SYN. s'écarter.

effarant, e adj. Qui effare, qui stupéfie ou qui indigne. *C'est effarant de voir à quelle vitesse les techniques évoluent !* SYN. incroyable, stupéfiant. *Il a un toupet effarant !*

effaré, e adj. Effrayé et stupéfait. *Il regardait son appartement cambriolé d'un air effaré.* SYN. hagard.

effarement n.m. L'état d'une personne effarée. *Ils voyaient avec effarement l'incendie gagner le premier étage.* SYN. effroi, horreur.

effarer v. (CONJUG. 3). Causer un sentiment d'effroi et de stupeur. *L'ampleur de la catastrophe nous a effarés.* SYN. affoler.

effaroucher v. (CONJUG. 3). Provoquer un sentiment de défiance ou de crainte qui incite à fuir. *Il s'est approché doucement pour ne pas effaroucher le faon.*

1 effectif, ive adj. Qui existe réellement, dont on peut voir les résultats. *Nous avons beaucoup de promesses mais pas d'aide effective.* SYN. concret.

timbre à l'**effigie** de Marie Curie

2 effectif n.m. Le nombre de personnes qui constituent un groupe bien déterminé. *L'effectif d'un régiment, d'une entreprise, d'une classe.*

effectivement adv. D'une manière réelle. *Tout cela est effectivement arrivé.* SYN. réellement, vraiment. *Oui, effectivement, je suis venue hier.* SYN. en effet.

effectuer v. (CONJUG. 3). Accomplir une tâche, exécuter un travail. *Les travaux seront effectués pendant le mois d'août.* SYN. réaliser. ◆ **s'effectuer** v.pron. Se faire, se dérouler. *Lors de l'alerte, l'évacuation de l'immeuble s'est effectuée dans le calme.*

efféminé, e adj. *Un garçon efféminé* a des manières généralement attribuées aux femmes.

effervescence n.f. Grande agitation. *Après l'attentat, tout le quartier était en effervescence.* CONTR. calme.

effervescent, e adj. ❶ *Un produit effervescent* se dissout dans l'eau en faisant de petites bulles. ❷ Qui manifeste une grande agitation. *Une foule effervescente.*

HISTOIRE DU MOT Vient du latin *effervescens* qui signifie « bouillonnant ».

1 effet n.m. ❶ Ce que produit quelque chose. *Il réfléchit aux effets qu'aurait une telle décision.* SYN. conséquence. *Le médicament a eu un effet immédiat.* ❷ Impression produite sur quelqu'un. *Votre remarque a fait mauvais effet. Il me fait l'effet d'un garçon sérieux* (= il me semble sérieux). • **Effets spéciaux** : au cinéma, procédés qui permettent de créer des images qui n'existent pas dans la réalité. SYN. trucages. ◆ **effets** n.m.plur. Vêtements et objets personnels. *Il rangea ses effets dans la valise.*

▸ REM. Au sens de « vêtements », *effets* appartient à la langue soutenue.

2 en effet adv. Sert à confirmer, à renforcer ce qui a été dit, ou à introduire une explication. *« Je crois vous avoir vu hier au théâtre. – En effet, j'y étais. »* SYN. effectivement. *Je suis en retard, en effet, j'ai été pris dans un embouteillage.* SYN. car.

effeuiller v. (CONJUG. 3). Enlever les feuilles ou les pétales. *Effeuiller une marguerite.*

efficace adj. ❶ Qui produit bien les effets, les résultats attendus. *C'est un produit très efficace contre la rouille.* ❷ Qui remplit bien sa tâche. *Une secrétaire efficace.* CONTR. inefficace.

HISTOIRE DU MOT Vient du latin *efficax* qui signifie « qui agit ».

efficacement adv. De façon efficace. *Il est intervenu efficacement auprès du directeur* (= avec succès).

efficacité n.f. Caractère d'une chose ou d'une personne efficace. *L'efficacité d'un remède.* SYN. action. *Elle est d'une grande efficacité dans tout ce qu'elle entreprend.* CONTR. inefficacité.

effigie n.f. Représentation du visage d'une personne, sur une pièce de monnaie, une médaille. *Une pièce à l'effigie de César.*

HISTOIRE DU MOT Vient du latin *effigies* qui signifie « portrait ».

effilé, e **adj.** Mince et allongé. *Elle a des doigts effilés.* ▶ REM. Ne pas confondre avec *affilé*.

s'effilocher **v.pron.** (CONJUG. 3). Pour un tissu, se défaire fil après fil, à cause de l'usure. *Cette veste est vraiment très usée, les manches s'effilochent.*

efflanqué, e **adj.** Grand et maigre. *Un adolescent efflanqué.*

effleurer **v.** (CONJUG. 3). ❶ Toucher très légèrement, frôler la surface. *J'ai seulement effleuré sa joue pour ne pas le réveiller. La balle lui effleura le bras.* SYN. égratigner, érafler. ❷ Traverser l'esprit de façon fugitive. *L'idée qu'il pouvait mentir m'a effleuré l'esprit.*

HISTOIRE DU MOT Vient de *fleur*, au sens de « surface », sens que l'on retrouve dans l'expression *à fleur de peau* ou dans le verbe *affleurer*.

effluve **n.m.** Odeur, bonne ou mauvaise, qui se dégage d'une plante, du corps d'un être vivant, des aliments. *Des effluves alléchants venaient de la cuisine.* ▶ REM. Ce mot est du masculin.

effondrement **n.m.** Le fait de s'effondrer. *L'effondrement du pont était prévisible.* SYN. écroulement. *L'effondrement des cours de la Bourse.*

s'effondrer **v.pron.** (CONJUG. 3). ❶ Crouler sous un poids excessif. *Il y avait tant de neige que le toit s'est effondré.* SYN. s'affaisser, s'écrouler. ❷ Être brusquement réduit à rien, anéanti. *Ses beaux rêves se sont effondrés.* ❸ Perdre brutalement toute énergie physique ou morale. *Il perdit connaissance et s'effondra sur le trottoir. En apprenant la triste nouvelle, il s'effondra et pleura.* ❹ *Des cours, des valeurs, des prix qui s'effondrent* baissent très fort et brutalement. SYN. chuter. *Le cours de l'or s'est effondré.*

s'efforcer **efforçant, efforcé v.pron.** (CONJUG. 4). Faire tous les efforts possibles pour réaliser quelque chose, s'appliquer à. *Je ne suis pas sûr de finir mon travail ce soir, mais je vais m'y efforcer.* SYN. tâcher de.

effort **n.m.** Mal que l'on se donne pour réussir à faire quelque chose ; force que l'on demande à ses muscles ; concentration que l'on demande à son esprit. *Il a fourni un gros effort physique. Encore un effort d'attention, l'exercice est bientôt terminé !*

effraction **n.f.** *Entrer par effraction*, c'est entrer en brisant une glace, une clôture, une serrure, etc. *Les cambrioleurs sont entrés par effraction.*

HISTOIRE DU MOT Vient du latin *effractus* qui signifie « brisé ».

effraie **n.f.** Chouette à plumage fauve clair tacheté de gris, à grosse tête et aux grands yeux entourés de plumes blanches.

effrayant, e **adj.** ❶ Qui provoque la frayeur. *Un bruit effrayant.* SYN. épouvantable, terrifiant. ❷ (Familier) Qui est si grand, si extraordinaire que cela étonne ou fait peur. *Il y avait une queue effrayante devant le guichet. C'est effrayant ce que tout coûte cher !* SYN. fou.

effrayer **v.** (CONJUG. 13). ❶ Faire très peur, remplir de frayeur. *Ne faites pas de bruit pour ne pas effrayer l'oiseau.* ❷ Décourager. *Toutes ces choses qu'il a à faire, cela l'effraie un peu.*

effréné, e **adj.** Sans retenue, sans aucune mesure, déchaîné. *Une course effrénée.* SYN. fou.

HISTOIRE DU MOT Vient du latin *effrenatus* qui signifie « qui n'a pas de frein ».

effritement **n.m.** Le fait de s'effriter. *Le sable provient de l'effritement des rochers.* SYN. désagrégation.

effriter **v.** (CONJUG. 3). Réduire en poussière, briser en très petits morceaux. *Il effritait machinalement son gâteau sec entre ses doigts.* ◆ **s'effriter** **v.pron.** Se réduire en poussière. *Cette roche n'est pas bonne pour l'escalade, elle s'effrite.*

effroi **n.m.** Grande frayeur. *Un cri lugubre s'élevant dans la nuit le glaça d'effroi.* SYN. épouvante.

effronté, e **adj.** et **n.** Qui n'a honte de rien, qui parle ou agit avec insolence. *Cesse de ricaner quand je te gronde, petit effronté !* SYN. insolent.

effrontément **adv.** D'une manière effrontée. *Ton frère ment effrontément !* (= sans vergogne).

effronterie **n.f.** Comportement d'une personne effrontée. *Elle répond avec effronterie à ses parents et à ses professeurs.* SYN. insolence.

effroyable **adj.** ❶ Qui fait très peur, qui remplit d'effroi. *Ce fut un carnage effroyable.* SYN. atroce. ❷ Qui dépasse les bornes, considérable. *Quel effroyable gâchis !*

effroyablement **adv.** D'une manière effroyable, horrible. *On a montré à la télévision des corps effroyablement mutilés.* SYN. atrocement.

effusion **n.f.** • **Sans effusion de sang :** sans que le sang coule, sans qu'il y ait de blessés, de morts. ◆ **effusions** **n.f.plur.** Marques de tendresse, d'affection. *Quelles effusions quand ils se sont retrouvés !*

HISTOIRE DU MOT Vient du latin *effusio* qui signifie « épanchement ».

effraie

a b c d e f g h i j k l m n o p q r s t u v w x

s'égailler **v.pron.** (CONJUG. 3). Se disperser en tous sens. *À la fin du bal, les couples de danseurs s'égaillèrent dans les rues.* SYN. s'éparpiller.
▶ REM. 1. On prononce [egaje]. 2. Ne pas confondre avec *égayer*.

1 égal, ale, aux **adj.** ❶ Semblable, de même valeur. *Un carré a quatre côtés égaux. Il coupe le gâteau en parts égales. Les hommes sont égaux devant la loi.* ❷ Sans changement brusque. *Il marche d'un pas égal.* SYN. régulier. *Elle est d'une humeur égale.* SYN. constant. ❸ Qui donne les mêmes chances à tous. *La partie n'est pas égale, l'équipe des bleus est beaucoup plus forte.* • **Ça m'est égal :** qu'importe, cela m'est indifférent.
▶ REM. Au mot *égal* correspond l'élément tiré du latin *équi-* que l'on retrouve dans des mots comme *équidistant* ou *équilatéral*.

2 égal, ale, aux **n.** Personne qui est au même rang qu'une autre, qui a les mêmes droits. *Le grand joueur d'échecs a enfin trouvé son égal.* • **D'égal à égal :** sur un pied d'égalité, en mettant de côté les différences sociales ou d'âge. *Nous avons parlé d'égal à égal.*

également **adv.** ❶ De la même façon. *Je crains également la pluie et le soleil.* ❷ Aussi, de même. *Si vous y allez, j'irai également.*

égaler **v.** (CONJUG. 3). ❶ Être égal en quantité. *Deux plus deux égale quatre.* ❷ Atteindre le même niveau ; être comparable à. *Il a égalé le record du monde.*
▶ REM. On peut écrire *deux plus deux égale quatre* ou *égalent quatre*.

égalisation **n.f.** L'action d'égaliser. *L'égalisation d'un sol.* SYN. nivellement. *L'équipe a obtenu l'égalisation de justesse.*

égaliser **v.** (CONJUG. 3). ❶ Rendre égal en quantité, en valeur, en dimension. *Égaliser les salaires. On a égalisé le terrain* (= on l'a aplani). ❷ Dans un jeu, une compétition sportive, obtenir le même nombre de points que l'adversaire après avoir été mené.

égalitaire **adj.** Qui cherche à faire régner l'égalité entre tous. *L'école doit être égalitaire.*

égalité **n.f.** ❶ Le fait d'être égal. *L'égalité des chances.* CONTR. inégalité. ❷ Le fait d'avoir les mêmes droits et les mêmes obligations. *La devise de la République française est « Liberté, Égalité, Fraternité ».* → VOIR Fiche 46. • **Être à égalité :** avoir le même score. SYN. être ex aequo.

égard **n.m.** L'attention particulière, l'estime que l'on a pour quelqu'un, pour quelque chose. *Il n'a eu aucun égard pour son grand âge.* • **À l'égard de :** en ce qui concerne, envers. *Elle a été injuste à son égard.* • **Par égard pour :** par respect pour. *Je n'ai rien révélé par égard pour sa famille.* ◆ **égards** **n.m.plur.** Marques de politesse et de respect. *Les égards dus à un chef d'État.*

égaré, e **adj.** ❶ Qui a perdu son chemin. *Un promeneur égaré.* ❷ Très troublé, qui donne des signes d'égarement. *Il avait un air égaré.* SYN. hagard.

égarement **n.m.** L'état de quelqu'un qui est très troublé et ne contrôle plus bien ce qu'il fait. *Dans son égarement, il ne pensait même pas à appeler au secours.* SYN. affolement.

égarer **v.** (CONJUG. 3). ❶ Ne plus trouver quelque chose. *Il a égaré ses clefs.* SYN. perdre. ❷ Détourner quelqu'un de la vérité, le jeter dans l'erreur. *Un faux témoignage a égaré les enquêteurs.* ◆ **s'égarer** **v.pron.** Se perdre. *Ils ne connaissaient pas bien la route, ils ont dû s'égarer. Des dossiers se sont égarés quand l'entreprise a déménagé.*

égayer **v.** (CONJUG. 13). ❶ Rendre gai, amuser. *On s'efforçait d'égayer le malade.* SYN. distraire, divertir. ❷ Donner un aspect plus riant, plus agréable. *Des couleurs un peu vives égayent une pièce.*
▶ REM. Ne pas confondre avec *s'égailler*.

égide **n.f.** • **Sous l'égide de :** sous le patronage de, avec l'appui de. *Cette exposition est organisée sous l'égide du ministère de la Culture.*

HISTOIRE DU MOT Dans la mythologie grecque, l'*égide* était le bouclier de Zeus, dieu suprême.

églantier **n.m.** Rosier sauvage, très commun dans les haies. *Le fruit de l'églantier (le cynorhodon) est communément appelé « gratte-cul ».*

branche d'**églantier**

églantine **n.f.** Fleur de l'églantier.

HISTOIRE DU MOT Vient du latin *aquilentum* qui signifie « qui a des épines ».

églefin ou **aiglefin** **n.m.** Poisson de mer, proche de la morue. *On consomme souvent l'églefin fumé, il porte alors le nom de « haddock ».*

1 église **n.f.** Édifice où les catholiques se rassemblent pour célébrer leur culte. *Une église romane.*

2 Église **n.f.** Chacune des communautés de fidèles issues du christianisme. *L'Église catholique ; l'Église orthodoxe ; les Églises protestantes.*

HISTOIRE DU MOT Vient du grec *ekklêsia* qui signifie « assemblée ».

égoïne **n.f.** Petite scie munie d'une poignée à une de ses extrémités.

égoïsme **n.m.** Le défaut d'une personne qui ne pense qu'à elle-même. CONTR. altruisme, générosité.

HISTOIRE DU MOT Vient du latin *ego* qui signifie « moi ».

égoïste **adj.** et **n.** Qui fait preuve d'égoïsme. *Lise est égoïste : elle a gardé tous ses bonbons pour elle.*

CONTR. généreux. *Il ne veut jamais prêter ses affaires, c'est un égoïste.*

égoïstement **adv.** Avec égoïsme. *Il a égoïstement pris pour lui la meilleure part du gâteau.*

égorger **égorgeant, égorgé v.** (CONJUG. **5**). Tuer en tranchant la gorge. *On a égorgé le poulet.*

s'égosiller **v.pron.** (CONJUG. **3**). Crier trop fort, jusqu'à se fatiguer la gorge. *Inutile de t'égosiller, il ne peut pas t'entendre.* SYN. s'époumoner.

HISTOIRE DU MOT Vient de *gosier.*

égout **n.m.** Réseau de canalisations servant à évacuer les eaux usées d'une agglomération vers une station d'épuration. *Les égouts de Paris peuvent se visiter.*

égoutier **n.m.** Personne dont le métier est d'entretenir et de nettoyer les égouts.

égoutter **v.** (CONJUG. **3**). Débarrasser quelque chose de son eau en laissant celle-ci s'écouler goutte à goutte. *Égoutter des pâtes dans une passoire.* ◆ **s'égoutter** **v.pron.** ❶ Perdre son eau goutte à goutte. *La vaisselle s'égouttera toute seule, inutile de l'essuyer.* ❷ Couler goutte à goutte. *L'eau qui s'égouttait de son imperméable formait une petite flaque.*

égouttoir **n.m.** Ustensile sur lequel on place la vaisselle pour qu'elle s'égoutte.

égratigner **v.** (CONJUG. **3**). ❶ Écorcher très légèrement la peau. *Les ronces lui ont égratigné les jambes.* ❷ Rayer très légèrement. *Dans le transport, on a égratigné le vernis de l'armoire.* ◆ **s'égratigner** **v.pron.** Se faire une petite griffure sur la peau. *Je me suis égratigné en taillant les rosiers.*

l'Église d'Auvers-sur-Oise,
(tableau de Van Gogh, 1890)

égratignure **n.f.** Petite blessure superficielle sur la peau. *Ce n'est qu'une égratignure, inutile de mettre un énorme pansement !*

égrener **v.** (CONJUG. **10**). Détacher les grains d'un épi, d'une grappe. *Égrener du blé, du raisin.* ● **Égrener son chapelet :** faire passer un à un les grains du chapelet dans ses doigts en disant une prière à chaque fois.

HISTOIRE DU MOT Vient de *grain.*

égyptien, enne **adj.** et **n.** D'Égypte. *Le Nil est un fleuve en partie égyptien. L'art égyptien.* → VOIR planche page suivante.

▸ REM. Quand il désigne une personne, le mot prend une majuscule : *un Égyptien, une Égyptienne.*

égyptologue **n.** Spécialiste d'*égyptologie*, c'est-à-dire de l'étude de l'Égypte ancienne.

eh **interj.** ❶ Sert à interpeller, à attirer l'attention. *Eh ! ne marche pas si vite !* ❷ Sert à renforcer *oui, non* et *si. « Tu l'as vu ? – Eh non ! »* ● **Eh bien ! :** introduit une question, une explication ou une conclusion. *« Vous chantiez ? j'en suis fort aise. / Eh bien ! dansez maintenant »* (*la Cigale et la Fourmi*, La Fontaine).

éhonté, e **adj.** ❶ Qui n'a pas honte des actes qu'il commet. *C'est un menteur éhonté.* SYN. impudent. ❷ Dont on devrait avoir honte. *C'est un mensonge éhonté.* SYN. honteux, scandaleux.

eider **n.m.** Canard marin qui niche sur les côtes scandinaves et dont le duvet est très recherché pour garnir les édredons.

▸ REM. On prononce [edɛr].

éjaculation **n.f.** Écoulement de sperme au moment de la jouissance sexuelle masculine.

éjectable **adj.** *Le siège éjectable d'un avion* permet au pilote d'être éjecté avec son parachute hors de l'appareil, en cas de danger.

éjecter **v.** (CONJUG. **3**). ❶ Projeter au-dehors. *Le choc a été si violent que le conducteur a été éjecté de la voiture.* ❷ (Familier) Renvoyer quelqu'un. *Il s'est fait éjecter de la salle tellement il était insupportable.* SYN. expulser.

élaboration **n.f.** Le fait d'élaborer quelque chose. SYN. mise en œuvre, préparation.

élaborer **v.** (CONJUG. **3**). Mettre au point un projet, une œuvre, les préparer soigneusement. *Un nouveau modèle de télévision a été élaboré au Japon.*

HISTOIRE DU MOT Vient du latin *elaborare* qui signifie « perfectionner », de *labor*, « travail ».

élaguer **élaguant, élagué v.** (CONJUG. **6**). Couper les branches d'un arbre. *Les arbres de l'avenue ont été élagués au début de l'automne.*

1 élan **n.m.** ❶ Mouvement qu'on fait pour s'élancer, pour exécuter un effort. *Prends ton élan avant de sauter.* ❷ Force qui entraîne une personne lancée dans une course. *Emporté par son élan, il n'a pas pu s'arrêter au poteau.* ❸ Mouvement inspiré par un sentiment fort. *Cet élan de tendresse nous a beaucoup surpris.*

temple d'Abou-Simbel

La civilisation du Nil

Entourée de déserts mais profitant de la fertilité de la vallée du **Nil** (« l'Égypte est un don du Nil », a dit Hérodote, l'historien grec de l'antiquité), l'Égypte ancienne, née il y a plus de 5 000 ans, est le théâtre, durant trois millénaires, de l'épanouissement d'une civilisation très riche. Les temples, les statues et les peintures témoignent de la culture des Égyptiens. Ceux-ci vénèrent de nombreux dieux et croient également à la vie éternelle après la mort. Le jugement qu'**Osiris**, le dieu des Morts, porte sur leur vie terrestre leur permet d'accéder ou non au royaume souterrain de l'éternité, où leur confort et leur sérénité dépendent du culte que leur rendent les vivants.

pschent, coiffe des pharaons

extrait du Livre des morts

scarabée, symbole de la renaissance

Parmi les Sept Merveilles du monde

Considérés comme les fils de Rê, le dieu du Soleil, les pharaons édifient des tombes imposantes en pierre, seul matériau capable de défier le temps. Construits comme des escaliers montant vers le soleil, les tombeaux les plus spectaculaires, les **pyramides**, peuvent atteindre près de 150 m de haut. Celles-ci comportent plusieurs pièces décorées et pourvues d'offrandes (nourriture, bijoux, armes et vêtements). Pour empêcher sa décomposition, on embaume et on momifie le corps du pharaon défunt afin que son âme (ou ka) puisse revenir l'habiter. De même préserve-t-on parfois le corps d'animaux sacrés comme le chat.

Bastet, déesse représentée sous la forme d'un chat

obélisque

statue de Néfertiti et Akhenaton

vue en coupe d'une pyramide

2 élan **n.m.** Mammifère ruminant voisin du cerf, dont les bois sont aplatis. *L'élan vit en Scandinavie, en Sibérie et au Canada.*
▶ REM. Au Canada, on dit *orignal*.

élancé, e **adj.** Grand et mince. *Une jeune fille élancée.* SYN. svelte.

élancement **n.m.** Douleur vive, lancinante. *Avoir des élancements dans la jambe.*

élancer **élançant, élancé v.** (CONJUG. 4). Causer des élancements. ◆ **s'élancer** **v.pron.** Courir brusquement vers quelqu'un ou quelque chose. *Dès qu'elle l'a vu, elle s'est élancée vers lui.* SYN. se précipiter.

élargir **élargissant, élargi v.** (CONJUG. 16). ❶ Rendre plus large. *Élargir une rue.* ❷ Rendre plus général. *Élargissons le débat !* ◆ **s'élargir** **v.pron.** Devenir plus large. *Au départ, la route est un peu étroite, mais, après le croisement, elle s'élargit.*

élargissement **n.m.** Le fait de s'élargir, l'action d'élargir. *L'élargissement de la route permettra de créer une troisième voie.*

élasticité **n.f.** Souplesse d'une matière élastique. *L'élasticité du caoutchouc.* CONTR. rigidité.

élastique **adj.** ❶ Qui peut s'étirer et reprendre sa forme de départ. *Ses bretelles sont élastiques.* ❷ *Un règlement élastique* est souple, on peut l'appliquer différemment selon les cas. CONTR. strict. ◆ **n.m.** Bande de caoutchouc qu'on met autour de quelque chose pour le maintenir. *Ma trousse ne ferme plus, j'ai mis un élastique autour. L'élastique de ma jupe a craqué.*

eldorado **n.m.** Pays merveilleux, rempli de richesses. *C'est un eldorado, un vrai pays de cocagne.*

HISTOIRE DU MOT C'est un mot espagnol qui signifie « le doré », pour « le pays de l'or ». Au XVIe siècle, de nombreuses légendes parlaient d'un pays merveilleux, l'*Eldorado*, qui renfermait des quantités d'or.
→ VOIR noms propres.

électeur, trice **n.** Personne qui vote, participe à une élection. *Le candidat a su obtenir la confiance des électeurs.*

élection **n.f.** ❶ Désignation, par un vote, de la personne qui remplira une fonction. *L'élection des délégués de classe a lieu au début de l'année. Les élections municipales. L'élection du président de la République.* ❷ *Une terre, une patrie d'élection* sont celles où l'on a choisi de vivre.

électoral, ale, aux **adj.** Qui concerne les élections. *Une campagne électorale particulièrement efficace a permis au candidat de se faire élire.* ● **Les listes électorales :** l'ensemble des personnes qui votent.

électorat **n.m.** L'ensemble des électeurs. *Une partie importante de l'électorat n'a pas voté.*

électricien, enne **n.** Personne qui s'occupe des installations électriques.

élan

électricité **n.f.** Forme d'énergie utilisée pour se chauffer, s'éclairer et faire fonctionner de nombreux appareils. ● (Familier) **Il y a de l'électricité dans l'air :** les gens sont énervés, l'ambiance est très tendue.

ENCYCLOPÉDIE L'électricité est obtenue à partir de minuscules particules invisibles à l'œil nu que l'on appelle les *électrons*. Les électrons se trouvent partout, dans toute matière. Lorsqu'ils sont en mouvement dans des fils métalliques par exemple, ils produisent de l'électricité. Les centrales électriques, avec d'autres sources d'énergie (l'eau, le soleil, le nucléaire, le charbon, le pétrole, etc.), les arrachent à leur matière et les mettent en mouvement.

électrifier **v.** (CONJUG. 7). Doter d'un réseau électrique. *Les lignes de chemin de fer sont électrifiées.*

électrique **adj.** ❶ Qui fournit ou conduit l'électricité. *Une centrale électrique. Le courant électrique fait fonctionner la lampe. Le court-circuit est dû à un fil électrique mal isolé.* ❷ Qui fonctionne à l'électricité. *La télévision, le fer à repasser, etc., sont des appareils électriques. Mon père se rase chaque matin avec un rasoir électrique.*

lignes **électriques**

électriser **v.** (CONJUG. 3). Éveiller fortement l'enthousiasme, faire naître une grande excitation. *Le chanteur a électrisé son public.* SYN. enflammer, exalter.

électro **n.f.invar.** Musique composée à l'aide d'ordinateurs. *Benjamin écoute surtout de l'électro.*

HISTOIRE DU MOT Ce mot vient de *électronique*.

A B C D E F G H I J K L M N O P Q R S

s'électrocuter **v.** (CONJUG. 3). Être tué par l'effet d'une intense décharge électrique. *Ne touche pas un appareil électrique avec les mains mouillées, tu risques de t'électrocuter.*

électrocution **n.f.** Fait de s'électrocuter. *L'enquête a conclu à une mort par électrocution.*

électroménager, ère **adj.** *Les appareils électroménagers* sont des appareils ménagers qui fonctionnent à l'électricité. *Un aspirateur, une machine à laver et un réfrigérateur sont des appareils électroménagers.* ◆ **électroménager** **n.m.** L'ensemble des appareils ménagers qui fonctionnent à l'électricité. *Le magasin fait des soldes sur l'électroménager.*

électron **n.m.** Particule chargée d'électricité négative qui gravite autour du noyau de l'atome. *Chaque type d'atome a un nombre fixe d'électrons.*

électronicien, enne **n.** Spécialiste en électronique.

électronique **adj.** Qui utilise l'électricité pour transmettre des images, des sons, des informations. *Un jeu électronique.* • **Musique électronique :** musique utilisant des ordinateurs pour créer des sons musicaux. ◆ **n.f.** Science qui étudie les électrons et leurs applications. *L'électronique est un domaine particulier de la physique.*

électrophone **n.m.** Appareil électrique qui sert à écouter des disques. SYN. tourne-disque. *Les électrophones sont aujourd'hui remplacés par des « platines » de chaîne, des lecteurs lasers.*

élégamment **adv.** ❶ Avec goût, élégance. *Il était toujours élégamment vêtu.* ❷ Avec correction. *Il n'a pas agi très élégamment, il est parti sans dire au revoir à ses hôtes.*

élégance **n.f.** Bon goût, distinction, raffinement et courtoisie dans sa manière de s'habiller ou de se comporter avec les autres. *S'habiller avec élégance.* SYN. chic, classe. *S'exprimer avec élégance.* CONTR. grossièreté, vulgarité.

élégant, e **adj.** ❶ Qui fait preuve de goût, de distinction dans sa manière de s'habiller, de se mouvoir. *Tu es très élégant dans ton nouveau costume.* SYN. chic, distingué. ❷ Qui fait preuve de délicatesse, de raffinement dans son comportement, sa manière de s'exprimer et d'agir. *C'était très élégant de ta part de lui céder ta place. Je cherche un moyen élégant de me tirer d'affaire.* SYN. courtois, poli.

élément **n.m.** ❶ Chacun des corps chimiques simples qui, en se combinant à d'autres, forment des substances (solides, liquides ou gazeuses). *L'eau est composée de deux éléments, l'hydrogène et l'oxygène.* ❷ Chacune des parties d'un tout. *Les éléments du meuble sont vendus séparément.* ❸ Chacune des personnes d'un groupe. *Il y a quelques bons éléments dans cette classe.* ❹ Le milieu naturel où vit un animal ; le milieu, l'univers où une personne se sent à l'aise. *Hors de son élément, le poisson ne vit que peu de temps. Au milieu de tous ses livres, Pierre est dans son élément.* • **Les quatre éléments :** la terre, l'eau, l'air et le feu, que les Anciens considéraient comme les constituants fondamentaux entrant dans la composition de tous les corps. ◆ **éléments** **n.m.plur.** ❶ Les notions de base d'une discipline, les premières qu'on apprend. *Apprendre quelques éléments de latin.* SYN. rudiments. ❷ Les forces de la nature, le vent, la pluie, l'orage, etc. *Ils étaient pris dans la tempête et devaient lutter contre les éléments déchaînés.*

élémentaire **adj.** ❶ Très simple. *Voici deux exercices élémentaires.* CONTR. complexe, compliqué. ❷ Fondamental, de base. *Les notions élémentaires d'une science. En France, au cours élémentaire, on apprend les bases du français et des mathématiques.*

éléphant **n.m.** Grand mammifère herbivore qui a une trompe, des incisives très longues, appelées « défenses », et une peau épaisse.

ENCYCLOPÉDIE Cri : l'éléphant barrit. Femelle : l'éléphante. Petit : l'éléphanteau. L'éléphant d'Afrique peut atteindre 3,70 m de hauteur, peser 7 t et vivre 120 ans ; celui d'Asie ne dépasse pas 3 m, pour un poids de 4 t. L'éléphant est le plus gros animal terrestre. Les éléphants d'Afrique sont aujourd'hui protégés car, à force d'être chassés pour leurs précieuses défenses en ivoire, ils étaient menacés d'extinction.

troupeau d'**éléphants** (en arrière-plan, vue du Kilimandjaro, en Tanzanie)

élevage **n.m.** Activité qui consiste à élever des animaux. *Un élevage de poulets, de lapins, de moutons. Karim rêve de faire de l'élevage de chiens.*

élévateur **n.m.** Engin qui soulève des objets lourds et peut les déplacer d'un endroit à un autre.

élévation **n.f.** ❶ Le fait de s'élever. *Des pluies torrentielles ont provoqué une dangereuse élévation du niveau de l'eau.* SYN. hausse. CONTR. baisse. ❷ Relief de peu d'altitude. *Il avait construit sa cabane sur une petite élévation de terrain pour avoir une belle vue.*

élève **n.** Personne qui suit des cours dans un établissement d'enseignement, une école. *Les élèves du conservatoire de musique donnent un concert de fin d'année. Après la récréation, les élèves regagnent leur classe.*

élevé, e **adj.** ❶ Situé en hauteur. *Le télésiège nous amènera sur le sommet le plus élevé.* SYN. haut. ❷ *Une quantité, une valeur élevées* sont très importantes. *Il s'agit de sommes trop élevées pour accepter sans réfléchir.* • **Bien élevé, mal élevé :** qui a reçu une bonne, une mauvaise éducation. *Il est trop bien élevé pour répondre à ces insultes.* SYN. courtois, poli. *Il est mal élevé et coupe toujours la parole aux autres.* SYN. impoli.

élever **v.** (CONJUG. **10**). ❶ Augmenter le niveau, la hauteur de quelque chose. *Les fortes pluies ont élevé le niveau du lac.* ❷ Construire, édifier. *On a élevé une statue sur la place du marché. Élever un mur.* SYN. dresser. ❸ Donner à quelqu'un un grade plus important. *Il a été élevé au grade de commandant.* SYN. promouvoir. ❹ Nourrir et éduquer un enfant, s'occuper de lui, le soigner et pourvoir à ses besoins. *Elle a élevé ses quatre enfants toute seule.* ❺ Nourrir et soigner des animaux domestiques et utiles. *Il élève des chevaux de race.* • **Élever la voix :** parler plus fort. • **Élever le ton :** parler sur un ton menaçant. ◆ **s'élever** **v.pron.** ❶ Monter, aller vers le haut. *L'oiseau s'élève dans le ciel.* ❷ Atteindre un certain montant, une certaine somme d'argent. *Leurs recettes s'élèvent à 150 euros.* ❸ Pour un bruit, un son, des paroles, se faire entendre. *Des applaudissements s'élevèrent des tribunes.* SYN. retentir. ❹ Manifester son désaccord envers quelque chose, s'y opposer. *Je m'élève contre cette injustice.* SYN. protester.

éleveur, euse **n.** Personne dont le métier est d'élever des animaux. *Un éleveur de chiens.*

elfe **n.m.** Être imaginaire de la mythologie scandinave, qui représente les forces de l'air, du feu, de la terre, de l'atmosphère, etc. *Les gnomes et les fées sont des elfes.*

s'élider **v.pron.** (CONJUG. **3**). Pour un mot, subir une élision. *« Le » s'élide en « l' » devant une voyelle ou un « h » muet.*

HISTOIRE DU MOT Vient du latin *elidere* qui signifie « expulser ».

éligibilité **n.f.** Fait de pouvoir se présenter à une élection ; aptitude à être élu. *La candidature de Luc n'a pas été acceptée car il ne remplissait pas les conditions d'éligibilité.*

élévateur

éligible **adj.** Qui peut être candidat à une élection, qui peut être élu. *Un mineur n'est pas éligible.* CONTR. inéligible.

élimé, e **adj.** Râpé, très usé. *Tu t'es tellement traîné par terre que ton pantalon est élimé aux genoux !*

élimination **n.f.** ❶ Le fait d'éliminer ou d'être éliminé. *La défaite de l'équipe de football entraîne son élimination de la Coupe du monde.* ❷ Évacuation des substances toxiques du corps. *Boire favorise l'élimination.* • **Procéder par élimination :** trouver la bonne solution en éliminant une à une toutes les autres.

éliminatoire **adj.** ❶ *Des épreuves éliminatoires* servent à éliminer un certain nombre de concurrents pour ne retenir que les meilleurs avant une compétition, un concours. *Notre équipe a échoué aux épreuves éliminatoires.* ❷ *Une note éliminatoire* fait échouer à un examen même si les autres notes sont bonnes. *Dans certains concours, le zéro est une note éliminatoire.* ◆ **éliminatoires** **n.f.plur.** Épreuves éliminatoires.

éliminer **v.** (CONJUG. **3**). ❶ Exclure d'un groupe, d'une compétition. *Notre équipe a été éliminée en demi-finale. Sa candidature a été éliminée.* SYN. refuser, rejeter. ❷ Faire disparaître ou exclure quelque chose. *Éliminer une difficulté, une proposition.* ❸ Se débarrasser d'une personne en la tuant. *Les terroristes ont éliminé l'un des otages.* ❹ Rejeter hors de l'organisme les substances toxiques. *La transpiration permet d'éliminer.*

élire **élisant, élu** **v.** (CONJUG. **67**). Nommer par un vote. *Pierre a été élu délégué de classe.* • **Élire domicile quelque part :** choisir un endroit pour s'y installer. *Il a élu domicile à Bruxelles.*

HISTOIRE DU MOT Vient du latin *eligere* qui signifie « choisir ».

élision **n.f.** Suppression de la voyelle finale d'un mot quand il est suivi d'un mot commençant par une voyelle ou un « h » muet. *Dans « l'argent », il y a élision du « e » de « le » qui est remplacé par une apostrophe.* ▸ REM. Ne pas confondre avec *allusion* et *illusion*.

élite **n.f.** L'ensemble des personnes considérées comme les plus remarquables, les meilleures. *L'élite du monde artistique sera présente au gala.*

élixir **n.m.** ❶ Potion à laquelle on prête des pouvoirs magiques. *Un élixir d'éternelle jeunesse.* ❷ Médicament liquide qui contient de l'alcool.

A B C D E F G H I J K L M N O P Q R S T U V W X Y Z

elle, elles **pron. personnel.** Représente la 3e personne du féminin. *Elle veut bien t'accompagner. Que font-elles ?* → VOIR **pronom** (encadré).

ellipse **n.f.** ❶ Figure géométrique, courbe fermée dont la forme ovale ressemble à un cercle aplati. *La Terre décrit une ellipse autour du Soleil.* ❷ Suppression d'un ou de plusieurs mots dans une phrase qui reste bien formée et compréhensible. *Dans la phrase « Marie joue au football et Pierre au basket », il y a une ellipse du verbe « jouer ».*

ellipsoïdal, ale, aux **adj.** Qui a la forme d'une ellipse.

elliptique **adj.** ❶ Qui est en forme d'ellipse. *La Terre décrit une courbe elliptique autour du Soleil.* ❷ *Une phrase elliptique* comporte une ellipse.

élocution **n.f.** La manière d'articuler les mots. *Je sortais de chez le dentiste et j'avais des difficultés d'élocution.* → VOIR AUSSI **diction.**

HISTOIRE DU MOT Vient du latin *loqui* qui signifie « parler, s'exprimer » et que l'on retrouve dans *éloquence.*

éloge **n.m.** (Surtout au plur.) Paroles par lesquelles on vante les mérites, les qualités d'une personne ou d'une chose. *Son succès au concours lui a valu beaucoup d'éloges.* SYN. compliments, félicitations. CONTR. critique. *Le directeur m'a fait l'éloge de son nouveau secrétaire* (= il m'en a dit du bien). → VOIR AUSSI **louange.** • **Éloge funèbre :** discours que l'on prononce à l'enterrement de quelqu'un.

élogieux, euse **adj.** Plein d'éloges, de louanges. *On m'a parlé de toi en termes élogieux.*

éloigné, e **adj.** ❶ Qui est loin dans l'espace ou le temps. *J'habite un quartier éloigné du centre.* CONTR. proche. *À une époque éloignée.* SYN. lointain. ❷ *Un parent éloigné* est une personne avec qui on a des liens familiaux indirects. *C'est un frère du mari de ma tante, pour moi ce n'est qu'un parent éloigné.*

éloignement **n.m.** Le fait d'être loin, éloigné. *À l'étranger, il souffrait de l'éloignement* (= d'être loin des siens).

éloigner **v.** (CONJUG. 3). ❶ Mettre plus loin. *Ces fleurs me font éternuer, tu ne pourrais pas les éloigner ?* SYN. écarter. CONTR. rapprocher. ❷ Écarter, détourner quelqu'un de ses proches ou de ses activités habituelles. *Son travail l'éloigne un peu de sa famille* (= il n'a plus le temps de s'en occuper). ◆ **s'éloigner** **v.pron.** ❶ Se mettre plus loin, aller plus loin. *Ils se sont éloignés du groupe pour discuter tranquillement. Le bateau s'éloigne lentement.* ❷ S'écarter de quelque chose. *Attention, vous vous éloignez du sujet de la rédaction.*

élongation **n.f.** Allongement accidentel et douloureux d'un muscle ou d'un ligament.

éloquence **n.f.** Le talent de celui qui s'exprime facilement et qui sait persuader ou émouvoir en parlant. *L'avocat l'a défendu avec éloquence.*

éloquent, e **adj.** ❶ *Une personne éloquente* s'exprime avec facilité et sait convaincre ceux qui l'écoutent. ❷ *Un discours éloquent* est très convaincant. ❸ *Un geste, un regard, un silence éloquents* en disent autant que des mots. *Il n'a rien promis, mais son sourire était éloquent* (= il en disait long).

HISTOIRE DU MOT Vient du latin *loqui* qui signifie « parler, s'exprimer » et que l'on retrouve dans *ventriloque, élocution*, etc.

élu, e **adj.** et **n.** Qui a été choisi par vote. *Les journaux ont publié la liste des nouveaux élus.*

élucider **v.** (CONJUG. 3). Trouver l'explication d'un problème, l'éclaircir. *Le détective élucida le mystère après avoir mené son enquête.*

HISTOIRE DU MOT Vient du latin *lucidus* qui signifie « lumineux » et que l'on retrouve dans *lucide.*

élucubrations **n.f.plur.** Idées compliquées et bizarres. *Qu'est-ce que c'est que ces élucubrations ? Il divague !*

éluder **v.** (CONJUG. 3). *Éluder une difficulté*, c'est s'y soustraire adroitement. SYN. escamoter, esquiver.

élytre **n.m.** Aile antérieure, dure, de certains insectes, qui ne bat pas pendant le vol, et qui, au repos, se replie sur l'aile postérieure et la protège. *Le hanneton, la coccinelle ont des élytres.*
▶ REM. Ce mot est du masculin.

émacié, e **adj.** *Un visage émacié* est très maigre.
▶ REM. Ce mot appartient à la langue soutenue.

émail **n.m.** ❶ Substance dure et brillante dont on recouvre certains objets en métal ou en céramique pour les protéger ou les décorer. *Une baignoire, une casserole en émail. Au musée, nous avons vu une superbe collection d'émaux* (= de bijoux en émail). ❷ Couche transparente très dure qui recouvre les dents.
▶ REM. Au plur. : *émaux* pour le sens 1 et *émails* pour le sens 2.

e-mail **n.m.** (PLUR. : **e-mails**). Adresse, courrier électronique. *J'ai reçu trois e-mails.* SYN. courriel, message.
▶ REM. C'est un mot anglais, on prononce [imɛl]. *Courriel* est le mot français qu'il est recommandé d'utiliser.

émaillé, e **adj.** Recouvert d'émail. *Un vase en bronze émaillé.*

émanation **n.f.** Odeur qui se dégage de quelque chose, qui en émane. *Des émanations de gaz.*

émancipation **n.f.** Action d'émanciper ou fait de s'émanciper. *Dans de nombreux pays, les femmes doivent encore lutter pour leur émancipation.*

émanciper **v.** (CONJUG. 3). *Émanciper un enfant mineur*, c'est lui accorder la majorité avant l'âge légal. ◆ **s'émanciper** **v.pron.** Se libérer d'une domination, acquérir son indépendance, son autonomie. *Les anciennes colonies se sont émancipées.*

émaner v. (CONJUG. 3). ❶ Se dégager de quelque chose. *Un agréable parfum émanait du bouquet de fleurs.* SYN. s'exhaler. ❷ Provenir de. *Cette décision émane de la direction de l'entreprise.* SYN. venir.

émaux n.m.plur. → **email**

emballage n.m. ❶ L'action d'emballer un objet. *L'emballage des fruits.* ❷ Ce qui sert à emballer quelque chose. *Un emballage en papier.*

emballement n.m. Fait de s'emballer. *L'emballement d'un moteur. Son emballement pour la guitare ne dura qu'une semaine.* SYN. engouement.

emballer v. (CONJUG. 3). ❶ Envelopper dans du papier, du carton ou mettre dans une boîte, pour protéger ou transporter. *Le vendeur emballe les verres un à un dans du papier.* CONTR. déballer. ❷ (Familier) Enthousiasmer. *Le film nous a emballés !* (= il nous a beaucoup plu). ◆ **s'emballer** v.pron. ❶ *Un cheval, un moteur qui s'emballent* partent à toute vitesse, de telle sorte qu'il n'est plus possible de les maîtriser. ❷ (Familier) Se laisser emporter par ses sentiments. *Un peu de calme, ne t'emballe pas !*

HISTOIRE DU MOT Vient du mot *balle* au sens de « paquet de marchandises », que l'on retrouve dans *ballot* et *balluchon.*

embarcadère n.m. Dans un port, endroit aménagé pour permettre l'embarquement et le débarquement des personnes ou des marchandises. (On dit aussi un *débarcadère.*)

embarcation n.f. Tout bateau ou petit bateau tel qu'une barque, un canot, un radeau, etc. *On a mis une embarcation à la mer* (= un canot de sauvetage).

embardée n.f. Écart brusque que font un véhicule, un cheval. *Faire une embardée pour éviter un piéton.*

embargo n.m. Interdiction faite à un navire de quitter le port ou interdiction d'exporter des marchandises vers certaines destinations. *L'embargo peut être une mesure administrative de contrôle ou une mesure politique de pression.*

embarquement n.m. Le fait d'embarquer. *L'embarquement des passagers.*

embarquer v. (CONJUG. 3). ❶ Monter ou faire monter à bord d'un bateau ou d'un avion, d'un camion. *Nous avons embarqué plusieurs tonnes de marchandises à bord du cargo.* CONTR. débarquer. *Les passagers embarquent à 8 h.* ❷ (Familier) Entraîner quelqu'un dans une affaire difficile. *Il l'a embarqué dans une drôle d'aventure !* ❸ (Familier) Prendre avec soi, emporter. *Paul a embarqué mes CD.*

embarras n.m. L'état de quelqu'un qui est troublé, qui ne sait quoi faire ou quoi dire. *Rémi ne pouvait pas cacher son embarras.* SYN. gêne, trouble. *Mettre quelqu'un dans l'embarras.* • **Avoir l'embarras du choix :** avoir le choix entre plusieurs possibilités.

embarrassant, e adj. ❶ Qui embarrasse, qui encombre. *Tes bagages sont embarrassants, on ne peut plus circuler.* ❷ Qui met dans l'embarras. *Elle m'a posé une question très embarrassante, à laquelle je ne savais quoi répondre.* SYN. gênant.

embarrassé, e adj. Qui éprouve de l'embarras. *Il était très embarrassé parce que tout le monde le regardait.*

embarrasser v. (CONJUG. 3). ❶ Encombrer un lieu, gêner le passage. *Tu embarrasses le couloir avec tes livres.* ❷ Gêner quelqu'un dans ses mouvements. *Tes paquets t'embarrassent, pose-les sur la table.* ❸ Gêner quelqu'un, le mettre dans l'embarras. *Sa demande m'embarrasse, je ne sais quoi lui dire.*

embauche n.f. Le fait d'embaucher quelqu'un. *Il n'y a pas d'embauche en ce moment.*

embaucher v. (CONJUG. 3). Engager pour un travail. *On a embauché trois personnes pour réaliser le projet.* CONTR. débaucher, licencier.

embaumer v. (CONJUG. 3). ❶ Sentir bon, répandre une odeur très agréable. *Ces fleurs embaument toute la pièce.* ❷ *Embaumer un cadavre,* c'est le traiter avec des substances qui l'empêchent de se putréfier. *Les anciens Égyptiens embaumaient leurs morts.*

HISTOIRE DU MOT Vient de *baume.*

corps **embaumé**
(cérémonie funéraire, Égypte antique)

embellie n.f. Amélioration passagère de l'état de la mer, diminution du vent.

HISTOIRE DU MOT Vient de *beau.*

embellir embellissant, embelli v. (CONJUG. 16). Rendre ou devenir plus beau. *Tes plantes embellissent la pièce.* CONTR. enlaidir. *En grandissant, Paul a embelli.*

embellissement n.m. Le fait d'embellir ; ce qui embellit quelque chose. *Un plan d'embellissement d'un vieux quartier.*

emberlificoter v. (CONJUG. 3). (Familier) Tromper par de belles paroles qui embrouillent l'esprit. *Le vendeur nous a emberlificotés.* ◆ **s'emberlificoter** v.pron. S'embrouiller, ne plus savoir où l'on en est. *C'était tellement compliqué qu'il s'est emberlificoté dans ses explications.* SYN. s'empêtrer.

emblème de la ville de Paris

embêtant, e **adj.** (Familier) Qui embête. *Jean est embêtant avec toutes ses histoires.* SYN. ennuyeux, lassant. *C'est embêtant, j'ai oublié mon porte-monnaie.* SYN. contrariant.

embêtement **n.m.** (Familier) Ce qui cause des soucis, ce qui crée des problèmes. *Je n'ai eu que des embêtements avec cet appareil.* SYN. désagrément, ennui.

embêter **v.** (CONJUG. **3**). (Familier) Ennuyer, contrarier, importuner. *Cela m'embête qu'il soit en retard.* SYN. agacer, ennuyer. *Pierre passe son temps à embêter son grand frère.* SYN. déranger, importuner. ◆ **s'embêter** **v.pron.** (Familier) S'ennuyer, trouver le temps long. *Si je n'ai rien à faire, je m'embête.*

d'**emblée** **adv.** Aussitôt, sans attendre. *Il a accepté d'emblée ma proposition* (= tout de suite).

emblème **n.m.** Objet, image pris comme symboles pour représenter une notion abstraite, une ville, un pays, une collectivité. *La colombe est l'emblème de la paix.* SYN. symbole. *L'emblème de Paris est un bateau placé au-dessus de la phrase latine « Fluctuat nec mergitur », qui signifie « Il est battu par les flots mais ne sombre pas. »*
▸ REM. Ce mot est du masculin.

embobiner **v.** (CONJUG. **3**). ❶ Enrouler du fil autour d'une bobine. ❷ (Familier) Tromper par de belles paroles. *Il se laisse facilement embobiner.* SYN. duper.

emboîter, ✎ ***emboiter*** **v.** (CONJUG. **3**). Faire entrer une pièce dans une autre. *Elle apprend à emboîter les pièces de son jeu de construction.* • **Emboîter le pas à quelqu'un :** marcher derrière lui, le suivre ; au figuré, modeler son attitude sur la sienne. *Paul a refusé et Pierre lui a emboîté le pas.* ◆ **s'emboîter** **v.pron.** S'ajuster, rentrer l'un dans l'autre. *Les pièces du puzzle s'emboîtent les unes dans les autres.* SYN. s'imbriquer.

embonpoint **n.m.** Excès de poids et de graisse. *Avec l'âge, il a pris un peu d'embonpoint.*
▸ REM. Attention, *n* devant le *p*.

HISTOIRE DU MOT Vient de l'expression *en bon point* qui signifie « en bonne condition, en bon état ».

embouché, e **adj.** (Familier) *Une personne mal embouchée* est hargneuse et grossière.

embouchure **n.f.** ❶ Partie finale d'un fleuve, ou d'une rivière, endroit où il se jette dans la mer ou un lac. *L'embouchure du Rhône est un delta, celle du Saint-Laurent est un estuaire.* ❷ Partie d'un instrument de musique qu'on met à la bouche. *L'embouchure d'une trompette.*

HISTOIRE DU MOT Vient de *bouche* qui a le même sens dans les *Bouches-du-Rhône.*

s'**embourber** **v.pron.** (CONJUG. **3**). S'enfoncer dans la boue. *La voiture s'est embourbée.* SYN. s'enliser.

HISTOIRE DU MOT Vient de *bourbe* qui désigne une sorte de boue.

s'**embourgeoiser** **v.pron.** (CONJUG. **3**). Prendre des manières dites « bourgeoises ».

embout **n.m.** Petite pièce qui garnit le bout d'un objet allongé. *L'embout de mon parapluie est en caoutchouc.*

embouteillage **n.m.** Gros encombrement sur une route. *L'accident a provoqué un embouteillage de plusieurs kilomètres.* SYN. bouchon.

embouteillage

embouteiller **v.** (CONJUG. **3**). ❶ Mettre un liquide en bouteilles. ❷ Gêner la circulation, provoquer un embouteillage. *Chaque matin, ce camion de livraison embouteille la rue.*

emboutir **emboutissant, embouti v.** (CONJUG. **16**). Déformer quelque chose en le heurtant violemment. *Au feu rouge, on a embouti l'arrière de ma voiture.*

embranchement **n.m.** L'endroit où une route se divise en plusieurs branches. *À l'embranchement, prendre la route de droite.* SYN. carrefour, croisement.

s'**embraser** **v.pron.** (CONJUG. **3**). ❶ Prendre feu. *Soudain, l'immeuble s'embrasa.* SYN. s'enflammer. ❷ S'illuminer, s'éclairer d'une lumière vive comme celle du feu. *Le ciel s'embrase.* ❸ S'exalter. *Les esprits s'embrasèrent à ces discours révolutionnaires.*
▸ REM. Ce mot appartient à la langue soutenue.

HISTOIRE DU MOT Vient de *braise.*

embrassade **n.f.** L'action de s'embrasser. *Les embrassades terminées, nous avons ouvert nos cadeaux.*

embrasser v. (CONJUG. 3). ❶ Donner un, des baisers à quelqu'un. *L'enfant embrassa sa maman avant de partir.* ❷ Choisir un métier, adopter une opinion. *Embrasser la profession d'enseignant.* ● **Qui trop embrasse mal étreint :** proverbe qui signifie que si on entreprend trop de choses on risque de n'en réussir aucune.

HISTOIRE DU MOT Vient de *bras. Embrasser*, c'est, à l'origine, « serrer dans ses bras ».

embrasure n.f. Espace compris entre les montants d'une porte, d'une fenêtre. *Il se tenait dans l'embrasure de la porte et nous surveillait.*

embrayage n.m. Dispositif qui permet d'embrayer. *La pédale d'embrayage est la pédale la plus à gauche.*

embrayer v. (CONJUG. 13). Établir la liaison entre les roues d'un véhicule et le moteur qui doit les faire tourner. *Embraie doucement* (= relève doucement ton pied de la pédale d'embrayage). CONTR. débrayer.

embrigader v. (CONJUG. 3). Persuader quelqu'un d'entrer dans un parti, une association. *Ils ont cherché à m'embrigader.* SYN. enrôler.

embrocher v. (CONJUG. 3). Enfiler un morceau de viande ou une volaille sur une broche pour les faire cuire.

embrouillamini n.m. (Familier) Grande confusion, désordre général, situation embrouillée. *Tout le monde a voulu donner son avis en même temps, quel embrouillamini !* SYN. imbroglio.

embrouillé, e adj. Qui est compliqué, confus. *Une affaire policière très embrouillée.* CONTR. clair, simple.

embrouiller v. (CONJUG. 3). Mettre du désordre dans quelque chose, semer la confusion dans l'esprit de quelqu'un. *Tu embrouilles tout avec ces détails.* SYN. compliquer. *Elle m'a embrouillé avec ses questions.*

embroussaillé, e adj. Couvert de broussailles.

embruns n.m.plur. Gouttelettes d'eau de mer que le vent transporte.

embryon n.m. Organisme en voie de développement et n'ayant pas encore tous les organes nécessaires à la vie. *L'embryon humain de plus de trois mois s'appelle le fœtus.*

embryonnaire adj. *Être à l'état embryonnaire,* c'est être encore au stade de l'ébauche. *Notre projet de ciné-club est encore à l'état embryonnaire.*

embûche, ✎ ***embuche*** n.f. Difficulté qui risque de faire échouer. *Il a su éviter toutes les embûches tendues par ses adversaires.* SYN. obstacle, piège.

embuscade n.f. Piège préparé pour attaquer quelqu'un par surprise. *Les soldats sont tombés dans une embuscade.* SYN. guet-apens.

s'embusquer v.pron. (CONJUG. 3). Se cacher pour guetter quelqu'un et l'attaquer par surprise.

éméché, e adj. (Familier) Un peu ivre. *À la fin du repas, tout le monde était un peu éméché.*

émeraude n.f. Pierre précieuse de couleur verte. ◆ **adj.invar.** De la couleur d'une émeraude. *Des rubans émeraude.*

HISTOIRE DU MOT C'est un très ancien mot d'origine orientale dont la racine signifiait « briller ».

émeraude

émergent, e adj. ● **Pays émergent :** pays considéré comme pauvre, et dont l'économie se développe grâce à une industrialisation rapide et à des exportations importantes.

émerger émergeant, émergé v. (CONJUG. 5). ❶ Apparaître au-dessus de la surface de l'eau. *À marée basse, certains rochers émergent.* SYN. affleurer. ❷ Dépasser le niveau moyen. *Trois rédactions émergent du lot.*

émeri n.m. ❶ Pierre très dure que l'on réduit en poudre pour polir les métaux, le cristal, etc. ❷ *Le papier émeri, la toile émeri* sont recouverts de poudre d'émeri et servent à polir les surfaces.

émérite adj. Qui a une grande compétence, des qualités remarquables. *Un chirurgien émérite.* SYN. éminent.

émerveillement n.m. Le fait d'être émerveillé. *Elle parle avec émerveillement de son séjour à Rome.*

émerveiller v. (CONJUG. 3). Provoquer une vive admiration mêlée de surprise. *Les vitrines animées de Noël les émerveillaient.* SYN. éblouir, enchanter. ◆ **s'émerveiller** v.pron. Éprouver une vive admiration. *Ils s'émerveillent devant les progrès de leur bébé.* SYN. s'extasier.

1 émetteur n.m. ❶ Appareil qui permet de transmettre des sons ou des images. *Émetteur de radio, de télévision.* CONTR. récepteur. ❷ La personne qui envoie le message destiné au récepteur. → VOIR AUSSI **destinataire.**

2 émetteur, trice adj. *Une station émettrice, un poste émetteur* émettent, diffusent des sons, des images.

émettre émettant, émis v. (CONJUG. 51). ❶ Faire sortir de soi, produire. *Ta lampe émet une lumière douce.* SYN. répandre. ❷ Exprimer un avis. *Le commissaire a émis une hypothèse.* SYN. formuler. ❸ Mettre en circulation. *Émettre un nouveau billet.* ❹ Diffuser des programmes de radio ou de télévision. *Certaines chaînes de télévision émettent jour et nuit.*

émeu

émeu n.m. (PLUR. : **émeus**). Grand oiseau d'Australie dont la hauteur atteint 2 m et qui est incapable de voler.

émeute n.f. Explosion de colère qui pousse une foule à des actes de violence. *La faim et la misère ont provoqué des émeutes.* SYN. révolte, soulèvement.

c d e f g h i j k l m n o p q r s

A B C D E F G H I J K L M N O P Q R S T U V W X Y Z

émeutier, ère **n.** Personne qui participe à une émeute.

émietter **v.** (CONJUG. 3). Réduire en miettes, en morceaux tout petits. *Il émiette des biscottes dans sa soupe.*

émigrant, e **n.** et **adj.** Personne qui émigre. *Un bateau chargé d'émigrants.*

émigration **n.f.** Le fait d'émigrer. *Les guerres provoquent de fortes émigrations.*

émigré, e **n.** et **adj.** Personne qui a émigré. *Ses grands-parents étaient des émigrés polonais.*

émigrer **v.** (CONJUG. 3). Quitter son pays pour s'installer dans un autre. *Ses parents ont émigré pour des raisons politiques.*

émincer **émincant, émincé v.** (CONJUG. 4). *Émincer des légumes, de la viande*, c'est les couper en tranches très minces.

éminemment **adv.** Au plus haut point. *Il est éminemment souhaitable que vous veniez.* SYN. extrêmement.

éminence **n.f.** Endroit en hauteur d'où l'on peut voir de tous côtés. *Nous sommes montés sur une éminence pour admirer le paysage.* SYN. colline. • **Son Éminence :** titre donné à un cardinal. • **Éminence grise :** conseiller secret d'un homme d'État. *Le Père du Tremblay était l'éminence grise de Richelieu.*

éminent, e **adj.** Qui se distingue par des grandes qualités, qui est supérieur aux autres. *Une personnalité éminente du monde scientifique.* SYN. remarquable.

émir **n.m.** Titre donné au chef d'État ou à un prince, dans les pays musulmans.

HISTOIRE DU MOT Vient de l'arabe *amir* qui signifie « chef » et que l'on retrouve dans *amiral.*

émirat **n.m.** État gouverné par un émir. *Le Koweït est un émirat.*

émissaire **n.m.** Personne chargée d'une mission secrète. *Le gouvernement a envoyé des émissaires pour parlementer avec les rebelles.*

émission **n.f.** ❶ *Une émission de télévision, de radio*, c'est un programme transmis par les ondes et dans lequel on aborde un sujet particulier. *J'aime bien les émissions sur les animaux.* ❷ *L'émission d'un son, d'une image*, c'est sa transmission par la voie des ondes grâce à un émetteur. ❸ *L'émission de billets, de monnaie*, c'est leur mise en circulation. *En 2002, le gouvernement a annoncé l'émission de nouvelles pièces : les euros.*

emmagasiner **v.** (CONJUG. 3). ❶ Mettre des marchandises en réserve, en stock. *Les bouteilles sont emmagasinées dans un grand entrepôt.* SYN. entreposer. ❷ Accumuler de l'énergie pour garder en réserve. *Les panneaux solaires emmagasinent la chaleur.* SYN. stocker. ❸ Garder en mémoire. *Emmagasiner des connaissances.*

emmailloter **v.** (CONJUG. 3). ❶ Envelopper un bébé dans un lange. ❷ Envelopper complètement dans un tissu. *Elle a emmailloté son doigt blessé dans de la gaze.*

HISTOIRE DU MOT Vient de *maillot.*

emmancher **v.** (CONJUG. 3). Fixer sur un manche. *Emmancher un balai, un couteau.*

emmanchure **n.f.** L'ouverture pour passer le bras, sur un vêtement.

emmêler **v.** (CONJUG. 3). ❶ Mêler ensemble plusieurs choses, de sorte qu'on ne s'y retrouve plus. *En jouant, le chat a emmêlé toutes mes pelotes de laine.* ❷ Embrouiller une histoire, une situation. *Tu emmêles tout, je n'arrive plus à suivre ce que tu dis !*

emménagement **n.m.** Le fait d'emménager. CONTR. déménagement.
▸ REM. Ne pas confondre avec *aménagement.*

emménager **emménageant, emménagé v.** (CONJUG. 5). S'installer dans un logement. *Ils ne connaissent pas bien le quartier parce qu'ils viennent d'emménager.* CONTR. déménager.
▸ REM. Ne pas confondre avec *aménager.*

emmener **v.** (CONJUG. 10 ; auxiliaire *avoir*). Conduire quelqu'un d'un lieu à un autre. *Demain, j'emmène ma sœur chez le dentiste.*
▸ REM. On emploie ce verbe pour des personnes ou des animaux ; pour des objets, on utilise *emporter.*

emmenthal ou **emmental** **n.m.** Fromage suisse à pâte cuite avec de gros trous. → VOIR AUSSI **gruyère.**

s'emmitoufler **v.pron.** (CONJUG. 3). S'envelopper dans des vêtements chauds. *Je me suis bien emmitouflée dans mon gros manteau et je n'ai plus froid.*

emmurer **v.** (CONJUG. 3). Enfermer quelqu'un derrière un mur. *Autrefois, on emmurait certains condamnés dans leur cachot.*

cavalier et cheval **empanachés**

émoi **n.m.** Trouble que l'on ressent lorsqu'on est très inquiet ou très ému. *Toute la ville est en émoi : retrouvera-t-on les ravisseurs du petit garçon ?*

émoluments **n.m.plur.** Somme d'argent que l'on reçoit régulièrement pour prix de son travail. *Ses émoluments ne lui permettent pas de partir en vacances.* SYN. salaire.

émonder **v.** (CONJUG. **3**). *Émonder un arbre*, c'est en couper les branches inutiles. SYN. élaguer.

émotif, ive **adj.** *Une personne émotive* se laisse facilement troubler, impressionner. *Annoncez-lui la nouvelle avec ménagement, c'est un garçon très émotif.* SYN. impressionnable, sensible.

émotion **n.f.** ❶ Trouble d'une personne qui est touchée par quelque chose de gai, de triste, de tendre, d'inquiétant, etc. *Il y avait de l'émotion dans sa voix et il avait les larmes aux yeux* (= il était ému). ❷ *Donner des émotions à quelqu'un*, c'est lui causer de vives inquiétudes.

émotivité **n.f.** Le caractère d'une personne émotive. *Son bégaiement est un signe d'émotivité.*

émoulu, e **adj.** • **Frais émoulu de :** s'emploie pour dire d'une personne qu'elle vient juste de sortir d'une école. *Fraîche émoulue de l'université, elle travaillait pour la première fois.*
▸ REM. Au féminin, on peut aussi dire *frais émoulue de...*

HISTOIRE DU MOT Vient de l'ancien verbe *émoudre* qui signifiait « aiguiser ».

émousser **v.** (CONJUG. **3**). ❶ *Émousser une lame*, c'est la rendre moins tranchante. *Les couteaux ne coupaient plus, ils étaient émoussés.* ❷ *Émousser un sentiment*, c'est l'atténuer, le rendre moins sensible. *Le temps émousse le chagrin.*

émoustiller **v.** (CONJUG. **3**). Provoquer la bonne humeur, une gaieté légère. *Le champagne émoustillait les convives.*

émouvant, e **adj.** Qui émeut, cause une émotion. *La dernière scène du film est très émouvante.* SYN. bouleversant.

émouvoir **émouvant, ému** **v.** (CONJUG. **32**). Toucher la sensibilité de quelqu'un, provoquer chez lui une émotion. *Le sort des réfugiés les a émus.* SYN. bouleverser, remuer. ◆ **s'émouvoir** **v.pron.** Se troubler, ressentir une émotion. *Il ne s'émeut pas pour si peu, il en a vu d'autres.*

empailler **v.** (CONJUG. **3**). ❶ *Empailler une chaise*, c'est la garnir de paille tressée. ❷ *Empailler un animal*, c'est remplir sa dépouille de paille pour le conserver après sa mort.

empaler **v.** (CONJUG. **3**). Transpercer le corps avec un pieu ou un pal. ◆ **s'empaler** **v.pron.** Se blesser en s'enfonçant un objet pointu dans le corps.

empan **n.m.** Ancienne mesure de longueur qui représente la longueur comprise entre le pouce et le petit doigt quand les doigts sont écartés au maximum.

statue d'un **empereur** romain

empanaché, e **adj.** Orné d'un panache. *Un chapeau empanaché. Un cheval empanaché.*

empaqueter **v.** (CONJUG. **12**, ✎ *11*). Mettre en paquet. *J'ai empaqueté toutes mes affaires, on peut partir.* SYN. emballer.

s'emparer **v.pron.** (CONJUG. **3**). ❶ Prendre par la force ou d'un mouvement vif. *Les rebelles se sont emparés du palais présidentiel. Il s'empara d'un bâton pour se défendre.* ❷ Pour un sentiment, envahir quelqu'un. *À ces mots, une violente colère s'empara d'elle* (= la saisit).

s'empâter **v.pron.** (CONJUG. **3**). Prendre de l'embonpoint, s'épaissir. *Avec l'âge, il s'est un peu empâté.*

empêché, e **adj.** Qui a un empêchement et ne peut donc pas être présent quelque part. *Le directeur n'a pas pu venir, il est empêché.*

empêchement **n.m.** Événement qui empêche de faire ce qui était prévu. *Il ne viendra pas, il a eu un empêchement de dernière minute.* SYN. contretemps.

empêcher **v.** (CONJUG. **3**). ❶ Faire en sorte que quelque chose ne se produise pas ou se produise mal ; faire obstacle ou gêner. *Ils ont tout fait pour empêcher le mariage* (= pour qu'il ne se fasse pas). *Mon rhume m'empêche de respirer* (= je respire mal). ❷ Ne pas permettre à quelqu'un de faire quelque chose. *Ses parents l'empêchent de sortir cet après-midi.* SYN. interdire. CONTR. autoriser. • **Il n'empêche que :** malgré cela. *Je sais que tu ne l'aimes pas beaucoup, il n'empêche que tu pourrais faire un effort !* • **Ne pas pouvoir s'empêcher de :** ne pas pouvoir se retenir. *Je n'ai pas pu m'empêcher de rire.*

empereur **n.m.** Chef d'un empire. *Charlemagne fut couronné empereur en l'an 800 à Aix-la-Chapelle.*
▸ REM. Le féminin est *impératrice*.

A B C D E F G H I J K L M N O P Q R S T U V W X Y Z

empesé, e adj. *Un air empesé*, c'est une attitude un peu raide, qui manque de naturel. SYN. compassé, guindé.
HISTOIRE DU MOT Vient de *empois* ; l'empois est une substance à base d'amidon.

empeser v. (CONJUG. 10). *Empeser du linge*, c'est le traiter, l'amidonner pour qu'il ait de la tenue. *Autrefois, on empesait les cols des chemises.*

empester v. (CONJUG. 3). Répandre une odeur infecte, nauséabonde. *Cet égout bouché empeste le quartier.* SYN. empuantir. CONTR. embaumer.

s'empêtrer v.pron. (CONJUG. 3). ❶ Se prendre les pieds dans quelque chose dont on n'arrive pas à se dégager. *La mariée s'est empêtrée dans sa traîne.* ❷ S'embrouiller dans ce que l'on dit. *Il s'est empêtré dans ses explications.*

emphase n.f. *Parler avec emphase*, c'est parler d'un ton solennel et pompeux, grandiloquent.

emphatique adj. *Un ton emphatique*, c'est un ton plein d'emphase. SYN. grandiloquent, pompeux.

empiéter v. (CONJUG. 9, ✎ *10*). Prendre une partie des biens ou des droits de quelqu'un. *Le mur du voisin empiète sur notre jardin. Ce n'est pas à toi de faire ça, tu empiètes sur ses attributions de délégué.*

s'empiffrer v.pron. (CONJUG. 3). (Familier) Se bourrer de nourriture, manger gloutonnement. SYN. se gaver.
HISTOIRE DU MOT Vient de l'ancien français *piffre* qui désignait une « personne ventrue ».

empiler v. (CONJUG. 3). Mettre en pile. *Empiler des livres.* ◆ **s'empiler** v.pron. S'entasser, être mis en pile. *La vaisselle sale s'empilait dans l'évier.* SYN. s'amonceler.

empire n.m. ❶ État gouverné par un empereur ; ensemble d'États soumis à une même autorité. *L'empire de Charlemagne. La France avait un empire colonial.* → VOIR noms propres. ❷ Le fait de dominer quelqu'un, d'avoir un grand pouvoir sur lui. *Elle a agi sous l'empire de la colère.* SYN. emprise, influence. • **Pas pour un empire :** même en échange des plus grands avantages, pour rien au monde.

empirer v. (CONJUG. 3). Devenir pire, plus grave. *Son état a empiré subitement.* SYN. s'aggraver. *La situation empire d'heure en heure.* SYN. se dégrader. CONTR. s'améliorer.

empirique adj. Qui ne s'appuie que sur l'expérience et l'observation des faits, et non sur une théorie. *Connaissance, méthode empiriques.*

emplacement n.m. Place occupée par quelque chose. *J'ai marqué d'une croix sur le plan l'emplacement de notre maison.*

emplâtre n.m. Pansement adhésif enduit d'une pommade. *On met parfois un emplâtre sur une brûlure.*

emplette n.f. Action d'acheter ; chose achetée. *Faire l'emplette d'un parapluie. Montre-nous tes emplettes.* SYN. achat.

emplir emplissant, empli v. (CONJUG. 16). Rendre plein. *Emplir un verre de vin.* SYN. remplir. *La foule emplit la salle.*
▸ REM. Ce mot appartient à la langue soutenue.

emploi n.m. ❶ Travail pour lequel on est payé. *Il a trouvé un emploi comme garçon de courses.* SYN. place, travail. ❷ Utilisation que l'on fait de quelque chose, ce à quoi on l'emploie. *Tu as fait un bon emploi de ton argent.* SYN. usage. *Cet appareil fait double emploi avec celui-ci. Quels sont les différents emplois du mot « bon » ?* (= les cas où on emploie le mot). • **Emploi du temps :** programme, horaire des diverses occupations de quelqu'un au cours d'une période donnée. *Votre emploi du temps de la semaine est-il déjà fixé ?* SYN. planning. *Aujourd'hui, j'ai un emploi du temps très chargé.*

employé, e n. Personne qui travaille dans une entreprise, une administration, chez quelqu'un. *Un employé de bureau.*

employer v. (CONJUG. 14). ❶ Se servir de quelque chose pour un usage particulier. *Si tu employais les bons outils, tu perdrais moins de temps.* SYN. utiliser. *Elle n'a pas su employer les mots qu'il fallait. Il a employé tous les moyens pour essayer de la convaincre.* SYN. user de. ❷ Faire travailler des personnes en échange d'un salaire. *Cette entreprise emploie dix personnes.* ◆ **s'employer** v.pron. ❶ Être utilisé. *Le mot « débarbouillette » s'emploie au Canada, en France, on dit « gant de toilette ».* ❷ S'efforcer de faire quelque chose. *Nous nous sommes employés à le convaincre.*

employeur, euse n. La personne ou la société qui emploie des salariés. *Inscrivez ici l'adresse de votre employeur.*

empocher v. (CONJUG. 3). ❶ Mettre dans sa poche. *Il empocha la clef sans rien dire et disparut.* ❷ Percevoir, toucher de l'argent. *Il a empoché une grosse somme.*

empoignade n.f. Querelle très violente. *La réunion a fini en empoignade.* SYN. bagarre.

empoigne n.f. • (Familier) **Foire d'empoigne :** situation où chacun essaie par tous les moyens d'obtenir ce qu'il désire. *Quand ils ont vu les cadeaux étalés sur la table, ça a été la foire d'empoigne.*
HISTOIRE DU MOT Vient de *s'empoigner.*

empoigner v. (CONJUG. 3). ❶ Prendre dans sa main et serrer fortement. *Elle empoigna une branche pour escalader la haie.* ❷ (Familier) Se saisir de quelqu'un. *Il empoigna le voleur par le col.* ◆ **s'empoigner** v.pron. Se battre. *Les deux automobilistes se sont empoignés, on a eu toutes les peines à les séparer.*
HISTOIRE DU MOT Vient de *poing.*

empoisonnant, e adj. (Familier) Qui ennuie, agace, contrarie. *C'est empoisonnant d'avoir à tout recommencer ! Tu es empoisonnante avec tes critiques !* SYN. insupportable.

empoisonnement n.m. L'action d'un poison sur l'organisme ; le fait de faire prendre du poison à quelqu'un. *Un empoisonnement dû à des champignons.* SYN. intoxication.

empoisonner v. (CONJUG. 3). ❶ Rendre très malade ou faire mourir par le poison. *Pour se débarrasser des rats, on les empoisonne. Être empoisonné par des champignons.* SYN. intoxiquer. ❷ Mettre du poison dans ou sur quelque chose. *Certains Indiens empoisonnaient leurs flèches.* ❸ (Familier) Causer des soucis ou ennuyer. *Cette malheureuse histoire empoisonne leur existence.*

empoisonneur, euse n. Meurtrier qui utilise du poison pour tuer.

emporté, e adj. et n. Qui se met facilement en colère. *Un homme emporté.* SYN. coléreux, irascible.

emportement n.m. Le fait de s'emporter. *Dans un moment d'emportement, il a insulté un policier.* SYN. colère. CONTR. sang-froid.

emporte-pièce n.m.invar. ❶ Outil qui sert à faire des trous dans de la tôle, du cuir. ❷ *Des paroles à l'emporte-pièce* sont incisives, acerbes et brutales, sans aucune nuance.

emporter v. (CONJUG. 3). ❶ Prendre avec soi, transporter ailleurs. *N'oublie pas d'emporter ton maillot de bain. L'ambulance emporte la blessée. Le courant a emporté le radeau. Le vent a emporté la toiture.* ❷ Amener à un comportement excessif. *La colère l'emporte.* • **L'emporter sur :** être plus important ou être victorieux. *La pitié a fini par l'emporter sur la colère. Il l'a emporté sur le champion de l'autre collège.* ◆ **s'emporter** v.pron. Se laisser aller à la colère. *Il s'est emporté et nous a mis à la porte.*

empoté, e adj. et n. Qui est maladroit de ses mains et manque d'initiative. *Ce n'est pas un travail pour lui, il est trop empoté.* CONTR. dégourdi.

HISTOIRE DU MOT Vient de l'ancien français *pote* qui signifiait « patte ».

empreint, e adj. Qui garde la trace de quelque chose, qui en est marqué. *Un regard empreint de tristesse.*
▸ REM. Ne pas confondre avec *emprunt.*

empreinte n.f. Trace laissée par le contact ou la pression de quelque chose sur une surface. *Il y a des empreintes de pas, de pneus sur le sol. Les enquêteurs ont relevé des empreintes digitales sur le pistolet.*

empressé, e adj. Qui est plein d'attention, de dévouement. *Un jeune homme empressé.* SYN. attentionné, prévenant.

empressement n.m. Zèle que l'on met à faire quelque chose, à être prévenant à l'égard de quelqu'un. *Il n'a pas manifesté beaucoup d'empressement pour venir nous aider.* SYN. ardeur, hâte. *Il lui a ouvert la porte avec empressement.*

s'empresser v.pron. (CONJUG. 3). ❶ Se hâter de faire quelque chose. *Il s'est empressé d'aller répéter ce que je lui avais dit.* SYN. se dépêcher. ❷ *S'empresser auprès de quelqu'un*, c'est lui manifester beaucoup d'attention, de dévouement. *Les infirmières s'empressaient auprès du blessé.* SYN. s'affairer.

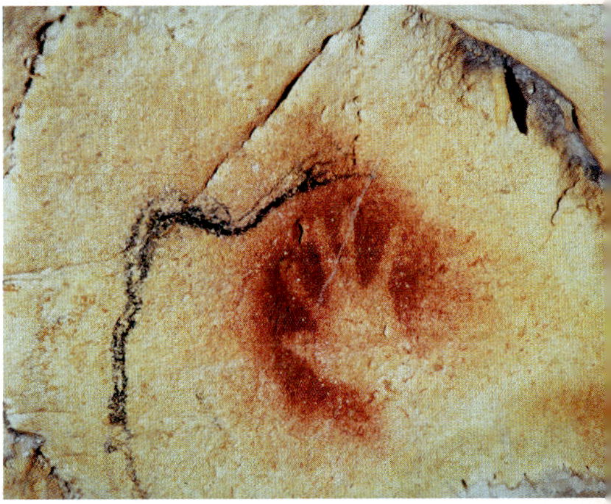

empreinte de main (peinture rupestre, grotte de Chauvet-Pont-d'Arc, France)

emprise n.f. Domination morale, intellectuelle exercée sur quelqu'un. *Elle a beaucoup d'emprise sur ses camarades.* SYN. ascendant, influence. *Il était sous l'emprise de la colère.* SYN. empire.

emprisonnement n.m. Action d'emprisonner quelqu'un ; fait d'être emprisonné. *Les voleurs ont été condamnés à huit ans d'emprisonnement.*

emprisonner v. (CONJUG. 3). Mettre en prison. *On a emprisonné tous les voleurs.*

emprunt n.m. Action d'emprunter ; ce qui est emprunté. *Ils ont dû recourir à un emprunt pour acheter leur maison. Leur emprunt est remboursable en dix ans.* • **Nom d'emprunt :** nom que l'on adopte pour ne pas être reconnu. *Il a longtemps signé ses livres d'un nom d'emprunt.* SYN. pseudonyme.
▸ REM. Ne pas confondre avec *empreint.*

emprunté, e adj. Qui manque d'aisance, de décontraction. *Il s'avança vers nous d'un air emprunté.* SYN. gauche.

emprunter v. (CONJUG. 3). ❶ Se faire prêter quelque chose. *Je lui ai emprunté 20 euros. Emprunter des livres à la bibliothèque.* ❷ Prendre quelque chose à autrui pour l'imiter ou l'utiliser. *Molière a beaucoup emprunté aux écrivains de l'Antiquité. Le français emprunte des mots à l'anglais et l'anglais emprunte des mots au français.* ❸ Utiliser une voie de circulation. *Empruntez le passage souterrain.* SYN. prendre.

empuantir empuantissant, empuanti v. (CONJUG. 16). Remplir un lieu d'une odeur nauséabonde, infecte. *Les ordures qui n'ont pas été ramassées empuantissent la rue.* SYN. empester. CONTR. embaumer.

ému, e adj. Qui éprouve ou manifeste de l'émotion. *Nous étions tous émus par ce spectacle.* SYN. bouleversé. *Parler d'une voix émue.*

émulation n.f. Sentiment qui pousse à égaler ou surpasser les autres. *La recherche du meilleur article pour le journal de classe a provoqué une grande émulation entre les écoliers.*

A B C D E F G H I J K L M N O P Q R S T U V W X Y Z

émule **n.** Personne qui cherche à en égaler ou à en surpasser une autre. *Les émules d'un grand savant.*

émulsion **n.f.** Suspension dans un liquide de très fines gouttelettes qui ne peuvent pas se mélanger à lui. *Une émulsion d'huile dans l'eau.*

1 en **prép.** ❶ Introduit un complément de lieu, de temps, de manière. *Vivre en Italie. Nous sommes en juin. Partir en train.* ❷ Suivi d'un participe présent, indique une action en train de se faire. *Il est tombé en descendant l'escalier.* ◆ **adv.** Indique le lieu d'où l'on vient. *Veux-tu venir à la piscine ? – Non, j'en viens.*

2 en **pron.** Mot qui remplace un complément. *Prête-lui ton crayon, elle n'en a pas.* → VOIR **pronom** (encadré).

encablure **n.f.** Ancienne mesure de longueur utilisée par les marins pour évaluer les petites distances.
▶ REM. Pas d'accent circonflexe sur le *a*, malgré *câble*.

HISTOIRE DU MOT Vient du mot *câble* ; en effet, cette mesure d'environ 200 m était approximativement celle du câble de l'ancre.

encadré **n.m.** Dans un journal ou un livre, texte mis en valeur par un filet qui l'entoure ou par un fond couleur.

encadrement **n.m.** ❶ Action d'encadrer quelque chose ; ce qui encadre. *Choisir un encadrement doré pour un tableau.* SYN. cadre. *Elle se tenait dans l'encadrement de la porte.* SYN. chambranle. ❷ Action d'encadrer un groupe ; les personnes qui l'encadrent. *Les moniteurs font partie de l'encadrement de la colonie de vacances. Le personnel d'encadrement d'une entreprise* (= les cadres). ❸ *L'encadrement d'un nombre*, ce sont les deux valeurs qui l'entourent, l'une plus petite qui le précède, l'autre plus grande qui le suit. *2 et 5 réalisent un encadrement de 3.*

encadrer **v.** (CONJUG. 3). ❶ Mettre dans un cadre, entourer de quelque chose qui évoque un cadre. *Encadrer une photo. Encadrez les mots au pluriel d'un trait rouge.* ❷ Assurer auprès d'un groupe un rôle de formation, de surveillance. *Les moniteurs encadrent les enfants pendant le voyage.* ❸ Se tenir de chaque côté de quelqu'un. *Deux policiers encadraient le prévenu.* SYN. flanquer.

encaissé, e **adj.** Resserré entre des parois, des versants escarpés. *Une rivière, une vallée encaissées.*

encaisser **v.** (CONJUG. 3). Toucher, recevoir de l'argent en échange d'une marchandise, d'un service. *Le garçon de café va finir son service, il voudrait encaisser.*

encan **n.m.** • **Vente à l'encan :** vente aux enchères.

encanteur, euse **n.** Au Canada, commissaire-priseur.

encart **n.m.** Feuille ou groupe de feuilles que l'on insère entre les pages d'un livre, d'une revue. *Un encart publicitaire.*

en-cas ou **encas** **n.m.invar.** Repas léger que l'on emporte au cas où on aurait faim.

encastrer **v.** (CONJUG. 3). Installer, insérer un objet ou un appareil dans une cavité prévue pour ça. *On a encastré le lave-vaisselle sous l'évier.*

encaustique **n.f.** Produit d'entretien à base de cire et d'essence, avec lequel on entretient les parquets, les meubles. SYN. cire.

encaustiquer **v.** (CONJUG. 3). Passer de l'encaustique sur une surface. *Encaustiquer le parquet.* SYN. cirer.

1 enceinte **adj.f.** *Une femme enceinte* attend un bébé. *Martine est enceinte de six mois.*

2 enceinte **n.f.** ❶ Muraille, clôture qui entoure une ville, un lieu. *Une enceinte fortifiée entoure la cité de Carcassonne.* ❷ Espace clos. *L'enceinte d'un hôpital.* • **Enceinte acoustique :** élément d'une chaîne haute-fidélité constitué par un ou plusieurs haut-parleurs. SYN. baffle.

mur d'**enceinte** de la citadelle de Khiva (Ouzbékistan)

encens **n.m.** Résine aromatique qui dégage une odeur agréable et forte en brûlant. *On fait brûler de l'encens dans certains lieux de culte.*
▶ REM. On ne prononce pas le *-s*.

encenser **v.** (CONJUG. 3). ❶ Honorer en agitant l'encensoir. *Le prêtre encense l'autel.* ❷ Couvrir d'éloges. *Les journalistes ont encensé ce film.*

encensoir **n.m.** Petit récipient métallique suspendu à des chaînettes dans lequel on brûle de l'encens pendant les cérémonies religieuses.

encensoir

encerclement **n.m.** Le fait d'encercler ou d'être encerclé. *La troupe commençait une manœuvre d'encerclement.*

encercler v. (CONJUG. 3). ❶ Entourer de toutes parts un groupe, un lieu, afin que personne ne puisse s'échapper. *La police a encerclé le quartier.* ❷ Entourer d'une ligne fermée. *Sur la liste, quelqu'un a encerclé ton nom au crayon rouge.*

enchaînement, ✎ ***enchainement*** **n.m.** ❶ Succession de faits, de choses qui semblent liés les uns aux autres. *Un enchaînement de circonstances.* ❷ Ordre logique selon lequel sont organisés un texte, un exposé. *L'enchaînement des idées dans un raisonnement.*

enchaîner, ✎ ***enchainer*** v. (CONJUG. 3). ❶ Attacher une personne, un animal avec une chaîne. *Les pirates avaient enchaîné les prisonniers dans la cale du navire. Enchaîner un chien.* ❷ Lier logiquement des idées, des mots entre eux. *Il a de la peine à enchaîner ses idées.* SYN. coordonner. ❸ Reprendre le fil de son discours après s'être interrompu un instant. *Il a enchaîné, sans prêter attention au perturbateur.* ◆ **s'enchaîner** **v.pron.** Être lié par un lien logique. *Vos arguments s'enchaînent extraordinairement bien.*

enchanté, e **adj.** ❶ Qui est sous l'effet d'un charme, qui a été ensorcelé. *Merlin vivait dans la forêt enchantée de Brocéliande.* ❷ Très content. *Je suis enchanté d'avoir fait votre connaissance.* SYN. charmé, ravi.

enchantement **n.m.** ❶ Opération magique qui consiste à enchanter, à ensorceler. SYN. ensorcellement, sortilège. ❷ Ce qui enchante, qui procure un vif plaisir. *Ce feu d'artifice était un enchantement !* SYN. ravissement. • **Comme par enchantement :** comme par magie. *La douleur a disparu comme par enchantement.*

HISTOIRE DU MOT Vient du latin *incantare* qui signifie « chanter des formules magiques, ensorceler » et qui se retrouve dans *incantation.*

enchanter v. (CONJUG. 3). ❶ Exercer une influence surnaturelle sur quelqu'un par des procédés magiques. *La méchante fée avait enchanté la princesse.* SYN. ensorceler. ❷ Remplir de plaisir. *Elle a été enchantée par son séjour.* SYN. ravir.

enchanteur, eresse **n.** Personne qui pratique des enchantements. *L'enchanteur Merlin.* ◆ **adj.** Qui séduit par sa beauté, son charme. *Les îles Marquises sont un lieu enchanteur.* SYN. merveilleux. *Une voix enchanteresse.* SYN. envoûtant.

enchâsser v. (CONJUG. 3). Fixer solidement une pierre précieuse dans une monture. *Enchâsser un diamant sur une bague.* SYN. sertir.

enchère **n.f.** *Une vente aux enchères* est une vente publique dans laquelle la personne qui propose le prix le plus élevé emporte l'objet mis en vente. *J'ai acheté mon piano dans une vente aux enchères.*

enchérir **enchérissant, enchéri** v. (CONJUG. 16). *Enchérir sur quelqu'un*, c'est proposer un prix d'achat plus élevé. *Le deuxième acheteur a enchéri sur le premier et a obtenu l'objet mis aux enchères.* SYN. renchérir.

enchevêtrement **n.m.** Amas de choses qui s'enchevêtrent. *Après l'explosion, il ne restait plus qu'un enchevêtrement de poutres, de tôles et de gravats.*

s'enchevêtrer **v.pron.** (CONJUG. 3). Pour des choses, s'engager et s'imbriquer les unes dans les autres. *Les branches des arbres s'enchevêtrent.*

enclave **n.f.** Portion d'une propriété ou d'un pays entièrement entourée par une autre propriété ou un autre pays. *Ce petit bois est une enclave de la commune dans ma propriété.*

enclencher v. (CONJUG. 3). ❶ Mettre un mécanisme en position de marche. *Enclencher la marche arrière.* ❷ Faire démarrer un processus, une action. *C'est un article dans le journal local qui a enclenché toute l'affaire.*

HISTOIRE DU MOT Vient de *clenche* qui désigne la pièce principale du loquet d'une porte.

enclin, e **adj.** *Être enclin à*, c'est être naturellement porté à. *Elle est encline à la paresse.*

enclos **n.m.** Terrain entouré d'une clôture. *Martin a mis l'âne dans l'enclos.*

enclume **n.f.** Gros bloc de fer sur lequel on forge le métal avec un marteau. *L'enclume du forgeron.*

encoche **n.f.** Petite entaille. *Il y a des encoches aux extrémités d'un arc pour maintenir la corde.*

encoignure **n.f.** Angle intérieur que forment deux murs ou un mur et une porte. *L'enfant, intimidé, se réfugia dans une encoignure.* SYN. coin.
▸ REM. On prononce [ɑ̃kɔɲyr] ou [ɑ̃kwaɲyr].

encoller v. (CONJUG. 3). Enduire de colle. *Le peintre encolle la tapisserie avant de la poser sur le mur.*

encolure du cheval

encolure **n.f.** ❶ Partie d'un vêtement par où passe le cou. *Il n'aime pas les encolures montantes.* ❷ Tour de cou d'un homme, mesuré en centimètres. *Une forte encolure.* ❸ Partie du corps du cheval qui va de la tête aux épaules et au poitrail.

encombrant, e **adj.** Qui encombre. *Mon carton à dessin n'est pas lourd, mais il est très encombrant.* SYN. embarrassant, volumineux.

sans **encombre** **adv.** Sans rencontrer d'obstacle, sans ennui, sans difficulté. *Ils sont arrivés sans encombre.*

l'alpiniste s'est **encordé**

L

encombré, e adj. ❶ *Une voie de circulation encombrée* est empruntée par trop de véhicules en même temps. *Je ne prends pas l'autoroute, elle est encombrée.* SYN. embouteillé. ❷ *Une ligne téléphonique, un standard encombrés* sont surchargés d'appels téléphoniques.

M

encombrement n.m. ❶ Affluence de véhicules qui ralentit la circulation et parfois la bloque. *Être pris dans des encombrements.* SYN. bouchon, embouteillage. ❷ Place, volume qu'occupe quelque chose. *Un meuble de faible encombrement.* ❸ Nombre trop important d'appels téléphoniques sur une même ligne. *Par suite d'encombrement, votre demande ne peut aboutir.*

N

encombrer v. (CONJUG. 3). ❶ Prendre trop de place, ce qui gêne le passage, le mouvement ou l'utilisation d'un lieu. *Ce paquet m'encombre, où puis-je le poser ?* SYN. embarrasser. *Enlève tous ces papiers qui encombrent mon bureau.* ❷ Être en trop, ne pas être utile et gêner. *Ces vieux jouets m'encombrent, je vais les donner.* ❸ *Encombrer une ligne téléphonique, une voie de communication*, c'est être trop nombreux à l'utiliser en même temps, ce qui crée des perturbations, des encombrements. ◆ **s'encombrer** v.pron. Prendre trop de choses ou des choses inutiles.

O

HISTOIRE DU MOT Vient, comme *décombres*, de l'ancien français *combre* qui signifiait « barrage de rivière ».

P

à l'**encontre de** prép. Contre quelque chose, à l'opposé de quelque chose. *Cette théorie va à l'encontre de ce qu'on pensait jusqu'alors. Sa décision va à l'encontre de nos projets.*

Q

s'**encorder** v.pron. (CONJUG. 3). S'attacher avec une corde aux autres alpinistes lors d'une escalade, afin de pouvoir être retenu en cas de chute. *Les alpinistes se sont encordés pour franchir le glacier.*

R

S

T

U

V

W

X

Y

Z

encore adv. ❶ Indique que quelque chose continue. *J'ai encore mal à la tête. Maïlys dormait encore quand je suis allée la voir. Grand-mère vivra encore longtemps.* ❷ Indique la répétition. *J'ai encore oublié de lui dire !* SYN. de nouveau. ❸ Renforce un comparatif. *C'est encore plus joli que je ne l'imaginais !* ❹ Indique une quantité supplémentaire, l'addition. *Il me faudrait encore 10 euros.* SYN. de plus, en plus. *Je crois qu'il a encore grossi !*

encourageant, e adj. Qui encourage, qui donne du courage. *Des résultats encourageants.* CONTR. décourageant.

encouragement n.m. Action d'encourager ; paroles qui encouragent. *On entendait fuser, dans toute la salle, des cris d'encouragement. Merci de vos encouragements.*

encourager encourageant, encouragé v. (CONJUG. 5). ❶ Donner du courage, inciter à agir, à continuer un effort. *Ses conseils m'ont beaucoup encouragée.* SYN. aider, stimuler. *Si elle ne m'avait pas encouragé à partir, je ne me serais jamais décidé.* SYN. inciter, pousser. ❷ Favoriser le développement d'un projet, d'un secteur d'activité. *Le gouvernement a encouragé l'industrie en donnant de nouvelles subventions.*

encourir encourant, encouru v. (CONJUG. 21). Prendre le risque d'avoir à subir un désagrément, une peine. *En rentrant si tard, il savait bien qu'il encourait des reproches.* SYN. s'exposer à.

encrasser v. (CONJUG. 3). Salir de crasse. *Dans les villes, les gaz d'échappement et les fumées d'usines encrassent les bâtiments.* ◆ **s'encrasser** v.pron. Se couvrir d'un dépôt de crasse qui empêche de fonctionner. *La chaudière s'est encrassée, il faut la faire nettoyer.*

encre n.f. ❶ Liquide de couleurs variées qui sert à écrire, à imprimer, à dessiner. *Un stylo à encre. Encre de Chine.* ❷ Liquide noir et épais rejeté par certains animaux marins, comme le calmar et le poulpe, pour troubler l'eau et cacher leur fuite quand ils sont en danger. • **Encre sympathique :** encre invisible utilisée pour les messages secrets, que l'on peut faire apparaître en passant le papier à la flamme d'une bougie ou en se servant de produits chimiques.
▸ REM. Ne pas confondre avec *ancre.*

bouteille d'**encre** et plume

encrer v. (CONJUG. 3). Enduire d'encre. *Encrer un tampon.*

encreur adj.m. Qui sert à encrer. *Dans une presse d'imprimerie, il y a un rouleau encreur.*

encrier n.m. Petit récipient qui contient de l'encre.

s'**encroûter,** ✎ *s'encrouter* v.pron. (CONJUG. 3). Se laisser gagner par les habitudes, s'y enliser progressivement en refusant toute chose nouvelle.

encyclique **n.f.** Lettre adressée par le pape aux évêques pour préciser tel ou tel point de doctrine, de morale. *L'encyclique est rédigée en latin et désignée par les premiers mots du texte.*

encyclopédie **n.f.** Ouvrage qui présente soit l'ensemble des connaissances d'une époque, soit l'ensemble des connaissances dans un domaine particulier. *Une encyclopédie en vingt volumes. Une encyclopédie de la musique.*

HISTOIRE DU MOT Vient d'un mot grec qui signifie « éducation qui embrasse le cercle entier des connaissances ».

ENCYCLOPÉDIE C'est l'*Encyclopédie* de d'Alembert et Diderot, rédigée de 1751 à 1772, qui constitue véritablement le premier ouvrage de ce genre. Une encyclopédie diffère d'un dictionnaire : un dictionnaire doit renseigner sur les mots, leur orthographe, leur origine, leurs différents sens. Une encyclopédie renseigne sur les êtres et les choses que ces mots désignent, elle documente sur chaque sujet. *Pierre Larousse*, au XIXe siècle, inventa le *dictionnaire encyclopédique*. → VOIR noms propres : **l'Encyclopédie**.

encyclopédique **adj.** *Un esprit encyclopédique* a des connaissances très étendues dans tous les domaines.

endémique **adj.** Qui sévit dans une région de façon permanente. *Dans bien des régions d'Afrique, le paludisme est une maladie endémique.*

endettement **n.m.** Le fait de s'endetter, d'avoir des dettes.

s'endetter **v.pron.** (CONJUG. **3**). Faire des dettes, emprunter de l'argent. *Il a dû s'endetter pour monter son entreprise.*

endeuiller **v.** (CONJUG. **3**). Plonger dans le deuil, le chagrin. *La mort de Paul a endeuillé la famille.*

endiablé, e **adj.** *Un rythme endiablé* est très vif, très rapide, comme si le diable menait la danse. SYN. effréné, frénétique.

endiguer **endiguant, endigué v.** (CONJUG. **6**). ❶ Maintenir un cours d'eau dans son lit en construisant des digues. *La Loire est endiguée sur une partie de son cours.* ❷ Essayer d'arrêter quelque chose. *Endiguer le flot des manifestants.* SYN. arrêter, contenir.

endimanché, e **adj.** Qui a mis ses vêtements du dimanche ou qui porte des vêtements neufs, ce qui lui donne l'air un peu emprunté.

endive **n.f.** Plante potagère aux feuilles blanches et serrées que l'on fait pousser dans l'obscurité.

endoctriner **v.** (CONJUG. **3**). Tout faire pour amener quelqu'un à croire en une doctrine religieuse ou politique.

endolori, e **adj.** Douloureux à la suite d'une chute, d'un coup, etc. *Elle massait son genou endolori.* SYN. meurtri.

HISTOIRE DU MOT Vient du latin *dolor* qui signifie « douleur » et que l'on retrouve dans *indolore, douloureux*, etc.

endommager **endommageant, endommagé v.** (CONJUG. **5**). Mettre en mauvais état. *La grêle a endommagé toutes les récoltes.* SYN. abîmer.

endormi, e **adj.** Qui semble dormir, qui manque de vivacité. *Un élève endormi en classe.* SYN. amorphe, apathique, indolent.

endormir **endormant, endormi v.** (CONJUG. **19**). ❶ Faire dormir quelqu'un. *Bercer un bébé pour l'endormir.* CONTR. éveiller, réveiller. *La chaleur m'endort.* SYN. assoupir. *On m'a endormi avant l'opération.* SYN. anesthésier. ❷ Ennuyer au point de donner envie de dormir. *Son histoire nous endormait.* SYN. assommer. ◆ **s'endormir** **v.pron.** ❶ Se laisser gagner par le sommeil. *Il était fatigué, il s'est endormi tout de suite.* ❷ Relâcher son attention, son effort. *Il ne faut pas s'endormir sur ses lauriers !* (= relâcher son effort après un succès).

endosser **v.** (CONJUG. **3**). ❶ *Endosser un vêtement*, c'est le mettre sur son dos, le revêtir. *Il endossa son manteau, mit sa casquette et sortit.* ❷ *Endosser une responsabilité*, c'est s'en charger. *Je ne tiens pas à endosser la responsabilité de tes erreurs.* ❸ *Endosser un chèque*, c'est le signer au dos pour le mettre sur son compte.

endroit **n.m.** ❶ Place, lieu précis. *À quel endroit voulez-vous que nous nous retrouvions ?* ❷ Passage d'un texte, d'un récit. *Nous en étions à l'endroit où Jody s'aperçoit que le faon s'est enfui.* SYN. moment. ❸ Le beau côté d'une étoffe, le bon côté d'un objet. *L'endroit de ce tissu est brillant.* CONTR. envers. *Une feuille écrite seulement sur l'endroit.* SYN. recto. *Mets ta veste à l'endroit.* CONTR. à l'envers.

enduire **enduisant, enduit v.** (CONJUG. **60**). Appliquer un liquide, une pâte ou un enduit sur une surface. ▶ REM. Ne pas confondre avec *induire*.

enduit **n.m.** Pâte que l'on étale en couche pour préparer ou protéger une surface.

endurance **n.f.** Capacité à résister à la fatigue, aux difficultés, à la douleur, etc. *Pour vaincre l'Annapurna, les alpinistes ont fait preuve d'une grande endurance !* SYN. résistance.

endives

a b c d e f g h i j k l m n o p q r s t u v w x y z

A B C D E F G H I J K L M N O P Q R S T U V W X Y Z

endurant, e **adj.** Qui fait preuve d'endurance. SYN. résistant.

endurci, e **adj.** ❶ Qui est devenu dur, insensible. *Une femme endurcie par les chagrins.* ❷ Qui a pris des habitudes impossibles à changer. *Ma sœur est une célibataire endurcie.*

endurcir **endurcissant, endurci v.** (CONJUG. **16**). Rendre résistant à la fatigue, aux épreuves, aux émotions fortes. *Cette vie difficile l'avait endurci.* SYN. aguerrir.

endurer **v.** (CONJUG. **3**). Supporter avec courage, avec fermeté ce qui est pénible, désagréable. *Les réfugiés avaient enduré la faim et le froid.* SYN. subir. *Comment pouvez-vous endurer ses insolences ?* SYN. accepter, admettre, tolérer.

énergétique **adj.** ❶ Qui concerne les sources d'énergie. *La dépense énergétique des moyens de transport.* ❷ Qui fournit une grande quantité d'énergie à l'organisme. *Les sportifs consomment des aliments énergétiques.*

énergie **n.f.** ❶ La force physique ou morale dont on fait preuve. *Il brossait le pont du bateau avec énergie.* SYN. ardeur, vigueur. CONTR. indolence. *Une femme pleine d'énergie.* SYN. dynamisme, vitalité. ❷ Force capable de produire de la chaleur, du mouvement, de faire fonctionner des machines. *L'énergie nucléaire.* • **Énergie fossile** : source d'énergie provenant d'une matière première présente sous forme de gisements non renouvelables. *Le charbon, le pétrole, le gaz naturel sont des énergies fossiles.* • **Énergie renouvelable** : source d'énergie qui fait appel à des ressources inépuisables. *Le soleil, l'eau, le vent sont des énergies renouvelables.* → VOIR Fiche **56**.

énergique **adj.** Qui est plein d'énergie. *Une femme énergique.* SYN. actif, dynamique, fort, vif. CONTR. apathique, mou. *Le gouvernement a pris des mesures énergiques contre la pollution.*

énergiquement **adv.** Avec énergie. *Se frictionner énergiquement les mains.* SYN. vigoureusement. *Protester énergiquement.* SYN. fermement.

énergumène **n.m.** Individu un peu bizarre ou inquiétant, qui parle et gesticule sans arrêt. *Quel est cet énergumène qui se promène sur la plage ? Un drôle d'énergumène.* SYN. individu.

HISTOIRE DU MOT Vient du grec *energoumenos* qui signifie « possédé du démon ».

énervant, e **adj.** Qui énerve, irrite, agace. *Un rire énervant.* SYN. crispant, exaspérant.

énervé, e **adj.** Qui a perdu son calme. *Lucie est si énervée qu'elle n'arrive pas à dormir.* SYN. excité. *Je suis désolé d'avoir dit cela, j'étais très énervé.* SYN. agacé, irrité.

énervement **n.m.** État de tension, de surexcitation. *Il ne tient plus en place, c'est l'énervement du départ !* SYN. agitation, excitation, nervosité. CONTR. calme.

énerver **v.** (CONJUG. **3**). Mettre dans un état d'énervement. *Tu ne peux pas arrêter de bouger ? Tu m'énerves !* SYN. agacer, exaspérer, excéder, irriter. ◆ **s'énerver** **v.pron.** Perdre son calme.

enfance **n.f.** ❶ La première période de la vie d'un être humain, de la naissance à l'adolescence. *J'aime bien entendre maman me raconter ses souvenirs d'enfance.* ❷ Le début du développement de quelque chose. *L'enfance de l'humanité.* SYN. commencement. • **C'est l'enfance de l'art !** : c'est très facile à faire, c'est à la portée de n'importe quel débutant.

enfant **n.** ❶ Fille, garçon qui ne sont pas encore adolescents. *C'est un enfant charmant. Une enfant très douce.* SYN. gamin, gosse, petit. *Un enfant en bas âge.* SYN. bébé, nourrisson. ❷ Fille, fils de quelqu'un quel que soit leur âge. *Nous sommes cinq enfants, il n'y en a qu'un seul de marié.* • **C'est un jeu d'enfant** : c'est très facile. • **Faire l'enfant** : s'amuser à des choses puériles ; faire le naïf. • **Un enfant du pays** : une personne née dans la région.
▸ REM. Au mot *enfant* correspond l'élément tiré du grec *péd(o)-* que l'on retrouve dans des mots comme *pédiatrie*, *pédagogie*, etc.

HISTOIRE DU MOT Vient du latin *infans* qui signifie « qui ne parle pas ».

enfanter **v.** (CONJUG. **3**). Mettre au monde un enfant.
▸ REM. Ce mot appartient à la langue soutenue.

enfantillage **n.m.** Action, parole qui manquent de maturité, qui ne conviennent qu'à un enfant. *Cesse ces enfantillages, une piqûre, ça ne fait pas mal !* SYN. gaminerie, puérilité.

enfantin, e **adj.** ❶ Qui s'adresse aux enfants. *La littérature enfantine.* ❷ Qui est simple. *Un raisonnement enfantin.* SYN. puéril. *C'est un exercice enfantin !* SYN. élémentaire.

enfant-soldat **n.** (PLUR. : **enfants-soldats**). Fille ou garçon de moins de 18 ans enrôlés dans des forces militaires, au mépris du droit international.

enfariné, e **adj.** Recouvert de farine ou de poudre blanche. *Le boulanger est sorti de son fournil tout enfariné.* • (Familier) **Arriver le bec enfariné** : avec un air de confiance niaise.

enfer **n.m.** ❶ Dans certaines religions, le lieu où souffrent éternellement les damnés après leur mort, par opposition au *paradis*. ❷ Situation, endroit où la vie est insupportable. *Quel bruit, c'est l'enfer ici !* • **D'enfer** : très violent, très fort ou très rapide. *Un bruit, un feu, un train d'enfer.* SYN. infernal. • **Les Enfers** : le lieu souterrain où séjournent les âmes après la mort, dans la mythologie grecque, romaine, égyptienne, hindoue, etc.

HISTOIRE DU MOT Vient du latin *infernus* qui signifie « lieu d'en bas ».

enfermer **v.** (CONJUG. **3**). ❶ Mettre dans un lieu clos, dont il est impossible de sortir. *On a enfermé le malfaiteur dans une cellule.* SYN. emprisonner. ❷ Mettre sous clef, à l'abri des voleurs ou des regards indiscrets. *Elle gardait son journal intime enfermé à clef dans un tiroir.* ◆ **s'enfermer** **v.pron.** S'isoler dans un endroit clos. *Marie s'est enfermée dans sa chambre pour être tranquille.*

s'enferrer **v.pron.** (CONJUG. **3**). S'empêtrer de plus en plus dans ses maladresses ou ses mensonges. *Inutile de t'excuser, plus tu parles, plus tu t'enferres !* SYN. (Fam.) s'enfoncer.

enfilade **n.f.** Série de choses disposées en file, les unes à la suite des autres. *Une enfilade de maisons.* SYN. rangée. *Les trois chambres sont en enfilade* (= on passe par l'une pour aller dans l'autre).

enfiler **v.** (CONJUG. **3**). ❶ Passer un fil, une tige à travers quelque chose. *Je n'y vois plus clair, veux-tu enfiler mon aiguille ?* (= passer le fil dans le chas). *Enfiler des perles. Enfiler des anneaux sur une tringle.* ❷ Passer un vêtement, des chaussures à la hâte. *J'enfile mon blouson et je te suis !* SYN. mettre.

enfin **adv.** ❶ Indique que ce que l'on attendait finit par arriver. *Te voilà enfin ! Mon travail est enfin terminé.* SYN. en fin de compte, finalement. ❷ Introduit une conclusion, une récapitulation. *On est allé à la piscine, au cinéma, on s'est promené, enfin on s'est bien amusé !* SYN. bref, en un mot. ❸ Peut marquer l'impatience ou la résignation. *Mais enfin, vous n'allez pas arrêter de vous disputer ?* ❹ Sert à atténuer ce que l'on vient d'affirmer. *Il est très gentil, enfin la plupart du temps !*

enflammé, e **adj.** ❶ Où il y a une inflammation. *La plaie est enflammée, il faut aller voir le médecin.* ❷ Plein d'ardeur et de passion. *Un discours enflammé.* SYN. exalté. *Des regards enflammés.* SYN. passionné.

enflammer **v.** (CONJUG. **3**). ❶ Mettre en flammes, mettre le feu. *Enflammer une allumette.* SYN. allumer. CONTR. éteindre. ❷ Remplir d'ardeur, de passion. *Son discours a enflammé les spectateurs.* SYN. exalter.

représentation imagée de l'**enfer** (XVe siècle)

◆ **s'enflammer** **v.pron.** ❶ Prendre feu. *Une étincelle, et l'essence s'enflamme.* SYN. s'embraser. ❷ Être pris par l'ardeur, la passion. *Il s'enflammait en faisant le récit de son aventure.*

enflé, e **adj.** Qui est devenu plus gros sous l'effet d'une blessure, d'une inflammation. *Ta cheville est très enflée.* SYN. gonflé.

enfler **v.** (CONJUG. **3**). ❶ Grossir, augmenter de volume. *J'ai les mains qui enflent à cause de la chaleur.* SYN. gonfler. ❷ Rendre plus gros, plus important. *Les pluies enflent la rivière.* SYN. grossir.

enflure **n.f.** État d'une partie du corps qui a enflé. *L'enflure de sa joue commence à diminuer.*

enfoncé, e **adj.** ❶ *Avoir les yeux enfoncés*, c'est avoir les yeux situés au fond d'orbites très profondes. ❷ *Avoir la tête enfoncée dans les épaules*, c'est avoir la tête tassée sur le buste avec un cou très court.

enfoncer **enfonçant, enfoncé v.** (CONJUG. **4**). ❶ Faire entrer de force, pousser vers le fond. *Enfoncer un clou avec son marteau.* SYN. planter. CONTR. arracher. ❷ Faire céder par une poussée, un choc. *Les pompiers enfoncèrent la porte de l'appartement.* SYN. défoncer, forcer. *Le camion a enfoncé l'aile de ma voiture.* ◆ **s'enfoncer** **v.pron.** ❶ Tomber au fond de l'eau ; pénétrer profondément dans quelque chose. *Le bateau s'est enfoncé dans la mer.* SYN. couler, sombrer. *Les explorateurs s'enfoncèrent dans la jungle.* SYN. s'engager. *On s'enfonce dans la vase, par endroits.* ❷ S'affaisser sous le poids de quelque chose. *La neige s'enfonce sous les pas.* ❸ (Familier) Aggraver son cas. *N'insiste pas, tu t'enfonces de plus en plus !* SYN. s'enferrer.

enfouir **enfouissant, enfoui v.** (CONJUG. **16**). ❶ Mettre ou cacher quelque chose dans le sol en le recouvrant complètement. *Pinocchio enfouit sa pièce d'or dans la terre.* SYN. enterrer. *Les victimes étaient enfouies sous les décombres.* SYN. ensevelir. ❷ Cacher en mettant au fond de quelque chose. *Il enfouit les billets dans sa poche.*

enfourcher **v.** (CONJUG. **3**). Monter à califourchon sur quelque chose. *Enfourcher une bicyclette.*

enfourner **v.** (CONJUG. **3**). Mettre dans un four. *Enfourner une tarte.*

enfreindre **enfreignant, enfreint v.** (CONJUG. **49**). *Enfreindre une loi, un règlement*, c'est ne pas les respecter, ne pas s'y conformer. SYN. transgresser. CONTR. se conformer à.

s'enfuir **enfuyant, enfui v.pron.** (CONJUG. **29**). Partir loin, en toute hâte, prendre la fuite. *Les garnements se sont enfuis sans demander leur reste.* SYN. se sauver. *Un prisonnier s'est enfui.* SYN. s'échapper, s'évader.

enfumer **v.** (CONJUG. **3**). Remplir de fumée. *Le vieux poêle enfumait l'atelier.*

engagé, e **adj.** Qui prend position, exprime son avis sur les problèmes politiques ou sociaux. *Littérature engagée. Un chanteur engagé.* ◆ **n.** et **adj.** Personne qui a signé un contrat pour servir dans l'armée, par opposition à *appelé*.

engin spatial

I J K L M N O P Q R S T U V W X Y Z

engageant, e adj. Qui est agréable et attirant. *Un sourire engageant.* SYN. aimable, sympathique.

engagement n.m. L'action de s'engager ; contrat. *Ne pas tenir ses engagements.* SYN. promesse. *Il a signé un engagement de deux ans dans la marine.*

engager engageant, engagé v. (CONJUG. 5). ❶ Lier quelqu'un par une promesse, l'obliger à quelque chose. *Vous pouvez examiner ce livre, cela ne vous engage à rien !* ❷ Prendre quelqu'un à son service. *La troupe de théâtre a engagé des figurants.* SYN. embaucher, recruter. ❸ Pousser quelqu'un à faire quelque chose. *Je vous engage à être très prudent.* SYN. exhorter. ❹ Commencer à faire quelque chose. *Engager la discussion.* SYN. entamer. ❺ Faire entrer dans un endroit. *Engager la clef dans la serrure.* SYN. introduire, mettre. ❻ Affecter à un usage précis. *Elle a engagé toute sa fortune dans cette affaire.* ◆ **s'engager** v.pron. ❶ Promettre oralement ou par un document signé de faire quelque chose. *Luc s'est engagé à m'aider.* ❷ Signer un contrat avec l'armée pour un temps fixé. *Il s'est engagé dans la Légion.* ❸ Prendre parti, dire tout haut ou par écrit ce que l'on pense des problèmes sociaux et politiques de son époque. *Beaucoup d'artistes se sont engagés à l'occasion de ce conflit.*

engeance n.f. Une catégorie de personnes que l'on méprise. *L'engeance des trafiquants. C'est une sale engeance.*

engelure n.f. Vive inflammation provoquée par le froid et qui apparaît aux mains, aux pieds, aux oreilles ou au nez.

HISTOIRE DU MOT Vient de *gel.*

engendrer v. (CONJUG. 3). ❶ Donner la vie à un être vivant. *Mes parents sont fiers de m'avoir engendré.* SYN. procréer. ❷ Être à l'origine de quelque chose, le provoquer. *La guerre engendre le malheur.* SYN. causer, entraîner.

▶ REM. Le verbe *engendrer* ne s'emploie que pour parler du père ou des parents ensemble, pas de la mère, qui « enfante, met au monde ».

engin n.m. ❶ Tout appareil, tout instrument ou toute machine destinés à un usage particulier. *Les satellites et les fusées sont des engins spatiaux.* ❷ (Familier) Objet curieux ou dont on ignore l'usage. *Qu'est-ce que c'est que cet engin-là ?* SYN. (Fam.) machin, truc.

englober v. (CONJUG. 3). Contenir, réunir en un tout différents éléments. *Dans sa critique, il englobait tous les professeurs.* SYN. comprendre, inclure.

engloutir engloutissant, englouti v. (CONJUG. 16). ❶ Faire disparaître dans les profondeurs de l'eau. *La tempête a englouti le bateau.* ❷ Dévorer à belles dents. *Louis a englouti une omelette de six œufs à lui tout seul.* SYN. avaler, ingurgiter. ❸ Dépenser, dilapider rapidement de l'argent. *Il a englouti toute sa fortune dans cette affaire.*

HISTOIRE DU MOT Vient du latin *gluttire* qui signifie « avaler », de *gluttus*, « gosier », que l'on retrouve dans *glouton.*

engloutissement n.m. Le fait d'engloutir ou d'être englouti.

englué, e adj. Qui se trouve dans une situation très complexe dont il est difficile de sortir. *Une famille engluée dans un procès compliqué.*

engoncer engonçant, engoncé v. (CONJUG. 4). *Un vêtement qui engonce* gêne dans les mouvements, donne l'impression d'être mal à l'aise, massif, lourd.

engorgement n.m. Fait d'être engorgé. *Engorgement des égouts.*

engorger engorgeant, engorgé v. (CONJUG. 5). Boucher par une accumulation de débris. *La gouttière est engorgée par un amas de feuilles mortes.* SYN. obstruer.

engouement n.m. Admiration très vive, presque excessive, pour quelqu'un ou quelque chose. *L'engouement du public pour un chanteur, une mode.* SYN. emballement.

▶ REM. Attention, *-ement.*

s'engouer v.pron. (CONJUG. 3). Se prendre d'un attachement excessif pour quelqu'un ou quelque chose.

engouffrer v. (CONJUG. 3). Avaler goulûment. *Gabriel a engouffré son sandwich.* SYN. dévorer. ◆ **s'engouffrer** v.pron. Pénétrer en trombe, en masse quelque part. *Le vent s'engouffrait dans les ruelles.*

HISTOIRE DU MOT Vient de *gouffre.*

engourdi, e adj. Qui est insensible, qui ne peut plus bouger. *J'avais les doigts engourdis par le froid* (=ankylosés).

engourdir engourdissant, engourdi v. (CONJUG. 16). Rendre peu à peu insensible ou incapable de bouger. *La chaleur de l'après-midi nous engourdissait.* SYN. assoupir.

engourdissement n.m. Le fait d'être engourdi. *Il faisait chaud et l'engourdissement nous gagnait.* SYN. torpeur.

engrais n.m. Produit que l'on mêle à la terre pour la rendre plus fertile. *Le crottin de cheval est un excellent engrais.*

engraisser **v.** (CONJUG. **3**). Rendre ou devenir plus gras, plus gros. *Engraisser des porcs. On engraisse avec l'âge.* SYN. grossir.

engranger **engrangeant, engrangé v.** (CONJUG. **5**). ❶ Mettre du foin, des céréales à l'abri dans une grange. ❷ Accumuler, mettre en réserve. *Engranger des souvenirs au cours d'un voyage.* SYN. emmagasiner.

engrenage **n.m.** ❶ Mécanisme formé de roues dentées qui se touchent et s'entraînent l'une l'autre en tournant. *Les engrenages d'une boîte de vitesses.* ❷ Enchaînement d'événements auquel on ne peut échapper. *Il a mis le doigt dans l'engrenage du mensonge* (= le premier mensonge en a entraîné un autre, et ainsi de suite).

engrenages d'une montre

enguirlander **v.** (CONJUG. **3**). (Familier) Gronder, faire de vifs reproches à quelqu'un. SYN. réprimander.

s'enhardir **enhardissant, enhardi v.pron.** (CONJUG. **16**). Prendre de l'assurance, perdre sa timidité et oser agir. *Elle s'enhardit à poser une question.*
▸ REM. On prononce [ɑ̃aʀdiʀ].

énième **adj.** • (Familier) **Pour la énième fois :** une fois encore après un grand nombre de fois. *Pour la énième fois, je te dis que je viendrai.*
▸ REM. On écrit aussi *n*ième.

énigmatique **adj.** Qui a le caractère d'une énigme, qui est difficile à comprendre. *Un sourire énigmatique.* SYN. indéchiffrable, mystérieux.

énigme **n.f.** ❶ Jeu d'esprit qui consiste à faire deviner quelque chose en le décrivant avec des mots obscurs, souvent à double sens. *Qui va résoudre cette énigme ?* ❷ Chose ou personne difficile à comprendre, mystérieuse. *Sa disparition soudaine est une énigme.* SYN. mystère.

enivrant, e **adj.** Qui enivre. *Un parfum enivrant.* SYN. capiteux. *Un succès enivrant.* SYN. grisant.
▸ REM. On prononce [ɑ̃nivʀɑ̃].

enivrement **n.m.** ❶ Le fait d'être ivre. SYN. ivresse. ❷ Exaltation de l'esprit, enthousiasme qui font oublier la réalité. *L'enivrement du succès.* SYN. griserie, vertige.
▸ REM. On prononce [ɑ̃nivʀəmɑ̃].

enivrer **v.** (CONJUG. **3**). ❶ Mettre en état d'ivresse. *Elle ne supporte pas le vin, un verre l'enivre.* SYN. griser, soûler. ❷ Étourdir, mettre dans un état d'excitation proche de l'ivresse. *Tous ces compliments l'enivraient.* SYN. griser.
▸ REM. On prononce [ɑ̃nivʀe].

enjambée **n.f.** Action d'enjamber ; espace que l'on peut enjamber ; grand pas. *D'une enjambée, Lorène franchit la flaque. Il parcourait la pièce à longues enjambées.*

enjamber **v.** (CONJUG. **3**). ❶ Passer par-dessus un obstacle en étendant une jambe devant soi. *Enjamber un fossé.* ❷ Pour un pont, franchir un cours d'eau, une vallée, etc. *Le viaduc enjambe le fleuve.*

enjeu **n.m.** ❶ L'argent ou l'objet que l'on mise dans un pari, une partie de cartes, un jeu de hasard et qui revient au gagnant. *Les enjeux sont élevés.* SYN. mise. ❷ Ce que l'on risque de gagner ou de perdre quand on entreprend quelque chose. *Les enjeux secrets d'une lutte.*

enjoindre **enjoignant, enjoint v.** (CONJUG. **49**). Ordonner, demander expressément. *Le professeur nous a enjoint de nous taire.* SYN. commander.
▸ REM. Ce verbe appartient à la langue soutenue.

enjôler **v.** (CONJUG. **3**). Séduire par des flatteries, de belles promesses pour obtenir ce que l'on veut. *Il a si bien enjôlé sa mère qu'elle lui a acheté son jeu.*

HISTOIRE DU MOT Vient de *geôle*. Autrefois, *enjôler* signifiait « emprisonner ». Il a peu à peu perdu ce sens au profit du sens figuré qu'on lui connaît aujourd'hui.

enjôleur, euse **adj.** et **n.** Qui enjôle. *Un sourire enjôleur.* SYN. charmeur.

enjoliver **v.** (CONJUG. **3**). *Enjoliver une histoire, un récit,* c'est leur ajouter des détails pas toujours exacts mais qui les rendent plus intéressants. SYN. agrémenter.

enjoliveur **n.m.** Ornement rond et chromé qui sert à dissimuler les moyeux des roues d'une voiture.

enjoué, e **adj.** Qui montre de l'enjouement. *Clothilde souriait d'un air enjoué.* SYN. gai. CONTR. chagrin, renfrogné.

enjouement **n.m.** Gaieté aimable et souriante ; disposition à la bonne humeur. *Son enjouement a permis à tout le monde de passer une bonne journée.* SYN. entrain, jovialité.
▸ REM. Attention, *-ement*.

A B C D E F G H I J K L M N O P Q R S T U V W X Y Z

enlacer enlaçant, enlacé v. (CONJUG. 4). Prendre quelqu'un dans ses bras en le serrant contre soi. *Le danseur enlaça sa partenaire.*

enlaidir enlaidissant, enlaidi v. (CONJUG. 16). Rendre ou devenir laid. *Les panneaux publicitaires enlaidissent le paysage.* SYN. défigurer. *Il a trop grossi, il a enlaidi.* CONTR. embellir.

enlevé, e adj. Qui est exécuté avec beaucoup d'habileté et de brio. *Un morceau de musique bien enlevé.*

enlèvement n.m. ❶ Action d'enlever quelque chose. *L'enlèvement des ordures ménagères.* ❷ Le fait d'enlever une personne par la force. *La rançon demandée par les auteurs de l'enlèvement est énorme.* SYN. kidnapping, rapt.

enlever v. (CONJUG. 10). ❶ Ôter, retirer quelque chose de l'endroit où il se trouve. *Veux-tu enlever les assiettes ?* SYN. ôter, retirer. *Les déménageurs ont enlevé les meubles.* SYN. emporter. *J'enlève mon pull, j'ai trop chaud !* SYN. retirer. CONTR. mettre. ❷ Faire disparaître quelque chose. *Essayer d'enlever une tache.* SYN. supprimer. ❸ Emmener une personne de force, l'éloigner de ses proches. *Les bandits qui ont enlevé le riche industriel demandent une rançon de plusieurs millions.* SYN. kidnapper. CONTR. rendre.

enlisement n.m. Le fait de s'enliser.

s'enliser v.pron. (CONJUG. 3). ❶ S'enfoncer dans un sol bourbeux ou mouvant. *Le camion s'est enlisé dans une zone marécageuse.* SYN. embourber. ❷ Être arrêté, bloqué par des difficultés. *Les négociations de paix se sont enlisées.* SYN. s'engluer.

HISTOIRE DU MOT Vient de *lise* qui, en ancien français, signifiait « sable mouvant ».

enluminure n.f. Décoration, faite d'initiales ornées de motifs et d'illustrations aux couleurs vives, peinte à la main par les copistes sur les anciens manuscrits. → VOIR AUSSI miniature.

enluminure représentant la confection d'un livre (manuscrit du XIIIe siècle)

enneigé, e adj. Recouvert de neige. *Les cimes enneigées.*

enneigement n.m. La couche de neige qui s'est amoncelée. *L'enneigement est suffisant pour skier.*

ennemi, e n. et adj. ❶ Groupe de personnes, pays contre lesquels on combat, en temps de guerre. *L'ennemi a passé la frontière. Les ennemis sont en déroute.* CONTR. allié. ❷ Personne qui veut du mal à quelqu'un. *C'est mon ennemi personnel.* CONTR. ami. ❸ Personne farouchement opposée à quelque chose. *C'est un ennemi déclaré de l'injustice.* SYN. adversaire. CONTR. adepte, partisan.

ennoblir ennoblissant, ennobli v. (CONJUG. 16). Donner de la noblesse d'âme, grandir moralement. *Il leur a pardonné, et ce geste de clémence l'ennoblit.* SYN. grandir. CONTR. avilir.
▸ REM. Ne pas confondre avec *anoblir*.

ennui n.m. ❶ Sentiment de lassitude d'une personne qui s'ennuie. *J'ai cru mourir d'ennui chez ces gens !* ❷ Difficulté, événement fâcheux qui donnent du souci, qui tracassent. *Avoir des ennuis de santé, d'argent.* SYN. problème, souci.

ennuyer v. (CONJUG. 14). ❶ Provoquer un sentiment de lassitude, ne pas intéresser. *Le travail que je fais en ce moment m'ennuie terriblement.* SYN. lasser. CONTR. amuser. ❷ Contrarier, causer des ennuis, des soucis. *J'ai perdu mon collier, cela m'ennuie beaucoup.* SYN. chagriner. *Je suis bien ennuyée que tu ne viennes pas.* SYN. contrarier, désoler. ◆ **s'ennuyer** v.pron. ❶ Trouver le temps long, à ne rien faire ou à faire des choses sans intérêt et monotones. *Les enfants s'ennuient les jours de pluie.* ❷ *S'ennuyer de quelqu'un*, c'est regretter son absence. *Comme tu me manques et comme je m'ennuie de toi !* SYN. se languir.

HISTOIRE DU MOT Vient du latin *inodiare* qui signifiait à l'origine « être un objet de haine ».

ennuyeux, euse adj. Qui ennuie. *Une soirée très ennuyeuse.* CONTR. amusant. *J'ai perdu mes papiers, c'est très ennuyeux.* SYN. fâcheux, gênant.

énoncé n.m. Texte, discours qui expose les données d'un problème et les questions à traiter. *Relisez attentivement l'énoncé du devoir. À l'énoncé du verdict, l'accusé resta impassible.*

énoncer énonçant, énoncé v. (CONJUG. 4). Dire, exprimer, d'une manière nette et précise. *L'accusé énonça d'une voix ferme ses nom, prénom, profession.* SYN. exposer. *Énoncer une hypothèse.* SYN. exprimer, formuler.

s'enorgueillir enorgueillissant, enorgueilli v.pron. (CONJUG. 16). Être fier de quelque chose, en éprouver de l'orgueil. *Notre village s'enorgueillit de son origine romaine.*
▸ REM. Ce mot appartient à la langue soutenue.

énorme adj. Qui est très gros, très grand ou très important. *Dans le grenier, j'ai vu un rat énorme.*

CONTR. minuscule. *Notre spectacle a eu un énorme succès !* SYN. formidable, immense.

HISTOIRE DU MOT Vient du latin *enormis* qui signifie « hors de la norme, de la règle ».

énormément **adv.** Vraiment beaucoup. *Les enfants se sont énormément amusés.* SYN. considérablement.

énormité **n.f.** ❶ Caractère de ce qui est énorme. ❷ Parole ou action extravagante. *Vous dites des énormités.*

s'enquérir **enquérant, enquis v.pron.** (CONJUG. 23). Chercher à avoir des renseignements sur quelque chose ou quelqu'un. *Elle s'est enquise de ta santé, de ce que tu devenais.* SYN. s'informer, s'inquiéter de, se renseigner sur.

enquête **n.f.** ❶ Recherche de témoignages, d'indices pour éclaircir une affaire, en particulier policière. *Le juge d'instruction a ordonné une enquête.* ❷ Ensemble de questions posées au public pour avoir des avis sur un sujet précis et en tirer des conclusions. *Répondre à une enquête sur les jeunes.* SYN. sondage.

HISTOIRE DU MOT Vient, comme *enquérir*, du latin *inquirere* qui signifie « rechercher, interroger » et que l'on retrouve dans *quérir, quête.*

enquêter **v.** (CONJUG. 3). Mener une enquête. *La police enquête dans le milieu de la drogue. Nous allons enquêter sur leurs conditions de vie.*

enquêteur, trice **n.** Personne qui fait une enquête. *Les enquêteurs se sont rendus sur le lieu du crime et ont interrogé les témoins.*

enraciné, e **adj.** ❶ Qui est solidement planté dans le sol. *Un chêne bien enraciné.* ❷ Qui est profondément inscrit dans l'esprit ou le cœur de quelqu'un. *Un préjugé bien enraciné.* SYN. ancré.

s'enraciner **v.pron.** (CONJUG. 3). ❶ Prendre racine. ❷ Se fixer dans l'esprit ou le cœur. *Les mauvaises habitudes s'enracinent vite.* SYN. s'implanter.

enragé, e **adj.** Qui est malade de la rage. *Un renard, un chat enragés.* ◆ **adj.** et **n.** (Familier) Qui est passionné par quelque chose. *Mon cousin Alexandre est un joueur enragé.* SYN. acharné, invétéré.

enrager **enrageant, enragé v.** (CONJUG. 5). *Faire enrager quelqu'un*, c'est le contrarier ou le taquiner pour le mettre en colère.

enrayer **v.** (CONJUG. 13). *Enrayer une maladie, un phénomène*, c'est les empêcher de se développer. *Les médecins essayent d'enrayer l'épidémie.* SYN. arrêter, juguler, stopper. ◆ **s'enrayer** **v.pron.** Se bloquer brusquement et ne plus fonctionner. *L'arme s'est enrayée.*

enregistrement **n.m.** ❶ Action d'enregistrer des sons, des images ; ce que l'on a enregistré. *J'ai le premier enregistrement des Beatles.* ❷ Action d'enregistrer des bagages.

enregistrer **v.** (CONJUG. 3). ❶ Noter officiellement des renseignements sur un registre. *L'employé de mairie a enregistré la naissance.* ❷ Fixer dans sa mémoire. *Je ne parviens pas à enregistrer son nom.* SYN. retenir. ❸ Fixer un son ou une image sur une bande magnétique, une pellicule, un disque pour pouvoir les reproduire. *Enregistrer un film sur un DVD.* ❹ Faire peser et étiqueter ses bagages par une compagnie de transport afin qu'elle en assure l'acheminement.

enregistreur, euse **adj.** *Un appareil enregistreur* enregistre le résultat d'un calcul, une somme, etc. *Un baromètre enregistreur. Une caisse enregistreuse.*

s'enrhumer **v.pron.** (CONJUG. 3). Attraper un rhume.

enrichi, e **adj.** Qui a fait fortune, qui est devenu riche. *C'est un commerçant enrichi.*

enrichir **enrichissant, enrichi v.** (CONJUG. 16). ❶ Rendre riche ou plus riche. *Cette industrie enrichit notre région.* CONTR. appauvrir. ❷ Ajouter des éléments qui augmentent la qualité ou embellissent. *Les manuscrits du Moyen Âge sont enrichis de magnifiques enluminures.* ◆ **s'enrichir** **v.pron.** Devenir riche.

enrichissement **n.m.** Action d'enrichir, fait de s'enrichir. *Son enrichissement est dû à des spéculations.*

enrobé, e **adj.** (Familier) Un peu grassouillet. SYN. rondelet.

enrober **v.** (CONJUG. 3). Recouvrir d'une couche sucrée, d'une pâte, d'une sauce pour donner bon goût. *Une dragée est une amande enrobée de sucre.*

HISTOIRE DU MOT Vient de *robe.*

enrôler **v.** (CONJUG. 3). Faire entrer dans un groupe, un parti, une armée. *Enrôler des soldats.* SYN. engager, recruter.

HISTOIRE DU MOT Ce mot voulait dire autrefois « inscrire sur un rôle » ; le *rôle* désignait les registres administratifs.

enroué, e **adj.** Qui a la voix rauque à force d'avoir trop crié ou à cause d'un mal de gorge.

enroulement **n.m.** L'action d'enrouler quelque chose ; fait de s'enrouler.

enrouler **v.** (CONJUG. 3). Rouler une chose autour d'une autre ou sur elle-même. *Enrouler une écharpe autour de son cou.* CONTR. dérouler.

enrouleur **n.m.** Système qui sert à enrouler. *Ceintures de sécurité à enrouleur.*

enrubanné, e **adj.** Garni de rubans. *Une petite fille blonde, aux cheveux enrubannés.*

s'ensabler **v.pron.** (CONJUG. 3). ❶ Être envahi, bouché par le sable. *Le chenal s'ensable et il faut le draguer.* ❷ S'immobiliser dans le sable et ne plus pouvoir en sortir. *La voiture s'était ensablée sur la plage.*

ensanglanté, e **adj.** Taché de sang. *Cédric avait le visage tout ensanglanté.* SYN. sanglant.

ensanglanter **v.** (CONJUG. 3). ❶ Tacher de sang. ❷ Provoquer des combats sanglants. *Une guerre civile ensanglante le pays.*

enseignant, e **n.** et **adj.** Personne qui enseigne à des élèves. *Les instituteurs et les professeurs sont des enseignants. Le corps enseignant* (= l'ensemble des personnes qui enseignent).

enseigne de restaurant

1 enseigne **n.f.** Panneau placé à l'entrée d'un commerce pour le signaler à l'attention des passants. *L'enseigne de mon opticien est une grosse paire de lunettes. Des enseignes lumineuses.* • **Être logé à la même enseigne :** être dans la même situation désagréable qu'une autre personne. *La panne d'électricité est générale, nous sommes tous logés à la même enseigne.*

HISTOIRE DU MOT Vient, comme *insigne*, du latin *insignia* qui signifie « choses remarquables ».

2 enseigne **n.m.** • **Enseigne de vaisseau :** grade d'officier de marine équivalent de lieutenant ou de sous-lieutenant dans les armées de terre et de l'air.

HISTOIRE DU MOT A la même origine que *enseigne 1*, car, autrefois, l'enseigne était celui qui portait le drapeau.

enseignement **n.m.** ❶ Le fait d'enseigner une matière ; le métier d'enseignant. *L'enseignement du français est obligatoire. Agnès veut entrer dans l'enseignement.* ❷ Ce que l'on apprend à travers l'expérience, la leçon qu'on peut en tirer. *La mésaventure du Petit Poucet fut, pour lui, riche d'enseignements.*

enseigner **v.** (CONJUG. **3**). ❶ Transmettre des connaissances à quelqu'un. *Il nous a enseigné un moyen d'éviter ce genre de panne.* SYN. apprendre, indiquer. ❷ Exercer le métier de professeur, d'enseignant. *Alexandra enseigne les mathématiques.* ❸ Donner une leçon à quelqu'un. *Cet échec vous enseignera à être plus prudent.* SYN. apprendre.

1 ensemble **adv.** ❶ En même temps. *Ne parlez pas tous ensemble, je ne comprends rien !* SYN. à la fois. ❷ L'un avec l'autre. *Mettez tous ces papiers ensemble dans le tiroir.* • **Aller bien ensemble :** être bien assorti. *Ta cravate et ta chemise vont très bien ensemble.*

HISTOIRE DU MOT Vient du latin *insimul* qui signifie « à la fois ».

2 ensemble **n.m.** ❶ Réunion d'éléments qui forment un tout. *L'ensemble des habitants du village.* SYN. totalité. CONTR. partie. ❷ Unité, harmonie. *La chorale chantait avec un ensemble parfait.* ❸ Groupe de musiciens, de chanteurs. *Un ensemble vocal.* ❹ Vêtement féminin qui est composé de deux ou trois pièces assorties. • **Dans l'ensemble :** de manière générale. *Dans l'ensemble, la fête a été un succès !* SYN. en gros. • **Un grand ensemble :** un groupe d'immeubles. *Nadir habite un grand ensemble.*

ensemencer **ensemençant, ensemencé v.** (CONJUG. **4**). Répandre de la semence, des graines dans la terre. *Le cultivateur laboure son champ avant de l'ensemencer.*

enserrer **v.** (CONJUG. **3**). Serrer dans quelque chose, entourer étroitement. *Un foulard noir enserrait la tête du corsaire.*

ensevelir **ensevelissant, enseveli v.** (CONJUG. **16**). ❶ Enterrer un mort. *Il a été enseveli dans son village natal.* SYN. inhumer. ❷ Recouvrir entièrement. *L'avalanche a enseveli le chalet.* SYN. engloutir.

ensilage **n.m.** Action d'ensiler.

ensiler **v.** (CONJUG. **3**). Mettre des grains, du blé en silo.

ensoleillé, e **adj.** Où il y a beaucoup de soleil. *Une pièce claire et ensoleillée. Une matinée ensoleillée.*

ensoleillement **n.m.** Le fait d'être ensoleillé. *L'ensoleillement d'une vallée.*

ensommeillé, e **adj.** Qui est mal réveillé ou gagné par le sommeil. *Une voix ensommeillée lui répondit qu'il se trompait de numéro.*

ensorcelant, e **adj.** Qui ensorcelle. *Une musique ensorcelante.* SYN. envoûtant, fascinant.

ensorceler **v.** (CONJUG. **12**, ✎ *11*). ❶ Soumettre à une influence magique, par un sortilège, un sort. *Le fermier se plaignait que ses vaches avaient été ensorcelées.* SYN. enchanter, envoûter. ❷ Séduire d'une façon irrésistible. *Il subissait son charme, son sourire l'ensorcelait.* SYN. charmer, envoûter.

ensorcellement, ✎ ***ensorcèlement*** **n.m.** L'action d'ensorceler, le fait d'être ensorcelé. SYN. envoûtement, sort.

ensuite **adv.** Indique une succession dans le temps ou dans l'espace. *Je suis allée à la patinoire, et ensuite au club de judo.* SYN. après, puis. CONTR. d'abord. *En tête du cortège marchaient les mariés et leurs parents, ensuite venaient les invités.* SYN. après, derrière. CONTR. devant.

s'ensuivre **v.pron.** (CONJUG. **56**). Venir ensuite comme conséquence. *La première opération est fausse, il s'ensuit que tous les calculs sont à refaire.* • **Et tout ce qui s'ensuit :** et tout ce qui va avec. *Une réception avec petits-fours, champagne, et tout ce qui s'ensuit.* SYN. etc.
▶ REM. Ce verbe ne s'emploie qu'à l'infinitif et à la 3e personne du singulier et du pluriel.

entacher **v.** (CONJUG. **3**). *Entacher la réputation de quelqu'un*, c'est la salir, y porter atteinte. SYN. flétrir, ternir.

A B C D E F G H I J K L M N O P Q R S T U V W X Y Z

entaille **n.f.** ❶ Coupure, marque dans du bois, de la pierre. *J'ai fait une entaille avec mon canif sur mon bâton pour le reconnaître.* SYN. encoche. ❷ Blessure assez profonde faite avec quelque chose de tranchant. *La lame a glissé et elle s'est fait une entaille à la main.* SYN. coupure.

entaille dans un tronc d'hévéa pour en récupérer le latex

s'entailler **v.pron.** (CONJUG. 3). Se faire une entaille. *S'entailler le doigt.* SYN. se couper.

entame **n.f.** La première tranche d'un saucisson, d'un rôti, etc. *Toi qui aimes le rôti bien cuit, veux-tu l'entame ?*

entamer **v.** (CONJUG. 3). ❶ Commencer à manger une partie de quelque chose. *Lequel d'entre vous a entamé le pain ?* ❷ Commencer à prendre dans des provisions, une réserve. *J'ai déjà bien entamé mes économies !* ❸ Commencer à faire quelque chose. *Entamer des négociations.* SYN. engager. ❹ Laisser une marque en creux dans une matière solide. *L'acide entame l'acier.* SYN. mordre, ronger.

entartrer **v.** (CONJUG. 3). Couvrir de tartre. *L'eau trop calcaire entartre les canalisations.*

entassement **n.m.** Accumulation d'objets dans un même lieu. *Il y a toujours un entassement de dossiers sur son bureau.* SYN. amoncellement, tas.

entasser **v.** (CONJUG. 3). Mettre en tas, en pile. *Entasser des planches.* SYN. empiler. *Entasser des provisions dans un placard.* SYN. accumuler, amonceler. ◆ **s'entasser** **v.pron.** ❶ S'accumuler en trop grand nombre. *Les factures s'entassent sur son bureau.* ❷ Être trop nombreux dans un espace. *Nous nous sommes entassés à l'arrière du bus.*

HISTOIRE DU MOT Vient de *tas*.

entendement **n.m.** La capacité de comprendre, de se représenter les choses. *C'est une histoire à dormir debout, cela dépasse l'entendement !* SYN. imagination, intelligence.

entendeur **n.m.** • **À bon entendeur, salut ! :** expression que l'on emploie pour avertir quelqu'un qu'il a tout intérêt à écouter le conseil qu'on lui donne. *Je vous préviens, je vous laisse une heure pour ranger votre chambre et vous baigner, à bon entendeur, salut !*

entendre **entendant, entendu v.** (CONJUG. 46). ❶ Percevoir les sons, les bruits. *Grand-mère n'entend plus très bien.* ❷ Écouter avec attention. *Le juge a entendu les témoins.* ❸ S'emploie dans de nombreuses expressions au sens de « comprendre, interpréter, vouloir dire ». *Qu'entendez-vous par là ?* (= que voulez-vous dire ?). *Tu m'as laissé entendre que tu venais* (= c'est ce que j'ai compris). *J'entends qu'on m'obéisse* (= je le veux). *La mécanique, je n'y entends rien* (= je n'y connais rien). *Ça, pour faire des bêtises, il s'y entend* (= il s'y connaît). • **À l'entendre :** si on écoute et si on croit ce qu'il dit. *À l'entendre, tout le monde serait responsable sauf lui.* ◆ **s'entendre** **v.pron.** Avoir les mêmes idées, les mêmes goûts ; être ou se mettre d'accord. *Pierre et moi, nous nous entendons très bien. Entendez-vous sur la manière d'agir* (= mettez-vous d'accord).

entendu, e **adj.** Qui est décidé. *C'est une affaire entendue.* SYN. réglé. *« Tu viens demain ? – C'est entendu ! »* (= d'accord !). • **Bien entendu :** bien sûr, évidemment, naturellement.

entente **n.f.** ❶ Relations amicales, harmonieuses entre des personnes. *L'entente est parfaite dans la famille.* SYN. harmonie. CONTR. mésentente. ❷ Action de se mettre d'accord. *Les deux pays sont parvenus à une entente.* SYN. accord.

entériner **v.** (CONJUG. 3). *Entériner une décision*, c'est lui donner un caractère légal et définitif en l'approuvant. *Le conseil municipal a entériné la décision du maire de construire une nouvelle crèche.* SYN. confirmer.

HISTOIRE DU MOT Vient de *entier*.

enterrement **n.m.** Action de mettre un mort en terre ; les cérémonies qui ont lieu à ce moment-là. *L'enterrement aura lieu dans la plus stricte intimité.* SYN. inhumation. *Toute la ville avait assisté à l'enterrement.* SYN. funérailles, obsèques.

enterrer **v.** (CONJUG. 3). ❶ Mettre un mort en terre. *Alphonse Daudet est enterré au cimetière du Père-Lachaise à Paris.* SYN. ensevelir, inhumer. ❷ Enfouir sous terre ; ensevelir. *Ils avaient enterré l'argent dans le jardin.* CONTR. déterrer. ❸ Laisser tomber dans l'oubli. *L'affaire a été enterrée, on n'en saura jamais le fin mot !* SYN. classer, étouffer.

entêtant, e **adj.** Dont l'odeur est si forte et si tenace qu'elle ferait presque tourner la tête. *Le parfum entêtant des lis emplissait la maison.*

en-tête (PLUR. : **en-têtes**), ✎ ***entête*** **n.m.** Texte imprimé en haut d'une lettre, d'un document, et qui

donne divers renseignements. *Écrire sur du papier à en-tête de l'université.*
▶ REM. Ce mot est du masculin.

entêté, e **adj.** et **n.** Qui manifeste de l'entêtement. *Un enfant entêté.* SYN. buté, obstiné, têtu.

entêtement **n.m.** Le fait de s'entêter. SYN. obstination.

s'entêter **v.pron.** (CONJUG. **3**). Persister à faire ce que l'on a décidé, même si cela ne paraît guère raisonnable. *Elle s'entête à ne pas vouloir venir, tant pis pour elle !* SYN. s'obstiner.

enthousiasmant, e **adj.** Qui enthousiasme. *Un projet enthousiasmant.*

enthousiasme **n.m.** Grande démonstration de joie ou d'admiration. *Ils se sont ralliés avec enthousiasme à notre proposition.* SYN. ardeur, passion.

HISTOIRE DU MOT Vient du grec *enthousiasmos* qui signifie « transport divin ».

enthousiasmer **v.** (CONJUG. **3**). Remplir d'enthousiasme, inspirer une joie mêlée d'admiration. *Son récital a enthousiasmé les spectateurs.* SYN. ravir.

enthousiaste **adj.** et **n.** Plein d'enthousiasme. *Des cris enthousiastes saluèrent l'entrée de la chanteuse.* SYN. frénétique. *Un admirateur enthousiaste.* SYN. passionné.

s'enticher **v.pron.** (CONJUG. **3**). Se passionner de façon subite et souvent passagère. *Elle s'est entichée d'un acteur.*

entier, ère **adj.** ❶ Dont on n'a rien enlevé. *Il reste un pot entier de confiture, prends-le.* CONTR. entamé. ❷ Complet, total. *Il faut repeindre la maison tout entière. Je lui fais une entière confiance.* SYN. total. ❸ *Un caractère entier* n'accepte pas les compromissions, ne fait pas trop de nuances. • **En entier :** totalement, sans rien oublier ou laisser de côté. *J'ai vu le film en entier, mais je ne te raconterai pas la fin.* • **Nombre entier :** nombre qui ne contient aucune fraction, aucune décimale. *0, 1, 2, 3, 4, 5... sont des nombres entiers.* → VOIR Fiche **12.**

entièrement **adv.** En entier ; sans restriction. *Le quartier va être entièrement détruit.* SYN. complètement, intégralement. *Je ne suis pas entièrement d'accord.* SYN. totalement, tout à fait.

entomologie **n.f.** La partie de la zoologie qui étudie les insectes.

HISTOIRE DU MOT Vient du grec *entomon*, « insecte », et *logos*, « science ».

entomologiste **n.** Spécialiste d'entomologie. *Jean Henri Fabre fut un grand entomologiste français.*

entonner **v.** (CONJUG. **3**). *Entonner un air, une chanson*, c'est commencer à les chanter.

HISTOIRE DU MOT Vient de *ton*.

entonnoir **n.m.** Ustensile en forme de cône, qui sert à introduire un liquide dans un récipient à orifice étroit.

entorse **n.f.** Torsion brutale des ligaments d'une articulation, qui est due à un faux mouvement. *Se faire une entorse à la cheville.* • **Faire une entorse au règlement :** ne pas le suivre, faire, pour une fois, une exception.

entortiller **v.** (CONJUG. **3**). Envelopper dans quelque chose que l'on tourne plusieurs fois pour serrer ou pour fermer. *Il sortit de son sac un mystérieux objet entortillé dans un vieux journal.* ◆ **s'entortiller** **v.pron.** S'enrouler autour de quelque chose en s'y enchevêtrant. *Le lierre s'entortille autour de l'arbre.*

entourage **n.m.** L'ensemble des personnes avec qui l'on vit, que l'on fréquente. *Je ne connais personne de ce nom-là dans mon entourage.*

entourer **v.** (CONJUG. **3**). ❶ Être ou mettre autour. *De grands murs entourent le parc. Entourer de rouge les verbes du texte.* SYN. encadrer. *Le général entra, entouré de son état-major.* SYN. encadrer, flanquer. ❷ Soutenir quelqu'un de sa présence, de son affection. *À la mort de son mari, ses amis l'ont beaucoup entourée.*

entracte **n.m.** Moment d'interruption entre deux parties d'un spectacle. *À l'entracte, nous avons bu une boisson fraîche.*

HISTOIRE DU MOT Vient de *acte*, l'entracte se situant, au théâtre, entre deux actes.

entraide **n.f.** Aide que l'on s'apporte les uns aux autres. *Un comité d'entraide pour les victimes s'est créé.*

s'entraider **v.pron.** (CONJUG. **3**). S'aider mutuellement. *Entre voisins, il est naturel de s'entraider.*

entrailles **n.f.plur.** L'ensemble des viscères, des intestins d'un être vivant. *Vider un poulet, c'est enlever ses entrailles.*

entrain **n.m.** Vivacité joyeuse ; bonne humeur entraînante. *Gilles se mit à l'ouvrage avec entrain.* SYN. ardeur. *L'entrain et la bonne humeur n'ont pas cessé pendant tout le dîner.* SYN. animation, gaieté.

entraînant, e, ✎ ***entrainant, e*** **adj.** Qui donne envie de bouger, d'avancer, de danser. *Une musique entraînante.*

entraînement, ✎ ***entrainement*** **n.m.** Préparation régulière à un exercice, un concours, un sport. *Elle manque d'entraînement pour parler en public.* SYN. pratique. *Le boxeur suivait un entraînement intensif.*

entraînement de karaté

A B C D E F G H I J K L M N O P Q R S T U V W X Y Z

entraîner, ✎ ***entrainer*** **v.** (CONJUG. **3**). ❶ Pousser dans une direction ; emporter dans son mouvement. *Le courant entraîne le voilier vers le large.* SYN. emporter. ❷ Pousser quelqu'un à faire ce qu'il n'avait pas forcément décidé de faire. *Il s'est laissé entraîner dans une affaire malhonnête.* ❸ Être la cause de quelque chose. *La crise a entraîné la faillite de nombreuses entreprises.* SYN. causer, provoquer. ❹ Préparer systématiquement à un sport, une épreuve, etc. *C'est Pierre qui entraîne notre équipe de hockey.* ◆ **s'entraîner v.pron.** Se préparer par des exercices répétés.

entraîneur, euse, ✎ ***entraineur, euse*** **n.** Personne qui entraîne des sportifs ou des chevaux de course.

entrapercevoir entrapercevant, entraperçu v. (CONJUG. **31**). Apercevoir un court instant. *Je l'ai entraperçue quand elle entrait dans son bureau.*
▸ REM. On écrit aussi *entr'apercevoir.*

entrave n.f. Ce qui gêne, embarrasse, constitue un obstacle. *Une entrave à la liberté.* SYN. frein, obstacle.

entraver v. (CONJUG. **3**). Gêner la marche, la progression, le fonctionnement. *Des difficultés imprévues ont entravé le bon déroulement de l'épreuve.* SYN. empêcher, gêner.
▸ REM. Ce mot appartient à la langue soutenue.

1 entre prép. ❶ S'emploie pour indiquer un intervalle de temps ou d'espace. *Je suis libre entre quatre et cinq heures. Il habite entre la mairie et la poste.* ❷ S'emploie pour indiquer un état intermédiaire. *Une couleur entre le bleu et le vert.* ❸ Introduit les termes d'une comparaison, d'une relation. *Il y a une différence entre mentir et ne pas dire. Il y a de l'amitié entre elles.* ❹ Présente l'ensemble des éléments parmi lesquels un choix se fait. *Lequel d'entre vous viendra ?*
▸ REM. Au mot *entre* correspond l'élément tiré du latin *inter-* que l'on retrouve dans *interligne, interclasse, interplanétaire,* etc.

2 entre- préfixe. Indique soit la réciprocité, comme dans *s'entre-tuer,* soit l'intervalle, comme dans *entracte.*

entrebâillement n.m. Ouverture étroite laissée par une porte, une fenêtre entrebâillées. *Je l'ai aperçu par l'entrebâillement de la porte.*

entrebâiller v. (CONJUG. **3**). Ouvrir à peine. *Entrebâiller les volets.* SYN. entrouvrir.

entrechat n.m. Saut de danse au cours duquel on croise les pieds en l'air une ou plusieurs fois.

HISTOIRE DU MOT Vient de l'italien *[capriola] intrecciata* qui signifie « [saut] entrelacé ».

s'entrechoquer v.pron. (CONJUG. **3**). Se heurter légèrement. *Le garçon tremblait de peur, ses genoux s'entrechoquaient.*

entrecôte n.f. Tranche de viande épaisse découpée entre les côtes du bœuf.

entrecoupé, e adj. Interrompu par instants. *D'une voix entrecoupée par les sanglots, elle raconta sa mésaventure.*

entrecroisé, e adj. Croisé l'un sur l'autre. *Il s'est assis sur nos mains entrecroisées et nous l'avons transporté.*

s'entre-déchirer, ✎ ***s'entredéchirer*** **v.pron.** (CONJUG. **3**). ❶ Se déchirer, se mordre l'un l'autre. *Le loup s'était attaqué au chien de traîneau, les deux bêtes s'entre-déchiraient.* ❷ Se faire souffrir réciproquement en se disant des choses cruelles.

entrée n.f. ❶ L'action, le fait d'entrer quelque part. *James, au bras d'une belle inconnue, fit une entrée remarquée.* CONTR. sortie. ❷ L'endroit par où l'on entre ; la pièce sur laquelle donne la porte principale d'une maison, d'un appartement. *L'entrée du cinéma est juste derrière vous.* CONTR. sortie. *Dépêche-toi, les invités sont déjà dans l'entrée !* SYN. vestibule. ❸ Le fait d'entrer dans un groupe, une classe, une école. *Il y a un concours d'entrée pour faire ces études.* SYN. admission. ❹ Plat chaud ou froid servi au début du repas, avant le plat principal.

sur ces entrefaites adv. À ce moment-là. *On parlait ; sur ces entrefaites, Gérard est arrivé.*

entrefilet n.m. Petit article de quelques lignes dans un journal. *Nouvelle qui ne mérite qu'un entrefilet.*

HISTOIRE DU MOT En imprimerie, un « filet » est un petit trait noir. L'entrefilet est placé entre deux filets, pour attirer l'attention du lecteur.

entrelacer entrelaçant, entrelacé v. (CONJUG. **4**). Mêler, lier étroitement des choses les unes aux autres. *Entrelacer des fleurs pour faire des guirlandes.*

entrelacs n.m. Ornement composé de lignes ou de motifs entrelacés qui forment une ligne continue. *Des entrelacs au fronton d'un palais.*
▸ REM. 1. On prononce [ɑ̃tʀəla]. 2. Attention au *-s* final.

entrelacs

entrelardé, e adj. *Un rôti entrelardé* est piqué de lard, de lardons.

s'entremêler v.pron. (CONJUG. **3**). Se mêler, se mélanger l'un à l'autre. *Des fils entremêlés.* SYN. enchevêtrer, mêler. *Les souvenirs s'entremêlent dans ma tête.* SYN. s'embrouiller, se mélanger.

entremets n.m. Dessert chaud ou froid servi entre le fromage et les fruits. *Un soufflé aux framboises, une crème caramel ou un sorbet sont des entremets.*
▸ REM. Attention au *-s* final.

entremise n.f. • **Par l'entremise de quelqu'un :** grâce à son intervention. *J'ai trouvé cette maison par l'entremise du notaire de mes amis.* SYN. par l'intermédiaire de.

entrepont n.m. L'espace compris entre deux ponts d'un navire, généralement sous le pont supérieur.

entreposer v. (CONJUG. 3). Déposer momentanément des objets, des marchandises dans un entrepôt ou un lieu quelconque. *En attendant d'avoir de la place chez moi, j'ai entreposé le piano dans leur grenier.*

entrepôt n.m. Bâtiment, local où sont entreposées des marchandises.

entrepôt

entreprenant, e adj. Qui aime entreprendre, qui n'a pas peur d'agir et de prendre des initiatives. *Pour diriger le ciné-club, il nous faut quelqu'un d'entreprenant.* SYN. actif, dynamique.

entreprendre entreprenant, entrepris v. (CONJUG. 48). Entamer une tâche d'une certaine importance. *Adrien a entrepris de faire l'arbre généalogique de sa famille.* SYN. commencer à.

entrepreneur, euse n. Personne qui dirige une entreprise, et en particulier une entreprise de construction ou de travaux publics. *C'est un entrepreneur du bâtiment.*
▸ REM. Au Canada, la forme féminine de ce mot est *entrepreneure.*

entreprise n.f. ❶ Ce qu'on entreprend. *Cette ascension est une entreprise périlleuse.* SYN. action, opération. ❷ Société commerciale ou industrielle. *Elle dirige une entreprise de fabrication de jouets.*

entrer v. (CONJUG. 3). ❶ Aller de l'extérieur à l'intérieur d'un lieu. *Il entra dans la maison.* SYN. pénétrer. CONTR. sortir. ❷ Être admis dans un groupe, une école, un parti, etc. *Elle entre au lycée l'an prochain.* ❸ Faire partie de quelque chose, en être l'un des éléments. *Cette tâche n'entre pas dans nos attributions.* ❹ Être au début d'une période. *Arthur entre dans sa vingtième année. Nous entrons dans l'hiver.*

entresol n.m. Étage en général bas de plafond entre le rez-de-chaussée et le premier étage de certains immeubles.

entre-temps, ✎ ***entretemps*** adv. Pendant ce temps-là. *J'ai quitté Paris il y a dix ans ; entre-temps, la ville a bien changé.* SYN. dans l'intervalle.

entretenir entretenant, entretenu v. (CONJUG. 20). ❶ Faire le nécessaire pour garder quelque chose en bon état. *On entretient le cuir en le cirant régulièrement. Entretenir une voiture.* ❷ Assurer la subsistance de quelqu'un. *Ses revenus lui permettent tout juste d'entretenir sa famille.* SYN. nourrir. ❸ *Entretenir un feu*, c'est l'alimenter. ❹ *Entretenir des relations, une correspondance avec quelqu'un*, c'est être en relations continues avec cette personne. ❺ *Entretenir quelqu'un de quelque chose*, c'est avoir avec lui une conversation sur ce sujet. *Il a entretenu le directeur de ses intentions.* ◆ **s'entretenir** v.pron. Parler ensemble sur un sujet. *Les deux chefs d'État se sont longuement entretenus de ce projet.*

entretien n.m. ❶ L'action d'entretenir quelque chose. *Vous trouverez la cire au rayon des produits d'entretien* (= pour le ménage). ❷ Conversation à caractère officiel sur un sujet précis ou professionnel. *J'ai demandé un entretien à ton professeur de français.* SYN. entrevue.

s'entre-tuer, ✎ ***s'entretuer*** v.pron. (CONJUG. 3). Se tuer l'un l'autre. *Les deux gangsters se sont entre-tués.*

entrevoir entrevoyant, entrevu v. (CONJUG. 38). ❶ Voir l'espace d'un instant ou très vaguement. *Je l'ai entrevu à une soirée il y a un mois.* SYN. apercevoir. *On entrevoyait un bateau dans la brume.* SYN. deviner. ❷ Commencer à comprendre vaguement. *Entrevoir la vérité.* SYN. pressentir, soupçonner.

entrevue n.f. Rencontre organisée entre deux ou plusieurs personnes pour traiter d'une question. *Obtenir une entrevue avec le président.* SYN. audience, entretien.

entrouvrir entrouvrant, entrouvert v. (CONJUG. 28). Ouvrir à peine. *Entrouvrir la fenêtre.* SYN. entrebâiller. *Entrouvrir la bouche.*

énumération n.f. Le fait d'énumérer. *Son devoir n'est qu'une longue énumération de faits, sans explication.* SYN. inventaire, liste.

énumérer v. (CONJUG. 9, ✎ 10). Énoncer les uns après les autres les éléments d'une série. *Il énumère sans se tromper et dans l'ordre tous les départements français.* SYN. citer. *Elle énuméra toutes les raisons qu'elle avait d'être fâchée.* SYN. compter, détailler.

envahir envahissant, envahi v. (CONJUG. 16). ❶ Occuper un pays par la force. *Les armées de Louis XIV envahirent les Pays-Bas.* SYN. conquérir. ❷ Se répandre en grand nombre, en grande quantité. *Les touristes ont envahi les plages.* ❸ Gagner progressivement l'esprit de quelqu'un. *Le doute l'envahissait peu à peu.* SYN. gagner.

HISTOIRE DU MOT Vient du latin *invadere* que l'on retrouve dans « invasion ».

envahissant, e adj. ❶ Qui se répand partout sans qu'on puisse rien y faire. *La mauvaise herbe est envahissante.* ❷ Qui s'impose chez les autres sans y avoir été invité. *Nos voisins sont envahissants.* SYN. importun.

envahissement n.m. Le fait d'envahir. *L'envahissement de la Gaule par les Romains.* SYN. invasion.

envahisseur n.m. Ennemi qui envahit un territoire. *Repousser les envahisseurs.*

s'envaser v.pron. (CONJUG. 3). ❶ Se remplir de vase. *L'étang s'est envasé.* ❷ S'enfoncer dans la vase. *Nous nous sommes envasés jusqu'aux genoux.*

enveloppe n.f. ❶ Ce qui enveloppe ou entoure quelque chose. *La cosse est l'enveloppe des petits pois.* ❷ Pochette de papier destinée à contenir une lettre. *Elle glissa sa lettre dans l'enveloppe qu'elle cacheta.*
▶ REM. Attention, un *l* et deux *p*.

envelopper v. (CONJUG. 3). Entourer d'un papier, d'un tissu qui couvre complètement. *La vendeuse enveloppe les bijoux dans un papier de soie.* SYN. emballer, empaqueter. *Il était enveloppé dans un grand manteau.* SYN. emmitoufler.

s'envenimer v.pron. (CONJUG. 3). ❶ Être gagné par l'infection. *La plaie, qui n'avait pas été soignée, s'envenimait.* SYN. s'infecter. ❷ Se détériorer, devenir hostile, violent. *La discussion s'est envenimée.* SYN. dégénérer.

envergure n.f. ❶ La largeur des ailes d'un oiseau quand elles sont déployées, de la pointe d'une aile à l'autre. *Un aigle a une envergure de 2,50 m, un albatros ou un condor ont une envergure de 3 m.* ❷ Importance de quelque chose, grandes capacités de quelqu'un. *Entreprise qui prend de l'envergure.* SYN. expansion. *Un savant d'une grande envergure.*

envergure des ailes du vautour

1 envers prép. À l'égard de. *J'ai des torts envers lui.* SYN. vis-à-vis de. • **Envers et contre tous** ou **contre tout** : malgré l'opinion des autres, malgré tous les obstacles. *Il avait parié qu'il traverserait le fleuve à la nage, il l'a fait, envers et contre tout.*

2 envers n.m. Le côté d'un tissu ou d'un objet opposé à l'endroit. *Il faut faire les nœuds sur l'envers du tricot.* CONTR. endroit. *L'envers d'une feuille de papier.* SYN. dos, verso. CONTR. endroit, recto. • **À l'envers** : dans le mauvais sens ; contrairement au bon sens. *Pierre comprend tout à l'envers ! Regarde, tu as mis tes chaussettes à l'envers !*

à l'envi adv. À qui mieux mieux. *Les journalistes critiquent à l'envi la politique du gouvernement.*
▶ REM. Ne pas confondre avec *envie*.

enviable adj. Que l'on peut envier. *Je n'aimerais pas être à sa place, c'est une situation peu enviable !* SYN. attirant, tentant.

envie n.f. ❶ Désir vif et soudain de quelque chose. *J'ai envie de cette robe. Je meurs d'envie de tout te raconter.* ❷ Désir, mêlé de jalousie, de posséder ce qu'un autre possède. *Elle regardait avec envie Nicolas manger sa glace.* SYN. convoitise. *C'est l'envie qui le fait parler.* SYN. jalousie. ❸ Besoin organique ou physiologique que l'on doit satisfaire. *Avoir envie de dormir, de vomir.*
HISTOIRE DU MOT Vient du latin *invidia* qui signifie « jalousie, désir ».

envier v. (CONJUG. 7). Éprouver un sentiment d'envie. *Tout le monde l'envie d'avoir gagné.* SYN. jalouser. *Beaucoup envient sa place, sa fortune.* SYN. convoiter.

envieux, euse adj. et n. Tourmenté par l'envie, la jalousie. *C'est un tempérament envieux. Faire des envieux.* SYN. jaloux. ◆ **adj.** Qui exprime l'envie. *Des regards envieux.*

environ adv. À peu près, peut-être un peu plus, peut-être un peu moins. *Il y a environ une heure qu'il est parti.* SYN. approximativement. *Il y avait environ cinquante personnes.* SYN. autour de.

environnant, e adj. Qui environne, qui est proche. *Le village et la campagne environnante.*

environnement n.m. ❶ Ce qui nous entoure, ce qui fait notre cadre de vie. *La psychologue a posé des questions sur l'environnement de l'enfant.* SYN. entourage, milieu. ❷ Ensemble des éléments physiques, biologiques ou chimiques qui entourent un être humain, un animal, un végétal. *La pollution est une menace pour l'environnement.* → VOIR Fiche 56.

environner v. (CONJUG. 3). Être autour, dans le voisinage d'un lieu. *Admirez le village et les forêts qui l'environnent.*

environs n.m.plur. Ce qui entoure un lieu, le voisinage. *Tous les jeunes des environs s'étaient préparés pour le bal.* SYN. alentours. • **Aux environs de** : indique la proximité. *La voiture est tombée en panne aux environs du lac.* SYN. près de. *Il doit déménager aux environs du 15.* SYN. vers.

envisageable adj. Qui peut être envisagé. *Plusieurs solutions sont envisageables.* SYN. concevable, possible.

envisager envisageant, envisagé v. (CONJUG. 5). ❶ Faire un projet, avoir une intention. *Nous envisageons de déménager à l'automne.* SYN. projeter. ❷ Examiner une question, tenir compte de quelque chose. *Il faut envisager les suites possibles de cette décision. Je n'avais pas envisagé le problème sous cet angle.* SYN. considérer.

envoi n.m. ❶ Le fait d'envoyer quelque chose ou quelqu'un. *L'envoi d'une lettre.* SYN. expédition. *Le gouvernement a décidé l'envoi de diplomates dans ce pays.* ❷ La lettre ou le colis envoyés. *J'ai reçu un envoi en recommandé ce matin.* ❸ Vers placé à la fin d'une tirade, d'une ballade, en hommage à quelqu'un. • **Coup d'envoi** : le premier coup donné au ballon pour engager le match.

envol n.m. Le fait de s'envoler. *Les hirondelles vont prendre leur envol. L'envol d'un avion.* SYN. décollage.

s'envoler v.pron. (CONJUG. 3). ❶ S'éloigner en volant. *À mon approche, tous les pigeons se sont envolés.* ❷ Quitter le sol ; partir en avion. *L'avion s'envolera à 15 h pour New York.* SYN. décoller. *Nous nous envolerons demain pour Montréal.* ❸ Être emporté par le vent. *Avec le courant d'air, tous mes papiers se sont envolés !* ❹ Passer rapidement ; disparaître brusquement. *Le temps s'envole. Nos espoirs se sont envolés.*

envoûtant, e, ✎ ***envoutant, e*** **adj.** Qui envoûte. *Une beauté envoûtante.* SYN. ensorcelant. *Une musique envoûtante.* SYN. enchanteur.

envoûtement, ✎ ***envoutement*** **n.m.** ❶ Pratique magique destinée le plus souvent à nuire à une personne. *On les disait victimes d'un envoûtement.* SYN. ensorcellement, sort. ❷ Charme, séduction irrésistibles. *Le public, subjugué, cédait peu à peu à l'envoûtement de sa voix.* SYN. fascination.

envoûter, ✎ ***envouter*** **v.** (CONJUG. 3). ❶ Soumettre à un envoûtement. *Ils finissaient par penser qu'ils avaient été envoûtés par un sorcier.* SYN. ensorceler. ❷ Tenir quelqu'un sous son charme. *Nous étions envoûtés par l'orateur.* SYN. fasciner, subjuguer.

envoyé, e n. Personne que l'on envoie pour accomplir une mission. *Monseigneur, un envoyé du roi demande à vous voir.* SYN. émissaire, messager. • **Envoyé spécial :** journaliste envoyé par son journal sur le lieu où d'importants événements se déroulent.

envoyer v. (CONJUG. 15). ❶ Demander à quelqu'un de se rendre quelque part. *J'ai envoyé Luc chez l'épicier.* ❷ Lancer un objet, le faire partir quelque part. *Envoie-moi le ballon !* SYN. lancer. *Envoyer une fusée sur la Lune.* ❸ Adresser une lettre, un colis à quelqu'un par la poste. *J'enverrai un colis à Sébastien pour Noël.* SYN. expédier. CONTR. recevoir. • (Familier) **Envoyer au diable** ou **envoyer promener :** se débarrasser brutalement d'une personne ou d'une chose.

envoyeur, euse n. Personne qui envoie une lettre ou un colis. *La lettre a été retournée à l'envoyeur.* SYN. expéditeur. CONTR. destinataire.

enzyme n.f. ou **n.m.** Substance qui accélère les réactions chimiques des organismes vivants. *Certaines lessives contiennent des enzymes.*

éolien, enne adj. *L'énergie éolienne* est tirée de la force du vent. ◆ **éolienne n.f.** Machine formée d'une hélice ou d'une roue à pales qui tourne sous l'action du vent et fournit de l'énergie.

HISTOIRE DU MOT Vient de *Éole*, nom du dieu des Vents dans la mythologie grecque.

épagneul, e n. Chien aux longs poils soyeux, souvent frisés, au museau allongé et aux oreilles pendantes. *Le cocker, le setter sont des épagneuls.*

épais, aisse adj. ❶ Qui a une épaisseur donnée. *Des planches épaisses de 3 cm.* ❷ Qui a beaucoup d'épaisseur. *Une épaisse couche de neige.* SYN. gros. CONTR. mince. ❸ Qui est compact, consistant ou dense.

épagneul breton

éoliennes

La soupe est très épaisse. CONTR. fluide, liquide. *Une épaisse fumée avait envahi la rue.* CONTR. léger. *Un épais fourré.* SYN. dense, serré, touffu.

épaisseur n.f. ❶ La plus petite dimension d'un corps, qui mesure l'espace entre ses deux faces, par opposition à la *largeur* et à la *longueur* (ou à la *hauteur*). *Les murs de la ferme ont 80 cm d'épaisseur.* ❷ Qualité de ce qui est dense, compact. *L'épaisseur du brouillard gênait la visibilité.* SYN. densité.

épaissir épaississant, épaissi v. (CONJUG. 16). ❶ Rendre plus épais, plus consistant. *Épaissir une sauce.* CONTR. délayer. ❷ Devenir plus épais, plus dense, plus impénétrable. *Le brouillard épaississait d'heure en heure.* CONTR. se dissiper, se lever. ◆ **s'épaissir v.pron.** Devenir plus épais, plus consistant. *La pâte s'épaissit.*

épanchement n.m. Fait de s'épancher ; effusion de sentiments.

s'épancher v.pron. (CONJUG. 3). Confier ses sentiments à quelqu'un, lui parler sans rien cacher. *Elle avait besoin de s'épancher.* SYN. se confier, se livrer.

épandage n.m. • **Champ d'épandage :** terrain destiné à l'épuration des eaux d'égout par filtrage à travers le sol.

épanoui, e adj. Heureux, joyeux et serein. *Il entra, le visage épanoui, nous annoncer son succès.*

s'épanouir épanouissant, épanoui v.pron. (CONJUG. 16). ❶ Pour une fleur, s'ouvrir complètement. *Les iris se sont épanouis ce matin.* SYN. s'ouvrir. ❷ Prendre une expression de joie. *À l'annonce de cette bonne nouvelle, son visage s'est épanoui.* SYN. s'éclairer. ❸ Se développer le mieux possible ; être bien, heureux. *Pour s'épanouir, un enfant a besoin d'amour.*

épanouissement **n.m.** Le fait de s'épanouir, d'être épanoui.

épargnant, e **n.** Personne qui épargne, qui met de l'argent de côté.

épargne **n.f.** Le fait d'épargner de l'argent ; les sommes épargnées. • **Caisse d'épargne :** établissement financier où l'on peut placer ses économies, pour lesquelles on reçoit chaque année des intérêts.

épargner **v.** (CONJUG. 3). ❶ Éviter de dépenser de l'argent pour le mettre en réserve. *À force d'épargner sou à sou, ils ont pu faire ce voyage.* SYN. économiser. CONTR. dépenser, gaspiller. ❷ Dépenser avec modération ses forces, sa peine. *Épargnez vos forces, vous en aurez besoin.* SYN. économiser, ménager. ❸ Préserver de quelque chose de désagréable. *Épargne-nous les détails, s'il te plaît !* SYN. faire grâce de. *Ne pouvais-tu lui épargner cette humiliation ?* SYN. éviter. ❹ Ne pas abîmer quelque chose, ne pas atteindre quelqu'un. *La grêle a épargné le raisin. La guerre nous a épargnés.* ❺ Laisser la vie sauve à quelqu'un. *Les pirates n'épargnèrent personne.* ◆ **s'épargner** **v.pron.** Se dispenser de. *Épargnez-vous cette démarche inutile.*

éparpillement **n.m.** Dispersion de choses ou de personnes. *Un éparpillement de papiers sur le sol. Regretter l'éparpillement des amis au fil du temps.*

éparpiller **v.** (CONJUG. 3). Disperser, répandre de tous les côtés. *Toutes ses affaires sont éparpillées dans sa chambre.* SYN. disperser. CONTR. rassembler. ◆ **s'éparpiller** **v.pron.** ❶ Se disperser de tous côtés. *Les enfants se sont éparpillés dès que la cloche a retenti.* ❷ Entreprendre trop de choses à la fois. *Il s'éparpille, il est incapable d'aller jusqu'au bout de quelque chose.* CONTR. se concentrer.

HISTOIRE DU MOT Vient, comme *épars*, du latin *spargere* qui signifie « répandre » et que l'on retrouve dans *asperger, disperser.*

épars, e **adj.** Dispersé, répandu çà et là. *On cherche la boîte noire dans les débris épars de l'avion.* SYN. disséminé, éparpillé.
▸ REM. On ne prononce pas le -s final au masculin.

épatant, e **adj.** (Familier) Charmant et sympathique ; très agréable. *Un garçon épatant.* SYN. formidable. *Un temps épatant.* SYN. extraordinaire.

épaté, e **adj.** *Un nez épaté* est court, un peu aplati et élargi à la base.

épater **v.** (CONJUG. 3). (Familier) Provoquer une surprise mêlée d'admiration et d'envie. *Kévin a voulu nous épater avec sa nouvelle moto.* SYN. ébahir, stupéfier.

épaulard **n.m.** Orque.

épaule **n.f.** ❶ Partie du corps où se situe l'articulation du bras et du tronc. *La clavicule et l'omoplate s'unissent à l'humérus pour former l'articulation de l'épaule. Le berger a pris l'agneau malade sur ses épaules* (= le haut de son dos). ❷ Morceau de boucherie qui correspond au haut de la patte de devant d'un animal. *Une épaule de mouton.* • **Avoir la tête sur les épaules :** être plein de bon sens et ne pas prendre ses décisions à la légère.

épauler **v.** (CONJUG. 3). ❶ Appuyer la crosse d'un fusil contre son épaule pour tirer. *L'homme épaula, visa et tira.* ❷ Aider quelqu'un dans un moment difficile. *Quand je suis arrivé en France, Nicolas m'a souvent épaulé.* SYN. aider, soutenir.

épaulette **n.f.** ❶ Bande de tissu se boutonnant sur l'épaule. ❷ Patte d'épaule de l'uniforme militaire, terminée parfois par des franges. ❸ Rembourrage de mousse que l'on met à chaque épaule, pour élargir la carrure d'un vêtement.

épave **n.f.** ❶ Bateau échoué, englouti ou flottant à la dérive. *Après le naufrage, des plongeurs tentèrent de pénétrer dans l'épave du paquebot.* ❷ Voiture irrécupérable. *Après l'accident, on est venu chercher les épaves.* ❸ (Familier) Personne désemparée, anéantie par des malheurs auxquels elle n'a pas su résister. SYN. loque.

épée **n.f.** Arme faite d'une longue lame d'acier pointue, munie d'une poignée et d'une garde pour protéger les doigts. *Une épée est une arme blanche.* • **Coup d'épée dans l'eau :** tentative qui n'aboutit à aucun résultat. • **Épée de Damoclès :** menace qui pèse en permanence sur quelqu'un. → VOIR noms propres : **Damoclès.**

épeler **v.** (CONJUG. 12, ✎ *11*). Dire les lettres d'un mot les unes après les autres. *Épelle-moi ton nom, s'il te plaît.*

éperdu, e **adj.** ❶ Qui éprouve très vivement un sentiment. *Elle était éperdue de joie.* SYN. fou. ❷ Qui manifeste l'affolement, l'égarement. *Une fuite éperdue.*

éperdument **adv.** ❶ Intensément, très violemment, d'une façon exaltée. *Il en était tombé éperdument amoureux.* SYN. follement, passionnément. ❷ (Familier) Totalement. *Je m'en moque éperdument.* SYN. complètement.

éperon **n.m.** ❶ Petite tige de métal terminée par une molette, que le cavalier fixe au talon de ses bottes et qui lui sert à piquer les flancs de son cheval pour le stimuler. ❷ Dans l'Antiquité, poutre pointue recouverte de bronze, fixée à l'avant des galères et servant à éventrer la coque des bateaux ennemis. ❸ En géographie, partie d'un coteau, d'un contrefort montagneux, qui avance en surplomb. *Un éperon rocheux.* SYN. promontoire.

éperon et étrier

a b c d e f g h i j k l m n o p q r s t u v w x y z

épervier

éperonner **v.** (CONJUG. **3**). Piquer les flancs de sa monture à coups d'éperon pour lui faire accélérer l'allure. *Le cow-boy, éperonnant son cheval, se lança à la poursuite du bandit.*

épervier **n.m.** ❶ Oiseau rapace diurne proche du faucon, mais de petite taille. *L'épervier était autrefois utilisé pour chasser la caille.* ❷ Grand filet de pêche en forme de cône et garni de plombs, qu'on lance de la rive ou du bord d'un bateau.

éphémère **adj.** Qui ne dure pas longtemps. *Cet acteur n'a connu qu'un succès éphémère.* SYN. fugitif, passager. ◆ **n.m.** Insecte qui ne vit que deux ou trois jours.

HISTOIRE DU MOT Vient, comme *éphéméride*, d'un mot grec qui signifie « jour ».

éphéméride **n.f.** Calendrier dont on retire chaque jour un feuillet.
▸ REM. Ce mot est du féminin.

épi **n.m.** ❶ Le haut de la tige des graminées qui porte les grains en groupe serré. *Des épis de maïs.* ❷ Mèche de cheveux rebelle. • **En épi :** en oblique par rapport à une rue, un mur, etc. *Il y a un stationnement en épi devant le supermarché.*

différentes épices

épice **n.f.** Produit d'origine végétale dont on se sert pour assaisonner les plats. *Le poivre, la cannelle, le clou de girofle, le safran, l'anis, le fenouil sont des épices.*

ENCYCLOPÉDIE Jusqu'au XVIIe siècle, on a beaucoup consommé d'épices en Occident. La plupart de ces épices venaient d'Orient, où on les utilisait depuis la plus haute antiquité. On s'en servait pour accompagner les mets et aussi pour conserver les viandes ou pour fabriquer des pommades, des potions fortifiantes. Les riches marchands vénitiens, qui en avaient le quasi-monopole, en proposaient au XIVe siècle 288 espèces ! Leurs prix ne cessaient d'augmenter et la recherche des épices sera une des principales causes des grandes découvertes.

épicé, e **adj.** Qui est fort au goût, piquant, parce qu'il y a beaucoup d'épices. *La cuisine indienne est très épicée.* SYN. relevé.

épicéa **n.m.** Arbre de montagne qui ressemble au sapin et dont le tronc peut atteindre 30 à 40 m de haut et 1 m de diamètre. *On utilise l'épicéa pour faire des charpentes, en menuiserie, et pour la pâte à papier.*

HISTOIRE DU MOT Vient du latin *pix* qui signifie « poix, résine ».

épicéa

épicentre **n.m.** Point de la surface terrestre où les secousses d'un tremblement de terre sont les plus violentes.

épicerie **n.f.** ❶ Petit magasin d'alimentation. *Dans une épicerie, on vend du sucre, du sel, des épices, des conserves, du chocolat, du café, etc.* ❷ L'ensemble des marchandises vendues par un épicier. • **Faire l'épicerie :** au Canada, faire les courses.

épicier, ère **n.** Commerçant qui tient une épicerie.

épidémie **n.f.** Propagation rapide d'une maladie contagieuse qui atteint en même temps un très grand nombre de personnes dans une même région. *Une épidémie de grippe.*

épidémique **adj.** Qui a le caractère d'une épidémie. *La peste, le choléra, la rougeole, la coqueluche sont des maladies épidémiques.*

épiderme **n.m.** La partie superficielle de la peau. *Coupure sans gravité qui n'a entamé que l'épiderme.*

● (Familier) **Avoir l'épiderme sensible :** être très susceptible, se vexer facilement.

HISTOIRE DU MOT Vient du grec *epi*, qui signifie « sur », et *derma*, qui signifie « peau ».

épidermique adj. De l'épiderme, qui a rapport à l'épiderme. *Le tissu épidermique.*

épier v. (CONJUG. **7**). Regarder ce qui se passe, écouter ce qui se dit sans se faire voir. *Attention, quelqu'un nous épie derrière sa fenêtre.* SYN. espionner.

HISTOIRE DU MOT En ancien français, *épier* se disait *espier*, qui a donné le mot *espion*.

épieu n.m. Bâton dont la pointe est durcie au feu ou ferrée, et qui servait autrefois à la chasse et à la guerre. *Ulysse, profitant de l'ivresse du Cyclope Polyphème, lui creva l'œil avec un épieu.*

épigramme n.f. Petit poème satirique ou courte phrase ironique.

▶ REM. 1. Ce mot est du féminin. 2. Ne pas confondre avec *épigraphe* et *épitaphe*.

épigraphe n.f. ❶ Inscription gravée sur la pierre d'un monument. ❷ Pensée inscrite en tête d'un livre et qui donne l'idée de son contenu.

▶ REM. 1. Ce mot est du féminin. 2. Ne pas confondre avec *épigramme* et *épitaphe*.

épilation n.f. Action d'épiler, de s'épiler. *Mme Gilbert a demandé à son esthéticienne de lui faire une épilation des sourcils.*

épilepsie n.f. Maladie qui se manifeste par des convulsions souvent accompagnées d'évanouissement. *Voyant qu'il s'agissait d'une crise d'épilepsie, quelqu'un eut l'idée de passer un crayon entre les dents du malade pour éviter qu'il ne se morde la langue.*

épileptique adj. et **n.** Qui est atteint d'épilepsie. *Mikhaïl doit prendre des médicaments parce qu'il est épileptique.*

épiler v. (CONJUG. **3**). Enlever les poils. *Une pince à épiler.*

épilogue n.m. Fin d'une histoire, d'un événement, par opposition à *prologue*. *Dans l'épilogue du « Tour du monde en 80 jours » de Jules Verne, on apprend le mariage de Phileas Fogg avec la princesse indienne qu'il avait arrachée au bûcher.* SYN. conclusion, fin. *Épilogue dramatique dans l'affaire des faux billets : trois morts.* SYN. dénouement.

épiloguer épiloguant, épilogué v. (CONJUG. **6**). Faire des commentaires à n'en plus finir sur un sujet. *Inutile d'épiloguer sur cette affaire !*

épinard n.m. Plante dont on mange les feuilles vertes, cuites ou crues. ◆ **épinards n.m.plur.** Feuilles d'épinard. *Manger des épinards à la crème.*

HISTOIRE DU MOT Vient d'un mot persan. L'épinard pousse, en effet, à l'état sauvage en Orient.

épine n.f. Piquant qui pousse sur la tige de certaines plantes. *Alice s'est enfoncé une épine dans le doigt en cueillant des mûres.* ● **Épine dorsale :** autre nom de la colonne vertébrale. ● **Enlever une épine du pied :** soulager d'un souci. *Le devoir est repoussé d'une semaine, voilà qui m'enlève une belle épine du pied !* ● **Il n'y a pas de roses sans épines :** il n'y a jamais de plaisir parfait sans quelque désagrément.

épinette n.f. ❶ Petit instrument de musique à cordes pincées et à clavier dont le mécanisme est le même que celui du clavecin. ❷ Au Canada, arbre de la famille des épicéas.

HISTOIRE DU MOT Vient de *épine*, car ses cordes étaient pincées par des morceaux de plumes de corbeau taillés en forme d'épine.

épineux, euse adj. ❶ Couvert d'épines. *Le cactus est une plante épineuse.* ❷ *Un problème épineux* est délicat à résoudre. SYN. embarrassant. ◆ **épineux n.m.** Plante épineuse. *La ronce est un épineux.*

épingle n.f. Fine tige d'acier pointue à une extrémité, munie d'une tête à l'autre, qui sert à attacher. *Marquer un ourlet avec des épingles.* ● **Épingle à cheveux :** petite tige recourbée à deux branches qui sert à retenir les cheveux. ● **Épingle à linge :** pince à linge. ● **Épingle double, de nourrice, de sûreté :** petite tige de metal recourbée sur elle-même, dont la pointe est protégée et maintenue par un crochet plat. ● **Être tiré à quatre épingles :** être habillé avec beaucoup de soin. ● **Tirer son épingle du jeu :** sortir habilement d'une situation délicate et laisser les autres se débrouiller tout seuls. ● **Virage en épingle à cheveux :** virage très raide, en forme de « U ».

HISTOIRE DU MOT Vient du latin *spinula* qui signifie « petite épine ».

épingler v. (CONJUG. **3**). ❶ Accrocher, attacher, fixer avec une épingle. *Épingler une étiquette à un vêtement.* ❷ (Familier) Attraper, surprendre quelqu'un qui commet ou a commis une faute, un délit.

épinière adj.f. ● **La moelle épinière :** la partie du système nerveux contenue dans l'épine dorsale.

Épiphanie n.f. Fête de l'Église chrétienne célébrée le premier dimanche de janvier et qui rappelle la visite que les Rois mages, guidés par une mystérieuse étoile, ont rendue au Christ dans la crèche de Bethléem.

▶ REM. On dit aussi *le jour des Rois* ou *la fête des Rois*.

épique adj. ❶ Qui se rapporte à une épopée. *Un poème épique. Ulysse est un héros épique.* ❷ Dont on se souvient à cause de ses aspects cocasses, inattendus, mouvementés. *La voiture touchait presque terre tant elle était chargée, le retour a été épique !*

pousses d'épinard

A B C D E F G H I J K L M N O P Q R S T U V W X Y Z

épiscopal, ale, aux **adj.** De l'évêque. *L'anneau épiscopal est orné d'une améthyste.*

HISTOIRE DU MOT Vient, comme *évêque*, du grec *episcopos* qui signifie « gardien, surveillant ».

épiscopat **n.m.** *L'épiscopat d'un pays*, c'est l'ensemble de ses évêques. *L'épiscopat italien.*

épisode **n.m.** ❶ Chacune des parties d'une histoire, d'un feuilleton. *C'est le dernier épisode de mon feuilleton à la télévision, ce soir, je ne veux pas le manquer.* ❷ Moment particulier dans une série d'événements. *Pierre nous raconta quelques épisodes de sa vie en Chine.*

épisodique **adj.** Qui a lieu de temps en temps. *Je vois mes cousins de façon épisodique.* SYN. occasionnel. CONTR. habituel, régulier.

épisodiquement **adv.** De temps en temps. *Je vois mes cousins épisodiquement, aux réunions de famille.* SYN. occasionnellement.

épissure **n.f.** Assemblage de deux cordages, de deux câbles qui se fait en entrelaçant les fils qui les composent. *Sur le quai, un pêcheur fait une épissure pour réparer un cordage.*

épistolaire **adj.** Qui concerne les lettres, la correspondance. *Ils entretiennent des relations épistolaires.*

HISTOIRE DU MOT Vient, comme *épître*, du latin *epistola* qui signifie « lettre ».

épitaphe **n.f.** Inscription gravée sur une tombe. *Sur la pierre, on devinait une épitaphe, à demi recouverte de mousse : « Ci-gît Dame Aude de l'Augerie ».*
▸ REM. 1. Ce mot est du féminin. 2. Ne pas confondre avec *épigramme* et *épigraphe*.

épithète **adj.** et **n.f.** L'*adjectif épithète* détermine un nom sans l'intermédiaire du verbe, par opposition à l'*adjectif attribut*. *Dans « un gentil garçon », l'adjectif « gentil » est épithète du nom « garçon ».* ◆ **n.f.** Qualificatif donné à quelqu'un, flatteur ou non. *Il m'a adressé les épithètes les plus injurieuses de son répertoire !*
▸ REM. Ce mot est du féminin.

épître, ✎ ***épitre*** **n.f.** ❶ Longue lettre. *J'ai reçu une véritable épître de Luc, dans laquelle il me décrit sa nouvelle vie.* ❷ Dans le Nouveau Testament, chacune des lettres adressées par les apôtres aux nouveaux chrétiens, où est expliquée la doctrine évangélique. *Il y a en tout vingt et une épîtres.*
▸ REM. Le premier sens du mot appartient à la langue soutenue.

éploré, e **adj.** En pleurs, en larmes. *Une veuve éplorée.*

HISTOIRE DU MOT Vient de l'ancien français *plor* qui signifiait « pleur ».

épluchage **n.m.** L'action d'éplucher un fruit, un légume. *Tu es de corvée d'épluchage aujourd'hui !*

éplucher **v.** (CONJUG. 3). ❶ Enlever la peau des légumes, des fruits avec un couteau. *Éplucher des pommes de terre.* SYN. peler. ❷ Examiner de très près un texte ou des comptes pour y relever les erreurs. *L'inspecteur des impôts a épluché les comptes de l'entreprise.*

épluchette **n.f.** Au Canada, fête populaire au cours de laquelle on déguste des épis de maïs.

épluchure **n.f.** Morceau de peau d'un légume qui a été épluché. *Des épluchures de carottes traînaient sur la table.*

éponge **n.f.** ❶ Animal qui vit fixé à la roche au fond des mers chaudes et dont on utilise le squelette léger, souple et plein de trous pour sa capacité à retenir les liquides. ❷ Objet qui absorbe les liquides et les rejette par simple pression de la main, qu'on utilise pour le nettoyage ou la toilette. *Éponge naturelle* (= faite du squelette de l'animal). *Éponge synthétique.* • **Jeter l'éponge :** abandonner, renoncer au combat, comme le fait l'entraîneur d'un boxeur quand il voit que celui-ci est en difficulté. • (Familier) **Passer l'éponge :** pardonner en acceptant de faire comme si rien ne s'était passé.

éponges

éponger **épongeant, épongé v.** (CONJUG. 5). Absorber un liquide avec une éponge, essuyer avec un linge. *Éponger de l'eau qui a débordé.*

épopée **n.f.** ❶ Long poème ou récit en prose qui raconte les exploits d'un héros légendaire. *« L'Odyssée », épopée écrite par le poète grec Homère, raconte les aventures d'Ulysse.* → VOIR noms propres : **l'Iliade** et **l'Odyssée.** ❷ Succession d'événements extraordinaires. *Ce déménagement a été une véritable épopée.* SYN. aventure.

ENCYCLOPÉDIE Chaque civilisation a ses épopées, dans lesquelles des héros proches des dieux affrontent les pires dangers. On n'en connaît pas toujours l'auteur. *Gilgamesh* est une épopée mésopotamienne qui parle de l'accès à la sagesse du roi d'Ourouk qui s'était toujours comporté en tyran. Le *Mahabharata*, une épopée de l'Inde ancienne, nous dit comment les cinq fils du roi Pându luttèrent victorieusement contre leurs cousins. *L'Iliade* et *l'Odyssée* sont des épopées grecques. Elles étaient dites ou chantées par un récitant. Toutes les épopées mélangent le réel et le surnaturel.

époque **n.f.** ❶ Moment particulier de l'histoire. *L'époque des guerres de Religion.* SYN. période. ❷ Moment particulier de l'année, de la vie de quelqu'un, de l'histoire d'une activité, etc. *L'époque des vendanges.* SYN. moment, période, temps. • **D'époque :** qui date réellement de l'époque dont on parle. *C'est une commode Louis XV, elle est d'époque.* • **La Belle Époque :** les premières années du XXe siècle, considérées comme une période particulièrement agréable.

épouiller **v.** (CONJUG. **3**). Débarrasser des poux et des lentes. *La guenon épouille son petit.*

s'époumoner **v.pron.** (CONJUG. **3**). Crier à pleins poumons, à perdre son souffle. *Inutile de t'époumoner comme ça, ils ne peuvent pas t'entendre.*

épouse **n.f.** → **époux**

épouser **v.** (CONJUG. **3**). ❶ Prendre quelqu'un pour conjoint. *Le Prince épousa Cendrillon* (= se maria avec). ❷ Prendre la forme exacte de quelque chose. *Le fauteuil d'une voiture de course épouse exactement la forme du corps du pilote.*

épousseter **v.** (CONJUG. **12**, ✎ *11*). Enlever la poussière avec un chiffon, un plumeau. *Épousseter les meubles.*

époustouflant, e **adj.** Qui époustoufle. *Le metteur en scène avait imaginé un décor époustouflant.* SYN. fantastique, inouï, prodigieux, stupéfiant.

époustoufler **v.** (CONJUG. **3**). Étonner, surprendre à un tel point qu'on en reste coi, le souffle coupé. *Son exploit nous a tous époustouflés* (= laissés pantois). SYN. méduser, sidérer, stupéfier.

épouvantable **adj.** ❶ Très mauvais. *Ma pauvre chérie, tu as une mine épouvantable.* SYN. affreux, effroyable, horrible. ❷ Qui inquiète, qui fait peur. *On a entendu un cri épouvantable.* SYN. abominable, terrible.

épouvantablement **adv.** D'une façon excessive. *Il m'a raconté une histoire épouvantablement compliquée.* SYN. affreusement, extrêmement, horriblement, terriblement.

épouvantail **n.m.** Mannequin couvert de vieux vêtements, monté sur un bâton et placé dans les vergers, les champs et les jardins pour effrayer les oiseaux qui picorent les récoltes. *Des épouvantails à moineaux.*

épouvante **n.f.** • **Film d'épouvante :** film fait spécialement pour provoquer la peur chez le spectateur.

épouvanter **v.** (CONJUG. **3**). ❶ Remplir quelqu'un de terreur. *Julie fait des cauchemars, elle a vu un film de vampires qui l'a épouvantée.* SYN. effrayer, terrifier, terroriser. ❷ Provoquer de l'inquiétude, de l'appréhension. *Commencer à travailler dans une nouvelle entreprise l'épouvante.* SYN. affoler, angoisser.

époux **n.m.**, **épouse** **n.f.** Nom officiel pour désigner le mari, la femme. *Marguerite Gautier, voulez-vous prendre pour époux André Tuyau ici présent ? Mon épouse va vous montrer le chemin.* SYN. femme. ◆ **époux** **n.m.plur.** Le mari et la femme. *Les nouveaux époux se sont embarqués pour Venise.* SYN. conjoints, mariés.

s'éprendre **éprenant, épris** **v.pron.** (CONJUG. **48**). Se prendre de passion pour quelqu'un, en tomber amoureux. *Et voilà qu'il s'est épris de ma meilleure amie.*

épreuve **n.f.** ❶ Ce à quoi on soumet quelqu'un pour qu'il montre sa force, son courage. ❷ Toute difficulté à laquelle la vie nous confronte. *Il a dû surmonter bien des épreuves.* SYN. peine, revers, souffrance. ❸ Partie d'une compétition sportive. *L'épreuve contre la montre.* ❹ Test, exercice, interrogation auxquels un candidat doit se soumettre. *L'épreuve écrite de français était très difficile.* ❺ Premier tirage d'une photographie. *Le photographe a apporté les épreuves pour que les mariés fassent leur choix.* • **À l'épreuve de :** capable de résister à. *Une amitié à l'épreuve des ans.* • **À toute épreuve :** capable de résister à tout. *Une fidélité à toute épreuve.* • **Épreuve de force :** essai tenté pour voir jusqu'où l'adversaire est capable de résister sans céder ; affrontement violent après l'échec des négociations. • **Mettre à l'épreuve :** tester les réactions, la résistance, les qualités de quelqu'un ou de quelque chose. → VOIR AUSSI **éprouver.**

épris, e **adj.** Qui est très attaché à quelqu'un, à quelque chose. *Elle est très éprise de lui.* SYN. amoureux. *Épris de liberté.* → VOIR **s'éprendre.**

éprouvant, e **adj.** Qui est très pénible physiquement ou moralement. *Une journée éprouvante.* SYN. épuisant, fatigant.

éprouvé, e **adj.** ❶ Qui a subi de dures épreuves. *C'est un pays durement éprouvé.* ❷ Qui a fait ses preuves. *Il a utilisé une méthode éprouvée.*

éprouver **v.** (CONJUG. **3**). ❶ Ressentir quelque chose physiquement ou moralement. *J'éprouve une grande tendresse pour elle.* ❷ Faire souffrir physiquement ou moralement. *Marthe avait été très éprouvée par l'exode et les privations.* SYN. atteindre. ❸ Vérifier la résistance, la solidité de quelque chose.

épouvantail

a b c d e f g h i j k l m n o p q r s t u v w x

A B C D E F G H I J K L M N O P Q R S T U V W X Y Z

éprouvette **n.f.** Tube en verre dans lequel les chimistes font des expériences de laboratoire. *Le chercheur versa le contenu de l'éprouvette dans trois tubes à essai.*

épuisable **adj.** Susceptible d'être épuisé. *Le pétrole est une source d'énergie épuisable.*

épuisant, e **adj.** Qui épuise, use la force et les nerfs. *On avait contraint les prisonniers à une marche épuisante.* SYN. exténuant, harassant. *Les enfants sont déchaînés, ils sont épuisants !*

épuisé, e **adj.** ❶ À bout de fatigue. *Elle est rentrée épuisée.* SYN. exténué. ❷ Vendu jusqu'au dernier. *Le livre est épuisé, on ne le trouve plus en librairie.*

épuisement **n.m.** ❶ État d'extrême faiblesse. *Ils ont couru jusqu'à l'épuisement.* ❷ Utilisation de toutes les ressources, disparition des dernières réserves. *Le magasin vend tout, jusqu'à épuisement du stock. Les scientifiques prédisent l'épuisement des gisements de pétrole.*

épuiser **v.** (CONJUG. 3). ❶ Fatiguer à l'extrême, ôter toute force. *L'air de la mer et le vent m'ont complètement épuisé.* SYN. anéantir, exténuer. ❷ Venir à bout de ses réserves, de ses ressources. *Il avait épuisé toutes ses munitions. J'ai épuisé toutes les ressources de mon imagination, je ne sais plus que faire.* ◆ **s'épuiser** **v.pron.** ❶ *Des réserves qui s'épuisent* disparaissent peu à peu, au fur et à mesure de leur utilisation. *Nos provisions de nourriture s'épuisent, il faut retourner faire les courses.* ❷ Mettre toute son énergie à faire quelque chose. *Je m'épuise à vous répéter qu'il n'est pas ici.* SYN. s'échiner, se fatiguer.

épuisette **n.f.** Petit filet de pêche au bout d'un manche. *Les enfants ont pêché des crevettes avec leur épuisette.*

épuration **n.f.** *Une station d'épuration des eaux* sert à filtrer les eaux usées pour en éliminer toutes les impuretés.

épurer **v.** (CONJUG. 3). Rendre pur ou plus pur. *Épurer l'eau par filtrage.* SYN. assainir, purifier.

équateur **n.m.** Cercle imaginaire, à égale distance des pôles, qui sépare la Terre en deux hémisphères, nord et sud. *À l'équateur, les nuits sont à peu près égales aux jours toute l'année.*
▸ REM. On prononce [-kwa-].

équation **n.f.** En algèbre, égalité qu'il s'agit de démontrer en donnant la bonne valeur à l'inconnue. *Soit l'équation* x + 3 = 13 *où* x *est l'inconnue ; résoudre cette équation, c'est trouver la valeur de* x.
▸ REM. On prononce [-kwa-].

équatorial, ale, aux **adj.** Proche de l'équateur. *Dans les régions équatoriales, la température moyenne est de 25 °C toute l'année et il pleut tous les jours en fin d'après-midi.*
▸ REM. On prononce [-kwa-].

équerre **n.f.** Instrument en forme de triangle rectangle qui sert à tracer des angles droits ou à vérifier s'ils sont droits. *Le mathématicien, le menuisier, le dessinateur industriel se servent d'équerres.* • **D'équerre** ou **à l'équerre :** à angle droit. *Les deux côtés de ta caisse ne sont pas d'équerre !*

statue équestre

équestre **adj.** ❶ *Le sport équestre*, c'est l'équitation. ❷ *Une statue équestre* représente un personnage à cheval.

HISTOIRE DU MOT Vient du latin *equus* qui signifie « cheval ».

équidistant, e **adj.** Qui se trouve à égale distance de deux ou plusieurs points. *Berlin est à peu près équidistante de Buenos Aires et de Tokyo.*
▸ REM. On prononce [-kɥi-].

équilatéral, ale, aux **adj.** *Des triangles équilatéraux* ont leurs trois côtés, et leurs trois angles, égaux.
▸ REM. On prononce [-kɥi-].

HISTOIRE DU MOT Vient du latin *aequus*, qui signifie « égal », et *latus*, qui signifie « côté ».

9 triangles équilatéraux

équilibre **n.m.** ❶ Position stable, qui permet de ne pas tomber. *Garder l'équilibre en marchant sur une poutre. Pierre a perdu l'équilibre et il est tombé.* ❷ Position d'une balance, dans laquelle les deux plateaux sont au même niveau ; position d'un objet dans laquelle chacun des éléments est à la place qui convient pour que rien ne penche ou ne tombe. ❸ Répartition harmonieuse ou équitable de différents éléments. *Le monde actuel manque d'équilibre : il existe des pays très riches et d'autres très pauvres.* ❹ *L'équilibre mental*, c'est l'état d'une personne sensée, normale.

équilibré, e **adj.** ❶ *Un chargement bien équilibré*, c'est un chargement dans lequel les poids sont bien répartis. ❷ *Une personne équilibrée* est calme et de bon sens.

équilibrer v. (CONJUG. 3). ❶ Mettre en équilibre. *Pour équilibrer les plateaux d'une balance, il faut placer un poids égal dans chaque plateau.* ❷ Répartir des forces pour les rendre égales. *Équilibrer des équipes.* CONTR. déséquilibrer.

équilibriste n. Artiste de cirque ou de music-hall qui fait des tours d'équilibre.

équinoxe n.m. Chacune des deux époques de l'année où les jours sont égaux aux nuits. *L'équinoxe de printemps a lieu le 20 ou le 21 mars, celui d'automne le 22 ou le 23 septembre.*
▸ REM. Ce mot est du masculin.

HISTOIRE DU MOT Vient du latin *aequus*, qui signifie « égal », et *nox*, qui signifie « nuit ».

équipage n.m. ❶ L'ensemble du personnel d'un bateau, d'un avion. *Bienvenue à bord, le commandant et son équipage vous souhaitent un agréable voyage.* ❷ Autrefois, l'ensemble des valets, chevaux, voitures, vêtements, etc., qui étaient jugés nécessaires pour voyager. *Le marquis de Boisgrollier arriva dans un somptueux équipage.*

équipe n.f. ❶ Groupe de personnes qui travaillent ensemble. *L'équipe de nuit commence à 22 h. De nombreuses équipes de chercheurs travaillent sur le virus pour trouver un vaccin.* ❷ Groupe de joueurs du même camp. *Une équipe de football.*

équipée n.f. Entreprise irréfléchie dans laquelle on se lance avec enthousiasme et légèreté. *Sa folle équipée s'est bien terminée.* SYN. aventure, expédition.

équipement n.m. ❶ L'ensemble de toutes les installations nécessaires à une activité. *L'équipement sportif d'une école. L'équipement hôtelier d'une région.* ❷ L'ensemble des choses (vêtements, matériel, etc.) nécessaires à la pratique d'une activité. *S'acheter un équipement de ski.*

équiper v. (CONJUG. 3). Munir de tout ce qui est nécessaire à quelque chose. *Au Canada, les maisons sont bien équipées contre le froid.*

équipier, ère n. Membre d'une équipe ou d'un équipage. *Il a passé la balle à son équipier.* SYN. coéquipier.

équitable adj. Qui a le souci de ne pas favoriser quelqu'un aux dépens d'un autre ; qui fait preuve d'équité. *Un juge équitable.* SYN. impartial, juste. CONTR. partial. *Un partage équitable.* SYN. juste.

équitablement adv. D'une manière équitable, juste. *Les provisions ont été réparties très équitablement entre les naufragés.*

équitation n.f. L'art de monter à cheval, le sport équestre. *Faire de l'équitation.* → VOIR AUSSI **hippisme.**

équité n.f. Qualité d'une personne qui a un grand sens de la justice. *L'équité du roi Salomon est proverbiale.* SYN. impartialité, justice. CONTR. injustice, partialité. *Il a jugé avec équité* (= sans favoriser l'un ou l'autre).

équivalence n.f. Égalité de valeur entre deux choses.

équivalent, e adj. Qui a la même valeur ou à peu près la même valeur, qui est comparable. *Elles ont trouvé des résultats équivalents.* SYN. semblable, similaire. *« Canaille » et « fripouille » sont deux termes équivalents.* SYN. proche. ◆ **équivalent** n.m. Ce qui est de valeur égale. *Elle avait une situation en or, elle ne retrouvera jamais l'équivalent !*
▸ REM. Ne pas confondre avec le participe présent du verbe *équivaloir*.

équivaloir **équivalant, équivalu** v. (CONJUG. 37). Être égal à autre chose en poids, en taille, en prix, en valeur. *Le pouce, ancienne mesure de longueur au Canada, équivaut à 2,54 cm.* SYN. égaler, représenter. *Les deux solutions ont chacune leurs avantages, elles s'équivalent.* SYN. valoir.

équivoque adj. ❶ Qui peut être compris de différentes manières. *« Je loue un appartement » est une phrase équivoque.* SYN. ambigu. ❷ *Une attitude équivoque* est suspecte parce qu'elle n'est pas claire. SYN. louche. ◆ n.f. Ce qui n'est pas clair, qui laisse la possibilité d'être mal compris. *Il a dit sans équivoque qu'il était de mon avis.* SYN. ambiguïté.

érable n.m. Grand arbre des forêts tempérées dont le fruit est muni d'une paire d'ailes qui le fait voler au vent.

ENCYCLOPÉDIE Il existe plus de quatre-vingts espèces d'érables. La plus connue en France est le *grand érable*, aussi appelé *sycomore*. On trouve au Canada l'*érable à sucre*, dont la sève fournit un sirop apprécié avec lequel on fabrique, entre autres, le sucre d'érable. La *feuille d'érable* est l'emblème du Canada.

feuilles d'érable

érafler v. (CONJUG. 3). Entamer superficiellement. *Les ronces lui ont éraflé les jambes.* SYN. écorcher, égratigner, griffer. *Pierre a éraflé l'aile de la voiture en la rentrant dans le garage.* SYN. rayer.

éraflure n.f. Griffure sur la peau, rayure sur une surface.

éraillé, e adj. *Une voix éraillée* est rauque ; son timbre a perdu sa clarté.

ère n.f. ❶ Période historique qui correspond à une manière de compter les années à partir d'une date servant de point de repère. *L'ère chrétienne débute à la naissance du Christ, l'ère de l'hégire, qui est l'ère musulmane, débute au moment de la fuite de Mahomet à Médine (622 après J.-C.), l'ère des juifs part de la date supposée de la création du monde (3761 avant J.-C.).* ❷ Époque marquée par certains faits sociaux, par une mode, une invention, etc. *L'ère du rock.* SYN. âge, période. *L'ère atomique.* ❸ En géologie, chacune des

A B C D E F G H I J K L M N O P Q R S T U V W X Y Z

quatre périodes de l'histoire de la Terre. *L'ère primaire a duré 320 millions d'années, l'ère secondaire 180 millions, l'ère tertiaire 85 millions ; nous sommes dans l'ère quaternaire.*

érectile adj. *Un organe érectile* a la caractéristique de pouvoir se redresser et se raidir.

érection n.f. ❶ Édification d'un monument, d'une statue. SYN. élévation. ❷ Gonflement et redressement du pénis chez l'homme.

HISTOIRE DU MOT Vient du latin *erigere* qui signifie « mettre droit, dresser, construire » et qui a donné *ériger.*

éreintant, e adj. (Familier) Qui éreinte, qui épuise de fatigue. *Un travail éreintant.* SYN. exténuant, harassant.

éreinter v. (CONJUG. **3**). User les forces d'une personne, l'épuiser de fatigue. *J'ai déménagé ma chambre hier, cela m'a éreinté.* SYN. anéantir, exténuer, harasser.

HISTOIRE DU MOT En ancien français, *éreinter* signifiait « casser les reins ».

ergot n.m. Pointe formée de corne qui se situe derrière la patte de certains animaux, comme le coq ou le chien. • **Monter, se dresser sur ses ergots :** prendre une attitude et un ton arrogants, agressifs, comme un coq en colère.

ergoter v. (CONJUG. **3**). Contester, discuter à n'en plus finir sur des détails sans intérêt. *Il a ergoté sur l'addition au restaurant, j'étais gênée...* SYN. chicaner.

HISTOIRE DU MOT Vient du latin *ergo* qui signifie « donc », mot qui revenait sans cesse dans les raisonnements théologiques du Moyen Âge.

ériger érigeant, érigé v. (CONJUG. **5**). Édifier un monument en l'honneur de quelqu'un. *Le gouvernement a fait ériger une statue à ce grand homme.* SYN. dresser, élever. ◆ **s'ériger v.pron.** • **S'ériger en justicier :** s'attribuer soi-même ce rôle, se donner le droit de décider de ce qui est juste et de ce qui ne l'est pas. SYN. se poser en.

ermitage n.m. ❶ Maison d'un ermite. *Certains moines du mont Athos, en Grèce, vivent dans des ermitages.* ❷ Maison retirée, dans laquelle on s'isole. *Il s'est réfugié dans son ermitage pour écrire un roman.* SYN. retraite.

ermite n.m. Religieux qui se retire dans un lieu désert pour prier et méditer. • **Vivre en ermite :** vivre seul, sans chercher à voir personne.
▸ REM. Au Canada, ce mot s'emploie aussi au féminin.

HISTOIRE DU MOT Vient du grec *erêmos* qui signifie « désert ».

éroder v. (CONJUG. **3**). User lentement. *Jour après jour, la mer érode les falaises.* SYN. ronger, saper.

érosion n.f. Usure lente et progressive du relief par l'eau, le vent, le gel. *L'érosion transforme la surface de la Terre.*

érotique adj. Qui évoque le désir physique ou parle de sexe. *Roman, film érotiques.*

HISTOIRE DU MOT Vient du grec *erôs* qui signifie « désir, amour ». Dans la mythologie grecque, *Éros* est le dieu de l'Amour.

érotisme n.m. Caractère de ce qui est érotique.

errant, e adj. Qui erre ici et là sans savoir où il va, qui vit sans se fixer nulle part. *On emmène les chiens errants à la fourrière.* SYN. vagabond. *À l'époque de Molière, les comédiens menaient une vie errante.* SYN. nomade. • **Chevalier errant :** au Moyen Âge, chevalier qui allait de pays en pays, pour chercher les aventures et redresser les torts. • **Le Juif errant :** personnage légendaire, qui, selon une tradition populaire, aurait été condamné à marcher sans s'arrêter jusqu'à la fin du monde pour avoir injurié Jésus portant sa croix.

erratum n.m. (PLUR. : **errata**), ✎ (PLUR. : ***erratums***). Faute signalée dans un ouvrage.
▸ REM. C'est un mot latin, on prononce [-tɔm].

errements n.m.plur. Mauvaise conduite, erreurs de jugement qui reviennent sans cesse. *Il est retombé dans ses anciens errements.* SYN. erreur.
▸ REM. Ce mot appartient à la langue soutenue.

errer v. (CONJUG. **3**). ❶ Aller çà et là, sans but, au hasard. *Un chien errait dans les bois.* ❷ Passer d'une chose à une autre sans but, sans se fixer. *Laisser errer son imagination.* SYN. aller, vagabonder.

erreur n.f. ❶ Le fait de se tromper, de prendre pour vrai ce qui est faux, de ne pas faire ce qu'il faudrait faire. *Ce colis m'a été délivré par erreur* (= quelqu'un s'est trompé). *Sauf erreur...* (= si je ne me trompe pas). *L'erreur est humaine* (= tout le monde peut se tromper). ❷ Acte regrettable ou maladroit. *C'est une erreur de jeunesse !*

erroné, e adj. Qui comporte des erreurs, qui n'est pas exact. *Une adresse erronée.* SYN. faux.

ersatz n.m. Produit de remplacement, utilisé à défaut d'un autre, mais qui n'est pas d'aussi bonne qualité. *La saccharine est utilisée comme ersatz du sucre.* SYN. substitut, succédané.
▸ REM. C'est un mot allemand, on prononce [ɛrzats].

érudit, e adj. et **n.** Qui sait beaucoup de choses dans certains domaines, en particulier l'histoire, la littérature, la musique. *Elle est très érudite, elle connaît tout sur la musique.* SYN. savant. *Ferdinand est un spécialiste des poètes latins, c'est un érudit.* SYN. lettré.

érudition **n.f.** Connaissance étendue et approfondie acquise par l'étude des textes et des documents. *Il connaissait l'hébreu, le grec, le latin, c'était un homme d'une grande érudition.* SYN. savoir.

éruption **n.f.** ❶ Jaillissement violent de matériaux volcaniques, lave, gaz, cendres, à la surface de la Terre. *L'éruption de la montagne Pelée en Martinique, en 1902, fit 34 000 morts. Un volcan qui entre en éruption.* → VOIR **volcan** (planche). ❷ Apparition soudaine de boutons ou de rougeurs sur la peau. *Une éruption d'urticaire.*
▸ REM. Ne pas confondre avec *irruption*.

esbroufe **n.f.** (Familier) *Faire de l'esbroufe*, c'est tâcher d'impressionner quelqu'un, de lui en imposer en se mettant en valeur, en se vantant, en faisant le malin.

escabeau **n.m.** Petite échelle pliante avec des marches assez larges.

escadre **n.f.** ❶ Groupe de navires de guerre commandés par un vice-amiral. ❷ Dans l'aviation, unité de combat formée de deux ou trois escadrons, commandée par un général d'aviation.

escadrille **n.f.** Groupe d'avions de chasse commandés par un capitaine, qui constituait autrefois l'unité élémentaire de combat. *L'« escadrille des Cigognes » de Guynemer s'est rendue célèbre pendant la Première Guerre mondiale.*
▸ REM. On dit aujourd'hui *escadron*.

escadron **n.m.** ❶ Groupe de soldats d'un régiment de cavalerie ou de la gendarmerie, commandé par un capitaine. *Les escadrons d'autoroute de la gendarmerie départementale.* ❷ Unité élémentaire de l'armée de l'air.

éruption volcanique (Islande)

escalade **n.f.** ❶ Ascension d'une paroi rocheuse à l'aide de prises et d'appuis naturels trouvés dans le rocher, et souvent à l'aide de cordes, de crampons, de pitons, etc. *Faire de l'escalade en montagne.* SYN. varappe. ❷ Accroissement rapide d'un phénomène. *L'escalade de la violence.* SYN. montée. *L'escalade des prix.* SYN. augmentation, hausse.

mur d'entraînement à l'**escalade**

escalader **v.** (CONJUG. 3). ❶ Grimper et passer par-dessus un obstacle. *J'ai oublié ma clé, il ne me reste plus qu'à escalader le mur du jardin.* ❷ Faire l'ascension d'une paroi, d'un sommet. *Escalader une falaise, un pic.* SYN. gravir.

Escalator **n.m.** Escalier mécanique. *Le rayon des jouets est au 4e étage, vous avez l'Escalator à votre gauche.*
▸ REM. 1. C'est un nom de marque, le mot prend une majuscule, en France, dans les textes imprimés. 2. Au Québec, on doit dire *escalier roulant, escalier mécanique*.

escale **n.f.** Arrêt au cours d'un voyage en bateau ou en avion pour le ravitaillement, l'embarquement ou le débarquement des marchandises et des passagers ; le temps que dure cet arrêt. *Il y a deux escales pendant le voyage. Le bateau fait escale à Venise. Nous avons six heures d'escale à Hongkong.*

HISTOIRE DU MOT Vient de l'italien *scala* qui signifie « échelle », parce que, autrefois, c'est par une échelle qu'on avait accès à un bateau.

escalier **n.m.** Suite de marches qui permettent de monter et de descendre. *Il a grimpé l'escalier quatre à quatre.* • **Escalier mécanique, roulant :** escalier dont les marches sont fixées sur des chaînes actionnées mécaniquement, permettant ainsi de passer d'un niveau à l'autre sans avoir à marcher. SYN. Escalator. • **Avoir l'esprit d'escalier :** penser toujours trop tard à ce que l'on aurait dû dire. CONTR. avoir l'esprit d'à-propos.

escalope **n.f.** Tranche mince de viande blanche ou de poisson. *Une escalope de dinde, de veau, de thon.*

escamotable **adj.** Que l'on peut replier et dissimuler à l'intérieur de quelque chose. *Un lit escamotable.*

escamoter **v.** (CONJUG. **3**). ❶ Faire disparaître quelque chose de manière habile, sans être vu. *Le prestidigitateur a escamoté un pigeon dans son chapeau.* ❷ *Escamoter une difficulté*, c'est faire comme si elle n'existait pas. *Elle a très habilement escamoté le problème.* SYN. éluder, esquiver.

escampette **n.f.** • **Prendre la poudre d'escampette :** se sauver rapidement, sans demander son reste. SYN. déguerpir.

HISTOIRE DU MOT Diminutif de l'ancien français *escampe*, « fuite ». Autrefois, on disait *escamper* pour *décamper*.

escapade **n.f.** Petite sortie que l'on fait pour échapper aux habitudes de la vie quotidienne, pour prendre un peu de liberté. *Ils ont décidé de faire une escapade à la campagne.*

escarcelle **n.f.** Autrefois, bourse que l'on portait suspendue à la ceinture. *Il n'avait plus un sou dans son escarcelle.*

HISTOIRE DU MOT Vient de l'italien *scarsella* qui signifie « petite avare ».

escargot **n.m.** Mollusque gastéropode herbivore qui rampe sur un large pied et porte sur son dos une coquille en spirale. *On appelle parfois l'escargot « limaçon » ou « colimaçon ».* • **Avancer comme un escargot :** avancer très lentement.

ENCYCLOPÉDIE Craignant le soleil, l'escargot se déplace sous la pluie à la vitesse de 112 m à l'heure. Son pied ventral sécrète de la bave luisante *(mucus)* qui lui permet d'adhérer au sol. Sa tête est pourvue de quatre tentacules (les *cornes*) : les plus courts sont les organes du toucher, les plus longs sont terminés par les yeux. L'escargot est un redoutable mangeur de feuilles. Hermaphrodite, il s'accouple avec un autre escargot pour être fécondé. Les œufs mettent un mois à éclore. Il y a des milliers d'espèces d'escargots.

escargot

escarmouche **n.f.** Combat bref et sans gravité réelle entre des groupes de soldats isolés. *Il y a eu quelques escarmouches près de la frontière.*

escarpé, e **adj.** Dont la pente est très raide et qui est difficile d'accès. *Un sentier étroit, escarpé et vertigineux menait au fort.*

escarpement **n.m.** Versant en pente raide d'une montagne, d'une falaise. *Du bateau, qui glissait lentement entre les rives du Rhin, on apercevait des châteaux, bâtis sur des escarpements rocheux.*

escarpin **n.m.** Chaussure élégante, légère et découverte, à fine semelle, avec ou sans talon. *Pour le bal, elle avait mis de fins escarpins en satin.*

escarpolette **n.f.** Ancien nom de la balançoire. *« Poussez, poussez, l'escarpolette, / Poussez pour mieux me balancer, / Si ça me tourne un peu la tête, / Tant pis ! Je veux recommencer ! »* (opérette française).

à bon **escient** **adv.** Comme il le faut. *Elle intervient toujours à bon escient dans les discussions.* SYN. avec à-propos, avec discernement.

s'**esclaffer** **v.pron.** (CONJUG. **3**). Éclater de rire bruyamment et brusquement.

HISTOIRE DU MOT Vient du vieux provençal *s'esclafa* qui signifiait « s'éclater ».

esclandre **n.m.** Incident public où l'on dit à haute voix les raisons de son mécontentement, ce qui provoque souvent un scandale. *Le poisson n'était pas très chaud, alors Pierre a fait un esclandre dans le restaurant !*

esclavage **n.m.** ❶ L'état, la condition d'esclave. *Les Égyptiens, les Grecs, les Romains réduisaient les vaincus en esclavage.* ❷ Forte dépendance d'une personne vis-à-vis d'une autre personne ou de quelque chose. *Son travail est pour lui un véritable esclavage.*

ENCYCLOPÉDIE La pratique de l'esclavage remonte à l'Antiquité. Ce sont les prisonniers de guerre et les individus les plus pauvres qui servaient d'esclaves pour accomplir les tâches les plus basses. L'esclavage s'intensifie avec la traite des Noirs (→ VOIR **traite**) mais les atrocités commises par certains esclavagistes ont provoqué à la fin du XVIIIe siècle la réaction d'Occidentaux réclamant l'abolition de l'esclavage, comme le fit Voltaire par exemple. C'est en 1833 que l'abolition est décrétée par l'Angleterre, en 1848 par la France. Aux États-Unis, il faut attendre la fin de la guerre de Sécession (janvier 1865) pour que l'esclavage cesse. L'esclavage a persisté sur les bords de la mer Rouge après la Seconde Guerre mondiale ; il a été aboli officiellement par l'Arabie saoudite en 1963. Dans les années 1970, les condamnations pour esclavagisme étaient encore fréquentes au Nigeria.

esclavagiste **adj.** et **n.** Qui admet l'esclavage, qui en est partisan. *Aux États-Unis, les États du Sud étaient esclavagistes, ceux du Nord étaient pour l'abolition de l'esclavage.*

esclave **n.** et **adj.** ❶ Personne privée de toute liberté, qui appartenait à un maître et qui était sous sa dépendance absolue. *À Babylone, autrefois, l'esclave était marqué au fer rouge, acheté et vendu pour le même prix qu'un âne, mais il pouvait être affranchi.* ❷ Personne qui est entièrement dominée par une autre personne ou par quelque chose. *Un homme esclave de l'argent.*

HISTOIRE DU MOT Vient du latin *slavus*, « slave », car les Germains ont réduit de nombreux Slaves en esclavage.

escogriffe **n.m.** • (Familier) **Un grand escogriffe :** s'emploie pour désigner un individu grand, maigre et dégingandé.

escompte **n.m.** Réduction accordée par un vendeur à un client qui paie comptant ou qui paie avant la date d'échéance. *Le vendeur m'a fait 5 % d'escompte parce que je payais tout de suite !* SYN. rabais, remise.

HISTOIRE DU MOT Vient de l'italien *sconto* qui signifie « décompte ».

escompter **v.** (CONJUG. **3**). Compter à l'avance sur quelque chose, le prévoir et agir comme si cela allait se passer. *Elle escompte bien que ses amis viendront la voir. Le chanteur escompte une vente rapide de ses disques.*

escorte **n.f.** ❶ Groupe de personnes armées chargées d'accompagner un convoi pour le protéger. *Les escadrons à cheval et les motocyclistes de la garde sont chargés de l'escorte du président de la République lors de ses déplacements.* ❷ Groupe de personnes qui accompagnent quelqu'un. *L'actrice était entourée d'une escorte d'habilleuses, de manucures, de secrétaires...* SYN. suite. • **Sous bonne escorte :** en étant surveillé de très près. *L'argent a été mis dans le fourgon de la banque sous bonne escorte.* SYN. sous bonne garde.

escorter **v.** (CONJUG. **3**). ❶ Accompagner pour surveiller et protéger. *Deux soldats escortaient les prisonniers.* ❷ Accompagner pour faire honneur. *On escorta les jeunes mariés jusqu'à leur voiture.*

escouade **n.f.** Petite troupe de personnes. *Une escouade de policiers s'est lancée à la poursuite des fuyards.*

escrime **n.f.** Sport de combat au fleuret, à l'épée ou au sabre.

ENCYCLOPÉDIE Au XVIIe siècle, les duels à la rapière faisaient de tels ravages parmi les gentilshommes qu'on remplaça cette arme par le *fleuret*, garni d'un bouton terminal qui le rendait inoffensif. Le masque, les gants et la veste n'apparaîtront qu'à la fin du XVIIIe siècle, époque à laquelle sont fixées les règles par les grands maîtres de l'escrime. Dès 1896, l'escrime sportive sera inscrite dans les épreuves des jeux Olympiques.

s'escrimer **v.pron.** (CONJUG. **3**). S'efforcer de faire quelque chose sans grand succès. *Je m'escrime à te dire que cette affaire ne me concerne pas.* SYN. s'évertuer.

escrimeur, euse **n.** Sportif qui pratique l'escrime.

escroc **n.m.** Personne malhonnête qui vit d'escroquerie, qui trompe la confiance des gens.
▸ REM. On ne prononce pas le *-c* final.

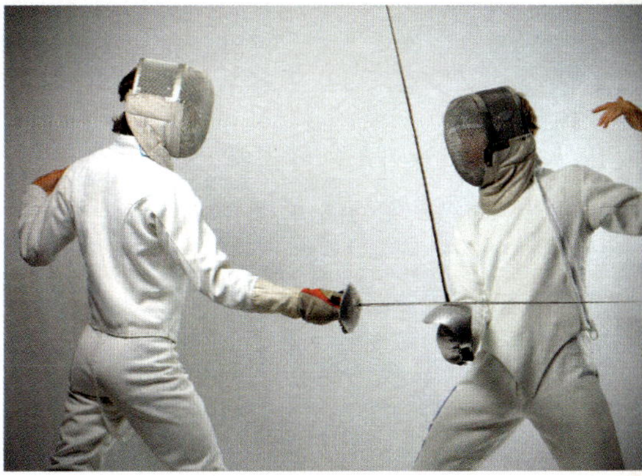

escrimeurs

escroquer **v.** (CONJUG. **3**). Soutirer de l'argent à quelqu'un, obtenir quelque chose de lui en le trompant, en profitant de sa naïveté ou de son malheur. *Il s'est fait escroquer par un vendeur de tableaux.*

HISTOIRE DU MOT Vient de l'italien *crocco* qui signifie « croc, crochet ».

escroquerie **n.f.** Vol qui consiste à extorquer de l'argent à quelqu'un en trompant sa confiance. *L'escroquerie est un délit.*

ésotérique **adj.** ❶ *Un culte ésotérique* est réservé aux initiés. *Le culte d'Isis, dans l'Égypte ancienne, était un culte ésotérique.* ❷ Très difficile à comprendre. *Un poème ésotérique.*

HISTOIRE DU MOT Vient du grec *esôterikos* qui signifie « de l'intérieur ».

espace **n.m.** ❶ L'étendue infinie au-dessus de la Terre. *Les oiseaux volent dans l'espace.* SYN. air, ciel. → VOIR planche page suivante. ❷ L'Univers, l'étendue où se trouvent les astres. *Les astronautes sont sortis dans l'espace. La conquête de l'espace.* ❸ La place, le volume que prend une chose. *Des lits superposés occupent moins d'espace dans la chambre.* ❹ Toute surface utilisée pour une activité, tout lieu ou endroit réservé à quelque chose. *Il y a un espace fumeurs dans le restaurant. L'entreprise a loué un espace publicitaire pour la semaine.* ❺ Distance entre deux choses, deux points. *Crois-tu que l'espace entre les deux voitures soit suffisant pour me garer ?* ❻ Durée d'une action, intervalle de temps. *En l'espace de deux secondes, elle a disparu !* • **Espace vert :** terrain planté d'herbe, d'arbres, dans une agglomération.

espacement **n.m.** Distance qui sépare deux choses, en particulier des lettres, des mots, des phrases, etc. *Tu devrais augmenter l'espacement entre les lignes, c'est beaucoup trop serré !* SYN. espace, intervalle.

espacer **espaçant, espacé** **v.** (CONJUG. **4**). Séparer par un intervalle d'espace ou de temps. *Il faut que tu espaces davantage tes mots, ce que tu as écrit est illisible ! Depuis quelque temps, j'ai remarqué qu'il espaçait ses visites.*

De Spoutnik aux premiers pas de l'homme sur la Lune

C'est en 1865 que Jules Verne publie *De la Terre à la Lune*… Mais la réalité ne rejoint la fiction qu'un siècle plus tard. En effet, après la mise en orbite des premiers satellites artificiels Spoutnik en 1957 – dont l'un avec la chienne Laïka –-, le Soviétique Iouri **Gagarine** est, le 12 avril 1961, le premier homme à voyager dans l'espace. À bord de son vaisseau spatial Vostok 1, il accomplit une révolution autour de la Terre en 1 heure 48 minutes. En posant le pied sur la Lune, le 21 juillet 1969, l'Américain Neil **Armstrong** est, grâce au vol historique d'Apollo 11, le premier homme à fouler le sol d'un autre monde que la Terre : « Un petit pas pour l'homme, un bond de géant pour l'humanité. »

Ariane 5, décollage

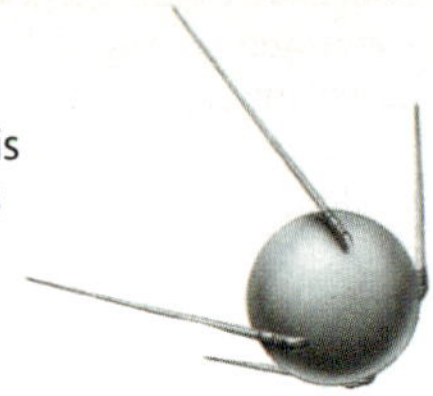
Spoutnik 1, satellite artificiel, 1957

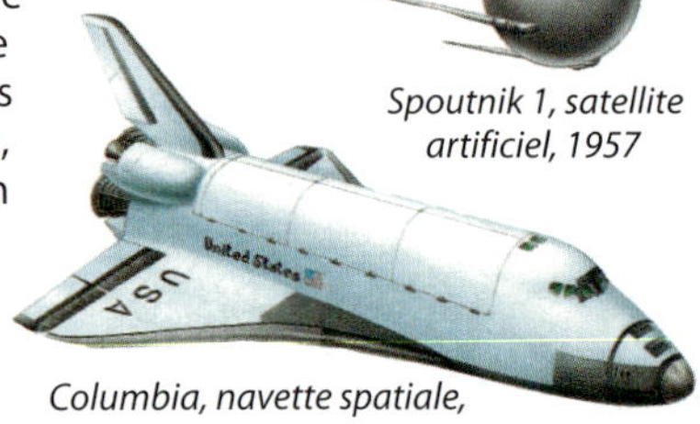

Columbia, navette spatiale, 1981

Vostok 1, 1961

satellite d'observation

astronaute dans son véhicule lunaire

En route pour Mars ?

Des centaines d'astronautes ont de nos jours voyagé dans l'espace. Certains ont même effectué des séjours prolongés, de plusieurs mois, à bord de stations orbitales. La conquête spatiale met en œuvre des fusées comme **Ariane**, chargées de placer des satellites sur orbite, des sondes comme **Voyager** ou **Cassini**, dont le but est l'exploration du Système solaire, ou encore la **navette spatiale** américaine. On envisage pour l'avenir le retour de l'homme sur la Lune et des vols habités vers Mars.

astronaute

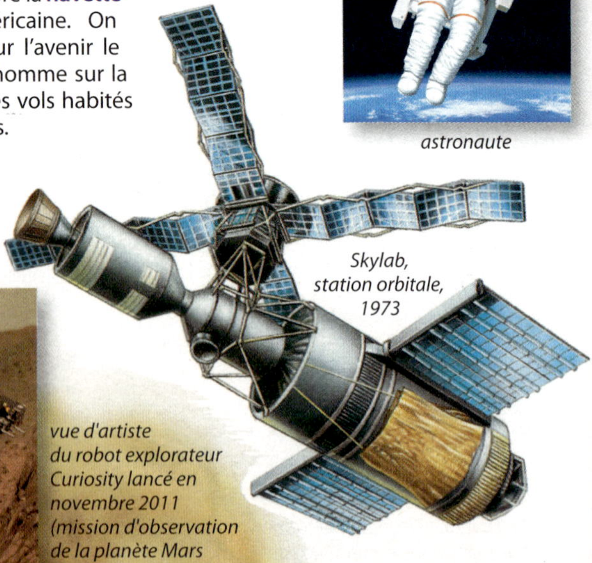
Skylab, station orbitale, 1973

vue d'artiste du robot explorateur Curiosity lancé en novembre 2011 (mission d'observation de la planète Mars menée par la NASA)

espadon **n.m.** Poisson des mers tropicales et tempérées dont la mâchoire supérieure est prolongée par un os long et pointu comme une lame d'épée. *Un espadon adulte d'environ 500 kg peut atteindre 6 m de long, avec un os pointu (appelé « rostre ») de 2 m.*
HISTOIRE DU MOT Vient de l'italien *spadone* qui signifie « grande épée ».

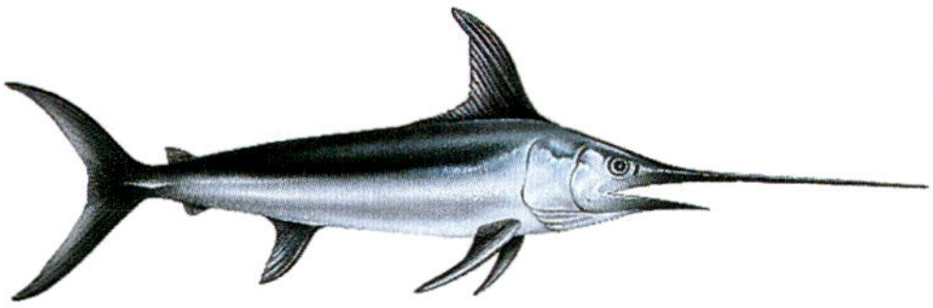
espadon

espadrille **n.f.** Chaussure basse et légère, en toile et à semelle de corde tressée.

espagnol, e **adj.** et **n.** D'Espagne. *L'Andalousie est une région espagnole.* ◆ **espagnol** **n.m.** Langue parlée en Espagne et en Amérique centrale et du Sud, sauf au Brésil.
▸ REM. Quand il désigne une personne, le mot prend une majuscule : *un Espagnol, une Espagnole.*

espagnolette **n.f.** Mécanisme de fermeture d'une fenêtre fait d'une tige de fer à poignée. • **Fermé à l'espagnolette :** maintenu entrouvert par la poignée. *Volets tirés, fenêtres fermées à l'espagnolette, le mas gardait une fraîcheur agréable dans la fournaise de juillet.*

espalier **n.m.** ❶ Échelle fixée contre un mur aux barreaux de laquelle on peut se suspendre pour faire divers mouvements de gymnastique. ❷ Dans une *culture en espalier*, les arbres ou les plants de vigne sont taillés et rangés de telle sorte qu'ils poussent attachés contre des murets ou des treillis, sur des niveaux différents. *On cultive certaines espèces de poiriers en espalier.*

espèce **n.f.** ❶ Chacune des catégories dans lesquelles on classe des animaux ou des végétaux qui, en se reproduisant entre eux, assurent la survie de leur groupe. *Le chat, le chien sont des espèces. Le faucon est une espèce voisine de la buse.* ❷ Catégorie dans laquelle on classe couramment des êtres, des objets qui se ressemblent fortement. *Les gens de son espèce ne m'inspirent aucune confiance.* • **Une espèce de :** s'emploie pour rapprocher d'une chose connue ce qu'on n'arrive pas à nommer exactement. *Il a inventé une espèce de brosse mécanique.* SYN. une sorte de. ◆ **espèces** **n.f.plur.** Nom que l'on donne à l'argent liquide. *Payer en espèces.*

espérance **n.f.** Sentiment d'attente confiante dans l'avenir. *Les prisonniers vivaient dans l'espérance de leur libération.* SYN. espoir. • **Contre toute espérance :** alors qu'il n'y avait plus personne pour y croire. *Il a réussi son examen, contre toute espérance !* SYN. contre toute attente. • **Espérance de vie :** temps que dure, en moyenne, une vie. *En 1900, l'espérance de vie à la naissance en Europe était de 43,4 ans pour les hommes et de 47 ans pour les femmes ; en 2005, elle se situait entre 75 et 79 ans pour un homme et entre 79 et 85 ans pour une femme.*

espéranto **n.m.** Langue internationale artificielle créée en 1887 par le docteur Lejzer Ludwik Zamenhof, qui avait pris pour pseudonyme « Doktoro Esperanto » qui signifie, en espéranto, « celui qui espère ». *Aujourd'hui, plusieurs millions de personnes parlent l'espéranto dans le monde.*
ENCYCLOPÉDIE Zamenhof est un linguiste polonais qui a grandi dans une région où l'on parlait plusieurs langues et où il y avait beaucoup de racisme. Pensant que la haine venait du fait que les hommes ne se comprenaient pas, il a créé à partir des langues romanes (qui sont issues du latin) une langue artificielle, facile à apprendre, qui permettrait aux hommes de s'entendre.

espérer **v.** (CONJUG. 9, ✎ *10*). Penser que ce que l'on désire peut se réaliser, en avoir l'espoir. *J'espère de tout mon cœur que tu seras reçue. Il ne faut rien espérer de cette affaire.* SYN. attendre, escompter. *« Il va faire beau ? – Espérons ! »*

espiègle **adj.** Qui aime jouer des tours, rire et se moquer sans méchanceté. *Un enfant espiègle.* SYN. coquin, malicieux.
HISTOIRE DU MOT Vient du nom *Till Uilenspiegel*, malicieux héros d'un roman allemand du XVIe siècle.

espièglerie **n.f.** Caractère d'une personne espiègle ; petite malice sans méchanceté. *Ne t'en fais pas, ce n'est que de l'espièglerie de sa part.*

espion, onne **n.** Personne qui recueille des secrets politiques, militaires, économiques pour le compte d'un gouvernement étranger. *La belle Mata Hari était une espionne au service de l'Allemagne.*
HISTOIRE DU MOT Vient de l'ancien français *espier* qui signifie « épier ».

espionnage **n.m.** Recherche de renseignements par des espions au profit d'une nation étrangère. *Les services secrets viennent de démanteler un réseau d'espionnage. John Le Carré est un auteur de romans d'espionnage.* • **Espionnage industriel :** recherche de renseignements sur l'industrie au profit d'une entreprise.

espionner **v.** (CONJUG. 3). ❶ Observer attentivement et avec malveillance les faits et gestes d'une personne pour le compte de quelqu'un ou par une curiosité maladive. *Il reste des heures à sa fenêtre à espionner ses voisins.* SYN. épier. ❷ Recueillir des renseignements militaires, politiques, économiques pour le compte d'une nation ou d'une entreprise.

esplanade **n.f.** ❶ Vaste place, souvent dallée, située devant un bâtiment. *L'esplanade des Invalides à Paris.* ❷ Grande promenade plantée d'arbres.

espoir **n.m.** ❶ Sentiment qui pousse à croire que les choses sont possibles, réalisables, et qu'on peut les attendre avec confiance. *Elle est jeune et pleine d'espoir. Les médecins gardent l'espoir de la sauver. Il n'y* *a plus d'espoir* (= cette personne va mourir). ❷ La personne ou la chose dans laquelle on met son espoir. *Docteur, vous êtes notre dernier espoir.* ❸ Personne qui a toutes les capacités pour atteindre un très haut niveau dans un domaine quelconque. *Un espoir du cinéma, du patinage artistique.*

esprit **n.m.** ❶ L'âme, la partie immatérielle, invisible de l'être humain, par opposition au *corps*, à la *matière*. *Dans la Bible, « esprit » signifie « souffle de vie ».* ❷ Être invisible, immatériel qui, dans certaines croyances ou religions, peut se manifester sur terre. *Croire aux esprits.* SYN. fantôme, revenant. ❸ La pensée, la mémoire ou l'intelligence. *Qu'as-tu donc dans l'esprit ?* SYN. tête. *Garder présent à l'esprit* (= s'en souvenir). *Avoir l'esprit clair* (= les idées claires). *Un esprit vif* (= intelligent et perspicace). ❹ Finesse de l'intelligence, originalité des idées et sens de l'humour. *Muriel est pleine d'esprit* (= elle est spirituelle). *Arrête de faire de l'esprit* (= de l'humour). ❺ Sens général de quelque chose. *Nous travaillons dans le même esprit.* ❻ Nom donné dans la chimie ancienne à des corps ou à des substances volatils. *Esprit de vin. Esprit de sel.* • **Perdre l'esprit :** devenir fou. • **Reprendre ses esprits :** reprendre conscience ou se remettre d'une forte émotion.

▸ REM. Au mot *esprit* correspond l'élément tiré du grec *psycho-* que l'on retrouve dans *psychologue, psychiatre, psychothérapie.*

HISTOIRE DU MOT Vient du latin *spiritus* qui signifie « souffle » et que l'on retrouve dans *spirituel.*

esquif **n.m.** Petit bateau très léger. *Le frêle esquif disparaissait et reparaissait au gré des vagues.*

1 esquimau, aude **adj.** et **n.** Qui se rapporte aux Esquimaux. → VOIR noms propres.

2 Esquimau **n.m.** Crème glacée enrobée de chocolat, fixée sur un bâtonnet.

▸ REM. C'est un nom de marque, le mot prend une majuscule.

esquinter **v.** (CONJUG. 3). (Familier) Endommager très sérieusement quelque chose. *Ils ont complètement esquinté la voiture.* SYN. abîmer, détériorer. *Je me suis esquinté le genou* (= je me suis fait très mal).

HISTOIRE DU MOT Vient du latin *exquintare* qui signifie « mettre en cinq » ; ce mot appartenait autrefois à l'argot des voleurs.

esquisse **n.f.** ❶ Premier tracé qui met en place les grandes lignes d'un dessin, d'un tableau, d'une sculpture. *Ces esquisses sont si belles qu'elles mériteraient d'être exposées.* ❷ Plan sommaire, grandes lignes d'une œuvre littéraire. *Il avait dans ses tiroirs l'esquisse de plusieurs pièces de théâtre.* SYN. ébauche. ❸ Ce qui est à peine ébauché, le commencement de quelque chose. *L'esquisse d'un sourire apparut sur son visage.* SYN. amorce, ébauche.

esquisser **v.** (CONJUG. 3). ❶ Faire une esquisse, mettre en place les grandes lignes d'un dessin, décrire quelque chose à grands traits. *En cinq minutes, le peintre avait esquissé un portrait très ressemblant de la jeune femme.* SYN. ébaucher. *Dans l'introduction, l'écrivain esquisse rapidement l'histoire de la ville.* ❷ Commencer à faire quelque chose. *Très intimidée, Élise esquissa un sourire.*

esquiver **v.** (CONJUG. 3). ❶ *Esquiver un coup*, c'est faire un mouvement pour l'éviter. *Totoche se baissa prestement pour esquiver le coup.* ❷ *Esquiver une question*, c'est se débrouiller habilement afin de ne pas avoir à y répondre. *Elle esquivait toutes les questions de sa mère concernant François.* SYN. éluder, se dérober à. ◆ **s'esquiver** **v.pron.** S'en aller discrètement, sans se faire remarquer. *La pièce était ennuyeuse, elle s'esquiva à l'entracte.* SYN. s'éclipser.

essai **n.m.** ❶ Le fait d'essayer, d'expérimenter quelque chose. *Un pilote d'essai teste les voitures. Prenez ce stylo, faites l'essai, vous verrez il écrit très bien.* ❷ Le fait de tenter ; effort pour réussir quelque chose. *Vous avez droit à trois essais dans l'épreuve de saut à la perche.* ❸ Livre dans lequel l'auteur fait part de ses réflexions sur un sujet, une question. *Pierre lit un essai sur les rapports entre la médecine et le droit.* ❹ Au rugby, point marqué en plaquant le ballon au sol derrière la ligne de but adverse.

essaim **n.m.** ❶ Groupe serré d'abeilles comportant une reine et plusieurs dizaines de milliers d'ouvrières, qui, au printemps, quitte une ruche surpeuplée pour aller fonder ailleurs une nouvelle ruche. ❷ Groupe d'insectes en grand nombre. *Un essaim de mouches harcelait le pauvre cheval.* SYN. nuée. ❸ Groupe de personnes agglutinées comme des mouches. *L'actrice arrivait entourée d'un essaim de journalistes.* SYN. foule, nuée.

essaim d'abeilles

essaimer **v.** (CONJUG. 3). ❶ Quitter la ruche en essaim pour former de nouvelles colonies. *Les abeilles essaiment au printemps.* ❷ Quitter sa région, son pays

A B C D E F G H I J K L M N O P Q R S T U V W X Y Z

d'origine, pour s'installer en différents endroits. *À la révocation de l'édit de Nantes, de nombreux protestants émigrèrent et essaimèrent en Suisse, en Hollande, en Prusse, en Angleterre et en Amérique du Nord.*

essayage **n.m.** Le fait d'essayer un vêtement. *Les séances d'essayage chez la couturière duraient des heures. Cabine d'essayage.*

essayer **v.** (CONJUG. 13). ❶ Utiliser quelque chose pour en apprécier les qualités, vérifier s'il convient. *J'ai essayé le pantalon, il ne me va pas. C'est une nouvelle recette que j'essaie.* SYN. expérimenter. ❷ Faire un effort pour que quelque chose se réalise. *Essaie d'être à l'heure, pour une fois.* SYN. s'efforcer de, tâcher de.

essence **n.f.** ❶ Carburant très inflammable qui provient de la distillation du pétrole. *Faire le plein d'essence.* ❷ Extrait concentré aromatique de certaines substances, obtenu en général par la distillation des fleurs et des plantes. *De l'essence de lavande. On utilise les essences dans la fabrication des parfums.* ❸ Mot synonyme de *espèce*, en parlant des arbres forestiers. *Les botanistes du XVIIIe siècle rapportèrent de leurs voyages lointains des essences inconnues.* • **Par essence :** par sa nature même, par définition. *L'italien est par essence une langue musicale.*

HISTOIRE DU MOT Vient du latin *essentia* qui signifie « essence » et qui est formé sur le verbe *esse* qui signifie « être ».

essentiel, elle **adj.** Qui est indispensable ou très important. *L'air est essentiel à la vie.* SYN. nécessaire. *Je te résumerai les points essentiels de l'article.* SYN. principal. *Cela a été un moment essentiel de sa vie.* SYN. fondamental, primordial. ◆ **essentiel** **n.m.** Ce qui est indispensable. *Nous ne partons pas longtemps, je n'ai emporté que l'essentiel.* SYN. nécessaire, principal. CONTR. accessoire.

essentiellement **adv.** Par définition, avant tout. *La Côte d'Azur est une région essentiellement touristique.* SYN. principalement, surtout. *Je tiens essentiellement à être informé.* SYN. absolument.

essieu **n.m.** Barre métallique placée transversalement sous un véhicule pour en supporter le poids, et qui relie les roues deux à deux. *À chaque tour de roue, on entendait gémir les essieux de la vieille guimbarde.*

essor **n.m.** Développement rapide d'une entreprise, d'une industrie, d'une région. *L'essor de l'automobile date du début du XXe siècle. Le tourisme est en plein essor dans cette région.* SYN. extension. • **Prendre son essor :** s'envoler, en parlant des oiseaux ; au figuré, commencer à se développer. *D'un bois voisin, une compagnie de perdreaux prit son essor* (= prendre son envol).

essorage **n.m.** Action d'essorer le linge. *L'essorage permet au linge de sécher plus vite.*

essorer **v.** (CONJUG. 3). ❶ Débarrasser le linge mouillé de la plus grande partie de son eau. *Tu peux étendre le linge, il est essoré.* ❷ *Essorer la salade*, c'est en éliminer l'eau quand elle est lavée.

HISTOIRE DU MOT Vient du latin *exaurare* qui signifie « exposer à l'air », formé sur *aura* qui signifie « vent ».

essoreuse **n.f.** Appareil qui sert à essorer, à retirer l'eau qui imprègne quelque chose. *Une essoreuse à salade.*

essoufflement **n.m.** État dans lequel se trouve une personne qui est essoufflée, hors d'haleine. *On voyait à son essoufflement qu'elle avait beaucoup couru.*

s'essouffler **v.pron.** (CONJUG. 3). ❶ Perdre son souffle, respirer avec difficulté. *J'ai couru... je suis essoufflée... Maintenant, il s'essouffle à monter ses six étages.* ❷ *L'économie s'essouffle* lorsqu'elle n'arrive plus à suivre le même rythme de croissance qu'auparavant.

essuie-glace **n.m.** (PLUR. : **essuie-glaces**). Dispositif qui sert à essuyer automatiquement le pare-brise et la lunette arrière mouillés d'un véhicule. *Il faudra changer les balais d'essuie-glaces, ils ne fonctionnent plus très bien.*

essuie-mains **n.m.invar.**, ✎ ***essuie-main*** ***n.m.*** (PLUR. : ***essuie-mains***). Serviette avec laquelle on s'essuie les mains. *Tu trouveras un essuie-mains près du lavabo.*

essuie-tout **n.m.invar.**, ✎ ***essuietout*** ***n.m.*** (PLUR. : ***essuietouts***). Papier absorbant vendu en rouleaux, qui a de multiples usages dans la maison.

essuyer **v.** (CONJUG. 14). ❶ Passer un linge, la main ou frotter pour faire partir l'eau, la poussière ou les saletés qui se sont déposées quelque part. *Essuyer la vaisselle avec un torchon. Essuyer les meubles avec un chiffon. Elle essuya ses larmes du dos de la main. Essuyez vos pieds sur le paillasson.* ❷ *Essuyer un échec, une tempête*, c'est les subir. ◆ **s'essuyer** **v.pron.** Se sécher en se frottant avec une serviette, se frotter pour se débarrasser de saletés ou de poussières. *Essuie-toi vite, tu vas prendre froid ! S'essuyer les pieds sur le paillasson.*

est **n.m.invar.** ❶ L'un des quatre points cardinaux, l'endroit de l'horizon où le soleil se lève. *Quand on a le nord devant soi, on a l'est à sa droite.* ❷ (Avec une majuscule.) La partie située à l'est d'un pays, d'un continent. *Ils sont partis en vacances dans l'Est.* ◆ **adj.invar.** Qui se situe à l'est. *Boston est sur la côte est des États-Unis.*

▸ REM. À *est* correspond l'adjectif *oriental*.

estafette **n.f.** Soldat à cheval qui était chargé de porter les messages. *Le lieutenant chargea son estafette de faire parvenir d'urgence une dépêche au capitaine de la garnison.*

estafilade **n.f.** Coupure longue et étroite faite avec le tranchant d'une lame, principalement sur le visage. *Gilles s'est fait une belle estafilade en se rasant.*

HISTOIRE DU MOT Vient de l'italien *staffilata* qui signifie « coup de fouet ».

A B C

estaminet **n.m.** Petit café de ville ou de village.
▸ REM. Ce mot appartient à la langue littéraire et ne s'emploie plus beaucoup.

estampe **n.f.** Image imprimée à partir d'une gravure sur bois, sur métal, sur pierre. *Hokusai est l'un des grands maîtres de l'estampe japonaise.*

estampe japonaise
(œuvre d'Hokusai, vers 1831-1833)

estampille **n.f.** Marque ou cachet qui garantit l'authenticité d'un bijou, d'un document, etc., et éventuellement indique leur provenance. *L'estampille que portent les briques de l'Antiquité fournit des renseignements précieux aux archéologues. Ce manuscrit porte l'estampille de la Bibliothèque nationale.*

estampillé, e **adj.** Marqué d'une estampille. *Un meuble estampillé.*

est-ce que **adv. interrogatif.** Se place en tête de phrase et s'emploie quand la question amène une réponse par « oui » ou par « non ». *Est-ce que tu aimes les fraises à la crème Chantilly ?*
▸ REM. On dit aussi : *Aimes-tu... ?*

esthète **n.** Personne pour laquelle le plus important dans la vie est le plaisir ressenti devant ce qui est beau. *Il a décoré sa maison avec un raffinement d'esthète.*

HISTOIRE DU MOT Vient du grec *aisthêtês* qui signifie « celui qui perçoit par les sens ».

esthéticien, enne **n.** Spécialiste des soins de beauté du visage et du corps. *L'esthéticienne lui a conseillé des produits pour sa peau.*

esthétique **adj.** ❶ Qui est joli, décoratif. *Ce gros tuyau n'est guère esthétique.* ❷ *La chirurgie esthétique* est spécialisée dans l'embellissement de l'aspect physique du visage, du corps. ❸ Qui concerne l'art, la beauté. *Il ne s'intéresse qu'à l'aspect esthétique des choses, sans prendre en compte l'aspect utilitaire.* ◆ **n.f.** Harmonie, beauté. *Admirez l'esthétique de cette architecture !*

estimable **adj.** ❶ Qui mérite l'estime, le respect des autres. *Tu as tort de te moquer de lui, c'est un homme tout à fait estimable !* ❷ Qui peut être évalué, estimé. *Le temps qu'il faudra pour faire les travaux est difficilement estimable.* SYN. appréciable.

estimation **n.f.** Appréciation d'un prix, d'une valeur, d'une quantité. *D'après les premières estimations, le bilan des inondations se monterait à plusieurs millions.* SYN. évaluation.

estime **n.f.** L'opinion favorable que l'on a de quelqu'un. *Il y avait entre eux une estime réciproque.* SYN. respect. *J'ai beaucoup d'estime pour son travail.* SYN. considération. • **Baisser** ou **monter dans l'estime de quelqu'un :** être moins apprécié ou davantage apprécié par lui.

estimer **v.** (CONJUG. 3). ❶ Avoir une opinion favorable de quelqu'un. *Elle l'estime beaucoup pour son honnêteté.* SYN. apprécier, respecter. ❷ Calculer approximativement une quantité, donner un prix, une valeur. *La police a estimé le nombre des manifestants à quarante mille.* SYN. évaluer. *Faire estimer un tableau. Je crois qu'il estime son ami à sa juste valeur.* SYN. apprécier. ❸ Avoir un avis, une opinion sur un sujet. *J'estime que tu n'avais pas à être dehors à cette heure-là.* SYN. penser, trouver.

estival, ale, aux **adj.** D'été. *Ce mois de septembre est délicieux, il fait un temps estival.* CONTR. hivernal.

estivant, e **n.** Personne qui est en vacances d'été dans une région. *Dès le mois de juin, les villages des Cévennes se peuplent d'estivants.*

HISTOIRE DU MOT Vient du latin *aestivare*, « passer l'été ».

estocade **n.f.** Coup donné avec la pointe de l'épée par le matador, lors d'une corrida, pour achever le taureau.

HISTOIRE DU MOT Autrefois, une estocade était une épée longue et pointue. L'*estoc* désignait la pointe de l'épée.

estomac **n.m.** ❶ Chez l'homme, partie du tube digestif en forme de poche, située entre l'œsophage et l'intestin, où les aliments sont brassés, imprégnés de suc gastrique et réduits en bouillie. ❷ Chez les animaux ruminants, partie renflée du tube digestif formée de trois ou quatre poches. • (Familier) **Avoir l'estomac dans les talons :** avoir très faim.

estomaquer **v.** (CONJUG. 3). (Familier) Étonner, surprendre fortement. *Il a menti avec un tel aplomb que j'en ai été estomaqué.* SYN. sidérer, stupéfier, suffoquer.

estomper **v.** (CONJUG. 3). *Estomper des couleurs*, c'est les fondre, les atténuer en passant un papier spécial dessus. ◆ **s'estomper** **v.pron.** ❶ Devenir flou, disparaître en se confondant avec ce qui entoure. *La silhouette du bateau s'estompait dans la brume.* SYN. se fondre. CONTR. se détacher. ❷ Perdre de sa précision ou de sa violence. *Il avait beau faire, le visage d'Éva s'estompait dans sa mémoire.* SYN. s'effacer. *Avec le temps, sa souffrance s'estompera.* SYN. s'atténuer.

estonien, enne **adj.** et **n.** De l'Estonie. *Tallinn est la capitale estonienne.* ◆ **estonien** **n.m.** Langue parlée en Estonie.
▸ REM. Quand il désigne une personne, le mot prend une majuscule : *un Estonien, une Estonienne.*

J K L M N O P Q R S T U V W X Y Z

estrade **n.f.** Plancher surélevé sur lequel on met une chaise, une table, etc., destiné en général à un orateur ou à des artistes pour qu'on les entende ou qu'on les voie mieux. *Le bureau du professeur est sur une estrade. On a monté une estrade sur la place pour les musiciens.*

estragon **n.m.** Plante aromatique qu'on utilise pour l'assaisonnement. *L'estragon est l'une des fines herbes que l'on utilise pour accommoder le poulet.*

estropié, e **adj.** et **n.** Qui est devenu infirme ou qui a provisoirement du mal à marcher à la suite d'un accident.

estropier **v.** (CONJUG. 7). ❶ Rendre provisoirement ou définitivement incapable de marcher normalement. *Elle a la jambe dans le plâtre, elle s'est estropiée bêtement en tombant.* ❷ Ne pas respecter l'orthographe d'un nom, la prononciation de mots, de phrases. *Il estropie toujours les vers de ce poème.*

estuaire **n.m.** Large embouchure d'un fleuve dans laquelle le mouvement des marées évacue vase et alluvions. *Le Saint-Laurent, au Québec, rejoint l'Atlantique par un long estuaire.*

esturgeon **n.m.** Poisson de mer de grande taille de l'hémisphère Nord.

ENCYCLOPÉDIE L'esturgeon peut peser 200 kg et mesurer 6 m de long. Le géant de la famille, qui vit en Europe orientale, peut même atteindre une taille de 8 m et un poids de 1 000 kg ! Au printemps, les femelles remontent les fleuves pour pondre jusqu'à 4 millions d'œufs, que l'on consomme sous le nom de *caviar*.

esturgeon

et **conj. de coordination.** Sert à relier deux mots ou deux phrases de même nature avec une valeur d'addition, d'opposition ou de conséquence. *Du pain et du beurre. Tu viens juste d'arriver et tu veux repartir ? Elle a glissé et elle est tombée.*

étable **n.f.** Bâtiment où l'on met les bêtes à l'abri, en particulier les vaches et les bœufs.

1 **établi** **n.m.** Grosse table, souvent en bois, sur laquelle travaillent le menuisier, l'ébéniste, le serrurier, etc. *Julie a serré la planche dans l'étau de son établi pour la scier.*

2 **établi, e** **adj.** Qui est bien installé, qui est instauré de manière durable. *Il a une réputation bien établie de menteur. L'ordre établi* (= l'ordre d'une société).

établir **établissant, établi v.** (CONJUG. 16). ❶ Mettre en place quelque chose qui n'existait pas encore, faire commencer. *Établir un règlement.* SYN. instaurer, mettre en vigueur. CONTR. abolir. *Les deux pays ont établi des relations diplomatiques.* SYN. instituer. ❷ Donner la preuve incontestable de quelque chose. *L'avocat a établi l'innocence de l'accusé.* SYN. démontrer, prouver. ❸ *Établir une liste, un programme*, c'est en rédiger le contenu. ◆ **s'établir** **v.pron.** Se fixer dans une région pour y vivre et y travailler. *Il s'est établi comme médecin en Lozère.* SYN. s'installer.

établissement **n.m.** ❶ Action d'établir ou de s'établir. *Procéder à l'établissement d'une liste. L'établissement de ces populations dans la région date du début du siècle.* ❷ Maison, institution ou entreprise consacrées à une activité. *Un établissement scolaire, un établissement industriel, un établissement bancaire.*

étage **n.m.** ❶ Chacun des niveaux d'un bâtiment situés au-dessus du rez-de-chaussée. *Notre tour a vingt étages.* ❷ Chacune des parties autonomes d'un engin spatial qui se détachent successivement à différentes altitudes et à des moments prévus du vol.

s'étager **étageant, étagé v.pron.** (CONJUG. 5). Se situer à des niveaux successifs dans l'espace. *Le village s'étage à flanc de coteau, sur le versant sud de la colline.*

étagère **n.f.** Planche horizontale fixée à un mur ou à des parois verticales pour poser des objets. *Les étagères de sa bibliothèque croulent sous les livres.* SYN. rayon.

étai **n.m.** Grosse poutre de bois que l'on installe pour soutenir quelque chose qui s'écroule.

étain **n.m.** Métal gris clair, mou, inaltérable à l'air, dont l'éclat rappelle celui de l'argent. *Autrefois, la vaisselle était en étain.*

ENCYCLOPÉDIE Comme l'étain est inaltérable et non toxique, il est utilisé pour faire des tubes (moutarde, dentifrice, etc.), pour fabriquer des boîtes de conserve, etc. Allié au cuivre, il donne le bronze ; allié au plomb, il sert à la soudure.

étal **n.m.** (PLUR. : **étals**). ❶ Table ou planche posées sur des tréteaux où sont exposés les produits vendus au marché, dans la rue, etc. *Sur son étal, la marchande des quatre-saisons avait des oignons, de l'ail, des citrons et toutes sortes d'herbes odorantes.* → VOIR AUSSI **éventaire.** ❷ Table de bois très épaisse sur laquelle le boucher débite la viande.

étalage **n.m.** ❶ L'ensemble des marchandises exposées pour être vendues ; l'endroit où elles sont présentées. *S'arrêter devant l'étalage d'un marchand de fruits.* ❷ *Faire étalage de ses talents, de sa richesse, etc.*, c'est bien les montrer pour que tout le monde les admire.

étalage de brocanteur

étalagiste **n.** Décorateur chargé d'arranger les vitrines, de mettre en valeur les marchandises d'un étalage.

étale **adj.** *Une mer étale* est immobile.

étalement **n.m.** Répartition dans le temps. *L'étalement des vacances permet aux gens de ne pas être tous sur les routes ou dans les trains en même temps.* SYN. échelonnement.

étaler **v.** (CONJUG. **3**). ❶ Poser une couche fine d'une matière pâteuse sur toute une surface. *Rémi étalait de la confiture sur son pain.* SYN. tartiner. *Étaler de la peinture.* ❷ Mettre à plat, sur toute sa surface un papier, un tissu. *L'officier étala la carte sur la table.* SYN. déployer. ❸ Exposer des objets sur une surface. *Anne étale sur le bureau tout le contenu de ses poches. Les forains étalent leurs marchandises sur des tréteaux.* ❹ Exhiber quelque chose que l'on a pour susciter l'admiration, l'envie. *Il étalait sa richesse aux yeux de tous. Étaler son érudition.* ❺ Répartir sur une période. *Vous pouvez étaler vos paiements sur deux ans.* SYN. échelonner. ◆ **s'étaler** **v.pron.** (Familier) ❶ Prendre trop de place. *S'étaler sur une banquette.* ❷ Tomber de tout son long. *Elle s'est étalée sur le trottoir.*

1 étalon **n.m.** ❶ Modèle légal d'une unité de mesure. *L'étalon de masse, en France, est un kilogramme en platine conservé depuis 1889 au pavillon de Breteuil, à Sèvres.* ❷ Valeur retenue comme point de référence par rapport aux autres monnaies. *Le dollar sert d'étalon monétaire.*

2 étalon **n.m.** Cheval mâle élevé pour la reproduction.

étamer **v.** (CONJUG. **3**). ❶ Recouvrir une pièce métallique d'une couche d'étain pour la protéger de l'oxydation. ❷ Recouvrir de tain un miroir.

étamine **n.f.** Organe sexuel mâle de la fleur qui produit et contient le pollen. *Quand elles récoltent le nectar, les abeilles bousculent les étamines.*

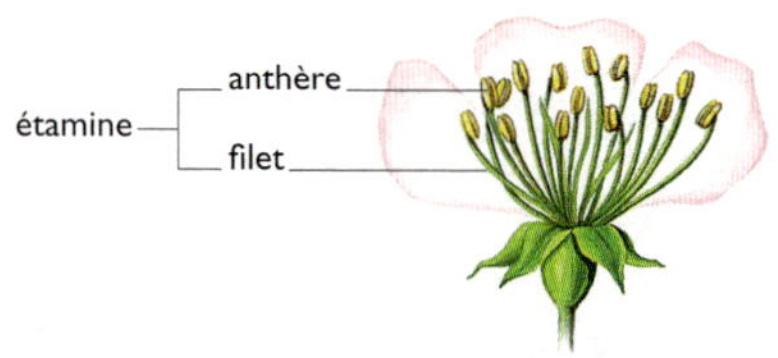

étamines de fleur de pommier

étanche **adj.** Qui ne laisse passer ni l'eau ni l'air. *Ma montre est étanche, je peux me baigner avec. Ma gourde n'est plus étanche.* SYN. hermétique.

étanchéité **n.f.** Qualité de ce qui est étanche. *L'étanchéité du joint est parfaite, le robinet ne fuit plus.*

étancher **v.** (CONJUG. **3**). Arrêter l'écoulement d'un liquide en l'absorbant avec un tissu. *Le blessé étanchait le sang qui coulait de la plaie avec son mouchoir.* SYN. éponger. • **Étancher sa soif :** boire jusqu'à ne plus avoir soif, se désaltérer.

étang **n.m.** Étendue d'eau stagnante, plus grande qu'une mare et plus petite qu'un lac. *Pêcher dans un étang.*

HISTOIRE DU MOT Vient du verbe d'ancien français *estanchier* qui signifiait « arrêter l'écoulement de l'eau » ; les bords de l'étang, en effet, arrêtent cet écoulement.

étant donné **prép.** Introduit la cause, le motif de quelque chose. *Étant donné les conditions météorologiques, mieux vaut renoncer au voyage.* SYN. vu. *Étant donné qu'il pleut, rentrons.* SYN. comme, puisque.

étape **n.f.** ❶ Endroit où l'on s'arrête au cours d'une marche, d'un voyage. *Toronto sera notre prochaine étape.* SYN. halte. ❷ Chemin parcouru entre deux arrêts. *Nous avons fait Paris-Nice en deux étapes. Cette étape est la plus difficile du rallye Dakar.* ❸ Période par laquelle on passe ; moment décisif d'une évolution. *Ce travail a été fait en plusieurs étapes.* SYN. temps. *L'invention de la roue a été une étape décisive dans l'évolution de l'humanité.* SYN. phase, stade. • **Brûler, griller les étapes :** avancer vite dans son travail, dans sa carrière.

1 état **n.m.** ❶ Situation dans laquelle se trouve quelqu'un. *Dans quel état t'es-tu mis, tes habits sont tout déchirés ! Son état s'améliore de jour en jour.* SYN. santé. *Il était dans un état d'énervement !... Cette histoire l'a mis dans tous ses états* (= l'a énervé). *Être hors d'état de nuire* (= n'en être plus capable). ❷ Situation dans laquelle se trouve quelque chose. *L'eau peut se trouver à l'état liquide, solide, gazeux. As-tu vu l'état de ta veste ? Elle est en très mauvais état* (= abîmée). ❸ Rapport détaillé sur la situation de quelque chose à un moment donné. *Avant de louer l'appartement, on a fait un état des lieux.* SYN. description. • **L'état civil :** l'ensemble des renseignements concernant la vie sociale d'une personne (nom, adresse, date et lieu de naissance, nom des parents, etc.) ; en France, le service de la mairie chargé d'enregistrer les naissances, les décès, les mariages. *L'état civil existe en France depuis François Ier.* • **Verbe d'état :** verbe qui indique une qualité, une situation, une nature, etc. *« Être, rester, sembler, demeurer » sont des verbes d'état.* → VOIR noms propres : **états généraux de 1789.**

2 État **n.m.** ❶ Pays considéré du point de vue de son gouvernement, de ses institutions, de son territoire, de sa population. *Voter le budget de l'État. Un chef d'État* (= la personne qui gouverne le pays). → VOIR Fiche **37.** ❷ Chacun des territoires d'une fédération ayant une autonomie politique. *L'État de New York est un État des États-Unis d'Amérique.* • **Coup d'État :** prise de pouvoir par la force.

état-major **n.m.** (PLUR. : **états-majors**). ❶ Groupe d'officiers qui conseillent un chef militaire et assument avec lui le commandement d'une armée. *Le général a réuni son état-major.* ❷ Les dirigeants d'une organisation, les collaborateurs les plus proches d'un chef politique. *L'état-major d'un parti politique.* • **Carte d'état-major :** carte établie par les services de l'état-major. *Les randonneurs, tout comme les militaires, utilisent des cartes d'état-major.*

étau **n.m.** (PLUR. : **étaux**). Instrument fixé sur un établi comportant deux mâchoires qui servent à serrer des pièces pour les travailler. *Le menuisier, le serrurier se servent d'un étau.*

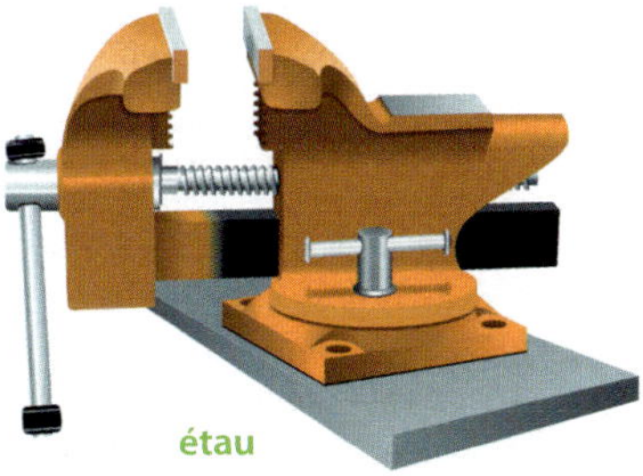

étau

étayer **v.** (CONJUG. **13**). ❶ Soutenir avec des étais, des poutres. *Étayer le mur d'une grange qui menace de s'écrouler.* ❷ Soutenir un raisonnement avec des arguments solides. *L'avocate a soigneusement étayé sa plaidoirie.*

et cetera ou **et cætera** **loc. adverbiale.** Expression latine qui signifie « et les autres choses ». *J'ai acheté toutes les fournitures dont j'avais besoin : des feutres, des crayons, du papier, etc.*
▸ REM. 1. À l'écrit, on emploie ce mot sous sa forme abrégée *etc.* 2. On prononce [ɛtsetera].

été **n.m.** La saison la plus chaude de l'année, qui suit le printemps et précède l'automne. *Dans l'hémisphère Nord, l'été commence au solstice de juin (21 ou 22) et prend fin à l'équinoxe de septembre (22 ou 23).* • **L'été indien :** en Amérique du Nord, période de chaleur et de soleil au début de l'automne.

éteindre **éteignant, éteint** **v.** (CONJUG. **49**). ❶ Arrêter un feu. *Les pompiers ont réussi à éteindre l'incendie. Un courant d'air éteignit la bougie.* CONTR. allumer. ❷ Arrêter un éclairage, un appareil électrique. *Éteins la lumière !* CONTR. allumer. ◆ **s'éteindre** **v.pron.** ❶ Cesser de brûler. *Le feu s'est éteint.* ❷ Cesser de vivre. *Certaines races d'animaux se sont éteintes au cours des siècles.*

éteint, e **adj.** ❶ *Un volcan éteint* n'est plus en activité depuis longtemps. *Le puy de Sancy est un volcan éteint.* ❷ Qui paraît sans vie. *Un regard éteint.* SYN. inexpressif.

étendard **n.m.** Autrefois, drapeau des troupes à cheval ; aujourd'hui, drapeau de la cavalerie et de l'artillerie.

étendre **étendant, étendu** **v.** (CONJUG. **46**). ❶ Déplier, déployer sur toute sa longueur ou sa surface. *Jean étend ses jambes pour s'étirer.* SYN. allonger, tendre. CONTR. replier. *L'aigle étend ses ailes.* SYN. déployer. *On a étendu une couverture par terre.* SYN. étaler. ❷ Allonger une personne, la coucher. *Étendez-le sur le canapé.* ❸ Augmenter la taille, la surface ou l'importance de quelque chose. *Étendre une propriété en achetant des terres voisines.* ❹ Ajouter un liquide pour diminuer la concentration de quelque chose. *Étendre une peinture en y ajoutant un solvant.* SYN. diluer. ◆ **s'étendre** **v.pron.** ❶ S'allonger de tout son long. *Lise s'est étendue au soleil.* SYN. s'allonger, se coucher. *Il est allé s'étendre un moment.* SYN. se reposer. ❷ Occuper une vaste surface. *La plaine s'étendait à perte de vue.* SYN. se déployer. ❸ Se développer, gagner du terrain. *Le feu s'est étendu rapidement.* SYN. se propager, se répandre. ❹ Couvrir une période déterminée. *La prochaine session d'examens s'étendra de mai à juin.* ❺ Parler longuement d'un sujet en entrant dans le détail.

étendu, e **adj.** Qui est vaste. *Le domaine qui dépendait de la ferme était très étendu. Elle avait acquis des connaissances très étendues en anatomie.* CONTR. limité.

étendue **n.f.** ❶ Espace occupé ou couvert par quelque chose. *L'étendue d'une voix. Un étang est une étendue d'eau.* ❷ Importance de quelque chose. *Je suis impressionné par l'étendue de ses connaissances.* SYN. ampleur. *Il mesurait l'étendue de son malheur.*

éternel, elle **adj.** ❶ Qui n'a ni commencement ni fin. *Pour les croyants, Dieu est éternel.* ❷ Qui durera toujours. *Une vérité éternelle.* SYN. définitif. *Une éternelle jeunesse.* SYN. impérissable, indestructible. CONTR. éphémère, fugitif. ❸ Qui se répète sans cesse ou qui est sans cesse présent. *Leurs éternelles jérémiades l'exaspéraient.* SYN. continuel, perpétuel, sempiternel. *Claudine parut à la fenêtre avec ses éternels rubans dans les cheveux.* SYN. inévitable.

éternellement **adv.** ❶ Pour l'éternité. *Ils jurèrent de s'aimer éternellement.* SYN. toujours. *Cela ne durera pas éternellement.* SYN. indéfiniment. ❷ En permanence, sans cesse. *Il répète éternellement les mêmes choses.* SYN. perpétuellement, toujours.

s'éterniser **v.pron.** (CONJUG. **3**). Durer trop longtemps ou rester trop longtemps quelque part. *Les vacances s'éternisaient, quand donc la reverrait-il ?* (= traîner en longueur). *On ne va pas s'éterniser ici !* SYN. s'attarder.

éternité **n.f.** ❶ Existence sans commencement ni fin ; vie éternelle après la mort. *Bien des gens croient à l'éternité de l'âme.* ❷ Durée très longue, qui semble ne pas devoir finir. *Avoir l'éternité devant soi.* ❸ Temps qui paraît trop long, qui n'en finit pas. *Cela fait une éternité que je t'attends !*

cavalier portant un étendard

éternuement n.m. Le fait d'éternuer.
▸ REM. Attention, *-ement.*

éternuer v. (CONJUG. 3). Expulser brusquement et de manière réflexe par le nez et la bouche l'air que l'on a dans les poumons. *Tu dois avoir pris froid, cela fait trois fois que tu éternues !*

éther n.m. Liquide qui s'évapore très vite et dont l'odeur est très forte, qu'on utilise pour désinfecter les plaies et comme anesthésique. *Avec un coton imbibé d'éther, l'infirmière nettoyait l'endroit de la piqûre.*
▸ REM. On prononce [etɛr].

HISTOIRE DU MOT C'est un mot d'origine grecque. Pour les Anciens, l'éther était un fluide subtil que l'on supposait régner au-dessus de l'atmosphère.

éthiopien, enne adj. et n. De l'Éthiopie. *Addis-Abeba est la capitale éthiopienne.* ◆ **éthiopien** n.m. Groupe de langues parlées en Éthiopie.
▸ REM. Quand il désigne une personne, le mot prend une majuscule : *un Éthiopien, une Éthiopienne.*

ethnie n.f. Groupe humain dont les membres parlent la même langue, partagent la même culture, les mêmes traditions.

ethnique adj. Qui concerne une ethnie. *Il y a une grande diversité ethnique en Inde.*

ethnologie n.f. L'une des sciences humaines qui observe et décrit les mœurs, les coutumes, la culture des groupes humains, des ethnies, pour essayer de comprendre quelles sont les règles de leur organisation et leurs évolutions.

ethnologue n. Spécialiste d'ethnologie. *Les ethnologues publient des articles.*

étincelant, e adj. Qui étincelle, brille et jette de vifs éclats. *Un soleil étincelant. Les chromes étincelants d'une voiture.* SYN. flamboyant, rutilant. *Des yeux étincelants de malice.* SYN. pétillant.

étinceler v. (CONJUG. 12, ✎ 11). Briller d'un vif éclat. *Les cristaux de neige étincellent au soleil.* SYN. scintiller. *Son regard étincelait de colère.* SYN. flamboyer.

étincelle n.f. Minuscule parcelle incandescente projetée par quelque chose qui brûle ou qui se produit au cours d'un choc, d'un frottement ; petit éclair produit par un contact électrique. *Elle tisonna les braises, une gerbe d'étincelles jaillit. Le serrurier fait des étincelles en façonnant une clef sur sa machine.* • (Familier) **Faire des étincelles :** avoir des résultats très brillants.

s'étioler v.pron. (CONJUG. 3). Perdre de sa vigueur, s'affaiblir. *Trois rosiers s'étiolaient dans la serre à l'abandon.* SYN. dépérir.
▸ REM. Ce mot appartient à la langue soutenue.

étiqueter v. (CONJUG. 12, ✎ 11). ❶ Mettre des étiquettes. *La vendeuse du supermarché étiquette les produits qui viennent d'arriver.* SYN. marquer. ❷ Classer définitivement une personne dans telle ou telle catégorie. *On l'a immédiatement étiqueté comme paresseux.* SYN. cataloguer.

étiquette n.f. ❶ Petite marque fixée ou collée sur quelque chose qui sert à indiquer un contenu, un prix, une destination, etc. *Le prix du manteau est marqué sur l'étiquette. Le pharmacien a mis des étiquettes sur chacun des tiroirs où il range ses produits.* ❷ L'ensemble des règles qui fixent les devoirs des invités et leur place en fonction de leur rang. *Respecter l'étiquette de la cour d'Angleterre.* SYN. protocole.

étirer v. (CONJUG. 3). Allonger quelque chose en tirant dessus. *Le souffleur de verre étirait de longs fils de verre bleu.* ◆ **s'étirer** v.pron. Étendre ses membres pour se dégourdir. *Le chat s'éveille, s'étire et bâille.*

étoffe n.f. Tissu de laine, de coton, etc., qu'on utilise pour l'habillement ou l'ameublement. *Le drap, la cretonne, la popeline, la flanelle sont des variétés d'étoffes.* • **Avoir de l'étoffe :** avoir de grandes capacités, de la personnalité.

étoffer v. (CONJUG. 3). Rajouter de la matière, des éléments à un texte pour l'améliorer. *Il faudrait étoffer ta deuxième partie, elle est un peu squelettique !* SYN. développer, enrichir. ◆ **s'étoffer** v.pron. Prendre du poids, des forces. *Cet enfant est malingre, il aurait besoin de s'étoffer un peu.* SYN. se fortifier.

étoile n.f. ❶ Dans le langage courant, tout astre que l'on voit briller la nuit dans le ciel et qui n'est ni la Lune ni le Soleil. *Les étoiles scintillaient dans la nuit d'été.* ❷ En astronomie, astre lumineux par lui-même (contrairement aux planètes), qui a l'aspect d'un point brillant à cause de son très grand éloignement. *Le Soleil est une étoile moyenne.* ❸ L'astre qui, selon les astrologues, influe sur la destinée. *Être né sous une bonne étoile.* ❹ Dessin géométrique dont la forme rappelle celle d'une étoile. *L'étoile à six branches, ou « étoile de David », décore le drapeau d'Israël.* ❺ Signe, décoration ou insigne qui marque un degré, un grade dans certains domaines. *Les étoiles d'un général. Un hôtel trois étoiles.* ❻ Artiste particulièrement brillant au milieu du spectacle. *Une étoile du cinéma.* SYN. star, vedette. *Une danseuse étoile de l'Opéra.* • **Coucher à la belle étoile :** dormir, la nuit, en plein air. • **Étoile du Berger** ou **étoile du matin** ou **étoile du soir :** noms donnés à la planète Vénus. • **Étoile de mer :** animal marin en forme d'étoile à cinq branches. *L'étoile de mer est un animal carnassier.*

étoile de mer

ENCYCLOPÉDIE Les étoiles vivent et meurent, mais leur vie dure plusieurs milliards d'années. Elles naissent de la contraction d'immenses nuages de gaz et de poussière, les *nébuleuses.* En se contractant, elles se réchauffent. L'étoile « brûle » son hydrogène pendant des millions ou des milliards d'années, selon sa grosseur. Lorsque l'hydrogène commence à s'épuiser, l'étoile grossit, et sa couleur vire au rouge *(géante rouge).* Notre Soleil atteindra ce stade dans 5 milliards d'années environ, son rayon sera multiplié par 50, et la température sera d'environ 2 000 °C sur la Terre. Les étoiles moyennes diminuent ensuite, se refroidissent et deviennent beaucoup moins brillantes *(naines blanches)*. Les plus grosses explosent, deviennent extraordinairement lumineuses *(supernovae)*.

étoilé, e adj. ❶ *Un ciel étoilé* est parsemé d'étoiles. ❷ *Une vitre étoilée* est fêlée en étoile.

étonnamment adv. De façon étonnante, extraordinaire. *C'est un enfant étonnamment précoce.*

étonnant, e adj. ❶ Qui cause une surprise, qui étonne. *C'est étonnant qu'il n'ait pas prévenu, ce n'est pas son genre.* SYN. bizarre, curieux, étrange, surprenant. ❷ Qui provoque l'admiration. *Tu verras, elle a une mémoire étonnante !* SYN. ahurissant, extraordinaire, incroyable, inouï, prodigieux, stupéfiant.

étonnement n.m. Vive surprise causée par un événement inattendu, par un spectacle imprévu. *À mon grand étonnement, il n'a rien dit. Pierre écarquille les yeux d'étonnement.* SYN. stupéfaction, stupeur.

étonner v. (CONJUG. 3). Causer de la surprise par son aspect insolite, extraordinaire ou anormal. *Tout ce qu'elle voyait l'étonnait, l'amusait. De lui, rien ne m'étonne.* SYN. surprendre. *Sa rapidité à répondre nous a étonnés.* SYN. sidérer, stupéfier. ◆ **s'étonner** v.pron. Montrer de la surprise et s'interroger. *Je m'étonne qu'il ne soit pas encore arrivé.*

HISTOIRE DU MOT Vient du latin *attonare* qui signifie « frapper par la foudre ».

étouffant, e adj. Qui empêche de respirer à son aise. *Une chaleur étouffante.* SYN. lourd, oppressant, suffocant.

à **l'étouffée** adv. *Un aliment cuit à l'étouffée* est cuit dans une casserole bien close pour garder toute sa saveur. *Des endives à l'étouffée. Du bœuf à l'étouffée.* SYN. à l'étuvée.

étouffement n.m. Grande difficulté, grande gêne éprouvée en respirant. *Mourir par étouffement.* SYN. asphyxie.

étouffer v. (CONJUG. 3). ❶ Manquer d'air, ne plus pouvoir respirer. *Ouvrez, on étouffe ici !* ❷ Faire mourir en empêchant de respirer. *Le meurtrier l'a étouffée sous un oreiller.* ❸ *Étouffer un feu*, c'est l'éteindre en le couvrant (car l'air ne l'alimente plus). ❹ *Étouffer un bruit*, c'est le rendre moins sonore, moins perceptible. *La neige étouffait leurs pas.* SYN. amortir. ❺ *Étouffer de rage, de colère, etc.*, c'est éprouver ces sentiments à un très haut degré. ◆ **s'étouffer** v.pron. Ne plus pouvoir retrouver sa respiration. *Tapez-lui dans le dos, il a avalé de travers, il s'étouffe !*

étourderie n.f. ❶ Défaut d'attention, ou parfois de réflexion. *Bruno est d'une étourderie incroyable, il oublie tout, partout !* SYN. distraction, inattention. ❷ Erreur commise par distraction. *Attention aux étourderies !*

étourdi, e adj. et n. ❶ Qui ne réfléchit pas assez, qui oublie de faire attention. *Que je suis étourdi ! j'ai oublié mes clefs à l'intérieur de la maison.* ❷ Au Canada, qui est dans un état semblable à l'ivresse ou au vertige.

*Nuit **étoilée** sur le Rhône,*
(tableau de Van Gogh, 1888)

étourdiment adv. Comme un étourdi, sans faire attention. *Répondre étourdiment à une question.* SYN. inconsidérément.

étourdir étourdissant, étourdi v. (CONJUG. 16). ❶ Faire perdre à demi connaissance à quelqu'un. *Le choc l'a étourdi.* SYN. assommer. ❷ Faire tourner la tête. *Elle sortit sur le balcon, le champagne l'avait étourdie.* SYN. griser.

HISTOIRE DU MOT Vient du latin *exturdire* qui signifie « avoir le cerveau troublé comme une grive qui a mangé trop de raisin », de *turdus* qui signifie « grive ».

étourdissant, e adj. *Un vacarme étourdissant* fatigue, étourdit, fait tourner la tête. SYN. abrutissant, assommant, assourdissant.

étourdissement n.m. Malaise très bref pendant lequel on a l'impression que tout chavire, que tout tourne autour de soi. *Elle a eu un étourdissement, la fatigue sans doute...* SYN. défaillance.

étourneau n.m. Oiseau passereau à queue courte et à plumage brun-noir tacheté de blanc, qui se nourrit de larves d'insectes, de vers, de graines et de fruits. SYN. sansonnet.

étourneau

étrange adj. Que l'on s'explique mal, qui est insolite et peut causer un sentiment de malaise, de peur. *Il a eu un comportement étrange pendant toute la soirée, serait-il malade ?* SYN. bizarre, curieux, étonnant. *Un sourire étrange.* SYN. inquiétant.

étrangement adv. De façon étrange, légèrement inquiétante.

étranger, ère adj. ❶ Qui appartient à un autre pays. *Elle parlait trois langues étrangères. Les ministères des Affaires étrangères s'occupent des relations internationales.* ❷ Qui n'a rien à voir avec quelque chose. *Il est étranger à cette affaire.* ❸ Qui est peu familier.

Son visage ne m'est pas étranger (= je le connais). ◆ **n.** ❶ Personne qui est d'un autre pays, d'une autre nationalité. *De nombreux étrangers viennent visiter nos musées.* ❷ Personne que l'on ne connaît pas. *Quand tu es seul, n'ouvre pas à un étranger !* ● **L'étranger :** l'ensemble des pays étrangers. *Ils avaient peu de nouvelles de l'étranger.*
▸ REM. Au mot *étranger* correspond l'élément tiré du grec *xéno-* que l'on retrouve dans *xénophile* et *xénophobe*.

étrangeté **n.f.** Bizarrerie qui se dégage de quelque chose. *Tous étaient saisis par l'étrangeté du spectacle.* SYN. singularité.

étranglé, e **adj.** *Une voix étranglée* a du mal à sortir et s'entend à peine. *D'une voix étranglée par l'émotion, il dit : « Oui ! »*

étranglement **n.m.** ❶ L'action d'étrangler. *Mort par étranglement.* SYN. strangulation. ❷ Endroit resserré. *L'étranglement d'une rue.* SYN. rétrécissement.

étrangler **v.** (CONJUG. **3**). ❶ Tuer en serrant le cou pour empêcher de respirer. *La victime a été étranglée.* ❷ Serrer trop fort la gorge, gêner la respiration. *Ce col est trop étroit, il m'étrangle.* SYN. étouffer. ◆ **s'étrangler** **v.pron.** Avaler de travers ; perdre un instant la respiration. *Elle s'est étranglée avec un noyau de cerise.* SYN. s'étouffer.

étrave **n.f.** La pièce de bois ou de métal qui termine la carène d'un navire à l'avant. *Le bateau fendait la mer de son étrave.*

1 être **étant, été v.** (CONJUG. **2**). ❶ Avoir une réalité, une existence ; exister. « *Je pense, donc je suis* » (Descartes). *Le roi n'est plus* (= il est mort). ❷ Permet de définir, d'identifier quelqu'un ou quelque chose. *Un baobab est un arbre.* ❸ Permet d'indiquer l'état, la qualité, la relation, la situation, la position, l'origine, l'opinion, etc. *Pierre est ingénieur* (= c'est son métier). *Julie est gentille. Ce livre est à moi* (= il m'appartient). « *Où en êtes-vous dans votre travail ? – J'en suis au début.* » *Marie est à Montréal* (= elle s'y trouve en ce moment). *Estelle est de Montréal* (= elle y vit habituellement). *Je suis pour la démocratie et contre l'anarchie.*
▸ REM. Le verbe *être* s'emploie comme auxiliaire pour les temps composés des verbes pronominaux et de certains verbes à la voix active. *Il fut trahi par son ami. Elle s'est promenée. Je suis partie.*

2 être **n.m.** ❶ Tout ce qui vit. *Les animaux et les hommes sont des êtres vivants.* SYN. créature. *Les hommes et les femmes sont des êtres humains.* → VOIR Fiche **48**. ❷ Personne. *Camille est un être chaleureux.*

étreindre **étreignant, étreint v.** (CONJUG. **49**). ❶ Serrer très fort dans ses bras. *La petite fille étreignit sa poupée.* ❷ *Étreindre le cœur de quelqu'un*, c'est lui causer une sensation d'oppression. *L'angoisse lui étreignait le cœur.*

étreinte **n.f.** ❶ Mouvement de tendresse qui consiste à serrer dans ses bras. *Ils se séparèrent après une dernière étreinte.* ❷ Mouvement de pression très forte qui étouffe. *Tarzan ne parvenait pas à desserrer l'étreinte du boa.*

étrenner **v.** (CONJUG. **3**). Utiliser quelque chose pour la première fois. *J'étrenne mon nouveau blouson aujourd'hui.*

étrennes **n.f.plur.** Cadeaux que l'on offre à l'occasion du 1er janvier. *Grand-mère nous a donné de l'argent pour nos étrennes.*

étrier **n.m.** Chacun des anneaux de métal suspendus à une lanière de cuir, des deux côtés de la selle d'un cheval, et dans lesquels le cavalier met les pieds. ● **Vider les étriers :** être désarçonné, tomber de cheval.

étriqué, e **adj.** ❶ *Un vêtement étriqué* est trop serré, trop étroit. CONTR. ample. ❷ *Un esprit étriqué* manque de curiosité. CONTR. ouvert.

étroit, e **adj.** ❶ Qui n'est pas large. *On accédait au repaire des garçons par un étroit passage entre deux rochers.* CONTR. large. ❷ Qui manque d'ouverture, de largeur de vues. *Un esprit étroit, des idées étroites.* SYN. borné, sectaire. CONTR. tolérant. ● **À l'étroit :** dans un espace, un vêtement trop petits. *Nous sommes trop à l'étroit dans ce petit appartement.* CONTR. au large.

étroitement **adv.** ❶ En serrant fort, en laissant le moins d'espace possible. *Ils dansaient, étroitement enlacés.* ❷ De très près. *Les deux questions sont étroitement liées.* SYN. intimement.

étroitesse **n.f.** ❶ Caractère de ce qui est étroit. *L'étroitesse du logement n'était pas sans poser quelques problèmes.* SYN. exiguïté. ❷ *L'étroitesse d'esprit*, c'est le manque d'ouverture, de tolérance. *Vous n'imaginez pas l'étroitesse d'esprit de ces gens-là !* CONTR. ouverture.

étrusque **adj.** et **n.** Qui se rapporte aux Étrusques. → VOIR noms propres.

étude **n.f.** ❶ L'action d'apprendre, d'observer pour connaître quelque chose. *L'étude du piano demande beaucoup de patience.* SYN. apprentissage. *Il se consacre*

A B C D E F G H I J K L M N O P Q R S T U V W X Y Z

à l'étude de la préhistoire. Le projet est à l'étude (= on est en train d'y travailler). ❷ À l'école, salle où les élèves font leurs devoirs, étudient leurs leçons ; temps que les élèves passent dans cette salle. *Rémi a appris ses tables de multiplication pendant l'étude.* ❸ Travail approfondi sur un sujet donné ; livre où sont exposés les résultats d'un tel travail. *Nous avons fait une étude sur la vie des fourmis. Il a publié une étude sur les somnambules.* SYN. essai, ouvrage. ❹ Morceau de musique composé pour l'apprentissage d'un instrument. *Les études pour piano de Chopin.* ❺ Bureau d'un notaire, d'un huissier. ◆ **études n.f.plur.** L'ensemble des cours que l'on doit suivre pour obtenir un diplôme. *Études secondaires. Études supérieures.*

étudiant, e n. Personne qui fait des études supérieures. *Une étudiante en médecine.*

étudié, e adj. ❶ *Un comportement étudié* n'est pas naturel, il semble être calculé pour produire un effet. SYN. affecté, artificiel. ❷ *Des prix étudiés* sont aussi bas que possible.

étudier v. (CONJUG. 7). ❶ Chercher à s'instruire dans un domaine quelconque. *Il étudie la botanique.* SYN. travailler. *Elle étudie l'accordéon* (= elle apprend à en jouer). *Vous étudierez cette leçon pour demain* (= vous l'apprendrez). ❷ Observer avec attention pour comprendre ; réfléchir soigneusement à quelque chose. *L'explorateur, penché sur la table, étudie la carte. Étudier un caractère.* SYN. analyser. *Il faudrait étudier le projet pour voir s'il est réalisable.* SYN. examiner.

étui n.m. Enveloppe rigide destinée à protéger un instrument ou à contenir quelque chose. *Un étui à lunettes.*

étuve n.f. ❶ Local conçu pour prendre des bains de vapeur afin de provoquer la transpiration. *Il y avait toujours des étuves dans les thermes romains.* ❷ Salle surchauffée. *Ouvrez les fenêtres, c'est une étuve ici !* ❸ Appareil dans lequel la température est soit élevée, ce qui permet de stériliser, désinfecter, soit maintenue à un degré constant, ce qui permet la culture microbienne.

à **l'étuvée adv.** *Un aliment cuit à l'étuvée* est cuit très doucement à la vapeur. SYN. à l'étouffée.

étymologie n.f. Étude de l'origine des mots d'une langue, de la façon dont ils se sont formés et dont ils ont évolué ; l'origine d'un mot. *L'étymologie de « travailler » est le verbe latin « trepaliare » qui signifie « torturer avec un instrument à trois pieux », le « trepalium ».*

HISTOIRE DU MOT Vient du grec *etumos*, qui signifie « vrai », et *logos*, qui signifie « science ».

étymologique adj. De l'étymologie. *Sens étymologique d'un terme* (= son sens premier).

eucalyptus n.m. Grand arbre des régions chaudes, originaire d'Australie, aux feuilles odorantes, dont il existe plus de 600 espèces et qui peut atteindre plus de 100 m de hauteur. *L'eucalyptus est une des essences de reboisement les plus répandues dans le monde parce qu'il pousse vite et qu'il assainit les régions marécageuses.*
▸ REM. On prononce le *-s*.

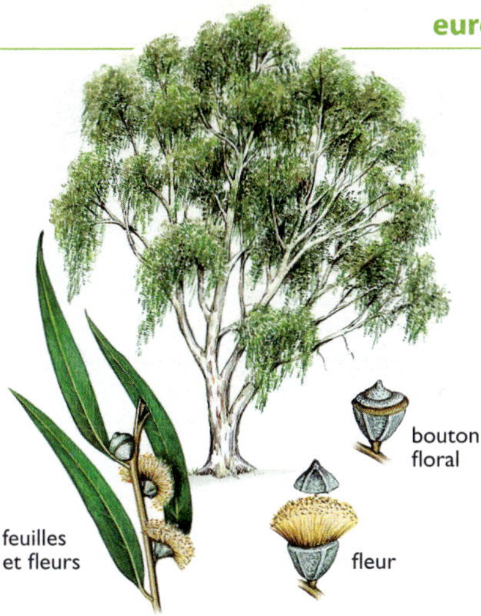

eucalyptus

eucaryote n.m. et **adj.** Être vivant dont la ou les cellules renferment un noyau, par opposition à *procaryote*.

ENCYCLOPÉDIE Les eucaryotes peuvent être constitués d'une seule cellule, comme les amibes, ou de plusieurs cellules, comme la majorité des êtres vivants (humains, animaux, plantes, champignons). La particularité des eucaryotes (par opposition aux *procaryotes*) est que leur cellule renferme un noyau qui contient l'information génétique (l'A.D.N.).

eucharistie n.f. Sacrement qui commémore la Cène, et par lequel, selon les Églises catholique et orthodoxe, Jésus-Christ devient présent dans le pain et le vin. → VOIR AUSSI **communion.**
▸ REM. On prononce [økaristi].

euh interj. Mot qui exprime l'hésitation, l'embarras, le doute. *« Tu aimes les endives ? – Euh... pas tellement ! »*

euphémisme n.m. Expression que l'on emploie à la place d'une autre que l'on juge trop directe, trop choquante. *Par euphémisme, on dit « il nous a quittés » pour « il est mort ».*

euphorie n.f. Sentiment de bien-être, de satisfaction ou de grande joie qui se manifeste par un état de légère excitation. *Dans l'euphorie de la victoire, tout le village était dans la rue.*

euphorique adj. Qui ne voit plus que le bon côté des choses, qui manifeste de l'euphorie. *L'idée de partir le rend euphorique.*

eurasien, enne adj. et **n.** Dont l'un des parents est européen et l'autre asiatique.
▸ REM. 1. Se dit surtout des métis habitant le Viêt Nam, l'Inde et l'Indonésie. 2. On écrit : *un Eurasien, une Eurasienne.*

eurêka interj. S'emploie pour exprimer sa joie d'avoir trouvé une solution à un problème, une idée excellente.

HISTOIRE DU MOT Vient du grec *hêurêka* qui signifie « j'ai trouvé ». La légende attribue cette exclamation au savant Archimède. → VOIR noms propres.

a b c d e f g h i j k l m n o p q r s t u v w x y z

euros

euro **n.m.** Monnaie officielle de 19 pays de l'Union européenne (Allemagne, Autriche, Belgique, Chypre, Espagne, Estonie, Finlande, France, Grèce, Irlande, Italie, Luxembourg, Malte, Pays-Bas, Portugal, Slovaquie et Slovénie). → VOIR noms propres : **Union européenne.**

ENCYCLOPÉDIE Mis en place à partir du 1er janvier 1999, l'euro s'est substitué, à partir de 2002, aux monnaies nationales.

européen, enne **adj.** et **n.** De l'Europe au sens géographique ou au sens économique. *Les pays européens. L'euro est la monnaie européenne* (= de l'Union européenne).
▸ REM. Quand il désigne une personne, le mot prend une majuscule : *une Européenne, des Européens.*

euthanasie **n.f.** Acte d'un médecin qui provoque la mort d'un malade incurable pour abréger ses souffrances ou son agonie.

HISTOIRE DU MOT Vient du grec *eu-*, « bien », et *thanatos*, « mort ».

eux **pron. personnel.** Représente la 3e personne du pluriel. *Ces ballons sont à eux.* → VOIR **pronom** (encadré).

évacuation **n.f.** ❶ Fait de s'évacuer, déversement, écoulement des eaux usées ou retenues quelque part. *L'évacuation des eaux usées se fait par les égouts.* ❷ Action d'évacuer des personnes. *L'évacuation des blessés* (= leur transport loin du danger).

évacuer **v.** (CONJUG. 3). ❶ Rejeter hors de l'organisme. *Évacuer du pus. Évacuer les matières fécales.* ❷ Rejeter, déverser au-dehors. *Évacuer l'eau d'un fossé.* ❸ Faire partir des personnes, les diriger vers un lieu plus sûr. *Évacuer des blessés.* ❹ Quitter massivement un lieu. *Les spectateurs ont évacué la salle.* ◆ **s'évacuer** **v.pron.** S'écouler, se déverser au-dehors.

évadé, e **adj.** et **n.** Qui s'est échappé de l'endroit où il était gardé prisonnier. *Les prisonniers évadés ont été repris.*

s'évader **v.pron.** (CONJUG. 3). ❶ S'enfuir du lieu où l'on est retenu prisonnier. *Le prisonnier s'est évadé de la prison en hélicoptère.* SYN. s'échapper, fuir, se sauver. ❷ Échapper à la réalité quotidienne. *Je lis beaucoup parce que j'ai besoin de m'évader un peu.*

évaluation **n.f.** Action d'évaluer, de déterminer la valeur ou le prix de quelque chose. *Le notaire a fait l'évaluation de la fortune de son client.* SYN. estimation. *Les professeurs font les évaluations en fin de trimestre.*

évaluer **v.** (CONJUG. 3). ❶ Donner le prix, la valeur, la quantité, la mesure de quelque chose, de manière plus ou moins précise. *On évaluait à 30 000 personnes le nombre des manifestants. Le notaire évalue le montant de l'héritage.* ❷ *Évaluer des risques*, c'est les prendre en compte. SYN. mesurer, peser.

évanescent, e **adj.** Qui est léger et semble devoir disparaître, s'évanouir d'un instant à l'autre. *Des ombres évanescentes.* SYN. fugace.
▸ REM. Ce mot appartient à la langue soutenue.

évangélique **adj.** De l'Évangile.

évangéliser **v.** (CONJUG. 3). Enseigner la doctrine de Jésus-Christ à ceux qui ne la connaissent pas pour les convertir au christianisme. *Les missionnaires allaient évangéliser les païens.*

évangéliste **n.m.** ❶ Chacun des quatre auteurs des Évangiles. *Matthieu, Marc, Luc et Jean sont les quatre évangélistes.* ❷ Prédicateur de certaines Églises protestantes.

évangile **n.m.** (Avec une majuscule.) Message, enseignement de Jésus-Christ. → VOIR noms propres. • **Parole d'évangile :** vérité absolue, parole à laquelle on peut se fier. *Tout ce qu'il dit n'est pas parole d'évangile !*

HISTOIRE DU MOT Vient du grec *euaggelion*, qui signifie « bonne nouvelle ».

s'évanouir **évanouissant, évanoui v.** (CONJUG. 16). ❶ Perdre connaissance. *La vue du sang l'a incommodé, il s'est évanoui.* ❷ S'effacer, disparaître. *Le bruit des pas s'évanouissait dans la nuit.* SYN. s'estomper. *Ses dernières craintes s'évanouirent.* SYN. disparaître, se dissiper, s'envoler.

évanouissement **n.m.** Le fait de s'évanouir.

évaporation **n.f.** Transformation d'un liquide en vapeur.

évaporé, e **adj.** et **n.** *Une personne évaporée* ne réfléchit pas beaucoup, elle est étourdie et superficielle.

s'évaporer **v.** (CONJUG. 3). ❶ Se transformer en vapeur. *La rosée s'évapore. Le parfum s'évapore facilement.* ❷ Disparaître. *La brume s'est évaporée.* SYN. se dissiper.

évasé, e **adj.** Qui va en s'élargissant. *Un tuyau à l'extrémité évasée. Elle portait une jupe évasée dans le bas.*

évasif, ive **adj.** Qui reste volontairement dans le vague, pour ne pas donner son vrai point de vue. *Il eut une réponse évasive.* SYN. ambigu, vague. CONTR. catégorique.

évasion **n.f.** ❶ L'action de s'évader, de s'enfuir de sa prison. ❷ Le fait d'échapper pour un temps aux soucis quotidiens. *La lecture est un moyen d'évasion.* SYN. détente, distraction.

A B C D E F G H I J K L M N O P Q R S T U V W X Y Z

évasivement adv. De façon évasive, si vague qu'on ne sait pas à quoi s'en tenir. *Quand je lui ai demandé si nous nous reverrions, il a répondu très évasivement.*

évêché n.m. Résidence de l'évêque ; l'ensemble des bureaux nécessaires à l'administration d'un diocèse ; la ville où demeure l'évêque.

éveil n.m. *L'éveil de la nature*, c'est le moment où elle sort de son engourdissement au printemps. SYN. réveil. • **Activités d'éveil** : l'ensemble des activités qui stimulent l'intérêt, la curiosité des enfants pour un domaine. • **Donner l'éveil** : attirer l'attention de quelqu'un sur un danger. *La porte était entrouverte, c'est ce détail qui avait donné l'éveil.* SYN. alerter, donner l'alarme. • **En éveil** : aux aguets. *Esprit en éveil.* SYN. attentif, vigilant.

éveillé, e adj. Plein de vie et de vivacité d'esprit. *Un petit garçon très éveillé.* SYN. dégourdi. CONTR. amorphe, endormi.

éveiller v. (CONJUG. 3). ❶ Réveiller. *Un rayon de soleil qui jouait sur son visage éveilla Boucle d'Or.* ❷ Faire naître un sentiment, un état d'esprit. *Éveiller l'attention.* SYN. attirer. *Éveiller la curiosité.* SYN. aiguiser, attiser, piquer. *Éveiller les soupçons.* SYN. susciter. ◆ **s'éveiller** v.pron. Se réveiller. *Il s'éveille à l'aube.* CONTR. s'endormir.
▸ REM. Au sens de « réveiller », *éveiller* appartient à la langue soutenue.

événement n.m. Tout ce qui arrive, tout incident qui se produit. *Cette semaine a été fertile en événements.* SYN. fait, péripétie. *Les événements d'une vie* (= les faits marquants, importants).
▸ REM. On écrit aussi *évènement*, avec un accent grave.

HISTOIRE DU MOT Vient du latin *evenire* qui signifie « se produire ».

éventail n.m. ❶ Petit objet de tissu ou de papier monté sur des baguettes qui s'ouvrent et se replient et qu'on agite devant soi pour se rafraîchir. ❷ Grande variété, grand choix de choses de même nature. *Un large éventail de prix.* • **En éventail** : arrondi en forme d'éventail.

éventail (XVIIIe siècle)

éventaire n.m. Table à l'extérieur d'une boutique, sur laquelle sont exposées des marchandises. *Il y a des livres d'occasion sur un éventaire devant la librairie.* → VOIR AUSSI **étal.**
▸ REM. Ne pas confondre avec *inventaire*.

1 s'éventer v.pron. (CONJUG. 3). ❶ Agiter l'air autour de soi pour avoir un peu de fraîcheur. *Sous un soleil torride, Laure s'éventait avec son journal.* ❷ Perdre de son goût, de ses qualités sous l'action de l'air. *Le vin s'est éventé.*

2 éventer v. (CONJUG. 3). *Éventer un complot*, c'est le découvrir, le mettre au jour.

éventrer v. (CONJUG. 3). ❶ Ouvrir le ventre. *Le boucher a éventré un cochon.* ❷ Faire une ouverture béante dans quelque chose en déchirant ou en défonçant. *Le matelas avait été éventré.*

éventualité n.f. Fait qui peut avoir lieu sans que ce soit certain. *Je ne vous promets rien, ce n'est encore qu'une éventualité.* SYN. possibilité. *Parer à toute éventualité* (= prendre toutes ses précautions au cas où quelque chose se produirait).

éventuel, elle adj. Qui peut se produire, si les circonstances s'y prêtent. *Il m'avait parlé d'un éventuel voyage à New York.* SYN. hypothétique, possible. CONTR. certain.

HISTOIRE DU MOT Vient du latin *eventus* qui signifie « événement ».

éventuellement adv. S'il y a lieu ; si c'est possible. *Je te préviendrai éventuellement.* SYN. le cas échéant. *On pourrait se voir, éventuellement.* SYN. peut-être.

évêque n.m. Prêtre catholique ou orthodoxe qui dirige un diocèse. *L'évêque est chargé d'ordonner et de nommer les prêtres.*

s'évertuer v.pron. (CONJUG. 3). Faire de gros efforts, généralement sans grands résultats, pour aboutir à quelque chose. *Voilà une heure que je m'évertue à t'expliquer que je ne peux pas venir !* SYN. s'efforcer de, s'escrimer.

éviction n.f. Exclusion d'un membre d'un groupe, le fait de l'évincer.

évidemment adv. Certainement, sans doute. *« Tu t'es fait mal ? – Évidemment ! »* SYN. bien entendu. *Évidemment, c'est Élise qu'on attend !* SYN. bien sûr, naturellement.

évidence n.f. Chose évidente, dont la vérité ne peut faire de doute pour personne. *Qu'il soit innocent, c'est une évidence !* SYN. certitude. • **De toute évidence** : sans aucun doute. • **En évidence** : de façon à être vu. *Elle avait laissé un mot en évidence sur la table.* • **Mettre en évidence** : faire ressortir, mettre en lumière. *Le professeur d'histoire a mis en évidence le rôle des sans-culottes dans la Révolution française.* SYN. souligner. • **Se rendre à l'évidence** : accepter la réalité telle qu'elle est. *Il faut se rendre à l'évidence, j'ai perdu !*

évident, e adj. Qui est certain, qui va de soi. *La solution est évidente.* SYN. clair. *Progrès évidents.* SYN. incontestable, indéniable, indiscutable, manifeste. *Il l'aime, c'est évident.* SYN. certain, sûr, visible. • (Familier) **Ne pas être évident** : ne pas être facile à faire. *Tu veux essayer d'enfiler cette aiguille ? Je te préviens, ce n'est pas évident !*

HISTOIRE DU MOT Vient du latin *evidens* qui signifie « visible », de *videre*, « voir ».

A B C D E F G H I J K L M N O P Q R S T U V W X Y Z

évider v. (CONJUG. 3). Faire un creux à l'intérieur de quelque chose en enlevant de la matière. *Évider les tomates pour y mettre de la farce.*

évier n.m. Cuve fixée au mur d'une cuisine, sous un robinet, et munie d'un dispositif d'écoulement.

HISTOIRE DU MOT Vient de l'ancien français *eve* qui signifiait « eau ».

évincer évinçant, évincé v. (CONJUG. 4). Écarter quelqu'un d'une place qu'on souhaite soi-même occuper. *Le duc avait réussi à évincer tous les autres prétendants.* SYN. éliminer, supplanter.

éviter v. (CONJUG. 3). ❶ Échapper à quelque chose de désagréable, empêcher qu'un accident se produise. *Éviter un coup.* SYN. esquiver, parer. *Le conducteur de train a évité de justesse la catastrophe.* ❷ S'arranger pour ne pas se trouver en présence de quelqu'un. *Elle m'évite en ce moment, c'est visible.* SYN. fuir. ❸ S'efforcer de ne pas faire quelque chose. *Évitez de manger trop de sucreries.* SYN. s'abstenir de. ❹ *Éviter des ennuis, un dérangement à quelqu'un*, c'est lui permettre d'y échapper. *Il m'a évité bien des ennuis.* SYN. épargner. *Cela m'a évité de me déplacer inutilement.*

évocateur, trice adj. Qui fait immédiatement venir à l'esprit une image, une idée. *D'un geste très évocateur, Tom nous fit comprendre quel avait été le sort réservé au prisonnier.* SYN. significatif.

évocation n.f. Le fait d'évoquer, de rappeler des événements du passé. *Les personnes âgées prennent souvent plaisir à l'évocation de leurs souvenirs d'enfance.* SYN. rappel.

évolué, e adj. ❶ Qui a atteint un certain degré de développement. *Un peuple très évolué.* ❷ Qui a les idées larges, qui est ouvert au changement, à la nouveauté. *C'est un esprit évolué.* CONTR. arriéré, rétrograde.

évoluer v. (CONJUG. 3). ❶ Changer, se transformer petit à petit. *La médecine a beaucoup évolué depuis le XIXe siècle. Ses idées ont beaucoup évolué.* SYN. progresser. *La maladie évolue normalement.* SYN. se développer. *Évoluer en bien, en mal.* ❷ Se déplacer dans l'air ou dans l'espace. *Frédéric évoluait au milieu du salon parmi les invités.* SYN. se mouvoir. *Un cerf-volant évolue dans le ciel d'été.*

évolutif, ive adj. Qui évolue, se transforme progressivement. *Une situation évolutive.*

évolution n.f. ❶ Changement lent, progressif d'une espèce ou d'une société. *L'histoire nous renseigne sur l'évolution des sociétés. Étudier l'évolution de l'homme depuis son apparition sur la Terre.* → VOIR planche ci-contre et Fiche 48. ❷ Changement progressif dans le caractère, les idées, le comportement. *Constater une bonne évolution chez un élève.* ❸ Ensemble des phases par lesquelles passent une maladie, un processus. *L'évolution de sa maladie est normale. Être attentif à l'évolution d'un conflit* (= la manière dont il évolue, se transforme). • **Théorie de l'évolution :** en biologie, théorie qui dit que le monde vivant est continu, c'est-à-dire que toutes les espèces descendent les unes des autres. ◆ **évolutions** n.f.plur. Ensemble de mouvements coordonnés. *Les évolutions d'un danseur.*

évoquer v. (CONJUG. 3). ❶ Parler de quelque chose de lointain. *Les deux amies ont évoqué les jeux auxquels elles jouaient quand elles étaient enfants.* SYN. se remémorer. ❷ Faire penser par association d'idées. *L'odeur du chèvrefeuille évoquait pour elle les soirées d'été.* ❸ Citer rapidement, rappeler à l'esprit. *Dans l'interview, le ministre a évoqué le problème du logement* (= y a fait allusion). ❹ Faire apparaître des esprits, des morts, etc., par des incantations, de la magie. *Ils faisaient tourner les tables pour évoquer les esprits.*

▸ REM. Ne pas confondre avec *invoquer*.

HISTOIRE DU MOT Vient du latin *evocare* qui signifie « appeler à soi », de *vox*, « voix ».

ex- préfixe. Mot d'origine latine qui signifie « ancien ». *Un ex-ministre n'est plus ministre aujourd'hui.*

exacerber v. (CONJUG. 3). Rendre plus aigu, plus vif un sentiment. *L'insolence avec laquelle il me répondit ne fit qu'exacerber ma colère.* SYN. aviver, exaspérer. CONTR. apaiser, atténuer.

exact, e adj. ❶ Qui est juste, sans erreur. *Ton calcul est exact.* SYN. correct. CONTR. erroné, faux, inexact. *Ma montre donne l'heure exacte.* SYN. juste, précis. CONTR. approximatif. ❷ Qui est conforme à la réalité. *C'est un récit très exact des événements.* SYN. authentique, fidèle, véridique. ❸ Qui arrive toujours à l'heure prévue. *Elle est toujours exacte à ses rendez-vous.* SYN. ponctuel. • **Sciences exactes :** nom donné aux mathématiques, à l'astronomie et aux sciences physiques.

exactement adv. De façon exacte, précise. *Il y avait exactement 42 personnes. C'est exactement ce que je voulais dire.* SYN. tout à fait. « *Cela veut dire que tu ne viens pas ? – Exactement !* » (= oui, c'est cela). SYN. précisément.

exactions n.f.plur. Actes de violence et abus commis contre une population. *La population a souffert des exactions des troupes d'occupation.*

exactitude n.f. ❶ Caractère de ce qui est exact. *Vérifier l'exactitude d'un calcul, d'un récit.* ❷ Précision. *Il nous a donné avec exactitude le montant des dépenses.* ❸ Caractère d'une personne qui est à l'heure. *On dit que l'exactitude est la politesse des rois.* SYN. ponctualité.

ex aequo adv. À égalité, dans le même rang. *Je suis première ex aequo avec Aurélie !*

▸ REM. On prononce [egzeko].

HISTOIRE DU MOT C'est une expression latine, tirée de l'adjectif *aequus* qui signifie « égal » et que l'on retrouve dans *équidistant, équilatéral*.

exagération n.f. Le fait d'exagérer. *Il dit que cette ville est sale, mais c'est de l'exagération !* SYN. abus. *Il ne faut pas trop la croire, il y a toujours une part d'exagération dans ce qu'elle raconte.* SYN. outrance. *Claude travaille, mais sans exagération !* SYN. excès.

exagéré, e adj. Qui dépasse la mesure, qui est trop important. *C'est un prix exagéré pour un simple livre !* SYN. abusif, excessif.

évolution de l'homme

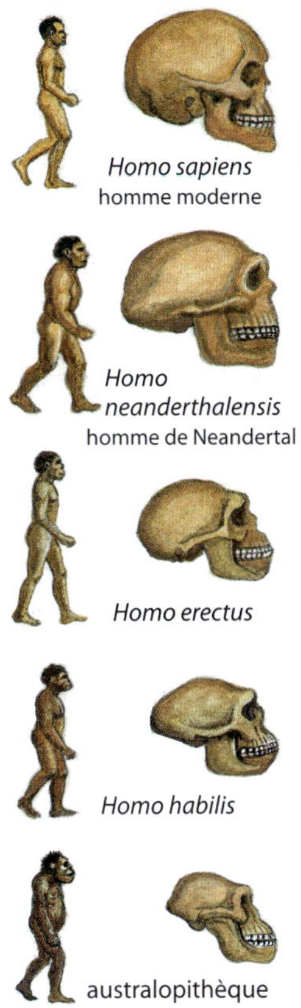

Des formes de vie en changement constant

Il y a plus de 3,5 milliards d'années, les premiers êtres vivants, de taille microscopique, apparaissent dans les eaux. Au cours du temps, ces êtres se transforment et se diversifient : c'est ce qu'on appelle l'évolution.

Des premières bactéries à l'espèce humaine

Il y a 700 millions d'années, la vie aquatique connaît un essor considérable : les **animaux invertébrés** et les **poissons** se diversifient ; puis apparaissent les plantes et les animaux terrestres, à l'ère primaire (500 millions d'années). Durant l'ère secondaire (200 millions d'années), le règne des **dinosaures** débute et les conifères se développent. Les **mammifères** font leur apparition, mais ils ne vont se diversifier qu'à l'ère tertiaire (65 millions d'années), en même temps que les plantes à fleurs. Il y a plus de 5 millions d'années, la lignée humaine est déjà présente en Afrique avec les **australopithèques**. *Homo habilis* taille des outils (2 millions d'années), puis *Homo erectus* découvre le feu (500 000 ans). Notre espèce, *Homo sapiens*, elle, est vieille de 100 000 ans.

évolution de la vie

A B C D E F G H I J K L M N O P Q R S T U V W X Y Z

exagérément adv. Avec excès, beaucoup trop. *Le directeur s'est montré exagérément sévère.*

exagérer v. (CONJUG. 9, ✎ 10). ❶ Donner plus d'importance que dans la réalité. *Elle exagère quand elle raconte ses exploits à la patinoire. N'exagérons pas la difficulté du problème, il n'est pas si difficile que cela* (= grossissons). ❷ Dépasser les limites. *Encore une crêpe ? Tu exagères !* SYN. abuser.

exaltant, e adj. Qui provoque l'exaltation, qui stimule. *Cette découverte fut un des moments les plus exaltants de ses recherches.* SYN. enthousiasmant, passionnant.

exaltation n.f. État de vive excitation, de grand enthousiasme. *Sa découverte l'a plongé dans un état d'exaltation inquiétant.* SYN. délire, fièvre.

exalté, e adj. et n. Plein d'exaltation, d'un enthousiasme passionné, parfois fanatique. *Il parlait de sa vocation sur un ton exalté.* SYN. ardent. *Un exalté incitait les jeunes à la révolte.* SYN. fanatique, illuminé.

exalter v. (CONJUG. 3). ❶ Remplir d'enthousiasme. *La lecture de romans d'aventures l'exaltait.* SYN. enflammer, passionner. ❷ Faire l'éloge d'une personne, de ses mérites. *Le général exalta le courage des soldats morts au combat.* SYN. chanter, louer, vanter.

examen n.m. ❶ Épreuve qui permet de vérifier le niveau des connaissances d'un candidat. *Elle prépare l'examen d'entrée à l'école vétérinaire.* ❷ Observation attentive et méthodique. *Les enquêteurs ont fait un examen des lieux après le crime.* SYN. inspection. *L'examen du document a pris des semaines.* SYN. étude. *Après son accident, on lui a fait faire différents examens à l'hôpital.* SYN. contrôle. • **Mise en examen :** en France, procédure par laquelle le juge d'instruction informe quelqu'un des faits pénaux qui lui sont reprochés.

HISTOIRE DU MOT Mot latin qui désignait l'aiguille de la balance, la pesée, ainsi que le contrôle.

examinateur, trice n. Personne chargée d'interroger les candidats à un examen.

examiner v. (CONJUG. 3). ❶ Observer avec beaucoup d'attention pour connaître ou comprendre. *Rouletabille avait examiné longuement la disposition de la pièce.* SYN. étudier, explorer, inspecter. ❷ Regarder avec insistance, dans le détail. *Il examinait la jeune fille sans rien dire.* SYN. considérer, observer. ❸ Soumettre à un examen médical. *Le médecin examine la malade.* SYN. ausculter.

exaspérant, e adj. Qui exaspère, irrite énormément. *Ce bruit est exaspérant, vous ne pouvez pas arrêter ?* SYN. crispant, horripilant, insupportable.

exaspération n.f. État de fureur et de grand énervement. *Le petit sourire sceptique de Thomas la mit au comble de l'exaspération.* SYN. agacement, colère, irritation.

exaspéré, e adj. Très en colère et à bout de patience. SYN. excédé.

exaspérer v. (CONJUG. 9, ✎ 10). Irriter au plus haut point. *Arrête de bouger, tu m'exaspères !* SYN. agacer, énerver, horripiler.

exaucer exauçant, exaucé v. (CONJUG. 4). Satisfaire une prière, un vœu, accorder ce qui est demandé. *La fée exauça le désir de Cendrillon d'un coup de baguette magique.* SYN. combler, satisfaire.

excavateur n.m. ou **excavatrice** n.f. Machine pour creuser le sol.

excavateur

excavation n.f. Trou dans le sol. *Une excavation creusée par une explosion.*

excédé, e adj. Qui en a plus qu'assez, qui est à bout de résistance. *Il me regardait, excédé, mais moi je continuais à le questionner.*

excédent n.m. Quantité qui dépasse la limite fixée. *Ta valise est trop lourde, tu auras certainement un excédent de bagages à payer.* SYN. surplus.

excédentaire adj. Qui est en excédent, qui est trop abondant. *La production de blé a été excédentaire cette année.*

excéder v. (CONJUG. 9, ✎ 10). ❶ Être plus élevé en quantité, en valeur, en durée. *Dans un budget bien équilibré, les dépenses ne doivent pas excéder les recettes.* SYN. dépasser. ❷ Lasser quelqu'un au-delà de ce qu'il peut endurer. *Ses perpétuels reproches ont fini par m'excéder.* SYN. agacer, exaspérer, irriter.

excellence n.f. ❶ Le caractère de ce qui est excellent. *Nous l'avons félicité pour l'excellence de son travail. Le prix d'excellence est accordé au meilleur élève de la classe.* ❷ (Avec une majuscule.) Titre donné à un ministre, un ambassadeur ou encore aux archevêques et aux évêques. *Son Excellence, l'ambassadeur du Danemark !* • **Par excellence :** tout particulièrement, au plus haut point. *La pizza est le plat italien par excellence.*

excellent, e adj. Qui est particulièrement bien ou bon. *Violaine a eu d'excellentes notes en gymnastique.* CONTR. mauvais. *Ce chocolat est excellent, vous m'en direz des nouvelles !* SYN. délicieux, exquis, succulent.

exceller **v.** (CONJUG. **3**). Être très fort, très habile dans un domaine. *Pierre excelle au lance-pierres.* SYN. briller, se distinguer, triompher.

excentré, e **adj.** Qui est loin du centre. *Je n'aimerais pas habiter ce quartier, il est trop excentré.*

excentricité **n.f.** Comportement bizarre, excentrique. *Son excentricité faisait jaser toute la ville.* SYN. extravagance, singularité.

excentrique **adj.** et **n.** Qui ne fait rien comme tout le monde et attire l'attention par sa manière de vivre. *On avait loué la maison à une artiste qui paraissait fort excentrique à ses voisins.* SYN. bizarre, extravagant. *Un excentrique.* SYN. original. ◆ **adj.** Bizarre, singulier. *Une robe excentrique. Une conduite excentrique.*

excepté **prép.** À l'exception de. *Anne aime tout, excepté le foie et la cervelle.* SYN. à part, hormis, sauf.

excepter **v.** (CONJUG. **3**). Ne pas tenir compte de quelque chose, de quelqu'un. *Si l'on excepte l'incident du départ, on peut dire que tout s'est bien passé* (= si on met à part).

exception **n.f.** ❶ Cas qui échappe à la règle habituelle. *La langue française est pleine d'exceptions. Aujourd'hui, un couple divorcé n'est plus une exception.* SYN. cas, phénomène, rareté. *Vous serez tous punis, sans exception* (= absolument tous). ❷ *Faire une exception*, c'est faire quelque chose d'inhabituel. • **À l'exception de :** mis à part, excepté. *Il a vendu toutes ses œuvres d'art, à l'exception d'une statuette.* SYN. sauf. • **D'exception :** en dehors de ce qui est habituellement prévu par la loi, exceptionnel. *Le gouvernement a pris des mesures d'exception.*

exceptionnel, elle **adj.** ❶ Qui sort de l'ordinaire. *Il fait un temps d'une exceptionnelle douceur pour la saison.* SYN. étonnant, rare. *C'est une occasion exceptionnelle, il faut la saisir.* SYN. extraordinaire. ❷ Qui se fait par exception. *À cause des inondations, le gouvernement a accordé des indemnités exceptionnelles aux agriculteurs.* SYN. spécial.

exceptionnellement **adv.** De manière exceptionnelle. *Le cours aura lieu exceptionnellement en salle 8* (= pour une fois). *Elle est exceptionnellement douée.* SYN. remarquablement.

excès **n.m.** Ce qui dépasse la quantité normale, la mesure. *Manger correctement mais sans excès. Il a eu une contravention pour excès de vitesse* (= pour avoir roulé trop vite).

excessif, ive **adj.** Qui passe la mesure, qui est exagéré. *Vous êtes d'une sévérité excessive.* SYN. disproportionné, exagéré. *La somme demandée est excessive.* SYN. abusif.

excessivement **adv.** Très ou trop. *Ils sont excessivement gentils.* SYN. extrêmement.

excipient **n.m.** Substance incorporée dans un médicament pour permettre de l'absorber.

excitant, e **adj.** ❶ Qui excite, qui énerve. *Le café est excitant.* SYN. stimulant, tonique. CONTR. calmant. ❷ Qui procure un vif plaisir, passionne et stimule. *C'était très excitant de partir explorer ce souterrain.* SYN. exaltant, grisant. ◆ **excitant** **n.m.** Produit excitant. *Le thé est un excitant.*

excitation **n.f.** État d'agitation extrême, d'exaltation, d'enthousiasme. *Quelle excitation, les enfants, calmez-vous !* SYN. énervement.

excité, e **adj.** et **n.** Qui est dans un état de vive excitation. *C'est le dernier jour de classe, les enfants sont très excités.* SYN. agité, énervé. CONTR. calme. *De jeunes excités cherchaient la bagarre.* → VOIR AUSSI **surexcité.**

exciter **v.** (CONJUG. **3**). ❶ *Exciter une sensation, un sentiment*, c'est les faire naître ou les rendre plus vifs. *L'air marin excite l'appétit.* SYN. stimuler. *Cette histoire a excité ma curiosité.* ❷ *Exciter un animal, une personne*, c'est les mettre dans un état d'énervement, d'agitation extrême. *Le tissu rouge excite le taureau. L'orateur excitait la foule contre le gouvernement.* ◆ **s'exciter** **v.pron.** S'énerver et s'agiter.

HISTOIRE DU MOT Vient du latin *excitare* qui signifie « faire sortir ».

exclamatif, ive **adj.** Qui exprime une exclamation. *« Quel beau temps ! » est une phrase exclamative et « quel » est un adjectif exclamatif.*

exclamation **n.f.** Cri de surprise, de joie, d'admiration, de douleur, etc. *Elle laissa échapper une exclamation de joie.* • **Point d'exclamation :** signe de ponctuation (!) qui se place après une interjection ou une phrase exclamative.

s'exclamer **v.pron.** (CONJUG. **3**). Prononcer d'une voix forte des paroles qui expriment la joie, la surprise, l'indignation. *On s'exclamait sur la splendeur, l'éclat de la réception. Ouf ! s'exclama-t-il, nous voici arrivés.* SYN. s'écrier.

HISTOIRE DU MOT Vient du latin *clamare* qui signifie « crier » et que l'on retrouve dans *clameur*.

exclu, e **adj.** ❶ Qui n'est pas acceptable, qui est impensable. *Il est tout à fait exclu que tu ailles au cinéma sans moi !* (= il est hors de question). ❷ Qui n'est pas compris dans un compte. *Les vacances vont jusqu'au 15 exclu.* SYN. non compris. CONTR. inclus. ◆ **n.** Personne rejetée de la société ou d'un groupe.

exclure **excluant, exclu v.** (CONJUG. **58**). ❶ Chasser quelqu'un d'un établissement, d'un parti, d'un groupe. *Cyril a été exclu du lycée.* SYN. mettre à la porte, renvoyer. *Il avait été exclu du pouvoir.* SYN. écarter, évincer. ❷ Ne pas tenir compte de quelque chose dans un ensemble. *Si j'exclus les frais de transport, le séjour ne nous est pas revenu trop cher.* ❸ Rendre impossible quelque chose. *Les policiers excluent l'hypothèse d'un suicide.* SYN. rejeter. *La douceur n'exclut pas la fermeté.* SYN. interdire.

exclusif, ive **adj.** ❶ *Un privilège, un droit exclusifs* appartiennent en propre à une personne, à un groupe. *En France, le droit de grâce est un privilège exclusif du chef de l'État.* ❷ *Une amitié exclusive* se porte sur une seule personne et refuse le partage.

a b c d e f g h i j k l m n o p q r s t u v w x y z

exclusion **n.f.** Rejet, renvoi d'un groupe. *Cet élève risque l'exclusion.* SYN. mise à la porte, renvoi. • **À l'exclusion de :** mis à part, excepté. *Nous avons tous reçu une invitation, à l'exclusion de Serge.* SYN. à l'exception de, hormis, sauf.

exclusivement **adv.** D'une manière exclusive. *Il se consacre exclusivement à son entraînement pour les jeux Olympiques.* SYN. uniquement.

exclusivité **n.f.** Droit exclusif de vendre une marchandise, de publier un article, de diffuser un film, etc. *Notre journal a eu l'exclusivité de son reportage* (= aucun autre journal ne le publiera en même temps). *Ces sandales sont une exclusivité de notre magasin.*

excommunication **n.f.** Action d'excommunier.

excommunier **v.** (CONJUG. **7**). Exclure une personne d'une communauté religieuse.

HISTOIRE DU MOT Vient du latin *ex-*, qui signifie « hors de », et *communis*, qui signifie « commun ».

excréments **n.m.plur.** Résidus de la digestion que l'homme et l'animal rejettent par l'anus. SYN. matières fécales, selles.

excréteur, trice **adj.** Qui sert à l'excrétion. *L'anus est un orifice excréteur.*

excrétion **n.f.** Évacuation des déchets de l'organisme.

excroissance **n.f.** Saillie, bosse qui apparaissent à la surface de quelque chose. *Une verrue est une excroissance sur la peau.* SYN. protubérance.

excursion **n.f.** Promenade ou petit voyage touristique pour connaître les curiosités d'une région. *Il y a de nombreuses excursions à faire dans la région.*

HISTOIRE DU MOT Vient du latin *excurrere*, « sortir en courant ».

excursion en montagne

excursionniste **n.** Personne qui fait une excursion.

excusable **adj.** Qu'on peut excuser. *Une erreur excusable.* SYN. pardonnable.

excuse **n.f.** ❶ Explication que l'on donne pour se justifier. *Pour toute excuse, elle a dit qu'elle ne l'avait pas fait exprès.* SYN. justification. *Il a toujours une bonne excuse pour ne pas faire la vaisselle.* SYN. prétexte. ❷ *Faire ou présenter ses excuses à quelqu'un*, c'est lui demander pardon de l'avoir dérangé, de lui avoir causé du tort.

excuser **v.** (CONJUG. **3**). ❶ Ne pas tenir rigueur à quelqu'un de ce qu'il a fait. *Il faut l'excuser, il ne sait pas ce qu'il dit.* SYN. pardonner. ❷ Servir d'excuse à quelqu'un. *Rien ne peut excuser votre comportement.* SYN. justifier. ◆ **s'excuser** **v.pron.** Présenter ses excuses. *Elle s'est excusée de sa maladresse.*

HISTOIRE DU MOT Vient du latin *excusare* qui signifie « mettre hors de cause ».

exécrable **adj.** Très mauvais, particulièrement difficile à supporter. *Il fait un temps exécrable aujourd'hui.* SYN. abominable, affreux, épouvantable. *Mélanie était d'une humeur exécrable.* SYN. détestable. CONTR. excellent.

exécrer **v.** (CONJUG. **9**, ✎ *10*). Avoir en horreur. *Tout le monde l'exécrait.* SYN. détester. *J'exècre l'hypocrisie.* SYN. haïr.

▸ REM. Ce mot appartient à la langue soutenue.

exécutant, e **n.** ❶ Personne dont le rôle se borne à exécuter des ordres, des consignes. *Ce n'est qu'un exécutant, il ne peut pas prendre d'initiatives.* CONTR. chef, dirigeant. ❷ Musicien qui joue une œuvre musicale. *Un orchestre d'une centaine d'exécutants.*

exécuter **v.** (CONJUG. **3**). ❶ Faire ce qui a été demandé. *Vous devez exécuter les ordres sans vous poser de question.* SYN. obéir à. *Mission difficile à exécuter.* SYN. accomplir, remplir. ❷ Accomplir, réaliser, effectuer quelque chose. *Exécuter un tableau.* SYN. réaliser. *Exécuter un saut.* SYN. faire. ❸ Mettre à mort une personne. *Les condamnés ont été exécutés à l'aube. Ils ont exécuté le principal témoin.* SYN. abattre, supprimer. ❹ *Exécuter un morceau de musique*, c'est le jouer sur un instrument. ◆ **s'exécuter** **v.pron.** Se résoudre à faire ce qui est demandé. *Je lui ai demandé de se taire, il s'est exécuté.* SYN. obéir, obtempérer.

exécutif, ive **adj.** *Le pouvoir exécutif*, en France, c'est le pouvoir qu'ont le président de la République et les ministres de faire appliquer les lois votées par le Parlement. → VOIR AUSSI **législatif** et Fiches **41** et **42.** ◆ **exécutif** **n.m.** ❶ En France, le pouvoir exécutif. ❷ Au Québec, le Conseil des ministres.

exécution **n.f.** ❶ Accomplissement de quelque chose, le fait de l'exécuter. *L'exécution d'un ordre. Les travaux sont en cours d'exécution.* SYN. réalisation. *L'exécution d'une sonate.* SYN. interprétation. *Le bandit a mis sa menace à exécution* (= il l'a exécutée). ❷ Mise à mort d'une personne. *L'exécution a eu lieu à l'aube.*

exégèse **n.f.** *Faire l'exégèse d'un texte*, c'est en donner une explication et un commentaire détaillés.

1 exemplaire adj. ❶ Qui est digne de servir d'exemple, dont le modèle peut être imité. *Les pompiers ont fait preuve d'une efficacité et d'un courage exemplaires.* SYN. irréprochable, parfait. ❷ Qui est destiné à servir d'exemple, d'avertissement. *Le capitaine infligea aux marins mutinés un châtiment exemplaire.*

2 exemplaire n.m. ❶ Chacune des reproductions d'un modèle initial. *Roman tiré à trois mille exemplaires.* ❷ Chacun des échantillons d'une même espèce. *Vous avez sur cette photo un bel exemplaire d'ornithorynque.* SYN. spécimen.

exemple n.m. ❶ Personne ou action digne d'être imitée. *On me cite toujours mon frère en exemple.* SYN. modèle. ❷ Fait, cas, objet que l'on donne pour servir de preuve, qui est caractéristique de quelque chose. *Je vais te donner un exemple de son avarice.* SYN. aperçu, échantillon. *Cette église est un exemple de l'architecture romane.* SYN. spécimen. ❸ Phrase que l'on écrit, texte d'un auteur que l'on cite pour éclairer, illustrer une définition. *Dans ce dictionnaire, il y a de nombreux exemples.*

exempt, e adj. ❶ Qui n'est pas soumis à une obligation. *Une marchandise exempte de taxes.* SYN. exonéré. ❷ *Ne pas être exempt de risques*, c'est en comporter. *Ce métier n'est pas exempt de risques* (= il y a des risques).

exempté, e adj. Qui est dispensé de quelque chose d'obligatoire, en particulier du service militaire.

exempter v. (CONJUG. 3). Dispenser quelqu'un d'une obligation. *Lucas a été exempté d'impôts.* SYN. exonérer.

exercer exerçant, exercé v. (CONJUG. 4). ❶ Développer, entraîner une faculté, une aptitude en faisant des exercices quotidiens et répétés. *Il y a toutes sortes de moyens pour exercer sa mémoire.* SYN. cultiver. ❷ Pratiquer une activité, une profession. *Elle exerce la médecine. Il a cessé d'exercer il y a quelques années.* SYN. travailler. ❸ Faire usage de quelque chose. *Exercer son autorité.* ◆ **s'exercer** v.pron. Se soumettre à un entraînement. *Sportif qui s'exerce tous les jours.* SYN. s'entraîner.

exercice n.m. ❶ Travail que l'on fait pour entraîner son esprit à une discipline scolaire ou pour vérifier si l'on a compris et retenu une leçon. *Tu ne voudrais pas m'aider à faire mes exercices de physique ?* SYN. devoir, problème. ❷ Activité destinée à entretenir, à développer les capacités physiques de quelqu'un. *L'athlète fait des exercices d'assouplissement.* SYN. mouvement. *Le médecin lui a dit qu'il manquait d'exercice.* ❸ Pratique d'un métier, d'une profession. *Il est toujours en exercice.* SYN. activité.

exergue n.m. Inscription placée en tête d'un livre ou d'un chapitre, qui en résume l'esprit, l'idée.
▸ REM. Ce mot est du masculin.

exhalaison n.f. Odeurs qui s'exhalent, se dégagent de quelque chose. *Les exhalaisons des fleurs de magnolia emplissaient la nuit d'été.* SYN. effluves. *Les exhalaisons des égouts.* SYN. émanations.
▸ REM. Ce mot s'emploie surtout au pluriel.

exhaler v. (CONJUG. 3). Répandre une odeur. *L'eau de Javel exhale une odeur âcre.* SYN. dégager.

exhaustif, ive adj. Qui traite à fond une question sans rien laisser de côté. *Une liste exhaustive des communes de France.* SYN. complet.

HISTOIRE DU MOT Vient de l'anglais *to exhaust* qui signifie « épuiser ».

exhiber v. (CONJUG. 3). Montrer de manière évidente, en général pour attirer l'attention et susciter l'admiration. *Elle était toute fière d'exhiber sa nouvelle robe.*

exhibition n.f. Démonstration spectaculaire. *Le champion du monde de patinage va nous faire une exhibition.*

exhibitionnisme n.m. ❶ Étalage sans pudeur de ses sentiments intimes. ❷ Maladie mentale d'un homme qui prend plaisir à montrer ses organes génitaux.

exhibitionniste adj. et n. Qui fait de l'exhibitionnisme.

exhortation n.f. Action d'exhorter, d'inciter à quelque chose. *Une exhortation à la prudence.*

exhorter v. (CONJUG. 3). Conseiller vivement d'agir d'une certaine manière. *Il les exhorta au calme et à la patience.* SYN. encourager, inviter.

exhumation n.f. Action d'exhumer.

exhumer v. (CONJUG. 3). ❶ Sortir de terre un cadavre ou quelque chose qui y est enfoui. *La justice a fait exhumer le cadavre pour procéder à une autopsie.* SYN. déterrer. CONTR. inhumer. *C'est ici que les archéologues ont exhumé des vestiges de l'Antiquité.* ❷ Sortir quelque chose de l'oubli. *Exhumer une vieille loi.*

HISTOIRE DU MOT Vient du latin *exhumare* qui signifie « sortir de la terre », de *humus*, « terre ».

exigeant, e adj. Qui exige beaucoup des autres, qui n'est pas facile à contenter. *Il a des parents très exigeants sur la propreté.* SYN. pointilleux, strict.
▸ REM. Attention : comparer *exigeant* et *exigence*.

exigence n.f. ❶ Ce qu'une personne exige, réclame. *Il m'est impossible de satisfaire toutes vos exigences.* SYN. prétention, revendication. ❷ Caractère, attitude d'une personne exigeante. *Ils sont jeunes, montrez moins d'exigence.* SYN. rigueur.

exiger exigeant, exigé v. (CONJUG. 5). ❶ Demander impérativement, imposer absolument. *J'exige des excuses ! On exige des hôtesses de l'air une tenue et une amabilité parfaites.* ❷ Avoir absolument besoin de quelque chose. *Ce travail exige beaucoup de soin.* SYN. nécessiter, requérir.

exigible adj. Que l'on peut exiger, que l'on est en droit de demander. *Les billets sont exigibles à l'entrée.*

A B C D E F G H I J K L M N O P Q R S T U V W X Y Z

exigu, uë, ✎ ***üe*** **adj.** Trop petit, dont les dimensions sont très réduites. *Cosette vivait dans une chambre exiguë.* CONTR. spacieux.

exiguïté, ✎ ***exigüité*** **n.f.** Le caractère exigu d'un local. *L'exiguïté de leur appartement ne leur permettait guère d'inviter des amis.*

exil **n.m.** Situation d'une personne expulsée de son pays ou obligée de vivre hors de son pays. *Victor Hugo fut contraint à l'exil.* SYN. bannissement.

exilé, e **adj.** et **n.** Qui a été contraint de quitter son pays et de vivre loin des siens. *Un pays accueillant pour les exilés politiques.*

exiler **v.** (CONJUG. **3**). Chasser une personne de sa patrie, la forcer à vivre à l'étranger. *Le nouveau régime a exilé les opposants.* SYN. bannir, proscrire. ◆ **s'exiler** **v.pron.** Partir volontairement loin de son pays ou loin de sa région. *Des populations qui se sont exilées.* SYN. émigrer, s'expatrier.

existant, e **adj.** Qui existe actuellement. *Il faut tenir compte des lois existantes* (= en vigueur).

existence **n.f.** ❶ Le fait d'exister, d'être. *Les sondes spatiales ont révélé l'existence de chaînes volcaniques sur Mars.* SYN. présence. ❷ Vie ou durée de la vie ; manière de vivre. *Il mène une existence tranquille à la campagne.*

exister **v.** (CONJUG. **3**). ❶ Avoir une réalité, être. *« Une fourmi de dix-huit mètres/Avec un chapeau sur la tête/ Ça n'existe pas, ça n'existe pas. [...] Eh ! Pourquoi pas ? »* (Robert Desnos). *Cette coutume n'existe plus.* SYN. subsister. *Il n'existe personne de ce nom ici* (= il n'y a personne). ❷ Être en vie. *Tant qu'il existera, il luttera pour la justice.* SYN. vivre. ❸ Avoir une importance, une valeur pour quelqu'un. *Quand il est à son clavier, il n'y a plus rien d'autre qui existe.* SYN. compter.

une rue **exiguë**

exocet

exocet **n.m.** Poisson des mers chaudes aux nageoires développées en forme d'ailes, ce qui lui permet de faire de très longs sauts planés. (On dit aussi *poisson volant*.)

exode **n.m.** ❶ Départ en masse de personnes qui fuient un pays, une région. *L'ennemi approchait inexorablement, provoquant l'exode de toute une population.* ❷ *L'exode rural*, c'est le départ définitif de populations rurales vers les villes. • **L'Exode :** selon la Bible, la sortie des Hébreux d'Égypte, vers 1250 avant J.-C. → VOIR noms propres : **Hébreux.**

HISTOIRE DU MOT Vient du grec *exodos* qui signifie « sortie ».

exonération **n.f.** *Une exonération d'impôts*, c'est le fait d'en être exonéré.

exonérer **v.** (CONJUG. **9**, ✎ *10*). *Être exonéré d'impôts*, c'est en être dispensé complètement ou en partie.

exorbitant, e **adj.** Qui est scandaleusement élevé, cher. *Il demande un prix exorbitant de sa voiture.* SYN. excessif.

HISTOIRE DU MOT Vient du latin *exorbitare*, « s'écarter de la voie tracée ».

exorbité, e **adj.** *Des yeux exorbités* sont grands ouverts ou proéminents comme s'ils allaient sortir de leur orbite.

exorciser **v.** (CONJUG. **3**). Délivrer de l'emprise du diable, du démon par des prières et un rituel consacrés.

HISTOIRE DU MOT Vient du grec *exorkizein*, « faire prêter serment ».

exorciste **n.** Personne qui exorcise.

exotique **adj.** Qui vient des pays lointains, et en particulier des pays chauds. *L'ébène est un bois exotique.*

HISTOIRE DU MOT Vient du grec *exôtikos* qui signifie « étranger ».

exotisme **n.m.** Ce qui évoque les paysages, les habitants, les coutumes des pays lointains. *Des cocotiers mettent une note d'exotisme dans le tableau.*

expansif, ive **adj.** Qui aime communiquer ses sentiments et parle spontanément. *Les gens du Midi ont la réputation d'être très expansifs.* SYN. communicatif, exubérant. CONTR. réservé.

expansion **n.f.** Le fait de s'étendre, de se développer. *Une industrie en pleine expansion.* SYN. développement, essor. • **Expansion du groupe nominal :** en grammaire, éléments (adjectif, proposition, etc.) qui complètent un groupe nominal.

s'expatrier **v.pron.** (CONJUG. **7**). Quitter volontairement son pays, sa patrie. *Beaucoup d'opposants ont été obligés de s'expatrier.* SYN. émigrer, s'exiler.

expectative n.f. *Être, rester dans l'expectative*, c'est être dans l'incertitude en attendant que quelque chose se produise. *Nous ne savons pas si l'avion partira aujourd'hui, nous sommes dans l'expectative.*

HISTOIRE DU MOT Vient d'un mot latin qui signifie « attendre ».

expectorer v. (CONJUG. 3). Rejeter par la bouche les matières qui encombrent les bronches. *Le malade tousse mais il n'expectore pas.* SYN. cracher.
▸ REM. Ce mot appartient à la langue de la médecine.

HISTOIRE DU MOT Vient du latin *expectorare* qui signifie « chasser de son cœur, de sa poitrine ». Ce mot a la même origine que *pectoral*.

expédient n.m. Moyen qui permet de se tirer momentanément d'affaire mais qui ne résout pas le problème de fond. *Vivre d'expédients.*

expédier v. (CONJUG. 7). ❶ Faire partir vers une certaine destination. *Expédier un colis, une lettre.* SYN. envoyer. *On a expédié les blessés vers l'hôpital le plus proche.* SYN. acheminer. ❷ Finir rapidement ce qu'on a à faire pour en être débarrassé. *Élise a expédié son devoir de physique.* SYN. bâcler.

expéditeur, trice n. La personne qui fait un envoi. *Écrire au dos de l'enveloppe le nom de l'expéditeur.* CONTR. destinataire.

expéditif, ive adj. *Des procédés expéditifs* sont rapides et efficaces, mais pas forcément très délicats.

expédition n.f. ❶ L'action d'expédier, d'envoyer. *Le général a décidé l'expédition de renforts.* SYN. envoi. ❷ Opération militaire en dehors du territoire. *L'expédition de Bonaparte en Égypte.* SYN. campagne. ❸ Voyage de recherche ou d'exploration. *Une équipe de scientifiques est partie en expédition en Éthiopie.* ❹ (Familier) Voyage ou transport que l'on trouve compliqué, difficile. *Quelle expédition pour venir ici, c'est le bout du monde !* SYN. équipée.

expéditionnaire adj. • **Corps expéditionnaire :** ensemble de troupes envoyées en expédition militaire.

expérience n.f. ❶ Essai réalisé par des scientifiques pour observer et étudier un phénomène. *Une expérience de chimie.* SYN. expérimentation. ❷ Épreuve qui confronte aux autres et contribue à former la personnalité. *Voyager seul sera pour lui une très bonne expérience.* ❸ Longue habitude qu'on a des choses, qui donne un certain savoir, certains réflexes. *J'ai l'expérience de ce travail, je sais comment faire. Manquer d'expérience.* SYN. pratique.

HISTOIRE DU MOT Vient du latin *experiri* qui signifie « faire l'essai de ».

expérimental, ale, aux adj. ❶ Qui s'appuie, qui se fonde sur l'expérience. *Méthode expérimentale.* ❷ Qui sert à expérimenter, à tester. *C'est un prototype expérimental.*

expérimentation n.f. L'action d'expérimenter. *Faire l'expérimentation d'un produit en laboratoire.*

expérimenté, e adj. Qui a beaucoup d'expérience dans un métier, un domaine. *Un pilote expérimenté.* SYN. compétent, qualifié. CONTR. inexpérimenté.

expérience scientifique

expérimenter v. (CONJUG. 3). Soumettre à des essais, à des expériences pour juger des qualités et des défauts. *Expérimenter un médicament, un moteur.* SYN. tester.

expert, e adj. Qui a beaucoup d'expérience dans un domaine particulier, qui s'y connaît très bien. *Babette est experte en informatique.* SYN. rompu, versé. *D'une main experte, l'artiste a tracé le profil de l'enfant.* SYN. exercé, habile. ◆ **n.** Spécialiste choisi pour étudier un problème. *D'après les experts, cette lettre est un faux.*

expertise n.f. Examen fait par un expert pour estimer la valeur ou l'authenticité de quelque chose.

expertiser v. (CONJUG. 3). Soumettre à une expertise. *Expertiser un tableau, une écriture.*

expier v. (CONJUG. 7). Payer une erreur en subissant un châtiment en contrepartie. *Il expiera sa faute en prison.*

expiration n.f. ❶ Le moment de la respiration où l'on expire. *L'homme fait seize à dix-huit expirations par minute.* CONTR. inspiration. ❷ Fin d'un temps qui avait été fixé à l'avance. *Le bail arrive à expiration* (= il expire).

expirer v. (CONJUG. 3). ❶ Expulser des poumons l'air chargé de gaz carbonique. SYN. souffler. CONTR. inspirer. ❷ Rendre le dernier soupir. *Elle expira au cours de son sommeil.* SYN. mourir, rendre l'âme. ❸ Arriver au terme d'une période, d'un délai. *Mon contrat expire le 30 du mois prochain.* SYN. se terminer, toucher à sa fin.

explicable adj. Qui peut s'expliquer, se comprendre. *Son agacement est parfaitement explicable.* SYN. compréhensible, légitime.

A B C D E F G H I J K L M N O P Q R S T U V W X Y Z

explicatif, ive adj. Qui sert à expliquer un fonctionnement, un mode d'emploi. *Une notice explicative.*

explication n.f. ❶ Action d'expliquer ; commentaire qui permet de faire comprendre quelque chose. *Grâce à ses explications, j'ai tout compris.* SYN. éclaircissement. *Le professeur de français nous a fait une explication de texte ce matin.* SYN. analyse, commentaire. ❷ Entretien plus ou moins orageux entre deux personnes, au cours duquel chacun essaye de faire comprendre son point de vue à l'autre. *J'ai eu une explication avec Annabelle, depuis, cela va nettement mieux entre nous.* SYN. discussion.

explicite adj. Qui est dit si clairement qu'il est impossible de mal comprendre. *Il a été explicite, vous devez partir.* SYN. clair. CONTR. ambigu, équivoque.

explicitement adv. De manière explicite. *Les conditions sont indiquées explicitement dans le contrat.* SYN. clairement. CONTR. implicitement.

expliquer v. (CONJUG. 3). ❶ Dire tout ce qui est nécessaire pour comprendre quelque chose. *Voudrais-tu m'expliquer comment ça marche ?* SYN. indiquer, montrer. *Elle m'a expliqué un passage de « l'Odyssée ».* SYN. commenter. ❷ Faire connaître la raison, la cause de quelque chose. *Peux-tu m'expliquer pourquoi tu es rentré si tard hier soir ?* SYN. dire. ❸ Être la raison, la cause de quelque chose. *Elle n'a pas eu de lettre ce matin, cela explique sa mauvaise humeur.* ◆ **s'expliquer** v.pron. ❶ S'efforcer de faire comprendre sa pensée, les raisons de son comportement. *Ma décision peut vous paraître bizarre, mais je vais m'expliquer.* ❷ Comprendre la raison, la cause de quelque chose. *Je ne m'explique pas son retard.*

HISTOIRE DU MOT Vient du latin *explicare* qui signifie « déplier ».

exploit n.m. ❶ Acte remarquable, exceptionnel. *Le livre nous raconte les exploits d'un jeune héros de douze ans.* SYN. coup d'éclat, prouesse. *Un exploit sportif* (= une performance exceptionnelle). ❷ Se dit pour se moquer d'un acte dont il n'y a pas lieu d'être fier. *Il a réussi l'exploit de se mettre tout le monde à dos.*

HISTOIRE DU MOT Vient d'un verbe d'ancien français qui signifiait « accomplir ».

exploitant, e n. Personne qui fait marcher une exploitation, qui met en valeur un terrain. *Un exploitant agricole.* SYN. agriculteur, paysan.

exploitation n.f. ❶ Le fait d'exploiter, de mettre en valeur quelque chose. *L'exploitation d'un gisement pétrolifère.* ❷ L'affaire que l'on exploite. *Une exploitation agricole* (= une ferme). ❸ Le fait de profiter et d'abuser des personnes. *L'exploitation de la main-d'œuvre étrangère.*

exploiter v. (CONJUG. 3). ❶ Mettre en valeur quelque chose, en tirer profit par le travail. *Exploiter une mine, un gisement, une terre.* ❷ Mettre à profit un avantage naturel, une situation. *Elle a su exploiter son talent de chanteuse.* SYN. utiliser. ❸ Profiter de quelqu'un, de son travail ou de sa naïveté. *Exploiter la naïveté du public.* SYN. abuser de.

exploiteur, euse n. Personne qui profite de quelque chose de manière abusive ou qui exploite les autres. SYN. profiteur.

explorateur, trice n. Personne qui explore des régions inconnues. *Les deux explorateurs ont disparu dans la forêt amazonienne.*

explorateurs sur l'île de Pâques (avril 1786)

exploration n.f. ❶ Voyage de recherche et d'étude dans une région inconnue ou mal connue. *Partir en exploration dans le Grand Nord.* ❷ Examen attentif de quelque chose. *Totoche se lança dans l'exploration de son nouveau domaine.* SYN. inspection.

explorer v. (CONJUG. 3). ❶ Parcourir une région inconnue ou mal connue pour l'étudier. *Livingstone et Stanley ont exploré le centre de l'Afrique. Nous avons exploré la région pendant les vacances.* ❷ Examiner un sujet, une question avec soin pour y découvrir quelque chose. SYN. étudier.

exploser v. (CONJUG. 3). ❶ Éclater violemment, en projetant des fragments. *Une mine a explosé au passage du char.* SYN. sauter. ❷ Ne plus pouvoir retenir sa colère. *Il ne disait rien, et tout à coup il a explosé.* SYN. éclater.

1 explosif, ive adj. ❶ Qui peut exploser ou qui est fait pour exploser. *Un engin explosif.* ❷ Qui est tendu à l'extrême et peut provoquer un conflit. *Une situation explosive.*

2 explosif n.m. Substance faite pour exploser. *La dynamite, le plastic, la poudre sont des explosifs.*

explosion n.f. ❶ Le fait d'exploser ; le bruit ainsi produit. *L'explosion d'une bombe. On a entendu une explosion.* SYN. déflagration. ❷ Manifestation soudaine et bruyante d'une émotion. *Une explosion de joie.* SYN. débordement.

exportateur, trice adj. et n. Qui exporte. *Les pays exportateurs de pétrole.* CONTR. importateur.

exportation n.f. ❶ L'action d'exporter ; vente à l'étranger. *La moitié du chiffre d'affaires provient de* *l'exportation.* CONTR. importation. ❷ (Au plur.) Les marchandises exportées.

exporter v. (CONJUG. 3). Vendre des marchandises à l'étranger. *Le Québec exporte du sirop d'érable.* CONTR. importer.

exposant, e n. Personne ou société qui présente ses produits dans une exposition, un Salon. *À la Foire du livre de Francfort, des exposants du monde entier sont réunis.*

exposé n.m. Présentation assez courte, en général par oral, d'un sujet, d'un fait, d'une idée. *En classe, on a un exposé à faire sur l'histoire de notre ville. Faites-moi un exposé clair des faits.* SYN. compte rendu.

exposer v. (CONJUG. 3). ❶ Présenter au regard du public. *Le brocanteur a exposé de très jolies assiettes dans sa vitrine. Exposer des tableaux dans une galerie.* ❷ Orienter quelque chose pour le soumettre à une action. *Exposer son visage au soleil* (= tourner son visage vers le soleil). *La maison est exposée au sud.* SYN. orienter. ❸ Faire courir des risques à quelqu'un. *On reprocha au capitaine d'avoir inutilement exposé ses hommes.* ❹ Faire connaître oralement ou par écrit ce que l'on pense, ce que l'on veut. *Elle m'a longuement exposé son point de vue.* SYN. expliquer, présenter. ◆ **s'exposer** v.pron. ❶ *S'exposer au soleil*, c'est présenter son corps, son visage au soleil pour bronzer. ❷ Courir un risque. *En disant cela, il s'exposait à la critique* (= il prêtait le flanc à). SYN. encourir.

exposition n.f. ❶ Présentation au public d'objets, de produits divers, d'œuvres d'art ; l'endroit où cela a lieu. *Une exposition des céramiques de Picasso.* ❷ La façon dont un bâtiment est orienté par rapport à la lumière. *Une exposition à l'est.* SYN. orientation. ❸ Le fait d'exposer ou de s'exposer à l'action de quelque chose. *De trop fréquentes expositions au soleil peuvent être néfastes pour la peau.*

1 exprès ou **expresse** adj. Qui est exprimé de façon formelle, catégorique. *Nous avons reçu l'ordre exprès de ne pas bouger.* SYN. absolu, impératif.
▸ REM. Au masculin, on prononce [ɛksprɛs].

2 exprès adj.invar. *Une lettre exprès, un colis exprès* sont acheminés et remis rapidement au destinataire.
▸ REM. 1. On prononce [ɛksprɛ]. 2. Ne pas confondre avec *express*.

3 exprès adv. Avec une intention précise. *J'ai fait ce bouquet exprès pour toi.* SYN. spécialement. *C'est exprès que j'ai employé ce mot.* SYN. intentionnellement, volontairement. *Ne réponds pas, tu vois bien qu'il le fait exprès ! Il était pressé et, comme par un fait exprès, sa voiture ne voulait pas démarrer* (= comme si cela avait été fait volontairement).
▸ REM. On ne prononce pas le *-s*.

1 express adj.invar. et n.m.invar. *Un train express* ou *un express* ne s'arrête qu'aux gares principales, par opposition à l'*omnibus*. ◆ adj.invar. Qui assure une liaison rapide, qui permet de se déplacer vite. *Une voie express.*

2 express adj.invar. et n.m.invar. *Un café express* ou *un express* est un café obtenu par le passage de la vapeur sous pression à travers de la poudre de café.

expressément adv. De manière expresse, catégorique. *Le médecin lui a expressément défendu de fumer.* SYN. absolument, formellement.

expressif, ive adj. Qui montre clairement les sentiments d'une personne, sa pensée, ses intentions. *Un visage expressif.* SYN. vivant. *Son regard était expressif.* SYN. éloquent, parlant.

expression n.f. ❶ Ce qui sur un visage traduit les sentiments, les émotions. *Une expression espiègle passa dans ses yeux.* SYN. air. *Un regard morne et sans expression* (= sans vie). ❷ Action d'exprimer ce que l'on pense, ce que l'on ressent par la parole ou par un autre moyen. *Le droit à la liberté d'expression des journalistes. Le dessin, la danse sont des moyens d'expression.* ❸ Groupe de mots employés ensemble avec un sens particulier. *« Se prendre la tête » est une expression familière.* SYN. locution. *Une expression démodée.* SYN. tournure.

expressionnisme n.m. Genre artistique du XXᵉ siècle qui cherche à représenter l'intensité des émotions, des expressions.

expressionnisme : *Cheval rouge et cheval bleu*, tableau de Franz Marc (1912)

expressionniste adj. et n. De l'expressionnisme. *Un peintre expressionniste.*

exprimer v. (CONJUG. 3). Dire ou montrer ce que l'on ressent, ce que l'on pense. *Ses yeux exprimèrent sa surprise.* SYN. manifester, montrer. *Elle a exprimé sa satisfaction.* SYN. dire. ◆ **s'exprimer** v.pron. ❶ Formuler sa pensée par la parole, par l'écriture, etc. *Je m'exprime mal en anglais.* SYN. parler. *S'exprimer par gestes.* ❷ Faire connaître ses sentiments, sa personnalité profonde par l'intermédiaire d'une activité littéraire ou artistique.

exproprier v. (CONJUG. 7). Prendre légalement un terrain, une maison à son propriétaire en l'indemnisant, parce qu'on en a besoin pour la collectivité. *Exproprier des agriculteurs pour faire passer l'autoroute.*

expulser v. (CONJUG. 3). ❶ Rejeter de l'organisme. *On le fit tousser, cracher, et il expulsa enfin le bout de pain qu'il avait dans la gorge.* ❷ Mettre dehors, chasser par la force ou en application d'un règlement. *Expulser un élève du lycée.* SYN. renvoyer. *Le service d'ordre expulsa du terrain les supporters qui l'avaient envahi.*

expulsion n.f. ❶ L'action d'expulser. *L'arbitre a décidé l'expulsion d'un joueur.* SYN. renvoi. ❷ Dernier moment de l'accouchement, lorsque le bébé sort du ventre maternel.

expurger expurgeant, expurgé v. (CONJUG. 5). Éliminer d'un texte écrit tout ce qui est contraire à la morale, aux convenances. *Une édition expurgée d'un roman.* SYN. censurer.

exquis, e adj. Particulièrement délicieux ou agréable. *Ces framboises sont exquises.* SYN. savoureux, succulent. *Il fait un temps exquis.* SYN. enchanteur, merveilleux. *C'est un homme exquis* (= charmant et raffiné).

exsangue adj. Qui est très pâle, comme s'il avait perdu beaucoup de sang. *Un visage exsangue.* SYN. blême, livide.
▸ REM. On prononce [ɛkzɑ̃g].

HISTOIRE DU MOT Vient du latin *exsanguis*, « qui a perdu son sang ».

extase n.f. • **En extase** : plein d'un ravissement émerveillé ou d'une vive admiration. *Elle restait en extase devant le merveilleux paysage.*

HISTOIRE DU MOT Vient du grec *ekstasis* qui signifie « ravissement ».

s'extasier v. (CONJUG. 7). Exprimer de façon enthousiaste son admiration. *Les touristes s'extasiaient devant le portail de la cathédrale.* SYN. s'émerveiller.

extensible adj. Qui peut s'allonger, s'étendre. *Un tissu extensible.* SYN. élastique.

extensif, ive adj. *L'agriculture extensive* est pratiquée sur de vastes étendues, avec des moyens techniques limités et de faibles rendements. CONTR. intensif.

extension n.f. ❶ L'action d'étendre un membre. *Extension des bras, des jambes.* CONTR. flexion. ❷ Augmentation en étendue, en importance. *Le président réclame une extension de ses pouvoirs.* SYN. élargissement. *Éviter l'extension d'un conflit* (= que le conflit ne s'étende à d'autres régions, à d'autres groupes).

exténuant, e adj. Extrêmement fatigant. *Une marche exténuante dans la neige.* SYN. épuisant, harassant.

exténué, e adj. Très fatigué, à bout de force. *Ils sont rentrés exténués.* SYN. épuisé.

exténuer v. (CONJUG. 3). Épuiser les forces de quelqu'un. *Ce déménagement m'a exténué.* SYN. éreinter, harasser.

1 extérieur, e adj. ❶ Au-dehors, du dehors. *La surface extérieure d'une boîte.* SYN. externe. CONTR. interne. *La cloison nous isole des bruits extérieurs.* CONTR. intérieur. ❷ Qui se voit du dehors, qui est apparent. *L'aspect extérieur de la maison n'inspire pas confiance.* ❸ Qui se fait avec les pays étrangers. *La politique extérieure d'un pays.* SYN. étranger, international. CONTR. intérieur. *La réglementation du commerce extérieur* (= les exportations et les importations).

2 extérieur n.m. Ce qui est au-dehors, qui se voit du dehors. *L'extérieur de la maison est plus joli que l'intérieur.* SYN. dehors. CONTR. dedans, intérieur. *Sous un extérieur bourru, il est très gentil.* SYN. air, apparence. • **À l'extérieur** : dehors. *Entre, ne reste pas à l'extérieur.*

extérieurement adv. Vu de l'extérieur. *Extérieurement, la maison est quelconque, mais, à l'intérieur, c'est une merveille.*

extérioriser v. (CONJUG. 3). Exprimer ce que l'on éprouve, ce que l'on ressent. *Extérioriser sa joie.* SYN. montrer. ◆ **s'extérioriser** v.pron. Montrer ses sentiments.

extermination n.f. Action d'exterminer des animaux ou des hommes, en particulier, destruction complète d'un peuple. *Certains camps de concentration étaient des camps d'extermination.*

exterminer v. (CONJUG. 3). Massacrer, faire périr jusqu'au dernier les membres d'un groupe. *Exterminer des animaux.* SYN. détruire. *Exterminer un peuple.*

externat n.m. ❶ La situation d'un élève externe, par opposition à la *demi-pension* ou à l'*internat*. ❷ Établissement scolaire qui ne prend que des externes. CONTR. internat.

1 externe adj. Qui est au-dehors, qui concerne le dehors. *Médicament à usage externe* (= qu'on ne doit pas avaler). *L'angle externe de l'œil* (= vers la tempe). CONTR. interne.

2 externe n. Élève qui ne fréquente un établissement scolaire qu'à l'heure des cours, par opposition aux *demi-pensionnaires* et aux *internes*.

extincteur n.m. Appareil qui sert à éteindre un feu, un début d'incendie.

extincteur

extinction n.f. ❶ L'action d'éteindre un feu. *L'extinction d'un incendie.* ❷ Disparition complète de quelque chose. *Il a lutté jusqu'à l'extinction de ses forces.* SYN. épuisement. *L'extinction d'une espèce animale* (= la fin). • **Extinction des feux** : heure à laquelle on doit éteindre la lumière pour dormir. *Au pensionnat, l'extinction des feux était à dix heures.* • **Extinction de voix** : affaiblissement de la voix qui rend aphone.

extirper v. (CONJUG. 3). ❶ Arracher, enlever complètement. *Extirper des mauvaises herbes.* SYN. déraciner. ❷ Sortir d'un lieu une personne, un animal ou une chose avec difficulté. *Extirper un blessé d'une voiture.* SYN. dégager, extraire.

HISTOIRE DU MOT Vient du latin *extirpare* qui signifie « arracher ».

extorquer v. (CONJUG. 3). Obtenir par la force ou par la ruse. *Extorquer des aveux à un prisonnier*. SYN. arracher. *Un escroc lui a extorqué de l'argent.* SYN. soutirer.

1 extra n.m. ❶ Dépense exceptionnelle que l'on s'accorde pour le plaisir. *Dimanche dernier, on a fait un petit extra, on est allés au restaurant.* ❷ Travail occasionnel en dehors des heures normales de service ; personne qui fait ce travail. *Il lui arrive de faire des extras le dimanche. On a embauché deux extras pour la fête.*

2 extra adj.invar. De première qualité, particulièrement délicieux. *Ces fruits sont extra.*

HISTOIRE DU MOT Ce mot est l'abréviation de *extraordinaire.*

3 extra- préfixe. Augmente la valeur d'un mot, comme dans *extrafin*, ou indique que quelque chose est extérieur, comme dans *extraterrestre*.

extraction n.f. L'action d'extraire. *L'extraction du charbon dans les mines. L'extraction d'une dent.* SYN. arrachage.

extradition n.f. Action de livrer quelqu'un au pays étranger qui le réclame pour pouvoir le juger. *L'extradition d'un terroriste.*

extrafin, e adj. De qualité supérieure, d'une grande finesse. *Des chocolats extrafins. Plume extrafine.*

extraire extrayant, extrait v. (CONJUG. 77). ❶ Retirer du corps. *Extraire une dent.* SYN. arracher. ❷ Retirer du sol. *Extraire du charbon.* ❸ Faire sortir avec difficulté. *Les pompiers ont réussi à l'extraire de la voiture accidentée.* ❹ Prendre un passage d'un texte, d'un film. ❺ Obtenir un produit à partir d'une substance, d'une plante. *On extrait de l'huile des noix.*

extrait n.m. ❶ Passage tiré d'un texte, d'un film. *Nous allons étudier un extrait de Victor Hugo.* ❷ Résumé ou copie conforme d'un acte officiel original. *Un extrait d'acte de naissance.* ❸ Produit obtenu à partir d'une substance ; parfum concentré. *De l'extrait de lavande.* SYN. essence.

extralucide adj. et n. Qui prétend pouvoir prédire l'avenir, communiquer avec les esprits. *Il est allé consulter une voyante extralucide.*

extraordinaire adj. ❶ Qui sort de l'ordinaire, qui est inhabituel. *Une éclipse de Soleil est un phénomène extraordinaire.* SYN. exceptionnel. CONTR. habituel. *Il m'est arrivé une histoire extraordinaire.* SYN. incroyable. ❷ Qui dépasse les qualités ordinaires, qui est hors du commun. *Un homme extraordinaire.* SYN. exceptionnel. *Une mémoire extraordinaire.* SYN. prodigieux, remarquable.

extraordinairement adv. De façon extraordinaire. *Une question extraordinairement compliquée.* SYN. excessivement, extrêmement.

extrapoler v. (CONJUG. 3). Étendre un raisonnement, une déduction à autre chose, en tirer des conclusions générales. *C'est un cas exceptionnel, n'extrapolez pas !* SYN. généraliser.

extraterrestre adj. et n. Qui vient d'une autre planète que la Terre. *Le film « E.T. » de Steven Spielberg raconte la rencontre d'un extraterrestre avec des enfants.*

extravagance n.f. ❶ Le caractère extravagant d'une personne ou de ses actes. *Ce que vous dites est d'une telle extravagance que je n'y crois pas.* ❷ Acte extravagant. *Encore une de tes extravagances ?* SYN. fantaisie, lubie.

extravagant, e adj. Qui surprend par sa bizarrerie ; qui choque par son caractère déraisonnable. *Elle a des chapeaux extravagants.* SYN. insolite, stupéfiant. *Un prix extravagant.* SYN. abusif, excessif. *Son frère est vraiment extravagant.* SYN. excentrique.

extrême adj. ❶ Qui est tout à fait au bout, dans l'espace ou le temps. *Nous avons marché jusqu'à l'extrême pointe de l'île. C'est vraiment l'extrême limite pour s'inscrire !* SYN. dernier, ultime. ❷ Très grand, intense. *Soyez d'une extrême prudence.* ❸ Qui est sans mesure, sans modération. *Des opinions extrêmes.* CONTR. modéré. *Des solutions extrêmes.* • **Sports extrêmes :** sports où le risque est recherché. ◆ **n.m.** • **À l'extrême :** au dernier degré. *Elle est timide à l'extrême.* SYN. à l'excès. • **Passer d'un extrême à l'autre :** passer d'un excès à l'excès inverse.

extrêmement adv. À un très haut point. *Elle est extrêmement intelligente.* SYN. très. CONTR. peu.

extrême-onction n.f. (PLUR. : extrêmes-onctions). Dans l'Église catholique, nom donné jusqu'en 1972 au sacrement réservé à un malade sur le point de mourir, qui consiste à lui appliquer sur le front et les mains les saintes huiles.

▸ REM. Aujourd'hui, on parle du *sacrement des malades.*

extrémiste adj. et n. Qui a des opinions politiques extrêmes, pouvant déboucher sur la violence. *Un parti extrémiste.* CONTR. modéré.

▸ REM. Attention, s'écrit avec *-é-*, malgré *extrême.*

extrémité n.f. La partie extrême de quelque chose. *Une flèche est pointue à son extrémité. Il a acheté une petite maison de pêcheur, à l'extrémité de l'île.* SYN. bout. • **Être à la dernière extrémité :** être sur le point de mourir.

▸ REM. Attention, s'écrit avec *-é-*, malgré *extrême.*

exubérance n.f. Attitude exubérante, grande vivacité. *Elle manifestait sa joie avec exubérance.*

exubérant, e adj. ❶ Qui manifeste ses sentiments en parlant fort, en s'agitant. *Un enfant exubérant.* SYN. démonstratif. CONTR. réservé. ❷ *Une végétation exubérante* est très abondante. SYN. luxuriant.

exulter v. (CONJUG. 3). Éprouver une joie si grande qu'on ne peut la cacher ; être fou de joie.

ex-voto n.m.invar., ✎ ***exvoto** n.m.* Petit tableau, plaque gravée ou objet exposés dans une chapelle, dans une église et qui sont offerts par des fidèles pour accompagner un vœu ou en remerciement d'une grâce obtenue.

HISTOIRE DU MOT Vient du latin *ex voto suscepto*, « selon le vœu que l'on a fait ».

a b c d e f g h i j k l m n o p q r s t u v w x y z

F f

fa **n.m.invar.** Note de musique. *Le « fa » est la quatrième note de la gamme de « do ».*

fable **n.f.** Récit imaginaire assez court qui contient une morale. → VOIR noms propres.

HISTOIRE DU MOT Vient du latin *fabula* qui signifie « récit » et que l'on retrouve dans *fabuleux*.

le Renard et la Cigogne,
une **fable** de Jean de La Fontaine (1668)

fabliau **n.m.** Court récit populaire du Moyen Âge, en vers et le plus souvent satirique.

fabricant, e **n.** Personne qui dirige une entreprise, qui fabrique des objets destinés à être commercialisés. *Un fabricant de meubles.*

fabrication **n.f.** Action, manière de fabriquer des objets. *Fabrication artisanale ou industrielle. Ces appareils ont un défaut de fabrication.*

fabrique **n.f.** Établissement où, à partir de matières premières, on fabrique des objets destinés à la vente. *Une fabrique de porcelaine.*

fabriquer **v.** (CONJUG. **3**). ❶ Créer un objet en transformant des matières premières. *On peut fabriquer du papier à partir de bois ou de chiffons.* SYN. confectionner, faire. ❷ (Familier) Être occupé à quelque chose. *Qu'est-ce que tu fabriques ?* SYN. faire.

fabuler **v.** (CONJUG. **3**). Raconter des histoires en faisant croire que c'est vrai. *Ne l'écoute pas, il fabule.*

HISTOIRE DU MOT Vient, comme *fable*, du latin *fabula*.

fabuleusement **adv.** De façon fabuleuse, extraordinaire. *Il est fabuleusement riche.* SYN. immensément.

fabuleux, euse **adj.** ❶ Qui va au-delà de ce qu'on peut imaginer. *Une fortune fabuleuse.* SYN. colossal, immense. ❷ Qui appartient à la légende, à l'imaginaire. *La licorne est un animal fabuleux.* SYN. légendaire.

HISTOIRE DU MOT Vient, comme *fable, fabuler*, du latin *fabula*.

fabuliste **n.** Auteur de fables. *La Fontaine est un fabuliste.*

façade **n.f.** ❶ Face extérieure d'un bâtiment, en particulier, celle où se trouve l'entrée. *On a fait ravaler la façade de l'immeuble.* ❷ L'aspect extérieur des choses, qui ne correspond pas toujours à la réalité. *Sa gentillesse n'est qu'une façade, en fait on ne peut pas lui faire confiance.*

face **n.f.** ❶ Le devant de la tête de l'homme. *Les muscles de la face.* SYN. visage. ❷ Chacun des côtés d'une chose. *La face nord d'une montagne.* SYN. versant. *La face cachée de la Lune.* ❸ Le côté d'une pièce de monnaie qui porte une gravure, une effigie. *Jouer à pile ou face.* ❹ Chacun des aspects d'un sujet, d'une question. *Examinons ce problème sous toutes ses faces* (= sous tous les angles). • **De face :** du côté où l'on voit le devant, la face. *Une photo de face.* CONTR. de côté, de dos, de profil. • **En face :** ouvertement et avec courage. *Il lui a dit en face ce qu'il pensait de lui.* • **En face de :** vis-à-vis de. *Ils étaient assis l'un en face de l'autre.* • **Face à face :** l'un en face de l'autre. • **Faire face :** affronter avec courage. *Faire face aux difficultés.*

face-à-face **n.m.invar.** Débat, le plus souvent politique, au cours duquel deux personnalités confrontent leurs points de vue. *Le face-à-face télévisé de deux candidats à une élection.*

facétie **n.f.** Plaisanterie, tour ou farce.
▸ REM. 1. On prononce [fasesi]. 2. Ce mot appartient à la langue soutenue.

facétieux, euse **adj.** Qui aime jouer des tours, faire des farces. SYN. farceur.

facette **n.f.** ❶ Chacune des petites faces planes d'un objet. *Les facettes d'un diamant.* ❷ Chacun des aspects d'une situation ou d'un comportement. *C'est une des facettes de sa personnalité.*

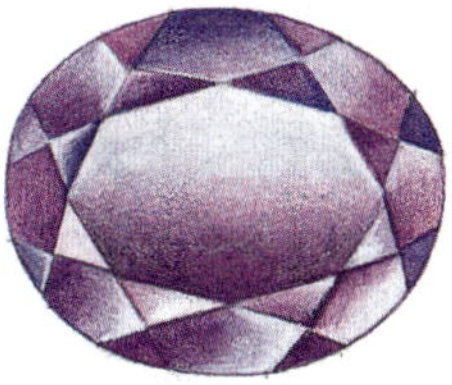

facettes d'une améthyste

fâché, e **adj.** Qui est en colère ou contrarié. *Tu as l'air fâché ce matin, qu'est-ce qui ne va pas ?*

fâcher **v.** (CONJUG. 3). Mettre en colère. *Ne lui parle pas de ça, tu pourrais le fâcher.* SYN. irriter. ◆ **se fâcher** **v.pron.** ❶ Se mettre en colère. *Ne te fâche pas, je disais cela pour rire !* ❷ Se brouiller avec quelqu'un. *Ils se sont fâchés à cause d'une histoire d'héritage.*

fâcherie **n.f.** Brouille passagère entre des personnes.

fâcheux, euse **adj.** Qui a des conséquences regrettables, ennuyeuses. *C'est fâcheux que vous ne puissiez venir.* SYN. contrariant, ennuyeux.

facial, ale, aux **adj.** De la face. *Le nerf facial. Une paralysie faciale.*

faciès **n.m.** L'aspect, l'expression du visage humain. *Il avait un faciès énergique.* SYN. physionomie.
▸ REM. On prononce le *-s*.

facile **adj.** ❶ Qui ne demande pas de gros efforts. *Un exercice facile.* SYN. simple. CONTR. compliqué, difficile. *Avoir une vie facile* (= sans problème). → VOIR AUSSI **aisé.** ❷ *Une personne facile à vivre* s'adapte à toutes les situations en gardant sa bonne humeur.

facilement **adv.** Sans difficulté, avec facilité. *As-tu trouvé le chemin facilement ?* CONTR. difficilement.

facilité **n.f.** ❶ Qualité de ce qui est facile. *Une question d'une grande facilité.* SYN. simplicité. ❷ Le fait de pouvoir faire quelque chose sans peine, sans effort. *Il a répondu à toutes les questions avec une facilité déconcertante.* ❸ Moyen qui permet de faire plus facilement quelque chose. *Ce magasin accorde des facilités de paiement* (= des délais pour payer).

faciliter **v.** (CONJUG. 3). Rendre plus facile, moins pénible. *Son aide m'a bien facilité le travail.*

façon **n.f.** Manière dont on fait quelque chose. *De quelle façon va-t-elle s'y prendre pour régler cette question ?* ● **De façon à, de façon que :** de manière, de sorte que. *Je lui ai bien indiqué le chemin, de façon qu'il ne se perde pas.* ● **De toute façon :** quoi qu'il arrive. ● **Sans façon** ou **sans façons :** sans cérémonie, sans faire de manières. *Ils nous ont reçus sans façons* (= simplement). ◆ **façons** **n.f.plur.** Comportement, manière de se conduire. *Il a des façons fort déplaisantes !* ● **Faire des façons :** faire des manières. *Il fait trop de façons.* SYN. simagrées.

façonner **v.** (CONJUG. 3). ❶ *Façonner un objet*, c'est lui donner une forme en travaillant la matière. *Façonner une clé.* ❷ *Façonner une personne*, c'est la former peu à peu par l'éducation, par l'expérience.

fac-similé **n.m.** (PLUR. : **fac-similés**). Copie strictement identique d'un document, d'un objet, d'un dessin.

HISTOIRE DU MOT Vient du latin *fac simile* qui signifie « fais une chose semblable ».

1 facteur, trice **n.** ❶ Personne chargée de porter le courrier à domicile. SYN. préposé. ❷ Personne qui fabrique certains instruments de musique. *Un facteur d'orgues, de pianos.*

2 facteur **n.m.** ❶ En mathématiques, chacun des nombres qui figurent dans une multiplication. *Dans la multiplication « 7 × 10 = 70 », on a deux facteurs : 7 et 10.* ❷ Chacun des éléments qui concourent, qui participent à un résultat. *Dans votre projet, il faut tenir compte du facteur chance.*

factice **adj.** ❶ Qui est faux, imité. *Une barbe factice.* SYN. artificiel. CONTR. vrai. ❷ Qui est forcé, qui manque de naturel. *Une joie factice.* SYN. feint. CONTR. sincère.

faction **n.f.** ❶ Groupe de personnes qui, au sein d'un groupe plus grand, s'opposent à ceux qui sont au pouvoir. ❷ *Être, rester en faction* ou *être de faction*, c'est attendre en montant la garde. *Il restait en faction devant la gare, à surveiller les arrivées.*

1 facture **n.f.** Manière dont sont réalisés un tableau, un poème, une œuvre d'art, un objet précieux, ou certains instruments de musique.
▸ REM. Ce mot appartient à la langue soutenue.

2 facture **n.f.** Document qui indique par le détail le prix à payer. *Envoyez-moi la facture, je la réglerai dès réception.*
▸ REM. Au café ou au restaurant on demande la *note* ou l'*addition*.

facturer **v.** (CONJUG. 3). Noter le prix d'un service ou d'une marchandise sur une facture. *Il ne m'a pas facturé les frais de transport* (= il ne me les a pas fait payer).

facultatif, ive **adj.** Que l'on est libre de faire ou de ne pas faire. *Un exercice facultatif.*

faculté **n.f.** ❶ Aptitude à faire quelque chose. *Il a une grande faculté de concentration dans le travail.* SYN. capacité. ❷ Établissement d'études supérieures qui accueille les étudiants. *La faculté de médecine, la faculté de droit.* ● **Ne plus avoir toutes ses facultés :** être un peu déséquilibré, se comporter de façon anormale.

fada **adj.** et **n.** Mot familier qu'on utilise surtout dans le sud de la France pour dire « un peu fou ».

A B C D E F G H I J K L M N O P Q R S T U V W X Y Z

fadaises **n.f.plur.** Sottises, propos sans intérêt. *Ne l'écoute pas, il ne raconte que des fadaises.* SYN. ineptie.

fade **adj.** Qui n'a pas de goût, de saveur. *Ce plat est fade, il y manque quelque chose.* SYN. insipide. CONTR. relevé.

fadeur **n.f.** Caractère fade, sans goût de quelque chose.

fado **n.m.** Chant populaire du Portugal accompagné à la guitare et dont les paroles sont souvent mélancoliques.

HISTOIRE DU MOT C'est un mot portugais qui signifie « destin ».

fagot **n.m.** Faisceau de petites branches qu'on attache ensemble pour les transporter. *Défaire un fagot pour allumer le feu.*

fagot de brindilles

fagoté, e **adj.** (Familier) Mal habillé, vêtu sans élégance. *Elle est bizarrement fagotée.* SYN. accoutré.

Fahrenheit → **degré**

faible **adj.** ❶ Qui manque de force. *Le blessé est trop faible pour être transporté.* SYN. fragile. CONTR. robuste. *Une faible lumière.* CONTR. puissant. ❷ Qui manque d'autorité. *Il est bien trop faible avec ses enfants, il ne sait rien leur refuser.* CONTR. dur, intransigeant. ❸ Dont les connaissances sont insuffisantes. *Elle est faible en mathématiques.* CONTR. fort. ❹ Qui est peu important. *L'écart entre les deux concurrents est faible.* ◆ **n.** ❶ Personne qui ne peut pas suffisamment se défendre. *Protéger les faibles et les opprimés.* ❷ Personne sans volonté. *C'est un faible, on peut tout obtenir de lui.* ◆ **n.m.** ● **Avoir un faible pour** : avoir un penchant, une préférence pour. *J'ai un faible pour le chocolat aux amandes.*

HISTOIRE DU MOT Vient du latin *flebilis* qui signifie « digne d'être pleuré ».

faiblement **adv.** D'une manière faible. *La lampe nous éclairait faiblement.* SYN. peu.

faiblesse **n.f.** ❶ Manque de vigueur. *Il était dans un tel état de faiblesse qu'il ne pouvait pas se lever.* ❷ Caractère faible, insuffisant de quelque chose. *La faiblesse d'un raisonnement.* ❸ Indulgence exagérée. *Il est d'une grande faiblesse à l'égard des enfants.* CONTR. fermeté. ❹ Attirance particulière pour quelqu'un ou quelque chose, qui fait qu'on n'y résiste pas. *Le chocolat, c'est une de ses faiblesses.*

faiblir **faiblissant, faibli v.** (CONJUG. 16). Perdre de sa force, de sa résistance, de son intensité. *Le malade faiblissait de jour en jour.* SYN. s'affaiblir. *Le vent faiblit.* SYN. diminuer. CONTR. augmenter. *Elle sentait son courage faiblir.* SYN. fléchir.

faïence **n.f.** Céramique poreuse recouverte de vernis dont on fait des vases, des assiettes, des carreaux décoratifs.

HISTOIRE DU MOT Vient du nom de la ville de *Faenza*, en Italie, qui est depuis le XVe siècle un lieu important de fabrication de céramique.

faignant, e **adj.** et **n.** → **fainéant**

faille **n.f.** ❶ Cassure de l'écorce terrestre. ❷ Point faible, défaut. *Ce plan n'est pas parfait, il y a une faille.* SYN. incohérence.

faillir **faillissant ou faillant, failli v.** (CONJUG. 27). ❶ *Faillir à sa parole, à sa promesse*, c'est ne pas la tenir. ❷ *Avoir failli faire quelque chose*, c'est avoir été sur le point de le faire. *Attention ! j'ai failli tomber !*

▶ REM. Ce verbe s'emploie surtout aux temps composés.

faillite **n.f.** ❶ Situation d'une entreprise qui ne peut plus payer ses dettes, ni respecter ses contrats. *L'usine a fait faillite.* ❷ Échec total d'un projet. CONTR. réussite, succès.

faim **n.f.** ❶ Besoin de manger ; sensation provoquée par ce besoin. *J'ai faim. La bonne odeur de la cuisine lui donnait faim.* ❷ Situation de famine dans un pays, une région. *Une campagne contre la faim dans le monde.* ● **Avoir une faim de loup** : avoir une très grande faim.

faine **n.f.** Le fruit du hêtre.

faine

fainéant, e **adj.** et **n.** Qui ne fait rien et n'a pas envie de travailler. *Il est trop fainéant.* SYN. paresseux.

▶ REM. On dit familièrement *faignant* ou *feignant*.

fainéantise **n.f.** Le comportement du fainéant. SYN. paresse.

faire **faisant, fait v.** (CONJUG. 70). ❶ Fabriquer, construire, constituer par son travail. *Il a fait sa maison tout seul.* ❷ Avoir une activité. *Qu'est-ce que tu fais le dimanche ? Je fais du ski.* ❸ Agir, effectuer quelque chose. *« As-tu posté la lettre ? – Oui, je l'ai fait. »* ❹ Avoir pour effet. *Un bon grog te fera du bien. L'argent ne fait pas le bonheur* (proverbe). ❺ Avoir pour résultat. *2 et 2 font 4.* ❻ Avoir pour taille, pour mesure. *La pièce fait 20 m².* ❼ *Faire faire, faire construire, faire bâtir, etc.*, c'est demander à quelqu'un de faire quelque chose pour soi. *Voici la robe que je me suis fait faire. Ils font construire une maison en Bretagne.* ❽ Paraître, avoir l'air. *Il fait vraiment jeune pour son âge.* ● **Il fait** : tournure impersonnelle pour indiquer le temps, l'atmosphère. *Il fait beau. Il fait froid. Il fait jour. Il fait nuit. Il fait bon être avec toi.* ◆ **se faire** **v.pron.** ❶ S'habituer à quelque chose. *Il a changé d'école mais il s'y fait très bien. Tu t'y feras !* ❷ Devenir. *Je ne l'avais pas vu depuis longtemps, il se fait vieux.* ● (Familier) **Se faire du souci, du mauvais sang** ou **s'en faire** : s'inquiéter. *Ne t'en fais pas ! ça va s'arranger.*

faire-part n.m.invar., ✎ ***fairepart*** ***n.m.*** Carte que l'on envoie pour annoncer un événement important (naissance, mariage, décès).

fair-play adj.invar. et n.m.invar., ✎ ***fairplay*** ***n. m.*** Qui est beau joueur, qui agit avec loyauté et franchise. *Sois fair-play, reconnais que tu as perdu !*
▸ REM. Au Québec, on doit dire *franc-jeu*.
HISTOIRE DU MOT Vient de l'anglais *fair*, qui signifie « loyal, juste », et *play*, qui signifie « jeu ».

faisable adj. Qui peut se faire, qui n'est pas impossible. *Y aller en voiture ? c'est faisable.* SYN. possible, réalisable. CONTR. infaisable.
▸ REM. On prononce [fəzabl].

faisan n.m. Oiseau originaire d'Asie, commun en Europe, à plumage coloré et à longue queue, dont la chair est très appréciée. Cri : le faisan criaille. Femelle : la faisane ou la poule faisane. Petit : le faisandeau.
▸ REM. On prononce [fəzɑ̃].

faisandé, e adj. *Une viande faisandée* a subi un début de décomposition. *Le gibier se mange un peu faisandé.*
▸ REM. On prononce [fəzɑ̃de].

faisceau n.m. ❶ Réunion d'objets longs et fins, liés ensemble. *Un faisceau de brindilles.* ❷ *Un faisceau lumineux* est constitué de rayons lumineux qui viennent de la même source. *Le faisceau des projecteurs.*
HISTOIRE DU MOT Vient du latin *fascis* qui désignait à l'origine le fagot porté par les paysans.

1 fait n.m. ❶ Ce qui se produit, ce qui existe. *Observer un fait curieux.* SYN. phénomène. *J'ai menti, c'est un fait.* SYN. réalité. ❷ Action de faire ; acte. *Le fait de parler, de rire.* • **Aller droit au fait :** aller à l'essentiel. • **Au fait ! :** à propos, pendant que j'y pense. *Au fait ! as-tu pensé à écrire à Marie ?* • **Du fait de :** à cause de. • **En fait :** en réalité. • **Haut fait :** exploit. • **Prendre quelqu'un sur le fait :** le surprendre au moment où il fait quelque chose de mal.

2 fait, e adj. ❶ Exécuté. *Voilà, c'est fait. J'aime le travail bien fait.* ❷ *Un fromage bien fait* est moelleux et coulant. ❸ *Une idée toute faite* est banale, sans originalité. • **C'est bien fait ! :** c'est mérité ! • **Être fait :** être pris au piège.

fait divers n.m. (PLUR. : faits divers). Incident de la vie quotidienne, rapporté dans un journal. *Les accidents, les cambriolages, etc., sont traités dans la rubrique faits divers.*

faîte, ✎ ***faite*** n.m. La partie la plus élevée de quelque chose. *Le faîte d'un arbre.* SYN. cime, sommet. *Le faîte d'une toiture.*

faisan

falaises d'Étretat (Normandie)

fait-tout n.m. invar. ou **faitout** n.m. (PLUR. : faitouts). Récipient à poignées et couvercle qui sert à la cuisson des aliments.

fakir n.m. Personne qui fait des tours de magie et qui semble insensible à la douleur lors d'exercices très impressionnants. *On a vu un fakir s'allonger sur une planche à clous.*
HISTOIRE DU MOT Vient de l'arabe *faqîr* qui signifie « pauvre », car ces hommes effectuaient des tours de magie pour demander l'aumône.

falaise n.f. Paroi rocheuse plus ou moins élevée qui surplombe la mer. *Les falaises d'Étretat. Les falaises de la Gaspésie.*

fallacieux, euse adj. *Un prétexte, un argument fallacieux* sont destinés à tromper. SYN. faux, mensonger.

falloir v.impers. (CONJUG. 43). ❶ Indique ce qu'il est nécessaire de faire, ce que l'on doit faire. *Il fallait absolument que tu viennes. Il faut dire bonjour en entrant.* ❷ Indique ce dont on a besoin, ce qui est jugé utile. *Il faudra de la farine pour faire la pâte. As-tu tout ce qu'il te faut ?* • **Il s'en faut de peu, de beaucoup :** c'est presque cela, ce n'est pas du tout cela. *Non, tu n'es pas la meilleure de la classe, il s'en faut de beaucoup !* • **Il s'en est fallu de peu :** cela a failli arriver. *Il s'en est fallu de peu que tu rates le train.*
▸ REM. Ce verbe ne s'emploie qu'à la 3e personne du singulier.

falot, e adj. Qui est un peu terne, effacé. *Une personne falote.*
▸ REM. Ce mot appartient à la langue soutenue.

falsification n.f. Le fait de falsifier quelque chose. *Le commissaire a prouvé la falsification du document.* SYN. trucage.

A B C D E F G H I J K L M N O P Q R S T U V W X Y Z

falsifier v. (CONJUG. 7). Modifier quelque chose dans le but de tromper. *On a retrouvé dans les poches du malfaiteur des papiers d'identité volés et falsifiés.* SYN. truquer.
HISTOIRE DU MOT Vient du latin *falsus*, « faux ».

famélique adj. Qui est terriblement amaigri par le manque de nourriture. *Des chats faméliques erraient dans l'île.*
▸ REM. Ce mot appartient à la langue soutenue.
HISTOIRE DU MOT Vient du latin *fames* qui signifie « faim ».

fameusement adv. Extrêmement, très. *C'est fameusement bon !* SYN. rudement.

fameux, euse adj. ❶ Très connu. *« Le Mystère de la chambre jaune » est un des plus fameux romans de Gaston Leroux.* SYN. célèbre. ❷ (Familier) Très bon. *Le rôti était fameux, on s'est régalé.* SYN. excellent, remarquable.

familial, ale, aux adj. De la famille. *La vie familiale. Il est revenu dans la maison familiale.*

familiale n.f. Automobile dont la carrosserie évoque une fourgonnette et qui peut accueillir entre 6 et 9 personnes.

se **familiariser** v.pron. (CONJUG. 3). S'habituer progressivement par la pratique. *Il lui a fallu beaucoup de temps pour se familiariser avec l'ordinateur.*

familiarité n.f. ❶ Comportement simple et amical que l'on a avec une personne que l'on connaît depuis longtemps. *Il y avait une grande familiarité entre eux.* SYN. camaraderie, intimité. ❷ *Se permettre des familiarités avec quelqu'un*, c'est se laisser aller avec lui à un comportement inconvenant, presque grossier.

1 **familier, ère** adj. ❶ Que l'on connaît bien, dont on a l'habitude. *Une voix familière lui répondit au téléphone.* CONTR. étranger. ❷ *Les animaux familiers*, ce sont les animaux que l'on a à la maison. *Le chien, le chat sont des animaux familiers.* ❸ *Un mot familier* est un mot que l'on emploie avec ses camarades ou ses proches, mais qui n'est pas très correct dans un autre contexte ni à l'écrit. *« Type » est familier par rapport à « homme ».* → VOIR AUSSI **littéraire, soutenu** et Fiche **8**. ❹ *Être trop familier avec quelqu'un*, c'est se comporter avec lui comme si c'était un camarade, sans marque de respect. CONTR. respectueux.

2 **familier** n.m. Personne qui fait presque partie de la famille. *C'est un familier de la maison.* SYN. habitué.

familièrement adv. D'une manière familière. *Elle lui mit familièrement la main sur l'épaule. On dit familièrement « bistrot » pour « café ».*

famille n.f. ❶ L'ensemble formé par le père, la mère (ou l'un des deux) et les enfants. *Nous avons une réduction pour famille nombreuse.* ❷ L'ensemble des personnes qui ont des liens de parenté (parents, enfants, frères et sœurs, grands-parents, tantes, oncles, beaux-parents...). *Famille proche, éloignée.* ❸ Ensemble de plantes ou d'animaux qui ont des caractéristiques communes. *La famille des félidés comprend le lion, le tigre, le chat.* ❹ Ensemble de mots qui ont la même origine et qui dérivent les uns des autres. *« Père » et « paternel » appartiennent à la même famille : ils viennent du latin « pater ».* • **Famille monoparentale :** famille où l'enfant ou les enfants sont élevés par un seul des parents. • **Famille recomposée :** famille dont les enfants sont issus de deux unions antérieures.

fanfare

famine n.f. Le manque total d'aliments dans une région, ce qui fait que les gens y meurent de faim. → VOIR AUSSI **disette, pénurie.** • **Crier famine :** se plaindre de ne pas avoir de quoi vivre.

fan n. (Familier) Admirateur enthousiaste d'une vedette. *C'est un fan de ce chanteur, il ne manque aucun de ses concerts.*
▸ REM. On prononce [fan].
HISTOIRE DU MOT C'est un mot anglais, abréviation de *fanatic* qui signifie « fanatique, admirateur ».

fanal n.m. (PLUR. : **fanaux**). ❶ Signal lumineux, installé sur les côtes ou à l'entrée des ports. ❷ Lanterne installée sur les bateaux comme éclairage de bord ou pour leur signalisation. *On apercevait les fanaux des barques de pêcheurs.*

fanatique adj. et n. ❶ Qui a une passion excessive pour une religion, une doctrine. *Un militant fanatique a assassiné le chef d'État.* ❷ Qui est passionné par quelque chose. *C'est une fanatique de jazz.*

fanatiser v. (CONJUG. 3). Rendre fanatique, prêt à commettre n'importe quoi au nom d'une cause.

fanatisme n.m. Dévouement absolu à une cause qui pousse à être violent contre ceux qui ont d'autres idées. *Par fanatisme, ces hommes sont prêts à toutes les folies. Le fanatisme est le contraire de la tolérance.*

fane n.f. La tige et le feuillage de certaines plantes. *Des fanes de radis, de carottes, etc.*
HISTOIRE DU MOT Vient du verbe *faner.*

faner v. (CONJUG. 3). Retourner l'herbe fraîchement coupée d'un pré pour qu'elle sèche et devienne du foin. ◆ **se faner** v.pron. Perdre de sa fraîcheur et se dessécher. *Les violettes vont se faner si tu ne les mets pas dans l'eau.* SYN. se flétrir.

fanfare n.f. Orchestre composé de cuivres et de percussions. *C'est la fête, la fanfare municipale défile dans les rues.* • **Réveil en fanfare :** réveil brutal provoqué par un grand bruit.

fanfaron, onne adj. et n. Qui se vante exagérément, qui s'attribue des exploits imaginaires. SYN. crâneur, vantard. CONTR. modeste.

fanfaronner v. (CONJUG. 3). Faire le fanfaron. *Il fanfaronne, mais il se cache sous les draps dès qu'il entend du bruit !*

fanfreluche n.f. Ornement de peu de valeur, garniture utilisés dans la toilette féminine. *Les nœuds, les volants, les dentelles sont des fanfreluches.*

HISTOIRE DU MOT Vient du grec *pompholux* qui signifie « bulle d'air ».

fange n.f. Boue. *Les porcs se roulaient dans la fange.*
▶ REM. Ce mot appartient à la langue soutenue.

fangeux, euse adj. Boueux. *Un terrain fangeux.*

fanion n.m. Petit drapeau. *Mettre un fanion à son vélo.*

fanon n.m. Chacune des lames cornées qui garnissent la bouche des baleines.

fantaisie n.f. ❶ Originalité amusante ou chose imprévue. *Il faut toujours un peu de fantaisie dans la vie !* ❷ Caprice. *Encore une de tes fantaisies !* ❸ *Des bijoux (de) fantaisie* sont jolis mais ont peu de valeur.

fantaisiste adj. et n. ❶ Qui ne se laisse guider que par sa fantaisie. SYN. capricieux, fantasque. ❷ Qui manque de sérieux. *Une explication fantaisiste.* ◆ n. Artiste de music-hall qui chante ou raconte des histoires amusantes.

fantasmagorie n.f. Spectacle enchanteur qui paraît irréel tant il est merveilleux. SYN. féerie.

fantasmagorique adj. Qui paraît irréel et merveilleux. *Un décor de théâtre fantasmagorique.* SYN. féerique.

fantasque adj. Qui a des caprices, des fantaisies bizarres. *Je n'arrive pas à m'habituer à son caractère fantasque.* SYN. capricieux, changeant.

fantassin n.m. Soldat qui combat à pied et appartient à l'infanterie.

fantastique adj. ❶ (Familier) Qui dépasse ce qu'on espérait. *Ton idée est fantastique !* SYN. extraordinaire, formidable. *Une chance fantastique.* SYN. étonnant, incroyable, inouï. ❷ *Les films* ou *les contes fantastiques* racontent des événements irréels, merveilleux ou effrayants. ❸ Qui est créé par l'imagination. *La licorne est un animal fantastique.* SYN. chimérique.

fantassin (1914)

fantasy n.f. Récit qui mêle les mythes, les légendes, les événements fantastiques et merveilleux.
▶ REM. C'est un mot anglais.

fantoche n.m. Personne sans caractère, qui se laisse manipuler comme une marionnette. *Ce président n'est qu'un fantoche.* SYN. pantin.

HISTOIRE DU MOT Vient de l'italien *fantoccio* qui signifie « marionnette », de *fante*, « enfant ».

fantomatique adj. Dont l'aspect est mystérieux et un peu inquiétant. *Le paysage prenait au clair de lune une apparence fantomatique.*
▶ REM. S'écrit sans accent circonflexe, malgré *fantôme*.

fantôme n.m. Être surnaturel qui serait l'esprit d'un mort revenant hanter les lieux où il a vécu. *C'est un château hanté, des fantômes vivent dans les souterrains.* SYN. revenant, spectre.

faon n.m. Le petit du cerf et de la biche, ou du daim, du chevreuil, etc.
▶ REM. On prononce [fɑ̃].

HISTOIRE DU MOT Vient du latin *fetus* qui signifie « enfantement, nouveau-né » et qui a désigné longtemps le petit de tout animal.

faramineux, euse adj. (Familier) Qui est étonnant, fantastique. *Des prix faramineux.* SYN. excessif, exorbitant.

farandole n.f. Danse d'origine provençale dans laquelle les danseurs forment une chaîne en se tenant par la main.

1 farce n.f. Bon tour que l'on joue à quelqu'un pour pouvoir rire de lui. *On a caché son anorak pour lui faire une farce.* SYN. niche, plaisanterie.

2 farce n.f. Mélange de viandes hachées, de légumes, d'épices, etc., qui sert à garnir l'intérieur d'une viande, d'un poisson ou de légumes. *Une farce à base de bœuf et de champignons.*

farceur, euse n. Personne qui aime faire des farces ou raconter des histoires drôles. *Quel farceur ! il a toujours le mot pour rire.* SYN. plaisantin.

farci, e adj. Qu'on a rempli de farce. *Des tomates farcies.*

farcir farcissant, farci v. (CONJUG. 16). Remplir une viande, un poisson ou un légume de farce.

fard n.m. Produit coloré qu'on utilise pour le maquillage. *Du fard à paupières.* • (Familier) **Piquer un fard :** rougir à cause d'une émotion, d'une gêne.

fardeau n.m. ❶ Charge très lourde, qu'on a du mal à porter. *Son lourd fardeau l'empêchait d'avancer vite.* ❷ Au figuré, ce qui est trop difficile à supporter. *Cette responsabilité était devenue un fardeau.*

farder v. (CONJUG. 3). Mettre du fard, maquiller le visage. *Farder ses yeux.*

farfadet n.m. Lutin espiègle, malicieux.

farfelu, e adj. et n. Qui est bizarre, peu sérieux et plutôt amusant. *Un projet assez farfelu.* SYN. saugrenu. *Il est sympathique, mais un peu farfelu.* SYN. fantasque.

A B C D E F G H I J K L M N O P Q R S T U V W X Y Z

farfouiller **v.** (CONJUG. 3). (Familier) Fouiller en mettant du désordre. *Arrête de farfouiller dans mon sac, tu déranges tout !* SYN. (Fam.) fouiner.

farine **n.f.** Poudre fine obtenue en broyant les graines de certaines céréales, comme le blé, le maïs, le seigle. *C'est avec de la farine qu'on fait le pain.*

farineux, euse **adj.** ❶ Qui peut fournir de la farine, qui contient de la fécule ou qui a le goût de la farine. *La pomme de terre est un légume farineux.* ❷ Qui a le goût ou la consistance de la farine. *Cette pomme est farineuse.*

farniente **n.m.** Le fait de ne rien faire, pour se reposer et en profitant avec plaisir de cette oisiveté. *Le dimanche, grasse matinée et farniente !* SYN. repos.
▸ REM. On prononce [farnjɛnte] ou [farnjɛ̃t].

HISTOIRE DU MOT C'est un mot italien formé de *fare* qui signifie « faire » et *niente*, « rien ».

farouche **adj.** ❶ Qui s'effraie facilement et peut réagir violemment pour se protéger. *Ce petit chat est encore farouche, on ne peut pas le caresser.* SYN. sauvage. CONTR. apprivoisé. *Un enfant un peu farouche.* SYN. peureux. ❷ Qui manifeste de la violence, de l'hostilité, de l'acharnement. *Une haine farouche. C'est un farouche adversaire.* SYN. acharné, obstiné.

farouchement **adv.** Avec acharnement. *Il s'est défendu farouchement.*

fart **n.m.** Produit gras dont on enduit le dessous des skis pour les rendre plus glissants.
▸ REM. On prononce le *-t*.

farter **v.** (CONJUG. 3). Enduire de fart. *Farter ses skis.*

fascicule **n.m.** ❶ Chacune des parties d'un ouvrage que l'on publie les unes à la suite des autres. *Une encyclopédie se vendait parfois par fascicules. Relier ses fascicules.* ❷ Petit livre broché de peu de pages. *Un fascicule d'exercices.* SYN. brochure.

HISTOIRE DU MOT Vient du latin *fasciculus* qui signifie « petit paquet ».

fascinant, e **adj.** Qui fascine. *La naissance du petit veau était un spectacle fascinant pour les enfants.* SYN. captivant.

fascination **n.f.** Le fait de fasciner. *Il exerce sur son public une véritable fascination.* SYN. charme, envoûtement.

fasciner **v.** (CONJUG. 3). ❶ Immobiliser par le regard. *La vipère avait fasciné le crapaud, qui ne bougeait plus.* SYN. hypnotiser. ❷ Avoir un puissant pouvoir de séduction. *Fasciner son auditoire.* SYN. captiver. *Elle le fascinait.* SYN. envoûter, subjuguer.

HISTOIRE DU MOT Vient du latin *fascinum* qui signifie « enchantement ».

fascisme **n.m.** ❶ Régime politique dictatorial, appliqué en Italie entre 1922 et 1945 par Mussolini. ❷ Doctrine ou pratique politique qui vise à instaurer un régime totalitaire, nationaliste, avec un chef suprême. → VOIR AUSSI **nazisme.**
▸ REM. On prononce [faʃism].

HISTOIRE DU MOT Vient de l'italien *fascio* qui signifie « faisceau », parce que les groupes de militants fascistes avaient des faisceaux pour emblème.

fasciste **adj.** et **n.** Qui appartient au fascisme ou en est partisan.
▸ REM. On prononce [faʃist].

1 faste **n.m.** Étalage de grand luxe. *Le roi avait exigé que les invités soient reçus avec le plus grand faste.*

2 faste **adj.** Qui est particulièrement favorable, où tout réussit. *C'est un jour faste, j'ai gagné à la loterie !* CONTR. néfaste.

fastidieux, euse **adj.** Qui est ennuyeux et monotone. *Cette affaire a exigé des démarches longues et fastidieuses.* SYN. lassant.

fastueux, euse **adj.** Très luxueux, très riche. *Il mène une vie fastueuse.* SYN. somptueux.

fat **adj.m.** et **n.m.** Qui est très satisfait de lui-même et qui le montre. SYN. prétentieux, vaniteux.
▸ REM. 1. On prononce [fat] ou [fa]. 2. Ce mot appartient à la langue soutenue.

fatal, ale, als **adj.** ❶ Qui devait forcément arriver. *À force de sortir sans manteau, il s'est enrhumé, c'était fatal !* SYN. inévitable, obligatoire, prévisible. ❷ Qui a des effets catastrophiques ou qui entraîne la mort. *Un coup fatal.* SYN. mortel. *La moindre erreur peut nous être fatale.* SYN. funeste, nuisible.

HISTOIRE DU MOT Vient du latin *fatum* qui signifie « destin ».

fatalement **adv.** Inévitablement. *Il a toujours conduit trop vite, il devait fatalement avoir un accident.* SYN. forcément.

fataliste **n.** et **adj.** Personne qui pense qu'on ne peut rien faire contre le destin.

fatalité **n.f.** Ce qui doit arriver, le destin. *Tu n'y peux rien, c'est la fatalité.*

fatidique **adj.** *Le moment, l'heure, le jour fatidiques* sont ceux où doit avoir lieu quelque chose de très important. *Le jour fatidique de l'examen est arrivé.* SYN. crucial.

fatigant, e **adj.** ❶ Qui fatigue, qui demande des efforts. *Les longues marches en montagne sont fatigantes.* SYN. difficile, pénible. ❷ Qui finit par énerver. *C'est fatigant de répéter toujours la même chose !* SYN. lassant. *Tu es fatigante avec tes caprices !* SYN. agaçant.
▸ REM. Ne pas confondre avec le participe présent du verbe *fatiguer*.

fatigue **n.f.** Ce que l'on ressent après un effort trop intense ou trop prolongé, ou quand on n'a pas assez dormi. *Une fatigue passagère. Je tombe de fatigue !* SYN. épuisement.

fatigué, e **adj.** Affaibli par la fatigue. *Je suis trop fatiguée pour sortir ce soir.* SYN. épuisé, éreinté, las.

fatiguer **fatiguant, fatigué v.** (CONJUG. 6). ❶ Causer de la fatigue, affaiblir physiquement. *Ce long voyage m'a beaucoup fatigué.* SYN. épuiser, exténuer. CONTR. reposer. ❷ Ennuyer par la répétition monotone de quelque chose. *Il me fatigue avec ses questions.* SYN. exaspérer, importuner, lasser. ❸ (Familier) Avoir du mal à fonctionner. *La voiture est vieille, dans les côtes on sent qu'elle fatigue.* SYN. peiner. ◆ **se fatiguer v.pron.** ❶ Faire des efforts. *Il est en convalescence, il ne doit pas se fatiguer.* ❷ En avoir assez. *Elle s'est vite fatiguée de ce nouveau jouet.* SYN. se lasser.

fatras n.m. Entassement de choses en désordre. *Un fatras de papiers sur le coin d'un bureau.* SYN. amoncellement, tas.

fatuité n.f. Vanité insolente, prétention d'un personnage fat.
▸ REM. Ce mot appartient à la langue soutenue.

faubourg n.m. Partie d'une ville située à la périphérie. *Les faubourgs de Marseille.* SYN. banlieue. CONTR. centre.

HISTOIRE DU MOT Vient de l'ancien français *fors* qui signifiait « en dehors » et de *bourg.*

fauché, e adj. (Familier) *Être fauché*, c'est ne pas avoir d'argent.

faucher v. (CONJUG. 3). ❶ Couper avec une faux. *Faucher de l'herbe. Faucher un pré.* ❷ Faire tomber, coucher au sol. *La grêle a fauché les blés.* ❸ Faire mourir. *Cette terrible maladie le faucha en pleine jeunesse.* ❹ (Familier) Voler. *Je me suis fait faucher mon stylo.*

faucheuse n.f. Machine agricole qui sert à faucher.

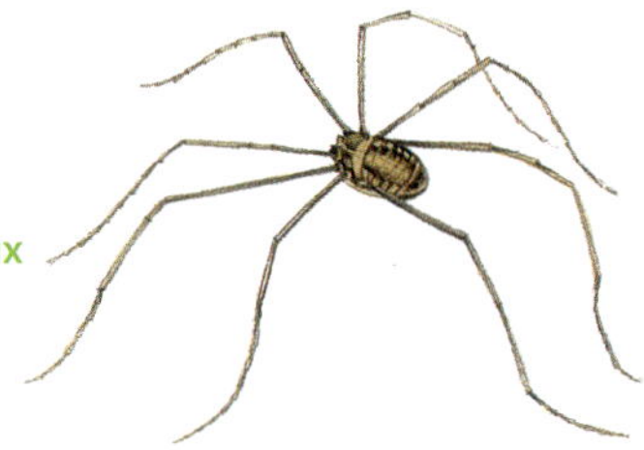
faucheux

faucheux n.m. Animal voisin de l'araignée, muni de quatre paires de pattes très longues et très fines. *Le faucheux n'a pas de venin.*

faucille n.f. Outil agricole fait d'une lame recourbée en forme de croissant fixée à un manche court. *La faucille est une petite faux qui sert à couper l'herbe.*

faucon n.m. Oiseau rapace diurne au bec recourbé et aux ailes longues et pointues.

ENCYCLOPÉDIE Petit : le fauconneau. Autrefois, les faucons étaient fréquemment utilisés pour la chasse : ils étaient dressés pour rapporter les proies. Ils peuvent voler à près de 300 km/h (en piqué). Ils se nourrissent d'oiseaux et de petits mammifères. La *crécerelle*, l'*émerillon*, le *pèlerin* sont des variétés de faucon.

1 faufiler v. (CONJUG. 3). Coudre à grands points pour préparer la couture définitive. *Faufiler un ourlet.* SYN. bâtir.

2 se faufiler v.pron. (CONJUG. 3). Passer, se glisser adroitement quelque part. *Je me suis faufilée à travers la foule jusqu'au premier rang.*

1 faune n.f. L'ensemble des animaux d'une région, d'un milieu ou d'une époque. *Faune tropicale. Faune aquatique. Faune préhistorique.*

2 faune n.m. Divinité de la mythologie romaine qui protégeait les troupeaux et l'agriculture. *Les faunes sont représentés avec un corps velu, de longues oreilles, des cornes et des pieds de chèvre.*

faussaire n. Personne qui fabrique un faux, une imitation pour les vendre à la place des vrais.

faussement adv. ❶ De manière inexacte, injuste. *On l'a faussement accusé.* SYN. à tort. ❷ De manière hypocrite ou qui ne correspond pas à la réalité. *Il prit un air faussement désolé pour lui répondre.*

fausser v. (CONJUG. 3). ❶ Rendre faux, inexact. *Cette simple erreur a faussé toutes nos statistiques.* ❷ Déformer un outil, un mécanisme en forçant. *Ce n'était pas la bonne clé et en forçant on a faussé la serrure.* ❸ Au Canada, chanter faux ou jouer faux d'un instrument.

fausset n.m. *Une voix de fausset* est une voix d'homme aiguë qui ressemble à celle d'un enfant.

fausseté n.f. ❶ Caractère de ce qui est faux, contraire à la vérité. *L'avocat a prouvé la fausseté des accusations.* SYN. inexactitude. CONTR. exactitude. ❷ Défaut d'une personne qui cache ses pensées. SYN. hypocrisie. CONTR. franchise, sincérité.

il faut → falloir

faute n.f. ❶ Erreur. *Une faute d'orthographe.* ❷ Mauvaise action. *Tricher aux examens est une faute grave.* ❸ Responsabilité dans un événement fâcheux. *C'est ta faute si nous sommes en retard* (= c'est à cause de toi). • **Prendre en faute :** surprendre quelqu'un en train de faire quelque chose de mal. • **Faute de :** par manque de. *Faute de temps, nous n'avons pas pu finir notre travail.* • **Sans faute :** sûrement, à coup sûr. *À demain, sans faute.*

HISTOIRE DU MOT Vient du latin *fallere* qui signifie « faillir ».

faucon crécerelle

fauvette noire

fauteuil **n.m.** Siège à bras et à dossier. *Bien calé dans son fauteuil, il regarde la télévision.*

fauteur **n.m.** • **Fauteur de troubles :** responsable de désordres, agitateur.

fautif, ive **adj.** et **n.** ❶ Responsable d'une faute. *Ce n'est pas elle la fautive.* SYN. coupable. ❷ Où il y a des fautes. *Une citation fautive.* SYN. erroné, incorrect.

fauve **n.m.** Nom donné aux mammifères carnivores sauvages de grande taille, tels que le lion, le tigre, la panthère, etc. ◆ **adj.** D'une couleur jaune tirant sur le roux, comme le pelage de certains fauves.

fauvette **n.f.** Petit oiseau au plumage fauve, au chant mélodieux, qui vit dans les buissons et se nourrit d'insectes. *La fauvette couturière fait son nid entre deux feuilles qu'elle coud ensemble avec son bec.*

faux

1 faux **n.f.** Instrument fait d'une grande lame recourbée fixée à un long manche muni d'une poignée, et qui sert à couper l'herbe.

2 faux, fausse **adj.** ❶ Contraire à la réalité, à la vérité. *Une fausse nouvelle.* SYN. mensonger. CONTR. vrai. ❷ Qui comporte une erreur. *Tous mes calculs sont faux parce que j'ai oublié les retenues.* SYN. inexact. CONTR. exact, juste. ❸ Qui cache ses véritables sentiments. *Des sourires faux.* SYN. hypocrite. CONTR. sincère. *Une personne fausse.* SYN. fourbe. ❹ Qui n'est pas dans le ton. *Le piano est complètement faux.* SYN. désaccordé. CONTR. juste. *Une fausse note.* ❺ Qui imite une matière, un objet ou une forme. *Des faux billets.* CONTR. vrai. *Ce tableau est faux.* CONTR. authentique. *Une fausse barbe* (= un postiche). ◆ **faux** **adv.** D'une manière fausse, pas juste. *Elle chante faux.* CONTR. juste. ◆ **faux** **n.m.** Imitation frauduleuse d'un document officiel, d'une signature ou d'une œuvre d'art connue. *Son tableau était un faux.* SYN. copie.

faux-filet **n.m.** (PLUR. : **faux-filets**). Nom donné, en boucherie, au morceau de bœuf qui se trouve près du filet, le long de l'échine.

faux-fuyant **n.m.** (PLUR. : **faux-fuyants**). Moyen détourné pour éviter quelque chose. *Il trouve toujours des faux-fuyants pour échapper à la vaisselle.* SYN. échappatoire, prétexte.

faux-monnayeur **n.m.** (PLUR. : **faux-monnayeurs**). Faussaire qui fabrique de la fausse monnaie.

faux-semblant **n.m.** (PLUR. : **faux-semblants**). Ce que l'on fait semblant d'éprouver pour tromper. *Toutes ses grimaces ne sont que des faux-semblants, il n'a pas mal du tout.* SYN. simulacre.

faux-sens **n.m.invar.** Erreur d'interprétation du sens d'un mot.

faveur **n.f.** Avantage accordé à titre exceptionnel. *Il m'a fait une faveur, il m'a servie alors que le magasin fermait. C'est une faveur d'avoir été invité.* SYN. privilège. *Il a eu un traitement de faveur* (= qui l'avantage). • **À la faveur de :** grâce à. *Il s'est enfui à la faveur de la nuit.* • **En faveur de :** au bénéfice de, pour. *Une collecte en faveur des réfugiés. Je voterai en sa faveur.* • **Avoir la faveur du public :** être très populaire, avoir du succès.

HISTOIRE DU MOT Vient du latin *favor* qui signifie « sympathie » et « applaudissements ».

favorable **adj.** ❶ Qui présente un avantage, des bonnes conditions. *Si le vent continue de lui être favorable, ce voilier gagnera la régate.* SYN. propice. *Attends une occasion favorable pour lui parler.* SYN. opportun. CONTR. défavorable. ❷ Qui est partisan de quelque chose ; qui est bien disposé à l'égard de quelqu'un. *Être favorable à un projet.* CONTR. opposé. *Les journaux lui sont favorables.* CONTR. hostile.

favorablement **adv.** D'une manière favorable. *Ma candidature a été accueillie favorablement.* SYN. positivement.

favori, ite **adj.** Que l'on aime particulièrement, que l'on préfère. *C'est sa chanson favorite, il pourrait l'écouter toute la journée !* SYN. préféré. ◆ **adj.** et **n.** ❶ À qui l'on accorde sa préférence. *C'est le favori de sa mère.* SYN. préféré. ❷ Qui semble le mieux placé pour gagner. *Ce cheval est le favori, beaucoup misent sur lui.* ◆ **favori** **n.** Personne qui jouissait des bonnes grâces d'un roi, d'une reine.

favoris **n.m.plur.** Touffes de barbe de chaque côté du visage.

favoriser **v.** (CONJUG. 3). ❶ Accorder à quelqu'un un avantage que les autres n'ont pas. *Tout le monde a pensé que l'examinateur l'avait favorisé.* SYN. avantager, privilégier. CONTR. défavoriser. ❷ Faciliter quelque chose, le rendre possible. *Le climat chaud et humide favorise la croissance des plantes.* SYN. aider. CONTR. entraver, gêner.

favoritisme **n.m.** Tendance à favoriser une personne au détriment des autres. *Il est toujours le mieux servi, c'est du favoritisme !*

fax **n.m.invar.** Télécopieur.

faxer **v.** (CONJUG. 3). Transmettre un message, un document par fax. *Le plombier nous a faxé sa facture.*

fébrile **adj.** ❶ Qui a de la fièvre. *Je me sens fébrile.* SYN. fiévreux. ❷ Très vif, très agité. *À la veille du départ, une agitation fébrile régnait dans la maison.*

fébrilement **adv.** De façon fébrile. *Se ronger fébrilement les ongles.* SYN. nerveusement.

les célèbres **favoris** de Jules Ferry

fébrilité **n.f.** Le fait d'être fébrile, très agité. *Il fouillait tous les tiroirs avec fébrilité.* SYN. agitation, nervosité.

fécal, e, aux **adj.** • **Matières fécales :** excréments humains.

fécond, e **adj.** ❶ Qui peut faire des petits. *Les mulets ne sont pas féconds* (= ils sont stériles). *Les lapins sont très féconds* (= ils font beaucoup de petits). ❷ Qui produit beaucoup. *Une terre féconde.* SYN. fertile. CONTR. stérile. *Une imagination féconde.* SYN. fertile, riche.

fécondation **n.f.** Rencontre d'une cellule mâle et d'une cellule femelle, qui aboutit à la formation d'un œuf et d'un embryon. → VOIR AUSSI **gestation.**

féconder **v.** (CONJUG. 3). Rendre fécond. *La femelle a été fécondée, elle va avoir des petits.*

fécondité **n.f.** ❶ Le fait de pouvoir se reproduire. CONTR. stérilité. ❷ Le fait d'être fécond, de produire beaucoup. *La fécondité d'un écrivain.*

fécule **n.f.** Fine poudre blanche composée d'amidon et provenant de certains tubercules, comme la pomme de terre ou le manioc.

féculent **n.m.** Légume qui contient de la fécule. *Les pommes de terre, les lentilles, les haricots sont des féculents.*

fédéral, ale, aux **adj.** ❶ *Un État fédéral* est constitué de plusieurs États. *La Suisse est un État fédéral.* ❷ *La justice, la police fédérales* dépendent du pouvoir central de l'État fédéral. ◆ **fédéral** **n.m.** Au Canada, le gouvernement central.

fédéraliste **n.** et **adj.** Partisan d'un régime fédéral.

fédération **n.f.** ❶ Pays constitué de plusieurs États regroupés pour en former un seul. *Les États-Unis d'Amérique, le Canada, l'Allemagne sont des fédérations.* ❷ Groupement de plusieurs associations, dans le domaine politique, associatif, professionnel ou sportif. *La Fédération française de ski.*

ENCYCLOPÉDIE Dans une fédération, certains domaines relèvent uniquement du pouvoir central (ex : la diplomatie). Dans les autres domaines, chacun des États peut avoir ses propres lois.

fée **n.f.** Dans les contes et les légendes, femme qui a des pouvoirs magiques. *Il y a de bonnes fées et de méchantes fées, comme la fée Carabosse. Dans les récits des chevaliers de la Table ronde, les fées sont Viviane et Morgane.* • **Avoir des doigts de fée :** être très habile de ses mains, précis et soigneux. • **Conte de fées :** récit dans lequel interviennent des fées et, au figuré, histoire merveilleuse, heureuse. *J'ai vécu un conte de fées pendant mes vacances.*

féerie, ✎ ***féérie*** **n.f.** ❶ Monde fantastique des fées ; spectacle où interviennent des êtres surnaturels. ❷ Spectacle si beau qu'on se croirait dans un conte de fées. *Le feu d'artifice fut une féerie.* SYN. fantasmagorie.
► REM. On prononce [feri] ou [feeri].

féerique, ✎ ***féérique*** **adj.** ❶ Qui appartient au monde des fées, aux féeries. *Un personnage du monde féerique.* ❷ Qui rappelle une féerie. *Les illuminations féeriques de Noël.* SYN. fantastique, magique.
► REM. On prononce [ferik] ou [feerik].

feignant, e **adj.** et **n.** → **fainéant**

feindre **feignant, feint** **v.** (CONJUG. 49). Faire semblant. *Il feignit de n'avoir rien entendu. Son émotion n'était pas feinte, elle dut s'arrêter de parler.* SYN. simuler.

feinte **n.f.** Manœuvre destinée à tromper. *Tout le monde a cru qu'il allait tirer au but, mais c'était une feinte. Son départ n'était qu'une feinte.* SYN. ruse.

fêler **v.** (CONJUG. 3). Fendre sans casser. *J'ai fêlé un bol en le heurtant. Le bol est fêlé.*

félicitations **n.f.plur.** Compliments que l'on adresse à quelqu'un pour le féliciter. *J'ai appris la bonne nouvelle, félicitations !*

félicité **n.f.** Très grand bonheur. *Son visage exprimait la félicité.* SYN. béatitude.
► REM. Ce mot appartient à la langue soutenue.

HISTOIRE DU MOT Vient du latin *felix* qui signifie « heureux ».

féliciter **v.** (CONJUG. 3). ❶ Dire à quelqu'un que l'on partage sa joie à l'occasion d'un succès, d'un événement heureux. *Féliciter des jeunes mariés.* ❷ Faire à quelqu'un des éloges sur son travail ou son attitude. *Je te félicite pour ton courage.* SYN. complimenter. ◆ **se féliciter** **v.pron.** Se réjouir. *Je me félicite d'avoir suivi votre conseil* (= je suis très content).

1 **félin** ou **félidé** **n.m.** *Les félins* ou *félidés* sont des mammifères carnivores de la famille du chat, aux molaires coupantes et aux canines développées. *Le tigre, la panthère, le guépard, le chat, le lynx, l'ocelot, le serval sont des félins.*

HISTOIRE DU MOT Vient du latin *felis* qui signifie « chat ».

ENCYCLOPÉDIE Les félins ont des griffes rétractiles, ce qui leur permet de faire « patte de velours » pour approcher sans bruit de leurs proies. Ils chassent à l'affût, sauf le guépard qui chasse à courre. Seuls le chat et le guépard se laissent domestiquer.

2 félin, e adj. ❶ Qui est propre aux félins. *La race féline.* ❷ Qui rappelle les félins, qui en a la souplesse et la grâce. *Une allure féline.*

félon, onne adj. et **n.** Déloyal, traître. *Un chevalier félon.*
▸ REM. Ce mot appartient à la langue soutenue.

fêlure n.f. Marque sur un objet fêlé. *Mon bol a une fêlure.*

femelle adj. Qui appartient au sexe qui est apte à la conception, qui assure la reproduction de l'espèce. *Une souris femelle. Une fleur femelle.* CONTR. mâle. ◆ **n.f.** Animal femelle. *La femelle allaitait ses petits.* CONTR. mâle.

féminin, e adj. ❶ De la femme, qui se rapporte à la femme. *Des sous-vêtements féminins.* CONTR. masculin. ❷ Qui est composé de femmes. *Une équipe féminine de basket-ball.* ❸ En grammaire, se dit du genre des noms qui s'emploient avec les articles *une* et *la*, et qui désignent soit des êtres animés femelles *(une femme, la poule)*, soit des choses *(la Lune, une bactérie)* ; se dit des mots (déterminants, adjectifs, etc.) qui s'accordent avec ces noms. *« Belle » est un adjectif féminin.* → VOIR AUSSI **masculin.** ◆ **féminin n.m.** En grammaire, le genre féminin.

féminisme n.m. Mouvement d'idées qui vise à l'amélioration du sort des femmes dans la société.

féministe adj. et **n.** Qui est partisan du féminisme.

féminité n.f. L'ensemble des caractéristiques généralement attribuées au sexe féminin. *Cette actrice est l'image même de la féminité.*

femme n.f. ❶ Personne adulte de sexe féminin. *Il y a plus de femmes que d'hommes.* ❷ Épouse. *Comment va votre femme ?*
▸ REM. Au mot *femme* correspond l'élément tiré du grec *gynéco-* que l'on retrouve dans *gynécologie* et *gynécologue*.

fémoral, ale, aux adj. De la cuisse ou du fémur. *L'artère fémorale.*

fémur n.m. L'os de la cuisse qui se rattache vers le haut à la hanche et vers le bas au tibia et à la rotule. *Se casser le col du fémur.*

fenaison n.f. La coupe et la récolte des foins.
HISTOIRE DU MOT Vient de l'ancien français *fener* qui signifiait « couper les foins ».

se **fendiller v.pron.** (CONJUG. **3**). Être couvert de petites fentes. *Le vernis de la porte se fendille.* SYN. se craqueler.

fendre fendant, fendu v. (CONJUG. **46**). ❶ Partager, couper quelque chose dans le sens de la longueur. *Fendre une bûche.* ❷ Provoquer des fentes. *Le gel a fendu la pierre.* ❸ Traverser rapidement en se frayant un chemin. *Le navire fendait les flots. Fendre la foule.* • **Fendre le cœur :** faire beaucoup de peine.

fenêtre n.f. Ouverture munie de vitres, faite dans un mur pour laisser passer l'air et la lumière de l'extérieur. *Ouvrir la fenêtre pour aérer une pièce.* • **Jeter l'argent par les fenêtres :** dépenser sans compter, gaspiller.

fennec n.m. Petit renard du Sahara aux très grandes oreilles et au museau pointu qu'on appelle aussi *renard des sables.*

fennec

fenouil n.m. Plante au goût d'anis dont on consomme le bulbe cuit ou en salade et les graines comme condiment.

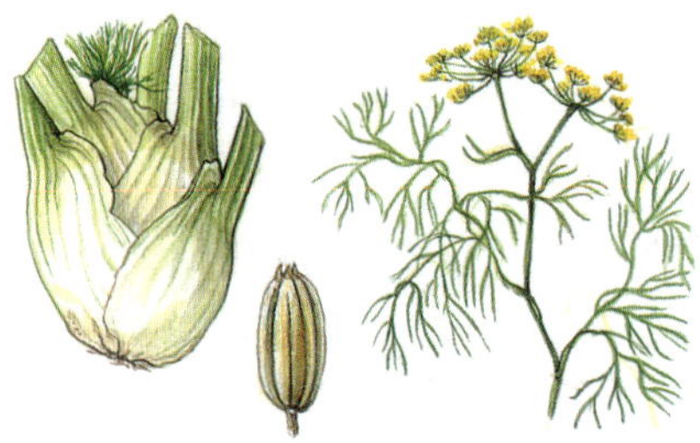
fenouil

fente n.f. Ouverture longue et étroite. *Un petit lézard est sorti de la fente du mur.* SYN. fissure.

féodal, ale, aux adj. Qui concerne la féodalité. • **Droits féodaux :** ensemble des impôts et services qu'un noble pouvait exiger d'un paysan.
HISTOIRE DU MOT Vient du latin *feodum* qui signifie « fief ».

féodalité n.f. L'organisation politique et sociale au Moyen Âge dans une partie de l'Europe, fondée sur des distinctions et des relations de dépendance entre les seigneurs, les vassaux et les serfs. → VOIR Fiche **25.**

fer n.m. ❶ Métal lourd et résistant, très utilisé dans l'industrie, sous forme d'alliages notamment. *Le fer rouille à l'humidité.* ❷ Pièce de fer qui sert à renforcer ou à protéger. *Un fer à cheval. Faire mettre des fers à ses chaussures.* ❸ Substance ferrugineuse présente dans la nature. *Les lentilles contiennent du fer.* • **L'âge du fer :** période où l'homme a commencé à utiliser le fer pour fabriquer des outils, vers 1000 avant J.-C. • **Fer à repasser :** appareil qui sert à repasser le linge. • **Il faut battre le fer quand il est chaud :** proverbe qui signifie qu'il faut profiter d'un moment favorable et ne pas attendre pour agir. • **Une santé de fer :** une excellente santé, une constitution très résistante. ◆ **fers n.m.plur.** Chaînes avec lesquelles on attachait les prisonniers. *Mettre un prisonnier aux fers.*

fer-blanc n.m. (PLUR. : **fers-blancs**). Tôle fine en acier recouverte d'étain. *Boîtes de conserve en fer-blanc.*

férié, e adj. *Un jour férié* est un jour où, conformément à la loi, on ne travaille pas en raison d'une fête nationale, laïque ou religieuse. *Le 25 décembre est un jour férié.* SYN. chômé.

HISTOIRE DU MOT Vient du latin *feria* qui signifie « jour de fête ».

1 **ferme** adj. ❶ Qui est un peu dur. *Un matelas ferme.* ❷ Qui ne tremble pas, n'hésite pas. *Une écriture ferme. Parler d'un ton ferme.* SYN. décidé. ❸ Qui ne se laisse pas influencer. *Se montrer ferme et ne pas céder.* SYN. déterminé, résolu. CONTR. faible, hésitant.

2 **ferme** n.f. Les bâtiments et les terrains d'une exploitation agricole. *La cour de la ferme.*

fermé, e adj. ❶ Entièrement clos. *Un cercle est une courbe fermée.* ❷ Où il est difficile d'être admis. *Une petite bande très fermée.* CONTR. ouvert. ❸ *Un visage fermé* est impénétrable et hostile.

fermement adv. Avec fermeté. *Il est fermement décidé à ne pas céder.*

ferment n.m. Agent chimique qui provoque la fermentation. *On fabrique le yaourt en mettant du ferment dans du lait.*

fermentation n.f. Transformation d'une substance organique sous l'action de micro-organismes. *La fermentation du raisin produit du vin.*

ENCYCLOPÉDIE C'est Louis Pasteur qui a découvert, en 1860, que toute fermentation est l'œuvre de micro-organismes vivants (levures, bactéries, moisissures) qui se développent en transformant les sucres en alcools ou en acides.

fermenter v. (CONJUG. 3). Se transformer sous l'action de micro-organismes. *Le moût de raisin fermente pour donner du vin.*

fermer v. (CONJUG. 3). ❶ Empêcher le passage entre l'intérieur et l'extérieur. *Sa chambre est fermée à clé. Fermer les frontières d'un pays.* ❷ Actionner un mécanisme, une pièce mobile de façon à interdire un passage. *Fermer une porte, une fenêtre. Fermer le verrou. Fermer un robinet.* ❸ Replier, rabattre, rapprocher ou attacher pour qu'il n'y ait plus d'ouverture. *Fermez vos livres. Fermer les yeux. Fermer un parapluie. Fermer son manteau.* ❹ Faire cesser le fonctionnement d'un appareil, d'une installation. *Fermer le gaz. Fermer la radio.* SYN. éteindre. CONTR. mettre en marche. ❺ Ne pas être ouvert au public. *Les banques ferment le dimanche.* ◆ **se fermer** v.pron. ❶ Se rabattre. *Avec le vent, la porte s'est fermée.* ❷ Pouvoir être fermé, attaché, replié, etc. *Ma robe se ferme dans le dos.*

fermeté n.f. ❶ Le fait d'être ferme, compact. *La fermeté du sol.* ❷ Le fait d'être sûr, précis dans ses gestes, de ne pas trembler. *La fermeté de sa main.* SYN. assurance. ❸ Énergie morale, absence de faiblesse. *Faire preuve de fermeté.* SYN. détermination.

fermette n.f. Petite ferme.

fermeture n.f. ❶ Le fait de fermer quelque chose. *Le directeur a ordonné la fermeture de l'école pendant les travaux.* ❷ Ce qui permet de fermer quelque chose. *Verrous, serrures, loquets, fermoirs sont des systèmes de fermeture. J'ai cassé la fermeture à glissière de mon anorak.*

1 **fermier, ère** adj. *Un produit fermier* est élaboré dans une ferme, par opposition à *industriel. Poulet fermier. Beurre fermier.*

2 **fermier, ère** n. Personne qui exploite une ferme. SYN. agriculteur.

fermoir n.m. Petite attache qui sert à maintenir fermé un sac, un porte-monnaie, un collier, un bracelet, etc.

féroce adj. ❶ *Un animal féroce* est un animal sauvage qui tue par instinct. *Le tigre est un animal féroce.* ❷ Qui est dur, cruel et sans pitié. *La critique fut féroce.* SYN. impitoyable, méchant. ❸ *Un appétit féroce*, c'est un très grand appétit.

férocement adv. Avec méchanceté, cruauté. *Ses camarades se moquaient férocement de lui.* SYN. cruellement.

férocité n.f. Le fait d'être féroce. *La férocité du loup.* SYN. cruauté, sauvagerie.

ferraille n.f. L'ensemble de débris métalliques, des objets en fer qui sont hors d'usage. *Il faudrait débarrasser l'atelier de ce tas de ferraille.*

ferrailleur n.m. Personne qui récupère et revend de la ferraille.
▸ REM. Au Canada, la forme féminine de ce mot est *ferrailleuse.*

1 **ferré, e** adj. Garni de fer. *Des chaussures ferrées.* • **Voie ferrée :** voie de chemin de fer.

2 **ferré, e** adj. • (Familier) **Être ferré sur un sujet :** c'est être fort, compétent.

ferrer v. (CONJUG. 3). ❶ *Ferrer un cheval*, c'est mettre des fers à ses sabots pour les protéger. ❷ *Ferrer un poisson*, c'est tirer d'un coup sec sur la ligne pour que l'hameçon s'accroche bien.

ferrer un cheval

a b c d e f g h i j k l m n o p q r s t u v w x y z

ferronnerie n.f. Le travail du fer, surtout pour la fabrication d'objets d'art. *En ferronnerie, on fabrique des grilles, des rampes de balcon.*

ferronnier, ère n. Artisan qui fait de la ferronnerie. *Ferronnier d'art.*

ferroviaire adj. Du chemin de fer. *Le trafic ferroviaire augmente pendant les périodes de vacances.*

ferrugineux, euse adj. Qui contient du fer en minuscules quantités. *Une eau ferrugineuse.*

ferrure n.f. Garniture de fer qu'on fixe sur un coffre, une porte.

ferry-boat (PLUR. : ferry-boats), ✎ ***ferryboat*** n.m. Navire aménagé pour transporter les voitures et les trains en même temps que les passagers.
▸ REM. 1. On dit aussi un *ferry*. 2. L'Office québécois de la langue française recommande l'emploi du mot *traversier*.

HISTOIRE DU MOT C'est un mot anglais qui vient de *ferry*, qui signifie « passage », et *boat*, qui signifie « bateau ».

fertile adj. ❶ *Un sol, une terre fertiles* fournissent des récoltes abondantes. SYN. fécond, productif. CONTR. stérile. ❷ *Un esprit, une imagination fertiles* sont très inventifs. SYN. fécond. CONTR. pauvre. ❸ *Une journée fertile en événements* est une journée où il se passe énormément de choses. SYN. riche.

fertiliser v. (CONJUG. 3). Rendre une terre fertile, productive. *Les engrais fertilisent le sol.*

fertilité n.f. Qualité d'un sol fertile. *Pour améliorer la fertilité de la terre, les cultivateurs utilisent des engrais.* CONTR. aridité.

féru, e adj. *Être féru de quelque chose*, c'est en être passionné. *Être féru d'architecture, de cinéma.*

fervent, e adj. Plein de ferveur, de conviction. *Je vous présente l'un de vos plus fervents admirateurs.* SYN. ardent, passionné.

ferveur n.f. Ardeur, enthousiasme, passion. *Ils écoutent leur professeur avec ferveur.*

fesse n.f. Chacune des deux parties charnues qui forment le derrière d'un être humain.

fessée n.f. Série de coups sur les fesses. *Donner, recevoir une fessée.*

festin n.m. Repas copieux et savoureux, offert à l'occasion d'une fête. SYN. banquet.

HISTOIRE DU MOT Vient de l'italien *festino* qui signifie « petite fête ».

festival n.m. (PLUR. : festivals). Série de représentations, de spectacles, etc., qui se déroulent périodiquement au même endroit. *Un festival de cinéma, de théâtre.*

festivités n.f.plur. L'ensemble des activités prévues pour fêter un événement. *L'ouverture des jeux Olympiques a donné lieu à des festivités.*

feston n.m. Broderie en forme de petites dents arrondies qui termine le bord d'une étoffe.

festoyer v. (CONJUG. 14). Faire la fête, participer à un festin.

fête n.f. ❶ Réunion organisée à l'occasion d'un événement heureux. *Pour son anniversaire, il y a eu une grande fête. Une fête de famille.* ❷ Jour de réjouissance en l'honneur d'une personne, d'un événement, etc. *La fête des mères. Le 14 juillet, en France, est le jour de la fête nationale. Demain, c'est ma fête* (= c'est le jour où l'on fête le saint dont je porte le nom). → VOIR encadré

Principales fêtes religieuses

Fêtes chrétiennes		
Noël	Naissance de Jésus (Nativité)	25 décembre (solstice d'hiver)
Épiphanie (jour des Rois)	Manifestation de Jésus aux Rois mages	dimanche suivant le 1er janvier
Pâques	Résurrection de Jésus-Christ	mars - avril
Ascension	Montée de Jésus au ciel	40 jours après Pâques
Pentecôte	Descente du Saint-Esprit sur les apôtres	50 jours après Pâques
Toussaint	Fête de tous les saints (précède le jour des morts)	1er novembre
Fêtes juives		
Hanoukka	Fête des Lumières	novembre - décembre
Pessah	Pâque	mars - avril
Rosh ha-Shana	Fête du Nouvel An	début de l'automne
Yom Kippour (ou Kippour)	Grand Pardon	10 jours après Rosh ha-Shana
Soukkot	Fête des Tabernacles	septembre - octobre
Fêtes musulmanes		
Mouharam (ou Moharem)	Commémoration de l'hégire	1er jour de l'ère musulmane (correspond au 16 juillet 622)
Mouloud (ou Mawlid)	Naissance du Prophète	3e mois de l'année
Ramadan (mois du jeûne)	Révélation du Coran	9e mois de l'année
Aïd el-Fitr (ou Aïd el-Séghir)	Fin du ramadan (rupture du jeûne)	10e mois de l'année
Aïd el-Adha (ou Aïd el-Kébir)	Commémoration du sacrifice d'Abraham	12e mois de l'année

ci-dessous. • **Faire fête à quelqu'un :** l'accueillir joyeusement. *Mon chien m'a fait fête.* • **Se faire une fête de quelque chose :** s'en réjouir à l'avance.

fêter v. (CONJUG. 3). ❶ Célébrer un événement. *On fêtera son anniversaire dimanche.* ❷ Accueillir avec de grandes démonstrations de joie. *On a fêté le vainqueur.*

fétiche n.m. Objet auquel on attribue le pouvoir de porter chance à celui qui le possède. *Son fétiche, c'est une patte de lapin.* SYN. porte-bonheur, talisman.

fétide adj. Qui sent très mauvais. *L'eau croupie répand une odeur fétide.* SYN. nauséabond.

fétu n.m. Brin de paille. *Le voilier a été emporté comme un fétu par la bourrasque.*

1 **feu** n.m. (PLUR. : **feux**). ❶ Flammes, lumière et chaleur qui se dégagent de quelque chose qui brûle. *Faire du feu dans la cheminée. Les pompiers ont mis deux heures pour éteindre le feu.* SYN. incendie. *La maison était en feu* (= en train de brûler). ❷ Source de chaleur qui permet la cuisson des aliments. *Cuire à feu vif pendant vingt minutes, puis laisser mijoter à feu doux une demi-heure.* ❸ Détonation d'une arme. *Le fusil est une arme à feu. On entendait des coups de feu au loin.* ❹ Signal lumineux. *Le feu va passer au vert. Allumer ses feux de croisement.* SYN. codes. • **Avoir le feu vert :** avoir l'autorisation d'agir. • **Être tout feu tout flamme :** être plein d'enthousiasme. • **Faire long feu :** ne pas réussir. • **Feu ! :** ordre de tirer, donné par un chef militaire. • **Feu de paille :** se dit de ce qui ne dure pas longtemps. • **Mettre à feu et à sang :** piller, saccager une région, une ville. • **Mettre le feu aux poudres :** déclencher un conflit, une guerre qui n'attendaient que cela pour éclater.

▸ REM. Au mot *feu* correspond l'élément tiré du grec *pyro-* que l'on retrouve dans des mots comme *pyrogravure, pyromane.*

2 **feu, feue** adj. Se dit d'une personne morte. *Feu la reine, la feue reine.*

▸ REM. 1. *Feu* est invariable quand il est placé devant un article ou un adjectif possessif. 2. Ce mot appartient à la langue soutenue.

HISTOIRE DU MOT Vient du latin *fatutus* qui signifie « qui a accompli son destin ».

feuillage n.m. L'ensemble des feuilles d'un arbre.

feuille n.f. ❶ Chacun des organes, généralement plats et verts qui poussent sur la tige des plantes. *En automne, les feuilles des arbres tombent.* → VOIR planche page suivante. ❷ Plaque de bois ou de métal très mince. *Une feuille d'or.* ❸ Morceau de papier sur lequel on écrit, dessine ou imprime. *Une feuille de cahier.* ❹ Document imprimé. *Chaque mois les salariés reçoivent une feuille de paie.* • **Trembler comme une feuille :** trembler très fort de froid ou de peur.

feuillet n.m. Feuille d'un livre, d'un cahier, d'un journal.

feuilleté, e adj. • **Pâte feuilletée :** pâte faite de beurre et de farine, qu'on a pliée plusieurs fois pour qu'elle forme de fines feuilles à la cuisson. *Les croissants sont faits en pâte feuilletée.*

feuilleter v. (CONJUG. 12, ✎ *11*). Tourner rapidement les pages d'un livre ou d'une revue en les parcourant des yeux. *Feuilleter un magazine dans une salle d'attente.*

feuilleton n.m. ❶ Roman publié par épisodes dans un journal (on dit aussi *roman-feuilleton*). ❷ Histoire diffusée en plusieurs épisodes à la radio ou à la télévision. → VOIR AUSSI **série.**

feuillu, e adj. ❶ Qui porte des feuilles et non des aiguilles, par opposition à *conifère*. *Le chêne est un arbre feuillu.* ❷ Qui porte beaucoup de feuilles. *Notre tilleul est très feuillu cette année.*

feulement n.m. ❶ Cri du tigre. ❷ Grognement du chat.

feuler v. (CONJUG. 3). Faire entendre un feulement.

feutre n.m. ❶ Tissu obtenu à partir de poils ou de brins de laine agglutinés. *Le tapis des billards est en feutre.* ❷ Chapeau de feutre. ❸ Stylo qui a un réservoir poreux imprégné d'encre et une pointe en matériau synthétique. *J'écris au feutre rouge.*

feutré, e adj. Qui a pris l'aspect du feutre. *Un pull feutré* (= abîmé par le lavage). • **À pas feutrés :** doucement, sans faire de bruit. *Il avançait à pas feutrés pour ne pas réveiller son frère.*

feutrine n.f. Tissu de feutre léger. *La piste de dés est garnie de feutrine.*

fève n.f. ❶ Plante potagère dont on consomme les graines fraîches ou sèches. ❷ Figurine (appelée ainsi parce qu'autrefois c'était une vraie fève) que l'on place dans la galette des Rois.

fève

février n.m. Le deuxième mois de l'année. *Février a vingt-huit jours les années ordinaires et vingt-neuf les années bissextiles.*

fez n.m. Coiffure traditionnelle, généralement rouge et en forme de cône tronqué, portée par les hommes en Afrique du Nord et au Proche-Orient.

HISTOIRE DU MOT Vient du nom de la ville de *Fès* (autrefois *Fez*), au Maroc, où cette coiffure était fabriquée.

fi interj. Exprime le dégoût, le mépris. • **Faire fi de quelque chose :** ne pas en tenir compte. *Il a fait fi de nos conseils.*

Une zone d'échange

La feuille se compose principalement d'un limbe, région plate rattachée à la tige de la plante par une queue appelée **pétiole**. Ce limbe est le lieu privilégié de la photosynthèse ; sous son épiderme, il est généralement parcouru de nervures à l'intérieur desquelles la sève circule.
Les **feuilles simples** possèdent un limbe unique ; les **feuilles composées**, un limbe divisé en plusieurs folioles.

deux types de nervures

parallèles *ramifiées*

au fil des saisons

Les différents types de feuilles

On distingue deux types de feuilles chez les plantes à fleurs. Les feuilles à nervures parallèles correspondent la plupart du temps au groupe des **monocotylédones** ; les feuilles à nervures ramifiées, aux **dicotylédones**. Chez les arbres à feuilles caduques, le développement de la feuille suit le rythme annuel des saisons sous climat tempéré, de l'éclosion du bourgeon dès la fin de l'hiver à la chute de la feuille morte en automne. Chez les arbres à feuilles persistantes, les feuilles peuvent durer plusieurs années.

feuilles composées

autres types de feuilles

feuilles simples

fiabilité **n.f.** Le fait d'être fiable, sûr. *Un matériel d'une grande fiabilité.*

fiable **adj.** À quoi on peut se fier ou à qui l'on peut faire confiance. *Cette horloge n'est pas fiable, elle retarde souvent.*

fiacre **n.m.** Voiture tirée par des chevaux qui servait autrefois de taxi.

HISTOIRE DU MOT *Fiacre* est le nom du saint patron des jardiniers, dont l'effigie ornait autrefois l'enseigne d'un bureau de voitures de louage à Paris.

fiançailles **n.f.plur.** Promesse de mariage échangée entre un jeune homme et une jeune fille ; période entre cette promesse et le mariage. *Une bague de fiançailles. De longues fiançailles.*

fiancé, e **n.** Personne qui s'est fiancée.

se fiancer **fiançant, fiancé v.pron.** (CONJUG. 4). S'engager au mariage. *Ils se sont fiancés au mois d'avril.*
▸ REM. On peut dire *se fiancer à quelqu'un* ou *avec quelqu'un.*

fiasco **n.m.** (Familier) Échec complet. *Malgré tous mes efforts, la soirée a été un fiasco.*

HISTOIRE DU MOT Vient de l'italien *far fiasco* qui signifie « échouer ».

fibre **n.f.** Chacun des petits filaments qui constituent certaines substances animales ou végétales, certaines matières. *Les fibres musculaires forment les muscles. Des fibres de coton. La fibre de verre est un isolant* (= minces filaments de verre). ● **Fibre alimentaire :** substance impossible à digérer contenue dans les végétaux alimentaires.

fibreux, euse **adj.** Qui contient des fibres. *Une plante à tige fibreuse. Une viande fibreuse.* SYN. filandreux.

ficeler **v.** (CONJUG. 12, ✎ *11*). Attacher avec de la ficelle. *Ficeler un paquet, un rôti.*

ficelle **n.f.** ❶ Corde très mince. *Une pelote de ficelle.* ❷ *Les ficelles d'un métier, d'un art*, ce sont les techniques qu'on acquiert avec l'expérience. *C'est lui qui m'a appris toutes les ficelles du métier.* SYN. truc. ● **Tirer les ficelles :** diriger les autres sans se montrer, à la manière d'un marionnettiste.

1 fiche **n.f.** Pièce que l'on enfonce pour obtenir un contact électrique. *Fiche de prise de courant.*

2 fiche **n.f.** Feuille de papier ou de carton sur laquelle on écrit des renseignements. *Classer ses fiches par ordre alphabétique.* ● **Fiche d'état civil :** document officiel donnant des renseignements sur l'état civil d'une personne (nom, prénom, date et lieu de naissance, etc.), qui a été supprimé en 2000.

1 se ficher **v.pron.** (CONJUG. 3). S'enfoncer par la pointe. *La flèche est allée se ficher dans la porte.*

2 ficher **v.** (CONJUG. 3). Inscrire dans un fichier de renseignements. *Être fiché à la police.*

3 ficher ou **fiche** **fichant, fichu v.** (CONJUG. 3). (Familier) Mettre, jeter. *Je l'ai fichu dehors.* ● **Fiche(r) la paix :** laisser tranquille. ◆ **se ficher** **v.pron.** Se moquer. *Il s'est fichu de moi. J'ai perdu, mais je m'en fiche !*

fiacre

fichier **n.m.** ❶ Ensemble de fiches sur lesquelles sont portés des renseignements ; boîte ou meuble dans lesquels on les range. ❷ En informatique, ensemble de données conservées dans la mémoire d'un ordinateur (disque dur) ou d'une disquette, d'un disque laser sous le même nom.

1 fichu, e **adj.** (Familier) ❶ Très abîmé, qui ne peut plus servir. *Mon pull est fichu, regarde tous ces trous !* ❷ Difficile, peu commode. *Il a un fichu caractère.* SYN. mauvais. ● **Être mal fichu :** être souffrant, ne pas se sentir très bien.

2 fichu **n.m.** Pièce de tissu triangulaire que les femmes portent autour de la tête ou sur les épaules.
→ VOIR AUSSI **châle, foulard.**

fictif, ive **adj.** Qui appartient à la fiction, qui n'existe pas dans la réalité. *Les héros des contes sont des personnages fictifs.* SYN. imaginaire. CONTR. réel.

fiction **n.f.** ❶ Fait imaginé, inventé. *On dit souvent que la réalité dépasse la fiction.* ❷ Œuvre littéraire qui raconte des faits purement imaginaires.

fidèle **adj.** ❶ Qui est très attaché à quelqu'un ou à quelque chose. *Une amie fidèle.* SYN. loyal. CONTR. inconstant. *Être fidèle à une marque de produits.* ❷ Qui respecte les engagements pris. *Être fidèle à sa parole. Un mari fidèle.* CONTR. infidèle. ❸ Qui est conforme à la vérité. *Il nous a fait un récit fidèle de la réunion.* SYN. exact. ◆ **n.** Personne qui pratique une religion.

fidèlement **adv.** ❶ Avec fidélité. *Son chien le suivait fidèlement.* ❷ Avec exactitude. *Raconter fidèlement une histoire.* SYN. scrupuleusement.

fidélité **n.f.** ❶ Le fait d'être fidèle, de garder le même attachement à ses amis ou à ses idées. *Sa fidélité ne s'est jamais démentie.* ❷ Qualité de ce qui est exact, précis, fiable. *Je doute de la fidélité de son récit.*

fief **n.m.** ❶ À l'époque féodale, domaine donné par un seigneur à son vassal en échange de certains services et de sa fidélité. ❷ Domaine réservé à quelqu'un, où il ne veut aucun rival. *Le fief électoral d'un député.*

ENCYCLOPÉDIE Après la cérémonie de l'hommage et le serment de fidélité, le seigneur remettait à son vassal un objet symbolisant le fief (motte de terre, lance, étendard). Quand les enfants du vassal héritaient du fief, ils devaient à leur tour prêter serment de fidélité au seigneur. → VOIR AUSSI **féodalité.**

A B C D E F G H I J K L M N O P Q R S T U V W X Y Z

fieffé, e **adj.** (Familier) Qui a au plus haut degré un défaut. *C'est un fieffé menteur et un fieffé tricheur.*

fiel **n.m.** ❶ Bile des animaux. ❷ Sentiment d'amertume et d'animosité. *Discours plein de fiel.* SYN. haine.

fielleux, euse **adj.** Plein de haine, de fiel. *Des propos fielleux.* SYN. hargneux, venimeux.

fiente **n.f.** Excrément des oiseaux. *Fiente de pigeon.*

fier, fière **adj.** ❶ Qui se croit supérieur aux autres. *Depuis qu'il a fait fortune, il est devenu bien fier.* SYN. arrogant, orgueilleux. ❷ Qui a le sens de son honneur et de sa dignité. *Elle est trop fière pour demander de l'aide.* ❸ Qui est très satisfait de quelque chose, de quelqu'un. *Il est fier d'avoir été reçu. Ma chérie, je suis fière de toi !* SYN. content. • **Fier comme Artaban :** très fier.

se fier **v.pron.** (CONJUG. 7). Accorder sa confiance à quelqu'un ou à quelque chose. *On peut se fier à lui, c'est un garçon sérieux.* CONTR. se méfier. *Ne te fie pas à l'horloge, elle retarde.*

fier-à-bras **n.m.** (PLUR. : **fiers-à-bras**). Personne qui se vante d'une bravoure qu'elle n'a pas réellement. SYN. bravache, fanfaron, matamore.

HISTOIRE DU MOT Vient de *Fierabras*, nom d'un géant sarrasin des chansons de geste du Moyen Âge.

fièrement **adv.** Avec dignité et courage. *Il a fièrement répondu à ses accusateurs.* SYN. bravement.

fierté **n.f.** ❶ Attitude fière, orgueil. *Sa fierté l'empêche de reconnaître ses erreurs.* SYN. amour-propre. ❷ Le fait d'être fier et satisfait de quelque chose ou de quelqu'un. *Il tire une grande fierté de sa réussite professionnelle.*

fièvre **n.f.** ❶ Élévation de la température du corps humain au-delà de 37 °C due à une maladie, une infection. *Avoir de la fièvre.* ❷ Grande agitation. *Dans la fièvre du départ, son absence est passée inaperçue.* SYN. agitation, fébrilité.

HISTOIRE DU MOT Vient du latin *febris* que l'on retrouve dans *fébrile, fébrilité.*

fiévreusement **adv.** De façon impatiente ou inquiète. *Préparer fiévreusement son départ en vacances.* SYN. fébrilement.

fiévreux, euse **adj.** ❶ Qui a de la fièvre. *Il était fiévreux, j'ai préféré appeler le médecin.* ❷ Très agité, qui est dans un état d'excitation inquiète. *L'attente fiévreuse des résultats.* SYN. fébrile.

fifre **n.m.** ❶ Petite flûte en bois au son aigu. ❷ Joueur de fifre.

figer **figeant, figé** **v.** (CONJUG. 5). ❶ Solidifier une matière grasse. *Le froid fige l'huile.* ❷ Immobiliser, paralyser. *La peur le figea sur place.* SYN. pétrifier.

fignolage **n.m.** L'action de fignoler.

fignoler **v.** (CONJUG. 3). (Familier) Soigner dans le détail la finition d'un travail, d'un ouvrage. *Fignoler un dessin.* SYN. parachever.

figue **n.f.** Fruit du figuier, à la chair savoureuse. *On mange les figues fraîches ou sèches.* • **Mi-figue, mi-raisin :** ni vraiment bon, ni vraiment mauvais, mitigé. *Il m'a réservé un accueil mi-figue, mi-raisin.*

figuier **n.m.** Petit arbre des régions méditerranéennes que l'on cultive pour son fruit comestible, la *figue.* • **Figuier de Barbarie :** nom courant d'une sorte de cactus, qui fournit la figue de Barbarie.

figurant, e **n.** Personne qui a un très petit rôle, dans un film ou une pièce de théâtre. *On a engagé plus de cent figurants pour la scène finale.*

figuratif, ive **adj.** *L'art figuratif* est une forme d'art qui cherche à représenter ce qui existe, par opposition à *l'art abstrait. Un peintre figuratif. Un tableau figuratif.*

figuration **n.f.** *Faire de la figuration*, c'est tenir un rôle de figurant. *Il a commencé par faire de la figuration avant d'obtenir des rôles plus importants.*

figure **n.f.** ❶ Le visage d'une personne. *Il est sorti de la cuisine la figure barbouillée de chocolat.* ❷ Personnalité importante. *Molière est une des grandes figures de la littérature française.* ❸ Forme obtenue par le dessin. *Le triangle est une figure géométrique à trois côtés.* → VOIR AUSSI **aire, périmètre.** ❹ Pas de danse, de patinage ou de gymnastique. *Les danseurs apprenaient de nouvelles figures.* • **Faire bonne figure :** adopter une attitude pour masquer son malaise. SYN. contenance. • **Figure de style :** forme particulière donnée à une phrase pour produire un certain effet. *L'allitération et la métaphore sont des figures de style.*

figuré, e **adj.** *Le sens figuré d'un mot*, c'est le sens que prend ce mot quand il ne s'applique plus à une chose concrète, mais à un sentiment, une idée, par opposition au *sens propre. Dans « fendre le cœur », le verbe « fendre » a un sens figuré.*

figurer **v.** (CONJUG. 3). ❶ Se trouver, apparaître quelque part. *Ce nom ne figure pas sur ma liste.* ❷ Représenter par un signe, un symbole, une image. *Sur ma carte, les zones montagneuses sont figurées par des hachures.* ❸ Être l'image, le symbole de quelque chose. *La colombe figure la paix.* SYN. représenter. ◆ **se figurer** **v.pron.** S'imaginer, penser. *Il se figurait que je ne dirais rien.* SYN. croire.

figurine **n.f.** Statuette de petite dimension. *Une figurine en bronze.*

fil **n.m.** ❶ Brin long et fin d'une matière textile animale, végétale ou synthétique. *Fil de laine, de coton, de lin, de Nylon. Fil à coudre, à tricoter.* ❷ Matière produite et tissée par certains invertébrés. *L'araignée fait*

figues

une toile avec son fil. ❸ Brin de matière textile, métallique servant à différents usages. *Fil de cuivre, de fer, fil électrique.* ❹ Enchaînement logique d'un discours, d'une pensée. *Perdre le fil de ses idées.* ❺ La partie tranchante d'une lame. *Le fil du rasoir, d'un couteau.* SYN. tranchant. • **Au fil des heures, des jours :** au fur et à mesure que passent les heures, les jours. • **C'est cousu de fil blanc :** l'astuce est trop visible pour tromper qui que ce soit. • (Familier) **Coup de fil :** appel téléphonique. SYN. coup de téléphone. • **De fil en aiguille :** petit à petit, en passant d'une chose à l'autre. *De fil en aiguille, j'ai fini par apprendre toute l'histoire.* • **Donner du fil à retordre :** créer des difficultés. • **Fil à plomb :** cordelette munie d'un poids à son extrémité et qui sert à indiquer la verticale.

filament n.m. ❶ Élément qui a la forme d'un long fil fin. *Certains champignons ont une partie souterraine formée de filaments.* ❷ Dans certaines ampoules électriques, le fil conducteur d'électricité, qui diffuse la lumière quand il est porté à incandescence.

filandreux, euse adj. ❶ *Un aliment filandreux* contient des fibres longues et coriaces. *Une viande filandreuse.* SYN. fibreux. ❷ *Un discours filandreux* est long et embrouillé.

filant, e adj. • **Étoile filante :** météore. *Quand on voit une étoile filante, il faut faire un vœu !*

filasse n.f. Filaments tirés de la tige de certains végétaux et qui n'ont pas été traités. ◆ **adj.invar.** *Des cheveux filasse* sont d'un blond très clair, sans éclat.

1 filature n.f. ❶ L'ensemble des opérations industrielles qui transforment des fibres textiles en fils à tisser. *La filature du coton.* ❷ L'usine où se fait la filature des textiles.

2 filature n.f. *Prendre quelqu'un en filature*, c'est le suivre discrètement pour le surveiller sans qu'il s'en aperçoive.

file n.f. Suite de personnes ou de choses placées les unes derrière les autres. *Il y avait une file d'attente devant la pâtisserie .* SYN. queue. *La voiture a changé de file.* • **À la file :** l'un après l'autre. • **En file indienne :** l'un derrière l'autre. SYN. à la queue leu leu. • **Stationner en double file :** arrêter momentanément sa voiture sur la chaussée, à côté des voitures garées le long du trottoir.

filer v. (CONJUG. 3). ❶ Transformer une matière textile en fil. *Filer de la laine, du coton.* ❷ Pour les invertébrés (araignée, chenille, etc.), sécréter un fil de soie. *L'araignée file sa toile.* ❸ Former des fils. *Le gruyère file sur les pâtes chaudes.* ❹ Accrocher une maille qui se défait sur toute la longueur. *Filer son collant.* ❺ Passer à vive allure. *Le train filait dans la nuit.* ❻ (Familier) S'en aller précipitamment. *Je file, j'ai un train à prendre !* ❼ Suivre une personne pour la surveiller, la prendre en filature. *Le policier a filé le suspect.*

1 filet n.m. Nom de différents objets faits de cordes ou de fils entrelacés et servant à divers usages. *Un filet de pêche. Un filet de tennis. Un filet à provisions.*

filet de pêche

2 filet n.m. ❶ Écoulement fin et continu d'un liquide, d'un gaz. *Un filet d'eau.* ❷ Trait d'épaisseur variable servant à séparer ou à encadrer des textes, des illustrations, etc. → VOIR AUSSI **encadré.** • **Un filet de voix :** une voix très faible, à peine audible.

3 filet n.m. Morceau de bœuf prélevé dans le dos ou morceau de chair de poisson pris le long de l'arête. *Un filet de sole.*

filetage n.m. Rainure creusée en hélice le long d'une vis.

filial, ale, aux adj. *Les sentiments filiaux* sont ceux qu'éprouvent un fils, une fille envers leurs parents.

filiale n.f. Entreprise qui dépend d'une entreprise plus importante, la société mère.

filiation n.f. Lien de parenté entre les parents et les enfants.

filière n.f. Série d'étapes à suivre, de formalités à accomplir. *Quelle filière faut-il suivre pour devenir journaliste ?* SYN. voie.

filiforme adj. Allongé et mince comme un fil. *Des jambes filiformes.* SYN. fluet, grêle.

filigrane n.m. Dessin fait dans l'épaisseur du papier et qui se voit par transparence. *Les billets de banque ont un filigrane.* • **En filigrane :** qui n'apparaît pas clairement mais qu'on peut deviner. *Dans tous ses poèmes, on voit apparaître en filigrane la joie de vivre* (= entre les lignes).
▸ REM. 1. Attention : un seul *n*. 2. Ce mot est du masculin.

A B C D E F G H I R S T U V W X Y Z

filin **n.m.** Nom donné à tous les cordages dont on se sert à bord d'un bateau.

fille **n.f.** ❶ Jeune personne de sexe féminin, par opposition à *garçon. C'est une fille très gentille.* ❷ Enfant de sexe féminin, par opposition à *fils*.

fillette **n.f.** ❶ Petite fille. *Une fillette de sept ans.* → VOIR AUSSI **garçonnet.** ❷ Mot affectueux pour s'adresser à sa fille ou à une petite fille. *Allez, fillette, on y va !* → VOIR AUSSI **fiston.**

filleul, e **n.** Personne dont on est le parrain ou la marraine.

film **n.m.** ❶ Bande où sont enregistrées les prises de vues d'un appareil photo ou d'une caméra. *Des bobines de film.* SYN. pellicule. ❷ Œuvre de cinéma enregistrée sur film. *Il voulait voir un western, mais je préfère les films policiers.* ❸ Couche mince d'une substance. *Les livres sont présentés sous un film de plastique.* SYN. pellicule.

scène du **film** de Charlie Chaplin : *le Kid* (1921)

filmer **v.** (CONJUG. 3). Enregistrer sur film. *Ils ont filmé le concert.*

filon **n.m.** ❶ Masse de roche ou de minerai qui remplit une fissure dans le sol. *Un filon de cuivre, d'or.* ❷ (Familier) Moyen astucieux, source de richesse ou d'avantages faciles. *Ce travail, c'est vraiment un bon filon !*

filou **n.m.** ❶ Personne malhonnête qui cherche à tromper les autres. SYN. escroc. ❷ Enfant espiègle, qui aime faire des farces. *C'est un petit filou, il ne pense qu'à faire des bêtises.* SYN. coquin, malin.

fils **n.m.** Enfant de sexe masculin. *Son fils aîné a vingt ans.*
▶ REM. On prononce [fis].

HISTOIRE DU MOT Vient du latin *filius* que l'on retrouve dans *filial, filiation.*

filtrage **n.m.** Action de filtrer.

lumière **filtrant** à travers des feuilles

filtre **n.m.** ❶ Dispositif qui retient les poussières, les impuretés et laisse passer un liquide ou un gaz. *Le filtre d'une machine à laver la vaisselle, d'un aspirateur.* ❷ Papier poreux dans lequel on met le café moulu et qui ne laisse passer que le liquide. ❸ Embout poreux d'une cigarette qui sert à arrêter une partie des goudrons et de la nicotine.
▶ REM. Ne pas confondre avec *philtre*.

filtrer **v.** (CONJUG. 3). ❶ Faire passer un liquide, un gaz à travers un filtre pour en éliminer les impuretés. *Filtrer de l'huile de friture.* ❷ Contrôler attentivement des personnes ou des informations pour n'en laisser passer que certaines. *Les invités étaient sévèrement filtrés à l'entrée.* ❸ Passer à travers quelque chose. *L'eau filtre à travers le mur.*

1 fin **n.f.** Moment où quelque chose se termine. *À la fin du livre, le héros meurt.* SYN. dénouement. *On se verra en fin de matinée.* CONTR. commencement, début. • **À toutes fins utiles :** au cas où cela pourrait servir. *À toutes fins utiles, prenez vos imperméables.* • **Parvenir à ses fins :** atteindre le but recherché. • **Prendre fin :** se terminer. • **Tirer, toucher à sa fin :** être près de la fin. *Les vacances touchent à leur fin.*

2 fin, fine **adj.** ❶ Qui a très peu d'épaisseur. *Du sable très fin.* CONTR. gros. *Une pluie fine.* CONTR. dense, dru. *Elle a la taille fine.* SYN. mince. CONTR. épais. ❷ Qui est d'une grande délicatesse. *Un visage aux traits fins.* ❸ Qui est d'une très grande qualité. *Une cuisine très fine.* SYN. raffiné. *Des vins fins.* ❹ D'une grande acuité. *Les chats ont l'ouïe fine.* ❺ Plein d'intelligence et de subtilité. *Sa remarque était très fine.* CONTR. grossier. *Il se croit plus fin que les autres.* SYN. malin.

1 final, ale **adj.** (PLUR. : **finals** ou **finaux**). Qui termine quelque chose, qui y met fin. *On assiste à leurs retrouvailles dans la scène finale.* SYN. dernier. ◆ **finale** **n.f.** Dernière épreuve d'une compétition qui décidera du vainqueur.

2 final (PLUR. : **finals**) ou **finale** (PLUR. : **finales**) **n.m.** Le morceau qui termine une œuvre musicale, le dernier mouvement d'une symphonie ou d'une sonate.

finalement **adv.** Pour finir, en fin de compte. *Nous lui avons parlé, finalement elle accepte.*

finaliste **n.** Dans une compétition, personne qui s'est qualifiée pour la finale.

finalité **n.f.** Raison pour laquelle on agit, ce vers quoi l'on tend. *Je ne comprends pas la finalité de son œuvre.* SYN. but.

finance **n.f.** L'ensemble des professions qui s'occupent de l'argent, des affaires. *Le monde de la finance.* ◆ **finances** **n.f.plur.** ❶ Ressources financières, argent disponible et la façon de le gérer. *Mes finances ne me permettent pas de m'offrir ce voyage. On a examiné les finances de la société.* SYN. trésorerie. ❷ *Le ministère des Finances* gère l'argent de l'État.

financement **n.m.** L'action de financer quelque chose. *C'est l'État qui a assuré le financement de cet hôpital.*

financer **finançant, financé v.** (CONJUG. 4). Apporter l'argent nécessaire à un projet, une entreprise. *Cette exposition a été financée par un mécène.*

financier, ère **adj.** Qui concerne l'argent, les finances. *Des problèmes financiers. Une crise financière.* ◆ **financier** **n.m.** Personne qui travaille dans le monde de la finance.

▸ REM. Au Canada, la forme féminine du nom est *financière.*

financièrement **adv.** En ce qui concerne l'argent. *L'État aidera financièrement la commune.*

finasser **v.** (CONJUG. 3). (Familier) Compliquer les choses, user de ruses, de subterfuges. *Inutile de finasser, je vois où vous voulez en venir.*

finaud, e **adj.** Qui est rusé et malin, sous un air simple et innocent. *Il prit un air finaud pour me répondre.*

finement **adv.** ❶ De façon fine et délicate. *Un bracelet finement ciselé.* ❷ Avec finesse, intelligence et subtilité. *Il a finement calculé son plan.* SYN. habilement.

finesse **n.f.** ❶ Précision, délicatesse de ce qui est fin. *Admirez la finesse des détails de ce tableau.* ❷ Subtilité, intelligence dans la manière de juger. *Une remarque pleine de finesse.*

fini, e **adj.** ❶ Qui est arrivé à son terme. *Une époque finie.* ❷ Qui est usé physiquement ou moralement. *C'est un homme fini.* ❸ *Un objet bien fini* a des finitions soignées. ❹ *C'est un menteur fini, un escroc fini*, c'est un très grand menteur, un très grand escroc. SYN. fieffé. ❺ Qui contient un ensemble déterminé d'éléments ou qui est marqué par des limites, par opposition à infini. *L'Univers n'est pas fini.*

finir **finissant, fini v.** (CONJUG. 16). ❶ Prendre fin. *Mon travail finit à cinq heures.* SYN. se terminer. CONTR. commencer. ❷ Faire jusqu'à la fin, faire complètement. *Dès que tu as fini de lire ton livre, tu me le prêtes.* SYN. terminer. ❸ Consommer jusqu'à ce qu'il ne reste rien. *Qui a fini le jus d'orange ?* SYN. terminer. ❹ Arriver à un certain état. *Marie finira directrice d'école. Il finira en prison.* ❺ Réussir après des efforts ou après un certain temps. *Tu finiras bien par comprendre.* ● **À n'en plus finir :** qui dure trop longtemps. *C'était des discussions à n'en plus finir.* ● **En finir :** mettre fin à une situation difficile. *Finissons-en avec ce malentendu, expliquons-nous.*

finish **n.m.invar.**, ✎ ***n.m.*** *L'emporter, gagner au finish*, c'est gagner grâce à l'effort maximal fourni tout à la fin de la compétition.

HISTOIRE DU MOT Vient de l'anglais *to finish* qui signifie « finir ».

finissant, e **n.** Au Canada, élève qui termine ou qui a terminé un programme d'études.

finition **n.f.** Dernière opération sur un objet que l'on fabrique pour qu'il soit impeccable. *Soigner les finitions.*

fiole **n.f.** Petite bouteille en verre, à col étroit, utilisée surtout en pharmacie.

fioriture **n.f.** Ornement ajouté à une œuvre artistique. *Un dessin surchargé de fioritures.*

HISTOIRE DU MOT Vient de l'italien *fiorire* qui signifie « fleurir ».

fioul **n.m.** Produit dérivé du pétrole et utilisé comme combustible pour se chauffer. SYN. mazout.

▸ REM. Ce mot est la forme française de l'anglais *fuel.*

firmament **n.m.** Le ciel sur lequel se détachent les étoiles. *Les étoiles brillent au firmament.*

▸ REM. Ce mot appartient à la langue poétique.

firme **n.f.** Entreprise industrielle ou commerciale.

fisc **n.m.** Administration d'un État qui est chargée de calculer et de percevoir les impôts. *Il faut déclarer ses revenus au fisc.*

HISTOIRE DU MOT Vient du latin *fiscus* qui signifie « panier », car les collecteurs d'impôts se servaient d'un panier pour ramasser l'argent.

fiscal, ale, aux **adj.** Qui concerne le fisc, les impôts. *L'administration fiscale.*

fiscalité **n.f.** L'ensemble des lois qui règlent le système des impôts d'un État.

fission **n.f.** Processus au cours duquel le noyau d'un atome lourd (uranium, plutonium, etc.) se sépare en deux parties, en libérant une certaine quantité d'énergie.

fissure **n.f.** Petite fente dans un mur, une roche, un matériau. *J'ai acheté de l'enduit pour boucher les fissures du plafond.*

se fissurer **v.pron.** (CONJUG. 3). Se couvrir de petites fentes, de fissures. *Le plâtre se fissure.* SYN. se fendiller.

fioles

A B C D E F G H I J K L M N O P Q R S T U V W X Y Z

fiston **n.m.** Mot affectueux qu'on adresse à son fils ou à un jeune garçon. *Alors, fiston, ça s'est bien passé ton match de rugby ?* → VOIR AUSSI **fillette.**

fixatif **n.m.** Produit incolore pour fixer sur le papier un dessin, une photographie.

fixation **n.f.** ❶ L'action de fixer un objet. *J'ai fait appel à un plombier pour la fixation des radiateurs.* ❷ Ce qui sert à fixer un objet sur un autre pour l'empêcher de bouger. *Les fixations d'une paire de skis servent à retenir les chaussures sur les skis.*

fixe **adj.** ❶ Qui reste au même endroit, qui ne se déplace pas. *Les bancs sont fixes, on ne peut pas les approcher de la table.* CONTR. mobile. *Regard fixe* (= qui reste dirigé vers un même point). ❷ Qui ne change pas. *Les salaires sont versés à date fixe.* SYN. régulier. CONTR. variable. *Le temps est au beau fixe* (= il va faire beau pendant longtemps). *Faire le tour du monde, c'est une idée fixe chez lui.* SYN. obsession.

fixé, e **adj.** *Être fixé*, c'est avoir pris sa décision ou s'être fait une opinion définitive. *« Où allez-vous en vacances ? – Nous ne sommes pas encore fixés »* (= nous n'avons rien décidé). *Voilà, je vous ai tout dit de lui, maintenant vous êtes fixé* (= vous savez à quoi vous en tenir).

fixement **adv.** *Regarder fixement*, c'est regarder avec insistance, sans détourner le regard.

fixer **v.** (CONJUG. 3). ❶ Attacher, disposer quelque chose de façon à le maintenir fixe. *Au cinéma, les fauteuils sont fixés au sol.* ❷ *Fixer un dessin, une photographie, une couleur*, c'est leur appliquer un traitement spécial pour les empêcher de s'effacer. ❸ Regarder intensément, fixement. *Elle rêvasse en fixant le plafond.* ❹ Déterminer avec précision. *Fixer un rendez-vous. Il a fixé son choix sur ce modèle.* ❺ *Fixer son attention*, c'est se concentrer. *Il a du mal à fixer son attention sur son travail.* ◆ **se fixer** **v.pron.** S'installer de façon définitive, s'établir. *Après ses études, il s'est fixé près de Montréal.*

fixité **n.f.** État de ce qui est immobile, qui a une direction fixe. *La fixité de son regard était inquiétante.*

fjord, ✎ ***fiord*** **n.m.** Vallée d'origine glaciaire, étroite et profonde, occupée par la mer après la fonte d'un glacier. *On trouve des fjords sur les côtes abruptes de Scandinavie.*
▸ REM. On prononce [fjɔrd].

flacon **n.m.** Petite bouteille. *Un flacon de parfum.*

flagelle **n.m.** Filament mobile qui permet à certaines cellules de se déplacer. *Les spermatozoïdes sont munis d'un flagelle.*
▸ REM. Ce mot est du masculin.

flageller **v.** (CONJUG. 3). Battre à coups de fouet.

flageoler **v.** (CONJUG. 3). Avoir les jambes qui tremblent d'émotion ou de fatigue. *Il flageolait, anéanti par la nouvelle.* SYN. chanceler.

1 flageolet **n.m.** Variété de haricot.

fjord (Norvège)

2 flageolet **n.m.** Flûte à bec, en général percée de six trous.

flagornerie **n.f.** Flatterie basse et intéressée.
▸ REM. Ce mot appartient à la langue soutenue.

flagorneur, euse **adj.** et **n.** Qui flatte bassement.
▸ REM. Ce mot appartient à la langue soutenue.

flagrant, e **adj.** ❶ Qui éclate aux yeux de tous, que l'on ne peut pas nier. *Tu es d'une mauvaise foi flagrante !* SYN. évident, incontestable. ❷ *Prendre quelqu'un en flagrant délit*, c'est le prendre sur le fait, au moment même où il commet une mauvaise action.

flair **n.m.** ❶ Odorat des animaux et particulièrement du chien. *Grâce à leur flair, les chiens ont aidé les sauveteurs à retrouver les personnes ensevelies sous l'avalanche.* ❷ Capacité d'une personne à prévoir ce qui va se passer. *Tu as manqué de flair, tu aurais dû garder ton valet de pique.* SYN. clairvoyance, intuition.

flairer **v.** (CONJUG. 3). ❶ Sentir pour découvrir quelque chose. *Le chien a flairé un lièvre, il s'est lancé à sa poursuite.* ❷ Avoir l'intuition de quelque chose. *Arsène Lupin avait flairé le piège.* SYN. deviner, pressentir.

flamand, e **adj.** et **n.** De la Flandre, région de Belgique. *Le pays flamand.* ◆ **flamand** **n.m.** La langue parlée par les Flamands.
▸ REM. 1. Quand il désigne une personne, le mot prend une majuscule : *un Flamand, une Flamande.* 2. Ne pas confondre avec *flamant*.

flamant **n.m.** Oiseau de grande taille au plumage rose, écarlate ou noir, aux longues pattes palmées et au long cou souple.
▸ REM. Ne pas confondre avec *flamand*.

ENCYCLOPÉDIE Les flamants font partie de l'ordre des échassiers. Ils vivent dans les marais ; on rencontre souvent des troupes de flamants roses dans les étangs de Camargue.

flambant adj.invar. • **Flambant neuf :** tout neuf. *Une voiture flambant neuf.*
▶ REM. On peut dire *une voiture flambant neuf* ou *flambant neuve.*

flambeau n.m. Faisceau de mèches enduites de cire ou de résine qu'on enflammait, autrefois, pour s'éclairer et qui, aujourd'hui, n'est utilisé qu'en de rares occasions. *Une retraite aux flambeaux* (= un défilé où chacun tient un flambeau). *Le flambeau olympique.* → VOIR AUSSI **torche.** • **Passer, transmettre le flambeau à quelqu'un :** lui confier la continuation d'un travail, d'une œuvre qu'on a entrepris.

flambée n.f. ❶ Feu vif dans une cheminée. *Une bonne flambée nous réchauffera.* ❷ Manifestation soudaine et forte. *Une flambée de jalousie, de colère.* SYN. explosion. ❸ *Une flambée des prix*, c'est une augmentation soudaine et importante des prix.

flamber v. (CONJUG. 3). ❶ Brûler en faisant de grandes flammes. *La grange a flambé comme une torche.* ❷ Passer quelque chose à la flamme. *Flamber une aiguille pour la stériliser.* ❸ Arroser un plat avec un alcool et l'enflammer. *Flamber des crêpes, des bananes.*

flamboiement n.m. Vive lumière. *On apercevait le flamboiement de l'incendie.*

flamboyant, e adj. Qui flamboie, qui brille d'un vif éclat. *La clarté flamboyante des lustres.* SYN. étincelant.

flamboyer v. (CONJUG. 14). Briller vivement, lancer de vifs éclats. *Le soleil de midi flamboyait. Ses yeux flamboient de colère.* SYN. étinceler.

flamenco n.m. Musique, danse et chant populaires traditionnels des Gitans d'Andalousie.
▶ REM. C'est un mot espagnol, on prononce [flamɛnko].

flamme n.f. ❶ Mélange gazeux, incandescent et lumineux qui se dégage de quelque chose qui brûle. *La flamme d'une bougie, d'un chauffe-eau. Les flammes dansent dans la cheminée.* ❷ Passion, enthousiasme. *Il nous a exposé son projet avec flamme.* SYN. ardeur, fougue. • (Familier) **Descendre en flammes :** critiquer très violemment.

flammèche n.f. Parcelle de matière enflammée qui s'échappe d'un brasier. *Des flammèches se détachaient des arbres en feu et communiquaient l'incendie de proche en proche.*

flan n.m. Crème renversée à base de lait et d'œufs, cuite au four. *Un flan au caramel.*
▶ REM. Ne pas confondre avec *flanc.*

flanc n.m. ❶ Côté du corps d'un être humain ou d'un animal. *Le chien est couché sur le flanc.* ❷ Côté d'un navire, d'un avion, d'un grand meuble, etc. *L'appareil s'est couché sur le flanc.* • **À flanc de coteau, de colline :** sur la pente du coteau, de la colline. *Une maison à flanc de coteau.* • **Prêter le flanc à quelque chose :** s'y exposer par son comportement. *En faisant une telle erreur, il prête le flanc à la critique.*
▶ REM. Ne pas confondre avec *flan.*

flancher v. (CONJUG. 3). (Familier) Faiblir, manquer soudain de l'énergie nécessaire pour résister. *Le coureur a flanché dans les derniers mètres.* SYN. lâcher. CONTR. tenir.

flanelle n.f. Tissu de laine doux et moelleux. *Un pantalon de flanelle.*

flâner v. (CONJUG. 3). ❶ Se promener sans se presser, sans but précis. *Les touristes flânent dans les rues.* SYN. musarder. ❷ Rester sans rien faire. *Le dimanche, j'aime bien flâner.* SYN. paresser.

flânerie n.f. L'action de flâner. *Il aime les longues flâneries dans les rues de la vieille ville.* SYN. promenade.

flâneur, euse n. Personne qui flâne, qui aime flâner. → VOIR AUSSI **badaud.**

flanqué, e adj. ❶ Garni d'une construction de chaque côté. *Un château flanqué de deux tours.* ❷ Accompagné, entouré. *Le chanteur est arrivé flanqué de deux gardes du corps.* SYN. encadré.

HISTOIRE DU MOT Vient de *flanc.*

flanquer v. (CONJUG. 3). (Familier) Mettre, donner, envoyer, lancer, etc., avec une certaine brutalité. *Flanquer une claque. Flanquer dehors.*

flapi, e adj. (Familier) Très fatigué, épuisé. *En rentrant de la piscine, je suis complètement flapi.*

flamants roses

appareil photo avec un **flash**

flaque **n.f.** Petite mare sur le sol. *Elle traversait les flaques d'eau avec son vélo.*

flash **n.m.** (PLUR. : **flashs** ou **flashes**). ❶ Éclat lumineux très bref, éclair ; dispositif qui produit cet éclair. *Être ébloui par les flashs des photographes. Mon appareil photo est équipé d'un flash.* ❷ À la radio ou à la télévision, court bulletin d'informations. *Le film a été interrompu par un flash spécial sur le tremblement de terre.*

flash-back **n.m.invar.**, ✎ ***flashback*** ***n.m.*** Au cinéma, séquence ou plan qui est un retour en arrière par rapport à l'action qui est en train de se dérouler. *Un flash-back nous montre l'enfance du héros.*
▸ REM. Il est recommandé d'employer l'expression *retour en arrière.*

flasque **adj.** Sans fermeté, mou. *Chair flasque, peau flasque.* CONTR. ferme.

flatter **v.** (CONJUG. **3**). ❶ Caresser un animal du plat de la main en lui donnant de petites tapes. *Flatter un cheval à l'encolure.* ❷ Faire des compliments souvent exagérés à quelqu'un. *Ses sourires et ses compliments ne visent qu'à flatter le nouveau directeur.* ❸ Faire plaisir à quelqu'un, satisfaire son amour-propre. *Luc était très flatté d'être invité par des gens aussi importants.* ❹ Faire paraître quelqu'un plus beau que dans la réalité. *Ce portrait le flatte beaucoup.* SYN. avantager, embellir. ◆ **se flatter** **v.pron.** Prétendre pouvoir faire quelque chose. *Il se flatte de pouvoir y arriver tout seul.* SYN. se targuer de.

HISTOIRE DU MOT Vient de *flat*, mot de la langue des Francs qui signifiait « plat de la main ».

flatterie **n.f.** Compliment exagéré et intéressé. *Être sensible à la flatterie.*

flatteur, euse **n.** et **adj.** Personne qui flatte, qui fait des compliments exagérés. « *Apprenez que tout flatteur / Vit aux dépens de celui qui l'écoute* » (*le Corbeau et le Renard*, La Fontaine). ◆ **adj.** Très élogieux. *On m'a parlé de vous en termes très flatteurs.*

fléau **n.m.** ❶ Instrument formé de deux bâtons attachés par des courroies, qui servait autrefois à battre les céréales. ❷ Tige horizontale rigide d'une balance à laquelle sont suspendus les plateaux. ❸ Grand malheur, calamité qui s'abattent sur un peuple ou une région. *La sécheresse est un véritable fléau.* SYN. catastrophe, désastre.

HISTOIRE DU MOT Vient du latin *flagellum* qui signifie « fouet ».

flèche **n.f.** ❶ Tige de bois munie d'une pointe à un bout et tirée avec un arc ou une arbalète. *Guillaume Tell tira une flèche de son carquois et visa la pomme.* ❷ Dessin (→) imitant une flèche, qui sert à indiquer une direction. *C'est très facile, il n'y a qu'à suivre les flèches.* ❸ Toit d'un clocher en forme de pointe. • **Faire flèche de tout bois :** utiliser tous les moyens possibles pour réussir.

fléché, e **adj.** Indiqué par des flèches. *Suivre un itinéraire fléché.*

flécher **v.** (CONJUG. **9**, ✎ *10*). Marquer un itinéraire par des flèches pour indiquer une direction. *Hier, nous avons fléché le parcours en forêt.*

fléchette **n.f.** Petite flèche qui se lance à la main ou avec une sarbacane. *Un jeu de fléchettes et sa cible.*

jeu de **fléchettes** et cible

fléchir **fléchissant, fléchi** **v.** (CONJUG. **16**). ❶ Plier une partie du corps. *Fléchir les genoux.* ❷ Plier, se courber sous un poids. *La poutre commence à fléchir, le toit est trop lourd.* ❸ Baisser, perdre de sa valeur. *Les cours de la Bourse fléchissent.* ❹ Faiblir, céder. *Ses bonnes résolutions fléchissent d'heure en heure.*

HISTOIRE DU MOT Vient du latin *flectere* qui signifie « courber, ployer », dont le participe passé est *flexus*, que l'on retrouve dans *flexion*, *flexible*.

fléchissement **n.m.** Le fait de fléchir. *Le fléchissement du genou fait travailler plusieurs muscles.*

flegmatique **adj.** Qui reste très calme, qui fait preuve de flegme. SYN. impassible, placide. CONTR. emporté, exalté.

flegme **n.m.** Calme, sang-froid d'une personne qui ne se laisse jamais emporter par ses émotions.

HISTOIRE DU MOT Vient, comme *flemme*, du latin *phlegma* qui signifie « humeur ».

flemmard, e **adj.** et **n.** (Familier) Paresseux, fainéant.

flemme **n.f.** (Familier) Grande paresse. *J'ai la flemme de lui écrire aujourd'hui !*

flétrir **flétrissant, flétri** **v.** (CONJUG. **16**). ❶ Faire perdre sa fraîcheur, son éclat. *Le soleil a flétri mes fleurs.* SYN. faner, sécher. ❷ *Flétrir la réputation de quelqu'un*, c'est lui porter atteinte. SYN. entacher, ternir. ◆ **se flétrir** **v.pron.** Se faner. *Son visage s'est flétri.* SYN. se rider.

fleur **n.f.** Partie de la plante, souvent colorée et parfumée, qui contient les organes reproducteurs, et que l'on cueille pour l'ornement. *Fleur fermée, ouverte, fanée. Un bouquet de fleurs.* → VOIR planche page suivante. • **La fleur de l'âge :** la période de plein épanouissement de la vie. • **Avoir les nerfs à fleur de peau :** être très irritable. • **Être fleur bleue :** être sentimental, romanesque. • (Familier) **Faire une fleur à quelqu'un :** avoir envers lui un geste généreux.

fleurdelisé, e adj. Orné de fleurs de lis. ◆ **n.m.** Nom du drapeau québécois.

le drapeau **fleurdelisé** du Québec

fleurer v. (CONJUG. 3). • **Fleurer bon :** sentir bon. *Du linge qui fleure bon la lavande.*
▸ REM. Ce mot appartient à la langue soutenue.

fleuret n.m. Arme à lame fine et légère, sans tranchant, dont on se sert pour s'entraîner à l'escrime.
HISTOIRE DU MOT Vient de l'italien *fioretto* qui signifie « petite fleur », à cause de la forme du bouton du fleuret.

fleurette n.f. • **Conter fleurette à une femme :** lui dire des paroles douces et tendres, lui faire la cour.

fleurir fleurissant, fleuri v. (CONJUG. 16). ❶ Se couvrir de fleurs. *Le lilas a fleuri plus tôt cette année.* ❷ Orner de fleurs. *Pierre a fleuri son balcon avec des géraniums.*

fleuriste n. Personne qui vend des fleurs.

fleuron n.m. Chacun des ornements en forme de fleur qui décorent une couronne. • **Le plus beau fleuron de :** ce qu'il y a de plus beau, de plus précieux. *Cette œuvre est l'un des plus beaux fleurons de la langue française.*

fleuve n.m. Cours d'eau important formé par la réunion de plusieurs rivières et qui se jette dans la mer. *Le Nil est l'un des fleuves les plus longs du monde.* → VOIR encadré ci-contre.
HISTOIRE DU MOT Vient du latin *fluvius* que l'on retrouve dans *fluvial.*

flexible adj. ❶ Que l'on peut fléchir, plier facilement. *Le roseau est flexible.* SYN. souple. CONTR. raide, rigide. ❷ Que l'on peut adapter aux circonstances. *Un horaire flexible.*

flexion n.f. Mouvement par lequel on fléchit un membre. *La flexion du genou. Faire des exercices de flexion et d'extension.*

flibustier n.m. Pirate qui, aux XVIIe et XVIIIe siècles, pillait les bateaux au large des côtes de l'Amérique du Sud.

flipper

flipper n.m. Billard électrique.
▸ REM. C'est un mot anglais, on prononce [flipœr].

flirt n.m. Amour passager.
▸ REM. C'est un mot anglais, on prononce [flœrt].
HISTOIRE DU MOT Ce mot anglais vient de l'ancien français *fleureter* qui signifiait « conter fleurette ».

flirter v. (CONJUG. 3). Avoir une aventure passagère, une amourette.
▸ REM. C'est un mot anglais, on prononce [flœrte].

flocon n.m. ❶ Petit amas de neige léger et blanc. *La neige tombait à gros flocons.* ❷ Petite lamelle d'un aliment déshydraté. *Des flocons d'avoine. Des flocons de pommes de terre.*
HISTOIRE DU MOT Vient de l'ancien français *floc* qui signifiait « petit amas de laine ou de soie ».

floconneux, euse adj. Qui a l'aspect et la consistance légère des flocons de neige. *Des nuages floconneux.*

flonflons n.m.plur. Accords bruyants de certaines musiques populaires. *Les flonflons du bal, de la fête foraine.*

Les plus longs **fleuves** du monde

Amazone (Amérique du Sud)	7 000 km
Nil (Afrique)	6 700 km
Mississippi-Missouri* (États-Unis)	6 210 km
Yangzi Jiang (Chine)	5 980 km
Huang He (Chine)	4 845 km
Congo (Afrique)	4 700 km
Mackenzie (Canada)	4 600 km
Amour (Sibérie)	4 440 km
Ob (Russie)	4 345 km
Lena (Russie)	4 270 km
Niger (Afrique)	4 200 km
Paraná-Río de la Plata (Amérique du Sud)	4 200 km
Mékong (Asie du Sud-Est)	4 200 km

Le plus long fleuve d'Europe est la Volga (3 700 km).
Par comparaison, le cours de la Loire est de 1 000 km.

* Le Missouri et le Mississippi (de son embouchure à sa confluence avec le Missouri).

h i j k l m n o p q r s t u v w x y z

Les différents types de fleurs

Certaines plantes n'ont qu'une seule fleur ou forment des fleurs bien séparées les unes des autres. D'autres produisent leurs fleurs en groupes appelés **inflorescences**. Formes, tailles, nombre de fleurs varient beaucoup d'une plante à l'autre. Certaines déploient toutes sortes d'astuces (parfums, couleurs...) pour mieux attirer les insectes qui iront disperser leur **pollen** sur d'autres fleurs.

Un appareil reproducteur

Lorsqu'elle n'est encore qu'un bouton clos, la fleur, au sommet de son pédoncule, ne laisse voir que son enveloppe protectrice, composée de sépales. Au moment de l'éclosion, les sépales s'écartent et se disposent en calice. La **corolle**, formée de pétales, apparaît alors, souvent colorée ou parfumée. Au centre de la fleur se situent les organes reproducteurs de la plante. Les **étamines** sont la partie mâle. Elles entourent la partie femelle, appelée **pistil**, et renferment dans leurs **anthères** le **pollen** qui fécondera la fleur. Au sommet du pistil se trouve le stigmate qui accueillera le pollen. À sa base, l'ovaire contient les ovules destinés à devenir des graines après leur fécondation par le pollen.

fleurs carnivores

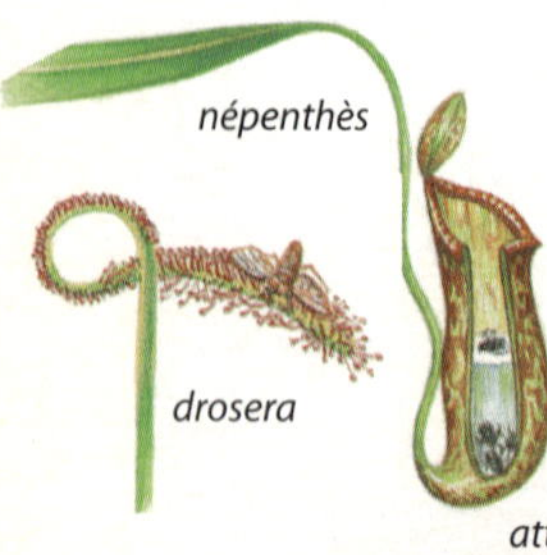

rafflésie, fleur géante de Sumatra (pouvant atteindre 1 m de diamètre)

anatomie de la fleur

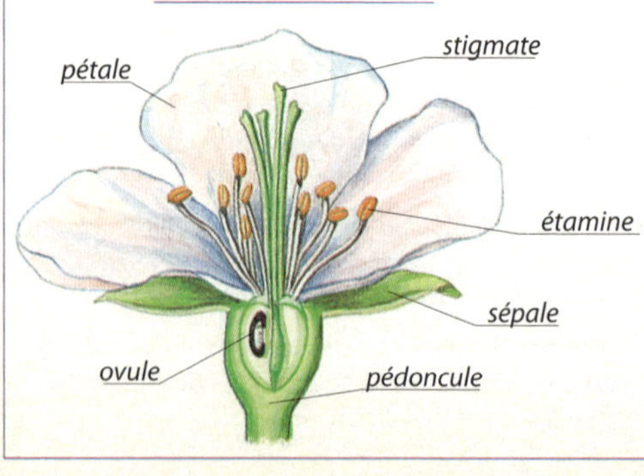

floraison **n.f.** Moment où les fleurs d'une plante apparaissent et s'ouvrent. *Les cerisiers sont en pleine floraison.*

floral, ale, aux **adj.** Qui concerne les fleurs. *Une exposition florale, un parc floral.*

HISTOIRE DU MOT Vient du latin *flor* qui signifie « fleur ».

flore **n.f.** ❶ L'ensemble des espèces végétales qui poussent dans une région. *La flore équatoriale.* ❷ Livre qui contient la description des plantes d'une région donnée. *J'ai acheté une magnifique flore des Alpes.*

floréal **n.m.** Le huitième mois du calendrier républicain, qui commençait le 20 ou le 21 avril et finissait le 19 ou le 20 mai.

HISTOIRE DU MOT Ce mois correspond à l'époque de la floraison.

floréal (illustration du calendrier républicain)

florin **n.m.** Monnaie des Pays-Bas jusqu'au 1er janvier 2002. Il a été remplacé par l'euro.

florissant, e **adj.** ❶ En pleine prospérité, en plein épanouissement. *Ce pays a une industrie florissante.* SYN. prospère. ❷ *Une mine, un teint florissants* montrent qu'on est en pleine forme, en très bonne santé.

flot **n.m.** ❶ Masse de liquide qui coule. *Des flots de sang s'échappaient de sa blessure. Le champagne coulait à flots.* ❷ Grande quantité de choses ou de personnes qui semblent couler. *Un flot de paroles. J'observais le flot des passants aller et venir dans la rue.* • **Mettre un bateau à flot** : le mettre sur l'eau, le faire flotter. • **Remettre une entreprise à flot** : lui permettre de survivre, la sauver de la faillite. ◆ **flots** **n.m.plur.** La mer. *Le bateau voguait sur les flots.*

flottage **n.m.** Transport de troncs d'arbres coupés et liés ensemble sur les rivières où ils flottent.

flottaison **n.f.** *La ligne de flottaison d'un bateau*, c'est la ligne que trace l'eau sur sa coque et qui sépare la partie qui est dans l'eau de celle qui est au-dessus de l'eau.

1 flotte **n.f.** ❶ Ensemble des navires. *La flotte des pêcheurs regagne le port.* ❷ L'ensemble des forces navales militaires d'un pays. • **Flotte aérienne** : l'ensemble des avions, hélicoptères, etc., qui participent à une mission.

2 flotte **n.f.** (Familier) Eau.

flottement **n.m.** ❶ Mouvement de ce qui flotte. *Le flottement des drapeaux aux fenêtres.* ❷ Hésitation, incertitude. *Après son discours, il y a eu un moment de flottement dans le public.*

flotter **v.** (CONJUG. 3). ❶ Être porté par un liquide et rester à sa surface. *Un bouchon flotte sur l'eau.* SYN. surnager. CONTR. couler. ❷ Être en suspension dans l'air. *Le drapeau flottait au vent. Une bonne odeur flottait dans la pièce.* ❸ *Flotter dans un vêtement*, c'est porter un vêtement trop large. *On voit qu'il a maigri, il flotte dans ses costumes.* • (Familier) **Il flotte** : il pleut.

flotteur **n.m.** Objet léger qui flotte sur l'eau. *On met un flotteur au fil d'une canne à pêche.* SYN. bouchon.

flottille **n.f.** Ensemble de petits navires, petite flotte de bateaux.

flou, e **adj.** Qui manque de netteté, de précision. *Si tu bouges, la photo sera floue.* CONTR. net. *J'ai encore les idées un peu floues.* CONTR. clair.

fluctuant, e **adj.** Qui subit des fluctuations. *Des prix fluctuants.* SYN. variable.

fluctuation **n.f.** Variation continuelle de quelque chose. *Les fluctuations des cours de la Bourse. Les fluctuations de l'opinion publique.* SYN. changement.

HISTOIRE DU MOT Vient du latin *fluctus* qui signifie « flot ».

fluet, fluette **adj.** Très mince et d'apparence fragile. *Des jambes fluettes.* SYN. grêle. • **Voix fluette** : voix légère, qui manque de force. *Elle chantait d'une petite voix fluette.* SYN. ténu.

fluide **adj.** ❶ *Une substance fluide* coule facilement, comme de l'eau. *Les liquides et les gaz sont des substances fluides.* ❷ *La circulation est fluide* lorsque les voitures roulent facilement. ◆ **n.m.** ❶ Substance fluide. *L'huile est un fluide.* ❷ Influence mystérieuse qui permettrait à quelqu'un d'agir à distance. *Le fluide d'un guérisseur.*

HISTOIRE DU MOT Vient du latin *fluere* qui signifie « couler ».

fluidité **n.f.** Le fait d'être fluide.

fluo **adj.invar.** D'une couleur fluorescente. *Des feutres fluo.*

fluor **n.m.** Substance gazeuse jaune verdâtre, utilisée dans différentes industries et notamment dans la fabrication des dentifrices. *Le fluor aide à prévenir les caries.*

A B C D E F G H I J K L M N O P Q R S T U V W X Y Z

fluorescent, e adj. *Une couleur fluorescente* dégage une forte lumière dans l'obscurité lorsqu'on l'éclaire.
▸ REM. Ne pas confondre avec *phosphorescent*.

flûte, ✎ ***flute*** n.f. ❶ Instrument de musique formé d'un tube creux en bois ou en métal percé de trous et dans lequel on souffle. *Flûte à bec, flûte de Pan.* ❷ Verre à pied, haut et étroit, pour boire le champagne. ◆ **interj.** (Familier) Exprime la déception, la contrariété. SYN. (Fam.) zut.

flûte à bec et flûte de Pan (Équateur)

flûtiste, ✎ ***flutiste*** n. Musicien qui joue de la flûte.

fluvial, ale, aux adj. Qui se fait ou se situe sur un fleuve ou une rivière. *La navigation fluviale. Paris est un port fluvial.*

flux n.m. ❶ Marée montante. *Le flux a recouvert les rochers.* CONTR. reflux. ❷ Grande quantité de choses ou de personnes qui semblent s'écouler. *Le flux des véhicules sur l'autoroute. Un flux de paroles.* SYN. flot.

HISTOIRE DU MOT Vient, comme *fluide*, du latin *fluere* qui signifie « couler ».

foc n.m. Voile triangulaire placée à l'avant d'un voilier.

fœtus n.m. Nom que l'on donne à l'embryon encore dans le ventre de la mère, mais suffisamment développé pour présenter les caractéristiques de l'être humain (c'est-à-dire vers la fin du troisième mois).
▸ REM. C'est un mot latin, on prononce [fetys].

HISTOIRE DU MOT Vient, comme *faon*, du latin *fetus* qui signifie « enfantement, nouveau-né ».

foi n.f. ❶ Croyance en Dieu. *Avoir la foi, perdre la foi.* ❷ Confiance. *Une personne digne de foi. Elle ne m'a jamais menti, j'ai foi en elle.* ❸ *Être de bonne foi, de mauvaise foi*, c'est croire sincèrement ce que l'on affirme ou, au contraire, affirmer des choses que l'on sait fausses pour tromper. • **Faire foi :** être une preuve indiscutable. *Le cachet de la poste fait foi.*
▸ REM. Ne pas confondre avec *foie* et *fois*.

HISTOIRE DU MOT Vient du latin *fides* que l'on retrouve dans *fidèle, fidélité*.

foie n.m. Organe situé en haut à droite de l'abdomen et qui joue un rôle très important dans la digestion.
▸ REM. Ne pas confondre avec *foi* et *fois*.

foin n.m. Herbe séchée que l'on donne à manger au bétail.

foire n.f. ❶ Grand marché ou exposition commerciale qui a lieu à date fixe et au même endroit. *Une foire aux bestiaux. La foire du livre de Francfort.* ❷ Fête en plein air avec des manèges, des jeux et des spectacles. *Il y avait des montagnes russes à la foire* (= fête foraine).

HISTOIRE DU MOT Vient du latin *feria* qui signifie « jour de fête ».

fois n.f. ❶ S'emploie pour indiquer que quelque chose se répète. *« En reprendrez-vous ? – Non merci, j'en ai déjà pris trois fois. »* ❷ Indique la multiplication. *Deux fois deux font quatre* (= deux multiplié par deux). • **À la fois :** en même temps. *Elle est à la fois chanteuse et actrice.* • (Familier) **Des fois :** quelquefois, parfois. *Des fois, j'oublie d'apprendre mes leçons.* • **Il était une fois... :** façon dont commencent de nombreux contes et qui signifie « un jour, il y a longtemps de cela... ». • **Une fois pour toutes :** définitivement. • **Une fois que :** à partir du moment où. *Une fois qu'il a décidé quelque chose, personne ne peut le faire changer d'avis.*
▸ REM. Ne pas confondre avec *foi* et *foie*.

à foison adv. En grande quantité, en abondance. *Cette année, il y a des fruits à foison.*

foisonnant, e adj. Qui foisonne. *Une végétation foisonnante.*

foisonnement n.m. Le fait de foisonner. *Un foisonnement d'idées.*

foisonner v. (CONJUG. 3). ❶ Se trouver en très grande quantité, en abondance. *L'été, au bord des marais, les moustiques foisonnent.* SYN. pulluler. ❷ Contenir en très grande quantité. *Votre devoir foisonne d'erreurs.*

fol adj.m. → **fou**

folâtrer v. (CONJUG. 3). S'amuser, faire le fou. *Les enfants folâtrent sur la pelouse.* SYN. gambader.

folie n.f. ❶ Trouble grave de l'esprit ; maladie mentale. *Dans un accès de folie, il a tout cassé dans la maison.* ❷ Ce qui est déraisonnable, insensé. *C'est de la folie de se baigner par ce temps ! Merci, mais vous avez fait des folies !* (= des dépenses excessives). • **Aimer à la folie :** aimer passionnément.

folk **adj.** et **n.m.** Se dit d'un courant de la pop music qui reprend et modernise les traditions populaires américaines. *Des groupes folks.*

HISTOIRE DU MOT Ce mot vient de l'anglais *folksong* qui signifie « chanson populaire ».

folklore **n.m.** L'ensemble des traditions, des usages, des légendes, des chansons d'un pays ou d'une région. *Il nous a chanté des airs du folklore catalan.*

HISTOIRE DU MOT C'est un mot anglais formé de *folk*, qui signifie « peuple », et *lore*, qui signifie « science ».

folklorique **adj.** Du folklore. *Danse folklorique.*

folle **adj.f.** → **fou**

follement **adv.** Extrêmement. *C'est follement drôle !*

follet **adj.m.** • **Feu follet :** petite flamme produite par la combustion de certains gaz dans les marécages et les cimetières.

fomenter **v.** (CONJUG. 3). *Fomenter des troubles*, c'est les préparer secrètement, chercher à les provoquer. ▸ REM. Ce mot appartient à la langue soutenue.

foncé, e **adj.** De couleur sombre. *Un pull rouge foncé.* CONTR. clair.

1 foncer **fonçant, foncé v.** (CONJUG. 4). Rendre ou devenir plus sombre. *Foncer une couleur en ajoutant un peu de noir.* CONTR. éclaircir. *Ses cheveux ont foncé.* CONTR. s'éclaircir.

2 foncer **fonçant, foncé v.** (CONJUG. 4). ❶ Se jeter violemment sur quelque chose ou sur quelqu'un. *Le chien a foncé sur nous comme s'il voulait nous mordre.* SYN. se ruer. ❷ (Familier) Aller très vite. *On est en retard, il va falloir foncer.*

foncier, ère **adj.** Qui concerne la propriété. *Des impôts fonciers* (= payés sur les terrains, les immeubles).

foncièrement **adv.** Par nature, par son fonds. *Un garçon foncièrement bon.*

fonction **n.f.** ❶ Rôle que joue quelque chose dans un ensemble ; ce à quoi il sert. *Dans l'organisme, le cœur a une fonction de pompe.* ❷ Poste occupé dans une entreprise, une administration. *Il exerce maintenant la fonction de directeur général.* ❸ Responsabilité, activité d'une personne. *Cette tâche n'entre pas dans mes fonctions.* SYN. attributions. ❹ Rôle que joue un mot ou un groupe de mots dans une phrase. *Dans « Le chien aboie », le groupe du nom « Le chien » a la fonction de sujet.* • **En fonction de :** compte tenu de, par rapport à. *En fonction de ce que vous me direz, je prendrai une décision.* • **Fonction numérique :** relation qui fait correspondre un nombre à un autre nombre. *On fait correspondre la distance parcourue par un véhicule et son temps de parcours par la fonction numérique suivante : distance parcourue = temps de parcours × vitesse.* • **La fonction publique :** l'ensemble des fonctionnaires de l'État.

fonctionnaire **n.** Personne employée par l'État dans une administration publique. *Les enseignants, les policiers sont des fonctionnaires.*

danse **folklorique**

fonctionnel, elle **adj.** Bien adapté à un usage. *Des meubles fonctionnels.* SYN. commode, pratique.

fonctionnement **n.m.** La manière dont quelque chose fonctionne. *Mon oncle m'a expliqué le fonctionnement de l'ordinateur.*

fonctionner **v.** (CONJUG. 3). Être en état de marche. *La photocopieuse est réparée, elle fonctionne.* SYN. marcher.

fond **n.m.** ❶ La partie la plus basse, la plus profonde de quelque chose. *Il reste du sucre au fond de ma tasse. Le fond d'un puit* ❷ L'endroit le plus reculé, le plus éloigné. *S'installer au fond de la classe.* ❸ Ce sur quoi se détachent des motifs. *Une robe à pois verts sur fond jaune.* ❹ Partie essentielle, fondamentale. *Il y a un fond de vérité dans ce qu'il dit.* ❺ Nature profonde d'une personne. *Quelquefois Zoé est moqueuse, mais elle a un bon fond.* • **À fond :** complètement. *Christophe a nettoyé sa chambre à fond.* • **Au fond, dans le fond :** en fin de compte, en fait. *Il paraît désagréable, mais, au fond, c'est un gentil garçon.* • **Fond de teint :** crème teintée pour le maquillage du visage. • **Ski de fond, course de fond :** sports qui se pratiquent sur longues distances et sur des terrains presque plats. ▸ REM. Ne pas confondre avec *fonds* et *fonts*.

fondamental, ale, aux **adj.** Essentiel, très important. *C'est un point fondamental, toute la suite de nos expériences en dépend.* SYN. crucial. CONTR. accessoire.

fondamentalement **adv.** Sur le fond. *Ils ont des opinions fondamentalement différentes.* SYN. radicalement, totalement.

fondant, e **adj.** ❶ Qui fond. *Neige fondante.* ❷ Qui fond dans la bouche sans qu'on ait besoin de mâcher. *Bonbons fondants, poires fondantes.*

fondateur, trice **n.** Personne qui fonde une entreprise, une doctrine. *Son père est le fondateur de cette école. Mahomet est le fondateur de la religion musulmane.*

i j k l m n o p q r s t u v w x y z

A B C D E F G H I J K L M N O P Q R S T U V W X Y Z

fondation n.f. ❶ L'action de fonder quelque chose. *Depuis sa fondation, la ville a triplé de surface.* ❷ *Les fondations d'une construction*, ce sont toutes les parties enfouies dans le sol qui la soutiennent. ❸ Organisme privé à but humanitaire, culturel ou scientifique. *De nombreuses fondations aident les enfants dans le monde.*
▸ REM. Au Canada, au sens 2, on dit *un solage*.

fondé, e adj. Établi sur des arguments solides. *Ces craintes ne sont pas fondées, il n'y a aucune raison de s'inquiéter.*

fondement n.m. Élément essentiel qui sert de base à quelque chose. *Les fondements d'une doctrine.* SYN. base, principe. • **Sans fondement :** qui ne repose pas sur des arguments sérieux, qui n'est pas fondé.

fonder v. (CONJUG. 3). ❶ Créer, mettre en place une institution, une ville, une entreprise, etc. *On raconte que Rome a été fondée par Romulus et Remus. Fonder un parti politique, une entreprise. Fonder un foyer, une famille* (= se marier et avoir des enfants). ❷ Au sens figuré, établir solidement. *Fonder son pouvoir sur la force* SYN. asseoir. ◆ **se fonder** v.pron. S'appuyer sur des raisons, des preuves pour justifier ce que l'on dit. *Sur quoi vous fondez-vous pour dire qu'il n'est pas honnête ?*

fonderie n.f. Usine où l'on fond des métaux ou des alliages pour leur donner une forme utilisable.

fondre fondant, fondu v. (CONJUG. 46). ❶ Devenir liquide sous l'effet de la chaleur. *Oh ! ma glace a fondu !* ❷ Se dissoudre dans un liquide. *Le sucre fond dans le café.* ❸ Se précipiter sur quelqu'un ou quelque chose. *L'aigle a fondu sur sa proie.* ❹ *Fondre un métal*, c'est l'amener à l'état liquide sous l'effet d'une forte chaleur pour le travailler facilement. • **Fondre en larmes :** se mettre brusquement à pleurer très fort. ◆ **se fondre** v.pron. Se confondre, se mélanger avec quelque chose. *Soudain, Luc a disparu en se fondant dans la foule.*

fondrière n.f. Trou rempli d'eau ou de boue dans un chemin.

fonds n.m. Ensemble de choses dont on dispose. *Ces documents constituent un fonds très riche pour les historiens.* • **Fonds de commerce :** l'ensemble des biens, des marchandises, du mobilier, etc., d'un commerçant. ◆ **n.m.plur.** Somme d'argent disponible. *Il cherche des fonds pour ouvrir un restaurant. Être en fonds* (= avoir de l'argent).
▸ REM. Ne pas confondre avec *fond* et *fonts*.

fondue n.f. • **Fondue bourguignonne :** plat composé de petits morceaux de viande que l'on plonge dans l'huile bouillante. • **Fondue savoyarde :** plat d'origine suisse, fait d'un mélange de fromage fondu et de vin blanc dans lequel les convives trempent des morceaux de pain.

fontaine n.f. Source d'eau vive qui jaillit du sol naturellement ou artificiellement ; construction aménagée pour que cette eau coule dans un bassin. *Les jets d'eau d'une fontaine.* • **Il ne faut pas dire « Fontaine, je ne boirai pas de ton eau » :** il ne faut pas jurer qu'on n'aura pas besoin de telle ou telle chose, contrairement à ce que dit le proverbe.
HISTOIRE DU MOT Vient du latin *fontis* qui signifie « source ».

fontainier n.m. Employé responsable de la production et de la distribution d'eau potable.

fontanelle n.f. Chacun des petits creux qui séparent les os du crâne, chez le tout petit enfant, et qui disparaissent ensuite quand les os du crâne se soudent.

1 fonte n.f. ❶ Transformation de la neige ou de la glace en eau. *La fonte des neiges a lieu au printemps.* ❷ Fabrication d'un objet par moulage d'un métal fondu. *La fonte d'une cloche.*

2 fonte n.f. Alliage de fer et de carbone. *Les plaques d'égout sont en fonte. Contrairement à l'acier, la fonte peut se briser sous l'effet d'un choc.*

fonts n.m.plur. • **Les fonts baptismaux :** le bassin qui contient l'eau du baptême, dans une église catholique.
▸ REM. Ne pas confondre avec *fond* et *fonds*.
HISTOIRE DU MOT Vient du latin *fontis* qui signifie « source ».

football n.m. ❶ Sport dans lequel deux équipes s'efforcent d'envoyer un ballon rond dans les buts de l'équipe adverse sans se servir de leurs mains. → VOIR noms propres : **Coupe du monde de football.** ❷ En Amérique du Nord, sport dans lequel deux équipes s'efforcent de porter un ballon ovale dans les buts de l'équipe adverse.
▸ REM. 1. Au Canada, au sens 1, on dit *soccer*. 2. En France, au sens 2, on dit aussi *football américain*.
HISTOIRE DU MOT Vient de l'anglais *foot*, qui signifie « pied », et *ball*, qui signifie « balle ».

football

footballeur, euse n. Personne qui joue au football.

footing **n.m.** Promenade sportive, où alternent la marche et la course, que l'on fait pour se maintenir en forme.

HISTOIRE DU MOT Vient de l'anglais *foot* qui signifie « pied ».

for **n.m.** • **Dans mon for intérieur :** au plus profond de ma conscience. *Dans son for intérieur, il pensait qu'il n'aurait pas dû agir ainsi.*

forage **n.m.** L'action de forer. *Le forage d'un puits de pétrole.*

forain, e **adj.** Qui se rapporte aux foires, aux marchés. *Des boutiques foraines. Un marchand forain.* • **Fête foraine :** fête publique avec des manèges, des attractions, des boutiques foraines. ◆ **n.** Personne qui travaille sur les foires, les marchés, dans les fêtes publiques.

HISTOIRE DU MOT Vient du latin *foris* qui signifie « qui vient de l'extérieur », car les forains se déplacent.

forban **n.m.** ❶ Pirate qui attaquait et pillait les navires. ❷ Personne malhonnête et sans scrupule. SYN. bandit, brigand.

HISTOIRE DU MOT Vient de l'ancien français *for* qui signifiait « au-dehors » et *ban* qui désignait l'étendue du pouvoir d'un seigneur féodal. Le forban était celui qui avait été chassé par le seigneur pour sa mauvaise conduite.

forçat **n.m.** ❶ Criminel qui autrefois était condamné aux travaux forcés. SYN. bagnard, galérien. ❷ *Travailler comme un forçat*, c'est s'épuiser au travail.

force **n.f.** ❶ En physique, capacité à tirer, à pousser ou à mettre en mouvement quelque chose. *La force d'attraction de la Terre. Il y a équilibre quand deux forces contraires s'annulent.* ❷ Capacité à fournir des efforts physiques. *Il a une force extraordinaire, il peut soulever l'armoire tout seul.* SYN. puissance. ❸ Capacité à faire face aux difficultés. *Une grande force de caractère. Force morale.* ❹ Degré de puissance d'un phénomène physique. *Force du vent. Force du courant. Force du son.* ❺ Degré d'efficacité. *La force d'un médicament. La force d'un argument.* ❻ Moyen violent qu'on utilise pour obliger quelqu'un à faire quelque chose. *Les terroristes emploient la force pour obtenir ce qu'ils veulent.* • **À force de :** à la longue. *À force de crier, il a mal à la gorge.* • **En force :** en grand nombre. *Ils sont venus en force pour me convaincre.* • **Force de frappe, force de dissuasion :** l'ensemble des armements nucléaires stratégiques d'un pays. • **Tour de force :** exploit, acte extraordinaire. ◆ **forces** **n.f.plur.** ❶ Les capacités physiques. *Reprendre des forces. Taper de toutes ses forces.* ❷ L'ensemble des moyens militaires d'un État. *Les forces aériennes, navales, terrestres.* • **Les forces de l'ordre :** la police.

forcé, e **adj.** ❶ Qui manque de naturel, que l'on fait en se forçant. *Un rire forcé.* CONTR. spontané. ❷ Qui est fait par nécessité. *L'avion a fait un atterrissage forcé.* • (Familier) **C'est forcé :** c'est obligé, inévitable. *C'est forcé qu'il revienne, il a oublié ses clefs.*

forcément **adv.** Obligatoirement. *Au début, c'est forcément plus difficile.*

chemin **forestier**

forcené, e **n.** Personne qui est en proie à une crise de folie et ne peut plus se contrôler. *Les agents ont maîtrisé le forcené.*

HISTOIRE DU MOT Vient de l'ancien français *fors*, qui signifiait « hors de », et *sen*, qui signifiait « sens, raison ».

forcer **forçant, forcé** **v.** (CONJUG. 4). ❶ Obliger à faire quelque chose. *Il l'a forcé à finir son assiette.* ❷ Ouvrir par la force, en cassant. *Comme il avait perdu ses clés, il a forcé la serrure pour entrer.* ❸ Fournir un effort intense. *Il a gagné sans forcer.* ❹ *Forcer sa voix*, c'est parler ou chanter plus fort qu'on ne le fait naturellement. ◆ **se forcer** **v.pron.** S'obliger à faire quelque chose. *Elle n'avait pas faim, mais elle s'est forcée à tout manger. Force-toi à parler lentement.*

forcir **forcissant, forci** **v.** (CONJUG. 16). Devenir plus gros, prendre de l'embonpoint.

forer **v.** (CONJUG. 3). Percer en creusant. *Forer un puits, un tunnel.*

forestier, ère **adj.** De la forêt. *Un chemin forestier* (= dans la forêt). *Une région forestière* (= où il y a des forêts). *Un garde forestier surveille et entretient la forêt.*

foret **n.m.** Outil en métal qui sert à forer, à faire des trous dans le bois, le métal ou la pierre.

forêt **n.f.** Vaste étendue où il y a des arbres. *Ils sont allés se promener en forêt. La forêt équatoriale.*

1 **forfait** **n.m.** Accord passé pour évaluer globalement le prix de travaux, de services, etc. *Le plombier nous a fait un forfait pour installer la nouvelle salle de bains.*

2 **forfait** **n.m.** • **Déclarer forfait :** renoncer à participer à la compétition dans laquelle on s'était engagé.

A B C D E F G H I J K

3 forfait n.m. Crime abominable. *Commettre un forfait.*
▸ REM. Ce mot appartient à la langue soutenue.

forfaitaire adj. *Une somme forfaitaire* est fixée par un forfait.

forfanterie n.f. Attitude d'une personne qui se vante. *Je le dis sans forfanterie, je suis le meilleur en saut en hauteur.* SYN. vantardise. CONTR. modestie.
▸ REM. Ce mot appartient à la langue soutenue.

HISTOIRE DU MOT Vient de l'ancien français *forfant* qui signifiait « coquin ».

forge n.f. Atelier où l'on travaille les métaux chauffés à haute température, sur une enclume, à l'aide d'un marteau.

HISTOIRE DU MOT Vient du latin *fabrica* qui signifie « atelier ».

forger forgeant, forgé v. (CONJUG. 5). ❶ Façonner à coups de marteau une pièce de métal chauffée. *Forger une épée.* ❷ *Une histoire forgée de toutes pièces* est une histoire complètement inventée. • **C'est en forgeant qu'on devient forgeron :** proverbe qui signifie que c'est à force de pratiquer quelque chose qu'on y devient expert.

forger une pièce de métal

S T U V W X Y Z

forgeron n.m. Personne qui travaille les métaux dans une forge.
▸ REM. Au Canada, la forme féminine de ce mot est *forgeronne.*

se **formaliser** v.pron. (CONJUG. 3). Être choqué par l'attitude d'une personne qui n'a pas respecté les règles de la politesse. *Je suis obligé d'annuler le rendez-vous, j'espère qu'il ne s'en formalisera pas.*

formalisme n.m. Attitude d'une personne formaliste, goût pour les conventions sociales.

formaliste adj. Qui attache une grande importance aux conventions, aux règles de la bienséance.

formalité n.f. ❶ Ce qu'il faut faire pour obtenir certains documents officiels. *Nous avons rempli toutes les formalités pour notre voyage en Chine.* ❷ Ce qu'on fait pour respecter les règles mais qui n'a pas vraiment d'importance. *Ce n'est qu'une simple formalité, mais il vous faut rencontrer M. Dupont.*

format n.m. ❶ Dimension d'un objet. *Le format de l'enveloppe ne correspond pas à celui de la carte postale.* ❷ *Le format d'un support informatique,* c'est la façon dont les données sont disposées sur ce support.

formater v. (CONJUG. 3). *Formater un support informatique,* c'est le préparer selon un format donné pour que l'on puisse ensuite y enregistrer des données et les utiliser.

formateur, trice adj. Qui forme l'esprit, qui joue un rôle important dans la formation, l'éducation. *Ce stage a été très formateur.* SYN. instructif.

formation n.f. ❶ Le fait de former des personnes à une technique, un métier ou de se former soi-même ; les connaissances acquises. *Pierre suit un stage de formation en électronique. Avoir une solide formation scientifique.* ❷ Le fait de former un groupe. *Le Premier ministre annoncera la formation de son nouveau gouvernement.* ❸ Groupement de personnes ayant une même activité. *Une formation politique.* SYN. parti. *Une formation de jazz.* SYN. groupe, orchestre.

forme n.f. ❶ Aspect extérieur, contour de quelque chose. *Son visage a une forme ovale.* ❷ Manière dont se présente quelque chose. *Ce médicament existe sous forme de cachets.* ❸ Variété, catégorie. *Il existe différentes formes d'intelligence.* SYN. type. ❹ Condition physique ou intellectuelle d'une personne. *Tu as l'air en pleine forme, ce matin !* • **Pour la forme :** pour respecter les usages, les règles. *Pour la forme, tu devrais lui envoyer une lettre de remerciement.* • **Prendre forme :** commencer à avoir son apparence, sa structure particulière. *L'argile prenait forme sous les doigts du potier. Leur projet de voyage prend forme.* ◆ **formes** n.f.plur. ❶ Les contours du corps humain. ❷ L'ensemble des règles de la politesse. SYN. bienséance, savoir-vivre.

formel, elle adj. ❶ *Être formel,* c'est être sûr de ce qu'on dit. *Cela s'est passé le lundi et non le mardi, je suis formel.* SYN. catégorique. ❷ *Une interdiction formelle* ne doit en aucun cas être transgressée. *Interdiction formelle de fumer.*

formellement adv. De façon formelle. *Il est formellement interdit de fumer ici.* SYN. absolument, rigoureusement.

former v. (CONJUG. 3). ❶ Apprendre un métier, une technique, un savoir-faire à quelqu'un. *L'instructeur forme les jeunes recrues au maniement des armes.* SYN. entraîner. ❷ Créer, organiser un groupe. *L'entraîneur a formé son équipe pour le prochain match.* SYN. constituer. ❸ Donner sa forme, son contour à quelque chose. *Il forme mal ses lettres.* SYN. tracer. ❹ Avoir telle forme ou tel aspect. *À cet endroit, la route forme une large courbe.* ◆ **se former** v.pron. ❶ Se constituer, apparaître. *De la moisissure s'était formée sur les murs de la cave.* ❷ Acquérir des connaissances, une expérience. *Elle n'a pas suivi d'études, elle s'est formée toute seule.*

formidable adj. ❶ D'une force, d'une puissance ou d'une taille exceptionnelles. *Il y a eu une formidable détonation.* ❷ (Familier) Excellent, remarquable. *C'est un film formidable, va le voir.* SYN. sensationnel.

HISTOIRE DU MOT Vient du latin *formidare* qui signifie « craindre ». *Formidable* signifia d'abord « qui inspire une grande crainte, redoutable ».

formulaire n.m. Document administratif sur lequel on note les renseignements demandés. *Pour envoyer un colis en recommandé, il faut remplir un formulaire.*

formulation n.f. La manière de formuler quelque chose. *Ton idée est bonne, mais la formulation n'est pas très claire.* SYN. expression.

formule n.f. ❶ Expression toute faite, que l'on emploie dans des circonstances précises. *Les formules de politesse. Une formule magique.* ❷ Phrase qui exprime, en quelques mots bien choisis, une façon de voir, de penser. *Les journalistes ont parfois des formules étonnantes.* ❸ Manière d'organiser quelque chose. *Le train plus une location de voiture, voilà une bonne formule pour voyager.* SYN. solution. ❹ Ensemble de nombres, de lettres et de symboles qui indiquent la composition d'un corps chimique. *H_2O est la formule de l'eau.* • **Formule 1 :** catégorie d'automobiles destinées à la compétition en circuit ou sur un parcours fermé.

formuler v. (CONJUG. 3). Exprimer avec des mots. *Il n'arrive pas à formuler ses idées.* SYN. exposer, présenter.

1 fort, e adj. ❶ Qui a de la force physique. *Je suis assez fort pour porter cette valise tout seul.* SYN. robuste. CONTR. faible. ❷ Corpulent, gros. *Luc est un peu trop fort pour son âge.* SYN. gros. ❸ D'une grande intensité. *Un vent très fort ramenait le sable de la plage vers les maisons.* SYN. violent. ❹ Qui est très concentré. *Un café fort.* CONTR. léger. ❺ Qui a de grandes capacités dans un domaine. *Tu es très fort en maths.* SYN. bon, doué. • **Temps fort :** moment fort, intense d'une action, d'un spectacle. • **C'est plus fort que moi :** je ne peux pas m'en empêcher. • (Familier) **C'est un peu fort :** c'est difficile à croire, à accepter ou à supporter. *Il a pris mon baladeur sans ma permission, c'est un peu fort !* ◆ **fort** adv. ❶ Avec force, intensité. *Parle plus fort. Il pleut trop fort pour sortir.* ❷ Extrêmement, très. *C'est fort intéressant.*

2 fort n.m. Autrefois, bâtiment fortifié. *Au bout de la presqu'île, vous pouvez visiter le fort.*

forte adv. Terme porté sur une partition de musique pour indiquer que le mouvement doit être joué plus fort.
▸ REM. C'est un mot italien, on prononce [fɔrte].

fortement adv. Avec force, vigueur, assurance. *Je vous conseille fortement de partir.* SYN. vivement.

forteresse n.f. Lieu fortifié pour protéger une ville, une région contre les attaques. *La Cité de Carcassonne est une forteresse* (= une ville fortifiée).

fortifiant, e adj. et n.m. *Un aliment fortifiant* redonne des forces. *Le médecin lui a prescrit des fortifiants.*

fortification n.f. Construction faite dans le but de défendre militairement un endroit, une place. *Une vieille ville entourée de fortifications.* → VOIR AUSSI forteresse.

fortifier v. (CONJUG. 7). ❶ Rendre fort, donner des forces. *Un dentifrice qui fortifie les gencives.* ❷ *Une ville fortifiée* est entourée de fortifications.

fortin n.m. Petit fort. *Les murailles de la ville se terminent par un fortin.*

fortissimo adv. Terme porté sur une partition de musique pour indiquer que le mouvement doit être joué aussi fort que possible.

fortuit, e adj. Qui arrive par hasard. *J'ai fait une rencontre fortuite.* SYN. imprévu, inattendu. CONTR. prévisible.

fortuitement adv. De manière fortuite, imprévue.

cité **fortifiée :** Carcassonne (Languedoc-Roussillon)

a b c d e f g h i j k l m n o p q r

fortune **n.f.** Tous les biens, toutes les richesses que possède quelqu'un. *Il est à la tête d'une énorme fortune. Pour toute fortune il n'a que sa pipe et son chapeau.* • **Faire fortune :** s'enrichir. *L'oncle Jacques a fait fortune au Brésil.* • **Faire contre mauvaise fortune bon cœur :** ne pas se laisser abattre par un échec. • **De fortune :** qui est improvisé en attendant mieux. *Des abris de fortune pour les réfugiés.*

HISTOIRE DU MOT Vient du latin *fortuna*. La Fortune était la divinité romaine du hasard.

fortuné, e **adj.** Qui a de la fortune, beaucoup d'argent.

forum **n.m.** ❶ Place où, dans la Rome antique, le peuple s'assemblait et où l'on débattait des affaires publiques. ❷ Réunion accompagnée de débats. *Un forum sur le travail des jeunes.* SYN. colloque.
▸ REM. C'est un mot latin, on prononce [fɔʀɔm].

fosse **n.f.** ❶ Cavité creusée dans le sol pour un usage particulier. *On a descendu le cercueil dans la fosse. Au zoo, nous avons vu la fosse aux ours.* ❷ Nom donné à certaines cavités naturelles du corps humain. *L'air pénètre dans les fosses nasales par les narines.* ❸ Creux très profond au fond des océans. • **Fosse d'orchestre :** dans un théâtre, endroit aménagé spécialement pour les musiciens, en bas de la scène.

fossé **n.m.** ❶ Fosse creusée en long dans le sol. *La voiture a quitté la route et est tombée dans le fossé.* ❷ Au figuré, ce qui sépare profondément deux personnes ou deux choses. *Il y a un fossé entre vos deux versions des faits.* SYN. abîme.

fossette **n.f.** Petit creux que certaines personnes ont au menton ou sur les joues.

fossile **adj.** et **n.m.** Reste ou empreinte de plante ou d'animal très anciens, qui se sont conservés dans la roche. *Plante fossile. Anne collectionne les fossiles.* • **Énergie fossile** → VOIR **énergie.**

ENCYCLOPÉDIE Les fossiles sont constitués par les parties dures d'un animal qui se conservent (les os, les dents, les coquilles) ou par l'empreinte des parties molles. L'étude des fossiles fournit des indications très importantes pour comprendre l'évolution de la faune et de la flore. La science des fossiles est la paléontologie.

poisson **fossile**

se **fossiliser** **v.pron.** (CONJUG. 3). Devenir un fossile. *La houille provient d'anciens végétaux qui se sont fossilisés.*

fossoyeur, euse **n.** Personne qui creuse les fosses où l'on enterre les morts, dans un cimetière.

1 **fou, folle** ou **fol, folle** **adj.** et **n.** ❶ Qui est atteint de troubles mentaux. *Il est devenu fou après la perte de ses enfants* (= il a perdu la raison). ❷ Qui agit ou qui parle de façon inhabituelle, extravagante. *Tu es fou de sortir en chemisette en plein hiver !* ❸ Qui aime passionnément quelqu'un ou quelque chose. *C'est un fou de petites voitures, il les collectionne toutes. J'adore le chocolat, j'en suis folle !* (= j'en raffole). ◆ **adj.** ❶ Qui est sous l'emprise d'un sentiment violent. *Je suis folle de joie de le revoir.* ❷ Indique un très haut degré, une très grande quantité. *Entre eux, c'était l'amour fou. Il y avait un monde fou dimanche après-midi au cinéma.* • **Fou rire :** rire que l'on ne peut plus arrêter.
▸ REM. *Fol* remplace *fou* devant un nom masculin singulier commençant par une voyelle ou un *h* muet : *un fol espoir.*

HISTOIRE DU MOT Vient du latin *follis* qui signifie « ballon, outre gonflée », puis par ironie « sot, idiot ».

2 **fou** **n.m.** • **Fou de Bassan :** grand oiseau de mer blanc, au bout des ailes noir et aux pattes palmées, capable de voler sur de longues distances.

3 **fou** **n.m.** ❶ Celui dont le rôle était d'amuser les princes, les rois. SYN. bouffon. ❷ Au jeu d'échecs, pièce qui se déplace en diagonale.

foudre **n.f.** Décharge électrique qui se produit par temps d'orage et qui s'accompagne d'une lumière très vive, l'*éclair*, et d'un bruit éclatant, le *tonnerre*. *La foudre est tombée sur le pommier.* • **Coup de foudre :** amour subit et irrésistible que l'on éprouve pour quelqu'un ; engouement soudain pour quelque chose. *Entre Laure et Peter, ç'a été le coup de foudre. Jean a eu le coup de foudre pour cette moto.* ◆ **foudres** **n.f.plur.** *S'attirer les foudres de quelqu'un*, c'est déclencher sa colère, s'attirer ses reproches.

HISTOIRE DU MOT Vient du latin *fulgur* qui signifie « éclair, lueur », que l'on retrouve dans *fulgurant*.

foudroyant, e **adj.** Puissant et rapide comme la foudre. *Ce spectacle a eu un succès foudroyant.* SYN. fulgurant. *Un poison foudroyant.*

foudroyer **v.** (CONJUG. 15). ❶ Détruire ou tuer par la foudre. *Plusieurs personnes sont mortes foudroyées.* ❷ Anéantir soudainement, brusquement. *La nouvelle l'a foudroyé.* SYN. terrasser. • **Foudroyer du regard :** regarder quelqu'un avec des éclairs de colère dans les yeux.

fouet **n.m.** ❶ Instrument fait d'une lanière de cuir attachée à un manche. *Le dompteur guide les fauves avec son fouet.* ❷ Ustensile de cuisine qui sert à battre les œufs en neige, à remuer les sauces. • **De plein fouet :** de face et violemment. *Les deux voitures se sont heurtées de plein fouet.* • **Donner un coup de fouet :** stimuler, redonner du courage.

fouetter v. (CONJUG. 3). ❶ Donner des coups de fouet. *Autrefois, il arrivait qu'on fouette les personnes.* ❷ Frapper de petits coups vifs. *La pluie lui fouettait le visage.* SYN. cingler. ❸ En cuisine, battre vivement un aliment, une préparation avec un fouet ou une fourchette. *Fouetter des œufs, une sauce.* • (Familier) **Avoir d'autres chats à fouetter :** avoir des choses plus importantes à faire. • (Familier) **Il n'y a pas de quoi fouetter un chat ! :** ce n'est pas si grave.

fougère n.f. Plante très commune dans les bois et les landes, dépourvue de fleurs et dont les feuilles sont en général très découpées.

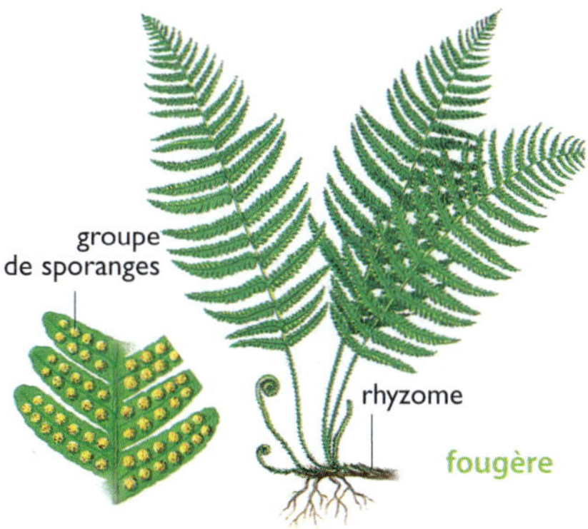

fougère

fougue n.f. Ardeur, enthousiasme dans le comportement d'une personne. *Parler avec fougue.* SYN. passion. CONTR. calme, flegme, tiédeur.

fougueux, euse adj. Plein de fougue, d'ardeur. *Un tempérament fougueux.* SYN. ardent. CONTR. calme, tranquille.

fouille n.f. Le fait de fouiller minutieusement un endroit. *Les policiers ont procédé à la fouille de l'appartement du suspect.* ◆ **fouilles** n.f.plur. Recherches effectuées dans le sol pour trouver des restes de monuments ou d'objets très anciens. *Les fouilles ont permis de dégager un amphithéâtre romain.* → VOIR AUSSI **archéologie.**

champ de **fouilles** (Pérou)

fouiller v. (CONJUG. 3). Explorer avec soin un endroit pour trouver quelque chose. *Les douaniers ont fouillé nos bagages. Je suis sûr que tu as les clefs, fouille encore dans tes poches.*

fouillis n.m. Grand désordre. *Quel fouillis dans ma chambre !*

fouine n.f. Petit mammifère carnivore, court sur pattes, au corps mince et au pelage gris-brun, qui vit dans les bois.

fouiner v. (CONJUG. 3). (Familier) Fouiller partout, explorer les moindres recoins. *Il a encore fouiné dans mes tiroirs.* SYN. fureter.

HISTOIRE DU MOT Vient du mot *fouine*, car la fouine a la réputation d'être curieuse.

fouine

fouir fouissant, foui v. (CONJUG. 16). Pour un animal, creuser la terre. *La taupe fouit sa galerie avec ses pattes.*

foulard n.m. Tissu léger que l'on porte autour du cou ou sur la tête.

foule n.f. Grand nombre de personnes au même endroit. *La foule était si compacte que je n'ai même pas pu m'approcher de l'estrade. Les spectateurs sont venus en foule* (= en masse). • **Une foule de :** beaucoup de. *Nous avons une foule de projets pour les vacances.* SYN. multitude.

foulée n.f. Chaque enjambée que l'on fait en courant. *Courir à petites foulées.* • **Dans la foulée :** juste après avoir fait quelque chose, sans s'interrompre. *J'ai rangé ma chambre et dans la foulée j'ai passé l'aspirateur dans le salon* (= sur ma lancée).

fouler v. (CONJUG. 3). ❶ Écraser certaines matières avec les mains, les pieds ou en se servant de certains outils. *Autrefois, on pressait le raisin en le foulant avec les pieds.* ❷ Marcher sur une terre inconnue ou aimée. *Enfin, il foulait à nouveau le sol de son pays.* ◆ **se fouler** v.pron. Se faire une foulure. *Il s'est foulé le poignet en tombant.*

foulure n.f. Légère entorse, étirement des ligaments d'une articulation (poignet, cheville).

four n.m. ❶ Espace clos dans lequel on soumet à une très forte température des matériaux. *Un four de potier, de verrier.* ❷ Appareil fermé par une porte pour cuire les aliments. *Mettre une tarte au four. Un four à gaz, électrique ou à micro-ondes.* ❸ (Familier) Échec total d'un spectacle.

fourbe adj. et n. Qui est rusé, sournois, et cherche à tromper les gens. *Méfie-toi de lui, il est fourbe.* SYN. hypocrite. CONTR. franc, loyal.

fourberie n.f. Le fait d'être fourbe, sournois. SYN. hypocrisie, perfidie. CONTR. franchise, loyauté. *Molière a écrit une pièce intitulée « les Fourberies de Scapin ».*

fourbi **n.m.** (Familier) Ensemble d'affaires, d'objets divers, souvent mal rangés. *Il est parti à la pêche avec tout son fourbi.* SYN. attirail.

fourbu, e **adj.** Très fatigué, harassé. SYN. épuisé, exténué.

HISTOIRE DU MOT Vient d'un ancien verbe français, *forboire*, qui signifiait « trop boire ». On était *fourbu* parce qu'on avait trop bu.

fourche **n.f.** ❶ Outil formé d'un manche muni de trois ou quatre dents allongées et qui sert à remuer l'herbe ou la paille. ❷ Endroit où quelque chose se sépare en deux. *La fourche de l'arbre. La fourche d'un chemin.* SYN. bifurcation. ❸ La partie d'un deux-roues qui part du guidon et où se place la roue avant.

fourcher **v.** (CONJUG. 3). • (Familier) **Ma langue a fourché :** je me suis trompé de mot, je n'ai pas dit ce que je voulais dire.

fourchette **n.f.** Ustensile de table à dents pointues avec lequel on pique les aliments. *Une fourchette à huîtres, à dessert.* • (Familier) **Avoir un bon coup de fourchette :** être un gros mangeur.

ENCYCLOPÉDIE Jusqu'à la fin du XVIe siècle, on se sert de ses doigts pour manger les aliments solides. La fourchette apparaît sous le règne d'Henri III, elle est en métal précieux et n'a, à l'origine, que deux dents. Ce n'est que vers la fin du XVIIIe siècle que son usage se généralise.

fourchu, e **adj.** Qui se divise à la façon d'une fourche. *L'hirondelle a la queue fourchue.*

fourgon **n.m.** ❶ Wagon réservé aux bagages ou au courrier dans un train. ❷ Véhicule utilisé pour le transport des animaux. • **Fourgon mortuaire :** voiture qui transporte un cercueil.

fourgonnette **n.f.** Petite camionnette, qu'on utilise surtout pour faire des livraisons.

fourmi **n.f.** ❶ Insecte noir ou rouge, qui vit en société dans des fourmilières. *Les fourmis rouges piquent.* ❷ *Avoir des fourmis dans les jambes, les mains, etc.*, c'est avoir une sensation de picotement. SYN. fourmillement.

fourmi

fourmilier **n.m.** Nom donné à certains mammifères sans dents, qui capturent les insectes grâce à leur langue visqueuse. *L'espèce de fourmilier la plus connue est le tamanoir.*
▸ REM. Attention, un seul *l*.

fourmilière **n.f.** Nid de fourmis ; ensemble des fourmis qui y vivent. *La fourmilière comprend des galeries et des espaces réservés à la ponte ou au repos.*
▸ REM. Attention, un seul *l*.

fourmillement **n.m.** ❶ Sensation de picotement. *Avoir des fourmillements dans les jambes.* SYN. fourmis. ❷ Le fait de fourmiller. *Un fourmillement d'événements.*

fourmiller **v.** (CONJUG. 3). ❶ Remuer, s'agiter en grand nombre, comme des fourmis. *Les vers fourmillaient dans le fromage.* SYN. grouiller. ❷ Se trouver en grand nombre quelque part. *Les erreurs fourmillent dans ta copie.* SYN. abonder, pulluler. ❸ Contenir en grand nombre des personnes ou des choses. *Durant l'été, cette région fourmille de touristes. Son texte fourmille d'idées.*

fournaise **n.f.** Endroit où il fait très chaud. *La véranda est une fournaise en été !*

fourneau **n.m.** ❶ Appareil muni d'un four utilisé pour la cuisson des aliments. *Un fourneau à gaz.* ❷ Four qu'on utilise dans l'industrie pour faire fondre certaines matières comme le minerai de fer. ❸ La partie de la pipe où brûle le tabac.

HISTOIRE DU MOT Vient de l'ancien français *forn* qui signifiait « four ».

fournée **n.f.** ❶ Quantité de pains qu'on peut mettre dans le four en une fois. *Le boulanger du village cuit deux fournées par jour.* ❷ (Familier) Groupe de personnes dont on s'occupe en même temps ou qui font la même chose. *Les cars déversaient des fournées de touristes devant le monument.*

fourni, e **adj.** ❶ *Un magasin bien fourni* est bien approvisionné, on y trouve beaucoup de choses. ❷ *Une barbe, une moustache très fournies* sont très épaisses.

fournil **n.m.** La pièce d'une boulangerie où se trouve le four à pain et où le boulanger pétrit la pâte.
▸ REM. On prononce [furnil] ou [furni].

HISTOIRE DU MOT Vient, comme *fourneau*, de l'ancien français *forn* qui signifiait « four ».

fournir **fournissant, fourni v.** (CONJUG. 16). ❶ Mettre à disposition, donner ce qui est nécessaire. *Jusqu'à la troisième, les livres scolaires sont fournis par l'école. Notre entreprise fournit toute la région en meubles.* SYN. approvisionner. ❷ Donner, procurer. *Fournir un renseignement.* ❸ *Fournir un effort*, c'est le faire. *Elle a fourni un gros effort pour rattraper son retard.* SYN. accomplir.

fournisseur, euse **n.** Le commerçant qui fournit habituellement une marchandise. *Demandez ce produit à votre fournisseur habituel.* • **Fournisseur d'accès :** société qui assure l'accès au réseau Internet ou, plus généralement, à tout réseau de communication.
▸ REM. Au Canada, la forme féminine de ce mot est *fournisseure*.

fourniture **n.f.** L'action de fournir quelque chose. *L'usine assure la fourniture des meubles pour lundi.* ◆ **fournitures** **n.f.plur.** Les objets dont on se sert pour une activité. *Les cahiers, les gommes, les crayons, etc., sont des fournitures scolaires.*

fourrage **n.m.** L'ensemble des plantes qui servent de nourriture au bétail.

fourragère **adj.f.** *Les plantes fourragères* sont celles que l'on donne à manger au bétail. *Le trèfle, la luzerne sont des plantes fourragères.*

1 fourré **n.m.** Massif d'arbustes épais et touffus. *Le chat s'est caché dans un fourré.* SYN. buisson.

2 fourré, e **adj.** Dont l'intérieur est garni. *Des gants fourrés* (= doublés de fourrure). *Des bonbons fourrés à la crème.* ● **Un coup fourré :** une action déloyale, perfide.

fourreau **n.m.** Étui allongé dans lequel on glisse un objet pour le protéger. *Le fourreau d'une épée, d'un parapluie.*

sabre et **fourreau**

fourrer **v.** (CONJUG. 3). ❶ Garnir l'intérieur d'un vêtement d'une fourrure. ❷ Remplir l'intérieur d'un aliment d'une substance. *Fourrer un gâteau avec de la crème.* ❸ (Familier) Mettre. *Fourrer ses habits dans un sac. Je me demande où le chat a bien pu se fourrer !*

fourre-tout **n.m.invar.**, ✎ ***fourretout n.m.*** ❶ Endroit où l'on entasse pêle-mêle toutes sortes d'objets. *Ce tiroir est un fourre-tout.* ❷ Sac ou pochette sans compartiment où l'on met ses affaires en vrac.

fourreur **n.m.** Personne qui confectionne ou qui vend des vêtements en fourrure.
▸ REM. Au Canada, la forme féminine de ce mot est *fourreuse*.

fourrière **n.f.** Endroit où sont conduits les animaux errants ou les véhicules mal garés que l'on a saisis sur la voie publique.

fourrure **n.f.** ❶ Pelage fin et touffu de certains animaux. *La fourrure du lapin angora est douce.* SYN. pelage. ❷ Peau d'animal garnie de son poil qui a subi un traitement spécial pour être travaillée. *Un manteau de fourrure.*

se **fourvoyer** **v.pron.** (CONJUG. 15). ❶ Se tromper de chemin, s'égarer. *Nous nous sommes fourvoyés dans les petites rues.* SYN. se perdre. ❷ Se tromper complètement. *Je pensais que je pouvais te faire confiance, je m'étais fourvoyé.*

HISTOIRE DU MOT Vient de l'ancien français *fors*, « hors de », et de *voie*.

foutu, e **adj.** (Très familier) Fichu.

fox-terrier (PLUR. : fox-terriers) ou **fox,** ✎ ***foxterrier*** **n.m.** Chien d'origine anglaise qui chasse les animaux qui vivent dans des terriers.

foyer **n.m.** ❶ *Le foyer d'une cheminée, d'une chaudière,* c'est la partie où l'on fait brûler le bois, le charbon, etc. ❷ Lieu où vit une famille. *Le foyer familial.* SYN. domicile. ❸ Local servant pour des réunions ou des activités culturelles. *Le foyer de l'école présente une exposition de photos réalisées par les élèves.* ❹ Établissement qui héberge de jeunes travailleurs, des étudiants ou, provisoirement, des personnes en difficulté. ❺ L'endroit à partir duquel quelque chose se répand, se propage. *Le foyer d'un incendie.* SYN. centre. *Un foyer d'infection.*

frac **n.m.** Habit de cérémonie pour les hommes.

fracas **n.m.** Grand bruit. *La vaisselle est tombée dans un fracas épouvantable.* SYN. vacarme. ● **Avec perte et fracas :** brutalement et à grand bruit. *On l'a mis à la porte avec perte et fracas.*

fracassant, e **adj.** Qui fait beaucoup d'effet, de bruit. *Ce film a connu un succès fracassant.* SYN. éclatant, retentissant.

fracasser **v.** (CONJUG. 3). Briser avec violence.

fraction **n.f.** ❶ Partie d'un tout. *Une fraction des députés n'a pas pris part au vote. Tout cela s'est passé en une fraction de seconde !* (= en un temps très court). ❷ En mathématiques, la *fraction* sert à représenter une partie d'un tout, soit la division d'un nombre (le *numérateur*) par un autre (le *dénominateur*) que l'on présente séparés par un trait appelé « barre de fraction ». → VOIR Fiche 13.

fractionner **v.** (CONJUG. 3). Diviser en plusieurs parties. *Fractionner une propriété, une terre.* SYN. partager.

fracture **n.f.** Blessure qu'on se fait en se cassant un os. *Le blessé souffre de multiples fractures.*

fracturer **v.** (CONJUG. 3). Ouvrir une serrure, une porte, etc., par la force, en les cassant. *Les voleurs ont fracturé la portière de la voiture.* ◆ **se fracturer** **v.pron.** Se casser un membre, un os. *Frédéric s'est fracturé la jambe et le poignet.*

fragile **adj.** ❶ *Un objet fragile* peut se briser ou s'abîmer facilement. SYN. délicat. CONTR. robuste, solide. ❷ *Une personne fragile* a une faible constitution, est souvent malade. SYN. chétif. CONTR. robuste.

fragilité **n.f.** Le fait d'être fragile. *La fragilité d'un vase en cristal.* CONTR. robustesse, solidité.

fragment **n.m.** ❶ Morceau d'un objet cassé ou déchiré. *Luc essaie de recoller les fragments d'un vase brisé.* SYN. éclat. ❷ Court passage d'un texte, d'une conversation, etc. *Je n'entendais que des fragments de ce qui se disait.*

fragmentaire **adj.** Qui est incomplet, ne présente que des fragments. *Ses connaissances sur cette question sont assez fragmentaires.* SYN. partiel. CONTR. complet.

fox-terrier

a b c d e f g h i j k l m n o p q r s t u v w x y z

fragmenter v. (CONJUG. 3). Morceler, diviser en plusieurs fragments. *On a fragmenté le film en plusieurs épisodes.* SYN. découper.

frai n.m. ❶ Période où les poissons femelles pondent les œufs que les mâles vont féconder. *Pendant le frai, la pêche est interdite.* ❷ Les très jeunes poissons. *Pour repeupler un étang, on y met du frai.*
▸ REM. Ne pas confondre avec *frais*.
HISTOIRE DU MOT Vient de *frayer*.

fraîchement, ✎ ***fraichement*** adv. ❶ Avec froideur. *Il nous a reçus un peu fraîchement.* CONTR. chaleureusement. ❷ Depuis peu de temps. *Un appartement fraîchement repeint.* SYN. récemment.

fraîcheur, ✎ ***fraicheur*** n.f. ❶ Température fraîche. *La fraîcheur d'un soir d'été.* CONTR. chaleur. ❷ Qualité d'un produit frais. *Ces fruits ne sont plus de la première fraîcheur.* ❸ L'éclat, l'aspect de ce qui est neuf, récent ou jeune. *Les rideaux ont gardé toute leur fraîcheur.*

fraîchir fraîchissant, fraîchi, ✎ ***fraichir*** *fraichissant, fraichi* v. (CONJUG. 16). Devenir plus frais. *La température fraîchit.*

1 **frais, fraîche,** ✎ ***fraiche*** adj. ❶ Qui est légèrement froid, qui donne une légère sensation de froid. *Un vent frais. Une eau fraîche.* CONTR. chaud, tiède. ❷ Qui vient d'être récolté ou produit. *Des fruits frais.* CONTR. flétri, gâté. *Du pain frais.* CONTR. dur, rassis. ❸ Qui est récent, tout nouveau. *Il mit la radio pour avoir des nouvelles fraîches* (= les dernières nouvelles). ❹ Qui n'a pas encore séché. *« Attention, peinture fraîche ! »* ❺ Qui a conservé son éclat, sa vigueur. *Elle a le teint frais et les joues roses. Des troupes fraîches furent envoyées en renfort.* ◆ **frais** adv. Un peu froid. *Il faisait frais, ce matin. J'aime boire frais, mais pas glacé.* ◆ **frais** n.m. • **Prendre le frais :** sortir pour respirer l'air frais.

2 **frais** n.m.plur. L'argent que l'on dépense pour une chose précise. *La rénovation de leur appartement a occasionné des frais importants.* SYN. dépenses. • **À peu de frais :** en dépensant peu ; sans se donner beaucoup de mal. • **En être pour ses frais :** avoir dépensé beaucoup d'argent ou s'être donné de la peine sans obtenir le résultat souhaité.
▸ REM. Ne pas confondre avec *frai*.

1 **fraise** n.f. Fruit rouge du fraisier, savoureux et sucré.

fraises

2 **fraise** n.f. ❶ Instrument dont se sert le dentiste pour creuser la partie cariée d'une dent. ❷ Outil qui sert à percer le métal ou le bois. *Une fraise à bois.*

3 **fraise** n.f. Grande collerette plissée que l'on portait aux XVIe et XVIIe siècles.

fraiser v. (CONJUG. 3). Travailler, façonner à la fraise.

fraiseur, euse n. Personne qui travaille les métaux avec une fraise.

framboises

fraisier n.m. Plante basse à tiges rampantes, qui produit des fraises.

framboise n.f. Fruit rouge du framboisier.

framboisier n.m. Arbrisseau voisin de la ronce, qui produit des framboises.

1 **franc** n.m. Monnaie de la France, de la Belgique, du Luxembourg jusqu'au 1er janvier 2002. Il a été remplacé par l'euro.
▸ REM. Les pays d'Afrique ont conservé le franc C.F.A.

2 **franc, franche** adj. ❶ Qui ne cherche pas à dissimuler la vérité. *Une réponse franche.* SYN. direct, net. *Un regard franc.* CONTR. fourbe. *Elle est franche comme l'or* (= très franche). SYN. droit, loyal, sincère. CONTR. hypocrite. ❷ Qui est pur, net, sans mélange. *Des couleurs franches.* SYN. tranché. • **Jouer franc jeu avec quelqu'un :** se comporter loyalement avec lui. ◆ **franc** adv. Ouvertement, en toute franchise. *Parlons franc !* SYN. franchement.

3 **franc, franque** adj. et n. Qui concerne les Francs. *Childéric Ier fut un roi franc. L'armée franque.* → VOIR noms propres.
▸ REM. Quand il désigne une personne, le mot prend une majuscule : *un Franc, les Francs.*

français, e adj. et n. De la France. *La République française.* ◆ **français** n.m. Langue parlée en France et dans les pays francophones (Belgique, Suisse, Québec, etc.). *Un livre traduit en français.*
▸ REM. Quand il désigne une personne, le mot prend une majuscule : *un Français, une Française.*

franchement adv. ❶ Avec franchise. *Je vais lui parler franchement.* SYN. sincèrement. ❷ Sans hésitation. *Allez-y franchement.* SYN. carrément. ❸ Vraiment, tout à fait. *Le film était franchement mauvais.*

franchir franchissant, franchi v. (CONJUG. 16). ❶ Passer un obstacle. *Franchir un fossé, une barrière* (= sauter par-dessus). ❷ Aller au-delà de quelque chose, le dépasser. *Ils ont franchi la frontière clandestinement.* SYN. passer. ❸ *Franchir une distance*, c'est la parcourir.

franchise n.f. Qualité d'une personne franche, qui s'exprime avec sincérité. *Parle-lui avec franchise* (= sans mentir). • **Franchise postale :** exonération de la taxe postale qui permet d'envoyer des lettres sans mettre de timbre.

franciser v. (CONJUG. 3). Donner une forme française à un mot étranger. *Le mot anglais « fuel » a été francisé en « fioul ».*

franco adv. (Familier) Franchement. *Vas-y franco !* • **Franco de port :** sans frais de port pour le destinataire. *Expédier un paquet franco de port.*

francophone adj. et n. Qui parle le français. *Il y a des francophones en dehors de France, en Belgique,* *en Suisse, au Canada, dans certains pays d'Afrique.* ◆ **adj.** Où l'on parle le français. *Un pays, une région francophones.*

francophonie **n.f.** Ensemble des pays où l'on parle le français.

franc-parler **n.m.** (PLUR. : **francs-parlers**). Manière directe et franche de dire ce qu'on pense, même si c'est désagréable. *Violaine a son franc-parler.*

HISTOIRE DU MOT Vient de l'ancien sens de *franc* qui signifiait « libre ».

franc-tireur **n.m.** (PLUR. : **francs-tireurs**). Combattant qui ne fait pas partie de l'armée régulière.

frange **n.f.** ❶ Rangée de fils coupés qui orne la bordure d'un vêtement, d'un tissu. *Les franges d'un tapis.* ❷ Cheveux coupés de façon à former une bande qui couvre le front. *Ta frange est trop longue, on ne voit plus tes yeux.* ● **Une frange de :** une petite partie de. *Cette loi ne vise qu'une frange de la population.*

frangipane **n.f.** Crème à base d'amandes que l'on utilise pour garnir une pâtisserie.

à la bonne **franquette** **adv.** (Familier) Très simplement, sans cérémonie. *Je vous invite à dîner, mais, vous savez, ce sera à la bonne franquette !* SYN. sans façon.

frappant, e **adj.** Qui frappe, qui saute aux yeux et fait une forte impression. *Il y a une ressemblance frappante entre eux.* SYN. impressionnant, saisissant.

frappe **n.f.** ❶ L'action de taper un texte à la machine. *Il y a plusieurs fautes de frappe dans cette page.* → VOIR AUSSI **saisie.** ❷ L'action et la manière de frapper une balle dans certains sports.

frappé, e **adj.** Rafraîchi dans la glace. *Champagne frappé.*

frapper **v.** (CONJUG. **3**). ❶ Donner un coup, des coups. *On applaudit en frappant dans ses mains.* SYN. taper. *J'ai frappé à la porte, mais personne n'a ouvert.* ❷ Atteindre brutalement quelqu'un. *Le ballon l'a frappé en pleine poitrine.* ❸ Au figuré, s'abattre sur quelqu'un, un groupe. *La maladie a durement frappé cette famille.* SYN. toucher. ❹ Impressionner vivement quelqu'un. *Ce spectacle m'a frappé, je m'en souviendrai longtemps.* ❺ *Frapper une monnaie, une médaille*, c'est y faire une empreinte en relief. ◆ **se frapper** **v.pron.** (Familier) S'inquiéter, se formaliser. *Tu ne vas pas te frapper pour si peu !*

frasques **n.f.plur.** Écart de conduite, comportement un peu extravagant. *Des frasques de jeunesse.*

fraternel, elle **adj.** *Les sentiments, les liens fraternels* sont ceux qui unissent des frères, des sœurs ou des personnes très proches, qui s'aiment comme frères et sœurs. *Une amitié fraternelle.*

HISTOIRE DU MOT Vient du latin *frater* qui signifie « frère ».

fraternellement **adv.** D'une manière fraternelle. *Ils se sont serré la main fraternellement.*

fraterniser **v.** (CONJUG. **3**). Devenir très bons amis, s'entendre comme frères et sœurs. *Ils ne se connaissaient pas, mais très vite ils ont fraternisé.*

fraternité **n.f.** Sentiment de solidarité et d'amitié qui unit les êtres humains en général ou les membres d'une communauté. *La devise de la France est « Liberté, Égalité, Fraternité ».*

fraude **n.f.** Action illégale faite dans l'intention de tromper et de nuire. *Fraude électorale. Fraude aux examens.* SYN. tricherie. *Il a passé la frontière en fraude* (= illégalement).

frauder **v.** (CONJUG. **3**). Commettre une fraude. *Frauder à un examen.* SYN. tricher.

fraudeur, euse **n.** Personne qui fraude. *Le fraudeur a dû payer une amende.*

frauduleux, euse **adj.** Qui constitue une fraude, qui est contraire à la loi. *Il s'est enrichi par des moyens frauduleux.* SYN. illégal, malhonnête.

frayer **v.** (CONJUG. **13**). ❶ Ouvrir un passage en écartant les obstacles. *La police lui fraya un passage dans la foule.* ❷ Pour le poisson femelle, déposer ses œufs au fond de l'eau ; pour le mâle, les féconder. ❸ *Frayer avec quelqu'un*, c'est le fréquenter. ◆ **se frayer** **v.pron.** *Se frayer un passage*, c'est écarter les obstacles pour passer.

HISTOIRE DU MOT Vient du latin *fricare* qui signifie « frotter ».

frayeur **n.f.** Grande peur. *Ma frayeur était telle que j'en tremble encore.* SYN. épouvante, terreur.

HISTOIRE DU MOT Vient du latin *fragor*, « vacarme ».

fredaine **n.f.** Écart de conduite sans gravité. SYN. incartade.

fredonner **v.** (CONJUG. **3**). Chanter doucement, à mi-voix. *Fredonner un air, une chanson.* SYN. chantonner.

freesia, ✎ ***frésia*** **n.m.** Plante à bulbe originaire d'Afrique du Sud, que l'on cultive pour ses fleurs aux couleurs vives.

▸ REM. On prononce [frezja].

freezer, ✎ ***freezeur*** **n.m.** Compartiment à glace du réfrigérateur.

▸ REM. 1. On prononce [frizœr]. 2. Ce mot ne s'emploie pas au Canada.

HISTOIRE DU MOT Vient de l'anglais *to freeze* qui signifie « geler ».

frégate **n.f.** ❶ Du temps de la marine à voile, bateau de guerre à trois mâts, plus léger et plus rapide qu'un vaisseau. ❷ De nos jours, bateau de guerre d'un tonnage intermédiaire entre la corvette et le croiseur. ❸ Oiseau des mers tropicales, aux grandes ailes fines et au bec crochu.

frégate anglaise (XVIIIe siècle)

a b c d e **f** g h i j k l m n o p q r s t u v w x y z

A B C D E F G H I J K L M N O P Q R S T U V W X Y Z

frein **n.m.** ❶ Mécanisme qui, dans un véhicule, permet de ralentir ou de stopper la marche. ❷ *Mettre un frein à quelque chose*, c'est l'empêcher de progresser, de prendre de l'importance. *Il faut mettre un frein à nos dépenses.* SYN. limiter. • **Ronger son frein :** être obligé d'attendre qu'une situation désagréable cesse. • **Sans frein :** sans limites, démesuré. *Une ambition sans frein.* SYN. sans bornes.

freinage **n.m.** L'action de freiner. *Il y a des traces de freinage sur la route.*

freiner **v.** (CONJUG. 3). ❶ Ralentir ou stopper un véhicule en agissant sur les freins. *Il a freiné juste à temps pour éviter le chien.* CONTR. accélérer. ❷ Limiter quelque chose, l'empêcher de se développer, d'augmenter. *Chercher à freiner la hausse des prix.* SYN. ralentir.

frelaté, e **adj.** *Un vin, un alcool frelatés* sont trafiqués, on y a ajouté frauduleusement certaines substances. CONTR. pur.

frêle **adj.** Qui est petit, mince et donne une impression de fragilité. *Un enfant frêle.* CONTR. robuste.

frelon **n.m.** Grosse guêpe roux et jaune dont la piqûre est très douloureuse et peut être dangereuse. *Le nid d'un essaim de frelons peut atteindre 60 cm de diamètre.*

frelon

freluquet **n.m.** (Familier) Jeune homme prétentieux et frivole.

frémir **frémissant, frémi v.** (CONJUG. 16). Être agité par un léger tremblement. *Les feuilles des peupliers frémissaient sous la brise. L'eau va bouillir, elle frémit. Dire que tu aurais pu être blessé, j'en frémis encore !* SYN. trembler.

frémissant, e **adj.** Qui frémit. *Les naseaux frémissants, le taureau se préparait à charger.* SYN. palpitant.

frémissement **n.m.** Mouvement d'une chose, d'une personne qui frémit. *Le frémissement de ses lèvres révélait sa colère.* SYN. tremblement. *Un frémissement de peur.* SYN. frisson.

frêne **n.m.** Arbre très commun, dont le bois clair, souple et résistant sert à la confection de manches d'outils.

frénésie **n.f.** Excitation intense. *Le public applaudissait avec frénésie.* SYN. enthousiasme.

HISTOIRE DU MOT Vient du grec *phrenêsis* qui signifie « folie, démence », de *phrên*, « esprit ».

frénétique **adj.** Qui montre une grande excitation. *Les spectateurs poussaient des hurlements frénétiques. Rythme frénétique.* SYN. endiablé.

frénétiquement **adv.** Avec frénésie. *Applaudir frénétiquement.*

fréquemment **adv.** De manière fréquente, répétée. *Cela arrive fréquemment.* SYN. souvent. CONTR. rarement.

fréquence **n.f.** ❶ Nombre de fois où quelque chose se produit dans un temps donné. *Quelle est la fréquence des trains sur cette ligne ?* ❷ En physique, nombre de vibrations par unité de temps. *La fréquence d'un son.*

fréquent, e **adj.** Qui se répète à intervalles réguliers et rapprochés. *Ses visites sont moins fréquentes depuis qu'il a déménagé.* SYN. répété. CONTR. rare.

fréquentable **adj.** • **Peu fréquentable :** qu'il est préférable de ne pas fréquenter. *Un quartier, une personne peu fréquentables.* SYN. recommandable.

fréquentation **n.f.** ❶ Le fait de fréquenter un endroit ou une personne. *La fréquentation des grands magasins augmente avant les fêtes.* ❷ (Surtout au plur.) Personne que l'on fréquente. *Avoir de mauvaises fréquentations.*

fréquenté, e **adj.** ❶ *Un endroit fréquenté* est un endroit où il y a souvent du monde. ❷ *Un lieu mal fréquenté* est un endroit où l'on rencontre des gens qu'on ne juge pas convenables. SYN. malfamé.

fréquenter **v.** (CONJUG. 3). ❶ *Fréquenter un lieu*, c'est y aller régulièrement. *Il fréquente beaucoup les musées.* ❷ *Fréquenter une personne*, c'est avoir des relations suivies avec elle. *Nous fréquentons beaucoup nos voisins.*

frère **n.m.** ❶ Garçon qui a le même père et la même mère qu'une autre personne. ❷ Personne dont on est très proche, que l'on considère comme son semblable. *C'est un frère pour moi. Tous les hommes sont frères* (= ils sont égaux et solidaires). ❸ Titre donné aux membres de certains ordres religieux. • **Faux frère :** personne hypocrite, capable de trahir ses amis.

HISTOIRE DU MOT Vient du latin *frater*, « frère », que l'on retrouve dans *fraternel*, *fraternité*.

fresque **n.f.** Peinture de grandes dimensions faite directement sur un mur. *Les fresques d'une église.*

fret **n.m.** La cargaison transportée par un navire, un avion, un camion ; le prix de son transport.
▸ REM. On prononce [frɛt] ou [frɛ].

fréter **v.** (CONJUG. 9, ✎ 10). *Fréter un véhicule*, c'est le louer. *On a frété un car pour le voyage scolaire.*

frétillant, e **adj.** Qui frétille. *Le pêcheur avait dans son épuisette de petits poissons frétillants.*

frétiller **v.** (CONJUG. 3). Remuer vivement, s'agiter avec de petits mouvements vifs. *La queue du chien frétille.*

fretin **n.m.** Petits poissons que l'on a pêchés. *Rejeter le fretin à l'eau.* • **Le menu fretin :** des choses ou des personnes auxquelles on accorde peu d'intérêt. *La police n'a arrêté que le menu fretin, les vrais coupables courent toujours.*

friable adj. Qui s'effrite facilement et se réduit en poudre. *Une roche friable.*

1 **friand, e** adj. *Être friand de quelque chose*, c'est l'aimer beaucoup, en raffoler. *L'écureuil est friand de noisettes.*

HISTOIRE DU MOT Vient de l'ancien participe présent du verbe *frire*, avec le sens figuré de « brûler d'envie ».

2 **friand** n.m. Petit pâté feuilleté garni de viande, de champignons, etc.

friandise n.f. Confiserie, petite pâtisserie délicate et agréable à manger. *Les bonbons, les sucreries, les nougats sont des friandises.*

fric n.m. (Familier) Argent.

fricassée n.f. Plat fait de viande coupée en morceaux et cuite à la casserole dans une sauce.

friche n.f. *Une terre en friche* n'est pas cultivée.

fricoter v. (CONJUG. 3). (Familier) Préparer quelque chose de louche. *Je me demande ce qu'il fricote.* SYN. manigancer, trafiquer, tramer.

friction n.f. ❶ Action de frictionner le corps. *Après le bain, elle se fait une friction au gant de crin.* ❷ Désaccord entre des personnes. *Il y a eu de petites frictions entre eux.* SYN. accrochage, querelle.

frictionner v. (CONJUG. 3). Frotter vigoureusement le corps, une partie du corps. *Frictionner un enfant à l'eau de Cologne.*

Frigidaire n.m. Réfrigérateur.

▸ REM. 1. C'est un nom de marque, le mot prend une majuscule en France, dans les textes imprimés. 2. S'abrège souvent en *frigo*.

HISTOIRE DU MOT Vient du latin *frigidarium* qui signifie « chambre froide ».

frigorifié, e adj. (Familier) Qui a très froid. *J'étais frigorifiée à force d'attendre sous la pluie.* SYN. gelé.

frigorifier v. (CONJUG. 7). Soumettre des denrées périssables à un froid intense pour les conserver. *Frigorifier du bœuf.* SYN. congeler, surgeler.

frigorifique adj. *Une armoire, un camion frigorifiques* sont équipés d'un appareil qui produit du froid pour pouvoir conserver les aliments.

frileux, euse adj. Qui est très sensible au froid. *Je n'aime pas l'hiver parce que je suis très frileuse.*

frimaire n.m. Le troisième mois du calendrier républicain, qui commençait le 21, le 22 ou le 23 novembre et finissait le 20, le 21 ou le 22 décembre.

HISTOIRE DU MOT Vient de *frimas*, car décembre est le mois des frimas.

frimas n.m. Brouillard épais et froid qui forme du givre. *Les premiers frimas de l'hiver.*

▸ REM. Ce mot appartient à la langue poétique.

HISTOIRE DU MOT Vient de l'ancien français *frime* qui signifiait « gelée blanche ».

frime n.f. (Familier) Ce qu'on fait, ce qu'on dit pour impressionner les autres. *Ne crois pas à ses exploits : c'est de la frime !*

frimer v. (CONJUG. 3). (Familier) Prendre un air supérieur pour impressionner les autres. *Il frime avec sa nouvelle montre.*

frimousse n.f. (Familier) Visage d'un enfant, d'une personne jeune. *Une jolie frimousse.* SYN. minois.

fringale n.f. (Familier) Faim subite. *J'ai une de ces fringales !*

fringant, e adj. ❶ *Un cheval fringant* est très vif et a fière allure. ❷ *Une personne fringante* est pleine de vitalité et d'une élégance coquette.

HISTOIRE DU MOT Vient de l'ancien verbe *fringuer* qui signifiait « gambader ».

fringue n.f. (Surtout au plur. ; Familier). Vêtement.

fripé, e adj. Chiffonné. *Sa chemise est toute fripée.* SYN. froissé.

se **friper** v.pron. (CONJUG. 3). Se froisser, perdre son aspect lisse. *Ma robe s'est fripée dans la valise.*

fripier, ère n. Personne qui vend des vêtements d'occasion.

fripon, onne n. et adj. Enfant espiègle et turbulent. SYN. coquin, polisson.

HISTOIRE DU MOT Vient de l'ancien verbe *friper*, « avaler goulûment ».

fresque dans la maison de la Petite Fontaine (Pompéi, Italie)

A B C D E F G H I J K L M N O P Q R S T U V W X Y Z

fripouille **n.f.** (Familier) Personne malhonnête, sans scrupule. *Cette fripouille a escroqué tous ses clients.* SYN. canaille, crapule.

frire **frit v.** Cuire dans de l'huile bouillante. *Faire frire des beignets.*
▸ REM. Ce verbe s'emploie surtout à l'infinitif et au participe passé.

frise **n.f.** Bordure sculptée ou peinte, décorant un monument, un mur, un meuble. • **Frise chronologique :** ligne graduée qui permet, par un dessin, de situer des événements dans l'histoire.

frises sur une façade

frisé, e **adj.** Dont les cheveux forment de petites boucles serrées. SYN. bouclé. CONTR. raide.

friser **v.** (CONJUG. **3**). ❶ Faire des boucles serrées. *Quand il pleut, mes cheveux frisent.* ❷ Avoir des cheveux très bouclés. *Marie frise naturellement* ❸ Être tout près de quelque chose. *On a frisé la catastrophe.* SYN. frôler. *Friser la quarantaine* (= s'en approcher).

frisette **n.f.** ou **frisottis,** ✎ ***frisotis*** **n.m.** (Familier) Petite boucle de cheveux frisée.

frisotter, ✎ ***frisoter*** **v.** (CONJUG. **3**). Friser légèrement.

frisquet, ette **adj.** Un peu froid. *Il fait frisquet. Il y a un petit vent frisquet.*

HISTOIRE DU MOT Vient du mot flamand *frisch* qui signifie « frais, un peu froid ».

frisson **n.m.** Léger tremblement qui parcourt tout le corps. *Un frisson de fièvre, de peur, de plaisir.* • **Donner le frisson :** faire peur. *Cette histoire me donne le frisson.*

frissonner **v.** (CONJUG. **3**). Avoir un frisson, des frissons. *Frissonner de froid, de peur.*

frit, frite **adj.** Que l'on a fait frire. *Des bananes, des pommes de terre frites.*

frite **n.f.** Bâtonnet taillé dans une pomme de terre et frit. *Un steak servi avec des frites.*

friteuse **n.f.** Récipient pour faire des frites ou faire frire divers aliments.

friture **n.f.** ❶ Action de frire les aliments. *Friture à l'huile.* ❷ La matière grasse dans laquelle on fait frire les aliments. *Plonger les beignets dans la friture.* ❸ Ensemble de petits poissons que l'on fait frire. *Une friture de goujons.*

frivole **adj.** ❶ Qui est léger et peu sérieux. *Je trouve que lire les journaux de mode est une occupation frivole.* SYN. futile. ❷ Qui ne s'intéresse qu'à des choses futiles, sans importance. SYN. insouciant, léger. CONTR. grave, sérieux.

frivolité **n.f.** Le fait d'être frivole ; action frivole. *Perdre son temps à des frivolités.* SYN. bagatelle, futilité.

froc **n.m.** ❶ Vêtement des moines. ❷ (Familier) Pantalon.

1 froid, froide **adj.** ❶ Dont la température est peu élevée, plus basse que celle du corps humain. *Le lait est très froid, il sort du réfrigérateur.* CONTR. chaud. ❷ Très distant, qui manque d'amabilité. *Son accueil était plutôt froid, il nous a à peine parlé.* CONTR. chaleureux. ❸ Qui reste calme, qui ne se trouble pas. *Ses menaces me laissent froide.* SYN. indifférent. *Garder la tête froide* (= garder son sang-froid). ◆ **froid adv.** • **Il fait froid :** la température est basse. • **Manger froid :** manger un plat froid.

2 froid **n.m.** Température peu élevée. *Cette plante ne supporte pas le froid.* CONTR. chaleur, chaud. • **À froid :** sans soumettre à la chaleur. *Travailler un métal à froid.* • **Être en froid avec quelqu'un :** être en mauvais termes avec lui, être brouillé avec lui. • **Jeter un froid :** mettre tout le monde mal à l'aise. *Sa remarque a jeté un froid.* • **Prendre, attraper froid :** s'enrhumer.

froidement **adv.** ❶ Sans enthousiasme, sans amabilité. *Ils nous ont reçus plutôt froidement.* CONTR. chaleureusement. ❷ Sans aucune émotion, sans aucun scrupule. *Il l'a froidement dénoncé.*

froideur **n.f.** Le fait d'être froid, distant. *Sa froideur nous a un peu surpris.* SYN. indifférence. CONTR. cordialité.

froissé, e **adj.** Chiffonné. *Ma jupe est froissée.* SYN. fripé.

froissement **n.m.** Le fait de froisser ou de se froisser ; le bruit que cela fait. *Le froissement d'un papier de bonbon.*

froisser **v.** (CONJUG. **3**). ❶ Faire prendre de mauvais plis à quelque chose. *Tu vas froisser ta veste si tu la laisses en boule.* SYN. chiffonner. ❷ Vexer quelqu'un. *J'espère que ma remarque ne t'a pas froissé.* ◆ **se froisser v.pron.** ❶ Prendre de mauvais plis, se chiffonner. *Tissu qui se froisse facilement.* ❷ *Se froisser un muscle*, c'est se faire un claquage, se déchirer un muscle.

frôlement **n.m.** Contact léger d'une chose qui en frôle une autre.

frôler **v.** (CONJUG. **3**). ❶ Passer très près, en touchant à peine. *La voiture a frôlé le passant.* ❷ Être tout près de quelque chose. *Nous avons frôlé la catastrophe.* SYN. friser.

fromage **n.m.** Aliment obtenu à partir de lait caillé (de vache, de chèvre, de brebis, d'ânesse). *Le gruyère, le camembert, le roquefort sont des fromages.*
HISTOIRE DU MOT Vient du latin *formaticus* qui signifie « moulé dans une forme, un moule ».

fromager, ère **adj.** Du fromage. *L'industrie fromagère.* ◆ **n.** Personne qui fabrique ou vend du fromage.

fromagerie **n.f.** Endroit où l'on fabrique ou vend du fromage.

froment **n.m.** Blé, grain de blé utilisé pour l'alimentation. *De la farine de froment. Une galette de froment.*

fronce **n.f.** Chacun des petits plis ondulés faits sur un tissu. *Une robe resserrée à la taille par des fronces.*
HISTOIRE DU MOT Vient d'un mot de la langue des Francs qui signifiait « ride ».

froncement **n.m.** • **Froncement de sourcils :** le fait de froncer les sourcils. *Jean montra son mécontentement par un froncement de sourcils.*

froncer **fronçant, froncé v.** (CONJUG. 4). Faire des fronces, de petits plis serrés sur un vêtement. *Froncer une jupe.* • **Froncer les sourcils :** contracter les sourcils, ce qui creuse de petites rides sur le front. *Jean fronce les sourcils quand il réfléchit ou quand il est fâché.*

frondaison **n.f.** Ensemble des feuilles d'un arbre, le feuillage. *Ils s'abritèrent sous les vertes frondaisons.*
▸ REM. Ce mot appartient à la langue soutenue.

1 fronde **n.f.** ❶ Arme ancienne faite d'une poche de cuir attachée à deux lanières, avec laquelle on lançait des projectiles. *David a vaincu Goliath avec une fronde.* ❷ Lance-pierre.

2 fronde **n.f.** *Un esprit de fronde, un vent de fronde,* c'est un état de révolte, de rébellion. → VOIR noms propres : **la Fronde.**

frondeur, euse **adj.** Qui est porté à la critique, à l'insolence, à la révolte. *Un esprit frondeur.*

front **n.m.** ❶ Partie du visage qui va de la base des cheveux aux sourcils. *Tu as de la fièvre, tu as le front brûlant !* ❷ Zone délimitée, à l'avant de quelque chose. *Le front de mer est la bande de terre qui longe la mer.* ❸ Zone où ont lieu les combats contre l'ennemi. *Les soldats allèrent au front* (= en première ligne). CONTR. à l'arrière. • **Faire front :** résister. *Ils ont fait front à l'ennemi courageusement.* ◆ **de front adv.** ❶ Par l'avant. *Le camion a heurté la voiture de front.* ❷ Côte à côte. *Deux cyclistes ne doivent pas rouler de front.* ❸ En même temps. *Mener plusieurs affaires de front.*

frontal, ale, aux **adj.** ❶ Du front. *L'os frontal.* ❷ Qui se fait de face, par l'avant. *Un choc frontal.*

frontalier, ère **adj.** Situé près d'une frontière. *L'Alsace est une région frontalière.* ◆ **adj.** et **n.** Qui habite près d'une frontière. *Les frontaliers passent souvent la douane.*

frontière **n.f.** ❶ Ligne qui limite un pays ; limite entre deux pays. *À la frontière, les douaniers nous ont demandé nos papiers d'identité.* ❷ Limite entre deux choses. *On ne sait plus où est la frontière entre le comique et le ridicule.*

frontispice **n.m.** ❶ Façade principale d'un monument. ❷ Titre d'un livre, placé à la première page et accompagné d'ornements.

fronton **n.m.** ❶ Ornement triangulaire au-dessus de l'entrée principale d'un monument. ❷ Mur contre lequel on lance la balle, à la pelote basque.

fronton de l'hôtel de ville de Toulouse

frottement **n.m.** Mouvement de quelque chose qui frotte autre chose ; le bruit que cela produit. *Le frottement de deux silex produit une étincelle. Entendre le frottement du garde-boue contre la roue.*

frotter **v.** (CONJUG. 3). ❶ Passer plusieurs fois une chose sur une autre en appuyant fortement. *Frotter un meuble pour le faire briller. Frotte-moi le dos.* SYN. frictionner. ❷ Racler contre quelque chose en produisant un certain bruit. *La porte s'ouvre mal, il y a quelque chose qui frotte.* ◆ **se frotter** **v.pron.** ❶ Se frictionner, se masser vigoureusement. *Se frotter le dos avec une brosse. Elle s'est frotté les yeux.* ❷ (Familier) *Se frotter à quelqu'un,* c'est s'attaquer à lui, s'en prendre à lui. *Il vaut mieux ne pas se frotter à lui, il peut être méchant !*

froufrou ou **frou-frou** (PLUR. : **frous-frous**) **n.m.** Bruit léger d'un tissu fin et soyeux qu'on frôle ou qui se froisse. *Il entendit le froufrou d'une robe... elle était là !*
HISTOIRE DU MOT La sonorité du mot évoque le bruit des étoffes qui se froissent, c'est une onomatopée.

froussard, e **adj.** et **n.** (Familier) Peureux.

frousse **n.f.** • (Familier) **Avoir la frousse :** avoir peur.

fructidor **n.m.** Le douzième mois du calendrier républicain, qui commençait le 18 ou le 19 août et finissait le 16 ou le 17 septembre.
HISTOIRE DU MOT Vient du latin *fructus*, « fruit », et du grec *dôron*, « don, présent » : fructidor est le mois où de nombreux fruits mûrissent.

fructifier **v.** (CONJUG. 7). *Faire fructifier de l'argent,* c'est faire en sorte qu'il rapporte des intérêts, des bénéfices.

fructose **n.m.** Sucre contenu dans le miel et dans les fruits.

fructueux, euse **adj.** Qui produit les résultats attendus, qui porte ses fruits. *Ses efforts ont été fructueux, il est finalement admis dans la classe supérieure.* SYN. profitable.
HISTOIRE DU MOT Vient du latin *fructus* qui signifie « fruit ».

A B C D E F G H I J K L M N O P Q R S T U V W X Y Z

frugal, ale, aux adj. *Un repas frugal* est très simple et très léger. CONTR. copieux.

frugalité n.f. Le fait d'être frugal, peu copieux. *Excusez la frugalité de ce repas.*

fruit n.m. ❶ Partie de la plante qui contient les graines et qui provient de la fleur. *Le gland est le fruit du chêne. La pomme est le fruit du pommier. Le concombre, la citrouille sont des fruits.* → VOIR planche ci-contre. ❷ Fruit comestible de certains arbres ou de certaines plantes, au goût généralement sucré. *Prendre un fruit en dessert.* ❸ Ce qui est produit par une action. *Cette découverte est le fruit de longues années de recherche.* • **Fruits de mer :** nom donné à certains mollusques et crustacés comestibles, tels que les huîtres, les oursins, les moules, les crevettes, etc. • **Porter ses fruits :** donner de bons résultats. *Notre méthode a porté ses fruits.*

fruité, e adj. Qui a un goût de fruit frais. *Une huile d'olive fruitée.*

fruitier, ère adj. *Un arbre fruitier* produit des fruits comestibles. *L'abricotier est un arbre fruitier.*

fruste adj. Qui manque de finesse, de délicatesse. *Une personne fruste. Des manières frustes.* SYN. grossier, rude.
▸ REM. Ne pas confondre *fruste*, avec un seul *r*, et *rustre*.

HISTOIRE DU MOT Vient de l'italien *frusto* qui signifie « usé ».

frustrant, e adj. Qui cause une frustration. *Je n'ai pas vu la fin du film, c'est vraiment frustrant !*

frustration n.f. Sentiment pénible qu'il nous manque quelque chose, qu'on nous en a privé injustement. *Elle n'a pas été nommée chef et elle en éprouve un vif sentiment de frustration.*

frustré, e adj. et n. Qui souffre en permanence d'un sentiment de frustration.

frustrer v. (CONJUG. 3). Priver quelqu'un de ce qu'il attendait ; lui causer une frustration. *C'est un simple incident technique qui l'a frustré de sa victoire.* SYN. priver.

fuchsia n.m. Arbrisseau aux fleurs pourpres ou roses, que l'on cultive pour l'ornement. • **Rose fuchsia :** rose violacé.
▸ REM. On prononce [fyʃja].

HISTOIRE DU MOT Vient de *Leonhart Fuchs*, nom d'un botaniste allemand.

fuel n.m. → **fioul**

fugace adj. Qui apparaît et disparaît rapidement. *Un souvenir fugace.* SYN. fugitif. *Une douleur fugace.* SYN. passager.

1 fugitif, ive adj. Qui ne dure pas. *Une impression fugitive.* SYN. fugace. CONTR. durable.

2 fugitif, ive n. Personne qui s'est enfuie. *La police a rattrapé le fugitif.*

fugue n.f. ❶ Le fait de s'enfuir, de partir de chez soi, en général pour une courte durée. *Les parents étaient désespérés, car leur enfant avait fait une fugue.* ❷ Composition musicale à plusieurs voix et dont le thème se répète sous différentes formes qui semblent se poursuivre et se fuir.

HISTOIRE DU MOT Vient du latin *fuga* qui signifie « fuite », de *fugere*, « fuir ».

fuguer fuguant, fugué v. (CONJUG. 6). (Familier) Faire une fugue.

fuir fuyant, fui v. (CONJUG. 29). ❶ Partir rapidement pour s'échapper. *Les habitants de la ville fuyaient les bombardements.* ❷ Tout faire pour ne pas voir quelqu'un ou se soustraire à quelque chose. *Depuis notre dispute, il me fuit.* SYN. éviter. *Fuir les responsabilités.* ❸ S'échapper ou laisser s'échapper par une fissure, un trou. *Éponger l'eau qui fuit d'un robinet. Mon stylo fuit, j'ai de l'encre plein les mains.*

HISTOIRE DU MOT Vient du latin *fugere* qui signifie « fuir » et que l'on retrouve dans *fugace, fugitif, fugue.*

fuite n.f. ❶ Le fait de s'enfuir, de s'échapper. *Sa fuite renforçait les soupçons des policiers. Ils ont pris la fuite.* ❷ Écoulement anormal d'un liquide ou d'un gaz qui fuit. *Il y a une fuite de gaz dans la cuisine.* ❸ Divulgation d'un secret, indiscrétion. *C'est par une fuite au ministère que les journalistes ont appris la nouvelle.*

fulgurant, e adj. Très rapide et intense. *Paul a fait des progrès fulgurants. J'ai ressenti une douleur fulgurante.*

HISTOIRE DU MOT Vient, comme *foudre*, du latin *fulgur* qui signifie « éclair ».

fulminer v. (CONJUG. 3). S'emporter violemment, être très en colère. *Le voisin fulminait encore contre sa télévision qui ne marchait pas.*

fumant, e adj. Si chaud que cela fait de la fumée. *Une soupe fumante les attendait sur la table.*

fumé, e adj. ❶ *Des aliments fumés* sont séchés à la fumée. *Du jambon fumé, du saumon fumé.* ❷ *Du verre fumé* est du verre qu'on a coloré ou assombri afin qu'il filtre la lumière.

fumée n.f. Nuage de gaz plus ou moins opaque qui se produit quand quelque chose brûle. *L'incendie dégageait une épaisse fumée noire.* • **Il n'y a pas de fumée sans feu :** proverbe qui signifie qu'il y a toujours un fond de vérité dans ce qui se raconte sur quelqu'un ou quelque chose. • **Partir en fumée :** disparaître sans laisser de trace.

1 fumer v. (CONJUG. 3). ❶ Dégager de la fumée ou de la vapeur. *Le cratère du volcan fume. La soupe fume, elle est bien chaude.* ❷ *Fumer un aliment*, c'est le faire sécher en l'exposant à la fumée pour le conserver. *Fumer un poisson.* ❸ *Fumer une cigarette, un cigare, la pipe*, c'est consommer du tabac en aspirant la fumée.

2 fumer v. (CONJUG. 3). *Fumer un champ*, c'est y répandre du fumier, des engrais pour rendre la terre plus fertile.

HISTOIRE DU MOT Vient du latin *fimus* qui signifie « fumier ».

fumet n.m. Odeur agréable de certaines viandes en train de cuire, de certains vins. *Le délicieux fumet du poulet nous a mis en appétit.*

Les catégories de fruits

Il existe plusieurs catégories de fruits. Les **fruits charnus** sont riches en eau. Ils comprennent les **baies** (tomate, raisin) et les **drupes** (pêche, olive). Les graines des baies sont les pépins. Les graines des drupes sont enfermées dans la coque dure d'un noyau. Les fruits secs ont une paroi peu charnue. Certains, comme les capsules (pois, pavot), s'ouvrent automatiquement à maturité pour libérer les graines. Les autres, les akènes (noisette, érable), ne s'ouvrent pas et sont parfois pourvus d'ailettes qui permettent au vent de disséminer les graines.

fruits charnus

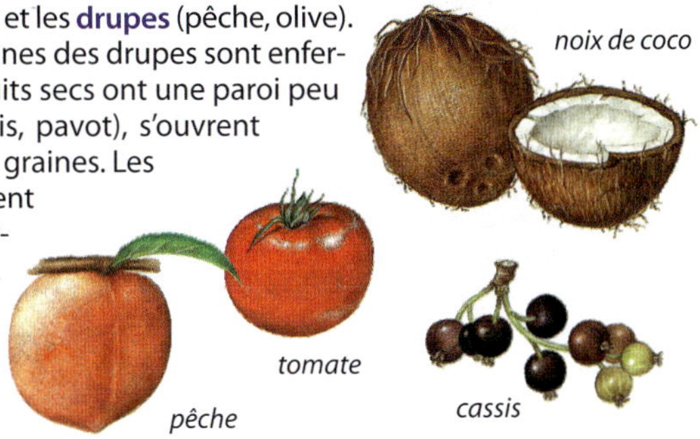

de la fleur au fruit

fruits secs

Un dispositif pour protéger puis disséminer les graines

Le fruit est la partie de la plante qui contient les graines formées par la fleur après sa fécondation. Transporté par le vent ou par les insectes, le pollen féconde les ovules qui se trouvent dans le pistil de la fleur. Ces ovules deviennent alors des graines. Le pistil se transforme en fruit et se développe autour d'une ou de plusieurs graines. Il les protège pendant leur croissance.

En mûrissant, la plupart des fruits prennent peu à peu des couleurs plus vives. Ils excitent ainsi l'appétit des animaux qui favoriseront ensuite la dispersion des graines, assurant la reproduction de la plante.

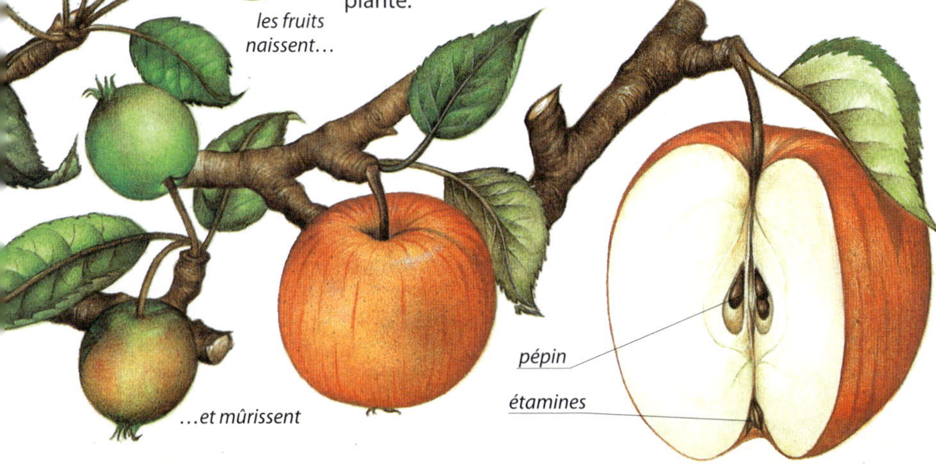

A B C D E F G H I J K L M N O P Q R S T U V

fumeur, euse **n.** Personne qui a l'habitude de fumer du tabac.

fumeux, euse **adj.** Qui manque de clarté, de netteté. *Des idées, des explications fumeuses.* SYN. confus.

fumier **n.m.** Mélange de paille et d'excréments d'animaux, utilisé comme engrais. *Répandre du fumier dans un champ.*

fumigène **adj.** et **n.m.** *Une substance, une arme, un engin fumigènes* sont destinés à produire de la fumée pour signaler ou camoufler quelque chose. *Des grenades fumigènes.*

fumiste **n.** ❶ Personne qui entretient les cheminées et les conduits d'aération. ❷ (Familier) Personne qui ne prend pas son travail au sérieux. *Cet élève est un fumiste.*

fumoir **n.m.** ❶ Pièce où l'on fume les aliments. ❷ Pièce réservée aux fumeurs, dans certains lieux publics ou entreprises.

funambule **n.** Acrobate qui marche sur une corde suspendue au-dessus du sol.

HISTOIRE DU MOT Vient du latin *funis*, « corde », et *ambulare*, « marcher », que l'on retrouve dans *déambuler, somnambule.*

funèbre **adj.** ❶ Qui concerne l'enterrement des morts. *Le cortège funèbre. La cérémonie funèbre.* ❷ Très triste, qui évoque la mort. *Il a un air funèbre ce matin.* SYN. lugubre, sinistre.

funérailles **n.f.plur.** Obsèques accompagnées de cérémonies solennelles en l'honneur d'un mort. *Des funérailles nationales.*

HISTOIRE DU MOT Vient du latin *funus* que l'on retrouve dans *funèbre, funeste.*

funéraire **adj.** Qui concerne les funérailles, les tombes. *Un convoi funéraire. Un monument funéraire.*

funeste **adj.** Qui entraîne le malheur, la mort. *Son imprudence a eu des conséquences funestes.* SYN. tragique.

funiculaire **n.m.** Train tiré par un câble, et qui gravit des pentes très abruptes. *Le funiculaire de Montmartre, à Paris.*

funk **n.m.** Style de musique d'origine noire américaine proche du rock, apparu à la fin des années 1960, et caractérisé par un rythme très rapide.
▸ REM. C'est un mot anglais, on prononce [fœnk].

furet **n.m.** Putois à pelage blanc ou jaunâtre et aux yeux rouges, que l'on dresse pour chasser les lapins dans leurs terriers.

HISTOIRE DU MOT Vient du latin *furittus* qui signifie « petit voleur ».

furet

dessin au **fusain**

au **fur et à mesure** **adv.** Progressivement, petit à petit, et en même temps. *Au fur et à mesure qu'il parlait, j'avais l'impression de le reconnaître.*

fureter **v.** (CONJUG. 11). Chercher en fouillant un peu partout pour découvrir des choses cachées ou des secrets. SYN. (Fam.) fouiner.

HISTOIRE DU MOT Vient de *furet*, comme *fouiner* vient de *fouine.*

fureur **n.f.** Colère très violente. *À la vue du désordre, il entra dans une grande fureur.* SYN. rage. • **Faire fureur** : avoir beaucoup de succès. *Cette chanson a fait fureur l'année dernière.*

HISTOIRE DU MOT Vient du latin *furor* qui signifie « délire ».

furibond, e **adj.** Très furieux, qui exprime la fureur. *Son père lui jetait des regards furibonds.*

furie **n.f.** Colère violente. *La moindre critique le met en furie.* SYN. fureur, rage.

HISTOIRE DU MOT Dans la mythologie romaine, les *Furies* étaient des divinités. → VOIR noms propres.

furieusement **adv.** Avec beaucoup de violence, de fureur. *Ils se battaient furieusement.*

furieux, euse **adj.** Très en colère. *Pierre est furieux parce qu'il a perdu.* SYN. furibond.

furoncle **n.m.** Gros bouton qui s'est infecté et dans lequel il y a du pus.

furtif, ive **adj.** Que l'on fait en se cachant, à la dérobée. *Marie jetait des coups d'œil furtifs sur sa montre* (= rapides et discrets).

HISTOIRE DU MOT Vient du latin *fur* qui signifie « voleur », car les gestes d'un voleur sont furtifs pour ne pas être remarqués.

furtivement **adv.** Discrètement, rapidement et en se cachant. *Il ramassa furtivement les billets tombés du portefeuille de la dame* (= à la dérobée).

fusain **n.m.** ❶ Arbrisseau originaire du Japon, dont les feuilles sont luisantes et qui porte des fruits rouges ou roses. ❷ Crayon en charbon de bois fait à partir du bois du fusain ; dessin fait au fusain.

fuseau **n.m.** ❶ Petit instrument renflé en son centre et aux extrémités pointues dont on se servait pour filer la laine ou qui est utilisé pour faire de la dentelle. ❷ Pantalon moulant, qui se termine par une patte qui passe sous le pied. • **Fuseau horaire :** zone verticale comprise entre deux méridiens et à l'intérieur de laquelle l'heure est la même pour tout le monde. *La surface de la Terre est divisée en 24 fuseaux horaires. Quand on sort d'un fuseau horaire, on change d'heure : vers l'est il est plus tard, et vers l'ouest il est plus tôt.*

fusée **n.f.** ❶ Engin dont le moteur très puissant permet de lancer des satellites ou des véhicules dans l'espace. *Satellite placé dans le premier étage d'une fusée.* SYN. lanceur. → VOIR noms propres : **Ariane.** ❷ Tube rempli de poudre, qui éclate dans le ciel en faisant de la lumière. *On utilise les fusées dans les feux d'artifice. Fusée de détresse d'un bateau.*

fusée

fuselage **n.m.** Corps d'un avion, partie sur laquelle sont fixées les ailes, et qui contient l'habitacle.

fuselé, e **adj.** Dont la forme allongée rappelle celle d'un fuseau. *Des doigts fuselés.*

fuser **v.** (CONJUG. **3**). Jaillir comme une fusée ; éclater soudainement. *Jet de vapeur qui fuse. Des rires fusaient de tous côtés.*

fusible **n.m.** Petit fil en alliage spécial ou en plomb, qui est placé dans un circuit électrique, et qui fond si l'intensité est trop forte, coupant ainsi le courant. *Les fusibles ont sauté.* SYN. plomb.

fusil **n.m.** Arme à feu faite d'un canon de petit calibre fixé à une monture en bois. *Un fusil de chasse.* • **Changer son fusil d'épaule :** changer de projet, d'opinion ou adopter une autre manière de faire.
▸ REM. On ne prononce pas le *-l*.
HISTOIRE DU MOT Vient du latin *focus* qui signifie « feu ».

fusilier **n.m.** Soldat armé d'un fusil.
▸ REM. Attention, un seul *l*.

fusillade **n.f.** Décharge de plusieurs fusils en même temps ; échange de coups de feu. *Une fusillade a éclaté entre deux bandes de gangsters.*

fusiller **v.** (CONJUG. **3**). Exécuter un condamné à coups de fusil. *En temps de guerre, les déserteurs sont fusillés.* • **Fusiller du regard :** lancer un regard dur, hostile, menaçant. *J'ai voulu parler, mais il m'a fusillé du regard pour me faire taire.*

fusion **n.f.** ❶ Passage d'un corps solide à l'état liquide, sous l'effet de la chaleur. *La température de fusion du fer est bien plus élevée que celle du plomb.* ❷ *La fusion de deux entreprises, de deux associations*, c'est leur réunion en une seule entreprise ou association.

fusionner **v.** (CONJUG. **3**). *Deux entreprises qui fusionnent* se regroupent de manière à n'en former plus qu'une seule.

fustiger **fustigeant, fustigé v.** (CONJUG. **5**). Critiquer très sévèrement. *Fustiger ses adversaires. Molière a fustigé l'hypocrisie dans « Tartuffe ».* SYN. condamner.
▸ REM. Ce mot appartient à la langue soutenue.
HISTOIRE DU MOT Vient du latin *fustigare* qui signifie « frapper à coups de bâton ».

fût, ✎ ***fut*** **n.m.** ❶ Partie du tronc d'un arbre qui va du sol aux premières branches. ❷ Tonneau en bois dans lequel on met le vin, le cidre, l'eau-de-vie, etc.
▸ REM. On ne prononce pas le *-t*.
HISTOIRE DU MOT Vient du latin *fustis* qui signifie « bâton, rondin ».

futaie **n.f.** Forêt d'arbres aux troncs très élevés et droits.
▸ REM. S'écrit sans accent circonflexe, malgré *fût*.
HISTOIRE DU MOT Vient de *fût*.

futé, e **adj.** (Familier) Malin, rusé. *Une réponse futée.* SYN. astucieux. *Elle est très futée.* CONTR. bête, sot.
HISTOIRE DU MOT Vient de l'ancien verbe *se fuster*. Un oiseau qui *se fustait* échappait au chasseur par ruse.

futile **adj.** ❶ *Une chose futile* est sans intérêt, sans importance. ❷ *Une personne futile* s'intéresse à des choses sans importance, elle est superficielle, frivole.

futilité **n.f.** Ce qui est futile. *Il passe son temps à des futilités.* SYN. bagatelle.

futur, e **adj.** ❶ Qui existera dans l'avenir. *Les générations futures* (= celles qui viendront après nous). ❷ Qui deviendra cela plus tard. *C'est une future championne de ski.* ◆ **futur** **n.m.** ❶ Le temps, l'époque à venir. *Ils sont inquiets pour le futur.* SYN. avenir. ❷ Temps du verbe qui indique qu'une action se fait plus tard. *Dans « demain, nous verrons Annie », le verbe « voir » est au futur.*

futuriste **adj.** Qui évoque les techniques du futur. *Une architecture futuriste. Un véhicule futuriste.*

fuyant, e **adj.** ❶ *Un regard fuyant* est un regard qui ne fixe pas franchement les gens. ❷ *Un front fuyant* est très incliné vers l'arrière.

fuyard, e **n.** Personne qui fuit pour échapper au danger ; soldat qui fuit devant l'ennemi.

gabardine **n.f.** ❶ Tissu de laine ou de coton très serré et léger. *Un pantalon en gabardine.* ❷ Manteau de pluie fait avec ce tissu, que l'on a imperméabilisé.

gabarit **n.m.** ❶ Dimension standard, réglementée d'un objet, d'un véhicule, etc. *L'accès du tunnel est interdit aux camions hors gabarit.* ❷ (Familier) Taille, stature d'une personne. *Un homme d'un gabarit impressionnant.* SYN. corpulence.
▸ REM. On ne prononce pas le *-t*.

gabegie **n.f.** Désordre, gaspillage causé par une mauvaise organisation. *Quelle gabegie dans cette entreprise, on achète des fournitures qui ne servent à rien !* SYN. gâchis.

gabelle **n.f.** Impôt qui était prélevé sur le sel en France sous l'Ancien Régime. *La gabelle fut supprimée à la Révolution.*

gâcher **v.** (CONJUG. **3**). ❶ Mélanger du plâtre, du ciment avec de l'eau. ❷ Faire un mauvais usage de quelque chose, ne pas l'utiliser au mieux. *Je gâche mon temps à essayer de te convaincre.* SYN. gaspiller, perdre. ❸ Rendre moins agréable. *Le mauvais temps a gâché nos vacances.*

HISTOIRE DU MOT Vient d'un mot de la langue des Francs qui signifiait « laver ».

gâchette **n.f.** Pièce d'une arme à feu reliée à la détente, et qui fait partir le coup. • **Une fine gâchette :** un bon tireur.
▸ REM. On dit souvent, à tort, *appuyer sur la gâchette* au lieu de *appuyer sur la détente*.

gâchis **n.m.** ❶ Gaspillage. *Yann a fait du gâchis en faisant tomber le paquet de farine.* ❷ Situation regrettable, échec qui vient de mauvaises décisions. *Il avait tout pour réussir, mais il n'a pas fait d'effort, quel gâchis !*

gadelle **n.f.** Au Canada, petite baie rouge comestible.

gadget **n.m.** Objet qui est plus ou moins utile, mais qui est amusant et nouveau.
▸ REM. C'est un mot anglais, on prononce [gadʒɛt].

gadoue **n.f.** (Familier) Mélange épais de terre et d'eau. *Nous pataugions dans la gadoue.* SYN. boue.

1 gaffe **n.f.** Longue perche munie d'une pointe et d'un crochet, et qui sert à accoster une barque, à accrocher un filin.

2 gaffe **n.f.** (Familier) Acte ou parole qui tombent très mal. *J'ai encore fait une gaffe !* SYN. bévue, impair. • (Familier) **Faire gaffe :** faire attention, se méfier.

gaffer **v.** (CONJUG. **3**). (Familier) Faire une gaffe, une maladresse.

gaffeur, euse **n.** (Familier) Personne qui fait toujours des gaffes, des bévues.

gag **n.m.** Effet comique, situation drôle et inattendue. *Les films de Charlot sont pleins de gags.*

gage **n.m.** ❶ Garantie, assurance. *Nous lui avons offert ce livre en gage de notre reconnaissance.* SYN. témoignage. ❷ *Laisser un objet en gage*, c'est le mettre en dépôt en échange d'un prêt d'argent jusqu'au moment où l'on pourra rembourser la somme prêtée. ❸ Épreuve à subir lorsqu'on a perdu à un jeu. *Comme gage, tu feras cinq fois le tour de la table à cloche-pied.* ◆ **gages** **n.m.plur.** Autrefois, salaire d'un employé de maison. • **Tueur à gages :** personne payée pour assassiner quelqu'un.

gageure, ✎ ***gageüre*** **n.f.** ❶ Action qui semble irréalisable et que l'on accomplit comme si l'on répondait à un pari. *Traverser l'Atlantique à la rame, c'est une gageure.* ❷ Au Canada, pari.
▸ REM. On prononce [gaʒyr].

gagnant, e **adj.** et **n.** Qui gagne ou qui a gagné. *L'équipe gagnante. Les gagnants du Loto.*

gagne-pain **n.m.invar.,** ✎ ***n.m.*** (PLUR. : ***gagne-pains***). Ce qui permet à quelqu'un de gagner sa vie, de se nourrir. *Ce vieux violon, c'était son gagne-pain.*

gagner **v.** (CONJUG. **3**). ❶ Remporter une victoire, un prix ; être vainqueur. *Gagner une course.* CONTR. perdre. ❷ Obtenir de l'argent par son emploi ou par une activité quelconque. *Combien gagnez-vous par mois ? Elle gagne bien sa vie.* ❸ Tirer un avantage, un profit de quelque chose. *Ta montre contre ma gomme ? mais j'y gagne ! Il gagne à être connu. Tu as bien gagné cette récompense.* SYN. mériter. ❹ Parvenir à un endroit, l'atteindre. *Les marcheurs ont gagné le refuge avant la nuit* (= sont arrivés). ❺ Envahir peu à peu. *Le sommeil me gagne.* ❻ Garder du temps, de l'espace, de l'argent, etc., disponibles par un moyen approprié. *En mettant le lit contre le mur, tu gagnes de la place.* CONTR. perdre. *J'ai pris le raccourci et j'ai gagné du temps.* SYN. économiser.

gai, e adj. ❶ Qui est de bonne humeur, qui a envie de rire. *Annie est toujours gaie.* SYN. enjoué, joyeux. CONTR. sombre, triste. ❷ Qui met de bonne humeur. *Un film gai.* SYN. divertissant, drôle. *Des couleurs gaies* (= claires et vives). CONTR. terne, triste.

gaiement, ✎ ***gaiment*** **adv.** Avec gaieté, avec entrain. *Ils chantaient gaiement en revenant à la maison.* SYN. joyeusement. CONTR. tristement.

gaieté, ✎ ***gaité*** **n.f.** Bonne humeur, envie de rire, de s'amuser. SYN. entrain, joie. CONTR. tristesse. *Un dîner plein de gaieté.* SYN. allégresse. CONTR. morosité. • **De gaieté de cœur :** avec plaisir, et sans y être obligé. *Ce n'est pas de gaieté de cœur que nous avons déménagé.*

1 gaillard, e adj. Plein de vie, en bonne santé. *Ce monsieur est toujours gaillard pour son âge.* SYN. alerte, vif. ◆ **gaillard n.m.** Homme plein de santé et de vigueur. *Un solide gaillard.*

2 gai llard n.m. Poste élevé sur le pont d'un bateau. *Gaillard d'avant, gaillard d'arrière.*

gain n.m. ❶ Argent que l'on gagne. *Métier qui assure des gains élevés.* SYN. rémunération. *Ils ont vendu leur maison au bon moment et ont fait un gain énorme.* SYN. bénéfice. CONTR. perte. ❷ *Un gain de temps, de place,* c'est le temps, la place qu'on économise. *L'avion permet un important gain de temps.* SYN. économie. • **Avoir gain de cause :** obtenir ce que l'on demande, dans un différend, une querelle.

gaine n.f. ❶ Enveloppe qui protège ou recouvre quelque chose. *La gaine d'un couteau, d'un poignard. La gaine d'un câble électrique.* ❷ Large ceinture en tissu élastique qui maintient la taille et le ventre.

gainer v. (CONJUG. 3). Recouvrir d'une gaine.

gala n.m. Fête ou spectacle à caractère officiel, mondain. *Un gala au profit des victimes du tremblement de terre.*

galamment adv. De façon galante, polie, courtoise. *Il a galamment cédé sa place à une dame dans l'autobus.*

galant, e adj. Courtois, attentionné envers les femmes. *C'est un galant homme, il m'a aidée à porter ma valise.*

HISTOIRE DU MOT Vient de l'ancien verbe *galer* qui signifiait « s'amuser ».

galanterie n.f. Qualité d'un homme qui est galant, poli avec les femmes. *Avec beaucoup de galanterie, il a tenu la porte pour qu'elle passe.* SYN. courtoisie. CONTR. muflerie.

galaxie n.f. ❶ Chacun des immenses amas d'étoiles, de gaz et de poussières présents dans l'Univers. ❷ (Avec une majuscule.) *La Galaxie,* celle où se trouvent la Terre et le Soleil.

HISTOIRE DU MOT Vient du grec *galakias* qui signifie « Voie lactée », de *gala,* « lait ».

ENCYCLOPÉDIE La Galaxie ressemble à un disque très aplati d'environ 100 000 années-lumière de diamètre qui regroupe environ 100 milliards d'étoiles comparables à notre Soleil. On appelle *Voie lactée* la tranche de ce disque que l'on peut voir la nuit dans le ciel sous forme d'une traînée blanchâtre. L'Univers est peuplé de millions d'autres galaxies aux formes très différentes.

galaxie spirale

galbe n.m. Courbe harmonieuse d'un corps, d'un meuble, etc. *Le galbe des jambes d'une statue. Le galbe arrondi d'une carafe.*

galbé, e adj. Qui présente une courbe, un profil gracieux.

gale n.f. Maladie de la peau, causée par un acarien parasite, qui provoque de très fortes démangeaisons et qui est très contagieuse. → VOIR AUSSI **teigne.** • **Mauvais comme la gale :** très méchant. *Fais attention à elle, elle est mauvaise comme la gale.*

galéjade n.f. (Familier) Histoire inventée ou récit très exagéré.

HISTOIRE DU MOT Vient du provençal *galeja* qui signifie « plaisanter ».

galène n.f. Nom d'un minerai de plomb. *Les premiers postes de radio étaient des postes à galène.*

galère n.f. ❶ Navire à voiles équipé de rames et utilisé de l'Antiquité jusqu'au XVIIIe siècle pour la guerre ou le commerce. ❷ (Familier) Travail ou situation pénibles, par allusion aux conditions de vie des galériens. *Quelle galère pour rentrer à Paris en voiture un dimanche soir !* ◆ **galères n.f.plur.** Peine infligée autrefois aux criminels, condamnés à ramer sur des galères. *Être envoyé aux galères.*

A B C D E F G H I J K L M N O P Q R S T U V W X Y Z

galerie n.f. ❶ Passage creusé sous terre. *Les galeries d'une mine de charbon. Les galeries d'un terrier.* ❷ Long et large couloir ou grande et longue salle. *Les galeries d'un musée, d'un château.* ❸ Lieu où sont exposées des œuvres d'art. *Une galerie de peinture.* ❹ Vaste espace couvert où se trouvent des commerces. *Une galerie marchande.* ❺ Porte-bagages fixé sur le toit d'une automobile. ❻ Au Canada, balcon, couvert ou non, qui longe une ou plusieurs faces d'une maison.

galérien n.m. Autrefois, homme condamné à ramer sur les galères.

galet n.m. Caillou arrondi et poli par l'eau et le frottement. *Ramasser des galets au bord d'un torrent.*

galette n.f. ❶ Gâteau rond et plat. *Des galettes bretonnes.* ❷ Crêpe de sarrasin ou de maïs. *Nous avons mangé des galettes au jambon et au fromage.*

HISTOIRE DU MOT Vient de *galet*, à cause de la forme ronde et aplatie de la galette.

galeux, euse adj. et n. Qui a la gale. *Un chien galeux.* • **Brebis galeuse :** personne peu aimée ou méprisée, que l'on tient à l'écart.

galimatias n.m. Discours ou écrit très embrouillé, auquel on ne comprend rien. *Relis ta rédaction, on ne comprend rien, c'est un vrai galimatias !* SYN. (Fam.) charabia.
▸ REM. On prononce [-matja].

galion n.m. Grand navire qui servait à rapporter en Espagne, à partir du XVIe siècle, l'or et l'argent provenant d'Amérique.

galipette n.f. (Familier) Culbute, cabriole. *Faire des galipettes.*

HISTOIRE DU MOT Vient de l'ancien verbe *galer* qui signifiait « s'amuser ».

gallicisme n.m. Tournure ou expression propre à la langue française. *« Il y a », « il fait froid » sont des gallicismes.*

gallinacé n.m. *Les gallinacés* sont des oiseaux au vol lourd, aux ailes courtes, aux pattes et au bec puissants, qui vivent au sol et qui sont pour la plupart sédentaires. *Le coq, la poule, la perdrix et la dinde sont des gallinacés.*

HISTOIRE DU MOT Vient du latin *gallina* qui signifie « poule ».

gallo-romain, e adj. et n. (PLUR. : **gallo-romains, es**). Qui appartient à la civilisation qui s'est développée en Gaule entre l'invasion romaine et les invasions des Barbares (Ier-Ve siècle après J.-C.). *Une villa gallo-romaine.*

galoche n.f. ❶ Chaussure de cuir à semelle de bois. ❷ *Un menton en galoche* est long et relevé vers l'avant.

galon n.m. ❶ Bande de tissu qui sert à orner des vêtements, des rideaux, etc. ❷ Insigne qu'un militaire porte sur son uniforme et qui indique son grade. ❸ Au Canada, ruban gradué qui sert à prendre des mesures. • **Prendre du galon :** monter en grade.

galop n.m. L'allure la plus rapide d'un cheval. *Le cheval partit au galop.* • **Galop d'essai :** épreuve qui permet d'évaluer les possibilités d'un cheval ou d'une machine.
▸ REM. On ne prononce pas le *-p*.

galopade n.f. Course dont le bruit fait penser à des chevaux au galop. *Une galopade d'enfants dans les couloirs.* SYN. cavalcade.

galoper v. (CONJUG. 3). ❶ Pour un cheval, aller au galop. ❷ Au figuré, aller et venir rapidement. *J'ai galopé toute la journée.*

galopin n.m. (Familier) Petit garçon espiègle et effronté. SYN. garnement, polisson.

HISTOIRE DU MOT Vient de *galoper*, car autrefois un galopin était un jeune garçon chargé de faire les courses et qui devait donc aller très vite dans les rues.

galvaniser v. (CONJUG. 3). Donner de l'énergie, du courage, de l'enthousiasme. *Les cris des supporters ont galvanisé l'équipe.*

galvauder v. (CONJUG. 3). ❶ *Galvauder son talent*, c'est le gâcher en en faisant mauvais usage. ❷ *Une idée galvaudée* n'a plus aucune valeur parce que tout le monde en a déjà entendu parler.

gambade n.f. Bond, saut léger que l'on fait quand on est joyeux. SYN. cabriole.

HISTOIRE DU MOT Vient du provençal *cambado* qui signifie « jambe ».

gambader v. (CONJUG. 3). Faire des gambades, courir gaiement de-ci de-là. *Les enfants gambadent sur la pelouse.*

gamelle n.f. Récipient en fer dans lequel les soldats, les travailleurs, les campeurs transportent leur repas.

gamin, e n. et adj. Petit garçon, petite fille. SYN. enfant.

gaminerie n.f. Comportement de gamin. SYN. enfantillage.

gamme n.f. ❶ En musique, suite de tons et de demi-tons parcourant une octave. *Jouer la gamme de « do », de « mi » bémol.* ❷ Ensemble de choses de même nature mais qui présentent certaines différences. *Une*

pont **gallo-romain** (pont du Gard)

gamme de couleurs. Une nouvelle gamme de voitures (= différents modèles).

gammée adj.f. • **Croix gammée :** croix dont les quatre branches forment un angle droit vers la gauche ou vers la droite. *La croix gammée était le symbole du Soleil dans des civilisations anciennes ; elle a été reprise par Hitler et est devenue l'emblème du nazisme.*

HISTOIRE DU MOT Vient de la lettre grecque *gamma* dont la majuscule ressemble à un L renversé.

gang n.m. Bande organisée de malfaiteurs. *Tout le gang est sous les verrous.*
▸ REM. 1. On prononce le *-g* final. 2. Ne pas confondre avec *gangue*.

HISTOIRE DU MOT C'est un mot anglais qui signifie « équipe, bande ».

ganglion n.m. Petit renflement que l'on a sous la peau aux aisselles, à l'aine, au cou et qui, quand il enfle, signale une infection.

gangrène n.f. ❶ Maladie très grave qui provoque la putréfaction des tissus. *La blessure s'est infectée et la gangrène a gagné le bras, il faut l'amputer.* ❷ Ce qui pourrit la société comme la gangrène pourrit le corps. *La gangrène de la xénophobie et du racisme.*

gangster n.m. Membre d'un gang. *Les gangsters ont ouvert le feu sur le car de police.* SYN. bandit, truand.
▸ REM. C'est un mot anglais, on prononce [gɑ̃gstɛr].

gangue n.f. Matière collée, agglutinée autour d'un minerai, d'un métal précieux, lorsqu'on l'extrait de la terre. *Débarrasser un diamant de sa gangue.*
▸ REM. Ne pas confondre avec *gang*.

ganse n.f. Cordonnet ou ruban qui orne le bord d'un tissu.

gant n.m. ❶ Accessoire de l'habillement qui couvre la main. *Une paire de gants.* ❷ Objet qui couvre la main, adapté à des usages particuliers. *Un gant de toilette. Des gants de ski, de boxe.* • **Aller comme un gant :** convenir parfaitement. *Ce travail me va comme un gant.* • **Prendre des gants :** ménager quelqu'un, faire attention à ne pas le blesser. *Il n'a pas pris de gants pour nous dire ce qu'il pensait.*

garage n.m. ❶ Abri pour les véhicules, lieu où on les gare. *Rentrer sa voiture au garage.* ❷ Local où l'on vend et répare les automobiles. *Il faut que je conduise ma voiture au garage pour la faire réviser.*

garagiste n. Personne qui tient un garage, qui répare les voitures.

garance n.f. Plante des régions chaudes et tempérées dont on tirait une teinture rouge.

garant, e adj. et n. *Se porter garant d'une personne*, c'est s'engager pour elle. *La jeune fille a pu louer un appartement parce que ses parents se sont portés garants* (= si elle ne peut pas payer, ils paieront à sa place). *Le directeur se porte garant de l'honnêteté de ses employés* (= il répond d'eux).

garantie n.f. ❶ Contrat qui garantit un appareil, un véhicule, etc. *Garantie d'un an. Un appareil encore sous garantie.* ❷ Le fait de garantir quelque chose. *Ce système de sécurité est une garantie contre le vol.* SYN. assurance. *Sa longue expérience est une garantie de la qualité de son travail.* SYN. gage. • **Sans garantie :** sans certitude. *Ce que je vous dis là est sans garantie* (= ce n'est pas sûr).

garantir garantissant, garanti v. (CONJUG. 16). ❶ Pour un fabricant, assurer qu'un produit est de bonne qualité et s'engager, pour un certain temps, à le réparer gratuitement en cas de défaut ou de panne. *Ce constructeur garantit ses voitures trois ans.* ❷ Donner pour certain. *Je te garantis que ça va marcher.* SYN. assurer, certifier. ❸ Mettre à l'abri, préserver. *Le mur nous garantit du vent.* SYN. protéger.

garçon n.m. ❶ Enfant de sexe masculin. *Ils ont trois enfants, deux garçons et une fille.* ❷ Nom donné aux employés masculins dans certaines professions. *Garçon, un café !* SYN. serveur. • **Garçon manqué :** fille intrépide et turbulente. • **Vieux garçon :** homme d'un certain âge encore célibataire.

HISTOIRE DU MOT Vient de l'ancien français *garçun* qui signifiait « valet ».

garçonnet n.m. Jeune garçon.

1 **garde** n. Personne qui monte la garde, qui protège un lieu ou une autre personne. *Le capitaine a fait placer dix gardes devant le dépôt de munitions.* SYN. sentinelle, vigile. *Les gardes du corps d'un ministre* (= ceux qui le protègent contre tout attentat). *Le garde champêtre surveille les chasseurs.* • **Garde des Sceaux :** en France, le ministre de la Justice.

2 **garde** n.f. ❶ L'action de garder, le fait de veiller sur quelque chose ou quelqu'un. *Tu as la garde de la maison ce soir. L'enfant a été confié à la garde de ses grands-parents. Chien de garde. La pharmacie de garde reste ouverte la nuit.* ❷ L'ensemble des personnes qui gardent un lieu ou quelqu'un. *La garde du palais présidentiel.* ❸ *La garde d'une épée, d'un poignard*, c'est la partie qui protège la main, entre la lame et la poignée. • **Mettre en garde :** avertir d'une menace, d'un danger. • **Monter la garde :** surveiller un endroit. • **Prendre garde :** se méfier. • **Se tenir sur ses gardes :** être vigilant, faire attention.

garde-à-vous n.m.invar. Position réglementaire que prend un militaire, debout, immobile, les bras le long du corps, les talons joints, sur ordre d'un supérieur. *Se mettre au garde-à-vous.*

garde-barrière n. (PLUR. : gardes-barrière ou gardes-barrières), ✎ (PLUR. : *garde-barrières*). Personne qui ferme la barrière d'un passage à niveau juste avant le passage des trains.

garde-boue n.m.invar., ✎ *n.m.* (PLUR. : *garde-boues*). Pièce de métal placée au-dessus des roues des cycles pour protéger des éclaboussures d'eau, de boue.

garde-chasse n.m. (PLUR. : gardes-chasse ou gardes-chasses), ✎ (PLUR. : *garde-chasses*). Personne chargée de faire respecter la réglementation de la chasse sur un domaine.

A B C D E F G H I J K L M N O P Q R S T U V W X Y Z

garde-côte **n.m.** (PLUR. : **garde-côtes**). Bateau utilisé pour la surveillance et la défense des côtes.

garde-côte

garde-fou **n.m.** (PLUR. : **garde-fous**). Barrière, rambarde pour empêcher les personnes de tomber d'une passerelle, d'un pont. SYN. parapet.

garde-malade **n.** (PLUR. : **gardes-malade** ou **gardes-malades**), ✎ (PLUR. : ***garde-malades***). Personne qui reste auprès d'un malade et l'aide à faire sa toilette, à s'habiller, à se nourrir, etc.

garde-manger **n.m.invar.**, ✎ ***n.m.*** (PLUR. : ***garde-mangers***). Petite armoire, en général grillagée, où l'on conserve des aliments à l'abri des insectes et du soleil.

garder **v.** (CONJUG. 3). ❶ Protéger en surveillant. *Trois hommes gardaient le prisonnier. Ce soir, Pierre garde ses petits frères. Le chien garde la maison.* ❷ Ne pas se séparer de quelque chose, le conserver. *Je garde mon sac avec moi. Savoir garder un secret. Gardez votre calme !* ❸ Conserver en bon état. *Du lait qu'on peut garder une semaine.* • **Garder la chambre** ou **le lit** : rester au lit parce qu'on est malade. ◆ **se garder** **v.pron.** ❶ Se conserver. *Les fraises ne se gardent pas longtemps.* ❷ *Se garder de faire quelque chose*, c'est ne pas le faire. *Il s'est bien gardé de dire à ses parents qu'il avait eu un zéro.*

HISTOIRE DU MOT Vient d'un mot de la langue des Francs qui signifiait « regarder ».

garderie **n.f.** Lieu où l'on peut faire garder les enfants.

garde-robe **n.f.** (PLUR. : **garde-robes**). ❶ Armoire, placard où l'on pend ses vêtements. ❷ L'ensemble des vêtements d'une personne. *Renouveler sa garde-robe.*

gardian **n.m.** Nom donné aux gardiens de chevaux et de taureaux, en Camargue.

gardien, enne **n.** ❶ Personne qui garde, qui surveille. *Un gardien d'immeuble, de nuit, de prison.* ❷ Au Québec, baby-sitter. • **Gardien de but** : joueur chargé de protéger les buts de son équipe. SYN. goal. • **Gardien de la paix** : agent de police.

gardiennage **n.m.** L'activité d'un gardien. *Société de gardiennage.*

gardon **n.m.** Petit poisson des eaux douces et tranquilles, au ventre argenté, aux nageoires rougeâtres. • **Frais comme un gardon** : en très bonne forme, bien reposé.

1 **gare** **n.f.** Ensemble des installations et des bâtiments d'où les trains partent et où ils arrivent. *Le train de Lyon entre en gare.* • **Gare routière** : lieu d'où partent et où arrivent les autocars de voyageurs ou les camions transportant des marchandises.

2 **gare** **interj.** Mot que l'on emploie pour prévenir d'un danger ou lancer un avertissement. *Gare à toi, tu vas tomber si tu continues à te balancer !* • **Sans crier gare** : sans prévenir. *Il est parti sans crier gare.*

garenne **n.f.** Terrain boisé et sablonneux où les lapins vivent à l'état sauvage. *Des lapins de garenne.*

garer **v.** (CONJUG. 3). Ranger un véhicule le long d'un trottoir, dans un garage, un parc de stationnement, etc. ◆ **se garer** **v.pron.** ❶ Ranger son véhicule. *Tu t'es encore mal garé !* ❷ Se mettre à l'abri, se préserver de quelque chose. *Se garer des coups.* CONTR. s'exposer à.

se **gargariser** **v.pron.** (CONJUG. 3). Se rincer la bouche et la gorge avec un liquide spécial.

gargarisme **n.m.** Action de se gargariser ; liquide spécial pour se gargariser.

gargote **n.f.** Petit restaurant populaire où l'on mange à bas prix.

gargouille **n.f.** Figure sculptée dans la pierre, représentant souvent un animal fantastique à la gueule grande ouverte, et qui sert de gouttière à un édifice ou d'ornement à une fontaine. *Les gargouilles de la cathédrale Notre-Dame de Paris sont célèbres dans le monde entier.*

gargouille (cathédrale Notre-Dame de Paris)

gargouiller **v.** (CONJUG. 3). Faire entendre un bruit qui rappelle celui de l'eau dans un tuyau. *Tu as faim, ton ventre gargouille.*

gargouillis ou **gargouillement** **n.m.** Bruit que fait l'estomac ou l'intestin quand il gargouille. SYN. borborygme.

garnement **n.m.** Enfant insupportable. *Ces garnements m'ont encore fait une mauvaise farce.* SYN. chenapan, galopin, vaurien.

garnir **garnissant, garni v.** (CONJUG. 16). ❶ Remplir de ce qui est nécessaire. *Le réfrigérateur est bien garni.* ❷ Accompagner de quelque chose ; ajouter. *Myriam a garni sa tarte d'abricots et de prunes.* ❸ Mettre en plus pour protéger ou renforcer. *Garnir une fenêtre de barreaux.* ❹ Mettre en plus pour décorer, orner. *Les enfants ont garni le sapin de Noël de guirlandes.* ◆ **se garnir** **v.pron.** Se remplir. *Les gradins du stade se garnissaient peu à peu.* CONTR. se vider.

garnison **n.f.** L'ensemble des soldats installés dans une ville, dans une place forte ; la ville où ils sont installés.

garniture **n.f.** ❶ Ce qui sert à garnir quelque chose. *La garniture des freins est usée* (= ce qui les protège). ❷ Aliment qui accompagne un plat principal. *Voulez-vous des frites ou du riz comme garniture ?* (= pour accompagner votre viande).

garrigue **n.f.** Végétation pauvre (chênes verts, buissons épineux) des pays méditerranéens, qui pousse sur les terrains calcaires, en particulier après la destruction d'une forêt par le feu.

1 garrot **n.m.** Région du corps des grands quadrupèdes située au-dessus des épaules, à la naissance de l'encolure. *La hauteur d'un cheval au garrot* (= la distance mesurée entre le sol et le garrot).

HISTOIRE DU MOT Vient d'un mot gaulois, « partie de la jambe ».

2 garrot **n.m.** Bande que l'on serre très fort autour d'un membre pour arrêter une hémorragie. *Poser un garrot est un des premiers gestes qu'apprennent les secouristes.*

HISTOIRE DU MOT Vient d'un verbe de la langue des Francs qui signifiait « tordre ».

gars **n.m.** (Familier) Garçon, jeune homme. *C'est un bon petit gars. Allons-y, les gars.*
▸ REM. On prononce [ga].

gas-oil ou **gasoil** **n.m.** → **gazole**

gaspillage **n.m.** Action de gaspiller, de dépenser inutilement. *Si tu ouvres la fenêtre, éteins le chauffage pour éviter le gaspillage.* SYN. gâchis. CONTR. économie.

gaspiller **v.** (CONJUG. 3). Dépenser ou utiliser n'importe comment, sans faire attention ou de façon inutile. *Gaspiller son argent en bêtises. Ne gaspille pas tes forces, tu en auras besoin.* SYN. gâcher. CONTR. épargner.

gastéropode ou **gastropode** **n.m.** *Les gastéropodes* sont des mollusques qui rampent à l'aide d'un muscle ventral appelé *pied*. *Les limaces, les escargots, les bigorneaux sont des gastéropodes. Les gastéropodes sont souvent pourvus d'une coquille dorsale.*

HISTOIRE DU MOT Vient du grec *gastêr*, qui signifie « estomac, ventre », et *podos*, qui signifie « pied ».

gastrique **adj.** De l'estomac. *Le suc gastrique est un liquide sécrété par l'estomac, et qui aide à la digestion.*

gastrite **n.f.** Douleur à l'estomac, causée par trop d'acidité.

gastronome **n.** Personne qui apprécie la bonne cuisine. *Le père de Cyril est un fin gastronome.* SYN. gourmet.

gastronomie **n.f.** Connaissance de la bonne cuisine et art de la déguster.

gastronomique **adj.** Relatif à la gastronomie, à la bonne cuisine. *Un restaurant gastronomique.*

gastropode **n.m.** → **gastéropode**

gâteau **n.m.** Pâtisserie faite d'une pâte à base de farine, lait, beurre, etc., que l'on emploie seule ou avec une garniture. *Gâteaux secs. Gâteau à la crème.* ● (Familier) **C'est du gâteau :** c'est quelque chose de facile, d'agréable.
▸ REM. Attention à l'accent circonflexe.

gâter **v.** (CONJUG. 3). ❶ Combler quelqu'un de gentillesses, de cadeaux. *Votre grand-mère vous a gâtés pour Noël.* ❷ Abîmer, enlaidir. *Ces nouveaux immeubles gâtent le paysage.* CONTR. embellir. ❸ Faire rater quelque chose. *Tu as tout gâté avec ta maladresse.* ◆ **se gâter** **v.pron.** S'abîmer, se détériorer. *Avec cette chaleur, les fruits se gâtent. Le temps se gâte* (= il devient mauvais).

gâterie **n.f.** Friandise ou petit cadeau. *Il a apporté des gâteries pour les enfants.* SYN. douceur.

gâteux, euse **adj.** et **n.** (Familier) Affaibli intellectuellement à cause de l'âge, de la maladie ; qui radote.

gâtisme **n.m.** L'état d'une personne gâteuse.

1 gauche **adj.** ❶ Qui est situé du côté du corps où se trouve le cœur, par opposition à *droite*. *Elle a mal à la main gauche. L'œil gauche.* ❷ Qui est mal à l'aise ou maladroit. *Il restait à la porte, tout gauche.* SYN. embarrassé. *Des gestes gauches.* SYN. malhabile. ● **Se lever du pied gauche :** être de mauvaise humeur en se levant.

2 gauche **n.f.** ❶ Côté gauche. *Asseyez-vous à ma gauche.* CONTR. droite. ❷ En politique, l'ensemble des partis progressistes, par opposition à la *droite*. ● **À gauche :** du côté gauche. *En Angleterre, les voitures roulent à gauche* (= du côté gauche de la chaussée). *Leur maison est à gauche de la mairie.*

gaucher, ère **adj.** et **n.** Qui se sert habituellement de sa main gauche. *Je suis gaucher, j'écris de la main gauche.* CONTR. droitier.

gaucherie **n.f.** Manque d'habileté, d'aisance ; action, geste gauches. *La gaucherie d'un enfant timide.* SYN. embarras, gêne.

gaucho **n.m.** Cavalier qui garde les troupeaux en Amérique du Sud.
▸ REM. On prononce [goʃo] ou [gawtʃo].

gaufre **n.f.** Pâtisserie cuite dans un moule spécial, le *gaufrier*, qui imprime dans la pâte des carrés creux.

gaufré, e **adj.** *Un papier, un tissu, un cuir gaufrés* ont des motifs imprimés en relief ou en creux.

A B C D E F G H I J K L M N O P Q R S T U V W X Y Z

gaufrette n.f. Petit biscuit léger et croustillant qui a la forme d'une petite gaufre.

gaule n.f. ❶ Longue perche dont on se sert pour faire tomber des fruits d'un arbre. ❷ Canne à pêche.

gauler v. (CONJUG. 3). Frapper les branches d'un arbre avec une gaule pour en faire tomber les fruits. *Gauler les noix.*

gaulois, e adj. et n. De la Gaule. *Le peuple gaulois. Une ferme gauloise. Vercingétorix était un Gaulois.*
▸ REM. Quand il désigne une personne, le mot prend une majuscule : *une Gauloise, les Gaulois.*

monnaie **gauloise** à l'effigie de Vercingétorix

se **gausser** v. (CONJUG. 3). Se moquer de quelqu'un sans se cacher, lui rire au nez. SYN. railler.
▸ REM. Ce mot appartient à la langue soutenue.

gavage n.m. Action de gaver des animaux. *Le gavage des oies se pratique dans le sud-ouest de la France.*

gave n.m. Nom donné à un torrent de montagne des Pyrénées. *Le gave de Pau.*

gaver v. (CONJUG. 3). ❶ *Gaver une volaille*, c'est l'alimenter de force en lui introduisant de la nourriture jusqu'au fond du gosier, à la main ou à l'aide d'un appareil. *Gaver des canards pour obtenir le foie gras.* ❷ Faire trop manger. *Gaver un enfant de gâteaux.* SYN. bourrer. ◆ **se gaver** v.pron. Manger beaucoup. *Ils se gavent de bonbons.*

gavial n.m. (PLUR. : **gavials**). Crocodile d'Inde et de Birmanie au museau long et étroit.

gavroche n.m. Jeune garçon insolent et moqueur.
HISTOIRE DU MOT C'est le nom d'un personnage de Victor Hugo.

gaz n.m.invar. ❶ Une des formes de la matière avec les *solides* et les *liquides*. *L'air est composé principalement de deux gaz, l'azote et l'oxygène. Dans l'eau pétillante, il y a du gaz carbonique. Des gaz toxiques.* ❷ Combustible qui sert au chauffage ou à la cuisson des aliments. *Une cuisinière à gaz.* • **Gaz à effet de serre** → VOIR **serre 2.** • **Gaz de combat :** substances chimiques gazeuses ou liquides utilisées comme armes. • (Familier) **Il y a de l'eau dans le gaz :** il y a des tensions, des désaccords, une dispute va éclater. ◆ **n.m.plur.** Air qui se trouve dans l'intestin. *Avoir des gaz.*
▸ REM. Ne pas confondre avec *gaze.*

ENCYCLOPÉDIE Le gaz que l'on utilise dans les habitations est du gaz naturel que l'on tire de gisements souterrains. Autrefois, le gaz servait aussi pour l'éclairage.

gaze n.f. Tissu de coton très lâche utilisé pour les compresses, les pansements, les bandages. *La pharmacienne a mis une pommade sur la plaie et l'a recouverte d'une compresse de gaze.*
▸ REM. Ne pas confondre avec *gaz.*

gazé, e n. Personne qui a été atteinte par des gaz de combat.

gazéifier v. (CONJUG. 7). Ajouter du gaz carbonique à une boisson pour la rendre pétillante. *De l'eau minérale gazéifiée.*

gazelle n.f. Mammifère des steppes d'Afrique et d'Asie, aux pattes fines et longues, au pelage couleur sable, et à la course très rapide. *La gazelle est un mammifère ruminant.*

gazelle

gazer v. (CONJUG. 3). Faire subir à des personnes les effets très nocifs d'un gaz, les tuer en employant le gaz.

gazette n.f. Petit journal généralement spécialisé dans un domaine précis (politique, littérature). *« La Gazette de Lausanne » est un quotidien suisse.*
HISTOIRE DU MOT Vient du vénitien *gazeta*, nom d'une pièce de monnaie, parce que la première gazette ne coûtait qu'une gazeta.

gazeux, euse adj. ❶ Qui est de la nature du gaz, ni solide ni liquide. *Lorsque l'eau bout, elle passe de l'état liquide à l'état gazeux.* ❷ *Une eau, une boisson gazeuse*, c'est une eau, une boisson qui pétille, dans laquelle il y a du gaz carbonique. *Adeline a commandé une boisson gazeuse.*

gazoduc n.m. Grosse canalisation qui permet d'acheminer du gaz d'une région à une autre. → VOIR AUSSI **aqueduc, oléoduc.**

gazole n.m. Produit dérivé du pétrole, utilisé comme carburant pour les moteurs Diesel ou comme combustible.
▸ REM. Ce mot est la forme française de l'anglais *gas-oil* ou *gas oil.*

gazon n.m. Herbe courte et très fine qui fait comme un tapis. *Tondre le gazon.*

gazouiller v. (CONJUG. 3). ❶ Pour un oiseau, faire entendre un chant très doux. ❷ Pour un bébé, faire entendre des sons qui ne sont pas encore des mots. SYN. babiller.

gazouillis ou **gazouillement** **n.m.** Bruit fait en gazouillant. *Le gazouillis de l'eau qui coule dans la fontaine. Les gazouillements d'un bébé.*

geai **n.m.** Oiseau des bois au plumage brun clair avec des taches de bleu, de blanc et de noir. Cri : le geai cajole ou jase. ▸ REM. Ne pas confondre avec *jais*.

geai

géant, e **n.** Personne de très grande taille, qui dépasse largement la normale. *Il mesure plus de deux mètres, c'est un géant !* • **Marcher, avancer à pas de géant :** très vite. ◆ **adj.** ❶ Exceptionnellement grand. *Une ville géante.* ❷ (Familier) Formidable. *Un film géant.* ◆ **géant** **n.m.** Entreprise qui domine un secteur économique. *Un géant de l'automobile.*

HISTOIRE DU MOT Vient de *Gigas*, nom donné, dans la mythologie grecque, aux fils monstrueux et gigantesques de Gaia, déesse de la Terre.

géant (détail du tableau d'Alexis Bafcop : *le Carnaval de Cassel*, 1876)

geignard, e **adj.** et **n.** Qui se plaint, qui geint sans cesse, qui pleurniche.

geindre **geignant, geint v.** (CONJUG. **49**). Gémir d'une voix faible. *Le malade n'a pas cessé de geindre cette nuit. Qu'est-ce que tu as encore à geindre ?* SYN. se plaindre, pleurnicher.

gel **n.m.** ❶ Période où il gèle ; abaissement de la température au-dessous de zéro. *Attention, cette nuit, risque de gel.* ❷ Transformation de l'eau en glace. *Des canalisations d'eau ont éclaté à cause du gel.* CONTR. dégel. ❸ Substance translucide à base d'eau ou d'huile et qui a l'aspect d'une gelée. *Du gel coiffant.*

gélatine **n.f.** Substance molle et translucide que l'on obtient notamment en faisant bouillir les os des animaux. *La gélatine sert entre autres à la fabrication des colles.*

gélatineux, euse **adj.** Qui a l'aspect, la consistance de la gélatine. *Le riz trop cuit devient gélatineux.*

gelé, e **adj.** ❶ Transformé en glace. *Nous patinions sur le lac gelé.* ❷ Qui a ou qui est très froid. *Je suis gelée.* SYN. frigorifié. *J'ai les mains gelées.*

gelée **n.f.** ❶ Abaissement de la température au-dessous de zéro, qui fait geler l'eau. *Il y a eu de fortes gelées cet hiver.* ❷ Nom donné à diverses substances d'aspect gélatineux. *Un poulet en gelée. De la gelée de groseille, de coing.*

geler **v.** (CONJUG. **11**). ❶ Se transformer en glace. *L'eau a gelé dans le tuyau. L'étang est gelé.* ❷ Détériorer par le froid. *Le grand froid a gelé les vignes. L'alpiniste a eu les pieds gelés.* ❸ Avoir très froid. *Ferme la fenêtre, je gèle !* • **Il gèle :** la température descend au-dessous de zéro, il fait très froid.

gélule **n.f.** Petite capsule, faite de gélatine, qui contient un médicament en poudre. *Avaler une gélule.*

Gémeaux **n.m.plur.** *Signe des Gémeaux*, troisième signe du zodiaque, qui commence le 22 mai et se termine le 21 juin.

HISTOIRE DU MOT Vient, comme *jumeau*, du latin *gemellus*.

gémir **gémissant, gémi v.** (CONJUG. **16**). ❶ Exprimer sa souffrance par des sons plaintifs. *Les blessés gémissaient sous les décombres.* SYN. geindre. ❷ Produire un son qui ressemble à un gémissement. *Le vent gémit dans les branches.* ❸ Se plaindre. *Il passe son temps à gémir sur son sort.*

gémissant, e **adj.** Qui gémit. *Une voix gémissante.* SYN. plaintif.

gémissement **n.m.** Son que fait entendre une personne qui gémit, qui se plaint. *Le malade poussait de faibles gémissements.*

gênant, e **adj.** Qui dérange. *Une question gênante.* SYN. embarrassant. *C'est bien gênant que tu ne puisses pas venir demain.* SYN. ennuyeux.

gencive **n.f.** La partie de la mâchoire dans laquelle sont fixées les dents.

gendarme **n.** Militaire chargé du maintien de l'ordre public et de la sécurité sur les routes, les plages, en montagne. • **La peur du gendarme :** la crainte d'être puni, qui retient de faire une mauvaise action.

HISTOIRE DU MOT Ce mot est la contraction de *gens d'armes*, ceux qui portaient des armes.

se **gendarmer** **v.pron.** (CONJUG. **3**). Parler fort et d'un ton menaçant. SYN. se fâcher.

gendarmerie **n.f.** ❶ Le corps de l'armée chargé de veiller à la sécurité intérieure du territoire. ❷ Les bâtiments où se trouvent les gendarmes.

gendre **n.m.** Mari de la fille. *Le gendre de M. et Mme Jean, c'est le mari de leur fille Élise.* SYN. beau-fils.

gène **n.m.** Élément du chromosome qui porte et transmet un caractère héréditaire. → VOIR **génétique.** ▸ REM. Ne pas confondre avec *gêne*.

HISTOIRE DU MOT Vient du grec *genos* qui signifie « naissance ».

gêne **n.f.** Le fait de se sentir mal à l'aise. *Pierre hésitait à parler, sa gêne était visible.* SYN. confusion, embarras, trouble. • **Être dans la gêne :** manquer d'argent.

a b c d e f g h i j k l m n o p q r s t u v w x y z

A B C D E F G H I J K L M N O P Q R S T U V W X Y Z

SYN. besoin. • **Être sans gêne :** prendre ses aises sans tenir compte des autres. SYN. impoli.
▶ REM. Ne pas confondre avec *gène*.

HISTOIRE DU MOT Vient de la *géhenne* qui désignait l'enfer, dans les écrits bibliques.

gêné, e adj. Qui éprouve de la gêne. *Jacques était très gêné après la gaffe qu'il venait de commettre.* SYN. confus, embarrassé.

généalogie n.f. Science qui étudie l'origine et la composition d'une famille, son arbre généalogique.

généalogique adj. De la généalogie. *L'arbre généalogique représente tous les membres d'une famille avec leurs liens de parenté.*

gêner v. (CONJUG. 3). ❶ Empêcher quelque chose ou le rendre plus difficile. *Tu vois bien que ta valise gêne le passage au milieu du couloir !* ❷ Causer un malaise physique. *Ma chaussure gauche me gêne, elle me serre trop. J'espère que la fumée ne vous gêne pas.* SYN. incommoder. ❸ Mettre mal à l'aise moralement. *Ça me gêne de lui mentir.* SYN. déranger. ◆ **se gêner** v.pron. ❶ Constituer une gêne l'un pour l'autre. *Le bureau est trop petit, on se gêne.* ❷ *Ne pas se gêner*, c'est ne pas hésiter à faire ce que l'on veut sans tenir compte des autres. *Il ne se gêne pas, il a pris le plus gros morceau de tarte !*

1 général, ale, aux adj. Qui concerne un ensemble de choses ou de personnes et non telle chose ou telle personne en particulier. *Avant de passer aux cas particuliers, je voudrais faire quelques remarques générales. Dans l'intérêt général* (= de tous). SYN. commun. • **Répétition générale :** la dernière répétition d'un spectacle, faite devant des invités. (On dit aussi *une générale*.) ◆ **général** n.m.sing. • **En général :** le plus souvent, habituellement. *En général, il est à l'heure.*

2 général, e n. (PLUR. : **généraux**). Le grade le plus élevé dans l'armée de terre ou de l'air.

1 générale n.f. Femme d'un général. *Madame la générale.*

2 générale n.f. Au théâtre, représentation d'un spectacle devant des invités juste avant la première représentation publique (= répétition générale).

généralement adv. De façon générale, dans la plupart des cas. *Boris rentre généralement vers six heures.* SYN. habituellement, ordinairement.

généraliser v. (CONJUG. 3). Rendre général, appliquer à l'ensemble ou à la majorité des cas. *Cette méthode est très bonne, il faudrait la généraliser dans toutes les écoles.* ◆ **se généraliser** v.pron. Devenir général, être adopté par la majorité des gens. *L'utilisation de l'informatique se généralise.* SYN. se répandre.

généraliste n. Médecin qui pratique la médecine générale, par opposition au *spécialiste*.

généralité n.f. Idée générale et quelquefois vague. *Nous n'avons rien appris de neuf, il en est resté à des généralités.* SYN. banalité.

1 générateur, trice adj. Qui produit quelque chose. *Des progrès scientifiques, générateurs de changements.*

2 générateur n.m. ou **génératrice** n.f. Appareil qui produit de l'énergie. *Générateur d'électricité, de vapeur. Une dynamo est une génératrice.*

génération n.f. ❶ L'espace de temps qu'il y a entre la naissance des parents et celle de leurs enfants. *Ma famille est installée dans cette région depuis quatre générations.* ❷ L'ensemble des personnes qui ont à peu près le même âge. *L'idole de notre génération* (= classe d'âge). ❸ *Les ordinateurs de la première, de la seconde génération* sont les ordinateurs du premier, du second stade de progrès technique, de perfectionnement.

générer v. (CONJUG. 9, ✎ *10*). Produire, avoir pour conséquence.
▶ REM. Ce mot appartient à la langue technique.

généreusement adv. Avec générosité, sans compter. *Tu as été généreusement récompensé !* SYN. largement. *Il offrait généreusement à boire.* SYN. abondamment.

généreux, euse adj. Qui a bon cœur, qui aime donner. *Pierre est généreux, il partage ce qu'il a.* SYN. large. CONTR. avare. *Des idées généreuses.* SYN. altruiste. CONTR. égoïste.

1 générique adj. *Un terme générique* représente une catégorie entière d'êtres ou d'objets. *« Récipient » est un terme générique qui peut désigner les bouteilles, les casseroles, les boîtes, etc.*

2 générique n.m. Liste des personnes qui ont collaboré à la réalisation d'un film, d'une émission de télévision (acteurs, metteur en scène, producteur, techniciens).

générosité n.f. Le fait d'être généreux. *Cette organisation humanitaire fait appel à la générosité du public.* SYN. bonté, largesse. CONTR. égoïsme.

genèse n.f. ❶ L'origine de quelque chose ; la façon dont quelque chose s'est formé. *La genèse de la Terre.* SYN. création. *Savant qui explique la genèse de sa théorie.* SYN. élaboration. ❷ (Avec une majuscule.) Premier livre de la Bible, qui débute par le récit de la création du monde.

HISTOIRE DU MOT Vient du latin *genesis* qui signifie « naissance, création ».

genêt n.m. Arbrisseau à fleurs jaunes très odorantes.

genêt

génétique adj. *Les lois génétiques* sont les lois selon lesquelles les caractères héréditaires se transmettent des parents aux enfants grâce à certains gènes. *La couleur des yeux obéit aux lois génétiques.* ◆ **n.f.** Science qui étudie les lois génétiques, l'hérédité.

gêneur, euse n. Personne gênante. *Il m'interrompt sans cesse dans mon travail, c'est un gêneur.* SYN. importun.

genévrier n.m. Arbuste à feuilles épineuses qui donne des baies violettes dont on se sert en cuisine et pour la fabrication d'une liqueur, le *genièvre*.

génial, ale, aux adj. ❶ Qui a du génie, qui est inspiré par le génie. *Un créateur génial. Une découverte géniale.* ❷ Formidable, sensationnel. *Ce film est génial.* SYN. extraordinaire.

1 génie n.m. ❶ Ensemble de dons exceptionnels qui permettent de créer, d'inventer. *Mozart avait du génie. Avoir le génie des affaires* (= être très doué pour les affaires). ❷ Personne qui a du génie. *Mozart était un génie.* ❸ Être surnaturel qui a un pouvoir magique. *Dans la lampe d'Aladin se trouve un génie.* • **De génie :** exceptionnel. *Une idée de génie.* SYN. génial. *Un poète de génie.*

2 génie n.m. L'ensemble des connaissances et des techniques des ingénieurs. *Le génie civil concerne les routes, les ponts, les barrages. Le génie rural concerne les constructions et équipements agricoles.*

genièvre n.m. Le fruit du genévrier, appelé aussi *baie de genièvre* ; la liqueur obtenue à partir de cette baie.

génisse n.f. Jeune vache qui n'a pas encore eu de veau.

génital, ale, aux adj. *Les organes génitaux* sont les organes sexuels qui permettent la reproduction des animaux et des humains.

génocide n.m. Extermination systématique d'un peuple. *Un génocide est un crime contre l'humanité.*

HISTOIRE DU MOT Vient du grec *genos*, qui signifie « race », et de *-cide*, qui signifie « qui tue ».

ENCYCLOPÉDIE Le mot *génocide* fut utilisé tout d'abord en 1944 pour qualifier « l'extermination de nations et de groupes ethniques » dont les nazis s'étaient rendus coupables – le génocide des Juifs d'Europe portant le nom de *Shoah*. On l'emploie également pour désigner l'extermination des populations amérindiennes par les conquérants européens et pour caractériser les massacres à grande échelle ; celui des Arméniens en 1915, ceux qui eurent lieu au Cambodge dans les années 1970, dans l'ex-Yougoslavie et au Rwanda dans les années 1990. → VOIR Fiche 30.

genou n.m. (PLUR. : **genoux**). Articulation de la jambe et de la cuisse. *Il s'est fait mal au genou droit en tombant. Nous avions de l'eau jusqu'aux genoux.* • **À genoux :** les genoux par terre. *Il priait à genoux.* SYN. agenouillé. • (Familier) **Être sur les genoux :** être très fatigué. • **Se mettre, être à genoux devant quelqu'un :** l'admirer, l'adorer, lui être soumis.

genouillère n.f. Bande élastique ou coque de plastique que l'on met autour du genou pour le protéger. *Les joueurs de hockey portent des genouillères.*

genre n.m. ❶ Ensemble d'espèces animales ou végétales ayant des caractères communs. *Le chien et le loup appartiennent au même genre. Le genre humain* (= l'ensemble des êtres humains). ❷ Choses ou personnes ayant des particularités communes ; variété, sorte ou type. *Je n'aime pas ce genre de chaussures à talons.* SYN. sorte, type. *Marie est du genre timide.* ❸ Catégorie d'œuvres littéraires. *Le genre poétique ou romanesque.* ❹ Allure, impression générale que donne une manière de s'habiller ou de se conduire. *Le genre artiste.* ❺ Classe grammaticale dans laquelle on range certains mots. *En français, il y a deux genres : le masculin et le féminin ; certaines langues possèdent aussi le neutre.* → VOIR encadré page suivante; VOIR AUSSI **nombre**.

gens n.m.plur. Ensemble de personnes. *Les gens du village étaient heureux. La rue était pleine de gens.* • **Jeunes gens :** garçons et hommes jeunes ou groupe de filles et de garçons.
▸ REM. L'adjectif est au masculin s'il est placé après ce mot : *les gens sont fous*, mais il est au féminin s'il est placé devant : *de vieilles gens*.

gentiane n.f. Plante des montagnes à fleurs bleues, rouges ou violettes.
▸ REM. On prononce [ʒɑ̃sjan].

gentil, ille adj. ❶ Qui est aimable, qui cherche à faire plaisir. *Hélène a reçu une lettre très gentille de Pierre.* CONTR. désagréable. *Sois gentil, aide-moi.* SYN. serviable. *Les enfants ont été gentils aujourd'hui.* SYN. sage, tranquille. CONTR. turbulent. ❷ Qui a du charme, qui est joli. *Un gentil visage.* SYN. charmant, mignon.

gentilhomme n.m. (PLUR. : **gentilshommes**). Autrefois, homme né dans une famille noble. • **Agir en gentilhomme :** agir avec générosité et délicatesse. SYN. gentleman.

gentilhommière n.f. Belle demeure à la campagne, petit château. SYN. manoir.

A B C D E F G H I J K L M N O P Q R S T U V W X Y Z

Le **genre** des mots

Le **genre** est une catégorie du nom qui indique si celui-ci est **masculin** ou **féminin**.

La formation du féminin

Certains mots ont la même forme au féminin et au masculin. Ce sont en particulier les mots terminés par *-e* au masculin :

Un architecte / Une architecte.

D'autres mots ont une forme différente au féminin et au masculin.

En règle générale : on ajoute un *-e* au masculin pour former le féminin :

Un ami / Une amie.

■ **Cas particuliers**

➤ Les mots terminés par une consonne doublent la consonne + *e* :

Un *gentil* chien / Une *gentille* chienne.
Un mur *épais* / Une crème *épaisse*.

➤ Les mots terminés par ***-er*** font ***-ère*** au féminin :

Un boulanger / Une boulangère.
Un sac léger / Une valise légère.

➤ Les mots terminés par ***-et*** font ***-ète*** ou ***-ette*** au féminin :

Il est inquiet / Elle est inquiète.
Il est coquet / Elle est coquette.

➤ Les mots terminés par ***-eur*** font ***-euse*** ou ***-eure*** au féminin :

Un joueur / Une joueuse.
Un escalier intérieur / Une cour intérieure.

➤ Les mots terminés par ***-teur*** font ***-trice*** ou ***-teuse*** au féminin :

Un instituteur / Une institutrice.
Un menteur / Une menteuse.

➤ Les mots terminés par ***-eux*** ou ***-oux*** font ***-euse*** ou ***-ouse*** au féminin :

Il est jaloux et furieux / Elle est jalouse et furieuse.

➤ Les mots terminés par ***-f*** font ***-ve*** au féminin :

Il est vif / Elle est vive. Un veuf / Une veuve.

➤ Certains mots ont un féminin spécial :

Un héros / Une héroïne.

➤ Certains mots sont invariables en genre. Le déterminant permet de savoir s'ils sont féminins ou masculins :

***Un* enfant / *Une* enfant.**

gentillesse n.f. ❶ Le fait d'être gentil, aimable. *Auriez-vous la gentillesse de m'aider ?* SYN. amabilité. *Je vous remercie de votre gentillesse.* SYN. bienveillance. ❷ Action ou parole gentille. *Dire des gentillesses.* CONTR. méchanceté.

gentiment adv. De façon gentille. *Nous avons été gentiment reçus.* SYN. aimablement. CONTR. froidement.

gentleman n.m. (PLUR. : **gentlemans** ou **gentlemen**). Homme courtois et distingué. SYN. gentilhomme.
HISTOIRE DU MOT C'est un mot anglais, formé de *gentle*, « gentil », et de *man*, « homme ».

géode n.f. Cavité à l'intérieur d'une pierre, tapissée de cristaux.

géographe n. Spécialiste de géographie.

géographie n.f. ❶ Science qui décrit les phénomènes naturels et humains qui se produisent à la surface de la Terre (relief, climat, végétation, population, économie, etc.). *Un cours, un livre, une carte de géographie.* ❷ L'ensemble des caractères d'une région d'un point de vue physique ou humain. *Étudier la géographie des États-Unis.*
HISTOIRE DU MOT Vient du grec *geôgraphia*, de *gê* qui signifie « terre » et de *graphein* qui signifie « écrire ».

géographique adj. Qui concerne la géographie. *Un atlas géographique.*

geôle n.f. Terme utilisé autrefois pour *cachot*, *prison*. ▸ REM. On prononce [ʒol].

geôlier, ère n. Personne qui garde un prisonnier. ▸ REM. 1. On prononce [ʒolje, ʒoljɛr]. 2. Ce mot appartient à la langue soutenue.

géolocalisation n.f. Technique qui permet de déterminer le lieu où se trouve une personne, un véhicule, un objet, notamment à l'aide de satellites.

géologie n.f. Science qui étudie la formation et la composition du sol et du sous-sol de la Terre.
HISTOIRE DU MOT Vient du grec *gê*, qui signifie « terre », et *logos*, qui signifie « science ».

géologique adj. Qui concerne la géologie.

géologue n. Spécialiste de géologie.

géomètre n. Personne dont le métier consiste à mesurer des terrains, à en dresser les plans.

géométrie n.f. Partie des mathématiques qui étudie les figures de l'espace, comme le point, la ligne, la surface, le volume. → VOIR Fiches **15**, **16** et **17**.
HISTOIRE DU MOT Vient du grec *gê*, qui signifie « terre », et *metron*, qui signifie « mesure ».

ENCYCLOPÉDIE La géométrie est née en Grèce, entre le IVe et le IIIe siècle avant J.-C., avec Euclide.

géométrique adj. ❶ De la géométrie. *Le triangle est une figure géométrique.* ❷ Qui a des formes régulières et simples. *Un tissu à motifs géométriques.*

géophysique n.f. Science qui étudie les propriétés physiques du globe terrestre, comme les mouvements de l'écorce terrestre, l'activité des volcans.

géorgien, enne adj. et n. De Géorgie. *Levan est géorgien.* ◆ **géorgien** n.m. Langue parlée en Géorgie. ▸ REM. Quand il désigne une personne, le mot prend une majuscule : *un Géorgien, une Géorgienne.*

géostationnaire adj. *Un satellite géostationnaire* suit exactement le mouvement de la Terre et, de ce fait, paraît immobile à un observateur terrestre.

géothermie n.f. ❶ Ensemble des phénomènes thermiques internes du globe terrestre ❷ Étude scientifique de ces phénomènes et de leur utilisation comme source d'énergie.

géothermique adj. *L'énergie géothermique* utilise la chaleur provenant du sous-sol de la Terre.

gérance n.f. Activité de gérant ; commerce confié à un gérant.

géranium n.m. Plante ornementale dont les fleurs ont des couleurs variées.
▸ REM. On prononce [ʒeranjɔm].

HISTOIRE DU MOT Vient du grec *geranos* qui signifie « grue », parce que le fruit de cette plante ressemble au bec d'une grue.

fleurs de **géranium** rouge

gérant, e n. Personne chargée d'administrer, de gérer une entreprise, une société pour le compte de quelqu'un. *Le gérant d'un magasin.*

gerbe n.f. *Une gerbe de blé, de fleurs* est un gros bouquet d'épis ou de fleurs coupés.

gercer v. ou **se gercer** gerçant, gercé v.pron. (CONJUG. 4). Se couvrir de gerçures, de petites crevasses sous l'effet du froid ou de la sécheresse. *Lèvres, mains qui gercent.*

gerçure n.f. Petite fente sur la peau due au froid ou à la sécheresse. *Avoir des gerçures aux lèvres.* SYN. crevasse.

gérer v. (CONJUG. 9, ✎ 10). ❶ Administrer, conduire et diriger. *Gérer une entreprise, un commerce.* ❷ Administrer et organiser. *Gérer de l'argent. Gérer des données sur un ordinateur.* → VOIR **gérant, gestion.**

gerfaut n.m. Variété de faucon à plumage gris ou blanc qui vit dans le Grand Nord.

germain, e adj. • **Mon cousin germain** ou **ma cousine germaine :** le fils de mon oncle et de ma tante, la fille de mon oncle et de ma tante. → VOIR noms propres : **Germains.**

germanique adj. Des Germains ou de l'Allemagne.

germe n.m. ❶ Toute petite partie d'un œuf ou d'une graine qui, en se développant, donnera un être vivant. *Dans un œuf, il y a le germe d'un nouvel animal.* ❷ Première pousse. *Des germes de soja.* ❸ Au figuré, ce qui est à l'origine de quelque chose. *Les germes d'une révolte.* ❹ Organisme microscopique qui peut causer une maladie, une infection. *Les germes de la tuberculose.*

germer v. (CONJUG. 3). ❶ *Lorsqu'une graine germe*, il en sort un germe, c'est-à-dire le début d'une nouvelle plante. *Les haricots commencent à germer.* ❷ *Germer dans l'esprit de quelqu'un*, c'est commencer à s'y développer. *Une idée a germé dans mon esprit.* SYN. naître.

germinal n.m.sing. Le septième mois du calendrier républicain, qui commençait le 21 ou 22 mars, et finissait le 19 ou 20 avril.

HISTOIRE DU MOT Vient du latin *germen* qui signifie « germe », car c'est à cette période de l'année que les graines germent.

germination n.f. *La germination d'une graine*, c'est le moment où elle germe, où un germe en sort.

gésier n.m. Dernière poche de l'estomac des oiseaux, où les aliments sont broyés.

gésir v. Être couché, étendu. *Le chien, blessé, gisait sur le flanc.* → VOIR **ci-gît.**
▸ REM. Ne s'emploie qu'au présent et à l'imparfait de l'indicatif, et au participe présent : *je gis, tu gis, il gît, nous gisons, vous gisez, ils gisent ; il gisait ; gisant.*

gestation n.f. La période durant laquelle la mère, chez les mammifères, porte le petit dans son ventre, de la conception à la naissance. *La gestation pour la jument dure onze mois.* → VOIR AUSSI **animal.** • **En gestation :** en préparation, en train d'être conçu. *Une œuvre, un projet en gestation.*
▸ REM. Pour parler de la gestation de la femme, on dit *grossesse.*

ENCYCLOPÉDIE Le temps de gestation est proportionnel à la taille du mammifère. Chez les ovins il est très court (5 mois), chez l'éléphant il est très long (2 ans).

1 geste n.f. • **Chanson de geste :** poème du Moyen Âge qui raconte les exploits d'un héros et qui était dit à haute voix ou chanté. *La « Chanson de Roland » est une chanson de geste.* ◆ **gestes** n.f.plur. • **Les faits et gestes de quelqu'un :** le récit détaillé de tout ce qu'il fait.

HISTOIRE DU MOT Vient du latin *gesta* qui signifie « actions, exploits ».

2 geste n.m. ❶ Mouvement des bras, des mains ou de la tête. *Pierre a des gestes brusques. Aurélie nous faisait des gestes du haut de la colline.* SYN. signe. ❷ Acte généreux ou remarquable. *Allons, fais un geste, va l'aider !*

gesticuler v. (CONJUG. 3). Faire beaucoup de gestes, s'agiter en tous sens.

gestion n.f. Action et manière de gérer un commerce, une entreprise, l'argent, etc. *Une bonne, une mauvaise gestion.*

gestionnaire n. Personne qui gère l'argent d'une entreprise. ◆ n.m. Logiciel qui organise, gère des données.

gerfaut

gestuel, elle adj. Qui s'exprime avec des gestes. *Le langage gestuel des sourds-muets.*

geyser n.m. Mélange d'eau chaude et de vapeur d'eau qui jaillit, de façon intermittente, d'une source souterraine.

ENCYCLOPÉDIE Dans le parc national de Yellowstone, aux États-Unis, on trouve plus de 80 geysers ; parmi eux, le jet de la Ruche atteint 70 m de haut, celui du Vieux Fidèle jaillit toutes les 75 minutes.

geyser (Islande)

ghetto n.m. ❶ Historiquement, quartier où les Juifs étaient obligés de résider. *Les nazis ont exterminé les habitants du ghetto de Varsovie.* ❷ De nos jours, tout quartier où vivent, plus où moins à l'écart du reste de la société, des minorités. *Le ghetto noir de Harlem, à New York.*
▸ REM. On prononce [gɛto].

HISTOIRE DU MOT C'est un mot italien de Venise qui signifiait « quartier juif ».

G.I. ou **GI** n.m.invar. Soldat de l'armée américaine.
▸ REM. On prononce [dʒiaj].

HISTOIRE DU MOT Sigle de *government issue*, « fourniture du gouvernement » et qui est marqué sur le matériel et l'uniforme de ces soldats.

gibbon n.m. Grand singe d'Asie aux bras très longs.

gibecière n.f. Sacoche dans laquelle le chasseur met le gibier qu'il a tué.

gibet n.m. Instrument qui, autrefois, servait à pendre les condamnés à mort. SYN. potence.

gibier n.m. Nom donné à l'ensemble des animaux que l'on chasse. *Le gros gibier* (cerfs, chevreuils). *Le petit gibier* (lapins, lièvres). *Le gibier à plume* (les oiseaux). • **Gibier de potence :** criminel qui mérite la potence ; personne peu recommandable.

giboulée n.f. Pluie soudaine et de courte durée accompagnée souvent de grêle. *Les giboulées de mars.*

giboyeux, euse adj. Où il y a beaucoup de gibier. *Une forêt giboyeuse.*

giclée n.f. Jet d'un liquide qui gicle. *Une giclée d'encre.*

gicler v. (CONJUG. 3). Jaillir avec force, souvent en éclaboussant. *L'eau gicle du robinet.*

gifle n.f. ❶ Coup donné du plat de la main sur la joue de quelqu'un. *Exaspéré, son père lui a donné une gifle. Une paire de gifles.* ❷ Au figuré, vexation, humiliation.

HISTOIRE DU MOT Vient d'un mot de la langue des Francs qui signifiait « mâchoire ».

gifler v. (CONJUG. 3). Donner une ou plusieurs gifles. *Il a été si grossier qu'elle l'a giflé.*

gigantesque adj. ❶ D'une taille largement supérieure à la normale. *Une ville gigantesque.* SYN. colossal, énorme. *Un arbre gigantesque.* SYN. immense. ❷ D'une très grande ampleur. *La construction du tunnel sous la Manche a été une entreprise gigantesque.*

HISTOIRE DU MOT Vient, comme *géant*, du latin *Gigas*.

gigantisme n.m. Le fait d'être gigantesque.

gigogne adj. *Des objets gigognes* s'emboîtent les uns dans les autres. *Des lits gigognes.*

gigot n.m. Cuisse de mouton ou d'agneau préparée pour être mangée.

gigoter v. (CONJUG. 3). (Familier) S'agiter beaucoup, remuer dans tous les sens. *Cesse donc de gigoter comme cela sur ta chaise !* SYN. gesticuler.

HISTOIRE DU MOT Vient de l'ancien verbe *giguer* qui signifiait « sauter ».

1 **gigue** n.f. Danse d'origine anglaise, très populaire en France aux XVIIe et XVIIIe siècles.

2 **gigue** n.f. • (Familier) **Grande gigue :** fille grande et maigre.
▸ REM. Pour un garçon, on parle de *grand échalas*.

gilet n.m. ❶ Vêtement d'homme sans manches qui se porte sous une veste. ❷ Tricot ouvert devant et à manches longues. SYN. cardigan. • **Gilet de sauvetage :**

gibbon

sorte de veste sans manches qui sert de bouée. • **Gilet de sécurité :** vêtement qui réfléchit la lumière des phares et permet d'être vu dans l'obscurité.

gingembre **n.m.** Plante originaire d'Asie dont la racine est utilisée comme épice en cuisine et en pâtisserie. *Le pain d'épice contient du gingembre.*

girafe **n.f.** Mammifère ruminant d'Afrique, haut sur pattes et au cou très long.

ENCYCLOPÉDIE Petit : le girafeau ou le girafon. Les girafes vivent en troupes dans les savanes. Elles peuvent atteindre les feuilles des arbres jusqu'à une hauteur de 6 m, mais elles doivent écarter les pattes de devant pour brouter les plantes au sol ou boire. La girafe est muette.

giratoire **adj.** ❶ *Un mouvement giratoire* est circulaire. ❷ *Le sens giratoire* est le sens dans lequel les véhicules doivent tourner autour d'un rond-point.

girofle **n.m.** • **Clou de girofle :** bouton séché de la fleur du giroflier, que l'on utilise en cuisine comme aromate. *Un oignon piqué de deux clous de girofle.*

giroflée **n.f.** Plante cultivée dans les jardins pour ses fleurs très odorantes de couleur jaune ou brune.

giroflier **n.m.** Arbre tropical qui fournit le clou de girofle.

girolle, ✎ ***girole*** **n.f.** Champignon des bois jaune-orangé, comestible.

giron **n.m.** La partie du corps d'une personne assise qui va de la ceinture aux genoux. *L'enfant est venu se blottir dans le giron de sa mère.*

girouette **n.f.** ❶ Plaque de métal qui peut tourner sur elle-même et que l'on place au sommet d'un toit pour indiquer la direction du vent. *Une girouette en forme de coq.* ❷ (Familier) Personne qui change sans cesse d'avis. *On ne peut pas compter sur lui, c'est une vraie girouette !*

gisant **n.m.** Statue représentant un mort étendu, et qui est placée sur une tombe.

gisant

gisement **n.m.** Quantité importante d'une ressource naturelle dans le sol. *Gisement de charbon. Ce gisement de pétrole sera bientôt épuisé.*

gitan, e **adj.** et **n.** Tsigane d'Espagne et du sud de la France. *Le flamenco est une danse gitane. Un campement de Gitans.*

▸ REM. Quand il désigne une personne, ce mot prend une majuscule : *une Gitane, les Gitans.*

HISTOIRE DU MOT Vient de l'espagnol *Egiptano* qui signifie « égyptien », car on croyait que les Gitans venaient d'Égypte.

1 gîte, ✎ ***gite*** **n.m.** ❶ Endroit où l'on peut se loger, dormir. *Chercher un gîte pour la nuit. S'arrêter dans un gîte rural.* ❷ Creux dans le sol qui sert d'abri à un animal. *Le gîte d'un lièvre.*

girafe

2 gîte, ✎ ***gite*** **n.f.** L'inclinaison d'un bateau sous l'effet du vent. *Le voilier a pris de la gîte à bâbord.*

givrant, e **adj.** • **Brouillard givrant :** brouillard qui provoque la formation de givre.

givre **n.m.** Fine couche de cristaux due à la transformation de la rosée ou du brouillard en glace. *Ce matin, les fils télégraphiques et les branches des arbres étaient couverts de givre.*

givré, e **adj.** Couvert de givre. *Les vitres de la voiture sont givrées.* • **Citron givré** ou **orange givrée :** dont l'intérieur est garni de glace aromatisée avec la pulpe du fruit.

glabre **adj.** *Un visage glabre* n'a ni barbe ni moustache. SYN. imberbe. CONTR. barbu, poilu.

1 glace **n.f.** ❶ Eau solidifiée, congelée, sous l'effet du froid. *Une épaisse couche de glace recouvrait l'étang. Le bateau était pris dans les glaces du pôle.* ❷ Crème sucrée et aromatisée que l'on a congelée. *Un cornet de glace à la vanille, au chocolat.* SYN. crème glacée. → VOIR AUSSI **sorbet.** • **Briser la glace :** faire cesser la gêne, le silence dans une réunion où les gens n'osent pas se parler. • **Rester de glace :** rester insensible, impassible.

2 glace **n.f.** ❶ Plaque de verre transparente. *Baisser la glace d'une voiture.* SYN. vitre. ❷ Plaque de verre derrière laquelle on a appliqué une couche de tain pour qu'elle reflète ce qui est placé devant elle. *Se regarder dans la glace.* SYN. miroir.

glacé, e **adj.** ❶ Très froid. *L'eau est glacée.* CONTR. chaud. *J'ai les pieds glacés.* ❷ Très distant, presque hostile. *Il m'a répondu d'un ton glacé.* SYN. glacial. CONTR. amical, chaleureux. • **Crème glacée :** glace. • **Marrons glacés :** marrons confits et enrobés d'une pellicule de sucre.

glacer **glaçant, glacé v.** (CONJUG. 4). ❶ Rendre très froid. *Le vent nous glaçait le visage.* CONTR. réchauffer. ❷ Intimider au plus haut point, frapper d'effroi. *Son air sévère me glace.* SYN. paralyser. *Nous étions glacés d'horreur.*

glaciaire **adj.** ❶ Qui est fait de glaciers. *La calotte glaciaire des pôles.* ❷ *Les périodes glaciaires* sont les périodes de l'ère quaternaire durant lesquelles se sont développés les glaciers.

▸ REM. Ne pas confondre avec *glacière.*

glacial, ale **adj.** ❶ Extrêmement froid. *Un vent glacial.* ❷ Qui intimide, qui paralyse par sa froideur. *Un accueil glacial.* CONTR. chaleureux, enthousiaste.

▸ REM. Au masculin plur. : *glacials* ou *glaciaux.*

glacier (sommet du Cervin, Suisse)

L M N O P Q R S T U V W X Y Z

1 glacier n.m. Grande masse de neige transformée en glace que l'on trouve dans les régions polaires ou en haute montagne. *Les glaciers des Alpes.*

2 glacier n.m. Personne qui fabrique et vend des crèmes glacées, des sorbets.
▸ REM. Au Canada, la forme féminine de ce mot est *glacière.*

glacière n.f. ❶ Boîte étanche dans laquelle on peut tenir au frais des boissons, des aliments. *Remplir la glacière pour le pique-nique.* ❷ (Familier) Lieu où il fait très froid. *Cette chambre est une vraie glacière !*
▸ REM. Ne pas confondre avec *glaciaire.*

glaçon n.m. Morceau de glace. *La rivière charrie de gros glaçons. Une menthe à l'eau avec des glaçons* (= des cubes de glace faits au freezer ou au congélateur).

gladiateur n.m. Homme qui combattait dans les jeux du cirque, à Rome, soit contre d'autres hommes, soit contre des bêtes féroces.
HISTOIRE DU MOT Vient, comme *glaive*, du latin *gladius.*

glaïeul n.m. Plante cultivée pour ses grandes fleurs aux couleurs variées.

glaires n.f.plur. Substance gluante que l'on sécrète quand on a une bronchite, lorsqu'on tousse et qu'on crache.

glaise n.f. Terre riche en argile, grasse et très malléable, dont on fait des tuiles, des briques ou des poteries. (On dit aussi *terre glaise.*)

glaive n.m. Épée courte à deux tranchants. *Les gladiateurs combattaient avec un glaive.*
HISTOIRE DU MOT Vient du latin *gladius* qui signifie « épée ».

1 gland n.m. Le fruit du chêne, de forme ovale et qui contient une graine farineuse. *Les sangliers mangent les glands tombés au sol dans les forêts.*

2 gland n.m. Extrémité de la verge.

glande n.f. Organe qui produit et sécrète certaines substances nécessaires au fonctionnement de l'organisme. *La salive et la sueur sont sécrétées par des glandes.*

glaner v. (CONJUG. 3). ❶ Ramasser les épis qui restent dans un champ après la moisson. ❷ *Glaner des informations, des renseignements*, c'est les recueillir au hasard, pour en tirer parti. SYN. grappiller.

glapir glapissant, glapi v. (CONJUG. 16). Faire entendre un cri bref et aigu, en parlant de certains animaux. *Le renard, le chiot, la grue glapissent.*

glapissement n.m. Cri aigu et bref d'un animal ou d'une personne.

glas n.m. Son répétitif produit par une cloche pour annoncer la mort ou l'enterrement d'une personne.
• **Sonner le glas de quelque chose :** annoncer la fin de quelque chose. *Cet échec sonnait le glas de ses espérances.*
▸ REM. On ne prononce pas le *-s.*
HISTOIRE DU MOT Vient du latin *classicum* qui signifie « sonnerie de trompette ».

glatir glatissant, glati v. (CONJUG. 16). Faire entendre son cri, en parlant de l'aigle.

glauque adj. D'une couleur verte qui tire sur le bleu et rappelle l'eau de mer.

glèbe n.f. La terre cultivée. *Le soc de la charrue creusait des sillons dans la glèbe.*
▸ REM. Ce mot appartient à la langue poétique ; il désignait autrefois la terre qu'un serf cultivait.

glissade n.f. Mouvement que l'on fait en glissant. *Les enfants faisaient des glissades sur la mare gelée.*

gladiateurs (détail d'un bas-relief de l'époque impériale romaine)

glissant, e **adj.** Qui fait glisser ; sur quoi on glisse. *La pluie rendait la route glissante.*

glisse **n.f.** *Les sports de glisse* sont les sports où l'on glisse sur la neige (ski, bobsleigh), sur la glace (patinage) ou sur l'eau (ski nautique, surf).

glissement **n.m.** Action de glisser ; mouvement de ce qui glisse. *Le glissement d'une barque sur l'eau.* • **Glissement de terrain :** déplacement de la couche superficielle d'un terrain en pente, à cause de fortes pluies par exemple. *Le glissement de terrain a détruit tout le village.*

glisser **v.** (CONJUG. 3). ❶ Se déplacer rapidement et d'un mouvement continu sur une surface lisse. *Les patineurs glissent sur le lac gelé. Le bateau glisse sur l'eau.* ❷ Être emporté par un mouvement sur une surface glissante. *La voiture a glissé sur le verglas.* SYN. déraper. ❸ Être glissant. *Ça glisse* (= on dérape). *Attention, la baignoire mouillée glisse.* ❹ Transmettre, faire passer quelque chose discrètement ou en secret. *Glisser une lettre sous la porte. Glisser un mot à l'oreille de quelqu'un.* SYN. chuchoter. • **Glisser des mains de quelqu'un :** lui échapper. *Le savon m'a glissé des mains.* ◆ **se glisser** **v.pron.** Entrer furtivement quelque part. *Le chat s'est glissé sous le lit.* SYN. se faufiler.

glissière **n.f.** Système qui permet de faire glisser, coulisser un objet. *Une porte à glissière. Une fermeture à glissière.* • **Glissière de sécurité :** sur le bord d'une route, barrière métallique qui empêche un véhicule de quitter sa voie. (On dit aussi *rail de sécurité*.)

glissoire **n.f.** Au Canada, toboggan.

global, ale, aux **adj.** Qui concerne un ensemble, un tout. *Voici le chiffre global des élèves qui ont réussi.* SYN. total. *Je vous donne une vue globale de la situation* (= une vue d'ensemble). CONTR. partiel.

globalement **adv.** Dans l'ensemble. *Il a globalement approuvé notre projet.* CONTR. partiellement.

globalité **n.f.** *Voir un problème dans sa globalité,* c'est le voir dans son ensemble, sans s'attacher aux détails.

globe **n.m.** ❶ Ce qui a la forme d'une sphère. *Le globe oculaire* (= l'œil). ❷ Sphère ou demi-sphère de verre qui protège quelque chose. *Le globe d'une lampe.* • **Globe** ou **globe terrestre :** notre planète, la Terre, qui a une forme sphérique, ou bien sa représentation en forme de boule. *La surface du globe est couverte à plus de 70 % par les océans. Pierre cherche tous les pays sur son globe terrestre.* → VOIR AUSSI **mappemonde.**

HISTOIRE DU MOT Vient du latin *globus* qui signifie « boule ».

globe terrestre ayant appartenu à Jules Verne

globe-trotteur, euse (PLUR. : **globe-trotteurs, euses**), ✎ ***globetrotteur, euse*** **n.** Personne qui parcourt la terre en tous sens. *Tintin est un infatigable globe-trotteur.*

globule **n.m.** Cellule que l'on trouve dans certains liquides de l'organisme comme le sang, la lymphe. *Le sang est composé de globules blancs et de globules rouges.*
▸ REM. Ce mot est du masculin.

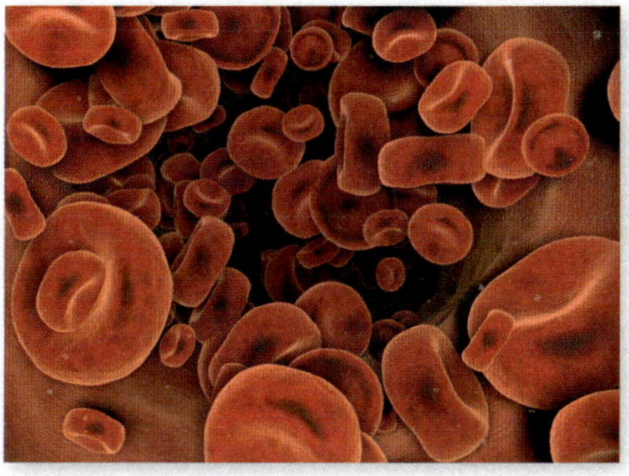

globules rouges

globuleux, euse **adj.** *Des yeux globuleux* sont très ronds et un peu saillants.

gloire **n.f.** ❶ Grande renommée, célébrité et estime dues à une vie ou à une œuvre exceptionnelle. *Être au sommet de la gloire.* ❷ Personne célèbre dont on est fier. *Victor Hugo est une des gloires de notre pays.* • **À la gloire de :** en l'honneur de. *Un poème à la gloire d'un héros.* • **Rendre gloire à quelqu'un :** lui rendre hommage, lui témoigner son admiration. • **Travailler pour la gloire :** travailler de façon désintéressée, et non pour l'argent.

glorieusement **adj.** De façon glorieuse.

glorieux, euse **adj.** ❶ Qui procure de la gloire. *Une action glorieuse.* SYN. éclatant, mémorable. ❷ Qui a acquis de la gloire. *Un glorieux général.* SYN. célèbre, fameux, illustre.

glorification **n.f.** Action de glorifier.

glorifier **v.** (CONJUG. 7). Rendre gloire. *Glorifier la mémoire d'un héros.* SYN. célébrer. ◆ **se glorifier** **v.pron.** Se vanter, tirer de la vanité de quelque chose. *Ils se glorifient de la réussite de leur fille.* SYN. s'enorgueillir.

gloriole **n.f.** Vanité que l'on tire de petites choses. *Il n'a agi que par gloriole.* SYN. orgueil, prétention.

glossaire **n.m.** Petit dictionnaire qui donne la définition de mots spécialisés. SYN. lexique.

HISTOIRE DU MOT Vient du latin *glosa* qui signifie « mot rare qui a besoin d'une explication ».

glotte n.f. Partie du larynx située entre les deux cordes vocales et qui sert à l'émission de la voix.

glouglou n.m. ❶ (Familier) Son que fait un liquide en passant dans un conduit étroit. *Le glouglou de l'eau de la fontaine.* ❷ Nom du cri du dindon.

gloussement n.m. ❶ Nom du cri de la poule. ❷ Rire étouffé. *J'entends des gloussements au fond de la classe.*

glousser v. (CONJUG. 3). ❶ Pour la poule, faire entendre son cri. ❷ Rire en poussant de petits cris.

1 glouton, onne adj. et n. Qui mange beaucoup et avec avidité. *Un enfant glouton.* SYN. goinfre, goulu, gourmand.

HISTOIRE DU MOT Vient du latin *gluttus* qui signifie « gosier ».

2 glouton n.m. Petit mammifère carnivore des régions très froides.

gloutonnerie n.f. Le comportement d'une personne gloutonne.

glu n.f. Substance épaisse et très collante que l'on extrait du gui ou du houx. *On se servait de glu pour attraper les oiseaux.*
▸ REM. Attention, pas de *-e*.

gluant, e adj. Mou et collant comme de la glu. *La sève du pin laisse une trace gluante.* SYN. visqueux.

glucides n.m.plur. Substances fondamentales de la matière vivante contenues dans les sucres et les féculents, qui jouent un rôle énergétique dans l'organisme. → VOIR AUSSI **lipides, protéines.**

glucose n.m. Sucre que l'on trouve dans le miel, le raisin, l'amidon, etc., et qui est une source essentielle d'énergie pour notre organisme.

gluten n.m. Substance visqueuse, de couleur grisâtre, qui reste dans la farine des céréales lorsqu'on en a enlevé l'amidon.
▸ REM. On prononce [glytɛn].

glycérine n.f. Substance extraite des corps gras.

glycine n.f. Plante grimpante aux fleurs mauves en longues grappes, que l'on fait pousser le long des murs des maisons ou sur les tonnelles.

GMT n.m. On appelle *heure GMT* l'heure du méridien de Greenwich, qui sert de référence dans l'organisation des fuseaux horaires.

HISTOIRE DU MOT Sigle de l'anglais *Greenwich mean time*, temps moyen de Greenwich.

gnangnan adj. invar. (Familier) Qui est mou, sans énergie, et qui se plaint au moindre effort. SYN. indolent.

gnome n.m. Petit lutin difforme qui, selon les légendes, est un gardien des trésors enfouis sous la terre.
▸ REM. On prononce [gnom].

gnou n.m. Antilope d'Afrique, à cornes recourbées.
▸ REM. On prononce [gnu].

go → **tout de go**

goal n.m. En France, gardien de but.
▸ REM. On prononce [gol].

HISTOIRE DU MOT C'est l'abréviation de l'anglais *goalkeeper*, de *goal*, qui signifie « but », et *keeper*, qui signifie « gardien ».

gobelet n.m. Récipient en forme de verre, sans pied et sans anse. *Bébé boit dans son gobelet.* SYN. timbale. *Lancer les dés avec un gobelet.* SYN. cornet.

gobe-mouches n.m.invar. ou **gobe-mouche** n.m. (PLUR. : **gobe-mouches**). Oiseau qui capture des insectes au vol.

gober v. (CONJUG. 3). ❶ Avaler en aspirant, sans mâcher. *Gober une huître, un œuf.* ❷ (Familier) Croire trop naïvement et sottement tout ce qui est dit.

HISTOIRE DU MOT Vient d'un mot gaulois qui signifiait « bec ».

godasse n.f. (Familier) Chaussure.

HISTOIRE DU MOT Ce mot est une déformation de *godillot.*

godet n.m. Très petit récipient. *Des godets à peinture.*

godiche adj. et n.f. (Familier) Niais et maladroit. *Tu as l'air godiche !* SYN. empoté. CONTR. dégourdi.

godille n.f. ❶ Rame placée à l'arrière d'un bateau et qui permet de le faire avancer, grâce à un mouvement en forme d'hélice. *Avancer à la godille.* ❷ En ski, suite de virages courts et rapprochés le long de la ligne de pente. *Descendre une piste en godille.*

godiller v. (CONJUG. 3). ❶ Faire avancer un bateau à la godille. ❷ Faire de la godille à skis.

godillot n.m. (Familier) Grosse chaussure.

HISTOIRE DU MOT Vient du nom d'*Alexis Godillot*, fabricant de chaussures pour l'armée vers 1870.

goéland n.m. Oiseau de mer au plumage blanc et gris cendré sur le dos, remarquable par la longueur de ses ailes et l'aisance de son vol.

ENCYCLOPÉDIE Les goélands vivent en colonies sur les rivages, où ils se nourrissent de poissons et de détritus. Leur taille dépasse 40 cm. Les petits goélands sont souvent confondus avec les mouettes.

goélette n.f. Voilier à deux mâts.

gnou

A B C D E F G H I J K L M N O P Q R S T U V W X Y Z

goémon **n.m.** Algues marines, rejetées sur les plages et qu'on utilise comme engrais. SYN. varech.
▶ REM. Ce mot s'emploie surtout en Bretagne et en Normandie.

1 gogo **n.m.** (Familier) Personne trop naïve, facile à tromper.

2 à gogo **adv.** (Familier) En abondance, autant qu'on en veut. *On a eu des gâteaux à gogo* (= à volonté).
HISTOIRE DU MOT Vient de l'ancien français *gogue* qui signifie « réjouissance ».

goguenard, e **adj.** Qui se moque ouvertement de quelqu'un. *Elle le regardait d'un air goguenard.* SYN. moqueur, narquois. → VOIR AUSSI **railleur.**

goinfre **adj.** et **n.** Qui mange goulûment et beaucoup. SYN. glouton.

se goinfrer **v.pron.** (CONJUG. **3**). (Familier) Manger beaucoup, avidement et salement.

goinfrerie **n.f.** Comportement du goinfre.

goitre **n.m.** Grosseur au cou due à un mauvais fonctionnement de la glande thyroïde.
▶ REM. Attention, pas d'accent circonflexe.
HISTOIRE DU MOT Vient d'un mot de l'ancien français qui signifiait « gosier ».

golden **n.f.** Variété de pomme, à peau jaune et à chair parfumée.
▶ REM. On prononce [gɔldɛn].

golf **n.m.** Sport qui consiste à envoyer, en un minimum de coups, une balle à l'aide d'une crosse, dans des trous successifs disposés sur un vaste terrain.
▶ REM. Ne pas confondre avec *golfe.*

golfe **n.m.** Partie de mer qui s'avance à l'intérieur des terres, en formant un vaste bassin. *Le golfe du Morbihan. Le golfe du Lion, en Méditerranée.*
▶ REM. Ne pas confondre avec *golf.*

golfeur, euse **n.** Personne qui joue au golf.

gomme **n.f.** ❶ Substance visqueuse et transparente qui suinte de l'écorce de certains arbres. *C'est avec la gomme de l'hévéa que l'on fabrique le caoutchouc.* ❷ Petit morceau de caoutchouc ou d'une autre matière qui sert à effacer les traces de crayon, d'encre. ❸ *Une boule de gomme* est un bonbon adoucissant pour la gorge, à base de gomme. ● (Familier) **À la gomme :** de mauvaise qualité. *Qu'est-ce que c'est que ce stylo à la gomme qui ne marche jamais ?* ● **Gomme à mâcher :** au Québec, chewing-gum.

gommé, e **adj.** ● **Papier gommé :** papier recouvert d'une couche de gomme qui forme une colle quand on l'humidifie.

gommer **v.** (CONJUG. **3**). ❶ Effacer avec une gomme. ❷ Ne pas mentionner quelque chose ou réduire l'importance de quelque chose. *Gommer des détails choquants.* SYN. atténuer.

gommette **n.f.** Morceau de papier gommé de couleur, de forme géométrique, que l'on colle avec d'autres sur une feuille pour composer un dessin.

gond **n.m.** Pièce en métal sur laquelle pivote le battant d'une porte, d'une fenêtre. ● **Être hors de ses gonds** ou **sortir de ses gonds :** être hors de soi, se mettre en colère. SYN. s'emporter.
HISTOIRE DU MOT Vient du grec *gomphos* qui signifie « cheville ».

gondole **n.f.** Barque utilisée à Venise, pour circuler sur les canaux.

gondoler **v.** ou **se gondoler** **v.pron.** (CONJUG. **3**). Se déformer et présenter des sortes de gros plis ; se courber. *Le livre a été mouillé, ses pages gondolent.*

gondolier **n.m.** Batelier qui conduit une gondole.

gondoliers à Venise
(tableau de Canaletto, XVIIIe siècle)

gonflable **adj.** Qui peut se gonfler. *Une bouée gonflable.* ● **Coussin gonflable :** airbag.

gonflage **n.m.** Action de gonfler quelque chose. *Le pompiste vérifie le gonflage des pneus* (= qu'ils sont bien gonflés).

gonflé, e **adj.** ❶ Empli d'air. *Pneu trop gonflé.* ❷ Qui a augmenté de volume. *Des yeux gonflés.* SYN. bouffi, boursouflé. ❸ Plein d'un sentiment. *Avoir le cœur gonflé de joie.* ❹ (Familier) Plein d'audace, d'effronterie. SYN. culotté.

gonflement **n.m.** Fait de gonfler, état de ce qui est gonflé. *Le gonflement des paupières est chez lui un signe de fatigue.*

gonfler **v.** (CONJUG. **3**). ❶ Remplir d'air. *As-tu une pompe pour gonfler ce ballon ?* CONTR. dégonfler. *Le vent gonfle les voiles.* ❷ Enfler, augmenter de volume. *Le gâteau gonfle dans le four. Le bois gonfle à cause de l'humidité.* ❸ *Gonfler un chiffre, un résultat,* c'est les grossir, les exagérer. *Gonfler le nombre des inscrits à un club.* CONTR. minimiser. ◆ **se gonfler** **v.pron.** Être envahi par un sentiment. *Son cœur s'est gonflé d'espoir.* SYN. se remplir.
HISTOIRE DU MOT Vient du latin *conflare* qui signifie « souffler ».

gonfleur **n.m.** Appareil pour gonfler. *Gonfler un matelas pneumatique avec un gonfleur.*

a b c d e f g h i j k l m n o p q r s t u v w x y z

A B C D E F G H I J K L M N O P Q

gong **n.m.** ❶ Instrument de musique à percussion fait d'un disque de métal bombé qui vibre quand on le frappe. ❷ Timbre, son qui annoncent le début ou la fin d'une reprise de boxe.
▸ REM. On prononce [gɔ̃g].

goret **n.m.** Jeune cochon. SYN. porcelet.

gorge **n.f.** ❶ Le fond de la bouche. *Luc a mal à la gorge.* ❷ L'avant et la partie latérale du cou. *La victime a eu la gorge tranchée.* ❸ Vallée étroite et profonde entre deux montagnes. *Les gorges du Tarn.* ❹ *La gorge d'une poulie*, c'est la rainure, le creux dans lesquels glisse la corde. • **Avoir la gorge serrée :** être ému. • **Avoir le couteau sous la gorge :** être obligé de faire quelque chose sous la contrainte. • **Rire à gorge déployée :** rire très fort, bruyamment.
HISTOIRE DU MOT Vient du latin *gurges* qui signifie « gouffre ».

gorgée **n.f.** Quantité de liquide qu'on avale en une seule fois. *Jacques prit sa gourde et but quelques gorgées d'eau.*

gorger **v.** (CONJUG. 5). *Être gorgé de*, être plein de, déborder de. *La terre est gorgée d'eau après la crue. Un marché gorgé de fruits et de légumes.*

gorgonzola **n.m.** Fromage italien au lait de vache.
HISTOIRE DU MOT *Gorgonzola* est le nom de la ville d'Italie où ce fromage a d'abord été fabriqué.

gorille **n.m.** ❶ Grand singe d'Afrique. ❷ (Familier) Garde du corps d'une personnalité. *Le président était entouré de ses gorilles.*

ENCYCLOPÉDIE Les gorilles sont les plus grands et les plus forts de tous les singes : ils mesurent jusqu'à 2 m, peuvent peser 200 kg et vivre jusqu'à 40 ans. On les rencontre en Afrique équatoriale en groupes formés d'un mâle, de quelques femelles et de leurs petits. Ils se nourrissent de fruits et de feuilles.

famille de **gorilles**

gosier **n.m.** Le fond de la gorge, là où passent les aliments et où se forment les sons. • (Familier) **Avoir le gosier sec :** avoir soif.

gospel **n.m.** Chant religieux des Noirs des États-Unis. SYN. negro spiritual.
HISTOIRE DU MOT C'est un mot anglais qui signifie « Évangile ».

gosse **n.** (Familier) Enfant. *Des gosses jouaient dans la rue.* SYN. gamin.

gothique **adj.** ❶ *L'art gothique* est une forme d'art (architecture, sculpture, etc.) qui s'est épanouie en Europe entre le XIIe et le XVIe siècle. *Les cathédrales de Reims et de Chartres sont des cathédrales gothiques.* → VOIR AUSSI **roman 2.** ❷ *L'écriture gothique* est une écriture à traits droits, formée d'angles et d'arêtes, utilisée à partir du XIIe siècle. ❸ Se dit d'un mouvement qui exprime une attirance pour tout ce qui est macabre (musique sombre, port de vêtements noirs et maquillage blafard).
HISTOIRE DU MOT Vient du latin *gothicus* qui signifie « des Goths ».

ENCYCLOPÉDIE L'art gothique est né dans la région de l'Île-de-France. Vers la fin du Moyen Âge, les monuments gothiques se chargent d'ornements en forme de flamme, c'est ce qu'on appelle le *gothique flamboyant*. → VOIR planche ci-contre.

gouache **n.f.** Peinture à l'eau de consistance pâteuse qui, en séchant, devient opaque ; œuvre peinte avec de la gouache. *Des tubes de gouache.* → VOIR AUSSI **aquarelle.**
HISTOIRE DU MOT Vient de l'italien *guazzo* qui signifie « lieu inondé ».

gouailleur, euse **adj.** *Une voix gouailleuse* a des accents populaires, expressifs et un peu moqueurs.

gouda **n.m.** Fromage de Hollande, au lait de vache, à pâte ferme et lisse.

goudron **n.m.** Substance sombre et visqueuse obtenue par transformation chimique de divers produits et qui est utilisée surtout pour recouvrir les routes, les trottoirs. SYN. bitume.

goudronner **v.** (CONJUG. 3). Recouvrir de goudron. *Goudronner une route, une rue.*

gouffre **n.m.** ❶ Trou très profond et très large. *Un gouffre béant.* SYN. abîme, précipice. ❷ Ce qui fait dépenser beaucoup d'argent. *L'entretien de ce château est un gouffre* (= ruineux). • **Être au bord du gouffre :** être dans une situation très inquiétante, où un malheur peut arriver d'un moment à l'autre.

goujat **n.m.** Personne très grossière, très mal élevée. SYN. mufle.

goujaterie **n.f.** Comportement de goujat.

goujon **n.m.** Petit poisson de rivière qui vit en bande.

goulag **n.m.** Système de camps de travail forcé, dans l'ancienne U.R.S.S., où était envoyée toute personne considérée comme dangereuse pour la société. *Le goulag a été créé en 1919, juste après l'installation du régime communiste.*

Quatre siècles d'évolution technique et décorative

L'art gothique est né au XIIe siècle en Europe occidentale (notamment en France) du souci de mieux faire pénétrer la lumière dans les édifices religieux. En effet, les voûtes en berceau qui prévalaient aux siècles précédents nécessitaient des murs puissants qui cloisonnaient et assombrissaient l'intérieur des églises romanes. Au XIIIe siècle, le premier art gothique connaît une évolution sous le nom de **gothique classique** (Chartres). Viennent ensuite de nouvelles innovations : **gothique rayonnant**, vers le milieu du XIIIe siècle (par allusion aux nombreuses fenêtres et vitraux qui éclairent ses façades comme à Notre-Dame de Paris), puis **gothique flamboyant** au XVe (en raison des ornements en forme de flammes, comme à Vendôme par exemple).

recueil de psaumes de la reine Ingeburge

Dieu et Noé, vitrail du XIIIe s.

l'Annonciation et la Visitation, façade de la cathédrale de Reims

portail de la façade de la cathédrale de Chartres

Les caractéristiques majeures de l'art gothique

L'architecture gothique est caractérisée par des voûtes comportant de 4 à 6 branches d'**ogives**. Ces diagonales de pierre qui partent de piliers d'angle et se croisent au centre de la voûte permettent de supprimer de nombreux murs de soutien. De plus, l'ouverture de larges fenêtres surmontées d'**arcs brisés** et le goût des grandes lignes verticales transforment les cathédrales gothiques en immenses cages de lumière qui s'élèvent vers le ciel. Mais ces églises, avec leurs peintures, leurs sculptures et leurs tapisseries, sont également de véritables « bibles de pierre » destinées à l'éducation des fidèles. Ainsi les vitraux de Notre-Dame de Chartres comportent près de 5 000 personnages.

chapelle basse *chapelle haute*

détail de la façade de la cathédrale de Chartres

hôtel Jacques-Cœur, Bourges

vue en coupe de la Sainte-Chapelle, Paris

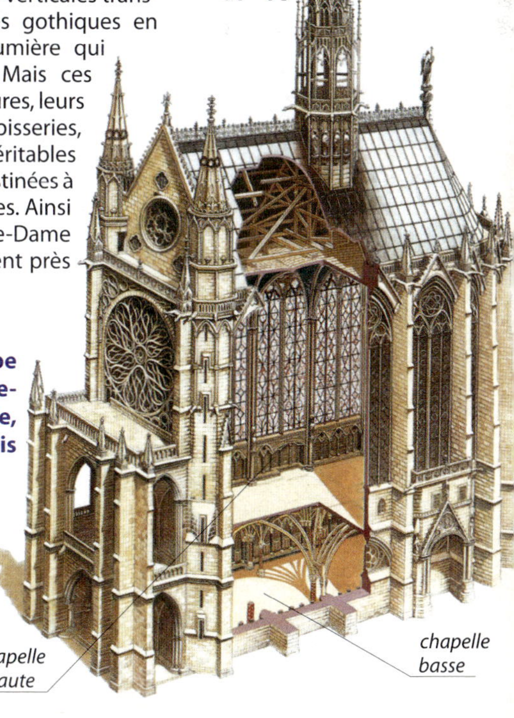

goulet **n.m.** Entrée étroite d'un port, d'une rade. *Le goulet du port de Brest.* • **Goulet d'étranglement :** difficulté qui ralentit la circulation. (On dit aussi *goulot d'étranglement.*)

gouleyant, e **adj.** *Un vin gouleyant* est frais et léger.

goulot **n.m.** Ouverture étroite d'une bouteille, d'une carafe. *Boire au goulot.*

HISTOIRE DU MOT Vient, comme *goulu*, du latin *gula* qui signifie « gorge, cou », que l'on retrouve dans *gueule*.

goulu, e **adj.** et **n.** Qui mange avidement. *Regarde comme il se jette sur la nourriture, quel goulu !* SYN. glouton, goinfre.

goulûment, ✎ ***goulument*** **adv.** Avec avidité. *Dévorer goulûment un gâteau.*

goupil **n.m.** Nom donné au renard, au Moyen Âge.

HISTOIRE DU MOT Vient du latin *vulpes* qui signifie « renard ».

goupil (*Roman de Renart,* miniature du XIIIe siècle)

goupille **n.f.** Petite pièce d'une grenade qu'on arrache pour la faire exploser.

goupiller **v.** (CONJUG. 3). (Familier) Faire, arranger, combiner. *Qu'est-ce que tu nous goupilles ?*

goupillon **n.m.** ❶ Brosse cylindrique montée sur une tige, dont on se sert pour nettoyer l'intérieur d'une bouteille. ❷ Objet qu'utilisent les prêtres pour asperger les fidèles d'eau bénite.

gourbi **n.m.** (Familier) Logement mal tenu ou pauvre. SYN. taudis.

gourd, e **adj.** *Avoir les doigts gourds,* c'est avoir les doigts engourdis à cause du froid.

1 gourde **n.f.** Récipient portatif pour conserver la boisson. *Pierre s'arrête à une fontaine pour y remplir sa gourde.*

HISTOIRE DU MOT Vient, comme *courge*, du latin *cucurbita*. La gourde était aussi une sorte de courge qui, vidée et séchée, servait de récipient, de bouteille.

2 gourde **n.f.** et **adj.** Personne maladroite et stupide. *Tu vois bien que ce n'est pas la bonne clé, quelle gourde tu fais !* SYN. nigaud.

gourdin **n.m.** Bâton gros et court dont on se sert pour frapper. *Les malfaiteurs étaient armés de gourdins.* → VOIR AUSSI **matraque, trique.**

gourgane **n.f.** Au Canada, plante potagère cultivée pour ses grosses graines comestibles.

gourmand, e **adj.** et **n.** Qui aime manger de bonnes choses et en mange souvent. *Quels gourmands, ils ont tout mangé !* SYN. glouton. → VOIR AUSSI **gourmet.**

gourmandise **n.f.** ❶ Le fait d'être gourmand. *Il ne mange pas parce qu'il a faim mais par pure gourmandise.* ❷ Ce que les gourmands aiment manger. SYN. douceur, friandise.

gourmet **n.m.** Personne qui connaît et apprécie la très bonne cuisine, les très bons vins. *Le père de Cécile est un fin gourmet.* SYN. gastronome. → VOIR AUSSI **gourmand.**

gourmette **n.f.** Bracelet formé d'une chaînette aux maillons aplatis.

gourou **n.m.** En Inde, sage considéré comme un maître spirituel par ses élèves, ses disciples.

gousse **n.f.** Le fruit de certaines plantes, formé d'une cosse allongée renfermant des graines. *Une gousse de petits pois. Une gousse de vanille.* • **Gousse d'ail :** chacune des parties d'une tête d'ail. *Un gigot d'agneau piqué de quelques gousses d'ail.*

gousset **n.m.** Très petite poche d'un gilet ou d'un pantalon. *Mon grand-père met sa montre dans son gousset.*

goût, ✎ ***gout*** **n.m.** ❶ Le sens qui permet de reconnaître les saveurs des aliments. *Pour être dégustateur de vins, il faut avoir un goût très développé.* ❷ La saveur d'un plat, d'une boisson, d'une substance quelconque. *Ce riz n'a aucun goût* (= il est fade). *Ce vin laisse un mauvais goût dans la bouche.* ❸ Le fait de discerner et d'aimer ce qui est beau, harmonieux, élégant. *La chambre d'Édith est arrangée avec goût. Une plaisanterie de mauvais goût* (= vulgaire). ❹ Penchant particulier pour quelque chose. *Enfant qui a du goût pour la musique. Il a pris goût à la lecture* (= il s'est mis à l'aimer).

1 goûter, ✎ ***gouter*** **v.** (CONJUG. 3). ❶ *Goûter un aliment, une boisson,* c'est en prendre très peu pour en apprécier la saveur, le goût. *Veux-tu goûter la sauce ?* ❷ *Goûter à un aliment, à une boisson,* c'est en manger pour la première fois. *As-tu déjà goûté à la cuisine chinoise ?* SYN. essayer. ❸ Apprécier, aimer. *Il n'a pas goûté ma plaisanterie.* ❹ Prendre le goûter. *Venez goûter, les enfants !*

▸ REM. Ne pas confondre avec *goutter*.

2 goûter, ✎ ***gouter*** **n.m.** Petit repas que l'on prend dans l'après-midi. *Tu trouveras un paquet de biscuits dans le placard pour ton goûter.*

goûteux, euse, ✎ ***gouteux, euse*** **adj.** Qui a très bon goût. SYN. savoureux.

gousses de petits pois

1 goutte **n.f.** Très petite quantité d'un liquide qui a la forme d'une petite sphère. *Il fait chaud, Pierre sue à grosses gouttes. L'eau tombe goutte à goutte du robinet mal fermé.* • **Une goutte de :** un peu de, très peu de. *« Voulez-vous du porto ? – Oh ! juste une goutte ! »* • **Se ressembler comme deux gouttes d'eau :** pour deux choses, deux personnes, être totalement identiques. ◆ **gouttes** **n.f.plur.** Médicament liquide qu'on prend sous forme de gouttes. *Des gouttes pour le nez.*

2 goutte **n.f.** Maladie caractérisée par des inflammations douloureuses, surtout dans le gros orteil.

goutte-à-goutte **n.m.invar.** Appareil médical qui sert à faire des perfusions ; la perfusion elle-même.

gouttelette **n.f.** Petite goutte. *Des gouttelettes de sueur sur le front d'un bébé.*

goutter **v.** (CONJUG. 3). Couler goutte à goutte. *Il doit y avoir une fuite chez le voisin du dessus, de l'eau goutte du plafond.*
▸ REM. Ne pas confondre avec *goûter.*

gouttière **n.f.** Conduit fixé à la base d'un toit pour récolter les eaux de pluie. *Il pleuvait si fort que l'eau débordait des gouttières.*

gouvernail **n.m.** (PLUR. : **gouvernails**). Pièce située à l'arrière d'un bateau et qui permet de le diriger. • **Être au gouvernail :** diriger une entreprise, un organisme.

gouvernante **n.f.** Femme qui s'occupe d'une maison, qui prend soin des enfants ou d'une personne en particulier.

gouvernants **n.m.plur.** Ceux qui gouvernent un pays, les membres du gouvernement.

gouverne **n.f.** • **Pour ta gouverne :** pour te servir de règle de conduite. *Apprends, pour ta gouverne, qu'il ne faut pas répondre insolemment.*
▸ REM. Cette expression appartient à la langue soutenue.

gouvernement **n.m.** ❶ L'autorité politique qui gouverne un État ; la forme de politique choisie. *Le gouvernement français. Gouvernement démocratique.* SYN. régime, système. *Le gouvernement du Québec.* ❷ L'ensemble des personnes (ministres, secrétaires d'État) qui dirigent la politique d'un État. *Le Premier ministre forme le gouvernement.*

gouvernemental, ale, aux **adj.** Du gouvernement. *Une mesure, une décision gouvernementale.*

gouverner **v.** (CONJUG. 3). Diriger la politique d'un État, détenir le pouvoir. *Gouverner un pays.* SYN. commander, diriger.

gouverneur, e **n.** Titre porté par certaines personnes qui exercent une fonction de direction. *Le gouverneur de la Banque de France. Au Canada, le gouverneur général représente le roi ou la reine d'Angleterre.*

goyave **n.f.** Fruit comestible du goyavier.

goyavier **n.m.** Arbre fruitier d'Amérique tropicale qui donne les goyaves.

grabat **n.m.** Lit misérable, où l'on souffre.
▸ REM. Ce mot appartient à la langue soutenue.

grabataire **n.** et **adj.** Malade qui n'est plus en état de quitter le lit. *Un vieillard grabataire.*

grabuge **n.m.** (Familier) *Il va y avoir du grabuge*, il va y avoir une dispute, de la bagarre.

1 grâce **n.f.** ❶ Faveur que l'on fait à quelqu'un. *Faites-nous la grâce d'accepter notre invitation.* ❷ Le fait de gracier un condamné. *La grâce présidentielle.* ❸ Charme dû à la légèreté, à la beauté, à la finesse. *Regardez cette danseuse, quelle grâce !* CONTR. lourdeur. ❹ Aide surnaturelle de Dieu. *Cet homme s'est converti, touché par la grâce.* • **De bonne grâce** ou **de mauvaise grâce :** avec plaisir, avec déplaisir. • **Le coup de grâce :** le coup qui donne la mort. • **Grâce !** ou **de grâce ! :** s'emploient pour supplier. • **Être dans les bonnes grâces de quelqu'un :** être apprécié ou protégé par cette personne. • **Faire grâce de quelque chose à quelqu'un :** l'en dispenser, le lui épargner. *Je vous fais grâce de tous les détails.*
▸ REM. *Grâce* s'écrit avec un accent circonflexe, comme *disgrâce*, mais les autres mots de sa famille n'en prennent pas : *gracier, gracieux, etc.*

2 grâce à **prép.** Avec l'aide de quelqu'un ou de quelque chose.

gracier **v.** (CONJUG. 7). *Gracier un condamné*, c'est supprimer ou réduire sa peine.

gracieusement **adv.** ❶ Avec grâce. *Elle salua gracieusement l'assistance.* ❷ À titre gracieux. *Ce livre vous est remis gracieusement par la mairie.* SYN. gratuitement.

gracieux, euse **adj.** Qui a de la grâce, du charme. *Une jeune fille gracieuse. Un visage, un sourire gracieux.* SYN. charmant. • **À titre gracieux :** gratuitement, comme un cadeau. *Un échantillon vous sera envoyé à titre gracieux.*

gracile **adj.** Mince et délicat. *Une danseuse au corps gracile.*

gradation **n.f.** Progression par degrés successifs. *Une gradation des efforts.*
▸ REM. Ne pas confondre avec *graduation.*

grade **n.m.** Degré, échelon dans une hiérarchie, spécialement dans l'armée. *Grade de lieutenant, de capitaine. Monter en grade.* • (Familier) **En prendre pour son grade :** recevoir de vives remontrances, se faire sérieusement rappeler à l'ordre.

gradé, e **n.** Militaire qui a un grade relativement élevé.

goyaves

gradin **n.m.** Chacun des bancs disposés en étages autour d'un stade, d'un amphithéâtre et où prennent place les spectateurs.

graduation **n.f.** Chacune des marques d'un instrument qui permet de mesurer des quantités. *Les graduations d'un mètre, d'un thermomètre.*
▸ REM. Ne pas confondre avec *gradation*.

gradué, e **adj.** ❶ Qui a des graduations. *Une règle graduée.* ❷ Progressif. *Un livre d'exercices gradués.*

graduel, elle **adj.** Qui progresse par degrés, par étapes, petit à petit.

graduellement **adv.** Petit à petit, en progressant par étapes.

graffiti **n.m.** Inscription, dessin faits à la main sur un mur, une paroi. *Les murs de cette maison abandonnée sont couverts de graffitis.* → VOIR AUSSI **tag.**
HISTOIRE DU MOT C'est un mot italien.

graffitis sur un mur

graillon **n.m.** Odeur désagréable de graisse brûlée. *Ça sent le graillon dans la cuisine.*

grain **n.m.** ❶ Le fruit et la semence des céréales. *Des grains de blé, de seigle, de riz, de maïs. As-tu donné du grain aux poules ?* ❷ Petit fruit de certaines plantes. *Des grains de raisin, de café, de poivre.* ❸ Très petit fragment de matière. *Un grain de sable, de poussière, de sel.* ❹ Aspect d'une surface un peu rugueuse au toucher. *Le grain d'un cuir, d'un papier.* ❺ Averse soudaine ou coup de vent violent en mer. • **Grain de beauté :** petite tache brune sur la peau. • (Familier) **Mettre son grain de sel :** se mêler à une conversation alors qu'on n'y est pas invité.

graine **n.f.** L'organe contenu dans un fruit qui permet la reproduction. *Quand la graine germe en terre, elle donne une nouvelle plante.* • **Mauvaise graine :** enfant, adolescent qui risquent de mal tourner ou qui ont mal tourné. • (Familier) **En prendre de la graine :** tirer la leçon d'une expérience. *Jacques travaille et a des résultats, prends-en de la graine !* (= prends modèle sur lui).

grainetier, ère **n.** Commerçant qui vend des graines, des oignons, des bulbes de fleurs.

graissage **n.m.** Action de graisser un moteur, un mécanisme. *La porte aurait besoin d'un bon graissage.*

graisse **n.f.** ❶ Substance que l'on trouve dans le corps et qui sert de couche protectrice et de réserve alimentaire. ❷ Substance d'origine animale ou végétale, utilisée en cuisine. *Le beurre, la margarine, l'huile sont des graisses.* SYN. corps gras. ❸ Corps gras qui sert au graissage des moteurs, des pièces mécaniques.

graisser **v.** (CONJUG. **3**). Enduire de graisse. *Il faudrait graisser la chaîne de ta bicyclette.* SYN. lubrifier.

graisseux, euse **adj.** ❶ Qui contient de la graisse. *Les tissus graisseux de l'organisme.* SYN. adipeux. ❷ Qui est couvert de graisse. *Avoir les mains graisseuses.*

graminée **n.f.** *Les graminées* sont une très importante famille de plantes dont les fleurs, très petites, sont groupées en épis et dont les fruits sont des grains. *L'herbe, le blé sont des graminées.*
HISTOIRE DU MOT Vient du latin *gramineus* qui signifie « de gazon ».

grammaire **n.f.** ❶ L'ensemble des structures d'une langue et des règles selon lesquelles cette langue fonctionne. *Apprendre la grammaire française.* ❷ Livre dans lequel sont expliquées les règles de grammaire.

grammairien, enne **n.** Spécialiste de grammaire.

grammatical, ale, aux **adj.** Qui concerne la grammaire. *Faire l'analyse grammaticale d'une phrase, c'est étudier la fonction de chacun des mots dans cette phrase.*

gramme **n.m.** Unité de masse avec laquelle on mesure le poids d'un objet. *Mille grammes font un kilogramme.* • **Un gramme de :** un tout petit peu de. *Si tu avais un gramme de bon sens, tu comprendrais tout de suite !*
▸ REM. On écrit *g* en abrégé.

1 grand, e **adj.** ❶ D'une taille élevée, importante. *Tu es grand pour ton âge ! La girafe est plus grande que l'ours.* CONTR. petit. ❷ Qui est très étendu. *Une grande forêt.* SYN. vaste. ❸ Qui a de l'importance, qui compte. *Demain tu entres au collège, c'est un grand jour. Un grand homme* (= célèbre, qui a réalisé de grandes choses). ❹ Qui n'a plus l'âge des petits. *Tu es une grande fille maintenant, tu devrais comprendre.* ◆ **grand** **adv.** • **Faire les choses en grand :** sans regarder à la dépense, en préparant tout ce qui est nécessaire. • **Voir grand :** prévoir que quelque chose sera important, avoir des projets ambitieux. *Il est resté plein de gâteaux de la fête, nous avions vu trop grand.*

2 grand, e **n.** Enfant qui n'est plus considéré comme un petit. *Une grande l'a aidé à mettre son manteau. La cour des grands.* ◆ **grand** **n.m.** Personnage riche, important. *Il rêvait de fréquenter les grands de ce monde.* • **Les grands :** les grandes puissances mondiales, les pays riches. *Les cinq grands du Conseil de sécurité de l'O.N.U.*

grand-chose **pron. indéfini.** • **Pas grand-chose :** peu de chose, presque rien. *Il ne reste pas grand-chose à boire.*

grandement **adv.** Beaucoup. *Il a grandement contribué à la victoire de son équipe.* SYN. largement. CONTR. peu.

grandeur **n.f.** ❶ Dimension, format. *Cela a fait une tache de la grandeur d'une pièce de 2 euros.* ❷ *L'ordre de grandeur d'un nombre,* c'est une valeur approximative de ce nombre. *Donnez-nous un ordre de grandeur du montant des travaux.* ❸ Grande influence, valeur, ou importance. *La grandeur d'un pays.* SYN. puissance. *Courage qui fait la grandeur d'un homme.* SYN. noblesse. • **Grandeur nature :** avec les mêmes dimensions que dans la réalité. *Une statue d'un personnage grandeur nature.*

grand-guignolesque **adj.** (PLUR. : grand-guignolesques). Horrible et invraisemblable, comme les spectacles du Grand-Guignol.

HISTOIRE DU MOT Le Grand-Guignol était un théâtre installé à Montmartre, à Paris, vers 1900, spécialisé dans les mélodrames horribles, l'équivalent des films d'horreur d'aujourd'hui.

grandiloquence **n.f.** Caractère de paroles, de discours prétentieux, pompeux. SYN. affectation, emphase. CONTR. simplicité.

grandiloquent, e **adj.** Qui emploie de grands mots pour dire des choses simples. SYN. emphatique, pompeux.

grandiose **adj.** Qui impressionne par sa grandeur, sa beauté. *Une vue grandiose, un spectacle grandiose.* SYN. imposant, magnifique. CONTR. insignifiant.

grandir **grandissant, grandi v.** (CONJUG. 16). ❶ Devenir plus grand ou plus important. *Tu as grandi depuis cet été, tu me dépasses presque ! Son intérêt pour la nature n'a cessé de grandir.* SYN. augmenter, croître, se développer. CONTR. diminuer, rapetisser. ❷ Faire paraître plus grand. *Ces chaussures te grandissent.* ❸ *Sortir grandi d'une épreuve,* c'est être davantage apprécié après cette épreuve, avoir gagné en prestige.

grandissant, e **adj.** Qui augmente, qui grandit peu à peu. *Une joie, une impatience grandissantes.* SYN. croissant.

grand-mère **n.f.** (PLUR. : grands-mères ou grand-mères). Mère du père *(grand-mère paternelle)* ou de la mère *(grand-mère maternelle). Yannick a reçu pour son anniversaire un cadeau de sa grand-mère.*

à **grand-peine** **adv.** Difficilement, en peinant beaucoup. *Nous avons réussi à grand-peine à descendre la malle du grenier.* CONTR. aisément, facilement.

grand-père **n.m.** (PLUR. : grands-pères). Père du père *(grand-père paternel)* ou de la mère *(grand-père maternel).*

grands-parents **n.m.plur.** Le grand-père et la grand-mère du côté du père *(grands-parents paternels)* ou du côté de la mère *(grands-parents maternels).*

grange **n.f.** Local dépendant d'une ferme pour entreposer les récoltes. *La grange est pleine de foin et de paille.*

HISTOIRE DU MOT Vient du latin *granum* qui signifie « grain ».

granit ou **granite** **n.m.** Roche très dure et d'aspect granuleux. *Tailler un bloc de granit.*

granitique **adj.** Qui est constitué de granite. *Une roche granitique.*

granivore **adj.** Qui se nourrit de graines. *Le moineau, le paon, la poule sont des animaux granivores.*

granule **n.m.** Très petite pilule pharmaceutique. *Un tube de granules homéopathiques.*
▸ REM. Ce mot est du masculin.

granulé **n.m.** Médicament ou préparation qui se présente sous forme de grain sucré.

granuleux, euse **adj.** Qui est ou paraît recouvert de petits grains. *Une surface granuleuse.* CONTR. lisse.

graphie **n.f.** Représentation écrite d'un mot. *Le mot « clé » a deux graphies.*

1 graphique **adj.** ❶ Qui représente les choses par des signes écrits ou des dessins. *L'alphabet est un système graphique.* ❷ *Les arts graphiques* sont les procédés et les techniques employés dans l'imprimerie.

2 graphique **n.m.** Ligne qui relie des points entre eux pour montrer l'évolution de quelque chose. *Un graphique de la température d'un malade.* SYN. courbe.
→ VOIR Fiche 20.

graphisme **n.m.** Manière de tracer une ligne, de dessiner considérée d'un point de vue esthétique. *Le graphisme d'une affiche, d'un site Internet.*

graphiste **n.** Professionnel des arts et industries graphiques.

graphologie **n.f.** Étude de l'écriture d'une personne dans le but de mieux connaître son caractère.

HISTOIRE DU MOT Vient du grec *graphein,* qui signifie « écrire », et *logos,* qui signifie « science ».

graphologique **adj.** Qui concerne la graphologie. *Étude graphologique d'une lettre manuscrite.*

graphologue **n.** Spécialiste de graphologie.

grappe **n.f.** Ensemble de fleurs ou de fruits qui poussent serrés sur une même tige. *Des grappes de raisin. Des grappes de lilas.*

grappiller **v.** (CONJUG. 3). Ramasser, recueillir çà et là. *Grappiller des cerises sur l'arbre. Chercher à grappiller quelques renseignements.* SYN. glaner.

grappe de raisin

a b c d e f g h i j k l m n o p q r y z

gratte-ciel (New York, États-Unis)

M N O P Q R S T U V W X Y Z

grappin **n.m.** ❶ Ancre d'un petit bateau. ❷ Crochet de fer fixé à une corde.

1 gras, grasse **adj.** ❶ Qui est formé de graisse ou qui en contient. *Le beurre est un corps gras. Cette sauce est trop grasse.* ❷ Qui a beaucoup de graisse. *Il est gras.* SYN. adipeux, gros. CONTR. maigre. ❸ Sali de graisse. *Ne jetez pas les papiers gras par terre.* ❹ *Des caractères gras* sont des caractères d'imprimerie plus épais que les autres. CONTR. maigre. ❺ *Des cheveux gras* sont rendus luisants par les sécrétions de la peau. CONTR. sec. ❻ *Des plantes grasses* ont des feuilles épaisses et charnues. • **Faire la grasse matinée :** se lever tard.

2 gras **n.m.** ❶ La partie grasse d'un morceau de viande. *Manger le gras du jambon.* ❷ Partie charnue du corps. *Le gras du bras.*

grassement **adv.** Largement, généreusement. *Vous avez été grassement payé pour ce travail.* CONTR. chichement.

grassouillet, ette **adj.** (Familier) Un peu gras. *Un garçon grassouillet.* SYN. dodu, replet.

gratifiant, e **adj.** Qui donne une satisfaction morale, qui fait plaisir. *Un succès gratifiant.* SYN. valorisant. CONTR. frustrant.

gratification **n.f.** Somme d'argent donnée en plus du salaire. *Tous les employés de l'entreprise ont reçu une gratification à la fin de l'année.* SYN. prime.

gratifier **v.** (CONJUG. 7). Donner en remerciement ou pour faire plaisir. *Le client satisfait a gratifié le serveur d'un bon pourboire.* SYN. octroyer à. *Annie a gratifié Jean d'un charmant sourire.*

gratin **n.m.** ❶ Plat cuit au four ou sous le gril avec du fromage râpé, ce qui lui donne une croûte dorée. *Des nouilles au gratin. Un gratin de courgettes.* ❷ (Familier) Personnes les plus importantes d'un groupe, d'une société. *Il a organisé une fête où tout le gratin est venu.* SYN. élite.

gratiné, e **adj.** ❶ Préparé, cuit au gratin. *Un chou-fleur gratiné.* ❷ (Familier) Qui sort de l'ordinaire. *Il lui est arrivé une aventure gratinée.* CONTR. banal. *Notre devoir de math était gratiné.* SYN. difficile.

gratiner **v.** (CONJUG. 3). Dorer au four pour faire un gratin. *Faire gratiner à four chaud.*

gratis **adv.** Sans payer, gratuitement. *Ils sont entrés gratis au stade.*
▸ REM. On prononce le -*s*.

gratitude **n.f.** Sentiment de reconnaissance envers une personne qui vous a rendu service. *Comment vous témoigner ma gratitude ?*

gratte-ciel **n.m.invar.**, ✎ *n. m.* (PLUR. : ***gratte-ciels***). Immeuble très haut. *L'Empire State Building à New York ou la tour Montparnasse à Paris sont des gratte-ciel.* SYN. building, tour.

HISTOIRE DU MOT C'est une traduction de l'américain *skyscraper.*

gratte-cul **n.m.invar.**, ✎ *n. m.* (PLUR. : ***gratte-culs***). Nom familier du fruit de l'églantier (son nom savant est le *cynorhodon*).

HISTOIRE DU MOT On appelle ce fruit *gratte-cul* parce qu'en l'ouvrant on trouve de petits poils qui grattent comme le poil à gratter.

grattement **n.m.** Bruit que fait quelque chose qui gratte. *« Tu entends ces grattements à la porte ? – C'est le chien qui demande à rentrer. »*

gratter **v.** (CONJUG. 3). ❶ Frotter avec les ongles ou les griffes. *Il ne faut pas gratter les boutons de varicelle.* ❷ Faire éprouver une démangeaison. *Ce pull me gratte.* ❸ Enlever une couche sur une surface en frottant, en raclant. *Gratter un vernis.* • **Gratter une allumette :** la frotter contre une surface rugueuse pour qu'elle s'enflamme. ◆ **se gratter** **v.pron.** Frotter avec ses ongles un endroit du corps. *Quand il réfléchit, il se gratte la tête.*

grattoir **n.m.** Instrument qui sert à gratter, à racler. *Enlever de la boue avec un grattoir.*

gratuit, e **adj.** ❶ Qui s'obtient sans payer. *Ils ont gagné une entrée gratuite au théâtre.* CONTR. payant. ❷ Qui n'est basé sur rien. *Une accusation gratuite.* SYN. arbitraire. ❸ *Un acte gratuit* est un acte que rien n'explique, ne motive en apparence.

gratuité **n.f.** Le fait d'être gratuit. *La gratuité de l'enseignement public.*

gratuitement **adv.** ❶ Sans faire payer. *Nous avons eu ces disques gratuitement.* SYN. gracieusement. ❷ Sans preuve. *Mais tu affirmes cela gratuitement !*

gravats **n.m.plur.** Les débris qui proviennent de la démolition d'une construction. *Nous allons porter ces gravats à la décharge.*

1 **grave** **adj.** ❶ Qui peut avoir des conséquences fâcheuses dans l'avenir. *Pierre est atteint d'une maladie grave.* CONTR. bénin. *Une faute grave.* CONTR. anodin. ❷ Qui a de l'importance et doit être pris au sérieux. *J'ai des choses graves à vous dire.* SYN. sérieux. CONTR. futile, léger. ❸ Qui est austère, très sérieux, qui ne plaisante pas. *Un visage grave.* SYN. sévère, sombre.

2 **grave** **adj.** *Un son grave* correspond à une voix de basse. *Les hommes ont généralement la voix plus grave que les femmes.* CONTR. aigu. • **Accent grave :** qui descend vers la droite. *Le mot « après » a un accent grave.* ◆ **n.m.** Son grave. *Il chante mieux dans les graves que dans les aigus.*

gravement **adv.** ❶ Avec gravité, avec beaucoup de sérieux. *Il parlait gravement.* ❷ De façon inquiétante. *Il est gravement blessé.* SYN. grièvement. *Gravement malade.* SYN. sérieusement.

graver **v.** (CONJUG. **3**). ❶ Inscrire ou dessiner en creux sur une surface dure. *Graver son nom sur un arbre.* ❷ Dessiner avec une pointe sur une plaque de cuivre pour faire une gravure. *Graver des cartes de visite, un portrait.* ❸ Fixer profondément dans sa mémoire. *Son souvenir reste gravé dans mon esprit.*

graveur, euse **n.** Artisan ou artiste dont le métier est de graver. *Graveur sur bois. Un graveur à l'eau-forte.*

gravier **n.m.** Très petit caillou ; ensemble de très petits cailloux. *J'ai un gravier dans ma chaussure. Allée recouverte de gravier.*

gravillon **n.m.** Gravier très fin qui sert au revêtement des chaussées. *Répandre du gravillon sur une route.*

gravir **gravissant, gravi v.** (CONJUG. **16**). Monter avec effort. *Gravir une colline* (= grimper sur). • **Gravir des échelons :** passer d'un poste à l'autre dans une hiérarchie, monter en grade.

gravitation **n.f.** Phénomène physique selon lequel tous les corps matériels s'attirent les uns les autres. *Les planètes tournent autour du Soleil sous l'effet de la gravitation. Isaac Newton découvrit les lois de la gravitation.* → VOIR AUSSI **attraction.**

HISTOIRE DU MOT Vient du latin *gravitas* qui signifie « pesanteur ».

1 **gravité** **n.f.** Le caractère grave de quelque chose ; la qualité de quelqu'un de grave. *Ne t'en fais pas, c'est sans gravité. Parler avec gravité.* SYN. solennité.

2 **gravité** **n.f.** La force d'attraction que la Terre exerce sur les objets. → VOIR **gravitation.**

graviter **v.** (CONJUG. **3**). ❶ Tourner autour de quelque chose sous l'effet de la gravitation. *La Terre gravite autour du Soleil. Un satellite placé en orbite autour d'une planète gravite autour d'elle.* ❷ Évoluer dans l'entourage de quelqu'un ou de quelque chose. *Beaucoup de gens gravitent autour du ministre.*

gravure **n.f.** ❶ L'action de graver un dessin. ❷ Reproduction sur papier d'une œuvre gravée dans le bois, le métal, etc. *Le musée expose des gravures d'artistes contemporains.* SYN. estampe.

ENCYCLOPÉDIE Il existe de nombreux procédés de gravure : la gravure sur bois, sur métal (souvent sur cuivre rouge), l'eau-forte, qui est une gravure sur métal où l'on utilise de l'acide, la gravure sur pierre (ou *lithographie*), la gravure sur linoléum (ou *linogravure*).

gré **n.m.** • **Au gré de quelqu'un :** comme il le désire, à sa convenance. *Vous pouvez aller et venir à votre gré.* • **Bon gré mal gré :** que cela plaise ou non. • **Contre son gré :** contre sa volonté. • **De bon gré :** volontiers. • **De gré ou de force :** qu'on le veuille ou non et même s'il faut recourir à la force. • **De son plein gré :** sans être forcé.

HISTOIRE DU MOT Vient du latin *gratum* qui signifie « ce qui est agréable », que l'on retrouve dans *agréer, agréable.*

grec, grecque **adj.** et **n.** De la Grèce antique et moderne. *La mythologie grecque. Les îles grecques.* → VOIR planche page suivante. ◆ **grec** **n.m.** La langue parlée en Grèce.

▸ REM. Quand il désigne une personne, le mot prend une majuscule : *un Grec, les Grecs.*

gréco-romain, e **adj.** (PLUR. : **gréco-romains, es**). Qui concerne la civilisation issue de la rencontre entre la culture grecque et la culture latine, dans l'Antiquité. *Des vestiges gréco-romains.*

gredin, e **n.** Terme un peu vieilli pour désigner une personne malhonnête, un vaurien. *Ce gredin nous a escroqués !* SYN. canaille, crapule.

gréement **n.m.** Ensemble du matériel nécessaire à la navigation à voile.

gréer **v.** (CONJUG. **8**). Équiper un voilier, un mât de son gréement.

1 **greffe** **n.f.** ❶ En botanique, opération par laquelle on implante sur un arbre une partie d'un autre arbre ; la pousse, la branche ou le bourgeon qu'on greffe. ❷ Opération chirurgicale par laquelle on implante sur une personne un organe d'une autre personne. *La greffe d'un rein.* SYN. transplantation.

▸ REM. Ne pas confondre avec *un greffe.*

2 **greffe** **n.m.** Le secrétariat d'un tribunal, le bureau du greffier.

greffer **v.** (CONJUG. **3**). ❶ Faire une greffe. *Greffer un arbre fruitier.* ❷ Transplanter un organe par l'opération de la greffe. *Greffer un rein.* ◆ **se greffer** **v.pron.** Venir s'ajouter à quelque chose. *Cette affaire serait simple si une autre n'était pas venue se greffer dessus.*

greffier, ère **n.** La personne chargée de noter les débats d'un procès, de conserver les documents d'un tribunal, de délivrer des copies des jugements, de faire payer les droits de justice.

greffon **n.m.** Pousse végétale ou partie d'un organe destinées à être greffées.

a b c d e f g h i j k l m n o p q r s t u v w x y z

L'homme au centre de l'art grec

amphore
à figures noires

Des statues d'athlètes ou des peintures de vases célèbrent la beauté du corps humain. L'artiste grec a le souci de la perfection de son œuvre et souhaite lui donner un caractère éternel et universel. Il cherche à plaire aux dieux, qu'il conçoit à l'image de l'homme et qu'il représente souvent.

médaillon d'une coupe
à figures rouges

Le berceau de la démocratie

boucle d'oreille en or

casque de bronze

Composée de cités indépendantes, telles Athènes et Sparte, la civilisation grecque connaît son âge d'or entre 500 et 300 avant notre ère. Les Grecs développent les règles des mathématiques et de la philosophie ; ils consacrent une large place aux arts, musique, théâtre et poésie, architecture et sculpture. Ce sont aussi eux qui inventent la **démocratie**. En effet, l'homme d'État athénien Clisthène fonde à la fin du VIe siècle avant J.-C., des institutions démocratiques en créant la **boulê**, assemblée représentative des citoyens. Peu après, sous **Périclès**, le rayonnement de cette cité sur le monde méditerranéen connaît son apogée.

le Discobole

frise du grand autel de Zeus

Temples et colonnes

Parmi les nombreux temples élevés en l'honneur de divinités grecques, on distingue trois styles (ordres) d'architecture, selon la forme et le décor de leurs chapiteaux et de la base de leurs colonnes : **l'ordre dorique** est le plus sévère, **l'ordre ionique** se reconnaît aux volutes de ses chapiteaux et **l'ordre corinthien** est le plus richement sculpté. Temple d'Athéna, le Parthénon, situé sur l'Acropole d'Athènes, est l'un des monuments grecs les plus célèbres.

reconstitution d'un temple grec

les trois ordres

dorique

ionique

corinthien

grégaire **adj.** *Des animaux grégaires* vivent en troupeaux et ont des comportements identiques. *Le mouton est un animal grégaire.*

HISTOIRE DU MOT Vient du latin *gregis* qui signifie « troupeau ».

grège **adj.** ❶ *De la soie grège*, c'est de la soie brute, qui n'a pas été teinte. ❷ *Une couleur grège* est d'un beige clair tirant sur le gris.

grégorien, enne **adj.** • **Calendrier grégorien :** calendrier établi en 1582 par le pape Grégoire XIII et qui corrige des détails du calendrier romain. → VOIR AUSSI **calendrier.** • **Chant grégorien :** chant pratiqué au Moyen Âge dans l'Église d'Occident et qui est à la base du chant de la liturgie catholique.

1 **grêle** **adj.** ❶ Qui est long et très fin, au point d'en paraître fragile. *Les pattes grêles des flamants roses.* CONTR. épais, fort. ❷ *Un son grêle* est aigu et faible. *La vieille dame parlait d'une voix grêle.* CONTR. fort, grave. • **Intestin grêle :** la partie de l'intestin qui se trouve avant le gros intestin.

2 **grêle** **n.f.** Pluie de glace qui tombe en grains. *La grêle a fait des dégâts dans les récoltes.*

grêler **v.impers.** (CONJUG. 3). • **Il grêle :** il tombe de la grêle.
▸ REM. Ce verbe ne s'emploie qu'à la 3e personne du singulier.

grêlon **n.m.** Morceau plus ou moins gros de glace qui tombe lorsqu'il grêle.

grelot **n.m.** Petite boule creuse en métal contenant une bille, et qui tinte lorsqu'on la secoue. *Un tambourin entouré de grelots.*

grelottant, e, ✎ ***grelotant, e*** **adj.** Qui grelotte. *En sortant de l'eau, Zoé était toute grelottante.*

grelotter, ✎ ***greloter*** **v.** (CONJUG. 3). Trembler de froid. *En sortant de la piscine, François grelottait et claquait des dents.*

grenade **n.f.** ❶ Fruit comestible du *grenadier*, de la taille d'une orange. *La grenade contient de nombreuses graines charnues rouges.* ❷ Engin explosif que l'on jette à courte distance, soit à la main, soit à l'aide d'un fusil spécial. *Une grenade incendiaire, lacrymogène.*

HISTOIRE DU MOT Vient du latin *granatus* qui signifie « qui a beaucoup de grains ».

grenades

grenadier **n.m.** ❶ Arbuste épineux des régions méditerranéennes aux feuilles luisantes et aux fleurs rouge vif qui donne des *grenades*. ❷ Soldat d'élite de l'armée de Napoléon Ier. *Les grenadiers de la Vieille Garde.*

grenadine **n.f.** Sirop à base de fruits rouges dont la couleur rappelle celle de la grenade.

grenat **n.m.** Pierre fine de couleur rouge. *Une bague ornée de grenats.* ◆ **adj.invar.** D'une couleur rouge foncé. *Du velours grenat.*

grenier **n.m.** ❶ Partie d'une maison située sous les toits, sous les combles. *Fouiller une maison de la cave au grenier.* ❷ À la campagne, partie d'un bâtiment, d'une ferme où l'on mettait le grain et le foin. ❸ Région très fertile en céréales. *La Beauce est le grenier de la France.*

HISTOIRE DU MOT Vient du latin *granum* qui signifie « grain ».

grenouille **n.f.** Petit animal, aux pattes arrière longues, très musclées et palmées qui lui permettent de sauter et de nager. *La grenouille vit souvent au bord des mares ou des étangs.* • **La grenouille qui veut se faire aussi grosse que le bœuf :** une personne trop prétentieuse, trop ambitieuse, par allusion à la fable de La Fontaine.

ENCYCLOPÉDIE Cri : la grenouille coasse. La grenouille est un amphibien (on disait aussi *batracien*) qui à l'état de larve porte le nom de *têtard*. Il existe plus de 150 espèces de grenouilles dans le monde ; la plus grande est le *goliath du Cameroun*, qui mesure 75 cm.

grenouille sur un nénuphar

grenu, e **adj.** Dont la surface présente de petits grains. *Un sac en cuir grenu.*

grès **n.m.** ❶ Roche formée de grains de sable réunis par de la silice ou du calcaire. *Des pavés de grès.* ❷ Terre glaise mélangée à du sable avec laquelle on fait des poteries très résistantes. *Des assiettes en grès.*

grésil **n.m.** Pluie de petits grains de glace friables et blancs. *Ce matin, il tombait du grésil.*
▸ REM. On prononce le *-l*.

grésillement **n.m.** Bruit de quelque chose qui grésille ; crépitement. *Allô ! il y a des grésillements sur la ligne !*

grésiller v. (CONJUG. 3). Faire de petits bruits secs, rapides et répétitifs. *L'huile trop chaude grésille dans la poêle.* SYN. crépiter. *La radio grésille, il y a des parasites.*

1 grève n.f. Étendue de sable ou de gravier au bord de l'eau. *Clotilde regardait les vagues mourir sur la grève.* SYN. plage, rivage.
▸ REM. Ce mot appartient à la langue littéraire.

HISTOIRE DU MOT Vient du latin *grava* qui signifie « gravier ».

2 grève n.f. Arrêt du travail décidé par les travailleurs pour faire aboutir leurs revendications. *Les trains ne rouleront pas aujourd'hui, les cheminots sont en grève.* • **Faire la grève de la faim :** refuser de se nourrir pour protester contre une injustice et pour attirer l'attention de l'opinion publique.

HISTOIRE DU MOT Vient du nom de la *place de Grève* à Paris, où se réunissaient les ouvriers sans travail et qui était nommée ainsi parce qu'elle descendait en pente douce jusqu'aux grèves de la Seine.

ENCYCLOPÉDIE En France, le droit de grève existe depuis 1864.

gréviste n. Personne qui fait la grève.

gribouillage ou **gribouillis** n.m. (Familier) Dessin confus ou écriture incompréhensible.

gribouiller v. (CONJUG. 3). (Familier) Écrire ou dessiner n'importe comment.

grief n.m. Ce pour quoi l'on se plaint, motif de mécontentement. *« Exposez vos griefs », dit le juge au plaignant. De quoi me faites-vous grief ?* (= que me reprochez-vous ?).

HISTOIRE DU MOT Vient du latin *gravis* qui signifie « pénible » et que l'on retrouve dans *gravité, grave.*

grièvement adv. • **Être grièvement blessé :** très gravement blessé. CONTR. légèrement.
▸ REM. On dit *être grièvement blessé* mais *être gravement malade.*

griffe n.f. ❶ Ongle pointu et crochu qui arme l'extrémité des doigts de nombreux animaux vertébrés (rongeurs, oiseaux, certains reptiles). *Les griffes du chat sont rétractiles. Les rapaces ont des griffes puissantes.* SYN. serre. ❷ Marque d'un fabricant, que l'on trouve sur des vêtements ou des objets de luxe. *Cette robe porte la griffe d'un grand couturier.* SYN. signature. ❸ Signature rapide. • **Être toutes griffes dehors :** être furieux, prêt à se battre.

griffer v. (CONJUG. 3). Entailler la peau d'un coup de griffe ou d'ongle. *C'est le chat qui t'a griffé ?* SYN. égratigner.

griffon n.m. ❶ Animal fabuleux de la mythologie qui avait un corps de lion, une tête et des ailes d'aigle. ❷ Race de chien au poil rude et broussailleux.

griffonnage n.m. Texte écrit en griffonnant.

griffonner v. (CONJUG. 3). Écrire vite et de façon à peine lisible. *L'inspecteur griffonne en hâte l'adresse sur son calepin puis raccroche le téléphone.* SYN. gribouiller.

griffure n.f. Marque laissée par une griffe ou un objet pointu. SYN. égratignure, éraflure.

grignotage n.m. Action de grignoter.

grignoter v. (CONJUG. 3). ❶ Manger en rongeant. *L'écureuil grignote une noisette.* ❷ Manger peu et sans appétit ou manger souvent de petites quantités. ❸ Gagner peu à peu du terrain ou un avantage sur quelqu'un.

grigou n.m. (Familier) Personne très avare. *Ce vieux grigou serait bien capable de faire payer l'air que l'on respire chez lui !*

grigri (PLUR. : **grigris**) ou **gri-gri** (PLUR. : **gris-gris**) **n.m.** Petit objet porte-bonheur. SYN. amulette, fétiche, talisman.

HISTOIRE DU MOT C'est un mot d'une langue africaine qui signifie « diable », car cet objet est censé conjurer le mauvais sort.

gril n.m. Ustensile de cuisine qui sert à faire griller des aliments. *Faire cuire des saucisses sur un gril.* • (Familier) **Être sur le gril :** être anxieux ou impatient.

grillade n.f. Tranche de viande grillée, cuite au gril. *Des grillades de porc, de mouton.*

grillage n.m. Clôture de fils de fer entrecroisés comme les mailles d'un filet. *Le poulailler est entouré d'un grillage.*

grillager **grillageant, grillagé** v. (CONJUG. 5). Garnir d'un grillage. *Grillager une fenêtre, un balcon. Les escrimeurs portent un masque grillagé.*

grille n.f. ❶ Clôture faite d'un assemblage de barreaux, de barres de métal. *Le parc du château est entouré d'une grille.* ❷ Objet fait d'un assemblage de tiges de métal et qui sert à divers usages. *La grille d'un four.* ❸ Dessin formé par des lignes horizontales et verticales, délimitant ainsi des cases. *Faire une grille de mots croisés.* ❹ Tableau qui indique les différentes émissions de radio et de télévision, et leurs horaires.

grille-pain n.m.invar., ✎ *n. m.* (PLUR. : *grille-pains*). Appareil électroménager qui sert à faire griller les tranches de pain.

griller v. (CONJUG. 3). ❶ Cuire à feu très vif et à sec. *Faire griller des saucisses.* ❷ Traiter certains aliments en les soumettant à une chaleur très vive. *Griller des amandes. Griller du café.* SYN. torréfier. ❸ *Griller une lampe, un appareil électrique*, c'est les mettre hors d'usage par un court-circuit. ❹ (Familier) *Griller un feu rouge*, c'est ne pas s'y arrêter.

grillon n.m. Insecte sauteur de couleur noire ou fauve, long de 3 cm environ, communément appelé *cricri* à cause du bruit émis par le mâle lorsqu'il frotte ses élytres l'un contre l'autre. *Le grillon stridule ou grésille.*

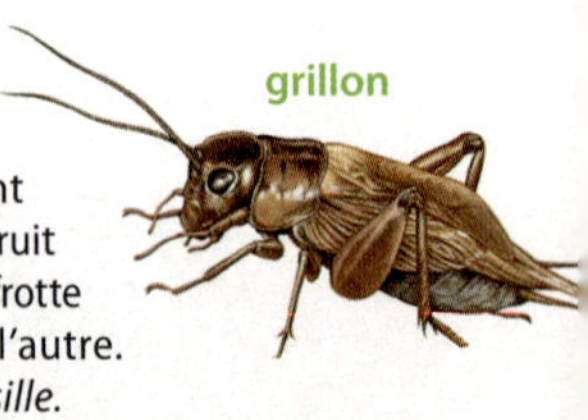
grillon

grimaçant, e adj. Qui grimace. *Un sourire grimaçant.*

A B C D E F G H I J K L M N O P Q R S T U V W X Y Z

grimace **n.f.** Expression qui déforme le visage. *Les enfants jouaient à se faire des grimaces. Une grimace de dépit passa sur son visage.* • **Faire la grimace :** montrer que l'on n'est pas content. *Il obéit, mais en faisant la grimace* (= faire la moue, faire grise mine, se renfrogner).

grimacer **grimaçant, grimacé v.** (CONJUG. 4). Faire des grimaces. *Pierre avait très mal, il grimaçait de douleur.*

grimer **v.** (CONJUG. 3). Maquiller un visage pour jouer un rôle au théâtre, au cinéma, etc. *Nadine s'est déguisée pour le Mardi gras et sa maman l'a grimée.*

grimoire **n.m.** ❶ Livre de magie ou de sorcellerie, plein de formules mystérieuses. ❷ Livre obscur, compliqué.

HISTOIRE DU MOT Vient du mot *grammaire*, parce que, autrefois, les grammaires étaient écrites en latin et elles étaient incompréhensibles pour beaucoup de gens.

grimpant, e **adj.** *Une plante grimpante* est une plante dont la tige s'attache à un support en montant. *Le lierre est une plante grimpante.*

1 grimper **v.** (CONJUG. 3). ❶ Monter en s'agrippant. *Grimper à un arbre, à la corde, à un mur. L'alpiniste grimpe à la paroi* (= il l'escalade). ❷ Monter ou s'élever en pente raide. *Un sentier qui grimpe dans la montagne.* ❸ Monter haut. *Grimper au sixième étage.* ❹ (Familier) Augmenter rapidement. *Les prix ont grimpé.*

2 grimper **n.m.** Exercice de gymnastique qui consiste à grimper à la corde.

grimpeur, euse **n.** Alpiniste ou cycliste qui monte bien les pentes raides. *Les grimpeurs cyclistes ont une musculation très puissante.*

grinçant, e **adj.** ❶ Qui grince. *Des amortisseurs grinçants.* ❷ *Des remarques grinçantes, des propos grinçants* sont désagréables et méchants.

grincement **n.m.** Bruit désagréable produit par un objet qui grince. *Le grincement d'un volet, d'une latte de plancher.* • **Il y aura des pleurs et des grincements de dents :** les gens seront mécontents et malheureux.

grincer **grinçant, grincé v.** (CONJUG. 4). Produire un bruit aigu désagréable en frottant contre quelque chose. *Les ressorts du vieux lit grinçaient.* • **Grincer des dents :** faire entendre un crissement en frottant les dents du haut contre celles du bas et, au sens figuré, être très mécontent. *Ce nouvel impôt va faire grincer des dents.*

grincheux, euse **adj.** *Être d'une humeur grincheuse,* c'est être de mauvaise humeur, n'être content de rien. SYN. acariâtre, grognon. CONTR. accommodant, aimable. ◆ **n.** Personne qui se plaint sans cesse, qui n'est jamais contente.

HISTOIRE DU MOT Vient d'un mot régional qui signifie « grincer ». Les plaintes du grincheux sont aussi désagréables qu'un grincement.

gringalet **n.m.** Homme chétif, malingre, qui n'est pas très fort. *Ce n'est pas un gringalet comme toi qui va me faire peur !*

griotte **n.f.** Variété de cerise à queue courte et au goût acidulé. *De la confiture de griottes.*

grippe **n.f.** Maladie contagieuse qui se traduit en général par de la fièvre, des courbatures, des maux de tête. *J'ai eu la grippe cet hiver.* • **Prendre en grippe :** se mettre à détester quelqu'un ou quelque chose. *Elle m'a pris en grippe, quoi que je fasse, je l'énerve.*

grippé, e **adj.** Qui a la grippe. *M. Denis est absent du bureau pour quelques jours, il est grippé.*

gripper **v.** ou **se gripper** **v.pron.** (CONJUG. 3). Se bloquer. *Un mécanisme qui grippe par manque de graissage. Impossible de tourner la clé, la serrure s'est grippée.*

grippe-sou **n.m.** (PLUR. : **grippe-sous**). Personne très avare, qui cherche à faire des profits sur les plus petites choses. *Ce vieux grippe-sou m'a emmené à la gare qui est à cinq kilomètres et voulait me faire payer l'essence.*

gris, e **adj.** ❶ D'une couleur entre le blanc et le noir. *Une veste grise.* ❷ Qui est terne, sans éclat, et un peu triste. *Une journée grise.* SYN. monotone. *Tu fais grise mine aujourd'hui* (= tu as une mine renfrognée). *Il fait gris, le temps est gris* (= il y a des nuages). • **Matière grise** (Familier) **:** intelligence, réflexion. *Faire travailler sa matière grise.* • **Substance grise :** tissu recouvrant les hémisphères du cerveau. ◆ **gris** **n.m.** La couleur grise. *Des yeux d'un beau gris.*

grisaille **n.f.** ❶ Temps gris, sans luminosité. *La grisaille d'un petit matin d'hiver.* ❷ Ce qui est monotone, répétitif et ennuyeux. *Il voulait s'arracher à la grisaille de sa vie d'employé de bureau.* SYN. routine.

grisant, e **adj.** ❶ Qui grise, qui tourne un peu la tête. *L'air très vif de la montagne est grisant.* ❷ Qui met dans un état d'excitation. *C'est grisant de partir à l'aventure.* SYN. exaltant, excitant.

grisâtre **adj.** D'un gris terne. *Une maison aux murs grisâtres.*

griser **v.** (CONJUG. 3). ❶ Enivrer légèrement. *C'est un alcool qui vous grise très vite.* SYN. étourdir. *Le grand air de la montagne le grisait.* ❷ Étourdir, exciter. *Le succès le grise.*

griserie **n.f.** Excitation qui fait perdre un peu la tête. *Pierre, sur sa moto, éprouvait la griserie de la vitesse. Certaines stars se laissent emporter par la griserie du succès.* SYN. ivresse.

grisonnant, e **adj.** Qui grisonne, qui commence à avoir des cheveux blancs. *Un homme d'une cinquantaine d'années, un peu grisonnant.*

grisonner **v.** (CONJUG. 3). Commencer à avoir des cheveux blancs. *Il a les tempes qui grisonnent.*

grisou **n.m.** Gaz contenu dans la houille et qui explose lorsqu'il est en contact avec l'air. *Il y a eu un coup de grisou dans la mine.*

a b c d e f g h i j k l m n o p q r s t u v w x y z

grive

grive **n.f.** Oiseau migrateur au plumage brun et gris, que l'on chasse pour sa chair. • **Faute de grives, on mange des merles :** proverbe qui signifie qu'il faut se contenter de ce que l'on a.

HISTOIRE DU MOT Vient de l'ancien français *grieu* qui signifiait « grec » ; comme la grive est un oiseau migrateur, on pensait qu'elle venait de Grèce.

grivois, e **adj.** Qui parle des choses de l'amour de façon crue et osée mais sans employer de mots grossiers. *Une chanson grivoise.*

grizzli **n.m.** Ours de grande taille qui vit dans les montagnes Rocheuses, en Amérique du Nord.
▸ REM. On écrit aussi *grizzly*.

grog **n.m.** Boisson faite d'eau chaude sucrée dans laquelle on verse du rhum ou de l'eau-de-vie et du jus de citron. *Un bon grog te réchauffera.*

HISTOIRE DU MOT Vient de *Old Grog*, surnom d'un amiral anglais du XVIIIe siècle, qui obligeait les marins à mettre de l'eau dans leur rhum.

groggy **adj.invar.** Qui est presque sans réaction, presque sans conscience, sous l'effet d'un coup. *Le boxeur était groggy, mais il s'est relevé.*
▸ REM. Ce mot est rare au Québec.

grognard **n.m.** Nom donné aux soldats de la Vieille Garde de Napoléon Ier. *Les grognards rouspétaient, grognaient mais se battaient bravement.*

grogne **n.f.** (Familier) Mauvaise humeur, mécontentement que l'on exprime de diverses manières. *À coup sûr, la grogne des agriculteurs va donner lieu à des manifestations.*

grognement **n.m.** ❶ Cri de certains animaux comme le porc, le sanglier, l'ours, etc. ❷ Bruit sourd, paroles marmonnées qui sont l'expression de la mauvaise humeur. *Jacques était si furieux qu'il ne s'exprimait que par grognements.*

grogner **v.** (CONJUG. 3). ❶ Pousser des grognements, en parlant de certains animaux. *Le porc, le sanglier, l'ours grognent.* ❷ Exprimer sa mauvaise humeur, sa colère par des sons indistincts et sourds, des paroles incompréhensibles. *Qu'est-ce qu'il a à grogner dans son coin ?* SYN. bougonner, marmonner, ronchonner.

Napoléon Ier inspectant un de ses grognards

grognon, onne **adj.** et **n.** (Familier) De mauvaise humeur. *Tu as un air grognon ce matin. Nadine est une enfant grognon. C'est un vieux grognon qui n'est jamais content.*
▸ REM. Le féminin *grognonne* est rare.

groin **n.m.** Nom du museau du porc, du sanglier. *La truie plongeait son groin dans l'auge et mangeait en poussant des grognements.*

HISTOIRE DU MOT Vient du latin *grunnire* qui signifie « grogner » : le groin est ce qui permet au porc, au sanglier de grogner.

grommeler **v.** (CONJUG. 12, ✎ *11*). Parler entre ses dents, sans articuler, en signe de mécontentement. *Cesse de grommeler et dis-nous ce que tu as !* SYN. bougonner, marmonner.

grondement **n.m.** Bruit sourd, prolongé et grave. *On entendait au loin le grondement du torrent.*

gronder **v.** (CONJUG. 3). ❶ Faire entendre un grondement, un bruit sourd, souvent inquiétants. *On entendait le canon gronder au loin. Le tonnerre gronde.* ❷ *Une révolte, une colère qui grondent* sont sur le point d'éclater. ❸ *Gronder un enfant*, c'est lui faire des reproches, le réprimander.

groom **n.m.** Jeune employé en livrée qui travaille dans un grand hôtel, un restaurant. SYN. chasseur.
▸ REM. 1. C'est un mot anglais, on prononce [grum]. 2. Au Québec, on doit dire *chasseur*.

1 gros, grosse **adj.** ❶ Qui est épais, volumineux. *Ce fil est trop gros pour l'aiguille.* CONTR. fin. *La grosse valise ne tiendra pas dans le coffre.* SYN. grand. CONTR. petit. *Pierre est trop gros, il faut qu'il maigrisse.* SYN. corpulent. CONTR. mince. *Un gros bébé.* SYN. dodu, rond. ❷ Qui est important, considérable, intense. *Ce n'est pas une grosse faute. Alex a perdu une grosse somme d'argent. On prévoit une grosse tempête de neige.* ❸ Qui manque de finesse, de délicatesse. *Un visage aux traits un peu gros.* CONTR. fin, délicat. *Dire des gros mots* (= des mots inconvenants). *L'intrigue du roman est un peu grosse.* → VOIR AUSSI **grossier.** • **Avoir la grosse tête :** être trop sûr de soi après un succès. • **Faire le gros dos :** arrondir l'échine, en parlant d'un chat ; au figuré, attendre sans rien dire qu'une menace passe. • **Faire les gros yeux :** adresser un regard de reproche. ◆ **n.** Personne corpulente, bien en chair. ◆ **gros** **adv.** ❶ *Écrire gros*, c'est écrire avec de grosses lettres ou des traits épais. ❷ *Gagner, perdre gros*, c'est gagner ou perdre beaucoup d'argent. • **En avoir gros sur le cœur :** avoir beaucoup de peine ou avoir beaucoup de rancœur. ◆ **gros** **n.m.** • **Le gros de :** la partie la plus importante. *Le gros du peloton était loin derrière. Tu as fait le plus gros du travail, il ne reste que quelques détails* (= l'essentiel). • **En gros :** de façon générale, sans entrer dans le détail. *Voilà, en gros, ce que je voulais dire.* SYN. grosso modo.

2 gros **n.m.** Vente ou achat par grosses quantités, par opposition à la vente ou à l'achat *au détail*. *Un commerçant achète des marchandises en gros et les revend au détail.* → VOIR **grossiste.**

groseille **n.f.** Petit fruit rouge ou blanc du groseillier, de saveur un peu acide et qui pousse en grappes. *Une gelée de groseille.*

groseilles

groseillier **n.m.** Arbrisseau souvent cultivé dans les jardins pour son fruit, la groseille.
▶ REM. Ne pas oublier le *i* après les deux *l*.

grossesse **n.f.** État d'une femme enceinte ; période de neuf mois durant laquelle une femme attend son bébé.
▶ REM. Pour les animaux, on parle de *gestation*.

grosseur **n.f.** ❶ Dimension, épaisseur, volume. *Il tombait des grêlons de la grosseur du poing.* ❷ Partie anormalement grosse. *Il a consulté le médecin pour une grosseur au bras* (= une boule).

grossier, ère **adj.** ❶ Qui manque de finesse ou de précision. *Un travail grossier.* CONTR. fin. *Ce n'est qu'une évaluation grossière du nombre des victimes.* SYN. approximatif. ❷ Qui est très impoli. *C'est un grossier personnage.* SYN. indélicat, vulgaire. → VOIR **grossièreté.** ❸ *Une erreur grossière* est une grosse erreur, une erreur impardonnable.

grossièrement **adv.** ❶ Avec grossièreté. *Il m'adressa si grossièrement la parole que je ne lui répondis pas.* CONTR. poliment. ❷ De manière grossière, sans finesse ou sans précision. *Des outils grossièrement taillés.*

grossièreté **n.f.** ❶ Le fait d'être grossier, de manquer totalement de politesse, de savoir-vivre. *Sa grossièreté choquait tout le monde.* SYN. impolitesse, incorrection, vulgarité. CONTR. correction, courtoisie, distinction. ❷ Mot grossier. *Cesse de dire des grossièretés.* SYN. obscénité.

grossir **grossissant, grossi v.** (CONJUG. 16). ❶ Devenir gros, prendre du poids. *Tu as grossi, tu n'entres plus dans ton pantalon !* SYN. épaissir, forcir. CONTR. s'amincir, maigrir, mincir. ❷ Devenir plus important, plus grand ou rendre plus important. *Le nombre des candidats grossit de jour en jour.* SYN. s'accroître. CONTR. se réduire. *Cette usine qui ferme va encore grossir le nombre des chômeurs.* SYN. augmenter. CONTR. baisser, diminuer. ❸ Faire paraître plus gros. *Le microscope grossit ce que l'on observe.* CONTR. réduire. ❹ Faire paraître plus important. *Les journalistes ont grossi l'événement.* SYN. exagérer.

grossissant, e **adj.** Qui fait paraître plus gros. *Un miroir grossissant.*

grossiste **n.** Commerçant qui vend en grandes quantités, en gros. *Les grossistes vendent leurs marchandises aux détaillants.*

grosso modo **adv.** Sans entrer dans le détail, en gros. *Antony nous a expliqué grosso modo ce qui s'était passé.* SYN. en gros. CONTR. exactement, précisément.

grotesque **adj.** Extravagant et ridicule. *Un personnage grotesque.*

grotte **n.f.** Cavité de grande taille dans la roche. *Les spéléologues descendent explorer une grotte.* SYN. caverne. → VOIR noms propres : **Lascaux.**

grotte

grouillant, e **adj.** Qui grouille, remue en tous sens. *Les magasins sont remplis d'une foule grouillante.*

grouillement **n.m.** Mouvement et bruit de ce qui grouille, s'agite dans tous les sens. *Le grouillement de la foule.*

grouiller **v.** (CONJUG. 3). ❶ Être en très grand nombre à remuer en tous sens au même endroit. *Les fourmis grouillent à l'entrée de la fourmilière. La foule grouillait sur la place.* ❷ Être plein d'une masse qui grouille, d'une foule qui s'agite en tous sens. *À cette époque de fête, les magasins grouillent de monde.* ◆ **se grouiller** **v.pron.** (Familier) Aller très vite. SYN. se dépêcher, se hâter.

groupe **n.m.** ❶ Ensemble de personnes ou de choses qui sont à côté les unes des autres. *Un groupe de curieux s'était formé devant l'accident. Un archipel est un groupe d'îles.* ❷ Ensemble de personnes ou de choses qui ont ou à qui l'on attribue des caractéristiques communes. *Aline est dans le groupe des plus jeunes. Les ethnologues étudient des groupes humains.* ❸ Formation de musiciens, de chanteurs. *Les Beatles sont un des groupes les plus connus des années 1960.* ❹ Regroupement d'entreprises. *Un groupe de presse.* ❺ En grammaire, ensemble de mots organisés autour d'un mot principal, qui a une fonction dans la phrase. *Le groupe du nom. Le groupe du verbe.* → VOIR encadré page suivante. • **Groupes sanguins :** code qui permet de classer les personnes selon la composition de leur sang.

A B C D E F G H I J K L M N O P Q R S T U V W X Y Z

Le **groupe** du nom (GN) et le **groupe** du verbe (GV)

Groupe du nom

Le **nom** (et son déterminant) est le **noyau du groupe nominal** ; il peut être accompagné d'autres mots :

***La voiture* est en panne.**
***La voiture de Paul* est en panne.**
***La belle voiture de Paul* est en panne.**
***La belle voiture qui est à Paul* est en panne.**

Le **groupe nominal** peut occuper **plusieurs fonctions** dans la phrase :

- *sujet* — **Le *livre* est sur la table.**
- *complément du verbe* — **Je mange une *pomme*.**
- *attribut du sujet* — **Marie est une *gentille fille*.**
- *complément circonstanciel* — ***Tous les matins*, il pleut.**

Groupe du verbe

Le **groupe verbal** se constitue autour du verbe. Il peut prendre **plusieurs formes** :

- *un verbe seul* — **Pierre *mange*.**
- *un verbe + un adverbe* — **I *mange rapidement*.**
- *un verbe + un complément* — **Il *mange une pomme*.** **Il *part à la campagne*.**
- *un verbe + une proposition subordonnée* — **Il *veut que je vienne*.**
- *un verbe + un attribut du sujet* — **Marie *est professeur*.**

groupement **n.m.** Action de grouper, de mettre ensemble ou fait d'être groupé, de constituer un ensemble. *Faire un groupement des commandes. Un groupement politique.* SYN. groupe.

grouper **v.** (CONJUG. **3**). ❶ Mettre ensemble, rassembler. *Ne laissez pas ces valises éparpillées, groupez-les ici.* SYN. rassembler. ❷ Constituer un ou des groupes. *Le moniteur a groupé les élèves par tranches d'âge.* ◆ **se grouper** **v.pron.** Se rassembler, se mettre en groupe. CONTR. se disperser, s'éparpiller.

groupuscule **n.m.** Petit groupe politique. *Des groupuscules extrémistes.*

gruau **n.m.** ❶ Farine de blé très fine et très pure. *Du pain de gruau.* ❷ Au Canada, porridge.

1 grue **n.f.** Grand oiseau échassier. • **Faire le pied de grue :** attendre longtemps, debout, par allusion à la grue qui se tient souvent sur une patte. *Jacques n'est pas venu au rendez-vous, Yves a fait le pied de grue toute la matinée pour rien.*

ENCYCLOPÉDIE Cri : la grue glapit, trompette ou craquette. Les grues volent en bandes. Une espèce, la *grue cendrée*, hiverne en Afrique.

2 grue **n.f.** Machine dont le long bras pivotant permet de lever, de déplacer de lourdes charges. *Je regarde la grue tourner sur le chantier.*

gruger **grugeant, grugé v.** (CONJUG. **5**). Tromper quelqu'un en affaires, le voler. *Nous t'avions prévenu, il n'est pas honnête, il t'a grugé.*
▶ REM. Ce mot appartient à la langue soutenue.

vol de **grues** cendrées

grumeau **n.m.** Petite boule qui se forme dans une pâte, un liquide mal mélangés. *Ma pâte à crêpes est ratée, il y a des grumeaux.*

grutier, ère **n.** Ouvrier qui manœuvre, qui conduit une grue. *Le grutier escalade l'échelle métallique pour rejoindre sa cabine.*

gruyère **n.m.** Fromage de lait de vache cuit, à pâte dure percée de trous.

HISTOIRE DU MOT Vient de la *Gruyère*, nom d'une région suisse.

guano **n.m.** Engrais riche en phosphate et en azote qui provient d'excréments d'oiseaux ou de débris de poissons.
▶ REM. On prononce [gwano].

gué **n.m.** Endroit peu profond d'une rivière où l'on peut traverser à pied. *Le pont s'est effondré, mais il y a un gué un peu plus loin.*
▶ REM. Ne pas confondre avec *guet*.

guenille **n.f.** Vêtement vieux et sale, en lambeaux. *Un pauvre homme vêtu de guenilles.* → VOIR **déguenillé.**

guenon **n.f.** Singe femelle.

guépard **n.m.** Mammifère carnivore d'Afrique et d'Asie au pelage tacheté de noir sur fond clair. *Le guépard est l'animal terrestre le plus rapide, sa vitesse peut atteindre 115 km/h.*

HISTOIRE DU MOT Vient de l'italien *gattopardo*, formé de *gatto*, « chat », et *pardo*, « léopard ».

guépard

guêpe

guêpe **n.f.** Insecte dont l'abdomen est formé d'anneaux jaunes et noirs de la famille des *hyménoptères* et dont la femelle est munie d'un aiguillon venimeux. *La guêpe vit en colonies. Sébastien s'est fait piquer par une guêpe.* • **Avoir une taille de guêpe :** avoir une taille très fine. • (Familier) **Pas folle la guêpe ! :** se dit d'une personne qui est maligne, qui a su éviter un piège.

guêpier **n.m.** ❶ Nid de guêpes. ❷ Au figuré, piège, situation compliquée ou dangereuse. *Tomber dans un guêpier.*

guère **adv.** S'emploie avec la négation *ne* au sens de *pas beaucoup, pas très. Ce ne sera guère facile. Il ne va guère mieux.*

guéridon **n.m.** Petite table ronde ou ovale. *Le téléphone est posé sur un guéridon.*

guérilla **n.f.** Guerre où il n'y a pas de grandes batailles, mais où l'ennemi est sans cesse harcelé par des embuscades, des escarmouches.
▸ REM. On prononce [gerija].

HISTOIRE DU MOT Vient d'un mot espagnol qui signifie « petite guerre ».

guérillero, a, ✎ ***guérilléro, a*** **n.** Combattant d'une guérilla.
▸ REM. On prononce [gerijero].

guérir **guérissant, guéri v.** (CONJUG. 16). ❶ Retrouver la santé, ne plus être malade. *Ne t'inquiète pas, tu vas très vite guérir.* SYN. se rétablir. ❷ Mettre un terme à une maladie, faire disparaître les causes et les effets d'un mal. *Grâce aux antibiotiques, on guérit aujourd'hui la tuberculose.* ❸ Débarrasser d'un défaut. *Guérir quelqu'un d'une mauvaise habitude.*

HISTOIRE DU MOT Vient d'un mot de la langue des Francs qui signifiait « protéger ».

guérison **n.f.** Le fait d'être guéri. *Cela va beaucoup mieux, tu es en voie de guérison.* SYN. rétablissement. CONTR. aggravation.

guérisseur, euse **n.** Personne qui guérit ou qui prétend guérir grâce à des dons particuliers ou à des remèdes mystérieux, inconnus de la médecine.

guérite **n.f.** Petit abri où se tient un gardien, une sentinelle. *Un soldat monte la garde dans une guérite à l'entrée de la caserne.*

guerre **n.f.** ❶ Lutte armée entre des États, des pays, qui met en jeu les gouvernements et les forces militaires de chacun des États. *Déclaration de guerre. Dans la première moitié du* XXe *siècle, il y a eu deux guerres mondiales.* → VOIR noms propres : **Guerre mondiale.** ❷ Lutte armée entre des populations. *Une région en état de guerre permanente.* ❸ Épreuve de force, lutte entre des groupes, où chacun essaie d'obtenir l'avantage sur l'autre. *Guerre économique.* ❹ Désaccord entre des personnes qui fait qu'elles s'agressent sans cesse ou au contraire qu'elles ne s'adressent plus la parole. *Entre eux, c'est la guerre, ils ne se parlent plus.* ❺ *Faire la guerre à quelque chose, partir en guerre contre quelque chose,* c'est lutter contre un défaut, un mal, chercher à les faire disparaître. *Faire la guerre à l'injustice.* • **De bonne guerre :** de manière compréhensible, légitime. *Il te cause des ennuis ; c'est de bonne guerre, après ce que tu lui as fait !* • **De guerre lasse :** parce qu'on n'a plus la force de résister. *De guerre lasse, j'ai fini par accepter ce qu'elle ne cessait de me demander.* • **Guerre civile :** lutte armée entre les populations d'un même pays.

guerrier, ère **adj.** ❶ Qui concerne la guerre. *Un chant guerrier.* ❷ Qui a du goût pour la guerre. *Un peuple guerrier.* SYN. belliqueux. CONTR. pacifique. ◆ **guerrier** **n.m.** Nom que l'on donnait autrefois à un soldat, un combattant. *Les guerriers gaulois.*

guerroyer **v.** (CONJUG. 15). Faire la guerre. *Le roi partit guerroyer en Terre sainte.* SYN. se battre, combattre.
▸ REM. Ce mot appartient à la langue littéraire ou ancienne.

guet **n.m.** • **Faire le guet :** monter la garde, surveiller pour voir ce qui se passe. *Tu fais le guet dans le couloir et tu avertis quand le professeur arrive.*
▸ REM. Ne pas confondre avec *gué*.

guet-apens **n.m.** (PLUR. : **guets-apens**). Piège tendu à une ou plusieurs personnes. *Il est tombé dans un guet-apens.* SYN. embuscade.
▸ REM. On prononce [gɛtapɑ̃] au singulier et au pluriel.

guêtre **n.f.** Sorte d'enveloppe de laine, de toile, de cuir dont on recouvre la jambe dans les costumes anciens ou dans certains équipements de sport, de danse, d'équitation.

guetter **v.** (CONJUG. 3). ❶ Regarder et écouter attentivement pour surveiller ou épier. *Le chasseur guette le gibier.* ❷ Attendre avec impatience. *Je guette l'occasion de lui parler.* ❸ Être une menace pour quelqu'un. *La maladie le guette.*

guetteur, euse **n.** Personne qui guette, épie. *Les guetteurs ont signalé l'approche d'un ennemi.* SYN. sentinelle.

gueule **n.f.** ❶ La bouche de certains animaux. *La gueule d'un lion, d'un chien.* ❷ (Très familier) Bouche, visage d'une personne. *Quelle drôle de gueule !* • **Se jeter dans la gueule du loup :** tomber dans un piège.

HISTOIRE DU MOT Vient du latin *gula* qui signifie « gorge, cou » et que l'on retrouve dans *goulot, goulu.*

gueule-de-loup **n.f.** (PLUR. : **gueules-de-loup**). Plante que l'on cultive dans les jardins pour ses belles fleurs pourpres qui évoquent le museau d'un animal et qu'on appelle aussi pour cette raison *muflier.*

gueuler **v.** (CONJUG. 3). ❶ (Très familier) Parler, chanter très fort, produire des sons très forts. *Les haut-parleurs gueulaient dans la salle.* SYN. brailler, hurler. ❷ (Familier) *Des couleurs qui gueulent* sont criardes.

gueux, gueuse **n.** Terme ancien pour parler d'une personne très pauvre, qui mendie et qui n'a pas de domicile. SYN. mendiant, miséreux.

gui

gui **n.m.** Plante à boules blanches qui vit en parasite sur les branches de certains arbres (peuplier, poirier, pommier). *Au Nouvel An, c'est la coutume de s'embrasser sous une branche de gui.*

guichet **n.m.** Comptoir où le public peut s'adresser à un employé d'une administration, d'une banque, d'une agence. *Pour les colis, adressez-vous au guichet 5.* • **Guichet automatique :** terminal qui permet aux clients d'une banque d'effectuer des opérations courantes (retrait d'espèces, demande de relevé, etc.).

HISTOIRE DU MOT Vient d'un mot de l'ancien scandinave qui signifiait « cachette ».

guichetier, ère **n.** Employé qui se tient à un guichet. *Demande au guichetier s'il reste des places dans les tribunes.*

1 **guide** **n.** ❶ Personne qui accompagne ou qui fait visiter. *Un guide de haute montagne. Une guide faisait visiter le château aux touristes.* ❷ Personne qui exerce une autorité, une influence sur d'autres. *Un guide spirituel.* ◆ **n.m.** Livre qui contient des renseignements pratiques. *Un guide touristique, gastronomique.*

2 **guide** **n.f.** Jeune fille qui appartient à un mouvement féminin de scoutisme.

guider **v.** (CONJUG. 3). ❶ Montrer le chemin à suivre. *Elle nous a guidés jusqu'à la gare.* SYN. accompagner, piloter. *Les lumières dans la nuit nous guidaient* (= nous aidaient à nous orienter). ❷ Conseiller, orienter quelqu'un dans ce qu'il fait. *Son père le guide dans ses études.* SYN. conseiller. ◆ **se guider** **v.pron.** Se diriger d'après quelque chose. *Les marins se guidaient sur l'étoile Polaire.*

guides **n.f.plur.** Lanières de cuir qui servent à diriger un cheval attelé. *Le cocher tira sur les guides pour freiner le cheval.* SYN. rêne.

guidon **n.m.** Tube métallique avec deux poignées qui permet de diriger un vélo, une moto. *Le coureur cycliste lâcha son guidon et leva les bras en signe de victoire.*

1 **guigne** **n.f.** Variété de petite cerise rouge foncé, à longue queue et à chair très sucrée. • **Se soucier de quelque chose comme d'une guigne :** ne pas s'en soucier du tout.

2 **guigne** **n.f.** (Familier) Malchance qui poursuit quelqu'un. *Tu as la guigne en ce moment.*

guigner **v.** (CONJUG. 3). Regarder du coin de l'œil et avec envie. *Les enfants guignaient le dernier morceau de gâteau.* SYN. lorgner.

guignol **n.m.** ❶ Théâtre, spectacle de marionnettes. *Aller au guignol.* ❷ (Familier) Personne ridicule ou qui fait le pitre. *As-tu fini de faire le guignol ?* (= le clown).

HISTOIRE DU MOT Vient de *Guignol*. → VOIR noms propres.

guignol

guignolée **n.f.** Au Canada, quête en faveur des pauvres, qui a lieu pendant la période des fêtes.

guillemets **n.m.plur.** Signe de ponctuation double (« ») qui sert à isoler du reste du texte un mot ou une citation. *Ouvrez les guillemets, fermez les guillemets.*

HISTOIRE DU MOT Vient de *Guillaume*, nom de l'imprimeur qui inventa ce signe.

guilleret, ette **adj.** Plein de gaieté et de vivacité. *Il entra dans la classe, l'air guilleret.* SYN. réjoui. CONTR. morose.

guillotine **n.f.** Machine qui servait à décapiter les condamnés à mort. SYN. échafaud. • **Fenêtre à guillotine :** fenêtre qui s'ouvre et se ferme verticalement.

HISTOIRE DU MOT Vient du nom du docteur *Guillotin*, qui, en 1789, proposa l'usage de cette machine à couperet afin d'abréger les souffrances des condamnés.

guillotiner **v.** (CONJUG. 3). Exécuter un condamné à mort avec la guillotine. *Le roi Louis XVI fut guillotiné le 21 janvier 1793.*

guimauve **n.f.** ❶ Plante à tige haute qui possède des propriétés adoucissantes et dont une espèce, la *rose trémière*, est souvent cultivée dans les jardins. ❷ Confiserie faite d'une pâte molle et sucrée.

guimbarde **n.f.** ❶ Petit instrument de musique muni d'une languette d'acier que l'on fait vibrer pour produire des sons. ❷ (Familier) Vieille voiture en mauvais état. SYN. (Fam.) tacot.

HISTOIRE DU MOT Vient du provençal *guimba* qui signifie « sauter, gambader ».

guindé, e **adj.** Qui a une attitude rigide, affectée et peu naturelle. SYN. compassé, raide. CONTR. naturel.

de **guingois** **adv.** (Familier) De travers. *Ton chapeau est de guingois.* CONTR. droit.

guinguette n.f. Petite auberge populaire où l'on peut consommer et danser en plein air. *Les guinguettes des bords de la Marne, près de Paris.*

guirlande n.f. Ruban de papier découpé ou fil sur lequel on a passé des fleurs ou fixé des ampoules pour décorer. *Les rues sont décorées de guirlandes lumineuses.*

guise n.f. • **À ma guise, à ta guise :** comme cela me plaît, te plaît. *Il n'écoute personne, il n'en fait qu'à sa guise.* • **En guise de :** à la place de. *Elle utilise une vieille échelle en guise d'escalier.*

guitare n.f. Instrument de musique muni d'un long manche et de six cordes que l'on pince avec les doigts. *Elle chante en s'accompagnant à la guitare.* • **Guitare basse :** guitare électrique accordée comme une contrebasse.

guitariste n. Musicien qui joue de la guitare.

guitariste

gustatif, ive adj. Qui concerne le goût. *Sur la langue, les papilles gustatives permettent d'identifier les saveurs.*

guttural, ale, aux adj. *Une voix gutturale* est rauque et les sons semblent provenir du fond de la gorge.

HISTOIRE DU MOT Vient du latin *guttur*, « gosier ».

gymnase n.m. ❶ Vaste salle aménagée pour faire de la gymnastique et pratiquer certains sports. ❷ En Suisse, nom de certains établissements d'enseignement secondaire.

HISTOIRE DU MOT Vient du grec *gumnasion* qui signifie « lieu public destiné aux exercices physiques ».

gymnaste n. Personne qui pratique la gymnastique sportive.

gymnastique n.f. ❶ L'ensemble des exercices physiques qui permettent d'assouplir et de fortifier le corps. *Faire de la gymnastique chaque matin. La gymnastique rythmique, sportive, médicale.* ❷ Ensemble de mouvements plus ou moins compliqués ou acrobatiques. ❸ Effort intellectuel, effort de réflexion. *Les mots croisés sont une bonne gymnastique pour l'esprit.*

ENCYCLOPÉDIE La gymnastique se pratique avec des agrès ou au sol. Les principaux agrès sont, pour les garçons, le cheval-d'arçons, la barre fixe, les barres parallèles, les anneaux, et pour les filles, la poutre et les barres asymétriques. La table de saut est mixte (comme le sol). La *gymnastique rythmique (G.R.)* se pratique sur accompagnement musical avec des engins légers : ruban, cerceau, massues, etc.

gymnosperme n.f. Plante ne produisant pas de fleurs, contrairement aux *angiospermes* (ou plantes à fleurs) et dont les graines sont portées par les écailles d'un cône.

gynécologie n.f. Partie de la médecine qui étudie et soigne l'organisme de la femme et son appareil génital.

HISTOIRE DU MOT Vient du grec *gunê*, « femme », et *logos*, « science ».

gynécologue n. Médecin spécialiste de gynécologie.

gypse n.m. Roche sédimentaire également appelée *pierre à plâtre*, car, quand elle est chauffée, elle perd son eau et donne du plâtre.

HISTOIRE DU MOT Vient du grec *gupsos* qui signifie « plâtre ».

gyrophare n.m. Phare rotatif placé sur le toit de certains véhicules prioritaires (ambulances, voitures de police, de pompiers). *Le gyrophare clignote.*

gymnaste sur des barres parallèles

*h - Les mots précédés d'un astérisque commencent par un *h* aspiré : au singulier, il n'y a pas d'élision de l'article et, au pluriel, on ne fait pas la liaison.

***ha** **interj.** Mot qui sert à exprimer le rire. *Ha ! ha ! ha ! ta plaisanterie est très drôle !*

habile **adj.** Qui agit avec adresse ou ingéniosité. *Il faut être très habile pour devenir prestidigitateur.* SYN. adroit. CONTR. gauche, maladroit. *Sa question était embarrassante, mais ta réponse a été habile.* SYN. fin. CONTR. malhabile.

habilement **adv.** Avec adresse, habileté. *Il a habilement déjoué le piège.*

habileté **n.f.** Le fait d'être habile. *Nous admirions l'habileté de l'horloger.* SYN. adresse, dextérité. *Il va te falloir beaucoup d'habileté pour le convaincre.* SYN. diplomatie, doigté.

habiliter **v.** (CONJUG. **3**). Donner officiellement le droit à quelqu'un de faire quelque chose. *J'ai été habilitée à signer des factures en son nom.*

habillage **n.m.** Action d'habiller, de recouvrir quelque chose ; ce qui recouvre quelque chose. *L'habillage d'un fauteuil.*
▶ REM. Ne pas confondre avec *habillement*.

habillé, e **adj.** ❶ Qui porte des vêtements. *Il a dormi tout habillé !* CONTR. déshabillé, nu. ❷ Dans une tenue élégante. *À la fête, tout le monde était très habillé.* ❸ Qui convient à une cérémonie. *Une robe, une tenue habillées.* SYN. élégant.

habillement **n.m.** ❶ Le fait de s'habiller. *Il faut prévoir les dépenses d'habillement, à la rentrée des classes.* ❷ L'ensemble des vêtements. ❸ Profession du vêtement. *L'industrie de l'habillement.*
▶ REM. Ne pas confondre avec *habillage*.

habiller **v.** (CONJUG. **3**). ❶ Mettre un vêtement à quelqu'un ou lui fournir des vêtements. *Elle habille sa petite sœur.* SYN. vêtir. CONTR. déshabiller. *Ce couturier habille de nombreuses vedettes. Sa mère l'a habillé en Indien.* SYN. déguiser. ❷ Recouvrir quelque chose pour le protéger ou le décorer. *Habiller les sièges d'une voiture.* ◆ **s'habiller** **v.pron.** ❶ Mettre des vêtements. *Habille-toi chaudement ce matin.* CONTR. se déshabiller. *S'habiller pour un bal.* ❷ Se procurer, s'acheter des habits. *Elle s'est habillée de neuf.*

habilleur, euse **n.** Personne dont le métier est d'habiller les comédiens, les mannequins de mode.

habit **n.m.** ❶ Costume destiné à un usage précis. *Un habit de gala. Un habit de moine.* ❷ Tenue de cérémonie pour homme. • **L'habit ne fait pas le moine :** proverbe qui signifie qu'il ne faut pas juger les gens sur les apparences. ◆ **habits** **n.m.plur.** L'ensemble des vêtements d'une personne. *Ne laisse pas traîner tes habits partout !* SYN. affaires, vêtements.

habitable **adj.** Où l'on peut habiter. *Dès que le toit sera refait, la maison sera habitable.* CONTR. inhabitable.

habitacle **n.m.** Partie d'une voiture où l'on s'installe ; partie d'un avion ou d'un engin spatial où se tient l'équipage.

habitant, e **n.** ❶ Personne qui vit habituellement dans un lieu donné. *Les habitants d'un village, d'un immeuble.* ❷ Au Canada et aux Antilles, paysan, cultivateur.

habitat **n.m.** ❶ Manière dont les êtres humains se logent. *L'habitat urbain est différent de l'habitat rural. Se battre pour l'amélioration de l'habitat dans les banlieues.* ❷ Milieu où vit habituellement une espèce animale ou végétale.

habitation **n.f.** ❶ Maison, logement où l'on habite. *Un groupe d'habitations un peu à l'écart du village.* SYN. demeure, résidence. ❷ Le fait d'habiter un endroit d'une façon durable. *Le magasin était au rez-de-chaussée et l'étage était réservé à l'habitation.* SYN. logement.

habité, e **adj.** Où il y a des gens qui habitent, qui vivent. *La maison d'à côté est habitée depuis la semaine dernière.* SYN. occupé. *Les régions montagneuses sont moins habitées que les régions côtières.* SYN. peuplé.

habiter **v.** (CONJUG. **3**). ❶ Avoir sa demeure, son logement quelque part. *Nadia habitait Paris l'an dernier ; maintenant, elle habite à la campagne.* ❷ Occuper une maison, un logement, y vivre. *Ils habitent un immeuble ancien.* ❸ Occuper un lieu, en parlant d'animaux. *Connais-tu tous les oiseaux qui habitent cette*

forêt ? ❹ Occuper l'esprit, le cœur de quelqu'un. *Cette passion les habitait depuis longtemps.*
▸ REM. On dit *habiter Bruxelles* ou *habiter à Bruxelles ; habiter un chalet* ou *habiter dans un chalet.*

habitude **n.f.** ❶ Façon de faire qui est devenue naturelle, à force d'être répétée. *J'ai l'habitude de me lever tôt. Quand vas-tu perdre la mauvaise habitude de parler la bouche pleine ?* ❷ Usage, coutume d'un groupe. *Apprendre à connaître les habitudes d'un village.* ❸ Grande expérience que l'on a, qui donne un certain savoir-faire. *Jean a l'habitude des enfants, ne t'inquiète pas, il s'en occupera bien. Il faudra vous y faire, c'est l'habitude ici.* SYN. coutume, usage. • **D'habitude :** ordinairement, habituellement, le plus souvent. *D'habitude il part tôt.*

habitué, e **n.** Personne qui fréquente régulièrement le même lieu.

habituel, elle **adj.** Qui est devenu une habitude ou qui est constant. *Il fait sa promenade habituelle.* CONTR. exceptionnel, occasionnel. *C'est étonnant, monsieur André n'est pas dans son état habituel !* SYN. normal.

habituellement **adv.** De façon habituelle. *Habituellement, Jacques prend cette rue.* SYN. ordinairement. CONTR. exceptionnellement.

habituer **v.** (CONJUG. **3**). Donner l'habitude d'agir d'une certaine manière. *On nous a habitués à nous lever tôt.* SYN. accoutumer. ◆ **s'habituer** **v.pron.** Prendre l'habitude de quelque chose. *Alexandra s'est rapidement habituée à son nouveau quartier.* SYN. s'adapter.

*__hâbleur, euse__ **adj.** et **n.** Qui a l'habitude de se vanter. *Ne l'écoute pas, c'est un hâbleur.* SYN. fanfaron, vantard.
▸ REM. Ce mot appartient à la langue littéraire.

HISTOIRE DU MOT Vient de l'espagnol *hablar* qui signifie « parler ».

*__hache__ **n.f.** Outil fait d'un fer tranchant fixé à un manche, qui sert à fendre, à couper. *Le bûcheron fend les bûches à coups de hache. Le tomahawk des guerriers indiens est une hache de guerre.*
▸ REM. *Hache*, ainsi que tous les mots de la même famille, n'a pas d'accent circonflexe.

*__haché, e__ **adj.** Coupé en très petits morceaux. *De la viande hachée.*

*__hacher__ **v.** (CONJUG. **3**). Couper en tout petits morceaux avec un instrument tranchant. *Hachez les oignons et le persil très fin.*

*__hachette__ **n.f.** Petite hache.
▸ REM. Ne pas confondre avec *machette.*

*__hachis__ **n.m.** Aliment haché. *Mettez dans la volaille une farce faite d'un hachis de foie, de persil, d'échalote.*

*__hachoir__ **n.m.** Appareil qui sert à hacher des aliments. *Un hachoir électrique.*

*__hachure__ **n.f.** Ensemble de traits parallèles ou croisés, plus ou moins serrés, qui marquent les ombres sur un dessin, une gravure, une carte géographique.

*__hachurer__ **v.** (CONJUG. **3**). Tracer des hachures. *Les parties hachurées en vert sur la carte désignent les régions agricoles.*

hacienda **n.f.** Nom donné à une grande propriété dans certains pays d'Amérique du Sud.
▸ REM. On prononce [asjɛnda].

*__haddock__ **n.m.** Églefin fumé.

*__hagard, e__ **adj.** Qui semble bouleversé, profondément troublé. *Encore choqué par l'accident, le rescapé nous contemplait avec des yeux hagards.* SYN. égaré, hébété.

*__haie__ **n.f.** ❶ Bordure d'arbustes, de feuillage. *Le jardinier taille la haie de buis.* ❷ Barrière dans une course d'obstacles. *Franchir les haies.* ❸ Rangée de personnes. *Une haie d'honneur attendait les mariés.*

course de **haies**

*__haillon__ **n.m.** (Surtout au plur.) Vêtement déchiré, en lambeaux. *Un clochard vêtu de haillons.* SYN. guenille, hardes, loque.
▸ REM. Ne pas confondre avec *hayon.*

*__haine__ **n.f.** ❶ Violent sentiment d'hostilité qui pousse à souhaiter ou à faire du mal à quelqu'un. ❷ Vive répulsion pour quelque chose que l'on déteste. *Il a la haine de l'injustice sous toutes ses formes.* SYN. aversion, répulsion.
▸ REM. Ne pas confondre avec *aine.*

*__haineusement__ **adv.** Avec haine.

*__haineux, euse__ **adj.** Qui manifeste de la haine. *Des gens haineux.* CONTR. affectueux, aimant. *Il nous a jeté un regard haineux.* SYN. hostile, malveillant. CONTR. bienveillant.

*__haïr__ **haïssant, haï** **v.** (CONJUG. **17**). Détester violemment quelqu'un, quelque chose. *Il a été trop méchant, maintenant tout le monde le hait.* CONTR. aimer. *Il haïssait le mensonge.* SYN. exécrer.
▸ REM. Au mot *haïr* correspond l'élément tiré du grec *mis-* que l'on retrouve dans des mots comme *misogyne, misanthrope.*

*__haïssable__ **adj.** Qui mérite d'être haï, détesté. *Quel hypocrite, je le trouve haïssable !* SYN. détestable. *Un comportement haïssable.* SYN. odieux.

*__h__ : *l'astérisque indique que le mot commence par un* **h** *aspiré.*

***halage** **n.m.** • **Chemin de halage :** chemin le long d'un cours d'eau, d'où l'on remorque, hale un bateau.

***halal** **adj.invar.** Se dit de la viande d'un animal tué selon les rites prescrits et qui peut être consommée par les musulmans.

***hâle** **n.m.** Coloration plus ou moins brune de la peau sous l'effet du grand air, du soleil. *Le hâle est plus léger que le bronzage.*
▸ REM. Ne pas confondre avec *halle*.

***hâlé, e** **adj.** Bruni par le grand air, le soleil. *Un teint hâlé.*

haleine **n.f.** L'air que l'on rejette en expirant. *Avoir une bonne, une mauvaise haleine.* • **À perdre haleine :** sans s'arrêter, sans reprendre son souffle. *Il courait à perdre haleine.* • **De longue haleine :** qui demande beaucoup de temps et d'effort. *La rédaction d'un dictionnaire est un travail de longue haleine.* • **Hors d'haleine :** à bout de souffle, essoufflé. • **Tenir en haleine :** retenir toute l'attention, captiver. *Pierre nous tenait tous en haleine avec son incroyable histoire.*

***haler** **v.** (CONJUG. 3). Tirer un bateau depuis la berge pour le faire avancer sur un cours d'eau, un canal.
▸ REM. Ne pas confondre avec *hâler*.

***hâler** **v.** (CONJUG. 3). Brunir la peau, en parlant du soleil et de l'air. SYN. bronzer.
▸ REM. Ne pas confondre avec *haler*.

***haletant, e** **adj.** Qui halète. *Le coureur répond, encore haletant, aux questions du journaliste.* SYN. essoufflé.

***halètement** **n.m.** Le fait de haleter, respiration saccadée.

***haleter** **v.** (CONJUG. 11). Respirer difficilement, de façon précipitée après un effort. *Le chien a beaucoup couru, il halète.*

***hall** **n.m.** Très grande salle qui sert de lieu de passage ou d'attente. *Yann traverse le hall de la gare. Le hall d'un hôtel.*
▸ REM. On prononce [ol].

HISTOIRE DU MOT C'est un mot anglais qui signifie « vestibule ».

***halle** **n.f.** Vaste lieu couvert qui abrite le commerce en gros d'une marchandise. *La halle aux vins.* ◆ **halles** **n.f.plur.** Ensemble des bâtiments où se tient le principal marché d'aliments d'une ville.

***hallebarde** **n.f.** Arme ancienne faite d'un fer pointu et tranchant fixé au bout d'un long manche. *Les hallebardes ont été utilisées du* XIVe *au* XVIIe *siècle.* • **Il pleut, il tombe des hallebardes :** il pleut très fort.

***Halloween** **n.f.** Dans les pays anglo-saxons et au Québec, fête qui a lieu le dernier jour d'octobre et au cours de laquelle les enfants se déguisent et vont de porte en porte quémander des bonbons.
▸ REM. On prononce [alɔwin].

hallucinant, e **adj.** Qui frappe l'esprit, l'imagination comme une hallucination. *Ce tableau est d'une ressemblance hallucinante avec le modèle !* SYN. extraordinaire, saisissant.

hallucination **n.f.** Impression de voir quelque chose, alors qu'il n'y a rien. *Mais il n'y a personne dans le jardin, vous avez eu une hallucination !* SYN. illusion, vision.

halluciné, e **adj.** Qui semble avoir eu une hallucination. *Un air halluciné.* SYN. égaré, hagard.

***halo** **n.m.** Zone circulaire diffuse autour d'une source lumineuse. *La Lune était entourée d'un halo. Le halo des réverbères.*

halogène **n.m.** • **Lampe à halogène :** lampe contenant un mélange gazeux, qui donne un éclairage puissant et proche d'une lumière naturelle.

***halte** **n.f.** Moment d'arrêt dans un voyage, une promenade. *Après une halte de quelques jours à Rome, ils ont repris la route vers Naples.* SYN. arrêt. • **Faire halte :** s'arrêter. ◆ **interj.** Mot que l'on emploie pour ordonner à quelqu'un de s'arrêter. *Halte ! on ne passe pas !* SYN. stop.

HISTOIRE DU MOT Vient de l'allemand *Halt*, « arrêt ».

***halte-garderie** **n.f.** (PLUR. : ***haltes-garderies**). Lieu où l'on garde des enfants en bas âge pour la journée ou pour une partie de la journée.

haltère **n.m.** (Surtout au plur.) Instrument de gymnastique fait de deux boules ou de deux disques de métal réunis par une barre, et que l'on doit soulever. *Au gymnase, Benoît fait des haltères.*
▸ REM. Ce mot est du masculin.

haltères

haltérophile **n.** Sportif qui pratique l'haltérophilie.

haltérophilie **n.f.** Sport dans lequel on doit soulever des haltères.
▸ REM. On dit aussi *poids et haltères*.

***hamac** **n.m.** Filet ou pièce d'étoffe que l'on suspend par chacune de ses extrémités pour s'y reposer. *Autrefois, les marins dormaient dans des hamacs.*

***hamburger** **n.m.** Steak haché servi dans un pain rond.

***hameau** **n.m.** Groupe de quelques maisons, situé à l'écart d'un village.

HISTOIRE DU MOT Vient d'un mot de la langue des Francs qui signifiait « petit village ».

hameçon **n.m.** Petit crochet métallique fixé à l'extrémité d'une ligne de canne à pêche et auquel on accroche un appât pour prendre le poisson. *Philippe accroche un asticot à l'hameçon.*

***hammam** n.m. Établissement où l'on prend des bains de vapeur. → VOIR AUSSI **sauna.**

HISTOIRE DU MOT C'est un mot arabe qui signifie « bain chaud ».

***hampe** n.f. ❶ Long manche en bois auquel est fixé un drapeau ou le fer d'une arme. ❷ Trait vertical des lettres *p*, *b*, *t*, etc.

***hamster** n.m. Petit mammifère rongeur au pelage jaune ocre. *Luc donne à manger à son hamster.* ▶ REM. On prononce [amstɛr].

ENCYCLOPÉDIE Le hamster vit surtout dans les champs et les pâturages, où il creuse un réseau compliqué de galeries ; il y entrepose pour l'hiver jusqu'à 15 kg d'aliments. Le *hamster doré* est une espèce originaire d'Asie que l'on peut élever dans des cages.

***hanche** n.f. La partie du corps qui correspond à la jonction entre le haut de la cuisse et le tronc. *Elle nous attendait, l'air mécontent, les poings sur les hanches.* ▶ REM. Ne pas confondre avec *anche.*

***handball** n.m. Sport d'équipe qui se joue avec un ballon rond dont on ne se sert qu'avec les mains et que l'on doit mettre dans un but. ▶ REM. On prononce [ɑ̃dbal].

HISTOIRE DU MOT C'est un mot allemand formé de *Hand*, qui signifie « main », et *Ball*, qui signifie « ballon ».

***handballeur, euse** n. Joueur, joueuse de handball.

***handicap** n.m. ❶ Désavantage quelconque qui rend les choses plus difficiles, qui empêche de réussir aussi facilement que les autres. *Son retard en français constitue un handicap sérieux pour ce concours.* CONTR. avantage. ❷ Dans certaines épreuves sportives, difficulté particulière que l'on fait subir aux concurrents les plus forts (partir de plus loin, porter une charge plus lourde, etc.).

HISTOIRE DU MOT C'est un mot anglais formé à partir de l'expression *hand in cap* qui signifie « main dans le chapeau » et qui était le nom d'un jeu de hasard.

***handicapé, e** adj. et n. Personne atteinte d'un handicap (surtout physique). → VOIR AUSSI **infirme, invalide.**

***handicaper** v. (CONJUG. 3). Désavantager, causer un handicap. *Il est handicapé par son rhume, je ne crois pas qu'il gagnera.*

***hangar** n.m. Abri pour des engins, du matériel, des marchandises. *Le hangar d'un terrain d'aviation. Le paysan gare son tracteur dans le hangar.*

***hanneton** n.m. Insecte marron, au vol lourd.

ENCYCLOPÉDIE Le hanneton est nuisible aussi bien à l'état de larve (le *ver blanc*, qui vit dans le sol et se nourrit de racines) qu'à l'état adulte, lorsqu'il mange les feuilles des hêtres, des chênes, des charmes, etc. Le hanneton appartient à l'ordre des *coléoptères.*

***hanter** v. (CONJUG. 3). ❶ Apparaître régulièrement dans un endroit, en parlant des esprits, des fantômes. *Tout le village disait que le vieux château était hanté par le fantôme du châtelain.* ❷ Occuper sans cesse l'esprit de quelqu'un. *Le souvenir de ce triste jour le hante.* SYN. obséder.

***hantise** n.f. Idée fixe dont on a peur, sentiment de crainte qu'on ne peut s'ôter de l'esprit. *Il vit dans la hantise d'un accident.* SYN. obsession.

***happer** v. (CONJUG. 3). ❶ Attraper rapidement avec la gueule, le bec. *Le chien happe le morceau de viande que son maître lui jette.* ❷ Saisir, accrocher brusquement. *Le train a happé le cycliste.*

hara-kiri** (PLUR. : *hara-kiris), ✎ ****harakiri n.m. Manière de se suicider pratiquée au Japon par les samouraïs pour sauver leur honneur, en s'ouvrant le ventre avec leur sabre. *Se faire hara-kiri.*

HISTOIRE DU MOT C'est un mot japonais qui signifie « ouverture du ventre ».

***harangue** n.f. Discours solennel et généralement violent, prononcé devant une assemblée. *Dans sa harangue devant les députés, le ministre a dénoncé les fauteurs de troubles.*

***haranguer** haranguant, harangué v. (CONJUG. 6). *Haranguer une foule*, c'est s'adresser à elle d'une manière solennelle et avec conviction.

***haras** n.m. Lieu où l'on élève des chevaux. ▶ REM. On ne prononce pas le *-s*.

***harassant, e** adj. Très fatigant. *Un travail harassant.* SYN. épuisant.

***harasser** v. (CONJUG. 3). Accabler de fatigue. *Cette marche avait harassé tout le monde.* SYN. épuiser, exténuer.

***harcèlement** n.m. Le fait de harceler quelqu'un. • **Guerre de harcèlement :** guerre qui vise à épuiser l'ennemi par de fréquentes attaques. *La guérilla est une guerre de harcèlement.*

***harceler** v. (CONJUG. 11). Attaquer, gêner, importuner sans cesse. *Harceler l'ennemi.* SYN. assaillir. *As-tu fini de le harceler de questions ? Couvert de dettes, il est harcelé par ses créanciers.* SYN. talonner.

***harde** n.f. Troupe de bêtes sauvages. *Une harde de cerfs, de sangliers.*

***hardes** n.f. plur. Vieux habits usés. SYN. guenille, haillon. ▶ REM. Ce mot appartient à la langue soutenue.

***hardi, e** adj. Qui montre de l'audace, du courage. *Un garçon hardi, tenté par l'aventure.* SYN. entreprenant, intrépide. CONTR. timoré. *L'entreprise est hardie, elle comporte des risques.* SYN. audacieux. ◆ **hardi** interj. Sert à encourager quelqu'un. *Hardi les gars !*

hanneton

h* : l'astérisque indique que le mot commence par un **h aspiré.

a b c d e f g h i j k l m n o p q r s t u v w x y z

A B C D E F G H I J K L M N O P Q R S T U V W X Y Z

***hardiesse** **n.f.** Qualité d'une personne hardie. *Il se lança avec hardiesse dans l'aventure.* SYN. audace, intrépidité. CONTR. lâcheté, timidité.

***hardiment** **adv.** Avec hardiesse, courage. *Il fit face hardiment à son adversaire.* SYN. bravement, courageusement. CONTR. timidement.

***hard-rock** **n.m.** (PLUR. : *hard-rocks). Courant de la pop, développé dans les années 1970, qui met l'accent sur certaines composantes du rock : puissance sonore, longs solos de guitare, chant hurleur.

***harem** **n.m.** Chez les musulmans, la partie de la maison où vivent les épouses ; l'ensemble des femmes qui y demeurent.

HISTOIRE DU MOT Vient de l'arabe *haram* qui signifie « ce qui est défendu, sacré ».

***hareng** **n.m.** Poisson marin, au dos bleu-vert et au ventre argenté, qui vit en bancs immenses.

hareng

***harfang** **n.m.** Grande chouette blanche de l'Arctique. *Le harfang des neiges est un des emblèmes du Québec.*
▶ REM. On prononce [arfɑ̃].

***hargne** **n.f.** Mauvaise humeur mêlée d'agressivité. *Elle m'a répondu avec hargne.* SYN. acrimonie. CONTR. douceur.

***hargneux, euse** **adj.** Qui est désagréable et agressif, plein de hargne. *Il est hargneux ce matin.*

***haricot** **n.m.** Plante annuelle dont il existe de nombreuses variétés, cultivée soit pour ses gousses (haricots verts), soit pour ses graines (flageolets, haricots blancs). • (Familier) **C'est la fin des haricots ! :** c'est la fin de tout, c'est un désastre !

***harissa** **n.f.** Sauce très forte, à base de piments et d'huile, typique des plats d'Afrique du Nord. *Du couscous assaisonné de harissa.*

***harki** **n.m.** Nom donné aux Algériens qui ont servi dans l'armée française durant la guerre d'Algérie.

harmonica **n.m.** Instrument de musique dont on fait vibrer les anches en aspirant puis en soufflant tour à tour.
▶ REM. Ce mot est du masculin.

HISTOIRE DU MOT Vient du latin *harmonicus* qui signifie « harmonieux ».

harmonie **n.f.** ❶ Heureux équilibre entre les différentes parties d'un ensemble qui fait que c'est agréable à voir, à entendre. *L'harmonie des couleurs d'un tableau.* SYN. équilibre. *L'harmonie des sons d'une poésie.* ❷ Accord de sentiments, d'idées entre des personnes. *La famille vit en harmonie.* SYN. entente. CONTR. dissension. ❸ Ensemble des règles de composition musicale qui concernent la formation et l'enchaînement des accords.

harmonieusement **adv.** De façon harmonieuse.

harmonieux, euse **adj.** ❶ Qui est agréable à entendre. *Une voix harmonieuse.* SYN. mélodieux. CONTR. criard. ❷ Dont les différentes parties sont en harmonie. *Une architecture harmonieuse.* SYN. équilibré, proportionné.

harmonisation **n.f.** Le fait d'harmoniser différentes choses. *L'harmonisation des couleurs.*

harmoniser **v.** (CONJUG. 3). Mettre en accord, en harmonie. *Ce peintre a admirablement harmonisé ses couleurs.* SYN. équilibrer, marier. ◆ **s'harmoniser** **v.pron.** Être en harmonie. *Ces rideaux s'harmonisent parfaitement avec le tapis.* SYN. s'accorder. CONTR. détonner.

harmonium **n.m.** Instrument de musique à clavier et à anches qui sont mises en vibration par une soufflerie. *L'harmonium est utilisé dans les églises.*

***harnachement** **n.m.** ❶ L'ensemble des pièces qui composent le harnais d'un cheval. ❷ Tout équipement lourd et encombrant. *As-tu déjà vu le harnachement des joueurs de hockey ?*

***harnacher** **v.** (CONJUG. 3). ❶ *Harnacher un cheval, un animal de selle*, c'est leur mettre leur harnais. ❷ *Être harnaché*, c'est porter un équipement ou des vêtements encombrants ou ridicules.

harnais

***harnais** **n.m.** ❶ Ensemble des pièces qui composent l'équipement d'un cheval de selle ou de trait. *Le mors, le collier, la sangle sont des pièces du harnais.* ❷ Ensemble de sangles qui permettent à un alpiniste, à un parachutiste, etc., d'être tenus à quelque chose.

***haro** **n.m.** • **Crier haro sur quelqu'un, quelque chose :** attirer sur eux la réprobation et la colère de tous.
▶ REM. Cette expression appartient à la langue soutenue.

harpagon **n.m.** Homme très avare.
▶ REM. Ce mot appartient à la langue soutenue.

HISTOIRE DU MOT C'est le nom du personnage principal de *l'Avare* de Molière.

***harpe** **n.f.** Instrument de musique formé d'un cadre triangulaire dans lequel sont tendues des cordes que le harpiste pince avec ses doigts.

***harpie** **n.f.** Femme méchante, acariâtre. → VOIR AUSSI **mégère.**

HISTOIRE DU MOT Dans la mythologie grecque, les *Harpies* étaient des divinités. → VOIR noms propres.

***harpiste** **n.** Musicien qui joue de la harpe.

***harpon** **n.m.** Grande flèche très pointue, munie de deux crocs recourbés et dont on se sert pour pêcher les gros poissons et les baleines.

***harponner** **v.** (CONJUG. 3). ❶ Attraper un poisson avec un harpon. *Harponner un mérou.* ❷ Attraper, saisir brutalement. *Le policier a harponné le voleur.*

***hasard** **n.m.** ❶ Ce qui fait que des choses arrivent sans que l'on sache pourquoi, sans qu'on ait pu les prévoir. *Le hasard a voulu qu'ils se rencontrent dans la foule* (= la chance, le destin). *La loterie est un jeu de hasard* (= on n'a pas besoin de réfléchir, on mise sur la chance). ❷ Événement que l'on n'avait pas prévu. *Quel hasard de te trouver ici !* SYN. surprise. • **À tout hasard :** en prévision de ce qui peut arriver. *J'ai pris de l'argent à tout hasard.* • **Au hasard :** sans but précis. *Aller, marcher au hasard.* • **Par hasard :** sans l'avoir prévu.

HISTOIRE DU MOT Vient de l'arabe *az-zhar* qui signifie « dé, jeu de dés ».

***hasarder** **v.** (CONJUG. 3). Avancer une opinion, une idée en courant le risque d'échouer. *Puis-je hasarder une explication ?* ◆ **se hasarder** **v.pron.** Courir le risque d'aller quelque part, de faire ou de dire quelque chose. *Je serais toi, je ne me hasarderais pas dans ce quartier désert.* SYN. s'aventurer, se risquer. *Elle se hasarda à poser sa question* (= oser).

***hasardeux, euse** **adj.** Qui présente des risques. *Une entreprise hasardeuse.* SYN. dangereux, risqué. CONTR. sûr.

***haschisch** ou ***haschich,** ✎ **hachich* **n.m.** Drogue tirée d'une plante, le *chanvre indien.*

*la Leçon de **harpe**,*
tableau de Jean-Baptiste Mauzaisse (XVIIIe siècle)

***hase** **n.f.** Femelle du lièvre.

***hâte** **n.f.** Rapidité que l'on met à faire quelque chose. *Dans sa hâte de rentrer chez lui, il a oublié son parapluie.* SYN. impatience. *Il répondait calmement, sans hâte, aux questions qu'on lui posait.* SYN. précipitation. *Il griffonna quelques mots à la hâte* (= très vite). *On envoya en toute hâte chercher le médecin* (= d'urgence). • **Avoir hâte :** être impatient. *J'ai hâte que ce soit Noël !*

***hâter** **v.** (CONJUG. 3). Faire plus tôt ou plus vite. *Il a dû hâter son départ.* SYN. avancer. CONTR. retarder. *Allons ! hâtez le pas, pressez le mouvement !* (= dépêchez-vous !, accélérez !). ◆ **se hâter** **v.pron.** Aller vite, se dépêcher. *Les gens se hâtaient vers la sortie.* SYN. se précipiter.

***hâtif, ive** **adj.** ❶ Qui est fait trop vite, à la hâte. *Il a tiré de ce qu'il a vu une conclusion hâtive.* ❷ Qui arrive avant la date normale. *Nous avons un printemps hâtif cette année.* SYN. précoce. CONTR. tardif.

***hâtivement** **adv.** Très ou trop vite. *C'est un travail fait hâtivement.* SYN. à la va-vite.

***hauban** **n.m.** Chacun des cordages ou des câbles qui maintiennent les mâts des bateaux.

***haubert** **n.m.** Cotte de mailles des hommes d'armes, au Moyen Âge.

***hausse** **n.f.** Le fait d'augmenter, de devenir plus important. *La hausse des prix.* CONTR. baisse. *La météo annonce une hausse des températures.* SYN. élévation. *Mes notes de mathématiques sont en hausse* (= elles s'améliorent).

***haussement** **n.m.** Action de hausser les épaules, les sourcils. *Répondre par un haussement d'épaules. Un haussement de sourcils.*

***hausser** **v.** (CONJUG. 3). ❶ Augmenter. *Les commerçants ont haussé leurs prix.* ❷ *Hausser les épaules*, c'est les lever en signe d'agacement, de mépris ou d'indifférence. *Il n'a pas répondu, il a seulement haussé les épaules.* ❸ *Hausser les sourcils*, c'est les lever en signe d'étonnement. ❹ *Hausser la voix, le ton*, c'est parler plus fort, prendre un ton autoritaire ou menaçant. ◆ **se hausser** **v.pron.** *Se hausser sur la pointe des pieds*, c'est se mettre sur la pointe des pieds pour être plus haut.

***haut, haute** **adj.** ❶ Qui a telle hauteur. *Un mur haut de deux mètres.* ❷ Dont la hauteur est élevée, dont l'intensité est forte. *Ce mur est haut.* CONTR. bas. *S'exprimer à voix haute.* CONTR. bas. *Ce métal résiste aux hautes températures.* SYN. élevé. CONTR. bas. ❸ Qui est supérieur par sa qualité ou sa position hiérarchique. *Un chronomètre de haute précision.* SYN. grand. *Les hauts fonctionnaires.* ❹ *La partie haute d'une région, d'une rivière*, c'est la partie la plus éloignée de la mer. *La haute Picardie.* ❺ *La haute Antiquité, le haut Moyen Âge* sont les époques les plus anciennes de ces périodes historiques. ❻ *Une note haute, un son haut* sont aigus. CONTR. bas, grave. • **Haut en couleur :** plein de verve et de vivacité. *Un récit, un personnage hauts en couleur.* SYN. pittoresque. • **Haut fait** → VOIR **fait.** • **La tête haute :** fièrement, sans honte. CONTR. la tête basse.

h : l'astérisque indique que le mot commence par un **h aspiré.*

◆ **haut** **adv.** À une certaine hauteur, à un certain niveau. *L'aigle vole haut dans le ciel. Parle plus haut.* SYN. fort. CONTR. doucement. *Son père est très haut placé. Commencer à chanter trop haut.* CONTR. bas. ◆ **haut** **n.m.** La partie supérieure de quelque chose. *Le haut de la colline est boisé.* SYN. sommet. *Le haut de la page est déchiré.* • **De haut :** qui a telle hauteur. *Un arbre de quinze mètres de haut.* • **En haut :** à l'étage supérieur. *J'ai laissé ma valise en haut.* CONTR. en bas. • **Tomber de haut :** être très désagréablement surpris. • **Traiter quelqu'un de haut :** le traiter avec insolence ou mépris. • **Des hauts et des bas :** des moments où tout va bien et des moments où cela va moins bien.

***hautain, e** **adj.** Qui est fier et un peu méprisant. *Un homme hautain.* SYN. arrogant, dédaigneux.

***hautbois** **n.m.** Instrument de musique à vent, à anche double.

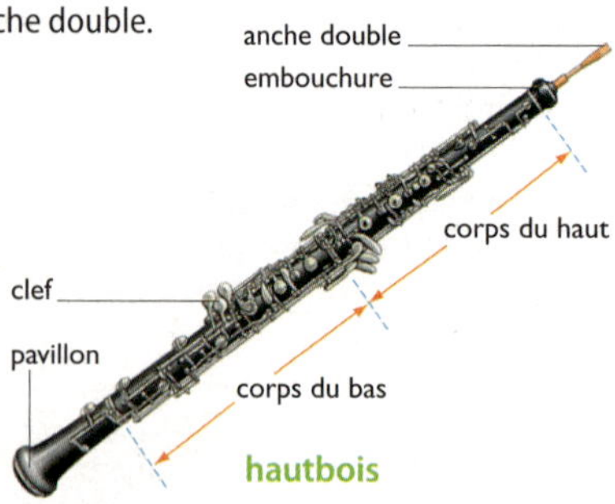

hautbois

***hautboïste** **n.** Musicien qui joue du hautbois.

***haut-de-forme** **n.m.** (PLUR. : *hauts-de-forme). Chapeau d'homme, haut et de forme cylindrique, qui se porte dans les cérémonies.

haut-de-forme (tableau de Gustave Caillebotte : *Portrait de Jules Dubois*, 1885)

haute-fidélité** (PLUR. : *hautes-fidélités), ✎ ****hautefidélité **n.f.** Technique qui assure une grande qualité dans la reproduction des sons. *Une chaîne haute-fidélité.*
▶ REM. On dit aussi *hi-fi*, par abréviation de l'anglais *high fidelity*.

***hautement** **adv.** À un haut degré. *Nous apprécions hautement votre franchise.* SYN. beaucoup. CONTR. peu.

***hauteur** **n.f.** ❶ Dimension verticale de la base au sommet. *La hauteur de la tour Eiffel est de 320 m.* ❷ Élévation, distance par rapport au sol. *L'avion prend de la hauteur.* SYN. altitude. ❸ Lieu élevé. *Le château se dresse sur une hauteur.* SYN. colline, éminence. ❹ *La hauteur d'un son*, c'est le degré qu'il occupe dans l'échelle de fréquence qui va du grave à l'aigu. • **Être à la hauteur :** avoir les capacités requises pour accomplir quelque chose.

***haut-fond** **n.m.** (PLUR. : *hauts-fonds). Zone peu profonde de la mer. *Un bateau s'est échoué sur les hauts-fonds.*

***haut-fourneau** **n.m.** (PLUR. : *hauts-fourneaux). Grand four en forme de cuve dans lequel on fait fondre le minerai de fer pour obtenir de la fonte.

***haut-le-cœur** **n.m.invar.** Sensation de dégoût, envie de vomir. *C'est trop sucré, ça me donne des haut-le-cœur.* SYN. nausée.

***haut-parleur** **n.m.** (PLUR. : *haut-parleurs). Appareil qui transforme en sons les courants électriques qui viennent de l'amplificateur d'un micro, d'une radio, d'une télévision, etc.

***haut-relief** **n.m.** (PLUR. : *hauts-reliefs). Sculpture qui se détache presque entièrement du fond, par opposition au *bas-relief*.

***havre** **n.m.** Refuge, lieu où l'on se sent à l'abri. *Ce petit village est un havre de paix.*

HISTOIRE DU MOT Au sens propre, un *havre* est un petit port bien abrité.

***hayon** **n.m.** Porte arrière d'une automobile qui s'ouvre de bas en haut.
▶ REM. Ne pas confondre avec *haillon*.

***hé** **interj.** Mot employé pour appeler, interpeller quelqu'un. *Hé ! vous là-bas, approchez !*

***heaume** **n.m.** Grand casque des hommes d'armes, au Moyen Âge, qui protégeait la tête et le visage.

heaume

hebdomadaire **adj.** Qui a lieu chaque semaine. *Le lundi est notre jour de fermeture hebdomadaire.* ◆ **n.m.** Revue, publication qui paraît chaque semaine. *Vous êtes abonné à cet hebdomadaire ?*

hébergement **n.m.** L'action d'héberger, de loger quelqu'un. *Quelles sont les conditions d'hébergement des spectateurs aux jeux Olympiques ? Un centre d'hébergement pour les réfugiés.* SYN. accueil.

héberger **hébergeant, hébergé v.** (CONJUG. 5). Accueillir quelqu'un et lui offrir de quoi dormir. *Pouvez-vous nous héberger pour la nuit ?* SYN. loger.

hébété, e **adj.** Qui est comme sous l'effet d'un choc. *Le conducteur, hébété, sortit de la voiture accidentée.* SYN. égaré, hagard.

hébraïque **adj.** Qui concerne les Hébreux ou leur langue. *La religion hébraïque. Des textes hébraïques.* → VOIR AUSSI **hébreu.**

hébreu **adj.m.** Qui concerne les Hébreux. *L'alphabet hébreu. Le peuple hébreu.* → VOIR noms propres : **Hébreux.** ◆ **n.m.** La langue parlée par les Hébreux dans l'Antiquité et remise en usage par l'État d'Israël. • (Familier) **C'est de l'hébreu :** c'est incompréhensible (par allusion à la difficulté de cette langue).

hécatombe **n.f.** ❶ Massacre d'un grand nombre de personnes ou d'animaux. *Les guerres causent de terribles hécatombes.* SYN. carnage, tuerie. ❷ Au figuré, grand nombre de personnes qui succombent en même temps d'un même mal. *La grippe a été terrible cet hiver, ce fut une vraie hécatombe.*

HISTOIRE DU MOT Vient du grec *hekatombê* qui signifie « sacrifice de cent bœufs ».

hectare **n.m.** Unité de mesure de superficie qui équivaut à cent ares ou dix mille mètres carrés.
▶ REM. On écrit *ha* en abrégé.

hectogramme **n.m.** Cent grammes.
▶ REM. On écrit *hg* en abrégé.

hectolitre **n.m.** Cent litres.
▶ REM. On écrit *hl* en abrégé.

hectomètre **n.m.** Cent mètres.
▶ REM. On écrit *hm* en abrégé.

hégémonie **n.f.** Supériorité d'un pays sur d'autres pays. *L'hégémonie économique d'une grande puissance.* SYN. domination, prépondérance.

HISTOIRE DU MOT Vient du grec *hêgemôn*, « chef ».

hégire **n.f.** Ère de l'islam, qui commence en 622 de l'ère chrétienne, date à laquelle Mahomet a quitté La Mecque pour s'enfuir à Médine.

HISTOIRE DU MOT Vient d'un mot arabe qui signifie « fuite ».

***hein** **interj.** (Familier) Sert à renforcer une interrogation ou à demander de répéter quelque chose. *Je l'ai bien eu, hein ?* SYN. n'est-ce pas. *« Alors, tu viens ? – Hein ? »* SYN. comment, pardon.

hélas **interj.** Exprime la douleur, le regret. *Hélas ! les médecins n'ont plus d'espoir de le sauver.* SYN. malheureusement.

***héler** **v.** (CONJUG. 9, ✎ *10*). Appeler de loin. *Héler un taxi.*

hélice **n.f.** ❶ Système formé de plusieurs pales qui en tournant autour d'un axe donnent du mouvement. *Les hélices d'un hélicoptère.* ❷ Forme en spirale. *Un escalier en hélice.*

HISTOIRE DU MOT Vient du grec *helix* qui signifie « spirale ».

hélicoptère **n.m.** Appareil d'aviation qui se déplace grâce à des hélices (les *pales*) horizontales. *Les hélicoptères décollent et atterrissent à la verticale.*

hélicoptère

héliotrope **n.m.** Plante dont la fleur se tourne vers le soleil. → VOIR AUSSI **tournesol.**

HISTOIRE DU MOT Vient du grec *hêlios*, qui signifie « soleil », et *tropein*, qui signifie « se tourner ».

héliport **n.m.** Terrain où décollent et se posent les hélicoptères.

héliporté, e **adj.** Transporté par hélicoptère. *Des troupes héliportées.*

hellène **adj.** et **n.** Qui appartient à la Grèce ancienne. *Le peuple hellène. Les Hellènes.*
▶ REM. S'écrit avec deux *l*.

HISTOIRE DU MOT Vient du grec *Hellên* qui signifie « Grec ».

hellénique **adj.** Qui se rapporte à la Grèce antique ou moderne. *La civilisation hellénique.*

hellénistique **adj.** Se dit de la période de la civilisation grecque allant de la conquête d'Alexandre le Grand (331 avant J.-C.) à la domination romaine (31 avant J.-C.).

helvétique **adj.** De la Suisse. *La Confédération helvétique.*

HISTOIRE DU MOT Vient du latin *Helvetia*. L'Helvétie était une partie de la Gaule située à peu près sur le territoire de la Suisse actuelle, et dont les habitants étaient les *Helvètes*.

***hem** **interj.** Sert à attirer l'attention lorsqu'on commence à parler ou à exprimer un doute. *Hem ! Comme tout le monde est là, nous allons ouvrir les débats.*

hématologie **n.f.** Spécialité de la médecine et de la biologie qui étudie le sang et ses affections.

hématome **n.m.** Petite accumulation de sang qui se forme lorsque des vaisseaux sanguins se rompent. *Une ecchymose est un hématome qui se forme sous la peau après un choc.*

hémicycle **n.m.** Demi-cercle où sont disposés des gradins. *Les théâtres antiques étaient en forme d'hémicycle.*

hémisphère **n.m.** ❶ Chacune des deux moitiés du globe terrestre, séparées par l'équateur. *L'hémisphère Nord ou « boréal », l'hémisphère Sud ou « austral ».* ❷ Chacune des deux moitiés du cerveau. *Hémisphère gauche, hémisphère droit.*
▶ REM. Ce mot est du masculin, malgré *sphère* qui est féminin.

hémophile **adj.** et **n.** Atteint d'hémophilie. *Lorsqu'on est hémophile, la moindre blessure peut provoquer une hémorragie grave.*

*__h__ : *l'astérisque indique que le mot commence par un* **h** *aspiré.*

hémophilie **n.f.** Maladie dans laquelle le sang se coagule difficilement ou pas du tout.

hémorragie **n.f.** Écoulement de sang hors des vaisseaux sanguins. *Un saignement de nez est une hémorragie nasale. Une hémorragie interne* (=où le sang se répand dans le corps).

***henné** **n.m.** Poudre colorante rougeâtre tirée des feuilles d'un arbuste du Moyen-Orient, et qui sert à la teinture des cheveux.

***hennin** **n.m.** Coiffe haute et pointue des femmes du Moyen Âge.

***hennir** **hennissant, henni v.** (CONJUG. **16**). Pour le cheval, faire entendre son cri.

***hennissement** **n.m.** Cri du cheval.

***hep** **interj.** Sert à appeler, à attirer l'attention. *Hep ! toi là-bas, approche un peu.*

hépatique **adj.** Du foie. *Sophie souffre d'une insuffisance hépatique.* ◆ **n.** Personne qui souffre d'une maladie du foie.

hépatite **n.f.** Maladie du foie. *Une hépatite virale.*
→ VOIR AUSSI **jaunisse.**

***héraut** **n.m.** Au Moyen Âge, personne chargée d'annoncer les nouvelles importantes, de transmettre les messages et de régler les cérémonies, les jeux.
▶ REM. Ne pas confondre avec *héros.*

herbacé, e **adj.** De la nature de l'herbe. *Une plante herbacée.*

herbage **n.m.** Prairie naturelle où le bétail va paître.
SYN. pré.

herbe **n.f.** ❶ Nom donné à de nombreuses plantes à tige verte plus ou moins haute, qui meurent chaque année. *Les vaches broutent l'herbe. Arracher les mauvaises herbes.* ❷ L'ensemble de ces plantes qui forme une végétation naturelle. *Déjeuner sur l'herbe.* ❸ *Du blé en herbe* n'a pas encore formé ses épis. CONTR. mûr. ❹ *Un artiste, un champion en herbe* est un jeune qui a toutes les qualités pour devenir un artiste, un sportif, etc. • **Fines herbes :** herbes aromatiques utilisées pour la cuisine. • **Herbe à puces :** au Canada, plante vénéneuse dont les feuilles et la tige peuvent provoquer des inflammations de la peau.

herbier **n.m.** Collection de plantes et de fleurs séchées entre des feuilles de papier.

herbivore **adj.** et **n.m.** Qui se nourrit d'herbes, de feuilles. *La vache est un herbivore.*

herboriser **v.** (CONJUG. **3**). Cueillir des plantes pour les étudier, les mettre dans un herbier, ou pour en faire des médicaments, des tisanes.

herboriste **n.** Personne qui vend des plantes médicinales et des produits faits à partir de plantes.

hercule **n.m.** Homme d'une très grande force physique. *Ce déménageur est un hercule.* SYN. colosse.

HISTOIRE DU MOT Vient de *Hercule*, nom latin d'*Héraclès*. → VOIR noms propres.

herculéen, enne **adj.** *Une force herculéenne* est colossale, extraordinaire, digne d'un hercule.

***hère** **n.m.** • **Un pauvre hère :** un homme misérable et qui inspire de la pitié.
▶ REM. Ne pas confondre avec *erre*, du verbe *errer.*

HISTOIRE DU MOT Vient d'un ancien mot qui signifiait « malheureux ».

héréditaire **adj.** ❶ Qui se transmet selon les lois de l'hérédité. *L'hémophilie est une maladie héréditaire.* ❷ Qui se transmet par héritage. *Un titre de noblesse héréditaire.*

hérédité **n.f.** Transmission de certains caractères génétiques d'un être vivant à ses descendants. *La couleur des yeux se transmet par hérédité.*

hérésie **n.f.** Opinion religieuse, politique, etc., jugée contraire à la doctrine officielle ou aux idées établies comme vraies. *Sa théorie est une hérésie scientifique.*

hérétique **adj.** et **n.** Qui est coupable d'hérésie.

***hérissé, e** **adj.** ❶ *Des poils, des plumes, des cheveux hérissés* sont dressés. ❷ Qui est muni de pointes, d'aiguilles, de piquants. *Le fakir se coucha sur une planche hérissée de clous.*

***hérisser** **v.** (CONJUG. **3**). ❶ Dresser son poil, ses plumes. *Le coq, furieux, hérisse ses plumes.* ❷ Au figuré, irriter, énerver. *Les manières de ton frère me hérissent.*

***hérisson** **n.m.** Petit mammifère, au corps couvert de piquants, et qui, en cas de danger, se roule en boule. *Infatigable chasseur d'insectes, de limaces et même de vipères, le hérisson rend de grands services.*

hérisson

héritage **n.m.** ❶ L'ensemble des biens qu'une personne transmet à une autre après son décès par succession. *Il était très riche et laisse un gros héritage.* ❷ Ce que l'on tient de ceux qui nous ont précédés. *L'héritage culturel d'un pays.*
SYN. patrimoine.

hériter **v.** (CONJUG. **3**). ❶ Recevoir un héritage de quelqu'un par succession. *Les enfants héritent de leurs parents. Marie a hérité d'une petite maison à la campagne.* ❷ Recevoir ce que d'autres nous ont transmis. *Charlotte a hérité les yeux bleus de sa mère.*
▶ REM. On dit *hériter une maison* ou *hériter d'une maison.*

héritier, ère **n.** Personne qui reçoit un héritage. *Les héritiers écoutent la lecture du testament. Les héritiers spirituels d'un philosophe.* SYN. disciple.

hermaphrodite **adj.** et **n.** Qui possède les organes reproducteurs des deux sexes. *Les escargots sont hermaphrodites.* SYN. bisexué.

HISTOIRE DU MOT Vient de*Hermaphrodite*, personnage de la mythologie grecque, fils d'Hermès et d'Aphrodite.

hermétique **adj.** ❶ Parfaitement étanche. *Une boîte hermétique.* ❷ Impossible ou très difficile à comprendre. *Une poésie hermétique.* SYN. ésotérique, secret. ❸ *Un visage hermétique* est un visage qui ne laisse paraître aucun sentiment, aucune émotion. SYN. impénétrable.

hermétiquement **adv.** De façon hermétique, étanche.

hermine **n.f.** ❶ Petit animal carnivore, dont le pelage, fauve l'été, devient blanc l'hiver. ❷ Bande de cette fourrure qui orne le costume de cérémonie des magistrats et de certains professeurs.

HISTOIRE DU MOT Vient du latin *Armenius mus* qui signifie « rat d'Arménie ».

hermine dans son pelage d'hiver

***hernie** **n.f.** Petite poche qui se forme dans le corps lorsqu'un organe sort, complètement ou en partie, de la cavité où il se trouve normalement.

1 héroïne **n.f** → **héros**

2 héroïne **n.f.** Drogue extrêmement toxique.

héroïque **adj.** Qui se conduit en héros ; qui montre un grand courage. *Des sauveteurs héroïques.* SYN. brave, vaillant, valeureux. CONTR. lâche, peureux, poltron. *Une action héroïque.* • **Les temps héroïques :** période reculée où se sont produits des faits remarquables, mémorables. *Les temps héroïques des débuts de l'aviation.*

héroïquement **adv.** Avec héroïsme.

héroïsme **n.m.** Courage exceptionnel, digne d'un héros. *Acte d'héroïsme.* SYN. bravoure, vaillance.

***héron** **n.m.** Grand oiseau échassier migrateur au long cou, au long bec, qui vit à proximité de l'eau où il se nourrit de poissons, de grenouilles, etc. *Le héron est l'oiseau qui construit les nids les plus vastes et les plus haut perchés dans les arbres.*

***héros** **n.m.**, **héroïne** **n.f.** ❶ Personne qui se distingue par son courage exceptionnel et ses exploits. *Des soldats morts en héros. Une héroïne nationale.* ❷ Personnage principal d'un roman, d'une pièce de théâtre, d'un film. *Le commissaire Maigret est le héros de nombreux romans de Simenon.* ❸ Personne qui a le principal rôle dans un événement. *Sophie est l'héroïne de la fête.* ❹ Personnage mythologique à qui l'on attribue des exploits extraordinaires et à qui l'on rend un culte. *Les héros de la mythologie grecque étaient souvent les fils d'un dieu ou d'une déesse.*
▶ REM. *Héros* a un *h* aspiré, alors qu'*héroïne* a un *h* muet.

herpès **n.m.** Éruption de petits boutons sur la peau associée à des sensations de brûlure.

***herse** **n.f.** ❶ Instrument agricole pour briser les mottes de terre, fait d'une plaque munie de dents métalliques. ❷ Lourde grille armée de pointes à sa partie inférieure que l'on abaissait pour fermer l'entrée des châteaux forts.

***hertzien, enne** **adj.** *Les ondes hertziennes* sont les ondes qui servent à transmettre les sons et les images en passant par les airs (antenne, émetteur, récepteur). *Des liaisons hertziennes.*

HISTOIRE DU MOT Vient de *hertz*, unité de mesure de fréquence, du nom du physicien *Hertz*.

hésitant, e **adj.** Qui hésite. *Il y a du pour et du contre, je suis très hésitant.* SYN. indécis, perplexe. CONTR. décidé. *Un pas hésitant.* CONTR. assuré, ferme.

hésitation **n.f.** Le fait d'hésiter. *Le choix n'est pas facile, je comprends ton hésitation.* SYN. embarras, indécision. CONTR. détermination, résolution.

hésiter **v.** (CONJUG. 3). ❶ Avoir du mal à se décider. *Il a hésité avant de dire oui. J'hésite entre un livre et un disque.* ❷ Ne pas être sûr de soi ; marquer de l'indécision. *Le cheval hésita devant l'obstacle.*

hétéroclite **adj.** Fait d'un mélange d'éléments divers qui ne s'accordent pas les uns avec les autres. *Un mobilier hétéroclite.* SYN. disparate.

hétérogène **adj.** Formé d'éléments très divers. *Une population hétérogène.* SYN. disparate. CONTR. homogène.

HISTOIRE DU MOT Vient du grec *heteros*, qui signifie « autre », et *genos*, qui signifie « genre ».

hétérosexuel, elle **adj.** et **n.** Qui éprouve une attirance sexuelle pour les personnes du sexe opposé. CONTR. homosexuel.

---

* ***h*** *: l'astérisque indique que le mot commence par un* ***h*** *aspiré.*

***hêtre** **n.m.** Arbre à écorce lisse dont le bois est utilisé en menuiserie. *Le hêtre peut atteindre 40 m de haut ; son fruit est la faine.*

hêtre

***heu** **interj.** Mot que l'on emploie lorsque l'on est embarrassé, que l'on hésite. *Heu ! Que choisir ?*

heur **n.m.** • **Avoir l'heur de :** avoir la chance de. *Je n'ai pas eu l'heur de lui plaire.*
▸ REM. Ce mot appartient à la langue soutenue.

HISTOIRE DU MOT Vient du latin *augurium* qui signifie « présage » et que l'on retrouve dans *bonheur, malheur, heureux, malheureux.*

heure **n.f.** ❶ Unité de mesure du temps, qui équivaut à la vingt-quatrième partie de la journée. *Il y a soixante minutes dans une heure et vingt-quatre heures dans un jour. Voilà une heure que je t'attends.* ❷ S'emploie pour situer un moment dans la journée (jour et nuit), fixé par convention. *À vingt heures, heure de Paris. Quelle heure est-il ? Il est quinze heures vingt-cinq. Je me suis couché à trois heures du matin.* ❸ Moment d'une journée ; période d'une vie. *C'est l'heure du dîner. Ils ont connu des heures difficiles.* • **À la bonne heure :** voilà qui est bien. *Ils sont sains et saufs, à la bonne heure.* • **De bonne heure :** tôt. • **Être à l'heure :** être exact, ponctuel. • **La dernière heure :** l'heure de la mort. • **Tout à l'heure :** dans un moment ; il y a un moment. *À tout à l'heure ! Je l'ai vu tout à l'heure.*
▸ REM. Au sens 1, on écrit *h* en abrégé.

heureusement **adv.** Par chance, par bonheur. *Heureusement, il ne s'est pas blessé.* CONTR. malheureusement. *Heureusement que tu es arrivé plus tôt !*

heureux, euse **adj.** ❶ Qui connaît le bonheur, la sérénité et la joie. *Voilà des enfants heureux. Avoir une vie heureuse.* CONTR. malheureux. ❷ Content, satisfait. *Je suis heureux de vous rencontrer.* SYN. ravi. ❸ Favorisé par la chance. *Être heureux au jeu.* ❹ Qui procure des satisfactions, qui est bon, favorable. *Cette affaire a eu un heureux dénouement.*

HISTOIRE DU MOT Vient de *heur.*

***heurt** **n.m.** ❶ Le fait de heurter quelque chose. *Ce meuble est fragile, le moindre heurt laisserait une trace.* SYN. choc, coup. ❷ Affrontement, désaccord entre des personnes. *Les heurts sont fréquents entre les deux cousins.* SYN. accrochage, friction.
▸ REM. On ne prononce pas le *-t.*

***heurter** **v.** (CONJUG. 3). ❶ Venir brusquement toucher un objet, une personne. *La voiture a heurté le mur et un passant en sortant du garage.* SYN. cogner, percuter. ❷ Choquer la sensibilité de quelqu'un. *Ce qu'il m'a dit m'a profondément heurté.* SYN. froisser, scandaliser, vexer. ◆ **se heurter** **v.pron.** ❶ Se cogner. *Nous nous sommes heurtés dans le couloir.* ❷ Entrer ou être en conflit. *Se heurter au sujet des vacances.* SYN. s'affronter, se disputer, s'opposer. ❸ Rencontrer un obstacle. *Se heurter à des difficultés imprévues.*

HISTOIRE DU MOT Vient d'un mot de la langue des Francs qui signifiait « bélier ».

***heurtoir** **n.m.** Marteau de porte qu'on soulève et qu'on laisse retomber pour frapper.

hévéa **n.m.** Grand arbre qui contient du latex dont on tire le caoutchouc. *L'hévéa est principalement cultivé en Malaisie et en Indonésie.*

hexagone **n.m.** Figure géométrique formée de six angles et de six côtés. • **L'Hexagone :** nom que l'on donne à la France, parce que la carte de France fait penser à un hexagone.

hiatus **n.m.** ❶ Succession de deux voyelles appartenant à des syllabes différentes, soit à l'intérieur d'un mot (ex. : *aération, géant*), soit entre deux mots que l'on prononce sans marquer d'arrêt (ex. : *Il a été à Marseille*). ❷ Différence entre deux choses qui fait qu'elles ne concordent pas. *Il y a un hiatus entre la théorie et les faits.* SYN. décalage.

HISTOIRE DU MOT C'est un mot latin qui signifie « ouverture ».

hibernation **n.f.** L'état de vie ralentie dans lequel certains animaux passent l'hiver, et qui se caractérise par un abaissement de la température de leur corps et un rythme cardiaque ralenti. *La marmotte vit en hibernation durant la saison froide.*

ENCYCLOPÉDIE Certains animaux dorment tout l'hiver et ne se nourrissent qu'à leur réveil, au printemps. D'autres retrouvent de temps en temps leur vivacité pour s'alimenter, puis retombent dans le sommeil. Lorsqu'ils hibernent, ces animaux sont presque toujours blottis dans des grottes, des terriers, des cachettes ou enfouis sous les feuilles mortes pour se mettre à l'abri de leurs prédateurs.

hiberner **v.** (CONJUG. 3). Passer l'hiver en hibernation. *La marmotte hiberne.*
▸ REM. Ne pas confondre avec *hiverner.*

hibiscus n.m. Arbre tropical à belles fleurs dont une espèce fournit une huile et une autre, un textile. ▸ REM. On prononce le *-s* final.

***hibou n.m.** (PLUR. : *hiboux). Rapace nocturne dont la tête porte des aigrettes, par opposition à la chouette qui n'en a pas. *Les hiboux hululent. Ils se nourrissent de rats, de mulots et de souris.*

***hic n.m.invar.,** ✎ *n.m.* • **Voilà le hic** ou **c'est bien là le hic :** voilà la difficulté, le problème. *Nous manquons de temps, voilà le hic.*

HISTOIRE DU MOT Vient de l'expression latine *hic est quaestio* qui signifie « ici est la question ».

***hideux, euse adj.** D'une laideur repoussante. *Des monstres aux faces hideuses.* SYN. affreux, effrayant, horrible.

hier adv. ❶ Le jour qui précède celui où l'on est. *Nous sommes lundi, hier c'était dimanche.* ❷ Dans un passé encore récent. *Les greffes d'organes étaient hier encore peu fréquentes. Cette chanson ne date pas d'hier* (= elle est très ancienne). • **Ne pas être né d'hier :** avoir de l'expérience (= ne pas être né de la dernière pluie). ▸ REM. À *hier* correspond le nom *la veille* que l'on emploie dans un récit : *Nous étions lundi, donc la veille était un dimanche.*

***hiérarchie n.f.** ❶ Organisation d'un groupe dans lequel il y a des supérieurs et des subordonnés. *La hiérarchie militaire.* ❷ Classement du plus important au moins important. *La hiérarchie des salaires.*

HISTOIRE DU MOT Vient du grec *hieros,* qui signifie « sacré », et *arkhein,* qui signifie « commander ».

***hiérarchique adj.** Qui appartient à une hiérarchie. *Un supérieur hiérarchique.*

***hiéroglyphe n.m.** Chacun des signes de l'écriture des anciens Égyptiens. *Champollion a déchiffré les hiéroglyphes en 1822.*

HISTOIRE DU MOT Vient du grec *hieros,* qui signifie « sacré », et *gluphein,* qui signifie « graver ».

hiéroglyphes : cartouche royal contenant le nom d'Alexandre

***hi-fi n.f.invar.** → **haute-fidélité**

hibou

hilarant, e adj. Qui fait beaucoup rire. *Une histoire hilarante.*

hilare adj. Qui rit très fort, qui montre une grande joie. *Une face hilare.* SYN. réjoui. CONTR. morose, sombre.

hilarité n.f. Explosion de rire, grande gaieté. *Sa farce déclencha l'hilarité générale.*

hindou, e adj. et **n.** Qui appartient à l'hindouisme. ▸ REM. Ne pas confondre avec *indien.*

hindouisme n.m. Religion la plus répandue en Inde.

ENCYCLOPÉDIE L'hindouisme repose sur une série de textes sacrés très anciens que l'on appelle les *Veda.* Selon ces textes, l'univers et les hommes sont soumis à un ordre qui ne changera jamais : l'homme qui suit cet ordre sera heureux et renaîtra sous la forme d'un homme supérieur ; l'homme qui ne tient pas compte de cet ordre renaîtra sous une forme inférieure.

***hip-hop adj.invar.** et **n.m. invar.** Se dit d'un mouvement culturel et artistique qui repose sur la contestation en s'exprimant par des graffitis, des tags, la danse.

ENCYCLOPÉDIE Ce mouvement est apparu aux États-Unis au début des années 1980.

***hippie** (PLUR. : *hippies) ou ***hippy** (PLUR. : *hippys) **n.** et **adj.** Personne qui, dans les années 1960-1970, prônait la non-violence et la vie en communauté, par refus de la société industrielle.

hippique adj. Qui concerne le cheval, l'équitation. *Un concours hippique.*

hippisme n.m. Ensemble des activités sportives pratiquées à cheval. *L'hippisme comprend l'équitation, la course, l'attelage, le dressage, le polo.*

hippocampe n.m. Poisson marin de petite taille (15 cm) au corps couvert de crêtes, qui se tient debout lorsqu'il nage et dont la tête rappelle celle d'un cheval.

HISTOIRE DU MOT Vient du grec *hippos,* qui signifie « cheval », et *kampê,* qui signifie « courbure ».

hippocampe

hippodrome n.m. Terrain où se déroulent les courses de chevaux. SYN. champ de courses.

A B C D E F G H I J K L M N O P Q R S T U V W X Y

hippopotame **n.m.** Très gros mammifère, pouvant peser de trois à quatre tonnes, qui vit dans les fleuves d'Afrique et se nourrit d'herbes fraîches.

HISTOIRE DU MOT Vient du grec *hippos*, qui signifie « cheval », et *potamos*, qui signifie « rivière ».

hirondelle **n.f.** Oiseau migrateur à dos noir et à ventre blanc, à queue fourchue. *Le retour des premières hirondelles, en mars ou en avril, annonce les beaux jours.* • **Une hirondelle ne fait pas le printemps :** proverbe qui signifie qu'il ne faut pas tirer une règle générale d'un cas particulier.

ENCYCLOPÉDIE Cri : l'hirondelle gazouille. Les hirondelles construisent un nid en forme de coupe avec des brindilles et de l'argile qu'elles agglomèrent avec de la salive. Vers les mois de septembre ou octobre, on les voit se rassembler, ce qui annonce leur départ pour l'Afrique.

hirondelle

hirsute **adj.** Dont la barbe, les cheveux sont très fournis et en désordre. *Un gamin hirsute* (= aux cheveux en bataille). *Une barbe hirsute.*

hispanique **adj.** Qui concerne l'Espagne, la langue et la civilisation espagnoles.

HISTOIRE DU MOT Vient du latin *hispanicus* qui signifie « espagnol ».

***hisser** **v.** (CONJUG. **3**). Faire monter, en tirant ou en soulevant avec effort. *Hisser les voiles, hisser un drapeau.* ◆ **se hisser** **v.pron.** S'élever avec effort, difficulté. *Jacques se hisse péniblement jusqu'en haut du mur. Il s'est hissé au rang des meilleurs à force de travail.*

histoire **n.f.** ❶ Compte rendu des événements ou des faits passés concernant la vie de l'humanité, d'une société, d'une personne. *L'histoire des rois de France. L'histoire du Québec. L'histoire de l'art, des sciences.* ❷ Science qui étudie le passé de l'humanité et son évolution. *Faire des études d'histoire.* ❸ Partie du passé postérieure à l'apparition de l'écriture, par opposition à la préhistoire. *L'histoire médiévale, contemporaine.* ❹ Récit racontant des événements réels ou imaginaires. *Une histoire vraie. Sa mère sait bien raconter les histoires.* SYN. conte. ❺ Récit inventé pour tromper. *Tu es en train de me raconter des histoires !* SYN. mensonge. ❻ Fait vécu. *Il m'arrive une drôle d'histoire.* SYN. aventure. ❼ Complication fâcheuse, incident. *Tu vas avoir des histoires si tu continues.* SYN. ennui. • **En faire toute une histoire :** donner trop d'importance à quelque chose.

ENCYCLOPÉDIE L'histoire, par opposition à la préhistoire, se découpe en quatre grandes périodes : l'Antiquité, qui va de la fin de la préhistoire (3500 avant J.-C.) à la chute de l'Empire romain (en 476 après J.-C.) ; le Moyen Âge, qui va de 476 à la chute de Constantinople (1453) ou à la découverte de l'Amérique (1492) ; l'époque moderne ou Temps modernes, de 1492 à la Révolution (1789) ; et enfin l'époque contemporaine.

historien, enne **n.** Spécialiste des études historiques, de l'histoire.

historique **adj.** ❶ Qui concerne l'histoire, l'étude des événements passés. *Faire des recherches historiques. Un document historique. Un roman historique.* ❷ Qui a réellement existé dans l'histoire. *Un fait historique, un personnage historique.* ❸ Qui mérite de rester dans la mémoire et dans l'histoire. *Ce jour est une date historique.*

hiver **n.m.** La saison la plus froide de l'année, qui suit l'automne et précède le printemps. *Dans l'hémisphère Nord, l'hiver commence au solstice de décembre (21 ou 22) et finit à l'équinoxe de mars (20 ou 21).*

hivernal, ale, aux **adj.** D'hiver. *Un froid hivernal.*

hiverner **v.** (CONJUG. **3**). Passer l'hiver à l'abri. *Les troupeaux hivernent dans la vallée.*
▸ REM. Ne pas confondre avec *hiberner.*

H.L.M. **n.m.** ou **n.f.** Immeuble construit par un organisme public et qui est destiné aux familles dont les revenus sont relativement modestes. *Nous habitons dans un H.L.M.*

HISTOIRE DU MOT *H.L.M.* est le sigle de « habitation à loyer modéré » en France, et de « habitation à loyer modique » au Québec.

***ho** **interj.** Sert à appeler, interpeller quelqu'un. *Ho ! Vous là-bas, approchez.*

***hobby** **n.m.** (PLUR. : ***hobbys** ou ***hobbies**). Activité favorite que l'on fait pour se distraire. *Son hobby, c'est de collectionner les timbres.* SYN. passe-temps. → VOIR AUSSI **violon d'Ingres.**

HISTOIRE DU MOT C'est un mot anglais qui signifie « petit cheval, dada ».

***hobereau** **n.m.** Nom péjoratif donné aux gentilshommes de petite noblesse qui vivent sur leurs terres.

***hochement** **n.m.** • **Hochement de tête :** le fait de hocher la tête. *Jean-Jacques approuva d'un hochement de tête.*

***hocher** **v.** (CONJUG. **3**). • **Hocher la tête :** remuer la tête de haut en bas pour montrer qu'on est d'accord, ou de droite à gauche pour marquer son refus ou son doute.

HISTOIRE DU MOT Vient d'un mot de la langue des Francs qui signifiait « secouer ».

***hochet** **n.m.** Petit jouet de bébé qui fait du bruit quand on le secoue.

hippopotame et son petit

***hockey** **n.m.** Sport d'équipe où les joueurs, les *hockeyeurs*, doivent pousser une petite balle ou un palet avec une crosse jusque dans le but adverse. *Nous sommes allés à la patinoire voir un match de hockey sur glace.*
▸ REM. 1. Ne pas confondre avec *hoquet*. 2. Le hockey sur glace est le sport national des Canadiens, qui appellent le palet « une rondelle » et la crosse, « un bâton » ou « un hockey ».

hockey sur glace

***ho hisse** **interj.** Cri que l'on pousse pour accompagner un effort lorsqu'on tire ou qu'on soulève quelque chose de lourd.

***holà** **interj.** S'emploie pour appeler quelqu'un. *Holà ! il y a quelqu'un ici ?* ◆ **n.m.invar.** • **Mettre le holà :** interdire que quelque chose continue. *J'ai dû mettre le holà à leurs disputes continuelles.*

hold-up** **n.m.invar.,** ✎ ****holdup ***n.m.*** Attaque à main armée pour commettre un vol. *Un hold-up a été commis à la banque.*
▸ REM. 1. On prononce [ɔldœp]. 2. Au Québec, on doit dire *attaque à main armée*.

HISTOIRE DU MOT Vient de l'expression américaine *to hold up one's hands*, qui signifie « tenir les mains en l'air ».

***hollandais, e** **adj.** et **n.** De Hollande. *La campagne hollandaise est très plate.* → VOIR AUSSI **néerlandais.**
▸ REM. Lorsqu'il désigne une personne, le mot prend une majuscule : *un Hollandais, une Hollandaise.*

Holocauste **n.m.** L'extermination des Juifs par les nazis entre 1939 et 1945. → VOIR noms propres : **Shoah.**
▸ REM. Attention ce mot prend une majuscule.

HISTOIRE DU MOT Vient du grec *holos*, qui signifie « tout », et *kaiein*, qui signifie « brûler ». Chez les Hébreux et chez les Grecs, l'holocauste était un sacrifice dans lequel la victime était entièrement brûlée.

hologramme **n.m.** Image en trois dimensions d'un objet, obtenue grâce à une méthode spéciale de photographie et de projection.

***homard** **n.m.** Crustacé marin à grosses pinces, à carapace bleue marbrée de jaune et qui devient rouge à la cuisson. → VOIR AUSSI **langouste.**

***home** **n.m.** • **Home d'enfants :** centre qui accueille des jeunes enfants pendant les vacances.

HISTOIRE DU MOT C'est un mot anglais qui signifie « maison, foyer ».

homéopathie **n.f.** Méthode de traitement médical qui emploie des médicaments produisant des effets semblables à ceux de la maladie à soigner, mais à des doses infinitésimales.

homéopathique **adj.** De l'homéopathie. *Un traitement homéopathique.*

homérique **adj.** Tellement phénoménal que cela aurait pu appartenir à l'œuvre d'Homère. *Ce fut une bagarre homérique. Un rire homérique* (= un rire énorme, comme celui qu'Homère attribuait aux dieux de l'Olympe).

homicide **n.m.** Le fait de tuer un être humain. *Un homicide volontaire* (= meurtre, assassinat).

hominidé **n.m.** Mammifère primate appartenant à une famille qui regroupe les gorilles, les chimpanzés, les orangs-outans et leurs ancêtres respectifs, ainsi que les homininés.

homininé **n.m.** Mammifère primate de la famille qui comprend, à partir des australopithèques, tous les représentants de la lignée de l'homme.

ENCYCLOPÉDIE Les homininés font partie des hominidés.

hommage **n.m.** Marque d'estime, de reconnaissance, d'admiration. *Le maire a rendu hommage au courage des pompiers.* ◆ **hommages** **n.m.plur.** Salutations respectueuses qu'un homme adresse à une femme. *Veuillez, madame, accepter mes hommages.*

HISTOIRE DU MOT Vient de *homme*. Au Moyen Âge, l'*hommage* était l'acte par lequel un vassal se déclarait l'« homme » de son seigneur en lui promettant fidélité et dévouement.

homme **n.m.** ❶ L'espèce humaine, par opposition à *animal* ; l'être humain, qu'il soit homme ou femme. *L'apparition de l'homme sur la Terre. L'homme est un mammifère doué d'intelligence, qui possède un langage articulé et se tient debout. La vie des hommes en société.* ❷ Adulte de sexe masculin. *Un coiffeur pour hommes.* ❸ Individu attaché au service de quelqu'un. *Le commissaire et ses hommes ont réussi à arrêter le malfaiteur.* • **Comme un seul homme :** tous ensemble, à l'unanimité. *Ils ont refusé comme un seul homme.*
▸ REM. Au mot *homme* correspond l'élément tiré du grec *anthropo-* que l'on retrouve dans *anthropologie, anthropophage.*

homard

****h** : l'astérisque indique que le mot commence par un **h** aspiré.*

a b c d e f g h i j k l m n o p q r s t u v w x y z

homme-grenouille **n.m.** (PLUR. : **hommes-grenouilles**). Plongeur muni d'un scaphandre autonome et qui effectue certains travaux sous l'eau. *Des hommes-grenouilles fouillent les eaux du port à la recherche de l'épave.*

homme-orchestre **n.m.** (PLUR. : **hommes-orchestres**). Musicien ambulant qui joue de plusieurs instruments en même temps.

homogène **adj.** *Un ensemble homogène* présente une grande unité. *Ces joueurs forment une équipe homogène.* CONTR. hétérogène.

HISTOIRE DU MOT Vient du grec *homos*, qui signifie « semblable », et *genos*, qui signifie « genre ».

homogénéité **n.f.** Le fait d'être homogène. *Il y avait une grande homogénéité dans la classe : pas de très basses notes mais pas non plus de très hautes.*

homographe **n.m.** Mot qui s'écrit de la même façon qu'un autre, mais qui a un sens différent. *« Cousin » (insecte) et « cousin » (parent) sont des homographes.* → VOIR AUSSI **homonyme** et Fiche **9**.

homologue **adj.** et **n.** Qui correspond à quelque chose d'autre ; qui a le même rôle. *« Chancelier de l'Échiquier », en Angleterre, est un titre homologue à celui de « ministre des Finances » en France. Le ministre a rencontré son homologue polonais.*
▸ REM. Ne pas confondre avec *homonyme*.

homologuer **homologuant, homologué v.** (CONJUG. **6**). Déclarer officiellement valable. *Homologuer un record de saut à la perche.*

1 homonyme **n.m.** Mot qui s'écrit ou se prononce de la même façon qu'un autre, mais qui n'a pas le même sens. *« Vol » (d'un oiseau) et « vol » (à main armée), « corps » et « cor » sont des homonymes.* → VOIR AUSSI **homographe, homophone** et Fiche **9**.
▸ REM. Ne pas confondre avec *synonyme*.

HISTOIRE DU MOT Vient du grec *homos*, qui signifie « semblable », et *onoma*, qui signifie « nom ».

2 homonyme **n.** Personne qui porte le même nom qu'une autre. *J'ai un homonyme qui habite dans le même immeuble que moi.*
▸ REM. Ne pas confondre avec *homologue*.

homophone **n.m.** Mot qui se prononce de la même façon qu'un autre, mais qui a un sens différent et qui ne s'écrit pas de la même façon. *« Saint » et « sein » sont des homophones.*

homosexuel, elle **adj.** et **n.** Qui éprouve une attirance sexuelle pour les personnes de son sexe. CONTR. hétérosexuel.

***hongrois, e** **adj.** et **n.** De Hongrie. ◆ **hongrois** **n.m.** La langue parlée par les Hongrois.
▸ REM. Quand il désigne une personne, le mot prend une majuscule : *un Hongrois, une Hongroise*.

honnête **adj.** ❶ Qui respecte les règles de loyauté, de justice. *Ils ne te tromperont pas, ce sont des gens honnêtes.* SYN. intègre. CONTR. malhonnête. *Reconnais que tu as tort, sois honnête !* SYN. franc, sincère. ❷ Qui est d'un niveau moyen, acceptable. *Tes résultats sont honnêtes, sans plus.*

honnêtement **adv.** De façon honnête. *Il s'est toujours conduit honnêtement.* CONTR. malhonnêtement. *Honnêtement, je ne voulais pas te faire de peine.* SYN. sincèrement.

honnêteté **n.f.** La qualité d'une personne honnête, le fait d'être honnête. *Un homme d'une parfaite honnêteté.* SYN. probité. CONTR. malhonnêteté. *Avouez, en toute honnêteté, que j'ai raison.* SYN. franchise, sincérité.

honneur **n.m.** ❶ Sentiment que l'on a d'être digne d'estime ; respect de soi qui pousse à agir selon sa conscience. *Défendre son honneur.* SYN. dignité, réputation. ❷ Témoignage de respect que l'on accorde à quelqu'un. *Une réception a été organisée en l'honneur de la gagnante. Avoir la place d'honneur à table. Grâce à son acte courageux, il a eu les honneurs de la presse* (= on a parlé de lui en termes élogieux). *Le président a été reçu avec tous les honneurs dus à son rang* (= toutes les marques de respect qu'on lui doit). ❸ *Faire honneur à quelqu'un, quelque chose*, c'est être une source de fierté pour quelqu'un, rester fidèle à quelque chose. • **Pour l'honneur :** sans chercher son intérêt, simplement pour sa réputation et sa fierté. • **Demoiselle, garçon d'honneur :** jeunes gens qui accompagnent les mariés lors de la cérémonie.
▸ REM. *Honneur* a deux *n*, mais ses dérivés *honorer, honorifique*, etc., n'en ont qu'un.

honnir **honnissant, honni v.** (CONJUG. **16**). *Être honni*, c'est être détesté, méprisé par tout le monde. CONTR. apprécier, estimer. • **Honni soit qui mal y pense :** s'emploie pour préciser qu'il n'y a pas de mauvaise intention dans ce qu'on vient de dire. C'est la devise de l'ordre de la Jarretière (ordre anglais de chevalerie).
▸ REM. Ce mot appartient à la langue littéraire.

HISTOIRE DU MOT Vient, comme *honte*, d'un mot de la langue des Francs qui signifiait « déshonneur ».

honorable **adj.** ❶ Qui mérite le respect, la considération. *Un citoyen honorable.* SYN. digne, honnête, respectable. CONTR. méprisable. *Une action honorable.* CONTR. bas, vil. ❷ Qui est jugé suffisant. *Une note honorable.* SYN. moyen, passable.

honorablement **adv.** De façon honorable. *Un homme honorablement connu dans sa ville. Gagner honorablement sa vie.* SYN. convenablement.

honoraires **n.m.plur.** Rétribution d'une personne qui exerce une profession libérale. *Les honoraires d'un médecin, d'un avocat.*

honorer **v.** (CONJUG. **3**). ❶ Rendre honneur, rendre hommage à une personne. *Honorons la mémoire de ce héros.* SYN. saluer. ❷ Procurer de l'honneur à quelqu'un, être à son honneur. *Ce geste généreux t'honore.* ❸ *Honorer une dette, une promesse*, c'est s'en acquitter, remplir son engagement.

honorifique **adj.** *Un titre, une fonction honorifiques* procurent des honneurs, de la considération mais pas d'avantages matériels.

***honte** **n.f.** ❶ Le sentiment pénible que l'on éprouve quand on a commis une mauvaise action ou quand on a été humilié. *J'ai honte d'avoir été aussi lâche. Rougir*

A B C D E F G H I J K L M N O P Q R S T U V W X Y Z

de honte. SYN. humiliation. *Il est la honte de la famille.* SYN. déshonneur. CONTR. honneur. ❷ Action condamnable. *C'est une honte de traiter les gens comme ça.* SYN. ignominie. • **Faire honte à quelqu'un :** être une cause de déshonneur, de honte pour cette personne. → VOIR **honnir.**

***honteusement** **adv.** D'une façon indigne, qui fait honte. *Les deux garnements se sont enfuis honteusement.* CONTR. dignement, fièrement.

***honteux, euse** **adj.** ❶ Qui éprouve de la honte. *Elle est sortie tête basse, toute honteuse.* SYN. confus. CONTR. fier. ❷ Qui devrait causer de la honte. *S'en prendre à une personne sans défense, c'est honteux !* SYN. ignoble. CONTR. honorable.

***hop** **interj.** Mot qui incite à aller plus vite. *Allez, hop ! en route.*

hôpital **n.m.** (PLUR. : **hôpitaux**). Établissement où l'on soigne et opère les malades, les blessés. *Aller à l'hôpital.*

HISTOIRE DU MOT Vient de l'expression latine *hospitalis domus* qui signifie « maison pour accueillir les hôtes ».

hoplite **n.m.** Dans l'Antiquité grecque, soldat combattant à pied et portant un lourd bouclier rond.

***hoquet** **n.m.** *Avoir le hoquet*, c'est avoir une contraction involontaire du haut du corps accompagnée d'un bruit que produit le passage de l'air dans la glotte. *Tu as bu trop vite, tu as le hoquet.*

***hoqueter** **v.** (CONJUG. 12, ✎ *11*). Avoir le hoquet ou être secoué comme par le hoquet. *L'enfant sanglotait en hoquetant.*

1 horaire **adj.** Qui se rapporte à l'heure, qui se calcule par heure. *La vitesse horaire moyenne d'une voiture* (= le nombre de kilomètres qu'elle parcourt en une heure).

2 horaire **n.m.** ❶ Indication de l'heure de départ et d'arrivée d'un moyen de transport ou de l'heure d'ouverture et de fermeture d'un lieu. *Les horaires des trains sont affichés dans le hall de la gare.* ❷ Emploi du temps heure par heure. *Jacques a un horaire très chargé au lycée.*

***horde** **n.f.** Troupe de gens violents ou indisciplinés. *Une horde de brigands. Une horde de gamins qui sort de l'école.* SYN. bande.

horizon **n.m.** ❶ Ligne imaginaire où le ciel et la terre ou la mer semblent se joindre, que l'on voit en regardant au loin. *Ils regardèrent le soleil se coucher à l'horizon.* ❷ Champ d'action, de réflexion ; perspective. *Ce livre m'a ouvert de nouveaux horizons.*

HISTOIRE DU MOT Vient du grec *horizein* qui signifie « borner, limiter ».

horizontal, ale, aux **adj.** Qui est parallèle au plan de l'horizon, donc perpendiculaire à une ligne verticale. *Sur mon cahier, les lignes pour écrire sont horizontales.* ◆ **horizontale** **n.f.** Ligne droite horizontale. *Levez les bras à l'horizontale* (= allongés droit devant vous).

horizontalement **adv.** Dans une position horizontale. CONTR. verticalement.

horloge **n.f.** Appareil, de taille plus ou moins importante, qui indique l'heure. *Sur le quai de la gare, Laurence regarde l'heure à l'horloge.* • **Horloge parlante :** service qui donne l'heure exacte sur simple appel téléphonique.

horloge astronomique
(Prague, République tchèque)

horloger, ère **n.** Personne qui fabrique, répare, vend des montres, des pendules, des horloges.

horlogerie **n.f.** Fabrication, vente et réparation des objets qui indiquent l'heure ; magasin de l'horloger.

***hormis** **prép.** Excepté, sauf. *Je sais toutes mes leçons, hormis celle de géographie.*
▸ REM. Ce mot appartient à la langue soutenue.

hormone **n.f.** Substance sécrétée par une glande et qui, transportée par le sang, agit sur des organes, des tissus. *La glande thyroïde sécrète une hormone qui règle la croissance.*

HISTOIRE DU MOT Vient du grec *hormân* qui signifie « exciter ».

horodateur **n.m.** Appareil qui imprime la date et l'heure. *Les parcmètres sont munis d'un horodateur.*

horoscope **n.m.** Prédictions que les astrologues font en fonction de la position des astres au moment de la naissance de quelqu'un.

horreur **n.f.** ❶ Impression très pénible causée par quelque chose d'effroyable, d'ignoble. *Elle a frémi d'horreur à la vue des morts et des blessés.* SYN. effroi, épouvante. *J'ai horreur de l'hypocrisie* (= je déteste). *Les araignées me font horreur* (= me répugent) ❷ Ce qui cause du dégoût ou de l'effroi. *Cette émission de télé est une horreur ! Les horreurs de la guerre* (= ses atrocités).

HISTOIRE DU MOT Vient du latin *horrere* qui signifie « trembler ».

horrible **adj.** ❶ Qui fait horreur. *Durant les guerres, il se passe des choses horribles.* SYN. effroyable, terrifiant. *Une horrible blessure.* SYN. atroce. *Ce dessin est vraiment*

* ***h*** *: l'astérisque indique que le mot commence par un* ***h*** *aspiré.*

a b c d e f g h i j k l m n o p q r s t u v w x y z

A B C D E F G H I J K L M N O P Q R S T U V W X Y Z

horrible. SYN. affreux. ❷ Trop violent, que l'on ne peut supporter. *Un mal de tête horrible.* SYN. insupportable.

horriblement **adv.** De façon horrible. *Un blessé horriblement défiguré.* SYN. atrocement. *C'est horriblement cher.* SYN. excessivement.

horrifier **v.** (CONJUG. 7). Causer de l'effroi, de l'horreur. *Les cris des blessés nous horrifiaient.* SYN. épouvanter, terrifier. *Je suis horrifiée par tant d'hypocrisie.* SYN. scandaliser.

horripilant, e **adj.** Qui met à bout de patience. SYN. agaçant, crispant, insupportable.

horripiler **v.** (CONJUG. 3). Énerver, agacer au plus haut point. *Tu m'horripiles quand tu fais des manières !* SYN. exaspérer.

HISTOIRE DU MOT Vient du latin *horripilare* qui signifie « avoir le poil hérissé ».

***hors** **prép.** Indique que quelque chose n'est pas compris dans un ensemble, est à part, extérieur. *Une voiture hors série. Un exemplaire hors commerce.* • **Hors de :** à l'extérieur d'une limite quelconque. *La maison est située hors de la ville.* • **Hors de portée :** qui ne peut être atteint. • **Hors de prix :** trop cher. • **Hors d'usage :** qui ne peut plus servir.

***hors-bord** **n.m.invar.** Canot propulsé par un moteur placé hors de la coque.

***hors-d'œuvre** **n.m.invar.** Plat chaud ou froid que l'on sert au début du repas.

hors-jeu** **n.m.invar.,** ✎ ***n.m. (PLUR. : **hors-jeux*). Dans certains sports, comme le football et le rugby, faute commise par un joueur qui occupe sur le terrain une position interdite par les règles.

***hors-la-loi** **n.invar.** Personne qui, par ses crimes, s'exclut de la société, vit en dehors de ses lois. SYN. bandit.

hors-sol** **adj.invar.** et **n.m.invar.,** ✎ ***n.m. (PLUR. : **hors-sols*). Se dit d'un mode d'élevage où l'approvisionnement alimentaire des animaux ne provient pas de l'exploitation agricole où ils se trouvent.

hortensia **n.m.** Petit arbrisseau que l'on cultive pour ses grosses fleurs en forme de boule blanche, rose, bleue ou mauve.

HISTOIRE DU MOT Vient de *Hortense*, prénom d'une femme à qui fut dédiée cette fleur.

hortensia rose

horticulteur, trice **n.** Personne qui cultive les légumes, les fleurs, les arbres fruitiers et les arbustes d'ornement.

HISTOIRE DU MOT Vient du latin *hortus*, qui signifie « jardin », et de *culture*.

horticulture **n.f.** Le métier de l'horticulteur.

hospice **n.m.** Établissement où l'on accueille les personnes âgées démunies.

▸ REM. Ne pas confondre avec *auspices*.

hospitalier, ère **adj.** ❶ De l'hôpital. *Le personnel hospitalier.* ❷ Qui a le sens de l'hospitalité. *Ce sont des gens très hospitaliers.* SYN. accueillant. CONTR. inhospitalier.

hospitalisation **n.f.** Le fait d'être hospitalisé. *Il a eu huit jours d'hospitalisation.*

hospitaliser **v.** (CONJUG. 3). Admettre un malade, un blessé dans un hôpital. *Elle a été hospitalisée pour se faire opérer.*

hospitalité **n.f.** ❶ *Offrir l'hospitalité à quelqu'un*, c'est l'héberger chez soi par charité ou par amitié. ❷ *Avoir le sens de l'hospitalité*, c'est savoir bien recevoir ses invités, faire en sorte qu'ils soient à l'aise.

hostie **n.f.** Fine rondelle de pain sans levain que le prêtre catholique consacre pendant la messe, et qu'il donne aux fidèles à la communion.

HISTOIRE DU MOT Vient du latin *hostia*, « victime ».

hostile **adj.** ❶ Qui se conduit en ennemi. *Une foule hostile.* SYN. agressif, inamical. CONTR. bienveillant. ❷ Qui représente une menace pour l'homme. *La jungle est un milieu hostile.* CONTR. accueillant, rassurant.

HISTOIRE DU MOT Vient du latin *hostis* qui signifie « ennemi ».

hostilité **n.f.** Attitude hostile, agressive, inamicale. *Son hostilité à notre égard est incompréhensible.* SYN. malveillance. CONTR. bienveillance. ◆ **hostilités** **n.f.plur.** Les opérations de guerre, les combats. *La trêve est rompue, les hostilités reprennent.*

hot dog** (PLUR. : ***hot dogs**), ✎ ****hotdog **n.m.** Sandwich fait d'un petit pain dans lequel on met une saucisse chaude.

HISTOIRE DU MOT C'est un mot américain qui signifie « chien chaud », car la saucisse rappelle la forme du basset.

1 hôte **n.m.** La personne qui est reçue chez quelqu'un. *Vous êtes mon hôte.* SYN. invité.

2 hôte, hôtesse **n.** La personne qui reçoit des invités chez elle. *Un hôte très attentionné. Une hôtesse charmante.*

hôtel **n.m.** ❶ Maison où l'on peut louer une chambre pour une ou plusieurs nuits. *Descendre dans un hôtel de luxe.* ❷ Nom donné à des édifices où siègent certaines administrations ou organismes. *L'hôtel de ville*

(= la mairie). ❸ *Un hôtel particulier* est une belle maison en ville où vit une famille aisée.

HISTOIRE DU MOT Vient du latin *hospitale* qui signifie « auberge, local où l'on reçoit les hôtes ».

hôtelier, ère n. La personne qui tient un hôtel. ◆ **adj.** Qui concerne l'hôtellerie. *Une école hôtelière.*

hôtellerie n.f. L'ensemble des activités liées à la tenue des hôtels et des restaurants ; métier de l'hôtelier.

hôtesse n.f. Femme chargée de l'accueil et de l'information des visiteurs dans un lieu public. → VOIR AUSSI **hôte 2.** • **Hôtesse de l'air :** femme qui veille au confort et à la sécurité des passagers dans les avions.

***hotte n.f.** Grand panier porté sur le dos, à l'aide de bretelles. *La hotte du père Noël.* • **Hotte aspirante :** dispositif que l'on place dans les cuisines au-dessus des fourneaux pour aspirer les fumées, les odeurs.

***hou interj.** Cri lancé pour faire honte ou peur à quelqu'un. *Hou ! le menteur.* • **Hou, hou ! :** sert à appeler quelqu'un.

***houblon n.m.** Plante grimpante cultivée pour ses fleurs, appelées *cônes*, dont on se sert pour aromatiser la bière.

***houe n.f.** Pioche à fer large et recourbé qui sert à retourner la terre.
▶ REM. Ne pas confondre avec *houx*.

***houille n.f.** Variété de charbon qui dégage beaucoup de chaleur en brûlant. *La houille provient de la décomposition de végétaux dans la terre.* • **Houille blanche :** nom donné à l'énergie électrique obtenue par les chutes d'eau, les barrages.

***houiller, ère adj.** Qui est relatif à la houille, qui en contient. *Un gisement houiller. Un bassin houiller.*

***houle n.f.** Mouvement de la mer lorsqu'elle est agitée par des ondulations qui ne sont pas des vagues. *Il y avait une forte houle au large, ce matin.*

***houlette n.f.** Bâton de berger. • **Sous la houlette de quelqu'un :** sous sa direction, sous son autorité. *Ils ont visité le musée sous la houlette de leur professeur.*

HISTOIRE DU MOT Vient de l'ancien français *houler* qui signifiait « lancer ». La *houlette* comporte en effet, à son extrémité, une sorte de cuillère qui permet de lancer des mottes de terre aux bêtes qui s'éloignent du troupeau.

***houleux, euse adj.** ❶ *Une mer houleuse* est agitée par la houle. ❷ *Une réunion houleuse* est marquée par des mouvements divers, de désaccord, d'hostilité. SYN. mouvementé, orageux. CONTR. calme.

***houppe n.f.** Touffe de cheveux qui se dresse sur la tête. *« Riquet à la houppe » est le titre d'un conte de Perrault dont le héros porte ce nom.*

***houppelande n.f.** Long manteau très ample et sans manches. *La houppelande d'un berger.* SYN. cape.

***hourra interj.** et **n.m.** Cri d'acclamation, d'enthousiasme. *Hourra ! il a gagné. Hip, hip, hip, hourra ! Il a été salué par les hourras de la foule.*

houx

***houspiller v.** (CONJUG. 3). Adresser des reproches, des critiques. *Guillaume s'est fait houspiller par son père à cause de ses mauvaises notes.* SYN. gronder.

***housse n.f.** Enveloppe de tissu ou de plastique dont on recouvre un siège, un vêtement, une couette, etc., pour les protéger.

***houx n.m.** Arbuste à feuilles épineuses vertes et luisantes et à petits fruits rouge vif en forme de boule.
▶ REM. Ne pas confondre avec *houe*.

***huard n.m.** ❶ Au Canada, oiseau aquatique au long bec droit. ❷ (Familier) Au Canada, pièce de un dollar.

***hublot n.m.** Petite fenêtre étanche à verre épais, de forme ronde ou ovale. *Les hublots d'un bateau, d'un avion.*

***huche n.f.** Coffre à pain.

***hue interj.** S'emploie pour inciter un cheval à avancer. *Allez, hue !* • **Tirer à hue et à dia :** agir de façon désordonnée et contradictoire.

***huées n.f.plur.** Cris d'hostilité ou de moquerie. *L'orateur quitta la salle sous les huées de la foule.* SYN. quolibets, sifflets. CONTR. acclamation, ovation.

***huer v.** (CONJUG. 3). Adresser des huées à quelqu'un. *Le public se mit à huer le chanteur.* SYN. conspuer, siffler. CONTR. acclamer, ovationner.

***huguenot, e n.** et **adj.** Surnom donné aux protestants français pendant les guerres de Religion.

huile n.f. Liquide gras d'origine végétale, animale ou minérale que l'on emploie à des usages alimentaires, pharmaceutiques ou industriels. *Cuisiner à l'huile d'arachide, de tournesol. Huile solaire. Huile de vidange.* • **Faire tache d'huile :** se répandre, se propager. *La nouvelle a fait tache d'huile.* • **Jeter de l'huile sur le feu :** envenimer une dispute. • **Mer d'huile :** mer tout à fait calme. • **Peinture à l'huile :** matière colorante mélangée à de l'huile ; tableau fait avec cette peinture.

HISTOIRE DU MOT Vient du latin *olea* qui signifie « olivier » et que l'on retrouve dans *oléagineux*.

huiler v. (CONJUG. 3). Enduire d'huile. *Huiler une serrure qui grince.* SYN. graisser, lubrifier.

huileux, euse adj. Qui semble imbibé d'huile. *Il a des cheveux huileux.* SYN. gras.

à ***huis clos adv.** Sans que le public soit admis. *La séance du tribunal s'est déroulée à huis clos.*

HISTOIRE DU MOT Vient de *huis* qui, en ancien français, désignait la porte extérieure d'une maison.

*__h__ : l'astérisque indique que le mot commence par un **h** aspiré.

huisserie **n.f.** Le cadre fixe, en bois ou en métal, qui entoure une porte, une fenêtre.

huissier **n.m.** ❶ Personne qui accueille les visiteurs et les introduit dans le bureau d'un personnage important. *L'huissier nous a introduits dans le bureau du ministre.* ❷ *Un huissier de justice* a la charge de faire connaître aux intéressés les décisions de justice, de les faire appliquer et de procéder à des constats.
▸ REM. Au Canada, la forme féminine de ce mot est *huissière*.

***huit** **adj. numéral invar.** et **n.m.invar.** Sept plus un. *Son frère a huit ans. Prenez vos livres page huit.* • **En huit :** le même jour, une semaine plus tard. *Nous aurons un cours de dessin lundi en huit.*
▸ REM. 1. On ne prononce pas le *-t* devant une consonne. 2. À *huit* correspond l'élément tiré du grec *octo-* que l'on retrouve dans des mots comme *octave, octobre, octogénaire*. 3. S'écrit *8* en chiffres arabes et *VIII* en chiffres romains.

***huitaine** **n.f.** Période de huit jours ; semaine. *Il revient dans une huitaine de jours. Pouvez-vous me répondre sous huitaine ?* (= d'ici huit jours).

***huitante** **adj. numéral invar.** En Suisse, quatre-vingts.

***huitième** **adj. numéral** et **n.** Qui occupe un rang, une place marqués par le numéro 8. *Elle est arrivée huitième à la course. Vous êtes le huitième sur la liste.* ◆ **n.m.** Quantité contenue huit fois dans un tout. *Alexandra a coupé un huitième de la tarte.*

***huitièmement** **adv.** Sert à introduire le huitième point d'une explication, d'une énumération.

huître, ✎ ***huitre*** **n.f.** Mollusque à double coquille, qui vit fixé aux rochers marins et dont la chair est très appréciée. *L'élevage des huîtres s'appelle l'ostréiculture. Certaines huîtres donnent des perles.*

***hulotte** **n.f.** Oiseau rapace nocturne très commun dans les bois, où il capture des petits rongeurs.
SYN. chat-huant.

HISTOIRE DU MOT Vient de l'ancien verbe *huller* qui signifiait « hurler ».

hulotte

***hululement** **n.m.** → **ululement**

***hululer** **v.** → **ululer**

***hum** **interj.** Sert à marquer le doute, la perplexité. *Hum ! tu es sûr ?*

humain, e **adj.** ❶ De l'homme, qui concerne l'homme, qui le caractérise. *Le corps humain. Le genre humain. L'erreur est humaine.* ❷ Qui est compréhensif, bon envers les autres, qui fait preuve d'humanité. *Un juge très humain.* SYN. compatissant. CONTR. inhumain. ❸ *Un être humain*, c'est une personne, un individu (homme ou femme). ◆ **humain** **n.m.** Être humain. *E.T. raconte l'histoire d'une amitié entre un extraterrestre et un humain.*

humainement **adv.** D'une façon humaine, selon les qualités ou les capacités de l'homme. *Des prisonniers traités humainement.* CONTR. sauvagement. *Faire tout ce qui est humainement possible pour aider quelqu'un.*

humaniser **v.** (CONJUG. 3). Rendre plus supportable, plus humain. *Humaniser les conditions de travail.* ◆ **s'humaniser** **v.pron.** Devenir plus compréhensif, plus attentif à ce qui concerne les autres.

humanisme **n.m.** Manière de penser qui considère que l'homme et les valeurs humaines (respect, dignité, épanouissement) sont ce qu'il y a de plus important dans l'Univers. → VOIR Fiche **28.**

humaniste **adj.** et **n.** Partisan de l'humanisme. *Avoir une conception humaniste de la vie.*

humanitaire **adj.** Qui cherche à secourir les hommes en détresse, à améliorer leurs conditions de vie. *Une association humanitaire.*

humanité **n.f.** ❶ Les hommes, l'ensemble des êtres humains. *L'histoire de l'humanité. Un bienfaiteur de l'humanité.* ❷ Sentiment de bienveillance et de compassion propre à l'être humain. *Traiter quelqu'un avec humanité.* SYN. bonté. CONTR. barbarie.

humble **adj.** ❶ Qui ne se met pas en avant, qui fait preuve de modestie. *Il a su rester humble.* SYN. effacé, modeste. CONTR. orgueilleux, prétentieux. ❷ Qui est sans prétention, sans éclat. *Acceptez cet humble présent.* SYN. modeste. *Ils vivaient dans une humble demeure* (= très simple).

HISTOIRE DU MOT Vient du latin *humilis* qui signifie « bas, près de la terre ».

humblement **adv.** Avec modestie, humilité. *Je reconnais humblement que vous aviez raison.*

humecter **v.** (CONJUG. 3). Mouiller légèrement, rendre humide. *Humecter du linge avant de le repasser.*

***humer** **v.** (CONJUG. 3). Aspirer par le nez pour sentir. *Nadine ouvre sa fenêtre et hume l'air frais du matin.*

humérus **n.m.** L'os du bras qui va de l'épaule au coude.
▸ REM. On prononce le *-s*.

humeur **n.f.** ❶ Tendance principale du caractère (permanente ou passagère). *Une enfant d'humeur toujours gaie.* SYN. tempérament. *Pierre est de mauvaise humeur aujourd'hui* (= tout le contrarie). *Pourtant, d'habitude, il est toujours de bonne humeur* (= gai, plein d'entrain). *Avoir des sautes d'humeur, c'est passer d'un état à un autre sans qu'on s'y attende.* ❷ Nom donné à certains liquides de l'organisme. *Humeur vitrée, aqueuse de l'œil.* ❸ Dans l'ancienne médecine, *les humeurs*, c'était le sang, la lymphe, la bile et la bile noire qui étaient censés déterminer la santé et le comportement.

HISTOIRE DU MOT Vient du latin *humor* qui signifie « liquide », à cause du rôle attribué aux humeurs dans l'ancienne médecine.

humide **adj.** ❶ Imprégné, imbibé d'eau. *Les draps sont encore humides.* SYN. mouillé. CONTR. sec. ❷ Chargé de vapeur d'eau. *L'air n'est pas assez humide ici.* ❸ Où il pleut souvent. *Une région humide. Le mois de février a été humide.* CONTR. sec.

humidifier **v.** (CONJUG. 7). Rendre humide ou plus humide. *Ces appareils permettent d'humidifier l'air ambiant.*

humidité **n.f.** État humide. *Il faut aérer cette maison pour en enlever l'humidité.* CONTR. sécheresse.

humiliant, e **adj.** Qui humilie. *On lui a fait des reproches humiliants.* SYN. dégradant. CONTR. flatteur.

humiliation **n.f.** Ce qui humilie, ce que ressent une personne humiliée. *Infliger une humiliation au perdant.* SYN. affront, vexation. *Pâlir d'humiliation.* SYN. honte.

humilier **v.** (CONJUG. 7). Rabaisser quelqu'un d'une manière qui le couvre de honte. *Tu l'as humilié en le traitant si durement devant tout le monde.* SYN. mortifier. CONTR. flatter. ◆ **s'humilier** **v.pron.** S'abaisser, se faire humble. *Refuser de s'humilier devant les vainqueurs.*

humilité **n.f.** Le fait d'être humble, sans prétention, parce que l'on a conscience de ses limites, de ses imperfections. *Faire preuve d'humilité.* SYN. modestie. CONTR. orgueil.

humoriste **n.** Auteur de dessins ou de textes comiques ou satiriques.

humoristique **adj.** Qui présente les faits de façon drôle, avec humour. *Un dessin humoristique.* SYN. satirique.

humour **n.m.** ❶ Capacité à rire ou à faire rire d'événements même fâcheux. *Myriam a pris sa mésaventure avec humour. Ne le prends pas au sérieux, il fait de l'humour* (= il plaisante). ❷ Caractère cocasse, drôle d'un événement. *Tu ne vois pas l'humour de la situation !* SYN. drôlerie. • **Humour noir :** forme d'humour qui montre de façon cruelle l'absurdité du monde ou qui ose rire de choses tragiques.

HISTOIRE DU MOT C'est un mot anglais qui vient du français *humeur.*

humus **n.m.** Terre noirâtre formée par la décomposition des déchets végétaux et animaux. *Le sol de la forêt est recouvert d'une épaisse couche d'humus.*
▶ REM. On prononce le *-s.*

HISTOIRE DU MOT C'est un mot latin qui signifie « sol ».

***huppe** **n.f.** ❶ Touffe de plumes qui orne la tête de certains oiseaux. ❷ Oiseau qui porte une huppe aux plumes rousses tachées de noir aux extrémités.

***huppé, e** **adj.** (Familier) Riche, haut placé dans la société. *Une famille huppée.*

***hure** **n.f.** Nom donné à la tête de certains animaux, comme le sanglier, le saumon, le brochet.

***hurlement** **n.m.** ❶ Cri long et plaintif que poussent certains animaux, comme le chien, le loup, l'hyène. ❷ Cri que pousse une personne sous l'effet de la douleur ou de la colère. *Il poussait des hurlements de rage.*

***hurler** **v.** (CONJUG. 3). ❶ Pour un loup, une hyène, faire entendre son cri. ❷ Pousser des cris sous l'effet de la douleur, de la peur, etc. *La blessée hurlait de douleur.* SYN. crier. ❸ Parler, chanter très fort. *Cessez de hurler ! on ne s'entend plus.*

HISTOIRE DU MOT Vient du latin *ululare,* comme *hululer.*

hurluberlu, e **n.** (Familier) Personne au comportement extravagant, imprévisible, farfelu. *Dans le square, un hurluberlu, debout sur un banc, faisait un discours aux oiseaux.* SYN. original.

***hussard** **n.m.** Soldat de la cavalerie légère. *Les hussards, autrefois, combattaient à cheval ; aujourd'hui, ils conduisent des blindés.*

***hutte** **n.f.** Cabane rudimentaire faite de matériaux peu solides. *Les enfants avaient construit une hutte de branchages dans le bois.*

hybride **adj.** et **n.m.** *Un animal, une plante hybrides* proviennent d'un croisement de deux espèces différentes. *Le mulet est un hybride de l'âne et de la jument. Le géranium, le lis blanc sont des plantes hybrides.*

hydratant, e **adj.** Qui hydrate la peau. *Une lotion hydratante.*

hydratation **n.f.** L'action d'hydrater ; le fait d'être hydraté.

hydrater **v.** (CONJUG. 3). *Hydrater la peau,* c'est lui apporter l'eau dont elle a besoin pour éviter son dessèchement.

hydraulique **adj.** Qui fonctionne à l'aide d'un liquide, de l'eau ou d'une pompe. *Des freins hydrauliques. L'énergie hydraulique.*
▶ REM. Attention, *-au.*

hydravion **n.m.** Avion spécialement conçu pour se poser sur l'eau et en décoller.

hydre **n.f.** Animal fabuleux en forme de serpent d'eau. *Hercule triompha de l'hydre de Lerne en tranchant ses sept têtes d'un seul coup.*

hydrocarbure **n.m.** Matière qui est composée de carbone et d'hydrogène. *Le pétrole est un hydrocarbure.*

hydrocution **n.f.** Accident qui peut arriver à une personne si elle entre brusquement dans une eau trop froide.

hydroélectricité **n.f.** Électricité produite par les barrages situés sur les cours d'eau.

hydroélectrique **adj.** Relatif à l'hydroélectricité. *L'énergie hydroélectrique.*

hydrogène **n.m.** Gaz incolore et inodore qui entre, avec l'oxygène, dans la composition de l'eau. *Le symbole de l'hydrogène est H.* • **Bombe à hydrogène** ou

h : l'astérisque indique que le mot commence par un* **h *aspiré.*

A B C D E F G H I J K L M N O P Q R S T U V W X Y Z

bombe H : bombe atomique qui dégage une chaleur énorme.

HISTOIRE DU MOT Vient du grec *hudôr*, qui signifie « eau », et *gennân*, qui signifie « produire » ; en effet, la combustion d'hydrogène et d'oxygène donne de l'eau.

hydroglisseur n.m. Bateau à fond presque plat qui avance grâce à une hélice ou à un moteur à réaction.

hydrographie n.f. *L'hydrographie d'un pays*, c'est l'ensemble de ses cours d'eau.

hydromel n.m. Boisson fermentée ou non, faite de miel et d'eau.

hydrophile adj. *Le coton hydrophile* absorbe l'eau.

hyène ou ***hyène** n.f. Mammifère carnivore d'Asie et d'Afrique, au pelage gris ou fauve tacheté de brun, qui se nourrit surtout de charognes. Cri : l'hyène hurle. ▶ REM. On dit *l'hyène* ou *la *hyène*.

hygiène n.f. L'ensemble des soins du corps. *L'hygiène corporelle* (= la propreté du corps). *L'hygiène alimentaire* (= la façon équilibrée de se nourrir).

HISTOIRE DU MOT Vient du grec *hugieinon* qui signifie « santé ».

hygiénique adj. ❶ Qui est bon pour la santé. *Une promenade hygiénique.* ❷ Qui sert à tenir propres les parties intimes du corps. *Un rouleau de papier hygiénique.*

hygrométrie n.f. Le degré d'humidité, la quantité de vapeur d'eau que contient l'air. *Dans les régions tropicales, l'hygrométrie est élevée.*

hymen ou **hyménée** n.m. Nom que l'on donne au mariage, dans la poésie. *Les voilà unis par les liens de l'hymen.*

hyménoptère n.m. *Les hyménoptères* sont des insectes aux ailes membraneuses ; il en existe des dizaines de milliers d'espèces. *Les abeilles, les guêpes, les fourmis sont des hyménoptères.*

hymne n.m. Chant ou poème à la gloire de Dieu, d'un héros, ou qui célèbre une idée comme la beauté, la nature. *Beethoven a composé dans sa neuvième symphonie un « Hymne à la joie ».* ● **Hymne national :** chant patriotique choisi par un pays pour le représenter dans des cérémonies officielles. *L'hymne national français est « la Marseillaise ». « La Brabançonne » est l'hymne national belge.*

hyper- préfixe. Mot invariable qui signifie « beaucoup, excessivement » ou « très grand » et qui se place sans trait d'union devant un mot : *hypersensible, hyperémotif, hyperactif, etc.*

HISTOIRE DU MOT Vient du grec *huper* qui signifie « au-dessus ».

hypermarché n.m. Très grand magasin en libre-service, où l'on trouve toutes sortes de marchandises, et dont la superficie est très grande. *Un hypermarché est plus grand qu'un supermarché.* SYN. grande surface.

hypermétrope adj. et n. Atteint d'un trouble de la vue qui empêche de voir avec netteté les objets très proches.

hypertension n.f. Augmentation anormale de la pression à l'intérieur d'un vaisseau sanguin ou d'une cavité du corps.

hypnose n.f. ❶ État de sommeil artificiel provoqué par suggestion. ❷ Technique de suggestion qui provoque le sommeil artificiel.

HISTOIRE DU MOT Vient du grec *hupnos* qui signifie « sommeil ».

hypnotique adj. De l'hypnose. *Un sommeil hypnotique.* ◆ n.m. Médicament qui provoque le sommeil.

hypnotiser v. (CONJUG. 3). ❶ Endormir par l'hypnose, par la force de la suggestion. *Le magicien a hypnotisé un des spectateurs.* ❷ Figer sur place, retenir toute l'attention de quelqu'un, comme par magie. *Il était hypnotisé par la beauté de cette femme.* SYN. fasciner.

hypnotiseur, euse n. Personne qui hypnotise.

hypocrisie n.f. Le défaut de l'hypocrite. *Il se moque bien de ce qui t'arrive, s'il te plaint, c'est par pure hypocrisie.* SYN. duplicité, fourberie. CONTR. franchise, sincérité.

hypocrite adj. et n. Qui dissimule ses véritables sentiments, qui fait semblant d'être charitable ou vertueux. *Il a l'air hypocrite.* SYN. fourbe, sournois. CONTR. sincère. *C'est une hypocrite, on ne peut pas lui faire confiance.*

HISTOIRE DU MOT Vient du grec *hupokritês* qui signifie « acteur » ; l'acteur chez les Grecs portait un masque ; il cachait donc ses sentiments.

hypoglycémie n.f. Insuffisance de sucre dans le sang pouvant entraîner un malaise.

hypophyse n.f. Glande située à la base du cerveau et qui sécrète des hormones importantes, en particulier l'hormone de la croissance.

hypoténuse n.f. Le plus grand côté d'un triangle rectangle. *L'hypoténuse est opposée à l'angle droit.*

hypothèque n.f. Le fait d'hypothéquer un bien.

hypothéquer v. (CONJUG. 9, ✎ *10*). *Quand on hypothèque sa maison*, on donne à un créancier le droit de devenir propriétaire de la maison si on ne peut pas lui rembourser la somme qu'on lui a empruntée.

hypothèse n.f. ❶ Supposition que l'on fait pour expliquer ou prévoir un événement. *Envisager toutes les hypothèses.* SYN. éventualité, possibilité. ❷ *Une hypothèse mathématique, scientifique* est une proposition qui sert de base à une démonstration et qui sera éventuellement confirmée par l'expérience.

hypothétique adj. Qui n'est fondé que sur une hypothèse et donc n'est pas sûr. *L'existence d'extraterrestres est tout à fait hypothétique.* SYN. incertain. CONTR. certain, sûr.

hystérie n.f. ❶ Maladie qui se caractérise par des crises de nerfs, des angoisses, des délires. ❷ Excitation poussée jusqu'au délire. *Quand on a annoncé la victoire, ce fut l'hystérie générale dans le public.*

hystérique adj. Qui manifeste de l'hystérie, qui est très excité. *Une foule hystérique.* SYN. surexcité. *Un rire hystérique.* SYN. nerveux.

---

h : l'astérisque indique que le mot commence par un* **h *aspiré.*

I i

ibérique **adj.** et **n.** De l'Espagne et du Portugal. *La péninsule Ibérique. Les pays ibériques.*

HISTOIRE DU MOT Vient du nom des Ibères, peuple qui, à la fin du néolithique, occupait l'Espagne et le Portugal.

ibis **n.m.** Oiseau échassier au bec long, mince et courbé vers le bas. *L'ibis était vénéré dans l'Égypte ancienne.*

iceberg **n.m.** Énorme masse de glace détachée de la banquise et qui flotte dans les mers polaires. *Certains icebergs peuvent mesurer 200 km de long.*
▸ REM. On prononce [isbɛrg] ou [ajsbɛrg].

HISTOIRE DU MOT Vient du norvégien *ijsberg* qui signifie « montagne de glace ».

iceberg

ici **adv.** ❶ Dans le lieu où l'on se trouve. *Venez ici. Les gens d'ici sont gentils* (= qui habitent cet endroit). ❷ À un endroit que l'on indique. *Veuillez signer ici.* • **D'ici (à) :** permet d'indiquer une période entre le moment présent et la date dont il est question. *D'ici (à) la fin de la semaine, il faut que ce soit fini. D'ici peu, tu auras ton vélo* (= dans peu de temps). • **Par ici :** dans les environs immédiats. *Y a-t-il une pharmacie par ici ?*

1 icône **n.f.** Dans la religion orthodoxe, image religieuse peinte généralement sur un panneau de bois.

HISTOIRE DU MOT Vient du grec *eikonion* qui signifie « petite image ».

2 icône **n.f.** Signe ou dessin correspondant à une fonction particulière dans un logiciel informatique.

1 idéal, ale **adj.** (PLUR. : **idéals** ou **idéaux**). Qui a toutes les qualités que l'on peut souhaiter. *Il rêve de rencontrer la femme idéale.* SYN. parfait. *Voilà l'endroit idéal pour faire un pique-nique.* SYN. rêvé.

2 idéal **n.m.** (PLUR. : **idéals** ou **idéaux**). ❶ Image de la perfection artistique, morale, etc. *Elle est pour moi l'idéal de la beauté.* SYN. modèle. *Les idéaux de justice de l'humanité.* SYN. rêve. ❷ But auquel on tient le plus. *Chacun voudrait réaliser son idéal.* ❸ Ce qui est parfait, ce qu'il y a de mieux. *L'idéal serait que tout le monde ait du travail.*

idéaliser **v.** (CONJUG. **3**). Attribuer à une personne ou à quelque chose toutes les qualités possibles. *Tu idéalises la vie à la campagne, ce n'est pas drôle tous les jours.* SYN. embellir.

idéalisme **n.m.** Fidélité à un idéal. *Il soutient une noble cause par idéalisme.*

idéaliste **n.** et **adj.** Personne qui agit et pense en fonction de son idéal, sans tenir compte de la réalité. *Ce jeune homme veut refaire le monde, c'est un idéaliste.* CONTR. réaliste.

idée **n.f.** ❶ Ce qui vient à l'esprit et qui alimente la pensée, la réflexion, l'action. *J'ai une idée, si on allait à la piscine ? Il y a dans ce livre des idées neuves sur la jeunesse.* SYN. pensée. ❷ Manière de voir, de comprendre ou de vouloir les choses. *Nous n'avons pas les mêmes idées politiques.* SYN. opinion. *Laisse-la faire à son idée* (= comme elle veut, à sa guise). ❸ L'esprit, la pensée. *T'est-il venu à l'idée que tu pouvais te tromper ?* • **À l'idée de :** rien qu'en y pensant. *À l'idée de devoir partir, il se mit à pleurer.* • **Une idée de :** un aperçu, une vague notion. *Avez-vous une idée de l'heure ?* (= savez-vous à peu près quelle heure il est ?). *Ces photos te donneront une idée de la beauté de ce pays* (= un aperçu). • **Avoir des idées noires :** être triste et déprimé. • **Se changer les idées :** faire autre chose pour se dis-

A B C D E F G H I J K L M N O P Q R S T U V W X Y Z

traire. • **Se faire des idées :** imaginer des choses fausses, se faire des illusions.

HISTOIRE DU MOT Vient du grec *idea* qui signifie « apparence ».

idem **adv.** S'emploie pour éviter de répéter plusieurs fois le même mot ou le même groupe de mots. *Pierre est absent pour cause de grippe, Nadia idem.* SYN. également.
▸ REM. 1. On prononce [idɛm]. 2. On écrit parfois en abrégé *id.*

HISTOIRE DU MOT C'est un mot latin qui signifie « la même chose ».

identifiable **adj.** Que l'on peut identifier, reconnaître. *Le cadavre retrouvé dans la voiture calcinée n'est pas identifiable.*

identifiant **n.m.** Information permettant de se connecter à un système informatique (nom d'utilisateur, mot de passe, numéro de téléphone, etc.).

identification **n.f.** L'action d'identifier quelqu'un, de découvrir son identité. *Après l'incendie, l'identification des victimes a été difficile.*

identifier **v.** (CONJUG. **7**). ❶ Établir l'identité d'une personne, savoir qui elle est. *Les récits des témoins ont permis au commissaire d'identifier le malfaiteur.* ❷ Déterminer la nature d'une chose. *Saurais-tu identifier ce parfum ?* SYN. reconnaître. ◆ **s'identifier** **v.pron.** Se reconnaître dans une autre personne, penser qu'on est semblable. *Marion s'identifiait à l'héroïne du film* (= elle se prenait pour elle, elle se mettait à sa place).

HISTOIRE DU MOT Vient du latin *idem* qui signifie « la même chose ».

identique **adj.** *Des choses ou des personnes identiques* ne diffèrent en rien l'une de l'autre, se ressemblent exactement. *Ces deux tables sont identiques.* SYN. pareil. *J'ai un avis identique au vôtre sur cette question.* SYN. semblable. CONTR. contraire, différent.

identité **n.f.** ❶ Le fait d'être identique, semblable. *Il y a une parfaite identité entre leurs points de vue.* ❷ *L'identité d'une personne* est l'ensemble des informations (nom, prénom, date et lieu de naissance, signes particuliers) qui permettent d'établir son état civil. *Les gendarmes sont en train de procéder à des contrôles d'identité.* • **Pièces, papiers d'identité :** documents qui prouvent l'identité d'une personne.

idéogramme **n.m.** Dessin stylisé qui représente le sens d'un mot, par opposition à la *lettre* qui, dans les écritures alphabétiques, correspond à un son. *Les écritures chinoise et japonaise utilisent des idéogrammes.*

HISTOIRE DU MOT Vient du grec *idea*, qui signifie « idée », et *gramma*, qui signifie « signe ».

idéologie **n.f.** Ensemble d'idées formant une doctrine qui inspire les actes d'une personne ou d'un groupe. *L'idéologie révolutionnaire.*

idéologique **adj.** Qui concerne une idéologie, une doctrine, des idées. *Des querelles idéologiques.*

I.D.H. ou **IDH** **n.m.** Indice de développement humain. → VOIR **indice.**

idiome **n.m.** Langue propre à une communauté, à une région. *Étudier les idiomes africains.*

idiot, e **adj.** et **n.** Qui manque de bon sens, d'intelligence. *Voilà trois fois qu'on lui explique les règles du jeu, et il n'a toujours pas compris, quel idiot !* SYN. imbécile. *Nous avons vu un film complètement idiot.* SYN. bête, stupide.

idiotie **n.f.** Absence d'intelligence ; acte ou parole stupides. *Mais quelle idiotie d'avoir oublié les clefs !* SYN. stupidité. *J'en avais assez d'écouter ses idioties.* SYN. bêtise.

idolâtrer **v.** (CONJUG. **3**). Aimer de façon exagérée. SYN. aduler.

idole **n.f.** ❶ Image ou statue d'un dieu, que l'on adore comme si c'était la divinité elle-même. ❷ Vedette du cinéma ou de la chanson que le public adore. *James Dean fut l'idole des jeunes générations dans les années 1960.*

HISTOIRE DU MOT Vient du grec *eidôlon* qui signifie « image ».

idylle **n.f.** Aventure amoureuse heureuse. *Je crois qu'ils ont une idylle.* SYN. amourette, flirt.

HISTOIRE DU MOT Vient du grec *eidullion* qui désignait un petit poème lyrique racontant les amours de bergers et de nymphes.

idyllique **adj.** Si parfait que cela semble un rêve. *Il nous a parlé de la Suisse comme d'un pays idyllique.* SYN. idéal, parfait.

if **n.m.** Arbre à feuillage persistant et à petites baies rouges. *L'if est un conifère.*

igloo, ✎ ***iglou*** **n.m.** Habitation saisonnière que construisent les Esquimaux, ou Inuits, avec des blocs de neige ou de glace à l'occasion des chasses hivernales.
▸ REM. Les deux *o* se prononcent « ou ».

HISTOIRE DU MOT C'est un mot esquimau qui signifie « maison ».

ignare **adj.** Qui manque d'instruction, qui est très ignorant. *Tu es vraiment ignare en géographie !* SYN. inculte. CONTR. savant.

idéogramme chinois

ignifugé, e **adj.** Traité de façon à résister au feu. *Les sièges de cette salle de spectacle sont ignifugés.*

ignoble **adj.** ❶ D'une bassesse écœurante. *S'attaquer à des personnes âgées, c'est ignoble !* SYN. abject, répugnant. CONTR. noble. ❷ Très sale ; très mauvais. *Il vit dans un endroit ignoble.* SYN. sale, sordide. *La nourriture qu'on nous servait était ignoble.* SYN. infect.

HISTOIRE DU MOT Vient du latin *ignobilis* qui signifie « qui n'est pas noble ».

ignominie **n.f.** Acte honteux, ignoble. *Les calomnies sont des ignominies. Commettre les pires ignominies.* SYN. turpitude. → VOIR AUSSI **infamie.**
▸ REM. Ce mot appartient à la langue soutenue.

ignorance **n.f.** ❶ Manque d'instruction, de connaissances. *Il a commis des erreurs par ignorance.* ❷ Le fait d'ignorer quelque chose, d'être ignorant dans un domaine. *J'avoue mon ignorance en la matière.* SYN. incompétence.

ignorant, e **adj.** et **n.** Qui manque de connaissances, de savoir. *Il est complètement ignorant en géométrie.* SYN. ignare, inculte. CONTR. savant.

ignoré, e **adj.** Qui n'est pas connu. *La cause ignorée d'un phénomène. Un chef-d'œuvre ignoré.* SYN. méconnu.

ignorer **v.** (CONJUG. **3**). ❶ Ne pas savoir, ne pas connaître un fait. *Nous ignorons la raison de son départ.* CONTR. connaître. *J'ignorais que tu devais arriver aujourd'hui* (= je n'étais pas au courant). ❷ Marquer de l'indifférence à l'égard de quelqu'un, faire comme s'il n'existait pas. *Il ne te parle plus, il t'ignore.*

iguane **n.m.** Reptile d'Amérique tropicale, de Madagascar et de certaines îles du Pacifique, qui porte souvent sur le dos une crête d'écailles pointues.
▸ REM. 1. On prononce [igwan]. 2. Ce mot est du masculin.

HISTOIRE DU MOT Vient de l'espagnol *iguano*, lui-même formé à partir d'un mot des Caraïbes qui signifie « gros lézard ».

ENCYCLOPÉDIE L'iguane vert est l'un des plus grands lézards du monde (jusqu'à 2 m de long). Il vit dans les forêts tropicales d'Amérique. Les jeunes se nourrissent surtout d'insectes, alors que les adultes mangent des feuilles et des fruits.

il, ils **pron. personnel.** Représente la 3e personne du masculin. *Va-t-il répondre au téléphone ?* → VOIR **pronom** (encadré).

iguane

île, ✎ ***ile*** **n.f.** Étendue de terre entièrement entourée d'eau. → VOIR tableau ci-dessous ; VOIR AUSSI **archipel, atoll, presqu'île.** • **Île flottante :** dessert fait de blancs d'œufs montés en neige que l'on présente sur une crème anglaise.

île d'Ilur (Bretagne)

Les plus grandes îles du monde

Groenland* (Danemark)	2 200 000 km²
Nouvelle-Guinée (Océanie)	800 000 km²
Bornéo (Indonésie-Malaisie)	750 000 km²
Madagascar (Afrique)	587 000 km²
Sumatra (Indonésie)	473 600 km²
Baffin (Canada)	470 000 km²
Grande-Bretagne	253 500 km²
Honshu (Japon)	230 000 km²
Victoria (Canada)	212 000 km²
Ellesmere (Canada)	196 000 km²

La plus grande île du monde est l'Australie (7 700 000 km²) mais elle est considérée comme un continent. Par comparaison, la Sicile, en Europe, a une superficie de 25 700 km² et la Corse occupe 8 700 km².

*Les trois quarts de la surface du Groenland sont recouverts par la calotte glaciaire.

illégal, ale, aux **adj.** Contraire aux prescriptions de la loi. *Ce contrat est illégal.* SYN. illicite. CONTR. légal.

illégalement **adv.** De façon illégale. *Il a passé illégalement la frontière.*

illégalité **n.f.** Acte illégal, situation illégale. *Commettre une illégalité. Vivre dans l'illégalité.* CONTR. légalité.

illégitime **adj.** Qui n'est pas légitime. *Une union illégitime* (= en dehors du cadre fixé par la loi). *Des prétentions illégitimes* (= que rien ne justifie).

illettré, e **adj.** et **n.** Qui sait à peine lire ou écrire. → VOIR AUSSI **analphabète.**

illettrisme **n.m.** Situation des personnes illettrées. *Faire reculer l'illettrisme en organisant des cours du soir.*

illicite **adj.** Contraire à la morale ou à la loi. *Une activité illicite.* SYN. illégal.

illico **adv.** (Familier) Tout de suite, sur-le-champ. *Elle est sortie illico.* SYN. aussitôt.

a b i j k l m n o p q r s t u v w x y z

illimité, e adj. Qui est sans limites ou qui est immense. *J'ai une confiance illimitée en lui.* SYN. absolu, total. *Sa patience est illimitée.* SYN. infini.

illisible adj. ❶ Que l'on n'arrive pas à lire, à déchiffrer. *Tu formes mal tes lettres, ton écriture est illisible.* SYN. indéchiffrable. ❷ Qui est confus et donc trop difficile à lire. *Un roman illisible.* SYN. incompréhensible.

illogique adj. Qui n'est pas logique, qui n'est pas cohérent. *Tu dis que tu es d'accord avec elle et tu ne veux pas voter pour elle, c'est illogique !* SYN. incohérent.

illumination n.f. ❶ L'ensemble des lumières que l'on installe pour éclairer un monument, pour décorer les rues. *Les illuminations de Noël dans les rues.* SYN. éclairage. ❷ Idée soudaine, lumière qui se fait tout à coup dans l'esprit. *Après des heures de réflexion, j'eus soudain une illumination* (= un trait de génie). SYN. inspiration.

HISTOIRE DU MOT Vient du latin *lumen* qui signifie « lumière ».

illuminé, e n. et adj. Personne qui croit aveuglément à quelque chose et qui en perd le sens des réalités.

illuminer v. (CONJUG. 3). ❶ Éclairer d'une vive lumière. *Des éclairs illuminaient le ciel. À Noël, les rues sont illuminées.* ❷ Donner de l'éclat à quelque chose. *Un sourire illumine son visage.* SYN. éclairer. CONTR. assombrir.

illusion n.f. ❶ Impression de voir ou d'entendre quelque chose qui n'existe pas. *Tu as eu l'illusion de le voir, mais il n'était pas là. Un mirage est une illusion d'optique.* ❷ Idée, espoir qui ne correspondent pas à la réalité. *Tu crois que tout est possible, c'est une illusion.* SYN. chimère, rêve. *Il se fait des illusions* (= se tromper). *Perdre ses illusions* (= revenir à la triste réalité).

HISTOIRE DU MOT Vient du latin *illudere* qui signifie « se jouer de ».

illusionner v. (CONJUG. 3). Tromper par des illusions. *Il cherche à nous illusionner avec ses belles promesses.* SYN. abuser. ◆ **s'illusionner** v.pron. Se tromper, se faire des illusions. *Tu t'illusionnes sur tes capacités, tu n'y arriveras jamais.*

illusionnisme n.m. L'art de l'illusionniste. SYN. prestidigitation.

illusionniste n. Artiste de variétés qui, grâce à son habileté manuelle et à des trucages, fait des tours qui trompent les spectateurs. SYN. magicien, prestidigitateur.

illusoire adj. Qui n'est qu'une illusion, qui trompe. *Il est illusoire de penser qu'on va les retrouver.* SYN. faux. CONTR. vrai.

illustrateur, trice n. Artiste qui crée ou exécute des illustrations pour des livres. SYN. dessinateur.

illustration n.f. ❶ Image qui accompagne, orne un texte. *Ces livres pour enfants ont de très belles illustrations.* ❷ Ce qui permet d'expliquer, de rendre clair ce que l'on dit. *Cet exemple est l'illustration de la règle que nous venons d'apprendre.*

HISTOIRE DU MOT Vient du latin *illustrare* qui signifie « éclairer », et que l'on retrouve dans *illustre, illustrer, lustre.*

illustre adj. *Une personne illustre* est très célèbre, très connue pour son mérite, ses qualités. • **Illustre inconnu :** se dit pour plaisanter de quelqu'un que personne ne connaît. → VOIR **s'illustrer.**

illustré n.m. Revue ou journal contenant des illustrations, des bandes dessinées. *Il a acheté un illustré au kiosque de la gare.*

1 illustrer v. (CONJUG. 3). ❶ Orner un livre, un journal d'illustrations. *Illustrer un dictionnaire de nombreux dessins.* ❷ Rendre plus clair en donnant un exemple. *Illustrer le sens d'un mot par une citation.*

2 s'illustrer v.pron. (CONJUG. 3). Se faire connaître par une action particulière, se rendre célèbre. *Pasteur s'est illustré par ses découvertes scientifiques.*

îlot, ✎ *ilot* n.m. ❶ Petite île. *La côte était bordée d'îlots rocheux.* ❷ Espace isolé au milieu d'un ensemble plus vaste, au caractère différent. *Une oasis est un îlot de verdure au milieu du désert.* ❸ Groupe de maisons délimité par des rues. *Un îlot insalubre.*

il y a loc. impers. ❶ Indique que quelque chose ou quelqu'un se trouve là, existe. *Il y a du fromage, mais il n'y a pas de pain. Il y a des gens qui pensent le contraire.* ❷ Introduit l'expression d'une mesure. *Il y a trois heures qu'elle est partie. Il y a un peu plus de trois kilomètres d'ici à la gare.*

image n.f. ❶ Reproduction d'une chose ou d'une personne par un procédé optique. *Narcisse regardait son image dans l'eau. Bébé voit son image dans le*

LE PETIT POUCET.

CONTE.

IL eſtoit une fois un Bucheron & une Bucheronne, qui avoient ſept enfans tous Garçons. L'aî-

illustration d'un conte de Charles Perrault : *le Petit Poucet*

miroir. ❷ Dessin, photographie, gravure qui donnent à voir quelque chose. *Un livre d'images.* → VOIR AUSSI **illustration.** ❸ Ce qui apparaît sur un écran de caméra, de télévision, d'ordinateur et qui représente quelque chose. *L'image de la télévision est bonne. Les images de synthèse sont créées avec un ordinateur.* ❹ Au figuré, ce que l'on voit par la pensée, l'imagination. *J'avais des images de vacances dans ma tête.* ❺ Façon de s'exprimer qui cherche à évoquer des choses concrètes, à faire imaginer ce qui est dit. *Dire « ses yeux brillaient comme des étoiles », c'est employer une image.* ❻ Ce qui reproduit ou évoque quelque chose ou quelqu'un. *Son exposé donne une image fidèle de la situation.* SYN. description, idée. *Elle est l'image même du bonheur.* SYN. incarnation. • **Image de marque :** opinion que la majorité des gens ont d'une personne ou d'une entreprise. *Un homme politique soigne son image de marque.*

imagé, e adj. *Un style, un langage imagés* emploient des images, des comparaisons. *« La chevelure de la princesse coulait comme un ruisseau d'or sur ses épaules » est une phrase imagée.* → VOIR AUSSI **métaphorique.**

imaginable adj. Que l'on peut imaginer. *Les pompiers ont employé tous les moyens imaginables pour maîtriser le feu.*

imaginaire adj. Qui n'existe que dans l'imagination. *Les personnages de ce film sont imaginaires.* SYN. fictif. CONTR. réel. *Vos craintes sont imaginaires.* SYN. chimérique. CONTR. fondé. *La licorne est un animal imaginaire.* SYN. fantastique, légendaire.

imaginatif, ive adj. Qui a beaucoup d'imagination, qui invente facilement. *Loïc a un esprit imaginatif, il trouve des solutions à tout.* SYN. inventif.

imagination n.f. La capacité d'imaginer. *Jules Verne avait une imagination fertile* (= il a su imaginer, inventer toutes sortes de choses).

imaginer v. (CONJUG. 3). ❶ Se représenter, par l'esprit, des situations qui n'existent pas ou qu'on n'a pas vues soi-même. *Essayer d'imaginer le monde au siècle prochain.* SYN. concevoir. ❷ Créer quelque chose de nouveau. *Celui qui a imaginé ce jeu est vraiment très fort !* SYN. inventer. ◆ **s'imaginer v.pron.** ❶ Former une image par l'esprit. *Elle s'imagine déjà sur la plage au soleil.* SYN. se voir. ❷ Croire quelque chose à tort. *Si tu t'imagines qu'il va se laisser faire, tu te trompes.* SYN. se figurer, penser.

imam n.m. Chef religieux musulman.
▸ REM. C'est un mot arabe, on prononce [imam].

imbattable adj. Que l'on ne peut pas vaincre, surpasser. *Il est imbattable au sprint.* SYN. invincible.

imbécile adj. et **n.** Qui manque d'intelligence, qui n'est pas très malin. *Quel imbécile ! il n'a toujours rien compris.* SYN. abruti, idiot. *Avoir un air imbécile.* SYN. bête, stupide. CONTR. éveillé, intelligent.
HISTOIRE DU MOT Vient du latin *imbecillus* qui signifie « faible ».

imbécillité, ✎ ***imbécilité*** **n.f.** ❶ Manque total d'intelligence. ❷ Action, parole, idée idiotes. *Tu n'as dit que des imbécillités.* SYN. ânerie, bêtise, idiotie.

imberbe adj. Qui n'a pas de barbe. *Un visage, un menton imberbes.* CONTR. barbu, poilu.

imbiber v. (CONJUG. 3). Imprégner d'un liquide. *Imbiber d'eau une éponge.*
HISTOIRE DU MOT Vient du latin *imbibere* qui signifie « boire, absorber ».

s'imbriquer v.pron. (CONJUG. 3). S'ajuster, rentrer l'un dans l'autre. *Les différentes pièces de ce jeu de construction s'imbriquent facilement.* SYN. s'emboîter.

imbroglio n.m. Situation très compliquée, très embrouillée. *Je ne comprends plus rien à vos histoires, c'est un véritable imbroglio.* SYN. confusion.
▸ REM. C'est un mot italien, on prononce [ɛ̃brɔljo] ou [ɛ̃brɔglijo].
HISTOIRE DU MOT Vient de l'italien *imbrogliare* qui signifie « embrouiller ».

imbu, e adj. *Être imbu de soi-même,* c'est se croire supérieur aux autres. SYN. infatué.

imbuvable adj. ❶ Très mauvais à boire. *Ce sirop est vraiment imbuvable.* SYN. infect. ❷ (Familier) Insupportable. *Ce type est vraiment imbuvable.*

I.M.C. ou **IMC n.m.** Indice de masse corporelle. → VOIR **masse 1.**

imitateur, trice n. ❶ Qui imite les autres, qui les copie. *Les grands artistes ont souvent beaucoup d'imitateurs.* ❷ Artiste de music-hall qui imite des personnes célèbres.

imitation n.f. ❶ Le fait d'imiter une personne ou une chose. *Son imitation du professeur est à mourir de rire.* ❷ Copie d'un objet, d'une matière. *Cette table est une imitation d'un meuble ancien.* SYN. reproduction. *Un cartable imitation cuir.*

imiter v. (CONJUG. 3). ❶ Chercher à ressembler à quelqu'un. *Les jeunes imitent souvent leurs parents.* ❷ Chercher à reproduire les caractéristiques d'une personne ou d'un animal. *Pierre imite très bien notre professeur de gymnastique. Annie imite le chant du rossignol.* ❸ Copier quelque chose, chercher à le reproduire. *Ils ont imité la signature du directeur. Certains papiers peints imitent le marbre* (= ils en reproduisent l'aspect).

immaculé, e adj. Qui n'a pas la moindre tache, qui est parfaitement propre, blanc. *Au matin, la neige immaculée recouvrait le jardin.*
HISTOIRE DU MOT Vient du latin *macula,* « tache ».
→ VOIR **maculer.**

immangeable adj. Très mauvais à manger. *Cette viande est dure comme du bois, elle est immangeable.* SYN. infect.

immanquablement adv. À coup sûr, chaque fois que l'occasion s'en présente. *Tu vas immanquablement le mettre en colère !* SYN. inévitablement, infailliblement.

a b c d e f g h i j k l m n o p q r s t u v w x y z

immatriculation n.f. *Un numéro d'immatriculation* est celui sous lequel une personne ou une chose est immatriculée, inscrite. *Quel est votre numéro d'immatriculation à la Sécurité sociale ? Le numéro d'immatriculation d'un véhicule.*

immatriculer v. (CONJUG. 3). Inscrire sur un registre public (appelé *matricule*) le nom d'une personne, d'une chose, avec un numéro qui permet de les identifier, de les retrouver. *Faire immatriculer un véhicule neuf.*

HISTOIRE DU MOT Vient du latin *matricula* qui signifie « registre ».

immature adj. Qui manque de maturité.

immaturité n.f. Manque de maturité, intellectuelle ou psychologique.

immédiat, e adj. Qui suit ou précède tout de suite dans le temps ou dans l'espace. *L'effet de ce médicament est immédiat.* SYN. instantané. *Nos voisins immédiats* (= les plus proches). ◆ **immédiat** n.m. • **Dans l'immédiat :** pour le moment. *Rien ne presse, dans l'immédiat.*

immédiatement adv. Tout de suite, sans attendre. *Il a immédiatement compris ce qui se passait.* SYN. aussitôt.

immémorial, ale, aux adj. *Une coutume immémoriale* est si ancienne qu'on n'en connaît plus l'origine. ▸ REM. Ce mot appartient à la langue soutenue.

immense adj. Extrêmement grand. *Un immense désert.* SYN. vaste. CONTR. minuscule. *Cette chanson a eu un immense succès.* SYN. considérable, énorme. CONTR. minime, petit.

HISTOIRE DU MOT Vient du latin *immensus* qui signifie « qui ne peut être mesuré ».

immensément adv. De façon prodigieuse. *Il est immensément riche.* SYN. considérablement, extrêmement.

immensité n.f. Le caractère de ce qui est immense. *Il se rend compte de l'immensité de la tâche qui l'attend.* SYN. énormité. *L'immensité de l'océan.*

immerger immergeant, immergé v. (CONJUG. 5). Plonger entièrement dans un liquide, spécialement dans la mer. *Immerger un câble téléphonique. À marée haute, tous les rochers sont immergés.*

HISTOIRE DU MOT Vient du latin *mergere* qui signifie « plonger ».

immérité, e adj. Que l'on n'a pas mérité. *Son chef lui a fait des reproches immérités.* SYN. injuste. CONTR. fondé.

immersion n.f. Le fait d'immerger ou d'être immergé. *L'immersion d'un sous-marin.*

immeuble n.m. Bâtiment important, à plusieurs étages, dans lequel sont aménagés des appartements ou des bureaux.

immigrant, e adj. et n. Qui immigre, qui vient s'installer dans un pays étranger au sien.

immigration n.f. Le fait d'immigrer ; l'ensemble des immigrés d'un pays. *Les États-Unis se sont peuplés par vagues successives d'immigration.*

immigré, e adj. et n. Qui est installé dans un pays qui n'est pas son pays d'origine. *Travailler à l'intégration des immigrés.*

immigrer v. (CONJUG. 3). Venir habiter et travailler dans un pays étranger au sien. → VOIR AUSSI **émigrer.**

HISTOIRE DU MOT Vient du latin *migrare* qui signifie « changer de résidence ».

imminence n.f. Le fait d'être imminent. *L'imminence du danger a mis fin à leur dispute.* SYN. approche.

imminent, e adj. Qui va avoir lieu dans très peu de temps. *Tenez-vous prêt pour un départ imminent. Un danger imminent.* SYN. proche. CONTR. lointain.

s'immiscer immisçant, immiscé v.pron. (CONJUG. 4). Intervenir de façon indiscrète dans les affaires d'autrui. *Elle cherche à s'immiscer dans les affaires de sa voisine.* SYN. se mêler de.

HISTOIRE DU MOT Vient du latin *miscere* qui signifie « mêler ».

immobile adj. Qui ne bouge pas. *Le chat se tenait immobile, guettant la souris.*

1 immobilier, ère adj. Qui concerne les immeubles. *Une agence immobilière s'occupe de la vente ou de la location d'immeubles, d'appartements.*

2 immobilier n.m. L'ensemble des professions intervenant dans la construction, l'achat ou la vente d'immeubles. *Son père travaille dans l'immobilier.*

immobilisation n.f. Le fait d'immobiliser, d'être immobilisé. *Ne pas descendre avant l'immobilisation complète du véhicule.* SYN. arrêt.

immobiliser v. (CONJUG. 3). Rendre immobile, empêcher de bouger. *Une tempête de neige a immobilisé les voitures.* SYN. bloquer. *Son accident l'a immobilisé pendant plusieurs mois.* ◆ **s'immobiliser** v.pron. S'arrêter. *L'avion s'est immobilisé au bout de la piste.*

immobilité n.f. Le fait d'être immobile. *Une mauvaise fracture de la jambe l'a condamné à l'immobilité pendant plusieurs semaines* (= à rester sans bouger).

immodéré, e adj. Exagéré, qui dépasse la mesure. *Il a fini par se ruiner à force de dépenses immodérées.* SYN. effréné. CONTR. mesuré, modéré.

immoler v. (CONJUG. 3). Tuer, pour offrir en sacrifice à un dieu, à une divinité. *Dans l'Antiquité, on immolait des agneaux ou des taureaux.* SYN. sacrifier. ◆ **s'immoler** v.pron. Offrir sa vie en sacrifice. *Pour protester contre l'injustice dans son pays, ce jeune étudiant s'est immolé par le feu.*

immonde adj. ❶ D'une saleté repoussante. *Ils habitaient dans un taudis immonde.* SYN. infect, sordide. ❷ D'une bassesse répugnante. *Une action immonde.* SYN. abject, répugnant.

HISTOIRE DU MOT Vient du latin *mundus* qui signifie « propre ».

A B C D E F G H I J K L M N O P Q R S T U V W X Y Z

immondices **n.f.plur.** Les ordures ménagères, les déchets. *Les éboueurs étaient en grève, des tas d'immondices s'accumulaient dans les rues.* SYN. détritus. ▶ REM. Ce mot est du féminin.

immoral, ale, aux **adj.** Qui va contre les règles de la morale. *Il n'a pas travaillé et pourtant il a été reçu, c'est immoral.*

immoralité **n.f.** Le fait d'être immoral.

immortaliser **v.** (CONJUG. **3**). Rendre immortel dans la mémoire des hommes. *La découverte de ce vaccin a immortalisé son nom.*

immortalité **n.f.** Le fait d'être immortel. *Croire à l'immortalité de l'âme.*

immortel, elle **adj.** ❶ Qui ne meurt jamais. *Des dieux immortels.* SYN. éternel. ❷ Que l'on n'oubliera jamais. *« L'Iliade » et « l'Odyssée », du poète Homère, sont des œuvres immortelles.*

immortelle **n.f.** *Les immortelles* sont des plantes à fleurs persistantes dont il existe près de quatre cents espèces.

immuable **adj.** Qui ne change jamais. *L'ordre des lettres de l'alphabet est immuable.* SYN. constant, invariable. CONTR. changeant.

immuniser **v.** (CONJUG. **3**). Protéger l'organisme contre une maladie infectieuse. *Aujourd'hui, les vaccins immunisent contre certaines maladies mortelles.*

HISTOIRE DU MOT Vient du latin *immunis* qui signifie « exempt ».

immunitaire **adj.** • **Système immunitaire** : ensemble de cellules, de tissus et d'organes assurant la défense de l'organisme contre les agressions extérieures (micro-organismes, virus).

immunité **n.f.** ❶ Capacité que possède l'organisme de résister à une infection ou à une intoxication. *L'immunité peut être naturelle ou apportée par un vaccin.* ❷ Privilège qu'ont certaines personnes de ne pouvoir être jugées que dans certaines conditions. *L'immunité diplomatique. L'immunité parlementaire.*

impact **n.m.** ❶ *Le point d'impact d'un projectile*, c'est l'endroit où il a frappé. *Relever des points d'impact sur un mur.* ❷ L'effet produit par quelque chose. *Certaines publicités ont un impact très fort sur les jeunes.* SYN. influence.

HISTOIRE DU MOT Vient du latin *impingere* qui signifie « heurter ».

1 **impair, e** **adj.** *Les nombres impairs* ne sont pas divisibles par 2. *« 1, 3, 5, 7 » sont des nombres impairs.*

2 **impair** **n.m.** Maladresse choquante, manque de tact. *Commettre un impair.* SYN. bévue.

impala **n.m.** Antilope d'Afrique australe et orientale qui vit en troupeaux.

impalpable **adj.** Qu'on ne peut pas palper, toucher, sentir à cause de son extrême finesse. *La poussière que l'on voit voltiger dans l'air est impalpable.*

imparable **adj.** Impossible à éviter. *Il a frappé si rapidement que son coup était imparable.*

impardonnable **adj.** Qu'on ne peut pas pardonner. *Une erreur impardonnable.* SYN. inadmissible, inexcusable.

1 **imparfait, e** **adj.** Qui n'est pas parfait, pas satisfaisant ou pas suffisant. *Sa connaissance de l'allemand est trop imparfaite pour qu'il puisse soutenir une conversation.*

2 **imparfait** **n.m.** En grammaire, temps du verbe qui situe l'action dans le passé en exprimant une idée de durée ou de répétition. *« Je me promenais tranquillement sous les arbres » et « Je me levais généralement à sept heures » sont des phrases à l'imparfait.*

imparfaitement **adv.** De façon imparfaite, avec des imperfections. *Ce livre est imparfaitement traduit.* CONTR. parfaitement.

imparti, e **adj.** • **Dans le temps qui nous est imparti** : dans le délai, le temps qui nous est accordé.

impartial, ale, aux **adj.** Qui est sans parti pris. *C'est un juge impartial.* CONTR. partial. *L'arbitrage de ce match a été impartial.* SYN. équitable, juste.

impartialité **n.f.** Le fait d'être impartial. *Dis-moi ce que tu penses de cette affaire, en toute impartialité.* SYN. neutralité, objectivité.

impasse **n.f.** ❶ Petite rue sans issue. *Elle habite au fond d'une impasse.* SYN. cul-de-sac. ❷ Situation bloquée, dont on ne voit pas comment sortir. *Les négociations sont dans l'impasse.*

impassible **adj.** Qui ne montre aucun trouble, aucune émotion. *L'accusé gardait un visage impassible.* SYN. impénétrable. *Rester impassible face aux critiques.* SYN. imperturbable.

HISTOIRE DU MOT Vient du latin *pati* qui signifie « souffrir ».

impalas

A B C D E F G H I J K L M N O P Q R S T U V W X Y Z

impatiemment **adv.** Avec impatience. *J'attends impatiemment votre réponse.* CONTR. patiemment.

impatience **n.f.** Le fait d'être impatient. *Nous brûlions d'impatience de connaître les résultats du concours.*

impatient, e **adj.** Qui manque de patience, qui veut tout de suite ce qu'il désire. *Ils ont juste un peu de retard, ne sois pas aussi impatient.* CONTR. patient. *Nous sommes impatients de te revoir* (= nous avons hâte). SYN. pressé.

s'impatienter **v.pron.** (CONJUG. 3). Perdre patience, montrer son impatience. *Dépêche-toi, on commence à s'impatienter.* SYN. s'énerver.

impayable **adj.** (Familier) Incroyablement drôle. *Tu étais impayable dans ce déguisement !* SYN. cocasse.

impeccable **adj.** ❶ Qui n'a aucun défaut. *Il parle un français impeccable.* SYN. irréprochable, parfait. ❷ Parfaitement propre, sans aucune tache. *Gabriel porte toujours des chemises impeccables.* SYN. immaculé, net. CONTR. douteux.

▸ REM. Attention, deux *c*.

HISTOIRE DU MOT Vient du latin *impeccabilis* qui signifie « incapable de faute », de *peccare* qui signifie « pécher ».

impeccablement **adv.** D'une manière impeccable. SYN. parfaitement.

impénétrable **adj.** ❶ Que l'on ne peut pas pénétrer, traverser. *Une forêt impénétrable.* SYN. dense. ❷ Qui est impossible à deviner ou à comprendre. *Ses intentions sont impénétrables.* SYN. mystérieux. *Son visage est resté impénétrable.* SYN. énigmatique, impassible.

impénitent, e **adj.** Qui ne peut pas se défaire d'une mauvaise habitude. *Un buveur impénitent.* SYN. incorrigible, invétéré.

impensable **adj.** Difficile ou impossible à imaginer. *Elle dira oui, c'est impensable qu'elle puisse refuser.* SYN. inconcevable, inimaginable.

1 impératif, ive **adj.** ❶ À quoi l'on doit obéir, qui exprime un ordre. *Vous partirez à 20 h 30 précises, c'est impératif. « Taisez-vous », dit-il d'un ton impératif.* SYN. autoritaire. ❷ Qui est absolument nécessaire. *Les réfugiés ont un besoin impératif de médicaments.*

HISTOIRE DU MOT Vient du latin *imperare* qui signifie « commander ».

2 impératif **n.m.** ❶ Exigence, obligation dans un domaine quelconque. *Avoir des impératifs à respecter. Ne te crois pas obligé de suivre les impératifs de la mode !* ❷ En grammaire, mode qui exprime l'ordre. *Dans « prends ton livre », le verbe « prendre » est à l'impératif.*

impérativement **adv.** De façon impérative, obligatoire. *Il faut impérativement que tu apprennes quelques mots d'allemand si tu vas à Berlin.*

impératrice **n.f.** ❶ Femme qui gouverne un empire. *Catherine II fut impératrice de Russie de 1762 à 1796.* ❷ Épouse d'un empereur. *L'impératrice Eugénie était l'épouse de Napoléon III.*

imperceptible **adj.** Qu'on ne peut voir, entendre ou remarquer. *Une différence de couleur imperceptible.* SYN. invisible. *Les battements de son cœur étaient imperceptibles.* SYN. inaudible. *Un changement imperceptible.* SYN. insensible.

imperceptiblement **adv.** De façon imperceptible. *Dès le mois de janvier, les jours allongent imperceptiblement.*

imperfection **n.f.** Ce qui rend imparfait. *Le travail avait été fini à la hâte, on y relevait beaucoup d'imperfections.* SYN. défaut.

impérial, ale, aux **adj.** D'un empire, d'un empereur. *La garde impériale.*

HISTOIRE DU MOT Vient du latin *imperium* qui signifie « empire ».

impériale **n.f.** Étage où les passagers peuvent aussi prendre place dans des autobus, des trains. *Les bus à impériale de Londres.*

impérialisme **n.m.** Politique d'expansion d'un État, visant à mettre d'autres États sous sa dépendance.

impérieusement **adv.** De façon impérieuse. *Elle nous a impérieusement commandé de nous lever.*

impérieux, euse **adj.** ❶ Autoritaire, qui ne laisse place à aucune discussion. *Il donne ses ordres d'un ton impérieux.* SYN. cassant. ❷ *Un besoin, un désir impérieux* sont pressants, on ne peut y résister. *Guy ressent un désir impérieux de voyager, de voir d'autres pays.* SYN. irrésistible.

impérissable **adj.** Qui ne peut pas périr, disparaître et restera donc dans la mémoire de tous. *Écrivain qui laisse une œuvre impérissable.* SYN. éternel, immortel.

imperméabiliser **v.** (CONJUG. 3). Rendre imperméable. *Mes chaussures ont été imperméabilisées, elles ne craignent pas la pluie.*

1 imperméable **adj.** ❶ Qui ne se laisse pas traverser par l'eau ou un autre liquide. *L'argile est imperméable. Les tentes de camping sont faites avec des toiles imperméables.* SYN. étanche. ❷ Qui est insensible à quelque chose. *Je suis imperméable aux maths.* SYN. réfractaire.

2 imperméable **n.m.** Manteau qui protège de la pluie. *Il va pleuvoir, mets ton imperméable.*

▸ REM. On emploie familièrement l'abréviation *imper.*

impersonnel, elle **adj.** ❶ Qui n'a pas de caractère propre, de personnalité. *Le décor de ce restaurant est tout à fait impersonnel.* SYN. banal. CONTR. original. ❷ *Un verbe impersonnel* ne s'emploie qu'à la 3e personne du singulier, « il », qui représente un sujet indéterminé. *Il faut que tu viennes. Il neige ce matin.*

impertinence **n.f.** Manque de respect, de politesse. *Répondre avec impertinence.* SYN. effronterie, insolence.

impertinent, e **adj.** Qui manque de respect, de politesse. *Je te trouve bien impertinent de me parler sur ce ton !* SYN. effronté, insolent. CONTR. poli.

HISTOIRE DU MOT Vient du latin *impertinens* qui signifie « qui ne convient pas ».

imperturbable adj. Que rien ne perturbe, ne trouble. SYN. calme, impassible, inébranlable.

imperturbablement adv. Sans se troubler. *L'orateur poursuivait imperturbablement son discours, insensible aux critiques qu'on lui adressait.*

impesanteur n.f. Apesanteur.

impétueusement adv. Avec impétuosité, d'une façon vive.

impétueux, euse adj. ❶ Animé d'un mouvement vif, violent. *Les eaux impétueuses d'un torrent.* ❷ Au figuré, qui est plein de fougue, d'élan. *Son caractère impétueux lui a parfois valu des ennuis, car il ne sait pas bien se contrôler.* SYN. ardent, fougueux. CONTR. calme, posé.
▶ REM. Ce mot appartient à la langue soutenue.

HISTOIRE DU MOT Vient du latin *impetus* qui signifie « impulsion ».

impétuosité n.f. Caractère passionné, impétueux. *Martine se lança avec impétuosité dans la discussion.* SYN. fougue.
▶ REM. Ce mot appartient à la langue soutenue.

impie adj. et n. Qui montre du mépris à l'égard des croyances religieuses. *Un livre, un film impies.* SYN. sacrilège.
▶ REM. Au masculin comme au féminin, ce mot se termine par *-e*.

HISTOIRE DU MOT Vient du latin *impius*, de *pius* qui signifie « pieux ».

impitoyable adj. Qui est sans pitié. *Être impitoyable avec ses ennemis.* SYN. implacable, inflexible. CONTR. compatissant, indulgent.

impitoyablement adv. De façon impitoyable. *Ceux qui désobéissaient étaient impitoyablement punis.* SYN. durement, férocement.

implacable adj. ❶ Que rien n'arrête, dont on ne peut apaiser la fureur. *Être animé d'une haine implacable.* SYN. acharné, impitoyable. ❷ Que rien ne peut atténuer ou modifier. *Un mal implacable.* SYN. fatal, inexorable. *Un raisonnement d'une logique implacable.* SYN. imparable.

HISTOIRE DU MOT Vient du latin *placare* qui signifie « apaiser ».

implacablement adv. De façon implacable. SYN. impitoyablement.

implantation n.f. L'action d'implanter, d'installer quelque chose. *L'implantation d'une nouvelle usine dans la zone industrielle.* SYN. installation.

implanter v. (CONJUG. 3). Fixer, établir dans un endroit. *Implanter un nouveau centre commercial en ville.* SYN. construire. ◆ **s'implanter** v.pron. S'installer quelque part de façon durable. *Des immigrés se sont implantés dans la région.* SYN. se fixer. *La pratique du golf s'est bien implantée chez nous.* SYN. enraciner.

implication n.f. ❶ Le fait d'être impliqué dans une affaire. *Son implication dans le hold-up n'est pas prouvée.* SYN. participation. ❷ Ce qui découle de quelque chose, sa conséquence. *Les implications d'une décision.* SYN. effet.

implicite adj. Qui n'est pas exprimé en termes clairs, mais que l'on peut cependant comprendre. *Il n'a pas dit non, c'était un aveu implicite.* SYN. tacite. CONTR. explicite.

implicitement adv. De manière implicite. *En agissant ainsi, Jean reconnaît implicitement que nous avions raison.* CONTR. explicitement.

impliquer v. (CONJUG. 3). ❶ Mêler quelqu'un à une affaire fâcheuse ou malhonnête. *Il est impliqué dans une escroquerie.* SYN. compromettre. ❷ Signifier, avoir pour conséquence logique. *Si vous signez ce contrat, cela implique que vous en acceptez toutes les conditions.* SYN. entraîner. ◆ **s'impliquer** v.pron. S'engager à fond dans ce qu'on fait. *S'impliquer dans son travail.*

HISTOIRE DU MOT Vient du latin *plicare* qui signifie « plier ».

implorer v. (CONJUG. 3). Demander avec insistance, en faisant appel à la pitié. *Elle m'implorait du regard.* SYN. supplier. *Implorer le pardon de quelqu'un.*

HISTOIRE DU MOT Vient du latin *plorare* qui signifie « pleurer ».

imploser v. (CONJUG. 3). Pour un téléviseur, se détruire brutalement sous l'effet d'une pression extérieure trop forte.

impoli, e adj. et n. Qui manque de politesse. *Tu as été impoli en ne disant pas bonjour.* SYN. grossier, incorrect, malpoli. CONTR. poli.

impolitesse n.f. Manque d'éducation, de politesse. *Ne pas céder le passage à une personne âgée, c'est de l'impolitesse.* SYN. grossièreté. CONTR. politesse, savoir-vivre.

impondérable n.m. Événement qu'on ne peut pas prévoir et dont on ne peut mesurer l'importance. *Dans un voyage, il y a toujours des impondérables.* SYN. aléa, imprévu.

HISTOIRE DU MOT Vient du latin *ponderare* qui signifie « peser ».

impopulaire adj. Que la majorité des gens n'aime pas, qui n'est pas populaire. *Le gouvernement a pris une mesure impopulaire.*

importance n.f. Le fait d'être important. *Il ne se rend pas compte de l'importance du problème.* SYN. gravité, sérieux. *Une déclaration de la plus haute importance.* SYN. intérêt, portée. *Elle a pris de l'importance dans notre équipe.*

important, e adj. ❶ Dont la quantité, le nombre sont relativement grands. *Une partie importante des jeunes pensent comme nous* (= une grande partie). SYN. notable. CONTR. faible, petit. *Le gouvernement a investi d'importantes sommes d'argent dans le projet.* SYN. considérable, élevé. ❷ Qui a une grande valeur, un grand intérêt et peut avoir de grandes conséquences. *C'est là une question importante.* SYN. capital, essentiel. CONTR. insignifiant. ❸ Qui a de l'influence, du pouvoir. *Un personnage très important.* ◆ **important** n.m. • **L'important** : ce qui compte le plus. *L'important, c'est que nous arrivions à l'heure* (= le principal, l'essentiel).

a b c d e f g h i j k l m n o p q r s t u v w x y z

A B C D E F G H I J K L M N O P Q R S T U V W X Y Z

importateur, trice adj. et n. Qui importe des marchandises. *La France est un pays importateur de pétrole.* CONTR. exportateur.

importation n.f. ❶ L'action d'importer des produits ; l'achat à l'étranger. *Il s'est lancé dans l'importation de fruits exotiques.* CONTR. exportation. ❷ (Au plur.) Les marchandises importées. *Les importations diminuent.*

1 importer v. (CONJUG. 3). Acheter et faire entrer dans un pays des marchandises provenant de l'étranger. *La France importe du café d'Amérique du Sud et d'Afrique.* CONTR. exporter.

HISTOIRE DU MOT Vient du latin *importare* qui signifie « porter dans ».

2 importer v. (CONJUG. 3). Avoir de l'importance, présenter de l'intérêt. *Vos explications m'importent peu.* SYN. intéresser. • **Il importe que :** il est nécessaire que, il faut que. *Il importe que vous soyez à l'heure demain.* • **N'importe qui** ou **n'importe quoi :** une personne quelconque, une chose quelconque. • **N'importe où, n'importe quand, n'importe comment :** dans un lieu, à une date ou d'une manière quelconques. *Il peut venir n'importe quand.* • **Peu importe** ou **qu'importe :** cela a peu ou n'a pas d'importance.

importun, e adj. et n. Qui importune ou ennuie. *Je vous laisse, je ne veux pas être importune.* SYN. indiscret. *Chercher à se débarrasser d'un importun.* SYN. gêneur.
▸ REM. Ce mot appartient à la langue soutenue.

HISTOIRE DU MOT Vient du latin *importunus* qui signifie « désagréable ».

importuner v. (CONJUG. 3). Gêner, déranger quelqu'un. *Vous importunez les autres par vos réflexions continuelles.* SYN. agacer, ennuyer.
▸ REM. Ce mot appartient à la langue soutenue.

imposable adj. Qui est soumis à l'impôt. *Des revenus imposables.*

imposant, e adj. Qui impressionne par ses dimensions, son nombre ou sa force. *Un monument aux formes imposantes. Une foule imposante attendait le passage du cortège.* SYN. énorme, impressionnant.

imposer v. (CONJUG. 3). ❶ Obliger à faire, à accepter. *Elle impose ses choix à tout le groupe. Imposer sa volonté.* SYN. dicter. ❷ Soumettre à l'impôt. *Imposer les gens selon leurs revenus. Imposer lourdement les cigarettes.* SYN. taxer. • **En imposer :** inspirer de l'admiration, du respect, de la crainte. *Son courage nous en a imposé.* ◆ **s'imposer** v.pron. ❶ Se faire accepter par sa valeur, ses qualités. *Elle s'est imposée par sa franchise et son entrain. S'imposer comme le meilleur guitariste* (= être reconnu). ❷ Devenir une obligation, une nécessité. *La plus grande discrétion s'impose* (= est nécessaire).

HISTOIRE DU MOT Vient du latin *imponere* qui signifie « placer sur ».

impossibilité n.f. ❶ *Être dans l'impossibilité de faire quelque chose*, c'est ne pas pouvoir le faire. *Pierre a la grippe et il est dans l'impossibilité de venir.* ❷ Chose impossible. *Si on suivait tes conseils, on se heurterait à une impossibilité matérielle.*

impossible adj. ❶ Qui ne peut pas se faire, ou exister. *Il est impossible d'aller de Montréal à Québec à pied en deux heures.* SYN. infaisable, irréalisable. CONTR. faisable, possible. ❷ Qui est très difficile à supporter. *Il ne fait que des bêtises, c'est un gamin impossible.* SYN. insupportable. ◆ **n.m.** • **L'impossible :** ce qu'on ne peut pas faire. *À l'impossible nul n'est tenu* (proverbe). • **Faire, tenter l'impossible :** tout essayer pour parvenir à un résultat. *Il a fait l'impossible pour la sauver.*

imposteur n.m. Personne qui commet une imposture. *Démasquer un imposteur.* SYN. charlatan, menteur.

imposture n.f. Le fait de se faire passer pour ce qu'on n'est pas, dans le but de tromper. *Cet homme prétend être ministre, mais c'est une imposture !* SYN. mensonge, mystification.

impôt n.m. Somme d'argent que l'on verse à l'État, à l'Administration pour payer les dépenses publiques (routes, enseignement, hôpitaux, etc.). *Payer ses impôts.* → VOIR AUSSI **contribuable.** • **Impôt direct :** impôt payé par chacun en fonction de ses revenus. • **Impôt indirect :** taxe comprise dans le prix d'une marchandise et qui est reversée à l'État.

le paiement des **impôts**
(miniature du XVe siècle)

impotent, e adj. et n. Qui a beaucoup de difficultés à se déplacer, à cause de l'âge, d'une maladie, d'un accident. *Ce vieux monsieur est impotent.* → VOIR AUSSI **infirme, invalide.**

HISTOIRE DU MOT Vient du latin *impotens* qui signifie « impuissant ».

impraticable adj. Où l'on ne peut pas passer. *Le chemin est impraticable.* CONTR. praticable.

imprécation n.f. (Surtout au plur.) Parole violente prononcée contre quelqu'un pour le maudire. *Lancer des imprécations.* SYN. malédiction.
▸ REM. Ce mot appartient à la langue littéraire.

HISTOIRE DU MOT Vient du latin *precari* qui signifie « prier ».

imprécis, e **adj.** Qui n'est pas précis, pas clair. *Vos renseignements sont trop imprécis.* SYN. approximatif, vague.

imprécision **n.f.** Manque de précision ; chose imprécise. *Le reportage de ce journaliste contient beaucoup d'imprécisions* (= d'informations vagues).

imprégner **v.** (CONJUG. 9, ✎ *10*). Pénétrer une matière, en parlant d'un liquide, d'un gaz, d'une odeur. *L'odeur du tabac avait imprégné tous ses vêtements. Une éponge imprégnée d'eau.* SYN. imbiber. ◆ **s'imprégner** **v.pron.** Au figuré, se laisser pénétrer par une idée, une influence. *Le lecteur s'imprègne des idées de l'auteur.*

imprenable **adj.** *Une forteresse imprenable* ne peut être prise. • **Vue imprenable :** très belle vue qui ne peut être masquée par de nouvelles constructions. *Villa à louer avec vue imprenable sur la mer.*

imprésario **n.m.** Personne qui organise la carrière d'un artiste, s'occupe de ses engagements moyennant un pourcentage sur ses cachets.
▶ REM. Au Canada, ce mot s'emploie aussi au féminin.

HISTOIRE DU MOT Vient de l'italien *impresa* qui signifie « entreprise ».

imprescriptible **adj.** *Un droit imprescriptible* ne peut être retiré ou modifié. *En France, le droit de grève est un droit imprescriptible.* SYN. immuable.

1 impression **n.f.** L'action d'imprimer un texte, un livre. *Ce journal est plein de fautes d'impression* (= faites par celui qui l'a imprimé).

2 impression **n.f.** Effet produit dans l'esprit de quelqu'un. *Son discours a produit une forte impression.* SYN. sensation. *J'ai l'impression de l'avoir déjà vu.* SYN. sentiment. *Faire bonne, mauvaise impression* (= susciter une opinion favorable, défavorable).

impressionnable **adj.** *Une personne impressionnable* se laisse facilement impressionner. SYN. émotif, sensible.

impressionnant, e **adj.** Qui impressionne. *Les images du tremblement de terre étaient impressionnantes.* SYN. frappant, saisissant.

impressionner **v.** (CONJUG. 3). ❶ Causer une forte impression. *Le spectacle des trapézistes l'a beaucoup impressionné.* SYN. frapper. *Ne te laisse pas impressionner par lui.* SYN. intimider. ❷ *Impressionner une pellicule photographique*, c'est y laisser, y fixer une image.

impressionnisme **n.m.** Mouvement artistique, en peinture, qui cherchait à donner, par de petites touches de couleurs, l'impression de choses fugitives (mouvement, lumière, expression, etc.).

impressionniste **adj.** et **n.** Qui appartient au mouvement de l'impressionnisme. *Manet, Monet, Renoir, Cézanne étaient des impressionnistes.*

imprévisible **adj.** Que l'on ne peut pas prévoir. *Un événement imprévisible.* SYN. inattendu. CONTR. attendu, prévisible.

imprévoyance **n.f.** Le fait d'être imprévoyant.

impressionnisme : *Femme dans un clos, soleil de printemps dans le pré à Éragny,* tableau de Camille Pissarro (1887)

imprévoyant, e **adj.** Qui ne prévoit pas, qui ne réfléchit pas à ce qui peut arriver. *Tu es bien imprévoyant de sortir aujourd'hui sans ton imperméable.* SYN. insouciant, négligent. CONTR. prévoyant.

imprévu, e **adj.** Qui se produit sans qu'on l'ait prévu. *Une visite imprévue.* SYN. inattendu, inopiné. ◆ **imprévu** **n.m.** Un événement imprévu. *S'il y a un imprévu, je vous téléphonerai.*

imprimante **n.f.** Appareil relié à un ordinateur, qui imprime sur papier les documents qui s'affichent à l'écran.

imprimé, e **adj.** Qui comporte du texte ou des motifs reproduits par un procédé d'impression. *Du papier imprimé. Du tissu imprimé.* ◆ **imprimé** **n.m.** ❶ Feuille, brochure ou dépliant imprimés. *Remplir un imprimé pour la déclaration des revenus.* SYN. formulaire. ❷ Tissu imprimé ; motif imprimé sur ce tissu. *Choisir un bel imprimé à fleurs pour des rideaux.*

imprimer **v.** (CONJUG. 3). ❶ Reproduire un dessin, un texte sur du papier, du tissu, etc., avec des encres. *Imprimer un livre. Ce journal est imprimé à Paris.* ❷ Laisser une empreinte, une marque. *Nadine marche sur la plage et la trace de ses pas reste imprimée dans le sable mouillé.* ❸ *Imprimer un mouvement*, c'est transmettre ce mouvement. *Quand je frappe la boule de billard, je lui imprime un mouvement.*

HISTOIRE DU MOT Vient du latin *premere* qui signifie « presser ».

imprimerie **n.f.** ❶ L'ensemble des techniques qui permettent de reproduire des textes, des dessins, d'imprimer des livres, des journaux. *C'est vers 1440 que Gutenberg mit en place un procédé d'imprimerie utilisant des caractères mobiles.* ❷ L'atelier, l'usine où l'on imprime des livres, des journaux.

ENCYCLOPÉDIE Le premier texte imprimé fut réalisé par les Chinois au IXe siècle à l'aide de planches en bois gravées ou sculptées. Gutenberg fut, en Europe, le premier à se servir de caractères (lettres) mobiles

A B C D E F G H I J K L M N O P Q R S T U V W X Y Z

et il inventa des machines à fabriquer ces caractères ainsi que les premières « presses » à bras. Ces procédés de composition, ou *typographie*, et d'impression existent encore aujourd'hui à côté de techniques plus modernes, telles que la *photocomposition* pour la composition des textes, l'*offset* et les *rotatives* pour l'impression.

une **imprimerie** au XVIe siècle

imprimeur **n.m.** La personne qui dirige une imprimerie ou qui y travaille.
▸ REM. Au Canada, la forme féminine de ce mot est *imprimeuse*.

improbable **adj.** Qui a peu de chances de se produire. *Il est tout à fait improbable qu'il neige aujourd'hui.* SYN. incertain. CONTR. certain.

improductif, ive **adj.** Qui ne produit rien, qui ne rapporte rien. *Une terre rocailleuse et improductive.* SYN. stérile. CONTR. fertile.

1 impromptu, e **adj.** Qui est improvisé, que l'on n'a pas préparé. *Nous avons fait un dîner impromptu* (= avec ce que nous avions à notre disposition).
HISTOIRE DU MOT Vient du latin *in promptu* qui signifie « sous la main ».

2 impromptu **n.m.** Petit morceau de musique de forme libre, généralement pour le piano. *Les impromptus de Schubert.*

imprononçable **adj.** Impossible ou très difficile à prononcer. *Le nom de ce fleuve est imprononçable.*

impropre **adj.** ❶ *Un aliment impropre à la consommation* ne peut être absorbé. *Attention, cette eau est impropre à la consommation !* ❷ *Un mot impropre* ne convient pas pour exprimer ce que l'on a à dire. SYN. inadéquat. CONTR. adéquat, approprié.

impropriété **n.f.** Emploi fautif, impropre d'un mot.

improvisation **n.f.** ❶ Action d'improviser. *Ce repas, au dernier moment, c'était vraiment de l'improvisation. Les acteurs font parfois des exercices d'improvisation.* ❷ Musique ou scènes improvisées. *Les improvisations d'un musicien de jazz.*

improviser **v.** (CONJUG. **3**). ❶ Organiser quelque chose dans l'instant, sans l'avoir préparé. *Improviser un pique-nique.* ❷ Inventer librement une musique ou des textes autour d'un thème donné. *Les musiciens de jazz improvisent à partir d'une ligne mélodique principale appelée « standard ».* ◆ **s'improviser** **v.pron.** Prendre un rôle, une fonction sans y avoir été préparé. *On ne s'improvise pas directeur comme cela !*
HISTOIRE DU MOT Vient du latin *improvisus* qui signifie « imprévu ».

à l'**improviste** **adv.** De façon imprévue, inattendue. *Ils sont arrivés à l'improviste.*

imprudemment **adv.** De manière imprudente. *Traverser imprudemment une rue.* CONTR. prudemment.

imprudence **n.f.** ❶ Manque de prudence. *L'accident est dû à son imprudence.* ❷ Action imprudente. *Quand vous conduisez, ne faites pas d'imprudences, suivez le Code de la route !*
▸ REM. Ne pas confondre avec *impudence*.

imprudent, e **adj.** et **n.** Qui manque de prudence. *Un acte imprudent.* SYN. risqué, téméraire. *Quel imprudent ! il a traversé la route sans regarder s'il venait une voiture !* SYN. inconscient. CONTR. prudent.

impudence **n.f.** Le fait d'être impudent, insolent. *Tu as l'impudence de nier alors que tout le monde t'a vu le faire !* SYN. effronterie, insolence.
▸ REM. Ne pas confondre avec *imprudence*.

impudent, e **adj.** et **n.** Qui est très effronté, très insolent. *Un menteur impudent.* SYN. cynique, effronté.
▸ REM. Ne pas confondre avec *imprudent*.
HISTOIRE DU MOT Vient du latin *impudens*, de *pudere* qui signifie « avoir honte ».

impudique **adj.** Qui blesse la pudeur. *Un geste impudique.* SYN. indécent.

impuissance **n.f.** Manque de force ou de moyens pour faire quelque chose. *La neige s'est remise à tomber, les sauveteurs sont réduits à l'impuissance.*

impuissant, e **adj.** Qui manque de force ou de moyens pour faire quelque chose. *Les gens assistaient, impuissants, à la propagation de l'incendie.*

impulsif, ive **adj.** et **n.** Qui agit sans réfléchir, en cédant à ses impulsions. *Elle est très impulsive.* SYN. spontané.

impulsion **n.f.** ❶ Force qui transmet un mouvement. *Donner une impulsion à une toupie pour la faire tourner.* ❷ Ce qui pousse à agir. *Cédant à son impulsion, Adrien répondit très brusquement.* SYN. élan.
HISTOIRE DU MOT Vient du latin *impellere*, « pousser à ».

impulsivement **adv.** De manière impulsive, sans réfléchir.

impunément **adv.** ❶ Sans risque d'être puni. *On ne peut laisser ces trafiquants agir impunément.* ❷ Sans courir de risques pour soi. *On ne peut impunément abuser de ses forces, un jour, on tombe malade.*

impuni, e **adj.** Qui n'est pas puni, pas sanctionné. *Le crime est resté impuni.*

impunité **n.f.** Le fait de ne pas être puni. *Ses relations lui assurent l'impunité. Agir en toute impunité* (= sans courir le risque d'être puni). SYN. impunément.

impur, e **adj.** Qui n'est pas pur, qui est troublé par la présence d'éléments étrangers. *Une eau impure.* SYN. trouble. *L'air est impur dans les zones industrielles.* SYN. pollué.

impureté **n.f.** ❶ Le fait d'être impur. *L'impureté de l'air dans les grandes agglomérations.* SYN. pollution. ❷ Ce qui salit, qui rend impur. *En remuant le fond de la mare, Pierre a fait remonter des impuretés à la surface.* SYN. saleté.

imputer **v.** (CONJUG. 3). Attribuer la responsabilité de quelque chose. *On peut imputer cet accident à sa négligence.*

HISTOIRE DU MOT Vient du latin *imputare* qui signifie « porter au compte de ».

imputrescible **adj.** Qui ne peut pas pourrir, se putréfier. *Certains bois sont imputrescibles.*

inabordable **adj.** ❶ *Une personne inabordable* est difficile à rencontrer, à approcher. *Le directeur est inabordable.* ❷ *Un prix inabordable* est trop élevé. *Le prix des premières asperges est inabordable.* SYN. exorbitant.

inacceptable **adj.** Qu'on ne peut accepter ou tolérer. *Le prix que vous demandez est inacceptable.* CONTR. acceptable, correct. *Ces accusations sont inacceptables.* SYN. inadmissible, intolérable.

inaccessibilité **n.f.** Le caractère inaccessible de quelque chose.

inaccessible **adj.** ❶ Que l'on ne peut pas atteindre, à quoi l'on ne peut accéder. *Cette partie du château est inaccessible au public.* CONTR. accessible. ❷ Qui est fermé à un sentiment, une émotion, qui ne se laisse pas toucher. *C'est un monstre, il est inaccessible à la pitié.*

inaccoutumé, e **adj.** Qui n'arrive pas souvent, qui n'est pas habituel. *Ce jour-là, elle était d'une gaieté inaccoutumée.* SYN. inhabituel. CONTR. coutumier, habituel.

inachevé, e **adj.** Qui n'est pas achevé, terminé. *Il est mort en laissant un roman inachevé.* CONTR. achevé, fini.

inactif, ive **adj.** *Une personne inactive* n'a pas d'activité, ne fait rien. *Prends un livre, ne reste pas inactif.* SYN. désœuvré, oisif. CONTR. actif, occupé.

inaction **n.f.** Le fait d'être inactif. *Sa maladie le condamnait à l'inaction.* SYN. inactivité, oisiveté.

inactivité **n.f.** Manque d'activité. *L'inactivité commençait à lui peser.*

inadaptation **n.f.** Le fait d'être inadapté à quelque chose. *Certains enfants souffrent de leur inadaptation au milieu scolaire.*

inadapté, e **adj.** ❶ Qui ne convient pas. *Ces méthodes anciennes sont inadaptées à la vie moderne.* ❷ Qui s'adapte mal à la vie sociale, scolaire, professionnelle. *Les enfants inadaptés au milieu scolaire ont besoin d'aide.*

inadéquat, e **adj.** Qui n'est pas adéquat, qui ne convient pas. *Il emploie souvent des termes inadéquats.* SYN. impropre, inapproprié. CONTR. adéquat, approprié.

inadmissible **adj.** Qu'on ne peut admettre ou tolérer. *Sa désinvolture est inadmissible.* SYN. inacceptable, inexcusable, intolérable.

par **inadvertance** **adv.** Par erreur, sans y avoir fait attention. *J'ai ouvert par inadvertance cette lettre qui t'était destinée* (= par mégarde).

HISTOIRE DU MOT Vient du latin *advertere* qui signifie « faire attention ».

inaltérable **adj.** ❶ Qui ne s'abîme pas, ne s'altère pas. *L'or est un métal inaltérable.* ❷ Qui ne change pas. *Sa bonne humeur est inaltérable.* SYN. constant. CONTR. changeant.

inamical, ale, aux **adj.** Qui n'est pas amical, qui peut être hostile ou malveillant. *Un comportement inamical.* SYN. hostile.

inanimé, e **adj.** ❶ Qui ne vit pas. *Les objets sont inanimés.* ❷ Qui a perdu la vie ou qui est sans connaissance. *On a retrouvé le corps inanimé d'un naufragé sur la plage.* SYN. inconscient, inerte.

inanition **n.f.** Épuisement dû au manque de nourriture. *Il est tombé d'inanition.*

HISTOIRE DU MOT Vient du latin *inanire* qui signifie « vider ».

inaperçu, e **adj.** *Passer inaperçu*, c'est échapper aux regards, à l'attention. *Son absence est passée inaperçue.*

inapplicable **adj.** Qu'il est impossible d'appliquer, de mettre en pratique. *Règlement inapplicable.*

inappréciable **adj.** Tellement important que l'on ne peut pas en estimer la valeur. *Il lui a rendu un service inappréciable.* SYN. inestimable.

inapproprié, e **adj.** Qui n'est pas approprié, qui ne convient pas. *Votre tenue est inappropriée à cette cérémonie.* SYN. inadéquat.

inapte **adj.** Qui n'a pas les capacités requises pour faire quelque chose. *Il est inapte aux travaux manuels.* CONTR. apte, capable.

inaptitude **n.f.** Le fait d'être inapte. SYN. incapacité. CONTR. aptitude.

inarticulé, e **adj.** Qui n'est pas prononcé avec clarté. *Des cris inarticulés.* SYN. indistinct. CONTR. articulé, clair.

inassimilable **adj.** Qu'on ne peut assimiler ou qui ne peut pas s'intégrer dans une communauté.

inattaquable **adj.** ❶ Impossible à attaquer avec des chances de succès. *Une forteresse inattaquable.* ❷ Qu'on ne peut pas contester, critiquer. *Ses arguments étaient inattaquables.* SYN. imparable, irréfutable.

A B C D E F G H I J K L M N O P Q R S T U V W X Y Z

inattendu, e **adj.** Que l'on n'attendait pas. *Une visite inattendue.* SYN. imprévu, inopiné. CONTR. prévu. *C'est une remarque inattendue de sa part.* SYN. étonnant, surprenant. CONTR. normal.

inattentif, ive **adj.** Qui ne fait pas assez attention. *Nadia était inattentive aujourd'hui en classe.* SYN. distrait. CONTR. attentif.

inattention **n.f.** Manque d'attention. *Un moment d'inattention et c'est l'accident.* SYN. distraction. *Une faute d'inattention.* SYN. étourderie.

inaudible **adj.** Qu'on a du mal à entendre. *Certains sons sont inaudibles pour l'oreille humaine.* SYN. imperceptible. CONTR. audible.

inaugural, ale, aux **adj.** Qui inaugure, commence quelque chose. *Un discours inaugural.*

inauguration **n.f.** Cérémonie par laquelle on inaugure quelque chose. *L'inauguration d'une exposition, d'un hôpital.*

inaugurer **v.** (CONJUG. 3). Marquer par une cérémonie officielle la mise en service d'un lieu ou l'ouverture d'une exposition. *Le préfet a inauguré ce matin le nouveau tronçon d'autoroute.*

HISTOIRE DU MOT Vient du latin *inaugurare* qui signifie « prendre les augures, consacrer ».

inavouable **adj.** Que l'on ne peut pas avouer, parce que c'est malhonnête, honteux. *Un acte inavouable.*

inca **adj.** et **n.** Qui se rapporte aux Incas. *La civilisation inca.* → VOIR noms propres.

incalculable **adj.** Tellement important qu'on ne peut pas le compter, l'évaluer. *Le nombre d'étoiles qu'il y a dans l'espace est incalculable.* SYN. infini, innombrable.

incandescence **n.f.** L'état d'une matière incandescente. *Un métal porté à l'incandescence devient lumineux.*

incandescent, e **adj.** Qui est lumineux sous l'effet de la chaleur. *Les braises incandescentes de la cheminée.* SYN. ardent.

HISTOIRE DU MOT Vient du latin *incandescere* qui signifie « être en feu ».

incapable **adj.** Qui ne sait pas ou ne peut pas faire quelque chose. *Je suis incapable de courir avec ma cheville foulée. Elle est incapable de faire une addition.* CONTR. capable.

incapacité **n.f.** Le fait d'être incapable de faire quelque chose. *Il a montré son incapacité.* SYN. incompétence. *Pierre est cloué au lit, il est dans l'incapacité de venir jouer cet après-midi.* SYN. impossibilité.

incarcération **n.f.** Le fait d'incarcérer quelqu'un ou d'être incarcéré. *Être libéré après des mois d'incarcération.* SYN. emprisonnement.

incarcérer **v.** (CONJUG. 9, ✎ *10*). Mettre en prison. *Le voleur a été arrêté et incarcéré.* SYN. emprisonner. CONTR. libérer.

HISTOIRE DU MOT Vient du latin *carcer,* « prison ».

incarnat, e **adj.** D'un rouge clair et vif.

HISTOIRE DU MOT Vient du latin *caro, carnis* qui signifie « chair ». *Incarnat* a d'abord signifié « couleur chair ».

incarnation **n.f.** ❶ Le fait pour une divinité de s'incarner. ❷ L'image vivante d'une chose abstraite. *Ce bandit était l'incarnation même du mal.* SYN. personnification.

incarné **adj.m.** • **Ongle incarné :** ongle qui s'enfonce dans la chair.

incarner **v.** (CONJUG. 3). ❶ Personnifier une chose abstraite, en être l'image vivante. *Les magistrats incarnent la justice.* ❷ Jouer un personnage, un rôle. *Kevin Costner a incarné Robin des bois au cinéma.* SYN. interpréter, jouer. ◆ **s'incarner** **v.pron.** Pour un dieu, un esprit, prendre une forme vivante, un corps de chair. *Selon les chrétiens, Dieu s'est incarné en la personne de Jésus-Christ.*

HISTOIRE DU MOT Vient, comme *incarnat,* du latin *caro, carnis,* « chair ».

incartade **n.f.** Écart de conduite sans grande gravité. *Les incartades d'un enfant espiègle.*

HISTOIRE DU MOT Vient de l'italien *inquartata* qui désigne un mouvement d'escrime.

incassable **adj.** Qui ne peut pas se casser. *Du verre incassable.*

incendiaire **adj.** ❶ Qui provoque un incendie. *Des bombes incendiaires.* ❷ *Des propos incendiaires* sont des propos qui cherchent à enflammer les esprits, à pousser à la révolte. SYN. séditieux. ◆ **n.** Personne qui allume volontairement un incendie. → VOIR AUSSI **pyromane.**

incendie **n.m.** Grand feu qui se propage et cause des dégâts importants. *Les pompiers ont maîtrisé l'incendie.*

l'Incendie du Parlement
(tableau de William Turner, 1835)

incendier **v.** (CONJUG. 7). Brûler, détruire par un incendie. *Les brigands ont pillé puis incendié le village.*

incertain, e **adj.** Qui n'est pas sûr, qu'on ne peut pas prévoir. *Le résultat du match est incertain.* CONTR. acquis, certain, sûr. *Le temps est incertain, prenez vos imperméables* (= il risque de pleuvoir).

incertitude **n.f.** ❶ Ce qui n'est pas sûr, que l'on ne peut prévoir. *Les incertitudes de l'avenir.* SYN. aléa, hasard. ❷ L'état d'une personne qui est dans le doute, l'attente. *Je suis dans l'incertitude la plus complète.* SYN. indécision. CONTR. certitude.

incessamment **adv.** Très prochainement, bientôt. *Il devrait arriver incessamment.* SYN. sous peu.

incessant, e **adj.** Qui ne cesse jamais, qui ne s'arrête pas. *L'incessant va-et-vient des passants dans la rue.* SYN. continuel, perpétuel.

inceste **n.m.** Relations sexuelles entre deux personnes qui ont un lien de parenté très proche. *L'inceste entre un père et sa fille, entre un frère et une sœur. L'inceste constitue un délit.*

HISTOIRE DU MOT Vient du latin *incestus* qui signifie « impur ».

inchangé, e **adj.** Qui n'a pas changé. *La situation reste inchangée.*

incidemment **adv.** Accidentellement, par hasard. *J'ai appris incidemment que vous alliez vivre à Genève.*
▸ REM. On prononce [ɛ̃sidamɑ̃].

incidence **n.f.** Conséquence que peut avoir quelque chose. *Le mauvais temps de l'été a eu une incidence sur la fréquentation des stations balnéaires.* SYN. effet, répercussion.

incident **n.m.** Petit événement, le plus souvent désagréable, qui vient troubler le bon déroulement de quelque chose. *Le voyage s'est déroulé sans incident.* SYN. anicroche, ennui.
▸ REM. Ne pas confondre avec *accident*.

HISTOIRE DU MOT Vient du latin *incidere* qui signifie « tomber sur ».

incinérateur **n.m.** Appareil qui sert à incinérer les ordures.

incinération **n.f.** ❶ L'action d'incinérer quelque chose. *L'incinération des ordures ménagères.* ❷ L'action de réduire en cendres un cadavre. *L'incinération des morts est couramment pratiquée en Inde.*

incinérer **v.** (CONJUG. 9, ✎ *10*). ❶ Réduire en cendres, brûler. *Les déchets accumulés sur la décharge vont être incinérés.* ❷ Faire brûler un cadavre.

HISTOIRE DU MOT Vient du latin *cinis* qui signifie « cendre ».

incise **n.f.** En grammaire, courte proposition que l'on insère dans une phrase. *Dans « J'ai très faim, dit-il, le repas est-il prêt ? », « dit-il » est une incise.*

HISTOIRE DU MOT Vient du latin *incisa*, « coupée ».

inciser **v.** (CONJUG. 3). Fendre de manière précise avec un instrument tranchant, faire une incision. *On incise l'écorce des pins pour recueillir la résine.* SYN. entailler.

HISTOIRE DU MOT Vient du latin *incidere* qui signifie « couper ».

incisif, ive **adj.** Qui atteint, blesse par son caractère direct. *Ironie incisive.* SYN. mordant. *Un ton incisif.* SYN. acerbe, tranchant.

incision **n.f.** Entaille, coupure faite en incisant.

incisive **n.f.** Chacune des dents tranchantes situées à l'avant des mâchoires des mammifères. *L'homme a huit incisives qui lui servent à couper les aliments.*

incitation **n.f.** Ce qui incite à faire quelque chose. *Son discours était une véritable incitation à la révolte.* SYN. encouragement.

inciter **v.** (CONJUG. 3). Pousser quelqu'un à faire quelque chose, lui donner l'idée de le faire. *Je vous incite vivement à suivre son exemple.* SYN. encourager, engager, inviter.

inclassable **adj.** Qu'on ne peut pas classer. *Ce film n'est ni un film policier ni un film d'espionnage, il est inclassable.*

inclinable **adj.** Qui peut s'incliner. *Une table de travail inclinable. Un fauteuil à dossier inclinable.*

inclinaison **n.f.** Le fait d'être incliné, de ne pas être horizontal. *L'inclinaison d'un toit.* SYN. déclivité, pente. *Au cours de la rotation de la Terre sur elle-même, l'axe des pôles conserve toujours la même inclinaison, ce qui explique la succession des saisons.*
▸ REM. Ne pas confondre avec *inclination*.

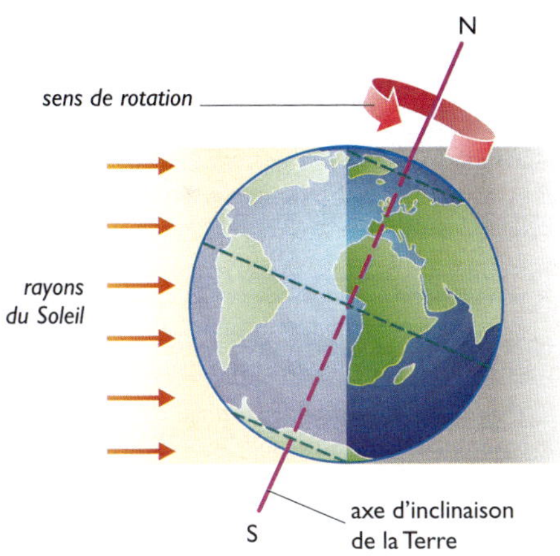

axe d'**inclinaison** de la Terre lors de sa rotation

inclination **n.f.** ❶ Goût, penchant que l'on a pour quelque chose. *Pierre a une forte inclination pour les voyages.* ❷ Geste qui consiste à incliner la tête ou le corps pour marquer son approbation ou son respect.
▸ REM. Ne pas confondre avec *inclinaison*.

incliner **v.** (CONJUG. 3). ❶ Faire pencher dans un sens. *Le vent inclinait la cime des peupliers.* SYN. courber. ❷ Avoir tendance à faire quelque chose ; être enclin à telle action. *J'incline à penser maintenant que ta solution est la meilleure* (= je penche pour ta solution). ◆ **s'incliner** **v.pron.** ❶ Se pencher, se courber, par respect. *Il s'inclina légèrement pour saluer son*

a b c d e f g h i j k l m n o p q r s t u v w x y z

maître. ❷ S'avouer vaincu, renoncer à la lutte. *Tu es le plus fort, je m'incline.*
▸ REM. Au sens 2, ce verbe appartient à la langue soutenue.

inclure **incluant, inclus v.** (CONJUG. **58**). ❶ Ajouter un élément dans un ensemble. *J'inclus votre nom dans la liste.* CONTR. exclure. ❷ Contenir, comprendre. *Le prix du billet inclut l'adhésion au ciné-club.*
HISTOIRE DU MOT Vient du latin *claudere* qui signifie « enfermer ».

inclus, e adj. Qui est contenu, compris dans un ensemble. *Pour demain, vous lirez le début de la leçon, jusqu'au troisième paragraphe inclus.*

inclusion n.f. Le fait d'inclure ou d'être inclus dans quelque chose.

incognito adv. Sans révéler sa véritable identité. *Le ministre a visité l'exposition incognito.* ◆ **n.m.** ● **Garder l'incognito :** cacher son identité, rester anonyme.
HISTOIRE DU MOT C'est un mot italien qui signifie « inconnu ».

incohérence n.f. ❶ Manque de cohérence, de logique. *L'incohérence d'un enchaînement d'idées.* CONTR. logique. ❷ Chose incohérente. *Je ne peux pas croire à son explication, elle est pleine d'incohérences.*

incohérent, e adj. Qui manque de logique, de cohérence et qui est donc difficile à comprendre. *L'homme tenait des propos incohérents en faisant de grands gestes.* SYN. décousu.

incollable adj. ❶ *Du riz incollable* ne colle pas à la cuisson. ❷ (Familier) *Une personne incollable* est capable de répondre à toutes les questions. *Elle est incollable en géographie.*

incolore adj. Qui n'est pas coloré. *L'eau est un liquide incolore.*

incomber v. (CONJUG. **3**). Être du ressort de quelqu'un, devoir être fait par lui. *C'est au président de la République qu'il incombe d'accorder la grâce à un condamné.*
HISTOIRE DU MOT Vient du latin *incumbere* qui signifie « peser sur ».

incombustible adj. Qui ne brûle pas.

incommensurable adj. Si grand que l'on ne peut pas le mesurer, l'évaluer. *Un chagrin incommensurable.* SYN. illimité, immense.
▸ REM. Ce mot appartient à la langue soutenue.
HISTOIRE DU MOT Vient du latin *mensura* qui signifie « mesure » et que l'on retrouve dans *mensuration.*

incommodant, e adj. Qui incommode. *Il régnait dans la pièce une chaleur incommodante.* SYN. désagréable, gênant.

incommoder v. (CONJUG. **3**). Causer une gêne, un malaise physiques. *L'odeur du tabac m'incommode.* SYN. déranger, gêner, indisposer.

incomparable adj. Qui est sans pareil, sans égal. *Un tableau d'une beauté incomparable.* SYN. admirable, exceptionnel, inégalable.

incomparablement adv. Sans comparaison possible. *Il est incomparablement plus intelligent que sa sœur.* SYN. beaucoup, infiniment.

incompatibilité n.f. Impossibilité de s'accorder, d'aller ensemble. *Il y a incompatibilité d'humeur entre eux. L'incompatibilité de certains groupes sanguins.*

incompatible adj. Que l'on ne peut pas concilier avec autre chose, qui n'est pas compatible. *Sa soif d'aventure est incompatible avec sa vie de famille.* SYN. inconciliable.

incompétence n.f. Le fait d'être incompétent. *Je reconnais mon incompétence dans ce domaine.* SYN. ignorance. CONTR. compétence. *Employé renvoyé pour incompétence.* SYN. incapacité.

incompétent, e adj. Qui n'a pas les connaissances ou l'expérience nécessaires pour faire quelque chose. *Pierre est incompétent en mécanique.* CONTR. compétent.

incomplet, ète adj. Auquel il manque quelque chose, qui n'est pas complet. *Une collection de disques incomplète.* SYN. inachevé, partiel.

incomplètement adv. De façon incomplète, sans aller jusqu'au bout. *Les bûches se sont incomplètement consumées.* CONTR. totalement.

incompréhensible adj. Impossible ou très difficile à comprendre. *Ce que tu dis est incompréhensible, peux-tu parler moins vite et articuler ?* SYN. inintelligible. CONTR. clair, compréhensible. *Sa conduite est incompréhensible.* SYN. bizarre, déconcertant.

incompréhension n.f. Le fait de ne pas pouvoir ou de ne pas vouloir comprendre. *Sa mauvaise note est due à une totale incompréhension du sujet.*

incompressible adj. Difficile ou impossible à réduire. *Des dépenses incompressibles.* CONTR. compressible.

incompris, e adj. Qui est ou se sent mal compris, pas apprécié à sa juste valeur. *Le poète Rimbaud a été incompris de ses contemporains.* CONTR. reconnu.

inconcevable adj. ❶ Qu'on ne peut pas concevoir, imaginer. *Une telle invention était inconcevable il y a un siècle.* SYN. impossible, inimaginable. ❷ Qu'on ne peut admettre, tolérer. *Il est inconcevable que tu ne te sois pas excusé.* SYN. impensable, inouï.

inconciliable adj. Qui ne peut se concilier, s'accorder avec autre chose. *La justice et la loi du plus fort sont deux principes inconciliables.* SYN. incompatible.

inconditionnel, elle adj. et **n.** Qui ne fait aucune réserve sur ce qu'il aime. *Un admirateur inconditionnel de Charlie Chaplin.* ◆ **adj.** Qui ne dépend d'aucune condition. *Nous lui avons promis une aide inconditionnelle.*

inconfortable adj. Qui manque de confort. *Des sièges inconfortables.*

incongru, e **adj.** Qui n'est pas convenable, qui ne devrait pas être fait. *Sa remarque incongrue a choqué tout le monde.* SYN. déplacé, inconvenant.

HISTOIRE DU MOT Vient du latin *incongruus* qui signifie « qui ne convient pas ».

incongruité **n.f.** Geste ou parole incongrus.

inconnu, e **adj.** ❶ Que l'on ne connaît pas. *Les causes de l'accident restent inconnues. Christophe Colomb partit vers des terres inconnues.* SYN. inexploré. ❷ Qui n'est pas célèbre. *C'est un auteur inconnu.* CONTR. reconnu, réputé. ◆ **n.** Personne que l'on n'avait jamais rencontrée auparavant. *Être abordé dans la rue par un inconnu.* SYN. étranger.

inconnue **n.f.** ❶ Ce que l'on ignore, que l'on ne peut pas prévoir à l'avance. *La mission comportait beaucoup d'inconnues.* ❷ En mathématique, quantité qu'il s'agit de déterminer dans une équation et qui est généralement représentée par une lettre.

inconsciemment **adv.** De façon inconsciente, sans réfléchir. *Inconsciemment, il a allumé la lumière.* SYN. machinalement. CONTR. intentionnellement, volontairement.

inconscience **n.f.** ❶ État d'une personne sans connaissance, sans lucidité. ❷ Manque de jugement, fait d'agir sans réfléchir aux conséquences de ses actes. *Laisser un enfant jouer avec une boîte d'allumettes, c'est de l'inconscience.* SYN. folie.

inconscient, e **adj.** ❶ Qui a perdu connaissance. *Le blessé gisait, inconscient.* SYN. évanoui. ❷ Que l'on fait sans en avoir conscience. *Un geste inconscient.* SYN. automatique, machinal. ◆ **adj.** et **n.** Qui ne se rend pas bien compte de ce qu'il fait, qui fait preuve d'inconscience. *Être inconscient du danger. Regardez cet inconscient qui sort en chemise par un tel froid !*

inconséquent, e **adj.** Qui manque de suite dans les idées, qui agit à la légère. *Quel personnage inconséquent ! Il fait toujours le contraire de ce qu'il dit !* SYN. illogique.

inconsidéré, e **adj.** Que l'on fait sans réfléchir, dont on n'a pas bien considéré les conséquences. *Une demande inconsidérée.* SYN. irréfléchi, maladroit.

inconsidérément **adv.** De façon inconsidérée, en agissant à la légère, étourdiment. SYN. légèrement.

inconsistant, e **adj.** Qui manque de logique, de profondeur, de sérieux. *Une argumentation inconsistante* (= qui n'a pas de poids). *Les personnages de ce roman sont inconsistants* (= sans personnalité).

inconsolable **adj.** Trop triste pour être consolé ou réconforté. *Depuis la disparition de son mari, elle est inconsolable.*

inconstance **n.f.** Tendance à changer facilement d'opinion, de sentiment, de conduite. *L'inconstance de l'opinion publique.* SYN. instabilité, légèreté. CONTR. constance.

inconstant, e **adj.** Qui change souvent d'idée, d'envie, etc. *Un homme inconstant en amour* (= infidèle, léger, volage). CONTR. fidèle.

incontestable **adj.** Qu'on ne peut pas contester, mettre en doute. *Cette lettre est la preuve incontestable de sa culpabilité.* SYN. indéniable, indiscutable.

incontestablement **adv.** Sans aucun doute possible. *C'est incontestablement plus court en passant par ici.* SYN. indéniablement, indiscutablement.

incontrôlable **adj.** Qu'on ne peut pas contrôler. *Son témoignage est incontrôlable.* SYN. invérifiable.

inconvenant, e **adj.** Qui ne respecte pas les convenances, les bonnes manières. *C'est inconvenant de rire dans de telles circonstances.* SYN. déplacé, impoli, incorrect. *Des propos inconvenants.* SYN. choquant, grossier, indécent. CONTR. correct.

inconvénient **n.m.** Chose, fait, élément qui posent un problème. *Cette maison a beaucoup d'avantages ; le seul inconvénient, c'est qu'elle est difficile à chauffer.* SYN. ennui, défaut. CONTR. qualité. *Je n'y vois pas d'inconvénient.* SYN. objection.

incorporation **n.f.** ❶ L'action d'incorporer une matière. *L'incorporation d'une poudre.* ❷ L'action de faire entrer dans un groupe. *L'incorporation des réfugiés dans la population locale a été difficile.*

incorporer **v.** (CONJUG. **3**). ❶ Mêler une substance à une autre de façon à former un tout homogène. *Incorporez les jaunes d'œufs à la farine en battant avec le fouet.* ❷ Intégrer un élément dans un ensemble. ❸ *Être incorporé dans un régiment*, c'est entrer dans ce régiment comme soldat.

HISTOIRE DU MOT Vient du latin *corpus, corporis* qui signifie « corps ».

incorrect, e **adj.** ❶ Qui comporte des erreurs. *Une prononciation incorrecte.* SYN. erroné, fautif. CONTR. correct, exact. ❷ Qui est contraire aux règles de la politesse, de la correction. *Il a été incorrect avec son professeur.* SYN. grossier, impoli.

incorrection **n.f.** ❶ Faute de grammaire ou de style. *Relis ta phrase, elle contient plusieurs incorrections.* ❷ Attitude impolie. *Il parle la bouche pleine, quelle incorrection !* SYN. grossièreté.

incorrigible **adj.** Qui persiste dans ses défauts, qu'on ne peut pas corriger. *Encore en retard, tu es incorrigible ! Sa paresse est incorrigible.*

incorruptible **adj.** et **n.** Qui ne se laisse pas corrompre, acheter. *Un juge, un policier incorruptibles.* SYN. honnête, intègre. CONTR. corrompu.

incrédule **adj.** et **n.** ❶ Qui met en doute les croyances religieuses. ❷ Qui ne se laisse pas facilement convaincre. *À l'annonce de la nouvelle, il resta incrédule.* SYN. méfiant, sceptique.

HISTOIRE DU MOT Vient du latin *credere* qui signifie « croire ».

incrédulité **n.f.** Attitude, caractère d'une personne incrédule. *Il eut un sourire d'incrédulité.* SYN. méfiance, scepticisme. CONTR. crédulité.

a b c d e f g h i j k l m n o p q r s t u v w x y z

A B C D E F G H I J K L M N O P Q R S T U V W X Y Z

increvable **adj.** (Familier) Très résistant. *Ton père est increvable.* SYN. infatigable. *Des chaussures increvables* (= qui ne s'usent pas).

incriminer **v.** (CONJUG. 3). Mettre en cause, rendre responsable d'un méfait. *Ce n'est pas lui qui a fait cela, vous l'incriminez à tort.* SYN. accuser, blâmer.

HISTOIRE DU MOT Vient du latin *crimen* qui signifie « accusation ».

incroyable **adj.** ❶ Difficile à croire. *C'est une histoire incroyable !* SYN. invraisemblable. ❷ Extraordinaire, hors du commun. *Vous avez eu une chance incroyable !* SYN. étonnant, fantastique, inouï.

incroyablement **adv.** De manière incroyable ; extraordinairement. *Marie ressemble incroyablement à sa sœur.*

incroyant, e **adj.** et **n.** Qui ne croit pas en Dieu. *Le nombre des incroyants augmente aujourd'hui.* SYN. athée.

incrustation **n.f.** Action d'incruster ; ce qui est incrusté. *Un coffret d'ébène avec des incrustations de nacre.*

pendentif avec des **incrustations** de turquoise

incruster **v.** (CONJUG. 3). Insérer dans une matière des éléments décoratifs d'une autre matière. *Un manche de poignard incrusté d'ivoire.*

HISTOIRE DU MOT Vient du latin *crusta* qui signifie « croûte ».

incubation **n.f.** ❶ Temps pendant lequel des œufs sont couvés et qui précède l'éclosion. ❷ *La période d'incubation d'une maladie infectieuse* est le temps qui s'écoule entre le moment où l'on est contaminé et celui où les premiers symptômes apparaissent. *La période d'incubation de la varicelle est de quatorze jours.*

inculpation **n.f.** Le fait d'inculper quelqu'un, de le mettre en examen. *Il a été arrêté sous l'inculpation d'escroquerie.*

inculpé, e **n.** Personne officiellement soupçonnée d'avoir commis un délit et qui est présentée à la justice. *La police vient de procéder à une perquisition au domicile de l'inculpé.*

inculper **v.** (CONJUG. 3). Déclarer une personne responsable d'un crime ou d'un délit, et la présenter à la justice. (On dit aujourd'hui *mettre en examen.*)

HISTOIRE DU MOT Vient du latin *culpa,* « faute ».

inculquer **v.** (CONJUG. 3). Enseigner avec force quelque chose à quelqu'un, l'imprimer dans son esprit. *Inculquer des principes moraux à ses enfants.* SYN. apprendre.

HISTOIRE DU MOT Vient du latin *inculcare* qui signifie « fouler, faire pénétrer en tassant avec le pied » (de *calx* qui signifie « talon »).

inculte **adj.** ❶ Qui n'est pas cultivé. *Des terres incultes.* SYN. en friche. CONTR. cultivé. ❷ Qui manque de savoir, de culture intellectuelle. *Jean est inculte, il ne lit pas du tout.* SYN. ignare, ignorant. CONTR. cultivé.

incurable **adj.** ❶ Qu'on ne peut pas guérir. *Une maladie incurable. Un malade incurable.* ❷ *Un défaut incurable* est un défaut dont on ne parvient pas à se défaire.

HISTOIRE DU MOT Vient du latin *cura,* « soin ».

incursion **n.f.** ❶ Action d'une troupe armée qui pénètre pour une courte durée dans un territoire. *Nos troupes ont fait une incursion en territoire ennemi.* SYN. raid. ❷ Le fait d'entrer sans prévenir dans un lieu où on n'est pas attendu, souvent en dérangeant. *Les manifestants ont fait une incursion dans le bureau du directeur.*

HISTOIRE DU MOT Vient du latin *incurrere* qui signifie « faire irruption ».

incurvé, e **adj.** Qui présente une ou des courbes. *Un fauteuil aux pieds incurvés.*

indécence **n.f.** Caractère de ce qui est indécent, de ce qui choque. *L'indécence de ses propos nous a tous scandalisés.*

indécent, e **adj.** ❶ Qui heurte la pudeur. *Sa tenue est indécente.* SYN. impudique. CONTR. correct, décent. ❷ Qui est contraire à la morale. *C'est indécent de gaspiller de la nourriture.* SYN. choquant, scandaleux.

indéchiffrable **adj.** Qu'on ne peut pas déchiffrer, lire. *Le manuscrit était indéchiffrable.* SYN. illisible.

indécis, e **adj.** et **n.** Qui n'arrive pas à se décider. *Nous attendions sa réponse, mais il était indécis et ne disait rien.* SYN. hésitant, irrésolu, perplexe.

indécision **n.f.** État ou caractère d'une personne indécise. SYN. doute, hésitation, irrésolution.

indéfectible **adj.** *Un sentiment indéfectible* dure toujours, sans que rien ne puisse le détruire. SYN. éternel. CONTR. éphémère.

HISTOIRE DU MOT Vient du latin *deficere* qui signifie « faire défaut ».

toit **incurvé** d'un temple chinois

indéfendable **adj.** Qui est inexcusable, qu'on ne peut pas justifier. *C'est une manière d'agir indéfendable.* SYN. inadmissible, injustifiable.

indéfini, e **adj.** ❶ Qu'on a du mal à définir avec précision. *Un sentiment indéfini l'envahit soudain.* ❷ En grammaire, se dit d'un mot (article, adjectif, pronom) qui se rapporte à une personne, à une chose ou à une quantité indéterminées. → VOIR AUSSI **défini.**

indéfiniment **adv.** Sans cesse. *C'est fatigant de l'entendre répéter indéfiniment les mêmes histoires.* SYN. éternellement.

indéfinissable **adj.** Qu'on a du mal à définir, dont on ne peut pas préciser la nature. *Son manteau est d'une couleur indéfinissable.* SYN. imprécis, vague. CONTR. précis. *Un sourire indéfinissable.* SYN. étrange, mystérieux.

indéformable **adj.** Qui ne peut pas se déformer. *Un plissé indéformable.*

indélébile **adj.** ❶ Qui ne s'efface pas. *Encre indélébile.* SYN. ineffaçable. ❷ Que l'on ne peut pas effacer de sa mémoire. *Certains souvenirs sont indélébiles.* SYN. impérissable.

HISTOIRE DU MOT Vient du latin *delere* qui signifie « effacer ».

indélicat, e **adj.** Qui manque d'honnêteté. *Une caissière indélicate.* SYN. malhonnête.

indélicatesse **n.f.** ❶ Acte qui montre un manque de tact, de politesse. *Écouter aux portes est une indélicatesse.* ❷ Acte ou procédé malhonnête. *La comptable avait commis des indélicatesses.* SYN. malhonnêteté.

indemne **adj.** Qui n'a pas été blessé, touché dans un accident. *Il est sorti indemne de la voiture.* SYN. sain et sauf.

HISTOIRE DU MOT Vient du latin *damnum* qui signifie « dommage ».

indemnisation **n.f.** Action d'indemniser ; somme versée pour indemniser. *Le gouvernement a promis une indemnisation aux victimes de l'inondation.* SYN. dédommagement.

indemniser **v.** (CONJUG. 3). Verser une indemnité, une compensation en argent pour un dommage subi. *La victime de l'accident va être indemnisée.* SYN. dédommager.

indemnité **n.f.** ❶ Somme d'argent versée à quelqu'un pour réparer le dommage qu'il a subi. *Elle a touché des indemnités de licenciement.* SYN. compensation, dédommagement. ❷ Somme d'argent versée pour rembourser certains frais. *Avoir droit à des indemnités de logement.* SYN. allocation.

indéniable **adj.** Que l'on ne peut pas mettre en doute. *Il est indéniable qu'il a fait de grands progrès.* SYN. incontestable, indiscutable.

indéniablement **adv.** Sans l'ombre d'un doute, incontestablement. *C'est lui qui a raison, indéniablement.* SYN. indiscutablement, indubitablement.

indénombrable **adj.** Qu'on ne peut pas dénombrer, compter. *Il y avait une foule immense, indénombrable.*

indépendamment **adv.** ❶ Sans tenir compte de telle ou telle chose. *Indépendamment du travail, la chance compte beaucoup.* ❷ En plus de. *Indépendamment de son salaire, il touche des revenus de ses propriétés.* SYN. outre.

indépendance **n.f.** ❶ Le fait d'être indépendant, de décider librement de ses actes. *Maintenant qu'elle est étudiante, elle souhaite plus d'indépendance.* SYN. autonomie, liberté. ❷ Situation d'un pays, d'un peuple qui ne dépendent pas d'un autre État, qui sont libres. *La Côte d'Ivoire a accédé à l'indépendance en 1960.* SYN. autonomie, souveraineté.

indépendant, e **adj.** ❶ Qui ne dépend pas d'autres personnes ; qui aime se sentir libre. *Maintenant qu'il a un travail, il est indépendant.* CONTR. dépendant. *Une femme indépendante.* CONTR. soumis. ❷ Qui n'est pas soumis à un autre pays, qui a son indépendance. *L'Algérie est devenue indépendante en 1962.* ❸ Qui est sans rapport avec autre chose, qui en est distinct. *Pour des raisons indépendantes de notre volonté, nous n'avons pas pu venir.* ❹ *Une chambre indépendante* ne communique pas avec les autres pièces du logement et a une entrée particulière. • **Proposition indépendante :** en grammaire, proposition qui ne dépend d'aucune autre et dont aucune autre ne dépend. *« Je viens tout de suite » est une proposition indépendante.*

indépendantiste **n.** et **adj.** Partisan de l'indépendance politique d'une région, d'un pays, d'un peuple. *Les indépendantistes du Québec.*

indéracinable **adj.** Qu'on ne peut pas enlever, extirper. *Des préjugés indéracinables.*

indescriptible **adj.** Impossible à décrire. *Il régnait dans cette pièce un fouillis indescriptible.*

indésirable **adj.** et **n.** Qu'on ne souhaite pas, qui n'est pas le bienvenu. *Je compris vite que ma présence était indésirable.* SYN. inopportun. *Éloigner les indésirables.*

indestructible **adj.** Que rien ne peut détruire. *Une amitié indestructible.* SYN. impérissable.

indéterminé, e **adj.** Qui n'est pas fixé précisément. *Il y aura une autre réunion, mais à une date indéterminée.*

index **n.m.** ❶ Le doigt de la main le plus proche du pouce, celui avec lequel on montre, on indique. *« Vous là-bas », me dit-il, en pointant vers moi son index.* ❷ Liste alphabétique de termes cités dans un ouvrage avec l'indication du numéro de la page où ils se trouvent. *Un atlas avec un index.*

HISTOIRE DU MOT C'est un mot latin qui signifie « indicateur ».

indexer **v.** (CONJUG. 3). Mettre dans un index. *Indexer les noms qui se trouvent sur une carte.*

A B C D E F G H I J K L M N O P Q R S T U V W X Y Z

1 indicateur, trice **adj.** *Un poteau indicateur* montre le chemin, indique la direction. ◆ **indicateur** **n.m.** ❶ Brochure fournissant des renseignements. *Un indicateur des rues de Paris.* SYN. guide. ❷ Ce qui fournit des indications sur un phénomène quelconque. *L'indicateur de vitesse d'une voiture.*

panneau indicateur

2 indicateur, trice **n.** Personne qui renseigne la police en échange d'argent ou d'un privilège.
▸ REM. On dit *indic* dans la langue familière.

1 indicatif, ive **adj.** • **À titre indicatif :** pour donner une idée de quelque chose. *Voici quelques prix à titre indicatif* (= pour vous servir de repère). ◆ **indicatif** **n.m.** ❶ Groupe de chiffres qui permettent d'identifier un pays, une zone géographique, une ville, dans un numéro de téléphone. ❷ Petit air de musique qui annonce le début d'une émission de radio ou de télévision.

2 indicatif **n.m.** En grammaire, mode du verbe qui exprime la réalisation d'une action, l'existence d'un fait.

indication **n.f.** Ce qui informe sur quelque chose. *J'ai trouvé facilement grâce à ses indications.* SYN. renseignement. *Pour mettre en route l'appareil, suivez les indications inscrites au dos de la boîte.* SYN. directive, instruction.

indice **n.m.** ❶ Signe qui indique quelque chose. *Elle tremble, c'est un indice de sa timidité.* SYN. marque, preuve. *La police recherche des indices.* ❷ *L'indice d'écoute*, c'est le nombre de personnes, évalué en pourcentage, qui ont écouté ou regardé une émission à un moment précis. • **L'indice de développement humain** (ou **I.D.H.**) **:** nombre décimal compris entre 0 et 1 attribué à un pays et qui permet de comparer les conditions de vie entre les pays.

ENCYCLOPÉDIE L'indice de développement humain prend en compte l'espérance de vie, l'accès à l'éducation, les biens et services par habitant réalisés par les entreprises sur le territoire national. Les pays qui ont un indice de développement humain proche de 1 ont un niveau de vie élevé.

indicible **adj.** Qu'on ne saurait exprimer. *Une joie indicible.* SYN. ineffable, inexprimable.
▸ REM. Ce mot appartient à la langue soutenue.

HISTOIRE DU MOT Vient du latin *dicere* qui signifie « dire ».

indien, enne **adj.** et **n.** ❶ De l'Inde. *Le Gange est un fleuve indien.* ❷ Qui concerne les premiers habitants de l'Amérique, avant l'arrivée des Européens (on dit aussi *amérindien*). *Les rites indiens. Les Apaches, les Iroquois, les Cheyennes, les Sioux sont des Indiens.*
▸ REM. 1. Quand il désigne une personne, le mot prend une majuscule : *un Indien, une Indienne.* 2. Au sens 1, ne pas confondre avec *hindou*.

indifféremment **adv.** Sans faire de différence. *Il se sert indifféremment de sa main droite ou de sa main gauche.*

indifférence **n.f.** L'attitude d'une personne indifférente, que rien ne touche. *Regarder un spectacle avec indifférence.* CONTR. intérêt.

indifférent, e **adj.** ❶ Sans importance, ni dans un sens, ni dans un autre. *Que tu passes par la rue ou par le boulevard, c'est indifférent, tu arrives de toute façon à la poste* (= cela ne fait pas de différence, c'est égal). ❷ Qui n'est ni touché, ni ému, ni même intéressé par quelque chose ou quelqu'un. *Être indifférent à la misère humaine. La pièce avait l'air de les laisser indifférents.*

HISTOIRE DU MOT Vient du latin *indifferens* qui signifie « ni bon ni mauvais ».

indifférer **v.** (CONJUG. 9, ✎ *10*). Laisser parfaitement indifférent. *Tu peux faire ce que tu veux, cela m'indiffère.*

indigence **n.f.** Pauvreté extrême, misère. *Vivre dans l'indigence.* SYN. dénuement.

HISTOIRE DU MOT Vient du latin *indigentia* qui signifie « besoin ».

indigène **adj.** et **n.** Qui est né dans le pays où il vit. *La population indigène d'un pays.* SYN. autochtone.

indigent, e **n.** et **adj.** Personne qui vit dans la plus grande pauvreté, dans l'indigence. *Une association qui vient en aide aux indigents.* SYN. miséreux, nécessiteux, pauvre.
▸ REM. Ce mot appartient à la langue soutenue.

indigeste **adj.** ❶ Très difficile à digérer. *Une nourriture indigeste.* SYN. lourd. ❷ Au figuré, très difficile à lire, à comprendre. *Un roman indigeste.*

indigestion **n.f.** ❶ Malaise dû à une mauvaise digestion et qui peut provoquer des vomissements.

musiciens indiens

❷ (Familier) *Avoir une indigestion de quelque chose*, c'est en avoir tellement vu, lu ou entendu qu'on en est dégoûté. *Une indigestion de romans policiers !*

indignation **n.f.** Sentiment de colère que l'on éprouve face à une chose injuste ou malhonnête. *On l'a accusée à tort, je comprends son indignation.* SYN. révolte.

indigne **adj.** ❶ Qui ne mérite pas quelque chose, qui n'en est pas digne. *Il est indigne de ta confiance.* ❷ Que l'on juge méprisable, honteux. *Ils se sont conduits de façon indigne.* SYN. déshonorant, odieux, scandaleux.

indigné, e **adj.** Qui exprime l'indignation. *Des regards indignés.* SYN. outré.

indigner **v.** (CONJUG. 3). Faire naître un sentiment d'indignation. *Tant de lâcheté et d'hypocrisie nous indignait.* SYN. révolter, scandaliser.

indigo **adj.invar.** et **n.m.** D'une couleur bleu foncé, légèrement violacée. *La mer avait des reflets indigo. L'indigo est une des couleurs de l'arc-en-ciel.*

HISTOIRE DU MOT Vient du latin *indicum* qui signifie « de l'Inde » où un arbuste fournissait autrefois une teinture de cette couleur.

indiqué, e **adj.** Qui convient à la situation, qui est adapté. *Un séjour à la montagne est tout indiqué en cas de fatigue.* SYN. conseillé, recommandé. CONTR. contre-indiqué.

indiquer **v.** (CONJUG. 3). ❶ Faire voir, montrer. *Elle lui indiqua du doigt la bonne porte de l'immeuble.* SYN. désigner. *Le tableau d'affichage indique les horaires de départ des trains.* SYN. donner. ❷ Faire connaître. *C'est mon collègue qui m'a indiqué ce restaurant.* SYN. recommander, signaler. ❸ Être le signe de quelque chose, le révéler. *Tout indique qu'ils se sont battus.* SYN. montrer, prouver.

indirect, e **adj.** ❶ Qui ne va pas droit au but, qui fait des détours. *Un chemin indirect.* CONTR. direct. *Une critique indirecte.* SYN. détourné. CONTR. franc. ❷ En grammaire, une *construction indirecte* est introduite par une préposition. *Complément d'objet indirect.* CONTR. direct.

indirectement **adv.** De façon indirecte, détournée. *J'ai appris son mariage indirectement* (= ce n'est pas lui qui me l'a annoncé).

indiscipline **n.f.** Le fait de ne pas respecter les règles de discipline. *Il a été renvoyé pour indiscipline.* SYN. désobéissance. CONTR. obéissance.

indiscipliné, e **adj.** ❶ Qui refuse d'obéir, de se soumettre à la discipline. *Un élève indiscipliné.* SYN. désobéissant, dissipé. CONTR. discipliné, obéissant. ❷ *Des cheveux indisciplinés* sont difficiles à coiffer.

indiscret, ète **adj.** ❶ Qui manque de discrétion, qui cherche à savoir ce que l'on ne tient pas à dire. *Cesse de poser des questions indiscrètes.* SYN. déplacé, importun. ❷ Qui divulgue ce qui aurait dû rester secret. *Des collègues indiscrets ont tout répété.* SYN. bavard. CONTR. discret.

indiscrétion **n.f.** Manque de discrétion. *Il écoute aux portes, quelle indiscrétion !* CONTR. discrétion. *C'est par l'indiscrétion d'un voisin que l'on a appris ce qui s'était passé.* SYN. bavardage. • **Sans indiscrétion** : s'emploie pour introduire une question très personnelle. *Sans indiscrétion, quel âge avez-vous ?*

indiscutable **adj.** Dont on ne peut douter, qu'on ne peut discuter. *Une supériorité indiscutable.* SYN. incontestable. CONTR. discutable, douteux. *Voici une preuve indiscutable.* SYN. indéniable, irrécusable.

indiscutablement **adv.** Sans l'ombre d'un doute, de toute évidence. *Il est indiscutablement le plus fort.* SYN. incontestablement, indéniablement.

indispensable **adj.** Dont on ne peut pas se passer. *Les livres sont indispensables pour apprendre. Il est indispensable que tu saches parfaitement cette règle.* SYN. essentiel, nécessaire. CONTR. inutile, superflu.

indisponibilité **n.f.** Le fait d'être indisponible, de n'être pas libre.

indisponible **adj.** Qui n'est pas disponible. *J'ai un rendez-vous urgent, je serai indisponible toute la matinée.* SYN. occupé, pris. CONTR. disponible, libre.

indisposé, e **adj.** Un peu malade. SYN. souffrant.

indisposer **v.** (CONJUG. 3). ❶ Rendre légèrement malade, causer un malaise. *Cette odeur de moisi m'indispose.* SYN. incommoder. ❷ Mécontenter une personne, la mettre dans de mauvaises dispositions. *Tu indisposes tout le monde avec tes questions.*
▸ REM. Ce mot appartient à la langue soutenue.

indisposition **n.f.** État d'une personne indisposée. *Il ne viendra pas, il souffre d'une légère indisposition.*
▸ REM. Ce mot appartient à la langue soutenue ou administrative.

indissociable **adj.** Que l'on ne peut pas séparer, dissocier. *Ces deux questions sont indissociables.*

indissoluble **adj.** Qui ne peut être dissous, défait. *Leur amitié est indissoluble.* SYN. indestructible.

indistinct, e **adj.** Qu'on a du mal à distinguer, qui est un peu confus. *On n'apercevait que des formes indistinctes dans le brouillard.* SYN. flou. CONTR. distinct, net.

indistinctement **adv.** ❶ De façon indistincte, sans netteté. *Je voyais indistinctement son visage dans le contre-jour.* SYN. confusément, vaguement. ❷ Sans faire de différence. *Je vais m'adresser à vous tous, indistinctement, quels que soient votre âge, votre profession...* SYN. indifféremment.

individu **n.m.** ❶ Être humain envisagé comme personne unique, par opposition à un *groupe*, à une *collectivité*. *Les droits de l'individu ne sont pas respectés dans de nombreux pays.* SYN. homme, personne. ❷ Homme que l'on ne connaît pas ou dont on parle avec mépris. *Quel est l'individu qui te parlait tout à l'heure ?* SYN. personnage. *C'est un drôle d'individu.* SYN. type. ❸ Chaque être vivant

A B C D E F G H I J K L M N O P Q R S T U V W X Y Z

d'une espèce animale ou végétale. *Une fourmilière se compose de milliers d'individus.*

HISTOIRE DU MOT Vient du latin *individuum* qui signifie « indivisible ».

individualiser v. (CONJUG. 3). Personnaliser, adapter à chaque individu.

individualisme n.m. Tendance à considérer que l'individu est plus important que le groupe et donc que chaque individu doit agir dans son propre intérêt. *Il n'a jamais voulu adhérer à un parti politique ni à un syndicat, par individualisme.* SYN. indépendance.

individualiste adj. et n. Qui fait preuve d'individualisme. *Elle n'aime pas travailler en équipe, elle est trop individualiste.* SYN. indépendant.

individualité n.f. Caractère unique, original. *Chaque région a son individualité propre.* SYN. originalité.

individuel, elle adj. Qui concerne une seule personne, un seul individu. *Le respect des libertés individuelles.* CONTR. collectif. *Il ne faut pas généraliser, c'est un cas individuel.* SYN. isolé, unique. CONTR. général.

individuellement adv. À part, séparément. *Pris individuellement, ces garçons sont sympathiques, mais, en groupe, ils sont infernaux.* SYN. séparément. CONTR. ensemble.

indivisible adj. Qu'on ne peut pas diviser, séparer. *Ils étaient quatre amis et formaient un bloc indivisible.* SYN. indissoluble, uni.

indocile adj. Qui n'obéit pas facilement. *Un garçon indocile.* SYN. rebelle. CONTR. docile.

indo-européen, enne adj. et n. (PLUR. : **indo-européens, ennes**). Se dit d'un groupe de langues auxquelles on attribue une origine commune et qui ont été parlées dès une époque ancienne à la fois en Europe et en Asie.

indolence n.f. Caractère indolent, tendance à la nonchalance.

indolent, e adj. Qui évite le moindre effort, qui agit avec lenteur et mollesse. *Des élèves indolents.* SYN. apathique, mou, nonchalant.

HISTOIRE DU MOT Vient du mot latin *indolens* qui signifie « qui ne souffre pas », de *dolere*, « souffrir ».

indolore adj. Qui ne fait pas mal. *Une piqûre indolore.* CONTR. douloureux.

indomptable adj. ❶ Qu'on ne peut pas dompter, dresser. *Un cheval indomptable.* ❷ Qui ne cède pas, dont on ne peut venir à bout. *Un caractère indomptable.* SYN. farouche, inflexible.

indonésien, enne adj. et n. D'Indonésie. *Les temples indonésiens.* ◆ **indonésien** n.m. Langue parlée en Indonésie.
▸ REM. Quand il désigne une personne, le mot prend une majuscule : *un Indonésien, une Indonésienne.*

indu, e adj. • **Heure indue :** heure trop tardive ou trop matinale, à laquelle il n'est pas convenable de déranger les gens. *Il rentre toujours à des heures indues !*

indubitable adj. Que l'on ne peut pas mettre en doute. *C'est la preuve indubitable que tu as menti.* SYN. incontestable, indiscutable, irréfutable.

indubitablement adv. Sans aucun doute. *C'est indubitablement la meilleure solution.* SYN. assurément, incontestablement.

induire induisant, induit v. (CONJUG. 60). • **Induire en erreur :** amener quelqu'un à se tromper. *Ce panneau mal placé nous a induits en erreur.*
▸ REM. Ne pas confondre *induire* et *enduire*.

indulgence n.f. Le fait d'être indulgent. *L'avocat a demandé l'indulgence du jury.* SYN. clémence, compréhension. CONTR. dureté, rigueur.

HISTOIRE DU MOT Vient du latin *indulgentia* qui signifie « remise d'une peine ».

indulgent, e adj. Qui pardonne facilement les fautes, les erreurs des autres. *Heureusement, ses parents sont indulgents.* SYN. compréhensif.

indûment, ✎ ***indument*** adv. Sans que rien n'y autorise, sans qu'on ait le droit de le faire. *Il se mêle indûment de mes affaires !* SYN. à tort. CONTR. à juste titre.
▸ REM. Ce mot appartient à la langue soutenue.

industrialisation n.f. Le fait de s'industrialiser. *L'industrialisation d'une région. L'industrialisation de l'agriculture.*

industrialisé, e adj. • **Pays industrialisés :** pays dont le développement industriel est important.

s'industrialiser v.pron. (CONJUG. 3). ❶ S'équiper en établissements industriels. *Une région, un pays qui s'industrialisent.* ❷ S'équiper en machines et s'organiser à la manière d'une industrie. *L'agriculture s'est industrialisée dans de très nombreux pays.*

industrialo-portuaire adj. (PLUR. : **industrialo-portuaires**). • **Zone industrialo-portuaire :** espace industriel aménagé pour traiter des produits livrés par bateau.

zone **industrialo-portuaire** (Marseille, France)

industrie **n.f.** L'ensemble des activités qui permettent de fabriquer en grande quantité des objets à partir de matières premières, ou d'exploiter massivement des ressources. *L'industrie automobile.*

HISTOIRE DU MOT Vient du latin *industria*, « activité ».

1 industriel, elle **adj.** ❶ Qui concerne l'industrie. *L'activité industrielle d'une région.* ❷ Où il y a beaucoup d'industries. *Vivre dans une région industrielle.* ❸ Qui est produit par l'industrie. *Du pain industriel.* CONTR. artisanal. • **Quantité industrielle :** très grande quantité.

2 industriel **n.m.** Propriétaire ou dirigeant d'une usine, d'un établissement industriel.

▶ REM. Au Canada, la forme féminine de ce mot est *industrielle.*

inébranlable **adj.** Qui ne se laisse pas influencer, qui reste ferme sur ses positions. *On ne peut le faire changer d'avis, il reste absolument inébranlable.* SYN. inflexible.

inédit, e **adj.** ❶ Qui n'a encore jamais été édité, publié. *Le manuscrit inédit d'un auteur.* ❷ Tout à fait nouveau, original. *On nous a présenté un procédé d'enregistrement inédit.*

ineffable **adj.** Si beau, si intense qu'on ne peut pas l'exprimer avec des mots. *Vivre un bonheur ineffable.* SYN. indicible, inexprimable.

HISTOIRE DU MOT Vient du latin *effari* qui signifie « dire, parler, fixer ». Ce mot appartenait à la langue des devins, des augures.

ineffaçable **adj.** Qu'on ne peut pas effacer. *Un souvenir ineffaçable.* SYN. indélébile, inoubliable.

inefficace **adj.** Qui ne produit pas d'effet. *Un remède inefficace. Un employé inefficace.* CONTR. efficace.

inefficacité **n.f.** Manque d'efficacité.

inégal, ale, aux **adj.** ❶ Qui n'est pas égal à quelque chose d'autre. *Des triangles aux côtés inégaux.* SYN. différent. CONTR. égal. ❷ Qui n'offre pas les mêmes chances ou les mêmes avantages à tous. *Le partage a été inégal.* CONTR. équitable. *C'est un combat inégal !* ❸ Qui n'est pas régulier, qui varie. *Une surface inégale.* SYN. accidenté. CONTR. lisse, uni. *Son travail est inégal.* SYN. irrégulier, variable.

inégalable **adj.** Que rien ne peut égaler. *Un tissu d'une qualité inégalable.* SYN. incomparable, unique.

inégalité **n.f.** ❶ Le fait d'être inégal, différent. *L'inégalité des salaires, des chances.* SYN. disparité. ❷ Élément inégal, irrégulier. *Des inégalités de terrain.* SYN. accident.

inélégant, e **adj.** Qui manque de délicatesse, de savoir-vivre. *Des procédés inélégants.* SYN. discourtois.

inéligible **adj.** Qui ne remplit pas les conditions nécessaires pour être candidat à une élection. CONTR. éligible.

inéluctable **adj.** Qu'on ne peut pas éviter ou empêcher. *Les freins de la voiture ont lâché, l'accident était inéluctable.* SYN. fatal, inévitable.

HISTOIRE DU MOT Vient du latin *eluctari* qui signifie « surmonter en luttant ».

inéluctablement **adv.** De façon inéluctable. SYN. immanquablement, inévitablement, inexorablement.

inénarrable **adj.** Si drôle, si cocasse qu'on ne peut pas le raconter. *Si vous aviez vu la tête qu'ils faisaient... c'était inénarrable !*

▶ REM. Attention aux deux *r*.

HISTOIRE DU MOT Vient du latin *enarrare*, « raconter en détail ».

inepte **adj.** Dénué de bon sens, absurde. *Il nous a raconté une histoire inepte.* SYN. bête, idiot, stupide.

HISTOIRE DU MOT Vient du latin *aptus* qui signifie « approprié ».

ineptie **n.f.** Caractère inepte, stupide de quelque chose ; parole stupide. *Son raisonnement était d'une totale ineptie.* CONTR. finesse, intelligence. *Dire des inepties.* SYN. idiotie, stupidité.

▶ REM. On prononce [inɛpsi].

inépuisable **adj.** ❶ Que l'on ne peut pas épuiser, qui paraît être sans fin. *Une source inépuisable.* SYN. intarissable. *Sa patience est inépuisable.* SYN. inlassable. ❷ *Être inépuisable sur un sujet*, c'est avoir beaucoup de choses à en dire, ne pas pouvoir s'arrêter d'en parler. *Il est inépuisable sur l'aviation.* SYN. intarissable.

inerte **adj.** Sans mouvement. *Il gisait inerte sur le bord de la route.* SYN. inanimé.

HISTOIRE DU MOT Vient du latin *iners, inertis* qui signifie « inactif, sans énergie ».

inertie **n.f.** Manque d'activité, d'énergie. *Rien ne peut la faire sortir de son inertie.* SYN. apathie, mollesse. CONTR. ardeur, entrain. • **Force d'inertie :** résistance que les objets opposent au mouvement et qui varie en fonction de leur poids ; et au figuré, résistance qu'une personne oppose à un ordre, à une obligation en refusant d'obéir.

▶ REM. On prononce [inɛrsi].

inespéré, e **adj.** Que l'on n'espérait plus. *C'est une victoire inespérée.* SYN. inattendu.

inestimable **adj.** Si précieux qu'on ne peut pas en dire le juste prix, la vraie valeur. *Un bijou d'une valeur inestimable. Vous m'avez rendu un service inestimable.* SYN. inappréciable.

inévitable **adj.** Qu'on ne peut pas éviter, qui arrive forcément. *Le bateau était trop chargé, le naufrage était inévitable.* SYN. fatal, inéluctable, obligatoire. *Et nous avons eu droit à son inévitable gag.* SYN. habituel.

inévitablement **adv.** D'une manière inévitable. SYN. immanquablement.

inexact, e **adj.** ❶ Qui est faux ou qui contient des erreurs, des inexactitudes. *Refais ton calcul, il est inexact.* SYN. erroné. CONTR. juste. *Certains détails de ce compte rendu sont inexacts.* SYN. incorrect. ❷ Qui n'est pas à l'heure. *C'est très rare qu'il soit inexact à un rendez-vous.* CONTR. ponctuel.

inexactitude **n.f.** ❶ Ce qui est inexact. *Corriger les inexactitudes d'un texte.* SYN. erreur, faute. ❷ Le fait d'être toujours en retard. CONTR. exactitude, ponctualité.

A B C D E F G H I J K L M N O P Q R S T U V W X Y Z

inexcusable **adj.** Qu'il est impossible d'excuser. *Venant de toi, c'est une faute inexcusable.* SYN. impardonnable, injustifiable.

inexistant, e **adj.** Qui n'existe pas ou ne donne pas l'impression d'exister. *Les difficultés sont inexistantes.* SYN. nul. *Les personnages de ce roman policier sont quasiment inexistants* (= sans épaisseur psychologique, sans vie).

inexorable **adj.** ❶ Qui ne se laisse pas attendrir, qui est sans pitié. *Le juge, inexorable, a prononcé la sentence.* SYN. impitoyable, implacable, inflexible. CONTR. indulgent. ❷ Qui est inévitable. SYN. fatal.

HISTOIRE DU MOT Vient du latin *exorare* qui signifie « obtenir par des prières ».

inexorablement **adv.** De façon inexorable. *Inexorablement, l'épidémie progresse* . SYN. inéluctablement.

inexpérimenté, e **adj.** Qui n'a pas d'expérience. *Elle travaille lentement, car elle est encore inexpérimentée.* SYN. débutant, novice. CONTR. expérimenté.

inexplicable **adj.** Qu'on ne s'explique pas. *Son silence est inexplicable.* SYN. incompréhensible.

inexploré, e **adj.** Qui n'a pas encore été exploré. *Une région inexplorée.*

inexpressif, ive **adj.** *Un visage, un regard inexpressifs* manquent d'expression, semblent sans vie. CONTR. expressif.

inexprimable **adj.** Qu'on ne peut exprimer par des mots. *Une joie, un bonheur inexprimables.* SYN. indicible.

inextinguible **adj.** Qu'on ne peut pas apaiser, arrêter. *Une soif inextinguible. Un rire inextinguible* (= fou rire).

▸ REM. Ce mot appartient à la langue soutenue.

HISTOIRE DU MOT Vient du latin *inexstinguibilis* qui signifie « que l'on ne peut pas éteindre ».

in extremis, ✎ ***in extrémis*** **adv.** Expression latine qui signifie « au tout dernier moment ». *Le baigneur allait se noyer, il a été sauvé in extremis.*

▸ REM. On prononce le *-s*.

inextricable **adj.** Qu'on ne peut pas démêler. *Un inextricable enchevêtrement de lianes. À force de complications et de rebondissements, l'affaire est devenue inextricable.*

HISTOIRE DU MOT Vient du latin *extricare*, « débarrasser, défricher ».

infaillible **adj.** ❶ Qui donne toujours le résultat qu'on attend. *Voilà un remède infaillible contre la toux.* SYN. efficace, sûr. ❷ Qui ne peut pas se tromper. *Ne sois pas aussi sûr de toi, personne n'est infaillible.*

infailliblement **adv.** De façon certaine, à tous les coups. *Et, infailliblement, c'était moi que le professeur interrogeait.* SYN. immanquablement, inévitablement.

infaisable **adj.** Impossible à faire. *Ce travail est infaisable en si peu de temps.* SYN. irréalisable.

▸ REM. On prononce [ɛ̃fəzabl].

infamant, e **adj.** Qui détruit l'honneur, la réputation de quelqu'un. *Une injure infamante.* SYN. déshonorant.

▸ REM. S'écrit sans accent circonflexe, malgré *infâme*.

infâme **adj.** ❶ Qui est honteux, ignoble. *Se livrer au chantage est une pratique infâme.* SYN. dégradant, indigne. *Un personnage infâme.* SYN. abject, odieux. ❷ Repoussant par sa laideur, sa saleté. *Il vit dans un logement infâme.* SYN. répugnant.

HISTOIRE DU MOT Vient du latin *fama* qui signifie « réputation ». Un être *infâme* n'a pas une bonne réputation.

infamie **n.f.** Action ou parole dégradante. *Commettre une infamie.* SYN. bassesse, ignominie.

▸ REM. S'écrit sans accent circonflexe, malgré *infâme*.

infanterie **n.f.** L'ensemble des troupes qui combattent à pied. *Un régiment d'infanterie. Un soldat d'infanterie* (= un fantassin).

soldats d'**infanterie** (XIXe siècle)

infantile **adj.** ❶ Qui concerne les enfants. *Une maladie infantile.* ❷ Qui rappelle le comportement d'un enfant. *C'est infantile de se fâcher pour si peu.* SYN. enfantin, puéril.

HISTOIRE DU MOT Vient du latin *infans* qui signifie « petit enfant » et, comme adjectif, « qui ne parle pas ».

infantilisme **n.m.** Absence de maturité, attitude infantile. *Faire de telles farces à ton âge, c'est vraiment de l'infantilisme !*

infarctus **n.m.** Lésion cardiaque qui survient brutalement quand le cœur n'est plus suffisamment irrigué par les artères. (On dit plus exactement *infarctus du myocarde*.)

▸ REM. 1. Attention, *infar-* et non pas « infra- ». 2. On prononce le *-s*.

infatigable **adj.** Que rien ne fatigue, qui ne s'arrête jamais. *Un marcheur infatigable.*

infatigablement **adv.** Sans se lasser, sans cesse. *Il répétait infatigablement ses explications.* SYN. inlassablement.

infatué, e **adj.** *Être infatué de soi-même*, c'est avoir une trop bonne opinion de soi, être très prétentieux. SYN. imbu.

HISTOIRE DU MOT Vient du latin *fatuus* qui signifie « sot ».

infect, e **adj.** ❶ Qui est répugnant, qui soulève le cœur. *Comment peut-il vivre dans un lieu aussi infect ?* SYN. ignoble, sale. *Le repas était infect.* SYN. immangeable. ❷ Qui provoque le dégoût moral. *Un personnage infect.* SYN. abject, infâme.

HISTOIRE DU MOT Vient du latin *inficere* qui signifie « souiller ».

infecter **v.** (CONJUG. 3). Contaminer par des germes et créer une infection. ◆ **s'infecter** **v.pron.** Être atteint par une infection. *La plaie s'est infectée.*
▸ REM. Ne pas confondre avec *infester*.

infectieux, euse **adj.** Qui communique une infection ou qui s'accompagne d'une infection. *Des germes infectieux. Une maladie infectieuse.*

infection **n.f.** ❶ Pénétration dans l'organisme de germes qui peuvent causer une maladie. *Nettoyer une blessure à l'alcool minimise les risques d'infection.* ❷ Grande puanteur. *Il faut aérer la pièce, c'est une véritable infection !*

1 inférieur, e **adj.** ❶ Qui est au-dessous, en bas. *Datez et signez dans la partie inférieure de la page.* CONTR. supérieur. *Les membres inférieurs du corps humain* (= les jambes). ❷ Qui est au-dessous d'une autre valeur, d'une autre quantité, etc. *4 est inférieur à 5. Des notes inférieures à la moyenne.* ❸ Qui est bas ou plus bas dans une hiérarchie, qui a moins de valeur, d'importance que quelqu'un ou quelque chose d'autre. *Occuper un poste inférieur. Il n'est en rien inférieur à toi.*

HISTOIRE DU MOT Vient du latin *inferior* qui signifie « plus bas ».

2 inférieur, e **n.** Personne qui occupe un poste secondaire dans une entreprise, ou qui a un rang peu élevé dans la société. *Le directeur ne refuse pas de discuter avec ses inférieurs.* SYN. subalterne, subordonné. CONTR. chef, supérieur.

infériorité **n.f.** Situation où l'on est inférieur en nombre, en force, en valeur. *Ils étaient dix, nous étions deux, nous étions en état d'infériorité. Aline fait un complexe d'infériorité* (= elle se croit inférieure aux autres).

infernal, ale, aux **adj.** ❶ Qui semble créé par le diable, qui paraît venir de l'enfer. *Il a été victime d'une machination infernale.* SYN. démoniaque, diabolique. ❷ Difficile à supporter. *Cette nuit, il a fait une chaleur infernale.* SYN. insoutenable, terrible. *Son petit frère est infernal.* SYN. insupportable, intenable.

HISTOIRE DU MOT Vient, comme *enfer*, du latin *infernus* qui signifie « qui est au-dessous ».

infester **v.** (CONJUG. 3). Envahir un lieu en y causant des dégâts, des dommages. *La région est infestée de moustiques, l'été.*
▸ REM. Ne pas confondre avec *infecter*.

HISTOIRE DU MOT Vient du latin *infestus* qui signifie « hostile ».

infidèle **adj.** ❶ Qui n'est pas fidèle en amour ou en amitié. *Un mari, une femme infidèles.* SYN. inconstant, volage. ❷ Qui déforme la réalité, qui n'est pas exact. *Un récit, une traduction infidèles.* SYN. inexact.

infidélité **n.f.** Le fait d'être infidèle.

infiltration **n.f.** Passage lent d'un liquide à travers une matière. *Il y a des infiltrations d'eau dans les murs.*

s'infiltrer **v.pron.** (CONJUG. 3). ❶ Pénétrer peu à peu, comme à travers un filtre. *L'eau finit par s'infiltrer dans le bois le plus dur.* ❷ Se faufiler quelque part, y pénétrer furtivement. *Des groupes de combattants se sont infiltrés dans les lignes ennemies.* SYN. se glisser.

infime **adj.** Très petit par ses dimensions, sa valeur. *Une dose infime de ce poison peut tuer tous les rats de l'immeuble.* SYN. infinitésimal. *Il y a une différence infime entre les deux bagues.* SYN. dérisoire, minime.

HISTOIRE DU MOT Vient du latin *infimus* qui signifie « le plus bas ».

infini, e **adj.** ❶ Qui est sans limites, qui ne finit pas. *Des milliards de galaxies peuplent l'espace infini.* SYN. illimité. ❷ Qui semble sans limites ; très grand. *Elle m'a écouté avec une infinie patience.* SYN. immense. ◆ **infini** **n.m.** En mathématiques, quantité qui peut toujours grandir. *On peut ajouter 1 jusqu'à l'infini. On représente l'infini par le signe ∞.* ● **À l'infini** : sans fin. *La mer s'étend à l'infini* (= à perte de vue).

infiniment **adv.** Extrêmement. *Je vous suis infiniment reconnaissant de m'avoir aidé.* SYN. très.

infinité **n.f.** Très grande quantité. *Nous avions une infinité de choses à nous raconter.* SYN. multitude.

infinitésimal, ale, aux **adj.** Extrêmement petit. *Des doses, des quantités infinitésimales.* SYN. infime. CONTR. important.

infinitif **n.m.** En grammaire, mode du verbe qui ne prend pas de marque de personne. *Dans « Je pense partir demain », « partir » est à l'infinitif.*

infirme **adj.** et **n.** Qui souffre d'une infirmité. *Il est resté infirme à la suite d'un accident.* → VOIR AUSSI **handicapé, impotent, invalide.**

HISTOIRE DU MOT Vient du latin *infirmus* qui signifie « faible ».

infirmer **v.** (CONJUG. 3). Remettre en question, dire le contraire de ce qui a été dit. *Un nouveau témoignage est venu infirmer les conclusions de l'enquête.* SYN. démentir. CONTR. confirmer.

infirmerie **n.f.** Local aménagé dans une école, une caserne, une prison pour accueillir les personnes victimes d'un malaise ou d'une blessure sans gravité.

A B C D E F G H I J K L M N O P Q R S T U V W X Y Z

infirmier, ère n. Personne dont la profession est d'apporter des soins aux malades conformément aux prescriptions d'un médecin.

infirmité n.f. Ce qui handicape quelqu'un, qui le prive d'une de ses capacités (physiques ou mentales). *La surdité est une infirmité.*

inflammable adj. Qui peut facilement prendre feu. *L'essence est un produit inflammable.*

HISTOIRE DU MOT Vient du latin *inflammare* qui signifie « allumer ».

symbole des produits **inflammables**

inflammation n.f. Réaction du corps à une infection, qui se manifeste par une douleur, une rougeur, une sensation de chaleur. *Ta coupure s'est un peu infectée, il y a une légère inflammation.*

inflation n.f. Hausse constante des prix. *Prendre de nouvelles mesures pour lutter contre l'inflation.* • **Une inflation de :** une trop grande quantité. *Il y a une inflation de détails inutiles dans ce rapport et on perd de vue l'essentiel. Une inflation de panneaux publicitaires.*

HISTOIRE DU MOT Vient du latin *inflare* qui signifie « enfler ».

infléchir infléchissant, infléchi v. (CONJUG. 16). Modifier, changer l'orientation de quelque chose. *Le gouvernement tente d'infléchir le cours des événements.* CONTR. maintenir.

inflexible adj. Que rien ne peut fléchir, émouvoir ou convaincre. *Impossible de le faire céder, il demeure inflexible.* SYN. inébranlable, intransigeant. CONTR. conciliant.

inflexion n.f. Changement du ton de la voix. *Elle parlait avec autorité, puis soudain sa voix prenait des inflexions plus douces.* SYN. intonation.

HISTOIRE DU MOT Vient du latin *inflectere*, « plier ».

infliger infligeant, infligé v. (CONJUG. 5). Faire subir quelque chose de pénible. *Le tribunal a infligé à l'inculpé une lourde peine.* SYN. donner. *Pierre nous a infligé le récit de ses exploits.* SYN. imposer. CONTR. épargner.
▸ REM. Ne pas confondre avec *affliger*.

HISTOIRE DU MOT Vient du latin *infligere* qui signifie « frapper ».

influençable adj. Qui se laisse facilement influencer. *C'est un garçon très influençable.*

influence n.f. ❶ L'action qu'une personne exerce sur une autre. *Carole a de l'influence sur ses camarades, ils l'écoutent.* SYN. ascendant, pouvoir. ❷ L'action d'une chose sur une autre. *L'influence de la lune sur les marées.* SYN. effet. • **Sous l'influence de :** sous l'effet de. *Il a agi sous l'influence de la colère.* SYN. emprise.

influencer influençant, influencé v. (CONJUG. 4). Exercer une influence sur quelqu'un ou sur quelque chose, avoir un effet sur eux. *La publicité influence le choix des consommateurs.* SYN. influer sur. *Lise se laisse facilement influencer.* SYN. entraîner.

influent, e adj. Qui a de l'influence, du prestige. *C'est un personnage très influent.* SYN. important.

influer v. (CONJUG. 3). Exercer une action sur quelque chose ou quelqu'un. *Le climat influe souvent sur l'humeur des gens.* SYN. agir sur, influencer.

HISTOIRE DU MOT Vient du latin *influere* qui signifie « couler dans ».

influx n.m. • **Influx nerveux :** phénomène par lequel l'excitation d'une fibre nerveuse se propage dans les nerfs.
▸ REM. On ne prononce pas le *-x*.

informateur, trice n. Personne qui donne des renseignements, des informations. *Ils sont au courant de tout, ils ont vraisemblablement un informateur dans l'usine.*

informaticien, enne n. Spécialiste en informatique.

informatif, ive adj. Qui informe, explique. *Une publicité informative.* → VOIR Fiche **5**.

information n.f. ❶ Action d'informer, de mettre au courant. *Un magazine destiné à l'information des consommateurs. Le droit à l'information.* → VOIR Fiche **45**. ❷ Renseignement, nouvelle que l'on communique à quelqu'un. *Avoir des informations sur une affaire. Une information de dernière minute.* ◆ **informations** n.f.plur. Le bulletin radiodiffusé ou télévisé qui donne les nouvelles de la journée.

informatique n.f. L'ensemble des techniques permettant de trier, de mettre en mémoire et de transmettre d'une manière automatique toutes sortes d'informations et de connaissances au moyen d'un ordinateur. *La gestion des stocks de l'usine est traitée par l'informatique.*

matériel **informatique**

informatiser v. (CONJUG. 3). Équiper d'un matériel informatique.

informe adj. Qui semble n'avoir aucune forme reconnaissable. *Une masse informe.*

informé, e adj. Qui est au courant, qui sait ce qu'il faut savoir. *On murmure, dans les milieux bien informés, qu'il va y avoir une nouvelle réforme de l'enseignement.* SYN. renseigné.

informer v. (CONJUG. 3). Mettre quelqu'un au courant de quelque chose. *On nous informe que les magasins seront ouverts ce week-end.* SYN. aviser. *Je vous avais pourtant informé des difficultés.* SYN. avertir, prévenir. ◆ **s'informer** v.pron. Demander des renseignements, chercher à savoir. *Tu devrais t'informer de l'heure de son arrivée.*

HISTOIRE DU MOT Vient du latin *informare*, « donner une forme ».

infortune n.f. Malchance. *Non seulement j'étais en retard, mais, pour comble d'infortune, j'avais oublié mes clés !* SYN. malheur.

▶ REM. Ce mot appartient à la langue littéraire.

infortuné, e adj. et n. Qui n'a pas de chance, à qui il arrive des malheurs. *Une fois de plus l'infortuné Gaspard était tombé dans le piège.*

▶ REM. Ce mot appartient à la langue littéraire.

infraction n.f. Acte contraire à une loi, un règlement. *Brûler un feu rouge constitue une infraction au Code de la route.* → VOIR AUSSI **crime, délit.**

HISTOIRE DU MOT Vient du latin *frangere* qui signifie « briser ».

infranchissable adj. Qu'on ne peut pas franchir. *Un mur infranchissable. Des difficultés, des obstacles infranchissables.* SYN. insurmontable.

infrarouge adj. et n.m. *Les radiations infrarouges* se situent au-delà du rouge dans le spectre solaire et sont invisibles à l'œil humain. *L'infrarouge est utilisé pour le chauffage, la photographie aérienne, la détection, etc.* → VOIR AUSSI **ultraviolet.**

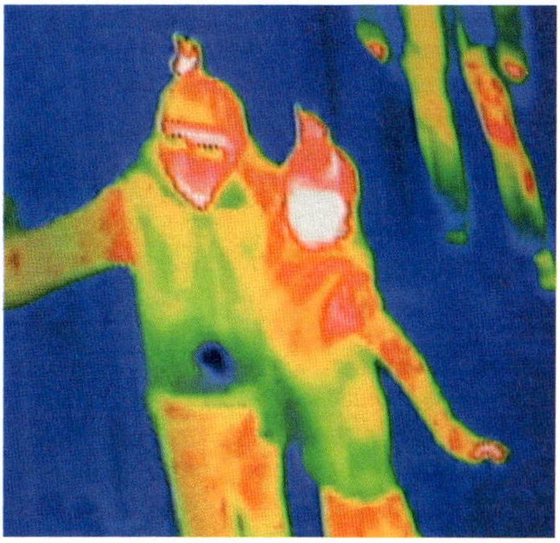

image obtenue par rayonnement **infrarouge**

infroissable adj. Qui ne se froisse pas. *Un tissu infroissable.*

infructueux, euse adj. Qui ne donne aucun résultat, dont on ne tire aucun profit. *L'immeuble a été fouillé par la police, mais les recherches ont été infructueuses.* SYN. inutile, vain. CONTR. fructueux.

HISTOIRE DU MOT Vient du latin *fructus* qui signifie « revenu, fruit ».

infuse adj.f. • **Avoir la science infuse :** prétendre tout savoir sans jamais avoir étudié. *Comment voulez-vous que je sache cela ? Je n'ai pas la science infuse !*

infuser v. (CONJUG. 3). Faire tremper une plante aromatique dans de l'eau bouillante. *Laisse le tilleul infuser quelques minutes.*

HISTOIRE DU MOT Vient du latin *infundere* qui signifie « verser dans ».

infusion n.f. Boisson chaude obtenue en faisant infuser des plantes. *Boire une infusion avant de se coucher.* SYN. tisane.

s'ingénier v.pron. (CONJUG. 7). Faire beaucoup d'efforts pour arriver au but que l'on veut atteindre. *Elle était très triste et François s'ingéniait à la consoler.* SYN. s'évertuer.

HISTOIRE DU MOT Vient du latin *ingenium* qui signifie « esprit ».

ingénieur, e n. Personne qui a fait des études scientifiques ou techniques qui lui permettent de diriger certains travaux et de participer à des recherches. *Une ingénieure chimiste a découvert un nouveau médicament.*

▶ REM. Au féminin, on écrit aussi une *ingénieur*.

HISTOIRE DU MOT Vient de *engin* qui, en ancien français, signifiait « machine de guerre ».

ingénieux, euse adj. Très habile, très astucieux. *Pierre a trouvé un procédé ingénieux pour faciliter notre travail.* SYN. astucieux, génial.

HISTOIRE DU MOT Vient, comme *s'ingénier*, du latin *ingenium*.

ingéniosité n.f. Le fait d'être ingénieux, astucieux. *Débrouille-toi, fais preuve d'ingéniosité.* SYN. adresse, astuce, habileté.

ingénu, e adj. et n. Qui est franc, spontané et naïf à la fois. *Un sourire ingénu. Juliette joue le rôle d'une jeune ingénue dans la pièce* (= le rôle d'une jeune fille simple et naïve).

HISTOIRE DU MOT Vient du latin *ingenuus* qui signifie « né libre ».

ingénuité n.f. Sincérité mêlée de naïveté. *Il répondait avec une ingénuité désarmante.* SYN. candeur.

ingérence n.f. Le fait de s'ingérer dans les affaires des autres. *Nous refusons toute ingérence dans nos affaires intérieures.* SYN. intervention.

1 ingérer v. (CONJUG. 9, ✎ *10*). Prendre par la bouche, avaler. *Les enfants ont vomi tout ce qu'ils avaient ingéré.* SYN. absorber. → VOIR **ingestion.**

2 s'ingérer **v.pron.** (CONJUG. 9, ✎ 10). Intervenir dans les affaires des autres. SYN. s'immiscer. → VOIR **ingérence.**

ingestion **n.f.** Le fait d'ingérer, d'absorber un aliment, un médicament. SYN. absorption.
▶ REM. C'est un terme médical.

ingrat, e **adj.** et **n.** *Une personne ingrate* ne tient aucun compte des services qu'on lui rend, des bienfaits qu'on lui dispense ; elle n'a pas de reconnaissance. *Tu ne me dis même pas merci, après tout ce que j'ai fait pour toi ? Tu es une ingrate !* ◆ **adj.** ❶ *Une terre ingrate* ne produit pas grand-chose par rapport au travail qu'on a fourni. ❷ *Un visage ingrat* n'est pas très agréable à regarder. ● **L'âge ingrat :** l'âge de l'adolescence où l'on n'est pas toujours agréable avec les autres parce qu'on ne se sent ni enfant ni adulte.

ingratitude **n.f.** Le fait d'être ingrat. *Aucun remerciement après ce qu'on a fait pour lui ! Quelle ingratitude !*

ingrédient **n.m.** Chacun des produits qui entrent dans la composition d'une préparation, d'un mélange. *Huile, vinaigre, sel et poivre sont les ingrédients de base d'une vinaigrette.*
HISTOIRE DU MOT Vient du latin *ingredi* qui signifie « entrer dans ».

ingurgiter **v.** (CONJUG. 3). Manger ou boire très vite, et souvent en quantité importante. *J'avais à peine fini de remplir son assiette qu'il avait déjà tout ingurgité.* SYN. engloutir.
HISTOIRE DU MOT Vient du latin *gurges* qui signifie « gouffre ».

inhabitable **adj.** Où l'on ne peut pas habiter. *Cette vieille maison est inhabitable.* CONTR. habitable.

inhabité, e **adj.** Qui n'est pas habité. *Une maison inhabitée.* SYN. inoccupé, vide.

inhabituel, elle **adj.** Qui se produit rarement. *Il régnait dans la maison un silence inhabituel.* SYN. anormal, inaccoutumé, insolite.

inhalation **n.f.** Action d'inhaler des vapeurs contenant un médicament. *Pierre a un rhume, il fait des inhalations pour se désinfecter le nez et les sinus.*

inhaler **v.** (CONJUG. 3). Absorber par les voies respiratoires, par la bouche ou le nez. *Certains gaz ne doivent pas être inhalés.*
HISTOIRE DU MOT Vient du latin *inhalare* qui signifie « souffler sur ».

inhérent, e **adj.** Lié de façon étroite et nécessaire à quelque chose. *Le devoir d'informer ses camarades est inhérent à la fonction de délégué de classe.* SYN. inséparable de.

inhibé, e **adj.** *Une personne inhibée* a peur de s'exprimer, de se tourner vers les autres. SYN. complexé.

inhospitalier, ère **adj.** Qui n'est pas accueillant, pas hospitalier. *Les naufragés échouèrent sur un rivage inhospitalier.* SYN. hostile.

inhumain, e **adj.** ❶ Qui ne semble pas appartenir à l'espèce humaine. *Un cri inhumain.* SYN. atroce. ❷ Qui manque d'humanité. *Il serait inhumain de l'abandonner. Des conditions de vie inhumaines.* SYN. barbare, cruel. ❸ Qui semble au-dessus des forces humaines. *Un travail inhumain.*

inhumation **n.f.** Action d'inhumer. *L'inhumation aura lieu à 11 heures, au cimetière.* SYN. enterrement.

inhumer **v.** (CONJUG. 3). Mettre en terre le corps d'un mort. *La dépouille du défunt sera inhumée dans le caveau de famille.* SYN. enterrer. CONTR. exhumer.
HISTOIRE DU MOT Vient du latin *humus* qui signifie « terre ».

inimaginable **adj.** Qu'on n'aurait jamais imaginé, jamais cru possible. *Elle a eu une chance inimaginable.* SYN. inconcevable, inouï.

inimitable **adj.** Qu'on ne peut pas imiter. *Un chanteur à la voix inimitable.*

inimitié **n.f.** Sentiment d'hostilité, de haine. SYN. animosité, antipathie. CONTR. amitié.
▶ REM. Ce mot appartient à la langue soutenue.

ininflammable **adj.** Qui ne peut s'enflammer.

inintelligible **adj.** Qu'on ne peut pas comprendre. *Bafouiller quelques mots inintelligibles.* SYN. incompréhensible.

inintéressant, e **adj.** Sans aucun intérêt. *J'ai trouvé le livre inintéressant.* CONTR. captivant, passionnant.

ininterrompu, e **adj.** Qui ne s'interrompt pas. *La file ininterrompue de voitures sur l'autoroute.* SYN. continu.

inique **adj.** Très injuste, contraire à l'équité. *Une décision inique.* SYN. partial. CONTR. équitable, juste.
▶ REM. Ce mot appartient à la langue soutenue.
HISTOIRE DU MOT Vient du latin *aequus* qui signifie « équitable ».

initial, ale, aux **adj.** Qui se situe au commencement. *On a retrouvé la version initiale de ce roman.* SYN. premier, primitif.
HISTOIRE DU MOT Vient du latin *initium* qui signifie « commencement ».

initiale **n.f.** La première lettre d'un mot ou d'un nom. *Le sigle H.L.M. est formé des initiales de « habitation à loyer modéré ». Signer de ses initiales en bas de page.*

initialement **adv.** À l'origine, au début.

initiation **n.f.** Le fait d'initier ou de s'initier à quelque chose. *Ce film est une très bonne initiation à l'étude des volcans.* SYN. introduction.

initiative **n.f.** ❶ *Avoir de l'initiative*, c'est être capable de prendre seul les décisions qui s'imposent pour agir. ❷ *Prendre l'initiative de faire quelque chose*, c'est décider le premier de le faire.

initié, e **adj.** et **n.** Qui a appris les secrets d'un art, d'une science, d'une pratique. *Cette version du jeu est plus compliquée, elle s'adresse aux initiés.*

initier **v.** (CONJUG. 7). Faire découvrir un art, une science, une pratique à quelqu'un, lui en apprendre les rudiments. *C'est un de ses amis qui l'a initié à la guitare.* ◆ **s'initier v.pron.** Commencer à apprendre les bases de quelque chose.

injecté, e adj. *Des yeux injectés de sang* sont rougis par un afflux de sang dans les vaisseaux.

injecter v. (CONJUG. 3). Introduire par pression un liquide dans l'organisme, en général avec une seringue.

injection n.f. Introduction d'un liquide dans l'organisme à l'aide d'un instrument, en général une seringue. *Comme le malade souffre beaucoup, l'infirmière lui fait une injection de morphine.* SYN. piqûre. • **Moteur à injection :** moteur où l'arrivée d'essence se fait sans l'intermédiaire d'un carburateur.
▶ REM. Ne pas confondre avec *injonction*.

injonctif, ive adj. Qui exprime un ordre. *Le règlement du collège est injonctif.* → VOIR Fiche **5**.

injonction n.f. Ordre précis auquel il faut obéir sur-le-champ. *Répondant à l'injonction du gendarme, l'automobiliste se gara et sortit ses papiers.* SYN. commandement.
▶ REM. Ne pas confondre avec *injection*.

HISTOIRE DU MOT Vient du latin *injungere* qui signifie « imposer ».

injure n.f. Parole ou action qui offense. *Il nous a crié des injures.* SYN. insulte. *Ne me fais pas l'injure de penser que j'ai pu mentir.* SYN. affront, offense.

HISTOIRE DU MOT Vient du latin *injuria*, « injustice ».

injurier v. (CONJUG. 7). Couvrir quelqu'un d'injures. *Le conducteur de l'autobus injuriait le chauffeur de taxi.* SYN. insulter.

injurieux, euse adj. Qui constitue une injure, qui offense. *Des paroles injurieuses, un geste injurieux.* SYN. insultant, offensant.

injuste adj. Qui est contraire à la justice, qui n'est pas équitable. *Une loi injuste.* SYN. inique. CONTR. juste. *Un châtiment injuste.* SYN. immérité.

injustement adv. D'une manière injuste. *Un innocent que l'on accuse injustement* (= à tort).

injustice n.f. ❶ Manque de justice, d'équité. *Se révolter contre l'injustice qui règne dans le monde.* ❷ Acte injuste. *Comment réparer l'injustice que j'ai commise ?*

injustifiable adj. Qu'on ne peut pas justifier, excuser. *Ton attitude est injustifiable.* SYN. indéfendable, inexcusable.

injustifié, e adj. Que rien ne justifie, qui n'a pas de raison d'être. *Une punition injustifiée.* SYN. immérité, injuste. *Ta peur est injustifiée.* CONTR. fondé.

inlassable adj. Qui continue sans cesse, sans se lasser. *Il leur a appris à lire avec une inlassable patience.* SYN. inépuisable, infatigable.

inlassablement adv. Sans se lasser. *Répéter inlassablement la même chose.*

inné, e adj. Qui existe chez quelqu'un dès la naissance. *Elle a un don inné pour la musique.* SYN. naturel.

HISTOIRE DU MOT Vient du latin *innatus* qui signifie « né dans ».

innocemment adv. Sans penser à mal. *Il ne voulait pas te fâcher, il a dit cela innocemment.* SYN. naïvement.

innocence n.f. ❶ Le fait de ne pas être coupable. *L'accusé a toujours clamé son innocence.* CONTR. culpabilité. ❷ État d'esprit d'une personne qui ignore le mal, qui est sans mauvaises intentions. *Ils ont fait cela en toute innocence.* SYN. candeur. *L'innocence des enfants.* SYN. naïveté.

innocent, e adj. et **n.** ❶ Qui n'est pas coupable. *Nous sommes innocents du crime dont vous nous accusez. Réfléchissez bien, vous pourriez condamner un innocent !* ❷ Qui ignore le mal, qui est sans malice, et qui peut donc être naïf et crédule. *Un enfant innocent.* SYN. pur. *Ne fais pas l'innocente, tu sais de quoi je parle !* ◆ **adj.** Qui ne peut pas avoir de graves conséquences, qu'on ne peut pas condamner. *Ce sont là des jeux bien innocents.*

HISTOIRE DU MOT Vient du latin *innocens* qui signifie « qui ne nuit pas », de *nocere*, « nuire », que l'on retrouve dans *nocif*.

innocenter v. (CONJUG. 3). Apporter la preuve de l'innocence de quelqu'un. *Tous ces témoignages ont innocenté le suspect.* SYN. disculper.

innombrable adj. Dont le nombre est si grand qu'on ne peut l'évaluer. *La manifestation avait rassemblé une foule innombrable.* SYN. considérable.

innommable adj. Trop détestable ou trop répugnant pour qu'on puisse le nommer. *Il a eu une conduite innommable.* SYN. inqualifiable.

innovateur, trice adj. et **n.** Qui innove. *Un projet, un programme innovateur.* SYN. novateur.

innovation n.f. Le fait d'innover ; ce qui est nouveau. *J'ai lu un article sur les dernières innovations techniques dans le domaine des téléviseurs.* SYN. changement, nouveauté.

innover v. (CONJUG. 3). Avoir des idées nouvelles, introduire de la nouveauté dans quelque chose qui existe depuis longtemps. *Pour qu'il y ait progrès, il faut toujours innover.*

HISTOIRE DU MOT Vient du latin *novus* qui signifie « nouveau ».

inoccupé, e adj. Qui n'est pas occupé. *Un logement inoccupé.* SYN. inhabité, vide. *Ne pas rester inoccupé.* SYN. désœuvré, oisif.

inoculer v. (CONJUG. 3). Introduire un produit (germe, virus, bactérie, venin) dans l'organisme. *En le mordant à la cheville, la vipère lui a inoculé son venin. Inoculer un vaccin.*

inodore adj. Sans odeur. *L'eau pure est inodore.* CONTR. odorant.

inoffensif, ive adj. Qui ne présente aucun danger, dont on n'a rien à craindre. *Tu peux caresser ce chien, il est tout à fait inoffensif.* CONTR. dangereux.

inondation n.f. Débordement accidentel des eaux ; état d'un lieu recouvert d'eau. *Les fortes pluies ont provoqué des inondations.*

village **inondé**

inondé, e adj. Recouvert d'eau. *La télévision a montré des images des régions inondées.*

inonder v. (CONJUG. 3). ❶ Recouvrir d'eau. *Les caves ont été inondées pendant l'orage.* ❷ Répandre, distribuer en trop grande quantité. *Les fabricants inondent le marché de nouveaux jeux électroniques.*

HISTOIRE DU MOT Vient du latin *unda* qui signifie « onde, vague ».

inopérable adj. Qu'on ne peut pas opérer. *Le malade était inopérable.*

inopiné, e adj. Qui arrive sans qu'on s'y attende. *Nous avons eu la visite inopinée de Pierre.* SYN. imprévu, inattendu.

inopinément adv. De façon inopinée, à l'improviste.

inopportun, e adj. Qui arrive au mauvais moment. *Faire des remarques inopportunes.* SYN. déplacé.

inoubliable adj. Si extraordinaire qu'on ne l'oubliera jamais. *Ce fut une aventure inoubliable.* SYN. mémorable.

inouï, e adj. Tout à fait extraordinaire. *Il a une force inouïe.* SYN. incroyable, prodigieux.

HISTOIRE DU MOT Vient de l'ancien verbe *ouïr* qui signifie « entendre » ; ce qui est *inouï*, on ne l'a jamais entendu.

Inox n.m.invar. Acier inoxydable. *Des couverts en Inox.*
▸ REM. Ce mot, qui est l'abréviation de (*acier*) *inoxydable*, est un nom de marque ; il prend une majuscule, en France, dans les textes imprimés.

inoxydable adj. Qui résiste à l'oxydation, qui ne rouille pas. *De l'acier inoxydable.* SYN. inaltérable.

inqualifiable adj. Qui est si blâmable qu'on n'a pas de qualificatif, de mot assez sévère. *Ce qu'il a fait là est inqualifiable !* SYN. honteux, indigne, innommable.

inquiet, ète adj. Qui éprouve de l'inquiétude, qui se fait du souci. *Les enfants sont en retard, nous sommes inquiets.* ◆ **n.** Personne qui est toujours inquiète, qui vit dans l'inquiétude. *C'est un inquiet, il se fait du souci pour tout.* SYN. anxieux.

HISTOIRE DU MOT Vient du latin *quietus* qui signifie « tranquille » et que l'on retrouve dans *quiétude*. Un *inquiet* n'est pas tranquille.

inquiétant, e adj. Qui cause de l'inquiétude. *Il régnait dans la maison un silence inquiétant.* SYN. alarmant, angoissant.

inquiéter v. (CONJUG. 9, ✎ *10*). Causer de l'inquiétude, du souci. *Ses résultats en classe sont mauvais ; cela inquiète ses parents.* SYN. tracasser. CONTR. rassurer, tranquilliser. ◆ **s'inquiéter** v.pron. Se faire du souci, attendre avec inquiétude. *Ne t'inquiète pas, tout ira bien.* SYN. s'alarmer. *Je m'inquiète des résultats de l'examen* (= je les attends avec crainte).

inquiétude n.f. Ce que ressent une personne qui se fait du souci et qui a peur que quelque chose de mauvais n'arrive. *Les enfants n'étaient pas rentrés, nous étions fous d'inquiétude.*

1 **inquisiteur, trice** adj. Qui cherche à découvrir les pensées secrètes de quelqu'un. *Elle posait sur nous un regard inquisiteur.* SYN. curieux.

HISTOIRE DU MOT Vient du latin *inquirere* qui signifie « chercher à découvrir ».

2 **inquisiteur** n.m. Nom que l'on donnait aux membres des tribunaux de l'Inquisition.

inquisition n.f. Fait de poser sans cesse des questions indiscrètes pour percer les pensées les plus secrètes de quelqu'un. *Arrête de me questionner comme ça, c'est de l'inquisition !* → VOIR noms propres.

insaisissable adj. ❶ Qu'on ne peut pas attraper. *Les malfaiteurs sont insaisissables.* SYN. introuvable. ❷ Qu'on remarque à peine. *Une différence insaisissable.* SYN. imperceptible.

insalubre adj. *Un lieu insalubre* n'offre pas les conditions d'hygiène de vie nécessaires pour rester en bonne santé.

insalubrité n.f. L'état de ce qui est insalubre.

insanité n.f. Parole ou action déraisonnable, absurde. *Cessez de dire des insanités !* SYN. bêtise, ineptie.

insatiable adj. Qui en veut toujours plus. *Sa curiosité est insatiable.*
▸ REM. Le *t* se prononce [s].

HISTOIRE DU MOT Vient du latin *satiare* qui signifie « rassasier », de *satis*, « assez », que l'on retrouve dans *satiété*.

insatisfaction n.f. Ce qu'éprouve une personne qui n'est pas satisfaite de ce qu'elle a. *La vie l'avait peu comblé, il éprouvait un sentiment d'insatisfaction.* CONTR. contentement, satisfaction.

insatisfait, e **adj.** et **n.** Qui n'a pas ce qu'il désire, qui n'est pas satisfait. *Un désir insatisfait. Des clients insatisfaits.* SYN. mécontent.

inscription **n.f.** ❶ Texte, caractères inscrits sur quelque chose. *Lire une inscription sur un monument. Le mur était couvert d'inscriptions.* SYN. graffiti. ❷ Le fait d'inscrire ou de s'inscrire quelque part. *À quel moment se font les inscriptions à l'école ?*

inscrire **inscrivant, inscrit v.** (CONJUG. **62**). ❶ Écrire, graver sur une matière dure. *Sur l'arbre, ils avaient inscrit leurs initiales.* ❷ Écrire, noter quelque chose. *Inscrivez vos nom et adresse en haut de la page.* ❸ Mettre le nom de quelqu'un sur un registre, pour qu'il fasse partie d'un groupe. *Ses parents l'ont inscrit au club de judo.* ◆ **s'inscrire** **v.pron.** Faire enregistrer son nom sur une liste. *C'est le dernier jour pour t'inscrire au tournoi.*

insecte **n.m.** Petit animal invertébré, avec ou sans ailes, dont le corps est formé de trois parties (la tête, le thorax et l'abdomen), et qui a trois paires de pattes articulées. *Les fourmis, les papillons, les coccinelles sont des insectes.* → VOIR planche pages suivantes.
▸ REM. Les araignées ne sont pas des insectes mais des *arachnides* et les mille-pattes sont des *myriapodes*.

HISTOIRE DU MOT Vient du latin *insectus* qui signifie « divisé en parties, coupé ».

insecticide **adj.** et **n.m.** *Un produit insecticide* tue, détruit les insectes.

insectivore **adj.** Qui se nourrit d'insectes. *Le lézard et l'hirondelle sont des animaux insectivores.*

insécurité **n.f.** Situation où l'on n'est pas en sécurité, où l'on sent une menace, un danger. *Il règne dans le pays un climat d'insécurité.* CONTR. paix, tranquillité.

insémination **n.f.** *L'insémination artificielle* est une technique d'aide à la reproduction, qui consiste à introduire la semence du mâle ou de l'homme dans les voies génitales de la femelle ou de la femme pour qu'il y ait fécondation.

insensé, e **adj.** Contraire au bon sens. *Son projet est insensé.* SYN. absurde, déraisonnable.

insensibiliser **v.** (CONJUG. **3**). Rendre insensible à la douleur. SYN. anesthésier.

insensibilité **n.f.** Le fait d'être insensible.

insensible **adj.** ❶ Qui ne perçoit pas les sensations physiques qu'on éprouve d'habitude. *Être insensible au froid, à la douleur.* ❷ Qui ne se laisse pas émouvoir, toucher. *Vous ne pouvez être insensible à mes prières !* SYN. indifférent. ❸ Difficile à percevoir. *Un changement insensible.* SYN. imperceptible.

insensiblement **adv.** Peu à peu, de façon à peine sensible. *Tout en parlant, il se rapprochait insensiblement de la sortie.* SYN. imperceptiblement.

inséparable **adj.** ❶ *Des personnes inséparables* sont toujours ensemble. *Dans les aventures de Tintin, Dupond et Dupont sont inséparables.* ❷ *Des choses inséparables* ne peuvent pas être séparées l'une de l'autre. *Le sujet et le verbe sont inséparables.* SYN. indissociable.

inséparables

◆ **inséparables** **n.m.plur.** Nom donné à des petites perruches qui ne vivent bien que par couples.

insérer **v.** (CONJUG. **9**, ✎ *10*). Mettre, ajouter à l'intérieur d'une chose ou d'un ensemble de choses. *Insérer un nouveau paragraphe dans un texte.* ◆ **s'insérer** **v.pron.** Se rattacher à quelque chose, trouver place quelque part. *Le projet s'insère dans un vaste plan.* SYN. s'intégrer.

HISTOIRE DU MOT Vient du latin *inserere* qui signifie « introduire ».

insertion **n.f.** ❶ Le fait d'insérer. *L'insertion d'une petite annonce dans un journal* (= le fait de la publier). ❷ Le fait de s'intégrer dans un groupe. *L'insertion des immigrés.* SYN. intégration.

insidieusement **adv.** D'une manière insidieuse. SYN. sournoisement.

insidieux, euse **adj.** *Des questions, des remarques insidieuses* sont habilement amenées mais peuvent constituer un piège. SYN. sournois. CONTR. direct, franc.

insigne **n.m.** Toute marque qui indique un grade ou l'appartenance à un groupe. → VOIR AUSSI **badge, décoration, écusson, emblème, plaque.**

insignes royaux (couronne, sceptre, main de justice, fleurs de lis)

a b c d e f g h i j k l m n o p q r s t u v w x y z

Une croissance par mues successives

Pour se reproduire, l'insecte pond des œufs ; une seule femelle peut parfois en pondre plusieurs milliers. À leur éclosion, ces œufs donnent naissance à des **larves** qui muent en se débarrassant de leur ancienne carapace. Certaines larves opèrent une **métamorphose**, comme les chenilles des papillons.
Quelquefois, la larve vit beaucoup plus longtemps que l'adulte. Ainsi, chez les éphémères, la larve vit quatre ans, alors que la période adulte ne sert qu'à la reproduction et ne dure que quelques heures.

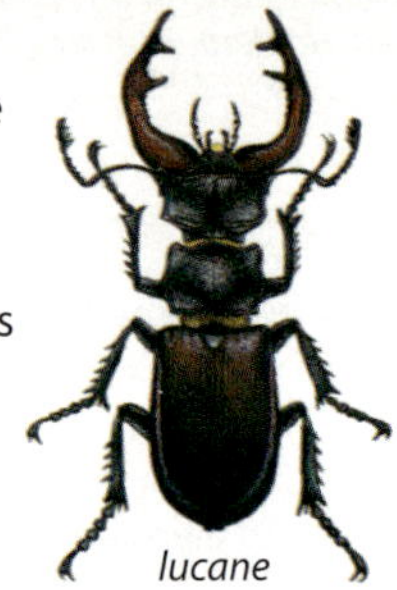
lucane cerf-volant

pentatome rayé

éclosion d'une chenille de machaon

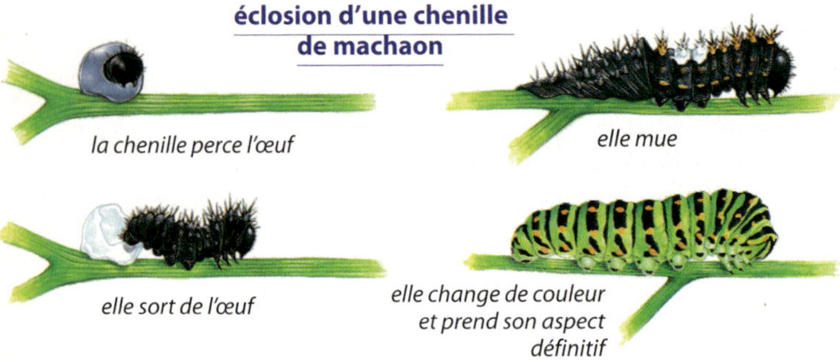

cicindèle champêtre

métamorphose de la chenille en papillon

Le plus grand nombre d'espèces du monde animal

hanneton foulon

capricorne musqué

coccinelle

Les insectes sont de petits animaux **invertébrés** dont le corps est articulé en trois parties : la **tête**, le **thorax** et l'**abdomen**. La tête possède deux antennes et des yeux à facettes. Le thorax porte toujours trois paires de pattes et généralement deux paires d'ailes qui permettent de voler à l'animal. La paire d'ailes antérieures, – appelées **élytres** –, recouvre et protège l'autre paire.

Certaines espèces effectuent en volant des migrations de plusieurs centaines de kilomètres. En revanche, d'autres espèces n'ont pas d'ailes, comme les poux, les puces ou les ouvrières des fourmis. On a dénombré environ un million d'espèces différentes d'insectes, dont certaines sont représentées par plusieurs centaines de milliards d'individus. Les insectes sont ainsi bien plus nombreux que tous les autres animaux réunis.

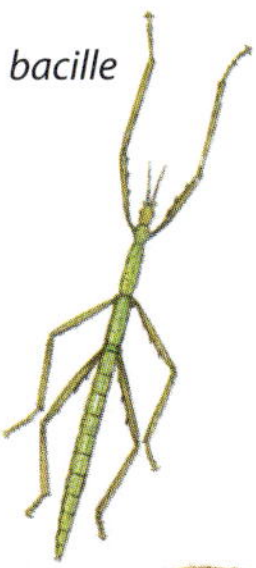
bacille

phyllie des Seychelles

bousier

fourmi parasol

paon du jour

anatomie du criquet

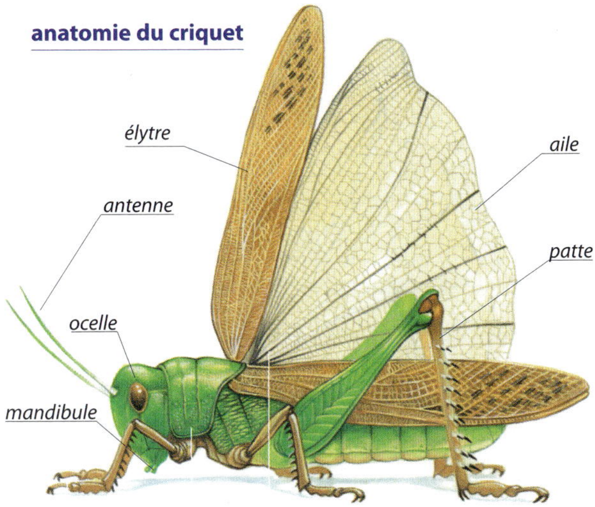

chenille à queue fourchue

sphinx à tête de mort

mouche verte

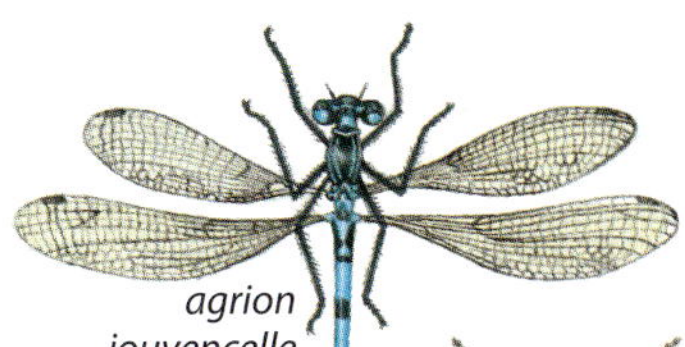
agrion jouvencelle

pou de tête

punaise

perce-oreille commun

hispe hirsute

doryphore

guêpe

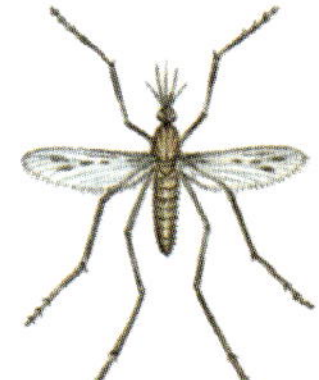
moustique

insignifiant, e **adj.** Qui présente peu d'intérêt, qui a peu d'importance. *Il lui est arrivé de gagner au jeu, mais des sommes insignifiantes.* SYN. minime, ridicule. CONTR. considérable, important. *Une personne insignifiante* (= sans personnalité). SYN. inconsistant, terne.

insinuation **n.f.** Façon de parler qui est une manière détournée, parfois sournoise, de faire comprendre quelque chose. *J'en ai assez de tes insinuations, si tu as quelque chose à dire, dis-le !* SYN. sous-entendu.

insinuer **v.** (CONJUG. 3). Faire comprendre quelque chose sans le dire nettement. *Est-ce que tu insinues que j'étais au courant ?* SYN. sous-entendre. ◆ **s'insinuer** **v.pron.** Pénétrer peu à peu et de manière sournoise. *Le doute s'était insinué dans mon esprit.*

insipide **adj.** Sans saveur, sans goût. *Une crème insipide.* SYN. fade.

HISTOIRE DU MOT Vient du latin *sapidus* qui signifie « qui a du goût ».

insistance **n.f.** Action d'insister. *La foule réclamait avec insistance une nouvelle chanson à la vedette.* SYN. obstination.

insister **v.** (CONJUG. 3). ❶ Continuer à réclamer quelque chose jusqu'à ce qu'on l'ait obtenu. *Le vendeur insistait pour que je regarde sa marchandise.* ❷ Mettre fortement l'accent sur quelque chose. *Le professeur a insisté sur le dernier chapitre parce que c'était le plus difficile.* SYN. s'appesantir.

HISTOIRE DU MOT Vient du latin *insistere* qui signifie « s'appuyer sur ».

insolation **n.f.** Malaise plus ou moins grave qui peut survenir quand on reste trop longtemps exposé au soleil.

HISTOIRE DU MOT Vient du latin *sol* qui signifie « soleil ».

insolemment **adv.** Avec insolence.

insolence **n.f.** Le fait d'être insolent, effronté. *Ils ont été punis pour insolence.* SYN. impertinence, irrespect.

insolent, e **adj.** et **n.** Qui manque de respect au point d'offenser, de blesser. *Pierre a été insolent avec ses grands-parents.* SYN. effronté, impertinent. ◆ **adj.** Qui exprime l'irrespect, l'impertinence. *Une réponse insolente.* SYN. arrogant, irrespectueux.

insolite **adj.** Qui étonne par son caractère inhabituel. *Le moteur fait un bruit insolite.* SYN. bizarre, étrange. CONTR. normal. *Voilà une question insolite !* SYN. déroutant, saugrenu. CONTR. banal, ordinaire.

HISTOIRE DU MOT Vient du latin *solere* qui signifie « être habitué ».

insoluble **adj.** ❶ Qui ne peut pas se dissoudre, se désagréger dans un liquide. *La résine est insoluble dans l'eau.* CONTR. soluble. ❷ Que l'on ne peut pas résoudre, qui n'a pas de solution. *Tu me poses là un problème insoluble !*

insolvable **adj.** Qui ne peut pas payer ses dettes. CONTR. solvable.

insomniaque **adj.** et **n.** Qui souffre d'insomnie.

insomnie **n.f.** Impossibilité ou difficulté à s'endormir, à dormir suffisamment. *Elle avait des insomnies et se levait très fatiguée.*

HISTOIRE DU MOT Vient du latin *somnus* qui signifie « sommeil ».

insondable **adj.** Dont on ne peut connaître la profondeur. *Un gouffre insondable.*

insonorisation **n.f.** Action d'insonoriser un local.

insonoriser **v.** (CONJUG. 3). *Insonoriser un local*, c'est l'isoler des bruits extérieurs au moyen de matériaux spéciaux. *Les studios de télévision sont insonorisés.*

insouciance **n.f.** Le fait d'être insouciant. *L'insouciance des enfants.* SYN. imprévoyance, irréflexion.

insouciant, e **adj.** et **n.** *Une personne insouciante* ne s'inquiète de rien, ne se fait aucun souci.

insoumis, e **adj.** Qui refuse de se soumettre, d'obéir. *Une tribu insoumise.* SYN. rebelle, révolté. CONTR. soumis.

insoumission **n.f.** Refus de se soumettre à l'autorité. SYN. rébellion.

insoupçonné, e **adj.** Dont on ne soupçonnait pas l'existence. *Nadine a découvert dans le grenier des trésors insoupçonnés.* SYN. inattendu.

insoutenable **adj.** Que l'on ne peut pas supporter, endurer. *C'est une douleur insoutenable.* SYN. intolérable.

inspecter **v.** (CONJUG. 3). Examiner attentivement pour contrôler, vérifier. *Le douanier a inspecté nos bagages.* SYN. fouiller.

HISTOIRE DU MOT Vient du latin *inspectare* qui signifie « examiner ».

inspecteur, trice **n.** ❶ Personne dont le métier est d'exercer un contrôle. *Un inspecteur du travail. Une inspectrice viendra demain dans notre classe.* ❷ *Un inspecteur de police* est un fonctionnaire de police chargé des enquêtes.

inspection **n.f.** ❶ L'action d'inspecter. *Faire l'inspection d'une usine.* ❷ Nom donné à certaines administrations ou à certains services qui exercent des contrôles. *L'inspection du Travail.*

inspiration **n.f.** ❶ Moment de la respiration où l'on inspire. CONTR. expiration. ❷ Idée qui vient soudain à l'esprit et qui pousse à faire quelque chose. *Tu as eu une bonne inspiration en l'invitant.* ❸ Élan qui pousse à créer. *Un peintre qui manque d'inspiration.*

inspirer **v.** (CONJUG. 3). ❶ Faire entrer de l'air dans ses poumons. *Inspirer profondément.* CONTR. expirer. ❷ Causer une impression qui fait naître un sentiment ou une idée. *Il inspire la confiance.* SYN. susciter. *Le spectacle de la mer inspire les poètes.* ◆ **s'inspirer** **v.pron.** Emprunter ses idées à quelqu'un ou à quelque chose. *Elle s'est inspirée d'un fait divers pour écrire cette histoire.*

HISTOIRE DU MOT Vient du latin *spirare* qui signifie « souffler ».

instabilité **n.f.** État instable, qui change vite. *L'instabilité des prix.* SYN. fluctuation, variation.

instable adj. Qui n'est pas stable, qui risque de tomber, ou de changer d'un moment à l'autre. *Une pile de livres en équilibre instable.* SYN. précaire. *Le temps est instable.* SYN. changeant, variable. ◆ **adj.** et **n.** Dont le comportement est imprévisible, changeant. *Des adolescents instables.* SYN. inconstant, versatile.

installateur, trice n. Personne dont le métier est d'installer des appareils sanitaires, de chauffage central, etc.

installation n.f. ❶ Le fait d'installer des appareils, des machines ; l'ensemble des appareils installés, l'équipement. *Une installation électrique.* ❷ Le fait de s'installer quelque part.

installer v. (CONJUG. 3). ❶ Mettre en place un appareil, un ensemble d'appareils. *Installer le chauffage dans une maison.* ❷ Aménager un local selon l'usage qu'on veut en faire. *Installer un cabinet médical.* ❸ Aider une personne à s'asseoir ou à se coucher, la placer dans une position confortable. *On avait installé le bébé dans sa chaise.* ❹ Loger dans un lieu pour une certaine durée. *Je vous installe dans la chambre d'amis.* ◆ **s'installer** v.pron. ❶ Emménager quelque part. *S'installer à la campagne.* ❷ Arranger ses affaires, prendre place. *Voici votre nouveau bureau, installez-vous.* ❸ Se mettre dans une position confortable. *Elle s'installa dans le fauteuil pour lire son livre.*

HISTOIRE DU MOT Vient du latin *stallum* qui signifie « stalle ».

instamment adv. Avec insistance, de façon pressante. *Je vous prie instamment de venir à la réunion.*
▸ REM. Ce mot appartient à la langue soutenue.

instance n.f. • **Être en instance de :** être sur le point de. *Ses parents sont en instance de divorce.* ◆ **instances** n.f.plur. Demandes faites avec insistance. *Sur les instances de sa mère, il a renoncé à son projet.* SYN. prières, sollicitations.

instant n.m. ❶ Un moment précis dans le temps. *L'instant est mal choisi. Au même instant, quelqu'un frappa à la porte. Il est arrivé à l'instant où je sortais.* ❷ Très court espace de temps. *Je reviens dans un instant.* • **À chaque instant :** sans arrêt. • **À l'instant :** il y a quelques minutes ou dans très peu de temps. • **Dès l'instant que :** du moment que, puisque. *Dès l'instant que tu as pris une décision, je ne m'en mêle plus.* SYN. dans la mesure où. • **Pour l'instant :** pour le moment, jusque-là.

instantané, e adj. ❶ Qui se produit en un instant. *Sa réponse fut instantanée.* SYN. immédiat. ❷ Qui est prêt très rapidement. *Purée instantanée.*

instantanément adv. De façon instantanée, sur-le-champ. *Un médicament qui agit instantanément.* SYN. immédiatement.

à l'**instar de** prép. En suivant tel exemple, tel modèle. *À l'instar de son frère, il commence à apprendre la guitare.*
▸ REM. Ce mot appartient à la langue soutenue.

HISTOIRE DU MOT Vient du latin *ad instar* qui signifie « à la ressemblance de ».

instaurer v. (CONJUG. 3). Établir, mettre en place un système, une organisation. *La Révolution a instauré la république.* SYN. instituer. *Instaurer une nouvelle mode.* SYN. inaugurer.

instigateur, trice n. Personne qui incite à faire quelque chose. *L'instigateur d'un complot. L'instigatrice d'un projet.*

instigation n.f. • **À l'instigation de :** sur les conseils, les suggestions de quelqu'un. *À l'instigation de ses amis, elle s'est inscrite au club d'échecs.*
→ VOIR AUSSI **incitation.**

instinct n.m. ❶ Tendance innée qui pousse les êtres vivants à avoir un certain comportement. *L'instinct maternel. L'instinct migratoire des hirondelles.* ❷ Capacité naturelle à deviner que quelque chose va se produire. *Mon instinct m'avertissait que c'était dangereux.* SYN. intuition. • **D'instinct :** spontanément, sans réfléchir. *En entendant un bruit, d'instinct il se cacha dans le fossé.*
▸ REM. On ne prononce pas le *-c-* ni le *-t* finals.

HISTOIRE DU MOT Vient du latin *instinctus* qui signifie « impulsion ».

instinctif, ive adj. Que l'on fait par instinct, et non par volonté ou par réflexion. *Mon geste a été instinctif.* SYN. machinal, spontané. CONTR. réfléchi. *Un dégoût instinctif des araignées.* SYN. irraisonné.

instinctivement adv. De manière instinctive. *Instinctivement, elle a bondi hors de la pièce.*

instituer v. (CONJUG. 3). Mettre en place de façon officielle, mettre en application. *Nous avons institué un nouveau règlement.* SYN. établir, instaurer.

HISTOIRE DU MOT Vient du latin *instituere* qui signifie « établir ».

institut n.m. Nom donné à certains organismes de recherche scientifique ou d'enseignement. *Elle travaille dans un institut pour sourds-muets. L'Institut océanographique. L'Institut Pasteur.* • **Institut de beauté :** établissement où l'on dispense des soins du visage et du corps, dans un but esthétique.

instituteur, trice n. Personne qui enseigne dans les écoles primaires.
▸ REM. En France, on les appelle aujourd'hui « professeurs des écoles ».

HISTOIRE DU MOT Vient du latin *institutor* qui signifie « précepteur ».

institution n.f. ❶ Ce qui est institué, que ce soit une règle ou un organisme. *Le vote obligatoire est une institution de la société belge. L'O.N.U. est une institution internationale.* ❷ Nom donné à certains établissements d'enseignement privé.

instructeur, trice n. Gradé qui instruit les jeunes soldats, les recrues. ◆ **adj.** • **Magistrat instructeur :** magistrat qui instruit une affaire, un procès, qui rassemble tous les éléments permettant qu'ils soient ensuite jugés.

instructif, ive adj. Qui permet d'apprendre des choses. *La discussion que nous venons d'avoir a été très instructive.* SYN. édifiant.

a b c d e f g h i j k l m n o p q r s t u v w x y z

A B C D E F G H I J K L M N O P Q R S T U V W X Y Z

instruction **n.f.** ❶ Le fait d'instruire quelqu'un, de lui enseigner quelque chose. *Les professeurs sont chargés de notre instruction.* SYN. formation. *L'instruction primaire.* SYN. enseignement. ❷ L'ensemble des connaissances, le savoir acquis à l'école. *Avoir une solide instruction.* SYN. connaissances, culture. ❸ (Au plur.) Ordres, explications donnés à une personne pour qu'elle puisse agir. *Elle nous a laissé ses instructions.* SYN. directives. *Lisez attentivement les instructions de la notice.* SYN. consignes. ❹ Chacun des ordres qui constituent un programme informatique. • **Juge d'instruction :** juge chargé de diriger l'enquête. *Le juge d'instruction a interrogé les témoins.*

instruire **instruisant, instruit v.** (CONJUG. **60**). ❶ Former l'esprit de quelqu'un en lui apportant des connaissances. *Cette série d'émissions m'a beaucoup instruit.* SYN. apprendre. ❷ *Instruire une affaire, un procès*, c'est rassembler les preuves, les témoignages qui permettront de prendre une décision, de rendre un jugement. ◆ **s'instruire v.pron.** Développer ses connaissances, son savoir. *L'école est faite pour s'instruire.* SYN. se cultiver.

HISTOIRE DU MOT Vient du latin *instruere* qui signifie « bâtir, équiper ».

instruit, e **adj.** Qui a des connaissances, qui sait beaucoup de choses. *Son père est très instruit.* SYN. cultivé, érudit. CONTR. ignare, ignorant, inculte.

instrument **n.m.** ❶ Tout objet qui aide à réaliser certains travaux, certaines opérations. *Le bistouri est un instrument de chirurgie. Le violon, la guitare sont des instruments de musique.* → VOIR AUSSI **appareil, machine, outil.** ❷ Au figuré, personne ou chose dont on se sert pour atteindre un résultat. *Ce fut l'instrument de sa vengeance.*

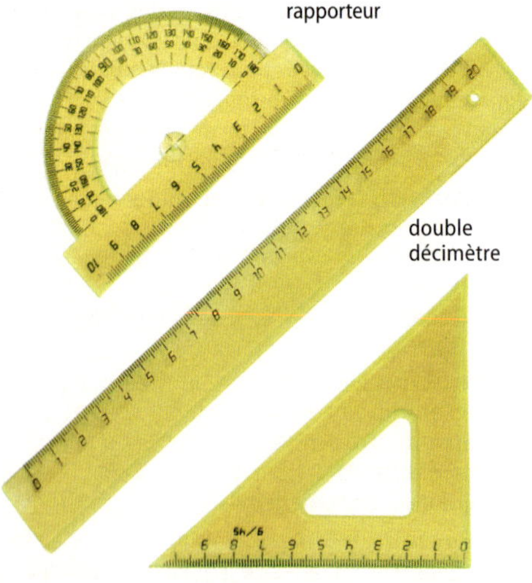

instruments de mesure

instrumental, ale, aux **adj.** *La musique instrumentale* s'exécute à l'aide d'instruments de musique, par opposition à la *musique vocale.*

instrumentiste **n.** Musicien qui joue d'un instrument de musique. *Les instrumentistes de l'orchestre.*

à l'insu de **prép.** Sans qu'on le sache. *Il a fait cela à l'insu de tout le monde.* CONTR. au vu et au su de. *Il est tellement bavard qu'il s'est trahi à son insu* (= sans s'en rendre compte).

HISTOIRE DU MOT Vient de *su*, participe passé du verbe *savoir.*

insubmersible **adj.** Qui ne peut pas couler. *Un canot insubmersible.* CONTR. submersible.

insubordination **n.f.** Refus d'obéir, de se soumettre. *Soldat puni pour insubordination.* SYN. désobéissance, indiscipline. CONTR. obéissance, soumission.

insuffisamment **adv.** De façon insuffisante ; pas assez. *Tes résultats sont mauvais, tu as insuffisamment travaillé.* CONTR. suffisamment.

insuffisance **n.f.** ❶ Le fait d'être insuffisant. ❷ Manque d'aptitudes ou de connaissances. *Son insuffisance en math va l'obliger à redoubler.* SYN. faiblesse. ❸ *Une insuffisance cardiaque, respiratoire* est une défaillance du fonctionnement du cœur, de l'appareil respiratoire.

insuffisant, e **adj.** Qui ne suffit pas. *Un seul litre d'eau ? Ce sera insuffisant pour donner à boire à tout le monde !* CONTR. suffisant. *Son niveau est insuffisant pour passer dans la classe supérieure* (= il est trop faible).

insuffler **v.** (CONJUG. **3**). ❶ Faire naître un sentiment, un élan chez quelqu'un. *Son discours a insufflé du courage à tout le monde.* SYN. communiquer. ❷ Introduire un gaz quelque part en soufflant. *Le secouriste insuffle de l'air dans la bouche du noyé.*

HISTOIRE DU MOT Vient du latin *sufflare*, « souffler ».

insulaire **adj.** Qui se rapporte à une île. *Un climat insulaire.* CONTR. continental. ◆ **adj.** et **n.** Qui habite une île.

HISTOIRE DU MOT Vient du latin *insula* qui signifie « île ».

insultant, e **adj.** Qui constitue une insulte, une offense. *Des remarques insultantes.* SYN. injurieux. *Sa façon de nous regarder était insultante.* SYN. blessant.

insulte **n.f.** Parole ou attitude qui porte atteinte à la dignité, à la réputation. SYN. affront, injure, offense.

insulter **v.** (CONJUG. **3**). Adresser à quelqu'un des insultes, ou se conduire envers lui de façon méprisante. *Il s'est mis en colère et nous a insultés.* SYN. injurier.

HISTOIRE DU MOT Vient du latin *insultare* qui signifie « attaquer, sauter sur ».

insupportable **adj.** Que l'on ne peut pas supporter, endurer. *Il fait une chaleur insupportable !* SYN. intolérable. CONTR. supportable. *Tu es vraiment insupportable !* SYN. impossible, intenable.

insurgé, e **n.** Personne qui se révolte, se soulève contre le pouvoir. *Les insurgés se sont rendus.* SYN. rebelle.

s'insurger **insurgeant, insurgé v.pron.** (CONJUG. **5**). ❶ Se dresser contre le pouvoir établi. *Le peuple s'est insurgé contre le dictateur.* SYN. se révolter, se soulever.

CONTR. se soumettre. ❷ Protester vivement. *Je m'insurge contre une pareille accusation !*

HISTOIRE DU MOT Vient du latin *insurgere* qui signifie « se lever ».

insurmontable **adj.** Qu'on ne peut pas surmonter. *Ne te décourage pas, la difficulté n'est pas insurmontable* (= on peut en venir à bout).

insurrection **n.f.** Soulèvement armé d'un groupe qui s'insurge contre le pouvoir établi. *Réprimer une insurrection.* SYN. émeute, révolte.

intact, e **adj.** Qui n'a pas été abîmé, qui n'a subi aucune dégradation. *Le colis est arrivé intact.* CONTR. endommagé.

HISTOIRE DU MOT Vient du latin *intactus* qui signifie « qui n'a pas été touché », de *tactus* que l'on retrouve dans *tact, tactile.*

intangible **adj.** Auquel on ne peut pas toucher, que l'on ne peut pas changer. *Des principes intangibles.* SYN. sacré.

intarissable **adj.** ❶ Qui ne cesse jamais de couler. *Une source intarissable.* ❷ Qui ne s'arrête pas de parler. *Un intarissable bavard.*

HISTOIRE DU MOT Vient de *tarir.*

intégral, ale, aux **adj.** Dont on n'a rien retiré, auquel rien ne manque. *Il a versé le montant intégral de la facture.* SYN. entier, total. CONTR. partiel.

HISTOIRE DU MOT Vient, comme *intègre*, du latin *integer.*

intégralement **adv.** Dans son intégralité, sans rien enlever. *J'ai recopié intégralement ce qui était écrit sur la note.* SYN. entièrement, exactement. CONTR. partiellement.

intégralité **n.f.** L'état de ce qui est complet, à quoi il ne manque rien. *On m'a remboursé l'intégralité des frais.* SYN. totalité. *Il a acheté l'intégralité de la collection.* ▶ REM. Ne pas confondre avec *intégrité.*

intégrant, e **adj.** *Faire partie intégrante de quelque chose*, c'est faire partie d'un tout et ne pouvoir en être retiré. *L'étang fait partie intégrante de la propriété.*

intégration **n.f.** Le fait d'intégrer ou de s'intégrer. *Son intégration dans l'équipe n'a pas posé de problèmes.* SYN. assimilation, insertion.

intègre **adj.** Très honnête ; qui ne se laisse pas acheter. *Un juge intègre.* SYN. incorruptible. CONTR. corrompu, vénal.

HISTOIRE DU MOT Vient du latin *integer* qui signifie « intact, entier ».

intégrer **v.** (CONJUG. 9, ✎ *10*). Faire entrer dans un ensemble, un groupe plus vaste. *Nous avons de nouveaux renseignements, il faut les intégrer dans l'article déjà rédigé.* SYN. ajouter, incorporer. ◆ **s'intégrer** **v.pron.** Trouver sa place, se faire admettre dans un groupe. *Il est arrivé en cours d'année et s'est très bien intégré à la classe.* SYN. s'assimiler.

intégrisme **n.m.** Attitude des mouvements religieux qui refusent de s'adapter à l'évolution des sociétés au nom du respect strict des traditions.

intégrité **n.f.** ❶ Qualité d'une personne intègre. *Son intégrité ne saurait être mise en doute.* SYN. honnêteté, probité. ❷ Le fait d'être intact, de n'être pas altéré. *Il a gardé l'intégrité de ses facultés intellectuelles.* ▶ REM. Ne pas confondre avec *intégralité.*

intellectuel, elle **adj.** Qui fait essentiellement appel aux capacités de l'esprit. *Un devoir de mathématiques est une activité intellectuelle.* CONTR. manuel. ◆ **adj.** et **n.** Qui aime beaucoup les activités de l'esprit ou dont la profession fait appel au raisonnement, aux connaissances. *Les enseignants, les mathématiciens, les philosophes sont des intellectuels.*

intellectuellement **adv.** D'un point de vue intellectuel, sur le plan de l'intelligence.

intelligemment **adv.** De façon intelligente ; avec finesse. *Elle a intelligemment résolu le problème.* SYN. finement, habilement.

intelligence **n.f.** ❶ Capacité à apprendre, à comprendre et à raisonner. *Un savant d'une grande intelligence* (= qui a de grandes capacités intellectuelles). ❷ Capacité à s'adapter à toute situation nouvelle. *Faites preuve d'intelligence, cela ne sert à rien de vous obstiner.* CONTR. bêtise. *L'intelligence du cœur* (= la sensibilité qui nous permet de comprendre les autres). • **Vivre en bonne intelligence avec quelqu'un :** être en bons termes avec lui.

HISTOIRE DU MOT Vient du latin *intelligere* qui signifie « comprendre ».

intelligent, e **adj.** Qui fait preuve d'intelligence. *Une élève intelligente.* SYN. éveillé. CONTR. bête, stupide. *Ce qu'il a fait là n'est pas très intelligent !* SYN. fin, malin. CONTR. sot.

intelligible **adj.** Que l'on peut comprendre. *Exprime-toi de façon intelligible.* SYN. clair, compréhensible. CONTR. embrouillé, incompréhensible. • **Parler à haute et intelligible voix :** d'une façon telle que l'on puisse entendre et comprendre.

intempéries **n.f.plur.** Le mauvais temps, la rigueur du climat. *Il travaille sur des chantiers, il est exposé aux intempéries.*

HISTOIRE DU MOT Vient du latin *tempus*, « temps ».

intempestif, ive **adj.** Qui est fait au mauvais moment ou à contretemps. *Une question intempestive.* SYN. inopportun.

HISTOIRE DU MOT Vient du latin *intempestivus*, « hors de saison », de *tempus*, « temps ».

intenable **adj.** Que l'on ne peut pas supporter. *La chaleur est intenable.* CONTR. supportable. *Les enfants sont intenables, aujourd'hui.* SYN. insupportable, turbulent. CONTR. sage, tranquille.

intendance **n.f.** Service dont s'occupe l'intendant, son bureau. *Va acheter des tickets de cantine à l'intendance.*

intendant, e **n.** La personne chargée des questions matérielles et de la gestion financière dans un établissement d'enseignement, dans une collectivité. *L'intendant d'un lycée.*

intense **adj.** D'une force, d'une puissance très grande, qui dépasse la moyenne. *Près de la cheminée, la chaleur est intense.* SYN. vif. *Sa joie fut intense.* SYN. extrême. *Une activité intense règne dans les gares au moment des vacances.* SYN. fébrile.

HISTOIRE DU MOT Vient du latin *intensus* qui signifie « violent ».

intensément **adv.** D'une façon intense. *Elle prépare intensément son examen.* SYN. activement, fébrilement.

intensif, ive **adj.** ❶ Qui demande un effort soutenu, intense, en vue du meilleur résultat possible. *Les sportifs de haut niveau ont des séances d'entraînement intensif.* ❷ *L'agriculture intensive* est un système de production qui a pour objectif d'obtenir de forts rendements. CONTR. extensif.

intensifier **v.** (CONJUG. 7). Rendre plus intense, accroître. *Nous devons intensifier nos efforts.* SYN. augmenter. CONTR. diminuer. ◆ **s'intensifier** **v.pron.** Devenir plus intense, plus fort. *À mesure qu'on approchait, le bruit s'intensifiait.*

intensité **n.f.** ❶ Force, puissance d'un phénomène. *Régler l'intensité du son.* ❷ Caractère de ce qui est intense, qui atteint une grande puissance. *La tempête perd de son intensité, la pluie diminue.* SYN. violence.

intensivement **adv.** D'une façon intensive. *Elle a travaillé intensivement durant ces derniers mois.* SYN. activement. CONTR. peu.

intenter **v.** (CONJUG. 3). *Intenter un procès à quelqu'un*, c'est le poursuivre en justice.

HISTOIRE DU MOT Vient du latin *intentare* qui signifie « diriger contre ».

intention **n.f.** Désir, projet ou volonté que l'on a de faire quelque chose. *Nous avons l'intention de partir à la montagne cet été* (= nous souhaitons). *Ce n'était pas mon intention.* SYN. but, objectif. *Il n'avait pas de mauvaise intention en disant cela* (= il ne voulait pas mal faire). • **À l'intention de :** spécialement pour quelqu'un. *Cette petite réception sera donnée à votre intention.*
▸ REM. Ne pas confondre *à l'intention de* et *à l'attention de.*

intentionné, e **adj.** *Être bien intentionné*, c'est avoir de bonnes intentions. *Certaines personnes bien intentionnées lui ont offert de l'aide.*
▸ REM. Ne pas confondre avec *attentionné.*

intentionnel, elle **adj.** Que l'on fait avec une intention bien arrêtée, dans un but précis. *Non, ce n'est pas un accident, son geste était intentionnel.* SYN. délibéré, volontaire. CONTR. involontaire.

intentionnellement **adv.** De façon intentionnelle. *Elle a intentionnellement omis de m'inviter.* SYN. délibérément, exprès.

inter- **préfixe.** Indique ce qui est au milieu, comme dans *interclasse, interligne.*

interactif, ive **adj.** • **Jeu, livre interactif :** jeu, livre électronique permettant un échange entre son utilisateur et l'ordinateur.

intercalaire **adj.** et **n.m.** *Une feuille intercalaire* est une feuille que l'on intercale, que l'on glisse parmi d'autres feuilles pour séparer des ensembles.

intercaler **v.** (CONJUG. 3). Mettre entre deux autres choses. *Intercaler des feuilles de couleur dans un fichier.* SYN. insérer. ◆ **s'intercaler** **v.pron.** Se placer entre deux choses. *Le camion est venu s'intercaler entre la voiture de mon oncle et nous qui suivions.*

intercéder **v.** (CONJUG. 9, ✎ 10). *Intercéder en faveur de quelqu'un*, c'est intervenir en sa faveur, prendre sa défense. *Va le voir et intercède en ma faveur.*

intercepter **v.** (CONJUG. 3). ❶ Prendre, arrêter au passage. *Intercepter une lettre.* ❷ Pour la police, arrêter une personne en l'empêchant de poursuivre sa route. *La police a intercepté le malfaiteur sur l'autoroute.* SYN. arrêter.

HISTOIRE DU MOT Vient du latin *intercipere*, de *capere* qui signifie « prendre ».

interception **n.f.** Action d'intercepter une chose, de s'en emparer ; fait d'être intercepté. *L'interception d'un message. L'interception d'un avion ennemi.*

interchangeable **adj.** Se dit de choses ou de personnes qu'on peut intervertir, mettre à la place les unes des autres. *Des ministres interchangeables. Les roues avant sont interchangeables.*

interclasse **n.m.** Intervalle de quelques minutes entre deux cours. *On a échangé des B.D. durant l'interclasse.*

intercontinental, ale, aux **adj.** Qui concerne en même temps plusieurs continents. *Un accord intercontinental.*

interdiction **n.f.** Action d'interdire. *Interdiction de stationner.* SYN. défense. CONTR. autorisation. *Interdiction de passer.* CONTR. permission.

panneaux d'**interdiction**

interdire **interdisant, interdit v.** (CONJUG. 65). ❶ Ne pas autoriser quelque chose. *Je vous interdis de courir dans les couloirs.* SYN. défendre. CONTR. autoriser. *Le docteur lui a interdit le tabac.* CONTR. permettre. *Ce film est interdit aux moins de 13 ans. Attention, passage interdit.* ❷ Empêcher. *Mon état de santé m'interdit de manger du chocolat.*

interdit, e **adj.** ❶ Qui n'est pas autorisé. *La baignade est interdite ici.* ❷ Tellement étonné qu'on ne sait plus que dire ni que faire. *Il demeura interdit en la voyant entrer.* SYN. ébahi, interloqué, stupéfait.

intéressant, e **adj.** ❶ Qui retient l'attention. *L'émission sur les oiseaux était très intéressante.* SYN. passionnant. CONTR. ennuyeux. ❷ Qui fait naître de l'intérêt, de la sympathie. *C'est une fille très intéressante, j'aimerais qu'elle soit mon amie.* ❸ Qui est avantageux. *Un prix très intéressant.* ❹ *Chercher à se rendre intéressant, faire l'intéressant*, c'est vouloir se faire remarquer.

intéressé, e **adj.** *Des personnes intéressées* cherchent avant tout leur profit. SYN. cupide. CONTR. désintéressé. ◆ **n.** La personne concernée par quelque chose. *Adressez-vous à la principale intéressée.*

intéresser **v.** (CONJUG. 3). ❶ Retenir ou éveiller l'attention. *Le livre m'a beaucoup intéressé.* CONTR. ennuyer. ❷ Avoir de l'importance ou être utile pour quelqu'un. *Cette loi intéresse les enseignants.* SYN. concerner. ◆ **s'intéresser** **v.pron.** Trouver un intérêt à quelque chose, être attiré par quelque chose. *Elle s'intéresse à l'actualité politique.* SYN. se passionner pour.

intérêt **n.m.** ❶ Attention particulière que l'on porte à quelque chose ou à quelqu'un. *J'ai lu avec intérêt l'article du journal. Je vous remercie de l'intérêt que vous me portez.* SYN. sollicitude. CONTR. indifférence. ❷ Ce que quelque chose a d'intéressant, d'important, d'original. *Ce livre n'a aucun intérêt. On ne mesure pas encore l'intérêt de cette découverte.* SYN. portée. ❸ Ce qui est avantageux, profitable ou utile. *Tu as tout intérêt à aller le voir et à lui parler franchement.* ❹ Attachement à ce qui est avantageux pour soi, à l'argent. *Elle agit uniquement par intérêt.* SYN. cupidité, égoïsme. ❺ (Surtout au plur.) Somme d'argent qui vient en plus de la somme empruntée ou prêtée et qui représente le prix de l'argent prêté.

HISTOIRE DU MOT Vient du latin *interest* qui signifie « il importe ».

1 intérieur, e **adj.** ❶ Qui est au-dedans, dans un espace compris entre des limites. *Nos fenêtres donnent sur une cour intérieure. La politique intérieure de notre pays.* CONTR. extérieur. ❷ Que l'on a en soi, qui concerne l'âme. *La vie intérieure.* SYN. spirituel.

2 intérieur **n.m.** ❶ Ce qui est au-dedans. *Nous avons pu visiter l'intérieur du château.* CONTR. extérieur. ❷ L'endroit où l'on habite, où l'on vit ; son chez-soi. *Son intérieur est petit mais bien aménagé. Un vêtement d'intérieur* (=que l'on met à la maison). • **À l'intérieur** : dans la maison, l'appartement. *Les enfants ont passé la journée à l'intérieur.* • **À l'intérieur de** : au-dedans de. *Qu'avez-vous trouvé à l'intérieur de la boîte ?*

intérieurement **adv.** ❶ À l'intérieur, au-dedans. *La pomme était pourrie intérieurement.* ❷ En soi-même. *Il répond oui alors qu'intérieurement il pense le contraire.*

intérim **n.m.** Période pendant laquelle une personne en remplace une autre à son poste. *M. Rémi est absent pour un mois, vous allez assurer l'intérim.* SYN. remplacement.
▸ REM. On prononce [ɛ̃terim].

HISTOIRE DU MOT Vient du latin *interim* qui signifie « pendant ce temps ».

intérimaire **adj.** *Un travail, un emploi intérimaires* ne durent que le temps d'un remplacement ou le temps nécessaire à une tâche supplémentaire précise. SYN. temporaire. ◆ **adj.** et **n.** Qui assure un intérim, qui fait des remplacements. *Un travailleur intérimaire.*

interjection **n.f.** Mot invariable qui permet d'exprimer une émotion, une exclamation ou une interpellation. *« Ah !, oh !, hélas !, aïe !, allons, bravo ! » sont des interjections.*

interligne **n.m.** Espace entre deux lignes dans un texte écrit ou imprimé. *Vous mettrez trois interlignes entre chaque paragraphe.*
▸ REM. Ce mot est du masculin.

interlocuteur, trice **n.** Personne à qui l'on parle. *Son interlocutrice le regardait dans les yeux.*

interloquer **v.** (CONJUG. 3). Embarrasser, étonner quelqu'un au point qu'il ne sait plus quoi dire ni quoi faire. *Son refus de nous aider nous a interloqués.* SYN. déconcerter, décontenancer.

HISTOIRE DU MOT Vient, comme *interlocuteur*, du latin *interloqui* qui signifie « couper la parole ».

intermède **n.m.** ❶ Petit divertissement entre deux parties d'un spectacle. *Un intermède musical.* ❷ Espace de temps entre deux actions. *Ces deux jours de vacances ont été un agréable intermède.*

1 intermédiaire **adj.** Qui se situe entre deux extrêmes, qui est au milieu. *Une couleur intermédiaire entre le rouge et le grenat.*

HISTOIRE DU MOT Vient du latin *medius* qui signifie « milieu ».

2 intermédiaire **n.** Personne qui sert de lien entre deux personnes ou deux groupes. *L'ambassadeur a servi d'intermédiaire entre les deux pays.* SYN. médiateur. • **Par l'intermédiaire de** : grâce à l'intervention de quelqu'un ; au moyen de quelque chose. *Nous avons été informés par l'intermédiaire des journaux.*

interminable **adj.** Qui semble ne jamais devoir se terminer. *Une attente interminable* (=qui n'en finit plus).

intermittence **n.f.** • **Par intermittence** : par moments. *On entendait par intermittence le son d'une cloche.*

intermittent, e **adj.** Qui s'arrête et reprend, qui n'est pas continu. *La lueur intermittente du phare.*

HISTOIRE DU MOT Vient du latin *intermittere* qui signifie « interrompre ».

internat **n.m.** ❶ Situation d'un élève interne, par opposition à *demi-pension* et *externat.* ❷ Établissement scolaire où les élèves sont internes.

international, ale, aux **adj.** Qui concerne plusieurs pays. *L'O.N.U. est un organisme international.*

A B C D E F G H I J K L M N O P Q R S T U V W X Y Z

Une compétition internationale d'athlétisme. ◆ **n.** En France, sportif sélectionné dans l'équipe nationale pour représenter son pays lors d'une compétition internationale.

internaute **n.** Personne qui utilise le réseau Internet.

1 interne **adj.** ❶ Situé à l'intérieur. *La paroi interne de l'estomac.* SYN. intérieur. CONTR. externe. ❷ Qui concerne l'intérieur d'un groupe. *C'est un problème interne, à régler entre nous.*

2 interne **n.** Élève logé et nourri dans un établissement scolaire, par opposition à *externe* et *demi-pensionnaire.*

internement **n.m.** Le fait d'être interné dans un hôpital psychiatrique.

interner **v.** (CONJUG. **3**). Enfermer une personne dans un hôpital psychiatrique.

Internet **n.m.** Réseau télématique mondial qui permet de trouver des informations et de communiquer à distance. *Internet a été conçu en 1969 pour les besoins de l'armée américaine.*
▸ REM. 1 On prononce [ɛ̃tɛrnɛt]. 2 Ce mot s'écrit aussi sans majuscule.

HISTOIRE DU MOT Vient de l'anglais *international network* qui signifie « réseau international ».

Internet : un réseau mondial

interpellation **n.f.** Action d'interpeller.

interpeller, ✎ ***interpeler*** **v.** (CONJUG. **12**, ✎ *11*). ❶ Appeler quelqu'un d'une voix forte pour attirer son attention ou lui poser une question. *J'étais sur le trottoir d'en face, il m'a interpellé.* SYN. apostropher. ❷ Arrêter une personne pour vérifier son identité et lui poser des questions. *La police a interpellé deux manifestants.*
▸ REM. On prononce [ɛ̃tɛrpəle] ou [ɛ̃tɛrpɛle].

Interphone **n.m.** Téléphone avec haut-parleur qui permet de communiquer avec des appartements ou des bureaux à l'intérieur d'un bâtiment. *Pour entrer dans l'immeuble, il faut se servir de l'Interphone.*
▸ REM. C'est un nom de marque, le mot prend une majuscule.

interplanétaire **adj.** Situé entre les planètes. *L'espace interplanétaire.*

s'interposer **v.pron.** (CONJUG. **3**). Se mettre entre des personnes, des choses. *S'interposer dans une bagarre.*

interprétation **n.f.** ❶ Sens que l'on donne à quelque chose, manière de comprendre. *Cette phrase a plusieurs interprétations.* SYN. signification. *Ton interprétation diffère de la mienne* (= manière de voir). ❷ Façon d'interpréter une œuvre musicale, un rôle. *Elle a reçu un prix d'interprétation.*

interprète **n.** ❶ Personne chargée de traduire oralement dans une autre langue les propos de quelqu'un. → VOIR AUSSI **traducteur.** ❷ Personne qui se charge d'expliquer les intentions de quelqu'un d'autre. *Soyez mon interprète auprès de lui.* ❸ Artiste qui interprète une œuvre musicale ou un rôle.

interpréter **v.** (CONJUG. **9**, ✎ *10*). ❶ Donner un sens à quelque chose. *Tu as mal interprété son geste.* SYN. comprendre. *Interpréter les rêves.* ❷ Jouer un rôle, au théâtre ou au cinéma, exécuter un morceau de musique. *Le pianiste interpréta une sonate de Mozart. Il a interprété Christophe Colomb au cinéma.* SYN. incarner.

interrogateur, trice **adj.** *Un air, un regard interrogateurs* montrent que l'on cherche à savoir quelque chose.

interrogatif, ive **adj.** Qui sert à poser une question. *La phrase interrogative est notée avec un point d'interrogation. « Quel » est un adjectif interrogatif, « lequel » un pronom interrogatif.*

interrogation **n.f.** ❶ Le fait d'interroger ou de s'interroger. *Répondre à des interrogations.* ❷ Ensemble de questions que l'on pose à un élève. *Nous avons eu ce matin une interrogation écrite.* • **Point d'interrogation :** signe de ponctuation (?) que l'on met à la fin d'une phrase interrogative.

interrogatoire **n.m.** Série de questions qu'un policier ou un juge pose au cours d'une enquête. *Le suspect a été soumis à un long interrogatoire.*

interroger **interrogeant, interrogé v.** (CONJUG. **5**). Poser des questions à quelqu'un. *On m'a interrogé sur mes intentions.* SYN. questionner. *Le professeur a interrogé trois élèves sur la leçon d'hier.* ◆ **s'interroger v.pron.** Se poser des questions, chercher à comprendre. *Il s'interroge sur ce qui s'est passé.*

interrompre **interrompant, interrompu v.** (CONJUG. **47**). ❶ Couper la parole à quelqu'un. *Excusez-moi de vous interrompre, mais il est l'heure.* ❷ Faire cesser, momentanément ou définitivement. *Le match a été interrompu à cause de la pluie.* SYN. arrêter. CONTR. continuer. *Nous avons dû interrompre nos vacances et rentrer plus tôt que prévu.* ◆ **s'interrompre v.pron.** ❶ Cesser de parler. *Il s'est interrompu pour la saluer.* ❷ S'arrêter momentanément ou définitivement. *L'émission s'est brusquement interrompue.*

interrupteur **n.m.** Appareil qui permet de couper ou de rétablir le courant électrique. *L'interrupteur de la chambre est près de la porte.*

interruption **n.f.** Action d'interrompre ; fait de s'interrompre. *L'interruption de l'émission a duré dix minutes.* SYN. coupure, suspension. • **Sans interruption :** sans arrêt. *Nous avons travaillé sans interruption de sept heures à midi.*

intersection n.f. L'endroit où deux lignes, deux routes se croisent. *Il y a une station-service à l'intersection des deux routes.* SYN. croisement. *Deux droites parallèles n'ont pas de point d'intersection.*

intersection de routes

intersidéral, ale, aux adj. Situé entre les astres. *L'espace intersidéral.*

interstellaire adj. Situé entre les étoiles. *La matière interstellaire est faite de gaz et de poussières.*

interstice n.m. Petit espace vide entre les parties d'un tout. *Boucher les interstices d'une cloison.* SYN. fente.

HISTOIRE DU MOT Vient du latin *interstare*, « se tenir entre ».

intertropical, ale, aux adj. • **Zone intertropicale :** zone située entre les tropiques, de part et d'autre de l'équateur. *La zone intertropicale est caractérisée par un climat chaud.* SYN. tropical. → VOIR Fiche **34.**

interurbain, e adj. Établi entre deux ou plusieurs villes. *Un réseau de transport interurbain.*

intervalle n.m. ❶ Distance, espace entre deux choses. *Laissez un intervalle entre les rangées de chaises.* SYN. place. ❷ Espace de temps entre deux dates, deux faits. *Je ne l'ai pas revu dans l'intervalle.* ❸ En musique, écart qui sépare deux sons ou deux notes. *Entre « do » et « mi » il y a un intervalle d'une tierce.*

HISTOIRE DU MOT Vient du latin *intervallum* qui signifie « espace entre deux piquets ».

intervenir intervenant, intervenu v. (CONJUG. **20** ; auxiliaire *être*). ❶ Prendre part à une action pour modifier son déroulement. *Le maître-nageur est intervenu très vite et l'a sauvé.* ❷ Prendre la parole pour donner son avis, lors d'une discussion, d'un débat. ❸ Jouer un rôle, agir, avoir une influence. *La volonté n'intervient pas dans les rêves.* ❹ Se produire, arriver. *Beaucoup de changements sont intervenus ici, depuis que tu es parti.*

intervention n.f. ❶ Le fait d'intervenir. *Grâce à l'intervention des pompiers, l'incendie fut maîtrisé. Son intervention dans la discussion a été très remarquée.* ❷ *Une intervention chirurgicale*, c'est une opération.

interversion n.f. Le fait d'intervertir deux choses.

intervertir intervertissant, interverti v. (CONJUG. **16**). Mettre une chose à la place d'une autre et réciproquement. *Tu as interverti des lettres dans ce mot.* SYN. inverser.

HISTOIRE DU MOT Vient du latin *vertere* qui signifie « tourner ».

interview n.f. ou n.m. Entretien entre une personne et un journaliste. *Le ministre a accordé une interview au correspondant de ce journal étranger.*
▸ REM. On prononce [ɛ̃tɛrvju].

HISTOIRE DU MOT C'est un mot anglais qui vient du français *entrevue*.

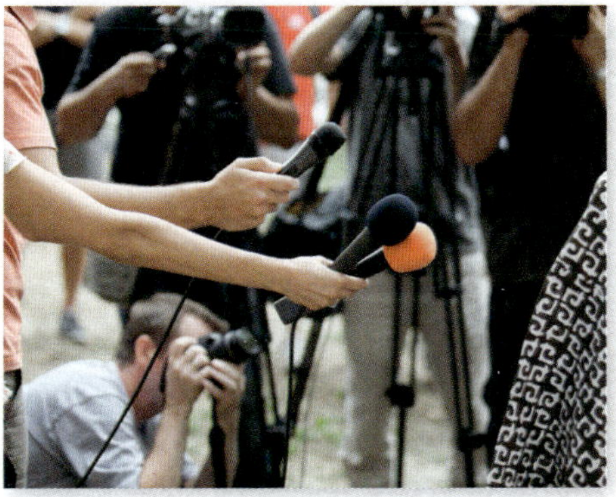

interview

interviewer v. (CONJUG. **3**). Interroger quelqu'un lors d'une interview. *Le reporter interviewe le vainqueur de l'étape. On a interviewé les témoins du drame.*
▸ REM. On prononce [-vjuve].

intestin n.m. La partie du tube digestif qui va de l'estomac à l'anus et qui est composée de l'*intestin grêle* et du *gros intestin*.

HISTOIRE DU MOT Vient du latin *intestinus* qui signifie « intérieur ».

intestinal, ale, aux adj. De l'intestin. *Une douleur intestinale.*

intime adj. ❶ Qui est très personnel, que l'on garde pour soi. *La vie intime d'une personne.* SYN. privé. CONTR. public. *Un journal intime.* ❷ Qui se passe entre amis, entre gens qui se connaissent bien. *Ce sera une soirée tout à fait intime.* ◆ **adj.** et **n.** Avec qui on est étroitement lié. *Un ami intime.* SYN. proche.

intimement adv. De façon intime. *Ils sont intimement liés.* SYN. étroitement. *Je suis intimement persuadé que tu as tort* (= au fond de moi-même).

intimer v. (CONJUG. **3**). *Intimer un ordre à quelqu'un*, c'est lui donner un ordre de façon très autoritaire. *Il lui intima l'ordre de sortir sur-le-champ.*

HISTOIRE DU MOT Vient du latin *intimare* qui signifie « annoncer, faire connaître ».

intimidant, e adj. Qui intimide. *Parler devant toute la classe, c'est intimidant.* CONTR. rassurant.

intimidation n.f. Le fait d'intimider quelqu'un, de chercher à lui faire peur. *Nous ne céderons pas à vos intimidations !* SYN. menace, pression.

intimider **v.** (CONJUG. **3**). Faire perdre de son assurance à quelqu'un, le remplir de crainte. *Le nouveau professeur m'intimide.* SYN. impressionner.

HISTOIRE DU MOT Vient de *timide.*

intimité **n.f.** La vie intime, la vie privée. *Dans l'intimité, c'est quelqu'un de très simple.* • **Dans la plus stricte intimité :** entre personnes étroitement liées, entre intimes. *La cérémonie aura lieu dans la plus stricte intimité.*

intituler **v.** (CONJUG. **3**). Donner un titre à une œuvre. *Il a intitulé son ouvrage « Comment faire aimer les mathématiques ? ».* ◆ **s'intituler** **v.pron.** Avoir pour titre. *Le premier chapitre s'intitule « Une visite imprévue ».*

HISTOIRE DU MOT Vient du latin *titulus* qui signifie « titre ».

intolérable **adj.** Qu'on ne peut pas tolérer. *La chaleur était intolérable.* SYN. insupportable, intenable. CONTR. supportable, tolérable. *Son attitude est intolérable.* SYN. inacceptable, inadmissible.

intolérance **n.f.** Le fait d'être intolérant. *Ne pas respecter les coutumes des autres, c'est faire preuve d'intolérance.* CONTR. tolérance.

intolérant, e **adj.** Qui ne respecte pas ceux qui n'ont pas les mêmes opinions, les mêmes croyances. *J'ai le droit d'avoir mon avis, tu es trop intolérante.* SYN. sectaire. CONTR. tolérant.

intonation **n.f.** Le ton que l'on prend pour lire, pour parler. *Sa voix avait parfois des intonations très douces.* SYN. accent, inflexion.

HISTOIRE DU MOT Vient du latin *intonare* qui signifie « tonner, résonner ».

intouchable **adj.** Que l'on ne peut pas critiquer ou sanctionner. *Des personnalités intouchables.*

intoxication **n.f.** ❶ Trouble physique plus ou moins grave dû à un produit toxique, à un poison. *Une intoxication alimentaire.* SYN. empoisonnement. ❷ Au figuré, grande influence exercée sur l'esprit des gens et qui leur fait perdre tout sens critique. *Toutes ces publicités, c'est de l'intoxication.*

intoxiquer **v.** (CONJUG. **3**). ❶ Être la cause d'une intoxication de l'organisme. SYN. empoisonner. ❷ Au figuré, faire perdre tout sens critique aux gens et les amener à croire ce qu'on veut qu'ils croient. ◆ **s'intoxiquer** **v.pron.** Absorber une substance toxique, un poison.

intra- **préfixe.** Qui indique ce qui est au-dedans, comme dans *intraveineuse, intramusculaire.*

intraduisible **adj.** Que l'on ne peut pas traduire. *Ce mot chinois est intraduisible en français.*

intraitable **adj.** Qui n'accepte aucun arrangement, aucun compromis. *Je suis intraitable sur la ponctualité.* SYN. intransigeant. CONTR. conciliant.

intramusculaire **adj.** et **n.f.** *Une piqûre intramusculaire* se fait dans un muscle.

intransigeance **n.f.** Le caractère d'une personne intransigeante.

intransigeant, e **adj.** Qui ne fait pas de concession, n'admet pas de compromis. *Notre professeur est intransigeant sur l'orthographe.* SYN. intraitable. CONTR. accommodant.

intransitif, ive **adj.** *Un verbe intransitif* ne peut pas avoir de complément d'objet. *« Dîner » est un verbe intransitif, alors que « manger » est transitif.*

intransportable **adj.** Que l'on ne peut pas transporter, déplacer. *Le malade était intransportable.*

intraveineux, euse **adj.** et **n.f.** *Une piqûre intraveineuse* se fait à l'intérieur d'une veine.

intrépide **adj.** et **n.** Qui n'a pas peur du danger. *Une exploratrice intrépide.* SYN. audacieux, hardi. CONTR. peureux, timoré.

HISTOIRE DU MOT Vient du latin *trepidus* qui signifie « tremblant » : l'*intrépide* ne tremble pas.

intrépidité **n.f.** Le caractère d'une personne intrépide.

intrigant, e **adj.** et **n.** Qui intrigue, qui utilise des moyens plus ou moins honnêtes pour parvenir à ses fins. *Une intrigante prête à tout.* SYN. arriviste.

▸ REM. Ne pas confondre avec le participe présent du verbe *intriguer.*

intrigue **n.f.** ❶ Manœuvre secrète, habile, souvent déloyale, pour arriver à ses fins. *À force d'intrigues, il est parvenu à obtenir le poste de directeur.* SYN. machination. ❷ L'ensemble des événements qui forment le sujet d'une histoire. *L'intrigue de ce roman est très compliquée.*

HISTOIRE DU MOT Vient du latin *intricare* qui signifie « embrouiller ».

intriguer **intriguant, intrigué** **v.** (CONJUG. **6**). ❶ Agir au moyen d'intrigues, de manœuvres secrètes pour parvenir à ses fins. *Intriguer pour se faire élire à un poste.* SYN. manœuvrer. ❷ Rendre perplexe et piquer la curiosité. *Sa façon de se conduire commençait à nous intriguer.*

introduction **n.f.** ❶ Le fait d'introduire ou de s'introduire. *Le secrétaire est chargé de l'introduction des visiteurs.* ❷ Début d'un texte ou d'un livre, qui présente et explique le sujet. *Je l'ai aidé à rédiger l'introduction de sa rédaction.* CONTR. conclusion.

introduire **introduisant, introduit** **v.** (CONJUG. **60**). ❶ Mettre, placer, enfoncer à l'intérieur de quelque chose. *Introduire la clé dans la serrure.* ❷ Faire entrer dans un lieu. *On nous a introduits dans un magnifique salon. Les malfaiteurs ont introduit toutes ces marchandises en fraude.* ❸ Faire entrer dans l'usage. *Les jeunes ont introduit une nouvelle mode.* ◆ **s'introduire** **v.pron.** Entrer, pénétrer. *Le voleur s'est introduit dans la maison par la fenêtre.*

intrôniser **v.** (CONJUG. **3**). Installer solennellement dans ses fonctions. *Introniser un pape, un roi, un empereur.*

HISTOIRE DU MOT Vient du grec *tronos*, « trône ».

introuvable **adj.** Qu'on ne peut pas trouver ou retrouver. *J'ai cherché partout, mes lunettes sont introuvables.*

intrus, e **n.** Personne qui s'introduit dans un groupe, dans une réunion sans y avoir été invitée. *Faire expulser les intrus.* SYN. indésirable.

HISTOIRE DU MOT Vient du latin *intrudere* qui signifie « introduire de force ».

intrusion **n.f.** Action d'entrer sans avoir été invité. *Votre intrusion n'est du goût de personne, veuillez sortir.* ▸ REM. Ne pas confondre avec *incursion*.

intuitif, ive **adj.** Qui se fait par intuition. *Il a résolu le problème de manière intuitive.* ◆ **adj.** et **n.** Qui agit en se fiant à son intuition.

intuition **n.f.** ❶ Capacité à comprendre les choses directement, sans passer par la réflexion, et à réagir comme par instinct. *Se laisser guider par son intuition. Comprendre les autres par intuition.* ❷ Impression qu'on a de savoir que quelque chose va se produire. *J'ai l'intuition qu'il va téléphoner ce soir.* SYN. pressentiment.

intuitivement **adv.** De manière intuitive. *Répondre intuitivement.* SYN. instinctivement.

inuit, e **adj.** et **n.** Qui se rapporte aux Inuits. → VOIR noms propres.

inusable **adj.** Qui ne s'use pas ou qui s'use très lentement. *Des vêtements, des chaussures inusables.*

inusité, e **adj.** *Un mot inusité* est un mot que l'on n'emploie plus ou presque plus. SYN. rare.

inutile **adj.** Qui ne sert à rien. *Il faut jeter les choses inutiles.* SYN. superflu. CONTR. nécessaire. *Il est inutile de vouloir la convaincre.* SYN. vain.

inutilement **adv.** Pour rien, en vain. *Nous nous sommes déplacés inutilement.*

inutilisable **adj.** Qu'on ne peut plus utiliser. *Les deux voitures accidentées sont inutilisables.*

inutilité **n.f.** Le fait d'être inutile, de n'avoir aucune efficacité. *Je compris soudain l'inutilité de mes efforts et je décidai de m'y prendre autrement.* SYN. inefficacité.

invalide **adj.** et **n.** Qui ne peut pas avoir une vie active normale à la suite d'un accident, d'une maladie, d'une blessure. *Cette place de stationnement est réservée aux invalides.* SYN. infirme. → VOIR AUSSI **handicapé, impotent, mutilé.**

HISTOIRE DU MOT Vient du latin *invalidus* qui signifie « faible ».

invalider **v.** (CONJUG. **3**). Déclarer non valable, nul. *L'élection a été invalidée pour cause de fraude.* SYN. annuler. CONTR. valider.

invalidité **n.f.** État d'une personne invalide. *Victime d'un accident du travail, il touche une pension d'invalidité.*

invariable **adj.** ❶ Qui ne change pas, qui ne subit pas de modification. *L'ordre invariable des saisons.* SYN. immuable. CONTR. changeant. ❷ En grammaire, se dit d'un mot dont la forme ne change pas. → VOIR encadré ci-dessous.

Les mots **invariables**

Les mots invariables regroupent certains noms, pronoms et adjectifs qui ne prennent pas les marques du pluriel et du féminin, ainsi que les prépositions, les adverbes, les conjonctions et les interjections.

➤ Un mot (nom ou adjectif) est **invariable en nombre** lorsqu'il ne prend pas la marque du pluriel :
Des rubans *marron*.

➤ On dit qu'un mot (nom ou adjectif) est **invariable en genre** lorsqu'il a la même forme au masculin et au féminin :
Pierre est *chic* / Annie est *chic*.

invariablement **adv.** De façon invariable. *Elle est invariablement en retard.* SYN. constamment, toujours.

invasion **n.f.** ❶ L'action d'envahir un pays avec des forces armées. → VOIR noms propres : **Invasions barbares.** ❷ Au figuré, arrivée soudaine et en trop grand nombre de personnes, d'animaux ou de produits, ce qui constitue une gêne. *Une invasion de touristes.*

HISTOIRE DU MOT Vient du latin *invadere* qui signifie « envahir ».

invective **n.f.** Parole agressive et injurieuse. *Ils continuaient à se lancer des invectives.* SYN. insulte.

invectiver **v.** (CONJUG. **3**). Lancer des invectives. *Un ivrogne invectivait les passants.* SYN. injurier.

invendable **adj.** Qu'on ne peut pas vendre.

invendu, e **adj.** Qui n'a pas été vendu. *Les marchandises invendues seront soldées.*

inventaire **n.m.** Liste précise de toutes les choses qui se trouvent quelque part. *Un commerçant qui fait son inventaire note toutes les marchandises qu'il a en stock.*

inventer **v.** (CONJUG. **3**). ❶ Créer, concevoir ou fabriquer quelque chose de nouveau. *Graham Bell a inventé le téléphone.* ❷ Trouver l'idée de quelque chose, imaginer une histoire, un personnage. *Georges Simenon a inventé le commissaire Maigret.* ❸ Raconter quelque chose de faux. *Il a inventé toute une histoire pour expliquer son retard* (= il l'a fabriquée de toutes pièces).

HISTOIRE DU MOT Vient du latin *invenire* qui signifie « trouver ».

inventeur, trice **n.** Personne qui invente, qui crée quelque chose de nouveau. *Louis et Auguste Lumière sont les inventeurs du cinéma.*

inventif, ive **adj.** Qui a le don, le génie d'inventer. *Un artiste inventif. Avoir un esprit inventif.* SYN. créatif.

invention **n.f.** ❶ L'action d'inventer, de créer quelque chose de nouveau. *L'invention du téléphone a permis de multiples progrès.* ❷ Ce qui a été inventé. *Les grandes inventions. Les dernières inventions* *techniques dans le domaine du son et de l'image.* ❸ Capacité à créer, à imaginer des choses nouvelles. *Il y a beaucoup d'invention dans ton tableau. Un esprit d'invention* (= imaginatif). ❹ Mensonge. *Ce que vous dites est pure invention !*

inventorier **v.** (CONJUG. 7). Faire un inventaire. *Inventorier les meubles et les objets d'un château.*

invérifiable **adj.** Qui ne peut être vérifié, contrôlé. *L'excuse de Sophie est invérifiable.*

inverse **adj.** Qui va dans le sens contraire. *La voiture venait en sens inverse. Placez les lettres dans l'ordre inverse de l'ordre alphabétique, c'est-à-dire de Z à A.* ◆ **n.m.** Le contraire. *Tu as fait l'inverse de ce que je t'ai demandé. À l'inverse de sa sœur, Jeanne aime la lecture* (= à l'opposé).

HISTOIRE DU MOT Vient du latin *inversus* qui signifie « retourné ».

inversement **adv.** D'une manière inverse. *Je t'aide pour les mathématiques, et inversement tu m'aideras pour le français.* SYN. réciproquement.

inverser **v.** (CONJUG. 3). ❶ Mettre une chose ou une personne à la place d'une autre et réciproquement. *Inverser les propositions dans une phrase.* SYN. intervertir. *Inversons nos rôles : tu seras ailier et je serai gardienne de but.* SYN. échanger. ❷ Mettre ou faire aller en sens inverse. *Tu as des notes de moins en moins bonnes, il faudrait inverser la tendance.*

inversion **n.f.** ❶ Action d'inverser, fait de s'inverser. *L'inversion des rôles est passée inaperçue.* ❷ Déplacement d'un mot ou d'un groupe de mots dans la phrase par rapport à sa place habituelle. *Dans la phrase « Quand viens-tu ? » il y a une inversion du sujet, celui-ci se retrouve après le verbe.*

invertébré, e **adj.** et **n.m.** *Les invertébrés* sont des animaux qui n'ont pas de squelette, pas de colonne vertébrale. *Les insectes, les vers, les crustacés sont des invertébrés.* CONTR. vertébré.

investigation **n.f.** Recherche faite avec beaucoup de soin et de minutie. *La police poursuit ses investigations* (= son enquête).

HISTOIRE DU MOT Vient du latin *investigare* qui signifie « chercher, suivre à la trace ».

investir **investissant, investi v.** (CONJUG. 16). ❶ *Investir de l'argent*, c'est le placer afin d'en retirer des intérêts, des bénéfices. *Il a investi une grosse somme dans une entreprise d'informatique.* → VOIR **investissement.** ❷ *Investir un lieu*, c'est l'encercler avec des troupes. *Les envahisseurs ont investi la capitale.* SYN. assiéger. ❸ *Investir quelqu'un d'un pouvoir, d'une fonction*, c'est lui confier officiellement ce pouvoir, cette fonction. *Les négociateurs ont été investis de tous les pouvoirs.* SYN. doter. → VOIR **investiture.**

investissement **n.m.** Action d'investir de l'argent ; l'argent qui est investi. *Ses investissements ont été rentables.* SYN. placement.

invertébrés

investiture **n.f.** Acte par lequel un parti politique désigne son candidat à une élection. *Elle a reçu l'investiture de son parti.*

invétéré, e **adj.** S'emploie pour indiquer qu'une mauvaise habitude est tellement prise qu'on ne peut plus s'en défaire. *C'est un fumeur invétéré.* SYN. endurci. *Une bavarde invétérée.* SYN. impénitent.

HISTOIRE DU MOT Vient du latin *inveterare* qui signifie « faire vieillir ».

invincible **adj.** ❶ Que l'on ne peut pas vaincre. *Un ennemi, une équipe invincibles.* SYN. imbattable. ❷ Que l'on ne peut pas dominer, contrôler. *Une timidité invincible.* SYN. insurmontable.

HISTOIRE DU MOT Vient, comme *vaincre*, du latin *vincere.*

inviolable **adj.** *Des droits, des règles, des principes inviolables* sont des droits, des règles, des principes que l'on ne doit pas violer, transgresser, enfreindre, qu'il faut absolument respecter.

invisible **adj.** Qu'on ne peut pas voir. *La réparation est très bien faite, elle est invisible.* SYN. imperceptible. CONTR. visible.

invitation **n.f.** Le fait d'inviter quelqu'un. *Ils ont accepté notre invitation à dîner.*

invité, e **n.** Personne qui est invitée. *Les invités commencent à arriver.*

inviter **v.** (CONJUG. 3). ❶ Demander à quelqu'un de venir quelque part ou de faire quelque chose. *C'est mon anniversaire, je vous invite tous chez moi demain.* SYN. convier. *Il l'a invitée à danser, à déjeuner.* ❷ Donner envie de faire quelque chose. *Le beau temps nous* *invitait à la promenade.* SYN. inciter. ◆ **s'inviter** **v.pron.** Aller chez quelqu'un sans y avoir été convié.

invivable **adj.** Impossible à vivre, très difficile à supporter. *Ils se disputent toujours, leur existence devient invivable.* SYN. insupportable. *Cet enfant est invivable !* SYN. intenable.

invocation **n.f.** Le fait d'invoquer une puissance surnaturelle. *Des invocations à Dieu.* SYN. prière.
▸ REM. Ne pas confondre avec *évocation.*

involontaire **adj.** Qu'on fait malgré soi. *Un geste involontaire.* SYN. instinctif, machinal. CONTR. intentionnel.

involontairement **adv.** Sans le vouloir. *En se levant, il a involontairement renversé sa chaise.* CONTR. exprès, volontairement.

invoquer **v.** (CONJUG. 3). ❶ Demander une aide, un soutien par des prières, des supplications. *Invoquer Dieu, les saints.* SYN. prier. ❷ Donner quelque chose comme argument, comme justification. *Il a invoqué la maladie de sa mère pour ne pas venir.* SYN. prétexter.
▸ REM. Ne pas confondre avec *évoquer.*

HISTOIRE DU MOT Vient du latin *vox, vocis* qui signifie « voix ».

invraisemblable **adj.** ❶ Qu'on a du mal à croire parce que cela n'a pas l'air vrai. *Il nous raconte toujours des histoires invraisemblables.* SYN. incroyable. CONTR. plausible, vraisemblable. ❷ Qui est extravagant, étonnant. *Myriam portait un invraisemblable chapeau à fleurs !*

invraisemblance **n.f.** Chose invraisemblable. *On ne peut pas se fier à son témoignage, il est plein d'invraisemblances.*

invulnérable **adj.** Que rien ne peut atteindre, blesser. *Achille, un des héros de la guerre de Troie, était invulnérable, sauf à un talon.*

iode **n.m.** Corps chimique très volatil qui, quand on le chauffe, dégage des vapeurs violettes. *On trouve de l'iode dans l'eau de mer et dans les algues.* ● **Teinture d'iode :** produit pharmaceutique composé d'iode et d'alcool, et qui est un antiseptique.

HISTOIRE DU MOT Vient du grec *iôdês* qui signifie « violet ».

iodé, e **adj.** Qui contient de l'iode. *De l'alcool iodé.*

ion **n.m.** Atome ou groupe d'atomes qui portent une charge électrique.

iota **n.m.invar.,** ✎ ***n.m.*** Lettre de l'alphabet grec qui correspond à notre *i.* ● **Ne pas changer un iota à quelque chose :** ne rien y changer. *Il a recopié la page intégralement, sans y changer un iota.*

iourte **n.f.** → **yourte**

irascible **adj.** Qui se met facilement en colère. SYN. coléreux, irritable.

HISTOIRE DU MOT Vient du latin *ira* qui signifie « colère ».

iris

iris **n.m.** ❶ Plante à haute tige que l'on cultive pour ses grandes fleurs bleues, violettes, blanches ou jaunes. *Un bouquet d'iris.* ❷ Membrane colorée de l'œil, au centre de laquelle se trouve la pupille.

irisé, e **adj.** Qui a les couleurs de l'arc-en-ciel. *Du verre irisé.*

HISTOIRE DU MOT Vient du latin *iris* qui signifie « arc-en-ciel ».

irlandais, e **adj.** et **n.** De l'Irlande. *La lande irlandaise.* ◆ **irlandais** **n.m.** Langue celtique parlée en Irlande.
▸ REM. Quand il désigne une personne, le mot prend une majuscule : *un Irlandais, une Irlandaise.*

ironie **n.f.** Façon de se moquer en disant, sur un certain ton, le contraire de ce que l'on veut faire comprendre. *« Comme tu es élégante avec ce chapeau jaune et cette robe verte », m'a-t-il dit avec ironie.* SYN. moquerie, raillerie.

HISTOIRE DU MOT Vient du grec *eirôneia* qui signifie « interrogation ».

ironique **adj.** Qui exprime de l'ironie. *Un sourire ironique.* SYN. moqueur, narquois.

ironiquement **adv.** Avec ironie. *Il m'a demandé ironiquement si j'envisageais de sortir dans cette tenue.*

ironiser **v.** (CONJUG. 3). *Ironiser sur une personne, sur quelque chose,* c'est s'en moquer. SYN. plaisanter.

irradiation **n.f.** Action d'irradier ; fait d'être irradié. *Plusieurs ouvriers ont été victimes d'irradiations.*

irradier **v.** (CONJUG. 7). ❶ Répandre sa lumière. *Le soleil irradie de tous côtés.* ❷ Se propager en rayonnant. *La douleur irradie dans tout le bras.* ❸ Soumettre à un rayonnement radioactif. *Irradier une tumeur cancéreuse.*

HISTOIRE DU MOT Vient du latin *irradiare* qui signifie « rayonner », de *radius,* « rayon ».

irraisonné, e **adj.** Qu'on ne peut pas contrôler par la raison. *Elle a une peur irraisonnée du noir.*

irrationnel, elle **adj.** Qui n'est pas rationnel, qui est contraire à la raison. *Sa conduite est tout à fait irrationnelle.* SYN. illogique, incohérent.

irrattrapable **adj.** Que l'on ne peut pas rattraper, réparer. *Une erreur irrattrapable.* SYN. irréparable.

irréalisable **adj.** Impossible à réaliser. *Ton projet est irréalisable.* SYN. chimérique, utopique.

irréaliste **adj.** Qui ne tient pas compte de la réalité. *Il serait irréaliste de compter sur son appui.*

irrecevable **adj.** Qu'on ne peut pas accepter. *Un témoignage irrecevable.*

irrécupérable **adj.** Qu'on ne peut pas récupérer. *Cette scie rouillée est irrécupérable.*

d e f g h i j k l m n o p q r s t u v w x y z

A B C D E F G H I J K L M N O P Q R S T U V W X Y Z

irrécusable **adj.** Qu'on ne peut pas récuser, mettre en doute. *Voici la preuve irrécusable de son innocence.* SYN. incontestable, irréfutable. CONTR. contestable.

irréductible **adj.** Qu'on ne peut pas vaincre ou soumettre. *Une opposition irréductible.* SYN. inflexible, intraitable.

irréel, elle **adj.** Qui n'est pas réel. *Sous la lune, la clairière avait un aspect irréel.* SYN. fantastique.

irréfléchi, e **adj.** ❶ Fait ou dit sans réfléchir. *Une parole irréfléchie. Un acte irréfléchi.* SYN. inconsidéré. CONTR. réfléchi. ❷ Qui agit sans réfléchir. *C'est un garçon trop irréfléchi.* SYN. écervelé, étourdi. CONTR. réfléchi.

irréfutable **adj.** Qu'on ne peut pas réfuter, nier, contester. *Une preuve irréfutable.* SYN. indiscutable, irrécusable. CONTR. contestable, discutable.

irrégularité **n.f.** ❶ Le fait d'être irrégulier. *Le médecin nota l'irrégularité du pouls, le visage blême et le corps tendu de son patient.* CONTR. régularité. ❷ Acte contraire à un règlement, une loi. *Des irrégularités ont été commises au cours des élections, celles-ci seront annulées.* SYN. faute, infraction.

irrégulier, ère **adj.** ❶ Qui n'est pas régulier dans son intensité, sa cadence, sa forme. *Le pouls du malade est irrégulier.* SYN. variable. *Son travail est irrégulier.* SYN. inégal. *Un visage aux traits irréguliers.* SYN. asymétrique. ❷ Qui n'est pas conforme aux usages ou aux règles. *Le mot « œil » a un pluriel irrégulier. Il n'a pas fait renouveler son visa et maintenant il est en situation irrégulière.* SYN. illicite.

irrégulièrement **adv.** De façon irrégulière. *Nous nous voyons mais très irrégulièrement.* CONTR. régulièrement.

irrémédiable **adj.** À quoi on ne peut pas remédier. *Ils ont subi des pertes irrémédiables.* SYN. irréparable.

irrémédiablement **adv.** De façon irrémédiable, définitive. *Ton livre est irrémédiablement abîmé.* SYN. définitivement.

irremplaçable **adj.** Que rien ni personne ne peut remplacer. *Pour moi, ces objets sont irremplaçables. Notre directrice est irremplaçable.*

irréparable **adj.** Qu'on ne peut pas réparer. *Ton vélo est irréparable. Des pertes irréparables.* SYN. irrémédiable.

irrépressible **adj.** Qu'on ne peut pas réprimer, retenir. *Une envie de rire irrépressible.* SYN. irrésistible.

irréprochable **adj.** Qui ne mérite aucun reproche. *Votre conduite a été irréprochable.* SYN. parfaite.

irrésistible **adj.** ❶ À qui ou à quoi on ne peut pas résister. *C'est un séducteur irrésistible. Une irrésistible envie de rire.* SYN. irrépressible. ❷ Qui fait rire. *Dans ce film, il y a des scènes irrésistibles.*

irrésistiblement **adv.** Sans que l'on puisse résister. *Il était irrésistiblement attiré par les vitrines remplies de jouets.*

irrésolu, e **adj.** Qui a de la peine à se décider, à prendre parti. SYN. hésitant, indécis. CONTR. déterminé.

irrespect **n.m.** Manque de respect, impertinence, insolence.

irrespectueux, euse **adj.** Qui n'est pas respectueux, qui est insolent. *Ils lui ont donné un surnom irrespectueux.* SYN. impoli, irrévérencieux.

irrespirable **adj.** Désagréable ou dangereux à respirer. *Ouvre la fenêtre, l'air de cette pièce est irrespirable !* SYN. étouffant.

irresponsable **adj.** et **n.** Qui agit à la légère, sans penser aux conséquences de ses actes. *C'est un individu irresponsable qui est la cause de l'accident.*

irrévérencieux, euse **adj.** Qui manque de respect. *Des paroles irrévérencieuses.* SYN. impoli, irrespectueux.

irréversible **adj.** Qui ne se produit que dans un sens, et ne revient jamais en arrière. *Le temps s'écoule de manière irréversible.*

irrévocable **adj.** *Une décision, un jugement irrévocables* sont définitifs, on ne pourra jamais revenir dessus.

irrigation **n.f.** Action d'irriguer un sol. *Des canaux d'irrigation.*

canal d'**irrigation** dans le désert (Maroc)

irriguer **irriguant, irrigué v.** (CONJUG. **6**). ❶ *Irriguer un sol, une région*, c'est y faire circuler de l'eau par des canaux, des rigoles, afin de les rendre plus fertiles. ❷ *Irriguer un*

organe, c'est lui apporter le sang nécessaire à son bon fonctionnement. *Vaisseaux qui irriguent le cerveau.*
HISTOIRE DU MOT Vient du latin *rigare* qui signifie « arroser ».

irritable adj. Qui se met facilement en colère. *L'attente la rend irritable.* SYN. irascible, nerveux.

irritant, e adj. Qui agace, irrite, met en colère. *Ce qu'il peut être irritant à se plaindre sans cesse !* SYN. agaçant, énervant.

irritation n.f. ❶ Le fait d'être irrité, énervé. *Marion est dans un tel état d'irritation qu'il vaut mieux éviter de lui parler.* SYN. agacement, exaspération. ❷ Légère inflammation. *Une irritation de la peau, de la gorge.*

irriter v. (CONJUG. 3). ❶ Énerver, mettre en colère. *Tu ne vois pas que tu l'irrites avec tes questions ?* SYN. agacer, exaspérer. ❷ Causer une irritation, une légère inflammation. *Le tabac lui irrite la gorge.* SYN. piquer. ◆ **s'irriter** v.pron. Se mettre en colère, s'énerver.

irruption n.f. Entrée subite et parfois violente de personnes dans un lieu. *Les supporteurs ont fait irruption sur le terrain.*
▶ REM. Ne pas confondre avec *éruption*.
HISTOIRE DU MOT Vient du latin *irrumpere* qui signifie « se précipiter ».

isard n.m. Chamois des Pyrénées.

isba n.f. Petite maison en bois de sapin dans la campagne russe.

isba

islam n.m. ❶ La religion des musulmans. ❷ (Avec une majuscule.) L'ensemble des peuples qui sont de religion islamique ; leur civilisation. *Elle lit un livre qui raconte l'histoire de l'Islam.*
HISTOIRE DU MOT C'est un mot arabe qui signifie « soumission à Dieu ».

ENCYCLOPÉDIE À l'origine, l'islam est simplement l'attitude de celui qui fait confiance à Dieu et se laisse guider par lui. C'est par Mahomet (ou « Muhammad ») que Dieu, nommé Allah, a révélé aux hommes le Coran, qui est le livre sacré des musulmans. Peu à peu, l'islam a édicté de nombreuses lois qui règlent tous les détails de la vie des musulmans. Un bon musulman a cinq devoirs : 1. réciter sa profession de foi ; 2. prier cinq fois par jour en se tournant en direction de La Mecque ; 3. faire l'aumône aux pauvres ; 4. jeûner pendant le mois du ramadan ; 5. une fois dans sa vie, faire le pèlerinage à La Mecque. → VOIR Fiche **24**.

islamique adj. Qui se rapporte à l'islam. *La religion islamique.*

islandais, e adj. et n. D'Islande. *Les volcans islandais.* ◆ **islandais** n.m. Langue parlée en Islande.
▶ REM. Quand il désigne une personne, le mot prend une majuscule : *un Islandais, une Islandaise.*

isocèle adj. *Un triangle isocèle* a deux côtés (et deux angles) égaux.
HISTOIRE DU MOT Vient du grec *isos*, qui signifie « égal », et *skelos*, qui signifie « jambe ».

isolant, e adj. Qui isole, qui empêche les sons, la chaleur, le froid ou le courant électrique de passer. *Une paroi isolante. Les câbles électriques sont entourés d'une gaine isolante.* ◆ **isolant** n.m. Matériau isolant. *La laine de verre est un bon isolant thermique.*

isolation n.f. L'action d'isoler un local des variations de température ou du bruit. *L'isolation thermique d'une maison. L'isolation acoustique d'une salle de cinéma* (= l'insonorisation).

isolé, e adj. À l'écart des autres choses ou des autres personnes. *Il habite une maison isolée.* SYN. écarté. *Elle se sent isolée.* SYN. délaissé, esseulé.
HISTOIRE DU MOT Vient de l'italien *isolato* qui signifie « séparé comme une île », de *isola*, « île ».

isolement n.m. Situation d'une personne ou d'une chose isolée. *Il voit trop peu de gens, il souffre d'isolement.* SYN. solitude. *L'isolement des hameaux de montagne.*

isolément adv. De façon isolée. *Prenez chaque cas isolément.* SYN. séparément. CONTR. conjointement. *Ils ont travaillé isolément.* SYN. individuellement. CONTR. ensemble.

isoler v. (CONJUG. 3). ❶ Mettre à part, séparer des autres. *Isoler un malade contagieux.* → VOIR **isolement.** ❷ Repérer, identifier, en le séparant du reste, un élément d'un ensemble. *Les chercheurs ont réussi à isoler le chromosome responsable de cette maladie.* ❸ Protéger de la température extérieure ou du bruit. *Mettre des doubles vitrages pour isoler une pièce du bruit et du froid.* → VOIR **isolation.** ❹ *Isoler un fil électrique*, c'est le garnir d'un isolant. ◆ **s'isoler** v.pron. Se mettre à l'écart des autres. *Elle aime s'isoler dans sa chambre pour travailler.*

isoloir n.m. Cabine qui permet à l'électeur de s'isoler lorsqu'il met son bulletin sous enveloppe, ce qui garantit le secret du vote.

isotherme adj. Conçu pour maintenir une température constante. *Une bouteille isotherme.*

israélien, enne adj. et n. De l'État d'Israël.
▶ REM. 1. Quand il désigne une personne, le mot prend une majuscule : *un Israélien, une Israélienne.* 2. Ne pas confondre avec *israélite*.

a b c d e f g h i j k l m n o p q r s t u v w x y z

A B C D E F G H I J

israélite **adj.** et **n.** De religion juive ou qui appartient à la communauté juive.
▸ REM. Ne pas confondre avec *israélien*.

issu, e **adj.** • **Être issu de :** venir de. *Le ministre a rappelé qu'il était issu d'une famille d'agriculteurs.*
HISTOIRE DU MOT Vient de l'ancien français *issir* qui signifiait « sortir ».

issue **n.f.** ❶ Passage par lequel on peut sortir d'un lieu. *Les salles de spectacle doivent avoir des issues de secours.* SYN. porte, sortie. *Une voie sans issue* (= une impasse, un cul-de-sac). ❷ Moyen de se sortir d'une difficulté. *Il faut tout lui dire, il n'y a pas d'autre issue.* SYN. solution. ❸ Manière dont se termine une histoire compliquée. *Cette affaire a connu une issue heureuse.* SYN. dénouement. • **À l'issue de :** à la fin de. *Le vote aura lieu à l'issue des débats.*

isthme **n.m.** Bande étroite de terre entre deux mers et qui relie deux terres. *L'isthme de Corinthe relie le Péloponnèse au reste de la Grèce.*
▸ REM. On prononce [ism].
HISTOIRE DU MOT Vient du grec *isthmos* qui signifie « passage étroit ou resserré ».

isthme (Sveti Stefan, Monténégro)

R S T U V W X Y Z

italien, enne **adj.** et **n.** De l'Italie. *Les pâtes sont une spécialité italienne.* ◆ **italien** **n.m.** Langue parlée en Italie.
▸ REM. Quand il désigne une personne, le mot prend une majuscule : *un Italien, une Italienne*.

italique **n.m.** et **adj.** Caractère d'imprimerie légèrement penché sur la droite. *Dans ce dictionnaire, les exemples sont en italique.* → VOIR AUSSI **romain.**

itinéraire **n.m.** Chemin à suivre pour aller d'un lieu à un autre. *Passez par là, c'est l'itinéraire le plus court.* SYN. parcours, trajet.
HISTOIRE DU MOT Vient du latin *iter, itineris* qui signifie « voyage ».

itinérant, e **adj.** et **n.** Qui se déplace beaucoup, notamment pour exercer son métier. *Une troupe de théâtre itinérante.* SYN. ambulant. → VOIR AUSSI **nomade, sédentaire.**

ivoire **n.m.** ❶ Matière dure, d'un blanc laiteux, dont sont faites les défenses des éléphants, des morses, etc., et avec laquelle on fabrique des objets. *De nombreux pays interdisent le commerce de l'ivoire pour sauver les éléphants.* ❷ Partie dure des dents de l'homme et des mammifères qui est recouverte d'émail.

ivraie **n.f.** Plante qui gêne la croissance des céréales.

ivre **adj.** ❶ Qui a l'esprit troublé sous l'effet de l'alcool. ❷ Qui est animé, exalté par un sentiment très fort. *Ivre de joie.* SYN. transporté. *Ivre de colère.* SYN. fou.
HISTOIRE DU MOT Vient du latin *ebrius* que l'on retrouve dans *ébriété*.

ivresse **n.f.** ❶ État d'une personne qui a bu trop d'alcool. *On lui a retiré son permis pour conduite en état d'ivresse.* SYN. ébriété. ❷ État d'excitation ou d'euphorie. *L'ivresse de la victoire.* SYN. griserie.

ivrogne **n.** Personne qui est souvent ivre. *Un ivrogne titubait sur le trottoir.*

J j

jabot **n.m.** ❶ Poche qu'ont certains oiseaux à la base du cou et où les aliments séjournent avant de passer dans l'estomac. *Les oiseaux qui mangent des grains, comme le pigeon par exemple, ont un jabot très développé.* ❷ Ornement de dentelle, fixé au col d'une chemise ou d'un chemisier, qui descend sur la poitrine.

jabot de marabout

jacassement **n.m.** ❶ Cri de la pie. ❷ Bavardage incessant.

jacasser **v.** (CONJUG. 3). ❶ Pour la pie, faire entendre son cri. ❷ (Familier) Parler beaucoup et assez fort. *Cessez de jacasser au fond de la classe.* SYN. bavarder.

jachère **n.f.** État d'une terre que l'on n'exploite pas, soit pour la laisser reposer pendant un temps, soit pour limiter la production ; cette terre elle-même. *Mettre des terres en jachère.* SYN. friche.

jacinthe **n.f.** Plante à bulbe que l'on cultive pour ses fleurs odorantes, de couleur bleue, rose ou blanche, qui poussent en grappe.

jacquard **n.m.** Tricot orné de bandes à dessins géométriques sur un fond de couleur différente.

HISTOIRE DU MOT Vient du nom de l'ingénieur *Jacquard*.

jade **n.m.** Pierre fine de couleur verte avec laquelle on fait des bijoux ou des objets d'art.

jadis **adv.** Dans un passé lointain. *Jadis, cette région était entièrement boisée.* SYN. autrefois.

▸ REM. 1. On prononce le *-s*. 2. Ce mot appartient à la langue soutenue.

HISTOIRE DU MOT Vient de l'ancien français *ja a dis* qui signifiait « il y a déjà des jours ».

jaguar **n.m.** Mammifère carnivore d'Amérique du Sud, voisin de la panthère, au pelage fauve à taches noires.

▸ REM. On prononce [ʒagwar].

ENCYCLOPÉDIE Le jaguar est actif surtout la nuit. Il grimpe aux arbres mais il est aussi bon nageur et chasse les alligators et les tortues d'eau. Il s'attaque aux singes et aux tapirs et peut être dangereux pour l'homme.

jaguar

jaillir **jaillissant, jailli v.** (CONJUG. 16). ❶ Sortir avec force sous forme d'un puissant jet. *Soudain le pétrole se mit à jaillir du puits de forage.* SYN. gicler. ❷ Au figuré, apparaître, se manifester brusquement. *Les cris jaillissaient de tous côtés.* SYN. fuser.

HISTOIRE DU MOT Vient d'un ancien mot gaulois qui signifiait « bouillir ».

A B C D E F G H I J K L M N O P Q R S T U V W X Y Z

jaillissement **n.m.** Le fait de jaillir. *Le jaillissement d'une source. Le court-circuit produisit un jaillissement d'étincelles.*

jais **n.m.** Pierre noire et luisante, qui est assez tendre pour être polie, sculptée. *Des pendentifs en jais.* • **De jais :** d'un noir très brillant. *Des cheveux de jais.*

HISTOIRE DU MOT Vient du nom d'une ancienne ville d'Asie Mineure.

jalon **n.m.** ❶ Piquet qui sert à marquer un alignement, une direction. *On a planté des jalons pour marquer le tracé de la nouvelle route.* ❷ Au figuré, ce qui sert de point de repère, d'étape dans quelque chose que l'on entreprend. *C'est un vaste projet, il en a posé les premiers jalons.*

jalonner **v.** (CONJUG. 3). ❶ Marquer, en se succédant, un tracé, une direction. *Des balises lumineuses jalonnent la piste d'atterrissage.* ❷ Marquer, en se succédant, les principales étapes de quelque chose. *L'émission retrace les succès qui ont jalonné sa carrière.*

jalousement **adv.** ❶ Avec jalousie, envie. *Regarder jalousement son voisin.* ❷ Avec le plus grand soin. *Garder jalousement un secret.*

jalouser **v.** (CONJUG. 3). Être jaloux de quelqu'un ou de quelque chose. *Elle jalouse sa sœur.* SYN. envier.

1 jalousie **n.f.** ❶ État d'esprit de quelqu'un qui ne supporte pas de ne pas avoir ce que les autres ont, et qui donc envie toujours les autres. ❷ État d'esprit de quelqu'un qui a sans cesse peur de voir lui échapper la personne aimée, et la veut toute à soi.

2 jalousie **n.f.** Store formé de lames horizontales que l'on peut orienter pour faire entrer plus ou moins de lumière.

jaloux, ouse **adj.** Qui veille avec beaucoup d'attention sur quelqu'un ou quelque chose de précieux. *Être jaloux de ses privilèges.* ◆ **adj.** et **n.** Qui éprouve de la jalousie. *J'avoue que j'ai été jaloux de ton succès* (=je t'ai envié). *Tu vas faire des jaloux avec ton blouson* (=tout le monde va te l'envier).

HISTOIRE DU MOT Vient du latin *zelosus* qui signifie « plein de zèle, d'ardeur ».

jamais **adv.** ❶ En aucun temps passé ou futur ; à aucun moment. *Je n'y suis jamais allé. Je n'y retournerai jamais. Je ne mange jamais de pain.* ❷ Un jour quelconque dans le futur. *Si jamais tu le rencontres, dis-lui de me téléphoner.* • **À tout jamais :** pour toujours. *Il est parti à tout jamais* (=définitivement). • **Jamais de la vie :** indique un refus catégorique. *Lui prêter mes disques ? Jamais de la vie !*

jambage **n.m.** Trait vertical ou un peu incliné d'une lettre. *La lettre « i » a un jambage, les lettres « n » ou « u » ont deux jambages.*

jambe **n.f.** ❶ Partie du membre inférieur qui va du genou à la cheville. *Se casser la jambe.* ❷ Le membre inférieur tout entier, y compris la cuisse. *Il est très fatigué, il ne tient plus sur ses jambes.* ❸ *Une jambe de pantalon* est la partie d'un pantalon qui recouvre la jambe.

jardin japonais

• **À toutes jambes :** en courant le plus vite possible. *Quand elle l'a vu, elle s'est enfuie à toutes jambes.* • (Familier) **Cela me fait une belle jambe :** cela ne change rien, c'est tout à fait inutile. • **Prendre ses jambes à son cou :** se sauver du plus vite qu'on peut. • (Familier) **Tenir la jambe à quelqu'un :** l'ennuyer, le retarder en lui parlant de choses qui ne l'intéressent pas.

HISTOIRE DU MOT Vient du latin *gamba* qui signifie « jarret du cheval ».

jambette **n.f.** Au Québec, croc-en-jambe.

jambon **n.m.** Morceau qui correspond à la cuisse ou à l'épaule de porc et que l'on mange cru, salé ou fumé, ou cuit. *Le jambon blanc est cuit. Le jambon de pays est salé et séché avant d'être consommé.*

HISTOIRE DU MOT Vient de *jambe.*

jambonneau **n.m.** Petit jambon fait avec la partie de la patte du porc située juste au-dessous du genou.

jante **n.f.** L'extérieur du cercle de la roue d'un véhicule, sur lequel le pneu est fixé. *Quand les pneus sont à plat, on roule sur la jante.*

janvier **n.m.** Le premier mois de l'année. *Le 1er janvier, on se souhaite la bonne année.*

HISTOIRE DU MOT Vient du latin *januarius* qui signifie « mois de Janus ».

japonais, e **adj.** et **n.** Du Japon. *Des touristes japonais.* SYN. nippon. ◆ **japonais** **n.m.** Langue parlée par les Japonais. *Le japonais s'écrit avec des idéogrammes.* ▶ REM. Quand il désigne une personne, le mot prend une majuscule : *un Japonais, une Japonaise.*

jappement **n.m.** Aboiement bref et aigu des jeunes chiens.

japper **v.** (CONJUG. 3). Pour un jeune chien, faire entendre son cri.

jaquette **n.f.** ❶ Veste de cérémonie masculine dont les deux pans ouverts se prolongent par-derrière. ❷ Chemise de papier, souvent illustrée, qui protège la couverture de certains livres.

jardin **n.m.** Terrain clos où l'on cultive des légumes ou des fleurs. *Il a planté des poireaux et des laitues dans son jardin potager. Elle est allée cueillir des fleurs au jardin.* • **Jardin botanique :** jardin où l'on étudie scientifiquement les plantes, où l'on fait pousser des espèces rares. • **Jardin d'enfants :** en France, classes pour les enfants entre deux et quatre ans. • **Jardin public :** espace vert aménagé dans une ville et ouvert à tous. • **Jardin zoologique :** autre nom du zoo.

jardinage **n.m.** La culture, l'entretien des jardins. *Son passe-temps favori est le jardinage.*

jardiner **v.** (CONJUG. 3). Faire du jardinage ; travailler au jardin. *Le dimanche, j'aime jardiner.*

jardinet **n.m.** Très petit jardin. *Derrière leur maison se trouve un jardinet où ils ont planté quelques rosiers.*

jardinier, ère **n.** Personne dont le métier est de cultiver, d'entretenir les jardins. *Aujourd'hui, le jardinier de ma grand-mère a taillé les haies et repiqué des plants de salade.*

jardinière **n.f.** ❶ Bac à fleurs, à plantes vertes. *Il y a des jardinières de pétunias dans la rue piétonne.* ❷ Assortiment de légumes coupés en petits morceaux et cuits. *Nous avons mangé un rôti de veau accompagné d'une jardinière* (= macédoine de légumes).

jargon **n.m.** ❶ Vocabulaire particulier à un ensemble de personnes qui ont le même métier. *Je ne comprends rien au jargon des informaticiens !* ❷ Langage incorrect et peu compréhensible. SYN. galimatias. → VOIR AUSSI **charabia.**

jarre **n.f.** Grand vase en terre cuite, à large panse, dans lequel on conserve des aliments.

HISTOIRE DU MOT Vient de l'arabe *djarra*, « vase de terre ».

jarres

jarret **n.m.** Partie de la jambe qui se trouve derrière le genou. • **Jarret de veau :** morceau de viande situé en dessous de la cuisse ou de l'épaule du veau.

HISTOIRE DU MOT Vient d'un mot gaulois qui signifiait « jambe ».

jars **n.m.** Mâle de l'oie. *Le jars jargonne* (= il pousse son cri).

▸ REM. On ne prononce pas le *-s*.

HISTOIRE DU MOT Vient d'un mot de la langue des Francs qui signifiait « aiguillon ».

jaser **v.** (CONJUG. 3). ❶ Parler pour critiquer ou pour dire du mal des autres. *Cette histoire va faire jaser les gens.* SYN. bavarder. ❷ Pour la pie, le merle ou le perroquet, faire entendre son cri.

jasmin **n.m.** Arbuste méditerranéen aux fleurs jaunes ou blanches très odorantes, dont on extrait un parfum.

jasmin

jaspe **n.m.** Roche colorée par bandes ou par taches.

jaspé, e **adj.** Dont les couleurs se présentent comme sur le jaspe.

jatte **n.f.** Plat rond qui a la forme d'un bol très évasé.

jauge **n.f.** ❶ Instrument qui indique le niveau d'un liquide dans un réservoir. *Le garagiste retire la jauge d'huile du moteur.* ❷ *La jauge d'un navire*, c'est le volume de marchandises qu'il peut contenir, sa capacité intérieure. SYN. tonnage.

HISTOIRE DU MOT Vient d'un mot de la langue des Francs qui signifiait « perche ».

jauger **jaugeant, jaugé v.** (CONJUG. 5). ❶ Mesurer la contenance d'un récipient ou la quantité de liquide qui s'y trouve. *Jauger un réservoir.* ❷ Pour un bateau, avoir telle capacité, tel tonnage. *Navire qui jauge 1 000 tonneaux.* ❸ Au figuré, se faire une idée des capacités, de la valeur de quelqu'un, de quelque chose. *En quelques questions, elle eut vite fait de le jauger.*

jaunâtre **adj.** D'un jaune défraîchi, un peu sale. *Un col de chemise jaunâtre.*

jaune **adj.** D'une couleur située, dans l'arc-en-ciel, entre le vert et l'orangé. *Jaune comme un citron. Le cœur des marguerites est jaune.* ◆ **adv.** • **Rire jaune :** rire de manière forcée, gênée. ◆ **n.m.** ❶ La couleur jaune (qui est une des trois couleurs primaires). *Les murs du salon sont peints en jaune paille.* ❷ La partie centrale d'un œuf qui est de couleur jaune. *Séparez le blanc et le jaune. Étaler du jaune d'œuf sur un gâteau.*

jaunir **jaunissant, jauni v.** (CONJUG. **16**). Donner une couleur jaune ou devenir jaune. *L'automne jaunit les feuilles. L'herbe jaunit à cause de la sécheresse. Mon chemisier blanc a jauni.*

jaunisse n.f. Nom courant d'une maladie du foie (ictère) qui donne un teint jaunâtre. • (Familier) **En faire une jaunisse :** devenir malade de dépit.

Javel n.f. • **Eau de Javel :** liquide désinfectant et décolorant.

HISTOIRE DU MOT *Javel* était le nom d'un village, devenu maintenant un quartier de Paris, où se trouvait une usine de produits chimiques qui fabriquait cette « eau ».

javelot n.m. Sorte de lance utilisée en athlétisme, qu'il faut jeter d'une main, le plus loin possible. *L'épreuve de lancer du javelot.*

jazz n.m. Musique créée, au début du XXᵉ siècle, par les Noirs du sud des États-Unis, dans laquelle le rythme et l'improvisation jouent un rôle important.
▸ REM. On prononce [dʒaz].

ENCYCLOPÉDIE Le jazz vient du blues, qui est un chant rythmé créé par les descendants des esclaves noirs d'Amérique. Il est apparu à la fin de la Première Guerre mondiale, à La Nouvelle-Orléans. À l'origine, cette musique était celle des Noirs, des opprimés. Puis très vite des Blancs ont commencé à la jouer et elle s'est répandue dans le monde entier. Louis Armstrong, trompettiste et chanteur, Duke Ellington, pianiste, et le saxophoniste Charlie Parker comptent parmi les musiciens de jazz les plus célèbres.

je pron. personnel. Représente la 1ʳᵉ personne du singulier. *Je ne m'en occupe plus !* → VOIR **pronom** (encadré).
▸ REM. *Je* devient *j'* devant un mot commençant par une voyelle ou un *h* muet : *J'habite ici.*

jean n.m. ❶ Toile de coton très résistante, souvent de couleur bleue, avec laquelle on fabrique, entre autres, des vêtements. *Une veste, une jupe en jean.* ❷ Pantalon en jean. *Elle aime les jeans délavés.*
▸ REM. 1. C'est un mot anglais, on prononce [dʒin]. 2. On dit aussi *blue-jean.*

HISTOIRE DU MOT C'est au XIXᵉ siècle qu'un Américain fabriqua un pantalon de travail en toile solide teinte en « bleu de Gênes », d'où son nom de *blue-jean.*

lancer du **javelot**

Jeep n.f. Automobile tout-terrain à quatre roues motrices mise au point pour l'armée américaine durant la Seconde Guerre mondiale.
▸ REM. 1 C'est un mot anglais, on prononce [dʒip]. 2 C'est un nom de marque, le mot prend une majuscule, en France, dans les textes imprimés.

Jeep

je-ne-sais-quoi n.m.invar. Ce que l'on ne parvient pas à définir, à exprimer. *Il avait un je-ne-sais-quoi d'étrange* (= quelque chose d'étrange).

jérémiades n.f.plur. (Familier) Plaintes incessantes, qui agacent. *Cesse tes jérémiades !* SYN. gémissements, lamentations.

HISTOIRE DU MOT Vient de *Jérémie*, prophète biblique qui fut témoin de la chute de Jérusalem en 587 avant J.-C. et de l'exil du peuple juif. On peut lire dans la Bible les *Lamentations de Jérémie.*

jerrican ou **jerrycan,** ✎ ***jerricane*** **n.m.** Bidon d'une contenance d'environ vingt litres et qui sert en général à transporter de l'essence. *Un jerrican était fixé à l'arrière de la Jeep.*
▸ REM. C'est un mot anglais, on prononce [-kan].

jersey n.m. Tissu tricoté formé de mailles toujours semblables sur une même face. *Une jupe en jersey.*

jésuite n.m. Religieux, membre de la Compagnie de Jésus qui fut fondée au XVIᵉ siècle par Ignace de Loyola. *Un collège de jésuites.*

HISTOIRE DU MOT Vient du nom de *Jésus.*

1 jet n.m. ❶ Action de jeter, de lancer très loin de soi. *L'athlète a réalisé un jet exceptionnel au javelot.* SYN. lancer. *Le javelot, la lance sont des armes de jet.* ❷ Projection brusque d'un liquide ou de vapeur, sous l'effet d'une pression. *Un jet de vapeur s'échappe de la cocotte. Un bassin avec un jet d'eau.* ❸ Embout placé sur un tuyau ou une arrivée d'eau et qui permet de projeter l'eau avec force ; l'eau ainsi projetée. *Passer sa voiture au jet.* • **Premier jet :** ébauche d'une œuvre. • **D'un seul jet** ou **du premier jet :** en une seule fois. *Elle a écrit sa rédaction d'un seul jet.*

2 jet n.m. Avion à réaction.
▸ REM. 1. C'est un mot anglais, on prononce [dʒɛt]. 2. Au Québec, on doit dire *avion à réaction.*

jetable adj. Que l'on jette après s'en être servi. *Un rasoir jetable. Un briquet jetable.* CONTR. rechargeable.

jetée **n.f.** Sorte de mur qui s'avance dans la mer et qui sert à protéger un port des fortes vagues. *Le soir, les gens se promenaient sur la jetée.* SYN. digue.

jeter **v.** (CONJUG. 12). ❶ Envoyer en lançant, de façon vive ou brusque. *Il ramasse un bout de bois et le jette au loin. C'est à son tour de jouer, il jette les dés.* SYN. lancer. ❷ Se débarrasser de quelque chose qui ne sert plus, dont on ne veut plus. *Jeter des vieux papiers. Le stylo est cassé, il est bon à jeter à la poubelle.* ❸ Envoyer quelqu'un de façon brusque ou autoritaire quelque part. *Il le jette dehors et lui dit de ne plus revenir. Le malfaiteur a été arrêté et jeté en prison.* ❹ *Jeter le trouble, le doute, l'effroi*, c'est les provoquer, les semer dans l'esprit de quelqu'un. • **Jeter un froid :** briser une ambiance agréable par une attitude ou une remarque qui gêne tout le monde. ◆ **se jeter** **v.pron.** ❶ Bondir vers quelqu'un, vers quelque chose. *Il s'est jeté sur lui et l'a frappé. Il se jette sur la nourriture comme un affamé.* SYN. se précipiter sur. ❷ Pour un cours d'eau, rejoindre un cours d'eau plus important ou se déverser dans la mer. *La Marne se jette dans la Seine. Le Saguenay se jette dans le Saint-Laurent.*

jeton **n.m.** Petite pièce ronde, assez plate, dont on se sert en général comme monnaie d'échange, dans certains jeux ou dans des appareils publics. *Ils jouaient aux cartes avec des jetons.* • **Faux jeton :** personne hypocrite. *Méfie-toi de lui, c'est un faux jeton.*

jeu **n.m.** (PLUR. : **jeux**). ❶ Ce que l'on fait pour le seul plaisir de s'amuser, de se distraire. *Les enfants ont inventé un jeu si passionnant qu'ils en ont oublié de goûter. Ne t'en fais pas, ce n'est qu'un jeu* (= c'est pour rire, il ne faut pas prendre cela au sérieux). ❷ Ce avec quoi on joue. *Son jeu de cartes est tout neuf, il vient de l'acheter. Sa mère lui fait ranger ses jeux avant qu'il ne se couche.* ❸ Amusement dans lequel on risque de l'argent. *Au casino, on joue à des jeux de hasard comme la roulette.* ❹ Façon dont un acteur joue, dont un musicien interprète une œuvre. *Ces deux comédiens ont des jeux très différents. Le jeu très subtil d'un pianiste.* SYN. interprétation. ❺ Au figuré, manière d'agir pour arriver à ses fins. *Quel jeu joue-t-il ? Attention, vous entrez dans son jeu* (= vous faites ce qu'il attend que vous fassiez). ❻ Ensemble d'objets de même usage, allant souvent du plus petit au plus grand. *Le réparateur sortit son jeu de tournevis.* ❼ Espace qui se trouve entre deux parties d'un objet, d'une machine, évitant les risques de frottement. *La fenêtre ouvre difficilement, il n'y a pas assez de jeu entre les deux battants.* • **Les Jeux :** les jeux Olympiques. *Être sélectionné pour les Jeux.* → VOIR noms propres : **Olympiques**. • **Cacher son jeu :** dissimuler ses intentions. • **Être en jeu :** être exposé à un risque, à un danger. *C'est l'avenir de l'entreprise qui est en jeu dans cette affaire !*

jeudi **n.m.** Le quatrième jour de la semaine. *Tous les jeudis soir, elle joue aux échecs.* • (Familier) **La semaine des quatre jeudis :** une époque qui n'arrivera jamais. *Il te remboursera la semaine des quatre jeudis.*

HISTOIRE DU MOT Vient du latin *Jovis dies* qui signifie « jour de Jupiter ».

à **jeun** **adv.** Sans avoir rien mangé ni bu depuis le réveil. *Un médicament qu'il faut prendre à jeun.*

jeune **adj.** et **n.** Qui est peu avancé en âge. *C'est encore une jeune fille, elle n'a que 21 ans ! Ils se sont mariés très jeunes. Voilà un film qui va plaire beaucoup aux jeunes* (= à la jeunesse). ◆ **adj.** ❶ Qui a un âge moins avancé qu'une autre personne. *Maman est plus jeune que sa sœur.* ❷ Qui est au début de sa croissance. *Les jeunes pousses de blé. C'est un jeune chien, il est un peu fou !* ❸ Qui existe depuis peu de temps ; nouveau, récent. *C'est une jeune entreprise, elle a été créée il y a un an ! Ce vin est encore un peu jeune pour être bu.* ❹ Qui a l'aspect ou les qualités d'une personne jeune. *Comme elle paraît jeune, pour son âge ! Il est resté jeune d'esprit.* ◆ **adv.** • **S'habiller jeune :** à la manière des jeunes. ◆ **n.m.** Petit d'un animal.

jeûne **n.m.** Le fait de jeûner. *Le docteur lui a prescrit un jeûne de vingt-quatre heures.* SYN. diète.
▸ REM. Attention à l'accent circonflexe.

jeûner, ✎ ***jeuner*** **v.** (CONJUG. 3). Ne pas prendre de nourriture, pour des raisons médicales ou religieuses. *Durant le ramadan, les musulmans doivent jeûner du lever au coucher du soleil.*

jeunesse **n.f.** ❶ Période de la vie comprise entre l'enfance et l'âge mûr. *Elle a beaucoup voyagé dans sa jeunesse.* ❷ Ce qui caractérise une personne jeune. *Il agit avec une grande jeunesse d'esprit.* ❸ L'ensemble des personnes jeunes. *Une collection de livres destinée à la jeunesse* (= les enfants et les adolescents).

jiu-jitsu **n.m.invar.** Art martial d'origine japonaise, qui a donné naissance au judo.

HISTOIRE DU MOT C'est un mot japonais qui signifie « art de la souplesse ».

ENCYCLOPÉDIE Le jiu-jitsu était autrefois réservé aux samouraïs. Il permet de triompher de la force brutale de quelqu'un grâce à la souplesse, l'agilité et la connaissance des points vulnérables et vitaux du corps. Il est à la fois un moyen d'attaque et de défense.

joaillerie **n.f.** ❶ Atelier, magasin du joaillier. ❷ Articles que vend le joaillier.
▸ REM. On prononce [ʒɔajri].

joaillier, ère, ✎ ***joailler, ère*** **n.** Personne qui fabrique et vend des bijoux en général précieux. *Le joaillier est en train de sertir un diamant sur une bague en or.*
▸ REM. On prononce [ʒɔaje].

HISTOIRE DU MOT Vient de *joyau*.

job **n.m.** (Familier) Travail rémunéré, souvent provisoire. *Un étudiant qui cherche un job pour ses vacances* (= un petit boulot).
▸ REM. 1 On prononce [dʒɔb]. 2 Au Canada, ce mot est féminin.

HISTOIRE DU MOT C'est un mot anglais qui signifie « besogne, tâche ».

jockey **n.** Personne dont le métier est de monter les chevaux de course.

jockey

jogging **n.m.** ❶ Course à pied que l'on pratique pour entretenir sa forme physique. *On fait du jogging tous les dimanches matin.* ❷ Survêtement que l'on met pour faire du jogging ou d'autres activités sportives.
▶ REM. C'est un mot anglais, on prononce [dʒɔgiŋ].

joie **n.f.** ❶ Sentiment de vive satisfaction ou de très grand plaisir. *La joie du vainqueur.* SYN. allégresse, bonheur. *J'accepte avec joie de me joindre à vous.* SYN. enthousiasme, plaisir. ❷ Ce qui apporte un très grand plaisir. *Les joies de l'existence.* SYN. plaisir, satisfaction. CONTR. chagrin, peine.

HISTOIRE DU MOT Vient du latin *gaudere* qui signifie « se réjouir ».

joindre **joignant, joint v.** (CONJUG. **49**). ❶ Mettre l'un contre l'autre. *Joindre les talons pour se mettre au garde-à-vous.* ❷ Mettre avec, ajouter. *Je joins à ma lettre la photo que tu me demandais.* ❸ Entrer en contact avec quelqu'un. *Ma secrétaire vous dira où vous pouvez me joindre.* ◆ **se joindre** **v.pron.** S'associer à une personne, à un groupe. *Faites-nous plaisir, joignez-vous à nous pour la fête.*

1 joint **n.m.** Objet ou matière que l'on met entre deux pièces à l'endroit où elles se joignent pour qu'il n'y ait pas de fuite. *Un joint de robinet.*

2 joint, e **adj.** ❶ Uni, lié ; qui est en contact. *Sauter à pieds joints.* ❷ Ajouté à quelque chose. *Une pièce jointe au dossier.*

jointure **n.f.** L'endroit où deux os se joignent tout en étant mobiles l'un par rapport à l'autre. *Faire craquer les jointures de ses doigts.* SYN. articulation.

joker **n.m.** Carte à jouer qui peut remplacer toutes les autres.
▶ REM. On prononce [ʒɔkɛr].

HISTOIRE DU MOT C'est un mot anglais qui signifie « farceur ».

joli, e **adj.** ❶ Que l'on a plaisir à regarder ou à entendre. *Il a un joli sourire.* SYN. charmant, gracieux. *Elle a une jolie voix.* SYN. mélodieux. ❷ (Familier) Assez important. *Il a touché une jolie somme en prime.* ◆ **joli** **n.m.** ● (Familier) **C'est du joli :** c'est très mal, très vilain.

joliment **adv.** De façon agréable ; avec goût. *Une chambre joliment aménagée.* SYN. agréablement.

jonc **n.m.** Plante à tige droite qui pousse dans les lieux humides. *Un tapis en jonc tressé.*
▶ REM. On ne prononce pas le *-c*.

joncher **v.** (CONJUG. **3**). Être éparpillé sur le sol, le couvrir. *Les feuilles mortes jonchent les allées du parc. Après la fête, les rues étaient jonchées de papiers gras.* SYN. couvrir.

jonction **n.f.** Rencontre entre deux choses. *La jonction entre les deux portions d'autoroute sera réalisée à l'automne.* SYN. raccordement.

jongler **v.** (CONJUG. **3**). Réaliser un tour d'adresse qui consiste à lancer en l'air, les uns après les autres, divers objets que l'on relance sitôt rattrapés. *Pierre s'entraîne à jongler avec trois balles.*

HISTOIRE DU MOT Vient du latin *joculari* qui signifie « plaisanter ».

jongleur, euse **n.** Artiste de music-hall ou de cirque qui pratique l'art de jongler. *Trois jongleuses s'avançaient en tête de la parade.*

jonque **n.f.** Bateau à fond plat qui, en Extrême-Orient, sert au transport des marchandises ou à la pêche.

jonque

jonquille **n.f.** Fleur jaune et odorante qui pousse au printemps dans les bois et les prés.

joual **n.m.** Parler populaire au Québec, à base de français mélangé de mots anglais.

HISTOIRE DU MOT Vient de la prononciation québécoise de *cheval*.

jonquilles

joue n.f. Chacun des côtés du visage. *Il l'a embrassée sur les deux joues.* • **Mettre en joue :** viser avec une arme à feu pour tirer.

jouer v. (CONJUG. 3). ❶ S'occuper en faisant des jeux, en s'amusant. *Les enfants jouent dans le jardin. Jouer aux cartes.* ❷ Interpréter un rôle au théâtre, au cinéma, ou un morceau de musique. *Elle aime beaucoup la façon de jouer de cet acteur. Marion va nous jouer une sonate de Beethoven.* ❸ Donner un film, une pièce. *Qu'est-ce qu'on joue cette semaine au cinéma ?* ❹ Avoir, produire un effet. *Cela ne joue pas en votre faveur.* ❺ Risquer de l'argent dans un jeu, un pari. *Pierre a joué ses économies sur le numéro 5.* ❻ Risquer. *Jouer sa vie, sa fortune, sa réputation.* ❼ Faire croire à un sentiment. *Elle était au courant, mais elle a joué la surprise.* SYN. feindre, simuler. ❽ Savoir se servir d'un instrument de musique. *Elle joue du violon.* ❾ Pratiquer un sport. *Jouer au tennis.* ❿ Pour un mécanisme, une porte, une fenêtre, avoir trop de jeu, ne pas bien fermer. • **Jouer avec le feu :** prendre de gros risques. • **Jouer de malchance :** voir sa malchance durer. • **Jouer la comédie :** faire semblant, n'être pas sincère. • **Jouer le jeu :** participer à quelque chose en acceptant les règles proposées. ◆ **se jouer** v.pron. ❶ *Se jouer des obstacles, des embûches*, c'est ne pas être arrêté par eux. *Elle s'est jouée de toutes les difficultés de l'exercice avec une facilité étonnante !* ❷ *Se jouer de quelqu'un*, c'est le tromper. *Il ne fallait pas le croire, il s'est joué de toi.*

HISTOIRE DU MOT Vient du latin *jocari* qui signifie « badiner, plaisanter ».

jouet n.m. Objet avec lequel les enfants jouent. *Elle regardait les jouets au pied du sapin de Noël.*

joueur, euse n. Personne qui participe à un jeu, ou qui pratique un sport. *Des joueurs de cartes. Une joueuse de tennis.* • **Être beau joueur :** savoir perdre sans se fâcher. • **Être mauvais joueur :** ne pas accepter de perdre. ◆ **adj.** et **n.** Qui aime beaucoup jouer. *Une petite fille très joueuse.*

joufflu, e adj. Qui a les joues pleines, rebondies. *Un bébé joufflu.*

joug n.m. ❶ Pièce de bois qui sert à atteler une paire de bœufs et qu'on fixe sur leur nuque ou sur leur garrot. ❷ Ce qui pèse très fort sur quelqu'un, ce qu'il doit subir, ce à quoi il est soumis. *Le peuple était sous le joug du tyran.* SYN. domination.
▸ REM. On ne prononce pas le *-g*.

HISTOIRE DU MOT Vient du latin *jugum* qui désignait une pique placée horizontalement sur deux autres, plantées en terre, et sous laquelle l'armée vaincue devait passer en signe de soumission au vainqueur.

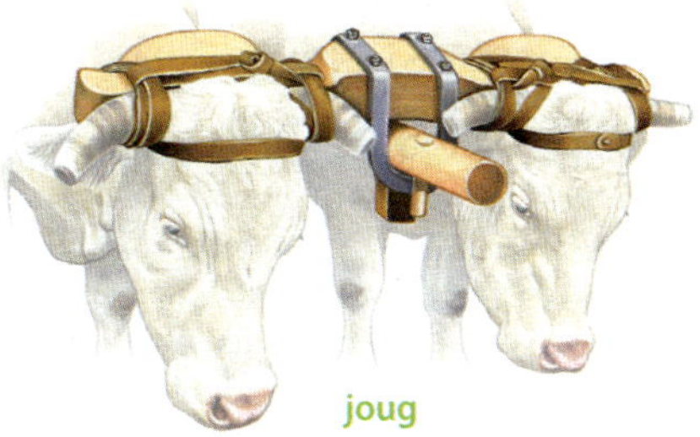

joug

jouir jouissant, joui v. (CONJUG. 16). Tirer une grande joie ou un profit de quelque chose. *Il jouissait de sa victoire.* SYN. savourer. *Il a toujours joui d'une bonne santé.* SYN. bénéficier.

jouissance n.f. *Avoir la jouissance de quelque chose*, c'est pouvoir librement s'en servir. *Les locataires ont la jouissance du court de tennis.*

joujou n.m. (PLUR. : **joujoux**). Jouet, dans le langage des enfants.

jour n.m. ❶ Espace de temps de vingt-quatre heures, qui va de zéro heure à minuit. *Une semaine compte sept jours.* ❷ La date qui correspond à un jour donné. *« Quel jour est-il né ? – Le mercredi 2 décembre 1992. »* ❸ La partie du jour entre l'aube et le crépuscule, où l'on reçoit la lumière du soleil. *Le jour se lève. Il fait jour.* CONTR. nuit. *En été, les jours sont plus longs qu'en hiver.* ❹ La lumière du soleil. *Un peu de jour passait par les volets clos.* ❺ Espace, trou par où peut passer de la lumière ; trou décoratif dans un tissu. *Une dentelle avec des jours* (= ajourée). • **À jour :** actuel ou sans retard. *Des informations à jour* (= d'actualité). *Mon travail est à jour.* CONTR. en retard. • **Au grand jour :** à la connaissance de tous, à la vue de tous. *Le scandale éclata au grand jour.* • **De nos jours :** dans la période actuelle. • **Du jour :** d'aujourd'hui. *Quelles sont les nouvelles du jour ?* • **D'un jour à l'autre :** à tout moment. *Il peut arriver d'un jour à l'autre.* • **Les vieux jours :** la période de la vieillesse. *Économiser pour ses vieux jours.* • **Mettre au jour :** déterrer, faire apparaître à la lumière. *Les fouilles ont permis de mettre au jour les fondations d'un temple.* • **Percer quelqu'un à jour :** deviner ses in-

A B C D E F G H I J K L M N O P Q R S T U V W X Y Z

tentions ; découvrir sa nature cachée. • **Vivre au jour le jour :** sans penser au lendemain.

HISTOIRE DU MOT Vient du latin *diurnus* que l'on retrouve dans *diurne*.

journal n.m. (PLUR. : **journaux**). ❶ Ensemble de feuilles où sont imprimées des nouvelles récentes, et qui paraît chaque jour ou périodiquement. *Les journaux du matin* (= les quotidiens). *Chaque jeudi j'achète mon journal* (= mon hebdomadaire). ❷ Bulletin d'informations diffusé à la radio ou à la télévision. *Le journal de vingt heures.* ❸ Cahier dans lequel on note régulièrement ce que l'on fait ou ce que l'on pense. *Zoé tient un journal intime depuis plusieurs années.*

journalier, ère adj. Que l'on fait chaque jour. *Une activité journalière.* SYN. quotidien. ◆ **n.** Ouvrier agricole payé à la journée.

journalisme n.m. Le métier des journalistes. *Une école de journalisme.*

journaliste n. Personne dont le métier est d'informer le public par le moyen des journaux, de la radio ou de la télévision. → VOIR AUSSI **reporter.**

journée n.f. ❶ L'espace de temps compris, de façon approximative, entre le lever et le coucher du soleil. *Elle était grippée, elle a passé toute la journée au lit. Une journée pluvieuse.* ❷ Travail effectué durant une journée. *Faire une journée de huit heures.*

journellement adv. Tous les jours. SYN. quotidiennement.

joute n.f. ❶ Autrefois, combat entre deux hommes à cheval et armés d'une lance. ❷ *Une joute nautique* est un jeu où deux hommes, chacun debout sur une barque et armé d'une perche, cherchent à se faire tomber à l'eau. ❸ Compétition entre deux personnes qui rivalisent de talent. *Ce fut une joute oratoire entre les deux avocats.*

HISTOIRE DU MOT Vient du latin *juxta* qui signifie « près de ».

jouvence n.f. ❶ *Un bain de jouvence*, c'est ce qui redonne de la vitalité. *Ces vacances au grand air ont été un bain de jouvence.* ❷ (Avec une majuscule.) *La fontaine de Jouvence* était une fontaine fabuleuse : on attribuait à son eau le pouvoir de faire rajeunir.

HISTOIRE DU MOT Vient du latin *juventa* qui signifie « jeunesse » et que l'on retrouve dans *juvénile*.

jouvenceau, elle n. Nom que l'on donnait autrefois aux adolescents, et qu'on n'utilise plus aujourd'hui que pour se moquer. *Il est timide, il rougit comme un jouvenceau.*

jovial, ale adj. (PLUR. : **jovials** ou **joviaux**). Qui est d'une gaieté simple et communicative. *Un homme accueillant et jovial.* SYN. enjoué. CONTR. maussade, renfrogné.

jovialité n.f. Humeur joviale.

joyau n.m. ❶ Très beau bijou, parure très précieuse. *Au musée, nous avons admiré les joyaux de la Couronne.* ❷ Ce qui est d'une grande beauté, d'une grande rareté. *Ce palais est le joyau de notre ville.*

joyeusement adv. De façon joyeuse, dans la joie. *Ils ont joyeusement fêté son anniversaire.* SYN. gaiement. CONTR. tristement.

joyeux, euse adj. Qui éprouve de la joie ; qui manifeste de la joie. *On ne l'avait jamais vue aussi joyeuse.* SYN. gai, heureux. CONTR. triste. *Des rires joyeux s'élevaient dans la salle.*

jubilation n.f. La joie intense d'une personne qui jubile.

jubilé n.m. Fête que l'on célèbre à l'occasion du cinquantenaire d'un mariage, du règne d'un monarque, ou de l'entrée d'une personne dans une fonction, une profession.

HISTOIRE DU MOT Vient de l'hébreu *yôbel* qui signifie « sonnerie de cor ».

jubiler v. (CONJUG. **3**). Se réjouir beaucoup, manifester un grand contentement. *Il a gagné, il jubile.*

jucher v. (CONJUG. **3**). ❶ Se mettre sur une perche ou une branche pour dormir, en parlant des poules et de certains oiseaux. *Les faisans juchent sur les arbres.* ❷ Placer à une grande hauteur. *Pierre jucha son petit frère sur ses épaules.* ◆ **se jucher** v.pron. Se placer en hauteur. *Le chat s'était juché sur l'armoire. Marion s'est juchée en haut de l'escabeau pour essayer d'attraper les confitures.* SYN. se percher.

judaïque adj. Du judaïsme. *La synagogue est un lieu de culte judaïque.*

judaïsme n.m. La religion du peuple juif, l'ensemble de ses croyances et de ses institutions religieuses.

HISTOIRE DU MOT Vient du nom de *Juda*, l'un des fils de Jacob dans la Bible. Juda est aussi le nom d'une des tribus et de l'un des royaumes anciens du peuple juif.

ENCYCLOPÉDIE Le judaïsme est la première religion monothéiste, précédant le christianisme et l'islam. Dieu donna à Moïse, sur le mont Sinaï, les Tables de la Loi, où étaient gravés les dix commandements que doit respecter tout juif. L'homme a pour devoir d'être le meilleur possible. À la fin des temps, un messie, un envoyé de Dieu, fera régner sur terre la justice, et « l'on n'apprendra plus l'art de la guerre ». La Bible, livre sacré, raconte les débuts de l'histoire du peuple juif et indique comment il doit organiser sa vie religieuse. → VOIR Fiche **24**.

judas n.m. Petite ouverture faite dans une porte pour voir à l'extérieur sans être vu.

HISTOIRE DU MOT Vient du nom de *Judas*. → VOIR noms propres.

judiciaire adj. De la justice. *Une erreur judiciaire.*

judicieusement adv. De façon judicieuse. *Elle l'a judicieusement conseillé.* SYN. intelligemment.

judicieux, euse adj. Qui traduit une vision juste, intelligente de la situation. *Une remarque judicieuse.*

SYN. pertinent. *Il serait judicieux de lui téléphoner avant d'aller chez lui.* SYN. raisonnable, sensé.

HISTOIRE DU MOT Vient du latin *judicium* qui signifie « jugement ».

judo **n.m.** Sport de combat, dérivé du jiu-jitsu, qui exige une grande rapidité d'exécution des prises et beaucoup de souplesse.

HISTOIRE DU MOT C'est un mot japonais, formé de *ju*, qui signifie « souple », et de *do*, qui signifie « méthode ».

judo

judoka **n.** Personne qui pratique le judo.

juge **n.** ❶ Magistrat chargé de rendre la justice en appliquant les lois. ❷ Personne qui est amenée à donner un avis, à servir d'arbitre. *Je ne connais rien à la peinture, je serais mauvais juge.* ❸ Dans certains sports, personne qui assiste l'arbitre ou qui fait partie d'un jury lors d'une compétition.

jugement **n.m.** ❶ Décision que prend un tribunal lors d'un procès. *Rendre un jugement sévère.* SYN. sentence, verdict. ❷ Capacité à juger, à apprécier par l'intelligence et la raison. *Vous avez manqué de jugement dans cette affaire.* ❸ Appréciation que l'on porte sur quelqu'un ou sur quelque chose. *Ne pas avoir peur du jugement des autres.* • **Le Jugement dernier :** dans la religion chrétienne, le jugement que Dieu prononcera à la fin du monde sur le sort de chacun des vivants et des morts.

jugeote **n.f.** (Familier) La capacité de bien juger des choses, de faire preuve de bon sens. *Il a de la jugeote, cet enfant !*

1 juger **jugeant, jugé v.** (CONJUG. 5). ❶ Pour un juge, prononcer un jugement. *Cette affaire d'escroquerie sera jugée demain. Il a été jugé coupable.* ❷ Avoir telle opinion ou tel avis. *La directrice juge que la situation est grave.* SYN. estimer, penser, trouver. ❸ Porter une appréciation sur une personne ou une chose. *Nous n'avons pas à le juger.*

2 juger **n.m.** • **Au juger :** approximativement. *Le chasseur n'a pas eu le temps de viser, il a tiré au juger.* ▸ REM. On écrit aussi *au jugé.*

jugulaire **adj.** et **n.f.** • **Veine jugulaire :** chacune des quatre grosses veines du cou.

juguler **v.** (CONJUG. 3). Arrêter un phénomène dans son développement. *Juguler l'inflation.* SYN. enrayer.

juif, juive **n.** ❶ (Avec une majuscule.) Personne qui appartient à la communauté israélite, au peuple juif. *Un Juif polonais* → VOIR AUSSI **diaspora.** ❷ Personne qui professe la religion judaïque. *Un juif pratiquant* ◆ **adj.** Relatif à la communauté des juifs.

HISTOIRE DU MOT Vient du latin *judaeus* qui signifie « de Judée ».

juillet **n.m.** Le septième mois de l'année. *Prenez-vous vos vacances en juillet ou en août ? Juillet est un mois d'été.*

HISTOIRE DU MOT Vient du latin *Julius*, prénom de César.

juin **n.m.** Le sixième mois de l'année. *L'été commence le 21 ou le 22 juin, selon les années.*

HISTOIRE DU MOT Vient du latin *Junius*, prénom du premier consul de Rome.

jumeau, elle **adj.** et **n.** *Des enfants jumeaux* sont nés d'un même accouchement. *Les jumeaux se ressemblent. Des sœurs jumelles.* ◆ **adj.** *Des lits jumeaux* sont des lits à une place, de même forme, placés l'un à côté de l'autre.

jumelage **n.m.** L'action de jumeler deux villes. *Les cérémonies de jumelage entre Reims et Florence.*

jumeler **v.** (CONJUG. 12, ✎ 11). *Jumeler deux villes*, c'est les associer en vue de développer des liens et des échanges culturels.

jumelles **n.f.plur.** Instrument d'optique formé de deux lunettes assemblées et qui permet de voir au loin. *Il prit ses jumelles pour observer l'aigle qui planait dans les airs.*

jumelles

jument **n.f.** Femelle adulte du cheval. *Le cavalier montait une jument noire.*

HISTOIRE DU MOT Vient du latin *jumentum* qui signifie « bête de somme ».

jungle **n.f.** Nom donné aux forêts épaisses des régions très chaudes et humides, couvertes de hautes herbes et de broussailles et où vivent de grands fauves. • **La loi de la jungle :** la loi du plus fort. ▸ REM. On prononce [ʒœ̃gl] ou [ʒɔ̃gl].

junior **n.** et **adj.** ❶ Sportif âgé de 16 à 20 ans. ❷ (Familier) S'emploie pour désigner le plus jeune des enfants ou le fils par rapport au père. *Dubois junior.* ❸ Jeune adolescent. *Une émission qui s'adresse aux juniors. La mode junior.*

HISTOIRE DU MOT Mot latin qui signifie « plus jeune » et qui a été utilisé en anglais avant d'être repris par la langue française.

A B C D E F G H I J K L M N O P Q R S T U V W X Y Z

jupe **n.f.** Vêtement féminin qui entoure la taille et qui, selon la mode, descend plus ou moins bas sur les jambes. *Une jupe ample, droite.*

jupon **n.m.** Jupe de dessous en tissu fin. *Un jupon en dentelle.*

1 juré, e **n.** Personne désignée pour être membre d'un jury de cour d'assises. *Les jurés se sont retirés pour délibérer* (= pour décider de la sentence).

2 juré, e **adj.** • **Ennemi juré :** ennemi implacable qui ne veut se réconcilier à aucun prix. *Depuis cette dispute, c'est son ennemi juré !*

jurer **v.** (CONJUG. **3**). ❶ Affirmer de façon solennelle ; prêter serment. *Je te jure que c'est vrai. « Jurez-vous de dire toute la vérité ? – Je le jure. »* ❷ Dire des jurons, des mots grossiers. *Lorsqu'il était en colère, il n'arrêtait pas de jurer.* ❸ Ne pas s'accorder, être mal assorti. *La couleur des rideaux jure avec celle de la moquette.* SYN. détonner.

juridiction **n.f.** Pouvoir de rendre la justice ; territoire où s'exerce ce pouvoir. *Le tribunal exerce sa juridiction dans les limites du département.*

juridique **adj.** Qui concerne le droit, la justice. *Une décision de justice est un acte juridique.*

HISTOIRE DU MOT Vient du latin *jus, juris* qui signifie « droit ».

jurisprudence **n.f.** L'ensemble des décisions des tribunaux qui servent de référence pour de nouveaux cas à juger.

juriste **n.** Spécialiste du droit.

juron **n.m.** Expression, exclamation grossière qui marque la colère ou le dépit. *« Sapristi ! », « Saperlipopette ! » sont des jurons.*

jury **n.m.** ❶ Ensemble des citoyens chargés, dans un procès, de juger si un accusé est innocent ou coupable. *Le jury est constitué des jurés.* ❷ Groupe de personnes chargé de donner son avis sur des candidats, des œuvres. *Un jury d'examen. Le jury d'un festival de cinéma.*

HISTOIRE DU MOT Vient de l'ancien français *jurée* qui signifiait « serment ».

jus **n.m.** Liquide contenu dans un fruit, dans un légume, ou qui provient de la cuisson d'une viande. *Du jus d'orange, de raisin, de tomate. Il prépare une sauce avec le jus du rôti.*

HISTOIRE DU MOT Vient d'un mot latin qui signifie « sauce ».

jusque **prép.** Permet d'indiquer la limite dans l'espace ou dans le temps. *Pendant l'inondation, l'eau est montée jusqu'au premier étage. Je t'attendrai jusqu'à midi.* ◆ **jusqu'à ce que** **conj.** Permet d'indiquer une limite dans le temps. *Ne bougez pas jusqu'à ce que je revienne.*
▸ REM. *Jusque* s'élide en *jusqu'* devant une voyelle ou un *h* muet.

justaucorps **n.m.** Vêtement collant d'une seule pièce. *Elle va suivre des cours de danse et s'est acheté un justaucorps.*

juste **adj.** ❶ Qui ne contient pas d'erreur. *Ton addition est juste.* SYN. exact. CONTR. faux. ❷ Qui respecte la justice. *La directrice est juste.* SYN. impartial. *Tu as eu deux fois du dessert, ce n'est pas juste.* SYN. équitable. CONTR. injuste. ❸ Qui convient à la situation. *Elle a trouvé les mots justes pour le consoler.* SYN. adéquat. ❹ Qui est trop étroit. *J'ai grossi, ma chemise est juste* (= elle me serre). SYN. petit. ❺ Qui ne suffit pas. *Deux heures pour faire ce problème, c'est juste.* SYN. insuffisant. *Le rôti sera juste pour sept personnes.* ◆ **adv.** ❶ Avec justesse, comme il convient. *Chanter juste.* CONTR. faux. *Viser juste.* ❷ Précisément. *Ma maison est juste au coin de la rue. Il est midi juste.* SYN. exactement, pile. ❸ De façon insuffisante. *Je n'ai pris que deux pains, j'ai vu trop juste.* CONTR. large. ❹ Seulement, à peine. *Il y avait juste la famille à la cérémonie. Je viens juste d'arriver.* • **Au juste :** précisément. *Où veux-tu en venir, au juste, avec tes allusions ?* • **C'est tout juste si :** c'est à peine si. *C'est tout juste s'il ne s'est pas fâché, alors qu'il était dans son tort !*

ENCYCLOPÉDIE Les « Justes » est le titre que l'État d'Israël a décerné aux non-Juifs ayant agi avec courage pour protéger des Juifs contre les persécutions nazies, pendant la Seconde Guerre mondiale

justement **adv.** ❶ Avec justesse, exactitude. *Comme vous le disiez si justement...* ❷ Précisément et par hasard. *« J'aimerais bien le voir. – Justement, le voilà ! »* ❸ D'une façon juste, avec raison. *Elle était justement révoltée d'entendre autant de calomnies.*

justesse **n.f.** Le caractère exact, juste, précis de quelque chose. *Il a souvent des remarques d'une grande justesse.* SYN. exactitude. *La justesse d'un instrument de musique* (= le fait qu'il sonne juste). • **De justesse :** de très peu, à peu de chose près. *Le piéton traversait sans regarder, nous l'avons évité de justesse.*

Saint Louis rendant la **justice** sous un chêne (XIIIe siècle)

justice **n.f.** ❶ Principe moral selon lequel il faut respecter les droits de chacun, sens de ce qui est juste. *Il* *n'a favorisé personne, il a agi en toute justice.* SYN. équité. CONTR. injustice. *C'est justice qu'il ait été récompensé* (= c'est juste). ❷ Le pouvoir de juger, de faire respecter la loi. *Exercer la justice. On dit que Saint Louis rendait la justice sous un chêne.* ❸ L'administration qui exerce ce pouvoir, l'ensemble des tribunaux. *La justice doit être indépendante du pouvoir politique.* → VOIR Fiche **43.**

justicier, ère **n.** Personne qui veut faire régner la justice sans en avoir reçu le pouvoir, et qui agit en redresseur de torts. *Robin des bois était un justicier.*

justificatif, ive **adj.** Qui sert à justifier, à prouver quelque chose. *Il a joint à sa réclamation toutes les pièces justificatives.* ◆ **justificatif** **n.m.** Pièce justificative.

justification **n.f.** Ce qui permet de justifier un acte ou une personne, ou de se justifier. *Je ne vois aucune justification à son geste* (= raison, motif, explication).

justifier **v.** (CONJUG. **7**). Donner les arguments qui permettent d'expliquer ou d'excuser une action. *Comment va-t-elle justifier son retard ? Ne cherche pas à le justifier, ce qu'il a fait est impardonnable.* ◆ **se justifier** **v.pron.** Expliquer sa conduite pour se défendre, pour se faire excuser ou pardonner.

jute **n.m.** Fibre textile extraite des tiges d'une plante cultivée en Inde. *Un sac de pommes de terre en toile de jute.*
▶ REM. Ce mot est du masculin.

juteux, euse **adj.** ❶ Qui contient beaucoup de jus. *Des oranges juteuses.* ❷ (Familier) Qui rapporte beaucoup d'argent. *C'est une affaire juteuse !* SYN. fructueux, rentable.

juvénile **adj.** Qui appartient à la jeunesse. *Elle avait une grâce juvénile.*

HISTOIRE DU MOT Vient du latin *juvenis* qui signifie « jeune homme ».

juxtaposer **v.** (CONJUG. **3**). Placer des choses les unes à côté des autres sans liaison. *Il a juxtaposé quelques tableaux sur le mur et il appelle cela une exposition.*

juxtaposition **n.f.** Action de juxtaposer des éléments. *Une simple juxtaposition de couleurs ne fait pas forcément un beau tableau !*

kabyle adj. et n. Qui se rapporte aux Kabyles. *Un écrivain kabyle.* → VOIR noms propres.

kakatoès n.m. → **cacatoès**

1 **kaki** n.m. Fruit qui a l'aspect d'une tomate, à pulpe molle et sucrée, produit par un arbre originaire d'Asie.

kaki

2 **kaki** adj.invar. D'une couleur jaunâtre, proche du brun. *Les uniformes des soldats sont souvent kaki de manière à passer inaperçus dans la campagne.*

kaléidoscope n.m. Tube cylindrique opaque à l'intérieur duquel plusieurs petits miroirs sont disposés de manière à refléter les images symétriques de morceaux de verre multicolores.

kamikaze n.m. Pilote d'avion japonais volontaire pour écraser son avion chargé d'explosifs sur des objectifs militaires, en 1944-1945. ◆ n. Personne d'une grande témérité, qui est capable d'accomplir des actions très dangereuses.

kangourou n.m. Mammifère marsupial d'Australie, herbivore et sauteur exceptionnel.

ENCYCLOPÉDIE Le kangourou mesure jusqu'à 1,50 m (queue non comprise) pour un poids de 100 kg. Il se déplace par bonds qui peuvent atteindre 10 m de long grâce à la longueur de ses membres postérieurs. Le petit kangourou reste au moins 6 mois après sa naissance dans la poche ventrale de sa mère.

kaolin n.m. Argile blanche, très pure et friable, qui sert à fabriquer la porcelaine.

HISTOIRE DU MOT Vient du chinois *kaoling* qui signifie « colline élevée », nom du lieu où l'on extrayait le kaolin.

kapok n.m. Duvet végétal, très léger et imperméable, qui entoure la graine de certains arbres appelés *fromagers* ou *kapokiers*, et dont on se sert pour rembourrer des matelas, des coussins, etc.

karaoké n.m. Sorte de jeu qui consiste à chanter en public sur une musique enregistrée.

HISTOIRE DU MOT C'est un mot japonais qui signifie « orchestration vide ».

karaté n.m. Sport de combat et art martial d'origine japonaise, dans lequel les adversaires combattent de façon fictive, les coups étant arrêtés avant de toucher.

karatéka n. Personne qui pratique le karaté.

kart n.m. Petit véhicule automobile de compétition, à embrayage automatique, sans carrosserie, ni boîte de vitesses, ni suspension.
▸ REM. C'est un mot anglais, on prononce le *-t*.

kangourou et son petit

karting n.m. Sport pratiqué avec un kart.
▸ REM. C'est un mot anglais, on prononce [kartiŋ].

compétition de **karting**

kasher, casher ou **cachère** adj.invar. Se dit d'un aliment préparé selon les rituels du judaïsme. *De la viande kasher.*
▸ REM. On prononce [kaʃɛr].

kayak n.m. Embarcation de sport étanche et légère, inspirée du kayak inuit, propulsée par une pagaie double ; sport pratiqué avec ce bateau.
▸ REM. C'est un mot esquimau, on prononce [kajak].

képi n.m. Coiffure légère et rigide, munie d'une visière, faisant partie de certains uniformes militaires.
HISTOIRE DU MOT Vient de l'allemand *Kappe*, « bonnet ».

kermesse n.f. Fête en plein air avec des jeux et des stands où sont vendues des marchandises, en général au bénéfice d'une œuvre ; fête de bienfaisance. *Tous les élèves sont allés à la kermesse de l'école.*
HISTOIRE DU MOT Vient du flamand *kerkmisse* qui signifie « messe d'église », les kermesses étant à l'origine organisées par les paroisses.

kérosène n.m. Liquide incolore tiré du pétrole, intermédiaire entre l'essence et le gazole, utilisé comme carburant pour les avions.

ketchup n.m. ❶ Sauce froide, épaisse, faite à base de tomates et d'épices, au goût aigre-doux. ❷ Au Québec, assaisonnement à base de tomates ou d'autres fruits coupés en morceaux, de vinaigre et d'épices.
▸ REM. 1. C'est un mot anglais, on prononce [kɛtʃœp]. 2. Au Québec, on dit [kɛtʃɔp].

khôl n.m. Matière naturelle noire ou gris foncé utilisée comme fard pour le maquillage des yeux.
▸ REM. C'est un mot arabe, on prononce [kol].

kibboutz n.m. En Israël, exploitation communautaire, en général agricole.

ENCYCLOPÉDIE Le premier kibboutz fut établi en 1909. C'est une communauté de travail et de vie : la propriété et l'exploitation de la terre sont collectives, les cuisines et salles à manger sont communes ainsi que les ateliers de confection, de nettoyage, de repassage des vêtements. Les kibboutz ont joué un grand rôle dans le développement du pays.

kidnapper v. (CONJUG. 3). Enlever une personne, en général pour obtenir une rançon.
HISTOIRE DU MOT Vient de l'anglais *to kidnap*, de *kid* qui signifie « enfant » et *to nap*, « enlever ».

kidnapping n.m. Enlèvement d'une personne, en général pour obtenir une rançon. *Le kidnapping d'un homme d'affaires.* SYN. rapt.
▸ REM. 1. C'est un mot anglais, on prononce [kidnapiŋ]. 2. Au Québec, on doit dire *enlèvement*.

kilo n.m. Abréviation de *kilogramme*. *Elle a pris quelques kilos.*

kilogramme n.m. Unité de masse qui vaut mille grammes. (On écrit *kg* en abrégé.)

kilométrage n.m. Nombre de kilomètres parcourus. *Le kilométrage est marqué au compteur de la voiture.*

kilomètre n.m. Unité de distance qui vaut mille mètres. (On écrit *km* en abrégé.) • **Kilomètre-heure :** nombre de kilomètres parcourus en une heure. (On écrit *km/h* en abrégé.) *La vitesse est limitée à 130 km/h.*

kilométrique adj. Qui concerne les kilomètres. *Les bornes kilométriques.*

kilowatt n.m. Unité de puissance qui vaut mille watts. (On écrit *kW* en abrégé.) *La consommation d'électricité s'évalue en kilowatts.*

kilt n.m. ❶ Jupe plissée portée par les Écossais, surtout les montagnards. ❷ Jupe plissée en tissu écossais.

kimono n.m. ❶ Longue tunique japonaise aux manches carrées et amples, croisée devant et maintenue fermée par une large ceinture, l'*obi*. ❷ Vêtement d'intérieur ample et croisé dont la coupe ressemble à celle du kimono japonais. ❸ Tenue des judokas et des karatékas, faite d'une veste et d'un pantalon amples.

kinésithérapeute n. Personne dont le métier est d'exercer la kinésithérapie.
▸ REM. On dit familièrement *kiné*.

kayak

kinésithérapie n.f. Ensemble de traitements qui utilisent des mouvements et des massages pour rendre au corps sa mobilité naturelle. *Après être resté deux mois dans le plâtre, Alexandre a eu des séances de kinésithérapie pour rééduquer sa jambe.*
HISTOIRE DU MOT Mot créé à partir du grec *kinêsis,* « mouvement », et *thérapie.*

kiosque n.m. ❶ Petite boutique en forme d'abri que l'on trouve dans les rues, dans les gares, etc., où l'on vend des journaux ou des fleurs. *Un kiosque à journaux.* ❷ Abri, pavillon, ouverts de tous les côtés, installés dans un jardin public, et qui servent généralement aux concerts en plein air. *Les musiciens s'installèrent dans le kiosque à musique et se mirent à jouer.*
HISTOIRE DU MOT Vient de l'italien *chiosco* qui signifie « pavillon de jardin ».

kippa n.f. Petit bonnet rond couvrant seulement le sommet du crâne, que portent les juifs pratiquants.

Kippour n.m.invar. → **Yom Kippour**

kirsch, ✎ ***kirch*** n.m. Eau-de-vie de cerises ou de merises. *Le kirsch est souvent utilisé en pâtisserie.*
HISTOIRE DU MOT C'est un mot allemand qui signifie « cerise ».

kit n.m. Ensemble d'éléments que l'on achète avec un plan de montage et que l'on assemble soi-même. *Une bibliothèque vendue en kit.*

kitchenette n.f. Petite cuisine. *Un studio avec kitchenette.*
▸ REM. Il est recommandé de dire *une cuisinette.*
HISTOIRE DU MOT Vient de l'anglais *kitchen* qui signifie « cuisine ».

kitesurf n.m. ❶ Planche à voile qui se déplace grâce à un cerf-volant. ❷ Le sport pratiqué avec cette planche.
▸ REM. 1. C'est un mot anglais qui vient de *kite,* qui signifie « cerf-volant ». 2. On prononce [kajtsœrf].

kiwi n.m. ❶ Fruit exotique comestible à peau marron et à pulpe verte, d'un goût frais et acidulé, qui provient d'un arbuste appelé *actinidia.* ❷ Oiseau de Nouvelle-Zélande dont les ailes sont presque inexistantes et dont les plumes ressemblent à des crins.

kiwis

Klaxon n.m. Avertisseur sonore pour les automobiles et les bateaux. *Dans les grandes villes, l'emploi du Klaxon est interdit.*
▸ REM. 1. C'est un nom de marque, le mot prend une majuscule, en France, dans les textes imprimés. 2. C'est un mot anglais, on prononce [klaksɔn].

kiwi

klaxonner v. (CONJUG. 3). Se servir d'un Klaxon. *Les automobilistes klaxonnent parce que la rue est bouchée.*

kleptomane n. → **cleptomane**

kleptomanie n.f. → **cleptomanie**

knock-out ou **K.-O.** n.m.invar. et adj.invar., ✎ ***knockout*** *n.m.* ❶ Mise hors de combat d'un boxeur qui perd connaissance à la suite d'un coup de poing et reste à terre plus de 10 secondes. *Le boxeur a été battu par K.-O. à la quatrième reprise. Il a mis son adversaire knock-out* (= hors d'état de combattre). ❷ (Familier) Épuisé. *Après cette marche, j'étais K.-O.*
▸ REM. C'est un mot anglais, on prononce [nɔkawt] et [kao].
HISTOIRE DU MOT En anglais, *to knock out* signifie « assommer ».

koala n.m. Mammifère marsupial d'Australie, au pelage très fourni, aux oreilles rondes, sans queue, long d'environ 80 cm. *Le koala est un animal nocturne, il vit dans les arbres et se nourrit essentiellement de bourgeons d'eucalyptus.*

koala et son petit

kola ou **cola** n.m. • **Noix de kola :** fruit du *kolatier,* arbre d'origine africaine dont on extrait des substances toniques et stimulantes.

kolkhoze n.m. Dans l'ancienne U.R.S.S., exploitation agricole collective dans laquelle la terre, les fermes, le matériel agricole et une partie du bétail étaient mis en commun. *Les premiers kolkhozes sont apparus vers les années 1920 en U.R.S.S.*

kopeck n.m. Nom de la monnaie de la Russie, valant un centième du rouble.

kouglof n.m. Gâteau alsacien en forme de couronne, fabriqué avec une pâte levée, c'est-à-dire à laquelle on a ajouté de la levure.

krach **n.m.** Catastrophe boursière qui fait perdre très vite leur valeur à toutes les actions. *Le plus célèbre des krachs boursiers a eu lieu en 1929.*
▶ REM. On prononce [krak].

kraft **adj.** • **Papier kraft :** papier d'emballage très résistant, brun en général.

HISTOIRE DU MOT Vient de l'allemand *Kraft* qui signifie « force ».

kung-fu **n.m.invar.** Art martial chinois, assez proche du karaté.
▶ REM. On prononce [kuŋfu].

kurde **adj.** et **n.** Qui se rapporte aux Kurdes. → VOIR noms propres.

kyrielle **n.f.** • **Une kyrielle de :** une longue suite, un grand nombre de. *Il lui a lancé une kyrielle d'injures.* SYN. litanie. *Elle a une kyrielle d'amis.* SYN. foule, multitude.

kyste **n.m.** Tumeur bénigne qui se forme sous la peau ou à l'intérieur du corps et dont le contenu est liquide ou semi-liquide. *Laure s'est fait enlever un kyste au poignet.*

HISTOIRE DU MOT Vient du grec *kustis* qui signifie « vessie ».

L l

1 la → le

2 la **n.m.invar.** La sixième note de la gamme de *do*. *Le diapason donne le « la ».*

là **adv.** ❶ Dans un endroit autre que celui où l'on se trouve. *Ne restez pas ici, mettez-vous là.* ❷ Dans un endroit quelconque, que l'on désigne. *J'habite là.* ❸ Indique un moment dans le temps. *C'est pour le mois prochain, d'ici là, nous avons le temps. Jusque-là, tout s'est bien passé.* ❹ S'emploie pour indiquer quelque chose de lointain dans l'espace ou dans le temps, par opposition à *ci*. *Cette maison-là. Je préfère celui-là.*

là-bas **adv.** À un endroit éloigné. *Là-bas, au fond du ravin, on apercevait une cabane.*

label **n.m.** Marque inscrite sur l'emballage d'un produit et qui en certifie l'origine, la qualité. *Un label garantit que ces volailles ont été nourries au grain.*

HISTOIRE DU MOT C'est un mot anglais qui signifie « étiquette ».

labeur **n.m.** Travail pénible qui demande des efforts quotidiens, répétés. *Une vie de labeur.*
▸ REM. Ce mot appartient à la langue littéraire.

labial, ale, aux **adj.** Des lèvres. *Une crème labiale protège les lèvres des gerçures.*

laborantin, e **n.** Personne employée dans un laboratoire d'analyses ou de recherches.

laboratoire **n.m.** Local où l'on fait des travaux d'analyses, des recherches scientifiques, des essais industriels, des développements de photos, etc. *Un laboratoire d'analyses médicales. Ce produit a été testé en laboratoire.*

HISTOIRE DU MOT Vient du latin *laborare* qui signifie « travailler ».

laborieusement **adv.** De façon laborieuse, avec difficulté. *Il rédigeait laborieusement son devoir.* CONTR. aisément, facilement.

laborieux, euse **adj.** Qui demande beaucoup de travail et d'efforts. *La rédaction de notre dernier journal a été laborieuse.* SYN. difficile, pénible. CONTR. aisé, facile.

labour **n.m.** Travail qui consiste à retourner la terre pour la cultiver. *Les labours d'automne.* SYN. labourage.

labourage **n.m.** L'action ou la manière de labourer. *Après le labourage, on sèmera du blé dans ce champ.*

labourer **v.** (CONJUG. **3**). Ouvrir et retourner la terre d'un champ avec une charrue pour la préparer aux semailles. *Labourer un champ.*

HISTOIRE DU MOT Vient, comme *laboratoire*, du latin *laborare*.

laboureur **n.m.** Nom que l'on donnait autrefois à un cultivateur. *« Le Laboureur et ses Enfants » est le titre d'une fable de La Fontaine.*

labrador **n.m.** Chien de grande taille, à poil ras, noir ou fauve.

labyrinthe **n.m.** Réseau compliqué de rues, de chemins, de couloirs où l'on a du mal à trouver la sortie. *Errer dans un labyrinthe de rues.* SYN. dédale, lacis.

HISTOIRE DU MOT Vient du nom d'un édifice légendaire attribué à *Dédale*. → VOIR noms propres.

labyrinthe

lac **n.m.** Grande étendue d'eau à l'intérieur de terres. *Genève est construite sur les bords du lac Léman.* → VOIR encadré page ci-contre.

lacer **laçant, lacé v.** (CONJUG. **4**). Attacher avec des lacets. *Lacer ses chaussures.*

Les plus grands **lacs** et mers intérieures

mer Caspienne (Europe-Asie)	360 000 km²
lac Supérieur (Canada)	82 700 km²
lac Victoria (Afrique équatoriale)	68 100 km²
lac Huron (Canada)	59 800 km²
lac Michigan (Amérique du Nord)	58 300 km²
mer d'Aral* (Asie)	34 000 km²
lac Tanganyika (Afrique orientale)	31 900 km²
lac Baïkal (Russie)	31 500 km²
Grand Lac de l'Ours (Canada)	31 100 km²

* La mer d'Aral couvrait 68 000 km² en 1960. La diminution de sa superficie est due à l'irrigation qui a détourné de nombreuses rivières qui s'y jetaient.

Le plus grand lac d'Europe est le lac Vänern, en Suède (5 585 km²).

lacérer v. (CONJUG. 9, ✎ *10*). Mettre en pièces, en lambeaux, souvent avec un objet coupant. *Lacérer des affiches.*

lacet n.m. ❶ Cordon que l'on passe dans des œillets pour attacher une chaussure, fermer ou serrer un vêtement. *Nouer ses lacets.* ❷ Série de virages très prononcés que forme le tracé d'une route de montagne. *Une route en lacets.* SYN. zigzag.

1 lâche adj. Qui n'est pas serré ou tendu. *Le nœud de la ficelle est lâche.* CONTR. serré.

2 lâche adj. et n. Qui manque de courage, qui fuit devant le danger. *Quel lâche ! il s'est sauvé en laissant son ami seul contre quatre agresseurs !* SYN. peureux, poltron.

lâchement adv. Avec lâcheté, sans courage. *Il nous a lâchement abandonnés.* CONTR. courageusement.

1 lâcher v. (CONJUG. 3). ❶ Ne plus tenir. *Ne lâche pas la pile d'assiettes !* (= ne la laisse pas tomber). *L'enfant lâcha la main de son père et se mit à courir.* ❷ Cesser de retenir. *Le professeur nous a lâchés une heure plus tôt.* SYN. libérer. *Ils ont lâché les chiens sur le voleur* (= lancer). ❸ Dire malgré soi. *Lâcher une sottise.* ❹ Abandonner quelque chose ou quelqu'un. *Lâcher ses études. Ce n'est pas bien de lâcher ses amis.* ❺ Céder, se casser brusquement. *Les freins ont lâché.*

2 lâcher n.m. L'action de lâcher, de laisser partir. *Un lâcher de ballons.*

lâcheté n.f. Manque de courage, fait d'être lâche. *Il n'a pas osé dire ce qu'il pensait par lâcheté.* SYN. peur.

lâcheur, euse n. (Familier) Personne qui abandonne ses amis. *Il avait pourtant promis qu'il viendrait, c'est un lâcheur !*

lacis n.m. Réseau compliqué de fils, de rues, etc. *Les deux enfants se sont perdus dans le lacis des ruelles.* SYN. dédale, labyrinthe.
▸ REM. 1. On ne prononce pas le *-s*. 2. Ce mot appartient à la langue soutenue.

laconique adj. Exprimé en peu de mots, de façon très concise. *Faire une réponse laconique.* SYN. bref.
HISTOIRE DU MOT Vient du grec *lakonikos* qui signifie « de Laconie », car les habitants de cette région de la Grèce antique étaient réputés pour la concision de leur langage.

lacrymal, ale, aux adj. • **Glandes lacrymales :** glandes qui produisent les larmes.

lacrymogène adj. *Des gaz lacrymogènes* ont pour effet d'irriter les yeux et de faire beaucoup pleurer.

lacté, e adj. À base de lait. *Le beurre, les fromages, les yaourts sont des produits lactés.* → VOIR AUSSI **laitier.**
• **La Voie lactée :** la longue bande blanchâtre constituée par des milliards d'étoiles que l'on voit dans le ciel tout autour de la Terre. (La légende dit qu'elle est formée de quelques gouttes du lait d'une déesse qui allaitait Hercule.)

lacune n.f. Ce qui manque par erreur, négligence ou oubli dans un texte, un récit ou un ensemble de connaissances. *Il y a des lacunes dans son récit.* SYN. omission.
HISTOIRE DU MOT Vient du latin *lacuna* qui signifie « fossé, trou ».

lacustre adj. Qui vit sur les bords ou dans les eaux d'un lac. *La faune, la flore lacustres. Une cité lacustre* (= bâtie sur pilotis au bord de l'eau).

lad n.m. Garçon d'écurie qui soigne les chevaux de course.
HISTOIRE DU MOT C'est un mot anglais qui signifie « jeune homme ».

ladite adj. → **ledit**

ladre adj. et n. Avare.
▸ REM. Ce mot appartient à la langue littéraire.

lagon n.m. Petit lac d'eau salée situé au bord d'une côte et fermé au large par un récif de corail. *Les lagons de Tahiti.*
HISTOIRE DU MOT Vient de l'espagnol *lago*, « lac ».

lagon (Nouvelle-Calédonie)

a b c d e f g h i j k l m n o p q r

A B C D E F G H I J K L M N O P Q R S T U V W X Y Z

lagune **n.f.** Étendue d'eau de mer située au bord d'une côte et fermée au large par une bande de terre. *Venise a été bâtie sur les îles d'une lagune.*
HISTOIRE DU MOT Vient, comme *lacune*, du latin *lacuna*.

là-haut **adv.** Dans un endroit situé en hauteur. *Ma chambre est là-haut, au sixième étage.*

laïc **adj.** → **laïque**

laïcité **n.f.** Système d'organisation de la société dans lequel la vie politique, administrative et l'enseignement public sont indépendants de l'Église.

laid, e **adj.** ❶ Qui n'est pas agréable à voir, qui n'est pas beau. *Ce qu'il est laid lorsqu'il fait ses grimaces !* SYN. affreux. *Ce bâtiment est vraiment laid.* SYN. hideux, horrible. ❷ Que l'on condamne moralement. *C'est laid d'abuser de la confiance des autres.* SYN. honteux.
▸ REM. Ne pas confondre avec *laie* et *lait*.

laideron **n.m.** Jeune fille ou jeune femme laide.

laideur **n.f.** Le fait d'être laid. *La laideur d'un monument.* CONTR. beauté.

laie **n.f.** Femelle du sanglier.
▸ REM. Ne pas confondre avec *laid* et *lait*.

lainage **n.m.** ❶ Étoffe de laine. *Une robe en lainage.* ❷ Vêtement de laine. *Prenez un lainage, il risque de faire frais ce soir.* SYN. pull, tricot.

laine **n.f.** Matière, douce au toucher, faite des poils du mouton ou d'autres ruminants comme la chèvre, l'alpaga, le lama, le chameau ; étoffe tissée avec la laine. *Un pull, une écharpe, un tapis en laine.* • **Laine de verre :** matière faite de fils de verre, dont l'aspect rappelle celui de la laine, et qu'on utilise comme isolant.

laineux, euse **adj.** Qui rappelle la laine par son aspect. *Des cheveux laineux.*

lainier, ère **adj.** Qui concerne la laine. *L'industrie lainière.*

laïque ou **laïc, laïque** **adj.** Indépendant des organisations religieuses ; étranger à la religion. *En France, l'école publique est laïque. L'enseignement laïc. Un mythe laïc.* ◆ **n.** Personne qui ne fait pas partie du clergé ni d'un ordre religieux. *Certains laïques participent à l'enseignement du catéchisme catholique.*
▸ REM. Au masculin, on peut écrire *laïc* ou *laïque*.
HISTOIRE DU MOT Vient du grec *laikos* qui signifie « qui appartient au peuple ».

laisse **n.f.** Lanière, lien qui servent à retenir un chien. *Le chien avait envie de courir et tirait sur sa laisse.*

laisser **v.** (CONJUG. 3). ❶ Ne pas prendre, ne pas consommer. *Paul a mangé la viande, mais il a laissé les légumes. Laisse-moi une part de gâteau* (= garde-la-moi). ❷ Accorder. *Je vous laisse cinq minutes pour vous préparer* (= donner). *Le vendeur nous a laissé les deux livres pour le prix d'un.* ❸ Ne pas emporter avec soi. *J'ai laissé mes cahiers chez Francine.* ❹ Confier à quelqu'un ou poser quelque part. *Je vous laisse mes clefs, je les reprendrai à mon retour.* ❺ Quitter quelqu'un, partir. *Vous nous laissez déjà ?* ❻ Ne pas empêcher une action. *Laissons passer ! Laissez-le parler.* ❼ Ne pas gêner, interrompre ou perturber. *J'aime qu'on me laisse tranquille quand je lis. Plonger les haricots dans l'eau bouillante et laisser cuire quinze minutes.* ◆ **se laisser** **v.pron.** • **Se laisser aller :** se détendre, se relaxer ou ne plus lutter et ne plus faire d'efforts. • **Se laisser faire :** céder à la volonté des autres, faire ce que les autres veulent que l'on fasse.

laisser-aller **n.m.invar.** Comportement d'une personne qui néglige sa tenue ou qui ne fait aucun effort. *La maîtresse ne tolère aucun laisser-aller dans le travail.*

laissez-passer **n.m.invar.** Document qui permet de circuler dans une zone contrôlée. *Il a dû montrer son laissez-passer pour accéder à la tribune officielle.* SYN. permis, sauf-conduit.

lait **n.m.** ❶ Liquide blanc, très nourrissant, sécrété par les seins de la femme qui vient d'accoucher, par les mamelles des mammifères femelles. *Le beurre est fabriqué avec du lait de vache.* ❷ Préparation fluide, souvent parfumée, utilisée pour les soins de la peau. *Un lait de toilette.* • **Dent de lait :** dent de l'enfant, qui tombe vers 6 ans. • **Frère, sœur de lait :** enfants nourris du lait de la même personne.

laitage **n.m.** Aliment à base de lait. *Elle aime beaucoup les laitages, spécialement les yaourts.*

laitance **n.f.** Semence des poissons.

laiterie **n.f.** Usine où l'on traite le lait recueilli dans les fermes et où l'on fabrique des produits laitiers.

laiteux, euse **adj.** Dont la couleur blanchâtre fait penser à celle du lait. *Elle avait un teint pâle, laiteux.*

laitier, ère **adj.** Qui se rapporte au lait. *Le beurre, le fromage sont des produits laitiers* (= fabriqués à partir du lait). *Une vache laitière* (= élevée pour son lait).
→ VOIR AUSSI **lacté.** ◆ **laitier** **n.m.** Personne qui vend des produits laitiers.

laiton **n.m.** Métal jaune fait d'un alliage de cuivre et de zinc. *Du fil de laiton.*
HISTOIRE DU MOT Vient d'un mot arabe qui signifie « cuivre ». Autrefois, on appelait le laiton « cuivre jaune ».

laitue **n.f.** Plante dont on consomme les feuilles et le cœur en salade. *Il existe de nombreuses variétés de laitues comme la batavia, la scarole, la romaine ou la blonde paresseuse, qui est celle que l'on appelle de façon courante « laitue ».*

laïus **n.m.** (Familier) Discours, exposé, en général trop long et ennuyeux.
HISTOIRE DU MOT Vient de *Laïus* (en grec *Laïos*), époux de Jocaste et père d'Œdipe, car les élèves de l'École polytechnique ont eu au concours d'entrée en 1804 une composition française intitulée « le Discours de Laïus ».

1 lama **n.m.** Moine ou prêtre bouddhiste au Tibet ou en Mongolie.

2 lama **n.m.** Mammifère ruminant qui vit dans la cordillère des Andes, à l'état sauvage ou domestiqué. → VOIR AUSSI **alpaga.**

lamantin **n.m.** Mammifère herbivore qui vit dans les fleuves d'Afrique et d'Amérique tropicales, au corps massif (jusqu'à 3 m de long et jusqu'à 500 kg) terminé par une nageoire.

ENCYCLOPÉDIE Les lamantins sont à l'origine de la légende des sirènes, que les marins croyaient voir en mer.

lambda **n.m.invar.,** ✎ ***n.m.*** Lettre de l'alphabet grec, qui correspond au *l* français. ◆ **adj.invar.** ● (Familier) **Individu lambda :** une personne quelconque.

lambeau **n.m.** Morceau déchiré d'un tissu. *Il s'était bagarré et sa chemise était en lambeaux.* SYN. loque.

lambin, e **adj.** et **n.** (Familier) Qui lambine, qui agit avec lenteur et mollesse. SYN. nonchalant.

lambiner **v.** (CONJUG. 3). (Familier) Ne pas se presser, traîner. SYN. s'attarder.

lambris **n.m.** Panneau décoratif en bois dont on recouvre les murs, le plafond d'une pièce. *Poser des lambris.*

lambrissé, e **adj.** Recouvert de lambris. *Les murs lambrissés d'un salon.*

lame **n.f.** ❶ Pièce de métal plate et très mince qui sert à couper, trancher, gratter, raser. *La lame d'un couteau, d'une scie, d'une épée. Une lame de rasoir.* ❷ Nom donné à certaines pièces de diverses matières dont la forme plate rappelle celle d'une lame. *Des lames de parquet.* ❸ Vague de la mer. ● **Lame de fond :** vague puissante.

lamelle **n.f.** Plaque ou morceau plat et mince comme une lame. *Pour les examens microscopiques, on se sert de lamelles de verre. Des oignons coupés en fines lamelles.* SYN. tranche.

lamentable **adj.** Si mauvais que cela pourrait faire pitié. *Sa maison était dans un état lamentable* (= dans un triste état). SYN. pitoyable. *Mes résultats sont lamentables.* SYN. déplorable.

lama

lampion

lamentablement **adv.** De façon lamentable, navrante. *Il a lamentablement échoué à son examen.* SYN. pitoyablement. CONTR. brillamment.

lamentation **n.f.** Plainte insistante, prolongée, accompagnée de paroles traduisant le regret amer, la douleur. *Hélas, ses lamentations n'y changeront rien !* SYN. gémissement, jérémiade.

se **lamenter** **v.pron.** (CONJUG. 3). Se plaindre beaucoup, se répandre en lamentations. *Inutile de nous lamenter sur notre sort, agissons !* SYN. gémir.

laminage **n.m.** L'opération au cours de laquelle un métal est laminé.

laminer **v.** (CONJUG. 3). *Laminer du métal*, c'est l'étirer, l'aplatir, en le faisant passer dans un laminoir afin de lui donner une forme mince comme une lame.

laminoir **n.m.** Machine à travers laquelle on fait passer du métal pour le transformer en plaques fines.

lampadaire **n.m.** Appareil d'éclairage d'extérieur ou d'intérieur monté sur un long pied, qui sert à éclairer une pièce ou une rue. → VOIR AUSSI **réverbère.**

lampe **n.f.** ❶ Appareil qui donne de la lumière, qui fonctionne à l'électricité. *Éteignez les lampes ! Une lampe de poche.* ❷ Autrefois, appareil qui éclairait au moyen d'une flamme. *Une lampe à huile, à pétrole.*

lampée **n.f.** (Familier) Grande gorgée de liquide avalée d'un coup, souvent bruyamment.

HISTOIRE DU MOT Vient du verbe *laper*, car, au XVIIe siècle, on disait *laper* ou *lamper.*

lampion **n.m.** Lanterne en papier coloré utilisée lors des fêtes ou des retraites aux flambeaux. *La place était éclairée par des lampions.*

lance **n.f.** Arme ancienne constituée d'un long manche au bout duquel est fixé un fer pointu. *Lors des tournois, les chevaliers s'affrontaient avec des lances.* ● **Lance à eau** ou **lance d'incendie :** tube en métal fixé au bout d'un tuyau et que l'on tient pour diriger le jet. *Le pompier pointa la lance d'incendie vers l'immeuble en feu.*

lancée **n.f.** ● **Sur sa lancée :** en profitant de l'élan pris, du mouvement en cours. *L'arrière bondit pour intercepter le ballon et, sur sa lancée, remonta la moitié du terrain.*

lancement **n.m.** ❶ Envoi d'un engin dans l'espace. *La rampe de lancement d'une fusée.* ❷ Mise à l'eau d'un bateau. *Le lancement d'un navire.* ❸ Le fait de lancer un produit, un artiste, un projet. *Le lancement d'une campagne publicitaire, d'un emprunt. Le lancement d'un chanteur.*

A B C D E F G H I J K L M N O P Q R S T U

lance-pierre n.m. (PLUR. : **lance-pierres**). Petite fronde faite d'une fourche en bois ou en métal, munie de deux élastiques, avec laquelle on envoie des projectiles.

1 **lancer** lançant, lancé v. (CONJUG. 3). ❶ Envoyer d'un mouvement vif dans une certaine direction. *Lance-moi le ballon ! À toi de lancer les dés.* ❷ Envoyer un engin dans l'espace. *Une fusée va être lancée.* ❸ Mettre en route. *Lancer un projet, une affaire, un programme de recherches.* ❹ Faire connaître du grand public. *Lancer un nouveau produit, une campagne publicitaire. Lancer un chanteur.* ❺ Dire quelque chose à quelqu'un avec vivacité. *Lancer une plaisanterie, une remarque, une réplique.* ❻ Adresser à d'autres personnes. *Elle a lancé les invitations pour son anniversaire. Il lance des appels au secours.* SYN. envoyer. *Elle nous lança un regard furieux.* ❼ *Lancer quelqu'un sur un sujet*, c'est le faire parler de ce sujet. *Quand on le lance sur la politique, il est intarissable !* ❽ *Un mal, une douleur qui lancent* reviennent sans cesse, de façon lancinante. ◆ **se lancer** v.pron. ❶ Se jeter, se précipiter. *Pour échapper aux flammes, il se lança dans le vide.* ❷ Prendre du mouvement, de la vitesse. *La voiture se lance sur la piste.* ❸ S'engager avec vigueur dans une action, entamer une activité. *Se lancer dans un projet, dans l'aventure, dans la bagarre. Elle se lance dans la lecture des livres de Jules Verne.*

2 **lancer** n.m. Épreuve d'athlétisme qui consiste à lancer un poids, un javelot, un disque, un marteau le plus loin possible.

lanceur n.m. Engin permettant de lancer des satellites dans l'espace. *La fusée Ariane est un lanceur.*

lancier n.m. Soldat à cheval qui était armé d'une lance.

lancinant, e adj. ❶ *Une douleur lancinante* revient sans cesse et de façon aiguë. ❷ *Une phrase lancinante, un air lancinant* reviennent sans cesse à l'esprit de façon obsédante.

landau n.m. (PLUR. : **landaus**). ❶ Autrefois, voiture à quatre roues tirée par des chevaux et qui comportait deux banquettes en vis-à-vis. ❷ Voiture d'enfant à capote mobile.

HISTOIRE DU MOT Vient du nom de la ville allemande *Landau*, où ces voitures ont été d'abord fabriquées.

lande n.f. Étendue de terre, en général plate, où ne poussent que des plantes sauvages comme la bruyère, le genêt, l'ajonc.

lande (Bretagne)

langage n.m. ❶ Faculté propre aux êtres humains de s'exprimer, de communiquer par la parole. *La naissance du langage remonterait à environ 35 000 ans.* ❷ Tout système de signes ou de gestes permettant de communiquer. *Le langage des signes.* ❸ Façon de parler propre à une personne ou à un ensemble de personnes. *Un langage imagé. Le langage administratif.* ❹ Ce que l'on communique, grâce au langage. *Comment pouvez-vous tenir un tel langage ?* (= parler de la sorte). ❺ Façon de communiquer de certains animaux. *Le langage des abeilles.*

lange n.m. Carré de laine ou de coton qui servait à emmailloter un nouveau-né.

langer langeant, langé v. (CONJUG. 5). Emmailloter un bébé dans un lange ou lui mettre une couche.

langoureux, euse adj. Qui évoque ou provoque un état de langueur mêlé de sentiments amoureux. *L'orchestre jouait une musique langoureuse.*

langouste n.f. Grand crustacé marin (jusqu'à 40 cm de long) aux antennes longues et fortes, aux pattes avant dépourvues de pinces (contrairement au homard), et dont la chair est très appréciée. *Pour pêcher la langouste, on plonge dans l'eau des casiers avec des appâts, d'où la langouste ne peut plus ressortir.*

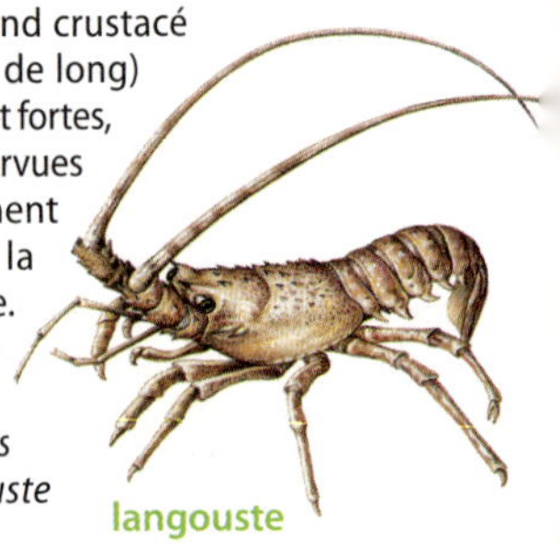
langouste

HISTOIRE DU MOT Vient du latin *locusta*, « sauterelle », à cause d'une certaine ressemblance avec cet insecte.

langoustine n.f. Petit crustacé marin aux pinces longues et fines, que l'on pêche pour sa chair.

1 **langue** n.f. ❶ Organe situé dans la bouche et qui joue un rôle essentiel dans la parole, la déglutition et le goût (grâce aux papilles). *Elle s'est mordu la langue en croquant dans une pomme.* ❷ Langue de certains animaux, que l'on mange, que l'on sert à table. *Une langue de veau sauce piquante.* • **Avoir avalé sa langue :** ne pas parler, être silencieux. • (Familier) **Avoir la langue bien pendue :** être très bavard. • **Donner sa langue au chat :** s'avouer incapable de trouver la réponse à une devinette, à une énigme. • **Mauvaise langue :** personne qui dit du mal des autres. • **Tenir sa langue :** savoir se taire, garder un secret.

2 **langue** n.f. ❶ Ensemble organisé de mots dits ou écrits, qui permet à un groupe humain de communiquer. *La langue française, anglaise, chinoise* (= le français, l'anglais, le chinois). *Quelles langues étrangères parlez-vous, lisez-vous, écrivez-vous ?* ❷ Façon de parler ou d'écrire propre à un groupe de personnes, à un domaine. *La langue des philosophes.* SYN. langage. *La langue verte* (= l'argot). • **Langue de bois :** façon de s'exprimer avec des formules tellement entendues, usées qu'elles ne veulent plus rien dire. • **Langue maternelle :** celle du pays où l'on est né, celle que l'on a apprise avec ses parents. • **Langue morte :** langue qui

n'est plus parlée aujourd'hui. *Le latin, le grec ancien sont des langues mortes.* • **Langue vivante :** langue que l'on parle de nos jours. *L'anglais, le français sont des langues vivantes.*

languette **n.f.** Petit objet en bois, en métal, en cuir, dont la forme aplatie et allongée rappelle celle d'une langue. *Il tira sur la languette de sa chaussure avant de nouer le lacet. L'anche d'un saxophone, d'une clarinette est une languette de bois très fine.*

langueur **n.f.** État dans lequel on est lorsqu'on se sent à la fois mélancolique, rêveur et sans énergie. *La lecture de la lettre de son amie l'avait plongé dans une douce langueur.*

languir **languissant, langui v.** (CONJUG. **16**). ❶ Manquer de dynamisme, d'animation ; traîner en longueur. *Les visiteurs s'éternisaient, la conversation languissait.* ❷ (Familier) *Languir après quelqu'un*, c'est l'attendre impatiemment. *Voilà deux jours qu'elle est partie, il languit déjà après elle.* ❸ *Faire languir quelqu'un*, c'est le faire attendre trop longtemps. ◆ **se languir** **v.pron.** S'ennuyer en regrettant l'absence de quelqu'un ou de quelque chose. *Cela fait un mois que mes amis sont partis, je me languis d'eux.*

lanière **n.f.** Bande mince et longue de cuir, d'étoffe, etc. *La lanière d'un fouet. Il portait son sac à l'épaule grâce à une lanière.* SYN. courroie.

lanterne **n.f.** ❶ Boîte dont les parois sont transparentes et dans laquelle se trouve une lumière. *Avant l'invention des lampes de poche, on utilisait des lanternes.* ❷ Signal lumineux à l'avant ou à l'arrière de certains véhicules. • **Lanterne magique :** appareil qui permettait de projeter sur un écran des images peintes sur des plaques de verre. • **Lanterne rouge :** nom que l'on donne à celui qui est le dernier dans un classement (par allusion à la lanterne rouge placée à l'arrière du dernier wagon d'un train).

lanterne magique (XIXe siècle)

laotien, enne **adj.** et **n.** Du Laos. *Les temples laotiens.* ◆ **laotien** **n.m.** Langue parlée au Laos.
▸ REM. Quand il désigne une personne, le mot prend une majuscule : *un Laotien, une Laotienne.*

lapalissade **n.f.** Affirmation tellement évidente que ce n'est pas la peine de la faire. *Dire que « plus les choses sont simples moins elles sont compliquées », c'est dire une lapalissade.* SYN. vérité de La Palice.

HISTOIRE DU MOT Vient du nom de *La Palice.* → VOIR noms propres.

laper **v.** (CONJUG. **3**). Absorber un liquide à petits coups de langue. *Le chat lapait son lait. Elle donna une gamelle de soupe au chien qui se mit aussitôt à laper.*
▸ REM. Attention, un seul *p*.

lapereau **n.m.** Jeune lapin.

lapidaire **adj.** ❶ *Une inscription lapidaire* est gravée sur une pierre. ❷ *Une formule lapidaire* est une formule brève, très expressive.

HISTOIRE DU MOT Vient du latin *lapis* qui signifie « pierre » et que l'on retrouve dans *lapis-lazuli.*

lapider **v.** (CONJUG. **3**). Tuer, attaquer ou poursuivre à coups de pierres.

lapin **n.m.** Mammifère rongeur à grandes oreilles, à la queue très courte, qui se reproduit en grand nombre et que l'on trouve soit à l'état sauvage (= lapin de garenne), soit domestiqué.

ENCYCLOPÉDIE Cri : le lapin clapit. Femelle : la lapine. Petit : le lapereau.

lapin

lapis ou **lapis-lazuli** **n.m.** Pierre d'un bleu intense employée en bijouterie.

HISTOIRE DU MOT Ce sont deux mots latins qui signifient « pierre d'azur ».

laps **n.m.** • **Laps de temps :** un moment, un certain temps. *Après un laps de temps, il a repris ses esprits.*
▸ REM. On prononce le *-s* final.

lapsus **n.m.** Erreur qui consiste à dire un mot à la place d'un autre.
▸ REM. On prononce le *-s* final.

HISTOIRE DU MOT C'est un mot latin qui signifie « action de trébucher ».

laquais **n.m.** Valet qui portait une livrée.

laque **n.f.** ❶ Vernis, transparent ou coloré, qui donne un aspect très lisse et brillant. ❷ Produit que l'on vaporise sur les cheveux et qui maintient la coiffure. ❸ Résine rouge foncé produite par certaines plantes d'Asie et utilisée pour protéger les objets en bois.

laqué, e **adj.** Revêtu d'une couche de laque. *Un piano laqué noir.*

laquelle → **lequel**

larcin **n.m.** Petit vol, commis sans violence ; ce qui a été volé ainsi. *L'enfant prit le paquet de bonbons et alla cacher son larcin dans l'armoire.*

a b c d e f g h i o p q r s t u v w x y z

lard **n.m.** La graisse qui se trouve en couche épaisse sous la peau du porc et dont on se sert en cuisine. *Une omelette au lard.*

larder **v.** (CONJUG. **3**). *Larder un rôti*, c'est y piquer des lardons.

lardon **n.m.** Morceau de lard coupé fin ou en dés. *On nous servit une salade frisée avec des lardons frits.*

1 large **adj.** ❶ Qui a telle dimension en largeur. *Une planche large de 30 cm.* ❷ Dont la dimension, dans le sens de la largeur, est plus grande que la moyenne. *C'est une large route à quatre voies. La porte est assez large pour qu'on y passe à deux de front.* CONTR. étroit. *Il nous fit un large sourire.* SYN. grand. ❸ Qui est important ou très grand. *Faire de larges concessions. Ce ministre dispose de larges pouvoirs.* SYN. étendu. CONTR. restreint. *Dans une large mesure, vous avez raison* (=pour l'essentiel). ❹ Qui récompense généreusement. *Se montrer large.* SYN. généreux. → VOIR **largesse.** • **Avoir l'esprit large :** ne pas avoir une vue étroite, bornée des choses. *Elle comprendra ton point de vue, même si elle ne le partage pas, elle a l'esprit large.* • (Familier) **Ne pas en mener large :** être inquiet, mal à son aise. • **Voir large :** prévoir plus qu'il ne faut. ◆ **n.m.** • **De large :** de largeur. *Une planche de 30 cm de large.*

2 large **n.m.** La haute mer. *Le navire a quitté le port et gagné le large.* • **Au large de :** en mer, dans les parages de. *Une vedette croise au large des côtes bretonnes.* • (Familier) **Prendre le large :** s'enfuir. *Se sachant découvert, l'escroc a pris le large avant que la police ne l'arrête.*

largement **adv.** ❶ Sur une grande largeur. *Ouvrir largement la fenêtre.* ❷ De façon importante. *Les dépenses ont largement dépassé nos prévisions.* SYN. amplement.

largesse **n.f.** Le fait d'être généreux. *Elle ne comptait pas et donnait avec largesse.* SYN. générosité, libéralité. CONTR. avarice.

largeur **n.f.** La plus petite des deux dimensions d'une surface. *La largeur d'un tapis.* CONTR. longueur. *La largeur d'une fenêtre.* CONTR. hauteur. *Les déménageurs ont noté la largeur, la longueur et la hauteur du couloir.* • **Largeur de vues, d'esprit :** façon d'aborder, d'envisager les choses de façon ouverte, tolérante, capacité à comprendre les opinions des autres, même si on ne les partage pas. SYN. tolérance. CONTR. étroitesse d'esprit.

larguer **larguant, largué v.** (CONJUG. **6**). ❶ *Larguer les voiles, les amarres*, c'est les détacher. ❷ *Larguer des bombes, du matériel*, c'est les lâcher, les envoyer depuis un avion.

larme **n.f.** Le liquide que sécrètent les yeux sous l'effet d'une émotion, d'une douleur ou lorsqu'ils sont irrités. *J'avais les larmes aux yeux en partant. Pleurer à chaudes larmes* (=beaucoup, très fort). *Rire aux larmes* (=jusqu'à en pleurer). • **Une larme de :** un tout petit peu de liquide. *Verser une larme de vin dans la sauce.* SYN. goutte.

effets lumineux avec des rayons **laser**

larmoyant, e **adj.** ❶ Dont les yeux sont humides de larmes. *Il était couché, reniflant et larmoyant, il avait un bon rhume.* ❷ Qui cherche à attendrir, à faire pleurer.

larmoyer **v.** (CONJUG. **14**). Avoir les larmes aux yeux ou pleurer sans cesse.

larron **n.m.** Autrefois, voleur. • **Le troisième larron :** celui qui tire profit des querelles de deux autres personnes. • **S'entendre comme larrons en foire :** s'entendre parfaitement, à merveille. *Ces deux-là s'entendent comme larrons en foire, surtout pour faire des bêtises !*

HISTOIRE DU MOT Vient du latin *latro* qui signifie « voleur ».

larve **n.f.** Forme que prennent, au cours de leur développement, certains animaux (insectes, batraciens, crustacés), avant d'atteindre l'état adulte. *Le ver blanc est la larve du hanneton ; les chenilles, les larves des papillons. Les têtards sont des larves de grenouilles.*

HISTOIRE DU MOT Vient du latin *larva*, « figure de spectre, masque de fantôme ».

larvé, e **adj.** Qui existe sans s'être encore manifesté de façon nette. *La révolte populaire, d'abord larvée, finit par éclater.* SYN. latent. CONTR. ouvert.

larynx **n.m.** Organe situé dans la gorge, au début de la trachée, et qui, faisant jouer les cordes vocales, permet de produire des sons, des paroles.

1 las **interj.** Hélas.
▸ REM. 1. On prononce le -*s*. 2. Ce mot appartient à la langue littéraire.

2 las, lasse **adj.** ❶ Qui éprouve ou traduit de la lassitude, une grande fatigue. *Elle se sentait très lasse.* SYN. épuisé. CONTR. reposé. *Il leva sur nous un regard las.* SYN. découragé, fatigué. ❷ *Être las de quelque chose*, c'est en avoir assez. *Las d'attendre, nous décidâmes de partir.*
▸ REM. Ce mot appartient à la langue soutenue.

lasagnes **n.f.plur.** Pâtes italiennes en forme de larges rubans disposés en couches et garnis d'un hachis de viande.

lascar n.m. (Familier) Mot employé pour parler d'un individu sans scrupules ou d'enfants délurés. *Il fréquente de drôles de lascars.*

laser n.m. Appareil qui produit des rayons intenses que l'on peut diriger de façon très précise pour des usages variés : lecture de codes à barres ou de disques compacts, découpage de matériaux, interventions chirurgicales, imprimantes, etc.
▸ REM. On pronomce [lazɛr].

HISTOIRE DU MOT C'est un mot anglais, sigle de *light amplification by stimulated emission of radiation.*

lassant, e adj. Qui lasse, qui ennuie. *C'est lassant de répéter toujours la même chose.* SYN. fatigant.

lasser v. (CONJUG. 3). Fatiguer, ennuyer. *Pour ne pas lasser son auditoire, elle émaillait son discours d'anecdotes.* ◆ **se lasser** v.pron. Se fatiguer de quelque chose, en avoir assez. *Je ne me lasse pas d'écouter le disque que tu m'as offert.*

lassitude n.f. État d'une personne fatiguée physiquement ou moralement. *Abandonner par lassitude.* SYN. découragement. CONTR. ardeur, enthousiasme.

lasso n.m. Corde ou longue lanière de cuir, terminée par un nœud coulant, et qui sert à capturer les chevaux sauvages, le bétail. *Un cow-boy très habile au lasso.*

HISTOIRE DU MOT Vient d'un mot espagnol qui signifie « lacet ».

latent, e adj. Qui reste caché, qui ne se manifeste pas ou pas encore. *Une angoisse, une révolte latentes.* SYN. sourd. *La maladie était à l'état latent* (= elle couvait, elle ne s'était pas encore déclarée).

latéral, ale, aux adj. Qui se trouve sur le côté. *À droite de l'entrée, une porte latérale donnait sur le jardin.*

HISTOIRE DU MOT Vient du latin *latus* qui signifie « flanc, côté ».

latex n.m. Liquide sécrété par certaines plantes comme l'hévéa. *On saigne l'hévéa pour en recueillir le latex, avec lequel on fabrique le caoutchouc naturel.*

latin, e adj. Qui se rapporte à la Rome ancienne, à son empire, à la langue qu'on y parlait ou qui en est issu. *Cicéron était un homme politique et un orateur latin. L'italien, le français, l'espagnol sont des langues latines. Les Italiens, les Français, les Espagnols sont des peuples latins.* ◆ **latin** n.m. Langue parlée dans l'Antiquité par les Romains. *Le latin est aujourd'hui une langue morte.* ● (Familier) **Y perdre son latin** : ne plus rien comprendre à quelque chose. *Alors là, je t'avoue que j'y perds mon latin !*

latino-américain, e adj. et n. (PLUR. : **latino-américains, es**). De l'Amérique latine. *De la musique latino-américaine.*

latitude n.f. ❶ Distance qui sépare un point du globe terrestre de l'équateur, mesurée en degrés, par opposition à *longitude*. *La ville de Montréal est à une latitude de 45° 31′ nord (parce que au nord de l'équateur) ; la latitude de Brazzaville est de 4° 16′ sud.* ❷ Liberté d'agir. *Je vous laisse toute latitude pour régler ce problème, faites au mieux.* ● **Sous toutes les latitudes** : sous tous les climats, en toutes régions. *C'est un grand voyageur, qui a vécu sous toutes les latitudes.*

HISTOIRE DU MOT Vient d'un mot latin qui signifie « largeur ».

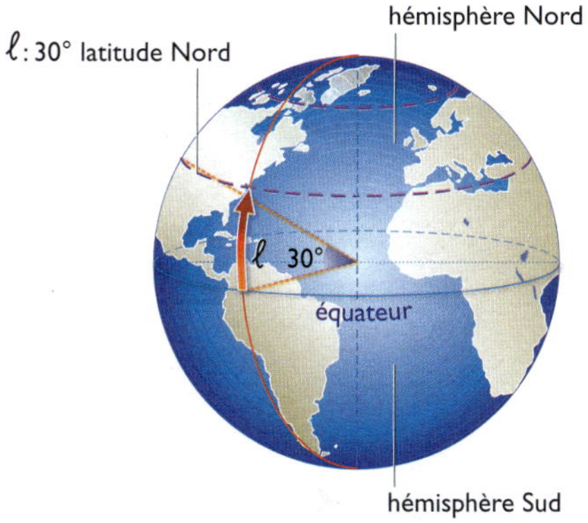

latitude

latrines n.f.plur. Autrefois, toilettes installées dans un camp, une caserne.

latte n.f. Morceau de bois long, étroit et mince qui sert dans la construction. *Des lattes de parquet.*

lauréat, e n. Personne qui a remporté un prix, une récompense dans un concours.

HISTOIRE DU MOT Vient du latin *laureatus* qui signifie « couronné de laurier », car, à Delphes, on mettait des couronnes de laurier aux vainqueurs des concours poétiques.

laurier n.m. Arbuste des régions tempérées et chaudes dont les feuilles, persistantes, sont utilisées comme condiment. *Mettre du thym et du laurier dans le bouillon. Dans l'Antiquité, le laurier était l'emblème de la victoire.* ● **Se couvrir de lauriers** : se couvrir de gloire. ● **Se reposer, s'endormir sur ses lauriers** : se satisfaire d'un premier succès et ne pas poursuivre.

laurier

lavable adj. Que l'on peut laver. *Une peinture lavable.*

lavabo n.m. Appareil sanitaire en forme de cuvette avec robinets et système d'évacuation de l'eau qui permet de faire sa toilette. ◆ **lavabos** n.m.plur. Toilettes.

HISTOIRE DU MOT En latin, *lavabo* signifie « je laverai ».

lavage n.m. L'action de laver. *Mon pull a rétréci au lavage.* ● **Lavage de cerveau** : ensemble de méthodes utilisées pour faire perdre à quelqu'un toute opinion et toute réaction personnelles.

lavande **n.f.** Plante vivace aromatique des régions méditerranéennes, aux fleurs bleues ou violacées en épi, très odorantes et dont on tire un parfum.

HISTOIRE DU MOT Vient de l'italien *lavanda* qui signifie « qui sert à laver », la lavande étant utilisée pour parfumer l'eau de toilette.

champ de **lavande**

lave **n.f.** Matière en fusion qui sort des volcans. *On voyait dans la nuit les coulées de lave s'échapper du volcan en éruption.*

lave-linge **n.m.invar.**, ✎ ***n.m.*** (PLUR. : ***lave-linges***). Machine à laver le linge.

lavement **n.m.** Injection d'un liquide dans le gros intestin pour permettre l'évacuation des matières fécales.

laver **v.** (CONJUG. **3**). ❶ Nettoyer avec de l'eau, en général additionnée de savon, de lessive, etc. *Laver du linge, la vaisselle, la voiture. Il lave le carrelage de la terrasse à grande eau.* ❷ *Laver quelqu'un d'une accusation, d'un soupçon*, c'est prouver son innocence. ◆ **se laver** **v.pron.** ❶ Faire sa toilette. *La salle de bains est libre, tu peux aller te laver.* ❷ Pouvoir être soumis au lavage. *Ce tissu ne se lave pas.* ● **S'en laver les mains :** considérer que l'on n'est pas responsable. *À vous d'agir comme bon vous semble, moi, je m'en lave les mains.*

laverie **n.f.** Établissement où des machines à laver sont mises à la disposition des clients.

lavette **n.f.** ❶ Ustensile pour laver la vaisselle formé d'une petite brosse ou éponge fixée à un manche. ❷ En Suisse, nom que l'on donne à un petit carré de tissu-éponge avec lequel on se lave.

laveur, euse **n.** Personne qui nettoie les vitres, les voitures. *Un laveur de carreaux.*

laveuse **n.f.** Au Canada, lave-linge.

lave-vaisselle **n.m.invar.**, ✎ ***n.m.*** (PLUR. : ***lave-vaisselles***). Machine à laver la vaisselle.

lavis **n.m.** Technique de coloriage d'un dessin, au moyen d'encre de Chine ou d'une couleur très diluée avec de l'eau, donnant un aspect pâle, délavé aux teintes ; dessin peint selon cette technique. *Cette galerie expose des lavis de Victor Hugo.*

lavoir **n.m.** Lieu avec un point d'eau, grand bassin de pierre où l'on venait autrefois laver son linge.

laxatif, ive **adj.** et **n.m.** Qui purge légèrement, qui combat la constipation. *Les pruneaux ont un effet laxatif. Prescrire un laxatif.*

laxisme **n.m.** Le fait d'être laxiste, trop tolérant. CONTR. sévérité.

laxiste **adj.** Qui se laisse trop faire, qui manque de sévérité, d'exigence à l'égard des autres.

HISTOIRE DU MOT Vient du latin *laxus* qui signifie « large » et que l'on retrouve dans *relaxer.*

layette **n.f.** L'ensemble des vêtements d'un nouveau-né.

1 le, la, les **art.défini.** Désigne une chose ou un être connus, identifiés. *La fille de Claire. Le chien qui est attaché là aboie. Les enfants jouent dehors.* → VOIR **déterminant** (encadré).

▸ REM. *Le, la* s'élident en *l'* devant une voyelle ou un *h* muet : *l'alouette, l'homme.*

2 le, la, les **pron. personnel.** Représente la 3e personne. *Ma mère est passée, je l'ai vue. Peux-tu la conduire à la gare ?* → VOIR **pronom** (encadré).

▸ REM. *Le, la* s'élident en *l'* devant une voyelle, un *h* muet : *je l'aime. Tu l'héberges depuis quand ?*

lé **n.m.** Largeur d'une bande de papier peint ou de tissu. *Il faudra neuf lés pour couvrir ce mur.*

leader **n.m.** ou **leadeur, euse** **n.** ❶ Personne qui est à la tête d'un parti ou qui est en tête d'une compétition. *Ce coureur fut, pendant cinq étapes, leader du Tour de France* (= le premier). ❷ Entreprise qui est la première dans son secteur. *Cette société est leader dans l'industrie alimentaire.*

▸ REM. On prononce [lidœr].

HISTOIRE DU MOT *Leader* est un mot anglais qui signifie « guide ».

léché, e **adj.** (Familier) Fait avec beaucoup de minutie, jusque dans le moindre détail. *Ses dessins sont toujours très léchés.*

lécher **v.** (CONJUG. **9**, ✎ *10*). ❶ Passer la langue sur quelque chose. *Le chien léchait les mains de son maître.* ❷ Effleurer, toucher légèrement. *Les flammes léchaient déjà le bas des rideaux lorsque nous sommes entrés dans la pièce.*

lèche-vitrines **n.m.invar.**, ✎ ***lèche-vitrine n.m.*** (PLUR. : ***lèche-vitrines***). (Familier) *Faire du lèche-vitrines*, c'est se promener, flâner en regardant les vitrines des magasins.

leçon **n.f.** ❶ Séance durant laquelle un professeur apprend quelque chose à ses élèves. *Elle prend des leçons de piano.* SYN. cours. ❷ Ce qu'un professeur donne à apprendre à ses élèves. *Réciter sa leçon.* ❸ L'enseignement que l'on tire d'une expérience, d'un événement. *Les leçons de l'histoire. Cela te servira de leçon.* ❹ Avertissement, réprimande. *Donner, recevoir une bonne leçon.*

1 lecteur, trice **n.** ❶ Personne qui aime lire. *C'est un grand lecteur de romans d'aventures.* ❷ Personne qui, dans une maison d'édition, lit les manuscrits qu'envoient les auteurs et donne son avis.

2 lecteur **n.m.** Appareil qui permet de reproduire des sons, d'interpréter des données informatisées. *Un lecteur de cédéroms. Un lecteur laser.*

lecture **n.f.** ❶ Le fait de lire, de déchiffrer un texte. *Les enfants apprennent la lecture vers 6 ans. Il consacre une demi-heure chaque matin à la lecture des journaux. Elle aimait bien faire la lecture à son grand-père* (= lui lire à haute voix des histoires). ❷ L'action de lire. *Le sport et la lecture étaient ses occupations favorites.* ❸ Ce qu'on lit. *« Quelles sont vos lectures, actuellement ? – Des romans et aussi des reportages. »* • **Tête de lecture :** la partie d'un lecteur de cassettes qui lit la bande-son, qui permet la reproduction des sons enregistrés.

LED **n.f.** Composant électronique qui émet de la lumière quand il est parcouru par un courant électrique. ▸ REM. 1. On dit aussi *diode électroluminescente.* 2. On prononce [ɛlødɛ].

HISTOIRE DU MOT Ce mot est l'abréviation de l'anglais *light emitting diode.*

ENCYCLOPÉDIE La LED est utilisée pour l'éclairage, l'affichage, les écrans de télévision, etc.

ledit, ladite **adj.** (PLUR. : **lesdits, lesdites**). Introduit le nom d'une personne ou d'une chose dont on a déjà parlé. *Ledit Mathurin a-t-il réellement détroussé le voyageur ?*
▸ REM. S'emploie surtout dans le langage juridique.

légal, ale, aux **adj.** Que la loi impose ou autorise. *Une mesure légale.* CONTR. illégal. *En France et au Canada, l'âge légal pour voter est 18 ans.*

légalement **adv.** De façon légale, conformément à la loi. *Légalement, vous n'avez pas le droit d'entrer dans cette propriété privée.*

légaliser **v.** (CONJUG. 3). Rendre légal.

légalité **n.f.** L'ensemble des règles imposées par les lois. *En agissant ainsi, vous sortez de la légalité.*

légataire **n.** Personne à qui une autre personne a donné, légué des biens par testament. *Il est le légataire universel de son oncle qui vient de décéder* (= il hérite de la totalité des biens de cet oncle).

légendaire **adj.** ❶ Qui appartient aux légendes et non à la réalité. *Les Cyclopes sont des êtres légendaires.* ❷ Qui est connu de tous. *Une paresse légendaire.*

légende **n.f.** ❶ Récit merveilleux où les faits historiques sont transformés, embellis, amplifiés par l'imagination. *La légende de Tristan et Iseut.* → VOIR AUSSI **conte, mythe.** ❷ Histoire vécue, embellie par l'imagination populaire. ❸ Court texte qui accompagne et explique une image, une photo ; liste des signes utilisés sur une carte géographique.

HISTOIRE DU MOT Vient du latin *legenda* qui signifie « ce qui doit être lu ».

léger, ère **adj.** ❶ De peu de poids. *Son sac à dos était léger, il avait emporté le minimum d'affaires.* CONTR. lourd. ❷ De peu d'épaisseur. *Le peintre passa une légère couche de vernis sur son tableau.* SYN. fin. CONTR. épais. *En été, on porte des vêtements légers.* CONTR. chaud. ❸ Pas trop abondant ou facile à digérer. *Nous nous sommes contentés d'un repas léger.* SYN. frugal. CONTR. copieux, lourd. ❹ De peu de force. *Il poussa la porte d'une légère pression de la main.* SYN. faible. CONTR. fort. *Une légère brise.* CONTR. fort. ❺ Que l'on ne peut pas prendre au sérieux. *Ses arguments sont légers* (= ils ne sont pas convaincants). *Une personne légère.* SYN. désinvolte, futile. ❻ Qui ne porte pas à conséquence. *Ce ne sont que des blessures légères.* CONTR. grave. *Il s'est glissé une légère erreur dans le texte.* ❼ Qui est gracieux, qui a quelque chose d'aérien. *Une démarche légère.* CONTR. lourd, pesant. ❽ Qui est peu concentré. *Un café, un thé légers.* CONTR. fort. • **À la légère :** sans réfléchir avant ; avec insouciance. *Parler, agir à la légère.* • **D'un cœur léger :** en se sentant joyeux ou soulagé d'un souci qui pesait. *Il repartit d'un cœur léger.* • **Sommeil léger :** facilement troublé, perturbé. CONTR. lourd, profond.

légèrement **adv.** ❶ De façon légère. *Appuyez légèrement !* SYN. délicatement, doucement. *S'habiller légèrement.* CONTR. chaudement. *Il mange légèrement.* SYN. peu. CONTR. beaucoup. ❷ À la légère. *Agir légèrement.* SYN. inconsidérément.

légèreté **n.f.** ❶ Le fait de ne pas peser lourd. *La légèreté d'un matériau.* CONTR. poids. ❷ Le fait d'être aérien, souple, agile. *Danser avec grâce et légèreté.* CONTR. lourdeur. ❸ Manque de sérieux. *Tu as agi avec légèreté !* (= à la légère). SYN. insouciance.

légion **n.f.** Dans l'Antiquité, unité de base de l'armée romaine. *Les légions impériales comptaient environ six mille hommes répartis en dix cohortes.* • **Être légion :** être très nombreux. *Les moustiques sont légion dans les marais.* • **Légion d'honneur :** décoration française créée en 1802 pour récompenser les services rendus au pays. • **Légion étrangère :** corps militaire de l'armée française, composé de volontaires, en majorité étrangers.

légionnaire **n.m.** ❶ Dans l'Antiquité, soldat romain qui appartenait à une légion. ❷ Militaire de la Légion étrangère. *Une caserne de légionnaires.*

législatif, ive **adj.** Qui concerne la loi, l'application des lois. *Le pouvoir législatif. L'Assemblée législative.* → VOIR AUSSI **exécutif** et Fiche **41.** • **Élections législatives :** en France, élections des députés de l'Assemblée nationale au suffrage universel. Les élections législatives ont lieu tous les cinq ans.

législation **n.f.** L'ensemble des lois d'un pays ou l'ensemble des lois relatives à tel ou tel domaine. *La*

a b c d e f g h i j k l m n o p q r s t u v w x y z

législation canadienne. La législation fiscale concerne les impôts.

légiste n. Spécialiste des lois. ◆ **adj.** • **Médecin légiste :** médecin chargé des expertises, des examens, des autopsies afin d'aider la justice dans les affaires criminelles.

légitime **adj.** ❶ Qui est reconnu, officialisé par la loi. *Le mariage est une union légitime.* CONTR. illégitime. ❷ Qui semble justifié, raisonnable, normal en pareil cas. *Je trouve sa demande tout à fait légitime.* SYN. compréhensible, fondé. CONTR. déraisonnable, injustifié. • **Légitime défense :** circonstances dans lesquelles on est amené à user de la violence pour se protéger ou protéger quelqu'un.

légitimement **adv.** De façon légitime, fondée. *Il peut être légitimement content de ses bons résultats* (= avec raison).

legs **n.m.** Don fait par testament. *Cette magnifique collection est un legs fait au musée par notre ancien ministre.*
▸ REM. On ne prononce pas le *-s*.

léguer **léguant, légué v.** (CONJUG. **9**, ✎ *10*). ❶ Donner un bien par testament. *Il a légué sa collection de tableaux au musée de la ville.* ❷ Au figuré, transmettre à ceux qui viennent après. *Nous léguerons aux générations futures les progrès que nous aurons accomplis.*

légume **n.m.** Nom donné aux plantes, cultivées dans les jardins potagers, dont les graines, les feuilles, les tiges ou les racines servent à l'alimentation. *Les épinards, les carottes, les asperges sont des légumes verts. Les lentilles sont des légumes secs.*

leitmotiv **n.m.** (PLUR. : **leitmotivs** ou **leitmotive**). Idée, phrase ou formule qui reviennent dans la conversation, les discours, les écrits d'une personne. *Je me souviens qu'il répétait souvent ce vers, comme un leitmotiv.*
▸ REM. On prononce [lajtmɔtif] ou [lɛtmɔtiv].

HISTOIRE DU MOT C'est un mot allemand qui signifie « motif conducteur » et qui désigne en musique le thème principal d'une composition.

lémurien **n.m.** *Les lémuriens* sont des mammifères primates proches du singe qui habitent les régions tropicales et dont les oreilles sont très développées et le museau allongé comme celui du renard. *Les lémuriens sont souvent nocturnes.*

lendemain **n.m.** ❶ Le jour qui suit celui dont il est question. *Il me téléphona le jeudi et vint me voir le lendemain.* CONTR. la veille. ❷ L'avenir plus ou moins immédiat. *Il vit au jour le jour, il ne se soucie pas du lendemain.* SYN. futur. *Au lendemain de ces événements* (= aussitôt après). *Une décision sans lendemain* (= qui n'a pas de suite). → VOIR AUSSI **demain.**

lénifiant, e **adj.** ❶ Qui calme ou amollit. *Dans cette région, il fait une chaleur moite, c'est un climat lénifiant.* CONTR. vivifiant. ❷ Qui cherche à calmer, à apaiser. *Il cherchait à nous cacher la vérité par des paroles lénifiantes.*
▸ REM. Ce mot appartient à la langue soutenue.

lent, e **adj.** Qui prend du temps ou qui prend trop de temps. *Des gestes lents.* CONTR. rapide. *Tu es lent à te décider.* CONTR. prompt. *Avoir l'esprit lent.* CONTR. vif. *Une mort lente.* CONTR. brusque, brutal, soudain.

lente **n.f.** Œuf du pou, qu'il dépose à la base des cheveux.

lentement **adv.** Avec lenteur. *Les voitures roulaient lentement sur la chaussée glissante.* SYN. doucement. CONTR. rapidement, vite.

lenteur **n.f.** Manque de rapidité ou de vivacité. *Le client s'est plaint de la lenteur des travaux.*

1 lentille **n.f.** Petite graine comestible, plate et de forme arrondie, contenue dans les gousses d'une plante qui porte le même nom. *Les lentilles se consomment comme légumes secs.*

2 lentille **n.f.** ❶ Disque de verre taillé qui sert dans les instruments d'optique à grossir les images. *La lentille d'un microscope, d'un télescope, d'un appareil photo.* ❷ Verre de contact. *Aline porte des lentilles, elle préfère cela aux lunettes.*

léopard **n.m.** Panthère d'Afrique tachetée de jaune et de noir. *Le léopard est un carnassier.*

lèpre **n.f.** Maladie infectieuse qui se manifeste surtout par des pustules et par la formation d'écailles sur la peau. *La lèpre sévit encore en Afrique noire et en Asie.*

lépreux, euse **n.** Personne atteinte de la lèpre. ◆ **adj.** *Des murs lépreux* sont des murs dont le revêtement s'écaille.

léproserie **n.f.** Hôpital pour les lépreux. *Les léproseries étaient nombreuses au Moyen Âge.*

lémuriens

A B C D E F G H I J K L M N O P Q R S T U V W X Y Z

léopard

lequel, laquelle **pron. relatif.** (PLUR. : **lesquels, lesquelles**). S'emploie après une préposition. *La personne à laquelle je pense. Ce sont des questions sur lesquelles je ne reviendrai pas.* ◆ **pron. interrogatif.** S'emploie dans l'expression d'un choix. *Lequel d'entre vous viendra avec moi ?* (= qui parmi vous). → VOIR **pronom** (encadré). ▸ REM. Se combine avec les prépositions *à* et *de* : *auquel, auxquels, auxquelles, duquel, desquels, desquelles.*

lérot **n.m.** Petit rongeur de couleur brune, à ventre blanc, qui hiberne.

les → **le**

lèse-majesté **n.f.invar.**, ✎ *n.f.* (PLUR. : *lèse-majestés*). ● **Crime de lèse-majesté :** acte qui porte atteinte à la personne ou à la dignité d'un souverain (roi, empereur) ; au sens figuré, grave manque de respect envers quelqu'un. *Je lui ai dit qu'il avait tort, ce n'est tout de même pas un crime de lèse-majesté !*

léser **v.** (CONJUG. **9**, ✎ *10*). Porter atteinte aux intérêts de quelqu'un, le désavantager. *Le partage est juste, tu n'as pas été lésé.*

lésiner **v.** (CONJUG. **3**). Dépenser le minimum. *C'est un avare, il lésine sur tout.*

lésion **n.f.** Dommage causé au corps. *Les plaies, les coups, les brûlures, les tumeurs sont des lésions.*

lesquels → **lequel**

lessivage **n.m.** Action de lessiver. *Ces murs ont besoin d'un bon lessivage.*

lessive **n.f.** ❶ Lavage du linge. *Faire la lessive.* ❷ Produit que l'on mélange à de l'eau pour nettoyer, laver. *Acheter un paquet de lessive.*

lessiver **v.** (CONJUG. **3**). Nettoyer avec de la lessive. *Le carrelage est très sale, il a besoin d'être lessivé à grande eau.* ● (Familier) **Être lessivé :** être très fatigué, épuisé, éreinté.

lessiveuse **n.f.** Grand récipient dans lequel on fait bouillir le linge, mais qui n'est plus couramment utilisé depuis qu'il existe des machines à laver.

lest **n.m.** Matière lourde, pesante (plomb, pierre, sable, etc.) dont on charge un bateau, un véhicule, un ballon dirigeable, etc., pour leur donner de la stabilité. *Le lest d'un ballon dirigeable est constitué de sacs de sable qui permettent de régler son ascension et sa descente.* ● **Lâcher du lest :** faire des concessions, se montrer arrangeant, conciliant pour sauver une situation compromise. *Il ne voulait pas manquer l'affaire, il a bien dû lâcher du lest pour que son client signe le contrat.*

leste **adj.** Qui fait preuve d'agilité, de souplesse, de vivacité. *Malgré son âge, c'était un homme encore leste.* SYN. alerte. *Il marchait d'un pas leste, nous avions du mal à le suivre.* SYN. rapide, vif. CONTR. lent. ● **Avoir la main leste :** donner facilement une gifle, une correction.

lestement **adv.** D'une manière leste.

lester **v.** (CONJUG. **3**). ❶ Charger un navire, un véhicule, etc., avec du lest pour les rendre plus stables. ❷ (Familier) Remplir d'objets lourds. *Petit Paul avait les poches lestées de bonbons.*

léthargie **n.f.** ❶ Sommeil profond et prolongé, où l'organisme fonctionne au ralenti. *Tomber en léthargie.* ❷ État de torpeur, d'engourdissement, situation d'inactivité.

léthargique **adj.** Qui tient de la léthargie. *Un sommeil léthargique.*

letton, onne **adj.** et **n.** De Lettonie. *Riga est la capitale lettone.* ◆ **letton** **n.m.** Langue parlée en Lettonie. ▸ REM. Quand il désigne une personne, le mot prend une majuscule : *un Letton, une Lettonne.*

lettre **n.f.** ❶ Chacun des signes qui constituent un alphabet. *L'alphabet français est composé de vingt-six lettres. Une lettre minuscule, majuscule.* ❷ Écrit que l'on adresse à quelqu'un, dans une enveloppe. *J'ai reçu ta lettre ce matin.* ● **À la lettre :** en respectant point par point ce qui est exigé. *Veuillez appliquer à la lettre les consignes données.* ● **Au pied de la lettre :** au sens propre, littéral, de ce qui est dit ou écrit. *Ce que j'ai dit n'était qu'une plaisanterie, mais il l'a pris au pied de la lettre.* ● **En toutes lettres :** annoncé clairement, sans qu'il y ait de doute possible. *C'était écrit en toutes lettres sur le journal.* ● **Lettre de cachet :** autrefois, lettre marquée d'un cachet, qui contenait un ordre d'emprisonnement ou d'exil, sans jugement. ● **Passer comme une lettre à la poste :** sans que cela soulève le moindre problème. *Son petit mensonge est passé comme une lettre à la poste.* ● **Rester lettre morte :** n'avoir aucun effet. *Sa recommandation est restée lettre morte* (= n'a pas été suivie). ◆ **lettres** **n.f.plur.** Les études de littérature, de philosophie, d'histoire, de langues. *Elle préfère les lettres aux sciences. Une licence de lettres.* ● **Homme, femme, gens de lettres :** personnes dont la profession est d'écrire.

HISTOIRE DU MOT Vient du latin *littera* que l'on retrouve dans *littéraire, littéral.*

lettré, e **n.** ❶ Personne qui a une grande culture littéraire. *C'est un fin lettré qui se passionne pour la littérature du Moyen Âge.* ❷ En Belgique, personne qui sait lire et écrire.

lettrines

lettrine **n.f.** Grande initiale, généralement ornée, qui est placée au début d'un chapitre.

leu **n.m.** → **queue**

leucémie **n.f.** Maladie grave caractérisée par une augmentation anormale des globules blancs dans le sang.

leucémique **adj.** et **n.** Qui est atteint de leucémie.

1 **leur, leurs** **adj. possessif.** Désigne la 3e personne du pluriel. *Les enfants ont ouvert leur livre pour la leçon.* → VOIR **déterminant** (encadré). ◆ **le leur, la leur, les leurs** **pron. possessif.** Celui, celle qui est à eux, à elles. *J'ai pris mon chapeau, voici les leurs.* → VOIR **pronom** (encadré).

2 **leur** **pron. personnel.** Représente la 3e personne du pluriel. *Lucas est parti voir ses parents, il veut leur annoncer la nouvelle.* → VOIR **pronom** (encadré).

leurre **n.m.** ❶ Appât artificiel pour la pêche. *Le pêcheur a mis un leurre à son hameçon pour attirer les poissons.* ❷ Ce qui trompe, qui fait illusion. *Toutes ces belles promesses n'étaient qu'un leurre.* SYN. mystification, tromperie.

leurrer **v.** (CONJUG. 3). Tromper quelqu'un par de belles paroles, de fausses promesses. *Comment as-tu pu te laisser leurrer de la sorte ?* SYN. berner, duper, mystifier. ◆ **se leurrer** **v.pron.** Se faire des illusions. SYN. s'illusionner.

levain **n.m.** Morceau de pâte à pain fermentée que l'on ajoute à de la pâte nouvelle pour la faire lever. → VOIR AUSSI **levure.**

levant **adj.m.** • **Soleil levant :** soleil qui se lève, qui apparaît à l'horizon. ◆ **n.m.** L'est, l'endroit du ciel où le soleil se lève, par opposition au *couchant*, au *ponant*.

levantin, e **adj.** et **n.** Qui est originaire du Levant, c'est-à-dire de la région située sur la côte orientale de la Méditerranée. *Les peuples levantins.*

levé, e **adj.** Dressé. *La foule en colère marchait le poing levé. Le vote a eu lieu à main levée et non à bulletin secret.*

levée **n.f.** ❶ Moment où un préposé de la poste ramasse les lettres dans la boîte pour les expédier. *La dernière levée a lieu à 17 heures.* ❷ Le fait de lever une punition.

1 **lever** **v.** (CONJUG. 3). ❶ Mettre plus haut. *Ils lèvent leurs verres et trinquent.* CONTR. baisser. ❷ Diriger vers le haut. *Lever la tête, les yeux.* CONTR. baisser. ❸ Mettre debout ou sortir du lit. *Lever un blessé.* ❹ Faire disparaître, faire cesser. *Tous les obstacles sont pratiquement levés* (= n'existent plus). *L'ennemi a levé le siège et s'est retiré.* SYN. abandonner. ❺ *Lever un gibier*, c'est le faire partir de son gîte, de sa cache, l'obliger à se sauver. ❻ *Une pâte qui lève* se gonfle sous l'effet de la fermentation causée par un levain. ❼ *Une plante qui lève* sort de terre. • **Lever l'ancre :** quitter le port, pour un navire. • **Lever le camp :** démonter, replier les tentes ; au figuré, partir. *Il est tard, on lève le camp.* • **Lever la séance :** mettre fin à la séance d'une assemblée, à une réunion. *« Mesdames, messieurs, la séance est levée », déclare le président.* SYN. clore. ◆ **se lever** **v.pron.** ❶ Se mettre debout ou sortir du lit. *Il se leva pour saluer son invité. C'est l'heure de se lever !* CONTR. se coucher. ❷ Pour un astre, apparaître à l'horizon ou dans le ciel. *Le soleil se lève.* ❸ Commencer à souffler, en parlant du vent. CONTR. tomber. ❹ Se dresser contre une personne, une chose injustes. *Le peuple se lève contre la dictature.* • **Le jour se lève :** il commence à faire jour.

2 **lever** **n.m.** ❶ Le moment où un astre apparaît à l'horizon, où le jour pointe. *Le lever du soleil.* CONTR. coucher. *Le lever du jour* (= l'aurore). ❷ Le moment où l'on sort du lit. *Dès son lever, il courut sous la douche* (= au saut du lit). • **Lever de rideau :** au théâtre, moment où la pièce commence.

levier **n.m.** ❶ Barre pouvant tourner autour d'un point d'appui fixe, qui permet de soulever une charge. ❷ Manette de commande de certains mécanismes. *Le levier de changement de vitesse d'une automobile.* ❸ Au figuré, ce qui pousse à faire quelque chose. *Pour certains, l'ambition, l'argent, le pouvoir sont de puissants leviers.*

lévitation **n.f.** Phénomène selon lequel une personne pourrait être soulevée et maintenue au-dessus du sol sans aucune aide matérielle, uniquement grâce à sa grande concentration psychique. *Un fakir en lévitation.*

levraut **n.m.** Jeune lièvre.

lèvre **n.f.** Chacune des deux parties charnues qui bordent la bouche. *La lèvre inférieure, supérieure. Elle n'a pas desserré les lèvres de la soirée* (= elle n'a pas dit un mot). • **Du bout des lèvres :** en ouvrant à peine la bouche, avec réticence. *Répondre, manger du bout des lèvres.* • **Être pendu** ou **suspendu aux lèvres de quelqu'un :** être passionné par ce qu'il raconte, impatient de connaître la suite.

lévrier **n.m.** Chien, généralement de haute taille, à la tête allongée, au corps mince et musclé, très rapide à la course. *Une course de lévriers.*
▸ REM. Femelle : la levrette. Petit : le levron.

HISTOIRE DU MOT Vient de *lièvre*, le lévrier, très rapide, est utilisé pour chasser le lièvre.

A B C D E F G H I J K L M N O P Q R S T U V W X Y Z

levure n.f. Substance faite de champignons microscopiques qui font lever la pâte ou provoquent la fermentation de certaines boissons, comme la bière, en transformant les sucres en alcool. → VOIR AUSSI **levain.**

lexical, ale, aux adj. Qui se rapporte au lexique, au vocabulaire d'une langue. • **Champ lexical** → VOIR **champ.**

lexique n.m. ❶ Liste de mots, de termes, avec, en général, une courte définition ou une simple traduction. *Un lexique des termes de l'informatique. Un lexique français-latin.* ❷ L'ensemble des mots d'une langue. *Le lexique du français.* SYN. vocabulaire.

lézard n.m. ❶ Petit reptile à quatre pattes, au corps allongé couvert d'écailles, dont la queue longue et effilée peut se rompre et repousser ensuite. *Un lézard vert.* ❷ Peau de cet animal utilisée en maroquinerie. *Un sac en lézard.* • (Familier) **Faire le lézard :** se prélasser, se dorer au soleil, tel le lézard des murailles sur les pierres chaudes.

ENCYCLOPÉDIE Le lézard a une langue *bifide*, c'est-à-dire fendue en deux parties, et extrêmement mobile. Il court très rapidement et se réfugie la nuit dans des terriers. On trouve des lézards dans les régions chaudes, près des vieux murs, dans les bois ou les prés. Il existe des lézards sans pattes : les orvets.

lézard

lézarde n.f. Fente, petite crevasse qui peut se former dans un mur, un plafond en mauvais état. *Un mur décrépi et plein de lézardes.*

HISTOIRE DU MOT Vient de *lézard*.

1 lézarder v. (CONJUG. 3). (Familier) Se prélasser au soleil, faire le lézard. *Ils passaient leurs journées à lézarder sur la plage.*

2 se lézarder v.pron. (CONJUG. 3). Pour un mur, se fendre, se crevasser, laisser apparaître des lézardes.

liaison n.f. ❶ Rapport qui existe entre deux choses. *Je ne comprends pas bien la liaison entre ces deux idées.* SYN. enchaînement. *Le commissaire avait immédiatement fait la liaison entre les deux événements.* SYN. correspondance, lien. ❷ Contact établi à distance. *Une liaison téléphonique, télégraphique. L'avion est en liaison avec la tour de contrôle.* ❸ Transport d'un lieu à un autre. *Cette compagnie aérienne assure une liaison quotidienne Paris-Montréal.* SYN. communication. *Une liaison ferroviaire, maritime.* ❹ Relation amoureuse plus ou moins passagère. *Ils ont eu une liaison l'année dernière.* ❺ Le fait de prononcer la consonne qui termine un mot quand le mot suivant commence par une voyelle. *Lorsqu'on dit « comment allez-vous ? », on fait la liaison entre le « t » et le « a ».*

liane n.f. Nom donné aux plantes dont la tige flexible grimpe en s'accrochant à un support, comme un tronc d'arbre, une branche, un mur. *Les lianes des forêts tropicales.*

1 liant, e adj. Qui se lie facilement avec les gens. SYN. sociable.

2 liant n.m. Matière qu'on ajoute à une autre pour en agglomérer les éléments.

liasse n.f. Paquet de papiers, de billets mis ou attachés ensemble. *Le caissier rangea les liasses de billets.*

libanais, e adj. et n. Du Liban. *La côte libanaise.*
▸ REM. Quand il désigne une personne, le mot prend une majuscule : *un Libanais, une Libanaise.*

libations n.f.plur. • **Faire des libations** ou **de joyeuses libations :** boire beaucoup de vin, d'alcool à l'occasion d'une fête.

HISTOIRE DU MOT Vient d'un mot latin qui signifie « verser ». Faire une libation, c'était répandre un liquide en offrande à un dieu.

libellé n.m. Façon précise dont est rédigé un texte officiel ou administratif. *Le libellé d'un jugement rendu par le tribunal.*

libeller v. (CONJUG. 3). Rédiger de façon précise. *À l'ordre de qui dois-je libeller mon chèque ?*

libellule n.f. Insecte au corps allongé, à deux paires d'ailes transparentes aux jolies couleurs, qui vit près des eaux douces.

HISTOIRE DU MOT Vient du latin *libella* qui signifie « niveau », car la libellule a un vol horizontal.

ENCYCLOPÉDIE La libellule a des yeux globuleux à facettes. Elle se nourrit d'insectes gobés en plein vol. Sa larve vit dans l'eau et capture ses proies grâce à sa lèvre inférieure, appelée *masque*, qui peut se projeter assez loin et qui, au repos, recouvre toute la face.

libellule

a b c d e f g h i j k l m n o p q r s t u v w x y z

A B C D E F G H I J K L M N O P Q R S T U V W X Y Z

libéral, ale, aux adj. et n. ❶ Qui est partisan du libéralisme, comme théorie politique, économique. *Un parti libéral. Une économie libérale.* ❷ Qui fait preuve de libéralisme, qui est tolérant. *Ce sont des gens libéraux qui acceptent la contradiction* (= larges d'esprit). • **Profession libérale :** profession indépendante, où l'on ne touche pas un salaire mais des honoraires. *Les avocats, les architectes, les médecins exercent une profession libérale.*

libéralisme n.m. ❶ Doctrine qui souhaite la plus grande liberté individuelle possible, dans le domaine politique et économique, et qui souhaite limiter l'intervention de l'État. *Le libéralisme est pour le jeu de la libre concurrence.* ❷ Attitude de tolérance, d'ouverture d'esprit à l'égard des opinions, des idées des autres. *Il s'est toujours conduit avec libéralisme.*

libéralité n.f. ❶ La qualité d'une personne qui donne généreusement, sans compter. *Cet homme fait preuve d'une grande libéralité.* SYN. générosité, prodigalité. CONTR. avarice. ❷ (Surtout au plur.) Les dons que l'on fait avec largesse. *Il profita durant des années des libéralités de ses parents.*
▸ REM. Ce mot appartient à la langue soutenue.

libérateur, trice adj. et n. Qui libère d'un ennemi, d'un envahisseur. *Une armée libératrice. En 1944, le général Leclerc entra dans Paris en libérateur.* ◆ **adj.** Qui fait disparaître une gêne, une contrainte, qui soulage. *Un rire libérateur.*

libération n.f. ❶ L'action de libérer, le fait d'être libéré. *La libération d'un prisonnier.* CONTR. emprisonnement. ❷ (Avec une majuscule.) *La Libération*, période qui commence avec le débarquement allié en Normandie le 6 juin 1944 et se termine avec la capitulation de l'Allemagne nazie le 8 mai 1945.

libéré, e adj. ❶ Remis en liberté ; rendu à la vie civile. *Des prisonniers libérés. Il a fini son temps dans l'armée, il est libéré de ses obligations militaires.* ❷ Qui se sent libre, sans contrainte. *Ma cousine est une femme libérée, sans complexes.*

libérer v. (CONJUG. 9, ✎ *10*). ❶ Mettre en liberté. *Le détenu va être libéré demain, après un an d'emprisonnement.* SYN. relâcher. CONTR. emprisonner. ❷ Délivrer d'un envahisseur, d'une domination ennemie. *Les troupes alliées ont libéré les pays d'Europe de l'occupation nazie.* ❸ Laisser sortir, se manifester. *Une réaction nucléaire libère une énorme quantité d'énergie.* ◆ **se libérer** v.pron. Se rendre disponible, libre de toute occupation. *Si vous pouviez vous libérer pour dix-sept heures trente, je passerais vous prendre.*

liberté n.f. ❶ Fait de ne pas être enfermé, retenu prisonnier. *Le prisonnier a été remis en liberté. Il ouvrit la cage et rendit sa liberté à l'oiseau.* ❷ Le fait de ne pas être soumis à une domination, à une contrainte. *Ce peuple combat pour sa liberté.* SYN. indépendance. *Éprouver un sentiment de liberté. Vous pouvez parler en toute liberté.* ❸ Le droit que devrait avoir chacun d'agir, de penser, de s'exprimer comme il l'entend, dans la limite du respect des autres. *« Liberté, Égalité, Fraternité » est la devise de la République française. La liberté d'opinion et d'expression est reconnue par la loi française* (= le droit d'avoir l'opinion que l'on veut et de l'exprimer librement). *La liberté de conscience, c'est le droit de pratiquer la religion de son choix.* • **Prendre la liberté de :** se permettre de. *« Bonjour, monsieur, je prends la liberté de vous téléphoner pour... »* • **Prendre des libertés avec quelqu'un :** se montrer trop familier avec lui. • **Prendre des libertés avec un texte :** ne pas en respecter l'esprit en le traduisant, en l'expliquant.

libraire n. Personne qui tient une librairie. *C'est ma libraire qui m'a conseillé ce roman.*

librairie n.f. Magasin du libraire, où l'on vend des livres.

libre adj. ❶ Qui n'est pas emprisonné. *Après des années d'incarcération, le voici libre.* CONTR. détenu, emprisonné, incarcéré. ❷ Qui n'est pas soumis à une domination, à une autorité. *Un peuple libre.* CONTR. opprimé. *Un pays libre.* CONTR. envahi, occupé. ❸ Qui ne dépend de personne et peut agir à sa guise. *À vous de décider, vous êtes libre.* ❹ Qui n'éprouve pas de gêne, qui est à l'aise. *Je me sens très libre avec lui.* ❺ Qui n'est pas occupé, pas pris. *Es-tu libre, demain ? Il ne restait qu'une chambre libre à l'hôtel.* SYN. disponible. CONTR. occupé, pris. *Allons-y, la voie est libre.* SYN. dégagé. ❻ *Une école libre* est, en France, une école qui ne dépend pas de l'État. ❼ Qui n'est pas attaché, retenu. *Laisser ses cheveux libres.*

librement adv. ❶ Sans restriction, sans contrainte. *Dans notre pays, on circule librement.* ❷ En toute franchise ou sincérité. *Avec mes parents, je peux parler librement.*

libre-service n.m. (PLUR. : **libres-services**). Commerce où le client se sert lui-même. *Toutes les grandes surfaces sont des libres-services.*

lice n.f. • **Entrer en lice :** s'engager dans une lutte, un débat, une discussion. *Ce candidat à l'élection présidentielle est le dernier à entrer en lice.*

HISTOIRE DU MOT Au Moyen Âge, la lice était la palissade de bois qui entourait les places ; c'était aussi le terrain clos où se déroulaient les tournois. Les chevaliers qui allaient s'affronter *entraient en lice.*

licence n.f. ❶ Diplôme d'études supérieures. *Une licence de lettres, de mathématiques.* ❷ Autorisation permettant d'exercer certains commerces, délivrée par une administration. *Les cafés et les restaurants doivent avoir une licence de débit de boissons.* ❸ Document délivré par une fédération sportive qui permet de participer à des compétitions.

1 **licencié, e** n. et adj. ❶ Étudiant qui a obtenu une licence. *Elle est licenciée en lettres.* ❷ Sportif titulaire d'une licence.

2 **licencié, e** adj. et n. Qui a perdu son emploi à cause d'un licenciement.

licenciement n.m. Action de licencier un employé. *En raison de la crise économique, l'entreprise va procéder à des licenciements.*

licencier v. (CONJUG. 7). Priver quelqu'un de son emploi en le renvoyant. *Mise en faillite, l'entreprise a dû licencier tous ses employés.* SYN. congédier. CONTR. embaucher.

lichen n.m. Végétal, formé d'un champignon et d'une algue, qui pousse sur les sols pauvres, les arbres, les pierres et qui est très résistant, aussi bien à la sécheresse qu'au froid. *Un tronc d'arbre couvert de lichen.* ▸ REM. On prononce [likɛn].

lichen vert sur un tronc d'arbre

lichen orange sur des rochers

lichette n.f. (Familier) Très petite quantité d'un aliment. *Coupez-moi une lichette de pain pour finir mon fromage.*

licite adj. Permis, autorisé par la loi. *Il a gagné cet argent de façon licite.* SYN. légal. CONTR. illicite.

licol ou **licou** n.m. Courroie que l'on met autour du cou des chevaux, des ânes, des mulets pour les attacher ou les mener.

licorne n.f. Animal légendaire à corps de cheval et à tête de bouc avec une grande corne au milieu du front.

HISTOIRE DU MOT Vient du latin *unicornis* qui signifie « à une seule corne ».

ENCYCLOPÉDIE Dans la Chine ancienne, la licorne était le symbole de la royauté et de la justice royale ; on racontait qu'elle frappait les coupables de sa corne. On disait aussi qu'elle combattait le Soleil, lorsqu'il était trop chaud, et les éclipses en les dévorant. Au Moyen Âge, en Europe, elle était le symbole de la puissance et de la pureté.

dame à la ***licorne*** (miniature du XVe siècle)

lierre

lie n.f. ❶ Substance épaisse qui peut se former dans un liquide et qui se dépose au fond du récipient. *Il y avait un peu de lie au fond de la bouteille de vin.* SYN. dépôt. ❷ Au figuré, ce qu'il y a de plus bas, de plus vil. *La lie de la société.*

lied n.m. (PLUR. : **lieds** ou **lieder**). Dans la musique allemande, air chanté sur les paroles d'un poème et, en général, accompagné au piano.
▸ REM. On prononce [lid].

HISTOIRE DU MOT C'est un mot allemand qui signifie « chant ».

lie-de-vin adj.invar. D'une couleur rouge violacé. *Elle avait choisi, pour le salon, des rideaux lie-de-vin.*

liège n.m. Matériau très léger, imperméable et élastique, fourni par l'écorce de certains arbres, notamment le *chêne-liège*, et dont on fait des bouchons, des flotteurs, etc.

HISTOIRE DU MOT Vient du latin *levis* qui signifie « léger ».

lien n.m. ❶ Ce qui sert à attacher, à maintenir plusieurs choses ensemble. *Le prisonnier a défait ses liens et s'est enfui.* ❷ Ce qui unit des personnes. *Des liens de parenté.* ❸ Relation qui existe entre plusieurs choses. *Y a-t-il un lien entre ces meurtres ?* SYN. rapport.

lier v. (CONJUG. 7). ❶ Attacher avec un lien. *Il avait les mains liées dans le dos.* SYN. ligoter. ❷ Créer des liens. *Leur goût commun pour le cinéma les a liés.* SYN. rapprocher. CONTR. éloigner. ❸ Établir un lien entre diverses choses. *Ces deux événements sont liés.* ❹ *Être lié par un serment, une promesse*, c'est être obligé de les respecter. ◆ **se lier** v.pron. Établir des liens, des relations avec les autres. *Elle a un esprit très indépendant et ne se lie pas facilement.*

lierre n.m. Plante grimpante à feuilles persistantes, dont la tige ligneuse se fixe aux murs et aux arbres par des crampons. *Du lierre recouvrait la façade de la maison.*

liesse n.f. • **En liesse :** qui manifeste une joie débordante. *La foule en liesse acclamait le héros.*
▸ REM. Ce mot appartient à la langue littéraire.

HISTOIRE DU MOT Vient du latin *laetitia* qui signifie « allégresse, joie ».

1 **lieu** n.m. (PLUR. : **lieus**). Autre nom du *colin*.

2 **lieu** n.m. (PLUR. : **lieux**). Un point précis quelque part sur la Terre. *Quel est votre lieu de naissance ? Elle n'habite pas loin de son lieu de travail.* • **Au lieu de :** à la place de. *Il a apporté le poivre au lieu du sel. Tu ferais mieux d'aller te coucher au lieu de tourner en rond* (= plutôt que de). • **Avoir lieu :** se produire, se dérouler. *Un concert de rock a lieu ce soir au stade.* • **Donner lieu à :** être l'occasion de. *Sa déclaration donna lieu à de nombreux commentaires.* • **En haut lieu :** au-

A B C D E F G H I J K L M N O P Q R S T U V W X Y Z

près des personnes influentes, des dirigeants. *Soyez sans crainte, j'en parlerai en haut lieu.* • **En lieu sûr :** en sûreté. *Mettez ce document en lieu sûr.* • **En premier lieu, en second lieu, en dernier lieu :** premièrement, d'abord ; deuxièmement, ensuite ; enfin, pour terminer. • **Il y a lieu de :** il convient de. *Il n'y a pas lieu de s'inquiéter.* • **Lieu commun :** idée ou réflexion banale, sans originalité. SYN. cliché. • **S'il y a lieu :** si c'est nécessaire. • **Tenir lieu de :** remplacer, tenir la place, le rôle de. *Il lui tient lieu de confident et de frère.* ◆ **n.m.plur.** Les locaux. *Les lieux sont très propres, vous pouvez vous y installer tout de suite.* • **Sur les lieux :** à l'endroit où quelque chose s'est produit. *Les pompiers sont déjà sur les lieux.*

lieu-dit (PLUR. : lieux-dits), ✎ ***lieudit*** **n.m.** Lieu qui, à la campagne, porte un nom rappelant une particularité d'ordre naturel ou historique. *L'autocar s'arrêta au lieu-dit « le Vieux-Chêne ».*

lieue **n.f.** Ancienne mesure de distance qui correspondait à environ quatre kilomètres. *« Vingt Mille Lieues sous les mers » est le titre d'un célèbre roman de Jules Verne.* • **Être à cent lieues de croire, d'imaginer quelque chose :** ne pas pouvoir le croire, l'imaginer.

lieutenant **n.m.** Grade d'officier au-dessus du sous-lieutenant et au-dessous du capitaine.

▸ REM. Au Canada, la forme féminine de ce mot est *lieutenante.*

lieutenant-colonel, lieutenante-colonelle **n.** (PLUR. : lieutenants-colonels, lieutenantes-colonelles). Grade d'officier au-dessus du commandant et au-dessous du colonel.

lieutenant-gouverneur, lieutenante-gouverneure **n.** (PLUR. : lieutenants-gouverneurs, lieutenantes-gouverneures). Au Canada, représentant du souverain britannique dans chacune des provinces.

lièvre **n.m.** Mammifère rongeur vivant à l'état sauvage qui ressemble à un gros lapin, qui court très vite, par bonds, grâce à ses longues pattes arrière et que l'on chasse pour sa chair. • **Courir deux lièvres à la fois :** poursuivre deux buts différents, mener de front deux activités.

ENCYCLOPÉDIE Cri : le lièvre vagit. Femelle : la hase. Petit : le levraut.

lièvres (miniature du XIVe siècle)

ligament **n.m.** Tissu très résistant de l'organisme qui retient les os entre eux, à l'endroit des articulations. *Les ligaments du genou.*

HISTOIRE DU MOT Vient du latin *ligare*, « lier ».

ligature **n.f.** Opération qui consiste à serrer une partie du corps avec un lien pour comprimer un vaisseau sanguin. *Le secouriste lui a fait une ligature au bras.*

HISTOIRE DU MOT Vient, comme *ligament*, du latin *ligare.*

ligaturer **v.** (CONJUG. 3). En chirurgie, serrer une partie du corps avec un lien. *Ligaturer une artère. Ligaturer le cordon ombilical d'un nouveau-né.*

lignage **n.m.** L'ensemble des personnes qui ont un ancêtre commun. *Une jeune fille de haut lignage* (= qui appartient à une famille de haute noblesse).

ligne **n.f.** ❶ Trait long et fin. *Tracez avec votre règle deux lignes parallèles. Une ligne courbe.* ❷ Suite de choses ou de personnes placées les unes à côté des autres. *Se mettre en ligne dans la cour* (= en rang). ❸ Suite de mots alignés sur la page d'un livre, d'un cahier, sur une lettre. *Il a lu ce livre de la première à la dernière ligne.* ❹ Ce qui marque une séparation, une délimitation. *Ne franchissez pas la ligne continue.* ❺ La forme, le contour d'un objet ou du corps de quelqu'un. *Cette voiture a une belle ligne. Elle fait un régime pour garder la ligne* (= pour rester mince). ❻ L'ensemble des installations qui permettent les liaisons par téléphone ou le transport de l'énergie électrique. *Une ligne téléphonique. Une ligne à haute tension.* ❼ Trajet d'un lieu à un autre, assuré par un transport public ; ce moyen de transport. *Une ligne d'autobus, de métro. Une ligne aérienne.* ❽ Position occupée par des troupes. *L'offensive a permis de percer les lignes ennemies.* ❾ Fil au bout duquel est attaché l'hameçon. *Tous les dimanches, il pêche à la ligne.* • **Entrer en ligne de compte :** avoir de l'importance, être pris en considération. • **Ligne de conduite :** règle de conduite, de vie que l'on suit, que l'on se donne. • **Sur toute la ligne :** complètement. *Il s'est trompé sur toute la ligne.*

HISTOIRE DU MOT Vient du latin *linea* qui signifie « fil de lin, ligne » et que l'on retrouve dans *linéaire.*

lignée **n.f.** L'ensemble des personnes qui descendent d'un même ancêtre. *Elle a laissé une nombreuse lignée.* SYN. descendance.

ligneux, euse **adj.** Qui est de la nature du bois, qui en a la consistance. *Une plante, une tige ligneuses.*

HISTOIRE DU MOT Vient du latin *lignum*, « bois ».

ligoter **v.** (CONJUG. 3). Lier solidement quelqu'un. *On ligota la chèvre à un arbre.*

ligue **n.f.** ❶ Nom donné à certaines associations qui défendent des intérêts d'ordre civique, moral, humanitaire. *La Ligue des droits de l'homme.* ❷ Union de plusieurs États ou territoires. SYN. confédération.

se liguer liguant, ligué **v.pron.** (CONJUG. 6). S'unir dans le but d'obtenir quelque chose. *Ils se sont ligués contre lui pour le forcer à démissionner.*

lilas

lilas **n.m.** Arbuste cultivé pour ses belles grappes de fleurs odorantes, mauves ou blanches ; ces fleurs elles-mêmes. *Un bouquet de lilas.*

lilliputien, enne **adj.** et **n.** Très petit, de petite taille. *Une maquette lilliputienne.* SYN. minuscule.

HISTOIRE DU MOT Vient du nom d'un pays imaginaire *Lilliput.* → VOIR noms propres : **Gulliver.**

limace **n.f.** Mollusque gastéropode qui ne porte pas de coquille, contrairement à l'escargot. *La limace se nourrit de feuilles de salade et cause de grands dégâts dans les jardins.*

limande **n.f.** Poisson de mer très plat qui vit sur les fonds sableux de la Manche et de l'Atlantique, et dont la chair est appréciée. *Comme la limande est toujours couchée sur le flanc gauche, c'est son côté droit qui porte les deux yeux.*

limande

lime **n.f.** Outil en acier dont la surface a de petites stries et qu'on utilise pour diminuer l'épaisseur des métaux ou du bois. *Le menuisier donna quelques coups de lime à la planche.* • **Lime à ongles :** petit outil en acier strié ou en carton granuleux qui sert à raccourcir, à arrondir les ongles.

limer **v.** (CONJUG. **3**). Frotter avec une lime. *Le prisonnier avait limé les barreaux de sa cellule pour s'enfuir. Marion limait avec soin ses ongles pour les arrondir.*

limier **n.m.** Chien utilisé dans les chasses à courre pour chercher le gibier. • **Fin limier :** policier, enquêteur particulièrement doués. *On avait mis sur cette affaire de meurtre les plus fins limiers.*

HISTOIRE DU MOT Vient de l'ancien français *liemier* qui signifiait « chien tenu en laisse ».

limitation **n.f.** Le fait de limiter ou d'être limité. *Les automobilistes doivent respecter la limitation de vitesse.*

limite **n.f.** ❶ Ligne qui sépare deux espaces, l'extrémité d'une étendue. *Ce mur marque la limite entre les deux jardins.* ❷ Ce qui marque la fin d'un temps, d'une période. *Quelle est la dernière limite pour s'inscrire ? La date limite est le 15. Notre professeur prend sa retraite, il a atteint la limite d'âge.* ❸ Point extrême, qu'on ne saurait dépasser. *Ce film dépasse la limite de l'horreur. La vitesse limite sur cette autoroute est de 130 km/h.* • **À la limite :** dans le pire des cas, à la rigueur. *S'il est trop tard, tu peux, à la limite, dormir ici.* ◆ **limites** **n.f.plur.** Les contours d'un espace, les bornes d'une action, d'une influence, qu'on ne saurait dépasser. *La balle est sortie des limites du terrain. Je vous préviens, ma patience a des limites.*

limité, e **adj.** Qui a des limites étroites et précises. *Chaque orateur avait un temps de parole limité.* CONTR. illimité. *Je n'ai qu'une confiance limitée en lui.* CONTR. absolu, entier, total.

limiter **v.** (CONJUG. **3**). Enfermer dans certaines limites. *Limiter les pouvoirs de quelqu'un.* SYN. restreindre. *Limiter ses dépenses.* SYN. réduire. ◆ **se limiter** **v.pron.** Se donner, s'imposer pour limites. *Dans votre exposé, vous vous limiterez à quelques exemples.* SYN. se borner à.

limitrophe **adj.** Situé à la limite, à la frontière. *Le Cantal et les départements limitrophes* (= qui le bordent). *Les États-Unis et le Canada sont des pays limitrophes* (= ont une frontière commune).

limoger **limogeant, limogé** **v.** (CONJUG. **5**). Retirer son poste à un officier, un haut fonctionnaire par sanction.

HISTOIRE DU MOT Vient de *Limoges,* ville de France où, en 1914, furent envoyés plus de cent officiers supérieurs jugés incapables.

limon **n.m.** Terre fine, légère et fertile déposée par les fleuves sur leurs rives. *Le Nil dépose, lors de ses crues, du limon sur les terres qui le bordent.*

limonade **n.f.** Boisson constituée d'eau gazeuse, de citron et de sucre.

► REM. Au Canada, la limonade n'est pas gazeuse et correspond à la citronnade.

HISTOIRE DU MOT Vient de *limon,* nom que l'on donnait autrefois à une variété de citron.

limousine **n.f.** Automobile de luxe très longue, à quatre portes et trois vitres de chaque côté. *À la sortie de l'aéroport, une limousine noire avec chauffeur attendait la chanteuse.*

limpide **adj.** ❶ Transparent ou clair. *L'eau limpide d'un ruisseau.* CONTR. trouble. *Elle avait un regard limpide.* SYN. pur. ❷ Que l'on comprend facilement. *Ses explications sont limpides.* SYN. clair. CONTR. confus, obscur.

limpidité **n.f.** La qualité de ce qui est limpide. *La limpidité d'une eau de source.* SYN. transparence. *La limpidité d'un exposé.* SYN. clarté.

lin **n.m.** ❶ Plante que l'on cultive pour les fibres de sa tige, qui servent à fabriquer des toiles fines, et pour ses graines, utilisées pour faire de l'huile. ❷ Tissu fabriqué avec des fils de lin. *Une chemise en lin.*

limousine

linceul n.m. Morceau de toile dans lequel on enveloppe un mort avant de le mettre en terre. SYN. suaire.
HISTOIRE DU MOT Vient du latin *linteolum* qui signifie « petit morceau de toile de lin ».

linéaire adj. Qui a l'aspect continu d'une ligne. *On peut représenter le temps de manière linéaire* (= en traçant une ligne). ◆ n.m. Longueur de rayonnages dans un magasin.

linge n.m. ❶ L'ensemble des pièces de tissu qui servent à la maison et celles que l'on porte sur le corps. *Les serviettes de toilette, les nappes et les draps sont du linge de maison. Les sous-vêtements et les chemises sont du linge de corps.* ❷ Morceau de tissu. *On passa un linge mouillé sur le front du blessé pour le rafraîchir.* • **Blanc comme un linge :** très blanc, livide.
HISTOIRE DU MOT Vient du latin *lineus* qui signifie « de lin ».

lingère n.f. Personne chargée de l'entretien du linge dans certains établissements.

lingerie n.f. ❶ L'ensemble des sous-vêtements et des vêtements de nuit féminins. ❷ Dans certains établissements, local où l'on range le linge.

lingot n.m. Masse de métal précieux qui a la forme du moule dans lequel on l'a coulé. *Un lingot d'or équivaut à un kilogramme d'or fin.*

linguistique adj. Qui se rapporte au langage, à la langue. *Une communauté linguistique* (= qui parle la même langue). ◆ n.f. Science qui étudie le langage humain et l'organisation des différentes langues.
HISTOIRE DU MOT Vient du latin *lingua* qui signifie « langue ».

linoléum n.m. Revêtement de sol imperméable et facile à nettoyer, constitué d'une toile de jute recouverte d'un enduit.
▸ REM. 1. On prononce [-leɔm]. 2. On dit couramment *lino*.
HISTOIRE DU MOT Vient du latin *linum*, qui signifie « lin », et *oleum*, qui signifie « huile ».

linotte n.f. Petit oiseau à dos brun et à poitrine rouge, au chant très mélodieux. • (Familier) **Tête de linotte :** personne très étourdie.
HISTOIRE DU MOT Vient de *lin*, car la linotte est friande de graines de lin.

linteau n.m. Pièce en bois, en pierre, en métal, placée horizontalement au-dessus d'une porte ou d'une fenêtre et qui supporte le poids de ce qui est construit par-dessus.
HISTOIRE DU MOT Vient de l'ancien français *lintier* qui signifiait « seuil ».

lion n.m. ❶ Grand mammifère carnivore des savanes d'Afrique, au pelage fauve orné, pour le mâle, d'une crinière. ❷ (Avec une majuscule.) *Signe du Lion*, cinquième signe du zodiaque, qui commence le 22 juillet et se termine le 23 août. • **Avoir mangé du lion :** avoir plus d'énergie ou de vitalité que d'habitude. *Elle travaille comme quatre, elle a mangé du lion, ce matin !* • **La part du lion :** la plus grosse part.

lion

ENCYCLOPÉDIE Cri : le lion rugit. Femelle : la lionne. Petit : le lionceau. Le lion est, après le tigre, le plus gros félin. Sa taille atteint 2 m de long pour un poids de 200 kg. Sa longévité est de 40 ans environ. Le lion vit en groupe de 10 à 30 bêtes sur un territoire de chasse bien délimité. Les mâles assurent la protection du groupe tandis que les femelles chassent et élèvent les petits. Leurs proies sont des gazelles, des zèbres, des buffles, des antilopes ainsi que des singes. Ils se nourrissent aussi de charognes et disputent même leurs proies aux hyènes.

lionceau n.m. Petit du lion.

lionne n.f. Femelle du lion.

lipides n.m.plur. Substances fondamentales de la matière vivante contenues dans les graisses, qui jouent un rôle énergétique dans l'organisme. → VOIR AUSSI **glucides, protéines.**

lippu, e adj. Qui a de grosses lèvres. *Une bouche lippue.*

liquéfier v. (CONJUG. 7). Rendre liquide. *Liquéfier un gaz.* ◆ **se liquéfier** v.pron. Devenir liquide. *Sous l'effet de la chaleur, le goudron se liquéfiait.*

liqueur n.f. Boisson à base d'eau-de-vie ou d'alcool, sucrée et aromatisée. *De la liqueur de cerise, de framboise.*
HISTOIRE DU MOT Vient du latin *liquor* qui signifie « liquide ».

liquidation n.f. ❶ Vente à bas prix réalisée par un magasin, avant fermeture ou pour écouler rapidement un stock de marchandises. SYN. solde. ❷ Action de se débarrasser de quelqu'un en le tuant. *La liquidation d'un témoin gênant.* SYN. assassinat.

lionne et son lionceau

1 liquide **adj.** ❶ Qui coule, qui n'est ni solide ni gazeux. *La glace, en fondant, revient à l'état liquide.* ❷ Qui manque de consistance. *Cette sauce est trop liquide.* SYN. fluide. CONTR. épais. ◆ **n.m.** ❶ Substance liquide. *Le sang est un liquide rouge, l'eau un liquide incolore.* ❷ Aliment liquide. *Le malade ne peut absorber que des liquides.*

HISTOIRE DU MOT Vient du latin *liquidus* qui signifie « fluide ».

2 liquide **adj.** et **n.m.** • **Argent liquide :** argent, en billets, en pièces, dont on peut disposer tout de suite.

HISTOIRE DU MOT Vient de l'italien *liquido* qui signifie « libre de dettes ».

liquider **v.** (CONJUG. 3). ❶ Vendre à bas prix. *Liquider un stock.* SYN. solder. ❷ (Familier) Venir à bout d'une tâche. *Il a liquidé son travail en deux heures pour aller jouer.* SYN. achever. ❸ (Familier) Se débarrasser d'une personne gênante en la tuant. *Le truand liquida son complice.* SYN. assassiner.

1 lire **n.f.** Monnaie de l'Italie jusqu'au 1er janvier 2002. Elle a été remplacée par l'euro.

2 lire **lisant, lu v.** (CONJUG. 67). ❶ Comprendre des signes d'écriture. *Mon petit frère apprend à lire.* ❷ Prendre connaissance d'un texte écrit en le parcourant des yeux. *Lire une lettre, un livre, le journal.* ❸ Pratiquer la lecture, lire des livres. *Cet enfant lit beaucoup.* ❹ Prononcer à haute voix un texte écrit. *La maîtresse nous a lu une histoire.* ❺ Déchiffrer, décoder des signes. *Lire une partition de musique. Un laser qui lit les codes à barres.* ❻ Reconnaître une information stockée dans une mémoire d'ordinateur. *Son ordinateur portable peut lire des DVD.* ❼ Déchiffrer, deviner à certains signes. *On pouvait lire la colère sur son visage.* • **Lu et approuvé :** formule qui précède souvent la signature, sur un contrat, un document officiel. ◆ **se lire** **v.pron.** Se montrer. *L'inquiétude se lisait dans ses yeux.*

lis ou **lys** **n.m.** Plante à bulbe aux grandes fleurs blanches et odorantes ; la fleur elle-même. • **Fleur de lis :** autrefois, emblème de la royauté en France ; aujourd'hui, emblème du Québec.

liseré ou **liséré** **n.m.** Ruban étroit cousu en bordure de certains vêtements.

liseron **n.m.** Plante grimpante à fleurs blanches qui ont des corolles en forme d'entonnoir.

liseur, euse **n.** Personne qui aime beaucoup lire. *C'est une grande liseuse de romans policiers.* → VOIR AUSSI **lecteur.**

liseuse **n.f.** Livre électronique. SYN. e-book.

lisibilité **n.f.** Le fait d'être lisible. *Votre texte manque de lisibilité.*

lisible **adj.** Qu'on déchiffre ou qu'on lit sans peine. *Son écriture est à peine lisible.*

lisiblement **adv.** De façon lisible. *Écrire lisiblement.*

lisière **n.f.** La bordure, la limite d'un terrain. *La lisière d'un champ. Les bûcherons avaient construit une hutte à la lisière de la forêt.* SYN. orée.

litchi

lisse **adj.** Dont la surface est égale, sans aspérités. *Une paroi lisse.* CONTR. granuleux, rugueux. *Le bébé a la peau lisse* (= douce au toucher).

lisser **v.** (CONJUG. 3). Rendre lisse, donner un aspect lisse. *Le maçon lisse la couche de ciment avec sa truelle. L'oiseau lissait ses plumes.*

liste **n.f.** ❶ Suite de mots, de chiffres ou de signes inscrits les uns au-dessous des autres. *La liste des élèves d'une classe. N'oublie pas la liste de commissions.* ❷ Ensemble de faits, d'événements qu'on énumère. *Je pourrais vous citer d'autres exploits de ce héros, la liste est longue.* • **Liste de mariage :** liste de cadeaux que les jeunes mariés souhaitent se faire offrir et qu'ils déposent dans un magasin. • **Liste rouge :** liste, tenue secrète, des abonnés au téléphone qui ne souhaitent pas figurer dans l'annuaire.

lit **n.m.** ❶ Meuble pour dormir, généralement composé d'un socle, d'un sommier et d'un matelas. *Un lit pour deux personnes. Faire son lit. Aller au lit* (= aller se coucher). → VOIR AUSSI **literie.** ❷ Couche épaisse d'une matière ou d'objets quelconques. *Un lit de feuillage, de mousse.* ❸ *Le lit d'un cours d'eau*, c'est le creux naturel du sol où coule l'eau. *Quand une rivière est en crue, elle quitte son lit* (= elle déborde). • **Enfant du premier, du second lit :** enfant d'un premier, d'un second mariage. • **Lit de camp :** lit démontable constitué d'une toile tendue sur un cadre en bois ou en métal.

litanie **n.f.** (Familier) Suite ennuyeuse et interminable de plaintes ou de reproches. *Nous connaissions par cœur la litanie de ses petites misères.*

HISTOIRE DU MOT Vient d'un mot grec qui signifie « prière ».

litchi ou **lychee** **n.m.** Fruit au goût très fin originaire de Chine.

liseuse

a b c d e f g h i j k **l** m n o p q r s t u v w x y z

A B C D E F G H I J K L M N O P Q R S T U V W X Y Z

literie n.f. Tout ce qui sert à équiper un lit. *Le sommier, le matelas, les couvertures, les couettes, les draps, les oreillers, les traversins font partie de la literie.*

lithographie n.f. ❶ Technique d'impression sur papier d'un dessin tracé, avec une encre ou un crayon gras, sur une pierre calcaire au grain très fin. ❷ La gravure, le dessin ainsi reproduits. *Une exposition de lithographies.* ▸ REM. On dit souvent une *litho.*

HISTOIRE DU MOT Vient du grec *lithos*, qui signifie « pierre », et *graphein*, qui signifie « écrire ».

lithographie d'Henri de Toulouse-Lautrec : *l'Anglais au Moulin-Rouge* (1892)

litière n.f. ❶ Paille répandue sur le sol des étables, des écuries et sur laquelle se couchent les animaux. *Le lad était en train de changer la litière des chevaux.* ❷ Sorte de sable dans lequel certains animaux d'appartement, comme les chats, font leurs besoins.

litige n.m. Ce qui oppose deux pays, deux personnes et qui, le plus souvent, se règle par un procès ou un arbitrage. *Un tribunal international règle les litiges entre les nations.* SYN. différend.

HISTOIRE DU MOT Vient du latin *lis, litis* qui signifie « procès ».

litigieux, euse adj. Qui fait l'objet d'un litige, qui soulève une contestation. *Un cas litigieux.*

litote n.f. Façon de s'exprimer par laquelle on en dit moins pour faire comprendre plus. *Dans « le Cid », la phrase « Va, je ne te hais point » est une litote.*

HISTOIRE DU MOT Vient d'un mot grec qui signifie « simplicité ».

litre n.m. ❶ Unité de mesure des liquides. (On écrit *l* en abrégé.) *Un réservoir d'une contenance de 40 l.* ❷ Bouteille, récipient contenant un litre de liquide ; le liquide contenu dans cette bouteille, ce récipient. *Acheter, boire un litre de lait.*

littéraire adj. ❶ Qui se rapporte à la littérature, aux écrivains. *Un roman est une œuvre littéraire. Je voudrais faire des études littéraires* (= de lettres). *Une émission littéraire à la télévision.* ❷ *La langue littéraire*, c'est la langue écrite par les écrivains. → VOIR AUSSI **familier, soutenu.** ◆ **n.** Personne qui s'intéresse aux lettres, à la littérature. *Cette élève est une littéraire et non une scientifique.*

littéral, ale, aux adj. Qui est pris au sens strict. *Au sens littéral, « je te l'ai dit cent fois » signifie « je te l'ai répété 99 fois + 1 », mais, au sens large, cela signifie « je te l'ai dit souvent »* (= sens propre). CONTR. sens figuré.

HISTOIRE DU MOT Vient du latin *litteralis* qui signifie « relatif aux lettres de l'alphabet ».

littéralement adv. Dans le sens fort du mot ; absolument. *Tu l'as littéralement écrasé au tennis !* SYN. complètement.

littérature n.f. L'ensemble des œuvres qui utilisent les mots comme moyen d'expression ; l'activité, le métier des écrivains. *La littérature française ; la littérature québécoise. Les grandes dates de la littérature française.* → VOIR Fiche **10.**

HISTOIRE DU MOT Vient du latin *litteratura* qui signifiait « écriture », puis « érudition ».

1 littoral n.m. (PLUR. : **littoraux**). Bord de mer, région située le long d'une côte. *Ses parents ont une maison sur le littoral méditerranéen.*

HISTOIRE DU MOT Vient du latin *litus, litoris* qui signifie « rivage ».

2 littoral, ale, aux adj. Du bord de mer. *Les vents sont très forts dans la zone littorale.*

lituanien, enne adj. et n. De Lituanie. *Vilnius est la capitale lituanienne.* ◆ **lituanien** n.m. Langue parlée en Lituanie.
▸ REM. Quand il désigne une personne, le mot prend une majuscule : *un Lituanien, une Lituanienne.*

liturgie n.f. L'ensemble des règles qui organisent la vie religieuse, comme le déroulement d'un office, le choix des prières, etc. *La liturgie catholique.*

HISTOIRE DU MOT Vient d'un mot grec qui signifie « service du culte, service public ».

liturgique adj. De la liturgie.

livide adj. Extrêmement pâle. *Il a le teint livide.* SYN. blafard, blême.

living-room (PLUR. : **living-rooms**) ou **living** (PLUR. : **livings**) n.m. Salle de séjour dans un appartement, qui sert à la fois de salle à manger et de salon.

HISTOIRE DU MOT *Living-room* est un mot anglais qui signifie « pièce où l'on vit ».

livraison n.f. ❶ Action de livrer une marchandise achetée. *Ce magasin assure les livraisons à domicile.* ❷ L'ensemble des marchandises livrées. *Il manquait un colis dans votre livraison.*

1 livre n.m. ❶ Assemblage de feuilles imprimées, reliées, protégées par une couverture. *Elle a acheté un livre sur les chats.* SYN. ouvrage. *Les étagères étaient*

pleines de livres. Peux-tu me prêter ton livre de maths ? ❷ Cahier, registre. *Un livre de comptes. Un livre de bord.* • **Livre animé :** livre dont l'illustration est rendue mobile grâce à divers éléments (tirettes, volets, pliages, etc.). • **Livre audio :** livre enregistré sur un support numérique pour être écouté. • **Livre électronique** ou **numérique :** micro-ordinateur de la taille d'un livre, qui permet la lecture sur écran de textes stockés en mémoire. SYN. e-book, liseuse. • **Parler comme un livre :** parler de façon savante, avec des mots trop recherchés.
▸ REM. Au mot *livre* correspond le préfixe d'origine grecque *biblio-* que l'on retrouve dans des mots comme *bibliographie, bibliophile, bibliothèque*.

HISTOIRE DU MOT Vient du latin *liber* qui désigne la partie vivante de l'écorce d'un arbre sur laquelle on écrivait autrefois.

2 livre n.f. Demi-kilo. *Une livre de carottes* (= 500 g). *Une demi-livre de beurre* (= 250 g).

HISTOIRE DU MOT Vient du latin *libra* qui désignait une mesure de poids. Autrefois, la livre était une unité de poids qui variait, selon les provinces françaises, entre 380 et 550 g.

3 livre n.f. Monnaie d'un certain nombre de pays, comme l'Égypte, le Liban, la Turquie et la Syrie. • **Livre sterling** ou **livre :** monnaie de la Grande-Bretagne et de l'Irlande du Nord. (Il existait autrefois une livre qui valait une livre d'argent.)

livrée n.f. Costume que portaient autrefois les domestiques masculins dans des grandes maisons ; aujourd'hui, tenue que portent certains employés dans les palaces. *Un portier en livrée.*

livrer v. (CONJUG. 3). ❶ Remettre entre les mains d'une autorité. *La police a livré le suspect à la justice.* ❷ Trahir en dénonçant. *Livrer ses complices.* ❸ Confier. *Il lui livra le fond de sa pensée.* SYN. avouer. ❹ Apporter à domicile une marchandise achetée. *On nous livre demain le nouveau réfrigérateur.* ❺ *Livrer un combat, une bataille*, c'est les engager, se battre. *L'ennemi livra bataille dans la plaine.* ❻ Abandonner à une force destructrice. *Une ville livrée au pillage, au désordre, à l'anarchie.* • **Livrer passage :** permettre le passage. *La foule s'écarta, livrant passage au cortège.* ◆ **se livrer** v.pron. ❶ Se constituer prisonnier. *Se livrer à la police, à l'ennemi.* SYN. se rendre. ❷ Dévoiler ses secrets, ses pensées intimes. *Se sentant en confiance, il se livra à Marc.* SYN. se confier.

HISTOIRE DU MOT Vient du latin *liberare* qui signifie « libérer, dégager ».

livret n.m. ❶ Carnet établi au nom d'une personne, sur lequel sont portées certaines informations. *Un livret de famille. Un livret de caisse d'épargne. Le livret scolaire mentionne les notes obtenues par un élève.* ❷ *Un livret d'opéra* est un petit livre qui contient les paroles chantées par les différents personnages d'un opéra.

livreur, euse n. Personne qui livre à domicile les marchandises achetées. *Le livreur gara sa camionnette devant la porte.*

lobe n.m. ❶ Partie de forme arrondie d'un organe. *Les lobes du poumon, du cerveau.* ❷ La partie arrondie et molle du bas de l'oreille.

1 local n.m. (PLUR. : **locaux**). Partie d'un bâtiment qui a un usage déterminé. *Un local commercial. Dans mon immeuble, il y a un local à vélos.*

HISTOIRE DU MOT Vient du latin *locus* qui signifie « lieu ».

2 local, ale, aux adj. ❶ Qui concerne une région ou une localité précises. *En Grèce, nous avons acheté des produits locaux.* ❷ Qui ne concerne qu'une partie du corps. *Une anesthésie locale.* CONTR. général.

localement adv. Dans un endroit bien déterminé. *Ce médicament agit localement.*

localisation n.f. Action de localiser. *La localisation d'une tumeur.*

localisé, e adj. Limité à une zone, à une région précises. *On prévoit pour demain des averses localisées.*

localiser v. (CONJUG. 3). Déterminer l'emplacement de quelqu'un, de quelque chose. *Localiser une rue sur un plan. Localiser un appel téléphonique.* SYN. situer.

localité n.f. Petite ville, bourg ou village. *Ils habitent une charmante localité pas très loin de la mer.*

locataire n. Personne qui loue l'appartement, la maison qu'elle occupe. *De nouveaux locataires viennent de s'installer au premier.*

HISTOIRE DU MOT Vient du latin *locare* qui signifie « louer », de *locus* qui signifie « lieu ».

location n.f. ❶ L'action de louer quelque chose à quelqu'un. *Nous avons pris un appartement en location. La location d'une voiture.* ❷ Maison ou appartement qu'on loue. *Il cherche une location au bord de la mer pour le mois d'août.* ❸ L'action de retenir à l'avance une place. *La location d'une place de théâtre.* SYN. réservation.

loch n.m. Nom donné à certains lacs en Écosse. *Le monstre du loch Ness.*
▸ REM. On prononce [lɔk].

locomoteur, trice adj. Relatif à la locomotion. *L'appareil locomoteur d'un oiseau* (= ses ailes).

locomotion n.f. ❶ Fonction des êtres vivants qui leur permet de se déplacer. *Étudier les modes de locomotion des animaux. Le vol est un mode de locomotion.* ❷ *Les moyens de locomotion* sont les moyens qu'on utilise pour aller d'un lieu à un autre. *Le train, la voiture, la bicyclette sont des moyens de locomotion* (= moyens de transport).

HISTOIRE DU MOT Vient du latin *locus*, qui signifie « lieu », et *movere*, qui signifie « mouvoir ».

locomotive n.f. Machine puissante, conçue pour tirer des wagons. *Autrefois, les locomotives étaient à vapeur, aujourd'hui, elles sont électriques ou à moteur Diesel.*

locution n.f. Groupe de mots qui ont ensemble un sens particulier ; expression toute faite. *« En avoir gros sur le cœur », « livrer passage » sont des locutions.* SYN. expression.

HISTOIRE DU MOT Vient du latin *loqui* qui signifie « parler ».

A B C D E F G H I J K L M N O P Q R S T U V W X Y Z

loden **n.m.** Tissu de laine épaisse et imperméable ; manteau fait dans ce tissu. *Il portait un loden vert.*
▸ REM. C'est un mot allemand, on prononce [lɔdɛn].

loge **n.f.** ❶ L'appartement qu'occupent un gardien d'immeuble, un concierge. ❷ Emplacement cloisonné où peuvent s'installer plusieurs spectateurs dans une salle de spectacle. *Ils ont loué une loge à l'Opéra.* ❸ Petite pièce réservée aux artistes pour se changer et se maquiller. *Après le spectacle, ils sont allés féliciter la comédienne dans sa loge.* • **Être aux premières loges :** être à la meilleure place pour suivre le déroulement d'un événement.

loges de théâtre

logement **n.m.** ❶ Action de loger des personnes. *Nous lui avons offert le logement pendant son séjour en France. S'occuper du logement des personnes âgées.* ❷ Tout local, appartement, maison, etc., où l'on habite. *Ils cherchent un nouveau logement.* SYN. habitation.

loger **logeant, logé v.** (CONJUG. 5). ❶ Donner, fournir un logement à quelqu'un. *Nous logeons des amis chez nous, le temps qu'ils trouvent un appartement.* SYN. héberger. ❷ Avoir un logement, habiter quelque part. *« Où logez-vous ? – Dans un pavillon, en banlieue. »* SYN. habiter. ❸ Trouver une place à quelque chose. *Je ne sais plus où loger tous ces livres !* ◆ **se loger** **v.pron.** ❶ Trouver un logement. *Il est difficile de se loger dans les grandes villes.* ❷ Pénétrer quelque part. *La balle s'est logée dans le plafond.*

logeur, euse **n.** Personne qui loue des chambres meublées. *Il a payé son mois à la logeuse.*

loggia **n.f.** Pièce ou galerie, le plus souvent en étage, largement ouverte sur l'extérieur par des arcades, des baies, etc.
▸ REM. C'est un mot italien, on prononce [lɔdʒja].

logiciel **n.m.** Programme pour ordinateur qui permet d'exécuter une tâche précise. *Un logiciel de comptabilité. Un logiciel de jeu.*

1 **logique** **adj.** ❶ Qui est conforme au bon sens. *Sa réaction est tout à fait logique.* SYN. normal. CONTR. absurde. ❷ Qui raisonne de façon cohérente. *Tu n'es pas logique, tu dis qu'elle t'agace et tu l'invites à ton anniversaire.* SYN. conséquent, rationnel.

HISTOIRE DU MOT Vient du grec *logos* qui signifie « parole, raison ».

2 **logique** **n.f.** ❶ Manière de raisonner juste et cohérente. *Son explication manque de logique.* SYN. cohérence. ❷ La science du raisonnement exact. *La logique est une des branches de la philosophie.*

logiquement **adv.** En toute logique, si tout se déroule comme prévu. *Logiquement, il devrait gagner la course.*

logis **n.m.** Logement, habitation. *Rentrer au logis.*
▸ REM. Ce mot appartient à la langue littéraire et n'est plus beaucoup utilisé.

logo **n.m.** Image stylisée qui représente une marque commerciale, le nom d'une entreprise, d'un organisme. *Cette chaîne de télévision a changé son logo.*

loi **n.f.** ❶ *La loi*, c'est l'ensemble des règles obligatoires qui expriment les droits et les devoirs de chacun dans une société. *Nul n'est censé ignorer la loi. Respecter la loi. Un homme de loi* (= un avocat, un magistrat, etc.). ❷ *Une loi* (ou *des lois*), c'est un ensemble de dispositions concernant un domaine précis que chacun doit respecter. *Une loi sur la limitation de vitesse en ville va être votée. Les députés discutent et votent les lois, les juges veillent à leur application.* ❸ Les principes propres à chaque milieu, à chaque groupe. *Qui fait la loi dans cette famille ?* (= qui commande). ❹ Énoncé d'un principe scientifique qui a été vérifié par l'expérience. *La loi de l'attraction terrestre.*

loin **adv.** À une distance relativement importante, dans l'espace ou le temps. *Comme il habite loin, il doit prendre sa voiture.* CONTR. près. *Vous habitez loin de l'école ? Noël est encore loin. Nous sommes encore loin des vacances.* • **Aller loin, mener loin :** avoir des conséquences importantes et, en particulier, réussir ou faire réussir. *C'est une découverte qui va loin. Cette petite ira loin !* (= elle réussira). *Ceci ne vous mène pas loin* (= cela ne vous avance à rien). • **Aller trop loin :** dépasser les limites admises. *Ça suffit, cette fois tu vas trop loin !* SYN. exagérer. • **Au loin :** à une grande distance. *Il regardait au loin* (= dans le lointain). • **De loin :** en se trouvant à une bonne distance ; de beaucoup, sans conteste. *Je regardais la scène de loin.* CONTR. de près. *C'est de loin son meilleur film. C'est, de loin, le meilleur de la classe.* • **Être loin du compte :** être très éloigné de la vérité ou du résultat souhaité. • **Loin de là :** pas du tout, bien au contraire. *Il n'est pas bête, loin de là, mais il ne travaille pas.* • **Pas loin de :** presque. *Cela ne faisait pas loin d'une heure que je l'attendais.*

lointain, e **adj.** Qui se trouve loin, dans l'espace ou dans le temps. *Des pays lointains.* CONTR. proche, voisin. *Cela remonte à une époque lointaine.* SYN. éloigné, reculé. CONTR. récent. ◆ **lointain** **n.m.** Point très éloigné, mais que l'on peut voir d'où l'on se trouve. *Il crut apercevoir un cavalier dans le lointain.*

loir **n.m.** Petit mammifère rongeur, au pelage gris, à queue touffue, et qui hiberne d'octobre à avril. • **Dormir comme un loir** : dormir profondément.

loir

ENCYCLOPÉDIE Le loir ne mesure guère plus de 15 cm. Il se nourrit de fruits et de graines, niche dans les branches des arbres mais affectionne aussi les maisons isolées.

loisir **n.m.** ❶ Temps dont on dispose quand on n'est pas pris par ses occupations régulières. *Si vous avez le loisir de venir, je serai heureuse de vous accueillir. Ses parents travaillent beaucoup et ont peu de loisirs.* ❷ Ce que l'on fait durant son temps libre. *Son loisir préféré est le jardinage.* SYN. passe-temps. • **À loisir, tout à loisir** : sans être pressé par le temps. *Il sera au calme, là-bas, il pourra tout à loisir réfléchir à la question.*

HISTOIRE DU MOT Vient de l'ancien verbe *loisir* qui signifiait « être permis ».

lombago ou **lumbago** **n.m.** Douleur dans le bas du dos.
▸ REM. On prononce [lɔ̃bago].

lombaire **adj.** Qui concerne la région située au bas du dos. *Une douleur lombaire.*

HISTOIRE DU MOT Vient, comme *lombago*, du latin *lumbus* qui signifie « rein ».

lombric **n.m.** Ver de terre qui creuse des galeries dans la terre humide.

long, longue **adj.** ❶ Qui a telle longueur. *Une table longue de deux mètres.* ❷ Dont la longueur est grande ou plus grande qu'une autre. *La route est longue jusqu'à chez lui.* SYN. interminable. *Elle a de longs cheveux.* CONTR. court. *Ton résumé est un peu trop long.* CONTR. bref. ❸ Dont la durée est grande. *En été, les jours sont plus longs qu'en hiver.* CONTR. court. ◆ **long** **adv.** • **En dire long** : signifier quelque chose d'important, être révélateur. *Il baissa les yeux, son silence en disait long.* • **En savoir long** : être bien informé, en savoir beaucoup. *Elle en sait long sur ton compte.* ◆ **long** **n.m.** • **De long** : de longueur. *La table mesure deux mètres de long.* • **De long en large** : en tous sens. *Très nerveux, il marchait de long en large dans sa chambre.* • **Le long de** : en longeant quelque chose. *Se promener le long de la mer.*

longe **n.f.** Courroie, corde qui servent à attacher ou à mener un cheval.

longer **longeant, longé** **v.** (CONJUG. 5). ❶ Avancer le long de quelque chose. *Nous longerons la rivière jusqu'au prochain pont.* ❷ S'étendre, être situé en bordure de quelque chose. *La route longe le précipice pendant quelques kilomètres.*

longévité **n.f.** ❶ Durée moyenne de vie. *La longévité du chien est d'environ quinze ans.* ❷ Longue durée de vie. *Le sport, une bonne hygiène, la diététique assurent, dit-on, la longévité.*

HISTOIRE DU MOT Vient du latin *longus*, qui signifie « long », et *aevum*, qui signifie « âge ».

longiligne **adj.** Qui a un corps et des membres allongés, minces. *L'une était petite et ronde, l'autre longiligne.*

longitude **n.f.** Distance à l'est ou à l'ouest, mesurée en degrés, qui sépare un point de la Terre du méridien de référence *(méridien de Greenwich)*, par opposition à la *latitude*. *Paris est à 2° 20' de longitude est.*

HISTOIRE DU MOT Vient du latin *longitudo* qui signifie « longueur ».

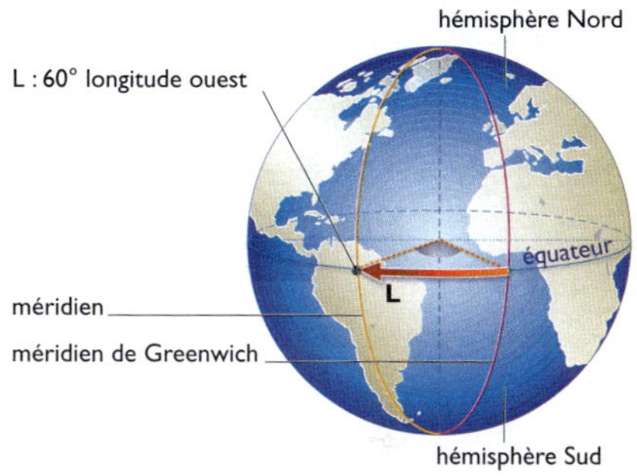

longitude

longitudinal, ale, aux **adj.** Qui est dans le sens de la longueur. *Le glacier présente une crevasse longitudinale.*

long-métrage **n.m.** (PLUR. : **longs-métrages**). Film dont la durée dépasse une heure, par opposition à *court-métrage*.
▸ REM. On écrit aussi *long métrage*.

longtemps **adv.** Indique un long espace de temps, une longue durée. *Ils ont parlé longtemps ensemble.* SYN. longuement. CONTR. brièvement. *Il y a longtemps que je ne l'ai pas vu. Elle est partie pour longtemps.*

à la **longue** **adv.** Avec le temps. *À la longue, ses plaisanteries finissent par lasser.*

longuement **adv.** Pendant un long moment. *Nous avons longuement parlé de toi.*

longueur **n.f.** ❶ Dimension d'une chose dans le sens de sa plus grande étendue, par opposition à *largeur* ; distance entre deux extrémités. *La longueur d'un rectangle. C'est un parcours d'une longueur de dix kilomètres* (= qui mesure dix kilomètres). → VOIR AUSSI **unités de mesure** et Fiche **17**. ❷ Durée de quelque chose ; le fait d'être trop long. *Excusez la longueur de ma lettre.* ❸ Écart qui sépare deux chevaux, deux cyclistes lors d'une course, et qui correspond à la longueur d'un cheval, d'une bicyclette. *Gagner d'une longueur.* ❹ Passage trop long, qui fait tomber l'intérêt dans un livre, un film, etc. *Mis à part quelques longueurs, j'ai bien aimé la pièce.* • **À longueur de** : pendant toute la durée de. *Rêvasser à longueur de journée.* • **Traîner en longueur** : durer trop longtemps, sans progresser. *Leur procès traîne en longueur.*

A B C D E F G H I J K L M N O P Q R S T U V W X Y Z

longue-vue n.f. (PLUR. : **longues-vues**). Lunette qui permet de voir très loin. *La nuit, elle observait les étoiles avec sa longue-vue.*

longue-vue

looping n.m. Exercice de voltige en avion qui consiste à faire une boucle dans le sens de la verticale. ▶ REM. On prononce [lupiŋ].

HISTOIRE DU MOT Vient de l'anglais *looping the loop* qui signifie « action de boucler la boucle ».

lopin n.m. Petite parcelle de terrain. *Cultiver un lopin de terre.*

loquace adj. Qui parle beaucoup. *Elle était réservée, lui, au contraire, était très loquace.* SYN. bavard. CONTR. silencieux, taciturne.

HISTOIRE DU MOT Vient du latin *loqui* qui signifie « parler » et que l'on retrouve dans *éloquence, élocution.*

loque n.f. ❶ (Souvent au plur.) Morceau d'étoffe déchiré ou usé. *Ses habits tombaient en loques.* SYN. lambeau. ❷ (Familier) Personne sans réaction, sans ressort, usée par les échecs, la maladie.

loquet n.m. Système de fermeture de porte constitué d'une petite tige mobile. *Abaisser, soulever un loquet.*

lord n.m. Titre de noblesse, en Grande-Bretagne. ▶ REM. C'est un mot anglais, on prononce [lɔr] ou [lɔrd].

lorgner v. (CONJUG. 3). Regarder, observer avec une intention précise ou avec envie. *Cesse de lorgner les chocolats et prends-en un !* SYN. loucher sur.

HISTOIRE DU MOT Vient d'un mot de l'ancien allemand qui signifiait « guetter ».

lorgnette n.f. Petite lunette grossissante, en particulier pour le théâtre. • **Regarder les choses par le petit bout de la lorgnette :** ne voir que les choses accessoires, les éléments secondaires et non pas l'essentiel.

lorgnon n.m. Lunettes sans branches qui tenaient sur le nez grâce à un ressort. SYN. binocle, pince-nez.

loriot n.m. Oiseau passereau qui vit dans les bois et les vergers et se nourrit de fruits et d'insectes.

lors adv. et prép. • **Depuis lors :** depuis ce moment-là. *Je l'ai rencontré en janvier et je ne l'ai pas revu depuis lors.* • **Dès lors :** à partir de ce moment-là, dans ces conditions. *Il était absent ce jour-là, dès lors, on ne peut pas l'accuser.* • **Lors de :** au moment de. *Il n'a pas été question de toi lors de notre voyage* (= pendant).

HISTOIRE DU MOT Vient du latin *illa hora* qui signifie « à ce moment-là ».

lorsque conj. Introduit une proposition de temps. *Je suis parti lorsqu'il est arrivé.* SYN. au moment où, quand. ▶ REM. *Lorsque* s'élide devant *il(s), elle(s), on, en, un, une.*

losange n.m. Toute figure géométrique à quatre côtés de même longueur (le carré est donc un losange dont les angles sont droits). *Certains cerfs-volants sont en forme de losange.* → VOIR AUSSI **aire, périmètre.**

lot n.m. ❶ Ce que l'on gagne à une loterie. *Il a joué au loto et a touché le gros lot.* ❷ Ce que la destinée réserve à chacun. *Jusqu'ici son triste lot a été de souffrir.* ❸ Chacune des parties d'une chose, d'un bien que l'on a divisés. *Le terrain a été vendu en douze lots.* SYN. parcelle. ❹ Ensemble de choses vendues ensemble. *Un lot de livres.*

HISTOIRE DU MOT Vient d'un mot de la langue des Francs qui signifiait « héritage, sort ».

loterie n.f. Jeu de hasard où des numéros gagnants, désignés par tirage au sort, donnent droit à des lots.

loti, e adj. • **Être bien loti :** être favorisé par le sort. • **Être mal loti :** être défavorisé par le sort.

lotion n.f. Liquide utilisé pour les soins de la peau ou des cheveux. *Une lotion solaire. Lotion après-rasage.*

HISTOIRE DU MOT Vient du latin *latus*, participe passé de *lavare* qui signifie « laver ».

lotir lotissant, loti v. (CONJUG. 16). *Lotir un terrain*, c'est le diviser en lots.

lotissement n.m. Division en parcelles d'un terrain ; ensemble de ces parcelles et des maisons qui y sont construites. *Il habite dans un lotissement, à la sortie de la ville.*

loto n.m. ❶ Jeu de société où les joueurs ont un ou plusieurs cartons portant un certain nombre de cases qu'il s'agit de recouvrir le plus vite possible d'images ou de numéros correspondants. ❷ Jeu de hasard dans lequel on gagne si on a les bons numéros. *Loto national.* ▶ REM. Au Canada, ce mot est féminin.

HISTOIRE DU MOT Vient de l'italien *lotto* qui signifie « lot, sort ».

lotte n.f. Poisson d'eau douce dont la chair est appréciée. • **Lotte de mer :** poisson de mer à la chair appréciée, appelé aussi *baudroie*. *La tête de la lotte est si laide que ce poisson est vendu sans tête sur les marchés.*

lotus n.m. Nom donné à plusieurs espèces ornementales de nénuphars, comme les *lotus bleu* et *blanc* d'Égypte ou le *lotus rose* de l'Inde. ▶ REM. On prononce le -*s*.

lotus

louable adj. Que l'on ne peut qu'estimer, reconnaître à sa juste valeur. *Des efforts louables. Une intention louable.*

louange n.f. ❶ Le fait de louer quelqu'un, de rendre hommage à ses qualités, à ses mérites. *Un acte digne de louange. Un livre à la louange d'un héros.* ❷ (Au plur.) Les paroles, les propos qu'on adresse à quelqu'un pour faire son éloge. *Être comblé de louanges.* SYN. compliments, félicitations.

loubard n.m. (Familier) Jeune délinquant ; voyou. *Une bande de loubards.*

1 louche adj. Qui manque de franchise, de clarté ; qui cache quelque chose de malhonnête. *Son attitude est louche.* SYN. suspect. *Cet homme a un passé très louche.* SYN. douteux.

HISTOIRE DU MOT Vient du latin *luscus* qui signifie « borgne ».

2 louche n.f. Grande cuillère ronde à long manche ; son contenu. *Prendre la louche pour servir le potage. Une louche de fromage blanc.*

HISTOIRE DU MOT Vient d'un mot de la langue des Francs.

loucher v. (CONJUG. 3). ❶ Avoir les yeux qui regardent dans deux directions différentes, à cause d'un défaut de parallélisme. *Il louche un peu.* ❷ (Familier) *Loucher sur quelque chose ou quelqu'un*, c'est les regarder avec insistance ou envie, souvent du coin de l'œil. *Pierre louchait sur le chocolat* (= lorgner).

1 louer v. (CONJUG. 3). Vanter les mérites, les qualités de quelqu'un ou de quelque chose. *On ne peut que la louer pour sa conduite.* SYN. féliciter. CONTR. blâmer. ◆ **se louer v.pron.** Se féliciter de quelque chose. *Je me loue de l'avoir écoutée.*

HISTOIRE DU MOT Vient du latin *laudare* qui signifie « faire l'éloge ».

2 louer v. (CONJUG. 3). ❶ Mettre à la disposition de quelqu'un un logement ou un objet pour une durée déterminée et moyennant une somme d'argent. *Cet appartement est à louer pour un loyer modique.* ❷ Habiter un lieu, disposer d'un objet sans en être propriétaire, pour un temps donné, et en payant régulièrement une somme. *Louer une maison, une voiture.* ❸ Retenir une place dans un moyen de transport ou au spectacle en payant à l'avance. *Louer une place de T.G.V.*

HISTOIRE DU MOT Vient du latin *locare* qu'on retrouve dans *locataire.*

loueur, euse n. Personne qui donne un bien en location. *Un loueur de voitures.*

loufoque adj. (Familier) Qui est bizarre, extravagant et comique. *Il est très gentil mais un peu loufoque. Une histoire loufoque* (= qui fait rire).

HISTOIRE DU MOT Vient de l'ancien français *lof* qui signifiait « nigaud ».

louis n.m. Ancienne pièce d'or française. *Les premiers louis portaient l'effigie du roi Louis XIII.*

loup n.m. Mammifère carnivore sauvage, de la taille d'un grand chien, au pelage gris jaunâtre et au museau pointu, qui vit dans les forêts d'Europe de l'Est, d'Asie et d'Amérique. • **Être connu comme le loup blanc :** être connu de tout le monde. • **Jeune loup :** jeune homme ambitieux. • **Vieux loup de mer :** vieux marin, qui a beaucoup navigué.

ENCYCLOPÉDIE Cri : le loup hurle. Femelle : la louve. Petit : le louveteau. Habitat : la tanière. Considérés comme les ancêtres de toutes les races de chiens, les loups vivent en général en bandes, sur un territoire de chasse déterminé. Ils ont été chassés à cause des ravages qu'ils causaient aux troupeaux et ont disparu de plusieurs pays. Au Canada, cependant, on les protège pour qu'ils s'opposent à la multiplication des cervidés (orignaux, caribous) qui détruisent la végétation. Certaines croyances populaires, que l'on retrouve dans les contes, ont fait du loup un « mangeur d'hommes » alors que, en général, il cherche à les éviter.

loup-cervier n.m. (PLUR. : **loups-cerviers**). Sorte de lynx des pays d'Europe, qui chasse les cerfs d'où son nom.

loupe n.f. Lentille de verre qui sert à grossir les objets que l'on veut observer. *L'expert a examiné les timbres avec une loupe.* • **À la loupe :** avec minutie, dans les moindres détails. *Il a examiné mon travail à la loupe.*

louper v. (CONJUG. 3). (Familier) Manquer quelque chose, le rater. *Louper un examen.* CONTR. réussir. *Louper un train.*

loup-garou n.m. (PLUR. : **loups-garous**). Selon certaines croyances, être malfaisant qui avait le pouvoir de se transformer en loup la nuit, puis reprenait une forme humaine le jour.

loupiote n.f. (Familier) Petite lampe.

loup-marin n.m. (PLUR. : **loups-marins**). Au Canada, nom donné à une espèce de phoque vivant sur la côte est.

lourd, e adj. ❶ Dont le poids est relativement élevé par rapport à quelque chose d'autre. *Ce livre est plus lourd que l'autre.* ❷ Difficile à soulever, à porter, à cause de son poids. *Son sac était lourd.* SYN. pesant. CONTR. léger. ❸ Qui donne une impression de pesanteur, de masse, qui manque de finesse. *Il avait une démarche lourde.* CONTR. gracieux, léger. *Un style lourd.* SYN. maladroit. ❹ Difficile à supporter à cause de son importance, de sa gravité. *Des impôts trop lourds.* SYN. écrasant. CONTR. léger. *Un acte lourd de conséquences*

loups hurlant

(= aux conséquences graves). ❺ Qui met en œuvre des moyens importants. *L'artillerie lourde.* CONTR. léger. ❻ Difficile à digérer. *Un repas lourd.* CONTR. digeste, léger. • **Sommeil lourd :** sommeil profond. CONTR. léger. • **Temps lourd :** qui donne une sensation d'étouffement. SYN. orageux, suffocant. ◆ **lourd** **adv.** • **Il fait lourd :** le temps est lourd, orageux. • **Peser lourd :** avoir un poids relativement élevé. • **Peser lourd dans la balance :** avoir une grande importance. *Son intervention a pesé lourd dans la balance.*

lourdaud, e **adj.** et **n.** Qui est lent, maladroit dans ses gestes, ses attitudes. *Regardez-moi ce lourdaud qui bouscule les gens au passage !* SYN. balourd.
▸ REM. Le féminin est rare.

lourdement **adv.** ❶ Avec un poids important. *Des camions trop lourdement chargés.* CONTR. légèrement, peu. ❷ De tout son poids, avec lourdeur. *Elle est tombée lourdement sur le trottoir.* ❸ (Familier) Énormément, exagérément. *Tu te trompes lourdement !*

lourdeur **n.f.** ❶ Le fait d'être lourd, trop lourd. *Son sac était d'une telle lourdeur qu'il courbait le dos sous le poids. La lourdeur des bâtiments donnait à l'avenue un aspect sinistre.* CONTR. grâce, légèreté. *La lourdeur des démarches administratives.* SYN. lenteur. ❷ Passage lourd, sans finesse dans un texte. *Il y a beaucoup de lourdeurs dans votre récit.* • **Lourdeurs d'estomac :** sensations pénibles éprouvées lorsqu'on a du mal à digérer.

loustic **n.m.** (Familier) Personne en qui l'on n'a pas confiance ou qui manque de sérieux. *Un drôle de loustic !*

HISTOIRE DU MOT Vient de l'allemand *lustig* qui signifie « gai ».

loutre **n.f.** Mammifère carnivore, long de 80 cm environ, qui, grâce à ses pattes palmées, est un excellent nageur. *La loutre commune vit près des cours d'eau et des marais, où elle se nourrit de poissons.* • **Loutre de mer :** loutre qui vit dans le Pacifique. *La loutre de mer peut peser jusqu'à 40 kg.*

loutre

louve **n.f.** Femelle du loup.

louveteau **n.m.** ❶ Petit du loup. ❷ Jeune scout de 8 à 11 ans. *Les louveteaux se rassemblèrent autour de la cheftaine.*

louvoyer **v.** (CONJUG. 14). ❶ Conduire un voilier en zigzag par rapport à la route à suivre, quand le vent vient de face. ❷ Prendre des détours pour atteindre un but ; gagner du temps. *La décision était difficile à prendre, il a longtemps louvoyé.* SYN. biaiser, tergiverser.

se lover **v.pron.** (CONJUG. 3). S'enrouler sur soi-même. *Les serpents se lovent. La petite s'est lovée au fond du canapé et s'est endormie.*

loyal, ale, aux **adj.** Qui respecte les engagements pris, les règles de l'honnêteté, de l'honneur. *Un ami loyal.* SYN. dévoué, fidèle. CONTR. perfide. *De bons et loyaux services.*

HISTOIRE DU MOT Vient du latin *legalis* qui signifie « conforme à la loi ».

loyauté **n.f.** Le fait d'être loyal. *Elle appréciait par-dessus tout sa loyauté.* SYN. franchise, honnêteté. CONTR. perfidie.

loyer **n.m.** Somme d'argent versée régulièrement, lorsqu'on loue un appartement, une maison. *Les loyers sont de plus en plus élevés en ville.*

HISTOIRE DU MOT Vient, comme *locataire* et *louer*, du latin *locare.*

lubie **n.f.** (Familier) Idée un peu folle, saugrenue ; caprice, fantaisie. *Sa dernière lubie, c'est qu'on lui raconte des histoires le matin !* SYN. fantaisie, manie.

lubrifiant, e **adj.** et **n.m.** Qui lubrifie, qui graisse. *Les huiles pour moteur sont des produits lubrifiants, des lubrifiants.*

lubrifier **v.** (CONJUG. 7). *Lubrifier un mécanisme, les pièces d'une machine*, c'est y mettre un produit gras qui en facilite le fonctionnement.

HISTOIRE DU MOT Vient du latin *lubricus* qui signifie « glissant ».

lucarne **n.f.** Petite ouverture percée dans le toit ou dans le mur d'une maison. *Deux lucarnes donnaient un peu de jour dans le grenier.*

HISTOIRE DU MOT Vient du latin *lucerna*, « lampe ».

lucide **adj.** ❶ Qui a tous ses esprits, toute sa tête. *Le blessé est pleinement lucide.* SYN. conscient. ❷ Qui voit les choses telles qu'elles sont, objectivement. *C'est un esprit lucide.* SYN. clairvoyant, perspicace.

HISTOIRE DU MOT Vient du latin *lucidus* qui signifie « clair, lumineux ».

lucidité **n.f.** Le fait d'être lucide. *Malgré de forts accès de fièvre, il garde toute sa lucidité.* SYN. conscience. *Regardez les choses en face, faites preuve d'un peu de lucidité.* SYN. clairvoyance.

luciole **n.f.** Petit insecte volant dont le corps émet de la lumière.

HISTOIRE DU MOT Vient de l'italien *lucciola* qui signifie « petite lumière ».

lucratif, ive **adj.** Qui rapporte de l'argent. *Un emploi très lucratif.*

ludique **adj.** Qui se rapporte au jeu, au fait de jouer. *Les enfants ont beaucoup d'activités ludiques.*

HISTOIRE DU MOT Vient du latin *ludus* qui signifie « jeu ».

ludothèque **n.f.** Endroit où les enfants peuvent jouer et emprunter des jeux, des jouets.

luette **n.f.** Petit prolongement charnu du voile du palais au centre et au fond de la gorge, qui ferme l'accès des fosses nasales lorsqu'on déglutit.

HISTOIRE DU MOT Vient du latin *uva* qui signifie « raisin », parce qu'on comparait la luette à un grain de raisin.

lueur **n.f.** ❶ Lumière faible ou qui ne dure qu'un instant. *Il lisait à la lueur d'une bougie. Les premières lueurs de l'aube.* ❷ Expression soudaine du regard. *Une lueur d'envie passa dans ses yeux.* • **Une lueur de** : un peu de. *Garder une lueur d'espoir.*

luge **n.f.** Petit traîneau dont on se sert pour glisser sur une pente neigeuse ; sport ainsi pratiqué. *Les enfants faisaient de la luge sur les pistes enneigées.*

lugubre **adj.** Qui inspire une grande tristesse, fait naître des pensées très sombres. *Cette maison abandonnée a un air lugubre.* SYN. inquiétant, sinistre. CONTR. gai, joyeux.

HISTOIRE DU MOT Vient du latin *lugere* qui signifie « être en deuil ».

lui **pron. personnel.** Représente la 3e personne du singulier. *Maxime lui a donné 10 billes.* → VOIR **pronom** (encadré).

luire **luisant, lui v.** (CONJUG. **61**). Émettre ou renvoyer de la lumière. *Le soleil luit.* SYN. briller.

luisant, e **adj.** ❶ Qui luit, qui brille. *Il avait la peau luisante de sueur.* ❷ *Un ver luisant*, c'est la femelle d'un petit coléoptère *(lampyre)*, appelée ainsi à cause de son abdomen qui brille la nuit.

lumbago **n.m.** → **lombago**

lumière **n.f.** ❶ Clarté du soleil qui permet de voir les formes et les couleurs des choses. *La lumière du jour. La lumière entra dans la chambre.* CONTR. ombre, obscurité. ❷ Éclairage artificiel. *La lumière électrique.* • **À la lumière de** : en tenant compte de, en se référant à. *À la lumière de ses explications, je compris enfin ce qui s'était passé.* • **Le siècle des Lumières** → VOIR noms propres : **Lumières** et Fiche **29.** • **Avoir des lumières sur un sujet** : savoir quelque chose sur ce sujet. • **Ce n'est pas une lumière** : il n'est pas très intelligent, pas très malin. • **Faire toute la lumière sur quelque chose** : en donner une explication. *La police a fait toute la lumière sur cette mystérieuse affaire* (= elle a élucidé l'affaire).
▸ REM. La lumière se propage à la vitesse de 300 000 km/s.

lumignon **n.m.** Lampe qui diffuse une faible lumière.

luminaire **n.m.** Tout appareil d'éclairage électrique. *Les lampes, les lampadaires, les lustres, les appliques, les spots sont des luminaires.*

lumineux, euse **adj.** ❶ Relatif à la lumière. *L'intensité lumineuse d'une lampe. Un rayon lumineux* (= de lumière). *Une source lumineuse.* ❷ Qui émet de la lumière ou la réfléchit. *Les enseignes lumineuses des magasins. Un cadran lumineux.* ❸ Au figuré, qui est d'une grande clarté. *Son explication était lumineuse.* CONTR. confus, obscur. *Une idée lumineuse* (= une très bonne idée). SYN. ingénieux.

luminosité **n.f.** Le fait d'être lumineux, brillant. *Le ciel est d'une grande luminosité ce matin.* SYN. clarté.

lump **n.m.** Poisson des mers froides, surtout connu pour ses œufs noirs, que l'on mange comme du caviar.
▸ REM. On prononce [lœ̃p].

lunaire **adj.** ❶ De la Lune. *Le sol lunaire. La clarté lunaire.* ❷ Que l'on compare à la Lune. *Une face lunaire* (= ronde comme la pleine lune). *Un paysage lunaire* (= accidenté, avec quelque chose d'étrange).

lunaison **n.f.** Espace de temps qui s'écoule entre deux nouvelles lunes consécutives.

lunatique **adj.** et **n.** D'une humeur changeante, imprévisible. *Il peut avoir changé d'idée et ne pas venir, il est assez lunatique.* SYN. versatile.

HISTOIRE DU MOT On pensait autrefois qu'une personne lunatique avait l'esprit dérangé sous l'influence de la Lune.

lunch **n.m.** (PLUR. : **lunchs** ou **lunches**). ❶ Repas froid et léger servi à l'occasion d'une réception. SYN. buffet. ❷ Au Québec, repas de midi ; plat que l'on apporte pour un repas quelconque.
▸ REM. C'est un mot anglais, on prononce [lœ̃(nt)ʃ].

lundi **n.m.** Le premier jour de la semaine. *Les lundis, elle fait de l'aviron.*

HISTOIRE DU MOT Vient du latin *Lunae dies* qui signifie « jour de la Lune ».

lune **n.f.** Astre le plus proche de la Terre, qui est son satellite naturel. *La Lune tourne autour de la Terre. Une nuit de pleine lune. Ils firent une promenade au clair de lune.* → VOIR planche page suivante. • **Lune de miel** : les premiers temps du mariage ; le parfait amour. *Ils vivent une véritable lune de miel.* • **Décrocher la lune** : tenter l'impossible. *Il irait décrocher la lune pour sa fille.* • **Demander, promettre la lune** : demander, promettre l'impossible. • **Être dans la lune** : rêvasser, être ailleurs. *Tu ne m'écoutes pas, tu es dans la lune.*
▸ REM. S'écrit avec une majuscule pour désigner l'astre.

ENCYCLOPÉDIE La Lune a un diamètre de 3 476 km. Elle se trouve à une distance moyenne de 384 400 km de la Terre. La Lune tourne autour de la Terre en 27 jours et un peu plus de 7 h. Elle n'emet pas de lumière propre, elle ne fait que renvoyer celle émise par le Soleil. Le 21 juillet 1969, pour la première fois, des hommes, les astronautes américains Neil Armstrong et Buzz Aldrin, mirent le pied sur la Lune. → VOIR Fiche **52.**

luné, e **adj.** • (Familier) **Être bien luné, mal luné** : être de bonne humeur, de mauvaise humeur. *Ne lui demande rien, il est très mal luné.*

lunette **n.f.** Instrument d'optique qui permet de voir, de façon distincte, des choses très éloignées. *La lunette astronomique sert à observer les astres. Une lunette d'approche.* SYN. longue-vue. • **Lunette arrière** : vitre arrière d'une voiture. • **Lunette de W.-C.** : ou-

Le satellite naturel de la Terre

La Lune met le même temps pour tourner autour de la Terre que pour tourner sur elle-même. Elle nous montre donc toujours la même face. Les **phases de la Lune** correspondent à la façon dont on la voit de la Terre, éclairée par le Soleil. Pendant la phase appelée « nouvelle lune », elle est située entre le Soleil et la Terre, et tourne sa face non éclairée vers la Terre : elle est donc invisible. Lorsqu'elle est tout éclairée, à l'opposé du Soleil par rapport à la Terre, c'est la « pleine lune ». Il y a **éclipse** de Soleil ou de Lune lorsque les deux astres sont sur le même plan et en alignement avec la terre. Quant aux **marées**, elles résultent de l'attraction que la Lune et le Soleil exercent sur les océans.

trace de pas d'un astronaute sur la Lune (mission Apollo 11)

les éclipses de Lune

date	type	heure
4 juin 2012	partielle	11 h 03 min
25 avril 2013	partielle	20 h 07 min
15 avril 2014	totale	7 h 46 min
8 oct. 2014	totale	10 h 55 min
4 avril 2015	totale	12 h
28 sept. 2015	totale	02 h 47 min

les phases de la Lune

éclipse de Soleil

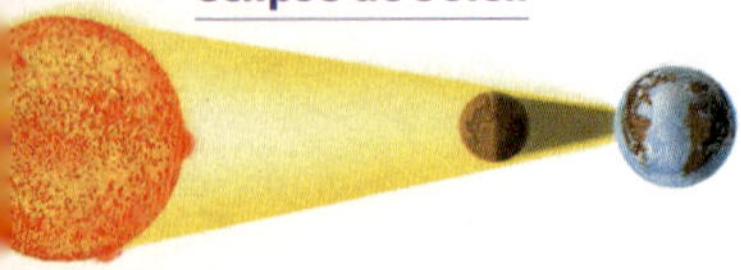

la Lune masque la lumière du Soleil

Un astre sans atmosphère, hostile à la vie

Le relief de la Lune comporte des **cratères** parfois géants (250 km de diamètre), des sommets arrondis (jusqu'à 8 200 m) et de vastes plaines de lave. Son sol est caillouteux et poussiéreux. C'est un **monde sans atmosphère**, hostile à la vie, au ciel obscur, où les rayons solaires ne sont pas filtrés avant d'arriver au sol. Les températures y sont extrêmes et la pesanteur six fois plus faible que sur la Terre.

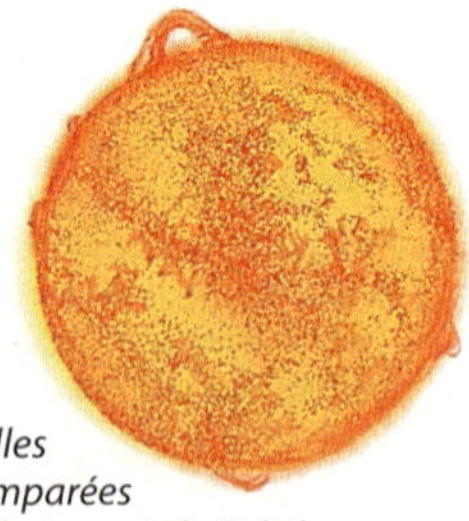

tailles comparées de la Lune et du Soleil

verture, cuvette des W.-C. ◆ **lunettes** **n.f.plur.** Paire de verres maintenus par une monture pour corriger la vue ou protéger les yeux. *Des lunettes pour myope. Des lunettes de soleil.* → VOIR AUSSI **jumelles.**

HISTOIRE DU MOT C'est un diminutif de *lune*, à cause de la forme ronde du verre de la lunette.

lunule **n.f.** Petite tache blanche en forme de demi-lune à la base des ongles.

lupin **n.m.** Plante que l'on cultive comme fourrage ou pour ses épis de fleurs.

lupin

lurette **n.f.** • (Familier) **Il y a belle lurette :** il y a bien longtemps. *Il y a belle lurette que Françoise n'habite plus ici !*

HISTOIRE DU MOT Vient de l'ancienne expression *il y a belle heurette* qui signifiait « il y a une petite heure ».

luron, onne **n.** • **Un gai, un joyeux luron :** une personne qui aime rire, plaisanter et qui est insouciante. SYN. joyeux drille.

1 lustre **n.m.** ❶ Appareil d'éclairage que l'on suspend au plafond et qui a plusieurs lampes. ❷ Faste, luxe qui accompagnent une cérémonie.

HISTOIRE DU MOT Vient du latin *lustrare*, « éclairer ».

2 lustre **n.m.** • **Depuis des lustres :** depuis longtemps. *On ne l'a pas revu depuis des lustres.*

HISTOIRE DU MOT Vient du latin *lustrum* qui signifie « période de cinq ans ». Autrefois, on employait le mot *lustre* dans ce sens précis, par exemple *douze lustres* signifiait « soixante ans ».

lustrer **v.** (CONJUG. 3). Frotter pour rendre brillant, pour faire reluire. *Lustrer une carrosserie de voiture.* ◆ **se lustrer** **v.pron.** Devenir légèrement brillant sous l'effet de l'usure, des frottements répétés. *Les manches de sa veste se sont lustrées aux coudes.*

luth **n.m.** Instrument de musique originaire d'Orient, à cordes pincées et dont la caisse est très bombée. *Le luth était très en vogue en Europe aux* XVIe *et* XVIIe *siècles.*

la Joueuse de **luth**
(tableau de Jean Daret, 1638)

luthérien, enne **adj.** et **n.** Qui se rapporte à la doctrine de Luther ; adepte de cette doctrine religieuse. *L'Église luthérienne.*

luthier, ère **n.** Personne qui fabrique ou répare des instruments de musique à cordes, comme des violons, des guitares. → VOIR AUSSI **facteur.**

lutin **n.m.** Petit génie malicieux qui, selon les croyances populaires, vient la nuit soit taquiner les hommes, soit les aider, en faisant le travail à leur place.

HISTOIRE DU MOT Vient du nom latin de *Neptune*, dieu de la Mer, qui fut ensuite considéré comme un démon.

lutrin **n.m.** Pupitre servant à tenir les livres ouverts. *Les partitions étaient ouvertes sur les lutrins.*

lutte **n.f.** ❶ Affrontement entre deux personnes, deux groupes qui cherchent à venir à bout l'un de l'autre. *La lutte d'un peuple pour son indépendance.* SYN. combat. ❷ Ensemble d'actions menées pour se débarrasser d'un mal, d'un fléau. *La lutte contre le sida.* ❸ Sport de combat où chacun des deux adversaires cherche à renverser l'autre sur le dos.

lutter **v.** (CONJUG. 3). ❶ Affronter un adversaire à la lutte. SYN. combattre. ❷ Déployer beaucoup d'énergie pour atteindre un but. *Elle lutte contre la maladie. Ils ont lutté pour leur indépendance.* SYN. se battre.

lutteur, euse **n.** Sportif, sportive qui pratiquent la lutte.

luxation **n.f.** Déplacement accidentel d'un os hors de son articulation. SYN. déboîtement.

luxe **n.m.** ❶ Caractère de ce qui est somptueux, coûteux et raffiné ; manière de vivre coûteuse et raffinée. *Leur maison est d'un luxe inouï. Vivre dans le luxe. Un hôtel de luxe.* ❷ Ce qu'on s'offre exceptionnellement, juste pour le plaisir, même si c'est cher. *Sa collection de timbres est son seul luxe.* • **Ce n'est pas du luxe :** c'est nécessaire, utile. *Un cours de maths, pour moi, ce ne sera pas du luxe !*

se **luxer** **v.pron.** (CONJUG. 3). Se faire une luxation. *Elle s'est luxé la cheville.*

luxueusement **adv.** Avec luxe. SYN. magnifiquement, somptueusement.

luxueux, euse **adj.** Qui se caractérise par le luxe. *Une suite luxueuse dans un grand hôtel.* SYN. somptueux. *Un train de vie luxueux.* SYN. fastueux, princier. CONTR. modeste, simple.

luxuriant, e **adj.** *Une végétation luxuriante* pousse et se développe en abondance.

luzerne **n.f.** Petite plante dont une espèce, à fleurs violettes, est cultivée pour servir de fourrage.

lycée **n.m.** En France et dans certains pays, établissement d'enseignement secondaire.

HISTOIRE DU MOT Vient du grec *Lukeion*, nom du gymnase où enseignait Aristote.

lycéen, enne **n.** Élève d'un lycée.

lychee **n.m.** → **litchi**

a b c d e f g h i j k l m n o p q r s t u v w x y z

lymphatique **adj.** et **n.** Qui a une attitude molle, nonchalante. *Il a un tempérament lymphatique.* SYN. indolent.

HISTOIRE DU MOT Dans la médecine ancienne, la lymphe était une des *humeurs* censées influer sur le comportement.

lymphe **n.f.** Liquide, transparent et jaunâtre, qui circule dans l'organisme. *La lymphe est le milieu dans lequel baignent les cellules du corps.*

lyncher **v.** (CONJUG. **3**). Rouer de coups une personne jusqu'à ce que mort s'ensuive. *L'agresseur a failli se faire lyncher par la foule.*

HISTOIRE DU MOT Vient de l'anglais *Lynch's law* qui signifiait « loi de Lynch », du nom du capitaine William Lynch qui eut l'initiative de cette pratique. À l'origine, le *lynchage* consistait à exécuter quelqu'un immédiatement après un procès sommaire.

lynx **n.m.** Mammifère carnivore, ressemblant à un très grand chat, aux oreilles pointues terminées par une touffe de poils raides, et à queue courte. • **Avoir des yeux de lynx :** avoir une vue perçante.

ENCYCLOPÉDIE Le lynx se nourrit de petits mammifères, d'oiseaux, mais aussi de chevreuils ou de cerfs, d'où son autre nom de *loup-cervier*.

lynx

lyre **n.f.** Instrument de musique à cordes qui date de l'Antiquité. *À l'origine, la caisse de résonance de la lyre se composait d'une carapace de tortue ou d'une calebasse.*

lyrique **adj.** ❶ Qui est mis en scène et chanté. *Le théâtre lyrique.* ❷ Plein d'enthousiasme, d'exaltation dans l'expression. *Sitôt qu'elle aborde ce sujet, elle devient lyrique.* SYN. passionné. • **Artiste lyrique :** chanteur d'opéra ou d'opéra-comique.

lyrisme **n.m.** Façon enthousiaste, presque exagérée d'exprimer ses sentiments. *Il racontait avec lyrisme le jour de leur première rencontre.*

lys **n.m.** → **lis**

Mm

ma **adj. possessif.** Désigne la 1re personne du singulier. → VOIR **déterminant** (encadré).

macabre **adj.** Qui évoque la mort, les squelettes, les cadavres. *Il fait des plaisanteries macabres.* SYN. sinistre.

macadam **n.m.** Revêtement de route fabriqué avec des pierres concassées mêlées à du sable et tassées avec des rouleaux compresseurs. *Le macadam est souvent recouvert de goudron.*
▸ REM. On prononce [-dam].
HISTOIRE DU MOT Vient de *McAdam*, nom d'un Écossais qui inventa ce procédé.

macaque **n.m.** Singe d'Asie au corps trapu, au museau proéminent. *Le « macaque rhésus », vivant en Inde, a été utilisé dans des laboratoires et a permis la découverte du facteur Rhésus.*

macaque

macaron **n.m.** ❶ Petit gâteau rond et moelleux, fait de pâte d'amandes, de blancs d'œufs et de sucre. ❷ Natte de cheveux roulée sur l'oreille. ❸ (Familier) Décoration, insigne de forme ronde. *Le macaron des voitures officielles.* SYN. cocarde.

macaroni **n.m.** Pâte alimentaire en forme de tube. *Un gratin de macaronis.*

macédoine **n.f.** Mélange de plusieurs fruits ou légumes coupés en morceaux.
HISTOIRE DU MOT Vient du nom propre *Macédoine*, car la Macédoine, empire d'Alexandre, était habitée par des peuples d'origines très diverses.

macédonien, enne **adj.** et **n.** De Macédoine. *Milena est macédonienne.* ◆ **macédonien** **n.m.** Langue parlée en Macédoine.
▸ REM. Quand il désigne une personne, le mot prend une majuscule : *un Macédonien, une Macédonienne.*

macération **n.f.** Le fait de macérer.

macérer **v.** (CONJUG. **9**, ✎ *10*). Tremper assez longtemps dans un liquide pour s'en imprégner. *Les écorces d'orange macéraient dans le vin.*

mach ou **nombre de Mach** **n.m.** *Voler à mach 1, 2, 3,* en parlant d'un avion, c'est voler à une, deux, trois fois la vitesse du son.
▸ REM. On prononce [mak].
HISTOIRE DU MOT Vient du nom d'un physicien autrichien, *Ernst Mach* (1838-1916).

mâche **n.f.** Plante potagère à petites feuilles que l'on mange en salade.

mâchefer **n.m.** Résidu de charbon qu'on répand sur les routes et les voies ferrées pour les protéger de l'humidité.

mâcher **v.** (CONJUG. **3**). ❶ Broyer les aliments avec les dents par le mouvement des mâchoires. *Mâche avant d'avaler si tu ne veux pas t'étouffer !* SYN. mastiquer. ❷ *Mâcher le travail à quelqu'un*, c'est lui préparer ce qu'il a à faire. ● **Ne pas mâcher ses mots :** dire quelque chose de manière directe, franchement.

machette **n.f.** Grand couteau à lame épaisse et à poignée courte utilisé surtout dans les régions tropicales comme outil ou comme arme. *Les explorateurs avançaient dans la jungle en se frayant un chemin à coups de machette.*

machiavélique **adj.** Qui est capable de ruse, de perfidie, de mensonge ; qui vise à tromper. *Un être machiavélique.* SYN. perfide. *Un piège machiavélique.* SYN. diabolique.
▸ REM. On prononce [makjavelik].
HISTOIRE DU MOT Vient de *Machiavel*. → VOIR noms propres.

mâchicoulis
(château de Tarascon, France)

mâchicoulis n.m. Au Moyen Âge, ouverture dans la partie supérieure d'une tour par laquelle on pouvait lancer des projectiles sur les assaillants.

machin, e n. (Familier) Objet ou personne que l'on ne sait pas comment nommer ou que l'on ne veut pas nommer. *Qu'est-ce que c'est que ce machin ?* SYN. (Fam.) truc. *C'est encore Machine qui t'a téléphoné !*

machinal, ale, aux adj. Qui est fait sans l'intervention de la volonté, comme par une machine. *Quand elle se lève, elle ouvre les rideaux de sa chambre d'un geste machinal.*

machinalement adv. De façon machinale. *Elle a répondu machinalement, sans réfléchir.*

machination n.f. Ensemble d'actions menées secrètement pour nuire à quelqu'un. *Déjouer une machination.* SYN. complot, intrigue, manœuvre.

machine n.f. ❶ Appareil qui permet d'effectuer un travail et de simplifier les tâches humaines. *Une machine agricole. Une machine à écrire. Une machine à laver* (= lave-linge, lave-vaisselle). *Une machine à calculer* (= une calculatrice). ❷ Désigne toutes sortes de véhicules. *Une magnifique machine volante. Le mécanicien sur sa machine faisait signe au chef de gare.* ❸ Au figuré, tout organisme complexe. *La machine administrative. La merveilleuse machine humaine.* • **Faire machine arrière** : revenir sur ce qu'on a dit. • **Salle des machines** : partie d'un navire où se trouvent les moteurs, les turbines.

HISTOIRE DU MOT Vient d'un mot grec qui signifie « invention ingénieuse ».

machiner v. (CONJUG. 3). (Familier) Manigancer.

machinerie n.f. Ensemble de machines réunies dans un même lieu pour un même usage. *La machinerie d'un théâtre permet de changer les décors et d'éclairer la scène.*

machinisme n.m. Emploi généralisé des machines dans l'industrie. *Le machinisme s'est développé dans les usines au XIXe siècle.*

machiniste n. Au théâtre et au cinéma, personne chargée de monter et de démonter les décors.

macho n.m. et adj. (Familier) Homme qui se prétend supérieur aux femmes et se comporte de manière à le leur faire sentir. (On dit aussi *machiste*.)
▸ REM. On prononce [matʃo].

HISTOIRE DU MOT C'est un mot espagnol qui vient du latin *masculus* qui signifie « mâle ».

mâchoire n.f. Chacune des deux parties osseuses situées à l'intérieur de la bouche dans lesquelles sont implantées les dents. *Mâchoire supérieure et mâchoire inférieure.*

mâchonner v. (CONJUG. 3). Mâcher lentement et longuement ; mordiller avec les dents. *Il mâchonnait son crayon en réfléchissant.* SYN. (Fam.) mâchouiller.

mâchouiller v. (CONJUG. 3). (Familier) Mâchonner.

maçon n.m. Personne qui construit et répare des murs, des sols, etc. *Le maçon refait le mur du garage.*
▸ REM. Au Canada, la forme féminine de ce mot est *maçonne*.

HISTOIRE DU MOT Vient d'un mot de la langue des Francs qui signifiait « faire ».

maçonnerie n.f. Partie de la construction d'une maison, faite avec des matériaux de base : pierres, briques, etc., liés par du ciment, du mortier, du plâtre. *Il a d'abord fait toute la maçonnerie de la maison avant d'installer les fenêtres.*

macramé n.m. Sorte de dentelle assez épaisse faite avec des fils tressés et noués à la main. *Un sac en macramé.*

maculer v. (CONJUG. 3). Couvrir de taches. *Sa chemise était maculée de chocolat.* SYN. souiller, tacher.

HISTOIRE DU MOT Vient du latin *macula* qui signifie « tache » et que l'on retrouve dans *immaculé*.

madame n.f. (PLUR. : **mesdames**). ❶ Nom que l'on donne à une femme mariée ou qui l'a été. ❷ Titre que l'on indique avant la fonction ou la profession d'une femme. *Madame la directrice.*
▸ REM. *Madame* s'abrège en *Mme*, et *mesdames* en *Mmes*.

made in loc. Mention qui figure sur une étiquette, un emballage et permet d'indiquer dans quel pays est fabriqué l'objet.
▸ REM. C'est une expression anglaise, on prononce [mɛdin].

madeleine n.f. Petit gâteau qui a la forme d'une coquille bombée, à base d'œufs battus, de sucre, de farine et de beurre fondu.

mademoiselle n.f. (PLUR. : **mesdemoiselles**). Nom que l'on donne à une jeune fille ou à une femme qui n'est pas mariée.
▸ REM. *Mademoiselle* s'abrège en *Mlle*, et *mesdemoiselles* en *Mlles*.

madone n.f. ❶ (Avec une majuscule.) Nom donné à la Vierge Marie. ❷ Image, peinture représentant Marie. ❸ *Un visage, un air de madone*, un visage aux traits réguliers, purs et au bel ovale.

madras n.m. ❶ Tissu en soie et en coton, aux couleurs vives, avec lequel on confectionne des jupes, des robes, des foulards. *Il lui a rapporté un foulard en*

A B C D E F G H I J K L M N O P Q R S T U V W X Y Z

madras de la Martinique. ❷ Foulard en madras, noué sur la tête, porté surtout par les femmes antillaises.
▸ REM. On prononce le *-s*.
HISTOIRE DU MOT Vient du nom propre *Madras*, ville de l'Inde où ce tissu a été tout d'abord fabriqué.

madré, e **adj.** Qui est rusé sous des airs aimables et un peu innocents.
▸ REM. Ce mot appartient à la langue littéraire.
HISTOIRE DU MOT Vient de l'ancien français *madre* qui signifiait « bois veiné ».

madrier **n.m.** Pièce de bois très épaisse dont on se sert dans la construction. *La charpente de la maison est faite de madriers en chêne.*

madrigal **n.m.** (PLUR. : **madrigaux**). Court poème en vers, chanté, exprimant une pensée tendre.

maestria **n.f.** Manière de réaliser quelque chose avec virtuosité, brio, perfection. *Marie a joué la sonate avec maestria.*
▸ REM. On prononce [maɛstrija].
HISTOIRE DU MOT C'est un mot italien qui signifie « maîtrise ».

maestro **n.m.** Nom que l'on donne à un compositeur de musique ou à un grand chef d'orchestre. *Quand le maestro entra dans la salle, le public se leva pour l'applaudir.*
HISTOIRE DU MOT C'est un mot italien qui signifie « maître ».

mafia ou **maffia** **n.f.** ❶ (Avec une majuscule.) Organisation secrète de malfaiteurs, née en Sicile, résolue à assurer son pouvoir et sa puissance dans tous les domaines (politique, économique, financier) par tous les moyens : crimes, corruption, racket, commerce de la drogue, etc. ❷ Groupe organisé de malfaiteurs. *La mafia des voleurs de voitures.*

magasin **n.m.** ❶ Établissement où l'on vend des marchandises. *Un magasin d'alimentation. Un magasin de vêtements.* SYN. boutique. ❷ Endroit où sont conservées des marchandises. *Les magasins à blé du port.* SYN. entrepôt. ❸ Partie creuse d'une arme, d'une caméra ou d'un appareil photo où l'on place projectile, cartouche ou pellicule lorsqu'on les charge.
HISTOIRE DU MOT Vient de l'arabe *makhâzin* qui signifie « entrepôt ».

magasinage **n.m.** Au Canada, action de magasiner.

magasiner **v.** (CONJUG. 3). Au Canada, faire des courses dans les magasins.

magasinier, ère **n.** Personne chargée de garder les objets mis en magasin et de veiller à l'état des stocks.

magazine **n.m.** ❶ Revue, généralement illustrée, publiée régulièrement chaque semaine ou chaque mois. *Elle achète toutes les semaines un magazine féminin.* ❷ À la télévision ou à la radio, émission régulière sur un sujet déterminé. *Il regarde toujours le magazine sportif.*

mage **n.m.** Personne qui prétend détenir des pouvoirs religieux mystérieux, qui pratique les sciences occultes, ainsi que certaines formes de magie. • **Les Rois mages** → VOIR noms propres.

magenta **adj.invar.** et **n.m.** • **Rouge magenta :** couleur rouge violacé, qui est une des trois couleurs primaires avec le jaune et le bleu cyan.
▸ REM. On prononce [maʒɛ̃ta].

maghrébin, e, ✎ ***magrébin, e*** **adj.** et **n.** Du Maghreb. *Le Maroc, l'Algérie, la Tunisie sont des pays maghrébins.*
▸ REM. Quand il désigne une personne, le mot prend une majuscule : *un Maghrébin, une Maghrébine.*

magicien, enne **n.** ❶ Personne qui pratique la magie. *La magicienne Circé, dans « l'Odyssée » d'Homère, transforma les compagnons d'Ulysse en porcs.* ❷ Illusionniste qui fait des tours de magie. *Ce qui lui a beaucoup plu au cirque, c'est le magicien et ses colombes.*

magie **n.f.** ❶ Ensemble de pratiques qui font appel à des forces mystérieuses pour produire des phénomènes apparemment inexplicables. *La magie noire fait appel aux démons pour produire des effets maléfiques.* ❷ Art de l'illusionniste. *Faire des tours de magie.* ❸ Charme mystérieux de quelque chose. *La magie des mots.*

magique **adj.** ❶ Qui relève de la magie. *La fée toucha le prince de sa baguette magique et le transforma en crapaud.* ❷ Qui produit des effets extraordinaires, étonnants. *C'est un spectacle magique, tu seras surpris du début à la fin !*

magistral, ale, aux **adj.** Qui est digne d'un maître par ses qualités exceptionnelles. *Une œuvre magistrale. Réussir un coup magistral* (= un exploit).

magistralement **adv.** D'une manière magistrale. *Il a magistralement réussi son concours.*

magistrat, e **n.** Fonctionnaire chargé de la justice. *Les juges et les procureurs sont des magistrats.*

magistrature **n.f.** L'ensemble des magistrats, la fonction des magistrats.

magma **n.m.** ❶ Mélange de matières en fusion qui se forme à l'intérieur de la Terre et qui en refroidissant forme une roche volcanique. *La lave qui s'écoule d'un volcan au cours d'une éruption est du magma en fusion.* ❷ Au figuré, mélange confus. *Son texte n'est qu'un magma d'idées mal organisées.*
HISTOIRE DU MOT Vient du grec *magma* qui signifie « pâte pétrie ».

magnanime **adj.** Qui pardonne facilement les offenses et qui se montre bienveillant envers les faibles et les vaincus. SYN. clément.
▸ REM. Ce mot appartient à la langue soutenue.
HISTOIRE DU MOT Vient du latin *magnus*, qui signifie « grand », et *animus*, qui signifie « âme ».

magnanimité **n.f.** Caractère d'une personne magnanime. *Les prisonniers de guerre furent traités avec magnanimité.* SYN. clémence, générosité.
▸ REM. Ce mot appartient à la langue soutenue.

a b c d e f g h i j k l m n o p q r s t u v w x y z

A B C D E F G H I J K L M N O P Q R S T U

magnat n.m. Personnalité très importante du monde des affaires, de la finance, etc. *Un magnat de la presse.*
HISTOIRE DU MOT Vient du latin *magnus* qui signifie « grand ».

magnésium n.m. ❶ Métal léger, blanc argenté. *Le magnésium brûle à l'air avec une flamme blanche éblouissante.* ❷ Trace de ce métal, dont la présence dans l'organisme est indispensable. → VOIR AUSSI **oligoélément.**

magnétique adj. ❶ Qui a les propriétés de l'aimant. *Un métal magnétique. La force magnétique.* ❷ Qui exerce une certaine fascination. *Un regard magnétique.* • **Bande magnétique :** ruban enduit d'une couche d'oxyde de fer qui permet d'enregistrer des sons et des images. • **Champ magnétique :** zone d'attraction d'un aimant.

magnétiser v. (CONJUG. 3). ❶ Donner les propriétés de l'aimant à quelque chose. *L'aiguille de la boussole est magnétisée.* ❷ Soumettre à une attraction puissante et mystérieuse. *Un orateur qui magnétise les foules.* SYN. fasciner.

magnétisme n.m. ❶ Ensemble des propriétés des matériaux aimantés. ❷ Au figuré, attrait puissant et mystérieux qu'une personne exerce sur son entourage. SYN. fascination.

magnétophone n.m. Appareil qui sert à l'enregistrement et à la restitution des sons au moyen de bandes magnétiques.
▸ REM. Son emploi est devenu rare et le mot est vieilli.

magnétoscope n.m. Appareil qui sert à l'enregistrement et à la restitution d'images et de sons au moyen de bandes magnétiques ou d'un disque dur.

magnificence n.f. Le fait d'être magnifique, somptueux. *La magnificence d'un palais.* SYN. faste, splendeur.
▸ REM. Ce mot appartient à la langue soutenue.

magnifique adj. D'une beauté somptueuse, pleine de grandeur. *Ils entrèrent dans un château magnifique.* SYN. splendide, superbe.

magnifiquement adv. De façon magnifique. *Une maison magnifiquement décorée.* SYN. superbement.

magnitude n.f. Mesure de l'intensité d'un séisme, d'un tremblement de terre. *L'échelle de Richter permet de mesurer la magnitude des séismes.*

magnolia n.m. Arbre originaire d'Asie et d'Amérique, aux feuilles luisantes et aux grandes fleurs blanches ou rouges très odorantes.

magnum n.m. Grande bouteille contenant l'équivalent de deux bouteilles ordinaires, soit 1,5 l. *Un magnum de champagne.*
▸ REM. On prononce [magnɔm].

magnolia

magot n.m. (Familier) Somme d'argent amassée peu à peu et que l'on met en réserve, que l'on cache. *Ils ont fouillé toute la maison sans réussir à trouver le magot.*
HISTOIRE DU MOT Vient d'un ancien mot français qui désignait le lieu où l'on conservait les fruits.

magouille n.f. (Familier) Agissement douteux, malhonnête à l'intérieur d'un groupe, d'une institution. *Ils ont obtenu ce qu'ils voulaient grâce à leurs magouilles et non par leur compétence !*

magret n.m. Filet de canard. *Le magret se sert souvent avec des pommes.*

maharaja ou **maharadjah,** ✎ ***maharadja*** n.m. Titre signifiant « grand roi » que l'on donne aux princes de l'Inde qui possèdent des fiefs.

mai n.m. Le cinquième mois de l'année. *Le 1er mai est le jour de la fête du Travail dans de nombreux pays.*
HISTOIRE DU MOT Vient du latin *Maius mensis* qui signifie « mois de la déesse Maia », divinité vénérée par les Romains.

maigre adj. ❶ Dont le corps a très peu de graisse. *Il ne mange pas, il est maigre comme un clou !* CONTR. gros. → VOIR AUSSI **mince.** ❷ Qui ne contient que très peu de matières grasses. *Des yaourts maigres. Une viande maigre.* → VOIR AUSSI **allégé.** ❸ Qui est en faible quantité. *La maigre végétation des déserts. Cette année-là, la récolte fut maigre.* CONTR. abondant. ❹ Qui est petit, médiocre. *Il reçoit un maigre salaire tout en travaillant beaucoup.* CONTR. important. *Elle a de bien maigres résultats scolaires, il faut qu'elle travaille davantage !*

maigreur n.f. État d'une personne ou d'un animal maigres. *Les prisonniers étaient d'une maigreur effrayante.*

maigrichon, onne adj. et n. Un peu trop maigre. *Elle est maigrichonne pour son âge !* SYN. frêle.
▸ REM. On dit aussi *maigrelet, maigrelette.*

maigrir maigrissant, maigri v. (CONJUG. 16). Devenir maigre, perdre du poids. *Il a beaucoup maigri depuis sa maladie.* → VOIR AUSSI **amaigrir, mincir.**

mail n.m. Allée, promenade bordées d'arbres dans certaines villes.
▸ REM. On prononce [maj].
HISTOIRE DU MOT Le *mail* était autrefois un petit maillet avec lequel on jouait sur de grandes allées.

1 maille n.f. ❶ Boucle de fil, de laine, etc., reliée à d'autres boucles pour former un tricot ou un filet. ❷ Chaque trou à l'intérieur de cette boucle. *Le poisson s'est échappé à travers les mailles du filet.*

2 maille n.f. • **Avoir maille à partir avec quelqu'un :** avoir des difficultés, des démêlés avec quelqu'un. *Avoir maille à partir avec la police.*
HISTOIRE DU MOT Au XVIIe siècle, la *maille* était une pièce de monnaie de faible valeur. *Avoir maille à partir*, c'était devoir partager presque rien.

maillet n.m. ❶ Gros marteau à deux têtes, en bois très dur, en plastique ou en caoutchouc, dont se servent les menuisiers, les sculpteurs sur pierre, etc. ❷ Instrument à long manche dont on se sert pour jouer au croquet. *Il donna un coup de maillet et la boule de bois passa sous l'arceau.*

maillon n.m. Anneau d'une chaîne. *Lise a perdu sa gourmette parce qu'un maillon s'est ouvert.* SYN. chaînon. • **Être un maillon de la chaîne :** être un simple élément d'un ensemble plus complexe.

maillot **n.m.** ❶ Vêtement qui couvre le haut du corps, souvent porté à même la peau. *Le coureur cycliste qui est classé en tête du Tour de France porte un maillot jaune.* ❷ Vêtement pour le bain. *N'oublie pas ton maillot, nous irons à la piscine.* ❸ Vêtement souple et moulant pour la danse.

main **n.f.** ❶ Partie du corps humain qui termine le bras et qui permet de prendre, de tenir, de toucher, de façonner, etc. *Les cinq doigts de la main. Serrer la main pour dire bonjour ou au revoir.* ❷ Indique que quelque chose est fait manuellement et non au moyen d'une machine. *Un vêtement fait main. Une lettre écrite à la main.* ❸ S'emploie dans de nombreuses expressions avec des valeurs diverses. *Demander la main d'une femme* (= la demander en mariage). *Une attaque à main armée* (= avec une arme). *Un vote à main levée* (= sans bulletin ; on lève juste la main pour donner son opinion). *Lever la main sur quelqu'un* (= chercher à le frapper). *Mettre la main sur un objet* (= le retrouver). *Mettre la main sur une personne* (= l'attraper). *Avoir sous la main* (= avoir à sa disposition). • **Avoir la main :** être le premier à jouer une carte. • **Donner un coup de main :** aider quelqu'un. • **En mains propres :** directement à la personne concernée. *Remettez-lui cette enveloppe en mains propres.* • **Faire main basse sur quelque chose :** s'en emparer. • **Prendre en main :** se charger, s'occuper de quelqu'un ou de quelque chose.

HISTOIRE DU MOT Vient du latin *manus*, que l'on retrouve dans *manuel, manuscrit, manucure*, etc.

mainate **n.m.** Oiseau passereau noir originaire de Malaisie, au bec orangé, capable d'imiter tous les sons, y compris la parole humaine.

main-d'œuvre **n.f.** (PLUR. : **mains-d'œuvre**). ❶ Travail d'un ouvrier dans la confection d'un ouvrage, la fabrication d'un produit. *Pour savoir à combien cette armoire revient au fabricant, il faut ajouter le coût de la main-d'œuvre à celui du bois.* ❷ Ensemble des ouvriers, des salariés d'une entreprise, d'une région, d'un pays. *Cette société fait exclusivement appel à la main-d'œuvre locale.*

main-forte, ✎ ***mainforte*** **n.f.sing.** • **Prêter main-forte à quelqu'un :** lui venir en aide, l'assister. *Il s'est fait prêter main-forte pour transporter tous les meubles.*

mainmise **n.f.** Action de s'emparer de manière souvent abusive de quelque chose. *Cet homme a la mainmise sur la presque totalité de l'entreprise, il peut décider de tout.*

maint, e **adj.** S'emploie pour indiquer un grand nombre. *Vous trouverez des pervenches en maints endroits. Je l'ai sollicité à maintes reprises* (= souvent, de

mainate

façade d'une **mairie** française

nombreuses fois). *Je lui ai maintes fois proposé de venir, en vain.*
▸ REM. Ce mot appartient à la langue littéraire.

maintenance **n.f.** Ensemble des opérations permettant de maintenir en état un matériel, un appareil, un véhicule. *Il est chargé de la maintenance des ordinateurs.*

maintenant **adv.** Au moment où l'on parle. *Je pars maintenant.* SYN. tout de suite. *Autrefois, la charrue était tirée par un cheval, maintenant, on utilise un tracteur.* SYN. aujourd'hui. • **Maintenant que :** à présent que. *Maintenant qu'on connaît la réponse, cela paraît simple* (= à partir du moment où).

maintenir **maintenant, maintenu v.** (CONJUG. **20**). ❶ Soutenir quelque chose, faire qu'il reste en place. *Les poutres maintiennent la toiture.* ❷ Tenir dans une certaine position. *S'efforçant de maintenir sa tête hors de l'eau, elle nageait avec vigueur jusqu'au rivage.* ❸ Conserver un état. *Maintenir l'ordre dans un groupe. Notre candidat maintient sa candidature au second tour.* ❹ Ne pas revenir sur ce qu'on a dit et l'affirmer avec force. *Je maintiens que c'est toi qui te trompes.*
◆ **se maintenir v.pron.** Rester dans le même état. *Le temps se maintient, il fait toujours beau.*

maintien **n.m.** ❶ Manière de se tenir. *Regarde comment tu marches ! Tu devrais prendre des cours de maintien !* ❷ Le fait de maintenir, de soutenir ou de conserver quelque chose. *Le maintien des traditions dans certaines régions. Maintien de l'ordre.*

maire **n.** Personne élue pour diriger une municipalité. *La maire, assistée de son adjoint, a inauguré la nouvelle bibliothèque.*
▸ REM. Au Canada, la forme féminine de ce mot est *maire* ou *mairesse*.

mairie **n.f.** Bâtiment où se trouvent les services municipaux et le bureau du maire. *La mairie est ouverte tous les jours sauf le samedi après-midi et le dimanche.*
▸ REM. On dit aussi *hôtel de ville* pour les villes importantes.

mais **conj. de coordination.** ❶ Relie deux mots ou deux phrases en exprimant une opposition, en apportant une correction à ce qui a été dit. *L'appartement est petit mais commode. Je le croyais gentil, mais je me suis trompée.* ❷ Sert à renforcer une affirmation, une négation. *« Tu en veux ? – Mais bien sûr ! » « Tu n'es pas fâché ? – Mais non, voyons ! »*

maïs **n.m.** Céréale à tige droite, à larges feuilles et à grains comestibles de la grosseur d'un pois, serrés dans un épi. • **Maïs soufflé :** au Canada, pop-corn.

épis de maïs

maison **n.f.** ❶ Tout bâtiment construit pour servir d'habitation, de lieu de travail. *La rue est bordée de jolies maisons en brique.* → VOIR AUSSI **immeuble.** ❷ Construction destinée à abriter une famille, par opposition à *immeuble. Il s'est fait construire une maison au bord de la mer. Elle a une maison à la campagne. Ils préfèrent habiter une maison en banlieue plutôt qu'un appartement en ville.* → VOIR AUSSI **pavillon, villa.** ❸ Logement que l'on habite, quel qu'il soit. *Je rentre à la maison tous les soirs vers sept heures* (= chez moi). *Une maison bien tenue* (= un intérieur propre, rangé...). ❹ Les personnes qui habitent ensemble. *Toute la maison était énervée ! La fille de la maison est charmante !* ❺ Bâtiment public ou privé qui sert à un usage particulier. *Une maison de la culture est un lieu où sont organisées différentes activités culturelles : ateliers de travaux manuels, animations, spectacles. Une maison de retraite loge les personnes âgées. Une maison d'arrêt* (= une prison). ❻ Entreprise commerciale ou industrielle. *La maison a été fondée en 1803. Une maison de commerce. La maison ne fait pas de crédit.* ◆ **adj.invar.** Fait, fabriqué à la maison, sur place. *Ce restaurant ne sert que des pâtisseries maison.*

maisonnée **n.f.** Ensemble des gens appartenant généralement à une même famille et qui habitent dans une même maison. *L'annonce de la nouvelle mit toute la maisonnée en émoi.*

maisonnette **n.f.** Petite maison.

1 maître, maîtresse, ✎ ***maitre, maitresse*** **n.** ❶ Personne qui commande. *Les esclaves se sont révoltés contre leur maître. Tu es le maître chez toi, fais ce que tu veux !* ❷ Instituteur, institutrice. *Elle est allée voir le maître après la classe pour lui expliquer son absence de la veille. La maîtresse a fait un dessin au tableau.* ◆ **maître** **n.m.** ❶ Personne dont le talent est reconnu de tous. *Victor Hugo fait partie des grands maîtres de la littérature.* ❷ Titre que l'on donne aux avocats ainsi qu'à certains grands artistes auxquels on s'adresse. *Maître Durand a très bien défendu son client.* ❸ Grade d'officier dans la marine militaire. *Premier maître, second maître.* • **Un coup de maître :** un acte particulièrement réussi. • **Maître d'hôtel :** personne qui dirige le service de table dans un restaurant important. • **Passer maître :** devenir le meilleur dans un certain domaine. *Il est passé maître dans l'art de cuire les pâtes !*
▸ REM. Au Canada, ce mot, au sens 3, s'emploie aussi au féminin.

2 maître, maîtresse, ✎ ***maitre, maitresse*** **adj.** Qui est le plus important. *Tu n'as pas assez mis en valeur l'idée maîtresse de ta rédaction. La poutre maîtresse de la charpente est abîmée. Il ne peut que gagner, il a toutes les cartes maîtresses !* (= les cartes les plus fortes dans un jeu donné). • **Être maître de quelque chose :** en faire ce que l'on veut, en disposer. *Tu es maître de la situation, à toi de décider ce que tu fais !* • **Être, rester maître de soi :** se dominer, se maîtriser, garder son sang-froid.

maître-nageur (PLUR. : **maîtres-nageurs**), ✎ ***maitre-nageur*** (PLUR. : ***maitres-nageurs***) **n.m.** Personne qui enseigne la natation.

maîtresse, ✎ ***maitresse*** **n.f.** Nom que l'on donne à la femme avec laquelle un homme a des relations sexuelles en dehors du mariage.

maîtrise, ✎ ***maitrise*** **n.f.** ❶ Le fait de savoir se maîtriser, se dominer. *Il conserve sa maîtrise en toutes occasions.* SYN. calme, sang-froid. ❷ Supériorité, domination sur quelque chose. *L'ennemi a gagné la guerre en ayant la maîtrise de l'air et des mers* (= la supériorité militaire navale et aérienne). ❸ Le fait de connaître parfaitement une technique, un langage, un savoir-faire. *Alexandre a acquis une parfaite maîtrise de l'anglais.*

maîtriser, ✎ ***maitriser*** **v.** (CONJUG. 3). ❶ Se rendre maître de quelqu'un ou de quelque chose. *Les policiers ont maîtrisé le forcené. Les pompiers ont réussi à maîtriser l'incendie après dix heures d'effort.* ❷ Dominer un sentiment, une réaction, les contenir, ne pas se laisser envahir par eux. *Il n'a pu maîtriser sa colère.* ◆ **se maîtriser** **v.pron.** Rester maître de soi, se contrôler. *Elle a appris à se maîtriser, elle ne se met plus à hurler à la moindre contrariété.*

majesté **n.f.** ❶ (Avec une majuscule.) Titre donné aux empereurs, aux rois. *Le bal peut commencer, Sa Majesté la reine est arrivée ! Sa Majesté l'empereur. Sa Majesté le roi est souffrant.* ❷ Air de grandeur, de noblesse. *Une allure pleine de majesté.*

majestueusement **adv.** De manière majestueuse. *La cantatrice s'avança majestueusement sur la scène.*

majestueux, euse **adj.** Qui a de la dignité, de la grandeur. *Un homme à l'air majestueux s'avança parmi nous. Sa démarche était majestueuse.*

1 majeur, e **adj.** ❶ Qui est très important, essentiel, capital. *Quelle est la raison majeure de son refus ?*

SYN. principal. ❷ Qui a atteint l'âge de la majorité. *Maintenant qu'il est majeur, il peut passer son permis de conduire.* • **Cas de force majeure :** événement qu'on ne peut éviter et dont on n'est pas responsable. • **En majeure partie :** pour la plus grande partie. *J'ai fait mon exercice en majeure partie, mais je ne l'ai pas fini.*

2 majeur n.m. Le troisième et le plus long doigt de la main.

major n.m. ❶ Grade le plus élevé des sous-officiers, au-dessus de l'adjudant-chef dans l'armée de terre. ❷ En France, dans une grande école, le premier d'une promotion ; le candidat reçu premier à un concours. *Il est sorti major de Polytechnique.*
▶ REM. Au Canada, la forme féminine de ce mot est *majore.*

HISTOIRE DU MOT Vient du latin *major* qui signifie « plus grand ».

majoration n.f. Action de majorer. *Le prix des billets a subi une majoration de 10 %.* SYN. augmentation.

majordome n.m. Maître d'hôtel d'une grande maison.

HISTOIRE DU MOT Vient du latin *major domus* qui signifie « chef de la maison ».

majorer v. (CONJUG. 3). Augmenter le prix, la valeur de quelque chose. *À l'arrivée des touristes, certains commerçants ont majoré leurs prix.*

majorette n.f. Jeune fille qui parade en uniforme dans les fêtes, les défilés. *Les majorettes défilent en faisant tourner entre leurs mains une canne de tambour-major.*

majoritaire adj. *Être majoritaire au sein d'un groupe,* c'est être les plus nombreux au sein de ce groupe. *Les femmes sont majoritaires dans cette assemblée, il y a trente femmes et dix hommes !* CONTR. minoritaire. *Le parti majoritaire est celui qui a le plus grand nombre d'élus dans une assemblée.*

majorité n.f. ❶ Le plus grand nombre. *La majorité des gens préfère le soleil à la pluie. Les enfants sont en majorité d'accord avec cette sortie* (= pour la plupart). ❷ Le plus grand nombre de voix obtenues lors d'une élection. *Le député a été élu à la majorité.* ❸ Groupe politique qui a été élu. *La majorité a voté la loi proposée par le gouvernement.* CONTR. opposition. ❹ Âge auquel on est légalement reconnu capable d'exercer ses droits et responsable de ses actes devant la loi. *En France et au Canada, la majorité est à 18 ans. Il faut avoir atteint la majorité pour avoir le droit de voter.*

majuscule n.f. Lettre de plus grande taille que les autres et avec une forme différente, par opposition à *minuscule. On met des majuscules pour indiquer le début des phrases ou des vers, ainsi qu'aux noms propres.*

maki n.m. Mammifère primate à museau allongé et à longue queue, vivant à Madagascar.
▶ REM. Les makis sont des lémuriens.

1 mal adv. D'une manière qui ne convient pas, qui n'est pas satisfaisante. *Le plombier a mal travaillé, rien ne fonctionne.* CONTR. bien. *Le malade va mal* (= il est très malade). *Je me sens mal avec lui* (= je ne suis pas à l'aise). • **De mal en pis :** de plus en plus mal. • **Être au plus mal :** être très malade. • **Se sentir, se trouver mal :** avoir un malaise ; s'évanouir. • **Pas mal de :** un assez grand nombre de personnes ou de choses. *On a ramassé pas mal de champignons aujourd'hui.*

2 mal n.m. (PLUR. : **maux**). ❶ Ce qui est contraire au bien, à la justice et qui est condamné par la morale. *Faire la différence entre le bien et le mal. Ce démon est l'esprit du mal.* ❷ Ce qui est défavorable, qui cherche à nuire. *Cesse de dire du mal de tout le monde. C'est un être méchant qui te veut du mal.* CONTR. bien. ❸ Douleur physique ou morale. *Avoir mal aux dents. Aïe ! tu m'as fait mal ! Soigner ses maux de tête. Pierre a le mal du pays* (= la nostalgie). ❹ *Avoir du mal à faire quelque chose,* c'est avoir des difficultés. ❺ *Se donner du mal,* c'est faire des efforts.

malade adj. ❶ Qui souffre d'une maladie. *Elle est tombée malade le premier jour des vacances. Être malade.* SYN. souffrant. CONTR. bien portant. *Avoir le cœur malade.* ❷ *Être malade de peur, d'inquiétude,* c'est être en proie à une très grande peur, une très grande inquiétude. ◆ **n.** ❶ Personne malade, souffrante. *Les malades sont bien soignés dans cet hôpital.* ❷ (Fam.) Qui est mentalement perturbé. *Ce chauffard est un malade.*

maladie n.f. Toute affection qui trouble la bonne santé d'un être vivant. *La rougeole est une maladie infantile. La jaunisse est une maladie du foie.* • (Familier) **En faire une maladie :** être très contrarié et le faire savoir.
▶ REM. Au mot *maladie* correspond l'élément tiré du grec *patho-* que l'on retrouve dans *pathologie.*

maladif, ive adj. ❶ Qui a une santé fragile et est souvent malade. *C'est un enfant maladif, il est souvent absent pour raison de santé.* ❷ Qui n'est pas normal et peut faire penser à une maladie. *Pierre a une peur maladive des araignées !*

maladresse n.f. ❶ Le fait d'être maladroit. *Lise est d'une rare maladresse, elle fait tout tomber.* ❷ Acte, parole, geste maladroits, sans tact. *Il accumule les maladresses ; d'abord, il ne lui dit pas bonjour, et pour finir il lui marche sur les pieds !*

maladroit, e adj. ❶ Qui manque d'adresse, d'habileté. *Que tu es maladroit, tu as encore cassé un verre !* ❷ Qui manque de tact. *J'ai eu une phrase maladroite et elle s'est vexée.* ❸ Qui manque de précision, de sûreté dans l'expression ou la manière de faire. *C'est un jeune cinéaste, encore maladroit. L'expression est maladroite, mais les idées sont bonnes.*

maki

a b c d e f g h i j k l m n o p q r s t u v w x y z

maladroitement **adv.** De manière maladroite. *S'exprimer maladroitement.*

mal-aimé, e **n.** (PLUR. : **mal-aimés, es**). Personne qui a le sentiment d'être rejetée par les autres, de ne pas en être aimée. *« La Chanson du mal-aimé » est un célèbre poème d'Apollinaire.*

malaise **n.m.** ❶ Trouble soudain de l'organisme qui fait qu'on ne se sent pas bien. *Elle a eu un malaise dans l'autobus et elle est tombée.* ❷ État de tension, manque d'harmonie entre des personnes. *On sent qu'il y a un malaise entre eux.* SYN. gêne.

malaisé, e **adj.** Qui est difficile, ardu. *Il est malaisé de lui faire admettre ses fautes.*
▸ REM. Ce mot appartient à la langue soutenue.

malandrin **n.m.** Brigand, bandit de grand chemin d'autrefois.

HISTOIRE DU MOT Vient de l'italien *malandrino* qui signifie « voleur ».

malappris, e **adj.** et **n.** Mal élevé, grossier, impoli. *C'est un malappris, il est parti sans même dire au revoir à ses grands-parents.*
▸ REM. Le féminin est rare.

malaria **n.f.** Maladie transmise par certains insectes des pays tropicaux, qu'on appelle aujourd'hui *paludisme.*
▸ REM. Ce mot n'est plus très employé.

HISTOIRE DU MOT Vient de l'italien *mala aria* qui signifie « mauvais air ».

malaxer **v.** (CONJUG. 3). Pétrir une substance pour la rendre plus molle ou la mélanger à une autre. *Malaxer de la pâte à modeler.*

malchance **n.f.** Mauvaise chance ; circonstance, hasard malheureux. *Quelle malchance qu'il se soit cassé la jambe le premier jour des vacances !*

malchanceux, euse **adj.** et **n.** Qui n'a pas de chance. *Un joueur malchanceux.*

malcommode **adj.** Qui n'est pas commode, pas pratique. *C'est un meuble malcommode où on ne peut rien ranger.*

maldonne **n.f.** Erreur dans la distribution des cartes ; mauvaise donne. *Maldonne, à refaire !*

mâle **adj.** ❶ Qui appartient au sexe qui féconde les organismes femelles. *Une souris mâle. Un enfant mâle* (= de sexe masculin). ❷ Qui évoque une certaine force, une certaine énergie, attribuées aux individus mâles. *Un air mâle.* SYN. viril. ◆ **n.m.** ❶ Individu mâle ; animal ou végétal de sexe mâle. *La chienne a eu cinq petits, trois mâles et deux femelles. Le mâle de l'oie est appelé « jars ».* ❷ Homme que l'on considère comme fort et vigoureux ou qui se prétend tel. *Un beau mâle.*

malédiction **n.f.** ❶ Ensemble de paroles par lesquelles on souhaite du mal à quelqu'un en faisant appel à des puissances supérieures. *La méchante fée avait jeté une malédiction sur le pays.* ❷ Malheur qui semble provoqué par la destinée. *Cette pluie incessante est une malédiction pour la région.* SYN. calamité.

maléfice **n.m.** Action magique entreprise pour nuire à quelqu'un. *Elle portait au cou un collier pour éloigner les maléfices.* SYN. sortilège.

maléfique **adj.** Qui a une influence néfaste, mauvaise. *Il exerce un pouvoir maléfique sur son entourage.* CONTR. bénéfique.

malencontreusement **adv.** De façon malencontreuse.

malencontreux, euse **adj.** Qui se produit à un mauvais moment. *Faire une remarque malencontreuse* (= qui tombe mal).

HISTOIRE DU MOT Vient de l'ancien français *malencontre* qui signifiait « mauvaise rencontre ».

mal-en-point **adj.invar.** En mauvais état, en mauvaise forme. *Il est bien mal-en-point, il devrait aller voir le médecin.*
▸ REM. On écrit aussi *mal en point.*

malentendant, e **adj.** et **n.** Qui entend mal ou très mal. → VOIR AUSSI **sourd.**

malentendu **n.m.** Mauvaise interprétation des paroles ou des gestes de quelqu'un ; fait de ne pas s'être compris. *C'est un regrettable malentendu, je n'ai jamais dit que je ne voulais pas l'inviter pour mon anniversaire !* SYN. erreur, méprise.

malfaçon **n.f.** Défaut de fabrication, de construction.

malfaisant, e **adj.** Qui fait du mal, qui cherche à nuire. *Dans les contes, il y a souvent des êtres malfaisants.* SYN. néfaste, nuisible.
▸ REM. On prononce [malfəzɑ̃].

malfaiteur **n.m.** Personne qui commet des vols, des crimes. *La police a arrêté une bande de dangereux malfaiteurs.*
▸ REM. Au Canada, la forme féminine de ce mot est *malfaitrice.*

malfamé, e **adj.** Fréquenté par des individus louches et de mauvaise réputation. *Un quartier malfamé où il ne fait pas bon traîner seul.*
▸ REM. On écrit aussi *mal famé.*

HISTOIRE DU MOT Vient de *mal* et du latin *fama* qui signifie « renommée ».

malformation **n.f.** Défaut dans la constitution du corps, qui est présent dès la naissance. *Une malformation cardiaque.*

malfrat **n.m.** (Familier) Malfaiteur, truand.

HISTOIRE DU MOT Vient d'un mot régional qui signifie « mal faire ».

malgache **adj.** et **n.** De Madagascar. *La République malgache.* ◆ **malgache** **n.m.** Langue parlée à Madagascar.
▸ REM. Quand il désigne une personne, le mot prend une majuscule : *un Malgache, une Malgache.*

malgré **prép.** ❶ Contre la volonté de quelqu'un, contre son gré. *Pierre s'est inscrit au cours malgré l'avis contraire de ses parents. J'ai tout entendu malgré moi* (= sans le vouloir). ❷ En ne tenant pas compte de. *Nous avons décidé de partir samedi, malgré les embouteillages* (=en dépit de).

malhabile **adj.** Qui manque d'adresse, d'habileté. *De ses doigts encore malhabiles, l'enfant essayait d'ouvrir le paquet.*

malheur **n.m.** ❶ Événement très pénible ou très douloureux. *Il lui est arrivé un terrible malheur : elle a perdu son enfant. La comtesse de Ségur a écrit « les Malheurs de Sophie ».* ❷ Sort pénible, funeste qui s'acharne sur quelqu'un, un groupe. *C'est dans le malheur qu'on connaît ses amis.* CONTR. bonheur. • (Familier) **Faire un malheur :** remporter un grand succès. • **Porter malheur :** amener des événements malheureux. CONTR. porter bonheur. • **Par malheur :** par un effet de la malchance.

HISTOIRE DU MOT Vient de *mal* et de *heur* qui en ancien français signifiait « chance, sort ».

malheureusement **adv.** Avec regret ou par malchance. *Je ne pourrai malheureusement pas venir demain.*

malheureux, euse **adj.** ❶ Qui est dans la peine, la souffrance, le malheur. *Avoir connu une enfance malheureuse.* CONTR. heureux. *Que tu as l'air malheureux !* SYN. triste. ❷ Qui n'est pas favorisé par la chance. *Être malheureux au jeu.* SYN. malchanceux. ❸ Qui risque d'avoir des conséquences regrettables. *J'ai eu un mot malheureux qui l'a vexé.* ❹ (Avant le nom.) Que l'on peut regretter, mais qui n'est pas très grave. *Vous n'allez pas vous fâcher pour une malheureuse histoire d'argent !* ◆ **n.** ❶ Personne dans la misère. *Elle s'occupe des malheureux.* ❷ S'emploie pour parler d'une personne qui n'a pas de chance ou qui fait quelque chose qu'il ne faudrait pas faire. *Ne touche pas à ça, malheureux, tu vas tout faire tomber !*

malhonnête **adj.** Qui n'est pas honnête. *C'est un commerçant malhonnête.* SYN. indélicat.

malhonnêtement **adv.** De façon malhonnête. *Agir malhonnêtement.*

malhonnêteté **n.f.** ❶ Fait d'être malhonnête, de manquer d'honnêteté. *Sa malhonnêteté le conduira en prison !* ❷ Acte malhonnête. *Commettre une malhonnêteté.*

malice **n.f.** Tendance à s'amuser aux dépens des autres mais sans méchanceté. *Un enfant plein de malice qui aime taquiner ses camarades.* SYN. espièglerie. • **Sans malice :** sans méchanceté. *Ne te fâche pas, il a fait ça sans malice !*

HISTOIRE DU MOT Vient du latin *malitia* qui signifie « méchanceté » ; le sens du mot s'est peu à peu affaibli.

malicieusement **adv.** De façon malicieuse. *Elle souriait malicieusement.*

malicieux, euse **adj.** Qui a de la malice. *Une enfant malicieuse.* SYN. coquin, espiègle, taquin.

malignité **n.f.** Le caractère malin de quelqu'un ou de quelque chose.

malin, maligne **adj.** et **n.** Qui fait preuve de ruse, de finesse d'esprit. *Pierre est malin.* SYN. astucieux, dégourdi. *C'était pourtant facile, tu n'es pas très maligne.* SYN. intelligent. *Il a voulu jouer au plus malin.* SYN. futé. • **Le Malin :** nom parfois donné au diable, à Satan. • **Faire le malin :** vouloir se rendre intéressant, montrer son esprit, sa force, son courage. • **Malin comme un singe :** très malin. ◆ **adj.** ❶ *Un malin plaisir*, c'est le plaisir que l'on a à faire une méchanceté. *Elle éprouvait un malin plaisir à le contredire.* ❷ *Une maladie maligne*, c'est une maladie grave qui évolue mal. *Il a été opéré d'une tumeur maligne.* CONTR. bénin. • **Ce n'est pas bien malin ! :** c'est facile, ça ne présente pas de difficulté. • **Ce n'est pas malin ! :** c'est idiot, stupide.

▸ REM. Au sens 1, on trouve parfois le féminin *maline.*

HISTOIRE DU MOT Vient du latin *malignus* qui signifie « méchant ».

malingre **adj.** D'apparence fragile et de constitution délicate. *Un enfant malingre.* SYN. chétif.

malintentionné, e **adj.** Qui a de mauvaises intentions. *Des personnes malintentionnées ont répandu ce bruit sur toi.* SYN. malveillant.

malle **n.f.** Grand coffre en bois, en métal, en osier, où l'on enferme les objets et les vêtements que l'on emporte en voyage. • **Malle arrière :** le coffre arrière d'une voiture.

malléabilité **n.f.** ❶ Caractère d'une personne qui est malléable, docile. ❷ Qualité d'une matière malléable.

malléable **adj.** ❶ *Une matière malléable* est facile à travailler, à modeler. *L'argile est malléable. L'or est le plus malléable des métaux.* SYN. souple. CONTR. cassant. ❷ *Une personne malléable* se laisse facilement influencer, diriger. *Il est très malléable.* SYN. influençable.

HISTOIRE DU MOT Vient du latin *malleus* qui signifie « marteau », l'outil dont on se servait pour marteler et façonner le métal.

malle-poste **n.f.** (PLUR. : **malles-poste**). Autrefois, voiture à cheval qui acheminait le courrier et prenait aussi quelques voyageurs.

mallette **n.f.** ❶ Petite valise souvent rigide. ❷ En Belgique, cartable d'écolier.

malmener **v.** (CONJUG. **10**). ❶ Traiter rudement. *La foule en colère a malmené le voleur.* SYN. rudoyer. ❷ Mettre l'adversaire en danger, dans un sport, un jeu. *Notre équipe s'est fait malmener en première mi-temps.*

malnutrition **n.f.** Alimentation insuffisante et mal équilibrée. *Certaines populations d'Afrique souffrent de malnutrition.*

malodorant, e **adj.** Qui a une mauvaise odeur. *Les émanations malodorantes des égouts.* SYN. fétide, nauséabond.

▸ REM. Ce mot appartient à la langue soutenue.

malotru, e **n.** Personne mal élevée, grossière. *Quel malotru, il a bousculé tout le monde pour passer le premier !* SYN. goujat, mufle.

HISTOIRE DU MOT Vient du latin *male astrucus* qui signifie « né sous une mauvaise étoile ».

a b c d e f g h i j k l m n o p q r s t u v w x y z

A B C D E F G H I J K L M N O P Q R S T U V W X Y Z

malpoli, e **adj.** et **n.** Qui est mal élevé, grossier. *Ne coupe pas la parole, c'est malpoli !* SYN. impoli. *Quel malpoli, il est parti en claquant la porte !*

malpropre **adj.** ❶ Qui est sale. *Des habits malpropres.* SYN. crasseux, dégoûtant. CONTR. propre. ❷ Qui est malhonnête, grossier ou indécent. *User de procédés malpropres pour arriver à ses fins.*

malproprement **adv.** De façon malpropre. *Il mange malproprement.*

malpropreté **n.f.** Manque de propreté. *La malpropreté de ses vêtements me dégoûtait.* SYN. saleté.

malsain, e **adj.** Qui n'est pas sain, physiquement ou moralement ; qui nuit à la santé physique ou morale. *Un climat malsain. Un logement malsain.* SYN. insalubre. *Une curiosité malsaine.* SYN. morbide, pervers.

malséant, e **adj.** Contraire aux bons usages. *Tenir des propos malséants.* SYN. choquant, déplacé, inconvenant.
▶ REM. Ce mot appartient à la langue soutenue.

malt **n.m.** Orge germée artificiellement et séchée, utilisée pour fabriquer notamment de la bière.

maltraitance **n.f.** Le fait de maltraiter un enfant, une personne âgée ou dépendante, un malade, un prisonnier. *Le beau-père de Loïc a été condamné pour maltraitance.*

maltraiter **v.** (CONJUG. 3). Traiter avec brutalité, violence, dureté. *Il maltraite son chien.* SYN. brutaliser, frapper.

malus **n.m.** Augmentation du montant de l'assurance automobile en fonction du nombre d'accidents survenus à un assuré. CONTR. bonus.

malveillance **n.f.** ❶ Tendance à vouloir du mal aux autres ; intention de nuire. *L'incendie est dû à la malveillance.* ❷ Mauvaise disposition à l'égard de quelqu'un. *Les voisins le regardaient avec malveillance.* SYN. hostilité. CONTR. bienveillance.

malveillant, e **adj.** Animé de mauvais sentiments à l'égard d'autrui. *Des gens malveillants ont piétiné les fleurs du jardin.* SYN. méchant. *Tenir des propos malveillants.* SYN. désobligeant.

malvenu, e **adj.** ❶ Qui est mal placé pour dire ou faire quelque chose. *Tu serais bien malvenu de me critiquer, toi qui as fait la même chose hier !* ❷ Qui est déplacé, qui tombe mal. *Cette demande est malvenue.*
▶ REM. Ce mot appartient à la langue soutenue.

malvoyant, e **adj.** et **n.** Qui souffre de troubles de la vue, qui voit très mal.

maman **n.f.** Nom que les enfants donnent à leur mère.

mamelle **n.f.** Organe qui, chez les mammifères femelles, sécrète le lait. *La truie a douze mamelles.*
▶ REM. *Mamelle* n'a qu'un *-m-* alors que *mammifère* en a deux.

HISTOIRE DU MOT Vient du latin *mamma* qui signifie « sein ».

mamelon **n.m.** ❶ Bout de la mamelle, du sein. ❷ Petite colline, sommet de forme arrondie. *Château bâti sur un mamelon.* SYN. éminence, hauteur.

mamie ou **mamy** **n.f.** Nom affectueux que l'on donne à sa grand-mère.

mammifère **n.m.** *Les mammifères* sont des animaux vertébrés dont les femelles allaitent leurs petits et qui ont des poumons, un cœur, une peau généralement couverte de poils et un corps dont la température est constante. *L'homme, le chien, la baleine et la chauve-souris sont des mammifères.* → VOIR planche pages suivantes.
▶ REM. *Mammifère* a deux *-m-* alors que *mamelle* n'en a qu'un.

HISTOIRE DU MOT Vient du latin *mamma* qui signifie « mamelle, sein » et *ferre* qui signifie « porter ».

mammouth **n.m.** Éléphant préhistorique du quaternaire qui a disparu il y a 10 000 ans. *On a retrouvé des défenses de mammouth sculptées par les hommes préhistoriques.*

ENCYCLOPÉDIE Des cadavres entiers de mammouth ont été découverts, conservés dans les glaces de Sibérie. Le mammouth mesurait 3,50 m de haut ; il était couvert d'une épaisse toison laineuse et possédait d'énormes défenses recourbées.

mammouth

mamy **n.f.** → **mamie**

manageur, euse **n.** ou **manager** **n.m.** ❶ Personne qui gère les intérêts d'un sportif et qui l'entraîne. *Le boxeur monte sur le ring, suivi de son manager.* ❷ Dirigeant d'entreprise.
▶ REM. On prononce [-dʒœr].

HISTOIRE DU MOT *Manager* vient de l'anglais *to manage* qui signifie « diriger ».

manant **n.m.** Autrefois, paysan ou habitant d'un village.

1 manche **n.f.** ❶ Partie du vêtement qui entoure le bras. *L'été, on porte des manches courtes, l'hiver des manches longues.* ❷ Au jeu, chacune des parties que l'on joue. *Il a gagné la première manche, moi, la deuxième.*

HISTOIRE DU MOT Vient du latin *manus* qui signifie « main ».

2 manche n.m. La partie allongée d'un outil ou d'un instrument par laquelle on les tient. *Le manche d'un couteau, d'un balai, d'une pioche. Le manche d'une guitare.* • **Manche à balai :** commande manuelle qui permet de faire monter ou descendre un avion. • (Familier) **Se débrouiller comme un manche :** être maladroit, incapable.

3 manche n.f. • **Faire la manche :** faire la quête, mendier.

manchette n.f. ❶ Poignet à revers d'une chemise ou d'un chemisier. *On attache parfois les manchettes avec des boutons de manchette.* ❷ Titre en gros caractères en première page d'un journal. *Sur la manchette, on pouvait lire : « Le tueur fou a encore frappé ! »*

manchon n.m. Rouleau de fourrure dans lequel on met les mains pour les protéger du froid.

1 manchot, e adj. et n. Personne à laquelle il manque une main ou les deux mains, un bras ou les deux bras.

HISTOIRE DU MOT Vient de l'ancien français *manc* qui signifiait « estropié ».

famille de **manchots** empereurs

2 manchot n.m. Oiseau marin des régions du pôle Sud dont les ailes, devenues impropres au vol, se sont transformées en nageoires.
▸ REM. Ne pas confondre avec le *pingouin*, qui vit sur les rivages de l'Atlantique nord et peut voler.

mandarin n.m. Autrefois, titre des hauts fonctionnaires de l'Empire chinois.

mandarine n.f. Fruit du mandarinier, plus petit que l'orange, dont l'écorce se détache facilement. *La mandarine fait partie des agrumes.*

HISTOIRE DU MOT Vient de l'espagnol *mandarina* qui signifie « orange des mandarins », car ceux-ci appréciaient beaucoup ce fruit.

mandarinier n.m. Arbre proche de l'oranger, dont le fruit est la mandarine.

mandat n.m. ❶ Mission confiée à une personne pour agir au nom d'autres personnes. SYN. procuration. ❷ Mission confiée par les citoyens à un élu ; la durée de cette mission. *En France, le mandat du président de la République est de cinq ans.* ❸ Formulaire qui permet d'envoyer de l'argent par la poste. *Ma grand-mère m'a envoyé un mandat pour mes vacances.* • **Mandat d'arrêt :** ordre écrit, délivré par un juge d'instruction, d'arrêter une personne pour la conduire en prison.

mandater v. (CONJUG. 3). Donner à quelqu'un le pouvoir d'agir en son nom ou au nom d'un groupe. *Adeline a été mandatée par sa classe pour aller parler au proviseur.* SYN. déléguer.

mandibule n.f. ❶ Mâchoire inférieure de l'homme et des animaux vertébrés. ❷ Chacune des deux parties de la bouche de certains insectes et crustacés, qui leur servent à saisir et à broyer les aliments. *Les criquets attrapent les herbes avec leurs mandibules.*

HISTOIRE DU MOT Vient du latin *mandere* qui signifie « mâcher ».

mandoline n.f. Instrument de musique originaire d'Italie, à cordes pincées et à caisse de résonance bombée.

mandoline

mandragore n.f. Plante des régions chaudes dont la racine a la forme d'un corps humain. *Autrefois, on attribuait un pouvoir magique à la mandragore.*

mandrill n.m. Grand singe d'Afrique au museau rouge bariolé de bleu.

mandrill

phoque

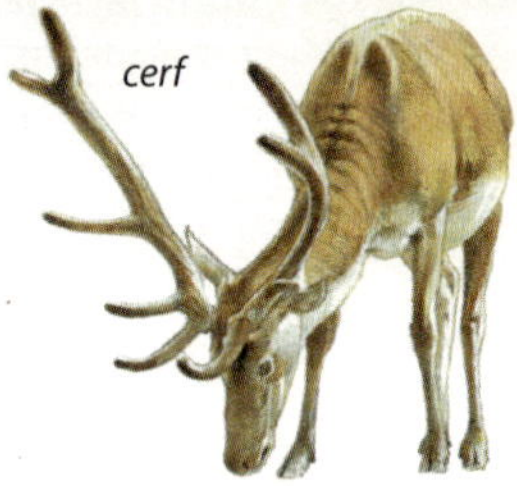

cerf

buffle d'Asie

lamantin

castor

écureuil

fourmilier géant

rhinocéros d'Afrique

chauve-souris

rat

hippopotame

dauphins

orang-outan

éléphants

girafes

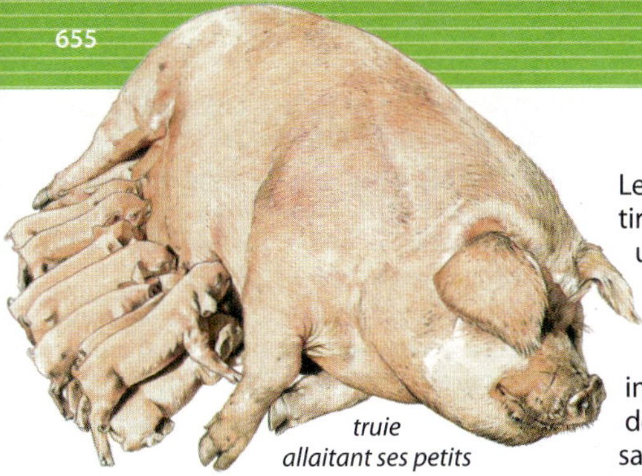
truie allaitant ses petits

Des animaux qui allaitent leurs petits

Les mammifères sont des animaux vertébrés qui tirent leur nom des **mamelles** que leurs femelles utilisent pour allaiter leurs petits. On en dénombre environ 4 600 espèces. Les mammifères possèdent des **dents** et leur peau est couverte de **poils**. Leur corps conserve une température interne constante (de 35 à 40 °C). Ils sont pourvus de quatre membres dont les extrémités (main, sabot, « battoir », palme ou nageoire) comportent toujours de 1 à 5 doigts. Leur thorax et leur abdomen sont séparés à l'intérieur du corps par un muscle appelé **diaphragme**. Leur taille, leur forme, leur poids et leur couleur sont très variés, de même que leur durée de gestation, qui peut aller de 13 jours (pour l'opossum) à près de deux ans (pour l'éléphant).

ours brun

sanglier

Mode de reproduction

Les **monotrèmes** (ornithorynque) sont les seuls mammifères qui se reproduisent en pondant et en couvant de gros œufs (ils sont ovipares).

Les **marsupiaux** (kangourou, opossum) naissent sous forme de larves et poursuivent leur développement dans la poche ventrale de leur mère.

Enfin, chez les **placentaires**, les plus nombreux, le placenta nourrit l'embryon qui se forme et se développe dans le ventre de la femelle.

ouistiti

hérisson

bouquetin

koala

Mode d'alimentation

On distingue les **carnivores** (lion, hyène), les **insectivores** (chauve-souris, taupe), les **rongeurs** (lièvre, écureuil), les **ongulés** (sanglier, zèbre), les **édentés** (tatou), les **cétacés** (baleine) et les **primates** (singe, homme).

lion

kangourou

chameau

cheval

lièvre

chat

échidné

mangouste

manège n.m. ❶ Lieu où l'on apprend à monter à cheval et où l'on dresse des chevaux. ❷ Attraction de fête foraine où des chevaux, des animaux, des véhicules miniatures, sur lesquels les enfants prennent place, tournent sur une plate-forme. ❸ Manière de se comporter habile et rusée. *J'ai vu son manège pour ne pas débarrasser la table !* SYN. manœuvre.

HISTOIRE DU MOT Vient de l'italien *maneggiare* qui signifie « manier ».

manette n.f. Levier ou poignée qui sert à actionner un mécanisme et que l'on manœuvre à la main.

manga n.m. ❶ Bande dessinée japonaise. ❷ Dessin animé qui s'en inspire.

mangeable adj. Que l'on peut manger. *Est-ce que tu crois que ce gâteau est encore mangeable ?*

mangeoire n.f. Bac où l'on met la nourriture de certains animaux.

manger mangeant, mangé v. (CONJUG. 5). ❶ Absorber des aliments pour se nourrir ou pour le plaisir. *Ma petite sœur mange toute seule maintenant. Elle aime manger du poisson. Ne mange pas si vite ! Qui a mangé le chocolat ?* ❷ Prendre un repas. *Manger au restaurant, à la cantine, à la maison.* ❸ Détruire, attaquer une matière. *Le portail en fer est mangé par la rouille.* SYN. ronger. ❹ Dépenser, dilapider ce que l'on possédait. *Il a mangé tout son héritage en un an.* • **Manger quelqu'un des yeux :** le regarder avidement, avec plaisir et admiration. • **Manger ses mots :** les prononcer de manière indistincte.

▸ REM. Au mot *manger* correspondent l'élément tiré du grec *-phage*, que l'on retrouve dans des mots comme *anthropophage*, et l'élément tiré du latin *-vore*, que l'on retrouve dans des mots comme *carnivore* et *herbivore*.

HISTOIRE DU MOT Vient du latin *manducare* qui signifie « mâcher ».

mangeur, euse n. • **Gros mangeur :** personne qui mange beaucoup.

mangouste n.f. Petit mammifère carnivore d'Afrique et d'Asie tropicales, qui ressemble à la belette.

mangrove n.f. Forêt dense de la zone tropicale située en bordure de mer. *Les arbres de la mangrove ont le pied dans l'eau salée à marée haute.*

mangue n.f. Fruit du manguier, de forme ovale, qui a une chair jaune savoureuse et très parfumée.

manguier n.m. Arbre des régions tropicales produisant des mangues.

mangue

maniable adj. Qui est facile à manier, à manœuvrer. *Une petite voiture très maniable.*

maniaque adj. et n. Qui est attaché de manière exagérée à l'ordre et à la propreté. *Dès qu'on lui déplace ses affaires, il hurle ! il est très maniaque.* ◆ n. Malade mental, pervers, qui a des idées fixes.

maniaquerie n.f. (Familier) Caractère, comportement d'une personne maniaque. *Ce n'est plus de l'ordre, c'est de la maniaquerie !*

manie n.f. Habitude bizarre, souvent agaçante ou ridicule. *Elle a la manie de se toucher les cheveux lorsqu'elle parle !* SYN. tic. *Chacun a ses petites manies.* SYN. marotte.

HISTOIRE DU MOT Vient du grec *mania* qui signifie « folie, fureur ».

maniement n.m. Façon de manier, d'utiliser un outil, un instrument. *Le maniement de cette machine est très compliqué.*

manier v. (CONJUG. 7). ❶ Tenir dans ses mains et remuer, déplacer un objet. *Elle maniait ses bibelots de porcelaine avec d'infinies précautions.* SYN. manipuler. ❷ Se servir d'un outil, d'un appareil, savoir l'utiliser. *Les héros des « Trois Mousquetaires » d'Alexandre Dumas maniaient l'épée à merveille. Cette voiture est très difficile à manier.* SYN. conduire, manœuvrer. ❸ Employer des idées, des mots avec habileté. *Savoir manier la langue française.*

HISTOIRE DU MOT En ancien français, ce mot voulait dire « toucher avec la main » (pour sentir la qualité d'une étoffe), puis « caresser ».

manière n.f. Façon particulière d'être ou de faire quelque chose. *Ne parle pas de cette manière ! Si tu t'y prends de cette manière, tu n'y arriveras pas !* • **À la manière de :** en imitant. *Il peint à la manière de Léonard de Vinci.* • **De manière à :** de façon à, afin de. *Il parle fort de manière à être entendu.* • **De toute manière :** quoi qu'il arrive. *De toute manière je vous attendrai à la gare.* ◆ **manières** n.f.plur. Comportement, façon d'agir et de parler en société. *Elle a de bonnes manières.* • **Faire des manières :** ne pas être naturel, se faire prier ; faire des simagrées.

mangrove

maniéré, e **adj.** Qui manque de simplicité, qui n'est pas naturel. *Un style maniéré.* SYN. affecté.

manifestant, e **n.** Personne qui participe à une manifestation sur la voie publique.

manifestation **n.f.** ❶ Action de manifester un sentiment. *Des manifestations de tendresse.* SYN. démonstration. ❷ Rassemblement public organisé pour exprimer une opinion ou une revendication. *La manifestation contre la guerre a été dispersée.* SYN. défilé. ❸ Événement qui rassemble un grand nombre de personnes et qui est organisé dans un but commercial, culturel, politique. *Les foires, les grands Salons sont des manifestations commerciales.*

1 **manifeste** **adj.** Qui est évident, dont on ne peut douter. *Son erreur est manifeste.* SYN. flagrant.

2 **manifeste** **n.m.** Texte par lequel un groupe artistique ou politique fait connaître ses idées, son programme.

manifestement **adv.** De façon manifeste, évidente. *Tu n'as manifestement pas appris ta leçon.* SYN. visiblement.

manifester **v.** (CONJUG. 3). ❶ Faire connaître, laisser apparaître un sentiment, un état, etc. *Les chiens manifestent leur joie en bougeant la queue.* SYN. exprimer, montrer. ❷ Participer à une manifestation sur la voie publique. *Les infirmiers ont manifesté pour réclamer de meilleures conditions de travail.* ◆ **se manifester** **v.pron.** ❶ Apparaître au grand jour, se révéler. *La varicelle se manifeste par des boutons.* SYN. se traduire. ❷ Faire savoir qu'on est là, faire connaître ses idées. *Personne ne s'est manifesté pour réclamer le portefeuille qu'on a trouvé.*

manigance **n.f.** Petite action secrète qui vise à tromper. *C'est encore une de ses manigances pour arriver à ses fins !* SYN. manœuvre.

manigancer **manigançant, manigancé v.** (CONJUG. 4). Combiner secrètement. *Les voleurs ont bien manigancé leur coup.*

manille **n.f.** Jeu de cartes où le dix et l'as sont les cartes les plus fortes.

manioc **n.m.** Plante des régions tropicales dont la racine, comestible, fournit le tapioca.

manioc

manipulation **n.f.** ❶ Le fait de manipuler un objet, un appareil, un produit. *La manipulation d'explosifs est dangereuse.* ❷ Le fait de manipuler des gens, des sondages, des chiffres.

manipuler **v.** (CONJUG. 3). ❶ Tenir entre ses mains un objet, un produit, un instrument. *Je te demande de manipuler cette caméra avec précaution.* SYN. manier. ❷ Modifier de manière plus ou moins honnête des chiffres, des résultats, etc. *Ces sondages ont été manipulés.* SYN. trafiquer. ❸ Faire faire ce que l'on veut à quelqu'un. *Elle cherche à nous manipuler.* SYN. manœuvrer.

HISTOIRE DU MOT Vient du latin *manipulus* qui signifie « poignée ».

manitou **n.m.** • (Familier) **Un grand manitou :** un personnage puissant et influent dans un domaine particulier. *Un grand manitou de la presse.*

HISTOIRE DU MOT Le manitou, chez certains Indiens d'Amérique du Nord, était un pouvoir surnaturel.

manivelle **n.f.** Tige qui forme un coude et qui sert à faire tourner un mécanisme, à mettre en marche un moteur. *Autrefois, on faisait démarrer les voitures à la manivelle.*

manne **n.f.** ❶ Dans la Bible, nourriture miraculeuse que Dieu envoya du ciel aux Hébreux pendant la traversée du désert du Sinaï après leur sortie d'Égypte. ❷ Au sens figuré, occasion inespérée, aubaine.

mannequin **n.m.** ❶ Forme humaine qui sert de modèle ou de support pour la confection ou la présentation des vêtements. ❷ Personne qui présente de nouveaux modèles de vêtements au public. *Assister à un défilé de mannequins.*
▸ REM. Au sens 2, on dit aussi *une mannequin*.

HISTOIRE DU MOT Vient d'un ancien mot néerlandais qui signifiait « petit homme ».

1 **manœuvre** **n.f.** ❶ Action de diriger un véhicule, une machine ; mouvement ou série de mouvements exécutés pour diriger une machine. *Faire des manœuvres pour se garer.* ❷ Exercice que font les militaires pour apprendre les mouvements des troupes et le maniement des armes. *Les soldats sont à la manœuvre. Terrain de manœuvres.* ❸ Moyen plus ou moins honnête que l'on emploie pour parvenir à un résultat. *Sa manœuvre n'a pas réussi et son projet n'est pas passé.* SYN. machination. • **Fausse manœuvre :** manœuvre mal exécutée ou inverse de celle qui aurait dû être faite. *Il a fait une fausse manœuvre et il s'est retrouvé dans le fossé !*

HISTOIRE DU MOT Vient du latin *manu*, qui signifie « avec la main », et *opera*, qui signifie « travail ».

2 **manœuvre** **n.m.** Ouvrier qui fait un travail manuel. *Des manœuvres font les travaux de terrassement.*
▸ REM. Au Canada, ce mot s'emploie aussi au féminin.

manœuvrer **v.** (CONJUG. 3). ❶ Faire fonctionner un appareil, une machine ; diriger un véhicule. *Il ne sait pas encore bien manœuvrer sa camionnette.* SYN. conduire. ❷ Exécuter une manœuvre militaire. *Les soldats ont manœuvré jusqu'à l'aube.* ❸ Employer certains moyens plus ou moins honnêtes pour obtenir ce que l'on souhaite. *Il a si bien manœuvré qu'il a obtenu le poste.*

a b c d e f g h i j k l m n o p q r s t u v w x y z

A B C D E F G H I J K L M N O P Q R S T U V W X Y Z

manoir **n.m.** Petit château à la campagne entouré de terres. SYN. gentilhommière.

HISTOIRE DU MOT Vient du latin *manere* qui signifie « habiter, demeurer ».

manomètre **n.m.** Instrument qui sert à mesurer la pression d'un liquide ou d'un gaz dans un appareil.

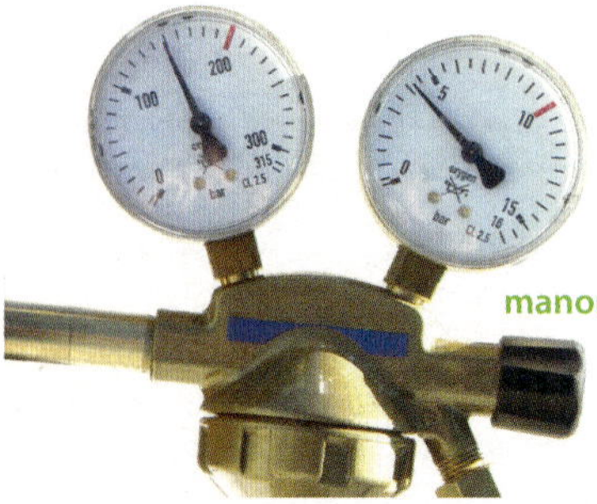

manomètres

manouche **adj.** et **n.** Qui appartient à l'un des groupes dont l'ensemble forme les Tsiganes.

HISTOIRE DU MOT Vient d'un mot tsigane qui signifie « homme ».

manquant, e **adj.** Qui manque. *Il faudra remplacer les boutons manquants.*

manque **n.m.** Insuffisance ou absence de quelque chose. *Le manque d'eau est dramatique pour les habitants de cette région.* SYN. pénurie. *Le manque de sommeil le rend grincheux.*

manqué, e **adj.** Qui n'a pas réussi. *Un peintre manqué.* SYN. raté. ● **Garçon manqué :** expression que l'on emploie pour parler d'une fille qui se comporte comme un garçon.

manquement **n.m.** Le fait de ne pas respecter un devoir, une loi, une règle. *Tout manquement au règlement entraînera des sanctions graves.* → VOIR AUSSI **infraction.**

1 manquer **v.** (CONJUG. 3). ❶ Être en quantité insuffisante. *Les vivres vinrent à manquer* (= à faire défaut). → VOIR **manque.** ❷ Avoir en quantité insuffisante. *J'ai manqué de temps pour faire l'exercice.* ❸ Être en moins ou être absent, ne pas être là lorsqu'il le faudrait. *Il me manque un livre. Trois élèves manquaient à l'appel.* ❹ Créer un vide, un manque par son absence. *Cela fait un mois que Céline est partie, elle me manque.*

HISTOIRE DU MOT Vient du latin *mancus* qui signifie « défectueux, incomplet ».

2 manquer **v.** (CONJUG. 3). ❶ *Manquer à une règle, une promesse, etc.*, c'est ne pas les respecter. *Il n'a jamais manqué à sa parole.* → VOIR **manquement.** ❷ *Ne pas manquer de faire quelque chose*, c'est le faire à coup sûr. *Je ne manquerai pas de t'appeler dès mon arrivée.* ❸ *Manquer un rendez-vous, un train*, c'est les rater. ◆ **se manquer** **v.pron.** Ne pas se rencontrer. *Nous nous sommes manqués à la gare.* SYN. se rater.

mansarde **n.f.** Petite chambre située sous le toit d'une maison, qui a un mur en pente.

HISTOIRE DU MOT Vient du nom de l'architecte français *François Mansart* qui, au XVIIe siècle, a mis cette construction à la mode.

mansardé, e **adj.** *Une chambre mansardée* est aménagée en mansarde sous les combles d'une maison.

mansuétude **n.f.** Douceur de caractère qui pousse à être indulgent, patient. *Le juge a fait preuve de mansuétude.* SYN. clémence. CONTR. rigueur.
▸ REM. Ce mot appartient à la langue soutenue.

mante **n.f.** Insecte carnassier avec une petite tête triangulaire très mobile et des pattes antérieures qui lui servent à saisir ses proies.

ENCYCLOPÉDIE La mante chasse à l'affût, cachée sur des herbes. Elle est aussi appelée *mante religieuse* en raison de la position de ses pattes avant, qui évoque une personne en train de prier. La mante femelle dévore parfois le mâle après l'accouplement.

mante

manteau **n.m.** ❶ Vêtement à manches longues que l'on porte par-dessus les autres vêtements pour se protéger du froid. ❷ Partie de la cheminée qui est extérieure au foyer et s'avance dans la pièce.

mantille **n.f.** Longue écharpe de dentelle, d'origine espagnole, que les femmes portent sur la tête et sur les épaules.

manucure **n.** Personne dont le métier est de prendre soin des mains, des ongles.

HISTOIRE DU MOT Vient du latin *manus*, qui signifie « main », et *curare*, qui signifie « soigner ».

1 manuel, elle **adj.** Qui se fait principalement avec les mains. *Le plombier exerce un métier manuel.* CONTR. intellectuel. ◆ **adj.** et **n.** Qui a un métier manuel ; qui aime les travaux manuels et sait les pratiquer. *Un travailleur manuel. Aline est une manuelle.*

2 manuel **n.m.** Livre qui contient les éléments essentiels d'un domaine particulier. *Prenez vos manuels d'histoire !*

manufacture **n.f.** Entreprise industrielle qui fabrique certains produits pour lesquels la main-d'œuvre, le travail manuel sont très importants. *Une manufacture d'armes. La manufacture de tapisseries des Gobelins.*
HISTOIRE DU MOT Vient du latin *manufactura* qui signifie « travail fait à la main ».

manufacturé, e **adj.** *Des produits manufacturés* sont fabriqués en usine, par transformation des matières premières.

manu militari **adv.** En employant la force. *Ils ont été expulsés manu militari.*

1 **manuscrit, e** **adj.** Qui est écrit à la main. *Envoyer une lettre manuscrite.*
HISTOIRE DU MOT Vient du latin *manu scriptus* qui signifie « écrit à la main ».

2 **manuscrit** **n.m.** ❶ Texte, ouvrage écrits à la main avant l'invention de l'imprimerie. *On trouve des enluminures dans les manuscrits du Moyen Âge.* ❷ Texte original d'un ouvrage avant son impression. *L'auteur a envoyé son manuscrit à l'éditeur.*

manutention **n.f.** Manipulation, déplacement de marchandises pour les stocker, les expédier ou les vendre. *Le service de manutention d'un hypermarché.*
HISTOIRE DU MOT Vient du latin *manu tenere* qui signifie « tenir avec la main ».

manutentionnaire **n.** Personne chargée de faire des travaux de manutention.

mappemonde **n.f.** Carte géographique plane qui représente le globe terrestre sous la forme de deux hémisphères placés côte à côte.
▸ REM. On emploie souvent à tort *mappemonde* pour *globe terrestre*.
HISTOIRE DU MOT Vient du latin *mappa*, qui signifie « nappe » puis « plan, carte », et *mundus*, qui signifie « monde ».

mappemonde

maquereau **n.m.** Poisson de mer à dos bleu-vert rayé de noir, apprécié pour sa chair. *Les maquereaux vivent en bancs.*

maquette **n.f.** ❶ Modèle réduit d'une machine, d'un véhicule, d'un bâtiment, d'un décor, etc. *Nous avons vu la maquette de la nouvelle école. Monter la maquette d'un avion.* ❷ Modèle original à partir duquel seront montées les pages d'un livre, d'un magazine et qui met en place le format, la disposition des textes, des images, des tableaux, etc.

maquette du navire « le Bounty » (Grande-Bretagne)

maquettiste **n.** Spécialiste des maquettes pour l'édition, la presse.

maquignon **n.m.** Marchand de chevaux ou marchand de bétail, notamment de bovins.

maquillage **n.m.** ❶ Action et manière de maquiller ou de se maquiller. *Acheter des produits de maquillage : fard, fond de teint, poudre, rouge à lèvres.* ❷ Action de maquiller quelque chose. *Le maquillage d'une voiture.*

maquiller **v.** (CONJUG. 3). ❶ Appliquer sur la peau, en particulier sur le visage, des fards, des poudres pour en modifier l'aspect. *La maquilleuse maquille les comédiens avant le spectacle.* ❷ Modifier l'apparence de quelque chose pour tromper. *Maquiller un véhicule militaire.* SYN. camoufler. *C'était un crime maquillé en suicide.* ◆ **se maquiller** **v.pron.** Maquiller ses yeux, son visage. *Pour la fête, nous nous sommes maquillés.*

maquilleur, euse **n.** Personne dont le métier est de maquiller les acteurs ou des personnalités au théâtre, au cinéma, à la télévision.

maquis **n.m.** ❶ Dans les régions méditerranéennes, terrain couvert d'une végétation touffue et dense composée d'arbustes et de buissons à feuilles persistantes. ❷ Pendant la Seconde Guerre mondiale, lieux retirés, souvent boisés et montagneux où se regroupaient les résistants ; les résistants eux-mêmes. *Beaucoup de jeunes prenaient le maquis* (= rejoignaient les résistants).
HISTOIRE DU MOT Vient du corse *macchia* qui signifie « tache », car la végétation des maquis forme des sortes de taches dans la montagne.

A B C D E F G H I J K L M N O P Q R S T U V W X Y Z

maquisard n.m. Nom donné, en France, pendant la Seconde Guerre mondiale, aux résistants des maquis. *Les maquisards luttaient contre l'occupation allemande.*

1 marabout n.m. ❶ Dans les pays musulmans du Maghreb, personnage saint, religieux, vénéré de son vivant et après sa mort. ❷ En Afrique, musulman réputé pour ses pouvoirs magiques.

2 marabout n.m. Grand oiseau échassier d'Afrique et d'Asie, proche de la cigogne, au bec très fort et très épais et à la tête et au cou sans plumes.

marabout

maraca n.f. Instrument de musique d'origine sud-américaine, fait d'une coque contenant des graines dures, que l'on agite pour marquer le rythme.

maraîcher, ère, ✎ ***maraicher, ère*** n. et **adj.** Personne dont le métier est de cultiver des légumes et des primeurs. ◆ **adj.** • **Culture maraîchère :** culture de légumes et de primeurs.

marais n.m. Espace de terrain recouvert d'eau peu profonde et stagnante, en partie envahie par la végétation. *Un marais entouré de roseaux.* SYN. marécage. • **Marais salant :** ensemble de bassins peu profonds, à proximité de la mer, dans lesquels on laisse s'évaporer l'eau de mer pour récupérer le sel.

marasme n.m. Arrêt ou ralentissement de l'activité commerciale, industrielle ou économique. *C'est un pays en plein marasme.* SYN. crise.

marathon n.m. ❶ Course à pied de 42,195 km, qui fait partie des disciplines olympiques. *Le marathon de Paris a lieu tous les ans.* ❷ Au figuré, ensemble de démarches et de négociations longues et difficiles qu'il faut cependant mener rapidement.

HISTOIRE DU MOT Vient du nom de la ville grecque *Marathon.* → VOIR noms propres.

marâtre n.f. ❶ Autrefois, deuxième épouse du père. *Cendrillon était persécutée par sa marâtre.* SYN. belle-mère. ❷ Mère méchante, qui maltraite ses enfants.

HISTOIRE DU MOT Vient du latin *matrastra* qui signifie « femme du père ».

maraudage n.m. Vol de fruits sur l'arbre, de légumes encore en terre ou sur pied à la campagne.
▸ REM. On dit aussi *la maraude.*

marauder v. (CONJUG. 3). Voler des fruits, des légumes à la campagne.

maraudeur, euse n. Personne qui pratique le maraudage.

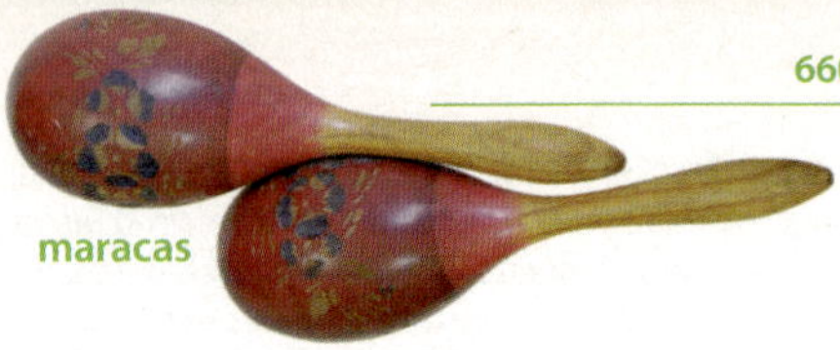

maracas

marbre n.m. Roche calcaire très dure, souvent veinée de différentes couleurs, qui se polit très bien. *Des statues en marbre.* • **De marbre :** insensible, froid, sans réaction. *Il est resté de marbre devant nos protestations.*

marbré, e adj. Veiné comme le marbre. *Ses mains étaient marbrées par le froid.*

marbrier n.m. Personne dont le métier est de travailler le marbre.

marbrure n.f. ❶ Imitation des veines et des taches du marbre dans un but décoratif. *Les marbrures d'un papier peint.* ❷ Marque sur la peau qui ressemble aux veines du marbre. *Des marbrures causées par le froid.*

marc n.m. ❶ Ce qui reste des fruits, notamment du raisin, lorsqu'on les a pressés pour en extraire le jus. ❷ Eau-de-vie que l'on obtient en distillant du marc de raisin. • **Marc de café :** ce qui reste du café moulu après qu'il a passé.
▸ REM. On ne prononce pas le *-c.*

HISTOIRE DU MOT Vient de l'ancien français *marcher* qui signifiait « broyer ».

marcassin n.m. Petit du sanglier et de la laie dont le pelage est rayé horizontalement de noir et de blanc jusqu'à l'âge de 6 mois environ.

marcassin

1 marchand, e n. Commerçant qui vend des marchandises. *Une marchande de journaux. Un marchand de légumes.*

HISTOIRE DU MOT Vient du latin *mercatus* qui signifie « marché, négoce ».

2 marchand, e adj. Qui se rapporte au commerce. *La valeur marchande des produits dépend de l'offre et de la demande. Une galerie marchande* (= où il y a des commerces). • **La marine marchande :** la marine qui assure le transport des voyageurs et des marchandises, par opposition à la *marine de guerre.*

marchandage n.m. L'action de marchander, de discuter pour payer moins cher.

marchander v. (CONJUG. 3). Discuter pour faire baisser le prix de quelque chose. *Lise a si bien marchandé qu'elle a obtenu son vase à moitié prix.*

marchandise n.f. Produit, objet qui se vend et s'achète. *De la marchandise de qualité.*

1 marche n.f. ❶ L'action de marcher. *La marche est un bon exercice.* ❷ Promenade à pied. *Ils ont fait une longue marche dans la montagne.* ❸ Déplacement à pied d'un certain nombre de personnes, défilant pour une cause. *Une marche pour la paix.* ❹ Morceau de musique dont le rythme permet de soutenir la marche d'un groupe, d'une troupe. *Une marche militaire.* ❺ Déplacement continu d'un véhicule dans un sens déterminé. *Il est interdit de descendre du train en marche. Marche avant, marche arrière.* ❻ Fonctionnement d'une machine, d'une institution. *Cette machine n'est pas en état de marche ! Assurer la bonne marche d'un service.* • **La marche à suivre :** la méthode, le moyen à utiliser pour faire quelque chose. • **Être en marche :** avancer vers un lieu, progresser vers un état. *Les troupes sont en marche vers Paris. Ils sont en marche vers le succès.*

2 marche n.f. Chacune des surfaces planes sur lesquelles on pose le pied pour monter ou descendre un escalier.

marché n.m. ❶ Lieu public couvert ou en plein air où des commerçants vendent des fruits, des légumes et diverses marchandises. *Aller au marché faire ses courses.* ❷ L'ensemble des achats et des ventes dans un domaine particulier. *Le marché de l'automobile se porte bien. Faire des études de marché avant de lancer un nouveau produit* (= étudier les possibilités de vendre ce produit). *Le nouveau téléphone sera sur le marché en novembre* (= on pourra l'acheter). ❸ Accord entre des personnes, des entreprises ou des pays sur une affaire commerciale. *Les deux pays ont conclu un marché sur les produits de la pêche.* ❹ Accord, négociation entre deux personnes, chacune donnant à l'autre quelque chose. *Faisons un marché, tu débarrasses la table et je mets les assiettes dans la machine.* • **Bon marché :** pas cher, à bas prix. *Les fruits sont bon marché en ce moment.* • **Par-dessus le marché :** en plus, en outre. *Il arrive en retard et, par-dessus le marché, c'est lui qui n'est pas content !*

marché africain (Djenné, Mali)

marchepied n.m. Marche ou série de marches qui servent à monter ou à descendre d'un véhicule, d'un train, d'un bus. *Il sauta sur le marchepied du train au moment où il démarrait.*

marcher v. (CONJUG. 3). ❶ Se déplacer en mettant un pied devant l'autre. *L'enfant apprenait à marcher.* ❷ Mettre le pied dans ou sur quelque chose, en avançant. *Tu me marches sur les pieds !* ❸ Fonctionner, être en état de marche. *Ma montre ne marche plus.* ❹ Se dérouler correctement, prospérer. *Ses affaires marchent bien.* ❺ *Faire marcher quelqu'un*, c'est le taquiner, profiter de sa gentillesse pour lui faire croire ce que l'on veut. *Il te fait marcher, tu sais bien qu'il n'ira pas au cinéma sans toi !* ❻ *Marcher sur les pas, sur les traces de quelqu'un*, c'est l'imiter, suivre son exemple. *Il marche sur les traces de son père : il sera footballeur comme lui.*
▸ REM. En latin, *marcher* se dit *gradi*, que l'on retrouve dans *plantigrade.*

marcheur, euse n. Personne qui aime marcher, qui marche beaucoup. *C'est une bonne marcheuse.*

mardi n.m. Le deuxième jour de la semaine. *Tous les mardis soir, il va au football.* • **Mardi gras :** dans la religion catholique, le dernier jour avant le début du carême. *Pour Mardi gras, les enfants se déguisent.*

HISTOIRE DU MOT Vient du latin *Martis dies*, « jour de Mars ».

mare n.f. ❶ Petite nappe d'eau stagnante. *Il y a des grenouilles et des canards dans la mare.* ❷ Grande quantité de liquide répandu. *Une mare de sang.*

HISTOIRE DU MOT Vient de l'ancien scandinave *marr* qui signifiait « mer, lac ».

marécage n.m. Terrain plat humide et bourbeux. *On chasse les canards dans les marécages.* → VOIR AUSSI **marais.**

marécageux, euse adj. Couvert de marécages. *Région marécageuse.*

maréchal n.m. (PLUR. : **maréchaux**). Officier général qui a acquis le rang le plus élevé dans la hiérarchie militaire. • **Maréchal des logis :** dans la cavalerie, l'artillerie et la gendarmerie, grade correspondant à celui de sergent.
▸ REM. Au Canada, la forme féminine de ce mot est *maréchale.*

maréchale n.f. Femme d'un maréchal.

maréchal-ferrant n.m. (PLUR. : **maréchaux-ferrants**). Artisan dont le métier est de ferrer les chevaux.
▸ REM. Au Canada, la forme féminine de ce mot est *maréchale-ferrante.*

maréchaussée n.f. (Familier) La gendarmerie, les gendarmes.

HISTOIRE DU MOT Vient de *maréchal* ; sous l'Ancien Régime, la maréchaussée était un corps de cavaliers chargés d'assurer la sécurité publique.

marée n.f. ❶ Mouvement périodique des eaux de la mer qui montent et descendent, provoqué par l'attraction de la Lune et du Soleil. *La marée montante*

A B C D E F G H I J K L M N O P Q R S T U V W X Y Z

(= le flux). *La marée descendante* (= le reflux). ❷ Grand nombre de personnes en mouvement. *Une marée humaine envahit la place.* • **Marée noire :** arrivée sur un rivage de nappes de pétrole qui proviennent d'un navire accidenté ou qui a dégazé en mer. *La marée noire a tué des milliers d'oiseaux.*

marée basse

marelle **n.f.** Jeu d'enfant qui consiste à pousser à cloche-pied un palet, un caillou dans des cases numérotées tracées sur le sol. *Elle joue à la marelle.*

HISTOIRE DU MOT Vient de l'ancien français *marel* qui signifiait « palet ».

mareyeur, euse **n.** Grossiste qui vend aux poissonniers les produits frais de la mer.

HISTOIRE DU MOT Vient de *marée.*

margarine **n.f.** Graisse alimentaire qui ressemble au beurre, de consistance molle, fabriquée avec des corps gras d'origine essentiellement végétale (tournesol, soja, arachide).

marge **n.f.** ❶ Espace blanc laissé sur le côté d'une page imprimée ou écrite. *Laissez une marge de trois carreaux sur vos rédactions.* ❷ Intervalle de temps ou liberté d'action dont on dispose pour faire quelque chose. *Il lui a laissé une certaine marge de manœuvre.* ❸ Écart admis dans une évaluation. *Accepter une marge d'erreur de 5 %.* • **En marge de la société :** à l'écart de la société.

HISTOIRE DU MOT Vient du latin *margo* qui signifie « bord » et qui a donné aussi *margelle.*

margelle **n.f.** Pierre ou ensemble de pierres qui forment le rebord d'un puits, d'une fontaine.

marginal, ale, aux **adj.** ❶ *Des notes marginales* sont écrites dans la marge. ❷ *Une activité marginale* est secondaire par rapport à une activité principale. ◆ **n.** Personne qui vit en marge de la société.

marguerite

marguerite **n.f.** Fleur blanche à cœur jaune que l'on trouve communément dans les prairies et les jardins. *Lorsque les amoureux effeuillent la marguerite, ils disent en ôtant les pétales : « Il m'aime un peu, beaucoup, passionnément, à la folie, pas du tout ! »*

mari **n.m.** Personne mariée de sexe masculin. SYN. conjoint, époux.

mariage **n.m.** ❶ Union légitime de deux personnes en âge de se marier. *Le mariage a été prononcé par l'adjoint au maire.* ❷ Cérémonie organisée à l'occasion du mariage. ❸ Union, mélange, en général harmonieux, de choses. *Un beau mariage de couleurs.*

marié, e **adj.** et **n.** Qui est uni à une autre personne par le mariage. *Un homme marié, une femme mariée. Les jeunes mariés sont partis en voyage de noces.* SYN. époux.

marier **v.** (CONJUG. 7). ❶ Unir deux personnes par les liens du mariage. *Le maire a marié trois couples dans la matinée.* ❷ Donner en mariage. *Ils souhaitaient marier leur fils à la fille de leurs meilleurs amis.* ❸ Unir, combiner des choses. *Savoir marier les couleurs.* SYN. assortir. ◆ **se marier** **v.pron.** S'unir par le mariage.

marigot **n.m.** Dans les pays tropicaux, bras mort d'un fleuve ou d'une rivière, mare d'eau qui stagne. *Les marigots sont infestés de moustiques.*

1 **marin, e** **adj.** Qui appartient à la mer, qui vient de la mer. *Du sel marin. L'air marin lui fait du bien. Une carte marine* (= qui indique les courants, les écueils, etc.). • **Avoir le pied marin :** se déplacer sur un bateau sans perdre l'équilibre, sans avoir le mal de mer.

HISTOIRE DU MOT Vient du latin *mare* qui signifie « mer ».

2 **marin** **n.m.** Personne dont le métier est de naviguer sur la mer. *Trois marins ont péri dans la tempête.*
→ VOIR AUSSI **matelot, mousse, navigateur.**
▸ REM. Au Canada, ce mot s'emploie aussi au féminin.

marinade **n.f.** Mélange de vin, de vinaigre, de sel, d'épices et d'aromates (poivre, thym, laurier, ail, oignon, etc.) dans lequel on met de la viande ou du poisson pour les parfumer ou les rendre plus tendres avant la cuisson.

marine **n.f.** ❶ L'ensemble des navires, des installations et du personnel qui permettent la navigation maritime. *La marine marchande. La marine de guerre* (= la marine militaire). ❷ L'administration et les services qui s'occupent de la navigation maritime. *Le ministère de la Marine.* ◆ **adj.invar.** et **n.m.** D'une couleur bleu foncé. *Des jupes marine. Le marine te va bien.*

mariner **v.** (CONJUG. 3). Tremper dans une marinade. *Il faut faire mariner ce gibier deux jours avant de le cuire.*

maringouin **n.m.** Au Canada et en Louisiane, moustique ou insecte qui pique.

marinier, ère **n.** Personne dont le métier est de naviguer sur les fleuves, les rivières, les canaux, en général sur une péniche. SYN. batelier.

marinière **n.f.** Blouse ample qu'on enfile par la tête et qui rappelle le costume des marins. • **Moules à la marinière :** moules cuites dans leur jus avec du vin blanc, du persil, des oignons ou des échalotes.

marionnette **n.f.** ❶ Petit personnage en bois, en carton ou en tissu qu'une personne cachée fait bouger avec ses mains. *Des marionnettes à fils.* ❷ Au sens figuré, personne sans volonté que l'on fait agir à sa guise.

HISTOIRE DU MOT Vient de *Marion*, « petite Marie » ; ces statuettes représentaient au Moyen Âge la Vierge Marie.

marionnettes

marionnettiste **n.** Montreur de marionnettes.

maritime **adj.** ❶ Qui est au bord de la mer. *Marseille est un port maritime.* CONTR. fluvial. ❷ Qui concerne la mer, la navigation sur la mer. *Le commerce maritime.*

marjolaine **n.f.** Plante aromatique utilisée comme assaisonnement ou en infusion, appelée aussi *origan.*

Mark **n.m.** Monnaie de l'Allemagne (Deutsche Mark) jusqu'au 1er janvier 2002. Il a été remplacé par l'euro.

marketing, ✎ ***markéting*** **n.m.** Ensemble des activités et des techniques qui visent à mieux vendre un produit. *Les études de marché, les sondages, les activités promotionnelles font partie du marketing.*

▸ REM. On recommande d'utiliser le terme français *mercatique.*

HISTOIRE DU MOT Vient de l'anglais *market* qui signifie « marché ».

marmaille **n.f.** (Familier) Troupe de jeunes enfants bruyants et désordonnés.

marmelade **n.f.** Fruits coupés en morceaux, écrasés et cuits avec du sucre. *De la marmelade d'oranges.* • **En marmelade :** réduit en bouillie. *Les pêches étaient au fond du sac, elles sont en marmelade.*

HISTOIRE DU MOT Vient du portugais *marmelada* qui signifie « confiture de coings ».

marmite **n.f.** Récipient avec un couvercle et deux poignées, dans lequel on fait cuire des aliments ; le contenu de la marmite. *Maman a mis les légumes dans la marmite. Une marmite de soupe.*

HISTOIRE DU MOT Vient de l'ancien français *marmite* qui signifiait « hypocrite », parce que la marmite cache son contenu.

marmiton **n.m.** Dans un grand restaurant, jeune apprenti qui travaille à la cuisine. *Les marmitons observaient le chef.*

marmonner **v.** (CONJUG. 3). Dire, murmurer quelque chose entre ses dents de manière indistincte, souvent avec hostilité. *Qu'est-ce que tu as à marmonner dans ton coin ?* SYN. grommeler.

▸ REM. On dit aussi *marmotter.*

marmot **n.m.** (Familier) Petit enfant.

marmotte **n.f.** Petit mammifère rongeur des montagnes qui a une fourrure brun-gris très épaisse. *Les marmottes hibernent.* • **Dormir comme une marmotte :** dormir profondément.

marmotter **v.** (CONJUG. 3). Marmonner.

marocain, e **adj.** et **n.** Du Maroc. *L'Atlas est une montagne marocaine.*

▸ REM. Quand il désigne une personne, le mot prend une majuscule : *un Marocain, une Marocaine.*

maroquin **n.m.** Peau de chèvre tannée, teinte et utilisée pour la reliure, la fabrication de portefeuilles, de sacs, d'étuis. *Un portefeuille en maroquin.*

HISTOIRE DU MOT Vient de *Maroc*, pays où l'on fabrique ce cuir.

maroquinerie **n.f.** ❶ Industrie ou artisanat consacrés à la fabrication d'objets en cuir. ❷ Magasin où l'on vend des objets en cuir, en particulier des sacs et des bagages.

HISTOIRE DU MOT Vient de *maroquin.*

maroquinier, ère **n.** Personne qui fabrique ou vend des objets de maroquinerie.

marotte **n.f.** ❶ Sceptre surmonté d'une tête, qui était un attribut de la Folie. ❷ Tête en bois dont se servent les modistes, les coiffeurs. ❸ (Familier) Idée fixe, manie. *Sa nouvelle marotte, c'est de collectionner les étiquettes de bouteilles.* SYN. lubie.

marquage **n.m.** Action de marquer. *Le marquage des vêtements des enfants.*

marquant, e **adj.** Qui marque, dont on se souvient. *Le premier pas de l'homme sur la Lune est un événement marquant du XXe siècle.* SYN. important, mémorable.

marque **n.f.** ❶ Ce qui sert à reconnaître quelque chose, à le distinguer. *Il a fait une marque au crayon devant tous les jouets du catalogue qui lui plaisaient.* ❷ Trace laissée par quelque chose. *Des marques de pas dans la neige.* ❸ Nom servant à distinguer des produits ; ensemble des produits vendus sous ce nom. *J'ai changé*

marmotte

a b c d e f g h i j k l m n o p q r s t

A B C D E F G H I J K L M N O P Q R S T U V W X Y Z

de marque de dentifrice. « Cocotte-Minute » est une marque d'autocuiseur. ❹ Témoignage, geste ou parole qui révèlent quelque chose. *Les marques d'affection qu'il m'a données m'ont touchée.* • **À vos marques ! :** en athlétisme, appel pour que les coureurs se placent sur la ligne de départ.

marqué, e adj. Qui se voit, qui est net, évident. *Elle a une préférence marquée pour les chocolats pralinés. Un visage aux traits marqués* (= creusés par la fatigue ou l'âge).

marquer v. (CONJUG. **3**). ❶ Faire une marque, une trace visible pour rendre reconnaissable. *Il a marqué d'une croix les livres qui l'intéressaient sur la liste.* ❷ Noter, inscrire. *Elle a marqué le rendez-vous dans son agenda.* ❸ Laisser une impression forte, un souvenir. *Cet épisode de son enfance l'a marqué ; depuis, il a peur des chiens.* ❹ Signaler de façon nette. *Je tenais à marquer mon désaccord, c'est pourquoi je ne suis pas venue.* ❺ *Marquer un but, un point*, c'est le réussir, le gagner.

marqueterie, ✎ ***marquèterie*** **n.f.** Assemblage décoratif de lamelles de bois précieux, de marbre ou de métaux, que l'on plaque sur un ouvrage de menuiserie et qui forme des dessins. *Une table de chevet en marqueterie.*
▸ REM. Attention, un seul *t*.

marqueur n.m. Crayon-feutre qui forme un trait large.

marquis n.m., marquise n.f. Titre de noblesse qui se situe au-dessous de duc et au-dessus de comte.

marraine n.f. ❶ Femme qui présente un enfant au baptême et s'engage, avec le parrain, à veiller sur lui. *Une marraine qui gâte son filleul.* ❷ Femme qui préside au lancement d'un navire, ou qui présente une personne ou un groupe pour les faire admettre quelque part. *La marraine d'un club.*

HISTOIRE DU MOT Vient du latin *mater* qui signifie « mère ».

marrant, e adj. et **n.** (Familier) Amusant, drôle. *Tu n'es pas marrant ce soir ! Tu verras, c'est une marrante !*

marre adv. • (Familier) **En avoir marre :** en avoir assez, être excédé. *J'en ai marre, c'est toujours moi qui débarrasse la table !*

HISTOIRE DU MOT Vient de l'ancien français *se marrir* qui signifiait « s'ennuyer ».

se **marrer v.pron.** (CONJUG. **3**). (Familier) S'amuser, rire.

marri, e adj. Fâché, triste.
▸ REM. Ce mot est vieilli, il appartient à la langue littéraire.

marron n.m. ❶ Nom courant du fruit comestible du châtaignier. ❷ Fruit non comestible du *marronnier*. (On dit aussi *marron d'Inde.*) • **Tirer les marrons du feu :** autrefois, c'était courir un risque, se brûler pour que d'autres en profitent, mais aujourd'hui c'est, au contraire, tirer profit de la peine que se donnent les autres. ◆ **adj.invar.** et **n.m.** De la couleur brun-rouge du marron. *Des yeux marron. Le marron te va très bien.*

HISTOIRE DU MOT L'expression *tirer les marrons du feu* vient d'une fable de La Fontaine : *le Singe et le Chat.*

marronnier

marronnier n.m. Grand arbre ornemental que l'on trouve souvent planté le long des avenues et dans les parcs. *Le marronnier a des fleurs blanches tachées de rose vif.* (On dit aussi *marronnier d'Inde.*)

mars n.m. Le troisième mois de l'année. *Le printemps commence en mars.*

HISTOIRE DU MOT Vient du latin *martius*, de *Mars*, dieu romain de la Guerre.

marsouin n.m. Mammifère cétacé marin, long d'environ 1,50 m, voisin du dauphin. *Le marsouin suit les navires pour se nourrir des déchets jetés par-dessus bord.*

marsupial n.m. (PLUR. : **marsupiaux**). *Les marsupiaux* sont des mammifères primitifs dont la femelle a une poche ventrale, contenant les mamelles, où restent les petits après leur naissance. *Le kangourou et le koala sont des marsupiaux. On trouve essentiellement des marsupiaux en Australie et en Nouvelle-Guinée.*

marte n.f. → **martre**

marsupial (kangourou)

marteau **n.m.** ❶ Outil formé d'un manche en bois et d'une tête en acier qui sert à frapper. *Enfoncer un clou avec un marteau.* ❷ Sphère métallique munie d'un fil d'acier et d'une poignée que les athlètes lancent le plus loin possible. • **Marteau piqueur :** appareil qui sert à disloquer les roches, le béton, etc.

martel **n.m.** • **Se mettre martel en tête :** se faire du souci. *Ne te mets pas martel en tête, tu le réussiras, cet examen !*

HISTOIRE DU MOT Vient du latin *martellus* qui signifie « marteau ».

martèlement **n.m.** ❶ Bruit du marteau qui frappe. ❷ Bruit cadencé rappelant celui de coups de marteau. *Le martèlement des pas des soldats.*

marteler **v.** (CONJUG. 11). ❶ Forger, façonner en frappant à multiples reprises avec un marteau. *Le forgeron martèle le fer sur l'enclume.* ❷ Frapper fort et à coups répétés. *Le boxeur martèle le visage de son adversaire à coups de poing.* ❸ *Marteler des mots, des phrases*, c'est les prononcer en les articulant avec force, en faisant entendre chaque syllabe. *« Vous serez tous punis ! » dit-il en martelant ses mots.*

martial, ale, aux **adj.** Qui rappelle les habitudes militaires par un côté très résolu, décidé. *Il s'avança d'un air martial qui en imposa à tous.* • **Arts martiaux :** ensemble des sports de combat d'origine japonaise, comme le judo, le karaté, l'aïkido. • **Cour martiale :** tribunal militaire exceptionnel, qui fonctionne en temps de guerre ou de troubles.

HISTOIRE DU MOT Vient du latin *martialis*, de *Mars*, dieu romain de la Guerre.

martien, enne **adj.** De la planète Mars. *Les volcans martiens sont les plus grands volcans éteints du Système solaire.* ◆ **n.** Habitant imaginaire de la planète Mars. *J'ai vu un film sur l'invasion de la Terre par les Martiens.*

1 martinet **n.m.** Fouet formé de plusieurs lanières de cuir ou de cordes.

2 martinet **n.m.** Oiseau passereau migrateur, qui ressemble à l'hirondelle. *Le martinet se nourrit d'insectes qu'il attrape en vol.*

martingale **n.f.** Demi-ceinture cousue dans le dos d'un vêtement, au niveau de la taille, pour en réduire l'ampleur. *Un manteau à martingale.*

martin-pêcheur **n.m.** (PLUR. : martins-pêcheurs). Petit oiseau au plumage brillant, bleu et roux, au long bec, qui se tient en général au bord des cours d'eau dans lesquels il plonge rapidement pour attraper de petits poissons.

martre ou **marte** **n.f.** Petit mammifère carnivore au corps allongé, aux courtes pattes et au museau pointu.

ENCYCLOPÉDIE La martre se nourrit de petits rongeurs, d'oiseaux, d'insectes et de limaces.

martyr, e **n.** Personne qui souffre ou qui meurt pour une cause religieuse ou politique à laquelle elle se sacrifie. *Les martyrs chrétiens. Les martyrs de la Résistance.* ◆ **adj.** Qui subit des mauvais traitements systématiques. *Des enfants martyrs.*

▸ REM. Ne pas confondre avec *martyre*.

HISTOIRE DU MOT Vient du grec *martur* qui signifie « témoin de Dieu ».

martyre **n.m.** ❶ Torture, souffrance endurées pour défendre une cause. *Le martyre des chrétiens, au IIIe siècle.* ❷ Grande souffrance, grande douleur physique ou morale. *Pendant sa maladie, elle a souffert le martyre.*

▸ REM. Ne pas confondre avec *martyr*.

martyriser **v.** (CONJUG. 3). Torturer moralement ou physiquement. *Ils martyrisaient leur chien.* SYN. frapper, maltraiter.

marxisme **n.m.** Doctrine philosophique, politique et économique issue des idées de Karl Marx et qui est à la base du communisme.

marxiste **adj.** et **n.** Qui est basé sur le marxisme, qui est partisan du marxisme. *Les marxistes s'opposent aux capitalistes.*

mas **n.m.** Ferme ou maison de campagne de style traditionnel en Provence.

▸ REM. On prononce [ma] ou [mas].

mascara **n.m.** Produit qui sert au maquillage des cils. *Du mascara noir.*

HISTOIRE DU MOT Vient, comme *mascarade*, de l'italien *maschera* qui signifie « masque ».

mascarade **n.f.** ❶ Autrefois, spectacle dans lequel les gens étaient déguisés, masqués. ❷ Mise en scène trompeuse, hypocrite. *Ce procès n'était qu'une mascarade.* SYN. supercherie.

mascotte **n.f.** Objet, personne ou animal que l'on prend comme porte-bonheur. *La mascotte de l'équipe de foot est un ours en peluche !* SYN. fétiche.

HISTOIRE DU MOT Vient du provençal *mascoto* qui signifie « sortilège ».

masculin, e **adj.** ❶ De l'homme. *Vêtement masculin.* CONTR. féminin. *Une voix masculine.* SYN. viril. *Une femme masculine* (= qui fait penser à un homme). ❷ Qui est composé d'hommes. *La population masculine d'un pays.* ❸ En grammaire, se dit du genre des noms qui s'emploient avec les articles *un* ou *le* et qui désignent soit des êtres animés mâles *(un homme, le coq)*, soit des choses *(le soleil, un microbe)* ; se dit des mots (déterminants, adjectifs, etc.) qui s'accordent avec ces noms.

martin-pêcheur

a b c d e f g h i j k l m n o p q r s t u v w x y z

A B C D E F G H I J K L M N O P Q R S T U V W X Y Z

« Beau » est un adjectif masculin. → VOIR AUSSI **féminin.** ♦ **masculin n.m.** En grammaire, le genre masculin.

HISTOIRE DU MOT Vient du latin *masculus* qui signifie « mâle ».

masochisme n.m. L'attitude d'une personne qui prend plaisir à souffrir, à être humiliée.

masochiste adj. et **n.** Qui trouve du plaisir à souffrir. ▸ REM. On dit familièrement *maso*.

masque n.m. ❶ Objet dont on se couvre le visage soit pour se déguiser, soit pour se cacher. *Les enfants ont mis des masques pour Mardi gras. Les malfaiteurs portaient des masques.* ❷ Objet ou appareil dont on se couvre le visage pour se protéger ou pour respirer. *Le masque d'un escrimeur. Un masque de plongée. Un masque à gaz. Un masque à oxygène.*

masque africain

masqué, e adj. Qui porte un masque. *Des voleurs au visage masqué.* • **Bal masqué :** bal pour lequel on se déguise et on porte des masques.

masquer v. (CONJUG. 3). ❶ Cacher à la vue. *Une haie de cyprès masque la maison.* ❷ Cacher sous de fausses apparences. *Ils masquent leurs projets.* SYN. dissimuler.

massacrant, e adj. • **Être d'une humeur massacrante :** être de très mauvaise humeur.

massacre n.m. ❶ L'action de massacrer, de tuer de manière sauvage. *Le massacre de la Saint-Barthélemy. Les chasseurs se livrèrent à un véritable massacre.* SYN. carnage, tuerie. ❷ Action de massacrer quelque chose. *Ils ont très mal joué la pièce, c'était un vrai massacre.* • **Jeu de massacre :** dans les foires, jeu qui consiste à renverser des poupées à bascule avec des balles.

massacrer v. (CONJUG. 3). ❶ Tuer sauvagement et en grand nombre. *Massacrer des animaux.* ❷ Abîmer par maladresse. *Il a massacré la pintade en la découpant. Les comédiens ont massacré le texte de la pièce.*

massage n.m. Action de masser. *En kinésithérapie, on traite surtout avec des massages.*

1 masse n.f. ❶ Grande quantité d'une matière, sans forme précise. *Une masse d'air froid recouvre une partie du pays.* ❷ Nombre important de choses ou de personnes. *Une masse de documents. Les spectateurs sont venus en masse au stade.* ❸ En physique, grandeur qui caractérise la quantité de matière d'un corps. *L'unité de masse est le kilogramme.* → VOIR AUSSI **poids** et Fiche 18. ❹ Le grand public. *Un film d'aventures qui plaît à la masse.* • **Indice de masse corporelle :** méthode d'évaluation de la corpulence d'un adulte, en tenant compte de son poids et de sa taille. (En abrégé, on dit et on écrit *I.M.C.*) ♦ **masses n.f.plur.** Le peuple, les classes populaires. *Les masses laborieuses.*

ENCYCLOPÉDIE Dans le langage courant, on confond souvent la *masse* et le *poids*. En physique, la masse est la quantité de matière qui constitue un corps et le poids est une force qui l'attire vers le bas. Sur la Lune, le poids d'un corps est six fois moindre que sur la Terre et pourtant sa masse est toujours la même.

2 masse n.f. Gros marteau très lourd. *Casser une cloison à la masse.*

1 masser v. (CONJUG. 3). Presser et pétrir le corps avec les mains ou un appareil spécial pour lui donner de la souplesse ou fortifier les muscles, atténuer les douleurs. *Se faire masser le dos.*

2 masser v. (CONJUG. 3). Regrouper, rassembler de manière à former une masse. *Masser des troupes au pied de la forteresse.* SYN. concentrer, réunir. ♦ **se masser v.pron.** Se regrouper en masse. *La foule s'est massée à l'entrée du palais.*

masseur, euse n. Personne dont le métier est de faire des massages.

1 massif, ive adj. ❶ Qui forme une masse, un bloc compact, qui n'est pas creux, ni plaqué. *Sa bague est en argent massif.* ❷ Qui a une apparence épaisse, lourde. *Une tour massive.* ❸ Qui est pris ou fait en grande quantité, en masse. *Une dose massive de somnifères.*

2 massif n.m. ❶ Ensemble de plantes à fleurs ou d'arbustes regroupés sur un parterre ou dans un jardin, un bois. *Un massif de roses, d'acacias.* ❷ Ensemble de montagnes. *Le massif du Mont-Blanc.*

massif montagneux (Haut Atlas, Maroc)

massivement adv. En grand nombre, en masse. *Les élèves ont répondu massivement au questionnaire.*

massue n.f. ❶ Bâton à grosse tête qui servait à assommer. ❷ Objet de cette forme qu'utilisent les jongleurs.

mastic n.m. Pâte molle et adhésive qui durcit à l'air et dont on se sert pour boucher des trous, faire tenir les vitres.

mastication n.f. Action de mastiquer, de mâcher.

1 **mastiquer** v. (CONJUG. 3). Boucher, joindre avec du mastic. *Mastiquer des vitres.*

2 **mastiquer** v. (CONJUG. 3). Broyer les aliments avec les dents avant de les avaler. *Mastique bien ta viande.* SYN. mâcher.

mastodonte n.m. ❶ Gros mammifère préhistorique voisin de l'éléphant, qui avait parfois deux paires de défenses. ❷ (Familier) Personne, animal ou chose énormes. *Deux mastodontes faisaient le service d'ordre à l'entrée du concert.*

HISTOIRE DU MOT Vient du grec *mastos*, qui signifie « mamelle », et *odous, odontos*, qui signifie « dent ».

mastodonte

masturbation n.f. L'action de se masturber.

se **masturber** v.pron. (CONJUG. 3). Se toucher les organes sexuels pour se procurer du plaisir.

m'as-tu-vu n.invar. Personne prétentieuse et vantarde. *Regarde ce m'as-tu-vu qui montre son blouson de cuir à tout le monde !*

masure n.f. Maison misérable et délabrée. *Une pauvre masure à l'orée de la forêt.*

1 **mat** adj.invar. et n.m. Aux échecs, position du roi qui est menacé sur sa case et sur toutes les cases où il pourrait aller. *Ton roi est mat. Échec et mat* (= la partie est finie).

▸ REM. On prononce [mat].

HISTOIRE DU MOT Vient du persan *mât* qui signifie « mort ».

2 **mat, e** adj. ❶ Sans éclat, sans brillant. *Des photos sur papier mat.* ❷ Qui ne résonne pas. *La balle fit un bruit mat en touchant la moquette.* ❸ *Un teint mat, une peau mate* sont d'une couleur un peu brune. *Elle bronze vite car elle a une peau mate.*

▸ REM. On prononce [mat] au masculin et au féminin.

HISTOIRE DU MOT Vient du latin *mattus* qui signifie « humide ».

massues de jongleur

mât n.m. ❶ Sur un bateau, longue pièce verticale ou oblique qui porte les voiles. *Le grand mât est le mât principal.* ❷ Haut poteau au sommet duquel on hisse des drapeaux, des signaux, etc., ou qui sert à maintenir une toile de tente.

▸ REM. 1. Attention à l'accent circonflexe. 2. On prononce [mɑ].

matador n.m. Dans les courses de taureaux, personne chargée de mettre à mort l'animal. → VOIR AUSSI **torero.**

HISTOIRE DU MOT Vient de l'espagnol *matar*, « tuer ».

matamore n.m. Vantard, fanfaron qui n'est brave qu'en paroles. *Faire le matamore.*

HISTOIRE DU MOT Vient du nom d'un personnage de la comédie espagnole qui se vantait de ses exploits contre les Maures.

match n.m. (PLUR. : **matchs** ou **matches**). Épreuve sportive entre deux concurrents ou deux équipes. *Un match de football, de tennis.*

matelas n.m. ❶ Sorte de gros coussin long et large, rembourré, que l'on pose sur un sommier ou sur le sol et sur lequel on se couche. *Un matelas de laine, de mousse, à ressorts.* ❷ Couche épaisse de quelque chose. *Un matelas de feuilles amortit sa chute.* • **Matelas pneumatique :** enveloppe gonflable de toile caoutchoutée ou de plastique dont on se sert en camping ou à la plage.

matelassé, e adj. *Un tissu matelassé* est doublé d'une couche moelleuse, ce qui le rend plus chaud. *Une veste matelassée.*

matelot n.m. Homme d'équipage d'un navire, qui participe aux manœuvres et à l'entretien.

▸ REM. Au Canada, ce mot s'emploie aussi au féminin.

HISTOIRE DU MOT Vient d'un mot néerlandais qui signifie « compagnon de couche », parce que, autrefois, les marins n'avaient qu'un hamac pour deux et ils y dormaient à tour de rôle.

mater v. (CONJUG. 3). ❶ Soumettre quelqu'un, l'obliger à l'obéissance par l'autorité ou la violence. *Il disait que son fils était insupportable et qu'il allait le mater.* ❷ Réprimer quelque chose, empêcher son développement. *Les militaires ont maté la révolte des paysans.*

se **matérialiser** v.pron. (CONJUG. 3). Devenir réel, se concrétiser. *Son rêve s'est matérialisé.* SYN. se réaliser.

matérialiste adj. et n. Qui s'intéresse davantage aux biens matériels, aux avantages immédiats qu'ils peuvent procurer qu'aux choses de l'esprit. CONTR. idéaliste.

matériau n.m. Matière qui sert de base à la construction, à l'élaboration d'objets. *Le bois et la pierre sont des matériaux.*

1 **matériel, elle** adj. ❶ De la matière, formé de matière. *L'univers matériel.* CONTR. spirituel. ❷ Qui existe effectivement, qui est réel. *Cette lettre est une preuve matérielle de sa culpabilité.* ❸ Qui concerne les objets et non les personnes. *L'inondation n'a provoqué que des dégâts matériels.* ❹ Qui concerne les nécessités concrètes de la vie, les moyens d'existence. *Les biens matériels. Ils ont des soucis matériels.* SYN. financier.

A B C D E F G H I J K L M N O P Q R S T U V W X Y Z

2 matériel **n.m.** L'ensemble des objets, des instruments, des machines, utilisés pour une activité. *Acheter du matériel de camping.*

matériellement **adv.** De manière concrète, réelle. *Il est matériellement impossible d'être à deux endroits en même temps.*

maternage **n.m.** Le fait de s'occuper d'une personne comme si elle était toujours enfant.

maternel, elle **adj.** ❶ De la mère. *Allaitement maternel. L'amour maternel. Des gestes maternels* (= des gestes qui font penser à ceux d'une mère). ❷ Qui vient de la mère, qui est du côté de la mère. *Brice passe ses vacances chez ses grands-parents maternels* (= les parents de sa mère). • **École maternelle :** école pour les enfants de 2 à 6 ans. (On dit aussi *la maternelle.*)
▸ REM. Au Canada, la maternelle est l'année scolaire qui précède l'entrée dans le primaire.

HISTOIRE DU MOT Vient du latin *mater* qui signifie « mère ».

maternité **n.f.** ❶ Le fait d'être mère. *Les joies de la maternité.* ❷ Le fait de mettre un enfant au monde. *Elle a été très fatiguée par sa maternité.* ❸ Établissement ou service d'un hôpital où s'effectuent les accouchements.

math **n.f.** ou **maths** **n.f.plur.** Abréviation de *mathématiques.*

mathématicien, enne **n.** Personne qui étudie ou enseigne les mathématiques. *Pythagore était un grand mathématicien grec.*

1 mathématique **n.f.** ou **mathématiques** **n.f.plur.** Science qui étudie les nombres, les grandeurs, les figures géométriques. *Le calcul, l'algèbre, l'arithmétique, la géométrie font partie des mathématiques.*

HISTOIRE DU MOT Vient du grec *mathêma* qui signifie « science ».

2 mathématique **adj.** ❶ Qui a trait aux mathématiques. *Un raisonnement mathématique.* ❷ Qui est rigoureux, sans incertitude. *Ses gestes ont une précision mathématique.* • (Familier) **C'est mathématique ! :** c'est logique, c'est inévitable. *Il sera encore en retard, c'est mathématique !*

matière **n.f.** ❶ *La matière*, c'est ce qui constitue les corps. *Les différents états de la matière sont l'état solide, liquide, gazeux.* → VOIR Fiche **51.** ❷ Substance dont est faite une chose, qui a des propriétés particulières. *Attention, matière inflammable ! Le beurre, la crème, l'huile sont des matières grasses.* ❸ Ce qui constitue le sujet, le fond ou le contenu d'un ouvrage. *Il y a dans cette histoire la matière d'un roman.* ❹ Ce que l'on étudie ; discipline. *Ma matière préférée est le français. Les matières artistiques.* • **En matière de :** en ce qui concerne. *En matière de sport, tu devrais t'adresser à ton oncle !* • **Entrée en matière :** commencement, introduction d'un exposé, d'un discours. • **Matière grise :** intelligence, cerveau. • **Matière première :** matière d'origine naturelle qui n'a pas encore été transformée par le travail, les machines. *La laine, le coton, le pétrole sont des matières premières.* • **Table des matières :** dans un ouvrage, liste qui répertorie les différents sujets traités et qui indique la page où ils se trouvent.

HISTOIRE DU MOT Vient du latin *materies* qui signifie « bois de construction ».

matin **n.m.** ❶ Le commencement du jour. *J'aime la lumière et la fraîcheur du matin. S'amuser du matin au soir.* ❷ Partie de la journée comprise entre le lever du soleil et midi. *Le cours de français a lieu le matin* (= dans la matinée). ❸ S'emploie dans l'expression de l'heure pour désigner le temps entre minuit et douze heures. *Il était trois heures du matin.* • **De bon matin :** de très bonne heure. • **Un beau matin :** un jour quelconque. *Un beau matin, ils sont partis sans prévenir.*
▸ REM. *Matin* est invariable après un nom de jour : *Tous les lundis matin.*

matinal, ale, aux **adj.** ❶ Du matin, qui se produit le matin. *Faire sa toilette matinale.* ❷ Qui se lève tôt. *Mon père est matinal.*

matinée **n.f.** ❶ Partie de la journée qui s'écoule du lever du jour jusqu'à midi. *Passez me voir dans la matinée !* ❷ Spectacle qui a lieu l'après-midi. *Aller au théâtre en matinée.* • **Faire la grasse matinée :** rester dans son lit tard le matin.

matou **n.m.** (Familier) Chat mâle, qui n'est en général pas castré.

matraquage **n.m.** Action de matraquer.

matraque **n.f.** Arme faite d'un bâton de bois ou de caoutchouc durci. *Recevoir un coup de matraque.*

HISTOIRE DU MOT Vient de l'arabe *matraq* qui signifie « gourdin ».

matraquer **v.** (CONJUG. 3). ❶ Donner des coups de matraque. ❷ Répéter plusieurs fois un message, un slogan. *Matraquer un message publicitaire.* ❸ (Familier) Faire payer trop cher.

matrice **n.f.** Moule en creux ou en relief qui sert à reproduire une empreinte. *La matrice d'un disque.*

matricule **n.m.** Numéro d'inscription sur un registre (militaire, de prison, etc.). *On lui a indiqué son matricule.* → VOIR **immatriculer.**
▸ REM. Le registre lui-même s'appelle *la matricule.*

HISTOIRE DU MOT Vient du latin *matricula* qui signifie « petit registre ».

matrimonial, ale, aux **adj.** *Une agence matrimoniale* met en rapport des personnes qui désirent se marier.

HISTOIRE DU MOT Vient du latin *matrimonium* qui signifie « mariage ».

matrone **n.f.** Femme d'âge mûr, assez imposante.

maturation **n.f.** Le fait de mûrir, d'arriver à maturité. *Il existe des procédés de maturation rapide de certains fruits.*

HISTOIRE DU MOT Vient du latin *maturare* qui signifie « mûrir ».

mature **adj.** Arrivé à maturité ; mûr.

maturité n.f. ❶ État d'un fruit, d'un fromage, lorsqu'ils sont mûrs. *Ces raisins ont été cueillis avant d'être arrivés à maturité.* ❷ Période comprise entre la jeunesse et la vieillesse où l'être humain a atteint son plein développement physique et intellectuel. ❸ Qualité d'une personne qui a du jugement, de l'autonomie par rapport à son âge. *Cet élève manque de maturité.* ❹ En Suisse, examen de fin d'études secondaires, équivalant au baccalauréat.

maudire **maudissant, maudit v.** (CONJUG. **66**). ❶ Dans le langage religieux, attirer sur quelqu'un la colère divine, lui lancer une malédiction. ❷ Détester une personne ou une chose et l'exprimer. *Je maudis les files d'attente !*

HISTOIRE DU MOT Vient du latin *maledicere* qui signifie « dire du mal ».

maudit, e adj. ❶ Rejeté par la société. *Un écrivain maudit.* ❷ Qui est contrariant, exaspérant. *Cette maudite radio ne marche jamais !*

maugréer v. (CONJUG. **8**). Prononcer des paroles à mi-voix pour exprimer sa mauvaise humeur. *Le vieil homme maugréait dans son coin.* SYN. bougonner.
▸ REM. Ce mot appartient à la langue soutenue.

HISTOIRE DU MOT Vient de l'ancien français *maugré* qui signifiait « peine, déplaisir ».

mausolée n.m. Monument funéraire, tombeau somptueux et de grandes dimensions.

HISTOIRE DU MOT Vient du nom de *Mausole*, roi d'un ancien pays de l'Asie Mineure à qui sa femme fit élever, en 453 avant J.-C., un magnifique tombeau, l'une des Sept Merveilles du monde.

mausolée du Tadj Mahall (Agra, Inde)

maussade adj. ❶ Triste et de mauvaise humeur. *Tu as l'air maussade aujourd'hui, que t'arrive-t-il ?* ❷ Triste et terne. *Le temps est maussade, j'ai envie de rester couché toute la journée !*

mauvais, e adj. ❶ Qui est désagréable au goût, à l'odorat. *Ce gâteau est mauvais.* CONTR. bon. *Une bougie parfumée qui chasse les mauvaises odeurs.* ❷ Déplaisant, pénible à supporter. *Il est de mauvaise humeur ce matin.* SYN. désagréable. *Il a reçu de mauvaises nouvelles.* ❸ Qui n'est pas de bonne qualité ou qui est mal fait. *Elle a de mauvais résultats scolaires.* CONTR. bon. *Le film était très mauvais.* ❹ Qui manque de talent, de savoir-faire, de connaissances. *C'est un mauvais acteur. Elle est mauvaise en géographie.* ❺ Qui ne convient pas ou qui risque de faire du mal. *Tu as pris la mauvaise direction ! Ses parents sont arrivés au mauvais moment* (= à un moment inopportun). *Manger trop de sucre est mauvais pour la santé.* SYN. nocif. ❻ Qui est insuffisant, qui rapporte peu. *Les récoltes ont été mauvaises cette année.* ❼ Qui montre de la méchanceté. *Un sourire mauvais.* SYN. méchant. ❽ Contraire à la morale. *Commettre une mauvaise action.* ◆ **mauvais** adv. • **Il fait mauvais** : le temps n'est pas beau. • **Sentir mauvais** : avoir une odeur désagréable. ◆ **mauvais** n.m. Ce qui est mauvais, désagréable. *Il y a du bon et du mauvais dans toutes les professions.*
▸ REM. Le comparatif de *mauvais* est *pire*.

1 mauve n.f. Plante à fleurs roses ou d'un violet pâle que l'on utilise en infusion pour son effet calmant.

2 mauve adj. et n.m. D'une couleur violet pâle.

mauviette n.f. (Familier) Personne faible et sans courage.

maxillaire n.m. Os de la mâchoire. *On distingue le maxillaire supérieur et le maxillaire inférieur.*

HISTOIRE DU MOT Vient du latin *maxilla* qui signifie « mâchoire ».

maximal, ale, aux adj. Qui atteint le plus haut degré. *Les températures maximales ne dépasseront pas quinze degrés aujourd'hui.* CONTR. minimal.

maxime n.f. Formule qui énonce une règle de morale, de conduite ou une vérité générale. *« À chaque jour suffit sa peine » est une maxime populaire.* SYN. proverbe, sentence.

maximum n.m. (PLUR. : **maximums** ou **maxima**). Le plus haut degré, la plus haute valeur ou la plus grande quantité. *Il faut mettre le maximum de chances de ton côté.* CONTR. minimum. *L'assassin a été condamné au maximum* (= à la peine la plus forte qui existe). • **Au maximum** : au plus, dans le pire des cas. *Il me faut dix minutes au maximum pour te rejoindre !* CONTR. au minimum. ◆ **adj.** S'emploie souvent pour *maximal*. *Payer le tarif maximum.*

maya adj. et n. Qui se rapporte aux Mayas. → VOIR noms propres.

mayonnaise n.f. Sauce froide obtenue en battant un jaune d'œuf avec de l'huile et de la moutarde.

mazout n.m. Fioul. *Chaudière, poêle à mazout.*
▸ REM. On prononce le *-t*.

HISTOIRE DU MOT C'est un mot russe d'origine arabe qui signifie « déchets » ; le mazout provient du déchet de la distillation du pétrole.

mazurka n.f. Danse à trois temps, d'origine polonaise, et musique sur laquelle on la danse. *Frédéric Chopin a composé de célèbres mazurkas.*

A B C D E O P Q R S T U V W X Y Z

me **pron. personnel.** Représente la 1re personne du singulier. *Je me cache. Tu me vois ? Tu m'as parlé ?* → VOIR **pronom** (encadré).
▸ REM. *Me* devient *m'* devant une voyelle ou un *h* muet. *Elle m'appelle souvent. Je m'habille.*

mea culpa **n.m.invar.** • **Faire son mea culpa :** reconnaître ses torts. *Je fais mon mea culpa, c'est ma faute s'il est en retard !*
HISTOIRE DU MOT Mots latins signifiant « par ma faute ».

méandre **n.m.** Détour, sinuosité que fait un cours d'eau. *Les nombreux méandres de la Seine.*

méandres d'une rivière (Nouvelle-Zélande)

mécanicien, enne **n.** ❶ Personne dont le métier est d'entretenir, de réparer des machines. *C'est une très bonne mécanicienne, elle a réparé ma moto en moins d'une heure !* ❷ Dans les chemins de fer, personne qui conduit la locomotive.

1 **mécanique** **n.f.** ❶ Étude et technique de la construction et du fonctionnement des machines. *Le frère de Florent fait de la mécanique, il saura réparer ta moto.* ❷ Ensemble d'éléments qui sont destinés à produire, transmettre, transformer un mouvement. *La mécanique des horloges est compliquée.* SYN. mécanisme. ❸ Branche de la physique qui étudie les mouvements des corps et les forces. *La mécanique des fluides.*
HISTOIRE DU MOT Vient du grec *mêkhanê* qui signifie « machine ».

2 **mécanique** **adj.** ❶ Qui comporte un mécanisme ; qui fonctionne ou qui est fait au moyen d'une machine, d'un mécanisme. *Un jouet mécanique. L'escalier mécanique était en panne. Tissage mécanique.* ❷ Qui se rapporte au fonctionnement d'une machine, d'un mécanisme. *Il n'a pu venir, il a eu des ennuis mécaniques : sa voiture est tombée en panne.* ❸ *Un geste mécanique*, c'est un geste que l'on fait machinalement, sans y penser. SYN. automatique, machinal.

mécaniquement **adv.** De façon mécanique, sans y penser. SYN. machinalement.

mécanisation **n.f.** Introduction de l'usage des machines dans une activité. *La mécanisation de l'agriculture.*

mécaniser **v.** (CONJUG. 3). Introduire l'emploi des machines dans un travail, une activité. *On a mécanisé le tri postal.*

mécanisme **n.m.** ❶ Ensemble de pièces qui permet de faire fonctionner un appareil. *Le mécanisme d'une horloge.* SYN. mécanique. ❷ Manière dont fonctionne quelque chose. *Étudier les mécanismes de l'économie.*

mécène **n.** Personne ou entreprise qui aident financièrement les écrivains, les artistes, les savants pour qu'ils avancent dans leurs travaux. *Ce peintre a été exposé grâce à une généreuse mécène.*
HISTOIRE DU MOT Vient de *Maecenas*, nom du conseiller de l'empereur romain Auguste au Ier siècle avant J.-C., qui était riche et aidait les artistes.

méchamment **adv.** D'une manière méchante, cruelle. *Il parle méchamment à son frère.* CONTR. gentiment.

méchanceté **n.f.** ❶ Penchant à faire du mal ; caractère d'une personne méchante. *Il se moque d'elle avec méchanceté.* SYN. cruauté. *C'est par méchanceté qu'elle a dit ça.* SYN. malveillance. ❷ Parole méchante. *Cessez de vous dire des méchancetés !*

méchant, e **adj.** et **n.** Qui fait du mal exprès, qui cherche à nuire. *C'est un homme méchant.* SYN. mauvais. *Il la regardait avec un air méchant.* SYN. hargneux. *Dans les westerns, les bons combattent les méchants.* ◆ **adj.** ❶ Qui peut faire mal. *Attention, chien méchant !* ❷ Qui n'est pas sage, pas gentil. ❸ Grave, important. *Ce n'est pas bien méchant. Il s'est fait une méchante blessure.*
HISTOIRE DU MOT Vient de l'ancien français *mescheoir* qui signifiait « arriver malheur ».

1 **mèche** **n.f.** ❶ Ensemble de fils ou cordon coulé à l'intérieur d'une bougie ou fixé dans un appareil, qu'on allume pour obtenir une flamme. *La mèche d'une lampe à pétrole.* ❷ Cordon qui sert à enflammer un explosif. ❸ Touffe de cheveux qui se distingue du reste de la chevelure. *Mon père a une mèche de cheveux blancs.* ❹ Tige en acier qui en tournant sur elle-même permet de percer des trous. *Changer la mèche d'une perceuse.* • (Familier) **Vendre la mèche :** dévoiler ou trahir un secret. *On voulait lui faire une surprise, mais Christelle a vendu la mèche.*

2 **mèche** **n.f.** • (Familier) **Être de mèche avec quelqu'un :** être son complice, être d'accord en secret avec lui.

méchoui **n.m.** Mouton ou agneau cuit entier à la broche ; repas où on mange ce plat. *Le méchoui est une spécialité d'Afrique du Nord.*

méconnaissable **adj.** Qui a tellement changé qu'on peut difficilement le reconnaître. *Depuis sa maladie, elle est méconnaissable !*

méconnaissance **n.f.** Le fait de méconnaître, d'ignorer quelque chose. *La méconnaissance du Code de la route peut avoir de graves conséquences.*

méconnaître, ✎ ***méconnaitre*** **méconnaissant, méconnu v.** (CONJUG. 73). ❶ Ignorer quelque chose ou mal le connaître. *Méconnaître les usages d'un pays.* ❷ Ne pas apprécier à sa juste valeur. *Méconnaître l'importance d'une découverte scientifique.* SYN. mésestimer.
▸ REM. Ce mot appartient à la langue soutenue.

méconnu, e adj. Qui n'est pas reconnu à sa juste valeur. *Un peintre méconnu.* SYN. incompris.

mécontent, e adj. et **n.** Qui n'est pas content, pas satisfait. *Je suis mécontente de mes résultats scolaires ! Le nombre des mécontents n'a cessé d'augmenter, ces dernières années.*

mécontentement n.m. Fait d'être mécontent. *Elle ne parvint pas à cacher son mécontentement.* SYN. contrariété, irritation. *Les prix augmentent et le mécontentement de la population aussi.* SYN. insatisfaction.

mécontenter v. (CONJUG. 3). Rendre mécontent. *Ne faites rien qui puisse le mécontenter.* CONTR. contenter, satisfaire.

mécréant, e n. Personne qui n'a aucune religion.
→ VOIR AUSSI **athée.**

HISTOIRE DU MOT Vient de l'ancien français *mécroire* qui signifiait « ne pas croire ».

médaille n.f. ❶ Pièce de métal donnée en récompense pour une épreuve sportive ou une action méritante. *Aux jeux Olympiques, les sportifs reçoivent des médailles d'or, d'argent ou de bronze.* ❷ Petit bijou rond et plat représentant divers sujets, en général religieux. ❸ Pièce ou plaque de métal pouvant servir à identifier un animal. *Mon chien a une médaille portant notre adresse attachée à son collier.*

médailles sportives

médaillé, e adj. et **n.** Qui a reçu une médaille comme récompense. *Les médaillés ont été applaudis.*

médaillon n.m. ❶ Bijou de forme ronde ou ovale dans lequel on met un portrait, des cheveux, des souvenirs. *Elle portait en médaillon le portrait de sa grand-mère.* ❷ Préparation culinaire qui a une forme ronde ou ovale. *Un médaillon de foie gras.*

médecin n. Personne qui, après avoir obtenu le diplôme de « docteur en médecine », soigne les malades. *Luc est malade, appelle un médecin.* SYN. docteur. *Elle est médecin de campagne.*

médecine n.f. Science qui étudie le corps humain, son fonctionnement, ses maladies et dont le but est de soigner les malades ou de prévenir les maladies. *Ma sœur fait des études de médecine. La médecine générale concerne l'ensemble du corps humain, par opposition à la médecine spécialisée.*

média n.m. Tout moyen qui permet de diffuser à un public nombreux des informations, des images, des sons, des textes. *La presse écrite, la radio, la télévision, l'affichage sont des médias.*

médian, e adj. *Une ligne médiane* est au milieu de quelque chose. *La ligne médiane de son visage.* ◆ **médiane n.f.** En géométrie, segment de droite qui unit le sommet d'un triangle au milieu du côté opposé, ou segment de droite qui joint les milieux des côtés opposés d'un parallélogramme.

HISTOIRE DU MOT Vient du latin *medius* qui signifie « qui est au milieu ».

médiateur, trice n. ❶ Personne qui sert d'intermédiaire entre deux personnes ou deux groupes en désaccord. *Le gouvernement a nommé un médiateur entre les syndicats et la direction.* ❷ Dans les quartiers difficiles et les transports en commun, personne chargée d'apaiser les conflits avec les autorités.

HISTOIRE DU MOT Vient du latin *mediator*, de *mediare* qui signifie « s'interposer ».

médiathèque n.f. Lieu où l'on peut consulter et emprunter des documents correspondant à tous les médias (livres, journaux, disques, films, vidéo, photos).

HISTOIRE DU MOT C'est un mot créé sur le modèle de *bibliothèque.*

médiation n.f. Intervention qui facilite un accord entre deux personnes ou deux groupes. *Le traité a pu être signé grâce à la médiation de l'O.N.U.*

médiatique adj. *Une personnalité médiatique* passe souvent à la télévision, fait souvent parler d'elle dans les journaux, à la radio.

médiator n.m. Lamelle rigide servant à faire vibrer les cordes de certains instruments de musique comme la mandoline, le banjo ou la guitare.

médiatrice n.f. En géométrie, droite perpendiculaire à un segment et qui passe par son milieu.

médical, ale, aux adj. Qui concerne la médecine et les médecins. *Il y a visite médicale à l'école aujourd'hui. Une infirmière dispense des soins médicaux. Le corps médical est constitué par l'ensemble des médecins.*

HISTOIRE DU MOT Vient du latin *medicus* qui signifie « médecin ».

médicament n.m. Produit utilisé pour traiter des maladies. *L'aspirine est un médicament.*
▸ REM. On disait autrefois *un remède.*

médicinal, ale, aux adj. *Une plante médicinale* a des propriétés qui permettent de soigner. *L'eucalyptus est une plante médicinale.*

a b c d e f g h i j k l m n o p q r s t u v w x y z

A B C D E F G H I J K L M N O P Q R S T U V W X Y Z

médiéval, ale, aux adj. Qui concerne le Moyen Âge. *L'art médiéval.*

médina n.f. Dans les pays d'Afrique du Nord, notamment au Maroc et en Tunisie, nom donné à la vieille ville, par opposition à la ville neuve, construite par les Européens.

HISTOIRE DU MOT C'est un mot arabe qui signifie « ville ».

médiocre adj. ❶ Qui n'est pas suffisant, qui est au-dessous de la moyenne. *Des notes médiocres.* SYN. faible, insuffisant. ❷ Qui n'a pas le niveau suffisant dans ce qu'il fait. *C'est un élève médiocre.* ◆ **adj.** et **n.** Qui n'est pas très intelligent ou qui est mesquin, étroit d'esprit ou sans ambition. *C'est un médiocre qui n'a rien fait de bien.*

HISTOIRE DU MOT Vient du latin *mediocris* qui signifie « moyen, ordinaire », de *medius* qui signifie « qui est au milieu ».

médiocrement adv. De façon médiocre. *Gagner médiocrement sa vie.*

médiocrité n.f. ❶ Caractère médiocre, insuffisant. *Ce film est d'une telle médiocrité que ce n'est pas la peine d'aller le voir.* ❷ Vie médiocre, étroite. *Sortir de la médiocrité.*

médire médisant, médit v. (CONJUG. 65). Dire du mal de quelqu'un. *Il médit de ses camarades.*

médisance n.f. Action de médire ; propos de celui qui médit. *C'est de la médisance.* SYN. calomnie. *N'écoute pas toutes les médisances que l'on répand à son sujet !* SYN. commérage.

médisant, e adj. Qui médit. *Des propos médisants.*

méditatif, ive adj. Qui manifeste un penchant pour la méditation ; songeur. *Elle avait un air méditatif.* SYN. pensif.

méditation n.f. Action de penser profondément à quelque chose, d'y réfléchir intensément. *Quand nous sommes entrés, elle était plongée dans une profonde méditation.* SYN. réflexion.

méditer v. (CONJUG. 3). ❶ Réfléchir longuement et profondément. *Assis devant la mer, il méditait.* ❷ Préparer en réfléchissant longuement. *Elle médite de partir en Angleterre.* SYN. projeter.

méditerranéen, enne adj. et n. De la Méditerranée. *L'Italie, l'Espagne sont des pays méditerranéens.* • **Climat méditerranéen :** climat des régions proches de la Méditerranée, avec des étés chauds et secs et des hivers en général doux et pluvieux. → VOIR Fiche 34.
▸ REM. Quand il désigne une personne, ce mot prend une majuscule : *un Méditerranéen, une Méditerranéenne.*

HISTOIRE DU MOT Vient du latin *mediterraneus* qui signifie « qui est au milieu des terres ».

1 médium n.m. Registre moyen d'une voix, d'un instrument, entre le grave et l'aigu.

HISTOIRE DU MOT C'est un mot latin qui signifie « milieu, centre ».

2 médium n. Personne qui prétend pouvoir servir d'intermédiaire entre les vivants et les esprits des morts.

médius n.m. Doigt du milieu de la main. SYN. majeur.

méduse n.f. Animal marin invertébré dont le corps, en forme d'ombrelle, est bordé de tentacules. *Les tentacules des méduses piquent.*

HISTOIRE DU MOT Vient de *Méduse*, monstre de la mythologie grecque.

ENCYCLOPÉDIE Les méduses sont de taille très variable. On peut trouver dans l'océan Atlantique, loin des côtes, une espèce de méduse *(Cyanea)* atteignant 2 m de diamètre et dont les tentacules peuvent mesurer 30 m.

méduses

méduser v. (CONJUG. 3). Frapper de stupeur. *Son attitude m'a médusée.* SYN. abasourdir, sidérer, stupéfier.

meeting n.m. ❶ Réunion publique importante organisée par un parti, un syndicat, un groupement, pour débattre d'une question politique, sociale, etc. *De nombreux adhérents ont participé au meeting du parti.* ❷ Grande manifestation sportive. *Un meeting aérien.*
▸ REM. 1. On prononce [mitiŋ]. 2. Au Québec, on doit dire *réunion* ou *rassemblement.*

HISTOIRE DU MOT Mot anglais qui vient de *to meet* qui signifie « rencontrer ».

méfait n.m. ❶ Mauvaise action, notamment crime ou délit. *La police recherche les auteurs de ce méfait.* ❷ Résultat, conséquence nuisibles de quelque chose. *Les méfaits de l'alcool ne sont plus à démontrer.*

méfiance n.f. Attitude de celui qui se méfie, qui n'a pas confiance. *L'aspect bizarre de l'homme éveilla la méfiance de Juliette.* SYN. soupçon. *Il la suivit sans méfiance.* CONTR. confiance.

méfiant, e adj. Qui se méfie. *Depuis cette mésaventure, je suis devenue méfiante.* SYN. soupçonneux. CONTR. confiant.

se méfier **v.pron.** (CONJUG. 7). ❶ Ne pas avoir confiance en quelqu'un ou en quelque chose. *Depuis que je lui ai dit ce que je pensais, il se méfie de moi.* CONTR. se fier à. ❷ Faire attention à quelque chose, se tenir sur ses gardes. *Méfie-toi, ça glisse, tu risques de tomber !*

méga- **préfixe.** Mot invariable qui indique qu'une unité est multipliée par un million *(un mégahertz)* et qui s'emploie en langue familière pour dire « très grand ».

mégalomane **adj.** et **n.** Qui a des idées de grandeur et un orgueil excessif.

HISTOIRE DU MOT Vient du grec *megas*, qui signifie « grand », et *mania*, qui signifie « folie ».

par mégarde **adv.** Sans le faire exprès. *Elle a pris mon livre par mégarde.*

mégère **n.f.** (Familier) Femme acariâtre, méchante et hargneuse.

HISTOIRE DU MOT Vient du nom d'une divinité de la mythologie grecque, Mégère. → VOIR noms propres.

mégot **n.m.** (Familier) Bout de cigarette ou de cigare que l'on a fini de fumer. *Un cendrier rempli de mégots.*

meilleur, e **adj.** ❶ S'emploie comme comparatif de supériorité de l'adjectif *bon*. *Je trouve le chocolat noir meilleur que le chocolat au lait* (= j'en préfère le goût). *Elle est meilleure que son frère au cricket* (= elle y joue mieux). ❷ Avec *le, la, les*, ou *mon, ton, son*, etc., s'emploie comme superlatif de *bon*. *Alexia est sa meilleure amie. Je vous présente mes meilleurs vœux. David est le meilleur en anglais.* ◆ **meilleur** **n.m.** Ce qu'il y a de mieux. *Je veux le meilleur pour toi.*

HISTOIRE DU MOT Vient du latin *melior* que l'on retrouve dans *améliorer*.

mélancolie **n.f.** État de tristesse vague, d'humeur sombre accompagnée de rêveries. *Elle pensait avec mélancolie aux jours heureux de son enfance.*

HISTOIRE DU MOT Vient du grec *melas*, qui signifie « sombre, noir », et *kholê*, qui signifie « bile, humeur ».

mélancolique **adj.** Qui est porté à la mélancolie, en proie à une vague tristesse ; qui inspire la mélancolie. *Cette enfant a un regard mélancolique.* SYN. triste. *Un paysage mélancolique.*

mélange **n.m.** ❶ Action de mêler, de mettre ensemble des choses différentes. *Il a fait un joli mélange de couleurs.* ❷ Ce que l'on obtient en mêlant des choses différentes. *Le vert est un mélange de jaune et de bleu. Il faut bien remuer jusqu'à ce que le mélange épaississe.*

mélanger **mélangeant, mélangé** **v.** (CONJUG. 5). ❶ Mettre ensemble, en les mêlant, des choses différentes de manière à former un tout. *Elle a mélangé des œufs, de la farine et du sucre pour faire un gâteau.* ❷ Mettre en désordre. *Le chat a encore mélangé tous les papiers que j'avais laissés sur mon bureau !* ❸ Confondre des choses. *Mon grand-père perd la mémoire et mélange les dates.*

mélangeur **n.m.** ❶ Robinet à deux têtes et un bec qui sert à mélanger l'eau chaude et l'eau froide. *Un mélangeur de douche.* ❷ Au Canada, mixeur.

mélanine **n.f.** Pigment normalement présent dans la peau et les cheveux. *Lorsqu'on est exposé au soleil, la mélanine augmente et on brunit.*

HISTOIRE DU MOT Vient du grec *melas* qui signifie « noir » et que l'on retrouve dans *mélancolie*.

mélasse **n.f.** Sorte de sirop épais qui reste après la fabrication du sucre.

Melba **adj.invar.**, ✎ ***melba*** ***adj.*** • **Pêche Melba :** pêche cuite dans un sirop, servie sur de la glace à la vanille et nappée de chantilly.

HISTOIRE DU MOT Vient du nom d'une célèbre cantatrice australienne du XIXe siècle, *Nelly Melba*, en l'honneur de qui un grand cuisinier créa ce dessert.

mêlée **n.f.** ❶ Bousculade ou lutte entre plusieurs personnes. *Il a perdu ses lunettes dans la mêlée.* SYN. bagarre, rixe. ❷ Au rugby, groupement formé par les joueurs avant de chaque équipe qui s'arc-boutent les uns contre les autres pour se disputer le ballon lancé au sol au milieu d'eux.

mêlée de rugby

mêler **v.** (CONJUG. 3). ❶ Mettre ensemble des choses différentes pour former un tout. *Mêler du sable et de l'eau.* SYN. mélanger. ❷ Mettre dans le désordre. *Mêler les cartes.* SYN. mélanger. *Mêler des fils.* SYN. emmêler. ❸ Impliquer quelqu'un, quelque chose dans une affaire. *Ne me mêlez pas à cette histoire.* ◆ **se mêler** **v.pron.** ❶ Se mélanger. *Les parfums des fleurs du jardin se mêlaient dans l'air du soir. Ils se sont mêlés à la foule et on les a perdus de vue.* ❷ Intervenir dans une affaire. *Ne te mêle pas de ce qui ne te regarde pas !*

a b c d e f g h i j k u v w x y z

A B C D E F G H I J K L M N O P Q R S T U V W X Y Z

mélèze **n.m.** Arbre qui pousse dans les montagnes, au-dessus de la zone des sapins, et dont les aiguilles sont caduques. *Le mélèze forme des forêts claires, il peut atteindre 30 à 40 m de haut et 500 ans d'âge.*

méli-mélo (PLUR. : mélis-mélos), ✎ ***méliméIo*** **n.m.** (Familier) Mélange confus, désordonné. *Quel méli-mélo cette histoire, je n'y comprends rien !* SYN. embrouillamini.

mélisse **n.f.** Plante dont les feuilles servent à fabriquer l'*eau de mélisse*, remède contre les maux de cœur, les nausées.

HISTOIRE DU MOT Vient du grec *melissophullon*, « feuille à abeilles ».

mélo **n.m.** et **adj.** (Familier) Abréviation de *mélodrame* ou de *mélodramatique*. *Ce film était un mélo sans intérêt.*

mélodie **n.f.** Suite de sons qui forment un chant, un air. *Elle sifflote une jolie mélodie. Debussy a composé des mélodies sur des poèmes de Verlaine.*

HISTOIRE DU MOT Vient du grec *melos*, qui signifie « cadence », et *odê*, qui signifie « chant ».

mélodieux, euse **adj.** Qui est agréable à entendre. *Une voix mélodieuse.*

mélodramatique **adj.** Qui fait penser au mélodrame par son caractère exagéré. *Il prit un ton mélodramatique pour nous annoncer son départ.*

mélodrame **n.m.** ❶ Spectacle dramatique où sont accumulés toutes sortes de situations pathétiques, de rebondissements qui cherchent à émouvoir les spectateurs. ❷ Situation réelle où tout semble compliqué et émouvant à la fois. *Cette aventure tourne au mélodrame !* (= ressemble à un mélodrame par son caractère outrancier, exagéré).

HISTOIRE DU MOT Vient du grec *melos*, « cadence, chant », et *drama*, « tragédie ». Dans l'Antiquité, le mélodrame était la partie chantée d'une tragédie.

mélomane **n.** et **adj.** Personne qui aime passionnément la musique. *C'est un mélomane, il connaît tous les opéras italiens par cœur !*

HISTOIRE DU MOT Vient du grec *melos*, qui signifie « chant », et *mania*, qui signifie « folie ».

mélèze

melon **n.m.** Gros fruit rond ou ovale dont la chair est juteuse et sucrée. *Pour se développer, le melon a besoin de beaucoup de chaleur et de lumière.* • **Melon d'eau :** autre nom de la *pastèque*. • **Chapeau melon :** chapeau d'homme rond et bombé, à bords étroits.

melon

mélopée **n.f.** Chant monotone et triste.

membrane **n.f.** ❶ Tissu souple et mince qui forme, enveloppe ou tapisse un organe, une cellule. *La membrane des intestins, des poumons. La membrane du tympan.* ❷ Matière mince et souple. *La membrane d'un haut-parleur.*

HISTOIRE DU MOT Vient du latin *membrana* qui signifie « peau qui recouvre les membres ».

membre **n.m.** ❶ Chacune des parties du corps de l'homme et des animaux vertébrés rattachées au tronc, qui servent à se déplacer, à prendre, à tenir. *Chez l'homme, on distingue les membres supérieurs (les bras) et les membres inférieurs (les jambes). Chez les animaux, on distingue les membres antérieurs et les membres postérieurs.* ❷ Personne, groupe, pays faisant partie d'un ensemble constitué. *Il est devenu membre de l'association des anciens élèves. L'Espagne est un pays membre de l'Union européenne.*

même **adj.** et **pron. indéfini.** ❶ (Avant un nom.) Indique la similitude, l'égalité, la ressemblance. *On a le même pull, on doit avoir les mêmes goûts !* (= identique, pareil, semblable). CONTR. différent. *Comme ton gâteau a l'air bon, je voudrais le même ! J'ai eu la même note que toi* (= une note égale). ❷ (Après un nom.) S'emploie pour renforcer ce qui est dit. *André est la bonté même* (= il est vraiment très bon). ❸ (Avec un trait d'union après un pronom.) Insiste sur le côté personnel. *Tu l'as fait toi-même ?* (= tout seul, en personne). ◆ **adv.** Exprime une insistance. *Même moi, je n'avais rien compris !* SYN. aussi. • **À même :** directement en contact avec. *Dormir à même le sol.* • **De même :** de la même manière. *Jean a ri, Pierre a fait de même.* • **Être à même de :** être capable de, en état de. *Il n'est pas à même de juger.* SYN. en mesure de. • **Quand même** ou **tout de même :** malgré tout. *J'ai beaucoup de travail, mais je viendrai quand même.*

▸ REM. Au mot *même* correspond l'élément tiré du grec *homo-* qu'on retrouve dans des mots comme *homonyme* et *homosexuel*.

mémento **n.m.** Agenda où l'on inscrit des adresses, des rendez-vous, et ce dont on veut se souvenir.

▸ REM. On prononce [memɛ̃to].

HISTOIRE DU MOT C'est un mot latin qui signifie « souviens-toi ».

1 mémoire **n.f.** ❶ Capacité à se souvenir de choses déjà vécues, de sentiments éprouvés, de connaissances acquises. *Mon grand-père a une bonne mémoire. Elle a la mémoire des dates* (= elle se souvient bien des dates). *Depuis son accident, il a des trous de mémoire* (= certains souvenirs lui échappent). ❷ Souvenir que l'on a d'une personne disparue. *Respecter la mémoire de son père.* ❸ En informatique, partie d'un ordinateur qui sert à enregistrer, à stocker les informations et à les restituer à la demande. *Mettre un texte en mémoire* (= l'enregistrer). • **À la mémoire de :** en l'honneur d'une personne disparue, d'un événement passé. *Une statue a été inaugurée à la mémoire de Balzac.* • **Avoir la mémoire courte :** oublier vite certaines choses. • **De mémoire :** en ne faisant appel qu'à sa mémoire. *Elle peut citer de mémoire tous les noms des élèves de la classe !* • **De mémoire d'homme :** du plus loin qu'on se souvienne. *De mémoire d'homme, on n'a jamais vu autant de neige dans cette région.*

2 mémoire **n.m.** Exposé écrit sur un sujet particulier. *Elle a écrit un mémoire sur un romancier anglais du XIXe siècle.* ◆ **Mémoires** **n.m.plur.** (Avec une majuscule.) Souvenirs qu'écrit une personne sur sa vie publique ou privée. *Cet acteur écrit ses Mémoires.* SYN. autobiographie.

mémorable **adj.** Qui mérite de rester dans la mémoire de chacun. *Ce fut une fête mémorable.* SYN. inoubliable.

mémorial **n.m.** (PLUR. : **mémoriaux**). Monument destiné à rappeler à la mémoire de tous un événement, un personnage. *Le mémorial de la Déportation.*

mémoriser **v.** (CONJUG. 3). Fixer dans sa mémoire, retenir ou enregistrer dans la mémoire d'un ordinateur. *Je n'arrive pas à mémoriser les dates* (= à m'en souvenir).

menaçant, e **adj.** Qui menace. *Un geste menaçant.* CONTR. rassurant.

menace **n.f.** ❶ Parole, geste, acte par lesquels on montre à quelqu'un qu'on a l'intention de lui faire du mal. *Le journaliste a reçu des lettres de menace. Agir sous la menace.* ❷ Signe, indice d'un danger. *Il paraît qu'il y a une menace d'épidémie de grippe dans l'école.*

menacer **menaçant, menacé v.** (CONJUG. 4). ❶ Chercher à faire peur, à intimider par des menaces. *Elle a été plusieurs fois menacée de mort. Le proviseur menace de renvoyer Benoît s'il continue à travailler aussi mal.* ❷ Constituer un danger, une menace. *L'orage menace, il faut rentrer !*

ménage **n.m.** ❶ Homme et femme vivant en couple. *Un ménage sans enfants. Ils ont décidé de se mettre en ménage* (= de vivre ensemble). ❷ Ensemble des travaux d'entretien d'une maison. *Si nous faisons le ménage tous ensemble, cela ira plus vite !* • **Faire bon** ou **mauvais ménage :** s'entendre bien ou mal avec quelqu'un, aller bien ou mal ensemble. *Mon chien et mon chat font bon ménage.* • **Scène de ménage :** dispute entre époux.

HISTOIRE DU MOT Vient de l'ancien verbe *manoir* qui signifiait « demeurer ».

ménagement **n.m.** Précautions que l'on prend avec quelqu'un. *Il lui a parlé sans ménagement* (= avec une franchise brutale, sans égards).

1 ménager **ménageant, ménagé v.** (CONJUG. 5). ❶ Traiter avec des égards, du respect. *Ménagez votre oncle, il n'est plus tout jeune ! Il n'a pas ménagé son adversaire.* SYN. épargner. ❷ Utiliser avec modération. *Ménage tes forces, la route est encore longue ! Qui veut voyager loin ménage sa monture* (proverbe). ❸ Préparer avec soin. *Je lui ménage une surprise.* SYN. organiser. • **Ménager la chèvre et le chou :** ne pas prendre position entre deux personnes qui ne sont pas d'accord.

2 ménager, ère **adj.** Qui concerne l'entretien de la maison. *Les travaux ménagers. Les appareils ménagers. Les ordures ménagères.*

ménagère **n.f.** ❶ Femme qui s'occupe de sa maison. ❷ Service de couverts pour la table.

ménagerie **n.f.** Lieu où l'on garde des animaux ; l'ensemble de ces animaux. *La ménagerie d'un cirque.*

1 mendiant, e **n.** Personne qui mendie pour vivre.

2 mendiant **n.m.** Dessert composé de quatre sortes de fruits secs : figues, raisins secs, amandes, noisettes. (On dit aussi *les quatre mendiants.*)

mendicité **n.f.** Le fait de mendier pour vivre. *Il a tout perdu, il est réduit à la mendicité.*

mendier **v.** (CONJUG. 7). Demander quelque chose en faisant appel à la pitié, à la charité d'autrui. *Mendier du pain, de l'aide. Elle est obligée de mendier pour vivre* (= de demander l'aumône).

menées **n.f.plur.** Agissements secrets et le plus souvent malveillants. SYN. intrigue, machination, manœuvre.

mener **v.** (CONJUG. 10). ❶ Emmener, conduire quelque part. *Mener ses enfants à l'école.* ❷ Permettre d'aller d'un lieu à un autre. *La route mène au lac.* SYN. conduire. ❸ Diriger, commander un groupe. *Elle mène son entreprise d'une main de fer.* ❹ Être en tête, avoir l'avantage sur des concurrents, des adversaires. *Notre équipe mène par trois buts à deux.* ❺ *Mener une action*, c'est en assurer le déroulement. *Les policiers mènent une enquête approfondie pour trouver le coupable.* ❻ *Mener une certaine vie, une certaine existence*, c'est vivre de telle ou telle façon. *Il mène une vie de fou ! Mener une vie honnête.* • **Mener la vie dure à quelqu'un :** lui rendre la vie pénible. • **Mener quelqu'un par le bout du nez :** l'obliger à faire ce que l'on veut.

HISTOIRE DU MOT Vient du latin *minari* qui signifie « menacer ». Dans l'Antiquité, les paysans menaient les bêtes en criant et en les menaçant avec un bâton.

mémorial du mont Rushmore
(Dakota du Sud, États-Unis)

a b c d e f g h i j k l m n o p q r s t u v w

ménestrel **n.m.** Au Moyen Âge, musicien qui chantait et jouait d'un instrument de musique mais n'écrivait pas ses textes, contrairement au troubadour. *Certains ménestrels étaient jongleurs.*

HISTOIRE DU MOT Vient du latin *minister* qui signifie « serviteur ».

meneur, euse **n.** ❶ Personne qui dirige et entraîne les autres dans une action. *Sous l'action de quelques meneurs, la manifestation a mal tourné.* ❷ *Un meneur d'hommes* est une personne qui sait mener, diriger les hommes. *C'est un mauvais gestionnaire mais c'est un vrai meneur d'hommes !* ● **Meneur de jeu :** personne qui anime un jeu, un spectacle.

menhir **n.m.** Monument préhistorique constitué d'un seul bloc de pierre vertical. *Il ne faut pas confondre les dolmens, qui sont horizontaux, et les menhirs, qui sont verticaux.*

HISTOIRE DU MOT Vient du breton *men,* qui signifie « pierre », et *hir,* qui signifie « long ».

ENCYCLOPÉDIE On pense que les menhirs étaient des pierres commémoratives, édifiées en l'honneur de personnages ou d'événements ou vouées au culte de dieux. On les trouve isolés ou bien disposés en lignes ou en cercles. Il y en a environ 5 000 en Bretagne, dont les célèbres alignements de Carnac.

méninge **n.f.** Chacune des trois membranes qui entourent le cerveau et la moelle épinière. ◆ **méninges** **n.f.plur.** (Familier) Cerveau, esprit. *Se creuser les méninges* (= réfléchir).

méningite **n.f.** Inflammation des méninges due à un microbe ou à un virus.

ménisque **n.m.** Cartilage situé entre les os dans certaines articulations du corps, comme le genou. *La danseuse a été opérée d'un ménisque.*

ménopause **n.f.** Arrêt définitif de l'ovulation et des règles chez la femme.

HISTOIRE DU MOT Vient du grec *mên, mênos,* qui signifie « mois », et *pausis,* qui signifie « cessation ».

menotte **n.f.** (Familier) Petite main, main d'enfant. *Donne ta menotte !* ◆ **menottes** **n.f.plur.** Bracelets métalliques réunis par une chaîne, avec lesquels on attache les poignets des prisonniers. *Les policiers lui ont passé les menottes.*

alignements de **menhirs** (Carnac, Bretagne)

mensonge **n.m.** Ce que l'on raconte et qui n'est pas vrai. *C'est un mensonge, je n'ai jamais dit ça !*

mensonger, ère **adj.** Qui repose sur un mensonge, qui est contraire à la vérité et qui cherche à tromper. *Ce sont des affirmations mensongères.* SYN. faux.

menstruation **n.f.** Écoulement sanguin provenant de l'utérus et qui se produit chaque mois chez la femme, après la puberté, lorsqu'elle n'est pas enceinte. SYN. règles.

menstruel, elle **adj.** ● **Cycle menstruel :** la succession des menstruations et des phénomènes qui y sont liés ; la période délimitée par le retour des menstruations.

mensualisation **n.f.** Action de mensualiser. *La mensualisation des impôts.*

mensualiser **v.** (CONJUG. **3**). Payer de manière mensuelle, au mois. *Mensualiser un employé. Mensualiser les salaires.*

mensualité **n.f.** Somme payée chaque mois. *Il paie sa voiture par mensualités.*

mensuel, elle **adj.** Qui se fait chaque mois. *Une revue mensuelle. Un salaire mensuel.* ◆ **mensuel** **n.m.** Magazine qui paraît chaque mois. *C'était un hebdomadaire, c'est devenu un mensuel.*

HISTOIRE DU MOT Vient du latin *mensis* qui signifie « mois ».

mensuellement **adj.** Chaque mois. *Être payé mensuellement.*

mensurations **n.f.plur.** Mesures caractéristiques du corps humain, notamment le tour de poitrine, le tour de taille, le tour de hanches. *La couturière a pris mes mensurations.*

mental, ale, aux **adj.** Qui concerne le fonctionnement de l'esprit. *Les psychiatres traitent les troubles mentaux.* SYN. psychiques. ● **Calcul mental :** calcul qui se fait de tête, sans rien écrire. ◆ **mental** **n.m.sing.** L'ensemble des dispositions mentales de quelqu'un. *Les sportifs essaient d'avoir un bon mental avant une épreuve.*

HISTOIRE DU MOT Vient du latin *mens, mentis* qui signifie « esprit ».

mentalement **adv.** ❶ D'un point de vue mental. *Physiquement il va bien, mais mentalement il est déprimé.* SYN. psychologiquement. ❷ De tête, uniquement par la pensée, sans écrire. *Elle a fait l'addition mentalement.*

mentalité **n.f.** Manière habituelle de penser d'une personne, d'un groupe, ou d'une société ; état d'esprit. *La mentalité des jeunes a changé depuis cinquante ans. Les mentalités diffèrent selon les pays.*

menterie **n.f.** Au Québec, mensonge.
▸ REM. Ce mot est familier et vieilli en France.

menteur, euse **adj.** et **n.** Qui ment ou qui a l'habitude de mentir. *Ne le crois pas, c'est un menteur !*

A B C D E F G H I J K L M N O P Q R S T U

menthe

menthe **n.f.** Plante vivace des lieux humides, aux fleurs blanches ou roses, très odorante, dont on extrait une essence aux propriétés aromatiques et médicinales. *Du thé à la menthe. Des bonbons à la menthe.*

menthol **n.m.** Alcool extrait de l'essence de menthe. *Des pastilles au menthol.*

mentholé, e **adj.** Qui contient du menthol. *Quand je suis enrhumée, je prends des pastilles mentholées.*

mention **n.f.** ❶ Courte annotation qui donne une précision, un renseignement supplémentaires. *En remplissant le questionnaire, n'oubliez pas de barrer les mentions inutiles. Ma lettre est revenue avec la mention « n'habite pas à l'adresse indiquée ».* ❷ Appréciation donnée par un jury lors d'un examen, d'un concours. *Elle a été reçue au bac avec mention bien.* ❸ *Faire mention de quelque chose*, c'est le signaler, le citer. *Aucun journal ne fait mention de cet événement.*

mentionner **v.** (CONJUG. 3). Faire mention de quelque chose, le citer, le signaler. *N'oublie pas de mentionner l'italien parmi les langues vivantes que tu connais !* SYN. indiquer.

mentir **mentant, menti v.** (CONJUG. 19). ❶ Ne pas dire la vérité ; faire croire qu'une chose est vraie alors que l'on sait qu'elle est fausse. *Il a menti, il n'est jamais monté sur un chameau. Elle ment comme elle respire* (= tout le temps). ❷ Tromper. *La photo ne ment pas, vous étiez ensemble ce jour-là.* • **Sans mentir :** sans exagérer.

menton **n.m.** Partie du visage située au-dessous de la bouche. *Il a un double menton tellement il est gras !*

mentor **n.m.** Conseiller sage et expérimenté. *Son oncle lui servait de mentor.* SYN. guide 1.
▸ REM. Ce mot appartient à la langue littéraire.

HISTOIRE DU MOT Vient de *Mentor*, nom du guide de Télémaque dans *l'Odyssée*.

1 menu, e **adj.** ❶ Petit. *Couper la viande en menus morceaux.* ❷ Qui a peu d'importance, peu de valeur. *Se perdre dans de menus détails. Il ne me reste que de la menue monnaie* (= de la monnaie de peu de valeur). ❸ Mince et frêle. *Une jeune fille toute menue.* ◆ **menu adv.** • **Hacher menu :** hacher en petits morceaux. ◆ **menu n.m.** • **Par le menu :** dans le moindre détail. *Elle nous a raconté son voyage par le menu.*

HISTOIRE DU MOT Vient du latin *minuere* qui signifie « diminuer ».

2 menu **n.m.** ❶ Liste détaillée des plats servis à un repas. *Au menu vous avez : avocat vinaigrette, poulet frites et gâteau au chocolat.* ❷ Repas à prix fixe servi dans un restaurant, par opposition à *carte*. *Vous prendrez le menu du jour ?* ❸ Liste des opérations que peut effectuer un ordinateur, qui s'affiche sur l'écran et dans laquelle on peut choisir.

menuet **n.m.** Danse à trois temps en vogue au XVIIᵉ siècle et musique qui l'accompagnait.

HISTOIRE DU MOT Vient de *menu*, car le menuet se dansait « à pas menus », c'est-à-dire à petits pas.

menuiserie **n.f.** ❶ Métier du menuisier ; ouvrage qu'il fait. ❷ Atelier où travaille le menuisier. *On entend le bruit des scies de la menuiserie.*

menuisier, ère **n.** Personne dont le métier est de travailler le bois, de fabriquer des meubles, ou des ouvrages en bois (fenêtres, portes, etc.). → VOIR AUSSI **ébéniste.**

HISTOIRE DU MOT Vient du latin *minutiare* qui signifie « rendre menu ».

outils du **menuisier**

se méprendre **méprenant, mépris v.pron.** (CONJUG. 48). Se tromper sur quelqu'un ou sur quelque chose. *Vous vous méprenez sur elle, elle est beaucoup plus gentille qu'elle n'en a l'air ! Tu t'es mépris sur mes intentions.* • **À s'y méprendre :** au point que l'on peut se tromper. *Elle ressemble à sa sœur à s'y méprendre.*

mépris **n.m.** Sentiment contraire au respect, à l'estime. *Je n'ai que du mépris pour ces égoïstes qui se croient tout permis.* • **Au mépris de :** sans tenir compte de. *Sauver quelqu'un au mépris du danger* (= en dépit de). SYN. malgré.

méprisable **adj.** Qui ne mérite que le mépris. *Un individu méprisable.* SYN. ignoble. *La trahison est un acte méprisable.* SYN. honteux, indigne.

méprisant, e **adj.** Qui montre du mépris, du dédain envers les autres. *Un ton, un sourire méprisants.* SYN. arrogant, dédaigneux, hautain.

méprise **n.f.** Erreur commise en prenant une personne ou une chose pour une autre. *Excusez-moi, c'est une méprise, j'ai cru que c'était ma voiture.*

mépriser **v.** (CONJUG. 3). ❶ Avoir du mépris pour une personne ou une chose. *Il méprise les lâches.* SYN. dédaigner. ❷ Ne pas tenir compte de quelque chose. *Mépriser le danger.* SYN. ignorer.

a b c d e f o p q r s t u v w x y z

A B C D E F G H I J K L M N O P Q R S T U V W X Y Z

mer **n.f.** ❶ Vaste étendue d'eau salée qui couvre une partie de la surface du globe. *La mer Caspienne est une mer fermée. La mer Méditerranée communique avec l'océan Atlantique par le détroit de Gibraltar.* → VOIR encadré ci-dessous. ❷ Eau de la mer ou de l'océan. *La mer est trop froide, je ne veux pas me baigner !* ❸ Marée. *La mer monte.* ❹ Grande étendue d'une chose quelconque. *Une mer de sable.* • **Haute mer** ou **pleine mer** : partie de la mer située loin du rivage, des côtes. *Le merlan se pêche en pleine mer* (= au large). • **Ce n'est pas la mer à boire** : ce n'est pas très difficile.
▸ REM. Au mot *mer* correspond l'élément tiré du grec *thalasso-* qu'on retrouve dans *thalassothérapie*.

Mers et océans

océan Pacifique	165 millions de km²
océan Atlantique	86 millions de km²
océan Indien	75 millions de km²
océan Arctique	9 millions de km²
mer Méditerranée et mer Noire	2 millions de km²
mer de Chine	752 000 km²
mer du Nord	600 000 km²

Les mers et les océans couvrent 361,3 millions de km², soit 70,8 % de la surface du globe.

mercantile **adj.** *Avoir l'esprit mercantile*, c'est être surtout préoccupé par le désir de gagner de l'argent, de faire du profit.
HISTOIRE DU MOT Vient de l'italien *mercante* qui signifie « marchand ».

mercenaire **n.m.** Soldat qui combat pour un gouvernement étranger en échange d'un salaire.
HISTOIRE DU MOT Vient du latin *mercenarius*, de *merces* qui signifie « salaire ».

mercerie **n.f.** ❶ Ensemble des fournitures qui servent à la couture, aux travaux d'aiguille. *Les boutons, les aiguilles, le fil sont des articles de mercerie.* ❷ Commerce et boutique du mercier. *Va à la mercerie m'acheter des aiguilles à tricoter.*

1 merci **interj.** et **n.m.** Mot de politesse que l'on prononce pour remercier ; parole de remerciement. *Merci d'être venu ! Merci pour vos fleurs ! « Veux-tu de la soupe ? – Non, merci ! » Vous lui direz un grand merci de ma part.*
HISTOIRE DU MOT Vient, comme *merci* n.f., du latin *merces*, « prix, salaire, récompense ».

2 merci **n.f.** • **Être à la merci de quelqu'un, de quelque chose** : en dépendre, y être entièrement soumis. *Elle était à la merci du criminel. Les alpinistes étaient à la merci de la moindre avalanche.* • **Sans merci** : sans pitié. *Ils se sont battus sans merci jusqu'à l'aube.*

mercier, ère **n.** Personne qui vend des articles de mercerie.

mercredi **n.m.** Le troisième jour de la semaine. *Tous les mercredis matin, les enfants vont au jardin public.*
HISTOIRE DU MOT Vient du latin *Mercurii dies* qui signifie « jour de Mercure ».

mercure **n.m.** Métal blanc et brillant, liquide à la température ordinaire, qui est utilisé dans des instruments comme le thermomètre, le baromètre, etc., mais également pour l'étamage des glaces et en médecine. *Plus la colonne de mercure monte dans le thermomètre, plus la température est élevée.*
▸ REM. Autrefois le mercure était appelé « vif-argent ».

mère **n.f.** ❶ Femme qui a mis au monde ou qui a adopté un ou plusieurs enfants. *Elle est mère de trois garçons.* ❷ Femelle d'un animal, qui a eu des petits. *Les chatons tètent leur mère.* ❸ Nom donné à la supérieure d'un couvent. ❹ Origine, source, cause de quelque chose. *L'oisiveté est la mère de tous les vices* (proverbe). • **Maison mère** : établissement commercial ou financier dont dépendent des filiales. • **Mère poule** : mère qui couve ses enfants, qui les entoure d'attentions excessives.

merguez **n.f.invar.** Saucisse fraîche pimentée, faite à base de bœuf, ou de bœuf et de mouton, que l'on mange grillée. *La merguez est une spécialité des pays d'Afrique du Nord, on en sert souvent avec le couscous.*
▸ REM. C'est un mot arabe, on prononce [mɛrgɛz].

méridien **n.m.** Chacun des cercles imaginaires qui passent par les deux pôles terrestres. *Le méridien d'origine qui passe en Angleterre, par l'ancien observatoire de Greenwich, est celui par rapport auquel on compte les degrés de longitude.* → VOIR AUSSI **latitude, longitude, parallèle** et Fiche **36.**
HISTOIRE DU MOT Vient du latin *meridies* qui signifie « midi ».

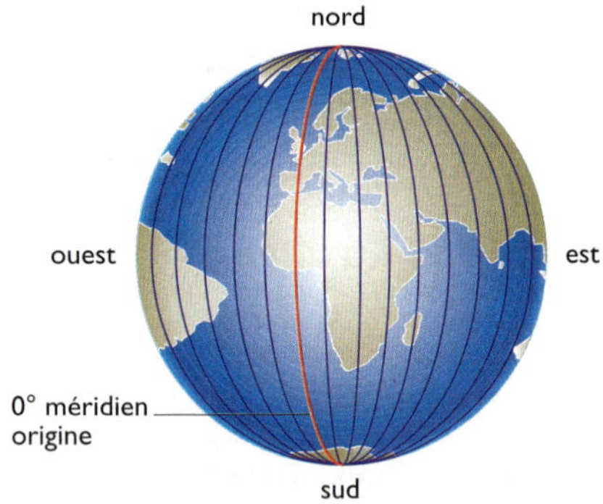

méridiens

méridional, ale, aux **adj.** Qui est situé au sud. *La côte méridionale de la Grande-Bretagne.* ◆ **adj.** et **n.** Du sud de la France. *C'est une Méridionale, elle n'est bien qu'au soleil !*
▸ REM. Quand il désigne une personne, ce mot prend une majuscule : *une Méridionale, des Méridionaux.*
HISTOIRE DU MOT Vient, comme *méridien*, du latin *meridies*.

meringue **n.f.** Pâtisserie très légère, à base de blancs d'œufs et de sucre, que l'on fait cuire à four très doux.

mérinos **n.m.** Mouton dont la laine blanche, fine et abondante est très recherchée.
▶ REM. On prononce le *-s*.

mérinos

merise **n.f.** Fruit du merisier, à chair noire et un peu acide.

merisier **n.m.** Cerisier sauvage, dont le bois, rouge-brun veiné de jaune, est utilisé en ébénisterie. *Une armoire en merisier.*

HISTOIRE DU MOT Vient de l'ancien français *amerise*, mot formé de *amer* et de *cerise*.

méritant, e **adj.** *Une personne méritante* a du mérite. *Un élève très méritant.* → VOIR AUSSI **méritoire.**

mérite **n.m.** ❶ Ce qui rend une personne digne d'éloges, d'estime, de récompense. *Elle a beaucoup de mérite d'avoir réussi son examen dans ces conditions.* ❷ Qualité estimable, louable de quelqu'un ou de quelque chose. *Son grand mérite est d'être le premier à avoir eu cette idée. Tout le mérite de cette entreprise te revient.*

mériter **v.** (CONJUG. 3). ❶ Avoir droit, par sa conduite, à une récompense ou à une punition. *Elle a très bien joué, elle mérite le premier prix. Tu es insupportable, tu mériterais une correction !* ❷ Rendre nécessaire. *Cette lettre mérite une réponse.* SYN. nécessiter.

méritoire **adj.** *Un acte méritoire* est digne de récompense, d'estime. *Virginie a fait des efforts méritoires.* SYN. louable. → VOIR AUSSI **méritant.**

merlan **n.m.** Poisson de l'Atlantique qui vit en petits groupes, apprécié pour sa chair tendre et légère.

merle **n.m.** Oiseau passereau très commun dans les parcs et dans les bois, dont le mâle a un plumage noir et un bec jaune, et la femelle un plumage brun.

ENCYCLOPÉDIE Cri : le merle siffle ou chante. Femelle : la merlette.

merle et merlette

merlu **n.m.** Poisson marin commun dans l'Atlantique, mesurant environ 1 m de long, à dos gris, pêché au chalut ou à la ligne et vendu sur les marchés sous le nom de *colin. Le merlu se nourrit de harengs et de maquereaux.*

mérou **n.m.** Gros poisson osseux pouvant mesurer jusqu'à 2 m de long pour un poids de 100 kg, qui vit dans les mers chaudes et dont la chair délicate est très appréciée. *Le mérou est très vorace et agressif mais n'est pas dangereux pour l'homme.*

mérovingien, enne **adj.** et **n.** Relatif à la dynastie des Mérovingiens. → VOIR noms propres.

merveille **n.f.** Ce qui provoque l'admiration, l'étonnement, par sa beauté, sa perfection, ses qualités extraordinaires. *Les merveilles de la nature. Ta bague est une merveille. « Alice au pays des merveilles » est un récit de Lewis Carroll.* • **À merveille :** parfaitement, admirablement. *Ils s'entendent à merveille ! Elle joue de la flûte à merveille !* • **Faire des merveilles** ou **faire merveille :** donner un résultat remarquable. *Cette nouvelle crème solaire fait des merveilles.* • **Les Sept Merveilles du monde** → VOIR noms propres : **Sept Merveilles.**

HISTOIRE DU MOT Vient du latin *mirabilis* qui signifie « admirable ».

merveilleusement **adv.** À merveille. *Il joue merveilleusement du piano.* SYN. admirablement.

merveilleux, euse **adj.** Qui fait naître l'admiration par sa beauté, son caractère exceptionnel, extraordinaire. *Un paysage merveilleux.* SYN. magnifique, splendide, superbe. *Ils ont passé des vacances merveilleuses en Sicile. C'est une actrice merveilleuse.* SYN. admirable. ◆ **merveilleux** **n.m.** Ce qui est surnaturel, qui appartient au monde de la magie, de la féerie. *Les contes de fées nous font entrer dans le monde du merveilleux.*

mes **adj. possessif.** Désigne la 1re personne du singulier. → VOIR **déterminant** (encadré).

mésange **n.f.** Petit oiseau passereau aux joues souvent blanches encadrées de noir et au plumage orné de teintes vives. *La mésange est très utile à l'agriculture car elle détruit un nombre important d'insectes.*

mésange bleue

mésaventure **n.f.** Aventure désagréable, fâcheuse. *Quand il est revenu de voyage, Pierre nous a raconté ses mésaventures.*

mesdames, mesdemoiselles **n.f. plur.** Pluriel de *madame, mademoiselle.*

mésentente **n.f.** Mauvaise entente entre des personnes, des groupes. *Leur mésentente n'a pas duré trop longtemps.* SYN. désaccord.

A B C D E F G H I J K L M N O P Q R S T U V W X Y Z

mésestimer v. (CONJUG. 3). Ne pas apprécier à sa juste valeur. *Il ne faut pas mésestimer la difficulté de ce travail.* SYN. sous-estimer.
▸ REM. Ce mot appartient à la langue soutenue.

mésosphère n.f. Couche de l'atmosphère située entre la stratosphère et la thermosphère.

mésozoïque n.m. La période géologique qui va de – 251 à – 65,5 millions d'années. *Au mésozoïque il y avait une grande variété de reptiles.* → VOIR AUSSI **secondaire.**

HISTOIRE DU MOT Vient du grec *mesos* qui signifie « au milieu ».

mesquin, e adj. Qui manque de générosité et qui a l'esprit étroit. *Il valait mieux ne rien offrir plutôt que ce cadeau mesquin* (= qui dénote l'avarice). CONTR. généreux. *Des idées mesquines.* CONTR. noble. *Un reproche mesquin* (= qui relève de la petitesse d'esprit).

mesquinerie n.f. ❶ Le caractère mesquin d'une personne ou de ses actions. *La mesquinerie d'un reproche, d'un cadeau.* ❷ Acte mesquin ; bassesse.

mess n.m. Salle où les officiers et les sous-officiers prennent leurs repas.

HISTOIRE DU MOT Ce mot anglais qui signifie « réunion » vient de l'ancien français *mes*, « mets, repas ».

message n.m. ❶ Information que l'on transmet à quelqu'un. *Puis-je vous laisser un message pour lui ?* SYN. commission. *J'écoute les messages sur le répondeur. Un message électronique.* SYN. courriel. ❷ Pensée, réflexion communiquée à tous dans une œuvre, un discours. *Le message d'un écrivain, d'un chanteur.*

messager, ère n. ❶ Personne chargée de transmettre un message. *Mercure était le messager des dieux.* ❷ Ce qui annonce quelque chose. *L'hirondelle est la messagère du printemps.*

HISTOIRE DU MOT Vient du latin *missus* qui signifie « envoyé ».

messagerie n.f. (Au plur.) Organisme de transport rapide des marchandises par chemin de fer, bateau, route, avion. *Ce sont les messageries qui ont acheminé ce colis.* • **Messagerie électronique :** réseau de communication qui permet d'échanger des messages par ordinateur.

messe n.f. ❶ Dans la religion catholique, cérémonie qui rappelle le sacrifice du Christ sur la croix sous la forme du pain et du vin et qui est célébrée par le prêtre. *Les catholiques pratiquants vont à la messe le dimanche.* ❷ Musique composée pour une messe. *Jean-Sébastien Bach a composé la célèbre « Messe en si mineur ».* • (Familier) **Faire des messes basses :** discuter à voix basse devant d'autres personnes de façon à ne pas être entendu d'elles.

messidor n.m. Le dixième mois du calendrier républicain, qui commençait le 19 ou le 20 juin et qui se terminait le 18 ou le 19 juillet.

HISTOIRE DU MOT Vient du latin *messis* qui signifie « moisson ».

Messie n.m. ❶ Dans le judaïsme, envoyé de Dieu qui rétablira Israël dans ses droits et instaurera une ère de justice. *Les juifs attendent la venue du Messie.* ❷ Chez les chrétiens, le Christ. • **Attendre quelqu'un comme le Messie :** l'attendre comme un sauveur, ou impatiemment.

HISTOIRE DU MOT Vient d'un mot hébreu qui signifie « oint, sacré par le Seigneur ». La traduction en grec de ce mot est *khristos*, mot qui a donné *Christ*.

messieurs n.m.plur. Pluriel de *monsieur*.

messire n.m. Titre donné autrefois aux nobles.

mesurable adj. Qu'on peut mesurer.

mesure n.f. ❶ Calcul d'une grandeur, d'une quantité, par rapport à une unité de référence. *La balance, le thermomètre, le chronomètre sont des instruments de mesure. Le gramme, le mètre sont des unités de mesure.* ❷ *Prendre les mesures d'un objet, d'un lieu, d'une personne,* c'est relever les dimensions d'un objet ou d'un lieu, les mensurations d'une personne. ❸ Récipient de contenance précise qui sert à mesurer des volumes. ❹ En musique, chacune des divisions du temps représentées sur une partition par deux barres verticales ; rythme indiqué sur cette mesure. *Reprenons à la deuxième mesure. Jouer en mesure. Battre la mesure.* ❺ Moyen que l'on décide d'adopter pour obtenir un résultat. *Prendre des mesures énergiques pour lutter contre le chômage.* ❻ Modération. *Répondre avec calme et mesure.* • **À la mesure de :** en rapport avec. *Ce champion a trouvé un adversaire à sa mesure.* • **Au fur et à mesure** → VOIR **fur.** • **Dans la mesure du possible :** autant que possible. • **Dans une certaine mesure :** jusqu'à un certain point. • **Être en mesure de :** pouvoir. *Je ne suis pas en mesure de vous répondre en ce moment.* • **Sur mesure :** exactement adapté aux mesures de quelqu'un ou de quelque chose. *Un vêtement sur mesure. Un placard sur mesure.*

mesuré, e adj. Qui est calme et modéré. *Il parlait d'un ton mesuré.* SYN. pondéré , posé.

mesurer v. (CONJUG. 3). ❶ Prendre les dimensions, les mesures d'une chose, d'une personne. *À la visite médicale, l'infirmière a mesuré les élèves avec la toise.* ❷ Être haut de, avoir telle dimension. *« Combien mesures-tu, Zoé ? – 1,37 m. »* ❸ Évaluer approximativement. *Elle mesure avec effarement tout ce qu'il lui reste à faire avant son départ.* ❹ Limiter une quantité. *Avec la sécheresse, on mesure l'eau aux habitants du village.* SYN. rationner. ❺ Agir avec modération en évaluant la portée de ce que l'on fait. *Il est incapable de mesurer sa force. Mesure un peu tes paroles, s'il te plaît !* (= reste correct). ◆ **se mesurer** v.pron. *Se mesurer avec quelqu'un,* c'est lutter avec lui. • **Se mesurer du regard :** se toiser pour s'évaluer.

métabolisme n.m. L'ensemble des phénomènes de transformation des substances et de l'énergie dans l'organisme. *Étudier le métabolisme des glucides.*

métairie n.f. Domaine agricole exploité en métayage.

métal **n.m.** (PLUR. : **métaux**). ❶ Corps simple ayant un éclat plus ou moins brillant, qui conduit très bien la chaleur et l'électricité. *Le cuivre, l'aluminium, le zinc sont des métaux très utilisés. L'or, l'argent et le platine sont des métaux précieux.* ❷ Matériau fait avec un de ces éléments ou avec leur mélange, leur alliage. *Une lame en métal.*

HISTOIRE DU MOT Vient du latin *metallum* qui signifie « mine, minerai ».

ENCYCLOPÉDIE La plupart des métaux n'existent pas à l'état pur et sont extraits de minerais métalliques. Les métaux natifs comme l'or en pépites ont été les premiers métaux utilisés par les hommes préhistoriques, vers 9000 avant J.-C.

métallique **adj.** ❶ Qui est fait en métal. *Une charpente métallique.* ❷ Qui évoque le métal. *Un reflet métallique.*

métallisé, e **adj.** Qui rappelle l'éclat brillant du métal. *Une voiture bleu métallisé.*

métallurgie **n.f.** Industrie qui produit les métaux à partir des minerais.

métallurgique **adj.** De la métallurgie. *Industrie métallurgique.*

métallurgiste **adj.** et **n.** Qui travaille dans l'industrie métallurgique. *Un ouvrier métallurgiste.*

métamorphose **n.f.** ❶ Tout changement d'une forme en une autre. *Dans les contes de fées on assiste souvent à la métamorphose d'animaux en êtres humains.* ❷ L'ensemble des transformations que subissent certains animaux avant de parvenir à la forme adulte. *La métamorphose du têtard en grenouille.* ❸ Au figuré, changement complet. *Il était insupportable, il est devenu gentil et attentif, quelle métamorphose !* SYN. transformation.

HISTOIRE DU MOT Vient du grec *morphê* qui signifie « forme », que l'on retrouve dans *amorphe, anamorphose, morphologie.*

métamorphoser **v.** (CONJUG. 3). Changer profondément l'apparence, la nature ou le caractère de quelqu'un. *Son séjour à la Martinique l'a métamorphosée.* SYN. transformer. ◆ **se métamorphoser** **v.pron.** Changer complètement de forme, d'état. *Le têtard s'est métamorphosé en grenouille.*

métaphore **n.f.** Procédé qui consiste à utiliser un mot concret pour exprimer une idée abstraite. *« Une avalanche de lettres de réclamation » est une métaphore.* SYN. image.

métaphorique **adj.** *Le sens métaphorique d'un mot*, c'est son sens imagé et non son sens réel. *Dans « brûler de désir », le mot « brûler » est pris dans un sens métaphorique.*

métayage **n.m.** Mode d'exploitation d'un domaine agricole dans lequel le métayer donne une partie de ses récoltes au propriétaire au lieu d'un loyer.

métayer, ère **n.** Personne qui exploite un domaine agricole selon le système du métayage.

HISTOIRE DU MOT Vient de l'ancien français *meitié* qui signifiait « moitié ».

météo **n.f.** ❶ Abréviation courante de *météorologie. Le bulletin de la météo.* ❷ Les conditions atmosphériques, le temps. *La météo est bonne.*

météore **n.m.** Phénomène lumineux provoqué par l'entrée dans l'atmosphère d'un corps solide venu de l'espace à très grande vitesse. SYN. étoile filante.
▸ REM. Ce mot est du masculin.

HISTOIRE DU MOT Vient du grec *meteôros* qui signifie « qui s'élève dans les airs ».

météorite **n.f.** Bloc rocheux ou métallique circulant dans l'espace interplanétaire et qui vient parfois heurter la surface d'une planète.
▸ REM. Ce mot est du féminin.

ENCYCLOPÉDIE Les météorites sont omniprésentes dans le Système solaire et pour la plupart âgées comme lui de 4,6 milliards d'années. Ce sont principalement des débris de comètes. On n'admet la réalité scientifique de ces « pierres venues du ciel » que depuis 1803. Les plus petites sont détruites dans l'atmosphère, les plus grosses (de quelques kilos à plusieurs tonnes) tombent sur le sol en creusant des cratères. Le plus grand est *Meteor Crater* en Arizona. Il mesure 1 200 m de diamètre, et on pense qu'il a été créé par une météorite tombée il y a 50 000 ans.

météorite

météorologie **n.f.** Science qui étudie les phénomènes atmosphériques (température, pression, nuages, pluie, vents) pour prévoir les changements de temps.
▸ REM. On dit couramment *météo.*

météorologique **adj.** De la météorologie.

métèque **n.m.** Dans l'Antiquité grecque, étranger domicilié dans une cité et jouissant d'un statut particulier (obligations, avantages, protections).

HISTOIRE DU MOT Vient du grec *metoikos* qui signifie « qui change de maison ».

méthode **n.f.** ❶ Manière d'agir en suivant un ordre logique et raisonné. *Elle travaille avec méthode.* ❷ Manière d'agir pour parvenir à un résultat. *On est à la recherche d'une méthode fiable pour détecter les séismes.* SYN. procédé, système, technique. ❸ Manuel où sont présentées de manière progressive les bases et les règles d'une technique, d'une science ou d'un art. *Une méthode de solfège.*

HISTOIRE DU MOT Vient du grec *methodos* qui signifie « poursuite, recherche ».

méthodique **adj.** Qui agit et réfléchit avec ordre et méthode. *Philippe est un garçon très méthodique.* SYN. ordonné, organisé. CONTR. brouillon, désordonné. *Un esprit méthodique.* SYN. logique, réfléchi. CONTR. désordonné, irréfléchi.

méthodiquement **adv.** Avec méthode, selon un plan bien précis. *Travailler méthodiquement.*

méticuleusement **adv.** De façon méticuleuse. *Ranger méticuleusement ses affaires.* SYN. minutieusement.

méticuleux, euse **adj.** Qui fait attention à chaque détail, qui a un grand souci de l'ordre. *Sophie est méticuleuse.* SYN. minutieux, soigneux. CONTR. négligent.

HISTOIRE DU MOT Vient du latin *meticulosus* qui signifie « craintif, timide ».

métier **n.m.** ❶ Travail fait pour gagner sa vie. *Cordonnier, boulanger, maçon, tailleur, mécanicien, pompier, médecin sont des noms de métiers. Changer de métier.* SYN. profession. ❷ Machine servant à fabriquer des tissus. *Un métier à tisser.* • **Avoir du métier** : avoir acquis de l'expérience et de l'habileté dans un domaine.

métis, isse **adj.** et **n.** Qui est né de l'union de deux personnes de couleur de peau différente. *Mon père est métis, sa mère était cambodgienne et son père français.* ▸ REM. Au masculin, on prononce le *-s*.

HISTOIRE DU MOT Vient du latin *mixtus* qui signifie « mélangé, mêlé ».

métissage **n.m.** Union féconde entre hommes et femmes de groupes humains présentant un certain degré de différenciation génétique, comme la couleur de la peau. *L'Amérique latine est une terre de métissage.*

métrage **n.m.** Longueur en mètres d'une étoffe, d'un tissu. *Quel métrage vous faut-il pour vos rideaux ?*

mètre **n.m.** ❶ Principale unité de mesure des longueurs. ❷ Objet, d'un mètre ou plus, servant à mesurer la longueur et qui porte des divisions en millimètres, centimètres, décimètres. *Le menuisier a un mètre pliant.*

HISTOIRE DU MOT Vient du grec *metron* qui signifie « mesure ».

métrique **adj.** • **Système métrique** : système de poids et mesures qui a pour base le mètre et qui est un système décimal.

ENCYCLOPÉDIE Depuis l'Antiquité, les hommes ont utilisé des unités de longueur se référant au corps humain : le *pouce* (la largeur du pouce), l'*empan*, la *coudée* (de l'extrémité du majeur à la pointe du coude). Mais ces unités variaient d'une province à l'autre. À la Révolution française, on voulut une unité de mesure qui conviendrait à tous les peuples. Elle fut calculée à partir de la longueur d'un méridien. Le système métrique est devenu légal le 10 décembre 1799 et obligatoire le 1er janvier 1840. Un mètre étalon en platine fut déposé au pavillon de Breteuil à Sèvres en 1889. Le système métrique, appelé *système international d'unités*, est en usage dans presque tous les pays du globe.

métro **n.m.** Train à traction électrique, souvent souterrain, qui sert à se déplacer dans les grandes villes. *Prendre le métro.* ▸ REM. *Métro* est l'abréviation de *chemin de fer métropolitain*.

ENCYCLOPÉDIE C'est à Londres, en 1863, que la première ligne de métro est mise en service. Bientôt suivent New York (1868) et Berlin (1882). La première ligne du métro de Paris est ouverte le 19 juillet 1900, pour l'Exposition universelle.

métronome **n.m.** Instrument qui sert à battre la mesure et que les musiciens utilisent pour travailler. *Les métronomes peuvent produire de quarante à deux cent huit battements à la minute.*

HISTOIRE DU MOT Vient du grec *metron*, qui signifie « mesure », et *nomos*, « règle ».

métronome

métropole **n.f.** ❶ Ville principale d'une région, d'un pays. *Londres, Bruxelles, Paris, Rome sont des métropoles européennes. Bordeaux, Strasbourg, Lille sont des métropoles régionales françaises. Montréal est la métropole du Québec.* ❷ État auquel se rattache un département ou un territoire d'outre-mer. *Pour les Antillais, la métropole, c'est la France.*

HISTOIRE DU MOT Vient du grec *mêtêr*, qui signifie « mère », et *polis*, « ville ».

métropolitain, e **adj.** et **n.** Qui appartient à une métropole. *La Guadeloupe, la Martinique, La Réunion accueillent des touristes de la France métropolitaine.*

mets **n.m.invar.** Aliment préparé qu'on sert aux repas. *Le tarama est un mets grec.* SYN. plat, spécialité.

HISTOIRE DU MOT Vient du latin *missum* qui signifie « ce qui est mis sur la table ».

mettable **adj.** Qu'on peut encore mettre, porter. *Ce pull-over est feutré, il n'est plus mettable.*

metteur, euse **n.** • **Metteur en scène** : personne qui dirige la réalisation d'une pièce de théâtre ou d'un film. ▸ REM. Au Canada, le féminin est *metteure en scène*.

mettre **mettant, mis v.** (CONJUG. 51). ❶ Placer à un endroit déterminé. *J'avais mis mes lunettes sur la table.* SYN. poser. *Mets tes clefs dans ton sac.* SYN. ranger. ❷ Placer sur le corps ; revêtir. *Mettre son chapeau, ses lunettes. Mets un pull.* SYN. enfiler. ❸ Incorporer pour faire un tout. *Mettre du sel dans la soupe.* SYN. ajouter. *Elle a mis mon nom sur la liste.* ❹ Engager de l'argent. *Combien voulez-vous mettre pour ce cadeau ?* SYN. dépenser. ❺ Passer un certain temps à faire quelque chose. *J'ai mis deux heures à venir.* ❻ Faire marcher un appareil. *Mets la radio, je veux écouter les informations.* ◆ **se mettre v.pron.** ❶ S'installer dans un endroit précis. *Mets-toi à côté de moi ! Mettons-nous à table.* ❷ Changer de position, d'état. *Il s'est mis debout. Elle s'est mise en colère.* ❸ Commencer à faire quelque chose ; commencer à s'intéresser à quelque chose. *Élisabeth s'est mise à chanter. Antonin se met à la mécanique.* ❹ S'habiller d'une certaine façon. *Elle ne se met jamais en pantalon.* ● **Ne plus savoir où se mettre :** être très embarrassé, très gêné. ● **S'y mettre :** se mettre au travail. *Il va bien falloir s'y mettre !* ● **Y mettre du sien :** faire des efforts pour que tout s'arrange.

▸ REM. Ce verbe sert à former de nombreuses locutions verbales : *mettre en scène, mettre au lit, mettre la table, mettre bas*, etc.

HISTOIRE DU MOT Vient du latin *mittere* qui signifie « envoyer ».

1 **meuble** **n.m.** Tout objet qui sert à l'aménagement, à la décoration d'un local. *Les chaises, les tables, les lits sont des meubles. Des meubles de bureau* (= du mobilier).

HISTOIRE DU MOT Vient du latin *mobilis* qui signifie « qui peut être déplacé », de *movere*, « mouvoir, remuer ».

2 **meuble** **adj.** *Un sol, une terre meubles* ne sont pas durs et peuvent se travailler facilement. CONTR. compact.

meubler **v.** (CONJUG. 3). ❶ Garnir, équiper de meubles. *Une table, un lit et un tabouret meublaient la pièce.* SYN. garnir. *Meubler des bureaux.* ❷ Occuper un moment creux. *Elle dit ce qui lui passe par la tête pour meubler la conversation.*

meuglement **n.m.** Cri des bovins. SYN. beuglement, mugissement.

meugler **v.** (CONJUG. 3). Pour un bovin, faire entendre son cri. *La vache, le taureau meuglent.* SYN. beugler, mugir.

1 **meule** **n.f.** ❶ Énorme pierre dure, plate et ronde, qui sert à moudre le grain dans un moulin. ❷ Outil, fait d'un disque de pierre ou de matière abrasive, qu'on fait tourner et qui sert à aiguiser, affûter, polir. *Le menuisier affûte un ciseau à la meule.*

HISTOIRE DU MOT Vient du latin *mola* que l'on retrouve dans *molaire, molette, moulin.*

2 **meule** **n.f.** Gros tas de foin ou de paille que l'on fait dans les champs après la moisson.

meulière **adj. f.** et **n.f.** *La pierre meulière* est une roche dure qui est utilisée dans la construction. *Une maison en meulière.*

meunerie **n.f.** L'industrie de la transformation des grains en farine, le commerce du meunier. SYN. minoterie.

meunier, ère **n.** Personne dont le métier est de fabriquer de la farine dans un moulin ou une meunerie. → VOIR AUSSI **minotier.** ● **Échelle de meunier :** échelle droite, raide et étroite, comme on en voit dans les moulins.

HISTOIRE DU MOT Vient du latin *molinarius*, de *mola* qui signifie « meule de moulin ».

meurtre **n.m.** Action de tuer volontairement une personne. *La police enquête sur le meurtre.* SYN. assassinat, crime, homicide.

meurtrier, ère **n.** Personne qui a commis un meurtre. *Le meurtrier a été arrêté.* SYN. assassin, criminel. ◆ **adj.** Qui cause la mort de nombreuses personnes. *Un combat meurtrier.* SYN. sanglant. *Une route meurtrière* (= où il y a beaucoup de morts).

meurtrière **n.f.** Fente longue et étroite dans les murs d'un château fort ou dans des remparts, qui servait à lancer des projectiles sur les assaillants tout en étant à l'abri.

meurtrir **meurtrissant, meurtri v.** (CONJUG. 16). ❶ Blesser par un choc qui laisse une marque. *Le corps meurtri de l'alpiniste gisait au fond de la crevasse.* SYN. blesser. ❷ Abîmer des fruits par le contact ou par des chocs. *Les pêches sont meurtries par la grêle.* SYN. endommager. ❸ Faire de la peine, blesser moralement. *Cette remarque l'a meurtrie.* SYN. blesser.

HISTOIRE DU MOT Vient d'un mot de la langue des Francs qui signifiait « assassiner ».

meurtrissure **n.f.** ❶ Marque de coup sur la peau. *Ses jambes étaient couvertes de meurtrissures.* SYN. bleu, contusion, ecchymose. ❷ Tache laissée sur un fruit endommagé par un choc, un contact trop fort.

meute **n.f.** ❶ Troupe de chiens de chasse. *La meute avait débusqué une biche.* ❷ Groupe de personnes qui s'acharnent sur quelqu'un. *La comédienne sortait du théâtre, harcelée par une meute de journalistes.* SYN. bande, horde.

mévente **n.f.** Forte chute des ventes. *La mévente du blé inquiète les paysans.*

mezzanine **n.f.** Petit étage aménagé dans une pièce haute de plafond. *Nous avons installé le lit de Julie dans la mezzanine.*
▸ REM. On prononce [mɛdza-].
HISTOIRE DU MOT Vient de l'italien *mezzanino* qui signifie « entresol ».

mezzo-soprano **n.m.** ou **n.f.** (PLUR. : **mezzo-sopranos**). Voix de femme située entre le soprano et l'alto ; chanteuse qui a cette voix.
▸ REM. C'est un mot italien, on prononce [mɛdzo-].

mi **n.m.invar.** La troisième note de la gamme de *do*.

mi- **préfixe.** Mot invariable qui entre dans la composition de mots pour exprimer la moitié, ou un état intermédiaire. *À mi-côte. À mi-chemin. Mi-clos.*
HISTOIRE DU MOT Vient du latin *medius* qui signifie « qui est au milieu ».

miaou **n.m.** (Familier) Miaulement.

miasmes **n.m.plur.** Odeurs nauséabondes et malsaines. *Les miasmes des égouts.*
HISTOIRE DU MOT Vient du grec *miasma*, « souillure ».

miaulement **n.m.** Cri du chat.

miauler **v.** (CONJUG. **3**). Pour le chat, faire entendre son cri.

mi-bas **n.m.** Sorte de chaussette fine montant jusqu'au genou.

mica **n.m.** Minéral brillant et transparent, qui se divise très facilement en lamelles et en paillettes, et qui constitue l'un des trois éléments fondamentaux du granit.
HISTOIRE DU MOT C'est un mot latin qui signifie « parcelle, miette ».

mi-carême **n.f.** (PLUR. : **mi-carêmes**). Jeudi de la troisième semaine de carême. *À la mi-carême, les enfants se déguisent.*
ENCYCLOPÉDIE Ce jour de fête était une pause accordée par l'Église au milieu des quarante-six jours du carême.

miche **n.f.** ❶ Gros pain rond. ❷ En Suisse, petit pain.
HISTOIRE DU MOT Vient du latin *mica*, « parcelle, miette ». Autrefois, ce mot désignait un petit pain blanc, mais avait aussi le sens de « miette ».

à mi-chemin **adv.** À la moitié du chemin, du parcours. *Parvenu à mi-chemin, il s'est aperçu qu'il avait oublié les papiers de la voiture.*

mi-clos, e **adj.** À demi fermé. *Les yeux mi-clos.*

micmac **n.m.** (Familier) Affaire louche et embrouillée. *La situation de nos voisins est un micmac invraisemblable.* SYN. imbroglio.
HISTOIRE DU MOT Vient de l'ancien français *mutemacque* qui signifiait « rébellion ».

à mi-corps **adv.** Au milieu du corps, à la taille. *Les sauveteurs avaient de l'eau jusqu'à mi-corps.*

à mi-côte **adv.** À la moitié de la côte. *Adeline s'est arrêtée à mi-côte.*

à mi-course **adv.** À la moitié de la course, du parcours. *À mi-course, il était en tête.*

1 micro **n.m.** Appareil qui sert à amplifier les sons, les voix, et qui permet de les transmettre ou de les enregistrer. *Parler dans le micro.*
▸ REM. Ce mot est l'abréviation de *microphone*.

2 micro **n.m.** (Familier) Micro-ordinateur.

3 micro- **préfixe.** Mot invariable tiré du grec *mikros*, qui signifie « très petit ».

microbe **n.m.** Micro-organisme qui provoque des maladies infectieuses. *Les bactéries, les virus, les bacilles sont des microbes.* SYN. germe.
HISTOIRE DU MOT Vient du grec *mikros*, qui signifie « petit », et *bios*, qui signifie « vie ».

microbien, enne **adj.** Qui se rapporte aux microbes, qui est causé par des microbes. *Une maladie, une infection microbiennes.*

microclimat **n.m.** Climat particulier à une région de faible étendue. *La vallée jouit d'un microclimat.*

microcosme **n.m.** Petit monde à part, avec ses règles propres. *Le microcosme du collège.*
HISTOIRE DU MOT Vient du grec *mikros*, qui signifie « petit », et *kosmos*, qui signifie « le monde ».

microfilm **n.m.** Film en rouleau ou en bande composé d'une série d'images de dimensions très réduites. *Le microfilm permet de réunir un volume important de documents dans un rouleau de pellicule.*

micro-informatique **n.f.sing.** Informatique qui s'occupe de la fabrication et de l'utilisation des micro-ordinateurs.

micro-onde (PLUR. : **micro-ondes**), ✎ ***microonde*** **n.f.** Onde de très petite longueur. • **Four à micro-ondes :** four qui permet de décongeler, de réchauffer ou de cuire très rapidement les aliments grâce à des micro-ondes. (On dit aussi *un micro-ondes*.)

micro-ordinateur (PLUR. : **micro-ordinateurs**), ✎ ***microordinateur*** **n.m.** Petit ordinateur. *Au bureau, maman travaille sur un micro-ordinateur.*
▸ REM. On emploie couramment l'abréviation *micro*.

micro-organisme (PLUR. : **micro-organismes**), ✎ ***microorganisme*** **n.m.** Être vivant microscopique, animal ou végétal.
▸ REM. Aujourd'hui, on emploie ce mot à la place de *microbe*.

microphone **n.m.** → **micro**

microprocesseur **n.m.** Circuit électronique miniaturisé qui exécute les instructions et les calculs dans un ordinateur.

microscope **n.m.** Instrument d'optique qui permet, grâce à un système de lentilles, de voir des ob-

microscope

jets invisibles à l'œil nu. *L'invention du microscope a permis à la biologie de faire des progrès extraordinaires.*

HISTOIRE DU MOT Vient du grec *mikros*, qui signifie « petit », et *skopein*, qui signifie « regarder ».

ENCYCLOPÉDIE Le *microscope optique* fut inventé aux Pays-Bas au début du XVIIe siècle. Le *microscope électronique*, mis au point en 1939, permet d'observer des éléments grossis 75 000 fois.

microscopique adj. ❶ Qui n'est visible qu'au microscope. *Les virus sont des êtres microscopiques.* ❷ Qui est très petit. *Poussière microscopique.* SYN. minuscule.

microsillon n.m. Disque en vinyle qui tourne à la vitesse de 33, 45 ou 16 tours à la minute. *L'invention du disque compact a aujourd'hui éclipsé le microsillon.*

midi n.m. ❶ Le milieu de la journée, entre le matin et l'après-midi ; la douzième heure de la journée. *Vous devez prendre ce médicament matin, midi et soir. Il est midi et demi* (= 12 h 30). ❷ Sud. → VOIR **méridional.** ❸ (Avec une majuscule.) Le sud de la France. *Mes parents ont acheté un ancien mas dans le Midi.* • **Chercher midi à quatorze heures :** chercher des difficultés là où il n'y en a pas.

HISTOIRE DU MOT Vient de *mi-* et du latin *dies* qui signifie « jour ».

midinette n.f. ❶ Autrefois, nom donné aux ouvrières ou aux vendeuses des grandes maisons de couture à Paris (parce qu'elles se contentaient d'une « dînette » à midi). ❷ Aujourd'hui, jeune fille naïve et sentimentale.

1 mie n.f. La partie molle du pain. *Delphine mange toujours la mie et laisse la croûte.* • **Pain de mie :** pain sans croûte qu'on utilise pour faire des tartines grillées ou des sandwichs.

HISTOIRE DU MOT Vient du latin *mica* qui signifie « miette, parcelle ».

2 mie n.f. Ancien terme d'affection qui désigne la femme aimée. *« Oh ! Quand ma mie pleure / Dans le vent du soir / Oh ! Quand ma mie pleure / Je m'en vais pour la voir »* (vieille chanson française).

HISTOIRE DU MOT Vient de *m'amie*, c'est-à-dire *mon amie*.

miel n.m. Substance sucrée que les abeilles produisent avec le nectar des fleurs et qu'elles déposent au fond des alvéoles de leurs rayons. *Le miel sert à faire des bonbons, du nougat ou du pain d'épice.* • **Être tout miel** ou **être tout sucre, tout miel :** être hypocritement aimable pour obtenir quelque chose.

mielleux, euse adj. Trop doux et trop aimable. *Un ton mielleux.* SYN. hypocrite.

le mien, la mienne pron. possessif. Représente la 1re personne du singulier. *Sa robe ressemble à la mienne.* → VOIR **pronom** (encadré). • **Les miens :** ma famille, mes proches. *Je prends l'avion demain, je vais retrouver les miens.*

miette n.f. Petit fragment qui se détache du pain, des gâteaux quand on les coupe. *Les moineaux venaient picorer les miettes.* • **En miettes :** en tout petits éclats. *Le plat est tombé, il est en miettes !* (= en morceaux). • **Ne pas perdre une miette de quelque chose :** y prêter une grande attention. *La petite Noémie, dans son coin, ne perdait pas une miette de ce que disaient les grandes personnes.* SYN. bribe.

HISTOIRE DU MOT C'est un ancien diminutif de *mie*.

mieux adv. ❶ S'emploie comme comparatif de supériorité de *bien*. *Lise travaille mieux que son frère* (= elle a de meilleures notes). *Je suis mieux dans ce fauteuil* (= plus à l'aise). *Pierre va mieux* (= il est en meilleure santé). *Tu ferais mieux de te taire* (= tu aurais intérêt à te taire). ❷ Avec *le, la, les* s'emploie comme superlatif de *bien*. *Aline est la mieux payée de l'équipe. C'est Hélène qui a le mieux réussi son dessin.* • **À qui mieux mieux :** en essayant de surpasser l'autre. *Les enfants se sont mis à crier à qui mieux mieux.* • **De mieux en mieux :** en s'améliorant constamment. • **Cela vaut mieux :** c'est préférable. • **Ne pas demander mieux :** être tout à fait disposé à faire quelque chose. *Je ne demande pas mieux que de t'aider.* ◆ **n.m.** ❶ Ce qui est préférable. *Le mieux est d'attendre.* ❷ Amélioration dans une situation, un état de santé. *Le médecin a constaté un léger mieux chez le malade.* CONTR. aggravation. • **Au mieux :** de la meilleure façon possible ; dans le meilleur cas. *Arrangez cette affaire au mieux. Au mieux, nous pourrons partir demain.* • **Être au mieux avec quelqu'un :** avoir les meilleures relations du monde avec lui. • **Faire de son mieux** ou **faire pour le mieux :** agir aussi bien que l'on peut.

mièvre adj. Agréable mais un peu fade et maniéré. *C'est un roman mièvre.* SYN. banal, fade.

mignon, onne adj. ❶ Agréable à voir, fin et gracieux. *C'est une mignonne petite fille.* SYN. adorable, charmant, joli. CONTR. laid. ❷ Aimable et gentil. *Va me chercher mon sac, tu seras mignonne.* CONTR. méchant, vilain. ◆ **n.** Terme d'affection. *Mon mignon, ma mignonne. « Mignonne, allons voir si la rose... » est le début d'un poème de Pierre de Ronsard.*

A B C D E F G H I J K L M N O P Q R S T U V W X Y Z

migraine n.f. Violent mal de tête.
HISTOIRE DU MOT Vient du grec *hêmi krania*, « douleur dans la moitié du crâne ».

migrateur, trice adj. *Un oiseau migrateur* effectue des migrations. *Les oies sauvages, les hirondelles, les cigognes sont des oiseaux migrateurs.*

migration n.f. ❶ Déplacement de certains animaux selon les saisons. ❷ Déplacement en masse de personnes qui quittent leur pays pour s'installer ailleurs. *La guerre provoque souvent des migrations de population.* SYN. mouvement.
HISTOIRE DU MOT Vient du latin *migrare* qui signifie « changer de résidence ».

migrer v. (CONJUG. 3). Se déplacer dans une direction déterminée et de façon périodique, en parlant de certains animaux. *L'hiver, certains oiseaux migrent vers des régions plus chaudes.*

à **mi-jambe** adv. Au milieu de la jambe. *La rivière est peu profonde, on a de l'eau jusqu'à mi-jambe.*

mijaurée n.f. Femme, jeune fille qui fait des manières, qui est un peu pimbêche et prétentieuse. *Ne fais pas la mijaurée, viens avec moi.*

mijoter v. (CONJUG. 3). ❶ Cuire longtemps et à petit feu. *La soupe mijotait sur la cuisinière.* ❷ (Familier) Préparer en secret. *Voilà un moment qu'on n'entend plus les enfants, qu'est-ce qu'ils mijotent ?* SYN. manigancer, tramer.

mikado n.m. ❶ Nom donné à l'empereur du Japon. ❷ Jeu d'adresse fait de fines baguettes de bois diversement colorées qu'on laisse tomber en tas et qu'on doit retirer une à une sans faire bouger les autres, chacun à son tour.

1 **mil** adj. numéral invar. → **mille**

2 **mil** n.m. Céréale à très petits grains (comme le *sorgho*, le *millet*) cultivée dans les régions tropicales, et qui constitue la base de la nourriture de certaines populations en Inde et en Afrique.

milan

milan n.m. Rapace diurne d'assez grande taille, semblable au faucon, au plumage brun, à la queue longue et fourchue, capable de planer très longtemps, qui se nourrit de petits rongeurs et de charognes.

mildiou n.m. Nom d'une maladie de la vigne, provoquée par des champignons microscopiques.

mile n.m. Mesure de distance utilisée notamment en Grande-Bretagne et aux États-Unis, équivalente à 1 609 m. *En Angleterre, la vitesse est limitée à 70 miles à l'heure sur l'autoroute.*
▸ REM. 1. C'est un mot anglais, on prononce [majl]. 2. Ne pas confondre avec le *mille 2*.

milice n.f. ❶ Troupe de volontaires qui remplace ou renforce la police ou l'armée régulière. ❷ En Belgique, le service militaire ; l'armée. ❸ En Suisse, *l'armée de milice* est composée de citoyens soldats qui suivent de fréquentes périodes d'instruction et que l'on peut mobiliser rapidement.
HISTOIRE DU MOT Vient du latin *militia* qui signifie « service militaire ».

milicien, enne n. ❶ Membre d'une milice. ❷ En Belgique, appelé qui fait son service militaire.

milieu n.m. ❶ Endroit à égale distance des extrémités ou des bords de quelque chose. *Viser le milieu de la cible. Rouler au milieu de la route. Poser un vase au milieu de la table.* SYN. centre. ❷ Moment à égale distance du début et de la fin de quelque chose. *Vers le milieu du film, on comprend tout. Je me suis cassé la jambe au beau milieu des vacances.* ❸ L'environnement immédiat d'un être vivant ; tout lieu considéré du point de vue de ses caractéristiques. *Ces plantes poussent dans un milieu chaud et humide. L'eau est le milieu naturel des poissons.* → VOIR AUSSI **écosystème.** ❹ L'entourage immédiat d'une personne. *Le milieu familial. Nous n'appartenons pas au même milieu social.* SYN. classe. *Des personnes de tous les milieux* (= de toutes les classes sociales). ❺ *Le milieu*, c'est le monde des truands, de la pègre. • **Le juste milieu :** indique une position modérée, entre des extrêmes. *Entre travailler sans arrêt et s'amuser tout le temps, il faut trouver le juste milieu* (= la juste mesure, l'équilibre). • **Milieu de terrain :** au football, joueur chargé d'assurer la liaison entre défenseurs et attaquants.

militaire adj. ❶ Qui a rapport à l'armée et aux soldats. *Un terrain d'aviation militaire. Jean fait son service militaire.* ❷ Qui s'appuie sur l'armée. *Une dictature militaire.* ◆ n. Personne qui fait partie de l'armée pour une courte période ou qui y fait carrière. *Le train entier était rempli de militaires.* SYN. soldat.
HISTOIRE DU MOT Vient du latin *miles, militis* qui signifie « soldat ».

militant, e adj. et n. Qui lutte activement au sein d'un parti ou d'un groupement, pour défendre des idées, une cause. *Une activité militante. Des militants pacifistes.*

militer v. (CONJUG. 3). Combattre pour une cause, une idée ou pour un parti. *Elle a beaucoup milité pour la libération des femmes.*
HISTOIRE DU MOT Vient, comme *militaire*, du latin *miles.*

1 **mille** adj. numéral invar. ❶ Dix fois cent. *Un village situé à deux mille mètres d'altitude.* ❷ Indique un grand nombre. *Je te l'ai dit plus de mille fois.* ◆ **n.m.invar.** • **Des mille et des cents :** des sommes énormes. • (Familier) **Mettre dans le mille :** tomber juste.
▸ REM. 1. Dans les dates, on peut écrire *l'an mille* ou *l'an mil*. 2. Au mot *mille* correspond l'élément tiré du grec *kilo-* que

l'on retrouve dans *kilomètre, kilogramme*, etc. 3 *Mille* s'écrit 1 000 en chiffres arabes et M en chiffres romains.

2 mille **n.m.** ❶ Unité de distance dont se servent les marins, qui équivaut à 1,8 km. ❷ Au Canada, mesure de distance terrestre qui correspond au *mile* anglo-américain. ❸ Dans l'Antiquité romaine, mesure de distance terrestre qui valait mille pas (= 1 481,5 m).
▸ REM. Ne pas confondre avec le *mile*.

millefeuille ou **mille-feuille** **n.m.** (PLUR. : mille-feuilles). Gâteau fait de couches de pâte extrêmement fines séparées par de la crème pâtissière, et saupoudré de sucre glace.

millénaire **adj.** Qui existe depuis au moins mille ans ; qui est très ancien. *En Grèce, nous avons vu des monuments millénaires.* ◆ **n.m.** Période égale à mille ans. *Le premier millénaire avant J.-C.*

mille-pattes **n.m.invar.**, ✎ ***millepatte* n.m.** Petit animal invertébré dont le corps est fait d'un grand nombre d'anneaux comportant chacun une ou deux paires de pattes (en tout de 21 paires à une centaine, selon les espèces). *Le mille-pattes vit à l'abri de la lumière, dans les lieux humides.*

mille-pattes

millésime **n.m.** Chiffre qui indique l'année de fabrication d'un vin, la date d'émission d'une pièce de monnaie, d'un timbre, etc. *Une bouteille de vin d'un grand millésime* (= une année où le vin était très bon).
HISTOIRE DU MOT Vient du latin *millesimus* qui signifie « millième ».

millet **n.m.** Nom donné à différentes céréales cultivées pour leurs petits grains et leur fourrage dans les régions tropicales sèches (Sahel, Inde, etc.).
HISTOIRE DU MOT Ce mot est le diminutif de *mil*.

milliard **n.m.** ❶ Mille millions. *Il y a environ six milliards d'êtres humains sur terre aujourd'hui. La construction de cet engin spatial a coûté des milliards.* ❷ Indique un très grand nombre. *Il y a des milliards d'étoiles dans le ciel.*

milliardaire **n.** et **adj.** Personne dont la fortune se compte en milliards. *Ce yacht appartient à un milliardaire.*

millième **adj. numéral.** Qui occupe un rang, une place marqués par le numéro 1000. *Voici le millième numéro de notre journal.* ◆ **n.m.** ❶ Partie contenue mille fois dans un tout. *Le millimètre vaut un millième de mètre.* ❷ Très petite partie d'un tout. *Il ne fait pas le millième de ce qu'il devrait faire !*

millier **n.m.** ❶ Mille ou environ mille. *J'ai dépensé un millier d'euros, de dollars.* ❷ Indique un très grand nombre. *Les réfugiés arrivaient par milliers à la frontière.*

milligramme **n.m.** Un millième de gramme. *Il y a mille milligrammes dans un gramme.*
▸ REM. On écrit *mg* en abrégé.

millilitre **n.m.** Un millième de litre. *Il y a mille millilitres dans un litre.*
▸ REM. On écrit *ml* en abrégé.

millimètre **n.m.** Un millième de mètre. *Il y a mille millimètres dans un mètre.*
▸ REM. On écrit *mm* en abrégé.

millimétrique ou **millimétré, e** **adj.** *Du papier millimétrique* est quadrillé avec des carrés de un millimètre de côté. *Faire un graphique des variations de température sur du papier millimétrique.*

million **n.m.** ❶ Mille fois mille. *Il y a deux millions d'habitants à Paris. Les dégâts provoqués par l'inondation s'évaluent en millions d'euros.* ❷ Indique un très grand nombre. *Des millions d'étoiles.*

millionnaire **n.** et **adj.** Personne dont la fortune se compte en millions.

mime **n.m.** ❶ L'art de raconter une histoire uniquement par des gestes et des jeux de physionomie. *Prendre des cours de mime.* ❷ Artiste qui pratique le mime. *Marcel Marceau, le grand mime français, a fait rêver son public sur les histoires de son héros Bip.*
HISTOIRE DU MOT Vient du grec *mimos*, qui signifie « acteur qui chante, danse et récite ».

mimer **v.** (CONJUG. 3). ❶ Représenter uniquement par des gestes et des jeux de physionomie une histoire, des sentiments. *Il mimait la douleur.* ❷ Imiter une personne dans ses gestes, ses attitudes, de telle façon qu'on la reconnaît. *Les élèves mimaient leur professeur quand celui-ci est entré.* SYN. contrefaire, copier, singer.

mimétisme **n.m.** ❶ Aptitude de certains animaux à prendre la couleur ou la forme de l'objet sur lequel ils se trouvent. *Le mimétisme du caméléon.* ❷ Imitation inconsciente, mécanique des gestes ou des attitudes d'une personne. *Par mimétisme, il copie la démarche de son père.*
HISTOIRE DU MOT Vient du grec *mimeisthai* qui signifie « imiter ».

mimique **n.f.** Ensemble de gestes ou d'expressions du visage qui accompagnent le langage ou le remplacent. *Sa mimique était expressive : il n'en voulait pas.*

mimosa **n.m.** Arbuste à fleurs réunies en petites boules jaunes très parfumées, de la famille des acacias. *En France, le mimosa est cultivé sur la Côte d'Azur.* ● **Œuf mimosa :** œuf dur coupé en deux moitiés, dont le blanc est garni du jaune d'œuf écrasé mélangé à une mayonnaise.

mimosa

A B C D E F G H I J K L M N O P Q R S T U V W X Y Z

minable **adj.** et **n.** (Familier) Qui est d'une médiocrité pitoyable. *Un salaire minable.* SYN. lamentable, maigre. *Des résultats minables.* SYN. déplorable. *Tu n'es qu'un minable !* SYN. médiocre.

minaret **n.m.** Tour haute et étroite d'une mosquée, du haut de laquelle le muezzin appelle cinq fois par jour les musulmans à la prière. *La mosquée de La Mecque a sept minarets.*

HISTOIRE DU MOT Vient de l'arabe *manāra* qui signifiait « phare » et qui a désigné ensuite la tour de la mosquée.

minaret (Marrakech, Maroc)

minauder **v.** (CONJUG. 3). Faire des manières en parlant, prendre des airs pour chercher à séduire.

1 mince **adj.** ❶ Qui a très peu d'épaisseur. *Couper la viande en tranches minces.* SYN. fin. CONTR. épais. ❷ Dont les formes sont fines. *Un homme mince.* SYN. svelte. CONTR. gros. *Être mince comme un fil* (= très mince). ❸ Très peu important. *Entre vos deux devoirs, la différence est mince !* SYN. insignifiant, négligeable.

HISTOIRE DU MOT Vient de l'ancien verbe *mincier* qui signifiait « couper en menus morceaux ».

2 mince **interj.** Mot qui exprime l'agacement ou la surprise admirative. *Mince, j'ai cassé mon lacet de chaussure !* SYN. zut.

minceur **n.f.** Le fait d'être mince. *La minceur d'une danseuse.* SYN. sveltesse. CONTR. corpulence, embonpoint.

mincir **mincissant, minci v.** (CONJUG. 16). ❶ Devenir mince, s'affiner. *Il a beaucoup minci depuis qu'il fait du sport.* SYN. maigrir. CONTR. grossir. ❷ Faire paraître plus mince. *Cette robe te mincit beaucoup.* SYN. amincir.

1 mine **n.f.** ❶ L'aspect du visage qui reflète l'état de santé, l'humeur ou les sentiments. *En rentrant de vacances, il avait une mine splendide. Avoir bonne, mauvaise mine* (= avoir l'air en bonne, en mauvaise santé). *La petite avait une mine réjouie.* ❷ L'apparence extérieure d'une personne. *Il ne faut pas juger les gens sur leur mine.* SYN. air, allure, aspect. • **Faire mine de :** faire semblant. *Elle a fait mine de partir.* • (Familier) **Mine de rien :** sans en avoir l'air. *Mine de rien, il a été reçu avec mention.* • **Ne pas payer de mine :** avoir une apparence qui n'inspire pas confiance. *Le restaurant ne payait pas de mine, mais la cuisine était excellente.*

HISTOIRE DU MOT Vient du breton *min* qui signifie « museau ».

2 mine **n.f.** Gisement d'un minerai ; l'ensemble des installations nécessaires à son extraction. *Des mines d'or, d'argent, de fer, de cuivre, de diamant.* • **Une mine de :** une source inépuisable. *Il sait beaucoup de choses, c'est une mine de renseignements !*

3 mine **n.f.** Engin explosif. *Le bateau a sauté sur une mine.*

4 mine **n.f.** Axe central d'un crayon, fait souvent d'un mélange de graphite et d'argile, qui sert à écrire. *Loïc taille la mine de son crayon.*

miner **v.** (CONJUG. 3). ❶ Poser des mines, des explosifs. *L'ennemi a miné le pont.* ❷ Au figuré, ronger une personne de l'intérieur, la détruire peu à peu. *Le chagrin le mine.* SYN. affaiblir, user.

minerai **n.m.** Roche renfermant un métal et que l'on peut extraire par une opération industrielle. *Minerai de fer, de cuivre.*

1 minéral **n.m.** (PLUR. : **minéraux**). Élément solide qui constitue les roches de l'écorce terrestre. *Le quartz, le mica, le feldspath sont les minéraux qui se trouvent associés dans le granit.*

HISTOIRE DU MOT Vient du latin *minera* qui signifie « mine ».

2 minéral, ale, aux **adj.** ❶ Qui est constitué de matière non vivante, ni animale ni végétale. *Les roches et les métaux sont des matières minérales.* ❷ *L'eau minérale* contient des minéraux en dissolution. *Eau minérale gazeuse, plate.*

minéralogie **n.f.** Science qui fait partie de la géologie et qui étudie les minéraux.

minéralogique **adj.** Qui se rapporte à la minéralogie. *Faire l'étude minéralogique d'un sol.*

minerve **n.f.** Appareil orthopédique qui sert à maintenir le cou droit, généralement après un accident lorsqu'on a eu un choc au niveau des vertèbres cervicales.

HISTOIRE DU MOT Vient du latin *Minerva*, nom de la déesse de la Sagesse.

minestrone **n.m.** Soupe de la cuisine italienne, faite de légumes et de pâtes.

minet n.m., **minette** n.f. (Familier) ❶ Chat, chatte. ❷ Jeune homme ou jeune fille plutôt superficiels qui suivent la mode.

1 mineur n.m. Personne qui travaille dans une mine. *Les mineurs descendent au fond de la mine.*
▸ REM. Au Canada, la forme féminine de ce mot est *mineuse*.

2 mineur, e adj. Assez peu important. *Ceci est un problème mineur en comparaison du reste.* SYN. accessoire, négligeable, secondaire. CONTR. capital, essentiel, majeur.

3 mineur, e adj. et n. Qui n'a pas atteint l'âge de la majorité légale. *Anne est mineure, elle ne vote pas encore.* CONTR. majeur. *Certains films sont interdits aux mineurs.*

1 mini adj.invar. Très court. *Une robe mini.*

2 mini- préfixe. Mot invariable tiré du latin *minimum*, qui indique la petitesse ou le peu d'importance de quelque chose. *Un mini-ordinateur, une minisérie.*

miniature n.f. ❶ Lettre ornementale peinte au minium qui figurait en tête des chapitres des manuscrits au Moyen Âge. → VOIR AUSSI **enluminure.** ❷ Peinture de petites dimensions ; petit tableau. ❸ Reproduction en très petite dimension d'un objet quelconque. *Collectionner des miniatures en porcelaine.* SYN. modèle réduit. • **En miniature :** en réduction, en très petit. *Cette maquette représente notre ville en miniature.* ◆ **adj.** Extrêmement petit ou qui reproduit en petit quelque chose. *Des autos miniatures.*

miniature persane représentant des astronomes avec leurs instruments (XVIe siècle)

miniaturiser v. (CONJUG. 3). Donner de très petites dimensions à un appareil, à un mécanisme. *Les progrès de l'électronique ont permis de miniaturiser les circuits.*

minibus ou **minicar** n.m. Petit autobus ou petit autocar.

minier, ère adj. ❶ Qui concerne la mine, les mines. *L'industrie minière.* ❷ Où il y a des mines. *La Lorraine était une région minière.*

minijupe n.f. Jupe très courte.

minimal, ale, aux adj. Qui est le plus petit, le plus bas. *Voici les températures minimales relevées ce matin.* SYN. minimum. CONTR. maximal.

minime adj. Très peu important, très peu élevé. *Les dégâts sont minimes, heureusement !* SYN. infime, insignifiant. CONTR. important. ◆ **n.** En France, jeune sportif dont l'âge varie selon les sports. *La catégorie des minimes se situe entre celle des benjamins et celle des cadets.*

HISTOIRE DU MOT Vient du latin *minimus* qui signifie « le plus petit ».

minimiser v. (CONJUG. 3). Ne pas considérer à sa juste valeur. *Croyez bien que je ne cherche pas à minimiser votre rôle dans cette affaire !* SYN. diminuer, sous-estimer. CONTR. amplifier, augmenter, exagérer.

minimum n.m. (PLUR. : **minimums** ou **minima**). ❶ Le moins possible. *Nous avons pris le minimum de risques.* ❷ La plus petite quantité nécessaire. *Une journée pour faire ce travail, c'est vraiment le minimum !* ❸ Le niveau le plus bas qui existe. *Il a été condamné au minimum* (= à la peine la plus légère dans son cas). • **Au minimum :** au moins. *Il nous faut au minimum deux heures pour arriver là-bas* (= pour le moins). CONTR. au maximum. ◆ **adj.** Minimal. *En France, l'âge minimum pour voter est 18 ans. Températures minimums.*

ministère n.m. ❶ Charge et fonction d'un ministre ; bâtiment où se trouvent les services de ce ministre. *Les éleveurs de porcs ont manifesté devant le ministère de l'Agriculture.* ❷ L'ensemble des ministres qui composent le gouvernement d'un État. ❸ Charge et fonction d'un ministre du culte. • **Ministère public :** en droit, ensemble des magistrats qui représentent la société et qui sont chargés, en son nom, de veiller au respect des lois ainsi qu'à l'exécution des décisions de justice.

HISTOIRE DU MOT Vient du latin *ministerium* qui signifie « service ».

ministériel, elle adj. Du ministre ou du ministère. *Une circulaire ministérielle. Réunion ministérielle.*

ministre n. Membre du gouvernement d'un État qui a la charge d'un domaine particulier de la vie publique. *Le ministre des Finances. La ministre des Affaires sociales. Le Conseil des ministres.* • **Premier ministre :** nom donné, dans certains pays, au chef du gouvernement. *Le Premier ministre dirige la politique de l'État.* • **Ministre du culte :** pasteur ou prêtre chargé d'un service d'Église.

HISTOIRE DU MOT Vient du latin *minister* qui signifie « serviteur ».

minium n.m. Peinture antirouille de couleur rouge-orangé à base d'oxyde de plomb qui sert à protéger les métaux de la rouille.

a b c d e f g h i j k l m n o p q r s t u v w x y z

A B C D E F G H I J K L M N O P Q R S T U V W X Y Z

minois **n.m.** Visage frais et délicat d'enfant ou de jeune fille. *Un gracieux minois.* SYN. frimousse.

minoritaire **adj.** et **n.** Qui est en minorité. *Les femmes sont minoritaires dans cette profession.* CONTR. majoritaire.

minorité **n.f.** ❶ Groupe de personnes ou de choses qui sont en plus petit nombre que d'autres, dans un ensemble. *Dans la classe, il y a une minorité de filles.* CONTR. majorité. *Le gouvernement a été mis en minorité* (= il a obtenu moins de voix que l'opposition). ❷ Groupe qui se distingue de la majorité de la population par ses particularités religieuses, ethniques, sociales, etc. ❸ Période pendant laquelle une personne est trop jeune pour exercer ses droits de citoyen et être reconnue responsable devant la loi. *En France, la minorité prend fin à 18 ans.* CONTR. majorité.

HISTOIRE DU MOT Vient du latin *minor* qui signifie « plus petit ».

minoterie **n.f.** Usine où l'on moud le grain pour en faire de la farine. SYN. meunerie.

minotier **n.m.** Industriel qui exploite une minoterie.

HISTOIRE DU MOT Vient de *minot* qui désignait autrefois une mesure de grains.

minuit **n.m.** ❶ Milieu de la nuit. ❷ Moment où l'on change de jour, où il est zéro heure. *Le douzième coup de minuit vient de sonner.*

minus **n.m.** (Familier) Personne minable, incapable et bonne à rien.
▸ REM. On prononce le -*s*.

HISTOIRE DU MOT Vient du latin *minus habens* qui signifie « personne ayant moins d'intelligence que la moyenne ».

minuscule **adj.** Tout petit. *Les poux sont des insectes minuscules.* SYN. microscopique. ◆ **n.f.** Petite lettre, par opposition à *majuscule*.

minute **n.f.** ❶ Unité de mesure du temps. *Il y a soixante minutes dans une heure et soixante secondes dans une minute.* ❷ Temps très court. *Je suis à vous dans une minute.* SYN. instant. ❸ En géométrie, unité de mesure des angles, marquée par le signe*'*. *Il y a soixante minutes dans un degré. Cet angle est égal à 54° 32'.* ● **À la minute près :** avec une exactitude parfaite. ◆ **interj.** (Familier) Doucement, attendez un peu ! *Minute ! Je n'ai pas encore eu le temps de manger !*
▸ REM. Au sens 1, on écrit *min* en abrégé.

HISTOIRE DU MOT Vient du latin *minutus* qui signifie « petit », la minute étant une petite division du temps.

minuter **v.** (CONJUG. 3). Organiser quelque chose selon un horaire précis. *Minuter une cérémonie, une émission de télévision.*

minuterie **n.f.** ❶ Système qui permet de limiter la durée d'éclairage en éteignant automatiquement la lumière électrique après quelques minutes. *La minuterie s'est arrêtée, tu veux appuyer sur le bouton ?* ❷ Au Canada, minuteur.

minuteur **n.m.** Petit appareil qui permet de régler ou de contrôler la durée d'une opération ménagère, et qui sonne lorsque le temps sélectionné est écoulé.
▸ REM. Au Canada, on dit *minuterie*.

minutie **n.f.** Souci de ne négliger aucun détail. *L'auteur décrit les sentiments de ses personnages avec minutie.* SYN. exactitude, précision, soin.

HISTOIRE DU MOT Vient du latin *minutia* qui signifie « petite chose ».

minutieusement **adv.** Avec minutie. *Jean a minutieusement noté les instructions.* SYN. méticuleusement, soigneusement.

minutieux, euse **adj.** Qui fait preuve de minutie. *Elle est patiente et minutieuse dans tout ce qu'elle fait.* SYN. méticuleux, soigneux. CONTR. négligent. *Le médecin fit un examen minutieux du blessé.* SYN. attentif, détaillé. CONTR. sommaire.

mioche **n.** (Familier) Jeune enfant. SYN. gamin, (Fam.) gosse.

mirabelle **n.f.** ❶ Petite prune jaune, douce et sucrée qui pousse sur le *mirabellier*. *De la confiture de mirabelles.* ❷ Eau-de-vie obtenue à partir de la distillation de ce fruit.

mirabelles

miracle **n.m.** ❶ Phénomène merveilleux et inexplicable, que l'on attribue à l'intervention de Dieu. *Dans la Bible, il y a de nombreux miracles.* ❷ Fait extraordinaire qu'on attribue à une chance exceptionnelle. *C'est un miracle qu'il soit en vie.* ❸ *Un remède miracle, un produit miracle* sont d'une efficacité exceptionnelle. ● **Crier au miracle :** s'extasier devant quelque chose comme si c'était un miracle. ● **Tenir du miracle :** être très inattendu, très surprenant. *Comment ont-ils fait pour se retrouver dans cette foule, cela tient du miracle.*

HISTOIRE DU MOT Vient du latin *miraculum* qui signifie « prodige ».

miraculeusement **adv.** De façon miraculeuse, extraordinaire. *Il a miraculeusement échappé à un attentat.*

miraculeux, euse **adj.** ❶ Qui tient du miracle divin. *On a observé à Lourdes des guérisons miraculeuses.* ❷ Qui produit des effets étonnants. *C'est un remède miraculeux contre le mal de mer.* SYN. prodigieux, sensationnel.

mirador **n.m.** Tour d'observation ou de surveillance. *Du haut du mirador, la sentinelle surveille le camp.*

HISTOIRE DU MOT Mot espagnol, de *mirar* qui signifie « regarder ».

mirage **n.m.** Illusion d'optique qui se produit dans le désert et qui consiste à apercevoir au loin un objet et son image renversée, comme s'il se reflétait dans l'eau. *Les mirages résultent de la formation d'une couche d'air chaud près du sol et de la déviation des rayons lumineux qu'elle provoque.*

mire **n.f.** Image géométrique simple qui apparaît sur un écran de télévision en dehors des programmes et qui permet de régler l'appareil. • **Ligne de mire :** ligne droite imaginaire qui va de l'œil de la personne qui vise à l'objet visé. • **Point de mire :** ce sur quoi tous les regards convergent. *Élise était le point de mire de tous les invités.*

HISTOIRE DU MOT Vient de *mirer.*

se **mirer** **v.pron.** (CONJUG. 3). ❶ Se regarder dans un miroir avec une certaine satisfaction. ❷ Se refléter sur une surface polie. *Les peupliers se miraient dans l'eau du lac.*

▸ REM. Ce mot appartient à la langue littéraire ou poétique.

HISTOIRE DU MOT Vient du latin *mirari* qui signifie « admirer ».

mirifique **adj.** Trop beau pour être vrai ou possible. *Des promesses mirifiques.* SYN. mirobolant.

▸ REM. Ce mot appartient à la langue soutenue.

HISTOIRE DU MOT Vient du latin *mirificus,* « prodigieux, extraordinaire ».

mirliton **n.m.** Instrument de musique en forme de tube, garni à ses deux bouts d'une membrane qui vibre sous l'effet de l'air insufflé dans l'une des ouvertures et produit des sons nasillards.

mirobolant, e **adj.** Trop beau pour être vrai ou possible. *Promettre des choses mirobolantes.* SYN. époustouflant, fabuleux, mirifique.

HISTOIRE DU MOT Vient de *Mirobolan,* personnage de comédie médecin, dont le nom est issu de *myrobolan,* fruit desséché qui servait autrefois en pharmacie.

miroir **n.m.** ❶ Objet fait d'un verre poli couvert sur l'une de ses faces d'une couche d'étain, d'argent, ou d'aluminium, qui reflète les images. *Elle se regarde dans le miroir.* SYN. glace. ❷ Au figuré, ce qui donne l'image de quelque chose. *Les yeux sont le miroir de l'âme.* • **Miroir aux alouettes :** appareil garni de morceaux de miroir qu'on fait tourner au soleil pour attirer les oiseaux ; au sens figuré, ce qui séduit, attire mais qui est trompeur, illusoire. *Ils pensent qu'ils gagneront plus d'argent dans une grande ville, mais c'est un miroir aux alouettes !*

miroitement **n.m.** Le reflet de lumière d'une surface mobile. *Le miroitement de la mer sous la lune.* SYN. scintillement.

miroiter **v.** (CONJUG. 3). ❶ Briller de reflets changeants. *On voyait l'eau miroiter au clair de lune.* SYN. scintiller. ❷ *Faire miroiter quelque chose à quelqu'un,* c'est le lui promettre, le lui montrer pour l'attirer.

miroitier, ère **n.** Fabricant, marchand de miroirs.

misaine **n.f.** • **Mât de misaine :** premier mât vertical à l'avant d'un voilier.

misanthrope **adj.** et **n.** Qui a peu d'estime pour le genre humain et préfère vivre seul, à l'écart des autres. *Mon père est un peu misanthrope, dès que quelqu'un arrive à la maison, il s'enferme dans son bureau.* SYN. sauvage.

HISTOIRE DU MOT Vient du grec *misein,* qui signifie « haïr » et que l'on retrouve dans *misogyne,* et *anthropos,* qui signifie « être humain ».

le Misanthrope de Molière (1666)

misanthropie **n.f.** Comportement du misanthrope.

mise **n.f.** ❶ L'action de mettre. *La mise en place d'un meuble. La mise en évidence d'une erreur.* ❷ Somme d'argent ou jetons risqués au jeu en début de partie. *Les mises sont fortes sur les tables du casino.* SYN. enjeu. ❸ Manière de se vêtir. *Soigner sa mise.* SYN. tenue, toilette. ❹ En Suisse, vente aux enchères. • **Mise au point** → VOIR **point.** • **Mise en examen** → VOIR **examen.** • **Mise en scène :** direction d'un spectacle, d'un film par le metteur en scène. • **Ne pas être de mise :** ne pas être acceptable dans telle ou telle situation. *La gaieté n'est vraiment pas de mise en ce moment.* • **Sauver la mise à quelqu'un :** le tirer d'une affaire où il risque de tout perdre.

miser **v.** (CONJUG. 3). ❶ Mettre une somme d'argent ou des jetons comme enjeu. *Miser tout son argent sur un numéro.* SYN. parier. ❷ Compter sur quelque chose pour parvenir à ce que l'on veut. *Il avait misé sur la fatigue de son gardien pour s'évader.* SYN. tabler. ❸ En Suisse, vendre ou acheter dans une vente aux enchères.

misérable **adj.** ❶ Si pauvre, si malheureux que cela fait naître la pitié. *Une petite chambre misérable. Mener une existence misérable.* SYN. malheureux. ❷ (Avant le nom.) Qui est sans importance. *Ils se sont brouillés pour une misérable question d'argent.* SYN. dérisoire, insignifiant. ◆ **adj.** et **n.** Qui vit dans la misère, la pauvreté. *Victor Hugo a écrit un roman intitulé « les Misérables ».*

A B C D E F G H I J K L M N O P Q R S T U V W X Y Z

misérablement **adv.** Dans une extrême pauvreté. *Vivre misérablement.* SYN. pauvrement.

misère **n.f.** ❶ Extrême pauvreté. *Lutter contre la misère dans le monde.* SYN. dénuement, indigence. CONTR. aisance, richesse. *Un salaire de misère* (= très bas). ❷ Ce qui suscite la pitié. *C'est une misère de voir des jeunes sans travail.* SYN. malheur. ❸ Ennui, difficulté ou malheur. *Arrête de faire des misères à ce pauvre chat ! Mme Dubois se plaignait sans cesse de ses misères.*

HISTOIRE DU MOT Vient du latin *miser* qui signifie « malheureux ».

miséreux, euse **n.** et **adj.** Personne dans la misère. *Association qui secourt les miséreux.* SYN. indigent, nécessiteux, pauvre. ◆ **adj.** Qui donne l'impression de la misère. *Un quartier miséreux.* SYN. misérable.

miséricorde **n.f.** Pardon accordé par pure bonté. *Les pénitents imploraient la miséricorde divine. À tout péché miséricorde* (= aucune faute n'est impardonnable).

HISTOIRE DU MOT Vient du latin *misericordia*, « sensibilité à la misère ».

misogyne **adj.** et **n.** Qui n'aime pas les femmes ou qui les considère comme inférieures aux hommes. *André donne toujours tort aux femmes, il est très misogyne. Un journal misogyne.*

HISTOIRE DU MOT Vient du grec *misein*, « haïr », et *gunê*, « femme ».

missel **n.m.** Livre qui contient les prières et les chants de la messe pour toute l'année.

HISTOIRE DU MOT Vient du latin *missalis liber*, « livre de messe ».

missile **n.m.** Fusée ou engin qui transporte une charge explosive et que l'on guide à distance vers sa cible.

ENCYCLOPÉDIE Les missiles portent des charges explosives classiques ou nucléaires. Les *missiles tactiques* ont une portée inférieure à 1 100 km alors que les *missiles stratégiques* peuvent aller jusqu'à 12 000 km. Selon leur point de lancement et leur objectif, les missiles peuvent être *air-air, air-sol, sol-sol, mer-mer, air-mer*, etc.

mission **n.f.** ❶ Ce que l'on demande à quelqu'un de faire ; ce qu'il est chargé de faire. *Puis-je te confier une mission délicate ?* SYN. tâche. ❷ Tâche confiée à un militaire. *L'escadrille a été chargée d'une mission de reconnaissance.* ❸ Groupe de scientifiques, d'explorateurs chargés d'une observation, d'une étude précises. *Jean-Louis organise une mission scientifique dans le Pacifique pour observer l'activité des volcans sous-marins.* ❹ Ensemble de religieux chargés de propager la foi chrétienne dans un pays ; l'établissement où vivent les missionnaires. *Un dispensaire était installé à la mission.*

HISTOIRE DU MOT Vient du latin *missio*, de *mittere* qui signifie « envoyer ».

missionnaire **n.** et **adj.** Religieux, prêtre, pasteur qui fait partie d'une mission. *Livingstone était un missionnaire protestant.*

missive **n.f.** Lettre. *Nous avons reçu votre missive.* ▶ REM. Ce mot appartient à la langue soutenue.

HISTOIRE DU MOT Vient, comme *mission*, du latin *mittere*.

mistral **n.m.** (PLUR. : **mistrals**). Vent du nord violent, froid et sec, qui souffle dans le sud de la France. *En Camargue, le mistral peut souffler à 200 km/h.* → VOIR AUSSI **tramontane.**

HISTOIRE DU MOT C'est un mot provençal qui signifie « vent maître ».

mitaine **n.f.** ❶ Gant qui laisse libre le bout des doigts. ❷ Au Canada ou en Suisse, moufle.

mite **n.f.** Petit insecte dont la larve s'attaque aux étoffes de laine et aux fourrures.

mité, e **adj.** Troué par les mites. *J'ai mis un pull tout mité.*

1 mi-temps **n.f.invar.** Dans certains sports (football, rugby, handball), chacune des deux périodes d'égale durée pendant lesquelles le jeu a lieu ; temps de repos entre ces deux périodes. *Deux à zéro à la mi-temps.*

2 mi-temps **n.m.invar.** Temps de travail égal à la moitié de la normale. *Travailler à mi-temps, faire un mi-temps.*

miteux, euse **adj.** Misérable et un peu crasseux. *Un hôtel miteux.* SYN. minable, pouilleux.

mitigé, e **adj.** Qui n'est pas total, qui marque de la réserve. *Les journalistes ont fait des éloges mitigés du spectacle.* SYN. nuancé, tiède.

HISTOIRE DU MOT Vient du latin *mitigare* qui signifie « adoucir ».

mitonner **v.** (CONJUG. 3). ❶ Faire cuire longtemps à petit feu. *Dimanche, l'aubergiste nous avait mitonné un excellent ragoût.* SYN. mijoter. ❷ Préparer longuement et soigneusement quelque chose. *Il avait mitonné son coup pendant plusieurs semaines.* SYN. mûrir.

HISTOIRE DU MOT Une *mitonnée*, en Normandie, est une soupe au pain, et le *miton* un morceau de mie.

mitoyen, enne **adj.** *Un mur mitoyen* est commun à deux bâtiments, à deux terrains et appartient aux deux propriétaires. *Nos deux maisons ont un mur mitoyen.*

mitraille **n.f.** Décharge de balles, d'obus tirés tous en même temps. *Les soldats fuyaient sous la mitraille.*

HISTOIRE DU MOT Vient de l'ancien français *mitaille* qui signifie « petite monnaie de cuivre ».

mitrailler **v.** (CONJUG. 3). ❶ Tirer par rafales avec une arme automatique. *Mitrailler l'ennemi.* ❷ Photographier une personne sans s'arrêter et sous tous les angles. *Les photographes mitraillaient le Premier ministre.*

mitraillette **n.f.** Arme automatique portative légère, qui tire par rafales.

mitrailleuse **n.f.** Arme automatique montée sur un support, qui permet un tir par rafales très rapide et très précis.

mitre **n.f.** Haute coiffure de cérémonie à deux pointes portée par le pape, les évêques et certains abbés.
HISTOIRE DU MOT Vient du grec *mitra*, « turban ».

mitres (détail d'une porte de l'ancien palais des papes de Viterbe, Italie)

mitron **n.m.** Jeune apprenti boulanger ou pâtissier.
HISTOIRE DU MOT Vient de *mitre*, à cause de la forme du bonnet porté par ces garçons dans leur travail.

à **mi-voix** **adv.** D'une voix pas très forte, pour éviter d'être entendu. *À mi-voix, elle lui fixa rendez-vous pour le jour suivant.*

mix **n.m.** L'assemblage de différents morceaux ou effets musicaux réalisé par un DJ.

mixage **n.m.** *Une table de mixage* est un appareil qui sert à incorporer à un film déjà tourné les sons (paroles, musique, bruitage) qui ont été enregistrés sur des bandes séparées.

1 **mixer** **v.** (CONJUG. 3). ❶ Passer au mixeur un aliment, broyer des denrées pour les mélanger. *Il ne reste plus qu'à mixer les framboises pour faire le coulis.* ❷ Faire le mixage d'un film.
HISTOIRE DU MOT Vient de l'anglais *to mix*, « mélanger », lui-même emprunté, au Moyen Âge, au français *mixte*.

mixeur ou **mixer** **n.m.** Appareil électroménager comprenant un couteau tournant à très grande vitesse, qui sert à broyer les aliments et à les mélanger. *J'ai passé les légumes au mixeur, mon potage est très réussi.*
▸ REM. Au Québec, on doit dire *mélangeur*.

mixte **adj.** ❶ Qui est composé de personnes des deux sexes. *Au collège, notre équipe de football est mixte.* ❷ Qui est fait d'éléments de nature différente. *Une cuisinière mixte, au gaz et à l'électricité.*
HISTOIRE DU MOT Vient du latin *mixtus* qui signifie « mélangé ».

mixture **n.f.** Mélange difficilement identifiable et assez mauvais. *On nous servit, en guise de café, une mixture infâme.*

MMS **n.m.** Message envoyé et reçu sur un téléphone mobile, et qui peut contenir du texte, des images et des sons.
▸ REM. Ce mot est l'abréviation de l'anglais *multimedia messaging service.*

mnémotechnique **adj.** *Un moyen mnémotechnique* est un moyen utilisé pour se rappeler facilement quelque chose. *« Mais où est donc Ornicar ? » est un moyen mnémotechnique pour retenir la liste des conjonctions de coordination (mais, ou, et, donc, or, ni, car).*
HISTOIRE DU MOT Vient du grec *mnêmê*, qui signifie « mémoire », et *tekhnê*, qui signifie « art, technique ».

1 **mobile** **adj.** ❶ Qui peut bouger. *Une cloison mobile. Un classeur à feuillets mobiles.* SYN. volant. CONTR. fixe. ❷ Qui peut se déplacer rapidement. *Les parachutistes sont des soldats très mobiles.* ❸ Qui peut varier de date. *Pâques est une fête mobile.* ❹ Qui est animé d'un mouvement constant. *Surface mobile de la mer.* ● **Téléphone mobile** ou **mobile** : téléphone qui fonctionne sans câble, ce qui permet de le transporter partout. ◆ **n.m.** Objet de décoration fait d'éléments reliés entre eux par des fils, que l'on suspend et qui bouge au moindre souffle. *Maman a accroché un mobile au-dessus du berceau du bébé.*
HISTOIRE DU MOT Vient du latin *mobilis*, de *movere* qui signifie « mouvoir ».

téléphone mobile

2 **mobile** **n.m.** Ce qui pousse quelqu'un à agir. *Rouletabille se demandait si l'argent avait été le mobile du crime.* SYN. raison.

1 **mobilier** **n.m.** L'ensemble des meubles. *Le mobilier du salon est moderne.*

2 **mobilier, ère** **adj.** *Les biens mobiliers* sont ceux que l'on peut transporter, comme les meubles, les voitures, les vêtements, etc. SYN. meuble. CONTR. immeuble, immobilier.

mobilisation **n.f.** ❶ Rappel sous les drapeaux de toutes les personnes aptes au service lors d'une guerre, pour assurer la défense d'un pays. *On avait collé des affiches dans toutes les gares pour annoncer la mobilisation générale.* ❷ Rassemblement de toutes les énergies pour se tenir prêt à agir. *Les syndicats ont appelé à la mobilisation.*

mobiliser **v.** (CONJUG. 3). ❶ Décréter la mobilisation, la mise en place des forces militaires d'un pays. CONTR. démobiliser. ❷ Appeler à l'action. *Tout le village a été mobilisé pour combattre l'incendie.*

mobilité **n.f.** ❶ Capacité à bouger, à se mouvoir. *La mobilité d'un bras. Un regard d'une grande mobilité.* CONTR. fixité. ❷ Capacité à se déplacer, à changer d'endroit. *Encourager la mobilité de la main-d'œuvre.*

a b c d e f g h i q r s t u v w x y z

A B C D E F G H I J K L M N O P Q R S T U V W X Y Z

Mobylette **n.f.** Cyclomoteur.
▸ REM. 1. C'est un nom de marque, le mot prend une majuscule, en France, dans les textes imprimés. 2. On dit souvent *mob*.

mocassin **n.m.** ❶ Chaussure traditionnelle des Indiens d'Amérique du Nord, faite d'écorce souple et résistante ou de cuir non tanné. ❷ Chaussure en cuir souple basse et sans lacet rappelant le mocassin indien.

moche **adj.** (Familier) Très laid. *Elle est moche, cette maison !* SYN. affreux. CONTR. beau. *C'est vraiment moche, ce qu'il a fait là.* SYN. méprisable, vilain.

modalité **n.f.** Manière dont se fait quelque chose. *Quelles sont les modalités de remboursement ?*

1 mode **n.f.** ❶ Manière passagère de penser, de vivre, de s'habiller, de se coiffer, etc., propre à une époque et à un milieu. *C'est la mode des vacances à la campagne. Les cheveux longs reviennent à la mode pour les garçons. La mode des jupes courtes.* ❷ Commerce et industrie de l'habillement. *Paris est la capitale internationale de la mode. Un journal de mode.* • **À la mode :** conforme au goût du moment. • **Passé de mode :** démodé.

HISTOIRE DU MOT Vient du latin *modus* qui signifie « manière ».

2 mode **n.m.** ❶ Manière de faire. *La bicyclette est un mode de transport adapté à la ville.* SYN. moyen. ❷ En grammaire, manière dont le verbe exprime l'action. *L'indicatif, le conditionnel, le subjonctif, l'impératif, le participe, l'infinitif sont les six modes du verbe en français.* → VOIR encadré ci-dessous. • **Mode d'emploi :** notice qui explique la façon dont on doit utiliser un appareil, un produit, etc. (= instructions). • **Mode de vie :** manière de vivre, de se comporter habituellement d'une personne ou d'un groupe de personnes. *La retraite a profondément modifié son mode de vie.*

modelage **n.m.** Activité artistique qui consiste à modeler des objets ; l'objet ainsi façonné. *Les élèves font du modelage avec de la pâte à modeler. À la fête de l'école, on a exposé les modelages de tous les enfants.*

modèle **n.m.** ❶ Objet ou personne que l'on reproduit dans un dessin, une peinture, une sculpture. *Cette jeune femme a servi de modèle pour le buste symbolisant la République.* ❷ Ce qui est donné pour servir de référence, qui doit être imité. *« Chanter » est le modèle de conjugaison des verbes du premier groupe. Essaie de prendre la conduite d'Anita pour modèle.* SYN. exemple. ❸ Type de vêtement, d'objet dessiné, fabriqué et reproduit en série. *Ce téléphone portable est un modèle récent.* ❹ *Un modèle de droiture, de patience, etc.*, c'est une personne qui possède ces qualités au plus haut point. • **Modèle réduit :** reproduction en miniature d'un appareil. *Un modèle réduit de voiture.* SYN. maquette. ◆ **adj.** Qui est parfait en son genre. *Un élève modèle.*

modeler **v.** (CONJUG. 11). ❶ Pétrir de l'argile, de la terre glaise, de la cire, etc., pour obtenir une forme. *Le sculpteur modèle une statue dans la glaise. De la pâte à modeler.* ❷ *Modeler son attitude sur celle d'une personne*, c'est régler son comportement sur le sien. *Quand il était enfant, il modelait son comportement sur celui de son père.*

modélisme **n.m.** Activité qui consiste à fabriquer des modèles réduits.

modéliste **n.** ❶ Personne qui fabrique des modèles réduits. ❷ Personne qui dessine des modèles de vêtements.

modérateur, trice **adj.** et **n.** Qui modère, calme, apaise ou freine. *Saïd a une influence modératrice sur ses camarades.*

modération **n.f.** Comportement qui évite les excès. *S'exprimer avec modération.* SYN. mesure, pondération, retenue. CONTR. outrance.

moderato, ✎ ***modérato*** **adv.** Terme porté sur une partition de musique pour indiquer que le mouvement doit être exécuté à une vitesse modérée.
▸ REM. C'est un mot italien, on prononce [mɔderato].

modéré, e **adj.** et **n.** Qui fait preuve de mesure dans ses sentiments, ses idées, ses opinions politiques. *Denis est toujours très modéré dans ses paroles.* SYN. mesuré, pondéré. CONTR. excessif. *Un parti modéré.* CONTR. extrémiste. ◆ **adj.** Qui est moyen, situé entre des extrêmes. *Dans ce magasin, les prix sont modérés.* SYN. raisonnable. CONTR. excessif.

Les **modes**

Le mode indique la manière dont le verbe exprime l'action ou l'état. Il existe six modes.

- L'**indicatif** présente l'action de façon neutre, objective :
  Paul *viendra* demain.
- Le **subjonctif** exprime ce qui est du domaine de la pensée, de la supposition ou du souhait :
  ***Soit* le triangle ABC…**
  Je veux que tu *viennes*.
- Le **conditionnel** exprime un souhait :
  ***J'aimerais* partir en vacances.**
- L'**impératif** exprime un ordre :
  ***Viens* ici ! Ne *fais* pas ça !**
- L'**infinitif** sert à nommer le verbe et peut avoir les fonctions d'un nom dans la phrase :
  Le verbe *dormir*. *Souffler* n'est pas jouer.
  Je l'ai entendu *jouer* du piano.
- Le **participe** :
  ➤ Le **participe présent** exprime une action simultanée à celle du verbe conjugué :
  Des fils *ressemblant* à leur père.
  ➤ Le **participe passé** exprime une action accomplie ou sert à former les temps composés des verbes :
  Ma sœur, *endormie* sous les arbres...
  Il est *passé* par ici. J'ai *chanté*.

modérément adv. De façon modérée, sans excès. *Il boit modérément.* SYN. raisonnablement. CONTR. trop.

modérer v. (CONJUG. 9, ✎ *10*). Diminuer la violence, l'excès de quelque chose, le ramener à une juste mesure. *Tu dois apprendre à modérer tes paroles, ton enthousiasme.* SYN. réfréner, tempérer. ◆ **se modérer** v.pron. Contenir des sentiments violents, ou éviter les excès. SYN. se contrôler, se maîtriser.

moderne adj. ❶ Qui se passe aujourd'hui, à notre époque. *La vie moderne est fatigante.* SYN. actuel. *Elle fait de la danse moderne.* SYN. contemporain. ❷ Qui bénéficie des progrès récents. *C'est un hôpital très moderne, équipé des tout derniers perfectionnements technologiques.* CONTR. dépassé. ❸ Qui est très représentatif du goût et des habitudes de notre époque. *C'est une femme très moderne, qui vit avec son temps.* CONTR. démodé.

HISTOIRE DU MOT Vient du latin *modo* qui signifie « récemment ».

modernisation n.f. Action, fait de moderniser quelque chose. *La modernisation de la ferme a permis une plus grande rentabilité.*

moderniser v. (CONJUG. 3). Rendre moderne, plus adapté à la vie d'aujourd'hui. *Moderniser une usine.* SYN. rénover.

modernisme n.m. Goût, recherche de ce qui est moderne.

modernité n.f. Le fait d'être moderne, récent, actuel. *Un équipement scolaire d'une grande modernité.*

modeste adj. ❶ Qui ne se vante pas, qui agit sans orgueil. *Ne soyez pas si modeste !* SYN. humble. CONTR. orgueilleux, vaniteux. ❷ Pudique et timide. *Il avait un air modeste.* SYN. réservé. CONTR. effronté, hardi. ❸ De peu de valeur, peu important. *Ce n'est qu'un modeste présent.* SYN. simple. *Son appartement est très modeste* (= pas très grand ni très luxueux).

modestement adv. D'une façon modeste. *À ce compliment, il baissa modestement la tête.*

modestie n.f. Le caractère d'une personne modeste ; le fait d'être modeste. *Le vieux savant était d'une incroyable modestie.* SYN. humilité. CONTR. orgueil, suffisance. • **Fausse modestie :** attitude d'une personne qui tente de faire passer pour de la modestie ce qui est en fait un orgueil démesuré.

modicité n.f. Caractère de ce qui est modique. *L'hôtel vantait la modicité de ses prix.*

modifiable adj. Que l'on peut modifier. *Ces plans sont modifiables, dites-nous ce que vous voulez.*

modification n.f. Action de modifier, fait de se modifier. *J'ai fait des modifications dans l'aménagement de ma chambre.* SYN. transformation. *Le médecin n'a trouvé aucune modification notable dans l'état du malade.* SYN. changement.

modifier v. (CONJUG. 7). Changer quelque chose, y apporter des transformations. *Le règlement a été modifié. Cette histoire a complètement modifié ma façon de voir.* SYN. transformer. ◆ **se modifier** v.pron. Changer, se transformer. *La situation se modifie sans cesse.*

modique adj. Qui est peu important, de faible valeur. *Il nous a fait la réparation pour la modique somme de quatorze euros.* SYN. insignifiant, minime. CONTR. important.

modiste n. Personne dont le métier consiste à fabriquer et à vendre des chapeaux de femme.
▸ REM. Les fabricants de chapeaux d'homme sont le *chapelier*, la *chapelière*.

modulation n.f. Variation dans la hauteur, l'intensité d'un son, d'une voix. *Elle connaissait chacune des modulations de la voix de Marc.* SYN. inflexion. • **Modulation de fréquence :** bande de fréquences sur laquelle est utilisé un procédé d'émission radiophonique qui permet des auditions de très bonne qualité.

module n.m. Élément d'un vaisseau spatial qui peut être utilisé de façon autonome. *Un module lunaire.*

moduler v. (CONJUG. 3). ❶ *Moduler un air*, c'est le jouer ou le chanter avec des inflexions changeantes et des hauteurs variées. ❷ Adapter quelque chose à chaque cas particulier, à chaque circonstance. *Le magasin module ses prix en fonction des saisons. Moduler les horaires de travail.*

HISTOIRE DU MOT Vient du latin *modulari* qui signifie « mesurer ».

moelle n.f. ❶ Substance molle et grasse qui remplit l'intérieur des os. ❷ Substance spongieuse, blanche et légère contenue dans les branches de certains arbres. *La moelle du sureau.* • **Jusqu'à la moelle :** jusqu'au plus profond du corps, au plus profond de soi-même. *Le froid le pénétrait jusqu'à la moelle. Ce cri les glaça jusqu'à la moelle.* • **Os à moelle :** os long, de bœuf ou de veau, dont on mange la moelle.
▸ REM. On prononce [mwal].

moelleux, euse adj. ❶ Mou et très douillet. *Une moelleuse écharpe de mohair.* SYN. doux. *Des coussins moelleux.* SYN. confortable. ❷ *Un vin moelleux* est agréable au goût parce qu'il est légèrement sucré.
▸ REM. On prononce [mwalø].

moellon n.m. Pierre de construction grossièrement taillée qu'on utilise pour faire des murs.
▸ REM. On prononce [mwalɔ̃].

mœurs n.f.plur. ❶ La manière de vivre d'une société, d'un individu. *Les mœurs changent avec les époques et les pays.* ❷ La manière de vivre d'une espèce animale. *Un entomologiste qui étudie les mœurs des fourmis.*
▸ REM. On prononce [mœr] ou [mœrs].

mohair n.m. Laine chaude, douce et soyeuse faite avec du poil de chèvre angora. *Un pull en mohair.*

HISTOIRE DU MOT C'est un mot anglais qui vient de l'arabe.

moi pron. personnel. Représente la 1re personne du singulier et est employé pour renforcer le sujet ou comme complément. *Donne-moi un fruit. C'est moi qui l'ai fait. Moi, je suis d'accord pour venir avec vous.*
→ VOIR **pronom** (encadré).

A B C D E F G H I J K L M N O P Q R S T U V W X Y Z

moignon **n.m.** Ce qui reste d'un membre coupé. *Il a été amputé au-dessus du genou, on a mis une prothèse sur son moignon.*

HISTOIRE DU MOT Vient de l'ancien français *moing* qui voulait dire « estropié, mutilé ».

moindre **adj.** Plus petit, plus faible, moins important. *Tu t'es juste écorché au genou, c'est un moindre mal ! Je n'ai pas la moindre idée de ce qui s'est passé. Entre deux maux, il faut choisir le moindre. La moindre des choses est de t'excuser* (= le minimum).
▸ REM. S'emploie comme comparatif ou superlatif de *petit* mais avec des mots abstraits.

moine **n.m.** Religieux qui vit dans un monastère, à l'écart du monde. *Un moine bénédictin.*

HISTOIRE DU MOT Vient du grec *monakhos* qui signifie « solitaire, moine », de *monos*, « seul ».

moineau **n.m.** Petit oiseau passereau très commun dans les villes et les champs, au plumage brun strié de noir.

ENCYCLOPÉDIE Cri : le moineau pépie.

moins **adv.** ❶ Indique une quantité, une valeur, un degré inférieurs. *Pierre a moins de dix ans.* CONTR. plus. *Ce livre est moins intéressant que l'autre.* ❷ Avec *le, la, les* indique la plus petite quantité, la plus petite valeur. *Parmi les légumes, ce sont les épinards que j'aime le moins. Elle est la moins vieille de la classe.* ❸ Introduit un nombre qu'on retranche, indique une soustraction, un manque (noté – en mathématique). *Quatre moins un égale trois (4 – 1 = 3). Il était trois heures moins dix. J'ai retrouvé le contenu de mon sac moins le portefeuille.* ❹ Indique un nombre négatif, ou une température au-dessous de 0 °C. *Il a fait moins dix hier.* • **À moins de** ou **à moins que :** sauf si. *Tu ne me verras pas demain, à moins de te lever très tôt. Nous irons nous promener, à moins qu'il ne pleuve.* • **Au moins :** au minimum. *Pour finir ce travail, j'en ai au moins pour trois heures.* CONTR. au maximum, au plus. • **De moins en moins :** en diminuant progressivement. *Il y a de moins en moins de paysans en France.* • **Du moins :** en tout cas. *Il m'a attendue une heure, du moins c'est ce qu'il affirme.*
▸ REM. *Moins* sert à indiquer le comparatif et le superlatif d'infériorité.

moire **n.f.** Tissu à reflets changeants. *Une robe de moire.*

HISTOIRE DU MOT Vient de l'anglais *mohair.*

moiré, e **adj.** Qui a l'aspect changeant de la moire. *Les eaux moirées de l'étang au clair de lune.*

mois **n.m.** ❶ Chacune des douze divisions de l'année. *Les mois ont trente ou trente et un jours, sauf le mois de février qui en a vingt-huit, et vingt-neuf tous les quatre ans.* ❷ Période d'à peu près trente jours. *Les mois ont passé. Un bébé de trois mois.* ❸ Somme d'argent perçue ou due pour un mois. *Il a touché son mois.* SYN. paie, salaire, traitement. *Il doit deux mois de loyer.*

moisi, e **adj.** Qui est couvert de moisissure. *Le pâté n'est plus bon, il est moisi.* ◆ **moisi** **n.m.** La partie moisie de quelque chose. *Il y a du moisi sur la confiture. Une odeur de moisi* (= de choses moisies).

moines dominicains
(détail d'une miniature du XVᵉ siècle)

moisir **moisissant, moisi v.** (CONJUG. 16). ❶ S'abîmer en se couvrant de moisissure. *Par temps humide, les aliments moisissent plus vite.* ❷ (Familier) Rester longtemps et inutilement quelque part ; perdre son temps. *Ne moisissons pas ici.* SYN. traîner.

moisissure **n.f.** ❶ Mousse bleuâtre, blanchâtre ou verdâtre produite par des champignons microscopiques sur une matière humide ou en décomposition. *Le pain était resté dans le plastique et il s'était couvert de moisissure. Les moisissures de certains fromages sont comestibles.* ❷ Partie moisie. *Ôter la moisissure d'un fruit.* SYN. moisi.

moisson **n.f.** ❶ Récolte des céréales arrivées à maturité ; moment de cette récolte. *Faire la moisson.* ❷ Céréales que l'on récolte. *La moisson a été excellente cette année.* ❸ Grande quantité de choses que l'on obtient. *Au village, il fait une ample moisson de renseignements.*

moissonner **v.** (CONJUG. 3). Faire la moisson. *Demain, on commence à moissonner les champs de blé.*

moissonneur, euse **n.** Personne qui fait la moisson. *Vers dix heures, on a apporté à boire aux moissonneurs.*

moissonneuse **n.f.** Machine agricole utilisée pour faire la moisson.

moissonneuse-batteuse **n.f.** (PLUR. : **moissonneuses-batteuses**). Machine agricole qui sert à couper, à ramasser et à battre les céréales, puis à trier et à nettoyer les grains.

moite **adj.** ❶ Légèrement humide. *Il fait chaud, j'ai les mains moites.* CONTR. sec. ❷ Chargé d'humidité. *L'atmosphère moite d'une serre.* SYN. humide.

moiteur **n.f.** ❶ Légère sueur. *La moiteur du front d'un malade.* ❷ Légère humidité. *La moiteur d'une après-midi orageuse.*

moitié **n.f.** ❶ Chacune des deux parties égales d'un tout. *Partager un gâteau en deux moitiés.* ❷ Milieu d'un espace, d'une période. *Arrivé à la moitié du chemin, il s'est arrêté.* ❸ Une des deux parties à peu près égales de quelque chose. *Il passe la moitié de son temps à lire.* • **À moitié :** pas complètement. *Je ne suis qu'à moitié convaincu. Il fait toujours les choses à moitié.* CONTR. à

fond. • **À moitié prix :** pour la moitié du prix normal. *J'ai eu ce chandail à moitié prix.* • **Moitié..., moitié... :** en partie..., en partie... *Elle est moitié française, moitié cambodgienne.* • **Moitié-moitié :** en deux parts égales. *On va partager les chocolats moitié-moitié.*
▶ REM. Au mot *moitié* correspondent l'élément tiré du latin *mi-*, que l'on retrouve dans *midi* et *milieu*, et l'élément tiré du grec *hémi-*, que l'on retrouve dans *hémisphère, hémicycle*, etc.

moka n.m. ❶ Café très parfumé, très riche en caféine ; boisson faite avec ce café. ❷ Gâteau fourré d'une crème au beurre aromatisée au moka.
HISTOIRE DU MOT Vient du nom d'une ville du Yémen, qui exportait le café d'Arabie.

mol adj.m. → **mou**

molaire n.f. Chacune des grosses dents du fond de la bouche qui servent à broyer les aliments. *Les quatre premières molaires poussent à six ans, les quatre suivantes entre douze et quatorze ans, les quatre dernières, ou dents de sagesse, poussent vers vingt et un ans.*
HISTOIRE DU MOT Vient du latin *mola* qui signifie « meule ».

môle n.m. Ouvrage de maçonnerie qui protège l'entrée d'un port des vagues du large. SYN. digue, jetée.

moléculaire adj. D'une molécule. *Masse moléculaire d'un corps.*

molécule n.f. Ensemble d'atomes qui constitue la plus petite partie d'un corps. *La molécule d'eau est formée de deux atomes d'hydrogène et d'un atome d'oxygène.*
HISTOIRE DU MOT Vient du latin *moles* qui signifie « masse ».

moleskine n.f. Toile de coton enduite et vernie, imitant le grain du cuir, utilisée par les relieurs et les tapissiers. *Une banquette recouverte de moleskine.*
HISTOIRE DU MOT Vient de l'anglais *moleskin* qui signifie « peau de taupe ».

molester v. (CONJUG. 3). Brutaliser quelqu'un, le frapper. *Quelques passants furent molestés dans la bagarre.* SYN. malmener, rudoyer.
HISTOIRE DU MOT Vient du latin *molestus* qui signifie « importun ».

molette n.f. Roulette dentée qu'on actionne avec le doigt et qui sert à produire l'étincelle d'un briquet. • **Clé à molette :** outil dont on peut écarter ou rapprocher les mâchoires en tournant une roulette. *Il me faudrait une clé à molette pour serrer ce boulon.*
HISTOIRE DU MOT Vient, comme *molaire*, du latin *mola* qui signifie « meule ».

mollasson, onne adj. et n. (Familier) Qui manque d'énergie, qui fait preuve de trop de mollesse. *Allons, secoue-toi un peu, quel mollasson !*

mollement adv. ❶ Avec une paresse nonchalante. *Marguerite se balançait mollement dans son hamac.* ❷ Sans ardeur ni conviction. *Le gouvernement a réagi très mollement à ces abus.* SYN. faiblement.

mollesse n.f. ❶ Le caractère d'une personne qui manque d'énergie et de vigueur. *La mollesse de ces élèves est exaspérante.* SYN. apathie, indolence, lenteur. ❷ La caractéristique de ce qui est mou. *La mollesse de l'argile permet de la modeler.*

1 **mollet** n.m. La partie arrière renflée et musclée de la jambe, entre la cheville et le genou. *Le chien l'a mordu au mollet.*

2 **mollet** adj.m. • **Œuf mollet :** œuf à la coque cuit six minutes, de façon que le jaune reste liquide.

molleton n.m. Étoffe de laine ou de coton, chaude et moelleuse. *Un matelas couvert d'un molleton.*

molletonné, e adj. Doublé de molleton. *Une robe de chambre molletonnée.*

mollir mollissant, molli v. (CONJUG. 16). ❶ Devenir moins violent. *Le vent mollit.* SYN. faiblir. CONTR. forcir. ❷ Perdre de sa force, de sa vigueur. *Son courage commençait à mollir* . SYN. diminuer, faiblir.

mollusque n.m. *Les mollusques* sont des animaux au corps mou, généralement protégé par une coquille, qui vivent dans l'eau ou dans les lieux humides. *L'huître, l'escargot, le poulpe sont des mollusques.* → VOIR planche page suivante.
HISTOIRE DU MOT Vient du latin *mollusca nux* qui signifie « noix à écorce molle ».

molosse n.m. Gros chien de garde d'allure féroce.
HISTOIRE DU MOT Dans la Grèce antique, les Molosses étaient un peuple réputé pour ses énormes chiens de chasse.

môme n. (Familier) Enfant. SYN. gamin, (Fam.) gosse.

moment n.m. ❶ Espace de temps généralement court. *Attendez un moment, je vous prie.* SYN. instant. *Je n'ai pas un moment à moi.* SYN. minute, seconde. *J'en ai encore pour un moment* (= un certain temps). ❷ Période considérée par rapport à ce qui s'y passe. *Je trouve que l'automne est le moment le plus agréable de l'année !* SYN. époque. *C'est un mauvais moment à passer.* ❸ Le temps présent, la période dont on parle. *C'est le grand succès du moment.* ❹ Instant favorable pour agir. *C'est le moment, allons-y ! Tu arrives au bon moment. Non,*

moissonneuse-batteuse

a b c d e f g h i j k l m n o p q r s t u v w x y z

Un corps mou et allongé

Le corps des mollusques se compose de trois parties : la tête, le pied et la masse viscérale. La tête comprend la plupart des centres nerveux comme chez les **céphalopodes** (pieuvre) qui sont dotés d'une sorte de cerveau perfectionné. La bouche contient une radula qui râpe les aliments. Les **lamellibranches**, ou **bivalves** (moule, coquille Saint-Jacques), n'en ont pas. Ils filtrent l'eau en retenant des particules en suspension. Le pied forme une masse musculeuse plus ou moins développée. Les **gastéropodes** (escargot, limace) s'en servent pour ramper, les lamellibranches pour s'enfouir dans le sol, les céphalopodes pour nager ou capturer des proies. La masse viscérale, qui renferme les organes, est entourée par le manteau, qui sécrète la coquille.

anatomie de la coquille Saint-Jacques

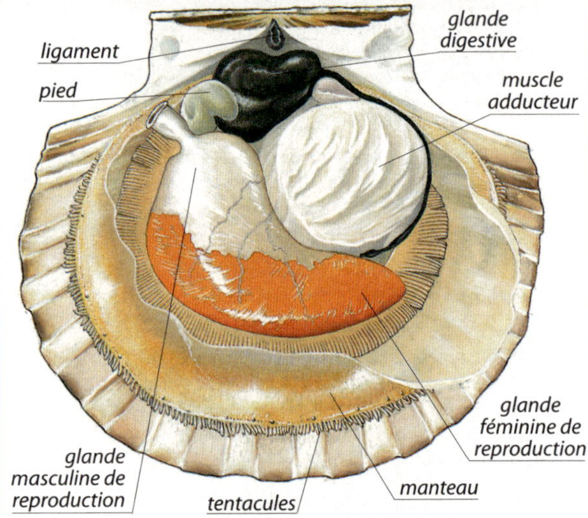

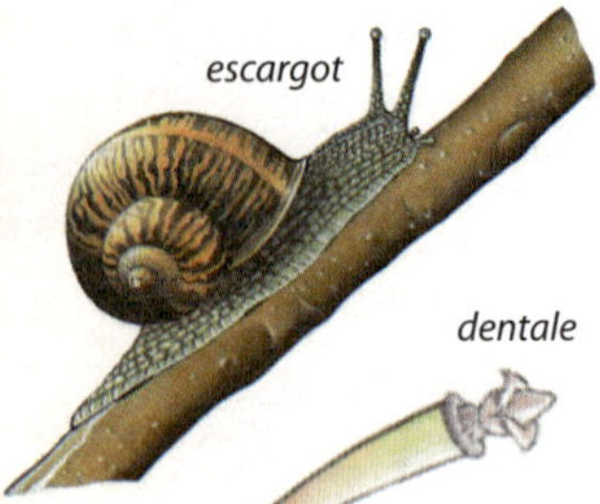
escargot

limace

dentale

pieuvre

Une grande variété de tailles et de modes de vie

La taille des mollusques varie de quelques millimètres à plusieurs mètres chez certains calmars. De nombreux mollusques sont **hermaphrodites** : ils produisent à la fois des spermatozoïdes et des ovules. Beaucoup sont comestibles (escargot, coque, seiche). D'autres fabriquent des perles (huître) ou sécrètent de l'encre (seiche). Seuls les **gastéropodes** (escargot, limace) ont des représentants terrestres disposant d'un poumon.

tibia

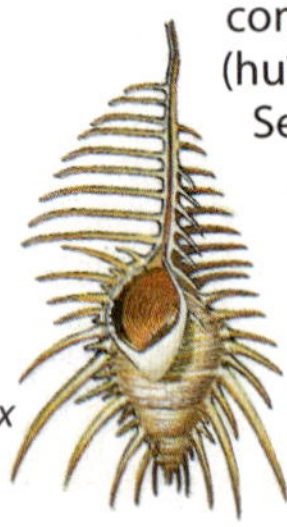
murex

seiche

guildfordia yoka

argonaute

moule

couteau

huître

nautile

bernique

coque

porcelaine

ce n'est pas le moment. • **À tout moment :** sans cesse ; n'importe quand. *Elle m'interrompt à tout moment.* SYN. continuellement. • **Au moment de** ou **au moment où :** indiquent l'instant précis où quelque chose se passe. *Au moment de partir, elle hésita une dernière fois.* • **Du moment que :** puisque, étant donné que. • **D'un moment à l'autre :** d'ici peu, incessamment. *On l'attend d'un moment à l'autre.* • **Par moments :** par intervalles, de temps à autre. • **Pour le moment :** dans l'instant présent. • **Sur le moment :** à l'instant où les choses se sont passées. *Sur le moment, je n'y ai pas fait attention.*

momentané, e **adj.** Qui ne dure qu'un moment. *Le magasin est fermé, mais c'est momentané.* SYN. temporaire. CONTR. définitif.

momentanément **adv.** De façon momentanée. SYN. provisoirement, temporairement.

momie **n.f.** Cadavre conservé, embaumé selon les procédés des anciens Égyptiens. *Les momies des pharaons.*

momie de chat (Égypte antique)

HISTOIRE DU MOT Vient de l'arabe *mumiya*, de *moum* qui signifie « cire ».

ENCYCLOPÉDIE Les Égyptiens croyaient qu'il existait une vie après la mort à condition de conserver les corps. Après avoir vidé le corps des éléments qui se putréfient vite (cerveau, viscères, etc.), les embaumeurs et les prêtres le remplissaient d'aromates et de résines puis l'emmaillotaient à l'aide de fines bandelettes de lin. Enfin, après avoir entouré le corps d'une toile plus solide, on le déposait dans un cercueil qu'on plaçait dans un sarcophage décoré.

momifié, e **adj.** Transformé en momie. *On a retrouvé le corps momifié de certains pharaons dans les pyramides d'Égypte.* SYN. embaumé.

mon, ma, mes **adj. possessif.** Désigne la 1re personne du singulier. *Mon frère, ma sœur, mes parents.*
→ VOIR **déterminant** (encadré).
▸ REM. *Ma* devient *mon* devant un nom féminin commençant par une voyelle ou un *h* muet. *Mon amie, mon histoire.*

monacal, ale, aux **adj.** ❶ Des moines. *La vie monacale.* SYN. monastique. ❷ Austère et rude comme la vie des moines. *Il mène une vie monacale.*

monarchie **n.f.** Régime politique dans lequel le chef de l'État est un roi, un empereur héréditaire ; État qui a à sa tête un monarque. SYN. royauté.

HISTOIRE DU MOT Vient du grec *monarkhia*, de *monos* qui signifie « un seul » et *arkhein* qui signifie « commande » et que l'on retrouve dans *hiérarchie, oligarchie.*

ENCYCLOPÉDIE On distingue plusieurs types de monarchies. Dans la *monarchie absolue*, les pouvoirs du roi sont sans limites. La France a eu une monarchie absolue du règne de François Ier à la Révolution. Dans la *monarchie constitutionnelle*, le roi partage le pouvoir avec le Parlement. C'est le régime actuel de la Belgique. Dans la *monarchie parlementaire*, qui est une monarchie constitutionnelle, le pouvoir est exercé par un gouvernement responsable devant le Parlement et non devant le roi. La Grande-Bretagne, les Pays-Bas, la Suède ont une monarchie parlementaire.

monarchique **adj.** Qui concerne la monarchie. *Le pouvoir monarchique.*

monarchiste **adj.** et **n.** Qui est partisan de la monarchie.

monarque **n.m.** Souverain qui est à la tête d'une monarchie. *Un monarque absolu.* SYN. roi.

monastère **n.m.** Bâtiment habité par des moines ou des religieuses. SYN. cloître, couvent.

HISTOIRE DU MOT Vient du grec *monastês* qui signifie « moine ».

monastique **adj.** Des moines. *L'habit monastique.* SYN. monacal.

monceau **n.m.** ❶ Gros tas de choses amoncelées. *Il y a un monceau de linge à repasser.* SYN. montagne, pile. ❷ Grande quantité. *Il y a un monceau de sottises dans ce journal.* SYN. accumulation.

HISTOIRE DU MOT Vient du latin *mons* qui signifie « montagne ».

mondain, e **adj.** et **n.** Qui fréquente les gens riches et aime leurs divertissements. *Michèle reçoit beaucoup, elle est très élégante et très mondaine.* ◆ **adj.** *Une soirée mondaine* est une soirée où se rencontrent les gens riches et connus d'une ville.

mondanités **n.f.plur.** Les habitudes de vie des gens de la haute société (sorties, réceptions, etc.). *Fuir les mondanités.*

monde **n.m.** ❶ L'ensemble de tout ce qui existe. *La création du monde.* SYN. univers. ❷ La Terre, le globe terrestre. *Aimerais-tu faire le tour du monde ? Parcourir le monde.* ❸ La Terre, considérée comme le lieu où nous vivons. *Venir au monde* (= naître). *Quitter le monde, ne plus être de ce monde* (= mourir). ❹ L'ensemble des êtres humains. *Ce problème concerne le monde entier.* ❺ L'ensemble de choses ou d'êtres qui forment un tout. *Le monde animal. Le monde sous-marin. Le monde des affaires.* SYN. milieu. *Le monde rural.* ❻ Nombre indéterminé de personnes. *Y avait-il du monde au spectacle ? Il n'y avait pas grand monde.* • **Au bout du monde :** très loin, loin de tout. *Il habite au bout du monde.* • **Au monde** ou **du monde :** parmi tout ce qui peut se trouver dans le monde. *Rien au monde ne saurait me faire plus plaisir ! La plus jolie femme du monde.* • **L'Ancien Monde :** l'Europe, l'Asie et l'Afrique. • **Le Nouveau Monde :** l'Amérique. • **Tout le monde :** toutes les personnes. *Tout le monde était content* (= tous). • **C'est le monde à l'envers :** c'est le contraire de ce qui se passe d'habitude ou de ce qui devrait se passer. • **C'est un monde ! :** c'est incroyable ! • **Il y a un monde :** il y a

A B C D E F G H I J K L M N O P Q R S T U V W X Y Z

une énorme différence. *Il y a un monde entre eux, elle est aussi charmante qu'il est bourru.* • **Se faire (tout) un monde de quelque chose :** en exagérer la difficulté. • **Se moquer du monde :** se comporter avec désinvolture ou impolitesse.
▸ REM. Au mot *monde* correspond l'élément tiré du grec *cosmo-* que l'on retrouve dans *cosmos, cosmopolite.*

HISTOIRE DU MOT Vient du latin *mundus* qui signifie « l'univers ».

mondial, ale, aux **adj.** Du monde entier. *La population mondiale s'élève aujourd'hui à six milliards d'êtres humains. La pollution est un problème mondial.* SYN. planétaire. CONTR. local, national. *Une guerre mondiale.* SYN. internationale.

mondialement **adv.** Dans le monde entier. SYN. universellement.

mondialisation **n.f.** Développement des échanges économiques, politiques et culturels au niveau mondial. *Internet est l'un des outils de la mondialisation.*

monétaire **adj.** Qui concerne la monnaie. *L'euro est devenu l'unité monétaire de nombreux pays de l'Union européenne.*

moniteur, trice **n.** ❶ Personne chargée de l'enseignement et de la pratique de certains sports, ou de certaines activités. *Elle est monitrice de parapente.* ❷ Personne chargée d'encadrer les enfants pendant des activités extrascolaires. *Un moniteur de colonie de vacances.*

HISTOIRE DU MOT Vient du latin *monere* qui signifie « avertir ».

monnaie **n.f.** L'ensemble des pièces et des billets qui servent à échanger, à payer. *La monnaie du Japon est le yen.* → VOIR Fiche **18.** • **Fausse monnaie :** imitation d'une monnaie, faite par des faussaires, des faux-monnayeurs. • **Petite monnaie :** pièces de peu de valeur. • **Faire la monnaie :** échanger un billet, une pièce contre un certain nombre de billets, de pièces de moindre valeur mais qui représentent ensemble la même somme. • **Rendre à quelqu'un la monnaie de sa pièce :** lui faire payer le mauvais tour qu'il nous a joué ; se venger.

HISTOIRE DU MOT Vient du latin *Moneta* qui signifie « la Conseillère », surnom de la déesse Junon, car c'était près de son temple qu'on fabriquait la monnaie.

ENCYCLOPÉDIE Dans les sociétés dites primitives, on pratiquait le troc, c'est-à-dire l'échange de marchandises contre d'autres marchandises. La monnaie sous forme de pièces apparaît vers le VIIe siècle avant J.-C. Le papier-monnaie apparaît à la fin du XVIIe siècle en Angleterre. De nos jours, la monnaie circule moins de la main à la main, mais passe de plus en plus d'un compte bancaire à l'autre par le moyen des chèques, des virements et des cartes de crédit.

monnaie-du-pape **n.f.** (PLUR. : **monnaies-du-pape**). Plante ornementale aux fleurs odorantes, dont on utilise les fruits en forme de disque blanc argenté pour faire des bouquets secs.

monnayer **v.** (CONJUG. **13**). Tirer un profit financier de quelque chose. *L'espion avait bien l'intention de monnayer ses informations.* SYN. vendre.

mono- **préfixe.** Mot invariable tiré du grec *monos* et qui, placé au début d'un mot, signifie « seul ». *Faire du monoski, c'est skier sur un seul ski.*

monocle **n.m.** Verre de lunette pour un seul œil que l'on porte en le maintenant coincé sous l'arcade sourcilière, très à la mode au début du XXe siècle.

HISTOIRE DU MOT Vient du latin *oculus* qui signifie « œil ».

monocorde **adj.** Qui est émis sur un seul ton et ne varie pas. *Une voix monocorde.* SYN. monotone.

monocotylédone **n.f.** Plante à fleurs dont la graine contient un seul cotylédon. *Le palmier est une monocotylédone.*

monogamie **n.f.** Principe qui interdit d'être marié à plusieurs personnes en même temps, par opposition à la *polygamie.* → VOIR AUSSI **bigamie.**

HISTOIRE DU MOT Vient du grec *gamos,* « mariage ».

monogramme **n.m.** Dessin fait des initiales entrelacées d'une personne. *Il s'est fait imprimer un papier à lettres portant son monogramme.*

HISTOIRE DU MOT Vient du grec *gramma,* « lettre ».

monolithe **n.m.** Monument fait d'un seul bloc de pierre. *Un menhir, un obélisque sont des monolithes.*

HISTOIRE DU MOT Vient du grec *lithos* qui signifie « pierre ».

monolithique **adj.** ❶ Taillé dans un seul bloc de pierre. *Une statue monolithique.* ❷ Au figuré, qui est aussi rigide que la pierre et n'évolue pas. *Un dogme monolithique.*

monologue **n.m.** ❶ Au théâtre, discours qu'un personnage se tient à lui-même. ❷ Discours d'une personne qui parle toute seule ou qui ne laisse pas parler les autres. *Pierre transforme la conversation en monologue.* CONTR. dialogue.

monologuer **monologuant, monologué v.** (CONJUG. **6**). Parler tout haut lorsqu'on est seul ou bien parler comme si on était seul sans laisser les autres s'exprimer.

monopole **n.m.** Privilège qui donne le droit de fabriquer ou de vendre seul certains produits. *L'État, en France, a le monopole de la vente du tabac.*

HISTOIRE DU MOT Vient du grec *monos,* qui signifie « seul », et *pôlein,* qui signifie « vendre ».

monopoliser **v.** (CONJUG. **3**). Prendre pour soi seul, sans se préoccuper des autres. *Zoé, tu es priée de ne pas monopoliser la salle de bains, nous sommes pressés ! Il faut toujours qu'il monopolise la conversation.* SYN. accaparer.

monoski **n.m.** ❶ Ski sur lequel on met les deux pieds côte à côte pour glisser sur la neige ou sur l'eau. ❷ Sport que l'on pratique sur un seul ski.

monosyllabe n.m. Mot d'une seule syllabe. *Le mot « lac » est un monosyllabe. Il ne répond que par monosyllabes* (= par oui et par non).

monothéisme n.m. Religion qui n'admet qu'un seul dieu, par opposition au *polythéisme*.

HISTOIRE DU MOT Vient du grec *theos* qui signifie « dieu ».

monothéiste adj. Qui concerne le monothéisme. *Le judaïsme, l'islam et le christianisme sont des religions monothéistes.* → VOIR Fiche 24.

monotone adj. ❶ Qui se répète toujours sur le même ton, sur le même rythme. *Le bruit monotone de la pluie. Une voix monotone.* SYN. monocorde. ❷ Où il n'y a pas de variété, qui est toujours pareil. *On se fatigue vite d'une vie monotone.*

monotonie n.f. Absence de variété qui finit par lasser. *La monotonie d'un paysage.* SYN. uniformité. CONTR. diversité, variété.

monseigneur n.m. (PLUR. : **messeigneurs**). Titre honorifique donné aux évêques et aux princes.
▸ REM. On abrège ce mot en *Mgr*.

monsieur n.m. (PLUR. : **messieurs**). ❶ Titre par lequel on s'adresse à un homme ou qu'on emploie pour parler de lui. *Bonjour, monsieur, comment allez-vous ? Messieurs, un peu de silence !* ❷ S'emploie pour parler d'un homme dont on ne connaît pas le nom. *C'est un vieux monsieur, avec une grande barbe.*
▸ REM. *Monsieur* s'abrège en *M.*, et *messieurs* en *MM.*

HISTOIRE DU MOT Vient de *mon sieur.*

monstre n.m. ❶ Être vivant qui est né avec une malformation. *Un mouton à cinq pattes est un monstre.* ❷ Être légendaire, façonné ou exagéré par l'imagination humaine. *Le monstre du loch Ness.* ❸ Personne très méchante, très cruelle. *Cet assassin est un monstre.* • **Monstre sacré :** comédien très célèbre. ◆ **adj.** (Familier) Qui est hors du commun, énorme. *Un succès monstre.* SYN. colossal, extraordinaire, fou, prodigieux.

HISTOIRE DU MOT Vient du latin *monstrum* qui signifie « prodige, chose incroyable ».

monstrueusement adv. De façon monstrueuse, énorme. *Il est monstrueusement gros.*

monstrueux, euse adj. ❶ Physiquement affreux. *Il était d'une laideur monstrueuse.* SYN. épouvantable, horrible. ❷ Excessivement cruel ou pervers. *Un crime monstrueux.* SYN. abominable, effroyable. ❸ Excessif par ses dimensions, sa valeur, son intensité. *Ce lutteur a des mains monstrueuses.* SYN. énorme. *Une monstrueuse erreur judiciaire.* SYN. effroyable.

monstruosité n.f. ❶ Le caractère de ce qui est monstrueux, horrible. *La monstruosité d'un crime.* SYN. horreur. ❷ Action monstrueuse. *Les monstruosités commises pendant la guerre.* SYN. atrocité, horreur.

mont n.m. Montagne de plus ou moins grande taille. *Le mont Blanc. Le mont Royal.* • **Par monts et par vaux :** un peu partout, de tous côtés. *Il n'est jamais chez lui, il est toujours par monts et par vaux.* • **Promettre monts et merveilles :** promettre des choses extraordinaires qui ne se réaliseront pas.

montage n.m. ❶ Opération par laquelle on ajuste les différentes pièces d'un ensemble. *Pour assembler votre kit, lisez attentivement le manuel de montage.* SYN. assemblage. ❷ Assemblage des séquences tournées pour un film, qui permet d'obtenir la version définitive.

montagnard, e adj. et n. Qui est de la montagne, qui vit à la montagne.

montagne n.f. ❶ Forme de relief qui se caractérise par son altitude et son aspect accidenté. *Quelle est la plus haute montagne d'Europe ?* → VOIR encadré ci-dessous. ❷ Région de grande altitude. *Passer ses vacances à la montagne.* ❸ Énorme quantité. *Une montagne de livres.* SYN. monceau, pile, tas. • **Montagnes russes :** manège constitué de montées et de descentes abruptes, sur lesquelles on roule très rapidement dans une petite voiture. • **Se faire une montagne de quelque chose :** s'en exagérer la difficulté, l'importance (= s'en faire un monde). • **Soulever des montagnes :** surmonter toutes les difficultés.

montagnes dans le massif de l'Everest (Himalaya, Asie)

Montagnes (les plus hauts sommets)

Everest (Asie)	8 848 m
K2 (Asie)	8 611 m
Aconcagua (Amérique du Sud)	6 959 m
Chimborazo (Amérique du Sud)	6 310 m
mont McKinley (Amérique du Nord)	6 194 m
mont Logan (Amérique du Nord)	5 959 m
Kilimandjaro (Afrique)	5 895 m
Elbrous (Europe-Asie)	5 642 m
mont Kenya (Afrique)	5 199 m
mont Blanc (Europe)	4 810 m

Le Chimborazo et le Kilimandjaro sont des volcans.

A B C D E F G H I J K L M N O P Q R S T U V W X Y Z

montagneux, euse adj. Où il y a beaucoup de montagnes. *Une région montagneuse.*

1 montant, e adj. ❶ Qui va vers le haut. *La marée montante.* CONTR. descendant. ❷ Qui monte assez haut sur le cou ou sur la cheville. *Un col montant. Des chaussures montantes.*

2 montant n.m. Total d'une addition, d'une facture. *Le montant des dépenses sera plus élevé que prévu.*

3 montant n.m. Chacun des éléments verticaux en bois ou en métal d'une barrière, d'une fenêtre, etc. *Poser les montants d'une bibliothèque.*

monte-charge n.m. (PLUR. : monte-charges ou monte-charge). Appareil qui sert à faire monter des charges lourdes ou des marchandises d'un étage à l'autre. *Le coursier a mis un colis dans le monte-charge pour le onzième étage.*

montée n.f. ❶ Action de monter vers un lieu plus élevé. *Pour arriver là-haut, il y a trois heures de montée.* SYN. ascension. CONTR. descente. ❷ Le fait de s'élever à un niveau supérieur. *Les pluies ont provoqué une brusque montée des eaux* (= crue). ❸ Chemin, route qui montent. *La voiture a calé au beau milieu de la montée.* SYN. côte, pente. CONTR. descente. ❹ Hausse de quelque chose. *La montée des prix.* SYN. augmentation. *Une montée de fièvre.* SYN. poussée.

monte-plat n.m. (PLUR. : monte-plats) ou **monte-plats** n.m.invar. Petit appareil servant à monter les plats de la cuisine à la salle à manger.

monter v. (CONJUG. 3). ❶ Aller du bas vers le haut. *La route monte jusqu'au pied des pistes de ski. Pierre est monté au grenier. J'ai monté les marches aussi vite que j'ai pu.* CONTR. descendre. ❷ Aller vers un lieu situé plus au nord. *De Marseille, il est monté à Paris.* ❸ Apporter en haut. *Peux-tu monter les valises au grenier ?* ❹ Augmenter en valeur, en niveau, en intensité. *L'été approche, les températures montent.* SYN. croître. CONTR. baisser, descendre. *Les prix ne cessent de monter. La colère monte.* CONTR. tomber. ❺ Prendre place à bord d'un véhicule, sur un animal. *Monter en voiture, à cheval.* ❻ Utiliser un animal comme monture. *Monter un âne. Monter un cheval sauvage.* ❼ Assembler des éléments. *Monter une tente.* CONTR. démonter. *Monter un film* (= choisir et assembler les prises de vues). *Monter un bijou. Monter une pierre sur une bague* (= sertir). ❽ Installer, établir ou équiper. *Monter une entreprise de commerce.* • **Monter à la tête :** griser, enivrer (au sens propre et au sens figuré). *Un vin qui monte à la tête. Le succès lui monte à la tête.* ◆ **se monter** v.pron. ❶ S'installer et s'équiper de ce qui est nécessaire. *Un nouvel hôpital s'est monté dans notre ville.* ❷ Atteindre tel montant. *Les travaux se montent à des millions.* SYN. s'élever. ▶ REM. Ce verbe se conjugue soit avec l'auxiliaire *être*, soit avec l'auxiliaire *avoir* lorsqu'il y a un complément d'objet : *Marie « est » montée chez les voisins. Marie « a » monté la valise au grenier.*

monteur, euse n. ❶ Ouvrier chargé de l'assemblage des pièces d'un appareil, d'une machine, etc. *Il est monteur en chauffage central.* ❷ Technicien du cinéma qui est chargé du montage.

montgolfière n.f. Ballon enduit d'un vernis plastique et muni d'une nacelle, qui s'élève dans l'air grâce à de l'air chaud.

HISTOIRE DU MOT Vient du nom des inventeurs de ce ballon, les frères Montgolfier. → VOIR noms propres.

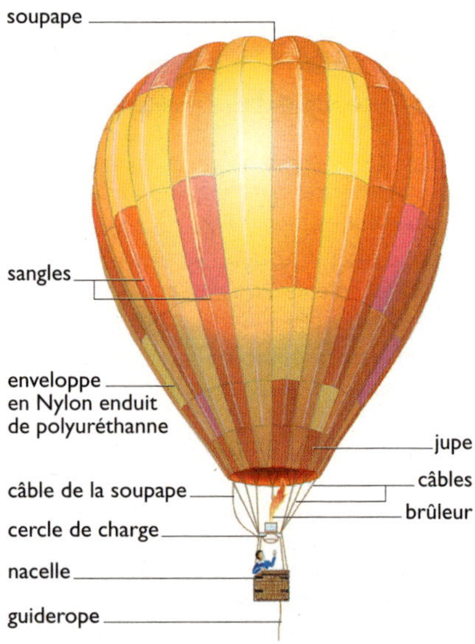

montgolfière

monticule n.m. Petite butte faite d'un amoncellement de terre, de pierres, etc., naturel ou artificiel.

montre n.f. Instrument portatif qui sert à donner l'heure. *Une montre à quartz. Ma montre est arrêtée.* • **Montre en main :** de façon précise, en vérifiant avec une montre. *Voilà une heure, montre en main, que je t'attends !*

montrer v. (CONJUG. 3). ❶ Faire voir. *Léa montre à Marthe sa nouvelle robe. Montrer ses papiers.* SYN. présenter. ❷ Indiquer avec un geste. *De la tête, le garçon montrait le fond du café.* SYN. désigner. ❸ Laisser paraître, faire connaître ce que l'on pense, ce que l'on est. *Elle a montré un certain embarras.* SYN. manifester, témoigner. CONTR. cacher, dissimuler. ❹ Mettre en évidence quelque chose. *Tout montre que j'avais raison !* SYN. indiquer, prouver. ❺ Apprendre une chose à quelqu'un par la pratique. *Montre-moi comment faire.* ◆ **se montrer** v.pron. ❶ Apparaître à la vue. *Le soleil se montre entre les nuages.* SYN. percer. ❷ Se révéler. *Il s'est montré très méchant avec les nouveaux.*

montreur, euse n. Personne qui présente au public une attraction, une curiosité. *Une montreuse de marionnettes. Autrefois, sur les foires, on rencontrait des montreurs d'ours.*

monture n.f. ❶ Bête sur laquelle on monte pour se déplacer. *Le cow-boy enfourcha sa monture.* ❷ Armature en métal, plastique, etc., sur laquelle les verres de lunettes sont montés. *J'ai cassé mes lunettes, il faut remplacer toute la monture.* ❸ Partie d'un bijou où sont montées des pierres, des perles.

monument **n.m.** ❶ Édifice remarquable par son architecture ou son ancienneté. *Visiter les monuments d'une ville.* ❷ Statue ou construction édifiée pour rappeler le souvenir d'un événement. *Un monument aux morts.* ❸ Ce qui atteint un degré rarement égalé. *Ce film est un monument de bêtise.*

monumental, ale, aux **adj.** ❶ Très grand, très imposant. *Une cheminée monumentale.* SYN. imposant, majestueux. ❷ (Familier) Qui est énorme. *Être d'une bêtise monumentale.* SYN. colossal.

se **moquer** **v.pron.** (CONJUG. **3**). ❶ Plaisanter au sujet de quelqu'un ou de quelque chose, les tourner en ridicule. *Ils se sont moqués de moi.* SYN. ridiculiser. ❷ Être indifférent à quelque chose ou à quelqu'un, ne pas s'en soucier. *Je me moque de ce que vous en pensez !* ❸ Considérer quelqu'un comme un naïf que l'on peut tromper. *De l'or, ça ? Vous vous moquez de moi ?*

moquerie **n.f.** Parole ou geste par lesquels on se moque. *On apprécie rarement les moqueries quand c'est à nous qu'elles s'adressent.* SYN. quolibet, raillerie, sarcasme.

moquette **n.f.** Tapis fixé au sol, qui recouvre toute la surface de la pièce.

moqueur, euse **adj.** ❶ Qui se moque volontiers, qui aime bien rire des autres. *Il est moqueur, ne faites pas attention à ce qu'il dit !* ❷ Qui manifeste de la moquerie. *On entendit un rire moqueur.* SYN. malicieux, narquois.

moraine **n.f.** Ensemble de roches transportées ou déposées par un glacier.

1 **moral** **n.m.sing.** État d'esprit qui permet d'affronter les problèmes. *Son voyage se passe bien, elle a très bon moral.* • **Avoir le moral :** être optimiste. • **Ne pas avoir le moral :** être découragé.

HISTOIRE DU MOT Vient du latin *mores* qui signifie « mœurs ».

2 **moral, ale, aux** **adj.** ❶ Qui concerne l'état d'esprit, la volonté. *Avoir une grande force morale.* ❷ Qui se rapporte à la morale, à la justice, au sens du bien. *Le sens moral.* ❸ Qui est conforme à la morale d'une société. *Une histoire très morale.* SYN. édifiant.

morale **n.f.** ❶ L'ensemble des règles de conduite d'une société qui se fondent sur les valeurs du bien et du mal. *Ses parents avaient une morale assez stricte.* ❷ Leçon qu'on peut tirer d'un événement ou d'un récit. *La morale d'une fable de La Fontaine.* SYN. moralité. • **Faire la morale à quelqu'un :** le réprimander à propos de sa manière d'agir.

moralement **adv.** ❶ Conformément à la morale. *Un acte moralement inacceptable* (= du point de vue de la morale). ❷ Du point de vue du moral. *Physiquement il va mieux, mais moralement il n'est pas remis.*

moralisateur, trice **adj.** Qui donne des leçons de morale. *Un récit moralisateur.*

moralité **n.f.** ❶ Souci constant de respecter une morale, un idéal. *Un homme sans moralité.* SYN. honnêteté. ❷ Conclusion morale qui se trouve à la fin d'un texte. *« Rien ne sert de courir ; il faut partir à point » est la moralité de La Fontaine dans « le Lièvre et la Tortue ».* SYN. leçon, morale.

morbide **adj.** Qui n'est ni sain ni gai. *Il a un goût morbide pour les cimetières.* SYN. maladif, malsain.

HISTOIRE DU MOT Vient du latin *morbidus*, « malade ».

morceau **n.m.** ❶ Partie d'un tout. *Jean-Louis avale d'un coup un gros morceau de gâteau.* SYN. bouchée. *Un morceau de craie.* SYN. bout. ❷ Aliment présenté sous forme de fragments de taille identique. *Du sucre en morceaux.* ❸ Fragment d'une œuvre littéraire. *Un recueil de morceaux choisis.* ❹ Pièce de musique assez courte. *Elle a joué un morceau de Debussy.* • **En mille morceaux :** cassé en mille petits éclats.

morceler **v.** (CONJUG. **12**, ✎ *11*). Diviser en petites parties ce qui formait une unité. *À la mort du père, le domaine a été morcelé.* SYN. fractionner, partager.

morcellement, ✎ ***morcèlement*** **n.m.** Division d'une surface, d'un terrain. *Le morcellement d'une propriété.*

mordant, e **adj.** ❶ *Un acide mordant* entame la matière en la rongeant. SYN. caustique. ❷ *Un froid mordant* est très vif et pique la peau. ❸ *Un ton mordant* est agressif et blessant. SYN. acerbe, incisif.

mordicus **adv.** (Familier) Avec entêtement, sans en démordre. *Il m'a soutenu mordicus que Strasbourg était en Allemagne !*

► REM. On prononce le -*s*.

HISTOIRE DU MOT C'est un mot latin qui signifie « en mordant ».

mordiller **v.** (CONJUG. **3**). Mordre légèrement, à petits coups répétés. *Elle rêvassait en mordillant son crayon.*

mordoré, e **adj.** D'un brun rouge, avec des reflets dorés. *Elle portait un collier d'ambre mordoré.*

HISTOIRE DU MOT Autrefois, ce mot signifiait « doré comme un Maure ».

mordre **mordant, mordu** **v.** (CONJUG. **46**). ❶ Blesser en serrant fort entre les dents. *Le chien a eu peur, il l'a mordu.* ❷ Entamer avec ses dents. *Mordre une pomme à belles dents.* SYN. croquer. *Mordre dans sa tartine.* ❸ Entamer une matière dure, la ronger. *La lime mordait le fer en faisant de petits copeaux.* ❹ Piquer et blesser. *Se faire mordre par des insectes.* ❺ Pénétrer dans une matière dure. *La vis ne mord pas.* ❻ Dépasser légèrement une limite. *La voiture a mordu sur la bande blanche.* SYN. empiéter. • **Ça mord :** le poisson mord à l'appât. • **Mordre à l'appât** ou **à l'hameçon :** attraper l'appât, en parlant du poisson ; au sens figuré, se laisser prendre à un piège. ◆ **se mordre** **v.pron.** • **S'en mordre les doigts :** s'en repentir amèrement. *Elle a menti et maintenant elle s'en mord les doigts.*

mordu, e **adj.** et **n.** (Familier) ❶ Qui est amoureux fou. *Il lui écrit tous les jours, il est complètement mordu !* SYN. épris. ❷ Qui est passionné de quelque chose. *C'est une mordue de cinéma.*

se morfondre **morfondant, morfondu v.pron.** (CONJUG. **46**). S'ennuyer à attendre. *Se morfondre dans sa chambre.*

HISTOIRE DU MOT Vient de l'ancien provençal *marfondre* qui signifiait « prendre froid », en parlant d'un cheval.

1 morgue **n.f.** Attitude hautaine et arrogante. *Le jeune officier était plein de morgue.* SYN. arrogance, suffisance.

2 morgue **n.f.** Établissement ou local où l'on met provisoirement les cadavres.

moribond, e **adj.** et **n.** Qui est sur le point de mourir. *Des blessés moribonds* (= qui agonisent). SYN. mourant.

morigéner **v.** (CONJUG. **9**, ✎ *10*). Gronder quelqu'un en lui faisant une leçon de morale. *Il se fit sévèrement morigéner par le capitaine.* SYN. chapitrer, sermonner. ▸ REM. Ce mot appartient à la langue soutenue.

HISTOIRE DU MOT Vient du latin *morigenatus* qui signifie « bien élevé ».

morille **n.f.** Champignon comestible qui pousse au printemps et dont le chapeau jaune-brun, rond ou pointu, ressemble à une éponge.

HISTOIRE DU MOT Vient du latin *maurus* qui signifie « brun foncé » et qui désignait les Maures.

morilles

morne **adj.** Triste et sombre. *Un regard morne.* SYN. abattu, mélancolique, triste. *Un morne paysage.* SYN. lugubre, sinistre. *Un temps morne.* SYN. maussade.

morose **adj.** Triste et sans enthousiasme, sans élan. *Vous avez l'air bien morose, Alain, ce matin !* SYN. chagrin, grognon, maussade.

morosité **n.f.** Humeur morose, d'une personne ou d'un groupe.

morphine **n.f.** Médicament puissant contre la douleur, qui est tiré de l'opium, et qu'on utilise aussi comme calmant et comme soporifique.

HISTOIRE DU MOT Vient de *Morphée*, nom du dieu du Sommeil.

morphologie **n.f.** ❶ La forme, l'aspect général du corps humain. *Cet athlète a une morphologie parfaite pour la natation.* ❷ Partie de la grammaire qui étudie la forme des mots. *L'étude de la formation des pluriels fait partie de la morphologie.*

HISTOIRE DU MOT Vient du grec *morphê*, qui signifie « forme », et *logos*, qui signifie « science ».

morphologique **adj.** Qui se rapporte à la morphologie.

mors **n.m.** Petite barre en acier passée dans la bouche du cheval, à laquelle sont fixés la bride et les rênes, et qui sert à le conduire. • **Prendre le mors aux dents :** pour un cheval, ne plus obéir au cavalier ; au figuré, se mettre tout à coup en colère.

HISTOIRE DU MOT Vient du latin *morsus* qui signifie « morsure ».

1 morse **n.m.** Gros mammifère marin des régions arctiques proche de l'otarie, qui mesure environ 3 m et pèse 1 t, et dont les canines supérieures sont transformées en défenses, qui peuvent mesurer plus de 50 cm.

ENCYCLOPÉDIE C'est un mammifère géant qui vit en grands troupeaux et se nourrit de mollusques. La femelle porte son petit 8 mois et l'allaite 1 an. Les Inuits le chassent pour sa graisse, sa peau, sa viande, ses os et ses défenses. Le morse est protégé en Sibérie et au Canada.

2 morse **n.m.** Code télégraphique qui représente chaque lettre de l'alphabet par un ensemble de signaux sonores ou lumineux, longs ou brefs, qui permettent d'envoyer des messages.

ENCYCLOPÉDIE En 1832, l'Américain Samuel Morse met au point le télégraphe électrique. Puis il invente un mode de transmission très rapide des messages, par alternance d'impulsions brèves et longues. Sur papier, les impulsions brèves sont traduites par des points, les longues par des traits. Depuis 1999, le morse a été abandonné pour les communications maritimes.

morsure **n.f.** ❶ Blessure faite en mordant ou en piquant. *Le chien lui avait fait une vilaine morsure à la main. Une morsure de serpent.* SYN. piqûre. ❷ Sensation douloureuse occasionnée par le froid. *La morsure du gel.*

1 mort **n.f.** ❶ Cessation complète et définitive de la vie. *Une mort accidentelle. La mort de son père l'a plongé dans un immense chagrin.* SYN. décès. *La peine de mort a été supprimée en France par la loi du 9 octobre 1981* (= peine capitale). ❷ Cessation complète d'une activité. *La mort d'une entreprise.* • **À mort :** jusqu'à ce que mort s'ensuive ; au figuré, de toutes ses forces. *Ils l'ont frappé à mort. Freiner à mort. Ils sont brouillés à mort* (= ils ne se réconcilieront jamais).

morse

• **Donner la mort** ou **mettre à mort :** tuer. • **La mort dans l'âme :** avec une infinie tristesse et beaucoup de regret. *Ils ont vendu leur maison de famille la mort dans l'âme.* • **Mourir de sa belle mort :** de vieillesse. • **Trouver la mort :** mourir. *Deux personnes ont trouvé la mort dans cet accident.*
▸ REM. Au mot *mort* correspond l'élément tiré du grec *nécro-* que l'on retrouve dans *nécrologie* et *nécropole*.

2 mort, e **adj.** ❶ Qui a cessé de vivre. *On l'a trouvé mort dans sa voiture.* SYN. décédé. CONTR. vivant. *Les feuilles mortes s'amoncelaient dans les allées du parc.* ❷ Qui a cessé d'exister. *Une langue morte* (= qui n'est plus parlée de nos jours). CONTR. vivant. ❸ Qui est sans vie, sans animation. *Après huit heures du soir, c'est une ville morte.* SYN. désert. CONTR. animé, vivant. ❹ *Une eau morte* ne coule pas. SYN. stagnant. • **Être plus mort que vif :** être paralysé par la peur. • **Temps mort :** pause dans une activité, moment où il ne se passe rien. ◆ **n.** Personne qui a cessé de vivre. *L'accident a fait un mort et deux blessés.* • **Faire le mort :** faire semblant d'être mort pour se faire oublier ; ne plus donner signe de vie. → VOIR **mourir.**

mortadelle **n.f.** Gros saucisson cuit, légèrement fumé, fait d'un mélange de viande et de morceaux de gras. *Prendre de la mortadelle en entrée.*

mortaise **n.f.** Trou creusé dans une pièce de bois ou de métal et dans lequel vient s'emboîter l'extrémité d'une autre pièce, le tenon.

HISTOIRE DU MOT Vient de l'arabe *murtazza* qui signifie « fixé ».

mortalité **n.f.** Nombre de morts survenues pendant une période donnée dans une population donnée. *Pendant les épidémies de peste, la mortalité était effrayante. La mortalité infantile diminue* (= le nombre de décès d'enfants de moins d'un an).

mort-aux-rats **n.f.invar.** Poison à base d'arsenic qu'on utilise pour se débarrasser des souris et des rats.

mortel, elle **adj.** et **n.** Qui est destiné à mourir un jour. *Tout homme est mortel.* • **Un heureux mortel :** un homme qui a de la chance. ◆ **adj.** ❶ Qui cause la mort de quelqu'un. *Une maladie mortelle.* SYN. fatal. ❷ Que l'on déteste au point de souhaiter sa mort. *Mon ennemi mortel.* ❸ Qui fait cruellement souffrir. *Il fut saisi d'une mortelle angoisse.* ❹ Très ennuyeux. *Ce film est mortel.*

mortellement **adv.** ❶ De façon à provoquer la mort. *Son agresseur l'a mortellement blessé.* ❷ Extrêmement. *Un spectacle mortellement ennuyeux.* SYN. horriblement, très.

morte-saison **n.f.** (PLUR. : **mortes-saisons**). La période de l'année pendant laquelle l'activité commerciale est très ralentie. *L'hiver est la morte-saison pour les hôtels de bord de mer.*

1 mortier **n.m.** Gros bol en marbre, bronze, etc., dans lequel on réduit en une sorte de pâte des ingrédients à l'aide d'un pilon. *Annette a pilé de l'ail et du basilic dans un mortier.*

mortier et pilon

2 mortier **n.m.** ❶ Mélange de sable, d'eau et de chaux ou de ciment qui durcit peu à peu, et dont les maçons se servent pour lier entre elles les pierres ou les briques d'une construction. ❷ Canon à tir courbe qui permet d'atteindre des objectifs masqués ou enterrés.

mortification **n.f.** Le fait d'être mortifié, humilié. SYN. vexation.

mortifier **v.** (CONJUG. 7). Blesser quelqu'un dans son amour-propre. *Il a été mortifié de ne pas avoir été invité.* SYN. froisser, humilier, vexer.

mort-né, e **adj.** (PLUR. : **mort-nés, mort-nées**). ❶ *Un bébé, un animal mort-nés* sont morts avant ou pendant la naissance. ❷ *Un projet mort-né* a été abandonné avant même d'avoir été mis en route.

mortuaire **adj.** Qui concerne la mort et l'enterrement d'une personne. *Couronnes mortuaires.*

morue **n.f.** Gros poisson du nord de l'Atlantique que l'on peut conserver séché ou salé. *La morue fraîche est vendue sous le nom de « cabillaud ».*

HISTOIRE DU MOT Vient du celtique *mor*, qui signifie « mer », et de l'ancien français *luz*, qui signifiait « brochet ».

morue

ENCYCLOPÉDIE La morue peut mesurer jusqu'à 1,80 m et peser 40 kg. Elle se nourrit de petits poissons, de mollusques et de crustacés qu'elle va chasser jusqu'à 600 m de profondeur. On pêche les morues au chalut, à la senne et à la ligne. L'huile de foie de morue est riche en vitamines A et D.

morve **n.f.** Liquide visqueux qui coule du nez.

morveux, euse **adj.** Qui a la morve au nez. *Un enfant morveux.* ◆ **n.** (Familier) Jeune personne prétentieuse. *Dis donc, petit morveux, tu veux bien t'occuper de ce qui te regarde ?*

mosaïque **n.f.** ❶ Décoration faite d'un assemblage de petits fragments multicolores (céramique, marbre, pâte de verre, etc.) incrustés dans un ciment et formant un dessin. *À Naples, on peut admirer une mosaïque provenant d'une villa de Pompéi qui représente un chien enchaîné avec la phrase « Cave canem »* (= Attention au chien). ❷ Au figuré, ensemble d'éléments

A B C D E F G H I J K L M N O P Q R S T U V W X Y Z

différents mais qui se trouvent côte à côte. *L'Europe est une mosaïque d'États.*

HISTOIRE DU MOT Vient du latin *musivum opus* qui signifie « travail auquel ont présidé les Muses ».

mosaïque

mosquée n.f. Édifice consacré au culte musulman.

HISTOIRE DU MOT Vient de l'arabe *masdjid* qui signifie « endroit où l'on adore ».

ENCYCLOPÉDIE La mosquée est essentiellement un lieu de prière. Dans le mur du fond de la salle de prière, une niche vide (le *mihrab*) indique la direction de La Mecque. La salle de prière est précédée d'une cour ornée d'une fontaine. Le *minaret* est une tour du haut de laquelle le *muezzin* appelle les fidèles à la prière.

mot n.m. ❶ Chacun des éléments d'une langue qui servent à former des phrases et qui ont une signification. *Un mot est formé d'un ensemble de sons ou de lettres. On distingue neuf classes de mots.* → VOIR Fiche 2. ❷ Petit nombre de paroles dites ou écrites qui forment un message. *La directrice nous a dit un mot, quelques mots. J'ai envoyé un mot à mes grands-parents* (= une courte lettre). • **Bon mot :** parole spirituelle, qui fait rire. • **Gros mot :** mot grossier. • **Mot à mot :** sans changer un mot. *Je vous répète mot à mot ce qu'il a dit.* • **Mot de passe :** formule ou mot secrets qu'on doit prononcer pour pouvoir passer ou entrer ; code confidentiel permettant d'identifier l'utilisateur d'un ordinateur. • **Avoir le dernier mot :** sortir vainqueur d'une discussion. • **Avoir son mot à dire :** tenir à donner son avis, être autorisé à le faire. • **Prendre quelqu'un au mot :** accepter sur-le-champ la proposition qu'il vient de faire. • **Se donner le mot :** se mettre secrètement d'accord pour dire ou faire quelque chose.

HISTOIRE DU MOT Vient du latin *muttum* qui signifie « grognement ».

motard, e n. (Familier) Motocycliste. ◆ **motard** n.m. Gendarme, policier ou soldat à moto.
▸ REM. Le féminin est rare.

motel n.m. Hôtel spécialement aménagé à proximité des autoroutes pour héberger les automobilistes.

1 moteur n.m. ❶ Appareil qui transforme de l'énergie en mouvement. *Changer le moteur d'une voiture. Un moteur électrique.* ❷ Au figuré, personne ou chose qui pousse à agir. *L'intérêt est souvent le moteur de nos actions.* • **Moteur de recherche :** logiciel qui permet de trouver sur le réseau Internet des informations sur un thème donné.

HISTOIRE DU MOT Vient, comme *mouvement*, du latin *movere*.

2 moteur, trice adj. ❶ Qui produit ou transmet le mouvement. *Sur une bicyclette, seule la roue arrière est motrice. Une voiture à quatre roues motrices.* ❷ Qui concerne la capacité de bouger, qui permet le mouvement. *Le nerf moteur d'un muscle. Avoir des troubles moteurs.* ❸ Qui a une action dynamique. *Elle est l'élément moteur de la classe.*

moteur-fusée n.m. (PLUR. : **moteurs-fusées**). Propulseur à réaction utilisé en aviation et en astronautique. *Un moteur-fusée permet d'envoyer un véhicule dans l'espace.*

1 motif n.m. Ce qui explique, justifie une action. *Quel est le motif de sa conduite ?* SYN. cause, mobile.
→ VOIR **motiver.**

HISTOIRE DU MOT Vient du latin *motivus* qui signifie « mobile ».

2 motif n.m. ❶ Ce qui est choisi comme sujet d'une peinture, d'un dessin. *Les deux tableaux représentent le même motif.* SYN. thème. ❷ Ornement qui se répète dans une décoration. *Le motif d'un papier peint.* SYN. dessin.

motion n.f. Proposition faite par un membre d'une assemblée pour être discutée et mise au vote. *L'Assemblée a adopté une motion sur le travail des femmes.*

motivation n.f. ❶ Raison qui pousse quelqu'un à agir d'une certaine manière. *On comprend mal les motivations d'un tel acte.* SYN. mobile, motif. ❷ Le fait d'être motivé. *Cet élève manque de motivation.*

motiver v. (CONJUG. 3). ❶ Être la raison d'un acte. *C'est cette maladie qui a motivé son départ.* SYN. causer, entraîner. ❷ Donner de bonnes raisons d'agir à quelqu'un. *Un enseignant qui sait motiver ses élèves.* SYN. encourager.

moto n.f. Véhicule à deux roues pourvu d'un moteur de plus de 125 cm^3.
▸ REM. Ce mot est l'abréviation de *motocyclette*.

motocross n.m. Course de motos tout-terrain sur un circuit très accidenté.

motocross

motoneige

motoculteur **n.m.** Engin à moteur utilisé pour retourner la terre sur de petites surfaces cultivables.

motocyclette **n.f.** → **moto**

motocycliste **n.** Personne qui conduit une moto.
▸ REM. On dit familièrement *motard.*

motoneige **n.f.** Au Canada, véhicule à une ou deux places avec skis à l'avant et chenilles à l'arrière, qui sert à circuler sur la neige.

motorisé, e **adj.** ❶ Qui utilise des engins à moteur. *L'agriculture est de plus en plus motorisée.* SYN. mécanisé. ❷ (Familier) Qui a à sa disposition un véhicule pour circuler. *Si vous n'êtes pas motorisé, je vous raccompagne.*

motrice **n.f.** Véhicule qui tire les voitures d'un train. *La motrice d'un T.G.V. est puissante.*

motricité **n.f.** Ensemble des fonctions qui permettent le mouvement chez l'être humain et les animaux. *Cet enfant a des problèmes de motricité* (= il a des troubles moteurs).

mots croisés **n.m.plur.** Jeu qui consiste à trouver des mots d'après leurs définitions et à les inscrire horizontalement ou verticalement dans les cases blanches d'une grille, des cases noires servant à séparer les mots. *Faire des mots croisés.*
▸ REM. On dit aussi *un mots croisés.*

motte **n.f.** ❶ Morceau de terre plus ou moins durcie, arraché du sol par un outil. *Détacher les mottes de terre d'une charrue.* ❷ Gros morceau de beurre vendu au détail par le crémier. *La crémière découpe la motte avec son fil à couper le beurre.*

motus **interj.** (Familier) Invite à se taire. *La voilà, alors motus !* SYN. silence.
▸ REM. C'est un mot latin, on prononce le *-s.*

1 mou ou **mol, molle** **adj.** ❶ Qui s'enfonce quand on appuie, qui n'est pas ferme. *Le beurre n'a pas été mis au réfrigérateur, il est mou.* CONTR. dur. ❷ Qui est doux et souple, un peu élastique. *Un oreiller mou.* SYN. moelleux. ❸ Qui manque de vigueur, de tonus et de volonté. *Secouez-vous ! Vous êtes trop mous !* SYN. amorphe, apathique. ◆ **mou** **n.m.** • **Donner du mou :** détendre une corde.
▸ REM. Au masculin, on emploie *mol* devant un nom qui commence par une voyelle ou un *h* muet.

2 mou **n.m.** Morceau de poumon de veau ou de bœuf qui sert de nourriture pour les chats.

mouchard, e **n.** (Familier) Personne qui épie les autres et les dénonce. *Les prisonniers se méfiaient des mouchards.* SYN. dénonciateur.

HISTOIRE DU MOT Vient de l'ancien français *mouche* qui signifiait « espion ».

moucharder **v.** (CONJUG. 3). (Familier) Rapporter les faits et gestes d'une personne à quelqu'un, généralement pour la faire punir. *Elle les avait vu copier, elle a mouchardé.*

mouche **n.f.** ❶ Nom donné à différents insectes qui ont six pattes, deux ailes, de gros yeux à facettes et une trompe qui leur permet d'aspirer les aliments. *Dans la chaleur de l'été, on entendait le bourdonnement des mouches.* ❷ Petit morceau de taffetas noir, imitant un grain de beauté, que les femmes, aux XVIIe et XVIIIe siècles, se collaient sur le visage pour faire ressortir la blancheur de leur peau. ❸ Appât qui imite la mouche et que les pêcheurs mettent au bout de leur ligne pour attirer les poissons tout en cachant l'hameçon. • **Faire mouche :** atteindre le point noir au centre de la cible. • **Fine mouche :** personne maligne à l'esprit vif. • **On aurait entendu voler une mouche :** il y avait un silence absolu. • **Prendre la mouche :** se mettre brusquement en colère.

mouche

moucher **v.** (CONJUG. 3). Débarrasser le nez des sécrétions nasales. *Moucher un enfant.* • (Familier) **Moucher quelqu'un :** le remettre sèchement à sa place, lui donner une leçon. ◆ **se moucher** **v.pron.** Souffler fort par le nez pour évacuer les sécrétions nasales. *Cesse de renifler, mouche-toi !*

HISTOIRE DU MOT Vient du latin *mucus* qui signifie « morve ».

moucheron **n.m.** Tout petit insecte voisin de la mouche.

moucheté, e **adj.** Parsemé de petites taches de couleur. *C'est une plante grasse aux feuilles vert sombre mouchetées de blanc.* SYN. tacheté.

mouchoir **n.m.** Tissu ou papier avec lequel on peut se moucher, s'essuyer les yeux, etc. • **Grand comme un mouchoir de poche :** tout petit. *Un jardin grand comme un mouchoir de poche.*

moudre **moulant, moulu** **v.** (CONJUG. 53). Réduire des grains en poudre. *Le meunier moud le blé. Bruno a moulu du café dans le moulin électrique.*

HISTOIRE DU MOT Vient du latin *mola* qui signifie « meule ».

moue **n.f.** Grimace faite avec les lèvres pour exprimer la mauvaise humeur, le mécontentement, le mépris. *Une moue boudeuse. Quand elle vit le plat de poisson, Sophie fit la moue.*

mouette **n.f.** Oiseau plus petit que le goéland, au plumage gris pâle et blanc, à pattes palmées, aux longues ailes pointues, qui vit sur les côtes et remonte

mouette

parfois les grands fleuves. *La plage était déserte, la mer grise, on entendait le cri des mouettes.*

ENCYCLOPÉDIE La mouette peut voler longtemps, elle se pose sur l'eau mais nage peu, et ne plonge pas. Elle est omnivore, elle mange aussi les détritus et les charognes. Il y a une trentaine d'espèces de mouettes dans le monde.

moufle **n.f.** Gros gant qui recouvre entièrement la main et qui n'a qu'une séparation pour le pouce. ▸ REM. Au Canada, on dit *mitaine*.

HISTOIRE DU MOT Vient du germanique *muffel* qui signifie « museau arrondi ».

mouflet, ette **n.** (Familier) Petit enfant. SYN. gamin.

mouflon **n.m.** Mammifère ruminant sauvage de la taille d'une chèvre, au poil épais et raide, dont le mâle porte de grandes cornes recourbées et qui vit en troupes dans les montagnes d'Europe et d'Amérique du Nord.

mouillage **n.m.** Endroit abrité où un bateau peut jeter l'ancre.

mouillé, e **adj.** Imbibé, imprégné ou recouvert d'eau (ou d'un autre liquide). *Il a plu, la route est mouillée. Maria avait les yeux mouillés de larmes.*

1 mouiller **v.** (CONJUG. **3**). ❶ Rendre humide, imprégner ou recouvrir d'eau. *Mouiller le linge avant de le repasser.* SYN. humidifier. ❷ Ajouter de l'eau ou un autre liquide. *Mouiller la viande avec du vin blanc.* ❸ (Familier) Impliquer quelqu'un dans une affaire louche. ◆ **se mouiller** **v.pron.** ❶ Être en contact avec l'eau. *Ouvre ton parapluie, je me mouille !* ❷ (Familier) S'impliquer dans une affaire et prendre des risques.

HISTOIRE DU MOT Vient du latin *mollis* qui signifie « mou ».

2 mouiller **v.** (CONJUG. **3**). Laisser tomber dans la mer l'ancre d'un navire pour l'immobiliser. *Le voilier a mouillé dans une baie du rivage* (= jeté l'ancre).

mouillette **n.f.** Morceau de pain découpé en forme de bâton long et mince, que l'on trempe dans les œufs à la coque.

moujik **n.m.** Paysan dans la Russie ancienne.

HISTOIRE DU MOT C'est un mot russe, diminutif de *mouj* qui signifie « homme ».

moulage **n.m.** ❶ Fabrication d'un objet en remplissant un moule d'une matière qui en prendra la forme. *Le moulage d'une cloche.* ❷ Empreinte que l'on prend d'un objet pour en faire un moule. *Faire un moulage d'une statue.* ❸ Reproduction obtenue à partir d'un moule. *Au musée Grévin, à Paris, on peut voir le moulage des mains de Jean Cocteau.*

moulant, e **adj.** Qui moule bien le corps. *Un pantalon moulant.* SYN. collant. CONTR. ample.

1 moule **n.m.** ❶ Objet creux qui a une forme précise et dans lequel on verse une substance qui, en durcissant, aura cette forme. ❷ Ustensile creux de formes diverses utilisé en cuisine, en pâtisserie et en confiserie. *Un moule à tarte. Un moule à gaufres.*

HISTOIRE DU MOT Vient du latin *modulus* qui signifie « mesure ».

2 moule **n.f.** Mollusque comestible dont la coquille en deux parties est d'un noir bleuté. *Il existe soixante-dix espèces de moules. L'élevage des moules s'appelle la « mytiliculture ».*

HISTOIRE DU MOT Vient du latin *musculus* qui signifie « coquillage ».

mouler **v.** (CONJUG. **3**). ❶ Obtenir, reproduire un objet à l'aide d'un moule. *Mouler une cloche.* ❷ Épouser étroitement la forme du corps. *Son short de cycliste le moule un peu trop.* SYN. serrer.

moulin **n.m.** ❶ Machine qui sert à moudre les grains des céréales et qui est mise en marche par le vent ou l'eau ; bâtiment où elle est installée. *« Meunier, tu dors, / Ton moulin, ton moulin va trop vite... »* (vieille chanson française). *Le vent fait tourner les ailes du moulin.* ❷ Appareil électrique ou mécanique servant à écraser des grains, ou certains aliments. *Un moulin à café. Un moulin à légumes.* • **Entrer quelque part comme dans un moulin :** y entrer comme on veut, sans contrôle. • **Se battre contre des moulins à vent :** contre des ennemis imaginaires, comme Don Quichotte qui prenait les moulins à vent pour des géants à exterminer.

HISTOIRE DU MOT Vient du latin *mola* qui signifie « meule ».

moulinet **n.m.** ❶ Bobine qui permet d'enrouler et de dérouler le fil d'une canne à pêche. ❷ *Faire des moulinets avec ses bras, avec un bâton,* c'est les faire tourner très rapidement autour de soi.

moulin à vent (Jard-sur-Mer, Vendée)

moult **adj.invar.** Beaucoup, un grand nombre de. *Elle m'a décrit sa maison avec moult détails.*
▸ REM. C'est un mot ancien qu'on emploie souvent pour plaisanter.

HISTOIRE DU MOT Vient du latin *multus* qui signifie « nombreux ».

moulu, e **adj.** ❶ Broyé, réduit en poudre. *Du café moulu emballé sous vide.* ❷ (Familier) Qui est physiquement épuisé. *Le déménagement est fini, heureusement, car je suis moulue !* SYN. fourbu, harassé.

moulure **n.f.** Ornement en creux ou en relief de forme allongée, qui sert à décorer un meuble, un plafond, un mur, etc. *Dans les vieux appartements, il y a souvent des moulures au plafond.*

mourant, e **adj.** et **n.** Qui est en train de mourir. *La mourante lui demanda de s'approcher.* SYN. moribond. ◆ **adj.** Très faible, à peine perceptible. *Parler d'une voix mourante.* SYN. éteint.

mourir **mourant, mort v.** (CONJUG. **24** ; auxiliaire *être*). ❶ Cesser de vivre. *Arrosez les plantes, sinon elles vont mourir. Le vieil homme est mort la nuit dernière.* SYN. décéder. *Mourir d'une maladie.* ❷ Cesser d'exister, disparaître. *Les civilisations, les langues naissent et meurent. Une entreprise qui meurt.* ❸ Perdre de sa vigueur, s'affaiblir. *Le feu va mourir.* SYN. s'éteindre. *Les vagues viennent mourir sur la plage.* • **Mourir de faim, de soif, de sommeil :** avoir très faim, très soif, très sommeil. • **Mourir de rire :** rire énormément. • **Mourir d'ennui :** s'ennuyer énormément. ◆ **se mourir** **v.pron.** Être en train de mourir. *Le roi se meurt.*
▸ REM. L'emploi du verbe à la forme pronominale est littéraire.

mouron **n.m.** Petite plante des chemins et des prés, à fleurs bleues ou rouges, toxique pour les animaux. • **Mouron des oiseaux** ou **mouron blanc :** petite plante des chemins et des prés à petites fleurs blanches.

mousquet **n.m.** Arme à feu portative, ancêtre du fusil, utilisée aux XVIe et XVIIe siècles.

mousquetaires

mousquetaire **n.m.** Aux XVIIe et XVIIIe siècles, gentilhomme armé d'un mousquet chargé de la garde personnelle de Louis XIII, puis de celle de Richelieu et de Mazarin. *As-tu lu « les Trois Mousquetaires » d'Alexandre Dumas ?*

mousqueton **n.m.** Boucle métallique à ressort qui sert à accrocher. *Le mousqueton d'une laisse de chien.*

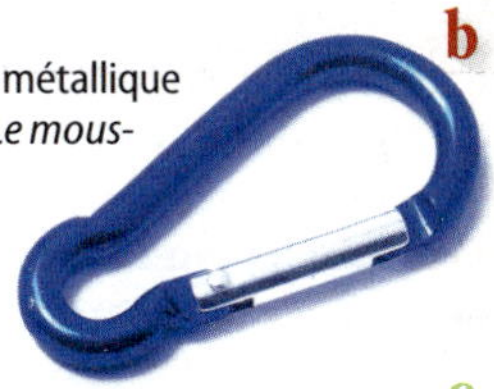

mousqueton

moussant, e **adj.** Qui fait de la mousse. *Liquide moussant pour le bain.*

1 **mousse** **n.f.** Plante sans fleurs aux courtes tiges feuillues serrées les unes contre les autres, que l'on trouve dans les forêts, sur les murs, les troncs des arbres, etc. *Un épais tapis de mousse.*

2 **mousse** **n.f.** ❶ Substance légère et humide faite d'un amas de petites bulles. *Tes cheveux sont mal rincés, il reste de la mousse. Le champagne fait de la mousse quand on le sert.* ❷ Matière spongieuse, pleine de petites bulles d'air, faite de plastique ou de caoutchouc. *Il y a des coussins en mousse sur le canapé.* • **Mousse au chocolat, au café, etc. :** crème légère faite de chocolat fondu, de café, etc., mélangé avec des blancs d'œufs battus en neige.

3 **mousse** **n.m.** Apprenti marin de moins de dix-sept ans.
▸ REM. Au Canada, ce mot s'emploie aussi au féminin.

mousseline **n.f.** Tissu très léger, souple et transparent, fait en coton, en soie ou en laine. *Une robe de mousseline blanche.* ◆ **adj.invar.** • **Pommes mousseline :** purée de pommes de terre très légère.

HISTOIRE DU MOT Vient de l'arabe *mausili*, qui signifie « de Mossoul », ville d'Iraq où cette étoffe était autrefois fabriquée.

mousser **v.** (CONJUG. **3**). ❶ Faire de la mousse. *Ce shampooing mousse beaucoup.* ❷ (Familier) *Faire mousser quelqu'un*, c'est vanter ses mérites.

mousseron **n.m.** Petit champignon comestible qui pousse en cercle dans les prés.

mousseux, euse **adj.** Qui rappelle la mousse. *Des cheveux mousseux.* • **Vin mousseux :** vin qui pétille, qui mousse comme du champagne. (On dit aussi *du mousseux*.)

mousson **n.f.** Vent tropical d'Asie et d'Inde qui souffle de la mer vers le continent en été et du continent vers la mer en hiver. *La mousson d'été amène de fortes pluies, tandis que la mousson d'hiver amène la sécheresse.*

HISTOIRE DU MOT Vient de l'arabe *mausim* qui signifie « saison ».

moussu, e **adj.** Qui est recouvert de mousse. *De vieux arbres moussus.*

moustache **n.f.** L'ensemble des poils qui poussent au-dessus de la lèvre supérieure de l'homme. *Se laisser pousser la moustache.* ◆ **moustaches** **n.f.plur.** Poils longs qui poussent sur la lèvre supérieure de certains carnivores et rongeurs, et qui servent d'organes du toucher. *Le chat n'aime pas qu'on lui tire les moustaches.*

HISTOIRE DU MOT Vient du grec *mustax* qui signifie « lèvre supérieure ».

moustachu, e adj. et **n.m.** Qui porte une moustache.

moustiquaire n.f. Rideau de gaze très fine qu'on met autour des lits, ou treillis très fin qu'on place devant les fenêtres pour se protéger des moustiques.

moustique n.m. Insecte au corps frêle qui vit dans les lieux humides et pique les animaux ou l'homme. *Il y a beaucoup de moustiques près de l'étang.*

HISTOIRE DU MOT Vient de l'espagnol *mosquito* qui signifie « petite mouche ».

ENCYCLOPÉDIE La femelle pique la peau de l'homme pour sucer son sang, le mâle se nourrit de la sève des végétaux. Les larves de moustique vivent dans les eaux stagnantes. Les moustiques sont de grands propagateurs de maladies contagieuses. Le moustique appelé *anophèle* est l'agent du paludisme. Une autre variété de moustique propage la fièvre jaune.

moustique

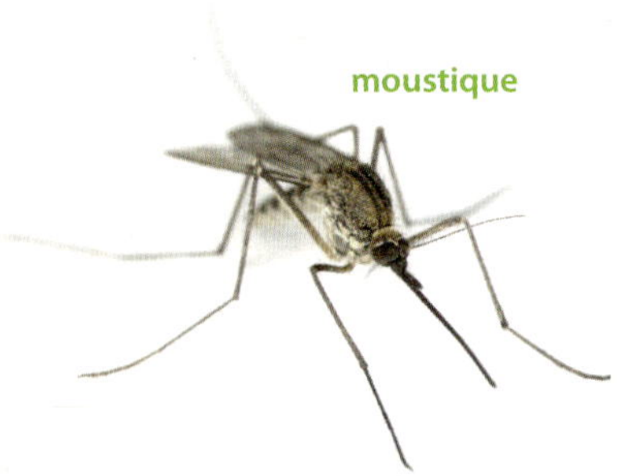

moût, ✎ ***mout*** **n.m.** Jus de raisin non fermenté, qui sort juste du pressoir.

moutarde n.f. ❶ Petite plante à fleurs jaunes d'Europe et d'Asie. ❷ Condiment au goût piquant fait avec les graines broyées de la moutarde, mélangées à de l'eau, du vinaigre et des aromates. *De la moutarde à l'estragon.* • **La moutarde me monte au nez :** je sens la colère monter en moi. ◆ **adj.invar.** D'une couleur jaune verdâtre. *Un costume jaune moutarde.*

HISTOIRE DU MOT Vient de *moût* parce que, autrefois, on broyait les graines de moutarde avec du moût de vin pour faire la moutarde.

mouton n.m. Mammifère ruminant domestique qu'on élève pour sa laine, sa peau, sa viande et parfois pour le lait des femelles. *Un gigot de mouton.* • **Compter les moutons :** compter des moutons imaginaires pour essayer de s'endormir. • **Mouton à cinq pattes :** chose ou personne exceptionnelle et rare. • **Mouton de Panurge :** personne qui fait comme tout le monde sans réfléchir. (C'est une allusion à un épisode de *Pantagruel* de Rabelais.) ◆ **moutons n.m.plur.** ❶ Petites vagues qui forment une écume blanche à la surface de la mer quand il y a une petite brise. ❷ Petits nuages arrondis très haut dans le ciel, dont la forme rappelle celle d'un troupeau de moutons. ❸ Petits flocons de poussière, ressemblant à de la laine, qui s'accumulent sous les meubles.

moutarde

ENCYCLOPÉDIE Cri : le mouton bêle. Femelle : la brebis. Petits : l'agneau, l'agnelle. Le mouton appartient à la sous-famille des *ovins*. Il mesure environ 1,50 m pour un poids de 150 kg. Il peut vivre jusqu'à dix ans. Les mâles non castrés sont des *béliers*. Avec le lait de brebis, on fabrique en France le fromage de Roquefort. Certaines espèces sont connues pour leur laine (Shetland, mérinos) ou pour leur toison bouclée (astrakan).

moutonner v. (CONJUG. **3**). Pour la mer, le ciel, se couvrir de moutons.

moutonneux, euse adj. Couvert de moutons. *Une mer moutonneuse. Un ciel moutonneux.*

moutonnier, ère adj. Qui suit aveuglément les autres, comme le font les moutons. *Les touristes sont souvent moutonniers.*

mouture n.f. ❶ L'action et la manière de moudre des grains ; la poudre que l'on obtient. *Si la mouture est fine, le café est meilleur.* SYN. poudre. ❷ Présentation sous une autre forme d'un sujet déjà traité. *C'est la troisième mouture de son scénario.* SYN. version.

HISTOIRE DU MOT Vient du latin *molere* qui signifie « moudre ».

mouvant, e adj. *Les sables mouvants* sont des sables très humides qui s'enfoncent sous les pas, si bien qu'on peut s'y enliser.

mouvement n.m. ❶ Tout déplacement d'un point vers un autre. *Le mouvement des étoiles.* SYN. marche. *Le mouvement des marées.* ❷ Action ou manière de mouvoir son corps, ses membres. *Apprendre des mouvements de danse.* ❸ Déplacement de groupes humains ; déplacement de véhicules. *Des mouvements de troupes ont été signalés à la frontière. Yann observait le mouvement incessant des navires dans le port.* SYN. circulation. ❹ Réaction brusque trahissant une émotion. *Ce n'est qu'un mouvement d'humeur, ça lui passera vite !* ❺ Action collective organisée pour obtenir un changement. *Un mouvement de grève.* ❻ Groupe de personnes ayant les mêmes objectifs, les mêmes intérêts. *Ils appartiennent à un mouvement de jeunesse.* ❼ Rythme d'une mesure dans un morceau de musique ; partie d'un morceau de musique qui correspond à un certain tempo. *Le mouvement lent d'une sonate.* ❽ *Le mouvement d'une pendule, d'une horloge, d'une montre, etc.*, c'est l'ensemble des mécanismes

et des engrenages qui les font marcher. • **Bon mouvement :** acte de générosité. *Allons, un bon mouvement !* SYN. geste. • **Faux mouvement :** geste qui n'est ni habituel ni naturel et qui provoque une douleur. *Il a fait un faux mouvement et il s'est coincé une vertèbre.*
▸ REM. Au mot *mouvement* correspond l'élément tiré du grec *kiné-* que l'on retrouve dans *kinésithérapeute*.

HISTOIRE DU MOT Vient du latin *movere* qui signifie « mouvoir, remuer ».

mouvementé, e **adj.** Qui est plein d'événements, d'imprévus. *Elles ont eu une vie très mouvementée.* SYN. agité, animé. CONTR. calme, paisible.

mouvoir **mouvant, mû v.** (CONJUG. 33). ❶ Faire fonctionner une machine, un mécanisme, les mettre en action. *Ce véhicule est mû par l'électricité.* SYN. actionner. ❷ Faire agir une personne. *On la sentait mue par la volonté de gagner.* SYN. animer, pousser. ◆ **se mouvoir v.pron.** Faire des mouvements. *Depuis son accident, elle a du mal à se mouvoir.* SYN. bouger, se déplacer.
▸ REM. Au participe passé, l'accent circonflexe ne se met qu'au masculin singulier : *mû, mue, mus, mues*.

1 moyen, enne **adj.** ❶ Intermédiaire entre deux extrêmes en quantité, en valeur, en dimension. *Une femme de taille moyenne. Un homme d'âge moyen. C'est un prix moyen.* ❷ Ni bon ni mauvais. *Les résultats sont moyens. Le film était plutôt moyen.* SYN. médiocre. ❸ Qui est le plus habituel, le plus répandu. *Le consommateur moyen.* SYN. ordinaire. ❹ Qui est obtenu en calculant la moyenne. *La vitesse moyenne d'une voiture.*

HISTOIRE DU MOT Vient du latin *medianus* qui signifie « qui est au milieu ».

2 moyen **n.m.** Ce qui permet de faire quelque chose, d'arriver à un résultat. *Il doit y avoir un moyen de le persuader. L'avion et la bicyclette sont des moyens de transport. La musique est un moyen d'expression.* SYN. mode. *Le chèque est un moyen de paiement.* → VOIR AUSSI **façon, manière, procédé.** • **Au moyen de :** à l'aide de. • **Il y a moyen de :** il est possible de. *Il y a toujours moyen de s'arranger.* • **Trouver moyen de :** réussir à. *Il a trouvé moyen de tomber de l'échelle.* ◆ **moyens n.m.plur.** ❶ Ressources que l'on a pour vivre. *Ses moyens ne lui permettent pas d'acheter un vélo.* SYN. revenus. ❷ Ressources matérielles que l'on a pour agir. *Les équipes de secours manquent de moyens pour intervenir.* ❸ Ressources, capacités physiques, intellectuelles et affectives d'une personne. *Vous avez les moyens de réussir cet examen.* SYN. capacités. *Perdre ses moyens. Je n'y arriverai pas, c'est au-dessus de mes moyens.* • **Par ses propres moyens :** seul et sans aide. • **Employer les grands moyens :** prendre des mesures importantes, décisives.

Moyen Âge → VOIR noms propres.

moyenâgeux, euse **adj.** ❶ Du Moyen Âge. *La Cité de Carcassonne est une place forte moyenâgeuse.* SYN. médiéval. ❷ Qui fait penser au Moyen Âge ou qui paraît vraiment vieux. *Il a, en matière de progrès, des conceptions moyenâgeuses !* SYN. désuet, suranné, vieillot.

moyennant **prép.** Grâce à, en échange de. *Vous pouvez faire la traversée, moyennant une somme modique.*

moyenne **n.f.** ❶ Résultat d'une opération arithmétique qui consiste à additionner un certain nombre de quantités et à diviser le total obtenu par ce nombre. *3 + 2 + 5 + 10 = 20 ; ce qui fait une moyenne de 5 (soit 20 : 4).* ❷ Note égale à la moitié de la note maximale qu'on peut avoir à un devoir, à un examen. *Zoé a juste la moyenne, elle a dix sur vingt.* ❸ État intermédiaire, position la plus courante, loin des extrêmes. *Elle est d'une taille au-dessus de la moyenne.* ❹ Vitesse obtenue en divisant la distance parcourue par le temps mis à la parcourir. *J'ai mis trois heures pour faire trois cents kilomètres, ce qui fait du cent de moyenne.*

moyennement **adv.** De façon moyenne. *Elle travaille moyennement.* SYN. passablement.

moyeu **n.m.** La partie centrale d'une roue, traversée par l'essieu. *Le moyeu d'une roue de bicyclette.*

HISTOIRE DU MOT Vient du latin *modiolus* qui signifie « petit vase ».

MP3 **n.m.invar.** Technique permettant de réduire le volume des fichiers pour enregistrer de la musique sur Internet. *David a eu un lecteur MP3 pour son anniversaire.*

mucosité **n.f.** Liquide visqueux qui s'écoule d'une muqueuse, en particulier du nez.

mue **n.f.** ❶ Période de l'année au cours de laquelle certains animaux changent de peau, de plumage, de poil. *Le serpent peut avoir jusqu'à dix mues par an. Au cours de la mue, l'hermine prend son pelage blanc d'hiver.* ❷ Changement de timbre de la voix d'un adolescent.

muer **v.** (CONJUG. 3). ❶ *Un animal qui mue* change de peau, de poil ou de plumage. *Les oiseaux muent à l'automne.* ❷ *Une voix qui mue* change de timbre au moment de la puberté. ◆ **se muer v.pron.** Se changer. *Ah, si nos rêves pouvaient se muer en réalités !*

muet, ette **n.** et **adj.** Personne qui ne peut pas parler. *Bien souvent, on est muet parce que, étant né sourd, on n'a pas pu apprendre à parler. Elle était muette de naissance.* ◆ **adj.** ❶ Qui refuse de parler, de s'exprimer. *Les médias sont restés muets sur ce meurtre.* SYN. silencieux. ❷ Qui est empêché de parler par une émotion. *Rester muet de stupeur.* SYN. interdit. ❸ Une lettre qui est muette n'est pas prononcée. *Le « e » est muet dans « carte », de même que le « h » dans « homme ».* • **Carte muette :** carte de géographie où les noms des fleuves, des villes et des pays ne sont pas marqués. • **Le cinéma muet** ou **le muet :** le cinéma à l'époque où les films n'avaient pas de bande sonore. CONTR. parlant.

muezzin, ✎ ***muezzine*** **n.m.** Fonctionnaire religieux musulman chargé d'appeler les fidèles aux cinq prières quotidiennes, du haut du minaret de la mosquée.
▸ REM. On prononce [mɥedzin].

HISTOIRE DU MOT Vient de l'arabe *mu'adhdhin*, « qui appelle à la prière ».

a b c d e f g h i j k l m n o p q r s t u v w x y z

muguet

mufle **n.m.** ❶ Bout du museau de certains mammifères. *Les vaches tendaient le mufle vers la barrière en meuglant.* ❷ Personne très grossière, sans aucune délicatesse. *Il s'est conduit comme un mufle avec Angèle.* SYN. goujat, malotru.
HISTOIRE DU MOT Vient, comme *moufle*, du germanique *muffel*.

muflerie **n.f.** Manque de délicatesse, comportement d'un mufle. *Il est parti sans dire au revoir, quelle muflerie !* SYN. grossièreté, sans-gêne.

mugir **mugissant, mugi v.** (CONJUG. **16**). ❶ Pour un bovidé, faire entendre son cri. *Affolées, les vaches mugissaient.* SYN. beugler, meugler. ❷ Produire un bruit qui fait penser à un mugissement. *On entendait mugir le vent dans la cheminée.* SYN. hurler.

mugissement **n.m.** ❶ Cri long et grave des bovidés. SYN. beuglement, meuglement. ❷ Bruit grave, prolongé et plaintif. *Le mugissement des sirènes.* SYN. hurlement.

muguet **n.m.** Fleur à clochettes blanches parfumées qui fleurit en avril et mai dans les bois. *Au 1er mai, on s'offre du muguet.*
HISTOIRE DU MOT Vient de l'ancien français *mugue* qui signifiait « musc », à cause de l'odeur.

mulâtre **n.** et **adj.** Métis né d'un parent blanc et d'un parent noir. *Une mulâtre des Antilles.*
▶ REM. On disait autrefois *une mulâtresse* au féminin.

1 mule **n.f.** Pantoufle légère qui laisse le talon libre.

2 mule **n.f.** Mulet femelle, né d'un âne et d'une jument et presque toujours stérile. • **Têtu comme une mule :** très têtu.

1 mulet **n.m.** Animal mâle toujours stérile qui provient du croisement entre un âne et une jument. *Le mulet est plus petit que le cheval et plus grand que l'âne, il est très résistant et très fort.*

2 mulet **n.m.** Poisson de la Méditerranée qui vit près des côtes mais va se reproduire en mer.

muletier, ère **adj.** *Un chemin muletier* est un chemin à flanc de montagne, si étroit et si escarpé que seuls une mule ou un mulet peuvent l'emprunter.

mulet

mulot **n.m.** Petit rat des bois et des champs au pelage gris fauve qui vit dans un terrier. *Le mulot fait beaucoup de dégâts dans les cultures et s'attaque aux œufs d'oiseaux et aux poussins.*
HISTOIRE DU MOT Vient du néerlandais *mol* qui signifie « taupe ».

multi- **préfixe.** Mot invariable tiré du latin *multiplex*, qui signifie « plusieurs », et qui sert à former de nombreux mots : *multirisque, multifonction, multiracial.*

multicolore **adj.** De plusieurs couleurs. *Une robe multicolore.* SYN. bariolé.

façades **multicolores** (Burano, Venise)

multimédia **adj.** Qui utilise ou concerne plusieurs médias. *Des messages multimédias.* ◆ **n.m.** Ensemble des techniques et des produits qui permettent de consulter des documents sous différentes formes en même temps (textes, images et sons).

multinationale **n.f.** Société qui a des activités dans plusieurs pays.

1 multiple **adj.** Qui existe en grand nombre, qui présente différents aspects. *Je n'y suis pas allé pour de multiples raisons.* SYN. divers, nombreux, varié. CONTR. unique. • **Prise multiple :** qui permet de brancher plusieurs appareils au réseau électrique.
HISTOIRE DU MOT Vient du latin *multiplex* qui signifie « qui a beaucoup de plis, plusieurs faces ».

2 multiple **n.m.** Nombre entier qui contient un autre nombre entier plusieurs fois exactement. *12 est un multiple de 2, de 3, de 4 et de 6, car $2 \times 6 = 12$, $3 \times 4 = 12$, $4 \times 3 = 12$ et $6 \times 2 = 12$.*

multiplicande **n.m.** Le nombre à multiplier. *Dans la multiplication $3 \times 4 = 12$, 3 est le multiplicande.*

multiplicateur **n.m.** Le nombre par lequel on multiplie. *Dans la multiplication $3 \times 4 = 12$, 4 est le multiplicateur.*

multiplication **n.f.** ❶ L'une des quatre opérations de l'arithmétique qui consiste à multiplier un nombre par un autre pour trouver le produit. *La multiplication de 3 par 2 donne 6. Apprendre les tables de multiplication.* → VOIR Fiche 13. ❷ Augmentation en nombre. *Les*

A C D E F G H I J K L M N O P Q R S T U V W X

habitants du quartier se plaignent de la multiplication des cambriolages. SYN. accroissement, augmentation.

multiplicité **n.f.** Caractère de ce qui est nombreux et varié ; très grand nombre. *La multiplicité des jeux vidéo.* SYN. profusion.

multiplier **v.** (CONJUG. 7). ❶ Faire une multiplication. *Si on multiplie 5 par 3, on obtient 15 (3 × 5 = 15).* ❷ Répéter un grand nombre de fois. *Pendant la soirée, Jeannette a multiplié les erreurs.* SYN. accumuler. ◆ **se multiplier** **v.pron.** ❶ Augmenter en nombre, en quantité. *On aurait dit que les obstacles se multipliaient au fur et à mesure que l'on avançait.* ❷ Pour les êtres vivants, se reproduire.

multitude **n.f.** Très grand nombre. *Il y a une multitude de gens dans les rues.* SYN. foule, masse.

muni, e **adj.** Qui comporte, a tel élément nécessaire. *Un hôpital muni de toutes les installations modernes.*

municipal, ale, aux **adj.** De la municipalité. *Un employé municipal. Les douches municipales.* • **Conseil municipal :** l'assemblée des conseillers élus qui administrent la commune. *Le conseil municipal est présidé par le maire, assisté d'un ou de plusieurs adjoints selon la taille de la commune.*

municipalité **n.f.** ❶ Division du territoire administrée par un maire et ses conseillers. SYN. commune. ❷ L'ensemble des personnes qui administrent une commune, c'est-à-dire le maire, ses adjoints et les conseillers municipaux. *La municipalité va faire construire un stade* (= conseil municipal).

munir **munissant, muni v.** (CONJUG. 16). Pourvoir de ce qui est nécessaire. *Munir une lampe d'un abat-jour.* ◆ **se munir** **v.pron.** Prendre avec soi, s'équiper de ce qui est nécessaire. *Il va pleuvoir, munissez-vous d'un parapluie.*

munitions **n.f.plur.** Charges et projectiles nécessaires aux armes à feu. *Les soldats n'avaient plus de munitions. Un dépôt de munitions.*

HISTOIRE DU MOT Vient du latin *munitio* qui signifie « fortification ».

muqueuse **n.f.** Membrane très fine qui tapisse les parties creuses du corps et qui sécrète des mucosités. *La muqueuse du nez, de la bouche, de l'estomac.*

mur **n.m.** ❶ Ouvrage de maçonnerie vertical qui constitue un des côtés d'un bâtiment ou sert à fermer un espace. *Le parc était entouré d'un mur. Une maison aux murs de granit. J'ai repeint les murs de ma chambre.* SYN. cloison. ❷ Obstacle à la communication ou personne qui refuse la communication. *Le village opposait aux enquêteurs un mur de silence. Inutile de te fatiguer, tu parles à un mur.* • **Être au pied du mur :** ne plus pouvoir reculer, être obligé d'affronter la réalité, de prendre immédiatement une décision. • **Faire le mur :** sortir sans permission et sans passer par la porte. • **Franchir le mur du son :** pour un avion, dépasser la vitesse du son. • **Les murs ont des oreilles :** des oreilles indiscrètes peuvent écouter, il faut parler plus bas. ◆ **murs** **n.m.plur.** ❶ Les limites d'une ville. ❷ L'intérieur de la ville, de l'immeuble, etc., dans lesquels on se trouve. *Il est interdit de fumer dans les murs de l'établissement.*

mûr, e **adj.** ❶ Qui a fini de se développer et qui est bon à récolter. *Les cerises sont presque mûres.* ❷ Qui a fini de se développer physiquement et intellectuellement. *C'est un homme mûr, il a une quarantaine d'années.* ❸ Qui a acquis un développement moral et intellectuel remarquable par rapport aux autres. *Elle est très mûre pour son âge.* SYN. mature. • **Après mûre réflexion :** après avoir bien réfléchi.
▸ REM. Attention à l'accent circonflexe.

muraille **n.f.** ❶ Mur très épais, solide et haut. *Les murailles de la ville.* SYN. fortifications, remparts. ❷ Paroi verticale très haute qui fait obstacle. *Une muraille de rochers.*

mural, ale, aux **adj.** Qui est fait pour être fixé au mur, pour le recouvrir. *Une carte murale. Une tenture murale.*

mûre, ✎ ***mure*** **n.f.** ❶ Fruit du mûrier. *La mûre est surtout utilisée en pharmacie.* ❷ Fruit comestible noir des ronces qui ressemble aux fruits du mûrier. *De la confiture de mûres.*

mûres

mûrement, ✎ ***murement*** **adv.** Très longuement et soigneusement. *J'ai mûrement réfléchi, il vaut mieux que je parte.* SYN. beaucoup.

murène **n.f.** Poisson carnassier des fonds rocheux de la Méditerranée et des mers chaudes, au corps allongé comme une anguille et qui est réputé pour sa férocité. *Les fortes dents des murènes peuvent causer des morsures dangereuses.*

murer **v.** (CONJUG. 3). Boucher par un mur, une maçonnerie. *Les fenêtres de l'immeuble ont été murées avec des parpaings.* SYN. condamner. ◆ **se murer** **v.pron.** S'isoler, en refusant de parler avec les autres. *Se murer dans son chagrin.* SYN. s'enfermer, se retrancher.

muret **n.m.** Petit mur de clôture.

mûrier, ✎ ***murier*** **n.m.** Arbre des régions tempérées à feuilles caduques. *Le mûrier noir est cultivé pour ses fruits et comme arbre d'ornement, le mûrier blanc pour l'élevage des vers à soie, qui se nourrissent de ses feuilles.*

mûrir **mûrissant, mûri,** ✎ ***murir*** ***murissant, muri*** **v.** (CONJUG. **16**). ❶ Devenir mûr. *Les grappes de la treille mûrissaient au soleil.* ❷ Acquérir sagesse et expérience. *Elle a beaucoup mûri pendant les vacances.* ❸ Mettre longuement au point. *Les prisonniers avaient mûri leur plan.* SYN. méditer, préparer.

murmure **n.m.** ❶ Bruit léger et confus d'une conversation à voix basse. *On entendait des murmures dans la chambre des enfants.* SYN. chuchotement. ❷ Commentaire fait à mi-voix qui marque un sentiment, en général de mécontentement. *On entendit au fond de la salle un murmure de désapprobation.*

murmurer **v.** (CONJUG. **3**). ❶ Parler tout bas. *Elle lui murmura quelques mots à l'oreille.* SYN. chuchoter. ❷ Manifester sourdement son mécontentement. *La foule commença à murmurer.* SYN. gronder, protester. ❸ Faire entendre un bruit très doux. *On entendait murmurer le vent dans les pins.* SYN. bruire.

musaraigne **n.f.** Petit mammifère au museau pointu, de la taille d'une souris.

HISTOIRE DU MOT Vient du latin *musaraneus*, de *mus* qui signifie « rat » et de *aranea* qui signifie « araignée ».

musaraigne

ENCYCLOPÉDIE La musaraigne est un insectivore. Elle mange chaque jour son propre poids d'insectes, mais aussi des vers et d'autres proies. Il en existe environ 400 espèces, dont certaines sont minuscules.

musarder **v.** (CONJUG. **3**). Perdre son temps à des riens. *L'un des plaisirs de mon père, c'est de musarder dans les librairies.* SYN. flâner. *Musarder au soleil.* SYN. paresser.

musc **n.m.** Liquide brun à l'odeur très forte, sécrété par certains mammifères et utilisé en parfumerie.

muscade **n.f.** Graine du fruit du muscadier, appelée *noix de muscade*, qu'on utilise comme condiment, et qu'on trouve sous les tropiques.

muscat **n.m.** Raisin très sucré, blanc ou noir ; vin obtenu avec ce raisin.

muscle **n.m.** Organe fait de fibres qui, en se contractant, assurent le mouvement. → VOIR planche ci-contre.

HISTOIRE DU MOT Vient du latin *musculus* qui signifie « petite souris ».

musclé, e **adj.** Dont les muscles sont très développés. *Une haltérophile très musclée.*

muscler **v.** (CONJUG. **3**). Renforcer les muscles. *La bicyclette, ça muscle les jambes.*

musculaire **adj.** Propre aux muscles. *Un athlète d'une grande force musculaire.*

musculation **n.f.** Ensemble d'exercices destinés à développer les muscles.

musculature **n.f.** L'ensemble des muscles du corps humain.

muse **n.f.** ❶ (Avec une majuscule.) Chacune des neuf déesses de la mythologie grecque qui protégeaient les artistes et les poètes. → VOIR noms propres. ❷ Femme qui inspire un artiste, un poète.

museau **n.m.** ❶ Partie de la tête d'un animal qui pointe en avant, dont l'extrémité forme le mufle. *Le museau d'un chien.* ❷ (Familier) Visage.

musée **n.m.** Édifice où l'on expose des œuvres d'art ou des objets qui présentent un intérêt historique, scientifique, technique, etc., pour que le public puisse venir les voir. *Le musée du Louvre est à Paris. Visiter le musée de l'Automobile.*

HISTOIRE DU MOT Vient du grec *mouseîon* qui signifie « temple des Muses ».

museler **muselant, muselé** **v.** (CONJUG. **12**, ✎ *11*). ❶ Mettre une muselière à un animal. *Il faut museler certains chiens pour les empêcher de mordre.* ❷ *Museler la presse*, c'est l'empêcher de s'exprimer. SYN. bâillonner, censurer.

muselière **n.f.** Appareil dans lequel on emprisonne le museau d'un animal pour l'empêcher de mordre, de paître ou de téter.

musette **n.f.** Sac de toile porté en bandoulière où l'on met des provisions pour la journée. *Marcel a mis dans sa musette du pain, du fromage et du vin.* • **Bal musette** : petit bal où l'on danse au son de l'accordéon.

muséum **n.m.** Musée consacré aux sciences naturelles. *Le Muséum national d'histoire naturelle, dans lequel se trouve le Jardin des Plantes, a été créé à Paris en 1635.*

musical, ale, aux **adj.** ❶ Qui concerne la musique. *Un critique musical. Les jeunes gens ont organisé une soirée musicale.* ❷ Qui a une belle sonorité, qui est agréable à l'oreille. *Une voix musicale.*

partition **musicale**

music-hall **n.m.** (PLUR. : **music-halls**). Spectacle de variétés composé de chants, de danses, de numéros comiques, d'acrobaties, etc. ; l'établissement où ce spectacle a lieu.
▸ REM. C'est un mot anglais, on prononce [myzikol].

musicien, enne **n.** Personne qui compose ou joue de la musique. *Jean-Sébastien Bach appartient à une grande famille de musiciens allemands.* SYN. compositeur. *Gilles est musicien dans un orchestre de jazz.*

A B C D E F G H I J K L M N O P Q R S T U V W X Y Z

Un organe susceptible de se contracter

Le corps humain comporte une grande variété de muscles. Certains sont très grands, comme celui de la fesse, ou tout petits, comme ceux qui permettent les mouvements des yeux. Commandés par l'**influx nerveux** qui émane du **cerveau** et de la **moelle épinière**, les muscles, en se contractant, permettent les mouvements du corps et des organes internes. Muscle très particulier, le **cœur** se contracte de façon autonome, selon un rythme qui dépend notamment des besoins de l'organisme.

mouvements musculaires

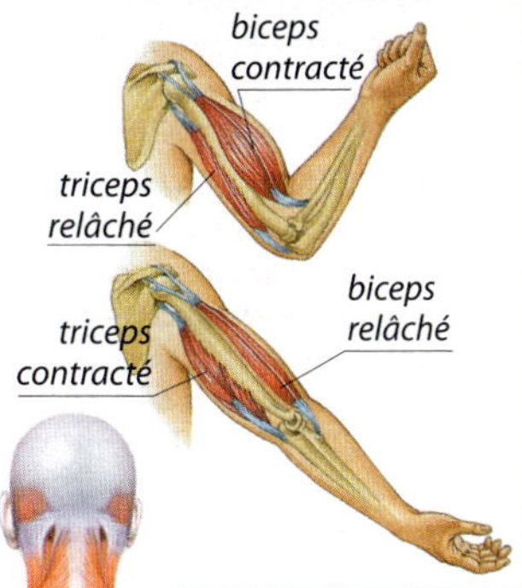

différents types de muscles

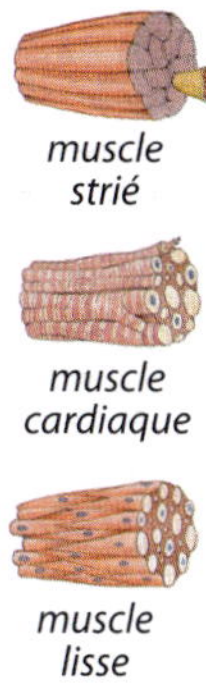

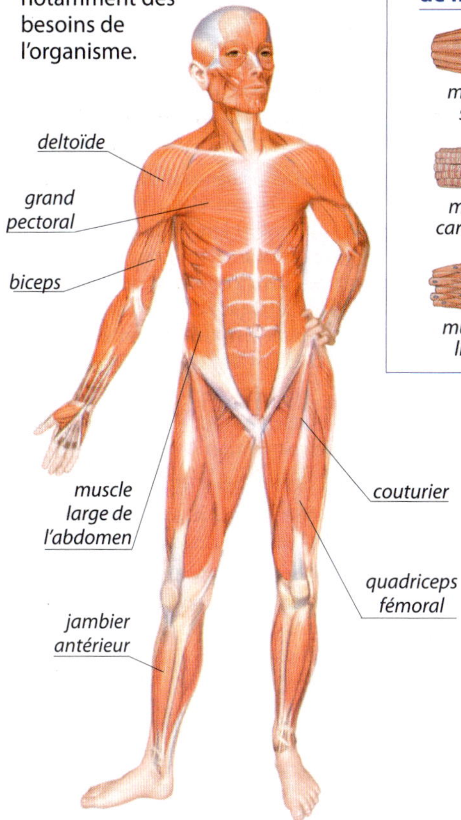

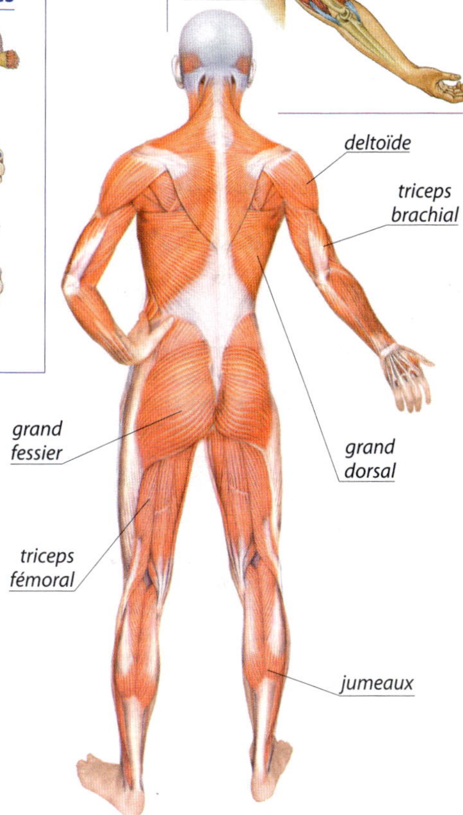

Pour assurer le mouvement et la résistance aux forces extérieures

Chacun de nos mouvements résulte de la **contraction** et du **relâchement** de plusieurs muscles dont l'action est extrêmement bien coordonnée. Pour fonctionner, le muscle tire son énergie de l'oxygène et du glucose que véhicule le sang. Chaque muscle se compose d'un faisceau de fibres, elles-mêmes constituées de fibrilles. Lors de la contraction du muscle, les fibrilles se raccourcissent grâce au glissement de deux molécules, des protéines appelées actine et myosine. Les muscles doivent régulièrement travailler afin de ne pas s'atrophier.

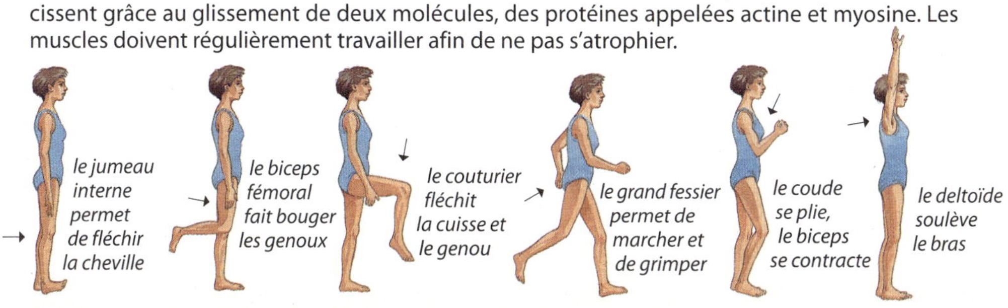

A B C D E F G H I J K L M N O P Q R S T U V W X Y Z

SYN. instrumentiste. ◆ **adj.** Qui a un grand sens de la musique, qui a des dons particuliers pour la musique. *Ils sont très musiciens dans la famille.*

musique **n.f.** ❶ L'art de s'exprimer par les sons. *Des cours d'initiation à la musique.* ❷ Suite de sons qui constituent un morceau de musique. *J'aime beaucoup cette musique, joue-la encore s'il te plaît !* SYN. air, mélodie. • **Mettre en musique :** écrire l'accompagnement musical d'un texte. • **Musique à bouche :** en Belgique, au Canada et en Suisse, nom donné à l'harmonica. • **Musique de chambre :** musique écrite pour quelques instruments, souvent pour piano, violon et violoncelle. • **Musique instrumentale :** musique écrite pour des instruments seulement. • **Musique vocale :** musique écrite pour être chantée.

HISTOIRE DU MOT Vient du grec *mousikê* qui signifie « art des Muses ».

mustang **n.m.** Cheval sauvage d'Amérique du Nord.
▸ REM. On prononce le *-g*.

musulman, e **adj.** et **n.** Qui appartient à l'islam.
→ VOIR Fiche **24.**

HISTOIRE DU MOT Vient de l'arabe *muslim* qui signifie « croyant, fidèle ».

mutant, e **n.** et **adj.** ❶ Animal ou végétal qui présente des caractères nouveaux par rapport à ses ascendants. ❷ Héros de science-fiction qui est le produit d'une mutation de l'espèce humaine.

mutation **n.f.** ❶ Changement de lieu de travail pour un fonctionnaire ou un militaire. *Notre professeur a demandé sa mutation pour Tahiti.* ❷ Transformation profonde d'une société, d'une technique. *L'informatique a fait subir une profonde mutation aux sociétés modernes.* ❸ En biologie, sorte d'accident survenu au niveau des gènes ou des chromosomes d'un animal ou d'un végétal, qui se transmet à ses descendants. *Un merle blanc doit son aspect à une mutation.*

muter **v.** (CONJUG. **3**). Nommer à un nouveau poste sur un autre lieu de travail.

mutilation **n.f.** Le fait de mutiler ou d'être mutilé. *Le corps de la victime portait des traces de mutilations.* SYN. blessure.

mutilé, e **n.** Personne qui a perdu un ou plusieurs membres, dans un accident ou à la guerre. *Dans certains trains, on trouve des places réservées aux mutilés de guerre.* → VOIR AUSSI **infirme, invalide.**

mutiler **v.** (CONJUG. **3**). ❶ Blesser très grièvement en coupant un membre, un organe. *Elle a été mutilée dans un accident de moto.* SYN. estropier. ❷ Détériorer, abîmer gravement. *Des vandales ont mutilé plusieurs statues.* SYN. dégrader.

1 mutin, e **adj.** Vif et malicieux ; espiègle. *L'enfant avait un petit air mutin.*
▸ REM. Ce mot appartient à la langue littéraire.

2 mutin **n.m.** Personne qui se révolte contre l'autorité. *Les mutins se sont emparés de la prison.* SYN. insurgé, rebelle.

HISTOIRE DU MOT Vient de l'ancien français *meute* qui signifiait « émeute ».

se **mutiner** **v.pron.** (CONJUG. **3**). Organiser une révolte généralement armée contre une autorité (militaire, policière). *En 1905, les marins du cuirassé « Potemkine » se mutinèrent contre leurs officiers.* SYN. se rebeller, se soulever.

mutinerie **n.f.** Révolte généralement armée contre une autorité militaire ou dans une prison. *Pendant la Première Guerre mondiale, il y a eu des mutineries parmi les soldats.* → VOIR **mutin.**

mutisme **n.m.** Attitude d'une personne qui refuse de parler, qui garde le silence. *Marc s'est enfermé dans un profond mutisme.* SYN. silence.
▸ REM. Pour une personne incapable de parler pour des raisons médicales, on dit *mutité* (n.f.).

HISTOIRE DU MOT Vient du latin *mutus* qui signifie « muet ».

mutuel, elle **adj.** Qui s'échange entre deux ou plusieurs personnes. *Ils se rendent des services mutuels. Les deux amies se portaient une affection mutuelle.* SYN. réciproque. ◆ **mutuelle** **n.f.** En France, association d'entraide qui offre à ses adhérents un système d'assurance et de protection sociale en cas de maladie, de retraite, etc., complétant celui de la Sécurité sociale.

HISTOIRE DU MOT Vient du latin *mutuus* qui signifie « réciproque ».

mutuellement **adv.** L'un l'autre, les uns les autres. *Ils se sont mutuellement félicités.* SYN. réciproquement.

mycologie **n.f.** L'étude des champignons.

mycose **n.f.** Maladie de la peau et des muqueuses due à des champignons microscopiques.

mygale **n.f.** La plus grande des araignées, qui vit dans les régions chaudes du globe. *La mygale d'Amérique du Sud peut atteindre quinze centimètres, et sa morsure est très douloureuse.*

myocarde **n.m.** Muscle du cœur.

myope **adj.** et **n.** Qui est atteint d'un trouble de la vue qui empêche de voir correctement de loin.

HISTOIRE DU MOT Vient du grec *muôps* qui signifie « qui cligne des yeux ».

myopie **n.f.** Trouble de la vue qui rend flous les objets éloignés.

mygale

myosotis **n.m.** Petite plante aux délicates fleurs bleues, parfois roses ou blanches, que l'on trouve dans les lieux humides et qui est considérée comme le symbole de la fidélité. *Un autre nom du myosotis est « ne-m'oubliez-pas ».*
▶ REM. On prononce le *-s* final.
HISTOIRE DU MOT Vient du grec *muosôtis* qui signifie « oreille de souris » à cause de la forme des pétales de la fleur.

myriade **n.f.** Une quantité innombrable. *Au mois d'août, on voit des myriades d'étoiles dans le ciel.*
HISTOIRE DU MOT Vient du grec *murias* qui signifie « dix mille ».

myriapode **n.m.** Petit invertébré terrestre doté de nombreuses paires de pattes, d'une paire d'antennes et de mandibules. *Le mille-pattes est un myriapode.*

myrrhe **n.f.** Résine aromatique provenant d'un arbre d'Arabie, utilisée depuis l'Antiquité pour son parfum et que l'on brûle à la manière de l'encens.
▶ REM. 1. Attention aux deux *r*. 2. Ce mot est du féminin.

myrte **n.m.** Arbuste au feuillage persistant, à fleurs blanches et odorantes, très fréquent dans les pays méditerranéens.
▶ REM. Ce mot est du masculin.

myrtille **n.f.** Nom donné à une variété d'airelle qui pousse dans les montagnes d'Europe et dont les baies bleu-noir sont consommées fraîches ou utilisées pour faire des sorbets, de la confiture, des sirops, etc.
▶ REM. Au Canada, on dit *bleuet*.
HISTOIRE DU MOT Vient du latin *myrtus* qui signifie « myrte ».

mystère **n.m.** ❶ Chose inexplicable, incompréhensible. *L'apparition de la vie reste un mystère pour les scientifiques.* SYN. énigme. *Je ne sais ce que manigancent les enfants, mais il y a du mystère dans l'air !* SYN. secret. ❷ Au Moyen Âge, pièce de théâtre qui était représentée sur le parvis des églises et dont le sujet, tiré de la Bible, tenait à la fois du récit et du jeu, du dialogue et du mime. • **Faire des mystères :** faire comme si on avait des choses à cacher. SYN. cachotteries.
HISTOIRE DU MOT Vient du grec *mustêrion* qui signifie « chose secrète ».

mystérieusement **adv.** De façon mystérieuse, inexplicable. *Il a disparu mystérieusement le soir du bal.*

mystérieux, euse **adj.** ❶ Qu'on ne comprend pas, qui reste un mystère. *Un phénomène mystérieux.* SYN. inexplicable. *Un charme mystérieux.* SYN. étrange, magique. ❷ Qui est gardé secret. *Elle s'est rendue à un mystérieux rendez-vous.* ❸ Qui s'entoure de mystère.

myrtilles

C'est un garçon très mystérieux ! SYN. impénétrable, insaisissable, secret.

mysticisme **n.m.** Attitude religieuse qui recherche la communion directe et personnelle avec Dieu. *Le mysticisme de saint François d'Assise.*
HISTOIRE DU MOT Vient du grec *mustikos* qui signifie « relatif aux mystères ».

mystificateur, trice **adj.** et **n.** Qui aime mystifier, qui s'amuse des gens en les trompant. *L'homme qui disait avoir été enlevé par un extraterrestre était un mystificateur.* SYN. imposteur.

mystification **n.f.** Tromperie qui consiste à abuser de la crédulité des gens. *Nous avons été victimes d'une mystification.* SYN. imposture, supercherie.

mystifier **v.** (CONJUG. 7). S'amuser des gens, leur faire croire des choses fausses pour le plaisir de se moquer d'eux, par goût de la mystification. SYN. berner, duper.

mystique **adj.** et **n.** Qui est porté au mysticisme.

mythe **n.m.** ❶ Récit fabuleux mettant en scène des êtres surhumains, qui cherche à expliquer l'origine du monde et de l'homme. *Les mythes antiques.* ❷ Invention dénuée de toute réalité, qui n'existe qu'en imagination. *Sa famille noble et sa grande fortune sont un mythe.* → VOIR AUSSI **légende.**
HISTOIRE DU MOT Vient du grec *muthos* qui signifie « récit ».

mythique **adj.** Qui concerne les mythes. *Le Minotaure est un monstre mythique.* SYN. légendaire, mythologique.

mythologie **n.f.** L'ensemble des mythes et des légendes qui appartiennent à un peuple, à une civilisation. *La mythologie grecque, romaine, scandinave, hindoue.*

mythologique **adj.** Qui appartient à la mythologie. *Toutatis est le dieu de la Guerre dans les récits mythologiques celtes.*

mythomane **adj.** et **n.** Qui ne peut pas s'empêcher de mentir, d'enjoliver la réalité ou de fabuler. *C'est une mythomane, elle n'a jamais rencontré la reine d'Angleterre !*

nabab **n.m.** Homme très riche qui fait étalage de sa fortune.

HISTOIRE DU MOT C'est un mot indien qui vient de l'arabe *naïb* qui signifie « lieutenant » et qui désignait les personnages officiels de l'Inde, puis les riches colons anglais.

nabot, e **n.** Terme utilisé par moquerie pour désigner une personne très petite. SYN. nain.

nacelle **n.f.** ❶ *La nacelle d'une montgolfière*, c'est le grand panier en osier suspendu au ballon où prennent place les passagers. ❷ *La nacelle d'un landau, d'une poussette*, c'est l'endroit où l'on installe le bébé. ❸ *La nacelle d'un manège* (de type grande roue), c'est une sorte de petite cabine où s'installent les gens.

nacre **n.f.** Matière blanche irisée qui recouvre l'intérieur de la coquille de certains mollusques. *L'huître fabrique de la nacre. Un bouton en nacre.*
▸ REM. Ce mot est du féminin.

nacré, e **adj.** Qui a les reflets de la nacre, qui brille comme la nacre. *Elle met du vernis rose nacré sur ses ongles.*

coquillages **nacrés**

nage **n.f.** L'action et la manière de nager. *Les principaux types de nage sont la brasse, la brasse coulée, le crawl, le dos crawlé, le papillon. Nage sur le dos. Le crawl est la nage la plus rapide.* • **À la nage** : en nageant. *Regagner le rivage à la nage.* • **Être en nage** : être couvert de sueur.

nageoire **n.f.** Organe plat qui permet à de nombreux animaux aquatiques d'avancer dans l'eau. *Les nageoires d'un poisson, d'un dauphin.*

nager **nageant, nagé v.** (CONJUG. 5). ❶ Se déplacer dans l'eau en faisant des mouvements particuliers. *Mon frère apprend à nager. L'anguille nage en faisant onduler son corps. Nager la brasse.* ❷ (Familier) Tremper, baigner dans un liquide. *Quelques morceaux de viande nageaient dans la sauce.* ❸ (Familier) *Nager dans un vêtement*, c'est porter un vêtement trop grand. *Il nage dans son manteau.* ❹ (Familier) Avoir des difficultés à comprendre quelque chose ou à résoudre un problème compliqué. *La police nage complètement dans cette affaire.*

HISTOIRE DU MOT Vient du latin *navigare* qui signifie « naviguer ».

nageur, euse **n.** Personne qui nage, qui sait nager. *Irène est une très bonne nageuse.*

naguère **adv.** Il y a quelque temps. *Il était naguère si enthousiaste et aujourd'hui le voilà abattu.* SYN. récemment.
▸ REM. Ce mot appartient à la langue soutenue. On l'emploie souvent au sens de « autrefois », alors qu'on devrait employer *jadis*.

HISTOIRE DU MOT Vient de *il n'y a guère de temps.*

naïade **n.f.** Dans la mythologie grecque, divinité qui veillait sur une source ou un ruisseau.

naïf, naïve **adj.** et **n.** ❶ Qui est simple et confiant, par nature ou par manque d'expérience. *Une adolescente naïve.* SYN. candide, ingénu. ❷ Qui est trop crédule. *Il faut être naïf pour croire à cette histoire de Martiens qui débarquent !* SYN. niais, simple. ❸ *L'art naïf, la peinture naïve* sont pratiqués par des personnes qui n'ont pas appris une technique dans une école mais sont dotées d'un talent naturel.

HISTOIRE DU MOT Vient du latin *nativus* qui signifie « naturel ».

nain, naine **n.** et **adj.** Personne dont la taille est très petite par rapport à la normale. *Blanche-Neige et les sept nains.* CONTR. géant. ◆ **adj.** Qui est arrivé à maturité sans atteindre la taille moyenne de son espèce. *Un palmier nain. Un caniche nain.*

naissance **n.f.** ❶ Le fait de naître, le commencement de la vie. *Les parents attendaient avec impatience la naissance du bébé* (= venue au monde). *Indiquez vos date et lieu de naissance. Il est aveugle de naissance* (= il est né aveugle). ❷ Enfant qui naît. *Le nombre des* *naissances a augmenté dans notre ville.* ❸ Commencement de quelque chose. *L'invention des frères Lumière marque la naissance du cinéma, en 1895.* ❹ L'endroit où commence quelque chose. *Il a un grain de beauté à la naissance du cou.*

naissant, e adj. Qui naît, qui commence à apparaître, à exister. *Le jour naissant* (= l'aube).

naître, ✎ naitre naissant, né v. (CONJUG. **74** ; auxiliaire *être*). ❶ Sortir du ventre maternel, venir au monde. *Un enfant qui vient de naître* (= un nouveau-né). ❷ Commencer à pousser. *Les fleurs naissent au printemps.* ❸ Commencer à exister. *La bande dessinée française est née avec les aventures de la « Famille Fenouillard », en 1889. Une solide amitié naquit entre eux deux.* • **Faire naître :** provoquer, produire.

naïvement adv. Avec naïveté, de manière innocente ou crédule. *Dire naïvement tout ce que l'on pense.*

naïveté n.f. ❶ L'attitude d'une personne simple et confiante. *Dans sa naïveté, Candide, le personnage de Voltaire, pensait que « tout est pour le mieux dans le meilleur des mondes possibles ».* SYN. candeur, ingénuité. ❷ L'attitude d'une personne trop crédule. *Il a cru à cette histoire de Martiens et tout le monde a ri de sa naïveté.*

naja n.m. Variété de cobra d'Inde, aussi appelé *serpent à lunettes.*

naja

nanisme n.m. Le fait d'être nain.

nanti, e adj. et **n.** Qui est riche et vit dans l'aisance.

naphtaline n.f. Substance utilisée pour protéger les vêtements et le linge contre les mites. *Des boules de naphtaline.*

nappe n.f. ❶ Tissu qui sert à couvrir une table pour les repas. ❷ Grande étendue de gaz ou de liquide. *Une nappe de brouillard. Une nappe d'eau, de pétrole.* • **Nappe phréatique** → VOIR **phréatique.**

napper v. (CONJUG. **3**). Recouvrir un mets d'une couche de crème, de sauce. *Nappez le gâteau de crème au chocolat.*

napperon n.m. Petite nappe ornée de broderie ou de dentelle que l'on met sous un bibelot ou sous un vase.

narcisse n.m. Plante à fleurs printanières jaunes ou blanches. *Le narcisse des bois est aussi appelé « jonquille ».*

HISTOIRE DU MOT Vient de Narcisse, personnage de la mythologie grecque. → **VOIR** noms propres.

narcotique n.m. Médicament qui provoque l'assoupissement, le sommeil. SYN. somnifère, soporifique.

narguer narguant, nargué v. (CONJUG. **6**). Provoquer quelqu'un en se moquant de lui, le regarder avec insolence. *Il nargue ses professeurs en arrivant systématiquement en retard.* SYN. braver.

narine n.f. Chacun des orifices du nez de l'homme et des petits animaux par où passe l'air.
▸ REM. Pour les grands animaux, on parle plutôt de *naseaux.*

narquois, e adj. Qui se moque avec malice. *Son sourire narquois montrait bien qu'il se moquait d'eux.* SYN. ironique.

narrateur, trice n. Personne qui raconte une histoire, qui fait un récit. *Le narrateur commence par nous décrire son village natal.*

narratif, ive adj. Relatif à la narration. • **Texte narratif** → VOIR Fiche **5.**

narration n.f. ❶ Histoire que l'on raconte, récit que l'on fait d'un événement. *Elle nous fit une longue narration de ce qui s'était passé.* ❷ Exercice scolaire de rédaction sur un sujet.

narrer v. (CONJUG. **3**). Raconter en détail un événement. *Le vieux marin entreprit de nous narrer ses aventures dans les mers du Sud.* SYN. conter.
▸ REM. Ce mot appartient à la langue soutenue.

narval n.m. (PLUR. : **narvals**). Grand mammifère cétacé des mers arctiques aussi appelé *licorne de mer* à cause de la longue défense que porte le mâle.

nasal, ale, aux adj. Du nez. *Une hémorragie nasale.* • **Fosses nasales :** les deux cavités à l'intérieur du nez, par où passe l'air que l'on respire. • **Voyelle nasale** ou **consonne nasale :** voyelle ou consonne que l'on prononce avec le nez. [ɔ̃] *est une voyelle nasale,* [m] *est une consonne nasale.*

naseau n.m. Narine de certains mammifères, comme le cheval, le bœuf, le chameau, etc.

nasillard, e adj. *Une voix nasillarde* vient du nez.

nasiller v. (CONJUG. **3**). Parler du nez.

nasse n.f. Panier allongé, en osier ou en fil de fer, utilisé pour la pêche en eau douce.

nasse sur une embarcation de pêcheur (lac Inle, Birmanie)

a b c d e f g h i j k l m n o p q r s t u

A B C D E F G H I J K L M N O P Q R S T U V W X Y Z

natal, ale, als adj. Où l'on est né. *Elle est retournée récemment dans sa maison natale.*

natalité n.f. Rapport entre le nombre des naissances et celui des habitants d'une région, dans une période donnée. *Des pays à faible, à forte natalité. Le taux de natalité est en baisse.*

natation n.f. Pratique de la nage comme sport. *La natation est un sport olympique depuis 1896.*

HISTOIRE DU MOT Vient du latin *natare* qui signifie « nager ».

natif, ive adj. et n. ❶ *Être natif d'un lieu*, c'est y être né. *Il est natif d'Alger où il a vécu jusqu'à l'âge de cinq ans.* SYN. originaire. ❷ *Un métal natif*, c'est un métal qui se trouve à l'état pur dans le sol. *Argent, cuivre, or natifs.*

nation n.f. ❶ Grande communauté humaine, le plus souvent installée sur le même territoire et qui a des traditions historiques, culturelles, linguistiques ou économiques communes. ❷ Communauté politique établie sur un territoire et dirigée par un gouvernement. *L'Organisation des Nations unies. Les grandes nations.* SYN. État.

HISTOIRE DU MOT Vient du latin *natus* qui signifie « né ».

national, ale, aux adj. ❶ Qui appartient à la nation. *L'hymne national de la France est « la Marseillaise ». Les fêtes nationales.* ❷ Qui concerne l'ensemble du pays, et non une seule partie. *Une route nationale* (= construite et entretenue par l'État). *L'équipe nationale de football.*

nationalisation n.f. Action de nationaliser une entreprise. *La nationalisation des chemins de fer français date de 1937.* CONTR. privatisation.

nationaliser v. (CONJUG. 3). *Nationaliser des entreprises*, c'est les placer sous la direction de l'État alors qu'elles appartenaient à des personnes privées. CONTR. privatiser.

nationalisme n.m. Théorie ou mouvement politiques se donnant pour but la défense d'une nation, de sa langue, de ses coutumes, de ses intérêts. *La Belgique voit s'opposer les nationalismes flamand et wallon.*

nationaliste adj. et n. Qui appartient au nationalisme ; partisan du nationalisme. *Des nationalistes québécois.*

nationalité n.f. ❶ Le fait d'appartenir juridiquement à une nation. *Avoir la nationalité française, belge, suisse, etc.* ❷ Ensemble de personnes ayant en commun une culture, une histoire, une langue, etc., mais qui ne forme pas un État. *Il y a de nombreuses nationalités en Europe de l'Est.*

Nativité n.f. Naissance de Jésus ; tableau ou sculpture qui représentent la naissance de Jésus-Christ.

natte n.f. ❶ Entrelacement de plusieurs mèches de cheveux. SYN. tresse. ❷ Tapis formé de fibres végétales tressées. *À la plage, nous nous étendons sur des nattes.*

naturalisation n.f. Le fait de se faire naturaliser.

naturaliser v. (CONJUG. 3). *Se faire naturaliser*, c'est demander et obtenir la nationalité du pays où l'on a choisi de vivre. *Un réfugié politique s'est fait naturaliser français* (= il est devenu citoyen français).

▸ REM. Ne pas confondre avec *nationaliser*.

HISTOIRE DU MOT Vient du latin *naturalis* qui signifie « naturel ».

naturaliste n. ❶ Spécialiste des sciences naturelles qui étudie les animaux, les minéraux et les végétaux. *Le naturaliste suédois Linné a établi une classification systématique des animaux et des végétaux au* XVIIIe *siècle.* ❷ Artisan qui empaille des animaux pour les conserver. SYN. taxidermiste.

▸ REM. Ne pas confondre avec *naturiste*.

1 nature n.f. ❶ L'ensemble des êtres et des choses qui constituent l'Univers. *Les merveilles de la nature. Les forces de la nature : tempêtes, orages, tremblements de terre, etc.* ❷ La mer, la campagne, la montagne qui ne semblent pas avoir été transformées par l'homme. *Elle aime la nature en automne.* SYN. campagne. CONTR. ville. *Il est allé se reposer en pleine nature.* ❸ Ce qui caractérise un être ou une chose, qui les rend distincts des autres. *Réfléchir sur la nature de l'homme. Quelle est la nature de cette roche ?* ❹ Caractère, tempérament d'une personne. *Être d'une nature optimiste.* ❺ En grammaire, classe à laquelle appartient un mot (nom, verbe, adjectif, etc.), quelle que soit sa fonction dans la phrase. → VOIR Fiche 2. • **De toute nature :** de toute sorte. • **En nature :** en marchandises, en objets réels et non en argent. *Une association qui accepte les dons en nature.* • **Nature humaine :** ensemble des caractères communs à tous les êtres humains. *La bonté et la violence sont dans la nature humaine.* • **Nature morte :** peinture, tableau représentant des objets, des choses inanimées. *Une nature morte qui représente une corbeille de fruits.*

▸ REM. Au mot *nature* correspond l'élément tiré du grec *physio-* que l'on retrouve dans des mots comme *physiologie, physique*.

nature morte : *Rideau, cruchon et compotier*, tableau de Paul Cézanne (1893-1894)

2 nature **adj.invar.** ❶ À quoi on n'ajoute rien. *Un thé nature. Un yaourt nature.* ❷ (Familier) *Être nature*, c'est être spontané, ne pas faire de manières. *Ses parents sont très nature.* SYN. simple. CONTR. affecté.

naturel, elle **adj.** ❶ De la nature, du monde physique. *La pluie est un phénomène naturel.* ❷ Qui est conforme à la nature, au caractère profond de quelqu'un, de quelque chose. *Elle a des dispositions naturelles pour la musique.* SYN. inné. *C'est naturel d'aider un ami en difficulté.* SYN. normal. ❸ Qui vient de la nature, sans intervention de l'homme. *De la soie naturelle.* CONTR. artificiel, synthétique. ❹ Qui est spontané et sincère. *Un rire naturel.* CONTR. forcé. • **Enfant naturel :** enfant né hors mariage. ◆ **naturel** **n.m.** • **Au naturel :** préparé ou conservé sans assaisonnement. *Du thon au naturel.*

naturellement **adv.** ❶ De façon naturelle, non artificielle. *Ses cheveux frisent naturellement. Elle est naturellement gaie.* ❷ De façon simple, spontanée. *Il lui a répondu très naturellement.* SYN. franchement. ❸ De façon certaine, inévitable ; comme il est normal. *Naturellement, il avait encore oublié son cahier !* SYN. bien entendu, bien sûr, évidemment.

naturisme **n.m.** Mode de vie fondé sur le respect de la nature et qui préconise le retour à la nature, une alimentation végétarienne et la suppression des vêtements.

naturiste **adj.** et **n.** Qui appartient au naturisme ; qui pratique le naturisme. *Un village naturiste.*
▸ REM. Ne pas confondre avec *naturaliste*.

naufrage **n.m.** ❶ Disparition d'un navire en mer. *Le naufrage du pétrolier « Amoco Cadiz » a provoqué en 1978 une catastrophe écologique en Bretagne.* ❷ Ruine totale. *Le naufrage d'une industrie.* • **Faire naufrage :** pour un navire, disparaître dans la mer.

HISTOIRE DU MOT Vient du latin *navis*, qui signifie « navire », et *frangere*, qui signifie « briser ».

naufragé, e **n.** et **adj.** Victime d'un naufrage. *Les naufragés dérivaient sur un canot.*

nauséabond, e **adj.** Qui sent mauvais au point de donner la nausée. *Une odeur nauséabonde.* SYN. fétide, infect.

nausée **n.f.** Envie de vomir, fort sentiment de dégoût, d'écœurement. *J'ai mangé trop de chocolat, j'ai la nausée. La vue du sang lui donne des nausées.* SYN. haut-le-cœur.

HISTOIRE DU MOT Vient du latin *nausea*, « mal de mer », du grec *naus*, « bateau ».

nautile **n.m.** Mollusque des mers chaudes à coquille en forme de spirale, qui existe depuis l'ère primaire.

HISTOIRE DU MOT Vient du grec *nautilos* qui signifie « matelot ».

nautile

nautique **adj.** Qui concerne la navigation de plaisance, les sports pratiqués sur l'eau. *L'aviron, la voile sont des sports nautiques. Le ski nautique* (= sur l'eau).

naval, ale, als **adj.** ❶ Qui concerne les bateaux. *On construit les bateaux dans les chantiers navals.* ❷ Qui appartient à la marine militaire. *Une base navale.*

HISTOIRE DU MOT Vient du latin *navis* qui signifie « navire ».

navet **n.m.** ❶ Plante à racine comestible, de couleur blanche ou violette, que l'on mange cuite. *Mettre des navets dans un pot-au-feu.* ❷ (Familier) Mauvais film.

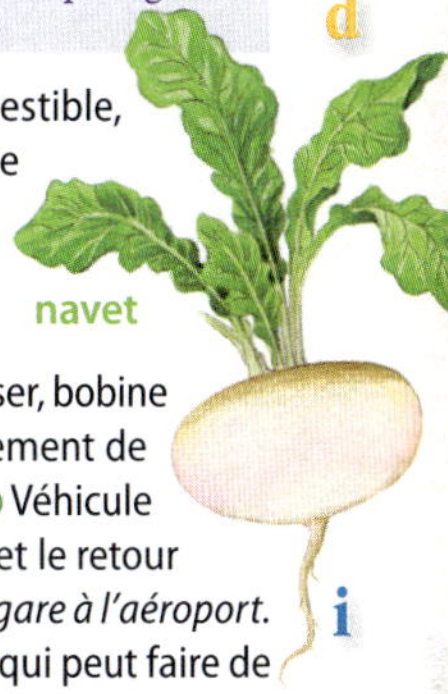
navet

navette **n.f.** ❶ Dans un métier à tisser, bobine de fil qui se déplace dans un mouvement de va-et-vient pour entrelacer les fils. ❷ Véhicule (car, train, avion) qui effectue l'aller et le retour entre deux lieux. *Une navette relie la gare à l'aéroport.* • **Navette spatiale :** véhicule spatial qui peut faire de nombreux voyages entre la Terre et l'espace. • **Faire la navette :** se déplacer souvent entre deux lieux. *Pendant toute la semaine, les élèves font la navette entre l'école et la maison.*

ENCYCLOPÉDIE La navette spatiale américaine était à la fois un véhicule spatial et un lanceur de satellites. Lors de son retour sur la Terre, elle entrait dans l'atmo-sphère comme un planeur et venait se poser sur une piste à la manière d'un avion. De 1981 à 2011, cinq navettes spatiales ont été mises en service.

navette américaine Columbia (mission STS-1)

navigable **adj.** Où les bateaux peuvent naviguer. *Certains fleuves ne sont pas navigables en hiver, à cause des glaces qui les recouvrent.*

navigant, e **adj.** *Le personnel navigant* est l'ensemble des personnes qui constituent les équipages des avions. *Les hôtesses de l'air font partie du personnel navigant.*
▶ REM. Ne pas confondre avec le participe présent du verbe *naviguer.*

navigateur, trice **n.** Personne qui effectue de longs voyages en mer. *Les Vikings étaient un peuple de grands navigateurs.*

navigation **n.f.** Le fait de naviguer à bord d'un bateau ou d'un avion. *Les aiguilleurs du ciel contrôlent et organisent la navigation aérienne. Navigation fluviale, maritime.*

naviguer **naviguant, navigué v.** (CONJUG. **6**). ❶ Voyager sur l'eau ou dans les airs. *Ce paquebot a beaucoup navigué. Vieux loup de mer qui navigue depuis des années.* ❷ Au figuré, diriger habilement ses affaires. *Un homme politique qui sait naviguer.*

navire **n.m.** Grand bateau qui transporte sur mer des hommes ou des marchandises. *Un paquebot est un navire qui transporte des passagers, tandis qu'un cargo est un navire qui transporte des marchandises.*

navire-usine **n.m.** (PLUR. : **navires-usines**). Navire aménagé pour la congélation du poisson en mer.

navrant, e **adj.** Qui navre, qui attriste. *C'est navrant de voir cette maison dans un tel état de délabrement !* SYN. désolant, pénible. CONTR. réjouissant.

navrer **v.** (CONJUG. **3**). Causer une grande peine. *Son échec nous a tous navrés.* SYN. attrister. • **Être navré :** être désolé, s'excuser. *Je suis navré d'avoir manqué notre rendez-vous.*

HISTOIRE DU MOT Vient de l'ancien français *nafrer* qui signifiait « blesser avec une arme ».

nazi, e **adj.** et **n.** Du nazisme. *Le parti nazi.*

HISTOIRE DU MOT *Nazi* est l'abréviation des mots allemands *na*tional so*zi*alist.

nazisme **n.m.** Ensemble d'idées et d'attitudes qui se sont développées en Allemagne entre 1920 et 1945 et qui prônaient la supériorité de l'Allemagne, le racisme et l'antisémitisme.
▶ REM. On dit aussi *national-socialisme.*

ne **adv.** Marque une négation, employé avec *pas, jamais, plus, rien, aucun. Je ne viendrai pas chez toi. Je ne veux plus de gâteau.*
▶ REM. *Ne* s'élide devant une voyelle ou un *h* muet. *Je n'ai aucun regret. N'hésite pas à m'appeler.*

né, née **adj.** ❶ Venu au monde dans telles circonstances. *Il est né d'une mère américaine et d'un père français. Elle est née à Paris.* ❷ (Relié par un trait d'union au nom qu'il qualifie.) Indique que quelqu'un possède une particularité depuis la naissance. *Une musicienne-née.* • **Ne pas être né d'hier** ou **ne pas être né de la dernière pluie :** avoir assez d'expérience pour ne pas se laisser duper, ne pas être naïf.

néanmoins **adv.** Sert à marquer une opposition à ce qui vient d'être dit. *Il était très malade, néanmoins il est venu à ma soirée d'anniversaire.* SYN. cependant, pourtant, toutefois.
▶ REM. Attention, *-nm-.*

néant **n.m.** ❶ L'absence d'existence ; ce qui n'existe pas. *Certains pensent qu'avant la création du monde c'était le néant.* ❷ Dans le langage administratif, sert à indiquer l'absence de quelque chose. *Signes particuliers : néant* (= aucun). *Profession : néant* (= sans). • **Réduire à néant :** détruire entièrement. *La ville d'Hiroshima a été réduite à néant par une bombe atomique, le 6 août 1945.*

HISTOIRE DU MOT Vient du latin *ne gentem* qui signifie « aucune personne, rien », de *gens* qui signifie « famille, peuple ».

nébuleuse **n.f.** Immense nuage de gaz et de poussières interstellaires.

nébuleuse d'Orion

nébuleux, euse **adj.** Qui manque de précision. *Le projet qu'il nous a présenté était bien nébuleux.* SYN. confus, flou, vague.

HISTOIRE DU MOT Vient du latin *nebula* qui signifie « brouillard ».

nécessaire **adj.** Indispensable, dont on ne peut se passer. *L'eau et l'air sont nécessaires à la vie. Hélène a fait les réparations nécessaires au bon fonctionnement de la voiture.* CONTR. inutile, superflu. ◆ **n.m.** ❶ Ce dont on ne peut se passer, ce qui est indispensable. *Manquer du nécessaire* (= de ce qu'il faut pour vivre). CONTR. superflu. ❷ Trousse, boîte qui contiennent des ustensiles pour un usage précis. *Un nécessaire de couture. Un nécessaire de toilette.* • **Faire le nécessaire :** faire ce qu'il faut pour que quelque chose ait lieu. *M. Dumas a fait le nécessaire pour préparer le déménagement.*

nécessairement **adv.** En toute logique, forcément. *Il y a nécessairement une raison à leur retard.* SYN. à coup sûr, certainement.

nécessité **n.f.** Le fait d'être nécessaire. *À la campagne, la voiture est une nécessité, car il n'y a pas de transports en commun.* SYN. obligation. • **De première nécessité :** vital, dont on a absolument besoin. *La farine et le lait sont des produits de première nécessité.*

nécessiter v. (CONJUG. 3). Rendre nécessaire, indispensable. *Votre attitude nécessite quelques explications.* SYN. exiger.

nécessiteux, euse adj. et n. Qui manque des choses nécessaires à la vie. *Une famille nécessiteuse.* SYN. indigent, pauvre.

nec plus ultra n.m.invar. Ce qui surpasse en qualité toutes les choses de sa catégorie, ce qu'il y a de mieux. *La truffe, c'est le nec plus ultra des champignons !*

HISTOIRE DU MOT C'est une expression latine qui signifie « rien au-delà ».

nécrologie n.f. Écrit, article consacrés à une personne qui vient de mourir.

HISTOIRE DU MOT Vient du grec *nekros*, qui signifie « mort », et *logos*, qui signifie « discours ».

nécrologique adj. *La rubrique nécrologique d'un journal* comporte les annonces des décès.

nécropole n.f. Grand cimetière où les peuples de l'Antiquité enterraient leurs morts.

HISTOIRE DU MOT Vient du grec *nekros*, qui signifie « mort », et *polis*, qui signifie « ville ».

ENCYCLOPÉDIE Les pharaons du Nouvel Empire (1580-1085 avant J.-C.) avaient fait construire, près de leur capitale Thèbes, de vastes nécropoles, appelées la Vallée des Rois et la Vallée des Reines, dans lesquelles les tombeaux des souverains sont entourés par ceux des grandes familles. C'est dans la Vallée des Rois que fut découvert le tombeau de Toutankhamon.

nécropole de Gizeh (Égypte)

nectar n.m. ❶ Dans la mythologie grecque, boisson des dieux, qui les rendait immortels. ❷ Liquide sucré produit par les plantes. *L'abeille butine le nectar qu'elle transformera en miel.* ❸ Boisson délicieuse.

nectarine n.f. Fruit proche de la pêche, à peau lisse, dont le noyau se sépare facilement de la chair.

néerlandais, e adj. et n. Des Pays-Bas. *Les polders néerlandais.* ◆ **néerlandais** n.m. Langue parlée aux Pays-Bas et en Belgique.

▶ REM. Quand il désigne une personne, le mot prend une majuscule : *un Néerlandais, une Néerlandaise.*

nef n.f. ❶ Au Moyen Âge, navire à voiles. ❷ La partie intérieure d'une église comprise entre le portail principal et le chœur.

HISTOIRE DU MOT Vient du latin *navis* qui signifie « navire ».

néfaste adj. ❶ Qui peut avoir des conséquences désastreuses. *Il a une influence néfaste sur ses camarades.* SYN. nocif, pernicieux. ❷ Qui est marqué par le malheur. *L'année dernière a été une année néfaste pour moi.* SYN. funeste, malheureux. CONTR. faste.

HISTOIRE DU MOT Vient du latin *nefastus* qui signifie « interdit par la loi divine ».

nèfle n.f. Petit fruit comestible du *néflier* au goût acidulé et que l'on mange très mûr.

nèfles

1 négatif, ive adj. ❶ Qui exprime un refus, qui nie quelque chose. *Sa réponse a été négative.* CONTR. affirmatif. ❷ Qui n'est pas constructif, qui n'aboutit à rien. *Avoir une attitude négative* (= ne voir que le mauvais côté des choses). *Les résultats de la conférence ont été négatifs.* CONTR. positif. ❸ *Une analyse, un test négatifs* révèlent l'absence d'un élément recherché. CONTR. positif. ● **Forme négative :** forme de la phrase qui contient une négation. *Une phrase à la forme négative contient les adverbes « ne » et « pas », « guère », « jamais », « rien », etc.* ● **Nombre négatif :** nombre dont la valeur est égale ou inférieure à zéro. *« – 6 » est un nombre négatif.*

2 négatif n.m. Pellicule photographique à partir de laquelle on obtient les tirages sur papier, et sur laquelle les ombres et les lumières sont inversées.

négation n.f. ❶ Ce qui est contraire à quelque chose. *Ce jugement est la négation de toute justice.* ❷ En grammaire, mot qui sert à nier. *« Non », « ne... pas », « nullement » sont des négations.*

HISTOIRE DU MOT Vient du latin *negare* qui signifie « nier ».

négative n.f. ● **Répondre par la négative :** répondre par un refus.

négativement adv. De manière négative, en disant non. *Il a répondu négativement à ma proposition.* CONTR. affirmativement.

négligé, e adj. Qui manque de soin. *Une tenue négligée.*

négligeable adj. Qui n'a pas d'importance, qu'on peut négliger. *Une différence de prix négligeable.* SYN. infime, insignifiant.

négligemment adv. Avec négligence.

négligence n.f. Manque de soin, d'application ou d'exactitude. *Faire preuve de négligence dans son travail.* SYN. laisser-aller, relâchement. CONTR. application. *Accident dû à une négligence du chauffeur.* SYN. inattention.

a b c d e f g h i j k l m n o p q r s t u v w x y z

A B C D E F G H I J K L M N O P Q R S T U V W X Y Z

négligent, e adj. Qui fait preuve de négligence. *Tu as été bien négligent de ne pas fermer la porte du jardin, le chien s'est sauvé.* SYN. étourdi, irréfléchi.

négliger négligeant, négligé v. (CONJUG. 5). ❶ Ne pas s'occuper de quelque chose ou de quelqu'un avec l'attention, le soin qu'il faudrait. *Négliger son travail. Négliger ses amis.* SYN. délaisser. ❷ Ne pas tenir compte de quelque chose. *Vous avez négligé mes conseils, voyez ce qui arrive !* SYN. ignorer. ◆ **se négliger** v.pron. Apporter peu de soin à sa toilette et à son habillement.

négoce n.m. Toute activité commerciale. *Le négoce international.* SYN. commerce.
▸ REM. Ce mot appartient à la langue soutenue.

HISTOIRE DU MOT Vient du latin *negotium* qui signifie « occupation, tâche ».

négociant, e n. Personne qui fait du commerce. *Un négociant en gros.* SYN. commerçant.

négociateur, trice n. Personne qui négocie. *Les négociateurs sont arrivés à un accord.*

négociation n.f. Le fait de négocier, de discuter en vue de trouver un accord. *Les syndicats et le patronat ont entamé des négociations à propos des salaires.* SYN. discussion, pourparlers.

négocier v. (CONJUG. 7). ❶ Discuter pour arriver à un accord. *Négocier un traité de paix.* ❷ *Négocier un virage*, c'est manœuvrer pour le prendre dans les meilleures conditions.

1 nègre, négresse n. ❶ Nom que l'on donnait autrefois à une personne de couleur noire. ❷ Esclave noir.
▸ REM. Aujourd'hui ce terme est très péjoratif et raciste ; on dira : *un Noir, une Noire.*

HISTOIRE DU MOT Vient de l'espagnol ou du portugais *negro* qui signifie « noir » et que l'on retrouve dans *negro spiritual.*

2 nègre adj. • **Art nègre :** l'art de l'Afrique noire qui fut une source d'inspiration pour les artistes européens du début du XXe siècle.

négrier n.m. Personne qui faisait le commerce des esclaves noirs.

negro spiritual (PLUR. : **negro spirituals**), ✎ ***négrospiritual*** n.m. Chant religieux des Noirs américains. *Le negro spiritual, créé par les esclaves noirs, est né d'un mélange entre la musique africaine traditionnelle et les cantiques chrétiens.* SYN. gospel.
▸ REM. C'est un mot américain, on prononce [negrospiritwol].

neige n.f. ❶ Eau congelée qui tombe en flocons blancs et légers. *On voyait des traces de pas sur la neige.* ❷ Sports d'hiver. *Partir à la neige. Aller en classe de neige.* • **Battre des œufs en neige :** fouetter des blancs d'œufs pour former une mousse blanche et ferme. • **Neige carbonique :** gaz carbonique liquide à basse température (– 78,5 °C), que l'on utilise notamment en médecine pour brûler les verrues.

neiger v.impers. (CONJUG. 3). • **Il neige :** il tombe de la neige. *Il a neigé toute la nuit.*
▸ REM. Ce verbe ne s'emploie qu'à la 3e personne du singulier.

neigeux, euse adj. ❶ Couvert de neige. *Les skieurs glissent sur les pentes neigeuses.* ❷ *Un temps neigeux* laisse prévoir des chutes de neige.

nénuphar, ✎ ***nénufar*** n.m. Plante aquatique, à grandes feuilles flottantes et à fleur jaune, rouge ou blanche. *Les grenouilles sautaient d'un nénuphar à l'autre.*

HISTOIRE DU MOT Vient de l'arabe *ninufar.*

nénuphar

néolithique n.m. La période préhistorique la plus récente, appelée également *âge de la pierre polie.* ◆ **adj.** Qui appartient à l'époque néolithique. *Les haches néolithiques sont en pierre polie.*

ENCYCLOPÉDIE Le néolithique commence au Proche-Orient vers le Xe millénaire avant J.-C. et se termine vers 3300 avant J.-C. avec l'invention de l'écriture. C'est pendant le néolithique que les hommes commencent à pratiquer l'agriculture et l'élevage, à fabriquer des poteries et à tisser des étoffes.

HISTOIRE DU MOT Vient du grec *neos*, qui signifie « nouveau », et *lithos*, qui signifie « pierre ».

néologisme n.m. Nouveau mot d'une langue ; nouveau sens d'un mot. *« Start-up », « texto », « vide-greniers », etc., sont des néologismes. En sciences, on crée des néologismes pour désigner des faits, des objets nouveaux.*

néon n.m. ❶ Gaz rare de l'air que l'on emploie pour l'éclairage. *Un tube au néon. Les enseignes au néon des villes.* ❷ Système d'éclairage qui utilise ce gaz. *Changer un néon.*

éclairage au néon

néophyte **n.** Nouvel adepte d'une religion, d'une doctrine, d'un parti ou d'une discipline sportive. *Je commence juste à faire du karaté, je suis un néophyte.* SYN. novice.

népotisme **n.m.** Comportement d'un homme haut placé (ministre, haut fonctionnaire, etc.) qui se sert de son influence, de son pouvoir pour accorder des avantages à sa famille.

HISTOIRE DU MOT Vient du latin *nepos, nepotis* qui signifie « neveu ».

nerf **n.m.** ❶ Cordon ou filament qui transmet les sensations des organes au cerveau et qui, dans l'autre sens, transmet les informations, les messages du cerveau aux organes et aux muscles. *Si on se brûle, les nerfs sensitifs transmettent un message de douleur au cerveau, qui, en retour, commande immédiatement aux nerfs moteurs d'assurer un mouvement de recul pour éviter le contact douloureux.* ❷ (Familier) Fibre dure de la viande. *Mon steak est plein de nerfs.* ❸ Au figuré, énergie. *Allez ! un peu de nerf ! Avoir du nerf. Manquer de nerf.* • **Avoir les nerfs en pelote, en boule :** être énervé. • (Familier) **Taper sur les nerfs de quelqu'un :** l'énerver.
▸ REM. 1. On ne prononce pas le *-f*. 2. Au mot *nerf* correspond l'élément tiré du grec *neuro-* que l'on retrouve dans *neurologie*.

HISTOIRE DU MOT Vient du latin *nervus* qui signifie « ligament, tendon ».

nerveusement **adv.** Avec nervosité.

nerveux, euse **adj.** ❶ Qui concerne un nerf ou les nerfs. *Une maladie nerveuse.* ❷ *Une personne nerveuse* n'est pas calme, elle réagit avec vivacité à tout, elle est inquiète de tout et a du mal à se contrôler. ❸ *Une voiture nerveuse* a des accélérations rapides. • **Système nerveux :** ensemble des nerfs et des centres nerveux (cerveau, moelle épinière) qui permettent d'agir, de percevoir et de ressentir les choses. ◆ **n.** Personne très nerveuse. *Un grand nerveux.*

nervi **n.m.** Tueur, homme de main.

HISTOIRE DU MOT Vient d'un mot italien qui signifie « force ».

nervosité **n.f.** État d'excitation nerveuse. *Plus l'examen approchait, plus sa nervosité augmentait.* SYN. énervement, fébrilité. CONTR. calme, tranquillité.

nervure **n.f.** *Les nervures d'une feuille*, ce sont les lignes en relief sur la surface de la feuille. *C'est dans les nervures que circule la sève.*

HISTOIRE DU MOT Vient de *nerf*.

n'est-ce pas **adv. interrogatif.** Sert à obtenir l'approbation de la personne à qui l'on s'adresse. *Ce rôti est excellent, n'est-ce pas ?*

1 net, nette **adj.** ❶ Qui est d'une propreté parfaite. *Le carrelage est si net qu'il brille comme un miroir.* SYN. propre. ❷ Dont on distingue bien les contours ou les détails. *La photographie est nette.* CONTR. flou. ❸ Qui ne permet pas le doute ; qui est évident. *Son refus a été net.* SYN. catégorique. • **En avoir le cœur net :** s'assurer de la vérité de quelque chose, savoir à quoi s'en tenir. • **Faire place nette :** débarrasser un endroit de ce qui l'encombre. • **Poids net :** poids sans l'emballage. CONTR. brut. • **Prix net :** prix sans les taxes. • **Salaire net :** salaire dont on a retiré les cotisations. CONTR. brut. ◆ **net** **adv.** ❶ De façon brutale, tout d'un coup. *S'arrêter net.* ❷ Avec franchise, sans hésitation. *Refuser net.*

HISTOIRE DU MOT Vient du latin *nitidus* qui signifie « brillant ».

2 net **adj. invar.** *Une balle de tennis de table est net* lorsqu'elle touche le filet.

HISTOIRE DU MOT C'est un mot anglais qui signifie « filet ».

nettement **adv.** De façon nette. *D'ici, on distingue nettement les falaises de Douvres.* SYN. clairement. *Loïc travaille nettement mieux.* SYN. beaucoup.

netteté **n.f.** Caractère de ce qui est net, précis. *La netteté d'une photographie. La netteté d'un exposé.* SYN. clarté, précision. CONTR. confusion.

nettoiement **n.m.** *Le service de nettoiement* assure la propreté des villes.

nettoyage **n.m.** L'action de nettoyer. *Le nettoyage d'un tapis.*

nettoyer **v.** (CONJUG. 14). Rendre propre, net, débarrasser des taches et des salissures. *As-tu nettoyé ta chambre ? J'ai donné mon manteau à nettoyer au teinturier.*

HISTOIRE DU MOT Vient, comme *net*, du latin *nitidus*.

nettoyeur **n.m.** Au Canada, pressing.

1 neuf **adj. numéral invar.** et **n.m.invar.** Huit plus un. *Ma sœur a neuf ans. J'ai lu mon livre jusqu'au chapitre 9. Nous avons une réunion le 9 janvier.*
▸ REM. 1. On prononce [nœv] devant une voyelle ou un *h* muet : *neuf ans, neuf heures.* 2. S'écrit *9* en chiffres arabes et *IX* en chiffres romains.

2 neuf, neuve **adj.** ❶ Qui vient d'être fabriqué. *Acheter une voiture neuve.* CONTR. d'occasion. *Habiter un appartement neuf.* SYN. récent. CONTR. ancien. *Porter des vêtements neufs.* CONTR. usagé, vieux. *Ce pull est comme neuf* (= il a l'air de n'avoir jamais été porté). ❷ Qui est nouveau. *Une idée neuve* (= exprimée pour la première fois). → VOIR **innover.** ◆ **neuf** **n.m.** Ce qui est neuf. *Vendre du neuf et de l'occasion.* • **À neuf :** de manière à redonner l'aspect du neuf. *Nous avons refait l'appartement à neuf.*

neurasthénie **n.f.** Maladie qui se manifeste par une profonde tristesse.

neurasthénique **adj.** et **n.** Qui est abattu, triste, déprimé. *Depuis la mort de sa femme, il est neurasthénique.*

HISTOIRE DU MOT Vient du grec *neuron*, qui signifie « nerf », et *asthenia*, qui signifie « manque de force ».

neurologie **n.f.** Partie de la médecine qui étudie et soigne les maladies du système nerveux.

neurologique **adj.** Qui se rapporte à la neurologie.

neurologue **n.** Médecin spécialiste des maladies du système nerveux.

a b c d e f g h i j k l m n o p q r s t u v w x y z

neurone **n.m.** Cellule de base du système nerveux, capable de recevoir, d'analyser et de produire des informations.

HISTOIRE DU MOT Vient du grec *neuron* qui signifie « nerf ».

neutraliser **v.** (CONJUG. 3). ❶ Annuler l'effet d'une chose, d'un phénomène, empêcher une personne d'agir par une action contraire. *Neutraliser la concurrence. Neutraliser un adversaire.* ❷ Atténuer l'effet de quelque chose. *Neutraliser un rouge vif avec une touche de blanc.*

neutralité **n.f.** ❶ Position d'une personne qui reste neutre dans une discussion, une dispute. *La neutralité d'un arbitre.* SYN. impartialité. ❷ Situation d'un État qui demeure à l'écart d'un conflit entre deux ou plusieurs autres États. *La neutralité de la Suisse.*

neutre **adj.** ❶ Qui ne prend parti ni pour l'un ni pour l'autre dans une discussion, un conflit, un désaccord. *Camille est restée neutre dans ce débat.* SYN. impartial. ❷ *Un pays neutre* n'adhère à aucune alliance militaire. *La Suisse est un pays neutre depuis 1815.* ❸ *Une couleur neutre* ne se remarque pas. ❹ *Une voix neutre* n'exprime aucun sentiment particulier. ❺ Le *genre neutre* est, dans certaines langues, le troisième genre, qui n'est ni masculin ni féminin. *En latin, « templum » (le temple) est du genre neutre.*

HISTOIRE DU MOT Vient du latin *neuter* qui signifie « ni l'un ni l'autre ».

neuvième **adj. numéral** et **n.** Qui occupe un rang, une place marqués par le numéro 9. *Il est classé neuvième. Tu es le neuvième sur la liste.* ◆ **n.m.** Quantité contenue neuf fois dans un tout. *Il a pris un neuvième de la somme.*

neuvièmement **adv.** Sert à introduire le neuvième point d'une explication, d'une énumération.

névé **n.m.** Couche supérieure d'un glacier de montagne. *Le névé est composé de neige tassée, accumulée d'un hiver à l'autre, qui se transforme en glace.*

HISTOIRE DU MOT Vient du latin *nix, nivis* qui signifie « neige ».

neveu **n.m.** Fils du frère ou de la sœur. → VOIR AUSSI nièce.

HISTOIRE DU MOT Vient du latin *nepos*, que l'on retrouve dans *népotisme.*

névralgie **n.f.** Douleur ressentie sur le trajet d'un nerf.

névrose **n.f.** Trouble psychologique qui se traduit notamment par des angoisses et des obsessions.

nez **n.m.invar.** Partie proéminente du visage située entre le front et la bouche et qui permet de respirer et de sentir les odeurs. *Un nez épaté, retroussé. Je suis enrhumé, j'ai le nez bouché.* • **Avoir du nez :** avoir du flair, sentir ce qui va se produire. • **Faire quelque chose au nez et à la barbe de quelqu'un :** agir devant lui, sans s'inquiéter de sa présence. • **Mettre son nez partout :** se mêler de tout. • **Ne pas voir plus loin que le bout de son nez :** manquer de clairvoyance ou de prévoyance. • **Piquer du nez :** pour un avion, se diriger brusquement vers le bas. • (Familier) **Se casser le nez :** trouver porte close ; échouer. • **Se trouver nez à nez avec quelqu'un :** se trouver soudain face à lui.
▶ REM. Au mot *nez* correspond l'élément tiré du grec *rhino-* que l'on retrouve dans des mots comme *rhinopharyngite* et *rhinocéros*.

HISTOIRE DU MOT Vient du latin *nasus* que l'on retrouve dans *nasal, naseau, nasiller.*

ni **conj. de coordination.** Sert à ajouter un deuxième élément négatif dans une phrase négative. *Je n'ai rien vu ni rien entendu. « Voulez-vous du thé ou du café ? – Ni l'un ni l'autre. »*

niais, niaise **adj.** et **n.** Sot par ignorance et manque d'expérience. *Ce garçon est gentil mais un peu niais.* SYN. benêt, nigaud. *Un sourire niais.* SYN. sot.

HISTOIRE DU MOT Vient d'un adjectif latin qui signifie « pris au nid », c'est-à-dire « sans expérience, naïf ».

niaiser **v.** (CONJUG. 3). (Familier) Au Québec, perdre son temps à des riens.

niaiserie **n.f.** Caractère niais, chose niaise. SYN. sottise.

1 niche **n.f.** ❶ Creux aménagé dans un mur pour y placer un vase, une statue, un bibelot. ❷ Abri pour chien, en forme de maisonnette.

HISTOIRE DU MOT Vient de l'italien *nicchio* qui signifie « coquille ».

2 niche **n.f.** • (Familier) **Faire une niche à quelqu'un :** lui faire une farce, lui jouer un tour.

niché, e **adj.** Comme caché ou blotti quelque part. *Un petit village niché dans la montagne.*

nichée **n.f.** ❶ L'ensemble des oisillons d'une même couvée qui sont encore au nid. ❷ Au figuré, l'ensemble des enfants d'une famille.

nicher **v.** (CONJUG. 3). ❶ Faire son nid. *Le pivert niche dans le trou d'un arbre qu'il a creusé avec son bec.* ❷ (Familier) Habiter. *Je ne sais pas où niche Patrick, as-tu son adresse ?* ◆ **se nicher** **v.pron.** S'installer quelque part. *Le petit enfant se niche dans les bras de sa mère.* SYN. se blottir.

nickel **n.m.** Métal blanc et brillant, très résistant. ◆ **adj.invar.** (Familier) Propre. *Ta chambre est nickel !*

ENCYCLOPÉDIE Le nickel est très abondant dans les météorites et n'existe qu'en petites quantités dans l'écorce terrestre. Il est souvent utilisé dans les alliages, car il augmente la résistance à la corrosion. L'acier inoxydable est un alliage à base de nickel.

nickelé, e **adj.** Recouvert de nickel. *Un outil nickelé.*

nicotine **n.f.** Substance contenue dans le tabac et qui, à forte dose, peut devenir un poison. *Les taux de nicotine et de goudron doivent être inscrits sur les paquets de cigarettes.*

HISTOIRE DU MOT Vient de *Nicot*, nom du diplomate français qui introduisit le tabac en France.

nid **n.m.** ❶ Abri que se construisent les oiseaux pour pondre, couver leurs œufs et élever leurs petits. *Un* *nid de mésange, d'hirondelle.* ❷ Habitation que se construisent certains animaux. *Un nid de guêpes, de souris, de serpents.*

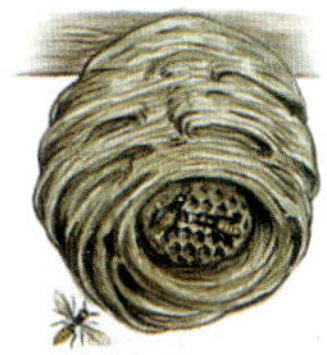

nid de frelons en fibres de bois

nid de pie, posé, en branches tressées

nids

nièce **n.f.** Fille du frère ou de la sœur. → VOIR AUSSI **neveu.**

nier **v.** (CONJUG. **7**). Dire qu'une chose n'existe pas ou n'est pas vraie. *Il nie avoir participé à l'attaque du fourgon postal.* SYN. démentir. CONTR. reconnaître.

HISTOIRE DU MOT Vient, comme *négation*, du latin *negare.*

nigaud, e **adj.** et **n.** Maladroit et un peu bête. *Quel nigaud !* SYN. dadais, niais.

HISTOIRE DU MOT Vient de *Nicodème* qui, dans l'Évangile selon saint Jean, pose à Jésus des questions naïves.

nimbostratus **n.m.invar.** Nuage qui forme des couches épaisses de couleur grise et qui apporte le mauvais temps.

▶ REM. On prononce le *-s* final.

nimbus **n.m.invar.** Nuage d'un gris sombre.

▶ REM. On prononce le *-s*.

nippes **n.f.plur.** (Familier) Vêtements usagés, en très mauvais état. SYN. guenilles, haillons.

nippon, onne ou **one** **adj.** et **n.** Japonais.

▶ REM. Quand il désigne une personne, le mot s'écrit avec une majuscule : *un Nippon, une Nipponne* (ou *Nippone*).

HISTOIRE DU MOT C'est un mot japonais qui signifie « soleil levant ».

niqab **n.m.** Long voile dissimulant le visage de certaines femmes musulmanes, à l'exception des yeux. → VOIR AUSSI **burqa, tchador.**

nique **n.f.** • **Faire la nique à quelqu'un :** le narguer, se moquer de lui. *Arsène Lupin faisait la nique à ses victimes en leur laissant sa carte de visite.*

nirvana **n.m.** Dans le bouddhisme, état de bonheur parfait qui met fin au cycle des réincarnations. → VOIR AUSSI **réincarnation.**

HISTOIRE DU MOT Mot sanskrit qui signifie « extinction ».

nitrate **n.m.** Produit chimique avec lequel on fait des engrais, des désherbants et des médicaments.

nitroglycérine **n.f.** Explosif très puissant qui sert à fabriquer la dynamite.

niveau **n.m.** ❶ Hauteur à laquelle s'élève quelque chose. *La rivière est en crue, son niveau a monté. Le sommet du mont Blanc est à 4 810 m au-dessus du niveau de la mer. L'eau lui arrivait au niveau des genoux.* ❷ Dans un bâtiment, chacun des plans sur lesquels se trouvent différents locaux. *Le rayon vêtements est au deuxième niveau du magasin.* SYN. étage. ❸ Instrument qui permet de vérifier si quelque chose est bien droit. *Le maçon posa son niveau sur le mur.* ❹ Degré atteint dans une hiérarchie de valeurs, qui va du moins bon au meilleur. *Une émission de très bon niveau. En mathématiques, il a un excellent niveau.* • **Niveau de langue :** façon de s'exprimer qui change selon les situations, les personnes avec lesquelles on parle. *Il existe plusieurs niveaux de langue : familier, soutenu, etc.* SYN. registre de langue. → VOIR Fiche **8.** • **Niveau de vie :** conditions de vie d'une personne, d'un groupe ou des habitants d'un pays, déterminées par leur revenu et leur pouvoir d'achat.

niveler **v.** (CONJUG. **12**, ✎ *11*). Rendre une surface plane en faisant disparaître les creux et les bosses. *Les terrassiers ont nivelé le terrain.* SYN. aplanir, égaliser.

niveleuse **n.f.** Engin de travaux publics qui sert à niveler les terrains.

nivellement, ✎ ***nivèlement*** **n.m.** L'action de niveler une surface. *Le nivellement du relief par l'érosion.*

nivôse **n.m.** Le quatrième mois du calendrier républicain, qui commençait le 21, le 22 ou le 23 décembre et finissait le 19, le 20 ou le 21 janvier.

HISTOIRE DU MOT Vient du latin *nivosus* qui signifie « neigeux », car il neige souvent en janvier.

noble **n.** et **adj.** Dans une monarchie, personne qui appartient à la classe la plus élevée par sa naissance ou par décision du souverain. *Les nobles vivaient dans des châteaux.* SYN. aristocrate. CONTR. roturier. ◆ **adj.** Qui fait preuve de générosité, de grandeur morale. *Ils ont eu un geste noble.* SYN. généreux. CONTR. méprisable.

noblement **adv.** D'une manière noble, généreuse. *Il s'est conduit noblement en défendant les plus faibles.* SYN. généreusement.

noblesse **n.f.** ❶ Condition de noble. *Noblesse héréditaire. Duc, vicomte, baron sont des titres de noblesse.* ❷ L'ensemble des nobles. *Sous l'Ancien Régime, en France, il y avait trois ordres : la noblesse, le clergé et le tiers état.* ❸ Comportement noble, généreux. *Noblesse de cœur. Agir avec noblesse.*

noce **n.f.** Cérémonie du mariage, ensemble des réjouissances qui l'accompagnent. *Nous sommes invités à une noce en province.* SYN. mariage. • (Familier) **Faire la noce :** faire la fête. *Nous avons fait la noce toute la nuit.* ◆ **noces** **n.f.plur.** • **Noces d'argent, noces d'or, noces de diamant :** vingt-cinquième, cinquantième, soixantième anniversaire de mariage. • **Repas de noces :** repas célébrant un mariage. • **Voyage de noces :** voyage effectué par les nouveaux mariés. *Pour leur voyage de noces, ils sont allés en Indonésie.*

HISTOIRE DU MOT Vient du latin *nuptiae* que l'on retrouve dans *nuptial.*

nocif, ive **adj.** ❶ Dangereux pour la santé. *Le tabac est nocif.* CONTR. bénéfique, inoffensif. ❷ Qui peut nuire, faire du mal. *Il a une influence nocive sur ses camarades.* SYN. mauvais, néfaste, nuisible. CONTR. bienfaisant.

HISTOIRE DU MOT Vient du latin *nocere* qui signifie « nuire ».

noctambule **n.** Personne qui aime sortir la nuit pour se promener ou se divertir. *Au petit matin, les noctambules rentraient chez eux.*

HISTOIRE DU MOT Vient du latin *nox, noctis*, qui signifie « nuit », et *ambulare*, qui signifie « marcher » et que l'on retrouve dans *somnambule*.

1 nocturne **adj.** ❶ Qui a lieu pendant la nuit. *Tapage nocturne.* ❷ *Un animal nocturne* vit, s'active pendant la nuit. *La chouette, rapace nocturne, chasse la nuit et dort le jour.* CONTR. diurne. ◆ **n.f.** Ouverture d'un lieu public (magasin, musée, etc.) en soirée.

2 nocturne **n.m.** Morceau de musique pour piano à caractère lent et rêveur. *Les nocturnes de Chopin.*

Noël **n.m.** Fête religieuse chrétienne, célébrée le 25 décembre pour rappeler la naissance de Jésus-Christ. *Une crèche de Noël.* • **Le père Noël :** personnage légendaire chargé de distribuer des jouets et des friandises aux enfants la nuit de Noël.
▸ REM. On dit *Noël* (masculin) ou *la Noël* (féminin).

nœuds marins

nœud **n.m.** ❶ Boucle ou série de boucles serrées que l'on fait avec du fil, de la corde, du ruban, etc., en particulier pour attacher quelque chose. *Faire un nœud à ses lacets. Un nœud de cravate. Les nœuds marins varient selon les usages. Les nœuds d'un tapis.* ❷ Carrefour très important où de nombreuses voies se croisent. *Un nœud routier, un nœud ferroviaire.* ❸ Point essentiel qui constitue la difficulté d'une affaire. *Le nœud du problème.* SYN. cœur. ❹ Unité de vitesse utilisée en navigation, qui correspond à 1,8 km/h.

1 noir, e **adj.** ❶ De la couleur la plus sombre, celle du charbon ou qui s'en approche. *Des vêtements noirs. Du raisin noir* (=foncé). ❷ Où il n'y a aucune lumière. *Une nuit noire.* SYN. obscur. ❸ Triste et désespéré. *Des idées noires.* SYN. sombre. • **Film, roman noir :** film, roman policier qui raconte un crime. • **Magie noire :** qui utilise la sorcellerie pour faire le mal. • **Marché noir :** commerce illégal et clandestin où l'on vend à prix élevé des marchandises rares.

2 noir **n.m.** ❶ La couleur la plus foncée. *Le noir lui va bien.* ❷ L'obscurité. *Avoir peur du noir.* • **Noir sur blanc :** par écrit et de façon très explicite. *Le montant de votre salaire annuel est écrit noir sur blanc sur votre contrat.* • **Travail au noir :** travail que l'on ne déclare pas au fisc pour ne pas payer d'impôts. • **Voir tout en noir :** être très pessimiste.

3 noir, e **adj.** et **n.** Qui appartient à un groupe humain caractérisé par une pigmentation très foncée de la peau. *Un chanteur noir. Les Noirs américains. L'Afrique noire.*
▸ REM. Quand il désigne une personne, le mot prend une majuscule : *un Noir, les Noirs.*

noirâtre **adj.** D'une couleur proche du noir. *Les taches noirâtres sur mon gilet blanc vont disparaître au lavage.*

noiraud, e **adj.** et **n.** (Familier) Qui a la peau brune et les cheveux très foncés. *Il a le teint noiraud.*

noirceur **n.f.** ❶ Couleur noire, aspect très sombre. *La noirceur de l'ébène.* ❷ Caractère de ce qui mêle violence et méchanceté ou pessimisme et désespoir. *La noirceur d'un acte criminel. La noirceur d'un film.* ❸ Au Canada, obscurité. *Je suis revenue chez moi avant la noirceur.*

noircir **noircissant, noirci** **v.** (CONJUG. **16**). ❶ Devenir noir ou plus foncé. *Le papier photographique noircit à la lumière.* SYN. foncer. ❷ Tacher de noir. *La fumée de la cheminée a noirci les murs de la pièce.* ❸ Présenter de façon inquiétante ou pessimiste. *Les journaux noircissent la situation.* SYN. dramatiser.

noire **n.f.** En musique, note dont la durée est celle du quart d'une ronde.

noise **n.f.** • **Chercher noise** ou **des noises à quelqu'un :** chercher un prétexte pour se disputer avec lui.

HISTOIRE DU MOT Vient d'un ancien mot qui signifiait « ennui, bruit » que l'on retrouve dans l'anglais *noise*, « bruit ».

noisetier **n.m.** Arbuste des régions tempérées dont le fruit est la noisette. SYN. coudrier.
▸ REM. Attention, *noisette* prend deux *t*, mais *noisetier* n'en prend qu'un.

noisetier

noisette **n.f.** Fruit comestible du noisetier, contenu dans une coque dure. • **Une noisette de beurre :** une toute petite quantité de beurre. ◆ **adj.invar.** De la couleur brun clair de la noisette. *Des yeux noisette.*

noix **n.f.** ❶ Fruit comestible du noyer, contenu dans une coque dure entourée d'une écorce verte. ❷ Fruit à coque dure d'autres arbres. *Noix de cajou, noix de coco.* • (Familier) **À la noix :** qui ne vaut rien. *Un film à la noix.*

nom **n.m.** ❶ Mot, ou groupe de mots, qui sert à désigner une personne, un lieu, une société, une chose, une idée, etc. *N'oubliez pas d'inscrire vos nom et prénom sur vos cahiers. Le nom du village figure sur le poteau indicateur. « Ville » est un nom commun. « Europe » est un nom propre.* → VOIR encadré ci-dessous. ❷ Mot ou terme qui désigne des choses ou des êtres d'une même catégorie, d'une même espèce. *Je ne connais pas le nom de cette fleur.* SYN. dénomination. • **Au nom de quelqu'un :** à la place d'une personne que l'on représente. *Le délégué de classe parle au nom de ses camarades.* • **Se faire un nom :** devenir célèbre dans un domaine.

Les **noms**

Le **nom** (ou **substantif**) permet de nommer les personnes, les animaux, les choses. C'est un constituant obligatoire du groupe nominal.

- Les **noms communs** s'emploient pour désigner des catégories de personnes, d'animaux ou de choses. ***Élève***, ***table***, ***chien***, ***courage***, ***ville*** sont des noms communs.

- Les **noms propres** sont des noms qui désignent des personnes particulières, les pays et leurs habitants, les villes et certains lieux précis, les cours d'eau, les monuments, les événements, les époques.
Ils s'appliquent à des éléments précis et uniques.
Ils prennent une majuscule.
Françoise Dupont, la ***France***, la ***Californie***, un ***Italien***, ***Marseille***, le ***Rhône***, ***Notre-Dame de Paris***, la ***Seconde Guerre mondiale***, la ***Renaissance*** sont des noms propres.

nomade **adj.** et **n.** Qui n'a pas d'habitation fixe et se déplace d'un lieu à un autre. *Les Touareg sont un peuple nomade du Sahara.* CONTR. sédentaire. *Les gens du cirque mènent une vie nomade.* SYN. itinérant. → VOIR AUSSI **bohémien, gitan, romanichel, tsigane.**

HISTOIRE DU MOT Vient d'un mot grec qui signifie « qui change de pâturage ».

tente de **nomades**

nombre **n.m.** ❶ Notion qui permet de compter, d'évaluer des quantités, des grandeurs et qui est représentée par des chiffres. *173 est un nombre de trois chiffres. 12 est un nombre pair, 13 est un nombre impair.* → VOIR Fiche **11.** ❷ Quantité plus ou moins grande d'éléments de même nature. *Quel est le nombre d'habitants de ta ville ? Un grand nombre des lecteurs nous ont écrit.* ❸ En grammaire, notion de singulier ou de pluriel. *Les adjectifs varient en genre et en nombre avec le nom auquel ils se rapportent.* → VOIR encadré page suivante. • **Nombre de** ou **bon nombre de personnes :** beaucoup de. *Nombre de clients ont été satisfaits.* • **Sans nombre :** innombrable, très nombreux. *Cette histoire lui a causé des ennuis sans nombre.*

nombreux, euse **adj.** ❶ En très grand nombre. *Elle a de nombreux amis.* ❷ Qui comprend un nombre très important d'éléments. *Une foule nombreuse défilait sur le boulevard. Une famille nombreuse.*

nombril **n.m.** Petite cicatrice ronde que l'on a au milieu du ventre, à l'endroit où le cordon ombilical a été coupé. • (Familier) **Se prendre pour le nombril du monde :** se donner une importance exagérée.

HISTOIRE DU MOT Vient du latin *umbilicus*.

nomenclature **n.f.** L'ensemble des mots qui sont traités dans un dictionnaire.

nominal, ale, aux **adj.** Qui se rapporte au nom. *L'infinitif est une forme nominale du verbe.* • **Groupe nominal** ou **GN :** groupe de mots qui s'organisent autour d'un nom.

nomination **n.f.** Le fait de nommer une personne à un poste, à une fonction ou à une dignité. *Sa nomination au poste de chef de service est tout à fait récente.*

nommément **adv.** En précisant le nom. *Accuser nommément quelqu'un.*

nommer **v.** (CONJUG. 3). ❶ Donner un nom. *Elle a nommé son chat Balthazar.* SYN. appeler. ❷ Dire le nom de quelqu'un ou de quelque chose. *Nommer les principaux champignons.* SYN. citer. ❸ Attribuer un poste, une fonction à quelqu'un. *Être nommé chef de service.* ◆ **se nommer** **v.pron.** Avoir pour nom. *« Comment te nommes-tu ? – Didier Renan. »* SYN. s'appeler.

1 non **adv.** Sert à nier, à refuser. *« Veux-tu nous accompagner ? – Non. »* CONTR. oui. *« Il n'a pas accepté ce poste ? – Non. »* CONTR. si. • **Non plus :** équivaut à *aussi* dans une phrase négative. *Elle n'a pas soif, moi non plus.* ◆ **n.m.invar.** Réponse négative. *Il nous a répondu par un non catégorique.* SYN. refus.

2 non- **préfixe.** Mot invariable qui indique la négation, ou le refus, comme dans *non-sens, non-violence.*

nonagénaire **n.** et **adj.** Personne qui a entre quatre-vingt-dix et quatre-vingt-dix-neuf ans.

nonante **adj. numéral invar.** et **n.m.invar.** En Belgique, en Suisse, quatre-vingt-dix.

nonce **n.m.** Prélat qui représente le pape auprès d'un gouvernement étranger.

HISTOIRE DU MOT Vient du latin *nuntius* qui signifie « envoyé ».

A B C D E F G H I J K L M N O P Q R S T U V W X Y Z

Le **nombre** des noms

Le **nombre** est une catégorie du nom qui indique si celui-ci est au **singulier** ou au **pluriel**. Le nombre indique une quantité : un ou plusieurs.
Dans le groupe nominal, **le déterminant et les adjectifs s'accordent en nombre** avec le nom auquel ils se rapportent : ***un bon* livre, *des bons* livres.**

La formation du pluriel

- **En règle générale**, on forme le pluriel des mots en ajoutant un *-s* au nom singulier :
  une main, des *mains* / un avion, des *avions*.
- **Cas particuliers :**

➤ Les mots terminés par *-au, -eau, -eu* prennent un *-x* au pluriel :
un boyau, des *boyaux* / un tableau, des *tableaux*.
Sauf : ***bleu, pneu, landau*** et ***sarrau***, qui prennent un *-s* :
un pneu, des *pneus* / un bleu, des *bleus*.

➤ Les mots terminés par *-al* font *-aux* :
un bocal, des *bocaux* / le total, les *totaux*.
Sauf : ***bal, carnaval, chacal, festival, récital*** et ***régal***, qui prennent un *-s* :
un chacal, des *chacals* / un festival, des *festivals*.

➤ Les mots terminés par *-ou* prennent un *-s* au pluriel :
un clou, des *clous*.
Sauf : ***bijou, caillou, chou, genou, hibou, joujou, pou,*** qui prennent un *-x* :
un hibou, des *hiboux* / un caillou, des *cailloux*.

➤ Les mots terminés par *-ail* prennent un *-s* au pluriel :
un détail, des *détails*.
Sauf : ***bail, corail, émail, soupirail, travail, vantail, vitrail,*** qui font *-aux* au pluriel :
un travail, des *travaux* / un vitrail, des *vitraux*.

➤ Les mots terminés par *-s*, *-x* et *-z* au singulier sont **invariables** :
un gris, des *gris* / une voix, des *voix* / un gaz, des *gaz*

➤ Les **noms propres** restent **invariables**, sauf quand ils désignent :
des familles illustres : **un Bourbon, des *Bourbons*.**
des peuples : **un Italien, des *Italiens*.**
des œuvres : **un Renoir, des *Renoirs*.**

nonchalamment adv. Avec nonchalance. *Elle feuilletait nonchalamment un magazine.* SYN. négligemment.

nonchalance n.f. Manque d'énergie, d'ardeur. *Faire preuve de nonchalance.* SYN. apathie, mollesse.

nonchalant, e adj. et n. Qui manque d'énergie, de vivacité. *Un élève nonchalant.* SYN. apathique, mou. CONTR. vif.

HISTOIRE DU MOT Vient de l'ancien verbe *nonchaloir* qui signifiait « négliger, ne pas tenir compte ».

non-lieu n.m. (PLUR. : **non-lieux**). Décision prise par un juge, un tribunal de ne pas continuer les poursuites judiciaires engagées contre quelqu'un. *Un non-lieu n'est pas un acquittement.*

nonne n.f. Religieuse.

non-sens n.m.invar. Ce qui est dépourvu de sens. *Ce serait un non-sens de construire une maison sans portes ni fenêtres.* SYN. absurdité.

non-violence n.f. Attitude qui consiste à refuser d'utiliser la violence, en particulier dans le domaine politique. *Gandhi prôna la non-violence en Inde.*

non violent, e adj. Qui n'a pas recours à la violence. *Une manifestation non violente.* ◆ **non-violent, e** n. Partisan de la non-violence.

non-voyant, e n. (PLUR. : **non-voyants, non-voyantes**). Aveugle.

nord n.m.invar. ❶ L'un des quatre points cardinaux, situé dans la direction de l'étoile Polaire. *Le vent du nord.* CONTR. sud. ❷ (Avec une majuscule.) La partie d'un pays, d'un continent qui se situe au nord. *L'Afrique du Nord. Le Grand Nord.* • **Perdre le nord :** être désorienté, presque fou. ◆ **adj.invar.** Qui se situe au nord. *La frontière nord d'un pays. L'hémisphère Nord.* SYN. boréal. CONTR. austral.

nord-américain, e adj. et n. (PLUR. : **nord-américains, es**). De l'Amérique du Nord. *L'industrie nord-américaine.*

▸ REM. Quand il désigne une personne, le mot prend une majuscule : *une Nord-Américaine, des Nord-Américains.*

nord-est n.m.invar. et adj.invar. ❶ Point de l'horizon situé entre le nord et l'est. *Strasbourg est au nord-est de Dijon. La région nord-est.* ❷ (Avec des majuscules.) Région ou pays situés au nord-est. *Le Nord-Est est sous la neige.*

nordique adj. Qui appartient au nord de l'Europe, en particulier à la Scandinavie. *Les Vikings étaient un peuple nordique.*

nordiste adj. et n. Partisan du gouvernement fédéral pendant la guerre de Sécession aux États-Unis (de 1861 à 1865). *Les nordistes s'opposaient aux sudistes.*

nord-ouest n.m.invar. et adj.invar. ❶ Point de l'horizon situé entre le nord et l'ouest. *Orléans est au nord-ouest de Lyon.* ❷ (Avec des majuscules.) Région ou pays situés au nord-ouest. *Les Territoires du Nord-Ouest, au Canada.*

normal, ale, aux adj. Qui n'a rien de particulier, qui est le plus fréquent, le plus habituel. *C'est une température normale pour la saison.* SYN. habituel, ordinaire. CONTR. exceptionnel. *C'est normal de pleurer quand on a du chagrin.* SYN. naturel. CONTR. anormal. ◆ **normale** n.f. L'état habituel, normal, qui est le plus couramment constaté. *Les températures sont au-dessus de la normale.* SYN. moyenne.

HISTOIRE DU MOT Vient de *norme.*

normalement **adv.** De façon normale. *Normalement, je me lève à sept heures tous les matins.* SYN. habituellement. CONTR. exceptionnellement. *L'opération s'est passée normalement* (= sans incident).

normand, e **adj.** et **n.** De Normandie. *Un camembert normand.*
▸ REM. Quand il désigne une personne, le mot prend une majuscule : *un Normand, une Normande.*

norme **n.f.** ❶ Ce qui est habituel, ce qui correspond à la majorité des cas et que l'on considère comme la règle générale. *Quatre jours de classe par semaine à l'école primaire, c'est la norme dans notre pays.* ❷ L'ensemble des règles à respecter pour la fabrication d'un produit. *Ce jouet n'est pas conforme aux normes de sécurité.*

HISTOIRE DU MOT Vient du latin *norma* qui signifie « règle, équerre, loi ».

noroît ou **norois,** ✎ ***noroit*** **n.m.** Dans le langage des marins, vent du nord-ouest qui vient de la mer.

norvégien, enne **adj.** et **n.** De Norvège. *Les fjords norvégiens.* ◆ **norvégien** **n.m.** La langue parlée par les Norvégiens. *Un livre traduit du norvégien.*
▸ REM. Quand il désigne une personne, le mot prend une majuscule : *un Norvégien, une Norvégienne.*

nos **adj. possessif** → **notre**

nostalgie **n.f.** Sentiment de tristesse qui naît du regret de quelque chose. *La nostalgie l'envahit quand il écoute des chants de son pays.*

nostalgique **adj.** Triste et mélancolique.

nota bene **n.m.invar.** Remarque placée à la fin d'un texte et présentée par l'abréviation N.B. pour attirer l'attention d'un lecteur sur quelque chose d'important.
▸ REM. On prononce [nɔtabene].

HISTOIRE DU MOT C'est une expression latine qui signifie « notez bien que... ».

1 notable **adj.** Digne d'être remarqué. *Tu as fait des progrès notables en mathématiques.* SYN. important, marquant.

HISTOIRE DU MOT Vient du latin *notare* qui signifie « faire une marque, noter ».

2 notable **n.m.** Personne qui occupe une position sociale importante dans une ville ou une région. *Elle était la fille d'un notable de la région.* SYN. personnalité.
▸ REM. Au Canada, ce mot s'emploie aussi au féminin.

notablement **adv.** D'une manière notable, sensible. *Son travail s'est notablement amélioré.* SYN. nettement.

notaire **n.** Personne chargée de donner un caractère officiel, authentique à des actes (vente, testament, contrat, etc.). *Le bureau où est installé un notaire est une étude.*

HISTOIRE DU MOT Vient du latin *notare*, « noter ».

notamment **adv.** En particulier, spécialement. *J'aime beaucoup les romans policiers, notamment « les Dix Petits Nègres » d'Agatha Christie.* SYN. particulièrement.

notation **n.f.** ❶ Manière de noter, de représenter avec des signes. *La notation phonétique. La notation musicale.* ❷ Le fait de donner une note. *La notation des rédactions était sévère.*

1 note **n.f.** ❶ Phrase ou petit texte qui attire l'attention sur un point particulier. *Dans mon livre, des notes en bas de page expliquent le sens des mots difficiles.* ❷ Ce que l'on écrit pour s'en souvenir. *Peux-tu me prêter les notes que tu as prises au cours d'histoire ?* ❸ Appréciation donnée à un travail ou à un devoir, sous forme de chiffres ou de lettres. *J'ai eu 14 sur 20 en français, c'est une bonne note.* ❹ Papier sur lequel est inscrit le détail de ce que l'on a à payer. *Au restaurant, les clients demandent la note à la fin du repas.* SYN. addition, facture.

2 note **n.f.** ❶ En musique, signe qui représente un son. *Apprendre à lire les notes. « Do, ré, mi, fa, sol, la, si » sont les sept notes de la gamme.* ❷ Détail qui apporte quelque chose de particulier à un ensemble. *Ces pivoines apportent une note de gaieté dans la pièce.* SYN. touche. *Il y avait une note de tristesse dans sa voix.* SYN. nuance. • **Fausse note :** en musique, note qu'on a mal exécutée ; au figuré, détail qui rompt l'harmonie d'un ensemble.

note de musique

ENCYCLOPÉDIE Le nom des notes vient d'un hymne en latin du Moyen Âge : *ut, re, mi, fa, sol, la, si* étaient les premières syllabes des sept premiers vers de cet hymne. *Ut* fut remplacé par *do* au XVIIe siècle. La note est représentée sur une portée par un signe qui indique à la fois sa hauteur et sa durée (croche, noire, blanche, ronde). Dans les pays anglo-saxons, les notes sont indiquées par des lettres : A (= *la*), B (= *si*), C (= *do*), D (= *ré*), E (= *mi*), F (= *fa*), G (= *sol*).

noter **v.** (CONJUG. 3). ❶ Écrire quelque chose pour s'en souvenir. *J'ai noté ton numéro de téléphone.* ❷ Remarquer quelque chose, y prêter attention. *Le médecin n'a noté aucune amélioration.* ❸ Donner une appréciation chiffrée. *Noter un devoir.*

HISTOIRE DU MOT Vient, comme *notable*, du latin *notare*.

notice **n.f.** Petit texte qui donne de brèves informations sur quelque chose. *Avant de monter l'appareil, lire attentivement la notice.*

HISTOIRE DU MOT Vient du latin *notitia* qui signifie « connaissance ».

notification **n.f.** Le fait de notifier une décision, un jugement à quelqu'un. *Il a reçu par lettre recommandée la notification de son changement de poste.* SYN. avis.

notifier **v.** (CONJUG. 7). Faire connaître officiellement. *On lui a notifié son congé.* SYN. annoncer.

notion **n.f.** ❶ L'idée qu'on a de quelque chose. *La notion de bonheur. La notion de quantité.* ❷ La connaissance que l'on a de quelque chose. *Les petits enfants n'ont pas la notion du danger.* SYN. conscience. ◆ **notions** **n.f.plur.** Connaissances rudimentaires dans un domaine. *Il a quelques notions d'allemand mais il parle très bien l'anglais.*

notoire **adj.** Qui est connu de tous. *Sa gentillesse est notoire. Un criminel notoire.* SYN. célèbre.

HISTOIRE DU MOT Vient du latin *notorius* qui signifie « qui fait connaître ».

notoriété **n.f.** ❶ Le caractère de ce qui est notoire, connu de tous. *Son avarice est de notoriété publique* (=est connue de tous). ❷ La célébrité de quelque chose ou de quelqu'un. *Ce pianiste jouit d'une grande notoriété.* SYN. renom, renommée.

1 **notre, nos** **adj. possessif.** Désigne la 1re personne du pluriel. *Notre voyage en Suède nous a enchantés. Nos parents sont sortis.* → VOIR **déterminant** (encadré).

2 le **nôtre,** la **nôtre,** les **nôtres** **pron. possessif.** Représente la 1re personne du pluriel. *Leur chien aboie toute la journée, le nôtre se tient tranquille. Serez-vous des nôtres pour le dîner ?* (=avec nous). → VOIR **pronom** (encadré).
▸ REM. Le *o* prend un accent circonflexe.

nouer **v.** (CONJUG. 3). ❶ Faire un nœud à quelque chose ou attacher, lier avec un nœud. *Nouer sa cravate. Nouer ses cheveux avec un ruban.* ❷ *Nouer une relation*, c'est établir des liens plus ou moins étroits avec une personne, un groupe. *Nouer des relations commerciales avec un pays étranger.* • **Avoir la gorge nouée :** avoir la gorge serrée par l'émotion au point de ne plus pouvoir parler. ◆ **se nouer** **v.pron.** Se constituer, en parlant de l'intrigue d'une histoire. → VOIR AUSSI **dénouer.**

noueux, euse **adj.** ❶ *Un arbre noueux* a beaucoup de renflements sur son tronc, de nœuds. *Un vieux chêne au tronc noueux.* ❷ *Une main noueuse* présente des renflements aux articulations dus à des rhumatismes.

HISTOIRE DU MOT Vient du latin *nodus* qui signifie « nœud ».

nougat **n.m.** Friandise à base de sucre caramélisé, de miel et de noix ou d'amandes, de noisettes. *Le nougat de Montélimar.*

HISTOIRE DU MOT C'est un mot provençal, du latin *nux*, « noix ».

nougat

nougatine **n.f.** Sorte de nougat brun et dur utilisé en pâtisserie et en confiserie.

nouille **n.f.** (Surtout au plur.) Pâte alimentaire plate et mince. *Hier soir, nous avons mangé des nouilles au gratin.* ◆ **n.f.** et **adj.** (Familier) Personne naïve et maladroite.

nounou **n.f.** Terme affectueux pour désigner une nourrice.

nourrice **n.f.** ❶ Autrefois, femme qui allaitait un enfant qui n'était pas le sien. ❷ Femme dont la profession est de garder des enfants en bas âge.

HISTOIRE DU MOT Vient du latin *nutricia* qui signifie « celle qui donne la nourriture », de *nutrire* qui signifie « nourrir ».

nourricier, ère **adj.** ❶ Qui procure des aliments, de la nourriture. *La sève est un liquide nourricier.* ❷ *Père nourricier, mère nourricière*, qui élèvent un enfant qui n'est pas le leur. SYN. adoptif.

nourrir **nourrissant, nourri v.** (CONJUG. 16). ❶ Donner à manger. *Je nourris mon chien matin et soir. La maman nourrit son bébé* (=elle l'allaite). ❷ Donner les moyens de vivre et de subsister. *Il a une famille nombreuse à nourrir.* ❸ Donner les éléments nécessaires pour fortifier quelque chose. *L'engrais nourrit la terre. La lecture nourrit l'intelligence.* ❹ *Nourrir un feu*, c'est l'entretenir en ajoutant ce qui est nécessaire (bois, charbon, etc.). ❺ *Nourrir un espoir*, c'est avoir sans cesse cet espoir. *Nicole nourrissait l'espoir d'aller à New York.* ◆ **se nourrir** **v.pron.** Absorber des aliments.
▸ REM. Attention, *nourrir* a deux *r*.

nourrir : oiseau nourrissant son petit

nourrissant, e **adj.** Qui nourrit bien. *Les produits laitiers sont très nourrissants.* SYN. nutritif.

nourrisson **n.m.** Tout petit enfant qui ne se nourrit encore que de lait.

nourriture **n.f.** L'ensemble des aliments qui servent à nourrir un être vivant. *Une nourriture saine et équilibrée.* SYN. alimentation. *De la nourriture pour animaux.*

nous **pron. personnel.** Représente la 1re personne du pluriel. *Nous partons demain. Je suis sûre qu'il ne nous a pas vus. Nous avons fabriqué ce meuble nous-mêmes.* → VOIR **pronom** (encadré).
▸ REM. *Nous* est souvent remplacé par *on* dans la langue parlée.

1 **nouveau** ou **nouvel, elle** **adj.** ❶ Qui existe depuis peu de temps. *Le vin nouveau. Les nouveaux modèles de voitures sont présentés au Salon de l'automobile.* SYN. récent. ❷ Qui vient remplacer quelque chose ou quelqu'un d'autre. *S'installer dans son nouvel appartement.* CONTR. ancien. *Voici le nouveau directeur.* ◆ **adj.** et **n.** Qui vient d'arriver quelque part. *La nouvelle était très intimidée quand elle est entrée dans la classe.*
▸ REM. 1. *Nouvel* remplace *nouveau* devant un nom masculin commençant par une voyelle ou un *h* muet : *le Nouvel An, un nouvel hôtel.* 2. Au mot *nouveau* correspond l'élément tiré du grec *néo-* que l'on retrouve dans des mots comme *néologisme, néolithique.*

2 **nouveau** **n.m.** Faits, événements récents qu'on aimerait connaître ou faire connaître. *Y a-t-il du nouveau ? Il n'y a rien de nouveau.* SYN. neuf. → VOIR AUSSI **nouvelle.** • **À nouveau, de nouveau :** une fois de plus ; pour la seconde fois. *François est de nouveau en retard.*

nouveau-né **adj.** et **n.** (PLUR. : nouveau-nés, es). Enfant ou petit d'un animal qui vient de naître. *Nicole et son nouveau-né ont quitté hier la maternité.*

nouveauté **n.f.** ❶ Ce qui est nouveau, chose récente qui vient d'apparaître. *Fabricant qui présente ses nouveautés* (= ses modèles nouveaux). ❷ Le caractère de ce qui est nouveau. *Elle n'aime pas la routine, elle veut toujours de la nouveauté.* SYN. changement.

nouvelle **n.f.** ❶ Annonce d'un événement qui vient de se produire. *La nouvelle de sa nomination a été annoncée par la radio. Une bonne, une mauvaise nouvelle.* ❷ En littérature, récit assez court. *Les nouvelles de Maupassant.* ◆ **nouvelles** **n.f.plur.** ❶ Renseignements sur la santé, la situation d'une personne que l'on connaît. *Je n'ai pas de nouvelles de Simon depuis qu'il est parti en vacances.* ❷ Informations sur ce qui se passe dans le monde. *Quelles sont les nouvelles aujourd'hui ? As-tu écouté les nouvelles à la radio hier soir ?*

novateur, trice **adj.** et **n.** Qui innove, qui trouve des choses nouvelles. *Un projet novateur.* SYN. original.

HISTOIRE DU MOT Vient du latin *novus*, « neuf ».

novembre **n.m.** Le onzième mois de l'année.

HISTOIRE DU MOT Vient du latin *novem*, « neuf » ; sous les Romains, *novembre* était le neuvième mois de l'année, qui commençait en mars.

novice **adj.** et **n.** Débutant dans un métier ou une activité. *Elle est novice dans le métier.* SYN. inexpérimenté. CONTR. expérimenté. *Cet alpiniste est un novice.* SYN. débutant, néophyte.

noyade **n.f.** Mort par asphyxie sous l'eau. *On n'a pas pu le sauver de la noyade.*

noyau **n.m.** ❶ La partie dure à l'intérieur de certains fruits, qui contient la graine. *La pêche, la cerise, l'abricot ont un noyau.* ❷ La partie centrale de quelque chose qui joue un rôle fondamental. *Le noyau d'une cellule contient les chromosomes. Le noyau d'un atome.* ❸ Petit groupe de personnes qui joue un rôle important. *Il a fallu du temps pour détruire les derniers noyaux de résistance ennemie. Avoir un noyau d'amis fidèles.*

HISTOIRE DU MOT Vient du latin *nodus*, « nœud ».

noyé, e **n.** Personne qui s'est noyée. *Faire la respiration artificielle à un noyé.*

1 **noyer** **v.** (CONJUG. 3). ❶ Faire mourir par noyade. *Noyer des petits chats.* ❷ Recouvrir d'eau. *La digue s'est rompue et l'eau a noyé les terres.* SYN. inonder, submerger. ❸ Faire disparaître dans une masse confuse. *Il a noyé l'essentiel dans un flot de détails.* • **Noyer un moteur :** faire venir trop d'essence, ce qui l'empêche de fonctionner. ◆ **se noyer** **v.pron.** ❶ Mourir par noyade. *Il a été emporté par le courant et il s'est noyé.* ❷ Ne plus suivre. *Être noyé en mathématiques.* • **Se noyer dans les détails :** oublier l'essentiel d'un récit et trop raconter, se perdre dans les détails.

HISTOIRE DU MOT Vient du latin *necare* qui signifie « tuer ».

2 **noyer** **n.m.** Grand arbre des régions tempérées, dont le fruit est la noix et dont le bois, très dur, est utilisé en ébénisterie.

1 **nu, nue** **adj.** ❶ Sans vêtements. *Se baigner nu. Marcher pieds nus* (= sans chaussures). *Se promener bras nus. Sortir tête nue* (= sans chapeau). ❷ Qui n'est ni orné, ni recouvert, ni protégé. *Les murs de sa chambre étaient nus* (= sans photos, sans tableaux, etc.). *Des fils électriques nus* (= sans gaine isolante). *Un paysage nu* (= sans végétation). • **À l'œil nu :** sans instrument d'optique. • **À mains nues :** sans arme. *Se battre à mains nues.* • **Mettre à nu :** enlever ce qui recouvre ou protège. *Mettre à nu un fil électrique.* SYN. dénuder. • **Nu-tête, nu-pieds, nu-jambes :** sans chapeau, sans chaussures, sans collants ou pantalons longs.

▸ REM. Placé devant les noms *tête, pieds, jambes, nu* reste invariable ; placé après, *nu* varie : *sortir tête nue* ou *sortir nu-tête.*

2 **nu** **n.m.** En peinture, représentation d'un corps nu ou largement dévêtu.

nuage **n.m.** ❶ Amas de minuscules gouttelettes d'eau ou de glace qui flottent dans l'atmosphère. → VOIR planche page suivante. ❷ Matière légère et vaporeuse aux contours flous comme un nuage. *Un nuage de poussière. Un nuage de fumée.* • **Un nuage de lait :** un peu de lait versé dans du thé ou du café. • **Être dans les nuages :** être distrait ou perdu dans ses rêveries.

nuageux, euse **adj.** Couvert de nuages. *Ciel, temps nuageux.*

nuance **n.f.** ❶ Chacun des degrés différents d'une même couleur, du clair au foncé. *Utiliser toutes les nuances du rouge, du grenat au rose.* SYN. ton. ❷ Manière particulière d'interpréter une musique, de dire un texte, qui exprime la personnalité, les sentiments. *Un pianiste qui joue sur les nuances.* ❸ Petite différence entre des significations, des idées, des opinions. *Entre la mention « bien » et la mention « très bien », il y a quand même une nuance.*

nuancer **nuançant, nuancé** **v.** (CONJUG. 4). Modifier une idée, une opinion, en exprimant de légères différences. *Il a nuancé son jugement depuis qu'il connaît mieux les faits.* SYN. corriger, modérer.

La formation des nuages

Les nuages font partie du cycle complexe de l'eau et de l'air dans l'**atmosphère**. À volume égal, l'air froid ne peut contenir autant d'humidité que l'air chaud : à - 20 °C, 1 m^3 d'air contient 1 gramme d'eau, alors qu'à + 20 °C, il en contient 30 g. Dès qu'une masse d'air chaud se refroidit (en s'élevant dans le ciel, lorsque l'air marin arrive l'hiver sur un continent plus froid, ou simplement la nuit), elle libère son excès d'humidité. Lors de la **condensation**, la vapeur se transforme en fines gouttelettes ou en cristaux de glace, ce qui provoque la formation des nuages.

Les types de nuages

Selon les turbulences et les trajectoires, les formes nuageuses varient. En couches uniformes basses, ce sont les **stratus** ; en bandes ou filaments, les **cirrus** ; en boules, les **cumulus**. Les **cumulonimbus** se développent en hauteur jusqu'à une dizaine de kilomètres d'altitude et provoquent de violents orages parfois accompagnés de grêle.

nucléaire **adj.** Qui se rapporte au noyau de l'atome et à l'énergie qu'il fournit. *Une partie de l'électricité est produite par des centrales nucléaires.* ◆ **n.m.** L'ensemble des industries de l'énergie nucléaire. *Le développement du nucléaire suscite de nombreuses craintes.*
HISTOIRE DU MOT Vient du latin *nucleus* qui signifie « noyau ».

nudisme **n.m.** *Faire du nudisme*, c'est vivre au grand air dans un état de complète nudité. → VOIR AUSSI **naturisme.**

nudiste **n.** Personne qui pratique le nudisme. → VOIR AUSSI **naturiste.**

nudité **n.f.** Le fait d'être nu.

nuée **n.f.** ❶ Grande quantité d'insectes ou d'oiseaux volant ensemble. *Dans les marécages, en été, des nuées de moustiques tourbillonnent dans l'air.* ❷ Grand nombre de personnes, de choses. *À la fin du concert, le chanteur a été assailli par une nuée d'admirateurs.* SYN. foule, multitude.

nues **n.f.plur.** • **Tomber des nues :** être extrêmement surpris. • **Porter quelqu'un aux nues :** lui attribuer toutes les qualités, lui faire des compliments excessifs.
HISTOIRE DU MOT Vient du latin *nubes*, « nuage ».

nuire **nuisant, nui v.** (CONJUG. **61**). Faire du mal, du tort, causer un dommage. *Elle cherche à me nuire.* SYN. discréditer. *Le tabac nuit gravement à la santé.*
HISTOIRE DU MOT Vient du latin *nocere* que l'on retrouve dans *nocif.*

nuisance **n.f.** Ce qui nuit à l'environnement ; ce qui provoque une gêne pour les individus qui s'y trouvent. *La pollution et le bruit sont des nuisances.*

nuisible **adj.** Qui nuit. *Ce climat humide est nuisible à la santé.* SYN. néfaste, nocif. CONTR. bénéfique, bienfaisant. *La mouche tsé-tsé est un insecte nuisible.* ◆ **n.m.** Animal (insecte, rongeur, etc.) qui détruit les récoltes ou transmet des maladies.

nuit **n.f.** ❶ Durée comprise entre le coucher et le lever du soleil, généralement consacrée au sommeil. *Passe une bonne nuit. En pleine nuit.* CONTR. jour. ❷ Obscurité qui règne entre le soir et le matin. *La nuit tombe. Il fait nuit.* • **De nuit :** qui a lieu pendant la nuit ; qui vit la nuit. *Travail de nuit. Oiseau de nuit.* SYN. nocturne. • **Nuit et jour :** sans arrêt.
HISTOIRE DU MOT Vient du latin *nox, noctis* que l'on retrouve dans *nocturne, noctambule.*

1 nul, nulle **adj. indéfini.** Pas un. *Nul homme ne rentrera ici.* SYN. aucun. *Je n'ai nul besoin de toi.* SYN. aucun, pas. ◆ **pron. indéfini.** Pas une seule personne. *Nul n'est censé ignorer la loi.* SYN. personne.

2 nul, nulle **adj.** ❶ Qui est sans existence ; qui reste sans résultat. *Les risques d'accident sont nuls.* SYN. inexistant. *Les deux équipes ont fait match nul* (= le match s'est terminé sans gagnant ni perdant). ❷ Très mauvais ou très ignorant dans un domaine. *Loïc est nul en mathématiques.* ❸ Sans valeur. *Cette décision est nulle.* CONTR. valable.

nullement **adv.** En aucune façon. *Cela ne me gêne nullement* (= pas du tout).

nulle part **adv.** → **part**

nullité **n.f.** ❶ Manque total de qualité ou de compétence dans un domaine particulier. *Pour protester contre la nullité du spectacle, le public a sifflé. Noëlle est d'une nullité totale en allemand.* ❷ Personne sans compétence. *C'est une nullité, il ne sait rien !*

numéraire **n.m.** *Payer en numéraire*, c'est payer avec de l'argent liquide et non par chèque ou par carte bancaire. SYN. espèces. CONTR. chèque.
HISTOIRE DU MOT Vient du latin *numerare* qui signifie « compter ».

numéral, ale, aux **adj.** • **Adjectif numéral :** déterminant qui indique soit la quantité (adjectif numéral *cardinal*), soit le rang (adjectif numéral *ordinal*). *Dans « Deux voitures sont passées », « deux » est adjectif numéral cardinal. Dans « Je préfère la troisième solution », « troisième » est adjectif numéral ordinal.*

numérateur **n.m.** Nombre inscrit au-dessus d'une barre de fraction et qui indique de combien de parties de l'unité se compose cette fraction. → VOIR AUSSI **dénominateur.**
HISTOIRE DU MOT Vient du latin *numerator* qui signifie « compteur ».

numération **n.f.** Manière de compter et de représenter les nombres. *La numération décimale a pour base le nombre dix.*

numérique **adj.** ❶ Qui se fait avec les nombres. *Le calcul numérique.* ❷ Qui est évalué en nombre. *La supériorité numérique de l'ennemi était écrasante.* ❸ Qui enregistre une information (son, image) en la traitant sous forme de nombres, par opposition à *analogique*. *Un enregistrement numérique.*
HISTOIRE DU MOT Vient du latin *numerus* qui signifie « nombre ».

numérisation **n.f.** Action de numériser.

numériser **v.** (CONJUG. **3**). Exprimer sous forme numérique une information analogique. *Il a numérisé ses photos pour les conserver sur son ordinateur.*

numéro **n.m.** ❶ Chiffre ou ensemble de chiffres qui permet de distinguer un élément des autres, dans une série. *À quel numéro de la rue se trouve la poste ? Numéro de téléphone. Le numéro du billet gagnant.* ❷ Exemplaire d'une revue, d'un journal qui porte une certaine date. *Le prochain numéro de la revue paraît dans quelques jours.* ❸ Chacune des parties d'un spectacle de cirque ou de variétés. *Le numéro des acrobates a été très applaudi.* ❹ (Familier) Nom que l'on donne à une personne bizarre, singulière. *Ta sœur est vraiment un drôle de numéro !*

numérotation **n.f.** L'action de numéroter, la manière dont des éléments sont numérotés. *La numérotation de la rue a changé.*
▸ REM. On dit parfois *numérotage.*

a b c d e f g h i j k l m n o p q r s t u v w x y z

A B C D E F G H I J K L M N O P Q R S T U V W X Y Z

numéroter v. (CONJUG. 3). Marquer d'un numéro chaque élément d'une série. *J'ai numéroté les feuilles de mon classeur.*

numismate n. Spécialiste de numismatique.

numismatique n.f. L'étude des pièces de monnaie ancienne, des médailles, etc.

HISTOIRE DU MOT Vient du grec *nomisma* qui signifie « monnaie ».

nu-pieds n.m.invar. Sandale à semelle légère attachée au pied par des lanières ou des courroies.

nuptial, ale, aux adj. Qui concerne le mariage, les noces. *L'anneau nuptial* (= l'alliance). • **Parade nuptiale :** ensemble des comportements de séduction observé chez de nombreuses espèces animales à l'époque de l'accouplement. *Au moment de la parade nuptiale, le paon fait la roue.*

HISTOIRE DU MOT Vient du latin *nuptiae* qui signifie « noce ».

nuque n.f. La partie arrière du cou chez l'homme et l'animal.

HISTOIRE DU MOT Vient du latin *nucha* qui signifie « moelle épinière ».

nurse n.f. Femme chargée de s'occuper des enfants dans certaines familles.
▸ REM. C'est un mot anglais, on prononce [nœrs].

nurserie ou **nursery** n.f. Pièce réservée aux bébés dans un hôpital, une maternité ou dans certains lieux publics (aéroports, stations-service, etc.).
▸ REM. C'est un mot anglais, on prononce [nœrsəri].

nutriment n.m. Substance chimique contenue dans les aliments et qui est assimilée directement par le corps. *Les vitamines sont des nutriments.*

nutritif, ive adj. Qui contient les éléments nécessaires à nourrir un être vivant. *Les matières nutritives du sol sont puisées par les racines des plantes. Aliment très nutritif.* SYN. nourrissant.

nutrition n.f. ❶ L'alimentation, considérée du point de vue de l'apport de chaque aliment dans l'organisme et de la manière dont l'organisme le transforme et l'assimile. *Étudier les principes de la nutrition.* ❷ Manière de se nourrir, de s'alimenter. *La maigreur et l'obésité résultent généralement de troubles de la nutrition.* SYN. alimentation.

HISTOIRE DU MOT Vient du latin *nutrire* qui signifie « nourrir ».

nutritionniste n. Spécialiste de la nutrition qui donne des conseils sur la manière de s'alimenter.

Nylon n.m. Fibre textile synthétique.
▸ REM. C'est un nom de marque, le mot prend une majuscule, en France, dans les textes imprimés.

nymphe n.f. ❶ Déesse des Eaux, des Bois et des Montagnes dans la mythologie grecque. ❷ Forme que prend un insecte entre son état de larve et son état définitif.

HISTOIRE DU MOT Vient du grec *numphê* qui signifie « jeune fille ».

nymphe : détail du tableau de Nicolas Poussin, *Écho et Narcisse* (1630)

ô **interj.** S'emploie dans une supplication, ou dans une évocation. *Ô doux souvenirs de jeunesse !*
▶ REM. 1. Ce mot appartient à la langue soutenue. 2. Ne pas confondre avec *oh*.

oasis **n.f.** ❶ Dans un désert, lieu où il y a un point d'eau, ce qui permet à la végétation de pousser. *Les oasis sont les seuls endroits habités du désert.* ❷ *Une oasis de paix, de calme*, c'est un lieu où tout est calme au milieu de l'agitation, du bruit.
▶ REM. 1. On prononce le *-s* final. 2. Ce mot est du féminin.

caravane arrêtée dans une **oasis** (Maroc)

obéir **obéissant, obéi v.** (CONJUG. 16). ❶ Faire ce qui est demandé, exigé ; se soumettre à un ordre. *Le chien obéit à son maître. Les élèves n'obéissent pas toujours.* SYN. écouter. CONTR. désobéir. ❷ Observer, respecter une loi. *Obéir au règlement.* ❸ Être soumis à une force naturelle, à une loi. *Les objets en tombant obéissent à la loi de la gravitation.* ❹ Faire ce que dicte un sentiment. *Obéir à son instinct.*

obéissance **n.f.** Le fait d'obéir à un ordre. *Le soldat a été puni pour refus d'obéissance.*

obéissant, e **adj.** Qui obéit volontiers. *Un enfant obéissant.* SYN. docile.

obélisque **n.m.** Haute colonne à quatre faces taillée dans un seul bloc de pierre et surmontée d'une petite pyramide. *Les faces des obélisques égyptiens sont toujours gravées de hiéroglyphes.*
▶ REM. Ce mot est du masculin.

ENCYCLOPÉDIE Les obélisques étaient en général placés par deux devant les temples ou les tombeaux. Leur fonction était de capter les rayons du Soleil, symbole de la lumière divine. L'obélisque de Louqsor, érigé place de la Concorde, à Paris, a été rapporté d'Égypte en 1836 dans un navire spécialement construit pour son transport. Il pèse 230 t et mesure 22,83 m de haut.

obélisque (Karnak près de Louqsor, Égypte)

obèse **adj.** et **n.** *Une personne obèse* est excessivement grosse. CONTR. maigre.

HISTOIRE DU MOT Vient du latin *obesus* qui signifie « gras ».

obésité n.f. Excès de poids, état d'une personne obèse.

objecter v. (CONJUG. 3). Opposer à quelqu'un des arguments, des objections pour le contredire ou pour critiquer ce qu'il propose. *Il m'a objecté qu'il ne nous restait plus assez de temps.*

HISTOIRE DU MOT Vient du latin *objectare* qui signifie « jeter devant ».

objecteur n.m. • **Objecteur de conscience :** homme qui refuse de faire son service militaire pour des raisons religieuses ou philosophiques. *Les objecteurs de conscience font un service civil dans une administration ou une collectivité locale.*

1 objectif n.m. ❶ But que l'on s'est fixé, résultat que l'on veut atteindre. ❷ Point ou zone visés dans une opération militaire. *Les bombes ont manqué leur objectif.* SYN. cible. ❸ Dans un instrument d'optique, système formé de plusieurs lentilles de verre qui permet d'avoir l'image de ce qui est observé. *L'objectif d'un microscope, d'un télescope, d'un appareil photo, d'une caméra.* ❹ Appareil photo ou caméra. *Les élèves posaient devant l'objectif.*

2 objectif, ive adj. Qui raconte les faits sans se laisser influencer par son jugement personnel. *Un journaliste, un historien objectifs.* SYN. neutre. CONTR. subjectif.

objection n.f. Avis, argument que l'on oppose à une affirmation, à une proposition, à une demande. *Si tu n'y vois pas d'objection, je finirai ce travail demain.* SYN. inconvénient.

objectivement adv. D'une façon objective, impartiale. *Décris-moi objectivement la situation.*

objectivité n.f. Fait d'être objectif, neutre. *Le témoin a exposé les faits avec objectivité.* SYN. impartialité. CONTR. subjectivité.

objet n.m. ❶ Toute chose concrète qui a une forme, un aspect, un usage, etc. *Toutes sortes d'objets traînaient dans la pièce : des livres, des vêtements, des disques, des jouets, etc.* ❷ Le but d'une action ; le sujet dont on parle. *Quel est l'objet de ta visite ?* SYN. motif. *Le débat avait pour objet la faim dans le monde.* SYN. thème.

HISTOIRE DU MOT Vient du latin *objectum* qui signifie « chose placée devant ».

obligation n.f. ❶ Ce qui est obligatoire, imposé par une loi, un règlement, etc. *C'est une obligation d'aller à l'école.* ❷ Ce que l'on se doit de faire pour des raisons diverses. *Avoir des obligations envers ses enfants.* SYN. devoir. *Ses obligations professionnelles l'empêchent d'être des nôtres ce soir. Je suis dans l'obligation de partir* (= je dois partir).

obligatoire adj. Qui est imposé par une loi, un règlement ou certaines circonstances. *Votre présence est obligatoire.* SYN. indispensable. CONTR. facultatif.

obligatoirement adv. De façon obligatoire. *Vous devez obligatoirement présenter votre passeport à la frontière.* SYN. impérativement.

obligé, e adj. *Être obligé de faire quelque chose*, c'est devoir le faire impérativement. *Je suis obligée d'aller le voir* (= il faut que j'aille le voir). • (Familier) **C'est obligé :** c'est inévitable. *C'est obligé que la télé ne marche pas, elle n'est pas branchée !* ◆ **adj.** et **n.** S'emploie dans des formules de politesse ou dans la langue soutenue pour exprimer sa reconnaissance. *Je vous serais très obligé de me répondre.* SYN. reconnaissant. *Je suis votre obligé dans cette affaire.*

obligeance n.f. La qualité d'une personne obligeante. *Auriez-vous l'obligeance de me prêter votre stylo ?* SYN. amabilité, gentillesse.

obligeant, e adj. Qui est prêt à rendre service, à faire plaisir. *Elle a été très obligeante.* SYN. aimable, serviable. CONTR. désobligeant.

obliger obligeant, obligé v. (CONJUG. 5). ❶ Forcer quelqu'un à faire quelque chose. *Le mauvais temps nous oblige à rester à la maison.* SYN. contraindre à. ❷ Rendre service à quelqu'un. *Vous m'obligeriez si vous me prêtiez ce livre* (= vous me feriez plaisir, vous m'aideriez). ◆ **s'obliger** v.pron. Se forcer à faire quelque chose. *Nous nous obligeons à faire du sport pour garder la forme.*

▸ REM. Au sens 2, ce mot appartient à la langue soutenue.

HISTOIRE DU MOT Vient du latin *obligare* qui signifie « lier par un contrat ».

oblique adj. ❶ *Une ligne oblique* est penchée et s'écarte d'une horizontale ou d'une verticale. *Le « Z » est formé de deux lignes horizontales et d'une ligne oblique.* ❷ *Un regard oblique* manque de franchise. • **En oblique :** de biais. *Traverser un champ en oblique.* SYN. en diagonale.

obliquer v. (CONJUG. 3). *Obliquer dans une direction*, c'est prendre une autre direction, à droite ou à gauche. *Vous irez jusqu'au pont, puis vous obliquerez à droite pour rejoindre l'autoroute.* SYN. tourner.

oblitérer v. (CONJUG. 9, ✎ 10). *Oblitérer un timbre*, c'est lui apposer le cachet de la poste. *Rémi collectionne les timbres oblitérés.*

HISTOIRE DU MOT Vient du latin *obliterare* qui signifie « effacer ».

timbre néerlandais oblitéré

oblong, oblongue adj. Plus long que large. *Un visage oblong.* SYN. allongé.

obnubiler v. (CONJUG. 3). *Être obnubilé par quelque chose*, c'est ne penser qu'à cela. SYN. obséder.

obole n.f. Petite offrande, petite somme d'argent que l'on verse, en général pour venir en aide à quelqu'un.

HISTOIRE DU MOT Vient du grec *obolos* qui désignait une petite pièce de monnaie.

obscène adj. *Des propos, des images obscènes* choquent parce qu'ils présentent volontairement les réalités sexuelles de façon vulgaire. *Tenir des propos obscènes.* SYN. ordurier.

▸ REM. Attention *-bsc-*.

obscénité **n.f.** Caractère de ce qui est obscène ; parole ou geste obscènes. *Dire des obscénités.* SYN. grossièreté.

obscur, e **adj.** ❶ Qui n'est pas ou peu éclairé. *L'escalier qui mène à la cave est plutôt obscur.* SYN. sombre. CONTR. clair. ❷ Qui est difficile à comprendre. *Ses explications m'ont paru plutôt obscures.* SYN. confus, embrouillé. CONTR. clair. *Les raisons de son départ restent obscures.* SYN. énigmatique, mystérieux. ❸ Qui n'est pas connu. *Un obscur romancier du XVIIIe siècle.* SYN. méconnu. CONTR. célèbre.

obscurcir **obscurcissant, obscurci v.** (CONJUG. **16**). Rendre plus obscur, plus sombre. *Ces rideaux foncés obscurcissent la pièce.* ◆ **s'obscurcir v.pron.** Devenir obscur, sombre. *L'orage approche, le ciel s'obscurcit.* SYN. se couvrir. CONTR. s'éclaircir.

obscurément **adv.** De façon obscure, peu compréhensible. SYN. confusément.

obscurité **n.f.** ❶ Absence de clarté, de lumière ; état de ce qui est obscur. *Hier soir, une panne d'électricité nous a plongés dans l'obscurité complète.* SYN. noir. ❷ Situation où l'on est obscur, peu connu. *Un auteur qui sort enfin de l'obscurité.*

obsédant, e **adj.** Qui obsède. *Une pensée obsédante.*

obsédé, e **n.** Personne qui est tourmentée par une idée fixe, qui ne pense qu'à une seule chose. *Un obsédé de l'informatique.*

obséder **v.** (CONJUG. **9**, ✎ *10*). Occuper sans cesse l'esprit. *Le souvenir de son horrible accident m'obsède.* SYN. hanter, poursuivre. *Il est obsédé par ses ennuis d'argent.* SYN. obnubiler.

HISTOIRE DU MOT Vient du latin *obsidere* qui signifie « assiéger ».

obsèques **n.f.plur.** Cérémonie d'enterrement. *Victor Hugo a eu des obsèques nationales.* SYN. funérailles.

obséquieux, euse **adj.** Qui est trop poli, souvent par hypocrisie. *Le serviteur avait des manières obséquieuses.* SYN. servile.

HISTOIRE DU MOT Vient du latin *obsequium* qui signifie « complaisance ».

observable **adj.** Que l'on peut observer. *L'éclipse sera observable dans tout l'hémisphère Nord.*

observateur, trice **n.** ❶ Personne qui assiste à quelque chose sans y participer. *Il a assisté à la réunion en simple observateur.* SYN. spectateur, témoin. CONTR. participant. ❷ Personne dont la mission est d'observer le déroulement d'un événement pour le raconter ensuite. *Le journal a envoyé des observateurs sur le lieu du conflit.* ◆ **adj.** Qui sait observer et remarque tout. *Audrey est très observatrice, aucun détail ne lui échappe.*

observation **n.f.** ❶ Le fait d'observer, de regarder avec attention. *Un ornithologue se livre à l'observation des oiseaux.* SYN. étude. ❷ Remarque que l'on fait sur quelque chose. *Je n'ai aucune observation à faire sur ce que vous venez de dire.* SYN. commentaire. ❸ Le fait d'observer un règlement, un principe. *L'observation du Code de la route permet d'éviter des accidents.* SYN. respect. ❹ *Mettre un malade en observation,* c'est le mettre sous surveillance médicale, en général pour voir de quoi il souffre.

observatoire **n.m.** Édifice surmonté d'une coupole équipée d'appareils (télescopes, lunettes astronomiques, etc.), qui sert à l'observation du ciel, des étoiles, des planètes, etc.

observatoire de Mauna Kea (Hawaii)

observer **v.** (CONJUG. **3**). ❶ Regarder attentivement pour comprendre, connaître, étudier. *Observer une fourmi au microscope.* SYN. examiner. ❷ Épier les faits et gestes de quelqu'un. *Il se savait observé par la police et se méfiait.* SYN. surveiller. ❸ Constater, remarquer quelque chose. *On a observé un léger mieux chez la malade.* SYN. noter. ❹ *Observer un règlement, un principe,* c'est s'y conformer, les suivre. *L'automobiliste a eu une contravention, car il n'a pas observé la limitation de vitesse.* SYN. respecter.

obsession **n.f.** Idée qui obsède quelqu'un. *Sa peur de grossir est devenue une obsession* (= idée fixe). SYN. hantise.

obstacle **n.m.** ❶ Tout objet qui empêche de passer. *La voiture a fait un écart pour éviter l'obstacle.* ❷ Ce qui empêche ou gêne la réalisation d'une chose. *Vaincre tous les obstacles.* SYN. difficulté.

HISTOIRE DU MOT Vient du latin *obstare* qui signifie « se tenir devant ».

saut d'obstacle

a b c f g h i j k l m n o p q r s t u v w x

obstination **n.f.** ❶ Caractère obstiné d'une personne. *À force d'obstination, il a réussi à les convaincre.* SYN. persévérance, ténacité. ❷ Fait de s'entêter, de ne pas vouloir changer d'opinion. *Elle refuse avec obstination de venir.* SYN. entêtement.

obstiné, e **adj.** Qui s'obstine, qui ne change pas d'avis. *C'est un homme obstiné qui n'abandonne jamais avant d'avoir réussi.* SYN. persévérant, tenace. *Il est obstiné et ne veut rien entendre.* SYN. têtu.

obstinément **adv.** Avec obstination. *Il refusait obstinément de partir.*

s'obstiner **v.pron.** (CONJUG. **3**). Persévérer dans ce qu'on a entrepris. *Elle s'obstinait à poursuivre son projet malgré les difficultés.* SYN. s'acharner, s'entêter. *Tu as tort de t'obstiner, car elle ne cédera pas.* SYN. insister.

obstruction **n.f.** ❶ État d'un conduit, d'un canal (en particulier dans l'organisme) qui est bouché, obstrué. *Une obstruction intestinale.* ❷ *Faire obstruction à quelque chose*, c'est mettre tout en œuvre pour que cela ne se réalise pas.

obstruer **v.** (CONJUG. **3**). *Obstruer un passage, un conduit*, c'est les boucher par un obstacle. *La gouttière est obstruée par des feuilles mortes.* SYN. engorger.

obtempérer **v.** (CONJUG. **9**, ✎ *10*). Se soumettre à un ordre sans discuter. *Les ordres du colonel sont formels, il faut obtempérer.* SYN. s'exécuter, obéir.

obtenir **obtenant, obtenu v.** (CONJUG. **20**). ❶ Réussir à avoir ce que l'on désirait. *J'ai obtenu de mes parents la permission de sortir* (= ils me l'ont accordée). *Ma sœur a obtenu son diplôme.* ❷ Arriver à un résultat ; atteindre un but. *Faites l'addition, quel total obtenez-vous ?* SYN. trouver.

obtention **n.f.** Le fait d'obtenir quelque chose. *L'obtention de votre passeport ne prendra que quelques jours.*

obturer **v.** (CONJUG. **3**). Boucher un trou, une fissure avec du plâtre, un enduit, etc. SYN. colmater.

obtus, e **adj.** Qui ne comprend pas ; qui manque de finesse. *Cette élève est obtuse.* SYN. borné. CONTR. fin, vif. • **Angle obtus :** angle qui est plus grand, plus ouvert que l'angle droit. CONTR. aigu.

obus **n.m.** Projectile de forme cylindrique lancé par un canon. *Il a été blessé à la jambe par un éclat d'obus.*

HISTOIRE DU MOT Vient de l'allemand *Haubitze* qui signifie « canon ».

oc **n.m.** • **Langue d'oc :** ensemble des langues romanes parlées dans la moitié sud de la France, où *oui* se disait « oc », par opposition à la langue d'*oïl*.
→ VOIR AUSSI **occitan.**

occasion **n.f.** ❶ Circonstance favorable qui se présente. *Puisque je vous vois, je profite de l'occasion pour vous remercier.* SYN. aubaine. ❷ Voiture, machine qui ont déjà servi, que l'on n'achète pas neuves. • **D'occasion :** qui n'est pas vendu neuf. *Acheter une voiture d'occasion.*

HISTOIRE DU MOT Vient du latin *cadere* qui signifie « tomber » ; l'occasion, c'est ce qui tombe bien.

occasionnel, elle **adj.** Qui se produit par hasard ou de temps en temps. *Un travail occasionnel.* SYN. irrégulier.

occasionnellement **adv.** De temps en temps, sans régularité. *Il travaille occasionnellement, quand ça lui plaît !*

occasionner **v.** (CONJUG. **3**). Provoquer, produire quelque chose de désagréable. *Ce genre de fête occasionne de grosses dépenses.* SYN. entraîner. *Ses bêtises nous ont occasionné bien des ennuis.* SYN. causer, valoir.

occident **n.m.** Le côté de l'horizon où le soleil se couche, c'est-à-dire l'ouest, par opposition à l'*orient*. • **L'Occident :** l'ensemble des pays de l'Europe de l'Ouest et de l'Amérique du Nord, considérés sur le plan politique, économique et culturel.

HISTOIRE DU MOT Vient du latin *occidens* qui signifie « qui se couche ».

occidental, ale, aux **adj.** De l'occident, de l'ouest par opposition à *oriental*. *La Bretagne est la partie la plus occidentale de la France.* ◆ **adj.** et **n.** De l'Occident. *La Suisse est un pays occidental.*
▸ REM. Quand il désigne une personne, le mot prend une majuscule : *un Occidental, les Occidentaux.*

occiput **n.m.** La partie située en bas et en arrière de la tête, au-dessus de la nuque. *Il a été assommé par un coup de matraque sur l'occiput.*
▸ REM. On prononce le *-t*.

HISTOIRE DU MOT Vient du latin *caput* qui signifie « tête ».

occire **occis v.** Ancien mot pour dire « tuer ». *Occire un ennemi d'un coup d'épée.*
▸ REM. 1. Ne se conjugue qu'à l'infinitif et aux temps composés. 2. Ce mot appartient à la langue soutenue ou ancienne.

HISTOIRE DU MOT Vient du latin *occidere* qui signifie « abattre en frappant ».

1 **occitan** **n.m.** Ensemble de langues romanes qui ont été parlées et le sont parfois encore dans le sud de la France. *L'occitan était la langue des poètes provençaux du Moyen Âge, les troubadours.*

ENCYCLOPÉDIE Au Moyen Âge, les habitants du sud de la France disaient *oc* pour dire « oui », alors que ceux du nord disaient *oïl*. À partir de cette différence, on a distingué deux langues : la *langue d'oc*, proche de l'italien et de l'espagnol, et la *langue d'oïl*, parlée au nord d'une ligne allant environ de La Rochelle à Grenoble et qui a donné le français actuel. L'occitan, ou *langue d'oc*, comprend le provençal, le languedocien, le gascon, le limousin, l'auvergnat et le dauphinois.

2 **occitan, e** **adj.** De l'occitan. *La poésie occitane.*

occlusion **n.f.** • **Occlusion intestinale :** arrêt des aliments dans l'intestin, dû à la fermeture ou au rétrécissement d'une portion de cet organe.

occulte adj. ❶ Que l'on fait en secret. *Des manœuvres occultes.* SYN. clandestin, souterrain. ❷ *Les sciences occultes* s'intéressent à des choses mystérieuses que l'on n'arrive pas à expliquer par la raison. *La magie, l'astrologie, l'alchimie sont des sciences occultes que seuls des initiés peuvent pratiquer.*

occulter v. (CONJUG. 3). *Occulter un problème*, c'est ne pas en parler, en cacher l'existence. *Il a volontairement occulté certains aspects de la question pour ne pas nous inquiéter.* SYN. dissimuler.

occupant, e n. *Les occupants d'un lieu, d'un logement* sont ceux qui l'occupent, qui y vivent. *Les occupants du premier étage vont déménager.* SYN. habitant. • **L'occupant :** l'armée ennemie qui occupe un pays.

occupation n.f. ❶ Toute chose à laquelle on consacre son temps. *Trouver une occupation.* SYN. activité. *La lecture est son occupation favorite.* SYN. passe-temps. ❷ Le fait d'occuper un lieu, un local, un logement. *Après deux mois d'occupation de l'appartement, ils ont dû déménager.* ❸ Le fait d'occuper militairement un pays. *L'armée d'occupation a été vaincue.* ❹ (Avec une majuscule.) Période pendant laquelle la France a été occupée par les Allemands (de 1940 à 1944).

occupé, e adj. ❶ Qui a beaucoup d'occupations. *Je n'ai pas le temps de te voir car je suis très occupé.* SYN. pris. ❷ Qui est pris, utilisé par quelqu'un. *Les toilettes sont occupées.* CONTR. libre. *La ligne téléphonique est occupée* (=quelqu'un est en train de téléphoner). ❸ *Un pays occupé* est un pays envahi par une armée ennemie.

occuper v. (CONJUG. 3). ❶ Employer son temps à faire quelque chose. *À quoi occupez-vous vos dimanches ?* SYN. consacrer. ❷ Trouver une activité à quelqu'un. *Le problème en vacances était d'occuper les petits quand il pleuvait.* ❸ *Occuper un lieu, un local*, c'est s'y trouver. *Ma famille occupe le premier étage du bâtiment.* SYN. habiter. ❹ S'installer dans un pays par la force militaire. *Pendant la dernière guerre mondiale, les Allemands ont occupé la France.* ◆ **s'occuper** v.pron. ❶ Consacrer son temps à faire quelque chose. *J'aimerais trouver de quoi m'occuper pendant les vacances.* ❷ Prendre soin de quelqu'un ou de quelque chose. *S'occuper d'un malade. Le jardinier s'occupe des fleurs.*

occurrence n.f. • **En l'occurrence :** dans le cas présent, dans cette circonstance. *On a gagné le premier prix, en l'occurrence un voilier.*

océan n.m. ❶ L'immense étendue d'eau salée qui couvre une grande partie de la surface de la Terre. *L'océan recouvre soixante-dix pour cent de la surface de la Terre.* ❷ Chacune des grandes divisions de cet océan. *L'océan Atlantique, l'océan Pacifique, l'océan Indien.* → VOIR AUSSI **mer** et Fiche **36.**

HISTOIRE DU MOT Vient du grec *Ôkeanos*, nom du fleuve qui, pour les Grecs, entourait le monde.

océanien, enne adj. et n. D'Océanie. *L'Australie est le plus grand pays océanien.*

océanique adj. • **Climat océanique :** climat des régions tempérées situées sur la façade d'un océan, par opposition au *climat continental. La Bretagne a un climat océanique, doux et humide.* → VOIR Fiche **34.**

océanographe n. Spécialiste d'océanographie.

océanographie n.f. L'étude des eaux des océans, des mers et des fonds marins.

océanographique adj. Qui concerne l'océanographie. *Une expédition océanographique.*

ocelot n.m. Mammifère carnivore de l'Amérique du Sud, dont la fourrure, grise avec des taches fauves cerclées de noir, est très recherchée. *L'ocelot ressemble à un grand chat, c'est un félin.*

ocre adj.invar. et n.m. D'une couleur entre le jaune et le brun. *En Italie, dans la région de Sienne, la terre est ocre.*

octave n.f. En musique, intervalle entre les deux notes extrêmes d'une gamme. *Ma main est assez grande pour faire une octave sur le piano et aller du « do » au « do ».*

▸ REM. Ce nom est du féminin.

HISTOIRE DU MOT Vient du latin *octo* qui signifie « huit » : l'octave est un intervalle de huit degrés.

octet n.m. Unité de mesure de la quantité d'informations contenue dans un fichier informatique. *Le poids d'un fichier informatique est exprimé en octects, en kilooctets, en mégaoctets, ou en gigaoctets.*

octobre n.m. Le dixième mois de l'année. *Dans certaines régions, on finit les vendanges en octobre.*

HISTOIRE DU MOT Vient du latin *octo* qui signifie « huit ». Octobre était le huitième mois de l'année romaine.

octogénaire n. et adj. Personne qui a entre quatre-vingts et quatre-vingt-neuf ans.

octogone n.m. Figure géométrique formée de huit angles et de huit côtés.

HISTOIRE DU MOT Vient du grec *oktô*, qui signifie « huit », et *gônia*, qui signifie « angle ».

octroi n.m. ❶ Taxe autrefois perçue à l'entrée de certaines villes sur certaines marchandises. *En France, l'octroi a été supprimé en 1948.* ❷ Action, fait d'octroyer quelque chose à quelqu'un. *L'octroi d'une semaine de vacances supplémentaire ferait plaisir à tout le monde !*

ocelot

octroyer **v.** (CONJUG. 14). Donner quelque chose par faveur. *Le directeur a octroyé une prime à tout le personnel.* SYN. accorder, gratifier de. ◆ **s'octroyer** **v.pron.** Prendre pour soi, sans permission. *S'octroyer des vacances.* SYN. s'accorder.

HISTOIRE DU MOT Vient du latin *auctorare* qui signifie « garantir ».

oculaire **adj.** Qui se rapporte à l'œil, à la vue. *Le globe oculaire.* • **Témoin oculaire :** personne qui a vu l'événement dont elle témoigne. *Il a été témoin oculaire de l'accident, il a vu comment le camion a heurté l'arbre.*

HISTOIRE DU MOT Vient du latin *oculus* qui signifie « œil ».

oculiste **n.** Médecin spécialiste des yeux, des troubles de la vision. SYN. ophtalmologiste.
▸ REM. Ne pas confondre *oculiste* et *opticien*.

ode **n.f.** Long poème qui célèbre de grands événements ou qui sert à exprimer des sentiments amoureux. *Ronsard a écrit de nombreuses odes.*

HISTOIRE DU MOT Vient du grec *ôdê* qui signifie « chant » et que l'on retrouve dans *mélodie, parodie, psalmodier, rhapsodie.*

odeur **n.f.** Ce que l'on perçoit avec le nez. *La délicieuse odeur du lilas.* SYN. parfum, senteur. *Une mauvaise odeur* (= puanteur).

odieusement **adv.** De façon odieuse, insupportable. *Il s'est comporté odieusement avec moi, je ne le reverrai plus.*

odieux, euse **adj.** ❶ *Un acte odieux* provoque la plus violente indignation. *En période de guerre, il se produit des crimes odieux.* SYN. abominable, ignoble. ❷ *Une personne odieuse* a un comportement très désagréable, qui irrite. *Tu as été odieuse hier soir, tu coupais la parole à tous les invités.* SYN. insupportable.

HISTOIRE DU MOT Vient du latin *odium* qui signifie « haine ».

odorant, e **adj.** Qui dégage une odeur, qu'elle soit bonne ou mauvaise. CONTR. inodore. *Les roses de mon jardin sont odorantes.* SYN. parfumé. → VOIR AUSSI **odoriférant.**

odorat **n.m.** Sens qui permet de reconnaître les odeurs. *Le chien a l'odorat très développé.*

odoriférant, e **adj.** Qui dégage une bonne odeur.
▸ REM. Ne pas confondre avec *odorant*.

odyssée **n.f.** Voyage mouvementé, riche en aventures, en péripéties. *Notre voyage au Pérou a été une véritable odyssée.*

HISTOIRE DU MOT Vient de *l'Odyssée.* → VOIR noms propres.

œcuménique **adj.** ❶ Qui tend à rassembler les différentes Églises chrétiennes (catholique, orthodoxe, protestante). *Mouvement œcuménique.* ❷ Qui tend à rassembler tous les partis, toutes les opinions.

HISTOIRE DU MOT Vient d'un mot grec qui signifie « l'univers ».

œcuménisme **n.m.** Mouvement de ceux qui souhaitent rassembler toutes les opinions.

œdème **n.m.** Gonflement anormal d'une partie du corps, dû à l'accumulation d'un liquide de l'organisme. *Avoir un œdème du poumon.*
▸ REM. On prononce [ødɛm] ou [edɛm].

HISTOIRE DU MOT Vient du grec *oidêma* qui signifie « tumeur ».

œil **n.m.** (PLUR. : **yeux**). ❶ Organe de la vue. *Je vois très mal de l'œil gauche. Francis a les yeux bleus. On lisait la peur dans ses yeux.* SYN. regard. ❷ Manière d'envisager, de considérer la réalité. *À ses yeux, il n'y a pas de plus belle ville que Venise* (= selon lui). • **À l'œil nu :** sans l'aide d'un instrument d'optique. • **Avoir l'œil sur quelqu'un :** le surveiller attentivement. • **Entre quat'-z-yeux :** en tête à tête. *Je lui dirai ce que j'en pense entre quat'-z-yeux.* • (Familier) **Pour les beaux yeux de quelqu'un :** seulement pour lui faire plaisir. *Si tu crois que je vais faire ce travail pour tes beaux yeux, tu te trompes.* • **Sauter aux yeux** ou **crever les yeux :** être absolument évident.
▸ REM. Au mot *œil* correspond l'élément tiré du grec *ophtalmo-* que l'on retrouve dans *ophtalmologiste*.

HISTOIRE DU MOT Vient du latin *oculus* que l'on retrouve dans *oculaire, monocle.*

œil-de-bœuf **n.m.** (PLUR. : **œils-de-bœuf**). Petite fenêtre ronde ou ovale, située le plus souvent en haut d'un édifice.

œil-de-bœuf

œillade **n.f.** • **Lancer une œillade à quelqu'un :** lui lancer un regard complice.

œillère **n.f.** Chacune des pièces de cuir qui empêchent les chevaux de voir sur le côté et protègent leurs yeux des coups de fouet. • **Avoir des œillères :** avoir des préjugés, des idées toutes faites qui empêchent de voir la réalité.

1 œillet **n.m.** ❶ Petit trou souvent cerclé de métal, fait sur une ceinture, des chaussures, etc. *Les lacets de la chaussure passent dans des œillets.* ❷ Anneau de papier autocollant destiné à renforcer les trous des feuilles perforées que l'on met dans un classeur.

2 œillet **n.m.** Fleur rouge, rose ou blanche, très odorante, dont il existe de nombreuses variétés et que l'on cultive surtout en serre.

œsophage **n.m.** Organe en forme de tube, par où passent les aliments pour aller de la bouche à l'estomac.

œuf **n.m.** ❶ Corps arrondi, protégé par une coquille, produit par les femelles des oiseaux et qui, s'il est fécondé, peut donner naissance à un jeune oiseau. *Des œufs de poule. L'hirondelle prépare son nid et y pond ses œufs.* ❷ Corps produit au moment de la ponte des reptiles, des poissons, des insectes. *On consomme les œufs d'esturgeon sous le nom de « caviar ».* ❸ Œuf de poule, que l'on consomme. *Des œufs au plat, à la coque, en omelette.* ❹ En biologie, première cellule d'un être vivant qui résulte de la rencontre d'une cellule mâle et d'une cellule femelle.
▸ REM. On prononce [œf] au singulier et [ø] au pluriel.
HISTOIRE DU MOT Vient du latin *ovum* que l'on retrouve dans *ovaire, ovipare.*

1 œuvre **n.f.** ❶ Résultat d'un travail, d'une action. *Le menuisier avait fini la table et admirait son œuvre.* ❷ Production de l'esprit ou réalisation d'un artiste. *Les tableaux et les sculptures sont des œuvres d'art. « La Flûte enchantée » est une des œuvres les plus connues de Mozart.* ❸ L'ensemble des productions d'un écrivain ou d'un artiste. *Son père connaît très bien l'œuvre de Jules Verne.* ❹ Travail ou action de grande envergure. *Une œuvre de longue haleine.* SYN. entreprise. *Se mettre à l'œuvre* (= se mettre au travail). ❺ Organisation venant en aide aux personnes dans le besoin. *Faire un don à une œuvre.* • **Mettre en œuvre :** utiliser un moyen. *On a tout mis en œuvre pour éteindre l'incendie.*
HISTOIRE DU MOT Vient du latin *opus, operis* qui signifie « travail » et que l'on retrouve dans *opéra, opération.*

2 œuvre **n.m.** L'ensemble des œuvres d'un artiste (faisant appel à une technique). *L'œuvre peint de Picasso* (= ses peintures). • **Gros œuvre :** tout ce qui constitue la structure d'une construction (murs, planchers, fondations).

œuvrer **v.** (CONJUG. 3). Travailler pour obtenir quelque chose. *J'ai œuvré pour que vous réussissiez.*
▸ REM. Ce mot appartient à la langue soutenue.

off **adj.invar.**, ✎ *adj.* • **Voix off :** au cinéma, voix d'un narrateur ou d'un personnage que l'on ne voit pas à l'écran.
▸ REM. C'est un mot anglais. Il est recommandé d'utiliser l'expression française *hors champ.*

offense **n.f.** ❶ Ce qui offense, blesse quelqu'un dans son honneur. *Je considère vos paroles comme une offense à vos parents.* SYN. affront, insulte. ❷ Faute, péché qui offense Dieu, dans la religion chrétienne.

offenser **v.** (CONJUG. 3). Blesser quelqu'un. *Je l'ai offensé en le priant de sortir de la pièce.* SYN. humilier.
HISTOIRE DU MOT Vient du latin *offendere* qui signifie « heurter » et qui a donné aussi *offensif.*

offensif, ive **adj.** Qui sert à attaquer. *Les bombes sont des armes offensives.* CONTR. défensif.

offensive **n.f.** Action d'attaquer. *Le général a lancé une offensive à l'aube.*

office **n.m.** ❶ Cérémonie religieuse qui fait partie du culte. *Aller à l'office de dix heures.* ❷ Agence, bureau qui se consacrent à une activité particulière, notamment dans le domaine public. *Office de tourisme d'une ville. Office des H.L.M.* • **Bons offices :** services occasionnels. *Avoir recours aux bons offices d'un ami.* • **D'office :** d'autorité, sans demande préalable. *Puisqu'il n'y avait pas de volontaire, il a été envoyé d'office au tableau.* • **Faire office de :** remplir telle fonction, tel rôle. *Elle faisait office de mère.* SYN. servir de.
HISTOIRE DU MOT Vient du latin *officium* qui signifie « service ».

officialiser **v.** (CONJUG. 3). Rendre officiel. *Sa nomination à ce poste a été officialisée.*

officiel, elle **adj.** ❶ Qui vient d'une autorité reconnue, qu'elle soit publique (comme un gouvernement, une administration) ou privée. *La nouvelle est officielle.* CONTR. officieux. *Le président est en visite officielle en Angleterre.* CONTR. privé. ❷ Qui a une fonction dans un gouvernement. *Personnage officiel. Une délégation officielle est formée des représentants d'un pays.*
▸ REM. Ne pas confondre avec *officieux.*

officiellement **adv.** De manière officielle. *Elle a été officiellement nommée ministre.* CONTR. officieusement.

1 officier **n.m.** ❶ Militaire qui exerce un commandement. *Le lieutenant, le capitaine sont des officiers subalternes. Le colonel, le commandant sont des officiers supérieurs.* ❷ Grade dans certains ordres. *Officier de la Légion d'honneur.* ❸ Personne qui est titulaire d'une charge (de notaire, du service public, d'huissier, etc.). *Officier public.* • **Officier de police :** fonctionnaire chargé de constater les infractions et de livrer leurs auteurs à la justice.
▸ REM. Au Canada, la forme féminine de ce mot est *officière.*

2 officier **v.** (CONJUG. 7). ❶ Célébrer un office religieux. ❷ Travailler à quelque chose, de façon un peu solennelle. *Il officiait à la cuisine.*

officieusement **adv.** De manière officieuse. *La nouvelle a été annoncée officieusement.* CONTR. officiellement.

officieux, euse **adj.** *Une nouvelle officieuse* n'a pas été confirmée par une autorité. *Sa nomination à ce poste est officieuse.* CONTR. officiel.
▸ REM. Ne pas confondre avec *officiel.*

officine **n.f.** Ensemble des locaux où le pharmacien entrepose, prépare et vend des médicaments. SYN. pharmacie.
HISTOIRE DU MOT Vient du latin *officina* qui signifie « atelier », qui a donné aussi *usine.*

a b c d e f g h i j k l m n o p q r s t u v w x y z

offrande n.f. ❶ Don fait à une divinité. ❷ Don que l'on fait, en général pour secourir quelqu'un.

offrant n.m. • **Au plus offrant :** à celui qui propose le plus haut prix. *Ce meuble sera vendu au plus offrant.*

offre n.f. ❶ Proposition que l'on fait à quelqu'un. *Je lui ai suggéré de me rejoindre à la campagne mais elle n'a pas accepté mon offre.* ❷ Ensemble des produits qui sont disponibles sur le marché. *Les lois de l'offre et de la demande.* • **Offre d'emploi :** annonce qu'une société, une entreprise, une personne font paraître, souvent dans un journal, pour proposer un emploi à quelqu'un. CONTR. demande.

offrir **offrant, offert v.** (CONJUG. **28**). ❶ Donner en cadeau à. *Pour mon anniversaire, mes parents m'ont offert une montre.* ❷ Proposer une somme d'argent en échange de quelque chose. ❸ Proposer quelque chose spontanément. *Je lui ai offert mon bras pour l'aider à marcher.* SYN. présenter. ❹ Présenter, être caractérisé par. *Cette solution offre de nombreux avantages.* SYN. avoir, comporter. ◆ **s'offrir v.pron.** ❶ S'accorder ou se payer quelque chose pour se faire plaisir. *Ils se sont offert une croisière sur le Rhin.* SYN. se payer. ❷ Apparaître, se présenter. *Nous saisirons la première occasion qui s'offrira à nous pour partir.*

offusquer v. (CONJUG. **3**). Déplaire fortement à quelqu'un et le choquer. *Sa grossièreté m'a offusqué.*

ogive n.f. ❶ Arc en demi-cercle qui soutient une voûte. ❷ Partie avant d'un projectile, de forme conique, pointue. *L'ogive d'un obus. Une ogive nucléaire* (= la tête d'un projectile nucléaire). • **Croisée d'ogives :** système de deux ogives qui se croisent pour soutenir une voûte en répartissant son poids dans les quatre angles.

croisées d'**ogives** soutenant la voûte d'une église

O.G.M. ou **OGM** n.m. Organisme (plante ou animal) modifié en laboratoire par les moyens de la génétique pour lui donner des qualités qu'il n'avait pas. *Les O.G.M. suscitent beaucoup d'espoirs scientifiques et d'inquiétudes écologiques.*

HISTOIRE DU MOT O.G.M. est le sigle de *organisme génétiquement modifié*.

ogre n.m., **ogresse** n.f. ❶ Géant qui mange les petits enfants, dans les contes de fées. *L'ogre voulait manger le Petit Poucet.* ❷ Personne vorace, qui mange énormément. *Son frère a un appétit d'ogre.*

HISTOIRE DU MOT Vient du latin *Orcus*, nom d'une divinité des Enfers.

oh interj. Mot qui exprime toutes sortes de sentiments : la surprise, la peur, l'admiration, etc. *Oh, il neige ! Oh, que c'est affreux ! Oh, la belle robe !*

ohé interj. S'emploie pour appeler quelqu'un. *Ohé ! il y a quelqu'un ?*

oie n.f. ❶ Oiseau palmipède au long cou et au large bec dont il existe des espèces sauvages migratrices, et une espèce domestique que l'on élève pour sa chair et son foie. ❷ (Familier) Personne sotte. *Sophie est une oie.* • **Jeu de l'oie :** jeu de société qui se joue en lançant deux dés pour faire avancer son pion sur un carton où figure une oie toutes les neuf cases.

HISTOIRE DU MOT Vient du latin *avis* qui signifie « oiseau ».

ENCYCLOPÉDIE Cri : l'oie criaille, siffle, cacarde. Mâle : le jars. Petit : l'oison.

oies

oignon, ✎ ***ognon*** n.m. ❶ Plante potagère que l'on cultive pour son bulbe comestible d'une odeur et d'une saveur fortes et piquantes. *Faire revenir des oignons dans une poêle. Une soupe à l'oignon.* ❷ Nom donné au bulbe de certaines plantes. *Un oignon de jacinthe, de tulipe.* • (Familier) **Ce ne sont pas tes oignons :** ça ne te regarde pas.
▸ REM. 1. On prononce [ɔɲɔ̃]. 2. Attention, *oi-*.

oignons

oïl n.m. • **Langue d'oïl :** ensemble des langues romanes parlées dans la moitié nord de la France, où *oui* se disait « oïl », par opposition à la langue d'*oc*. *Le picard, le wallon, le champenois font partie de la langue d'oïl.*

oindre **oignant, oint v.** (CONJUG. **49**). Appliquer de l'huile bénite sur le front ou les mains de quelqu'un pour le bénir ou lui administrer un sacrement.

HISTOIRE DU MOT Vient du latin *ungere* qui a donné aussi *onction* et *onctueux*.

A B C D E F G H I J K L M N O P Q R S T U V W X Y Z

oiseau **n.m.** ❶ Animal vertébré ovipare dont le corps est couvert de plumes, qui a deux pattes et deux ailes et peut généralement voler. *L'hirondelle est un oiseau migrateur. L'émeu est un oiseau qui ne vole pas.* → VOIR planche pages 754-755. ❷ (Familier) Terme que l'on emploie pour se moquer d'un individu un peu bizarre. *D'où il sort cet oiseau-là ?* • **Être comme l'oiseau sur la branche :** être dans une situation instable, peu sûre. • **Oiseau rare :** personne qui a de grandes qualités.
▸ REM. Au mot *oiseau* correspond l'élément tiré du grec *ornitho-* que l'on retrouve dans les mots *ornithologue, ornithorynque.*

oiseau-lyre **n.m.** (PLUR. : **oiseaux-lyres**). Grand oiseau d'Australie, appelé ainsi à cause des longues plumes recourbées de la queue des mâles (son nom scientifique est le *ménure*).

oiseleur **n.m.** Personne qui prend de petits oiseaux avec des filets ou des pièges. *Dans « la Flûte enchantée » de Mozart, Papageno est un oiseleur.*

oiseux, euse **adj.** Inutile, superficiel et sans intérêt. *Une discussion oiseuse qui n'aboutit à rien.* SYN. stérile, vain.

HISTOIRE DU MOT Vient du latin *otiosus* qui signifie « inutile ».

oisif, ive **adj.** et **n.** Qui ne travaille pas ou qui a beaucoup de temps libre. *La télévision constitue souvent un passe-temps pour les gens oisifs.* SYN. désœuvré, inoccupé. ◆ **adj.** *Une vie oisive* se passe dans l'oisiveté, le désœuvrement. CONTR. actif.

oisillon **n.m.** Jeune oiseau. *L'oisillon était couvert d'un fin duvet.*

oisiveté **n.f.** L'état d'une personne oisive. *L'oisiveté commençait à me peser.* SYN. désœuvrement, inactivité.

okapi **n.m.** Mammifère ruminant de la taille d'une grande antilope, qui ressemble à la girafe, sans en avoir le long cou. *L'okapi vit dans les forêts d'Afrique centrale.*

okapi

oléagineux, euse **adj.** et **n.m.** Se dit d'une plante, d'une graine qui contient et peut fournir de l'huile. *L'arachide, le tournesol, le soja, l'olivier, le colza sont des oléagineux.*

HISTOIRE DU MOT Vient du latin *oleum* qui signifie « huile ».

oléoduc **n.m.** Canalisation qui sert au transport du pétrole sur de longues distances. SYN. pipeline.

HISTOIRE DU MOT Vient du latin *oleum*, « huile », et *ducere*, « conduire », que l'on retrouve dans *aqueduc*.

olivier

olfactif, ive **adj.** Qui concerne l'odorat, la perception des odeurs. *Le nez est l'organe olfactif.*

olibrius **n.m.** (Familier) Individu qui se caractérise par une excentricité stupide. *Qu'est-ce que c'est que cet olibrius qui gesticule dans tous les sens ?*
▸ REM. On prononce le *-s*.

HISTOIRE DU MOT Vient du nom d'un empereur romain du Ve siècle qui était sot, fanfaron et cruel.

olifant **n.m.** Petit cor d'ivoire dont se servaient les chevaliers à la chasse ou à la guerre. (Les olifants étaient taillés dans l'ivoire des défenses d'éléphants.)

oligarchie **n.f.** Forme de gouvernement dans laquelle un petit nombre de personnes ou de familles puissantes détient le pouvoir et l'exerce dans le sens de ses intérêts, sans que le peuple ait un droit de contrôle. *L'oligarchie fut le gouvernement de Sparte, de Carthage, de Venise.*

HISTOIRE DU MOT Vient du grec *oligoi*, qui signifie « peu », et *arkhein*, qui signifie « commander » et que l'on retrouve dans *monarchie*.

oligoélément **n.m.** Élément chimique nécessaire, à l'état de traces, à la vie de l'homme, des animaux et des végétaux. *Le fer, le zinc, le magnésium, le potassium sont des oligoéléments.*

olivâtre **adj.** Qui est d'une teinte verte rappelant celle d'une olive. SYN. verdâtre.

olive **n.f.** Petit fruit de l'olivier, à noyau et à peau lisse, que l'on mange vert (pas mûr) ou noir (mûr) et dont on extrait de l'huile de table. *J'ai mis des olives dans la pizza.*

oliveraie ou **olivaie** **n.f.** Terrain planté d'oliviers.

olivier **n.m.** Arbre oléagineux des régions méditerranéennes, que l'on cultive pour ses fruits, les olives, et dont les feuilles, vert foncé au-dessus et argentées en dessous, ne tombent pas. *Les oliviers du midi de la France.* • **Rameau d'olivier :** symbole de la paix.

olympique **adj.** Qui concerne les jeux Olympiques. *La flamme olympique symbolise la continuité des Jeux. Une championne olympique* (= qui a remporté une victoire aux jeux Olympiques). → VOIR noms propres.

HISTOIRE DU MOT Vient de Olumpia , nom d'une ville grecque où avaient lieu les jeux Olympiques tous les quatre ans.

ombilic **n.m.** Avant la naissance, orifice de l'abdomen où s'attache le cordon qui relie le fœtus au placenta ; après la naissance, petite cicatrice qui reste lorsqu'on a coupé le cordon. SYN. nombril.

ombilical, ale, aux **adj.** De l'ombilic. • **Cordon ombilical** → VOIR **cordon.**

ombrage **n.m.** L'ombre donnée par le feuillage d'un arbre. *Le chêne donne un bel ombrage. Se promener sous les ombrages d'un parc.* • **Porter ombrage à quelqu'un :** lui causer un sentiment d'inquiétude et de méfiance. • **Prendre ombrage de quelque chose :** s'en offenser, en être vexé.

ombragé, e **adj.** Où les arbres donnent de l'ombre. *Un chemin ombragé.*

ombrageux, euse **adj.** Qui se vexe très facilement. *Un homme ombrageux.* SYN. susceptible.

ombre **n.f.** ❶ Zone sombre créée par un corps ou un objet qui intercepte les rayons du Soleil ou une source de lumière. *Reste à l'ombre sous l'arbre, sinon tu vas attraper un coup de soleil. Tu es devant la lampe, tu me fais de l'ombre. La lumière du lampadaire projette nos ombres sur le mur.* ❷ Absence de lumière. *La pièce était plongée dans l'ombre.* SYN. pénombre. • **Il y a une ombre au tableau :** la situation comporte un inconvénient. • **Ombres chinoises** ou **théâtre d'ombres :** spectacle présentant sur un écran blanc les silhouettes noires de personnages se trouvant derrière cet écran.

ombrelle **n.f.** Genre de petit parasol léger et portable, dont les femmes se servaient autrefois pour se protéger du soleil.

HISTOIRE DU MOT Vient du latin *umbrella* qui signifie « parasol ».

ombrelles

oméga **n.m.invar.**, ✎ ***n.m.*** Vingt-quatrième et dernière lettre de l'alphabet grec. → VOIR AUSSI **alpha.**

omelette **n.f.** Mets à base d'œufs battus cuits dans une poêle. *Hier soir, nous avons mangé une omelette aux champignons.*

omettre **omettant, omis v.** (CONJUG. **51**). Oublier de dire ou de faire quelque chose. *Il a omis de nous téléphoner. Je crois n'avoir omis aucun nom de la liste.* SYN. sauter.

omission **n.f.** Fait d'omettre, d'oublier de dire ou de faire quelque chose. *Il a menti par omission. Il y a de regrettables omissions dans votre rédaction.* SYN. lacune, oubli.

omnibus **n.m.** et **adj.** Train qui s'arrête à toutes les gares de son trajet. *J'ai pris l'omnibus de 18 h 16. Le train est omnibus à partir de Bordeaux.* CONTR. direct.

HISTOIRE DU MOT C'est un mot latin qui signifie « pour tous ».

omnipotent, e **adj.** Qui a tous les pouvoirs. *Un monarque omnipotent.* SYN. tout-puissant.
▶ REM. Ce mot appartient à la langue soutenue.

HISTOIRE DU MOT Vient du latin *omnis*, qui signifie « tout », et *potens*, qui signifie « puissant ».

omniprésent, e **adj.** Qui est ou semble présent partout. *Le directeur était omniprésent dans l'entreprise.*

omnisports **adj.invar.** Qui concerne plusieurs sports. *Un gymnase omnisports.*

omnivore **adj.** et **n.m.** Qui se nourrit à la fois de viande et de végétaux. *L'homme, le chien, le porc sont omnivores.* → VOIR AUSSI **carnivore, herbivore.**

HISTOIRE DU MOT Vient du latin *omnis*, qui signifie « tout », et *vorare*, « manger », que l'on retrouve dans *dévorer, vorace.*

omoplate **n.f.** Chacun des deux os plats et triangulaires qui forment l'arrière des épaules.
▶ REM. Ce mot est du féminin.

on **pron. personnel indéfini.** ❶ Tout le monde. *On dit qu'il est mêlé à l'affaire* (= les gens). ❷ Quelqu'un, une personne quelconque. *Je crois qu'on a sonné à la porte.* ❸ S'emploie souvent à la place de *nous*. *Qu'est-ce qu'on s'est amusé hier après-midi !*

HISTOIRE DU MOT Vient du latin *homo* qui signifie « homme » ; *on*, c'est « les hommes ».

once **n.f.** • **Une once de :** un tout petit peu. *Il n'a pas une once de bon sens.*

HISTOIRE DU MOT L'once était autrefois une unité de poids qui valait environ trente grammes, c'est-à-dire pas grand-chose !

oncle **n.m.** Frère de la mère ou du père ; mari de la tante. *François est le frère de ma mère, c'est mon oncle maternel.*

onction **n.f.** Application d'huile bénite sur le front ou les mains de quelqu'un, que l'on fait dans plusieurs sacrements (baptême, confirmation, etc.).

onctueux, euse **adj.** Qui donne à la vue, au toucher ou au goût une impression de douceur. *Une pommade onctueuse. La mousse au chocolat était onctueuse et fondait dans la bouche.* SYN. moelleux, velouté.

A B C D E F G H I J K L M N O P Q R S T U V W X Y Z

onde **n.f.** ❶ En poésie, l'eau de la mer, d'un lac, d'une rivière. *« Un Agneau se désaltérait / Dans le courant d'une onde pure »* (*le Loup et l'Agneau*, La Fontaine). ❷ *Les ondes mécaniques* sont un phénomène physique de vibration de la matière (solide, liquide, gaz). *Quand on jette une pierre dans l'eau, il se produit des cercles de plus en plus grands, ce sont des ondes. Sur un piano, les notes de musique sont obtenues par la vibration de cordes de tailles différentes : chaque note correspond à une longueur d'onde différente. Dans un tremblement de terre, ce sont des ondes qui causent l'ébranlement du sol.* ❸ *Les ondes électromagnétiques* sont un phénomène physique qui se produit sans support matériel et qui a diverses applications (transmission de messages, création d'énergie, radiologie, etc.). *Les ondes radiophoniques transforment les sons émis dans le micro d'un studio en un ensemble de signaux qui seront retransformés en sons par le récepteur de radio. Un radar capte et émet des ondes. Dans un four à micro-ondes, des ondes très courtes agitent les molécules des aliments, ce qui produit de la chaleur.* • **Être sur la même longueur d'onde :** se comprendre, parler le même langage.
HISTOIRE DU MOT Vient du latin *unda* qui signifie « eau courante ».

ondée **n.f.** Pluie soudaine et de courte durée. *Surpris par une ondée, nous avons dû nous mettre à l'abri au plus vite.* SYN. averse.

on-dit **n.m.invar.** Rumeur ou nouvelle répétée de bouche en bouche. *Il faut se méfier des on-dit.* SYN. racontar, ragot.

ondoyer **v.** (CONJUG. **14**). Être animé d'un mouvement qui rappelle celui d'une onde sur l'eau. *Le champ de blé ondoie dans le vent.* SYN. frémir, onduler.
▸ REM. Ce mot appartient à la langue poétique.

ondulation **n.f.** ❶ Mouvement léger et régulier d'un liquide qui s'abaisse et s'élève tour à tour. *Le vent faisait une légère ondulation à la surface du lac.* ❷ Forme ou mouvement sinueux, faits de courbes et de replis. *Les ondulations d'une chevelure.*

ondulé, e **adj.** ❶ Qui présente des ondulations. *Lucile avait des cheveux ondulés.* ❷ *La tôle, le carton, le plastique ondulés* présentent des reliefs et des creux réguliers. *La cabane était recouverte de tôle ondulée.*

onduler **v.** (CONJUG. **3**). Former des ondulations. *Ses cheveux ondulent.* SYN. boucler.

one-man-show **n.m.invar.** Spectacle de variétés où l'artiste est seul sur scène. *Je suis allée voir le dernier one-man-show de mon comédien favori.*
▸ REM. 1. C'est un mot anglais, on prononce [wanmanʃo]. 2. Il est recommandé de dire *spectacle-solo*.
HISTOIRE DU MOT C'est un mot anglais qui signifie « spectacle d'un seul homme ».

onéreux, euse **adj.** Qui coûte cher. *Notre voyage aux Seychelles a été très onéreux.* SYN. coûteux. CONTR. économique.

O.N.G. ou **ONG** **n.f.** Organisme indépendant qui se consacre à l'aide humanitaire et aux secours en cas de catastrophe ou de guerre. *Médecins du monde, les Restaurants du cœur sont des O.N.G.*
HISTOIRE DU MOT *O.N.G.* est le sigle de « organisation non gouvernementale ».

ongle **n.m.** La partie dure qui recouvre l'extrémité des doigts et des orteils. *Se couper les ongles.*
HISTOIRE DU MOT Vient du latin *ungula* qui signifie « griffe ».

onglée **n.f.** Engourdissement douloureux du bout des doigts, causé par un grand froid.

onguent **n.m.** Pommade qui calme les douleurs et soigne les blessures. *Appliquer un onguent sur une brûlure.*
▸ REM. On prononce [ɔ̃gɑ̃].
HISTOIRE DU MOT Vient, comme *oindre* et *onction*, du latin *ungere*.

ongulé, e **adj.** et **n.m.** *Les mammifères ongulés* ont des sabots. *Le cheval, l'éléphant, le rhinocéros sont des ongulés.*

onirique **adj.** Qui concerne le rêve ou qui rappelle un rêve. *L'atmosphère onirique d'un film.*

onomatopée **n.f.** Mot qui imite ou évoque le bruit que fait l'être ou la chose qu'il représente. *« Cocorico » et « tic-tac » sont des onomatopées.*
HISTOIRE DU MOT Vient d'un mot grec qui signifie « création de mots ».

onyx **n.m.** Variété d'agate dont les couches de couleurs différentes sont concentriques.

onze **adj. numéral invar.** et **n.m.invar.** Dix plus un. *Son frère a onze ans.*
▸ REM. S'écrit 11 en chiffres arabes et XI en chiffres romains.

onzième **adj. numéral** et **n.** Qui occupe un rang, une place marqués par le numéro 11. *Il est onzième au classement général. Luc est le onzième de la liste.*

opacité **n.f.** Le fait d'être opaque. *L'opacité des nuages nous empêchait de voir le ciel.* CONTR. transparence.

opale **n.f.** Pierre à reflets colorés et changeants.

opale

opaque **adj.** Qui ne laisse pas passer la lumière. *Le bois, le fer, le carton sont des matières opaques.* CONTR. translucide, transparent. *Un brouillard opaque.* SYN. épais.
HISTOIRE DU MOT Vient du latin *opacus* qui signifie « épais, touffu ».

open **adj.invar.** et **n.m.**, ✎ **adj.** *Une compétition open* est ouverte à la fois aux amateurs et aux professionnels. *Participer à un open de tennis.*
▸ REM. Il est recommandé de dire *tournoi ouvert*.
HISTOIRE DU MOT C'est un mot anglais qui signifie « ouvert ».

calao
bicorne
aigle
royal
poule
sultane
grand
duc
pivert
paradisiers
flamant
rose
héron
cygne
tige
ou rachis
huppe
avocette
vexille
externe
détail
de la plume
autruche
plume
rectrice
de paon
différents types
de plumes
filoplume
plume de
flamant
rose
duvet de
pigeon
plume
tectrice
de ara

aras

Des animaux pourvus d'ailes

Les oiseaux sont des animaux vertébrés dont la peau est couverte de **plumes**, très légères et isolantes. Leur corps conserve une température constante d'environ 41 °C. Leur tête se termine par un bec corné dépourvu de dents. Leurs os sont creux, résistants et légers. Leurs **ailes** permettent à la plupart d'entre eux de voler. Leur vision est très développée, et leur chant souvent caractéristique. On trouve des oiseaux dans toutes les parties du globe, mais beaucoup ne peuvent subsister en hiver dans les régions froides et tempérées. Ils effectuent alors des **migrations** plus ou moins régulières vers des pays plus chauds.

chardonneret

grand tétras

sterne

frégates

parade amoureuse

grèbes huppés

La reproduction des oiseaux

Les oiseaux pondent leurs **œufs** (ils sont **ovipares**), en général dans un **nid**. La perdrix grise peut pondre jusqu'à 24 œufs dans une même couvée, contre un seul chez le kiwi, par exemple. La couvaison, qui peut durer, selon les espèces, de 10 à 81 jours, procure à l'œuf la chaleur nécessaire au développement de l'embryon. À l'éclosion, les poussins de certaines espèces, comme les rapaces, sont nus et aveugles, et restent plusieurs jours au nid. D'autres, comme les canetons, naissent couverts de duvet et les yeux ouverts. Ils peuvent marcher dès l'éclosion.

rousserolle

construction d'un nid

tisserin

A B C D E F G H I J K L M N O P Q R S T U V W X Y Z

openfield **n.m.** Champ qui n'est pas délimité par des haies, des talus ou des murets.
▸ REM. 1. C'est un mot anglais qui signifie « champ ouvert ». 2. On prononce [ɔpœnfild].

opéra **n.m.** ❶ Pièce de théâtre chantée avec un accompagnement d'orchestre. ❷ Théâtre où l'on présente des opéras ainsi que des spectacles de danse.

HISTOIRE DU MOT Vient de l'italien *opera* qui signifie « œuvre, chef-d'œuvre ».

ENCYCLOPÉDIE Dans l'Antiquité, les Grecs avaient inventé une forme de théâtre, la *tragédie*, dans laquelle étaient réunis la poésie, le chant et la danse. À la Renaissance, des musiciens italiens reprennent cette idée et créent des œuvres où les dialogues sont chantés et accompagnés par un orchestre ; entre les dialogues s'intercalent des récitatifs. Les plus grands compositeurs d'opéras en Europe sont Mozart, Verdi, Wagner.

opéra-comique **n.m.** (PLUR. : **opéras-comiques**). Œuvre musicale proche de l'opéra mais dans laquelle des passages chantés avec un orchestre alternent avec des passages parlés.

1 opérateur, trice **n.** Technicien qui fait fonctionner un appareil. *L'opérateur radio est chargé des communications par radio.*

2 opérateur **n.m.** En mathématiques, signe qui indique l'opération à effectuer. *Les signes* +, −, × *et* : *sont les quatre opérateurs.*

opération **n.f.** ❶ Calcul sur les nombres. *L'addition, la soustraction, la multiplication et la division sont les quatre opérations arithmétiques.* → VOIR Fiche 13. ❷ Suite d'actions qui visent à un résultat. *Décrire les opérations nécessaires à la fabrication d'un meuble. Une opération militaire.* ❸ Intervention chirurgicale. *Le malade s'est bien remis de l'opération.*

opérationnel, elle **adj.** Qui est prêt à entrer en activité. *Le nouveau technicien ne sera opérationnel que dans une semaine.* SYN. efficace.
▸ REM. Ne pas confondre avec *opératoire*.

opératoire **adj.** Qui est lié à une opération chirurgicale. *Bloc opératoire* (= où l'on pratique les interventions).
▸ REM. Ne pas confondre avec *opérationnel*.

opérer **v.** (CONJUG. 9, ✎ *10*). ❶ Accomplir, exécuter une action. *Le nouveau directeur a opéré de nombreux changements dans l'entreprise.* SYN. réaliser. ❷ Avoir un effet, donner un résultat. *Le charme a opéré.* ❸ Pratiquer une intervention chirurgicale sur quelqu'un. *On a dû l'opérer d'urgence de l'appendice.*

HISTOIRE DU MOT Vient du latin *operari* qui signifie « travailler », de *opus, operis*, « œuvre ».

opérette **n.f.** Opéra à sujet amusant où se mêlent les parties chantées et parlées. *« La Belle Hélène » est une célèbre opérette d'Offenbach.* • **D'opérette** : qu'on ne peut prendre au sérieux. *Des conspirateurs d'opérette.*

ophtalmologie **n.f.** Partie de la médecine qui étudie l'œil et la vision.

HISTOIRE DU MOT Vient du grec *ophthalmos*, qui signifie « œil », et de *logos*, qui signifie « science ».

ophtalmologiste ou **ophtalmologue** **n.** Médecin spécialiste des yeux et des troubles de la vision. SYN. oculiste.

opiner **v.** (CONJUG. 3). • **Opiner de la tête, du chef, du bonnet** : approuver en hochant la tête.

opiniâtre **adj.** ❶ *Une personne opiniâtre* fait preuve d'une volonté tenace et se montre ferme dans ses résolutions. *Il est opiniâtre et ne s'est pas découragé malgré les difficultés.* SYN. déterminé, persévérant, tenace. ❷ *Une action opiniâtre* est poursuivie avec ténacité, persévérance. *Mener un combat opiniâtre.* SYN. acharné.

opiniâtreté **n.f.** Obstination, caractère d'une personne opiniâtre. *Son opiniâtreté lui a permis de venir à bout de toutes les difficultés.* SYN. acharnement, ténacité.

opinion **n.f.** Avis que l'on a sur une question, un sujet quelconques. *Donner son opinion.* SYN. point de vue. *Dans une démocratie, personne ne doit être inquiété pour ses opinions* (= ses convictions politiques, religieuses ou philosophiques). • **L'opinion publique** : la manière de penser de la majorité des gens. *Ce crime a profondément choqué l'opinion publique.*

opium **n.m.** Drogue dangereuse tirée du pavot, qui plonge dans un sommeil peuplé d'hallucinations, de rêves étranges.
▸ REM. On prononce [ɔpjɔm].

opossum **n.m.** Petit marsupial d'Amérique et d'Australie, de la taille d'un chat, qui est recherché pour sa fourrure. *La durée de gestation de l'opossum est de treize jours.*
▸ REM. On prononce [ɔpɔsɔm].

HISTOIRE DU MOT Vient d'un mot de la langue d'une tribu indienne du Canada.

opossum

oppidum **n.m.** Fortification de type celtique située sur une hauteur. *L'oppidum d'Alésia.*
▸ REM. On prononce [ɔpidɔm].

opportun, e **adj.** Qui convient au moment, au lieu, aux circonstances, qui vient à propos. *Elle a choisi le moment opportun pour lui parler.* SYN. approprié, bon, propice.

HISTOIRE DU MOT Vient du latin *opportunus* qui signifie « qui conduit au port ».

opportunément **adv.** De façon opportune, au bon moment.

opportunisme **n.m.** L'attitude d'une personne opportuniste.

opportuniste **adj.** et **n.** Qui est toujours prêt à profiter des circonstances pour favoriser ses intérêts. *C'est un opportuniste, il ne nous rend visite que quand il a besoin de nous.*

opportunité **n.f.** Le fait d'être opportun. *S'interroger sur l'opportunité d'une démarche.* SYN. à-propos.

opposant, e **n.** Personne qui s'oppose à un gouvernement, à une autorité, etc.

opposé, e **adj.** ❶ Placé vis-à-vis. *Les angles opposés d'un carré.* ❷ Qui va en sens contraire. *Ils sont partis dans des directions opposées. Nous avons des avis opposés.* SYN. antagoniste, contraire. • **Nombres opposés :** nombres dont la somme est égale à 0. *– 5 et + 5 sont des nombres opposés.* ◆ **opposé** **n.m.** Le contraire. *Dire une chose et faire l'opposé.* SYN. inverse. • **À l'opposé :** dans une direction contraire ; d'une manière contraire. *Paris est à l'opposé de Marseille. Julie est bavarde, à l'opposé son frère ne dit jamais un mot.*

opposer **v.** (CONJUG. **3**). ❶ Présenter de manière à montrer les différences. *Dans sa rédaction, Émilie a opposé la ville et la campagne.* CONTR. rapprocher. ❷ Mettre face à face dans un combat, une compétition, un débat. *Le match de hockey opposera les deux meilleures équipes du pays.* ❸ Présenter une objection, un refus. *Vous n'avez aucun argument à m'opposer. Opposer un non catégorique à une demande.* ◆ **s'opposer** **v.pron.** ❶ Interdire quelque chose ou être contre. *Je m'oppose, je suis opposé à ce voyage.* CONTR. consentir, permettre. ❷ Résister à quelqu'un ou à quelque chose, avoir des avis contraires. *S'opposer à sa famille* (= affronter). CONTR. obéir. ❸ Faire contraste. *Deux couleurs qui s'opposent.*

opposition **n.f.** ❶ Différence extrême entre deux choses. *Une opposition de couleurs.* SYN. contraste. *Une opposition de caractères.* ❷ Lutte, conflit ou désaccord. *Montrer son opposition à un projet. Cet adolescent est en opposition avec ses parents.* ❸ L'ensemble des personnes et des groupes politiques qui n'appartiennent pas à la majorité gouvernementale. *Quand il y a un gouvernement de droite, la gauche est dans l'opposition ; et, quand il y a un gouvernement de gauche, c'est la droite qui est dans l'opposition.* ❹ Situation de deux astres qui se trouvent diamétralement opposés par rapport à la Terre.

oppressant, e **adj.** Qui oppresse. *La chaleur orageuse était oppressante.* SYN. étouffant.

oppressé, e **adj.** Qui a du mal à respirer. *Quand on a une grosse bronchite, on se sent oppressé.*
▸ REM. Ne pas confondre avec *opprimé*.

oppresser **v.** (CONJUG. **3**). ❶ Gêner la respiration. *La trop grande chaleur m'oppresse.* ❷ Provoquer un sentiment de malaise. *Le souvenir de leur terrible dispute l'oppressait.*
▸ REM. Ne pas confondre avec *opprimer*.

oppresseur **n.m.** Personne ou groupe qui opprime. *Les oppresseurs ont été chassés du pouvoir.* SYN. despote, tyran.

oppression **n.f.** ❶ Sensation de ne pas pouvoir respirer. ❷ Action d'opprimer ; abus d'autorité. *Le peuple luttait contre l'oppression pour reconquérir sa liberté.* SYN. tyrannie.

opprimé, e **n.** Personne ou peuple que l'on opprime.
▸ REM. Ne pas confondre avec *oppressé*.

opprimer **v.** (CONJUG. **3**). Soumettre des personnes à des traitements injustes, les écraser sous la tyrannie. *Opprimer un peuple.*
▸ REM. Ne pas confondre avec *oppresser*.

opprobre **n.m.** Honte publique. *Couvrir quelqu'un d'opprobre. Cet individu malfaisant est l'opprobre de notre ville.* SYN. déshonneur.
▸ REM. 1. Attention, *-bre*. 2. Ce mot appartient à la langue soutenue.

opter **v.** (CONJUG. **3**). Choisir entre deux ou plusieurs possibilités. *À sa majorité, elle pourra opter pour la nationalité française ou pour la nationalité canadienne. Notre fils a opté pour des études de lettres.* SYN. se décider.

opticien, enne **n.** Personne qui fabrique ou vend des lunettes et parfois des instruments d'optique.
▸ REM. Ne pas confondre l'*opticien* et l'*oculiste*.

optimal, ale, aux **adj.** Le meilleur possible. *La machine avait atteint sa cadence optimale. La température optimale d'un bain est de 37 °C.* SYN. idéal.

optimisme **n.m.** État d'esprit d'une personne optimiste. *Elle attend les résultats de l'examen avec optimisme.* SYN. confiance. CONTR. pessimisme.

HISTOIRE DU MOT Vient du latin *optimus* qui signifie « très bon, le meilleur ».

optimiste **adj.** et **n.** Qui voit les choses du bon côté et pense que tout ira bien. *Philippe est un homme optimiste.* CONTR. pessimiste. ◆ **adj.** Qui a confiance en l'avenir. *Les médecins sont optimistes et pensent que le blessé s'en sortira.*

option **n.f.** ❶ Choix que l'on peut faire. *Il fallait plonger, il n'y avait pas d'autre option.* ❷ Ce qui est facultatif, que l'on peut faire ou ne pas faire, prendre ou ne pas prendre. *Il y a des matières en option à l'examen.* CONTR. obligatoire. *Ce modèle de voiture est proposé avec plusieurs options : toit ouvrant, téléphone, etc.*

optionnel, elle **adj.** Qui peut être choisi ou non. *Sur ce modèle, il y a plusieurs accessoires optionnels.*

optique **adj.** Qui se rapporte à l'œil, à la vision. *Le nerf optique relie l'œil et le cerveau.* ◆ **n.f.** ❶ Partie de la physique qui étudie les propriétés de la lumière et les phénomènes de la vision. ❷ Façon de voir les choses, de les considérer sous un certain angle. *Ce professeur sait se placer dans l'optique des élèves* (= comprendre leur point de vue). • **Instruments d'optique :** instruments qui permettent de voir, d'observer. *Les jumelles, la loupe, le microscope, le télescope, etc., sont des instruments d'optique.*

HISTOIRE DU MOT Vient du grec *optikos* qui signifie « relatif à la vue ».

A B C D E F G H I J K L M N **O** P Q R S T U V W X Y Z

opulence **n.f.** Grande richesse, abondance de biens matériels. *Vivre dans l'opulence.* SYN. luxe. CONTR. pauvreté.

opulent, e **adj.** ❶ Très riche. *J'ai été reçu dans une famille opulente.* SYN. aisé, fortuné. ❷ *Une poitrine opulente,* c'est une grosse poitrine.

opus **n.m.** Terme suivi d'un numéro qui, en musique, permet de situer une œuvre dans la production d'un compositeur. (On écrit en abrégé *op.*)

HISTOIRE DU MOT C'est un mot latin qui signifie « œuvre ».

opuscule **n.m.** Petit livre de science ou de littérature. SYN. brochure.

1 or **n.m.** Métal précieux, jaune et brillant, qui ne s'altère ni à l'air ni à l'eau ; alliage de ce métal avec d'autres métaux utilisé en bijouterie, en dentisterie, etc. *Elle portait une gourmette en or au poignet.* • **En or :** qui a une valeur exceptionnelle. *Une occasion en or* (= très avantageuse). • **L'âge d'or :** la période la plus heureuse d'une civilisation ou l'époque considérée comme la plus brillante dans un domaine déterminé. *L'âge d'or du cinéma américain.* • **Le silence est d'or :** proverbe qui signifie qu'il faut parfois savoir se taire. • **Livre d'or :** registre sur lequel les visiteurs inscrivent un petit mot et leur nom. • **Or noir :** pétrole. • **Parler d'or :** parler avec sagesse.

HISTOIRE DU MOT Vient du latin *aurum,* que l'on retrouve dans *aurifère, auréole.*

ENCYCLOPÉDIE L'or se trouve en filons dans des roches, en pépites ou en paillettes dans le sable et le gravier des rivières. Les principaux pays producteurs d'or sont l'Afrique du Sud, l'Australie, les États-Unis.

2 or **conj. de coordination.** Sert à relier deux idées dans un raisonnement ou un récit en soulignant une opposition. *Nous comptions sur sa présence, or elle n'est pas venue.*

HISTOIRE DU MOT Vient du latin *hac hora* qui signifie « à cette heure ».

oracle **n.m.** ❶ Dans l'Antiquité, réponse que les dieux faisaient aux questions que les hommes leur posaient. ❷ Sanctuaire où l'on consultait les dieux. *L'oracle d'Apollon se trouve à Delphes.*

orage **n.m.** ❶ Pluie violente et brusque accompagnée de tonnerre, d'éclairs et de vent. *Le ciel s'assombrit, le tonnerre gronde, l'orage va bientôt éclater.* ❷ Au figuré, dispute. • **Il y a de l'orage dans l'air :** l'atmosphère est tendue, une dispute va éclater.

orageux, euse **adj.** ❶ *Un temps orageux* est lourd et laisse présager un orage. ❷ *Une discussion orageuse* est tendue, violente et laisse présager une dispute. SYN. houleux, tumultueux. CONTR. calme, paisible.

oraison **n.f.** Dans la religion chrétienne, courte prière dite par le prêtre au nom de l'assemblée. • **Oraison funèbre :** discours public prononcé à l'occasion de la mort d'un personnage important.

oral, ale, aux **adj.** ❶ Qui se fait par la parole. *Il m'a fait une promesse orale.* SYN. verbal. CONTR. écrit. *La langue orale* (= la langue parlée, par opposition à la langue écrite). ❷ De la bouche, par la bouche. *Médicament administré par voie orale.* SYN. buccal. ◆ **oral** **n.m.** Partie orale d'un examen ou d'un concours. *Sylvie a encore les oraux à passer.* • **À l'oral :** dans les situations où l'on emploie la langue orale.

HISTOIRE DU MOT Vient du latin *os, oris* qui signifie « bouche ».

oralement **adv.** D'une manière orale, par la parole. *Nous avons conclu un accord oralement, sans rédiger de contrat.* SYN. verbalement. CONTR. par écrit.

orange **n.f.** Fruit comestible de l'oranger, d'un jaune un peu rouge. *L'orange, comme le citron et le pamplemousse, est un agrume.* • **Orange amère :** variété d'orange appelée aussi *bigarade* qui entre dans la fabrication de confitures et de certaines liqueurs. ◆ **adj.invar.** et **n.m.** Qui a la couleur de l'orange. *Un pull orange vif.*

HISTOIRE DU MOT Vient de l'arabe *narandj.*

orangé, e **adj.** Qui se rapproche de la couleur orange. *La lumière orangée du soleil couchant.*

orangeade **n.f.** Boisson faite de jus ou de sirop d'orange allongé d'eau.

oranger **n.m.** Arbre des régions chaudes ou méditerranéennes que l'on cultive pour ses fruits, les oranges, et dont les feuilles vert foncé, épaisses, ne tombent pas. *Les petites fleurs blanches de l'oranger sentent très bon et on en extrait une essence, l'eau de fleur d'oranger.*

orangeraie **n.f.** Terrain planté d'orangers. *Il y a de nombreuses orangeraies au Maroc, en Espagne, en Israël et en Californie.*

orangerie **n.f.** Serre où l'on abrite les orangers pendant l'hiver, dans les pays tempérés. *À Paris, l'orangerie des Tuileries a été transformée en musée.*

orang-outan (PLUR. : orangs-outans) ou **orang-outang** (PLUR. : orangs-outangs) **n.m.** Grand singe d'Asie, dont la forme rappelle celle de l'homme. *L'orang-outan vit dans les arbres et se nourrit essentiellement de fruits.*

▸ REM. On prononce [ɔrɑ̃utɑ̃].

HISTOIRE DU MOT C'est un mot malais qui signifie « homme des bois ».

orang-outan et son petit

orchidées

orateur, trice n. Personne qui prononce un discours devant une assistance. *L'orateur captivait son auditoire.*
HISTOIRE DU MOT Vient du latin *orare* qui signifie « parler, prier ».

1 oratoire adj. Qui concerne la parole, l'éloquence. *Le style oratoire* (= celui que l'on emploie dans les discours).

2 oratoire n.m. Dans un édifice, lieu destiné à la prière ; petite chapelle.

oratorio n.m. Œuvre musicale dramatique, interprétée par des solistes, un chœur et un orchestre.

orbital, ale, aux adj. Qui se rapporte à une orbite dans le ciel. *Station orbitale.*

orbite n.f. ❶ Cavité qui renferme le globe de l'œil. ❷ Courbe que décrit un corps dans le ciel, autour d'un autre corps céleste. *La Terre décrit en un an une orbite autour du Soleil.* ❸ *Mettre en orbite un engin spatial*, c'est assurer l'ensemble des opérations qui lui permettront de se placer sur une orbite déterminée.
HISTOIRE DU MOT Vient du latin *orbis* qui signifie « cercle ».

orchestration n.f. ❶ Répartition des différentes parties d'une œuvre musicale entre les instruments de l'orchestre. ❷ L'action d'orchestrer, d'organiser une action. *L'orchestration d'une campagne de publicité.*

orchestre n.m. ❶ Groupe de musiciens qui exécutent ensemble une œuvre. *Un orchestre de jazz comporte un piano, une batterie, une contrebasse, une trompette, un saxophone, etc.* ❷ La partie d'une salle de théâtre ou de cinéma où se situent les sièges du rez-de-chaussée, face à la scène.
HISTOIRE DU MOT Vient du grec *orkhêstra* qui désigne, dans les anciens théâtres grecs, la partie circulaire située entre la scène et les spectateurs et où évoluait le chœur.

orchestrer v. (CONJUG. 3). ❶ *Orchestrer une œuvre musicale*, c'est faire son orchestration. ❷ *Orchestrer une action*, c'est l'organiser méthodiquement de façon à lui donner un maximum d'efficacité et de retentissement. *La campagne de presse a été parfaitement orchestrée.*

orchidée n.f. Plante qui fait partie d'une famille comprenant près de 20 000 espèces, que l'on cultive pour ses très belles fleurs odorantes.
▸ REM. On prononce [ɔrkide].

ordinaire adj. ❶ Qui n'a aucun signe particulier, qui ne se distingue en rien. *Écrire sur du papier ordinaire. C'est un homme ordinaire, comme il y en a des millions.* SYN. banal. ❷ Qui est habituel. *Avec sa franchise ordinaire il nous a dit que nous étions des sots.* → VOIR AUSSI coutumier. ◆ n.m. • **Améliorer l'ordinaire :** améliorer le menu habituel. • **Sortir de l'ordinaire :** ne pas être courant, banal. • **D'ordinaire :** d'habitude. *D'ordinaire nous dînons assez tôt.* SYN. habituellement.

ordinairement adv. Le plus souvent. *Elle vient ordinairement me voir le samedi.* SYN. d'ordinaire, généralement.

ordinal, ale, aux adj. *Les adjectifs numéraux ordinaux* indiquent le rang, par opposition aux *adjectifs numéraux cardinaux*, qui indiquent la quantité, le nombre. *« Dixième » est un adjectif ordinal.*

ordinateur n.m. Machine électronique qui peut garder en mémoire et traiter un très grand nombre d'informations en respectant les instructions d'un programme.
HISTOIRE DU MOT C'est un mot créé à partir du latin *ordinator* qui signifie « qui met en ordre ».

ordiphone n.m. Téléphone mobile possédant les fonctions d'un petit ordinateur, notamment Internet, et de nombreuses applications. SYN. téléphone intelligent.

ordonnance n.f. ❶ L'ordre, la disposition des éléments d'un ensemble. *Son retard a troublé l'ordonnance de la cérémonie.* SYN. déroulement, ordonnancement. ❷ Document sur lequel le médecin note les médicaments et les examens qu'il prescrit à son patient. ❸ Acte officiel qui émane d'un gouvernement, d'une juridiction.
▸ REM. Au sens 1 ce mot appartient à la langue soutenue.

ordonnancement n.m. L'ordre des éléments d'un ensemble. *L'ordonnancement des mots dans la phrase.*

ordonné, e adj. ❶ *Une personne ordonnée* a de l'ordre, sait ranger ses affaires. SYN. soigneux. CONTR. désordonné. ❷ *Un lieu ordonné* est un lieu bien rangé.

ordonnée n.f. *L'axe des ordonnées*, c'est l'axe perpendiculaire à celui des abscisses.

ordonner v. (CONJUG. 3). ❶ Donner un ordre à quelqu'un. *Il nous a ordonné de sortir.* SYN. commander. ❷ Prescrire par ordonnance. *Le médecin a ordonné des antibiotiques à sa patiente.* ❸ Mettre en ordre, classer. *Ordonner ses idées.* SYN. organiser. ❹ *Ordonner un prêtre*, c'est lui conférer le sacrement par lequel il devient prêtre.

ordre n.m. ❶ Disposition des choses selon la place qui leur convient. *Pascale a de l'ordre* (= elle est ordonnée). *Une maison en ordre.* CONTR. désordre. ❷ Manière particulière de classer les choses, les êtres ou les idées. *Les livres de ma bibliothèque sont classés par ordre alphabétique. Le témoin a exposé les faits dans l'ordre chronologique* (= successivement). ❸ Ce que l'on commande de faire. *Il nous a donné l'ordre*

A B C D E F G H I J K L M N O P Q R S T U V W X Y Z

de partir. SYN. consigne. *Ne faites rien jusqu'à nouvel ordre* (= jusqu'à ce qu'une nouvelle décision soit prise). ❹ Absence de trouble dans une société qui est liée au respect des lois et des règlements. *La police assure le maintien de l'ordre.* ❺ Chacune des divisions de la société française sous l'Ancien Régime. *Les trois ordres étaient la noblesse, le clergé et le tiers état.* ❻ Ensemble de moines ou de religieuses qui obéissent à la même règle de vie. ❼ Association qui regroupe les membres d'une même profession. *L'ordre des médecins, des avocats.* ❽ Catégorie dans laquelle on classe les espèces animales. *Le chien appartient à l'ordre des carnivores.* • **Avoir de l'ordre :** être ordonné. • **De premier ordre :** remarquable, excellent. *Nous avons eu droit à un spectacle de premier ordre.* • **Entrer dans les ordres :** devenir prêtre, moine ou religieuse. • **Ordre du jour :** liste des sujets à traiter dans une réunion.

ordures **n.f.plur.** Déchets de la vie quotidienne que l'on jette. *Les éboueurs ramassent tous les jours les ordures.* SYN. détritus. *Jeter de vieux papiers aux ordures* (= à la poubelle).

HISTOIRE DU MOT Vient du latin *horridus* qui signifie « repoussant, horrible ».

ordurier, ère **adj.** *Des propos orduriers* expriment des grossièretés, des obscénités. SYN. obscène.

orée **n.f.** Bord, bordure d'un bois, d'une forêt. *Le champ s'arrête à l'orée du bois.* SYN. lisière.

HISTOIRE DU MOT Vient du latin *ora* qui signifie « bord, contour », de *os, oris,* « bouche ».

oreille **n.f.** ❶ Chacun des deux organes de l'ouïe, situés de chaque côté de la tête. *J'ai mal à l'oreille gauche. L'otite est une maladie de l'oreille.* ❷ Capacité à entendre. *Amélie a l'oreille fine* (= elle a une très bonne ouïe). • **Faire la sourde oreille :** ne pas vouloir entendre des conseils ou des ordres. • **Prêter l'oreille :** faire attention à ce qui se dit. • **Se faire tirer l'oreille :** résister, se faire prier longtemps. *Laure s'est fait tirer l'oreille pour nous aider à tout remettre en place.*

oreiller **n.m.** Coussin sur lequel on pose sa tête quand on est couché. *Emmanuel aime mieux dormir sur un oreiller que sur un traversin.*

oreillette **n.f.** Chacune des deux cavités supérieures du cœur, au-dessus des ventricules avec lesquels elles communiquent.

oreillons **n.m.plur.** Maladie contagieuse qui atteint surtout les enfants et se manifeste par un gonflement du cou et des douleurs dans les oreilles.

d'**ores et déjà** **adv.** Dès maintenant. *Le match n'est pas fini mais je peux d'ores et déjà vous prédire la victoire de l'équipe du Cameroun.*

orfèvre **n.** Personne qui fabrique ou qui vend des objets d'art en métal précieux.

HISTOIRE DU MOT Vient du latin *aurifaber* qui signifie « forgeron d'or ».

orfèvrerie **n.f.** L'art de l'orfèvre ; le commerce des objets en métal précieux.

orfraie **n.f.** Rapace diurne de grande taille. *Les orfraies se nourrissent de poissons.* • **Pousser des cris d'orfraie :** pousser des cris épouvantables, hurler. (Le cri de l'orfraie n'a rien de particulier ; l'expression vient de la confusion avec l'*effraie*, qui est une chouette.)

HISTOIRE DU MOT Vient du latin *ossifraga* qui signifie « qui brise les os ».

organe **n.m.** ❶ Partie du corps qui a une fonction particulière. *Les yeux sont les organes de la vue. Les organes de la digestion constituent l'appareil digestif.* → VOIR planche page suivante. ❷ Publication qui exprime les opinions d'un groupe ou d'un parti. *Le journal que tu feuillettes est l'organe des écologistes.*

HISTOIRE DU MOT Vient du grec *organon* qui signifie « instrument ».

organigramme **n.m.** Graphique représentant l'organisation d'un groupe, d'une entreprise et les relations entre ses membres.

organique **adj.** Qui appartient à un organisme vivant. *Une substance organique.* CONTR. minéral. • **Matière organique :** matière issue d'un organisme vivant. *Le pétrole est une matière organique.*

organisateur, trice **n.** Personne qui organise quelque chose. *Qui est l'organisateur de la fête ?*

organisation **n.f.** ❶ L'action et la manière d'organiser quelque chose. *S'occuper de l'organisation d'une fête.* SYN. préparation. *Il perd un temps fou parce que l'organisation de son travail est mauvaise.* ❷ Association, groupement de personnes qui agissent dans un but commun. *Une organisation syndicale s'occupe des intérêts du personnel de l'entreprise.* • **Organisation non gouvernementale** → VOIR **O.N.G.**

organisé, e **adj.** ❶ *Une personne organisée* sait organiser son temps, est efficace et ordonnée. ❷ *Un voyage organisé* est arrangé à l'avance par un professionnel et prévoit les transports, les étapes, les visites, etc.

organiser **v.** (CONJUG. 3). ❶ Préparer quelque chose selon un plan précis. *Nous allons organiser une grande réception pour les dix-huit ans de Raphaëlle* (= mettre sur pied). ❷ Aménager un emploi du temps pour laisser un temps à chaque activité. *Savoir organiser ses journées.* ❸ Répartir les différentes tâches à accomplir entre différentes personnes ou différents ser-

travail de l'**orfèvre**

À chaque organe sa fonction

Soutenus et protégés par les os du squelette, par la peau et par les muscles, tous nos **organes** travaillent ensemble, mais chacun d'eux a une fonction distincte.

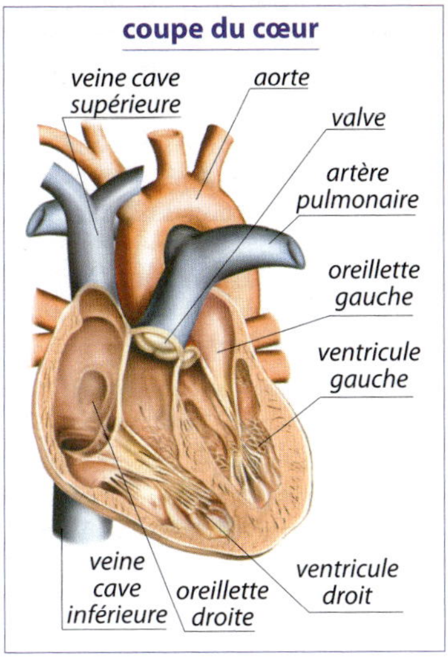

Les fonctions de relation

Elles permettent à l'organisme de capter des informations et d'envoyer des commandes aux organes. Le **cerveau** est le centre de contrôle de nos mouvements et de nos réactions. Les organes sensoriels nous relient au monde extérieur.

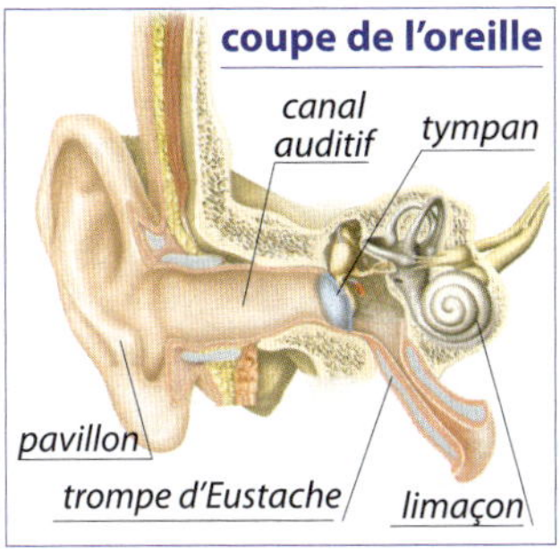

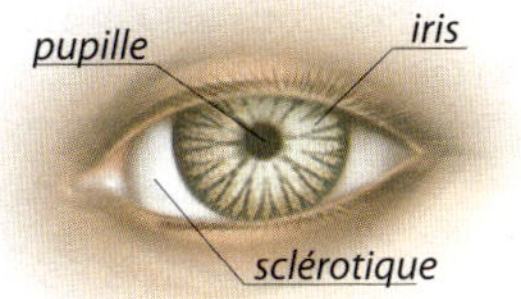

Les fonctions de nutrition

Elles permettent d'approvisionner les organes en substances nutritives et concernent la **respiration**, la **digestion** et la **circulation**. Les poumons assurent la respiration : ils permettent d'absorber l'oxygène de l'air et de rejeter le gaz carbonique. Le **cœur**, véritable pompe musculaire, entretient la circulation du sang. Il bat en trois temps : la contraction des oreillettes (systole auriculaire) fait passer le sang reçu par les veines dans les ventricules ; puis la contraction des ventricules (systole ventriculaire) expulse le sang dans les artères ; enfin, le cœur se repose (diastole) et se remplit de sang. Les organes du **tube digestif** et les **glandes digestives**, comme le foie et le pancréas, transforment les aliments en éléments nutritifs. Le gros intestin et les reins servent à l'élimination des déchets.

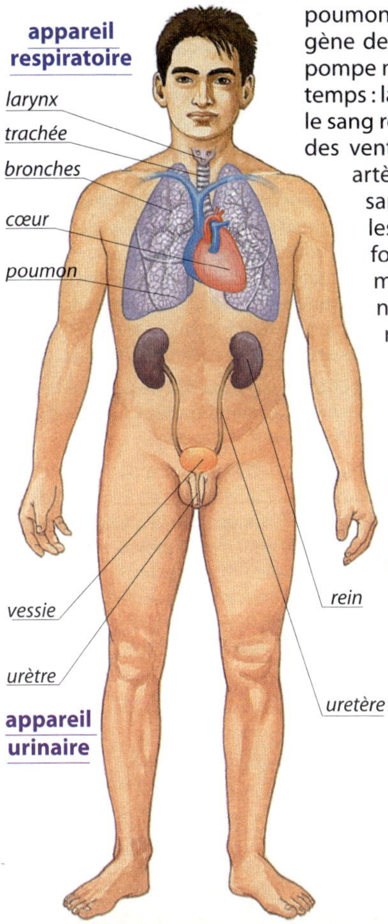

La fonction de reproduction

Elle permet aux êtres vivants de se perpétuer et concernent les **appareils génitaux**.

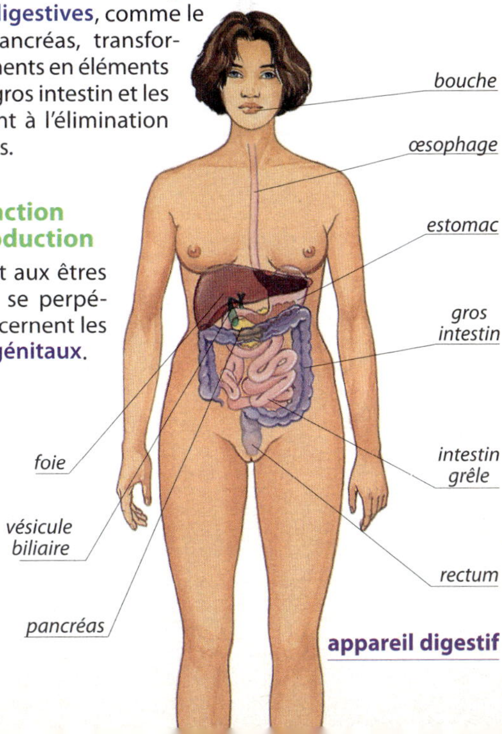

vices. *Organiser un service.* ◆ **s'organiser v.pron.** Aménager son emploi du temps, ses activités de manière efficace. *Il faut apprendre à t'organiser avant d'entrer au collège.*

organisme n.m. ❶ L'ensemble des organes d'un corps humain, d'un animal ou d'un végétal. *L'air, l'eau, la nourriture sont nécessaires au bon fonctionnement de l'organisme.* ❷ Tout groupe, service ou association qui s'occupe d'un domaine particulier. *La Météorologie nationale est un organisme public.* ● **Organisme génétiquement modifié** → VOIR **O.G.M.**

organiste n. Personne dont le métier est de jouer de l'orgue. *J.-S. Bach fut un remarquable organiste.*

orge n.f. Céréale aux épis munis de longues barbes, dont les grains servent à l'alimentation du bétail et à la fabrication de la bière. ● **Sucre d'orge :** bâtonnet de sucre cuit, coloré et aromatisé, que l'on appelle ainsi parce que, autrefois, le sucre était cuit dans une décoction d'orge.
▸ REM. Ce mot est du féminin.

orgeat n.m. ● **Sirop d'orgeat :** sirop préparé autrefois avec de l'orge, aujourd'hui avec des amandes.

orgelet n.m. Petit furoncle gros comme un grain d'orge, situé au bord de la paupière.

orgie n.f. Partie de débauche où les gens mangent trop, boivent trop et se livrent à toutes sortes d'excès. *Le repas de fête s'est terminé en orgie.*

HISTOIRE DU MOT Vient du latin *orgia* qui signifie « fêtes de Bacchus ».

orgue n.m. Instrument de musique à vent composé de nombreux tuyaux, de plusieurs claviers (pour les mains et les pieds). *Dans certaines églises, on joue de l'orgue pendant la messe.* ● **Orgue de Barbarie :** petit orgue portatif utilisé par les musiciens ambulants et actionné au moyen d'une manivelle. ● **Orgue électronique :** instrument dont les sons sont produits par un dispositif électrique à partir de claviers.
▸ REM. Au plur. *orgue* est féminin : *les grandes orgues de Notre-Dame de Paris.*

HISTOIRE DU MOT Vient du grec *organon* qui signifie « instrument ».

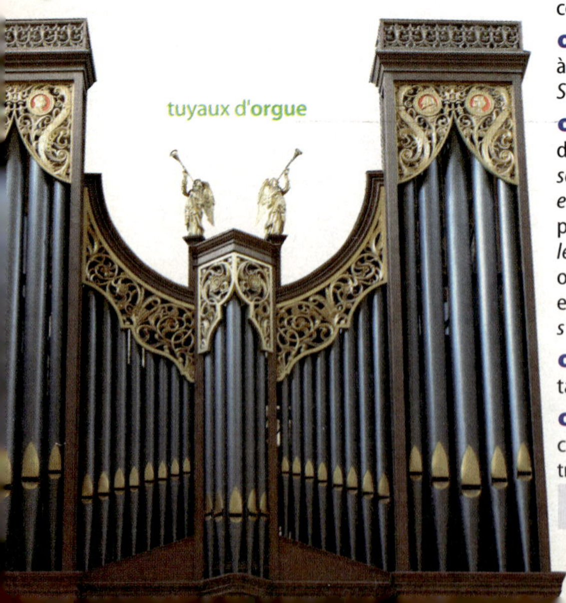
tuyaux d'**orgue**

orgueil n.m. ❶ Sentiment de fierté ou parfois de supériorité que l'on a de soi-même. *Son orgueil l'a fait détester par ses collègues.* SYN. arrogance, prétention. CONTR. modestie. ❷ Sujet de fierté légitime. *Leur deuxième fils était l'orgueil de la famille.*
▸ REM. Attention, *-ueil.*

HISTOIRE DU MOT Vient d'un mot de la langue des Francs qui signifiait « fierté ».

orgueilleux, euse adj. et **n.** Qui se croit supérieur aux autres. *Son attitude orgueilleuse l'a isolé de tous.* SYN. arrogant, hautain.

orient n.m. Le côté de l'horizon où le soleil se lève, par opposition à l'*occident*. ● **L'Orient :** l'ensemble des pays d'Asie, situés à l'est de l'Europe. *L'Orient se divise en Proche-Orient, Moyen-Orient et Extrême-Orient.*
▸ REM. On employait autrefois ce mot à la place de *est.*

HISTOIRE DU MOT Vient du latin *oriri* qui signifie « se lever, naître ».

oriental, ale, aux adj. De l'orient, de l'est, par opposition à *occidental*. *La province de Québec est située dans la partie orientale du Canada.* ◆ **adj.** et **n.** De l'Orient. *La Chine est un pays oriental.*
▸ REM. Quand il désigne une personne, le mot prend une majuscule : *un Oriental, une Orientale.*

orientation n.f. ❶ Manière de s'orienter dans l'espace. *Elle n'a pas le sens de l'orientation et se perd tout le temps.* ❷ Position d'un objet, d'un édifice par rapport aux quatre points cardinaux. *L'orientation sud d'une pièce.* SYN. exposition. ❸ Action d'orienter un élève. *Choisir une orientation professionnelle.* ● **Course d'orientation :** compétition sportive consistant à accomplir à pied, le plus rapidement possible, un parcours balisé, en s'aidant d'une carte et d'une boussole.

orienté, e adj. *Un discours, un écrit orientés* cherchent à faire passer une idée, à défendre une cause politique. *Son article est très orienté.* SYN. engagé.

orienter v. (CONJUG. **3**). ❶ Mettre, disposer dans une direction déterminée. *Il orienta la lampe vers le coin sombre de la pièce.* SYN. diriger, tourner. *Ma chambre est orientée à l'est.* ❷ Diriger vers quelque chose de précis. *L'animateur essayait d'orienter la discussion sur les élections.* ❸ Diriger un élève vers certaines études ou certains métiers. ◆ **s'orienter v.pron.** Se repérer et trouver son chemin. *Avec sa boussole, il a réussi à s'orienter dans la forêt.*

orienteur, euse n. Personne chargée de l'orientation scolaire et professionnelle.

orifice n.m. Ouverture qui fait communiquer une cavité avec l'extérieur. *Boucher un orifice.* SYN. entrée, trou. *L'anus est l'orifice du rectum.*

HISTOIRE DU MOT Vient du latin *os, oris* qui signifie « bouche ».

oriflamme **n.f.** Bannière longue et découpée qui sert d'ornement. SYN. drapeau.

HISTOIRE DU MOT Vient du latin *aurea flamma* qui signifie « banderole d'or ».

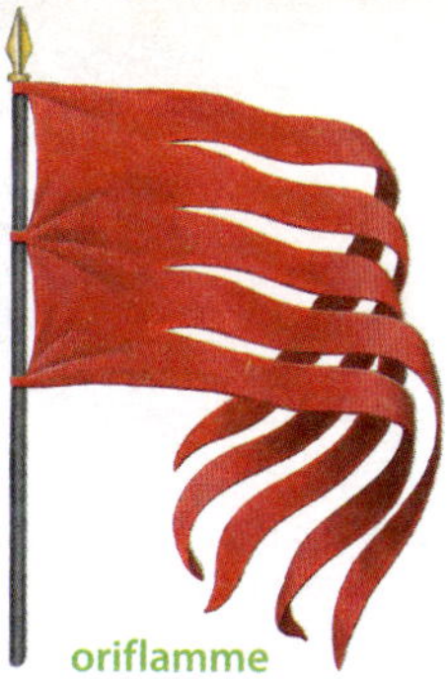
oriflamme

origan **n.m.** Autre nom de la *marjolaine* que l'on utilise comme aromate ou en parfumerie. *Du poulet à l'origan.*

originaire **adj.** Qui vient d'un lieu déterminé. *Roderick est originaire de Hollande* (= il y est né). SYN. natif. *Une plante originaire d'Asie.*

original, ale, aux **adj.** ❶ Qui sort de l'ordinaire, qui ne ressemble à rien ni à personne d'autre. *Il a toujours des idées originales.* SYN. personnel. CONTR. banal. ❷ Qui émane directement de son auteur, qui n'est pas une reproduction. *Cette traduction n'est pas conforme au texte original.* ◆ **n.** Personne dont le comportement est un peu bizarre. *M. Dupuis passait pour un vieil original.* SYN. excentrique. ◆ **original** **n.m.** Modèle, texte d'origine. *Faites une photocopie de votre lettre, vous enverrez l'original et vous conserverez le double.* CONTR. copie.
▸ REM. Ne pas confondre avec *originel*.

originalité **n.f.** Caractère original, nouveau, singulier. *Une musique d'une grande originalité.* SYN. hardiesse, nouveauté. CONTR. banalité. *C'est un garçon quelconque qui manque totalement d'originalité.* SYN. personnalité.

origine **n.f.** ❶ Le commencement, le point de départ de quelque chose. *De nombreux savants ont cherché à découvrir l'origine de l'homme. On connaît mal l'origine de cette coutume.* ❷ L'endroit, la langue, le contexte, etc., d'où vient quelque chose. *Un vin d'origine italienne. Ce mot a une origine latine* (= il vient du latin). ❸ Le milieu dont une personne est issue. *Sa mère était d'origine très modeste.* SYN. extraction. ❹ La cause d'un événement. *L'origine de leur dispute est un énorme malentendu.* • **À l'origine :** au début. *À l'origine, Paris était un petit village.* • **Dès l'origine :** dès le début.

originel, elle **adj.** Qui remonte à l'origine, au début. *Le papier peint était tellement vieux qu'on ne voyait plus sa couleur originelle.* SYN. initial.
▸ REM. Ne pas confondre avec *original*.

orignal **n.m.** (PLUR. : **orignaux**). Élan du Canada et de l'Alaska. *La chasse de l'orignal est sévèrement contrôlée.*

oripeaux **n.m.plur.** Vêtements autrefois beaux mais maintenant usagés ou démodés.

orme **n.m.** Grand arbre des régions tempérées, aux feuilles caduques, qui orne souvent les parcs et les allées et dont le bois est utilisé en menuiserie.

1 ormeau **n.m.** Mollusque marin à coquille plate, dont l'intérieur est nacré.

HISTOIRE DU MOT Vient du latin *auris maris* qui signifie « oreille de mer ».

2 ormeau **n.m.** Jeune orme.

orné, e **adj.** Qui comporte quelque chose comme ornement. *Une robe ornée de dentelle.*

ornement **n.m.** Ce qui orne, ce qui sert à orner. *Il n'y avait aucun ornement sur les murs du réfectoire.* SYN. décoration.

ornemental, ale, aux **adj.** Qui sert à orner, à agrémenter quelque chose. *Le lilas est un arbuste ornemental.* SYN. décoratif.

ornementé, e **adj.** Enrichi d'ornements. *Un coffret ornementé de dorures.* SYN. agrémenté, décoré.

orner **v.** (CONJUG. **3**). Embellir par des éléments décoratifs. *Des gravures ornaient les murs du salon.* SYN. décorer.

ornière **n.f.** Creux plus ou moins profond laissé par le passage d'un véhicule sur un chemin, une chaussée. *La charrette cahotait dans le chemin plein d'ornières.*

ornithologie **n.f.** Science qui étudie les oiseaux, leurs mœurs. *L'ornithologie est une branche de la zoologie.*

HISTOIRE DU MOT Vient du grec *ornithos*, « oiseau », et *logos*, « science ».

ornithologue **n.** Spécialiste d'ornithologie.

ornithorynque **n.m.** Mammifère d'Australie qui a un bec de canard et des pattes palmées.
▸ REM. Attention au *-th-* et au *-y-*.

HISTOIRE DU MOT Vient du grec *ornithos*, « oiseau », et *runkhos*, « bec ».

ornithorynque

oronge **n.f.** Champignon dont il existe plusieurs espèces, les unes comestibles (comme l'*oronge vraie*), les autres vénéneuses et même mortelles (comme l'*oronge verte*, ou *amanite phalloïde*).

orpailleur, euse **n.** Personne qui recherche des paillettes d'or dans les alluvions de certains cours d'eau.

orpailleur

orphelin, e **n.** et **adj.** Enfant qui a perdu l'un de ses parents ou les deux. *Être orphelin de père.*

orphelinat **n.m.** Pensionnat où sont élevés les enfants orphelins.

orque **n.f.** Mammifère cétacé carnivore, long de 5 à 9 m, reconnaissable à sa haute nageoire dorsale triangulaire et à sa peau blanc et noir.
▶ REM. 1. Ce mot est du féminin. 2. L'*orque* est aussi appelée *épaulard*.

orque

ENCYCLOPÉDIE L'orque, qui vit surtout dans les mers polaires, est un redoutable prédateur. Elle se nourrit de poissons, de mammifères (dauphins, marsouins, narvals, baleines, phoques) et d'oiseaux marins (manchots).

orteil **n.m.** Doigt de pied. *Le gros orteil, le petit orteil.*

orthodontiste **n.** Dentiste spécialisé dans le redressement des dents.

orthodoxe **adj.** ❶ Conforme à la doctrine officielle, en particulier dans une religion. ❷ Conforme à l'usage établi. *Sa façon de faire n'était pas très orthodoxe, mais elle s'est révélée efficace.* ◆ **n.** et **adj.** Fidèle de l'Église orthodoxe, Église chrétienne orientale qui a rompu avec Rome et ne reconnaît pas le pape comme chef de l'Église. *Les prêtres de l'Église orthodoxe peuvent se marier.* → VOIR AUSSI **pope.**

HISTOIRE DU MOT Vient du grec *orthos*, qui signifie « droit », et *doxa*, qui signifie « opinion ».

orthographe **n.f.** Manière d'écrire les mots correctement, en se conformant à l'usage établi et à la grammaire traditionnelle. *Les dictionnaires permettent notamment de vérifier l'orthographe des mots.*

HISTOIRE DU MOT Vient du grec *orthos*, qui signifie « droit », et *graphein*, qui signifie « écrire ».

orthographier **v.** (CONJUG. 7). Écrire avec la bonne orthographe. *Comment orthographies-tu ce mot ?*

orthographique **adj.** Qui concerne l'orthographe. *Règles orthographiques.*

orthopédagogie **n.f.** Au Québec, ensemble de méthodes pédagogiques pour aider les élèves en difficulté ou handicapés.

orthopédique **adj.** Qui sert à rééduquer la marche, à traiter les malformations du squelette et des articulations. *Porter des chaussures orthopédiques.*

orthophonie **n.f.** Spécialité de l'orthophoniste.

orthophoniste **n.** Spécialiste qui s'occupe de corriger les défauts de prononciation et divers troubles du langage, notamment chez les enfants.

ortie

ortie **n.f.** Plante vivace très commune dont les feuilles et les tiges sont couvertes de poils contenant un liquide très irritant pour la peau. *Je me suis piqué les jambes dans les orties.*

HISTOIRE DU MOT Vient du latin *urtica* que l'on retrouve dans *urticaire*.

ortolan **n.m.** Petit oiseau passereau d'Europe méridionale dont la chair est très appréciée.

orvet **n.m.** Lézard dépourvu de pattes, que l'on appelle aussi *serpent de verre*, car sa queue se brise facilement. *L'orvet se nourrit d'insectes.*

os **n.m.** Chacune des parties dures du squelette d'un animal ou d'un être humain. • (Familier) **Ne pas faire de vieux os :** ne pas vivre vieux.
▶ REM. On prononce [ɔs] au singulier et [o] au pluriel.

ENCYCLOPÉDIE Le corps humain se compose d'environ 200 os. On distingue les os courts, comme les vertèbres, les os longs, comme le fémur et le tibia, et les os plats, comme l'omoplate et la voûte du crâne.

oscar **n.m.** Statuette qui récompense aux États-Unis les artistes et les techniciens du cinéma. *Mon acteur préféré a obtenu un oscar à Hollywood.* → VOIR noms propres.

oscillation **n.f.** Mouvement de ce qui oscille.
▶ REM. On prononce [ɔsilasjɔ̃].

osciller **v.** (CONJUG. 3). ❶ Être animé d'un mouvement de va-et-vient. *Le balancier de la pendule oscille régulièrement.* ❷ Hésiter entre deux opinions, deux attitudes. *Il oscille entre les deux solutions.* SYN. balancer.
▶ REM. 1. On prononce [ɔsile]. 2. Attention, *-sc-*.

HISTOIRE DU MOT Vient du latin *oscillare* qui signifie « balancer ».

osé, e **adj.** ❶ Fait avec audace. *La tentative était osée.* SYN. audacieux, risqué. ❷ *Des propos osés* sont à la limite de l'indécence. SYN. choquant, grivois.

oseille **n.f.** Plante potagère dont les feuilles, d'un goût acide, sont comestibles. *Dimanche dernier, nous avons mangé de la soupe à l'oseille.*

HISTOIRE DU MOT Vient du latin *acidulus* qui signifie « aigrelet ».

oser **v.** (CONJUG. 3). ❶ Avoir le courage de faire ou de dire quelque chose. *Guillaume est très timide et n'ose pas parler en public.* ❷ Avoir l'insolence de faire quelque chose. *Comment oses-tu m'accuser alors que c'est toi qui as cassé le vase ?* SYN. se permettre de.

osier **n.m.** Variété de saule, de petite taille, dont les branches, très flexibles, sont utilisées en vannerie. *Un panier, un fauteuil en osier.*

ossature **n.f.** Ensemble des os. *Anne a une solide ossature.* SYN. charpente, squelette.

A B C D E F G H I J K L M N O P Q R S T U V W X Y Z

osselet n.m. Petit os. *Les osselets de l'oreille.* ◆ **osselets** n.m.plur. Jeu d'adresse dont les éléments ont la forme d'un petit os. *Jouer aux osselets.*

ossements n.m.plur. Os desséchés d'un homme ou d'un animal morts. *On a retrouvé en Asie des ossements humains datant d'environ 500 000 ans.*

osseux, euse adj. ❶ Des os. *Une malformation osseuse. Une maladie osseuse.* ❷ Dont les os sont apparents, saillants. *La vieille femme avait un visage maigre et osseux.* CONTR. dodu, rebondi. ❸ Qui a des os. *La carpe est un poisson osseux.*

ossuaire n.m. Bâtiment, lieu où l'on conserve les ossements humains.

ostensible adj. Fait ouvertement, avec l'intention d'être remarqué. *Rire d'une manière ostensible.*

ostensiblement adv. De façon à être remarqué. *Jacques regardait ostensiblement la pendule pour montrer qu'il s'ennuyait.* CONTR. discrètement.

ostensoir n.m. Pièce d'orfèvrerie dans laquelle est placée l'hostie pour être présentée aux fidèles, dans la liturgie catholique.

ostentation n.f. Attitude de quelqu'un qui cherche à se faire remarquer. *Elle faisait virevolter sa nouvelle robe avec ostentation.* SYN. affectation. CONTR. discrétion.

HISTOIRE DU MOT Vient du latin *ostendere* qui signifie « montrer ».

ostracisme n.m. Fait d'exclure, d'écarter quelqu'un d'un groupe, d'un parti politique ou d'une société. *Minorités immigrées qui souffrent de l'ostracisme qu'on leur fait subir.* SYN. discrimination, exclusion.

HISTOIRE DU MOT Vient du grec *ostrakon* qui signifie « coquille », car les anciens Grecs inscrivaient sur une coquille le nom de celui qu'ils voulaient bannir, exiler.

ostréiculteur, trice n. Personne qui pratique l'ostréiculture.

ostréiculture n.f. Élevage des huîtres. *L'ostréiculture se pratique dans des parcs à huîtres.*

ostréiculture (Gironde, Aquitaine)

otage n. Personne qu'on retient prisonnière pour obtenir quelque chose en échange. *Les bandits ont pris en otage la caissière de la banque.*

otarie

otarie n.f. Mammifère marin voisin du phoque dont il se distingue par sa forme plus allongée, la présence de pavillons aux oreilles et ses pattes plus nettement dégagées du corps, qui lui permettent de mieux se déplacer sur terre.

HISTOIRE DU MOT Vient du grec *ôtarion* qui signifie « petite oreille ».

ôter v. (CONJUG. 3). ❶ Enlever, retirer. *Ôter les noyaux des olives. Il a ôté ses gants pour me serrer la main.* SYN. retirer. CONTR. garder. ❷ Retrancher une quantité d'une autre. *Si on ôte trois de dix, il reste sept.* SYN. soustraire. ❸ Faire perdre une habitude, une idée, etc. *J'aimerais bien lui ôter cette idée de la tête.*

otite n.f. Inflammation des oreilles.

HISTOIRE DU MOT Vient du grec *oûs, ôtos* qui signifie « oreille » et que l'on retrouve dans *oto-rhino.*

oto-rhino-laryngologiste (PLUR. : oto-rhino-laryngologistes), ✎ ***otorhinolaryngologiste*** n. Médecin qui soigne les maladies de l'oreille, du nez et de la gorge.
▶ REM. On dit en abrégé *O.R.L.*

ou conj. de coordination. Sert à relier deux mots de même nature ou deux phrases et à indiquer le choix, l'équivalence ou l'approximation. *Tu veux une pomme ou une poire ? Ce poêle marche au bois ou au charbon* (= aussi bien avec l'un qu'avec l'autre). *Il y avait neuf ou dix personnes sur le quai de la gare.*
▶ REM. Ne pas confondre avec *où.*

1 où pron. relatif. Reprend dans une subordonnée un nom qui indique un lieu ou un moment. *La ville où il habite est située au bord de la mer. Te souviens-tu du jour où nous nous sommes rencontrés ?* → VOIR **pronom** (encadré).
▶ REM. Ne pas confondre avec *ou.*

2 où adv. interrogatif. Sert à poser une question sur le lieu, la direction. *Où es-tu ? Par où êtes-vous passés pour arriver aussi rapidement ? Il ne veut pas me dire où il va.*
▶ REM. Ne pas confondre avec *ou.*

ouaille n.f. (Surtout au plur.) Fidèle d'une paroisse. *Le curé dit la messe devant ses ouailles.*

HISTOIRE DU MOT Vient du latin *ovicula,* diminutif de *ovis* qui signifie « brebis ».

ouaouaron n.m. Au Canada, nom donné à une très grosse grenouille.

ouate n.f. ❶ Coton non filé qui sert notamment pour la toilette ou les pansements. ❷ *La ouate de cellulose* est un matériau isolant.
▶ REM. On peut dire *de la ouate* ou *de l'ouate.*

oued Dadès (Haut Atlas, Maroc)

ouaté, e **adj.** ❶ Garni d'ouate. *Pansement ouaté.* ❷ Où il n'y a presque pas de bruit, où l'on ressent un confort douillet. *Une atmosphère ouatée.*

oubli **n.m.** ❶ Le fait d'oublier quelque chose ; ce qu'on a oublié de faire. *Elle est partie sans me laisser son adresse, c'est sûrement un oubli de sa part.* SYN. étourderie, négligence. *Il y a des oublis sur votre liste.* SYN. manque, omission. *Réparer un oubli.* ❷ Absence de souvenirs. *Avec le temps, l'oubli viendra.* • **Tomber dans l'oubli :** être oublié de tous. *Un acteur autrefois connu qui est aujourd'hui tombé dans l'oubli.*

oublier **v.** (CONJUG. **7**). ❶ Ne plus savoir quelque chose, être incapable de s'en souvenir. *J'ai oublié le nom de cette dame.* CONTR. se rappeler. ❷ Ne pas penser à faire quelque chose. *J'ai oublié de lui téléphoner.* ❸ Laisser un objet quelque part par distraction. *N'oublie pas ton écharpe au cinéma !* ❹ Cesser de penser à quelque chose ou à quelqu'un, ne plus s'en préoccuper. *Essayons d'oublier cette dispute.*

oubliette **n.f.** (Surtout au plur.) Cachot souterrain et obscur où l'on enfermait autrefois les prisonniers.

oublieux, euse **adj.** Qui oublie facilement ses amis.

oued **n.m.** Cours d'eau d'Afrique du Nord et des régions arides, souvent à sec mais qui peut se gonfler d'eau rapidement.

HISTOIRE DU MOT C'est un mot arabe qui signifie « cours d'eau ».

ouest **n.m.invar.** ❶ L'un des quatre points cardinaux, l'endroit de l'horizon où se couche le soleil. *Quand on a le nord devant soi, on a l'ouest à sa gauche.* SYN. couchant, occident. CONTR. est, levant, orient. *Le soleil se couche à l'ouest.* ❷ (Avec une majuscule.) La partie située à l'ouest d'un pays ou d'un continent. *Christophe est originaire de l'Ouest.* ◆ **adj.invar.** Qui se situe à l'ouest. *Vancouver est sur la côte ouest du Canada.* SYN. occidental.

ouf **interj.** Mot qui exprime le soulagement. *Ouf ! elle est enfin partie !* • **Ne pas laisser à quelqu'un le temps de dire ouf :** ne pas lui laisser le temps de dire le moindre mot.

oui **adv.** Sert à affirmer, à accepter. « *Tu t'en vas tout de suite ? – Oui, je pars.* » « *Veux-tu aller au cinéma ? – Oui.* » CONTR. non. ◆ **n.m.invar.** Réponse affirmative. *Les oui ont été plus nombreux que les non au référendum.* • **Pour un oui, pour un non :** sans motif sérieux. *Ils se disputent pour un oui, pour un non.*

HISTOIRE DU MOT Vient de *oïl*, mot que l'on employait au Moyen Âge pour dire « oui » dans la partie nord de la France.

ouï-dire **n.m.invar.** Information que l'on apprend par l'intermédiaire de quelqu'un. *Ce ne sont que des ouï-dire.* SYN. on-dit, rumeur. • **Par ouï-dire :** pour l'avoir entendu dire. *Mes voisins vont déménager ; je l'ai appris par ouï-dire.*

▸ REM. Attention au tréma.

HISTOIRE DU MOT Vient du participe passé du verbe *ouïr* et de *dire* : le ouï-dire est ce que l'on a entendu dire.

1 ouïe **n.f.** Le sens qui permet de percevoir les sons. *Le chien a l'ouïe plus fine que l'homme.* • (Familier) **Être tout ouïe :** écouter attentivement.

2 ouïe **n.f.** ❶ Chacune des deux ouvertures en forme de fente que les poissons ont de chaque côté de la tête et où se trouvent les branchies. ❷ Les deux ouvertures en forme de S situées de chaque côté des cordes sur un violon ou un violoncelle.

ouille **interj.** Exprime la douleur. *Ouille ! je me suis brûlé !* SYN. aïe.

ouïr **v.** • **Avoir ouï dire :** avoir entendu dire. *J'ai ouï dire qu'elle allait se marier.*

▸ REM. Ne s'emploie que dans cette expression.

HISTOIRE DU MOT Ce verbe s'employait autrefois à la place de *entendre*. Il vient du latin *audire* que l'on retrouve dans *audition*.

ouistiti **n.m.** Petit singe d'Amérique tropicale, haut de 20 cm environ, à queue touffue, à fortes griffes, et dont le haut de l'oreille est orné d'une touffe de poils.

ouistiti

ouolof ou **wolof** **adj.** et **n.** Qui se rapporte aux Ouolofs. → VOIR noms propres.

ouragan **n.m.** Très forte tempête, avec un vent violent qui dépasse souvent 120 km/h. *Les ouragans sont fréquents dans la mer des Antilles.* SYN. cyclone, typhon.

HISTOIRE DU MOT Vient de l'espagnol *huracán* qui signifie « tornade ».

ourdir **ourdissant, ourdi v.** (CONJUG. **16**). *Ourdir un complot*, c'est le préparer en secret. SYN. organiser, tramer.

▸ REM. Ce mot appartient à la langue soutenue.

ourlé, e **adj.** *Des lèvres, des oreilles ourlées* ont des courbes bien dessinées.

ourler **v.** (CONJUG. **3**). Faire un ourlet. *Marie ourle des mouchoirs.*

ourlet **n.m.** Repli cousu au bord d'une étoffe.

oursin violet

ours **n.m.** ❶ Mammifère au corps lourd et massif, à la queue courte et aux griffes puissantes, dont il existe plusieurs espèces. ❷ Personne peu sociable. *Quel ours ! il ne nous a même pas dit bonjour.* ❸ Jouet d'enfant en peluche qui ressemble à un ourson. (On dit familièrement *nounours.*) • (Familier) **Un ours mal léché :** une personne mal élevée, bourrue. • **Il ne faut pas vendre la peau de l'ours avant de l'avoir tué :** il ne faut pas faire comme si quelque chose était déjà acquis alors qu'on n'en a aucune certitude (proverbe tiré d'une fable de La Fontaine).

ENCYCLOPÉDIE Cri : l'ours grogne, gronde. Femelle : l'ourse. Petit : l'ourson. L'*ours blanc*, ou *polaire*, vit dans les régions arctiques et mène une vie aquatique ; il pèse jusqu'à 600 kg et mesure, dressé, 2,70 m. On trouve l'*ours brun* en Asie, en Amérique du Nord, où une espèce très féroce, le *grizzli*, vit dans les montagnes Rocheuses, et en Europe (Scandinavie, Carpates, Pyrénées), où il habite les forêts. Il est particulièrement protégé dans les Pyrénées, où il est menacé de disparition. Il se nourrit de poissons et de charognes, mais aussi de végétaux et de rayons de miel, dont il est très friand : c'est un omnivore.

ourse **n.f.** Femelle de l'ours.

oursin **n.m.** Animal marin à carapace calcaire couverte de piquants, dont la chair est comestible.

HISTOIRE DU MOT Vient du mot *ours*, parce que, en provençal, cet animal était appelé *ours de mer*.

ourson **n.m.** Petit de l'ours.

oust ou **ouste** **interj.** (Familier) S'emploie pour chasser une personne ou un animal. *Allez ouste ! sors d'ici !*

outil **n.m.** ❶ Objet fabriqué par l'homme pour exécuter un travail manuel. *Je range le marteau, les tournevis et les tenailles dans la boîte à outils. La bêche, le râteau, la binette sont des outils de jardinage.* SYN. instrument. ❷ Tout instrument de travail. *Les dictionnaires sont des outils de travail précieux pour les élèves.*
▸ REM. On ne prononce pas le *-l*.

HISTOIRE DU MOT Vient du latin *utensilia* qui signifie « ustensiles », de *uti*, « se servir de », que l'on retrouve dans *utile*.

ENCYCLOPÉDIE L'homme a utilisé des outils dès qu'il a acquis la position debout. Les premiers outils étaient des galets, des silex ou des os d'animaux. Peu à peu l'homme a taillé, façonné ces objets et leur a ajouté un manche. Puis il a inventé des outils pour sculpter, peindre et graver.

outillage **n.m.** L'ensemble des outils et des machines nécessaires à l'exercice d'une activité ou d'une profession manuelle, artisanale, etc. *Cette entreprise dispose d'un outillage perfectionné.* SYN. équipement, matériel.

outillé, e **adj.** Qui a les outils, les instruments nécessaires à un travail. *Je suis mal outillé pour réparer l'armoire.* SYN. équipé.

outrage **n.m.** Grave offense, qui porte atteinte à la dignité de quelqu'un. *Il nous a fait l'outrage de quitter la pièce sans un mot d'adieu.* SYN. affront.

outrageant, e **adj.** Qui outrage, qui est injurieux. *Ce sont là des propos outrageants.*
▸ REM. Ne pas confondre avec *outrageux*.

outrager **outrageant, outragé v.** (CONJUG. **5**). Offenser gravement. *Il a été condamné pour avoir outragé un policier dans l'exercice de ses fonctions.* SYN. insulter. *Il prend un air outragé dès qu'on lui fait une remarque* (= comme s'il était gravement offensé).

outrageusement **adv.** De façon excessive. *Une femme outrageusement maquillée.* SYN. trop.

outrageux, euse **adj.** Excessif. *Se maquiller d'une manière outrageuse.*
▸ REM. Ne pas confondre avec *outrageant*.

outrance **n.f.** Caractère de ce qui est excessif. *L'outrance d'une critique.* SYN. démesure, exagération. CONTR. modération. • **À outrance :** jusqu'à l'excès, à fond. *Nous travaillons à outrance pour réussir notre examen.*

outrancier, ère **adj.** Qui pousse les choses à l'excès. *Une caricature outrancière de la vie politique.* SYN. exagéré, outré. CONTR. mesuré, modéré.

1 outre **prép.** et **adv.** En plus de. *Outre son travail, elle fait du bénévolat.* • **En outre :** en plus. *J'ai en outre des remarques à vous faire.* • **Outre mesure :** d'une façon excessive. *Le voyage ne l'a pas fatigué outre mesure.* • **Passer outre :** ne pas tenir compte d'un avis ou d'un ordre. *Je l'avais averti mais il a passé outre.*
▸ REM. *Outre-* s'emploie devant certains noms géographiques, au sens de « au-delà de, de l'autre côté de » : *outre-Rhin, outre-Atlantique, outre-Manche.*

HISTOIRE DU MOT Vient du latin *ultra*, « au-delà ».

famille d'ours blancs

a b c d e f g h i j k l m n o p q r s t w x y z

2 outre n.f. Sac fait de peau de bouc qui servait autrefois à conserver et à transporter des liquides.
HISTOIRE DU MOT Vient du latin *uter, utris* qui signifie « ventre ».

outré, e adj. ❶ Poussé à l'excès. *Des propos outrés.* SYN. exagéré, outrancier. ❷ Scandalisé, indigné. *Je suis outrée par le sans-gêne de ce personnage.*

outrecuidance n.f. Caractère outrecuidant, arrogant d'une personne ou de son attitude.
▸ REM. Ce mot appartient à la langue soutenue.

outrecuidant, e adj. Qui montre une telle confiance en lui-même que c'en est insupportable pour les autres. *Il m'a répondu avec hauteur qu'il ne se trompait jamais ! Quel personnage outrecuidant !* SYN. arrogant, présomptueux.
▸ REM. Ce mot appartient à la langue littéraire.

1 outremer adj.invar. et n.m. D'un bleu très intense, assez foncé.

2 outre-mer adv. Au-delà des mers. *La Martinique et la Guadeloupe, La Réunion et la Guyane sont, pour la France, des départements d'outre-mer. Les collectivités d'outre-mer.* → VOIR noms propres.

outrepasser v. (CONJUG. 3). Aller au-delà de ce qui est permis. *En refusant de nous laisser entrer, il a outrepassé ses droits.*

outrer v. (CONJUG. 3). Exagérer jusqu'à la caricature. *L'acteur a outré le caractère du personnage qu'il interprétait.* SYN. caricaturer, grossir.

d'**outre-tombe** adv. D'après la mort. • **Voix d'outre-tombe :** voix caverneuse, sépulcrale.

outsider n.m. Concurrent d'une épreuve, sportive ou autre, qui n'est pas parmi les favoris mais qui a de bonnes chances de gagner. *Parier sur un outsider.* CONTR. favori.
▸ REM. C'est un mot anglais, on prononce [autsajdœr].
HISTOIRE DU MOT C'est un mot anglais qui signifie « celui qui est en dehors ».

ouvert, e adj. ❶ Qui laisse le passage libre. *J'ai un peu froid car la fenêtre est ouverte.* CONTR. fermé. *Le magasin est ouvert tous les jours de la semaine* (= on peut y faire des achats). ❷ Qui est accueillant, accessible, compréhensif. *Ce sont des gens très ouverts. Avoir un esprit ouvert aux idées nouvelles.* CONTR. fermé. ❸ Qui est franc, qui se manifeste clairement. *Visage, caractère ouverts. Guerre ouverte.*

ouvertement adv. Sans cacher ses intentions. *Je lui ai dit ouvertement ce que je pensais.* SYN. franchement.

ouverture n.f. ❶ Le fait d'ouvrir. *Les clients attendaient l'ouverture du magasin.* CONTR. fermeture. *L'ouverture de la nouvelle bibliothèque aura lieu en octobre.* SYN. inauguration. ❷ Début de certaines activités. *L'ouverture de la chasse a lieu en septembre.* CONTR. clôture, fin. ❸ Espace vide permettant le passage. *Il y a plusieurs ouvertures dans le mur.* SYN. brèche, orifice, trou. • **Ouverture d'esprit :** aptitude à admettre des points de vue opposés et à accepter les idées nouvelles.

ouvrable adj. • **Jour ouvrable :** jour normalement consacré au travail. *En France, les dimanches et les jours fériés ne sont pas des jours ouvrables.*
▸ REM. Ne pas confondre avec *jour ouvré*.

ouvrage n.m. ❶ Travail, besogne. *Se mettre à l'ouvrage. Avoir de l'ouvrage* (= avoir à faire). *Avoir du cœur à l'ouvrage* (= travailler avec entrain, dynamisme). ❷ Objet produit par le travail. *Cette commode est un magnifique ouvrage d'ébénisterie. Ouvrage de maçonnerie.* ❸ Tout livre. *Il y a 30 000 ouvrages dans notre bibliothèque.* SYN. œuvre, volume. • **Boîte à ouvrage :** boîte où l'on range les accessoires dont on se sert pour coudre, tricoter.

ouvragé, e adj. Finement travaillé et décoré. *Un coffret ouvragé.*

ouvrant, e adj. • **Toit ouvrant :** partie du toit d'une automobile qui peut s'ouvrir.

ouvré, e adj. • **Jour ouvré :** jour où l'on travaille.
▸ REM. Ne pas confondre avec *jour ouvrable*.

ouvre-boîte (PLUR. : **ouvre-boîtes**), ✎ ***ouvre-boite*** (PLUR. : ***ouvre-boites***) n.m. Instrument coupant, manuel ou électrique, dont on se sert pour ouvrir les boîtes de conserve.

ouvre-bouteille n.m. (PLUR. : **ouvre-bouteilles**). Décapsuleur.

ouvreur, euse n. Personne chargée de placer les gens dans un théâtre, un cinéma.

ouvrier, ère n. Salarié qui exécute un travail, le plus souvent manuel. ◆ adj. Qui se rapporte aux ouvriers. *La classe ouvrière* (= l'ensemble des ouvriers).

ouvrière n.f. Femelle stérile de certaines sociétés d'insectes (abeilles, fourmis, termites, etc.), qui construit et défend les nids.

ouvrir ouvrant, ouvert v. (CONJUG. 28). ❶ Permettre le passage entre l'extérieur et l'intérieur. *Ouvrir les frontières.* ❷ Actionner un mécanisme, une pièce mobile de façon à permettre un passage. *Ouvrir une porte. Ouvrir un robinet.* ❸ Déplier, déployer ou écarter. *Ouvrez vos livres page 30. Ouvrir les yeux. Ouvrir un parapluie.* ❹ Couper, inciser, faire une ouverture dans quelque chose. *Le chirurgien ouvre la cage thoracique pour accéder au cœur.* ❺ Mettre en route le fonctionnement d'un appareil, d'une installation. *Ouvrir la radio.* SYN. allumer. CONTR. éteindre. ❻ Créer une entreprise commerciale. *Les deux amies ont ouvert un salon de coiffure.* ❼ Commencer, marquer le début de quelque chose. *Ouvrir une enquête. Ouvrir une séance.* CONTR. clore. ◆ **s'ouvrir** v.pron. ❶ Laisser un passage. *La porte s'ouvre automatiquement.* ❷ Se faire une coupure, une déchirure. *S'ouvrir la lèvre en tombant.* ❸ *S'ouvrir à quelqu'un*, c'est lui dévoiler ses pensées, lui confier ses secrets. ❹ *Une fleur qui s'ouvre* s'épanouit, ses pétales s'écartent peu à peu.

ovaire n.m. ❶ Glande de la femme ou de la femelle des animaux où se forment les ovules qui servent à la reproduction. *Les ovaires, au nombre de deux, sont situés de part et d'autre de l'utérus.* ❷ Partie du pistil

A B C D E F G H I J K L M N O P Q R S T U V W X Y Z

d'une fleur qui contient les ovules et formera le fruit après la fécondation.

HISTOIRE DU MOT Vient du latin *ovum* qui signifie « œuf ».

ovale **adj.** Qui a à peu près la forme d'un œuf, à la fois allongé et arrondi. *Le ballon de rugby est ovale. Une table ovale.* ◆ **n.m.** Courbe plane, fermée et allongée imitant l'ellipse. *Le bout d'une cuillère dessine souvent un ovale.*

HISTOIRE DU MOT Vient, comme *ovaire*, du latin *ovum*.

le ballon ovale

ovation **n.f.** Acclamation publique en l'honneur de quelqu'un, où se mêlent des cris et des applaudissements. *La foule a fait une ovation au vainqueur de la course.*

HISTOIRE DU MOT Vient du latin *ovatio* qui signifie « petit triomphe offert à un général victorieux », de *ovis* qui signifie « brebis », parce que, au moment de cette fête, on immolait une brebis.

ovationner **v.** (CONJUG. 3). Saluer par une ovation. SYN. acclamer. CONTR. huer.

overdose **n.f.** Absorption d'une trop forte dose de drogue, qui peut entraîner la mort.
▸ REM. C'est un mot anglais, on recommande d'employer la forme française *surdose*.

ovin, e **adj.** Qui se rapporte aux moutons. *La race ovine.* ◆ **ovin** **n.m.** Animal de la famille des ovinés.

HISTOIRE DU MOT Vient du latin *ovis*, « brebis ».

oviné **n.m.** *Les ovinés* sont une sous-famille des bovidés, de petite taille, tels que le mouton, la chèvre, le mouflon, le bouquetin.

ovipare **adj.** et **n.** *Un animal ovipare* se reproduit en pondant des œufs. *Les oiseaux sont ovipares ainsi que les crustacés et la plupart des insectes et des poissons.*
→ VOIR AUSSI **ovovivipare, vivipare.**

HISTOIRE DU MOT Vient du latin *ovum*, qui signifie « œuf », et *parere*, qui signifie « enfanter, mettre bas ».

ovni **n.m.** Sigle de *objet volant non identifié* qui désigne des engins inconnus aperçus dans le ciel. *Certains pensent que les ovnis sont une preuve de l'existence des extraterrestres.*

ovovivipare **adj.** et **n.** *Un animal ovovivipare* se reproduit en pondant des œufs, mais il les conserve dans ses voies génitales jusqu'à leur éclosion. *Les vipères et les boas sont ovovivipares.* → VOIR AUSSI **ovipare, vivipare.**

ovule **n.m.** ❶ Cellule femelle qui se forme dans l'ovaire et qui sert à la reproduction. *La rencontre d'un ovule et d'un spermatozoïde donne naissance à un œuf.* ❷ Dans une fleur, petit organe contenu dans l'ovaire du pistil et qui se transformera en graine après rencontre avec un grain de pollen.

HISTOIRE DU MOT Vient du latin *ovum* qui signifie « œuf ».

oxydation **n.f.** Le fait de s'oxyder. *L'air et l'humidité favorisent l'oxydation des métaux.*

oxyde **n.m.** Substance produite par la combinaison de l'oxygène et d'un autre élément ou d'un métal. *La rouille est de l'oxyde de fer.* ● **Oxyde de carbone :** gaz formé par la combinaison de l'oxygène et du carbone, très dangereux à respirer. *Les pots d'échappement des voitures rejettent de l'oxyde de carbone.*

HISTOIRE DU MOT Vient du grec *oxus* qui signifie « acide ».

s'oxyder **v.pron.** (CONJUG. 3). S'altérer au contact de l'air ou de l'eau, passer à l'état d'oxyde. *L'argent s'oxyde à l'air et noircit.* → VOIR AUSSI **rouiller.**

oxygénation **n.f.** Action d'oxygéner, de s'oxygéner.

oxygène **n.m.** Gaz largement répandu dans la nature et en particulier contenu dans l'air que l'on respire. *Le symbole de l'oxygène est O. L'eau est composée d'hydrogène et d'oxygène.*

oxygéné, e **adj.** ● **Eau oxygénée :** liquide désinfectant qui contient de l'oxygène en forte proportion.

oxygéner **v.** (CONJUG. 9, ✎ *10*). Ajouter de l'oxygène dans un corps chimique. *Oxygéner du sang.* ◆ **s'oxygéner** **v.pron.** (Fam.) Respirer de l'air pur. *Se promener en forêt pour s'oxygéner.*

oyat **n.m.** Graminée utilisée pour fixer le sable des dunes.

oyats

ozone **n.m.** Gaz d'odeur forte, qui sert en particulier à la stérilisation des eaux. ● **Couche d'ozone :** zone de l'atmosphère entre 15 et 40 km d'altitude (stratosphère) où la proportion d'ozone est élevée et qui protège des rayons ultraviolets.

HISTOIRE DU MOT Vient du grec *ozein* qui signifie « exhaler une odeur ».

ENCYCLOPÉDIE L'ozone pollue la basse atmosphère (ozone troposphérique) mais c'est un constituant naturel et utile de la haute atmosphère.

pacage **n.m.** Lieu où l'on fait paître le bétail. SYN. pâturage.

pacha **n.m.** *Une vie de pacha* est une vie fastueuse et paisible où l'on se fait servir. (Le pacha était un gouverneur de province dans l'Empire ottoman.)

pachyderme **n.m.** Ancien nom des mammifères à peau épaisse, tels que l'éléphant, le rhinocéros et l'hippopotame, aujourd'hui classés dans les *ongulés*. *Les pachydermes sont des herbivores.*
▸ REM. On prononce [paʃi-].

HISTOIRE DU MOT Vient du grec *pakhus*, qui signifie « épais », et *derma*, qui signifie « peau », que l'on retrouve dans *épiderme* et *dermatologie*.

pacifier **v.** (CONJUG. **7**). Rétablir le calme, la paix dans un pays en état de guerre ou parmi des populations révoltées. *L'armée a pacifié la région.*

1 pacifique **adj.** et **n.** Qui aime la paix et s'efforce de la maintenir. *Quand nous les connûmes, nos craintes s'envolèrent : c'était une tribu pacifique.* CONTR. belliqueux, guerrier. *François est un pacifique qui fuit les disputes.* → VOIR AUSSI **pacifiste.** ◆ **adj.** Qui se passe dans la paix. *Nos deux pays entretiennent des relations pacifiques.*

HISTOIRE DU MOT Vient du latin *pax, pacis* qui signifie « paix ».

2 pacifique **adj.** et **n.m.** • **Océan Pacifique** → VOIR noms propres : **Pacifique.**

pacifiste **n.** et **adj.** Partisan de la paix entre les nations, entre les peuples. *Des pacifistes, adeptes de la non-violence, manifestent contre la guerre.*

pack **n.m.** Emballage qui contient plusieurs bouteilles ou plusieurs pots pour en faciliter le transport.
▸ REM. Ce mot, courant en France, est rare au Québec.

HISTOIRE DU MOT C'est un mot anglais qui signifie « paquet ».

pacotille **n.f.** Objet de peu de valeur. *N'achète pas ce vase, c'est de la pacotille.* SYN. camelote. • **De pacotille :** de peu de valeur, de médiocre qualité. *Elle ne porte que des bijoux de pacotille* (= en toc).

HISTOIRE DU MOT Vient de l'ancien français *pakke* qui signifiait « paquet » et qui désignait les marchandises que les marins pouvaient vendre.

pacte **n.m.** Accord solennel entre des États ou entre des personnes. *Les deux pays ont signé un pacte de non-agression.* SYN. convention, traité.

pactiser **v.** (CONJUG. **3**). *Pactiser avec l'ennemi*, c'est se mettre d'accord avec lui. *Le soldat a été fusillé pour avoir trahi son pays en pactisant avec l'ennemi.*

pactole **n.m.** Grande richesse.

HISTOIRE DU MOT Vient du nom d'un ancien fleuve qui charriait de l'or.

paella, ✎ ***paélia*** **n.f.** Plat espagnol composé de riz cuit avec des moules, du poisson, des crustacés et de la viande dans une grande poêle ronde appelée aussi *paella*.
▸ REM. On prononce [paɛla] ou [paelja].

paf **interj.** Exprime le bruit d'une chute, d'un coup. *Paf ! Loïc a reçu un grand coup de poing sur le nez !*

pagaie **n.f.** Rame courte que l'on manœuvre des deux mains et qui n'est pas fixée au bord de l'embarcation.
▸ REM. On prononce [pagɛ].

pagaille **n.f.** (Familier) Grand désordre. *Quelle pagaille dans cette maison, on ne trouve rien !* SYN. fouillis.

paganisme **n.m.** L'ensemble des rites et des croyances des païens.

pagayer **v.** (CONJUG. **13**). Ramer avec une pagaie.
▸ REM. On prononce [pagɛje].

1 page **n.f.** ❶ Chacun des deux côtés d'une feuille d'un livre. *Ouvrez votre livre à la page 47.* ❷ Feuille complète. *Il manquait une page dans le magazine que tu m'as prêté.* ❸ Passage d'une œuvre littéraire ou musicale. *Mon oncle m'a offert un recueil des plus belles pages des poètes français.* • (Familier) **Être à la page :** suivre la mode, être au courant de ce qui se fait ou de ce qui se passe.

2 page **n.m.** Jeune garçon noble qui était placé auprès d'un roi, d'un seigneur ou d'une grande dame pour y apprendre le métier des armes et lui rendre divers services.

pagination **n.f.** Numérotation des pages d'un livre, d'un cahier. *Il y a une erreur de pagination dans ton livre, on passe directement de la page 100 à la page 102.*

pagne **n.m.** Vêtement de certains pays chauds fait d'un morceau de tissu qui s'enroule autour des hanches et couvre le corps de la taille aux genoux.

pagode **n.f.** ❶ Temple de l'Extrême-Orient. *Les pagodes sont consacrées au culte de Bouddha.* ❷ Pavillon à toitures étagées en Chine et au Japon.

HISTOIRE DU MOT Vient d'un mot d'une langue de l'Inde qui signifie « divinité ».

pagode japonaise

paie ou **paye** **n.f.** Somme d'argent versée régulièrement par un employeur à un salarié pour le travail qu'il effectue. *Toucher sa paie.*

paiement **n.m.** Action de payer une somme. *Paiement par chèque.*

païen, enne **n.** et **adj.** Pour les chrétiens, personne qui adore plusieurs dieux. *Les Grecs et les Romains étaient des païens. Une religion païenne.*

HISTOIRE DU MOT Vient du latin *paganus* qui signifie « paysan ». En effet, les paysans de l'Empire romain continuèrent d'adorer plusieurs dieux longtemps après l'implantation du christianisme dans les villes.

paillasse **n.f.** ❶ Matelas grossier fait de paille tassée. *Le pauvre homme dormait sur une paillasse.* ❷ Plan de travail d'un laboratoire, d'un évier.

paillasson **n.m.** Petit tapis que l'on place devant une porte d'entrée et qui sert à s'essuyer les pieds.

paille **n.f.** ❶ Partie coupée de la tige des céréales, après qu'on en a enlevé le grain. *La paille est généralement mise en bottes et sert de litière et de fourrage.* ❷ Tige creuse, autrefois en paille, aujourd'hui en plastique, qui sert à boire en aspirant. *Garçon, s'il vous plaît, un jus d'orange avec une paille.* • **Feu de paille :** ardeur très passagère. *Son amour n'était qu'un feu de paille.* • **Sur la paille :** ruiné, dans la misère.

paillette **n.f.** ❶ Parcelle d'or que l'on trouve dans le sable de certaines rivières. ❷ Lamelle de matière brillante que l'on coud sur un tissu pour le faire scintiller. *Une robe ornée de paillettes.*

paillote **n.f.** Hutte de paille, dans certains pays chauds.

pain **n.m.** Aliment fait d'un mélange de farine additionnée d'eau et de sel, pétri, fermenté et cuit au four. • (Familier) **Avoir du pain sur la planche :** avoir beaucoup de travail. • **Pain d'épice** ou **pain d'épices :** gâteau en forme de pain rectangulaire fait avec de la farine de seigle, du miel et diverses épices. • **Pain doré :** au Canada, tranche de pain trempée dans de l'œuf battu et frite à la poêle (= pain perdu, en France).

1 **pair, e** **adj.** *Les nombres pairs* donnent un nombre entier lorsqu'on les divise par 2. *« 2, 4, 6, 8, 10 » sont des nombres pairs.*

HISTOIRE DU MOT Vient du latin *par, paris* qui signifie « égal ».

2 **pair** **n.m.** • **Aller, marcher de pair :** aller ensemble. *Sa bêtise va de pair avec sa paresse.* • **Au pair :** se dit d'une personne accueillie dans une maison et qui perçoit un peu d'argent en échange de quelques services, en particulier la garde d'enfants. *Marie part comme jeune fille au pair à l'étranger.* • **Hors pair :** sans égal. *C'est un ébéniste hors pair.*

paire **n.f.** ❶ Ensemble de deux choses identiques ou symétriques. *Une paire de chaussures, de gants.* ❷ Objet unique composé de deux pièces semblables et symétriques. *Une paire de lunettes. Une paire de ciseaux.* • (Familier) **C'est une autre paire de manches :** c'est une autre affaire, c'est quelque chose de beaucoup plus difficile.

paisible **adj.** ❶ D'humeur douce et tranquille. *C'est un garçon paisible.* SYN. pacifique. CONTR. agressif. ❷ Que rien ne trouble ; où règne la paix, le calme. *Mener une vie paisible.* SYN. tranquille. CONTR. agité.

paisiblement **adv.** De manière paisible. *Dormir paisiblement.* SYN. calmement, tranquillement.

paître, ✎ ***paitre*** **paissant v.** (CONJUG. **73**). Manger de l'herbe en broutant. *Les vaches paissent dans les prés.*
▸ REM. Ce verbe n'est employé qu'au présent, à l'imparfait et au futur de l'indicatif.

paix **n.f.** ❶ Situation où il n'y a aucun conflit entre des pays ou des personnes. *Nous ferons tout pour maintenir la paix entre nos deux pays. Vivre en paix avec ses voisins.* ❷ Traité qui met fin à la guerre entre deux pays ennemis. *Signer la paix.* ❸ Calme, repos. *J'aimerais avoir un peu la paix, allez jouer dehors.* SYN. tranquillité. • **Faire la paix :** se réconcilier. *Après trois mois de brouille, les deux amis ont fait la paix.*

HISTOIRE DU MOT Vient du latin *pax, pacis* que l'on retrouve dans *pacifique*.

pal **n.m.** (PLUR. : **pals**). Pieu aiguisé à une extrémité qui servait d'instrument de supplice.
▸ REM. Ne pas confondre avec *pale* ou *pâle*.

palabres **n.f.plur.** Conversations longues, confuses et ennuyeuses qui n'aboutissent à rien. *Après d'interminables palabres, ils abordèrent enfin les questions essentielles.* • **Arbre à palabres :** en Afrique, arbre sous lequel se réunissent les anciens du village pour échanger des informations et prendre des décisions.

HISTOIRE DU MOT Vient de l'espagnol *palabra* qui signifie « parole ».

A B C D E F G H I J K L M N O P Q R S T U V W X Y Z

palace **n.m.** Grand hôtel de luxe.

1 palais **n.m.** ❶ Demeure vaste et somptueuse d'un souverain, d'un chef d'État ou d'un personnage important. *Le palais présidentiel.* ❷ Nom donné à de grands édifices publics ayant des fonctions diverses. *Le palais des Sports. Le palais des Expositions.* • **Palais de justice :** édifice où siègent les divers tribunaux d'une ville.

HISTOIRE DU MOT Vient du latin *Palatium*, « le Palatin », nom d'une colline de Rome, sur laquelle l'empereur Auguste fit construire son palais.

2 palais **n.m.** Paroi supérieure interne de la bouche. *Je me suis brûlé le palais en mangeant de la soupe trop chaude.*

palan **n.m.** Appareil qui sert à soulever et déplacer de lourdes charges, grâce à un système de poulies et d'engrenages.

palatin, e **adj.** Relatif à un palais, qui en dépend. *Une chapelle palatine.*

pale **n.f.** Chacune des parties plates d'une hélice. *Les pales d'un hélicoptère.*
▸ REM. Ne pas confondre avec *pal* ou *pâle*.

HISTOIRE DU MOT Vient du latin *pala* qui signifie « pelle ».

pâle **adj.** ❶ Qui est peu coloré, proche du blanc. *Pierre est tout pâle, il est peut-être malade.* SYN. blanc, blême. *J'aime les couleurs pâles.* CONTR. vif. *Un rose pâle.* CONTR. foncé, soutenu. ❷ Qui est sans grand éclat. *On distinguait une pâle lueur à l'horizon.* CONTR. brillant, vif. *Ce dessin n'est qu'une pâle imitation de l'original.* • **Visages pâles :** nom donné aux Blancs par les Indiens d'Amérique.

palefrenier, ère **n.** Personne qui s'occupe des chevaux et les panse.

paléolithique **n.m.** La période préhistorique la plus ancienne, appelée également *âge de la pierre taillée.* ◆ **adj.** Qui appartient à la période paléolithique. *L'outillage paléolithique est en pierre taillée.*

ENCYCLOPÉDIE Le paléolithique va approximativement de 3 millions d'années à 9 000 ans environ avant J.-C.

L'homme du paléolithique. Les hommes vivent de la chasse, de la pêche et de la cueillette, et maîtrisent peu à peu le feu. Ils sont nomades et vivent, souvent provisoirement, dans des grottes ou dans des tentes recouvertes de peaux de bêtes.

Un outillage plus perfectionné. L'outillage sur galets est peu à peu abandonné au profit de celui sur silex ou sur pierre dure. Des outils en os ou en ivoire de mammouth (grattoirs, sagaies, etc.) sont ensuite façonnés. Enfin, l'art prend un formidable essor : les parois des cavernes s'ornent de dessins, de gravures et de peintures, et les premières sculptures apparaissent.

HISTOIRE DU MOT Vient du grec *palaios*, qui signifie « ancien », et *lithos*, qui signifie « pierre ».

paléontologie **n.f.** Science qui étudie les animaux et les végétaux préhistoriques. *La paléontologie est fondée sur l'étude des fossiles.*

HISTOIRE DU MOT Vient du grec *palaios*, qui signifie « ancien », et *logos*, qui signifie « science ».

peintures rupestres datant du **paléolithique** (vers –15 000 avant J.-C., grotte de Lascaux, Dordogne)

paléontologue **n.** Spécialiste de paléontologie.

paléozoïque **n.m.** La période géologique qui va de – 542 à – 251 millions d'années . *Les premiers organismes terrestres sont apparus au paléozoïque.*
→ VOIR AUSSI **primaire.**

palestinien, enne **adj.** et **n.** Qui se rapporte aux Palestiniens. → VOIR noms propres : **Palestine.**

palet **n.m.** Pierre ou pièce de métal plate et ronde qu'on lance le plus près possible d'un but indiqué, dans certains jeux. *Lancer le palet à la marelle.*

paletot **n.m.** Veste ample et confortable que l'on porte par-dessus d'autres vêtements.

palette **n.f.** ❶ Plaque sur laquelle les artistes peintres disposent et mélangent leurs couleurs. ❷ Assortiment de différentes choses de même nature. *Ils ont une palette de réformes à nous proposer.* SYN. éventail, gamme. ❸ Socle en bois sur lequel on met des caisses ou des colis pour pouvoir les déplacer avec un chariot élévateur. ❹ Au Québec, préparation alimentaire moulée et plate. *Une palette de chocolat.* SYN. plaquette.

palétuvier **n.m.** Grand arbre des zones tropicales qui pousse au bord des eaux et des rivières, dans des terres marécageuses. *Les racines des palétuviers, très nombreuses, sont apparentes au-dessus du sol.*

palétuvier

pâleur **n.f.** Le fait d'être pâle, blême. *La malade était d'une pâleur inquiétante.* SYN. blancheur.

pâlichon, onne **adj.** (Familier) Un peu pâle. *Qu'est-ce qu'il a cet enfant ? il est tout pâlichon.* SYN. (Fam.) pâlot.

palier **n.m.** Plate-forme aménagée à chaque étage d'une maison et qui dessert plusieurs pièces ou plusieurs appartements. *Nous sommes voisins, nous habitons sur le même palier.* • **Par paliers :** progressivement, par étapes.

pâlir **pâlissant, pâli v.** (CONJUG. **16**). Devenir pâle. *À cette nouvelle, Laure pâlit de colère.* SYN. blêmir. *Les couleurs du papier peint ont pâli au soleil.* SYN. passer.

palissade **n.f.** Clôture faite de pieux ou de planches reliés les uns aux autres. *Une palissade interdit l'accès au chantier.*

palissandre **n.m.** Bois exotique, lourd et dur, brun foncé, que l'on utilise en ébénisterie et en marqueterie. *Un piano en palissandre.*
▸ REM. Ce mot est du masculin.

palliatif **n.m.** Moyen de remédier provisoirement à une situation difficile, sans résoudre le problème. *L'aide aux indigents n'est qu'un palliatif, elle ne supprime pas la misère.*

pallier **v.** (CONJUG. **7**). *Pallier un inconvénient, une difficulté,* c'est y remédier de façon provisoire ou incomplète.

palmarès **n.m.** ❶ Liste des personnes qui ont obtenu un prix à un concours, qui ont remporté une compétition sportive. *Le palmarès du Festival de Cannes.* ❷ Liste des victoires remportées par un sportif ou un club sportif. *Ces cyclistes ont de très nombreuses victoires à leur palmarès.*
▸ REM. On prononce le *-s*.

HISTOIRE DU MOT Vient du latin *palmaris* qui signifie « digne de la palme ».

palme **n.f.** ❶ Feuille du palmier. ❷ Objet en caoutchouc qui s'ajuste au pied et qui permet d'aller plus vite dans l'eau. *Yann nage vite avec ses palmes.* ❸ Symbole de la victoire, de la supériorité, matérialisé par une décoration, un insigne, un prix. *Ce film a obtenu la palme d'or au Festival de Cannes.* • **Huile de palme :** huile extraite du noyau du fruit d'une variété de palmier dit *à huile*.

palmé, e **adj.** *Une patte palmée,* c'est une patte dont les doigts sont réunis par une sorte de membrane qui lui donne la forme d'une nageoire. *Les canards, les pingouins, les grenouilles ont les pattes palmées.*

palmeraie **n.f.** Lieu planté de palmiers.

palmier **n.m.** Arbre des pays chauds, dont le tronc est couronné de grandes feuilles réunies en bouquet, les palmes. *Les cocotiers et les dattiers sont des palmiers. Les palmiers fournissent des produits alimentaires (dattes, noix de coco, huile de palme, etc.) ou industriels (raphia, rotin, etc.).*

palmipède **n.m.** *Les palmipèdes* sont des oiseaux aquatiques qui ont les pattes palmées. *Le canard, le flamant, le goéland, le cygne et le pingouin sont des palmipèdes.*

palombe **n.f.** Pigeon ramier du sud de la France.

pâlot, otte **adj.** (Familier) Un peu pâle. *Geneviève est pâlotte.* SYN. (Fam.) pâlichon.

palourde **n.f.** Mollusque comestible à coquille striée vivant dans le sable. *Les palourdes se ramassent à marée basse.*

palourdes

palpable **adj.** Dont l'existence est manifeste. *Présenter des preuves palpables.* SYN. tangible.

palper **v.** (CONJUG. **3**). Toucher plusieurs fois avec la main pour examiner quelque chose. *Le docteur palpait le cou du patient pour s'assurer que ses ganglions n'étaient pas enflés.* SYN. tâter.

palpitant, e **adj.** Qui fait naître un très vif intérêt. *Luc nous a raconté une histoire palpitante.* SYN. captivant, passionnant.

palpitation **n.f.** (Surtout au plur.) Battement très rapide du cœur. *Quand je cours, j'ai des palpitations.*

palpiter **v.** (CONJUG. **3**). ❶ Pour le cœur, battre trop vite, trop fort. *Chloé est une enfant très sensible, son cœur palpite à la moindre émotion.* ❷ Pour un animal que l'on vient d'abattre, être agité de frémissements. *Le corps du chevreuil palpitait encore.*

paludisme **n.m.** Maladie des pays chauds et marécageux transmise par la piqûre de certains moustiques. *Le paludisme est caractérisé par de violents accès de fièvre.* SYN. malaria.

HISTOIRE DU MOT Vient du latin *palus, paludis* qui signifie « marais ».

se **pâmer** **v.pron.** (CONJUG. **3**). Être comme sur le point de défaillir sous l'effet d'un sentiment ou d'une émotion trop vifs. *Le public se pâmait en l'entendant chanter.* SYN. s'extasier.

HISTOIRE DU MOT Vient du latin *spasmare* qui signifie « avoir un spasme ». Autrefois, *se pâmer* signifiait « s'évanouir, avoir un malaise ».

palmier à huile

a b c d e f g h i j k l m n o p q r s t u v w x y z

A B C D E F G H I J K L M N O P Q R S T

pampa n.f. Vaste prairie de l'Amérique du Sud. *Les gauchos gardent les troupeaux dans la pampa.*
→ VOIR noms propres.

pamphlet n.m. Texte bref et violent que l'on écrit pour critiquer une personne ou une institution. *Le pamphlet que le journaliste a écrit contre le gouvernement a fait l'effet d'une bombe.*

pamplemousse n.m. Fruit comestible du *pamplemoussier*, qui ressemble à une grosse orange à peau jaune et dont la pulpe est juteuse et acide. *Le pamplemousse est un agrume.*

HISTOIRE DU MOT Vient du néerlandais *pompelmoes* qui signifie « gros citron ».

1 pan n.m. ❶ La partie tombante et flottante d'un vêtement. *Un pan de son imperméable était coincé dans la portière de la voiture.* ❷ *Un pan de mur*, c'est une partie plus ou moins grande d'un mur. *Un pan de mur s'est écroulé.*

2 pan interj. S'emploie pour exprimer un bruit sec et subit. *Et soudain, pan ! pan ! on entendit deux coups de feu.*

panacée n.f. Solution miraculeuse, qui peut résoudre tous les problèmes ; remède qui guérit tous les maux. *Si tu crois que l'argent est la panacée, tu te trompes.*

HISTOIRE DU MOT Vient du grec *pan*, qui signifie « tout », et *akos*, qui signifie « remède ».

panache n.m. ❶ Assemblage de plumes dont on ornait un casque, un drapeau, un corbillard, etc. ❷ Air de bravoure, fière allure ; éclat, brio. *Les mousquetaires avaient du panache.*

panaché, e adj. Composé de deux ou de plusieurs éléments différents. *Je voudrais une glace panachée, framboise et pistache.* ◆ **panaché** n.m. Bière mélangée à de la limonade. *Boire un panaché.*

panacher v. (CONJUG. 3). Composer, mélanger des éléments variés. *Panacher des fleurs.*

pandas

pangolin

panaris n.m. Abcès qui se forme près de l'ongle d'un doigt ou d'un orteil.
▸ REM. On ne prononce pas le *-s*.

pancarte n.f. Écriteau, panneau sur lequel on inscrit un avis, des renseignements destinés au public. *La pancarte accrochée à la vitrine du magasin indique les heures d'ouverture.*

pancréas n.m. Glande située dans l'abdomen, près du foie, et qui joue un rôle important dans la digestion.
▸ REM. On prononce le *-s*.

panda n.m. Mammifère des forêts d'Inde et de Chine dont il existe deux espèces très différentes, le *grand panda*, qui ressemble à un ourson, et le *petit panda*, qui ressemble à un gros chat mais avec une queue touffue.

pandémie n.f. Épidémie qui s'étend sur un ou plusieurs continents. *Le sida est une pandémie.*

pané, e adj. *Une viande, un poisson panés* sont recouverts de chapelure puis frits.

panégyrique n.m. Discours à la louange de quelqu'un. *Faire le panégyrique d'un écrivain.*
SYN. éloge.

pangolin n.m. Mammifère d'Afrique et d'Asie, couvert d'écailles, se nourrissant de termites et de fourmis.

panier n.m. ❶ Objet d'osier, de jonc, etc., qui est muni d'une ou de deux anses et avec lequel on transporte des provisions, des marchandises, etc. *Prends un panier pour faire les courses. J'ai cueilli un plein panier de myrtilles.* ❷ Au basket-ball, but formé d'un filet sans fond monté sur une armature circulaire ; point marqué en y envoyant le ballon. *La basketteuse a réussi un panier et elle a fait marquer deux points à son équipe.* ● **Mettre tout le monde dans le même panier** : estimer aussi peu les uns que les autres.

panique n.f. Peur subite et violente qu'on ne peut pas contrôler. *Dès le début de l'incendie, les spectateurs ont été pris de panique* (= ils se sont affolés). ◆ **adj.** ● **Peur panique** : peur soudaine et irraisonnée.

HISTOIRE DU MOT Vient du grec *panikos* qui signifie « du dieu Pan », ce dieu passant pour troubler les esprits.

paniquer v. ou **se paniquer** v.pron. (CONJUG. 3). Affoler ou s'affoler. *L'idée de prendre l'avion le panique. Il manque de sang-froid et se panique facilement.*

panne n.f. Arrêt accidentel dans le fonctionnement d'un véhicule ou d'un mécanisme. *La voiture est tombée en panne en pleine campagne.* ● **Être en panne de quelque chose** : en manquer. *Je suis en panne de sucre, je vais en emprunter à la voisine.* ● **Panne sèche** : panne qui survient quand on n'a plus d'essence.

panneau n.m. ❶ Plaque de bois ou de métal servant de support à des inscriptions. *Nous avons suivi les panneaux indicateurs pour arriver jusqu'au village.* ❷ Surface plane qui constitue une partie d'un ouvrage de menuiserie, d'un meuble, etc. *Cette porte a un panneau vitré.* • **Panneau solaire :** dispositif pour recueillir l'énergie solaire et la transformer en énergie électrique. • (Familier) **Tomber dans le panneau :** tomber dans le piège, se laisser duper.

toits équipés de **panneaux** solaires

panonceau n.m. Plaque, enseigne ou petit panneau qui donne un renseignement. *Un panonceau indiquait qu'il s'agissait d'un hôtel trois étoiles.*

panoplie n.f. ❶ Ensemble des outils, des instruments nécessaires à une activité. *La panoplie d'un bricoleur.* ❷ Déguisement d'enfant accompagné de ses accessoires. *Une panoplie de magicien, une panoplie de Superman.*

HISTOIRE DU MOT Vient du grec *pan*, qui signifie « tout », et *hoplon*, qui signifie « arme ».

panorama n.m. Vaste paysage que l'on peut contempler d'une hauteur. *Du haut du phare, nous pouvions admirer un magnifique panorama.*

HISTOIRE DU MOT Vient du grec *pan*, qui signifie « tout », et *horama*, qui signifie « spectacle ».

panoramique adj. Qui permet de voir l'ensemble d'un paysage ou une vaste étendue. *De notre bureau, qui est au 11e étage, nous avons une vue panoramique sur la ville.*

panse n.f. ❶ Partie arrondie d'un vase, d'une théière, d'une cafetière, etc. ❷ L'une des quatre poches de l'estomac des ruminants dans laquelle ils accumulent la nourriture. ❸ (Familier) Ventre.

pansement n.m. Ce que l'on met sur une blessure (compresse, médicament, bande) pour la protéger des infections et favoriser sa cicatrisation.

panser v. (CONJUG. 3). ❶ *Panser une blessure*, c'est nettoyer la plaie et y mettre un pansement. *Le médecin a pansé ma plaie.* ❷ *Panser un cheval*, c'est le nettoyer, l'étriller et le brosser.

pantagruélique adj. *Un repas pantagruélique* est très copieux. *On a fait un repas pantagruélique pour l'anniversaire de mon frère.* SYN. festin.

HISTOIRE DU MOT Vient de *Pantagruel*. → VOIR noms propres.

pantalon n.m. Vêtement formant culotte qui enveloppe chacune des jambes jusqu'aux pieds. *Julie enfila son pantalon et ses baskets pour aller courir.*

HISTOIRE DU MOT Vient de *Pantalon*, personnage de la comédie italienne.

pantelant, e adj. Qui tremble et respire avec peine, de façon saccadée.

panthéon n.m. Monument consacré à la mémoire des personnalités d'un pays. → VOIR noms propres.

panthère n.f. Grand mammifère carnassier des régions tropicales, au pelage jaune tacheté de noir. *La panthère noire vit en Indonésie. La panthère d'Afrique est le « léopard », la panthère d'Amérique du Sud le « jaguar ».*

pantin n.m. Marionnette dont on agite les membres en tirant sur un fil. *Pinocchio était un pantin.*

pantois, e adj. Qui est déconcerté par un événement imprévu. *Ce que j'ai entendu m'a laissé pantois.* SYN. interdit, stupéfait.

HISTOIRE DU MOT Vient de l'ancien verbe *pantoisier*, « haleter ».

pantomime n.f. Représentation théâtrale où l'artiste mime l'action sans prononcer une parole. *Marcel Marceau a renouvelé l'art de la pantomime.*

HISTOIRE DU MOT Vient du grec *pantomimos* qui signifie « qui imite tout ».

pantoufle n.f. Chaussure d'intérieur très souple. *Dès qu'il rentre chez lui, M. Durand met ses pantoufles.* SYN. chausson.

paon n.m. Grand oiseau originaire d'Asie, dont le mâle a un beau plumage bleu à reflets métalliques et une très longue queue qu'il dresse en éventail quand il fait la roue.
▶ REM. On prononce [pɑ̃].

ENCYCLOPÉDIE Cri : le paon criaille ou braille. Femelle : la paonne [pan].

paon faisant la roue

a b c d e f g h i j k l m n o p q r s t u v w x y z

papa n.m. Nom que les enfants donnent à leur père.

papal, ale, aux adj. Du pape. *Une bénédiction papale.*

papauté n.f. Fonction, dignité du pape.

papaye n.f. Fruit comestible du *papayer* (arbre des régions tropicales) qui a la taille et la forme d'un melon, et qui renferme de nombreuses graines.
▸ REM. On prononce [papaj].

papaye

pape n.m. Le chef de l'Église catholique, qui siège à Rome, au Vatican. *Le pape est élu par les cardinaux.*
→ VOIR AUSSI **pontife.**

HISTOIRE DU MOT Vient du grec *pappas* qui signifie « père ».

paperasse n.f. Ensemble de papiers, en particulier de papiers administratifs, que l'on trouve ennuyeux, encombrants ou sans utilité. *J'ai tout un tas de paperasse à remplir pour mon inscription à l'université.*

paperasserie n.f. Paperasse à écrire, à remplir.

papeterie, ✎ ***papèterie*** n.f. Magasin où l'on vend du papier, des cahiers, des crayons, etc.

papetier, ère n. Personne qui fabrique le papier ou qui tient une papeterie.

papi ou **papy** n.m. Nom affectueux que l'on donne à son grand-père.

papier n.m. ❶ Matière fabriquée à partir de substances végétales réduites en pâte, étendue et séchée pour faire des feuilles. *Du papier journal. Du papier à cigarettes. Un bloc de papier à lettres.* ❷ Feuille de papier écrit ou imprimé. *J'ai jeté un papier important à la poubelle.* SYN. document. • **Papier de verre :** papier recouvert d'une matière abrasive et qui sert à poncer, à polir. • **Papier mâché :** petits morceaux de papier mélangés à de l'eau additionnée de colle, de manière à former une pâte que l'on peut mouler ou modeler. ◆ **papiers** n.m.plur. Les pièces d'identité (carte d'identité, passeport). *Le douanier nous a demandé nos papiers.*

HISTOIRE DU MOT Vient de *papyrus.*

papille n.f. *Les papilles gustatives* sont les points en saillie sur la langue, qui permettent de sentir le goût de ce que l'on mange.

papillon n.m. ❶ Insecte qui a quatre ailes couvertes d'écailles fines et colorées, et une longue trompe qui lui permet d'aspirer le nectar des fleurs. *Il existe des milliers d'espèces de papillons.* ❷ Type de nage, dérivé de la brasse, où le nageur semble sauter hors de l'eau en projetant les bras d'arrière en avant, les jambes restant jointes. • **Nœud papillon :** nœud de cravate en forme de papillon.

papillon (machaon ou grand porte-queue)

papillonner v. (CONJUG. 3). Passer sans cesse d'une idée à l'autre, d'une personne à l'autre.

papillote n.f. ❶ Papier d'aluminium ou papier huilé dans lequel on enveloppe certains aliments pour les faire cuire. ❷ Papier enveloppant un bonbon ; bonbon ainsi présenté.

papilloter v. (CONJUG. 3). S'ouvrir et se fermer très vite et de manière continuelle, en parlant des yeux, des paupières. *Quand je suis fatigué, mes yeux papillotent.*

papoter v. (CONJUG. 3). (Familier) Bavarder, dire des choses insignifiantes.

papou, e adj. et n. Qui se rapporte aux Papous.
→ VOIR noms propres.

paprika n.m. Piment doux en poudre d'origine hongroise.

papy n.m. → **papi**

papyrus n.m. ❶ Plante des bords du Nil dont la tige, découpée en fines bandes, servait aux anciens Égyptiens à fabriquer des feuilles sur lesquelles ils écrivaient. *Un rouleau de papyrus.* ❷ Texte écrit sur papyrus. *Déchiffrer des papyrus.*
▸ REM. On prononce le *-s.*

HISTOIRE DU MOT Vient du grec *papuros* qui signifie « roseau d'Égypte ».

papyrus

papyrus égyptien (vers 1350-1300 avant J.-C.)

Pâque n.f. Grande fête annuelle juive qui commémore la sortie d'Égypte du peuple hébreu.
▸ REM. Attention, ne pas confondre avec *Pâques.*

HISTOIRE DU MOT Vient de l'hébreu *pessah* qui signifie « passage ».

paquebot n.m. Grand navire aménagé pour le transport des passagers. *Nous avons fait la traversée en paquebot.*

HISTOIRE DU MOT Vient de l'anglais *packet-boat* qui signifie « navire qui transporte des paquets ».

A B C D E F G H I J K L M N O P Q R S T U V W X Y Z

pâquerette n.f. Petite marguerite qui fleurit dans les prés au début du printemps, vers Pâques.

pâquerettes

Pâques n.m. Fête annuelle de l'Église chrétienne, célébrée en souvenir de la résurrection de Jésus-Christ. ◆ **pâques** n.f.plur. (Avec une minuscule.) Le jour, la fête de Pâques. *Joyeuses pâques.*
▸ REM. Ne pas confondre avec la *Pâque*.

paquet n.m. ❶ Marchandise emballée pour la vente. *Un paquet de sucre, de lessive.* ❷ Objet enveloppé pour être transporté. *Envoyer un paquet par la poste.* SYN. colis. ❸ *Un paquet de mer* est une grosse vague qui déferle sur le pont d'un bateau.

paquetage n.m. Les vêtements, les affaires d'un soldat. *À son arrivée à la caserne, chaque soldat reçoit son paquetage.*

par prép. ❶ Introduit des compléments de lieu, de temps, de moyen, de manière, etc. *Nous passerons par New York. Par un beau matin... Voyager par bateau* (= en bateau). *Élise prend son petit frère par la main.* ❷ Introduit un complément d'agent dans les phrases passives. *Le piéton a été renversé par un camion.*

1 parabole n.f. Récit imagé qui renferme une morale, un enseignement. *Il y a de nombreuses paraboles dans l'Évangile.*

HISTOIRE DU MOT Vient du grec *parabolê* qui signifie « comparaison ».

2 parabole n.f. Antenne en forme de disque concave destinée à la réception de programmes de télévision directe.

parachever v. (CONJUG. 10). Terminer quelque chose en y apportant le plus grand soin. *L'artiste ajoutait quelques touches sur sa toile pour parachever son œuvre.* SYN. parfaire.

parachutage n.m. Action de parachuter des personnes ou des objets.

parachute n.m. Grande toile légère, munie de sangles, reliée à un harnais et qui est utilisée pour ralentir une chute dans le vide ou pour freiner un avion au sol. *Sauter en parachute.*

parachuter v. (CONJUG. 3). Lâcher d'un avion avec un parachute. *Parachuter des vivres et des médicaments aux habitants d'une région sinistrée.*

parachutisme n.m. Sport qui consiste à sauter en parachute.

parachutiste n. ❶ Personne qui pratique le parachutisme. ❷ Militaire entraîné à combattre après avoir été parachuté.

parade n.f. ❶ Défilé ou revue militaire. *À la parade du 14 Juillet, les troupes défilent en grande tenue.* ❷ Série d'exhibitions faites par des artistes de cirque, de foire pour engager le public à entrer. ❸ Comportement particulier de certains animaux avant l'accouplement. *La parade du paon.* ❹ Manière de parer un coup. *Un escrimeur qui trouve la parade à une attaque.*

parader v. (CONJUG. 3). Faire l'intéressant de manière à attirer l'attention. *Il ne pouvait s'empêcher de parader avec son nouveau blouson.* SYN. se pavaner.

paradis n.m. ❶ Le lieu où séjournent éternellement les âmes après la mort, dans la religion chrétienne et dans l'islam, par opposition à l'*enfer*. SYN. ciel. ❷ Endroit enchanteur. *Cette plage est le paradis des enfants.*

HISTOIRE DU MOT Vient du grec *paradeisos* qui signifie « jardin ». Dans la Bible, le paradis terrestre est le « jardin d'Éden », un merveilleux jardin où Dieu avait placé Adam et Ève.

paradisiaque adj. Qui évoque le paradis. *Un séjour dans un cadre paradisiaque.* SYN. enchanteur.

paradoxal, ale, aux adj. Qui tient du paradoxe. *C'est paradoxal de manger de l'omelette quand on n'aime pas les œufs.* SYN. contradictoire. CONTR. logique.

paradoxe n.m. Raisonnement ou comportement qui semble contraire à la logique. *C'est un paradoxe de prétendre aimer les animaux et d'aller quand même à la chasse.* SYN. contradiction, incohérence.

HISTOIRE DU MOT Vient du grec *para*, qui signifie « contre », et *doxa*, qui signifie « opinion », que l'on retrouve dans *orthodoxe*.

parafe n.m. ou **parafer** v. → **paraphe, parapher**

paraffine n.f. Substance blanche et solide qui ressemble à la cire. *La paraffine sert à fabriquer les bougies.*

parages n.m.plur. • **Dans les parages :** dans le voisinage immédiat. *Est-ce qu'il y a une boulangerie dans les parages ?* (= près d'ici). SYN. environs.

HISTOIRE DU MOT Vient de l'espagnol *paraje*, « lieu où l'on s'arrête ».

paragraphe n.m. Chacune des parties d'un texte qui commence et finit quand on va à la ligne. *L'article est divisé en trois paragraphes.*

paraître, ✎ ***paraitre*** **paraissant, paru** v. (CONJUG. 73). ❶ Se montrer, se faire voir. *Regarde, le soleil paraît à l'horizon.* SYN. apparaître. CONTR. disparaître. ❷ Être publié, être mis en vente. *Son dernier roman a paru le mois dernier. L'hebdomadaire que je lis paraît tous les mercredis.* ❸ Avoir l'air, sembler. *Avec cette coiffure, tu parais plus jeune.* • **Il paraît** ou **à ce qu'il paraît** ou **paraît-il :** on dit, le bruit court. *Il y a eu, paraît-il, un incendie en ville.*
▸ REM. Au sens 2, ce verbe peut s'employer avec l'auxiliaire *être* ou *avoir* : *le journal est paru* ou *le journal a paru ce matin*.

1 parallèle adj. ❶ *Deux lignes, deux surfaces parallèles* sont toujours à égale distance l'une de l'autre. *Deux lignes parallèles ne se coupent jamais. Il habite dans une rue parallèle à la Seine.* ❷ *Des événements, des situations parallèles* ont lieu en même temps ou présentent des caractères ou une évolution semblables.

Son père et le mien ont des carrières parallèles. SYN. analogue. CONTR. divergent. ◆ **n.f.** Droite parallèle à une autre. → VOIR Fiche **15.**

2 parallèle n.m. ❶ Cercle imaginaire situé sur la Terre, dans un plan parallèle à celui de l'équateur. *Les parallèles servent à mesurer la latitude. Les villes de Québec et Bordeaux sont situées sur le même parallèle.* → VOIR AUSSI **latitude** et Fiche **36.** ❷ Comparaison entre deux personnes ou deux choses pour en faire ressortir les ressemblances et les différences. *Dans votre rédaction, vous avez essayé d'établir un parallèle entre Balzac et Stendhal.* SYN. rapprochement. • **Mettre en parallèle :** comparer deux personnes, deux choses pour examiner, analyser, décider.

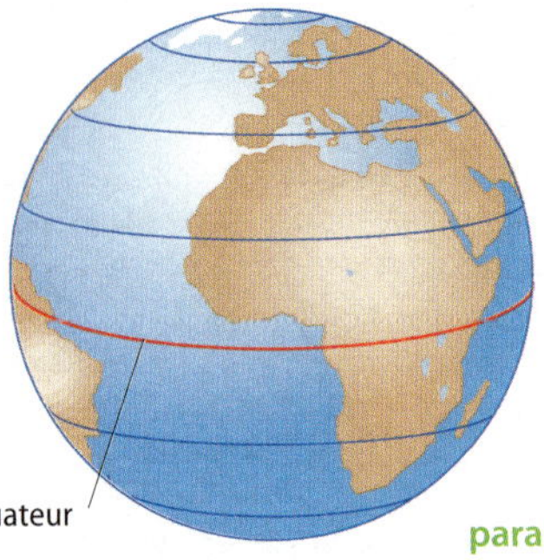

parallèles

parallèlement adv. En même temps. *Beaucoup d'étudiants suivent leurs cours à l'université et travaillent parallèlement.*

parallélépipède n.m. Solide qui a six faces parallèles deux à deux. *Une brique, une boîte de chaussures sont des parallélépipèdes.*

parallélisme n.m. ❶ État de deux droites ou de deux surfaces parallèles. *Le mécanicien vérifie le parallélisme des roues de la voiture.* ❷ Évolution semblable de deux choses. *Il y a un certain parallélisme entre la crise du cinéma et la progression de la télévision.*

parallélogramme n.m. Figure géométrique qui a quatre côtés parallèles deux à deux. *Un rectangle est un parallélogramme dont les quatre angles sont droits.* → VOIR AUSSI **aire, périmètre.**

paralympique adj. • **Jeux Paralympiques :** compétitions disputées par des handicapés physiques qui se déroulent quelques jours après les jeux Olympiques.

paralysé, e adj. Atteint d'une paralysie. *Être paralysé des deux jambes.* → VOIR AUSSI **paralytique.**

paralyser v. (CONJUG. 3). ❶ Frapper de paralysie. → VOIR AUSSI **paralysie.** ❷ Empêcher de fonctionner. *Une grève paralyse l'usine.*

paralysie n.f. ❶ Incapacité de bouger une partie du corps, à la suite d'une maladie ou d'un accident. *Myriam est atteinte d'une paralysie de la jambe droite.* ❷ Au sens figuré, immobilité, blocage, arrêt complet d'une activité. *Paralysie de la circulation sur les routes.*

paralytique n. Personne qui est atteinte de paralysie.

parapente

parapente n.m. Parachute rectangulaire conçu pour s'élancer du haut d'une montagne ou d'une falaise et planer en utilisant les courants aériens.

parapet n.m. Petit mur à hauteur d'appui qui empêche de tomber. *Accoudé au parapet du pont, il regardait couler la rivière.* SYN. garde-fou.

HISTOIRE DU MOT Vient de l'italien *parapetto*, « qui protège la poitrine ».

paraphe ou **parafe n.m.** Signature simplifiée et qui, en général, correspond aux initiales, que l'on met en bas de chaque page d'un document officiel, d'un contrat, etc.

parapher ou **parafer v.** (CONJUG. 3). Signer d'un paraphe. *Parapher un contrat.*

paraphrase n.f. Phrase qui reprend ce qui a déjà été dit. *Certaines paraphrases expliquent, d'autres sont inutiles et ne font qu'allonger le texte.*
▶ REM. Ne pas confondre avec *périphrase*.

parapluie n.m. Accessoire pour se protéger de la pluie, formé d'un tissu imperméable tendu sur des tiges flexibles, les *baleines*, et d'un manche.

parasismique adj. *Un immeuble parasismique* est construit pour résister aux tremblements de terre.

parasite n.m. et **adj.** ❶ Être vivant, animal ou végétal, qui vit sur ou dans un autre être vivant, appelé l'*hôte*, dont il se nourrit. *Le ver solitaire est un parasite de l'homme. Le gui est une plante parasite qui vit sur le pommier ou le peuplier.* ❷ Personne qui vit sans travailler aux dépens des autres. ◆ **parasites n.m.plur.** Bruits qui troublent la perception d'une communication téléphonique, d'une émission de radio ou de télévision.

HISTOIRE DU MOT Vient d'un mot grec qui désignait un « citoyen nourri aux frais de l'État ».

parasol **n.m.** Objet pour se protéger du soleil, qui a la forme d'un grand parapluie, qu'on fixe au sol ou à un support.

paratonnerre **n.m.** Tige de fer que l'on fixe sur le toit d'un bâtiment pour le préserver de la foudre.

paravent **n.m.** Ensemble de panneaux articulés, qui sert à masquer ou à isoler une partie d'une pièce.

parc **n.m.** ❶ Grand jardin souvent en partie boisé. *Après la visite du château de Versailles, nous nous sommes promenés dans le parc.* ❷ Petit enclos où l'on place un bébé pour qu'il y joue. *Mon frère a fait ses premiers pas dans son parc.* • **Parc à huîtres :** bassin où l'on élève les huîtres. • **Parc de stationnement :** endroit spécialement aménagé pour le stationnement des voitures. SYN. parking. • **Parc national** ou **parc naturel :** vaste territoire administré par l'État ou la Région où la faune et la flore sont protégées.
▸ REM. Au Québec, on dit *parc de stationnement* et non *parking*.

parcelle **n.f.** ❶ Très petit morceau ou très petite partie. *Une parcelle d'or. Il n'y a pas une parcelle de vérité dans ce qu'il vient de dire.* SYN. once. ❷ Partie d'un terrain. *Une parcelle de vigne.*

HISTOIRE DU MOT Vient du latin *particula* qui signifie « particule ».

parce que **conj.** Sert à exprimer la cause, le motif. *Je ris parce que c'est drôle.*
▸ REM. *Parce que* s'élide devant il(s), elle(s), on, en, un, une.

parchemin **n.m.** ❶ Peau de mouton ou de chèvre, spécialement préparée pour l'écriture ou la reliure. ❷ Document écrit sur un parchemin. *Les parchemins du Moyen Âge étaient ornés d'enluminures.*

document sur **parchemin** (XIVe siècle)

parcimonie **n.f.** • **Avec parcimonie :** en petite quantité, comme en économisant. *La maîtresse distribue les bons points avec parcimonie* (= au compte-gouttes).

HISTOIRE DU MOT Vient du latin *parcimonia* qui signifie « épargne, économie ».

parcimonieux, euse **adj.** Un peu avare. *Son grand-oncle était un homme parcimonieux.* SYN. chiche. CONTR. prodigue.

par-ci par-là **adv.** En différents endroits. *Il restait quelques plaques de neige par-ci par-là.*

parcmètre ou **parcomètre** **n.m.** Appareil dans lequel on met la somme d'argent nécessaire au temps de stationnement choisi.

parcourir **parcourant, parcouru v.** (CONJUG. **21**). ❶ Traverser un lieu en divers sens, notamment pour le visiter. *L'été dernier, nous avons parcouru la Nouvelle-Écosse.* SYN. sillonner. ❷ *Parcourir une distance*, c'est l'effectuer. *Le T.G.V. parcourt la distance Paris-Lyon en 2 heures.* SYN. effectuer, franchir. *Nous avons encore 5 km à parcourir.* ❸ *Parcourir un texte*, c'est le lire rapidement. *J'ai parcouru le journal dans le métro, ce matin.*

parcours **n.m.** Trajet suivi pour aller d'un point à un autre. *En raison des travaux, le parcours du bus est provisoirement modifié.* SYN. itinéraire. • **Incident de parcours :** événement inattendu, contraire à ce qui était prévu, mais sans conséquence grave.

par-delà **prép.** De l'autre côté de. *Par-delà l'Atlantique, les gens ont un mode de vie différent du nôtre.*

par-dessous **prép.** et **adv.** Par la partie qui est dessous. *Passer par-dessous une barrière.*

pardessus **n.m.** Long manteau d'homme. *Il enfila son pardessus et partit sous la neige.*

par-dessus **prép.** et **adv.** Au-dessus de. *Lire par-dessus l'épaule de quelqu'un.* • **Par-dessus tout :** surtout, au plus haut degré. *Ce que j'aime, par-dessus tout, c'est le chocolat.*

par-devers **prép.** • **Par-devers soi :** pour soi. *J'ai gardé tous les documents par-devers moi, je veux pouvoir les consulter.*

pardi **interj.** (Familier) S'emploie pour souligner une évidence, renforcer une affirmation. *« Tu veux venir au cinéma ? – Pardi ! »* SYN. bien sûr.

pardon **n.m.** ❶ Action de pardonner. *Je suis allée lui demander pardon.* ❷ Formule de politesse pour s'excuser. *Pardon, Madame, pourriez-vous me dire où est la gare ?* • **Grand Pardon :** fête juive célébrée par le jeûne et la prière, dix jours après le Nouvel An juif et appelée également *Yom Kippour.* • **Pardon ? :** s'emploie pour demander à quelqu'un de répéter une phrase que l'on a mal comprise.

pardonnable **adj.** Qui peut être pardonné. *C'est une erreur bien pardonnable.* SYN. excusable.

pardonner **v.** (CONJUG. **3**). ❶ Ne plus en vouloir à quelqu'un pour ce qu'il a fait. *Je ne lui pardonne pas de m'avoir menti. « Faute avouée est à moitié pardonnée »* (proverbe). ❷ Excuser. *Pardonnez-moi de vous* *interrompre, mais le dîner est prêt.* • **Ça ne pardonne pas :** les conséquences sont terribles. *Rouler à contresens sur l'autoroute, ça ne pardonne pas* (= c'est mortel).

pare-balles **adj.invar.** • **Gilet pare-balles :** gilet qui protège contre les balles. *Les policiers portent souvent des gilets pare-balles.*

pare-brise **n.m.invar.**, ✎ *n.m.* (PLUR. : *pare-brises*). Vitre qui, à l'avant d'un véhicule, protège du vent, de la pluie et de la poussière.

pare-chocs **n.m.invar.**, ✎ ***pare-choc*** *n.m.* (PLUR. : *pare-chocs*). Barre de métal ou de plastique qui, à l'avant et à l'arrière d'une voiture, protège la carrosserie des chocs. *Les voitures roulaient pare-chocs contre pare-chocs.*

pareil, eille **adj.** Qui est identique, semblable. *Ces deux voitures sont pareilles.* CONTR. différent. *Il n'avait jamais vu une pareille beauté.* SYN. tel. ◆ **n.** • **Ne pas avoir son pareil pour :** être unique, remarquable dans un domaine. *Elle n'a pas sa pareille pour organiser des soirées originales.* ◆ **pareille** **n.f.** • **Rendre la pareille :** traiter quelqu'un de la même façon qu'il vous a traité. *Si vous me frappez, je n'hésiterai pas à vous rendre la pareille.*

parent, e **n.** et **adj.** Personne unie par des liens familiaux plus ou moins étroits avec une autre. *Elle n'a invité que ses plus proches parents.* ◆ **parents** **n.m.plur.** Le père et la mère. *Les relations entre parents et enfants ne sont pas toujours simples.*

HISTOIRE DU MOT Vient du latin *parere* qui signifie « enfanter ».

parenté **n.f.** ❶ Lien qui unit les personnes d'une même famille. *Ils portent le même nom, mais il n'y a aucune parenté entre eux.* ❷ Points communs, ressemblance entre des choses. *Il y a une parenté entre ces deux tableaux.* SYN. filiation, similitude.

parenthèse **n.f.** ❶ Double signe de ponctuation que l'on utilise pour isoler un groupe de mots qui n'est pas indispensable dans une phrase. *Ouvrez, fermez la parenthèse.* ❷ Ce que l'on dit en passant et qui s'écarte du sujet essentiel. *Ce que je viens de vous dire était une parenthèse, revenons à notre sujet.*

paréo **n.m.** Grande pièce de tissu imprimé de couleurs vives dont s'enveloppent les femmes tahitiennes.

1 parer **v.** (CONJUG. 3). ❶ *Parer un coup*, c'est l'éviter en se détournant ou en se protégeant. *Le boxeur n'arrivait pas à parer les coups.* SYN. esquiver. ❷ *Être paré contre quelque chose*, c'est en être protégé. *Avec tes bottes et ton manteau, tu es paré contre le froid.* • **Parer au plus pressé :** s'occuper des problèmes les plus urgents.

2 se parer **v.pron.** (CONJUG. 3). Se vêtir avec soin, avec élégance. *La comtesse s'est parée pour le bal.*

paresse **n.f.** ❶ Le comportement d'une personne qui ne fait pas d'effort et qui aime rester à ne rien faire. *Sa paresse lui jouera de mauvais tours.* SYN. fainéantise. CONTR. dynamisme. ❷ Manque d'énergie pour faire quelque chose. *C'est uniquement par paresse que je n'ai pas répondu au courrier.*

paresser **v.** (CONJUG. 3). Se laisser aller à la paresse, ne rien faire. *Le dimanche, Lise paresse dans son lit jusqu'à midi.* SYN. fainéanter.

1 paresseux, euse **adj.** et **n.** Qui n'aime ni travailler ni faire des efforts. *Frédéric est un élève intelligent mais paresseux.* SYN. fainéant. CONTR. travailleur.

2 paresseux **n.m.** Autre nom de l'*aï*.

parfaire **parfait v.** (CONJUG. 70). Terminer quelque chose avec le plus grand soin de manière à le rendre parfait. *Pour parfaire son tableau, l'artiste y a ajouté quelques touches de bleu.* SYN. parachever.
▸ REM. Ce verbe s'emploie uniquement à l'infinitif et aux temps composés.

parfait, e **adj.** ❶ Qui est sans défaut. *Ce travail est parfait.* SYN. impeccable. *Personne n'est parfait.* SYN. infaillible, irréprochable. ❷ Excellent. *Je suis en parfaite santé.*

parfaitement **adv.** ❶ De façon parfaite. *Ses photos sont toujours parfaitement réussies.* SYN. impeccablement. *Ma montre est parfaitement étanche.* SYN. totalement. ❷ S'emploie pour approuver, pour dire oui avec plus de conviction, plus de force. *Tu as parfaitement le droit de refuser.* SYN. absolument.

parfois **adv.** De temps en temps. *Il lui arrive parfois de rêvasser en classe.* SYN. quelquefois.

parfum **n.m.** ❶ Odeur agréable. *Les lilas en fleurs dégageaient un parfum exquis.* SYN. senteur. ❷ Liquide généralement à base de fleurs et d'alcool que l'on met sur soi pour sentir bon. *Pour Noël, nous avons offert à maman un flacon de parfum.* ❸ Goût, arôme de certains aliments. *Nous avons deux parfums de glaces : vanille et pistache.*

HISTOIRE DU MOT Vient du latin *per*, « à travers », et *fumare*, « fumer », parce que certains bois ou résines en brûlant dégageaient une odeur agréable.

parfumé, e **adj.** ❶ Qui dégage un parfum. *Le mimosa est très parfumé.* SYN. odorant. ❷ Qui a tel goût, tel arôme. *Une mousse au chocolat parfumée à l'orange.* SYN. aromatisé.

parfumer **v.** (CONJUG. 3). ❶ Remplir d'une odeur agréable, imprégner d'un parfum. *Un sachet de lavande dans l'armoire parfume le linge.* ❷ Donner du goût à un aliment en y ajoutant un ingrédient. *Parfumer une crème au citron.* ◆ **se parfumer** **v.pron.** Mettre du parfum. *Julie se parfume tous les matins.*

parfumerie **n.f.** Magasin où l'on vend des parfums et des produits de beauté.

parfumeur, euse **n.** Personne qui crée, fabrique des parfums ou qui tient une parfumerie.

pari **n.m.** ❶ Jeu entre des personnes d'avis opposés, dans lequel chacun s'engage à donner quelque chose à l'autre si c'est lui qui a raison. *J'ai fait un pari avec Pierre, et, comme j'ai perdu, je lui dois un CD.* ❷ Jeu d'argent dans lequel le parieur mise sur la victoire d'un concurrent dans une épreuve sportive.

paria **n.** Personne rejetée par la société.
HISTOIRE DU MOT En Inde, un paria est une personne qui n'appartient à aucune caste et qui, pour cette raison, est privée de ses droits religieux et sociaux.

parier **v.** (CONJUG. 7). ❶ Faire un pari. *Il a parié deux euros qu'il arriverait le premier* (= il a mis deux euros en jeu). *Papa a parié sur le cheval favori.* SYN. miser sur. ❷ Affirmer en étant sûr d'avoir raison. *Je te parie qu'il ne reviendra plus.*

parieur, euse **n.** Personne qui parie de l'argent. *Le dimanche, les parieurs se pressent au champ de courses.*

parité **n.f.** ❶ Égalité parfaite. *La parité entre les salaires du public et du privé.* ❷ Égalité de représentation des hommes et des femmes dans les assemblées élues.

parjure **n.m.** Faux serment, violation d'un serment. *Le témoin avait juré de dire la vérité, il a menti et commis un parjure.*

se **parjurer** **v.pron.** (CONJUG. 3). Violer son serment ou faire un faux serment. *Le témoin s'est parjuré.*

parka **n.f.** ou **n.m.** Manteau court à capuche, en tissu imperméable.
HISTOIRE DU MOT C'est un mot inuit qui signifie « peau ».

parking **n.m.** Parc de stationnement.
▸ REM. Au Québec, on doit dire *parc de stationnement*.

parlant, e **adj.** Qui n'a pas besoin d'être commenté. *Cette année, les résultats sont excellents, d'ailleurs les chiffres sont parlants.* SYN. éloquent. • **Le cinéma parlant** : cinéma où l'on entend les acteurs parler, par opposition au *cinéma muet*.

parlé, e **adj.** *La langue parlée* est la langue utilisée dans la conversation courante.

parlement **n.m.** Assemblée qui vote les lois. *En France, le Parlement est formé de l'Assemblée nationale et du Sénat.* → VOIR noms propres : **Parlement européen** et Fiche **41**.
▸ REM. Le mot s'écrit avec une majuscule quand il s'agit du Parlement d'un pays en particulier.

parlementaire **adj.** Du Parlement. *Un débat parlementaire* (= qui a lieu au Parlement). • **Régime parlementaire** : régime politique dans lequel le gouvernement est responsable devant le Parlement. ◆ **n.** Membre du Parlement. *Les députés et les sénateurs sont des parlementaires.*

parlementer **v.** (CONJUG. 3). Discuter pour trouver un arrangement, un terrain d'entente. *Nous avons longuement parlementé avant de nous mettre d'accord.*

1 parler **v.** (CONJUG. 3). ❶ Prononcer des mots, s'exprimer par le langage oral. *Mon filleul a bientôt 2 ans, il commence à parler.* ❷ S'exprimer par un langage. *Les muets parlent par gestes.* SYN. communiquer. ❸ Dire, communiquer quelque chose par oral ou par écrit. *Dans sa lettre, elle me parle de ses ennuis.* SYN. faire part de. *On a parlé de toutes sortes de choses.* SYN. bavarder, discuter. ❹ Adresser la parole à une personne. *Je suis fâché avec lui, je ne lui parle plus.* ❺ Révéler ce qui aurait dû rester secret. *Si un des complices parle, le commissaire pourra arrêter toute la bande.* ❻ Traiter d'un sujet. *De quoi parle ce livre ?* ❼ Être capable de s'exprimer dans une langue. *Mélissa parle couramment l'anglais, l'allemand et l'espagnol.* ◆ **se parler** **v.pron.** ❶ S'adresser la parole. *Ils se sont fâchés et ne se parlent plus.* ❷ Être parlé. *Le français se parle au Québec.*

2 parler **n.m.** Langue particulière à une région. *Les différents parlers des provinces de France.*

parleur **n.m.** • **Un beau parleur** : un homme qui fait de belles phrases par plaisir ou pour masquer son incompétence.

parloir **n.m.** Salle où sont reçus les visiteurs, dans certains établissements (lycée, monastère ou prison, par exemple).

parlote ou **parlotte** **n.f.** (Familier) Conversation sans intérêt.

parme **adj.invar.** et **n.m.** D'un mauve soutenu. *Cléa portait une écharpe de mousseline parme.*

parmesan **n.m.** Fromage italien. *Des spaghettis au parmesan.*
HISTOIRE DU MOT Vient de l'italien *parmigiano* qui signifie « de Parme », car, autrefois, le parmesan était fabriqué près de cette ville d'Italie.

parmi **prép.** ❶ Dans le groupe de. *Parmi les élèves qui ne vont pas à la piscine, qui voudrait faire de la gymnastique ?* ❷ Au milieu de. *Il essayait de se faufiler parmi les spectateurs pour se mettre au premier rang.*

parodie **n.f.** ❶ Imitation burlesque d'une œuvre littéraire. *Une parodie du « Cid ».* ❷ Imitation grossière de quelque chose de respectable. *Il n'y a eu qu'une parodie de procès.* SYN. caricature, simulacre.

parodier **v.** (CONJUG. 7). Imiter quelqu'un, son attitude, ses gestes, son langage, etc., pour s'en moquer. *Xavier a parodié le ton solennel du professeur.* SYN. singer.

paroi **n.f.** ❶ Surface intérieure d'un récipient, d'un conduit, etc. *Un dépôt de calcaire s'est formé sur la paroi intérieure de la bouilloire.* ❷ Surface de rocher verticale et presque lisse. *On a trouvé des peintures préhistoriques sur les parois de la grotte de Lascaux.* ❸ Toute surface verticale qui sépare une pièce d'une autre dans une maison. *Les murs, les cloisons sont des parois.* ❹ Versant abrupt d'une montagne. *Escalader la paroi nord d'un pic.* SYN. face.
HISTOIRE DU MOT Vient du latin *paries* qui signifie « mur ».

escalade d'une **paroi**

paroisse **n.f.** Territoire dont un curé a la charge. *Le curé a invité tous les habitants de la paroisse à la kermesse de fin d'année.*
HISTOIRE DU MOT Vient du grec *paroikia* qui signifie « groupement de maisons ».

a b c d e f g h i j k l m n

A B C D E F G H I J K L M N O P Q R S T U V W X Y Z

paroissien, enne **n.** Fidèle d'une paroisse.

parole **n.f.** ❶ Faculté de parler, aptitude à s'exprimer. *La parole est le propre de l'homme.* SYN. langage. ❷ Mot, phrase que l'on prononce. *Je demande la parole* (= je demande à dire quelque chose). *Le maire a eu une parole gentille pour chaque invité. Couper la parole à quelqu'un* (= l'empêcher de parler). ❸ Assurance, promesse orale données à quelqu'un. *Je te donne ma parole que je reviendrai l'an prochain* (= je te le promets fermement). *N'avoir qu'une parole* (= tenir ses promesses). • **De belles paroles :** des promesses qui ne seront pas tenues. • **Parole d'honneur ! :** expression que l'on emploie pour certifier que ce qu'on dit est vrai. • **Sur parole :** sur une simple affirmation. *Je n'ai pas besoin de preuves, je te crois sur parole.* ◆ **paroles** **n.f.plur.** Le texte d'une chanson. *Je me souviens de l'air, mais j'ai oublié les paroles.*

HISTOIRE DU MOT Vient, comme *parler*, du latin *parabola*.

parolier, ère **n.** Personne dont le métier est d'écrire des paroles de chansons.

paronyme **adj.** et **n.m.** Se dit de mots qui sont proches par leur forme, mais qui ont des sens différents. *« Conjecture » et « conjoncture » sont des paronymes.* → VOIR Fiche **9**.

paroxysme **n.m.** Moment où un sentiment, un phénomène naturel, etc., sont les plus violents, les plus intenses. *La tempête était à son paroxysme. Au paroxysme de la colère, il sortit en claquant la porte.*

HISTOIRE DU MOT Vient du grec *paroxusmos* qui signifie « action d'exacerber ».

parpaing **n.m.** Bloc rectangulaire de ciment, de plâtre, etc., qui sert à la construction des murs. *Le maçon construit un mur en parpaings.*
▸ REM. 1. On ne prononce pas le *-g*. 2. Au Québec, on doit dire *bloc de béton, de plâtre*, etc.

parquer **v.** (CONJUG. **3**). ❶ Rassembler des animaux dans un endroit clos. *Parquer des moutons.* ❷ Ranger une voiture dans un lieu de stationnement. SYN. garer.

parquet **n.m.** ❶ Revêtement du sol d'une maison fait d'un assemblage de lames de bois. *Un parquet de chêne.* SYN. plancher. ❷ L'ensemble des magistrats qui représentent la société et demandent en son nom une peine contre un accusé. *Le parquet a requis une lourde peine contre les criminels.*

parrain **n.m.** ❶ Homme qui présente un enfant au baptême et s'engage, avec la marraine, à veiller sur lui. *Mon parrain m'a offert une montre.* ❷ Homme qui préside au baptême d'un bateau, à sa mise à l'eau, au baptême d'une cloche, etc. ❸ Celui qui parraine quelqu'un.

HISTOIRE DU MOT Vient du latin *pater* qui signifie « père ».

parrainer **v.** (CONJUG. **3**). ❶ *Parrainer quelqu'un*, c'est le présenter et se porter garant de lui pour le faire entrer dans un club, une société, etc. ❷ *Parrainer un projet, une entreprise*, c'est les financer dans un but publicitaire. *Sais-tu quelle société a parrainé ce rallye automobile ?* SYN. sponsoriser.
▸ REM. Il est préférable d'employer *parrainer* plutôt que *sponsoriser*.

parricide **n.m.** Meurtre du père ou de la mère.

parsemer **v.** (CONJUG. **10**). ❶ Couvrir de choses répandues çà et là. *Le jardinier parsème les allées de gravillons.* ❷ Être éparpillé sur une surface. *Des feuilles mortes parsèment le gazon.*

part **n.f.** Partie d'un tout que l'on a divisé. *J'ai coupé la tarte en cinq parts.* SYN. morceau. *La plus grosse part de son argent de poche passe en bonbons.* SYN. partie, portion. • **À part :** séparément ; seul à seul ou qui se distingue des autres. *Range tes crayons à part. Il m'a pris à part pour me dire qu'il n'était pas d'accord. Les émeus sont des oiseaux à part.* SYN. particulier, spécial. • **À part quelqu'un, quelque chose :** excepté cette personne, cette chose. *À part toi, personne n'est au courant.* SYN. sauf. *À part son rhume, elle va bien.* • **Autre part, quelque part, nulle part :** dans un autre endroit, à un endroit quelconque, à aucun endroit. *Il y a trop de monde, allons autre part.* SYN. ailleurs. *Ce livre doit bien être quelque part, mais je ne le vois nulle part.* • **De la part de quelqu'un :** au nom de cette personne. *Dis-lui bonjour de ma part.* • **De part et d'autre :** de chaque côté. *Dispose les chaises de part et d'autre de la table.* • **D'une part..., d'autre part... :** d'abord, et en plus. *Tu n'iras pas : d'une part tu n'es pas tout à fait guéri, d'autre part c'est très loin.* • **Faire part de quelque chose à quelqu'un :** l'en informer. *Véronique nous a fait part de son désir de venir* (= elle nous l'a annoncé). • **Pour ma part :** en ce qui me concerne. *Pour ma part, je préfère la mer.* SYN. personnellement. • **Prendre part à quelque chose :** y participer, y jouer un rôle. *Tous les élèves ont pris part à la rédaction du journal de l'école.*

partage **n.m.** Action de partager. *Le partage d'un butin.*

partager **partageant, partagé** **v.** (CONJUG. **5**). ❶ Diviser en parts. *Les pirates ont partagé le butin* (= ils en ont pris chacun une part). *Nous devons partager le travail, les tâches.* SYN. répartir. ❷ Donner une partie de ce que l'on a. *Veux-tu partager ta pomme avec moi ?* ❸ Avoir en commun avec quelqu'un. *Elle partage sa chambre avec sa sœur. Je partage votre opinion sur la question* (= je suis d'accord avec vous). *Je partage ton chagrin.* SYN. s'associer à.

partance **n.f.** • **En partance :** sur le point de partir. *Les voyageurs en partance pour Montréal* (= à destination de). *Le train en partance pour Nice.*

partant, e **adj.** • (Familier) **Être partant** ou **être partant pour :** être disposé à, prêt à. *Elle est toujours partante pour aller se promener. Si on lui offre un poste en Italie, il est partant.* ◆ **partant** **n.m.** Concurrent qui se présente à une course. *Il y avait deux favoris parmi les vingt partants de cette course hippique.*

partenaire **n.** ❶ Personne avec laquelle on est associé dans un jeu, avec qui l'on danse, etc. *J'ai gagné le match de tennis grâce à mon partenaire. Les* *danseurs enlacèrent leur partenaire.* ❷ Groupe, pays avec lequel un autre groupe ou un autre pays entretiennent des relations économiques ou politiques.

parterre **n.m.** ❶ Partie d'un jardin où l'on fait pousser des fleurs. *Un parterre de bégonias.* ❷ Partie d'une salle de théâtre située au rez-de-chaussée, derrière les fauteuils d'orchestre. *Nous étions placés au parterre.*

parterres de fleurs

parti **n.m.** ❶ Organisation regroupant des personnes qui ont les mêmes opinions politiques. *Les militants d'un parti.* ❷ *Prendre le parti de quelqu'un*, c'est le défendre, être de son côté. *Je prends toujours le parti des plus faibles.* ❸ *Prendre le parti de faire quelque chose*, c'est décider de le faire. ❹ *Tirer parti de quelque chose*, c'est savoir l'utiliser, en profiter. • **En prendre son parti :** se résigner, accepter les faits. • **Parti pris :** idée toute faite qui empêche de juger objectivement. *Tu as un parti pris contre lui, et quoi qu'il fasse tu le critiques !* • **Prendre parti :** choisir son camp ; faire un choix. *Décidez-vous, il faut prendre parti.*
▸ REM. Ne pas confondre avec *partie*.

HISTOIRE DU MOT Vient de l'ancien verbe *partir* qui signifiait « partager ».

partial, ale, aux **adj.** Qui prend le parti de l'un ou de l'autre en manquant de justice ou d'objectivité. *Le professeur a été partial en refusant de m'écouter.* SYN. injuste. CONTR. équitable, impartial, objectif.

partialité **n.f.** Attitude d'une personne partiale. CONTR. impartialité.

participant, e **n.** Personne, groupe qui participe à quelque chose. *Quel sera le nombre des participants au marathon ?*

participation **n.f.** L'action de participer à quelque chose. *Nous n'aurions jamais pu organiser une fête de fin d'année sans votre participation.* SYN. aide, concours, collaboration, coopération.

participe **n.m.** Forme du verbe qui joue tantôt le rôle d'un verbe tantôt celui d'un adjectif. *« Tombant » est le participe présent du verbe tomber, « tombé » est son participe passé.* → VOIR encadré page suivante.

participer **v.** (CONJUG. 3). ❶ Se joindre à d'autres personnes pour faire quelque chose, s'associer à une action. *Luc et Sophie ont participé à la manifestation.* SYN. prendre part. ❷ *Participer à une dépense*, c'est payer sa part. *Les convives ont tous participé aux frais du banquet.*

particularité **n.f.** Ce qu'une personne, une chose ont de particulier, ce qui les rend différentes des autres. *Cette plante a la particularité de fleurir tous les cinq ans.* SYN. caractéristique, originalité.

particule **n.f.** ❶ Très petit élément. *Des particules de poussière.* ❷ Préposition (*de*, *du* ou *d'*) qui précède certains noms de famille, mais n'indique pas nécessairement une origine noble. *« D'Artagnan » est un nom à particule.* • **Particule élémentaire :** le plus petit élément connu qui constitue la matière. *Les électrons et les protons sont des particules élémentaires.*

1 **particulier, ère** **adj.** ❶ Qui sort de l'ordinaire et distingue une personne ou une chose des autres personnes ou des autres choses. *Cet écrivain a un style très particulier.* SYN. original, personnel. CONTR. banal, ordinaire. ❷ Qui ne concerne qu'un individu. *Prendre des cours particuliers.* CONTR. collectif. *Une voiture particulière.* SYN. individuel. *Un cas particulier.* CONTR. général.

2 **particulier** **n.m.** Individu (par opposition à *un groupe*, *à une collectivité*. *Passer une annonce de particulier à particulier. Le président vote comme un simple particulier.* SYN. citoyen.

3 en **particulier** **adv.** ❶ En privé, sans témoin. *J'aimerais te parler en particulier.* ❷ Spécialement, tout particulièrement. *Julie aime les fruits et en particulier les cerises.*

particulièrement **adv.** Spécialement. *Marie adore lire et particulièrement des romans.* SYN. en particulier.

partie **n.f.** ❶ Portion, élément d'un tout. *Faire un exposé en trois parties.* SYN. point. *Je passerai une partie de mes vacances à la mer.* CONTR. totalité. ❷ Totalité des coups qu'il faut jouer, des points qu'il faut marquer pour gagner à un jeu, à un sport. *Une partie d'échecs est terminée quand un des rois est échec et mat. Nous avons fait une partie de ping-pong avec les voisins.* ❸ Personne ou groupe engagés contre d'autres dans une discussion, un procès, etc. *L'avocate a contesté les arguments de la partie adverse. Les parties en présence n'ont pas réussi à se mettre d'accord.* ❹ Domaine dans lequel on a des compétences. *Les mathématiques, ce n'est pas ma partie. Avoir affaire à forte partie* (= avoir affaire à un adversaire redoutable). • **En partie :** pas complètement. *Le bâtiment a été en partie détruit par l'incendie.* SYN. partiellement. CONTR. totalement. • **Faire partie de quelque chose :** en être un élément. *La France fait partie de l'Europe. Florence fait partie d'une chorale.* • **Prendre quelqu'un à partie :** s'en prendre à lui, l'attaquer. *Nous avons été pris à partie par des voyous.*
▸ REM. Ne pas confondre avec *parti*.

HISTOIRE DU MOT Vient, comme *parti*, de l'ancien verbe *partir*.

a b c d e f g h i j k l m n o p q r s t u v w x y z

A B C D E F G H I J K L M N O P Q R S T U V W X Y Z

Les **participes**

Participe passé : règles d'accord

L'accord du participe passé dépend de la construction du verbe. VOIR AUSSI **verbe**.

- **Verbe transitif**

➤ ***À l'actif*** : employé avec l'auxiliaire ***avoir***, le participe passé s'accorde **avec le COD** si celui-ci est placé **avant le verbe** :
J'ai *pris une pomme* (= pas d'accord).
La *pomme* que j'ai *prise* (= accord).

➤ ***Au passif*** : employé avec l'auxiliaire ***être***, le participe passé s'accorde **avec le sujet** du verbe :
La *souris* est *mangée* par le chat.

- **Verbe intransitif**

➤ Employé avec l'auxiliaire ***avoir***, le participe passé ne s'accorde pas :
Elle a *marché*.

➤ Employé avec l'auxiliaire ***être***, le participe passé s'accorde **avec le sujet** :
***Elle* est *arrivée*.**

- **Verbe pronominal**

Il se conjugue toujours avec l'auxiliaire ***être***.

➤ Sans COD, le participe passé s'accorde **avec le sujet** :
***Marie* s'est *promenée* dans la forêt.**
***Ils* se sont *aperçus* de leur erreur.**

➤ Avec un COD, le participe passé s'accorde **avec le COD** si celui-ci est placé **avant le verbe** :
Marie s'est *offert une robe* (= pas d'accord).
La *robe* que Marie s'est *offerte* (= accord avec le COD).

➤ Certains verbes pronominaux viennent de verbes transitifs indirects ; le participe passé ne s'accorde jamais :
Pierre a *nui* à Paul et Paul a *nui* à Pierre => Pierre et Paul se sont *nui*.
Les gouvernements qui se sont *succédé* (= l'un a succédé à l'autre).

Participe présent et adjectif verbal

➤ Le **participe présent** est invariable :	**Des enfants *obéissant* à leurs parents.**
➤ L'**adjectif verbal** est variable :	**Ce sont des enfants *obéissants*.**

Parfois l'adjectif verbal n'a pas la même forme que le participe présent :

participe présent :	**Se *fatiguant* au travail.**
adjectif verbal :	**Un travail *fatigant*.**

partiel, elle **adj.** Qui ne constitue qu'une partie d'un tout. *On n'a que des résultats partiels des analyses.* CONTR. complet. *Travailler à temps partiel.* CONTR. plein.

partiellement **adv.** De façon partielle, pour une part. *Ce qu'il t'a dit n'était que partiellement vrai.* SYN. en partie. CONTR. totalement.

partir **partant, parti v.** (CONJUG. **19** ; auxiliaire *être*). ❶ S'en aller, quitter un lieu. *La fête ne fait que commencer et tu veux déjà partir ?* CONTR. rester. *Je pars en vacances le mois prochain.* ❷ Avoir pour commencement, pour origine ou pour point de départ. *Son geste partait d'une bonne intention. Le souterrain part du château.* CONTR. aboutir. ❸ Disparaître. *Cette tache partira au lavage.* • **À partir de :** à partir de ce moment, à partir de cet endroit. *À partir de demain, nous sommes en congé. À partir d'ici, nous sommes sur les terres du voisin.* • (Familier) **Être mal parti :** être mal engagé. *Cette affaire me semble vraiment mal partie.*

1 **partisan, e** **n.** ❶ Personne qui soutient les idées d'un parti, d'un homme politique, etc. *Le candidat a été vivement applaudi par ses partisans.* CONTR. adversaire. ❷ *Être partisan de quelque chose*, c'est y être favorable. *Je suis partisan de le mettre au courant tout de suite* (= c'est mon avis). *Elle n'est pas partisane de cette solution* (= elle est contre). ◆ **partisan** **n.m.** Combattant volontaire qui n'appartient pas à une armée régulière et qui lutte pour son idéal.

HISTOIRE DU MOT Vient de l'italien *partigiano*, de *parte* qui signifie « parti ».

2 **partisan, e** **adj.** Qui est de parti pris. *Des querelles partisanes. Une attitude partisane.*

partitif, ive **adj.** • **Article partitif :** article qui désigne une partie d'un tout. *« Du », « de la », « des » sont des articles partitifs.*

partition **n.f.** Musique écrite. *Déchiffrer une partition.*

partout **adv.** Dans tous les endroits. *J'ai cherché partout, je n'ai rien trouvé.*

parure **n.f.** Ensemble de bijoux assortis. *Pour le bal, la reine portait une parure de diamants.*

parution **n.f.** Le fait de paraître, d'être publié. *On attend avec impatience la parution de son nouveau roman.* SYN. publication.

parvenir **parvenant, parvenu v.** (CONJUG. **20**). ❶ Réussir au prix d'un certain effort. *Je suis enfin parvenu à le joindre au téléphone.* SYN. arriver. ❷ Arriver à un lieu, à un stade d'évolution. *Au bout d'une heure de marche,* *nous sommes parvenus en haut de la colline.* SYN. atteindre. ❸ Arriver à destination. *Ta lettre ne m'est jamais parvenue* (=je ne l'ai jamais reçue).

parvenu, e n. Nom que l'on donne avec un certain mépris à une personne qui s'est enrichie rapidement, mais dont les manières manquent de distinction. *Ce sont des parvenus, ils aiment montrer qu'ils sont riches.*

parvis n.m. Place située devant l'entrée principale d'une église ou, parfois, d'un grand bâtiment. *Les mariés se sont fait photographier sur le parvis de la cathédrale.*

HISTOIRE DU MOT Vient du latin *paradisus* qui signifie « paradis ».

1 **pas** adv. S'emploie avec *ne* pour exprimer la négation. *Loïc ne veut pas aller à l'école. Elle n'est pas venue.*

2 **pas** n.m. ❶ Mouvement fait en portant un pied devant l'autre pour marcher. *Un bébé fait ses premiers pas vers l'âge d'un an.* ❷ Trace laissée par un pied. *Il y a des pas dans la neige.* ❸ Manière de marcher des humains et des animaux. *L'homme marchait d'un pas rapide. L'ours avançait d'un pas lourd. Les soldats marchaient au pas* (=tous à la même cadence). *Au pas de course* (=en courant presque). • **À deux pas :** très près. *Rémi habite à deux pas de l'école.* • **Faire le premier pas** ou **les premiers pas :** prendre l'initiative d'une action. *En lui tendant la main, j'ai fait les premiers pas pour me réconcilier avec lui.* • **Faire les cent pas :** aller et venir sans arrêt, en signe d'impatience. • **Franchir, sauter le pas :** se décider à faire quelque chose de difficile ou que l'on fait pour la première fois. • **Le pas de la porte :** le seuil. *Maman m'attendait sur le pas de la porte.* • **Mauvais pas :** situation difficile. *Peux-tu m'aider à sortir de ce mauvais pas ?* • **Pas à pas :** lentement et avec précaution. *Nous avancions pas à pas pour ne pas tomber.*

pascal, ale adj. (PLUR. : **pascals** ou **pascaux**). De la fête de Pâques ou de la Pâque juive. *L'agneau pascal.*

passable adj. Juste suffisant, ni bon ni mauvais. *J'ai eu 10 sur 20 en mathématiques, c'est une note passable.* SYN. acceptable, moyen.

passablement adv. ❶ De façon passable, moyenne. *Il joue passablement du piano.* SYN. moyennement. ❷ De façon notable. *Elle est passablement plus âgée que moi.* SYN. beaucoup, largement.

passade n.f. Caprice passager. *L'équitation n'aura été qu'une passade pour lui.* SYN. lubie, toquade.

passage n.m. ❶ L'action, le fait de passer. *Guetter le passage du facteur.* ❷ Endroit par où peut passer quelqu'un ou quelque chose. *Nous avons trouvé un passage secret qui mène à la grotte.* ❸ Fragment bref d'un texte, d'une œuvre musicale, d'un film. *Le professeur a lu à toute la classe un passage de la rédaction de Julien.* SYN. extrait. • **De passage :** qui reste peu de temps dans un endroit. *Je suis juste de passage à New York, je repars demain.* • **Passage à niveau :** croisement d'une voie ferrée et d'une route. • **Passage pour piétons :** zone marquée en général par des bandes peintes sur la chaussée et que les piétons doivent emprunter pour traverser une rue. SYN. clous, passage clouté. • **Passage souterrain :** tunnel aménagé sous une route, une voie ferrée pour les piétons, les automobiles.

1 **passager, ère** adj. Qui ne dure pas longtemps. *Elle a eu un malaise passager.* SYN. court, momentané. CONTR. durable. *Un bonheur passager.* SYN. éphémère, fugitif.

2 **passager, ère** n. Personne qui est transportée en bateau, en avion ou en voiture. *Les passagers sont priés d'attacher leur ceinture.*

1 **passant** n.m. Bande étroite de tissu cousue à un vêtement pour y passer une ceinture.

2 **passant, e** n. Personne qui circule à pied dans une rue. *J'ai demandé mon chemin à un passant.* SYN. piéton, promeneur.

3 **passant, e** adj. Où il passe beaucoup de monde. *Cette rue est très passante.* SYN. fréquenté.

passe n.f. Action de passer le ballon ou le palet à un partenaire, dans les jeux d'équipe. *Raoul a fait une passe à l'avant-centre.* • **En passe de :** sur le point de. *Mon père est en passe d'être nommé directeur.* • **Une bonne, une mauvaise passe :** une situation avantageuse, difficile. *Il traverse une mauvaise passe en ce moment.*

1 **passé** prép. Après, au-delà de. *Passé 10 h, évite de jouer du piano. Passé le coin de la rue, vous trouverez une pharmacie.*

2 **passé, e** adj. Qui précède le moment présent. *J'ai vu Blandine la semaine passée.* ◆ **passé** n.m. ❶ Période qui se situe avant le moment où l'on parle. *Ma grand-mère parle souvent avec nostalgie du passé.* ❷ En grammaire, temps du verbe qui exprime un fait passé. • **Par le passé :** autrefois. *Arthur est bien moins agressif que par le passé.*

passe-droit n.m. (PLUR. : **passe-droits**). Autorisation accordée tout particulièrement à quelqu'un, en passant outre le règlement, la loi. SYN. privilège.

passementerie n.f. Bande de tissu tressé ou tissé qui sert d'ornement.

passe-montagne n.m. (PLUR. : **passe-montagnes**). Cagoule en tricot qui couvre la tête, le cou et les oreilles, et ne laisse que le visage à découvert.

passe-partout n.m.invar., ✎ ***passepartout*** *n.m.* Clef qui permet d'ouvrir toutes sortes de serrures. *Le gardien de l'immeuble a un passe-partout.* ◆ **adj.invar.** Que l'on peut employer en toute circonstance. *Une réponse passe-partout.* SYN. banal.

passe-passe n.m.invar., ✎ ***passepasse*** *n.m.* • **Tour de passe-passe :** tour d'adresse qui consiste à faire disparaître un objet et à le faire réapparaître ailleurs ou sous une autre forme. *Ce magicien fait des tours de passe-passe extraordinaires.*

passeport n.m. Pièce d'identité, où sont inscrits le nom, l'adresse et la nationalité d'une personne, et

A B C D E F G H I J K L M N O P Q R S T U V W X Y Z

qui permet d'aller à l'étranger. *Présenter son passeport à la frontière.*

HISTOIRE DU MOT Vient de *passe* et de *port* au sens de « issue, passage ».

passer v. (CONJUG. 3). ❶ Avancer sans s'arrêter. *Une voiture passa à toute vitesse.* ❷ Aller quelque part et y rester peu de temps. *Marc est passé voir Claude hier soir.* ❸ Traverser un endroit au cours d'un trajet. *Pour aller de Paris à Nice, on passe par Lyon.* ❹ Franchir une limite, un obstacle. *Nous avons passé la frontière.* ❺ Être admis, accepté dans une classe supérieure. *Serge est passé en sixième.* ❻ Pour le temps, s'écouler. *Le temps passe trop vite.* ❼ Employer son temps d'une certaine manière. *J'ai passé mon week-end à dormir.* ❽ Disparaître, s'atténuer avec le temps. *La douleur va passer.* SYN. s'arrêter. ❾ Perdre son éclat. *Ma robe bleue a passé au soleil* (= ses couleurs ont terni). ❿ *Passer un film*, c'est le présenter, le projeter. *Ce film passe demain à la télévision.* • **Passer pour :** avoir une certaine réputation. *Michel passe pour un spécialiste des jeux vidéo aux yeux de ses camarades.* • **Passer sur quelque chose :** éviter d'en parler. *Je passe sur certains détails inutiles.* • (Familier) **Y passer :** subir une épreuve, un désagrément ou bien mourir. *Si tu continues à rouler à cette vitesse, nous allons tous y passer.* ◆ **se passer** v.pron. ❶ Avoir lieu, arriver. *La scène se passe à Venise. Que se passe-t-il ? Il s'est passé de drôles de choses.* SYN. se produire. ❷ Se priver de quelque chose ou de quelqu'un. *S'il n'y a plus de pain, on s'en passera. Je ne peux me passer de ma sœur.*

▸ REM. Avec un complément d'objet, *passer* se conjugue avec l'auxiliaire *avoir* ; sans complément d'objet, il se conjugue le plus souvent avec *être*, parfois avec *avoir*.

passereau n.m. *Les passereaux* sont de petits oiseaux qui vivent dans les arbres, où ils bâtissent des nids, qui chantent et qui ont quatre doigts à chaque patte : trois en avant et un, pourvu d'une forte griffe, en arrière. *Le corbeau, le moineau, l'alouette, le merle, la fauvette, le rouge-gorge, la huppe, le martin-pêcheur, etc., sont des passereaux.*

HISTOIRE DU MOT Vient du latin *passer, passeris* qui signifie « moineau ».

passerelle n.f. ❶ Pont étroit réservé aux piétons. *Une passerelle permet de traverser la voie ferrée.* ❷ Escalier mobile qui permet d'accéder à un avion ou à un bateau. ❸ Plate-forme située au-dessus des cabines, sur un bateau. *Le commandant et une partie de l'équipage se trouvent sur la passerelle.*

passe-temps, ✎ ***passetemps*** **n.m.invar.** Occupation qui permet de passer le temps agréablement. *Les mots croisés sont pour lui un agréable passe-temps.* SYN. distraction, divertissement.

passeur, euse n. ❶ Personne qui conduit un bac, un bateau, etc., pour faire traverser un cours d'eau quand il n'y a pas de pont. ❷ Personne qui fait passer clandestinement la frontière à quelqu'un, ou qui passe une marchandise en fraude.

passible adj. *Être passible d'une amende, d'une peine*, c'est avoir commis une infraction, un délit qui, juridiquement, entraînent cette amende, cette peine. SYN. risquer.

1 passif, ive adj. ❶ Qui subit les événements sans réagir ; qui ne participe pas. *Un élève passif.* CONTR. actif, dynamique, énergique. ❷ *Une construction passive* est une construction dont la consommation d'énergie est très réduite grâce à des aménagements spécifiques (bonne isolation, par exemple).

2 passif, ive adj. • **La voix passive :** en grammaire, forme du verbe et de la phrase, où le sujet subit l'action et où le complément d'agent (introduit par *de* ou *par*) indique qui fait l'action, par opposition à *la voix active. Dans « Gaëlle est aimée de ses parents », ou « l'arbre a été atteint par la foudre », les verbes sont à la voix passive.* ◆ **passif** n.m. Voix passive. → VOIR encadré ci-dessous.

passiflore n.f. Plante d'Amérique tropicale et d'Asie, à larges fleurs étoilées, de couleur rose, rouge ou pourpre, qui produit un fruit comestible appelé *fruit de la Passion.*

passiflore et fruits de la Passion

passion n.f. ❶ Amour très intense, exclusif et obsédant. *Ils s'aiment avec passion. Roméo et Juliette vécurent ensemble une passion malheureuse.* ❷ Chose que l'on aime énormément, à laquelle on s'intéresse

Le passif

Seuls les **verbes transitifs directs** peuvent se mettre à la voix passive. VOIR AUSSI **verbe.**

Le sujet devient alors le complément d'agent et le COD devient le sujet

Des milliers de jeunes (sujet) lisent *ce journal.* (COD) — *Ce journal* (sujet) est lu par *des milliers de jeunes.* (complément d'agent)

- Au passif, le verbe se conjugue toujours avec l'auxiliaire ***être***.
- Le complément d'agent est introduit par les prépositions ***par*** ou ***de*** :
  Ce garçon est apprécié *de* tous ses camarades.

par-dessus tout. *Les courses automobiles, c'est sa passion !* • **Fruit de la Passion :** fruit comestible de certaines passiflores.

HISTOIRE DU MOT Vient du latin *passio* qui signifie « souffrance », de *pati*, « souffrir, supporter ».

passionnant, e **adj.** Qui suscite un vif intérêt. *Marc nous a raconté une histoire passionnante.* SYN. captivant, palpitant.

passionné, e **adj.** et **n.** Qui est animé par la passion. *C'est un passionné de tennis.* → VOIR AUSSI **fanatique.**

passionnel, elle **adj.** *Un crime passionnel* est inspiré par une passion amoureuse, par la jalousie.

passionnément **adv.** Avec passion. *Elle l'aimait passionnément.* SYN. follement.

passionner **v.** (CONJUG. 3). Éveiller chez quelqu'un un intérêt puissant, exclusif. *Ce roman m'a passionné.* SYN. captiver. ◆ **se passionner** **v.pron.** Prendre un intérêt très vif à. *En ce moment, son fils se passionne pour le rock.* SYN. s'enthousiasmer.

passivement **adv.** D'une manière passive. *Il accepte passivement toutes mes propositions* (= sans réagir).

passivité **n.f.** État d'une personne passive. *Attendre que les choses se fassent, avec passivité.* SYN. apathie, inertie. CONTR. dynamisme, énergie.

passoire **n.f.** Ustensile percé de petits trous, pour égoutter les aliments, filtrer certains liquides, etc. *Égoutter des haricots dans une passoire. Une passoire à thé.*

pastel **n.m.** ❶ Bâtonnet fait d'une pâte colorée. *Peindre au pastel.* ❷ Dessin en couleurs exécuté avec des crayons de pastel. *Une exposition de pastels.* ◆ **adj.invar.** *Des couleurs pastel* sont pâles et douces.

HISTOIRE DU MOT Vient du latin *pastillum* qui signifie « petit pain ».

pastels

pastèque **n.f.** Gros fruit comestible des pays méditerranéens, appelé aussi *melon d'eau*, et dont la pulpe rose, verdâtre ou blanche est très juteuse et désaltérante.

pasteur **n.m.** ❶ Chez les protestants, personne qui dirige le culte et s'occupe de la paroisse. *Au temple, les fidèles écoutent le sermon du pasteur.* ❷ Gardien de troupeaux, dans certaines sociétés nomades. *Les Peuls sont un peuple de pasteurs.* SYN. berger.
▸ REM. Au Canada, la forme féminine de ce mot est *pasteure.*

HISTOIRE DU MOT Vient du latin *pastor* qui signifie « berger, pâtre ».

pastèque

pasteuriser **v.** (CONJUG. 3). Traiter un aliment pour qu'il puisse se conserver et être débarrassé des microbes, selon la technique de « pasteurisation », c'est-à-dire en le portant à haute température et en le refroidissant brusquement. *On pasteurise le lait, la bière, le beurre.* → VOIR AUSSI **stériliser.**

HISTOIRE DU MOT Vient du nom de *Louis Pasteur.*

pastiche **n.m.** Imitation du style d'un écrivain, de la façon de jouer d'un acteur ; œuvre que l'on fait ainsi.

pastille **n.f.** Petit bonbon rond et plat. *Des pastilles à la menthe.*

pastis **n.m.** Apéritif anisé.

patachon **n.m.** • (Familier) **Mener une vie de patachon :** passer sa vie à faire la fête.

HISTOIRE DU MOT C'était le nom du conducteur de la *patache*, véhicule public d'autrefois, particulièrement inconfortable.

patate **n.f.** (Familier) Pomme de terre. • **Patate douce :** plante vivace à tige rampante que l'on cultive en Amérique et en Asie pour ses tubercules comestibles, riches en sucre et en amidon.

et **patati et patata** **loc. adjectivale.** Expression qui s'emploie pour résumer de longs bavardages ou des paroles futiles. *Elle m'a dit que son ami était beau, gentil et patati et patata.*

patatras **interj.** Mot qui exprime le bruit de quelque chose qui tombe avec fracas. *Et tout à coup, patatras, la pile d'assiettes est tombée !*
▸ REM. On ne prononce pas le *-s.*

pataud, e **adj.** et **n.** (Familier) Qui a des mouvements lents et maladroits. *Ce gros pataud de Michel a cassé un vase !*

Pataugas **n.m.** Chaussure montante en toile épaisse, utilisée pour la randonnée.
▸ REM. 1. C'est un nom de marque, le mot prend une majuscule, en France, dans les textes imprimés. 2. On prononce le *-s.*

pataugeoire **n.f.** Bassin peu profond pour les enfants. *Mon petit frère ne sait pas nager, il va dans la pataugeoire de la piscine.*

patauger **pataugeant, pataugé** **v.** (CONJUG. 5). ❶ Marcher dans l'eau, dans la boue. *Les enfants s'amusent à patauger dans les flaques d'eau.* ❷ (Familier) S'embrouiller, perdre le fil de ses idées. *Elle pataugeait dans ses explications.* SYN. s'empêtrer.

HISTOIRE DU MOT Vient de *patte.*

patchwork n.m. Assemblage de morceaux de tissu ou de tricot cousus les uns aux autres. *Un dessus-de-lit en patchwork.*
▸ REM. On prononce [patʃwœrk].
HISTOIRE DU MOT Vient de l'anglais *patch,* « pièce, morceau », et *work,* « travail ».

patchwork

pâte n.f. ❶ Préparation alimentaire, à base de farine délayée dans de l'eau ou du lait et pétrie. *Le pâtissier fait la pâte pour les gâteaux.* ❷ (Surtout au plur.) Produit alimentaire fait avec de la semoule de blé et qui se présente sous différentes formes (vermicelles, nouilles, spaghettis, macaronis, etc.). • **Pâte à modeler** : matière molle que l'on peut pétrir. *Les enfants ont fait de petits personnages en pâte à modeler.* • **Pâte de fruit** : confiserie obtenue par cuisson d'un mélange de sucre et de pulpe ou de jus de fruit.
▸ REM. Ne pas confondre avec *patte.*
HISTOIRE DU MOT Vient du grec *pastê* qui signifie « sauce mêlée de farine ».

pâté n.m. ❶ Hachis de viande ou de poisson cuit dans une terrine. *Du pâté de foie. Un pâté en croûte* (= cuit dans une pâte). ❷ *Un pâté de sable,* c'est un petit tas de sable humide, généralement moulé dans un seau, que les enfants font pour s'amuser. ❸ (Familier) Grosse tache d'encre. *Olivier a fait un pâté sur son cahier.* • **Pâté chinois** : au Canada, mets composé de pommes de terre, de maïs et de viande hachée. • **Pâté de maisons** : groupe de maisons formant un bloc que ne coupe aucune route.

pâtée n.f. Nourriture préparée pour les animaux domestiques avec divers aliments réduits en petits morceaux. *Donner sa pâtée au chien.*

patelin n.m. (Familier) Petit village.
HISTOIRE DU MOT Vient de l'ancien français *pâtis* qui signifiait « pâturage ».

patenteux, euse n. Au Canada, personne inventive, habile de ses mains et qui aime fabriquer et réparer toutes sortes d'objets.

paternalisme n.m. Attitude d'un patron qui se montre bienveillant envers ses employés dans le but de mieux faire accepter son autorité.

paternaliste adj. et n. Qui fait preuve de paternalisme. *Un patron paternaliste.*

paternel, elle adj. ❶ Du père. *L'amour paternel est celui qu'un père voue à son enfant. Le professeur lui a parlé d'un ton paternel* (= indulgent comme le serait celui d'un père). ❷ Qui vient du père, qui est du côté du père. *Bénédicte passera une partie de ses vacances chez ses grands-parents paternels* (= les parents de son père).
HISTOIRE DU MOT Vient du latin *pater* qui signifie « père ».

paternité n.f. ❶ Le fait d'être un père. *Les joies et les soucis de la paternité* (= d'avoir un enfant). ❷ Le fait d'être l'auteur d'une œuvre, d'une invention, etc. *Revendiquer la paternité d'une découverte.*

pâteux, euse adj. ❶ Qui a la consistance épaisse et molle d'une pâte. *Une sauce pâteuse.* CONTR. fluide. ❷ *Avoir la langue, la bouche pâteuse,* c'est avoir la bouche encombrée d'une salive épaisse qui empêche d'articuler distinctement.

pathétique adj. Très triste et très émouvant. *La scène de la séparation était pathétique.* SYN. bouleversant.

pathologique adj. Qui tient de la maladie. *Elle a une peur pathologique de l'eau.* SYN. maladif.
HISTOIRE DU MOT Vient du grec *pathos,* « maladie ».

patibulaire adj. *Avoir une mine* ou *un air patibulaires,* c'est avoir un air louche, inquiétant, qui n'inspire pas confiance.
HISTOIRE DU MOT Vient du latin *patibulum,* « gibet, potence ».

patiemment adv. Avec patience. *Nous attendions patiemment notre tour.* SYN. calmement, tranquillement.

patience n.f. ❶ Qualité d'une personne qui supporte avec calme des choses plus ou moins pénibles et qui va jusqu'au bout de ce qu'elle a entrepris sans se décourager. *Ce professeur a toujours fait preuve de patience avec ses élèves.* SYN. compréhension, tolérance. *Il faut de la patience pour faire un puzzle de 5 000 pièces.* SYN. ténacité. ❷ Qualité d'une personne qui sait attendre sans s'énerver. *Allons, un peu de patience, le spectacle va commencer !* CONTR. impatience. ❸ Jeu de cartes où un joueur s'efforce d'employer toutes les cartes en usant d'une ou de plusieurs combinaisons. SYN. réussite. • **Perdre patience** : ne plus pouvoir supporter quelque chose. • **Prendre son mal en patience** : s'efforcer de le supporter sans se plaindre.
HISTOIRE DU MOT Vient du latin *pati* qui signifie « supporter ».

1 **patient, e** adj. ❶ Qui a de la patience, qui fait preuve de patience. *Sois un peu patient, le bus va bientôt arriver* (= ne t'énerve pas). ❷ Qui exige de la patience. *Après de patientes recherches, les enquêteurs ont trouvé une piste.*

2 **patient, e** n. Client d'un médecin.

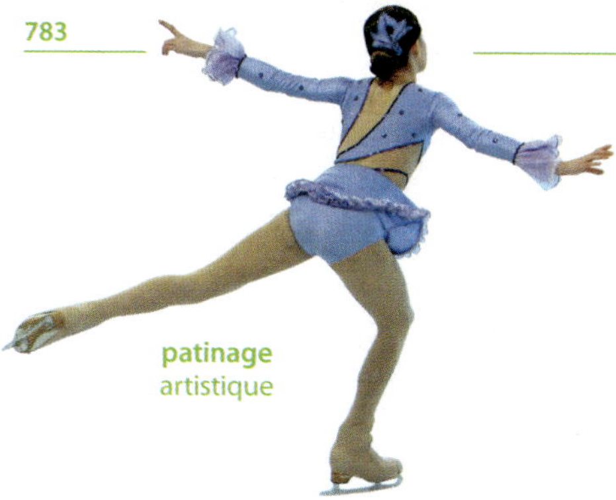

patinage artistique

patienter **v.** (CONJUG. 3). Attendre avec patience. *Elle m'a prié de patienter quelques instants.*

patin **n.m.** Pièce qui frotte sur une surface. *Patin d'un frein.* • **Patin à glace :** chaussure spéciale munie d'une lame métallique pour glisser sur la glace ; sport pratiqué avec ces chaussures. *Sylvie fait du patin à glace tous les samedis.* • **Patin à roulettes :** roller. • **Patin en ligne :** patin à roulettes dont les roulettes sont alignées.
▸ REM. Au Canada, pour patin en ligne, on dit *patin à roues alignées.*
HISTOIRE DU MOT Vient de *patte.*

patinage **n.m.** Loisir ou sport qui se pratiquent avec des patins à glace ou des patins à roulettes. *Le patinage artistique sur glace est un sport olympique depuis 1908.*

patine **n.f.** Couleur particulière que prennent certains objets, certaines surfaces avec le temps. *Cette commode a pris une belle patine.*

patiner **v.** (CONJUG. 3). ❶ Faire du patin à glace ou à roulettes. *Les enfants sont partis patiner sur le lac. Le dimanche matin, nous allons patiner sur l'esplanade.* ❷ Tourner sans avancer, en parlant des roues d'un véhicule.

patinette **n.f.** Trottinette.

patineur, euse **n.** Personne qui patine. *Les patineurs s'élancent sur l'étang gelé.*

patinoire **n.f.** ❶ Surface aménagée pour le patinage sur glace ; lieu où elle se trouve. *Tu viens avec moi à la patinoire ?* ❷ Surface glissante. *La route gelée est une patinoire.*

patio **n.m.** Cour intérieure, généralement à ciel ouvert, de certaines maisons méditerranéennes.
▸ REM. C'est un mot espagnol, on prononce [patjo] ou [pasjo].

pâtir **pâtissant, pâti v.** (CONJUG. 16). Subir les conséquences de quelque chose. *Les oliviers ont pâti du gel.* SYN. souffrir.
▸ REM. Ce mot appartient à la langue soutenue.
HISTOIRE DU MOT Vient du latin *pati,* qui signifie « supporter », que l'on retrouve dans *patience.*

pâtisserie **n.f.** ❶ Gâteau fait avec de la pâte sucrée cuite au four et souvent garnie de crème, de fruits, de confiture, etc. *Les choux à la crème, les éclairs, les tartes sont des pâtisseries.* ❷ Magasin où l'on fabrique et où l'on vend des gâteaux.

pâtissier, ère **n.** Personne qui fait ou qui vend de la pâtisserie.

patois **n.m.** Langue particulière à une région. *Le patois d'Auvergne.*
▸ REM. Un *dialecte* est parlé dans une région plus vaste qu'un *patois.*

patraque **adj.** (Familier) Un peu malade. *Laurence se sent patraque.* SYN. fatigué, souffrant.

pâtre **n.m.** Personne qui fait paître un troupeau. SYN. berger.
▸ REM. Ce mot appartient à la langue littéraire.
HISTOIRE DU MOT Vient, comme *pasteur,* du latin *pastor.*

patriarche **n.m.** ❶ Dans la Bible, chef de famille ou de tribu ayant vécu très longtemps en des temps très reculés. *Le patriarche Abraham.* ❷ S'emploie pour parler avec un certain respect d'un vieil homme qui a enfants, petits-enfants, arrière-petits-enfants et continue à garder son autorité sur eux.
HISTOIRE DU MOT Vient du grec *patriarkhês* qui signifie « chef de famille ».

patricien, enne **n.** et **adj.** Dans l'Antiquité romaine, personne qui appartenait à la classe sociale la plus élevée et qui jouissait, à ce titre, de nombreux privilèges, par opposition au *plébéien.*

patrie **n.f.** ❶ Le pays auquel on appartient, dont on a la nationalité. *Réfugiés qui ont dû fuir leur patrie.* ❷ Province natale, ville natale. *Saint-Malo est la patrie de Jacques Cartier.*
HISTOIRE DU MOT Vient du latin *patria* qui signifie « pays du père ».

patio (maison espagnole)

A B C D E F G H I J K L M N O **P** Q R S T U V W X Y Z

patrimoine **n.m.** ❶ L'ensemble des biens que l'on hérite de sa famille ou qu'on léguera à sa famille. *Les héritiers gèrent au mieux leur patrimoine.* SYN. héritage. ❷ Bien commun d'une collectivité, d'un groupe humain, de l'humanité considéré comme un héritage à transmettre. *Les œuvres d'art constituent le patrimoine artistique d'une nation.*

patriote **adj.** et **n.** Qui aime ardemment sa patrie, qui est toujours prêt à la servir. *Des groupes de patriotes ont résisté courageusement à l'occupant.*

patriotique **adj.** Qui est inspiré par l'amour de la patrie. *Un chant patriotique.*

patriotisme **n.m.** L'amour de la patrie. *Par des actions héroïques, les résistants ont prouvé leur patriotisme.*

1 patron, onne **n.** ❶ Personne qui dirige une entreprise industrielle ou commerciale. *Le patron d'une usine.* SYN. directeur. *Voici la patronne du restaurant.* ❷ Saint ou sainte dont on porte le nom ou qui sont considérés comme protecteurs d'une paroisse, d'une ville ou d'un métier. *Sainte Geneviève est la patronne de Paris.*

HISTOIRE DU MOT Vient du latin *patronus* qui signifie « protecteur », de *pater* qui signifie « père ».

2 patron **n.m.** ❶ Modèle de papier ou de toile d'après lequel on taille un vêtement. ❷ En géométrie, dessin à plat des faces d'un solide qui une fois replié restitue son volume. → VOIR Fiche **19**.

patronage **n.m.** ❶ Protection d'un saint ou d'une sainte. *L'église a été placée sous le patronage de saint François.* ❷ Centre de loisirs pour les enfants, organisé par une paroisse. *Le mercredi, les enfants vont au patronage.* • **Être sous le patronage de :** être placé sous la protection, l'appui d'un personnage puissant, d'un organisme. *L'exposition est placée sous le patronage du maire.*
▸ REM. Attention, un seul *-n-* malgré *patronner*.

patronal, ale, aux **adj.** Des patrons, des employeurs. *Le syndicat patronal réunit les chefs d'entreprise et défend leurs intérêts.*
▸ REM. Attention, un seul *-n-*.

patronat **n.m.** L'ensemble des patrons, des employeurs. *Les représentants du patronat ont été reçus par le ministre du Travail.*
▸ REM. Attention, un seul *-n-*.

patronner **v.** (CONJUG. **3**). Donner à une personne ou à une entreprise le soutien de son autorité, de son influence. *Ce rallye automobile est patronné par une grande marque de voitures.* SYN. parrainer.

patronyme **n.m.** Nom de famille, par opposition au *prénom*.

HISTOIRE DU MOT Vient du grec *patêr*, qui signifie « père », et *onoma*, qui signifie « nom », et que l'on retrouve dans *homonyme*.

patrouille **n.f.** Petit groupe de soldats, de policiers, etc., circulant ensemble, qui sont chargés d'une surveillance ; la mission de surveillance effectuée par ce groupe. *Des patrouilles de police surveillent le quartier.*

patrouiller **v.** (CONJUG. **3**). Aller en patrouille, circuler par groupe pour surveiller. *Des douaniers patrouillent près de la frontière.*

patte **n.f.** ❶ Membre d'un animal. *Les insectes ont trois paires de pattes.* ❷ Languette d'étoffe ou de cuir qui sert à fermer un objet ou à orner un vêtement. *Mon portefeuille se ferme par une patte.* ❸ En Suisse, chiffon, torchon. • **Faire patte de velours :** pour un chat, présenter sa patte en rentrant ses griffes. • **Pantalon à pattes d'éléphant :** pantalon dont les jambes vont en s'élargissant vers le bas. • **Pattes de mouche :** écriture minuscule, fine et difficile à lire. ◆ **pattes** **n.f.plur.** Cheveux qui descendent sur les joues le long des oreilles.
▸ REM. Ne pas confondre avec *pâte*.

patte-d'oie **n.f.** (PLUR. : **pattes-d'oie**). ❶ Carrefour où se croisent plusieurs routes. ❷ Ensemble de petites rides au coin de l'œil.

pattemouille **n.f.** Linge humide dont on se sert pour repasser un tissu à la vapeur.

pâturage **n.m.** Pré où le bétail vient paître. *Les vaches broutent dans les pâturages.* SYN. pacage, prairie.
▸ REM. Attention à l'accent circonflexe.

pâture **n.f.** Nom que l'on donne à la nourriture des animaux. *Le sanglier cherche sa pâture dans la forêt.*

paume **n.f.** L'intérieur, le creux de la main, par opposition au *dos*. *Elle avait des bonbons dans la paume de la main.* • **Jeu de paume :** sport qui consistait, autrefois, à se renvoyer une balle avec la paume de la main et, plus tard, avec une raquette, de part et d'autre d'un filet et selon certaines règles ; lieu où se pratiquait ce sport. *Le jeu de paume est considéré comme l'ancêtre du tennis.*

HISTOIRE DU MOT Vient du latin *palma* qui a aussi donné *palme*.

paupérisme **n.m.** État de grande pauvreté de la population ou d'une partie de la population d'un pays, d'une région.

HISTOIRE DU MOT Vient du latin *pauper*, « pauvre ».

paupière **n.f.** Repli de la peau qui protège l'œil. *Ma mère se met du fard sur les paupières. Paupière supérieure, paupière inférieure.*

paupiette **n.f.** Mince tranche de viande roulée autour d'une farce. *Paupiettes de veau.*

pause **n.f.** ❶ Court arrêt dans un travail ou une activité pour permettre le repos. *Nous avons fait une pause de dix minutes.* ❷ En musique, silence qui a la durée d'une ronde.
▸ REM. Attention, ne pas confondre avec *pose*.

pauvre **adj.** et **n.** ❶ Qui n'a pas suffisamment d'argent pour vivre confortablement. *Une famille pauvre.* SYN. démuni. CONTR. aisé, riche. *Aider les pauvres.* SYN. indigent. ❷ Qui fait pitié. *C'est une pauvre femme qui n'a jamais eu de chance.* SYN. malheureux. *« Mon pauvre ! comme je te plains. »* ◆ **adj.** ❶ Qui témoigne d'une certaine pauvreté. *De pauvres rideaux pendaient aux fenêtres.* ❷ Qui a peu de ressources. *Un pays pauvre* (= qui produit peu). SYN. aride. CONTR. fertile. *Un vocabu-*

laire pauvre. CONTR. étendu, riche. ❸ Qui contient peu de quelque chose. *Un régime pauvre en calories. Un aliment pauvre en graisse.*

pauvrement **adv.** D'une manière qui indique la pauvreté. *L'homme était pauvrement vêtu.*

pauvresse **n.f.** Femme pauvre, mendiante. *Une pauvresse demandait l'aumône.*
▸ REM. Ce mot est vieilli.

pauvreté **n.f.** ❶ Manque d'argent, de ressources. *La lutte contre la pauvreté est une priorité du gouvernement.* SYN. dénuement, indigence. CONTR. aisance, opulence, richesse. ❷ Mauvaise qualité de la terre. *La pauvreté d'un sol.* CONTR. fertilité.

pavage **n.m.** ❶ Le fait de paver. ❷ Ensemble de pavés, de dalles ou de carreaux placés les uns à côté des autres de façon à recouvrir entièrement une surface. *Un carrelage de cuisine est un pavage.*

se **pavaner** **v.pron.** (CONJUG. 3). Marcher de façon à attirer l'attention de tous ; faire l'important. *Romain se pavanait dans la cour de récréation avec son nouveau blouson.* SYN. parader.

HISTOIRE DU MOT Vient du latin *pavo, pavonis* qui signifie « paon ».

pavé **n.m.** Petit bloc de pierre utilisé pour le revêtement des rues. *Les coureurs cyclistes redoutent les pavés.* • **Pavé** ou **pavé droit :** parallélépipède rectangle. • **Tenir le haut du pavé :** occuper le premier rang, être en vue. • **Un pavé dans la mare :** une révélation brutale qui provoque une perturbation.

paver **v.** (CONJUG. 3). Revêtir de pavés, de dalles. *Les voisins ont fait paver la terrasse de leur maison.* → VOIR AUSSI **carreler.**

pavillon **n.m.** ❶ Maison particulière, généralement entourée d'un jardin. *Agnès vit dans un pavillon en banlieue.* ❷ Petit drapeau indiquant la nationalité d'un navire. *Le voilier amarré dans le port a un pavillon anglais.* ❸ La partie visible de l'oreille. *Le pavillon est fait de cartilage.* ❹ Bout évasé d'une trompette, d'où sort le son.

pavois **n.m.** Ornementation de fête des bateaux consistant en une multitude de pavillons. *Ils ont hissé le grand pavois en signe de réjouissance* (= l'ensemble des pavillons du bateau).

pavoiser **v.** (CONJUG. 3). ❶ Orner un navire de pavillons ou un édifice de drapeaux à l'occasion d'une fête. ❷ (Familier) Montrer une grande joie, une grande fierté. *Il a réussi à son examen, mais ses notes sont moyennes, il n'y a pas de quoi pavoiser !*

pavot **n.m.** Fleur dont il existe plusieurs espèces, certaines sauvages comme le *petit pavot rouge*, ou *coquelicot*, que l'on trouve dans les champs et qui est nuisible aux cultures, d'autres comme le *pavot blanc*, qui fournit l'*opium*, ou le *pavot noir* (aussi appelé *œillette*), dont les graines fournissent une huile alimentaire.

payable **adj.** Qui doit ou peut être payé. *Ce téléviseur est payable en dix mensualités.*

pavots

payant, e **adj.** ❶ Qu'il faut payer. *L'entrée du musée est payante.* CONTR. gratuit. ❷ Qui rapporte de l'argent, des avantages, un succès, etc. *Ses efforts ont été payants, il a été reçu premier.* SYN. profitable.

paye **n.f.** → **paie**

payer **payant, payé v.** (CONJUG. 13). ❶ Verser une somme en échange d'une marchandise ou d'un service. *J'ai payé mes chaussures 45 euros.* ❷ Donner à quelqu'un l'argent qu'on lui doit pour son travail. *Le patron paie ses employés.* SYN. rémunérer, rétribuer. ❸ Être profitable. *Le crime ne paie pas.* SYN. rapporter. • **Être payé de ses efforts :** en être récompensé par les résultats obtenus.

payeur, euse **n.** • **Un mauvais payeur :** une personne qui tarde à rembourser ce qu'elle doit.

pays **n.m.** ❶ Territoire limité par des frontières et dirigé par un gouvernement. *L'Allemagne et la France sont deux pays d'Europe.* SYN. État, nation. ❷ Région géographique. *La France est un pays tempéré. C'est un vin du pays.* SYN. cru, terroir. *Rentrer au pays.* ❸ Petit territoire dont l'unité historique est ancienne. *Le Pays basque.* ❹ L'ensemble des habitants d'un

rue pavoisée (*la Rue Montorgueil,* tableau de Claude Monet, 1878)

A B C D E F G H I J K L M N O P Q R S T U V W X Y Z

Les **pays** les plus peuplés de la Terre

	nombre d'habitants en 2015	superficie
Chine	1 408 000 000	9 600 000 km²
Inde	1 297 075 000	3 268 000 km²
Pays d'Europe	743 000 000	10 500 000 km²
États-Unis d'Amérique	327 690 000	9 364 000 km²
Indonésie	258 553 000	1 900 000 km²
Brésil	205 231 000	8 512 000 km²
Pakistan	191 177 000	803 000 km²
Bangladesh	162 285 000	143 000 km²
Russie	141 729 000	17 075 000 km²
Japon	126 600 000	373 000 km²

Le 1er janvier 2016, la population mondiale est estimée à 7,4 milliards d'habitants.
(Source : Ined)

pays. *Un pays très accueillant.* → VOIR encadré ci-dessus. • **Voir du pays :** voyager.

HISTOIRE DU MOT Vient du latin *pagensis* qui signifie « habitant du canton, du bourg ».

paysage **n.m.** ❶ Vue d'ensemble d'une région, d'un site. *Arrivé au sommet de la montagne, on découvre un paysage magnifique.* SYN. panorama. ❷ Tableau représentant une vue de la campagne. *Un paysage de Van Gogh.*

paysagiste **n.** ❶ Peintre qui peint des paysages. ❷ Personne qui dessine et aménage les parcs et les jardins.

paysan, anne **n.** Homme, femme de la campagne qui cultivent la terre ou élèvent des animaux. SYN. agriculteur, cultivateur. ◆ **adj.** De la campagne ; qui concerne les paysans. *Dans ses romans, George Sand a décrit la vie paysanne.*

paysannerie **n.f.** L'ensemble des paysans.

P.-D.G. ou **P-DG** **n.** Président-directeur général. *Mme Norvel est P.-D.G. d'une grande entreprise.*
▸ REM. Attention, trait d'union entre le *P* et le *D*.

péage **n.m.** Somme à payer pour emprunter une autoroute, un pont, etc. ; endroit où l'on paie cette somme. *Une autoroute à péage. Il y avait une longue file de voitures au péage.*

peau **n.f.** ❶ Enveloppe extérieure du corps de l'homme et de nombreux animaux. *Clémence avait la peau brunie par le soleil. La peau des mammifères est couverte de poils, celle des poissons d'écailles et celle des oiseaux de plumes.* ❷ Cuir d'un animal qui a été tanné. *Christine a un manteau en peau de mouton.* ❸ Enveloppe des fruits. *La peau très douce d'une pêche.* ❹ Couche qui se forme à la surface d'un liquide. *Passer le lait pour en enlever la peau.* • **Être bien, mal dans sa peau :** se sentir à l'aise, mal à l'aise. • **Faire peau neuve :** changer complètement d'apparence. *Le magasin a fait peau neuve, il a été entièrement repeint.* • **N'avoir que la peau sur les os :** être très maigre. • **Se mettre dans la peau d'un personnage :** se mettre à sa place par l'imagination, s'identifier à lui. • **Se réduire comme une peau de chagrin :** diminuer sans cesse.
▸ REM. Au mot *peau* correspond l'élément tiré du grec *derma-* que l'on retrouve dans des mots comme *épiderme, dermatologue.*

HISTOIRE DU MOT Vient du latin *pellis* que l'on retrouve dans *pelisse, peler.*

peaufiner **v.** (CONJUG. 3). Mettre au point, achever avec beaucoup de soin. *Il a longuement peaufiné son discours.* SYN. parachever, parfaire.

HISTOIRE DU MOT Vient de *peau* et de *fin.*

pécari **n.m.** Animal sauvage d'Amérique qui ressemble à un sanglier ; cuir de cet animal. *Le pécari a sur le dos une glande nauséabonde qui lui permet de marquer son territoire.*

pécari à collier

peccadille **n.f.** Faute légère, sans gravité et facilement excusable. *Tu ne vas tout de même pas punir Olivier pour cette peccadille !*

HISTOIRE DU MOT Vient de l'espagnol *pecadillo* qui signifie « petit péché ».

1 pêche **n.f.** Fruit comestible du pêcher, à peau fine et douce, à noyau dur, à chair juteuse et savoureuse, dont il existe plusieurs variétés. • (Familier) **Avoir la pêche :** être plein d'énergie, avoir le moral.

HISTOIRE DU MOT Vient du latin *persicum pomum* qui signifie « fruit persan ».

2 pêche **n.f.** ❶ L'action ou la manière de pêcher. *Ils vont à la pêche tous les dimanches. Pêche à la ligne.* ❷ Le poisson pêché. *Nous avons rapporté une bonne pêche.*

péché **n.m.** Faute par rapport à la religion. *Commettre un péché.* SYN. faute. • **Péché mignon :** petit penchant, défaut mineur auxquels on se laisse aller volontiers. *Le chocolat est son péché mignon.* • **Péchés capitaux :** dans la religion chrétienne, les sept péchés les plus graves, qui sont à l'origine de tous les autres (orgueil, avarice, luxure, envie, gourmandise, colère, paresse).

HISTOIRE DU MOT Vient du latin *peccatum* qui signifie « faute ».

pécher **v.** (CONJUG. 9, ✎ *10*). Commettre un péché, désobéir à Dieu. *J'ai péché par gourmandise.*
▸ REM. Ne pas confondre avec *pêcher.*

1 pêcher **v.** (CONJUG. 3). ❶ Prendre du poisson, des animaux aquatiques. *Pêcher la truite, l'écrevisse, le thon.* ❷ (Familier) Aller chercher, trouver. *Où a-t-il été pêcher cette idée ?* SYN. prendre.
▸ REM. Ne pas confondre avec *pécher.*

HISTOIRE DU MOT Vient du latin *piscari*, de *piscis*, « poisson », que l'on retrouve dans *pisciculture.*

2 pêcher **n.m.** Arbre fruitier cultivé dans les régions tempérées pour son fruit comestible, la *pêche.*
▸ REM. Ne pas confondre avec *pécher.*

pêcher

pécheur, pécheresse, ✎ ***pècheresse*** **n.** Personne qui commet des péchés.
▸ REM. Ne pas confondre avec *pêcheur, pêcheuse.*

pêcheur, euse **n.** Personne dont le métier est de pêcher ou qui pêche pour le plaisir. *Les pêcheurs à la ligne étaient assis au bord de l'eau.*
▸ REM. Ne pas confondre avec *pécheur, pécheresse.*

pectoral, ale, aux **adj.** De la poitrine. *Les muscles pectoraux. Les nageoires pectorales. Du sirop pectoral* (= qui guérit la toux). ◆ **pectoraux** **n.m.plur.** Les muscles de la poitrine. *Le maître nageur bombait ses pectoraux pour se faire admirer.*

HISTOIRE DU MOT Vient du latin *pectus, pectoris* qui signifie « poitrine ».

pécule **n.m.** Somme d'argent économisée peu à peu. *Au fil des années, il avait amassé un petit pécule.*

pécuniaire **adj.** *Des ennuis pécuniaires* sont des ennuis d'argent. SYN. financier.
▸ REM. Attention, *-aire.*

HISTOIRE DU MOT Vient du latin *pecunia*, « fortune, richesse ».

pédagogie **n.f.** L'art d'enseigner. *Un jeune professeur qui manque de pédagogie.*

HISTOIRE DU MOT Vient du grec *pais, paidos* qui signifie « enfant » et que l'on retrouve dans *pédiatre.*

pédagogique **adj.** Qui se rapporte à la pédagogie. *Dans cette école-pilote, on teste de nouvelles méthodes pédagogiques.*

pédagogue **adj.** et **n.** Qui a le don d'enseigner, qui sait transmettre son savoir aux autres. *Elle est très pédagogue, les enfants vont à ses cours avec plaisir.*

pédale **n.f.** Pièce sur laquelle on appuie avec le pied pour actionner un mécanisme. *Appuyer sur la pédale d'accélérateur. Les pédales d'un piano.* • (Familier) **Perdre les pédales :** ne plus savoir ce que l'on dit ou ce que l'on fait.

HISTOIRE DU MOT Vient du latin *pes, pedis* qui signifie « pied ».

pédaler **v.** (CONJUG. 3). Appuyer sur les pédales d'une bicyclette. *On n'a pas besoin de pédaler dans les descentes.*

pédalier **n.m.** Mécanisme formé par les deux pédales, le pignon et la roue dentée d'une bicyclette. *C'est le pédalier qui entraîne la chaîne de la bicyclette.*

Pédalo **n.m.** Embarcation à flotteurs que l'on fait avancer en pédalant. *Nous avons fait du Pédalo sur le lac, c'était très amusant.*
▸ REM. C'est un nom de marque, le mot prend une majuscule, en Fance, dans les textes imprimés.

pédant, e **adj.** et **n.** Qui étale son savoir de manière prétentieuse. *Frédéric est très pédant.*

pédestre **adj.** ❶ *Une randonnée pédestre* se fait à pied. *En été, il part faire de longues randonnées pédestres dans la montagne.* ❷ *Une statue pédestre* représente un personnage debout.

pédiatre **n.** Médecin qui soigne les enfants.

HISTOIRE DU MOT Vient du grec *pais, paidos* qui signifie « enfant » et que l'on retrouve dans *pédagogie.*

pédicure **n.** Spécialiste des soins des pieds. *Un pédicure coupe les ongles des orteils et enlève les cors et les durillons.*

pedigree, ✎ ***pédigrée*** **n.m.** L'arbre généalogique d'un animal de race ; le document qui certifie cette origine.
▸ REM. C'est un mot anglais, attention aux deux *-e* à la fin, qu'on prononce [e].

pédoncule **n.m.** Partie de la tige qui porte la fleur ou le fruit. SYN. queue.

HISTOIRE DU MOT Vient du latin *pedunculus*, « petit pied ».

pédophile **n.** et **adj.** Adulte atteint de pédophilie.

HISTOIRE DU MOT Ce mot vient du grec *pais, paidos*, qui signifie « enfant ».

A B C D E F G H I J K L M N O P Q R S T U V W X Y Z

pédophilie n.f. Attirance sexuelle d'un adulte pour les enfants.

pédopsychiatre n. Psychiatre qui soigne les enfants et les adolescents.

pègre n.f. *La pègre*, c'est le monde des criminels, des voleurs et des escrocs.

peigne n.m. ❶ Instrument muni de dents qui sert à démêler, à lisser les cheveux. *Tu devrais te donner un coup de peigne avant de sortir.* ❷ Petit objet muni de dents qui sert à tenir les cheveux en place. *Maman retient son chignon avec des peignes.* ❸ Instrument à dents qui démêlent les fibres textiles telles que la laine, le coton et le lin. • **Passer au peigne fin :** fouiller minutieusement un endroit pour retrouver quelqu'un ou quelque chose. *Les policiers ont passé toute la région au peigne fin pour retrouver l'enfant.*

peigner v. (CONJUG. 3). ❶ Démêler et lisser les cheveux avec un peigne. *Amélie peignait sa poupée avec soin.* SYN. coiffer. ❷ Traiter une fibre textile avec le peigne. *Peigner la laine.* SYN. carder. ◆ **se peigner** v.pron. Coiffer ses cheveux.

peignoir n.m. Vêtement ample, ouvert devant et retenu par une ceinture, que l'on met à la maison ou après le bain.

peindre peignant, peint v. (CONJUG. 49). ❶ Recouvrir une surface de peinture. *J'ai fait peindre les murs de ma chambre en jaune.* ❷ Représenter par l'art de la peinture. *Picasso a peint des scènes de corrida.* ❸ Décrire, représenter par la parole ou l'écriture. *Balzac a peint dans ses romans tous les types de personnages de la société du XIXe siècle.*

1 **peine** n.f. ❶ Chagrin, douleur morale. *Tu m'as fait de la peine en refusant mon cadeau.* ❷ Travail, effort que l'on fournit pour quelque chose. *Ce texte se comprend sans peine.* SYN. difficulté. *Ça vaut la peine d'y aller, c'est très beau.* ❸ Punition infligée à un coupable. *Le criminel fut condamné à une peine de vingt ans de prison. « Interdiction d'afficher sous peine d'amende. » Pour ta peine, tu auras un gage* (= pour te punir). • **Avoir de la peine à :** parvenir difficilement à. *J'ai de la peine à déchiffrer son écriture.* SYN. avoir du mal. • **Ce n'est pas la peine :** cela ne sert à rien, c'est inutile. *Ne vous dérangez pas, ce n'est pas la peine.*

HISTOIRE DU MOT Vient du latin *poena* qui signifie « châtiment ».

2 **à peine** adv. ❶ Presque pas, très peu. *Il y avait tellement de brouillard qu'on voyait à peine les voitures sur la route.* ❷ Tout juste. *Je l'ai rencontré dans la rue il y a deux jours à peine.*

peiner v. (CONJUG. 3). ❶ Causer de la peine, du chagrin. *La nouvelle de son départ m'a profondément peinée.* SYN. affliger, attrister. ❷ Éprouver de la difficulté à faire quelque chose. *Les élèves ont tous peiné sur leur problème de mathématiques.*

peintre n. ❶ Personne dont le métier est de peindre des maisons, des murs, des autos, etc. *Des peintres en bâtiment repeignent notre immeuble.* ❷ Artiste qui peint des tableaux. *Édouard Manet fut un grand peintre impressionniste.*

peinture n.f. ❶ Matière colorante liquide dont on recouvre une surface. *Un pot de peinture.* ❷ Le revêtement d'un mur fait avec cette matière. *La peinture de la salle de bains s'est écaillée.* ❸ L'art de l'artiste peintre. *Kate a décidé de s'inscrire à des cours de peinture.* ❹ Œuvre peinte, généralement sur une toile. *Une exposition de peinture.* SYN. tableau. ❺ Description. *Ce roman est une peinture de la société d'aujourd'hui.* • (Familier) **Ne pas pouvoir voir quelqu'un en peinture :** ne pas pouvoir le supporter.

HISTOIRE DU MOT Vient du latin *pictura* que l'on retrouve dans *pictural.*

ENCYCLOPÉDIE Jusqu'à l'invention des solvants modernes, c'est l'eau qui a constitué la base de tous les procédés de peinture. Les hommes préhistoriques ont peint sur les murs des grottes, comme à Lascaux, puis les anciens Grecs et Latins ont peint des fresques sur les murs des temples et des riches demeures, comme à Pompéi. Au Moyen Âge, les moines ornaient les manuscrits d'enluminures à la gouache et à l'aquarelle. L'adoption de l'huile comme liant des matières colorantes a ouvert le chemin aux techniques de peinture utilisées de nos jours.

peinturer v. (CONJUG. 3). ❶ (Familier) Barbouiller de peinture. ❷ Au Canada, recouvrir de peinture ; peindre.

peinturlurer v. (CONJUG. 3). (Familier) Peindre grossièrement ou avec des couleurs criardes.

péjoratif, ive adj. *Un mot péjoratif* s'emploie pour exprimer une appréciation défavorable et critique, une nuance de mépris. *« Bellâtre » et « chauffard » sont des mots péjoratifs.*

HISTOIRE DU MOT Vient du latin *pejor, pejoris* qui signifie « pire ».

pékinois n.m. Petit chien à poil long et à tête massive dont le museau paraît comme écrasé.

pelage n.m. L'ensemble des poils d'un animal. *Le pelage roux et lustré du renard.* SYN. fourrure.

pelé, e adj. Qui a perdu ses poils. *À cause de son collier, mon chien a le cou tout pelé.*

pêle-mêle, ✎ ***pêlemêle*** adv. En désordre, en vrac. *Jeanne a jeté pêle-mêle ses affaires dans son tiroir.*

peler v. (CONJUG. 11). ❶ Enlever la peau d'un fruit. *Sébastien pèle sa pêche.* ❷ Avoir la peau qui se détache par plaques. *Lise a attrapé un coup de soleil, elle a le nez qui pèle.*

pèlerin n.m. Personne qui fait un pèlerinage. *Les pèlerins qui se baignent dans les eaux du Gange, en Inde.*
▸ REM. Attention, -è- accent grave.

HISTOIRE DU MOT Vient du latin *peregrinus* qui signifie « qui voyage à l'étranger ».

pèlerinage n.m. Voyage que l'on effectue dans un lieu saint pour des raisons religieuses. *Les musulmans doivent accomplir un pèlerinage à La Mecque au moins une fois dans leur vie, s'ils en ont les moyens.*
▸ REM. Attention, -è- accent grave.

pèlerine n.f. Manteau sans manches qui couvre les épaules, souvent muni d'un capuchon.

HISTOIRE DU MOT Vient de *pèlerin.*

pélican n.m. Grand oiseau palmipède des régions chaudes, au corps massif, aux pattes courtes et dont le long bec est pourvu d'une poche extensible où sont emmagasinés les poissons destinés à la nourriture des jeunes.

pelisse n.f. Manteau ample et chaud, doublé de fourrure.

HISTOIRE DU MOT Vient du latin *pellis* qui signifie « peau d'animal ».

pelle n.f. Outil formé d'une plaque de fer plus ou moins creuse fixée à un manche, et qui sert à déplacer la terre, le sable, la neige, ou à creuser le sol. • (Familier) **À la pelle :** en grande quantité. *Il a reçu des cadeaux à la pelle.* • **Pelle mécanique :** machine montée sur roues ou sur chenilles qui sert à enlever de grandes quantités de matériaux, de terre. SYN. pelleteuse.

pelletée n.f. Le contenu d'une pelle. *Une pelletée de terre, de neige.*

pelleteuse n.f. Pelle mécanique. *Les fondations de la maison ont été creusées avec une pelleteuse.*

pellicule n.f. ❶ Mince lamelle de peau morte qui se détache du cuir chevelu. *Pierre utilise un shampooing contre les pellicules.* ❷ Fine couche d'une matière quelconque. *La vitre était recouverte d'une mince pellicule de givre.* ❸ Feuille mince de matière sensible à la lumière et qu'on utilise pour faire des photos et du cinéma. *J'ai donné à développer une pellicule couleur de 24 poses.* SYN. film.

HISTOIRE DU MOT Vient du latin *pellicula* qui signifie « petite peau ».

pelote n.f. ❶ Boule formée d'un long fil (laine, soie, coton, etc.) enroulé sur lui-même. *Elle a acheté des pelotes de laine de couleurs différentes pour tricoter une écharpe rayée.* ❷ Tout petit coussin qu'on utilise pour y piquer des aiguilles ou des épingles. • **Pelote basque :** sport traditionnel du Pays basque, dans lequel les joueurs lancent une balle (la *pelote*) contre un mur (le *fronton*), à main nue ou à l'aide d'une raquette de bois ou d'une sorte d'étroit panier recourbé fixé au poignet. → VOIR AUSSI **chistera.**

HISTOIRE DU MOT Vient du latin *pila* qui signifie « balle ».

pélicans

peloton n.m. Ensemble de coureurs groupés dans une course. *La cycliste belge s'est détachée du peloton dans la dernière ligne droite.* • **Peloton d'exécution :** groupe de soldats chargés de fusiller un condamné à mort.

peloton

se **pelotonner** v. (CONJUG. 3). Se rouler en boule. *Le chat s'est pelotonné dans son panier pour dormir.* SYN. se blottir.

pelouse n.f. Terrain couvert de gazon. *Il faudrait tondre la pelouse. Il est interdit de marcher sur les pelouses.*

peluche n.f. ❶ Tissu à longs poils doux imitant la fourrure. *Un ours en peluche.* ❷ Jouet d'enfant en peluche. *Pour son anniversaire, ma petite sœur a reçu une énorme peluche.* ◆ **peluches** n.f.plur. Petits poils qui se détachent d'un tissu. *Ce torchon essuie mal, il laisse des peluches.*

HISTOIRE DU MOT Vient de l'ancien verbe *peluchier* qui signifiait « éplucher ».

pelucher v. (CONJUG. 3). Se couvrir de peluches, laisser des peluches, en parlant d'un tissu. *Ce torchon peluche, prends-en un autre pour essuyer les verres.*

pelucheux, euse adj. Qui peluche ou qui est doux et poilu comme de la peluche. *Un chiffon pelucheux.*

pelure n.f. ❶ Peau des fruits ou des légumes épluchés. *Des pelures d'orange.* SYN. épluchure. ❷ Chacune des peaux très minces d'un bulbe d'oignon.

pénal, ale, aux adj. Qui concerne les peines applicables aux crimes et délits. *Le Code pénal, le droit pénal.*

HISTOIRE DU MOT Vient, comme *peine,* du latin *poena.*

pénaliser v. (CONJUG. 3). ❶ Frapper d'une sanction. *L'arbitre a pénalisé le joueur qui l'avait insulté.* ❷ Constituer un handicap, faire subir un désavantage. *Ce système pénalise les élèves qui ont peu de mémoire.* SYN. désavantager.

a b c d e f g h i j k l m n o p q r s t u v w x y z

pénalité **n.f.** Sanction infligée à une personne qui a enfreint un règlement. *Les retardataires s'exposent à des pénalités.*

penalty (PLUR. : **penaltys** ou **penalties**), ✎ ***pénalty*** (PLUR. : ***pénaltys*** ou ***pénalties***) **n.m.** Au football, sanction infligée à une équipe pour une faute commise par un des joueurs dans sa surface de réparation. *Le joueur qui a tiré le penalty a marqué un but.*
▸ REM. 1. C'est un mot anglais, il vaut mieux dire *coup de pied de réparation.* 2. Au Québec, on doit dire *pénalité.*

pénates **n.m.plur.** *Rentrer dans ses pénates, regagner ses pénates*, c'est rentrer chez soi. *Après ce séjour mouvementé au Mexique, j'étais bien contente de regagner mes pénates !*
HISTOIRE DU MOT Dans l'Antiquité romaine, les *pénates* étaient les divinités du foyer, les dieux protecteurs de la maison et de la famille.

penaud, e **adj.** Honteux, confus à la suite d'une maladresse ou d'une déception. *Romain, tout penaud d'avoir cassé le vase, gardait les yeux baissés.*

penchant **n.m.** ❶ Tendance à avoir un certain comportement. *Patrick a un fâcheux penchant à se mettre en colère pour des broutilles.* ❷ *Avoir un penchant pour une personne ou une chose*, c'est être attiré par cette personne ou cette chose, les préférer aux autres. *Mon frère a un penchant pour ta cousine* (= il est un peu amoureux d'elle). SYN. faible.

pencher **v.** (CONJUG. **3**). ❶ Diriger vers le bas. *Il pencha la tête pour regarder au fond du puits.* SYN. incliner. ❷ Ne pas être droit. *Le cadre penche un peu vers la droite.* ❸ *Pencher pour une personne ou une chose*, c'est les préférer aux autres. *« Quelle voiture préfères-tu ? – Je pencherais plutôt pour la rouge. »* ◆ **se pencher** **v.pron.** ❶ Incliner le haut du corps en avant. *Christine se pencha pour ramasser un papier.* SYN. se baisser. ❷ *Se pencher sur un sujet, une question*, c'est les examiner avec attention, s'y intéresser vivement.

pendable **adj.** • **Tour pendable :** très mauvaise farce que l'on joue à quelqu'un. *Sébastien a joué un tour pendable à ses parents.*
HISTOIRE DU MOT Autrefois, *pendable* signifiait « qui mérite la pendaison ».

pendaison **n.f.** ❶ Action de pendre quelqu'un ou de se pendre. *Autrefois, en Angleterre, les assassins étaient exécutés par pendaison.* ❷ Action de pendre quelque chose. • **Pendaison de crémaillère :** fête organisée pour fêter une installation dans un nouveau logement.

1 pendant, e **adj.** Qui pend. *Le cocker a des oreilles pendantes.*

2 pendant **n.m.** Objet identique à un autre ou qui est symétrique à un autre. *Ce chandelier est le pendant de celui que j'ai chez moi.* • **Pendants d'oreilles :** boucles d'oreilles munies d'un ornement qui pend.

3 pendant **prép.**, **pendant que** **conj.** Indiquent le temps, la durée ou la simultanéité. *Il est arrivé pendant la nuit* (= dans). *Sylvie est allée en Italie pendant les vacances.* SYN. durant. *Loïc a pleuré pendant une heure* (= une heure durant). *Je suis partie pendant qu'il dormait.* SYN. alors que, tandis que.

pendentif **n.m.** Bijou suspendu à une chaînette. *Maryse porte souvent des pendentifs.*

penderie **n.f.** Placard ou partie d'une armoire où l'on suspend des vêtements. *Range ton manteau dans la penderie.*

pendre **pendant, pendu** **v.** (CONJUG. **46**). ❶ Fixer par le haut. *On a pendu le lustre au plafond du salon.* SYN. accrocher, suspendre. ❷ Étrangler quelqu'un en le suspendant par le cou avec une corde. *Autrefois, le bourreau pendait les condamnés.* ❸ Être fixé par le haut, être suspendu. *Les boules pendent aux branches du sapin de Noël.* ❹ Tomber trop bas. *Ta robe pend d'un côté.* • (Familier) **Ça lui pend au nez :** c'est un danger, un risque qui le menace, le plus souvent par sa faute. ◆ **se pendre** **v.pron.** Se tuer en se suspendant par le cou. *Le malheureux s'est pendu.* • **Se pendre au cou, au bras de quelqu'un :** s'y agripper.

pendu, e **adj.** ❶ Suspendu, accroché. *Ton manteau est pendu dans l'entrée.* ❷ (Familier) *Être pendu au téléphone*, c'est être sans cesse au téléphone. ❸ *Être pendu aux lèvres de quelqu'un*, c'est écouter avec une très grande attention. • (Familier) **Avoir la langue bien pendue :** être très bavard. ◆ **n.** Personne morte par pendaison.

1 pendule **n.m.** ❶ Objet qui oscille régulièrement autour d'un point fixe. *Le balancier d'une horloge s'appelle un pendule.* ❷ Petit objet suspendu à un fil et qui oscille plus ou moins fortement en fonction des radiations émises par certains minéraux. *Le professeur Tournesol cherchait toutes sortes de choses dans la nature avec son pendule.*
HISTOIRE DU MOT Vient du latin *pendulus* qui signifie « qui est suspendu ».

2 pendule **n.f.** Petite horloge d'appartement. *La pendule s'est arrêtée, peux-tu la remonter ?*

pendulette **n.f.** Petite pendule, souvent munie d'une sonnerie. *Grand-mère a une pendulette sur sa table de nuit.*

pêne **n.m.** La partie d'une serrure qui se déplace quand on tourne la clef.
▸ REM. Ne pas confondre avec *penne.*
HISTOIRE DU MOT Vient du latin *pessulus* qui signifie « verrou ».

pénétrant, e **adj.** ❶ *Une pluie pénétrante* est fine et traverse les vêtements. ❷ *Un froid pénétrant* donne l'impression de pénétrer tout le corps. ❸ *Un parfum pénétrant* est puissant, fort. ❹ *Un regard pénétrant* donne l'impression de discerner ce qui est caché au plus profond de chacun.

pénétration **n.f.** ❶ Action de pénétrer. ❷ Faculté de comprendre des choses difficiles. *C'est un esprit d'une grande pénétration.* SYN. perspicacité.

pénétré, e **adj.** *Être pénétré de son importance*, c'est en être convaincu.

A B C D E F G H I J K L M N O P Q R S T U V W X Y Z

pénétrer v. (CONJUG. 9, ✎ 10). ❶ Entrer dans. *L'aiguille pénétra dans la chair. Les cambrioleurs ont pénétré dans la bijouterie sans faire de bruit.* SYN. s'introduire. ❷ Parvenir à comprendre. *Personne n'a encore pénétré le mystère de sa disparition.* SYN. découvrir, percer.

pénible adj. ❶ Qui cause de la peine, du chagrin. *J'ai appris la pénible nouvelle.* SYN. affligeant, attristant. ❷ Qui exige un effort, qui se fait avec peine. *L'ascension a été très pénible.* SYN. difficile, épuisant.

HISTOIRE DU MOT Vient de *peine.*

péniblement adv. ❶ Avec peine, difficulté. *Mon grand-père marche péniblement.* SYN. difficilement. CONTR. facilement. ❷ Tout juste, à peine. *Cet élève atteint péniblement la moyenne.*

péniche n.f. Bateau à fond plat qui sert à transporter des marchandises sur les fleuves, les rivières ou les canaux. *Les péniches passent des écluses pour remonter le canal.*

pénicilline n.f. Antibiotique tiré d'un champignon microscopique que l'on utilise pour soigner les infections. *La pénicilline a été découverte en 1928 par Fleming et expérimentée la première fois sur un malade en 1941.*

péninsule n.f. Région, pays que la mer entoure de tous les côtés sauf un ; grande presqu'île. *La Gaspésie, au Canada, est une péninsule. La péninsule Ibérique est constituée par l'Espagne et le Portugal.*

HISTOIRE DU MOT Vient du latin *paeninsula*, de *paene*, qui signifie « presque », et *insula*, qui signifie « île ».

pénis n.m. Chez les hommes et les mammifères mâles, organe érectile de la reproduction, qui sert aussi à uriner. *Le pénis et les testicules sont les organes génitaux externes de l'homme.* SYN. verge.

▸ REM. On prononce le *-s*.

pénitence n.f. ❶ *Faire pénitence*, c'est, dans la religion chrétienne, se repentir en confession d'avoir péché et promettre à Dieu de ne pas recommencer. ❷ Punition infligée à une personne. *Tu as eu de mauvaises notes ; pour ta pénitence, tu seras privé de télévision.*

pénitencier n.m. Prison dans laquelle les détenus purgeaient de très longues peines.

pénitent, e n. Personne qui va se confesser.

pénitentiaire adj. Qui concerne les prisons. *Le régime pénitentiaire.* SYN. carcéral. *Établissement pénitentiaire* (= prison).

penne n.f. Longue plume de l'aile ou de la queue d'un oiseau. *Les pennes recouvrent le duvet.*

▸ REM. Ne pas confondre avec *pêne.*

HISTOIRE DU MOT Vient du latin *penna* qui signifie « plume ».

pénombre n.f. Zone d'ombre, lumière très faible. *La pièce était plongée dans la pénombre.*

HISTOIRE DU MOT Vient de *ombre* et du latin *paene* qui signifie « presque ».

pense-bête n.m. (PLUR. : **pense-bêtes**). Objet, marque ou indication qui servent à se rappeler ce qu'on a peur d'oublier. *Il a fait un nœud à son mouchoir comme pense-bête.*

1 pensée n.f. ❶ Faculté qu'a l'être humain de penser, de réfléchir. *Le cerveau est le siège de la pensée.* SYN. raisonnement, réflexion. ❷ Le fait de penser à une personne, à une chose ; ce qui occupe l'esprit, à un moment donné. *Pierre est perdu dans ses pensées.* SYN. rêverie. *J'ai eu une pensée pour toi pendant que tu passais ton épreuve.* ❸ Ce que l'on pense d'une personne, d'une chose. *Il nous a dit franchement sa pensée.* SYN. opinion.

2 pensée n.f. Fleur de couleur rose, jaune ou violette, à l'aspect velouté, que l'on fait pousser dans les jardins. *La pensée est le symbole du souvenir.*

pensées

penser v. (CONJUG. 3). ❶ Faire fonctionner son esprit ; former des idées, des jugements. *C'est un homme qui pense avant d'agir.* SYN. réfléchir. ❷ Avoir telle ou telle opinion. *Il pense comme moi qu'il vaut mieux ne pas partir.* SYN. estimer, juger. ❸ Avoir présent à l'esprit. *Je pense à toi très souvent. À quoi penses-tu ?* SYN. songer. ❹ Ne pas oublier de faire quelque chose. *Pense à éteindre les lumières avant de partir !* ❺ Avoir l'intention de faire quelque chose. *Il pense venir nous voir demain.* SYN. compter. • **Faire penser à** : faire venir une idée à l'esprit, par comparaison. *Ton histoire me fait penser à un film que j'ai vu récemment.* SYN. évoquer, rappeler. • **Sans penser à mal** : sans mauvaise intention. *J'ai dit cela sans penser à mal.*

HISTOIRE DU MOT Vient du latin *pensare* qui signifie « peser ».

penseur, euse n. Personne qui réfléchit à des questions importantes. *Pascal, Descartes furent de grands penseurs.* SYN. philosophe.

pensif, ive adj. Plongé dans ses pensées. *Ce qu'il venait d'apprendre l'avait laissé pensif.* SYN. songeur.

le Penseur, (sculpture en bronze de Rodin, 1902)

A B C D E F G H I J K L M N O P Q R S T U V W X Y Z

pension n.f. ❶ Situation d'un élève qui est logé et nourri dans son établissement scolaire ; l'établissement scolaire qui accueille des pensionnaires. *Ses enfants sont en pension dans un collège.* SYN. internat. CONTR. externat. ❷ Le fait d'être logé quelque part et d'y prendre ses repas, durant un certain temps. *Prendre une pension complète dans un hôtel* (= la chambre et tous les repas). *Cette famille accueille un étudiant étranger en pension.* ❸ Somme d'argent versée, de façon régulière, à une personne pour l'aider à subvenir à ses besoins. *Une pension alimentaire. L'État verse des pensions aux mutilés de guerre.* • **Pension de famille :** petit hôtel à ambiance familiale.

HISTOIRE DU MOT Vient du latin *pensio* qui signifie « paiement ».

pensionnaire n. ❶ Élève logé et nourri dans son établissement scolaire. SYN. interne. ❷ Personne logée et nourrie durant un certain temps dans un hôtel, une famille.

pensionnat n.m. Établissement scolaire privé où les élèves sont pensionnaires.

pensionné, e n. Personne qui reçoit une pension. *Un pensionné de guerre.*

pensum n.m. Ce que l'on est obligé de faire et que l'on trouve très ennuyeux. *Remplir tous ces formulaires administratifs, quel pensum !*

▸ REM. On prononce [pɛ̃sɔm].

HISTOIRE DU MOT C'est un mot latin qui signifie « tâche ».

pentagone n.m. Figure géométrique régulière à cinq côtés.

HISTOIRE DU MOT Vient du grec *penta*, « cinq », et *gônia*, « angle », que l'on retrouve dans *octogone, polygone*.

pentathlon n.m. Discipline olympique qui comporte cinq exercices : l'escrime, la natation, l'équitation, le tir et la course.

▸ REM. On prononce [pɛ̃tatlɔ̃].

pente n.f. Inclinaison d'un terrain. *La route descend en pente douce.* • **Être sur la mauvaise pente :** se laisser aller à ses mauvais instincts. • **Remonter la pente :** être dans une situation qui s'améliore après une période de difficultés.

Pentecôte n.f. ❶ Fête chrétienne qui se célèbre cinquante jours après Pâques. ❷ Fête juive célébrée cinquante jours après la Pâque.

HISTOIRE DU MOT Vient du grec *pentêkostê* qui signifie « cinquantième ».

pentu, e adj. Dont la pente est forte. *Le chemin était pentu, nous avions du mal à monter.*

pénurie n.f. Manque total de ce qui est presque nécessaire. *Le pays en guerre souffrait d'une grave pénurie alimentaire. Pénurie de main-d'œuvre.* → VOIR AUSSI **disette, famine.**

pépier v. (CONJUG. 7). Pour les oisillons, les moineaux, faire entendre de petits cris.

pépin n.m. ❶ Petite graine que l'on trouve dans certains fruits. *Les pépins d'une pomme, d'une poire, d'un melon, d'un grain de raisin.* ❷ (Familier) Parapluie. ❸ (Familier) Ennui, coup dur. *Il lui est arrivé un pépin durant son voyage, on lui a volé tous ses papiers.*

pépinière n.f. ❶ Terrain où l'on fait pousser de jeunes arbres ou plantes que l'on replantera ensuite ailleurs. *Nous sommes allés choisir un lilas dans une pépinière.* ❷ École, région qui forment des personnes très qualifiées. *Cette grande école est une pépinière d'ingénieurs.*

pépinière de conifères

pépiniériste n. Personne qui cultive une pépinière.

pépite n.f. • **Pépite d'or :** morceau d'or que l'on trouve dans la terre ou dans un cours d'eau.

HISTOIRE DU MOT Vient de l'espagnol *pepita*, « pépin ».

péplum n.m. ❶ Tunique sans manches portée dans l'Antiquité. ❷ Film d'aventures qui se déroule dans l'Antiquité.

▸ REM. On prononce [peplɔm].

HISTOIRE DU MOT Vient du grec *peplon* qui signifie « tunique ».

percale n.f. Tissu de coton très fin et très serré.

perçant, e adj. ❶ *Un froid perçant* pénètre l'organisme. SYN. pénétrant, vif. ❷ *Un son perçant* est très aigu. *Les bébés poussaient des cris perçants.* ❸ *Avoir une vue perçante*, c'est avoir une très bonne vue.

perce n.f. *Mettre un tonneau en perce*, c'est y faire un trou pour en tirer le vin.

percée n.f. ❶ Ouverture, passage pratiqués à travers quelque chose. *Faire une percée dans une forêt.* ❷ Progrès rapide et remarquable. *Le pays a fait une percée scientifique.* SYN. avancée.

percement n.m. L'action de percer, d'ouvrir un passage. *Le percement d'un tunnel, d'une rue.*

perce-neige

perce-neige **n.m.invar.** ou **n.f.invar.**, ✎ ***n.m.*** ou ***n.f.*** (PLUR. : ***perce-neiges***). Fleur blanche, très commune dans les prairies et les bois, et qui pousse à la fin de l'hiver.

perce-oreille **n.m.** (PLUR. : **perce-oreilles**). Nom courant d'un insecte reconnaissable à la petite pince qu'il a au bout de l'abdomen, dont le nom scientifique est la *forficule*.

perce-oreille

percepteur, trice **n.** Fonctionnaire chargé de percevoir les impôts, les amendes.
▸ REM. Ne pas confondre avec *précepteur*.

perceptible **adj.** Qui peut être perçu par les sens. *C'était un bruit à peine perceptible.* SYN. audible. CONTR. imperceptible. *Des étoiles perceptibles à l'œil nu.* SYN. visible.

perception **n.f.** ❶ Le fait de percevoir par les sens. *Les daltoniens n'ont pas une bonne perception des couleurs.* SYN. vision. ❷ Manière de voir par l'esprit. *Votre perception de la situation est très juste.* SYN. représentation. ❸ Le fait de percevoir, de recueillir le paiement d'une taxe, d'un impôt. ❹ Le bureau du percepteur.

percer **perçant, percé v.** (CONJUG. 4). ❶ Faire un trou, une ouverture. *Il faut percer le mur pour faire passer le câble. Percer un tunnel. Percer un abcès.*(= l'ouvrir) SYN. creuser. ❷ *Percer un mystère*, c'est le résoudre, en trouver la solution. ❸ Pour une dent, commencer à pousser et traverser la gencive. ❹ Pour les rayons du Soleil, traverser la couche de nuages. ❺ Commencer à avoir du succès. *Un artiste qui perce.*

perceuse **n.f.** Machine qui sert à percer des trous. *Une perceuse électrique.*

percevoir **percevant, perçu v.** (CONJUG. 31). ❶ Saisir par les organes des sens, surtout par la vue et l'ouïe. *On percevait une lueur au bout du tunnel.* SYN. discerner, distinguer. *L'oreille humaine ne perçoit pas les ultrasons.* SYN. entendre. ❷ Saisir par l'esprit, se rendre compte. *Avez-vous perçu l'humour de sa remarque ?* SYN. sentir. ❸ Recevoir une somme d'argent. *Percevoir une retraite, une pension.* SYN. toucher.

perchaude **n.f.** Au Canada, poisson semblable à la perche, dont la chair est très appréciée.

1 perche **n.f.** Poisson des lacs et des cours d'eau calmes, à deux nageoires dorsales, dont la chair est appréciée.

2 perche **n.f.** Longue tige en bois ou en métal. *Une perche de téléski.* • **Saut à la perche :** saut dans lequel l'athlète se sert d'une perche en fibre de verre, longue de quatre à cinq mètres, pour franchir une barre horizontale. *Les meilleurs sauteurs à la perche franchissent plus de six mètres.* • **Tendre la perche :** aider quelqu'un à se sortir d'une situation embarrassante. *Il n'osait pas me demander la permission de partir, alors je lui ai tendu la perche.*

se percher **v.pron.** (CONJUG. 3). ❶ Pour un oiseau, se poser sur un endroit en hauteur. *L'hirondelle s'était perchée sur la poutre de la grange.* ❷ Se mettre en un endroit élevé. *Le chat est allé se percher en haut de l'armoire.*

perchiste **n.** Athlète qui pratique le saut à la perche.

perchoir **n.m.** Endroit où se perchent les volailles, les oiseaux en cage. *La perruche chantait sur son perchoir.*

perclus, e **adj.** Qui a du mal à se déplacer. *Le vieillard était perclus de rhumatismes.*

percolateur **n.m.** Appareil qui sert à faire du café à la vapeur en grande quantité.

HISTOIRE DU MOT Vient du latin *percolare* qui signifie « filtrer ».

percussion **n.f.** • **Instrument à percussion :** tout instrument de musique que l'on frappe pour en tirer des sons et qui a, en général, un rôle rythmique. *La grosse caisse, le tambour, les cymbales sont des instruments à percussion.*

saut à la perche

percussionniste **n.** Musicien qui joue d'un instrument à percussion.

percutant, e **adj.** Qui frappe l'attention, qui est saisissant. *Les titres percutants des journaux.*

percuter **v.** (CONJUG. **3**). Heurter avec violence. *La voiture fit une embardée et alla percuter un arbre.*

perdant, e **adj.** et **n.** Qui a perdu au jeu, dans une compétition, dans une affaire, etc. *L'équipe perdante espère bien prendre sa revanche. C'est lui le perdant dans cette affaire !* CONTR. gagnant. • **Partir perdant :** commencer quelque chose en se sentant battu d'avance.

perdition **n.f.** *Un navire en perdition* est en danger de faire naufrage.

perdre **perdant, perdu v.** (CONJUG. **46**). ❶ Ne plus avoir. *En automne, les arbres perdent leurs feuilles* (= les feuilles tombent). *Marie a soudain perdu sa bonne humeur. Perdre une mauvaise habitude* (= s'en défaire). ❷ Ne plus pouvoir retrouver quelque chose. *J'ai perdu mes clefs hier soir.* SYN. égarer. ❸ Faire un mauvais usage de ce qu'on a. *Ne perds pas ton argent en bêtises.* SYN. gâcher, gaspiller. *Il n'y a pas un instant à perdre.* ❹ Ne plus avoir à sa disposition. *Perdre de l'argent au jeu.* CONTR. gagner. ❺ *Perdre une personne, un animal*, c'est en être séparé parce qu'ils sont morts. ❻ Être vaincu à un jeu, à un sport, à une compétition. *Tu as perdu la partie.* CONTR. gagner. → VOIR AUSSI **perdant.** • **Perdre la face :** être dans une situation déshonorante, perdre tout prestige. • **Perdre la tête, la raison :** devenir fou. • **Perdre quelqu'un de vue :** cesser d'être en relation avec lui. ◆ **se perdre** **v.pron.** ❶ Ne plus retrouver son chemin. *Ils se sont perdus dans la forêt.* SYN. s'égarer. ❷ Ne plus être en usage. *Une coutume qui se perd* (= qui disparaît). • **S'y perdre :** ne plus rien comprendre.

perdreau **n.m.** Jeune perdrix de moins d'un an.

perdrix **n.f.** Oiseau qui vit dans les terrains non boisés, où il niche dans les creux du sol. *La perdrix est un gibier très apprécié.*

ENCYCLOPÉDIE Cri : la perdrix cacabe.

perdrix grise

perdu, e **adj.** ❶ Qu'on ne retrouve plus. *Les papiers, chéquiers et objets de valeur perdus doivent être déclarés au commissariat de police.* ❷ Qui est situé loin de tout. *Maison perdue dans la forêt.* ❸ Qui s'est égaré, qui ne sait plus où il est. *J'étais là, perdu au milieu de la ville.* ❹ Que l'on a gaspillé, utilisé pour rien. *C'est du temps perdu.* ❺ Dont la situation est désespérée. *Le malade est perdu.* SYN. condamné, incurable. • **À ses moments perdus, à ses heures perdues :** lorsqu'il ne se livre pas à ses occupations ordinaires.

père **n.m.** ❶ Homme qui a un ou plusieurs enfants. *Mon cousin va bientôt être père. Le père de Yann est garagiste. Un père de famille.* ❷ Inventeur d'une chose. *Pierre de Coubertin est le père des jeux Olympiques modernes.* ❸ Dans la religion chrétienne, nom donné à certains religieux. *Le père Jean.* ❹ Façon familière de désigner un homme d'un certain âge. *Le père Louis nous apporte des fraises de son jardin.* • **De père en fils :** de génération en génération. *Dans cette famille, ils sont restaurateurs de père en fils.*

pérégrinations **n.f.plur.** Nombreux déplacements, voyages d'un lieu à un autre. *Depuis qu'il s'est marié, mon oncle a cessé ses pérégrinations.* SYN. voyages.

HISTOIRE DU MOT Vient du latin *peregrinari* qui signifie « voyager à l'étranger », de *peregrinus* qui a donné *pèlerin.*

péremptoire **adj.** À quoi l'on ne peut rien répliquer. *Un ordre péremptoire.* SYN. impératif. *Un argument péremptoire.* SYN. décisif.

pérennité **n.f.** Caractère de ce qui dure toujours ou, du moins, très longtemps. *Lois qui assurent la pérennité de la démocratie.* SYN. continuité, permanence.

HISTOIRE DU MOT Vient du latin *perennis* qui signifie « qui dure toute l'année ».

perfectible **adj.** Qui peut se perfectionner ou être perfectionné. *Tout homme est perfectible. Un projet perfectible.*

perfection **n.f.** La qualité de ce qui est parfait. *Tu as fait des progrès en orthographe, mais ce n'est pas encore la perfection.* • **À la perfection :** parfaitement, admirablement. *Il joue du piano à la perfection.*

HISTOIRE DU MOT Vient du latin *perfectio*, de *perficere* qui signifie « achever ».

perfectionné, e **adj.** *Un appareil perfectionné* bénéficie des derniers progrès de la technique. *Une caméra perfectionnée.* SYN. sophistiqué.

perfectionnement **n.m.** L'action de perfectionner, le fait de se perfectionner. *Suivre un stage de perfectionnement en informatique.*

perfectionner **v.** (CONJUG. **3**). Rendre meilleur. *Elle devrait perfectionner sa diction.* ◆ **se perfectionner** **v.pron.** Améliorer ses connaissances. *Anne passe un mois à Londres pour se perfectionner en anglais.*

perfectionniste **adj.** et **n.** Qui soigne ce qu'il fait dans les moindres détails et recherche presque trop la perfection. *Perfectionniste, elle a recopié entièrement son devoir à cause de deux petites ratures.*

perfide **adj.** et **n.** Qui trahit la confiance qu'on lui porte, qui cherche à nuire. *Les barons perfides tendirent un piège au roi.* SYN. fourbe, traître. *Des promesses perfides.* SYN. trompeur.
▸ REM. Ce mot appartient à la langue soutenue.

HISTOIRE DU MOT Vient du latin *perfidus* qui signifie « sans foi, trompeur ».

perfidie **n.f.** ❶ Caractère, conduite perfides. *Agir avec perfidie.* CONTR. loyauté. ❷ Action ou parole perfides. *Cette remarque est une perfidie.* SYN. fourberie, traîtrise.
▸ REM. Ce mot appartient à la langue soutenue.

perforation **n.f.** ❶ Trou pratiqué dans une matière. ❷ Trou accidentel dans un organe. *Une perforation intestinale. Une perforation du tympan.*

perforer **v.** (CONJUG. **3**). Faire un trou dans une matière, un organe. *La balle lui a perforé le poumon.* SYN. percer, trouer.

performance **n.f.** ❶ Résultat obtenu pour un athlète, pour un cheval de course dans une épreuve. *Ses performances ont été très moyennes.* ❷ Très bon résultat. *L'équipe est championne du monde, quelle performance !* SYN. exploit.

HISTOIRE DU MOT Vient de l'ancien verbe *parformer* qui signifiait « accomplir ».

perfusion **n.f.** Injection lente et continue d'un médicament liquide ou de sang dans l'organisme. *Mettre un malade sous perfusion.* SYN. goutte-à-goutte.

pergola **n.f.** Construction légère dans un jardin faite de colonnes et de petites poutres qui servent de support à des plantes grimpantes. *Ils se mirent à l'ombre sous la pergola.*

HISTOIRE DU MOT Vient du latin *pergula* qui signifie « treille ».

péricliter **v.** (CONJUG. **3**). Décliner, aller à la ruine. *Son entreprise périclite.* SYN. sombrer. CONTR. prospérer.

péril **n.m.** Situation où la sécurité est menacée. *Ce fou du volant met ses passagers en péril !* SYN. danger. *Les pompiers agissent au péril de leur vie* (= en risquant leur vie.)

HISTOIRE DU MOT Vient, comme *péricliter*, du latin *periculum*, « risque, danger ».

périlleux, euse **adj.** Où l'on est en danger. *Ce fut une expédition périlleuse.* SYN. dangereux, risqué. ● **Saut périlleux** : saut acrobatique qui consiste à tourner sur soi-même dans l'espace.

périmé, e **adj.** ❶ Qui n'est plus valable. *Votre passeport est périmé, sa date de validité est passée.* ❷ Qui n'est plus consommable, utilisable. *Ce lait est périmé depuis une semaine.* ❸ Qui est passé de mode. *Ce sont là des idées périmées !* SYN. dépassé, désuet, vieilli.

périmètre **n.m.** ❶ Ligne qui délimite le contour d'une surface. *Le périmètre d'un cercle s'appelle la circonférence.* → VOIR encadré ci-contre. ❷ Zone qui entoure un endroit. *À l'occasion du match, le périmètre entourant le stade est interdit à la circulation.*

HISTOIRE DU MOT Vient du grec *peri*, qui signifie « autour », et *metron*, qui signifie « mesure ».

période **n.f.** Espace de temps. *Il est embauché pour une période de trois ans.* SYN. durée. *Nous étions alors en période de guerre.* SYN. temps.

périodique **adj.** Qui se reproduit à intervalles réguliers. *Les marées d'équinoxe sont des phénomènes périodiques.* ◆ **n.m.** Journal, revue, magazine qui paraissent à intervalles réguliers (chaque semaine, chaque mois, etc.). *Elle feuilletait un périodique. Les hebdomadaires, les mensuels sont des périodiques.*

Périmètre des figures géométriques

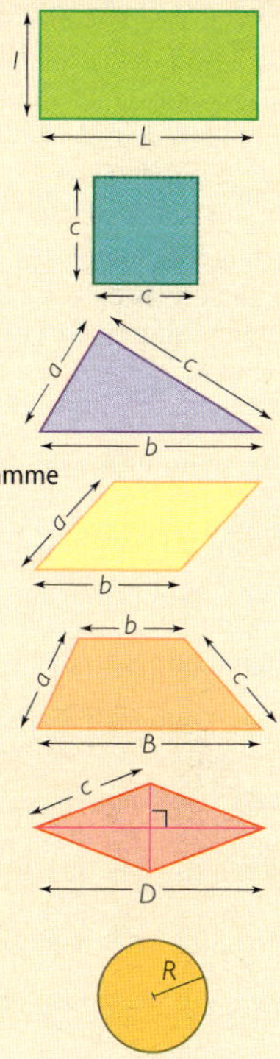

rectangle — $P = 2 (L + l)$

carré — $P = 4 \times c$

triangle — $P = a + b + c$

parallélogramme — $P = 2 (a + b)$

trapèze — $P = a + b + c + B$

losange — $P = 4 \times c$

cercle* — $P = 2 \times \pi \times R$

* La longueur du cercle correspond au périmètre du disque.

→ VOIR AUSSI **aire**.

périodiquement **adv.** De façon périodique. *Des inondations se produisent périodiquement dans la région.* SYN. régulièrement.

péripétie **n.f.** Événement imprévu. *Enfin, après de nombreuses péripéties, nous avons pu récupérer nos bagages et quitter l'aéroport.*

périphérie **n.f.** L'ensemble des quartiers situés loin du centre d'une ville. *Il a trouvé un appartement dans un petit immeuble, à la périphérie de Marseille.*

HISTOIRE DU MOT Vient du grec *periphereia* qui signifie « circonférence ».

périphérique **adj.** De la périphérie. *Un quartier périphérique.* CONTR. central. ● **Boulevard périphérique** : voie à circulation rapide qui entoure une grande ville. ◆ **n.m.** Élément relié à l'unité centrale d'un ordinateur. *Le clavier, l'écran, l'imprimante sont des périphériques.*

périphrase **n.f.** ❶ Phrase ou groupe de mots qu'on emploie là où un seul mot pourrait suffire. *Dire « la messagère du printemps » pour parler d'une hirondelle, c'est employer une périphrase.* ❷ Détour pour ne pas dire les choses simplement et directement.

▸ REM. Ne pas confondre avec *paraphrase*.

HISTOIRE DU MOT Vient du grec *peri*, qui signifie « autour », et *phrazein*, qui signifie « parler ». Cette idée de « parler autour de ce qu'on veut dire » se retrouve dans l'expression « *tourner autour du pot* ».

périple n.m. Long voyage où l'on passe par beaucoup d'endroits. *Le journaliste raconte son périple en Grèce.*

périr périssant, péri v. (CONJUG. 16). Mourir, disparaître. *Beaucoup de gens ont péri dans l'incendie. Le souvenir de cet acte héroïque ne périra jamais.* SYN. s'effacer.
▶ REM. Ce mot appartient à la langue soutenue.

périscope n.m. Appareil composé d'un tube et d'un système optique qui permet de voir par-dessus un obstacle. *Les sous-marins sont équipés d'un périscope.*
HISTOIRE DU MOT Vient du grec *peri*, qui signifie « autour », et *skopein*, qui signifie « regarder ».

périssable adj. *Des produits périssables* ne se conservent pas longtemps. *La viande, le poisson, les fruits sont des denrées périssables.*

péristyle n.m. Rangée de colonnes autour d'un bâtiment, d'un temple.

péristyle (temple grec, IVe s. avant J.-C.)

Péritel adj.invar. • **Prise Péritel :** prise qui permet de brancher un décodeur, une console de jeux, etc., sur un téléviseur.
▶ REM. C'est un nom de marque, le mot prend une majuscule, en France, dans les textes imprimés.

perle n.f. ❶ Petite boule de nacre que l'on trouve dans certains coquillages (huîtres) et qui est utilisée en bijouterie. *Un collier de perles.* ❷ Petite boule décorative en verre, en bois, en plastique, etc., généralement percée d'un trou. *Un rideau de perles.* ❸ Personne ou chose remarquables, sans défaut. *Le cuisinier de l'école est une perle. Zoé m'a montré la perle de sa collection de timbres.* ❹ (Familier) Erreur grossière, souvent risible, dans les paroles ou les écrits de quelqu'un. *Le professeur a trouvé quelques perles dans nos devoirs.*

perler v. (CONJUG. 3). Apparaître sous forme d'une petite goutte. *Un peu de sueur perlait à son front.*

perlier, ère adj. • **Huître perlière :** huître qui contient une perle.

perlimpinpin n.m. • **Poudre de perlimpinpin :** poudre sans efficacité que les charlatans vendaient autrefois comme remède.

permanence n.f. ❶ Caractère de ce qui est permanent, durable. *Remarquer la permanence d'une coutume.* SYN. pérennité. ❷ Service qui fonctionne sans interruption. *La permanence de la mairie est ouverte toute la journée.* ❸ Salle où les élèves d'un collège, d'un lycée travaillent sous surveillance quand ils n'ont pas cours. • **En permanence :** sans arrêt. *Il me demande en permanence des nouvelles de Christian.*

permanent, e adj. Qui dure sans cesse ou se répète sans arrêt. *Marie a une douleur permanente dans le genou.* CONTR. passager. *Il y a un bruit permanent ici.* SYN. continuel, incessant. *Il arrive toujours en retard, c'est permanent chez lui.* SYN. constant. • **Cinéma permanent :** où le même film est projeté plusieurs fois de suite dans la même journée.

perméabilité n.f. Le fait d'être perméable. *La perméabilité du sable.*

perméable adj. ❶ Qui laisse passer un liquide ou, parfois, un gaz. *Un sol perméable.* CONTR. imperméable. *Une membrane perméable à l'air.* ❷ Ouvert aux suggestions extérieures. *Marc est perméable aux idées nouvelles.*
HISTOIRE DU MOT Vient du latin *per*, qui signifie « à travers », et *meare*, qui signifie « passer ».

permettre permettant, permis v. (CONJUG. 51). ❶ Donner l'autorisation de faire quelque chose. *Ma sœur m'a permis d'y aller.* SYN. autoriser. *Je ne permets pas qu'on me parle sur ce ton !* SYN. admettre, tolérer. ❷ Rendre possible. *Ces quelques jours de congé lui ont permis de se reposer.* ◆ **se permettre** v.pron. Prendre la liberté de faire ou de dire quelque chose. *Comme la porte était ouverte, je me suis permis d'entrer. Alain se permet parfois des remarques déplacées.*

permis n.m. Document officiel qui prouve qu'on a le droit de faire une chose. *Un permis de conduire, un permis de chasse, de pêche.*

permission n.f. ❶ Autorisation de faire quelque chose. *Demander la permission de sortir.* ❷ Congé de courte durée accordé à un militaire. *Soldat qui part en permission.*

permissionnaire n.m. Militaire en permission.

permutation n.f. L'action de permuter. *La permutation des lettres de « Noël » donne « Léon ».*

permuter v. (CONJUG. 3). Mettre une chose à la place d'une autre, et réciproquement. *Tu as écrit 24 au lieu de 42, tu as permuté les chiffres.* SYN. intervertir.

pernicieux, euse adj. Qui cause du mal, qui est dangereux. *Fumer est une habitude pernicieuse.* SYN. nocif. CONTR. bienfaisant. *Martin a une influence pernicieuse sur toi.* SYN. mauvais, néfaste. CONTR. bénéfique.
HISTOIRE DU MOT Vient du latin *pernicies* qui signifie « destruction ».

huître perlière

A B C D E F G H I J K L M N O P Q R S T U V W X Y Z

péroné **n.m.** Os long et fin situé entre le genou et la cheville, et qui, avec le tibia, forme l'ossature de la jambe.

HISTOIRE DU MOT Vient du grec *peronê* qui signifie « cheville ».

pérorer **v.** (CONJUG. 3). Tenir de longs discours en parlant d'une manière prétentieuse. *Lucien a péroré toute la soirée devant ses invités.*

perpendiculaire **adj.** *Des lignes perpendiculaires* se coupent en formant un angle droit. *Joël trace au tableau une droite perpendiculaire à une ligne horizontale.* ◆ **n.f.** Ligne perpendiculaire à une autre ligne ou à un plan.

HISTOIRE DU MOT Vient du latin *perpendiculum* qui signifie « fil à plomb ».

perpétrer **v.** (CONJUG. 9, ✎ 10). *Perpétrer un crime, un attentat*, c'est les commettre. *Le détective se rendit dans la maison où le crime avait été perpétré.*

perpétuel, elle **adj.** Qui ne cesse jamais ou qui se reproduit très souvent. *Nous étions las de ses plaintes perpétuelles.* SYN. continuel, incessant. CONTR. momentané. *Richard avait de perpétuels problèmes de santé.* SYN. fréquent. CONTR. occasionnel.

perpétuellement **adv.** De façon perpétuelle, sans cesse. *Cet enfant est fatigant, il est perpétuellement agité.* SYN. constamment, toujours.

perpétuer **v.** (CONJUG. 3). *Perpétuer une coutume, une tradition*, c'est les maintenir, les faire durer. ◆ **se perpétuer** **v.pron.** Continuer, durer. *Cette tradition se perpétue depuis des générations.* SYN. se maintenir.
▸ REM. Ce mot appartient à la langue soutenue.

HISTOIRE DU MOT Vient du latin *perpetuus* qui signifie « qui dure toujours, éternel ».

perpétuité **n.f.** • **À perpétuité** : pour toujours. *L'accusé risque la réclusion à perpétuité* (= pour toute la vie).

perplexe **adj.** Qui ne sait que penser, que faire, qui est très embarrassé. *Sa réponse m'a laissé perplexe.* SYN. songeur. *Loïc était perplexe et ne savait quelle décision prendre.* SYN. hésitant, indécis.

HISTOIRE DU MOT Vient du latin *perplexus* qui signifie « embrouillé ».

perplexité **n.f.** État d'incertitude d'une personne perplexe. *Des nouvelles contradictoires nous jetèrent dans la plus grande perplexité.* SYN. doute, embarras. CONTR. certitude.

perquisition **n.f.** Recherche, fouille effectuées par la police au domicile d'une personne dans le but de trouver des éléments susceptibles de faire avancer une enquête.

HISTOIRE DU MOT Vient du latin *perquirere* qui signifie « chercher partout ».

perquisitionner **v.** (CONJUG. 3). Faire une perquisition. *La police a perquisitionné chez le suspect.*

perroquet ou jaco gris du Gabon

perron **n.m.** Petit escalier extérieur qui mène à la porte d'entrée d'une maison. *Il gravit les trois marches du perron et sonna à la porte.*

HISTOIRE DU MOT Vient de *pierre.*

perroquet **n.m.** ❶ Oiseau grimpeur exotique de grande taille, au plumage très coloré, à gros bec recourbé, qui est capable d'imiter la parole humaine. Femelle : la perruche. ❷ (Familier) Se dit d'une personne qui répète sans réfléchir ce que disent les autres.

HISTOIRE DU MOT Vient de *Perrot*, diminutif affectueux du prénom *Pierre.*

perruche **n.f.** ❶ Oiseau grimpeur exotique de petite taille, au plumage très coloré, qui siffle et chante. *Un couple de perruches dans sa cage.* ❷ Femelle du perroquet.

perruque **n.f.** Chevelure postiche de cheveux naturels ou artificiels. *Nous avons mis des perruques pour nous déguiser.*

perruquier **n.m.** Personne qui fabrique ou vend des perruques et des postiches.
▸ REM. Au Canada, la forme féminine de ce mot est *perruquière.*

pers, e **adj.** D'une couleur entre le bleu et le vert. *Une jeune femme aux yeux pers.*

HISTOIRE DU MOT Vient du latin *persus* qui signifie « persan », car cette couleur était fréquente sur les tissus persans.

1 **persan, e** **adj.** et **n.** De la Perse. *Un livre de miniatures persanes.* ◆ **persan** **n.m.** La langue parlée en Iran (qui s'appelait auparavant la Perse).
▸ REM. Quand il désigne une personne, le mot prend une majuscule : *un Persan, une Persane.*

2 **persan** **n.m.** Race de chat aux poils longs et soyeux.

persécuter **v.** (CONJUG. 3). ❶ Soumettre sans cesse à des traitements cruels et injustes. *Sous l'Empire romain, les premiers chrétiens ont été persécutés.* SYN. martyriser. ❷ Tourmenter sans arrêt une personne, ne pas la laisser en paix. *Dans son livre, il parle des journalistes qui le persécutaient en l'appelant sans cesse au téléphone.*

HISTOIRE DU MOT Vient du latin *persequi* qui signifie « poursuivre ».

persécuteur, trice **adj.** et **n.** Qui persécute.

persécution **n.f.** L'action de persécuter, le fait d'être persécuté. *Les Juifs et les Tsiganes ont été victimes des persécutions nazies.*

persévérance **n.f.** Fait de persévérer, de poursuivre son but sans se décourager. *En travaillant avec persévérance, Julie a fini par obtenir d'excellents résultats.* SYN. constance, obstination, ténacité.

persévérant, e **adj.** Qui persévère. *Julien est persévérant, il s'est remis au travail.* SYN. opiniâtre.

persévérer **v.** (CONJUG. 9, ✎ *10*). Mettre toute sa volonté et son énergie à poursuivre ce qu'on a entrepris. *Ne te décourage pas, persévère !* CONTR. abandonner, renoncer.

HISTOIRE DU MOT Vient du latin *severus* qui signifie « sérieux, dur, rigoureux ».

persienne **n.f.** Volet fait de lamelles inclinées qui laissent passer l'air et la lumière par des fentes.

persiennes

persiflage, ✎ ***persifflage*** **n.m.** Propos ironiques qui cherchent à tourner en ridicule. SYN. raillerie.

HISTOIRE DU MOT Vient de *siffler.*

persifleur, euse, ✎ ***persiffleur, euse*** **adj.** *Un ton persifleur* est moqueur et railleur.

▸ REM. Ce mot appartient à la langue soutenue.

persil **n.m.** Plante potagère dont on utilise les feuilles pour donner du goût aux plats.

▸ REM. On ne prononce pas le *-l.*

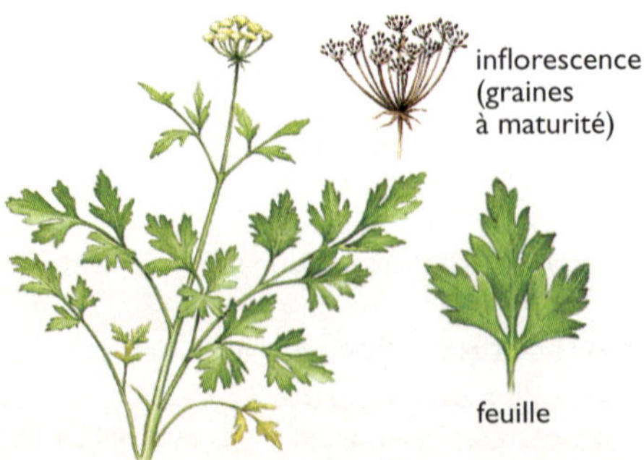

persil

persistance **n.f.** Le fait de persister, de ne pas cesser. *La radio annonce la persistance du beau temps sur tout le pays.* CONTR. arrêt.

persistant, e **adj.** ❶ Qui persiste, qui dure. *La pluie persistante décourageait les vacanciers.* SYN. durable, tenace. ❷ *Des feuilles persistantes* ne tombent pas en hiver et restent vertes en toute saison, par opposition aux *feuilles caduques. Le sapin est un arbre à feuilles persistantes.*

persister **v.** (CONJUG. 3). ❶ S'en tenir fermement à ce que l'on pense ou à ce que l'on décide. *Il persiste à dire qu'il n'y est pour rien.* SYN. continuer, s'obstiner. ❷ Continuer, durer. *Si la fièvre persiste, appelez le médecin.* SYN. durer. CONTR. cesser.

personnage **n.m.** ❶ Personne imaginée par un auteur ou un dessinateur. *M. Jourdain est le personnage principal du « Bourgeois gentilhomme » de Molière. J'ai bien aimé l'acteur qui joue le personnage du méchant dans cette série* (= qui tient le rôle). ❷ Personne très en vue, qui a de l'influence. *C'est un personnage important.* SYN. personnalité, sommité. *Un personnage historique.* ❸ Personne, considérée du point de vue de son aspect extérieur et de son comportement. *M. Denis est un personnage inquiétant.* SYN. individu.

HISTOIRE DU MOT Vient, comme *personne*, du latin *persona.*

personnaliser **v.** (CONJUG. 3). Adapter une chose fabriquée en série à l'usage de chacun, en lui apportant les détails nécessaires ; lui donner un caractère personnel. *Personnaliser sa voiture avec des accessoires.*

personnalité **n.f.** ❶ Les traits caractéristiques permanents d'une personne qui font qu'elle ne ressemble à personne d'autre. *Chacun a sa personnalité.* ❷ Caractère particulier d'une personne, originalité d'une œuvre qui font qu'on les remarque. *C'est une femme qui a de la personnalité. Ce film est sans personnalité* (= il est banal). ❸ Personne qui a une haute fonction, qui est connue. *Les personnalités avaient pris place à la tribune.* SYN. sommité.

1 personne **n.f.** ❶ Être humain, individu. *Combien de personnes peuvent prendre place dans cet avion ?* SYN. gens. *Nous avions droit à deux gâteaux par personne* (= chacun). ❷ L'individu, considéré dans ce qu'il a d'unique par rapport à tous les autres. *Le respect de la personne humaine.* SYN. être. ❸ Forme de la conjugaison d'un verbe qui permet de distinguer qui parle, à qui l'on parle, de qui l'on parle. *« Je mange » est à la première personne du singulier ; « Tu vérifieras ? », à la deuxième personne ; « Ils ont froid » est à la troisième personne du pluriel.* • **En personne :** soi-même. *Le ministre assistera en personne à la réunion.*

HISTOIRE DU MOT Vient du latin *persona* qui signifie « masque d'acteur, rôle ».

2 personne **pron. indéfini.** ❶ Aucun être humain. *Comment pouvait-il le savoir ? personne ne lui avait rien dit. « Quelqu'un est-il passé ce matin ? – Personne. »* ❷ S'emploie dans certains cas pour désigner un individu quelconque. *Jean-Pierre sait cela mieux que personne.* SYN. quiconque.

1 personnel, elle adj. ❶ Qui est particulier à une personne. *Marie a mis ses affaires personnelles dans une valise.* ❷ Qui exprime la personnalité de quelqu'un. *Elle a des idées très personnelles.* SYN. original. • **Pronom personnel :** pronom qui sert à désigner une personne dans un discours ou à représenter une chose. → VOIR AUSSI **grammaire, pronom.**

2 personnel n.m. L'ensemble des personnes employées dans une entreprise, une administration, etc.

personnellement adv. ❶ En personne. *Thomas s'occupera personnellement de votre cas* (= lui-même). ❷ En ce qui me concerne. *Personnellement, je n'aime pas les glaces au chocolat* (= quant à moi).

personnification n.f. Action de personnifier. *Jean Moulin est une personnification du courage.* SYN. incarnation.

personnifier v. (CONJUG. 7). ❶ Représenter une notion abstraite sous l'aspect d'une personne. *Dans ce tableau, le peintre a personnifié le printemps sous les traits d'une jeune fille.* SYN. symboliser. ❷ Rassembler en soi toutes les caractéristiques d'une qualité, d'un défaut. *Dans « l'Avare » de Molière, Harpagon personnifie l'avarice.* SYN. incarner.

perspective n.f. ❶ Dessin d'un objet tel qu'on le voit dans l'espace. *Les lois de la perspective.* ❷ Manière de voir les choses, d'aborder une question. *Étudier un phénomène dans une perspective historique.* ❸ Idée de ce qui peut arriver. *La perspective de gagner le gros lot le remplissait de joie.* ❹ Champ de réflexion ; horizon. *Cette découverte ouvre de nouvelles perspectives pour la recherche.*

ENCYCLOPÉDIE Dans un dessin en perspective, un objet est représenté plus petit s'il est plus éloigné. Les lignes, parallèles dans la réalité (comme les bords d'une route), convergent vers un même point appelé « point de fuite ».

dessin en **perspective**

perspicace adj. *Une personne perspicace* comprend et voit ce qui échappe habituellement aux autres. *Demande-lui son avis, c'est un homme très perspicace.* SYN. clairvoyant.

HISTOIRE DU MOT Vient, comme *perspective*, du latin *perspicere.*

perspicacité n.f. Qualité d'une personne perspicace. SYN. clairvoyance, sagacité.

persuader v. (CONJUG. 3). ❶ *Persuader quelqu'un*, c'est l'amener à croire ou à faire ce que l'on veut qu'il croie ou fasse. *Persuade-le de venir avec nous demain.* SYN. convaincre, décider. CONTR. dissuader. ❷ *Être persuadé de quelque chose*, c'est en être sûr, convaincu. *Il est absolument persuadé qu'il réussira à l'examen.* ◆ **se persuader** v.pron. Se mettre dans la tête. *Éric s'est persuadé que tout le monde lui en voulait.* SYN. se figurer.
▸ REM. L'accord est facultatif : *ils se sont persuadés* ou *persuadé.*

persuasif, ive adj. Qui persuade, qui parvient à convaincre. *Alexandra parlait sur un ton si persuasif que tout le monde s'est rallié à ses arguments.* SYN. convaincant.

persuasion n.f. Capacité à convaincre, à persuader. *L'orateur avait une grande force de persuasion.*

perte n.f. ❶ Le fait de perdre, d'avoir perdu quelque chose. *La perte de ses papiers d'identité lui a causé bien des ennuis.* SYN. disparition. *Cette réunion a été une perte de temps.* SYN. gaspillage. ❷ Le fait d'être battu, vaincu. *La perte d'un procès, d'une bataille, d'un match.* ❸ Somme d'argent perdue. *L'entreprise a subi de lourdes pertes.* CONTR. bénéfice. ❹ Disparition, mort d'un être vivant. *Les enfants ne se consolent pas de la perte de leur chat* (= le fait qu'ils l'ont perdu). • **À perte :** en y perdant de l'argent. • **À perte de vue :** aussi loin que l'on peut voir. *La plaine s'étendait à perte de vue.* • (Familier) **Avec perte(s) et fracas :** sans ménagement, brutalement. *On l'a mis à la porte avec pertes et fracas.* • **En pure perte :** inutilement. *Il a travaillé en pure perte, le projet a été abandonné.* • **Être en perte de vitesse :** ne plus avoir autant de prestige, de succès ou de dynamisme qu'avant. ◆ **pertes** n.f.plur. Soldats tués au cours d'un combat, d'une guerre. *L'ennemi a subi de lourdes pertes.*

HISTOIRE DU MOT Vient du latin *perditus* qui signifie « perdu, ruiné ».

pertinemment adv. *Savoir pertinemment quelque chose*, c'est être parfaitement au courant de cette chose. *Tu sais pertinemment pourquoi je pars.*
▸ REM. Attention, un *n* et deux *m.*

pertinent, e adj. Qui se rapporte précisément à ce dont il est question. *Toutes ses remarques étaient pertinentes.* SYN. approprié, justifié.

HISTOIRE DU MOT Vient du latin *pertinere* qui signifie « concerner ».

perturbateur, trice adj. et n. Qui perturbe, qui cause du trouble, de l'agitation. *Des éléments perturbateurs ont troublé la réunion.*

A B C D E F G H I J K L M N O P Q R S T U V W X Y Z

perturbation **n.f.** Tout ce qui empêche le bon fonctionnement d'une organisation, le bon déroulement de quelque chose. *On annonce des perturbations dans les transports en commun.* • **Perturbation atmosphérique :** changement de temps marqué par des vents violents et des pluies.

perturber **v.** (CONJUG. 3). ❶ Empêcher de se dérouler normalement. *Des manifestants ont perturbé la séance à l'Assemblée nationale.* SYN. troubler. ❷ Causer un trouble moral, psychologique chez quelqu'un. *Ses soucis familiaux l'ont beaucoup perturbé ces derniers temps.*

HISTOIRE DU MOT Vient du latin *perturbare* qui signifie « mettre en désordre ».

pervenche **n.f.** Petite plante aux fleurs bleu-mauve qui pousse dans les lieux ombragés, les sous-bois. ◆ **adj.invar.** De la couleur bleue de la pervenche. *Natacha a des yeux pervenche.*

pervenches

pervers, e **adj.** et **n.** Qui aime faire le mal ou des choses immorales. *Il faut être pervers pour employer des méthodes aussi cruelles !*

HISTOIRE DU MOT Vient du latin *perversus* qui signifie « renversé ».

perversité **n.f.** Tendance à se conduire de façon perverse, malsaine.

pervertir **pervertissant, perverti v.** (CONJUG. 16). Changer en mal, pousser à faire le mal. SYN. corrompre.

pesamment **adv.** D'une manière lourde, pesante. SYN. lourdement.

1 pesant, e **adj.** ❶ Qui pèse. *Une valise pesante.* SYN. lourd. CONTR. léger. ❷ Qui met mal à l'aise, qui est pénible à supporter. *La réunion était tendue, il régnait une atmosphère pesante.* SYN. écrasant. CONTR. serein. ❸ Qui donne une impression de lourdeur. *Jacques était las et marchait d'un pas pesant.* SYN. lourd. CONTR. léger, leste, vif.

2 pesant **n.m.** • **Valoir son pesant d'or :** avoir beaucoup de valeur.

pesanteur **n.f.** ❶ Force d'attraction qui entraîne toute chose vers le centre de la Terre. *Les lois de la pesanteur. L'accélération de la chute d'un corps sous l'effet de la pesanteur.* → VOIR AUSSI **apesanteur, gravitation.** ❷ Force d'inertie, lourdeur d'une institution. *Il se plaignait des pesanteurs administratives.* SYN. lenteur, lourdeur. CONTR. rapidité.

pèse-bébé **n.m.** (PLUR. : **pèse-bébés**). Petite balance conçue pour peser les nourrissons, les bébés.

pesée **n.f.** ❶ Action de peser. *La pesée d'un bébé après la tétée.* ❷ Le fait d'appuyer avec force, de peser sur quelque chose. *La pesée exercée sur un levier.*

pèse-lettre **n.m.** (PLUR. : **pèse-lettres**). Petit appareil qui permet de peser une lettre afin de savoir à quel tarif il faut l'affranchir.

pèse-personne **n.m.** (PLUR. : **pèse-personnes**). Petite balance sur laquelle on monte pour se peser.

peser **v.** (CONJUG. 10). ❶ Déterminer le poids d'une chose ou d'une personne. *Le boucher mit le rôti sur la balance pour le peser. Le pédiatre a pesé le bébé.* ❷ Avoir tel ou tel poids. *Aurélie pèse 40 kg.* ❸ Avoir de l'influence, de l'importance. *Je reconnais que ses arguments ont pesé sur ma décision* (= ils l'ont influencée). ❹ Causer une impression pénible, difficile à supporter. *Comme ce travail me pèse !* SYN. ennuyer. ❺ Planer comme une menace sur une personne. *Des soupçons graves pesaient sur lui.* • **Peser le pour et le contre :** évaluer les avantages et les inconvénients d'une action. • **Peser ses mots :** les choisir soigneusement, en mesurer la portée. • **Tout bien pesé :** après avoir bien réfléchi. ◆ **se peser v.pron.** Monter sur une balance pour connaître son poids. *Luc se pèse tous les matins.*

peseta, ✎ ***péséta*** **n.f.** Monnaie de l'Espagne jusqu'au 1er janvier 2002. Elle a été remplacée par l'euro. ▶ REM. On prononce [pezeta].

pessimisme **n.m.** Disposition d'esprit qui consiste à voir les choses du mauvais côté et à croire toujours qu'elles vont mal tourner. *Hélène envisageait l'avenir avec pessimisme.* CONTR. optimisme.

HISTOIRE DU MOT Vient du latin *pessimus* qui signifie « très mauvais ».

pessimiste **adj.** et **n.** Qui fait preuve de pessimisme. *Les observateurs sont pessimistes sur l'issue de la négociation.* SYN. défaitiste. CONTR. confiant, optimiste.

peste **n.f.** ❶ Maladie infectieuse et très contagieuse. *Autrefois, des épidémies de peste ont fait des millions de morts.* ❷ (Familier) Personne odieuse ; enfant insupportable. *Camille est vraiment une petite peste.* • **Fuir quelqu'un comme la peste :** l'éviter à tout prix.

HISTOIRE DU MOT Vient du latin *pestis* qui signifie « épidémie, fléau ».

pester **v.** (CONJUG. 3). Manifester son mécontentement par des paroles. *Il pestait contre sa voiture qui ne voulait pas démarrer.* SYN. fulminer, rouspéter.

pesticide **n.m.** Produit chimique qui sert à lutter contre les parasites animaux et végétaux, nuisibles aux cultures.

pestiféré, e **adj.** et **n.** Qui est atteint de la peste.

pestilentiel, elle **adj.** *Une odeur pestilentielle* est une odeur nauséabonde, infecte. SYN. fétide.

pet **n.m.** (Familier) Gaz provenant des intestins et qui s'échappe par l'anus. SYN. vent.

pétale **n.m.** Chacun des organes qui composent la corolle d'une fleur. *Les pétales d'une marguerite sont blancs, ceux des coquelicots sont rouges.*
▸ REM. Ce mot est du masculin.

HISTOIRE DU MOT Vient du grec *petalon* qui signifie « feuille ».

pétanque **n.f.** Variante du jeu de boules qui se pratique dans le midi de la France et où l'on doit approcher le plus possible d'une petite boule, appelée *cochonnet. Nous faisions chaque soir des parties de pétanque sur la place du village.*

pétarade **n.f.** Suite de bruits qui ressemblent à des détonations. *On entendait au loin les pétarades d'une moto.*

pétarader **v.** (CONJUG. **3**). Faire entendre une série de détonations. *La Mobylette démarra en pétaradant.*

pétard **n.m.** Petite charge explosive dont on se sert pour s'amuser, pour faire du bruit. *En France, le soir du 14 juillet, les jeunes allument des pétards.*

HISTOIRE DU MOT Vient de *pet.*

péter **v.** (CONJUG. **9**, ✎ *10*). (Familier) ❶ Faire un pet, laisser échapper un gaz. ❷ Faire entendre un bruit sec et bref, une ou des détonations. *Les grenades pétaient de tous côtés.* ❸ Casser. *Péter un verre.* • **Péter le feu :** être en pleine forme, plein de dynamisme.

pétillant, e **adj.** ❶ Qui pétille, qui fait des bulles. *Une eau pétillante.* SYN. gazeux. ❷ *Des yeux pétillants* sont vifs, ils brillent de joie, de malice, de plaisir, etc.

pétiller **v.** (CONJUG. **3**). ❶ Faire de petits bruits secs. *Le feu pétille dans la cheminée.* SYN. crépiter. ❷ Faire de petites bulles qui éclatent à la surface. *Le champagne pétille dans la coupe.* ❸ Briller d'un vif éclat. *Ses yeux pétillèrent de joie quand elle découvrit les cadeaux sous le sapin de Noël.*

HISTOIRE DU MOT Vient de *pet.*

pétiole **n.m.** Queue d'une feuille, située dans le prolongement de la nervure principale.
▸ REM. On prononce [pesjɔl].

1 petit, e **adj.** ❶ D'une taille peu élevée, peu importante. *Marie est petite pour son âge.* CONTR. grand. ❷ Qui est peu étendu. *C'est un petit jardin.* CONTR. vaste. *Ma chambre est toute petite.* SYN. exigu. ❸ Qui est peu important. *Un petit groupe de gens* (= quelques personnes). *J'ai entendu un petit bruit.* SYN. léger. CONTR. fort. *C'est un petit commerçant.* SYN. modeste. ❹ Qui est jeune et n'a pas terminé sa croissance. *Quand j'étais petite, j'aimais jouer à la poupée.* ❺ S'emploie comme marque d'affection. *Ma petite maman. Mon petit chéri.* • (Familier) **Se faire petit** ou **tout petit :** essayer de ne pas se faire remarquer, de passer inaperçu. ◆ **petit adv.** • **En petit :** en réduction, en miniature. • **Petit à petit :** peu à peu, progressivement.
▸ REM. Au mot *petit* correspondent l'élément tiré du latin *mini-*, que l'on retrouve dans des mots comme *minimum, minimiser,* etc., et l'élément tiré du grec *micro-*, que l'on retrouve dans des mots comme *micro-organisme, microscope,* etc.

2 petit, e **n.** Enfant très jeune. *C'est une petite qui m'a aidé à porter mon sac. Étienne est dans la classe des petits.* CONTR. grand. ◆ **petit** **n.m.** Animal qui vient de naître. *La chienne allaitait ses petits* (= ses chiots).

petit-beurre **n.m.** (PLUR. : **petits-beurre**). Petit gâteau sec fait avec de la farine et du beurre.

petitesse **n.f.** ❶ Caractère de ce qui est de petite dimension ou de faible valeur. *La petitesse d'un logement.* SYN. exiguïté. ❷ Caractère de ce qui est mesquin, sans grandeur ni générosité. SYN. mesquinerie.

petit-fils **n.m.**, **petite-fille** **n.f.** (PLUR. : **petits-fils, petites-filles**). Par rapport aux grands-parents, chacun des fils ou filles de leurs enfants. *« J'ai un petit-fils et deux petites-filles », dit la grand-mère.*

petit-gris **n.m.** (PLUR. : **petits-gris**). ❶ Écureuil du nord de l'Europe, au pelage gris-bleu ; fourrure de cet animal. ❷ Escargot comestible de petite taille.

pétition **n.f.** Réclamation écrite, signée par un groupe de personnes avant d'être adressée à une autorité. *Les habitants du quartier ont envoyé une pétition à la mairie pour qu'on ne coupe pas les arbres de l'avenue.*

HISTOIRE DU MOT Vient du latin *petere* qui signifie « chercher à atteindre, demander ».

petit-lait **n.m.** (PLUR. : **petits-laits**). Liquide qui reste après l'écrémage du lait ou après la fabrication du beurre, du fromage. • (Familier) **Ça se boit comme du petit-lait :** c'est si agréable que l'on en boit beaucoup sans s'en rendre compte. *Ce vin se boit comme du petit-lait !*

petits-enfants **n.m.plur.** Les enfants des enfants. *Mon grand-père a huit petits-enfants : cinq petits-fils et trois petites-filles.*

petit-suisse **n.m.** (PLUR. : **petits-suisses**). Fromage frais, au lait de vache enrichi de crème, présenté en forme de petit cylindre.

pétoncle **n.m.** Coquillage comestible à deux coquilles appelé couramment *amande de mer.*

pétrifier **v.** (CONJUG. **7**). ❶ Changer en pierre ou en fossile. *Des ossements pétrifiés* (= fossilisés). ❷ Rendre incapable de bouger sous le coup d'une forte émotion. *Marine était pétrifiée de peur* (= paralysée).

HISTOIRE DU MOT Vient du latin *petra*, qui signifie « pierre », et *facere*, qui signifie « faire ».

pétrin **n.m.** Appareil qui sert à pétrir la pâte à pain. • (Familier) **Être dans le pétrin :** être dans une situation difficile, pénible, dont on ne sait comment sortir.

HISTOIRE DU MOT Vient du latin *pistrinum* qui signifie « moulin à blé ».

pétrir **pétrissant, pétri v.** (CONJUG. **16**). ❶ Presser avec ses doigts une matière malléable, comme de la pâte à modeler, de la cire, etc., afin de lui donner une forme. *Le sculpteur pétrit une boule d'argile pour façonner un visage.* SYN. modeler. ❷ Mélanger de la farine à de l'eau et à d'autres ingrédients pour faire une pâte. *Le boulanger pétrit la pâte à pain.*

A B C

pétrole **n.m.** Huile minérale naturelle qui se trouve en gisement dans la terre et qu'on utilise principalement comme source d'énergie. *En raffinant le pétrole, on obtient l'essence et le mazout.*

HISTOIRE DU MOT Vient du latin *petra*, qui signifie « pierre », et *oleum*, qui signifie « huile ».

raffinerie de **pétrole**

1 pétrolier, ère **adj.** Qui se rapporte au pétrole, à son exploitation. *L'essence est un produit pétrolier.* → VOIR AUSSI **pétrolifère.**

2 pétrolier **n.m.** Navire aménagé pour transporter du pétrole.

pétrolifère **adj.** Qui contient du pétrole. *Un gisement pétrolifère.* → VOIR AUSSI **pétrolier.**

pétulant, e **adj.** Qui est plein d'ardeur, dynamique, exubérant. *C'est une fille très pétulante.* SYN. impétueux, vif.

HISTOIRE DU MOT Vient du latin *petulans* qui signifie « querelleur, effronté ».

pétunia **n.m.** Plante ornementale aux belles fleurs blanches, violettes ou roses.

peu **adv.** Indique une petite quantité, un petit nombre, une faible intensité, etc. *Marie mange peu en ce moment. Il y avait très peu de monde.* CONTR. beaucoup. *Je la vois peu depuis quelques semaines.* CONTR. souvent. • **À peu près :** presque, environ. *Elle a à peu près fini.* • **Avant peu** ou **sous peu :** dans un délai très bref. • **De peu :** avec une faible différence. *Je l'ai manquée de peu, je suis arrivée avec une minute de retard.* • **Peu à peu :** progressivement, petit à petit. *Peu à peu, l'atmosphère du repas s'est détendue.* • **Pour peu que :** dans la mesure où, dès l'instant où. *Pour peu que vous l'interrogiez, Antonin vous apprendra beaucoup de choses.* • **Sous peu :** dans pas longtemps. *Je vous répondrai sous peu.* • **Un peu de :** une petite quantité de. *Il me faudrait un peu de plâtre pour reboucher le trou.*

HISTOIRE DU MOT Vient du latin *pauci* qui signifie « peu nombreux ».

peuh **interj.** Mot qui exprime le dédain, le dégoût ou l'indifférence. *« Comment trouves-tu ce nouveau plat ? – Peuh ! pas bon du tout. »*

peuplade **n.f.** Petit groupe humain qui vit en tribu sur un territoire qui n'est pas nettement délimité.

peuple **n.m.** ❶ Ensemble de personnes ayant en commun une langue, une culture, des traditions. *Les Francs étaient un peuple germanique. Les Touareg sont un peuple nomade d'Afrique.* ❷ L'ensemble des personnes qui habitent un même pays. *Le peuple français, américain, allemand. Le président organise un référendum pour consulter directement le peuple.* SYN. nation, population. ❸ La partie la plus nombreuse et la moins riche de la population. *M. Denis est issu du peuple.* CONTR. bourgeoisie.

▸ REM. Au mot *peuple* correspondent les éléments tirés du grec *demo-*, que l'on retrouve dans des mots comme *démocratie* et *démographie*, et *ethno-*, que l'on retrouve dans des mots comme *ethnie* et *ethnologie*.

peuplé, e **adj.** Où il y a des habitants. *Un pays très peuplé.* CONTR. désert.

peuplement **n.m.** ❶ Installation d'habitants dans une région, un pays. *Le peuplement du Canada s'est fait progressivement.* ❷ Le nombre d'habitants d'une région, d'un pays. *Le peuplement de l'Islande est assez faible.*

peupler **v.** (CONJUG. 3). ❶ S'installer en nombre dans une région. *On envoya des colons peupler l'île.* ❷ Vivre dans un endroit en grand nombre. *Les Indiens peuplaient l'Amérique avant l'arrivée des Européens.* SYN. habiter, occuper. ❸ Lâcher une espèce animale dans un territoire donné afin qu'elle s'y reproduise. *Peupler un étang de carpes.* ◆ **se peupler** **v.pron.** Se remplir d'habitants. *Ce pays s'est peuplé très vite.*

peuplier **n.m.** Arbre très haut des régions tempérées dont on utilise le bois en menuiserie et pour faire de la pâte à papier.

peuplier

J K L M N O P Q R S T U V W X Y Z

peur **n.f.** ❶ Vive émotion que l'on ressent lorsqu'on est face à un danger, à une menace. *La peur le figeait sur place.* SYN. frayeur. *J'ai cru mourir de peur !* SYN. terreur. *Il y a eu plus de peur que de mal* (= ce n'était pas bien grave). ❷ Sentiment de crainte ou d'inquiétude. *J'ai peur de connaître les résultats de l'examen* (= cela m'inquiète). • **Faire peur :** effrayer. *Ne fais pas de bruit, tu vas faire peur aux oiseaux et ils vont s'envoler.* • **Une peur bleue :** une très grande peur.

peureux, euse **adj.** et **n.** Qui a facilement peur et manque de courage. *C'est une jeune fille peureuse.* SYN. craintif. CONTR. hardi. *Il n'a pas osé se défendre, c'est un peureux !* SYN. lâche, poltron. CONTR. courageux.

peut-être **adv.** Indique une possibilité. *Il devrait être là, il a peut-être eu un accident. « Est-ce que tu viendras demain ? – Peut-être, tout dépend du temps qu'il fera. »*

phacochère **n.m.** Mammifère voisin du sanglier, haut sur pattes et aux défenses recourbées, vivant dans la savane africaine.

phacochère

phalange **n.f.** ❶ Chacun des os qui composent les doigts et les orteils. *Le pouce a deux phalanges, les autres doigts en ont trois.* ❷ Dans l'Antiquité grecque, formation de combat. → VOIR AUSSI **hoplite.**

HISTOIRE DU MOT Vient du grec *phalax* qui signifie « bâton, rondin de bois ».

ENCYCLOPÉDIE Les *phalanges* grecques étaient composées de plusieurs rangs de soldats à pied, équipés de longues piques et de boucliers.

phalène **n.f.** Papillon nocturne, au vol faible et vacillant. *À l'état de chenille, certaines espèces de phalènes causent des dégâts dans les cultures et les arbres.*

pharaon **n.m.** Roi de l'Égypte antique. *Le tombeau, le sarcophage d'un pharaon.*

phare **n.m.** ❶ Tour envoyant des signaux lumineux afin de guider les navires près des côtes, la nuit. *Le phare des Baleines, à l'île de Ré.* ❷ Chacun des deux projecteurs à l'avant d'une voiture. *Pourquoi cette voiture nous fait-elle des appels de phare ?* (= ses phares s'allument et s'éteignent plusieurs fois de suite).

HISTOIRE DU MOT Vient de *Pharos*, île de la Méditerranée, près d'Alexandrie, où un roi fit construire, au IIIe siècle avant J.-C., une tour en marbre blanc du haut de laquelle on pouvait voir à plus de 150 km.

pharmaceutique **adj.** Qui se rapporte à la pharmacie, à la fabrication des médicaments. *Un laboratoire pharmaceutique.*

pharmacie **n.f.** ❶ Science des médicaments, de leur composition, de leur préparation. *Des études de pharmacie.* ❷ Magasin où l'on vend des médicaments. *Cette pharmacie est ouverte tard le soir.* ❸ Petite armoire où l'on range les médicaments d'usage courant, les pansements.

HISTOIRE DU MOT Vient du grec *pharmakon* qui signifie « remède ».

pharmacien, enne **n.** Personne diplômée en pharmacie, qui tient une pharmacie.

pharynx **n.m.** Partie de la gorge située entre la bouche et l'œsophage, où les voies digestives croisent les voies respiratoires.

phase **n.f.** ❶ Chacun des stades par lesquels un phénomène, un processus se développe. *Notre plan se réalisera en trois phases.* SYN. étape. ❷ Chacun des différents aspects que présentent la Lune et les planètes selon leur position par rapport à la Terre et au Soleil. *La nouvelle lune et la pleine lune sont deux des phases de la Lune.*

HISTOIRE DU MOT Vient du grec *phasis* qui signifie « apparition d'une étoile ».

phénicien, enne **adj.** et **n.** Qui se rapporte aux Phéniciens. → VOIR noms propres.

phénix **n.m.** Oiseau imaginaire qui, selon la légende, vivait plusieurs siècles, se brûlait sur un bûcher puis renaissait de ses cendres.

HISTOIRE DU MOT Vient du grec *phoinix* qui signifie « pourpre ».

ENCYCLOPÉDIE Le phénix vient de la mythologie égyptienne. Il est décrit comme ayant la taille d'un aigle, des ailes rouge et doré. On prétendait qu'il vivait dans les déserts d'Éthiopie ou d'Arabie.

phénix (miniature du XIIIe siècle)

phénoménal, ale, aux **adj.** Qui sort de l'ordinaire, qui tient du phénomène. *Luc est d'une force phénoménale.* SYN. extraordinaire, prodigieux.

phénomène **n.m.** ❶ Fait que l'on peut observer. *L'orage est un phénomène naturel.* SYN. manifestation. *L'inflation est un phénomène économique.* ❷ Personne

A
B
C
D
E
F
G
H
I
J
K
L
M
N
O
P
Q
R
S
T
U
V
W
X
Y
Z

ou chose qui frappe par son caractère exceptionnel. *Mozart est un phénomène, il a écrit son premier menuet à l'âge de cinq ans.* SYN. prodige. *Un potiron de 28 kg, c'est un phénomène.* SYN. curiosité, merveille.

philanthrope adj. et n. Qui aime les êtres humains et cherche à leur venir en aide. *C'est un philanthrope qui fait des dons importants à un organisme humanitaire.*

HISTOIRE DU MOT Vient du grec *philos*, qui signifie « ami », et *anthrôpos*, qui signifie « homme », que l'on retrouve dans *anthropologie*.

philanthropie n.f. Amour des autres qui pousse à leur venir en aide, à améliorer leur sort.

philatélie n.f. Goût pour les timbres-poste ; passion de les collectionner.

philatéliste n. Personne qui collectionne les timbres-poste.

philodendron n.m. Plante ornementale originaire d'Amérique centrale, aux feuilles dures et découpées comme des doigts, et aux fleurs odorantes.

philosophale adj.f. • **Pierre philosophale** : pierre que les alchimistes du Moyen Âge recherchaient et qui devait, pensaient-ils, transformer le plomb en or.

philosophe n. Spécialiste de philosophie. *Platon était un philosophe de la Grèce antique, Jean-Paul Sartre un philosophe contemporain.* ◆ adj. et n. Qui prend la vie du bon côté, avec optimisme. *Les épreuves qu'elle a traversées l'ont rendue philosophe.*

HISTOIRE DU MOT Vient du grec *philos*, qui signifie « ami », et *sophia*, qui signifie « sagesse ». Le philosophe est un « ami de la sagesse ».

philosophie n.f. ❶ Étude et réflexion sur la place et le rôle de l'homme dans le monde. *Se poser la question de la liberté de l'homme et de sa place dans l'Univers, c'est faire de la philosophie.* ❷ L'ensemble des théories et des doctrines nées de cette étude. *La philosophie grecque.* ❸ Sagesse acquise par l'expérience ; distance que l'on sait garder face aux événements. *Voir les choses avec philosophie.*

philosophique adj. Qui se rapporte à la philosophie. *Une doctrine philosophique.*

philtre n.m. Dans les contes ou légendes, breuvage magique qui a le pouvoir de faire naître l'amour. *Tristan et Iseut ont bu un philtre.*
▸ REM. Ne pas confondre avec *filtre*.

phobie n.f. Peur intense et irraisonnée de quelque chose. *J'ai la phobie des araignées.*

HISTOIRE DU MOT Vient du grec *phobos*, « crainte », que l'on retrouve dans *claustrophobie*.

phocéen, enne adj. et n. De Marseille (ville fondée par les Phocéens). *Le vieux port de la cité phocéenne.*

phonème n.m. Son d'une langue que l'on transcrit entre crochets. [ʒ], [ɔ], [ɑ̃] *sont des phonèmes du français.*

phonétique adj. *L'alphabet phonétique* utilise des signes spéciaux pour noter la prononciation. *« Maison » s'écrit* [mɛzɔ̃] *en alphabet phonétique.* ◆ n.f. Étude scientifique des sons du langage humain.

HISTOIRE DU MOT Vient du grec *phônê* qui signifie « son, voix », que l'on retrouve dans *francophone*.

phonographe ou **phono** n.m. Appareil qui servait autrefois à reproduire des sons gravés sur un cylindre ou dans les sillons d'un disque.

phoque n.m. Mammifère marin des régions froides, au corps allongé, au cou très court et aux oreilles sans pavillon, qui vit surtout dans les mers froides. *Le phoque est un pinnipède.*

ENCYCLOPÉDIE Les phoques se nourrissent de crustacés, de poissons, de calmars, de seiches. Ils peuvent séjourner sous la banquise en creusant des trous dans la glace pour respirer. Leurs membres courts ne leur permettent pas de marcher. Les phoques sont chassés pour leur fourrure.

jeune phoque

phosphate n.m. Produit chimique composé de phosphore, d'oxygène et d'autres éléments, utilisé principalement comme engrais.

phosphore n.m. Élément chimique, lumineux dans l'obscurité et qui s'enflamme très facilement en émettant une lumière bleue. *Le phosphore sert à la fabrication des allumettes.*

HISTOIRE DU MOT Vient, comme *phosphate*, du grec *phôs* qui signifie « lumière ».

phosphorescent, e adj. Qui émet de la lumière dans l'obscurité. *Le ver luisant est phosphorescent.*
→ VOIR AUSSI **fluorescent.**

photo n.f. Photographie. ◆ adj.invar. • **Appareil photo** : appareil photographique.

photocopie n.f. Procédé de reproduction rapide de documents ; reproduction ainsi obtenue. *J'ai fait une photocopie de mon diplôme.*

photocopier v. (CONJUG. 7). Reproduire un document par photocopie.

photocopieuse n.f. ou **photocopieur** n.m. Appareil qui permet de faire des photocopies.

photocopillage n.m. Action de photocopier un livre pour en économiser l'achat. *Le photocopillage est un délit.*

HISTOIRE DU MOT Vient de *photocopie* et de *pillage*.

photoélectrique adj. *Une cellule photoélectrique* sert à mesurer l'intensité de la lumière. *La plupart des appareils photo sont munis d'une cellule photoélectrique.*

photogénique adj. Dont l'image photographique produit un bel effet.

photographe n. ❶ Personne qui prend des photos. *Un photographe amateur, professionnel.* ❷ Commerçant qui se charge du développement et du tirage des photos, qui vend du matériel photographique.

photographie n.f. ❶ Procédé qui utilise l'action de la lumière pour fixer l'image des personnes et des objets sur une pellicule. *Christophe fait de la photographie en amateur.* ❷ Image obtenue par ce procédé, reproduite sur du papier. *Elle m'a montré des photographies en noir et blanc et en couleurs de son voyage.* SYN. cliché.
▸ REM. On emploie couramment l'abréviation *photo.*
HISTOIRE DU MOT Vient du grec *phôs*, qui signifie « lumière », et *graphein*, qui signifie « inscrire ».

photographier v. (CONJUG. 7). Prendre une photo. *Les touristes photographient la tour Eiffel avant de remonter dans leur car.*

photographique adj. Qui sert à faire de la photographie. *Un appareil photographique.*

photosynthèse n.f. Phénomène par lequel les plantes, grâce à la chlorophylle, produisent leur nourriture en absorbant du gaz carbonique de l'air et en rejetant l'oxygène. *La lumière solaire permet la photosynthèse, car elle sert de source d'énergie.*

photovoltaïque adj. Relatif à la transformation de l'énergie lumineuse en énergie électrique. *Des panneaux photovoltaïques ont été posés sur le toit de l'école.*

phrase n.f. Suite ordonnée de mots qui présente un sens complet. *À l'écrit, la phrase commence par une majuscule et finit par un point. Étudier l'ordre des mots dans la phrase.* → VOIR encadré page suivante et Fiche 4. • **Phrases toutes faites :** suite de banalités, de formules creuses. *Anatole ne parle qu'avec des phrases toutes faites.* SYN. cliché.
HISTOIRE DU MOT Vient du grec *phrazein* qui signifie « expliquer ».

phréatique adj. • **Nappe phréatique :** nappe d'eau souterraine emprisonnée dans les roches, formée par l'infiltration des eaux de pluie et alimentant des puits ou des sources.
HISTOIRE DU MOT Vient du grec *phrear, -atos*, qui signifie « puits ».

phrygien, enne adj. et n. De la Phrygie. ◆ adj.m. • **Bonnet phrygien :** bonnet rouge qui devint pendant la Révolution française l'emblème de la liberté et de la république.

bonnet phrygien

phylactère n.m. Bulle, dans une bande dessinée.

phylloxéra n.m. Maladie de la vigne causée par un minuscule puceron appelé aussi *phylloxéra.*
HISTOIRE DU MOT Vient du grec *phullon*, qui signifie « feuille », et *xêros*, qui signifie « sec ».

physicien, enne n. Spécialiste de physique. *Albert Einstein fut un des grands physiciens du XXe siècle.*

physiologie n.f. Partie de la biologie qui étudie les propriétés et les fonctions des organes et des tissus des êtres vivants. *Physiologie animale, végétale.*
HISTOIRE DU MOT Vient du grec *phusis*, qui signifie « nature », et *logos*, qui signifie « science ».

physionomie n.f. ❶ L'expression générale d'un visage. *Elle a une physionomie gaie. Peut-on juger les gens sur leur physionomie ?* SYN. air, mine. ❷ Aspect général. *La physionomie de la France a beaucoup changé en trente ans.*

physionomiste adj. et n. Qui a la mémoire des visages et est capable de reconnaître immédiatement une personne déjà rencontrée.

physiothérapeute n. Au Québec et en Suisse, kinésithérapeute.

1 **physique** n.f. Science qui étudie les propriétés de la matière, de l'espace, du temps et qui établit les lois des phénomènes naturels. *La mécanique, l'électricité sont des branches de la physique.*

2 **physique** adj. ❶ Qui se rapporte à la nature. *La géographie physique.* ❷ Qui se rapporte à la physique. *Les propriétés physiques de l'atome. La loi de la pesanteur est une loi physique.* ❸ Qui se rapporte au corps humain. *La souffrance physique. La culture physique* (= la gymnastique).

3 **physique** n.m. L'apparence et la santé du corps. *Avoir un physique agréable.*

physiquement adv. Sur le plan du corps, de son état ou de son aspect. *Depuis sa maladie, il est physiquement très diminué.*

pi n.m.invar., ✎ *n.m.* Lettre de l'alphabet grec (π) correspondant au *p* français, qui est utilisée en mathématiques pour désigner le nombre 3,1416 (égal au rapport entre la circonférence et le diamètre d'un cercle).

piaf n.m. (Familier) Moineau.

piaffer v. (CONJUG. 3). Pour un cheval, frapper le sol de ses sabots de devant. • **Piaffer d'impatience :** manifester son impatience en étant très agité, très nerveux. *Les enfants piaffent d'impatience devant le sapin de Noël.* SYN. trépigner.

piaillement n.m. Ensemble de cris aigus et répétés poussés par des oiseaux.

piailler v. (CONJUG. 3). ❶ Pour les oiseaux, faire entendre de petits cris aigus et répétés. *Des moineaux piaillaient dans les marronniers de la cour.* ❷ (Familier) Pour un enfant, crier sans cesse.

pianissimo adv. Terme porté sur une partition de musique pour indiquer que le mouvement doit être joué tout doucement, presque faiblement.

a b c d e f g h i j k l m n o p q r s t u v w x y z

La **phrase**

La phrase commence par une **majuscule** et se termine par un **point**, un point d'interrogation, un point d'exclamation ou des points de suspension.

La structure des phrases

➤ La **phrase simple** est constituée :

– d'un verbe seul	*Bois !*
– d'un groupe de mots sans verbe exprimé	*Voici le chat ! Quel chat !*
– d'un sujet et d'un verbe	*Le chat boit.*
- d'un groupe du nom sujet et d'un groupe verbal	*Le petit chat boit son lait dans la cuisine.*

➤ La **phrase complexe** est constituée :

– de deux propositions indépendantes coordonnées	*Pierre lit son livre et Paul écoute de la musique.*
– de deux propositions juxtaposées	*Le ciel est bleu, le temps est magnifique.*
– d'une proposition principale et d'une subordonnée	*Nous partirons quand tu seras prêt.*

Les formes de phrases

Elles peuvent être **affirmatives** :	*Je ris.*
ou **négatives** :	*Je ne ris pas.*

Les types de phrases

Remarque : tous les types de phrases peuvent avoir les deux formes : affirmative et négative.

Types	*Affirmative*	*Négative*
▪ **Déclarative** Sert à donner une information, ***demain.*** à exprimer une pensée, un jugement.	*Paul arrivera demain.*	*Paul n'arrivera pas*
▪ **Impérative** Sert à donner un ordre. Le verbe est au mode impératif. Elle se termine par un point d'exclamation.	*Viens ici !*	*Ne te retourne pas !*
▪ **Interrogative** Sert à poser une question. Elle se termine par un point d'interrogation.	*Qui est venu ?*	*Juliette ne vient-elle pas ?*
▪ **Exclamative** Sert à exprimer un sentiment (joie, colère, peur...). Elle se termine par un point d'exclamation.	*Comme c'est gentil !*	*Ce n'est pas joli du tout !*

pianiste **n.** Musicien qui joue du piano, professionnellement ou pour son plaisir.

1 **piano** **n.m.** Instrument de musique à clavier et à cordes frappées par de petits marteaux recouverts de feutre.

ENCYCLOPÉDIE Le premier piano a été construit par l'Italien Cristofori en 1698. Le piano a remplacé le clavecin au cours du XVIIIe siècle. Les musiciens souhaitaient pouvoir jouer fort ou tout doucement pour obtenir des nuances, ce que le clavecin ne permettait pas. Cristofori eut l'idée de faire frapper les cordes par de petits marteaux : il inventa le *pianoforte* (ce qui signifie *doux-fort*), dont l'évolution a donné le piano moderne.

2 **piano** **adv.** Terme porté sur une partition de musique pour indiquer que le mouvement doit être joué avec une faible intensité de son.

pianoter **v.** (CONJUG. 3). ❶ Jouer du piano comme un débutant ou en pensant à autre chose. ❷ Tapoter avec les doigts sur quelque chose. *Zoé pianotait nerveusement sur la table.* ❸ (Familier) Taper sur les touches d'un clavier informatique.

piastre **n.f.** Monnaie ancienne, ou centième partie de certaines monnaies actuelles en Égypte, au Liban et en Syrie.

1 **pic** **n.m.** Montagne dont le sommet a une forme de pointe ; ce sommet lui-même. *Le pic du Midi de Bigorre, dans les Pyrénées, s'élève à 2 872 m.*

2 **pic** **n.m.** Outil pointu à manche qui sert à creuser ou à casser. *Pic de mineur. Pic à glace.*

3 **pic** **n.m.** Oiseau grimpeur qui frappe de son bec, à coups répétés, l'écorce des arbres pour en faire sortir les larves, dont il se nourrit. *Il existe de nombreuses variétés de pics, comme le pic-vert (ou pivert), le pic rouge, le pic de montagne.*

4 **à pic** **adv.** À la verticale. *Les flancs à pic d'une montagne. Le pauvre homme ne savait pas nager, il a coulé*

à pic (= il est allé tout droit au fond de l'eau). • (Familier) **Arriver, tomber à pic :** arriver au bon moment, à point nommé. *Tu tombes à pic, j'avais quelque chose à te demander.* SYN. à propos, pile.

pic-bois **n.m.** (PLUR. : **pics-bois**). Au Canada, nom donné aux diverses espèces de pics (oiseaux).

pichenette **n.f.** (Familier) Petit coup donné d'un doigt que l'on détend brusquement après l'avoir replié contre le pouce. *D'une pichenette, il fit tomber une miette de pain qu'il avait sur sa manche.* SYN. chiquenaude.

HISTOIRE DU MOT Vient du provençal *pichouneto* qui signifie « petite gifle ».

pichet **n.m.** Pot muni d'un bec et d'une anse dans lequel on met une boisson. *L'aubergiste posa sur la table un pichet de vin blanc.* → VOIR AUSSI **cruche.**

pickpocket **n.m.** Voleur qui prend ce que les gens ont dans leurs poches ou dans leurs sacs. *Profitant d'une bousculade, un pickpocket lui déroba son portefeuille.* ▸ REM. On prononce [pikpɔkɛt].

HISTOIRE DU MOT Vient de l'anglais *to pick*, qui signifie « ramasser, prendre », et *pocket*, qui signifie « poche ».

picorer **v.** (CONJUG. **3**). Pour les oiseaux, prendre la nourriture avec le bec. *Les poules accoururent pour picorer le grain.*

picotement **n.m.** Sensation de légères piqûres. *Il éprouvait des picotements dans les mains.* SYN. fourmillement.

picoter **v.** (CONJUG. **3**). Causer des picotements. *La fumée lui picotait les yeux.*

picotin **n.m.** Autrefois, ration d'avoine donnée à un cheval.

pictogramme **n.m.** ❶ Dessin très stylisé, qui figure sur des panneaux pour donner des indications faciles à comprendre par tous. *Un pictogramme à l'entrée de la voiture avertissait qu'elle était réservée aux non-fumeurs.* ❷ Chacun des dessins schématisés de certaines écritures, qui représentent des objets ou des actions. *Les premières apparitions de l'écriture en Mésopotamie se firent sous forme de pictogrammes.* → VOIR AUSSI **écriture** (planche).

HISTOIRE DU MOT Vient du latin *pictus*, qui signifie « peint », et du grec *gramma*, qui signifie « lettre d'écriture ».

consigne automatique — infirmerie — escalier mécanique — sortie

pictogrammes

pictural, ale, aux **adj.** Qui se rapporte à la peinture, en tant qu'art. *Une œuvre picturale* (= un tableau).

HISTOIRE DU MOT Vient du latin *pictura* qui signifie « peinture ».

pic-vert **n.m.** → **pivert**

1 pie **n.f.** Oiseau à plumage noir bleuté et blanc, et à longue queue. *La pie aime voler les objets brillants, qu'elle emporte dans son nid.* • (Familier) **Bavard comme une pie :** très bavard.

ENCYCLOPÉDIE Cri : la pie jacasse ou jase.

2 pie **adj.invar.** *Un cheval, une jument, une vache pie* ont un pelage noir et blanc ou roux et blanc.

pièce **n.f.** ❶ Chaque partie d'un appartement, d'une maison, entourée de cloisons, et pouvant servir de chambre, de salle de séjour, de salon, de bureau. *Un appartement de quatre pièces.* ❷ Chaque objet, chaque élément d'un ensemble. *Les pièces d'un jeu de dames, d'un puzzle. Il a acheté une pièce de rechange pour son moteur.* ❸ Chaque morceau d'une chose brisée, cassée. *Le vase est tombé, il est en pièces.* ❹ Morceau de métal plat qui sert de monnaie. *Une pièce de un euro, de dix cents.* ❺ Document écrit, qui établit l'existence de quelque chose. *Le passeport est une pièce d'identité.* ❻ Morceau de tissu avec lequel on répare une déchirure à un vêtement. *Un jean avec des pièces aux genoux.* ❼ *Une pièce de théâtre* est une œuvre écrite pour être jouée au théâtre, comme les tragédies, les drames, les comédies. *« Hamlet » est une des pièces les plus célèbres de Shakespeare.* • **À la pièce** ou **pièce :** à l'unité, par unité. *Ces choux-fleurs sont vendus à la pièce* (= un par un). *Ces melons valent 2 euros pièce* (= chacun). • **Inventer de toutes pièces :** inventer entièrement, de bout en bout. *Ne le crois pas, c'est une histoire inventée de toutes pièces.* • **Pièce d'eau :** bassin, petit étang dans un jardin, un parc. • **Pièce montée :** grand gâteau très décoré que l'on sert dans de grandes occasions, comme un mariage.

piécette **n.f.** Pièce de monnaie de peu de valeur. *Il ne lui restait que quelques piécettes au fond de sa poche.*

1 pied **n.m.** ❶ Chez l'homme, partie du corps qui s'articule au bas de la jambe et qui permet de se tenir debout et de marcher. *La plante des pieds. Marcher pieds nus. Donner un coup de pied.* ❷ Nom donné à l'extrémité des pattes de certains animaux. *Des pieds de veau, de porc, de mouton.* ❸ La partie d'un objet ou d'un meuble sur laquelle ils reposent. *Les pieds d'une table. Un verre à pied.* ❹ La partie du lit où l'on pose les pieds, par opposition à la *tête*. ❺ La partie d'une plante qui touche le sol. *Le pied d'un arbre. Un pied de vigne.* • **À pied :** en marchant. *Nous viendrons chez toi à pied.* • **Au pied de :** en bas de quelque chose. *Nous étions au pied de la montagne, en bas des pistes. S'asseoir au pied d'un arbre.* • **Avoir les pieds sur terre :** avoir le sens des réalités, être réaliste. • **Avoir pied :** pouvoir se tenir debout dans l'eau, les pieds touchant le fond mais la tête hors de l'eau. • **Être sur pied :** être rétabli, après une maladie. *« Ce n'est pas très grave, dit le docteur, dans trois jours il sera sur pied. »* • **Mettre**

a b c d e f g h i j k l m n o p q r s t u v w x y z

A B C D E F G H I J K L M N O P Q R S T U V W X Y Z

quelque chose sur pied : l'organiser, le mettre en place. *Il fallait se décider vite : en quelques heures ils mirent sur pied un plan d'action.* SYN. établir. • **Perdre pied :** se troubler et perdre de son assurance.

▶ REM. Au mot *pied* correspondent l'élément tiré du grec *pod(o)-*, que l'on retrouve dans des mots comme *gastéropode*, et l'élément tiré du latin *pédi-* ou *-pède*, que l'on retrouve dans des mots comme *pédicure* ou *vélocipède*, *bipède*, *quadrupède*.

HISTOIRE DU MOT Vient du latin *pes, pedis* que l'on retrouve dans *pédestre*.

2 pied **n.m.** ❶ En poésie, chaque syllabe qui compose un vers. *L'alexandrin est un vers de douze pieds.* ❷ Mesure de longueur de la taille approximative d'un pied utilisée autrefois en France, et aujourd'hui dans les pays anglo-saxons, où elle équivaut à 30,48 cm. *Le pied se subdivise en pouces. Dans l'aviation, le pied est une unité de mesure de l'altitude.* → VOIR AUSSI **pouce.** • **Sur un pied d'égalité :** d'égal à égal. *Discuter sur un pied d'égalité.*

pied-à-terre **n.m.invar.** Logement qu'on occupe de temps en temps. *Patrick habite à Lyon, mais il a un pied-à-terre à Paris, où il travaille.*

▶ REM. On prononce [pjetatɛr].

pied-de-biche **n.m.** (PLUR. : **pieds-de-biche**). Petite barre en métal dont l'extrémité, recourbée et fendue, est utilisée comme levier, pour arracher les clous.

pied-de-nez **n.m.** (PLUR. : **pieds-de-nez**). Geste de moquerie fait en plaçant la main dans le prolongement du nez, les doigts écartés, le pouce sur le nez.

pied-de-poule **n.m.** (PLUR. : **pieds-de-poule**) et **adj.invar.** Tissu de laine qui a un motif en damier de deux couleurs qui évoque l'empreinte d'une patte de poule.

piédestal **n.m.** (PLUR. : **piédestaux**). ❶ Socle sur lequel on place une statue ou un élément décoratif. *La statue équestre du roi repose sur un piédestal.* ❷ *Mettre quelqu'un sur un piédestal*, c'est lui témoigner une vive admiration.

HISTOIRE DU MOT Vient de l'italien *piede*, qui signifie « pied », et *stallo*, qui signifie « support ».

pied-noir **adj.** et **n.** (PLUR. : **pieds-noirs**). (Familier) Nom donné aux Français d'origine européenne qui vivaient en Afrique du Nord et plus particulièrement en Algérie jusqu'à l'indépendance de ce pays.

piège **n.m.** ❶ Objet, mécanisme qui sert à attraper des animaux. *La tapette, le collet sont des pièges.* ❷ Manœuvre, moyen détourné dont on se sert pour tromper une personne et la placer dans une situation délicate. *Il est tombé dans le piège.* SYN. guet-apens, traquenard. ❸ Difficulté cachée. *Le problème était plein de pièges.*

HISTOIRE DU MOT Vient du latin *pedica* qui signifie « lien pour les pieds ».

piéger **piégeant, piégé** **v.** (CONJUG. 9, ✎ 10). ❶ Attraper avec un piège. *Piéger une souris.* ❷ Mettre quelqu'un dans une situation embarrassante ; le faire tomber dans un piège. *Vous l'avez piégé en lui posant cette question.* ❸ *Piéger un véhicule, un lieu*, c'est y déposer un engin qui explose par contact.

pierre **n.f.** ❶ Ce qui constitue la matière des rocs et des rochers, et que l'on trouve sous forme de blocs à la surface et à l'intérieur de la Terre. ❷ Morceau de pierre plus ou moins gros. *José jeta une pierre dans la rivière.* SYN. caillou. *De grosses pierres obstruaient la route.* SYN. rocher. • **Âge de la pierre taillée** ou **âge de la pierre polie :** périodes préhistoriques où l'homme tailla la pierre puis la polit afin d'en faire des outils, des armes. • **Être malheureux comme les pierres :** être très malheureux. • **Faire d'une pierre deux coups :** obtenir deux résultats par une seule action. • **Jeter la pierre à quelqu'un :** l'accuser, le blâmer. *Avant de lui jeter la pierre, demande-toi ce que tu aurais fait à sa place.* • **Pierre de taille :** bloc de pierre taillé de façon régulière pour être utilisé en construction. • **Pierre fine :** pierre utilisée en bijouterie (améthyste, topaze, turquoise). • **Pierre levée :** nom que l'on donne à un monument préhistorique composé de grands blocs de pierre dressés. *Les dolmens et les menhirs sont des pierres levées.* • **Pierre précieuse :** pierre de grande valeur comme le diamant, l'émeraude, le rubis, le saphir, utilisée en joaillerie. → VOIR encadré ci-dessous.

HISTOIRE DU MOT Vient du latin *petra* que l'on retrouve dans *pétrifier*.

Pierres précieuses et pierres fines

une **agate**	*couleurs variées*
une **améthyste**	*violet*
un **diamant**	*incolore*
une **émeraude**	*vert*
un **grenat**	*rouge*
un **jade**	*vert*
un **lapis-lazuli**	*bleu vif*
un **onyx**	*couleurs variées*
une **opale**	*blanc irisé ou bleuâtre*
un **rubis**	*rouge vif*
un **saphir**	*bleu*
une **topaze**	*jaune, doré, rose*
une **turquoise**	*bleu-vert*

pierreries **n.f.plur.** Pierres précieuses taillées, utilisées en bijouterie. *Une couronne ornée de pierreries.*

pierreux, euse **adj.** Couvert de pierres. *Un terrain pierreux.* SYN. caillouteux.

piété **n.f.** Caractère et comportement d'une personne pieuse. *C'était un homme d'une profonde piété.*

piétiner **v.** (CONJUG. 3). ❶ Faire des pas en avançant peu ou pas du tout. *La foule piétinait sur le trottoir en attendant l'ouverture des guichets.* ❷ Écraser avec les pieds. *Le chien a piétiné la plate-bande.* ❸ Au sens figuré, ne marquer aucun progrès, ne pas avancer. *L'enquête de la police piétine.* SYN. stagner. CONTR. avancer, progresser.

1 piéton, onne **n.** Personne qui se déplace à pied. *Les trottoirs sont réservés aux piétons.*

2 piéton, onne ou **piétonnier, ère** **adj.** Réservé aux piétons. *Une zone piétonne. Une allée piétonnière.*

piètre **adj.** Qui a peu de valeur, qui présente très peu d'intérêt. *Édouard est avant-dernier, c'est un piètre résultat !* SYN. médiocre.

pieu **n.m.** (PLUR. : **pieux**). Gros piquet en bois ou barre de métal dont un bout est pointu, afin qu'on puisse l'enfoncer en terre. *On enfonça des pieux autour de la prairie pour y fixer une clôture.*
▸ REM. Ne pas confondre avec l'adjectif *pieux*.

HISTOIRE DU MOT Vient du latin *palus* que l'on retrouve dans *pal*.

pieusement **adv.** De façon pieuse.

pieuvre **n.f.** Mollusque céphalopode dont les huit bras, appelés *tentacules*, portent des ventouses. SYN. poulpe. *Dans son roman « Vingt Mille Lieues sous les mers », Jules Verne décrit le combat du capitaine Nemo avec une pieuvre géante.*

ENCYCLOPÉDIE Les pieuvres vivent dans les creux des rochers, près des côtes, et se nourrissent de crustacés et de mollusques.

pieuvre

pieux, euse **adj.** Qui est très attaché à la religion. *Une personne pieuse.* → VOIR AUSSI **dévot.** • **Un pieux mensonge :** un mensonge fait dans de bonnes intentions.
▸ REM. Ne pas confondre avec le nom *pieu*.

pif **n.m.** (Familier) Nez. • (Familier) **Au pif :** approximativement, à vue de nez. *Au pif, je lui donnerais vingt-cinq ans.*

pige **n.f.** *Travailler, être payé à la pige*, se dit d'un journaliste, d'un rédacteur, d'un traducteur, d'un correcteur, etc., qui est payé à l'article (au nombre de lignes). *Les collaborateurs occasionnels sont payés à la pige et sont appelés des pigistes.*

pigeon **n.m.** Oiseau aux ailes larges et courtes, au plumage varié selon les espèces. • **Pigeon voyageur :** pigeon dressé pour aller d'un lieu à un autre, et qu'on utilise pour porter des messages.

ENCYCLOPÉDIE Cri : le pigeon roucoule. Femelle : la pigeonne. Petit : le pigeonneau.

pigeonnier **n.m.** Petit bâtiment, souvent en forme de tour, où l'on élève les pigeons domestiques.

piger **pigeant, pigé v.** (CONJUG. 5). ❶ (Familier) Comprendre. ❷ Au Canada, tirer, piocher. *Alice a pigé le numéro gagnant.*

pigment **n.m.** ❶ Substance naturelle colorée produite par un organisme vivant, qui lui donne sa coloration. *La chlorophylle est le pigment qui donne la couleur verte aux feuilles.* ❷ Poudre fine colorée utilisée pour fabriquer les peintures.

pigmentation **n.f.** Coloration naturelle d'un organe, en particulier de la peau.

pigmenté, e **adj.** Coloré par des pigments.

1 pignon **n.m.** La partie haute d'un mur qui finit en triangle et porte les deux pentes du toit. *Ils avaient fait percer une lucarne dans le pignon de leur maison.* • **Avoir pignon sur rue :** avoir une bonne situation dans la vie.

2 pignon **n.m.** La plus petite des roues dentées d'un engrenage. *Le pignon de la roue arrière d'une bicyclette.*

3 pignon **n.m.** Graine comestible du pin parasol.

1 pile **n.f.** ❶ Tas d'objets posés les uns sur les autres. *Il y avait sur son bureau une pile de dossiers.* ❷ Pilier de pierres ou de béton qui soutient les arches d'un pont. ❸ Petit appareil qui produit de l'énergie électrique à partir d'une réaction chimique.

2 pile **n.f.** Côté d'une pièce de monnaie où est indiquée la valeur, par opposition au côté *face*, où est souvent représenté un personnage. • **Jouer à pile ou face :** s'en remettre au hasard, en pariant sur le côté que présentera, en retombant, une pièce de monnaie que l'on jette en l'air.

3 pile **adv.** (Familier) De façon précise, très exactement. *Jean lui a donné rendez-vous à midi pile.* • (Familier) **S'arrêter pile :** s'arrêter brusquement. • (Familier) **Tomber pile :** survenir au bon moment, à point nommé. *Tu tombes pile, on avait besoin de toi* (= tu tombes à pic).

1 piler **v.** (CONJUG. 3). Réduire en très petits morceaux ou en poudre, en broyant, en écrasant. *Piler des noix dans un mortier.*

2 piler **v.** (CONJUG. 3). (Familier) Freiner brutalement. *Le chauffeur pila pour éviter un piéton qui traversait sans regarder.*

pileux, euse **adj.** Qui se rapporte aux poils, aux cheveux. *Avoir un système pileux très développé* (= avoir beaucoup de poils et de cheveux).

pilier **n.m.** ❶ Colonne de pierre, de bois ou de métal qui sert de support à une construction. *Les piliers d'une église, d'un hall de gare.* ❷ Personne qui est le défenseur, le soutien d'une organisation. *C'est un des piliers du club photo.*

pillage **n.m.** Action de piller. *Les troupes prirent la ville et se livrèrent au pillage.* → VOIR AUSSI **sac (2).**

pillard, e **n.** Personne qui pille. *Après le séisme, des pillards ont volé tout ce qu'ils trouvaient dans les maisons abandonnées.*

a b c d e f g h i j k l m n o p q r s t u v w x y z

piller v. (CONJUG. 3). Prendre pour soi tous les biens, toutes les richesses d'une maison, d'une ville, d'une région. *Les émeutiers cassèrent les vitrines et pillèrent les magasins.* SYN. dévaliser.

pilon n.m. ❶ Instrument long, lourd et à bout arrondi qui sert à piler, à écraser. *Nicole broyait des amandes avec un pilon.* ❷ Partie inférieure d'une cuisse de volaille. *Préfères-tu le haut de la cuisse ou le pilon ?*

pilonnage n.m. Action de pilonner un objectif, de l'écraser sous les bombes.

pilonner v. (CONJUG. 3). ❶ Écraser avec un pilon. *Pilonner de l'ail.* ❷ Soumettre un objectif à un bombardement intensif. *L'artillerie avait pilonné les lignes ennemies durant des heures.*

pilori n.m. Autrefois, poteau où étaient attachés certains condamnés pour être vus par tous.

pilosité n.f. Système pileux.

pilotage n.m. L'action de piloter. *Le pilote de l'avion se tient dans la cabine de pilotage.*

pilote n. ❶ Personne qui conduit un avion, une voiture de course. *Ce pilote de ligne assure la liaison Paris-Pékin deux fois par semaine.* ❷ Personne qui aide le capitaine d'un navire à l'entrée d'un port ou dans les passages difficiles. ◆ **n.m.** • **Pilote automatique :** dispositif qui permet la conduite d'un avion sans intervention de l'équipage. ◆ **adj.** (Avec ou sans trait d'union.) Qui innove, qui sert de modèle. *Une usine pilote.*

HISTOIRE DU MOT Vient du grec *pêdon* qui signifie « gouvernail ».

piloter v. (CONJUG. 3). ❶ Conduire une voiture de course, être le pilote d'un avion. ❷ Guider quelqu'un. *Quand je viendrai au Québec, tu me piloteras dans Montréal.*

pilotis n.m. Ensemble de gros pieux enfoncés dans le sol pour soutenir une construction, sur l'eau ou sur un terrain peu stable. *Il y a au bord du lac des maisons de pêcheurs sur pilotis.*

pilule n.f. ❶ Médicament en forme de petite boule, que l'on avale. *Deux pilules le matin, deux le soir.* ❷ Contraceptif oral féminin.
▸ REM. Attention : un seul *l* entre le *-i-* et le *-u-*.

HISTOIRE DU MOT Vient du latin *pilula* qui signifie « petite balle ».

maisons sur **pilotis** (lac Inle, Birmanie)

pimbêche n.f. Nom que l'on donne à une femme prétentieuse, qui fait des manières.

piment n.m. ❶ Plante, originaire des régions chaudes, que l'on cultive pour ses fruits, le *piment rouge* (qui a un goût très fort) ou le *piment doux* (que l'on appelle aussi *poivron*). ❷ Tout condiment qu'on ajoute à un plat pour en relever la saveur. ❸ Au sens figuré, ce qui donne de l'intérêt à une histoire, une vie. SYN. piquant.

HISTOIRE DU MOT Vient du latin *pigmentum* qui signifie « matière colorante, aromate ».

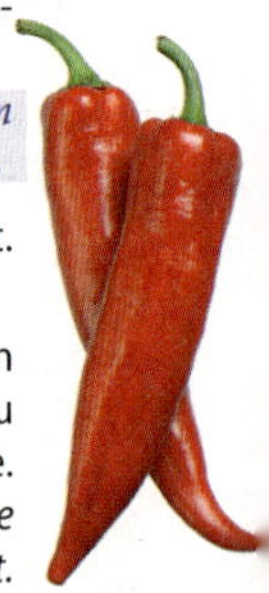

piments rouges

pimenté, e adj. Assaisonné de piment. *Ce plat est bien trop pimenté* (= épicé).

pimenter v. (CONJUG. 3). ❶ Assaisonner un plat avec du piment. SYN. épicer. ❷ Mettre du piquant, relever l'intérêt de quelque chose. *Les scènes de poursuite pimentent un peu le film, mais en général les enfants s'y ennuient.*

pimpant, e adj. Propre, joli et gai. *Elle était pimpante dans sa robe d'été.*

pin n.m. Arbre résineux, à feuillage persistant, aux feuilles en aiguilles, et dont le fruit, en forme de cône, est appelé *pomme de pin. On utilise le bois du pin en menuiserie.*

pinacle n.m. • **Porter au pinacle :** faire un grand éloge d'une chose, d'une personne.

pinailler v. (CONJUG. 3). (Familier) Critiquer sur des points de détail.

pince n.f. ❶ Outil ou instrument fait de deux branches qu'on rapproche l'une de l'autre pour saisir ou serrer un objet. *Arracher un clou avec une pince. Retenir une mèche avec une pince à cheveux. Étendre les draps en les maintenant avec des pinces à linge. Enlever un poil avec une pince à épiler.* ❷ Extrémité des grosses pattes de certains crustacés, comme les écrevisses, les homards, les crabes.

pincé, e adj. Qui a une attitude froide, distante et un peu prétentieuse. *La remarque ne lui avait pas plu, il prit un air pincé.* • **Avoir les lèvres pincées :** avoir les lèvres minces et serrées, donnant un air dur.

pinceau n.m. Instrument fait d'un ensemble de poils très serrés fixé à l'extrémité d'un manche et qui sert à étendre de la peinture, du vernis, de la colle.

pincée n.f. Petite quantité d'une poudre que l'on prend entre deux doigts. *Une pincée de sel.*

pincement n.m. • **Pincement au cœur :** sensation de douleur très brève qui survient lorsqu'on apprend une mauvaise nouvelle, lorsqu'on éprouve de la peur, de l'angoisse.

pince-monseigneur n.f. (PLUR. : **pinces-monseigneur**). Levier court, aux bouts plats, dont se servent, par exemple, les cambrioleurs pour forcer une serrure.

pince-nez n.m.invar. Lorgnon qui se fixait sur le nez grâce à une pince à ressort. SYN. binocle.

pincer **pinçant, pincé v.** (CONJUG. **4**). ❶ Serrer entre ses doigts, ou entre deux objets. *Pincer la joue d'un bébé pour le faire rire. Attention à la porte, tu peux te pincer les doigts.* ❷ Faire vibrer les cordes d'un instrument de musique en les tirant avec le bout des doigts. ❸ (Familier) Prendre quelqu'un sur le fait. *Attention, tu vas te faire pincer !* SYN. prendre, surprendre.

pince-sans-rire **n.invar.** Personne qui plaisante ou fait de l'ironie en gardant le plus grand sérieux.

pincettes **n.f.plur.** Longue pince utilisée pour déplacer les bûches dans un feu ou remuer les braises. • (Familier) **Il n'est pas à prendre avec des pincettes :** il est de si mauvaise humeur qu'il vaut mieux ne pas lui adresser la parole.

pinède **n.f.** Terrain planté de pins.

pingouin **n.m.** Gros oiseau des mers arctiques, aux pattes palmées, à plumage blanc et noir, qui se nourrit de poissons.
▸ REM. Ne pas confondre avec le *manchot*, qui vit dans l'Antarctique et ne peut pas voler.

pingouins

ping-pong (PLUR. : **ping-pongs**), ✎ ***pingpong*** **n.m.** Sport qui se joue à deux ou à quatre, sur une table munie d'un filet, avec une raquette et une balle de Celluloïd. (On dit aussi *tennis de table*.)

pingre **adj.** et **n.** (Familier) Qui est très avare.

pinnipède **n.m.** *Les pinnipèdes* sont des mammifères carnivores adaptés à la vie aquatique grâce à leurs pattes transformées en nageoires et à la forme, en fuseau, de leur corps. *Le morse, l'otarie, le phoque sont des pinnipèdes.*
HISTOIRE DU MOT Vient du latin *pinna*, qui signifie « nageoire », et *pes, pedis*, qui signifie « pied ».

pin's **n.m.invar.** Badge décoratif muni d'une petite pointe qui permet de le piquer sur un vêtement.
▸ REM. 1. On prononce [pins]. 2. Il est recommandé de dire *épinglette*.
HISTOIRE DU MOT Vient de l'anglais *pin* qui signifie « épingle ».

raquettes et balle de **ping-pong**

pinson **n.m.** Petit oiseau chanteur au plumage bleu et verdâtre coupé de noir, et à la gorge rouge. Chant : le pinson ramage. • **Être gai comme un pinson :** être très gai.

pintade **n.f.** Oiseau de basse-cour, de la taille d'une poule, au plumage gris avec des taches claires.
HISTOIRE DU MOT Vient du portugais *pintada* qui signifie « tacheté, peint ».
ENCYCLOPÉDIE Cri : la pintade criaille. Petit : le pintadeau.

pintade

pintadeau **n.m.** Petit de la pintade.

pinte **n.f.** Unité de mesure qui correspond à 0,473 l aux États-Unis et 0,568 l en Grande-Bretagne. Au Canada, ancienne mesure de capacité pour les liquides valant 1,136 l.

pioche **n.f.** ❶ Outil fait d'un fer allongé fixé à un manche, qui sert à creuser, à défoncer. *Abattre une cloison à coups de pioche.* ❷ Tas de cartes, de jetons ou de dominos dans lesquels on pioche, dans certains jeux.

piocher **v.** (CONJUG. **3**). ❶ Creuser et remuer la terre avec une pioche. ❷ Prendre au hasard quelque chose dans un tas. *Piocher un domino.*

piolet **n.m.** Instrument d'alpiniste fait d'un bâton dont une extrémité est ferrée et pointue, et l'autre munie d'un petit fer de pioche.

1 **pion** **n.m.** ❶ Nom donné à des pièces de différents jeux n'ayant en général pas de valeur particulière. *Les pions d'un jeu d'échecs, de dames.* ❷ Au figuré, personne qu'on peut faire agir à sa guise.
HISTOIRE DU MOT Vient du latin *pedo, pedonis* qui signifie « fantassin ».

2 **pion, pionne** **n.** (Familier) En France, surveillant dans un établissement scolaire.

pionnier, ère **n.** ❶ Personne qui s'installe la première dans une région. *Les pionniers de l'Ouest américain, au XIXe siècle.* ❷ Personne qui s'engage la première dans une nouvelle voie, qui ouvre le chemin à d'autres. *Les pionniers de l'aviation.*

pipe **n.f.** Instrument pour fumer fait d'un tuyau au bout duquel se trouve un petit fourneau où brûle le tabac.

pipeau **n.m.** Petite flûte à six trous.

pipeline ou **pipe-line** (PLUR. : **pipe-lines**) **n.m.** Grosse canalisation, généralement enterrée, qui sert à transporter sur de grandes distances du pétrole, du gaz naturel, etc.
▸ REM. 1. On prononce [piplin] ou [pajplajn]. 2. Un pipeline qui transporte du pétrole s'appelle aussi *oléoduc*, celui qui transporte du gaz *gazoduc*.
HISTOIRE DU MOT Vient de l'anglais *pipe*, qui signifie « tuyau », et *line*, qui signifie « ligne ».

a b c d e h i j k l m n o p q r s t u v w x y z

A B C D E F G H I J K L M N O P Q R S T U V W X Y Z

piper **v.** (CONJUG. 3). (Familier) ❶ *Piper les dés, les cartes,* c'est les truquer. ❷ *Ne pas piper mot* ou *ne pas piper*, c'est ne rien dire du tout. *Il m'a écouté sans piper.*

HISTOIRE DU MOT Vient du latin *pipare* qui signifie « glousser ».

piperade **n.f.** Spécialité de la cuisine basque composée de tomates et de poivrons mêlés à des œufs brouillés, et servie avec du jambon de Bayonne.

HISTOIRE DU MOT Vient du latin *piper* qui signifie « poivre ».

pipette **n.f.** Petit tube, souvent gradué, utilisé dans les laboratoires pour prélever un échantillon de liquide.

pipi **n.m.** • (Familier) **Faire pipi :** uriner.

1 piquant, e **adj.** ❶ Qui pique. *Les rosiers ont des tiges piquantes.* ❷ Qui a une saveur forte et brûlante. *Cette moutarde est très piquante.* ❸ Qui excite l'intérêt, qui amuse. *Il donnait, dans sa lettre, quelques détails piquants.*

2 piquant **n.m.** ❶ Épine d'une plante. *Les piquants d'un cactus.* ❷ Aspérité ou pointe sur la peau ou la carapace de certains animaux. *Les piquants d'un oursin.* ❸ Ce qu'il y a de drôle dans une situation ou ce qui excite l'intérêt. *Le piquant de l'histoire n'est dévoilé qu'à la fin.*

1 pique **n.f.** Arme ancienne faite d'un fer pointu fixé au bout d'une hampe de bois. • **Lancer des piques à quelqu'un :** lui faire des réflexions blessantes ou vexantes.

2 pique **n.m.** L'une des deux couleurs noires des cartes à jouer, représentée par un fer de pique.

piqué **n.m.** Vol d'un avion en descente verticale. *L'avion est descendu en piqué.*

pique-assiette **n.** (PLUR. : **pique-assiettes**). (Familier) Personne qui a l'habitude de se faire inviter chez les autres pour se nourrir à leurs frais. SYN. parasite.

pique-nique (PLUR. : **pique-niques**), ✎ ***piquenique*** **n.m.** Repas, en général froid, pris en plein air, sur l'herbe.

HISTOIRE DU MOT Vient de *piquer*, qui signifiait « picorer », et de l'ancien français *nique*, qui signifiait « petite chose ». *Faire un pique-nique*, c'est picorer de petites choses.

pique-niquer, ✎ ***piqueniquer*** **v.** (CONJUG. 3). Faire un pique-nique.

piquer **v.** (CONJUG. 3). ❶ Enfoncer par la pointe. *Piquer une aiguille dans une pelote.* ❷ Coudre à la machine. *Piquer un ourlet.* ❸ Faire un trou dans la peau avec une pointe. *Attention, tu risques de me piquer avec ton aiguille !* ❹ Pour un insecte, enfoncer son dard dans la peau de quelqu'un. *Une guêpe l'a piqué.* ❺ Faire une piqûre. *Le médecin m'a piqué dans la cuisse.* ❻ Causer une sensation d'irritation, de légère brûlure. *La fumée lui piquait les yeux.* ❼ (Familier) Voler. *On m'a piqué mon portefeuille.* ❽ Pour un avion, descendre brusquement presque à la verticale. • **Piquer du nez :** laisser tomber la tête en avant en s'assoupissant. • **Piquer une crise, une colère :** se mettre brusquement en colère. ◆ **se piquer** **v.pron.** ❶ Se faire une piqûre. *Je me suis piquée avec l'aiguille.* ❷ *Se piquer au jeu*, c'est prendre beaucoup d'intérêt à ce que l'on fait.

piquet **n.m.** Bâton de bois, barre de métal, à bout pointu, que l'on enfonce dans la terre. *Il faut bien enfoncer les piquets de la tente, car il y a du vent.*

piqûre, ✎ ***piqure*** **n.f.** ❶ Petite blessure sur la peau causée par une aiguille, une pointe, un insecte. *Une piqûre de moustique, de guêpe.* ❷ Injection d'un médicament, d'un vaccin à l'aide d'une seringue en piquant la peau. *Une piqûre contre le tétanos.* ❸ Sensation vive et qui provoque une forte démangeaison. *Une piqûre d'abeille. Une piqûre d'ortie.* ❹ Série de points de couture. *Une piqûre à la machine.*

piranha **n.m.** Petit poisson carnassier aux dents acérées, très vorace, qui vit en bandes dans les eaux douces d'Amazonie.

ENCYCLOPÉDIE Certaines espèces de piranhas s'attaquent à de gros animaux comme les tapirs et le bétail. Attirés par le sang d'une blessure, ils dévorent leur proie en quelques minutes. Ils se multiplient dans le bassin de l'Amazone, depuis que le caïman, leur principal prédateur, a été décimé.

piranha

piratage **n.m.** Action de pirater. *Beaucoup d'artistes sont victimes du piratage.*

pirate **n.m.** Bandit qui sillonne les mers pour attaquer et piller les navires. → VOIR AUSSI **corsaire.** • **Pirate de l'air :** personne qui détourne un avion de sa destination normale en prenant en otage l'équipage et les passagers.

pirater **v.** (CONJUG. 3). ❶ Reproduire un livre, un disque, un film, etc., sans payer les droits de reproduction. *Télécharger un CD illégalement, c'est pirater.* ❷ Accéder par effraction à un système informatique en vue d'en copier ou d'en détruire les informations.

piraterie **n.f.** Attaque de pirate. *Autrefois, la piraterie rendait les voyages en mer dangereux.*

pire **adj.** Plus mauvais, plus méchant, plus pénible. *Jacques ne s'est pas amélioré, c'est pire que la dernière fois !* CONTR. mieux. *Ils sont tous méchants, mais, la pire, c'est elle ! J'ai eu les pires ennuis avec cette voiture* (= les plus graves). ◆ **n.m.** • **Le pire :** ce qu'il y a de plus terrible, de plus regrettable. *Le pire, c'est qu'en plus de sa jambe cassée, on l'a cambriolé !* • **Au pire :** dans le pire des cas, si tout va mal. *Au pire, il ne perdrait que vingt euros.*

pirogue n.f. Barque étroite et légère, d'Amérique, d'Afrique ou d'Océanie, que l'on fait avancer à la pagaie ou à la voile. *Les pirogues sont souvent faites d'un tronc d'arbre creusé.*

pirogues (Suriname)

pirouette n.f. Tour complet sur soi-même en prenant appui sur un pied. *Le danseur exécuta plusieurs pirouettes.* • **S'en tirer par une pirouette :** éviter une question embarrassante en répondant à côté.

1 pis **adv.** et **adj.** Pire. *C'est pis que je n'imaginais.* • **De mal en pis :** de plus en plus mal. *La situation va de mal en pis, ils ne contrôlent plus rien.* • **Dire pis que pendre de quelqu'un :** dire beaucoup de mal de lui.
▸ REM. Dans le sens de *pire*, le mot appartient à la langue soutenue.

2 pis **n.m.** Mamelle d'une bête que l'on trait, comme la vache, la brebis, la chèvre.

pis-aller **n.m.invar.** Solution qu'on finit par adopter, faute de mieux.
▸ REM. On prononce [pizale].

pisciculture **n.f.** Élevage de poissons.
HISTOIRE DU MOT Vient du latin *piscis* qui signifie « poisson ».

piscine **n.f.** Bassin conçu spécialement pour nager ; ensemble des installations qui l'entourent. *Une piscine couverte ou en plein air.*

pissenlit **n.m.** Plante à feuilles dentelées, à fleurs jaunes et aux racines épaisses et vivaces. *Corentin est allé cueillir de jeunes pissenlits dans le pré, pour faire une salade.*
HISTOIRE DU MOT Vient de *pisser*, car cette plante aide à uriner.

pisser **v.** (CONJUG. 3). (Familier) Uriner. *Le chien a pissé contre la roue de la voiture.*

pistache **n.f.** Graine comestible d'un arbre des régions chaudes, le *pistachier*, qui a une couleur verdâtre. *Il mangeait des pistaches grillées. Une glace à la pistache.* ◆ **adj.invar.** • **Vert pistache :** de la couleur vert pâle de la pistache.

piste **n.f.** ❶ Trace laissée sur le sol par le passage d'un animal. *Les chasseurs sont sur la piste d'un renard.* ❷ Ce qui met sur la bonne voie lors d'une recherche. *Le voleur est en fuite, la police n'a aucune piste pour l'instant.* ❸ Chemin non aménagé, juste tracé par le passage de personnes, d'animaux ou de véhicules. *Une piste en forêt, dans le désert.* ❹ Terrain aménagé pour le décollage et l'atterrissage des avions. *Les pistes d'un aéroport.* ❺ Tracé aménagé pour certains sports, certaines activités. *Une piste d'athlétisme. Une piste de ski. Une piste cyclable.* ❻ Espace circulaire qui sert de scène dans un cirque. *Les clowns entrèrent en courant sur la piste.* ❼ Espace aménagé pour la danse. *Les couples se dirigeaient vers la piste.* ❽ Chacune des parties d'un support magnétique qui sert à l'enregistrement des sons.

pistil **n.m.** Organe femelle de la fleur, qui reçoit le pollen, par opposition aux *étamines*, qui constituent l'organe mâle.
HISTOIRE DU MOT Vient du latin *pistillus* qui signifie « pilon », à cause de la forme du pistil.

pistole **n.f.** Ancienne monnaie d'or.

pistolet **n.m.** ❶ Arme à feu au canon très court qui se tient d'une seule main. ❷ Appareil qui permet de pulvériser de la peinture, du vernis. *Le carrossier repeignait l'aile de la voiture au pistolet.* • **Pistolet-mitrailleur :** arme automatique individuelle. SYN. mitraillette.

piston **n.m.** ❶ Dans certaines machines, pièce en forme de disque qui se déplace à l'intérieur d'un cylindre sous l'effet de la pression. *Le piston d'une pompe à vélo. Les pistons d'un moteur.* ❷ Dans certains instruments de musique à vent, pièce mobile sur laquelle on appuie avec le doigt pour obtenir différentes notes. *La trompette a trois pistons.* ❸ (Familier) Appui donné à quelqu'un pour qu'il obtienne un poste, un avantage. *Être nommé chef de service par piston.*

pistonner **v.** (CONJUG. 3). (Familier) Intervenir en faveur d'une personne pour qu'elle ait un emploi, une place. *Il a été pistonné pour avoir ce poste.*

pissenlit

a b c d e f g h i j k l m n o p q r s t u v w x y z

A B C D E F G H I J K L M N O P Q R S T U V W X Y Z

pistou **n.m.** Soupe provençale à base de légumes, de basilic et d'ail écrasés.

HISTOIRE DU MOT Vient du latin *pistare* qui signifie « écraser ».

pitance **n.f.** Nourriture quotidienne. *Une maigre pitance.*
▸ REM. Ce mot appartient à la langue soutenue.

piteusement **adv.** D'une façon piteuse. *Il avait honte et baissait piteusement la tête.*

piteux, euse **adj.** Qui fait pitié et donne en même temps envie de se moquer. *Luc entra dans la pièce, l'air piteux.* • **En piteux état :** en très mauvais état. *Sa voiture était en piteux état.*

pitié **n.f.** Ce que l'on ressent devant quelqu'un qui souffre, qui nous pousse à vouloir l'aider, le secourir. *Éprouver de la pitié.* SYN. compassion. *Elle a eu pitié du mendiant.* • **Par pitié ! :** de grâce ! *Par pitié ! il est à bout, laissez-le tranquille.* • **Sans pitié :** dur, impitoyable.

HISTOIRE DU MOT Vient du latin *pietas* qui signifie « piété ».

piton **n.m.** ❶ Clou ou vis dont la tête forme un anneau ou un crochet. *Planter un piton dans un mur pour suspendre un tableau.* ❷ Pointe rocheuse au sommet d'une montagne. *Escalader un piton.* ❸ (Familier) Au Québec, jeton utilisé dans des jeux de société. ❹ (Familier) Au Québec, bouton, touche d'un appareil. *Les pitons d'un clavier.*
▸ REM. Ne pas confondre avec *python*.

pitonner **v.** (CONJUG. 3). Au Québec, zapper.

pitoyable **adj.** Qui fait pitié. *Ils sont dans une situation pitoyable.* SYN. affligeant, navrant.

pitoyablement **adv.** D'une manière pitoyable.

pitre **n.m.** Personne qui fait rire par ses farces, ses plaisanteries. *Faire le pitre.* SYN. clown.

pitrerie **n.f.** Ce que fait un pitre pour amuser les autres. *Ses pitreries faisaient rire toute la classe.* SYN. clownerie.

pittoresque **adj.** ❶ Qui attire le regard, l'attention par sa beauté ou son originalité. *Un village pittoresque. Son père est très pittoresque.* CONTR. banal. ❷ Qui décrit les choses de façon vivante, très imagée. *Il nous a fait un récit pittoresque de son voyage à Istanbul.*

HISTOIRE DU MOT Vient de l'italien *pittore* qui signifie « peintre ». Une chose pittoresque est une chose que l'on aurait envie de peindre.

pivert ou **pic-vert** (PLUR. : **pics-verts**) **n.m.** Oiseau de la famille des *pics*, à plumage vert et jaune sur le corps, rouge sur la tête.

pivoine **n.f.** Plante à bulbe que l'on cultive pour ses belles fleurs rouges, roses, blanches. • **Rouge comme une pivoine :** les joues toutes rouges.

HISTOIRE DU MOT Vient du grec *Paiôn* qui signifie « le guérisseur, le secourable », nom que l'on donnait à *Apollon*.

pivot **n.m.** ❶ Pièce mécanique sur laquelle une autre pièce peut tourner. *L'aiguille de la boussole repose sur un pivot.* ❷ Personne qui a un rôle central dans quelque chose. *Brigitte est le pivot de notre association.*

pivotant, e **adj.** Qui peut pivoter. *Un fauteuil pivotant.*

pivoter **v.** (CONJUG. 3). Tourner sur un pivot ; tourner sur soi-même. *La porte pivote sur ses gonds. Elle pivota sur ses talons et quitta le bureau.*

pizza **n.f.** Tarte salée faite avec de la pâte à pain et garnie de tomates, d'anchois, d'olives, de fromage, etc.
▸ REM. C'est un mot italien, on prononce [pidza].

pizzeria, ✎ ***pizzéria*** **n.f.** Restaurant où l'on sert des pizzas, mais aussi d'autres plats de la cuisine italienne.
▸ REM. C'est un mot italien, on prononce [pidzerja].

placard **n.m.** ❶ Élément de rangement aménagé dans un mur ou posé contre un mur. *Un placard de cuisine. Un placard à balais.* ❷ Annonce écrite destinée au public, que l'on affiche sur les murs. *Placard publicitaire.*

HISTOIRE DU MOT Vient de *plaquer*.

placarder **v.** (CONJUG. 3). Afficher sur un mur. *Placarder des affiches électorales.*

place **n.f.** ❶ Espace assez vaste, en général entouré de bâtiments ou au croisement de plusieurs rues. *Nous avons rendez-vous sur la place du village.* ❷ Espace disponible. *Y a-t-il de la place pour moi dans votre voiture ? On manque de place dans le bureau. Chercher une place pour se garer.* → VOIR AUSSI **emplacement.** ❸ Endroit où on met une chose pour la retrouver quand on en aura besoin. *Chaque chose à sa place et tout sera rangé.* ❹ Endroit où se tient quelqu'un. *Le pêcheur venait toujours s'installer à la même place.* ❺ Siège réservé à un voyageur, un spectateur, etc. *Céder sa place à une personne âgée dans le métro. Les spectateurs regagnent leur place après l'entracte.* ❻ Rang obtenu dans un classement. *Raphaël a eu la deuxième place.* ❼ Emploi, poste que l'on occupe. *Il a perdu sa place.* • **À la place de :** en remplacement de, au lieu de. *À la place du gigot, je vous propose du rôti.* • **À ta place :** si j'étais toi. *À ta place, je n'irais pas.* • **Mettez-vous à ma place :** imaginez que vous êtes dans ma situation. • **Place forte :** ville entourée de fortifications. • **Sur place :** à l'endroit dont il est question. *Un incendie s'est déclaré dans un entrepôt et les pompiers sont sur place.*

placebo, ✎ ***placébo*** **n.m.** Substance inactive que l'on met à la place d'un médicament sans prévenir le malade pour savoir quel rôle joue l'action psychologique dans la guérison.

HISTOIRE DU MOT C'est un mot latin qui signifie « je plairai ».

pivoine

placement **n.m.** Le fait de placer de l'argent pour qu'il rapporte des intérêts. SYN. investissement.

placenta **n.m.** Organe situé dans l'utérus d'une femme enceinte et qui permet les échanges entre le sang de la mère et celui du fœtus.
▸ REM. On prononce [plasɛ̃ta].

placer **plaçant, placé v.** (CONJUG. **4**). ❶ Mettre un objet quelque part. *Elle plaça le bouquet sur la cheminée.* SYN. poser. ❷ Conduire quelqu'un à sa place. *L'ouvreuse nous plaça dans la salle.* ❸ *Placer de l'argent*, c'est l'investir dans une opération financière qui doit rapporter des bénéfices. ❹ *Placer un objet*, c'est parvenir à le vendre, à le donner comme si on voulait s'en débarrasser. ❺ *Placer quelqu'un*, c'est lui trouver un emploi. ❻ *Placer un mot*, c'est parvenir à le glisser dans une conversation. *Il parlait sans arrêt et je n'arrivais pas à placer un mot.* ◆ **se placer** **v.pron.** ❶ Prendre place. *Yann et Frédéric se placent toujours l'un à côté de l'autre en classe.* SYN. s'asseoir. ❷ Avoir telle place dans un classement. *Il s'est placé dans les cinq premiers.* SYN. se classer.

placide **adj.** Qui garde son calme, reste paisible et serein. SYN. imperturbable. CONTR. nerveux, troublé.

placier, ère **n.** Au Canada, ouvreur, ouvreuse.

placoter **v.** (CONJUG. **3**). Au Québec, parler à tort et à travers, sans arrêt.

plafond **n.m.** ❶ Surface plane qui ferme le haut d'une pièce, d'un local, d'un véhicule, par opposition au *plancher*. *La salle était haute de plafond.* ❷ Limite supérieure, qu'on ne peut ou ne doit pas dépasser. *Le plafond des salaires dans une entreprise.*

plafonner **v.** (CONJUG. **3**). Atteindre le maximum d'une valeur ou d'une vitesse. *Sa voiture de sport plafonne à 220 km/h.*

plafonnier **n.m.** Appareil d'éclairage fixé au plafond.

plage **n.f.** ❶ Étendue couverte de sable ou de galets, au bord de l'eau. *Ils ramassaient des coquillages sur la plage, à marée basse.* ❷ Moment réservé à une activité précise. *Elle se réserve des plages de détente dans son emploi du temps très chargé.* • **Plage arrière :** dans une voiture, la tablette située sous la vitre arrière.

HISTOIRE DU MOT Vient du grec *plagios* qui signifie « oblique ».

plagiat **n.m.** Le fait de plagier, de copier une œuvre ou de s'en inspirer fortement. *Le dernier chapitre de ce roman est un plagiat.*

plagier **v.** (CONJUG. **7**). Copier ou imiter l'œuvre d'un écrivain, d'un musicien, en laissant croire qu'on l'a créée. *Il n'a aucun talent, il n'a fait que plagier un écrivain du XIXᵉ siècle.*

plaid **n.m.** Couverture de voyage en laine, à carreaux écossais.
▸ REM. C'est un mot anglais, on prononce [plɛd].

plaider **v.** (CONJUG. **3**). ❶ Défendre une cause, une affaire devant un tribunal. *L'avocat de la défense plaidera demain.* → VOIR **plaidoirie.** ❷ Défendre une idée en présentant des arguments et en cherchant à convaincre. *Dans son livre, l'auteur plaide pour plus de justice dans le monde.* → VOIR **plaidoyer.** • **Plaider en faveur d'une personne :** lui être favorable. *Sa bonne conduite plaide en sa faveur.*

HISTOIRE DU MOT Vient de l'ancien français *plaid* qui signifiait « assemblée judiciaire ».

plaideur, euse **n.** Personne qui est en procès contre une autre personne.

plaidoirie **n.f.** Discours fait par l'avocat, devant le tribunal pour défendre l'accusé. *Dans le déroulement d'un procès, l'avocat de la défense prononce sa plaidoirie en dernier ; ensuite, le tribunal délibère et rend la sentence.*
▸ REM. Ne pas confondre avec *plaidoyer*.

plaidoyer **n.m.** Discours ou écrit qui défend avec force une opinion ou une personne. *Son livre est un long plaidoyer pour la paix.*
▸ REM. Ne pas confondre avec *plaidoirie*.

plaie **n.f.** Déchirure, blessure dans les chairs. *Jean s'est coupé le doigt, mais la plaie se cicatrisera vite.* • **Remuer** ou **retourner le couteau dans la plaie :** insister sur un sujet douloureux ou réveiller un souvenir pénible.

HISTOIRE DU MOT Vient du latin *plaga* qui signifie « coup ».

plaindre **plaignant, plaint v.** (CONJUG. **49**). Éprouver de la pitié, de la compassion pour quelqu'un. *Je la plains d'avoir tant de choses à supporter.* ◆ **se plaindre** **v.pron.** ❶ Exprimer sa souffrance ; se lamenter, gémir sur son sort. *Elle a été très malade, mais elle ne s'est jamais plainte.* ❷ Dire son mécontentement. *Les gens de l'immeuble se plaignent du bruit.*

plaine **n.f.** Région relativement plate, à faible altitude. *La plaine de la Beauce.*

HISTOIRE DU MOT Vient du latin *planus* qui signifie « plat ».

de **plain-pied** **adv.** Au même niveau. *La salle à manger est de plain-pied avec le jardin.*

plainte **n.f.** ❶ Cri ou parole provoqués par la douleur physique ou morale. *On entendait les plaintes des blessés.* SYN. gémissement. ❷ Déclaration que l'on fait auprès de la justice d'un dommage dont on a été victime. *Il a porté plainte contre ses voisins qui font du tapage nocturne.*

plaintif, ive **adj.** Qui ressemble à une plainte. *Cécile parlait d'une voix plaintive.* SYN. gémissant.

plaire **plaisant, plu v.** (CONJUG. **71**). Convenir aux goûts de quelqu'un, lui faire plaisir. *Le film m'a beaucoup plu. Est-ce que cela vous plairait de nous accompagner ?* (= vous ferait plaisir). *Cette jeune fille lui plaît* (= il est attiré par elle). • **S'il te plaît, s'il vous plaît :** formules de politesse que l'on ajoute à une demande. ◆ **se plaire** **v.pron.** ❶ Éprouver de l'attirance l'un pour l'autre. *Sébastien et Nadine se plaisent.* ❷ Se trouver bien quelque part ou en compagnie de quelqu'un. *Elle se plaît à la campagne.*

plaisance **n.f.** • **Bateau de plaisance :** bateau que l'on utilise pour son plaisir et non pour son travail. • **Navigation de plaisance :** navigation que l'on pratique pour son plaisir, pendant ses loisirs.

port de **plaisance** (Marseille)

plaisancier, ère **n.** Personne qui pratique la navigation de plaisance.

1 plaisant, e **adj.** ❶ Qui plaît, qui a du charme. *C'est une maison très plaisante, au milieu de la verdure.* ❷ Qui est amusant, qui fait rire. *Henri a toujours des histoires plaisantes à raconter.*

2 plaisant **n.m.** • **Mauvais plaisant :** personne qui aime jouer de mauvais tours aux autres.

plaisanter **v.** (CONJUG. **3**). Dire ou faire des choses drôles pour amuser les autres. *Il plaisante à propos de tout. Cette fois, les enfants, je ne plaisante plus, tout le monde au lit !* (=je suis très sérieux).

plaisanterie **n.f.** Ce que l'on dit ou ce que l'on fait pour plaisanter. *Qui a caché mes lunettes ? Je n'apprécie pas ce genre de plaisanterie.* SYN. blague, farce.

plaisantin **n.m.** (Familier) ❶ Personne qui aime plaisanter. SYN. farceur, pitre. ❷ Personne que l'on ne peut pas prendre au sérieux. *C'est un plaisantin, ne compte pas sur lui.* SYN. dilettante, fumiste.

plaisir **n.m.** Ce que l'on ressent quand on est content, heureux ; sentiment de satisfaction, de contentement. *Sa lettre m'a fait grand plaisir. J'ai enfin eu le plaisir de faire sa connaissance.* SYN. bonheur, joie. CONTR. déplaisir. • **Avec plaisir :** volontiers, je veux bien. *« Reprendrez-vous du champagne ? – Avec plaisir. »* • **Se faire un plaisir de faire quelque chose :** le faire de bon cœur. *Je me ferai un plaisir de vous raccompagner en voiture.*

1 plan **n.m.** ❶ Dessin précis représentant un bâtiment, une machine ou la disposition d'un lieu. *On a retrouvé le plan des souterrains du château. Elle a acheté un plan de Paris* (=des rues de Paris). ❷ Surface unie, plane. *Ce toit forme un plan incliné.* ❸ Organisation des différentes parties d'un texte, d'un ouvrage. *As-tu pensé à faire un plan avant d'écrire ta rédaction ?* ❹ Projet qui permet de réaliser quelque chose. *Quel est votre plan pour démasquer le voleur ?* ❺ Éloignement relatif des objets que l'on regarde ou qui sont sur une photo, un tableau, etc. *Au premier plan vous voyez la maison, au second plan la forêt.* ❻ Façon de cadrer une scène dans un film. *Un plan général montre toute la scène. L'héroïne est filmée en gros plan* (=on ne voit que son visage sur l'écran). • (Familier) **Laisser en plan :** laisser inachevé ; abandonner. *Loïc a laissé son travail en plan pour aller au cinéma.* • **Plan d'eau :** étendue d'eau sur laquelle on peut pratiquer des sports nautiques. • **Sur le même plan :** de la même importance, de la même valeur. *Ces deux affaires ne sont pas sur le même plan.*

2 plan, e **adj.** Qui est uni, plat, sans inégalité de niveau. *Le plateau de la table est une surface plane.*

planche **n.f.** ❶ Plaque de bois pas très épaisse. *Les enfants ont fait une cabane en planches.* ❷ Dans un livre, ensemble d'illustrations se rapportant à un même sujet et occupant, le plus souvent, une page entière. *La planche des poissons.* ❸ Tablette de bois qui a un usage précis. *Une planche à découper la viande.* • **Faire la planche :** se laisser flotter sur le dos. • **Planche à dessin :** plateau de bois sur lequel le dessinateur fixe ses feuilles. • **Planche à roulettes :** petite planche montée sur quatre roues, sur laquelle on avance. SYN. skateboard. • **Planche à voile :** grande planche qui va sur l'eau et que l'on dirige debout, en orientant comme l'on veut le mât portant la voile. ◆ **planches** **n.f.plur.** • **Monter sur les planches :** devenir comédien de théâtre. *Zoé rêve de monter sur les planches.*

plancher **n.m.** ❶ Le sol d'une pièce. *Un plancher en bois.* SYN. parquet. ❷ Valeur minimale. *Fixer un plancher pour certaines cotisations.* CONTR. plafond. • (Familier) **Débarrasser le plancher :** s'en aller. • (Familier) **Le plancher des vaches :** la terre ferme, pour ceux qui sont en bateau ou en avion.

planchette **n.f.** Petite planche.

planchiste **n.** Sportif qui pratique la planche à voile. SYN. véliplanchiste.

plancton **n.m.** Ensemble d'animaux et de végétaux de très petite taille qui vivent en suspension dans l'eau. *Les baleines se nourrissent de plancton.*

HISTOIRE DU MOT Vient du grec *plagkton* qui signifie « qui erre ».

planer **v.** (CONJUG. **3**). ❶ Pour un oiseau, voler sans remuer les ailes ou sans paraître les remuer. *L'aigle planait en décrivant des cercles dans le ciel.* ❷ Pour un planeur ou un avion dont les moteurs sont arrêtés, voler sous l'effet de la vitesse acquise, en se laissant porter par les courants aériens. ❸ Flotter dans l'air. *L'incendie était enfin maîtrisé, mais une épaisse fumée planait sur le quartier.* ❹ Être là comme une chose qui menace. *Le mystère plane encore sur sa disparition.*

planétaire **adj.** ❶ Relatif aux planètes. *Les mouvements planétaires.* ❷ Qui concerne toute la Terre. *Un conflit planétaire.* SYN. mondial.

planétarium n.m. Local où l'on peut voir le mouvement des astres, projeté sur une voûte.

planète n.f. ❶ Corps céleste quasi sphérique qui gravite autour d'une étoile, en particulier du Soleil. *Les planètes du Système solaire.* → VOIR encadré ci-contre. ❷ La Terre. *C'est un grand voyageur qui a sillonné la planète.*
▸ REM. On distingue les planètes proprement dites et les planètes naines.

HISTOIRE DU MOT Vient du grec *planêtês* qui signifie « vagabond ».

planètes du Système solaire

planeur n.m. Petit avion léger et sans moteur, qu'on fait évoluer grâce aux courants aériens.

planification n.f. Action de planifier. *La planification de l'économie.*

planifier v. (CONJUG. 7). Organiser dans le temps. *Le gouvernement planifie le développement économique du pays. Notre professeur principal nous apprend à planifier notre travail.*

planisphère n.m. Représentation à plat de la sphère terrestre.
▸ REM. Ce mot est du masculin.

Les planètes du Système solaire

	distance moyenne au Soleil
Mercure	58 millions de km
Vénus	108,2 millions de km
Terre	149,6 millions de km
Mars	227,9 millions de km
Jupiter	778,3 millions de km
Saturne	1 429 millions de km
Uranus	2 875 millions de km
Neptune	4 504 millions de km

planning n.m. Programme de toutes les choses à faire ; plan de travail.
▸ REM. Au Québec, on doit dire *programme* ou *emploi du temps.*

plant n.m. ❶ Jeune végétal que l'on vient de planter ou qui commence à pousser. *Nous avons acheté des plants de betterave pour les repiquer dans notre potager.* ❷ Ensemble de végétaux d'une même espèce plantés et cultivés dans le même endroit. *Les lapins ont dévasté le plant de carottes.*

plantaire adj. De la plante du pied. *Une verrue plantaire.*

plantation n.f. ❶ L'action de planter un végétal. *Jeanne a fait de nouvelles plantations dans son jardin.* ❷ (Surtout au plur.) L'ensemble des végétaux plantés sur un terrain. *La grêle a saccagé les plantations.* SYN. culture. ❸ Dans les pays tropicaux, grand domaine agricole spécialisé dans certaines cultures. *Des plantations de café.*

1 plante n.f. Nom donné à tous les végétaux fixés dans le sol par des racines. *Les arbres, les légumes, les fleurs, les herbes sont des plantes. Un bureau décoré de plantes vertes* (= des plantes ornementales qui restent toujours vertes). *La classification des plantes.* → VOIR encadré ci-dessous et planche pages suivantes.

Classification des plantes

Plantes à tige, feuilles, racines et graines (phanérogames)

▪ Plantes dont la graine est protégée (angiospermes ou plantes à fleurs)
➤ monocotylédones (un seul cotylédon dans l'embryon de la graine) : ***lis, iris, orchidée, tulipe, muguet, graminées, jonc, asperge, palmier, blé, maïs…***
➤ et dicotylédones (deux cotylédons dans l'embryon de la graine) :
– plantes à pétales séparés : ***anémone, pivoine, rose, marguerite, haricot, trèfle, acacia, œillet, lin, cresson, radis, carotte, persil, arbres fruitiers…***
– plantes à pétales soudés : ***pâquerette, pissenlit, bleuet, primevère, pomme de terre, tomate, myosotis, menthe, lavande, thym…***
– plantes sans pétales (apétales) : ***saule, bouleau, platane, épinard, betterave, ortie…***

▪ Plantes dont la graine n'est pas protégée (gymnospermes) : ***pin, sapin, cèdre, mélèze, épicéa, cyprès, genévrier, if…***

Plantes à tige, feuilles, racines sans graines (cryptogames)

fougères, prêles…

Plantes à tige, feullles, sans vraies racines

mousses.

plante insectivore

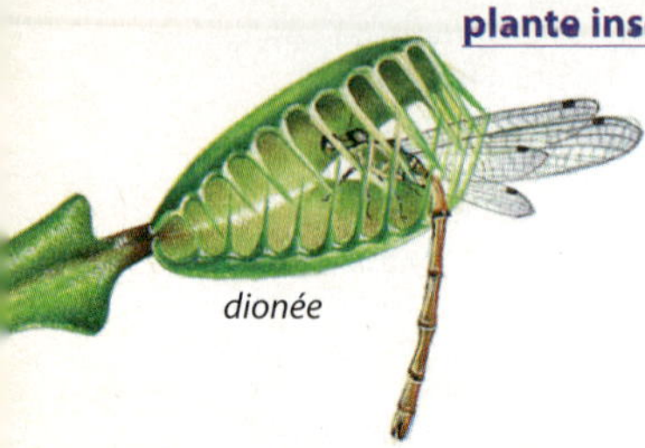

plante parasite

plante grimpante

plante aquatique

nénuphar

fougère

la photosynthèse

la multiplication

cactus

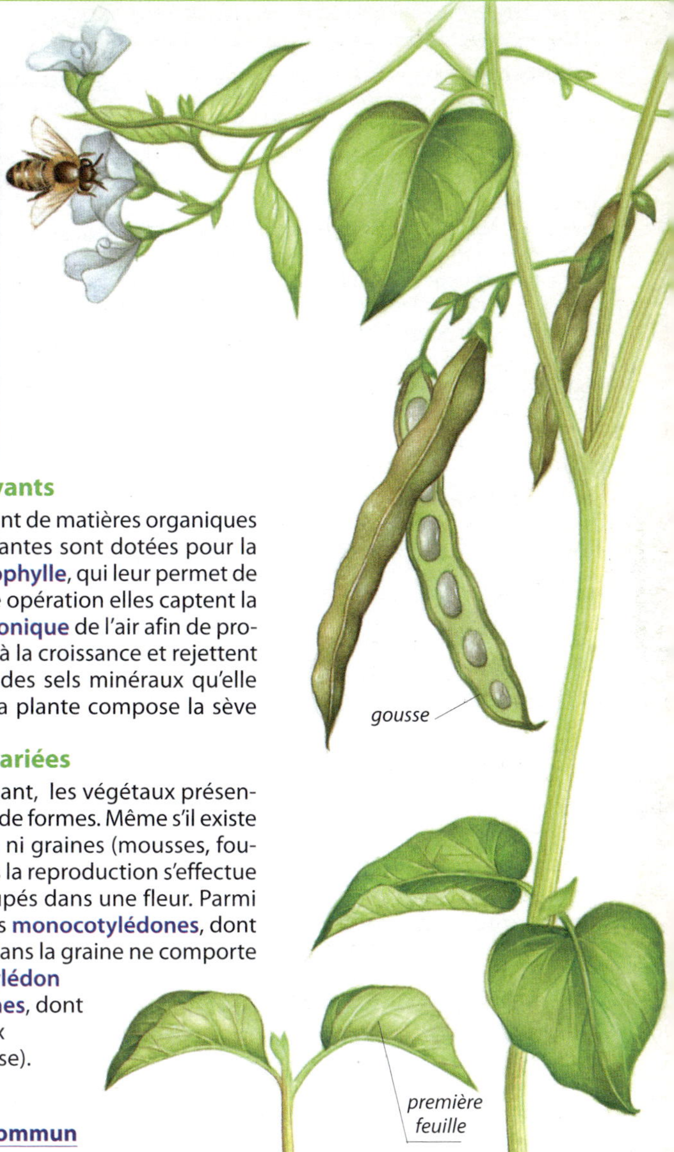

Des êtres vivants

Tandis que les animaux se nourrissent de matières organiques issues d'autres êtres vivants, les plantes sont dotées pour la plupart d'un pigment vert, la **chlorophylle**, qui leur permet de réaliser la **photosynthèse**. Par cette opération elles captent la **lumière** du soleil, fixent le **gaz carbonique** de l'air afin de produire la matière vivante nécessaire à la croissance et rejettent de l'**oxygène**. À partir de l'eau et des sels minéraux qu'elle puise dans le sol par ses racines, la plante compose la sève dont elle se nourrit.

Des familles variées

De la fraise des bois au séquoia géant, les végétaux présentent une grande variété de tailles et de formes. Même s'il existe de nombreuses plantes sans fleurs ni graines (mousses, fougères), pour la majorité des espèces la reproduction s'effectue au moyen d'organes sexués regroupés dans une fleur. Parmi les **plantes à fleurs**, on distingue les **monocotylédones**, dont la plante embryonnaire contenue dans la graine ne comporte qu'une seule feuille initiale, ou **cotylédon** (palmier, tulipe), et les **dicotylédones**, dont la graine comporte en général deux cotylédons (pois, haricot, cactus, rose).

la germination du haricot commun

2 plante n.f. • **Plante du pied :** dessous du pied chez l'homme et certains animaux. → VOIR **plantigrade.**

planter v. (CONJUG. 3). ❶ Mettre en terre une plante, un arbre. *Planter un rosier.* ❷ Garnir de plantes, d'arbres. *L'avenue est plantée de tilleuls.* ❸ Enfoncer dans une matière plus ou moins dure. *Planter un clou dans un mur.* ❹ Fixer solidement sur le sol. *Planter une tente. Planter le décor d'une pièce de théâtre.* ❺ (Familier) Abandonner brusquement. *Elle m'a planté là et elle est partie en courant.* ◆ **se planter** v.pron. ❶ Se tenir debout et immobile. *Il est venu se planter en face d'elle et lui a dit : « Répète un peu ce que tu viens de dire ! »* ❷ (Familier) Se tromper. Échouer. *Il s'est planté à son examen*

planteur n.m. Propriétaire d'une plantation, dans les pays tropicaux.
▸ REM. Au Québec, la forme féminine de ce mot est *planteuse.*

plantigrade adj. et n.m. *Un mammifère plantigrade* marche sur toute la plante des pieds, et non sur les seuls doigts. *L'ours et le singe sont des plantigrades.*
HISTOIRE DU MOT Vient du latin *planta,* « plante du pied », et *gradi,* « marcher ».

plantoir n.m. Outil qui sert à faire des trous dans la terre pour y mettre de jeunes plants ou des graines.

planton n.m. Soldat qui reste à la disposition d'un chef pour assurer dès qu'il le faut des liaisons entre différents services. *Le planton du colonel est allé porter un message.*
HISTOIRE DU MOT Vient du verbe *planter,* par allusion au fait que ce soldat reste immobile à son poste.

plantule n.f. Embryon d'une plante contenu dans la graine.

plantureux, euse adj. ❶ Très abondant, copieux. *Ils s'installèrent devant un plantureux repas.* ❷ Bien en chair, dodu. *Une femme plantureuse.*

plaque n.f. ❶ Feuille d'un matériau rigide. *Le dessus de la cheminée est recouvert d'une plaque de marbre.* ❷ Tache colorée qui se forme sur la peau. *Le bébé a des plaques rouges sur le visage.* ❸ Objet plat fait d'une matière rigide qui sert à différents usages. *Les plaques chauffantes d'une cuisinière. Les plaques d'immatriculation d'un véhicule.* ❹ Chacun des ensembles rigides, épais d'environ 150 km, qui constituent l'écorce terrestre. *Les frottements des plaques provoquent des séismes.* ❺ *Une plaque de verglas* est une fine couche de glace qui se forme par endroits sur le sol. • **Plaque dentaire :** matière formée de débris alimentaires, de salive et de bactéries qui se dépose sur les dents et provoque des caries.

plaqué, e adj. Recouvert d'une feuille de métal précieux. *Son bracelet est plaqué or.*

plaquer v. (CONJUG. 3). ❶ Presser, appuyer fortement contre quelque chose. *Annie a plaqué sa main sur ma bouche pour m'empêcher de crier.* ❷ *Plaquer ses cheveux en arrière,* c'est les aplatir en les rendant lisses. ❸ Au rugby, faire tomber un adversaire qui porte le ballon en lui attrapant les jambes.

plaquette n.f. ❶ Petite plaque, en général de forme rectangulaire, contenant le plus souvent des substances alimentaires. *Une plaquette de beurre. Une plaquette de chocolat.* SYN. tablette. ❷ Petit livre très mince. *Nous avons publié une plaquette qui présente notre école.* ❸ Élément du sang, qui joue un rôle fondamental dans la coagulation.

plasma n.m. Liquide clair du sang dans lequel les globules sont en suspension. *On conserve le plasma en le congelant.*

plastic n.m. Explosif puissant. *Un attentat au plastic a détruit la poste.*
▸ REM. Ne pas confondre avec *plastique.*

plastifier v. (CONJUG. 7). Recouvrir de matière plastique transparente. *Faire plastifier ses papiers d'identité.*

1 plastique adj. et n.m. *La matière plastique* est fabriquée grâce à des réactions chimiques et peut être modelée, moulée pour prendre la forme que l'on veut. *En camping, nous mangeons dans de la vaisselle en matière plastique. Benoît n'aime pas les jouets en plastique.*
HISTOIRE DU MOT Vient du grec *plastikos* qui signifie « qui concerne le modelage ».

2 plastique adj. *Les arts plastiques* sont les arts qui représentent des volumes, des formes. *La sculpture, la peinture, le dessin, la gravure et l'architecture sont des arts plastiques.*

plastiquer v. (CONJUG. 3). Faire exploser un bâtiment avec du plastic. *Des terroristes ont plastiqué la mairie.*

plastron n.m. Empiècement de forme arrondie, sur le devant d'une chemise.

1 plat, e adj. ❶ Dont la surface est lisse et sans relief. *Le terrain n'est pas assez plat pour pouvoir y construire une maison.* ❷ Dont la courbure est peu accentuée. *Des assiettes plates.* CONTR. creux. *Un nez plat* (= peu proéminent). ❸ Qui est peu élevé ou qui a peu d'épaisseur. *Elle porte des talons plats.* CONTR. haut. *La sole est un poisson plat.* ❹ Qui manque d'originalité. *Cet écrivain a un style plat.* • **À plat :** sur la surface la plus large. *Adrien a rangé ses livres à plat.* • **À plat ventre :** étendu, couché sur le ventre, le visage tourné vers le sol. *Line s'est mise à plat ventre pour regarder sous le lit.* • **Eau plate :** eau non gazeuse. • **Être à plat :** hors d'usage. *Un pneu à plat* (= dégonflé). *Une batterie à plat* (= déchargée). ◆ **plat** n.m. *Le plat de la main,* c'est la partie plate de la main, la paume, lorsque les doigts sont étendus.

2 plat n.m. ❶ Élément de la vaisselle de table qui sert à présenter les aliments ; son contenu. *On sert le poisson dans un plat long. Mon frère a mangé tout le plat de frites.* ❷ Chacun des éléments d'un repas. *C'était bon, j'ai mangé de tous les plats.* • **Mettre les petits plats dans les grands :** honorer ses invités en préparant un repas copieux et soigné.

platane **n.m.** Grand arbre au feuillage épais qui peut mesurer jusqu'à quarante mètres de haut et dont l'écorce blanchâtre se détache par plaques. *Les platanes ornent souvent les places ou le bord des routes, en France.*

platane

plateau **n.m.** ❶ Support plat et rigide qui sert à transporter ou à poser divers objets. *On lui a apporté son petit déjeuner sur un plateau. Un plateau de fromages* (= un assortiment de fromages présentés sur un plateau). *Dans les avions, on sert parfois des plateaux-repas* (= plateaux où sont disposés tous les plats du repas). ❷ Partie d'une balance où l'on pose les objets à peser. ❸ Étendue plate de terrain située en altitude. *Les hauts plateaux du Tibet.* ❹ Scène d'un théâtre, lieu aménagé pour le tournage d'un film, d'une émission de télévision. *Silence sur le plateau, on tourne !* • **Plateau continental :** prolongement du continent sous la mer, s'étendant à des profondeurs inférieures à 200 m.

plate-bande (PLUR. : **plates-bandes**) ou **platebande** **n.f.** Bande de terre plus ou moins large sur laquelle on fait pousser des fleurs ou des arbustes, dans un jardin. *Une plate-bande garnie de tulipes et de narcisses.* • (Familier) **Marcher sur les plates-bandes de quelqu'un :** empiéter sur ses attributions, sur le domaine qui lui est réservé.

plateforme ou **plate-forme** (PLUR. : **plates-formes**) **n.f.** ❶ Surface plate, en général surélevée, sur laquelle on peut se tenir ou installer quelque chose. *Une plateforme élévatrice. La plateforme de lancement d'une fusée.* ❷ Dispositif qui sert au forage et à l'exploitation des puits de pétrole sous-marins. ❸ Partie arrière d'un autobus, souvent à l'air libre, où les voyageurs se tiennent debout.

platement **adv.** ❶ De façon plate, banale. *S'exprimer platement.* ❷ De façon servile, sans grandeur. *Alfred s'est excusé platement.*

1 **platine** **n.f.** Appareil de lecture de disque microsillon, constitué d'un plateau avec son système d'entraînement et la tête de lecture.

2 **platine** **n.m.** Métal précieux blanc-gris. *Le platine est utilisé en bijouterie, en joaillerie.* ◆ **adj.invar.** • **Blond platine :** de la couleur du platine, blond presque blanc. *Des cheveux blond platine.*

platitude **n.f.** Parole banale, sans originalité. *Débiter des platitudes.* SYN. banalité.

platonique **adj.** *Un amour platonique* ne connaît pas de relations physiques et est plein d'idéal, de beaux sentiments. SYN. chaste.

HISTOIRE DU MOT Vient du nom du philosophe grec *Platon.*

plâtras **n.m.** Débris de plâtre de construction. *Des plâtras se détachent du plafond.*

plâtre **n.m.** ❶ Matériau de construction fait à partir du gypse et qui a l'aspect d'une poudre blanche. *Le plâtre mélangé à l'eau donne une pâte qui durcit en séchant. Boucher un trou avec du plâtre.* ❷ Bandage imprégné de plâtre ou d'un autre matériau (de la résine, par exemple) qui en séchant permet d'immobiliser un membre cassé. *Il a le poignet dans le plâtre.*

plâtrer **v.** (CONJUG. 3). ❶ Couvrir de plâtre. *Les ouvriers ont plâtré les murs.* ❷ Immobiliser un membre, une articulation avec un plâtre. *Le médecin a plâtré la jambe de Marie.*

plâtrier **n.m.** Ouvrier du bâtiment qui recouvre les murs et les plafonds de plâtre. *Les peintres viendront quand les plâtriers auront terminé leurs travaux.*
▸ REM. Au Canada, la forme féminine de ce mot est *plâtrière.*

plausible **adj.** Que l'on peut croire, considérer comme vrai. *Ce n'est pas une excuse plausible.* SYN. acceptable, admissible.

playback ou **play-back** **n.m.invar.** *Chanter en play-back*, c'est faire semblant de chanter alors que la chanson, déjà enregistrée, est diffusée en même temps.
▸ REM. 1. C'est un mot anglais, on prononce [plɛbak]. 2. Il est recommandé d'employer le mot *présonorisation.*

HISTOIRE DU MOT Vient de l'anglais *to play*, « jouer », et *back*, « derrière ».

playboy ou **play-boy** (PLUR. : **play-boys**) **n.m.** Homme élégant et riche, qui cherche à séduire les femmes.
▸ REM. C'est un mot anglais, on prononce [plɛbɔj].

HISTOIRE DU MOT C'est un mot anglais qui vient de *to play*, qui signifie « jouer », et *boy*, qui signifie « garçon ».

playlist ou **play-list** (PLUR. : **play-lists**) **n.f.** Liste de morceaux de musique qu'une personne sélectionne et enregistre sur un baladeur MP3, un site musical, etc.
▸ REM. C'est un mot anglais, on prononce [plɛlist].

A B C D E F G H I J K L M N O P Q R S T U V W X Y Z

plèbe **n.f.** Dans l'Antiquité romaine, classe la plus nombreuse de la société qui formait le peuple, par opposition à celle des *patriciens*.

plébéien, enne **adj.** et **n.** De la plèbe, par opposition à *patricien. Une famille plébéienne.*

plébiscite **n.m.** ❶ Vote par « oui » ou par « non » de tous les électeurs d'un pays dans le but d'accorder ou non leur confiance à celui qui les dirige. ❷ En Suisse, référendum.

HISTOIRE DU MOT Vient du latin *plebiscitum* qui signifie « décision du peuple, de la plèbe ».

plébisciter **v.** (CONJUG. **3**). Élire, approuver à une très forte majorité. *Le peuple a plébiscité la nouvelle orientation politique.*

plectre **n.m.** Lamelle de corne ou de plastique avec laquelle on gratte les cordes de certains instruments de musique comme la guitare, la cithare, etc.

HISTOIRE DU MOT Vient du grec *plêssein*, « frapper ».

pléiade **n.f.** Groupe d'écrivains, d'artistes, de gens célèbres. *Une pléiade de jeunes acteurs participe à ce spectacle.*

HISTOIRE DU MOT Vient du grec *Pleias* qui désigne une constellation de sept étoiles. Ce nom a été donné, dans l'histoire littéraire, à plusieurs groupes de sept poètes, le plus célèbre étant *la Pléiade*, autour du poète *Ronsard*.

1 plein, e **adj.** ❶ Qui contient tout ce qu'il peut contenir. *La bouteille est encore pleine.* SYN. rempli. CONTR. vide. *La boîte était pleine de bonbons.* ❷ Qui contient en grande quantité. *Cette lettre est pleine de fautes d'orthographe.* SYN. bourré, rempli. ❸ Qui est à son maximum. *Travailler à plein temps.* SYN. complet. *Le bébé les a réveillés en pleine nuit. Elle se fait bronzer en plein soleil.* • **En pleine campagne, en pleine rue :** au beau milieu de la campagne, de la rue. • **Pleins pouvoirs :** pouvoirs politiques accordés temporairement par un Parlement à un gouvernement.

2 plein **n.m.** Remplissage complet du réservoir d'un véhicule. *Mon père a fait le plein avant de partir.* • **Battre son plein :** être au moment où il y a le plus d'animation, au point culminant, en parlant d'une fête, d'une réunion. *Ils arrivèrent alors que la fête battait son plein.*

3 plein **adv.** (Familier) Beaucoup, une grande quantité. *« As-tu des billes ? – J'en ai plein. » Il y a plein de poussière sous le lit !* • **En plein :** dans le milieu. *Elle a sauté en plein dans la flaque d'eau.* ◆ **prép.** En grande quantité. *Joëlle a de l'encre plein les doigts.*

pleinement **adv.** Entièrement, totalement, sans réserve. *J'approuve pleinement son action.* SYN. complètement.

plénier, ère **adj.** *Une assemblée plénière* est une assemblée à laquelle tous les membres sont convoqués. *La question sera examinée en assemblée plénière.*

plénitude **n.f.** ❶ La totalité, l'intégralité de quelque chose. *À quatre-vingts ans, il a conservé la plénitude de ses moyens.* ❷ Épanouissement complet, total. *Un sentiment de plénitude l'envahit dès qu'elle arrive au sommet de la montagne.*

pléonasme **n.m.** Répétition de mots qui ont le même sens, qui expriment exactement la même idée. *« Descendre en bas » est un pléonasme.*

HISTOIRE DU MOT Vient du grec *pleonasmos* qui signifie « excès ».

pléthore **n.f.** Excès, surabondance de choses ou de personnes. *Il y a pléthore de tomates et de melons cette année.* CONTR. pénurie.

▸ REM. Attention au *-h-*.

pléthorique **adj.** Trop abondant, trop nombreux. *Des stocks pléthoriques.*

pleurer **v.** (CONJUG. **3**). ❶ Verser des larmes. *Aurélie pleure à chaudes larmes parce qu'elle a perdu sa poupée* (= pleure énormément). ❷ Regretter la disparition de quelqu'un. *Pleurer un proche.* ❸ Se lamenter, se plaindre, gémir. *Cesse de pleurer sur ton sort.*

HISTOIRE DU MOT Vient du latin *plorare* qui signifie « crier, se lamenter », que l'on retrouve dans *déplorer*.

pleurésie **n.f.** Maladie des poumons due à une inflammation de la plèvre.

pleurnicher **v.** (CONJUG. **3**). Pleurer souvent et sans raison ou se plaindre sur un ton geignard.

pleurs **n.m.plur.** Larmes. *Lorsque nous sommes arrivés, nous l'avons trouvé en pleurs.*

▸ REM. Ce mot appartient à la langue littéraire.

pleutre **adj.** et **n.m.** Qui n'a pas de courage. SYN. couard, lâche, poltron.

▸ REM. Ce mot appartient à la langue littéraire.

HISTOIRE DU MOT Vient du flamand *pleute* qui signifie « chiffon ».

pleuvoir **pleuvant, plu** **v.** (CONJUG. **42**). ❶ Tomber, en parlant de la pluie. ❷ Tomber en grande quantité. *Les coups pleuvaient sur le dos des prisonniers.* • **Il pleut :** il tombe de la pluie. *Il pleut des cordes, il pleut à verse* (= il pleut beaucoup).

▸ REM. Ce verbe ne s'emploie qu'à la 3e personne.

plèvre **n.f.** Membrane qui enveloppe les poumons.

Plexiglas **n.m.** Matière plastique dure et transparente, utilisée en particulier comme verre de sécurité.

▸ REM. 1. C'est un nom de marque, le mot prend une majuscule, en France, dans les textes imprimés. 2. On prononce le *-s*.

plexus **n.m.** • **Plexus solaire :** centre nerveux situé dans l'abdomen entre l'estomac et la colonne vertébrale.

▸ REM. On prononce le *-s*.

HISTOIRE DU MOT C'est un mot latin qui signifie « enchevêtrement » : un plexus est un ensemble de fibres ou de ganglions nerveux enchevêtrés.

pli **n.m.** ❶ Partie repliée d'une matière souple (tissu, papier) ; marque qui reste sur quelque chose qui a été plié. *Marion s'est cachée dans les plis des rideaux. Peux-tu repasser le pli de mon pantalon ?* ❷ Lettre envoyée à quelqu'un. *Quelqu'un a glissé un pli sous ma porte.* ❸ Ensemble des cartes que l'on ramasse lorsque l'on a gagné un coup. • **Prendre un mauvais pli :** prendre une mauvaise habitude. • **Faux pli :** pliure faite à un tissu là où il ne devrait pas y en avoir. *J'ai fait des faux plis à ma chemise en la repassant.*

pliable **adj.** Que l'on peut plier pour le ranger. *Un vélo pliable.*

pliage **n.m.** Action ou manière de plier. *Les enfants font des pliages pour faire des cocottes en papier.*

1 pliant, e **adj.** Objet conçu de manière à pouvoir se replier. *Un lit pliant. Un parapluie pliant.*

2 pliant **n.m.** Petit siège que l'on peut plier pour le transporter et qui n'a généralement ni bras ni dossier.

plier **v.** (CONJUG. 7). ❶ Ramener différentes parties d'une matière souple sur elle-même ; rabattre une chose sur elle-même. *Elle plie ses vêtements pour les mettre dans sa valise. Plier un journal en quatre.* ❷ Fléchir une partie du corps. *Plier les genoux.* ❸ Se courber, ployer. *Les branches du poirier plient sous le poids des fruits.* SYN. fléchir. ❹ *Faire plier quelqu'un*, c'est le faire céder, l'amener à obéir, à se soumettre. *Tu n'arriveras pas à le faire plier, il est trop têtu !* ◆ **se plier** **v.pron.** ❶ Être pliable. *Ces chaises de camping se plient.* ❷ Se soumettre. *Mon frère a du mal à se plier à la discipline.*

plinthe **n.f.** Planche étroite fixée au bas des murs. *Les plinthes cachent souvent des fils électriques.*

plissé, e **adj.** Qui a des plis. *Une jupe plissée.* ◆ **plissé** **n.m.** Tissu plissé. *Le plissé d'une robe.*

plissement **n.m.** *Un plissement de terrain*, c'est une déformation de la surface de la Terre. *Les Alpes sont apparues à la suite du plissement alpin.*

plisser **v.** (CONJUG. 3). *Plisser un tissu*, c'est le marquer de plis. • **Plisser le front, le nez, les yeux :** faire apparaître de petites rides, de petits plis sur la peau en la contractant. *Il plisse le front quand il n'est pas content. Elle plisse les yeux pour voir loin* (= elle les ferme à demi).

pliure **n.f.** Marque qui reste à l'endroit où quelque chose a été plié. *Je n'arrive pas à lire le nom du village sur la carte, il est juste sur la pliure.*

plomb **n.m.** ❶ Métal très dense, très lourd, d'un gris bleuâtre. *Le plomb sert principalement à la fabrication des batteries.* ❷ Fusible qui fond lorsque la tension dans un circuit électrique est trop forte. *Il n'y a plus de lumière, les plombs ont sauté !* ❸ Grain de plomb. *Les cartouches des chasseurs sont garnies de plombs.* ❹ Poids que l'on met au bout d'une ligne de pêche pour l'alourdir. • (Familier) **Avoir du plomb dans l'aile :** être en mauvais état physique ou moral. • **Un soleil de plomb :** un soleil qui déverse une chaleur écrasante. • **Un sommeil de plomb :** un sommeil très profond. *Luc dort d'un sommeil de plomb.*

plombage **n.m.** Alliage dont les dentistes se servent pour boucher les trous des dents. *Le dentiste lui a fait trois plombages.*

plombé, e **adj.** ❶ Garni de plomb. *Canne à pêche plombée.* ❷ Qui a la couleur du plomb. *Le ciel plombé annonce l'orage.*

plomber **v.** (CONJUG. 3). ❶ Garnir de plomb. *Plomber une ligne.* ❷ Boucher une carie avec un plombage. *Plomber une dent.*

plomberie **n.f.** ❶ Métier du plombier. ❷ Canalisations et installations d'eau et de gaz. *Il a fallu refaire toute la plomberie de l'appartement.*

plombier **n.m.** Personne dont le métier est l'installation et l'entretien des canalisations et des appareils de distribution d'eau et de gaz. *Elle a fait venir un plombier pour réparer la fuite du robinet.*

▶ REM. Au Canada, la forme féminine de ce mot est *plombière.*

HISTOIRE DU MOT Vient de *plomb.*

plonge **n.f.** *Faire la plonge*, c'est faire la vaisselle dans un café, dans un restaurant.

plongeant, e **adj.** *Une vue plongeante* est dirigée vers le bas. *De sa maison, on a une vue plongeante sur la vallée.*

plongée **n.f.** Action de plonger dans l'eau. *Le sous-marin est en plongée* (= navigue au-dessous du niveau de la mer). • **Plongée sous-marine :** sport qui consiste à descendre sous la surface de l'eau avec divers appareils pour explorer, pêcher, photographier, etc.

plongée sous-marine

plongeoir **n.m.** Tremplin au-dessus de l'eau pour plonger. *Ludovic a sauté du plongeoir de trois mètres.*

plongeon **n.m.** ❶ Action de plonger, de se jeter dans l'eau d'une certaine hauteur. *Héloïse a réalisé un beau plongeon.* ❷ Dans certains sports, saut horizontal du gardien de but pour détourner ou arrêter le ballon.

a b c d e f g h i j k l m n o p q r s t u v w x y z

plonger **plongeant, plongé v.** (CONJUG. 5). ❶ Sauter dans l'eau. *Il a plongé dans la mer du haut des rochers.* ❷ S'enfoncer sous la surface de l'eau. *Le sous-marin a plongé et disparu.* ❸ Descendre brusquement vers quelque chose. *L'aigle plongea sur sa proie. Les avions plongèrent sur les batteries ennemies.* SYN. piquer. ❹ Mettre entièrement dans un liquide. *Plonger les légumes dans l'eau bouillante pour les faire cuire.* ❺ Mettre brusquement et totalement quelqu'un dans tel état. *Sa réaction les a plongés dans l'embarras.* SYN. jeter. ◆ **se plonger v.pron.** S'absorber totalement dans une occupation, une activité. *Quand elle se plonge dans un livre, ce n'est plus la peine d'essayer de lui parler !*

HISTOIRE DU MOT Vient du latin *plumbum* qui signifie « plomb », parce que dès l'Antiquité les filets de pêche étaient garnis de plomb pour les faire descendre au fond de l'eau.

plongeur, euse n. ❶ Personne qui plonge, qui sait plonger. *En été, les rochers du bord de mer sont envahis par les plongeurs.* ❷ Personne dont le métier est de faire de la plongée sous-marine. *Les plongeurs n'ont pas réussi à retrouver le corps du noyé.* ❸ Personne qui lave la vaisselle dans un café, dans un restaurant.

plot n.m. Dans une piscine, cube numéroté qui sert pour le départ des compétitions.

plouf interj. Mot qui imite le bruit que fait un objet en tombant dans un liquide. *On entendit un grand plouf... Mathieu était tombé dans la mare !*

ployer v. (CONJUG. 14). Se courber, fléchir sous un poids. *Les branches du cerisier ployaient sous le poids des fruits.* SYN. plier.

HISTOIRE DU MOT Vient du latin *plicare* qui signifie « plier ».

pluie n.f. ❶ Eau qui tombe des nuages, sous forme de gouttes. *Pendant nos vacances, nous avons eu six jours de pluie.* ❷ Ce qui semble tomber du ciel à la manière de la pluie, souvent en grande quantité. *L'éruption volcanique provoqua une pluie de cendres sur le village.* ❸ Ce qui est donné, distribué en grande quantité. *Une pluie de cadeaux.* SYN. avalanche. ● **Faire la pluie et le beau temps :** avoir beaucoup d'influence, imposer ce que l'on veut. ● **Parler de la pluie et du beau temps :** parler de tout et de rien, de choses banales.

plumage n.m. L'ensemble des plumes d'un oiseau. *Le canari a un plumage jaune.*

plume n.f. ❶ Chacune des tiges souples garnies de barbes, qui couvrent le corps des oiseaux et leur servent à voler et à maintenir leur corps à une température constante. *Le canard lisse ses plumes.* ❷ Petite lame de métal terminée en pointe qui sert à écrire à l'encre. *Sa tante lui a offert un stylo avec une plume en or.* ❸ Manière d'écrire. *Avoir une belle plume.* ● **Poids plume :** boxeur qui pèse entre 53 et 57 kg. ● **Vivre de sa plume :** vivre de son métier d'écrivain.

plumeau n.m. Ustensile de ménage fait avec des plumes assemblées autour d'un manche, et qui sert à épousseter.

plumer v. (CONJUG. 3). Arracher les plumes d'un oiseau, d'une volaille. *Plumer un poulet, une pintade.*

plumet n.m. Grande plume ou touffe de plumes qui orne une coiffure militaire.

plumier n.m. Petite boîte longue dans laquelle un écolier rangeait ses stylos, ses crayons, sa gomme, etc.

HISTOIRE DU MOT Vient de *plume.*

la **plupart n.f.** Le plus grand nombre de choses, de personnes. *La plupart des enfants aiment le chocolat. Dans la plupart des cas, elle a raison.* ● **La plupart du temps :** le plus souvent.

pluralisme n.m. État d'esprit qui permet d'accepter la diversité des opinions en matière politique, religieuse, etc. *Le pluralisme syndical.*

pluraliste adj. Qui exprime plusieurs points de vue, plusieurs avis. *La presse française est pluraliste.*

pluri- préfixe. Mot invariable tiré du latin *plures* qui signifie « plus nombreux, plusieurs » et qui sert à former de nombreux mots : *plurilingue, pluriannuel, pluridisciplinaire.*

pluriel n.m. Forme que prend un mot pour indiquer plusieurs unités, par opposition à *singulier. Le pluriel de « journal » est « journaux ».* → VOIR **nombre** (encadré).

plus adv. ❶ Indique une quantité, une valeur, un degré supérieurs. *Pierre a plus de dix ans.* CONTR. moins. *Ce livre est plus intéressant que l'autre. Cécile travaille beaucoup, mais Marie travaille plus.* SYN. davantage. ❷ Avec *le, la, les,* indique la plus grande quantité, la plus grande valeur. *Parmi tous les fruits, ce sont les fraises que j'aime le plus. Tu es la plus âgée de la classe.* ❸ Introduit un nombre que l'on ajoute, indique une addition, un ajout (noté + en mathématique). *Dix plus deux égalent douze* ($10 + 2 = 12$)*. Je voudrais du gâteau plus de la salade de fruits.* ❹ Indique, dans certains cas, un nombre positif ou une température supérieure à 0 °C. *Les températures sont passées de moins dix degrés à plus cinq en une journée.* ❺ Avec *ne*, indique que quelque chose cesse, ne continue pas ou ne se répétera pas. *Il ne pleut plus, on peut sortir.* ● **Au plus :** au maximum. *J'en ai au plus pour une heure.* CONTR. au minimum, au moins. ● **Bien plus, de plus, qui plus est :** en outre. *Xavier*

est arrivé en retard à l'école, de plus il avait oublié son cartable. • **De plus en plus :** toujours davantage. *Laure devient de plus en plus jolie.* • **Ni plus ni moins :** exactement comme cela est dit. *Le soldat n'a fait qu'obéir aux ordres, ni plus ni moins.* • **Non plus :** indique que la négation concerne aussi une autre chose. *François ne viendra pas, Nathalie non plus* (= ni l'un ni l'autre ne viendront). • **Plus ou moins :** à peu près. *C'est plus ou moins ce que je lui ai dit.* • **Sans plus :** tout juste, pas davantage. *Le vendeur s'est montré aimable, sans plus.*
▸ REM. 1. Au sens 5 et dans l'expression *non plus, plus* se prononce toujours [ply]. 2. Dans les autres emplois, *plus* se prononce [plys] ou [ply].

plusieurs **adj. indéfini** et **pron. indéfini.** Plus d'un, un certain nombre. *Il y a plusieurs solutions. J'en ai vu plusieurs qui riaient.*
▸ REM. Au mot *plusieurs* correspondent l'élément tiré du grec *poly-*, que l'on retrouve dans *polygone*, et l'élément tiré du latin *multi-*, que l'on retrouve dans *multicolore*.

HISTOIRE DU MOT Vient du latin *plures* qui signifie « plus nombreux ».

plus-que-parfait **n.m.** (PLUR. : **plus-que-parfaits**). Temps composé du verbe qui indique qu'une action passée se déroule avant une autre action passée. *Hier, j'ai vu une personne que j'avais rencontrée l'été dernier.*

plutonium **n.m.** Métal radioactif de l'uranium qui est utilisé pour produire l'énergie nucléaire et fabriquer des bombes atomiques.

HISTOIRE DU MOT Vient du nom de *Pluton*.

plutôt **adv.** ❶ De préférence. *Plutôt qu'un croissant, je prendrais bien une brioche.* ❷ Plus précisément. *Le pull est rouge, ou plutôt bordeaux.* ❸ Assez. *Le film était plutôt ennuyeux.*

pluvial, ale, aux **adj.** Qui provient de la pluie. *Les eaux pluviales.*

HISTOIRE DU MOT Vient du latin *pluvia* qui signifie « pluie ».

pluvieux, euse **adj.** Où il pleut souvent. *La Bretagne est une région pluvieuse. Un automne pluvieux.*

pluviôse **n.m.** Le cinquième mois du calendrier républicain, qui commençait le 20, le 21 ou le 22 janvier et se terminait le 18, le 19 ou le 20 février.

HISTOIRE DU MOT Vient du latin *pluviosus*, « pluvieux ».

pneu **n.m.** (PLUR. : **pneus**). Enveloppe en caoutchouc, qui recouvre en la protégeant une chambre à air, et que l'on fixe à la jante des roues de voiture, de bicyclette, etc.
▸ REM. *Pneu* est l'abréviation de *pneumatique*.

pneumatique **adj.** Qui se gonfle et prend sa forme lorsqu'il est rempli d'air. *Les campeurs couchent sur des matelas pneumatiques. Ils naviguent sur un canot pneumatique.*

HISTOIRE DU MOT Vient du grec *pneuma* qui signifie « souffle, respiration ».

pneumonie **n.f.** Maladie due à une inflammation du poumon.

HISTOIRE DU MOT Vient du grec *pneumôn* qui signifie « poumon ».

poche **n.f.** ❶ Partie d'un vêtement où l'on peut mettre de petits objets. *Il met son portefeuille dans la poche intérieure de sa veste.* ❷ Compartiment d'un sac, d'un cartable. *Mon sac à dos a beaucoup de poches.* ❸ Objet ou cavité en forme de sac. *Une poche de plastique. Il s'est formé une poche de pus sur son doigt.* ❹ Boursouflure sous les yeux. *Il a beaucoup vieilli, il a des poches sous les yeux.* ❺ Déformation d'une partie d'un vêtement. *Ce pull fait des poches aux coudes.* • **Argent de poche :** argent pour les petites dépenses personnelles. • **De poche :** de petite taille. *Il a pris une lampe de poche pour descendre à la cave.*

pocher **v.** (CONJUG. 3). ❶ *Pocher un œuf*, c'est le faire cuire sans sa coquille dans un liquide bouillant. *Une salade avec des œufs pochés.* ❷ *Pocher un œil à quelqu'un*, c'est lui donner un coup sur l'œil, provoquant ainsi un gonflement.

pochette **n.f.** ❶ Sachet ou enveloppe en papier, en tissu, qui sert à contenir un ou plusieurs objets. *Remets les photos dans leur pochette.* ❷ Petit mouchoir fin qu'un homme met dans la poche supérieure d'une veste pour l'orner. *Sa pochette est assortie à sa cravate.*

pochette-surprise **n.f.** (PLUR. : **pochettes-surprises**). Cornet de papier contenant de petits objets que l'on découvre en l'ouvrant.

pochoir **n.m.** Feuille de carton ou de métal découpée selon certains motifs et sur laquelle on passe un pinceau pour reproduire les motifs sur un autre support. *Peindre des lettres au pochoir.*

podium **n.m.** Plate-forme ou estrade sur laquelle monte le vainqueur d'une épreuve sportive ou sur laquelle ont lieu des jeux, des concerts, etc. *Les techniciens ont installé le podium pour le spectacle de ce soir.*

HISTOIRE DU MOT Mot latin qui désignait, dans l'Antiquité romaine, le mur qui, dans un amphithéâtre, séparait les gradins de l'arène et où se trouvaient les places d'honneur.

1 poêle **n.m.** Appareil de chauffage qui fonctionne avec du bois, du charbon, du mazout. *Il commence à faire froid, nous avons allumé le poêle à mazout.*
▸ REM. On prononce [pwal].

2 poêle **n.f.** Ustensile de cuisine pour cuire les aliments, directement sur la source de chaleur, qui est rond, peu profond et muni d'un long manche. *Cuire un bifteck à la poêle. Une poêle à frire.*
▸ REM. On prononce [pwal].

poêlée **n.f.** Contenu d'une poêle. *Une poêlée de champignons.*
▸ REM. On prononce [pwale].

poêlon **n.m.** Sorte de casserole en terre ou en métal épais, munie d'un manche court.
▸ REM. On prononce [pwalɔ̃].

poème **n.m.** Texte de poésie, généralement en vers. *Ronsard a écrit de nombreux poèmes. Un recueil de poèmes.* • (Familier) **C'est tout un poème :** c'est indescriptible tellement c'est extravagant. *Il faut le voir partir en voyage avec ses 18 valises... c'est tout un poème !*

HISTOIRE DU MOT Vient du grec *poiêma* qui signifie « création, œuvre », de *poiein* qui signifie « fabriquer, créer, produire ».

poésie n.f. ❶ L'art de combiner les mots, les rythmes et les sons d'une langue pour évoquer des émotions, des idées, des sentiments. *La poésie est une forme de littérature. La poésie lyrique, épique.* ❷ Texte généralement en vers ; poème. *Amélie nous a récité une poésie sur le printemps.* ❸ Caractère de ce qui émeut, touche la sensibilité. *Maxime n'est pas sensible à la poésie des soirs d'automne.*

poète n.m. ❶ Écrivain qui fait de la poésie. *Baudelaire, Rimbaud, Apollinaire sont de grands poètes français.* ❷ Personne rêveuse, qui n'a pas le sens des réalités.
▸ REM. Au féminin, on dit aussi *poète* ou, plus rarement, *poétesse*.

poétesse n.f. Femme poète. *Louise Labé est une poétesse française de la Renaissance.*

poétique adj. ❶ Qui concerne la poésie. *Les œuvres poétiques de Victor Hugo.* ❷ Qui est empreint de poésie, qui fait appel à la sensibilité, à l'imagination. *Un coucher de soleil poétique.*

poids n.m. ❶ Ce que pèse une personne, une chose. *Le poids de ces livres est trop important pour cette étagère. Boris a pris du poids* (= il a grossi). ❷ Masse de métal qui sert à peser. *Des poids en fonte, en laiton.* ❸ En athlétisme, sphère métallique qu'on lance le plus loin possible. *Pour les hommes, le poids est de 7,257 kg, pour les femmes, de 4 kg.* ❹ Ce qui est pénible à supporter, ce qui tourmente. *Les paysans étaient accablés par le poids des impôts.* SYN. fardeau. *Le poids du remords.* ❺ Ce qui a de l'importance, de l'influence. *Cette découverte donne du poids à votre théorie.* ❻ Catégorie de sportifs, établie selon le poids qu'ils pèsent. *Poids plume, poids léger, poids lourd.* • **Avoir deux poids, deux mesures :** juger différemment selon les situations, selon ses intérêts. • **De poids :** important. *Il a donné un argument de poids qui a fait basculer la discussion en sa faveur.* • **Faire le poids :** être compétent, avoir les qualités requises. • **Poids lourd :** gros camion.
▸ REM. Attention, *-ds*.

ENCYCLOPÉDIE Il ne faut pas confondre *poids* et *masse*. Le poids d'un objet dépend de la pesanteur. Ainsi, un même sac de sable sera plus facile à porter sur la Lune que sur la Terre, où la pesanteur est plus forte : son « poids lunaire » est donc inférieur à son « poids terrestre ». En revanche, la masse de sable qui se trouve dans le sac reste la même, que le sac soit posé sur la Lune ou sur la Terre.

poignant, e adj. Qui provoque une grande émotion ou une angoisse. *La situation poignante des réfugiés émut tout le monde.* SYN. dramatique.

poignard n.m. Arme faite d'une lame courte et pointue montée sur un manche. *Le poignard est l'une des plus anciennes armes créées par l'homme.*

HISTOIRE DU MOT Vient du latin *pugnalis* qui signifie « que l'on manie avec le poing ».

poignarder v. (CONJUG. 3). Frapper avec un poignard.

poigne n.f. ❶ Force de la main, du poignet. *Pour pouvoir tordre cette barre de fer, il faut avoir de la poigne.* ❷ Au sens figuré, force de caractère qui mêle volonté et autorité. *C'est une femme à poigne qui dirige de main de maître son entreprise.*

poignée n.f. ❶ Ce que la main fermée peut contenir. *Jean lui a donné une poignée de cacahuètes.* ❷ Petit nombre de personnes. *Il y avait une poignée de spectateurs dans la salle quand ils entrèrent.* ❸ Partie d'un objet qui sert à le saisir. *Une poignée de porte. La poignée d'une valise.* • **Poignée de main :** geste par lequel on salue quelqu'un en lui serrant la main. *Il nous a accueillis d'une poignée de main.*

poignet n.m. ❶ Articulation entre la main et l'avant-bras. *Anne s'est cassé le poignet en jouant au tennis.* ❷ Extrémité de la manche d'un vêtement. *Il faut que je lave ma chemise, les poignets sont sales.* • **À la force du poignet :** grâce à de grands efforts personnels. *Personne ne l'a aidé, il a obtenu sa situation à la force du poignet.*

poil n.m. ❶ Chacun des filaments qui recouvrent la peau de certains animaux et certaines parties du corps humain. *Christian a beaucoup de poils sur les bras. Les chats persans ont le poil long. Un chien au poil roux* (= pelage). ❷ Chacun des filaments d'un pinceau, d'une brosse, etc. *Mon pinceau a perdu ses poils.*
• (Familier) **Reprendre du poil de la bête :** retrouver des forces ou du courage.

HISTOIRE DU MOT Vient du latin *pilus*, que l'on retrouve dans *pileux*, *pilosité*.

1 poilu, e adj. Couvert de poils. *Certains hommes ont des jambes très poilues.*

2 poilu n.m. (Familier) Nom par lequel on désignait un soldat français pendant la Première Guerre mondiale.

poilu de la Première Guerre mondiale (1914-1918)

poinçon **n.m.** ❶ Tige de métal pointue qui sert à percer ou à graver. *Le graveur utilise un poinçon pour faire des dessins sur du cuivre.* ❷ Marque appliquée sur des pièces d'orfèvrerie pour garantir la proportion d'or ou d'argent que l'on y trouve.

HISTOIRE DU MOT Vient du latin *punctio, punctionis* qui signifie « piqûre ».

poinçonner **v.** (CONJUG. 3). ❶ Marquer avec un poinçon. *Poinçonner un bracelet en or.* ❷ Contrôler un titre de transport en y faisant un trou.

poindre **v.** (CONJUG. 49). • **Le jour point :** le jour commence à paraître. SYN. se lever, naître.

▸ REM. Ce verbe appartient à la langue littéraire et n'est utilisé qu'à la 3e personne du singulier.

HISTOIRE DU MOT Vient du latin *pungere* qui signifie « piquer ».

poing **n.m.** Main fermée. *Elle s'est défendue en lui donnant un violent coup de poing dans le ventre. Il frappa du poing sur la table et dit : « Écoutez-moi ! »* • **Dormir à poings fermés :** dormir profondément. *Elle n'a rien entendu car elle dormait à poings fermés.*

1 point **n.m.** ❶ Très petite marque en forme de rond. *Nadia ne met jamais de point sur les « i » et les « j ». La coccinelle a des points noirs sur le dos.* SYN. tache. ❷ Signe de ponctuation. *Le point d'interrogation et le point d'exclamation sont des signes de ponctuation.* ❸ En mathématique, élément de l'espace qui a une surface extrêmement réduite. *Tracez une droite entre le point A et le point B. Le point d'intersection de deux droites.* ❹ Endroit précis, bien délimité qui peut servir de repère. *Le point de départ de la course sera le gros chêne et le point d'arrivée l'étang. Les points d'eau sont rares dans le désert* (= les endroits où l'on peut trouver de l'eau). ❺ Moment dans le cours de quelque chose, stade. *Après des heures de discussion, on se retrouve au même point.* ❻ Degré atteint. *Tu ne sais pas à quel point je t'aime !* (= combien). ❼ Unité de compte dans un jeu, un sport, dans une échelle de notation. *Faire une partie en vingt points.* ❽ Question particulière d'un sujet. *Ceci est un point capital dont il faudra reparler.* ❾ Piqûre faite dans un tissu avec une aiguille enfilée ; manière de coudre, de broder, de tricoter. *Coudre à grands points. Broder au point de chaînette.* • **À point :** cuit ou mûri comme il convient. *Un rôti cuit à point. Ces pêches sont à point.* • **Au point :** bien réglé, qui fonctionne bien. *Alfred a beaucoup répété, maintenant son numéro est au point. Mettre au point un projet* (= préparer). • **Être sur le point de :** indique un futur immédiat. *Nous étions sur le point de partir quand le téléphone a sonné* (= nous allions partir). • **Faire le point :** déterminer la position d'un navire en mer, et au sens figuré, savoir où on en est. *Le capitaine fit le point pour savoir à quelle distance ils se trouvaient de la terre.* • **Mise au point :** opération consistant à rendre l'image nette dans un appareil photo, un microscope ; explication entre deux personnes. • **Point de chute :** endroit où l'on s'arrête un certain temps. • **Point de côté :** douleur vive dans une partie du thorax. *Je ne peux plus courir, j'ai un point de côté.* • **Point faible :** faiblesse, défaut de quelqu'un, de quelque chose. *Son point faible, c'est l'orthographe.* • **Point noir :** sécrétion grasse qui bouche un pore de la peau. • **Un point c'est tout ! :** il n'y a rien à ajouter. *Tu fais ce que je te dis, un point c'est tout !*

HISTOIRE DU MOT Vient du latin *punctum* qui signifie « piqûre », que l'on retrouve dans *ponctuation* et *ponctuel.*

pointes de danseuse

2 point **adv.** Indique une négation et s'emploie parfois à la place de *pas. Je ne l'ai point vue. « Va, je ne te hais point »* (*le Cid,* Corneille).

pointage **n.m.** Action de pointer, de contrôler la présence de personnes, de choses sur une liste. *Le maître a fait un pointage des élèves présents.*

point de vue **n.m.** (PLUR. : **points de vue**). ❶ Endroit où l'on se place pour voir au mieux quelque chose, notamment un paysage. *Depuis le virage vous aurez un magnifique point de vue sur le village.* SYN. panorama. ❷ Opinion particulière que l'on a sur quelque chose. *Mon frère et moi n'avons pas le même point de vue sur la question.* SYN. avis.

pointe **n.f.** ❶ Extrémité pointue, étroite d'un objet qui va en s'amincissant. *David taille la pointe de son crayon. Des pointes d'asperges* (= bourgeons qui terminent les asperges). ❷ Outil préhistorique présentant une extrémité aiguë. ❸ Bande de terre qui s'avance dans la mer. *Nous avons suivi le sentier jusqu'à la pointe de l'île.* ❹ Clou qui a la même grosseur sur toute la longueur. *Le charpentier cloue les planches avec des pointes.* ❺ Petite quantité de quelque chose. *Il faut verser une pointe de vinaigre dans la salade.* ❻ Moment où une activité, un phénomène atteint le maximum d'intensité. *Cette voiture a une vitesse de pointe de 300 km/h. Il est impossible de circuler dans Paris aux heures de pointe* (= aux heures d'affluence). CONTR. heures creuses. • **À la pointe :** à l'avant-garde, au premier rang. *Une industrie à la pointe de la technologie.* • **De pointe :** d'avant-garde. *Les biotechnologies sont un secteur de pointe.* • **Sur la pointe des pieds :** sur le bout des orteils. *Elle marche sur la pointe des pieds pour ne pas faire de bruit.* ◆ **pointes** **n.f.plur.** *Faire des pointes*, en danse classique, c'est se tenir en équilibre sur la pointe des pieds grâce à des chaussons à bouts rigides appelés aussi des *pointes.*

A B C D E F G H I J K L M N O P Q R S T U V W X Y Z

pointer **v.** (CONJUG. 3). ❶ Marquer d'un point, d'un signe pour contrôler, compter. *Le professeur pointe les absents sur sa liste.* ❷ Diriger sur un point. *Pointer une arme sur quelqu'un.* ❸ Dresser en pointe. *Le chien pointa subitement les oreilles, ce qui nous alerta.* ❹ Pour un employé, un ouvrier, enregistrer son heure d'arrivée et de départ sur un appareil (la *pointeuse*). *Les ouvriers pointent à 8 h du matin et à 5 h du soir.* ❺ Au jeu de boules, à la pétanque, lancer sa boule de manière à être le plus près possible du cochonnet.

pointillé **n.m.** Suite de petits points sur une même ligne. *Découpez l'image en suivant le pointillé.*

pointilleux, euse **adj.** Qui est très exigeant sur des détails. *L'examinateur était très pointilleux.*

pointu, e **adj.** ❶ Qui se termine en pointe. *En montagne, les chalets ont des toits pointus. Le loup a des dents pointues.* ❷ *Une voix pointue* a un timbre aigu et désagréable.

pointure **n.f.** Nombre qui indique la taille des chaussures, des chaussettes, des gants, des chapeaux. *Ces chaussures me serrent, je voudrais la pointure au-dessus.*

point-virgule **n.m.** (PLUR. : **points-virgules**). Signe de ponctuation (;) qui indique une pause intermédiaire entre le point et la virgule.

poire **n.f.** ❶ Fruit à pépins du poirier, de forme renflée et se rétrécissant vers la queue. ❷ Objet en forme de poire. *Une poire électrique.* ❸ (Familier) Personne trop bonne et trop crédule. • **Couper la poire en deux :** partager les avantages et les inconvénients ; transiger.

poireau **n.m.** Plante potagère comestible à longues feuilles vertes, dont la base blanche est la partie la plus tendre. *Des poireaux à la vinaigrette. Blancs de poireaux.*

poirier **n.m.** Arbre fruitier qui produit les poires. *Le bois de poirier, rouge et dur, est utilisé en ébénisterie.* • **Faire le poirier :** se tenir en équilibre sur les mains, la tête touchant le sol et les pieds en l'air. *Léa sait faire le poirier.*

pois **n.m.** Plante grimpante dont une espèce est cultivée pour ses graines comestibles, les *petits pois*. *Écosser des petits pois.* • **À pois :** décoré de petits ronds disposés de manière régulière. *Une robe, une cravate à pois.* • **Pois cassés :** pois secs divisés en deux et que l'on consomme en purée ou en potage. • **Pois de senteur :** plante ornementale grimpante, qui a des fleurs de diverses couleurs.

poison **n.m.** ❶ Substance très dangereuse pour la santé et qui peut entraîner la mort. *Le cyanure est un poison violent.* ❷ (Familier) Personne insupportable, méchante. *Cette fille est un vrai poison, vivement qu'elle parte !*

HISTOIRE DU MOT Vient du latin *potio, potionis* qui signifie « breuvage ».

poisse **n.f.** (Familier) Malchance. *Quelle poisse cette pluie !* SYN. déveine.

poisser **v.** (CONJUG. 3). Salir en rendant collant, gluant. *Le pot de miel m'a poissé les doigts.*

HISTOIRE DU MOT Vient de *poix*.

poisseux, euse **adj.** Qui est collant, gluant. *Ne touche pas ce livre avec tes mains poisseuses !*

poisson **n.m.** ❶ Animal vertébré qui vit dans l'eau, dont le corps est couvert d'écailles, et qui est pourvu de nageoires lui permettant de se déplacer et d'assurer son équilibre. *J'ai pêché beaucoup de poissons. À midi nous avons mangé du poisson. La truite est un poisson de rivière, la sole est un poisson de mer.* → VOIR AUSSI **pisciculture** et planche pages suivantes. ❷ (Au plur., avec une majuscule.) *Signe des Poissons*, douzième signe du zodiaque qui commence le 20 février et se termine le 20 mars. • **Être comme un poisson dans l'eau :** se sentir parfaitement à l'aise. *Quand il est devant un ordinateur, Léo est comme un poisson dans l'eau.* • **Poisson volant :** poisson des mers chaudes pourvu de nageoires pectorales en forme d'ailes qui lui permettent de faire de grands bonds hors de l'eau, comme s'il volait. SYN. exocet.

poisson-chat **n.m.** (PLUR. : **poissons-chats**). Poisson d'eau douce originaire d'Amérique, à longues moustaches appelées *barbillons*.

poissonnerie **n.f.** Magasin ou rayon d'un magasin où l'on vend du poisson, des fruits de mer, des crustacés.

poissonneux, euse **adj.** *Une eau poissonneuse* est une eau où il y a de nombreux poissons. *Cette rivière de montagne est très poissonneuse.*

poissonnier, ère **n.** Personne qui tient une poissonnerie.

poitrail **n.m.** (PLUR. : **poitrails**). ❶ Devant du corps du cheval et de quelques autres animaux domestiques, notamment l'âne et la vache, entre l'encolure et les

pattes avant. *Un cheval au poitrail puissant.* ❷ (Familier) Haut du torse de l'homme.

HISTOIRE DU MOT Vient du latin *pectus, pectoris,* que l'on retrouve dans *pectoral.*

poitrine **n.f.** ❶ Partie du corps située entre le cou et la taille, qui contient le cœur et les poumons. *Il gonfle la poitrine pour respirer à fond.* → VOIR AUSSI **buste, thorax, torse.** ❷ Seins de femme.

HISTOIRE DU MOT Vient, comme *poitrail,* du latin *pectus, pectoris.*

poivre **n.m.** Épice au goût fort et piquant, provenant du fruit du poivrier *(poivre noir)* ou de sa graine décortiquée *(poivre blanc). Moudre un peu de poivre. Mettre quelques grains de poivre dans une sauce.* → VOIR AUSSI **épice.** • **Cheveux, barbe poivre et sel :** cheveux, barbe bruns mêlés de blanc. SYN. grisonnant.

HISTOIRE DU MOT Vient, comme *piperade,* du latin *piper.*

poivrer **v.** (CONJUG. **3**). Assaisonner de poivre. *Tu devrais poivrer la sauce.*

poivrier **n.m.** ❶ Arbuste grimpant des régions tropicales, dont les baies fournissent le poivre. ❷ Poivrière.

branche de poivrier

poivrière **n.f.** Petit récipient avec un bouchon perforé, dans lequel on met le poivre moulu.

poivron **n.m.** Gros fruit vert, jaune ou rouge que produit la plante appelée *piment doux,* et qui est utilisé en cuisine comme légume. *On met du poivron dans la ratatouille. Des poivrons farcis.*

HISTOIRE DU MOT Vient de *poivre* ; le piment doux s'appelait autrefois « poivre long ».

poix **n.f.** Mélange mou et collant à base de résines et de goudrons végétaux. *Les cordonniers utilisent de la poix. Autrefois, les assiégés versaient de la poix bouillante sur l'ennemi qui tentait d'escalader les murs d'enceinte.*

▸ REM. On ne prononce pas le *-x.*

poker **n.m.** Jeu de cartes d'origine américaine où l'on mise de l'argent. *Le gagnant d'une partie de poker est celui qui a réussi à faire croire qu'il avait la combinaison la plus forte.*

polders (Pays-Bas)

polaire **adj.** Relatif aux pôles ; situé près d'un pôle. *Les régions polaires. Le climat polaire.* → VOIR Fiche **34.** • **Cercle polaire :** cercle parallèle à l'équateur, qui marque la limite des zones polaires, où il fait jour ou nuit pendant vingt-quatre heures lors des solstices. • **Étoile Polaire** → VOIR noms propres : **Polaire.**

polariser **v.** (CONJUG. **3**). Attirer, faire converger. *Le bébé polarise toute la tendresse de la famille.* ◆ **se polariser** **v.pron.** Se concentrer sur quelque chose. *Toute l'opinion publique s'était polarisée sur le procès.*

Polaroid **n.m.** Appareil photo qui développe instantanément les photos.

▸ REM. 1. On prononce [-ɔid]. 2. C'est un nom de marque, le mot prend une majuscule, en France, dans les textes imprimés.

polder **n.m.** Terre gagnée par l'homme sur la mer ou les marais et protégée par des digues. *Les Hollandais ont créé de nombreux polders.*

▸ REM. On prononce [pɔldɛr].

HISTOIRE DU MOT Mot néerlandais qui signifie « terre endiguée ».

pôle **n.m.** ❶ Chacun des points de la surface terrestre qui forment les extrémités de l'axe imaginaire de rotation de la Terre. *Le pôle Nord est aussi appelé « pôle arctique » ou « pôle boréal » ; le pôle Sud est aussi appelé « pôle antarctique » ou « pôle austral ».* ❷ Chacune des deux extrémités d'une pile, d'un aimant. *Le pôle positif et le pôle négatif d'une pile. Le pôle nord et le pôle sud d'un aimant.* • **Pôle d'attraction :** ce qui attire l'attention, l'intérêt. *Le nouveau jardin public est un pôle d'attraction pour les habitants de la ville.*

▸ REM. *Pôle* s'écrit avec un accent circonflexe mais *polaire* n'en a pas.

HISTOIRE DU MOT Vient du grec *polos* qui signifie « pivot, axe du monde ».

polémique **n.f.** Débat animé, parfois violent, entre des personnes d'avis différents. *Une grande polémique s'est engagée dans les journaux au sujet de la nouvelle loi.*

HISTOIRE DU MOT Vient du grec *polemikos* qui signifie « qui concerne la guerre, batailleur », de *polemos* qui signifie « guerre ».

polémiquer **v.** (CONJUG. **3**). Engager une polémique, discuter âprement. *Les députés polémiquent à propos d'un projet de loi.*

épinoche
carpe écailleuse
barracuda
thon
espadon
piranha
bar
saumon
nage de
la roussette
requin blanc
lamproie
roussette
nage
de la raie manta

perche

Des habitants des eaux

Les poissons ont colonisé tous les milieux aquatiques. Certains vivent dans l'**eau douce** des lacs (carpe), des rivières (brochet) ou des torrents (truite). D'autres évoluent dans l'**eau salée** des mers et des océans, près des côtes (raie) ou au grand large (morue). Quelques espèces se sont adaptées aux grandes profondeurs. Les poissons migrateurs se reproduisent en mer mais grandissent en rivière, comme l'anguille, ou font l'inverse, comme le saumon qui remonte les fleuves pour se reproduire et dont les descendants retournent à la mer. On distingue différents groupes de poissons : les agnathes (lamproie), qui n'ont pas de mâchoires, ceux dont le squelette est cartilagineux (requin) et les poissons osseux, qui sont la majorité.

sardine

rouget

goujon

anguille

maquereau

sole

poisson-papillon

Un corps adapté à la natation

Le corps des poissons est recouvert d'**écailles** dont la composition et la forme varient selon les espèces. La plupart des poissons pondent des œufs. Presque tous possèdent des **nageoires**. Les nageoires dorsales et caudales sont dites impaires et assurent l'équilibre et la propulsion de l'animal. Les nageoires pelviennes et pectorales sont dites paires et facilitent la nage, la rotation ou le freinage.

congre

truite

baudroie

hareng

raie

brochet

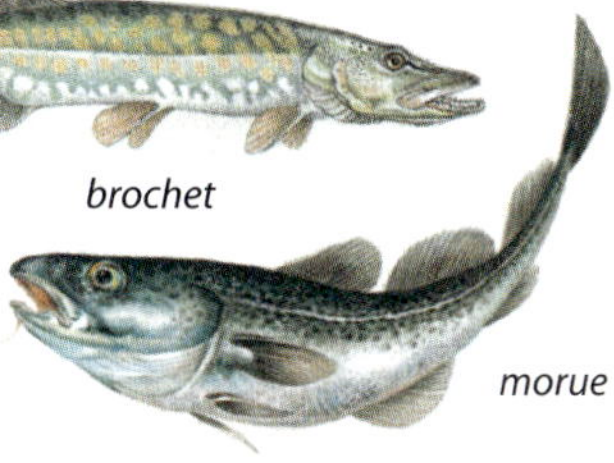

morue

dents de requins

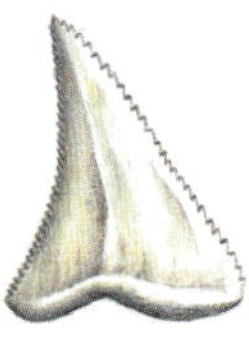

requin blanc

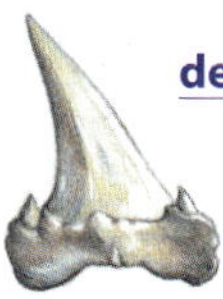

requin mako

requin griset

requin-tigre

A B C D E F G H I J K L M N O **P** Q R S T U V W X Y Z

1 poli, e adj. Qui respecte les règles, les usages de la politesse. *Une personne polie dit bonjour et au revoir* (= bien élevé). CONTR. impoli, malpoli.

2 poli, e adj. Dont la surface est lisse et brillante. *Une table en marbre poli.* → VOIR **polir.**

1 police n.f. L'ensemble des services et des personnes qui veillent au maintien de la sécurité publique. *Les voisins ont appelé la police. Son oncle travaille dans la police.* • **Faire la police :** faire régner l'ordre ou donner des ordres à tout le monde. • **Police secours :** service qui s'occupe des cas d'urgence.

HISTOIRE DU MOT Vient du grec *polis* qui signifie « cité, ville », que l'on retrouve dans *politique.*

2 police n.f. ❶ *Une police d'assurance*, c'est un contrat d'assurance. ❷ *Une police de caractères*, c'est un ensemble de caractères typographiques qui ont un dessin, une forme caractéristique. *Sur un traitement de textes, je peux choisir entre plusieurs polices de caractères.*

HISTOIRE DU MOT Vient d'un mot grec qui signifie « preuve, document ».

polichinelle n.m. ❶ Marionnette qui ressemble à Polichinelle, personnage bossu et ventru de la commedia dell'arte. ❷ Personne ridicule à laquelle on ne peut pas faire confiance. • **Secret de Polichinelle :** faux secret, chose connue de tous.

1 policier, ère adj. ❶ De la police. *Une enquête policière sera menée pour trouver les coupables.* ❷ *Un chien policier* est dressé pour aider la police. ❸ *Un roman, un film policiers* racontent une enquête menée à propos d'un crime ou d'un délit. *Camille essaie toujours de deviner la fin des romans policiers.*

2 policier, ère n. Membre de la police. *Trois policiers attendaient devant l'immeuble.*

poliment adv. De manière polie, convenable. *Benoît a poliment refusé l'invitation de Marianne.*

poliomyélite n.f. Maladie due à un virus qui se fixe sur les centres nerveux et peut provoquer des paralysies.
▸ REM. On emploie familièrement l'abréviation *polio.*

HISTOIRE DU MOT Vient du grec *polios*, qui signifie « gris », et *muelos*, qui signifie « moelle ».

polir polissant, poli **v.** (CONJUG. **16**). Rendre lisse et brillant en frottant. *On a poli la plaque de marbre jusqu'à ce qu'elle brille.*

polissage n.m. Action de polir un objet, une matière.

polisson, onne n. Enfant espiègle, turbulent et désobéissant. *Ce petit polisson a encore caché mes clés !* SYN. coquin.

polissonnerie n.f. Acte ou parole d'un polisson.

politesse n.f. L'ensemble des règles de bienséance, de courtoisie, que l'on applique quand on est bien élevé. *La politesse veut que tu préviennes si tu ne vas pas à sa fête. « Veuillez agréer mes salutations distinguées » est une formule de politesse* (= une phrase conventionnelle que l'on écrit à la fin d'une lettre).

politicien, enne n. Personne qui fait officiellement de la politique dans un parti ou au gouvernement. *C'est encore une querelle de politiciens.*

1 politique n.f. Manière de diriger un État. *Faire de la politique. La politique intérieure* (= les affaires économiques, sociales, etc.). *La politique extérieure* (= la manière de gérer les relations avec les autres États, la diplomatie).

HISTOIRE DU MOT Vient du grec *politikos* qui signifie « de la cité », de *polis*, « cité, ville ».

2 politique adj. Qui concerne l'organisation des affaires de l'État, le gouvernement et l'exercice du pouvoir. *Un nouveau parti politique s'est créé.* • **Homme** ou **femme politique :** personne qui s'occupe des affaires publiques, qui fait de la politique.

politiser v. (CONJUG. **3**). Donner un caractère politique à quelque chose. *Politiser un débat.*

polka n.f. Danse polonaise à deux temps très rythmée ; air, musique sur lesquels on la danse.

pollen n.m. Ensemble de petits grains formant une poudre jaune, que produisent les étamines d'une fleur et qui servent à sa reproduction.
▸ REM. On prononce [pɔlɛn].

HISTOIRE DU MOT C'est un mot latin qui signifie « poudre de farine ».

polluant, e adj. Qui pollue. *Des produits polluants.*

polluer v. (CONJUG. **3**). *Polluer un lieu, une rivière, l'air*, c'est les rendre malsains, dangereux pour les êtres vivants. *Les déchets rejetés par l'usine ont pollué la rivière ; on a retrouvé des milliers de poissons morts.*

pollution n.f. Le fait de polluer un milieu naturel (air, eau, végétaux, etc.) ou d'être pollué. *Les détergents, les insecticides, les fumées d'usine, les vapeurs d'échappement sont des causes de pollution.* → VOIR Fiches **54** et **55.**

polo n.m. ❶ Sport dans lequel des cavaliers, divisés en deux équipes, doivent envoyer une balle dans les buts

joueur de **polo**

adverses à l'aide d'un maillet à long manche. ❷ Chemise de sport, généralement en jersey avec un col rabattu. *Il met toujours un polo blanc pour jouer au tennis.*
HISTOIRE DU MOT C'est un mot anglais qui vient d'une langue indienne où il signifiait « balle ».

polochon **n.m.** (Familier) Traversin. *En vacances, on faisait des batailles de polochons tous les soirs.*

polonais, e **adj.** et **n.** De Pologne. *Chopin était un grand musicien polonais.* ◆ **polonais** **n.m.** La langue parlée par les Polonais. *Le polonais est une langue slave.*
▸ REM. Quand il désigne une personne, le mot prend une majuscule : *un Polonais, une Polonaise.*

poltron, onne **adj.** et **n.** Qui manque de courage, qui est peureux. *C'est un poltron, il n'osera jamais traverser la rivière à la nage !*
HISTOIRE DU MOT Vient de l'italien *poltrone* qui signifie « poulain ».

poltronnerie **n.f.** Manque de courage ; couardise, lâcheté.

poly- **préfixe.** Mot invariable tiré du grec *polus* qui signifie « plusieurs » et que l'on retrouve dans de nombreux mots.

polychrome **adj.** *Une statue polychrome* est peinte ou décorée de plusieurs couleurs.

polycopié **n.m.** Texte ou cours reproduits en un certain nombre d'exemplaires.

polyculture **n.f.** Culture de plusieurs produits sur un même sol. *Dans cette région, on fait de la polyculture.*

polyèdre **n.m.** En géométrie, volume dont les faces sont des polygones.

polyester **n.m.** Tissu synthétique. *Cette nappe contient 40 % de polyester.*
▸ REM. On prononce [pɔliɛstɛr].

polygame **n.m.** Homme marié simultanément à plusieurs femmes.

polygamie **n.f.** Le fait d'être polygame. *En France, la polygamie est interdite par la loi.* → VOIR AUSSI **bigamie, monogamie.**
HISTOIRE DU MOT Vient du grec *gamos*, « mariage ».

polyglotte **adj.** et **n.** Qui parle plusieurs langues. *Son oncle est polyglotte, il parle arabe, russe, italien, anglais et espagnol.*
HISTOIRE DU MOT Vient du grec *glôtta*, « langue ».

polygone **n.m.** Figure géométrique qui a plusieurs côtés. *L'octogone est un polygone à huit côtés et huit angles.* → VOIR Fiche **15.**
HISTOIRE DU MOT Vient du grec *gônia*, « angle ».

polype **n.m.** ❶ Animal marin qui a un corps cylindrique et des tentacules. ❷ Tumeur molle qui se développe sur une muqueuse. *Il a un polype sur une corde vocale.*
HISTOIRE DU MOT Vient du grec *polupos*, « qui a plusieurs pieds ».

polyphonie **n.f.** Art de composer de la musique à plusieurs voix ; morceau de musique à plusieurs voix.
HISTOIRE DU MOT Vient du grec *phônê*, « voix, son ».

polyphonique **adj.** Qui est composé pour plusieurs voix. *La musique polyphonique de la Renaissance.*

polysémique **adj.** *Un mot polysémique* a plusieurs sens.

polystyrène **n.m.** Matière plastique qui se présente sous forme de petites boules légères. *Les parois de la glacière sont garnies de polystyrène.*

polytechnicien, enne **n.** Élève ou ancien élève de l'École polytechnique, grande école scientifique française.

polythéisme **n.m.** Religion qui admet l'existence de plusieurs dieux.
HISTOIRE DU MOT Vient du grec *theos* qui signifie « dieu », que l'on retrouve dans *théologie.*

polythéiste **adj.** Qui appartient au polythéisme. *Les religions antiques étaient polythéistes.*

polyvalence **n.f.** Le fait d'être polyvalent.

polyvalent, e **adj.** ❶ Qui peut faire des choses différentes, en raison de ses compétences variées. *Il doit embaucher un secrétaire polyvalent car les tâches qu'il aura seront multiples.* ❷ Qui a plusieurs usages possibles. *La mairie a fait construire une salle polyvalente qui pourra accueillir aussi bien des spectacles que les réunions d'associations.*

polyvalente **n.f.** Au Canada, école secondaire où sont dispensés à la fois un enseignement général et un enseignement professionnel.

pomelo **n.m.** Variété de gros pamplemousse à peau et à pulpe jaunes ou rouge rosé, au goût légèrement amer.

pommade **n.f.** Crème épaisse et grasse, en général à base de médicaments, que l'on applique sur la peau ou les muqueuses pour se soigner. *Il a mis de la pommade sur sa brûlure.* • (Familier) **Passer de la pommade à quelqu'un :** le flatter pour obtenir quelque chose de lui.
HISTOIRE DU MOT Vient de l'italien *pomata*, de *pomo*, « pomme », car les anciennes pommades étaient parfumées à la pomme.

1 pomme **n.f.** ❶ Fruit comestible du pommier, arrondi et charnu, qui contient des pépins. *La pomme se consomme crue ou cuite, en compote, en beignet, en tarte ; on en fait du jus et du cidre.* ❷ Objet dont la forme rappelle celle d'une pomme. *La pomme d'une canne. Une pomme de douche.* • **Pomme d'Adam :** petite bosse, formée par le cartilage thyroïde, située à l'avant du cou de l'homme. • **Pomme d'amour :** confiserie faite d'une pomme enrobée de sucre, généralement rouge, et plantée au bout d'un bâtonnet, souvent vendue dans les foires. • **Pomme de discorde :** sujet de dispute, de division. • **Pomme de pin :** fruit du pin, formé d'écailles de bois entre lesquelles se trouvent les graines. • (Familier) **Tomber dans les pommes :** s'évanouir.

HISTOIRE DU MOT Vient du latin *pomum* qui signifie « fruit ».

2 pomme **n.f.** Pomme de terre. *Des pommes vapeur. Des pommes dauphine.*

pommé, e **adj.** Arrondi comme une pomme. *Un chou pommé. Une laitue pommée.*

pommeau **n.m.** Boule au bout de la poignée d'une épée, d'un sabre, d'une canne.

pomme de terre **n.f.** (PLUR. : **pommes de terre**). Plante originaire d'Amérique du Sud dont les tubercules, riches en amidon, sont comestibles. *Des pommes de terre sautées à la poêle, cuites à la vapeur. De la purée de pommes de terre.*
▸ REM. On dit aussi *pomme* : *des pommes sautées.*

pommes de terre

pommelé, e **adj.** ❶ *Un ciel pommelé* est couvert de petits nuages blancs ou grisâtres, de forme arrondie. ❷ *Un cheval pommelé* a le pelage marqué de taches rondes mêlées de gris et de blanc.

pommette **n.f.** Partie la plus saillante de la joue, au-dessous de l'œil. *Romain a couru vite, il a les pommettes toutes rouges.*

pommier **n.m.** Arbre fruitier de taille moyenne, à fleurs blanches ou roses, qui produit des pommes. *Le pommier est l'arbre fruitier le plus cultivé dans le monde.*

pompage **n.m.** *Une station de pompage* est une installation qui permet de pomper un liquide ou un gaz sur le trajet d'un pipeline.

1 pompe **n.f.** ❶ Appareil qui sert à aspirer ou à refouler un liquide ou un gaz. *La pompe à incendie envoyait un puissant jet d'eau. Une pompe à essence. Une pompe à vélo sert à gonfler les pneus des vélos.* ❷ (Familier) En gymnastique, mouvement qui consiste à soulever le corps en poussant sur les bras, en restant allongé face au sol. *Faire des pompes.*

HISTOIRE DU MOT Vient d'un mot néerlandais.

2 pompe **n.f.** • **En grande pompe :** avec beaucoup d'éclat et de luxe. *Leur mariage a été célébré en grande pompe.* ◆ **pompes** **n.f.plur.** *Le service des pompes funèbres* est chargé d'organiser les enterrements.

HISTOIRE DU MOT Vient du grec *pompê* qui signifie « procession solennelle ».

variétés de pommes

pomper **v.** (CONJUG. 3). ❶ Aspirer un liquide ou un gaz avec une pompe. *On a dû pomper l'eau de la cave inondée.* ❷ (Familier) Copier. *Rémi a eu une bonne note mais il a tout pompé sur moi !*

pompeusement **adv.** De manière pompeuse, avec emphase. *Il appelle pompeusement son jardinet « le parc ».*

pompeux, euse **adj.** Qui est solennel au point d'en paraître ridicule. *Le ministre a fait un discours pompeux.*

pompier **n.m.** Homme qui fait partie d'un groupe organisé pour combattre les incendies ou intervenir en cas de sinistres (inondations, catastrophes diverses). *En cas d'accident, il faut immédiatement prévenir les pompiers.*
▸ REM. Au Canada, la forme féminine de ce mot est *pompière.*

pompiste **n.** Personne dont le métier est de distribuer de l'essence dans une station-service. *J'ai demandé à la pompiste de faire le plein de ma voiture.*

pompon **n.m.** Touffe de laine ou d'un autre textile qui sert d'ornement pour les vêtements ou l'ameublement. *Les marins portent des bérets bleus à pompons rouges. Ses rideaux ont des franges avec des pompons.*

se **pomponner** **v.pron.** (CONJUG. 3). S'habiller et se maquiller avec beaucoup de soin, de coquetterie. *Ma sœur se pomponne.*

ponant **n.m.** En poésie, désigne l'occident, par opposition au *levant*. SYN. couchant.

HISTOIRE DU MOT Vient du latin *sol ponens* qui signifie « soleil couchant ».

A B C D E F G H I J K L M N O P Q R S T U V W X Y Z

ponce **adj.f.** • **Pierre ponce :** roche volcanique poreuse, légère et très dure, dont on se sert pour polir, faire disparaître des aspérités. *Frotter ses talons avec une pierre ponce.*

poncer **ponçant, poncé v.** (CONJUG. **4**). Frotter avec une matière rugueuse pour rendre lisse et propre. *Il a fallu poncer tout le parquet avec une machine avant de pouvoir le cirer.*

ponceuse **n.f.** Machine qui sert à poncer.

poncho **n.m.** Manteau en laine, formé d'un grand rectangle de tissu avec une ouverture pour passer la tête. *Le poncho est un vêtement traditionnel de l'Amérique du Sud.*
▸ REM. C'est un mot espagnol, on prononce [pɔ̃ʃo] ou [pɔ̃tʃo].

poncif **n.m.** Idée sans aucune originalité. *Ce roman ne contient que des poncifs* (= lieux communs). SYN. cliché, stéréotype.
▸ REM. Ce mot appartient à la langue soutenue.

ponction **n.f.** ❶ Opération chirurgicale qui consiste à retirer du liquide du corps en l'aspirant avec une seringue. ❷ Prélèvement d'une somme importante d'argent. *Les impôts représentent une grosse ponction sur son compte.*

ponctionner **v.** (CONJUG. **3**). Faire une ponction.

ponctualité **n.f.** Qualité d'une personne ponctuelle. *Sa ponctualité est légendaire, il n'a jamais une minute de retard !*

ponctuation **n.f.** *Les signes de ponctuation* sont les signes graphiques qui permettent de marquer des arrêts entre les phrases ou au sein d'une phrase. *Les points, les points-virgules, les virgules, les points d'exclamation, les tirets, les parenthèses, les guillemets, etc., sont des signes de ponctuation.*
HISTOIRE DU MOT Vient du latin *punctum* qui signifie « point ».

ponctuel, elle **adj.** ❶ Qui est à l'heure, qui arrive à l'heure. *Sois ponctuel, nous partirons à 11 h* (= sois là à l'heure dite). ❷ Qui porte sur un point précis ou sur un détail. *Des critiques ponctuelles.*
HISTOIRE DU MOT Vient, comme *ponctuation*, du latin *punctum* qui signifie « point ».

ponctuellement **adv.** De manière ponctuelle. *Vania arrive ponctuellement à tous ses rendez-vous.*

ponctuer **v.** (CONJUG. **3**). ❶ Mettre les signes de ponctuation qui conviennent dans un texte. ❷ Souligner des mots, des phrases par des gestes, des exclamations, etc. *Il ponctuait chacune de ses phrases par de profonds soupirs.*

pondération **n.f.** Le caractère d'une personne pondérée, réfléchie. *Marie ne s'énerve jamais et agit toujours avec pondération.* SYN. modération.
HISTOIRE DU MOT Vient du latin *ponderare* qui signifie « peser ».

pondéré, e **adj.** Qui est calme et équilibré dans ses jugements et sa manière d'agir. *Marie ne se décide jamais à la hâte et ne porte aucun jugement excessif, c'est une femme pondérée* (= qui pèse le pour et le contre). *Un jugement pondéré.* SYN. mesuré, réfléchi.

pondérer **v.** (CONJUG. **9**, ✎ *10*). Équilibrer quelque chose par quelque chose d'autre qui l'atténue. *Pondérer ses critiques.*

pondre **pondant, pondu v.** (CONJUG. **46**). ❶ Produire des œufs. *Les oiseaux, les insectes, les poissons pondent : ce sont des ovipares.* ❷ (Familier) Produire un texte ou une idée. *Tu en as mis du temps à pondre ta lettre !*
HISTOIRE DU MOT Vient du latin *ponere* qui signifie « poser, déposer ».

poney **n.m.** Cheval de petite taille à crinière épaisse. *Les enfants font des promenades à dos de poney.*
HISTOIRE DU MOT Ce mot anglais vient de l'ancien français *poulenet* qui signifie « petit poulain ».

pont **n.m.** ❶ Construction qui permet de franchir un cours d'eau, une route, une voie ferrée, un bras de mer. *« Sous le pont Mirabeau coule la Seine »* (poème d'Apollinaire). ❷ Plancher qui recouvre la coque d'un bateau. *Les passagers sont montés sur le pont pour voir l'arrivée au port.* • **Couper les ponts :** rompre ses relations avec quelqu'un. • **Faire le pont :** avoir un jour de congé supplémentaire entre deux jours fériés ou chômés. *Cette année, le 1er mai est tombé un jeudi, nous avons fait le pont le vendredi.* • **Pont aérien :** liaison établie par avion, en particulier dans le cadre de l'aide humanitaire.

pont (Golden Gate Bridge, baie de San Francisco, États-Unis)

1 ponte **n.f.** L'action de pondre. *La poule chante après la ponte.*

2 ponte **n.m.** (Familier) Personnage qui a un grand pouvoir dans un domaine. *Un ponte de la médecine.*

pontife **n.m.** *Le souverain pontife*, c'est le pape.

pontifical, ale, aux **adj.** Qui concerne le pape et les évêques. *La bénédiction pontificale.* SYN. papal.

pontificat **n.m.** La fonction du pape.

a b c d e f g h i j k l m v w x y z

A B C D E F G H I J K L M N O P Q R S T U V W X Y Z

pontifier v. (CONJUG. 7). (Familier) Parler avec emphase ou avec prétention. *Pierre ne cesse de pontifier devant les invités.*

pont-levis n.m. (PLUR. : **ponts-levis**). Pont qui se levait ou s'abaissait au-dessus d'un fossé, à l'entrée des constructions fortifiées du Moyen Âge. *Le pont-levis du château fort se releva devant les ennemis.*

ponton n.m. Plate-forme flottante ou fixe le long de laquelle les bateaux peuvent accoster. *Le bateau s'est amarré au ponton.*

bateaux accostés au **ponton**

pop ou **pop music** n.f. (PLUR. : **pop musics**). Ensemble des musiques, apparues au début des années 1960 en Grande-Bretagne puis aux États-Unis, qui sont issues du rock and roll.
HISTOIRE DU MOT Vient de l'anglais *popular* qui signifie « populaire ».

pop-corn n.m.invar., ✎ ***popcorn*** *n.m.* Grains de maïs éclatés à la chaleur, sucrés ou salés. *Jérémie aime regarder un film en mangeant des pop-corn.*
▸ REM. Au Québec, on doit dire *maïs soufflé*.
HISTOIRE DU MOT Vient de l'anglais *to pop*, « éclater », et *corn*, « maïs ».

pope n.m. Nom donné aux prêtres de l'Église orthodoxe russe.
HISTOIRE DU MOT Vient, comme *pape*, du grec *pappas* qui signifie « père ».

popeline n.f. Tissu lisse, serré, fait autrefois de soie mélangée avec de la laine peignée, aujourd'hui de lin ou de coton. *Une chemise en popeline de coton.*

popote n.f. (Familier) *Faire la popote*, c'est faire la cuisine.
HISTOIRE DU MOT C'est un mot de l'argot des militaires qui signifie « soupe ».

populace n.f. Mot employé pour désigner avec un certain mépris la plus grande partie de la population.
▸ REM. C'est un mot péjoratif.

populaire adj. ❶ Qui vient du peuple, qui appartient au peuple. *Les traditions populaires sont encore très vivantes dans les campagnes.* ❷ Qui s'adresse au plus grand nombre. *Une chanson populaire. Un quartier populaire.* CONTR. résidentiel. ❸ Qui est connu et aimé d'une grande partie de la population. *Ce chanteur est très populaire.*
HISTOIRE DU MOT Vient du latin *popularis*, de *populus* qui signifie « peuple ».

popularité n.f. Le fait d'être connu et aimé par de très nombreuses personnes. *La popularité de cet acteur est immense.* SYN. célébrité, renommée.

population n.f. ❶ L'ensemble des personnes qui habitent un lieu déterminé. *Un recensement de la population. La population mondiale augmente chaque année de 75 millions de personnes.* → VOIR Fiche **33.**
❷ L'ensemble des personnes qui composent une catégorie particulière. *La population agricole a tendance à diminuer.* • **Population active :** l'ensemble des personnes qui travaillent ou qui sont à la recherche d'un emploi.

populeux, euse adj. Qui est très peuplé. *Nous habitons un quartier populeux et commerçant.*

porc n.m. ❶ Mammifère domestique, très répandu dans le monde, dont le museau se termine par un groin, et qui est élevé pour sa chair comestible, sa peau, qui permet de faire du cuir, et même ses poils, appelés *soies*, qui servent à la fabrication de certaines brosses. ❷ Viande de cet animal. *Un rôti de porc. Des côtes de porc.* ❸ (Familier) Nom donné à une personne qu'on juge sale et grossière. *Il mange comme un porc.*
▸ REM. 1. On ne prononce pas le *-c*. 2. Ne pas confondre avec *pore* et *port*.

ENCYCLOPÉDIE Mâle : le verrat. Femelle : la truie. Petits : le cochonnet, le porcelet, le goret. Le porc domestique est aussi appelé *cochon*, le porc sauvage est appelé *sanglier*.

porcelaine n.f. Céramique généralement blanche, à pâte fine, translucide, qui sert à faire des vases, de la vaisselle, etc. *Un service à thé en porcelaine blanche.*

ENCYCLOPÉDIE La porcelaine a été inventée par les Chinois aux alentours de 200 avant J.-C.

porcelet n.m. Jeune porc.

porc-épic n.m. (PLUR. : **porcs-épics**). Petit mammifère rongeur, dont le corps est recouvert de piquants, et que l'on trouve dans le sud de l'Europe, en Asie et en Afrique.
▸ REM. On prononce [pɔrkepik].

porc-épic

porche n.m. Partie couverte à l'entrée d'un bâtiment. *Je me suis abrité sous un porche pendant l'averse.*
HISTOIRE DU MOT Vient du latin *porticus* qui signifie « passage couvert, galerie à colonnes ».

porcher, ère n. Personne qui garde les porcs et s'occupe d'eux.

porcherie n.f. ❶ Bâtiment où on élève les porcs. ❷ Lieu très sale, en désordre. *Ta chambre est une porcherie, il faut que tu la ranges !*

1 **porcin, e** adj. Qui concerne le porc. *La race porcine. L'élevage porcin.*

2 **porcin** n.m. *Les porcins* sont des mammifères ongulés dont les pattes se terminent par quatre doigts protégés chacun par un sabot. *Le porc domestique, le sanglier et le phacochère sont des porcins.*

pore n.m. Minuscule orifice à la surface de la peau. *Les pores permettent à la sueur de s'écouler.*
▸ REM. 1. Ce mot est du masculin. 2. Ne pas confondre avec *porc* et *port*.

HISTOIRE DU MOT Vient du grec *poros* qui signifie « passage ».

poreux, euse adj. *Une matière poreuse* comporte une multitude de petits trous et, en général, laisse passer les liquides. *Cette faïence est poreuse.* SYN. perméable.

pornographique adj. Qui représente avec obscénité les choses sexuelles. *Un film pornographique.*

porphyre n.m. Roche volcanique dure, souvent rouge foncé, utilisée en décoration. *Certains monuments italiens ont des colonnes de porphyre.*

HISTOIRE DU MOT Vient du grec *porphura* qui signifie « pourpre ».

porridge n.m. Bouillie de flocons d'avoine. *Ce matin, au petit déjeuner, Sam a avalé son porridge en deux minutes.*
▸ REM. Au Québec, on dit *gruau*.

HISTOIRE DU MOT C'est un mot anglais qui vient du français *potage*.

1 **port** n.m. ❶ Lieu aménagé pour abriter les navires et pour permettre l'embarquement et le débarquement des marchandises et des passagers. *À l'aube, les bateaux de pêche rentrent au port. Un port maritime. Un port fluvial.* ❷ Ville, village qui possèdent un port. *Rotterdam, aux Pays-Bas, est le premier port européen.* • **Arriver à bon port :** arriver sans accident là où l'on voulait aller.

2 **port** n.m. ❶ Le fait de porter quelque chose sur soi. *Le port du casque à ski ou à vélo est fortement conseillé.* ❷ Prix du transport d'une lettre, d'un colis. *Le port est compris dans le prix.* ❸ Manière de se tenir, maintien, allure. *Cette danseuse a un port magnifique.* ❹ Allure générale d'un arbre. *Le port d'un pin. Le chêne a un port majestueux.*

portable adj. ❶ Que l'on peut porter. *Un téléviseur portable.* SYN. portatif. ❷ Que l'on peut mettre sur soi. *Cette veste n'est plus portable, elle est pleine de trous.* ◆ **n.m.** Ordinateur ou téléphone portables.

portail n.m. (PLUR. : **portails**). Grande porte qui a parfois un aspect monumental. *Mon père a repeint le portail du jardin. Le portail de la cathédrale est décoré de statues.*

portant, e adj. • **À bout portant :** le bout du revolver ou du fusil touchant la personne sur qui on tire. *Le bandit a tiré à bout portant sur sa victime.* • **Être bien** ou **mal portant :** être en bonne ou en mauvaise santé.

portatif, ive adj. Qui peut être transporté facilement. *Une machine à écrire portative.* SYN. portable.

porte n.f. ❶ Ouverture qui permet d'entrer ou de sortir d'un lieu fermé ; panneau mobile qui sert à fermer cette ouverture. *Guy a laissé la porte du jardin ouverte et le chien s'est sauvé. Il n'y a pas de porte entre la cuisine et la salle à manger. Alain a acheté une voiture à deux portes.* ❷ Partie d'un meuble qui permet de le fermer. *Les portes du buffet sont en acajou.* ❸ Nom donné à certains lieux situés à la limite d'une ville et qui correspondent aux ouvertures pratiquées autrefois dans les murs d'enceinte de la ville. *Jacqueline habite porte de Versailles.* • **Entre deux portes :** de manière très rapide. *Je n'ai pas eu le temps de parler avec lui, je l'ai vu entre deux portes.* • **Mettre à la porte :** faire partir, renvoyer, mettre dehors. • **Opération** ou **journée portes ouvertes :** possibilité offerte au public de visiter librement une entreprise, un service public, etc. *L'école de photo organise une journée portes ouvertes.*

porté, e adj. ❶ *Être porté à croire, à penser quelque chose*, c'est avoir naturellement tendance à le croire, à le penser. *Je suis porté à croire qu'il m'a menti.* ❷ *Être porté sur quelque chose*, c'est avoir un goût très prononcé pour cela. *Il est un peu porté sur la boisson* (= il aime boire de l'alcool).

en **porte-à-faux** adv. ❶ En équilibre instable. *La valise était posée en porte-à-faux sur le lit, elle est tombée.* ❷ Au sens figuré, se dit d'une personne qui se trouve dans une situation instable, ambiguë.
▸ REM. On peut écrire aussi *en porte à faux*.

porte-à-porte n.m.invar. *Faire du porte-à-porte*, c'est aller au domicile des gens pour leur proposer certaines marchandises. SYN. démarchage.

porte-avions n.m.invar., ✎ ***porte-avion*** *n.m.* (PLUR. : ***porte-avions***). Navire de guerre spécialement aménagé pour permettre aux avions et aux hélicoptères d'en décoller et de s'y poser.

porte-avions

a b c d e f g h i j k l m n o p q r s

A B C D E F G H I J K L M N O P Q R S T U V W

porte-bagages n.m.invar., ✎ ***porte-bagage*** ***n.m.*** (PLUR. : *porte-bagages*). Sur un véhicule, comme une bicyclette ou une moto, dispositif situé à l'arrière qui sert à transporter des objets.

porte-bonheur n.m.invar., ✎ ***n.m.*** (PLUR. : *porte-bonheurs*). Objet dont on pense qu'il porte chance. *J'ai un trèfle à quatre feuilles comme porte-bonheur.* SYN. fétiche, talisman.

porte-cartes n.m.invar., ✎ ***porte-carte n.m.*** (PLUR. : *porte-cartes*). Portefeuille qui a des compartiments dans lesquels on peut mettre des papiers d'identité, des cartes de crédit, des cartes de visite, etc.

porte-clés ou **porte-clefs** n.m.invar., ✎ ***porteclé n.m.*** Anneau ou étui qui servent à porter des clés. *Mon père m'a offert un porte-clés en cuir.*

porte-conteneurs n.m.invar., ✎ ***porte-conteneur n.m.*** (PLUR. : *porte-conteneurs*). Navire aménagé pour le transport des conteneurs.

porte-documents n.m.invar., ✎ ***porte-document n.m.*** (PLUR. : *porte-documents*). Sacoche plate qui sert à transporter des dossiers, des documents et qui, en général, n'a qu'une seule poche. *Il prit son porte-documents et se rendit à son bureau.*

portée n.f. ❶ Distance la plus grande à laquelle une arme peut lancer un projectile. *Quelle est la portée de ce canon ?* ❷ Effet que produit quelque chose. *Le discours prononcé par le président aura une portée incalculable.* SYN. conséquence, retentissement. ❸ Ensemble des petits qu'une femelle de mammifère met bas en une fois. *Une portée de chatons.* ❹ En musique, série de cinq lignes horizontales parallèles sur lesquelles ou entre lesquelles on écrit les notes. • **À la portée de quelqu'un :** qui peut être atteint ou compris par lui. *Il ne faut pas laisser les médicaments à la portée des jeunes enfants. Ce professeur fait des cours à la portée de ses élèves.* • **À portée de main :** que l'on peut prendre facilement. *Tu as un dictionnaire à portée de main, vérifie l'orthographe de ce mot.* • **Hors de portée :** qui ne peut être atteint.

porte-fenêtre n.f. (PLUR. : portes-fenêtres). Porte vitrée ouvrant en général sur un jardin, un balcon, etc.

portefeuille n.m. Étui avec des compartiments que l'on porte sur soi et dans lequel on met des papiers d'identité, des billets de banque. *Pour Noël, on lui a offert un portefeuille en cuir.*

portemanteau n.m. Support fixé au mur ou monté sur un pied pour suspendre les vêtements.

chatte et sa portée

Ton père est rentré, je vois sa veste sur le portemanteau. → VOIR AUSSI **cintre, patère.**

portemine n.m. Instrument pour écrire qui contient une mine de crayon.

porte-monnaie n.m.invar., ✎ ***portemonnaie n.m.*** Petite pochette dans laquelle on range des pièces de monnaie, des billets de banque. *Elle a un porte-monnaie en cuir avec un fermoir doré.*

porte-ordures ou **porte-poussière** n.m.invar. Au Canada, pelle à ordures.

porte-parole n.invar., ✎ ***n.*** (PLUR. : *porte-paroles*). Personne qui parle au nom d'autres personnes, d'un groupe. *La porte-parole du gouvernement a donné les noms des nouveaux ministres.*

porte-plume (PLUR. : porte-plumes), ✎ ***porteplume*** n.m. Instrument servant de manche au bout duquel on insère une plume pour écrire ou dessiner.

porter v. (CONJUG. 3). ❶ Soutenir une chose, une personne qui ont un certain poids. *Aide-moi à porter mes valises. Henri portait son enfant dans ses bras.* ❷ Avoir sur soi. *Elle porte des lunettes à montures rouges.* ❸ Apporter quelque part. *Pierre est allé porter un paquet à la poste.* ❹ Pour une femelle, avoir des petits dans son ventre, être en état de gestation. *La femelle éléphant porte ses petits vingt et un mois.* ❺ Avoir tel nom, être désigné par tel nom. *Elle est mariée mais elle porte toujours son nom de jeune fille.* ❻ Avoir pour sujet, pour thème. *La discussion porta sur le football.* ❼ *Porter ses regards sur quelqu'un*, c'est les diriger vers lui. ❽ Avoir une certaine portée. *Son grand-père a une voix qui porte* (= on l'entend de loin). *Mon avertissement a porté* (= il a eu de l'effet). • **Porter bonheur** ou **malheur :** amener du bonheur ou du malheur. • **Porter secours :** apporter de l'aide, secourir. • **Porter ses fruits :** donner de bons résultats, être efficace. *Ses efforts ont porté leurs fruits, il est premier.* • **Porter sur les nerfs :** agacer, exaspérer. ◆ **se porter** v.pron. Être dans tel ou tel état de santé. *Comment vous portez-vous ce matin ?* SYN. aller.

porte-savon n.m. (PLUR. : porte-savons). Support sur lequel on pose un savon.

porte-serviette n.m. (PLUR. : porte-serviettes). Support pour suspendre les serviettes de toilette.

1 porteur, euse n. Personne dont le métier est de porter les bagages, les colis, notamment dans les gares ou les aéroports.

2 porteur, euse adj. *Être porteur d'un germe*, c'est être susceptible de transmettre une maladie parce qu'on porte en soi les germes de cette maladie. • **Mère porteuse :** femme qui porte l'ovule fécondé d'une autre femme, pour mener à bien la grossesse. • **Mur porteur :** mur qui sert de support dans un édifice, contrairement à une cloison.

porte-voix, ✎ ***portevoix*** n.m.invar. Appareil en forme de cône qui sert à augmenter la puissance de la voix. *La police maritime a interpellé les plaisanciers imprudents avec un porte-voix.*

portier, ère n. Personne qui, à l'entrée d'un établissement public, accueille et guide les clients. *Le portier de l'hôtel appela un taxi.*

portière n.f. Porte d'une voiture, d'un train. *Il est défendu d'ouvrir les portières avant l'arrêt complet du train.*

portillon n.m. Petite porte dont le battant est en général assez bas. *L'enfant s'amusait à ouvrir et à fermer le portillon du square.*

portion n.f. ❶ Partie d'un tout. *Une portion de la route n'a pas été goudronnée.* SYN. tronçon. ❷ Part de nourriture destinée à une personne. *Benjamin a eu une plus grosse portion de gâteau que moi.* SYN. morceau.

portique n.m. ❶ Galerie couverte à colonnes devant une façade ou dans une cour intérieure. ❷ Poutre horizontale soutenue par des poteaux et à laquelle on accroche des agrès ou des balançoires. *Deux trapèzes et des anneaux étaient suspendus au portique.*

HISTOIRE DU MOT Vient, comme *porche*, du latin *porticus*.

porto n.m. Vin un peu sucré du Portugal, que l'on boit généralement en apéritif. *Le porto est généralement rouge, mais on en fait aussi du blanc.*

HISTOIRE DU MOT Vient de *Porto*, ville du Portugal.

portrait n.m. ❶ Représentation d'une personne, notamment de son visage, par la peinture, le dessin, la photographie. *Il y a un portrait du président de la République dans chaque mairie de France.* → VOIR AUSSI **autoportrait.** ❷ Description d'une personne par la parole ou l'écriture. *M. Pic ne ressemble pas du tout au portrait que vous m'en aviez fait.* • **Être le portrait de quelqu'un :** lui ressembler énormément. *Romain est le portrait de son père.*

HISTOIRE DU MOT Vient de l'ancien français *portraire* qui signifiait « dessiner ».

portraitiste n. Artiste qui fait des portraits. *Rembrandt était un grand portraitiste.*

portrait-robot n.m. (PLUR. : **portraits-robots**). Portrait d'une personne reconstitué d'après les descriptions des témoins. *L'homme qui entra dans le bar ressemblait énormément au portrait-robot du criminel diffusé dans les journaux.*

portuaire adj. Qui concerne un port. *Les équipements portuaires sont, notamment, les grues, les hangars, les docks.*

portugais, e adj. et n. Du Portugal. *Vasco de Gama était un grand navigateur portugais.* ◆ **portugais** n.m. Langue parlée principalement au Portugal et au Brésil. ▸ REM. Quand il désigne une personne, le mot prend une majuscule : *les Portugais, une Portugaise.*

portulan n.m. Carte marine de la fin du Moyen Âge et de la Renaissance, qui indiquait la position des ports et le contour des côtes.

HISTOIRE DU MOT Vient de l'italien *portolano* qui signifie « pilote ».

portrait de fillette (*la Petite Glaneuse*, tableau de Thomas Degeorge, 1824)

pose n.f. ❶ Le fait de poser, d'installer un objet ou un matériel. *La pose de la moquette est comprise dans le prix.* ❷ Manière de se tenir, particulièrement lorsqu'on va se faire photographier. *Essayer d'avoir une pose naturelle.* SYN. attitude. *Gardez la pose* (= ne bougez plus). ❸ Durée pendant laquelle une pellicule est exposée aux rayons lumineux dans un appareil photo. *Le temps de pose est long si l'on veut photographier le ciel étoilé.* ▸ REM. Ne pas confondre avec *pause*.

posé, e adj. Calme, retenu dans son comportement ; modéré, sérieux. *Pierre est un garçon posé.* SYN. pondéré.

posément adv. De manière posée. *Il expliqua posément qu'il était en retard parce qu'il avait raté le train.* SYN. calmement. CONTR. fébrilement.

poser v. (CONJUG. 3). ❶ Placer, mettre quelque chose quelque part. *Posez le vase sur la table.* ❷ Mettre en place, installer. *Ils ont posé eux-mêmes la moquette de leur chambre.* ❸ Pour un pilote, faire atterrir un avion, lui faire toucher le sol. ❹ *Poser une question, une devinette, un problème*, c'est les formuler. *Benoît est épuisant, il pose des questions toute la journée !* ❺ *Poser sa candidature*, c'est la présenter, la proposer. *Elle a posé sa candidature comme déléguée de classe.* ❻ *Poser son regard sur quelqu'un, quelque chose*, c'est le diriger vers eux, les regarder. *Le professeur pose son regard sur ceux qui bavardent.* ❼ *Poser un chiffre, une opération*, c'est les écrire selon les règles de l'arithmétique. *Six plus sept égale treize, je pose trois et je retiens un. Poser une addition.* ❽ Ne pas bouger, garder une certaine attitude pour être peint, photographié. *Un mannequin qui pose pour des photographes.* ◆ **se poser** v.pron. ❶ Cesser de voler et se placer quelque part. *La*

a b c d e f g h i j k l m n o p q r s t u v w x y z

A B C D E F G H I J K L M N O P Q R S T U V W X Y Z

pie s'est posée sur la branche. ❷ Pour un avion, atterrir. *L'avion se pose sur la piste.*

HISTOIRE DU MOT Vient du latin *pausare* qui signifie « s'arrêter ».

poseur, euse n. et adj. Personne qui prend des attitudes maniérées, affectées, prétentieuses. *Quelle poseuse, c'est insupportable !*

positif, ive adj. ❶ Qui est affirmatif. *Elle a reçu une réponse positive* (= sa demande a été acceptée). ❷ En science, se dit de ce qui révèle la présence de l'élément recherché. *Sa cuti-réaction est positive.* CONTR. négatif. ❸ *Un nombre positif*, c'est un nombre supérieur ou égal à zéro. *+ 3 est un nombre positif, – 3 est un nombre négatif.* ❹ Qui est bénéfique. *L'influence de Carole sur Aurélie est positive.* CONTR. néfaste. ❺ Qui a le sens des réalités, le sens pratique et sait trouver le bon côté des choses. *Un esprit positif.*

position n.f. ❶ Manière dont une personne se tient, attitude, posture. *Si tu es mal installé pour lire, change donc de position ! Je suis mieux en position assise que debout.* ❷ Endroit où une chose se trouve dans l'espace. *Quelle est la position du navire ? Regarde la position de mon roi avant de jouer ton cavalier.* ❸ Rang occupé par une personne dans un groupe, une épreuve. *Il est arrivé en troisième position.* SYN. place. ❹ Point de vue de quelqu'un sur un sujet particulier. *Je voudrais connaître ta position dans cette affaire.* SYN. avis, opinion. • **Prendre position :** prendre parti, donner son avis. • **Rester sur ses positions :** ne pas changer d'avis.

positivement adv. ❶ De manière positive, affirmative. *Ils ont répondu positivement à ma demande.* CONTR. négativement. ❷ D'une manière constructive et féconde. SYN. avantageusement.

posologie n.f. Quantité et rythme auxquels on doit prendre un médicament. *Respecter la posologie.*

HISTOIRE DU MOT Vient du grec *posos*, qui signifie « combien, en telle quantité », et *logos*, qui signifie « science ».

possédé, e adj. et n. Qui semble dominé par le diable, le démon.

posséder v. (CONJUG. 9, ✎ 10). ❶ Avoir à soi, être propriétaire de quelque chose. *Il possède un appartement en ville et une maison à la campagne.* ❷ Avoir telle caractéristique, telle qualité. *Marie possède d'excellents réflexes.* ❸ Connaître parfaitement. *Tu possèdes bien l'anglais.* ❹ (Familier) Avoir, duper, tromper quelqu'un. *Tu t'es fait posséder dans l'affaire !*

possesseur n.m. La personne qui possède quelque chose. *Marina est possesseur de son appartement.* SYN. propriétaire. *Les possesseurs d'un passeport européen.* SYN. détenteur.

possessif, ive adj. ❶ *Une personne possessive* est jalouse de ceux qu'elle aime, veut les garder pour elle seule et, souvent, cherche à les dominer. *Des parents possessifs.* ❷ En grammaire, les *adjectifs* et les *pronoms possessifs* servent à désigner les personnes auxquelles appartient quelque chose. *« Ma » est un adjectif possessif ; « tien » est un pronom possessif.* → VOIR **déterminant** (encadré). ◆ **possessif** n.m. Adjectif ou pronom possessif.

possession n.f. ❶ Le fait de posséder, d'avoir à soi. *La possession d'un château est une très lourde charge.* ❷ Bien, terre, établissement possédés par un État. *Ces pays étaient des possessions britanniques.* ❸ État d'une personne qui semble possédée par une force occulte ou le démon. ❹ *Avoir quelque chose en sa possession, être en possession de quelque chose*, c'est le posséder, l'avoir à soi. *J'ai en ma possession une lettre manuscrite de Charlie Chaplin.*

possibilité n.f. ❶ Caractère de ce qui est possible. *Je crois à la possibilité d'une réconciliation entre les sœurs.* SYN. éventualité. CONTR. impossibilité. ❷ Moyen de faire quelque chose. *Donner à un accusé la possibilité de se défendre.* SYN. occasion, pouvoir. *Tout le monde a la possibilité de gagner.* ❸ Chose possible. *Il ne reste qu'une possibilité, arriver là-bas avant lui.* ◆ **possibilités** n.f.plur. Capacités intellectuelles ou physiques. *Cet élève a de grandes possibilités.* SYN. aptitudes.

possible adj. ❶ Qui peut exister, se produire. *C'est une solution possible. Un accident est toujours possible.* SYN. envisageable. *« Est-ce que tu iras ? – C'est possible »* (= peut-être). ❷ Qui est réalisable, qui peut se faire. *Il est possible de traverser ce ruisseau en sautant.* • **Autant que possible :** dans la mesure de ses moyens. *Autant que possible, ne dépassez pas deux pages pour ce devoir.* • **Dès que possible :** dès que l'on peut. *J'irai les voir dès que possible.* ◆ **adv.** • **Le plus, le moins possible :** sert à renforcer la valeur de l'adverbe. *Je viendrai le plus tôt possible. Arthur achète les vêtements les moins chers possible.* ◆ **n.m.** • **Au possible :** extrêmement. *Ce garçon est désagréable au possible !* • **Faire tout son possible :** faire tout ce qui est en son pouvoir, tout ce qu'on peut. *Je ferai tout mon possible pour venir.*

HISTOIRE DU MOT Vient du latin *posse* qui signifie « pouvoir ».

post- préfixe. Mot invariable tiré du latin *post* qui signifie « après » et qui indique qu'une chose se situe après une autre dans le temps ou dans l'espace, comme dans *post-scriptum* ou *postopératoire*.

postal, ale, aux adj. De la poste. *Le courrier est transporté dans des sacs postaux.* → VOIR AUSSI **carte, code.**

1 poste n.f. ❶ L'ensemble des services qui s'occupent du ramassage, du transport et de la distribution du courrier et des colis. *Expédier une lettre par la poste. Le cachet de la poste indique la date et le lieu de l'envoi.* ❷ Bureau, local où s'effectuent les opérations postales. *La poste ouvre à 8 h.* ❸ Autrefois, nom donné aux relais situés le long d'un trajet, où l'on pouvait remplacer les chevaux des attelages pendant que les voyageurs se reposaient. • **Poste restante :** système qui permet à une personne de retirer son courrier à la poste au lieu de le recevoir à son domicile.

2 poste **n.m.** ❶ Emploi occupé dans une entreprise, une administration. *Elle a été nommée à un poste élevé.* SYN. fonction. ❷ Endroit où doivent se tenir des soldats. *Chaque soldat est à son poste pour la manœuvre.* ❸ Appareil téléphonique. *Elle a pris la communication sur le poste de sa chambre.* ❹ Appareil récepteur de radio ou de télévision. *Un poste portatif.* • **Poste de pilotage :** dans un avion ou une fusée, endroit où se tiennent le pilote et ses assistants. • **Poste de police :** local où se trouve un commissariat de police.

poste de pilotage

1 poster **v.** (CONJUG. 3). ❶ Mettre à la poste. *Si tu veux que ta lettre parte aujourd'hui, il faut la poster avant midi.* SYN. envoyer, expédier. ❷ Publier un article ou un commentaire sur Internet.

2 poster **v.** (CONJUG. 3). Placer quelqu'un à un endroit déterminé. *On a posté trois policiers en bas de l'immeuble pour surveiller les sorties.* ◆ **se poster** **v.pron.** Se placer quelque part. *Pierre s'est posté à la fenêtre pour guetter l'arrivée de ses grands-parents.*

3 poster **n.m.** Affiche ou très grande photo destinée à la décoration. *Chloé a un poster de son chanteur favori dans sa chambre.*
▸ REM. C'est un mot anglais, on prononce [pɔstɛr].

1 postérieur, e **adj.** ❶ Qui vient après dans le temps. *L'invention du téléphone est postérieure à celle du paratonnerre.* ❷ Qui est situé derrière, en arrière. *Les pattes postérieures d'un animal.* CONTR. antérieur.

2 postérieur **n.m.** (Familier) Fesses, derrière.

postérité **n.f.** L'ensemble des générations à venir. *Il laisse à la postérité une œuvre admirable.*

posthume **adj.** Qui a lieu après la mort. *Certains soldats morts au combat ont reçu une décoration posthume. Un roman posthume* (= publié après la mort de l'auteur).
▸ REM. Attention au *h* après le *t*.

postiche **adj.** et **n.m.** *Une barbe, des cheveux postiches* sont faux. *Le malfaiteur portait un postiche pour ne pas être reconnu.*

postier, ère **n.** Employé de la poste.

postillon **n.m.** ❶ Personne qui, autrefois, conduisait les chevaux des voitures de poste, les diligences. ❷ (Familier) Goutte de salive que l'on projette parfois en parlant.

postillonner **v.** (CONJUG. 3). (Familier) Envoyer des postillons en parlant.

Post-it **n.m.invar.** Petit papier en partie enduit d'une colle qui permet de le décoller et de le coller de nouveau.
▸ REM. C'est un nom de marque, le mot prend une majuscule, en France, dans les textes imprimés.

post-scriptum **n.m.invar.**, ✎ ***postscriptum*** ***n.m.*** Ce qui est ajouté à une lettre après la signature. *Il m'a envoyé une carte d'anniversaire et a ajouté un post-scriptum : « Petit cadeau suit... »*
▸ REM. 1. On écrit en abrégé *P.-S.* ou *P-S.* 2. On prononce [pɔstskriptɔm].

HISTOIRE DU MOT C'est un mot latin qui signifie « écrit après ».

postulant, e **n.** Personne qui se présente pour obtenir un poste. *Il y a beaucoup de postulants pour cet emploi.* SYN. candidat.

postuler **v.** (CONJUG. 3). Être candidat à un emploi, à un poste.

posture **n.f.** Attitude particulière du corps, manière de se tenir. *Il est dans une posture inconfortable pour lire.* SYN. position. • **Être en bonne** ou **en mauvaise posture :** être dans une situation favorable ou défavorable. *Avec tous les matchs qu'elle a ratés, notre équipe est en mauvaise posture pour réussir le championnat régional !*

pot **n.m.** ❶ Récipient en terre, en métal, en verre, etc., qui peut avoir différentes formes et contenir toutes sortes de choses ; son contenu. *Un pot de yaourt. Céline a mangé tout le pot de confiture.* ❷ Petit récipient destiné aux besoins naturels. (On dit aussi *pot de chambre*.) *Bébé est sur le pot.* • **Découvrir le pot aux roses :** découvrir le secret d'une affaire. • **Pot d'échappement :** appareil par où les gaz brûlés sortent du moteur d'un véhicule. • (Familier) **Prendre un pot :** boire un verre, prendre une consommation. *Je vous invite à prendre un pot pour fêter ma réussite !* • (Familier) **Tourner autour du pot :** ne pas dire directement ce que l'on a à dire, ne pas parler franchement.

potable **adj.** Que l'on peut boire sans danger. *Dans les toilettes des trains, l'eau des lavabos n'est pas potable.*

HISTOIRE DU MOT Vient du latin *potare* qui signifie « boire ».

potage **n.m.** Soupe légère faite avec du bouillon. *Un potage aux légumes.*

potager, ère **adj.** ❶ *Les plantes potagères* sont les plantes que l'on utilise pour la cuisine. *Les pommes de terre, les carottes, les haricots, etc., sont des plantes potagères.* ❷ *Un jardin potager* est un jardin dans lequel on cultive des légumes. ◆ **potager** **n.m.** Jardin po-

tager. *En ce moment, il y a des salades et des tomates dans le potager.*
HISTOIRE DU MOT Vient de *potage*.

potager

potasse **n.f.** Substance chimique utilisée comme engrais.

potasser **v.** (CONJUG. 3). (Familier) Étudier en s'appliquant. *Jean a potassé ses cours avant l'examen.*

potassium **n.m.** Métal blanc, mou, extrait de la potasse, très oxydable. *Les sels de potassium jouent un rôle important dans la vie des plantes.*

pot-au-feu **n.m.invar.** Plat composé de viande de bœuf bouillie avec des carottes, des poireaux, des navets, etc.
HISTOIRE DU MOT Vient de l'expression « mettre le pot au feu » ; autrefois, on faisait cuire les aliments dans un pot, une marmite, sur un feu de cheminée.

pot-de-vin **n.m.** (PLUR. : **pots-de-vin**). Somme d'argent versée en secret pour obtenir illégalement un avantage dans une affaire. *Cette entreprise a obtenu le marché grâce à des pots-de-vin.*

pote **n.** (Familier) Camarade, copain.

poteau **n.m.** Pilier en bois, en métal, en ciment, qui sert de support ou qui porte une indication. *Tous ces poteaux électriques gâchent le paysage* (= poteaux qui supportent les câbles d'électricité). *Poteau de départ, d'arrivée d'une course. Le ballon est passé entre les poteaux* (= entre les éléments verticaux du but). • **Poteau d'exécution :** poteau où l'on attachait ceux que l'on allait fusiller.

potée **n.f.** Plat composé de viande bouillie de porc ou de bœuf, accompagnée de choux, de pommes de terre et de carottes.
HISTOIRE DU MOT Vient de *pot*.

potelé, e **adj.** Dont le corps a des formes rondes et pleines. *Cet enfant est tout potelé.* SYN. dodu. CONTR. maigre.

potence **n.f.** Instrument de supplice qui servait autrefois à la pendaison des condamnés, constitué d'un montant vertical et d'une traverse horizontale soutenant une corde. *La chanson « la Complainte de Mandrin » raconte que le héros fut condamné à la potence.* SYN. gibet.
HISTOIRE DU MOT Vient du latin *potentia* qui signifie « puissance ».

1 potentiel, elle **adj.** Qui pourrait exister, en théorie. *Nous avons un acheteur potentiel pour notre maison.* SYN. éventuel, possible.

2 potentiel **n.m.** Capacité d'action, de production d'un pays, d'un groupe humain. *Pays qui cherche à développer son potentiel industriel.*
HISTOIRE DU MOT Vient du latin *potentia* qui signifie « puissance ».

potentiellement **adv.** De manière potentielle ; virtuellement.

poterie **n.f.** ❶ Fabrication d'objets en terre cuite, en grès. *Pendant ses vacances, Jean-François a fait un stage de poterie.* ❷ Objet, ustensile ainsi fabriqués. *Nous avons vu des poteries grecques au musée d'Athènes.*

poterne **n.f.** Autrefois, porte secrète dans une fortification, qui donnait sur le fossé.
HISTOIRE DU MOT Vient du latin *posterula* qui signifie « porte de derrière ».

potiche **n.f.** Grand vase en porcelaine, souvent avec un couvercle. *Dans l'entrée de leur maison, il y a une potiche chinoise.*

potier, ère **n.** Artisan qui fabrique ou vend de la poterie. *Le potier façonne un vase sur le tour, puis le met à cuire dans son four.*

potin **n.m.** ❶ (Familier) Bruit. *Ils ont fait du potin toute la nuit.* SYN. tapage, vacarme. ❷ (Surtout au plur.) (Familier) Commérage, bavardage souvent médisant. *Elle connaît tous les potins du quartier.* SYN. cancan, ragot.

potion **n.f.** Médicament à boire. *L'infirmière lui a fait prendre une potion calmante. Grâce à la potion magique, Astérix est invincible.*
HISTOIRE DU MOT Vient, comme *poison*, du latin *potio* qui signifie « breuvage ».

potiron **n.m.** Plante potagère voisine de la courge, qui produit des fruits énormes, à chair orangée, pouvant peser jusqu'à 100 kg, que l'on utilise pour la préparation de potages et de confitures.

potiron

A B C D E F G H I J K L M N O P Q R S T U V W X Y Z

pot-pourri (PLUR. : **pots-pourris**), ✎ ***potpourri*** **n.m.** ❶ Mélange de plusieurs airs connus. *Pour la fête de l'école, les élèves ont chanté un pot-pourri de vieilles chansons de la région.* ❷ Mélange de fleurs et de plantes séchées odorantes, qui sert à parfumer le linge, l'air d'une maison.

pou **n.m.** (PLUR. : **poux**). Très petit insecte sans ailes, qui vit en parasite sur l'homme et sur certains animaux dont il suce le sang. *À l'école, tout le monde a eu des poux.* • **Être laid comme un pou :** être très laid.

pou

pouah **interj.** Mot qui exprime le dégoût. *Pouah ! cette eau est imbuvable !*

poubelle **n.f.** Récipient dans lequel on met les ordures ménagères. *Les éboueurs ramassent les poubelles tous les matins. Mettre des fruits pourris à la poubelle.*

HISTOIRE DU MOT Vient du nom du préfet de la Seine *Eugène René Poubelle*, qui imposa en 1884 l'usage de la boîte à ordures dans chaque immeuble.

pouce **n.m.** ❶ Le doigt de la main le plus court et le plus gros. *Elle a 7 ans et elle suce encore son pouce !* ❷ Gros orteil. ❸ Ancienne mesure de longueur qui valait environ 3 cm. → VOIR AUSSI **pied.** • **Faire du pouce :** au Canada, faire de l'auto-stop. • **Manger sur le pouce :** manger rapidement, sans s'asseoir. • **Ne pas avancer d'un pouce :** rester exactement à la même place ; ne pas changer d'avis. • **Pouce ! :** interjection employée par les enfants pour s'arrêter momentanément de jouer. *Pouce ! je me repose un peu !* • (Familier) **Se tourner les pouces :** rester sans rien faire. *Au lieu de te tourner les pouces, viens nous aider.*

pouding **n.m.** → **pudding**

poudre **n.f.** ❶ Substance solide broyée ou moulue en une multitude de grains minuscules. *Du sucre en poudre. Du lait en poudre.* ❷ Substance très fine qui sert au maquillage. *Maman se met de la poudre.* ❸ Mélange explosif utilisé dans les armes à feu, les feux d'artifice, etc. *Dans chaque cartouche, il y a une charge de poudre.* • **Jeter de la poudre aux yeux :** chercher à faire illusion, à éblouir par de fausses apparences. • (Familier) **Ne pas avoir inventé la poudre :** ne pas être très intelligent. *Il est gentil, mais il n'a pas inventé la poudre !* • **Se répandre comme une traînée de poudre :** pour une nouvelle, se propager très rapidement.

HISTOIRE DU MOT Vient du latin *pulvis, pulveris* qui signifie « poussière ».

se **poudrer** **v.pron.** (CONJUG. **3**). Se mettre de la poudre sur le visage.

poudrerie **n.f.** ❶ Fabrique de poudre, d'explosifs. ❷ Au Canada, neige fine et sèche que le vent fait tourbillonner.

poudreuse **n.f.** ❶ Neige poudreuse. *J'aime skier dans la poudreuse.* ❷ Flacon percé de trous pour verser une poudre.

poudreux, euse **adj.** ❶ Qui rappelle la poudre. ❷ *La neige poudreuse*, c'est de la neige qui vient juste de tomber et qui fait penser à de la poudre.

poudrier **n.m.** Petite boîte munie d'un miroir qui renferme la poudre pour le visage.

poudrière **n.f.** ❶ Autrefois, local où l'on entreposait la poudre, les explosifs, les munitions. ❷ Endroit où se produisent des troubles qui pourraient provoquer une guerre. *Cette région est une véritable poudrière.*

1 pouf **n.m.** Siège bas et rembourré, sorte de gros coussin.

2 pouf **interj.** Mot qui imite un bruit sourd. *Et pouf ! il est tombé par terre !*

pouffer **v.** (CONJUG. **3**). *Pouffer* ou *pouffer de rire*, c'est faire entendre un éclat de rire qu'on n'a pas pu retenir. *Les élèves ont pouffé de rire quand le livre de la maîtresse est tombé.*

pouilleux, euse **adj.** et **n.** Misérable et très sale. *Un quartier pouilleux.*

poulailler **n.m.** ❶ Espace, local où l'on élève les poules et les volailles. *Les poules picorent dans le poulailler.* ❷ Dans un théâtre, galerie supérieure où sont les places les moins chères.

poulain **n.m.** Jeune cheval âgé de moins de 3 ans. → VOIR AUSSI **pouliche.**

poularde **n.f.** Jeune poule engraissée.

1 poule **n.f.** ❶ Oiseau de basse-cour, à ailes courtes et à petite crête dentelée, élevé pour sa chair et pour ses œufs. *La poule est un gallinacé.* ❷ Nom donné aux femelles de divers oiseaux gallinacés. *La poule faisane est la femelle du faisan.* • **Poule d'eau :** oiseau au plumage brun et gris, au bec rouge à pointe jaune, qui vit au bord de l'eau. • (Familier) **Poule mouillée :** personne qui manque de courage. • (Familier) **Quand les poules auront des dents :** jamais. *Je lui prêterai mon vélo quand les poules auront des dents.* • **Mère poule :** mère qui porte une attention presque excessive à ses enfants. • **Papa poule :** papa qui aime s'occuper de ses enfants.

HISTOIRE DU MOT Vient de *pulla*, féminin de *pullus*, qui signifie « petit d'un animal » et que l'on retrouve dans *poulain*.

ENCYCLOPÉDIE Cri : la poule glousse ou caquette. Mâle : le coq. Petits : le poussin, le poulet.

2 poule **n.f.** Compétition au cours de laquelle chaque concurrent, chaque équipe rencontre successivement chacun de ses adversaires.

HISTOIRE DU MOT Vient peut-être de l'anglais *pool*, « équipe ».

poulet **n.m.** ❶ Petit de la poule. *Le poulet piaule.* ❷ Jeune poule ou jeune coq élevés pour leur chair. *Nous avons mangé un poulet rôti.*

pouliche **n.f.** Jument non encore adulte. → VOIR AUSSI **poulain.**

poulie **n.f.** Petite roue sur laquelle passe une corde et qui sert à soulever des charges. *Ils se sont servis d'une poulie pour hisser les caisses jusqu'au quatrième étage.*

A B C D E F G H I J K L M N O P Q R S T U V W X Y Z

poulpe **n.m.** Pieuvre comestible.
▸ REM. Ce mot est du masculin.

pouls **n.m.** Battement du sang dans les artères dû aux contractions du cœur et que l'on sent très bien au poignet. *Un pouls normal a environ 72 pulsations par minute. L'infirmière a pris le pouls de la malade.*
▸ REM. 1. Attention au -*s* final. 2. On prononce [pu].

HISTOIRE DU MOT Vient du latin *pulsus* que l'on retrouve dans *pulsation*.

poumon **n.m.** Principal organe de la respiration, situé dans le thorax. *Le poumon droit et le poumon gauche. La pneumonie, la tuberculose sont des maladies du poumon.*

poupe **n.f.** L'arrière d'un navire. *La poupe est située à l'opposé de la proue.* • **Avoir le vent en poupe :** être dans une période favorable.

poupée **n.f.** Jouet représentant un personnage ou un enfant. *Ursula joue à la poupée. Une poupée de porcelaine, de chiffon.*

HISTOIRE DU MOT Vient du latin *pupa* qui signifie « petite fille ».

poupin, e **adj.** Qui a des traits rebondis, un visage joufflu. *Un enfant poupin.*

poupon **n.m.** ❶ Bébé encore au berceau. SYN. nourrisson. ❷ Jouet, poupée qui représentent un bébé. SYN. baigneur.

pouponner **v.** (CONJUG. **3**). S'occuper tendrement d'un bébé, le dorloter.

pouponnière **n.f.** ❶ Établissement qui accueille les jeunes enfants de moins de 3 ans, de jour comme de nuit. ❷ Au Canada, partie d'un hôpital réservée aux nouveau-nés.

pour **prép.**, **pour que** **conj.** ❶ Introduit un complément de but. *Téléphone pour prendre rendez-vous.* SYN. afin de. *J'ai écrit à Marc pour qu'il m'envoie un exemplaire du journal de son école.* ❷ Introduit un complément de conséquence. *Il n'a fallu qu'un peu de bonne volonté pour que tout s'arrange.* ◆ **pour** **prép.** ❶ Indique la destination. *Nous partons demain pour Boston. C'est une crème pour les mains.* ❷ Indique la cause, le motif. *Fermé pour travaux.* ❸ Permet de préciser le point de vue. *Pour moi, ce sont des choses qui comptent* (= à mon avis, d'après moi). ❹ Indique une position, un avis favorable. *Je suis pour ce candidat.* CONTR. contre. ❺ Indique l'échange, la réciprocité. *Tu as employé un mot pour un autre* (= à la place de). *« Un pour tous, tous pour un », telle était la devise des mousquetaires.* ◆ **adv.** et **n.m.** Indique l'accord, l'avis favorable. *Quels sont ceux qui sont pour, quels sont ceux qui sont contre ?* • **Peser le pour et le contre :** examiner les avantages et les inconvénients de quelque chose avant de prendre une décision.
▸ REM. Au mot *pour* correspond l'élément tiré du latin *pro-* (contraire de *anti-*) qui sert à former librement des mots comme *progouvernemental*.

pourboire **n.m.** Somme d'argent qu'on donne à quelqu'un en plus de la somme due, pour remercier d'un service rendu ou pour montrer qu'on est satisfait. *Pierre a laissé un pourboire au garçon de café.*

HISTOIRE DU MOT Vient des mots *pour* et *boire*.

le peintre Dürer vêtu d'un **pourpoint** blanc à bandes noires (*Autoportrait*, 1498)

pourceau **n.m.** Porc.
▸ REM. Ce mot appartient à la langue soutenue.

pourcentage **n.m.** Proportion pour cent unités. *Sur cent élèves de sixième, quatre-vingts passent dans la classe supérieure : le pourcentage est de 80 %.*

ENCYCLOPÉDIE Pour savoir ce qu'une quantité représente par rapport à une autre en pourcentage, on divise la première par la seconde et on multiplie le résultat par 100. → VOIR Fiche **14**.

pourchasser **v.** (CONJUG. **3**). Poursuivre et rechercher avec obstination. *Pourchasser des fugitifs.*

pourfendre **pourfendant, pourfendu** **v.** (CONJUG. **46**). Attaquer, critiquer avec vigueur. *Il pourfendait ses adversaires dans des articles au style brillant.*
▸ REM. Ce mot appartient à la langue littéraire.

HISTOIRE DU MOT Autrefois, *pourfendre quelqu'un*, c'était le « fendre de haut en bas au moyen d'une arme tranchante ».

se **pourlécher** **v.pron.** (CONJUG. **9**, ✎ *10*). (Familier) Passer sa langue sur ses lèvres avec gourmandise.

pourparlers **n.m.plur.** Conversations, entretiens que l'on engage en vue de conclure un accord. *Les deux pays ont engagé des pourparlers afin d'arrêter la guerre.* SYN. négociations.

HISTOIRE DU MOT Vient de l'ancien français *purparler* qui signifiait « discuter ».

pourpoint **n.m.** Vêtement masculin porté du XIIIe au XVIIe siècle, qui couvrait le torse. *Sous Louis XIV, le pourpoint fut remplacé par le justaucorps.*

pourpre n.f. ❶ Colorant rouge foncé. ❷ Étoffe teinte de pourpre que portaient, chez les Anciens, les hauts dignitaires. *Le consul entra, vêtu de son manteau de pourpre.* ◆ **adj.** et **n.m.** D'une couleur rouge foncé qui tire sur le violet, comme la pourpre. *Des rideaux de velours pourpre.*

HISTOIRE DU MOT Vient du latin *purpura*, coquillage appelé aussi « murex » dont les Anciens tiraient la teinture pourpre.

pourquoi adv. interrogatif. Pour quelle raison, pour quel motif ? *« Pourquoi es-tu partie ? – Parce que j'étais pressée. »* ● **C'est pourquoi, voilà pourquoi :** c'est la raison pour laquelle. *Je suis arrivée en retard, voilà pourquoi je ne l'ai pas vu.*

pourri, e adj. Qui est en état de décomposition et qu'on ne peut plus consommer. *Des fruits pourris.* SYN. avarié. ● **Enfant pourri :** enfant trop gâté. ● **Temps pourri :** très mauvais temps.

pourrir pourrissant, pourri v. (CONJUG. 16). ❶ Abîmer ou s'abîmer par décomposition. *L'eau pourrit le bois. Les pommes vont pourrir si vous ne les mangez pas.* SYN. se gâter. ❷ Trop gâter un enfant. *Sa grand-mère le pourrit.*

HISTOIRE DU MOT Vient du latin *putris* qui signifie « qui se décompose, délabré, fétide » et que l'on retrouve dans *putride* et *imputrescible.*

pourriture n.f. Ce qui est pourri ou en train de pourrir, de se décomposer. *Une odeur de pourriture le prit à la gorge lorsqu'il entra dans la cave.*

poursuite n.f. ❶ Action de poursuivre, de pourchasser un animal, une personne. *Ils se sont lancés à la poursuite du voleur. Le chien court à la poursuite du chat. Une course-poursuite* (= où deux véhicules se poursuivent). ❷ Le fait d'engager un procès contre quelqu'un. *La comédienne a engagé des poursuites contre le journal.*

poursuivant, e n. Personne qui poursuit quelqu'un. *Rémi a réussi à échapper à ses poursuivants.*

poursuivre poursuivant, poursuivi v. (CONJUG. 56). ❶ Courir derrière une personne, un véhicule, un animal, en cherchant à les rattraper. *Les gendarmes ont poursuivi la voiture volée.* ❷ Chercher à obtenir quelque chose, à le réaliser. *Elle poursuit un rêve : marcher sur la Lune avant de mourir !* ❸ Attaquer une personne en justice, engager un procès contre elle. *Il est poursuivi pour vol à main armée.* ◆ **se poursuivre** v.pron. Continuer sans interruption. *La discussion s'est poursuivie toute la nuit.* SYN. se prolonger.

pourtant adv. Indique une forte opposition entre ce qui a été dit et ce qui va être dit. *Laure est malade et pourtant elle est venue travailler.* SYN. cependant, néanmoins.

pourtour n.m. Ligne qui forme le tour d'un objet, d'une surface. *Nous ferons une croisière sur le pourtour de la Méditerranée.*

pourvoir pourvoyant, pourvu v. (CONJUG. 40). ❶ Donner ce qui est nécessaire, utile. *L'armée a pourvu les soldats en munitions.* SYN. doter, équiper. ❷ *Pourvoir aux besoins de quelqu'un*, c'est lui donner ce qui lui est nécessaire pour vivre. SYN. subvenir. ◆ **se pourvoir** v.pron. S'équiper de ce qui est utile. SYN. se munir.

HISTOIRE DU MOT Vient du latin *providere* qui signifie « organiser à l'avance, prévoir ».

pourvoirie n.f. Au Québec, établissement qui loue aux chasseurs et aux pêcheurs des installations et des services (logement, transport, équipements).

1 **pourvu, e** adj. Avoir, comporter quelque chose d'utile. *Les poissons sont pourvus de nageoires.*

2 **pourvu que** conj. ❶ À telle ou telle condition. *Vous pouvez jouer dehors, pourvu que vous n'alliez pas sur la route.* ❷ Introduit un souhait, un désir exprimé. *Pourvu qu'il réussisse à son examen !*

pousse n.f. Bourgeon ou plante au tout début de leur développement. *On commençait à voir les jeunes pousses sortir de terre.*

poussé, e adj. Qui est mené loin ou fait de façon approfondie. *Ils ont fait des recherches très poussées.*

poussée n.f. ❶ Le fait de pousser, de déplacer en poussant. *Les barrières s'effondrèrent sous la poussée de la foule.* ❷ Brusque manifestation d'un état maladif. *Coralie a eu une poussée de fièvre dans la nuit.*

pousse-pousse n.m.invar., ✎ ***poussepousse*** *n.m.* ❶ En Extrême-Orient, voiture légère à deux roues tirée par un homme, pour le transport des personnes. ❷ En Suisse, nom que l'on donne aux poussettes, aux voitures d'enfant.

1 **pousser** v. (CONJUG. 3). ❶ Exercer une pression pour déplacer. *Pousser un tiroir.* CONTR. tirer. *Martin a poussé sa sœur et elle est tombée.* SYN. bousculer. ❷ Inciter une personne à faire quelque chose. *Son père l'a poussée à faire du piano.* ❸ Faire entendre un son, l'émettre. *Quand il vit le rat, Gilles poussa un cri.* ❹ Faire fonctionner plus vite. *Pousser un moteur.* ❺ Avoir une attitude jusqu'à un degré extrême. *Elle a poussé la gentillesse jusqu'à nous raccompagner chez nous.* ❻ (Familier) Exagérer. *Tu ne l'as même pas remerciée de son cadeau, tu pousses !* ◆ **se pousser** v.pron. Se déplacer pour laisser la place, se mettre de côté. *Pousse-toi pour que je puisse m'asseoir !*

A B C D E F G H I J K L M N O P Q R S T U V W X Y Z

2 pousser v. (CONJUG. 3). Grandir, croître, se développer. *Le lierre a bien poussé, il couvre tout le mur. Ses cheveux poussent très vite.*

HISTOIRE DU MOT Vient du latin *pulsare* qui signifie « bousculer, secouer ».

poussette n.f. Petite voiture d'enfant que l'on pousse devant soi. *Nous promenons bébé dans sa poussette.* → VOIR AUSSI **landau.**

poussière n.f. Très fines particules de matières diverses en suspension dans l'air qui se déposent sur les objets, sur les meubles. *En roulant dans l'allée, la voiture soulevait un nuage de poussière. J'ai une poussière dans l'œil.* • (Familier) **... et des poussières :** et un peu plus. *Le marchand m'a rendu 10 euros et des poussières.*

poussiéreux, euse adj. Couvert de poussière. *De vieux livres poussiéreux.*

poussif, ive adj. (Familier) Qui manque de souffle, qui respire difficilement. *Un gros homme poussif montait péniblement l'escalier.*

poussin n.m. ❶ Petit de la poule. ❷ En France, catégorie de jeunes sportifs de moins de 11 ans. *Les poussins viennent juste avant les minimes.*

HISTOIRE DU MOT Vient du latin *pullicenus*, diminutif de *pullus*, « petit d'un animal », qui a donné *poulain, poule* et *pouliche*.

poutine n.f. Au Québec, mélange de pommes de terre frites et de fromage, accompagné d'une sauce chaude.

poutre n.f. ❶ Longue pièce en bois, en fer, en béton armé qui sert de support dans une construction. *Ils habitent une vieille maison avec des poutres apparentes.* ❷ En gymnastique, poutre de bois située à 1,20 m du sol qui sert d'agrès. *Elle fait des exercices d'équilibre à la poutre.*

poutrelle n.f. Petite poutre.

1 pouvoir n.m. ❶ Le fait de disposer des moyens nécessaires pour faire quelque chose. *Les animaux n'ont pas le pouvoir de penser.* SYN. faculté, possibilité. ❷ Autorité, puissance exercées par une personne. *La directrice a beaucoup de pouvoir.* ❸ Gouvernement d'un pays. *L'armée a pris le pouvoir.* ❹ Droit que l'on délègue à quelqu'un de parler en notre nom, d'agir à notre place. *Papa a donné un pouvoir à sa sœur pour la vente de leur propriété.* SYN. procuration. ❺ *Le pouvoir exécutif* est chargé de veiller à l'application des lois. ❻ *Le pouvoir judiciaire* est chargé de rendre la justice. ❼ *Le pouvoir législatif* est chargé d'élaborer et de voter les lois. • **Les pouvoirs publics :** l'ensemble des autorités qui gouvernent un pays. • **Pouvoir d'achat :** ce qu'il est possible d'acheter avec ses revenus. *Le pouvoir d'achat est faible dans certains pays.*

2 pouvoir pouvant, pu v. (CONJUG. 35). ❶ Avoir la possibilité ou être capable de faire quelque chose. *Il s'est foulé la cheville, il ne peut plus marcher.* ❷ Avoir le droit, la permission de faire quelque chose. *Mes parents m'ont dit que je pouvais rester jusqu'à minuit* (= ils m'ont autorisé à rester). ❸ Indique une éventualité, une probabilité. *Couvrez-vous bien, il pourrait faire froid.* SYN. risquer de. • **Je n'en peux plus :** je suis épuisé, à bout de forces. ◆ **se pouvoir** v.pron. • **Il se peut que** ou **cela se peut :** indique la possibilité, l'éventualité. *Il se peut que nous arrivions en fin de journée* (= il est possible que).

pragmatique adj. Qui se fonde sur l'action pratique et l'efficacité, plutôt que sur la théorie. *C'est un homme pragmatique qui aime les choses concrètes.*

HISTOIRE DU MOT Vient du grec *pragma* qui signifie « action ».

praire n.f. Mollusque comestible dont la coquille a deux parties et qui vit dans le sable.

prairial n.m. Le neuvième mois du calendrier républicain, qui commençait le 20 ou le 21 mai et finissait le 18 ou le 19 juin.

HISTOIRE DU MOT Vient de *prairie*, car ce mois correspondait à la saison où l'on fauche l'herbe.

prairie n.f. Terrain couvert d'herbe destinée à l'alimentation du bétail. *Un troupeau de vaches paissait dans la prairie.* SYN. pré.

praline n.f. ❶ Amande ou noisette grillées et enrobées de sucre cuit. ❷ En Belgique, bonbon au chocolat, généralement fourré. *J'adore les pralines à la crème.*

HISTOIRE DU MOT Vient du nom du maréchal du *Plessis-Praslin*, dont le cuisinier inventa cette confiserie, au XVIIe siècle.

praliné, e adj. Qui est mélangé avec des pralines pilées. *Du chocolat praliné.* ◆ **praliné** n.m. Mélange de chocolat et de pralines écrasées. *Une glace au praliné.*

poutres de construction d'un toit

praticable **adj.** Où l'on peut circuler, passer sans danger. *Cette route est praticable en voiture.* SYN. carrossable. CONTR. impraticable.

praticien, enne **n.** Médecin, dentiste, vétérinaire qui pratiquent leur profession en donnant des soins. *Fabien est allé consulter un grand praticien.*

pratiquant, e **adj.** et **n.** Qui pratique sa religion assidûment. *Ce sont des catholiques pratiquants.*

1 **pratique** **adj.** ❶ Facile à manipuler, à utiliser ; commode et efficace. *Tu peux te servir de cet outil, il est très pratique.* SYN. maniable. *Passe par-derrière, c'est plus pratique.* SYN. commode, facile. ❷ *Avoir le sens pratique, l'esprit pratique*, c'est avoir le sens de la réalité et savoir agir avec efficacité. *Jules a le sens pratique, il sait immédiatement comment agir dans toutes les situations.* • **Travaux pratiques :** exercices d'application dans l'enseignement d'une matière.

HISTOIRE DU MOT Vient du grec *praktikos* qui signifie « agissant, efficace ».

2 **pratique** **n.f.** ❶ Le fait de pratiquer, d'exercer une activité. *La pratique d'un sport vous fera le plus grand bien.* ❷ Expérience que l'on a de quelque chose. *Marie a acquis toutes ses connaissances par la pratique.* CONTR. théorie. *Anne a une longue pratique de l'enseignement.* SYN. expérience, habitude. ❸ Façon habituelle d'agir. *Aujourd'hui, le démarchage par téléphone est une pratique très répandue.* ❹ Fait de pratiquer une religion. *La pratique religieuse se perd.* • **En pratique** ou **dans la pratique :** en réalité, en fait. *Ce cas est prévu, mais, en pratique, il ne se produit jamais.* • **Mettre en pratique :** appliquer les règles, les principes d'une théorie ou d'une technique.

pratiquement **adv.** ❶ En réalité, dans la pratique. *Théoriquement, tu peux y être en dix minutes, mais, pratiquement, avec la circulation, il faut bien compter une demi-heure.* ❷ (Familier) Presque, à peu de chose près. *Je n'ai pratiquement plus d'argent.* SYN. quasiment.

pratiquer **v.** (CONJUG. **3**). ❶ Exercer une activité, un sport, un art, un métier. *Le tennis est un sport que j'aime bien pratiquer. Pierre pratique la médecine depuis deux ans.* SYN. exercer. ❷ Observer les règles, les rites d'une religion. *Irène est catholique, mais elle ne pratique pas.* ◆ **se pratiquer** **v.pron.** Être en usage, à la mode. *Le tennis se pratique beaucoup de nos jours.*

1 **pré** **n.m.** Étendue de terrain couverte d'herbe. SYN. prairie.

HISTOIRE DU MOT Vient du latin *pratum*, « terrain herbeux », que l'on retrouve dans *prairie.*

2 **pré-** **préfixe.** Mot invariable tiré du latin *prae* qui signifie « avant, devant » et qui indique qu'une chose vient avant une autre dans le temps ou dans l'espace, comme dans *préhistoire, prémolaire.*

préalable **adj.** Qui doit être fait, dit en premier lieu, avant autre chose. *Tu ne peux agir sans l'accord préalable du directeur.* ◆ **n.m.** • **Au préalable :** auparavant, avant toute autre chose. *Pour poser votre candidature, il vous faudra au préalable remplir ce questionnaire.*

préalablement **adv.** Au préalable. *Pour participer au concours, il faut préalablement se faire inscrire.*

préambule **n.m.** Introduction à un discours, à un exposé. *Après un long préambule, il en arriva au vif du sujet.*

HISTOIRE DU MOT Vient du latin *prae*, qui signifie « avant, devant », et *ambulare*, qui signifie « marcher ».

préau **n.m.** Partie couverte de la cour d'une école. *Aujourd'hui, il pleut ; les enfants jouent sous le préau.*

préavis **n.m.** Avertissement qui doit être donné, dans un délai déterminé, avant de rompre un contrat. *Quand un locataire veut quitter son logement, il doit envoyer un préavis de trois mois au propriétaire* (= il doit le prévenir trois mois à l'avance).

précaire **adj.** Qui n'est pas sûr, garanti. *Une santé précaire.* SYN. fragile. CONTR. solide. *Un emploi précaire.* SYN. instable.

précambrien **n.m.** Première période de l'histoire de la Terre, de sa formation jusqu'au cambrien (– 542 millions d'années), dont la durée totale est estimée à 4 milliards d'années.

HISTOIRE DU MOT Vient du latin *Cambria* qui désignait le « pays de Galles ».

précarité **n.f.** Caractère précaire, instable de quelque chose. *La précarité d'un emploi.*

précaution **n.f.** ❶ Ce que l'on décide de faire pour se protéger d'un risque, d'un danger qui peut survenir. *Prendre un parapluie par précaution.* ❷ Le fait d'agir prudemment. *Il faut manipuler ces produits chimiques avec précaution.*

HISTOIRE DU MOT Vient du latin *praecavere* qui signifie « prendre garde, se montrer prudent ».

précédemment **adv.** Auparavant, antérieurement. *Comme je vous l'ai dit précédemment, je ne serai pas disponible à cette date.*

précédent, e **adj.** Qui vient avant, qui précède. *Dans un précédent ouvrage, cet auteur évoquait déjà son enfance.* SYN. antérieur. *Julien est né en 1970, Lise l'année précédente.* CONTR. suivant. ◆ **précédent** **n.m.** Fait qui a eu lieu avant celui dont on parle et qui sert d'exemple ou de justification. *Il y a un précédent, quelqu'un a déjà eu un accident à cet endroit.* • **Sans précédent :** qui est unique, qui n'est encore jamais arrivé. *Un exploit sans précédent.*

précéder **v.** (CONJUG. **9**, ✎ *10*). ❶ Venir avant, dans l'espace ou dans le temps. *Le lundi précède le mardi.* ❷ Marcher devant quelqu'un. *Magali nous précédait pour nous montrer le chemin.* SYN. devancer.

HISTOIRE DU MOT Vient du latin *praecedere* qui signifie « marcher devant ».

précepte **n.m.** Formule qui énonce une règle de conduite, un enseignement. *Les préceptes de la religion sont suivis par les pratiquants.* SYN. prescription.

A B C D E F G H I J K L M N O P Q R S T U V W X Y Z

précepteur, trice n. Personne chargée de l'éducation d'un enfant à domicile. *Autrefois, les enfants des riches familles avaient un précepteur.*
▸ REM. Ne pas confondre avec *percepteur.*
HISTOIRE DU MOT Vient du latin *praeceptor* qui signifie « maître qui enseigne ».

prêche n.m. Sermon, discours religieux. *Le prêche d'un pasteur.*

prêcher v. (CONJUG. 3). ❶ Prononcer un sermon. *Le prêtre monte en chaire pour prêcher.* ❷ Recommander avec insistance. *À la veille des départs en vacances, les pouvoirs publics prêchent la prudence au volant.* SYN. conseiller, prôner.
HISTOIRE DU MOT Vient du latin *praedicare* qui signifie « annoncer, publier » et que l'on retrouve dans *prédicateur* et *prédiction.*

précieusement adv. Avec grand soin. *Je garderai précieusement ton adresse.*

précieux, euse adj. ❶ Qui a de la valeur, qui est d'un grand prix. *L'émeraude, le rubis, le saphir sont des pierres précieuses.* ❷ Qui est particulièrement utile. *Son ami lui a donné de précieux conseils.* ❸ Qui manque de naturel, qui fait des manières. *Je trouve sa sœur un peu précieuse.* SYN. affecté, maniéré.
HISTOIRE DU MOT Vient du latin *pretium* qui signifie « prix, valeur ».

préciosité n.f. Façon d'être et de parler qui est affectée et maniérée.

précipice n.m. Trou très profond avec des parois à pic. *La route longeait un dangereux précipice.* SYN. abîme, gouffre.

précipice

précipitamment adv. En grande hâte. *Il est parti précipitamment, sans dire au revoir.* SYN. brusquement.

précipitation n.f. Trop grande hâte. *Marc est parti très vite et, dans sa précipitation, il a oublié ses lunettes.*

◆ **précipitations** n.f.plur. Chutes de pluie, de neige ou de grêle. *Les précipitations sont plus ou moins importantes selon les régions du globe.* → VOIR Fiche 34.

précipiter v. (CONJUG. 3). ❶ Jeter ou faire tomber d'un lieu élevé. *Il semble que la voiture a été précipitée du haut de la falaise.* ❷ Pousser avec violence. *Le vent m'a précipitée contre un arbre.* ❸ Faire aller plus vite. *J'ai dû précipiter mon départ.* SYN. avancer, hâter. CONTR. retarder. ◆ **se précipiter** v.pron. ❶ Se jeter de haut en bas. *L'eau du torrent se précipite dans le fleuve.* ❷ S'élancer brusquement. *Ils se sont précipités vers moi dès qu'ils m'ont vu. Les enfants se sont précipités sur le gâteau au chocolat.* SYN. se ruer. ❸ Prendre un rythme accéléré. *Soudain, les événements se précipitèrent.*
HISTOIRE DU MOT Vient du latin *praecipitare* qui signifie « tomber la tête en avant ».

1 précis n.m. Petit livre qui donne les renseignements essentiels concernant une matière. *Un précis de grammaire.*
HISTOIRE DU MOT Vient du latin *praecisus* qui signifie « abrégé ».

2 précis, e adj. ❶ Qui est exact. *Ma montre est très précise, elle me donne l'heure à la seconde près.* ❷ Qui est clair et net, bien défini. *Édouard m'a donné des indications précises pour me rendre chez lui.* CONTR. vague. *Un calcul précis.* SYN. rigoureux. ❸ Qui est fixé, déterminé avec rigueur, exactitude. *Le cours commence à 15 h précises.* ❹ Qui agit avec exactitude. *Soyez précis à notre rendez-vous.* SYN. ponctuel. ❺ Qui fait preuve de sûreté. *La chirurgienne opérait avec des gestes précis.* SYN. sûr.

précisément adv. ❶ De manière précise, exacte, rigoureuse. *Je vous demande de répondre précisément à ma question.* SYN. exactement. ❷ Marque l'exacte correspondance entre deux faits, deux idées. *Mon père est arrivé précisément quand on parlait de lui.* SYN. justement.

préciser v. (CONJUG. 3). Indiquer de manière précise. *Alain ne m'a pas précisé l'heure de son arrivée.* ◆ **se préciser** v.pron. Devenir plus précis, plus net. *Notre projet de voyage se précise.*

précision n.f. ❶ Caractère de ce qui est précis, exact. *Son père lui a offert une montre d'une grande précision. J'admire la précision des gestes d'un chirurgien.* SYN. sûreté. ❷ Détail précis qui apporte une plus grande information. *La directrice nous a donné des précisions sur le déroulement de la fête de l'école.*

précoce adj. ❶ Qui est mûr avant le moment habituel. *Les abricots étaient précoces, cette année.* SYN. hâtif. CONTR. tardif. ❷ Qui arrive plus tôt que d'ordinaire. *Cette année, l'hiver a été précoce.* CONTR. tardif. ❸ En avance pour son âge. *Une enfant précoce.*

précocité n.f. Caractère d'une personne, d'une plante précoce. *Cet enfant de trois ans qui sait lire est d'une grande précocité.*

préconçu, e **adj.** *Avoir des idées préconçues*, c'est avoir des idées toutes faites, non vérifiées par l'expérience, c'est avoir des préjugés.

préconisation **n.f.** Recommandation, conseil. *Suivre les préconisations du fabricant.*

préconiser **v.** (CONJUG. **3**). Recommander vivement. *Les médecins préconisent de faire du sport.* SYN. conseiller.

précurseur **n.m.** Personne qui, par son action, ouvre la voie à des inventions ou des idées nouvelles. *Descartes est un des précurseurs des mathématiques modernes.* ◆ **adj.m.** • **Signe précurseur :** fait ou événement qui annoncent quelque chose. *Une fièvre élevée et des courbatures sont les signes précurseurs de la grippe.* SYN. signe annonciateur, signe avant-coureur.

HISTOIRE DU MOT Vient du latin *praecurrere* qui signifie « courir devant ».

prédateur, trice **adj.** Qui se nourrit de proies animales capturées vivantes. *Les fauves et les oiseaux de proie sont des animaux prédateurs.* ◆ **prédateur** **n.m.** Animal prédateur. *Le renard est un prédateur.*

HISTOIRE DU MOT Vient du latin *praedator* qui signifie « pillard, brigand ».

prédécesseur **n.m.** La personne qui a occupé un emploi avant une autre. *La nouvelle directrice a fait l'éloge de son prédécesseur.* CONTR. successeur.

prédestiné, e **adj.** *Un nom prédestiné* est un nom qui semble avoir été choisi par le destin, tellement il correspond à la personne qui le porte. *« Jean Bonnot », c'est un nom prédestiné pour un charcutier.*

prédicateur, trice **n.** Personne qui prêche.

prédication **n.f.** Action de prêcher ; sermon. ▸ REM. Ne pas confondre avec *prédiction*.

prédiction **n.f.** ❶ Le fait de prédire, d'annoncer quelque chose. *L'astrologue fait des prédictions.* → VOIR AUSSI **divination, prophétie.** ❷ Ce qui est annoncé, prédit. *Sa prédiction ne s'est pas réalisée.* SYN. prévision. ▸ REM. Ne pas confondre avec *prédication*.

prédilection **n.f.** Préférence marquée pour une personne, une chose. *Florent a une prédilection pour les films policiers.* SYN. faible, penchant. • **De prédilection :** que l'on préfère à toute autre chose. *Le gâteau au chocolat est son dessert de prédilection.* SYN. favori, préféré.

prédire **prédisant, prédit v.** (CONJUG. **65**). Annoncer à l'avance ce qui doit arriver. *Les spécialistes avaient prédit la victoire de notre équipe.* SYN. prévoir, pronostiquer.

prédisposer **v.** (CONJUG. **3**). ❶ Préparer quelqu'un à quelque chose. *Rien ne le prédisposait particulièrement à faire de la peinture.* ❷ *Être prédisposé à une maladie*, c'est y être exposé, risquer de l'avoir.

prédisposition **n.f.** Aptitude naturelle à faire quelque chose. *Avoir des prédispositions pour le piano.* SYN. don.

prédominant, e **adj.** Qui prédomine. *Son souci prédominant est de trouver du travail.* SYN. primordial, principal.

prédominer **v.** (CONJUG. **3**). Être le plus important, l'emporter sur tout le reste. *L'horticulture prédomine dans notre région.* SYN. dominer.

prééminence **n.f.** Supériorité absolue sur les autres. *Trois équipes se disputent la prééminence dans le championnat.* SYN. suprématie.

prééminent, e **adj.** Supérieur à tous les autres. *Occuper une place prééminente.* SYN. prépondérant. ▸ REM. Ne pas confondre avec *proéminent*.

préfabriqué, e **adj.** *Des éléments préfabriqués* sont des éléments de construction fabriqués à l'avance et qui doivent être ensuite assemblés sur place.

préface **n.f.** Texte placé au début d'un livre et qui sert à le présenter aux lecteurs. SYN. avant-propos, introduction.

préfacer **préfaçant, préfacé v.** (CONJUG. **4**). Écrire la préface d'un livre.

préfectoral, ale, aux **adj.** Du préfet. *Un arrêté préfectoral.*

préfecture **n.f.** ❶ En France, administration et services qui dépendent d'un préfet ; bâtiment qui les abrite. ❷ Ville principale d'un département, où sont installés le préfet et ses bureaux. *Montpellier est la préfecture de l'Hérault* (= chef-lieu de département).

préférable **adj.** Qui convient mieux. *La deuxième solution me semble préférable.* SYN. meilleur.

préféré, e **adj.** et **n.** Que l'on préfère, que l'on aime mieux que les autres. *Le bleu est ma couleur préférée. Arthur est le préféré de sa mère.* SYN. chouchou, favori.

préférence **n.f.** Fait de préférer une personne, une chose aux autres. *Il a une nette préférence pour les bandes dessinées.* SYN. prédilection. • **De préférence :** plutôt. *Si tu veux lui faire plaisir, offre-lui un livre de préférence à un disque.*

préférer **v.** (CONJUG. **9**, ✎ *10*). Aimer mieux. *Laure préfère les fraises aux cerises. Si tu préfères, nous viendrons chez toi demain* (= si cela te convient mieux).

préfet, ète **n.** En France, personne qui représente l'État dans un département, une Région. *Les préfets sont nommés par le gouvernement.*

HISTOIRE DU MOT Vient du latin *praefectus* qui signifie « préposé ».

préfigurer **v.** (CONJUG. **3**). Donner une idée de ce qui va arriver, venir. *« De la Terre à la Lune » de Jules Verne préfigure la conquête de l'espace.* SYN. annoncer.

préfixe **n.m.** Élément qui s'ajoute au début d'un mot pour en former un autre. *« Pré- » dans « prédire » et « sur- » dans « surgeler » sont des préfixes.* → VOIR AUSSI **suffixe** et Fiche **9.**

A B C D E F G H I J K L M N O P Q R S T U V W X Y Z

préhensile **adj.** *Un organe préhensile* permet de saisir. *Certains singes ont une queue préhensile.*

HISTOIRE DU MOT Vient du latin *prehendere* qui signifie « saisir ».

préhension **n.f.** *Les organes de la préhension* permettent de prendre, de saisir des objets. *La main est un organe de la préhension.*

préhistoire **n.f.** Période très ancienne, qui commence avec l'apparition de l'homme sur la Terre et se termine avec l'invention de l'écriture. → VOIR planche ci-contre et Fiche **21.**

ENCYCLOPÉDIE En l'absence de documents écrits, la préhistoire étudie les vestiges matériels (objets en pierre taillée, en os et, pour les périodes plus récentes, en terre cuite et en métal). Elle fait aujourd'hui appel à la collaboration de disciplines proches des sciences naturelles (étude des pierres, des fossiles, du climat, etc.), à celle des sciences physiques et chimiques, des mathématiques (statistique) et des sciences humaines.

préhistorique **adj.** ❶ De la préhistoire. *Des peintures préhistoriques. Des animaux préhistoriques.* ❷ (Familier) Très ancien et démodé. *Mon grand-père roule dans une guimbarde préhistorique.* SYN. antédiluvien.

préjudice **n.m.** Tort que l'on cause à quelqu'un. *Cette affaire lui a gravement porté préjudice.*
▸ REM. Ne pas confondre avec *préjugé*.

préjudiciable **adj.** Qui cause un préjudice. *Cette erreur m'a été préjudiciable.* CONTR. avantageux, profitable.

préjugé **n.m.** Opinion préconçue, jugement porté par avance. *Mon père avait des préjugés contre mes camarades, mais maintenant qu'il les connaît, il les aime bien.* SYN. prévention.
▸ REM. Ne pas confondre avec *préjudice*.

préjuger **préjugeant, préjugé v.** (CONJUG. **5**). Émettre une opinion avant d'avoir tous les éléments nécessaires. *Nul ne peut préjuger du résultat de cette entreprise.*

se **prélasser** **v.pron.** (CONJUG. **3**). Se reposer, rester sans rien faire. *Le chat se prélassait au soleil en ronronnant.*

prélat **n.m.** Haut personnage du clergé, dans l'Église catholique. *Les cardinaux et les évêques sont des prélats.*

prêle **n.f.** Plante des lieux humides, sans fleurs et à tige creuse.

prélèvement **n.m.** Action de prélever une partie d'un tout ; partie prélevée. *À l'hôpital, on lui a fait un prélèvement de moelle osseuse.*

prélever **v.** (CONJUG. **10**). Prendre une partie d'un tout. *Prélever du sang pour l'analyser. Prélever de l'argent sur un compte en banque.* SYN. retirer, retrancher.

préliminaire **adj.** Qui précède et prépare quelque chose. *Un travail préliminaire.* SYN. préalable, préparatoire. ◆ **préliminaires** **n.m.plur.** L'ensemble des actes, des entretiens préparatoires à quelque chose. *Il y a eu de longs préliminaires avant la signature de la paix.*

prélude **n.m.** ❶ Morceau de musique généralement court. *Chopin a composé des préludes.* ❷ Événement qui en précède un autre, qui l'annonce. *Ces incidents sont le prélude d'un conflit plus grave* (= signe avant-coureur, signe précurseur).

préluder **v.** (CONJUG. **3**). Annoncer quelque chose, en être le prélude. *Des incidents de plus en plus fréquents ont préludé à cette révolution.*
▸ REM. Ce mot appartient à la langue soutenue.

HISTOIRE DU MOT Vient du latin *praeludere* qui signifie « se préparer à jouer ».

prématuré, e **adj.** Qui arrive trop tôt. *Il est prématuré de dire que nous avons gagné* (= il est trop tôt). ◆ **n.** et **adj.** Enfant né avant terme. *Le prématuré a été placé dans une couveuse.*

prématurément **adv.** De façon prématurée, trop tôt. *Les chagrins l'ont prématurément vieillie.*

préméditation **n.f.** Action de préméditer. *Un meurtre commis avec préméditation est un assassinat.*

préméditer **v.** (CONJUG. **3**). Préparer longuement et soigneusement une mauvaise action. *Ils avaient prémédité leur coup.*

prémices **n.f.plur.** Premiers signes de quelque chose. *Ces premiers bourgeons sont les prémices du printemps.*
▸ REM. Ce mot appartient à la langue littéraire.

premier, ère **adj.** ❶ Qui vient avant tous les autres, qui occupe une place marquée par le nombre 1. *« A » est la première lettre de l'alphabet. Prenez la première rue à droite.* SYN. prochain. ❷ Qui est le plus important, le meilleur. *C'est une actrice italienne qui a obtenu le premier rôle dans le film.* ◆ **n.** Personne qui est avant les autres. *Elle est arrivée la première.* • **Jeune premier, jeune première :** acteur, actrice qui jouent les rôles d'amoureux, de séducteurs. ◆ **premier** **n.m.** Le premier étage d'un immeuble. *J'habite au premier.* • **En premier :** d'abord, avant tout. • **Nombre premier :** nombre entier que l'on ne peut diviser que par 1 et par lui-même. *« 1, 2, 3, 5, 7, 11, 13 » sont des nombres premiers.* ◆ **première** **n.f.** ❶ La classe la plus chère dans certains moyens de transport. *Quand il prend le train, il voyage toujours en première.* ❷ Événement important et original dans un domaine. *Cette intervention chirurgicale est une grande première mondiale.*

premièrement **adv.** D'abord, en premier lieu. *Je suis ravie : premièrement il fait beau, deuxièmement je pars en vacances demain.*

prémolaire **n.f.** Dent située entre la canine et les molaires. *Nous avons huit prémolaires.*

prémonition **n.f.** Intuition mystérieuse qu'un événement va se produire. *L'homme soutenait qu'il avait eu la prémonition de l'accident d'avion.* SYN. pressentiment.

HISTOIRE DU MOT Vient du latin *praemonitio*, « avertissement ».

uille de laurier
léolithique
périeur

propulseur
paléolithique

harpon
paléolithique

Des chasseurs-cueilleurs aux premiers agriculteurs

Il y a plus de 2 millions d'années, à l'âge de la pierre taillée (ou **paléolithique**) l'homme crée le premier outil : un galet brisé (galet aménagé). Puis, peu à peu, les chasseurs-cueilleurs taillent le silex : l'outillage se diversifie en bifaces, racloirs, lames tranchantes, pointes triangulaires, etc. L'os, l'ivoire ou le bois de renne servent aussi à fabriquer des pointes de sagaie, des aiguilles ou des harpons.

L'âge de la pierre polie (ou **néolithique**), il y a 10 000 ans, correspond à une véritable révolution : l'homme, devenu **agriculteur**, s'organise en villages, et il produit sa nourriture. Faucilles, meules et mortiers sont d'un usage courant. La **céramique**, le **métier à tisser**, la **roue** sont inventés avant que ne soient fabriqués les premiers objets en bronze, voici 5 000 ans.

outils de chasse

biface
paléolithique inférieur

biface
paléolithique moyen

objets quotidiens

peignes
âge du bronze

vase
âge du bronze

peinture
grotte de Lascaux

vase
âge du bronze

lunule en or
âge du bronze

couteau
âge du bronze

meule à grains
néolithique

Découverte de l'art et premiers témoignages du culte des morts

L'**art** préhistorique remonte à 30 000 ans. Des peintures et des gravures ornent les parois des grottes, et les sculptures sont réalisées dans la roche, l'os ou l'ivoire. Elles représentent des animaux ou des figures féminines, symboles de fécondité.

Sépultures collectives, les **dolmens**, enfouis sous des **tumulus**, témoignent de la plus ancienne architecture funéraire.

figurines féminines

statuette en os
– 4000

Vénus de Lespugue
paléolithique supérieur

vue en coupe d'un tumulus

menhir gravé

A B C D E F G H I J K L M N O P Q R S T U V W X Y Z

prémonitoire **adj.** *Un rêve prémonitoire* est un rêve au cours duquel on voit des choses qui vont vraiment arriver.

prémunir **prémunissant, prémuni v.** (CONJUG. **16**). Protéger d'un mal, d'un danger. *Prémunir les adolescents contre les dangers de la drogue* (= mettre en garde).

prenant, e **adj.** ❶ Qui occupe beaucoup. *Son travail est très prenant.* SYN. absorbant. ❷ Qui est captivant. *Nous avons vu un film prenant.* SYN. passionnant. CONTR. ennuyeux.

prénatal, ale **adj.** (PLUR. : **prénatals** ou **prénataux**). Qui précède la naissance, l'accouchement. *Les femmes enceintes doivent régulièrement passer des examens prénataux.*

prendre **prenant, pris v.** (CONJUG. **48**). ❶ Saisir, tenir dans sa main. *Je prends un stylo pour écrire.* CONTR. lâcher. ❷ Emporter avec soi. *Il pleut, n'oublie pas de prendre ton parapluie.* ❸ Se rendre maître d'un lieu, l'occuper. *L'ennemi a pris plusieurs villes.* SYN. conquérir. ❹ Attraper, capturer. *Le pêcheur a pris un brochet.* SYN. pêcher. ❺ Consommer un aliment ou une boisson ; absorber un produit. *Je prendrais bien un jus d'orange.* SYN. boire. *Elle a pris ses médicaments.* ❻ Utiliser un moyen de transport. *Il prend le bus pour aller au bureau.* ❼ Occuper le temps. *Ce travail m'a pris des mois.* ❽ Considérer d'une certaine manière. *Arrête de me prendre pour un imbécile ! Elle prend la vie du bon côté.* ❾ S'emploie dans de nombreuses expressions pour remplacer un verbe simple. *Prendre un bain* (= se baigner). *Prendre une photo* (= photographier). *Prendre la fuite* (= s'enfuir). ❿ S'emparer d'une chose, l'ôter à une personne. *Celui qui a pris mon stylo est prié de me le rendre.* ⓫ *Prendre une personne ou une chose pour une autre*, c'est la confondre avec une autre. *Le maître a pris Léa pour sa sœur.* ⓬ S'épaissir, durcir. *La mayonnaise a pris. La glace prend dans le congélateur.* ⓭ Pour un feu, commencer à brûler. *Le feu a pris dans la cuisine.* • **C'est à prendre ou à laisser :** c'est à accepter tel quel ou à refuser. • **Prendre son temps :** ne pas se presser. ◆ **se prendre** **v.pron.** S'accrocher, se coincer. *Sa jupe s'est prise dans les ronces.* • **S'en prendre à quelqu'un :** lui faire des reproches, l'attaquer. *Ne t'en prends pas à moi, je n'y suis pour rien.* • **Se prendre pour quelqu'un :** se considérer avec vanité comme. *Stéphane se prend pour un héros, alors qu'il n'a rien fait d'extraordinaire.* • **S'y prendre :** agir d'une certaine manière pour obtenir un résultat. *Elle sait bien s'y prendre avec les enfants.*

preneur, euse **n.** Personne qui accepte d'acheter quelque chose à un certain prix. *Il n'a pas trouvé preneur pour sa voiture.* SYN. acheteur, acquéreur.

prénom **n.m.** Nom précédant le patronyme, et qui sert à distinguer les personnes d'une même famille. *Dominique est un prénom féminin et masculin.*

prénommer **v.** (CONJUG. **3**). Donner tel prénom à quelqu'un. *Ses parents l'ont prénommé Arthur en souvenir de Rimbaud.* ◆ **se prénommer** **v.pron.** Avoir tel prénom. *Elle se prénomme Dalila.*

préoccupant, e **adj.** Qui préoccupe. *La situation est préoccupante.* SYN. alarmant, inquiétant.

préoccupation **n.f.** Ce qui préoccupe, cause du souci. *La santé de son fils est sa principale préoccupation.* SYN. inquiétude.

préoccupé, e **adj.** Qui est inquiet, qui a des soucis. *Tu as l'air préoccupé, que se passe-t-il ?* SYN. soucieux.

préoccuper **v.** (CONJUG. **3**). Causer du souci à quelqu'un. *L'avenir de ses enfants le préoccupe beaucoup.* SYN. inquiéter. ◆ **se préoccuper** **v.pron.** S'occuper de quelque chose, y porter toute son attention, s'en inquiéter.

préparateur, trice **n.** Personne chargée de préparer les médicaments sous la surveillance du pharmacien.

préparatifs **n.m.plur.** Tout ce que l'on fait pour préparer quelque chose. *Nous partirons dès que les préparatifs du voyage seront terminés.*

préparation **n.f.** ❶ L'action de préparer ou de se préparer. *La préparation du repas ne m'a pas demandé beaucoup de temps. Philippe a un nouveau roman en préparation* (= il est en train de l'écrire). *J'ai perdu le match parce que je manquais de préparation.* SYN. entraînement. ❷ Chose confectionnée, préparée. *C'est une préparation culinaire de la région* (= un plat). *Une préparation pharmaceutique* (= un médicament fait spécialement en pharmacie).

préparatoire **adj.** Qui prépare à quelque chose. *Avant le départ, il y aura une réunion préparatoire et vous recevrez toutes les informations nécessaires.* • **Cours préparatoire** ou **C.P. :** en France, première année de l'enseignement primaire.

préparer **v.** (CONJUG. **3**). ❶ Faire ce qu'il faut pour qu'une chose soit utilisable, consommable, etc. *Il a passé l'après-midi à préparer le dîner.* ❷ *Préparer un examen, une épreuve*, c'est étudier, s'entraîner pour être prêt à les passer. ❸ Organiser. *Ses amis lui ont préparé une surprise pour son anniversaire.* SYN. ménager, réserver. ◆ **se préparer** **v.pron.** ❶ Se rendre ou se tenir prêt pour quelque chose. *Les enfants, préparez-vous, nous partons dans cinq minutes.* ❷ Être proche, imminent. *Un orage se prépare.* SYN. couver, menacer.

prépondérance **n.f.** Caractère de ce qui est prépondérant. *La prépondérance du Japon dans l'industrie électronique.* SYN. supériorité, suprématie.

prépondérant, e **adj.** Qui a plus d'importance, d'autorité que les autres. *Elle joue un rôle prépondérant dans l'entreprise.* SYN. capital, primordial.

HISTOIRE DU MOT Vient du latin *praeponderare* qui signifie « peser plus ».

préposé, e **n.** ❶ Personne chargée d'une fonction particulière, généralement subalterne. *Vous pouvez remettre vos manteaux à la préposée au vestiaire.* ❷ Dans l'administration de la poste, facteur. *Le préposé n'est pas passé.*

préposition **n.f.** Mot invariable qui sert à introduire des compléments. *« De, dans, chez, sur, pour, contre, vers » sont des prépositions.* → VOIR encadré ci-dessous.

prérogative **n.f.** Avantage lié à une fonction, un poste. *Les prérogatives d'un ministre. Le droit de grâce est une prérogative du président de la République.*

près **adv.** À une distance relativement courte, dans l'espace ou le temps. *J'habite tout près, nous pouvons y aller à pied.* CONTR. loin. *C'est plus près de la gare que de la mairie. L'école est près de la mairie* (= à proximité). • **À peu de chose près :** indique une légère différence. *À peu de chose près, c'est la même histoire que celle qu'on a entendue hier.* • **De près :** à une courte distance, par opposition à *de loin. Grand-mère met des lunettes pour voir de près ;* à peu de temps d'intervalle. *Les deux explosions se sont suivies de près ;* avec beaucoup d'attention et de vigilance. *Surveiller de près les allées et venues de quelqu'un.* • **Près de :** indique que quelque chose est sur le point de se produire. *Nous étions près d'arriver à destination quand un pneu a crevé* (= sur le point de). *Il était près de cinq heures* (= presque).
▶ REM. Ne pas confondre avec *prêt.*

présage **n.m.** Signe dont on pense qu'il annonce l'avenir. *Les gens superstitieux croient que casser un miroir est un mauvais présage.* → VOIR AUSSI **augure.**

présager **présageant, présagé v.** (CONJUG. **5**). Annoncer, permettre de prévoir. *Cette dispute ne présage rien de bon pour la suite de nos relations.* SYN. promettre.

presbyte **n.** et **adj.** Personne qui ne voit pas bien de près. *Le grand-père de Nicolas est presbyte, il met des lunettes pour lire.*

HISTOIRE DU MOT Vient du grec *presbutês,* « ancien, vieux ».

presbytère **n.m.** Habitation du curé, dans une paroisse. SYN. cure.

HISTOIRE DU MOT Vient du grec *presbuterion* qui signifie « le conseil des anciens ».

prescription **n.f.** ❶ Recommandation précise. *Tu seras vite guéri si tu suis les prescriptions du médecin.* ❷ Délai après lequel la justice n'a plus le droit de poursuivre un coupable. *Pour les gens coupables de crime contre l'humanité, il n'y a pas prescription.*

prescrire **prescrivant, prescrit v.** (CONJUG. **62**). Recommander à quelqu'un de prendre un médicament, de suivre un régime, etc. *Le médecin lui a prescrit des antibiotiques.* SYN. ordonner.
▶ REM. Ne pas confondre avec *proscrire.*

prescrit, e **adj.** Qui a été déterminé avec précision. *Sur la notice du médicament, on lit : « Ne pas dépasser la dose prescrite. »*

préséance **n.f.** Distinction, honneur, droit de passer avant les autres, dus à la position sociale, à l'âge, etc. *La présidente a la préséance sur tous les autres membres de l'association.*
▶ REM. Ce mot appartient à la langue soutenue.

présence **n.f.** Le fait d'être présent, de se trouver quelque part. *Je compte sur ta présence pour mon*

Les **prépositions**

Les **prépositions** sont des mots **invariables** qui servent à introduire des compléments d'adjectif, de nom, d'objet indirect ou d'objet second, des compléments circonstanciels. VOIR AUSSI **complément.**

- Les principales prépositions sont :
  à, avant, avec, chez, contre, dans, de, depuis, derrière, dès, devant, durant, en, entre, envers, excepté, outre, par, parmi, pendant, pour, sans, sauf, selon, sous, suivant, sur, vers.
- Les prépositions peuvent se combiner avec d'autres mots et former des locutions prépositives :
  à cause de, à côté de, afin de, à force de, à l'abri de, à l'exception de, à l'insu de, **etc.**
- Les prépositions ***à*** et ***de*** peuvent construire la majorité des compléments :

complément	à	de
de nom	**Un stylo *à plume.***	**Le château *de ma mère.***
de l'adjectif	**Dur *à la peine.***	**Content *de lui.***
d'objet indirect	**Il pense *à elle.***	**Il parle *d'elle.***
d'objet second	**J'enseigne le français *aux élèves.***	**J'ai obtenu une promesse *de Pierre.***
d'agent circonstanciel	**Un manteau mangé *aux mites.***	**Il est rongé *de remords.***
de lieu	**Je rentre *à la maison.***	**Tu viens *de l'école.***
de temps	**Il arrivera *à 3 heures.***	**Je ne l'ai pas vu *de la matinée.***
de cause	**Je suis resté *à cause de toi.***	***De colère,* elle a claqué la porte.**
de moyen	**Pêcher *à la ligne.***	**Il a maintenu la porte *de sa main.***
de manière	**Marcher *à grands pas.***	**S'arrêter *d'un seul coup.***

A B C D E F G H I J K L M N O P Q R S T U V W X Y Z

anniversaire. CONTR. absence. • **En présence d'une personne :** alors que cette personne est présente. *L'accusé ne parlera qu'en présence de son avocat.* • **En présence d'une chose :** devant. *Nous sommes en présence d'un cas nouveau.* • **Présence d'esprit :** le fait de réagir vite et de faire ce qu'il faut sans perdre son sang-froid. *Quand le feu a pris, Catherine a eu la présence d'esprit de couper le courant.*

1 **présent, e** **adj.** ❶ Qui est là. *Il n'y a que quinze élèves présents.* CONTR. absent. ❷ Qui se passe au moment où l'on parle. *Dans le moment présent, nous ne savons pas s'il y a des victimes* (= à l'heure actuelle). • **À présent :** maintenant. *À présent qu'elle est partie, je trouve la maison bien vide.* ◆ **présent n.m.** ❶ Le temps qui est situé au moment où l'on parle, par opposition au *passé* et au *futur*. *Elle voulait vivre dans le présent et oublier le passé.* ❷ Temps du verbe qui indique que l'action a lieu au moment où l'on parle. *Le présent de l'indicatif, du subjonctif.*

2 **présent** **n.m.** Objet que l'on offre. *Chacun de nous a fait un présent à grand-mère.* SYN. cadeau.
▸ REM. Ce mot appartient à la langue soutenue.

présentable **adj.** Digne d'être présenté, montré. *J'ai fait tomber le gâteau, il n'est plus présentable.*

présentateur, trice **n.** Personne qui présente au public une émission de radio, de télévision, un spectacle.

présentation **n.f.** Action et manière de présenter quelque chose ou de se présenter. *La présentation des nouvelles collections de mode commence après-demain. Ce journaliste soigne toujours sa présentation.* SYN. allure, tenue. ◆ **présentations n.f.plur.** *Faire les présentations*, c'est présenter une personne à une autre.

présenter **v.** (CONJUG. 3). ❶ Faire connaître une personne à une autre, en disant son nom, en indiquant ses fonctions, etc. *Je te présente mon amie Géraldine.* ❷ Animer une émission, un spectacle. *Qui présente le journal télévisé de 20 h ?* ❸ Exposer aux regards. *Le libraire présente toujours très agréablement ses livres.* SYN. disposer. *Dans le train, le contrôleur m'a prié de lui présenter mon billet.* SYN. montrer. ❹ Laisser apparaître, comporter. *La solution que tu proposes présente de nombreux avantages.* SYN. offrir. ❺ *Présenter ses excuses, ses vœux, ses condoléances, etc.*, c'est les formuler, les exprimer à quelqu'un. ◆ **se présenter v.pron.** ❶ Paraître, se montrer quelque part ou devant une personne. *Je dois me présenter au poste de police demain matin.* ❷ Être candidat à un examen, à un emploi, à une élection. *Notre voisin s'est présenté aux élections municipales.* ❸ Survenir, se produire. *J'ai profité de l'occasion qui se présentait pour aller à Rome.* ❹ Apparaître d'une certaine manière. *L'affaire se présente plutôt bien.*

présentoir **n.m.** Support sur lequel on expose les marchandises dans un magasin. *Laure avait repéré de magnifiques boucles d'oreilles sur le présentoir.*

préservatif **n.m.** Étui en caoutchouc très fin qui se met sur le sexe de l'homme avant les rapports sexuels et qui sert de moyen de contraception ou de protection contre des maladies comme le sida.

préservation **n.f.** ❶ L'action de préserver quelque chose. *La préservation de l'environnement.* ❷. SYN. protection, sauvegarde.

préserver **v.** (CONJUG. 3). ❶ Mettre à l'abri de quelque chose. *La laine préserve du froid.* SYN. protéger. ❷ Sauver de l'oubli ou de la destruction. *Ces mesures ont été prises pour préserver des espèces animales.* SYN. sauvegarder, sauver. ◆ **se préserver v.pron.** Se protéger.

présidence **n.f.** Fonction d'un président. *La présidence de la République. Il a été élu à la présidence de l'association.*

président, e **n.** Personne qui dirige le déroulement d'une assemblée, d'une réunion, etc. *Le président du tribunal a réclamé le silence.* • **Président-directeur général** ou **P.-D.G. :** personne qui a la responsabilité de la gestion d'une entreprise. • **Président de la République :** chef de l'État.
▸ REM. Au Canada, le féminin de président-directeur général est *présidente-directrice générale*.

HISTOIRE DU MOT Vient du latin *praesidere* qui signifie « être assis en avant ».

présidentiel, elle **adj.** Du président. *La voiture présidentielle arrive. Les élections présidentielles.*

présider **v.** (CONJUG. 3). Exercer la fonction de président. *Le maire préside les réunions du conseil municipal.*

présomption **n.f.** ❶ Jugement qui n'est pas fondé sur des preuves mais sur ce qui est probable. *L'accusé a été condamné sur de simples présomptions.* SYN. hypothèse, supposition. ❷ Attitude d'une personne présomptueuse. SYN. suffisance, vanité.

présomptueux, euse **adj.** Qui a trop bonne opinion de soi-même et de ses capacités. *Tu es bien présomptueux de penser que tu réussiras sans travailler !* SYN. prétentieux, vaniteux. CONTR. modeste.

présentoir à journaux

présonorisation n.f. Mot qu'il est recommandé d'employer à la place de *play-back*.

presque adv. À peu près ; pas tout à fait. *Janine a presque terminé son travail. Il était presque cinq heures.* SYN. quasiment.

presqu'île, ✎ ***presqu'ile*** n.f. Terre presque entièrement entourée d'eau et reliée au continent par une mince bande de terre. *La presqu'île de Quiberon.* → VOIR AUSSI **péninsule.**

presqu'île (côte basque, France)

pressant, e adj. Qui presse, urgent. *Il avait un pressant besoin d'argent.*

presse n.f. ❶ L'ensemble des journaux, des magazines et de ceux qui les font. *Toute la presse a parlé de la catastrophe nucléaire.* ❷ Machine qui sert à imprimer. *Le livre est sous presse, il sort en librairie la semaine prochaine.* ❸ Machine qui sert à presser, à comprimer, à écraser. *Une presse à fourrage comprime le foin en ballots réguliers.*

1 **pressé, e** adj. • **Citron, orange, pamplemousse pressés :** jus de ces agrumes.

2 **pressé, e** adj. ❶ Qui doit être fait rapidement. *J'ai un travail pressé à finir.* SYN. urgent. ❷ Qui n'a pas beaucoup de temps, qui est forcé de se dépêcher. *Je vous quitte car je suis très pressée.* ❸ Qui a hâte de faire quelque chose. *Aline est pressée de te revoir.* SYN. impatient.

presse-citron n.m. (PLUR. : presse-citrons). Ustensile qui sert à presser les agrumes pour en extraire le jus.

pressentiment n.m. Sentiment vague et inexplicable qu'un événement va se produire. *J'eus soudain le pressentiment qu'un accident allait arriver.* SYN. intuition, prémonition.

pressentir pressentant, pressenti v. (CONJUG. 19). Prévoir confusément ce qui va arriver. *Je pressentais que tout cela allait mal finir.* SYN. deviner, sentir.

presse-papiers n.m.invar., ✎ ***presse-papier*** *n.m.* (PLUR. : *presse-papiers*). Petit objet lourd que l'on pose sur des papiers pour les empêcher de s'envoler.

presse-purée n.m.invar., ✎ *n.m.* (PLUR. : *presse-purées*). Ustensile de cuisine qui sert à écraser des pommes de terre pour les réduire en purée.

presser v. (CONJUG. 3). ❶ Comprimer un fruit pour en extraire le jus. *Nathalie presse des oranges pour faire une orangeade.* ❷ Appuyer sur quelque chose. *Pressez le bouton pour appeler l'ascenseur.* ❸ Obliger quelqu'un à aller plus vite. *La vendeuse presse les derniers clients.* • **Le temps presse :** il faut se dépêcher. • **Presser le pas :** marcher plus vite. ◆ **se presser** v.pron. ❶ Être en grand nombre, s'entasser. *La foule se pressait contre les barrières.* SYN. se bousculer, se tasser. ❷ Hâter ses mouvements, ses pas. *Presse-toi un peu, nous allons être en retard.* SYN. se dépêcher, se hâter.

pressing n.m. Établissement où l'on nettoie et où l'on repasse les vêtements à la vapeur.
▸ REM. Au Québec, on doit dire *nettoyeur*.

HISTOIRE DU MOT Vient de l'anglais *to press* qui signifie « presser ».

pression n.f. ❶ Le fait d'appuyer sur quelque chose. *D'une pression de la main, elle lui fit comprendre qu'il devait se taire.* ❷ Action menée sur une personne pour la forcer à faire quelque chose. *Les enquêteurs étaient soumis à des pressions de toutes sortes mais ils n'ont pas abandonné leur enquête.* ❸ Force exercée par un liquide ou un gaz sur une surface. *Vérifier la pression d'air des pneus d'un véhicule. Quand il n'y a pas assez de pression dans le tuyau, l'eau coule faiblement.* ❹ *La pression atmosphérique*, c'est le poids, la pression de l'air en un lieu donné, que l'on mesure avec un baromètre. *La pression atmosphérique diminue avec l'altitude.* ❺ Bouton formé de deux parties métalliques qui entrent l'une dans l'autre quand on appuie dessus. *Son chemisier est fermé par des pressions.* • **Être sous pression :** être énervé, tendu.

pressoir n.m. Machine à presser le raisin, les pommes, les olives et de nombreux autres fruits ou graines pour en extraire le jus ou l'huile.

pressoir à raisin

pressurisation n.f. Technique qui permet de maintenir une pression atmosphérique normale dans un avion, un engin spatial.

pressurisé, e adj. Maintenu à une pression atmosphérique normale (celle du sol).

prestance n.f. Allure d'une personne fière et sûre d'elle. *Bernard a beaucoup de prestance* (= il en impose).
▸ REM. Ce mot appartient à la langue soutenue.

HISTOIRE DU MOT Vient du latin *praestantia* qui signifie « supériorité ».

prestation n.f. ❶ Somme versée à des personnes dans le cadre d'une loi. *Les allocations familiales sont*

A B C D E F G H I J K L M N O P Q R S T U V W X Y Z

des prestations sociales. ❷ Fait et manière de se produire en public, pour un artiste, un sportif, un personnage politique, etc. *Les patineurs ont réussi une magnifique prestation.*

preste **adj.** Agile et adroit. *D'un geste preste, l'infirmière piqua l'aiguille dans l'épaule du malade.* SYN. vif. ▸ REM. Ce mot appartient à la langue soutenue.

HISTOIRE DU MOT Vient de l'italien *presto* qui signifie « prompt ».

prestement **adv.** Avec des gestes rapides et précis. *Arnaud fit disparaître prestement ce nouveau trésor au fond de sa poche.* SYN. vivement.

prestidigitateur, trice **n.** Personne qui fait de la prestidigitation. *La prestidigitatrice a fait sortir des colombes de sa poche.* SYN. illusionniste, magicien.

HISTOIRE DU MOT Vient de *preste* et du latin *digitus* qui signifie « doigt ».

prestidigitation **n.f.** L'art de faire des tours de magie. *Son numéro de prestidigitation a été très apprécié du public.* SYN. illusionnisme, magie.

prestige **n.m.** Attrait et influence qu'exercent une personne ou une chose. *Le prestige d'un homme politique. Le prestige de l'uniforme.*

HISTOIRE DU MOT Vient du latin *praestigium* qui signifie « illusion ».

prestigieux, euse **adj.** Qui a du prestige, et fait naître l'admiration. *Une carrière prestigieuse.* SYN. éblouissant, magnifique. *Un nom prestigieux.*

presto **adv.** Terme porté sur une partition de musique pour indiquer que le mouvement doit être joué vite.

présumé, e **adj.** Que l'on présume être tel. *L'inspecteur a longuement interrogé le présumé coupable.* SYN. supposé.

présumer **v.** (CONJUG. 3). Croire, juger d'après certains indices. *Je présume à votre teint bronzé que vous rentrez de vacances.* SYN. supposer.

1 **prêt** **n.m.** ❶ Le fait de prêter un objet. *Dans notre bibliothèque, le prêt est consenti pour trois semaines.* ❷ Somme d'argent prêtée. *La banque nous a accordé un prêt.* CONTR. emprunt.

2 **prêt, e** **adj.** ❶ Dont la préparation est terminée. *Vous pouvez passer à table, le dîner est prêt !* ❷ Qui a terminé de se préparer. *Je suis prête, on peut partir.* ❸ Qui est disposé, décidé à faire quelque chose. *Cet homme est prêt à tout pour ses enfants !*
▸ REM. Ne pas confondre avec *près.*

prêt-à-porter **n.m.** (PLUR. : **prêts-à-porter**). Confection, fabrication de vêtements à des tailles standards, par opposition aux vêtements sur mesure.

prétendant, e **n.** Personne qui aspire ou prétend à une fonction, à un titre. *Un prétendant au trône.* ◆ **prétendant** **n.m.** Homme qui fait la cour à une femme. *Ulysse chassa les prétendants de Pénélope.*

prétendre **prétendant, prétendu v.** (CONJUG. 46). ❶ Soutenir qu'une chose est vraie sans en convaincre les autres. *Il prétend être l'auteur d'un roman célèbre.* SYN. affirmer. ❷ Avoir l'intention de faire quelque chose. *Le nouveau professeur prétend se faire obéir par les élèves.* SYN. vouloir. ❸ *Prétendre à un titre, un poste,* c'est chercher à l'obtenir. *Comment ose-t-il prétendre au poste de directeur, lui qui n'a jamais fait de gestion !*

prétendu, e **adj.** Qui n'est pas ce qu'il paraît être ou ce qu'il dit être. *Un prétendu architecte est venu.* SYN. soi-disant. *Cette prétendue maladie n'était qu'un prétexte pour ne pas venir.* SYN. supposé. CONTR. authentique, réel.

prétentieux, euse **adj.** et **n.** *Une personne prétentieuse* se vante d'être meilleure que les autres, a une très haute opinion d'elle-même. *Paul est un élève intelligent mais prétentieux.* SYN. présomptueux, vaniteux. CONTR. modeste.

prétention **n.f.** ❶ Très haute opinion que l'on a de soi-même. *Arthur nous a parlé de ses exploits avec une grande prétention.* SYN. suffisance, vanité. CONTR. humilité, modestie. ❷ Ambition, volonté de faire quelque chose. *Stéphane a la prétention d'être élu délégué de classe.*

prêter **v.** (CONJUG. 3). ❶ Mettre une chose à la disposition d'une personne à condition qu'elle la rende. *Fabienne n'est pas égoïste, elle prête volontiers ses jouets à ses camarades.* CONTR. emprunter. ❷ Attribuer à quelqu'un. *Vous me prêtez des intentions que je n'ai pas.* • **Prêter à rire :** faire rire. *Geneviève est d'une naïveté qui prête à rire.* • **Prêter attention :** être attentif. *Je n'ai pas prêté attention à ce que tu as dit* (= je ne t'ai pas écouté). • **Prêter l'oreille à quelque chose :** l'écouter attentivement. *Pascal a prêté l'oreille à tout ce que nous disions.* ◆ **se prêter** **v.pron.** Être adapté à quelque chose. *Ce roman se prête bien à une adaptation cinématographique.*

HISTOIRE DU MOT Vient du latin *praestare* qui signifie « fournir ».

prêteur, euse **adj.** Qui prête volontiers ce qu'il possède. *« La Fourmi n'est pas prêteuse / C'est là son moindre défaut »* (Jean de La Fontaine). ◆ **n.** Personne qui prête de l'argent.

prétexte **n.m.** Raison que l'on donne pour cacher le vrai motif d'une action. *Sa fatigue n'est qu'un prétexte pour ne pas nous aider.* SYN. échappatoire.

prétexter **v.** (CONJUG. 3). Prendre pour prétexte. *Marc a prétexté une migraine pour ne pas venir.*

prétoire **n.m.** Salle d'audience d'un tribunal. *Le président réclame le silence dans le prétoire.*

prêtre **n.m.** Personne chargée du culte, dans certaines religions. *Les prêtres de Jupiter, dans l'Antiquité. Les prêtres catholiques célèbrent la messe.*

HISTOIRE DU MOT Vient du latin *presbyter,* du grec *presbuteros* qui signifie « vieillard ».

prêtresse **n.f.** Femme qui se consacrait au culte d'une divinité, dans l'Antiquité.

prêtrise **n.f.** La fonction de prêtre. *Julien se destinait à la prêtrise.*

preuve **n.f.** ❶ Ce qui prouve quelque chose. *J'ai la preuve qu'il ment. Il lui a donné une grande preuve d'amour en quittant son pays pour la suivre.* SYN. gage, témoignage. ❷ Calcul qui permet de vérifier qu'une opération est juste. *La preuve par neuf permet de vérifier qu'une multiplication est juste.* • **Faire preuve de quelque chose :** le montrer, le manifester. *Faire preuve de courage.* • **Faire ses preuves :** montrer sa valeur, ses capacités. *Ce jeune détective doit d'abord faire ses preuves.*

preux **adj.m.** et **n.m.** *Un preux chevalier* est un chevalier courageux, brave. *Roland était un preux de Charlemagne.*
▸ REM. Ce mot est ancien et appartient à la langue littéraire.
HISTOIRE DU MOT Vient du latin *prodesse* qui signifie « être utile ».

prévaloir **prévalant, prévalu v.** (CONJUG. **37**). Avoir le plus d'importance. *Après deux heures de discussion, c'est l'avis de François qui a prévalu.* SYN. dominer, prédominer.
▸ REM. Attention, le subjonctif présent est *que je prévale, qu'il prévale* ; ce mot appartient à la langue soutenue.

prévenance **n.f.** L'attitude d'une personne prévenante. *Elle s'était toujours montrée pleine de prévenance.*

prévenant, e **adj.** Qui est plein d'attentions délicates. *Maryse se montre très prévenante pour ses amis.* SYN. attentionné, obligeant.

prévenir **prévenant, prévenu v.** (CONJUG. **20**). ❶ Annoncer et avertir. *J'ai prévenu Sylvie de ton arrivée pour qu'elle vienne te chercher à la gare.* SYN. informer. *En cas d'accident, prévenez les parents.* SYN. avertir. ❷ Prendre des précautions pour empêcher qu'un mal, un accident ne surviennent. *Une bonne hygiène dentaire permet de prévenir les caries.* SYN. éviter.
HISTOIRE DU MOT Vient du latin *praevenire* qui signifie « devancer ».

préventif, ive **adj.** Qui a pour but de prévenir, d'éviter un mal. *La médecine préventive.*

prévention **n.f.** ❶ L'ensemble des précautions prises pour prévenir un mal. *Faire de la prévention médicale. La prévention routière permet d'éviter un grand nombre d'accidents de la route.* → VOIR Fiche **47.** ❷ Opinion préconçue, en général défavorable. *Pourquoi as-tu des préventions contre eux ?* SYN. préjugé. ❸ Temps qu'un prévenu passe en prison avant d'être jugé.

prévenu, e **n.** Personne poursuivie par la justice pour un délit et qui attend d'être jugée. SYN. inculpé.

prévisible **adj.** Que l'on peut prévoir. *L'accident était prévisible : le chauffeur était ivre et roulait à toute allure.* CONTR. imprévisible.

prévision **n.f.** ❶ Le fait de prévoir quelque chose. *Nous avons pris de gros pulls, en prévision du froid.* ❷ Ce que l'on prévoit. *Mes prévisions se sont révélées exactes. Les prévisions météorologiques.*

prévoir **prévoyant, prévu v.** (CONJUG. **39**). ❶ Penser et annoncer, d'après certaines données, qu'un fait va se produire. *Les spécialistes prévoient une amélioration du temps pour le week-end.* SYN. pronostiquer. ❷ Programmer et organiser à l'avance. *La municipalité prévoit la construction d'une patinoire dans notre ville. Tout est prévu pour votre séjour chez nous.* SYN. préparer.

prévoyance **n.f.** Le fait d'être prévoyant. *Dominique a fait preuve de prévoyance en emportant son ciré.*

prévoyant, e **adj.** Qui sait prévoir, qui pense à ce qui peut se passer. *Jules est prévoyant, il ne dépense pas tout son argent de poche.* SYN. avisé, prudent. CONTR. imprévoyant.

prie-Dieu **n.m.invar.** Sorte de chaise basse sur laquelle on s'agenouille pour prier.

prier **v.** (CONJUG. **7**). ❶ S'adresser à Dieu, ou à une divinité, par la prière. *Agenouillé dans le fond de l'église, le vieil homme priait Dieu avec ferveur.* ❷ Demander avec insistance. *Béatrice m'a prié de venir la voir au plus vite.* SYN. supplier. • **Je vous en prie :** formule de politesse que l'on emploie pour répondre à des remerciements ou à des excuses. • **Se faire prier :** n'accepter qu'avec difficulté, en faisant des manières. *Amélie ne s'est pas fait prier pour faire un tour en moto.*

prière **n.f.** ❶ Pensée que l'on adresse à Dieu ou texte qu'on récite en s'adressant à Dieu. *Faire sa prière.* ❷ Demande insistante. *Il est resté insensible à mes prières.* SYN. supplication. ❸ S'emploie dans des formules administratives pour exiger quelque chose. *Prière de ne pas fumer.*

primaire **adj.** ❶ *L'enseignement primaire*, c'est le premier degré de l'enseignement au cours duquel on apprend les bases. *En France, l'école primaire va du cours préparatoire à l'entrée au collège.* ❷ *Les couleurs primaires* sont le rouge (magenta), le jaune et le bleu (cyan), qui, une fois mélangés, permettent d'obtenir toutes les couleurs. • **Ère primaire :** ère géologique qui correspond à la plus ancienne période de formation de la Terre. *Les poissons et les reptiles sont apparus à l'ère primaire.*
▸ REM. Au Québec, l'enseignement primaire va de la première à la sixième année.

primate **n.m.** *Les primates* sont des mammifères qui ont un cerveau très développé, une dentition complète (molaires, incisives, canines) et des mains préhensiles, dotées d'ongles plats. *Les lémuriens, les singes et l'homme sont des primates.* → VOIR AUSSI **hominidé.**
HISTOIRE DU MOT Vient du latin *primas, primatis* qui signifie « qui est au premier rang ».

primauté **n.f.** Supériorité, premier rang. *Dans cette classe, le professeur donne la primauté aux mathématiques.*
▸ REM. Ce mot appartient à la langue soutenue.
HISTOIRE DU MOT Vient du latin *primus* qui signifie « premier ».

1 prime **n.f.** Somme d'argent que l'on reçoit en plus de son salaire. *Une prime de transport.* SYN. indemnité. *Une prime de fin d'année.* SYN. gratification. • **En prime :**

a b c d e f g h i j k l m n o p q r s t u v w x y z

en supplément, en plus. *Pour l'achat d'un parfum, le magasin offre en prime un savon.*

HISTOIRE DU MOT Vient du latin *praemium* qui signifie « récompense ».

2 prime **adj.** *La prime jeunesse*, c'est l'enfance. *Dans sa prime jeunesse* (= quand il était enfant). • **De prime abord :** tout d'abord, à première vue. *De prime abord, je l'ai trouvé gentil.*
▸ REM. Ce mot appartient à la langue soutenue.

HISTOIRE DU MOT Vient du latin *primus* qui signifie « premier ».

1 primer **v.** (CONJUG. 3). Être plus important que le reste. *Cette raison prime sur les autres* (= l'emporter sur). *Chez lui, c'est l'intelligence qui prime.* SYN. dominer.

2 primer **v.** (CONJUG. 3). Accorder une récompense, un prix à quelqu'un, à une œuvre. *Le film que je veux voir a été primé au Festival de Cannes.*

primesautier, ère **adj.** Gai et plein de spontanéité. *Julie est une fillette primesautière.* SYN. spontané. CONTR. pondéré, réfléchi.

primeur **n.f.** *Avoir la primeur de quelque chose*, c'est être le premier à le connaître, à en bénéficier. *Ce journaliste a eu la primeur de l'information.* ◆ **primeurs** **n.f.plur.** Fruits ou légumes qui sont vendus avant la saison normale. *Les primeurs sont cultivées dans des serres ou proviennent de régions plus chaudes.*
▸ REM. Ce mot appartient à la langue soutenue.

primevère **n.f.** Fleur qui pousse au début du printemps dans les prés et dans les bois. *Un bouquet de primevères.* → VOIR AUSSI **coucou.**

HISTOIRE DU MOT Vient du latin *primum ver* qui signifie « début du printemps ».

primevères

primitif, ive **adj.** ❶ Initial, d'origine. *De longs travaux de restauration ont permis de redonner au château son éclat primitif.* SYN. ancien, originel. ❷ Très simple. *L'installation sanitaire est un peu primitive.* SYN. rudimentaire. ◆ **adj.** et **n.** Façon (aujourd'hui abandonnée) de qualifier les sociétés qui n'ont pas connu le développement technologique et industriel.

primitivement **adv.** Au début, à l'origine. SYN. initialement.

primo **adv.** D'abord, en premier lieu. *Geneviève va déménager, primo parce que son appartement est trop petit, secundo parce que sa rue est très bruyante.* SYN. premièrement.

primordial, ale, aux **adj.** Très important. *Hélène joue un rôle primordial dans l'entreprise.* SYN. capital, fondamental. CONTR. mineur, secondaire.

prince **n.m.** ❶ Fils d'un roi ou membre d'une famille royale. ❷ Souverain d'une principauté. *Le prince de la principauté de Monaco.* • **Prince charmant :** jeune et beau prince qui vient délivrer l'héroïne des contes de fées ; l'amoureux dont rêvent les jeunes filles romanesques.

HISTOIRE DU MOT Vient du latin *princeps* qui signifie « premier ».

princesse **n.f.** Fille d'un roi, d'un prince, ou femme d'un prince.

princier, ère **adj.** ❶ De prince. *Elle appartient à une famille princière.* ❷ Digne d'un prince. *Pour leur mariage, ils ont reçu des cadeaux princiers.* SYN. somptueux, splendide.

principal, ale, aux **adj.** Qui est le plus important. *Dis-moi quelles sont les villes principales d'Italie* (= les grandes villes). *Quelle a été la raison principale de son départ ?* SYN. décisif. CONTR. accessoire, secondaire. • **Proposition principale :** en grammaire, proposition qui ne dépend d'aucune autre et dont dépendent des propositions subordonnées. *Dans la phrase « il pleuvait quand nous sommes sortis », la proposition « il pleuvait » est la proposition principale.* → VOIR **proposition** (encadré). ◆ **principal** **n.m.** Ce qui est le plus important. *Le principal, c'est qu'il soit sorti vivant de l'incendie.* SYN. essentiel. ◆ **principal, e** **n.** Personne qui dirige un collège. ◆ **principale** **n.f.** Proposition principale.

HISTOIRE DU MOT Vient, comme *prince*, du latin *princeps* qui signifie « premier ».

principalement **adv.** Avant tout. *S'il ne vient pas, c'est principalement à cause du mauvais temps.* SYN. particulièrement, surtout.

principauté **n.f.** Petit État indépendant, gouverné par un prince. *La principauté de Monaco est située dans le sud de la France.*

principe **n.m.** ❶ Règle de conduite qui guide nos actions. *Jean ne boit jamais d'alcool, c'est contraire à ses principes.* ❷ Hypothèse qui sert de base à un raisonnement. *Si l'on part du principe qu'il est toujours ponctuel, son retard est assez inquiétant.* ❸ Notion fondamentale sur laquelle repose l'organisation de quelque chose. *Les grands principes d'une démocratie.* ❹ Loi scientifique. *Notre professeur nous a expliqué le principe d'Archimède.* • **En principe :** si tout se passe comme prévu ; en théorie.

HISTOIRE DU MOT Vient du latin *principium* qui signifie « commencement ».

printanier, ère **adj.** Qui se rapporte au printemps ou qui l'évoque. *Une journée printanière claire et ensoleillée.*

printemps **n.m.** ❶ La saison qui suit l'hiver et précède l'été. *Le printemps commence à l'équinoxe de mars (20 ou 21) et finit au solstice de juin (21 ou 22).*

❷ *Le printemps de la vie*, c'est la jeunesse, dans la langue littéraire ou poétique.

HISTOIRE DU MOT Vient du latin *primus tempus* qui signifie « la première saison ».

prioritaire adj. Qui a priorité sur les autres. *Sur la route, une ambulance est prioritaire. Notre souci prioritaire est de fournir des emplois aux jeunes.* SYN. principal.

priorité n.f. Droit de passer avant d'autres. *À un croisement, les voitures venant de la droite ont la priorité.* • **En priorité :** avant tous les autres. *Les femmes et les enfants ont été évacués en priorité.*

HISTOIRE DU MOT Vient du latin *prior* qui signifie « le premier des deux ».

pris, e adj. ❶ Accaparé par une occupation. *Je suis pris demain soir.* SYN. occupé. ❷ Réservé ou occupé. *Cette place est prise.* CONTR. libre. ❸ *Avoir la gorge, le nez pris*, c'est être enrhumé, grippé.

prise n.f. ❶ Action de prendre, de saisir, de s'emparer. *La prise de la Bastille a eu lieu le 14 juillet 1789. La prise d'otages s'est bien terminée.* ❷ Manière de prendre, de saisir. *Lise m'a fait une prise de judo.* ❸ Creux ou aspérité qui permet de se tenir, d'avoir un point d'appui. *Il est très difficile d'escalader une paroi lisse car il y a peu de prises.* ❹ Ce que l'on attrape. *Nous avons fait une belle prise à la pêche.* ❺ Action d'absorber un médicament ; quantité absorbée en une fois. *La dose prescrite est à répartir en plusieurs prises dans la journée.* ❻ Pincée de tabac en poudre ou de drogue que l'on aspire par le nez. • **Avoir prise sur quelqu'un :** avoir les moyens de l'influencer. *Mme Duval n'a aucune prise sur sa fille.* • **Être aux prises avec quelque chose :** être tourmenté par quelque chose. *En ce moment il est aux prises avec de graves difficultés.* • **Lâcher prise :** cesser de tenir ce que l'on tenait. • **Prise de courant :** dispositif relié à une ligne électrique et sur lequel on peut brancher des appareils. • **Prise de sang :** action de prélever un peu de sang à quelqu'un pour l'analyser. • **Prise de vues :** enregistrement des images d'un film.

1 priser v. (CONJUG. 3). Apprécier beaucoup. *La franchise est une qualité fort prisée.* SYN. estimer.

▶ REM. Ce mot appartient à la langue soutenue.

HISTOIRE DU MOT Vient du latin *pretium* qui signifie « prix, valeur ».

la prise de la Bastille

2 priser v. (CONJUG. 3). Aspirer par le nez du tabac ou une drogue.

HISTOIRE DU MOT Vient de *prise*.

prisme n.m. ❶ Solide ayant deux faces parallèles (appelées *bases*) formées par des polygones égaux. ❷ Solide à base triangulaire, en matériau transparent, qui décompose les rayons lumineux. *En traversant un prisme de verre, la lumière se décompose pour donner les couleurs de l'arc-en-ciel.*

prisme

HISTOIRE DU MOT Vient du grec *prisma*, de *prizein*, qui signifie « scier ».

prison n.f. Établissement où l'on enferme les personnes condamnées et les prévenus qui attendent d'être jugés. *Les malfaiteurs ont été mis en prison.*

HISTOIRE DU MOT Vient du latin *prehensio* qui signifie « action de prendre », de *prehendere* qui a aussi donné *préhensile.*

prisonnier, ère n. et adj. ❶ Personne qui est en prison. *Deux prisonniers ont tenté de s'évader.* SYN. détenu. ❷ Personne capturée au combat. *De nombreux soldats ont été faits prisonniers.* ◆ **adj.** Qui ne peut pas se libérer de quelque chose. *Être prisonnier de ses mauvaises habitudes.*

privation n.f. Le fait d'être privé de quelque chose. *Ne pas manger de chocolat est une réelle privation pour Aurélie.* SYN. frustration. ◆ **privations** n.f.plur. Manque, absence des choses nécessaires, et surtout de nourriture. *Les réfugiés sont affaiblis par les privations. À force de privations, on a pu s'acheter une maison.* SYN. sacrifices.

privatisation n.f. Action de privatiser une entreprise. *La privatisation d'une compagnie d'aviation.* CONTR. nationalisation.

privatiser v. (CONJUG. 3). Transformer en entreprise privée une entreprise qui dépendait de l'État. CONTR. nationaliser.

1 privé, e adj. ❶ Qui est strictement personnel. *Il déteste qu'on s'occupe de sa vie privée.* SYN. intime. ❷ Qui n'est pas ouvert au public. *Une piscine privée.* CONTR. public. ❸ Qui ne dépend pas directement de l'État. *Une école privée.* SYN. libre. CONTR. public.

2 privé n.m. • **En privé :** à l'écart des autres. • **Le privé :** le secteur privé.

priver v. (CONJUG. 3). ❶ Empêcher quelqu'un de profiter d'un avantage, de quelque chose d'agréable. *Si tu désobéis, tu seras privé de télévision !* ❷ Faire perdre l'usage d'un organe, d'une faculté. *Un accident l'a privé de la vue.* ◆ **se priver** v.pron. ❶ S'imposer des privations. *Elle a dû se priver pour pouvoir partir en vacances.* ❷ *Ne pas se priver de faire quelque chose*, c'est ne pas hésiter à le faire. *Je ne me suis pas privé de lui dire ce que je pensais de lui.*

privilège **n.m.** Droit, avantage particulier accordé à une personne ou à un groupe et que les autres n'ont pas. *La Révolution française a aboli les privilèges de la noblesse et du clergé. J'ai eu le privilège de le voir sur scène.*
HISTOIRE DU MOT Vient du latin *privilegium* qui signifie « loi exceptionnelle concernant une personne particulière », de *lex, legis,* « loi ».

privilégié, e **adj.** et **n.** Qui bénéficie d'un privilège, de privilèges. *Seuls quelques privilégiés ont pu s'offrir cette coûteuse croisière.*

privilégier **v.** (CONJUG. 7). ❶ Accorder un privilège, un avantage à quelqu'un. *La maîtresse ne privilégie personne.* SYN. avantager, favoriser. ❷ Attacher une importance particulière à quelque chose. *Dans notre commune, on privilégie l'aménagement des espaces verts.*

prix **n.m.** ❶ Ce que coûte une chose. *Le prix du pain a encore augmenté.* SYN. coût. *Quel est le prix du billet ?* SYN. tarif. ❷ Valeur que l'on accorde à quelque chose. *J'attache un grand prix à tes conseils.* ❸ Récompense accordée au gagnant d'un concours, d'une compétition, etc. *C'est une romancière qui a déjà reçu plusieurs prix littéraires.* • **À aucun prix :** en aucun cas, pour rien au monde. *À aucun prix il n'aurait dénoncé un ami.* • **À prix d'or :** très cher. *Il a acheté sa maison à prix d'or.* • **À tout prix :** quels que soient les efforts nécessaires. *Nous devons rattraper ce dangereux malfaiteur à tout prix.* SYN. absolument, coûte que coûte. • **Hors de prix :** très cher.
HISTOIRE DU MOT Vient du latin *pretium* que l'on retrouve dans *priser* et *précieux*.

pro- **préfixe.** Mot invariable tiré du latin ou du grec *pro* qui signifie « en avant, pour, en faveur de, à la place de » et qui exprime le mouvement en avant comme dans *projeter*, la sympathie comme dans *prochinois* ou le remplacement comme dans *pronom*.

probabilité **n.f.** Chance qu'un événement a de se produire. *La probabilité pour que nous prenions le même avion est infime.* SYN. éventualité.

probable **adj.** Qui a de fortes chances de se produire. *Il est probable qu'il passera nous voir demain.* SYN. plausible, vraisemblable.
HISTOIRE DU MOT Vient du latin *probare* qui signifie « prouver ».

procession (*la Bénédiction des blés en Artois*, détail d'un tableau de Jules Breton, 1857)

probablement **adv.** Vraisemblablement. *Marc ne répond pas au téléphone, il est probablement parti.* SYN. sans doute.

probant, e **adj.** Qui prouve quelque chose, qui convainc. *L'avocate a su trouver des arguments probants pour défendre son client.* SYN. concluant, convaincant.
HISTOIRE DU MOT Vient, comme *probable*, du latin *probare* qui signifie « prouver ».

probe **adj.** Qui est d'une honnêteté scrupuleuse. SYN. intègre.
▸ REM. Ce mot appartient à la langue soutenue.

probité **n.f.** Caractère d'une personne probe. SYN. intégrité.
▸ REM. Ce mot appartient à la langue soutenue.

problématique **adj.** Qui n'est pas certain, qui pose des problèmes. *Le passage de Victor dans la classe supérieure est problématique.* SYN. douteux, incertain. CONTR. assuré, sûr.

problème **n.m.** ❶ Exercice de mathématiques qui consiste à trouver la solution à une question donnée. *Résoudre un problème de géométrie.* ❷ Difficulté à laquelle on est confronté. *Le problème de la circulation dans les grandes villes est difficile à résoudre.* SYN. question. *Il a des problèmes d'argent.* SYN. ennui, souci.
HISTOIRE DU MOT Vient du grec *problêma* qui signifie « ce qu'on a devant soi, obstacle ».

procaryote **n.m.** et **adj.** Micro-organisme dont la cellule ne renferme pas de noyau, par opposition à *eucaryote*. *Les bactéries sont des procaryotes.*

procédé **n.m.** ❶ Moyen qui permet d'obtenir certains résultats. *Le procédé de fabrication de cette teinture est resté secret.* SYN. méthode, technique. ❷ Manière de se conduire. *Je n'aime pas trop ses procédés.* SYN. agissements.

procéder **v.** (CONJUG. **9**, ✎ *10*). ❶ Exécuter une action. *Nous allons procéder au tirage au sort des gagnants.* SYN. effectuer. ❷ Agir d'une certaine façon. *Procéder méthodiquement.*
HISTOIRE DU MOT Vient du latin *procedere* qui signifie « s'avancer ».

procédure **n.f.** ❶ Manière de procéder pour obtenir un résultat. *Quelle est la procédure pour obtenir un passeport ?* (= la marche à suivre). ❷ Ensemble des règles et des formalités qui permettent de trouver une solution en justice. *Entamer une procédure de divorce.*

procès **n.m.** ❶ Action en justice qui conduit au jugement d'une personne. *Intenter un procès à quelqu'un. Gagner, perdre un procès.* ❷ Déroulement de la séance du tribunal. *Assister au procès d'un criminel.* ❸ Au figuré, critique raisonnée de quelque chose. *Faire le procès de la jeunesse, de la société.*
HISTOIRE DU MOT Vient du latin *processus* qui signifie « progression ».

procession **n.f.** Défilé à caractère religieux consistant en un cortège solennel, accompagné de chants et de prières.

processus **n.m.** Enchaînement de phénomènes qui aboutissent à un résultat, à une fonction. *Le professeur a fait un schéma au tableau pour nous expliquer le processus de la digestion.* SYN. mécanisme.
▸ REM. On prononce le *-s* final.

HISTOIRE DU MOT C'est un mot latin qui signifie « progression ».

procès-verbal **n.m.** (PLUR. : **procès-verbaux**). ❶ Écrit qui constate une infraction. *Le gendarme lui a dressé un procès-verbal pour excès de vitesse.* SYN. contravention. ❷ Compte rendu des débats d'une assemblée.
▸ REM. Au sens 1, on dit familièrement *un P.-V.*

1 prochain, e **adj.** ❶ Qui suit immédiatement dans le temps ou dans l'espace. *Samedi prochain, nous partons en vacances.* CONTR. dernier. *Nous descendrons au prochain arrêt* (= à l'arrêt suivant). ❷ Qui va se produire bientôt, sans que la date soit précisée. *Elle a promis de nous inviter un jour prochain* (= prochainement).

2 prochain **n.m.** Tout être humain avec lequel on est, ou peut être en relation. *Aimer, secourir son prochain.*

prochainement **adv.** Dans un proche avenir. *Louis viendra prochainement à Paris.* SYN. bientôt.

1 proche **adj.** ❶ À peu de distance. *Sa maison est proche de la mienne.* SYN. voisin. CONTR. éloigné. ❷ Qui va bientôt arriver ou qui est arrivé depuis peu. *La rentrée scolaire est proche.* SYN. imminent. *Ces cruels événements sont encore tout proches.* SYN. récent. ❸ Qui est à peu près semblable. *Le français est proche de l'italien.* SYN. voisin. ❹ Avec qui on entretient des relations étroites. *Xavier est un ami très proche, je le connais depuis toujours.* ● **De proche en proche :** progressivement. *L'incendie a gagné de proche en proche tout le quartier.* SYN. peu à peu.

2 proche **n.m.** (Souvent au plur.) Proche parent, ami intime. *Elle n'a invité que ses proches à son mariage.*

proclamation **n.f.** Annonce, déclaration solennelle. *Nous attendons la proclamation des résultats.*

proclamation de la paix entre Charles VII et Philippe le Bon (1435)

proclamer **v.** (CONJUG. **3**). ❶ Affirmer avec force. *Le détenu ne cessait de proclamer son innocence.* SYN. clamer, crier. ❷ Faire connaître publiquement et solennellement. *Le Congrès a proclamé l'indépendance des États-Unis le 4 juillet 1776.* SYN. déclarer.

procréation **n.f.** Action de procréer, de donner la vie. ● **Procréation artificielle** ou **procréation médicalement assistée :** ensemble des méthodes (insémination artificielle, par exemple) permettant la procréation lorsque celle-ci ne peut se réaliser dans des conditions naturelles.

procréer **v.** (CONJUG. **8**). Donner la vie à un enfant, en parlant des êtres humains.
▸ REM. Ce mot appartient à la langue soutenue.

procuration **n.f.** Pouvoir que l'on donne à quelqu'un d'agir à notre place ; document qui l'atteste. *Voter par procuration.*

procurer **v.** (CONJUG. **3**). ❶ Obtenir quelque chose pour quelqu'un. *J'ai réussi à lui procurer une place pour le concert de rock.* SYN. fournir. ❷ Apporter, donner. *La lecture du roman policier que tu m'as prêté m'a procuré un réel plaisir.* SYN. causer. ◆ **se procurer** **v.pron.** Obtenir par ses propres moyens. *Procurez-vous ce livre pour lundi.*

HISTOIRE DU MOT Vient du latin *procurare* qui signifie « s'occuper de ».

procureur, e **n.** Magistrat qui représente la société et qui est chargé de l'accusation, dans un procès. *Le procureur a réclamé dix ans de prison pour l'accusé.*
▸ REM. Au féminin, on écrit aussi *une procureur.*

prodigalité **n.f.** Tendance d'une personne à être prodigue, à dépenser sans compter. *Sa prodigalité l'a ruiné.*

prodige **n.m.** ❶ Événement ou action extraordinaires. *Après un accident aussi grave, c'est un prodige qu'il ait pu remarcher.* SYN. miracle. *Papa a fait des prodiges pour réparer le vélo de mon frère.* SYN. merveilles. ❷ Personne qui a des dons exceptionnels. *La fille de mes amis est un jeune prodige : à six ans elle joue déjà parfaitement du violon.* ◆ **adj.** ● **Enfant prodige :** enfant exceptionnellement doué et précoce.
▸ REM. Ne pas confondre avec *prodigue.*

HISTOIRE DU MOT Vient du latin *prodigium* qui signifie « chose merveilleuse ».

prodigieusement **adv.** De façon prodigieuse. *Lise est prodigieusement intelligente.* SYN. extrêmement.

prodigieux, euse **adj.** Qui surprend, qui paraît extraordinaire par ses qualités, sa grandeur, sa rareté, etc. *Le comédien a obtenu un succès prodigieux.* SYN. extraordinaire, inimaginable, inouï.

prodigue **adj.** Qui dépense trop d'argent. *C'est un jeune homme prodigue.* SYN. dépensier. CONTR. économe.
▸ REM. Ne pas confondre avec *prodige.*

HISTOIRE DU MOT Vient du latin *prodigus* qui signifie « qui gaspille ».

prodiguer **prodiguant, prodigué** **v.** (CONJUG. **6**). Donner sans compter, accorder généreusement. *Prodiguer des conseils, des soins. Grâce aux soins que lui a prodigués le médecin, elle a été guérie très rapidement.*

nez **proéminent** (Cyrano de Bergerac)

producteur, trice **n.** et **adj.** Personne, groupe, pays, etc., qui produisent quelque chose. *Les pays producteurs de pétrole. Un producteur de cinéma.*

productif, ive **adj.** Qui produit ou qui rapporte beaucoup. *Dans cette région, le sol est très productif.* SYN. fertile, riche. *Un placement d'argent productif.* SYN. lucratif, rentable.

production **n.f.** ❶ Fait ou action de produire quelque chose. *Le frottement entraîne la production de chaleur.* ❷ Action de produire un bien de consommation. *Une chaîne de production d'automobiles.* ❸ Ensemble des biens produits. *La production agricole augmente dans notre région.* ❹ Ce qu'a produit, créé un artiste. *C'est toute la production de ce peintre qui est exposée à la galerie.* ❺ Action de produire un film, une émission. *Pierre travaille dans une société de production québécoise. Ce film est une production franco-italienne* (= une coproduction).

productivité **n.f.** Rapport entre la quantité de produits fabriqués et le travail fourni. *Augmenter la productivité.* SYN. rendement.

produire **produisant, produit v.** (CONJUG. **60**). ❶ Provoquer quelque chose, en être la cause, la source. *Cette méthode a produit de bons résultats.* SYN. donner. ❷ Fournir, créer, rapporter. *Les terres de la Beauce produisent du blé et du maïs.* ❸ Fabriquer grâce à un travail. *Notre entreprise a produit plus d'appareils de télévision que l'an passé.* ❹ Financer et superviser la réalisation d'un film, d'une émission. ◆ **se produire** **v.pron.** Avoir lieu, survenir. *Pouvez-vous nous expliquer dans quelles circonstances l'accident s'est produit ?* (= est arrivé).

HISTOIRE DU MOT Vient du latin *producere* qui signifie « faire avancer ».

produit **n.m.** ❶ Chose produite par la nature ou fabriquée grâce à un travail. *Le blé est un produit agricole, l'acier est un produit industriel.* ❷ Substance liquide, poudre, crème qui sert à l'entretien, à la toilette, etc. *J'ai acheté un produit pour faire la vaisselle. Des produits de beauté.* ❸ Résultat d'une multiplication. *21 est le produit de 7 par 3.*

proéminent, e **adj.** Qui dépasse ce qui l'entoure. *Un nez proéminent. Une mâchoire proéminente.* SYN. saillant.
▸ REM. Ne pas confondre avec *prééminent*.

profanation **n.f.** L'action de profaner. *La profanation des tombes est sévèrement punie par la loi.* SYN. violation.

profane **adj.** Qui ne relève pas de la religion. *La musique profane.* CONTR. religieux, sacré. ◆ **n.** et **adj.** ❶ Personne étrangère à une religion, non initiée à un culte. *Les croyants et les profanes.* ❷ Personne qui ne connaît rien dans un domaine. *Ma question vous semblera peut-être naïve, mais je ne suis qu'un profane en la matière.* SYN. incompétent.

HISTOIRE DU MOT Vient du latin *profanus* qui signifie « hors du temple ».

profaner **v.** (CONJUG. **3**). Violer le caractère sacré d'un lieu ou d'un objet. *Profaner une église, une tombe.*

proférer **v.** (CONJUG. **9**, ✎ *10*). Dire d'une voix forte, avec violence. *Il ne cessait de proférer des injures contre son adversaire.*

professer **v.** (CONJUG. **3**). Déclarer publiquement. *Professer des opinions audacieuses.*

professeur, e **n.** Personne qui enseigne une matière, une discipline, un art. *M. Dupuis est notre nouveau professeur d'anglais.*
▸ REM. Au féminin, on écrit aussi *une professeur*.

profession **n.f.** ❶ Activité que l'on exerce pour gagner sa vie. *Quelle est la profession de ton père ?* SYN. métier. *Il est musicien de profession* (= professionnel). ❷ L'ensemble des personnes qui exercent une même profession. *Toute la profession médicale est concernée par cette nouvelle loi.* • **Faire profession de quelque chose :** le déclarer ouvertement, publiquement. *Faire profession de ses idées politiques.* SYN. professer.

HISTOIRE DU MOT Vient, comme *professeur*, du latin *profiteri* qui signifie « déclarer ouvertement ».

professionnel, elle **adj.** Qui concerne le métier, la profession. *Exercez-vous une activité professionnelle ?* (= un métier). ◆ **n.** et **adj.** Personne qui exerce une activité, notamment une activité sportive, par profession. *Dans cette équipe de football, il n'y a que des professionnels.* CONTR. amateur.

professoral, ale, aux **adj.** Qui concerne les professeurs. *Le corps professoral* (= l'ensemble des professeurs). *Un ton professoral* (= digne d'un professeur). SYN. doctoral, grave.

professorat **n.m.** Fonction de professeur. *Paul se destine au professorat.* SYN. enseignement.

profil de François Ier (monnaie)

profil **n.m.** ❶ Contour d'un visage, vu de côté. *Un profil régulier.* ❷ Aspect d'une chose vue de côté. *Le profil d'un bâtiment, d'une voiture.* ❸ Ensemble de traits qui caractérisent une personne par rapport à un emploi. *Marie a tout à fait le profil pour jouer ce rôle dans la pièce.* ❹ Page Web contenant des renseignements personnels qu'un internaute crée pour devenir membre d'un réseau social. • **De profil :** vu de côté. *Je l'ai photographié de profil.* CONTR. de face.

HISTOIRE DU MOT Vient de l'ancien français *porfil* qui signifiait « bordure ».

profilé, e **adj.** Qui a une ligne, un contour bien dessinés. *La forme profilée d'un train.*

se **profiler** **v.pron.** (CONJUG. 3). Se montrer avec des contours nets ; ressortir sur un fond. *Les montagnes se profilent à l'horizon.* SYN. se découper, se détacher.

profit **n.m.** ❶ Avantage matériel ou moral que l'on tire de quelque chose. *Son stage lui a été d'un grand profit.* SYN. intérêt, utilité. ❷ Gain réalisé par une entreprise. SYN. bénéfice. CONTR. perte. • **Au profit de quelqu'un, de quelque chose :** afin qu'ils en bénéficient. *C'est un nouveau journal vendu au profit des sans-abri.* SYN. au bénéfice de, en faveur de. • **Mettre à profit :** employer utilement. *Pierre a mis à profit ses vacances pour relire tous les albums de Tintin.*

HISTOIRE DU MOT Vient du latin *proficere* qui signifie « progresser ».

profitable **adj.** Qui procure un avantage. *Son séjour en Angleterre lui a été profitable.* SYN. bénéfique, utile.

profiter **v.** (CONJUG. 3). ❶ Tirer un avantage d'une situation, d'une personne. *Mes grands-parents profitent de leur retraite pour voyager.* ❷ Être utile. *Tes conseils lui ont profité.* SYN. servir.

profiterole **n.f.** Petit chou fourré de glace ou de crème pâtissière, recouvert d'une crème au chocolat chaude.

profiteur, euse **n.** Personne qui tire profit de tout, souvent aux dépens d'autrui.

profond, e **adj.** ❶ Qui a telle profondeur. *Le buffet est profond de soixante centimètres.* ❷ Dont le fond est éloigné de la surface, du bord. *Un gouffre profond. Un placard profond.* ❸ Qui pénètre loin. *La blessure est profonde.* CONTR. léger, superficiel. ❹ Qui atteint un haut degré ; intense. *Dormir d'un profond sommeil.* CONTR. léger. *J'ai appris son décès avec une profonde tristesse.* SYN. extrême, vif. ❺ Qui va au fond des choses. *Un esprit profond.* SYN. pénétrant. CONTR. superficiel.

profondément **adv.** ❶ À une grande profondeur. *Creuser profondément le sol.* ❷ De manière intense. *« Respirez profondément », disait le médecin* (= à fond). *Il dort profondément* (= à poings fermés).

profondeur **n.f.** ❶ Distance du fond à la surface. *Par endroits, le fleuve a une profondeur de cinq mètres.* ❷ Dimension de l'avant vers l'arrière. *L'étagère a une profondeur de trente centimètres.* ❸ Qualité de ce qui va au fond des choses, des idées. *C'est un roman d'une grande profondeur.* • **En profondeur :** à une certaine distance au-dessous de la surface ; et au sens figuré, en allant au fond des choses. *Nous avons creusé en profondeur pour trouver des vestiges romains. Le journaliste a analysé en profondeur le discours du Premier ministre.* ◆ **profondeurs** **n.f.plur.** Les endroits les plus profonds. *Ces étranges créatures vivent dans les profondeurs de l'océan.*

profusion **n.f.** Très grande quantité. *Il nous a raconté ses vacances avec une profusion de détails.* SYN. abondance.

progéniture **n.f.** Nom que l'on donne par plaisanterie aux enfants d'une personne. *Cet été, Patrick emmène sa progéniture en Italie.*

HISTOIRE DU MOT Vient du latin *progenitus* qui signifie « engendré, mis au monde ».

programmation **n.f.** ❶ Établissement des programmes, à la télévision, à la radio et au cinéma. ❷ Ensemble d'opérations qui permettent de concevoir et de réaliser un programme pour un ordinateur.

programme **n.m.** ❶ Ensemble des matières, des questions à étudier par une classe ou pour un examen. *Cette œuvre est au programme.* ❷ Liste de ce qui sera présenté à la télévision, à la radio, au cinéma, etc. ❸ Ce que l'on projette de faire, de réaliser. *Quel est ton programme ce soir ? Le programme électoral d'un candidat* (= ce qu'il propose de faire s'il est élu). ❹ Ensemble d'informations et d'instructions que l'on fournit à un ordinateur pour lui permettre de résoudre un problème.

HISTOIRE DU MOT Vient du grec *programma* qui signifie « inscription, ordre du jour ».

programmer **v.** (CONJUG. 3). ❶ Établir à l'avance. *Programmer ses vacances.* SYN. planifier. ❷ Inscrire un film, une émission au programme. *Programmer un film inédit à la télévision.* ❸ Déclencher une opération sur un appareil en sélectionnant un programme. *J'ai programmé le répondeur pour enregistrer les messages téléphoniques.* ❹ Faire un programme pour un ordinateur.

progrès **n.m.** ❶ Amélioration, changement en mieux dans un domaine quelconque. *Antonin a fait des progrès en anglais.* ❷ Le fait de s'étendre, de se développer. *Les progrès de l'épidémie.* SYN. extension, progression. ❸ Développement d'une civilisation, et notamment développement technique. *Au XIXe siècle, on croyait beaucoup au progrès, qui devait rendre les hommes plus heureux.*

progresser **v.** (CONJUG. 3). ❶ Avancer, faire des progrès. *Les troupes ennemies progressent très vite.* CONTR. reculer. *L'épidémie a progressé* (= elle a gagné du terrain). SYN. s'étendre. CONTR. régresser. ❷ Développer ses connaissances dans un domaine, améliorer ses résultats. *Certains élèves ont beaucoup progressé en mathématiques.*

progressif, ive **adj.** Qui se fait par degrés, peu à peu. *Des exercices progressifs.*

progression **n.f.** ❶ Mouvement en avant. *La progression des troupes ennemies n'a pu être arrêtée.* SYN. avance, marche. ❷ Évolution vers un niveau supérieur. *Ce secteur de l'économie est en pleine progression.* SYN. essor. CONTR. régression. *La progression d'une épidémie.* SYN. propagation.

progressiste **adj.** et **n.** Qui est favorable au progrès et cherche à réformer la société pour qu'elle soit plus juste. *Le maire de notre ville est un progressiste.*

progressivement **adv.** D'une manière progressive, par degrés. *À partir du 21 juin, les jours diminuent progressivement.* SYN. graduellement, petit à petit. CONTR. brusquement.

a b c d e f g h i j k l m n o p q r s t u v w x y z

projecteurs

prohiber v. (CONJUG. 3). Interdire légalement. *Le trafic de drogue est prohibé et sévèrement puni par la loi.* SYN. défendre, proscrire. CONTR. autoriser, permettre. ▸ REM. Ce mot appartient à la langue administrative.

HISTOIRE DU MOT Vient du latin *prohibere* qui signifie « tenir à distance, écarter ».

prohibitif, ive adj. *Un prix prohibitif* est trop élevé pour qu'on puisse acheter. *En hiver, les fraises atteignent un prix prohibitif.* SYN. excessif, exorbitant.

prohibition n.f. ❶ Défense, interdiction légale. *La prohibition de la chasse à certaines périodes de l'année est nécessaire à la reproduction des animaux.* ❷ Période pendant laquelle la fabrication, la vente et la consommation d'alcool étaient interdites aux États-Unis (1919-1933).

proie n.f. Animal dont un autre animal s'empare pour le manger. *Le tigre épie longuement sa proie avant de l'attaquer.* • **Être en proie à un sentiment :** être tourmenté par ce sentiment. *Depuis le départ de Sylvie, Yves était en proie à l'inquiétude.* • **Être la proie des flammes :** être ravagé, détruit par un incendie. • **Oiseau de proie :** oiseau qui se nourrit d'autres animaux capturés vivants. *L'aigle, le faucon et le vautour sont des oiseaux de proie.* SYN. rapace.

HISTOIRE DU MOT Vient du latin *praeda* que l'on retrouve dans *prédateur.*

projecteur n.m. ❶ Lampe qui projette une lumière très puissante. *La scène est éclairée par des projecteurs.* ❷ Appareil qui sert à projeter des images sur un écran. *Un projecteur de diapositives.*

projectile n.m. Tout objet lancé suivant une direction donnée, à la main ou avec une arme.

HISTOIRE DU MOT Vient du latin *projectus* qui signifie « jeté en avant ».

projection n.f. ❶ L'action de projeter, de lancer un objet. *L'éruption du volcan a commencé par une projection de cendres.* ❷ Passage d'un film ou de diapositives sur un écran. *Assister à la projection d'un film.* ◆ **projections** n.f.plur. Matières projetées. *Les projections de boue l'ont sali.*

projet n.m. ❶ Ce qu'on a l'intention de faire. *As-tu un projet pour les vacances ?* SYN. programme. *Le roman de Philippe n'est qu'à l'état de projet, il n'est pas encore écrit.* ❷ Dessin d'une construction. *L'architecte nous avait montré son projet.* SYN. plan. • **Projet de loi :** texte de loi établi par le gouvernement et qui est soumis au Parlement pour être discuté et voté.

projeter v. (CONJUG. 12, ✎ *11*). ❶ Jeter, lancer avec force. *Le choc a projeté le conducteur de la voiture contre le pare-brise.* ❷ Avoir l'intention, le projet de faire quelque chose. *Nicole projette de faire un voyage en Afrique l'été prochain.* SYN. envisager. ❸ Faire apparaître des images sur un écran grâce à un projecteur. *Le film qu'on nous a projeté hier à l'école nous a beaucoup plu.*

prolétaire n. et adj. Personne qui n'a que son salaire pour vivre et dont le niveau de vie est généralement bas, par opposition à *bourgeois, capitaliste.*

prolétariat n.m. L'ensemble des prolétaires.

prolifération n.f. Multiplication très rapide, fait de proliférer. *Lutter contre la prolifération des armes biologiques.*

proliférer v. (CONJUG. 9, ✎ *10*). Se multiplier rapidement, exister en nombre de plus en plus grand. *Avec cette chaleur, les moustiques prolifèrent.* SYN. abonder, pulluler.

HISTOIRE DU MOT Vient du latin *proles* qui signifie « descendance, lignée ».

prolifique adj. ❶ Qui se reproduit rapidement. *Les lapins sont des animaux prolifiques.* SYN. fécond. ❷ Se dit d'un artiste, d'un écrivain qui produit beaucoup.

prolixe adj. Qui parle beaucoup ; qui donne trop de détails. *Un discours prolixe.* SYN. verbeux. *Christophe était très intimidé, il n'a pas été très prolixe.* SYN. bavard, loquace.

prologue n.m. ❶ Première partie d'un roman, d'une pièce de théâtre, d'un film, etc., où l'auteur explique ce qui s'est passé avant le début de l'action, par opposition à *épilogue. Dans le prologue, l'auteur relate l'enfance des deux héros.* SYN. introduction. ❷ En sport, épreuve très courte qui précède le début de certaines compétitions.

HISTOIRE DU MOT Vient du grec *pro,* qui signifie « en avant », et *logos,* qui signifie « discours ».

prolongation n.f. ❶ Le fait de prolonger ou de se prolonger dans le temps. *Il a obtenu une prolongation de son congé maladie.* SYN. allongement. ❷ (Souvent au plur.) En sport, période supplémentaire accordée à deux équipes à égalité en fin de match, pour leur permettre de se départager.

prolongement n.m. Fait de prolonger quelque chose ou de se prolonger dans l'espace. *La municipalité a voté le prolongement de la route.* SYN. extension. *La maison est dans le prolongement de la rue.* ◆ **prolongements** n.m.plur. Les suites d'un événement. *C'est une affaire qui a eu des prolongements dans divers domaines.* SYN. conséquence, répercussion.

prolonger prolongeant, prolongé v. (CONJUG. 5). ❶ Faire durer plus longtemps. *Nous avons décidé de prolonger nos vacances d'une semaine.* SYN. allonger. CONTR. abréger. → VOIR AUSSI **prolongation.** ❷ Augmenter la longueur de quelque chose. *On va prolonger la route jusqu'à la mer.* → VOIR AUSSI **prolongement.** ❸ Venir à la suite, dans le prolongement de quelque chose. *Un chemin*

E F G H I J K L M N O P Q R S T U V W X Y Z

prolonge la route jusqu'au bord de la mer. ◆ **se prolonger** **v.pron.** Durer plus longtemps. *La discussion s'est prolongée tard dans la nuit.*

HISTOIRE DU MOT Vient du latin *longus* qui signifie « long ».

promenade **n.f.** ❶ Petit parcours que l'on fait pour son plaisir ; action de se promener. *Dorothée et Philippe sont partis faire une promenade en forêt.* ❷ Allée aménagée pour les promeneurs. *Une promenade bordée d'arbres, face à la mer.*

promener **v.** (CONJUG. **10**). Faire faire un tour à une personne ou à un animal. *Marion promène son chien deux fois par jour.* ◆ **se promener** **v.pron.** Aller d'un lieu à un autre pour prendre l'air, faire de l'exercice ou se distraire. *Elle aimait se promener dans le parc pour se délasser.*

promeneur, euse **n.** Personne qui se promène. *Le dimanche, au printemps, on rencontre beaucoup de promeneurs dans les bois.*

promesse **n.f.** Engagement que l'on prend de faire quelque chose. *Tenir sa promesse.*

prometteur, euse **adj.** Qui laisse espérer de bons résultats, une réussite. *Odile a fait des débuts prometteurs au théâtre.* SYN. encourageant.

promettre **promettant, promis v.** (CONJUG. **51**). ❶ S'engager oralement ou par écrit à faire, à dire ou à donner quelque chose. *Dans ma dernière lettre, j'ai promis à ma grand-mère d'aller la voir l'été prochain.* ❷ Prévoir, annoncer. *La radio nous promet du beau temps pour demain.* SYN. assurer, prédire. ❸ Donner de grandes espérances. *Fabrice est un élève qui promet, il fera sans doute d'excellentes études.* ◆ **se promettre** **v.pron.** Prendre la résolution, la décision de faire quelque chose. *Je me suis promis d'arrêter de bavarder.*

promis, e **adj.** ❶ Dont on a fait la promesse. *Voici la récompense promise. « Chose promise, chose due »* (proverbe). ❷ Destiné à tel avenir. *C'était une jeune fille talentueuse, promise à un brillant avenir.*

promiscuité **n.f.** Le fait d'être très près ou trop près d'une personne ou d'une chose. *Les prisonniers, entassés à six dans de minuscules cellules, vivaient dans une promiscuité intolérable.*
▸ REM. On prononce [-kɥite].

HISTOIRE DU MOT Vient du latin *promiscuus* qui signifie « mêlé ».

promontoire **n.m.** Cap élevé qui s'avance dans la mer. *Le phare était situé en haut du promontoire.*

promoteur, trice **n.** Personne ou société qui finance la construction d'immeubles destinés à la vente.

HISTOIRE DU MOT Vient du latin *promovere* qui signifie « faire avancer ».

promotion **n.f.** ❶ Avancement dans une carrière ; nomination à un poste plus élevé. *Obtenir une promotion.* ❷ L'ensemble des élèves entrés la même année dans une grande école. ❸ L'ensemble des actions commerciales, publicitaires, médiatiques menées pour faire connaître ou faire vendre quelque chose. *Faire la promotion d'un produit, d'une région.* ● **En promotion :** se dit d'articles vendus moins cher pendant un certain temps. SYN. en réclame.

promotionnel, elle **adj.** *Une vente promotionnelle* est une vente de produits en promotion.

promouvoir **promouvant, promu v.** (CONJUG. **32**). ❶ Élever une personne à une fonction, à un grade supérieurs. *Elle a été promue chef de service.* ❷ Développer la vente d'un produit par la publicité, par des réductions de prix, etc. *Promouvoir un nouveau shampooing.*

prompt, e **adj.** Rapide. *Je vous souhaite un prompt rétablissement.*
▸ REM. 1. On prononce [prɔ̃, prɔ̃t]. 2. Ce mot appartient à la langue soutenue.

promptitude **n.f.** Rapidité. *Les soldats s'exécutèrent avec promptitude.*
▸ REM. 1. On prononce [prɔ̃ti-]. 2. Ce mot appartient à la langue soutenue.

promulgation **n.f.** Publication officielle d'une loi pour la rendre applicable.

promulguer **promulguant, promulgué v.** (CONJUG. **6**). Publier officiellement une loi et la rendre applicable. *En France, le président de la République promulgue les lois.*

prôner **v.** (CONJUG. **3**). Vanter, recommander vivement. *Prôner la tolérance.* SYN. préconiser.
▸ REM. Ce mot appartient à la langue soutenue.

pronom **n.m.** Mot qui remplace un nom ou une phrase. *Il existe des pronoms personnels, démonstratifs, possessifs, interrogatifs, indéfinis, relatifs.* → VOIR encadrés pages suivantes.

HISTOIRE DU MOT Vient du latin *pro*, qui signifie « à la place de », et *nomen*, qui signifie « nom ».

promontoire : le cap de Bonne-Espérance (Afrique du Sud)

a b c d e f g h i j k l m n o p q r s t u v w x y z

A B C D E F G H I J K L M N O P Q R S T U V W X Y Z

Les **pronoms**

Le **pronom** est un mot qui **remplace un nom, un groupe du nom ou une proposition**. Les pronoms peuvent donc avoir toutes les fonctions du nom.

Pronoms personnels

Personne		*Sujet*	*Complément d'objet direct*	*Complément d'objet indirect*	*Attribut*
singulier	1	**je, j'**	**me**	**me (m'), moi**	**moi**
	2	**tu, t'**	**te**	**te (t'), toi**	**toi**
	3	**il, elle, on**	**le, la (l'), se**	**lui, elle, se**	**lui, elle, soi**
pluriel	1	**nous**	**nous**	**nous**	**nous**
	2	**vous**	**vous**	**vous**	**vous**
	3	**ils, elles**	**les, se**	**leur, eux**	**eux, elles**

- **Les pronoms *en* et *y* :**

➤ Le pronom ***en*** remplace un complément introduit par la préposition ***de*** :
Je suis content *de mon livre* / J'*en* suis content.

Il indique le lieu d'où l'on vient :
J'étais *dans ma chambre*, je viens juste *d'en* sortir.

➤ Le pronom ***y*** remplace un complément introduit par la préposition ***à*** :
Je pense *à partir* / J'*y* pense.

Il indique le lieu où l'on va, où l'on est :
Va *à la boulangerie* / J'*y* vais. **Mets-toi *là* et restes-*y*.**

Pronoms démonstratifs

Ils désignent un être ou une chose en les situant dans l'espace ou par rapport à ce qui a été dit auparavant.
Les particules *-ci* et *-là* permettent de distinguer ce qui est proche (*-ci*) de ce qui est plus lointain (*-là*).

	masculin	féminin	*neutre*
	celui	**celle**	**ce (c')**
singulier	**celui-ci**	**celle-ci**	**ceci**
	celui-là	**celle-là**	**cela**
	ceux	**celles**	
pluriel	**ceux-ci**	**celles-ci**	
	ceux-là	**celles-là**	

Pronoms possessifs

Ils indiquent un rapport de possession ou une relation personnelle.

personne	*genre*	*singulier*	*pluriel*
je	masc.	**le mien**	**les miens**
	fém.	**la mienne**	**les miennes**
tu	masc.	**le tien**	**les tiens**
	fém.	**la tienne**	**les tiennes**
il, elle	masc.	**le sien**	**les siens**
	fém.	**la sienne**	**les siennes**
nous	masc.	**le nôtre**	**les nôtres**
	fém.	**la nôtre**	**les nôtres**
vous	masc.	**le vôtre**	**les vôtres**
	fém.	**la vôtre**	**les vôtres**
ils, elles	masc.	**le leur**	**les leurs**
	fém.	**la leur**	**les leurs**

Pronoms indéfinis

Ils indiquent une **quantité non déterminée** ou une **identification imprécise**.
Ce sont des mots comme ***on, l'un, l'autre, quelqu'un, tout, tous, chacun, n'importe qui.***
Certains pronoms indéfinis s'emploient toujours dans une phrase négative ; ce sont ***aucun, nul, personne, rien, pas un*** :

***Nul* n'est censé ignorer la loi.** ***Personne* n'est venu.**

Les **pronoms**

Pronoms interrogatifs

Ils servent à poser une question.

pronom	*fonction*	*exemples*
qui	sujet	**qui est là ?**
	complément d'objet direct	**qui vois-tu ?**
	complément d'objet indirect	**à qui penses-tu ?**
que	complément d'objet direct	**que veux-tu ?**
quoi	complément d'objet indirect	**à quoi pensez-vous ?**

lequel, laquelle, lesquels, lesquelles peuvent se combiner avec les prépositions ***à*** et ***de***, tout comme les articles définis ***le*** et ***les***.

Pronoms relatifs

Ils introduisent une **proposition subordonnée relative**. Le nom ou le groupe nominal qu'ils remplacent s'appelle l'**antécédent**.
Le pronom relatif peut prendre toutes les fonctions du nom dans la proposition subordonnée relative.

pronom	*fonction*	*exemples*
qui	sujet	**La personne *qui* t'a demandé.**
que	COD	**Le journal *que* j'ai acheté.**
quoi	COI	**C'est ce à *quoi* je réfléchissais.**
dont	COI	**Le stylo *dont* il s'est servi.**
où	complément circonstanciel de lieu	**Le placard *où* il a rangé l'écharpe.**

lequel peut se combiner avec les prépositions ***à*** et ***de*** : **duquel, de laquelle, desquels, desquelles, auquel, auxquels, auxquelles.**

Le bateau par *lequel* nous sommes arrivés (complément circonstanciel de moyen).
Les livres *auxquels* je pense (COI).

pronominal, ale, aux **adj.** Se dit de la forme du verbe lorsqu'il s'emploie précédé d'un pronom réfléchi *(me, te, se, nous, vous). « S'apercevoir » est un verbe pronominal. Dans « je me promène », le verbe « promener » est à la forme pronominale.*

prononçable **adj.** Qui peut être prononcé. *Il avait un nom à peine prononçable.*

prononcé, e **adj.** Qui est très visible, très marqué. *Francis a un goût prononcé pour les aventures rocambolesques* (= très net).

prononcer **prononçant, prononcé v.** (CONJUG. **4**). ❶ Articuler un son, un mot. *Dans le mot « procès », on ne prononce pas le « s » final.* ❷ Dire. *Émue, elle ne pouvait prononcer le moindre mot.* ❸ Faire connaître une décision, un jugement. *Le tribunal a prononcé une peine de dix ans contre l'accusé.* ◆ **se prononcer v.pron.** ❶ Donner son opinion sur une question. *Le médecin a refusé de se prononcer sur l'état du malade.* ❷ Être dit, être articulé. *« Compte » et « conte » se prononcent de la même façon. Dans « quand », le « d » ne se prononce pas.*

HISTOIRE DU MOT Vient du latin *pronuntiare* qui signifie « déclarer », de *nuntius* « nouvelle ».

prononciation **n.f.** Manière dont un son, un mot est prononcé. *François avait un petit défaut de prononciation, il zézayait légèrement.*

pronostic **n.m.** Prévision que l'on fait sur ce qui va arriver. *Tous les pronostics donnent notre équipe gagnante.*

HISTOIRE DU MOT Vient du grec *prognôstikein* qui signifie « connaître d'avance ».

pronostiquer **v.** (CONJUG. **3**). Faire un pronostic, annoncer par avance. *Le commentateur sportif avait pronostiqué la victoire de notre équipe.* SYN. prédire, prévoir.

propagande **n.f.** Action exercée sur l'opinion publique pour faire connaître et accepter certaines idées ou doctrines. *Un film, une émission de propagande. La propagande électorale.*

HISTOIRE DU MOT Vient de *propager.*

propagation **n.f.** Le fait de se propager. *Les médecins ont mis tous les moyens en œuvre pour lutter contre la propagation de l'épidémie.* SYN. développement, extension.

propager **propageant, propagé v.** (CONJUG. **5**). Faire connaître à de nombreuses personnes, répandre dans le public. *Les journaux ont propagé la nouvelle.* ◆ **se propager v.pron.** Se répandre, s'étendre. *L'incendie s'est propagé très rapidement.*

HISTOIRE DU MOT Vient du latin *propagare* qui signifie « reproduire par bouture ».

A B C D E F G H I J K L M N O P Q R S T U V W X Y Z

propension n.f. Penchant naturel, inclination. *Il avait une nette propension à la paresse.* SYN. tendance.

prophète n.m. ❶ Personne qui annonce un événement futur. *Je ne suis pas prophète, je ne sais pas si tu seras reçu.* ❷ Dans la Bible, homme qui parle au nom de Dieu pour faire connaître ses volontés et leurs manifestations futures. *Isaïe, Jérémie, Ézéchiel sont les grands prophètes de l'Ancien Testament.* ❸ (Avec une majuscule.) *Le Prophète*, Mahomet, pour les musulmans.

HISTOIRE DU MOT Vient du grec *prophêtês* qui signifie « celui qui parle avant, qui annonce l'avenir ».

prophétesse n.f. Femme qui, inspirée par une divinité, prédit l'avenir.

prophétie n.f. Discours, texte qui annonce l'avenir. *Ses prophéties se sont révélées fausses.* SYN. prédiction. ▸ REM. On prononce [prɔfesi].

prophétique adj. Qui tient de la prophétie. *Un rêve prophétique.*

prophétiser v. (CONJUG. 3). Annoncer un événement futur.

prophylactique adj. *Une mesure prophylactique* vise à éviter la propagation de certaines maladies.

propice adj. Qui convient particulièrement bien à quelque chose. *Elle a attendu le moment propice pour lui parler.* SYN. opportun. *Ce petit vent est propice à la navigation.*

proportion n.f. Rapport entre deux quantités, entre une partie et un ensemble. *Quelle est la proportion de filles et de garçons dans ta classe ?* → VOIR Fiche 14. • **En proportion de :** en fonction de ; par rapport à quelque chose. *La cascadeuse était payée en proportion des risques qu'elle prenait.* • **Toutes proportions gardées :** en tenant compte de la différence d'importance ou de grandeur entre les deux choses que l'on compare. ◆ **proportions** n.f.plur. ❶ Rapport harmonieux entre différents éléments d'un tout. *Admirer les proportions d'un tableau.* ❷ Dimensions. *Cet édifice a des proportions gigantesques. L'affaire a pris des proportions inquiétantes.*

proportionné, e adj. ❶ *Une chose est proportionnée à une autre* lorsqu'elle est dans un juste rapport avec elle, dans une proportion convenable. *La punition n'était pas proportionnée à la faute.* CONTR. disproportionné. ❷ *Être bien* ou *mal proportionné*, c'est avoir de belles ou de mauvaises proportions.

proportionnel, elle adj. Qui est en rapport de proportion avec quelque chose. *Le prix de cette poterie est proportionnel au temps qu'il faut pour la fabriquer.*

proportionnellement adv. En proportion. *Les salaires augmentent proportionnellement à la hausse des prix.*

propos n.m. ❶ Ce qu'on a l'intention de faire. *Mon propos n'est pas de vous ennuyer mais de vous instruire.* SYN. but. → VOIR **proposer.** ❷ Parole, mot. *Dans son délire, Lucie tenait des propos incohérents et sans suite.* • **À propos :** au bon moment. *Tu arrives à propos, nous avions justement besoin de toi.* SYN. à point. • **À propos de quelque chose :** au sujet de quelque chose. *Ils se sont disputés à propos des vacances.* • **Hors de propos :** à contretemps, au mauvais moment. *Faire une intervention hors de propos.*

proposer v. (CONJUG. 3). ❶ Soumettre une idée à quelqu'un. *Je propose que nous allions au cinéma.* ❷ Présenter une personne comme candidat à un poste, à une fonction, etc. *Ce parti politique propose deux candidats aux élections.* ◆ **se proposer** v.pron. ❶ Avoir l'intention de faire quelque chose. *Jean se propose d'emmener ses élèves au Québec à Pâques.* SYN. envisager, projeter. ❷ Offrir son aide. *Virginie s'est proposée pour garder notre chat.*

proposition n.f. ❶ Action de proposer quelque chose. *J'ai une proposition à te faire : allons au cinéma.* ❷ En grammaire, groupe de mots réunis autour d'un verbe généralement conjugué, qui forme une phrase ou un élément de phrase. *Proposition indépendante. Proposition principale et propositions subordonnées.* → VOIR encadré ci-contre.

propre adj. ❶ Net, sans trace de saleté ou de poussière. *Je vais mettre des vêtements propres avant de passer à table.* CONTR. sale. ❷ Qui est particulier à quelqu'un, à quelque chose. *Pourras-tu venir jusqu'à chez nous par tes propres moyens ?* (= en te débrouillant seul). *Des techniques de fabrication propres à l'industrie automobile.* SYN. spécifique. ❸ *Le sens propre d'un mot*, c'est son sens premier, usuel, par opposition au *sens figuré*. *Au sens propre, un ours est un animal ; au sens figuré, c'est un homme bourru et mal élevé.* • **Propre à :** qui convient pour. *Les petits bateaux ne sont pas propres à la navigation lointaine.* SYN. approprié. CONTR. impropre. ◆ **n.m.** • **Le propre de quelqu'un, de quelque chose :** leur qualité particulière, caractéristique. *Le rire est le propre de l'homme.* • **Mettre au propre :** rédiger sous sa forme définitive un texte qui n'était qu'un brouillon.

proprement adv. D'une façon propre. *Tu ne peux pas manger proprement ?* • **À proprement parler :** pour être exact, précis. *Cet élève n'est pas à proprement parler un génie, mais il est tout de même très brillant.* • **Proprement dit :** au sens strict. *Ce n'est pas une faute proprement dite, disons plutôt que c'est une négligence.*

propret, ette adj. Propre et joli. *Des maisons proprettes.*

propreté n.f. ❶ Qualité de ce qui est propre. *Aimer la propreté.* CONTR. crasse, saleté. ❷ Le fait d'être propre. *Apprendre la propreté à un enfant.*

propriétaire n. ❶ La personne à qui appartient une chose, un animal, etc. *Connaissez-vous le propriétaire de ce tableau ?* SYN. possesseur. ❷ Personne qui possède une maison, un terrain, etc., et qui les loue, par opposition à *locataire*. *Payer chaque mois son loyer au propriétaire.*

propriété n.f. ❶ Le fait de posséder quelque chose et d'en disposer comme on l'entend. *Le droit à la propriété individuelle.* ❷ Le fait d'appartenir à quelqu'un, à un organisme. *Ces forêts sont la propriété de l'État.*

Les **propositions**

Une **proposition** est un ensemble de mots qui forme un tout et qui est construit **autour d'un verbe**.
Une phrase peut contenir une ou plusieurs propositions.

- La **proposition indépendante** est une proposition qui ne dépend d'aucune autre et dont aucune autre ne dépend :
Il viendra demain.
- La **proposition principale** est une proposition dont dépend une proposition subordonnée :
Je sortirai **quand il ne pleuvra plus.**
- La **proposition subordonnée** dépend d'une proposition principale.

Il existe plusieurs types de propositions subordonnées :

➤ La proposition **relative** est introduite par un **pronom relatif** :
Elle a lu le livre *que je lui ai offert.*

➤ La proposition **complétive** est introduite par la conjonction de subordination ***que*** :
Il veut *que je vienne.*

➤ La proposition **subordonnée circonstancielle** est introduite par une conjonction de subordination autre que ***que***.
Elle exprime le temps, la cause, le but, la condition, la conséquence, etc. :
Elle sortira *quand elle aura fini.* ***Si tu viens,*** **je serai content.** **Il est parti *parce qu'il était fatigué.***

❸ Maison, terrain que l'on possède. *Avoir une propriété au bord de la mer.* ❹ Caractère propre à une chose, à une substance, et qui la distingue des autres. *L'eau a la propriété de bouillir à 100 °C.* SYN. caractéristique, particularité.

propulser v. (CONJUG. 3). ❶ Faire avancer en poussant. *L'avion est propulsé par des moteurs à réaction.* ❷ Projeter en avant avec violence. *Le choc de l'explosion nous a propulsés contre un mur.*

propulseur n.m. ❶ Moteur qui sert à propulser un navire, un avion, une fusée. ❷ Outil paléolithique fait d'une baguette de bois terminée par un crochet, qui permettait de lancer une sagaie avec plus de force.

propulseur

propulsion n.f. L'action de propulser ; système qui permet de propulser un engin. *La propulsion nucléaire.*

prorata n.m.invar., ✎ *n.m.* ● **Au prorata de quelque chose** : en proportion de cette chose. *Les victimes seront indemnisées par les assurances au prorata de leurs pertes.* SYN. proportionnellement à.

HISTOIRE DU MOT Vient de la locution latine *pro rata parte* qui signifie « selon la part déterminée ».

proroger **prorogeant, prorogé v.** (CONJUG. 5). Prolonger la durée d'une loi, d'un contrat.

prosaïque adj. Qui manque d'idéal, de grandeur. *Mener une vie prosaïque.* SYN. banal, terre à terre.

HISTOIRE DU MOT Vient du latin *prosaicus* qui signifie « qui est écrit en prose », de *prosa*, « prose ».

proscription n.f. Action de proscrire ; interdiction.
▸ REM. Ne pas confondre avec *prescription*.

proscrire **proscrivant, proscrit v.** (CONJUG. 62). ❶ Interdire formellement. *La consommation d'alcool est proscrite dans l'enceinte de l'établissement.* SYN. prohiber. CONTR. autoriser. ❷ Autrefois, condamner une personne au bannissement.
▸ REM. Ne pas confondre avec *prescrire*.

HISTOIRE DU MOT Vient du latin *proscribere* qui signifie « annoncer par affiches ».

proscrit, e n. Personne qui a été condamnée au bannissement. *Les proscrits sont morts sans avoir pu revoir leur patrie.*

prose n.f. Forme ordinaire du discours parlé ou écrit, qui n'est pas assujettie aux règles de la poésie. *Les romans sont écrits en prose et non en vers.*

prosélytisme n.m. Ardeur que met une personne à recruter de nouveaux adeptes ou à convertir d'autres personnes à ses idées. *Faire du prosélytisme religieux, politique.*

HISTOIRE DU MOT Vient du grec *prosêlutos* qui signifie « nouveau venu ».

prospecter v. (CONJUG. 3). ❶ Étudier un terrain pour y trouver des richesses naturelles. *Les ingénieurs prospectent la région pour y découvrir de nouveaux minerais.* ❷ Parcourir un lieu pour y trouver quelque chose. ❸ En commerce, rechercher de nouveaux clients.

prospection n.f. Action de prospecter. *Cette compagnie pétrolière fait de la prospection dans le désert.*

prospectus n.m. Feuille publicitaire. *Il n'y avait que des prospectus dans ma boîte aux lettres, ce matin.*
▸ REM. C'est un mot latin, on prononce le -*s* final.

a b c d e f g h i j k l m n o p q r s t u v w x y z

A B C D E F G H I J K L M N O P Q R S T U V W X Y Z

prospère **adj.** Qui est dans une période de développement, de réussite. *Vivre dans une région prospère.* SYN. riche. *Le commerce de ses parents est prospère, il leur rapporte beaucoup d'argent.* SYN. florissant.

HISTOIRE DU MOT Vient du latin *prosperus* qui signifie « favorable ».

prospérer **v.** (CONJUG. **9**, ✎ *10*). Être prospère. *Malgré la crise, leur maison de couture prospère.* CONTR. péricliter.

prospérité **n.f.** État de réussite, de richesse. *La crise économique a mis un terme à des années de prospérité.* SYN. richesse. CONTR. marasme.

se **prosterner** **v.pron.** (CONJUG. **3**). S'incliner très bas en signe d'adoration, de respect. *Les pèlerins se prosternaient devant la statue du saint.*

prostitué, e **n.** Personne qui se livre à la prostitution, qui a des relations sexuelles pour de l'argent.

se **prostituer** **v.pron.** (CONJUG. **3**). Se livrer à la prostitution.

prostitution **n.f.** Pratique d'actes sexuels pour de l'argent.

prostration **n.f.** L'état d'une personne prostrée.

prostré, e **adj.** Qui est profondément abattu. *On ne sait pas ce qu'il a, il reste prostré dans sa chambre depuis des jours.* SYN. accablé, effondré.

protagoniste **n.** Personne qui joue un rôle important dans une affaire, une histoire, une pièce de théâtre. *Les protagonistes de l'affaire ont été arrêtés.*

HISTOIRE DU MOT Vient du grec *prôtagônistês* qui signifie « celui qui combat au premier rang », d'où « acteur chargé du premier rôle ».

protecteur, trice **adj.** ❶ Qui protège, défend contre tout danger. *La Société protectrice des animaux recueille les animaux abandonnés.* ❷ Qui marque une attitude un peu hautaine de protection. *Il prit un ton protecteur pour me présenter au groupe.* ◆ **n.** Personne qui protège, défend, soutient quelqu'un ou quelque chose. *Grâce à sa protectrice, il a pu poursuivre ses études. Les protecteurs des arts.*

protection **n.f.** ❶ Action de protéger, de défendre en cas de danger. *Un garde du corps assure la protection de la chanteuse.* ❷ Ce qui permet d'éviter un risque, un danger, un mal. *Le casque est une protection pour les motocyclistes.* ❸ *Prendre quelqu'un sous sa protection*, c'est se charger de lui, l'aider.

protectorat **n.m.** Autrefois, protection qu'un État fort assurait à un État faible. *Le Maroc fut un protectorat français jusqu'en 1956.*

protégé, e **n.** Personne qui bénéficie du soutien d'une autre personne. *Valérie est la petite protégée du moniteur.*

protège-cahier **n.m.** (PLUR. : **protège-cahiers**). Couverture souple, le plus souvent en plastique, servant à protéger un cahier.

protéger **protégeant, protégé** **v.** (CONJUG. **9**, ✎ *10*). ❶ Défendre une personne, un animal contre une agression, un danger. *Plusieurs policiers sont chargés de protéger le chef d'État durant sa visite à Paris.* ❷ Mettre à l'abri d'un risque, d'un danger, d'un mal. *Cette crème protège la peau des coups de soleil.* SYN. préserver. *Il faut protéger la nature.* ◆ **se protéger** **v.pron.** Se mettre à l'abri d'un risque, d'un danger ou d'un mal.

protéines **n.f.plur.** Substances fondamentales de la matière vivante contenues en grande quantité dans la viande ou dans certains végétaux. → VOIR AUSSI **glucides, lipides.**

protestant, e **n.** et **adj.** Personne dont la religion est le protestantisme. *Les protestants assistent au culte dans un temple.*

HISTOIRE DU MOT Vient de *protester*, au sens ancien de « déclarer publiquement ». Le terme *protestant* a d'abord été appliqué aux luthériens parce qu'en 1529 ils *protestèrent* qu'ils ne pouvaient accepter la décision de Charles Quint restreignant la liberté religieuse.

protestantisme **n.m.** Religion chrétienne issue de la Réforme, qui ne reconnaît pas l'autorité religieuse du pape.

ENCYCLOPÉDIE Le protestantisme est apparu au XVIe siècle avec l'opposition de Luther et de Calvin au pape. Il se caractérise par une autorité souveraine de la Bible en matière de foi, une fidélité personnelle à l'Évangile, en dehors de toute soumission à l'Église. Le protestantisme comprend plusieurs groupes (anglicans, évangélistes, réformés, méthodistes, baptistes, etc.) et est très engagé dans le projet œcuménique.

protestation **n.f.** Le fait de protester, de montrer son désaccord. *Tous les employés ont fait grève en signe de protestation.*

protester **v.** (CONJUG. **3**). ❶ Déclarer avec force que l'on n'est pas d'accord, que l'on désapprouve quelque chose. *Protester contre une mesure. J'ai eu beau protester, on ne m'a pas remboursé.* SYN. réclamer. ❷ Affirmer avec force sa bonne foi, ses bons sentiments. *On l'a accusé d'avoir volé un bijou mais il a protesté de son innocence.*

▸ REM. Au sens 2, ce mot appartient à la langue soutenue.

HISTOIRE DU MOT Vient du latin *protestari* qui signifie « déclarer publiquement ».

prothèse **n.f.** Appareil qui remplace totalement ou en partie un membre ou un organe. *Une prothèse dentaire remplace une ou plusieurs dents.* → VOIR AUSSI **dentier.**

HISTOIRE DU MOT Vient du grec *prothesis* qui signifie « addition ».

protocolaire **adj.** Qui est conforme au protocole. *Une visite protocolaire.*

protocole **n.m.** Ensemble des règles qu'il faut respecter dans les cérémonies officielles. *Le protocole exige que l'on s'incline devant le roi.* SYN. étiquette.

proton **n.m.** Particule chargée d'électricité positive. → VOIR AUSSI **électron.**

prototype **n.m.** Modèle unique destiné à être expérimenté avant d'être par la suite construit en série. *Le champion automobile a essayé un prototype de voiture de course.*

HISTOIRE DU MOT Vient du grec *prôtos* qui signifie « premier ».

protubérance **n.f.** Petite partie en relief. *La verrue formait une protubérance disgracieuse sur son nez.* SYN. excroissance.

HISTOIRE DU MOT Vient du latin *tuber, tuberis* qui signifie « bosse, excroissance » et qui a donné *tubercule.*

protubérant, e **adj.** Qui forme une protubérance. *La pomme d'Adam est protubérante.* SYN. proéminent.

prou **adv.** • **Peu ou prou :** plus ou moins. *Tout le monde connaît peu ou prou ce genre de problèmes.*
▸ REM. Cette expression appartient à la langue soutenue.

proue **n.f.** L'avant d'un navire, par opposition à la poupe. *Autrefois, la proue des navires se prolongeait par une figure sculptée.*

prouesse **n.f.** Exploit, action d'éclat. *Nous sommes fiers de tes prouesses sportives.* SYN. performance.

HISTOIRE DU MOT Vient de *preux.*

prouver **v.** (CONJUG. 3). ❶ Démontrer que quelque chose est vrai ; en apporter la preuve. *Le suspect n'a pas pu prouver qu'il était absent au moment du crime.* SYN. établir. ❷ Exprimer par ses paroles, ses actions. *Il m'a prouvé son affection en m'écrivant une lettre adorable.* SYN. montrer, témoigner.

provenance **n.f.** Lieu d'où vient une chose. *Des marchandises de provenance étrangère.* SYN. origine. *Le train en provenance de Strasbourg va entrer en gare.*

provençal, ale, aux **adj.** et **n.** De la Provence. *La cuisine provençale contient souvent de l'ail.* ◆ **provençal** **n.m.** Langue parlée en Provence. *Le provençal est une langue occitane.*
▸ REM. Quand il désigne une personne, le mot prend une majuscule : *un Provençal, une Provençale.*

HISTOIRE DU MOT Vient du latin *provincia romana* qui signifie « province romaine ».

proues de gondoles

provenir **provenant, provenu v.** (CONJUG. 20 ; auxiliaire *être*). ❶ Venir d'un lieu. *Le colis que j'ai reçu provient de Cuba.* ❷ Tirer son origine de quelque chose. *Cette fleur provient du croisement de deux espèces.* SYN. résulter de. *L'essence provient du pétrole* (= est produite à partir du pétrole).

proverbe **n.m.** Petite phrase qui exprime un conseil de sagesse populaire, une vérité de bon sens. *« L'argent ne fait pas le bonheur » est un proverbe.* SYN. maxime, sentence.

HISTOIRE DU MOT Vient du latin *verbum* qui signifie « mot ».

proverbial, ale, aux **adj.** ❶ Qui a le caractère d'un proverbe. *Locution proverbiale.* ❷ Qui est connu de tous et souvent cité, comme l'est un proverbe. *L'hospitalité des Québécois est proverbiale.* SYN. célèbre, légendaire.

providence **n.f.** ❶ Pour les chrétiens, sagesse avec laquelle Dieu gouverne et protège le monde. ❷ Personne qui aide et protège. *Il est devenu la providence des sans-abri.*

HISTOIRE DU MOT Vient du latin *providere* qui signifie « prévoir ».

providentiel, elle **adj.** Qui arrive au bon moment, par un heureux hasard. *La présence providentielle des pompiers au moment de l'accident a permis de sauver tout le monde.*

province **n.f.** ❶ Région de France avec ses traditions et ses coutumes. *La Bretagne et la Normandie sont des provinces.* ❷ L'ensemble de la France, à l'exception de Paris et de sa région. *Vivre en province.* ❸ Division territoriale de la Belgique et du Canada. *Le Hainaut est une province belge, le Nouveau-Brunswick est une province canadienne.*

HISTOIRE DU MOT Vient du latin *provincia*, de *vincere* qui signifie « vaincre ». Dans l'Antiquité romaine, une province était un territoire ou un pays conquis.

provincial, ale, aux **adj.** et **n.** De la province. *François a été séduit par le calme de la vie provinciale. Au Canada, l'éducation relève du gouvernement provincial.* ◆ **provincial** **n.m.** Au Canada, le gouvernement d'une province.

proviseur, e **n.** Directeur d'un lycée.
▸ REM. Au féminin, on écrit aussi *une proviseur.*

provision **n.f.** ❶ Ensemble de choses utiles que l'on garde en réserve. *La provision de bois pour l'hiver est dans le hangar.* SYN. stock. ❷ Somme d'argent que l'on a sur son compte bancaire. *Faire un chèque sans provision* (= sans avoir assez d'argent sur son compte). ◆ **provisions** **n.f.plur.** Produits alimentaires ou d'entretien que l'on achète pour la vie de tous les jours. *Il y a assez de provisions pour la semaine.*

HISTOIRE DU MOT Vient du latin *provisio* qui signifie « prévoyance ».

provisoire **adj.** Qui n'est là que pour un temps limité. *S'installer dans des bâtiments provisoires.* SYN. temporaire. CONTR. définitif.

a b c d e f g h i j k l m n o p q r s t u v w x y z

provisoirement adv. De façon provisoire, pour quelque temps. *Raphaël loge provisoirement chez ses grands-parents.* SYN. temporairement. CONTR. définitivement.

provocant, e adj. Qui provoque et peut faire naître des réactions violentes. *Une attitude provocante.*

provocateur, trice n. Personne qui incite les autres à la violence. *C'est un petit groupe de provocateurs qui est à l'origine de l'émeute.*

provocation n.f. Acte ou parole qui provoquent, qui poussent à réagir avec dureté ou violence. *Stéphane n'a pas répondu aux provocations de son adversaire.*

provoquer v. (CONJUG. 3). ❶ Avoir un comportement qui pousse l'autre à réagir avec violence. *Arrête de me provoquer sinon je vais me fâcher !* SYN. défier. ❷ Être la cause de quelque chose. *Une erreur d'aiguillage peut provoquer une catastrophe ferroviaire.* SYN. déclencher, entraîner, produire.

HISTOIRE DU MOT Vient du latin *provocare* qui signifie « appeler dehors ».

proximité n.f. Faible distance qui sépare une chose d'une autre dans l'espace ou dans le temps. *Nous avons choisi cette location à cause de la proximité de la mer.* SYN. voisinage. CONTR. éloignement. *La proximité des vacances n'incite pas les enfants à travailler.* SYN. approche. *Nous habitons à proximité de l'école et du stade* (= près de).

HISTOIRE DU MOT Vient du latin *proximus* qui signifie « très proche ».

prude adj. et n. Qui est d'une pudeur excessive ou hypocrite. SYN. pudibond.

prudemment adv. Avec prudence. *Nous avancions prudemment pour ne pas tomber dans le ravin.*

prudence n.f. Attitude d'une personne prudente. *J'ai eu la prudence de ne pas répondre.* SYN. sagesse. *Ne t'inquiète pas, mon père conduit avec prudence.* SYN. précaution.

prudent, e adj. et n. Qui agit de façon à éviter les risques, les dangers, les erreurs. *Les gens prudents ne vont pas se baigner quand le maître-nageur a hissé le drapeau orange.* SYN. raisonnable, sage.

prud'homme, ✎ ***prudhomme*** n.m. • **Conseil de prud'hommes :** tribunal qui juge les désaccords entre les employeurs et les salariés. *Les prud'hommes sont composés d'un nombre égal de représentants élus des employés et des patrons.*

HISTOIRE DU MOT Vient, comme *prude*, de *preux.*

prune n.f. Fruit comestible du prunier, à peau fine, à chair juteuse et sucrée, de forme ronde ou allongée selon les variétés et contenant un noyau. *La reine-claude, la quetsche et la mirabelle sont des prunes.*

pruneau n.m. Prune séchée qui est de couleur noirâtre et dont la variété la plus connue est le *pruneau d'Agen. Le pruneau est séché soit au four, soit au soleil.*

1 prunelle n.f. Fruit du prunellier qui a l'aspect d'une petite prune bleue au goût âpre. *On fait de la liqueur avec les prunelles.*

2 prunelle n.f. Pupille de l'œil. *Dans l'ombre, le chat avait les prunelles dilatées.* • **Tenir à quelque chose comme à la prunelle de ses yeux :** le considérer comme ce qu'on a de plus précieux. *Fais attention à ce vase, j'y tiens comme à la prunelle de mes yeux.*

prunellier, ✎ ***prunelier*** n.m. Prunier sauvage couvert d'épines qui pousse surtout dans les haies.

prunier n.m. Arbre fruitier cultivé pour ses fruits, les prunes.

prunier

prunus n.m. Prunier cultivé comme arbre d'ornement.
▸ REM. On prononce le *-s.*

P.-S. ou **P-S.** n.m. Abréviation de *post-scriptum.*

psalmodier v. (CONJUG. 7). Réciter ou lire sur un ton monotone, sans inflexion de la voix. *Les élèves psalmodient leur récitation.*

HISTOIRE DU MOT Vient du grec *psalmos*, qui signifie « psaume », et *ôdê*, qui signifie « chant ».

psaume n.m. Chant religieux juif et chrétien dont le texte est tiré de la Bible.

pschent n.m. Coiffure des pharaons en forme de double couronne.
▸ REM. On prononce [pskɛnt]

ENCYCLOPÉDIE Les deux couronnes symbolisaient la souveraineté du pharaon sur la Haute-Égypte et la Basse-Égypte.

pseudonyme n.m. Nom d'emprunt que l'on choisit de porter. *Les écrivains prennent souvent un pseudonyme pour signer leurs œuvres, par exemple George Sand est le pseudonyme d'Aurore Dupin.*

HISTOIRE DU MOT Vient du grec *pseudês*, « trompeur, menteur », et *onoma*, « nom ».

A B C D E F G H I J K L M N O P Q R S T U V W X Y Z

psychanalyse n.f. Méthode qui permet de soigner certains troubles psychologiques, en amenant progressivement le patient à se souvenir et à parler de ses rêves et des événements qu'il a vécus et qui peuvent être à l'origine des troubles dont il souffre. *Freud est le fondateur de la psychanalyse.*

psychanalyser v. (CONJUG. 3). *Se faire psychanalyser*, c'est suivre une psychanalyse.

psychanalyste n. Spécialiste de psychanalyse.

psychiatre n. Médecin spécialiste des maladies mentales.
▸ REM. Il n'y a pas d'accent circonflexe.

psychiatrie n.f. Branche de la médecine qui s'occupe des maladies mentales.

psychiatrique adj. Qui concerne la psychiatrie. *Le malade a dû être interné dans un hôpital psychiatrique.*

psychique adj. *Les troubles psychiques* sont les troubles mentaux.

psychologie n.f. ❶ Science qui étudie la vie de l'esprit, qui s'applique à comprendre le comportement des personnes. *La psychologie de l'enfant.* ❷ Faculté de comprendre les sentiments et le comportement des autres, de prévoir leurs réactions et d'agir en conséquence. *Tu as manqué de psychologie en ne l'invitant pas.* SYN. finesse, intuition.

psychologique adj. Qui concerne la psychologie, la vie de l'esprit. *Marie a des problèmes psychologiques.*

psychologue n. Spécialiste de psychologie. *Les psychologues scolaires aident les enfants qui ont des difficultés psychologiques.* ◆ adj. Qui fait preuve de psychologie, qui comprend intuitivement les autres. *Tu n'as pas vu que tu la blessais ? Tu n'es pas très psychologue !*

psychose n.f. Peur maladive et collective. *La psychose de la guerre avait gagné toutes les couches de la société.*

psychothérapeute n. Spécialiste de psychothérapie.

psychothérapie n.f. Traitement destiné à guérir une personne de ses difficultés psychologiques.

ptérodactyle n.m. Reptile volant de l'ère secondaire, à queue courte et au bec muni de fortes dents.
HISTOIRE DU MOT Vient du grec *pteron*, qui signifie « aile », et *daktulos*, qui signifie « doigt ».

ptérodactyle (reconstitution)

puant, e adj. Qui pue. *Une mare puante.* SYN. nauséabond.

puanteur n.f. Très mauvaise odeur.

pub n.m. En Grande-Bretagne, établissement où l'on sert des boissons alcoolisées.
▸ REM. On prononce [pœb].
HISTOIRE DU MOT Ce mot anglais est l'abréviation de *public house* qui signifie « établissement public ».

pubère adj. Qui a atteint l'âge de la puberté. *Une fille, un garçon pubères.*

puberté n.f. Période de la vie qui marque le passage de l'enfance à l'adolescence et qui est caractérisée par des transformations du corps et l'acquisition de la maturité sexuelle.

pubis n.m. Partie au bas du ventre qui forme un triangle. *Le pubis se couvre de poils au moment de la puberté.*
▸ REM. On prononce le -s.
HISTOIRE DU MOT Vient du latin *pubes* qui signifie « poil ».

1 public, publique adj. ❶ Qui concerne l'ensemble de la population. *L'opinion publique traduit les sentiments de l'ensemble des gens.* SYN. commun. CONTR. personnel. ❷ Qui dépend de l'État. *L'école publique est gratuite.* CONTR. libre, privé. *Sa mère travaille dans le secteur public.* CONTR. privé. → VOIR AUSSI **fonction, service.** ❸ Qui est accessible à tous ; qui appartient à la collectivité. *Se promener dans un jardin public.* CONTR. particulier, privé.

2 public n.m. ❶ L'ensemble de la population. *Le musée est ouvert au public tous les jours sauf le mardi.* ❷ L'ensemble des spectateurs, des lecteurs. *À la fin du récital, le public a applaudi.* SYN. assistance, auditoire. *Le roman de Philippe a touché un vaste public.* • **En public** : en présence de nombreuses personnes. *Il adore parler en public.* • **Être bon public** : apprécier facilement une histoire drôle, un spectacle. • **Le public** : le secteur public.

publication n.f. ❶ Le fait de publier. *La publication d'une interview dans un journal.* SYN. parution. ❷ Œuvre, texte publiés. *Les journaux, les livres, les revues sont des publications.*

publicitaire adj. Qui concerne la publicité. *Un slogan publicitaire.* ◆ n. Personne qui travaille dans la publicité.

publicité n.f. ❶ Ensemble des moyens utilisés pour faire connaître un produit et mieux le vendre. *Cette marque de lessive fait beaucoup de publicité à la télévision.* ❷ Petit film, image ou texte qui servent à faire vendre un produit. *Beaucoup d'enfants aiment regarder les publicités à la télévision.*
▸ REM. On emploie familièrement l'abréviation *pub*.

publier v. (CONJUG. 7). ❶ Faire imprimer un texte et le mettre en vente sous forme de livre, de fascicule, etc. *Une prestigieuse maison d'édition a accepté de publier le premier roman de Philippe.* SYN. éditer. ❷ Faire connaître au public, notamment par la presse. *Le résultat du concours a été publié dans le journal d'hier.*
HISTOIRE DU MOT Vient du latin *publicus* qui signifie « public ».

publique adj. → **public**

publiquement adv. En public. *Annoncer publiquement un mariage.*

puce n.f. ❶ Petit insecte brun sans ailes, long d'environ 4 mm, parasite de l'homme et des mammifères dont il puise le sang par piqûre. *Mon chien a des puces, il n'arrête pas de se gratter.* ❷ (Familier) Mot affectueux qu'on emploie en s'adressant à une petite fille. *Viens ici, ma puce.* • **Marché aux puces** ou **les puces** : endroit où l'on vend toutes sortes d'objets d'occasion. *Antoine a acheté un vieux meuble aux puces.* • **Mettre la puce à l'oreille** : éveiller les doutes et les soupçons de quelqu'un. *Sa remarque m'a mis la puce à l'oreille* (= elle m'a alerté). • **Puce électronique** : très petit élément d'un ordinateur, d'un circuit électronique, qui contient un ou plusieurs organes de traitement de l'information appelés *microprocesseurs*. *Une carte à puce.*

puceron n.m. Insecte très petit, d'environ 1 mm, qui vit en colonie sur les plantes et se nourrit de leur sève. *Les pucerons sont des parasites très nuisibles pour les rosiers.*

pudding ou **pouding** n.m. Gâteau fait avec de la farine, des œufs, du sucre, du beurre, des fruits secs ou confits et des épices. *À Noël, les Anglais mangent du pudding.*
▸ REM. Au Québec, seule l'orthographe *pouding* est admise.

pudeur n.f. ❶ Attitude d'une personne qui évite de montrer son corps ou de parler de sujets intimes. *Par pudeur, la jeune fille n'osait pas se déshabiller devant ses amies.* ❷ Attitude discrète de quelqu'un qui évite de dire ou faire ce qui risque de choquer les autres. *Il cachait sa déception avec beaucoup de pudeur.* SYN. délicatesse, discrétion.

pudibond, e adj. Qui manifeste une pudeur excessive et souvent hypocrite. SYN. prude.

pudique adj. ❶ Qui éprouve ou qui manifeste de la pudeur. *Une jeune fille pudique. Un regard pudique.* ❷ Plein de réserve, de retenue. *Il n'a fait que de pudiques allusions à ses difficultés financières.* SYN. discret.

puer v. (CONJUG. 3). Répandre une odeur très désagréable, nauséabonde. *Ce fromage pue.* SYN. empester.

puériculteur, trice n. Personne spécialisée dans les soins à donner aux nouveau-nés et aux petits enfants. *À la crèche, la puéricultrice s'occupe des bébés avec beaucoup de douceur.*

puériculture n.f. L'ensemble des connaissances et des techniques que l'on doit acquérir pour pouvoir s'occuper professionnellement des tout-petits. *Nicole suit des cours de puériculture à l'hôpital.*

HISTOIRE DU MOT Vient, comme *puéril*, du latin *puer* qui signifie « enfant ».

puéril, e adj. Qui est naïf, enfantin et indigne d'un adulte. *Jacques a eu un comportement puéril.* SYN. infantile.

puérilité n.f. Caractère d'une personne puérile ou attitude passagèrement puérile. *Cesse ce caprice, c'est de la puérilité.* SYN. enfantillage, infantilisme.

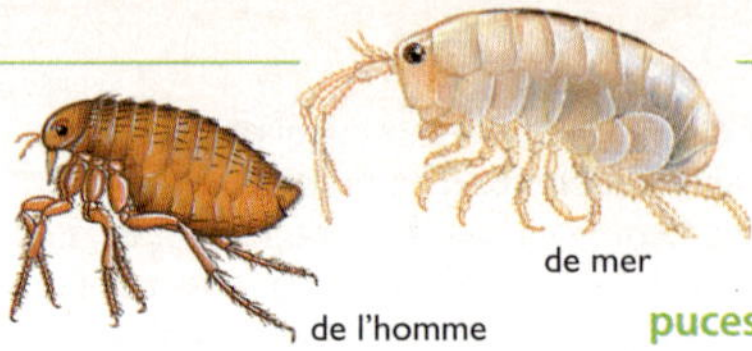

puces

pugilat n.m. Bagarre à coups de poing. *La dispute a dégénéré en pugilat.* SYN. rixe.

HISTOIRE DU MOT Vient du latin *pugnus* qui signifie « poing ».

puîné, e, ✎ ***puiné, e*** adj. et n. Qui est né après un de ses frères ou une de ses sœurs. *Xavier a un frère puîné.* SYN. cadet. CONTR. aîné.
▸ REM. Ce mot appartient à la langue soutenue.

puis adv. Après, dans le temps qui suit. *Yann a mangé du fromage, puis un fruit.* SYN. ensuite. • (Familier) **Et puis** : d'ailleurs, au reste. *Je n'ai pas envie d'aller au cinéma, et puis le film que tu me proposes ne me tente pas.* SYN. de plus.

puiser v. (CONJUG. 3). ❶ Prendre un liquide à l'aide d'un récipient. *Jean est allé puiser de l'eau dans la rivière.* ❷ Extraire, tirer d'une réserve. *Sylvain a puisé dans ses économies pour m'offrir un cadeau.*

HISTOIRE DU MOT Vient de *puits*.

puisque conj. Sert à indiquer une cause. *Puisque tu sors, rapporte du pain.*

puissamment adv. D'une manière puissante. *C'était un athlète puissamment musclé.* SYN. extrêmement, fortement.

puissance n.f. ❶ Pouvoir de dominer, de commander, d'exercer son influence. *Dans l'Antiquité, la puissance de Rome était considérable.* ❷ Capacité à fournir de l'énergie, à produire un effet. *La puissance d'une voiture* (= la force de son moteur). *On peut faire varier la puissance d'une lampe halogène* (= l'intensité de la lumière qu'elle produit). *La puissance du vent.* SYN. force. ❸ Force physique ou morale. *Un athlète d'une grande puissance.* SYN. force. *Elle a une puissance de travail étonnante.* SYN. capacité. ❹ *Les grandes puissances* sont les pays les plus riches et les plus forts. • **En puissance** : susceptible de devenir tel. *Pierre a des dons, c'est un artiste en puissance.* SYN. potentiel.

puissant, e adj. ❶ Qui a beaucoup de pouvoir, d'influence. *Louis XIV était un monarque très puissant. Une nation puissante.* ❷ Qui a une grande force, une grande énergie. *Des muscles puissants. Un moteur puissant.*

HISTOIRE DU MOT C'est l'ancien participe présent du verbe *pouvoir*.

puits n.m. ❶ Trou profond creusé dans le sol pour atteindre une nappe d'eau. *Autrefois, on allait chercher l'eau au puits.* ❷ Trou creusé dans le sol pour pomper du pétrole ou pour extraire un minerai. *Un puits de pétrole. Les puits d'une mine de charbon.* • **Puits de science** : personne très savante, érudite. *Mon oncle Georges était un puits de science, il connaissait tout.*

A B C D E F G H I J K L M N O P Q R S T U V W X Y Z

pull-over (PLUR. : **pull-overs**) OU **pull** (PLUR. : **pulls**) **n.m.** Tricot en laine ou en coton que l'on enfile par la tête. *Mets ton pull, il fait un peu froid.* SYN. chandail.
▸ REM. On prononce [pylɔvɛr].
HISTOIRE DU MOT Vient de l'anglais *to pull over* qui signifie « tirer par-dessus (la tête) ».

pullulement n.m. Le fait de pulluler.

pulluler v. (CONJUG. 3). ❶ Se trouver en très grand nombre, en abondance. *Les moustiques pullulent dans cette région.* SYN. abonder, proliférer. ❷ Être plein de. *La mare pullule de têtards.* SYN. abonder, fourmiller.

pulmonaire adj. Des poumons. *La tuberculose est une maladie pulmonaire.*

pulpe n.f. La partie tendre et charnue des fruits. *La pulpe d'une pêche bien mûre est très juteuse.* SYN. chair.
• **Pulpe dentaire :** tissu qui remplit l'intérieur d'une dent.

pulsation n.f. Battement du cœur ou des artères. *En tâtant le pouls du malade, le docteur a compté 120 pulsations à la minute.*

pulsion n.f. Force inconsciente qui pousse quelqu'un à accomplir une action.

pulvérisateur n.m. Appareil qui sert à projeter un liquide en fines gouttelettes. *Un insecticide vendu en pulvérisateur.*

pulvérisation n.f. Le fait de pulvériser.

pulvériser v. (CONJUG. 3). ❶ Projeter un liquide en fines gouttelettes. *Les paysans pulvérisent de l'insecticide sur leurs champs.* ❷ Détruire complètement. *Plusieurs voitures ont été pulvérisées par l'explosion.*
❸ *Pulvériser un record*, c'est le dépasser très largement. *Notre champion a pulvérisé le record du 100 m.*
HISTOIRE DU MOT Vient, comme *poudre*, du latin *pulvis, pulveris*, qui signifie « poussière ».

puma n.m. Mammifère carnassier d'Amérique de la taille d'une panthère, au pelage beige, qui vit dans les arbres.

puma

punaise n.f. ❶ Nom donné à plusieurs espèces d'insectes au corps aplati qui dégagent une odeur repoussante, tels que la *punaise des lits* brune, qui pique l'homme pour se nourrir de son sang, et la *punaise des bois*, verte, qui se nourrit de sève. ❷ Petit

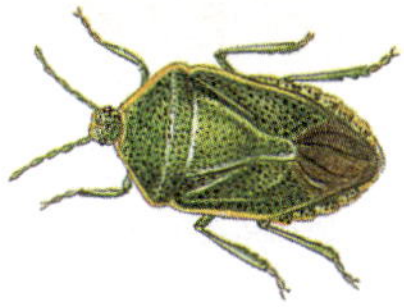
punaise

clou à tête large, à pointe fine, que l'on enfonce d'un coup de pouce. *Alix a accroché un poster au mur avec des punaises.*
HISTOIRE DU MOT Vient du latin *putere*, qui signifie « puer », et *nasus*, qui signifie « nez ».

punaiser v. (CONJUG. 3). Fixer avec des punaises. *Punaiser une photo au mur.*

1 punch n.m.invar. ❶ Aptitude d'un boxeur à porter des coups secs et efficaces. *Le boxeur manquait de punch.* ❷ (Familier) *Avoir du punch*, c'est être dynamique, efficace. *Voilà un garçon qui a du punch !*
▸ REM. On prononce [pœnʃ].
HISTOIRE DU MOT C'est un mot anglais qui signifie « coup de poing ».

2 punch, ✎ ***ponch*** **n.m.** Boisson alcoolisée faite avec du rhum et du sirop de sucre ou du jus de fruits.
▸ REM. On prononce [pɔ̃ʃ].
HISTOIRE DU MOT Vient d'un mot de l'Inde.

punching-ball n.m. (PLUR. : **punching-balls**). Lourd ballon maintenu à la verticale, dans lequel les boxeurs frappent pour s'entraîner.
▸ REM. 1. C'est un mot anglais, on prononce [pœnʃiŋbol]. 2. Au Québec, on doit dire *ballon de boxe*.
HISTOIRE DU MOT Vient de l'anglais *to punch*, qui signifie « donner un coup de poing », et *ball*, « balle ».

punique adj. De Carthage, des Carthaginois.
• **Guerres puniques :** nom donné aux trois guerres qui opposèrent Rome et Carthage entre 264 et 146 avant J.-C. et qui aboutirent à la destruction de Carthage. *La cause principale des guerres puniques était la rivalité entre Rome et Carthage, alors capitale de l'Afrique, pour la conquête du bassin occidental de la Méditerranée.*

punir punissant, puni v. (CONJUG. 16). ❶ *Punir une personne*, c'est lui infliger une peine, une punition ou une sanction pour une faute qu'elle a commise. *Punir un coupable.* SYN. châtier. *Le tribunal l'a sévèrement puni.* SYN. condamner. *Marion a été punie en classe* (= elle a eu une punition). ❷ *Punir une faute*, c'est la frapper d'une sanction. *La fabrication de fausse monnaie est sévèrement punie par la loi.* SYN. réprimer, sanctionner.

punitif, ive adj. *Une expédition punitive* est une opération militaire ou une agression collective faite pour se venger.

punition n.f. Ce que l'on inflige à une personne pour la punir. *Comme punition, nous avons dû recopier dix fois un poème.* SYN. sanction.

punk adj.invar. *Le mouvement punk* est un mouvement musical et culturel apparu en Grande-Bretagne vers 1975, qui s'oppose à la société qu'il tourne en dérision par l'adoption d'une tenue vestimentaire, d'une coiffure, d'une attitude, etc., volontairement

a b c d e f g h i j k l m n o p q r s t u v w x y z

provocatrices. *Groupe punk, mode punk.* ◆ **n.** Adepte de ce mouvement. *Il y a des punks dans mon lycée.* ▸ REM. On prononce [pœnk].

HISTOIRE DU MOT C'est un mot de l'anglais des États-Unis qui signifie « minable » et « voyou ».

1 pupille n. Orphelin placé sous la garde d'un tuteur. *Depuis la mort de ses parents, Jean est le pupille de M. Lerne.* • **Pupille de la nation :** en France, orphelin qui bénéficie d'une aide financière de l'État.

HISTOIRE DU MOT Vient du latin *pupillus* qui signifie « enfant qui n'a plus ses parents ».

2 pupille n.f. Orifice situé au milieu de l'iris de l'œil, par où passent les rayons lumineux. *Les pupilles de mon chat se dilatent dans l'obscurité et se rétrécissent en pleine lumière.* SYN. prunelle.

HISTOIRE DU MOT Vient du latin *pupilla* qui signifie « petite fille » par référence à la petite image reflétée dans la pupille.

pupitre n.m. Petite table inclinée, parfois montée sur un support, sur laquelle on pose un livre ou une partition de musique. *Le pupitre d'un chef d'orchestre. Un pupitre d'écolier.*

pur, e adj. ❶ Qui n'est pas mélangé avec autre chose. *Des pulls en pure laine. Du vin pur, sans eau.* ❷ Qui est propre, limpide, non pollué. *L'air pur de la montagne. L'eau froide et pure des torrents.* ❸ Qui est sans défaut moral. *Ses intentions sont pures.* SYN. honnête. ❹ (Devant un nom.) Qui est absolument et exclusivement ainsi. *Pierre est un pur génie.* SYN. authentique, véritable. *Ce qu'il t'a dit est la pure vérité* (= est absolument vrai). *Notre rencontre en plein Paris est un pur hasard.* • **Pur et simple :** qui est cela et rien d'autre. *Partir seul en montagne sans prévenir personne, c'est de la folie pure et simple.*

purée n.f. Plat composé de légumes cuits et écrasés. *Une purée de pommes de terre, de brocolis, de céleri.* • (Familier) **Purée de pois :** brouillard très épais.

purement adv. Uniquement. *C'est un conseil purement désintéressé.* • **Purement et simplement :** tout simplement et sans explication ; totalement. *Ce projet est purement et simplement ridicule.* SYN. tout à fait.

pureté n.f. Caractère de ce qui est pur, sans mélange. *Un diamant d'une grande pureté.*

purgatif, ive adj. et **n.m.** Se dit d'une substance qui purge, combat la constipation. *Les pruneaux ont des propriétés purgatives.* SYN. laxatif.

purgatoire n.m. Dans la religion catholique, lieu où les âmes des morts expient leurs fautes avant d'aller au paradis.

HISTOIRE DU MOT Vient du latin *purgare* qui signifie « purger ».

purge n.f. ❶ Médicament purgatif. ❷ Action de purger un appareil. *On doit procéder régulièrement à la purge des radiateurs.*

purger purgeant, purgé **v.** (CONJUG. 5). ❶ Débarrasser les intestins par l'usage d'un purgatif. *Purger un malade.* ❷ Vider un appareil du gaz ou du liquide qui l'empêchent de bien fonctionner. *Il faut purger les radiateurs avant de rallumer le chauffage.* • **Purger une peine :** la subir. *Les cambrioleurs purgent leur peine dans une prison de Nantes.*

purification n.f. Action de purifier. *La purification de l'eau.*

purifier v. (CONJUG. 7). Débarrasser un liquide ou l'air de ses impuretés. *Cette usine est chargée de purifier l'eau du fleuve.* SYN. assainir.

purin n.m. Liquide brunâtre qui s'écoule du fumier et qu'on utilise comme engrais.

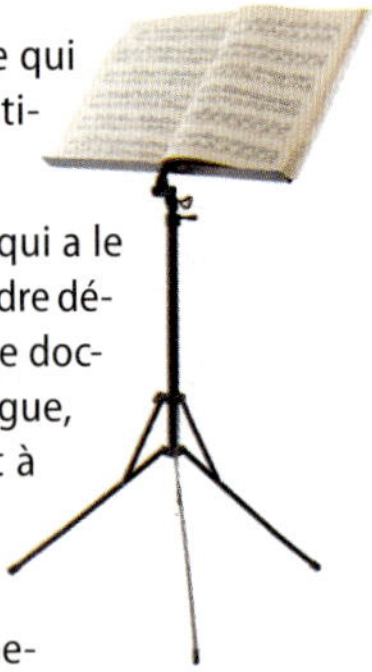

pupitre de musicien

puriste n. et **adj.** Personne qui a le souci de respecter dans le moindre détail les principes d'un art, d'une doctrine ou la « pureté » de la langue, et qui ainsi s'oppose souvent à toute évolution.

puritain, e adj. et **n.** Qui a des principes moraux extrêmement rigides. *Une éducation puritaine.* SYN. austère, rigide, rigoureux. CONTR. libéral. ◆ **n.** Adepte d'une secte protestante anglaise dont certains membres, persécutés, émigrèrent en Amérique du Nord au XVIIe siècle, à bord du navire le *Mayflower*, et fondèrent Plymouth.

HISTOIRE DU MOT Vient du latin *puritas* qui signifie « pureté ».

pur-sang n.m.invar. Cheval de course de pure race. *Le jockey monte un pur-sang.*

purulent, e adj. Qui produit ou qui contient du pus. *Il faut désinfecter avec beaucoup de soin une plaie purulente.*

HISTOIRE DU MOT Vient de *pus*.

pus n.m. Liquide jaunâtre qui contient des microbes et qui se forme dans une partie infectée du corps. *Une blessure ou un bouton qui s'infectent sont pleins de pus.* ▸ REM. On ne prononce pas le -s.

pustule n.f. ❶ Bouton plein de pus sur la peau. *La variole se manifeste par la formation de pustules.* ❷ Petite tache ronde sur la peau des crapauds ou sur les feuilles ou les tiges de certaines plantes.

putois n.m. Petit mammifère à fourrure brune qui dégage une odeur nauséabonde. • **Crier comme un putois :** protester en criant très fort.

HISTOIRE DU MOT Vient de l'ancien français *put* qui signifiait « puant ».

ENCYCLOPÉDIE La mauvaise odeur du putois résulte de la sécrétion d'une glande anale. Elle lui sert à la fois à marquer son territoire et à se défendre contre

A B C D E F G H I J K L M N O P Q R S T U V W X Y Z

ses agresseurs. Le putois se nourrit de rongeurs, d'insectes, d'oiseaux, et s'attaque parfois aux poulaillers.

putois avec ses petits

putréfaction **n.f.** Le fait de se putréfier. SYN. décomposition.

se **putréfier** **v.pron.** (CONJUG. 7). Entrer en décomposition, pourrir. *Le tas de feuilles mortes se putréfie en formant du compost.* SYN. se décomposer.

HISTOIRE DU MOT Vient, comme *pourrir*, du latin *putris*.

putride **adj.** Qui vient ou paraît venir de quelque chose en train de pourrir. *Une odeur putride.*
▸ REM. Ce mot appartient à la langue soutenue.

putsch **n.m.** Coup d'État militaire. *Des généraux ont organisé un putsch et ont pris le pouvoir.*
▸ REM. On prononce [putʃ].

puzzle **n.m.** Jeu de patience qui consiste à reconstituer une image en assemblant un grand nombre de morceaux de cette image.
▸ REM. 1. On prononce [pœzl]. 2. Au Québec, on doit dire *casse-tête.*

HISTOIRE DU MOT C'est un mot anglais qui signifie « énigme, perplexité ».

P.-V. ou **P-V** **n.m.invar.** (Familier) Abréviation de *procès-verbal.*

PVC **n.m. invar.** Matière plastique très utilisée. *Des fenêtres en PVC.*

HISTOIRE DU MOT Ce sigle vient de l'anglais *polyvinylchloride* qui signifie « polychlorure de vinyle ».

pygmée **adj.** et **n.** Qui se rapporte aux Pygmées
→ VOIR noms propres.

pyjama **n.m.** Vêtement, composé d'une veste et d'un pantalon, que l'on met pour dormir. *Sophie aime bien dormir en pyjama. Lisa a invité Chloé pour une soirée pyama.*

pylône **n.m.** Poteau en fer ou en béton qui porte des câbles électriques ou sert de support à une construction (téléphérique, pont suspendu, etc.). *La route était bordée de pylônes.*

HISTOIRE DU MOT Vient du grec *pulôn* qui signifie « porche, portail ».

pyramide **n.f.** ❶ Solide dont la base est un carré et dont les quatre faces sont des triangles qui se réunissent en un même point, le *sommet.* ❷ Grand monument ayant cette forme, qui servait de tombeau aux pharaons d'Égypte. *Les plus célèbres pyramides d'Égypte sont celles de Kheops, de Khephren et de Mykerinus, à Gizeh près du Caire.* ❸ Représentation graphique évoquant la forme d'une pyramide. *Une pyramide des âges.* ❹ Entassement d'objets ayant cette forme. *Une pyramide de fruits.*

Pyrex **n.m.** Verre très résistant que l'on peut mettre au four. *Je fais cuire le rôti dans un plat en Pyrex.*
▸ REM. C'est un nom de marque, le mot prend une majuscule, en France, dans les textes imprimés.

pyrogravure **n.f.** Procédé de gravure sur bois à l'aide d'une pointe métallique chauffée au rouge ; gravure réalisée par ce procédé.

HISTOIRE DU MOT *Pyro* vient du grec *pûr* qui signifie « feu ».

pyromane **n.** Personne qui ne peut résister à l'impulsion maladive d'allumer des incendies ; incendiaire. *C'est un pyromane qui a mis le feu à la forêt.*

pythie **n.f.** Prêtresse de l'oracle d'Apollon, à Delphes.
▸ REM. Attention au *y* et au *h*.

python **n.m.** Gros serpent d'Asie et d'Afrique, non venimeux, qui étouffe et broie ses proies dans ses anneaux avant de les avaler.
▸ REM. 1. Attention au *y* et au *h*. 2. Ne pas confondre avec *piton.*

HISTOIRE DU MOT Vient du grec *Puthôn*, nom d'un serpent monstrueux tué par Apollon près de Delphes.

ENCYCLOPÉDIE Le python réticulé, espèce d'Asie du Sud-Est, mesure de 7 à 10 m pour un poids de 100 kg. C'est le plus grand serpent du monde, avec l'anaconda. Il s'attaque aux gros mammifères et peut être dangereux pour l'homme.

a b c d e f g h i j k l m n o p q r s t u v w x y z

quadragénaire **adj.** et **n.** Qui a entre quarante et cinquante ans.
▶ REM. On prononce [kwa-] ou [ka-].

quadrangulaire **adj.** Qui a quatre angles. *Le rectangle est une figure quadrangulaire.*
▶ REM. On prononce [kwa-] ou [ka-].

quadrature **n.f.** • **C'est la quadrature du cercle :** c'est un problème impossible à résoudre, une chose irréalisable.
▶ REM. On prononce [kwa-] ou [ka-].

ENCYCLOPÉDIE En géométrie, la quadrature du cercle est la construction, par la règle et le compas, d'un carré ayant la même surface que celle de l'intérieur d'un cercle donné. C'est un problème insoluble que les géomètres anciens ont essayé de résoudre, en vain.

quadrige **n.m.** Dans l'Antiquité, char à deux roues, attelé de quatre chevaux de front.
▶ REM. On prononce [ka-].

quadrige (arc de triomphe du Carrousel, Paris)

quadrilatère **n.m.** Figure géométrique à quatre côtés. *Le carré, le rectangle, le losange sont des quadrilatères.* → VOIR Fiche **15.**
▶ REM. On prononce [kwa-] ou [ka-].

quadrillage **n.m.** ❶ Ensemble de lignes qui divisent une surface en carrés. *Le quadrillage d'une feuille.* ❷ Le fait de quadriller une zone. *La police a procédé au quadrillage du quartier.*

quadrille **n.m.** ❶ Groupe de quatre cavaliers qui effectuent des figures de carrousel. ❷ Danse à la mode au XIXe siècle, qui était exécutée par quatre couples de danseurs.

quadriller **v.** (CONJUG. **3**). ❶ Tracer sur une feuille des lignes horizontales et verticales, de sorte qu'elles forment des carrés. *Quadriller un plan pour le reproduire.* ❷ Disposer des unités militaires ou des policiers dans une zone, afin de la contrôler. *Les policiers quadrillent la ville.*

quadrupède **adj.** et **n.m.** *Un animal quadrupède* marche sur quatre pattes. *Le cheval, le chien sont des quadrupèdes.* → VOIR AUSSI **bipède.**
▶ REM. On prononce [kwa-] ou [ka-].

HISTOIRE DU MOT Vient du latin *quadri,* qui signifie « quatre », et *pes, pedis,* qui signifie « pied ».

quadruple **adj.** et **n.m.** Qui vaut quatre fois autant. *Douze est le quadruple de trois.*
▶ REM. On prononce [kwa-] ou [ka-].

quadrupler **v.** (CONJUG. **3**). Multiplier par quatre. *La publicité a permis de quadrupler les ventes.*
▶ REM. On prononce [kwa-] ou [ka-].

quadruplés, ées **n.plur.** Quatre enfants nés d'une même grossesse.
▶ REM. On prononce [kwa-] ou [ka-].

quai **n.m.** ❶ Partie aménagée au bord de l'eau pour permettre aux bateaux d'accoster et pour faciliter l'embarquement et le débarquement. *Un navire est à quai dans le port.* ❷ Sorte de trottoir aménagé au bord d'une voie ferrée, dans une gare, une station de métro. *Le train entre en gare, éloignez-vous de la bordure du quai.* ❸ Rue qui longe la berge aménagée d'un fleuve. *À Paris, le quai d'Orsay longe la Seine.*

HISTOIRE DU MOT Vient, comme *chai,* du gaulois *caio.*

quaker, eresse **n.** Membre d'un groupement religieux protestant surtout répandu aux États-Unis.
▶ REM. On prononce [kwɛkœr, kwɛkrɛs].

HISTOIRE DU MOT Vient de l'anglais *to quake* qui signifie « trembler ». Quand ils se sentaient possédés par l'esprit divin, les quakers étaient pris d'un tremblement.

1 qualificatif, ive **adj.** *Un adjectif qualificatif* qualifie un substantif et précise la qualité d'une personne ou d'une chose. *Dans « Maman est gentille » et « ton bateau est magnifique », « gentil » et « magnifique » sont des adjectifs qualificatifs.* → VOIR AUSSI **adjectif.** • **Épreuve qualificative :** épreuve sportive qui permet, si on la réussit, de se qualifier, d'avoir le droit de participer à la phase suivante d'une compétition.

2 qualificatif **n.m.** Mot qui qualifie une personne, une chose. *Il a employé des qualificatifs injurieux pour parler de son voisin.* SYN. épithète.

qualification **n.f.** ❶ Le fait d'être qualifié pour faire un certain travail. *De nombreux jeunes n'ont aucune qualification professionnelle.* ❷ Le droit de participer à une compétition. *Un match de qualification pour la Coupe du monde de football.*

qualifié, e **adj.** Qui a une qualification, une formation précise pour l'exercice de son métier. *Un ouvrier qualifié.*

qualifier **v.** (CONJUG. 7). ❶ Caractériser par un adjectif, un nom ou une expression. *La loi qualifie de criminels ceux qui allument des incendies volontaires.* SYN. appeler. ❷ *Être qualifié pour accomplir un travail*, c'est avoir les qualités requises pour le faire. *Anne est la plus qualifiée pour représenter sa classe auprès des professeurs.* ◆ **se qualifier** **v.pron.** Passer avec succès des épreuves préliminaires, obtenir sa qualification. *L'athlète s'est qualifié pour participer aux jeux Olympiques.*

qualitatif, ive **adj.** Qui se rapporte à la qualité, à la nature d'une chose, par opposition à *quantitatif. Une différence qualitative.*

qualité **n.f.** ❶ Ce qui caractérise une chose ; ce qui fait qu'une chose est bonne ou mauvaise. *Tester la qualité d'un matériau. Ce tissu est de très bonne qualité.* ❷ Trait de caractère d'une personne ; ce qui fait son mérite, sa valeur. *La principale qualité d'Annie est la générosité.* SYN. mérite, vertu. CONTR. défaut. ❸ Fonction ou profession. *Je souhaite intervenir en qualité de parent d'élève. Déclinez vos nom, prénom, âge et qualité.* • **Qualité de la vie :** tout ce qui rend les conditions de vie plus harmonieuses, plus saines.

quand **adv.** Sert à interroger sur le temps, la date. *Quand viendrez-vous ? Quand se sont-ils mariés ? Depuis quand avez-vous cette voiture ?* ◆ **conj.** Introduit une proposition de temps. *Je suis arrivé quand il partait.* SYN. au moment où, lorsque. • **Quand même :** malgré tout. *Ses parents lui avaient interdit de sortir, mais il est sorti quand même.*
▸ REM. Ne pas confondre avec *quant à.*

quai des Orfèvres (île de la Cité, Paris)

quant à **prép.** En ce qui concerne telle personne ou telle chose. *Allez-y si ça vous tente, quant à moi, je reste ici.* SYN. pour ma part.
▸ REM. 1. On prononce [kɑ̃ta]. 2. Ne pas confondre avec *quand.*

quant-à-soi **n.m.invar.** • **Rester sur son quant-à-soi :** avoir une attitude réservée, distante. *Yann n'était pas à l'aise devant Pierre, il restait sur son quant-à-soi.*

quantifiable **adj.** Dont on peut déterminer la quantité.

quantifier **v.** (CONJUG. 7). Déterminer une quantité.

quantitatif, ive **adj.** Qui se rapporte à la quantité, par opposition à *qualitatif. Une différence quantitative.*

quantité **n.f.** ❶ Mesure que l'on peut évaluer en comptant et qui répond à la question *combien* ? *Quelle quantité de beurre faut-il pour le gâteau ?* SYN. poids. *« Très, beaucoup, peu, moins, plus » sont des adverbes de quantité.* ❷ Nombre important, masse importante. *Préférer la qualité à la quantité. J'ai une quantité de choses à faire aujourd'hui* (= un grand nombre).

quarantaine **n.f.** ❶ Quarante ou à peu près quarante. *« Combien d'invités étiez-vous ? – Une quarantaine. »* ❷ Âge de quarante ans ou à peu près. *Il a la quarantaine* (= c'est un quadragénaire). ❸ Isolement temporaire (autrefois de 40 jours) imposé à des personnes, des animaux ou des marchandises en provenance d'un pays atteint par une épidémie. • **Mettre une personne en quarantaine :** l'exclure d'un groupe, la tenir à l'écart.

quarante **adj. numéral invar.** et **n.m.invar.** Quatre fois dix. *Sa mère a quarante ans.*
▸ REM. S'écrit 40 en chiffres arabes et XL en chiffres romains.

quarantième **adj. numéral** et **n.** Qui occupe un rang, une place marqués par le numéro 40. *Elle s'est classée quarantième au cross. Jean est le quarantième de la liste.*

quart **n.m.** ❶ Chacune des parties d'un tout divisé en quatre. *Trois est le quart de douze. Il a mangé un quart du camembert.* ❷ Quantité correspondant à 250 g. *Un quart de beurre.* ❸ Bouteille d'un quart de litre. *Commander un quart de vin.* ❹ Service de garde qui dure quatre heures, sur un navire. • **Un quart** ou **et quart** ou **moins le quart :** s'emploient dans l'expression de l'heure pour indiquer que l'heure a plus ou moins quinze minutes. *Il est midi et quart, allons déjeuner* (= 12 h 15 min). *Nous reprendrons le travail à deux heures moins le quart* (= 13 h 45 min). • **Aux trois quarts :** presque entièrement. *Mon devoir est aux trois quarts terminé.* • (Familier) **Les trois quarts du temps :** la plupart du temps. *Tu n'écoutes pas, tu passes les trois quarts du temps à rêvasser !*

HISTOIRE DU MOT Vient du latin *quartus* qui signifie « quatrième ».

a b c d e f g h i j k l m n o p q r s t u v w x y z

quart d'heure **n.m.** (PLUR. : **quarts d'heure**). Quinze minutes, le quart d'une heure. *Je m'absente un quart d'heure.*

quartette **n.m.** Formation de jazz composée de quatre musiciens.
▸ REM. On prononce [kwa-].

quartier **n.m.** ❶ Portion d'une chose divisée en quatre. *Un quartier de pomme.* ❷ Partie d'une chose divisée en quatre ou plus de quatre parties. *Aux abattoirs, des quartiers de bœuf sont suspendus à des crochets.* ❸ Division naturelle des agrumes. *Les mandarines, les oranges sont divisées en quartiers.* SYN. tranche. ❹ Partie plus ou moins grande d'une ville. *Un quartier résidentiel, populaire, commerçant.* ❺ Phase de la Lune au cours de laquelle une moitié du disque lunaire est visible. *On distingue le premier quartier, avant la pleine lune, et le dernier quartier, après celle-ci.* • **Avoir quartier libre :** pour un soldat, être autorisé à quitter sa caserne ; et, au sens figuré, être libre de faire ce que l'on veut. *Nous avons quartier libre cet après-midi !* • **Ne pas faire de quartier :** massacrer tout le monde ; être implacable. • **Quartier général** ou **Q.G. :** endroit où se trouve l'état-major d'une armée ; au sens figuré, lieu habituel de réunion d'un groupe.

quartier-maître (PLUR. : **quartiers-maîtres**), ✎ ***quartier-maitre*** (PLUR. : ***quartiers-maitres***) **n.m.** Grade le moins élevé de la marine militaire, qui correspond à celui de caporal ou de brigadier.

quart-monde **n.m.** (PLUR. : **quarts-mondes**). ❶ L'ensemble des pays les plus défavorisés, les plus pauvres de la planète. ❷ À l'intérieur d'un pays, partie la plus défavorisée de la population, qui vit dans la misère.

quartz **n.m.** Minéral très dur qui se trouve dans le granite, le grès, le sable, etc., et qui est utilisé dans l'industrie. *Une montre à quartz est très précise grâce aux vibrations très régulières d'une petite lame de quartz.*
▸ REM. On prononce [kwarts].

quartz

quasi **adv.** ❶ Pour ainsi dire, à peu près. *La rue était quasi déserte.* ❷ Exprime une légère restriction dans ce qu'on affirme. *J'en ai la quasi-certitude* (=je n'en suis pas tout à fait sûr).
▸ REM. 1. *Quasi* s'emploie sans trait d'union devant un adjectif (sens 1) et avec un trait d'union devant un nom (sens 2). 2. On prononce [kazi].

HISTOIRE DU MOT C'est un mot latin qui signifie « comme si, en quelque sorte ».

quasiment **adv.** (Familier) Presque. *J'ai quasiment fini* (=à peu près).

quaternaire **adj.** et **n.m.** *L'ère quaternaire*, c'est l'ère géologique actuelle qui dure depuis deux à quatre millions d'années. *Le quaternaire a été caractérisé par de grandes glaciations et par l'apparition et l'évolution de l'homme.*
▸ REM. On prononce [kwa-].

HISTOIRE DU MOT Vient du latin *quaterni* qui signifie « quatre à la fois ».

quatorze **adj. numéral invar.** et **n.m.invar.** Treize plus un. *Demain, Cléa aura quatorze ans.*
▸ REM. S'écrit 14 en chiffres arabes et XIV en chiffres romains.

quatorzième **adj. numéral** et **n.** Qui occupe un rang, une place marqués par le numéro 14. *Elle s'est classée quatorzième au marathon. Anne est la quatorzième sur la liste.*

quatrain **n.m.** Strophe de quatre vers. *Les quatrains d'un poème.*

quatre **adj. numéral invar.** et **n.m.invar.** Trois plus un. *Une maison de quatre étages. Nous avons rendez-vous le quatre.* • **Comme quatre :** beaucoup, énormément. *Il mange comme quatre.* • **Descendre** ou **monter un escalier quatre à quatre :** précipitamment, comme si l'on franchissait quatre marches à la fois. • **Se mettre en quatre :** se donner beaucoup de mal. *Il s'est mis en quatre pour rendre votre séjour agréable.*
▸ REM. 1. Au mot *quatre* correspondent l'élément tiré du latin *quadri-*, que l'on retrouve dans *quadragénaire, quadrilatère* et *quadrupède*, et l'élément tiré du grec *tetra-*, que l'on retrouve dans *tétraèdre*. 2. S'écrit 4 en chiffres arabes et IV en chiffres romains.

quatre-quarts **n.m.invar.** Gâteau fait avec le même poids de farine, de beurre, d'œufs et de sucre.

quatre-quatre **n.m.invar.** ou **n.f.invar.** Véhicule à quatre roues motrices.
▸ REM. Au Canada, on dit plutôt *un quatre par quatre.*

quatre-saisons **n.f.invar.** • **Marchand des quatre-saisons :** marchand qui vend des fruits, des légumes ou des fleurs sur un étalage mobile installé dans la rue.

quatre-vingt-dix **adj. numéral invar.** et **n.m.invar.** Quatre-vingts plus dix. *Un match de football dure quatre-vingt-dix minutes. Il en est à la page quatre-vingt-dix de son livre. Elle habite au quatre-vingt-dix.*
▸ REM. S'écrit 90 en chiffres arabes et XC en chiffres romains.

quatre-quatre

quatre-vingts ou **quatre-vingt** **adj. numéral** et **n.m.invar.** Quatre fois vingt. *Jules Verne a écrit « le Tour du monde en quatre-vingts jours ». Il habite au quatre-vingt de la rue de l'Église.*
▸ REM. 1. Placé après le nom, pour marquer l'ordre, le mot ne prend pas de *s* : *page quatre-vingt.* 2. Suivi d'un autre nombre, le mot ne prend pas de *s* : *un homme de quatre-vingt-quatorze ans.* 3. S'écrit 80 en chiffres arabes et LXXX en chiffres romains.

quatrième **adj. numéral** et **n.** Qui occupe un rang, une place marqués par le numéro 4. *Ce trimestre, il est classé quatrième. C'est le quatrième de la liste.* ◆ **n.f.** En France, la classe de troisième année du premier cycle de l'enseignement secondaire. *Florence a treize ans, elle rentre en quatrième.*

quatrièmement **adv.** Sert à introduire le quatrième point d'une explication, d'une énumération.

quatuor **n.m.** ❶ Morceau de musique écrit pour quatre instruments ou quatre voix. *Un quatuor de Mozart.* ❷ Ensemble formé de quatre musiciens ou de quatre chanteurs. *Un quatuor à cordes est composé de deux violons, un alto et un violoncelle.*
▸ REM. On prononce [kwatɥɔr].

HISTOIRE DU MOT C'est un mot latin qui signifie « quatre ».

quatuor à cordes

1 que **pron. relatif.** Reprend dans la subordonnée un nom de personne ou de chose et s'emploie comme complément. *La femme qu'il a vue dans la cour s'appelle Martine. Il a pris la boîte que j'avais posée sur la table.* → VOIR **pronom** (encadré).
▸ REM. Attention, *que* s'élide devant une voyelle.

2 que **pron. interrogatif.** Interroge sur une chose, un état, un événement, une circonstance. *Que dites-vous ? Qu'est-il devenu ? Que se passe-t-il ici ?* → VOIR **pronom** (encadré).
▸ REM. Attention, *que* s'élide devant une voyelle.

3 que **conj.** ❶ Introduit le deuxième terme d'une comparaison. *Je suis plus grand que toi.* ❷ Introduit une proposition complément. *Il voulait que je lui rende ses billes. Il m'a dit qu'il avait faim.* ❸ Introduit une proposition qui exprime un souhait, un ordre. *Qu'il parte sur-le-champ !* ◆ **adv.** Introduit une exclamation. *Que c'est beau toutes ces couleurs !* SYN. comme.
▸ REM. Attention, *que* s'élide devant une voyelle.

québécisme **n.m.** Mot, expression propres au français parlé au Québec.

québécois, e **adj.** et **n.** De la province du Québec, de la ville de Québec. *Le Saint-Laurent est un fleuve québécois.*
▸ REM. Quand il désigne une personne, le mot prend une majuscule : *un Québécois, une Québécoise.*

quel, quelle, quels, quelles **adj. interrogatif** et **exclamatif.** ❶ Sert à demander une précision sur une chose ou une personne. *Quelle heure est-il ? Je me demande quelle heure il est. Quels sont les livres que vous avez lus cet été ?* ❷ Sert à introduire une phrase exclamative. *Quelle idée ! Quel bel homme !* → VOIR **déterminant** (encadré). ◆ **pron. interrogatif.** Interroge sur un élément d'un ensemble. *De ces deux maisons, quelle est la plus jolie ?* (= laquelle). ◆ **quel que, quelle que, quels que, quelles que** **adj. relatif.** N'importe lequel. *Quel que soit votre avis, faites-le-nous savoir.*
▸ REM. Ne pas confondre *quel que* (en deux mots) et *quelque.*

quelconque **adj. indéfini.** ❶ N'importe quel. *Si, pour une raison quelconque, tu ne peux pas venir, préviens-moi.* ❷ (Familier) De peu d'intérêt, insignifiant. *C'est un livre quelconque.* SYN. médiocre. CONTR. remarquable.

quelque **adj. indéfini.** ❶ (Au singulier.) Indique une quantité indéterminée mais généralement faible. *J'ai quelque peine à vous croire* (= un peu de peine). *Cela fait quelque temps que je ne l'ai pas vu.* ❷ (Au pluriel.) Indique un petit nombre. *Attendez-moi ici quelques instants, je reviens.* ● **Et quelques :** et un tout petit peu plus. *Elle a trente ans et quelques.* ◆ **adv.** Indique une approximation. *Cela s'est passé il y a quelque vingt ans.* SYN. à peu près, environ.
▸ REM. Ne pas confondre *quelque* et *quel que* (en deux mots).

quelque chose **pron. indéfini.** ❶ Une chose indéterminée, que l'on ne précise pas. *Mangerez-vous quelque chose avant de repartir ?* (= un aliment quelconque). *Il se passait quelque chose de bizarre.* ❷ Désigne une chose qui a telle qualité ou tel défaut. *J'aimerais faire quelque chose de bien dans ma vie.*

quelquefois **adv.** De temps à autre, à certains moments. *J'ai quelquefois envie de partir très loin.* SYN. parfois. CONTR. constamment, toujours.

quelque part **adv.** À un endroit quelconque, non déterminé. *J'ai déjà vu sa tête quelque part.*

quelques-uns, quelques-unes **pron. indéfini plur.** Un petit nombre de personnes ou de choses, parmi un groupe, un ensemble. *Les gens riaient, quelques-uns applaudissaient.* SYN. certains.

quelqu'un **pron. indéfini.** ❶ Une personne indéterminée, dont on ne précise pas l'identité. *Quelqu'un vous a demandé tout à l'heure. Il y a quelqu'un qui marche dans le grenier* (= on marche dans le grenier).

a b c d e f g h i j k l m n o p q r s t u v w x y z

A B C D E F G H I J K L M N O P Q R S T U V W X Y Z

❷ Désigne une personne qui a telle qualité ou tel défaut. *C'est quelqu'un de bien, vous savez.*
▶ REM. Pour parler d'une personne quelconque dans un groupe, on rencontre parfois le féminin *quelqu'une* : *Quelqu'un ou quelqu'une d'entre vous aurait un stylo à me prêter ?*

quémander v. (CONJUG. 3). Demander avec insistance. *Cesse donc de quémander des bonbons !* SYN. réclamer.

HISTOIRE DU MOT Vient de l'ancien français *caymant* qui signifiait « mendiant ».

qu'en-dira-t-on n.m.invar. (Familier) Ce que disent les autres. *Il a toujours vécu comme il lui plaisait, sans se soucier du qu'en-dira-t-on.* SYN. commérage, racontar, ragot.

quenelle n.f. Boulette allongée de viande ou de poisson hachés liés à l'œuf. *Des quenelles de volaille.*

quenotte n.f. (Familier) Dent d'un petit enfant.

quenouille n.f. Petit bâton sur lequel on mettait la laine, le chanvre ou le lin à l'état brut afin de les filer en les dévidant.

Femme à sa **quenouille**
(miniature du XVe siècle)

querelle n.f. Désaccord entre des personnes qui entraîne une discussion violente. *Quelle est la raison de leur querelle ?* SYN. dispute. *Il lui cherche querelle* (= il le provoque).

HISTOIRE DU MOT Vient du latin *querela* qui signifie « plainte en justice », de *queri*, « se plaindre ».

se **quereller** v.pron. (CONJUG. 3). Se disputer. *Ils se querellent pour un oui ou pour un non.*

querelleur, euse adj. Qui aime se quereller, qui cherche la dispute. *C'est un garçon querelleur.* SYN. batailleur, belliqueux.

quérir v. Chercher avec l'intention de ramener. *Le médecin envoya quérir la famille du malade.*
▶ REM. Ce verbe appartient à la langue littéraire et ne s'emploie qu'à l'infinitif après les verbes *aller, venir, envoyer, faire.*

HISTOIRE DU MOT Vient du latin *quaerere* qui signifie « chercher » et qui a donné aussi *quête* et *question.*

question n.f. ❶ Demande adressée à une personne en vue d'obtenir une information. *Je répondrai à toutes vos questions.* ❷ Sujet qui mérite discussion, point qu'il faut résoudre. *Nous parlerons de cette question plus tard.* SYN. affaire, problème. • **En question :** dont on parle, dont il s'agit. *Voici justement la personne en question !* • **Il est question de :** il s'agit de. *Dans ce film, il est question du futur de la planète.* • **Il n'en est pas question** ou **c'est hors de question :** se dit pour marquer un refus très net. *« Tu acceptes ? – Il n'en est pas question ! »*

questionnaire n.m. Série de questions auxquelles on doit répondre ; feuille où sont inscrites ces questions. *Pour obtenir une pièce d'identité, il faut d'abord remplir un questionnaire.*

questionner v. (CONJUG. 3). Poser des questions. *La police l'a questionné sur son emploi du temps.* SYN. interroger.

quête n.f. ❶ Action de demander et de recueillir de l'argent au profit d'autres personnes. *Une quête a été organisée pour les victimes de l'inondation.* SYN. collecte. ❷ Recherche de quelque chose. *Les chevaliers de la Table ronde se sont consacrés à la quête du Graal. La quête de la vérité.* • **En quête de quelque chose :** à la recherche de cette chose. *Nous nous sommes mis en quête d'un appartement.*
▶ REM. Au sens 2, ce mot appartient à la langue soutenue.

HISTOIRE DU MOT Vient du latin *quaerere* qui signifie « chercher » et que l'on retrouve dans *quérir.*

quêter v. (CONJUG. 3). ❶ Demander, recueillir de l'argent en faisant appel à la charité ou à la solidarité des gens. *Quêter dans les rues pour la Croix-Rouge.* ❷ Rechercher comme une faveur. *Quêter des louanges.*

quêteur, euse n. Personne qui fait la quête.

quetsche n.f. Grosse prune ovale de couleur violette. *Une tarte aux quetsches.*
▶ REM. 1. Attention au *-sch-*. 2. On prononce [kwɛtʃ].

quetzal n.m. (PLUR. : **quetzals**). Oiseau d'Amérique centrale au plumage vert.

ENCYCLOPÉDIE Le mâle est pourvu de longues plumes caudales et d'une huppe. Le quetzal était vénéré par les Aztèques.

quetzal mâle

queue n.f. ❶ Extrémité, flexible et de forme allongée, du corps de nombreux animaux. *Ne marche pas sur la queue du chat. Si tu attrapes un lézard par la queue, elle se détache.* ❷ Les plumes du croupion d'un oiseau. *La queue d'un paon d'une pie, d'une hirondelle.* ❸ Tige d'une fleur, d'un fruit ; tige des feuilles sur certaines plantes comestibles. *La queue d'une cerise. Les queues des radis, du persil.* ❹ Manche de certains ustensiles de cuisine. *La queue d'une casserole.* ❺ Ce qui se trouve au bout, à la fin. *La voiture-restaurant était située presque en queue du train.* ❻ File d'attente. *Nous avons fait la queue à la caisse du supermarché.* ❼ Position en fin de classement. *Équipe en queue de championnat.* • **À la queue leu leu :** l'un derrière l'autre, en file indienne. *Le sentier, très étroit, nous obligeait à marcher à la queue leu leu.* • **Faire une queue de poisson :** en voiture, se rabattre brusquement devant celui que l'on vient de doubler. • **Finir en queue de poisson :** se terminer abruptement et de façon peu satisfaisante. *Le film finit en queue de poisson.* • (Familier) **N'avoir ni queue ni tête :** n'avoir aucun sens, être absurde. *Cette histoire n'a ni queue ni tête.*

HISTOIRE DU MOT Vient du latin *cauda* que l'on retrouve dans *caudal.*

queue-de-cheval **n.f.** (PLUR. : **queues-de-cheval**). Coiffure dans laquelle les cheveux, tirés en arrière, sont attachés avec une barrette ou un élastique afin qu'ils retombent, flottants, sur la nuque.

queue-de-pie **n.f.** (PLUR. : **queues-de-pie**). (Familier) Veste de cérémonie dont les basques forment deux pointes.

1 qui **pron. relatif.** ❶ Reprend un nom de personne ou de chose comme sujet d'une proposition subordonnée. *Je ne connaissais pas l'homme qui était chez elle. Toi qui es adroit, répare-moi cette table ! J'ai pris la gomme qui était sur ton bureau.* → VOIR **pronom** (encadré). ❷ Reprend dans une subordonnée un nom de personne et s'emploie comme complément précédé d'une préposition. *La personne à qui tu viens de parler est ma sœur.* • **Qui que :** quelle que soit la personne. *Qui que vous soyez, répondez !*

2 qui **pron. interrogatif.** Interroge sur l'identité d'une personne et s'emploie comme sujet ou comme complément. *Qui a téléphoné ? Qui avez-vous rencontré ? Avec qui es-tu sorti ?* → VOIR **pronom** (encadré).

quiche **n.f.** Tarte salée garnie de lardons recouverts d'un mélange d'œufs et de crème.

HISTOIRE DU MOT Vient de l'allemand *Kuchen* qui signifie « gâteau ».

quiconque **pron. indéfini.** ❶ N'importe qui. *Ce problème est facile, il est à la portée de quiconque.* ❷ Toute personne. *Quiconque ne respecte pas le règlement est passible d'une amende.*

quidam **n.m.** Personne que l'on ne connaît pas, dont on ignore le nom. *Un quidam l'a abordé dans la rue.* SYN. inconnu, individu.

HISTOIRE DU MOT Mot latin qui signifie « un certain ».

quiétude **n.f.** Tranquillité d'esprit, calme. *Rien ne venait troubler la quiétude du village.* SYN. paix.
▸ REM. Ce mot appartient à la langue soutenue.

HISTOIRE DU MOT Vient du latin *quies, quietis* qui signifie « repos ».

quignon **n.m.** *Un quignon de pain*, c'est un morceau de pain ou l'extrémité d'un pain comprenant beaucoup de croûte. *Manger du fromage avec un quignon de pain.*

1 quille **n.f.** Chacune des pièces de bois posées verticalement sur le sol et qu'il faut renverser avec une

quilles

boule lancée à distance dans le *jeu de quilles.* • **Arriver comme un chien dans un jeu de quilles :** arriver au mauvais moment.

2 quille **n.f.** La partie inférieure de la coque d'un navire. *La quille a heurté un rocher.*

quincaillerie **n.f.** Magasin où l'on vend toutes sortes d'objets, d'ustensiles, d'outils servant au ménage, au bricolage, etc.

quincaillier, ère, ✎ ***quincailler, ère*** **n.** Commerçant qui tient une quincaillerie.

en **quinconce** **adv.** *Des objets disposés en quinconce* sont disposés par groupes de cinq, quatre formant un carré et le cinquième au milieu.

quinine **n.f.** Médicament contre la fièvre, spécialement contre celle provoquée par le paludisme.

quinquagénaire **adj.** et **n.** Qui a cinquante ans ou à peu près.

quinquennat **n.m.** Durée d'un mandat de cinq ans. → VOIR AUSSI **septennat.**

quintal **n.m.** (PLUR. : **quintaux**). Cent kilogrammes. *Le fermier a récolté dix quintaux de pommes de terre.*
▸ REM. On écrit en abrégé *q.*

HISTOIRE DU MOT Vient de l'arabe *qintâr* qui signifie « poids de cent livres ».

quinte **n.f.** *Une quinte de toux*, c'est un accès de toux violent et prolongé.

quintessence **n.f.** Ce qu'il y a d'essentiel, de plus important, de meilleur dans quelque chose. *Elle a su tirer la quintessence de l'œuvre de ce poète.*
▸ REM. Ce mot appartient à la langue littéraire.

HISTOIRE DU MOT Vient de l'ancienne expression *quinte essence* qui désignait la « cinquième essence », l'éther, le plus subtil des éléments de l'univers.

quintette **n.m.** Ensemble de cinq musiciens ou de cinq chanteurs. *Un quintette de jazz.*
▸ REM. On prononce [kɛ̃tɛt] ou [kwɛ̃tɛt].

quintuple **adj.** et **n.m.** Qui vaut cinq fois autant. *Quarante est le quintuple de huit.*

quintupler **v.** (CONJUG. 3). Multiplier par cinq. *Il a quintuplé son investissement.*

quintuplés, ées **n.plur.** Cinq enfants nés d'une même grossesse.

a b g h i j k l m n o p q r s t u v w x y z

quinzaine **n.f.** ❶ Quinze ou à peu près quinze. *Nous étions une quinzaine dans le car.* ❷ Deux semaines, période de quinze jours. *Je pars une quinzaine en Corse.*

quinze **adj. numéral invar.** et **n.m.invar.** Quatorze plus un. *As-tu quinze euros à me prêter ? Rendez-vous le quinze.* ◆ **n.m.** Équipe de rugby à quinze joueurs. *Le quinze de France a fait une tournée en Afrique du Sud.*
▸ REM. S'écrit 15 en chiffres arabes et XV en chiffres romains.

quinzième **adj. numéral** et **n.** Qui occupe un rang, une place marqués par le numéro 15. *Il est classé quinzième au marathon. Claire est la quinzième sur la liste.*

quiproquo **n.m.** Erreur qui se produit quand on prend une personne ou une chose pour une autre. *Je crois qu'il y a un quiproquo, nous ne parlons pas de la même personne.* SYN. malentendu, méprise.

HISTOIRE DU MOT Vient du latin *quid pro quod* qui signifie « une chose pour une autre ».

quittance **n.f.** Attestation du paiement d'une somme d'argent que l'on devait. *Une quittance de loyer.*

HISTOIRE DU MOT Vient de *quitte.*

quitte **adj.** Qui a remboursé une dette ou s'est acquitté d'une obligation. *Voilà les douze euros que je te dois, maintenant nous sommes quittes.* • **En être quitte pour :** n'avoir à subir qu'une petite chose désagréable par rapport à ce que l'on craignait. *Nous en avons été quittes pour quelques égratignures, pour la peur.* • **Quitte à :** au risque de. *Je préfère passer chez lui, quitte à trouver porte close.*

HISTOIRE DU MOT Vient du latin *quietus* qui signifie « tranquille ».

quitter **v.** (CONJUG. 3). ❶ Partir d'un lieu. *Il quitte Paris ce matin pour Genève.* ❷ Cesser une activité. *Quitter son emploi.* ❸ S'éloigner d'une personne. *Je suis en retard, je te quitte* (= je pars, je m'en vais). ❹ Cesser une relation amicale, conjugale, amoureuse avec quelqu'un. *Quitter son conjoint.* • **Ne pas quitter quelqu'un** ou **quelque chose des yeux :** garder les yeux fixés sur eux. *Il est amoureux d'elle : il ne la quitte pas des yeux !* • **Ne quittez pas :** s'emploie au téléphone pour demander de rester en ligne, de ne pas raccrocher. ◆ **se quitter** **v.pron.** Se séparer, s'éloigner l'un de l'autre. *Pierre et Marie ne se sont pas quittés de la soirée.*

HISTOIRE DU MOT Vient, comme *quitte*, du latin *quietus.*

qui-vive **n.m.invar.** • **Être sur le qui-vive :** être aux aguets, sur ses gardes, prêt à se défendre.

HISTOIRE DU MOT *Qui vive !* est le cri poussé par une sentinelle pour demander à quelqu'un de dire qui il est.

1 quoi **pron. relatif.** Reprend dans une subordonnée un nom de chose ou une phrase entière, et s'emploie comme complément, précédé d'une préposition. *Je n'ai plus de quoi vous payer. Elle mit calmement son manteau, après quoi elle sortit.* → VOIR **pronom** (encadré). • **Il n'y a pas de quoi :** cela n'en vaut pas la peine. *« Je te remercie beaucoup. – Il n'y a pas de quoi. »* • **Quoi que :** quelle que soit la chose qui se passe. *Quoi que je fasse tu dis toujours que j'ai mal fait, alors j'arrête.*
▸ REM. Ne pas confondre *quoi que* (en deux mots) et *quoique.*

2 quoi **pron. interrogatif.** Interroge sur la nature d'une chose (par opposition à *qui*). *À quoi penses-tu ? De quoi parle-t-il ?* → VOIR **pronom** (encadré).

quoique **conj.** Sert à relier deux propositions qui sont dans un rapport d'opposition. *Il est venu en classe, quoiqu'il soit très fatigué.* SYN. bien que.
▸ REM. 1. *Quoique* est suivi du subjonctif. 2. *Quoique* s'élide devant *il(s), elle(s), on, un, une.* 3. Ne pas confondre avec *quoi que* (en deux mots).

quolibet **n.m.** Parole ironique ou injurieuse, moquerie. *Il dut quitter la salle sous les sifflets et les quolibets.* SYN. moquerie, raillerie.

HISTOIRE DU MOT Vient du latin *disputatio de quolibet* qui signifie « dissertation sur n'importe quel sujet ».

quorum **n.m.** Nombre minimum de membres qu'une assemblée doit comporter pour pouvoir se réunir ; nombre de votants nécessaire pour qu'une élection soit valable.

quota **n.m.** Pourcentage déterminé qui est imposé ou autorisé par l'Administration ou le gouvernement. *Les quotas d'importation des produits électroniques.*
▸ REM. On prononce [kɔta] ou [kwɔta].

quote-part (PLUR. : **quotes-parts**), ✎ ***quotepart*** **n.f.** Part que chacun doit payer ou recevoir lorsqu'on répartit une somme. *Nous serons sept, chacun paiera sa quote-part.* SYN. écot.

HISTOIRE DU MOT Vient du latin *quota pars,* « part de chacun ».

quotidien, enne **adj.** Que l'on fait ou qui se produit chaque jour. *Nous avons une réunion quotidienne.* SYN. journalier. ◆ **quotidien** **n.m.** ❶ La vie de tous les jours. ❷ Journal qui paraît chaque jour. → VOIR AUSSI **hebdomadaire, mensuel.**

HISTOIRE DU MOT Vient du latin *quotidianus,* de *quot* qui signifie « aussi nombreux » et *dies* qui signifie « jour ».

quotidiennement **adv.** Tous les jours. *Il venait quotidiennement me voir.* SYN. journellement.

quotient **n.m.** Résultat d'une division. *Le quotient de 20 divisé par 4 est égal à 5.* • **Quotient intellectuel** ou **Q.I. :** rapport entre l'âge mental et l'âge réel d'une personne.

HISTOIRE DU MOT Vient du latin *quotiens,* « combien de fois ».

Rr

rabâchage **n.m.** (Familier) Action de rabâcher ; ce que dit une personne qui rabâche. SYN. radotage.

rabâcher **v.** (CONJUG. 3). Répéter sans cesse et de manière lassante les mêmes choses. *Il ne cesse de rabâcher les mêmes histoires, il est fatigant !* SYN. ressasser.

HISTOIRE DU MOT Vient de l'ancien français *rabaster* qui signifiait « faire du tapage ».

rabais **n.m.** Diminution accordée sur une somme à payer. *J'ai pu acheter cette moto parce que j'ai obtenu un bon rabais.* SYN. remise, ristourne.

rabaisser **v.** (CONJUG. 3). Placer au-dessous de sa valeur véritable. *Il est facile de se croire supérieur en rabaissant les autres.*

rabane **n.f.** Tissu en fibre de raphia. *Les nattes de plage sont en général en rabane.*

rabat **n.m.** Partie d'un objet ou d'un vêtement conçue pour pouvoir se rabattre. *Des poches à rabat.*

rabat-joie **n.invar.** et **adj.invar.**, ✎ ***n.*** et ***adj.*** (PLUR. : *rabat-joies*). Personne qui n'est jamais contente et qui gâche la joie des autres.

rabatteur, euse **n.** Personne chargée de rabattre le gibier vers les chasseurs.

rabattre **rabattant, rabattu v.** (CONJUG. 50). ❶ Replier une chose sur elle-même. *Rabattre son col de chemise.* ❷ Faire revenir vers le bas. *Le vent rabat la fumée sur nous.* ❸ Accorder un rabais. *Le vendeur a accepté de rabattre son prix de 10 %.* ❹ *Rabattre le gibier*, c'est le forcer à se diriger vers l'endroit où se trouvent les chasseurs. ◆ **se rabattre** **v.pron.** ❶ En voiture, retourner sur sa file après avoir doublé. ❷ *Se rabattre sur quelque chose*, c'est se contenter d'une chose, faute d'avoir eu ce que l'on désirait.

▸ REM. Ne pas confondre avec *rebattre*.

rabbin **n.m.** Chef spirituel et ministre du culte d'une communauté israélite. *Le rabbin est chargé de l'enseignement de la religion, il célèbre les cérémonies religieuses, bénit les mariages et prononce les divorces.*

HISTOIRE DU MOT Vient de l'araméen *rabbi*, « mon maître ».

rabibocher **v.** (CONJUG. 3). (Familier) Réconcilier des personnes fâchées.

râble **n.m.** Partie du corps du lièvre et du lapin qui s'étend depuis le bas des épaules jusqu'à la queue. *Nous avons mangé un râble de lapin à la moutarde.*

râblé, e **adj.** Qui est petit avec une forte carrure. *Un homme râblé.* SYN. trapu.

rabot **n.m.** Outil tranchant de menuisier qui sert à égaliser la surface du bois. *Le menuisier passe le rabot sur la planche avant de la poncer.*

HISTOIRE DU MOT Vient de l'ancien français *rabotte* qui signifiait « lapin » par comparaison entre la forme de l'objet et celle de l'animal.

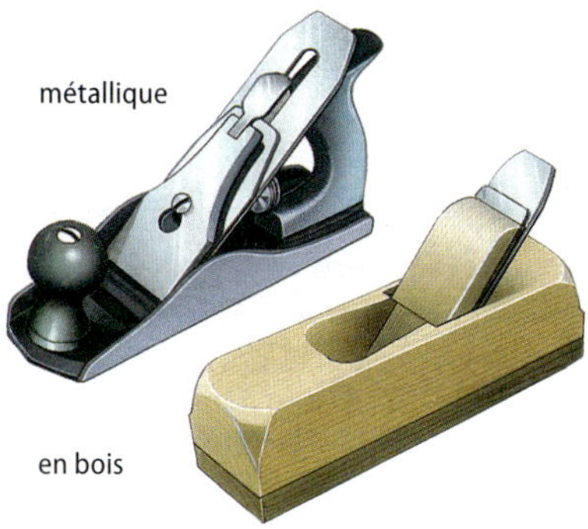

rabots

raboter **v.** (CONJUG. 3). Travailler le bois avec un rabot. *Le menuisier a raboté la porte de l'armoire.*

rabougri, e **adj.** ❶ *Un végétal rabougri* ne s'est pas développé normalement. *Des arbustes rabougris.* ❷ (Familier) Petit et un peu difforme.

rabrouer **v.** (CONJUG. 3). Parler rudement à quelqu'un, pour le gronder. *Nicolas s'est fait rabrouer par son père parce qu'il insistait pour regarder la télévision.*

HISTOIRE DU MOT Vient de l'ancien français *brouer*, « gronder ».

A B C D E F G H I J K L M N O P Q R S T U V W X Y Z

racaille **n.f.** Ensemble de personnes considérées comme louches, méprisables. *Il fréquente la racaille du quartier.*

raccommodage **n.m.** L'action de raccommoder quelque chose. *Le raccommodage d'un filet de pêche.*

raccommoder **v.** (CONJUG. **3**). ❶ Réparer un tissu avec du fil et une aiguille. *Il a fait un accroc à son pantalon, mais il l'a raccommodé.* SYN. repriser. ❷ (Familier) Réconcilier des personnes qui étaient fâchées.

raccompagner **v.** (CONJUG. **3**). Reconduire quelqu'un qui s'en va. *Ton père pourra-t-il me raccompagner en voiture ?*

raccord **n.m.** ❶ Pièce qui permet de joindre deux tuyaux, deux canalisations, deux fils, etc. ❷ Ce que l'on fait (en peinture, en couture, au cinéma, etc.) pour éviter que deux parties aient l'air d'être distinctes, séparées. *La peinture était éraflée, nous avons fait un raccord, cela ne se voit plus.*

raccordement **n.m.** L'action de raccorder deux choses. *Le raccordement de deux tronçons d'autoroute.*

raccorder **v.** (CONJUG. **3**). Réunir deux choses séparées ; établir une liaison entre elles. *Raccorder deux tuyaux, deux voies ferrées.* SYN. relier.

HISTOIRE DU MOT Vient de *accorder.*

raccourci **n.m.** Itinéraire plus court. *Nous avons pris un raccourci pour arriver plus vite.* • **En raccourci :** en plus court, en abrégé. *Ce manuel raconte l'histoire de France en raccourci.*

raccourcir **raccourcissant, raccourci v.** (CONJUG. **16**). Rendre ou devenir plus court. *Il faudrait raccourcir ta jupe, elle est trop longue. En automne, les jours raccourcissent.* SYN. diminuer. CONTR. allonger.

HISTOIRE DU MOT Vient de *court.*

raccourcissement **n.m.** Diminution de la longueur ou de la durée. CONTR. allongement, augmentation.

raccrocher **v.** (CONJUG. **3**). ❶ Accrocher de nouveau. *Maintenant que la pièce est repeinte, nous pouvons raccrocher les tableaux.* ❷ Mettre fin à une conversation téléphonique en reposant le combiné. *Il criait tellement fort que j'ai raccroché !* ◆ **se raccrocher v.pron.** ❶ Se cramponner à quelque chose pour ne pas tomber. *Elle s'est raccrochée à la branche pour ne pas glisser.* SYN. se rattraper. ❷ Trouver un réconfort auprès de quelqu'un ou dans quelque chose. *Grand-père se raccrochait à tout ce qui lui rappelait son passé.*

race **n.f.** ❶ Catégorie de classement de l'espèce humaine selon des critères physiques ou culturels, qui n'est pas scientifiquement établie, et dont l'emploi sert au développement des divers racismes et de leurs pratiques. ❷ Subdivision d'une espèce animale. *Cette vache est de race normande.* ❸ Catégorie de personnes ayant des caractéristiques communes. *Il est de la race des gens honnêtes.* • **De race :** se dit d'un animal domestique qui n'a subi aucun métissage. *Un chien de race.* CONTR. bâtard.

ENCYCLOPÉDIE Aujourd'hui, à partir des progrès de la génétique et de l'anthropologie, les scientifiques préfèrent parler de « population » plutôt que de « race ».

racé, e **adj.** ❶ *Un animal racé* présente tous les caractères de sa race. *Un cheval racé* (= de race). ❷ Élégant et noble, distingué. *Un visage racé.*

rachat **n.m.** Action de racheter quelque chose. *Il t'a demandé combien pour le rachat de sa voiture ?*

racheter **v.** (CONJUG. **11**). ❶ Acheter de nouveau. *Je n'ai pas pris assez de pain, il faudra en racheter.* ❷ Acheter quelque chose à une personne qui le revend. *Je lui ai racheté son disque.* ❸ *Racheter une faute*, c'est la faire oublier ou pardonner. *Il a tenté de racheter son erreur en lui offrant des fleurs.* ◆ **se racheter v.pron.** Se faire pardonner par un comportement meilleur. *Elle a voulu se racheter en m'aidant à préparer le repas.*

rachitique **adj.** ❶ Atteint de rachitisme. *Dans les pays où sévit la famine, les enfants peuvent devenir rachitiques.* SYN. chétif. ❷ Qui s'est mal développé, qui est trop petit et trop maigre. *Un poulet rachitique, tel était leur repas.*

HISTOIRE DU MOT Vient du grec *rhakhis* qui signifie « épine dorsale ».

rachitisme **n.m.** Maladie de l'enfance, due à un manque de vitamine qui empêche le squelette de se développer normalement.

racial, ale, aux **adj.** Qui concerne la race. *Dans certains pays, les populations noires font l'objet de discriminations raciales.*

racine **n.f.** ❶ Partie d'un végétal qui le fixe dans le sol et lui permet d'y puiser sa nourriture. *Les racines de certains arbres s'étendent très loin sous terre.* ❷ Partie par laquelle un organe du corps est implanté dans un tissu. *La racine d'une dent. La racine des cheveux.* ❸ Ce qui est l'origine, la source de quelque chose. *Toute cette violence a une racine, c'est le chômage.* ❹ En grammaire, partie d'un mot qui porte le sens général

racines d'un arbre tropical

et sur laquelle sont formés les mots appartenant à la même famille. *« Chant » est la racine commune aux mots « chanteur », « chanter », « chantonner ».* → VOIR AUSSI **radical.** • **Racine carrée d'un nombre :** le nombre qui, multiplié par lui-même, donne ce nombre. *2 est la racine carrée de 4, car 2 × 2 = 4.* ◆ **racines n.f.plur.** Liens profonds qui nous rattachent à une région, un groupe. *Victorina est retournée vivre dans le pays où elle a ses racines.*

HISTOIRE DU MOT Vient, comme *radical*, du latin *radix, radicis.*

racisme n.m. Comportement et doctrine de ceux qui pensent qu'il existe une hiérarchie entre les groupes humains, autrefois appelés « races », et qu'un groupe humain est supérieur aux autres.

raciste adj. et **n.** Qui fait preuve de racisme. *Une doctrine raciste.*

racket n.m. Le fait d'extorquer de l'argent ou d'obtenir une chose de valeur de manière violente ou par chantage. *Une bande d'individus louches exerce un racket sur tous les commerçants du quartier.*
▸ REM. C'est un mot américain, on prononce [rakɛt].

racketter v. (CONJUG. **3**). Pratiquer le racket.

racketteur, euse n. Malfaiteur qui pratique le racket.

raclée n.f. (Familier) Série de coups ; correction. *Si tu continues, tu vas prendre une raclée !*

racler v. (CONJUG. **3**). Gratter quelque chose pour enlever tout ce qui y adhère. *Racler le fond d'une casserole.* • (Familier) **Racler les fonds de tiroir :** chercher le peu d'argent qui reste. ◆ **se racler v.pron.** • **Se racler la gorge :** émettre un son rauque et bruyant pour s'éclaircir la voix.

HISTOIRE DU MOT Vient du latin *radere* qui signifie « raser, gratter ».

1 raclette n.f. Plat suisse du Valais, préparé en faisant fondre du fromage que l'on racle au fur et à mesure pour le manger chaud avec des pommes de terre, des cornichons, etc.

2 raclette n.f. Instrument qui sert à racler une surface lisse pour la nettoyer. *Prends la raclette pour enlever le givre sur les vitres de la voiture.*
▸ REM. On dit aussi *un racloir.*

racolage n.m. L'action de racoler.

racoler v. (CONJUG. **3**). Attirer les gens par tous les moyens pour leur vendre quelque chose. *Racoler des clients.*

racontar n.m. (Familier) Commérage médisant et généralement mensonger. *Tu ne devrais pas écouter ce qu'il dit, ce sont des racontars !* SYN. ragot.

raconter v. (CONJUG. **3**). Faire un récit ; rapporter ce qui a été fait ou dit par des personnes. *Tous les soirs, Maman nous raconte une histoire. Raconte-nous ce qui s'est passé.*

racornir racornissant, racorni v. (CONJUG. **16**). Rendre dur et sec comme de la corne. *La chaleur racornit le cuir.* SYN. dessécher. ◆ **se racornir v.pron.** Rapetisser en se desséchant. *L'écorce d'orange s'est racornie au soleil.*

radar n.m. Appareil qui permet de détecter la présence d'une chose ou d'une personne et de connaître sa position. *Les radars de l'aéroport ont détecté un avion inconnu.*

HISTOIRE DU MOT *Radar* est le sigle des mots anglais *RAdio Detection And Ranging* qui signifient « détection et mesure de la distance par radio ».

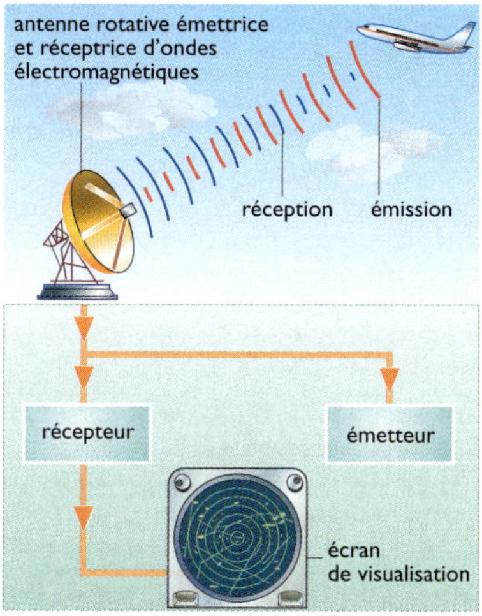

fonctionnement d'un **radar**

rade n.f. Grand bassin, naturel ou artificiel, qui communique avec la mer et où les bateaux peuvent s'ancrer. *Un paquebot mouille dans la rade.*

radeau n.m. Embarcation légère, faite d'un simple assemblage de pièces de bois. *Géricault a peint « le Radeau de la Méduse ». Les naufragés dérivaient sur un radeau.*

radiateur n.m. ❶ Appareil de chauffage. *Il fait très froid, nous avons ouvert les radiateurs à fond.* ❷ Réservoir d'eau qui sert à refroidir le moteur d'une automobile. *Ajouter du liquide antigel à l'eau du radiateur de sa voiture.*

HISTOIRE DU MOT Vient du latin *radius* qui signifie « rayon » : la chaleur du radiateur rayonne.

1 radiation n.f. Émission et propagation d'énergie sous forme d'ondes ou de particules invisibles. *Les éléments radioactifs émettent des radiations dangereuses pour l'homme.*

HISTOIRE DU MOT Vient du latin *radiare*, « rayonner », de *radius*, « rayon ».

2 radiation n.f. L'action de radier d'une liste, d'un registre.

1 radical, ale, aux adj. ❶ Qui a un caractère définitif, complet. *Il y a eu un changement radical dans le comportement de Sylvain.* ❷ Qui est très efficace pour combattre quelque chose. *Je connais un moyen radical*

a b c d e f g h i j k l m n o p q r s t u v w x y z

A B C D E F G H I J K L M N O P Q R S T U V W X Y Z

pour éliminer les fourmis ! ◆ **adj.** et **n.** Partisan du radicalisme en politique. *Un mouvement politique radical.*

HISTOIRE DU MOT Vient du latin *radix, radicis* qui signifie « racine ».

2 radical **n.m.** En grammaire, la partie d'un mot qui reste lorsqu'on enlève le préfixe, le suffixe et la désinence. → VOIR AUSSI **racine.**

radicalement **adv.** De manière radicale, définitive. *Il est radicalement opposé à ton idée.* SYN. totalement.

radicalisme **n.m.** Mouvement politique qui souhaite de profondes réformes de la société sans pour autant tout bouleverser.

radier **v.** (CONJUG. 7). Rayer définitivement de la liste des membres d'un groupe. *Il a été radié de son club sportif pour brutalité pendant le match.*

radieux, euse **adj.** ❶ Qui brille, qui est éclatant. *Un soleil radieux nous incitait à la promenade.* ❷ Qui rayonne de joie, qui exprime le bonheur. *Un sourire radieux illumina son visage lorsqu'elle le vit.*

HISTOIRE DU MOT Vient du latin *radius* qui signifie « rayon ».

radin, e **adj.** et **n.** (Familier) Avare et sans aucune générosité envers les autres.

1 radio **n.f.** ❶ Abréviation de *radiodiffusion. Faire de la radio.* ❷ Poste récepteur des émissions de radiodiffusion.

2 radio **n.f.** Transmission des sons à distance. *Communiquer par radio.* ◆ **n.m.** Spécialiste chargé, à bord d'un bateau ou d'un avion, d'assurer les liaisons par radio. *Le radio de bord d'un avion.*

HISTOIRE DU MOT Ce mot est l'abréviation de *radiocommunication.*

3 radio **n.f.** Abréviation de *radiographie.*

radioactif, ive **adj.** Qui émet de la radioactivité. *Les déchets radioactifs sont très dangereux.*

radioactivité **n.f.** Propriété que possèdent certains éléments chimiques de se transformer par désintégration en d'autres éléments, en émettant divers rayonnements. *La radioactivité de l'uranium.*

HISTOIRE DU MOT Mot créé à partir du latin *radius* qui signifie « rayon ».

radiocommunication **n.f.** Système de transmission des sons à distance.

radiodiffuser **v.** (CONJUG. 3). Diffuser par la radio. *Le concert a été radiodiffusé en direct.*

radiodiffusion **n.f.** Émission et transmission de programmes sonores à distance grâce aux ondes hertziennes. *Les premières émissions de radiodiffusion réalisées en France eurent lieu en 1921 à partir de la tour Eiffel.*

▸ REM. On abrège couramment en *radio.*

radiographie **n.f.** Image d'un organe ou de l'intérieur du corps obtenue par les rayons X. *Le médecin lui a fait faire une radiographie de la cheville.* → VOIR AUSSI **radioscopie.**

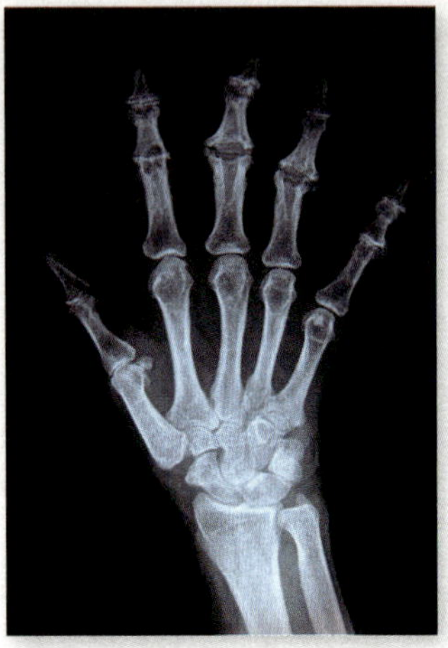

radiographie de la main

radiologie **n.f.** Partie de la médecine qui utilise notamment les rayons X pour diagnostiquer ou traiter certaines maladies.

radiologue ou **radiologiste** **n.** Médecin spécialiste de radiologie.

radiophonique **adj.** Qui se fait à la radio. *Un jeu radiophonique.*

radioscopie **n.f.** Examen d'un organe, d'une partie du corps d'après leur image portée sur un écran fluorescent au moyen de rayons X. *La radioscopie a révélé une malformation de la colonne vertébrale.* → VOIR AUSSI **radiographie.**

radiotélescope **n.m.** Instrument qui sert à étudier les astres en captant leur rayonnement.

radiotélescope

radis **n.m.** Plante potagère dont la racine est comestible et qui existe sous deux variétés : le *radis rose* et le *radis noir*. *Nous avons mangé des radis avec du pain et du beurre.*

HISTOIRE DU MOT Vient du latin *radix*, « racine ».

radium **n.m.** Métal blanc extrêmement radioactif. *Le radium fut découvert en 1898 par Pierre et Marie Curie.*

radius **n.m.** Os long qui, avec le cubitus, forme l'avant-bras.
▸ REM. On prononce le *-s*.

HISTOIRE DU MOT C'est un mot latin qui signifie « rayon ».

radotage **n.m.** Le fait de radoter ; propos d'une personne qui radote.

radoter **v.** (CONJUG. 3). ❶ Répéter toujours les mêmes choses. *Jacques m'ennuie, il ne fait que radoter depuis trois heures !* ❷ Dire des choses incohérentes et dénuées de sens. SYN. divaguer.

radoucir **radoucissant, radouci v.** (CONJUG. 16). Rendre plus doux. *La pluie a radouci la température.* ◆ **se radoucir v.pron.** ❶ Devenir plus conciliant. *Il avait un ton cassant, mais il s'est vite radouci.* ❷ Devenir plus doux, en parlant du temps.

radoucissement **n.m.** Le fait de se radoucir. *Aujourd'hui, on annonce un radoucissement de la température.*

rafale **n.f.** ❶ Coup de vent violent et de courte durée. *Le toit de la cabane a été emporté par une rafale.* SYN. bourrasque. ❷ Ensemble de coups tirés sans interruption par une arme automatique ou une pièce d'artillerie. *Tirer une rafale de mitraillette.* SYN. salve.

raffermir **raffermissant, raffermi v.** (CONJUG. 16). Rendre plus ferme. *Les massages raffermissent les muscles.*

raffinage **n.m.** ❶ Opération par laquelle on raffine une matière en la débarrassant de ses impuretés. *Le raffinage du sucre roux donne du sucre blanc.* ❷ Ensemble des procédés de fabrication des produits issus du pétrole.

raffiné, e **adj.** ❶ Qui a subi l'opération de raffinage. *Le sucre blanc est du sucre raffiné, par opposition au sucre roux.* ❷ Recherché, qui fait preuve de raffinement. *Une nourriture raffinée* (= délicate, fine).

raffinement **n.m.** Goût pour ce qui est délicat, subtil, élégant. *Marion a décoré sa chambre avec beaucoup de raffinement* (= élégance, distinction).

raffiner **v.** (CONJUG. 3). Traiter une matière pour la débarrasser de ses impuretés. *On raffine le pétrole brut pour obtenir, notamment, de l'essence.* → VOIR **raffinage, raffinerie.**

raffinerie **n.f.** Usine où l'on raffine certaines matières comme le pétrole, le sucre. *Les raffineries de pétrole sont souvent installées près des grands ports.*

raffoler **v.** (CONJUG. 3). (Familier) Être fou d'une chose ou d'une personne. *Amélie raffole des bonbons.* SYN. adorer. *Tous les jeunes raffolent de ce chanteur.* SYN. aduler.

raffut **n.m.** (Familier) Bruit violent, vacarme. *Je n'ai pas pu dormir parce que les voisins ont fait du raffut toute la nuit.* SYN. tapage.

rafiot **n.m.** (Familier) Petit bateau ou embarcation en mauvais état qui ne tient pas la mer. *Je refuse de monter sur ce rafiot !*

rafistoler **v.** (CONJUG. 3). (Familier) Réparer tant bien que mal. *Pierrot a rafistolé son cartable avec un bout de ficelle.*

HISTOIRE DU MOT L'ancien mot *afistoler* signifiait « arranger ».

rafle **n.f.** Arrestation massive des personnes qui se trouvent dans un même lieu, une même région. *Son aïeul a été pris dans une rafle pendant la guerre.*

rafler **v.** (CONJUG. 3). ❶ Prendre et emporter rapidement. *Les cambrioleurs ont raflé tous les bijoux.* SYN. dérober, voler. ❷ (Familier) Obtenir tout ce qui est recherché par d'autres. *C'est Benoît qui a raflé tous les prix.* SYN. remporter.

HISTOIRE DU MOT Vient de l'allemand *raffen* qui signifie « emporter vivement ».

rafraîchir **rafraîchissant, rafraîchi,** ✎ ***rafraichir rafraichissant, rafraichi*** **v.** (CONJUG. 16). ❶ Rendre plus frais. *L'averse a rafraîchi la température.* CONTR. réchauffer. *Cette légère brise nous rafraîchit. Mettre du champagne à rafraîchir.* ❷ Remettre en état quelque chose, lui donner l'aspect du neuf. *Un coup de peinture rafraîchira les volets.* • (Familier) **Rafraîchir la mémoire :** rappeler quelque chose. *Ah, tu ne te souviens plus de ce que tu m'as fait ? Je vais te rafraîchir la mémoire, moi !* ◆ **se rafraîchir v.pron.** ❶ Devenir plus frais. *La température s'est rafraîchie après l'orage.* CONTR. se réchauffer. ❷ Prendre une boisson rafraîchissante. SYN. se désaltérer.

rafraîchissant, e, ✎ ***rafraichissant, e*** **adj.** Qui rafraîchit, qui donne un sentiment de fraîcheur. *Une brise rafraîchissante. Elle trouve que la limonade est une boisson très rafraîchissante.*

rafraîchissement, ✎ ***rafraichissement*** **n.m.** ❶ Le fait de devenir plus frais. *Le rafraîchissement de la*

raffinerie de pétrole

a b c d e f g h i j k l m n o p q r s t u v w x y z

température. ❷ Boisson fraîche que l'on prend hors des repas. *Vous prendrez bien quelques rafraîchissements ?*

ragaillardir **ragaillardissant, ragaillardi v.** (CONJUG. **16**). (Familier) Redonner de la gaieté, des forces, de l'entrain. *Le bon air de Bretagne l'a ragaillardi. Elle était toute ragaillardie à l'idée de les voir.*

HISTOIRE DU MOT Vient de *gaillard.*

rage **n.f.** ❶ Maladie grave due à un virus, qui peut être transmise à l'homme par la morsure du chien, du renard, etc., et qui provoque de violentes convulsions. *En 1885, Pasteur a découvert le vaccin contre la rage.* ❷ Colère violente. *Il était fou de rage qu'on lui ait pris son vélo.* • **Faire rage :** se déchaîner. *La tempête fait rage sur les côtes. L'incendie faisait rage.* • **Rage de dents :** mal de dents qui provoque de très grandes douleurs.

HISTOIRE DU MOT Vient du latin *rabies* qui a donné aussi *antirabique.*

rageant, e **adj.** (Familier) Qui fait rager. SYN. agaçant, exaspérant, irritant.

rager **rageant, ragé v.** (CONJUG. **5**). (Familier) Être très irrité, très en colère. *Lisa rageait de n'avoir pas été invitée chez Magali.*

rageur, euse **adj.** Qui exprime la colère, la mauvaise humeur. *Pourquoi ce ton rageur ? Je ne t'ai rien fait !*

rageusement **adv.** Avec énervement, colère, hargne. *Luc a rageusement déchiré son dessin.*

raglan **adj.invar.** *Des manches raglan* partent du col et non des épaules. *Un pull, un manteau avec des manches raglan.*

HISTOIRE DU MOT Vient du nom de *lord Raglan* qui en lança la mode.

ragot **n.m.** (Familier) Bavardage souvent malveillant. *N'écoute pas tous ces ragots, ils sont colportés par des gens jaloux !* SYN. commérage, racontar.

ragoût, ✎ ***ragout*** **n.m.** Plat de viande, de légumes ou de poisson, coupés en morceaux et cuits dans une sauce. *Un ragoût de mouton aux pommes de terre.*

HISTOIRE DU MOT Vient de *ragoûtant.*

ragoûtant, e, ✎ ***ragoutant, e*** **adj.** *Ne pas être ragoûtant*, c'est ne pas être très appétissant, ne pas faire envie. *Ce plat est peu ragoûtant, je n'en prendrai pas !*
▸ REM. Ce mot ne s'emploie aujourd'hui que dans des expressions négatives, avec *pas, guère, peu.*

HISTOIRE DU MOT Vient de l'ancien français *ragoûter* qui signifiait « réveiller le goût, stimuler l'appétit ».

rai **n.m.** Rayon. *Un rai de lumière pénétrait dans la pièce et éclairait faiblement le visage de l'enfant.*
▸ REM. Ce mot appartient à la langue poétique.

HISTOIRE DU MOT Vient du latin *radius* qui signifie « rayon ».

raid **n.m.** ❶ Invasion rapide et de courte durée en territoire ennemi pour mener une opération de reconnaissance ou de destruction. *La brigade a fait un raid de l'autre côté de la frontière.* SYN. incursion. *Un raid aérien* (= fait avec des bombardiers). ❷ Parcours sur une longue distance destiné à mettre en valeur l'endurance des hommes et la résistance du matériel. *Le rallye Dakar est un raid éprouvant.*

HISTOIRE DU MOT Vient du vieil anglais *rad* qui signifiait « chevauchée ».

raide **adj.** ❶ Sans souplesse. *Il a trop marché, il a les jambes raides. Des cheveux raides.* ❷ Tendu au maximum. *Les enfants regardent l'acrobate marcher sur une corde raide.* ❸ *Une pente raide* est difficile à monter ou à descendre en raison de sa forte inclinaison. ❹ Qui n'a aucune grâce, aucune souplesse. *Intimidée, elle restait plantée là, raide comme un piquet.* SYN. guindé.

raideur **n.f.** Le fait d'être raide. *Elle danse avec raideur.*

raidillon **n.m.** Petit chemin en pente raide. *Elle avait toujours des difficultés à monter le raidillon.*

raidir **raidissant, raidi v.** (CONJUG. **16**). Rendre raide, tendre avec force. *L'athlète raidit ses muscles avant de s'élancer.* SYN. contracter. ◆ **se raidir v.pron.** ❶ Devenir raide. *Lorsqu'une personne meurt, ses membres se raidissent.* ❷ Résister à une menace, à un danger, à une douleur, grâce à son courage, sa volonté. *Il se raidit contre la souffrance.*

raidissement **n.m.** Le fait de se raidir, de devenir raide. *Un raidissement de la nuque.* SYN. contraction.

1 raie **n.f.** ❶ Ligne ou bande étroite et longue qui se détache sur un fond. *Le pelage du zèbre a des raies noires.* SYN. rayure. *Marie a acheté un chemisier blanc avec des raies bleues.* → VOIR AUSSI **rayure.** ❷ Ligne que l'on fait en se coiffant et qui sépare les cheveux. *Luc s'est coiffé avec une raie sur le côté.*

HISTOIRE DU MOT Vient d'un mot gaulois qui signifiait « sillon, ligne ».

2 raie **n.f.** Poisson de mer plat, aux nageoires pectorales triangulaires très développées, dont la chair est délicate.

raie

raifort **n.m.** Plante cultivée pour sa racine à saveur poivrée que l'on utilise comme condiment. *En Alsace, la racine râpée du raifort sert de moutarde.*

rail **n.m.** (PLUR. : **rails**). ❶ Chacune des bandes d'acier parallèles qui servent à supporter et à guider les roues d'un train. *Les rails sont posés et fixés sur des traverses.* ❷ La voie ferrée, le chemin de fer. *Pour certaines matières, le transport par rail est préférable au transport par route.*

HISTOIRE DU MOT C'est un mot anglais qui vient du latin *regula* qui signifie « barre ».

railler v. (CONJUG. 3). Tourner en ridicule. *Il n'a pas supporté que ses amis le raillent, il est parti.* SYN. se moquer de, ridiculiser.

raillerie n.f. Moquerie un peu méchante. *Je n'apprécie pas les railleries.* SYN. persiflage, sarcasme.

railleur, euse adj. Qui raille, se moque avec ironie et un peu de méchanceté. *Un ton railleur et sarcastique.*

rainette n.f. Sorte de petite grenouille qui vit dans les arbres. *La rainette a des doigts munis de ventouses et peut modifier sa couleur selon le milieu où elle se trouve.*

rainette

▸ REM. Ne pas confondre avec *reinette*.

rainure n.f. Entaille longue et étroite dans une pièce de bois, de métal, etc. *Il y a de la poussière dans les rainures du parquet.*

raisin n.m. Fruit de la vigne qui se présente en grappes constituées d'un ensemble de grains. *On fait du vin avec le raisin. Un cake aux raisins secs.*

HISTOIRE DU MOT Vient du latin *racemus*, « grappe ».

raison n.f. ❶ Faculté qu'a l'être humain de réfléchir, d'organiser ses pensées, de distinguer le vrai du faux, le bien du mal et d'avoir une conduite sensée et juste. *L'homme est un animal doué de raison.* SYN. entendement, intelligence. *Ramener quelqu'un à la raison.* SYN. sagesse. *Avoir l'âge de raison* (= l'âge auquel on peut prendre conscience de ses actes). *Le malade n'a plus toute sa raison, il perd la raison* (= il perd la tête, il devient fou). ❷ Ce qui explique, justifie une action. *J'aimerais bien connaître les raisons de sa colère.* SYN. cause, motif. *Tu as toujours de bonnes raisons pour arriver en retard.* SYN. excuse, prétexte. *Les voiliers ne sont pas sortis en raison de la tempête* (= à cause de). • **Avoir raison :** être dans le vrai, ne pas se tromper en pensant ou en faisant quelque chose. *Tu as raison, elle a changé.* CONTR. avoir tort, se tromper. • **Donner raison :** approuver ce que dit quelqu'un, montrer qu'il est dans le vrai. • **Mariage de raison :** mariage fondé sur des considérations matérielles, par opposition à *mariage d'amour*. • **Se faire une raison :** se résigner et accepter ce qu'on ne peut pas changer. *Il faut se faire une raison, nous ne retrouverons pas notre chat.*

HISTOIRE DU MOT Vient du latin *ratio, rationis* qui signifie « calcul, compte ».

raisonnable adj. ❶ Qui est doué de raison, capable de raisonner. *On définit l'homme comme un animal raisonnable.* ❷ Qui pense, qui agit selon la raison, avec bon sens, justesse, réflexion ; conforme à la raison. *Sois raisonnable, ne sors pas sans manteau par ce froid. Il veut arrêter de fumer, voilà une décision raisonnable !* SYN. sensé. ❸ Qui n'est pas exagéré. *Un prix raisonnable.* SYN. acceptable. CONTR. excessif.

raisonnablement adv. D'une manière raisonnable, sensée.

raisonnement n.m. Suite de jugements déduits les uns des autres de manière logique pour arriver à une conclusion. *Ton raisonnement est faux.* SYN. argumentation, démonstration.

raisonner v. (CONJUG. 3). ❶ Établir un raisonnement, enchaîner de manière logique des jugements et des arguments pour aboutir à une conclusion. *À quel âge est-on capable de raisonner ?* ❷ Chercher par des conseils, par des raisonnements à amener quelqu'un à une attitude raisonnable. *J'ai essayé de le raisonner mais il ne veut rien entendre.* ◆ **se raisonner** v.pron. Faire appel à sa propre raison pour modifier son comportement. *J'essayais de me raisonner, mais j'avais trop peur.*
▸ REM. Ne pas confondre avec *résonner*.

rajeunir rajeunissant, rajeuni v. (CONJUG. 16). ❶ Retrouver la vigueur de la jeunesse. *Depuis qu'il fait du sport, mon oncle a rajeuni.* ❷ Faire paraître plus jeune. *Cette coiffure vous rajeunit.* CONTR. vieillir. ❸ Donner à une personne un âge inférieur à celui qu'elle a. *Vous me rajeunissez, je n'ai pas trente ans, j'en ai quarante-cinq !*

rajeunissement n.m. ❶ Le fait de rajeunir. *Une cure de rajeunissement.* ❷ Diminution de la moyenne d'âge d'un groupe. *Le rajeunissement de la population d'un pays.*

rajout n.m. Le fait de rajouter quelque chose. *Ne fais pas de rajouts dans ton texte, il est très bien comme cela.* SYN. ajout.

rajouter v. (CONJUG. 3). Ajouter de nouveau, mettre en plus. *Rajouter un peu de sel.* • (Familier) **En rajouter :** exagérer, dire ou faire plus qu'il ne faut. *Il faut toujours qu'il en rajoute !*

rajustement ou **réajustement** n.m. Le fait de rajuster. *Les syndicats réclament le rajustement des salaires.*

rajuster ou **réajuster** v. (CONJUG. 3). ❶ Remettre en place, en ordre un vêtement, ses lunettes, son chapeau. *Il rajusta sa cravate.* ❷ *Rajuster les salaires*, c'est les augmenter pour qu'ils suivent la hausse des prix.

râle n.m. Bruit rauque et anormal qui accompagne parfois la respiration.

ralenti n.m. ❶ Régime le plus faible auquel puisse tourner un moteur. *Le ralenti permet au moteur de ne pas caler lorsqu'on roule doucement.* ❷ Au cinéma, procédé qui fait paraître les mouvements beaucoup plus lents à la projection que dans la réalité. CONTR. accéléré. • **Au ralenti :** à une vitesse inférieure à la normale ; en diminuant le rythme. *On a revu le but au ralenti à la télévision.*

panneau indicateur d'un **ralentisseur**

ralentir **ralentissant, ralenti v.** (CONJUG. **16**). Aller ou faire aller plus lentement. *Il faut ralentir quand on arrive à un carrefour.* CONTR. accélérer. *Les blessés ralentissaient la marche des explorateurs.*

ralentissement **n.m.** Fait d'aller moins vite, d'être moins rapide. *Un ralentissement du rythme cardiaque.* CONTR. accélération.

ralentisseur **n.m.** Bosse artificielle placée sur la largeur d'une route, conçue pour obliger les véhicules à ralentir. SYN. dos-d'âne.

râler **v.** (CONJUG. **3**). ❶ Faire entendre des râles. *Le mourant râlait.* ❷ (Familier) Exprimer son mécontentement et sa mauvaise humeur. SYN. grogner, protester.

râleur, euse **adj.** et **n.** (Familier) Qui râle, qui proteste sans cesse. *Quel râleur celui-là, il n'est jamais content !*

ralliement **n.m.** Fait de rallier. *Les manifestants rejoignent le point de ralliement.* SYN. rassemblement. CONTR. dispersion. • **Mot, signe de ralliement :** mot ou signe qui sert aux membres d'un groupe à se reconnaître. *Notre signe de ralliement sera un foulard rouge noué autour du cou.*

rallier **v.** (CONJUG. **7**). ❶ Aller vers un endroit ; rejoindre un groupe. *Les soldats rallièrent leur régiment.* ❷ Convaincre des personnes et les amener à approuver quelque chose. *Charlotte a réussi à rallier tous les enfants à son idée.* SYN. gagner. ◆ **se rallier** **v.pron.** *Se rallier à l'avis de quelqu'un,* c'est finir par partager son opinion, après avoir hésité.

rallonge **n.f.** Pièce ajoutée à un objet afin d'en augmenter la longueur. *Une table à rallonges, c'est bien pratique. As-tu une rallonge électrique ?*

rallonger **rallongeant, rallongé v.** (CONJUG. **5**). ❶ Rendre plus long, augmenter la longueur. *Christelle a tellement grandi qu'il faut rallonger toutes ses robes.* CONTR. raccourcir. ❷ Devenir plus long. *Dans l'hémisphère Nord, les jours rallongent à partir de la fin du mois de décembre.* CONTR. diminuer.

rallye **n.m.** Compétition automobile dans laquelle les concurrents doivent rejoindre un endroit précis en plusieurs étapes qui comportent différentes épreuves. *Le rallye Dakar a lieu chaque hiver.*

HISTOIRE DU MOT Vient de l'anglais *to rally* qui signifie « réunir, rassembler, rallier ».

ramadan **n.m.** Neuvième mois de l'année musulmane, durant lequel les musulmans doivent s'astreindre à certaines privations, en particulier jeûner du lever au coucher du soleil. *Le ramadan se termine par une fête qui consiste en trois jours de réjouissances.*

ramage **n.m.** Chant des oiseaux. « *Si votre ramage / Se rapporte à votre plumage, / Vous êtes le phénix des hôtes de ces bois* », *dit le Renard au Corbeau dans la fable de La Fontaine.* ◆ **ramages** **n.m.plur.** Dessins décoratifs représentant des rameaux, des fleurs, des feuillages, etc. *Du tissu à ramages.*

ramassage **n.m.** L'action de ramasser. *Le ramassage des vieux journaux a été organisé par la mairie.* SYN. collecte. • **Le ramassage scolaire :** transport des enfants de leur maison à l'école, effectué par un service de car.

ramasser **v.** (CONJUG. **3**). ❶ Prendre ce qui est à terre. *L'enfant ramassa la balle de tennis et l'envoya au joueur. Ramasser du bois mort.* ❷ Rassembler des choses plus ou moins éparpillées. *Le professeur ramasse les copies des élèves.* ◆ **se ramasser** **v.pron.** Se mettre en boule, se replier sur soi-même en contractant ses muscles. *Le chat se ramassa et bondit sur la souris.*

ramassis **n.m.** Ensemble de choses ou de personnes de peu de valeur. *Un ramassis de vieux papiers.* SYN. tas.

rambarde **n.f.** Rampe, en général métallique, qui sert de garde-fou.

1 rame **n.f.** Longue barre de bois élargie et plate à une extrémité, dont on se sert pour faire avancer et diriger une embarcation. → VOIR AUSSI **aviron, pagaie.**

HISTOIRE DU MOT Vient du latin *ramus*, « branche ».

2 rame **n.f.** Branche ou perche de bois qui sert de tuteur à certaines plantes grimpantes. *Soutenir des haricots avec des rames.*

HISTOIRE DU MOT Vient, comme *ramage*, du latin *ramus*.

3 rame **n.f.** ❶ Ensemble des voitures d'un train. *Une rame de métro.* ❷ Ensemble de cinq cents feuilles de papier.

HISTOIRE DU MOT Vient de l'arabe *rizma* qui signifie « paquet, ballot ».

rameau **n.m.** Petite branche d'arbre. *Le rameau d'olivier est le symbole de la paix.*

ramener **v.** (CONJUG. **10**). ❶ Amener de nouveau dans un endroit. *Mon chien est encore malade, je dois le ramener chez le vétérinaire.* ❷ Raccompagner une personne à l'endroit d'où elle vient. *Ils l'ont ramenée chez elle en voiture.* SYN. reconduire. ❸ Faire renaître. *Le gouvernement a tout fait pour ramener la paix dans le pays.*

SYN. rétablir. ❹ Faire revenir à un certain état. *Ramener un noyé à la vie.*
▸ REM. On *ramène* quelqu'un mais on *rapporte* un objet.

ramequin **n.m.** Petit récipient en terre ou en porcelaine que l'on utilise pour cuire des aliments au four.

ramer **v.** (CONJUG. 3). Manœuvrer les rames pour faire avancer un bateau. *Ils ont appris à ramer en cadence.*

rameur, euse **n.** Personne qui rame. *Un bateau à quatre rameurs.*

rameuter **v.** (CONJUG. 3). Appeler des personnes à se regrouper pour agir. *Un parti qui rameute ses militants pour les prochaines élections.*

ramier **n.m.** Gros pigeon commun en Europe, dont la tête et le dos sont gris-bleu, et les ailes marquées de bandes blanches.

ramification **n.f.** ❶ Division d'un végétal, d'un organe en différentes parties plus petites. *Les ramifications des racines d'un chêne. Les artères, les nerfs forment des ramifications.* ❷ Subdivision d'un ensemble, d'une organisation, etc. *Les ramifications des égouts, d'une voie ferrée.*

se **ramifier** **v.pron.** (CONJUG. 7). Se diviser en plusieurs branches. *La tige du rosier s'est ramifiée.*

HISTOIRE DU MOT Vient, comme *rame*, du latin *ramus* qui signifie « branche ».

ramollir **ramollissant, ramolli v.** (CONJUG. 16). Rendre mou. *La chaleur ramollit le beurre.* CONTR. durcir, raffermir. ◆ **se ramollir** **v.pron.** Devenir mou. *Le sol s'est ramolli avec la pluie.* → VOIR AUSSI **amollir.**

ramollissement **n.m.** Le fait de se ramollir.

ramonage **n.m.** Action de ramoner. *Le ramonage régulier des cheminées est obligatoire.*

ramoner **v.** (CONJUG. 3). Nettoyer le conduit d'une cheminée en enlevant la suie qui s'y est déposée. *Il faut faire ramoner les cheminées chaque année pour éviter les risques d'incendie.*

HISTOIRE DU MOT Vient de l'ancien français *ramon* qui signifiait « balai ».

ramoneur **n.m.** Personne dont le métier est de ramoner les cheminées.

rampant, e **adj.** Qui rampe. *Les serpents, les vers sont des animaux rampants. Une plante rampante* (= qui pousse en s'étalant sur le sol).

rampe **n.f.** ❶ Barre ou balustrade qui borde un escalier et qui sert à se retenir. *Tiens-toi à la rampe, cet escalier est raide !* ❷ Plan, chemin inclinés qui servent à monter et à descendre entre deux niveaux. *La voiture gravit la rampe du garage à toute allure.* ❸ Rangée de lumières sur le devant de la scène d'un théâtre. *Les feux de la rampe.* ● **Rampe de lancement :** plan incliné qui sert à lancer des fusées dans l'espace.

ramper **v.** (CONJUG. 3). ❶ Avancer en se traînant sur le ventre. *Les serpents se déplacent en rampant. Les soldats s'avançaient en rampant vers les positions ennemies.* ❷ Se montrer soumis et servile devant quelqu'un. *Il rampe devant son chef pour obtenir de l'avancement.* SYN. s'abaisser.

rancart **n.m.** ● (Familier) **Mettre au rancart :** se débarrasser de quelque chose dont on ne se sert plus. *Il a mis son vieux réfrigérateur au rancart.* SYN. rebut.

rance **adj.** *Une matière grasse est rance* quand elle a pris en vieillissant une odeur désagréable et un goût âcre. *Ce beurre est rance, il est entamé depuis deux semaines !* ◆ **n.m.** Odeur, saveur d'une matière rance. *Cette graisse sent le rance, a un goût de rance.*

ranch **n.m.** (PLUR. : **ranchs** ou **ranches**). Grande ferme d'élevage des plaines, notamment aux États-Unis. *Le soir, après s'être occupés du bétail, les cow-boys rentrent au ranch.*

HISTOIRE DU MOT Vient de l'espagnol *rancho* qui signifie « cabane ».

rancir **rancissant, ranci v.** (CONJUG. 16). Devenir rance. *Le beurre a ranci.*

rancœur **n.f.** Sentiment de rancune, d'amertume que l'on garde après une déception, une injustice. *Elle a de la rancœur contre Benoît depuis qu'il ne l'a pas invitée à sa fête.* SYN. ressentiment.

rançon **n.f.** ❶ Somme d'argent exigée en contrepartie de la libération d'un otage. *Les ravisseurs ont demandé une très forte rançon pour rendre l'enfant à ses parents.* ❷ Inconvénient qui peut accompagner un avantage. *Être sans cesse poursuivi par des photographes est la rançon de la gloire.* SYN. contrepartie.

HISTOIRE DU MOT Vient du latin *redemptio* qui signifie « rachat ».

rançonner **v.** (CONJUG. 3). Réclamer, exiger de l'argent sous la menace. *Autrefois, les brigands rançonnaient les voyageurs.*

rancune **n.f.** Souvenir tenace mêlé de haine et d'un désir de vengeance, que l'on garde après une offense, une injustice. *Il lui garde rancune de n'avoir pas voulu lui prêter son vélo.* ● **Sans rancune :** formule que l'on emploie pour se réconcilier avec quelqu'un après une brouille.

HISTOIRE DU MOT Vient du latin *rancor* qui signifie « état de ce qui est rance », que l'on retrouve dans *rancœur.*

rancunier, ère **adj.** et **n.** Qui garde rancune, qui n'oublie pas facilement les injustices, les offenses. *Elle ne te pardonnera jamais, elle est très rancunière !*

randonnée **n.f.** Longue promenade à pied, à vélo, à cheval, etc. *Ils aiment faire des randonnées à skis.* ● **Sentier de grande randonnée :** sentier spécialement balisé, qui permet aux marcheurs de faire de très longues promenades.

HISTOIRE DU MOT Vient de l'ancien français *randonner* qui signifiait « courir rapidement ».

randonneur, euse **n.** Personne qui fait des randonnées.

rang **n.m.** ❶ Suite de personnes ou de choses disposées les unes à côté des autres sur une même ligne.

a b c d e f g h i j k l m n o p q r s t u v w x y z

Nous étions assis au deuxième rang. SYN. rangée. *Les élèves se mettent en rang. Son collier a trois rangs de perles.* ❷ Série de mailles de tricot sur une même ligne. *J'ai encore un rang à tricoter.* ❸ Place occupée dans un ordre, une hiérarchie. *Ce pays est au premier rang des producteurs de bananes.* ❹ Au Canada, partie de territoire rural formée d'un ensemble d'exploitations rectangulaires et perpendiculaires à un chemin ou à un cours d'eau. • **Au rang de :** parmi, dans la catégorie de. *Je ne le compte pas au rang de mes amis.* • **Se mettre sur les rangs :** se porter candidat.

HISTOIRE DU MOT Vient d'un mot de la langue des Francs qui signifiait « cercle » et qui avait pris le sens de « assemblée », d'où l'idée de disposition de personnes assemblées selon un certain ordre.

rangé, e adj. Qui mène une vie régulière, ordonnée. *C'est une jeune fille rangée.* SYN. sérieux.

rangée n.f. Suite de personnes ou de choses disposées sur une même ligne. *Il y a six rangées de tables dans la classe.*

rangement n.m. Action de ranger, de mettre en ordre. *Je vais faire du rangement dans ma chambre aujourd'hui.*

ranger rangeant, rangé v. (CONJUG. 5). ❶ Mettre de l'ordre quelque part. *Quel désordre ! Il faudrait que je range ma chambre.* ❷ Mettre à sa place. *Où ranges-tu tes cahiers ?* ❸ Placer selon un certain ordre. *Les livres de la bibliothèque sont rangés par ordre alphabétique.* SYN. classer. ❹ Garer un véhicule. *Cédric a rangé sa voiture tout près de la maison.* ◆ **se ranger v.pron.** ❶ Se mettre en rang. *Les élèves se rangent par deux dans la cour.* ❷ S'écarter pour laisser le passage. *Le taxi s'est rangé le long du trottoir.* ❸ (Familier) Retrouver une vie régulière après des écarts. ❹ *Se ranger à l'avis de quelqu'un*, c'est partager son opinion après avoir hésité ou avoir eu une autre opinion.

HISTOIRE DU MOT Vient de *rang*.

ranimer v. (CONJUG. 3). ❶ Réanimer. *Ranimer un noyé.* ❷ Redonner de la force, de la vigueur. *On ranime le feu au moyen d'un soufflet.* SYN. attiser. *Cette histoire a ranimé ses vieilles colères.* SYN. réveiller.

rap n.m. Style de musique dont les paroles sont en général porteuses de messages et sont scandées sur un rythme très martelé.

HISTOIRE DU MOT C'est un mot anglais qui signifie « tape ».

rapace n.m. *Les rapaces* sont des oiseaux carnivores aux griffes aiguës et recourbées et au bec crochu. *Les rapaces se nourrissent notamment d'animaux nuisibles comme les serpents, les mulots.* ◆ **rapace n.** et **adj.** Au sens figuré, personne avide, cupide, qui n'hésite pas à nuire aux autres pour défendre ses intérêts.

HISTOIRE DU MOT Vient du latin *rapax*, de *rapere* qui signifie « emporter, voler ».

rapacité n.f. Le fait d'être rapace, avide. *La rapacité d'un usurier.*

rapatrié, e n. Personne ramenée dans son pays d'origine par les autorités officielles.

rapatriement n.m. Action de rapatrier. *Le rapatriement des prisonniers de guerre.*

rapatrier v. (CONJUG. 7). Faire revenir des personnes, des biens, de l'argent dans leur pays d'origine. *Julien est tombé malade en Afrique, il a été rapatrié d'urgence en France.*

râpe n.f. ❶ Ustensile de cuisine avec des aspérités et de petits trous qui permet de réduire en poudre ou en filaments certains aliments. *Une râpe à fromage, à légumes.* ❷ Grosse lime d'acier. *Une râpe de menuisier.* ▶ REM. Attention à l'accent circonflexe.

HISTOIRE DU MOT Vient du latin *raspa* qui signifie « grappe de raisin sans ses graines ».

râpé, e adj. ❶ Qui a été réduit en poudre, en filaments avec une râpe. *Du fromage râpé, du céleri râpé.* ❷ Tellement usé que le tissu est presque percé. *Ton manteau est râpé, tu devrais en acheter un autre.* SYN. élimé.

râper v. (CONJUG. 3). Réduire en poudre ou en petits filaments certains aliments, en général avec une râpe. *Râper des carottes, du gruyère.*

rapetisser v. (CONJUG. 3). ❶ Rendre ou faire paraître plus petit. *La distance rapetisse les objets.* CONTR. grossir. ❷ Devenir plus petit. *Quand elle boit le flacon du pays des merveilles, Alice rapetisse.*

râpeux, euse adj. Qui est rude au toucher, comme une râpe. *Le chat a une langue râpeuse.* SYN. rêche, rugueux. CONTR. doux, lisse.

raphia n.m. Fibre textile, très solide, fournie par un palmier d'Afrique et d'Amérique du même nom. *Le raphia sert à faire des cordages, des liens, du tissu d'ameublement. Un sac en raphia.*

1 rapide adj. ❶ Qui va vite, parcourt beaucoup d'espace en peu de temps. *C'est un coureur rapide. Pierre*

rapaces

raphia

a une voiture rapide, il sera là dans moins d'une heure. CONTR. lent. ❷ Qui prend peu de temps. *Sa guérison a été rapide.* SYN. prompt. *Après un rapide examen, le médecin a dit que ce n'était rien.* SYN. bref. CONTR. long. ❸ Qui agit ou qui comprend vite. *Caroline est rapide, elle a fini son exercice avant les autres.* SYN. vif. CONTR. lent.

2 **rapide** n.m. ❶ Partie d'un cours d'eau où, en raison de la pente, le courant est très fort et agité de tourbillons. *Pendant les vacances, nous avons descendu des rapides en kayak.* ❷ Train qui roule vite et ne s'arrête qu'aux gares importantes. *Yann a pris le rapide de trois heures.*

rapidement adv. De manière rapide ; en peu de temps. *Tu marches trop rapidement, je n'arrive pas à te suivre.* SYN. vite. CONTR. lentement.

rapidité n.f. Capacité à aller vite, fait d'être rapide. *Un cheval d'une étonnante rapidité. Marie travaille avec rapidité.* CONTR. lenteur.

rapiécer rapiéçant, rapiécé v. (CONJUG. 9, ✎ *10*). Réparer un vêtement en cousant des pièces. *On va rapiécer ton jean avec du tissu à fleurs.* → VOIR AUSSI **raccommoder.**

rapière n.f. Ancienne épée à lame fine et longue, utilisée dans les duels.

rapine n.f. Vol, pillage. *Les pirates vivaient de rapines.*
▸ REM. Ce mot appartient à la langue littéraire.

rappel n.m. ❶ Fait de rappeler quelqu'un, de le faire revenir. *Le rappel d'un ambassadeur. Le rappel des réservistes.* ❷ Au spectacle, fait de demander (en applaudissant ou en criant « bis ») à un artiste de revenir sur scène. ❸ En alpinisme, manœuvre pour descendre une paroi à l'aide d'une corde double. *Vincent a descendu la falaise en rappel.* ❹ Action de rappeler quelque chose à quelqu'un. *Papa avait oublié de payer ses impôts, il a reçu une lettre de rappel.* ❺ Nouvelle injection d'un vaccin destinée à prolonger l'immunité donnée par une première injection. *Piqûre de rappel.*
• **Rappel à l'ordre :** avertissement donné à une personne qui s'est mal comportée.

rappeler v. (CONJUG. 12, ✎ *11*). ❶ Appeler une nouvelle fois, notamment au téléphone. *Marie n'est pas rentrée, pouvez-vous la rappeler plus tard ?* ❷ Appeler pour faire revenir. *J'étais déjà dans l'escalier lorsqu'il m'a rappelé.* ❸ Faire revenir à l'esprit, à la mémoire de quelqu'un. *Je te rappelle que tu dois aller chez le dentiste à 5 h.* ❹ Faire penser à une personne ou à une chose, par une ressemblance. *Ce paysage me rappelle la Grèce.* SYN. évoquer. ◆ **se rappeler** v.pron. Se souvenir de quelque chose. *Je me rappelle très bien les circonstances de l'accident. Rappelez-vous qu'il n'aime pas qu'on soit en retard.*
▸ REM. On dit *se rappeler quelque chose* mais *se souvenir de quelque chose.*

rappeur, euse n. Personne qui chante ou compose du rap.

rapport n.m. ❶ Lien entre deux ou plusieurs choses. *Je ne vois pas le rapport entre l'arrivée de Matthieu et la disparition du gâteau au chocolat.* SYN. relation. ❷ Compte rendu de ce que l'on a vu ou entendu. *L'expert fera un rapport sur les circonstances de l'accident.* ❸ Profit, gain que rapportent un bien, une possession. *C'est une propriété d'un bon rapport.* SYN. rendement.
• **Par rapport à :** par comparaison. *La Terre est petite par rapport au Soleil.* ◆ **rapports** n.m.plur. ❶ Relations entre des personnes ou des groupes. *Nous entretenons de bons rapports avec nos voisins.* ❷ Acte sexuel entre deux personnes.

rapporter v. (CONJUG. 3). ❶ Apporter avec soi en revenant d'un lieu. *Alain m'a rapporté des disques de Londres.* ❷ Procurer un revenu, un gain à quelqu'un. *Son métier lui rapporte beaucoup d'argent.* ❸ Faire le récit de ce que l'on a vu ou entendu. *Elle n'a fait que rapporter ce que Basile avait dit.* SYN. raconter, répéter. ❹ Répéter par indiscrétion ou pour dénoncer quelqu'un. *Maman n'aime pas que l'on rapporte.* ◆ **se rapporter** v.pron. Avoir un rapport, un lien logique avec quelque chose ; être relatif à quelqu'un. *La réponse que tu as donnée ne se rapporte pas à la question.* SYN. correspondre.

1 **rapporteur, euse** adj. et n. Qui rapporte de manière indiscrète ou malveillante. *C'est un enfant rapporteur et menteur.* ◆ n. Personne chargée de faire un rapport, de rendre compte d'une question, d'une affaire, etc. *Ce député est le rapporteur du budget.*
▸ REM. Dans le sens du nom, le féminin peut être aussi *une rapporteure.*

2 **rapporteur** n.m. Instrument de géométrie en forme de demi-cercle gradué qui sert à mesurer des angles.

rapprochement n.m. ❶ Fait de rapprocher ou de se rapprocher. *Nous souhaitons tous le rapprochement de nos deux pays.* SYN. réconciliation. ❷ Fait d'établir un rapport, une comparaison. *Je n'avais pas fait le rapprochement entre l'arrivée de Thomas et la venue de Rose.* SYN. relation.

rapprocher v. (CONJUG. 3). ❶ Mettre plus près. *Rapproche ton siège de la fenêtre, tu verras mieux.* CONTR. éloigner. *Chaque jour nous rapproche des vacances.* ❷ Établir une relation, un lien logique entre deux choses. *Le commissaire a rapproché les deux témoignages.* SYN. comparer. ❸ Amener des personnes,

a b c d e f g h i j k l m n o p q r s t u v w x y z

des groupes à avoir de meilleures relations. *Ce mariage a bien rapproché les deux familles.* CONTR. éloigner. ◆ **se rapprocher** **v.pron.** ❶ Venir plus près. *Rapproche-toi de moi, je n'entends pas ce que tu dis. L'orage se rapproche.* CONTR. s'éloigner. ❷ Avoir des relations meilleures, plus proches. *Les deux frères se sont rapprochés après des années de brouille.* SYN. se réconcilier. ❸ Avoir certaines ressemblances avec quelqu'un, quelque chose. *Prends ce pantalon, c'est celui dont la couleur se rapproche le plus de celle de ta veste* (= ressemble à).

rapt **n.m.** Enlèvement d'une personne. *L'enfant a disparu, la police pense qu'il s'agit d'un rapt.* SYN. kidnapping.
▸ REM. On prononce le *-t*.

HISTOIRE DU MOT Vient du latin *raptus* qui signifie « enlèvement ».

raquette **n.f.** ❶ Instrument fait d'un cadre arrondi, ajusté à un manche, et qui permet de renvoyer une balle. *Les raquettes de tennis sont garnies d'un réseau de fils en boyau ou en fibre synthétique. Les raquettes de ping-pong sont formées d'une lame de bois, généralement recouverte de caoutchouc.* ❷ Large semelle, à claire-voie, que l'on adapte aux chaussures pour marcher dans la neige.

HISTOIRE DU MOT Vient de l'arabe *râhat* qui signifie « paume de la main ».

raquettes à neige

rare **adj.** ❶ Qui n'est pas courant, pas commun. *Loïc a trouvé un timbre rare pour sa collection.* ❷ Qui n'est pas fréquent. *C'est plutôt rare de voir un chien et un chat manger dans la même écuelle.* SYN. étonnant, inhabituel. ❸ Que l'on ne trouve pas en grande quantité. *Les commerçants sont rares dans ce quartier.* CONTR. nombreux. *L'herbe est rare dans cette montagne aride.* SYN. clairsemé. CONTR. abondant. ❹ Qui est exceptionnel. *C'était un homme d'une rare intelligence.*

se raréfier **v.pron.** (CONJUG. 7). Devenir rare ou plus rare. *En altitude, l'oxygène se raréfie.*

rarement **adv.** Peu souvent. *Ils partent rarement en vacances.* CONTR. fréquemment.

rareté **n.f.** Le fait d'être rare. *C'est un objet d'une grande rareté.*

rarissime **adj.** Très rare. *Ce timbre est rarissime.* SYN. introuvable, unique.

ras, e **adj.** ❶ Très court. *Les soldats avaient tous les cheveux ras. Un chien à poil ras.* ❷ Qui est rempli jusqu'au bord. *Mettre une cuiller rase de farine.* ❸ *Un pull ras du cou* est un pull dont l'encolure s'arrête à la naissance du cou. • **À ras bord :** jusqu'au bord. *Elle a rempli son verre à ras bord.* • **En rase campagne :** dans un lieu plat et découvert, où il n'y a ni forêt, ni rivière, ni maisons. ◆ **ras** **adv.** et **prép.** De très près. *Pour jouer du piano, il faut avoir les ongles coupés ras* (on dit aussi *à ras*). • **Au ras de quelque chose :** à sa surface. *La libellule se pose au ras de l'eau.*

HISTOIRE DU MOT Vient du latin *rasus*, de *radere* qui signifie « raser ».

rasade **n.f.** Quantité de boisson qui correspond à un verre rempli à ras bord. *Boire une rasade.*

rasage **n.m.** Action de raser, de se faire la barbe. *Des produits de soin pour le rasage. Une lotion après-rasage.*

rasant, e **adj.** Qui passe très près, au ras des choses. *La lumière rasante du soleil couchant.*

rascasse **n.f.** Poisson de la Méditerranée dont la tête est pourvue d'épines venimeuses et dont la chair est comestible.

HISTOIRE DU MOT Vient du provençal *rasco* qui signifie « teigne ».

rascasse rouge

rase-mottes **n.m.invar.**, ✎ ***rase-motte*** ***n.m.*** (PLUR. : ***rase-mottes***). Vol effectué par un avion très près du sol. *Ils volaient en rase-mottes pour ne pas être repérés par les ennemis.*

raser **v.** (CONJUG. 3). ❶ Couper les poils, les cheveux, au ras de la peau, avec un rasoir ou une tondeuse. *Le coiffeur du régiment rase la tête des recrues.* ❷ Démolir entièrement. *On a rasé la vieille maison pour construire un immeuble.* SYN. abattre. ❸ Passer au ras de quelque chose. *L'avion a rasé la cime des arbres.* SYN. frôler. ◆ **se raser** **v.pron.** Couper les poils de sa barbe et de sa moustache. *Quand il ne se rase pas, il pique.*

raseur, euse **n.** (Familier) Personne ennuyeuse. *C'est un raseur.*

ras-le-bol **n.m.invar.** (Familier) Le fait d'être exaspéré, d'en avoir assez. SYN. exaspération.

rasoir **n.m.** Instrument qui sert à raser, à se raser. *Un rasoir électrique.*

rassasier **v.** (CONJUG. 7). Apaiser complètement la faim. *Les enfants étaient affamés, mon gâteau ne les a pas rassasiés* (= ils ont encore faim).

HISTOIRE DU MOT Vient du latin *satis* qui signifie « assez » et que l'on retrouve dans *satisfaire, satiété* et *insatiable.*

rassemblement **n.m.** Fait de rassembler ou de se rassembler. *Le général fit sonner le rassemblement. À mon signal, rassemblement !*

rassembler **v.** (CONJUG. 3). ❶ Mettre ensemble des choses séparées. *La cloche sonne, les élèves rassemblent leurs affaires.* ❷ Faire venir des personnes, des animaux dans un même lieu. *Le maître a rassemblé les élèves sous le préau.* SYN. réunir. *Le berger rassemble ses moutons.* SYN. regrouper. ◆ **se rassembler** **v.pron.** Se réunir dans un endroit. *Les manifestants se rassemblent devant la mairie.* SYN. se grouper. CONTR. se disperser.

se **rasseoir** **rasseyant, rassis,** ✎ ***se rassoir*** ***rassoyant, rassis*** **v.pron.** (CONJUG. 41). S'asseoir de nouveau. *Lorsque le proviseur est sorti de la classe, nous nous sommes rassis.*

rasséréner **v.** (CONJUG. 9, ✎ *10*). Rendre son calme, sa sérénité à quelqu'un. *Voilà une bonne nouvelle qui va rasséréner tout le monde !* SYN. rassurer. CONTR. inquiéter.
▸ REM. Ce mot appartient à la langue soutenue.

HISTOIRE DU MOT Vient de *serein.*

rassis, e **adj.** *Le pain rassis* n'est plus frais mais n'est pas encore dur.

rassurant, e **adj.** Qui rassure, tranquillise. *Nous avons reçu des nouvelles rassurantes de nos deux voyageurs.* CONTR. alarmant.

rassurer **v.** (CONJUG. 3). Redonner de la tranquillité d'esprit, de la confiance. *La chirurgienne m'a rassuré en me disant que l'opération est sans risques.* SYN. tranquilliser. CONTR. inquiéter. ◆ **se rassurer** **v.pron.** Cesser de se faire du souci. *Rassure-toi, tout se passera bien.*

rat **n.m.** Mammifère rongeur nuisible, à museau pointu et à très longue queue, vorace et très prolifique. Femelle : la rate. Petit : le raton. *Les chats chassent les rats. Le rat peut propager des maladies dangereuses pour l'homme, comme la peste.* • (Familier) **Être fait comme un rat :** être pris au piège, être berné. • **Petit rat de l'Opéra :** jeune élève de la classe de danse, à l'Opéra de Paris. • **Rat musqué :** mammifère rongeur de l'Amérique du Nord, qui vit comme le castor et qui est chassé pour sa fourrure.

se **ratatiner** **v.pron.** (CONJUG. 3). Se flétrir, se dessécher, se tasser. *Les pommes se sont ratatinées.* SYN. se rider.

ratatouille **n.f.** Mélange d'aubergines, de courgettes, de tomates, de poivrons et d'oignons, cuits à l'huile d'olive. *La ratatouille est une spécialité du sud de la France.*

1 **rate** **n.f.** Femelle du rat.

2 **rate** **n.f.** Glande située en arrière de l'estomac, au-dessous du diaphragme et au-dessus du rein gauche, qui joue un rôle dans la formation des globules du sang.

1 **raté** **n.m.** Bruit anormal d'un moteur qui indique qu'il fonctionne mal. *Le moteur a des ratés, tu devrais t'arrêter.*

2 **raté, e** **n.** et **adj.** (Familier) Personne qui a raté sa vie, sa carrière.

râteau **n.m.** (PLUR. : **râteaux**). Outil de jardinage fait d'une barre munie de dents, fixée à un manche. *Ramasser les feuilles avec un râteau.*
▸ REM. *Râteau* s'écrit avec un accent circonflexe, mais ses dérivés *ratisser, ratissage* n'en ont pas.

râtelier **n.m.** ❶ Assemblage de barres de bois disposées verticalement, où l'on met le foin et la paille pour les animaux. ❷ Support conçu pour ranger divers objets. *Un râtelier à pipes.* ❸ (Familier) Dentier.

rater **v.** (CONJUG. 3). Ne pas réussir. *J'ai raté toutes mes photos. Delphine a raté son train de deux minutes. Il a raté son examen pour la troisième fois.* SYN. échouer à.

ratification **n.f.** L'action de ratifier. *Un traité de paix n'est valable qu'après sa ratification.*

ratifier **v.** (CONJUG. 7). Confirmer officiellement un accord, un traité. *En France, c'est le président de la République qui ratifie les traités.*

HISTOIRE DU MOT Vient du latin *ratum facere*, « rendre valable ».

ration **n.f.** ❶ Quantité de nourriture donnée pour une durée déterminée. *Pierre donne au cheval sa ration de fourrage.* ❷ Ce qu'une personne subit, ce qui lui est réservé par le sort. *Au cours de sa vie, elle a eu sa ration d'épreuves.* SYN. lot, part.

HISTOIRE DU MOT Vient du latin *ratio* qui signifie « compte » et que l'on retrouve dans *raison.*

rationnel, elle **adj.** Qui a de la logique, du bon sens, de la raison. *Une organisation rationnelle du travail.* SYN. méthodique. *Ce que tu dis n'est pas rationnel.* SYN. cohérent, logique.

rationnellement **adv.** De manière rationnelle. *Notre travail est organisé rationnellement.*

rationnement **n.m.** Le fait de rationner une personne, un groupe. *Les enfants et les personnes âgées souffrent beaucoup du rationnement d'eau.*

rationner **v.** (CONJUG. 3). Attribuer une quantité limitée de quelque chose à une personne. *L'eau est rationnée à cause de la sécheresse.*

ratissage **n.m.** Action de ratisser. *Combien de temps te faut-il pour le ratissage de l'allée ?*
▸ REM. S'écrit sans accent circonflexe, malgré *râteau.*

ratisser **v.** (CONJUG. 3). ❶ Nettoyer avec un râteau. *Jean ratisse les allées du jardin.* ❷ Fouiller méthodiquement un lieu pour rechercher une personne ou

A B C D E F G H I J K L M N O P Q R S T U V W X Y Z

une chose. *Les gendarmes ont ratissé la forêt pour retrouver l'enfant.*
▸ REM. S'écrit sans accent circonflexe, malgré *râteau.*

raton **n.m.** Petit du rat. • **Raton laveur :** petit mammifère carnivore d'Amérique dont la fourrure, gris-brun brillant, est recherchée, et qui doit son nom au fait qu'il trempe ses aliments dans l'eau avant de les manger.

raton laveur

rattachement **n.m.** Le fait de rattacher, de faire dépendre. *Le rattachement de la Corse à la France eut lieu en 1768.*

rattacher **v.** (CONJUG. 3). ❶ Attacher de nouveau. *Mes lacets se défont tout le temps, j'ai dû rattacher trois fois mes chaussures.* ❷ Faire dépendre d'un service, d'un organisme, d'une ville, etc. *Son service est rattaché au département des Affaires étrangères.*

rattrapage **n.m.** • **Cours de rattrapage :** cours destiné à aider des élèves en retard dans leurs études.

rattraper **v.** (CONJUG. 3). ❶ S'emparer à nouveau d'une personne, d'un animal qu'on a laissés s'échapper. *Le tigre s'est échappé du zoo, on ne l'a pas encore rattrapé.* SYN. reprendre. ❷ Retenir un objet, une personne pour qu'ils ne tombent pas. *Rattraper un ballon.* ❸ Rejoindre une personne, un véhicule qui sont devant. *Il a rattrapé la voiture et l'a doublée. Pars devant, nous te rattraperons.* ❹ Parvenir au niveau de quelqu'un ou de quelque chose. *Tu es plus fort que moi en maths, mais je vais bientôt te rattraper.* ❺ *Rattraper un retard,* c'est le combler. ◆ **se rattraper** **v.pron.** ❶ Se retenir pour ne pas tomber. *Marie s'est rattrapée à la branche pour ne pas glisser.* SYN. se raccrocher. ❷ Compenser une perte, une privation. *Je n'ai pas mangé à midi, mais je me rattraperai ce soir.* ❸ Éviter au dernier moment une erreur ou la corriger juste après l'avoir commise. *Tu as failli dire une grosse bêtise, heureusement, tu t'es rattrapé à temps.*

rature **n.f.** Trait que l'on trace sur un mot, une ligne pour les annuler. *Je vais recopier ma lettre, il y a trop de ratures.*

HISTOIRE DU MOT Vient, comme *ras,* du latin *radere,* « raser ».

raturer **v.** (CONJUG. 3). Annuler ce qui est écrit en traçant un trait dessus.

rauque **adj.** *Une voix rauque* est rude et comme enrouée. SYN. éraillé, guttural.

ravage **n.m.** ❶ Dégât très important. *Les ravages provoqués par la guerre. La tempête a causé des ravages sur les côtes.* SYN. destruction. ❷ Effet désastreux ; conséquence néfaste. *L'alcoolisme fait de terribles ravages.*

ravagé, e **adj.** *Un visage ravagé* est marqué par la souffrance, les chagrins, la fatigue.

ravager ravageant, ravagé **v.** (CONJUG. 5). Provoquer d'importants dégâts, faire des ravages. *La grêle a ravagé les vignes.* SYN. saccager. *La guerre a ravagé le pays.* SYN. dévaster, ruiner.

ravalement **n.m.** Action de ravaler une façade. *Le ravalement d'un monument.*

ravaler **v.** (CONJUG. 3). ❶ Remettre à neuf une façade en la grattant, en la lavant, en la réparant. *L'hôtel de ville va être ravalé.* ❷ Garder pour soi un sentiment, une parole. *Devant son père, elle ravala sa colère.* SYN. contenir, retenir. ❸ Rabaisser moralement. *Ce type de comportement ravale l'être humain au niveau de l'animal.*

rave **n.f.** Mot qui sert à désigner plusieurs plantes potagères voisines du navet, à racines rondes ou plates.

HISTOIRE DU MOT Vient du latin *rapa* qui signifie « navet ».

ravi, e **adj.** Très heureux, enchanté. *Laure était ravie de son séjour au bord de la mer. Je suis ravi de vous revoir.*

ravier **n.m.** Petit plat creux et long dans lequel on sert des hors-d'œuvre.

ravigoter **v.** (CONJUG. 3). (Familier) Redonner de la vigueur, des forces. *J'étais fatiguée, ce chocolat bien chaud m'a ravigotée.* SYN. revigorer.

HISTOIRE DU MOT Vient du latin *vigor* qui signifie « force, vigueur », que l'on retrouve dans *revigorer.*

ravin **n.m.** Petite vallée étroite et très profonde. *La voiture est tombée au fond du ravin.*

pont au-dessus d'un **ravin**

raviner **v.** (CONJUG. 3). ❶ Creuser le sol de profonds sillons. *Les pluies d'orage ont raviné les chemins.* ❷ Un *visage raviné* est un visage creusé, marqué de rides profondes.

ravioli **n.m.** Petit carré de pâte farci de viande hachée, de légumes ou de fromage. *Les raviolis sont d'origine italienne.*

ravir **ravissant, ravi v.** (CONJUG. 16). ❶ Faire énormément plaisir à quelqu'un. *Le spectacle a ravi tous les enfants.* SYN. enchanter. → VOIR **ravissement.** ❷ Prendre, enlever par la force. SYN. kidnapper. → VOIR **ravisseur.** • **À ravir :** admirablement. *Cette femme chante à ravir. Elle est belle à ravir.*

▸ REM. Au sens 2, ce mot appartient à la langue littéraire.

HISTOIRE DU MOT Vient du latin *rapere* qui signifie « emporter, voler », que l'on retrouve dans *rapace* et *rapt.*

se **raviser** **v.pron.** (CONJUG. 3). Changer d'avis. *Pierre avait décidé de venir au cinéma avec nous, mais il s'est ravisé au dernier moment.*

ravissant, e **adj.** Extrêmement joli. *Tu es ravissante dans ta nouvelle robe.* SYN. séduisant.

ravissement **n.m.** État de bonheur, de plaisir, de joie extrêmes. *Marion regardait ses chatons avec ravissement.* SYN. émerveillement, fascination.

ravisseur, euse **n.** Personne qui a commis un rapt, qui a enlevé quelqu'un. *Les ravisseurs ont demandé une énorme rançon.*

ravitaillement **n.m.** ❶ Action de ravitailler ou de se ravitailler. *Le ravitaillement de certains avions s'effectue en plein vol.* ❷ Ensemble de provisions. *Nous avons du ravitaillement pour une semaine.*

ravitailler **v.** (CONJUG. 3). ❶ Fournir des vivres et du matériel à une personne, à un groupe. *Les villages isolés vont être ravitaillés par hélicoptère.* SYN. approvisionner. ❷ Fournir du carburant. *L'avion a été ravitaillé en vol.* ◆ **se ravitailler** **v.pron.** Se fournir en provisions, en vivres. *Les campeurs vont se ravitailler au village voisin.*

HISTOIRE DU MOT Vient du latin *victualia* qui signifie « aliments, victuailles ».

raviver **v.** (CONJUG. 3). ❶ Rendre plus vif, redonner de la force, de la vigueur. *Le vent a ravivé l'incendie.* SYN. ranimer. *Raviver une couleur.* ❷ Ranimer un sentiment.

rayé, e **adj.** ❶ Qui a des raies ou des rayures. *Un pyjama rayé. Du papier peint rayé.* ❷ Qui a des éraflures. *La carrosserie est rayée.*

rayer **v.** (CONJUG. 13). ❶ Faire des rayures sur quelque chose, en abîmer la surface. *Quelqu'un a rayé la carrosserie de la voiture avec une clé.* ❷ Tracer un trait sur un mot, un groupe de mots, pour les annuler. SYN. barrer, raturer. ❸ Supprimer le nom de quelqu'un d'une liste, d'un registre. SYN. radier.

HISTOIRE DU MOT Vient de *raie.*

1 rayon **n.m.** ❶ Gâteau de cire fait par les abeilles, comportant un grand nombre d'alvéoles. *Les abeilles emmagasinent le miel dans des rayons.* ❷ Chacune des planches horizontales placées dans une bibliothèque, une armoire, un placard. *Les dictionnaires sont sur le rayon du bas.* SYN. étagère. ❸ Partie d'un magasin réservée à une catégorie de marchandises. *Je cherche le rayon des jouets.* ❹ (Familier) Au sens figuré, domaine de compétence. *Je ne peux pas t'aider, la mécanique, ce n'est pas mon rayon.*

HISTOIRE DU MOT Vient de l'ancien français *ree* qui signifiait « rayon de miel ».

2 rayon **n.m.** ❶ Trait, ligne de lumière qui partent d'un centre lumineux. *Un rayon de soleil filtre à travers les volets.* ❷ Ligne qui relie le centre d'un cercle à un point quelconque de sa circonférence. *Le rayon d'un cercle est égal à la moitié de son diamètre.* ❸ Distance, zone déterminée à partir d'un point central. *Vous ne trouvez pas une station-service dans un rayon de 10 km autour du village.* ❹ Chacune des tiges qui relient le moyeu d'une roue à la jante. *Les rayons d'une roue de bicyclette.* • **Rayon d'action :** distance maximale qu'un bateau, un avion peuvent parcourir sans être ravitaillés ; domaine dans lequel une activité s'exerce. *Cette entreprise a étendu son rayon d'action.* ◆ **rayons** **n.m.plur.** Nom donné à certains rayonnements, à certaines radiations. *Les rayons X traversent certains corps.*

HISTOIRE DU MOT Vient du latin *radius* que l'on retrouve dans *radiation* et les mots qui commencent par *radio-.*

rayonnage **n.m.** Ensemble des tablettes, des rayons d'une bibliothèque, d'un meuble de rangement, etc.

rayonnant, e **adj.** Dont le visage, les yeux expriment le bonheur, la joie. *Les jeunes mariés étaient rayonnants.* SYN. radieux.

rayonnement **n.m.** ❶ Fait de rayonner, de répandre de la lumière. *Le rayonnement solaire permet la vie sur Terre.* ❷ Influence exercée en raison de son prestige, de son éclat. *Le rayonnement de la civilisation grecque à travers le monde.*

rayonner **v.** (CONJUG. 3). ❶ Être éclatant de joie, de bonheur. *Son visage rayonnait, elle était heureuse.* ❷ Faire sentir au loin son influence. *La civilisation grecque a rayonné dans tout l'Occident.* SYN. se propager. ❸ Être disposé comme des rayons autour d'un point central. *Les allées de la forêt rayonnent à partir de la clairière.* ❹ Se déplacer autour d'un point central. *Pendant les vacances, nous avons rayonné autour d'Angers.*

rayure **n.f.** ❶ Ligne ou bande qui marque un tissu, une surface, en se détachant sur un fond de couleur différente. *Guy a une veste noire avec des rayures grises.* SYN. raie. ❷ Trace laissée par un objet pointu, coupant sur une surface. *Il y a une rayure sur la porte de la camionnette.* SYN. éraflure.

raz de marée **n.m.invar.** Énorme vague qui peut atteindre 20 à 30 m de hauteur et qui envahit le rivage et les terres. *Les raz de marée sont provoqués notam-*

A B C D E F G H I J K L M N O P Q R S T U V W X Y Z

ment par des tremblements de terre ou des éruptions volcaniques sous-marines.
▸ REM. On écrit aussi *raz-de-marée.*

HISTOIRE DU MOT Vient de l'ancien scandinave *râs* qui signifiait « courant d'eau ».

razzia **n.f.** (Familier) *Faire une razzia sur des objets*, c'est les prendre, les acquérir ou les dérober tous.
▸ REM. On prononce [radzja] ou [razja].

HISTOIRE DU MOT Vient de l'arabe *rhâzya* qui signifie « expédition militaire, attaque ».

re- ou **ré-** **préfixe.** Mot invariable tiré du latin *re-* qui indique la répétition, comme dans *recommencer*, le retour, comme dans *ramener*, ou l'action de faire à nouveau une chose déjà faite, comme dans *recoiffer, reclasser.*

ré **n.m.invar.** La deuxième note de la gamme de *do.*

réacteur **n.m.** Moteur à réaction. *L'un des réacteurs de l'avion est tombé en panne, mais le pilote a réussi à se poser sans encombre.* • **Réacteur nucléaire :** appareil dans lequel se font des réactions nucléaires, en particulier pour produire de l'énergie.

réacteur d'avion

réaction **n.f.** ❶ Fait ou manière de réagir. *Pierre peut avoir des réactions violentes quand il est en colère. J'étais tellement surprise que je suis restée sans réaction.* ❷ Modification qui se produit sous l'effet d'une action. *Le rougissement est une réaction de la peau aux effets du soleil.* ❸ Transformation qui se produit lorsqu'on met en présence plusieurs substances chimiques et qui donne naissance à de nouvelles substances. ❹ Tendance politique qui souhaite conserver l'ordre établi, ou rétablir un ordre ancien, et qui s'oppose au progrès social. • **Avion à réaction :** avion dont les moteurs fonctionnent en projetant derrière eux des gaz sous pression à grande vitesse, ce qui propulse l'avion vers l'avant.

réactionnaire **adj.** et **n.** Qui soutient l'ordre établi ancien et s'oppose généralement au progrès social.

réactiver **v.** (CONJUG. 3). Redonner de la force, de la vigueur. *Toutes ces mesures visent à réactiver l'économie.*

se **réadapter** **v.pron.** (CONJUG. 3). S'adapter de nouveau à quelque chose. *Ils ont vécu dix ans en Afrique et ont eu du mal à se réadapter à notre climat.*

réaffirmer **v.** (CONJUG. 3). Affirmer de nouveau et avec force. *Kevin a réaffirmé ses opinions politiques devant toute la famille.*

réagir **réagissant, réagi v.** (CONJUG. 16). ❶ Adopter une attitude en réponse à une action, à un événement. *Elle a très bien réagi lorsqu'on lui a appris la nouvelle. Tout s'est passé si vite que je n'ai pas eu le temps de réagir.* ❷ Se modifier sous l'effet d'une action. *Ma peau réagit mal au soleil : je rougis très vite.* ❸ S'opposer à une action par une action contraire. *Son corps réagit contre l'infection.* SYN. se défendre, lutter. ❹ Pour des produits chimiques, entrer en réaction. *Cette substance réagit si on la mélange à un acide.*

réajustement **n.m.** → **rajustement**

réajuster **v.** → **rajuster**

réalisable **adj.** Que l'on peut réaliser. *Ton projet n'est pas réalisable.* SYN. faisable.

réalisateur, trice **n.** Personne dont le métier est de réaliser des films, des émissions. *Le réalisateur d'un film dirige les comédiens et les techniciens.*

réalisation **n.f.** ❶ Action de réaliser, de faire quelque chose. *L'étude est terminée, nous allons maintenant passer à la réalisation du projet.* SYN. accomplissement. ❷ Ce qui a été réalisé. *On doit à cette architecte de remarquables réalisations.* SYN. création. ❸ Direction de la préparation et de l'exécution d'un film, d'une émission.

réaliser **v.** (CONJUG. 3). ❶ Rendre réel quelque chose, le faire exister. *Julien a réalisé son rêve de petit garçon : s'acheter un cheval.* SYN. concrétiser. *Réaliser un exploit.* SYN. accomplir. ❷ Diriger la réalisation d'un film ou d'une émission au cinéma, à la télévision, à la radio. *Tex Avery a réalisé de nombreux films d'animation* (= il les a mis en scène). ❸ Prendre conscience de quelque chose. *Il a réalisé à temps qu'il courait un grave danger.* SYN. comprendre, se rendre compte. ◆ **se réaliser** **v.pron.** Devenir réel. *Ses désirs se sont réalisés.*

réalisme **n.m.** ❶ Attitude qui consiste à voir la réalité telle qu'elle est. *Fais preuve d'un peu de réalisme, cesse de rêver !* ❷ Tendance littéraire et artistique qui ne cherche pas à idéaliser le réel.

réaliste **adj.** et **n.** ❶ Qui a le sens des réalités, qui en témoigne. *Un homme réaliste. Un esprit réaliste.* CONTR. irréaliste. ❷ En littérature, en art, qui appartient au réalisme. *Courbet était un peintre réaliste.*

réalité **n.f.** Ce qui est réel, ce qui existe, par opposition à ce qui est imaginé, rêvé. *Souvent, la réalité dépasse la fiction.* • **En réalité :** en fait, réellement. *Il avait dit qu'il serait là à 21 h, en réalité, il est arrivé à minuit.*

HISTOIRE DU MOT Vient du latin *realitas*, de *res* qui signifie « chose ».

réanimation **n.f.** Ensemble des moyens qui servent à rétablir la respiration, la circulation du sang, les battements du cœur ; service hospitalier qui procure ces soins. *Pierre a eu un accident, il est en réanimation à l'hôpital.*

réanimer **v.** (CONJUG. **3**). Rétablir les fonctions vitales du corps d'une personne en danger.

réapparaître, ✎ ***réapparaitre*** **réapparaissant, réapparu v.** (CONJUG. **73**). Apparaître de nouveau. *Le soleil a réapparu après la pluie.*
▶ REM. Ce verbe s'emploie avec l'auxiliaire *être* ou *avoir*.

réapparition **n.f.** Le fait de réapparaître. *La réapparition du soleil mit tout le monde de bonne humeur.*

rébarbatif, ive **adj.** Qui rebute par son aspect rude, désagréable ou difficile et ennuyeux. *Il a un visage rébarbatif, on n'a aucune envie de lui parler.* CONTR. affable. *Ce livre est rébarbatif, je ne le lirai jamais jusqu'au bout.*
HISTOIRE DU MOT Vient de l'ancien français *rebarber* qui signifiait « faire face à l'ennemi, tenir tête ».

rebâtir **rebâtissant, rebâti v.** (CONJUG. **16**). Bâtir de nouveau ce qui a été détruit. *Après la guerre, la ville a dû être entièrement rebâtie.*

rebattre **rebattant, rebattu v.** (CONJUG. **50**). ● **Rebattre les oreilles à quelqu'un :** lui répéter sans arrêt la même chose. *Cesse de me rebattre les oreilles avec ton vélo, tu l'auras en temps voulu !*
▶ REM. Ne pas confondre avec *rabattre*.

rebattu, e **adj.** Qui a été si souvent répété que cela ne présente plus d'intérêt. *C'est un sujet rebattu.* SYN. éculé.

rebelle **n.** et **adj.** Personne qui refuse de se soumettre et lutte contre l'autorité, contre un gouvernement. *Le roi a refusé de négocier avec les rebelles.* SYN. insurgé. *Des troupes rebelles.* ◆ **adj.** ❶ Qui est hostile à quelque chose. *Cet enfant est rebelle à toute discipline.* SYN. opposé, récalcitrant, rétif. ❷ Qui résiste à toute action. *Un organisme rebelle aux antibiotiques. Une mèche rebelle* (= qu'on n'arrive pas à coiffer). CONTR. souple.
HISTOIRE DU MOT Vient du latin *rebellis* qui signifie « qui recommence la guerre », de *bellum*, « guerre ».

se **rebeller** **v.pron.** (CONJUG. **3**). Se révolter, se soulever contre l'autorité. *Les soldats se sont rebellés contre leurs chefs.* SYN. s'insurger. CONTR. se soumettre. *Michel se rebelle contre ses parents.*

peinture **réaliste :** *la Falaise d'Étretat après l'orage* de G. Courbet (1870)

rébellion **n.f.** Action de se rebeller, de se révolter. *Le gouvernement n'a pas pu mettre fin à la rébellion.* SYN. insurrection, soulèvement.
▶ REM. Attention, *rébellion* prend un accent aigu mais *rebelle* et *se rebeller* n'en ont pas.

se **rebiffer** **v.pron.** (CONJUG. **3**). (Familier) Refuser d'obéir, en protestant. *Ma sœur voulait que je débarrasse la table à sa place, mais je me suis rebiffé.* SYN. s'insurger, regimber.

reboisement **n.m.** Action de reboiser un terrain. CONTR. déboisement, déforestation.

reboiser **v.** (CONJUG. **3**). Planter de nouveaux arbres. CONTR. déboiser.

rebond **n.m.** Fait de rebondir, mouvement de ce qui rebondit. *Le rebond d'une balle.*

rebondi, e **adj.** *Des joues rebondies, un visage rebondi* sont ronds, dodus et potelés.

rebondir **rebondissant, rebondi v.** (CONJUG. **16**). ❶ Faire un ou plusieurs bonds après avoir touché un obstacle. *Le ballon rebondit sur le sol.* ❷ Avoir un développement nouveau et imprévu après un arrêt, une pause. *De nouveaux témoignages risquent de faire rebondir l'affaire.*

rebondissement **n.m.** Développement nouveau et imprévu. *L'enquête connaît de nouveaux rebondissements.*

rebord **n.m.** Partie qui dépasse de quelque chose, qui en forme le bord. *Marie est assise sur le rebord de la fenêtre.*

reboucher **v.** (CONJUG. **3**). Boucher de nouveau. *Qui a oublié de reboucher la bouteille ?*

à **rebours** **adv.** Dans le sens inverse du sens habituel. *Compter à rebours.* SYN. à l'envers. ● **Compte à rebours :** énumération des chiffres dans l'ordre décroissant pour indiquer à chaque instant l'intervalle de temps qui reste avant le lancement d'un engin spatial. *Le compte à rebours a commencé : « ... 4, 3, 2, 1, 0 ! Feu ! » La fusée est partie !*
HISTOIRE DU MOT Vient du latin *reburrus* qui signifie « qui a les cheveux rebroussés ».

rebouteux, euse **n.** Personne qui prétend remettre les membres démis.
HISTOIRE DU MOT Vient de l'ancien français *rebouter* qui signifiait « remettre ».

à **rebrousse-poil** **adv.** Dans le sens opposé au sens naturel des poils. *Le chat déteste qu'on le caresse à rebrousse-poil.* ● (Familier) **Prendre à rebrousse-poil :** agir avec quelqu'un de manière si maladroite qu'il se vexe ou se met en colère. *Si tu prends ton père à rebrousse-poil, tu n'obtiendras rien de lui !*

rebrousser **v.** (CONJUG. **3**). Relever en sens contraire du sens naturel. *Le vent me rebroussait les cheveux.*

a b c d e f g h i j k l m n o p q r s t u v w x y z

• **Rebrousser chemin :** retourner en arrière, revenir sur ses pas.

HISTOIRE DU MOT Vient de *rebours*.

rebuffade n.f. Refus brutal accompagné de paroles dures et méprisantes. *J'ai proposé de l'aider mais j'ai reçu une rebuffade.*

HISTOIRE DU MOT Vient de l'italien *rabbuffare* qui signifie « déranger, houspiller ».

rébus n.m. Jeu où il faut deviner une phrase ou un mot représentés par une série de dessins, de lettres ou de chiffres. *« G a » est un rébus qui se lit « G grand, a petit »* (= j'ai grand appétit).
▸ REM. On prononce le -*s*.

rébus à déchiffrer
[solution : (scie – nez – mât) cinéma]

rebut n.m. • **Mettre au rebut :** se débarrasser d'une chose sans valeur ou inutilisable. *Il a mis tous ses vieux meubles au rebut.* SYN. (Fam.) rancart.

rebutant, e adj. Qui rebute par sa difficulté. *Un problème rebutant.*

rebuter v. (CONJUG. 3). ❶ Être si difficile ou si ennuyeux que cela décourage. *Le premier cours de chimie nous a rebutés.* ❷ Ne pas être attirant. *Sa voix criarde rebute les enfants.* SYN. déplaire.

HISTOIRE DU MOT Vient de *buter ; rebuter* signifiait autrefois « écarter du but ».

récalcitrant, e adj. et n. Qui résiste avec entêtement. *C'est un cheval récalcitrant, il refuse de sauter l'obstacle.* SYN. rétif. CONTR. docile.

recaler v. (CONJUG. 3). (Familier) Refuser à un examen. *Rémi a été recalé au bac.*

récapitulatif, ive adj. Qui récapitule tous les éléments. *À la fin du livre d'histoire, il y a un tableau récapitulatif de toutes les dates importantes.*

récapitulation n.f. Action de récapituler. *À la fin du cours, le professeur d'histoire a fait une récapitulation des points essentiels.* SYN. résumé.

récapituler v. (CONJUG. 3). Énumérer les points principaux de quelque chose. *Le numéro spécial du magazine récapitule tous les événements de l'année.*

HISTOIRE DU MOT Vient du latin *capitulum* qui signifie « chapitre ».

recel n.m. Fait de garder chez soi des objets volés. *Le recel d'objets volés constitue une complicité de vol.*

receler v. (CONJUG. 11). ❶ Garder chez soi des objets volés par d'autres. *L'homme a été arrêté parce qu'il recelait des bijoux volés.* ❷ Renfermer, contenir en soi. *L'océan recèle d'innombrables trésors.*
▸ REM. Au sens 2, ce mot appartient à la langue soutenue.

HISTOIRE DU MOT Vient du verbe *celer* qui signifie « cacher » dans la langue littéraire.

receleur, euse, ✎ ***recéleur, euse*** n. Personne qui est coupable de recel. *Le voleur et le receleur ont été arrêtés.*

récemment adv. Depuis peu de temps. *Pierre est rentré d'Amérique récemment.* SYN. dernièrement.

recensement n.m. Action de recenser, de faire un compte détaillé. *Faire le recensement de la population d'un pays.*

recenser v. (CONJUG. 3). ❶ Faire le dénombrement de la population d'un pays ou d'une ville. SYN. dénombrer. ❷ Faire l'inventaire de tous les éléments d'un ensemble. *Nous avons recensé tout le matériel encore en état de fonctionner.* SYN. inventorier.

récent, e adj. Qui existe depuis peu de temps ou qui s'est produit il y a peu de temps. *La découverte de ce vaccin est récente.* CONTR. ancien. *Je n'ai rien noté d'important dans les événements récents.*

récépissé n.m. Papier qui prouve qu'on a reçu un colis, une somme d'argent, des marchandises, etc. *Le facteur m'a fait signer le récépissé.* SYN. reçu.

HISTOIRE DU MOT Vient du latin *recepisse* qui signifie « avoir reçu », que l'on retrouve dans *récepteur, réception*.

1 récepteur n.m. ❶ Appareil qui permet de recevoir des sons ou des images. *Un récepteur de radio, de télévision.* CONTR. émetteur. ❷ La personne qui reçoit le message envoyé par l'émetteur. → VOIR AUSSI **destinataire**.

2 récepteur, trice adj. *Une antenne réceptrice, un poste récepteur* permettent de recevoir des sons, des images.

réceptif, ive adj. Qui est sensible à quelque chose. *Julien n'est pas très réceptif à nos conseils. Les enfants sont réceptifs au stress de leurs parents.*

réception n.f. ❶ Fait de recevoir quelque chose qui a été envoyé. *Prenez contact avec nous dès réception du formulaire* (= dès que vous l'aurez reçu). ❷ Réunion organisée pour recevoir des invités. *Mes parents sont invités à une réception chez le maire.* SYN. cocktail, soirée. ❸ Endroit et service où l'on accueille les visiteurs, les clients. *Adressez-vous à la réception de l'hôtel pour obtenir la clé de votre chambre.* ❹ Manière de retomber au sol après un saut ; manière de recevoir un ballon, une balle.

réceptionner v. (CONJUG. 3). Vérifier une livraison lors de sa réception. *Le magasinier réceptionne les marchandises.*

réceptionniste n. Personne chargée d'accueillir les visiteurs, les clients dans un hôtel, une entreprise.

A B C D E F G H I J K L M N O P Q R S T U V W X Y Z

récession **n.f.** Diminution de l'activité économique, commerciale d'un pays. *Le pays est en pleine récession.* → VOIR AUSSI **crise, marasme.**

HISTOIRE DU MOT Vient du latin *recedere* qui signifie « aller en arrière ».

recette **n.f.** ❶ Montant total des sommes qui entrent dans la caisse d'un commerçant. *Le pharmacien compte sa recette de la journée.* CONTR. dépense. ❷ Description détaillée de la manière de préparer un mets. *Claire m'a donné sa recette de tarte au citron. Un livre de recettes.* ❸ Moyen, procédé pour réussir quelque chose. *Est-ce que tu as une recette pour réussir ?* SYN. secret.

recevable **adj.** Qui peut être accepté. *Cette excuse n'est pas recevable.* SYN. acceptable, admissible.

receveur, euse **n.** Personne chargée de percevoir les impôts. • **Receveur des postes :** personne qui dirige et gère un bureau de poste.

recevoir **recevant, reçu v.** (CONJUG. **31**). ❶ Prendre, avoir, obtenir ce qui est donné, envoyé, transmis. *J'ai reçu de nombreux cadeaux pour mon anniversaire. Recevoir une lettre.* CONTR. envoyer. *Recevoir un conseil.* CONTR. donner. ❷ Recueillir. *Le puits reçoit l'eau de pluie.* ❸ *Recevoir une émission, un signal, une image*, c'est entendre, voir les signaux émis. *Nous recevons mal cette chaîne de télévision. Recevoir un appel, un signal.* CONTR. émettre. ❹ Admettre à un examen. *Laurence a été reçue au concours.* CONTR. refuser. ❺ Accueillir chez soi, dans ses locaux. *Recevoir des invités. Le médecin reçoit tous les après-midi.* ❻ Être atteint par quelque chose. *J'ai reçu un coup.* ◆ **se recevoir** **v.pron.** Retomber d'une certaine façon sur le sol. *La patineuse s'est mal reçue et elle s'est fait une entorse.*

rechange **n.m.** • **De rechange :** qui permet de remplacer une pièce, un objet usagés ou qui ne conviennent plus. *Le mécanicien n'avait plus de pièce de rechange. Emporte des vêtements et des chaussures de rechange.*

réchapper **v.** (CONJUG. **3**). Échapper par chance à un danger, une maladie, en sortir vivant. *C'est un miracle qu'ils aient réchappé à cet accident.*

recharge **n.f.** Petit réservoir qui permet de recharger un briquet, un stylo. → VOIR AUSSI **cartouche.**

rechargeable **adj.** Que l'on peut recharger. *Une batterie rechargeable.*

recharger **rechargeant, rechargé v.** (CONJUG. **5**). ❶ Remettre une cartouche dans un appareil, une arme. *Recharger un briquet, un stylo, un fusil.* ❷ Fournir à un appareil, à un objet ce qui lui permet de fonctionner à nouveau. *Recharger un téléphone portable.*

réchaud **n.m.** Petit appareil de cuisson, généralement portatif. *En camping, nous avons un réchaud à gaz.*

HISTOIRE DU MOT Vient de *réchauffer.*

réchauffage **n.m.** Action de réchauffer. *Ce plat ne se prête pas au réchauffage.*

réchauffement **n.m.** Fait de réchauffer ou de se réchauffer. *Le réchauffement climatique de la Terre préoccupe les scientifiques.* CONTR. refroidissement.

réchauffer **v.** (CONJUG. **3**). ❶ Chauffer de nouveau. *Je vais réchauffer ta soupe, elle est froide.* ❷ Donner chaud. *Un chocolat chaud te réchauffera vite.* • **Réchauffer le cœur :** réconforter. ◆ **se réchauffer** **v.pron.** ❶ Redonner de la chaleur à son corps. *Cours un peu pour te réchauffer !* ❷ Devenir plus chaud. *Avec le soleil, le temps se réchauffe.*

se **rechausser** **v.pron.** (CONJUG. **3**). Remettre ses chaussures.

rêche **adj.** Rude au toucher, un peu râpeux. *Je n'aime pas dormir dans ces draps, ils sont rêches.* SYN. rugueux. CONTR. doux.

recherche **n.f.** ❶ Action de rechercher. *Nous sommes partis à la recherche d'un trésor.* ❷ Ensemble des travaux scientifiques menés par les chercheurs pour faire avancer les connaissances et les techniques. *Maria travaille dans un laboratoire de recherches.* ❸ Souci de se distinguer par son élégance ou son raffinement. *S'habiller, s'exprimer avec recherche.*

recherché, e **adj.** ❶ Qui est rare et que de nombreuses personnes souhaitent posséder. *Les disques de cette époque sont très recherchés.* ❷ Qui fait preuve d'un goût de la recherche pour le détail, le raffinement. *C'est une cuisine un peu trop recherchée pour moi.* SYN. raffiné, subtil. CONTR. simple.

rechercher **v.** (CONJUG. **3**). ❶ Reprendre quelqu'un, quelque chose à l'endroit où ils sont. *Je viendrai te rechercher demain.* ❷ Tenter de trouver. *La police recherche le criminel dans toute la région. Depuis dix ans, les savants recherchent la cause de cette maladie.* ❸ Vouloir obtenir. *Rechercher l'amitié, la compagnie de quelqu'un.*

recherchiste **n.** Au Canada, personne dont le métier est de faire des recherches, en particulier pour des émissions de radio et de télévision.

rechigner **v.** (CONJUG. **3**). Montrer par sa mauvaise humeur qu'on n'a pas envie de faire quelque chose. *Étienne a tondu la pelouse en rechignant.*

HISTOIRE DU MOT Vient d'un mot de la langue des Francs qui signifiait « tordre la bouche ».

rechute **n.f.** Reprise d'une maladie qui était en voie de guérison. *Jean était presque guéri mais il a fait une rechute.*

rechuter **v.** (CONJUG. **3**). Faire une rechute. *Si tu sors sans te couvrir, tu risques de rechuter.*

récidive **n.f.** Fait de commettre de nouveau un crime, un délit, après une première condamnation. *La peine de cet accusé risque d'être très lourde parce qu'il y a récidive.*

HISTOIRE DU MOT Vient du latin *recidivus* qui signifie « qui retombe, qui revient ».

récidiver **v.** (CONJUG. **3**). Commettre de nouveau la même faute ; recommencer la même erreur. *À peine*

A B C D E F G H I J K L M N O P Q R S T U V W X Y Z

sorti de prison, il a récidivé. Hortense a été punie pour son insolence, elle ne récidivera pas. SYN. recommencer.

récidiviste **n.** et **adj.** Condamné qui récidive ; personne qui recommence la même erreur. *La justice est implacable pour les récidivistes.*

récif **n.m.** Rocher ou groupe de rochers qui apparaissent à la surface de l'eau, généralement près des côtes. *Le pétrolier s'est brisé sur les récifs.* ● **Récif corallien :** récif formé par la croissance de coraux dans les mers tropicales.

HISTOIRE DU MOT Vient de l'arabe *rasîf* qui signifie « chaussée, digue ».

récipient **n.m.** Tout objet creux qui sert à recevoir, à contenir des substances solides, liquides ou gazeuses. *Un vase, un saladier, une casserole, une éprouvette sont des récipients.*

réciprocité **n.f.** Caractère de ce qui est réciproque. *La réciprocité d'une amitié.*

réciproque **adj.** Qui marque un échange équivalent entre deux personnes, deux groupes. *Leur amitié est réciproque.* SYN. partagé. *Ils se sont apporté une aide réciproque.* SYN. mutuel. ◆ **n.f.** *La réciproque*, c'est l'action inverse. *Je prête mes affaires à mon frère, mais la réciproque n'est pas vraie.*

réciproquement **adv.** De manière réciproque. *Ils se sont aidés réciproquement.* SYN. mutuellement. *Je l'aiderai pour le devoir de mathématiques, et réciproquement elle me fera réciter ma leçon d'histoire.* SYN. vice versa.

récit **n.m.** Action de raconter ou histoire que l'on raconte. *Adeline nous a fait le récit de son voyage au Japon.* SYN. compte rendu. *Nicolas aime beaucoup les récits d'aventures.* SYN. histoire.

récif corallien

récital **n.m.** (PLUR. : **récitals**). Concert donné par un seul interprète. *Ce pianiste donnera trois récitals à Montréal.*

HISTOIRE DU MOT Vient de l'anglais *to recite* qui signifie « rapporter, réciter » et qui vient lui-même du français *réciter.*

récitant, e **n.** Dans une œuvre musicale, personne qui récite un texte.

récitatif **n.m.** Dans une œuvre musicale, façon de chanter qui se rapproche de la parole.

récitation **n.f.** Texte littéraire que les enfants doivent apprendre par cœur et réciter de mémoire.

HISTOIRE DU MOT Vient du latin *recitatio* qui signifie « action de lire à haute voix ».

réciter **v.** (CONJUG. **3**). Dire à haute voix un texte que l'on a appris. *Philippe récite de très beaux poèmes. Récite-moi ta leçon.*

réclamation **n.f.** Action de réclamer ou de protester parce qu'on s'estime lésé. *Depuis la sortie de ce produit, nous avons reçu beaucoup de réclamations.* SYN. plainte, récrimination.

réclame **n.f.** Ancien mot pour *publicité.* ● **En réclame :** vendu à prix réduit. SYN. en promotion.

réclamer **v.** (CONJUG. **3**). ❶ Demander avec insistance. *L'enfant pleurait et réclamait sa mère. Le malade réclame à boire.* ❷ Avoir besoin de quelque chose. *Cette plante réclame beaucoup d'eau.* SYN. demander, nécessiter. ❸ Protester et se plaindre auprès de quelqu'un. *Si vous ne voulez pas reprendre mon achat, je réclamerai auprès de votre directeur.*

HISTOIRE DU MOT Vient du latin *reclamare* qui signifie « crier contre, protester », de *clamare* qui a donné *clamer.*

reclassement **n.m.** Action de reclasser des personnes, des employés.

reclasser **v.** (CONJUG. **3**). ❶ Classer de nouveau. *Le fichier est tombé et nous avons dû reclasser toutes les fiches.* ❷ *Reclasser des personnes*, c'est les affecter à un nouvel emploi.

reclus, e **adj.** et **n.** Qui vit enfermé, isolé du monde. *Pierre ne sort jamais, il mène une vie de reclus.* SYN. solitaire.

réclusion **n.f.** En France, peine de prison de longue durée, allant de 10 ans à la perpétuité. *L'homme a été condamné à la réclusion à perpétuité.* SYN. détention, emprisonnement.

recoiffer **v.** (CONJUG. **3**). Remettre ses cheveux en ordre.

recoin **n.m.** Coin obscur, caché. *J'ai cherché mon foulard dans tous les recoins de la maison.*

recoller **v.** (CONJUG. **3**). Coller ce qui est décollé ou défait, cassé. *Recoller un timbre. Ils ont réussi à recoller les morceaux de l'assiette cassée.*

récolte **n.f.** ❶ Action de récolter des produits agricoles. *La récolte des pommes de terre. La récolte des olives.* SYN. cueillette. → VOIR AUSSI **moisson, vendange.**

récolte du coton

❷ Ensemble des choses que l'on récolte. *La récolte de blé est abondante cette année.*

HISTOIRE DU MOT Vient du latin *recolligere* qui signifie « recueillir ».

récolter v. (CONJUG. 3). ❶ Cueillir, ramasser, recueillir les produits de la terre. *Récolter le blé* (= moissonner). *Récolter des pommes de terre* (= arracher). *Récolter des cerises* (= cueillir). ❷ Réunir, recueillir un grand nombre des choses que l'on recherche. *Le journaliste a récolté suffisamment de renseignements pour faire son article.* ❸ (Familier) Avoir en retour. *Dans cette histoire, je n'ai récolté que des ennuis.*

recommandable adj. Que l'on peut recommander pour ses qualités. *Tu ne devrais pas le fréquenter, c'est un homme peu recommandable.* SYN. estimable, fréquentable.

recommandation n.f. ❶ Ce que l'on dit pour conseiller quelqu'un. *Maman nous fait beaucoup de recommandations quand nous partons en colonie* (= elle nous donne des conseils). ❷ Action de recommander une personne à la bienveillance d'une autre. *Une lettre de recommandation.*

recommandé, e adj. *Un colis, une lettre recommandés* sont remis en main propre au destinataire moyennant une taxe spéciale acquittée par l'expéditeur. ◆ **recommandé** n.m. Envoi recommandé.

recommander v. (CONJUG. 3). ❶ Conseiller avec insistance. *Le médecin lui a recommandé de ne pas se coucher tard.* ❷ Intervenir auprès de quelqu'un afin qu'il réserve le meilleur accueil à une personne que l'on soutient. *Cette candidate était recommandée par un ministre.* ❸ Souligner les qualités, les mérites de quelque chose. *On nous a beaucoup recommandé ce restaurant.* SYN. vanter.

recommencer recommençant, recommencé v. (CONJUG. 4). ❶ Refaire entièrement. *J'ai dû recommencer ma rédaction.* ❷ Faire une nouvelle fois. *Si tu recommences à pincer ta sœur, tu seras puni.* ❸ Commencer de nouveau après une interruption. *L'école recommence mardi prochain.* SYN. reprendre.

récompense n.f. Ce qui est donné à quelqu'un pour le remercier ou le féliciter. *Marie offre une récompense à la personne qui retrouvera son chat.*

récompenser v. (CONJUG. 3). Donner une récompense. *Les meilleurs d'entre vous seront récompensés.*

réconciliation n.f. Le fait de réconcilier, de se réconcilier. *Nous nous sommes embrassés, en signe de réconciliation.*

réconcilier v. (CONJUG. 7). ❶ Rétablir de bonnes relations entre des personnes, des groupes qui étaient fâchés. *Je voudrais bien le réconcilier avec son vieil ami.* SYN. raccommoder. CONTR. brouiller. ❷ *Réconcilier quelqu'un avec quelque chose*, c'est lui donner une meilleure opinion de cette chose. *Ce potage me réconcilie avec la nourriture chinoise.* ◆ **se réconcilier** v.pron. Renouer de bonnes relations après une brouille. *Nous nous sommes réconciliés.*

HISTOIRE DU MOT Vient du latin *recompensare* qui signifie « donner en retour, en compensation ».

reconduire reconduisant, reconduit v. (CONJUG. 60). Raccompagner une personne qui s'en va. *Il est très tard, je vais vous reconduire.* SYN. ramener.

réconfort n.m. Ce qui réconforte, donne de la force, du courage, apporte une consolation. *Va lui rendre visite, il a besoin de réconfort.* SYN. encouragement, soutien.

réconfortant, e adj. Qui réconforte, console. *Merci pour vos paroles réconfortantes.* SYN. consolant.

réconforter v. (CONJUG. 3). Dire ou faire ce qu'il faut pour consoler quelqu'un, lui redonner du courage, de l'espoir. *Son amitié m'a réconfortée.*

HISTOIRE DU MOT Vient du latin *fortis* qui signifie « fort ».

reconnaissable adj. Que l'on peut facilement reconnaître. *Les rouges-gorges sont reconnaissables à leur gorge rouge vif.*

reconnaissance n.f. Sentiment que l'on éprouve à l'égard de quelqu'un qui a été gentil ou serviable. *Françoise éprouve de la reconnaissance envers la dame qui a retrouvé son chat.* SYN. gratitude. • **Aller, partir en reconnaissance** : aller examiner un lieu, reconnaître le terrain, l'explorer. *Les soldats sont partis en reconnaissance avant l'attaque.*

reconnaissant, e adj. Qui montre de la reconnaissance. *Je vous suis très reconnaissant de tout ce que vous avez fait pour moi.*

reconnaître, ✎ reconnaitre **reconnaissant, reconnu v.** (CONJUG. **73**). ❶ Identifier une personne ou une chose parce qu'on les a déjà vues ou rencontrées. *Je l'ai reconnu à sa voix. Ils ont immédiatement reconnu la maison de leur enfance.* ❷ Admettre quelque chose comme vrai, réel, légitime. *Je reconnais que je n'aurais pas dû dire ça.* SYN. avouer, confesser. ❸ Déterminer la situation, la position d'un lieu, l'explorer. *Ils sont partis reconnaître les lieux pour savoir où l'on pourra s'installer.* • **Reconnaître un enfant :** déclarer à la mairie qu'on en est le père ou la mère.

reconquérir **reconquérant, reconquis v.** (CONJUG. **23**). Conquérir de nouveau. *Cette île a été perdue puis reconquise.*

reconquête n.f. Fait de reconquérir. *La reconquête du pouvoir.*

reconsidérer v. (CONJUG. **9**, ✎ *10*). Examiner de nouveau quelque chose afin de trouver une nouvelle solution. *Nous allons reconsidérer la question.*

reconstituant, e adj. Qui redonne des forces. *Après une longue marche en montagne, il faut prendre des aliments reconstituants.* ◆ **reconstituant n.m.** Médicament qui redonne des forces. *Le médecin lui a prescrit un reconstituant.* SYN. fortifiant.

reconstituer v. (CONJUG. **3**). ❶ Recréer une chose qui a disparu, telle qu'elle existait auparavant. *Pour les besoins du film, on a reconstitué un village viking.* SYN. recréer. ❷ *Reconstituer un crime*, pour les enquêteurs, c'est aller sur le lieu où il a été commis et le simuler pour comprendre ce qui s'est réellement passé.

reconstitution n.f. L'action de reconstituer quelque chose. *La reconstitution d'une course de chars romains. Le suspect s'est trahi pendant la reconstitution du hold-up.*

reconstruction n.f. L'action de reconstruire quelque chose.

reconstitution d'un dinosaure

reconstruire **reconstruisant, reconstruit v.** (CONJUG. **60**). Construire à nouveau ce qui a été détruit. *Après le cyclone, il a fallu reconstruire le village.* SYN. rebâtir.

reconversion n.f. Le fait de reconvertir ou de se reconvertir. *La reconversion de Jacques dans la mécanique a été très facile.*

reconvertir **reconvertissant, reconverti v.** (CONJUG. **16**). Adapter une entreprise à une production différente ou former une personne à un métier différent. *Nous essayons de reconvertir notre usine d'horlogerie en usine de matériel électronique.*

recopier v. (CONJUG. **7**). Écrire ce que l'on a déjà écrit ou ce qui est déjà écrit. *As-tu recopié sur ton cahier les exercices que tu avais faits au brouillon ?*

record n.m. La meilleure performance, le meilleur résultat obtenus jusque-là. *Le record du monde de saut en hauteur vient d'être battu par un athlète australien.*

HISTOIRE DU MOT Vient de l'anglais *to record* qui signifie « enregistrer », de l'ancien français *recorder* qui signifiait « se souvenir ».

recoucher v. (CONJUG. **3**). Remettre une personne au lit après l'avoir levée. *La maman a recouché son bébé après lui avoir donné son biberon.* ◆ **se recoucher v.pron.** Se remettre au lit. *Tu as fait un mauvais rêve, va te recoucher maintenant.*

recoudre **recousant, recousu v.** (CONJUG. **52**). Coudre ce qui s'est décousu. *J'ai recousu le bouton de mon pantalon.*

recoupement n.m. Fait de comparer des informations qui viennent de sources différentes pour vérifier un fait. *Le juge a établi par recoupement que l'alibi du suspect était faux.*

recouper v. (CONJUG. **3**). ❶ Couper de nouveau. *Peux-tu me recouper un petit morceau de pain pour finir mon fromage ?* ❷ Coïncider avec une autre information et la confirmer. *Son témoignage recoupe celui de Jacques.* ◆ **se recouper v.pron.** *Des informations qui se recoupent* ont des points communs, coïncident, ce qui permet d'établir la véracité d'un fait.

recourbé, e adj. Courbé à son extrémité. *Les oiseaux rapaces ont un bec recourbé.* SYN. crochu.

recourber v. (CONJUG. **3**). Rendre courbe. *En recourbant cette petite tige de métal, on fera un hameçon.*

recourir **recourant, recouru v.** (CONJUG. **21**). ❶ Courir de nouveau. *L'athlète est blessé au genou et il ne pourra pas recourir avant plusieurs semaines.* ❷ Demander l'aide d'une personne, faire appel à elle. *Vous pourrez toujours recourir à lui pour le déménagement.* ❸ Se servir d'un moyen dans une circonstance donnée. *On n'est pas toujours obligé de recourir à la force, la persuasion peut être utile.*

recours n.m. ❶ Fait de recourir à une personne, à une chose. *Ils ont eu recours au maire pour arbitrer le litige. En dernier recours, nous avons utilisé la ruse* (= il ne restait plus que ce moyen). ❷ Personne à laquelle on recourt. *Vous êtes mon dernier recours, aidez-moi.*

HISTOIRE DU MOT Vient du latin *recursus* qui signifie « retour en courant ».

recouvrement **n.m.** Fait de recouvrer un paiement. *Le percepteur est chargé du recouvrement des impôts.* SYN. perception.

recouvrer **v.** (CONJUG. 3). ❶ Rentrer en possession de ce qu'on avait perdu. *Depuis un mois, Louise a recouvré l'usage de la vue.* SYN. retrouver. ❷ Recevoir le paiement d'une somme due. *Recouvrer un impôt.*

▸ REM. Ne pas confondre avec *recouvrir.*

recouvrir **recouvrant, recouvert v.** (CONJUG. 28). ❶ Couvrir de nouveau, replacer une couverture. *Recouvre le bébé, il s'est découvert.* ❷ Munir d'une couverture, d'un élément qui protège. *Recouvrir un toit. Recouvrir un livre avec du plastique.* ❸ Couvrir entièrement. *La neige recouvre le sol.*

▸ REM. Ne pas confondre avec *recouvrer.*

récréation **n.f.** Moment pendant lequel les élèves peuvent jouer et se détendre dans la cour de l'école.

recréer **v.** (CONJUG. 8). Faire revivre ce qui a disparu. *Le metteur en scène s'est attaché à recréer l'atmosphère de la Rome antique.* SYN. reconstituer.

se **récrier** **v.pron.** (CONJUG. 7). Protester avec indignation. *Quand on l'a accusé, il s'est vivement récrié.*

▸ REM. Ce mot appartient à la langue soutenue.

récrimination **n.f.** (Surtout au plur.). Critique, reproche amers et agressifs. SYN. doléance, grief, réclamation.

récriminer **v.** (CONJUG. 3). Exprimer son désaccord ou ses critiques de manière un peu agressive. *La majorité des élèves récrimine contre le nouveau règlement.* SYN. protester.

HISTOIRE DU MOT Vient, comme *incriminer,* du latin *crimen.*

récrire **récrivant, récrit v.** (CONJUG. 62). Écrire ou rédiger de nouveau. *Je trouvais mon article mauvais, j'ai préféré le récrire.*

▸ REM. On dit aussi *réécrire.*

se **recroqueviller** **v.pron.** (CONJUG. 3). Se replier, se rouler sur soi-même. *Le malade se recroquevillait dans son lit pour avoir moins froid.* SYN. se pelotonner.

recrudescence **n.f.** Réapparition plus grave, plus forte d'un phénomène, après une accalmie. *La recrudescence des vols.* SYN. augmentation. CONTR. diminution.

recrue **n.f.** ❶ Soldat qui vient d'arriver à l'armée pour faire son service. *Les nouvelles recrues vont commencer leur instruction militaire.* SYN. conscrit. ❷ Nouveau membre d'un groupe. *Marc est la dernière recrue de l'équipe de hockey.*

HISTOIRE DU MOT Vient de l'ancien français *recroître* qui signifiait « compléter (un régiment) ».

recrutement **n.m.** Action de recruter des personnes. *Le recrutement des fonctionnaires se fait par concours.*

recruter **v.** (CONJUG. 3). Engager du personnel. *C'est une entreprise qui recrute essentiellement de jeunes ingénieurs.* SYN. embaucher.

HISTOIRE DU MOT Vient de *recrue.*

rectal, ale, aux **adj.** Du rectum.

rectangle **n.m.** Figure géométrique qui a quatre angles droits et dont les côtés sont égaux deux à deux. *Dessinez un rectangle de 15 cm de long sur 10 cm de large.* ◆ **adj.** Qui a un ou plusieurs angles droits. *Un triangle rectangle a un angle droit.*

▸ REM. On calcule l'aire d'un rectangle en multipliant la longueur par la largeur.

HISTOIRE DU MOT Vient du latin *rectus,* qui signifie « droit », et *angulus,* qui signifie « angle ».

rectangulaire **adj.** Qui a la forme d'un rectangle. *La cour est rectangulaire.*

rectificatif, ive **adj.** Qui sert à rectifier. *À la fin de mon livre, une note rectificative signale les fautes d'impression.* ◆ **rectificatif** **n.m.** Texte ou paroles qui rectifient une information inexacte. *Le journal a publié un rectificatif.*

rectification **n.f.** ❶ Action de rectifier quelque chose. *La rectification d'une erreur.* SYN. correction. ❷ Remarque, note qui vient rectifier une information. *J'ai quelques rectifications à apporter sur ce qui vient d'être dit.*

rectifier **v.** (CONJUG. 7). Modifier ce qui ne convient pas. *As-tu rectifié ton erreur ?*

HISTOIRE DU MOT Vient du latin *rectus* qui signifie « droit ».

rectiligne **adj.** En ligne droite. *Une allée rectiligne menait au château.*

recto **n.m.** L'endroit d'une feuille, le côté opposé au verso. *Inscrivez votre nom au recto de la feuille et commencez à écrire au verso.* • **Recto verso** : sur les deux pages d'une feuille. *Veillez à remplir le formulaire recto verso.*

HISTOIRE DU MOT Vient du latin *folio recto* qui signifie « sur le feuillet qui est à l'endroit ».

recto et verso d'une carte

A B C D E F G H I J K L M N O P Q R S T U V W X Y Z

rectum **n.m.** Dernière partie du gros intestin qui aboutit à l'anus.

HISTOIRE DU MOT Vient du latin *rectum intestinum* qui signifie « intestin droit ».

1 reçu, e **adj.** • **Idées reçues :** opinions que l'on admet sans même y avoir réfléchi. *Il a des idées reçues sur les États-Unis alors qu'il n'y est jamais allé.* SYN. préjugé. ◆ **n.** Personne admise à un examen, à un concours. *Les reçus seront informés par courrier.*

2 reçu **n.m.** Document par lequel on reconnaît avoir reçu un objet, une somme d'argent. *Le postier a remis un colis à ma mère et il lui a fait signer un reçu.* SYN. récépissé.

recueil **n.m.** Livre qui réunit plusieurs textes. *Philippe écrit un recueil de contes pour enfants.* → VOIR AUSSI **anthologie.**

▸ REM. Attention, on écrit *-ueil* comme dans *recueillir.*

recueillement **n.m.** Le fait de se recueillir. *Ce jardin paisible est un lieu propice au recueillement.* SYN. méditation.

▸ REM. Attention, *-ueill-*.

recueillir **recueillant, recueilli v.** (CONJUG. **26**). ❶ Rassembler, réunir ou recevoir des choses diverses. *Le concert permettra de recueillir des dons pour la construction de dispensaires en Afrique.* SYN. collecter. *Le bassin recueille l'eau de pluie.* ❷ Accueillir chez soi une personne dans le besoin ou un animal abandonné. *Toute sa famille a recueilli des réfugiés qui n'avaient plus rien.* ◆ **se recueillir** **v.pron.** S'isoler du monde extérieur pour réfléchir ou pour prier. *Virginie va chaque semaine se recueillir sur la tombe de sa grand-mère.*

▸ REM. Attention, *-ueill-*.

HISTOIRE DU MOT Vient du latin *recolligere*, que l'on retrouve dans *récolte.*

recul **n.m.** ❶ Mouvement vers l'arrière. *Le recul de l'armée ennemie.* SYN. retraite. CONTR. avance. *J'étais si surprise de le voir que j'ai eu un geste de recul.* ❷ Éloignement dans l'espace ou dans le temps nécessaire pour mieux voir une chose, pour mieux juger un événement. *La salle d'exposition était trop petite, nous manquions de recul pour admirer les tableaux. J'ai préféré prendre un peu de recul et réfléchir.*

reculé, e **adj.** *Une époque reculée* est éloignée dans le temps, dans le passé. *C'est une tradition qui remonte aux temps les plus reculés.* SYN. ancien, lointain.

reculer **v.** (CONJUG. **3**). ❶ Aller en arrière. *La rue était barrée, on a dû reculer pour prendre une autre route.* ❷ Déplacer vers l'arrière. *Recule ta chaise, tu es trop près de la table.* ❸ Reporter à plus tard. *Reculer un rendez-vous.* SYN. différer, repousser, retarder. ❹ Renoncer devant une difficulté, un obstacle. *Reculer devant la peur du scandale.* ❺ Être en régression, perdre du terrain. *L'épidémie commence à reculer.* • **Reculer pour mieux sauter :** retarder une décision désagréable mais qu'il faudra prendre tôt ou tard.

à **reculons** **adv.** En allant en arrière. *Quand elle vit l'énorme chien, Lise s'éloigna à reculons.*

récupération **n.f.** Le fait de récupérer quelque chose. *Ce conteneur sert à la récupération des vieux journaux.*

récupérer **v.** (CONJUG. **9**, ✎ *10*). ❶ Retrouver ce que l'on a prêté ou perdu. *J'ai enfin récupéré les disques que j'avais prêtés à Xavier.* ❷ Ramasser pour l'utiliser ce qui autrement serait perdu. *Récupérer le verre, le papier, le métal.* ❸ Retrouver ses forces. *Après une séance de sport, il faut se reposer un peu pour récupérer.*

récurer **v.** (CONJUG. **3**). Nettoyer en frottant et en grattant. *Récurer une casserole.*

récuser **v.** (CONJUG. **3**). Dans le domaine de la justice, refuser de reconnaître la compétence d'un juge, d'un juré, d'un expert, d'un témoin ou la valeur d'un témoignage. *Le tribunal a récusé son témoignage.* ◆ **se récuser** **v.pron.** Se déclarer incompétent pour décider d'une question ; refuser une mission, un poste. *Il n'a pas voulu s'occuper de cette affaire, il s'est récusé.*

HISTOIRE DU MOT Vient du latin *recusare*, « refuser », de *causa* qui signifie « cause ».

recyclable **adj.** Que l'on peut recycler, réutiliser. *De nombreux déchets sont recyclables.*

recyclage **n.m.** Le fait de recycler ou de se recycler. *Le recyclage des vieux papiers. M. Dubois a suivi un stage de recyclage.*

recycler **v.** (CONJUG. **3**). Traiter des déchets, des matériaux hors d'usage, pour pouvoir les utiliser à la fabrication de nouveaux produits. *Recycler le verre des bouteilles et des bocaux. Du papier recyclé.* ◆ **se recycler** **v.pron.** Suivre des cours pour s'adapter aux nouvelles techniques ou faire un nouveau travail. *Carole essaie de se recycler dans l'informatique.*

tri des déchets pour le **recyclage**

rédacteur, trice **n.** Personne dont le métier est de rédiger des articles, des textes. *Fabienne est rédactrice dans un grand magazine.*

rédaction **n.f.** ❶ Action ou manière de rédiger un texte. *Toute la classe participe à la rédaction de notre journal.* ❷ Devoir de français qui consiste à écrire un texte sur un sujet donné.

reddition **n.f.** Le fait de se rendre, de capituler. *La reddition de l'armée ennemie a précédé de peu la signature de la paix.* SYN. capitulation.

▸ REM. Attention, deux *d*.

HISTOIRE DU MOT Vient du latin *reddere* qui signifie « rendre ».

rédemption **n.f.** ❶ (Avec une majuscule.) Dans la religion chrétienne, salut apporté au genre humain par Jésus-Christ qui rachète les péchés. ❷ Le fait de ramener une personne au bien, de se racheter. SYN. salut.

redescendre **redescendant, redescendu v.** (CONJUG. **46**). Descendre de nouveau ou après être monté. *Après deux loopings, l'avion redescend vers la piste.* CONTR. remonter. *Il faudra redescendre cette malle à la cave.*

redevable **adj.** *Être redevable d'un avantage, d'un succès à quelqu'un*, c'est l'avoir obtenu grâce à lui et donc lui en être reconnaissant.

redevance **n.f.** Taxe que l'on paie à l'État en échange de l'utilisation d'un service public. *Quand on possède un ou plusieurs téléviseurs, on paie chaque année une redevance.*

rédhibitoire **adj.** Qui constitue un empêchement insurmontable à une action. *Le prix de la maison était rédhibitoire.* SYN. inabordable.
▸ REM. Attention au *-h-*.

rediffusion **n.f.** Nouvelle diffusion d'une émission de télévision ou de radio. *Pendant les vacances, il y a souvent des rediffusions à la télé.*

rédiger **rédigeant, rédigé v.** (CONJUG. **5**). Écrire un texte. *La journaliste prit ses notes et se mit à rédiger son article.*

redingote **n.f.** ❶ Longue veste d'homme, portée autrefois. ❷ Manteau d'homme ou de femme plus ou moins resserré à la taille.

HISTOIRE DU MOT Vient de l'anglais *riding-coat* qui signifie « vêtement pour monter à cheval ».

redingote
(*Homme au balcon, boulevard Haussmann*, tableau de G. Caillebotte, 1880)

redire **redisant, redit v.** (CONJUG. **64**). ❶ Dire à nouveau. *Écoutez bien ce que je vais vous dire car je ne vous le redirai pas.* SYN. répéter. ❷ Répéter par indiscrétion. *Ne va pas redire cela aux autres, c'est un secret.* SYN. raconter, rapporter. • **Trouver à redire :** avoir des critiques à faire. *Frédéric est exaspérant, il faut toujours qu'il trouve à redire à ce qu'on fait.*

redite **n.f.** Répétition inutile. *Votre rédaction est intéressante mais elle comporte des redites.*

redondance **n.f.** Élément redondant, inutile.

redondant, e **adj.** Qui est inutile, superflu dans un discours, un écrit parce que cela dit la même chose que ce qui a été dit auparavant. *Il y a des détails redondants dans votre devoir.*

HISTOIRE DU MOT Vient du latin *redundare* qui signifie « déborder, regorger de quelque chose ».

redonner **v.** (CONJUG. **3**). ❶ Donner de nouveau, donner encore. *Redonne-lui un peu d'eau.* ❷ Rendre à quelqu'un ce qu'il n'avait plus. *Cette bonne note m'a redonné confiance.*

redorer **v.** (CONJUG. **3**). • **Redorer son blason :** rétablir sa fortune, sa situation, retrouver son ancien prestige.

redoublant, e **n.** Élève qui redouble une classe.

redoublement **n.m.** ❶ Le fait de redoubler une classe. ❷ Répétition d'une lettre ou d'une syllabe dans un mot. *Attention au redoublement de la consonne « r » dans « irruption ». Dans « chouchou », il y a redoublement de « chou ».*

redoubler **v.** (CONJUG. **3**). ❶ Recommencer une même année d'étude au lieu de passer dans la classe supérieure. ❷ Devenir d'un seul coup beaucoup plus fort. *La pluie redouble, rentrons vite à la maison !* ❸ *Redoubler de prudence, de politesse, d'attention*, c'est se montrer encore plus prudent, encore plus poli, encore plus attentif. *Le brouillard s'épaississait et papa redoublait de prudence au volant.*

redoutable **adj.** Que l'on doit craindre. *Un adversaire redoutable.* SYN. dangereux. CONTR. inoffensif.

redouter **v.** (CONJUG. **3**). Avoir peur d'une chose ou d'une personne. *Tous les élèves de notre classe redoutent le professeur d'histoire.* SYN. craindre. *Je redoute de le rencontrer.* SYN. appréhender.

redoux **n.m.** Radoucissement de la température pendant la saison froide. *À la montagne, le redoux provoque souvent des avalanches.*

HISTOIRE DU MOT Vient de *doux*.

redressement **n.m.** Le fait de redresser ou de se redresser. *Le redressement de notre économie.* • **Maison de redressement :** autrefois, établissement chargé de la rééducation de jeunes délinquants.

redresser **v.** (CONJUG. **3**). ❶ Remettre à la verticale. *On a redressé les poteaux de la clôture que l'orage avait fait tomber.* ❷ Remettre en forme ce qui a été déformé, tordu. *Redresser une roue de bicyclette, un guidon.* • **Redresser la situation :** la rendre aussi satisfaisante qu'elle l'était au départ. ◆ **se redresser** **v.pron.** ❶ Se remettre droit, debout. *Ne te cogne pas en te redressant.* SYN. se relever. ❷ Recommencer à se développer. *Après de graves difficultés, cette industrie se redresse.*

A B C D E F G H I J K L M

redresseur n.m. • (Familier) **Redresseur de torts :** nom que l'on donne par plaisanterie à une personne qui prétend réparer les injustices et les abus.

réduction n.f. ❶ Fait de réduire, de diminuer. *Le ministre a demandé une réduction des dépenses.* SYN. diminution. CONTR. augmentation. ❷ Diminution du prix d'une marchandise. *La commerçante m'a fait une réduction de 10 % sur le tailleur.* SYN. rabais, remise. *Profitez de nos réductions.* ❸ Reproduction, dessin, épreuve dans un format plus petit. *Une réduction photographique.* CONTR. agrandissement.

réduire **réduisant, réduit v.** (CONJUG. **60**). ❶ Rendre moins important, plus petit. *On a réduit le nombre de classes dans l'école.* SYN. diminuer. *Nous devons réduire nos dépenses.* SYN. limiter, restreindre. *Réduire un dessin à la photocopie.* ❷ Transformer en une autre chose plus petite. *Cette machine réduit le grain en farine.* ❸ Amener à une situation pénible. *Réduire au désespoir, à la mendicité.* • **Réduire en cendres, en miettes :** mettre en pièces, détruire. ◆ **se réduire v.pron.** Être constitué seulement par telle chose. *Ses économies se réduisent à quelques euros.* SYN. se limiter.

HISTOIRE DU MOT Vient du latin *reducere* qui signifie « ramener », de *ducere* qui signifie « conduire ».

1 réduit, e adj. ❶ *Un modèle réduit* est un objet reproduit dans un plus petit format. *Frédéric construit un modèle réduit de la fusée Ariane.* ❷ *Un tarif réduit* est inférieur au tarif normal.

modèles **réduits** de cyclistes

Q R S T U V W X Y Z

2 réduit n.m. Pièce de très petites dimensions. *Il paraît qu'il travaille dans un réduit qui n'a même pas de fenêtre.*

réécrire **réécrivant, réécrit v.** (CONJUG. **62**). Écrire de nouveau pour améliorer.
▸ REM. On dit aussi *récrire.*

rééditer v. (CONJUG. **3**). ❶ Éditer une nouvelle fois. *Rééditer un livre. J'espère que cet ancien disque sera réédité en compact.* ❷ *Rééditer un exploit*, c'est le recommencer.

réédition n.f. Nouvelle édition d'un ouvrage.

rééducation n.f. ❶ Ensemble de soins et d'exercices destinés à rétablir l'usage normal d'un organe, d'un membre à la suite d'une blessure, d'une maladie ou d'une infirmité. *Des séances de rééducation chez le kinésithérapeute.* ❷ Ensemble des mesures ordonnées par le juge à l'égard des enfants délinquants ou des mineurs en danger en vue de les faire se réadapter socialement.

rééduquer v. (CONJUG. **3**). ❶ Rétablir l'usage normal d'un organe, d'un membre après une maladie ou un accident. ❷ Organiser la rééducation d'un enfant délinquant ou d'un mineur en danger

réel, elle adj. Qui existe vraiment. *Ce sont des faits réels, je n'ai rien inventé !* SYN. vrai. CONTR. fictif, imaginaire. *Sa joie de te revoir est réelle.* SYN. authentique. CONTR. simulé. *J'ai noté un réel changement dans son attitude.* SYN. évident, véritable, visible.

HISTOIRE DU MOT Vient du latin *realis*, de *res* qui signifie « chose ».

réélection n.f. Le fait d'être réélu. *Sa réélection paraît assurée.*

réélire **réélisant, réélu v.** (CONJUG. **67**). Élire de nouveau une personne à la fonction pour laquelle elle avait déjà été élue. *Le nouveau conseil municipal a réélu le maire à l'unanimité.*

réellement adv. Effectivement, véritablement. *Cette histoire est réellement arrivée, je n'invente rien !* SYN. vraiment.

refaire **refaisant, refait v.** (CONJUG. **70**). ❶ Faire de nouveau ce qu'on a déjà fait. *Je ne referai pas la même erreur !* SYN. recommencer, répéter. ❷ Remettre en état. *La ferme qu'ils ont achetée est belle mais il faut refaire la toiture.*

réfection n.f. Le fait de remettre à neuf, de réparer. *La réfection de la route durera jusqu'au mois de juin.*

réfectoire n.m. Grande salle où les membres d'une collectivité prennent leurs repas. *Au collège, nous prenons nos repas dans un réfectoire.*

référence n.f. ❶ Indication précise qui permet d'identifier un objet. *Sur le bon de commande on doit indiquer les références des produits que l'on achète.* ❷ *Un ouvrage de référence* est un ouvrage que l'on consulte pour y trouver certains renseignements. *Les dictionnaires sont des ouvrages de référence.* • **Faire référence à quelque chose :** y renvoyer, s'y rapporter. *Ce passage du roman fait référence à un épisode des « Misérables » de Victor Hugo.* ◆ **références n.f.plur.** Attestations certifiant la compétence d'une personne qui cherche du travail. *L'annonce disait : « Recherchons vendeuse qualifiée. Sérieuses références exigées. »*

référendum n.m. Vote au cours duquel les électeurs doivent répondre par oui ou par non à une question. *En 1992, les Français ont approuvé par référendum le traité sur l'Union européenne. En 1995, les Québécois ont rejeté par référendum l'option de l'indépendance.*

HISTOIRE DU MOT Vient du latin *referendum* qui signifie « ce qui doit être rapporté ».

se référer v.pron. (CONJUG. **9**, ✎ *10*). Se reporter à quelque chose. *Pour vérifier la date de ce traité, réfère-toi à ton livre d'histoire.*

refermer v. (CONJUG. **3**). Fermer ce qui a été ouvert. *Referme la fenêtre.* ◆ **se refermer v.pron.** Pour une blessure, cicatriser. *La plaie a mis du temps à se refermer.*

réfléchi, e adj. Qui réfléchit avant d'agir ou de parler. *Pierre est un garçon réfléchi, il n'entreprendra pas cette expédition si elle lui semble trop risquée.* SYN. pondéré, raisonnable. CONTR. étourdi, irréfléchi. ● **Pronom réfléchi :** pronom personnel qui désigne la même personne que le sujet. *« Me » dans « je me suis promis de revenir » et « lui » dans « il est content de lui » sont des pronoms réfléchis.*

réfléchir réfléchissant, réfléchi v. (CONJUG. 16). ❶ Concentrer sa pensée sur une question, une idée, un sujet. *J'ai répondu sans réfléchir et j'ai dit une bêtise.* ❷ Renvoyer des rayons lumineux ou des sons dans une autre direction. *La vitrine réfléchissait les phares des voitures.* ◆ **se réfléchir** v.pron. Apparaître sous forme d'image sur une surface. *Les peupliers se réfléchissent dans la rivière.* SYN. se refléter.

HISTOIRE DU MOT Vient du latin *reflectere* qui signifie « recourber, ramener ».

réflecteur n.m. Dispositif qui sert à réfléchir la lumière, la chaleur, les ondes. *Le réflecteur d'un radiotélescope. Le réflecteur d'une parabole.*

reflet n.m. ❶ Image d'une chose qui se réfléchit. *Narcisse regardait avec admiration son reflet dans l'eau. Le reflet des arbres dans le canal.* ❷ Nuance colorée et brillante qui varie selon la lumière. *Au soleil, les cheveux de Véronique ont des reflets roux.* ❸ Ce qui représente quelque chose comme le ferait un miroir. *La mode est le reflet d'une époque.* SYN. image.

refléter v. (CONJUG. 9, ✎ 10). ❶ Renvoyer l'image de quelque chose. *Les miroirs de la galerie reflétaient nos visages.* SYN. réfléchir. *Le lac reflétait les sapins noirs.* ❷ Être l'indication, l'expression de quelque chose. *Son regard reflète la bonté.* SYN. exprimer. ◆ **se refléter** v.pron. Se réfléchir. *Les branches se reflètent dans l'eau.*

refleurir refleurissant, refleuri v. (CONJUG. 16). Fleurir de nouveau. *Au printemps, l'arbuste refleurira.*

réflexe n.m. ❶ Mouvement automatique et immédiat d'une partie du corps en réponse à une action. *Quand le médecin frappe sur le bas de ton genou, ta jambe avance brusquement : c'est un réflexe.* ❷ Geste très rapide que l'on fait sans réfléchir, pour réagir à un événement soudain et inattendu. *C'est une automobiliste qui a de bons réflexes.*

réflexion n.f. ❶ Le fait de réfléchir, de concentrer sa pensée. *Laisse-moi quelques jours de réflexion avant de te donner une réponse.* ❷ Observation, critique adressées à une personne. *Anne m'a fait des réflexions désagréables.* SYN. remarque. ❸ Phénomène par lequel la lumière se réfléchit. *La réflexion des rayons du soleil sur un mur blanc.* SYN. réverbération. ● **Réflexion faite :** après avoir bien réfléchi. *Réflexion faite, je crois que je viendrai.*

HISTOIRE DU MOT Vient, comme *réfléchir,* du latin *reflectere.*

refluer v. (CONJUG. 3). Aller en sens contraire. *Le lavabo est bouché, c'est pour cela que l'eau reflue. Devant le barrage de police, les manifestants ont reflué vers la place.* → VOIR AUSSI **affluer.**

HISTOIRE DU MOT Vient du latin *fluere,* « couler ».

reflux n.m. Mouvement de la mer qui descend. *Le flux et le reflux sont peu sensibles en Méditerranée.* ▶ REM. On ne prononce pas le *-x*.

réformateur, trice n. ❶ Personne qui propose ou fait des réformes. *Cet homme politique fut un grand réformateur.* ❷ Personne qui, au XVIe siècle, œuvrait pour la réforme protestante, qui voulait réformer l'Église. *Calvin, Luther furent des réformateurs.*

réforme n.f. Changement important fait pour améliorer une organisation, pour adapter un système au progrès. *Le gouvernement de notre pays a entrepris de profondes réformes politiques et sociales.* → VOIR noms propres : **Réforme.**

réformé, e adj. et n. Protestant. *Les Églises réformées. La religion réformée* (= le protestantisme).

réformer v. (CONJUG. 3). Apporter des changements dans une organisation, un système, un règlement pour les faire évoluer. *Réformer les programmes scolaires.* SYN. modifier.

refouler v. (CONJUG. 3). ❶ Faire reculer des personnes, les empêcher de passer. *Les troupes ont refoulé l'ennemi.* SYN. repousser. ❷ Faire refluer un liquide. *La marée refoule les eaux du fleuve dans l'estuaire.* ❸ Empêcher un sentiment de s'extérioriser, de se manifester. *Claudia était très émue mais elle a refoulé ses larmes.* SYN. retenir.

réfractaire adj. ❶ Qui refuse d'obéir, de se soumettre. *Sandrine est réfractaire à la discipline du lycée.* SYN. rebelle, rétif. ❷ Qui est insensible à quelque chose. *Je suis réfractaire à la peinture moderne, je n'y comprends rien.* ❸ Qui résiste à de très hautes températures. *On construit les fours en briques réfractaires.*

HISTOIRE DU MOT Vient du latin *refractarius* qui signifie « querelleur ».

réfraction n.f. Phénomène physique par lequel certaines ondes, certains rayons changent brutalement de direction en passant d'un milieu dans un autre. *La réfraction de la lumière s'observe avec un prisme.*

refrain n.m. ❶ Paroles qui se répètent sur le même air après chaque couplet d'une chanson. *Nous pourrions reprendre ce refrain en chœur puisque tout le monde le connaît.* ❷ (Familier) Ce qu'une personne répète sans cesse. *Change de refrain, arrête de te plaindre.* SYN. rengaine.

réfréner ou **refréner** v. (CONJUG. 9, ✎ 10). Empêcher un sentiment de se manifester avec trop de force. *J'avoue que j'ai eu du mal à réfréner ma colère.* SYN. contenir, retenir.

HISTOIRE DU MOT Vient du latin *frenum* qui signifie « frein ». Réfréner un sentiment, c'est y mettre un frein.

réfrigérant, e adj. ❶ Qui produit du froid. *Des installations réfrigérantes.* ❷ (Familier) Qui jette un froid.

A B C D E F G H I J K L M N O P Q R S T U V W X Y Z

Nous avons eu droit à un accueil réfrigérant. SYN. glacial. → VOIR AUSSI **frigorifique.**

réfrigérateur n.m. Appareil ménager qui permet de conserver les aliments à basse température. *J'ai mis le lait dans le réfrigérateur.*

réfrigéré, e adj. *Un véhicule réfrigéré* est conçu pour produire le froid nécessaire à la conservation des produits qu'il transporte.

réfrigérer v. (CONJUG. 9, ✎ *10*). ❶ Soumettre à l'action du froid pour conserver. *Les pêcheurs doivent réfrigérer le poisson dès qu'ils l'ont pris.* SYN. congeler. ❷ Mettre mal à l'aise par un comportement froid, désagréable. *Toutes ces critiques m'ont réfrigéré.*

HISTOIRE DU MOT Vient du latin *frigus, frigoris* qui signifie « froid, refroidissement », que l'on retrouve dans *frigorifier.*

refroidir refroidissant, refroidi v. (CONJUG. 16). ❶ Abaisser la température de quelque chose. *Il faisait si chaud que les glaçons fondaient avant d'avoir refroidi l'eau.* CONTR. réchauffer. ❷ Devenir froid ou un peu plus froid. *Ne bois pas ton café tout de suite, laisse-le refroidir un peu.* ❸ Faire perdre son enthousiasme, son élan à une personne. *Je lui aurais volontiers parlé mais son air sévère m'a refroidie.* SYN. glacer. ◆ **se refroidir** v.pron. ❶ Devenir plus froid. *Le temps s'est refroidi.* SYN. se rafraîchir. ❷ Au sens figuré, devenir plus froid, plus distant. *Après cet incident, les relations entre les deux pays se sont refroidies.*

refroidissement n.m. ❶ Fait de refroidir ou de se refroidir. CONTR. réchauffement. ❷ Rhume que l'on attrape en prenant froid.

refuge n.m. ❶ Endroit où l'on se sent protégé, à l'abri d'un danger. *Quand l'orage a éclaté nous avons trouvé refuge sous un porche.* ❷ Maison qui sert d'abri en haute montagne. *Les alpinistes ont passé la nuit dans un refuge.*

refuge en altitude

réfugié, e n. et adj. Personne qui a dû quitter son pays pour fuir un danger et trouver refuge dans un autre pays. *Un réfugié politique.*

se **réfugier** réfugiant, réfugié v.pron. (CONJUG. 7). Se mettre à l'abri quelque part. *Nous nous sommes réfugiés dans une grange pour échapper à une averse.* SYN. s'abriter.

refus n.m. Action de refuser, de dire non. *Elle tourna la tête en signe de refus.* CONTR. acceptation, consentement.

refuser v. (CONJUG. 3). ❶ Ne pas accepter. *Pierre a refusé mon invitation.* SYN. décliner, repousser. CONTR. accepter. ❷ Ne pas recevoir un candidat à un examen. *Léo a été refusé au baccalauréat.* SYN. (Fam.) recaler. → VOIR AUSSI **ajourner.**

réfuter v. (CONJUG. 3). Démontrer, preuves à l'appui, qu'une affirmation est fausse. *L'avocat a réfuté l'un après l'autre les arguments du procureur.* SYN. anéantir. CONTR. confirmer.

regagner v. (CONJUG. 3). ❶ Retrouver ce qu'on avait perdu. *Au cours de la seconde partie, il a regagné tout son argent. Le cheval regagne du terrain.* ❷ Revenir, retourner quelque part. *C'est la fin de l'entracte, les spectateurs regagnent leurs places.* SYN. rejoindre.

regain n.m. ❶ Herbe qui repousse dans une prairie qui a été fauchée. ❷ Renouveau, reprise. *Cette entreprise connaît depuis quelques mois un regain d'activité.*

régal n.m. (PLUR. : **régals**). Ce que l'on trouve particulièrement bon. *Ce gâteau au chocolat est un régal.* SYN. délice.

HISTOIRE DU MOT Vient de l'ancien français *gale* qui signifiait « réjouissance ».

régalade n.f. *Boire à la régalade*, c'est boire en laissant couler la boisson dans la bouche sans que le récipient touche les lèvres.

se **régaler** v.pron. (CONJUG. 3). ❶ Prendre un grand plaisir à manger quelque chose. *Merci pour ce repas, je me suis régalé.* SYN. se délecter. ❷ (Familier) Prendre un grand plaisir à faire quelque chose. *Le livre était formidable, je me suis régalé à le lire.*

regard n.m. ❶ Action de regarder. *Hervé a parcouru la salle du regard.* ❷ Manière de regarder, expression des yeux. *Elle posait sur son enfant un regard tendre.* • **Au regard de quelque chose :** par rapport à quelque chose. *Il n'était pas en règle au regard de la loi.*

regardant, e adj. ❶ (Familier) Qui a peur de trop dépenser. *Hélène est un peu regardante.* SYN. chiche, parcimonieux. CONTR. dépensier. ❷ (Familier) Exigeant. *Ils ne sont pas très regardants sur la propreté dans cet hôtel !*

regarder v. (CONJUG. 3). ❶ Diriger ses yeux vers une personne ou une chose pour les voir. *Nous regardions le paysage à travers la vitre de la voiture.* SYN. contempler, observer. *Regarder une émission à la télévision.* ❷ Concerner, intéresser. *Mes affaires ne te regardent pas, tu n'as pas à t'en mêler.* • **Ne pas regarder à la dépense :** dépenser sans compter. ◆ **se regarder**

v.pron. ❶ Contempler sa propre image. *Valentine adore se regarder dans la glace.* ❷ S'observer l'un l'autre. *Elles se regardaient en souriant.*

HISTOIRE DU MOT Vient d'un ancien sens de *garder* qui signifiait « veiller ».

régate n.f. Course de bateaux à voiles. *Nous participerons à une régate l'été prochain.*

HISTOIRE DU MOT Vient de l'italien *regata* qui signifie « défi ».

régate

régence n.f. Gouvernement provisoire exercé par un régent. *Après la mort de Louis XIII, Anne d'Autriche, sa femme, a exercé la régence jusqu'à la majorité de Louis XIV.*

régénérer v. (CONJUG. 9, ✎ *10*). Reconstituer un organe, un tissu. *Une crème qui régénère la peau.*

régent, e n. Personne qui gouverne un pays à la place d'un souverain qui n'a pas encore l'âge de régner ou qui est absent. *Marie de Médicis fut régente à la place de son fils Louis XIII.*

régenter v. (CONJUG. 3). Diriger de manière autoritaire. *Grand-mère veut régenter tout le monde.* SYN. commander, dominer.

reggae n.m. invar. et adj.invar. Musique au rythme syncopé, originaire de la Jamaïque. *Nous avons dansé sur du reggae. Des groupes reggae.* → VOIR noms propres : **Bob Marley.**

▸ REM. On prononce [rege].

régie n.f. ❶ (Avec une majuscule.) Nom donné à certaines entreprises gérées par l'État. *La Régie française des tabacs.* ❷ Service chargé de l'organisation matérielle d'un spectacle.

regimber v. (CONJUG. 3). Résister, se montrer récalcitrant. *Tout le monde a obéi sans regimber.* SYN. protester, se rebiffer.

▸ REM. On prononce [rəʒɛ̃be].

HISTOIRE DU MOT Vient de l'ancien français *regiber* qui signifiait « ruer ».

1 régime n.m. ❶ Forme de gouvernement d'un État. *Un régime monarchique. Un régime démocratique.* ❷ Ensemble de règles qui servent à administrer certains établissements. *Le régime pénitentiaire.* ❸ Ensemble de prescriptions concernant l'alimentation. *Son médecin lui a prescrit un régime sévère pour qu'il se rétablisse vite. Elle est au régime en ce moment* (= elle doit manger moins). ❹ Vitesse de rotation d'un moteur. *Le moteur tourne à plein régime.* ❺ Variation du débit d'un cours d'eau pendant une année. *Le régime d'un fleuve dépend des pluies, du relief et de l'apport de ses affluents.* • **Ancien Régime :** nom donné au régime politique de la France entre le XVe siècle et la Révolution de 1789. → VOIR noms propres.

2 régime n.m. Ensemble de fruits qui poussent en grappes sur une même branche. *Un régime de bananes, de dattes.*

HISTOIRE DU MOT Vient du latin *racemus* qui signifie « grappe » et qui a aussi donné *raisin.*

régiment n.m. Unité militaire composée de plusieurs bataillons. *Un régiment comprend environ mille soldats.*

région n.f. ❶ Étendue de pays définie par rapport à ses caractéristiques physiques (climat, relief, etc.) ou humaines (peuplement, économie). *La Lorraine est une région industrielle. Le sud du Maroc est une région désertique.* ❷ Étendue de pays autour d'une ville ou d'un lieu précis. *Vous verrez, ici la région est très belle.* ❸ (Avec une majuscule.) En France, division administrative regroupant plusieurs départements et disposant d'une certaine autonomie. *La Région Bretagne.* ❹ Partie du corps, plus ou moins bien délimitée. *La région du cœur.* SYN. zone.

régional, ale, aux adj. Qui concerne une région. *La bouillabaisse, le cassoulet et la choucroute sont des plats régionaux.*

régionalisme n.m. ❶ Mouvement politique qui veut donner plus d'importance aux régions dans un pays. ❷ Mot particulier à une région.

régionaliste adj. et n. Qui est partisan du régionalisme.

régir régissant, régi v. (CONJUG. 16). ❶ Déterminer un mouvement, une action, une organisation. *Connais-tu les lois qui régissent la chute des corps ?* ❷ Commander, gouverner. *La vieille femme régissait tout à la ferme.* ❸ En grammaire, déterminer la fonction d'un mot, l'emploi d'un mode.

HISTOIRE DU MOT Vient du latin *regere* qui signifie « diriger ».

régisseur, euse n. ❶ Personne qui administre, gère un domaine. ❷ Personne chargée de l'organisation matérielle d'un spectacle.

registraire n. Au Canada, dans un établissement d'enseignement, personne chargée d'inscrire les élèves et de tenir les dossiers.

registre n.m. ❶ Grand cahier sur lequel sont inscrits des renseignements importants. *Les naissances, les mariages et les décès sont enregistrés à la mairie sur un registre d'état civil. Tenir le registre de la comptabilité.* ❷ Étendue d'une voix, d'un instrument sur l'échelle des sons. *Registre grave, aigu.* ❸ Niveau de langue. *Le registre familier.* → VOIR Fiche **8.**

HISTOIRE DU MOT Vient de l'ancien français *regeste* qui signifiait « récit, histoire ».

réglable adj. Qui peut être réglé, adapté. *Le fauteuil du dentiste a un dossier réglable.*

réglage n.m. Opération par laquelle on règle un appareil ou un mécanisme. *Le réglage de l'objectif d'un appareil photo.*

règle n.f. ❶ Instrument qui sert à tracer des traits ou à mesurer des longueurs. *Sur son cahier, Laura a souligné la date avec sa règle.* ❷ Formule qui indique ce qu'il faut faire dans un cas précis. *Une règle de grammaire. Les règles de la politesse.* SYN. principe. *Explique-moi les règles de ce jeu.* • **En règle :** conforme à la loi. *Céline a eu des ennuis à la douane car son passeport n'était pas en règle.* • **En règle générale :** dans la plupart des cas. *En règle générale, il est à l'heure.* SYN. généralement. ◆ **règles n.f.plur.** Écoulement de sang qui se produit tous les mois chez la femme, de la puberté à la ménopause.

HISTOIRE DU MOT Vient du latin *regula*, que l'on retrouve dans *régulier.*

réglé, e adj. ❶ Soumis à des règles. *Ma grand-mère a une vie bien réglée, elle se lève, mange et se couche toujours à la même heure.* SYN. régulier. ❷ Qui a trouvé une solution définitive. *C'est une affaire réglée, n'en parlons plus.* SYN. résolu, terminé.

règlement n.m. ❶ Ensemble de règles que l'on doit respecter. *Il est interdit de fumer au collège, c'est contraire au règlement.* ❷ Le fait de régler une affaire, de la résoudre. *Nous attendons avec impatience le règlement de cette affaire.* SYN. conclusion. ❸ Le fait de régler une somme due. *Veuillez passer à la caisse pour le règlement de vos achats.* SYN. paiement. • **Règlement de comptes :** acte de violence par lequel on se venge, on se fait justice soi-même.

réglementaire, ✎ *règlementaire* adj. Conforme au règlement. *Les soldats doivent porter une tenue réglementaire.*

réglementation, ✎ *règlementation* n.f. Fait de réglementer ; ensemble de mesures légales qui concernent un domaine particulier. *La vente des médicaments est soumise à une réglementation très stricte.*

réglementer, ✎ *règlementer* v. (CONJUG. **3**). Soumettre à un règlement. *La circulation des poids lourds sur autoroute est réglementée.*

régler v. (CONJUG. **9**, ✎ *10*). ❶ Organiser dans les détails. *Régler un spectacle.* SYN. établir, fixer. ❷ Trouver une solution définitive à une affaire. *Il nous faut régler ce problème au plus vite.* SYN. résoudre, terminer. ❸ Mettre un appareil ou un mécanisme en mesure de fonctionner avec précision. *Régler une balance.* ❹ Payer. *Comment réglez-vous vos achats, en espèces, par chèque ou par carte de crédit ?* ❺ (Familier) *Régler son compte à quelqu'un*, c'est le punir sévèrement ou même le tuer par vengeance.

réglisse n.f. Plante dont la racine parfumée et sucrée est utilisée en pharmacie pour ses propriétés adoucissantes et en confiserie. *François suce un bâton de réglisse. Une boisson à la réglisse.* ◆ **n.m.** Bâton, bonbon fait avec de la réglisse.

HISTOIRE DU MOT Vient du grec *glukus* qui signifie « doux » et qui a aussi donné *glucose.*

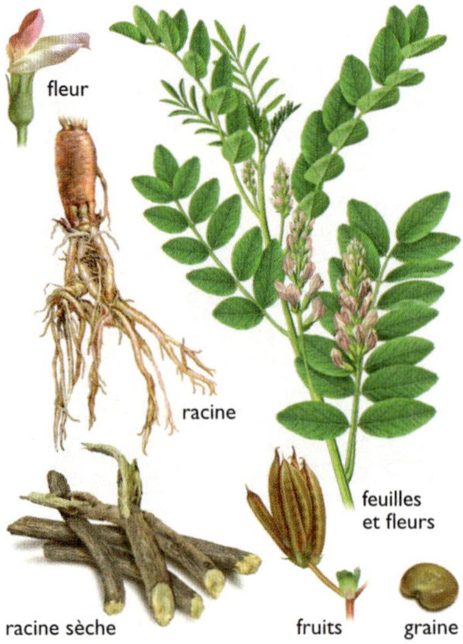

réglisse

règne n.m. ❶ Période pendant laquelle un souverain gouverne un pays. *Le règne de Louis XIV a duré soixante-douze ans.* ❷ Chacune des grandes divisions du monde vivant. *Les mammifères font partie du règne animal, les plantes du règne végétal.*

HISTOIRE DU MOT Vient du latin *rex, regis* qui signifie « roi ».

régner v. (CONJUG. **9**, ✎ *10*). ❶ Pour un souverain (roi, empereur, prince), gouverner un pays. *Louis XIV a régné de 1643 à 1715.* ❷ Être établi, exister. *La confiance règne entre nous.*

regonfler v. (CONJUG. **3**). Gonfler ce qui s'est dégonflé. *Regonfler ses pneus.*

regorger regorgeant, regorgé v. (CONJUG. **5**). Contenir en grande quantité. *Le fleuve regorge de poissons.* SYN. abonder en, foisonner, pulluler.

régresser v. (CONJUG. **3**). Perdre peu à peu de sa force, de son importance. *La vaccination a permis de faire régresser certaines maladies graves.* SYN. décliner, reculer. CONTR. augmenter, progresser.

régression n.f. Le fait de régresser. *L'industrie automobile est en pleine régression.* SYN. déclin, récession, recul. CONTR. croissance, expansion, progression.

HISTOIRE DU MOT Vient du latin *regredi* qui signifie « revenir en arrière ».

regret n.m. Peine que l'on éprouve lorsqu'on regrette quelque chose. *Partir à regret* (= à contrecœur).

A B C D E F G H I J K L M N O P Q R S T U V W X Y Z

Pierre s'est excusé et nous a exprimé ses regrets. → VOIR AUSSI **remords.**

regrettable **adj.** Que l'on ne peut que regretter. *C'est un incident regrettable.* SYN. déplorable, fâcheux.

regretter **v.** (CONJUG. 3). ❶ Éprouver de la peine en se souvenant de ce qui n'est plus, d'une personne ou d'une chose qui ont disparu ou qui ne sont plus là. *Regretter son enfance. Regretter un ami disparu.* ❷ Se reprocher d'avoir fait ou de ne pas avoir fait quelque chose. *Pierre dit qu'il regrette d'avoir tiré la queue du chat.* SYN. se repentir. ❸ Être triste de voir que ce que l'on souhaite ne se réalise pas. *Je regrette que vous ne puissiez pas venir.* SYN. déplorer. CONTR. se réjouir. ❹ S'emploie dans des formules de politesse pour marquer son refus. *« Vous viendrez ? – Non, je regrette. »*

regrouper **v.** (CONJUG. 3). Grouper, rassembler, réunir ce qui était dispersé. *Le guide regroupe les touristes à la sortie du musée.* ◆ **se regrouper** **v.pron.** Se remettre en groupe. *Les manifestants se regroupent sur la place.* SYN. se rassembler.

régulariser **v.** (CONJUG. 3). ❶ Rendre régulier. *Ce barrage régularisera le cours du fleuve.* ❷ Rendre conforme à la loi. *Il faut que je fasse régulariser mon passeport.*

régularité **n.f.** ❶ Caractère de ce qui est régulier, de ce qui ne varie pas. *La régularité du mouvement des astres. Battre le rythme avec une grande régularité.* ❷ Caractère de ce qui est conforme aux règles. *La régularité d'un scrutin.*

réguler **v.** (CONJUG. 3). Assurer le bon fonctionnement, le rythme régulier d'une activité. *Réguler le trafic routier.*

régulier, ère **adj.** ❶ Qui ne varie pas, qui se répète de la même façon. *Son cœur bat à un rythme régulier.* SYN. constant. CONTR. inégal. ❷ Qui a des proportions harmonieuses, équilibrées. *Carole a un visage régulier.* SYN. symétrique. ❸ Qui est conforme à la loi, aux règlements ou aux usages établis. *Ce procès n'est pas régulier.* SYN. légal. CONTR. irrégulier.

HISTOIRE DU MOT Vient du latin *regula*, « règle, principe ».

régulièrement **adv.** ❶ De façon régulière. *Il faut arroser les plantes régulièrement.* ❷ Comme la loi l'exige. *Le président a été élu régulièrement.* SYN. légalement.

régurgiter **v.** (CONJUG. 3). Rejeter involontairement ce qui vient d'être avalé. *Régurgiter des aliments.* SYN. vomir. CONTR. ingurgiter.

HISTOIRE DU MOT Vient du latin *gurges* qui signifie « gorge ».

réhabilitation **n.f.** Fait de réhabiliter des personnes, des immeubles.

réhabiliter **v.** (CONJUG. 3). ❶ Rétablir une personne dans ses droits, lui permettre d'avoir à nouveau une place normale dans la société. ❷ Rétablir une personne dans l'estime d'autrui. *Cet acte de courage l'a réhabilité aux yeux de tous.* ❸ Restaurer et moderniser un immeuble, un quartier ancien.

rehausser **v.** (CONJUG. 3). ❶ Rendre ou mettre plus haut. *Les maçons ont rehaussé le mur du jardin.* SYN. surélever. ❷ Faire ressortir. *Ce maquillage rehausse l'éclat de ses yeux.* ❸ Donner plus de valeur. *Rehausser l'image d'une entreprise.*

réimpression **n.f.** Nouvelle impression d'un livre dont tous les exemplaires ont été vendus.

réimprimer **v.** (CONJUG. 3). Faire une réimpression.

rein **n.m.** Chacun des deux organes qui filtrent le sang pour éliminer les déchets et produisent l'urine. *Les reins sont placés de chaque côté de la colonne vertébrale.* ◆ **reins** **n.m.plur.** Nom que l'on donne à la partie inférieure du dos. *J'ai mal aux reins.*

réincarnation **n.f.** Fait de se réincarner. *Les bouddhistes et les hindouistes croient à la réincarnation.*

se **réincarner** **v.pron.** (CONJUG. 3). Revivre sous une nouvelle forme corporelle, humaine, animale ou végétale.

reine **n.f.** ❶ Femme qui dirige un royaume. *La reine Victoria régna sur la Grande-Bretagne et l'Irlande de 1837 à 1901.* ❷ Épouse d'un roi. ❸ Celle qui l'emporte sur les autres. *Virginie a été la reine de la soirée. Une reine de beauté.* ❹ Femelle qui pond, chez les abeilles, les guêpes, les fourmis et les termites. ❺ Aux échecs et aux cartes, pièce, figure qui est la plus importante après le roi.

reine-claude **n.f.** (PLUR. : **reines-claudes**). Variété de prune verte, ronde, à chair fondante.

HISTOIRE DU MOT Vient du nom de la *reine Claude*, la première femme de François Ier.

reine-marguerite **n.f.** (PLUR. : **reines-marguerites**). Plante originaire d'Asie, qui ressemble à une marguerite et a de belles fleurs blanches, rouges ou bleues.

reinette **n.f.** Nom que l'on donne à plusieurs variétés de pommes, à chair très parfumée, telles que la *reinette grise*, la *reinette du Canada* ou la *reine des reinettes*.

reinettes

▶ REM. Ne pas confondre avec *rainette*.

HISTOIRE DU MOT Vient de *reine* parce que ce fruit était considéré comme digne d'une reine.

réinsérer **v.** (CONJUG. 9, ✎ *10*). Donner à une personne plus ou moins exclue de la société les moyens d'en faire partie à nouveau. *Réinsérer les chômeurs de longue durée dans la vie active.*

réinsertion **n.f.** Le fait de réinsérer ou d'être réinséré dans un groupe social. *Pierre s'occupe de la réinsertion d'anciens prisonniers.*

A B C D E F G H I J K L M N O P Q R S T U V W X Y Z

réintégrer v. (CONJUG. 9, ✎ *10*). ❶ Revenir dans un lieu après l'avoir quitté. *Les personnes évacuées vont pouvoir réintégrer leur appartement.* SYN. regagner. ❷ Redonner à une personne le poste qu'elle avait quitté ou qu'on lui avait enlevé. *Le salarié licencié a été réintégré.*

réitérer v. (CONJUG. 9, ✎ *10*). Faire ou dire de nouveau ce que l'on a déjà fait ou dit. *J'ai eu beau réitérer ma question, il ne m'a pas répondu.* SYN. renouveler, répéter. ▸ REM. Ce mot appartient à la langue soutenue.

rejaillir **rejaillissant, rejailli** v. (CONJUG. 16). Retomber sur une personne par une conséquence indirecte. *Le scandale dans lequel il était impliqué a rejailli sur les membres de sa famille.*

rejet n.m. ❶ Le fait de rejeter ou d'être rejeté. *Voter le rejet d'un projet de loi.* SYN. abandon, refus. ❷ Nouvelle pousse qui apparaît sur la tige d'une plante ou sur la souche d'un arbre coupé. *Des rejets sont apparus sur la souche du cerisier.* ❸ Réaction du corps qui n'assimile pas et détruit un organe greffé. *La chirurgienne craint un phénomène de rejet.*

rejeter v. (CONJUG. 12, ✎ *11*). ❶ Renvoyer en lançant. *Ces poissons sont trop petits, rejetons-les à l'eau.* ❷ Repousser, ne pas accepter une chose ou une personne. *Vous ne pouvez pas rejeter ma proposition. Frank se sent rejeté par sa famille.* CONTR. accepter, accueillir. ❸ Faire retomber une faute sur une autre personne, en général pour se disculper. *Tu exagères, c'est trop facile de rejeter la responsabilité de ses erreurs sur les autres !* (= de dire que ce sont les autres qui sont responsables).

rejeton n.m. ❶ Rejet, nouvelle pousse sur une plante. ❷ (Familier) Enfant, fils ou fille.

rejoindre **rejoignant, rejoint** v. (CONJUG. 49). ❶ Retrouver une personne dont on est séparé. *À la fin de la semaine, Gérard rejoindra sa femme dans le Midi.* ❷ Rattraper une personne, un véhicule qui a de l'avance. *Le cycliste a réussi à rejoindre le groupe de tête.* ❸ Retourner à un endroit, retrouver un poste après les avoir quittés. *L'élève a rejoint sa place.* SYN. regagner. *L'ambassadeur a rejoint son poste.* ❹ Pour une route, un chemin, mener quelque part. *Cette route rejoint la nationale.* ❺ Avoir des points communs, aboutir au même résultat. *Ton opinion rejoint la mienne sur ce sujet.* ◆ **se rejoindre** v.pron. Aboutir à un même point. *Les deux canaux se rejoignent plus loin.* SYN. se réunir. CONTR. diverger, se séparer.

réjoui, e adj. Qui exprime la joie, la gaieté. *Une mine réjouie.* SYN. radieux.

réjouir **réjouissant, réjoui** v. (CONJUG. 16). Faire plaisir, causer de la joie. *L'annonce de son succès a réjoui toute la famille.* SYN. enchanter. CONTR. attrister, chagriner, peiner. ◆ **se réjouir** v.pron. Éprouver de la joie. *Je me réjouis de ton arrivée à Paris.* CONTR. déplorer.

réjouissance n.f. Joie collective. *Hier soir, toute la ville était illuminée en signe de réjouissance.* SYN. liesse. ◆ **réjouissances** n.f.plur. Fêtes données pour célébrer un événement heureux. *Il y a eu de nombreuses réjouissances à l'occasion de la naissance de la princesse.*

réjouissant, e adj. Qui réjouit. *Nous avons appris une nouvelle peu réjouissante.* SYN. gai. CONTR. désolant.

relâche n.f. Arrêt temporaire des représentations d'un spectacle. *Le théâtre fait relâche le lundi.* • **Sans relâche** : sans interruption. *Marc a travaillé sans relâche pour avoir fini ce soir.* SYN. sans arrêt. • **Semaine de relâche** ou **relâche** : au Québec, période de vacances au cours d'une année scolaire ou universitaire.

relâchement n.m. ❶ État de ce qui est détendu. *Le relâchement des muscles.* SYN. décontraction. ❷ Fait de se relâcher. *Je n'admettrai aucun relâchement dans le travail.* SYN. laisser-aller, négligence.

relâcher v. (CONJUG. 3). ❶ Rendre plus lâche, moins tendu. *Relâche un peu la corde, elle est trop tendue.* SYN. détendre. ❷ Remettre en liberté. *Le prisonnier a été relâché.* SYN. libérer. ❸ Rendre moins intense, moins rigoureux. *Ne relâchez pas vos efforts.* SYN. diminuer. ◆ **se relâcher** v.pron. Devenir moins rigoureux, moins intense. *Son attention se relâche en classe* (= il fait moins attention). *Les relations entre les deux pays se sont relâchées ces derniers temps* (= ils sont moins proches).

HISTOIRE DU MOT Vient, comme *relaxer*, du latin *relaxare*.

relais, ✎ ***relai*** n.m. ❶ Autrefois, endroit où l'on s'arrêtait pour changer les chevaux des attelages. *La diligence fit halte dans un relais.* ❷ Course à pied dans laquelle les coureurs d'une même équipe se remplacent à tour de rôle à une distance déterminée. ❸ Dispositif de télévision qui permet de retransmettre une émission à des personnes trop éloignées de l'émetteur principal. ❹ *Prendre le relais de quelqu'un*, c'est le remplacer, le relayer. *Le professeur de maths nous a surveillés pendant la première heure, puis le professeur d'anglais a pris le relais.*

relance n.f. Fait de donner un nouvel essor. *Ce système de crédit devrait favoriser une relance du commerce.*

relancer **relançant, relancé** v. (CONJUG. 4). ❶ Lancer de nouveau. *Relance-moi la balle.* ❷ Insister auprès d'une personne, pour obtenir quelque chose d'elle. *J'ai dû relancer Françoise pour qu'elle me rembourse l'argent qu'elle me devait.* ❸ Donner un nouvel essor à quelque chose. *Le gouvernement a pris des mesures pour relancer l'économie.*

relater v. (CONJUG. 3). Raconter de façon précise, en détail. *Le juge a demandé au témoin de relater ce qu'il avait vu.* SYN. exposer.
▸ REM. Ce mot appartient à la langue soutenue.

relatif, ive adj. ❶ Qui se rapporte à une chose ou à une personne. *Je lis un livre relatif à la vie des poissons.* ❷ Qui n'a rien d'absolu et dépend de choses diverses. *Les goûts sont relatifs. Cet incident n'a qu'une importance relative, cela aurait pu être plus grave. Vous dites qu'ils sont riches, mais tout est relatif.* ❸ En grammaire, se dit de mots qui servent à établir une relation entre un nom (qu'ils représentent) et une proposition appelée *subordonnée relative*. *« Qui, que, quoi, dont, où » sont des pronoms relatifs.*

relation **n.f.** ❶ Rapport entre une chose et une autre. *Il existe une relation entre l'état de la planète et la santé des habitants.* SYN. lien. ❷ Rapport, lien entre des personnes. *Il y a entre eux une solide relation d'amitié.* ❸ Personne avec laquelle on est en rapport, que l'on fréquente. *C'est une relation d'affaires de mon père* (= une personne qu'il rencontre dans le cadre de son travail). *Inviter quelques amis et relations.* SYN. connaissance. ◆ **relations** **n.f.plur.** Ensemble des liens qui existent entre des personnes qui se connaissent et se fréquentent. *Nous avons d'excellentes relations avec nos voisins.* SYN. rapport. • **Avoir des relations :** connaître des gens importants, puissants.

relativement **adv.** ❶ Jusqu'à un certain point ; assez. *Le chemin est relativement facile à trouver.* ❷ Par comparaison avec. *La situation est calme relativement à ce que nous avons connu.*

relativiser **v.** (CONJUG. 3). N'accorder à une chose que l'importance ou la valeur relative qu'elle a par rapport à d'autres choses. *Nous devons apprendre à relativiser la place de l'homme dans la nature* (= par rapport aux autres créatures vivantes).

relaxant, e **adj.** Qui relaxe, détend.

relaxation **n.f.** Le fait de se relaxer, de se détendre. *Les bains chauds sont excellents pour la relaxation.* SYN. détente, repos.

1 **relaxer** **v.** (CONJUG. 3). Pour un tribunal, déclarer un prévenu non coupable et le remettre en liberté. *Le prisonnier a été relaxé.* SYN. libérer, relâcher.

HISTOIRE DU MOT Vient du latin *relaxare* qui signifie « relâcher ».

2 **se relaxer** **v.pron.** (CONJUG. 3). Se détendre, se reposer. *Après une journée de travail, France aime se relaxer en écoutant de la musique.* SYN. se décontracter.

relayer **v.** (CONJUG. 13). Remplacer une personne dans une activité pour éviter toute interruption. *Parce qu'il se sentait fatigué, papa a demandé à maman de le relayer au volant de la voiture.* ◆ **se relayer** **v.pron.** Se remplacer à intervalles réguliers. *Les parents se relaient au chevet de leur enfant malade.* SYN. alterner.

reléguer **reléguant, relégué** **v.** (CONJUG. 9, ✎ *10*). Mettre à l'écart. *J'ai relégué toutes mes vieilles revues au grenier. Elle se sent reléguée au second plan.*

HISTOIRE DU MOT Vient du latin *relegare* qui signifie « éloigner, bannir ».

relent **n.m.** Mauvaise odeur qui persiste. *Il y a souvent des relents de friture dans le réfectoire.*

HISTOIRE DU MOT Vient du latin *lentus* qui signifie « tenace, visqueux ».

relève **n.f.** ❶ Remplacement d'une équipe ou d'une troupe par une autre. *La relève de la garde a lieu toutes les trois heures.* ❷ *Assurer, prendre la relève*, c'est relayer une personne qui quitte une fonction, une activité. *C'est son fils qui prendra la relève quand il partira à la retraite.*

1 **relevé, e** **adj.** ❶ Bien assaisonné. *La sauce qui accompagnait la viande était un peu trop relevée.* SYN. épicé, fort. CONTR. fade, insipide. ❷ Ramené vers le haut. *Louis portait un chapeau de paille à bords relevés.* CONTR. rabattu.

2 **relevé** **n.m.** Le fait de noter par écrit ; papier sur lequel sont notées des indications. *J'ai fait un relevé de mes dépenses de la semaine.* SYN. liste. *Un relevé de compte bancaire* (= qui indique les sommes versées, les sommes dépensées et l'argent qui reste).

relever **v.** (CONJUG. 10). ❶ Remettre debout. *On a relevé les pylônes abattus par l'ouragan.* SYN. redresser. ❷ Diriger vers le haut. *Relève la tête et regarde-moi dans les yeux quand je te parle.* SYN. redresser. CONTR. baisser. *Relève ton col, il y a du vent.* SYN. remonter. ❸ Porter à un niveau plus élevé. *Relever les salaires.* SYN. augmenter. CONTR. diminuer. ❹ Observer, remarquer et noter. *L'instituteur a relevé plusieurs fautes dans ma dictée.* SYN. noter. ❺ *Relever les copies, les cahiers*, c'est les ramasser pour les corriger. ❻ Donner un goût plus fort. *Il faudrait mettre un peu de poivre dans la sauce pour la relever.* SYN. épicer. ❼ Remplacer une personne dans une activité qui ne peut être interrompue. *Dans les hôpitaux, les infirmières de jour relèvent les infirmières de nuit à 7 h du matin.* SYN. relayer. ❽ Priver une personne de son poste, de ses fonctions. *On a relevé l'officier de son commandement.* ❾ Être de la compétence, du domaine de quelqu'un. *Cette affaire relève des tribunaux* (= elle est de leur ressort). ◆ **se relever** **v.pron.** ❶ Se remettre debout. *François est tombé et a eu du mal à se relever.* ❷ Retrouver de la force, de la vigueur. *L'économie du pays se relève.*

relief **n.m.** ❶ Manière dont se présente une surface, en particulier la surface de la Terre ; l'ensemble des inégalités d'une surface. *Le relief des Alpes est montagneux. Étudier le relief d'une région.* → VOIR Fiche 35. ❷ Ce qui fait saillie sur une surface. *Le relief d'une médaille. Les lettres en relief d'une carte de visite.* CONTR. en creux. ❸ Ce qui donne l'impression d'avoir les trois dimensions d'un objet dans l'espace. *Peinture qui a du*

relief montagneux

a b c d e f g h i j k l m n o p q r s t u

A B C D E F G H I J K L M N O P Q R S T U V W X Y Z

relief. C'est un film en relief que l'on regarde avec des lunettes spéciales. • **Mettre en relief :** faire ressortir quelque chose, le mettre en évidence. *Les titres et les sous-titres mettent en relief les points les plus importants de l'article.* ◆ **reliefs n.m. plur.** Les restes d'un repas. *La table était jonchée des reliefs du festin.*
▶ REM. Au pluriel, ce mot appartient à la langue littéraire.

HISTOIRE DU MOT Vient d'une forme ancienne du verbe *relever.*

relier v. (CONJUG. 7). ❶ Faire communiquer. *Une autoroute relie les deux villes.* SYN. joindre, raccorder. CONTR. séparer. ❷ Attacher ensemble, réunir. *Les alpinistes étaient reliés l'un à l'autre par une corde.* ❸ Établir un lien entre deux éléments. *Les conjonctions relient des mots ou des propositions.* SYN. unir. ❹ Coudre ensemble les feuillets d'un livre et les couvrir d'un carton rigide sur lequel on colle de la toile ou du cuir. *Mon père a fait relier ses livres préférés.*

relieur, euse n. Personne dont le métier est de relier des livres.

relieur en train de coudre

religieuse n.f. Gâteau composé de deux choux superposés fourrés de crème au chocolat ou au café.

religieusement adv. Avec une très grande attention, avec recueillement. *Il écoutait religieusement le récit de son grand-père.*

religieux, euse adj. Qui se rapporte à la religion. *Les églises, les mosquées, les synagogues et les temples sont des édifices religieux.* ◆ **n.** Personne qui consacre sa vie à Dieu. *Les moines sont des religieux. Une communauté de religieuses.* SYN. nonne, sœur.

religion n.f. ❶ Ensemble de croyances qui définissent les rapports entre l'être humain et le divin. *Les religions polythéistes de l'Antiquité. Le judaïsme, le christianisme, l'islam sont des religions monothéistes.* ❷ Ensemble des pratiques et des rites qui sont propres à chacune de ces croyances. *Pratiquer sa religion.*

reliquaire n.m. Coffret qui contient des reliques. *Il y avait de très beaux reliquaires dans la petite église.*

reliquat n.m. Somme d'argent qui reste à payer ou à percevoir. *Nous vous verserons le reliquat de ce qui vous est dû à la fin du mois.*

HISTOIRE DU MOT Vient du latin *reliquus* qui signifie « qui reste » et que l'on retrouve dans *relique.*

relique n.f. ❶ Ce qui reste du corps d'un saint, du Christ, d'un personnage vénéré ou des objets lui ayant appartenu et qui fait l'objet d'un culte. *Les reliques de saint Pierre sont conservées dans la basilique du Vatican.* ❷ Ce que l'on conserve pieusement.

relire relisant, relu v. (CONJUG. 67). ❶ Lire à nouveau. *J'ai relu récemment « les Trois Mousquetaires ».* ❷ Lire avec attention ce qu'on vient d'écrire pour vérifier s'il n'y a pas d'erreurs. *Relisez vos devoirs, je vais ramasser les copies !*

reliure n.f. Couverture rigide d'un livre. *Ce livre a une reliure en cuir.*

reluire reluisant, relui v. (CONJUG. 61). Briller en produisant des reflets lumineux. *Ses chaussures bien cirées reluisent.* SYN. étinceler.

reluisant, e adj. Qui reluit. *Après la pluie, les feuilles des arbres sont toutes reluisantes.* • (Familier) **Peu reluisant :** pas brillant, médiocre. *La situation est peu reluisante, c'est la crise.*

remâcher v. (CONJUG. 3). Tourner et retourner dans son esprit. *Il remâchait ses déceptions.* SYN. ruminer. *Remâcher des souvenirs.* SYN. ressasser.

remaniement n.m. Le fait de remanier ou d'être remanié. *Un remaniement ministériel.* SYN. changement, modification.

remanier v. (CONJUG. 7). ❶ Organiser différemment, modifier en apportant des changements importants. *Le journaliste a dû remanier son article.* SYN. reprendre, retoucher, transformer. ❷ *Remanier un gouvernement,* c'est en modifier la composition en changeant certains ministres.

se **remarier** v. (CONJUG. 7). Se marier de nouveau. *Après son divorce, il s'est remarié.*

remarquable adj. Qui est digne d'être remarqué, admiré. *C'est un savant d'une intelligence remarquable.* SYN. exceptionnel, extraordinaire. CONTR. banal, ordinaire.

remarquablement adv. De façon remarquable. *Une femme remarquablement intelligente.*

remarque n.f. ❶ Commentaire qui exprime ce que l'on pense, ce que l'on remarque. *Le professeur a écrit des remarques dans la marge.* SYN. observation. *Maman m'a fait des remarques sur ma tenue.* SYN. critique, réflexion. ❷ Indication écrite portant sur un point auquel il faut faire attention. *Mon manuel comporte des remarques en bas de page qui expliquent certains mots difficiles.* SYN. note.

remarquer v. (CONJUG. 3). ❶ Faire attention à quelque chose. *Le professeur a remarqué ton absence.* SYN. constater. *As-tu remarqué la nouvelle robe que portait la maîtresse le jour de la rentrée ?* SYN. observer. ❷ Distinguer parmi d'autres. *C'est un homme que l'on remarque dans la foule car il est très grand.* • **Se faire remarquer :** attirer l'attention, les regards sur soi. *À l'école, Claudine faisait tout pour se faire remarquer.*

remballer v. (CONJUG. 3). Emballer ce qui avait été déballé. *C'est la fin du marché, camelots et commerçants remballent leurs marchandises.* SYN. ranger.

rembarquer v. (CONJUG. 3). Remonter à bord d'un navire, d'un avion. *La sirène avertit les passagers qu'ils doivent rembarquer.*

remblai n.m. Masse de terre caillouteuse que l'on utilise pour surélever un terrain ou combler un creux. *La voie ferrée est posée sur un remblai.*

HISTOIRE DU MOT Vient de *remblayer.*

remblayer v. (CONJUG. 13). Surélever un terrain ou boucher les creux du sol avec de la terre et des cailloux. *On a remblayé le fossé.*

HISTOIRE DU MOT Vient de l'ancien verbe français *emblaer* qui signifiait « remplir ».

rembobiner v. (CONJUG. 3). Enrouler de nouveau sur une bobine. *Rembobiner du fil.*

rembourrer v. (CONJUG. 3). Garnir d'une matière molle et souple comme la bourre, la mousse, la laine, etc. *Rembourrer un fauteuil.* SYN. capitonner.

rembourreur, euse n. Au Canada, personne qui vend et pose des tissus d'ameublement.

remboursement n.m. Le fait de rembourser ou d'être remboursé. *Le remboursement d'une dette.*

rembourser v. (CONJUG. 3). Rendre à quelqu'un l'argent qu'on lui a emprunté ou qu'il a déboursé. *Tu peux me prêter dix euros ? Je te rembourserai demain.*

HISTOIRE DU MOT Vient de *bourse.*

se **rembrunir** rembrunissant, rembruni v.pron. (CONJUG. 16). Devenir sombre, triste, soucieux. *Quelque chose a dû le choquer, car soudain il s'est rembruni.*

HISTOIRE DU MOT Vient de *brun*, au sens ancien de « sombre ».

remède n.m. ❶ Substance qui combat une maladie. *Ce sirop est un remède très efficace contre la toux.* SYN. médicament. ❷ Tout moyen qui combat un mal, résout une difficulté. *Je ne vois aucun remède à sa tristesse. Y a-t-il un remède à la crise économique ?* SYN. solution.
▸ REM. Au sens 1, on emploie plus couramment *médicament.*

remédier v. (CONJUG. 7). Combattre quelque chose, y apporter une solution. *On a construit des parcs de stationnement pour remédier aux difficultés de circulation en ville.* → VOIR AUSSI **pallier.**

HISTOIRE DU MOT Vient du latin *mederi*, « soigner », comme *remède.*

remembrement n.m. Regroupement de parcelles de terres cultivées pour avoir des terrains plus vastes et plus faciles à travailler.

se **remémorer** v.pron. (CONJUG. 3). Se remettre en mémoire. *Tâche de te remémorer ce qui s'est passé.* SYN. se rappeler, se souvenir de.
▸ REM. Ce mot appartient à la langue soutenue.

HISTOIRE DU MOT Vient du latin *memor*, qui signifie « qui se souvient », qui a aussi donné *mémoire.*

remerciement n.m. Le fait de remercier. *Philippe a écrit à sa tante une lettre de remerciement. Recevez tous mes remerciements pour votre aide.*

remercier v. (CONJUG. 7). ❶ Témoigner sa gratitude, dire merci. *Je vous remercie de votre aide.* ❷ Mettre à la porte un employé. SYN. congédier, licencier.

remettre remettant, remis v. (CONJUG. 51). ❶ Mettre de nouveau. *Remettre une chose à sa place. Elle a remis ses chaussures. Remettre sa montre à l'heure.* ❷ Mettre en plus. *Tu devrais remettre du sel.* SYN. ajouter. ❸ Mettre entre les mains. *Vous lui remettrez cette lettre de ma part* (= donner). ❹ Reporter à plus tard. *Pierre est malade, remettons la partie à la semaine prochaine.* ◆ **se remettre** v.pron. ❶ Recommencer à faire quelque chose. *Antoine s'est remis à pleurer.* ❷ Retrouver la santé, aller mieux, récupérer ses forces. *Ce n'est pas grave, tu te remettras vite.* • **S'en remettre à quelqu'un** : faire entièrement confiance à une personne. *Je ne sais pas quel film voir, je m'en remets à vous pour décider.*

réminiscence n.f. Vague souvenir qui revient à la mémoire.
▸ REM. Ce mot appartient à la langue soutenue.

1 **remise** n.f. ❶ Action de remettre. *Remise en état d'un véhicule accidenté. Remise à neuf d'un bâtiment. Remise des prix.* SYN. distribution. ❷ Diminution de prix accordée sur un achat. *J'ai obtenu 10 % de remise sur l'achat de mon téléviseur.* SYN. rabais, réduction. • **Remise de peine** : réduction d'une peine de prison.

2 **remise** n.f. Local fermé où l'on met à l'abri des véhicules ou des outils. *L'échelle et les outils de jardinage sont dans la remise.*

remiser v. (CONJUG. 3). Placer dans une remise. *À la fin de la journée, l'agriculteur remise son tracteur dans le hangar.*

rémission n.f. Atténuation momentanée d'une douleur, d'un mal. *Les médicaments lui apportent un peu de rémission.* SYN. répit.

remontant n.m. Médicament, boisson ou aliment qui redonnent des forces. *Le médecin lui a prescrit un remontant.* SYN. fortifiant.

remontée n.f. L'action de remonter un fleuve, une pente, etc. *Les deux aventuriers ont effectué la remontée de l'Amazone en bateau.* • **Remontée mécanique** : toute installation permettant aux skieurs de remonter en haut des pentes. *Les remonte-pentes et les télésièges sont des remontées mécaniques.*

remonte-pente n.m. (PLUR. : remonte-pentes). Système constitué d'un câble actionné par une machine, auquel les skieurs s'accrochent au moyen de perches pour remonter les pentes, skis aux pieds. SYN. téléski.

remonter v. (CONJUG. 3). ❶ Monter de nouveau. *Remonter dans le train. Remonter à bicyclette. Les températures ont nettement remonté.* ❷ Monter de nouveau après avoir démonté. *Jean a démonté le poste de radio, maintenant, il n'arrive plus à le remonter.* ❸ Relever, diriger, placer vers le haut. *Remonte ton col, il fait froid.* CONTR. baisser. ❹ *Remonter un cours d'eau*, c'est aller vers l'amont, dans le sens contraire au courant. *Les saumons remontent les rivières.* ❺ *Remonter dans*

a b c d e f g h i j k l m n o p q r s t u v w x y z

le temps, c'est aller vers le passé. ❻ *Remonter à une époque*, c'est dater de cette époque. *Cette affaire remonte à l'année dernière.* ❼ Redonner des forces, du courage. *Bois ce chocolat chaud, cela te remontera.* SYN. revigorer. *Paul a l'air triste, il faut lui remonter le moral.* ❽ *Remonter une montre, une pendule*, c'est tendre les ressorts du mécanisme pour qu'il se remette à fonctionner.

remontoir n.m. Petite pièce qui sert à remonter une montre ou un réveil mécaniques et à changer la position des aiguilles.

remontrance n.f. Observation sévère, reproche. *Le professeur m'a fait des remontrances parce que je parlais pendant son cours.* SYN. blâme, réprimande. CONTR. compliment, félicitation.

remontrer v. (CONJUG. 3). *En remontrer à quelqu'un*, c'est se montrer supérieur à lui ou plus savant que lui, lui donner des leçons. *Pour ce qui est de la politesse et de la ponctualité, elle peut t'en remontrer.*

rémora n.m. Poisson marin pourvu d'une ventouse qui lui permet de se fixer à d'autres poissons. *Les rémoras débarrassent les poissons de leurs parasites.*

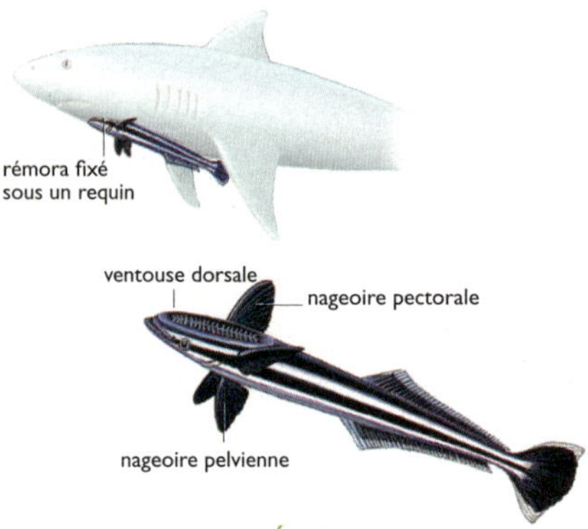

rémora

remords n.m. Sentiment de regret mêlé de honte que l'on éprouve quand on sait que l'on a mal agi. *Il avait des remords de ne pas l'avoir aidé.*
▸ REM. Attention au -*s*.

HISTOIRE DU MOT Vient du latin *remordere* qui signifie « mordre, ronger ».

remorque n.f. ❶ Véhicule sans moteur qui est tiré par un autre. *La remorque était attachée à l'arrière de la voiture.* ❷ *Prendre un véhicule en remorque*, c'est le remorquer. *La dépanneuse a pris en remorque une voiture tombée en panne.*

remorquer v. (CONJUG. 3). Tirer un véhicule sans moteur ou en panne au moyen d'un câble, d'une chaîne, d'un crochet spécial. *L'avion remorque un planeur.*

HISTOIRE DU MOT Vient du latin *remulcum* qui signifie « corde de halage ».

remorqueur n.m. Bateau à moteur très puissant, qui peut remorquer d'autres bateaux.

rémoulade n.f. Sauce composée d'une mayonnaise additionnée de moutarde, fines herbes, etc. *Fabienne aime bien le céleri rémoulade.*

rémouleur n.m. Personne qui aiguise les couteaux, les ciseaux, etc., sur une meule à pédale.

HISTOIRE DU MOT Vient de l'ancien français *rémoudre* qui signifiait « aiguiser de nouveau ».

remous n.m. ❶ Mouvement de l'eau qui tourbillonne. *Le paquebot laissait derrière lui des remous impressionnants.* SYN. tourbillon. ❷ Mouvement confus d'agitation. *La déclaration du maire a provoqué des remous dans l'assemblée.*

rempailler v. (CONJUG. 3). Refaire la garniture de paille d'un siège. *Nous avons fait rempailler les chaises.*

rempailleur, euse n. Personne dont le métier est de rempailler les sièges.

rempaqueter v. (CONJUG. 12, ✎ *11*). Refaire un paquet.

rempart n.m. ❶ Muraille épaisse qui entourait un château fort ou une ville fortifiée. *Les remparts du château ont été abattus. Saint-Malo et Carcassonne sont deux villes entourées de remparts.* ❷ Ce qui protège, défend. *Il fit un rempart de son corps pour protéger l'enfant.*

HISTOIRE DU MOT Vient de l'ancien français *remparer* qui signifiait « entourer de fortifications ».

remparts de Saint-Malo (Bretagne)

remplaçant, e n. Personne qui en remplace une autre dans un travail. *Quand notre professeur de français est tombé malade, nous avons eu un remplaçant.* SYN. intérimaire, suppléant.

remplacement n.m. ❶ L'action de remplacer une chose par une autre. *Je vais t'offrir un sac en remplacement de celui que tu as perdu.* ❷ Le fait de remplacer temporairement une personne dans son travail. *Marion n'a pas de poste fixe, elle fait des remplacements.*

remplacer **remplaçant, remplacé v.** (CONJUG. **4**). ❶ Mettre une chose à la place d'une autre. *Il faudrait remplacer le carreau cassé.* SYN. changer. ❷ Faire un travail à la place d'une personne. *Qui remplacera le directeur quand il prendra sa retraite ?* SYN. succéder à. *Quand tu seras fatigué, je te remplacerai.* SYN. relayer.

HISTOIRE DU MOT Vient de l'ancien français *emplacer* qui signifiait « mettre en place ».

remplir **remplissant, rempli v.** (CONJUG. **16**). ❶ Rendre plein. *Rempli son verre.* CONTR. vider. ❷ Compléter un imprimé en portant les indications demandées dans les espaces prévus à cet effet. *Pour t'inscrire au cours de danse, tu dois remplir un formulaire.* ❸ Envahir quelqu'un d'un sentiment, d'une émotion. *Cette bonne nouvelle me remplit de joie.* SYN. combler. ❹ *Remplir une mission*, c'est l'accomplir. ❺ *Remplir une promesse*, c'est la tenir. ◆ **se remplir v.pron.** Devenir plein. *Les enfants regardaient la piscine se remplir.*

remplissage **n.m.** Opération qui consiste à remplir. *Le remplissage de la citerne se fait en deux heures.*

se **remplumer** **v.pron.** (CONJUG. **3**). (Familier) Reprendre du poids et des forces. *Julie s'est bien remplumée depuis sa maladie.*

remporter **v.** (CONJUG. **3**). ❶ Emporter ce qu'on avait apporté. *N'oublie pas de remporter les livres que tu m'as prêtés.* SYN. reprendre. ❷ Obtenir un succès dans une compétition, un jeu, etc. *Notre équipe a remporté la victoire. Loïc a remporté le premier prix.* SYN. gagner.

rempoter **v.** (CONJUG. **3**). Mettre une plante dans un pot plus grand.

remuant, e **adj.** Qui s'agite beaucoup. *Romain est un enfant très remuant, il ne tient pas en place.* SYN. agité, turbulent.

remue-ménage **n.m.invar.**, ✎ ***n.m.*** (PLUR. : ***remue-ménages***). Agitation désordonnée et bruyante. *Il y avait un grand remue-ménage sur le quai de la gare le matin du départ.* SYN. confusion, tohu-bohu.

remuer **v.** (CONJUG. **3**). ❶ Bouger, faire des mouvements. *Aïe, j'ai mal, je n'arrive plus à remuer ma jambe ! Antoine est un enfant turbulent, il ne cesse de remuer.* SYN. s'agiter, gesticuler. ❷ Agiter quelque chose. *Pierre remuait lentement la cuillère dans sa tasse pour faire fondre le sucre.* ❸ Émouvoir profondément. *Cette mauvaise nouvelle nous a tous remués.* SYN. bouleverser. • **Remuer ciel et terre :** faire tout ce qu'il est possible de faire pour arriver à un résultat ; se démener. ◆ **se remuer v.pron.** (Familier) Faire des efforts, ne pas rester à ne rien faire en attendant que les choses se passent. *Si tu veux arriver à l'heure, remue-toi un peu !*

rémunérateur, trice **adj.** Qui rapporte beaucoup d'argent. *Pascale fait un travail rémunérateur.* SYN. lucratif.

rémunération **n.f.** Somme versée, pour un travail, un service. *Cette rémunération n'est pas suffisante.* SYN. rétribution, salaire.

HISTOIRE DU MOT Vient du latin *munus, muneris* qui signifie « cadeau, gratification ».

rémunérer **v.** (CONJUG. **9**, ✎ *10*). Payer une personne pour son travail. *La patronne de cette petite entreprise rémunérait bien ses employés.* SYN. rétribuer.

renâcler **v.** (CONJUG. **3**). ❶ *Un cheval qui renâcle* renifle bruyamment en signe de mécontentement. ❷ *Une personne qui renâcle* montre sa répugnance à faire quelque chose. *Laure a accepté de passer l'aspirateur sans renâcler.* SYN. maugréer, rechigner.

HISTOIRE DU MOT Vient du latin *nasus* qui signifie « nez ».

renaissance **n.f.** Réapparition, nouvel essor de quelque chose. *Après la crise, il y a eu une renaissance de l'industrie.* SYN. reprise. *La renaissance de la nature au printemps.* SYN. renouveau, réveil. → VOIR noms propres : **Renaissance.**

renaître, ✎ ***renaitre*** **renaissant v.** (CONJUG. **74**). ❶ Pour des végétaux, croître de nouveau. *Les fleurs renaissent au printemps.* SYN. repousser. ❷ Reparaître, recommencer à exister. *Cette découverte a fait renaître l'espoir chez tous les malades.* ❸ Reprendre des forces, retrouver sa joie, son énergie. *Sous le soleil de l'Italie, elle s'est sentie renaître.* SYN. revivre. ❹ Revenir à la vie, ressusciter. *Le phénix était un oiseau fabuleux qui renaissait de ses cendres.*
▸ REM. Ce verbe ne s'emploie pas aux temps composés.

renard **n.m.** ❶ Mammifère carnivore au museau pointu, aux oreilles droites, au pelage roux et à la queue touffue. *Le renard est le grand ennemi des poulaillers.* ❷ Nom que l'on donne à une personne rusée, habile. *Méfie-toi de cet homme d'affaires, c'est un vieux renard !*

HISTOIRE DU MOT Vient de *Renart*, nom du héros du *Roman de Renart*, 1240). *Renart* (écrit plus tard *renard*) remplaça l'ancien nom *goupil*.

ENCYCLOPÉDIE Cri : le renard glapit. Femelle : la renarde. Petit : le renardeau. Habitat : la renardière.

renards

A B C D E F G H I J K L M N O P Q R S T U V W X Y Z

renchérir **renchérissant, renchéri v.** (CONJUG. **16**). Aller plus loin encore, en actes ou en paroles. *Jean disait du mal de Pierre et Paul renchérissait.*

rencontre **n.f.** ❶ Le fait de rencontrer une personne. *Nous avons fait la rencontre de sa sœur à la fête de l'école. La rencontre des chefs d'État aura lieu ce mois-ci.* SYN. entrevue, réunion. ❷ Compétition sportive entre deux équipes ou deux adversaires. *Je participe dimanche prochain à une rencontre de football.* SYN. match. ❸ *Aller à la rencontre de quelqu'un*, c'est aller au-devant de lui pour l'accueillir, le guider. *Nous sommes allés à la rencontre de Philippe, qui revenait de la plage.*

rencontrer **v.** (CONJUG. **3**). ❶ Se trouver en présence de quelqu'un. *Je la rencontre parfois en allant à la bibliothèque. Le directeur accepte de nous rencontrer demain.* ❷ Faire la connaissance d'une personne. *J'ai rencontré Annie pendant mes vacances en Angleterre.* ❸ Affronter un adversaire dans une compétition. *L'équipe de France rencontre l'équipe d'Italie samedi.* ❹ Se trouver en présence d'une chose. *C'est une occasion que tu ne rencontreras pas de sitôt.* SYN. trouver. *Ma main a rencontré sa joue sans que je le fasse exprès.* SYN. heurter. ◆ **se rencontrer** **v.pron.** ❶ Se trouver en même temps au même endroit. *Nous nous sommes rencontrés à la piscine.* ❷ Faire connaissance. *Papa et maman se sont rencontrés à une fête de village.* ❸ Se toucher, se rejoindre, se heurter. *Deux droites parallèles ne se rencontrent jamais. Les deux voitures se sont rencontrées à grande vitesse, le choc a été terrible.* ❹ Arriver, se produire. *Une occasion comme celle-là se rencontre rarement.*

HISTOIRE DU MOT Vient de l'ancien français *encontrer*, « venir en face », de *encontre* qui signifiait « en face de ».

rendement **n.m.** ❶ Production évaluée par rapport à une unité de mesure. *Les engrais améliorent le rendement de la terre à l'hectare.* ❷ Efficacité d'une personne dans le travail. SYN. productivité.

rendez-vous **n.m.** ❶ Rencontre prévue entre des personnes à une heure et en un lieu fixés. *Je lui ai donné rendez-vous à 17 h devant l'hôtel de ville. Le médecin ne reçoit que sur rendez-vous.* ❷ Lieu qui sert de point de rencontre, de réunion. *La piscine est le rendez-vous de notre bande de camarades.*

se **rendormir** **rendormant, rendormi v.pron.** (CONJUG. **19**). S'endormir de nouveau après s'être réveillé un moment. *Le bruit m'a réveillé et je n'ai pas pu me rendormir.*

rendre **rendant, rendu v.** (CONJUG. **46**). ❶ Remettre à une personne ce qui lui appartient ; redonner ce dont on ne veut pas. *Je te rends tes disques.* SYN. restituer. *Tu n'oublieras pas de lui rendre l'argent que tu lui as emprunté.* SYN. rembourser. *Papa a rendu le réveil au marchand.* SYN. rapporter, retourner. ❷ Donner en retour, en échange. *La caissière m'a rendu la monnaie.* ❸ (Familier) Rejeter par la bouche ce qui est contenu dans l'estomac. *Gérard a eu le mal de mer, il a rendu.* SYN. vomir. ❹ Produire, rapporter. *La vigne a peu rendu cette année.* SYN. donner. → VOIR AUSSI **rendement.** ❺ Exprimer, traduire quelque chose, produire un effet. *Le peintre a bien rendu l'expression du visage de l'enfant. Ce rose sur ce fond blanc, ça rend bien.* → VOIR AUSSI **rendu 2.** ❻ Faire devenir ceci ou cela. *La nouvelle de son départ m'a rendue malade. La mise au point du vaccin contre la rage a rendu Pasteur célèbre.* ◆ **se rendre** **v.pron.** ❶ Aller quelque part. *Papa doit se rendre à Londres la semaine prochaine.* ❷ Abandonner le combat, reconnaître que l'on est vaincu. *L'ennemi s'est rendu après trois mois de combat.* SYN. capituler. → VOIR AUSSI **reddition.** ❸ Devenir ceci ou cela. *Tu vas te rendre malade à manger tant de bonbons.*

1 rendu, e **adj.** ❶ Qui est très fatigué. *Après cette course, nous étions rendus.* ❷ Parvenu à destination. *Enfin, nous voilà rendus.* SYN. arrivé.

2 rendu **n.m.** Qualité d'expression d'une œuvre d'art. *Admirer le rendu des couleurs dans un tableau.*

rêne **n.f.** Chacune des courroies fixées au mors du cheval et que le cavalier tient en main pour le diriger. *La cavalière tira sur les rênes de son cheval pour qu'il s'arrête.* SYN. guide.

▸ REM. Ne pas confondre avec *renne.*

HISTOIRE DU MOT Vient du latin *retinere* qui signifie « retenir ».

rênes

renégat, e **n.** Personne qui a renié sa religion ou ses opinions.

1 renfermé, e **adj.** (Familier) Qui exprime peu ses sentiments. *Bruno ne parle pas beaucoup, c'est un garçon renfermé.* SYN. secret, taciturne. CONTR. communicatif, expansif, ouvert.

2 renfermé **n.m.** Odeur désagréable d'une pièce longtemps fermée, mal aérée. *Ta chambre sent le renfermé, tu devrais ouvrir la fenêtre.*

renfermer **v.** (CONJUG. **3**). Contenir, avoir en soi. *Ce tiroir renferme des documents importants. Le sous-sol de cette région renferme des minerais précieux.* SYN. receler. ◆ **se renfermer** **v.pron.** Se replier sur soi-même et cacher ses sentiments. *Quand ses parents se sont séparés, Stéphane s'est renfermé sur lui-même et ne parlait plus.*

renflé, e **adj.** Qui présente une forme large et arrondie. *Les poires ont une base renflée.*

renflement **n.m.** Partie renflée qui forme une sorte de bosse. *Le renflement de la base d'un vase.*

renflouer **v.** (CONJUG. 3). ❶ *Renflouer un bateau*, c'est le remettre en état de flotter. *Renflouer un pétrolier échoué.* ❷ *Renflouer une entreprise*, c'est lui fournir l'argent nécessaire pour rétablir sa situation financière.

HISTOIRE DU MOT Vient du normand *flouée* qui signifie « marée, flot ».

renfoncement **n.m.** Partie d'une construction qui forme un creux, qui est en retrait. *Le chat est parti se cacher dans un renfoncement.* SYN. recoin.

renfoncer **renfonçant, renfoncé v.** (CONJUG. 4). Enfoncer plus profondément ou avec plus de force. *Renfoncer le bouchon dans la bouteille. Renfoncer son bonnet sur sa tête.*

renforcer **renforçant, renforcé v.** (CONJUG. 4). ❶ Rendre plus résistant, plus solide. *Cette pièce de cuir renforcera les coudes de ta veste.* ❷ *Renforcer un groupe*, c'est le rendre plus puissant, plus efficace en augmentant son effectif. *Trois nouveaux joueurs sont venus renforcer notre équipe de football.* SYN. grossir. ❸ Donner du poids, une justification à une opinion. *Certains indices ont renforcé les soupçons du commissaire.* SYN. appuyer, confirmer.

HISTOIRE DU MOT Vient de l'ancien verbe français *enforcier* qui signifiait « rendre plus fort ».

renfort **n.m.** Personne, matériel ou moyens supplémentaires qui permettent d'augmenter la force et l'efficacité d'une armée, d'un groupe, d'une action. *Les renforts arrivent sur le lieu de l'incendie. Un nouveau parfum a été lancé à grand renfort de publicité.*

renfrogné, e **adj.** *Un air, une mine renfrognés* expriment la mauvaise humeur ou le mécontentement. *Avoir une mine renfrognée.* SYN. bourru, maussade. CONTR. souriant.

se **renfrogner** **v.pron.** (CONJUG. 3). Manifester son mécontentement, sa mauvaise humeur en contractant son visage. *Quand il a su qu'il serait interrogé le premier, Étienne s'est renfrogné.* SYN. s'assombrir.

HISTOIRE DU MOT Vient de l'ancien français *froignier* qui signifiait « froncer le nez ».

rengaine **n.f.** ❶ Chanson que tout le monde connaît. *La marchande chantait une vieille rengaine.* SYN. ritournelle. ❷ (Familier) Ce qu'une personne répète sans arrêt. *Avec lui, c'est toujours la même rengaine.* SYN. refrain.

rengainer **v.** (CONJUG. 3). Remettre une arme dans son étui ou dans son fourreau. *Le mousquetaire rengaina son épée.*

se **rengorger** **rengorgeant, rengorgé v.pron.** (CONJUG. 5). Prendre un air fier, arrogant, faire l'important. *Quand on le complimente sur ses habits, Olivier se rengorge.*

HISTOIRE DU MOT Vient de *gorge*. Quand un pigeon, un paon se rengorgent, ils avancent et gonflent leur gorge en ramenant leur tête un peu en arrière.

reniement **n.m.** Action de renier.

renier **v.** (CONJUG. 7). ❶ Considérer qu'on n'a plus aucun lien avec une personne. *Le père humilié renia son fils.* SYN. désavouer. ❷ Rejeter ce à quoi on aurait dû rester fidèle. *Renier sa promesse.* SYN. trahir.

renifler **v.** (CONJUG. 3). Aspirer fortement par le nez en faisant du bruit. *Arrête de renifler, mouche-toi !*

renne **n.m.** Grand mammifère ruminant qui a des cornes ramifiées, appelées *bois*, et qui vit dans les régions froides telles que la Sibérie, la Scandinavie, le Groenland et le Canada.

▸ REM. 1. Ne pas confondre avec *rêne*. 2. Au Canada, les rennes sont appelés *caribous*.

renne

renom **n.m.** Fait d'être renommé, célèbre pour certaines qualités. *Paris est une ville de renom pour ses monuments, ses musées, sa mode.*

renommé, e **adj.** Qui est très connu pour ses qualités. *Cette auberge est renommée pour son grand confort et son excellente cuisine.* SYN. célèbre, réputé.

renommée **n.f.** Opinion élogieuse largement répandue dans le public au sujet d'une personne ou d'une chose. *Cette cantatrice a acquis une renommée internationale.* SYN. célébrité, gloire. *La renommée des vins français.* SYN. renom, réputation.

renoncement **n.m.** Le fait de renoncer à son intérêt personnel, oubli de soi-même par souci de perfection ou par esprit de sacrifice. *Elle pousse le dévouement jusqu'au renoncement.* SYN. abnégation.

renoncer **renonçant, renoncé v.** (CONJUG. 4). ❶ Se priver volontairement de quelque chose. *Il a renoncé au café, au tabac.* ❷ Cesser d'envisager une chose comme possible. *J'ai dû renoncer à mon projet de voyage en Australie. Je renonce à te convaincre.* CONTR. persévérer, persister.

renoncule **n.f.** Petite fleur qui pousse dans les prés, les bois et les endroits humides au printemps, et dont il existe plusieurs espèces, la plus connue étant le *bouton-d'or*.

renoncules

A B C D E F G H I J K L M N O P Q R S T U V W X Y Z

renouer v. (CONJUG. 3). ❶ Nouer une chose qui s'est dénouée. *Renouer ses lacets de chaussures.* SYN. rattacher. ❷ Reprendre des relations avec quelqu'un. *Renouer avec un ami.*

renouveau n.m. ❶ Nouvelles créations, nouvelles idées qui transforment une science, un art. *Le renouveau du cinéma français.* ❷ Nouvelle vigueur de quelque chose qui avait décliné. *La mode des jupes longues connaît un renouveau.* SYN. regain. CONTR. déclin. ❸ Retour du printemps.

renouvelable adj. Qui peut être renouvelé. *Un bail renouvelable tous les trois ans.* • **Énergie renouvelable** → VOIR **énergie.**

renouveler v. (CONJUG. 12, ✎ *11*). ❶ Remplacer une chose ancienne par une chose nouvelle. *J'ai décidé de renouveler ma garde-robe.* SYN. changer. *Ouvre la fenêtre, cela renouvellera l'air.* ❷ Recommencer une action faite une fois déjà. *Veuillez renouveler votre appel ultérieurement.* SYN. répéter. ❸ Apporter de la nouveauté dans quelque chose. *Renouveler un art, une science, une technique. Les chorégraphes modernes ont complètement renouvelé l'art de la danse.* ◆ **se renouveler** v.pron. ❶ Se transformer en prenant un aspect nouveau. *La nature se renouvelle au printemps.* ❷ Se produire à nouveau. *Nous avons tout prévu pour qu'un tel incident ne se renouvelle pas.* SYN. recommencer, se reproduire. ❸ Trouver de nouvelles idées, proposer de nouvelles créations. *Ce metteur en scène ne se renouvelle pas beaucoup.*

HISTOIRE DU MOT Vient de l'ancien français *novel* qui signifiait « nouveau ».

renouvellement, ✎ ***renouvèlement*** n.m. Le fait de renouveler ou d'être renouvelé. *S'occuper du renouvellement d'un abonnement.*

rénovation n.f. Remise à neuf d'une construction, d'une ville par une transformation complète. *On entreprendra au printemps des travaux de rénovation dans notre immeuble.* SYN. modernisation, restauration.

rénover v. (CONJUG. 3). Remettre à neuf et moderniser. *Notre bibliothèque, qui a été construite au* XIXe *siècle, a besoin d'être rénovée.* SYN. restaurer.

renseignement n.m. Information sur un point précis. *Pour tout renseignement complémentaire, adressez-vous au secrétariat.* SYN. éclaircissement, précision.

renseigner v. (CONJUG. 3). Donner un renseignement. *J'ai renseigné un passant qui cherchait la poste.* ◆ **se renseigner** v.pron. Prendre des renseignements. *Il y a des grèves sur certaines lignes de métro, renseignez-vous aux guichets.* SYN. s'informer.

rentabiliser v. (CONJUG. 3). Rendre rentable. *Rentabiliser un investissement.*

rentabilité n.f. Fait d'être rentable. *La rentabilité d'un placement financier.*

rentable adj. Qui rapporte de l'argent ou un avantage, un bénéfice. *Faire un placement rentable.* SYN. fructueux, lucratif.

rente n.f. Revenu régulier fourni par un capital. *Sa tante vit de ses rentes.*

HISTOIRE DU MOT Vient du latin *reddita* qui signifie « somme rendue ».

rentier, ère n. Personne qui vit de ses rentes.

rentré, e adj. *Une colère rentrée* ne se manifeste pas extérieurement, parce qu'on la refoule.

rentrée n.f. ❶ Fait de revenir, de rentrer. *Je vous téléphone dès ma rentrée.* ❷ Moment de l'année où l'on retourne à l'école, après les grandes vacances. *La semaine de la rentrée, les librairies sont prises d'assaut.* • **Rentrée d'argent :** argent que l'on reçoit. *J'attends une rentrée d'argent pour vous rembourser.*

rentrer v. (CONJUG. 3). ❶ Entrer dans un endroit d'où l'on est sorti. *Après la récréation, les enfants rentrent en classe.* SYN. retourner. CONTR. ressortir. ❷ Revenir chez soi. *Papa est rentré très tard hier soir.* ❸ Entrer dans un lieu. *Comme il pleuvait, nous sommes rentrés dans un cinéma.* SYN. entrer. ❹ S'enfoncer, se loger, s'emboîter dans quelque chose d'autre. *Ce ne doit pas être la bonne clé, elle ne rentre pas dans la serrure.* SYN. pénétrer. ❺ (Familier) Heurter violemment. *La voiture est rentrée dans un arbre.* ❻ Mettre à l'intérieur, à l'abri. *As-tu rentré les meubles de jardin ?* CONTR. sortir. ❼ Faire disparaître à l'intérieur de quelque chose. *Le chat rentre ses griffes.* • **Rentrer dans l'ordre :** revenir à une situation régulière, normale. *Après une période troublée, tout est rentré dans l'ordre.*

renversant, e adj. (Familier) Très étonnant. *J'ai appris une nouvelle renversante.* SYN. stupéfiant.

à la **renverse** adv. • **Tomber à la renverse :** tomber sur le dos, en arrière. *Quand il a lâché la corde, j'ai failli tomber à la renverse.*

renversement n.m. Le fait de renverser ou d'être renversé. *On annonce le renversement du gouvernement.* SYN. chute. *Il y a eu un renversement de situation* (= un changement complet). SYN. retournement.

renverser v. (CONJUG. 3). ❶ Faire tomber en faisant basculer. *Arrête de faire de grands gestes, tu vas renverser ton verre. L'automobiliste a renversé une vieille dame.* ❷ Mettre en bas ce qui était en haut. *Je renverse le sablier pour mesurer le temps de cuisson des œufs.* SYN. retourner. ❸ Obliger à quitter le pouvoir. *Ces groupes armés cherchent à renverser le gouvernement.* ❹ Pencher en arrière. *Renverser la tête pour regarder en l'air.* ◆ **se renverser** v.pron. Basculer et se retourner sens dessus dessous ou sur le côté. *La voiture s'est renversée dans le fossé.* SYN. capoter, chavirer.

renvoi n.m. ❶ Le fait de renvoyer, de mettre à la porte. *Le conseil de discipline a décidé le renvoi de deux élèves.* SYN. exclusion, expulsion. ❷ Indication par laquelle le lecteur est invité à se reporter à un autre endroit du texte. *À certains mots du dictionnaire, il y a un renvoi aux noms propres.* ❸ Gaz qui sort de la bouche et qui vient de l'estomac. SYN. rot.

renvoyer v. (CONJUG. 15). ❶ Faire retourner une personne à l'endroit d'où elle venait. *On a renvoyé Romain* *chez ses parents parce qu'il était malade.* ❷ Mettre une personne à la porte. *L'entreprise a renvoyé deux employés.* SYN. congédier. *Si tu recommences, tu seras renvoyé de l'école.* SYN. expulser. ❸ Envoyer en sens contraire ; retourner ce qu'on a reçu. *François m'a renvoyé la balle.* SYN. relancer. *Renvoyer un formulaire que l'on a rempli.* ❹ Inviter une personne à se reporter à un autre endroit d'un texte. *Les astérisques renvoient le lecteur aux notes en bas de page.* ❺ Remettre à plus tard. *On a renvoyé la réunion au mois prochain.* SYN. reporter.

réorganiser v. (CONJUG. 3). Organiser différemment. *Nous avons réorganisé notre équipe.*

réouverture n.f. Action d'ouvrir à nouveau un magasin, un bâtiment après une période de fermeture. *« Réouverture de la boutique en septembre. »*

repaire n.m. ❶ Abri des bêtes sauvages. *L'ours était caché dans son repaire.* SYN. antre, tanière. ❷ Lieu où se réunissent et se cachent des individus dangereux. *Cette ferme isolée servait de repaire à des malfaiteurs.* ▶ REM. Ne pas confondre avec *repère.*

HISTOIRE DU MOT Vient du latin *repatriare* qui signifie « rentrer dans sa patrie ».

se **repaître,** ✎ ***se repaitre*** **repaissant, repu v.pron.** (CONJUG. 73). Se nourrir de quelque chose. *Le chien se repaît des restes de notre repas.* ▶ REM. Ce mot appartient à la langue littéraire.

répandre **répandant, répandu v.** (CONJUG. 46). ❶ Laisser tomber en dispersant sur toute une surface. *Les employés de la voirie ont répandu des gravillons sur la chaussée.* SYN. verser. ❷ Produire une odeur, diffuser de la chaleur dans un espace. *Les fleurs du jardin répandent un parfum délicieux.* SYN. exhaler. *Le poêle répandait sa douce chaleur dans la pièce.* SYN. dégager. ❸ Faire naître un sentiment, une sensation chez de nombreuses personnes. *La fuite de l'assassin a répandu la terreur.* SYN. semer. ❹ Faire connaître à de nombreuses personnes. *Les journaux ont répandu la nouvelle.* SYN. colporter, publier. ◆ **se répandre v.pron.** ❶ S'écouler hors d'un contenant et envahir un espace. *Il a renversé la bouteille et le vin s'est répandu sur la table. L'odeur de la tarte aux pommes se répand dans la maison.* ❷ Devenir connu d'un grand nombre de personnes. *La rumeur de sa démission s'est répandue dans le pays.* SYN. se propager.

répandu, e adj. Que l'on rencontre très souvent. *C'est une fleur très répandue dans cette région.* SYN. commun. CONTR. rare. *Des idées très répandues.* SYN. banal. CONTR. original.

réparable adj. Que l'on peut réparer. *L'horloger a dit que ta montre était réparable.* CONTR. irréparable. *Crois-tu qu'une telle bêtise soit réparable ?* CONTR. irrémédiable.

reparaître, ✎ ***reparaitre*** **reparaissant, reparu v.** (CONJUG. 73). Paraître de nouveau. *Après la pluie, le soleil reparaît.* SYN. réapparaître. *Ce journal a reparu après la guerre.*

1 réparateur, trice adj. Qui redonne des forces. *Un sommeil réparateur.*

2 réparateur, trice n. Personne dont le métier est de réparer des appareils, des objets. *Le téléviseur est en panne, il faut que j'appelle un réparateur.*

réparation n.f. ❶ Travail que l'on fait pour réparer un objet. *La réparation de la voiture nous a coûté très cher.* ❷ Le fait de réparer une faute commise. *La victime demande réparation.* • **Surface de réparation :** au football, surface rectangulaire devant les buts à l'intérieur de laquelle toute faute commise peut donner lieu à un penalty.

réparer v. (CONJUG. 3). ❶ Remettre en bon état ce qui a été abîmé, détérioré. *L'horloger n'a pas réussi à réparer ma montre.* SYN. arranger. ❷ Faire oublier un mal, une erreur, en supprimer les conséquences. *Je ne sais comment réparer ma maladresse.* SYN. remédier à. *Réparer ses torts. Réparer un oubli.*

HISTOIRE DU MOT Vient du latin *parare* qui signifie « apprêter, arranger ».

reparler v. (CONJUG. 3). Parler de nouveau. *On reparlera de ce problème un autre jour.*

repartie, ✎ ***répartie*** n.f. Réponse vive, amusante ou cinglante. *Pierre a le sens de la repartie et ses reparties nous font souvent rire.* SYN. réplique.

repartir **repartant, reparti v.** (CONJUG. 19). ❶ Se remettre en route après un arrêt. *Nous sommes repartis dès que l'orage s'est arrêté.* ❷ Retourner à l'endroit d'où l'on vient. *Elle est repartie chez elle.* ▶ REM. Ne pas confondre avec *répartir.*

répartir **répartissant, réparti v.** (CONJUG. 16). ❶ Partager, distribuer d'après certaines règles. *On a réparti la somme entre les héritiers.* ❷ Diviser pour étaler dans le temps. *Répartir ses vacances sur l'année.* ◆ **se répartir v.pron.** *Se répartir un travail, des travaux,* c'est en faire chacun sa part. *À la maison, papa et maman se répartissent les tâches ménagères.* SYN. se partager. ▶ REM. Ne pas confondre avec *repartir.*

HISTOIRE DU MOT Vient d'un ancien verbe français *partir* qui signifiait « partager ».

répartition n.f. Le fait de répartir. *La répartition des tâches.* SYN. distribution. *La répartition des bénéfices.*

repas n.m. Ensemble des aliments que l'on mange à des moments réguliers de la journée ; chacun de ces moments. *Un repas bien équilibré. Adeline prend son repas de midi à la cantine.*

HISTOIRE DU MOT Vient de l'ancien français *past,* « nourriture », du latin *pascere* qui a donné *paître.*

repassage n.m. Action de repasser du linge. *Repassage à la vapeur.*

repasser v. (CONJUG. 3). ❶ Passer une nouvelle fois. *Pierre est passé te voir, tu n'étais pas là, il repassera plus tard.* ❷ Faire disparaître les plis d'un tissu avec un fer. *J'ai lavé ma robe et je l'ai repassée.* ❸ *Repasser sa leçon, son rôle,* c'est les relire pour s'assurer qu'on les sait. SYN. réviser, revoir.

a b c d e f g h i j k l m n o p q r s t u v w x y z

repêchage **n.m.** Épreuve supplémentaire qui permet à certains candidats éliminés d'avoir une nouvelle chance.

repêcher **v.** (CONJUG. 3). ❶ Retirer de l'eau. *On a repêché une valise dans la rivière.* ❷ Redonner une chance à un candidat qui avait échoué ou l'admettre malgré ses notes.

repeindre **repeignant, repeint v.** (CONJUG. 49). Peindre à nouveau. *Nous avons repeint l'armoire en bleu.*

repenser **v.** (CONJUG. 3). Revoir par la pensée, se souvenir. *Quand j'y repense, ça me fait rire.*

1 se repentir **repentant, repenti v.pron.** (CONJUG. 19). Exprimer du remords d'avoir commis une faute. *Olivier se repent d'avoir menti à ses parents.* SYN. regretter.

2 repentir **n.m.** Fait de se repentir. *Le criminel a exprimé un repentir sincère.* SYN. regret, remords.

repérage **n.m.** ❶ Le fait de repérer quelque chose. *Sur mon plan, des numéros facilitent le repérage des monuments.* ❷ Examen d'un lieu, dans le but de voir s'il convient à une action. *Le metteur en scène est parti en repérage en Afrique.*

répercussion **n.f.** Conséquence indirecte. *Cet événement aura de graves répercussions sur l'avenir de notre pays.* SYN. effet, retentissement.

répercuter **v.** (CONJUG. 3). Renvoyer le son dans une autre direction. *Les murs de la grotte répercutent nos voix.* ◆ **se répercuter** **v.pron.** ❶ Être renvoyé par une surface. *Le bruit du tonnerre se répercute dans la montagne.* ❷ Avoir des conséquences sur quelque chose. *L'augmentation du prix de l'essence se répercute sur le tarif des transports.*

> HISTOIRE DU MOT Vient du latin *repercutere* qui signifie « repousser ».

repère **n.m.** Marque faite pour indiquer ou retrouver un endroit. *On a tracé des repères avant de fixer le tableau au mur.* • **Point de repère :** objet ou endroit déterminé qui permet de s'orienter dans l'espace ; indice qui permet de situer un événement dans le temps. *Le clocher du village nous a servi de point de repère. La naissance de ma petite sœur me sert de point de repère.*
▸ REM. Ne pas confondre avec *repaire*.

repérer **v.** (CONJUG. 9, ✎ *10*). ❶ Déterminer la position exacte de quelque chose. *Les radars nous ont permis de repérer le sous-marin.* SYN. localiser. ❷ Trouver, découvrir dans un ensemble. *J'ai repéré plusieurs fautes dans ta rédaction.* ◆ **se repérer** **v.pron.** Savoir où l'on est. *Les phares aident les bateaux à se repérer le long des côtes.* SYN. s'orienter.

> HISTOIRE DU MOT Vient du latin *reperire* qui signifie « retrouver ».

répertoire **n.m.** ❶ Carnet dans lequel on classe des renseignements par ordre alphabétique. *Tu trouveras le numéro de téléphone et l'adresse de Marion dans mon répertoire.* ❷ *Le répertoire d'un artiste, d'une troupe*, c'est l'ensemble des œuvres qu'ils interprètent habituellement. *Cette chanteuse a inscrit deux nouvelles chansons à son répertoire.*

répéter **v.** (CONJUG. 9, ✎ *10*). ❶ Dire à une personne ce qu'une autre a dit. *Ne répète à personne ce que je t'ai dit, c'est un secret !* SYN. rapporter. ❷ Dire de nouveau ce qu'on a déjà dit. *Je te répète que tu as tort.* ❸ Faire de nouveau ce qu'on a déjà fait. *Il a voulu répéter son exploit, mais il a échoué.* SYN. recommencer, refaire, réitérer, renouveler. ❹ S'exercer avant une représentation publique. *Les acteurs répètent leur nouvelle pièce.* ◆ **se répéter** **v.pron.** ❶ Redire les mêmes choses sans nécessité. *Arrête de te répéter.* SYN. rabâcher. ❷ Se reproduire. *Ce genre d'incident se répète tous les jours.*

répétiteur, trice **n.** Personne qui donne des leçons particulières à un élève, qui l'aide à travailler.

répétitif, ive **adj.** Qui se répète sans cesse. *Le travail à la chaîne est un travail répétitif où l'on refait toujours les mêmes gestes.*

répétition **n.f.** ❶ Chose que l'on a déjà dite ou écrite. *Votre rédaction contient des répétitions inutiles.* SYN. redite. ❷ Le fait de recommencer une action. *La répétition des mêmes gestes dans un travail peut être très lassante.* ❸ Séance de travail au cours de laquelle des artistes répètent un spectacle avant de le présenter au public. *Les répétitions pour la fête de fin d'année commenceront demain.*

repeupler **v.** (CONJUG. 3). ❶ Venir augmenter la population d'une région, d'un pays qui s'étaient dépeuplés. *L'arrivée d'immigrants a permis de repeupler le pays après la guerre.* ❷ *Repeupler un étang, une rivière*, c'est y mettre des poissons pour qu'ils s'y reproduisent. ❸ *Repeupler une forêt*, c'est y planter de nouveaux arbres.

repiquage **n.m.** Action de repiquer des plants. *Le repiquage du riz.* SYN. transplantation.

repiquer **v.** (CONJUG. 3). ❶ Copier un enregistrement. *Est-ce que je peux repiquer la cassette que tu m'as prêtée ?* ❷ Déterrer de jeunes plants pour les planter ailleurs. *Le jardinier repique des salades.* SYN. transplanter.

répit **n.m.** Temps de repos, de détente. *Tu devrais t'accorder un moment de répit.* • **Sans répit :** sans arrêt. *La pluie tombe sans répit.* SYN. continuellement.

replacer **replaçant, replacé v.** (CONJUG. 4). Remettre à sa place. *Pourrais-tu replacer ce livre dans la bibliothèque ?* SYN. ranger. *Il faut replacer l'événement dans son contexte.* SYN. situer.

replanter **v.** (CONJUG. 3). Planter de nouveau. *Après l'incendie, on a replanté des arbres dans la forêt.*

replâtrer **v.** (CONJUG. 3). ❶ Réparer avec du plâtre. *Replâtrer un mur.* ❷ (Familier) Arranger rapidement et grossièrement, de manière superficielle.

replet, ète **adj.** Qui est un peu gros. *M. Georges était un petit homme replet.* SYN. dodu, grassouillet.

> HISTOIRE DU MOT Vient du latin *repletus* qui signifie « rempli ».

repli **n.m.** ❶ Pli double, rabattu. *Faire un repli au bas d'un pantalon.* SYN. revers. ❷ Recul volontaire d'une armée. *L'état-major a ordonné le repli des troupes.* SYN. retraite.

replier v. (CONJUG. 7). ❶ Plier de nouveau ce qui a été déplié. *Après avoir lu les articles qui l'intéressaient, maman a replié le journal.* ❷ Rabattre en pliant. *Au repos, les oiseaux replient leurs ailes.* CONTR. déployer, ouvrir. ◆ **se replier** v.pron. ❶ Pour une armée, reculer en bon ordre. *Les soldats se replient.* CONTR. avancer. ❷ S'isoler du monde extérieur et s'enfermer dans ses pensées. *C'est un enfant timide qui se replie sur lui-même.* SYN. se renfermer.

réplique n.f. ❶ Réponse vive et brève à ce qui vient d'être dit. *La réplique de Laurent a fait taire tout le monde.* SYN. repartie, riposte. ❷ Au théâtre, ce qu'un acteur doit répondre à un autre. *Incapable de se souvenir de sa réplique, l'actrice se mit à improviser.* ❸ Copie d'une œuvre d'art. *Les Romains ont fait de nombreuses répliques des statues grecques.*

répliquer v. (CONJUG. 3). Répondre avec vivacité en s'opposant à ce qui vient d'être dit. *Il m'a posé une question indiscrète, je lui ai répliqué que ma vie privée ne le regardait pas. Et tu as obéi sans répliquer ?*

replonger **replongeant, replongé v.** (CONJUG. 5). Mettre dans une situation qu'on avait oubliée. *Le film nous replonge 50 ans en arrière.*

répondeur n.m. Appareil relié à un téléphone et qui enregistre les messages.

répondre **répondant, répondu v.** (CONJUG. 46). ❶ Donner une réponse. *Répondre à une question.* ❷ Écrire en réponse à une lettre. *As-tu répondu à ta correspondante allemande ?* ❸ Parler au téléphone en réponse à un appel. *Laisser sonner sans répondre.* ❹ Réagir par une attitude, un geste. *J'ai répondu à son salut par un geste de la main.* ❺ Réagir à une action. *Les freins ne répondent plus.* ❻ *Répondre de quelqu'un*, c'est se porter garant de son honnêteté, de sa compétence. *Vous pouvez lui confier ce travail, je réponds d'elle.* ❼ *Répondre à quelque chose*, c'est lui correspondre. *La qualité de nos produits répond parfaitement aux exigences des clients.* ◆ **se répondre** v.pron. Faire entendre un son chacun à son tour. *Dans l'orchestre, les instruments se répondent.*

réponse n.f. ❶ Ce que l'on dit en retour à une personne qui demande quelque chose. *Il a posé une question, il attend votre réponse.* ❷ Ce que l'on dit en retour à une personne qui parle ou, simplement, appelle. *Je n'ai pas eu de réponse à mes arguments.* ❸ Ce que l'on écrit en retour à quelqu'un qui a envoyé une lettre, un SMS. *Ta réponse à mon message était très gentille.* ❹ Réaction à quelque chose. *La rougeur de la peau est une réponse de l'organisme aux effets du soleil.* • **Avoir réponse à tout :** ne jamais être à court d'arguments, être capable de faire face à tous les imprévus.

report n.m. Le fait de reporter quelque chose, de le remettre à plus tard. *À cause de la grève des transports, nous avons demandé le report de la réunion.* SYN. ajournement.

reportage sportif

reportage n.m. Article de journal, émission de radio ou de télévision dans lesquels un journaliste raconte ce qu'il a vu et entendu. *Marie a été envoyée sur le lieu du séisme pour y effectuer un reportage.*

reporter v. (CONJUG. 3). ❶ Porter une chose là où elle se trouvait auparavant. *Peux-tu reporter le plat dans la cuisine ?* SYN. rapporter, remettre. ❷ Remettre à plus tard. *En raison des intempéries, le match est reporté à dimanche prochain.* SYN. repousser. ❸ Transférer sur une personne ou une chose un sentiment qu'on avait pour quelqu'un. *Depuis son divorce, il reporte toute son affection sur son fils.* ◆ **se reporter** v.pron. ❶ Aller consulter un texte pour y trouver un renseignement. *Pour la conjugaison de ce verbe, reportez-vous au tableau qui est en fin d'ouvrage.* SYN. se référer. ❷ Se transporter par l'esprit à un moment passé. *Reportons-nous en 1900, que se passait-il ?*

reporteur, trice ou **reporter** n. Journaliste qui fait des reportages.
▸ REM. 1. *Reporter* se prononce [rəpɔrtɛr]. 2. Au Québec, le féminin est *reporteure*.

HISTOIRE DU MOT *Reporter* vient de l'anglais *to report* qui signifie « relater, rapporter ».

repos n.m. Temps pendant lequel on ne travaille pas, on ne se fatigue pas. *Xavier a beaucoup travaillé ces derniers temps, il aurait besoin de repos.* SYN. détente. *En France, le jour de repos hebdomadaire est en principe le dimanche.* SYN. congé. • **De tout repos :** qui procure une complète tranquillité, qui ne présente aucun risque. *Être pompier n'est pas un métier de tout repos.*

reposant, e adj. Qui repose. *Des vacances reposantes.* CONTR. fatigant.

reposé, e adj. Qui ne présente aucune trace de fatigue. *Hélène est rentrée de vacances avec un visage reposé.* SYN. détendu. • **À tête reposée :** en prenant le temps de réfléchir calmement.

1 reposer v. (CONJUG. 3). Poser une chose après l'avoir soulevée. *J'ai bu et j'ai reposé mon verre sur le plateau.*

2 reposer v. (CONJUG. 3). ❶ Apporter un délassement. *Le week-end que j'ai passé à la mer m'a bien reposée.* SYN. détendre. ❷ Être posé sur quelque chose. *La statue reposait sur son socle.* ❸ Avoir pour base. *Vos accusations ne reposent sur rien.* ❹ *Laisser reposer une pâte*, c'est ne plus y toucher pendant un temps pour qu'elle soit bien homogène. *Il faut laisser reposer la pâte deux heures avant de faire cuire les crêpes.* ◆ **se reposer** v.pron. ❶ Cesser de travailler, d'agir, pour faire dis-

a b c d e f g h i j k l m n o p q r s t u v w x y z

A B C D E F G H I J K L M N O P Q R S T U V W X Y Z

paraître la fatigue. *Chaque été, je pars me reposer au bord de la mer.* ❷ Compter sur une personne à qui on fait confiance pour un travail, une affaire. *Je me repose sur mon avocate pour cette affaire.* SYN. s'en remettre à.

HISTOIRE DU MOT Vient du latin *pausare* qui signifie « s'arrêter ».

repoussant, e adj. Qui inspire du dégoût, de la répulsion. *Le monstre était d'une laideur repoussante.* → VOIR AUSSI **hideux.**

1 repousser v. (CONJUG. 3). Pousser de nouveau. *Les fleurs repoussent au printemps.*

2 repousser v. (CONJUG. 3). ❶ Écarter de son passage, pousser en sens contraire. *D'un geste de colère, il repoussa les livres qui étaient sur le bureau.* ❷ Faire reculer une personne, un groupe. *Notre armée a repoussé l'ennemi hors du pays.* SYN. chasser. ❸ Remettre à plus tard. *Nous avons dû repousser la date de notre départ.* SYN. reporter, retarder. CONTR. avancer. ❹ Refuser d'accepter ou d'admettre. *Le directeur a repoussé ma proposition.* SYN. rejeter. CONTR. approuver.

répréhensible adj. Qui mérite un blâme ou des reproches. *Denis a commis un acte répréhensible.* SYN. blâmable, condamnable. CONTR. louable.

HISTOIRE DU MOT Vient du latin *reprehendere* qui signifie « critiquer ».

reprendre reprenant, repris v. (CONJUG. 48). ❶ Prendre une autre fois. *Reprenez donc une part de gâteau.* ❷ Prendre après quelqu'un d'autre. *C'est son fils qui reprendra son commerce plus tard.* ❸ Rentrer en possession de quelque chose. *Je laisse mes bagages à la consigne, je les reprendrai tout à l'heure.* ❹ Recommencer après une interruption. *Silence ! Le spectacle reprend.* ❺ Avoir une nouvelle vigueur. *Les affaires reprennent.* ❻ *Reprendre quelqu'un*, c'est l'arrêter pour le corriger au moment où il fait une erreur. *Dès que je fais une faute, le professeur d'anglais me reprend.* • **On ne m'y reprendra plus :** je ne referai plus la même erreur. • **Reprendre ses esprits :** revenir à soi, être à nouveau conscient. • **Reprendre son souffle :** respirer calmement pour que la respiration redevienne normale, après avoir fait des efforts. ◆ **se reprendre** v.pron. ❶ Se ressaisir, retrouver du courage et de l'énergie. *Marie se laissait un peu aller, mais elle s'est reprise juste avant l'examen.* ❷ Rectifier ce qu'on a dit par erreur. • **S'y reprendre à plusieurs fois :** faire plusieurs tentatives, recommencer plusieurs fois.

représailles n.f.plur. Ce que l'on inflige à une personne pour se venger. *Craindre des représailles.*

représentant, e n. ❶ Personne qui a reçu le pouvoir d'agir au nom d'une ou de plusieurs autres personnes. *Les membres du syndicat ont désigné leurs représentants.* ❷ Personne qui se déplace auprès des clients d'une société pour présenter des articles et prendre des commandes.

représentatif, ive adj. ❶ Qui représente un groupe de personnes et qui peut agir en son nom. *Un syndicat représentatif.* ❷ Qui est considéré comme le modèle de sa catégorie, qui la représente bien. *Ce jeune écrivain est représentatif de sa génération.* SYN. caractéristique, typique.

représentation n.f. ❶ Le fait de représenter des personnes. *Le Parlement assure la représentation du peuple.* ❷ Spectacle donné devant un public, en particulier au théâtre. *La représentation commence à 21 h et dure deux heures.*

représenter v. (CONJUG. 3). ❶ Être l'image, le symbole de quelque chose. *La balance représente la justice.* SYN. symboliser. ❷ Reproduire au moyen du dessin, de la peinture, etc. *Ce tableau représente un coucher de soleil.* SYN. montrer. ❸ Correspondre à une somme, à une quantité. *La construction du gymnase de notre lycée représente un investissement de plusieurs millions d'euros.* SYN. constituer. ❹ Agir au nom d'une personne, d'un groupe, etc. *Les ambassadeurs représentent leur pays à l'étranger.* ❺ Jouer sur une scène. *« Le Malade imaginaire » de Molière a été représenté pour la première fois durant le carnaval de l'hiver 1673.* SYN. interpréter. ◆ **se représenter** v.pron. ❶ Se présenter de nouveau. *Antonin a échoué à son examen, mais il s'y représentera l'année prochaine.* ❷ *Se représenter quelqu'un, quelque chose*, c'est les voir en imagination. *Je ne me représentais pas ton frère comme ça.* SYN. s'imaginer.

HISTOIRE DU MOT Vient du latin *repraesentare* qui signifie « rendre présent ».

répressif, ive adj. Qui réprime, utilise la force. *Prendre des mesures répressives contre les délinquants.* CONTR. préventif.

répression n.f. Action de réprimer, de punir. *Pour lutter contre le trafic de drogue, la police compte autant sur la prévention que sur la répression.*

réprimande n.f. Paroles adressées à une personne pour la réprimander, la gronder. *Sa mère lui a fait une sévère réprimande parce qu'il avait été insolent.* SYN. remontrance. CONTR. compliment.

HISTOIRE DU MOT Vient du latin *reprimenda [culpa]* qui signifie « [faute] qui doit être réprimée ».

réprimander v. (CONJUG. 3). Faire des reproches à quelqu'un, le blâmer pour sa conduite. *Le professeur a réprimandé les élèves qui chahutaient.* SYN. blâmer, gronder.

réprimer v. (CONJUG. 3). ❶ Arrêter par la force un mouvement de foule, un acte d'opposition. *La police et l'armée ont très sévèrement réprimé la révolte.* SYN. châtier, punir. ❷ Faire un effort pour ne pas manifester un sentiment. *Jean était très fâché, mais il a réussi à réprimer sa colère.* SYN. contenir, refouler.

repris n.m. • **Repris de justice :** personne qui a déjà été condamnée par la justice. SYN. récidiviste.

1 reprise n.f. ❶ Fait de reprendre. *La reprise des cours de danse aura lieu en septembre. On attend avec impatience une reprise des affaires.* SYN. relance. ❷ Chacune des parties d'un match de boxe ; round. ❸ Qualité d'un moteur de voiture qui peut accélérer en un temps très bref après avoir ralenti. *Cette voiture a une bonne reprise.* • **À plusieurs reprises :** plusieurs fois.

2 reprise **n.f.** Points de couture faits pour réparer un tissu déchiré ou troué. *Peux-tu faire une reprise à mon pantalon ? Il est déchiré à la poche.*

repriser **v.** (CONJUG. **3**). Faire une reprise. SYN. raccommoder.

réprobateur, trice **adj.** *Un air, un silence réprobateurs* expriment la réprobation. *Sa mère lui jeta un regard réprobateur.* SYN. désapprobateur.

réprobation **n.f.** Jugement très sévère qui réprouve, condamne la conduite d'une personne. *Par son attitude si odieuse, Francis s'est attiré la réprobation générale.*

HISTOIRE DU MOT Vient du latin *reprobare* qui signifie « condamner ».

reproche **n.m.** Critique qui porte sur une action, une manière de se conduire. *Tu as fait de ton mieux, tu n'as aucun reproche à te faire. Le professeur a fait des reproches à Julien parce qu'il n'avait pas appris sa leçon.* SYN. observation, remontrance. CONTR. compliment, félicitation.

reprocher **v.** (CONJUG. **3**). Adresser des reproches à une personne. *Marie m'a reproché de ne pas lui avoir téléphoné.* ◆ **se reprocher** **v.pron.** Se considérer comme responsable d'une faute. *Tu n'as rien à te reprocher, ça n'était pas de ta faute.*

reproducteur, trice **adj.** Qui sert à la reproduction. *Le pistil et les étamines sont les organes reproducteurs de la fleur.*
▸ REM. On appelle *organes génitaux* les organes reproducteurs des animaux et des humains.

reproduction **n.f.** ❶ Le fait de se reproduire, pour des êtres vivants. *La reproduction de cette plante se fait par bouture.* → VOIR Fiche **50**. ❷ Copie d'un objet et, en particulier, œuvre d'art reproduite sur papier. *J'ai accroché dans mon salon une reproduction d'un tableau de Monet.*

reproduire **reproduisant, reproduit v.** (CONJUG. **60**). ❶ Imiter exactement quelque chose, en donner l'équivalent. *Dans cette boutique, on reproduit tous les modèles de clés.* SYN. copier. ❷ Faire exister en de très nombreux exemplaires. *L'imprimerie permet de reproduire des textes à des milliers d'exemplaires.* ❸ Publier, faire paraître quelque chose tel qu'il a déjà été publié. *Dans ce livre, on reproduit la lettre de Zola au président de la République.* ◆ **se reproduire** **v.pron.** ❶ Donner naissance à d'autres êtres vivants de son espèce. *Les lapins se reproduisent très rapidement. Le mulet ne se reproduit pas, c'est un animal stérile.* ❷ Se produire de nouveau. *Vous êtes excusés pour cette fois, mais veillez à ce que cet incident ne se reproduise pas.* SYN. recommencer, se renouveler, se répéter.

réprouver **v.** (CONJUG. **3**). Critiquer très sévèrement une action, un comportement. *Je réprouve la façon*

buste de Marianne, symbole de la **République** française

dont tu as agi dans cette affaire. SYN. blâmer, condamner. CONTR. approuver.
▸ REM. *Réprouver* implique un jugement moral, *désapprouver* marque le désaccord.

HISTOIRE DU MOT Vient, comme *réprobation*, du latin *reprobare.*

reptation **n.f.** Façon de se déplacer en rampant sur le sol. *La reptation est le mode de locomotion des serpents.*

reptile **n.m.** *Les reptiles* sont des animaux vertébrés généralement ovipares au corps recouvert d'écailles et qui se déplacent soit en rampant, soit grâce à quatre membres très courts. *Les reptiles perdent périodiquement leur peau au cours de leur croissance : c'est la mue. Les reptiles sont divisés en quatre ordres : les serpents, les lézards, les tortues et les crocodiles.* → VOIR planche page suivante.

HISTOIRE DU MOT Vient du latin *repere* qui signifie « ramper ».

repu, e **adj.** Qui a mangé à sa faim. *Après ce repas fort copieux, tous les convives étaient repus.* SYN. rassasié. CONTR. affamé.

HISTOIRE DU MOT Vient de *se repaître.*

républicain, e **adj.** D'une république ou de la république. *L'Allemagne a un régime républicain.* ◆ **adj.** et **n.** ❶ Qui est partisan de la république. *C'est un républicain convaincu.* ❷ Membre du Parti républicain, aux États-Unis.

république **n.f.** ❶ Forme de gouvernement où le pouvoir appartient à ceux qui ont été élus par la population. *La France, l'Italie et la Chine sont des républiques.* ❷ (Suivi d'un adj., avec une majuscule.) État, pays qui ont cette forme de gouvernement. *La République française. La république de Venise.* → VOIR noms propres.

HISTOIRE DU MOT Vient du latin *respublica* qui signifie « la chose publique, l'État ».

répudier **v.** (CONJUG. **7**). Dans certaines sociétés, renvoyer son épouse dans les circonstances et selon les formes fixées par la coutume ou la loi.

répugnance **n.f.** Sentiment de dégoût très vif ou de profond mépris. *La vue des insectes lui causait de la répugnance.* SYN. répulsion. *J'ai du mal à surmonter la répugnance que j'éprouve pour cet ignoble personnage.* SYN. antipathie, aversion.

caméléon

Les types de reptiles

Les reptiles sont presque tous carnivores. Ils comprennent les **crocodiles**, amphibiens bien adaptés à la vie dans l'eau ; les **serpents**, dépourvus de membres, mais munis, chez les espèces venimeuses, de crochets qui contiennent un venin souvent mortel ; les **lézards**, qui vivent sur la terre ou dans les arbres, et les **tortues**, terrestres ou marines, qui possèdent une carapace protectrice et un bec corné semblable à celui des oiseaux. On compte environ 6 000 espèces de reptiles, qui vivent surtout dans les pays chauds.

crotale

mamba vert

python

lézard vert

cobra

boa constricteur

crocodile

serpent corail

tortue-boîte

tortue molle

Une peau sèche, sans glandes, sans plumes, sans poils

Les reptiles sont des animaux vertébrés qui se déplacent en rampant (par **reptation**, d'où leur nom) ou au moyen de quatre courtes pattes. La plupart d'entre eux pondent des œufs, recouverts selon les espèces d'une coquille calcaire (dure) ou parcheminée (molle). Contrairement aux oiseaux et aux mammifères, les reptiles ne maintiennent pas leur température interne à un niveau constant. Ils s'exposent au soleil, absorbent la chaleur du sol ou utilisent l'ombre pour se refroidir. Ils n'ont ni plumes ni poils, mais leur peau est recouverte d'écailles ou de plaques. Cette peau se renouvelle périodiquement en se détachant pour être remplacée : c'est la **mue** des lézards et des serpents. Chez les crocodiles et les tortues, le renouvellement est plus discret et se produit en permanence.

mue d'une couleuvre

répugnant, e **adj.** Qui inspire de la répugnance. *Il régnait une odeur répugnante dans la cave.* SYN. écœurant, infect. *Cet escroc est répugnant.* SYN. abject.

répugner **v.** (CONJUG. 3). ❶ Inspirer de la répugnance, du dégoût à quelqu'un. *L'idée même de manger de la viande crue lui répugnait.* SYN. dégoûter, écœurer. ❷ Accepter difficilement de faire quelque chose. *Il répugne à accuser qui que ce soit sans preuve.*

HISTOIRE DU MOT Vient du latin *repugnare* qui signifie « lutter contre ».

répulsion **n.f.** ❶ Sentiment de profond dégoût, de rejet. *De tels actes de barbarie inspirent de la répulsion.* SYN. aversion, horreur. ❷ Phénomène, inverse de l'attraction, qui fait que deux choses se repoussent.

réputation **n.f.** ❶ Manière dont une personne, une chose sont considérées. *Ton grand-père a la réputation d'être sévère.* ❷ Opinion favorable ou défavorable que le public a sur une personne, sur une chose. *Le restaurant jouit d'une excellente réputation.* SYN. renom, renommée.

réputé, e **adj.** Qui a une excellente réputation, une grande notoriété. *C'est un médecin très réputé.* SYN. célèbre, connu, renommé.

HISTOIRE DU MOT Vient du latin *reputare* qui signifie « évaluer ».

requérir **requérant, requis v.** (CONJUG. 23). ❶ En droit, demander au tribunal qu'il inflige telle peine à un accusé. *L'avocat général a requis une peine de réclusion à perpétuité contre l'accusé.* ❷ Exiger. *Le métier d'orfèvre requiert beaucoup d'habileté.* SYN. demander, réclamer.

HISTOIRE DU MOT Vient du latin *requirere* qui signifie « rechercher ».

requête **n.f.** Demande, écrite ou orale, adressée à un supérieur, à une administration. *Veuillez adresser votre requête à la mairie.*

requiem **n.m.invar.** Musique religieuse à la mémoire des morts. *Le « Requiem » de Mozart est très célèbre.* ▸ REM. On prononce [rekɥijɛm].

HISTOIRE DU MOT C'est un mot latin, de *requies* qui signifie « repos ».

requin **n.m.** Poisson marin mesurant de 3 à 15 m selon les espèces, au corps allongé, aux dents tranchantes, qui est très vorace. *Les requins vivent dans les mers chaudes et tempérées.*

ENCYCLOPÉDIE Contrairement à une idée répandue, seules certaines espèces, telles que le *requin bleu*, le *requin blanc* et le *requin-taupe*, sont carnivores et féroces. Les plus grands requins, comme le *requin-pèlerin*, de 15 m de long pour un poids de 8 t, sont généralement inoffensifs et se nourrissent de plancton.

requis, e **adj.** Conforme à ce qui est demandé. *Cette candidate a toutes les qualités requises pour ce poste.* SYN. exigé, voulu.

réquisition **n.f.** Action de réquisitionner. *Le préfet a décrété la réquisition de tous les logements vides de la ville pour héberger les victimes de l'inondation.*

HISTOIRE DU MOT Vient, comme *requérir*, du latin *requirere*.

réquisitionner **v.** (CONJUG. 3). Pour l'Administration, exiger que du matériel, des logements ou des personnes soient mis à disposition lors de circonstances exceptionnelles. *Le maire a réquisitionné le gymnase pour y héberger les sans-abri.*

réquisitoire **n.m.** ❶ Discours par lequel un magistrat réclame, au nom de la loi, qu'on inflige une peine à un accusé. *Le réquisitoire précède la plaidoirie de l'avocat de la défense.* ❷ Texte ou discours qui contient une série de critiques ou d'accusations contre une personne, une institution. *Cet article est un réquisitoire contre le gouvernement.*

rescapé, e **n.** et **adj.** Personne qui a échappé à un accident, une catastrophe, et qui en est sortie saine et sauve. *L'avion s'est écrasé en mer, il n'y a eu aucun rescapé.* SYN. survivant.

à la **rescousse** **adv.** À l'aide, en renfort pour porter assistance. *Appeler quelqu'un à la rescousse.*

réseau **n.m.** ❶ Ensemble de lignes qui s'entrecroisent ou qui partent de points communs pour aller dans diverses directions. ❷ Ensemble de voies de communication, de lignes électriques, de lignes téléphoniques, etc., qui sont reliées entre elles. *Le séisme a gravement endommagé le réseau routier de l'île.* ❸ Tout ensemble de personnes ayant des relations communes. *Un réseau d'amis.* ❹ Organisation qui a des ramifications. *La police a découvert un important réseau de trafiquants de drogue.* • **Réseau social** : site Web sur lequel des internautes échangent des informations personnelles, créant ainsi une forme de communauté.

HISTOIRE DU MOT Vient, comme *résille*, du latin *rete*, « filet ».

réséda **n.m.** Plante dont on cultive une variété originaire d'Afrique pour ses fleurs blanchâtres ou jaunâtres

requin (récifs des Caraïbes)

disposées en grappes et très odorantes. *Le réséda entre dans la composition de nombreux parfums.*

HISTOIRE DU MOT Vient du latin *resedare* qui signifie « calmer », en raison des propriétés calmantes attribuées à cette plante.

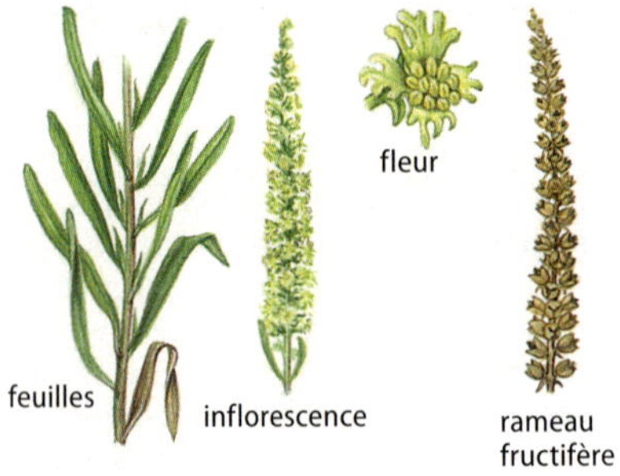

réséda

réservation **n.f.** Fait de retenir une place dans un moyen de transport ou pour un spectacle, ou une chambre dans un hôtel. *Qui s'occupe de la réservation des places ?*

réserve **n.f.** ❶ Ce que l'on a mis de côté pour s'en servir plus tard. *Nous avons des réserves de bois pour l'hiver.* SYN. provision, stock. ❷ Local où on entrepose des marchandises. *Il n'y a plus votre taille en rayon, je vais voir s'il en reste dans la réserve.* ❸ Attitude d'une personne discrète et modérée. *Le professeur trouve que tu manques de réserve.* SYN. modération, retenue. ❹ Territoire soumis à une réglementation spéciale pour la protection des plantes et des animaux. *La Camargue, en France, est une célèbre réserve d'oiseaux.* ❺ Dans certains pays, tels que le Canada, les États-Unis et l'Australie, territoire réservé aux populations qui vivaient là avant la conquête européenne. ❻ Ensemble de personnes qui ne sont pas en service actif mais restent à la disposition de l'armée en cas de besoin. *Mon frère aîné est officier de réserve.* • **Émettre des réserves :** ne pas approuver complètement. *Le maire a émis des réserves sur ce projet de construction.* SYN. restrictions. • **Sans réserve :** complètement, sans restriction. *J'approuve sans réserve ta proposition.* • **Sous toutes réserves :** sans garantie. *On m'a donné cette information sous toutes réserves, il se peut qu'elle soit fausse.*

réservé, e **adj.** Qui fait preuve de réserve, de retenue, de prudence dans ses jugements. *Une élève sérieuse et réservée.* SYN. discret. CONTR. effronté.

réserver **v.** (CONJUG. 3). ❶ Mettre de côté. *Je t'ai réservé une part de gâteau.* SYN. garder. ❷ Louer d'avance une place, une chambre d'hôtel, en faire la réservation. *Nous avons réservé nos places dans le train.* SYN. retenir. ❸ Destiner quelque chose à quelqu'un. *Viens me voir, je te réserve une surprise.* ❹ *Être réservé à quelqu'un, à quelque chose*, c'est lui être spécialement destiné. ◆ **se réserver** **v.pron.** ❶ Garder pour soi. *Véronique s'est réservé la plus belle chambre de la maison.* ❷ Manger avec modération afin de conserver de l'appétit pour le reste du repas. *Je me réserve pour le dessert.*

HISTOIRE DU MOT Vient, comme *conserver* et *préserver*, du latin *servare* qui signifie « observer, garder ».

réservoir **n.m.** Récipient, objet ou partie d'objet qui contiennent une réserve de liquide. *Un réservoir d'eau potable.* SYN. citerne. *Faire le plein d'essence, c'est remplir le réservoir de la voiture. Le réservoir d'encre d'un stylo.*

résidence **n.f.** ❶ Lieu d'habitation habituel. *Changer de résidence.* SYN. domicile. ❷ Groupe d'immeubles situé dans un endroit agréable. • **Résidence secondaire :** maison que l'on possède en plus de son habitation principale.

résident, e **n.** Personne qui réside habituellement dans un pays, une région, un quartier, etc. *Les résidents français à l'étranger.*

résidentiel, elle **adj.** *Un quartier résidentiel* est réservé aux immeubles et aux maisons d'habitation et on n'y trouve ni bureaux ni entreprises.

résider **v.** (CONJUG. 3). ❶ Avoir son domicile à tel endroit. *Il a toujours résidé en ville.* SYN. habiter. ❷ Consister en quelque chose. *Toute la difficulté réside dans le choix de couleurs appropriées.*

HISTOIRE DU MOT Vient du latin *residere*, de *sedere* qui signifie « être assis ».

résidu **n.m.** Matière qui reste après un processus de transformation physique, chimique ou industriel. *Ces cendres sont le résidu de la combustion du bois.*

résignation **n.f.** Le fait de se résigner. *Il a accepté ses malheurs avec résignation.* SYN. soumission. CONTR. révolte.

se résigner **v.pron.** (CONJUG. 3). Supporter sans protester une chose pénible mais inévitable. *Sa voiture étant en panne, il a bien dû se résigner à faire de l'auto-stop.* SYN. se résoudre.

résilier **v.** (CONJUG. 7). *Résilier un contrat*, c'est y mettre fin. *Le propriétaire avertit le locataire qu'il va résilier le bail de location.*

résille **n.f.** Dentelle faite d'un réseau de larges mailles ; motif fait de lignes qui s'entrecroisent finement.

résine **n.f.** Substance collante, insoluble dans l'eau, que l'on extrait principalement des pins et autres conifères.

résineux, euse **adj.** Qui produit de la résine. *Le sapin, le cèdre et le cyprès sont des bois résineux.* ◆ **résineux** **n.m.** Arbre dont le bois est résineux. *Les principaux résineux sont des conifères.*

résistance **n.f.** ❶ Capacité à résister. *Ces tests ont pour but de vérifier la résistance des matériaux aux chocs et à l'usure. Il faut beaucoup de résistance physique pour courir un marathon.* SYN. endurance. ❷ Fait de résister à quelqu'un, de s'opposer à son action. *Le voleur n'a opposé que peu de résistance aux policiers venus l'arrêter.* ❸ Ensemble des actions clandestines

menées par des civils pour résister à l'ennemi, à l'occupant ; organisation qui dirige les civils. *Faire de la résistance.* → VOIR noms propres. • **Plat de résistance :** plat principal d'un repas. • **Résistance électrique :** fil ou plaque métallique qui dégagent de la chaleur à partir d'énergie électrique.
▶ REM. Au sens 3, s'emploie avec une majuscule pour désigner la Résistance française pendant la Seconde Guerre mondiale.

1 résistant, e **adj.** ❶ Qui résiste à l'effort, à la fatigue, à la maladie. *Il faut être résistant pour participer à ce rallye.* SYN. robuste. CONTR. faible. ❷ Qui résiste à l'usure. *Ces chaussures sont très résistantes.* SYN. solide. CONTR. fragile.

2 résistant, e **n.** Personne qui, durant une guerre ou une occupation, lutte contre l'ennemi par toutes sortes de moyens.

résister **v.** (CONJUG. 3). ❶ Ne pas céder ou ne pas se détériorer sous l'action d'un choc, d'une force, d'une usure, etc. *L'étagère n'a pas résisté au poids des livres, elle s'est cassée. Un pull qui résiste au lavage.* ❷ Supporter sans faiblir. *Résister à la douleur* (= endurer, supporter). ❸ Ne pas succomber à ce qui attire. *Je n'ai pas pu résister : j'ai mangé tout le gâteau au chocolat !* ❹ S'opposer par tous les moyens à un adversaire, se défendre contre lui et l'empêcher de progresser. *Résister contre l'occupant.*

résolu, e **adj.** Qui s'en tient fermement à sa décision. *Maman est une femme résolue, elle ne cédera pas.* SYN. décidé. CONTR. indécis.
HISTOIRE DU MOT C'est le participe passé de *résoudre*.

résolument **adv.** De manière résolue ; avec fermeté. *Mon père est résolument opposé à ce que je les invite.* SYN. fermement.

résolution **n.f.** ❶ Action de résoudre un problème. *La résolution d'une équation.* ❷ Décision à laquelle on veut se tenir. *Christophe a pris la résolution de travailler régulièrement.*

résonance **n.f.** ❶ Qualité de quelque chose qui résonne. *La résonance d'une cloche, d'une salle de concerts.* ❷ Ce qui éveille un écho dans le cœur ou dans l'esprit. *Ce poème a des résonances romantiques.*
▶ REM. Attention, un *n*, malgré *résonner* qui en a deux.

résonner **v.** (CONJUG. 3). ❶ Produire un son qui se prolonge et vibre avant de s'éteindre. *Des pas résonnaient dans la rue.* SYN. retentir. ❷ Pour un lieu, renvoyer le son en augmentant sa force ou sa durée, avoir de l'écho. *C'était une pièce voûtée qui résonnait beaucoup.*
▶ REM. Ne pas confondre avec *raisonner*.

résorber **v.** (CONJUG. 3). Faire disparaître peu à peu quelque chose de néfaste. *Le gouvernement prend de nouvelles mesures pour résorber le chômage.* SYN. éliminer, supprimer. ◆ **se résorber** **v.pron.** Diminuer progressivement, disparaître partiellement ou totalement. *L'hématome qu'il avait au bras s'est résorbé.*

résoudre **résolvant, résolu, résout, résoute v.** (CONJUG. 55). Trouver la solution d'un problème, d'une question, etc. *L'inspecteur saura-t-il résoudre cette énigme ?* ◆ **se résoudre** **v.pron.** Prendre telle décision parce qu'elle est nécessaire et inévitable. *Il s'est résolu à partir.* SYN. se décider.
HISTOIRE DU MOT Vient du latin *resolvere* qui signifie « délier ».

respect **n.m.** ❶ Sentiment qui pousse à traiter quelqu'un avec égard. *J'ai beaucoup de respect pour mon grand-père.* CONTR. mépris. ❷ Fait de ne pas enfreindre une loi, un règlement, un engagement. *Le respect de la discipline. Le respect d'une promesse.* ❸ Souci de ne pas porter atteinte à quelque chose. *Le respect de l'environnement.* • **Manquer de respect :** être impoli avec quelqu'un. • **Mes respects :** formule de politesse par laquelle on témoigne de son respect envers une personne. *Veuillez présenter mes respects à votre épouse.* • **Tenir en respect :** tenir une personne à distance, en particulier en la menaçant avec une arme.
▶ REM. On prononce [rɛspɛ].
HISTOIRE DU MOT Vient du latin *respectus*, de *respicere* qui signifie « regarder en arrière ».

respectable **adj.** Qui est digne de respect. *Un homme respectable.* SYN. honorable. CONTR. méprisable.

respecter **v.** (CONJUG. 3). ❶ Témoigner du respect à une personne. *Cet homme mérite qu'on le respecte.* ❷ Se conformer scrupuleusement à une règle ; ne pas porter atteinte à quelque chose. *Chacun doit respecter la règle du jeu.* CONTR. enfreindre. *Ne faites pas de bruit, respectez le sommeil de votre père* (= ne le troublez pas).

respectif, ive **adj.** Qui concerne chaque chose ou chaque personne par rapport aux autres. *Retournez à vos places respectives* (= que chacun reprenne sa place).

respectivement **adv.** Chacun en ce qui le concerne. *Yann et Benoît ont respectivement 11 et 13 ans.*

respectueux, euse **adj.** Qui fait preuve de respect ; qui marque le respect. *Le jeune journaliste s'adressait à l'écrivain sur un ton respectueux.*

respiration **n.f.** Fonction par laquelle les êtres vivants absorbent de l'oxygène et rejettent du gaz carbonique. *La respiration du malade est régulière. Il ne bougeait pas et retenait sa respiration.* SYN. souffle. • **Respiration artificielle :** technique employée pour rétablir, chez une personne asphyxiée, la circulation

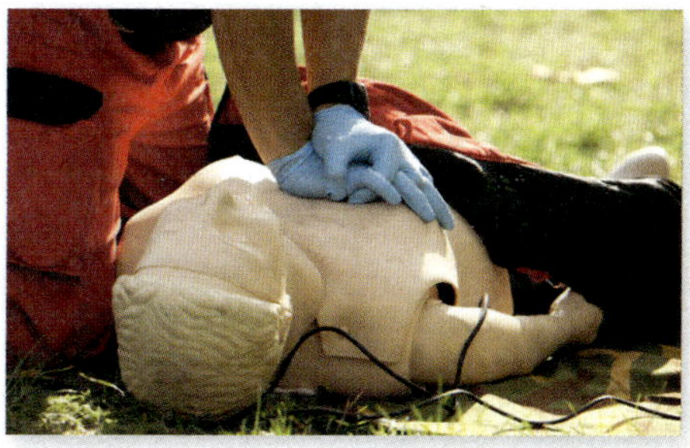

exercice de **respiration** artificielle

a b c d e f g h i j k l m n o p q r s t u v w x y z

A B C D E F G H I J K L M N O P Q R S T U V W X Y Z

de l'air dans les poumons. *Le sauveteur a pratiqué la respiration artificielle pour réanimer le noyé.*

respiratoire **adj.** Qui se rapporte à la respiration. *Il souffre de troubles respiratoires.* • **Appareil respiratoire :** l'ensemble des organes qui permettent la respiration, comme les poumons, la trachée, le larynx, etc. → VOIR **organe** (planche).

respirer **v.** (CONJUG. **3**). ❶ Aspirer et rejeter l'air pour renouveler l'oxygène de l'organisme. *Respirer par le nez, par la bouche.* ❷ Avoir un moment de répit. *Avec tout ce travail, elle n'a pas le temps de respirer.* ❸ *Respirer le bonheur, la tristesse, la santé*, c'est laisser paraître, par son attitude, son visage, etc., que l'on est heureux, triste, en bonne santé.

HISTOIRE DU MOT Vient du latin *spirare* qui signifie « souffler » et que l'on retrouve dans *expirer, soupirer.*

resplendir **resplendissant, resplendi v.** (CONJUG. **16**). ❶ Briller d'un vif éclat. *La neige resplendit au soleil.* ❷ S'illuminer sous l'effet d'un sentiment agréable. *Son visage resplendissait de joie.* SYN. rayonner.

resplendissant, e **adj.** Qui resplendit. *Tu es en pleine forme, tu as une mine resplendissante !* SYN. éclatant, radieux.

responsabilité **n.f.** ❶ Capacité à prendre une décision seul, et à être prêt à en assumer les conséquences. *Pierre est encore très jeune, mais il a déjà le sens de la responsabilité.* ❷ Charge confiée à une personne qui doit savoir prendre des décisions. *M. Benoît a la responsabilité du service commercial de l'entreprise.* ❸ Fait d'être à l'origine de dommages ou de préjudices. *Le juge déterminera la responsabilité de chacun dans cette affaire.* • **Prendre ses responsabilités :** agir en connaissance de cause, savoir à quoi on s'engage.

responsable **adj.** ❶ *Une personne responsable* réfléchit à la meilleure façon d'agir et assume les conséquences de ses actes. CONTR. irresponsable. ❷ *Être responsable de quelqu'un* ou *de quelque chose*, c'est en avoir la charge et s'en porter garant le cas échéant. *Les parents sont responsables de leurs enfants mineurs.* ❸ *Être responsable d'un accident, d'une erreur*, c'est en être à l'origine, en être la cause. *C'est un chauffeur ivre qui est responsable de l'accident.* ◆ **n.** ❶ Personne qui dirige un service, qui en a la responsabilité. *Je ne suis qu'un employé, adressez-vous au responsable.* ❷ Personne ou chose qui est à l'origine d'un mal. *Dans cet accident, le grand responsable, c'est l'alcool.*

HISTOIRE DU MOT Vient du latin *respondere* qui signifie « répondre ».

resquiller **v.** (CONJUG. **3**). (Familier) Entrer dans une salle de spectacle ou dans un moyen de transport sans payer sa place, ou sans attendre son tour.

resquilleur, euse **n.** (Familier) Personne qui resquille.

ressac **n.m.** Retour violent des vagues sur elles-mêmes lorsqu'elles se brisent contre un obstacle. *Aller sur la digue pour écouter le bruit du ressac.*

HISTOIRE DU MOT Vient de l'espagnol *resacar* qui signifie « tirer en arrière ».

se ressaisir **ressaisissant, ressaisi v.pron.** (CONJUG. **16**). Redevenir calme, maître de soi. *Il allait se mettre en colère mais il s'est ressaisi.* SYN. se reprendre.

ressasser **v.** (CONJUG. **3**). Répéter toujours les mêmes choses ou penser toujours à la même chose, y revenir sans cesse. *Il ressasse une vieille histoire.*

ressemblance **n.f.** Rapport qui existe entre des personnes ou des choses qui ont des éléments communs. *La ressemblance entre Annie et Violaine est frappante. Il voyait une ressemblance entre le centre d'une ville très animée et une fourmilière.* SYN. similitude. CONTR. différence.

ressemblant, e **adj.** Qui ressemble beaucoup au modèle. *Ce portrait est très ressemblant.*

ressembler **v.** (CONJUG. **3**). Avoir une ressemblance, des traits communs avec quelqu'un, quelque chose. *Il ressemble beaucoup à son frère aîné. Ta montre ressemble à la mienne.* • **Ça ne lui ressemble pas :** ça n'est pas conforme à son caractère, à ses habitudes. *Benoît s'est mis en colère ?... ça ne lui ressemble pas !* ◆ **se ressembler** **v.pron.** Présenter une ressemblance. *Le père et le fils se ressemblent beaucoup.*

ressemelage **n.m.** Action de ressemeler. *Mes chaussures ont besoin d'un ressemelage.*

ressemeler **v.** (CONJUG. **12**, ✎ *11*). Mettre une semelle neuve à une chaussure. *Faire ressemeler ses chaussures chez le cordonnier.*

ressentiment **n.m.** Souvenir amer que l'on garde d'une injure, d'une injustice, qui s'accompagne d'un désir de vengeance. *Éprouver du ressentiment.* SYN. rancœur, rancune.

ressentir **ressentant, ressenti v.** (CONJUG. **19**). Éprouver une sensation physique ou morale. *Pierre ressentit une vive douleur au bras. J'ai ressenti une forte émotion en revoyant la maison de mon enfance.* ◆ **se ressentir** **v.pron.** Éprouver les effets de quelque chose. *Il se ressent encore de l'accident qu'il a eu l'an dernier* (= il en souffre encore).

resserre **n.f.** Pièce, local où l'on range des provisions ou des outils. → VOIR AUSSI **remise.**

resserrer **v.** (CONJUG. **3**). ❶ Serrer de nouveau, ou plus fort. *Resserrer un boulon.* ❷ Rendre plus fort, plus étroit. *Le voyage qu'ils ont fait ensemble a resserré leur amitié.* SYN. consolider.

resservir **resservant, resservi v.** (CONJUG. **19**). ❶ Être encore utilisable. *Ne jette pas ce gobelet en carton, il peut resservir durant le voyage.* ❷ Redonner d'un aliment, d'un plat, servir de nouveau. *Je vous ressers un peu de tarte ?* ◆ **se resservir** **v.pron.** Prendre à nouveau d'un plat. *C'était très bon, je me ressers.*

1 ressort n.m. ❶ Pièce qui peut se déformer sous l'effet d'une pression ou d'un étirement, etc., et revenir ensuite à sa forme initiale. *Les ressorts d'un matelas.* ❷ Énergie qui permet de faire face aux difficultés. *Il ne se laissera pas abattre, il a beaucoup de ressort.*

2 ressort n.m. • **Être du ressort de :** être de la compétence, de l'autorité ou du domaine de quelqu'un, d'une juridiction. *Cette affaire est du ressort de la justice.* • **En dernier ressort :** en fin de compte, finalement. *Chacun a donné son avis et la directrice a tranché en dernier ressort* (= en définitive).

ressortir ressortant, ressorti v. (CONJUG. 19). ❶ Sortir de nouveau. *Loïc a dû ressortir parce qu'il avait oublié d'acheter du pain.* ❷ Se détacher sur un fond et apparaître nettement. *La couleur rouge du coussin ressort bien sur le canapé gris.* SYN. trancher. ❸ *Faire ressortir quelque chose*, c'est le mettre en relief, en valeur, le souligner. *Dans son discours, le maire a fait ressortir l'intérêt de son projet.* ❹ Résulter de quelque chose, en être la conclusion. *Il ressort de tout ce que tu me dis que tu n'as pas envie de partir en voyage avec nous.*

ressortissant, e n. Personne qui réside dans un autre pays que le sien. *Les ressortissants français en Chine.*

ressouder v. (CONJUG. 3). Refaire une soudure. *On a ressoudé le tuyau.* ◆ **se ressouder** v.pron. Se souder à nouveau. *Les os se sont ressoudés après la fracture.*

ressource n.f. Ce qui peut fournir un moyen de se sortir d'une situation difficile. *Sa voiture est tombée en panne, il n'avait pas d'autre ressource que de la pousser.* SYN. moyen, recours. *Elle s'en sortira, c'est une femme pleine de ressources.* ◆ **ressources** n.f.plur. ❶ Moyens d'existence d'une personne. *Il n'a que de maigres ressources.* SYN. revenus. ❷ Éléments de la richesse ou de la puissance d'une entreprise, d'une région, d'un État. *Les ressources en pétrole de la France sont très faibles.*

HISTOIRE DU MOT Vient de l'ancien français *resurdre* qui signifie « ressusciter ».

ressusciter v. (CONJUG. 3). ❶ Revenir de la mort à la vie. *Selon l'Évangile, le Christ est ressuscité le troisième jour après sa mort.* → VOIR **résurrection.** ❷ Faire renaître quelque chose. *Ressusciter une mode.*
▸ REM. Ce verbe se conjugue avec l'auxiliaire *être* ou avec l'auxiliaire *avoir*.

restant, e adj. Qui reste. *Les livres restants ont été envoyés à une école de village.* ◆ **restant** n.m. Ce qui reste d'une somme ou d'une quantité. *Avec le restant de l'argent, j'ai acheté des chocolats.* SYN. reste.

restaurant n.m. Établissement où l'on sert des repas payants. *Nous avons dîné au restaurant.*

1 restaurateur, trice n. Personne qui tient un restaurant.

2 restaurateur, trice n. Personne qui restaure des œuvres d'art. *Un restaurateur de tableaux anciens.*

1 restauration n.f. Ensemble des activités liées aux services d'un restaurant. *Il travaille dans la restauration.*

restauration d'un portail d'église

2 restauration n.f. ❶ Remise en état d'un immeuble ou d'un objet de valeur. *La restauration d'un château.* SYN. réfection, rénovation. ❷ Rétablissement d'une dynastie, d'une lignée royale qui avait été chassée du trône. *La restauration des Bourbons, en France.* • **La Restauration** (Avec une majuscule). → VOIR noms propres.

1 restaurer v. (CONJUG. 3). ❶ Réparer, remettre en bon état une œuvre d'art, un monument. *Restaurer une chapelle.* ❷ Rétablir, remettre en vigueur. *Les dissidents luttaient pour restaurer la démocratie.*

2 se restaurer v.pron. (CONJUG. 3). Reprendre des forces en mangeant. *Les randonneurs ont trouvé une auberge où ils ont pu se restaurer.*

reste n.m. ❶ Ce qui reste, ce qui subsiste d'un ensemble dont une partie a disparu. *Avec le reste de l'argent, il ira au cinéma.* SYN. restant. *Elle a travaillé le matin et le reste de la journée, elle a lu.* ❷ *Le reste d'une division*, c'est ce qui reste du dividende quand la division ne tombe pas juste. • **Au reste** ou **du reste :** en plus, d'ailleurs. *Je n'ai pas très envie de sortir ce soir, du reste, j'ai un travail à finir.* ◆ **restes** n.m.plur. ❶ Ce qui reste d'un plat, d'un repas. *Nous mangerons les restes ce soir.* ❷ Cadavre, ossements d'une personne. *Il est mort à l'étranger, ses restes ont été ramenés en France.*

rester v. (CONJUG. 3 ; auxiliaire *être*). ❶ Continuer d'être là, ne pas quitter un lieu ou une personne. *Reste encore un peu avec moi. Tu peux rester dormir si tu veux.* ❷ Demeurer quelque part. *Nous resterons cinq jours en Angleterre, puis nous partirons en Écosse.* ❸ Continuer d'être. *Le magasin reste ouvert toute la journée. Son frère ne veut pas rester célibataire. Je reste convaincu que j'ai raison* (= je suis toujours convaincu). ❹ Être encore là, alors que d'autres choses ou d'autres personnes n'y sont plus. *C'est le seul sportif français qui reste en compétition.* ❺ Être encore à disposition. *Il me reste peu d'argent. Combien nous reste-t-il de temps ?* • **En rester là :** ne pas poursuivre, arrêter une action, une conversation. *Nous avons bien avancé dans notre travail, restons-en là pour aujourd'hui.*

HISTOIRE DU MOT Vient du latin *restare* qui signifie « s'arrêter ».

restituer **v.** (CONJUG. 3). ❶ Rendre ce qu'on avait pris. *Le voleur a dû restituer les objets dérobés.* SYN. redonner, remettre. ❷ Représenter, bien rendre quelque chose. *Ce film restitue fidèlement la vie quotidienne durant la guerre.* SYN. reconstituer.

restitution **n.f.** Action de restituer quelque chose. *Demander la restitution d'une somme d'argent.*

restreindre **restreignant, restreint v.** (CONJUG. 49). Ramener dans des limites plus étroites. *Restreindre ses dépenses.* SYN. diminuer, limiter, réduire. ◆ **se restreindre** **v.pron.** Dépenser moins, réduire son train de vie. *Il gagne moins d'argent et doit se restreindre.*

HISTOIRE DU MOT Vient du latin *restringere* qui signifie « resserrer ».

restreint, e **adj.** Réduit, limité. *Vivre dans un espace restreint.* SYN. étroit, petit. CONTR. grand, vaste.

restriction **n.f.** ❶ Action de restreindre. *Une restriction de crédits.* SYN. diminution, limitation. ❷ Remarque, observation par laquelle on montre que l'on n'est pas entièrement d'accord. *Je vous approuve sans restriction.* SYN. réserve. ◆ **restrictions** **n.f.plur.** Mesures de rationnement prises en période de pénurie. *Durant la guerre, ils ont souffert des restrictions.*

résultat **n.m.** ❶ Ce que l'on obtient à la fin d'un calcul, d'une opération, d'une analyse, etc. *La somme est le résultat d'une addition. Nous allons au laboratoire chercher les résultats de ton analyse de sang.* ❷ Ce à quoi l'on parvient au terme d'un effort, d'un travail, d'une recherche. *Les résultats des travaux des chercheurs sont encourageants.* ❸ Conséquence logique de quelque chose. *Maintenant tout le monde est fâché, voilà le résultat de ta mauvaise humeur.* ❹ Points, place ou rang obtenus à l'issue d'une épreuve. *Les résultats de l'examen sont affichés dans la cour. Quel est le résultat du match ?* SYN. score.

résulter **v.** (CONJUG. 3). Être le résultat, la conséquence logique de quelque chose. *Que résultera-t-il de tous ces bouleversements ? Ces fissures dans le mur résultent d'un affaissement de terrain* (= proviennent de). → VOIR AUSSI **découler.**

HISTOIRE DU MOT Vient du latin *saltare* qui signifie « danser, sauter ».

résumé **n.m.** Texte ou propos qui résument l'essentiel de quelque chose. *Il nous fit un bref résumé des faits.* SYN. récapitulation.

résumer **v.** (CONJUG. 3). Dire en moins de mots ce qui a été dit ou écrit ; donner l'essentiel d'un fait. *Pour lundi prochain, vous résumerez « Poil de carotte ».*

résurgence **n.f.** ❶ Réapparition à l'air libre, sous forme de grosse source, d'une rivière souterraine. ❷ Au sens figuré, fait de surgir, de se manifester à nouveau. *Une période d'insécurité peut favoriser la résurgence d'idées nationalistes.* SYN. réapparition.

HISTOIRE DU MOT Vient du latin *resurgere* qui signifie « se relever, se rétablir ».

résurrection **n.f.** Fait de ressusciter, retour de la mort à la vie. *Le jour de Pâques, les catholiques fêtent la résurrection du Christ.* ● **La Résurrection :** la fête de Pâques.

la ***Résurrection***
(partie centrale du triptyque
peint par Hans Memling, XVᵉ siècle)

retable **n.m.** Dans une église, panneau peint ou sculpté, placé sur l'autel ou juste derrière.
▸ REM. Attention, pas d'accent aigu.

rétablir **rétablissant, rétabli v.** (CONJUG. 16). ❶ Remettre en état de fonctionnement. *Lors de l'inondation, les lignes téléphoniques ont été endommagées ; il a fallu deux jours pour les rétablir.* ❷ Ramener un état. *Rétablir l'ordre, la paix, la justice.* ❸ Rendre ses droits, ses fonctions à une personne qui ne les avait plus. *Rétablir un fonctionnaire dans son poste.* ◆ **se rétablir** **v.pron.** Retrouver la santé. *Après sa maladie, elle s'est vite rétablie.*

rétablissement **n.m.** ❶ Fait de rétablir, de faire exister de nouveau. *Le rétablissement de relations diplomatiques entre les deux États est maintenant possible.* ❷ Fait de se rétablir, de guérir. *Je vous souhaite un prompt rétablissement.* SYN. guérison.

retaper **v.** (CONJUG. 3). (Familier) ❶ Remettre une chose en état. *Nous avons retapé nous-mêmes ce vieux moulin.* SYN. réparer. ❷ Remettre une personne en forme. *Le grand air l'a retapé !*

retard **n.m.** ❶ Fait d'arriver ou d'agir après le moment prévu. *Le train aura dix minutes de retard.* CONTR. avance. *Je me dépêche, je suis en retard.* ❷ Décalage entre l'heure réelle et l'heure indiquée par une montre, une horloge qui retardent. *Cette horloge a trois minutes de retard.* ● **En retard :** dont le développement est moins avancé que d'autres. *Ce garçon est en retard pour son âge.*

A B C D E F G H I J K L M N O P Q R S T U V W X Y Z

retardataire **n.** Personne qui arrive en retard. *Soyez à l'heure, nous n'attendrons pas les retardataires.*

retardement **n.m.** *Un engin, une bombe à retardement* sont munis d'un mécanisme d'horlogerie qui déclenche leur explosion seulement après un temps déterminé.

retarder **v.** (CONJUG. **3**). ❶ Faire arriver plus tard que prévu. *Excusez-nous, un embouteillage nous a retardés.* ❷ Remettre à plus tard. *Je suis dans l'obligation de retarder la réunion.* SYN. différer, repousser. ❸ Pour une montre ou une pendule, indiquer une heure moins avancée que l'heure réelle. *Cette horloge retarde : elle indique 11 h 45 alors qu'il est midi.* CONTR. avancer. ❹ (Familier) Ignorer une nouvelle que tout le monde connaît. *Tu ne sais pas que le groupe s'est dissous ? Tu retardes !*

retenir **retenant, retenu v.** (CONJUG. **20**). ❶ Empêcher de partir, de tomber, de se défaire, etc. *Un client m'a retenu jusqu'à 19 h. Pierre a failli glisser, je l'ai retenu à temps. Un serre-tête retenait ses cheveux en arrière.* ❷ *Retenir un rire, sa colère, son souffle, etc.*, c'est s'empêcher de rire, d'exprimer sa colère, de faire entendre sa respiration. SYN. contenir. ❸ Réserver, garder une place pour un usage futur. *Elle a retenu des places pour le concert de samedi.* SYN. louer. ❹ Prélever, déduire une partie d'une somme. *Chaque mois on retient une somme sur les salaires pour les cotisations de retraite.* SYN. retrancher, soustraire. ❺ Dans une opération mathématique, faire une retenue. *Trois fois quatre, douze, je pose deux et je retiens un.* ❻ Garder en mémoire. *Il a un nom compliqué, je n'arrive jamais à le retenir.* SYN. se souvenir de. ◆ **se retenir** **v.pron.** ❶ Se rattraper à quelque chose. *Elle s'est retenue à la rambarde.* SYN. s'accrocher. ❷ Résister à une envie, à un besoin naturel. *Se retenir de rire.* SYN. s'empêcher.

retentir **retentissant, retenti v.** (CONJUG. **16**). ❶ Produire ou renvoyer un son éclatant. *Trois coups de feu retentirent dans la nuit. La salle retentissait des applaudissements du public.* → VOIR AUSSI **résonner.** ❷ Avoir des répercussions sur quelque chose. *Son mauvais état de santé retentit sur ses résultats scolaires.*

retentissant, e **adj.** ❶ Qui retentit. *Une voix retentissante.* SYN. tonitruant. ❷ Dont on parle, qui attire l'attention du public. *Un succès retentissant.* SYN. éclatant.

retentissement **n.m.** Réactions que cause un événement dans le public. *Ce procès a eu un grand retentissement, tous les journaux en parlaient.*

retenue **n.f.** ❶ Somme que l'on retient sur un salaire, un traitement. *Les retenues pour la Sécurité sociale, pour la retraite.* SYN. déduction. ❷ Dans une opération mathématique, le chiffre que l'on réserve, que l'on garde, pour l'ajouter aux chiffres de la colonne suivante. ❸ Punition qui consiste à priver un élève de récréation ou à le garder à l'école en dehors des heures de classe. *Il a eu deux heures de retenue.* SYN. (Fam.) colle. ❹ Attitude d'une personne qui agit avec modération et fait preuve de discrétion. *Elle a beaucoup de retenue.* SYN. discrétion, réserve.

réticence **n.f.** Hésitation à dire ou à faire quelque chose. *Il ouvrit son cœur et parla sans réticence.* SYN. réserve.

HISTOIRE DU MOT Vient du latin *reticentia*, « silence obstiné », de *tacere* qui signifie « se taire ».

réticent, e **adj.** Qui manifeste une certaine réticence. *Il disait qu'il était d'accord, mais je le sentais réticent.* SYN. hésitant, réservé.

rétif, ive **adj.** ❶ *Un cheval rétif* s'arrête ou recule au lieu d'avancer. *D'un coup de cravache, il tenta de faire avancer sa jument rétive.* SYN. récalcitrant. ❷ Qui n'obéit pas. *C'est un enfant rétif.* SYN. indocile, rebelle.

HISTOIRE DU MOT Vient, comme *rester*, du latin *restare*, « s'arrêter ».

rétine **n.f.** Membrane mince qui tapisse le fond de l'œil, et sur laquelle se forment les images de ce que l'on regarde.

HISTOIRE DU MOT Vient, comme *réseau*, du latin *rete*, parce que la rétine présente un réseau de vaisseaux sanguins.

retiré, e **adj.** *Un lieu retiré* est loin de tout et peu fréquenté. *Ils ont acheté une maison dans un village retiré.* SYN. isolé.

retirer **v.** (CONJUG. **3**). ❶ Enlever d'un endroit. *Il retira les mains de ses poches. En rentrant à la maison, papa retire sa cravate.* SYN. ôter. CONTR. mettre. ❷ Reprendre ce qui avait été donné. *Les gendarmes lui ont retiré son permis de conduire.* ❸ Cesser d'affirmer une chose, annuler ce qui a été engagé. *Il retira ses accusations et s'excusa. Elle a retiré sa candidature.* ❹ Tirer un enseignement, une expérience de quelque chose. *Il est un peu déçu, il n'a pas retiré grand-chose de son voyage.* ◆ **se retirer** **v.pron.** ❶ Quitter un lieu. *Les invités se retirèrent vers minuit.* SYN. partir. ❷ Quitter une activité, partir. *M. Benoît s'est retiré à la campagne* (= il est parti y vivre). *Il s'est retiré des affaires* (= il a pris sa retraite). • **La mer se retire :** elle descend, c'est le reflux.

retombées **n.f.plur.** Conséquences indirectes d'un événement. *La crise économique a eu des retombées sur l'emploi.* SYN. répercussions. • **Retombées radioactives :** substances radioactives qui retombent après une explosion ou un accident atomiques.

retomber **v.** (CONJUG. **3**). ❶ Tomber de nouveau. *Après une accalmie, la pluie retombe.* ❷ Toucher le sol après avoir été en l'air. *Un chat qui saute retombe toujours sur ses pattes. La capsule spatiale retombera dans la mer. La vapeur d'eau retombe en fines gouttelettes.* ❸ Se trouver une nouvelle fois dans une même situation. *Aline est retombée malade.* ❹ Rejaillir sur une personne, l'atteindre par contrecoup. *Sur qui va retomber la responsabilité de cet accident ?* ❺ Disparaître. *Sa joie est vite retombée.*

retordre **retordant, retordu v.** (CONJUG. **46**). Tordre de nouveau. • **Donner du fil à retordre :** être la cause de difficultés, mettre quelqu'un dans une situation difficile.

a b c d e f g h i j k l m n o p q r s t u v w x y z

A B C D E F G H I J K L M N O P Q R S T U V W X Y Z

rétorquer **v.** (CONJUG. **3**). Répondre vivement, souvent du tac au tac. *Je lui ai demandé d'où il venait et il m'a rétorqué que cela ne me regardait pas.* SYN. répliquer, riposter.

HISTOIRE DU MOT Vient du latin *retorquere* qui signifie « tourner en arrière, renvoyer ».

retors, e **adj.** Qui est rusé, malin. *Un individu retors en affaires.* SYN. rusé. CONTR. direct, droit, franc.

retouche **n.f.** Petite modification apportée à une chose pour l'améliorer ou pour l'adapter. *Mon pantalon est trop large, il faut y faire des retouches. Faire des retouches à un texte.* SYN. correction.

retoucher **v.** (CONJUG. **3**). Faire des retouches. *Journaliste qui retouche un article.* SYN. corriger, remanier.

retour **n.m.** ❶ Fait de revenir, de rentrer, après être parti. *Pierre rentre demain, nous allons fêter son retour.* ❷ Titre de transport qui permet de revenir à son point de départ. *Acheter un aller et un retour.* ❸ Fait de revenir à un état précédent. *Le professeur eut du mal à obtenir le retour au calme dans la classe.* ❹ Répétition d'un phénomène cyclique. *Le retour du printemps, du froid.* • **Retour en arrière :** expression que l'on doit employer à la place de *flash-back*. • **En retour :** en contrepartie, en échange. *Je te prête mon stylo et en retour tu me prêtes ta balle.* • **Répondre par retour du courrier :** dès que l'on a reçu la lettre, sans délai.

retournement **n.m.** Changement brusque et complet, revirement imprévu. *Ils semblaient avoir gagné le match, mais un retournement de situation a donné la victoire à leurs adversaires.* SYN. renversement, revirement.

retourner **v.** (CONJUG. **3**). ❶ Aller de nouveau quelque part. *J'ai oublié mon sac à la boulangerie, il faut que j'y retourne. Retourner chez soi.* SYN. rentrer, revenir. ❷ Renvoyer. *Si cet appareil ne correspond pas à ma commande, je vous le retourne.* ❸ Retrouver un état. *Ces animaux, même apprivoisés, peuvent très vite retourner à l'état sauvage.* ❹ Mettre de l'autre côté. *Retourner une crêpe, un matelas. Retourner l'opinion* (= la faire changer d'avis). ❺ Remuer, mettre sens dessus dessous. *Retourner la terre.* ❻ Au sens figuré, provoquer une vive émotion. *Cette mauvaise nouvelle l'a toute retournée.* SYN. bouleverser, remuer. • **Savoir de quoi il retourne :** savoir de quoi il s'agit, de quoi il est question. ◆ **se retourner** **v.pron.** ❶ Faire demi-tour. *Elle se retourna vers moi.* ❷ Rouler sur soi-même ; se tourner sur soi-même. *La voiture a dérapé et s'est retournée.* SYN. capoter, se renverser. *Le malade ne cesse de se retourner dans son lit.* ❸ Pour un argument, une attitude, devenir dangereux ou néfaste pour celui qui l'utilisait. *Son mensonge s'est retourné contre lui.*

retracer **retraçant, retracé** **v.** (CONJUG. **4**). Raconter des événements passés en montrant leur déroulement. *Le film retraçait le débarquement des Alliés en 1944.*

1 **se rétracter** **v.pron.** (CONJUG. **3**). Revenir sur ce qu'on a dit, nier ce qu'on a affirmé. *Le témoin a d'abord affirmé qu'il avait vu l'homme puis il s'est rétracté.* SYN. se dédire.

HISTOIRE DU MOT Vient du latin *retractare* qui signifie « retirer ».

2 **rétracter** **v.** (CONJUG. **3**). Contracter un organe, un muscle, etc. *L'escargot rétracte ses cornes.*

HISTOIRE DU MOT Vient du latin *retrahere* qui signifie « tirer en arrière ».

rétractile **adj.** *Des griffes rétractiles* sont des griffes que l'animal peut rétracter, rentrer. *Le chat a des griffes rétractiles.*

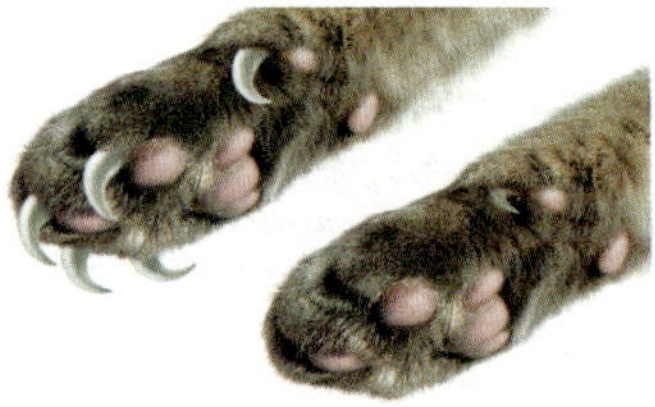

griffes **rétractiles**

retrait **n.m.** Fait de retirer. *Il a fait un retrait d'argent avec sa carte bancaire. Certaines infractions peuvent entraîner le retrait du permis de conduire.* • **En retrait :** en arrière, par rapport à un alignement. *Un immeuble en retrait de la route.*

retraite **n.f.** ❶ Pour une armée, fait de se retirer, d'abandonner ses positions. *L'armée a battu en retraite.* ❷ Pour une personne, fait de se retirer de la vie professionnelle, de cesser définitivement de travailler. *Il a pris sa retraite l'an dernier. Être à la retraite.* ❸ Argent touché par une personne à la retraite. ❹ Fait de s'isoler, de se retirer à l'écart du monde pour réfléchir.

HISTOIRE DU MOT Vient de l'ancien français *retraire* qui signifiait « se retirer ».

retraité, e **n.** et **adj.** Personne qui a pris sa retraite. *Un couple de retraités.*

retranchement **n.m.** Endroit protégé où des troupes peuvent se mettre à l'abri.

retrancher **v.** (CONJUG. **3**). Enlever une partie d'un tout. *Si je retranche 3 de 8, il reste 5.* SYN. ôter, soustraire. CONTR. ajouter. ◆ **se retrancher** **v.pron.** Se mettre à l'abri derrière des fortifications, une colline, une butte, etc. *Le commando s'est retranché de l'autre côté de la colline.*

retransmettre **retransmettant, retransmis** **v.** (CONJUG. **51**). Diffuser à la radio, à la télévision. *Le match a été retransmis en direct.*

retransmission **n.f.** Émission radiodiffusée ou télévisée. *Nous avons suivi la retransmission du match à la télévision.*

rétrécir **rétrécissant, rétréci** **v.** (CONJUG. **16**). Rendre ou devenir plus étroit. *Ta jupe est trop large, il faut la rétrécir. Ce pantalon risque de rétrécir au lavage.* ◆ **se**

panneaux indicateurs
de **rétrécissement** de la chaussée

rétrécir **v.pron.** Devenir plus étroit. *Le sentier se rétrécit en arrivant au sommet.* CONTR. s'élargir.

HISTOIRE DU MOT Vient du latin *strictus* qui signifie « étroit », et que l'on retrouve dans *strict.*

rétrécissement **n.m.** Fait de rétrécir, de se rétrécir. *Un peu plus loin, il y a un rétrécissement de la route, on passe de trois à deux voies.*

rétribuer **v.** (CONJUG. 3). Payer pour un travail. *Pierre est mieux rétribué dans son nouvel emploi.* SYN. rémunérer.

HISTOIRE DU MOT Vient du latin *retribuere* qui signifie « donner en retour ou en échange ».

rétribution **n.f.** Argent versé en contrepartie d'un travail. *Réclamer une meilleure rétribution.* SYN. rémunération, salaire.

1 rétro **adj.invar.** et **n.m.** (Familier) Qui rappelle ou reprend le style d'un passé encore récent, spécialement celui des années 1920 à 1960. *La mode des vêtements rétro.*

HISTOIRE DU MOT Vient du latin *retro* qui signifie « en arrière ».

2 rétro **n.m.** (Familier) Abréviation de *rétroviseur.*

rétroactif, ive **adj.** *Avoir un effet rétroactif*, pour une loi, c'est avoir un effet sur des événements qui se sont produits avant sa mise en application.

HISTOIRE DU MOT Vient du latin *retroagere* qui signifie « ramener en arrière ».

rétrograde **adj.** Qui s'oppose au progrès, qui voudrait revenir aux choses du passé. *Une théorie rétrograde.* CONTR. progressiste.

rétrograder **v.** (CONJUG. 3). ❶ Passer une vitesse inférieure lorsque l'on conduit un véhicule. *Le chauffeur rétrograda de la quatrième à la troisième avant de prendre son virage.* ❷ Passer à un rang moins important que celui que l'on avait acquis. *Notre équipe a été rétrogradée en deuxième division.*

HISTOIRE DU MOT Vient du latin *retro*, qui signifie « en arrière », et *gradi*, qui signifie « marcher ».

rétrospectif, ive **adj.** Qui survient après coup et concerne le passé. *À l'idée qu'elle aurait pu être écrasée, elle eut une peur rétrospective.*

HISTOIRE DU MOT Vient du latin *retro*, qui signifie « en arrière », et *spectare*, qui signifie « regarder ».

rétrospective **n.f.** Exposition qui présente l'ensemble des œuvres d'un artiste ou d'une période. *Une rétrospective des œuvres de Picasso. Une rétrospective des films des années 1930.*

rétrospectivement **adv.** Après coup, en repensant à ce qui s'est passé. *Rétrospectivement, j'ai eu très peur.*

retroussé, e **adj.** *Un nez retroussé* est court avec le bout un peu relevé.

retrousser **v.** (CONJUG. 3). Replier vers le haut. *Il retroussa ses manches et plongea les bras dans la baignoire.*

retrouvailles **n.f.plur.** Le moment où des personnes, qui étaient séparées, se retrouvent. *Leurs retrouvailles furent très joyeuses.*

retrouver **v.** (CONJUG. 3). ❶ Trouver ce qu'on avait perdu ou oublié. *Heureusement, j'ai retrouvé mes clés. As-tu retrouvé le titre du livre dont tu m'as parlé ?* ❷ Être de nouveau tel qu'on était auparavant. *La voilà rassurée, elle a retrouvé le sourire. Retrouver ses forces, sa santé.* ❸ Rejoindre une personne, être au rendez-vous fixé. *Je te retrouverai à midi devant la sortie du collège.* ◆ **se retrouver** **v.pron.** ❶ Être de nouveau ensemble, réunis. *Nous nous retrouverons au ski, l'année prochaine.* SYN. se rencontrer. ❷ Être de nouveau dans un état, une situation, un lieu. *Cela fait plaisir de se retrouver au milieu de ses amis, après un long voyage.* ❸ Se trouver brutalement dans une situation. *Ils sont tous partis et je me suis retrouvé seul.* ❹ *Se retrouver* ou *s'y retrouver*, c'est trouver son chemin ou, au sens figuré, savoir où l'on en est. *Comment veux-tu te retrouver dans ce dédale de ruelles ?* SYN. s'orienter. *C'est trop compliqué, je ne m'y retrouve pas.*

rétroviseur **n.m.** Petit miroir qui permet au conducteur d'un véhicule de voir la route derrière lui.
▶ REM. On emploie familièrement l'abréviation *rétro.*

réunification **n.f.** Action de réunifier. *La réunification de l'Allemagne en 1990.* CONTR. division.

réunifier **v.** (CONJUG. 7). Rétablir l'unité d'un pays, d'un parti politique.

réunion **n.f.** ❶ Action de réunir. ❷ Fait de se réunir, assemblée formée par les personnes réunies. *Mes parents sont à la réunion des parents d'élèves.* SYN. assemblée. *Une réunion de chercheurs.* SYN. colloque, congrès.

réunir **réunissant, réuni** **v.** (CONJUG. 16). ❶ Rassembler, mettre ensemble. *Le commissaire a réuni toutes les preuves de la culpabilité du suspect.* ❷ Inviter ensemble. *M. Benoît réunit ce soir quelques amis pour son anniversaire.* SYN. convier, inviter. ◆ **se réunir** **v.pron.** Se retrouver ensemble au même endroit. *Nous nous réunirons à 10 h devant l'école.*

réussi, e **adj.** Qui est bien fait, qui est un succès. *Votre spectacle était très réussi, bravo !*

réussir **réussissant, réussi** **v.** (CONJUG. 16). ❶ Obtenir le résultat souhaité, parvenir à son objectif. *J'ai enfin réussi à le joindre au téléphone* (= j'y suis arrivé). *Réussir à un examen.* CONTR. échouer. *Réussir un gâteau.* CONTR. rater. ❷ Obtenir le succès. *C'est un jeune chanteur mais je suis sûr qu'il réussira.* ❸ Être bénéfique, faire du bien. *L'air de la mer te réussit, tu as l'air en pleine forme !*

A B C D E F G H I J K L M N O P Q R S T U V W X Y Z

réussite **n.f.** ❶ Bon résultat. *Nous fêtons sa réussite au concours.* SYN. succès. CONTR. échec. ❷ Jeu de cartes dans lequel il faut parvenir à disposer les cartes selon telle ou telle combinaison. SYN. patience.

revaloir **v.** (CONJUG. **37**). • (Familier) **Je te revaudrai cela :** je te rendrai la pareille (que ce soit en bien ou en mal). *Tu m'as aidé, je te revaudrai cela un de ces jours.* ▸ REM. Ne s'emploie qu'au futur et au conditionnel.

revaloriser **v.** (CONJUG. **3**). Augmenter la valeur de quelque chose. *Revaloriser les salaires.* SYN. relever.

revanche **n.f.** ❶ *Prendre* ou *avoir sa revanche*, c'est se venger en rendant la pareille et reprendre ainsi l'avantage. *Tu t'es bien moqué de moi mais j'aurai ma revanche.* SYN. vengeance. ❷ Seconde partie d'un jeu, second match, qui offrent au perdant la possibilité de gagner à son tour. *Jouer la revanche.* → VOIR AUSSI **belle.** • **En revanche :** en contrepartie, en compensation. *Si je n'aime pas beaucoup les gâteaux, en revanche j'adore les glaces.* SYN. par contre.

HISTOIRE DU MOT Vient de l'ancien français *revancher* qui signifiait « venger ».

rêvasser **v.** (CONJUG. **3**). Se laisser aller à la rêverie. *Marie n'a pas écouté les explications du professeur, elle rêvassait.*

rêve **n.m.** ❶ Activité mentale que l'on a quand on dort et qui se manifeste par une suite d'images formant plus ou moins une histoire. *Cette nuit je t'ai vu en rêve, et tu arrivais à voler. Paul crie en dormant, il doit faire un mauvais rêve* (= un cauchemar). → VOIR AUSSI **onirique.** ❷ Espoir très vif de voir se réaliser quelque chose à quoi l'on tient beaucoup. *Le rêve de Jean, c'est d'avoir un voilier pour faire le tour du monde. Réaliser ses rêves.*

rêvé, e **adj.** Qui convient parfaitement. *C'est l'endroit rêvé pour un pique-nique.* SYN. idéal.

revêche **adj.** Qui est brusque et peu aimable. *Le gardien est revêche.* SYN. acariâtre, grincheux.

1 réveil **n.m.** ❶ Moment où l'on sort du sommeil. *Il avait peu dormi, le réveil fut difficile.* ❷ Retour à une activité plus importante. *Au printemps, on assiste au réveil de la nature.* SYN. renaissance, renouveau.

2 réveil **n.m.** Petite pendule qui sonne à l'heure où on l'a réglée. *Je n'ai pas entendu le réveil. Faire sonner son réveil à 7 h.*

réveiller **v.** (CONJUG. **3**). ❶ Tirer du sommeil. *Yann veut qu'on le réveille demain à sept heures.* ❷ Faire renaître. *Cet incident a réveillé de mauvais souvenirs.* SYN. ranimer, raviver. ◆ **se réveiller** **v.pron.** Cesser de dormir. *Il se réveilla parfaitement reposé.* SYN. s'éveiller.

réveillon **n.m.** Repas de fête que l'on fait la nuit de Noël et la nuit du 31 décembre. *Nous passerons le réveillon de Noël en famille.*

réveillonner **v.** (CONJUG. **3**). Faire un réveillon. *Nous avons réveillonné chez mon oncle et ma tante.*

1 révélateur, trice **adj.** Qui révèle ce qui était caché. *Son silence était révélateur : il était gêné.* SYN. significatif.

2 révélateur **n.m.** Préparation chimique qui permet de faire apparaître l'image sur une pellicule ou du papier photographiques.

révélation **n.f.** ❶ Le fait de révéler, de dire ce qui était jusque-là tenu secret. *Faire des révélations à la presse.* ❷ Personne ou chose qui devient soudain connue du public. *Cette chanteuse est la révélation de l'année.* ❸ *Avoir une révélation*, c'est avoir une idée subite, lumineuse.

révéler **v.** (CONJUG. **9**, ✎ *10*). ❶ Faire connaître ce qui était jusqu'alors tenu secret, dévoiler quelque chose. *Les journalistes n'ont pas révélé ce que le ministre avait dit.* SYN. divulguer. ❷ Faire apparaître clairement. *La réaction de colère qu'il a eue révèle bien son caractère.* SYN. dénoter, indiquer. CONTR. déguiser, voiler.

HISTOIRE DU MOT Vient du latin *revelare* qui signifie « découvrir », de *velum*, « voile ».

revenant **n.m.** ❶ Mort qui se manifesterait aux vivants sous une apparence humaine. *Il aimait, pour nous faire peur, nous raconter des histoires de revenants.* SYN. apparition, fantôme, spectre. ❷ Se dit par plaisanterie d'une personne que l'on n'a pas vue depuis longtemps. *Tiens, un revenant ! Où étais-tu passé ?* ▸ REM. Au sens 2, s'emploie aussi au féminin : *une revenante.*

revendeur, euse **n.** Personne qui achète des marchandises pour les revendre. *Un revendeur de voitures.*

revendication **n.f.** Ce que l'on revendique, ce que l'on exige. *J'estime que vos revendications sont tout à fait justifiées.* SYN. demande, réclamation.

revendiquer **v.** (CONJUG. **3**). Réclamer ce à quoi on estime avoir droit. *Revendiquer un héritage. Les travailleurs revendiquent une augmentation de salaire.* SYN. demander.

HISTOIRE DU MOT Vient du latin *vindicare* qui signifie « réclamer en justice », et que l'on retrouve dans *venger* et *vindicatif.*

revendre **revendant, revendu v.** (CONJUG. **46**). ❶ Vendre ce qu'on a acheté. *Sa voiture était en bon état, il l'a revendue un bon prix.* ❷ *Avoir de l'énergie, de la force, du courage à revendre*, c'est se sentir plein d'énergie, de force, de courage.

revenir **revenant, revenu v.** (CONJUG. **20**). ❶ Regagner un endroit que l'on a quitté. *Il est en voyage et reviendra la semaine prochaine.* SYN. rentrer. ❷ Venir une nouvelle fois. *Je suis très occupé, pouvez-vous revenir demain ?* ❸ Arriver, se produire de nouveau. *Le beau temps est revenu.* ❹ Examiner de nouveau une question. *Permettez-moi de revenir sur le premier point du débat.* ❺ *Revenir sur ce que l'on a dit*, c'est changer d'avis. *Le suspect est revenu sur ses aveux.* SYN. se rétracter. ❻ Coûter, valoir une certaine somme. *Le voyage nous est revenu cher.* ❼ Être de nouveau présent à l'esprit. *Ah oui, son nom me revient maintenant* (= je me le rappelle). ❽ Être du ressort de quelqu'un, lui incomber.

C'est au président que revient l'honneur de prononcer le discours de bienvenue. ❾ (Familier) Susciter la sympathie, inspirer confiance. *Ce garçon a une tête qui ne me revient pas.* SYN. plaire. ❿ *Faire revenir un aliment*, c'est le faire dorer, dans de la graisse ou du beurre, en début de cuisson. • **Cela revient au même :** cela aboutit au même résultat. • (Familier) **Je n'en reviens pas :** je suis très étonné, j'ai du mal à croire que c'est vrai. • **Revenir à soi :** reprendre conscience après un évanouissement. • **Revenir de loin :** avoir frôlé un grand danger, guérir d'une maladie grave. • **Revenir sur ses pas :** rebrousser chemin, faire demi-tour.

revente n.f. Fait de revendre un objet. *Sa voiture est en bon état, il en tirera un bon prix à la revente.*

revenu n.m. Ensemble des sommes d'argent que l'on perçoit dans un temps donné. *Revenu mensuel, annuel. C'est un homme très riche, ses revenus sont considérables.* • **Impôt sur le revenu :** impôt calculé d'après ce qu'un contribuable gagne chaque année.

rêver v. (CONJUG. 3). ❶ Faire des rêves pendant son sommeil. *Je ne me souviens pas avoir rêvé, cette nuit. Elle a rêvé qu'elle partait en voyage.* ❷ Laisser aller sa pensée, son imagination. *Tu n'écoutes pas ce que je te dis, tu rêves.* SYN. rêvasser. ❸ Souhaiter vivement. *Pierre rêve d'être pilote plus tard.* • **Rêver en couleurs :** au Canada, faire des projets chimériques, irréalisables.

réverbération n.f. Phénomène par lequel la lumière, la chaleur, les sons sont réverbérés. *La réverbération du soleil sur la neige éblouit.*

réverbère n.m. Appareil d'éclairage des rues et des places. *Il n'y a plus d'allumeurs de réverbères.*

réverbères

réverbérer v. (CONJUG. 9, ✎ 10). Renvoyer la lumière, la chaleur, un son. *Les murs réverbèrent la chaleur du soleil.* SYN. réfléchir.

HISTOIRE DU MOT Vient du latin *reverberare* qui signifie « repousser, faire rebondir ».

reverdir reverdissant, reverdi v. (CONJUG. 16). Redevenir vert. *Au printemps, les arbres reverdissent.*

révérence n.f. Manière de saluer, en inclinant légèrement le buste ou en fléchissant les genoux. *Elle fit la révérence devant la reine.*

révérend, e adj. et n. Titre donné à certains religieux.

HISTOIRE DU MOT Vient du latin *reverendus* qui signifie « qui doit être révéré ».

révérer v. (CONJUG. 9, ✎ 10). Traiter avec un profond respect. *Tout le pays révère ce grand homme.* SYN. respecter, vénérer.

▸ REM. Ce mot appartient à la langue soutenue.

rêverie n.f. Fait de laisser vagabonder son imagination. *Elle était perdue dans sa rêverie et ne m'a pas entendu.*

revers n.m. ❶ Côté opposé à la face principale d'une chose. *Il s'essuya le front du revers de la main.* SYN. dos. CONTR. paume. *Continuez au revers de la page.* SYN. envers, verso. ❷ Partie d'un vêtement qui forme un rabat, un repli. *Le revers d'une veste, d'un col. Revers du bas d'un pantalon.* ❸ Coup de raquette effectué de la gauche par un droitier, ou de la droite par un gaucher. ❹ Événement malheureux, coup du sort. *Connaître des revers de fortune. Ce nouveau revers les a anéantis.* SYN. épreuve, infortune, malheur. • **Le revers de la médaille :** le mauvais côté d'un événement, l'inconvénient d'une situation, par rapport aux avantages qu'ils offrent.

HISTOIRE DU MOT Vient du latin *revertere* qui signifie « retourner ».

réversible adj. *Un vêtement réversible* peut être porté à l'envers ou à l'endroit. *Un blouson réversible.*

revêtement n.m. Matériau dont on recouvre une surface, pour la protéger, la consolider ou la décorer. *Le linoléum est un revêtement de sol, le papier peint un revêtement mural.*

revêtir revêtant, revêtu v. (CONJUG. 22). ❶ Mettre un vêtement. *Elle avait revêtu sa plus belle robe pour aller danser.* ❷ Recouvrir une surface d'un matériau. *Les murs étaient revêtus de papier peint.*

rêveur, euse adj. et n. Qui se laisse aller à la rêverie. *Je te trouve bien rêveuse, ce matin.* SYN. songeur. *Ce garçon n'a pas le sens des réalités, c'est un rêveur.* ◆ adj. Qui exprime la rêverie. *Il souriait d'un air rêveur.* SYN. songeur.

rêveusement adv. D'une manière distraite et songeuse. *Elle feuilletait rêveusement son album de souvenirs.*

revient n.m. *Le prix de revient d'une marchandise*, c'est le prix que coûtent sa fabrication et sa distribution.

revigorer v. (CONJUG. 3). Redonner de la vigueur, des forces. *Ce repas m'a revigoré.* SYN. remonter.

HISTOIRE DU MOT Vient du latin *vigor* qui signifie « vigueur ».

revirement n.m. Changement brusque et complet d'une situation, ou d'une attitude. *Ce revirement de la*

A B C D E F G H I J K L M N O P Q R S T U V W X Y Z

situation l'a ruiné. SYN. renversement. *Il semble décidé mais on peut toujours craindre de sa part un revirement de dernière minute.* SYN. retournement, volte-face.

réviser v. (CONJUG. 3). ❶ Relire un cours, se remettre en mémoire des données pour s'assurer qu'on n'a rien oublié. *Il révise son cours d'histoire avant l'interrogation.* SYN. repasser, revoir. ❷ Vérifier le fonctionnement d'un mécanisme. *Papa a donné sa voiture à réviser au garage.* ❸ Relire quelque chose pour voir s'il faut en modifier des éléments, le reprendre. *Réviser un texte de projet de loi. Réviser un procès.*

révision n.f. Action de réviser. *L'examen approche, Yann est plongé dans ses révisions. L'avocat a demandé une révision du procès.*

revivre revivant, revécu v. (CONJUG. 57). ❶ Reprendre des forces, de l'énergie. *Dès que Marie est à la montagne, elle revit.* SYN. renaître. ❷ Vivre, éprouver de nouveau. *J'avais l'impression de revivre une situation que j'avais déjà connue.* ❸ *Faire revivre une personne, une époque, des événements*, c'est les évoquer de façon vivante dans une œuvre littéraire ou artistique. *Ce western fait revivre la conquête de l'Ouest.*

révocable adj. Qui peut être révoqué. *Les fonctionnaires sont révocables.*

révocation n.f. Action de révoquer. *La révocation d'un fonctionnaire, pour faute grave. La révocation de l'édit de Nantes, en 1685.*

1 revoir revoyant, revu v. (CONJUG. 38). ❶ Voir de nouveau. *Cela m'a fait plaisir de vous revoir* (= de vous retrouver). *Elle a voulu revoir la maison de son enfance* (= y retourner). *J'aimerais bien revoir ce film* (= le voir une seconde fois). ❷ Se représenter par la pensée. *Je revois ma grand-mère faisant des confitures.* SYN. se rappeler, se souvenir de. ❸ Étudier de nouveau. *Tu ne sais pas bien ta leçon, il faut que tu la revoies.* SYN. repasser, réviser.

2 revoir n.m.invar. • **Au revoir :** formule que l'on emploie lorsqu'on quitte une personne.

révoltant, e adj. Qui révolte, qui provoque l'indignation. *Son attitude est révoltante.* SYN. dégoûtant, écœurant.

révolte n.f. ❶ Action d'un groupe qui se révolte contre une autorité. *Spartacus a conduit la révolte des esclaves romains.* SYN. insurrection, soulèvement. *Une révolte de soldats.* SYN. mutinerie. ❷ Mouvement de colère ou d'indignation à l'égard de quelqu'un ou de quelque chose. *Des adolescents en révolte contre la société.* SYN. rébellion. *Dans son livre l'auteur exprime sa révolte devant l'injustice.* SYN. colère, indignation.

révolter v. (CONJUG. 3). Faire naître un sentiment de colère et d'indignation. *Son hypocrisie et sa lâcheté me révoltent.* SYN. choquer, dégoûter, écœurer. ◆ **se révolter** v.pron. ❶ Se soulever contre un pouvoir, une autorité, et tenter de les renverser. *Le peuple se révolta contre le tyran.* SYN. s'insurger, se rebeller. ❷ Éprouver de la colère, de l'indignation. *Se révolter contre l'injustice.* SYN. s'indigner, s'insurger.

HISTOIRE DU MOT Vient de l'italien *rivoltare* qui signifie « retourner », du latin *revolvere* qui signifie « rouler en arrière ».

révolu, e adj. ❶ *Une époque révolue* n'existe plus, elle appartient au passé. ❷ *Avoir douze ans révolus*, c'est avoir entre douze et treize ans, c'est être dans sa treizième année.

révolution n.f. ❶ Changement brutal et complet du régime politique d'un pays, ce qui amène de profondes transformations dans la société. *La Révolution française de 1789 a remplacé la monarchie par la république. La révolution russe de 1917 a mis fin au pouvoir des tsars.* → VOIR noms propres. ❷ Transformation très profonde dans l'organisation économique, industrielle, agricole. *Les révolutions industrielles en Europe. La révolution informatique de la seconde moitié du XXe siècle.* ❸ En astronomie, mouvement par lequel un astre parcourt son orbite. *La durée de la révolution de la Lune autour de la Terre est d'environ vingt-huit jours.*

HISTOIRE DU MOT Vient, comme *révolter*, du latin *revolvere*.

révolutionnaire adj. ❶ Qui se rapporte à une révolution. *Un tribunal révolutionnaire. Un chant révolutionnaire.* ❷ Qui propose quelque chose de radicalement nouveau. *Une technique révolutionnaire.* SYN. novateur, original. ◆ **adj.** et **n.** Qui est pour la révolution, qui y participe. *Un parti politique révolutionnaire. Les révolutionnaires de 1789.*

révolutionner v. (CONJUG. 3). Transformer complètement. *L'invention de l'imprimerie a révolutionné le monde des livres.* SYN. bouleverser, métamorphoser.

revolver, ✎ révolver n.m. Petite arme à feu automatique qui permet de tirer cinq ou six balles. *Un revolver a un barillet, un pistolet a un chargeur.*

HISTOIRE DU MOT Vient de l'anglais *to revolve* qui signifie « tourner », car le barillet tourne.

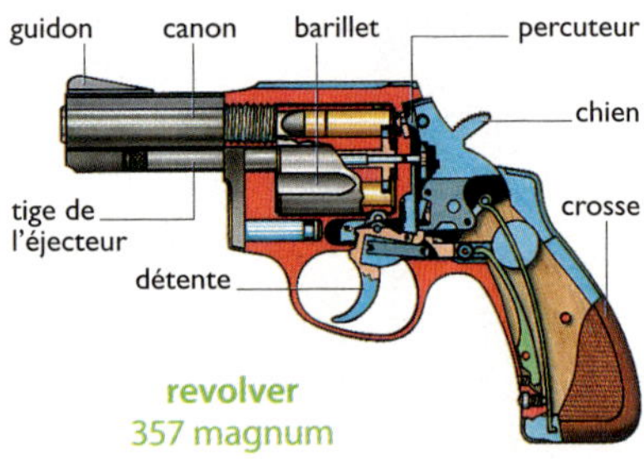

revolver
357 magnum

révoquer v. (CONJUG. 3). ❶ *Révoquer un fonctionnaire*, c'est le chasser de son poste. SYN. destituer. ❷ Annuler un acte officiel.

HISTOIRE DU MOT Vient du latin *revocare* qui signifie « rappeler », de *vox, vocis*, « voix ».

revue n.f. ❶ Examen ou inspection détaillés. *Il serait bon de passer en revue toutes les possibilités que nous avons* (= les examiner une à une). *Le colonel fait* *la revue de l'équipement.* SYN. inspection, inventaire. ❷ Parade militaire. *La revue du 14 Juillet.* SYN. défilé. ❸ Publication périodique spécialisée dans un domaine. *Une revue de médecine, d'automobile.* SYN. magazine. • **Revue de presse :** compte-rendu des différents articles parus dans les journaux. *Il écoute à la radio la revue de presse du matin.*

révulsé, e adj. *Avoir les yeux révulsés*, c'est avoir les yeux à moitié retournés sous l'effet d'un spasme ou d'une forte émotion, de sorte qu'on ne voit presque plus la pupille.

révulser v. (CONJUG. 3). (Familier) Provoquer une forte réaction de dégoût, de rejet. *Cela le révulsait d'assister à un spectacle aussi cruel.* SYN. indigner, écœurer. ◆ **se révulser v.pron.** Pour les yeux, se retourner à moitié sous l'effet d'une émotion violente ou d'un spasme. *La douleur était si forte que ses yeux se révulsèrent.*

HISTOIRE DU MOT Vient du latin *revulsus* qui signifie « arraché ».

rez-de-chaussée n.m.invar. Partie d'une maison située au niveau du sol. *Son bureau se trouve au rez-de-chaussée de l'immeuble et ouvre sur le jardin.* CONTR. étage, sous-sol.

rhabiller v. (CONJUG. 3). Habiller de nouveau. *Quand le médecin eut fini de l'ausculter, sa mère le rhabilla.* ◆ **se rhabiller v.pron.** Remettre ses vêtements.

rhapsodie n.f. Morceau de musique inspiré de thèmes populaires. *Le compositeur Liszt a écrit les « Rhapsodies hongroises ».*

rhéostat n.m. Appareil qui permet de modifier l'intensité du courant électrique dans un circuit. *Une lampe, un four à rhéostat.*

Rhésus n.m. • **Facteur Rhésus** ou **Rhésus :** chez les humains, élément dont la présence ou l'absence dans le sang détermine deux groupes sanguins, les sujets porteurs de cet élément étant *Rhésus positif* (Rh^+) et ceux qui ne l'ont pas, *Rhésus négatif* (Rh^-). *Si une personne a un Rhésus A ou B positif, on ne peut lui transfuser le sang d'un donneur qui a un Rhésus A ou B négatif.*

rhétorique n.f. L'art de bien parler, l'ensemble des procédés qui permettent de s'exprimer correctement, avec éloquence. • **Figure de rhétorique :** tournure de style qui permet d'exprimer sa pensée de façon plus vivante. *La métaphore et la parabole sont des figures de rhétorique.*

HISTOIRE DU MOT Vient du grec *rhêtôr* qui signifie « orateur ».

rhinocéros n.m. Gros mammifère sauvage des régions chaudes, qui porte sur le museau une ou deux cornes, selon l'espèce, et qui a une peau très épaisse. ▶ REM. On prononce le *-s*.

HISTOIRE DU MOT Vient du grec *rhinos*, qui signifie « nez », et *keras*, qui signifie « corne ».

ENCYCLOPÉDIE Le rhinocéros est un mammifère ongulé (à sabot). C'est un animal très puissant qui peut atteindre 4 m de long pour 2 m de haut. Il vit dans les régions marécageuses d'Asie ou d'Afrique et cause de grands dégâts dans les plantations. Le rhinocéros d'Asie n'a généralement qu'une corne sur le nez, celui d'Afrique en porte deux.

rhinocéros d'Afrique

rhino-pharyngite n.f. (PLUR. : **rhino-pharyngites**). Rhume dû à une inflammation de la partie du pharynx qui est située derrière les fosses nasales.

rhizome n.m. Tige souterraine, souvent horizontale, de certaines plantes. *Les iris ont des rhizomes.*

rhodanien, enne adj. Du Rhône. *Le Sillon rhodanien est la région drainée par le Rhône depuis Lyon jusqu'à la Méditerranée.*

rhododendron n.m. Arbrisseau à feuilles persistantes dont on cultive certaines espèces pour leurs grandes fleurs ornementales.

HISTOIRE DU MOT Vient du grec *rhodon*, qui signifie « rose », et *dendron*, qui signifie « arbre ».

rhododendron

rhubarbe n.f. Plante vivace à larges feuilles dont les tiges épaisses servent à faire de la confiture, de la compote.

rhum n.m. Alcool obtenu par fermentation et distillation du jus de canne à sucre. *Faire un grog avec du rhum.*

HISTOIRE DU MOT Vient de l'anglais *rum*, abréviation de *rumbullion* qui signifie « grand tumulte ».

rhumatisme n.m. Maladie qui se traduit par des douleurs chroniques dans les articulations.

tiges et feuilles de **rhubarbe**

h i j k l m n o p r s t u v w x y z

rhume **n.m.** Petite maladie due à une inflammation de la muqueuse du nez et de la gorge. *Il a attrapé un bon rhume, il éternue et a le nez qui coule.* → VOIR AUSSI **rhino-pharyngite.**

HISTOIRE DU MOT Vient du grec *rhein* qui signifie « couler ».

rhythm and blues **n.m.invar.** Musique populaire noire américaine, issue du blues, du jazz et du gospel, à la mode dans les années 1950.
▸ REM. Ce sont des mots anglais que l'on prononce [ritmɛ̃nbluz].

riant, e **adj.** Qui a un aspect agréable, très gai. *C'est une vallée très verte et riante. Une mine riante*

ribambelle **n.f.** (Familier) Longue suite de personnes ou grand nombre de choses. *Une ribambelle d'enfants sortait de l'école.* SYN. file. *J'ai encore une ribambelle de cartes postales à écrire.* SYN. kyrielle.

ricanement **n.m.** Action de ricaner. *Ce ne sont pas tes ricanements qui vont nous aider !*

ricaner **v.** (CONJUG. 3). Rire de façon méprisante ou stupide. *Il montrait sa cousine du doigt en ricanant.*

riche **adj.** et **n.** Qui a beaucoup d'argent, de biens. *Ce sont des personnes riches.* SYN. fortuné, nanti. CONTR. démuni, pauvre. *Les riches doivent aider les pauvres.* ◆ **adj.** ❶ Qui témoigne d'une certaine richesse, qui a dû coûter cher. *De riches tentures ornaient les fenêtres du salon.* ❷ Qui a ou offre beaucoup de ressources. *Un pays riche. Un sol riche.* CONTR. stérile. *Un vocabulaire riche.* SYN. étendu. ❸ Qui contient beaucoup de quelque chose. *Une alimentation riche en calories.*

HISTOIRE DU MOT Vient d'un mot de la langue des Francs qui signifiait « puissant ».

richement **adv.** De manière riche. *Leur appartement est richement décoré.* SYN. luxueusement, somptueusement. CONTR. pauvrement.

richesse **n.f.** ❶ Fait d'être riche. *C'est le commerce qui a fait la richesse de Venise.* SYN. fortune. *Nous étions éblouis par la richesse du mobilier du palais.* SYN. luxe. ❷ Ressource importante, élément de valeur. *Les mines de diamant et de cuivre sont les principales richesses de ce pays.*

richissime **adj.** (Familier) Extrêmement riche.

ricin **n.m.** • **Huile de ricin :** huile fournie par les graines d'une plante, le *ricin*, et qui est utilisée en pharmacie pour son effet laxatif et purgatif.

ricin

ricocher **v.** (CONJUG. 3). Faire ricochet. *Le caillou ricocha quatre fois sur l'eau avant de couler.* SYN. rebondir. *La balle a ricoché sur le mur.*

ricochet **n.m.** ❶ Chacun des rebonds que fait un caillou plat lancé en oblique sur la surface de l'eau. *Il cherchait des galets au bord de la rivière pour faire des ricochets.* ❷ Rebond que fait un projectile qui rencontre un obstacle. *La balle fit ricochet sur le mur.* • **Par ricochet :** indirectement, par contrecoup. *Mon frère s'est fait gronder et, par ricochet, moi aussi.*

ric-rac, ✎ ***ricrac*** **adv.** (Familier) Tout juste, de justesse. *Ses résultats étaient très moyens, il est passé ric-rac dans la classe supérieure.*
▸ REM. Ce mot ne s'emploie pas au Canada.

rictus **n.m.** Expression grimaçante, crispée, le plus souvent involontaire. *Il eut un rictus sarcastique. Un rictus de douleur.*
▸ REM. On prononce le *-s.*

HISTOIRE DU MOT C'est un mot latin qui signifie « ouverture de la bouche ».

ride **n.f.** ❶ Petit sillon sur la peau qui apparaît avec l'âge. *Il a des rides au coin des yeux.* ❷ Légère ondulation à la surface de l'eau. *Le vent formait des rides sur le lac.*

ridé, e **adj.** Couvert de rides. *C'était un très vieil homme au visage tout ridé.*

rideau **n.m.** ❶ Pièce de tissu que l'on suspend devant une fenêtre, une ouverture, pour protéger de la lumière ou pour isoler, séparer, décorer. *Elle ouvrit les rideaux et le jour entra dans la pièce.* ❷ Grande draperie ou toile peinte qui sépare la scène d'un théâtre de la salle. ❸ Ce qui fait écran, obstacle. *La prairie était bordée, au fond, par un rideau d'arbres.* • **Rideau de fer :** rideau métallique qui protège les vitrines et les portes d'un magasin lorsqu'il est fermé ; au sens figuré, frontière qui séparait les anciens États socialistes d'Europe de l'Est des États de l'Europe occidentale, et qui a cessé d'exister en 1989.

rider **v.** (CONJUG. 3). Produire des rides. *Un léger vent ridait la surface de l'eau.* ◆ **se rider** **v.pron.** Se marquer, se couvrir de rides. *Lorsqu'il est contrarié, son front se ride.*

ridicule **adj.** ❶ Qui donne envie de rire, de se moquer. *Il est ridicule avec cette coiffure.* SYN. grotesque. ❷ Qui n'a pas de sens, ou qui est sans importance. *Pourquoi te fâches-tu pour si peu ? C'est ridicule.* SYN. déraisonnable. *Il nous a cédé sa voiture pour un prix ridicule.* SYN. dérisoire, infime. ◆ **n.m.** Ce qui provoque le rire, la moquerie. *Se couvrir de ridicule.* • **Tourner en ridicule :** présenter une personne ou une chose de telle manière qu'on a envie de s'en moquer.

HISTOIRE DU MOT Vient du latin *ridere* qui signifie « rire ».

ridiculement **adv.** De façon ridicule.

ridiculiser **v.** (CONJUG. 3). Tourner quelqu'un en ridicule, faire rire à ses dépens. *Pierre a ridiculisé François devant toute la classe* (= tout le monde s'est moqué de François). ◆ **se ridiculiser** **v.pron.** Se rendre ridicule. *Tu t'es ridiculisé en disant de telles bêtises.*

1 rien **pron. indéfini.** Aucune chose. *Je ne vois rien, j'ai perdu mes lunettes ! Il ne fait rien de sa vie. « Qu'est-ce que tu fais ? – Rien ! – À quoi penses-tu ? – À rien. »* • **Cela ne fait rien :** cela n'a pas d'importance. • **Ce n'est rien :** ce n'est pas grave. • **Comme si de rien n'était :** comme s'il ne s'était rien passé.

HISTOIRE DU MOT Vient du latin *rem*, de *res* qui signifie « chose ».

2 rien **n.m.** Une chose sans importance. *Il suffit d'un rien pour qu'il se mette en colère. Ils se disputent pour des riens.* SYN. broutille. • (Familier) **Comme un rien :** très facilement. *Je lui ai fait changer d'avis comme un rien.* • **En un rien de temps :** en très peu de temps. *Il a réparé mon vélo en un rien de temps.*

rieur, euse **adj.** Qui exprime la gaieté ou la malice. *Des yeux rieurs.* ◆ **adj.** et **n.** Qui aime rire, plaisanter. *Un enfant rieur.* SYN. enjoué, gai. *Mettre les rieurs de son côté* (= faire rire aux dépens de son adversaire).

rigide **adj.** ❶ Qui ne se plie pas facilement. *La couverture d'un livre cartonné est rigide.* CONTR. souple. *Une barre de fer est rigide.* CONTR. flexible. ❷ Qui est très sévère. *La directrice était rigide et ne pardonnait aucune faute.* SYN. strict. CONTR. indulgent, souple.

rigidité **n.f.** Fait d'être rigide. *La rigidité d'un cadavre apparaît quelque temps après la mort.* SYN. raideur. *Déplorer la rigidité de certains magistrats.* SYN. intransigeance.

rigolade **n.f.** (Familier) Grande partie de rire. *Yann a imité le professeur de français, quelle rigolade dans la classe !*

rigole **n.f.** ❶ Petit fossé creusé dans le sol pour permettre à l'eau de s'écouler. *Comme il risquait de pleuvoir, le campeur a creusé une rigole autour de la tente.* ❷ Filet d'eau coulant sur une surface. *Pendant l'averse, des rigoles se formèrent sur le chemin en pente.*

HISTOIRE DU MOT Vient du latin *regula* qui signifie « règle ».

rigoler **v.** (CONJUG. 3). (Familier) Rire. *Nous avons bien rigolé hier soir ! Ne te fâche pas, je disais cela pour rigoler.*

rigolo, ote **adj.** (Familier) Amusant, drôle. *Elle est très rigolote avec ce déguisement.* ◆ **n.** (Familier) Personne qu'on ne peut pas prendre au sérieux. *Il est incapable de s'en tenir à ce qu'il a décidé, ce n'est qu'un rigolo.*

rigoureusement **adv.** ❶ Avec rigueur. *Nous avons rigoureusement respecté les consignes.* SYN. scrupuleusement. ❷ De façon incontestable. *Ce qu'il raconte est rigoureusement exact, j'étais témoin.* SYN. absolument, totalement.

rigoureux, euse **adj.** ❶ Pénible à supporter, à endurer. *Un climat, un hiver rigoureux.* SYN. dur. CONTR. clément, doux. ❷ Qui fait preuve d'un grand souci d'exactitude, de rigueur. *Son raisonnement est très rigoureux.* SYN. précis. CONTR. approximatif, fantaisiste.

rigueur **n.f.** ❶ Sévérité, dureté d'une règle ou d'une action. *Une morale d'une extrême rigueur.* ❷ Grande précision, souci d'exactitude et de logique. *Pierre fait toujours preuve d'une grande rigueur dans ses raisonnements.* ❸ Caractère de ce qui est pénible, trop dur. *Se plaindre de la rigueur de son sort. Supporter difficilement la rigueur de l'hiver.* • **À la rigueur :** s'il n'y a pas d'autre solution. *Je peux à la rigueur venir dimanche.* • **De rigueur :** obligatoire, exigé. *À la soirée du maire, la tenue de soirée est de rigueur.* • **Tenir rigueur :** en vouloir à quelqu'un d'avoir fait quelque chose. *Il est arrivé en retard mais j'espère que vous ne lui en tiendrez pas rigueur* (= garder rancune).

HISTOIRE DU MOT Vient du latin *rigor* qui signifie « raideur, dureté ».

rillettes **n.f.plur.** Charcuterie faite de petits morceaux de porc ou d'oie cuits dans leur graisse.

HISTOIRE DU MOT Vient de l'ancien français *rille* qui signifiait « longue bande de lard », du latin *regula* qui signifie « règle ».

rime **n.f.** En poésie, retour du même son à la fin de deux ou de plusieurs vers. • **N'avoir ni rime ni raison :** ne pas avoir de sens, n'avoir ni queue ni tête. *Ce que tu me racontes n'a ni rime ni raison !* (= c'est absurde, incohérent).

rimer **v.** (CONJUG. 3). Se terminer par les mêmes sons, en parlant de mots ou des vers d'un poème. *« Solitude » rime avec « lassitude » et « amour » avec « toujours ».* • **Ne rimer à rien :** n'avoir aucun sens, être inutile. *Arrêtez ! cette querelle ne rime à rien.*

rinçage **n.m.** L'action de rincer. *Ajouter le produit assouplissant au moment du dernier rinçage.*

rince-bouche **n.m.** (PLUR. : rince-bouches). Au Québec, liquide aromatisé utilisé pour se rafraîchir l'haleine, faire des gargarismes.

rincer **rinçant, rincé** **v.** (CONJUG. 4). Passer à l'eau pour nettoyer ou enlever des traces de lessive. *Rincer des verres, des bouteilles. Rincer du linge.* ◆ **se rincer** **v.pron.** *Se rincer la bouche*, c'est se laver la bouche avec de l'eau ou un produit pharmaceutique adapté que l'on recrache après.

ring **n.m.** ❶ Estrade entourée de cordes pour les combats de boxe, de catch, de lutte. ❷ En Belgique, boulevard circulaire, rocade.

HISTOIRE DU MOT C'est un mot anglais qui signifie « cercle ».

boxeurs sur le ring

a b c d e f g h i j k l m n o p q r s t u v w x y z

ringuette n.f. Au Canada, sport d'équipe apparenté au hockey sur glace où les joueurs, munis de bâtons droits, s'efforcent de pousser dans le but adverse un anneau de caoutchouc ; anneau de caoutchouc utilisé dans ce sport.

ripaille n.f. • **Faire ripaille :** manger et boire beaucoup. → VOIR AUSSI **bombance.**
▸ REM. Cette expression est un peu vieillie.

riposte n.f. Réponse vive à une agression physique ou verbale. *La riposte de Valérie les a fait taire.* SYN. repartie, réplique. *On s'attendait à une riposte de l'armée ennemie.* SYN. contre-attaque, représailles.

HISTOIRE DU MOT Vient de l'italien *riposta*, du latin *respondere* qui signifie « répondre ».

riposter v. (CONJUG. 3). Répondre vivement parce qu'on est attaqué en acte ou en paroles. *Les troupes ont riposté à l'attaque de l'ennemi.* SYN. contre-attaquer. *Vincent a riposté que, puisqu'on se moquait de lui, il ne nous aiderait pas.* SYN. répliquer.

riquiqui adj.invar. (Familier) Tout petit.

1 rire v. (CONJUG. 59). ❶ Réagir à quelque chose de drôle ou de gai par une expression joyeuse accompagnée de petits cris plus ou moins sonores. *On entendait les enfants rire dans la cour. Quand on le chatouille, il rit aux éclats* (= il rit très fort). *Tu étais trop drôle, je n'ai pas pu m'empêcher de rire.* SYN. pouffer. ❷ S'amuser. *On a bien ri à ta fête !* SYN. se divertir. ❸ *Rire de quelqu'un*, c'est se moquer de lui. • **Pour rire :** pour plaisanter, pas sérieusement. *Ne te fâche pas, je disais cela pour rire.* • **Rire au nez, à la barbe de quelqu'un :** se moquer ouvertement de lui. • **Rire jaune :** rire faussement, en étant en fait vexé, mécontent.

2 rire n.m. Action de rire. *On entendait les cris et les rires des enfants. Sa remarque déclencha le rire du public.* SYN. hilarité. *Avoir le fou rire* (= ne pas pouvoir s'arrêter de rire).

1 ris n.m. Partie d'une voile que l'on peut replier pour en diminuer la surface.

2 ris n.m. • **Ris de veau** ou **ris d'agneau :** mets fin et très apprécié, constitué par les glandes du cou du veau, de l'agneau.
▸ REM. Ne pas confondre avec *riz*.

1 risée n.f. • **Être la risée d'un groupe :** être celui ou celle dont tout le monde rit, se moque. *Avec sa casquette verte, il est la risée de toute la classe.*

HISTOIRE DU MOT Vient du latin *risus* qui signifie « rire ».

2 risée n.f. Petite brise subite et passagère, en mer.

risible adj. Qui fait rire ; qui donne envie de se moquer. *Je ne vois pas ce qu'il y a de risible dans ce que je viens de dire.* SYN. drôle.

risque n.m. Possibilité qu'un événement plus ou moins mauvais se produise. *Attention, risque d'avalanche. L'affaire présente des risques.* SYN. danger. *Cette assurance couvre le risque d'incendie.* • **À ses risques et périls :** en acceptant les dangers que présente une action. *Si tu skies hors des pistes, tu le fais à tes risques et périls.* • **Prendre des risques** ou **courir des risques :** se mettre dans une situation périlleuse. • **Risque naturel :** phénomène naturel (séisme, inondation, tempête, etc.), qui constitue un danger grave pour l'homme. → VOIR Fiche **53.** • **Risque technologique :** événement accidentel lié à une activité ou à une installation industrielle, qui constitue un danger grave pour l'homme.

risqué, e adj. Qui n'est pas sûr et présente un danger. *Une entreprise risquée.* SYN. hasardeux. CONTR. sûr.

risquer v. (CONJUG. 3). ❶ Se mettre dans une situation où il y a un risque, un danger. *Si tu te penches trop à la fenêtre, tu risques de tomber* (= tu peux). ❷ Mettre ce que l'on possède en danger. *Un joueur qui risque de grosses sommes d'argent au casino. L'homme risqua sa vie pour sauver l'enfant.* • **Qui ne risque rien n'a rien :** pour obtenir le succès, il faut savoir prendre des risques (proverbe). ◆ **se risquer** v.pron. Oser une action qui peut présenter un danger. *Ne vous risquez pas le soir dans ces rues, elles ne sont pas sûres.* SYN. s'aventurer.

risque-tout n.invar., ✎ ***risquetout*** *n.* (PLUR. : ***risquetouts***). (Familier) Personne qui aime courir des risques, jusqu'à en être imprudente. *Mon cousin est un vrai risque-tout.* SYN. casse-cou.

rissoler v. (CONJUG. 3). *Faire rissoler de la viande, des légumes*, c'est les faire cuire de façon à leur donner une couleur dorée et à les rendre croustillants.

HISTOIRE DU MOT Vient du latin *russus* qui signifie « roux ».

ristourne n.f. Réduction que consent un commerçant à un client sur le prix d'une marchandise. *Le vendeur nous a fait une ristourne de 10 % sur cet appareil.* SYN. rabais, remise.

rite n.m. ❶ Ensemble des pratiques religieuses en usage dans une religion donnée. *Le rite catholique, protestant.* ❷ Habitude de faire quelque chose qui semble obéir à une règle. *À Noël, on déjeune en famille, c'est un rite.* SYN. coutume, tradition.

ritournelle n.f. ❶ Air de musique assez court qui est repris avant ou après chaque couplet d'une chanson. ❷ (Familier) Ce que l'on répète souvent. *Avec lui, c'est toujours la même ritournelle.* SYN. refrain, rengaine.

HISTOIRE DU MOT Vient de l'italien *ritorno* qui signifie « retour ».

1 rituel, elle adj. ❶ Conforme à un rite religieux. *Une procession rituelle.* ❷ Qui a lieu si régulièrement que cela devient une coutume. *La rituelle présentation des vœux du président de la République à la nation.* SYN. traditionnel.

2 rituel n.m. ❶ Ensemble des rites d'une religion. ❷ Ensemble de règles, d'habitudes immuables. *Le rituel du matin commençait : lever, verre d'eau, douche, petit déjeuner, etc.*

rituellement adv. De façon rituelle.

rivage **n.m.** Bande de terre qui borde la mer. *L'homme réussit à regagner le rivage à la nage.* SYN. côte, plage.

rival, ale, aux **n.** et **adj.** Concurrent contre lequel on lutte pour obtenir quelque chose. *Michel affrontera son principal rival au 100 m.* SYN. adversaire. *Des sociétés rivales.* SYN. concurrentes.

HISTOIRE DU MOT Vient du latin *rivalis*, de *rivus*, « ruisseau, rive ». Dans l'Antiquité, les « rivaux » étaient des personnes qui puisaient leur eau dans le même cours d'eau.

rivaliser **v.** (CONJUG. 3). Chercher à égaler ou à surpasser quelqu'un. *Tu ne peux rivaliser avec lui, il est trop fort. Les deux sœurs rivalisent d'élégance.*

rivalité **n.f.** Situation de concurrence entre des personnes, des groupes qui se disputent une même chose. *La rivalité commerciale entre ces deux pays est très vive.* SYN. compétition, lutte.

rive **n.f.** Bande de terre qui borde un cours d'eau, un lac ou un étang. *Les rives du Rhône.* SYN. berge. *Montreux, en Suisse, est située sur la rive du lac Léman.* SYN. bord.

river **v.** (CONJUG. 3). Assembler solidement plusieurs éléments, les fixer avec des rivets. *River des plaques de métal.* • **Avoir les yeux rivés sur quelqu'un, quelque chose :** les regarder fixement et longuement. *Le chat avait les yeux rivés sur l'oiseau.*

riverain, e **adj.** et **n.** ❶ Qui habite ou est situé le long d'un cours d'eau, d'une rivière. *Le fleuve est en crue, les propriétés riveraines ont été évacuées.* ❷ Qui habite une maison longeant une rue, une route, etc. *Le stationnement est interdit, sauf aux riverains.*

rivet **n.m.** Sorte de clou qui sert à assembler solidement deux éléments plats.

rivière **n.f.** Cours d'eau de moyenne importance, qui se jette dans un autre cours d'eau. *Ils vont se baigner dans la rivière.* • **Rivière de diamants :** collier sur lequel sont enchâssés des diamants.

rixe **n.f.** Violente dispute qui s'accompagne de coups. SYN. bagarre.

riz **n.m.** Céréale des régions chaudes cultivée sur les sols humides ou inondés. *L'Inde et la Chine sont les principaux producteurs de riz.*

riziculture **n.f.** La culture du riz.

riziculture en Asie

rizière **n.f.** Terrain où l'on fait pousser le riz.

robe **n.f.** ❶ Vêtement féminin d'un seul tenant formant corsage et jupe. *Une robe d'été. Une robe longue* (= de soirée). ❷ Vêtement long et ample que portent les juges, les avocats, et certains religieux. ❸ Nom donné au pelage des chevaux, des bovins, quand on veut préciser sa couleur. *Un cheval « bai » a une robe de deux couleurs.* • **Robe de chambre :** long vêtement d'intérieur.

robinet **n.m.** Petit appareil qui, placé sur un tuyau, permet de libérer ou de bloquer le passage d'un liquide ou d'un gaz. *Ouvrir, fermer un robinet.*

HISTOIRE DU MOT Vient de *robin*, nom donné au Moyen Âge au mouton dont la tête ornait les fontaines.

robinetterie **n.f.** L'ensemble des robinets d'une installation d'eau.

robot **n.m.** ❶ Machine capable d'agir automatiquement pour une tâche donnée. *Les chaînes de montage de voitures sont équipées de robots.* ❷ Appareil ménager à utilisations multiples. *Un robot de cuisine.* ❸ Dans les récits de science-fiction, machine à aspect humain, capable de bouger, de parler.

HISTOIRE DU MOT Vient du tchèque *robota* qui signifie « travail, corvée ».

robot industriel

robotique **n.f.** Science et technique de la conception et de la construction des robots. *Léo anime un club de robotique.*

robotisation **n.f.** Usage massif de robots, de machines automatiques. *La robotisation de l'industrie automobile.*

robotisé, e **adj.** Qui est équipé de robots industriels, qui fonctionne avec l'aide de robots. *Une chaîne de montage robotisée.*

robuste **adj.** ❶ Qui a beaucoup de force, de vigueur. *Seuls des garçons robustes pouvaient accomplir ce travail épuisant.* SYN. fort, vigoureux. CONTR. chétif. ❷ Qui est très résistant, très solide. *Du matériel robuste.* ❸ Qui résiste aux conditions climatiques difficiles. *Un arbre robuste.*

robustesse **n.f.** Caractère d'une personne, d'une chose robuste. *Effectuer des tests de robustesse sur une voiture.* SYN. solidité.

roc **n.m.** Masse de pierre très dure faisant corps avec le sol et le sous-sol. *Un escalier taillé dans le roc mène à la plage.* SYN. roche.

A B C D E F G H I J K L M N O P Q R S T U V W X Y Z

rocade **n.f.** Route de déviation, qui contourne le centre d'une ville.

HISTOIRE DU MOT Vient de *roquer*, terme d'échecs, à cause du va-et-vient qu'il y a sur une rocade.

rocaille **n.f.** Terrain plein de pierres et de cailloux. *Rien ne pousse dans cette rocaille !*

rocailleux, euse **adj.** ❶ *Un chemin, un terrain rocailleux* sont couverts de rocaille, de cailloux. SYN. caillouteux. ❷ *Une voix rocailleuse* est rauque, désagréable. CONTR. doux, harmonieux.

rocambolesque **adj.** *Un récit, une aventure rocambolesques* sont pleins de péripéties extraordinaires, de rebondissements invraisemblables.

HISTOIRE DU MOT Vient de *Rocambole*, nom d'un héros de roman-feuilleton créé par Ponson du Terrail, écrivain français du XIXe siècle.

roche **n.f.** ❶ Matière faite de minéraux agglomérés les uns aux autres et qui constitue en partie l'écorce terrestre. *Les roches calcaires, granitiques, volcaniques.* ❷ Masse importante de roche dure. SYN. roc. • **Clair comme de l'eau de roche :** très clair, tout à fait évident. *Il a menti, c'est clair comme de l'eau de roche.*

rocher **n.m.** Gros bloc de pierre. *Nous avons grimpé au sommet du rocher.* • **Faire du rocher :** faire de l'escalade sur des parois de pierre. → VOIR AUSSI **varappe.**

rocheux, euse **adj.** Formé de rochers. *Une côte rocheuse.*

rock **n.m.** et **adj.invar.** Style de musique né aux États-Unis vers 1954, issu du jazz et du blues, où le rythme, à deux ou quatre temps, est très marqué. *Un concert de rock. Danser un rock* (= une danse sur cette musique).
▸ REM. On dit aussi *rock and roll*, qui est invariable.

HISTOIRE DU MOT Vient de l'anglais *rock and roll*, de *to rock* qui signifie « balancer » et *to roll* qui signifie « rouler », par allusion au rythme très marqué de cette musique.

rockeur, euse **n.** ou **rocker** **n.m.** Chanteur de rock. *Elvis Presley est un des rockeurs les plus célèbres.*

rocking-chair **n.m.** (PLUR. : **rocking-chairs**). Fauteuil à bascule.
▸ REM. Au Québec, on dit *berceuse* ou *chaise berçante*.

HISTOIRE DU MOT Vient de l'anglais *to rock*, qui signifie « balancer », et *chair*, qui signifie « chaise ».

rococo **n.m.** et **adj.invar.** • **Style rococo :** style artistique en vogue au XVIIIe siècle, et caractérisé par une surabondance des motifs décoratifs. *Une architecture rococo. Des meubles rococo.*

rodage **n.m.** ❶ Période durant laquelle on rode un moteur, un véhicule. *Sa voiture est en rodage.* ❷ Fait de se roder, de s'exercer. *Ton numéro de clown a encore besoin de quelques jours de rodage.*

rodéo **n.m.** Aux États-Unis et au Mexique, jeu qui consiste à se maintenir sur un cheval ou un bœuf sauvage, en se tenant d'une main, à attraper un animal au lasso, etc.

HISTOIRE DU MOT Vient de l'espagnol *rodeo*, « enclos ».

roder **v.** (CONJUG. 3). *Roder un moteur neuf, une voiture neuve*, c'est les faire fonctionner à vitesse relativement réduite, afin que tous les mécanismes se mettent bien en place. ◆ **se roder** **v.pron.** S'exercer pour acquérir peu à peu de l'expérience.
▸ REM. Ne pas confondre avec *rôder*.

HISTOIRE DU MOT Vient du latin *rodere* qui signifie « user ».

rôder **v.** (CONJUG. 3). Traîner çà et là, vagabonder. *Des chiens perdus rôdaient dans les rues.* SYN. errer. *Le soir du meurtre, des témoins ont aperçu un individu qui rôdait près de la villa.*
▸ REM. Ne pas confondre avec *roder*.

HISTOIRE DU MOT Vient d'un ancien mot provençal *rodar* qui signifiait « tourner, aller en rond », du latin *rotare*.

rôdeur, euse **n.** Individu qui rôde. *Le cambriolage serait le fait de rôdeurs.*

rodomontade **n.f.** Acte ou parole d'un fanfaron. SYN. vantardise.
▸ REM. Ce mot appartient à la langue soutenue.

rogne **n.f.** (Familier) Colère. *Inutile de te mettre en rogne pour si peu !*

rogner **v.** (CONJUG. 3). ❶ Couper aux bords, aux extrémités, pour réduire une surface ou égaliser une forme. *Il rogna un peu la photo avec des ciseaux pour qu'elle rentre dans le cadre.* ❷ Faire de petites économies sur quelque chose. *Pierre est assez mesquin et essaie de rogner sur tout, même sur la nourriture.*

HISTOIRE DU MOT Vient du latin *rotundiare* qui signifie « couper en rond ».

rognon **n.m.** Nom donné au rein d'un animal comestible. *Des rognons de mouton, d'agneau, de porc, de veau.*

HISTOIRE DU MOT Vient du latin *ren* qui signifie « rein ».

rodéo

rognures **n.f.plur.** Parties qui se détachent d'un objet que l'on rogne. *Des rognures d'ongles.*

roi **n.m.** ❶ Souverain d'une monarchie. *Les rois de France.* SYN. monarque. *Les Belges ont à leur tête un roi.* → VOIR AUSSI **reine.** ❷ Carte à jouer qui représente un roi. *Le roi de carreau, de cœur, de pique, de trèfle.* ❸ Pièce du jeu d'échecs qu'il faut prendre à l'adversaire pour gagner la partie.

roitelet **n.m.** ❶ (Familier) Roi peu puissant. ❷ Petit oiseau passereau dont le mâle porte une huppe orange ou jaune sur la tête.

roitelet huppé

rôle **n.m.** ❶ Personnage joué par un acteur, un chanteur, un danseur. *Cet acteur joue souvent des rôles de policier. Anna a eu le rôle principal dans notre pièce.* ❷ Ce que doit dire ou faire un acteur pour interpréter son personnage. *Apprendre son rôle.* ❸ Fonction d'une personne ou d'une chose, dans un ensemble. *C'est le rôle du Premier ministre de diriger l'action du gouvernement. Quel est son rôle dans cette affaire ? Étudier le rôle du foie dans l'organisme.* ❹ Registre administratif où sont inscrits les noms des personnes faisant partie d'un ensemble. *Le rôle d'équipage contient la liste des membres de l'équipage d'un navire.* • **Jeu de rôle :** jeu de stratégie où chaque joueur incarne un personnage qui doit réagir aux événements du jeu.

HISTOIRE DU MOT Vient du latin *rotulus* qui signifiait « rouleau ». C'est sur des rouleaux qu'on notait le texte à réciter par un acteur ou des listes d'actes ou de personnes pour certaines administrations.

roller **n.m.** Patin dont les roulettes sont alignées et fixées à des chaussures spéciales.
▸ REM. 1. Au Canada, on dit *patin à roues alignées.* 2. Certains rollers, appelés *quads*, ont leurs roulettes disposées deux à deux.

HISTOIRE DU MOT Vient de l'anglais *roller skate* qui signifie « patin à roulettes ».

rolleur, euse **n.** Personne qui pratique le roller.

rollers

rom **adj.** et **n.** Qui appartient à l'un des groupes dont l'ensemble forme les Tsiganes.

romain, e **adj.** et **n.** ❶ Qui appartient à la Rome ancienne, à l'Empire romain. *Une villa romaine. Les légions romaines.* → VOIR planche page suivante. ❷ Qui se rapporte à la Rome actuelle ; qui y habite. *La campagne romaine.* ❸ Qui se rapporte à l'Église catholique latine, dont le siège est à Rome, au Vatican. *Le rite catholique romain.* • **Chiffres romains :** lettres qui, dans la Rome antique, représentaient des chiffres : I = 1, V = 5, X = 10, L = 50, C = 100, D = 500, M = 1000. ◆ **romain** **n.m.** et **adj.m.** En imprimerie, nom que l'on donne au caractère droit. *Dans ce dictionnaire, les définitions sont imprimées en romain, et les exemples en italique.*
▸ REM. Quand il désigne une personne, le mot prend une majuscule : *un Romain, une Romaine.*

romaine **n.f.** Salade à feuilles allongées et croquantes qui est une variété de laitue.

1 roman **n.m.** ❶ Œuvre littéraire en prose qui raconte une histoire imaginée. *J'aime les romans policiers et les romans de science-fiction.* ❷ Histoire pleine de péripéties. *Sa vie est un roman.*

2 roman, e **adj.** ❶ *L'art roman*, c'est l'art (architecture, sculpture, peinture) qui s'est épanoui en Europe aux XIe et XIIe siècles. *La cathédrale d'Autun, en Saône-et-Loire, est de style roman.* → VOIR planche page 952. ❷ *Les langues romanes* sont les langues dérivées du latin. *Le français, l'italien, l'espagnol, le portugais et le roumain sont des langues romanes.* → VOIR AUSSI **gothique.**

romance **n.f.** Chanson sentimentale.

romancé, e **adj.** *Une histoire romancée* mêle des éléments imaginaires à des événements réels. *Lire une vie romancée de Napoléon.*

romanche **n.m.** Langue parlée en Suisse, dans le canton des Grisons. *Le romanche est une langue romane ; c'est l'une des quatre langues officielles de la Suisse.*

romancier, ère **n.** Auteur de romans. *Michel Tournier est un romancier français. Michel Tremblay est un romancier québécois.*

romand, e **adj.** • **Suisse romande :** partie de la Suisse où l'on parle le français.

romanesque **adj.** ❶ Qui concerne le roman par opposition à d'autres genres littéraires. *L'œuvre romanesque de Victor Hugo.* ❷ Qui ressemble à un roman. *Des aventures romanesques.* SYN. épique, fantastique. CONTR. banal. ❸ Qui voit la vie comme un roman. *Un esprit romanesque.* SYN. rêveur, sentimental. CONTR. réaliste, terre à terre.

roman-feuilleton **n.m.** (PLUR. : **romans-feuilletons**). Roman, en général sentimental, qui est publié en épisodes dans une revue, un journal.

romanichel, elle **n.** Nom péjoratif que l'on donne aux Tsiganes, aux Roms. → VOIR noms propres : **Tsiganes.**

a b c d e f g h i j k l m n o p q r s t u v w x y z

le Colisée à Rome

Un empire qui s'étend sur tout le pourtour de la Méditerranée

Les deux premiers siècles de notre ère sont caractérisés par la « paix romaine », période de prospérité instaurée par **Auguste**, le premier empereur romain, dès son avènement en 27 avant J.-C. Par ses multiples conquêtes, la civilisation romaine domine alors le monde méditerranéen. À son apogée, l'Empire s'étend de la **Mésopotamie** à la **Grande-Bretagne**.

Auguste

encrier

stylet

amphore à vin

miroir d'argent

vase

colonne Trajane

arc de Titus

Un rayonnement dont témoignent de nombreux monuments

Les Romains sont aussi des bâtisseurs. Un important réseau de routes, les **voies romaines**, relie Rome au reste de l'Empire. On doit également aux Romains certains types de monuments comme les **thermes**, destinés à se détendre dans des bains de vapeur ou d'eau glacée, les **arcs de triomphe**, érigés pour célébrer une victoire, ou encore les amphithéâtres, dont le plus célèbre est le **Colisée**. Destiné à de grandes distractions populaires, comme les courses de chars ou les combats de gladiateurs, le Colisée pouvait accueillir 50 000 spectateurs.

Parmi les monuments que l'on peut admirer encore aujourd'hui à Rome figure la **colonne Trajane**, haute de 40 m, élevée à la gloire des exploits militaires de l'empereur Trajan. Son décor sculpté s'enroule sur une longueur de 200 m et comprend 2 500 personnages.

mosaïque de Pompéi

détail de la colonne Trajane

les lieux de divertissements

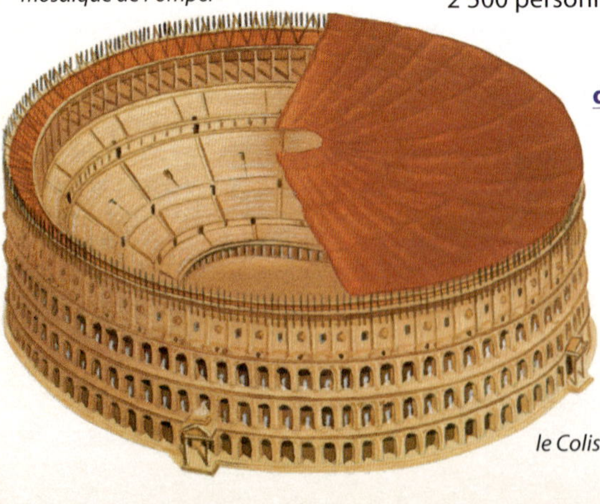
le Colisée

cirque

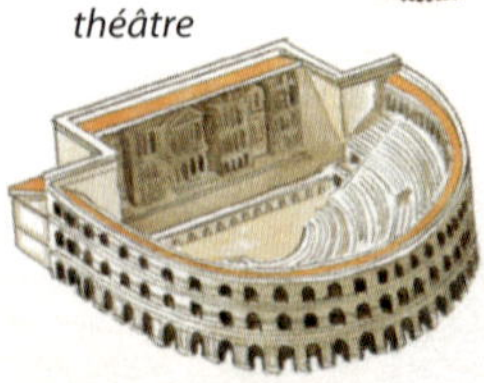
théâtre

combat de gladiateurs

romanisation **n.f.** Le fait d'imposer la langue, la culture et la façon de vivre des Romains de l'Antiquité à un autre peuple. *La romanisation de la Gaule.*

roman-photo **n.m.** (PLUR. : **romans-photos**). Histoire, en général sentimentale, racontée par une suite de photos accompagnées de dialogues.

romantique **adj.** ❶ Qui se rapporte au romantisme. *La poésie, la musique romantiques. Un poète romantique.* ❷ Qui est plein de sensibilité. *Un air de piano très romantique. Un jeune homme romantique.* SYN. romanesque.

HISTOIRE DU MOT Vient de l'anglais *romantic* qui signifie « romanesque ».

romantisme **n.m.** ❶ Mouvement artistique de la fin du XVIIIe siècle et du XIXe siècle qui a cherché à remplacer les valeurs classiques (raison, clarté, ordre) par le sentiment et l'imagination. *Le romantisme de Victor Hugo, de Beethoven.* ❷ Attitude d'une personne romantique, dominée par sa sensibilité.

romantisme : *le Voyageur au-dessus de la mer de nuages*, tableau de C.-D. Friedrich (1818)

romarin **n.m.** Arbuste aromatique qui pousse sur le littoral méditerranéen, et dont les feuilles sont utilisées comme condiment.

HISTOIRE DU MOT Vient du latin *rosmarinus* qui signifie « rosée de la mer ».

rompre **rompant, rompu v.** (CONJUG. 47). ❶ Briser en deux ou plusieurs morceaux. *Le chien a rompu sa chaîne, à force de tirer dessus.* SYN. casser. ❷ Faire cesser. *Ces deux pays ont rompu leurs relations diplomatiques. Voilà, tu as ri et le charme est rompu.* ❸ Mettre fin à une relation. *Juliette a rompu avec Benoît.* • **Applaudir à tout rompre :** applaudir très fort, avec enthousiasme. • **Être rompu à quelque chose :** y être entraîné, exercé. *Après tant d'années d'expérience, il est rompu à l'utilisation des ordinateurs.* • **Être rompu de fatigue :** être extrêmement fatigué, exténué. ◆ **se rompre** **v.pron.** Se briser brusquement. *La branche s'est rompue et je suis tombé.* SYN. se casser, céder.

ronce **n.f.** Arbuste épineux très envahissant qui pousse dans les haies ou sur les terrains à l'abandon, et qui produit un fruit noir, la mûre sauvage. *Ma jupe s'est prise dans les ronces.*

ronchonner **v.** (CONJUG. 3). (Familier) Manifester sa mauvaise humeur en murmurant entre ses dents. SYN. bougonner, grogner.

1 rond, e **adj.** ❶ En forme de cercle, de cylindre ou de sphère. *Une table ronde. Un tube rond. Une boule de billard est ronde.* ❷ De forme plus ou moins arrondie. *Un visage rond.* CONTR. long, ovale. *Des joues rondes.* SYN. rebondi. ❸ Qui est petit et un peu gros. *C'est un monsieur tout rond.* CONTR. maigre. ❹ *Un chiffre rond* n'a pas de décimale. *10 est un chiffre rond* (= nombre entier). ❺ *Un compte rond* ne comporte pas les chiffres des unités ou des dizaines, on l'a arrondi. ◆ **rond adv.** • (Familier) **Ça ne tourne pas rond :** ça ne va pas du tout dans sa tête. • **Tourner rond :** fonctionner régulièrement, sans à-coups. *Le moteur de la voiture tournait rond.*

2 rond **n.m.** ❶ Figure en forme de cercle. *Faire des ronds dans l'eau. M. Kalinoff faisait des ronds de fumée avec son cigare.* ❷ (Familier) Argent. *Je n'ai plus un rond.* • **En rond :** en cercle. *La monitrice demanda aux enfants de s'asseoir en rond autour d'elle.* • **Rond de serviette :** anneau dans lequel on enfile une serviette de table roulée. • **Tourner en rond :** rester toujours au même point, ne pas progresser. *Voilà des heures que nous discutons sans prendre de décision, nous tournons en rond.*

rond-de-cuir **n.m.** (PLUR. : **ronds-de-cuir**). (Familier) Nom que l'on donne, de façon ironique, à un employé de bureau qui reste des heures à sa table de travail.

HISTOIRE DU MOT Autrefois, les employés de bureau avaient un coussin de cuir rond sur leur siège ; c'est pourquoi on les appelle ainsi.

ronde **n.f.** ❶ Danse où l'on tourne en rond en se tenant par la main et en chantant. *Les enfants faisaient une ronde dans la cour en chantant : « Nous n'irons plus au bois, / Les lauriers sont coupés... »* ❷ Tournée d'inspection d'un agent de police, d'un surveillant, d'un garde. *Le veilleur de nuit effectue une ronde dans l'usine toutes les heures.* ❸ La plus longue des notes de musique, qui vaut deux blanches et quatre noires. • **À la ronde :** dans l'espace situé autour d'un lieu. *Il est connu à dix kilomètres à la ronde* (= dans un rayon de dix kilomètres).

rondelet, ette **adj.** ❶ (Familier) *Une personne rondelette* est un peu ronde, un peu grosse. SYN. dodu, replet. ❷ *Une somme rondelette* est relativement importante. SYN. coquet. CONTR. dérisoire.

enluminure

Un art qui s'exprime avant tout dans le domaine religieux

Aux XIe et XIIe siècles, l'Occident connaît une explosion démographique et voit s'accroître la puissance politique et économique de l'**Église chrétienne**. Désirant créer des lieux de culte pour accueillir et rassembler les fidèles, l'Église va financer la construction de nombreux édifices religieux, qui, par leur architecture, leur sculpture et leur peinture, vont caractériser l'art roman.

tympan du portail central, basilique de Vézelay

linteau de l'église de Saint-Genis-des-Fontaines

Une architecture fonctionnelle pour célébrer le sacré

On trouve des églises romanes dans toute l'Europe, notamment le long des routes de **pèlerinage**. Elles se distinguent par leurs **voûtes** de pierre – le plus souvent en berceau – qui remplacent les charpentes de bois des églises carolingiennes, apparentes et trop fréquemment détruites par des incendies. Elles sont vastes et sonores, et la circulation des fidèles y est facilitée par les bas-côtés qui bordent la **nef** et le **déambulatoire** qui entoure le **chœur**.
Des représentations des scènes de la Bible ou de la vie des saints, des sculptures fantastiques de lions ailés et de démons de toutes sortes égayent ces monuments parfois austères.

détail d'un linteau, église de Sainte-Foy à Conques

façade de l'église Notre-Dame-la-Grande à Poitiers

chapiteaux

vue écorchée de Saint-Étienne de Nevers

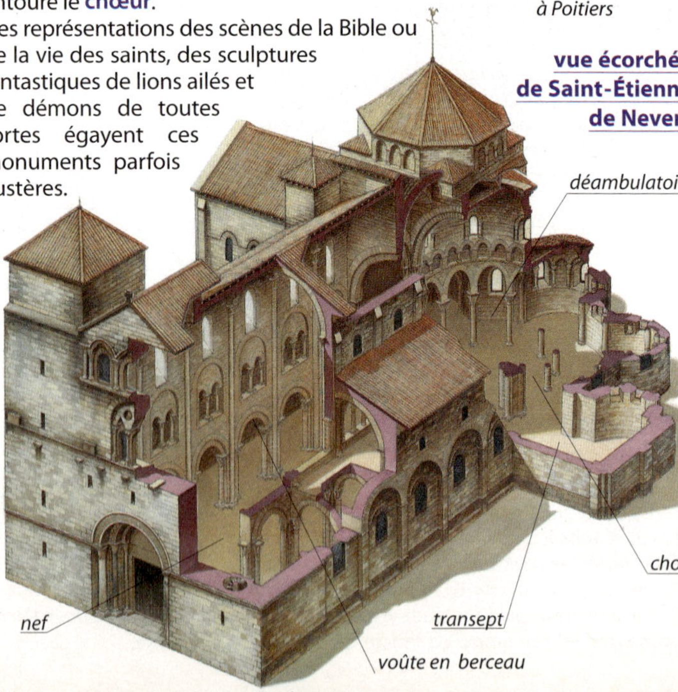

rondelle **n.f.** ❶ Petit disque peu épais et troué au centre que l'on place entre un écrou et la pièce à serrer. *Une rondelle métallique.* ❷ Tranche mince d'un aliment rond. *Des rondelles de saucisson.* ❸ Au Canada, palet de hockey.

rondement **adv.** Avec efficacité, sans perdre de temps. *M. Lepic était pressé d'acheter cette maison, l'affaire fut menée rondement.*

rondeur **n.f.** ❶ Aspect rond de quelque chose. *La rondeur d'une pomme.* SYN. rotondité. ❷ Partie du corps dodue et potelée. *Les rondeurs d'un bébé.*

rondin **n.m.** ❶ Morceau rond et assez court de bois de chauffage. ❷ Tronc d'arbre ou grosse branche qu'on utilise dans la construction. *Un refuge de montagne en rondins.*

rondo **n.m.** Morceau de musique pour un ou plusieurs instruments, caractérisé par un refrain qui se répète entre chaque couplet. *La sonate de Beethoven dite « Pathétique » se termine par un rondo.*

rond-point (PLUR. : **ronds-points**), ✎ ***rondpoint*** **n.m.** Carrefour circulaire d'où partent plusieurs avenues. *Le rond-point des Champs-Élysées, à Paris.*

ronflant, e **adj.** *Des phrases ronflantes, un discours ronflant* font beaucoup d'effet mais sont vides de sens. SYN. grandiloquent, pompeux.

ronflement **n.m.** ❶ Bruit que fait un dormeur qui ronfle. *Des ronflements sonores venaient de la chambre voisine.* ❷ Bruit sourd et prolongé. *Le ronflement d'un moteur de voiture.*

ronfler **v.** (CONJUG. **3**). ❶ Faire du bruit en respirant pendant que l'on dort. *Quand Pierre est couché sur le dos, il ronfle.* ❷ Produire un bruit sourd et continu. *Le feu ronfle dans la chaudière.*

ronger **rongeant, rongé** **v.** (CONJUG. **5**). ❶ Entamer et user peu à peu avec les dents. *Le chien ronge un os. Quand Paul est inquiet, il ronge ses ongles.* ❷ User, détruire peu à peu. *L'acide ronge le métal.* SYN. attaquer. ❸ Tourmenter quelqu'un au point de ruiner sa santé. *Les soucis la rongent.* SYN. miner. *Être rongé de jalousie.* SYN. tenailler.

HISTOIRE DU MOT Vient du latin *rumigare* qui signifie « ruminer ».

rongeur **n.m.** *Les rongeurs* sont de petits mammifères qui ont de longues incisives tranchantes avec lesquelles ils rongent leurs aliments. *Le rat, le lapin, le castor et l'écureuil sont des rongeurs.*

ronron **n.m.** ❶ Ronronnement du chat. ❷ Caractère monotone d'une existence aux habitudes bien réglées. *Le ronron de la vie quotidienne.* SYN. routine.

ronronnement **n.m.** ❶ Petit grondement sourd que fait entendre un chat lorsqu'il est content. SYN. ronron. ❷ Bruit sourd et continu d'un appareil. *Le ronronnement d'un moteur.* SYN. ronflement.

ronronner **v.** (CONJUG. **3**). ❶ Pour un chat, faire entendre un ronronnement. ❷ Produire un bruit sourd et régulier en fonctionnant. *Le moteur ronronne.*

roquefort **n.m.** Fromage fait avec du lait de brebis, dont les traces bleues proviennent de moisissures qui lui donnent son goût particulier.

HISTOIRE DU MOT Vient du nom d'un village de France.

roquer **v.** (CONJUG. **3**). Au jeu d'échecs, placer l'une de ses tours auprès de son roi et faire passer le roi de l'autre côté de la tour en un seul mouvement.

HISTOIRE DU MOT Vient de *roc*, qui est l'ancien nom de la tour, aux échecs.

roquet **n.m.** Nom donné à un petit chien lorsqu'il est hargneux et qu'il aboie sans cesse.

roquette **n.f.** Projectile ayant son propre système de propulsion, qui est utilisé à bord des avions et des navires de combat et dans l'artillerie pour lutter contre les chars.

HISTOIRE DU MOT Vient de l'anglais *rocket* qui signifie « fusée ».

rorqual **n.m.** (PLUR. : **rorquals**). Mammifère marin voisin de la baleine, dont la face ventrale est striée et qui possède une nageoire dorsale. *Les rorquals sont des cétacés dont la plus grande espèce atteint 33 m de longueur.*

rosace **n.f.** Ornement architectural de forme circulaire souvent utilisé dans l'art gothique religieux.

rosace (cathédrale de Metz)

rosâtre **adj.** Qui a une couleur vaguement rose, ou d'un rose un peu terne.

rosbif **n.m.** Rôti de bœuf.

HISTOIRE DU MOT Vient de l'anglais *roast*, qui signifie « rôti », et *beef*, qui signifie « bœuf ».

1 **rose** **adj.** D'un rouge très pâle. *Julie a un tee-shirt rose. Un corsage rose bonbon* (= rose vif). • **Ce n'est pas rose** ou **tout rose :** ce n'est pas gai, pas facile, pas agréable. *Ce n'est pas rose de supporter ton mauvais caractère.* ◆ **n.m.** Couleur rose. *Le rose te va bien.* • **Voir tout en rose :** voir le bon côté des choses, être optimiste.

a b c d e f g h i j k l m n o p q r s t u v w x y z

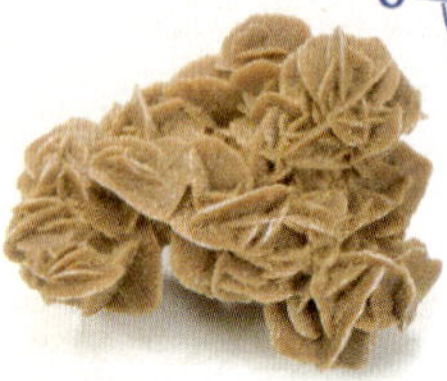

rose des vents

rose des sables

2 rose **n.f.** Fleur du rosier, souvent très odorante, dont la tige est garnie d'épines. *Un bouquet de roses rouges.* → VOIR **trémière.** • (Familier) **À l'eau de rose :** mièvre et sentimental. *Un roman à l'eau de rose.* • **Rose des sables :** pierre faite de cristaux de gypse, dont la forme évoque une rose et que l'on trouve dans certains déserts. • **Rose des vents :** figure qui représente une étoile à 32 branches correspondant aux divisions du cadran de la boussole, et qui indiquent la direction du vent par rapport aux points cardinaux.

rosé, e **adj.** Légèrement teinté de rose. ◆ **rosé** **n.m.** Vin de couleur rosée. *Un rosé de Provence.*

roseau **n.m.** Plante à tige droite et lisse qui pousse au bord des étangs.

rosée **n.f.** Vapeur d'eau qui se dépose, le matin ou le soir, en gouttelettes très fines sur les végétaux et les objets en plein air. *Une prairie humide de rosée.*

roseraie **n.f.** Terrain planté de rosiers.

rosette **n.f.** Insigne fait d'un ruban roulé en forme de petite rose, qui se porte à la boutonnière. *Ce monsieur a la rosette de la Légion d'honneur.*

rosier **n.m.** Arbuste épineux dont on cultive de nombreuses variétés pour leurs belles fleurs odorantes, les roses.

rosse **n.f.** Mot qu'on employait autrefois pour parler d'un mauvais cheval, sans vigueur. *Une vieille rosse tirait péniblement la carriole.* ◆ **adj.** (Familier) Méchant. *Tu es rosse, tu aurais pu me prévenir !*

HISTOIRE DU MOT Vient de l'allemand *Ross* qui signifie « cheval ».

rosser **v.** (CONJUG. **3**). (Familier) Frapper, battre violemment. *Il est tombé sur une bande de voyous qui l'ont rossé.*

HISTOIRE DU MOT Vient du latin *rustia* qui signifie « bâton ».

rossignol **n.m.** Petit oiseau au plumage brun clair, réputé pour son chant mélodieux qu'il fait entendre au crépuscule. *Le rossignol mange des insectes.*

rostre **n.m.** Dans l'Antiquité romaine, éperon d'un navire de guerre qui servait à éventrer les navires ennemis pour les couler.

HISTOIRE DU MOT Vient du latin *rostrum* qui signifie « bec d'oiseau ».

rot **n.m.** Renvoi par la bouche des gaz provenant de l'estomac. *Bébé fait son rot après avoir fini son biberon.* ▶ REM. Attention, pas d'accent circonflexe.

rotatif, ive **adj.** Qui fonctionne en tournant. *Une presse à imprimer rotative.*

rotation **n.f.** Mouvement circulaire de ce qui tourne sur son axe. *La rotation de la Terre sur elle-même s'effectue en un jour.*

rotative **n.f.** Presse à imprimer faite de cylindres qui tournent en continu, ce qui permet une grande vitesse d'impression. *Les rotatives tournent toute la nuit pour imprimer les journaux du matin.*

rotative d'imprimerie

roter **v.** (CONJUG. **3**). (Familier) Faire des rots.

1 rôti **n.m.** Pièce de viande que l'on fait rôtir au four ou à la broche. *Préparer un rôti de bœuf, de veau.*

2 rôti, e **adj.** Que l'on a fait rôtir. *Un poulet rôti.*

rotin **n.m.** Tige souple d'une variété de palmier qui pousse en Inde et en Malaisie, le *rotang*, avec laquelle on fabrique des chaises, des fauteuils et des petits meubles.

rôtir **rôtissant, rôti** **v.** (CONJUG. **16**). Faire cuire de la viande au four ou à la broche. *Pierre alluma le four et mit le poulet à rôtir.* ◆ **se rôtir** **v.pron.** (Familier) S'exposer au soleil brûlant pour bronzer. *Ils ont passé la journée à se rôtir sur la plage.*

HISTOIRE DU MOT Vient d'un mot de la langue des Francs qui signifiait « griller ».

rôtisserie **n.f.** Au Canada, restaurant où l'on mange des viandes rôties.

rôtissoire **n.f.** Appareil de cuisine équipé souvent d'un tournebroche pour cuire à feu vif et rôtir.

rotonde **n.f.** Bâtiment circulaire, souvent surmonté d'une coupole.

rotondité **n.f.** Forme de ce qui est rond. *La rotondité de la Terre.* SYN. rondeur.

rotule **n.f.** Petit os rond et aplati de l'articulation du genou.

roturier, ère **n.** Personne qui n'est pas noble.

HISTOIRE DU MOT Vient du latin *ruptura* qui signifie « rupture ».

A B C D E F G H I J K L M N O P Q R S T U V W X Y Z

rouage **n.m.** ❶ Chacune des roues d'un mécanisme d'horlogerie ou des pièces d'un engrenage. ❷ Chacun des éléments d'une organisation qui joue un rôle dans le fonctionnement de l'ensemble. *Le service des ventes est un rouage capital de l'entreprise.*

roublard, e **adj.** et **n.** (Familier) Qui est malin et rusé, et pas toujours honnête. *Méfie-toi, ce vendeur est roublard.* SYN. retors.

roublardise **n.f.** (Familier) Façon d'agir d'un roublard. *Un homme plein de roublardise. Ce doit être encore une de ses roublardises.* SYN. ruse, stratagème.

rouble **n.m.** Monnaie de la Russie et de certains États de l'Europe de l'Est.

roucoulement **n.m.** Chant des pigeons et des tourterelles.

roucouler **v.** (CONJUG. 3). ❶ Pour un pigeon, une tourterelle, faire entendre son chant. ❷ (Familier) Se dire des paroles douces et tendres. *Les deux amoureux roucoulaient dans le jardin.*

roue **n.f.** ❶ Pièce en forme de cercle qui tourne autour d'un axe central et permet le mouvement. *La roue d'une brouette. Les roues d'une voiture.* ❷ Pièce mécanique circulaire, souvent dentée, qui transmet un mouvement. *Les roues dentées d'un engrenage.* SYN. rouage. • **Faire la roue :** pour un paon, déployer sa queue en éventail ; pour une personne, tourner sur soi-même en s'appuyant alternativement sur les mains et sur les pieds de façon à avancer comme une roue de voiture. *Les acrobates sont entrés sur la piste du cirque en faisant la roue.* • **Grande roue :** grand manège forain qui a la forme d'une roue dressée et où l'on prend place dans des petites nacelles. • **Roue de secours :** dans un véhicule, roue de rechange que l'on utilise en cas de crevaison. • **Supplice de la roue :** supplice qui consistait à attacher un condamné sur une roue après lui avoir brisé les membres.

HISTOIRE DU MOT Vient du latin *rota*, que l'on retrouve dans *rotation, rotule* et *rond*.

roué, e **adj.** et **n.** Qui est rusé et sans scrupule. *C'est un financier roué qui s'est enrichi en trompant son associé.* SYN. madré, retors.
▸ REM. Ce mot appartient à la langue soutenue.

rouer **v.** (CONJUG. 3). • **Rouer de coups :** frapper, battre quelqu'un à coups redoublés. *Ses agresseurs l'ont roué de coups.*

HISTOIRE DU MOT Vient de *roue. Rouer quelqu'un*, c'était lui faire subir le supplice de la roue.

rouerie **n.f.** Façon d'agir d'une personne rouée. *On se méfie de ses roueries.* SYN. fourberie, ruse.

rouet **n.m.** Machine à filer la laine, le chanvre et le lin, faite d'une roue actionnée par une pédale.

rouflaquette **n.f.** (Surtout au plur.) (Familier) Patte de cheveux et de barbe qui descend assez bas sur la joue. SYN. favori.

1 rouge **adj.** De la couleur du sang ou du coquelicot. *Un cahier à couverture rouge. Du vin rouge. Tu as couru trop vite, tu es rouge comme une tomate !* (= très rouge). *Les braises étaient encore rouges dans la cheminée.* ◆ **adv.** • **Voir rouge :** être très en colère, être hors de soi.

HISTOIRE DU MOT Vient du latin *ruber* que l'on retrouve dans *rubis, rubéole, rubicond.*

2 rouge **n.m.** ❶ La couleur rouge (qui est une des trois couleurs primaires). *S'habiller en rouge. Le rouge est la couleur des signaux d'arrêt ou de danger. Le feu était au rouge, la voiture s'arrêta.* ❷ Produit de maquillage de couleur plus ou moins rouge. *Maman met du rouge à lèvres. Du rouge à ongles* (= du vernis). *Du rouge à joues* (= du fard). ❸ Vin rouge.

rougeâtre **adj.** Légèrement rouge, qui tire sur le rouge. *Le soleil donnait aux nuages des reflets rougeâtres.*

rougeaud, e **adj.** et **n.** Qui a le visage rouge. *Un homme rougeaud.* SYN. rubicond.

rouge-gorge **n.m.** (PLUR. : **rouges-gorges**). Petit oiseau brun dont la gorge et une partie de la poitrine sont d'un rouge vif.

rouge-gorge

rougeoiement **n.m.** Lueur rouge. *On voyait, sur l'autre rive, le rougeoiement des feux de camp.*
▸ REM. 1. Attention, *-oiement*. 2. Ce mot appartient à la langue soutenue.

rougeole **n.f.** Maladie contagieuse qui se manifeste par l'apparition de nombreuses petites taches rouges sur la peau et qui atteint surtout les enfants. *Yann a la rougeole, il sera absent de l'école pendant deux semaines.*

rougeoyer **v.** (CONJUG. 14). Prendre une teinte rougeâtre. *Au soleil couchant, le ciel rougeoyait.*

rouget **n.m.** Poisson de mer aux écailles de couleur rouge, dont la chair est appréciée.

rougeur **n.f.** ❶ Tache rouge sur la peau. *Papa a souvent des rougeurs sur les joues après s'être rasé.* ❷ Coloration du visage, sous l'effet d'une vive émotion. *Sa rougeur trahissait sa timidité.*

rougir **rougissant, rougi** **v.** (CONJUG. 16). ❶ Devenir rouge ; rendre rouge. *Les homards rougissent à la cuisson. Le forgeron rougit la barre de fer dans le feu avant de la marteler.* ❷ Avoir le visage qui devient rouge sous l'effet d'une émotion, d'un sentiment. *Il est si timide qu'il rougit sitôt qu'il doit parler à quelqu'un qu'il ne connaît pas.*

rouille **n.f.** Oxyde brun-roux qui se forme sur le fer lorsqu'il est exposé à l'air humide. *Il y a de la rouille sur la grille du jardin.*

rouillé, e **adj.** ❶ Couvert de rouille, abîmé par la rouille. *La serrure est rouillée, elle ne marche plus.* ❷ Au sens figuré, qui a perdu sa souplesse ou sa vivacité intellectuelle. *Cela fait longtemps que je n'ai pas joué du piano, j'ai les doigts rouillés.*

A B C D E F G H I J K L M N O P Q R S T U V W X Y Z

rouiller **v.** (CONJUG. 3). Se couvrir de rouille. *Cet hiver, la brouette est restée dehors, elle commence à rouiller.* ◆ **se rouiller** **v.pron.** Faire moins bien qu'avant, ne plus être aussi performant, par manque d'activité, d'entraînement. *Il se rouille faute d'exercice.*

roulade **n.f.** Mouvement qui consiste à rouler sur soi-même en posant d'abord la nuque sur le sol. *En gymnastique, ils ont appris à faire des roulades enchaînées.* SYN. (Fam.) galipette.

roulant, e **adj.** ❶ Que l'on peut déplacer grâce à des roues ou à des roulettes. *Un fauteuil roulant. Une table roulante.* ❷ *Un tapis, un trottoir roulants* permettent, grâce à une surface au mouvement continu, de transporter des personnes, des marchandises ou des bagages. ❸ *Un escalier roulant* est un escalier dont les marches articulées sont montées sur un mécanisme, ce qui permet de monter ou de descendre sans faire d'effort. • **Feu roulant :** tir d'artillerie continu, très fourni ; au sens figuré, suite ininterrompue de questions, de remarques, etc.

roulé, e **adj.** Plié en enroulant. *Un pull à col roulé.*

rouleau **n.m.** ❶ Nom donné à divers objets ou appareils en forme de cylindre. *Un rouleau à pâtisserie sert à étendre la pâte. Marie repeint sa chambre avec un rouleau.* ❷ Ce qui se présente enroulé. *Des rouleaux de papier peint.* ❸ Grosse vague dont la crête s'enroule en déferlant. *Les plages où se forment de grands rouleaux sont recherchées par les amateurs de surf.* • (Familier) **Être au bout du rouleau :** être épuisé, à bout de forces.

roulement **n.m.** ❶ Le fait de se remplacer l'un l'autre dans une fonction. *Les ouvriers travaillent par roulement* (= à tour de rôle). ❷ Bruit sourd et continu, donnant l'impression d'une chose qui roule. *Le roulement du tambour.* • **Roulement à billes :** mécanisme fait de billes d'acier, qui diminue le frottement entre deux pièces devant jouer l'une sur l'autre.

rouler **v.** (CONJUG. 3). ❶ Avancer en tournant sur soi-même. *Une bille, une boule, une balle roulent.* ❷ Avancer grâce à des roues. *La voiture roule. Le train roulait à 120 km/h.* ❸ Pour un navire, pencher d'un bord sur l'autre. *La mer était forte, le bateau roulait et tanguait.* → VOIR **roulis.** ❹ Mettre en rouleau. *Rouler un tapis, une toile cirée.* SYN. enrouler. CONTR. dérouler. ❺ (Familier) Abuser de la crédulité ou de la confiance de quelqu'un. *Tu as payé trop cher ton baladeur, tu t'es fait rouler !* SYN. berner. • **Rouler les « r » :** les prononcer en les faisant vibrer fortement. • **Rouler sur l'or :** être très riche. ◆ **se rouler** **v.pron.** ❶ Tourner sur soi-même ou se tourner d'un côté et de l'autre. *Le chien se roulait dans la neige.* ❷ S'envelopper. *Se rouler dans sa couverture.* SYN. s'enrouler.

roulette **n.f.** ❶ Petite roue articulée, fixée sur certains objets ou sous les pieds d'un meuble. *Un fauteuil, un lit, une table à roulettes. Faire du patin à roulettes.* ❷ (Familier) Fraise dont se sert le dentiste. ❸ Jeu de hasard constitué d'un plateau circulaire creux que l'on fait tourner et sur lequel on lance une petite bille qui va se nicher dans une des cases numérotées du plateau. • (Familier) **Aller** ou **marcher comme sur des roulettes :** se dérouler comme on le souhaite, ne rencontrer aucun obstacle.

roulis **n.m.** Balancement d'un bateau d'un bord sur l'autre, sous l'effet de la houle, par opposition à *tangage. Le roulis nous donnait le mal de mer.*

roulotte, ✎ ***roulote*** **n.f.** ❶ Grande voiture aménagée en habitation et tirée par un véhicule, où logent les forains, les nomades. *Marie regarda les roulottes du petit cirque quitter le village.* ❷ Au Québec, caravane.

roumain, e **adj.** et **n.** De la Roumanie. ◆ **roumain** **n.m.** Langue parlée en Roumanie.
▶ REM. Quand il désigne une personne, le mot prend une majuscule : *un Roumain, une Roumaine.*

round **n.m.** Chacune des parties d'un combat de boxe. *Un match de boxe en dix rounds.* SYN. reprise.
▶ REM. On prononce [rawnd] ou [rund].

HISTOIRE DU MOT C'est un mot anglais qui signifie « tour ».

roupie **n.f.** Monnaie ayant cours notamment en Inde et au Pakistan.

roupiller **v.** (CONJUG. 3). (Familier) Dormir.

roupillon **n.m.** (Familier) Petit somme. *Il était fatigué, il a piqué un roupillon après le repas.*

rouquin, e **adj.** et **n.** (Familier) Qui a les cheveux roux. *Julie est une rouquine aux yeux verts.*

rouspéter **v.** (CONJUG. 9, ✎ *10*). (Familier) Exprimer son mécontentement, son opposition. *C'est à ton tour de faire la vaisselle, cela ne sert à rien de rouspéter.* SYN. protester.

rouspéteur, euse **adj.** et **n.** (Familier) Qui a l'habitude de rouspéter. *Quel rouspéteur, celui-là, il n'est jamais content !* SYN. grincheux.

roussette **n.f.** ❶ Petit requin inoffensif, dont la taille ne dépasse pas 1 m, abondant sur les côtes de France où on le pêche pour sa chair. ❷ Grande chauve-souris d'Asie ou d'Afrique qui se nourrit de fruits.

HISTOIRE DU MOT Vient de l'ancien français *rousset* qui signifiait « roux ».

roussette suspendue à une branche

rousseur **n.f.** Couleur rousse. *Sa robe faisait ressortir la rousseur de ses cheveux.* • **Tache de rousseur :** tache rousse ou brune qui peut apparaître sur la peau.

roussi **n.m.** Odeur d'une chose qui a légèrement brûlé. *Les pommes de terre avaient attaché au fond de la poêle, ça sentait le roussi dans la cuisine.* • (Familier) **Ça sent le roussi :** l'affaire prend une mauvaise tournure ; ça se gâte.

roussir **roussissant, roussi v.** (CONJUG. **16**). Devenir roux ; rendre roux. *En automne, les feuilles roussissent.*

route **n.f.** ❶ Voie spécialement aménagée, en dehors des villes, pour la circulation des véhicules. *Une route nationale, départementale.* ❷ L'espace que l'on parcourt ; l'itinéraire que l'on suit. *La route est longue pour aller chez grand-mère.* SYN. trajet. *Papa cherche la route sur la carte.* SYN. chemin. • **En route** ou **en cours de route :** pendant le trajet, pendant le temps du voyage. *Nous avons mangé en route.* • **Faire de la route :** rouler beaucoup, utiliser beaucoup sa voiture. • **Faire fausse route :** se tromper de chemin ; au sens figuré, commettre une erreur de jugement ou d'appréciation, se tromper. • **Mettre en route :** mettre en marche un moteur, un véhicule, les faire fonctionner.

HISTOIRE DU MOT Vient du latin populaire *(via) rupta* qui signifie « voie frayée », de *rumpere*, « casser, rompre ».

1 routier, ère **adj.** Qui concerne les routes, la circulation sur route. *Une carte routière. Le réseau routier* (= l'ensemble des routes). *La sécurité routière.*

2 routier, ère **n.** Chauffeur spécialisé dans la conduite des camions sur de longues distances. *Un restaurant pour routiers.*

routine **n.f.** Habitude de penser ou d'agir toujours de la même manière, presque automatiquement. *Changer de travail pour échapper à la routine.* SYN. monotonie. *Quand nous entrons en classe, nous ouvrons nos cartables et sortons nos affaires, c'est la routine.* SYN. habitude.

routinier, ère **adj.** Caractérisé par la routine, monotone. *Mon travail n'est pas routinier, il y a toujours quelque chose de nouveau à faire.*

rouvrir **rouvrant, rouvert v.** (CONJUG. **28**). Ouvrir de nouveau. *Le magasin rouvre à 14 h 30.*

roux, rousse **adj.** D'une couleur orangée tirant sur le rouge ou le brun. *À l'automne, les feuilles prennent une teinte jaune ou rousse.* ◆ **adj.** et **n.** Qui a les cheveux roux. *Un garçon roux. Une rousse aux yeux verts.* ◆ **roux** **n.m.** La couleur rousse. *Elle a des cheveux d'un beau roux.*

HISTOIRE DU MOT Vient du latin *russus* qui signifie « rouge, roux ».

royal, ale, aux **adj.** ❶ Du roi ou de la reine. *La couronne royale. Le palais royal.* ❷ Digne d'un souverain. *Elle lui a fait un cadeau royal.* SYN. magnifique.

royalement **adv.** Avec magnificence, comme on le ferait pour un souverain. *Nos amis nous ont reçus royalement.* SYN. magnifiquement, somptueusement.

royaliste **adj.** et **n.** Partisan de la royauté, d'un régime monarchique. *Une manifestation royaliste.* • **Être plus royaliste que le roi :** défendre les intérêts d'une personne avec plus d'ardeur, de conviction, qu'elle ne le fait elle-même.

royaume **n.m.** Pays gouverné par un roi ou une reine. *Avant la Révolution, la France était un royaume. Le royaume de Belgique.*

royauté **n.f.** ❶ Dignité de roi ou de reine, fait d'être roi ou reine. *Le dauphin accéda à la royauté.* ❷ Régime monarchique. *La Révolution a aboli la royauté en France.* SYN. monarchie.

ru **n.m.** Très petit ruisseau.
▸ REM. Ce mot appartient à la langue littéraire.

ruade **n.f.** Mouvement d'un animal qui rue. *L'âne a lancé une ruade et l'enfant est tombé.*

ruban **n.m.** ❶ Étroite bande de tissu qui sert souvent d'ornement. *Anne-Laure a mis un ruban dans ses cheveux.* ❷ Bande mince et étroite d'une matière souple. *Un ruban adhésif.*

HISTOIRE DU MOT Vient de l'ancien néerlandais *ringhband* qui signifie « collier ».

rubéole **n.f.** Maladie contagieuse proche de la rougeole.

rubicond, e **adj.** *Un visage rubicond* est très rouge. *C'est un garçon à la face rubiconde.* SYN. rougeaud.

HISTOIRE DU MOT Vient du latin *ruber* qui signifie « rouge ».

rubis **n.m.** Pierre précieuse d'un rouge vif. *Sa bague était ornée d'un rubis.* • **Payer rubis sur l'ongle :** payer immédiatement et entièrement ce que l'on doit.

rubrique **n.f.** ❶ Titre indiquant une catégorie d'articles de même nature dans un journal, un catalogue, etc. *Vous trouverez cela à la rubrique « Jouets » dans notre catalogue.* ❷ Série d'articles de journaux traitant d'un même sujet. *Mon oncle tient la rubrique sportive dans le journal local.*

HISTOIRE DU MOT Vient du latin *rubrica* qui désignait les titres en rouge des missels.

ruche **n.f.** ❶ Petit abri aménagé pour recevoir un essaim d'abeilles. *L'apiculteur récolte le miel dans les ruches. Une ruche comprend une seule reine et beaucoup d'ouvrières.* ❷ Endroit où règne une activité fébrile. *Cet atelier de couture est une ruche.*

HISTOIRE DU MOT Vient du latin *rusca* qui signifie « écorce », car les premières ruches étaient faites en écorce.

rude **adj.** ❶ Pénible à supporter. *L'hiver a été rude, cette année.* SYN. froid, rigoureux. CONTR. clément, doux. *C'est un métier très rude.* SYN. épuisant. ❷ Dur au toucher. *La peau rude du rhinocéros.* SYN. rêche, rugueux. CONTR. doux. ❸ Qui manque de raffinement. *C'est un garçon aux manières rudes.* SYN. fruste.

rudement **adv.** ❶ Avec dureté, sans ménagement. *Quand elle est mécontente, la maîtresse nous parle rudement.* SYN. durement, sèchement. ❷ (Familier) Indique

A B C D E F G H I J K L M N O P Q R S T U V W X Y Z

un haut degré. *Yann est rudement content d'avoir un nouveau vélo.* SYN. extrêmement.

rudesse **n.f.** ❶ Le fait d'être rude, difficile à supporter. *Il se plaint de la rudesse du climat.* SYN. rigueur. CONTR. clémence, douceur. ❷ Manière d'agir rude et brusque. *Il traite les gens avec rudesse.* SYN. brusquerie.

rudimentaire **adj.** ❶ Qui est très simple et ne comporte que les éléments essentiels. *Un équipement rudimentaire lui permettait quand même de survivre sur son île.* CONTR. sophistiqué. *Une habitation rudimentaire.* ❷ *Des connaissances rudimentaires* sont très limitées, très sommaires.

rudiments **n.m.plur.** Premières notions d'une science, d'un art, d'une technique. *Il m'a appris les rudiments de la mécanique.*

HISTOIRE DU MOT Vient du latin *rudimentum* qui signifie « apprentissage ».

rudoyer **v.** (CONJUG. **14**). Traiter avec rudesse, sans ménagement. *Ne les rudoyez pas, vous allez les décourager.* SYN. brusquer, brutaliser, malmener.

rue **n.f.** Voie de circulation bordée de maisons, dans une ville, un village. *Une rue passante, tranquille, déserte. Une rue à sens unique.* • **Être à la rue :** être sans abri, sans logement. • **L'homme de la rue :** le citoyen moyen ; n'importe quelle personne.

ruée **n.f.** Mouvement massif et précipité de personnes dans une même direction. *Au moment de Noël, c'est la ruée vers les grands magasins.* → VOIR **se ruer.** • **La ruée vers l'or :** le déplacement massif des chercheurs d'or en Amérique à la fin du XIXe siècle.

ruelle **n.f.** Petite rue étroite. *Un quartier ancien aux ruelles obscures.*

ruer **v.** (CONJUG. **3**). Pour un cheval, un âne, un mulet, etc., détendre brutalement ses pattes arrière, en les lançant en l'air. *Ne passe pas derrière ce cheval, il lui arrive de ruer.* ◆ **se ruer** **v.pron.** Se précipiter sur quelque chose ou quelqu'un. *Furieux, il s'est rué sur son frère.* SYN. se jeter. *Dès que les portes se sont ouvertes, les supporters se sont rués dans le stade.* SYN. s'élancer.

HISTOIRE DU MOT Vient du latin *ruere* qui signifie « pousser violemment ».

rugby **n.m.** Sport d'équipe qui se joue à la main et au pied avec un ballon ovale. On peut y jouer à quinze, treize ou sept joueurs par équipe.

HISTOIRE DU MOT *Rugby* est le nom d'une ville anglaise où ce sport a été inventé.

rugir **rugissant, rugi** **v.** (CONJUG. **16**). ❶ Pour un lion, un tigre, une panthère, faire entendre son cri. *On entendit un lion rugir dans la savane.* ❷ Pour une personne, lancer des cris terribles. *Rugir de fureur, de rage.* SYN. hurler, vociférer. ❸ Produire un bruit grave, puissant, une sorte de grondement. *Pendant la tempête, le vent rugissait dans les arbres.*

rugissement **n.m.** ❶ Cri rauque du lion et de certains grands fauves. ❷ Cri ou bruit terrible, violent. *Il poussait des rugissements de colère. Le rugissement des vagues dans l'ouragan.*

rugosité **n.f.** ❶ L'état de ce qui est rugueux. *La rugosité de l'écorce d'un chêne.* SYN. rudesse. ❷ Point dur sur une surface. *Le crépi de ce mur est plein de rugosités.* SYN. aspérité.

rugueux, euse **adj.** Qui a des aspérités, qui est rude au toucher. *La paroi rugueuse d'un rocher de granit.*

HISTOIRE DU MOT Vient du latin *rugosus*, « ridé ».

ruine **n.f.** ❶ Ce qui reste d'un bâtiment très délabré ou qui s'est partiellement écroulé. *Après les bombardements, la ville n'était plus qu'un champ de ruines. En Grèce on peut admirer des ruines qui datent de l'Antiquité.* ❷ *Un édifice qui tombe en ruine* est tellement dégradé, délabré qu'il risque de s'écrouler. ❸ Fait d'avoir perdu tous ses biens, toute sa fortune. *M. Durand avait fait de très mauvaises affaires, il était au bord de la ruine.* ❹ Effondrement d'un espoir, d'un projet, d'une institution, etc. ; échec complet. *Cette mauvaise gestion causa la ruine du gouvernement.*

HISTOIRE DU MOT Vient du latin *ruina* qui signifie « chute, écroulement ».

ruiner **v.** (CONJUG. **3**). Entraîner la ruine d'une personne, d'un groupe, d'un pays. *Le krach a ruiné de nombreux banquiers. La guerre a ruiné ce pays.* • **Ruiner la santé :** la détériorer gravement. ◆ **se ruiner** **v.pron.** Perdre sa fortune, dépenser tout son bien. *Il s'est ruiné en jouant à la roulette.*

ruineux, euse **adj.** Qui entraîne de trop grosses dépenses. *Cette vie luxueuse est ruineuse.* SYN. dispendieux, onéreux.

ruisseau **n.m.** Petit cours d'eau peu profond. *Lise aimait s'asseoir au bord du ruisseau et écouter le murmure de l'eau.*

ruisseler **v.** (CONJUG. **12**, ✎ *11*). ❶ Couler sans arrêt, comme le fait un ruisseau. *C'était une grosse pluie d'orage et l'eau ruisselait sur les trottoirs.* ❷ *Ruisseler de sueur*, c'est en être couvert, inondé.

ruissellement, ✎ ***ruissèlement*** **n.m.** Le fait de ruisseler. *Regarder le ruissellement des eaux de pluie dans les caniveaux.*

rumeur **n.f.** ❶ Bruit confus de voix. *Une rumeur de protestation monta de la salle.* SYN. bourdonnement, murmure. ❷ Nouvelle de source inconnue, qui se répand dans le public. *On dit que cette vedette va divorcer, mais ce n'est peut-être qu'une rumeur.* SYN. bruit, on-dit.

ruminant **n.m.** *Les ruminants* sont les mammifères qui ruminent. *La vache est un ruminant.*

ENCYCLOPÉDIE Les ruminants regroupent des familles très diverses, comme celles des *bovidés* (vache, mouton, chèvre, etc.), des *cervidés* (cerf, daim, renne, etc.), des *camélidés* (chameau, dromadaire, lama, etc.) ou des *girafidés* (girafe, okapi).

ruminer **v.** (CONJUG. **3**). ❶ *Un animal qui rumine* fait revenir l'herbe de sa panse dans sa bouche pour la mâcher. *Les vaches étaient couchées dans la prairie et ruminaient paisiblement.* ❷ *Une personne qui ru-*

mine tourne et retourne dans sa tête la même pensée. *Cela fait longtemps qu'il rumine cette idée.* SYN. remâcher, ressasser.

HISTOIRE DU MOT Vient du latin *rumen, ruminis* qui signifie « gosier ».

rumsteck **n.m.** Nom donné en boucherie à une partie du bœuf prise dans la croupe. *Des tranches de rumsteck.*

HISTOIRE DU MOT Vient de l'anglais *rump*, qui signifie « croupe », et *steak*, qui signifie « grillade ».

rune **n.f.** Caractère de l'ancien alphabet utilisé par les peuples germaniques et scandinaves. *Des runes gravées sur une pierre.*

rupestre **adj.** *Un dessin, une peinture rupestres* sont exécutés directement sur la paroi des roches. *La grotte de Lascaux contient de très belles peintures rupestres qui datent d'environ quinze mille ans.*

HISTOIRE DU MOT Vient du latin *rupes* qui signifie « rocher ».

peinture **rupestre**
(grotte de Chauvet-Pont-d'Arc, Ardèche)

rupture **n.f.** ❶ Le fait de se rompre, de se casser. *La rupture d'un câble.* ❷ Annulation d'un accord. *Si la marchandise n'est pas livrée à temps, cela entraînera la rupture du contrat.* ❸ Interruption des relations entre deux personnes, deux États. *Ils vont se quitter, c'est la rupture.* SYN. séparation. *On ne peut que regretter la rupture des relations diplomatiques entre ces deux pays.*

HISTOIRE DU MOT Vient du latin *ruptura*, de *rumpere*, « rompre ».

rural, ale, aux **adj.** De la campagne. *Une commune rurale. Julie aime la vie rurale.* CONTR. citadin, urbain.

HISTOIRE DU MOT Vient du latin *rus, ruris* qui signifie « campagne ».

ruse **n.f.** ❶ Moyen habile et parfois déloyal d'arriver à ses fins. *Ses ruses ont échoué.* SYN. stratagème, subterfuge. ❷ Habileté à tromper les gens pour atteindre son but. *Méfie-toi d'elle, c'est une femme pleine de ruse.* SYN. fourberie, rouerie.

rusé, e **adj.** et **n.** Qui fait preuve de ruse. *C'est un homme rusé.* SYN. fourbe, malin. CONTR. direct, franc.

ruser **v.** (CONJUG. **3**). Agir avec ruse. *Il lui a fallu ruser pour obtenir la permission de sortir ce soir.*

rush **n.m.** (PLUR. : **rushs** ou **rushes**). Fait de se ruer quelque part. *Dès le début des soldes, ça a été le rush.* SYN. ruée.
▸ REM. 1. On prononce [rœʃ]. 2. Au Québec, on doit dire *ruée.*

HISTOIRE DU MOT C'est un mot anglais qui signifie « ruée ».

russe **adj.** et **n.** De la Russie. ◆ **n.m.** Langue parlée en Russie. *Le russe est une langue slave.*
▸ REM. Quand il désigne une personne, le mot prend une majuscule : *un Russe, une Russe.*

rustaud, e **adj.** et **n.** (Familier) Qui est grossier, malhabile.

Rustine **n.f.** Rondelle adhésive en caoutchouc qui sert à réparer une chambre à air.
▸ REM. C'est un nom de marque, ce mot prend une majuscule, en France, dans les textes imprimés.

HISTOIRE DU MOT Vient de *Rustin*, nom du fabricant.

rustique **adj.** *Des meubles rustiques* ont des formes simples et sont fabriqués par des artisans selon le style traditionnel d'une province. *Une table rustique.* SYN. campagnard.

HISTOIRE DU MOT Vient du latin *rusticus*, de *rus* qui a donné *rural.*

rustre **adj.** et **n.** Grossier et un peu brutal, qui manque d'éducation. *Paul a des manières de rustre.* SYN. goujat.

rut **n.m.** Période pendant laquelle les animaux cherchent à s'accoupler. → VOIR AUSSI **chaleur.**
▸ REM. On prononce le *-t.*

HISTOIRE DU MOT Vient du latin *rugitus* qui signifie « rugissement » ; pendant le rut, les mammifères poussent un cri particulier.

rutabaga **n.m.** Variété de navet à chair jaunâtre.

rutilant, e **adj.** Qui brille beaucoup, qui reluit. *Des chromes rutilants.* SYN. étincelant. CONTR. terne.

rythme **n.m.** ❶ Succession régulière d'événements qui reviennent périodiquement. *Le rythme des saisons. Le rythme des jours et des nuits.* ❷ En musique, alternance des temps forts et des temps faibles. *Un rythme à trois temps. Marquer le rythme. Suivre le rythme.* SYN. mesure. ❸ Succession plus ou moins régulière de battements, de temps ou d'actions. *Le rythme cardiaque, c'est la succession régulière des contractions et des relaxations du cœur.* ❹ Cadence, vitesse d'une action. *À ce rythme, nous ne serons jamais à l'heure !* SYN. allure. ❺ Impression de mouvement, dans une œuvre, un récit. *Le rythme d'un film, d'un roman.*

HISTOIRE DU MOT Vient du grec *rhuthmos* qui signifie « battement ».

rythmé, e **adj.** Dont le rythme est très marqué. *Le rock est une musique très rythmée.*

rythmer **v.** (CONJUG. **3**). Donner un rythme ; régler selon un rythme. *Les repas rythmaient ses journées : il ne faisait rien d'autre.*

rythmique **adj.** Qui a du rythme. *Musique rythmique.* • **Gymnastique rythmique** ou **G.R.** : type de gymnastique dans lequel les mouvements se font suivant certains rythmes, marqués le plus souvent par un accompagnement musical.

Ss

sa **adj. possessif.** Désigne la 3ᵉ personne du singulier. → VOIR **déterminant** (encadré).

sabbat **n.m.** ❶ Dans la religion juive, jour de repos hebdomadaire, consacré à Dieu. *Le sabbat commence le vendredi soir au crépuscule et se termine le samedi à la nuit.* ❷ Selon la légende, cérémonie nocturne au cours de laquelle sorciers et sorcières adoraient le diable, présent sous la forme d'un bouc.

HISTOIRE DU MOT Vient de l'hébreu *shabbat* qui signifie « repos ».

sable **n.m.** Matière minérale formée de grains très fins provenant de coquillages écrasés ou de fines particules de roches transportées par le vent et les eaux. *Une plage de sable blanc. Le sable est utilisé pour faire des mortiers, du béton, ainsi que du verre.* • **Bâtir sur le sable :** construire un projet, une vie sur des bases peu solides.

sablé, e **adj.** ❶ Recouvert de sable. *La voiture s'engagea dans une allée sablée.* ❷ *Une pâte sablée* est une pâte à tarte très friable. ◆ **sablé** **n.m.** Gâteau sec fait de pâte sablée.

sabler **v.** (CONJUG. 3). Répandre du sable. *En hiver, on sable les routes verglacées.* • **Sabler le champagne :** boire du champagne pour fêter un événement.

sableux, euse **adj.** Qui contient du sable. *Ici l'eau est sableuse.*

sablier **n.m.** Petit appareil pour mesurer le temps, fait de deux ampoules de verre communiquant par un étroit conduit par où s'écoule du sable fin.

sablonneux, euse **adj.** Où il y a beaucoup de sable. *Un chemin sablonneux conduisait à la maison.*

sabord **n.m.** Ouverture rectangulaire dans le flanc d'un vaisseau, qui servait au tir des canons ou à l'aération.

saborder **v.** (CONJUG. 3). ❶ Couler volontairement un navire soit pour éviter un incendie, soit pour qu'il ne tombe pas aux mains de l'ennemi. ❷ Détruire, anéantir volontairement une entreprise ou des projets.

sabot **n.m.** ❶ Chaussure creusée dans le bois, ou faite d'une semelle de bois et d'un dessus en cuir. ❷ Corne qui entoure le bout de la patte des chevaux, des zèbres, des bœufs, etc.

sabotage **n.m.** Action de saboter. *Des terroristes sont accusés du sabotage de la voie ferrée.*

saboter **v.** (CONJUG. 3). ❶ Mal faire un travail, exprès ou par paresse. *Le plombier a saboté sa réparation.* SYN. bâcler. ❷ Détériorer volontairement du matériel, des installations. *En battant en retraite, l'ennemi sabotait tous les ponts.* ❸ Chercher à faire échouer. *Cet attentat a saboté la mission de la paix.*

saboteur, euse **n.** Personne qui fait du sabotage. *On a arrêté des saboteurs qui menaçaient de dynamiter un pont.*

sabotier, ère **n.** Artisan qui fabrique et vend des sabots. *Le père de Pinocchio était sabotier.*

sabre **n.m.** Arme, à lame recourbée ou non, qui ne tranche que d'un côté. *Le sabre d'abordage des pirates.*

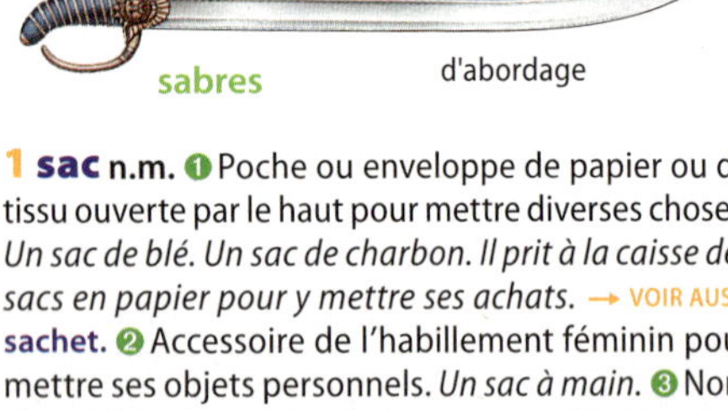

sabres

1 sac **n.m.** ❶ Poche ou enveloppe de papier ou de tissu ouverte par le haut pour mettre diverses choses. *Un sac de blé. Un sac de charbon. Il prit à la caisse des sacs en papier pour y mettre ses achats.* → VOIR AUSSI **sachet.** ❷ Accessoire de l'habillement féminin pour mettre ses objets personnels. *Un sac à main.* ❸ Nom donné à toutes sortes de bagages ou d'accessoires pour transporter des objets. *Un sac de voyage. Un sac à dos. Un sac de plage.* → VOIR AUSSI **sacoche.** • **Avoir plus d'un tour dans son sac :** être très malin, très rusé. • **L'affaire est dans le sac :** c'est presque réglé et le succès est assuré. • **Mettre dans le même sac :** considérer que deux choses ou deux personnes sont aussi méprisables l'une que l'autre. • **Prendre quelqu'un la main dans le sac :** le prendre en train de commettre une mauvaise action ou un délit. • **Vider son sac :** dire tout ce qu'on a sur le cœur.

2 sac **n.m.** Pillage d'une ville souvent accompagné du massacre de ses habitants. • **Mettre à sac :** dévaster un endroit et le piller. *Des inconnus ont mis à sac quelques boutiques du centre-ville.*

saccade **n.f.** Mouvement brusque et irrégulier. *Le moteur toussa et, après quelques saccades, s'arrêta.* SYN. à-coup, secousse.

HISTOIRE DU MOT Vient de l'ancien français *saquer* qui signifiait « tirer ».

saccadé, e **adj.** Qui est brusque et irrégulier, qui se fait par saccades. *Le malade avait des gestes saccadés. Il riait d'un petit rire saccadé.*

saccage **n.m.** Le fait de saccager quelque chose. *Le chien a fait un véritable saccage dans le jardin.* SYN. ravage.

saccager **saccageant, saccagé v.** (CONJUG. 5). ❶ Mettre une ville à sac. *Les Grecs, grâce à la ruse d'Ulysse et à son cheval de bois, entrèrent dans Troie et la saccagèrent.* SYN. dévaster, piller. ❷ Mettre sens dessus dessous en détériorant. *Les chiens ont saccagé le jardin.*

HISTOIRE DU MOT Vient de l'italien *sacco* qui signifie « pillage ».

saccharine, ✎ ***saccarine*** **n.f.** Substance blanche de saveur sucrée mais sans pouvoir nutritif utilisée parfois pour remplacer le sucre.
▶ REM. Attention, les deux *c* se prononcent [k].

HISTOIRE DU MOT Vient du latin *saccharum* qui signifie « sucre ».

sacerdoce **n.m.** ❶ Fonction du prêtre dans diverses religions. *Après le séminaire, il se destine au sacerdoce.* SYN. prêtrise. ❷ Activité professionnelle qui demande beaucoup de dévouement. *Son travail d'assistante sociale est un véritable sacerdoce !*

HISTOIRE DU MOT Vient du latin *sacerdotium* qui signifie « fonction, dignité d'augure », de *sacer*, « sacré ».

sacerdotal, ale, aux **adj.** *Les habits sacerdotaux* sont les habits du prêtre pendant le culte. *Chez les catholiques, la chasuble et l'aube sont des habits sacerdotaux.*

sachem **n.m.** Chef de tribu chez les Indiens du nord des États-Unis et du Canada.

HISTOIRE DU MOT C'est un mot iroquois.

sachet **n.m.** Petit sac en papier, en plastique, en tissu, etc. *Du thé en sachets. Un sachet de lavande.*

sacoche **n.f.** ❶ Gros sac de cuir, de toile ou de plastique de formes et d'usages variés. *Une sacoche d'écolier.* SYN. cartable. *La sacoche du facteur. J'ai des sacoches de cuir sur ma moto.* ❷ En Belgique, au Québec, sac à main.

sacre **n.m.** Cérémonie religieuse qui accompagne le couronnement des rois, des empereurs.

ENCYCLOPÉDIE En France, le rituel du sacre fut inauguré en 751 par Pépin le Bref. Il était imité de l'onction des rois de la Bible. La cérémonie, qui avait lieu dans la cathédrale de Reims où Clovis fut baptisé, avait pour but d'affirmer que le roi est roi de droit divin. Le futur roi était d'abord déclaré roi, puis il était frotté avec de l'huile bénite ; enfin il était couronné, recevait les insignes de la royauté, et les seigneurs lui rendaient hommage. Il jurait de respecter l'ordre établi et de rendre la justice.

sacré, e **adj.** ❶ Qui concerne le culte, la religion. *Une église, une synagogue, une mosquée sont des édifices sacrés.* SYN. saint. CONTR. profane. ❷ Auquel on doit un respect absolu. *Pour lui, l'amitié est sacrée.* ❸ (Familier) Indique un haut degré. *Un sacré menteur.* SYN. fameux.

sacrement **n.m.** Chez les chrétiens, rite religieux, institué par le Christ.

ENCYCLOPÉDIE Pour les orthodoxes et les catholiques, il y a sept sacrements : le baptême, la confirmation, l'eucharistie, l'onction des malades, la pénitence, l'ordination et le mariage. Les protestants n'admettent que deux sacrements : le baptême et la sainte cène.

sacrer **v.** (CONJUG. 3). *Sacrer un roi, un empereur*, c'est leur attribuer solennellement ce titre au cours d'une cérémonie religieuse. *Autrefois, les rois de France étaient sacrés à Reims.*

HISTOIRE DU MOT Vient du latin *sacrare* qui signifie « rendre sacré », de *sacer*, « sacré », que l'on retrouve dans *sacerdoce, sacristie*.

sacrifice **n.m.** ❶ Offrande rituelle faite à une divinité. *Les Romains offraient des animaux en sacrifice à leurs dieux.* ❷ Renoncement volontaire à quelque chose pour un intérêt plus grand. *Ils s'imposent de gros sacrifices pour permettre à leurs enfants de faire des études.* SYN. privations.

sacrifié, e **adj.** • **Prix sacrifiés :** prix très bas auxquels on solde des marchandises pour être sûr de les vendre.

sacrifier **v.** (CONJUG. 7). ❶ Immoler un être vivant en offrande à une divinité. *Les musulmans sacrifient des moutons à la fin du ramadan.* ❷ Accepter de perdre ce à quoi on tient beaucoup, pour un intérêt supérieur. *Des milliers de personnes ont sacrifié leur vie pour leur patrie pendant cette guerre.* ◆ **se sacrifier** **v.pron.** Se dévouer entièrement à une personne ou à un idéal en renonçant à ses propres intérêts. *Ils se sont sacrifiés pour élever leurs petits-enfants* (= ils se sont imposé des privations).

HISTOIRE DU MOT Vient du latin *sacrum facere* qui signifie « faire un acte sacré ».

sacrilège **n.m.** ❶ Crime commis contre une chose ou un être consacrés au service de Dieu. *Voler des objets dans une église est un sacrilège.* SYN. profanation. ❷ Manque de respect à l'égard de ce qui est vénérable. *C'est un sacrilège de démolir ce vieux théâtre pour construire un garage.* SYN. crime. ◆ **adj.** Qui a le caractère d'un sacrilège. *Un geste sacrilège.*

A B C D E F G H I J K L M N O P Q R S T U V W X Y Z

sacristain **n.m.** Employé chargé de l'entretien d'une église et de la sacristie. *Pour visiter la crypte, il faut demander la clef au sacristain.*
▸ REM. Au Canada, la forme féminine de ce mot est *sacristine.*

sacristie **n.f.** Pièce attenante à une église où sont rangés les différents vêtements et objets du culte.
HISTOIRE DU MOT Vient, comme *sacerdoce* et *sacrer*, du latin *sacer.*

sacro-saint, e (PLUR. : **sacro-saints, sacro-saintes**), ✎ ***sacrosaint, e*** **adj.** À quoi on ne peut pas toucher, qu'on entoure d'un respect quasi religieux. *Elle faisait attention à sa sacro-sainte collection de timbres.*
▸ REM. Le mot s'emploie avec une nuance de moquerie.

sadique **adj.** et **n.** Qui prend plaisir à faire souffrir les autres. *Alain adore tourmenter les insectes, il a un côté sadique.* SYN. cruel.

sadisme **n.m.** Attitude d'une personne sadique.

safari **n.m.** Expédition de chasse aux gros animaux sauvages, en Afrique noire.
HISTOIRE DU MOT Mot originaire des régions du Kenya et de la Tanzanie, qui signifie « bon voyage », de l'arabe *safara* qui signifie « voyager ».

safari-photo **n.m.** (PLUR. : **safaris-photos**). Excursion organisée dans une réserve naturelle pour photographier ou filmer des animaux sauvages. *Participer à des safaris-photos.*

safari-photo (Kenya)

safran **n.m.** Poudre utilisée comme épice, qui provient des fleurs de la plante appelée *safran* (ou *crocus*). *On met du safran dans la bouillabaisse, la soupe de poissons, la paella, etc.* ◆ **adj.invar.** Qui est de couleur jaune-orangé. *Un jaune safran.*

saga **n.f.** ❶ Nom donné aux contes et légendes d'Islande et de Norvège. ❷ Épopée d'une grande famille à travers plusieurs générations racontée dans des romans, des feuilletons télévisés, etc.
HISTOIRE DU MOT C'est un mot scandinave.

sagace **adj.** Qui fait preuve de sagacité. SYN. perspicace, subtil.
HISTOIRE DU MOT Vient du latin *sagax* qui signifie « qui a l'odorat subtil ».

sagacité **n.f.** Grande finesse d'esprit qui permet de découvrir et de comprendre les choses les plus difficiles. *La sagacité du détective Sherlock Holmes est bien connue des amateurs de romans policiers.* SYN. discernement, flair, perspicacité.

sagaie **n.f.** Court javelot africain fait d'une tige terminée par une pointe de lance ou une arête de poisson et qui est utilisé comme arme de guerre ou de chasse.

sage **adj.** ❶ Qui est plein de bon sens. *Il serait plus sage de partir avant la nuit.* SYN. prudent. *Merci de vos sages conseils.* SYN. avisé, judicieux, raisonnable, sensé. ❷ *Un enfant sage* est docile, obéissant et calme. CONTR. indiscipliné, turbulent. ◆ **n.** Personne qui a des connaissances, du bon sens et une grande qualité de jugement. *Dans certaines sociétés, il y a un conseil des sages.*

sage-femme (PLUR. : **sages-femmes**), ✎ ***sagefemme*** **n.f.** Personne dont la profession consiste à assister les femmes lors des accouchements et qui parfois les suit pendant leur grossesse.
▸ REM. Au masculin, on dit *homme sage-femme.*

sagement **adv.** ❶ Avec calme et docilité. *Julie est restée assise très sagement en attendant sa maman.* SYN. tranquillement. ❷ Avec sagesse, intelligence et discernement. *En ne te mêlant pas de cette histoire, tu as agi fort sagement !* CONTR. inconsidérément.

sagesse **n.f.** ❶ Bon sens et modération. *Ils ont mené leurs affaires avec beaucoup de sagesse.* SYN. discernement, prudence. *Un conseil plein de sagesse.* ❷ Comportement d'un enfant tranquille et obéissant. *Alix a été d'une sagesse exemplaire.* SYN. docilité, obéissance.

Sagittaire **n.m.** *Signe du Sagittaire*, neuvième signe du zodiaque qui commence le 22 novembre et se termine le 21 décembre.
HISTOIRE DU MOT Vient du latin *sagitta*, « flèche ».

sagouin, e **n.** (Familier) Se dit d'une personne grossière et malpropre. *Quel sagouin !*
HISTOIRE DU MOT Vient du nom de certains petits singes d'Amérique du Sud, comme le ouistiti, dans une langue indienne du Brésil.

safran

saignant, e adj. *De la viande saignante* est très peu cuite.

saignée n.f. ❶ Dans la médecine ancienne, traitement qui consistait à retirer au malade du sang au moyen d'une grosse aiguille. ❷ *La saignée du bras*, c'est le pli du coude (où l'on pratiquait la saignée). ❸ Longue entaille pratiquée dans l'écorce d'un arbre ou dans un mur. *On fait des saignées dans certains arbres pour recueillir la sève ou le latex. Le maçon fit une saignée dans le mur pour passer des fils électriques.*

saignement n.m. Écoulement de sang. *Violaine a des saignements de nez.*

saigner v. (CONJUG. 3). ❶ Perdre du sang. *Il s'est coupé et son doigt saigne. Je saigne du nez !* ❷ Tuer un animal en l'égorgeant et en laissant couler son sang. ❸ Autrefois, faire une saignée à un malade. ◆ **se saigner** v.pron. • **Se saigner aux quatre veines :** faire de gros sacrifices financiers, se priver de tout pour atteindre un objectif.

HISTOIRE DU MOT Vient du latin *sanguis, sanguinis* qui signifie « sang ».

saillant, e adj. ❶ Qui fait saillie, qui dépasse. *Guylaine a les pommettes saillantes.* SYN. proéminent. ❷ Qui retient l'attention. *Les faits saillants de la semaine.* SYN. marquant, notable, remarquable.

1 saillie n.f. Partie qui fait relief en dépassant d'une surface. *L'alpiniste accroche sa corde à une saillie de la falaise.* SYN. avancée, protubérance. *Le toit est en saillie* (= il dépasse de la façade).

2 saillie n.f. Moment où un animal mâle saillit la femelle.

1 saillir saillant, sailli v. (CONJUG. 26). Dépasser d'une surface, apparaître en relief. *Le pauvre mulet était si maigre que ses côtes saillaient sous sa peau.* SYN. ressortir. *On voyait les muscles de l'haltérophile saillir sous l'effort.* SYN. se gonfler.

▸ REM. Ce verbe ne se conjugue qu'aux 3e personnes du singulier et du pluriel ainsi qu'aux participes et à l'infinitif.

HISTOIRE DU MOT Vient du latin *salire* qui signifie « sauter ».

2 saillir saillant, sailli v. (CONJUG. 16). Pour un animal mâle, s'accoupler avec une femelle.

sain, e adj. ❶ En bonne santé physique. *Un enfant sain* (= bien portant). CONTR. malade. *Des dents saines.* CONTR. gâté. ❷ Qui prouve une bonne santé morale. *Avoir des réactions saines* (= normales, équilibrées). SYN. sensé. ❸ Qui est bon pour la santé (physique ou morale). *Un climat très sain.* → VOIR AUSSI **salubre.** ❹ Qui est normal et sensé. *Un jugement sain.* • **Sain et sauf :** vivant et sans blessure. *Ils sont sortis sains et saufs de l'accident.* SYN. indemne.

▸ REM. Ne pas confondre avec *saint* et *sein*.

HISTOIRE DU MOT Vient du latin *sanus* que l'on retrouve dans *sanitaire* et *santé*.

saindoux n.m. Graisse de porc fondue et figée. *Les rillettes de porc sont couvertes de saindoux.*

sainement adv. ❶ D'une manière hygiénique, bonne pour la santé. *Les médecins recommandent de se nourrir sainement.* ❷ D'une manière sensée, raisonnable. *Il juge très sainement la situation.* SYN. judicieusement, raisonnablement, sagement.

sainfoin n.m. Plante à fleurs roses ou pourpres groupées en épi conique à l'extrémité de la tige, et qui est utilisée comme fourrage pour le bétail.

saint, e adj. Qui est consacré à Dieu, qui a un caractère religieux. *La mosquée, la synagogue, l'église sont des lieux saints.* SYN. sacré. ◆ **adj.** et **n.** ❶ Qui a été reconnu digne d'un culte par l'Église catholique. *Saint Jean, saint Pierre. Le calendrier donne la liste des saints.* ❷ Qui est d'une piété et d'une bonté exemplaires. *C'est un saint homme. Cette femme est une sainte.* • **La Terre sainte :** la Palestine. • **Semaine sainte :** celle qui précède Pâques et qui comprend le Vendredi saint, jour de la crucifixion de Jésus.

▸ REM. On écrit en abrégé *St* pour *saint* et *Ste* pour *sainte*.

HISTOIRE DU MOT Vient du latin *sanctus* qui signifie « vénéré ».

saint-bernard n.m.invar. Chien de montagne de grande taille, aux longs poils roux et blancs, très utile pour la recherche des alpinistes perdus dans la neige.

sainte-nitouche n.f. (PLUR. : **saintes-nitouches**). Personne qui cache ses défauts sous une apparence de sagesse. SYN. hypocrite.

HISTOIRE DU MOT Ce mot est formé de *sainte* et de *n'y touche*. On trouve déjà ce mot au XVIe siècle chez Rabelais.

sainteté n.f. Perfection d'une personne sainte. • **Sa Sainteté** ou **Votre Sainteté :** titre honorifique donné au pape.

à la saint-glinglin adv. (Familier) Beaucoup plus tard, à une date qui n'arrivera jamais. *Il te remboursera à la saint-glinglin !*

saint-honoré n.m.invar. Gâteau fait d'une couronne de petits choux à la crème, garnie en son centre de crème Chantilly.

HISTOIRE DU MOT Vient du nom de *saint Honoré*, le patron des boulangers.

saisi, e adj. Subitement frappé d'étonnement, d'effroi, etc. *Il a été tellement saisi qu'il est resté sans voix.* SYN. impressionné, surpris.

saisie n.f. ❶ Acte par lequel la justice s'empare des biens d'une personne qui ne peut pas payer ses dettes, ou de marchandises qui tombent sous le coup de la loi. *L'huissier est venu procéder à la saisie de tous ses meubles. On ordonna la saisie des journaux qui contenaient cet article diffamatoire.* ❷ Action de saisir un texte, des données sur un ordinateur. → VOIR AUSSI **frappe.**

saisir saisissant, saisi v. (CONJUG. 16). ❶ Attraper d'un geste vif et ferme. *Zoé saisit un bâton pour se défendre.* SYN. empoigner. ❷ Mettre à profit un événement au moment où il se présente. *J'ai saisi l'occasion pour lui dire ce que j'en pensais.* SYN. profiter de. ❸ Comprendre.

Je ne saisis pas bien la différence entre ces deux mots. SYN. discerner, voir. ❹ Provoquer brusquement une sensation très vive, une émotion violente. *Le froid l'a saisi dès qu'il entra dans l'eau.* SYN. surprendre. *J'ai été saisie de peur en entendant ce cri.* ❺ Dans le domaine de la justice, opérer une saisie. *Les huissiers sont venus pour saisir leurs meubles.* SYN. confisquer. ❻ Enregistrer des données, des informations dans la mémoire d'un ordinateur en utilisant le clavier. ◆ **se saisir v.pron.** *Se saisir de quelque chose*, c'est l'attraper vivement. *Elle se saisit d'un bâton et en menaça le chien.* SYN. attraper, s'emparer de.

HISTOIRE DU MOT Vient d'un mot de la langue des Francs qui signifiait « revendiquer ».

saisissant, e adj. Très surprenant. *La ressemblance entre le frère et la sœur est saisissante !* SYN. frappant, stupéfiant.

saisissement n.m. L'état d'une personne saisie par une émotion, une sensation. *Les enfants restaient muets de saisissement en voyant les acrobates s'élancer du haut du chapiteau.*

saison n.f. ❶ Chacune des quatre périodes de l'année déterminées par les équinoxes et les solstices. *Le printemps, l'été, l'automne et l'hiver sont les quatre saisons.* → VOIR Fiche **52.** ❷ Période caractérisée par ce que la terre produit, par ce qu'on peut récolter. *C'est la saison des champignons.* ❸ Époque de l'année caractérisée par telle ou telle activité. *La saison théâtrale commence. La saison des vacances.*

HISTOIRE DU MOT Vient du latin *satio, sationis* qui signifie « semailles ».

saisonnier, ère adj. Qui n'a lieu qu'à certaines saisons. *Les vendanges sont un travail saisonnier.* ◆ **n.** et **adj.** Travailleur qui est employé pour un travail saisonnier. *Ce sont des saisonniers qui ramassent les cerises et les fraises.*

salade n.f. ❶ Nom donné à diverses plantes potagères aux feuilles comestibles. *La laitue, la chicorée, le cresson, la mâche, le pissenlit sont des salades.* ❷ Plat fait des feuilles crues de ces plantes assaisonnées avec une vinaigrette, ou plat comparable fait avec une autre plante. *Une salade de tomates, de chou rouge.* ❸ Mélange de divers aliments crus ou cuits, et assaisonnés. *Dans la salade niçoise, il y a du thon, des pommes de terre, des tomates, etc.* ❹ *Une salade de fruits* est un mélange de fruits en morceaux.

saladier n.m. Grand plat profond en faïence, en verre, etc., dans lequel on sert la salade.

salaire n.m. Somme d'argent que l'on reçoit régulièrement de son employeur pour prix de son travail. SYN. paie, rémunération. *Salaire mensuel, annuel.*

HISTOIRE DU MOT Vient du latin *salarium*, « ration de sel ou argent pour acheter du sel », car le sel était, dans l'Antiquité, une des denrées les plus précieuses.

salaison n.f. Opération qui consiste à saler des aliments pour les conserver ; aliment conservé dans le sel. *La salaison de la morue.*

salamandre tachetée

salamalecs n.m.plur. (Familier) *Faire des salamalecs*, c'est faire des politesses excessives, un peu hypocrites.

HISTOIRE DU MOT Vient de l'arabe *salâm'alayk* qui signifie « paix sur toi » et qui est la formule de salut des musulmans.

salamandre n.f. Petit amphibien qui ressemble à un lézard, vit dans l'eau des mares, les forêts et les lieux humides, et dont la peau sécrète une substance visqueuse toxique.

ENCYCLOPÉDIE La salamandre se nourrit d'insectes et de petits vers. En France, il existe une espèce toute noire, qui vit dans le Jura et les Alpes. La salamandre noir et jaune peut mesurer 24 cm. Il existe des espèces géantes aux États-Unis, en Chine et au Japon, dont les plus grands représentants font 1,5 m de long et pèsent plus de 40 kg. Pour les Anciens, la salamandre était le symbole du feu. Ils croyaient qu'elle y vivait et qu'elle l'entretenait, mais aussi qu'elle pouvait l'éteindre. François Ier la fit figurer dans son blason avec la devise : « Je l'entretiens et je l'éteins. »

salami n.m. Gros saucisson sec.

HISTOIRE DU MOT Vient de l'italien *salame* qui signifie « chose salée ».

salant, e adj. • **Marais salants** → VOIR **marais.**

salarial, ale, aux adj. Qui concerne les salaires. *La politique salariale d'une entreprise.*

salarié, e n. et **adj.** Personne qui reçoit régulièrement un salaire en contrepartie de son travail. *Les salariés ont droit à des congés payés.*

sale adj. ❶ Qui n'est pas propre, pas net. *J'ai les mains sales. L'appartement était sale* (= mal entretenu, couvert de poussière, de crasse). ❷ (Familier) S'emploie pour marquer son rejet, son mécontentement, sa désapprobation. *Quel sale temps !* SYN. mauvais. *C'est un sale individu.* SYN. ignoble. *On lui a joué un sale tour.* SYN. vilain. ▸ REM. 1. Comparer *un individu sale* et *un sale individu*. 2. Ne pas confondre avec *salle*.

salé, e adj. ❶ Qui contient du sel et qui a le goût de sel. *L'eau de mer est salée. Les larmes sont salées.* ❷ Conservé dans le sel. *De la viande salée.* ❸ (Familier) Exagérément cher. *La note était salée !* ◆ **salé n.m.** Le goût salé. *Préférez-vous le salé ou le sucré ?*

salement adv. D'une manière sale. *Manger salement.* SYN. malproprement. CONTR. proprement.

saler v. (CONJUG. 3). ❶ Assaisonner avec du sel. *J'ai oublié de saler la soupe !* ❷ Recouvrir de sel un aliment pour le conserver. *Saler des harengs.* ❸ Répandre du sel sur une route gelée ou enneigée pour faciliter la circulation.

HISTOIRE DU MOT Vient du latin *sal* qui signifie « sel ».

saleté n.f. ❶ Le fait d'être sale ; état de ce qui est sale. *Va te laver, tu es d'une saleté repoussante.* SYN. malpropreté. CONTR. propreté. *Ça ne les dérange pas de vivre dans la saleté.* SYN. crasse. ❷ Chose, matière sales. *Il y a des saletés sur le trottoir.* SYN. ordures. *Le chat a fait des saletés dans le couloir.* ❸ (Familier) Chose sans valeur. *Ils ne vendent que des saletés.* SYN. (Fam.) camelote.

salière n.f. Petit récipient pour présenter le sel à table.

saline n.f. Établissement industriel qui exploite le sel marin ou le sel gemme.

salir salissant, sali v. (CONJUG. 16). ❶ Rendre sale, tacher, souiller. *Enlevez vos bottes, vous allez salir l'escalier.* ❷ Porter atteinte à l'honneur de quelqu'un en répandant des bruits sur son compte pour faire douter de son honnêteté. *Des personnes malveillantes ont cherché à le salir.* SYN. déshonorer. ◆ **se salir** v.pron. ❶ Prendre facilement des taches. *C'est un tissu qui se salit vite.* → VOIR AUSSI **salissant.** ❷ Salir son corps ou ses vêtements. *Tu peux aller au jardin, mais ne te salis pas.*

salissant, e adj. ❶ Qui salit. *Les peintres font un travail salissant.* ❷ Qui se salit facilement. *Cette moquette blanche est très salissante.*

salivaire adj. *Les glandes salivaires* sont les glandes qui sécrètent la salive.

salive n.f. Liquide produit par des glandes, qui mouille constamment la bouche et qui aide à digérer les aliments.

saliver v. (CONJUG. 3). ❶ Produire soudain de la salive, avoir l'eau à la bouche parce qu'un aliment fait envie. *À la vue de l'os de gigot, le chien s'est mis à saliver.* ❷ Au sens figuré, avoir très envie de quelque chose. *Pierre salivait devant les magnifiques voitures anciennes.*

salle n.f. ❶ Pièce assez vaste d'une maison, d'un édifice. *À gauche, en entrant dans le château, vous trouverez une grande salle avec des lambris.* ❷ Nom donné à certaines pièces destinées à un usage particulier. *La salle à manger. La salle de bains. La salle de séjour.* ❸ Local ou pièce de vastes dimensions à usage public. *Une salle de classe. Une salle de cinéma. La salle des fêtes.* ❹ Public réuni dans une salle. *Toute la salle s'est levée pour applaudir.* SYN. assistance, auditoire.

▸ REM. Ne pas confondre avec *sale*.

saloir n.m. Récipient dans lequel on place les viandes ou les poissons pour la salaison.

salon n.m. ❶ Pièce d'une maison où l'on reçoit les visiteurs. *Voulez-vous passer au salon pour prendre le café ?* ❷ (Avec une majuscule.) Exposition périodique permettant aux entreprises de présenter leurs nouveautés. *Le Salon de l'automobile.* ❸ Nom donné à certains établissements commerciaux aménagés pour recevoir et servir la clientèle. *Un salon de thé. Un salon de coiffure.*

HISTOIRE DU MOT Vient de l'italien *salone*, de *sala* qui signifie « salle ».

saloperie n.f. (Très familier) ❶ Chose malpropre ou à jeter. *La cave est pleine de saloperies.* SYN. (Fam.) cochonnerie, saleté. ❷ Chose de mauvaise qualité, qui ne vaut rien. *Ce réveil n'a jamais marché, c'est de la saloperie.* SYN. (Fam.) camelote.

salopette n.f. Vêtement fait d'un pantalon et d'un haut à bretelles. *Une salopette de mécanicien.*

salpêtre n.m. Poudre blanche ressemblant à une moisissure, que l'on voit souvent sur les murs humides (grottes, caves). *Le salpêtre est utilisé dans la fabrication des poudres, des explosifs et des pièces de feu d'artifice.*

HISTOIRE DU MOT Vient du latin *salpetrae*, de *sal* qui signifie « sel », et de *petrae*, qui signifie « de pierre ».

salsifis n.m. Plante potagère dont on mange la longue racine d'un blanc jaunâtre. *Une oie rôtie accompagnée de salsifis.*

saltimbanque n. Personne qui fait des acrobaties et des tours d'adresse, sur les places ou dans les foires. SYN. bateleur.

HISTOIRE DU MOT Vient de l'italien *saltimbanco* qui signifie « celui qui saute sur le banc, sur l'estrade ».

salto n.m. Dans certains sports, saut périlleux.

salubre adj. Qui est bon pour la santé. *Le climat du bord de mer est salubre.* SYN. sain, tonique. CONTR. insalubre.

HISTOIRE DU MOT Vient du latin *salus* qui signifie « santé ».

salubrité n.f. Qualité de ce qui est salubre. *La salubrité du climat.* CONTR. insalubrité.

saluer v. (CONJUG. 3). ❶ Dire bonjour ou au revoir à quelqu'un, lui donner une marque de respect, de politesse. *Elle l'a salué d'un signe de tête. Un soldat salue ses supérieurs.* ❷ S'incliner devant le public à la fin d'une représentation. *Les acteurs sont revenus trois fois sur scène pour saluer.* ❸ Accueillir une personne ou un événement par diverses manifestations. *Des applaudissements saluèrent l'arrivée des héros.*

HISTOIRE DU MOT Vient du latin *salutare* qui signifie « souhaiter la santé ».

a b c d e f g h i j k l m n o p q r s t u v w x y z

1 salut n.m. Action ou manière de saluer. *Faire un petit salut de la main. Le salut militaire.* ◆ **interj.** (Familier) Formule utilisée pour dire bonjour ou au revoir à quelqu'un. *Salut ! ça va ?*

HISTOIRE DU MOT Vient du latin *salus, salutis* qui signifie « santé, compliment ».

2 salut n.m. ❶ Fait d'être sauvé du péché, de l'enfer, dans certaines religions. ❷ Fait d'échapper à un danger, à un malheur. *Il ne dut son salut qu'à la fuite.*

salutaire adj. Qui a un bon effet sur la santé ou sur le comportement d'une personne. *Un repos salutaire.* SYN. bienfaisant. *Cette expérience a été salutaire pour lui.* SYN. profitable, utile.

salutations n.f.plur. Mot que l'on emploie dans les formules de politesse à la fin des lettres. *Veuillez agréer, Monsieur, l'expression de mes salutations distinguées.*

salve n.f. ❶ Décharge simultanée de coups de canon ou d'armes à feu, souvent pour saluer un événement ou une personnalité. *La naissance du prince fut saluée par une salve de vingt et un coups de canon.* ❷ *Une salve d'applaudissements*, ce sont des applaudissements très nombreux qui éclatent d'un coup.

HISTOIRE DU MOT Vient du latin *salve* qui signifie « salut ! ».

samba n.f. Danse brésilienne à deux temps.

samedi n.m. Le sixième jour de la semaine. *Tous les samedis matin, il va au marché.*

HISTOIRE DU MOT Vient du latin *sambati dies* qui signifie « jour du sabbat » : le samedi est le jour du sabbat chez les juifs.

samouraï n.m. Guerrier japonais qui était au service d'un seigneur.

samovar n.m. Bouilloire de cuivre à robinet, utilisée en Russie et dans le Moyen-Orient, qui permet d'avoir de l'eau bouillante pour le thé à tout moment.

statue d'un **samouraï** (tombeaux Ming, Pékin)

sampan n.m. En Extrême-Orient, sorte de barque avec un dôme en bambou pour abriter les passagers.

S.A.M.U. n.m. Service qui permet de donner les premiers soins aux personnes accidentées, de les transporter dans un hôpital, et, au besoin, de faire de la réanimation.

HISTOIRE DU MOT C'est le sigle de *Service d'aide médicale d'urgence.*

sanatorium n.m. Établissement de cure où l'on soigne les tuberculeux. (On dit souvent *sana*.)

HISTOIRE DU MOT Vient du latin *sanator* qui signifie « celui qui guérit », de *sanus*, « sain ».

sanctifier v. (CONJUG. 7). Reconnaître comme saint.

sanction n.f. ❶ Punition infligée à une personne pour ne pas avoir respecté un règlement, une loi. *La sanction était sévère !* ❷ Acte officiel qui reconnaît un usage, une décision comme valables. *La loi votée par le Parlement a obtenu la sanction du chef de l'État.* • **Prendre des sanctions** : sévir, punir. *Le capitaine a pris des sanctions contre les mutins.*

sanctionner v. (CONJUG. 3). ❶ Prendre une sanction contre quelqu'un. SYN. punir. ❷ Donner à quelque chose un statut légal ou officiel. *L'Académie française sanctionne l'usage des mots nouveaux.* SYN. consacrer, entériner.

sanctuaire n.m. Édifice consacré aux cérémonies religieuses ; lieu saint.

sandale n.f. Chaussure d'été légère et découverte, faite d'une semelle attachée au pied par des lanières.

sandalette n.f. Sandale légère.

sandwich n.m. (PLUR. : **sandwichs** ou **sandwiches**). Tranches de pain entre lesquelles on met du jambon, du saucisson, du fromage, etc.

HISTOIRE DU MOT Vient du nom du comte de *Sandwich*, pour qui un cuisinier inventa cet en-cas, en 1762, afin de lui permettre de manger sans quitter la table de jeu.

sang n.m. ❶ Liquide rouge qui coule dans les veines, les artères, le cœur et les capillaires. *Une prise de sang.* ❷ Famille dont on descend, à laquelle on appartient. *Les liens du sang. Nous sommes du même sang toi et moi.* SYN. extraction, lignée. • **En sang** : couvert de sang. SYN. ensanglanté. • **Se faire du mauvais sang, un sang d'encre** ou **se ronger les sangs** : se faire beaucoup de souci, s'inquiéter.

▸ REM. Au mot *sang* correspond l'élément tiré du grec *hémo-*, *héma-*, que l'on retrouve dans des mots comme *hémophile, hémorragie, hématome.*

ENCYCLOPÉDIE Le sang circule dans tout l'organisme. Il apporte aux tissus des substances nutritives et de l'oxygène et remporte le gaz carbonique et les déchets vers les organes qui les éliminent (poumons, reins, peau). Le sang est composé de *plasma* (qui est fait de 90 % d'eau) et de cellules : les *globules* et les *plaquettes*. Le *plasma* transporte les substances nutritives (sucres, graisses, protéines, sels minéraux). Les *globules rouges* qui donnent sa couleur au sang transportent l'oxygène ou le gaz carbonique. Les *glo-*

A B C D E F G H I J K L M N O P Q R S T U V W X Y Z

bules blancs sont les défenseurs de l'organisme et se multiplient dès qu'il y a une infection. Les *plaquettes* sont spécialisées dans la coagulation : quand on se coupe, elles rendent le sang épais, ce qui bouche l'ouverture et fait cesser le saignement.

sang-froid **n.m.invar.** Maîtrise de soi, calme que l'on est capable de garder en toute occasion. *Tout le monde a été sauvé, grâce au sang-froid du pilote.* • **De sang-froid :** en pleine conscience de ce que l'on fait et non sous le coup de l'émotion. SYN. délibérément, froidement.

sanglant, e **adj.** ❶ Taché de sang. *Un pansement sanglant.* SYN. ensanglanté. ❷ Qui fait couler le sang, qui fait beaucoup de morts. *Le combat a été sanglant.* SYN. meurtrier.

sangle **n.f.** Bande de cuir ou de toile très solide qui permet d'attacher, de serrer, de maintenir.
HISTOIRE DU MOT Vient du latin *cingula*, de *cingere* qui signifie « entourer » et qui a aussi donné *ceinture*.

sanglé, e **adj.** Dont le buste et la taille sont serrés dans des vêtements bien ajustés, un peu étroits. *Un officier sanglé dans son uniforme.*

sanglier **n.m.** Porc sauvage des forêts d'Europe, d'Afrique du Nord et d'Asie, à poils raides noirs ou bruns, à grosse tête triangulaire terminée par un groin, et qui cause de grands dégâts dans les champs.
HISTOIRE DU MOT Vient du latin *singularis porcus* qui signifie « porc solitaire ».
ENCYCLOPÉDIE Cri : le sanglier grogne. Femelle : la laie. Petit : le marcassin. Habitat : la bauge.

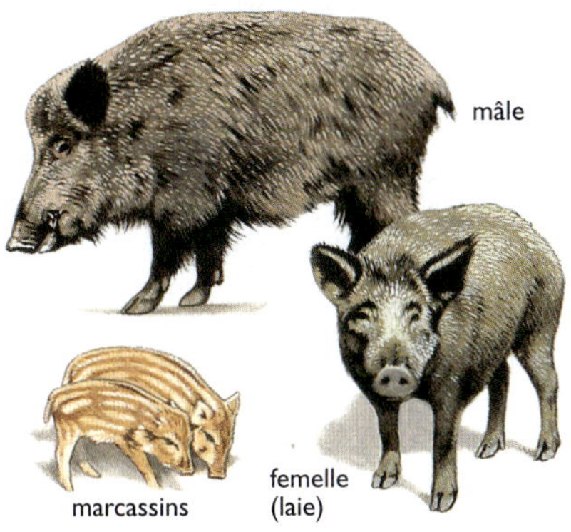

sangliers

sanglot **n.m.** Contraction saccadée de la poitrine, accompagnée de larmes, qui se produit quand on a un grand chagrin ou qu'on a très mal. *Éclater en sanglots.*
HISTOIRE DU MOT Vient du latin *singultus* qui signifie « hoquet ».

sangloter **v.** (CONJUG. 3). Pleurer très fort, avec des sanglots. *Léa, inconsolable, sanglotait dans les bras de sa maman.*

sangria **n.f.** Boisson faite de vin sucré où macèrent des morceaux de fruits.

sangsue **n.f.** ❶ Gros ver des mers et des rivières, dont le corps est terminé à chaque extrémité par une ventouse. *Les sangsues sucent le sang des animaux ou des hommes sur lesquels elles se fixent grâce à leurs ventouses.* ❷ Personne qui vit ou s'enrichit aux dépens d'autrui. SYN. profiteur.
▸ REM. On ne prononce pas le *-g-*.
HISTOIRE DU MOT Vient du latin *sanguisuga* qui signifie « suceuse de sang ».

sanguin, e **adj.** Relatif au sang, à la circulation du sang. *Une transfusion sanguine. Les vaisseaux sanguins.* • **groupe sanguin** → VOIR **groupe.**

sanguinaire **adj.** Qui aime faire couler le sang, qui n'hésite pas à tuer. *Un tyran sanguinaire.* SYN. cruel, féroce.

sanguine **n.f.** ❶ Orange à chair rouge, très juteuse. ❷ Dessin fait avec un crayon d'un rouge brique.

sanguinolent, e **adj.** Mêlé, teinté de sang. *Des pansements sanguinolents.*

sanitaire **adj.** Qui concerne l'hygiène, la santé publique. *Dans l'alimentation, les contrôles sanitaires sont très stricts.* ◆ **sanitaires** **n.m.plur.** Ensemble des installations et appareils destinés aux soins de propreté (lavabos, W.-C., etc.).
HISTOIRE DU MOT Vient du latin *sanitas* qui signifie « santé ».

sans **prép.** Indique la privation, l'absence, le manque, l'exclusion, la négation. *Du pain sans sel. Un jour sans soleil. Ils sont partis sans moi.* CONTR. avec. *Aller au lit sans manger.* • **Non sans :** avec. *J'ai réussi à le convaincre de venir, non sans peine !* • **Sans plus :** mais pas plus, sans excès. *Elle est polie, sans plus.* • **Sans quoi** ou **sans cela :** autrement, faute de quoi. *Dépêche-toi, sans quoi tu vas rater ton train !* SYN. sinon.

sans-abri **n.invar.,** ✎ ***n.*** (PLUR. : *sans-abris*). Personne qui n'a plus de logement et se retrouve à la rue. SYN. clochard, sans-logis, vagabond.

sans-cœur **adj.invar.** et **n.invar.,** ✎ ***adj.*** et ***n.*** (PLUR. : *sans-cœurs*). (Familier) Qui est incapable d'affection, de pitié.

sanscrit **n.m.** → **sanskrit**

sans-culotte **n.m.** (PLUR. : *sans-culottes*). Nom donné par les aristocrates aux révolutionnaires en 1792.
HISTOIRE DU MOT La « culotte » s'arrêtait aux genoux et était portée par les nobles. Les révolutionnaires adoptèrent le pantalon long.

sans-culotte
(10 août 1792)

A B C D E F G H I J K L M N O P Q R S T U V W X Y Z

sans-gêne **n.m.invar.**, ✎ ***n.m*** (PLUR. : *sans-gênes*). Comportement d'une personne impolie qui prend ses aises sans se gêner pour les autres. *Pierre se sert de mes affaires sans me le demander, il est d'un sans-gêne !* SYN. désinvolture, indélicatesse. ◆ **n.invar.** Personne qui agit de cette manière.

sanskrit ou **sanscrit** **n.m.** Langue littéraire et sacrée de l'Inde ancienne.

HISTOIRE DU MOT Vient du mot *samskrita* qui signifie « parfait ».

ENCYCLOPÉDIE Le sanskrit est l'une des 22 langues constitutionnelles de l'Inde. C'est une langue de culte et d'enseignement. Les *Veda*, textes sacrés des brahmanes, ont été écrits en sanskrit. Cette langue joue aujourd'hui un rôle semblable à celui du latin autrefois en Europe. Le *hindi*, langue parlée en Inde du Nord, vient du sanskrit et en a gardé l'alphabet.

sans-logis **n.invar.** Sans-abri.
▸ REM. Ce mot appartient à la langue soutenue.

sans-papiers **n.invar.**, ✎ ***sans-papier n.*** (PLUR. : *sans-papiers*). Personne qui ne possède pas de document d'identité et, si elle est étrangère, qui ne possède pas de documents qui lui permettent de justifier sa présence en France.

sans-plomb **n.m.invar.**, ✎ ***n.m.*** (PLUR. : *sans-plombs*). Essence dans laquelle le plomb a été remplacé par d'autres substances moins polluantes.

sansonnet **n.m.** Étourneau.

santal **n.m.** (PLUR. : **santals**). Arbuste d'Asie dont le bois, imputrescible, dur et odorant, est utilisé en parfumerie ainsi qu'en ébénisterie. *Un coffret en bois de santal.*

santé **n.f.** ❶ Fonctionnement normal de l'organisme. *Santé physique. Santé mentale. Judith respire la santé.* ❷ État bon ou mauvais de l'organisme. *Donnez-moi des nouvelles de votre santé : allez-vous bien ? Être en bonne, en mauvaise santé. Une santé de fer* (= une très bonne santé). • **Santé publique :** ensemble des services chargés de veiller à la bonne santé d'une population et qui regroupent équipes et établissements de soins, de contrôle et de prévention des maladies.

HISTOIRE DU MOT Vient du latin *sanus* qui signifie « sain ».

santon **n.m.** Petit personnage en terre cuite peinte qui sert à décorer les crèches de Noël.

HISTOIRE DU MOT Vient du provençal *santoun* qui signifie « petit saint ».

saoul, e **adj.** → **soûl**

saouler **v.** → **soûler**

sape **n.f.** • **Travail de sape :** manœuvre plus ou moins secrète qui cherche à empêcher la réalisation d'un projet. *Le travail de sape de nos concurrents ne nous a pas empêchés de réussir.*

saper **v.** (CONJUG. **3**). ❶ Détruire petit à petit en creusant la base d'un relief, d'une construction. *La mer sape la falaise.* ❷ Chercher à détruire quelque chose par une action progressive et secrète. *L'ennemi cherche à saper le moral de nos troupes.* SYN. miner, ruiner.

HISTOIRE DU MOT Vient de l'italien *zappare* qui signifie « piocher ».

saperlipopette **interj.** Juron familier qu'on employait autrefois pour marquer l'étonnement.

sapeur **n.m.** Soldat de l'armée de terre chargé de l'aménagement des voies de communication et du terrain. • **Fumer comme un sapeur :** fumer énormément.
▸ REM. Au Canada, la forme féminine de ce mot est *sapeuse*.

sapeur-pompier **n.m.** (PLUR. : **sapeurs-pompiers**). Pompier.

saphir **n.m.** Pierre précieuse bleue dont les plus beaux spécimens se trouvent en Birmanie et en Thaïlande. ◆ **adj.invar.** De la couleur d'un saphir. *Elle a des yeux saphir.*

sapin **n.m.** Arbre résineux de la famille des conifères, dont le bois est très utilisé pour faire des charpentes, des meubles, des cageots et de la pâte à papier. *Florence a décoré le sapin de Noël.*

ENCYCLOPÉDIE Le sapin pousse dans les régions tempérées de l'hémisphère Nord. Il peut atteindre 50 m de haut et plus de 2 m de diamètre. Il peut vivre plusieurs centaines d'années, mais on l'exploite au bout de 100 à 150 ans.

sapristi **interj.** Juron familier qu'on employait autrefois pour marquer sa surprise.

sarabande **n.f.** ❶ Danse lente à trois temps en vogue aux XVIIe et XVIIIe siècles. ❷ Vacarme causé par des jeux bruyants et désordonnés. *Les enfants font une de ces sarabandes dans le grenier !* SYN. tapage.

HISTOIRE DU MOT Vient du persan *sarbend* qui signifie « danse ».

sarbacane **n.f.** Tuyau dans lequel on souffle pour lancer de petits projectiles. *Sylvain lance des boulettes de papier avec sa sarbacane.*

sarcasme **n.m.** Moquerie insultante. *Xavier ne cessait d'accabler Annabelle de ses sarcasmes.* SYN. raillerie.

sarcastique **adj.** Plein d'une ironie mauvaise, qui cherche à blesser et à ridiculiser. *Un rire sarcastique. Un écrivain sarcastique.* SYN. sardonique.

sarcler **v.** (CONJUG. **3**). Enlever les mauvaises herbes d'un terrain cultivé en grattant la terre avec un outil spécial, le sarcloir. *René a sarclé ses betteraves.*

HISTOIRE DU MOT Vient du latin *sarculum* qui signifie « houe ».

sarcloir **n.m.** Outil pour sarcler.

sarcophage **n.m.** Tombeau en pierre de l'Antiquité et du Moyen Âge. *On a trouvé des sarcophages dans les pyramides égyptiennes.*

HISTOIRE DU MOT Vient du grec *sarkophagos*, « qui mange de la chair », car, au contact de la pierre de ce tombeau, la chair se décomposait rapidement.

sarcophage égyptien

sardane **n.f.** Danse populaire des Pyrénées-Orientales. *La sardane se danse en cercle au son de la « cobla », orchestre composé de quatre hautbois et d'un tambourin.*

sardine **n.f.** Petit poisson de mer qui se déplace par bancs, en Méditerranée et dans l'Atlantique. *Des sardines grillées. Une boîte de sardines à l'huile.*

sardonique **adj.** *Un rire sardonique* exprime une moquerie méchante. SYN. sarcastique.

sari **n.m.** Vêtement traditionnel des femmes de l'Inde, fait d'une pièce de soie ou de coton drapée autour du corps sans coutures ni épingles.

Indiennes en **sari**

sarment **n.m.** Jeune branche de la vigne. *Il faut tailler les sarments de la vigne pour qu'elle pousse bien.*

1 sarrasin, e **n.** et **adj.** Nom que les Occidentaux employaient au Moyen Âge pour *musulman.*
▸ REM. Quand il désigne une personne, le mot prend une majuscule : *les Sarrasins, une Sarrasine.*

HISTOIRE DU MOT Vient de l'arabe *charki* qui signifie « oriental ».

2 sarrasin **n.m.** Céréale cultivée pour ses grains riches en amidon. *Des crêpes de sarrasin.* SYN. blé noir.

HISTOIRE DU MOT Le sarrasin doit son nom à la couleur noire de son grain, comparée au teint des Sarrasins.

sarrau **n.m.** (PLUR. : **sarraus**). ❶ Blouse boutonnée dans le dos que les écoliers portaient autrefois. ❷ Blouse de travail ample que l'on porte par-dessus les vêtements.

sarriette **n.f.** Plante aromatique dont on utilise les feuilles comme condiment.

sas **n.m.** Compartiment étanche muni de deux portes dont l'une ne s'ouvre que si l'autre est fermée, permettant ainsi de mettre en communication deux milieux dont la pression est différente. *Le sas d'un sous-marin, d'une capsule spatiale.*
▸ REM. On prononce le *-s* final.

satané, e **adj.** (Familier) S'emploie devant un nom pour marquer son énervement. *Cette satanée voiture ne marchera donc jamais !* SYN. maudit.

satanique **adj.** Qui fait penser au diable, à Satan. *Un rire satanique.* SYN. diabolique, infernal.

satellite d'observation

satellite **n.m.** Planète secondaire qui tourne autour d'une planète principale. *La Lune est le satellite de la Terre.* • **Satellite artificiel** ou **satellite :** engin placé par un système de transport spatial (fusée, navette) en orbite autour d'un astre, en particulier de la Terre. *Les Russes ont lancé le premier satellite artificiel, Spoutnik 1, le 4 octobre 1957.* → VOIR noms propres : **Spoutnik.**

HISTOIRE DU MOT Vient du latin *satelles* qui signifie « garde du corps ».

satiété **n.f.** • **À satiété :** jusqu'à ce qu'on n'ait plus envie de rien. *Manger et boire à satiété.*
▸ REM. On prononce [sasjete].

HISTOIRE DU MOT Vient du latin *satis* qui signifie « assez » et que l'on retrouve dans *satisfaire, insatiable* et *rassasier.*

satin **n.m.** Étoffe, principalement de soie, lisse et brillante. *Un manteau avec doublure de satin.*

satiné, e **adj.** ❶ Dont la surface douce et légèrement brillante évoque le satin. *Pour ma chambre, j'ai choisi une peinture satinée.* ❷ *Une peau satinée* est douce comme du satin.

satire **n.f.** Critique qui tourne en ridicule les défauts d'une société, d'une personne, etc. *Ce film fait la satire du monde de la télévision.*
▸ REM. Ne pas confondre avec *satyre.*

HISTOIRE DU MOT Vient du latin *satura* qui signifie « poème qui critique les vices, farce ».

satirique **adj.** Qui critique en se moquant. *C'est un journal satirique qui publie des caricatures d'hommes politiques.*

satisfaction **n.f.** ❶ Impression de contentement, de plaisir qui naît d'un désir qui se réalise enfin. *Luc éprouva une vive satisfaction quand son travail fut terminé.* SYN. joie. CONTR. déception, mécontentement. ❷ *Donner* ou *obtenir satisfaction,* c'est accorder ou obtenir ce qui est demandé. *Les parents d'élèves demandaient qu'on construise une passerelle au-dessus de la route, ils viennent d'obtenir satisfaction.*

A B C D E F G H I J K L M N O P Q R S T U V W X Y Z

satisfaire **satisfaisant, satisfait v.** (CONJUG. **70**). ❶ Répondre aux souhaits, aux attentes de quelqu'un. *Il sera difficile de satisfaire tout le monde.* SYN. contenter. *Son explication ne me satisfait pas* (= elle n'est pas suffisante). *Je vais te dire la fin de l'histoire pour satisfaire ta curiosité.* ❷ Remplir certaines obligations, être conforme à ce qui est exigé. *Cet appareil doit satisfaire aux normes de sécurité pour être commercialisé.* ◆ **se satisfaire v.pron.** S'accommoder de quelque chose, s'en contenter. *Je ne peux pas me satisfaire de cette explication, c'est insuffisant.*

HISTOIRE DU MOT Vient du latin *satis*, qui signifie « assez », et *facere*, qui signifie « faire ».

satisfaisant, e adj. ❶ Qui est conforme à ce qui était attendu. *C'est un accord satisfaisant pour les deux parties.* ❷ Dont on peut se contenter, qui est bon sans être excellent. *Un travail satisfaisant.* SYN. convenable, correct. CONTR. insuffisant.

satisfait, e adj. ❶ Qui est content, qui manifeste de la satisfaction. *Loïc paraissait très satisfait de sa nouvelle existence.* SYN. heureux. ❷ Qui a obtenu satisfaction. *Est-ce que ta curiosité est satisfaite maintenant ?*

saturation n.f. *Arriver à saturation*, c'est atteindre un degré au-delà duquel quelque chose devient insupportable. *Le public arrive à saturation avec cette campagne publicitaire.*

saturé, e adj. ❶ Imprégné à l'excès de quelque chose. *Dans la forêt amazonienne, l'air est saturé d'humidité.* SYN. gorgé. ❷ Pleinement rassasié au point d'en être écœuré. *Ces enfants sont saturés de publicité.* ❸ *Une voie de circulation saturée* est très encombrée.

HISTOIRE DU MOT Vient du latin *saturare* qui signifie « rassasier ».

satyre n.m. Divinité grecque des bois et des montagnes qui a des jambes de bouc, de longues oreilles pointues, des cornes et une queue, et dont le corps est couvert de poils.
▸ REM. Ne pas confondre avec *satire*.

sauce n.f. Assaisonnement plus ou moins liquide, chaud ou froid, salé ou aigre-doux, dont on accompagne certains plats. *La vinaigrette, la béchamel, le coulis de tomates, la mayonnaise sont des sauces.* ● (Familier) **Mettre à toutes les sauces :** utiliser de toutes sortes de façons.

HISTOIRE DU MOT Vient du latin *salsus* qui signifie « salé ».

saucer **saucant, saucé v.** (CONJUG. **4**). Tremper du pain dans la sauce.

saucière n.f. Récipient dans lequel on sert une sauce à table.

saucisse n.f. Charcuterie faite de chair hachée enfermée dans un boyau de porc, de bœuf, de mouton. *Les chipolatas et les merguez sont des saucisses.*

HISTOIRE DU MOT Vient, comme *sauce*, du latin *salsus*.

saucisson n.m. Sorte de grosse saucisse cuite ou séchée et généralement assez poivrée, qui se mange froide.

1 sauf, sauve adj. ❶ Qui est hors de danger, qui a échappé à la mort. *Les otages ont eu la vie sauve.* ❷ Qui n'a reçu aucune atteinte. *Son honneur est sauf.* SYN. intact.

2 sauf prép. ❶ À l'exclusion de telle personne, telle chose. *Tous mes amis sont venus, sauf Louis.* SYN. à part, excepté, hormis. ❷ Excepté s'il y a tel cas, telle circonstance. *J'irai à la piscine mercredi, sauf si je suis malade.*

sauf-conduit (PLUR. : **sauf-conduits**), ✎ ***saufconduit*** **n.m.** Permis de circuler dans un pays ou dans une zone occupés militairement, sans crainte d'être arrêté. SYN. laissez-passer.

sauge n.f. Plante des régions chaudes ou tempérées utilisée comme aromate, comme médicament ou pour décorer les jardins.

saugrenu, e adj. *Des paroles, des idées saugrenues* sont inattendues et surprennent par leur bizarrerie et leur manque de logique. *Quelle question saugrenue !* SYN. extravagant, insolite.

HISTOIRE DU MOT Vient de l'ancien français *saugreneux* qui signifiait au figuré « piquant, salé ».

saule n.m. Arbre des régions froides et tempérées, aux longues branches flexibles, qui pousse dans les lieux humides ou au bord de l'eau, et dont une espèce fournit l'osier. *Les branches du saule pleureur retombent jusqu'au sol.*

saule pleureur

saumâtre adj. ❶ *Une eau saumâtre* a un léger goût de sel car elle est mêlée d'eau de mer. *Les eaux saumâtres des estuaires et des lagunes.* ❷ *Une plaisanterie saumâtre*, c'est une plaisanterie d'assez mauvais goût, et plutôt désagréable.

saumon n.m. Gros poisson pouvant atteindre 1,50 m et dont la chair rose est très appréciée, qui vit dans la mer et remonte les fleuves au moment où il pond ses œufs. *On mange le saumon frais ou fumé.* ◆ **adj.invar.** De la couleur de la chair du saumon. *Du papier peint rose saumon.*

saumure n.f. Eau salée et aromatisée, dans laquelle on conserve des viandes, des poissons, des légumes. *Les anchois et les olives sont conservés dans la saumure.*

sauna **n.m.** Bain de vapeur sèche d'origine finlandaise ; établissement où l'on prend ce bain. *Aller au sauna.* → VOIR AUSSI **hammam.**

ENCYCLOPÉDIE À l'origine, le sauna se prenait dans la nature. On aspergeait des pierres volcaniques brûlantes avec de l'eau, ce qui provoquait une vapeur abondante. Ensuite on se fouettait avec des branches de bouleau, puis on restait au repos de 15 à 20 minutes enroulé dans une couverture.

saupoudrer **v.** (CONJUG. 3). Répandre légèrement une substance en poudre sur quelque chose. *Saupoudrer des crêpes de sucre.*

HISTOIRE DU MOT Vient de l'ancien français *sau*, « sel », et de *poudrer.*

saur **adj.m.** • **Hareng saur :** hareng salé puis séché à la fumée.

saurien **n.m.** *Les sauriens* sont des reptiles au corps couvert d'écailles. *Les lézards, les orvets, les caméléons, les iguanes sont des sauriens.*

HISTOIRE DU MOT Vient du grec *saura* qui signifie « lézard » et que l'on retrouve dans *dinosaure.*

saut **n.m.** ❶ Action et manière de sauter. *Le coureur fait des petits sauts sur place pour s'échauffer.* SYN. bond. *Un saut en parachute. Saut en longueur. Saut en hauteur. Saut à la perche.* ❷ Passage sans transition d'un état à un autre. *Grâce à ce film on fait un saut dans le temps.* • **Au saut du lit :** dès le lever. • **Faire un saut quelque part :** y passer sans s'attarder. *J'ai fait un saut chez Xavier.*
▸ REM. Ne pas confondre avec *sceau, sot, seau.*

saut en hauteur

saute **n.f.** • **Saute de vent :** changement subit de direction du vent. • **Saute d'humeur :** modification subite et imprévisible de l'humeur de quelqu'un. • **Saute de température :** variation brusque de température.

sauté **n.m.** Plat fait de morceaux de viande que l'on fait cuire à feu vif dans un corps gras. *Un sauté de veau.*

saute-mouton **n.m.invar.,** ✎ ***n.m.*** (PLUR. : *saute-moutons*). Jeu où l'on doit sauter jambes écartées, en prenant appui sur les mains, par-dessus le dos d'un autre joueur qui se tient courbé, les mains aux genoux et la tête rentrée.

sauter **v.** (CONJUG. 3). ❶ S'élever par une détente des jambes au-dessus du sol et retomber. *J'ai sauté 1,50 m ! Sauter une barrière. Sauter par-dessus le mur.* ❷ S'élancer d'un endroit à l'autre. *L'écureuil saute de branche en branche.* SYN. bondir. ❸ S'élancer d'un lieu élevé vers le bas. *Le parachutiste saute dans le vide.* ❹ S'élancer vers quelqu'un. *L'enfant sauta au cou de sa mère.* ❺ Sortir de son emplacement, de son engrenage ; être arraché. *Zut ! la chaîne de mon vélo a sauté ! Le bouchon de champagne a sauté.* ❻ Omettre un passage dans un texte. *Fais attention, tu sautes une page.* SYN. oublier. ❼ Être détruit par une explosion. *Le camion a sauté sur une mine.* ❽ Passer brusquement d'une chose à l'autre. *C'est fatigant de parler avec elle, elle saute sans arrêt d'un sujet à un autre.* ❾ *Faire sauter un aliment*, c'est le faire cuire à feu vif dans un corps gras. *J'ai fait sauter des pommes de terre.* SYN. revenir, rissoler.

HISTOIRE DU MOT Vient du latin *saltare* qui signifie « danser ».

sauterelle

sauterelle **n.f.** Insecte vert ou jaunâtre aux longues antennes, aux grandes ailes et aux puissantes pattes postérieures qui lui permettent de faire de grands bonds. *Les sauterelles se nourrissent d'herbe et de petits insectes.*

ENCYCLOPÉDIE La sauterelle mâle fait entendre le soir une sorte de chant strident, produit par le frottement de ses ailes l'une contre l'autre. L'abdomen de la femelle se termine par une pointe en forme de sabre, la *tarière*, qui lui permet, à l'automne, de creuser le sol pour y enfouir ses œufs. Il ne faut pas confondre la sauterelle avec le *criquet* qui est brun-gris et n'a pas de tarière.

sautiller **v.** (CONJUG. 3). Faire des petits sauts. *La petite fille tournait autour de sa maman en sautillant.*

sautoir **n.m.** ❶ Endroit aménagé pour le saut en hauteur ou en longueur. ❷ Long collier d'or, d'argent, de perles, qui descend sur la poitrine.

sauvage **adj.** ❶ Qui vit en liberté dans la nature. *Les oies sauvages.* CONTR. apprivoisé, domestique. ❷ Qui pousse naturellement, sans qu'on le cultive. *Les églantiers sont des rosiers sauvages.* CONTR. cultivé. ❸ *Un lieu sauvage*, c'est un lieu où il n'y a aucune culture et où n'habite aucun homme. *Un cañon grandiose et sauvage.* ❹ *Un acte sauvage* est brutal et féroce. *Tous les opposants furent victimes d'une sauvage répression.* SYN. cruel. ◆ **adj.** et **n.** ❶ Qui est très timide et semble redouter la compagnie de ses semblables. *C'est une petite fille assez sauvage.* SYN. farouche. CONTR. sociable. ❷ Qui est brutal et grossier. *Quel sauvage ! il m'a bousculée sans même s'excuser.* SYN. malotru. ❸ Qui fait preuve de barbarie et de cruauté. *Certains soldats se sont comportés comme des sauvages.* SYN. barbare. ❹ Qui vit à

a b c d e f g h i j k l m n o p q r s t u v w x y z

l'écart des autres civilisations. *Des tribus sauvages.* → VOIR AUSSI **primitif.**

HISTOIRE DU MOT Vient du latin *silvaticus*, de *silva* qui signifie « forêt ».

sauvagement **adv.** Avec sauvagerie. *Les habitants furent sauvagement massacrés.* SYN. cruellement.

sauvageon, onne **n.** Enfant sauvage, timide et farouche.

sauvagerie **n.f.** ❶ Comportement violent et cruel. *Traiter des prisonniers avec sauvagerie.* SYN. barbarie, cruauté. ❷ Caractère d'une personne qui fuit les contacts humains. *Il avait gardé de son enfance solitaire une certaine sauvagerie.*

sauvegarde **n.f.** ❶ Protection fournie par une autorité. *Les réfugiés se sont mis sous la sauvegarde de l'ambassadeur.* ❷ En informatique, copie de sécurité que l'on fait en enregistrant un fichier dans la mémoire de l'ordinateur afin qu'il ne soit pas effacé.

sauvegarder **v.** (CONJUG. **3**). ❶ Mettre à l'abri de toute atteinte. *Sauvegarder les forêts et les rivières.* SYN. défendre, préserver, protéger. ❷ En informatique, faire une sauvegarde.

sauve-qui-peut **n.m.invar.** Fuite désordonnée de personnes saisies de panique. *Quelqu'un cria « au feu ! » et aussitôt ce fut un sauve-qui-peut général.* SYN. débandade.

sauver **v.** (CONJUG. **3**). ❶ Mettre hors de danger. *Le maître-nageur l'a sauvé de justesse de la noyade. Vous m'avez sauvé la vie.* ❷ Faire échapper à la destruction, à la disparition. *Elle a réussi à sauver ses meubles de l'incendie. Sauver la planète.* SYN. préserver. ❸ Chez les chrétiens, donner le salut éternel aux hommes. ◆ **se sauver** **v.pron.** S'enfuir précipitamment. *Sauvez-vous ! la maison va s'effondrer.* SYN. fuir. *Le prisonnier s'est sauvé.* SYN. s'échapper, s'enfuir. • **Sauve qui peut ! :** cri qui invite chacun à se tirer d'affaire tout seul devant un danger.

HISTOIRE DU MOT Vient, comme *sauf 1*, du latin *salvus* qui signifie « en bonne santé ».

sauvetage **n.m.** ❶ Opération entreprise pour porter secours à des personnes en danger. *Plusieurs équipes ont participé au sauvetage des alpinistes.* ❷ *Une bouée, une ceinture, un gilet, un canot de sauvetage* sont conçus pour pouvoir flotter sur l'eau en cas d'accident, de naufrage.

sauveteur **n.m.** Personne qui prend part à une opération de sauvetage. *Les sauveteurs cherchent encore les survivants sous les décombres.*
▸ REM. Au Canada, la forme féminine de ce mot est *sauveteuse.*

à la **sauvette** **adv.** ❶ En hâte et discrètement, comme si on avait à se cacher. *Je lui ai parlé à la sauvette.* ❷ *Un vendeur à la sauvette* vend des marchandises sur le trottoir, dans le métro, etc., sans avoir l'autorisation légale de le faire.

sauveur **n.m.** ❶ Personne qui sauve quelqu'un. *Ce médecin est mon sauveur !* ❷ (Avec une majuscule.) Nom donné à Jésus-Christ, venu sur terre, selon l'Évangile, pour sauver les hommes.

savamment **adv.** ❶ Avec beaucoup d'habileté. *Les voleurs avaient un plan savamment étudié.* SYN. habilement. ❷ *Parler savamment d'une chose*, c'est en parler en connaissance de cause, pour l'avoir expérimentée.

savane **n.f.** ❶ Immense plaine des régions tropicales, couverte de hautes herbes et d'arbres clairsemés. *Dans la savane vivent des antilopes, des zèbres, des girafes et des lions.* ❷ Au Québec, terrain marécageux. ❸ Aux Antilles, place principale d'une ville.

savant, e **adj.** ❶ Qui sait beaucoup de choses dans divers domaines ou dans un domaine précis. *Jacques est très savant en astronomie.* SYN. érudit, instruit. CONTR. ignorant. ❷ Qui est difficile à comprendre. *Cette émission était trop savante pour le grand public.* SYN. ardu, compliqué, dur. ❸ *Un animal savant* est dressé pour faire des tours et des exercices difficiles. *Au cirque, nous avons vu des chèvres savantes tenir en équilibre sur de petits escabeaux.* ❹ *Un mot savant* est un mot formé directement sur un mot grec ou latin. *« Paléontologie » est un mot savant.* ◆ **savant** **n.m.** Scientifique qui a beaucoup fait progresser la discipline dans laquelle il travaille. *Marie Curie a été un grand savant.* SYN. chercheur.
▸ REM. Au Canada, la forme féminine du nom est *savante.*

savate **n.f.** ❶ Vieille pantoufle ou vieille chaussure. ❷ Sport de combat où l'on se sert des pieds et des mains, et dont les principaux coups ont été intégrés à la boxe française.

sauveteur en action

A B C D E F G H I J K L M N O P Q R S T U V W X Y Z

saveur **n.f.** ❶ Goût caractéristique d'un aliment, d'une boisson. *Élise se rappelait la saveur un peu acide des mûres et des noix fraîches de septembre.* ❷ Charme particulier de quelque chose. *Un récit plein de saveur.* SYN. piment, piquant.

HISTOIRE DU MOT Vient du latin *sapor*, de *sapere* qui signifie « avoir du goût ».

1 **savoir** sachant, su **v.** (CONJUG. 36). ❶ Avoir connaissance de quelque chose, en être informé. *Sais-tu la nouvelle ?* SYN. connaître. *J'ai su qu'ils allaient se marier par ma voisine.* SYN. apprendre. ❷ Être capable de se souvenir de quelque chose qu'on a appris. *Savoir sa leçon.* SYN. connaître. ❸ Être capable de faire quelque chose. *Je sais faire du vélo.* • **En savoir quelque chose :** en avoir fait l'expérience. *Les orties, ça pique, j'en sais quelque chose !* • **Ne rien vouloir savoir :** s'entêter à refuser, rester sur sa décision. • **On ne sait jamais :** tout est possible. • **Qui sait ? :** ce n'est pas impossible. SYN. peut-être.

2 **savoir** **n.m.** L'ensemble des connaissances acquises par l'étude. *Notre professeur possède un grand savoir.* SYN. culture, érudition, instruction.

savoir-faire **n.m.invar.** Habileté acquise par l'expérience. *Cette ébéniste a un grand savoir-faire.* SYN. adresse, compétence.

savoir-vivre **n.m.invar.** Connaissance et mise en pratique des règles de la politesse. *Christophe n'a aucun savoir-vivre.* SYN. éducation.

savon **n.m.** Produit de nettoyage qui mousse au contact de l'eau ; morceau moulé et dur de ce produit. *Du savon en paillettes. Du savon liquide. Un savon de toilette.* • (Familier) **Passer un savon à quelqu'un :** le réprimander.

savonner **v.** (CONJUG. 3). Laver avec du savon. *Savonner la tache puis laisser tremper.*

savonnette **n.f.** Petit savon pour la toilette. *Une savonnette parfumée à la lavande.*

savonneux, euse **adj.** Qui contient du savon. *De l'eau savonneuse.*

savourer **v.** (CONJUG. 3). ❶ Manger lentement pour bien apprécier le goût de quelque chose. *Julie savoure une glace au fruit de la Passion.* SYN. déguster. ❷ Prendre un plaisir extrême à quelque chose. *Savourer la douceur d'un soir d'été.*

savoureux, euse **adj.** ❶ Dont le goût est délicieux. *Une savoureuse omelette aux cèpes.* SYN. exquis, succulent. CONTR. fade, insipide. ❷ Qui est plaisant et agréable à lire, à voir, à entendre. *De savoureuses anecdotes.* SYN. piquant, plaisant.

HISTOIRE DU MOT Vient de *saveur*.

savoyard, e **adj.** et **n.** De Savoie. *Ce soir, nous mangeons une fondue savoyarde.*
▸ REM. Quand il désigne une personne, le mot prend une majuscule : *un Savoyard, une Savoyarde.*

saxophone

saxophone **n.m.** Instrument de musique à vent en cuivre. *Le saxophone fut adopté par les musiciens de jazz vers 1920.*
▸ REM. L'abréviation courante est *saxo* ou *sax*.

HISTOIRE DU MOT Vient de *Sax*, nom de la personne qui inventa cet instrument en 1841, et du grec *phônê* qui signifie « voix ».

saxophoniste **n.** Musicien qui joue du saxophone.

saynète **n.f.** Petite pièce de théâtre comique à deux ou trois personnages. SYN. sketch.
▸ REM. Ne pas confondre avec *scène*.

HISTOIRE DU MOT Vient d'un mot espagnol qui signifie « morceau délicat ».

sbire **n.m.** Garde du corps, homme de main qui peut être amené à se charger d'actions malhonnêtes pour quelqu'un.

scabreux, euse **adj.** Qui risque de choquer la pudeur. *Ce film contient des passages scabreux.* SYN. indécent, osé.

scalp **n.m.** Chevelure détachée du crâne avec la peau, que certains Indiens d'Amérique du Nord conservaient comme trophée de guerre.

HISTOIRE DU MOT C'est un mot anglais qui signifie « cuir chevelu ».

scalpel **n.m.** Instrument de chirurgie à manche étroit et à lame très coupante, qui sert pour inciser ou disséquer.

HISTOIRE DU MOT Vient du latin *scalpere* qui signifie « gratter, tailler ».

scalper **v.** (CONJUG. 3). Arracher le cuir chevelu.

scan **n.m.** Copie numérisée d'un document (texte, image), réalisée par un scanner.
▸ REM. On prononce [skan].

scandale **n.m.** ❶ Ce qui cause un mouvement d'indignation dans l'opinion publique. *C'est un scandale de voir à notre époque des enfants mourir de faim !* ❷ Affaire malhonnête qui a un grand retentissement dans l'opinion. *Un scandale financier.* ❸ Querelle bruyante qui choque et dérange l'entourage. *Mon frère a fait un scandale dans le magasin.* SYN. esclandre.

a b c d e f g h i j k l m n o p q r s t u v w x y z

scandaleux, euse adj. ❶ Choquant pour la morale. *On disait qu'elle menait une vie scandaleuse.* SYN. déshonorant. ❷ Révoltant. *Étienne trouve le prix des loyers scandaleux.* SYN. honteux.

scandaliser v. (CONJUG. 3). Provoquer l'indignation. *Je suis scandalisé par son attitude, c'est honteux !* SYN. choquer, indigner, révolter.

scander v. (CONJUG. 3). Marquer le rythme d'une phrase en détachant bien les syllabes. *Les manifestants scandent des slogans.*

scandinave adj. et n. De Scandinavie. *Le suédois, le norvégien, le danois sont des langues scandinaves.* SYN. nordique.
▸ REM. Quand il désigne une personne, le mot prend une majuscule : *une Scandinave, les Scandinaves.*

1 scanner n.m. ❶ Appareil de diagnostic radiologique qui permet l'exploration du corps humain par l'association de la technique des rayons X et d'un ordinateur. ❷ Appareil servant à numériser un document (texte ou image).
▸ REM. On prononce [skanɛr].

HISTOIRE DU MOT Vient de l'anglais *to scan* qui signifie « examiner ».

2 scanner v. (CONJUG. 3). Réaliser la copie numérique d'un document à l'aide d'un scanner.
▸ REM. On prononce [skane].

scaphandre n.m. ❶ Combinaison hermétiquement close qui permet à un plongeur de descendre au fond de l'eau tout en respirant grâce à des bouteilles à air comprimé. ❷ *Un scaphandre spatial* est l'équipement que portent les astronautes au moment du lancement ou du retour ou pour sortir travailler dans l'espace.

HISTOIRE DU MOT Mot créé à partir du grec *skaphê*, qui signifie « barque », et *andros*, qui signifie « homme ».

scaphandrier n.m. Plongeur qui travaille sous l'eau vêtu d'un scaphandre. *On a envoyé des scaphandriers explorer l'épave du navire.*
▸ REM. Au Canada, la forme féminine de ce mot est *scaphandrière.*

scarabée n.m. Insecte voisin du hanneton, dont les antennes en lamelles peuvent s'ouvrir comme un éventail. *Les scarabées sont des coléoptères.*

ENCYCLOPÉDIE Chez les Égyptiens, le scarabée était sacré, il était le symbole de l'immortalité, de la renaissance. On en fabriquait en or, en ivoire, en argile, etc. C'était à la fois un *cachet*, servant à officialiser des lettres, par exemple, et une *amulette*. Sur le « ventre » étaient gravés des hiéroglyphes ou des dessins, tandis que le « dos » représentait plus ou moins fidèlement un scarabée.

scarabée cétoine dorée →

← scarabée rhinocéros

scarlatine n.f. Maladie très contagieuse qui se traduit par une forte fièvre et par l'apparition de plaques rouges sur le corps et sur les muqueuses.

HISTOIRE DU MOT Vient du latin *scarlatum* qui signifie « écarlate ».

scarole n.f. Chicorée à larges feuilles que l'on mange en salade.

sceau n.m. Cachet sur lequel sont gravées les armes d'un seigneur, la marque d'une administration, etc., et qui sert à officialiser un document ou à rendre la fermeture d'une lettre inviolable. *Charlemagne fit apposer son sceau au bas du parchemin. Ce diplôme porte le sceau de l'université.* • **Sous le sceau du secret :** en faisant jurer de ne le dire à personne. *Elle m'a confié, sous le sceau du secret, qu'elle serait candidate à l'élection.*
▸ REM. Ne pas confondre avec *saut, seau, sot.*

sceau équestre de Richard Cœur de Lion

scélérat, e n. Personne qui a commis des crimes ou est capable d'en commettre. *Le scélérat ! Prendre la fuite après avoir renversé un piéton !* SYN. bandit, criminel.

HISTOIRE DU MOT Vient du latin *scelus, sceleris* qui signifie « crime ».

sceller v. (CONJUG. 3). ❶ Fixer solidement à l'aide de ciment ou d'une autre matière. *Sceller un lavabo.* CONTR. desceller. ❷ Au figuré, établir durablement une relation. *Sceller une amitié.* ❸ Fermer hermétiquement avec de la cire ou en soudant. *Sceller une bouteille.* SYN. cacheter. ❹ Apposer un sceau sur un document pour le rendre officiel ou pour le fermer. *Sceller une lettre avec de la cire.* SYN. cacheter.
▸ REM. Ne pas confondre avec *seller.*

scellés n.m.plur. Bande de papier ou d'étoffe fixée par deux cachets de cire portant un sceau officiel, qui est posée par autorité de justice pour interdire l'entrée d'un local, l'accès à un meuble. *Les scellés sont apposés par un huissier et il est interdit de les briser.*

scénario n.m. ❶ Texte qui décrit scène par scène le déroulement d'un film. *Le metteur en scène étudie le scénario.* → VOIR AUSSI **script.** ❷ Trame d'un jeu vidéo, d'une bande dessinée, etc. ❸ Déroulement prévisible ou programmé d'une action. *Le détournement d'avion s'est déroulé selon le scénario habituel.*

HISTOIRE DU MOT Vient du latin *scena* qui signifie « scène ».

scénariste n. Auteur de scénarios.

scène n.f. ❶ La partie d'un théâtre où jouent les acteurs. *À la fin de la représentation, tous les acteurs reviennent sur la scène pour saluer le public.* ❷ Chacune des parties d'un acte d'une pièce de théâtre

sceptre (portrait du roi Charles X)

marquées par l'entrée ou la sortie des personnages. *Acte III, scène 1.* ❸ Moment d'un film, d'un roman, etc., où il y a une certaine unité d'action. *J'ai beaucoup ri à la scène du départ de l'avion.* ❹ Action, événement dont on est le témoin. *J'ai assisté à une scène incroyable dans la rue.* ❺ L'action qui va être contée (au théâtre, au cinéma, dans un roman, etc.). *La scène se passe au XVIIe siècle.* • **Faire une scène :** se mettre en colère, s'énerver. • **Mettre en scène :** monter un spectacle, réaliser un film, faire jouer les comédiens. • **Scène de ménage :** querelle entre époux.
▸ REM. Ne pas confondre avec *cène.*

scénique **adj.** Qui concerne le jeu des acteurs sur scène. *Les comédiens ont des indications scéniques pour interpréter leur rôle.*

scepticisme **n.m.** Attitude d'une personne sceptique. *Louise a accueilli la nouvelle avec scepticisme.* SYN. doute, incrédulité.

sceptique **adj.** et **n.** Qui doute de ce qu'on lui dit, qui a du mal à croire ce qui n'a pas été prouvé. *Claude dit qu'elle aura fini son livre ce soir, mais je suis sceptique.* SYN. dubitatif, incrédule.
▸ REM. Ne pas confondre avec *septique.*
HISTOIRE DU MOT Vient du grec *skeptikos* qui signifie « qui observe ».

sceptre **n.m.** Bâton décoré qui est l'insigne de la royauté. *Le roi leva son sceptre.*
▸ REM. Ne pas confondre avec *spectre.*

schéma **n.m.** ❶ Dessin simplifié fait pour expliquer quelque chose. *Nous avons dessiné dans nos cahiers un schéma de l'appareil digestif.* SYN. croquis. ❷ Résumé des grandes lignes d'un exposé, d'un texte, d'un projet. *Le professeur nous donne d'abord un schéma de la leçon.*
▸ REM. Attention, *sch-.*
HISTOIRE DU MOT Vient du grec *skhêma* qui signifie « manière d'être, forme, figure ».

schématique **adj.** ❶ Présenté sous forme de schéma. *Une coupe schématique d'un tronc d'arbre.* ❷ Très ou trop simplifié. *Un exposé un peu schématique.* CONTR. détaillé, développé.

schématiquement **adv.** De façon schématique. *Voici, schématiquement, ce que nous allons faire* (= en gros). SYN. grosso modo.

schématiser **v.** (CONJUG. 3). ❶ Représenter au moyen d'un schéma. *Schématiser le mouvement des planètes.* ❷ Réduire aux éléments essentiels. SYN. condenser, simplifier.

scherzo **n.m.** Morceau de musique rapide, à trois temps, d'un style généralement vif et gai. *Un scherzo de Chopin.*
▸ REM. On prononce [skɛrdzo].
HISTOIRE DU MOT C'est un mot italien qui signifie « badinage ».

schisme **n.m.** Division dans un groupement religieux, une organisation, un parti, etc. SYN. dissidence, scission.

schiste **n.m.** Roche feuilletée, qui se fend facilement en lames. *L'ardoise est du schiste.*
HISTOIRE DU MOT Vient, comme *schisme,* du grec *skhizein* qui signifie « fendre ».

schuss **adv.** et **n.m.** (Familier) *Descendre tout schuss* ou *faire un schuss,* c'est descendre une pente rapide à skis, tout droit et à toute allure. *Les skieuses ont descendu la pente tout schuss.*
▸ REM. C'est un mot allemand, on prononce [ʃus].

sciatique **adj.** *Le nerf sciatique* part de la hanche, parcourt la cuisse et la jambe et va jusqu'au pied. ◆ **n.f.** Irritation douloureuse du nerf sciatique, ressentie surtout dans les hanches et le long des jambes.
HISTOIRE DU MOT Vient du grec *iskhion* qui signifie « hanche ».

scie **n.f.** Outil fait d'une lame d'acier dentée, qui sert à couper le bois ou le métal. *Le menuisier débite son bois sur une scie électrique circulaire.* • **En dents de scie :** qui est irrégulier et comporte des hauts et des bas. *Les résultats scolaires de Nicolas sont en dents de scie.*

sciemment **adv.** En sachant parfaitement ce qu'on dit et ce qu'on fait. *J'ai employé ce mot sciemment.* SYN. exprès, volontairement.
▸ REM. On prononce [sjamɑ̃].
HISTOIRE DU MOT Vient, comme *science,* du latin *scire* qui signifie « savoir ».

science **n.f.** ❶ L'ensemble des connaissances humaines sur la nature, l'homme, la pensée, etc. *La science progresse chaque jour.* ❷ Chacune des branches de la connaissance qui progressent par l'observation, la description et l'explication précises de phénomènes. *Les sciences pures ou fondamentales, comme la biologie, cherchent à comprendre les lois auxquelles obéissent les phénomènes observés en laboratoire, tandis que les sciences appliquées, comme la médecine, appliquent ces lois.*
▸ REM. Au mot *science* correspond l'élément tiré du grec *-log(o)* que l'on retrouve dans des mots comme *psychologue, biologie.*
HISTOIRE DU MOT Vient du latin *scientia* qui signifie « connaissance », de *scire,* « savoir ».

science-fiction **n.f.** (PLUR. : **sciences-fictions**). *Un roman, un film de science-fiction* racontent des histoires qui se passent dans un futur imaginaire où la science

A B

et la technique ont fait des progrès considérables qui permettent notamment à l'homme de vivre ailleurs que sur la Terre.

le Voyage dans la Lune, court-métrage de **science-fiction** réalisé par Georges Méliès en 1902

scientifique **adj.** ❶ Qui concerne la science ou une science. *Une émission scientifique.* ❷ Qui utilise les méthodes précises et rigoureuses des sciences. *Les savants disent souvent qu'il n'y a aucune preuve scientifique de l'existence des ovnis.* ◆ **n.** ❶ Spécialiste d'une science. *Cette biologiste est une grande scientifique.* ❷ Personne douée pour les sciences, qui a un esprit rigoureux. *Pierre est plutôt un scientifique.*

scientifiquement **adv.** D'une manière scientifique. *La télépathie n'est pas explicable scientifiquement.*

scier **v.** (CONJUG. 7). ❶ Couper avec une scie. *Loïc scie des planches pour faire une bibliothèque.* ❷ S'enfoncer profondément et douloureusement dans la chair. *La ficelle du paquet me scie les doigts !*

HISTOIRE DU MOT Vient du latin *secare* qui signifie « couper ».

scierie **n.f.** Entreprise où l'on débite les troncs d'arbres en poutres, en planches, etc.

scinder **v.** (CONJUG. 3). Séparer en deux ou plusieurs parties. *La classe a été scindée en deux* SYN. diviser, fractionner, partager. ◆ **se scinder** **v.pron.** Pour un groupe, se diviser.

HISTOIRE DU MOT Vient du latin *scindere* qui signifie « fendre ».

scintillement **n.m.** Éclat de ce qui scintille. *Le scintillement des étoiles.*

scintiller **v.** (CONJUG. 3). Briller, jeter des éclats par intermittence. *Les étoiles scintillent. Les diamants scintillent.* SYN. étinceler.

HISTOIRE DU MOT Vient du latin *scintillare* qui signifie « étinceler, briller », de *scintilla*, « étincelle ».

scission **n.f.** Séparation définitive qui se produit dans un groupe, et qui entraîne la création d'un nouveau groupe. *Des désaccords ont provoqué une scission du syndicat.* • **Faire scission :** se scinder, se séparer du reste d'un groupe en en créant un nouveau. → VOIR AUSSI **sécession.**

sciure **n.f.** Poussière qui se détache quand on scie, notamment du bois. *L'atelier du menuisier est plein de sciure.*

sclérose **n.f.** ❶ Durcissement d'un organe ou d'un tissu du corps. *Les vieilles personnes sont parfois atteintes de sclérose des artères.* ❷ Incapacité à évoluer, à changer ses habitudes. *La sclérose d'une administration.*

sclérosé, e **adj.** Qui est engourdi dans ses habitudes et ne progresse plus. *Un parti politique sclérosé.* CONTR. dynamique.

scolaire **adj.** De l'école, de l'enseignement primaire et secondaire. *Les programmes scolaires. L'année scolaire.*

HISTOIRE DU MOT Vient du latin *scholaris*, de *schola* qui signifie « école ».

scolarisation **n.f.** Le fait de scolariser quelqu'un, ou d'être scolarisé.

scolariser **v.** (CONJUG. 3). ❶ *Scolariser un enfant*, c'est l'envoyer à l'école, lui faire suivre un enseignement scolaire. *En France, les enfants sont scolarisés de six à seize ans.* ❷ *Scolariser un pays*, c'est le pourvoir en établissements scolaires.

scolarité **n.f.** ❶ Le fait d'aller à l'école. *La scolarité est obligatoire.* ❷ Les études faites à l'école ; le temps pendant lequel on les fait. *J'ai fait toute ma scolarité à l'étranger.*

scoliose **n.f.** Déviation plus ou moins prononcée de la colonne vertébrale. *Léa fait de la gymnastique corrective pour soigner sa scoliose.*

HISTOIRE DU MOT Vient du grec *skolios* qui signifie « tortueux ».

scolopendre **n.f.** ❶ Fougère dont les feuilles ont la forme de longs rubans. ❷ Mille-pattes venimeux des régions tropicales et méditerranéennes. *La morsure de la scolopendre est très douloureuse.*

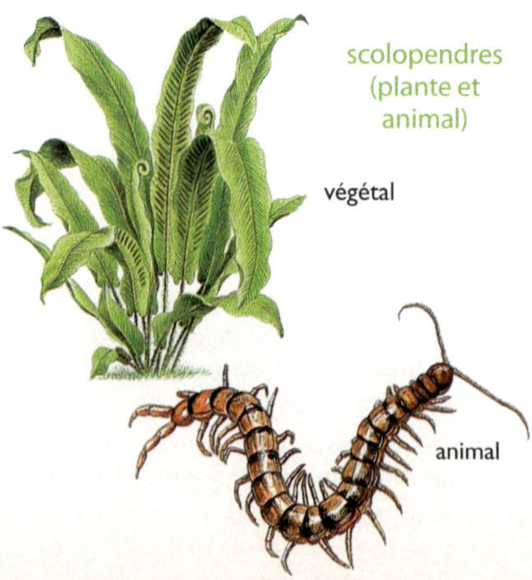

scolopendres (plante et animal)

I J K L M N O P Q R S T U V W X Y Z

scorpion

scoop **n.m.** Information importante ou sensationnelle qu'un journaliste ou une agence de presse donne avant tous les autres. SYN. exclusivité.
▸ REM. 1. C'est un mot anglais, *-oo-* se prononce « ou ». 2. Il est recommandé de dire *primeur* ou *exclusivité*.

scooter, ✎ ***scooteur*** **n.m.** Véhicule à moteur à deux roues avec un petit plancher pour reposer les pieds.
▸ REM. C'est un mot anglais, *-oo-* se prononce « ou ».
HISTOIRE DU MOT Vient de l'anglais *to scoot* qui signifie « détaler ».

scorbut **n.m.** Maladie due à un manque de vitamine C et qui se caractérise par des hémorragies, la chute des dents, et un affaiblissement général. *Autrefois, sur les bateaux, où l'on manquait de fruits et de légumes frais, les marins avaient le scorbut.*
▸ REM. On prononce le *-t*.

score **n.m.** Nombre de points ou de buts marqués par chaque joueur, chaque équipe dans un match.

scories **n.f.plur.** Déchets qui restent quand on fond du minerai de fer pour obtenir du métal.

scorpion **n.m.** ❶ Animal invertébré des pays chauds qui possède une carapace, quatre paires de pattes et deux grandes pinces, et un abdomen se terminant par un aiguillon venimeux. ❷ (Avec une majuscule.) *Signe du Scorpion*, huitième signe du zodiaque qui commence le 22 octobre et se termine le 21 novembre.
ENCYCLOPÉDIE La taille des scorpions varie de 3 à 20 cm. Le scorpion est un animal nocturne. Il est carnassier et se nourrit d'insectes vivants ou qu'il vient de tuer. Il est très résistant et peut rester près d'une année sans absorber de nourriture. Il vit sous les pierres, dans les vieux murs et dans les endroits arides. Sa piqûre, très douloureuse, est parfois mortelle.

1 scotch **n.m.** Whisky écossais.
HISTOIRE DU MOT C'est un mot anglais qui signifie « écossais ».

2 Scotch **n.m.** Ruban adhésif. *Un rouleau de Scotch.*
▸ REM. 1. C'est un nom de marque, le mot prend une majuscule, en France, dans les textes imprimés. 2. Au Québec, on doit dire *ruban adhésif*.

scotcher **v.** (CONJUG. 3). Coller avec du Scotch.

scout, e **n.** Jeune qui fait partie de l'un des mouvements du scoutisme. *Les scouts ont établi leur camp au bord du lac.* ◆ **adj.** Du scoutisme. *L'uniforme scout.*
HISTOIRE DU MOT C'est une abréviation de l'anglais *boy-scout* qui signifie « garçon éclaireur ».

scoutisme **n.m.** Organisation mondiale de jeunesse qui a pour but la formation sportive et morale des enfants et des adolescents.
ENCYCLOPÉDIE Le scoutisme a été fondé par le général anglais lord Robert Baden-Powell. Celui-ci, au début du XXe siècle, pendant la guerre des Boers en Afrique du Sud, avait créé un corps de « boy-scouts » de 12 à 16 ans destinés à servir d'éclaireurs et de messagers. En France, il existe aujourd'hui cinq associations : les Éclaireurs (laïques), les Éclaireurs israélites, les Éclaireurs unionistes (protestants), les Scouts et Guides (catholiques) et les Scouts musulmans.

Scrabble **n.m.** Jeu qui consiste à former, avec des lettres prises au hasard, des mots que l'on place sur une grille en les rattachant aux mots déjà formés par les autres joueurs.
▸ REM. C'est un nom de marque, le mot prend une majuscule, en France, dans les textes imprimés.
HISTOIRE DU MOT Vient de l'anglais *scrabble* qui signifie « gribouillage ».

scribe **n.m.** Dans l'Antiquité égyptienne, fonctionnaire chargé de rédiger les actes administratifs ou religieux. *Assis en tailleur, le scribe dressait la liste des richesses du pharaon sur des tablettes d'argile.*
HISTOIRE DU MOT Vient du latin *scribere* qui signifie « écrire ».

scribe accroupi

script **n.m.** ❶ Scénario d'un film comportant toutes les indications scéniques. ❷ Écriture simplifiée dans laquelle les lettres sont séparées les unes des autres.
→ VOIR AUSSI **cursive.**
HISTOIRE DU MOT Ce mot anglais vient du latin *scriptum*, « écrit ».

scripte **n.** Personne chargée de noter pour le réalisateur d'un film tous les détails techniques et artistiques de chaque prise de vues au cours d'un tournage. *La scripte veille à ce que le film ne contienne pas d'anachronismes.*

scrupule **n.m.** ❶ Doute ou hésitation que l'on éprouve parce qu'on a peur de mal faire ou d'être importun. *J'ai des scrupules à te demander à nouveau de m'aider.* ❷ *Un individu sans scrupule* est une personne pour qui tous les moyens sont bons pour arriver à son but, même s'ils sont malhonnêtes.

HISTOIRE DU MOT Vient du latin *scrupulus* qui signifie « petite pierre pointue » et, au sens figuré, « sentiment d'inquiétude, embarras, souci ».

scrupuleusement **adv.** De manière scrupuleuse. *Vous pouvez avoir toute confiance, ce sont des gens scrupuleusement honnêtes.* SYN. extrêmement. *Respectez scrupuleusement les proportions indiquées.* SYN. rigoureusement.

scrupuleux, euse **adj.** ❶ Qui est très exigeant en ce qui concerne l'honnêteté, la morale. *Un caissier scrupuleux.* SYN. honnête. ❷ Qui est très méticuleux dans son travail. *Des employées scrupuleuses.* SYN. consciencieux, minutieux. CONTR. négligent.

scruter **v.** (CONJUG. **3**). Examiner attentivement pour essayer de découvrir ce qui ne se voit pas au premier coup d'œil. *Du haut du mât, le mousse scrutait l'horizon.* SYN. inspecter, observer.

HISTOIRE DU MOT Vient du latin *scrutari* qui signifie « fouiller ».

scrutin **n.m.** Ensemble des opérations qui constituent une élection. *Le premier tour de scrutin.*

HISTOIRE DU MOT Vient du latin *scrutinium* qui signifie « examen », de *scrutari* qui a donné *scruter.*

ENCYCLOPÉDIE Lors d'un scrutin, chaque électeur dépose un bulletin dans une urne, puis tous les bulletins sont comptés pour savoir qui a été élu.

sculpter **v.** (CONJUG. **3**). Tailler dans la pierre, le bois, etc. *Sculpter un buste dans un bloc de marbre.*
▸ REM. On ne prononce pas le *-p-*.

sculpteur, trice **n.** Artiste qui sculpte. *Michel-Ange et Rodin sont des sculpteurs célèbres.*
▸ REM. On ne prononce pas le *-p-*.

sculptural, ale, aux **adj.** Qui évoque une sculpture. *Beauté sculpturale.*
▸ REM. On ne prononce pas le *-p-*.

sculpture **n.f.** ❶ L'art du sculpteur. *Élise fait de la sculpture sur métal.* ❷ Objet, œuvre sculptés. *La « Vénus de Milo » est une sculpture de marbre.* ❸ L'ensemble des œuvres sculptées à une époque ou dans un pays. *La sculpture italienne de la Renaissance.*
▸ REM. On ne prononce pas le *-p-*.

sculpture en argile

S.D.F. **n.** Personne sans domicile fixe. SYN. sans-abri. → VOIR **domicile.**

HISTOIRE DU MOT Ce mot est l'abréviation de *sans domicile fixe.*

se **pron. personnel.** Représente la 3e personne du singulier ou du pluriel et est employé comme complément d'objet. *Pierre se regarde dans la glace. Ils se connaissent depuis longtemps. Elles se sont défendues.* → VOIR **pronom** (encadré).
▸ REM. *Se* devient *s'* devant une voyelle ou un *h* muet. *Il s'interroge. Elle s'habille.*

séance **n.f.** ❶ Réunion d'une assemblée où l'on doit discuter. *Assister à une séance du conseil municipal.* ❷ Moment consacré à une activité, dont on a fixé à l'avance l'heure et la date. *Une séance de massage.* ❸ Chacune des projections d'un programme de cinéma. *La séance est à 20 h précises.* • **Séance tenante :** sur-le-champ, tout de suite. *Les élèves qui avaient copié ont été exclus séance tenante.* SYN. immédiatement.

HISTOIRE DU MOT Vient de l'ancien verbe *seoir* qui signifiait « être assis ».

1 séant **n.m.** • **Être, se mettre sur son séant :** être assis, s'asseoir.

HISTOIRE DU MOT Vient, comme *séance*, de l'ancien verbe *seoir.*

2 séant, e **adj.** Qui convient à quelqu'un ou à quelque chose. *Il n'est pas séant de s'habiller ainsi.* SYN. convenable. → VOIR **seoir.**
▸ REM. 1. Ne pas confondre avec *seyant*. 2. Ce mot appartient à la langue soutenue.

seau **n.m.** Récipient cylindrique muni d'une anse qui sert à transporter un liquide ou d'autres matières. *Un seau d'eau. Un seau à charbon.*
▸ REM. Ne pas confondre avec *sceau, saut, sot.*

sec, sèche **adj.** ❶ Qui ne contient pas ou presque pas d'eau. *La terre est très sèche, il n'a pas plu depuis six mois.* SYN. aride. CONTR. humide, mouillé. ❷ Où il ne pleut pas beaucoup. *Un pays sec.* SYN. aride. *L'hiver a été sec.* CONTR. pluvieux. ❸ Où la sève ne circule plus ou que l'on a fait sécher pour le conserver. *Du bois sec.* SYN. mort. CONTR. vert. *Les lentilles sont des légumes secs.* CONTR. frais. ❹ Qui n'est pas gras. *Un homme grand et sec.* SYN. maigre. ❺ Qui est sans douceur. *Elle a répondu d'une voix sèche.* SYN. cassant. CONTR. aimable. ◆ **sec** **n.m.** • **À sec :** sans eau. *La rivière est à sec. Nettoyage à sec* (= sans eau). • **Au sec :** à l'abri de l'humidité ou de l'eau. *À conserver au sec.*

sécant, e **adj.** • **Droites sécantes :** droites qui ont un point commun, le point d'intersection. → VOIR Fiche **15.**

sécateur **n.m.** Outil de jardinier qui sert à couper. *Lucie a pris le sécateur pour couper des roses au jardin.*

HISTOIRE DU MOT Vient du latin *secare* qui signifie « couper ».

sécession **n.f.** • **Faire sécession :** se séparer du reste d'un pays pour en fonder un nouveau. *En 1860, les États du sud des États-Unis firent sécession parce*

A B C D E F G H I J K L M N O P Q R S T U V W X Y Z

qu'ils ne voulaient pas être gouvernés par Lincoln, adversaire de l'esclavage. → VOIR AUSSI **scission.**

séchage **n.m.** L'action de sécher ou de faire sécher. *Le temps de séchage des draps est plus long que celui des chemises.*

sèche-cheveux **n.m.invar.,** ✎ ***sèche-cheveu*** ***n.m.*** (PLUR. : ***sèche-cheveux***). Appareil électrique qui permet de se sécher les cheveux grâce à un courant d'air chaud. SYN. séchoir.

sèche-linge **n.m.invar.,** ✎ ***n.m.*** (PLUR. : ***sèche-linges***). Machine électrique qui sèche le linge en le faisant tourner tout en envoyant un courant d'air chaud. SYN. séchoir.
▸ REM. Au Canada, on emploie le mot *sécheuse*.

sèchement **adv.** De manière sèche, brève et sans douceur. *Maria lui répliqua sèchement qu'elle n'avait pas besoin de lui.* SYN. durement.

sécher **v.** (CONJUG. **9**, ✎ *10*). ❶ Perdre ou faire perdre son eau, son humidité. *Le linge séchait au soleil.* ❷ Déshydrater une viande, un poisson, des fruits pour les conserver. *Faire sécher des raisins. Faire sécher du jambon à la fumée.* ❸ (Familier) Ne pas pouvoir répondre. *Cette question est difficile, je sèche.* ❹ (Familier) Ne pas assister à un cours. *Hier matin, Éric a séché le cours d'anglais.* ◆ **se sécher** **v.pron.** S'essuyer ou s'exposer à une source de chaleur pour se débarrasser de l'eau. *Viens te sécher devant le feu.*

sécheresse, ✎ ***sècheresse*** **n.f.** ❶ Manque d'humidité. *Je respire mal à cause de la sécheresse de l'air.* ❷ Manque de pluie. *La région du Sahel en Afrique souffre de la sécheresse.* ❸ Manque de sensibilité, de générosité. *Une grande sécheresse de cœur.* SYN. dureté. *Répondre avec sécheresse.* SYN. brusquerie, rudesse.

terre craquelée sous l'effet de la **sécheresse**

sécheuse **n.f.** Au Canada, sèche-linge.

séchoir **n.m.** ❶ Appareil ou support à tringles pour faire sécher le linge. *Un séchoir pliant. Un séchoir électrique.* SYN. sèche-linge. ❷ Sèche-cheveux. ❸ Local servant à faire sécher différentes matières. *Un séchoir à tabac, à bois.*

1 second, e **adj.** et **n.** Deuxième. *La Seconde Guerre mondiale. Vous êtes le second sur ma liste.* ● **Être dans un état second** : être dans un état bizarre, et ne pas avoir pleinement conscience de ce qu'on fait ou dit.
▸ REM. On prononce [səgɔ̃].

HISTOIRE DU MOT Vient du latin *secundus* qui signifie « suivant », de *sequi*, « suivre », que l'on retrouve dans *séquelle.*

2 second **n.m.** ❶ Officier qui vient après le commandant sur un navire de guerre et qui peut le remplacer si besoin est. ❷ Collaborateur principal d'une personne, susceptible de la remplacer si besoin est. *Le chef de chantier n'est pas là, adressez-vous à son second.* SYN. adjoint, assistant.
▸ REM. Au Canada, la forme féminine de ce mot est *seconde*.

secondaire **adj.** ❶ Qui est moins important ou de peu d'importance. *Avec tout ce que nous avons encore à faire, ce détail est vraiment secondaire !* SYN. accessoire, mineur. CONTR. capital, primordial. ❷ *L'enseignement secondaire*, en France, c'est l'enseignement que l'on reçoit au collège, puis au lycée, de la sixième à la terminale. *Au Québec, l'enseignement secondaire s'échelonne sur cinq ans, de la 1re à la 5e secondaire.* ❸ *L'ère secondaire*, c'est l'ère géologique qui est située entre l'ère primaire et l'ère tertiaire. *Les oiseaux et les mammifères sont apparus pendant l'ère secondaire.* SYN. mésozoïque. ◆ **n.m.** L'enseignement secondaire.

seconde **n.f.** ❶ Unité de temps qui est contenue soixante fois dans une minute. *Il y a soixante secondes dans une minute et il y en a 3 600 dans une heure.* ❷ Espace de temps très court. *Une seconde, et je suis à vous !* SYN. instant, moment. ❸ Unité de mesure des angles, représentée par le signe ″. *Il y a soixante secondes dans une minute et il y en a 3 600 dans un degré.*
▸ REM. 1. Au sens 1, on écrit *s* en abrégé. 2. On prononce [səgɔ̃d].

seconder **v.** (CONJUG. **3**). Aider quelqu'un dans son travail. *La directrice est secondée par ses collaborateurs.* SYN. assister.

secouer **v.** (CONJUG. **3**). ❶ Remuer vivement et en tous sens. *Bien secouer la bouteille avant de servir.* SYN. agiter. ❷ Faire un choc. *Cette nouvelle l'a secoué.* SYN. bouleverser, remuer. ❸ Pousser à agir ou à réagir. *Il faut les secouer, sinon ils ne travaillent pas.* SYN. bousculer. ◆ **se secouer** **v.pron.** (Familier) Réagir, ne pas se laisser aller au découragement, à la paresse. SYN. se ressaisir.

secourable **adj.** Qui est toujours prêt à porter secours aux autres. *C'est un homme secourable.* SYN. obligeant.

secourir **secourant, secouru** **v.** (CONJUG. **21**). Venir au secours d'une personne en danger ou en difficulté. *Une association qui secourt les sans-abri.* SYN. aider, assister.

secourisme **n.m.** Ensemble des méthodes simples et pratiques qui permettent de donner les premiers soins à un blessé en cas d'accident, d'asphyxie, de noyade, etc. *Marie prend des cours de secourisme.*

a b c d e f g h i j k l m n o p q r s t u v w x y z

équipe de **secouristes**

secouriste **n.** Personne qui a appris le secourisme. *Une équipe de secouristes est partie à la recherche des alpinistes.*

secours **n.m.** ❶ Aide qu'on apporte à une personne en danger. *Les alpinistes attendent du secours. Porter secours aux blessés.* SYN. assistance. ❷ (Au plur.) Aide financière ou matérielle que l'on donne à une personne dans le besoin. *L'État a accordé des secours aux victimes des orages.* SYN. subsides, subventions. • **Au secours !** : appel de détresse d'une personne en danger. • **De secours** : qui est destiné à servir en cas de nécessité. *Issue de secours, roue de secours.* SYN. de rechange.

secousse **n.f.** ❶ Mouvement brusque qui secoue. *Il y eut quelques secousses puis la voiture s'arrêta.* SYN. à-coup, saccade. ❷ Chacune des oscillations d'un tremblement de terre. *La seconde secousse a détruit le pont.*

1 secret, ète **adj.** ❶ Qui ne doit pas être divulgué à n'importe qui. *Des informations secrètes.* SYN. confidentiel. CONTR. officiel, public. ❷ Qui est caché et que seules quelques personnes connaissent. *Une porte secrète.* SYN. dérobé, dissimulé. ❸ Qui n'exprime pas ses sentiments et ne parle pas beaucoup. *Lili était une fille secrète.* SYN. discret. CONTR. communicatif, expansif.

HISTOIRE DU MOT Vient du latin *secretus*, de *secernere* qui signifie « séparer, écarter ».

2 secret **n.m.** ❶ Ce qu'on ne doit dire à personne ; ce que l'on garde pour soi. *C'est un secret, ne le répète pas.* ❷ Discrétion, silence qui entourent quelque chose. *Cette rencontre a eu lieu dans le plus grand secret.* ❸ Partie cachée, mystérieuse de quelque chose. *Les secrets de la nature.* ❹ Ce qui est difficile à acquérir et que seuls quelques-uns connaissent ; moyen de faire quelque chose qui est tenu caché. *Un secret de fabrication. Quel est votre secret pour rester jeune ?* SYN. recette. • **Au secret** : dans un endroit isolé, en particulier dans un cachot. *Mettre un prisonnier au secret.* • **En secret** : sans que personne ne le sache. *Elles se sont rencontrées en secret.* • **Secret professionnel** : interdiction faite aux membres de certaines professions de révéler ce qu'ils savent de leurs clients. *Les médecins et les avocats sont tenus au secret professionnel.*

1 secrétaire **n.** ❶ Personne chargée du classement des dossiers, du traitement du courrier, des rendez-vous, etc., auprès d'une autre personne. ❷ Personne chargée de fonctions administratives. *Un secrétaire de mairie.* • **Secrétaire d'État** : ministre.

HISTOIRE DU MOT Vient de *secret.*

2 secrétaire **n.m.** Meuble à tiroirs pour ranger des papiers, pourvu d'un abattant qui sert de table à écrire.

secrétariat **n.m.** ❶ Profession, métier de secrétaire. *Une école de secrétariat.* ❷ Bureau où travaillent des secrétaires. *Le secrétariat est ouvert jusqu'à 11 h 30.*

secrètement **adv.** De façon secrète, cachée. *Mon frère a vendu secrètement son baladeur* (= en cachette).

sécréter **v.** (CONJUG. **9**, ✎ *10*). Produire des substances liquides à l'intérieur ou à l'extérieur de l'organisme. *Les glandes sudoripares sécrètent la sueur.*
▸ REM. Attention, *sé-*.

sécrétion **n.f.** Substance liquide produite à l'intérieur ou à l'extérieur du corps par des glandes. *La salive, l'urine, la bile sont des sécrétions.*

sectaire **adj.** et **n.** *Une personne sectaire* n'admet pas que l'on puisse avoir des opinions différentes des siennes. SYN. fanatique, intolérant.

sectarisme **n.m.** L'attitude d'une personne sectaire.

secte **n.f.** ❶ Petit groupe religieux dissident qui s'est séparé d'une Église officielle avec laquelle il se trouvait en désaccord. *Il existe différentes sectes issues du protestantisme.* ❷ Groupe de personnes ayant subi un endoctrinement intensif, complètement soumises à leur maître à penser et à la discipline qu'il impose. *Ils essaient d'arracher leur fille à cette secte.*

HISTOIRE DU MOT Vient du latin *secta* qui signifie « règle de conduite, parti, école philosophique ou religieuse », de *sequi*, « suivre ».

secteur **n.m.** ❶ Division d'un espace, d'un territoire. *Kevin et moi habitons dans le secteur de la gare.* SYN. quartier. ❷ Subdivision d'un réseau de distribution d'électricité. *Une panne de secteur.* ❸ *Le secteur public*, c'est l'ensemble des entreprises qui dépendent de l'État, par opposition au *secteur privé*. *En France, la police fait partie du secteur public.*

HISTOIRE DU MOT Vient, comme *segment*, du latin *secare*, « couper ».

section **n.f.** ❶ Action de couper ; endroit où une chose est coupée. *Faire une section nette. La section d'un tendon, d'une tige.* ❷ Partie de route ou de trajet. *La neige a rendu cette section de route impraticable.* SYN. portion. ❸ Subdivision d'un groupe. *Une section syndicale.* ❹ Unité élémentaire de l'armée commandée par un lieutenant.

sectionner **v.** (CONJUG. **3**). Couper net. *La machine lui a sectionné un doigt.* SYN. trancher.

séculaire **adj.** Qui date de plusieurs siècles. *Les chênes séculaires de la forêt de Brocéliande.* SYN. ancestral, centenaire.

HISTOIRE DU MOT Vient du latin *saeculum* qui signifie « siècle ».

séculier, ère **adj.** *Le clergé séculier* vit dans la société et non dans un monastère, par opposition au *clergé régulier*.

secundo **adv.** Deuxièmement, en second lieu. *Primo, je ne m'appelle pas Alexis mais Raphaël, secundo, je voudrais que tu me laisses tranquille.*
▸ REM. On prononce [səgɔ̃do].

sécurisant, e **adj.** Qui rassure, en donnant un sentiment de sécurité. *Elle trouvait la présence d'Alain très sécurisante.* SYN. rassurant.

sécuriser **v.** (CONJUG. **3**). Donner un sentiment de sécurité, de confiance. *Cela me sécurise de te savoir près de moi.* SYN. rassurer, tranquilliser.

sécuritaire **adj.** ❶ Qui concerne la sécurité publique. *Mener une politique municipale sécuritaire.* ❷ Au Québec, *un lieu, un véhicule sécuritaire* offre des garanties de sécurité. *Ranger ses produits ménagers dans un endroit sécuritaire.*

sécurité **n.f.** Situation ne présentant aucun danger. *Ici, avec vous, je me sens en sécurité* (= je suis tranquille et confiant). *Deux gardes du corps veillent à la sécurité du président de la République.* SYN. protection. *En voiture nous mettons nos ceintures de sécurité* (= qui protègent en cas d'accident). • **Sécurité alimentaire :** situation d'une population qui a accès à une nourriture suffisante en quantité et en qualité. • **Sécurité routière :** ensemble des règles et des services visant à la protection des usagers de la route. • **Sécurité sociale :** organisme qui assure les travailleurs en cas de maladie, d'accident, et rembourse les frais médicaux en contrepartie de cotisations versées régulièrement par les assurés.

HISTOIRE DU MOT Vient du latin *securitas*, de *securus* qui signifie « sûr ».

sédatif, ive **adj.** et **n.m.** *Un médicament sédatif* calme la douleur et l'anxiété. SYN. calmant, tranquillisant. CONTR. excitant, stimulant.

HISTOIRE DU MOT Vient du latin *sedare* qui signifie « calmer ».

sédentaire **adj.** et **n.** ❶ Qui est fixé dans une région et ne se déplace pas. CONTR. nomade. ❷ *Un emploi sédentaire* n'exige pas de déplacement.

HISTOIRE DU MOT Vient du latin *sedentarius* qui signifie « qui travaille assis », de *sedere*, « être assis ».

sédiment **n.m.** Dépôt laissé par l'eau, le vent. *Il y a des sédiments au fond de la mer.*

sédimentaire **adj.** *Les roches sédimentaires* sont constituées des débris arrachés aux autres roches, qui sont transportés par l'eau et le vent. *Le sable, l'argile et le calcaire sont des roches sédimentaires.*

séditieux, euse **adj.** et **n.** Qui incite à la sédition. *Ce journaliste écrit des articles séditieux.* SYN. contestataire, subversif. ◆ **adj.** Qui révèle une sédition. *Des écrits séditieux.*

▸ REM. Ce mot appartient à la langue soutenue.

sédition **n.f.** Révolte contre le pouvoir établi. *Quelques extrémistes préparaient une sédition.* SYN. insurrection, rébellion.

▸ REM. Ce mot appartient à la langue soutenue.

séducteur, trice **n.** et **adj.** Personne qui cherche à séduire les autres. *Mon frère est un grand séducteur* (= un don Juan).

séduction **n.f.** ❶ Capacité de plaire, de séduire. *Sa grande sœur est pleine de séduction.* SYN. charme. ❷ Charme exercé par un lieu, une chose. *Le grenier était un lieu plein de séduction pour l'enfant.* SYN. attrait.

séduire **séduisant, séduit v.** (CONJUG. **60**). ❶ Faire la conquête amoureuse de quelqu'un. *Papa a séduit maman par son humour.* SYN. charmer. *Sa voix a séduit le public.* SYN. fasciner. ❷ Attirer, faire envie. *L'idée de faire un voyage me séduit beaucoup* (= cela me tente, me plaît).

HISTOIRE DU MOT Vient du latin *seducere* qui signifie « emmener à l'écart ».

séduisant, e **adj.** ❶ Qui plaît, qui attire par son charme et sa beauté. *Lola est très séduisante.* ❷ Qui est tentant. *Que diriez-vous d'une baignade, n'est-ce pas un projet séduisant ?* SYN. alléchant, attirant.

segment **n.m.** *Un segment de droite* est une portion de droite limitée par deux points. → VOIR Fiche **15**.

HISTOIRE DU MOT Vient, comme *secteur*, du latin *secare*, « couper ».

segmenter **v.** (CONJUG. **3**). Couper en segments, en portions. SYN. diviser, fractionner.

ségrégation **n.f.** *La ségrégation raciale*, c'est la séparation faite dans certains pays entre des personnes d'origines, de mœurs ou de religions différentes, les uns n'ayant pas les mêmes droits que les autres. *La ségrégation raciale en Afrique du Sud s'appelait l'apartheid.* SYN. discrimination.

HISTOIRE DU MOT Vient du latin *segregare*, « séparer du troupeau », de *grex, gregis*, que l'on retrouve dans *grégaire*.

seiche **n.f.** Mollusque qui vit près des côtes, dont la tête porte des tentacules à ventouses, et qui projette un liquide noir, l'*encre*, lorsqu'il est attaqué.

HISTOIRE DU MOT Vient du latin *sepia* qui signifie « seiche, encre ».

seiche

seigle **n.m.** Céréale cultivée sur les terrains pauvres et froids. *On mange les huîtres avec des tranches de pain de seigle beurrées.*

seigneur **n.m.** ❶ Au Moyen Âge, propriétaire de vastes terres. *Les seigneurs vivaient dans des châteaux forts.* ❷ Noble de haut rang. *Le roi entra, suivi*

a b c d e f g h i j k l m n o p q r s t u v w x y z

A B C D E F G H I J K L M N O P Q R S T U V W X Y Z

de quelques grands seigneurs. ❸ (Avec une majuscule.) *Le Seigneur*, c'est le titre que les chrétiens donnent à Dieu et à Jésus-Christ. • **Être grand seigneur :** ne pas regarder à la dépense, se montrer très généreux.

HISTOIRE DU MOT Vient du latin *senior* qui signifie « plus âgé ».

seigneurial, ale, aux adj. Du seigneur. *Les terres seigneuriales.*

seigneurie n.f. ❶ Au Moyen Âge et sous l'Ancien Régime, terre placée sous l'autorité d'un seigneur. ❷ (Avec une majuscule.) Titre honorifique donné à certains nobles. *Votre Seigneurie.*

sein n.m. ❶ Chacune des deux mamelles de la femme. *La jeune femme donnait le sein à son bébé* (= elle l'allaitait). ❷ Le devant du corps, la poitrine. *Serrer quelqu'un contre son sein.* • **Au sein de :** au milieu d'un groupe. *Pierre s'est parfaitement épanoui au sein de notre équipe.*

HISTOIRE DU MOT Vient du latin *sinus* qui signifie « pli, courbe » et que l'on retrouve dans *sinueux*.

séisme n.m. Mouvement touchant l'écorce terrestre en profondeur et qui provoque des failles plus ou moins importantes à sa surface. SYN. secousse sismique, tremblement de terre. → VOIR Fiche 53.

HISTOIRE DU MOT Vient du grec *seismos* qui signifie « ébranlement, tremblement de terre ».

seize adj. numéral invar. et n.m.invar. Quinze plus un. *Sa sœur a seize ans. J'en suis au chapitre seize.*
▸ REM. S'écrit 16 en chiffres arabes et XVI en chiffres romains.

seizième adj. numéral et n. Qui occupe un rang, une place marqués par le numéro 16. *Il habite dans le seizième arrondissement de Paris. Vous êtes le seizième sur la liste.*

séjour n.m. ❶ Le fait de séjourner quelque part ; le temps qu'on y reste. *J'espère que votre séjour au Canada s'est bien passé.* ❷ Pièce qui sert à la fois de salon et de salle à manger. SYN. living.
▸ REM. Au sens 2, on dit aussi *salle de séjour*.

séjourner v. (CONJUG. 3). Passer quelque temps dans un endroit. *Mme Leroc séjournera dans la région de Lyon.*

sel n.m. ❶ Substance blanche, soluble dans l'eau, au goût piquant, qu'on utilise pour assaisonner les aliments ou pour les conserver. ❷ Ce qui donne de la saveur à une plaisanterie, une situation. *Une histoire qui ne manque pas de sel.* SYN. humour, piquant. ◆ **sels** n.m.plur. Substance que l'on faisait respirer à une personne évanouie pour la ranimer. • **Sels de bain :** mélange de sels minéraux pour parfumer l'eau du bain et l'adoucir. • **Sels minéraux :** ensemble des substances minérales (calcium, magnésium, etc.) utiles aux organismes vivants.

ENCYCLOPÉDIE Le sel est essentiel à la vie, il permet de fixer l'eau dans l'organisme et contribue à la plupart des fonctions vitales. Le sang humain contient à peu près la même proportion de sel que l'eau de mer. Le *sel marin* est obtenu à partir de l'évaporation de l'eau de mer dans les marais salants (un litre d'eau de mer contient environ 25 à 30 g de sel). Dans la terre, on trouve aussi des couches de *sel gemme* qui proviennent de l'évaporation des mers géologiques.

HISTOIRE DU MOT Vient du latin *sal* que l'on retrouve dans *saler, salaison*, mais aussi dans *salaire*.

sélectif, ive adj. Qui se fait par sélection. *Le tri sélectif des déchets. Un recrutement sélectif.*

sélection n.f. ❶ Action de sélectionner. *Le directeur a fait une sélection parmi les candidats.* SYN. choix. *Participer aux épreuves de sélection pour une compétition.* ❷ Choix de choses ou de personnes. *Voici une sélection des meilleurs dessins de nos élèves.*

HISTOIRE DU MOT Vient du latin *selectio* qui signifie « tri ».

sélectionné, e adj. Qui a été retenu selon un critère de qualité. *Les joueurs sélectionnés sont ravis.*

sélectionner v. (CONJUG. 3). Choisir, dans un ensemble de choses ou de personnes, celles que l'on juge les meilleures. *Sélectionner des joueurs pour un match.*

sélectionneur, euse n. Sportif chargé de constituer une équipe en sélectionnant les joueurs.

self-service n.m. (PLUR. : **self-services**). Restaurant où le client doit se servir lui-même. *Le midi, elle déjeune dans un self-service.*
▸ REM. 1. On emploie couramment l'abréviation *self*. 2. Au Québec, on doit dire *libre-service*.

HISTOIRE DU MOT C'est un mot anglais, de *self*, qui signifie « soi-même ».

selle n.f. ❶ Siège en cuir que l'on place sur le dos d'une monture. *Les étriers pendent de la selle.* ❷ Siège triangulaire sur les deux-roues. • **Aller à la selle :** évacuer ses excréments, ses matières fécales. ◆ **selles** n.f.plur. Les excréments humains.

HISTOIRE DU MOT Vient du latin *sella* qui signifie « siège ».

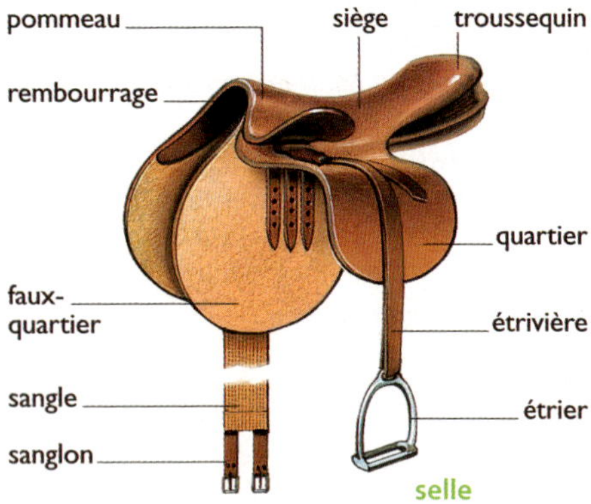

selle

seller v. (CONJUG. 3). *Seller une monture*, c'est lui mettre une selle sur le dos. *Le cow-boy selle son cheval.*
▸ REM. Ne pas confondre avec *sceller*.

sellette n.f. • **Être sur la sellette :** être soumis à un flot de questions, de critiques. (La sellette était le petit siège bas sur lequel, autrefois, on faisait asseoir un accusé devant le tribunal pour le soumettre au dernier interrogatoire avant la sentence.)

sellier **n.m.** Artisan qui fabrique, répare ou vend des selles et des pièces de harnachement pour les chevaux.

selon **prép.** ❶ Indique une adaptation aux circonstances. *Selon le temps qu'il fera, on ira se baigner ou non.* SYN. en fonction de, suivant. ❷ Précise une référence. *Selon la notice de montage, il faut plier ici.* SYN. d'après, conformément à. ❸ Indique un point de vue. *Selon moi, il va pleuvoir, on devrait rentrer.* SYN. d'après. • (Familier) **C'est selon :** ça dépend.

semailles **n.f.plur.** Les travaux agricoles au cours desquels on sème les graines, on ensemence la terre. *Les semailles et les moissons.*

HISTOIRE DU MOT Vient du latin *semen*, « graine ».

semaine **n.f.** ❶ Période de sept jours qui va du lundi au dimanche. *Au début de la semaine.* ❷ Durée de sept jours. *Je prendrai une semaine de vacances en avril.* ❸ Partie de la semaine consacrée au travail. *J'ai une semaine chargée ! Le magasin est ouvert en semaine* (= tous les jours sauf le dimanche). • **Fin de semaine :** expression employée au Québec pour *week-end.*

HISTOIRE DU MOT Vient du latin *septimanus* qui signifie « qui a rapport avec le nombre sept ».

sémaphore **n.m.** Appareil qui permet de transmettre des signaux à des bateaux ou à des trains pour guider leur circulation.

HISTOIRE DU MOT Vient du grec *sêma*, « signe », et *phoros*, « qui porte ».

semblable **adj.** Qui ressemble à une autre chose ou une autre personne. *Ce sont des bijoux de série, tous semblables.* SYN. analogue, identique, pareil. CONTR. différent. ◆ **n.m.** *Mon semblable*, c'est un être humain, comme moi. *Paul avait décidé de consacrer sa vie à aider ses semblables* (= les autres, autrui).

semblant **n.m.** *Un semblant de quelque chose*, c'est une chose qui y ressemble, qui est presque cela. *Derrière la maison, il y a un semblant de jardin.* • **Faire semblant :** faire comme si. *Aline faisait semblant de ne pas écouter.* SYN. feindre. *Il n'a pas mal, il fait semblant.* SYN. simuler.

sembler **v.** (CONJUG. 3). Donner une certaine impression, avoir une certaine apparence. *Elle semble très jeune.* SYN. paraître. • **Il me semble :** j'ai l'impression, je crois. *Il me semble que tu l'as déjà dit.* • **Il semble que :** on dirait que. *Il semble qu'il va pleuvoir.* • **Quand bon me semble :** quand j'en ai envie. *Elle travaille quand bon lui semble.*

HISTOIRE DU MOT Vient du latin *similis* qui signifie « semblable ».

semelle **n.f.** ❶ La partie inférieure de la chaussure, directement en contact avec le sol. *Les semelles de mes souliers sont percées.* ❷ Pièce taillée en forme de semelle, qu'on met à l'intérieur de la chaussure. *Mes bottes sont un peu grandes, il faut que je mette une semelle.* • **Ne pas quitter quelqu'un d'une semelle :** le suivre, l'accompagner partout.

semence **n.f.** ❶ Graine ou autre élément d'un végétal que l'on sème pour donner naissance à d'autres végétaux. *De la semence de blé. Trier des semences.* SYN. graine. ❷ Sperme.

HISTOIRE DU MOT Vient du latin *semen*, « graine », que l'on retrouve dans *semailles.*

semer **v.** (CONJUG. 10). ❶ Mettre en terre des graines pour les faire germer. *Les cultivateurs labourent la terre avant de semer.* SYN. ensemencer. *On a semé des carottes.* ❷ (Familier) Laisser tomber des objets derrière soi. *Attention, tu sèmes tes pièces !* ❸ Répandre en propageant. *Le lion échappé du zoo semait la terreur dans le pays.* ❹ (Familier) Échapper à une personne en allant plus vite qu'elle. *Il a réussi à semer ses poursuivants.* SYN. distancer. • **Qui sème le vent récolte la tempête :** proverbe qui signifie que celui qui provoque du désordre ne doit pas s'étonner de ce qui arrive ensuite.

semestre **n.m.** Période de six mois.

HISTOIRE DU MOT Vient du latin *sex*, « six », et *mensis*, « mois ».

semestriel, elle **adj.** Qui a lieu tous les six mois. *L'assemblée semestrielle des propriétaires.*

semeur, euse **n.** Personne qui sème. *La semeuse lance les graines à la volée.*

semi- **préfixe.** S'emploie devant certains mots avec l'idée de « à demi » ou « partiellement ». *Un terrain semi-aride. Une pierre semi-précieuse.*

HISTOIRE DU MOT C'est un élément latin qui signifie « demi, moitié ».

sémillant, e **adj.** Qui est plein de vivacité et de gaieté. *Un sémillant jeune homme.*

▸ REM. Ce mot appartient à la langue littéraire.

séminaire **n.m.** ❶ École qui forme les futurs prêtres catholiques. ❷ Réunion de personnes qui travaillent sur un sujet spécialisé ; groupe de travail. *Un séminaire sur la protection de l'environnement.*

HISTOIRE DU MOT Vient du latin *seminarium* qui signifie « pépinière », de *semen* que l'on retrouve dans *semailles* et *semence.*

séminariste **n.m.** Étudiant dans un séminaire.

semi-remorque **n.m.** (PLUR. : **semi-remorques**). Camion formé d'un petit véhicule équipé d'un moteur puissant et d'une grande remorque.

semis **n.m.** ❶ Mise en place de graines dans un terrain préparé. *Faire un semis de carottes.* ❷ Terre où l'on a semé des légumes ou des fleurs. *Babeth arrose tous les jours ses semis de radis.*

sémite **adj.** et **n.** Qui se rapporte à certains peuples du Proche-Orient ayant parlé dans l'Antiquité des langues d'une même famille, dites langues *sémitiques* (langues parlées en Afrique et dans une partie de l'Asie, tels l'arabe et l'hébreu). → VOIR noms propres.

HISTOIRE DU MOT Vient du nom de *Sem*, un des fils de Noé dans la Bible.

semonce **n.f.** Avertissement mêlé de reproches. *Le professeur a adressé une semonce à ceux qui bavar-*

daient. SYN. remontrance, réprimande. • **Coup de semonce :** coup de canon qui indique que l'on donne à un navire l'ordre de stopper ; au sens figuré, avertissement brutal, mise en garde.

semoule **n.f.** Aliment fait de grains de céréales plus ou moins finement moulus. *On utilise de la semoule de blé dur pour faire le couscous et les pâtes.*

HISTOIRE DU MOT Vient du latin *simila* qui signifie « fleur de farine ».

sempiternel, elle **adj.** Qui lasse par sa répétition. *J'en ai assez de ses sempiternelles jérémiades !* SYN. perpétuel.

sénat **n.m.** (Avec une minuscule.) Dans la Rome antique, assemblée, composée des chefs des grandes familles, qui joua un rôle politique très important jusqu'à l'avènement des empereurs. → VOIR noms propres : **Sénat.**

HISTOIRE DU MOT Vient du latin *senatus* qui signifie « conseil des anciens », de *senex*, « vieux ».

sénateur, trice **n.** Membre d'un sénat. *Les sénateurs et les députés.*

sénatorial, ale, aux **adj.** D'un sénat. *Les élections sénatoriales.*

sénéchal **n.m.** (PLUR. : **sénéchaux**). ❶ Au Moyen Âge, nom que l'on donnait aux grands officiers du palais royal. *Certains sénéchaux étaient chargés de présenter les plats.* ❷ Sous l'Ancien Régime, nom que l'on donnait à l'agent royal chargé de la justice, dans l'ouest et le midi de la France (il s'appelait *bailli* dans le nord de la France).

HISTOIRE DU MOT Vient d'un mot de la langue des Francs qui signifiait « serviteur le plus âgé ».

sénile **adj.** ❶ Caractéristique de la vieillesse. *Le vieil homme est atteint d'un tremblement sénile.* ❷ Atteint de sénilité. SYN. gâteux.

HISTOIRE DU MOT Vient du latin *senex* qui signifie « vieux ».

sénilité **n.f.** Diminution des facultés physiques et intellectuelles, provoquée par la vieillesse. *Elle est atteinte de sénilité précoce.* SYN. gâtisme.

senior, ✎ ***sénior*** **n.** et **adj.** Sportif âgé de vingt ans ou plus. → VOIR AUSSI **junior.**

HISTOIRE DU MOT C'est un mot latin qui signifie « plus âgé ».

1 sens **n.m.** ❶ Ce qui permet de recevoir les impressions physiques qui viennent de l'extérieur. *Les cinq sens sont : la vue, l'ouïe, l'odorat, le toucher, le goût.* → VOIR AUSSI **perception.** ❷ Capacité à comprendre, à percevoir les choses de manière immédiate, plus par l'intuition que par l'apprentissage. *Pierre a le sens des affaires.* SYN. don, instinct. ❸ Manière de comprendre ou de juger ; opinion. *À mon sens, tu ne devrais pas le revoir.* SYN. avis. ❹ Signification de quelque chose. *Ce que tu dis n'a pas de sens. Chercher le sens d'un mot dans le dictionnaire.* → VOIR **figuré, propre.** • **Bon sens :** capacité à discerner ce qui est juste et raisonnable. *Si tu avais un peu de bon sens, tu n'agirais pas ainsi.* SYN. (Fam.) jugeote, raison.

2 sens **n.m.** ❶ Direction dans laquelle se fait un mouvement. *La manette se tourne dans le sens des aiguilles d'une montre.* ❷ Chacun des côtés d'un corps, d'une chose ; position d'une chose dans l'espace. *Dans le sens de la largeur, de la longueur. L'image est dans le mauvais sens.* • **Sens dessus dessous :** de façon que ce qui devait être dessus ou en haut se retrouve dessous ou en bas ; dans un grand désordre, un grand trouble. *Pour trouver les bijoux, les voleurs ont mis l'appartement sens dessus dessous.* • **Sens unique :** voie sur laquelle la circulation ne se fait que dans une seule direction.

sensation **n.f.** ❶ Ce que l'on éprouve physiquement. *Une sensation de froid, de faim, de fatigue.* ❷ Impression plus ou moins précise. *J'ai eu la sensation, en entrant dans la pièce, que tous me regardaient fixement.* • **À sensation :** qui attire l'attention, qui provoque de l'émotion. *Ce journal ne s'intéresse qu'aux nouvelles à sensation.* • **Faire sensation :** susciter l'intérêt, la surprise, l'admiration, produire une forte impression. *Son dernier roman a fait sensation.*

sensationnel, elle **adj.** Qui produit une forte impression. *J'ai vu un film sensationnel !* SYN. extraordinaire.

sensé, e **adj.** Qui a du bon sens, qui est raisonnable. *Une personne sensée n'aurait pas commis une telle bêtise !*

▶ REM. Ne pas confondre avec *censé.*

sensibiliser **v.** (CONJUG. **3**). Rendre attentif ou réceptif à quelque chose. *Il faudrait sensibiliser l'opinion aux problèmes de la faim dans le monde.*

sensibilité **n.f.** ❶ Propriété d'un organe ou d'un appareil sensibles. *Sensibilité aux antibiotiques.* ❷ Capacité à s'émouvoir. *Une personne dépourvue de sensibilité.* SYN. cœur. ❸ Caractère d'une personne sensible. *Cet enfant est d'une grande sensibilité.* SYN. émotivité.

sensible **adj.** ❶ Qui perçoit des sensations, éprouve des impressions. *L'oreille humaine n'est pas sensible aux ultrasons.* ❷ Qui s'émeut facilement. *Cet enfant est trop sensible.* SYN. émotif. *Il n'est pas sensible aux malheurs d'autrui* (= cela ne le touche pas). ❸ Qui réagit à toute variation. *Baromètre très sensible.* SYN. précis. *Jérôme a la gorge sensible.* SYN. fragile. ❹ Qu'on remarque aisément. *Alice a fait des progrès sensibles.* SYN. notable.

HISTOIRE DU MOT Vient du latin *sensibilis*, de *sentire*, « percevoir », et que l'on retrouve dans *sens* et *sensation.*

sensiblement **adv.** ❶ D'une manière perceptible, notable. *L'état de la malade s'est sensiblement amélioré.* SYN. nettement. ❷ À peu de chose près, presque. *Ces deux enfants ont sensiblement la même taille.* SYN. approximativement.

sensiblerie **n.f.** Sensibilité exagérée.

sensoriel, elle **adj.** Qui concerne les sens. *L'œil est l'organe sensoriel de la vision.*

sensualité **n.f.** Tempérament d'une personne sensuelle.

A B C D E F G H I J K L M N O P Q R S T U V W X Y Z

sensuel, elle **adj.** *Une personne sensuelle* aime ce qui peut donner des sensations agréables et provoquer du plaisir.

sentence **n.f.** ❶ Décision rendue par un juge, un arbitre, un tribunal. *Le juge a prononcé la sentence.* SYN. jugement, verdict. ❷ Courte phrase qui contient une leçon de morale. *« Tout vient à point à qui sait attendre » est une sentence.* SYN. maxime, proverbe.

HISTOIRE DU MOT Vient du latin *sententia* qui signifie « opinion ».

sentencieux, euse **adj.** ❶ Qui parle par sentences. *Une personne sentencieuse.* SYN. moralisateur. ❷ Qui ressemble à une sentence morale. *Un discours sentencieux.* SYN. emphatique, pompeux.

senteur **n.f.** Odeur agréable. *La senteur d'un bouquet de roses.* SYN. parfum.
▸ REM. Ce mot appartient à la langue littéraire.

sentier **n.m.** Chemin étroit. *Un sentier de montagne.*

sentiment **n.m.** ❶ Ce qu'on ressent. *L'amour, la haine, la peur, la pitié sont des sentiments. Il éprouvait un sentiment d'admiration pour le peintre.* ❷ Impression donnée par quelque chose. *J'ai le sentiment que je me trompe.* ❸ S'emploie au pluriel dans des formules de politesse. *Veuillez recevoir, Madame, l'expression de mes sentiments respectueux.*

sentimental, ale, aux **adj.** Qui se rapporte à l'amour. *Ils aiment les chansons sentimentales.* ◆ **adj.** et **n.** Qui rêve d'amour, de sentiments tendres. *Il est très sentimental.* SYN. romanesque, romantique.

sentinelle **n.f.** ❶ Soldat qui monte la garde avec ses armes. *Les sentinelles à l'entrée de la caserne sont relevées régulièrement.* ❷ Personne qui fait le guet. *Les cambrioleurs avaient placé l'un des leurs en sentinelle.*

HISTOIRE DU MOT Vient de l'italien *sentinella*, du latin *sentire* qui signifie « percevoir ».

sentir **sentant, senti v.** (CONJUG. 19). ❶ Percevoir par l'odorat. *Est-ce que tu sens cette odeur de gaz ?* ❷ Recevoir une impression physique. *Je sens un courant d'air, peux-tu fermer la porte ?* ❸ Avoir un sentiment, une intuition, une impression. *J'ai senti qu'il s'était passé quelque chose d'anormal au cours de cette soirée.* ❹ Produire, répandre une odeur. *Les roses sentent bon.* ❺ *Faire sentir quelque chose à quelqu'un*, c'est le lui faire comprendre ou remarquer de façon plus ou moins nette. *Ils m'ont fait sentir qu'ils ne voulaient pas de moi.* ◆ **se sentir** **v.pron.** Éprouver tel état physique ou moral. *Je ne me sens pas bien, je vais rentrer. Elle se sent fatiguée.*

seoir **v.** (CONJUG. 41). Aller bien, convenir. *Ce manteau te sied à ravir. Il ne sied pas à un enfant de se comporter de la sorte !*
▸ REM. 1. Ce verbe ne s'emploie qu'à la 3e personne des temps simples : *il sied, ils siéent, il seyait, il siéra, il siérait.* 2. Ce mot appartient à la langue soutenue.

HISTOIRE DU MOT Vient du latin *sedere* qui signifie « être assis » et que l'on retrouve dans *sédentaire.*

sépale **n.m.** Chacune des parties du calice d'une fleur. *Les sépales sont généralement verts.*
▸ REM. Ce mot est du masculin.

HISTOIRE DU MOT Vient du grec *skepê* qui signifie « enveloppe ».

séparation **n.f.** ❶ Le fait d'être séparé. *Ils ne se sont pas revus depuis leur séparation.* SYN. rupture. ❷ Ce qui sépare un espace d'un autre espace. *Nous avons abattu la séparation entre le salon et la salle à manger.* SYN. cloison.

séparatisme **n.m.** Volonté de séparer un territoire de l'État dont il fait partie.

séparatiste **adj.** et **n.** Qui est partisan du séparatisme. *Les séparatistes basques demandent l'autonomie du Pays basque.*

séparément **adv.** De manière séparée, à part l'un de l'autre. *Les témoins ont été interrogés séparément.*

séparer **v.** (CONJUG. 3). ❶ Mettre à part, éloigner l'un de l'autre. *La maîtresse a séparé Julie et Marie parce qu'elles n'arrêtaient pas de parler.* ❷ Diviser un espace, un lieu. *La pièce était trop grande, nous l'avons séparée en deux par une cloison.* ❸ Former une limite entre deux choses. *Une frontière sépare deux pays.* ◆ **se séparer** **v.pron.** ❶ Cesser de vivre ensemble, ou cesser une activité commune. *Elle s'est séparée de son mari. Associés qui se séparent.* ❷ Se diviser en plusieurs éléments. *Au pied de la montagne, la route se sépare en deux sentiers.* SYN. se scinder.

HISTOIRE DU MOT Vient du latin *separare* qui signifie « disposer à part ».

sépia **n.f.** ❶ Liquide noirâtre sécrété par la seiche. *La seiche sécrète la sépia par ses glandes ventrales pour cacher sa fuite.* ❷ Matière colorante d'un brun sombre, extraite autrefois de la sépia de seiche et utilisée pour le dessin. ◆ **adj.invar.** De la couleur de la sépia. *Des photos sépia.*

HISTOIRE DU MOT Vient, comme *seiche*, du latin *sepia*.

dessin à la **sépia** (vue de l'entrée d'un collège en 1780)

sept **adj. numéral invar.** et **n.m.invar.** Six plus un. *Les sept jours de la semaine. Prendre la clef de la chambre sept. Nous avons rendez-vous le sept.*
▸ REM. S'écrit 7 en chiffres arabes et VII en chiffres romains.

A B C D E F G H I J K L M N O P Q R S T U V W X Y Z

septantaine n.f. En Belgique, en Suisse, ensemble de soixante-dix unités ou environ.

septante adj. numéral invar. En Belgique, en Suisse, soixante-dix.

septantième adj. numéral et n. En Belgique, en Suisse, soixante-dixième.

septembre n.m. Le neuvième mois de l'année. *En France, le mois de septembre est celui des vendanges et de la rentrée des classes. L'automne commence en septembre.*

HISTOIRE DU MOT Vient du latin *september*, de *septem*, « sept » : septembre était le septième mois de l'année romaine, qui commençait en mars.

septennat n.m. Durée d'un mandat de sept ans. → VOIR AUSSI **quinquennat.**

septentrion n.m. Manière littéraire et poétique de désigner le nord.

septentrional, ale, aux adj. Qui est situé au nord ; qui appartient aux régions du Nord. *L'Europe septentrionale.* CONTR. méridional.

HISTOIRE DU MOT Vient du latin *septemtriones* qui signifie « les sept bœufs », nom de la constellation appelée plus tard l'*Ourse* dans laquelle se trouve l'étoile Polaire qui indique le nord.

septicémie n.f. Infection générale due à la pullulation de microbes infectieux dans le sang.

septième adj. numéral et n. Qui occupe un rang, une place marqués par le numéro 7. *Ce trimestre, il est classé septième. C'est la septième de la liste.* • **Être au septième ciel :** être dans un état de bonheur parfait. • **Le septième art :** le cinéma. ◆ **n.m.** Quantité contenue sept fois dans un tout. *Nous avons eu chacun le septième de la somme.*

septièmement adv. Sert à introduire le septième point d'une explication, d'une énumération.

septique adj. • **Fosse septique :** fosse où les excréments, par l'action de bactéries, subissent une fermentation rapide qui les liquéfie.
▸ REM. Ne pas confondre avec *sceptique*.

HISTOIRE DU MOT Vient du latin *septicus* qui signifie « qui putréfie ».

septuagénaire adj. et n. Qui est âgé de soixante-dix à soixante-dix-neuf ans.

sépulcral, ale, aux adj. *Une voix sépulcrale* est profonde et semble sortir d'un tombeau. SYN. caverneux.

sépulcre n.m. Tombeau. • **Le Saint-Sépulcre :** le tombeau de Jésus-Christ à Jérusalem.
▸ REM. Ce mot appartient à la langue soutenue.

sépulture n.f. Lieu où un mort est enterré. *Les sépultures des rois de France se trouvent dans la basilique de Saint-Denis.* SYN. caveau, tombeau.

séquelle n.f. Trouble qui persiste après la guérison d'une maladie ou après une blessure. *Il souffre des séquelles de son accident.*

HISTOIRE DU MOT Vient du latin *sequi* qui signifie « suivre ».

séquence n.f. ❶ Suite ordonnée d'éléments. ❷ Au cinéma, suite de plans qui forment un tout. *Tu te souviens de la séquence de Charlot à l'usine dans « les Temps modernes » ?*

HISTOIRE DU MOT Vient du latin *sequens* qui signifie « qui suit ».

séquestration n.f. Action de séquestrer, fait d'être séquestré. *La séquestration d'un otage.*

séquestrer v. (CONJUG. 3). Garder quelqu'un prisonnier alors qu'on n'en a pas le droit. *Les ravisseurs ont séquestré l'enfant dans une maison isolée.*

séquoia n.m. Arbre conifère de Californie, qui peut atteindre 110 m de haut, et vivre plus de deux mille ans.

HISTOIRE DU MOT Vient de *See-Quayah*, nom d'un chef indien.

sérail n.m. (PLUR. : **sérails**). Dans les pays de civilisation turque, nom donné au palais du sultan ainsi qu'au harem du palais.

séraphin n.m. Ange qui, dans la classification chrétienne, appartient à la plus haute catégorie, avec, notamment, les *chérubins*.

serbe adj. et n. De la Serbie. *Milan est serbe.* ◆ **serbe** n.m. Langue parlée en Serbie et en Bosnie-Herzégovine.
▸ REM. Quand il désigne une personne, le mot prend une majuscule : *un Serbe, une Serbe*.

serein, e adj. Qui est paisible, calme, qui ne semble agité d'aucun trouble. *Il a le visage serein d'un homme heureux.*
▸ REM. Ne pas confondre avec *serin*.

HISTOIRE DU MOT Vient du latin *serenus* qui signifie « pur, sans nuages ».

sereinement adv. Avec sérénité. *Elle attendait sereinement les résultats de l'examen.* SYN. tranquillement.

sérénade n.f. Musique que l'on jouait autrefois le soir sous les fenêtres de la femme qu'on aimait.
▸ REM. La *sérénade* était jouée le soir, l'*aubade* le matin.

HISTOIRE DU MOT Vient de l'italien *serenata* qui signifie « nuit sereine ».

sérénité n.f. Fait d'être serein ; état de calme, de tranquillité, de confiance. *Il envisage l'avenir avec sérénité.*

serf, serve n. Au Moyen Âge, paysan attaché à une terre et dépendant d'un seigneur. *Un serf ne pouvait devenir un homme libre qu'après avoir été affranchi par le maître.* → VOIR AUSSI **vilain 1.**
▸ REM. 1. On prononce [sɛr] ou [sɛrf]. 2. Ne pas confondre avec *cerf*.

HISTOIRE DU MOT Vient du latin *servus* qui signifie « esclave ».

serfs moissonnant

serin

serge **n.f.** Tissu léger, généralement de laine.

sergent **n.m.** Premier grade de la hiérarchie des sous-officiers dans l'armée de terre et de l'air. *Le sergent commandait la patrouille avec fermeté.*
▸ REM. Au Canada, la forme féminine de ce mot est *sergente*.

HISTOIRE DU MOT Vient du latin *serviens* qui signifie « qui sert, qui est au service de quelqu'un ».

série **n.f.** ❶ Succession, groupe de choses de même nature ou qui ont des ressemblances. *Le maître lui a posé une série de questions. On m'a offert une nouvelle série de timbres. Une série de casseroles.* ❷ *En série*, de manière répétitive. *Des accidents en série* (= en cascade). ❸ À la télévision, suite d'épisodes indépendants les uns des autres, diffusés à des intervalles réguliers. • **Fabrication en série :** fabrication en grand nombre d'objets identiques avec des procédés qui permettent de baisser le prix de revient. *La fabrication de meubles, de voitures en série.*

sérieusement **adv.** De manière sérieuse. *Jérémie ne travaille pas sérieusement, il va rater son examen.* SYN. activement, consciencieusement. *Elle s'est sérieusement blessée à la jambe.* SYN. grièvement.

1 sérieux, euse **adj.** ❶ Qui agit en réfléchissant, en attachant de l'importance à ce qu'il fait. *Thomas est un élève sérieux.* SYN. appliqué, consciencieux. ❷ Qui est fait avec soin, avec application. *Ce travail n'est pas sérieux, recommence !* ❸ Qui ne plaisante pas, ne rit pas. *Elle a un visage sérieux.* SYN. grave, sévère. ❹ Qui peut avoir des conséquences dangereuses. *Sa maladie est sérieuse.* SYN. grave.

2 sérieux **n.m.** Attitude réfléchie, responsable. *Je n'ai pas confiance en lui, il manque de sérieux.* • **Garder son sérieux :** rester grave et impassible en toute circonstance. • **Prendre quelque chose au sérieux :** y attacher de l'importance. • **Prendre quelqu'un au sérieux :** considérer que ce qu'il dit ou fait est important. • **Se prendre au sérieux :** donner à ce que l'on fait ou dit une importance exagérée.

sérigraphie **n.f.** Procédé d'impression à travers un écran de tissu, dérivé du pochoir. *La sérigraphie sert à faire des affiches, des foulards, etc.*

HISTOIRE DU MOT Vient du latin *sericus*, qui signifie « de soie », et du grec *graphein*, qui signifie « écrire ».

serin, e **n.** Petit oiseau des îles Canaries au bec court et épais et au plumage généralement jaune. *Le serin est remarquable par son chant.* SYN. canari.
▸ REM. Ne pas confondre avec *serein*.

seriner **v.** (CONJUG. 3). (Familier) *Seriner quelque chose à quelqu'un*, c'est le lui répéter souvent. *Toute la journée, on nous serine que nous devons travailler.* SYN. (Fam.) rabâcher.

seringa **n.m.** Arbuste cultivé pour ses fleurs blanches et odorantes. *Au mois de juin, le seringa en fleur embaume tout le jardin.*
▸ REM. On prononce [sərɛ̃ga].

HISTOIRE DU MOT Vient du latin *syringa* qui signifie « seringue », parce que le bois de cet arbuste, vidé de sa moelle, servait autrefois à faire des seringues.

seringue **n.f.** Instrument utilisé en médecine, qui permet d'injecter ou de prélever des liquides dans l'organisme et qui est formé d'une petite pompe à laquelle est adaptée une aiguille. *On fait des piqûres avec une seringue. Les seringues ne doivent servir qu'une fois.*

serment **n.m.** Paroles par lesquelles on jure de faire quelque chose. *Le témoin a prêté serment devant le tribunal en disant : « Je jure de dire toute la vérité, rien que la vérité. »*

HISTOIRE DU MOT Vient du latin *sacramentum*, de *sacrare* qui signifie « rendre sacré ».

sermon **n.m.** ❶ Discours que prononce un prêtre au cours de la messe. *Le père Joseph prononce un sermon.* SYN. prêche. ❷ Remontrance longue et ennuyeuse, discours moralisateur. *J'ai compris, ce n'est pas la peine de me faire un sermon !*

HISTOIRE DU MOT Vient du latin *sermo* qui signifie « discours ».

sermonner **v.** (CONJUG. 3). Faire des remontrances. *Charles a été sermonné par le maître parce qu'il arrivait toujours en retard.* SYN. réprimander.

séropositif, ive **adj.** et **n.** *Une personne séropositive* a dans son sang des anticorps qui révèlent la présence d'un virus, notamment le virus du sida. *Faire un test de dépistage pour savoir si l'on est séropositif au virus du sida.*

serpe **n.f.** Outil tranchant pour tailler les arbres, fait d'une lame plate et large, souvent courbe, montée sur un manche court.

serpe

HISTOIRE DU MOT Vient du latin *sarpere* qui signifie « tailler ».

serpent **n.m.** Reptile au long corps dépourvu de pattes et couvert d'écailles, qui se déplace en rampant.

HISTOIRE DU MOT Vient du latin *serpere* qui signifie « ramper ».

ENCYCLOPÉDIE Cri : le serpent siffle. Petit : le serpenteau. Certains serpents possèdent des crochets venimeux qui leur permettent de tuer leurs proies : c'est le cas des *crotales*, des *cobras*, des *vipères* ; d'autres espèces ne sont pas venimeuses mais étouffent leurs proies en s'enroulant autour d'elles : ce sont, notamment, les *boas*, les *pythons*, les *anacondas*. La plupart des serpents sont ovipares mais certains, comme la vipère, sont ovovivipares.

a b c d e f g h i j k l m n o p q r u v w x y z

A B C D E F G H I J K L M N O P Q R S T U V W X Y Z

serpenter v. (CONJUG. 3). Suivre une direction sinueuse ; faire des tours et des détours. *Le ruisseau serpente dans la vallée.*

serpentin n.m. Petit rouleau de papier coloré qui se déroule brusquement quand on le lance. *À Mardi gras, on lance des serpentins.*

serpillière, ✎ ***serpillère*** n.f. Carré de grosse toile gaufrée qui sert à laver le sol. *Passer la serpillière.* ▸ REM. On prononce [sɛrpijɛr].

serpolet n.m. Variété de thym que l'on utilise comme condiment.

serrage n.m. L'action de serrer quelque chose. *Le serrage d'une vis.* SYN. blocage.

1 serre n.f. Chacune des griffes des oiseaux de proie. *L'aigle fondit sur l'agneau et l'emporta dans ses serres.*

2 serre n.f. Local fermé et vitré, parfois chauffé, dans lequel on fait pousser les plantes qui doivent être protégées du froid. *Les serres permettent de cultiver des laitues en hiver.* • **Effet de serre :** phénomène de réchauffement des basses couches de l'atmosphère terrestre dû à l'accumulation de gaz carbonique.

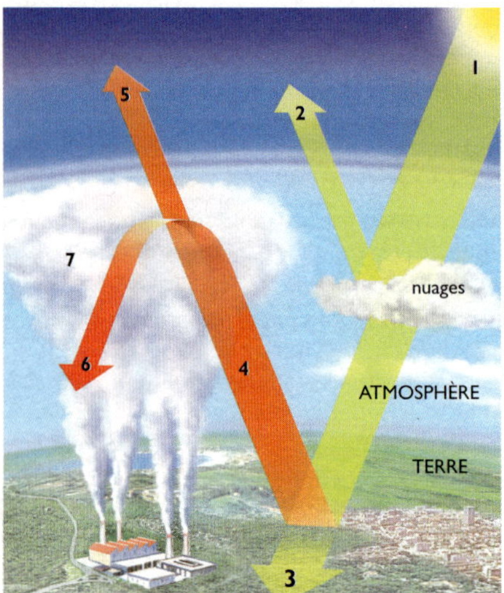

1. Rayonnement solaire ;
2. Rayonnement solaire réfléchi par les nuages ;
3. Rayonnement solaire absorbé par la Terre ;
4. Rayonnement infrarouge émis par la Terre ;
5. Rayonnement infrarouge renvoyé dans l'espace ;
6. Rayonnement infrarouge absorbé par les gaz à effet de serre, échauffement ;
7. Gaz à effet de serre (CFC, vapeur d'eau, méthane, oxyde nitreux).

effet de serre (interaction entre le rayonnement solaire et l'atmosphère terrestre)

serré, e adj. ❶ Qui est ajusté, qui serre le corps de près. *Je déteste porter des pantalons serrés.* SYN. moulant. ❷ Dont les éléments sont très rapprochés. *Une écriture serrée.* ❸ *Une lutte, une partie serrées* se déroulent entre des adversaires de force égale qui ont autant de chances de gagner. *La partie fut serrée.* ❹ *Un café serré* est un café express très fort. ◆ **serré** adv. • **Jouer serré :** agir avec beaucoup de prudence. *Ils sont malins, il faudra jouer serré.*

serrement n.m. • **Serrement de cœur :** oppression causée par une vive émotion. *Ils eurent un serrement de cœur en le voyant partir.*

serrer v. (CONJUG. 3). ❶ Pousser à fond un mécanisme, le bloquer. *Serrer un frein, un robinet.* ❷ Tenir étroitement. *L'enfant serrait son hochet dans sa main. Serrer un ami entre ses bras.* SYN. étreindre. ❸ Comprimer. *Ces chaussures me serrent.* ❹ Rapprocher les uns des autres. *Serrez les rangs.* ❺ Tirer fermement sur les extrémités d'un lien. *Serrer ses lacets.* • **Serrer la gorge, le cœur :** angoisser ou émouvoir fortement. • **Serrer les dents :** supporter avec courage une douleur, un malheur. ◆ **se serrer** v.pron. Se mettre tout près de quelqu'un ; se rapprocher. *Ils se serrent les uns contre les autres pour ne pas avoir froid.*

HISTOIRE DU MOT Vient du latin *serrare* qui signifie « fermer », de *sera*, « verrou, serrure ».

serre-tête n.m.invar., ✎ *n.m.* (PLUR. : *serre-têtes*). Demi-cercle souple ou rigide qui maintient les cheveux en place.

serrure n.f. Dispositif de fermeture d'une porte, d'un tiroir, qui comporte un mécanisme que l'on manœuvre avec une clé, un code, etc. *Ma clé est restée coincée dans la serrure.*

serrurerie n.f. Métier du serrurier.

serrurier, ère n. Personne dont le métier est de fabriquer, vendre, poser ou réparer les serrures et de faire les clés.

sertir sertissant, serti v. (CONJUG. 16). En joaillerie, fixer une pierre dans une monture. *Si l'émeraude est mal sertie, elle peut tomber.*

sérum n.m. ❶ Partie liquide jaunâtre qui se sépare du sang après coagulation. ❷ Préparation faite avec le sérum extrait du sang d'un animal vacciné contre une maladie microbienne ou contre une substance toxique, et qui sert de médicament ou de vaccin pour l'homme. *Du sérum antitétanique contient les anticorps du tétanos.*

HISTOIRE DU MOT Vient du latin *serum* qui signifie « petit-lait ».

servage n.m. État de serf. *En Russie, le servage fut aboli en 1861.*

serval n.m. (PLUR. : **servals**). Grand chat sauvage haut sur pattes, qui vit dans les savanes d'Afrique.

serval

servant **adj.m.** • **Chevalier servant :** homme qui s'empresse auprès d'une femme et qui lui fait la cour.

servante **n.f.** Nom que l'on donnait autrefois à une employée de maison. *Dans les pièces de théâtre de Molière, il y a de nombreuses servantes.*

serveur, euse **n.** Dans un restaurant, dans un café, personne qui sert les repas, les consommations. *Muriel est serveuse dans un bar.*

serviable **adj.** Qui aime rendre service. *Tu peux t'adresser à elle, c'est une personne serviable.* SYN. obligeant.

service **n.m.** ❶ Action de servir. *Se mettre au service de l'État.* ❷ Action ou manière de servir les clients. *Le service dans ce restaurant est très rapide.* ❸ Pourcentage de la note de restaurant, de café qui revient au serveur. *Cela fait 45 euros, service compris.* ❹ Assortiment de vaisselle ou de linge pour la table. *Un service à thé en porcelaine de Limoges.* ❺ Fonctionnement d'une machine, d'un moyen de transport. *On a mis en service une nouvelle ligne de bus. L'appareil est hors service* (= il ne fonctionne plus). ❻ Ce que l'on fait pour aider quelqu'un, lui être utile. *Lise m'a rendu de nombreux services.* ❼ Ensemble des bureaux, des employés d'une entreprise qui se consacrent à une activité précise. *Il travaille au service après-vente.* ❽ Dans divers sports (tennis, volley-ball, etc.), mise en jeu de la balle. *Il a manqué son service.* • **Service national :** obligations militaires ou civiles que doit remplir tout citoyen pour son pays. • **Service public :** entreprise publique ou privée qui remplit une fonction d'intérêt général. *La fourniture d'électricité du pays est assurée par un service public.*

HISTOIRE DU MOT Vient du latin *servitium* qui signifie « esclavage ».

serviette **n.f.** ❶ Pièce de tissu dont on se sert à table pour s'essuyer la bouche. *Une nappe et des serviettes.* ❷ Pièce de tissu pour s'essuyer le corps après la toilette ou le bain. ❸ Sac rectangulaire qui sert à transporter des livres, des documents, etc. *Une serviette en cuir brun.*

serviette-éponge **n.f.** (PLUR. : **serviettes-éponges**). Serviette de toilette en tissu-éponge.

servile **adj.** Qui est trop soumis, trop respectueux, ce qui laisse soupçonner une certaine hypocrisie. *Benoît a une attitude servile avec ses supérieurs.* SYN. obséquieux.

HISTOIRE DU MOT Vient, comme *serf*, du latin *servus* qui signifie « esclave ».

servilement **adv.** De façon servile, avec une soumission excessive.

servilité **n.f.** Attitude servile.

servir **servant, servi v.** (CONJUG. 19). ❶ Remplir certaines obligations, certaines tâches envers une personne, un groupe de personnes. *S'engager dans l'armée pour servir son pays.* ❷ Apporter les plats et les boissons à table ou remplir l'assiette de quelqu'un, lui servir à boire. *Ici, le dîner est servi à huit heures. Maman m'a servi un morceau de gâteau.* ❸ Fournir des marchandises à quelqu'un. *Le boucher sert ses clients.* ❹ Être utile à quelqu'un, lui procurer une aide. *La connaissance de l'anglais lui a servi pour trouver du travail. Ça ne te servira à rien de mentir.* ❺ Être utilisé pour quelque chose. *Ce couteau sert à éplucher les légumes.* ❻ Remplir une fonction pour quelqu'un. *Elle m'a servi d'interprète.* ❼ Dans certains sports, mettre la balle, le ballon en jeu. ❽ En Suisse, employer, utiliser. *C'est une veste que je ne sers plus.* ◆ **se servir** **v.pron.** ❶ Prendre des mets qui sont sur la table. *Sers-toi et passe le plat à ton frère.* ❷ Utiliser quelque chose. *Je ne sais pas me servir d'un compas.*

HISTOIRE DU MOT Vient du latin *servire* qui signifie « être esclave ».

serviteur **n.m.** ❶ Mot que l'on employait autrefois pour désigner un employé de maison. ❷ Nom donné à une personne au service de l'État, d'un organisme, d'une cause. *Les hauts fonctionnaires sont des serviteurs de l'État.*

servitude **n.f.** ❶ État d'une personne, d'un pays privés de leur indépendance. *Des peuples tenus dans la servitude.* SYN. soumission. ❷ Obligation à laquelle on est soumis et qui est ressentie comme une contrainte. *Travailler la nuit est l'une des servitudes du métier de sage-femme.*

ses **adj. possessif.** Désigne la 3e personne du singulier. → VOIR **déterminant** (encadré).

1 sésame **n.m.** Plante originaire d'Afrique et d'Asie, cultivée pour ses graines très riches en huile.

sésame

2 sésame **n.m.** Formule magique, moyen sûr pour obtenir quelque chose.

HISTOIRE DU MOT Vient de la formule magique « *Sésame, ouvre-toi !* », prononcée par Ali Baba pour ouvrir la caverne des trésors dans le conte des *Mille et Une Nuits.*

session **n.f.** ❶ Période pendant laquelle une assemblée exerce ses fonctions. *Le Sénat s'est réuni en session extraordinaire.* ❷ Période pendant laquelle des examens ont lieu. *Une session de rattrapage.*
▸ REM. Ne pas confondre avec *cession.*

a b c d e f g h i j k l m n o p q r s t u v w x y z

set **n.m.** ❶ Napperon qu'on place sous chaque assiette et qui remplace la nappe. *Des sets en lin.* ❷ Au tennis, au ping-pong, au volley-ball, nom que l'on donne à chaque phase d'un match. *Dans le troisième set, le joueur de tennis australien mène par trois jeux à un.* SYN. manche.
▸ REM. On prononce [sɛt].

HISTOIRE DU MOT Vient de l'anglais *to set* qui signifie « placer, poser ».

setter **n.m.** Chien de chasse, de taille moyenne, à poil long, doux et ondulé.
▸ REM. On prononce [sɛtɛr].

HISTOIRE DU MOT C'est un mot anglais qui vient de *to set* qui signifie « s'arrêter ».

setter

seuil **n.m.** ❶ Le bas de l'ouverture d'une porte, l'entrée d'une maison. *Maman nous attendait sur le seuil* (= le pas de la porte). ❷ Niveau au-delà duquel les conditions changent. *Seuil de rentabilité. Seuil de pauvreté.* • **Au seuil de :** au commencement. *Nous sommes au seuil de l'hiver.* SYN. début.

seul, e **adj.** ❶ Qui est sans compagnie. *Je préfère rester seule. Quand elle est partie, il s'est retrouvé bien seul.* ❷ Qui est unique. *J'ai un seul disque des Beatles. Je ne l'ai vue qu'une seule fois.* ❸ À l'exclusion des autres ; seulement. *Lui seul savait la réponse.* • **Seul à seul :** en tête à tête. *J'ai pu lui parler seul à seul.* • **Tout seul :** sans aide, sans secours. *Pierrot s'est habillé tout seul.*
▸ REM. Au mot *seul* correspond l'élément tiré du grec *mono-* que l'on retrouve dans les mots *monologue, monothéiste, monoski*, etc.

seulement **adv.** ❶ Pas davantage, pas plus. *Nous étions seulement trois.* ❷ Uniquement, exclusivement. *J'ai fait ça seulement pour t'aider.* ❸ Cependant, mais. *Il veut bien venir, seulement il ne restera pas longtemps.* • **Non seulement :** annonce qu'on va ajouter quelque chose. *Non seulement tu ne sais pas ta leçon, mais en plus tu bavardes.* • **Si seulement :** si au moins. *Si seulement cela te servait de leçon !*

sève **n.f.** Liquide nutritif qui circule dans les différentes parties des végétaux. *La montée de la sève au printemps fait éclore les bourgeons.*

sévère **adj.** ❶ Qui est sans indulgence, qui n'hésite pas à punir. *Boris a des parents très sévères.* SYN. autoritaire. CONTR. indulgent. ❷ Qui est strict et rigoureux. *Un règlement sévère.* ❸ Qui a une apparence austère, qui n'a aucune fantaisie. *Un juge au visage sévère. Une décoration sévère.* ❹ Qui est grave par son importance, son ampleur. *Ils ont subi une sévère défaite.*

sévèrement **adv.** De manière sévère, dure. *Il a été sévèrement puni.* SYN. durement.

sévérité **n.f.** ❶ Manière d'être d'une personne sévère, sans indulgence. *Ils ont élevé leurs enfants avec sévérité.* ❷ Rigueur d'un règlement, dureté d'une peine. *La sévérité de la sanction surprit tout le monde.* ❸ Austérité, absence de fantaisie. *Un appartement meublé avec sévérité.*

sévices **n.m.plur.** Mauvais traitements exercés sur une personne que l'on a sous son autorité ou sous sa responsabilité. *Les prisonniers se sont plaints de sévices qu'ils auraient subis de la part de leurs gardiens.*

sévir **sévissant, sévi v.** (CONJUG. **16**). ❶ Punir de façon dure, sévère ; agir avec rigueur. *Le directeur a sévi contre les retardataires.* ❷ Causer des ravages. *La tempête a sévi sur les côtes du nord de l'Angleterre.*

HISTOIRE DU MOT Vient du latin *saevire* qui signifie « être furieux ».

sevrage **n.m.** ❶ Action de sevrer un bébé, le petit d'un animal ; fait d'être sevré. ❷ Action de sevrer un drogué, un alcoolique ; fait d'être sevré.

sevrer **v.** (CONJUG. **10**). ❶ Cesser de nourrir un bébé, le petit d'un animal uniquement avec du lait, et lui donner une alimentation plus variée. *On commence à sevrer un bébé au troisième mois.* ❷ Déshabituer un drogué ou un alcoolique de l'usage de sa drogue.

HISTOIRE DU MOT Vient, comme *séparer*, du latin *separare.*

sexagénaire **adj.** et **n.** Qui a atteint soixante ans. *Mon grand-père est un sexagénaire.*

sexagésimal, ale, aux **adj.** • **Système sexagésimal :** système de numération dans lequel chaque unité vaut soixante fois l'unité inférieure. *Les heures, minutes et secondes font partie du système sexagésimal.* → VOIR AUSSI **décimal.**

sexe **n.m.** ❶ Organes génitaux externes de l'homme ou de la femme, du mâle ou de la femelle. ❷ Ensemble des caractères physiques qui permettent de distinguer chez la plupart des êtres vivants le genre mâle et le genre femelle. *Sexe masculin, sexe féminin.* ❸ L'ensemble des personnes du même sexe. *Demander l'égalité des sexes.*

sexiste **adj.** et **n.** *Une personne sexiste* pense que les individus de son sexe sont supérieurs à ceux de l'autre sexe.

sextant **n.m.** Instrument qui permet de mesurer la hauteur des astres à partir d'un navire ou d'un avion et de déterminer ainsi la latitude.

HISTOIRE DU MOT Vient du latin *sextans* qui signifie « sixième partie d'une unité », car cet appareil était formé d'un sixième de circonférence gradué.

sexualité **n.f.** Ensemble des pulsions qui amènent les corps à se rapprocher et les sexes à s'unir pour trouver le plaisir charnel. *La sexualité naissante des adolescents.*

A B C D E F G H I J K L M N O P Q R S T U V W X Y Z

sexué, e **adj.** Qui possède l'un des deux sexes et ne peut se reproduire sans relations avec l'autre sexe. *Les mammifères sont des animaux sexués.*

sexuel, elle **adj.** ❶ Qui concerne le sexe des êtres vivants. *Les organes sexuels.* ❷ Qui concerne la sexualité. *Avoir des rapports sexuels avec une personne.*

sexuellement **adv.** *Une maladie sexuellement transmissible* peut notamment être transmise au cours d'un rapport sexuel. *Le sida est une maladie sexuellement transmissible.*
▶ REM. 1. En France, on utilise parfois l'abréviation *M.S.T.* 2. Au Canada, on emploie parfois l'abréviation *M.T.S.* pour *maladie transmise sexuellement.*

sexy **adj.invar.**, ✎ ***adj.*** (PLUR. : ***sexys***). (Familier) Qui a un charme attirant, qui suscite le désir sexuel. *Tu es très sexy dans cette robe moulante.* SYN. désirable, séduisant.

seyant, e **adj.** Qui sied, qui va bien, qui donne un air séduisant. *Ce tailleur est très seyant.*
HISTOIRE DU MOT Vient de *seoir.*

shampooing ou **shampoing** **n.m.** Produit pour se laver les cheveux ; le lavage des cheveux lui-même. *Elle utilise un shampooing doux.*
HISTOIRE DU MOT Vient de l'anglais *shampoo.*

shérif **n.m.** ❶ En Angleterre, fonctionnaire responsable de l'application de la loi dans chaque comté. ❷ Aux États-Unis, chef élu de la police d'une ville ou d'un district. *Les shérifs portent une étoile sur la poitrine.*

sherpa **n.m.** Guide ou porteur des expéditions d'alpinisme dans l'Himalaya.

shetland **n.m.** ❶ Lainage fabriqué avec la laine des moutons des îles Shetland, en Écosse. ❷ Race de poneys.

shintoïsme **n.m.** Religion polythéiste du Japon, antérieure au bouddhisme.

shoot **n.m.** Tir, au football.
▶ REM. On prononce [ʃut].
HISTOIRE DU MOT Vient de l'anglais *to shoot* qui signifie « tirer ».

shooter **v.** (CONJUG. **3**). Tirer, au football.
▶ REM. Ce mot vient de l'anglais, on prononce [ʃute].

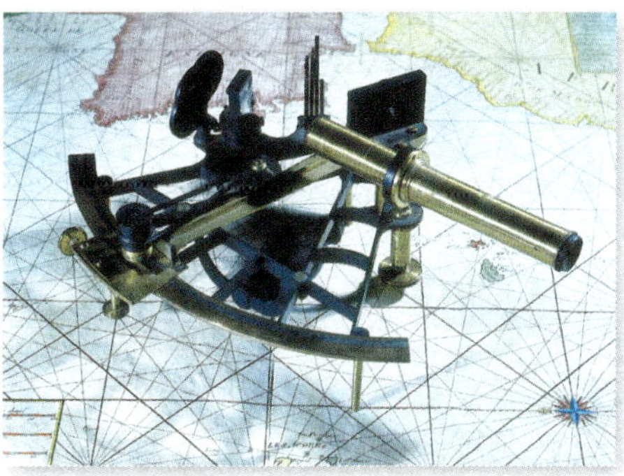
sextant (deuxième moitié du XIXe siècle)

chat siamois

shopping **n.m.** *Faire du shopping*, c'est aller de magasin en magasin pour faire des achats. *Samedi, on ira faire du shopping.*
▶ REM. Au Québec, on dit *magasinage.*
HISTOIRE DU MOT Vient de l'anglais *shop* qui signifie « magasin ».

short **n.m.** Culotte courte pour le sport ou les loisirs. *Le joueur de tennis a un short blanc.*
HISTOIRE DU MOT En anglais, *short* signifie « court ».

show **n.m.** Spectacle de variétés centré sur une vedette.
▶ REM. On prononce [ʃo].
HISTOIRE DU MOT En anglais, *to show* signifie « montrer ».

show-business **n.m.invar.** L'ensemble des activités liées aux métiers du spectacle. *Mon oncle travaille dans le show-business, il organise les tournées de certains chanteurs.*
▶ REM. 1. On prononce [-biznɛs]. 2. On dit familièrement *show-biz.* 3. Il est recommandé de dire *industrie du spectacle* ou *monde du spectacle.*
HISTOIRE DU MOT Vient de l'anglais *show*, « spectacle », et *business*, « affaires ».

1 **si** **conj.** Introduit l'expression d'une condition, d'une hypothèse. *Si j'avais de l'argent, je t'en donnerais.*
▶ REM. *Si* s'élide devant *il(s) : s'il fait beau, s'ils viennent.*

2 **si** **adv.** ❶ Tellement. *Ne parle pas si vite.* SYN. aussi. *Le vent soufflait si fort que j'ai perdu ma casquette !* ❷ S'emploie pour *oui* dans une réponse à une question négative. *« Tu ne la connais pas ? – Si ! »*

3 **si** **adv. interrogatif.** Introduit une interrogation indirecte. *Je me demande si elle viendra.*
▶ REM. *Si* s'élide devant *il(s) : je ne sais pas s'il a raison.*

4 **si** **n.m.invar.** La septième note de la gamme de *do.*

siamois, e **adj.** et **n.** ❶ *Un chat siamois* est un chat originaire d'Extrême-Orient, à poil ras et aux yeux bleus. ❷ *Des frères siamois, des sœurs siamoises* sont des jumeaux ou des jumelles rattachés l'un à l'autre par une partie de leur corps. (On les appelle ainsi parce que les premiers jumeaux de ce type que l'on présenta en France au XIXe siècle étaient originaires du Siam [aujourd'hui la Thaïlande].)

sibylle **n.f.** Dans l'Antiquité, prophétesse qui transmettait les oracles des dieux.

sibyllin, e **adj.** Dont le sens est difficile à comprendre, qui est aussi mystérieux qu'un oracle de

la sibylle. *Il prononça quelques paroles sibyllines.* SYN. énigmatique.
▸ REM. Ce mot appartient à la langue soutenue.

sida **n.m.** Maladie grave due à un virus qui entraîne la perte progressive des défenses de l'organisme et qui se transmet lors de relations sexuelles non protégées ou par le sang. *Le préservatif est le meilleur moyen de lutter contre la transmission du sida.*

HISTOIRE DU MOT Ce mot est le sigle de *syndrome d'immuno-déficience acquise.*

sidéral, ale, aux **adj.** Qui concerne les astres.

HISTOIRE DU MOT Vient du latin *sidus, sideris* qui signifie « astre ».

sidérant, e **adj.** Qui étonne énormément. *Une nouvelle sidérante.* SYN. ahurissant, stupéfiant.

sidérer **v.** (CONJUG. 9, ✎ *10*). Frapper de stupeur. *Son comportement nous a sidérés.* SYN. abasourdir, stupéfier.

sidérurgie **n.f.** L'ensemble des techniques et des activités qui permettent de transformer le minerai de fer et de fabriquer la fonte et l'acier.

sidérurgique **adj.** Qui concerne la sidérurgie. *L'industrie sidérurgique.*

siècle **n.m.** ❶ Période de cent ans. *Le chêne est un arbre qui vit plusieurs siècles.* ❷ Période de cent ans comptée à partir d'une origine dans le temps. *Nous vivons au vingt et unième siècle* (= le vingt et unième siècle après la naissance de Jésus-Christ). ❸ Époque rendue célèbre par un grand homme, une découverte, etc. *Le siècle de Louis XIV. Le siècle de l'atome* (= le XXe siècle).

HISTOIRE DU MOT Vient du latin *saeculum*, que l'on retrouve dans *séculaire.*

il **sied** → **seoir**

siège **n.m.** ❶ Tout meuble ou tout objet fait pour s'asseoir. *Un banc, une chaise, un tabouret, un pouf sont des sièges.* ❷ Place occupée par un membre élu d'une assemblée. *Ce parti a perdu 20 sièges lors des dernières élections législatives.* ❸ Lieu où se trouve l'administration d'une entreprise, d'une association. *Leur siège social est à Londres.* ❹ Point, endroit de l'organisme où naît et se développe quelque chose. *Le cerveau est le siège de la mémoire.* ❺ Ensemble d'opérations militaires exécutées pour s'emparer d'une ville, d'une place forte. *Faire le siège d'une ville* (= l'assiéger). *Lever un siège* (= replier l'armée).

HISTOIRE DU MOT Vient du latin *sedere* qui signifie « être assis », que l'on retrouve dans *sédentaire* et *sédiment.*

siéger siégeant, siégé **v.** (CONJUG. 9, ✎ *10*). ❶ Faire partie d'une assemblée, d'un tribunal. *Les députés siègent à l'Assemblée nationale.* ❷ Pour une assemblée ou un tribunal, se réunir. *Le tribunal ne siégera pas aujourd'hui.* ❸ Se situer. *Voilà l'endroit où siège le mal.*

le **sien**, la **sienne** **pron. possessif.** Représente la 3e personne du singulier. → VOIR **pronom** (encadré). • (Familier) **Faire des siennes** : faire des bêtises. *Romain a encore fait des siennes.* • **Les siens** : les parents et les amis d'une personne. *Après son tour du monde, il est retourné vivre parmi les siens.*

sieste **n.f.** *Faire la sieste*, c'est dormir un peu ou se reposer après le repas de midi.

HISTOIRE DU MOT Vient de l'espagnol *siesta*, du latin *sexta (hora)* qui signifie « la sixième heure », c'est-à-dire « midi » pour les Romains.

sieur **n.m.** Mot employé autrefois pour dire *monsieur.*
▸ REM. On prononce [sjœr].

sievert **n.m.** Unité de mesure d'irradiation.
▸ REM. On prononce [sivœrt].

sifflement **n.m.** Bruit fait en sifflant. *Les sifflements du merle. Le sifflement du vent dans les arbres.*

siffler **v.** (CONJUG. 3). ❶ Émettre un son aigu avec la bouche ou avec un instrument. *J'ai tout de suite reconnu l'air que Pierre sifflait.* ❷ Pour certains oiseaux, certains animaux, faire entendre le cri propre à leur espèce. *Le merle, la grive sifflent. Certains serpents sifflent lorsqu'ils vont attaquer.* ❸ Produire un son aigu et prolongé. *La bataille faisait rage, on entendait siffler les balles.* ❹ Appeler en sifflant. *Siffler son chien.* ❺ Souffler dans un sifflet pour donner un signal. *L'arbitre a sifflé un penalty. L'agent siffle l'automobiliste imprudent.* ❻ Montrer son désaccord par des sifflets. *Le public a sifflé le chanteur.* SYN. conspuer, huer.

sifflet **n.m.** Petit instrument avec lequel on siffle. *L'agent de police utilise son sifflet pour arrêter les automobilistes.* ◆ **sifflets** **n.m.plur.** Sifflements qui expriment la désapprobation. *Le chanteur a quitté la scène sous les sifflets du public.* SYN. huées.

siffloter **v.** (CONJUG. 3). Siffler doucement, en pensant à autre chose. *Siffloter en travaillant.*

sigle **n.m.** Abréviation formée par les premières lettres d'un groupe de mots. *Le sigle O.N.U. désigne l'Organisation des Nations unies.*

HISTOIRE DU MOT Vient du latin *sigla* qui signifie « signes d'abréviation ».

signal **n.m.** (PLUR. : **signaux**). ❶ Tout signe, geste, bruit qui est destiné à avertir, à donner un ordre. *La sonnerie*

siège de Château-Gaillard par les troupes de Charles VII, en 1449

donne le signal du début de la récréation. D'un geste, il donna le signal du départ. ❷ Appareil qui produit un signe d'avertissement. *Dans le train, en cas de danger, on tire le signal d'alarme.* ❸ Ce qui annonce ou marque le début de quelque chose. *Ce malaise fut le premier signal de sa maladie.*

HISTOIRE DU MOT Vient du latin *signalis*, de *signum* qui signifie « signe ».

signalement **n.m.** Description physique détaillée d'une personne qui permet de la reconnaître. *Les journaux ont diffusé le signalement de l'agresseur : peut-être quelqu'un le reconnaîtra-t-il.*

signaler **v.** (CONJUG. 3). ❶ Indiquer par un signal ou un signe. *Le cycliste signale qu'il va tourner à droite en étendant son bras droit.* ❷ Attirer l'attention sur une chose ou une personne. *On nous a signalé de nombreuses erreurs dans ce document.* ◆ **se signaler** **v.pron.** Se distinguer, se faire remarquer. *Luc s'est signalé par son courage.*

signalisation **n.f.** Ce qui, sur une voie de communication, à l'entrée d'un port, sur un aéroport, signale quelque chose. *Je sais reconnaître tous les panneaux de signalisation sur les routes. L'accident de chemin de fer est sans doute dû à une erreur de signalisation.*

signataire **n.** et **adj.** Personne qui a signé un écrit. *Les signataires d'un contrat, d'une pétition.*

signature **n.f.** ❶ Écriture de son nom à la fin d'un texte ou sur une œuvre. *J'ai du mal à lire la signature du peintre au bas du tableau.* ❷ Action de signer un texte, un document, etc. *La signature du contrat aura lieu demain à 18 h précises.*

signe **n.m.** ❶ Ce qui indique quelque chose. *Il n'y a aucun signe d'amélioration de sa maladie.* SYN. indice. *Le chat s'est passé la patte derrière l'oreille, c'est signe de pluie.* SYN. présage. *Pierre nous a fait signe de venir. Je lui ai serré la main en signe de réconciliation.* SYN. marque, témoignage. ❷ Tout dessin, figure, symbole servant à représenter quelque chose selon des règles fixées. *Le point et la virgule sont des signes de ponctuation. En mathématiques, le signe + signifie « plus », le signe = signifie « égale ».* ❸ Chacune des douze zones qui divisent le zodiaque. *Il est né sous le signe du Taureau.* • **C'est bon signe** ou **c'est mauvais signe** : cela annonce quelque chose de bon, de mauvais. • **Langage des signes** : langage des sourds-muets fait de gestes et de mimiques. • **Ne pas donner signe de vie** : ne pas donner de ses nouvelles.

signer **v.** (CONJUG. 3). Mettre sa signature sur un écrit, une œuvre. *Tu n'as pas signé ta lettre. Paul a signé la pétition. Ce tableau n'est pas signé.* ◆ **se signer** **v.pron.** Faire le signe de la croix. *Le prêtre se signe en passant devant l'autel.*

signet **n.m.** Petit ruban ou filet que l'on insère entre les feuilles d'un livre pour marquer une page.

significatif, ive **adj.** Qui exprime nettement une pensée, une intention. *C'est significatif qu'il ne soit pas venu.* SYN. révélateur.

signification **n.f.** Ce qu'un signe, un geste, un fait, un mot signifient, représentent. *Je n'ai pas compris la signification de son hochement de tête. Quelle est la signification exacte de cette phrase ?* SYN. sens.

signifier **v.** (CONJUG. 7). ❶ Avoir un sens, vouloir dire quelque chose. *Le mot anglais « book » signifie « livre ». Tu ne me dis même pas bonjour, qu'est-ce que cela signifie ?* ❷ Faire connaître de manière nette et précise. *Signifier ses intentions, ses décisions.* SYN. notifier.

silence **n.m.** ❶ L'absence de bruit. *J'aime le silence de la campagne.* SYN. paix, tranquillité. ❷ Le fait de se taire, de ne pas se manifester. *Luc a gardé le silence pendant toute la soirée. Je m'inquiète du silence d'Hélène, nous n'avons pas de nouvelles depuis deux mois !* ❸ En musique, interruption plus ou moins longue du son ; le signe qui sert à l'indiquer. • **Passer quelque chose sous silence** : décider de ne pas en parler.

silencieusement **adv.** En silence, sans faire de bruit. *Nous avancions le plus silencieusement possible pour ne pas effrayer les animaux.*

1 silencieux, euse **adj.** ❶ Où il n'y a pas ou presque pas de bruit. *J'aime la bibliothèque parce que c'est un endroit silencieux.* SYN. calme, paisible. ❷ Qui garde le silence, qui ne parle pas. *Elle est restée silencieuse durant tout le repas.* SYN. muet. ❸ Qui ne fait pas de bruit. *Une voiture silencieuse.* CONTR. bruyant.

2 silencieux **n.m.** Dispositif que l'on fixe sur un pot d'échappement ou sur une arme à feu et qui sert à amortir le bruit.

siler **v.** (CONJUG. 3). Au Canada, gémir ; siffler.

silex **n.m.** Roche très dure, de couleur variable. *Les hommes préhistoriques taillaient le silex pour faire des armes et des outils.*

HISTOIRE DU MOT C'est un mot latin qui signifie « caillou ».

silex taillés

silhouette **n.f.** ❶ Forme générale d'un être ou d'un objet dont les contours se détachent sur un fond. *Soudain nous aperçûmes des silhouettes dans la brume. La silhouette du clocher se dessinait sur le bleu du ciel.* ❷ Contour général du corps. *Soigner sa silhouette.*

HISTOIRE DU MOT Vient du nom de *Étienne de Silhouette.*

silice **n.f.** Matière minérale très dure, blanche ou transparente, très abondante dans la nature. *Le quartz et l'opale sont des variétés de silice.*

HISTOIRE DU MOT Vient du latin *silex, silicis* qui signifie « caillou ».

a b c d e f g h i j k l m n o p q r s t u v w x y z

A B C D E F G H I

silicose n.f. Maladie provoquée par l'inhalation de poussière de silice et qui atteint le poumon. *Les mineurs étaient souvent atteints de silicose.*

sillage n.m. Trace qu'un bateau laisse derrière lui lorsqu'il avance dans l'eau. • **Marcher dans le sillage de quelqu'un :** suivre ses traces, son exemple. *Paul marche dans le sillage de son père, il fera le même métier.*

HISTOIRE DU MOT Vient de *sillon*.

sillon n.m. ❶ Longue fente faite dans la terre par un instrument de labour. *La charrue creusait des sillons dans le champ.* ❷ Fine rainure gravée à la surface d'un disque pour y enregistrer des sons.

HISTOIRE DU MOT Vient d'un mot gaulois qui signifiait « amasser de la terre ».

sillonner v. (CONJUG. 3). Parcourir dans tous les sens. *Nous avons sillonné toute la région. Des avions sillonnaient le ciel.*

silo n.m. Grand réservoir pour stocker les récoltes. *Un silo à betteraves, à blé.*

silos à grain

P Q R S T U V W X Y Z

simagrées n.f.plur. *Faire des simagrées*, c'est faire des manières, ne pas être simple. *Ne fais pas de simagrées et accepte son invitation.* SYN. (Fam.) chichis.

simiesque adj. Qui rappelle le singe par son aspect, ses expressions. *Un visage simiesque.*

HISTOIRE DU MOT Vient du latin *simius* qui signifie « singe ».

similaire adj. À peu près de même nature, à peu près pareil. *Ces deux médicaments ont un effet similaire.* SYN. analogue, équivalent, semblable.

simili n.m. (Familier) Nom donné à toute matière qui en imite une autre. *Ce n'est pas une veste en cuir, mais en simili.*

similitude n.f. Grande ressemblance. *La similitude entre ces deux romans crève les yeux, il y a plagiat.*

HISTOIRE DU MOT Vient du latin *similis* qui signifie « semblable ».

simoun n.m. Vent violent, chaud et sec, qui souffle dans le désert.

simple adj. ❶ Composé d'un seul élément. *L'eau est formée de deux corps simples, l'hydrogène et l'oxygène. On distingue les mots simples des mots composés. Les temps simples* (= ceux qui se conjuguent sans auxiliaire). CONTR. composé. *Le professeur veut qu'on utilise des feuilles simples.* CONTR. double. ❷ Facile à comprendre, à faire. *Tu devrais savoir faire cet exercice, il est vraiment simple.* SYN. facile. CONTR. compliqué. ❸ Sans surcharges ni ornements inutiles. *Elle portait une robe simple et de bon goût.* SYN. sobre. ❹ Qui se comporte avec naturel, sans faire de manières. *Des gens simples.* CONTR. prétentieux. ❺ Qui suffit à lui seul, qui ne nécessite rien de plus. *La serrure s'ouvre d'un simple tour de clef.* SYN. seul. ❻ Qui n'est rien de plus que ce qu'on dit. *Je ne suis qu'un simple employé, je ne peux rien décider en l'absence du responsable !* ◆ **n.** • **Simple d'esprit :** personne dont l'intelligence est peu développée. ◆ **n.m.** • **Du simple au double :** en se multipliant par deux. *Les prix des vêtements varient du simple au double d'un magasin à l'autre.*

simplement adv. ❶ De manière simple, sans prétention. *Elle était vêtue fort simplement.* SYN. sobrement. ❷ Seulement, uniquement. *Je lui ai simplement demandé de ne pas crier.*

simplet, ette adj. Un peu trop naïf et sot. *Julie est bien gentille mais un peu simplette.* SYN. innocent, niais.

simplicité n.f. ❶ Qualité de ce qui est facile à comprendre ou à faire. *Le problème de maths était d'une grande simplicité.* SYN. facilité. ❷ Qualité d'une personne simple. *Elle parle toujours avec simplicité.* CONTR. affectation, grandiloquence.

simplification n.f. Le fait de simplifier quelque chose. *Certains souhaitent la simplification de l'orthographe.*

simplifier v. (CONJUG. 7). Rendre plus simple. *Ces machines ont été conçues pour simplifier le travail des hommes.*

simpliste adj. Qui simplifie les choses de manière exagérée, en négligeant certains aspects importants. *Tes arguments sont trop simplistes.* SYN. sommaire.

simulacre n.m. Ce qui a l'air d'être quelque chose et qui ne l'est pas. *Au cinéma, les combats sont des simulacres.* SYN. simulation.

simulateur, trice n. Personne qui simule un sentiment ou une maladie. *Il n'est absolument pas boiteux, c'est un simulateur.*

simulation n.f. ❶ L'action de simuler une maladie, une infirmité. *Sa surdité est une simulation.* ❷ Reproduction artificielle d'un phénomène. *De nombreuses simulations de vol spatial ont lieu avant le vol véritable.*

simuler v. (CONJUG. 3). Faire semblant. *Simuler un mal de gorge pour ne pas aller à l'école.*

HISTOIRE DU MOT Vient du latin *similare* qui signifie « être semblable ».

simultané, e adj. Qui se produit en même temps qu'autre chose. *Le coup de feu et le hurlement ont été simultanés. Une traduction simultanée* (= faite au fur et à mesure qu'une personne parle).

simultanéité **n.f.** Caractère simultané de deux faits, deux actions. *Ils ont levé le doigt avec une simultanéité parfaite.*

simultanément **adv.** En même temps. *Les deux téléphones ont sonné simultanément.* SYN. ensemble. CONTR. l'un après l'autre, successivement.

sincère **adj.** ❶ Qui dit ce qu'il pense, et s'exprime sans mentir. *Tu es sincère quand tu dis que tu préfères mon manteau à celui de Julie ?* SYN. franc. CONTR. hypocrite. ❷ Qui est pensé ou éprouvé réellement. *Son repentir était sincère.* SYN. authentique.

HISTOIRE DU MOT Vient du latin *sincerus* qui signifie « pur ».

sincèrement **adv.** Avec sincérité. *Je regrette sincèrement de ne pas pouvoir venir.*

sincérité **n.f.** Fait d'être sincère. *Vous ne pouvez douter de ma sincérité.* SYN. loyauté. *Je ne crois pas à la sincérité de son amitié, c'est un garçon intéressé.*

sinécure **n.f.** Emploi où l'on est bien payé en n'ayant presque rien à faire. • (Familier) **Ce n'est pas une sinécure :** ce n'est pas de tout repos. *Je suis surveillant de collège, autant vous dire que ce n'est pas une sinécure !*

HISTOIRE DU MOT Vient du latin *sine cura* qui signifie « sans souci ».

sine qua non **adj.invar.** *Une condition sine qua non* est une condition indispensable pour que quelque chose se fasse. *Que tu aies fait tes devoirs est la condition sine qua non pour que je t'emmène au cinéma.*

HISTOIRE DU MOT Mots latins qui signifient « (condition) sans laquelle il n'y a rien à faire ».

singe **n.m.** ❶ *Les singes* sont des mammifères primates aux membres supérieurs plus longs que les membres inférieurs, aux mains et aux pieds préhensiles et terminés par des ongles. *Le gorille est le plus grand et le plus fort de tous les singes.* ❷ (Familier) Personne qui fait des grimaces ou des pitreries. *Cesse de faire le singe !* ❸ Personne qui contrefait, imite les autres, leurs actions.

HISTOIRE DU MOT Vient du latin *simius* que l'on retrouve dans *simiesque.*

ENCYCLOPÉDIE Femelle : la guenon. Les singes vivent en général dans les arbres et se nourrissent principalement de fruits. On distingue deux groupes de singes : ceux d'Amérique centrale et du Sud au nez aplati, aux narines écartées, et dont la queue peut généralement saisir (par exemple le *ouistiti*) ; ceux d'Afrique et d'Asie, au nez qui ressort et aux narines rapprochées, dont une espèce est le *babouin.* On classe à part le groupe des *grands singes*, dont l'*orang-outang*, le *gorille*, le *chimpanzé*, dépourvus de queue et plus proches de l'homme que les autres singes.

singer **singeant, singé v.** (CONJUG. 5). Imiter quelqu'un pour se moquer de lui. *Il était en train de singer Irène quand elle entra dans la pièce.*

singerie **n.f.** Grimace, geste comiques. *Arrête tes singeries.* SYN. pitrerie.

single **n.m.** ❶ Disque de variétés comportant un seul morceau par face. ❷ CD ou DVD comportant moins de quatre morceaux.
▸ REM. C'est un mot anglais qui signifie « seul » et que l'on prononce [singœl].

se singulariser **v.pron.** (CONJUG. 3). Se faire remarquer par quelque chose d'étonnant, d'extravagant ou de choquant. *Il faut toujours qu'il se singularise, cette fois-ci il est venu avec un chapeau melon !*

singularité **n.f.** Caractère original, unique ou étrange.

1 singulier, ère **adj.** Que l'on remarque en raison de son aspect extraordinaire, étrange. *Ils ont vécu de singulières aventures.* SYN. unique. *Ivan était un singulier personnage.* SYN. curieux, étonnant. • **Combat singulier :** combat entre deux adversaires seuls, duel.

HISTOIRE DU MOT Vient du latin *singularis* qui signifie « unique, isolé, solitaire ».

2 singulier **n.m.** Forme que prend un mot pour indiquer une unité, par opposition à *pluriel.* *« Un journal » est au singulier, « des journaux » est au pluriel.*
→ VOIR **nombre** (encadré).

singulièrement **adv.** ❶ De manière singulière, étrange. *Il s'habille singulièrement.* SYN. bizarrement, étrangement. ❷ Particulièrement, de manière notable. *Il fait singulièrement chaud dans cette pièce.*
▸ REM. Ce mot appartient à la langue soutenue.

1 sinistre **adj.** ❶ Qui fait peur, qui fait craindre un malheur. *Comme ils entraient dans la maison abandonnée, ils entendirent un bruit sinistre.* SYN. effrayant, inquiétant, lugubre. *Paul était sinistre hier soir.* SYN. triste. CONTR. gai. ❷ Qui est très triste ou très ennuyeux. *La soirée a été sinistre.* SYN. lugubre. CONTR. gai.

HISTOIRE DU MOT Vient du latin *sinister* qui signifie « qui est du côté gauche, qui est de mauvais augure ».

2 sinistre **n.m.** Événement, comme un incendie, une inondation, qui entraîne des dégâts. *Le sinistre a fait de nombreuses victimes.*

HISTOIRE DU MOT Vient de l'italien *sinistro* qui signifie « malheur ».

sinistré, e **adj.** et **n.** Qui est victime d'un sinistre. *Une épidémie s'est déclarée dans la région sinistrée. Collecter des médicaments et des couvertures pour les sinistrés.*

sinon **conj.** ❶ Sans quoi, autrement. *Mets un pull, sinon tu vas attraper froid !* ❷ Excepté, sauf. *Que pouvons-nous faire sinon attendre ?*

sinueux, euse **adj.** Qui fait des courbes, des détours. *Une route de montagne sinueuse.* CONTR. droit.

HISTOIRE DU MOT Vient du latin *sinus* qui signifie « pli, courbure ».

sinuosité **n.f.** Courbe décrite par ce qui est sinueux. *Les sinuosités d'un cours d'eau.* SYN. méandre. *Les sinuosités de la route.* SYN. lacet, virage.

sinus **n.m.** Cavité située dans certains os de la tête, en particulier au-dessus du nez.
▸ REM. On prononce le *-s* final.

sinusite n.f. Inflammation des sinus de la face. *Son rhume s'est transformé en sinusite.*

sioux adj. et n. Qui se rapporte aux Sioux → VOIR noms propres.

siphon n.m. ❶ Tuyau d'écoulement des eaux usées, recourbé en forme de S et placé à la sortie des appareils sanitaires, de façon à empêcher la remontée des mauvaises odeurs. ❷ Tube recourbé qui sert à transvaser un liquide d'un récipient dans un autre. *On a transvasé de l'essence de son cyclomoteur dans le mien avec un siphon.*

sire n.m. ❶ Titre que l'on donne à un roi quand on s'adresse à lui. ❷ Au Moyen Âge, titre porté par certains seigneurs. *Le sire de Mortefontaine.*

HISTOIRE DU MOT Vient, comme *seigneur* et *sieur*, du latin *senior*.

1 sirène n.f. Dans la mythologie grecque, créature imaginaire ayant une tête et un buste de femme et une queue de poisson. *Par la douceur de leur chant, les sirènes attiraient les navigateurs sur les écueils.*

statue de la Petite **Sirène** (Copenhague, Danemark)

2 sirène n.f. Appareil qui produit un son puissant et prolongé servant de signal ou d'alerte. *On entend la sirène des pompiers, un incendie s'est déclaré quelque part. La sirène d'un bateau.*

sirocco n.m. Vent très sec et très chaud, qui souffle du Sahara sur les régions méditerranéennes.

HISTOIRE DU MOT Vient de l'arabe *suruq* qui signifie « lever de soleil ».

sirop n.m. Boisson ou remède épais qui contient une forte proportion de sucre. *Du sirop de cassis. Du sirop contre la toux.* • **Sirop d'érable** → VOIR **érable.**

HISTOIRE DU MOT Vient du latin *sirupus*, de l'arabe *charab* qui signifie « boisson ».

siroter v. (CONJUG. 3). (Familier) Boire à petits coups, en savourant. *Maman sirote son café.*

sirupeux, euse adj. Qui a la consistance épaisse et douce du sirop. *Ce jus de fruits est trop sirupeux.*

sismique adj. Qui se rapporte aux séismes, aux tremblements de terre. *Une secousse sismique.*

skateboard

sismographe n.m. Appareil qui sert à enregistrer l'heure, la durée et l'amplitude des tremblements de terre.

site n.m. Lieu qui présente un intérêt particulier. *Après des heures de route, nous sommes arrivés dans un site grandiose.* SYN. paysage. *Un site archéologique* (= un lieu de fouilles). • **Site Web** ou **site** : ensemble de pages Web accessibles par Internet sur un serveur.

HISTOIRE DU MOT Vient du latin *situs* qui signifie « situation, emplacement ».

sitôt adv. Aussitôt. *Sitôt rentré, il s'est couché.* • **De sitôt** : avant longtemps. *Après ce que vous lui avez fait, il ne reviendra pas de sitôt.*

situation n.f. ❶ Position géographique, emplacement d'une localité, d'un édifice, etc. *La situation de la mairie, au centre-ville, est commode pour tout le monde.* SYN. emplacement. ❷ État dans lequel se trouve une personne, un groupe, un pays. *La situation économique de ce pays est excellente.* ❸ Emploi rémunéré et stable. *Son fils a une bonne situation.* SYN. place, poste, travail.

HISTOIRE DU MOT Vient, comme *site*, du latin *situs*.

situer v. (CONJUG. 3). ❶ Déterminer l'endroit où se trouve quelqu'un ou quelque chose. *Situer une ville sur une carte.* ❷ Déterminer le moment où se passe un événement. *On situe la naissance de Mahomet vers 570.* ❸ Déterminer la place occupée par quelqu'un ou quelque chose dans un ensemble. *Situer un peintre parmi les plus importants.* ◆ **se situer** v.pron. Être, se trouver à telle place dans l'espace ou dans le temps. *Le village se situe au nord de la montagne. La meilleure heure pour circuler se situe au milieu de la matinée.*

six adj. numéral invar. et n.m.invar. Cinq plus un. *Nous ne nous sommes pas vus depuis six mois. J'ai pris la clef de la chambre six. Nous avons rendez-vous le six.* ▶ REM. 1. Au mot *six* correspond l'élément tiré du grec *hexa-* que l'on retrouve dans *hexagone*. 2. S'écrit 6 en chiffres arabes et VI en chiffres romains.

sixième adj. numéral et n. Qui occupe un rang, une place marqués par le numéro 6. *Ce trimestre, il est classé sixième. C'est la sixième de la liste.* ◆ **n.m.** Quantité contenue six fois dans un tout. *Nous avons eu chacun le sixième de la somme.* ◆ **n.f.** En France, première année du premier cycle de l'enseignement secondaire. *Il a onze ans, il rentre en sixième.*

A B C D E F G H I J K L M N O P Q R S T U V W X Y Z

sixièmement **adv.** Sert à introduire le sixième point d'une explication, d'une énumération.

Skaï **n.m.** Matière synthétique qui imite le cuir.
▸ REM. C'est un nom de marque, le mot prend une majuscule, en France, dans les textes imprimés.

skateboard **n.m.** Planche à roulettes.
▸ REM. 1. On abrège couramment en *skate*. 2. On prononce [skɛtbɔrd].

HISTOIRE DU MOT Ce mot anglais vient de *to skate*, « patiner », et *board*, « planche ».

sketch **n.m.** (PLUR. : **sketchs** ou **sketches**). Pièce très courte, généralement comique, interprétée par un ou deux artistes. *Quels sont les sketchs de Coluche que tu préfères ?*

HISTOIRE DU MOT C'est un mot anglais qui signifie « esquisse ».

ski **n.m.** ❶ Sorte de planche longue et étroite en bois, en métal ou en plastique que l'on utilise pour glisser sur la neige ou sur l'eau. *Je n'arrive pas à mettre mes skis, attends-moi !* ❷ Sport pratiqué sur la neige avec des skis. *Il n'aime pas faire du ski. Pratiquer le ski alpin* (= de descente). *Du ski de fond* (= sur des parcours plus ou moins plats). • **Ski nautique :** sport qui consiste à glisser sur l'eau sur un ou deux skis, en étant tiré par un bateau à moteur.

HISTOIRE DU MOT C'est un mot norvégien.

skier **v.** (CONJUG. 7). Faire du ski. *Il est dangereux de skier hors des pistes.*

skieur, euse **n.** Personne qui fait du ski. *Judith est une très bonne skieuse.*

skippeur, euse **n.** Commandant d'un yacht ou d'un voilier de compétition.

slalom **n.m.** Descente à skis comportant une série de virages délimités par des piquets entre lesquels le skieur doit passer. *Slalom spécial, slalom géant.*

HISTOIRE DU MOT C'est un mot norvégien.

slalom

slalomer **v.** (CONJUG. 3). Effectuer un parcours en slalom.

slam **n.m.** Poésie orale très rythmée, déclamée en public.

HISTOIRE DU MOT Vient de l'anglais *to slam*, qui signifie « claquer ».

slave **adj.** et **n.** Qui appartient à un des peuples qui habitent l'Europe orientale et centrale, comme les Polonais, les Russes, les Serbes, les Croates, les Bulgares, etc. *Les langues slaves.*
▸ REM. Quand il désigne une personne, le mot prend une majuscule : *une Slave, les Slaves.*

slip **n.m.** Culotte qui sert de sous-vêtement ou de maillot de bain.

sloche ou **slush** **n.f.** Au Canada, mélange de neige fondante, de sel et de terre.

slogan **n.m.** Phrase courte, formule brève et frappante destinées à retenir l'attention, et qui sont utilisées en publicité, en politique, etc.

slovaque **adj.** et **n.** De la Slovaquie. *Bratislava est la capitale slovaque.* ◆ **slovaque** **n.m.** Langue slave parlée en Slovaquie.
▸ REM. Quand il désigne une personne, le mot prend une majuscule : *un Slovaque, une Slovaque.*

slovène **adj.** et **n.** De la Slovénie. *Josip est slovène.* ◆ **slovène** **n.m.** Langue slave parlée en Slovénie.
▸ REM. Quand il désigne une personne, le mot prend une majuscule : *un Slovène, une Slovène.*

slow **n.m.** Danse lente sur des musiques de blues, des chansons sentimentales, etc., durant laquelle les partenaires se tiennent étroitement enlacés.
▸ REM. On prononce [slo].

HISTOIRE DU MOT C'est un mot anglais qui signifie « lent ».

smala ou **smalah** **n.f.** (Familier) Famille nombreuse et encombrante.
▸ REM. Ce mot n'est pas employé au Canada.

HISTOIRE DU MOT Vient d'un mot arabe qui désigne l'ensemble des tentes abritant famille, soldats et serviteurs d'un chef.

smash **n.m.** (PLUR. : **smashs** ou **smashes**). Au tennis, au ping-pong, au volley-ball, coup qui rabat violemment une balle haute. *Le joueur a gagné la partie grâce à ses smashs.*

smocks **n.m.plur.** Fronces décoratives brodées sur une blouse, une robe. *Agnès a mis sa robe rouge à smocks.*

smoked-meat **n.m.** (PLUR. : **smoked-meats**). ❶ Au Québec, poitrine de bœuf salée et fumée, servie en tranches fines. ❷ Sandwich fait avec cette viande.
▸ REM. C'est un mot anglais, on prononce [smɔkdmit].

smoking **n.m.** Costume habillé composé d'une veste à revers de soie et d'un pantalon orné sur le côté d'une bande de soie. *À la réception, les hommes étaient en smoking.*

HISTOIRE DU MOT Vient de l'anglais *smoking-jacket*, « jaquette que l'on mettait après le dîner pour fumer ».

A B C D E F G H I J K L M N O P Q R S T U V W X Y Z

SMS **n.m.** Texto.

HISTOIRE DU MOT Ce mot est l'abréviation de l'anglais *short message service*, qui signifie « service de messages courts ».

snack-bar (PLUR. : **snack-bars**), ✎ ***snackbar*** **n.m.** Café-restaurant où l'on sert rapidement des repas légers. *Manger un croque-monsieur dans un snack-bar.* ▶ REM. Abréviation courante : *snack*.

snob **adj.** et **n.** Qui aime les gens chics, distingués, mondains et qui cherche à les imiter.

snober **v.** (CONJUG. **3**). Tenir une personne à l'écart par mépris, la traiter de haut. *Depuis qu'elle est passée dans une émission télévisée, elle nous snobe.*

snobisme **n.m.** Comportement du snob. *C'est par snobisme qu'il emploie beaucoup d'anglicismes.*

snowboard **n.m.** ❶ Surf des neiges. ❷ Planche permettant de pratiquer le surf des neiges.
▶ REM. 1. C'est un mot anglais qui signifie « planche à neige ». 2. On prononce [snobɔrd].

saut en **snowboard**

sobre **adj.** ❶ Qui mange et boit peu et, surtout, qui boit peu d'alcool. *M. Dupré est très sobre.* ❷ Qui est simple, sans ornements exagérés. *J'aimais la sobre architecture de cette ville.*

sobrement **adv.** D'une manière sobre. *Pierre s'habille toujours sobrement.* SYN. simplement.

sobriété **n.f.** ❶ Comportement d'une personne sobre. *Les athlètes sont souvent d'une grande sobriété.* ❷ Aspect de ce qui est sobre, sans ornements inutiles. *Ils aiment la sobriété du style roman.* SYN. simplicité.

sobriquet **n.m.** Surnom familier, souvent donné par moquerie ou par affection. *« Poil de carotte » était le sobriquet d'un petit garçon aux cheveux roux.*

soc **n.m.** Fer large et pointu de la charrue et de l'araire qui s'enfonce dans la terre et creuse les sillons.

soccer **n.m.** Au Canada, football, par opposition à *football américain*.
▶ REM. C'est un mot anglais, on prononce [sɔkœr].

sociable **adj.** Qui aime la compagnie des autres. *Tu verras, Hortense est très sociable.* CONTR. sauvage.

social, ale, aux **adj.** ❶ Qui concerne la société en tant que communauté humaine. *Les classes sociales* (= qui constituent la société). *Les sciences sociales* (= qui étudient les sociétés). ❷ Qui vise à améliorer les conditions de vie des membres de la société. *Le Parlement a voté des mesures sociales. Cette association demande la construction de logements sociaux.*

HISTOIRE DU MOT Vient du latin *socialis*, de *socius* qui signifie « compagnon ».

socialisme **n.m.** Mouvement économique, social et politique qui souhaite rendre la société plus juste en faisant passer l'intérêt général avant les intérêts particuliers.

socialiste **adj.** et **n.** Qui est relatif au socialisme ; partisan du socialisme. *Le parti socialiste français, grec. Les députés socialistes.*

sociétaire **n.** Personne qui fait partie d'une société, d'une mutuelle, d'une association.

société **n.f.** ❶ Ensemble d'individus qui vivent sur un même territoire et qui possèdent un système d'institutions, de lois et de règles. *Lutter pour que les chômeurs ne soient pas exclus de la société.* SYN. collectivité, communauté. ❷ Ensemble d'animaux qui vivent en groupe organisé. *Les abeilles vivent en société.* SYN. colonie. ❸ Groupe de personnes qui se fréquentent, se réunissent pour une activité commune. *Notre société sportive compte beaucoup d'adhérents.* SYN. association. ❹ Groupement de personnes qui ont fondé un établissement industriel ou commercial. *Je voudrais travailler dans la société de mon père.* SYN. compagnie, entreprise. • **Jeu de société :** jeu qui sert à se divertir dans les réunions familiales ou amicales.

HISTOIRE DU MOT Vient du latin *societas* qui signifie « association », de *socius*, « compagnon ».

sociologie **n.f.** Science qui étudie les sociétés humaines et les faits sociaux.

sociologue **n.** Spécialiste de sociologie.

socle **n.m.** Base sur laquelle reposent une colonne, une statue, une pendule, etc. *Le socle de cette statue est en marbre.* SYN. piédestal.

socquette **n.f.** Chaussette basse qui s'arrête à la cheville. *Des socquettes blanches.*
▶ REM. Attention au *-c-*.

soda **n.m.** Boisson gazeuse. *Je voudrais un soda à l'orange, s'il vous plaît.*

sœur **n.f.** ❶ Fille qui a le même père et la même mère qu'un autre enfant. *Julien a deux sœurs.* ❷ Nom donné à une religieuse.
▶ REM. Au sens 2, on dit aussi, familièrement, *bonne sœur*.

sofa **n.m.** Sorte de canapé qui a des dossiers sur trois côtés.

HISTOIRE DU MOT Vient de l'arabe *suffa* qui signifie « coussin ».

soi **pron. personnel.** Représente la 3e personne. *Il faut toujours avoir de l'argent sur soi. On est bien chez soi.*

• **Cela va de soi :** c'est évident, ce n'est pas la peine de le dire. *Tu es invité à mon anniversaire, cela va de soi !* ▸ REM. Au mot *soi* correspond l'élément tiré du grec *auto-* que l'on retrouve dans des mots comme *autobiographie, automobile*, etc.

soi-disant **adv.** et **adj.invar.** À ce qu'on prétend. *Elle nous a présenté un soi-disant artiste* (= qui se prétend tel). *Il part en voyage, soi-disant pour affaires !*

soie **n.f.** ❶ Substance textile formée de fils fins et brillants, sécrétée par certaines chenilles, et notamment par celle appelée *ver à soie* ; étoffe que l'on fabrique avec cette matière. *Une chemise et un foulard en soie. Doux comme de la soie* (= très doux). ❷ Poil dur et raide du porc, du sanglier. *Une brosse en soies de sanglier.*

HISTOIRE DU MOT Vient du latin *saeta* qui signifie « poil ».

ENCYCLOPÉDIE La *route de la soie* désigne une piste pour caravanes qui traversait l'Asie depuis le centre de la Chine jusqu'à la Méditerranée : la soie était la principale marchandise ainsi transportée.

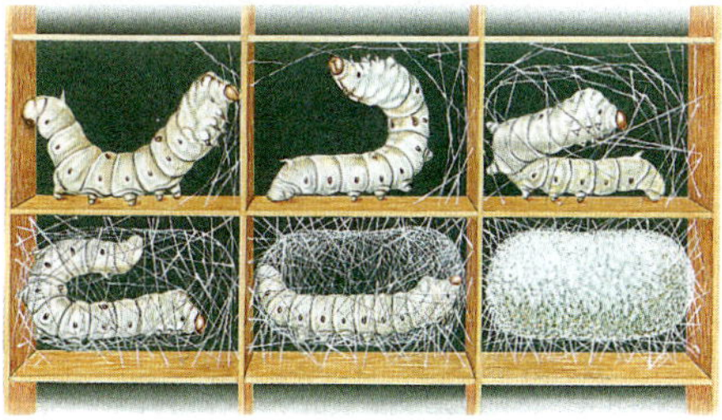

sécrétion d'un cocon par un ver à **soie**

soierie **n.f.** ❶ Tissu de soie. *Papa a rapporté de Chine une soierie peinte à la main.* ❷ Industrie, commerce de la soie.

soif **n.f.** ❶ Besoin de boire. *Après le match, les footballeurs ont soif.* ❷ Désir vif de quelque chose. *Les petits réfugiés ont soif de tendresse.* SYN. besoin. *La soif d'apprendre.* SYN. appétit.

soigné, e **adj.** ❶ Fait avec soin. *Je te félicite, tu m'as rendu un travail soigné.* CONTR. bâclé. ❷ Qui prend soin de sa personne. *C'est un homme soigné.* CONTR. négligé.

soigner **v.** (CONJUG. 3). ❶ Faire avec soin, avec application. *Tu dois soigner la présentation de ton exposé.* SYN. peaufiner. CONTR. bâcler. ❷ Prendre soin d'une personne ou d'une chose, bien s'en occuper. *Ils m'ont invitée chez eux en vacances et m'ont très bien soignée.* SYN. choyer. *Soigner son jardin.* SYN. entretenir. ❸ Donner les soins nécessaires pour guérir un malade, un blessé. *Je voudrais voir le docteur qui me soigne d'habitude.* SYN. traiter. *Nous allons soigner votre blessure.*

HISTOIRE DU MOT Vient d'un mot de la langue des Francs qui signifiait « s'occuper de quelqu'un, de quelque chose ».

soigneur, euse **n.** Personne qui donne les soins nécessaires à un sportif avant, pendant et après une compétition, un combat.

soigneusement **adv.** Avec soin. *Lise range soigneusement ses vêtements. Relisez soigneusement vos dictées.* SYN. attentivement.

soigneux, euse **adj.** Qui fait les choses avec soin, application. *Julien est très soigneux, son travail est toujours parfait.* SYN. minutieux.

soin **n.m.** ❶ Attention particulière que l'on met à faire quelque chose. *Travailler avec soin.* SYN. minutie. ❷ Tâche, devoir ou charge. *Je te confie le soin de prévenir Pierre.* ❸ *Prendre soin de quelqu'un ou de quelque chose*, c'est s'en occuper. *Peux-tu prendre soin de mes plantes, pendant mon absence ?* ◆ **soins** **n.m.plur.** L'ensemble des actes par lesquels on essaie de guérir une maladie, de soigner une blessure. *Les secouristes donnent les premiers soins aux blessés.* • **Être aux petits soins pour quelqu'un :** veiller à ce qu'il ne manque de rien, s'en occuper avec beaucoup d'attention, de prévenance. *Julie sera très bien chez nous, on sera aux petits soins pour elle.*

HISTOIRE DU MOT Vient d'un mot de la langue des Francs qui signifiait « souci ».

soir **n.m.** La fin du jour ; la période qui s'étend de la fin de la journée à la première partie de la nuit. *Qu'est-ce que vous faites ce soir ? Ils se sont rencontrés par un beau soir d'été.* SYN. soirée.
▸ REM. *Soir* est invariable après un nom de jour : *tous les jeudis soir.*

HISTOIRE DU MOT Vient du latin *sero* qui signifie « tard ».

soirée **n.f.** ❶ Espace de temps compris entre la fin du jour et le moment où l'on se couche. *Ils ont passé toute la soirée à discuter.* ❷ Fête, spectacle, réunion qui a lieu le soir. *Nous sommes allés à une soirée dansante. Ils sont allés voir « l'Avare » en soirée.* CONTR. matinée.

soit **conj.** ou **adv.** ❶ Ou bien. *C'est soit l'un, soit l'autre, mais pas les deux.* ❷ C'est-à-dire. *Je lui ai donné toute ma monnaie, soit 12 euros.* ❸ Marque l'accord, l'approbation. *Soit, je viendrai aussi* (= d'accord).
▸ REM. Au sens 3, on prononce le *-t*.

soixantaine **n.f.** ❶ Soixante ou à peu près soixante. *Il y avait une soixantaine de personnes à la réunion.* ❷ Âge de soixante ans ou à peu près. *Mon père approche de la soixantaine.*

soixante **adj. numéral invar.** et **n.m.invar.** Six fois dix. *Son grand-père a soixante ans. Ouvrez votre livre page soixante. Il habite au soixante de la rue des Plantes.*
▸ REM. S'écrit 60 en chiffres arabes et LX en chiffres romains.

soixante-dix **adj. numéral invar.** et **n.m.invar.** Sept fois dix. *Sa voisine a soixante-dix ans. Ils se sont rencontrés dans les années soixante-dix. Il habite au soixante-dix de la rue Nadar.*
▸ REM. S'écrit 70 en chiffres arabes et LXX en chiffres romains.

soixante-dixième **adj. numéral** et **n.** Qui occupe un rang, une place marqués par le numéro 70. *Il est dans sa soixante-dixième année. Le soixante-dixième vient de franchir la ligne d'arrivée.*

a b c d e f g h i j k l m n o p q r s t u v w x y z

soixantième **adj. numéral** et **n.** Qui occupe un rang, une place marqués par le numéro 60. *Il est soixantième sur la liste des concurrents. Le soixantième a eu un lot de consolation.*

soja **n.m.** Plante grimpante, voisine du haricot, cultivée pour ses graines qui fournissent une huile alimentaire et une farine destinée à l'alimentation animale. • **Germe de soja :** jeune pousse issue de la graine du mungo, que l'on consomme crue en salade ou cuite.
HISTOIRE DU MOT Vient du chinois *soya.*

germes de **soja**

1 **sol** **n.m.** ❶ Terrain, terre considérés du point de vue de leur nature. *Un sol fertile. Un sol argileux.* ❷ Surface de la terre, aménagée ou non. *L'avion se pose au sol. L'athlète est mal retombé en touchant le sol.* ❸ Surface sur laquelle on marche dans un local aménagé. *Laver le sol à grande eau. Couvrir le sol de moquette.*
→ VOIR AUSSI **plancher.**

2 **sol** **n.m.invar.** La cinquième note de la gamme de *do.*

solage **n.m.** Au Canada, fondations d'une construction.

solaire **adj.** ❶ Du Soleil. *Le rayonnement solaire.* ❷ Qui fonctionne grâce à la chaleur, à la lumière du Soleil. *Un cadran solaire. Un chauffage solaire fonctionne grâce à l'énergie solaire.* ❸ Qui protège du soleil. *Une crème solaire.* • **Panneau solaire** → VOIR **panneau.** • **Système solaire :** ensemble formé par le Soleil et les astres qui gravitent autour de lui. → VOIR planche ci-contre et Fiche **52.**

soldat **n.m.** ❶ Tout homme qui sert dans une armée. *Les soldats sont partis à la guerre.* ❷ Militaire qui n'est pas gradé. ❸ Chez les fourmis et les termites, adulte qui a une tête très développée et dont le rôle semble être de défendre la communauté.
▸ REM. Au Canada, la forme féminine de ce mot aux sens 1 et 2 est *soldate.*
HISTOIRE DU MOT Vient de l'italien *soldato,* du latin *soldare* qui signifie « payer une solde ».

1 **solde** **n.f.** ❶ Salaire des militaires. *Toucher sa solde.* ❷ *Être à la solde de quelqu'un, d'un groupe,* c'est être payé pour défendre leurs intérêts, souvent en accomplissant de basses besognes. *Des agitateurs à la solde de l'ennemi.*
HISTOIRE DU MOT Vient de l'italien *soldo,* « pièce de monnaie ».

2 **solde** **n.m.** ❶ Ce qui reste à payer d'une somme due. *Vous me paierez le solde à la livraison.* ❷ Marchandise vendue avec une réduction, pour écouler les stocks. *J'ai acheté mon manteau en solde.*
▸ REM. Attention, ce mot est du masculin.
HISTOIRE DU MOT Vient de *solder.*

solder **v.** (CONJUG. **3**). Vendre des marchandises au rabais pour écouler les stocks. *Ce magasin solde les vêtements d'hiver au mois de janvier.* ◆ **se solder** **v.pron.** Avoir pour résultat. *Les tentatives de négociation se sont soldées par un échec.*
HISTOIRE DU MOT Vient de l'italien *saldare* qui signifie « arrêter un compte ».

sole **n.f.** Poisson de mer plat et ovale, dont la chair est très appréciée, qui vit couché sur le flanc gauche sur les fonds sableux peu profonds.

soleil **n.m.** ❶ (Avec une majuscule.) Étoile autour de laquelle gravitent la Terre et d'autres planètes. *Mercure est la planète la plus proche du Soleil.* ❷ Lumière, chaleur, rayonnement du Soleil ; lieu exposé au Soleil. *Il fait soleil aujourd'hui ! Ne t'expose pas trop longtemps au soleil.* ❸ En botanique, autre nom du *tournesol.* • **Coup de soleil :** brûlure de la peau causée par les rayons du Soleil.
ENCYCLOPÉDIE La distance du Soleil à la Terre est voisine de 150 millions de kilomètres. Son rayon est 109 fois plus grand que celui de notre planète. Le rayonnement solaire met environ 8 minutes pour nous parvenir. Le Soleil est âgé de quelque 5 milliards d'années.

solennel, elle **adj.** ❶ Célébré avec éclat et apparat. *Organiser une cérémonie solennelle.* ❷ Fait avec beaucoup de sérieux et de gravité, ce qui donne une importance particulière. *Une promesse solennelle.*
▸ REM. On prononce [sɔlanɛl].

solennellement **adv.** De manière solennelle. *Le mariage a été célébré solennellement.*

solennité **n.f.** Caractère solennel. *Parler avec solennité.* SYN. emphase, gravité.
▸ REM. On prononce [sɔlanite].

solfège **n.m.** Étude de la lecture et de l'écriture des notes de musique.
HISTOIRE DU MOT Vient de l'italien *solfeggio,* de *solfa,* « gamme », de *sol* et *fa,* noms de deux notes de musique.

solfier **v.** (CONJUG. **7**). Chanter un morceau de musique en nommant les notes.

solidaire **adj.** ❶ *Des choses solidaires* dépendent les unes des autres dans leur fonctionnement. *Les engrenages d'une montre sont solidaires.* ❷ *Des personnes solidaires* s'apportent mutuellement soutien et assistance. *Tous les élèves de notre classe sont solidaires de Jeanne qui a été punie injustement.*

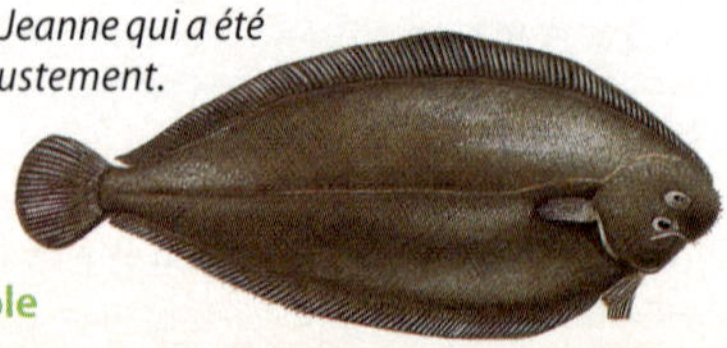

sole

LE SYSTÈME SOLAIRE

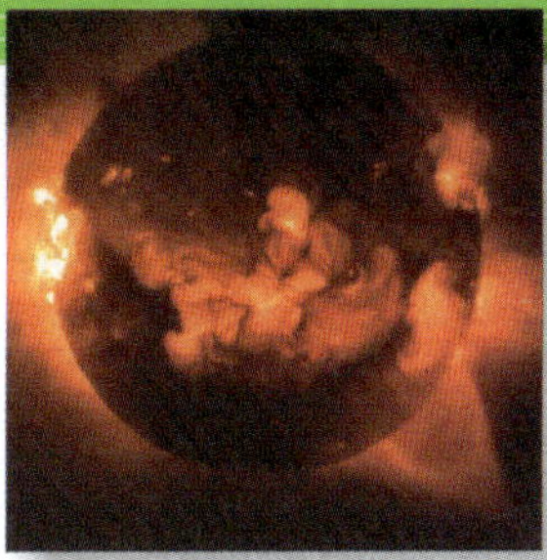

éruption solaire

Une étoile…

Le Système solaire comprend une étoile, le **Soleil**, huit **planètes** principales, des planètes naines (dont Pluton) et une multitude d'**astéroïdes**, de **comètes** et de poussières interplanétaires. Sphère gazeuse en équilibre, le Soleil est le siège de réactions nucléaires qui produisent des quantités énormes d'énergie.

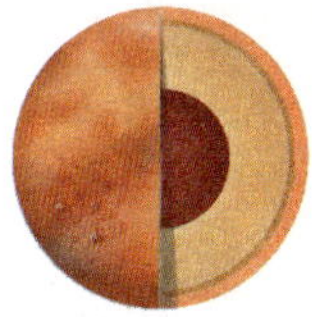

Mars

Jupiter

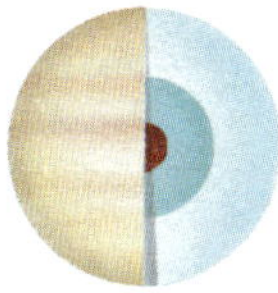

Saturne

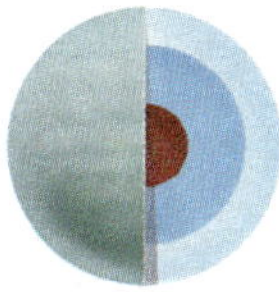

Uranus

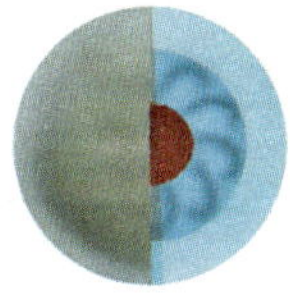

Neptune

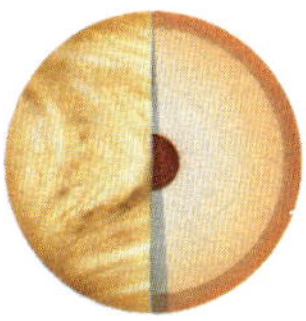

Vénus

Terre

Mercure

… et huit planètes principales

Mercure est la planète la plus proche du Soleil. Dépourvue d'atmosphère, elle présente de grands écarts de température. **Vénus**, l'étoile du Berger, est la plus chaude, et son atmosphère est irrespirable (gaz carbonique). La **Terre**, dite planète bleue, est la seule à posséder de l'eau à sa surface. Son atmosphère se compose de plusieurs gaz, surtout de l'azote et de l'oxygène. **Mars** a peut-être connu il y a très longtemps des conditions favorables à la vie. Aujourd'hui, c'est un désert froid, balayé par des vents parfois violents. **Jupiter**, énorme boule d'hydrogène et d'hélium, est la plus grosse planète. **Saturne**, autre géante, est entourée d'une multitude d'anneaux composés de débris glacés. **Uranus** et **Neptune**, encore plus lointaines, ont une teinte bleue à cause de leur atmosphère riche en méthane. Elles sont aussi entourées de fins anneaux de matière.

structure du Soleil

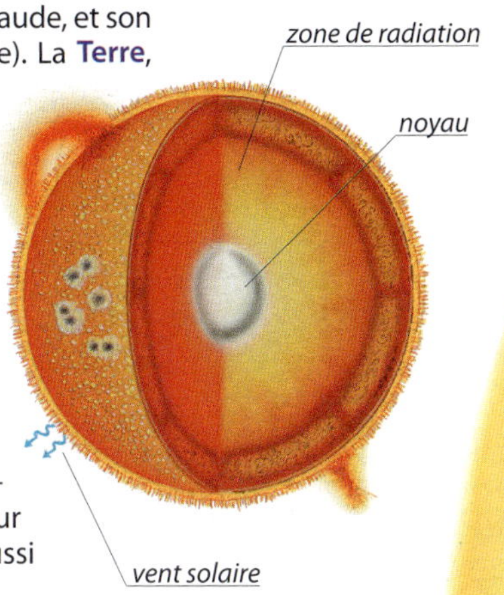

dimensions comparées du Soleil et des principales planètes

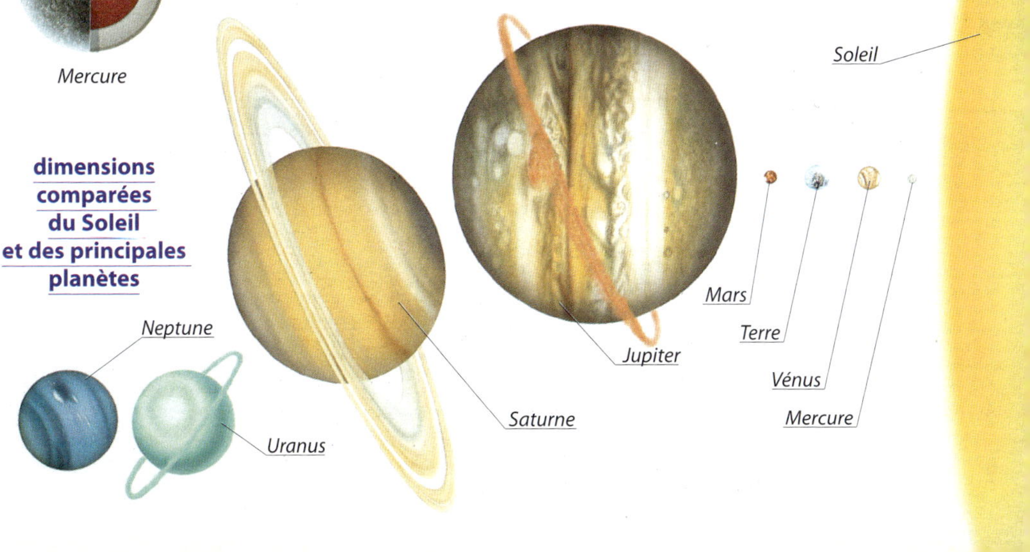

A B C D E F G H I J K L M N O P Q R S T U V W X Y Z

solidairement **adv.** De manière solidaire, avec solidarité. *Ils ont solidairement demandé la levée des sanctions* (=tous ensemble).

se **solidariser** **v.pron.** (CONJUG. 3). Se déclarer solidaire de quelqu'un. *Certains ouvriers n'ont pas voulu se solidariser avec les grévistes.*

solidarité **n.f.** Le fait d'être solidaire d'autres personnes. *C'est par solidarité qu'Hélène a soutenu sa sœur !*

solide **adj.** ❶ Qui a une consistance plus ou moins ferme et n'est ni liquide ni gazeux. *La lave devient solide en se refroidissant.* SYN. dur, ferme. ❷ Qui a de la vigueur, de la force, de la résistance. *Thomas est un garçon solide, il n'est jamais fatigué ni malade.* SYN. robuste. ❸ Qui résiste bien à l'usure, aux chocs. *Ce tissu est solide.* SYN. résistant. CONTR. fragile. ❹ Qui est stable et durable. *Leur amitié est solide.* SYN. durable, indéfectible. ◆ **n.m.** ❶ Substance solide qui a une certaine consistance. *La pierre est un solide.* ❷ En géométrie, forme dans l'espace qui a un volume. *La pyramide et le cube sont des solides.* → VOIR Fiche **19.** ● (Familier) **C'est du solide :** cela durera. *Leur amitié, c'est du solide.*

HISTOIRE DU MOT Vient du latin *solidus* qui signifie « entier, massif ».

solidement **adv.** De manière solide, résistante. *Le vélo était solidement attaché sur la galerie.*

solidifier **v.** (CONJUG. 7). Rendre solide. *Le froid, en solidifiant l'eau, a fait éclater les tuyaux.* ◆ **se solidifier** **v.pron.** Devenir solide. *Le ciment se solidifie en séchant.* SYN. durcir. CONTR. se liquéfier.

solidité **n.f.** Caractère de ce qui est solide. *Les rallyes servent à éprouver la solidité des véhicules.* SYN. robustesse.

soliste **n.** Musicien ou chanteur qui exécute un solo, qui joue en solo.

1 solitaire **adj.** ❶ Qui est seul. *Nous avons croisé un promeneur solitaire.* ❷ Où l'on est seul. *J'aime les randonnées solitaires.* ◆ **n.** Qui aime la solitude et fuit la compagnie des autres. *C'est un solitaire, il ne viendra pas à ta fête.* ● **Course en solitaire :** course sur un voilier que l'on est seul à manœuvrer.

2 solitaire **n.m.** ❶ Diamant taillé, monté seul sur une bague. *Il a offert un solitaire à sa fiancée.* ❷ Jeu de réflexion et de patience qui se joue seul.

solitude **n.f.** Le fait d'être ou de se sentir seul. *Pour les personnes âgées, la solitude est très dure à supporter.*

solive **n.f.** Pièce de charpente horizontale, en bois ou en fer, qui s'appuie sur les murs ou sur les poutres et qui supporte un plancher.

sollicitation **n.f.** (Surtout au plur.) Demande pressante, prière. *Depuis qu'il est ministre, il est assailli de sollicitations de toutes parts.* SYN. requête.

solliciter **v.** (CONJUG. 3). ❶ Demander avec déférence, avec respect. *Mes parents ont sollicité une entrevue avec le directeur.* ❷ Faire appel à quelqu'un pour obtenir quelque chose de lui. *Depuis qu'il est ministre, il est très souvent sollicité.*

sollicitude **n.f.** Attention affectueuse envers quelqu'un. *Les Durand ont été très gentils avec nous et pleins de sollicitude.* SYN. bienveillance, prévenance. ▸ REM. Ce mot appartient à la langue soutenue.

solo **n.m.** Morceau de musique joué ou chanté par une seule personne. *Un solo de batterie.*

HISTOIRE DU MOT C'est un mot italien qui signifie « seul ».

solstice **n.m.** Chacun des deux jours de l'année où le Soleil est le plus éloigné de l'équateur terrestre. *Dans l'hémisphère Nord, le solstice d'hiver, qui a lieu le 21 ou le 22 décembre, est le jour le plus court de l'année ; le solstice d'été, qui a lieu le 21 ou le 22 juin, est le jour le plus long de l'année.*

HISTOIRE DU MOT Vient du latin *solstitium*, de *sol*, qui signifie « soleil », et *stare*, qui signifie « s'arrêter ».

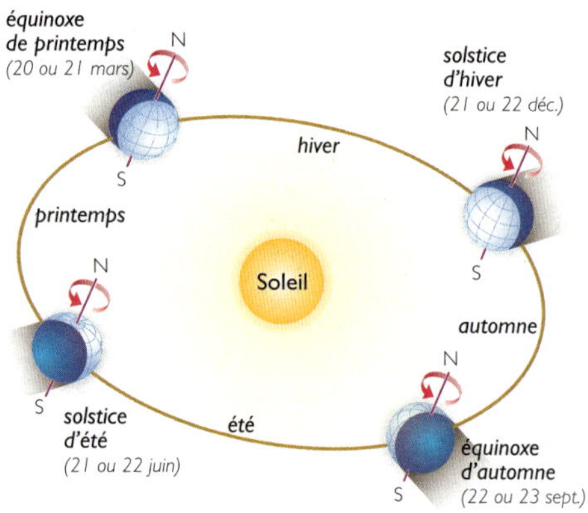

solstices et équinoxes

soluble **adj.** ❶ Qui fond, se dissout dans un liquide. *Le sucre est soluble dans l'eau.* ❷ Que l'on peut résoudre. *C'est un problème facilement soluble.* CONTR. insoluble.

HISTOIRE DU MOT Vient du latin *solvere* qui signifie « dissoudre ».

solution **n.f.** ❶ Réponse à une question, à un problème. *Je n'ai pas trouvé la solution de cet exercice.* SYN. résultat. ❷ Ce qui peut résoudre, dénouer une difficulté. *Refuser de le voir n'est pas une bonne solution pour régler votre différend.* SYN. moyen. ❸ Liquide qui contient une substance dissoute. *Henri se gargarise avec une solution salée.*

solvable **adj.** Qui a les moyens de payer ce qu'il doit. *Cette société n'est plus solvable, elle est en faillite.*

HISTOIRE DU MOT Vient du latin *solvere* qui signifie « payer ».

solvant **n.m.** Liquide qui a la propriété de pouvoir dissoudre certaines substances. *L'essence, l'acétone sont des solvants.*

sombre **adj.** ❶ Où il y a peu de lumière. *Leur appartement est très sombre.* SYN. obscur. ❷ Qui est foncé, tire sur le noir. *Elle porte une robe sombre.* CONTR. clair. ❸ Qui exprime ou indique la tristesse, l'ennui ou l'inquiétude. *Qu'as-tu ? Tu as un air bien sombre.* SYN. morose, triste. CONTR. gai, joyeux. *L'avenir est sombre.* SYN. angoissant, menaçant.

sombrer **v.** (CONJUG. 3). ❶ Être englouti dans l'eau. *Plusieurs barques de pêcheurs ont sombré dans la tempête.* SYN. couler. ❷ *Sombrer dans le sommeil*, c'est tomber rapidement dans un profond sommeil. *À peine couchée, elle a sombré dans le sommeil.* SYN. plonger.

sombrero, ✎ ***sombréro*** **n.m.** Chapeau de feutre, à larges bords, porté notamment en Amérique latine.

HISTOIRE DU MOT C'est un mot espagnol qui vient de *sombra* qui signifie « ombre ».

1 sommaire **adj.** ❶ Exprimé en peu de mots. *Ce compte-rendu est très sommaire.* SYN. succinct. ❷ Très simple, réduit à sa forme la plus simple. *Notre installation est sommaire.* SYN. rudimentaire. ❸ *Un jugement sommaire* est très rapide et ne respecte pas le cadre de la loi. SYN. expéditif.

HISTOIRE DU MOT Vient du latin *summarium* qui signifie « abrégé ».

2 sommaire **n.m.** Liste des différentes parties d'un livre, d'une revue, d'un dossier, etc. *Le sommaire se trouve soit au début, soit à la fin d'un livre* (= table des matières).

sommairement **adv.** De façon sommaire, simplement. *Le problème a été examiné trop sommairement.* SYN. superficiellement.

sommation **n.f.** Ordre impératif de s'arrêter donné par un militaire ou un policier. *Les policiers doivent faire des sommations avant de tirer.*

HISTOIRE DU MOT Vient de *sommer.*

1 somme **n.f.** ❶ Résultat d'une addition. *La somme de 4 plus 2 est 6.* ❷ Quantité d'argent. *Il a emprunté une grosse somme.* ❸ Ensemble de choses qui s'ajoutent les unes aux autres. *La somme de travail que Pierre a fournie est considérable.* SYN. quantité. • **En somme** ou **somme toute** : finalement, tout compte fait. *En somme, malgré le mauvais temps, tu es satisfaite de ton voyage ?*

HISTOIRE DU MOT Vient du latin *summa*, de *summus* qui signifie « qui est au point le plus haut ».

2 somme **n.m.** Le fait de dormir pendant un court instant. *Grand-père fait un somme dans son fauteuil.*

3 somme **n.f.** • **Bête de somme** : animal employé pour porter des fardeaux. *Le cheval, l'âne, le chameau sont utilisés comme bêtes de somme.*

HISTOIRE DU MOT Vient du latin *sagma* qui signifie « bât, charge ».

sombrero

sommeil **n.m.** ❶ État dans lequel on se trouve quand on dort. *Pierre a le sommeil léger, le moindre bruit le réveille !* ❷ Envie, besoin de dormir. *J'ai sommeil, je vais me coucher !* ❸ État d'inactivité dans lequel se trouve quelque chose. *L'hiver, la nature est en sommeil.*

sommeiller **v.** (CONJUG. 3). ❶ Dormir un peu, d'un sommeil léger. *Je l'ai vu sommeiller pendant le cours.* SYN. somnoler. ❷ Exister de manière cachée, sans se manifester. *Un talent de poète sommeillait en lui, ce premier livre le montre.*

sommelier, ère **n.** Personne chargée du service des vins et des liqueurs dans un restaurant.

sommer **v.** (CONJUG. 3). Demander de façon impérative. *Le commissaire a sommé les bandits de se rendre.* SYN. enjoindre. *Je vous somme d'obéir !* SYN. ordonner.

sommet **n.m.** ❶ La partie la plus élevée de quelque chose. *Un oiseau s'est niché au sommet de l'arbre.* SYN. faîte. *Le sommet d'une montagne* (= la cime). ❷ Degré le plus haut. *Je l'ai rencontrée alors qu'elle était au sommet de la gloire.* ❸ En géométrie, point commun aux deux côtés d'un angle. *Les trois sommets d'un triangle.* ❹ *Une conférence au sommet*, c'est une réunion, à laquelle participent les plus hauts responsables. (On dit aussi *un sommet.*)

HISTOIRE DU MOT Vient, comme *somme 1*, du latin *summus.*

sommier **n.m.** Partie du lit sur laquelle repose le matelas. *Un sommier à lattes de bois. Un sommier à ressorts.*

sommité **n.f.** Personnage éminent dans tel ou tel domaine. *Ce congrès réunit les sommités de la médecine.* SYN. gloire, personnalité.

somnambule **adj.** et **n.** Personne qui marche, agit et parle pendant son sommeil, et qui ne se souvient de rien à son réveil.

HISTOIRE DU MOT Vient du latin *somnus*, « sommeil », et *ambulare*, « marcher », que l'on retrouve dans *ambulant* et *noctambule.*

somnifère **n.m.** Médicament qui sert à faire dormir. SYN. soporifique.

somnolence **n.f.** État d'une personne qui somnole. *Attention aux risques de somnolence que peut entraîner la prise de ce médicament.* SYN. torpeur.

somnolent, e **adj.** Dans un état de somnolence. *Après les repas, il est somnolent.*

somnoler **v.** (CONJUG. 3). Dormir à moitié. *Les enfants, fatigués, somnolaient sur leurs chaises.*

somptuaire **adj.** *Des dépenses somptuaires* sont des dépenses excessives, faites par goût du luxe.
▸ REM. Ne pas confondre avec *somptueux.*

HISTOIRE DU MOT Vient du latin *sumptus* qui signifie « dépense ».

somptueux, euse **adj.** Luxueux et magnifique.
▸ REM. Ne pas confondre avec *somptuaire.*

A B C D E F G H I J K L M N O P Q R S T U V W X Y Z

somptueusement adv. D'une manière somptueuse. SYN. luxueusement.

1 son, sa, ses adj. possessif. Désigne la 3e personne du singulier. *Son bateau a coulé. Les boutons de sa veste sont décousus.* → VOIR **déterminant** (encadré).
▸ REM. *Sa* devient *son* devant un nom féminin commençant par une voyelle ou un *h* muet : *son amie*.

2 son n.m. ❶ Vibration qui se déplace dans l'air et que l'oreille perçoit. *Certains sons très aigus ne sont perçus que par les animaux. Je l'ai reconnu au son de sa voix.* ❷ Ensemble des techniques d'enregistrement et de reproduction des sons. *Il est ingénieur du son à la télévision.* • **Spectacle son et lumière :** spectacle nocturne dans lequel on joint à l'illumination d'un édifice ou d'un site des évocations sonores. • **Un autre son de cloche :** une version différente du même fait. *J'ai entendu un autre son de cloche sur les raisons de son départ.*
▸ REM. Au mot *son* correspond l'élément tiré du grec *-phone-* que l'on retrouve dans des mots comme *téléphone, phonétique*.

3 son n.m. Enveloppe des grains de céréales qui reste après la mouture. *Le pain au son est fait avec de la farine de son.*

sonate n.f. Morceau de musique, généralement en trois ou quatre mouvements, pour un ou plusieurs instruments. *Beethoven a composé la sonate « Au clair de lune ».*

HISTOIRE DU MOT Vient de l'italien *sonata*, du latin *sonare* qui signifie « jouer d'un instrument ». À l'origine, la *sonata* était un morceau de musique *sonné*, par opposition à la *cantata*, qui était un morceau de musique *chanté*, et à la *toccata*, morceau de musique *touché* sur un clavier.

sondage n.m. ❶ Enquête menée auprès d'un petit nombre de personnes considérées comme représentatives de la population pour connaître leur opinion sur certains sujets. (On dit aussi *sondage d'opinion*.) ❷ Action de sonder une cavité, d'en mesurer la profondeur. *Le sondage d'un lac.*

sonde n.f. Appareil qui sert à déterminer la profondeur de l'eau ainsi que la nature du fond. • **Sonde spatiale :** engin spatial, non habité, qui est propulsé hors de l'atmosphère terrestre pour recueillir des informations sur l'espace ou sur un astre du Système solaire.

sonder v. (CONJUG. 3). ❶ Mesurer la profondeur d'une étendue d'eau, d'une cavité, d'un terrain, etc. *Les hommes ont sondé le chenal pour savoir si le bateau pourrait y passer.* ❷ Chercher à connaître les intentions de quelqu'un en l'interrogeant de façon détournée. *Je vais sonder ton père pour savoir ce qu'il en pense.* ❸ Faire un sondage d'opinion.

songe n.m. Rêve. *La princesse l'avait vu en songe.*
▸ REM. Ce mot appartient à la langue littéraire.

HISTOIRE DU MOT Vient du latin *somnium*, de *somnus*, « sommeil ».

songer songeant, songé v. (CONJUG. 5). ❶ Penser à quelque chose, le prendre en considération. *As-tu songé aux conséquences de ta décision ?* SYN. réfléchir. ❷ Avoir l'intention de faire quelque chose. *Ils songent sérieusement à se marier.* SYN. envisager.

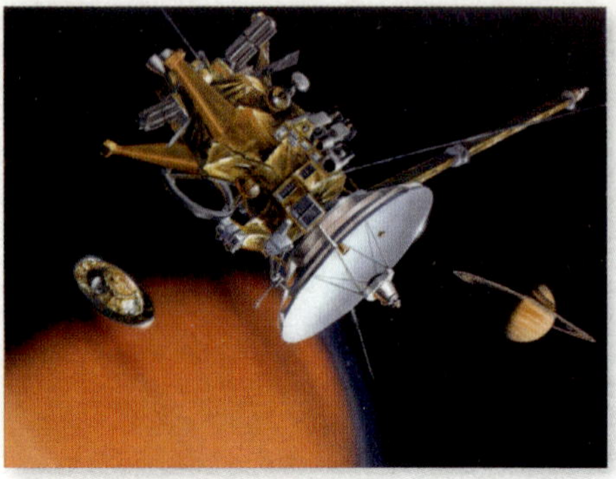

sonde spatiale américaine Cassini destinée à l'étude de Saturne (vue d'artiste)

songeur, euse adj. Perdu dans une rêverie, pensif et préoccupé. *Tu as l'air songeuse, que se passe-t-il ?* SYN. pensif, rêveur.

sonnant, e adj. S'emploie pour indiquer qu'il s'agit de l'heure juste, précise. *Il est arrivé à minuit sonnant.* SYN. pile. *Nous partirons à 8 heures sonnantes.* SYN. (Fam.) tapant.

sonné, e adj. (Familier) Étourdi, assommé à la suite d'un coup ou d'un choc. *Le boxeur était complètement sonné.*

sonner v. (CONJUG. 3). ❶ Produire un son. *Le réveil sonne, il faut te lever ! Le téléphone a sonné, va répondre !* ❷ Actionner une sonnette, une sonnerie pour signaler sa présence, appeler ou annoncer quelque chose. *On a sonné à la porte, peux-tu ouvrir ? On sonne la fin de la récréation, rentrez en classe !* • **Sonner juste** ou **sonner faux :** donner une impression de vérité, de fausseté. *Son rire sonne faux, il n'est pas si content que ça.*

sonnerie n.f. ❶ Son produit par un réveil, un téléphone, etc. ; mécanisme qui sert à produire ce son. *Je suis en retard parce que je n'ai pas entendu la sonnerie du réveil ! La sonnerie du téléphone est trop forte.* ❷ Son produit par certains instruments, notamment à vent. *La sonnerie de la trompette, du clairon.*

sonnet n.m. Poème de quatorze vers, composé de deux quatrains et de deux tercets. *Ronsard a écrit de célèbres sonnets.*

HISTOIRE DU MOT Vient de l'ancien français *sonet* qui signifiait « chansonnette ».

sonnette n.f. Mécanisme dont on se sert pour appeler, pour signaler sa présence. *J'ai entendu un coup de sonnette, va ouvrir.*

sono n.f. Abréviation de *sonorisation*. *Il y a des problèmes de sono, on entend mal.*

sonore adj. ❶ Qui a un son fort et éclatant. *Une voix sonore.* SYN. retentissant. ❷ Qui produit un son. *Avertisseur sonore.* ❸ Qui renvoie bien les sons. *La cathédrale est sonore.*

sonorisation n.f. Ensemble des installations qui permettent de diffuser les sons dans un lieu public. ▸ REM. On abrège familièrement en *sono*.

sonoriser v. (CONJUG. 3). Équiper un lieu d'installations qui diffusent les sons (micros, haut-parleurs, etc.).

sonorité n.f. Qualité des sons produits par une voix, un instrument. *Ce piano a une très belle sonorité. J'aime la sonorité caressante de sa voix.*

sophistiqué, e adj. ❶ Qui manque de naturel et pousse un peu loin le raffinement. ❷ Très perfectionné et d'une grande complexité technique. *Ce matériel est trop sophistiqué pour lui, il ne saura pas s'en servir !*

soporifique adj. et n.m. *Un produit soporifique* provoque le sommeil. *Les policiers ont trouvé des traces de soporifique dans la tasse du gardien.* SYN. somnifère.

HISTOIRE DU MOT Vient du latin *sopor*, « sommeil profond ».

soprano n.m. La voix de femme ou de jeune garçon la plus haute, la plus aiguë. ◆ n. (PLUR. : **sopranos** ou **soprani**). La chanteuse ou le jeune chanteur qui a cette voix.

HISTOIRE DU MOT C'est un mot italien qui signifie « qui est au-dessus ».

sorbet n.m. Glace légère, sans crème, à base de jus de fruits. *Des sorbets au citron et à la framboise.*

HISTOIRE DU MOT Vient de l'italien *sorbetto*, de l'arabe *charab* qui signifie « boisson ».

sorbetière n.f. Appareil qui sert à préparer les glaces et les sorbets.

sorcellerie n.f. L'ensemble des pratiques magiques des sorciers consistant notamment à jeter des sorts, à envoûter ou à désenvoûter. *Au Moyen Âge, la sorcellerie était considérée comme un crime.* ● (Familier) **C'est de la sorcellerie :** c'est incompréhensible et inexplicable, mais c'est efficace. SYN. magie.

sorcier, ère n. Personne qui se livre à des pratiques magiques, qui jette des sorts. *La sorcière a offert une pomme empoisonnée à Blanche-Neige.* ◆ adj. ● (Familier) **Ce n'est pas sorcier :** ce n'est pas difficile à comprendre, à faire. *Ce n'est pas sorcier, tu arriveras bien à faire cet exercice tout seul !*

sordide adj. ❶ Misérable et d'une saleté repoussante. *Ils habitaient des cabanes sordides à la périphérie de la ville.* SYN. pouilleux. ❷ Qui est d'une grande bassesse morale. *Son vieil oncle est d'une avarice sordide.* SYN. abject, répugnant.

HISTOIRE DU MOT Vient du latin *sordidus*, de *sordes* qui signifie « saleté, crasse ».

sorgho, ✎ ***sorgo*** n.m. Céréale tropicale et méditerranéenne, proche du mil, cultivée pour ses grains comestibles. *Le sorgho est aussi utilisé comme fourrage.*

sornettes n.f.plur. Propos qui ne reposent sur rien. *Je ne te crois pas, tu racontes des sornettes !* SYN. balivernes, fadaises.

HISTOIRE DU MOT Vient de l'ancien français *sorne* qui signifiait « raillerie ».

sorcières

sort n.m. ❶ Puissance mystérieuse qui semble diriger la vie des hommes. *Le sort en a décidé ainsi. Il est favorisé par le sort.* SYN. hasard. *Un coup du sort.* SYN. destin. ❷ Situation d'une personne telle qu'elle la ressent. *Il n'est pas content de son sort.* ❸ Effet généralement attribué à des pratiques de sorcellerie. *La paysanne dit qu'un sort a été jeté à ses vaches pour qu'elles soient ainsi toutes malades.* SYN. maléfice, sortilège. ● (Familier) **Faire un sort à quelque chose :** le consommer entièrement. *Ce pâté était exquis, nous lui avons fait un sort !* ● **Tirer au sort :** choisir au hasard. *Les numéros gagnants ont été tirés au sort.*

sortable adj. (Familier) Avec qui l'on peut sortir. *Tu n'es pas sortable, je ne t'emmènerai plus au restaurant !* SYN. bien élevé, convenable.

sortant, e adj. ❶ *Un député sortant* est arrivé à la fin de son mandat. *La moitié des députés sortants a été réélue.* ❷ *Un numéro sortant* est celui que le tirage au sort a fait apparaître.

sorte n.f. ❶ Espèce, genre, type ou catégorie. *Nous avons ramassé différentes sortes de champignons.* SYN. variété. *Il y avait toutes sortes de personnes lors de la fête.* ❷ S'emploie pour qualifier vaguement une chose ou une personne. *Elle avait sur les épaules une sorte de châle. Ce personnage est une sorte de justicier.* ● **De la sorte :** de cette façon. *Je ne veux pas que tu me parles de la sorte !* SYN. ainsi. ● **De telle sorte que :** si bien que, de telle manière que quelque chose est arrivé. *Jean s'est comporté de telle sorte que tout le monde l'a détesté !* ● **En quelque sorte :** pour ainsi dire. ● **Faire en sorte :** faire ce qu'il faut pour. *La prochaine fois, tu feras en sorte d'être à l'heure.*

HISTOIRE DU MOT Vient du latin *sors, sortis*, qui signifie « sort » et, par extension, « rang, condition ».

sorgho

A B C D E F G H I J K L M N O P Q R S T U V W X Y Z

sortie **n.f.** ❶ Action, fait de sortir. *La sortie des classes a lieu à 17 heures. On a fait une sortie avec la classe, on est allés au musée. La sortie du film est prévue pour le mois prochain. La sortie d'un livre.* SYN. parution, publication. ❷ Endroit par où l'on sort. *Il y a deux sorties dans ce cinéma. Où est la sortie de secours ?* SYN. issue.

sortilège **n.m.** Procédé magique et maléfique. *Seul le prince pouvait briser le sortilège par lequel la sorcière avait endormi la princesse.* SYN. charme, envoûtement, maléfice.

HISTOIRE DU MOT Vient du latin *sortilegus* qui signifie « qui dit le sort ».

sortir **sortant, sorti v.** (CONJUG. 19). ❶ Aller hors de l'endroit où l'on est. *Je l'ai vu sortir de la maison en courant.* ❷ Aller à des spectacles, faire des visites, des promenades. *Mic et Isa sortent beaucoup.* ❸ Se répandre au-dehors. *La maison doit être habitée, de la fumée sort de la cheminée.* SYN. s'échapper. ❹ Commencer à paraître, à pousser. *Les premières dents des bébés sortent vers l'âge de six mois.* SYN. percer. *Les tulipes commencent à sortir.* ❺ Être présenté au public, être mis en vente. *Quand sort son prochain film ? Le livre est sorti depuis deux mois.* SYN. paraître. ❻ Mettre au-dehors. *As-tu sorti la voiture du garage ?* ❼ Tirer de quelque part. *Soudain, il sortit un couteau de sa poche.* ❽ Emmener pour une promenade. *Il faut sortir le chien tous les matins et tous les soirs.* ◆ **se sortir** **v.pron.** ● (Familier) **S'en sortir :** venir à bout d'une situation difficile. *Crois-tu qu'ils vont s'en sortir ?*

S.O.S. **n.m.** Signal de détresse émis par un bateau ou un avion en danger et transmis par radio ou par des signaux lumineux.
▸ REM. Son emploi international a pris fin en 1999.

HISTOIRE DU MOT Vient de *Save Our Souls*, « sauvez nos âmes », en alphabet Morse.

sosie **n.m.** Personne qui ressemble parfaitement à une autre. *Ce n'est pas le vrai chanteur, c'est son sosie qui t'a donné un autographe !*

HISTOIRE DU MOT Vient du nom de *Sosie*, personnage d'une pièce de Molière, *Amphitryon*, dans laquelle Mercure prend l'apparence de Sosie, valet d'Amphitryon.

sot, sotte **adj.** et **n.** Qui manque d'intelligence, de jugement. *J'ai été assez sotte pour croire ce qu'il disait.* SYN. stupide. *Ta réponse est sotte !* SYN. bête, idiot.

sot-l'y-laisse **n.m.invar.** Morceau à la chair très fine, situé de chaque côté de la carcasse d'une volaille, au-dessus du croupion.

sottement **adv.** De façon sotte. *Tu as agi sottement.* SYN. bêtement, stupidement.

sottise **n.f.** ❶ Manque d'intelligence, de jugement. *Sa sottise m'étonnera toujours.* SYN. bêtise, stupidité. ❷ Parole ou acte stupides. *Je vois à ton air que tu as fait une sottise !* SYN. ânerie, bêtise.

sou **n.m.** Autrefois, en France, pièce de monnaie qui valait cinq centimes. ● **Être sans le sou** ou **ne pas avoir un sou :** ne pas avoir du tout d'argent. ● **Propre comme un sou neuf :** très propre. ◆ **sous** **n.m.plur.** Argent. *Compter ses sous.* ● **Être près de ses sous :** être avare.

HISTOIRE DU MOT Vient du latin *soldus*, « pièce d'or », de *solidus* qui signifie « massif ».

soubassement **n.m.** Partie inférieure d'une construction, qui repose sur les fondations.

soubresaut **n.m.** ❶ Mouvement brusque et involontaire du corps. SYN. sursaut. ❷ Petit saut, en danse.

soubrette **n.f.** Servante, femme de chambre des comédies. *Il y a des soubrettes dans les pièces de Molière.*

souche **n.f.** ❶ La partie du tronc d'un arbre qui reste dans la terre après que l'arbre a été coupé. *Marion était assise dans la clairière sur une vieille souche.* ❷ Partie qui reste des feuilles d'un registre ou d'un chéquier, et sur laquelle on note les principales informations concernant les feuillets, les chèques détachés. SYN. talon. ❸ Origine d'une famille. ● **Dormir comme une souche :** dormir très profondément.

1 souci **n.m.** Plante cultivée pour ses fleurs jaunes ou orangées.

2 souci **n.m.** Ce qui préoccupe, trouble et inquiète. *Son travail lui donne beaucoup de soucis en ce moment.* SYN. tracas. *Janine se fait du souci pour tout !* (= elle s'inquiète). *Des soucis financiers.* SYN. ennui, problème.

se soucier **v.pron.** (CONJUG. 7). S'inquiéter d'une chose ou d'une personne. *Ne te soucie pas de ce que l'on pense.* SYN. se préoccuper. ● (Familier) **S'en soucier comme de sa première chemise** ou **comme de l'an quarante :** n'accorder aucun intérêt, n'attacher aucune importance à une chose ou à une personne.

soucieux, euse **adj.** ❶ Qui a des soucis ou qui a l'air d'en avoir. SYN. inquiet, préoccupé. ❷ Qui accorde beaucoup d'attention à quelque chose. *Marie est toujours très soucieuse du bien-être de ses invités.*

soucoupe **n.f.** Petite assiette sur laquelle on pose une tasse. *Repose ta petite cuillère dans la soucoupe.* ● **Soucoupe volante :** objet mystérieux, en général de forme ovale et aplatie, que certaines personnes prétendent avoir vu se déplacer dans l'atmosphère et que l'on suppose habité par des extraterrestres.
→ VOIR AUSSI **ovni.**

soudain, e **adj.** Qui se produit tout à coup. *Une douleur soudaine.* SYN. subit. *Sa mort fut soudaine.* SYN. imprévu. ◆ **soudain** **adv.** Tout à coup, au même instant. *Soudain, le téléphone sonna.*

HISTOIRE DU MOT Vient du latin *subitus* qui signifie « subit ».

soudainement **adv.** De manière soudaine. *Julie est partie si soudainement que je n'ai pas eu le temps d'intervenir.* SYN. brusquement.

soude **n.f.** Substance chimique qui sert à différents usages comme la fabrication de savons durs, d'eau de Javel, ou qui sert en verrerie, en teinturerie, etc.

souder **v.** (CONJUG. 3). ❶ Unir par une soudure. *Le plombier soude deux tuyaux avec son chalumeau.* ❷ Lier étroitement des personnes, des choses. *Le malheur les* *a soudés.* ◆ **se souder** **v.pron.** Se réunir et former un tout. *Les deux os se sont soudés.*

HISTOIRE DU MOT Vient du latin *solidare* qui signifie « affermir ».

soudeur, euse **n.** Personne dont le métier est de faire de la soudure.

soudoyer **v.** (CONJUG. **14**). Payer quelqu'un pour le faire agir malhonnêtement. *Les cambrioleurs ont soudoyé le gardien et sont entrés dans le musée pendant la nuit.*

HISTOIRE DU MOT Vient de l'ancien français *soud* qui signifiait « sou ».

soudure **n.f.** ❶ Action d'assembler fortement des pièces en utilisant ou non un alliage spécial. *Faire une soudure.* ❷ Endroit où des pièces ont été soudées. *Le tuyau s'est rompu à la soudure.*

soudure

souffle **n.m.** ❶ Mouvement de l'air. *Un souffle d'air frais vint nous caresser le visage.* SYN. bouffée. ❷ Air que l'on rejette par la bouche ou le nez en respirant ; bruit que l'on fait en respirant. *La trapéziste va s'élancer : les spectateurs retiennent leur souffle.* SYN. respiration. *Il dort, son souffle est régulier.* • **Avoir du souffle :** avoir une capacité respiratoire qui permet de faire un effort physique. *Il faut avoir du souffle pour jouer de la trompette.* • **Couper le souffle :** étonner très vivement. SYN. stupéfier. • **Être à bout de souffle :** être épuisé.

soufflé **n.m.** Plat sucré ou salé fait à partir de blancs d'œufs battus en neige, et qui gonfle pendant sa cuisson au four. *Venez vite manger le soufflé, il va retomber !*

souffler **v.** (CONJUG. **3**). ❶ Pour l'air ou le vent, se déplacer dans l'espace avec plus ou moins de force. *Le mistral souffle dans le midi de la France.* ❷ Envoyer de l'air par la bouche. *Pierrot souffle dans le ballon pour le gonfler. Souffler dans une trompette.* ❸ Respirer avec difficulté. *Il ne peut monter l'escalier sans souffler.* SYN. haleter. ❹ *Souffler le verre*, c'est façonner des objets en verre en soufflant, au moyen d'un long tube, dans la pâte de verre. ❺ Dire ou rappeler quelque chose à voix basse à quelqu'un sans être entendu par les autres. *Souffler une réponse.* • **Ne pas souffler mot :** ne rien dire, se taire.

HISTOIRE DU MOT Vient du latin *sufflare* que l'on retrouve dans *insuffler.*

soufflerie **n.f.** Machine qui sert à souffler de l'air. *Le parking souterrain est aéré par une soufflerie.*

soufflet **n.m.** ❶ Instrument qui sert à activer le feu en soufflant de l'air. ❷ Partie flexible qui relie deux wagons d'un train ou deux éléments d'un bus. ❸ Partie pliante qui peut se déplier pour offrir plus de place. *Un sac à soufflet.* ❹ Coup donné avec le revers ou le plat de la main. SYN. claque, gifle. ❺ Au sens figuré, injure, vexation.
▶ REM. Au sens 4, ce mot appartient à la langue littéraire.

soufflet

souffleter **v.** (CONJUG. **12**, ✎ *11*). Donner un soufflet à une personne. SYN. gifler.
▶ REM. Ce mot appartient à la langue littéraire.

souffleur, euse **n.** ❶ Au théâtre, personne chargée de souffler, si besoin est, leur texte aux acteurs. *Autrefois, le souffleur se tenait dans une ouverture pratiquée dans le plancher de la scène.* ❷ Artisan qui souffle le verre.

souffleuse **n.f.** Au Canada, sorte de chasse-neige qui projette la neige à distance.

souffrance **n.f.** Douleur physique ou morale. *La souffrance était intolérable.* • **En souffrance :** en attente. *Le ministre a beaucoup de dossiers en souffrance.*

souffrant, e **adj.** Légèrement malade.

souffre-douleur **n.invar.**, ✎ ***n.*** (PLUR. : ***souffre-douleurs***). Personne ou animal qui est toujours l'objet de mauvais traitements, de railleries. *Ils sont les souffre-douleur de la classe.*

souffreteux, euse **adj.** Qui a une mauvaise santé ; qui est chétif.

souffrir **souffrant, souffert** **v.** (CONJUG. **28**). ❶ Avoir mal, éprouver une douleur physique ou morale. *Depuis quelques jours, son état s'est aggravé et il souffre beaucoup. Souffrir de la solitude.* ❷ Être endommagé, abîmé. *Les arbres fruitiers ont souffert du froid, la récolte sera mauvaise.* • **Ne pas pouvoir souffrir quelqu'un, quelque chose :** les détester. *Il ne peut pas la souffrir. Je ne peux pas souffrir la vue du sang.* SYN. supporter.

HISTOIRE DU MOT Vient du latin *suffere* qui signifie « supporter ».

soufre **n.m.** Substance friable, de couleur jaune clair, qui brûle en dégageant une odeur forte. *On emploie le soufre dans la fabrication des allumettes.*
▶ REM. Attention, un seul *f.*

soufrière **n.f.** Endroit d'où l'on extrait le soufre.

souhait **n.m.** Désir, espoir de voir se réaliser quelque chose. *Marion a jeté une pièce de monnaie dans la fontaine pour que son souhait se réalise.* SYN. vœu. *Tous nos souhaits de réussite !* • **À souhait :** autant qu'on peut le souhaiter. *Une boisson fraîche à souhait.* • **À vos souhaits :** formule de politesse adressée à une personne qui éternue.

A B C D E F G H I J K L M N O P Q R S T U V W X Y Z

souhaitable adj. Que l'on peut souhaiter. *Alain a toutes les qualités souhaitables pour devenir professeur.* SYN. désirable.

souhaiter v. (CONJUG. 3). ❶ Désirer que quelque chose se produise. *Je souhaite qu'il parte ce soir. Je vous souhaite de réussir votre concours.* ❷ S'emploie dans des formules de vœux. *Souhaiter la bonne année. Je te souhaite un joyeux anniversaire.*

HISTOIRE DU MOT Vient d'un mot de la langue des Francs qui signifiait « vœu ».

souiller v. (CONJUG. 3). Couvrir de quelque chose qui salit. *Le chien a souillé la moquette.*
▸ REM. Ce mot appartient à la langue soutenue.

HISTOIRE DU MOT Vient de l'ancien français *soil* qui signifiait « bourbier ».

souillon n.f. Personne sale et négligée.

souk n.m. ❶ Nom donné aux marchés couverts dans les pays arabes. *Dans les villes arabes, les souks comportent un marché mais aussi des boutiques, des ateliers.* ❷ (Familier) Désordre. *Quel souk dans ta chambre !* SYN. capharnaüm.

soul n.f. et adj.invar. ou **soul music** n.f. (PLUR. : soul musics). Musique issue du rhythm and blues, apparue vers 1965 dans la communauté noire américaine.

HISTOIRE DU MOT Ce mot anglais signifie « âme ».

soûl, e ou **saoul, e,** ✎ ***soul, e*** adj. Ivre. ◆ **soûl** n.m. • **Tout son soûl :** autant qu'on peut en désirer. *Boire, manger, dormir tout son soûl.*
▸ REM. Au masculin, le *-l* ne se prononce pas.

HISTOIRE DU MOT Vient du latin *satullus* qui signifie « rassasié », de *satis*, « assez ».

soulagement n.m. Fait d'être soulagé. *Ce fut un soulagement quand on s'aperçut que personne n'était blessé.*

soulager soulageant, soulagé v. (CONJUG. 5). ❶ Adoucir la souffrance physique ou morale. *Ce médicament l'a soulagée.* ❷ Apporter une aide à quelqu'un, le débarrasser d'un fardeau. *Benoît soulage ses parents en rangeant la maison.*

soûlant, e, ✎ ***soulant, e*** adj. (Familier) Qui ennuie, lasse et énerve à force de trop parler.

soûler ou **saouler,** ✎ ***souler*** v. (CONJUG. 3). (Familier) ❶ Rendre ivre. SYN. enivrer. ❷ Énerver, lasser parce qu'on parle trop. ◆ **se soûler** ou **se saouler** v.pron. Devenir ivre. SYN. s'enivrer.

soulèvement n.m. Mouvement de révolte d'un groupe de personnes. *Les dernières décisions du gouvernement ont entraîné un soulèvement de la population.* SYN. insurrection.

soulever v. (CONJUG. 10). ❶ Lever à une faible hauteur. *Ma valise est trop lourde, je n'arrive pas à la soulever !* ❷ Faire naître un sentiment, provoquer une réaction. *Certaines affiches publicitaires ont soulevé l'indignation des passants.* SYN. déclencher, susciter. ❸ Pousser à la révolte. *Des rebelles veulent soulever le peuple contre le gouvernement.* • **Soulever le cœur :** donner envie de vomir, écœurer. *Cette odeur me soulève le cœur.* ◆ **se soulever** v.pron. Se révolter. *En France, en 1789, le peuple s'est soulevé contre la royauté.* SYN. s'insurger, se rebeller.

soulier n.m. Chaussure. *Jeanne ne porte que des souliers plats.* • (Familier) **Être dans ses petits souliers :** être mal à l'aise, embarrassé.
▸ REM. Aujourd'hui, on emploie plus fréquemment le mot *chaussure*.

HISTOIRE DU MOT Vient du latin *subtel* qui signifie « creux du pied ».

soulignage ou **soulignement** n.m. Action de souligner ; trait qui souligne. *Faire le soulignage des verbes d'un texte.*

souligner v. (CONJUG. 3). ❶ Tirer un trait sous un mot, une phrase, etc. *Soulignez tous les verbes en rouge.* ❷ Attirer tout particulièrement l'attention sur quelque chose, le mettre en valeur. *Le professeur a souligné l'importance de cette leçon.* SYN. insister sur.

soumettre soumettant, soumis v. (CONJUG. 51). ❶ Ramener quelqu'un à l'obéissance. *Soumettre des rebelles.* SYN. mater. ❷ *Être soumis à une loi, à un règlement,* c'est être obligé de s'y plier, de les respecter. *Les citoyens sont soumis à l'impôt.* SYN. assujettir, astreindre. ❸ Donner à lire, montrer à quelqu'un pour avoir son accord. *Nous avons soumis nos articles au professeur avant d'imprimer le journal.* ◆ **se soumettre** v.pron. Obéir, se conformer à une loi, à un règlement. SYN. se plier à.

soumis, e adj. Qui est obéissant. *C'est une enfant soumise.* SYN. docile. CONTR. rebelle, récalcitrant. → VOIR AUSSI **insoumis.**

soumission n.f. Le fait de se soumettre, d'obéir.

soupape n.f. Mécanisme qui permet le passage d'un fluide dans un sens et l'empêche de refluer dans le sens opposé. *Dans un moteur de voiture, les soupapes servent notamment à laisser passer les gaz d'échappement.*

soupçon n.m. Sentiment que quelqu'un est responsable ou coupable de quelque chose. *La police a des soupçons mais aucune preuve.* • **Un soupçon de :** une petite quantité. *Ajoutez dans votre compote un soupçon de cannelle, elle sera meilleure !*

HISTOIRE DU MOT Vient du latin *suspicere* qui signifie « regarder de bas en haut ».

soupçonner v. (CONJUG. 3). Avoir des soupçons sur quelqu'un. *On la soupçonne d'avoir commis un vol.* SYN. suspecter.

soupçonneux, euse adj. Qui est enclin aux soupçons ; qui exprime des soupçons. *C'est un homme soupçonneux.* SYN. défiant, méfiant. *Le douanier jeta un regard soupçonneux sur nos valises.*

soupe n.f. Potage fait avec de la viande ou des légumes et parfois épaissi avec des tranches de pain. *Une soupe de poireaux. Une soupe à l'oignon.* • (Familier) **Soupe au lait :** se dit d'une personne qui se met facilement en colère. *Il est très soupe au lait.* • **Soupe**

populaire : organisme de bienfaisance qui distribue des repas gratuits aux indigents.

HISTOIRE DU MOT Vient du latin *suppa* qui signifie « tranche de pain trempée dans du bouillon ».

soupente **n.f.** Réduit aménagé dans la partie haute d'une pièce coupée en deux par un plancher. *Les enfants se cachent dans la soupente pour jouer.*

HISTOIRE DU MOT Vient du latin *suspendere* qui signifie « suspendre » ; la soupente est en quelque sorte une pièce « suspendue ».

1 souper **n.m.** ❶ Repas que l'on prend la nuit, à la sortie d'un spectacle ou au cours d'une soirée. ❷ Repas du soir. SYN. dîner.

2 souper **v.** (CONJUG. **3**). Prendre un souper. *Nous avons soupé en sortant du théâtre.* • (Familier) **En avoir soupé :** en avoir assez. *J'en ai soupé de ton mauvais caractère !*

soupeser **v.** (CONJUG. **10**). Soulever avec la main pour évaluer le poids. *Soupèse cette valise, tu vas voir comme elle est lourde !*

soupière **n.f.** Récipient creux et profond, dans lequel on sert la soupe.

soupir **n.m.** ❶ Souffle fort et prolongé. *Pousser un soupir de soulagement.* ❷ En musique, silence dont la durée est égale à une noire. • **Rendre le dernier soupir :** mourir.

soupirail **n.m.** (PLUR. : **soupiraux**). Petite fenêtre qui donne un peu d'air et de lumière dans un sous-sol ou une cave.

HISTOIRE DU MOT Vient de *soupirer.*

soupirail

soupirant **n.m.** Homme qui fait la cour à une femme. *La princesse avait de nombreux soupirants.*

▸ REM. Ce mot appartient à la langue littéraire.

HISTOIRE DU MOT Vient de *soupirer,* au sens de « pousser des soupirs amoureux ».

soupirer **v.** (CONJUG. **3**). ❶ Pousser des soupirs. *Barnabé s'ennuie, il ne cesse de soupirer.* ❷ Être amoureux. *Le chevalier soupirait pour la princesse.*

▸ REM. Au sens 2, ce mot appartient à la langue littéraire.

souple **adj.** ❶ Qui se plie facilement. *On peut tresser l'osier parce que ses rameaux sont souples.* SYN. flexible. CONTR. raide, rigide. *Cora est souple, elle peut même faire le grand écart.* CONTR. raide. ❷ Qui s'adapte facilement. *Luc a un caractère souple.* SYN. accommodant, conciliant.

HISTOIRE DU MOT Vient du latin *supplex, supplicis* qui signifie « qui plie les genoux pour supplier ».

souplesse **n.f.** Caractère d'une chose ou d'une personne souple. *La souplesse d'un cuir. Nous étions émerveillés par la souplesse de la gymnaste.* SYN. agilité. CONTR. raideur.

source **n.f.** ❶ Endroit où l'eau sort de terre, où un cours d'eau prend naissance. *En nous promenant dans la montagne, nous avons vu des sources. Le Rhône prend sa source dans le massif du Saint-Gothard.* ❷ Origine, cause de quelque chose. *Sa maladie est la source de tous ses ennuis.* • **Source d'énergie, de chaleur, de lumière :** ce qui fournit de l'énergie, de la chaleur, de la lumière. *Le pétrole est une source d'énergie.*

HISTOIRE DU MOT Vient de *sourdre.*

sourcier, ère **n.** Personne qui possède le don de découvrir des sources souterraines à l'aide d'une baguette, d'un pendule, etc.

sourcil **n.m.** Ligne de poils au-dessus des yeux. *Maman s'épile les sourcils. Il fronçait les sourcils : il n'était pas content !*

▸ REM. On ne prononce pas le *-l.*

HISTOIRE DU MOT Vient du latin *super,* qui signifie « au-dessus de », et *cilium,* qui signifie « paupière ».

sourcilière **adj.f.** • **Arcade sourcilière** → VOIR **arcade.**

sourciller **v.** (CONJUG. **3**). • **Sans sourciller :** sans manifester la moindre émotion, en restant parfaitement impassible. *Il a écouté sans sourciller tous les reproches qu'on lui faisait.*

HISTOIRE DU MOT Vient de *sourcil.*

sourcilleux, euse **adj.** Qui est pointilleux, exigeant. *Être sourcilleux sur l'orthographe.*

▸ REM. Ce mot appartient à la langue soutenue.

sourd, e **adj.** et **n.** Qui ne perçoit pas ou qui perçoit mal les sons. *Beethoven est devenu sourd à 32 ans.* • **Dialogue de sourds :** discussion dans laquelle chacun reste sur ses positions sans tenir compte des arguments de l'autre. • **Faire la sourde oreille :** faire semblant de ne pas entendre. ◆ **adj.** ❶ Qui a un son étouffé, atténué. *En tombant, le paquet fit un bruit sourd.* ❷ Qui ne se manifeste pas nettement, qui est faible mais continu. *Il ressentait une douleur sourde dans le ventre.* CONTR. aigu.

HISTOIRE DU MOT Vient du latin *surdus* que l'on retrouve dans *surdité.*

sourdement **adv.** Avec un bruit sourd, étouffé. *Le tonnerre grondait sourdement.*

sourdine **n.f.** Pièce que l'on adapte à certains instruments de musique pour en assourdir le son. *Je joue du piano avec la sourdine pour ne pas gêner mes voisins.* • **En sourdine :** sans bruit, faiblement. *On entend la radio en sourdine.*

HISTOIRE DU MOT Vient de l'italien *sordina,* de *sordo* qui signifie « sourd ».

sourd-muet, sourde-muette **n.** (PLUR. : **sourds-muets, sourdes-muettes**). Personne sourde de naissance et qui n'a donc pu apprendre à parler.

sourdre **v.** (CONJUG. **46**). Pour l'eau, sortir de terre. *Dans cette région, l'eau sourd de tous côtés.* SYN. jaillir. ▸ REM. 1. Ce verbe ne s'emploie qu'à l'infinitif ou à la 3e personne de l'indicatif présent et imparfait : *sourd, sourdait*. 2. Ce mot appartient à la langue littéraire.

HISTOIRE DU MOT Vient du latin *surgere* qui signifie « se lever », que l'on retrouve dans *surgir*.

souriant, e **adj.** Qui sourit souvent. *Julie est agréable et toujours souriante. Cet enfant a un visage souriant.* SYN. enjoué.

souriceau **n.m.** Le petit de la souris.

souricière **n.f.** ❶ Piège pour prendre les souris. *Nous avons posé une souricière dans la cave.* ❷ Au sens figuré, piège tendu à quelqu'un. *Les cambrioleurs sont tombés dans la souricière.*

1 **sourire** **n.m.** Mouvement des traits du visage, en particulier des lèvres, qui indique que l'on est content ou qui exprime la sympathie, l'affection. *Fais-moi un sourire ! En toutes circonstances il garde le sourire !* (= il reste de bonne humeur).

2 **sourire** **souriant, souri v.** (CONJUG. **59**). ❶ Faire un sourire, des sourires. *Elle s'approcha en souriant.* ❷ Être agréable à quelqu'un, lui convenir. *Cette idée me sourit.* SYN. plaire. ❸ Être favorable à quelqu'un. *La chance lui sourit toujours* (= le favorise).

souris **n.f.** ❶ Petit mammifère rongeur dont l'espèce la plus commune, au pelage gris, vit dans les maisons et les greniers où elle cause des dégâts. *Les souris ont grignoté les livres que j'avais rangés dans le grenier.* ❷ Petit dispositif relié à un ordinateur, qui permet de cliquer sur une commande sans taper sur le clavier.

ENCYCLOPÉDIE Cri : la souris chicote. Petit : le souriceau. La souris grise a un museau pointu, de grandes oreilles et de fortes moustaches. Elle se reproduit en nombre : une femelle peut avoir de 4 à 6 portées par an, donnant chacune de 4 à 8 souriceaux. Sa durée de vie est de deux ans au maximum.

souris

sournois, e **adj.** Qui cache ce qu'il pense, qui agit en dessous. *Ne te fie pas à lui, c'est un être sournois.* SYN. hypocrite. CONTR. franc.

HISTOIRE DU MOT Vient de l'ancien provençal *sorn* qui signifiait « sombre ».

sournoisement **adv.** De façon sournoise. *Attaquer quelqu'un sournoisement.*

1 **sous** **prép.** ❶ Indique une position inférieure ou intérieure. *La poupée est sous la table. La lettre est sous enveloppe.* ❷ Introduit un complément circonstanciel de temps. *La Fontaine vivait sous Louis XIV* (= à l'époque de). ❸ Indique la situation. *Il a agi sous mes yeux* (= devant moi). ❹ Indique la cause. *Il t'a dit ces méchancetés sous le coup de la colère.* ❺ Marque un rapport de dépendance. *Il travaille sous les ordres de son père.*

2 **sous-** **préfixe.** Indique une position inférieure comme dans *sous-préfet, sous-titre*, ou l'insuffisance comme dans *sous-alimentation*.

sous-alimentation **n.f.** (PLUR. : **sous-alimentations**). Alimentation insuffisante qui peut, à long terme, compromettre gravement la santé. *Lutter contre la sous-alimentation de certaines populations d'Afrique.*

sous-alimenté, e **adj.** (PLUR. : **sous-alimentés, sous-alimentées**). Qui souffre de sous-alimentation. *Les populations sous-alimentées d'Afrique.*

sous-bois **n.m.** Végétation qui pousse sous les arbres d'une forêt ; endroit de la forêt où pousse cette végétation. *Le sentier s'enfonce dans le sous-bois.*

souscripteur **n.m.** Personne qui prend part à une souscription.

souscription **n.f.** Le fait de souscrire ; la somme ainsi versée. *Cette collection de livres est vendue en souscription.*

souscrire **souscrivant, souscrit v.** (CONJUG. **62**). Acheter un ouvrage en cours de publication ou participer financièrement à une entreprise en cours. *Souscrire à une encyclopédie.*

HISTOIRE DU MOT Vient du latin *subscribere* qui signifie « écrire en dessous ».

sous-cutané, e **adj.** (PLUR. : **sous-cutanés, sous-cutanées**). Qui se fait sous la peau. *Une piqûre sous-cutanée.*

sous-développé, e **adj.** et **n.** (PLUR. : **sous-développés, ées**). *Un pays sous-développé* est un pays dont le développement agricole, industriel, commercial, etc., est insuffisant, ce qui entraîne une pauvreté plus ou moins grande des habitants. *De nombreux pays d'Afrique sont sous-développés.*
▸ REM. On dit aujourd'hui *pays en développement*.

sous-développement **n.m.** (PLUR. : **sous-développements**). État d'un pays sous-développé.
▸ REM. Ce mot est vieilli.

sous-entendre **sous-entendant, sous-entendu v.** (CONJUG. **46**). Faire comprendre quelque chose sans le dire explicitement. *Qu'est-ce que tu sous-entends quand tu dis que sans moi elle ne serait pas venue ?* SYN. insinuer.

sous-entendu **n.m.** (PLUR. : **sous-entendus**). Ce qu'on laisse entendre sans le dire explicitement. *J'en ai assez de tes sous-entendus, dis-moi clairement ce que tu penses !* SYN. insinuation.

sous-estimer **v.** (CONJUG. **3**). Ne pas apprécier à sa juste valeur. *J'avais sous-estimé la résistance physique de Marie, elle a marché quatre heures sans s'arrêter !* CONTR. surestimer.

sous-fifre **n.m.** (PLUR. : **sous-fifres**). (Familier) Mot que l'on utilise avec un certain mépris pour parler

A B C D E F G H I J K L M N O P Q R S T U V W X Y Z

d'une personne qui occupe un emploi secondaire. *Je n'ai pas été reçu par le directeur mais par un sous-fifre.* SYN. subalterne.

sous-jacent, e adj. (PLUR. : sous-jacents, sous-jacentes). Qui existe sans se manifester clairement. *On percevait une angoisse sous-jacente chez les enfants.* SYN. latent.

sous-lieutenant, e n. (PLUR. : sous-lieutenants, sous-lieutenantes). Grade d'officier le moins élevé, au-dessous du lieutenant.

sous-louer v. (CONJUG. 3). Louer la totalité ou une partie du logement dont on est soi-même locataire. *Grand-mère sous-loue une chambre de son appartement.*

sous-main n.m.invar., ✎ *n.m.* (PLUR. : *sous-mains*). Accessoire de bureau en forme de grand rectangle, souvent recouvert de buvard, sur lequel on place la feuille de papier où l'on écrit. • **En sous-main :** en cachette, secrètement. *Il lui a fait passer de l'argent en sous-main.*

1 sous-marin, e adj. (PLUR. : sous-marins, es). Qui s'effectue sous la mer. *Pêche sous-marine.*

sous-marin

2 sous-marin n.m. (PLUR. : sous-marins). Navire conçu pour naviguer en plongée. *Un sous-marin nucléaire. Les océanographes utilisent des sous-marins pour leurs recherches.* SYN. submersible.

sous-officier n.m. (PLUR. : sous-officiers). Militaire dont le grade est compris entre ceux de sergent et de major. *Un sergent, un adjudant sont des sous-officiers.* ▸ REM. Au Canada, le féminin est *sous-officière*.

sous-préfecture n.f. (PLUR. : sous-préfectures). En France, chaque partie d'un département administrée par un sous-préfet ; ville où réside le sous-préfet ; ensemble des services de cette administration.

sous-préfet, ète n. (PLUR. : sous-préfets, sous-préfètes). En France, personne qui représente l'État dans une subdivision du département. *Le sous-préfet siège au chef-lieu d'arrondissement.*

sous-produit n.m. (PLUR. : sous-produits). Produit qui est dérivé d'un autre produit. *La paraffine est un sous-produit du pétrole.*

soussigné, e adj. S'emploie dans des formules administratives, des actes officiels pour affirmer qu'on est bien l'auteur de la déclaration. *Je soussigné, Bertrand Poirot, déclare léguer ma fortune à mes enfants.*

sous-sol n.m. (PLUR. : sous-sols). ❶ La partie du sol qui se trouve sous la surface de la terre, à plus ou moins grande profondeur. *On trouve du pétrole dans le sous-sol de certains pays.* ❷ La partie d'un bâtiment située au-dessous du rez-de-chaussée. *Nous avons rangé les vélos au sous-sol.*

sous-tasse n.f. (PLUR. : sous-tasses). Soucoupe.

sous-titre n.m. (PLUR. : sous-titres). ❶ Titre placé après le titre principal d'un livre, d'un texte. ❷ Au cinéma, traduction des dialogues d'un film en version originale, qui apparaît sur l'écran au bas de l'image. *J'ai souvent du mal à lire les sous-titres.*

sous-titrer v. (CONJUG. 3). Mettre un sous-titre à un texte, des sous-titres à un film.

soustraction n.f. En arithmétique, opération qui consiste à retrancher un nombre d'un autre. *Le signe – (moins) est le signe de la soustraction.* CONTR. addition. → VOIR Fiche 13.

soustraire soustrayant, soustrait v. (CONJUG. 77). ❶ Faire une soustraction. *Quand je soustrais 5 de 20, il reste 15.* SYN. déduire, ôter. CONTR. additionner, ajouter. ❷ Prendre quelque chose de façon illégale. *Quelqu'un a soustrait une pièce du dossier.* SYN. dérober. ◆ **se soustraire** v.pron. Chercher à échapper à quelque chose. *Ne cherche pas à te soustraire à tes engagements.* SYN. se dérober. *Le fugitif voulait se soustraire à la loi.*

sous-verre n.m.invar., ✎ *n.m.* (PLUR. : *sous-verres*). Ensemble constitué d'une plaque de verre et d'un carton entre lesquels on place une gravure, un dessin, une photographie. *Accrocher un sous-verre au mur.*

sous-vêtement n.m. (PLUR. : sous-vêtements). Vêtement fin que l'on porte directement sur la peau, sous les autres vêtements. *Les slips, les soutiens-gorge sont des sous-vêtements.*

soutane n.f. Grande robe boutonnée devant portée par les ecclésiastiques.

soute n.f. Partie d'un bateau ou d'un avion où l'on met les bagages, le matériel ou les marchandises.

HISTOIRE DU MOT Vient du latin *subtus* qui signifie « sous ».

soutènement n.m. • **Mur de soutènement :** mur épais qui soutient une construction. *On a bâti un escalier dans le mur de soutènement de la terrasse.*

soutenir soutenant, soutenu v. (CONJUG. 20 ; auxiliaire *avoir*). ❶ Servir de support, d'appui à une chose. *Six colonnes soutiennent le fronton du temple.* SYN. maintenir, porter, supporter. ❷ Procurer un appui à une personne pour l'empêcher de tomber. *Une infirmière soutenait le blessé.* ❸ Apporter une aide, un réconfort à une personne. *À la mort de son mari, Caroline a été soutenue par tous ses amis.* SYN. épauler, réconforter. ❹ Prendre

A B C D E F G H I J K L M N O P Q R S T U V W X Y Z

le parti de quelqu'un, d'un groupe. *Ce parti politique soutient le gouvernement.* SYN. appuyer, défendre. ❺ Affirmer une opinion. *François soutient qu'il ne fait jamais de fautes d'orthographe.* SYN. assurer, prétendre. ❻ *Soutenir l'intérêt, l'attention*, c'est faire en sorte qu'ils ne diminuent pas. *C'est une romancière qui sait soutenir l'intérêt du lecteur.* • **Soutenir la comparaison avec quelqu'un, quelque chose :** ne pas leur être inférieur. *Ce gîte soutient la comparaison avec les hôtels les plus confortables.*

soutenu, e adj. ❶ *Un travail, un effort soutenus* ne se relâchent pas. *Grâce à un travail soutenu, Florence a beaucoup progressé en français ce trimestre.* SYN. assidu, constant. ❷ *Une couleur soutenue* est d'un ton assez intense. *Elle portait un pull bleu soutenu.* SYN. vif. ❸ *Employer un langage soutenu*, c'est s'exprimer avec des mots particulièrement recherchés. → VOIR AUSSI **familier, littéraire** et Fiche **8.**

souterrain, e adj. Qui est sous terre. *Le métro souterrain.* CONTR. aérien. *Un abri souterrain.* ◆ **souterrain n.m.** Passage, galerie creusés sous la terre. *Certains châteaux ont des souterrains de plusieurs kilomètres.*

soutien n.m. Aide morale. *Pour réussir, j'ai besoin du soutien de tous !* • **Soutien de famille :** personne qui fait vivre sa famille grâce à son travail.

soutien-gorge n.m. (PLUR. : **soutiens-gorge**). Sous-vêtement féminin qui sert à maintenir la poitrine.

soutirer v. (CONJUG. **3**). ❶ Obtenir par ruse ou en insistant. *Un escroc a réussi à soutirer de l'argent à plusieurs personnes âgées.* SYN. extorquer. *Soutirer une promesse à quelqu'un.* SYN. arracher. ❷ *Soutirer du vin, du cidre*, c'est les transvaser doucement d'un tonneau dans un autre pour que les dépôts restent dans le fond du premier tonneau.

HISTOIRE DU MOT Vient de *sous* et de *tirer.*

1 se souvenir souvenant, souvenu v.pron. (CONJUG. **20**). Avoir en mémoire. *Je ne me souviens plus où je l'ai rencontré.* SYN. se remémorer. *Souviens-toi que tu as promis de les aider.* SYN. se rappeler.

HISTOIRE DU MOT Vient du latin *subvenire* qui signifie « se présenter à l'esprit ».

2 souvenir n.m. ❶ Mémoire d'un événement passé. *J'ai presque perdu le souvenir de cette désagréable aventure.* ❷ Image du passé qui revient à l'esprit. *J'aime bien quand maman nous raconte ses souvenirs d'enfance.* ❸ Objet qui rappelle une personne, un événement, un pays. *Ce bijou est un souvenir de ma grand-mère. Luc m'a rapporté un souvenir de son voyage en Italie.*

souvent adv. Un grand nombre de fois. *En automne, il pleut souvent.* SYN. fréquemment. CONTR. rarement.

1 souverain, e adj. ❶ Qui exerce le pouvoir suprême. *Dans une démocratie, le peuple est souverain.* ❷ Qui atteint le plus haut degré. *Il m'a répondu avec un souverain mépris.* SYN. extrême, total. ❸ *Un remède souverain* est d'une efficacité infaillible. *L'eau de mélisse est souveraine contre les maux d'estomac.*

HISTOIRE DU MOT Vient du latin *super* qui signifie « au-dessus ».

2 souverain, e n. Personne qui, dans un empire ou un royaume, exerce le pouvoir suprême. *Un roi, un empereur, un monarque sont des souverains.*

souverainement adv. Au plus haut point. *Le conférencier a été souverainement ennuyeux.* SYN. extrêmement, suprêmement.

souveraineté n.f. Pouvoir, autorité suprêmes. *Dans une démocratie, le peuple exerce sa souveraineté grâce au vote.*

soviétique adj. et **n.** De l'ancienne U.R.S.S. *L'économie soviétique.*
▸ REM. Quand il désigne une personne, le mot prend une majuscule : *une Soviétique, les Soviétiques.*

HISTOIRE DU MOT Vient du russe *soviet* qui signifie « conseil ».

soyeux, euse adj. Doux et brillant comme de la soie. *Virginie a des cheveux fins et soyeux.*

spacieux, euse adj. Où il y a beaucoup d'espace. *Ils ont la chance d'habiter un appartement spacieux.* SYN. grand, vaste. CONTR. exigu, petit.

HISTOIRE DU MOT Vient du latin *spatium*, « espace ».

spaghetti n.m. Pâte alimentaire longue et fine. *J'adore manger des spaghettis avec de la sauce tomate et du fromage.*

HISTOIRE DU MOT Vient du latin *spacus* qui signifie « petite ficelle ».

sparadrap n.m. Ruban de tissu adhésif pour faire des pansements.

spartiate adj. et **n.** De Sparte. *Les lois spartiates étaient particulièrement sévères.* ◆ **n.f.** Sandale faite d'une semelle et de fines lanières de cuir croisées.
▸ REM. Quand il désigne une personne, le mot prend une majuscule : *une Spartiate, les Spartiates.*

spasme n.m. Contraction brusque et involontaire d'un muscle.

spasmodique adj. Qui ressemble à un spasme. *Un rire spasmodique.* SYN. convulsif.

spatial, ale, aux adj. Qui se rapporte à l'espace interplanétaire. *Deux astronautes sont montés à bord du vaisseau spatial.*

HISTOIRE DU MOT Vient, comme *spacieux*, du latin *spatium.*

spationaute n. Astronaute. *Les spationautes suivent un entraînement très dur pendant plusieurs années avant d'être envoyés dans une station orbitale.*

1 spatule n.f. ❶ Ustensile de cuisine ou instrument en forme de petite pelle aplatie. *Maman mélange la farine et les œufs avec une spatule en bois. Le vitrier étale le mastic avec une spatule en métal.* ❷ Partie recourbée de l'avant d'un ski. *J'ai cassé la spatule de mon ski.*

2 spatule n.f. Échassier d'Asie et d'Afrique, à bec élargi à son extrémité.

speaker, speakerine n. Personne qui annonçait les émissions, à la télévision ou à la radio.
▸ REM. 1. C'est un mot anglais, on prononce [spikœr], [spikrin]. 2. Aujourd'hui, on dit *présentateur* ou *annonceur*.

HISTOIRE DU MOT Vient de l'anglais *to speak* qui signifie « parler ».

spécial, ale, aux adj. ❶ Qui est particulièrement destiné à une personne, ou approprié à une action. *Les familles nombreuses bénéficient de tarifs spéciaux dans les trains. Pour réaliser un pastel j'utilise des crayons spéciaux.* ❷ Qui n'est pas comme les autres. *J'aime bien Jean, mais il est un peu spécial : il est très sauvage.*

HISTOIRE DU MOT Vient du latin *species* qui signifie « espèce ».

spécialement adv. ❶ Exprès. *Ma tante est venue spécialement du Canada pour le mariage.* ❷ Surtout, en particulier. *J'aime tous les desserts, mais spécialement les gâteaux au chocolat.* SYN. particulièrement.

spécialisation n.f. Le fait de se spécialiser dans une discipline. *La recherche scientifique nécessite une spécialisation poussée.*

spécialisé, e adj. Qui se consacre à une spécialité. *Cet avocat est spécialisé dans les affaires criminelles.*

se **spécialiser** v.pron. (CONJUG. 3). Se consacrer à un domaine de connaissance, à une technique particulière. *Ce médecin s'est spécialisé en neurologie.*

spécialiste n. ❶ Personne qui a des connaissances approfondies dans un domaine précis. *Pour restaurer ses tableaux, le musée fait appel à des spécialistes.* ❷ Médecin spécialisé dans un domaine particulier de la médecine, par opposition au *généraliste*. *Les cardiologues, les radiologues, les psychiatres sont des spécialistes.*

spécialité n.f. ❶ Travail auquel on se consacre particulièrement ou domaine que l'on connaît le mieux. *Sa spécialité, c'est la chimie. La spécialité de ce médecin est l'ophtalmologie.* ❷ Plat ou produit caractéristiques d'un restaurant, d'une région, d'un pays. *La choucroute est une spécialité alsacienne.*

spatule

spécieux, euse adj. *Un raisonnement spécieux* a une apparence de vérité et de logique mais est en réalité sans valeur. *Ses raisonnements spécieux n'ont heureusement trompé personne.* SYN. fallacieux.
▸ REM. Ce mot appartient à la langue soutenue.

spécifier v. (CONJUG. 7). Indiquer de façon précise. *N'oubliez pas de spécifier votre taille sur votre bon de commande.* SYN. préciser.

spécifique adj. Qui est particulier à une espèce, à une personne ou à une chose. *La propriété spécifique de l'eau, c'est qu'elle bout à 100 °C. Le lilas a une odeur spécifique.* SYN. caractéristique.

spécimen n.m. ❶ Être ou objet qui représente bien l'espèce ou la catégorie dont il fait partie. *Ce chat persan est un magnifique spécimen de sa race.* SYN. exemple. ❷ Exemplaire d'un livre ou d'une revue que l'éditeur envoie gratuitement. *Le professeur a reçu des spécimens de livres d'histoire.*
▸ REM. On prononce [spesimɛn].

HISTOIRE DU MOT Vient du latin *specimen* qui signifie « échantillon ».

spectacle n.m. ❶ Ce qui se présente au regard. *Le spectacle du soleil couchant sur les flots l'émerveillait chaque soir.* ❷ Pièce de théâtre, film, opéra ou ballet représentés en public. *Aller au spectacle. Spectacle donné en matinée, en soirée.* ❸ L'ensemble des activités du théâtre, du cinéma, du music-hall, etc. *L'industrie, le monde du spectacle.* • **À grand spectacle :** dont la mise en scène est luxueuse. *« Autant en emporte le vent » est un film à grand spectacle.* • **Se donner** ou **s'offrir en spectacle :** se faire remarquer ; attirer l'attention sur soi.

HISTOIRE DU MOT Vient du latin *spectare* qui signifie « regarder ».

spectacle solo n.m. (PLUR. : **spectacles solos**). Mot qu'il est recommandé d'employer à la place de *one-man-show* et de *one-woman-show*.
▸ REM. On peut dire aussi un *solo*.

spectaculaire adj. Qui surprend et frappe l'imagination. *Le champion de course automobile a été victime d'un accident spectaculaire.* SYN. impressionnant. *Cet élève a fait des progrès spectaculaires.* SYN. remarquable.

spectateur, trice n. ❶ Personne qui assiste à un spectacle, un match, une compétition, etc. *À la fin de la représentation, les spectateurs se sont levés pour applaudir.* ❷ Personne qui assiste à un événement quelconque. SYN. témoin.

spectre n.m. ❶ Apparition que l'on suppose être l'âme d'un mort. *Il paraît qu'il y a un spectre dans ce château écossais.* SYN. fantôme, revenant. ❷ *Le spectre de la lumière*, c'est l'ensemble des rayons colorés résultant de la décomposition de la lumière par un prisme. *Le spectre solaire est composé des couleurs de l'arc-en-ciel.*
▸ REM. Ne pas confondre avec *sceptre*.

HISTOIRE DU MOT Vient du latin *spectare* qui signifie « regarder ».

a b c d e f g h i j k l m n o p q r s t u v w x y z

A B C D E F G H I J K L M N O P Q R S T U V W X Y Z

spéculateur, trice n. Personne qui spécule. *Les spéculateurs achètent des actions quand les prix baissent et ils les revendent quand les prix montent.*

spéculation n.f. Action de spéculer. *Il s'est enrichi par des spéculations malhonnêtes.*

spéculer v. (CONJUG. 3). Faire des opérations financières en jouant sur la variation de prix des produits. *Son père a fait fortune en spéculant sur le café et le cacao.*
HISTOIRE DU MOT Vient du latin *speculari* qui signifie « observer ».

spéléologie n.f. L'exploration scientifique ou sportive des grottes, des gouffres et des rivières souterraines. *La spéléologie a permis de découvrir et d'aménager certaines grottes pour les montrer au public.*
HISTOIRE DU MOT Vient du grec *spêlaion*, qui signifie « caverne », et *logos*, qui signifie « science ».

spéléologue n. Spécialiste de spéléologie.

spéléologue (grotte de l'Hérault, France)

spermatozoïde n.m. Cellule mâle de la reproduction formée d'un noyau (la *tête*) et d'un long filament (le *flagelle*).
HISTOIRE DU MOT Vient du grec *sperma, spermatos* qui signifie « semence ».

sperme n.m. Liquide blanchâtre produit par les testicules et qui contient les spermatozoïdes.

sphère n.f. ❶ Surface ou solide qui a la forme d'une boule parfaite, dont tous les points sont à égale distance du centre. ❷ Domaine d'activité ou milieu d'influence. *C'est un savant très estimé dans les hautes sphères de la médecine.*
HISTOIRE DU MOT Vient du grec *sphaira* qui signifie « boule ».

sphérique adj. Qui a la forme d'une sphère. *Cette bille est parfaitement sphérique.* SYN. rond.

sphincter n.m. Muscle circulaire qui sert à fermer certaines ouvertures naturelles du corps, comme l'anus par exemple. *Pour devenir propre, le petit enfant doit avoir le contrôle de ses sphincters.*
▸ REM. On prononce [sfɛ̃ktɛr].
HISTOIRE DU MOT Vient du grec *sphiggein* qui signifie « serrer ».

sphinx de Gizeh (Égypte)

sphinx n.m. Monstre mythique de l'Antiquité égyptienne puis grecque à corps de lion et à tête humaine, parfois pourvu d'ailes, et chargé, dans l'Égypte des pharaons, de la garde des monuments religieux.
→ VOIR noms propres.

spirale n.f. ❶ Courbe qui tourne plusieurs fois autour d'un axe. *Les spirales d'un tire-bouchon. Un escalier en spirale* (= en colimaçon). ❷ Fil métallique enroulé qui retient les feuilles d'un carnet, d'un cahier. *Des cahiers à spirale.*

spire n.f. Chacun des tours d'une spirale. *Les spires d'un ressort.*

spiritisme n.m. Ensemble de croyances et de pratiques qui, soi-disant, permettent de communiquer avec les esprits des morts. *Tous assis autour de la table, leurs mains posées bien à plat, ils commencèrent leur séance de spiritisme.*

spirituel, elle adj. ❶ Qui concerne l'esprit, l'âme. *Vie spirituelle. Biens spirituels.* CONTR. matériel, temporel. ❷ Plein d'esprit. *Lise est une jeune femme spirituelle. Une plaisanterie spirituelle.* SYN. fin, subtil.
HISTOIRE DU MOT Vient du latin *spiritus* qui signifie « esprit ».

spirituellement adv. Avec esprit, humour. *Elle lui a répondu spirituellement.* SYN. finement.

spiritueux n.m. Boisson qui contient un fort pourcentage d'alcool. *Le whisky est un spiritueux.*

splendeur n.f. Ce qui est splendide, magnifique. *Leur jardin est une splendeur en juin.* SYN. merveille.
HISTOIRE DU MOT Vient du latin *splendere* qui signifie « resplendir ».

splendide adj. Très beau. *Vos photos sont splendides !* SYN. magnifique, superbe. CONTR. horrible.

spolier v. (CONJUG. 7). Priver une personne de ce qui lui appartient par des procédés malhonnêtes. *On l'a spolié de son héritage.* SYN. déposséder, dépouiller.

spongieux, euse adj. Qui peut s'imbiber d'eau et devenir mou comme une éponge. *Le sol spongieux d'un marécage.*
HISTOIRE DU MOT Vient du latin *spongia* qui signifie « éponge ».

sponsor n.m. Personne ou entreprise qui sponsorise. *Qui est le sponsor de l'exposition ?*
▸ REM. Il est recommandé d'utiliser le mot français *commanditaire*.
HISTOIRE DU MOT C'est un mot anglais, qui vient du latin *spondere* qui signifie « garantir, promettre ».

sponsoriser **v.** (CONJUG. 3). Financer un spectacle, une exposition, une compétition sportive, etc., souvent dans un but publicitaire. *C'est une importante société américaine qui a sponsorisé le rallye automobile.* SYN. parrainer.
▸ REM. *Commanditer* et *parrainer* sont les mots français qu'il est recommandé d'utiliser.

spontané, e **adj.** ❶ Que l'on fait de son plein gré, sans y être poussé ni forcé. *Le coupable a fait des aveux spontanés.* SYN. volontaire. ❷ Qui agit et parle avec naturel, sans chercher à dissimuler ses sentiments. *Un enfant spontané.* SYN. direct, impulsif.
HISTOIRE DU MOT Vient du latin *spons, spontis* qui signifie « volonté ».

spontanéité **n.f.** Caractère spontané. *J'ai trouvé que sa réponse manquait de spontanéité.* SYN. franchise, naturel.

spontanément **adv.** De façon spontanée. *Les gens du village ont spontanément aidé les sinistrés.* SYN. naturellement. CONTR. à contrecœur.

sporadique **adj.** Qui se produit ici et là, de manière irrégulière. *Des grèves sporadiques.* SYN. isolé. CONTR. fréquent.
HISTOIRE DU MOT Vient du grec *sporadikos* qui signifie « dispersé ».

sporadiquement **adv.** De façon sporadique ; de temps en temps.

spore **n.f.** Grain de très petite taille qui sert à la reproduction de certaines espèces végétales, comme les champignons, les mousses, les fougères, etc. *La spore mâle des plantes à fleurs est le grain de pollen.*
▸ REM. Ce mot est du féminin.
HISTOIRE DU MOT Vient du grec *spora* qui signifie « semence ».

sport **n.m.** Activité physique que l'on pratique régulièrement pour son plaisir ou pour la compétition. *Préfères-tu les sports individuels comme la gymnastique, la natation, le ski, etc., ou les sports d'équipe comme le football, le volley ou le rugby ?* • **Sports de combat :** sports où la victoire contre l'adversaire est recherchée par des coups ou des prises. *La boxe, le judo, le karaté et la lutte sont des sports de combat.* • **Sports d'hiver :** sports qui se pratiquent sur la neige ou la glace ; en France, vacances d'hiver que l'on passe à la montagne sans forcément pratiquer ces sports.
HISTOIRE DU MOT Ce mot d'origine anglaise vient de l'ancien français *desport* qui signifiait « jeu, amusement ».

sportif, ive **adj.** De sport. *Une émission sportive. Une compétition sportive.* ◆ **adj.** et **n.** Qui pratique un ou plusieurs sports. *Laurence est une fille très sportive. Les sportifs de haut niveau suivent un entraînement très poussé.*

sportivement **adv.** Sans contestation, aussi loyalement que dans une compétition sportive. *Le candidat battu aux élections municipales a reconnu sportivement sa défaite.*

spot **n.m.** ❶ Petit projecteur utilisé au théâtre ou dans un appartement pour un éclairage localisé. *La scène d'un théâtre est souvent éclairée par des spots.* ❷ Film ou message publicitaire de courte durée à la télévision ou à la radio. *Le feuilleton télévisé a été plusieurs fois interrompu par des spots.* SYN. publicité.
▸ REM. On prononce [spɔt].
HISTOIRE DU MOT C'est un mot anglais qui signifie « tache, point ».

spray **n.m.** Aérosol permettant de pulvériser en fines gouttelettes un liquide sous pression. *J'ai acheté un déodorant en spray.*
▸ REM. Au Québec, on doit dire *vaporisateur*.
HISTOIRE DU MOT C'est un mot anglais qui signifie « embruns, écume ».

sprint **n.m.** ❶ Fin d'une course, où l'on va le plus vite possible. *Étienne a gagné au sprint.* ❷ Course de vitesse sur une courte distance.
▸ REM. C'est un mot anglais, on prononce [sprint].

sprinter **v.** (CONJUG. 3). Augmenter sa vitesse en fin de course ; faire un sprint.
▸ REM. On prononce [sprinte].

sprinteur, euse **n.** ou **sprinter** **n.m.** Coureur spécialisé dans les sprints.
▸ REM. *Sprinter* est un mot anglais qui se prononce [sprintœr].

squale **n.m.** Requin.
▸ REM. On prononce [skwal].

square **n.m.** Petit jardin public dans une ville, généralement entouré d'une grille. *Les enfants vont jouer au square.*
HISTOIRE DU MOT C'est un mot anglais qui signifie « carré », et qui vient de l'ancien français *esquerre* qui signifiait « équerre ».

squash **n.m.** Sport dans lequel deux joueurs côte à côte se renvoient, à l'aide de raquettes, une balle qui rebondit sur les murs d'une salle.
▸ REM. On prononce [skwaʃ].

squatter **v.** (CONJUG. 3). Occuper sans autorisation un local vide. *Des artistes squattent des entrepôts abandonnés.*
▸ REM. On prononce [skwate].

squatteur, euse **n.** ou **squatter** **n.m.** Personne qui occupe sans autorisation un local vide. *Des squatteurs se sont installés dans une ancienne usine.*
▸ REM. 1. *Squatter* est un mot anglais qui se prononce [skwatœr]. 2. Ce mot a d'abord désigné les pionniers américains qui s'installaient sur des terres sans en être propriétaires.

squaw **n.f.** Femme mariée, chez les Indiens d'Amérique du Nord.
▸ REM. On prononce [skwo].

squelette **n.m.** L'ensemble des os du corps de l'homme et des animaux vertébrés. → VOIR planche page suivante.
HISTOIRE DU MOT Vient du grec *skeletos* qui signifie « desséché ».

a b c d e f g h i j k l m n o p q r s t u v w x y z

La charpente du corps

Les **os** et leurs **articulations** forment le squelette, qui est la charpente du corps humain. Ils soutiennent et protègent tous les organes et constituent de véritables leviers sur lesquels agissent les muscles. C'est grâce aux articulations (à rotule, en charnière) que les **muscles** mettent les os en mouvement.

les articulations

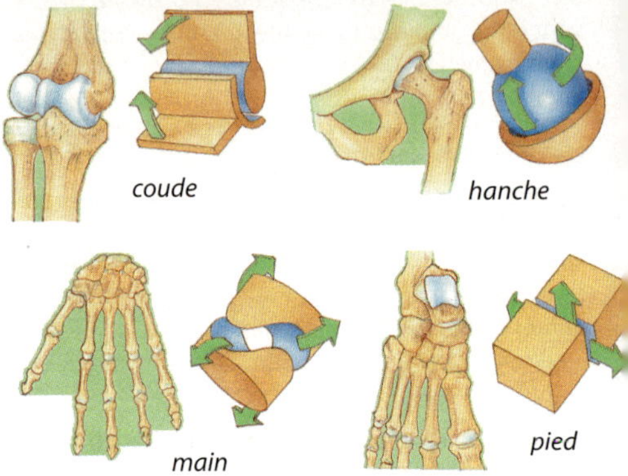

différentes formes d'os

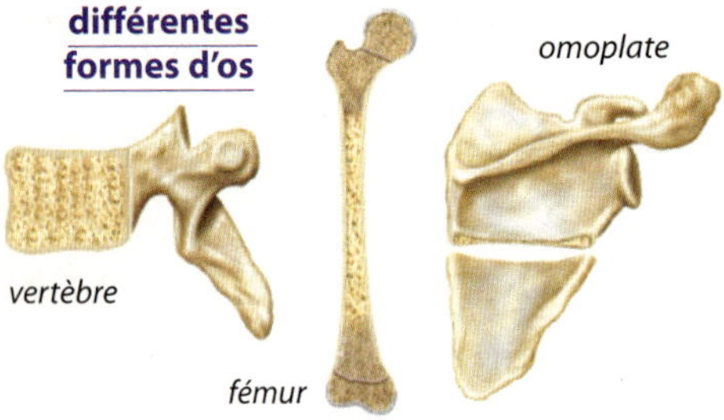

Nature et types des os

Les os se composent d'une enveloppe dure et compacte qui entoure des parties spongieuses et des cavités contenant la moelle osseuse. Ils sont parcourus par de minuscules **vaisseaux sanguins** qui leur apportent nourriture et oxygène.

vue en coupe d'un os

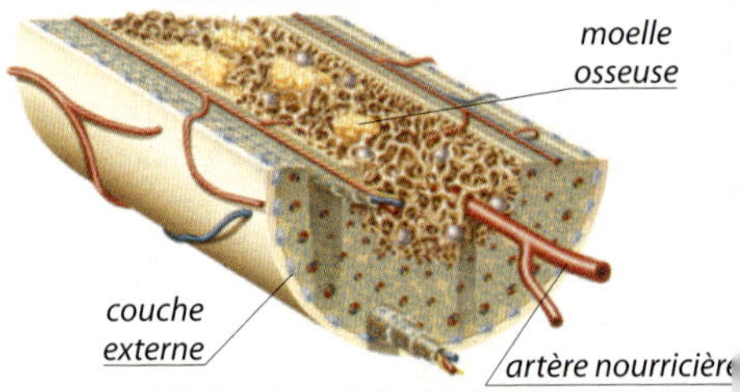

Constitué de matière vivante, le squelette se modifie au cours de l'existence. Ainsi, chez le nouveau-né, certains de ses éléments sont constitués de cartilage qui se transforme progressivement en os.

Le squelette se compose d'environ 200 os, qui peuvent être longs, courts ou plats.

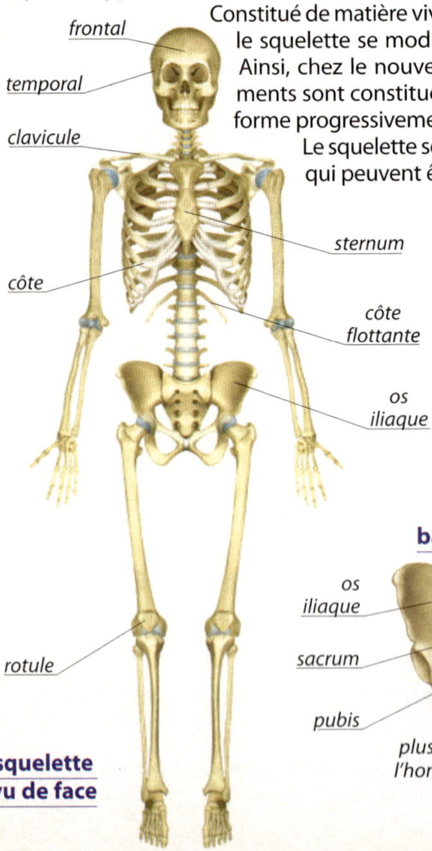

squelette vu de face

bassin féminin

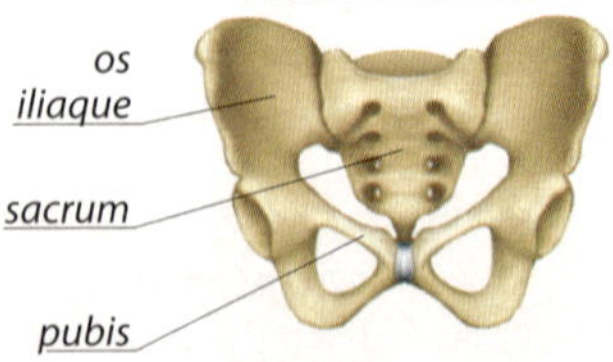

plus évasé que celui de l'homme, il est adapté à la maternité

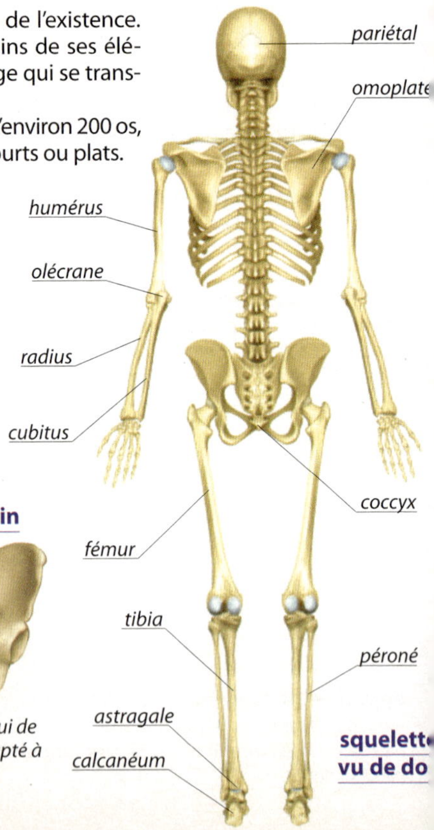

squelett vu de do

squelettique **adj.** Très maigre. *Le pauvre chien abandonné était squelettique.* SYN. décharné.

stabiliser **v.** (CONJUG. 3). Rendre stable. *Le gouvernement essaie de stabiliser les prix.*

stabilité **n.f.** État de ce qui est stable. *Il vaudrait mieux vérifier la stabilité de l'échelle avant de monter dessus.* SYN. équilibre. *La stabilité économique et politique d'un pays.*

stable **adj.** ❶ Qui tient bien en équilibre, qui ne risque pas de tomber. *L'échelle n'est pas stable, elle a un pied plus court que l'autre.* SYN. d'aplomb. CONTR. bancal, branlant, instable. ❷ Qui ne change pas, qui dure. *Virginie en a assez de travailler en intérim, elle recherche un emploi stable.* SYN. durable. CONTR. précaire. ❸ Qui ne varie pas. *Les températures sont stables.*

HISTOIRE DU MOT Vient du latin *stabilis*, de *stare* qui signifie « être debout ».

stade **n.m.** ❶ Terrain en plein air aménagé pour faire du sport. *Demain, nous allons au stade faire de la course. Les gradins du stade se remplissent.* ❷ Chaque période, chaque degré d'un développement. *Le têtard passe par plusieurs stades avant de devenir une grenouille.* SYN. étape, phase.

HISTOIRE DU MOT Vient du grec *stadion* qui désignait une mesure de longueur de 190 m environ.

stage **n.m.** ❶ Période, généralement assez courte, pendant laquelle on suit une formation. *Papa fait un stage d'informatique pour apprendre à utiliser les tout derniers logiciels.* ❷ Période de travail pratique dans une entreprise, qui accompagne des études théoriques.

HISTOIRE DU MOT Vient de l'ancien français *estage* qui signifiait « séjour ».

stagiaire **n.** et **adj.** Personne qui fait un stage. *C'est un professeur stagiaire qui nous fait cours en ce moment.*

stagnant, e **adj.** ❶ Qui ne s'écoule pas, qui stagne. *Une odeur nauséabonde s'échappait des eaux stagnantes du marais.* SYN. dormant, immobile. CONTR. courant. ❷ Qui ne fait aucun progrès. *Un secteur commercial stagnant.*
▸ REM. On prononce [stagnɑ̃].

stagnation **n.f.** État de ce qui stagne ; absence de progrès, de développement. *Les entreprises déplorent la stagnation des exportations.* SYN. immobilité, marasme.

stagner **v.** (CONJUG. 3). ❶ Ne pas s'écouler. *L'eau stagne dans les caves inondées.* SYN. croupir. ❷ Rester au même point, ne pas progresser. *Depuis plusieurs mois, les affaires stagnent.*
▸ REM. On prononce [stagne].

HISTOIRE DU MOT Vient du latin *stagnare*, de *stagnum* qui signifie « étang ».

stalactite **n.f.** Colonne de calcaire qui se forme à partir de la voûte d'une grotte. *Les stalactites comme les stalagmites sont produites par des gouttes d'eau calcaire qui laissent un dépôt en s'évaporant.*
▸ REM. Ne pas confondre avec *stalagmite*. On peut pour cela se souvenir que les stalag*t*ites *t*ombent !

stalactites (descendantes)
et **stalagmites** (montantes)

stalagmite **n.f.** Colonne de calcaire qui monte du sol d'une grotte. *Il arrive que les stalagmites et les stalactites se rejoignent et forment une colonne unique.*
▸ REM. Ne pas confondre avec *stalactite*. On peut pour cela se souvenir que les stalag*m*ites *m*ontent !

stalle **n.f.** ❶ Compartiment réservé à un cheval dans une écurie. *Après la course, les chevaux regagnent leurs stalles.* SYN. box. ❷ Chacun des sièges de bois à haut dossier qui se trouvent dans le chœur de certaines églises et qui sont réservés aux membres du clergé. *Les stalles sont souvent richement sculptées.*

stand **n.m.** Emplacement réservé à chaque exposant dans une foire, une exposition, un salon, etc. *Au Salon du jouet, chaque marque a son stand.* • **Stand de tir** : endroit aménagé pour tirer sur une cible avec une arme à feu.

HISTOIRE DU MOT Vient de l'anglais *to stand* qui signifie « se tenir debout ».

1 standard **n.m.** Appareil auquel sont connectées les lignes téléphoniques d'une entreprise ; service où cet appareil est installé.

HISTOIRE DU MOT C'est un mot anglais qui signifie « type, modèle ».

2 standard **adj.** Conforme au modèle courant, à une norme de fabrication. *Un modèle standard. Des tailles standards.* • **Échange standard** : échange d'une pièce usée contre une autre du même modèle, neuve ou rénovée.

standardisation **n.f.** L'action de rendre quelque chose standard.

standardisé, e **adj.** Produit en série selon un même modèle. *Les prises de courant sont standardisées.*

standardiste **n.** Personne qui travaille au standard téléphonique.

standing **n.m.** ❶ Situation sociale, niveau de vie d'une personne. *Nos voisins ont un standing élevé.*

A B C D E F G H I J K L M N O P Q R S T U V W X Y Z

❷ Niveau de confort d'un immeuble. *On construit dans ma rue un immeuble de grand standing.*

HISTOIRE DU MOT C'est un mot anglais qui signifie « situation, niveau ».

star **n.f.** ❶ Acteur ou actrice de cinéma extrêmement célèbre. *Toutes les stars d'Hollywood étaient réunies pour la remise des oscars.* SYN. vedette. ❷ Vedette du monde politique, sportif, etc. *Une star du football.*

HISTOIRE DU MOT C'est un mot anglais qui signifie « étoile ».

starlette **n.f.** Jeune actrice qui essaie de devenir une star.

starter **n.m.** Mécanisme qui facilite la mise en route d'un moteur quand il est froid. *N'oublie pas de mettre le starter pour faire démarrer la voiture.*

▸ REM. 1. On prononce [startɛr]. 2. Ce mot est courant en France mais rare au Québec.

HISTOIRE DU MOT Vient de l'anglais *to start* qui signifie « faire partir ».

starting-block **n.m.** (PLUR. : **starting-blocks**). Bloc formé par deux cales qui facilite le départ des coureurs dans une course à pied. *Les deux pieds posés sur le starting-block et les mains au sol, le coureur attendait le signal du départ.*

▸ REM. Au Québec, on doit dire *bloc de départ*.

starting-block

start-up **n.f.invar.** Jeune entreprise qui innove, dans le secteur des nouvelles technologies de l'information et de la communication.

▸ REM. C'est un mot anglais, on prononce [startœp].

station **n.f.** ❶ La façon de se tenir, de rester dans une position déterminée. *La station debout prolongée est très fatigante.* ❷ Endroit où un véhicule de transport en commun s'arrête pour prendre ou laisser des voyageurs. *Une station de métro, de bus, de taxis.* ❸ Lieu où l'on séjourne pour se reposer ou pour pratiquer certaines activités. *Une station balnéaire. Une station de sports d'hiver. Une station thermale.* ❹ Ensemble d'installations, de locaux ayant un usage particulier. *Une station météorologique. Une station de radio. Une station d'épuration.* • **Station orbitale** ou **spatiale** : véhicule spatial placé en satellite autour de la Terre, qui dispose d'équipements de recherche et peut recevoir d'autres vaisseaux spatiaux.

HISTOIRE DU MOT Vient du latin *statio*, de *stare* qui signifie « se tenir debout » et que l'on retrouve dans *stable* et *stature*.

stationnaire **adj.** Qui n'évolue pas, ni dans un sens ni dans un autre. *L'état du malade est stationnaire.*

stationnement **n.m.** Le fait de stationner. *Le stationnement n'est pas autorisé dans cette rue les jours de marché.*

stationner **v.** (CONJUG. **3**). S'arrêter un certain temps dans un lieu. *Il est interdit aux voitures de stationner dans un couloir d'autobus.*

station-service **n.f.** (PLUR. : **stations-service**). Endroit où les automobilistes peuvent acheter de l'essence, de l'huile, laver leur voiture et effectuer certaines vérifications. *Nous avons fait le plein dans une station-service sur l'autoroute.*

statique **adj.** Qui n'évolue pas, qui ne progresse pas. *Une politique statique.* SYN. figé. CONTR. dynamique. • **Électricité statique** : électricité qui se développe à la surface des corps par frottement. *Quand on frotte un bâtonnet de plastique sur une étoffe, il peut ensuite attirer des bouts de papier grâce à l'électricité statique.*

HISTOIRE DU MOT Vient du grec *statikos* qui signifie « relatif à l'équilibre ».

statistique **n.f.** Ensemble de chiffres qui permettent de comparer et d'expliquer certaines évolutions dans un domaine particulier. *Les statistiques ont montré que la natalité baissait d'année en année dans de nombreux pays occidentaux.*

HISTOIRE DU MOT Vient du latin *status* qui signifie « état ».

statistiquement **adv.** Selon une ou des statistiques. *Il est statistiquement établi que l'usage du tabac augmente les risques de cancer des voies respiratoires.*

statue **n.f.** Œuvre d'art en bois, en pierre ou en métal représentant un être humain, une divinité ou un animal. *Une statue de Jeanne d'Arc à cheval.*

statuer **v.** (CONJUG. **3**). Prendre officiellement une décision. *Le tribunal statuera demain.*

▸ REM. Ce verbe s'emploie surtout dans le langage des administrations et des tribunaux.

statuette **n.f.** Petite statue. *Il y avait sur la cheminée une statuette de bronze représentant une danseuse.*

statu quo **n.m.invar.**, ✎ ***statuquo*** ***n.m.*** État actuel des choses. *Pour éviter toute manifestation, la municipalité essaie de maintenir le statu quo.*

▸ REM. On prononce [statykwo].

HISTOIRE DU MOT Vient de l'expression latine *in statu quo ante* qui signifie « dans l'état où les choses étaient avant ».

stature **n.f.** Taille d'une personne. *Selon les témoins, le voleur serait un homme de grande stature.* SYN. taille.

staturo-pondéral, ale, aux **adj.** Qui concerne la taille et le poids d'une personne.

statut **n.m.** ❶ Texte ou ensemble de textes fixant les garanties fondamentales d'une profession ou d'une fonction. *Le statut des enseignants.* ❷ Situation d'une personne dans la société. *Le statut de la femme a beaucoup évolué au cours des siècles.* SYN. position. ◆ **statuts** **n.m.plur.** Règles qui fixent l'organisation d'une association ou d'une société. *Les statuts d'un club.* SYN. règlement.

▸ REM. Ne pas confondre avec *statue.*

steak **n.m.** Bifteck. *J'ai mangé un steak avec des frites.*

▸ REM. C'est un mot anglais, on prononce [stɛk].

stégosaure **n.m.** Reptile terrestre quadrupède du groupe des dinosaures, long d'environ 7 m, au dos recouvert de grandes plaques osseuses, à la tête minuscule et au bec semblable à celui d'un oiseau, qui vivait en Amérique du Nord à la fin de l'ère secondaire. *Le stégosaure était un herbivore.*

HISTOIRE DU MOT Vient du grec *stegos,* qui signifie « abri, toit », et *saura,* qui signifie « lézard » et que l'on retrouve dans *dinosaure.*

stégosaure

stèle **n.f.** Pierre posée debout, qui porte des inscriptions, le plus souvent funéraires. *Les tombes sont souvent surmontées de stèles.*

sténo **n.** et **n.f.** Abréviation de *sténodactylo* et de *sténographie.*

sténodactylo **n.** Secrétaire qui sait écrire en sténographie. *La directrice dicte du courrier à la sténodactylo.*

sténographie **n.f.** Système d'écriture rapide qui permet de noter les paroles aussi vite qu'elles sont prononcées.

▸ REM. On dit couramment *la sténo.*

HISTOIRE DU MOT Vient du grec *stenos,* « serré », et *graphein,* « écrire ».

stentor **n.m.** • **Voix de stentor :** voix forte et retentissante. *Notre professeur d'histoire a une voix de stentor.*

▸ REM. On prononce [stɑ̃tɔr].

HISTOIRE DU MOT Vient du nom de *Stentor,* héros de la guerre de Troie, qui passait pour avoir la voix aussi forte que celle de cinquante hommes criant à la fois.

steppe **n.f.** Grande plaine des climats secs, couverte d'une végétation assez pauvre. *La steppe russe.*

stère **n.m.** Quantité de bois qui correspond à un mètre cube. *On a commandé dix stères de bois pour chauffer la ferme cet hiver.*

▸ REM. Ce mot est du masculin.

stéréophonie ou **stéréo** **n.f.** Procédé de reproduction des sons qui donne à l'auditeur l'impression d'être dans une salle de concerts. *Le concert sera retransmis par la radio en stéréo.*

HISTOIRE DU MOT Vient du grec *stereos,* qui signifie « solide », et *phônê,* qui signifie « son ».

stéréophonique ou **stéréo** **adj.** Qui est fait selon le procédé de stéréophonie. *Un enregistrement stéréophonique.* • **Chaîne stéréo :** appareil qui diffuse les sons en stéréo.

stéréoscope **n.m.** Instrument d'optique qui donne une image en relief à partir de deux images planes.

stéréotype **n.m.** Idée toute faite. *Les poupées sont pour les filles et les voitures pour les garçons, voilà un stéréotype.* SYN. cliché, poncif.

HISTOIRE DU MOT Vient du grec *stereos,* qui signifie « solide », et *tupos,* qui signifie « caractère ».

stéréotypé, e **adj.** *Une formule stéréotypée* est une formule banale, toute faite. *Le député a employé de nombreuses formules stéréotypées dans son discours* (= sans originalité).

stérile **adj.** ❶ *Un être vivant stérile* est incapable de se reproduire. *Les mulets sont des animaux stériles.* CONTR. fécond. ❷ *Un sol stérile* est un sol où l'on ne peut rien faire pousser, qui ne produit rien. SYN. improductif. CONTR. fertile. ❸ *Une discussion stérile* ne mène à rien, ne donne aucun résultat. *Tout le débat était stérile.* SYN. inutile, vain. CONTR. fructueux. ❹ *Un local, un objet stériles* ne contiennent pas de microbes. *Une compresse stérile.*

stérilisation **n.f.** Action de stériliser un local, un objet, etc.

stérilisé, e **adj.** Qui a été soumis à la stérilisation. *Le lait stérilisé se conserve longtemps.*

stériliser **v.** (CONJUG. 3). ❶ Rendre stérile. *Nous avons fait stériliser notre chat.* SYN. castrer, châtrer. ❷ Débarrasser des microbes. *On stérilise du lait en le faisant bouillir. Le dentiste stérilise ses instruments avant de les employer.* SYN. aseptiser, désinfecter.

stérilité **n.f.** ❶ Le fait pour un être vivant de ne pas pouvoir se reproduire. *Aujourd'hui la médecine est capable de guérir certaines formes de stérilité.* ❷ Le fait pour un sol, une terre, de ne pas produire de récoltes. *La stérilité d'un sol rocailleux.* SYN. aridité, pauvreté. CONTR. fertilité.

steppe (Mongolie)

sterne **n.f.** Oiseau palmipède à tête noire et à dos gris qui vit sur les côtes. *Certaines sternes effectuent des migrations d'un pôle à l'autre.*
▸ REM. La sterne est couramment appelée *hirondelle de mer*.

sterne

sternum **n.m.** Os plat et allongé situé au milieu du torse. *Sept paires de côtes sont attachées au sternum.*

stéthoscope **n.m.** Instrument en forme de Y qu'un médecin utilise, en plaçant les embouts dans ses oreilles, pour ausculter un malade. *Le stéthoscope, qui a été inventé par Laennec en 1805, permet au médecin d'entendre les bruits cardiaques et pulmonaires.*
HISTOIRE DU MOT Vient du grec *stêthos*, qui signifie « poitrine », et *skopein*, qui signifie « observer ».

stéthoscope

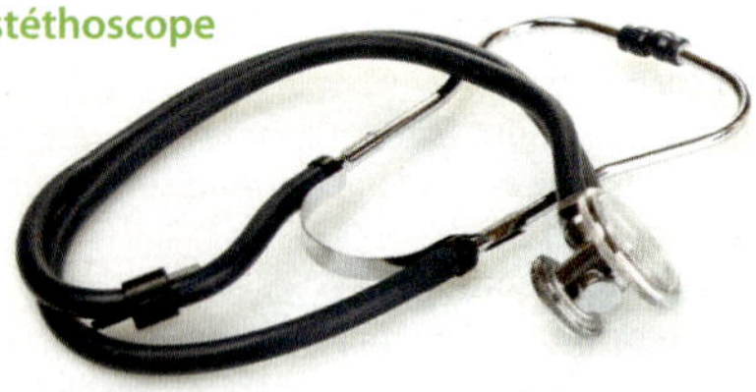

steward **n.m.** Homme qui veille au confort et à la sécurité des passagers à bord d'un avion ou d'un navire. *Le steward apporte les repas aux passagers de l'avion.*
▸ REM. 1. On prononce [stiwart]. 2. L'équivalent féminin du steward à bord d'un avion est l'*hôtesse de l'air*. 3. Au Québec, on dit *agent de bord*.
HISTOIRE DU MOT C'est un mot anglais qui signifie « intendant, maître d'hôtel ».

stick **n.m.** Présentation sous forme de bâton d'un produit solidifié (colle, rouge à lèvres, déodorant, etc.). *La colle en stick.*
▸ REM. Au Québec, on doit dire *bâton*.
HISTOIRE DU MOT C'est un mot anglais qui signifie « bâtonnet ».

stigmate **n.m.** ❶ Partie supérieure du pistil qui reçoit le pollen. *Certains stigmates sont longs et ressemblent à des plumes.* ❷ Marque semblable à celle des cinq plaies de Jésus crucifié, que certains saints ou certains mystiques chrétiens ont présenté sur leur corps durant leur vie.
▸ REM. Ce mot est du masculin.

stigmatiser **v.** (CONJUG. 3). Critiquer très durement et en public. *Le président de la République a stigmatisé l'odieux attentat commis hier dans notre ville.* SYN. blâmer, condamner. CONTR. exalter.
▸ REM. Ce mot appartient à la langue soutenue.
HISTOIRE DU MOT Vient de *stigmate*. Sous l'Ancien Régime, en France, *stigmatiser* signifiait « marquer un condamné au fer rouge ».

stimulant, e **adj.** Qui stimule. *L'air marin est stimulant.* SYN. vivifiant. *Cette victoire a été très stimulante pour notre équipe de football.* SYN. encourageant. ◆ **stimulant** **n.m.** Produit stimulant. *Le café et le thé sont des stimulants.* SYN. excitant. CONTR. calmant.

stimulation **n.f.** L'action de stimuler un organisme, une personne.

stimuler **v.** (CONJUG. 3). ❶ Pousser à agir. *Stimuler quelqu'un.* ❷ Rendre plus intense, plus actif. *Stimuler l'appétit. Stimuler l'économie.*
HISTOIRE DU MOT Vient du latin *stimulus* qui signifie « aiguillon ».

stipuler **v.** (CONJUG. 3). Indiquer avec précision. *Le contrat stipule bien que les réparations sont à la charge du locataire.* SYN. préciser, spécifier.
▸ REM. Ce mot appartient à la langue administrative.

stock **n.m.** Ensemble de marchandises en réserve. *Les commerçants font des soldes pour écouler leurs stocks à chaque fin de saison.* SYN. assortiment. ● (Familier) **Un stock de :** un grand nombre de. *J'ai tout un stock de bandes dessinées, je peux t'en prêter si tu veux.*
HISTOIRE DU MOT C'est un mot anglais qui signifie « réservoir, provision ».

stocker **v.** (CONJUG. 3). Mettre en réserve. *Les écureuils stockent des noisettes dans le creux des troncs d'arbres.*

stoïque **adj.** Qui supporte avec courage la douleur ou le malheur. *Éric est resté stoïque pendant qu'on lui faisait ses points de suture.* SYN. impassible, imperturbable.

stoïquement **adv.** De façon stoïque, avec courage. *La population a stoïquement fait face à la catastrophe.* SYN. courageusement, héroïquement.

stomacal, ale, aux **adj.** De l'estomac. *Des douleurs stomacales.* SYN. gastrique.
HISTOIRE DU MOT Vient du latin *stomachus* qui signifie « estomac ».

stop **n.m.** ❶ Panneau de signalisation routière qui impose de marquer un arrêt à un carrefour. *Le conducteur n'a pas respecté le stop, il est dans son tort.* ❷ Lumière rouge placée à l'arrière d'un véhicule et qui s'allume quand on freine. ❸ (Familier) Auto-stop. *Nous avons fait du stop en Irlande.* ◆ **interj.** Ordre de s'arrêter. *Stop ! ne faites pas un pas de plus !*

1 stopper **v.** (CONJUG. 3). Réparer un vêtement déchiré en refaisant la trame et la chaîne du tissu de façon que cela ne se voie pas.
HISTOIRE DU MOT Vient du néerlandais *stoppen*, « repriser ».

2 stopper **v.** (CONJUG. 3). Arrêter. *Le machiniste a réussi à stopper le train.* SYN. immobiliser. *Il paraît que ce médicament stoppe le rhume.* SYN. arrêter, enrayer.
HISTOIRE DU MOT Vient de l'anglais *to stop* qui signifie « arrêter ».

stoppeur, euse **n.** (Familier) Auto-stoppeur.

store **n.m.** ❶ Rideau de grosse toile ou panneau fait de lamelles mobiles qu'on abaisse devant une fenêtre.

Peux-tu baisser le store, il y a trop de soleil dans la pièce. ❷ Grand rideau métallique qu'on abaisse pour protéger la devanture d'un magasin.

HISTOIRE DU MOT Vient du latin *storea* qui signifie « natte de jonc ou de corde ».

strabisme n.m. Défaut de parallélisme des yeux, qui fait loucher.

stradivarius n.m. Violon ou violoncelle, fabriqué par Antonio Stradivari aux XVIIe et XVIIIe siècles, et utilisé encore aujourd'hui par les plus grands interprètes.

strangulation n.f. Action d'étrangler une personne. *Mort par strangulation.*

HISTOIRE DU MOT Vient du latin *strangulare* qui signifie « étrangler ».

strapontin n.m. Petit siège d'appoint, fixé à un support, qui se replie tout seul lorsqu'il n'est pas utilisé. *Les strapontins du métro, d'une salle de spectacle.*

strapontins dans une salle de théâtre

strass n.m. Verre coloré qui imite certaines pierres précieuses.

stratagème n.m. Moyen habile. *Les enfants ont eu recours à un stratagème pour échapper à leurs devoirs de vacances.* SYN. ruse, subterfuge.

HISTOIRE DU MOT Vient du grec *stratêgêma*, « ruse de guerre ».

strate n.f. Couche de terrain. *Le terrain s'était effondré, on voyait les différentes strates du sous-sol.*
▸ REM. Ce mot est féminin.

HISTOIRE DU MOT Vient du latin *stratum* qui signifie « couche ».

stratège n.m. ❶ Nom donné dans l'Antiquité à des magistrats ou à des chefs militaires. ❷ Spécialiste de stratégie militaire. ❸ Se dit d'une personne qui mène ses actions selon des plans habilement préparés. *Un fin stratège politique.*

HISTOIRE DU MOT Vient du grec *stratêgos* qui signifie « chef d'armée, général ».

stratégie n.f. ❶ Manière élaborée, réfléchie de conduire les opérations militaires pendant une bataille, une guerre. *Napoléon expliquait longuement sa stratégie aux généraux avant chaque bataille.* ❷ Plan d'action qui tient compte des possibilités de réaction de l'adversaire. *La stratégie électorale d'un parti politique.* SYN. tactique. • **Jeux de stratégie :** jeux de réflexion consistant à élaborer des plans d'action qui tiennent compte de différentes hypothèses.

stratégique adj. ❶ *Une position stratégique* présente un intérêt militaire. *L'aviation a bombardé les positions stratégiques de l'ennemi.* ❷ Qui est fait dans le cadre d'une stratégie, d'un plan d'action bien déterminé. *Une décision stratégique.*

stratifié, e adj. Disposé en couches superposées, en strates. *La falaise est formée de roches stratifiées.*

stratocumulus n.m.invar. Ensemble de nuages qui forment des couches minces et régulières.
▸ REM. On prononce le *-s* final.

stratosphère n.f. La deuxième des quatre couches de l'atmosphère. *La stratosphère s'étend en moyenne entre 12 et 50 km au-dessus de la surface du globe.*

stratus n.m.invar. Nuage bas qui se présente en couche uniformément grise.
▸ REM. On prononce le *-s* final.

stress n.m. État d'anxiété et de nervosité, qui est causé par un sentiment d'agression, le surmenage, etc. *Le stress de la vie dans les grandes villes.*

HISTOIRE DU MOT C'est un mot anglais qui signifie « violence, agression ».

stressant, e adj. Qui stresse. *Un travail stressant.*

stresser v. (CONJUG. 3). Rendre nerveux, provoquer un stress. *Frédéric est très irritable en ce moment car ses nouvelles responsabilités le stressent.*

strict, e adj. ❶ Qui doit être respecté de façon rigoureuse. *Une règle stricte.* SYN. astreignant. ❷ Qui ne tolère aucune négligence. *Notre professeur d'histoire est très strict sur la discipline.* SYN. exigeant, sévère. CONTR. indulgent. ❸ Qui est sobre, sans ornement. *Une tenue stricte.* ❹ S'emploie pour renforcer le sens d'un mot dans certaines expressions. *C'est la plus stricte vérité* (= exactement la vérité). *N'emporter que le strict nécessaire* (= que ce qui est réellement nécessaire). *Le mariage a eu lieu dans la plus stricte intimité* (= il n'y avait que les proches).

HISTOIRE DU MOT Vient du latin *strictus* qui signifie « serré ».

strictement adv. De façon stricte. *Il est strictement interdit de fumer dans un hôpital.* SYN. formellement, rigoureusement.

strident, e adj. *Un bruit strident* est très aigu et très fort. *Laure a poussé un cri strident quand elle a vu une araignée dans la douche.* SYN. perçant.

HISTOIRE DU MOT Vient du latin *stridere* qui signifie « grincer ».

strie n.f. Chacune des petites rayures parallèles qui marquent une surface. *Les stries d'un coquillage.*

strié, e adj. Dont la surface est marquée de stries. *Un coquillage strié.*

strophe n.f. Division d'un poème, formée d'un nombre déterminé de vers. *Un sonnet est composé de quatre strophes.*

structure n.f. ❶ Manière dont les parties d'une chose sont assemblées, organisées. *La structure d'une phrase.* SYN. organisation. *Les géologues étudient la*

A B C D E F G H I J K R S T U V W X Y Z

structure des sols. SYN. constitution. ❷ Assemblage des éléments rigides qui soutiennent une construction. *Ce navire a une structure métallique.* SYN. armature, carcasse.

structuré, e **adj.** Dont les différentes parties sont clairement organisées, articulées entre elles. *Votre devoir n'est pas assez structuré.* SYN. construit. *Une organisation très structurée* (= où chacun sait la place qu'il occupe).

stuc **n.m.** Enduit qui, une fois poli, imite le marbre. *On utilise le stuc pour réaliser des moulures.*

studieux, euse **adj.** ❶ Qui étudie et travaille avec sérieux et application. *Chloé est une élève studieuse.* SYN. appliqué. ❷ Qui est consacré à l'étude. *Les enfants ont passé un été studieux.*

HISTOIRE DU MOT Vient du latin *studium* qui signifie « étude ».

studio **n.m.** ❶ Petit appartement qui n'a qu'une pièce principale, avec une salle de bains et parfois une cuisine. ❷ Atelier d'un photographe, d'un artiste. ❸ Local aménagé pour le cinéma, la télévision ou la radio. *Un studio d'enregistrement. Un film tourné en studio.*

HISTOIRE DU MOT C'est un mot italien qui signifie « atelier d'artiste ».

studio de photographe

stupéfaction **n.f.** Très grand étonnement qui laisse sans réaction. *Quand je lui ai appris la nouvelle, il m'a regardé avec stupéfaction.* SYN. stupeur.

stupéfait, e **adj.** Frappé de stupéfaction. *Je suis moi-même stupéfaite d'avoir réussi cet exploit !* SYN. sidéré.

1 stupéfiant, e **adj.** Qui stupéfie, qui cause une énorme surprise. *J'ai appris une nouvelle stupéfiante.* SYN. ahurissant, incroyable, renversant.

2 stupéfiant **n.m.** Drogue. *Le trafic des stupéfiants.*

stupéfier **v.** (CONJUG. 7). Frapper de stupeur. SYN. abasourdir, méduser.

stupeur **n.f.** Très grand étonnement qui laisse sans réaction et comme paralysé. *Rester muet de stupeur.* SYN. stupéfaction.

HISTOIRE DU MOT Vient du latin *stupor*, « paralysie ».

stupide **adj.** Qui manque totalement d'intelligence, de jugement. *Tu n'es pas assez stupide pour croire cette histoire !* SYN. bête, idiot. CONTR. intelligent. *Une idée stupide.* SYN. absurde, insensé. CONTR. judicieux.

HISTOIRE DU MOT Vient du latin *stupidus* qui signifie « frappé de stupeur ».

stupidement **adv.** De façon stupide. SYN. bêtement.

stupidité **n.f.** Le fait d'être stupide ; parole ou acte stupides. *Tu es d'une stupidité incroyable !* SYN. bêtise, imbécillité. *Dire des stupidités.* SYN. absurdité, ânerie, sottise.

style **n.m.** ❶ Manière d'écrire, de s'exprimer. *Soigner son style. Un style simple, recherché.* ❷ Forme de langage propre à une activité, un milieu. *Style administratif. Style journalistique.* ❸ Ensemble des caractéristiques formelles d'une œuvre, qui la rattachent à un mouvement. *Notre-Dame de Paris est une cathédrale de style gothique. Le style roman.* ❹ Manière personnelle de pratiquer un art, un sport. *Le style d'une joueuse de tennis.* ❺ Manière particulière de se comporter, de s'habiller, etc. *Ce n'est pas dans le style de papa de refuser d'aider quelqu'un dans le besoin.* SYN. genre.

HISTOIRE DU MOT Vient du latin *stilus* qui signifie « poinçon servant à écrire ».

stylé, e **adj.** Qui accomplit impeccablement son service. *Dans ce restaurant, le maître d'hôtel et les serveurs sont stylés.*

stylet **n.m.** ❶ Petit poignard à lame très mince et pointue. *Le page dissimulait un stylet dans sa ceinture.* ❷ Sorte de crayon en plastique qui s'utilise sur un écran tactile pour pointer sur des éléments précis, ou pour écrire et dessiner.

HISTOIRE DU MOT Vient, comme *style*, du latin *stilus*.

stylisé, e **adj.** Qui est dessiné de manière simplifiée, en dégageant la ligne générale. *Le papier peint de leur salle à manger représente des fleurs et des oiseaux stylisés.*

styliste **n.** Personne dont le métier est de dessiner de nouveaux modèles de vêtements, de voitures, de meubles.

stylo **n.m.** Instrument pour écrire ou dessiner, dont le manche qui forme un tube contient une réserve d'encre. *Un stylo à plume. Un stylo à bille.*

HISTOIRE DU MOT C'est l'abréviation de *stylographe*.

stylos

su **n.m.** • **Au vu et au su de** → VOIR **vu.**

suaire **n.m.** Linceul.
▶ REM. Ce mot appartient à la langue littéraire.

suave **adj.** D'une grande douceur. *Les lys dégageaient une odeur suave.* SYN. enchanteur, exquis.

suavité **n.f.** La qualité de ce qui est suave. *La suavité d'une mélodie.*
▶ REM. Ce mot appartient à la langue littéraire.

subalterne **adj.** et **n.** Qui occupe un rang inférieur dans une hiérarchie et dépend d'un supérieur. *Les lieutenants et les capitaines sont des officiers subalternes. Il en a informé ses subalternes.* SYN. subordonné.
HISTOIRE DU MOT Vient du latin *sub*, qui signifie « sous », et *alter*, qui signifie « autre ».

subdiviser **v.** (CONJUG. **3**). Diviser ce qui a déjà été divisé. *Les actes de cette pièce de théâtre sont subdivisés en scènes.*

subdivision **n.f.** Division d'une chose qui a déjà été divisée. *Les cantons sont les subdivisions des arrondissements.*

subir **subissant, subi v.** (CONJUG. **16**). ❶ Être soumis à quelque chose. *Subir une loi. Subir un interrogatoire. Subir une intervention chirurgicale.* ❷ Avoir à supporter quelqu'un ou quelque chose de désagréable. *J'ai dû subir ses discours ennuyeux pendant deux heures !* ❸ Être atteint par quelque chose. *La maison a subi de gros dégâts.*

subit, e **adj.** Qui se produit brusquement, sans qu'on s'y attende. *Une douleur subite.* SYN. soudain.

subitement **adv.** De manière subite. *Il est parti subitement, sans même nous dire au revoir.* SYN. brusquement.

subjectif, ive **adj.** Qui varie avec la personnalité de chacun. *Les goûts sont subjectifs.* SYN. personnel. *Un jugement subjectif.* CONTR. objectif.

subjectivité **n.f.** Caractère subjectif d'une opinion, d'un jugement. SYN. partialité. CONTR. objectivité.

subjonctif **n.m.** En grammaire, mode du verbe qui sert à traduire le souhait, la volonté, le doute, l'incertitude, etc. *Dans la phrase « je demande qu'il vienne », le verbe « venir » est au subjonctif.*
HISTOIRE DU MOT Vient du latin *subjungere* qui signifie « subordonner ».

subjuguer **subjuguant, subjugué v.** (CONJUG. **6**). Impressionner vivement, mettre sous le charme. *Les enfants étaient subjugués par son histoire.* SYN. captiver.

sublime **adj.** ❶ Admirable par sa grandeur et sa noblesse. *Le sublime dévouement des infirmières.* SYN. admirable, héroïque. ❷ Très beau. *Devant nous s'étendait un paysage sublime.* SYN. extraordinaire, magnifique.
HISTOIRE DU MOT Vient du latin *sublimis*, « élevé ».

submerger **submergeant, submergé v.** (CONJUG. **5**). ❶ Recouvrir entièrement d'eau. *À marée haute, les rochers sont submergés.* SYN. noyer. ❷ *Être submergé de travail*, c'est avoir trop de travail.
HISTOIRE DU MOT Vient du latin *sub*, qui signifie « sous », et *mergere*, qui signifie « plonger ».

submersible **adj.** ❶ *Un terrain submersible* peut être inondé. ❷ *Un appareil submersible* peut aller sous l'eau. CONTR. insubmersible. ◆ **n.m.** Sous-marin.

subodorer **v.** (CONJUG. **3**). Pressentir, deviner quelque chose qui menace. *Subodorer un piège.* SYN. flairer, soupçonner.
HISTOIRE DU MOT Vient du latin *odorari* qui signifie « flairer, sentir ».

subordination **n.f.** • **Conjonction de subordination :** conjonction qui relie une subordonnée à une principale. *« Que » et « quand » sont des conjonctions de subordination.*

subordonné, e **n.** Personne qui travaille sous la direction d'une autre. *Réunir ses subordonnés.* SYN. subalterne. CONTR. supérieur. ◆ **adj.** • **Proposition subordonnée :** en grammaire, proposition qui dépend d'une autre proposition. *Une proposition subordonnée relative.* ◆ **subordonnée** **n.f.** Proposition subordonnée.

subordonner **v.** (CONJUG. **3**). ❶ Placer sous l'autorité d'une autre personne. *Cet employé est subordonné au chef de service.* ❷ Faire dépendre de quelque chose. *Le départ du bateau est subordonné au temps qu'il fera.*

subrepticement **adv.** De façon à ne pas se faire remarquer. *Pierre s'est approché subrepticement de Marie* (= par surprise). SYN. furtivement.
▶ REM. Ce mot appartient à la langue soutenue.
HISTOIRE DU MOT Vient du latin *subrepticius* qui signifie « clandestin ».

subsaharien, enne **adj.** *Les régions subsahariennes* sont les régions situées au sud du Sahara, en Afrique noire. *Le Sahel est une région subsaharienne.*

subsides **n.m.plur.** Argent que l'on verse à titre de secours, de subvention. *Le gouvernement a versé des subsides aux victimes des inondations.*
▶ REM. On prononce [sypsid] ou [sybzid].

subsidiaire **adj.** • **Question subsidiaire :** question supplémentaire destinée à départager des concurrents classés ex aequo.

subsistance **n.f.** *Les moyens de subsistance*, ce sont les moyens de vivre, de satisfaire ses besoins élémentaires, tels que la nourriture, l'entretien, etc.

subsister **v.** (CONJUG. **3**). ❶ Continuer d'exister. *Il ne subsiste que quelques ruines du monastère.* SYN. rester. ❷ Avoir de quoi vivre ou survivre. *« Elle alla crier famine / Chez la Fourmi sa voisine / La priant de lui prêter / Quelque grain pour subsister / Jusqu'à la saison nouvelle »* (*La Cigale et la Fourmi*, La Fontaine).

substance **n.f.** Toute matière, qu'elle soit solide, liquide ou gazeuse. *La pierre est une substance solide, l'air est une substance gazeuse.* • **En substance :** en résumé, en ne retenant que le plus important. *Voici en substance ce qu'on nous a expliqué.*

substantiel, elle **adj.** ❶ Riche en éléments nutritifs. *Le matin, Laure prend un petit déjeuner substantiel.* SYN. nourrissant. ❷ Important. *Frédéric a réussi à obtenir une augmentation substantielle.* CONTR. négligeable.

substantif **n.m.** En grammaire, nom. *« Chat » est un substantif masculin, « table » un substantif féminin.*

a b c d e f g h i j k l m n o p q r s t u v w x y z

substituer v. (CONJUG. 3). Mettre une chose ou une personne à la place d'une autre. *Substituer un mot français à un mot anglais* (= remplacer l'anglais par le français). *J'ai substitué le parapluie de mon père à celui de mon grand-père.*

substitut n.m. Ce qui remplace quelque chose mais qui est de moindre qualité. *Un substitut de café.* SYN. ersatz, succédané.

substitution n.f. Le fait de substituer. *Il y a eu une substitution de vêtements au vestiaire et je me suis retrouvée avec un manteau qui n'était pas le mien.* SYN. échange.

subterfuge n.m. Moyen habile pour échapper à une situation désagréable ou embarrassante. *Marc a usé d'un subterfuge pour ne pas déjeuner à la cantine.* SYN. ruse, stratagème.

HISTOIRE DU MOT Vient du latin *subterfugere* qui signifie « fuir en cachette ».

subtil, e adj. ❶ Fin et intelligent. *Éric est subtil, il a vite compris comment convaincre papa d'accepter.* SYN. futé, perspicace. ❷ Difficile à percevoir. *La différence entre ces deux dessins est subtile.* SYN. insaisissable, ténu.

subtiliser v. (CONJUG. 3). Voler adroitement, sans se faire remarquer. *Un pickpocket m'a subtilisé mon portefeuille et ma montre.* SYN. dérober, escamoter.

subtilité n.f. Caractère subtil de quelque chose ou de quelqu'un. *Son raisonnement, qui était d'une grande subtilité, a convaincu tout le monde.* SYN. finesse.

subvenir subvenant, subvenu v. (CONJUG. 20 ; auxiliaire *avoir*). *Subvenir aux besoins de quelqu'un*, c'est lui fournir ce qui est nécessaire pour vivre. *À vingt-cinq ans, il est en âge de subvenir à ses besoins.* SYN. pourvoir.

HISTOIRE DU MOT Vient du latin *subvenire* qui signifie « venir au secours ».

subvention n.f. Argent donné par l'État ou par un organisme public pour venir en aide à une association, à une entreprise ou à une personne. *Après une période de sécheresse, l'État a accordé une subvention aux agriculteurs.* → VOIR AUSSI **subsides.**

HISTOIRE DU MOT Vient du latin *subventio* qui signifie « secours, aide ».

subventionner v. (CONJUG. 3). Accorder une subvention. *L'État subventionne certains théâtres.*

subversif, ive adj. Qui cherche à bouleverser les idées, les lois ou l'ordre établi. *Le gouvernement juge ces théories subversives.* SYN. révolutionnaire, séditieux.

HISTOIRE DU MOT Vient du latin *subvertere* qui signifie « renverser, mettre sens dessus dessous ».

subversion n.f. Action subversive qui cherche à renverser l'ordre établi. *Les ouvriers en grève étaient accusés de subversion.*

suc n.m. ❶ Liquide qui peut être extrait d'un fruit, d'une plante. ❷ Liquide organique sécrété par diverses glandes. *Le suc gastrique contient des substances qui permettent la digestion des aliments.*

HISTOIRE DU MOT Vient du latin *sucus* qui signifie « sève ».

succédané n.m. Produit qui peut être utilisé à la place d'un autre mais qui est de moindre qualité. *Un succédané de sucre.* SYN. ersatz, substitut.
▸ REM. On prononce [syksedane].

succéder v. (CONJUG. 9, ✎ *10*). ❶ Venir après quelqu'un ou quelque chose. *Le soleil succède à la pluie.* SYN. suivre. ❷ Occuper un emploi, une dignité après une personne. *Louis XIII a succédé à Henri IV. Qui succédera au directeur ?* SYN. remplacer. ◆ **se succéder** v.pron. Venir l'un après l'autre. *Les élèves se sont succédé au tableau pour réciter leur poème.*
▸ REM. 1. Le participe passé est invariable : *ils se sont succédé.* 2. On prononce [syksede].

HISTOIRE DU MOT Vient, comme *succédané*, du latin *succedere* qui signifie « remplacer ».

succès n.m. ❶ Bon résultat. *Pierre a passé son permis de conduire avec succès* (= il a réussi). *Bravo ! Quel succès !* SYN. réussite. CONTR. échec. *Un succès sportif.* SYN. victoire. ❷ *Avoir du succès*, c'est plaire au public, à quelqu'un. *Ce film a un énorme succès* (= c'est un triomphe). • **Sans succès :** en vain. *J'ai essayé de le joindre au téléphone, mais sans succès.*

successeur n.m. La personne qui succède à une autre. *Le directeur a désigné son successeur.* SYN. remplaçant. CONTR. prédécesseur.

successif, ive adj. Se dit de choses qui se succèdent. *J'ai reçu trois coups de téléphone successifs.*

succession n.f. ❶ Ensemble de faits qui se suivent. *Le verglas a entraîné une succession d'accidents sur les routes.* SYN. cascade, série, suite. ❷ Transmission des biens d'une personne à ses héritiers. *Le notaire s'est occupé de la succession.* SYN. héritage. ❸ Le fait de succéder à quelqu'un dans une fonction, un poste. *Marie prendra la succession de son père à la tête de l'usine.* SYN. suite.

successivement adv. L'un après l'autre. *Le directeur nous a reçus successivement.* CONTR. en même temps, simultanément.

succinct, e adj. Qui est dit en peu de mots. *Philippe nous a fait un récit succinct de ce qui s'est passé.* SYN. concis, court. CONTR. détaillé.
▸ REM. On prononce [syksɛ̃, syksɛ̃t].

HISTOIRE DU MOT Vient du latin *succinctus* qui signifie « court vêtu ».

succinctement adv. De façon succincte. *Pouvez-vous nous résumer succinctement la situation ?* SYN. brièvement, sommairement.

succion n.f. Aspiration d'un liquide par la bouche. *Quand le bébé tète, on entend un bruit de succion.*
▸ REM. On prononce [sysjɔ̃].

HISTOIRE DU MOT Vient de *sucer.*

succomber v. (CONJUG. 3). ❶ Mourir. *Le blessé a succombé à ses blessures.* ❷ Être vaincu, écrasé par une force supérieure. *Nos troupes ont succombé à l'attaque de l'armée ennemie.* SYN. céder. ❸ Ne pas résister à quelque chose. *La robe était trop belle, j'ai succombé à la tentation et je l'ai achetée !* SYN. céder à.

succulent, e **adj.** D'un goût savoureux. *Le rôti de grand-mère était succulent.* SYN. délicieux, excellent.

HISTOIRE DU MOT Vient, comme *suc*, du latin *sucus*.

succursale **n.f.** Établissement qui dépend d'un autre. *Cette banque a des succursales dans tout le pays.*

HISTOIRE DU MOT Vient du latin *succurrere* qui signifie « aider » et que l'on retrouve dans *secourir*.

sucer **suçant, sucé v.** (CONJUG. 4). ❶ Faire fondre dans la bouche. *Étienne suce un bonbon au miel.* ❷ Garder quelque chose à la bouche en le tétant ou en le mordant. *Sucer son pouce. Sucer un crayon.*

sucette **n.f.** ❶ Gros bonbon de forme ronde ou allongée fixé sur un bâtonnet et que l'on suce. *Laurence adore les sucettes à la menthe.* ❷ Tétine de caoutchouc que l'on donne à sucer aux bébés.

sucre **n.m.** ❶ Aliment de saveur douce que l'on extrait de la canne à sucre ou de la betterave. *Il existe du sucre en poudre et du sucre en morceaux. Camille aime le thé sans sucre.* ❷ Morceau de sucre. *Prendras-tu un sucre ou deux sucres dans ton café ?* • **Sucre lent :** glucide complexe lentement assimilé par l'organisme. • **Sucre rapide :** glucide simple rapidement assimilé par l'organisme.

sucré, e **adj.** Qui contient du sucre et en a le goût. *Le miel est sucré. Nous avons mangé des pêches très sucrées.* ◆ **sucré** **n.m.** Le goût sucré. *Les enfants préfèrent souvent le sucré au salé.*

sucrer **v.** (CONJUG. 3). Mettre du sucre dans un aliment, une boisson. *As-tu sucré ta tisane ?*

sucrerie **n.f.** ❶ Usine où l'on fabrique le sucre. ❷ Friandise à base de sucre. *Tu manges trop de sucreries.* SYN. bonbon, confiserie.

1 sucrier, ère **adj.** Qui produit du sucre ; qui concerne le sucre. *La betterave sucrière. Les industries sucrières.*

2 sucrier **n.m.** Récipient où on met le sucre.

sud **n.m.invar.** ❶ L'un des quatre points cardinaux, situé à l'opposé du nord. *Une façade exposée au sud reçoit beaucoup de soleil. Lyon est au sud de Paris.* ❷ (Avec une majuscule.) La partie d'un pays, d'un continent qui se situe au sud. *Alain est originaire du Sud, il est né à Marseille.* SYN. Midi. *L'Afrique du Sud.* • **Le Sud :** les pays pauvres ou en développement du Sud, par opposition aux pays riches et industrialisés du Nord. ◆ **adj.invar.** Qui se situe au sud. *Agrigente est située sur la côte sud de la Sicile. L'hémisphère Sud.* SYN. austral. CONTR. boréal.

sud-africain, e **adj.** et **n.** (PLUR. : **sud-africains, sud-africaines**). De l'Afrique du Sud. *La côte sud-africaine.*
▸ REM. Quand il désigne une personne, le mot prend une majuscule : *une Sud-Africaine, les Sud-Africains.*

sud-américain, e **adj.** et **n.** (PLUR. : **sud-américains, sud-américaines**). De l'Amérique du Sud. *La population sud-américaine.*
▸ REM. Quand il désigne une personne, le mot prend une majuscule : *une Sud-Américaine, les Sud-Américains.*

sud-est **n.m.invar.** et **adj.invar.** ❶ Point de l'horizon situé entre le sud et l'est. *Grenoble est au sud-est de Lyon.* ❷ (Avec des majuscules.) Région ou pays situés au sud-est. *L'Asie du Sud-Est.*

sudiste **n.** et **adj.** Partisan des États du Sud pendant la guerre de Sécession aux États-Unis (de 1861 à 1865). *Les sudistes s'opposaient aux nordistes.*

sudoripare **adj.** • **Glandes sudoripares :** glandes qui sécrètent la sueur.

HISTOIRE DU MOT Vient du latin *sudor* qui signifie « sueur ».

sud-ouest **n.m.invar.** et **adj.invar.** ❶ Point de l'horizon situé entre le sud et l'ouest. *Le Mans est au sud-ouest de Paris.* ❷ (Avec des majuscules.) Région ou pays situés au sud-ouest. *Ils habitent dans le Sud-Ouest.*

suédois, e **adj.** et **n.** De Suède. *Une légende suédoise.* ◆ **suédois** **n.m.** Langue nordique parlée principalement en Suède.
▸ REM. Quand il désigne une personne, le mot prend une majuscule : *un Suédois, des Suédoises.*

suée **n.f.** (Familier) Transpiration abondante à la suite d'un travail pénible ou d'une émotion. *Nous avons pris une bonne suée à couper des bûches.*

suer **v.** (CONJUG. 3). Sécréter de la sueur par les pores de la peau. *On a beaucoup sué pendant la séance de gymnastique.* SYN. transpirer. • (Familier) **Faire suer quelqu'un :** l'exaspérer, le fatiguer. *Tu me fais suer avec tes questions idiotes !* • **Suer sang et eau :** faire de grands efforts, se donner beaucoup de peine. SYN. s'échiner.

sueur **n.f.** Liquide incolore, salé et d'une odeur particulière qui sort des pores de la peau quand on a chaud, que l'on fait un effort ou que l'on a peur. *Nous marchions sous un soleil de plomb et nos visages ruisselaient de sueur.* SYN. transpiration. • **À la sueur de son front :** par un travail pénible ou en se donnant beaucoup de peine. *Cet ouvrier gagne sa vie à la sueur de son front.* • **Avoir des sueurs froides :** avoir très peur. *Quand j'ai vu que les freins de la voiture ne répondaient plus, j'ai eu des sueurs froides.*

suffire **suffisant, suffi v.** (CONJUG. 63). Être assez important pour obtenir tel résultat. *Pour faire cette minijupe, cinquante centimètres de tissu suffisent. Son salaire lui suffit pour vivre.* • **Cela suffit :** en voilà assez. *Maintenant les enfants, ça suffit, arrêtez de faire du bruit !* • **Il suffit de :** il n'y a pas besoin de faire autre chose. *Si tu veux du chocolat, il suffit de me le demander.* ◆ **se suffire** **v.pron.** Ne pas avoir besoin de l'aide des autres. *Ce pays en développement pourra bientôt se suffire à lui-même.*

suffisamment **adv.** De manière suffisante. *Nous n'aurons pas suffisamment de pain pour le dîner.* SYN. assez.

suffisance **n.f.** Attitude d'une personne suffisante. *Il est plein de suffisance.* SYN. fatuité, vanité.

A B C D E F G H I J K L M N O P Q R S T U V W X Y Z

suffisant, e adj. ❶ Qui est en quantité assez grande. *Leurs revenus ne sont pas suffisants pour leur permettre de partir en vacances.* ❷ Qui est trop satisfait de lui-même. *Un jeune homme suffisant.* SYN. prétentieux, vaniteux.

suffixe n.m. Élément placé à la fin d'un mot pour en former un autre. *« Maisonnette » est formé de « maison » et du suffixe « -ette ».* → VOIR AUSSI **préfixe** et Fiche **9.**

suffocant, e adj. Qui rend la respiration difficile. *L'atmosphère du cabaret enfumé était suffocante.* SYN. étouffant, oppressant.

suffocation n.f. Le fait de suffoquer. *Des crises de suffocation.* SYN. étouffement.

suffoquer v. (CONJUG. 3). ❶ Respirer avec difficulté. *On suffoque dans cette pièce, ouvre la fenêtre.* SYN. étouffer. ❷ Causer une émotion ou une surprise très vives. *Son insolence nous a suffoqués.* SYN. sidérer, stupéfier.

HISTOIRE DU MOT Vient du latin *suffocare* qui signifie « étouffer ».

suffrage n.m. ❶ Vote de chaque électeur, qui exprime son choix. *Notre candidat a obtenu la majorité des suffrages.* SYN. voix. ❷ Opinion favorable. *Ce film a rallié tous les suffrages du public.* • **Suffrage universel :** système de vote dans lequel tous les citoyens majeurs peuvent participer à une élection. → VOIR AUSSI **censitaire.**

suffragette n.f. Nom que l'on donnait en Grande-Bretagne aux militantes qui réclamaient le droit de vote pour les femmes. *Le mouvement des suffragettes, très actif de 1903 à 1917, aboutira en 1928 à une loi accordant le droit de vote aux femmes britanniques.*

suggérer v. (CONJUG. 9, ✎ *10*). ❶ Proposer une idée à une personne. *Je suggère que nous allions nous promener.* ❷ Faire penser à quelque chose. *Cette musique suggère le bruit de la mer.* SYN. évoquer.

suggestion n.f. Idée que l'on propose. *Puis-je te faire une suggestion : si nous partions à la mer le week-end prochain ?* SYN. proposition.
▸ REM. Ne pas confondre avec *sujétion.*

suicidaire adj. Qui peut aboutir au suicide, à la mort. *Il avait un comportement suicidaire.*

suicide n.m. Acte par lequel une personne se donne la mort volontairement. *Une tentative de suicide.*

se **suicider** v.pron. (CONJUG. 3). Se donner la mort. *Max ne supportait plus la vie et s'est suicidé d'un coup de revolver.* SYN. se supprimer, se tuer.

HISTOIRE DU MOT Vient du latin *sui*, qui signifie « soi-même », et *caedere*, qui signifie « tuer ».

suie n.f. Matière noire et épaisse déposée par la fumée. *Le conduit de la cheminée est couvert de suie.*

suif n.m. Graisse de bœuf ou de mouton, autrefois utilisée dans la fabrication des chandelles et des savons, et pour la préparation des cuirs.

HISTOIRE DU MOT Vient du latin *sebum* qui signifie « graisse ».

suint n.m. Graisse qui imprègne la toison des moutons.

suintement n.m. Écoulement goutte à goutte. *Le suintement de l'eau sur les murs de la grotte.*

suinter v. (CONJUG. 3). S'écouler goutte à goutte. *L'eau suintait du mur de la cave.*

suisse adj. et n. De la Suisse. *Le gruyère est un fromage suisse.* → VOIR AUSSI **helvétique.**
▸ REM. Quand il désigne une personne, le mot prend une majuscule : *une Suisse, les Suisses.* Le féminin du nom est parfois *Suissesse.*

suite n.f. ❶ Enchaînement d'événements, de faits qui se suivent. *Sa carrière a été une suite de succès.* SYN. série, succession. ❷ Ce qui vient après. *Je te raconterai la suite de l'histoire demain.* ❸ Ordre, lien logique entre les choses. *Dans son délire, le malade prononçait des mots sans suite.* SYN. cohérence. *Avoir de la suite dans les idées.* ❹ Ce qui résulte de quelque chose. *Cette affaire aura des suites graves.* SYN. conséquence, répercussion. ❺ Personnes qui accompagnent un haut personnage. *Le roi est parti à Chambord avec toute sa suite.* SYN. escorte. ❻ Appartement dans un hôtel de luxe. ❼ Morceau de musique pour un ou plusieurs instruments écrit dans le même ton et composé de plusieurs parties qui correspondent chacune à un air de danse. *Les suites pour violoncelle de J.-S. Bach.* • **À la suite de :** après. *À la suite de son accident, Loïc n'est pas venu à l'école pendant trois mois.* • **De suite :** à la file, sans interruption. *J'ai mangé trois glaces de suite.* • **Et ainsi de suite :** en continuant de la même façon. *Pour apprendre une poésie par cœur, tu la lis une fois, deux fois, et ainsi de suite.* • **Par suite de :** à cause de cela. *L'accident a eu lieu par suite d'une rupture des câbles.* • **Tout de suite :** immédiatement, sans attendre. *Noémie rentre tout de suite chez elle après l'école.*

HISTOIRE DU MOT Vient du latin *sequita*, de *sequi* qui signifie « suivre », que l'on retrouve dans *second* et *séquelle.*

1 suivant prép., **suivant que** conj. Conformément à quelque chose, selon. *Louise est arrivée en retard à son cours de piano, suivant son habitude. La moire change de couleur suivant qu'on la regarde de près ou de loin.*

2 suivant, e adj. Qui vient tout de suite après. *La solution se trouve à la page suivante.* CONTR. précédent. ◆ n. ❶ La personne qui vient après. *Au suivant !* ❷ Personne qui accompagne un haut personnage, dans les pièces de théâtre. *La reine entra avec sa suivante.*

suivi, e adj. ❶ Qui se fait de manière continue. *Nous entretenons une correspondance suivie depuis de nombreuses années.* SYN. régulier. ❷ *Un raisonnement suivi*, c'est un raisonnement où les idées s'enchaînent correctement. SYN. cohérent.

suivre suivant, suivi v. (CONJUG. 56). ❶ Avancer derrière quelqu'un ou quelque chose. *M. Dupont se promène et son chien le suit.* CONTR. précéder. ❷ Accompagner une personne dans ses déplacements. *Quand la cantatrice voyage, son habilleuse la suit.* ❸ Venir après, dans le temps. *L'été suit le printemps.* SYN. succéder à. ❹ Aller le long de quelque chose. *Le sentier suit le mur du parc.* SYN. longer. *Si tu suis le bord de la rivière, tu arriveras au village.* ❺ Assister régulièrement à un cours. *Adèle suit des cours d'anglais deux fois par semaine.* SYN. prendre. ❻ Comprendre ce que dit une personne et être du même avis qu'elle. *Si je vous suis bien, vous êtes d'accord avec moi.* ❼ Se conformer à un modèle, obéir à un conseil. *Est-ce que tu suis la mode ?* SYN. adopter. *J'ai suivi ses conseils.* SYN. écouter. ❽ Être attentif, s'intéresser à quelque chose. *J'ai suivi le match de football à la télévision.* ❾ Se soumettre avec régularité à une méthode, un traitement. *En suivant cette cure, vous devriez guérir.* • **À suivre :** dans un feuilleton, formule qui indique que le récit n'est pas terminé et qu'il se poursuivra dans l'épisode suivant. ◆ **se suivre v.pron.** Être placé l'un après l'autre, dans un ordre donné. *Il a en main cinq cartes qui se suivent. Les jours se suivent.* SYN. se succéder.

HISTOIRE DU MOT Vient, comme *suite*, du latin *sequi*.

1 sujet n.m. ❶ Ce dont il s'agit dans une conversation, un récit, etc. *Quel est le sujet du film que tu regardes ?* SYN. thème. ❷ Question sur laquelle on travaille, on réfléchit. *Le sujet de notre devoir d'histoire était très difficile à traiter.* ❸ Ce qui fait naître un comportement, un sentiment. *La politique est un éternel sujet de dispute entre mon père et mon grand-père.* SYN. cause, raison. *Un sujet d'inquiétude.* ❹ En grammaire, mot ou groupe de mots qui désigne l'être ou la chose qui accomplit l'action. *Dans la phrase « Bethsabée mange avec Catherine », « Bethsabée » est le sujet du verbe « manger ».* • **Au sujet de :** à propos de. *Nous avons eu une longue discussion au sujet de l'orientation scolaire des enfants.* • **Mauvais sujet :** personne dont on désapprouve la conduite.

2 sujet, ette adj. Qui a tendance à subir ou à faire quelque chose de désagréable. *Nicole est sujette aux migraines. Roderick est sujet à de violentes colères.*

3 sujet, ette n. ❶ Personne soumise à l'autorité d'un souverain. *Le roi et ses sujets.* ❷ Citoyen d'un pays. *M. James Burton est un sujet britannique.*

sujétion n.f. Dépendance d'une personne soumise à une autorité, à une domination. *Le peuple vivait dans la sujétion* (= sous le joug). SYN. soumission.
▸ REM. Ne pas confondre avec *suggestion*.

sulfatage n.m. L'action de sulfater des végétaux.

sulfater v. (CONJUG. 3). Pulvériser des produits chimiques sur des végétaux pour éviter ou traiter certaines maladies dues à des champignons microscopiques. *Les vignerons sulfatent la vigne.*

HISTOIRE DU MOT Vient du latin *sulfur* qui signifie « soufre ».

sulfurique adj. • **Acide sulfurique :** acide dérivé du soufre qui attaque et ronge violemment la matière.

sultan n.m. Nom que l'on donne au souverain, dans certains pays musulmans. *Le sultan d'Oman.*

HISTOIRE DU MOT C'est un mot arabe qui signifie « maître ».

summum n.m. Le plus haut degré. *Cet acteur est au summum de la célébrité.* SYN. apogée.

HISTOIRE DU MOT C'est un mot latin qui signifie « le plus haut » et que l'on retrouve dans *sommet*.

sumo n.m. Lutte traditionnelle pratiquée au Japon.
▸ REM. 1. On prononce [symo] ou [sumo]. 2. Les lutteurs sont appelés *sumos* ou *sumotoris*.

sunnisme n.m. Courant majoritaire de l'islam.
→ VOIR AUSSI **chiisme.**

1 super adj.invar. (Familier) Très bien, formidable. *Le film était super !* SYN. extraordinaire.

2 super n.m. Essence de qualité supérieure, spécialement raffinée. *Nous avons pris du super à une station-service.*
▸ REM. En Belgique, on dit *de la super.*

3 super- préfixe. Augmente la valeur d'un mot, comme dans *supermarché*.

1 superbe adj. Très beau. *D'ici, la vue est superbe.* SYN. magnifique.

2 superbe n.f. Orgueil, mêlé de dédain. SYN. arrogance, suffisance, vanité.
▸ REM. Ce mot appartient à la langue soutenue.

supercherie n.f. Tromperie calculée faite avec habileté ; fraude. *Matthieu a téléphoné à l'école en se faisant passer pour son père, mais la directrice s'est aperçue de la supercherie.* SYN. imposture, mystification.

HISTOIRE DU MOT Vient de l'italien *soperchieria* qui signifie « excès, affront ».

superfétatoire adj. Qui s'ajoute inutilement à autre chose. *Ces détails sont superfétatoires.* SYN. superflu.
▸ REM. Ce mot appartient à la langue soutenue.

superficie n.f. Étendue d'un terrain, d'un appartement, etc. *Un champ d'une superficie de 10 000 m².* SYN. aire, surface.

HISTOIRE DU MOT Vient du latin *superficies*, « partie supérieure ».

Selim Ier le Terrible (1466-1520), 9e **sultan** de l'Empire ottoman

A B C D E F G H I J K L M N O P Q R S T U V W X Y Z

superficiel, elle adj. ❶ Qui n'existe qu'en surface. *Une brûlure superficielle.* SYN. léger. CONTR. profond. ❷ Qui ne va pas au fond des choses. *Ses connaissances en histoire sont superficielles.* SYN. rudimentaire, sommaire.

superficiellement adv. De façon superficielle. *La question n'a été abordée que superficiellement.* CONTR. à fond, en profondeur.

superflu, e adj. Qui n'est pas absolument nécessaire. *Faire des dépenses superflues.* SYN. inutile. CONTR. indispensable. ◆ **superflu** n.m. Ce dont on peut se passer. *Nous n'avons pas besoin de tout cela, c'est du superflu .* CONTR. essentiel.

HISTOIRE DU MOT Vient du latin *superfluere* qui signifie « déborder ».

super-héros n.m.invar. ou **super-héroïne** n.f. (PLUR. : **super-héroïnes**). Dans les bandes dessinées anglaises et américaines, héros aux pouvoirs extraordinaires qui combat des menaces contre lesquelles les forces de l'ordre traditionnelles restent impuissantes.

1 supérieur, e adj. ❶ Qui est au-dessus, en haut. *Il s'est cassé une dent de la mâchoire supérieure.* CONTR. inférieur. *Son nom était écrit dans la partie supérieure de l'affiche.* ❷ Qui est au-dessus d'une autre valeur, d'une autre quantité, etc. *4 est supérieur à 3. 13 est une note supérieure à la moyenne.* ❸ Qui est haut ou plus haut dans une hiérarchie, qui a plus de valeur, d'importance pour quelqu'un ou quelque chose d'autre. *Un cadre supérieur. Il se croit supérieur à tout le monde.* ❹ *Les études supérieures* sont celles que l'on fait après le baccalauréat dans une université ou une grande école.

2 supérieur, e n. Personne sous les ordres de qui travaillent d'autres personnes. *Il refusait d'obéir aux ordres de ses supérieurs.* SYN. chef. CONTR. subalterne, subordonné.

supériorité n.f. ❶ Qualité de ce qui est supérieur. *En gagnant le rallye, cette marque de voiture a montré une fois encore sa supériorité. Il était insupportable avec ses airs de supériorité* (= attitude arrogante). ❷ Situation où on est supérieur en nombre, en force, en valeur. *Leur supériorité était écrasante.*

superlatif n.m. En grammaire, emploi de l'adjectif ou de l'adverbe avec *le plus* (supériorité), *le moins* (infériorité) pour indiquer le degré le plus haut ou le plus bas. *Jeanne est la plus grande de la classe, Pierre est le moins sage.* → VOIR AUSSI **comparatif.**

supermarché n.m. Magasin d'une taille assez importante où l'on trouve toutes sortes de produits et où l'on se sert soi-même.
▸ REM. Un supermarché a une surface comprise entre 400 et 2 500 m^2 ; au-delà, on parle d'*hypermarché*.

supernova n.f. Étoile de forte masse qui se manifeste lors de son explosion en fin de vie en devenant momentanément très lumineuse.

superposé, e adj. *Des lits superposés* sont placés l'un au-dessus de l'autre.

superposer v. (CONJUG. 3). Mettre l'un au-dessus de l'autre. *Le libraire superpose les livres sur la table.* SYN. empiler, entasser.

superproduction n.f. Film qui a nécessité de gros moyens financiers et matériels.

supersonique adj. *Un avion supersonique* peut dépasser la vitesse du son. *Le premier avion supersonique date de 1947.*

superstitieux, euse adj. *Une personne superstitieuse* croit à des influences occultes, magiques. *Jacques est très superstitieux, il refuse de passer sous une échelle sous prétexte que cela porte malheur.*

superstition n.f. Croyance à des forces occultes, à des coïncidences bénéfiques ou maléfiques. *C'est de la superstition de croire que le nombre 13 porte bonheur ou malheur.*

superviser v. (CONJUG. 3). Contrôler la qualité d'un travail. *Le directeur supervise le travail de ses collaborateurs.*

supplanter v. (CONJUG. 3). ❶ Prendre la place d'une autre personne en l'écartant. *Il a réussi à supplanter son chef à force d'intrigues.* SYN. évincer. ❷ Remplacer une chose pour un usage particulier. *L'avion a en grande partie supplanté le bateau pour le transport des passagers.* SYN. détrôner.

HISTOIRE DU MOT Vient du latin *supplantare* qui signifie « faire un croc-en-jambe », de *sub*, qui signifie « sous », et *planta*, qui signifie « plante du pied ».

suppléance n.f. Le fait d'être le suppléant de quelqu'un. *Assurer une suppléance.* SYN. remplacement.

suppléant, e n. et adj. Personne qui en remplace une autre dans son travail. *La députée qui est devenue ministre a été remplacée au Parlement par son suppléant.*

suppléer v. (CONJUG. 8). ❶ Remplacer provisoirement dans son travail une personne absente ou malade. ❷ Remédier à un défaut ou à un manque par quelque chose qui compense. *Elle supplée à son manque de charme par l'humour.* SYN. compenser, contrebalancer, pallier.

supplément n.m. ❶ Ce qui s'ajoute à une chose considérée comme complète, ce qui est donné ou reçu en plus. *La directrice souhaite un supplément de crédits pour l'aménagement du gymnase.* SYN. surplus. ❷ Somme versée en plus du prix normal pour obtenir un avantage. *Il faut payer un supplément pour les couchettes.* • **En supplément** : en plus de ce qui est prévu. *La boisson est en supplément, elle n'est pas comprise dans le prix du menu.* SYN. en plus, en sus.

supplémentaire adj. Qui est en supplément. *Il y a des trains supplémentaires au moment des départs en vacances.*

suppliant, e adj. Qui supplie, fait appel à la pitié. *Loïc m'a demandé d'une voix suppliante s'il pouvait rester dormir chez nous.*

supplication n.f. Action de supplier. *Maman est restée sourde à mes supplications : elle a refusé que j'aille passer le week-end chez Zoé.* SYN. prière.

supplice **n.m.** ❶ Punition corporelle qui cause de grandes souffrances physiques que l'on infligeait autrefois aux condamnés. SYN. sévices, torture. ❷ Chose très pénible qui cause une cruelle souffrance morale. *C'était un supplice pour lui d'être séparé de ses enfants.* SYN. calvaire, martyre. • **Être au supplice :** être très mal à l'aise, souffrir moralement. *Tout le monde me regardait, j'étais au supplice.* • **Supplice de Tantale :** souffrance de quelqu'un qui a à portée de main ce qu'il désire et qui ne peut l'atteindre.

supplier **v.** (CONJUG. 7). Demander humblement et avec insistance. *Laissez-moi sortir, je vous en supplie.* SYN. conjurer, implorer.

HISTOIRE DU MOT Vient, comme *supplique*, du latin *supplicare* qui signifie « plier sur ses genoux, se prosterner ».

supplique **n.f.** Demande écrite pour obtenir une grâce, une faveur. *Adresser une supplique au président de la République.* SYN. requête.
▸ REM. Ce mot appartient à la langue soutenue.

support **n.m.** ❶ Objet placé sous un autre pour le soutenir ou le consolider. *La pendulette est livrée avec son support.* SYN. socle. ❷ Tout objet matériel qui permet de communiquer quelque chose. *Le disque, la bande magnétique, le papier sont des supports de l'information. Un disque dur, une disquette sont des supports informatiques. Les médias sont des supports publicitaires.*

supportable **adj.** Que l'on peut supporter. *Il fait 30 °C, c'est une chaleur encore tout à fait supportable.* SYN. tolérable. CONTR. insupportable. *Sa conduite n'était plus supportable.* SYN. acceptable, admissible.

supporter **v.** (CONJUG. 3). ❶ Maintenir par-dessous pour empêcher de tomber. *D'énormes piliers supportent le plafond de la gare.* SYN. soutenir. ❷ Subir sans conséquences graves quelque chose de pénible. *Ma petite sœur a très bien supporté la fatigue du voyage.* SYN. endurer. *Ma plante n'a pas supporté le froid.* SYN. résister à. ❸ Accepter ou tolérer l'attitude ou la présence de quelqu'un. *La maîtresse ne supporte pas l'insolence.* SYN. admettre. *J'ai beaucoup de mal à supporter ce garçon arrogant et mal élevé.* SYN. accepter. ❹ (Familier) Encourager et soutenir un candidat ou une équipe.
▸ REM. Au sens 4, ce mot est un anglicisme déconseillé.

supporteur, trice **n.** ou **supporter** **n.m.** Personne qui encourage et soutient exclusivement un sportif ou une équipe sportive de son choix. *Notre équipe de football a été acclamée par ses supporters.*
▸ REM. 1. *Supporter* est un mot anglais qui se prononce [sypɔrtɛr]. 2. L'Office québécois de la langue française recommande l'emploi de *partisan, partisane.*

HISTOIRE DU MOT Vient de l'anglais *to support* qui signifie « soutenir ».

supposé, e **adj.** Considéré comme probable. *L'auteur supposé du vol.* SYN. présumé.

supposer **v.** (CONJUG. 3). ❶ Prendre comme hypothèse. *Suppose que l'on t'offre un voyage, quelle destination choisirais-tu ?* SYN. imaginer. *Frédéric est en retard, je suppose qu'il a été retenu par son travail.* SYN. présumer. ❷ Exiger comme condition nécessaire. *Faire de la compétition sportive suppose un entraînement quotidien.* SYN. impliquer, réclamer.

supposition **n.f.** Le fait de supposer quelque chose. *La police pense que c'est un incendie criminel, mais ce n'est qu'une supposition.* SYN. hypothèse.

suppositoire **n.m.** Médicament en forme de cône que l'on met dans le rectum.

suppôt **n.m.** • **Suppôt de Satan :** personne malfaisante.
▸ REM. Ce mot appartient à la langue soutenue.

HISTOIRE DU MOT Vient de *suppositus* qui signifie « placé dessous ». Autrefois, on désignait par *suppôts de Satan* les démons qui servaient le diable.

suppression **n.f.** Le fait de supprimer quelque chose. *Faire des suppressions dans un texte. Il y a eu de nombreuses suppressions d'emplois* (= licenciements).

supprimer **v.** (CONJUG. 3). ❶ Faire disparaître ou faire cesser. *On a supprimé la cloison pour agrandir le salon.* SYN. démolir, détruire. *L'aspirine supprime le mal de dents.* SYN. arrêter. ❷ Enlever quelque chose. *On nous a supprimé un jour de vacances.* SYN. ôter, retirer. ❸ Se débarrasser d'une personne en la tuant. *Supprimer un témoin gênant.* SYN. abattre, éliminer. ◆ **se supprimer** **v.pron.** Se suicider.

suppurer **v.** (CONJUG. 3). Laisser du pus s'écouler. *La plaie suppure.*

supputer **v.** (CONJUG. 3). Calculer en faisant certaines suppositions. *Le candidat suppute ses chances d'être reçu au concours.* SYN. évaluer.
▸ REM. Ce mot appartient à la langue soutenue.

HISTOIRE DU MOT Vient du latin *supputare* qui signifie « calculer ».

suprématie **n.f.** Supériorité qui permet de dominer. *La suprématie économique d'un pays.* SYN. domination, hégémonie.

suprême **adj.** ❶ Au-dessus de tout et de tous. *Autrefois, le roi représentait l'autorité suprême.* ❷ Qui ne saurait être dépassé. *Pour papa, le plaisir suprême, c'est de lire son journal en écoutant de la musique.* SYN. divin, parfait. ❸ Qui vient en dernier. *Dans un suprême effort, elle parvint à regagner la rive.* SYN. ultime.
▸ REM. Au sens de « dernier », ce mot appartient à la langue soutenue.

suprêmement **adv.** Au plus haut point. *Fanny est suprêmement intelligente.* SYN. extrêmement, prodigieusement.

1 sur **prép.** ❶ Indique un lieu situé au-dessus. *Il a posé la cruche sur la table. La foudre est tombée sur l'arbre.* ❷ Indique une direction. *Allez sur votre droite.* ❸ S'emploie dans l'expression d'une proportion. *Sur trente élèves, seuls douze ont la moyenne.* ❹ Introduit le sujet ou l'objet dont il est question. *Marie a fait son exposé sur la vie des Indiens au Canada* (= au sujet de, à propos de). *Un impôt sur le revenu.*

A B C D E F G H I J K L M N O P Q R S T U V W X Y Z

2 sur, e adj. Qui a un goût acide. *Cette pomme n'est pas mûre, elle est sure.* SYN. aigre, aigrelet.
▶ REM. Ne pas confondre avec *sûr*.

3 sur- préfixe. Augmente la valeur d'un mot, comme dans *surabondant, surhomme, surexcité.*

sûr, e, ✎ ***sur, e*** adj. ❶ Sans danger, où il n'y a pas de risque. *J'ai rangé ces documents importants en lieu sûr.* ❷ Qui sait quelque chose d'une manière certaine. *Florent était sûr de gagner la course.* SYN. assuré. *Elle est sûre d'avoir raison.* SYN. convaincu. ❸ En qui on peut avoir confiance. *Geneviève est une amie très sûre.* SYN. dévoué, fiable. ❹ Qui est vrai, dont on ne peut douter. *Une chose est sûre, je ne veux pas vivre à Paris.* SYN. certain. • **Bien sûr :** évidemment. *« Est-ce que tu viens à la piscine avec nous ? – Bien sûr ! »* • **Être sûr de soi :** avoir de l'assurance.

HISTOIRE DU MOT Vient du latin *securus* qui signifie « libre de souci » et que l'on retrouve dans *sécurité*.

surabondance n.f. Très grande quantité. *Nous avons eu une surabondance de fruits.* SYN. pléthore, profusion. CONTR. pénurie.

surabondant, e adj. Qui est très ou trop abondant. *La récolte d'abricots a été surabondante cette année.*

surabonder v. (CONJUG. 3). Être en quantité surabondante. *Le gibier surabonde dans cette forêt.* SYN. foisonner, pulluler.

suraigu, suraiguë, ✎ ***suraigüe*** adj. Très aigu. *Un bruit suraigu me transperça les oreilles.* SYN. strident.

suralimentation n.f. Le fait d'être suralimenté. CONTR. sous-alimentation.

suralimenté, e adj. Qui mange trop ou qui a une nourriture trop riche. *Les enfants suralimentés courent le risque de devenir obèses.* CONTR. sous-alimenté.

suranné, e adj. Qui appartient à une époque révolue, qui n'est plus à la mode. *Ma grand-mère porte parfois des tenues surannées.* SYN. démodé, vieillot.
▶ REM. Ce mot appartient à la langue soutenue.

surate ou **sourate** n.f. Chacun des chapitres du Coran. *Les surates sont classées d'après leur longueur.*

HISTOIRE DU MOT C'est un mot arabe qui signifie « chapitre ».

surcharge n.f. ❶ Poids supplémentaire ou excessif. *Quand on prend l'avion, on paie un supplément pour une surcharge de bagages.* SYN. excédent. ❷ Charge trop importante. *Une surcharge de travail.* SYN. surcroît. ❸ Mot écrit par-dessus un autre. *Dans les contrats, les surcharges sont interdites.* ❹ Impression typographique en plus sur un timbre-poste, généralement pour en modifier la valeur.

surcharger surchargeant, surchargé v. (CONJUG. 5). ❶ Imposer une charge, un poids supplémentaires. *Le camion était surchargé et n'arrivait pas à monter la côte.* ❷ Imposer un travail excessif. *Je n'ai pas le temps de te voir en ce moment, je suis surchargé.* SYN. submerger.

surchauffer v. (CONJUG. 3). Chauffer de façon excessive. *Surchauffer un appartement peut être mauvais pour la santé.*

surclasser v. (CONJUG. 3). Être nettement supérieur aux autres. *Notre champion a surclassé tous ses concurrents.* SYN. dépasser, surpasser.

surcroît, ✎ ***surcroit*** n.m. Ce qui s'ajoute à ce que l'on a déjà. *Les fêtes de fin d'année imposent souvent un surcroît de travail aux commerçants.* SYN. supplément, surcharge, surplus. • **Par surcroît** ou **de surcroît :** de plus, en outre. *Ce plat est utile et, de surcroît, il est très décoratif.*
▶ REM. Ce mot appartient à la langue soutenue.

surdité n.f. Handicap dont souffre une personne complètement ou partiellement sourde. *Être atteint de surdité.*

surdose n.f. Dose excessive de drogue qui peut entraîner la mort. SYN. overdose.
▶ REM. *Surdose* est le mot français qu'il est recommandé d'employer à la place de « overdose ».

sureau n.m. Arbuste au bois très léger, dont les tiges sont remplies de moelle, qui a des fleurs blanches odorantes et des fruits rouges ou noirs.

sureau

surélever surélevant, surélevé v. (CONJUG. 10). Augmenter la hauteur de quelque chose. *Nous avons surélevé la maison d'un étage quand la famille s'est agrandie.* SYN. rehausser. CONTR. abaisser.

sûrement, ✎ ***surement*** adv. De façon certaine, évidente ; très probablement. *Si tu rentres tard à la maison, tu vas sûrement te faire gronder.* SYN. à coup sûr, assurément. *Il viendra sûrement demain.* SYN. certainement. *« Tu iras au cinéma samedi ? – Sûrement ! »*

surenchère n.f. Enchère plus élevée que l'enchère précédente.

surenchérir surenchérissant, surenchéri v. (CONJUG. 16). Promettre, faire plus qu'une autre personne. *Elle n'aurait pas dû surenchérir sur ce qu'il avait proposé.*

surestimer v. (CONJUG. 3). Estimer au-dessus de sa valeur ou de son importance réelle. *L'entraîneur avait surestimé les capacités de son équipe.* CONTR. sous-estimer.

sûreté, ✎ **sureté** n.f. Le fait d'être sûr. *Marie dessine avec des gestes d'une grande sûreté.* SYN. précision. *La sûreté des routes dépend de leur bon entretien.* SYN. sécurité. • **De sûreté :** qui est muni d'un dispositif qui assure une protection. *Un verrou de sûreté.* • **En sûreté :** dans un lieu sûr, à l'abri. *Ses bijoux sont en sûreté dans un coffre* (= en sécurité). • **Pour plus de sûreté :** par précaution. *Pour plus de sûreté, tu devrais fermer les volets.*

surexcitation n.f. Très grande excitation. *Les enfants étaient dans un état de surexcitation à l'approche des vacances.* SYN. énervement, exaltation, frénésie.

surexcité, e adj. Très excité, très énervé. *La veille des grandes vacances, les enfants sont surexcités.* SYN. exalté.

surexposé, e adj. En photographie, avoir été soumis à une trop longue ou à une trop forte exposition à la lumière. *Des photos surexposées sont trop pâles.*

surf n.m. ❶ Sport qui consiste à se tenir en équilibre sur une planche portée par une vague déferlante. ❷ Planche permettant de pratiquer le surf ou le surf des neiges. • **Surf des neiges :** descente d'une pente enneigée sur une planche spéciale. SYN. snowboard. ▸ REM. On prononce [sœrf].

HISTOIRE DU MOT C'est l'abréviation de l'anglais *surf-riding*, de *surf* qui signifie « ressac » et de *to ride* qui signifie « chevaucher ».

surface n.f. ❶ La partie extérieure, visible. *Les océans occupent plus des deux tiers de la surface de la Terre.* ❷ L'étendue d'un espace plan. *Le jardin a une surface de 100 m².* SYN. superficie. *Calculer la surface d'un rectangle de 10 cm sur 15.* SYN. aire. → VOIR Fiche 17. • **Grande surface :** magasin en libre-service d'une superficie supérieure à 400 m², où sont vendues toutes sortes de marchandises. *Les supermarchés et les hypermarchés sont des grandes surfaces.* • **Refaire surface :** connaître de nouveau le succès après une période d'obscurité ; sortir d'une dépression, d'une maladie ou de difficultés financières.

surfait, e adj. Qui a été surestimé, vanté de façon exagérée. *La réputation de ce garçon est surfaite.*

surfer v. (CONJUG. 3). ❶ Pratiquer le surf ou le surf des neiges. ❷ Aller consulter des sites sur Internet. *Jérémie passe son temps à surfer sur le Web.*

surfeur, euse n. Personne qui pratique le surf.

surfiler v. (CONJUG. 3). Faire une couture assez lâche sur le bord d'un tissu pour éviter qu'il ne s'effiloche.

surgelé, e adj. *Un aliment surgelé* est un aliment qui a été congelé rapidement à très basse température. *Des légumes surgelés.* ◆ **surgelé** n.m. Produit alimentaire surgelé. *Un magasin de surgelés.*

surgeler v. (CONJUG. 11). Soumettre rapidement un produit alimentaire à une très basse température en vue de sa conservation. *Sur ce bateau, on surgèle le poisson qui vient d'être pêché.* SYN. frigorifier.

surgir surgissant, surgi v. (CONJUG. 16). ❶ Apparaître brusquement. *Soudain, une voiture surgit sur notre gauche.* ❷ Se manifester brusquement. *De nouvelles difficultés ont surgi.* SYN. naître, se présenter.

HISTOIRE DU MOT Vient du latin *surgere* qui signifie « s'élever, se lever ».

surhumain, e adj. Qui est ou qui semble au-dessus des forces d'un individu normal. *Les naufragés ont dû faire un effort surhumain pour regagner la rive.*

surjet n.m. Point de couture qui permet d'assembler deux tissus bord à bord.

sur-le-champ adv. Sans délai, aussitôt. *Il fallait se décider sur-le-champ.* SYN. immédiatement.

surlendemain n.m. *Le surlendemain*, c'est le jour qui suit le lendemain. *Elle a été opérée mercredi et le surlendemain, elle se levait.* → VOIR AUSSI **après-demain.**

surligneur n.m. Feutre épais servant à mettre en valeur une partie d'un texte à l'aide d'une encre très lumineuse.

surmenage n.m. Le fait de se surmener, ou la fatigue qui en résulte. *Le meilleur remède contre le surmenage, c'est le repos.* SYN. épuisement.

surmener v. (CONJUG. 10). Imposer un travail excessif qui épuise. *Depuis quelque temps, papa est surmené.* SYN. épuiser. ◆ **se surmener** v.pron. Se fatiguer trop. *Tu te surmènes, tu vas finir par tomber malade.*

surmontable adj. Que l'on peut surmonter. *Ce sont des difficultés normales et tout à fait surmontables !* CONTR. insurmontable.

surmonter v. (CONJUG. 3). ❶ Être placé au-dessus d'une chose. *Le clocher surmonte le toit de l'église.* ❷ Venir à bout d'une difficulté, par un effort de volonté. *À force de persévérance, Vincent a pu surmonter tous les obstacles.* SYN. triompher de, vaincre. *Fabienne a surmonté sa colère et a répondu poliment.* SYN. dompter, maîtriser.

surmulot n.m. Gros rat à queue plus courte que le corps et au dos brun et noir, qu'on appelle souvent *rat d'égout.*

surfeur

a b c d e f g h i j k l m n o p q r s t

A B C D E F G H I J K L M N O P Q R S T U V W X Y Z

surnager surnageant, surnagé **v.** (CONJUG. 5). Rester à la surface de l'eau. *Après le naufrage, on a vu des débris du paquebot qui surnageaient.* SYN. flotter.

surnaturel, elle adj. Qui semble échapper aux lois de la nature, qu'on ne peut expliquer scientifiquement. *Les sorciers possèdent, dit-on, des pouvoirs surnaturels.* SYN. magique.

surnom n.m. Nom que l'on substitue ou que l'on ajoute au vrai nom de quelqu'un. *Le surnom de Benjamin c'est « Bulldozer », parce qu'il est un peu brutal.* SYN. sobriquet.

surnombre n.m. • **En surnombre :** en plus du nombre autorisé. *Le chauffeur du car a refusé de prendre des voyageurs en surnombre.*

surnommer v. (CONJUG. 3). Donner un surnom à une personne. *On l'a surnommée « Bout de chou » parce qu'elle est toute petite.*

suroît, ✎ ***suroit*** **n.m.** ❶ Dans le langage des marins, vent du sud-ouest qui vient de la mer. ❷ Chapeau de marin imperméable dont le bord descend sur la nuque.

surpasser v. (CONJUG. 3). Obtenir des résultats meilleurs que ceux des autres. *J'espère que tu vas surpasser tes concurrents au cent mètres.* SYN. battre, surclasser. ◆ **se surpasser v.pron.** Faire mieux que d'habitude. *Ce trimestre, Aline s'est surpassée, elle a été première dans toutes les matières.*

surpêche n.f. Pêche excessive qui menace les ressources alimentaires en poisson.

surpeuplé, e adj. Trop peuplé. *Une ville surpeuplée.*

surpeuplement n.m. Population trop nombreuse par rapport à l'espace et aux ressources dont elle dispose. *Certains scientifiques s'alarment du surpeuplement de la Terre.* SYN. surpopulation.

surplace n.m. • **Faire du surplace :** ne pas pouvoir avancer. *L'autoroute était complètement bouchée, nous avons fait du surplace pendant trois heures !*

surplomb n.m. • **En surplomb :** qui surplombe, qui est en saillie. *Les balcons des immeubles sont en surplomb. Un rocher en surplomb au-dessus de la mer.*

surplomber v. (CONJUG. 3). Faire saillie au-dessus de quelque chose. *La falaise surplombait la mer.*

surplus n.m. Ce qui est en plus. *Les conditions météorologiques favorables ont entraîné un surplus de récoltes.* SYN. excédent.

surpoids n.m. Excès de poids d'une personne, mesuré par l'indice de masse corporelle (I.M.C.). → VOIR AUSSI **masse 1.**

surpopulation n.f. Surpeuplement.

surprenant, e adj. Qui surprend, étonne. *Hier, à la bibliothèque, j'ai fait une rencontre surprenante.* SYN. imprévu, inattendu. *Ce trimestre, Armand a fait des progrès surprenants.* SYN. prodigieux, stupéfiant. *Ta sœur est vraiment surprenante.* SYN. déconcertant, étonnant.

surprendre surprenant, surpris **v.** (CONJUG. 48). ❶ Être inattendu et frapper l'esprit, étonner. *Il s'est mis à rire et tout le monde a été surpris.* SYN. étonner, déconcerter. ❷ Arriver sans qu'on s'y attende. *La pluie nous a surpris sur le chemin du retour.* ❸ Prendre sur le fait. *Les policiers l'ont surpris alors qu'il escaladait le balcon.* ❹ Découvrir quelque chose qui n'était pas destiné à être vu ou entendu. *Surprendre une conversation, un secret.*

surprise n.f. ❶ Émotion provoquée par quelque chose d'inattendu. *Quand je lui ai annoncé que je partais vivre en Australie, il m'a regardé avec surprise.* SYN. étonnement, stupéfaction. ❷ Événement inattendu, qui surprend. *Le voyage s'est déroulé sans surprise* (= comme prévu). ❸ Cadeau ou plaisir que l'on fait à une personne sans qu'elle s'y attende. *Je prépare une surprise à maman pour son anniversaire.* • **Par surprise :** sans qu'on s'y attende. *L'ennemi nous a attaqués par surprise.* SYN. à l'improviste.

surproduction n.f. Production excessive, trop importante. *Quand il y a surproduction, les prix ont tendance à baisser.*

surréalisme n.m. Nom donné à un mouvement littéraire et artistique né en France après la Première Guerre mondiale, qui attachait une très grande importance au rêve, à l'imaginaire et à des techniques spontanées de production artistique. *Le poète André Breton est considéré comme le père du surréalisme.*

surréaliste adj. et **n.** Qui appartient au surréalisme. *Joan Miró et Salvador Dalí étaient des peintres surréalistes.*

sursaut n.m. Mouvement brusque et involontaire, dû à la surprise. *J'ai eu un sursaut en le voyant car je ne l'avais pas entendu entrer.* SYN. tressaillement. • **En sursaut :** brusquement. *Elle a été réveillée en sursaut par la sonnerie du téléphone.*

sursauter v. (CONJUG. 3). Avoir un sursaut. *Geneviève est très nerveuse, le moindre bruit la fait sursauter.* SYN. tressaillir.

surseoir, ✎ ***sursoir*** **v.** (CONJUG. 41). *Surseoir à un jugement*, c'est le remettre à plus tard. SYN. différer. ▸ REM. Ce verbe appartient à la langue juridique et ne s'emploie guère qu'à l'infinitif.

sursis n.m. ❶ Temps supplémentaire accordé à une personne. *Laure a été malade, le professeur lui a accordé un sursis de trois jours pour sa rédaction.* SYN. délai. ❷ *Une condamnation avec sursis*, c'est une condamnation que l'on ne subit pas tout de suite, mais à laquelle on est exposé si l'on commet une nouvelle infraction. ❸ *Obtenir un sursis*, c'est, pour un jeune homme en âge de faire son service militaire, obtenir un délai pour partir à l'armée. *Mon grand frère avait obtenu un sursis, il a fait son service après ses études.*

HISTOIRE DU MOT Vient de *surseoir.*

sursitaire n. Personne qui bénéficie d'un sursis, notamment pour accomplir son service militaire.

surtout adv. ❶ Principalement, par-dessus tout. *Fabrice aime beaucoup le cinéma, surtout les films de* *science-fiction.* SYN. en particulier, spécialement. ❷ Sert à insister, à renforcer un conseil. *Ne fais surtout pas de moto sans casque, c'est très dangereux !*

surveillance **n.f.** L'action de surveiller. *Les monitrices assurent la surveillance de la baignade. Être sous surveillance médicale.* SYN. contrôle.

surveillant, e **n.** Personne chargée de surveiller d'autres personnes ou d'assurer la discipline dans un établissement.

surveiller **v.** (CONJUG. **3**). ❶ Observer attentivement pour contrôler. *Joana surveille sa petite sœur pendant que ses parents font les courses. La police surveille un suspect.* SYN. épier, guetter. *Surveille mon cartable, je reviens.* SYN. garder. ❷ Veiller au bon déroulement de quelque chose. *Jérémie surveille la cuisson du gigot.* ❸ Être attentif à son comportement, à sa santé. *Surveille ton langage quand tu parles à tes parents !* SYN. modérer. *Surveiller son poids.*

survenir **survenant, survenu v.** (CONJUG. **20** ; auxiliaire *être*). Arriver, se produire brusquement, sans qu'on s'y attende. *Si des complications survenaient, appelez le médecin.* SYN. surgir.

survêtement **n.m.** Vêtement souple et confortable composé d'un pantalon et d'une veste, que portent les sportifs par-dessus leur tenue. *Pour aller au stade, les enfants ont enfilé leur survêtement.*
→ VOIR AUSSI **jogging.**

survie **n.f.** Le fait de survivre, de rester en vie. *Ils partirent faire leur expédition avec du matériel de survie.*

survivant, e **n.** Personne qui survit alors que d'autres sont mortes. *Les sauveteurs ont trouvé un survivant sous les décombres.* SYN. rescapé.

survivre **survivant, survécu v.** (CONJUG. **57**). ❶ Rester en vie alors que d'autres sont morts. *M. Dubois a survécu deux ans à sa femme. Aucun passager n'a survécu à la catastrophe aérienne.* SYN. réchapper à. ❷ Continuer à vivre malgré de grandes difficultés. *L'explorateur a pu survivre dans cette contrée inhospitalière en se nourrissant de baies sauvages.*

survol **n.m.** L'action de survoler une région. *En général, le survol des capitales et des zones militaires est interdit à tous les avions.*

survoler **v.** (CONJUG. **3**). ❶ Passer en avion au-dessus d'un lieu. *Nous avons survolé la Manche pour aller à Londres.* ❷ Lire, examiner rapidement, de manière superficielle. *Je n'ai fait que survoler ma leçon de géographie.*

sus **adv.** • **Courir sus à l'ennemi :** l'attaquer. • **En sus :** en plus. *La taxe vient en sus* (= en plus du prix indiqué sur l'étiquette). SYN. en supplément.
▶ REM. 1. On prononce le -*s* final. 2. Ce mot appartient à la langue littéraire.

susceptibilité **n.f.** Tendance à se vexer facilement. *Pour ménager la susceptibilité de Camille, je n'ai fait aucune critique sur son dessin.*

susceptible **adj.** ❶ Qui se vexe facilement. *Frédéric est très susceptible, il ne supporte pas que l'on plaisante à son sujet.* ❷ Qui est capable d'accomplir telle chose, de produire tel effet, de subir telle modification. *Ce cheval est susceptible de gagner. Un film susceptible de plaire aux jeunes.*

susciter **v.** (CONJUG. **3**). Faire naître un sentiment, une idée. *Le projet de construction d'un centre de loisirs dans le quartier a suscité l'enthousiasme de tous.* SYN. éveiller, provoquer, soulever.

HISTOIRE DU MOT Vient du latin *suscitare* qui signifie « exciter ».

suspect, e **adj.** ❶ Qui éveille les soupçons et inspire de la méfiance. *Son témoignage est suspect.* SYN. douteux. *Un individu suspect rôdait autour de la maison.* SYN. louche. ❷ Qui est de qualité douteuse. *Cette viande est suspecte.* ◆ **n.** Personne que la police tient pour l'auteur possible d'un délit. *La police a interrogé trois suspects.*
▶ REM. On prononce [syspɛ] au masculin.

suspecter **v.** (CONJUG. **3**). Tenir une personne pour suspecte. *Le commissaire suspecte l'inconnu aperçu par les voisins.* SYN. soupçonner. *Je la suspecte d'avoir menti.*

HISTOIRE DU MOT Vient du latin *suspicere* qui signifie « regarder de bas en haut ».

suspendre **suspendant, suspendu v.** (CONJUG. **46**). ❶ Fixer une chose par le haut en la laissant pendre. *Vous pouvez suspendre votre veste au portemanteau de l'entrée.* SYN. accrocher. *On a suspendu le lustre au plafond du salon.* SYN. pendre. ❷ Arrêter pour quelque temps. *Le président a décidé de suspendre la séance.* SYN. interrompre. CONTR. continuer. ❸ Interdire à quelqu'un d'exercer son activité, pendant un certain temps. *Le footballeur a été suspendu pour trois mois.*

suspendu, e **adj.** ❶ *Un pont suspendu* est soutenu par des câbles. ❷ *Un jardin suspendu* est un jardin en terrasse qui surplombe une vallée. *Les jardins suspendus de Babylone.* ❸ *Un véhicule bien suspendu* amortit bien les secousses dues aux inégalités de la route.

pont **suspendu**

en **suspens** **adv.** Momentanément arrêté en attendant d'être résolu ou achevé. *Ils ont laissé le problème en suspens.*
▸ REM. 1. On prononce [syspɑ̃]. 2. Ne pas confondre avec *suspense.*
HISTOIRE DU MOT Vient de *suspendre.*

suspense **n.m.** Situation de tension (dans un film ou un livre) qui fait qu'on attend la suite du récit avec une grande impatience mêlée d'angoisse. *Un roman policier plein de suspense.*
▸ REM. 1. On prononce [syspɛns]. 2. Ne pas confondre avec *en suspens.*
HISTOIRE DU MOT C'est un mot anglais qui signifie « incertitude ».

suspension **n.f.** ❶ L'action ou la manière de suspendre, d'être suspendu. *Nous avons vérifié la suspension du lustre.* ❷ Arrêt temporaire. *Les deux pays en guerre ont décidé la suspension des hostilités.* SYN. interruption. ❸ L'ensemble des pièces d'un véhicule qui servent à amortir les secousses de la route. *La suspension de cette voiture est excellente.* SYN. amortisseurs. ❹ Système d'éclairage suspendu au plafond. *Je suis montée sur une chaise pour changer les ampoules de la suspension.* SYN. lustre. • **Points de suspension :** signe de ponctuation constitué par trois points (...) et qui indique qu'on laisse imaginer la suite.

suspicieux, euse **adj.** Qui a des soupçons, des doutes. *Elle nous lança des regards suspicieux.* SYN. méfiant, soupçonneux.
▸ REM. Ce mot appartient à la langue soutenue.

suspicion **n.f.** Doute, soupçon sur une personne ou une chose. *Un regard plein de suspicion.* SYN. défiance, méfiance. CONTR. confiance.
HISTOIRE DU MOT Vient du latin *suspicio* qui signifie « soupçon ».

se **sustenter** **v.** (CONJUG. 3). Se nourrir. *Le malade recommence à se sustenter.*
▸ REM. Ce mot appartient à la langue soutenue.

susurrer **v.** (CONJUG. 3). Murmurer doucement. *Virginie susurre des mots tendres à son chat.* SYN. chuchoter.
▸ REM. 1. Attention, un seul *-s-* et deux *-r-*. 2. Ce mot appartient à la langue soutenue.
HISTOIRE DU MOT Vient du latin *susurrare* qui signifie « bourdonner, murmurer ».

suture **n.f.** Couture des bords d'une plaie. *Luc s'est ouvert le front en tombant, et on lui a fait dix points de suture.*
HISTOIRE DU MOT Vient du latin *suere* qui signifie « coudre ».

suzerain, e **n.** et **adj.** Au Moyen Âge, seigneur qui laissait une partie de ses terres, le *fief*, à un vassal. *Le vassal était sous la domination de son suzerain à qui il prêtait serment de fidélité et d'obéissance.*

suzeraineté **n.f.** ❶ Territoire sur lequel le suzerain exerçait son autorité ; qualité de suzerain. ❷ Droit d'un État sur un autre, domination qu'il exerce.

svelte **adj.** Mince et élancé. *Une jeune femme svelte.* SYN. fin. CONTR. épais, trapu.

sveltesse **n.f.** Fait d'être svelte. SYN. finesse, minceur.

sweat-shirt (PLUR. : **sweat-shirts**) ou **sweat** **n.m.** Pull-over en coton molletonné ou en tissu-éponge, ras du cou. *Charlotte porte souvent des sweat-shirts.*
▸ REM. On prononce [switʃœrt] ou [swɛtʃœrt].
HISTOIRE DU MOT Vient de l'anglais *to sweat*, « suer », et *shirt*, « chemise ».

sycomore **n.m.** Variété d'érable appelée aussi *faux platane* qui peut atteindre 35 m de haut et dont le bois est recherché en ébénisterie.

syllabe **n.f.** Groupe de lettres comportant au moins une voyelle et que l'on prononce en une seule fois. *« Mouton » est un mot de deux syllabes. « Son » est un mot d'une syllabe* (= un monosyllabe).
HISTOIRE DU MOT Vient du grec *sullabê* qui signifie « assemblage ».

sylvestre **adj.** Qui concerne la forêt. *La faune sylvestre.*
HISTOIRE DU MOT Vient du latin *sylva* qui signifie « forêt ».

sylviculture **n.f.** Science qui s'occupe de la culture et de l'entretien des forêts.

symbole **n.m.** ❶ Ce qui représente quelque chose d'abstrait. *La balance est le symbole de la justice, la colombe celui de la paix.* SYN. allégorie, emblème. ❷ Lettre ou signe qui représente quelque chose de précis, en science particulièrement. *En chimie, la lettre O est le symbole de l'oxygène. Le signe + est le symbole de l'addition.*
HISTOIRE DU MOT Vient du grec *sumbolon* qui signifie « signe de reconnaissance ».

symbolique **adj.** ❶ Qui a le caractère d'un symbole, qui sert de symbole. *L'olivier a une signification symbolique.* SYN. allégorique. ❷ Qui n'a pas de valeur pour ce qu'il est réellement mais qui est important pour ce qu'il représente. *Quand on coupe un ruban lors d'une inauguration, c'est un geste symbolique.*

symboliquement **adv.** De façon symbolique. *Il a fait symboliquement le geste de la victoire en formant un V avec son index et son majeur.*

symboliser **v.** (CONJUG. 3). ❶ Être le symbole de quelque chose. *Le drapeau rouge symbolise la révolution.* SYN. figurer, représenter. ❷ Exprimer, représenter par un symbole. *On symbolise la justice par une balance.*

symétrie **n.f.** Correspondance parfaite de forme et de position de plusieurs éléments de part et d'autre d'un axe ou d'un centre ; harmonie qui en résulte. *La symétrie des fenêtres sur la façade de ce château de la Renaissance.*

symétrique **adj.** Qui présente une symétrie. *Les deux ailes du château sont symétriques.* CONTR. asymétrique.

symétriquement **adv.** De façon symétrique. *Les deux fauteuils sont disposés symétriquement de part et d'autre de la cheminée.*

sympathie n.f. Sentiment bienveillant, attirance que l'on éprouve pour une personne. *J'ai beaucoup de sympathie pour Boris.* CONTR. antipathie.

HISTOIRE DU MOT Vient du latin *sympathia*, du grec *sun*, qui signifie « avec, ensemble », et *pathos*, qui signifie « ce qu'on éprouve ».

sympathique adj. Qui inspire de la sympathie. *Fabienne est une jeune femme sympathique.* SYN. agréable, aimable, attachant. CONTR. antipathique.
▸ REM. On abrège familièrement en *sympa*.

sympathisant, e n. Personne qui approuve les idées d'un parti ou d'une organisation, sans en être membre.

sympathiser v. (CONJUG. 3). Éprouver de la sympathie pour quelqu'un, l'un pour l'autre. *Nous avons tout de suite sympathisé.*

symphonie n.f. Grand morceau de musique composé pour un orchestre. *Beethoven et Mozart ont composé des symphonies.*

HISTOIRE DU MOT Vient du grec *sun*, qui signifie « avec », et *phônê*, qui signifie « son ».

symphonique adj. *Un orchestre symphonique* est un grand orchestre qui réunit toutes les catégories d'instruments nécessaires pour jouer une symphonie.

symptomatique adj. ❶ Qui constitue un symptôme. *L'anémie est parfois symptomatique d'une maladie grave.* ❷ Qui révèle un état d'esprit ou un état de choses. *Cette dispute est tout à fait symptomatique de la mésentente qui règne entre eux.* SYN. caractéristique, révélateur.
▸ REM. Attention, pas d'accent circonflexe malgré *symptôme*.

symptôme n.m. ❶ Signe qui révèle et permet de reconnaître une maladie. *Maux de tête, frissons, courbatures et fatigue sont les symptômes de la grippe.* ❷ Signe révélateur. *Les symptômes d'une crise.*

HISTOIRE DU MOT Vient du grec *sumptôma*, « événement malheureux ».

synagogue n.f. Édifice du culte israélite.

HISTOIRE DU MOT Vient du grec *sunagôgê* qui signifie « réunion ».

ENCYCLOPÉDIE Les premières synagogues remontent probablement à 587 avant J.-C., quand les Juifs, exilés à Babylone et privés du premier Temple de Jérusalem détruit, construisirent ces « salles de réunion » pour maintenir le sentiment religieux, la tradition et observer la Loi. Elles devinrent par la suite les centres du culte.

synapse n.f. Zone de contact entre deux neurones assurant la transmission des messages de l'un à l'autre.
→ VOIR AUSSI **neurone**.

synchronisation n.f. Action de synchroniser ; fait d'être synchronisé. *Il y avait des défauts de synchronisation dans le film que nous avons vu, le son était décalé par rapport à l'image.*

HISTOIRE DU MOT Vient du grec *sun*, qui signifie « avec, ensemble », et *khronos*, qui signifie « temps ».

synchroniser v. (CONJUG. 3). ❶ Faire fonctionner en même temps. *Synchroniser les feux de signalisation d'une avenue.* ❷ Au cinéma, faire en sorte que l'image et le son concordent parfaitement.

natation **synchronisée**

syncope n.f. Perte de connaissance brutale. *Avoir une syncope.* SYN. évanouissement, malaise.

HISTOIRE DU MOT Vient du grec *sugkoptein* qui signifie « briser ».

syncopé, e adj. *Une musique syncopée* est caractérisée par le déplacement de l'accent rythmique du temps faible sur le temps fort.

syndic n.m. Personne qui représente les copropriétaires d'un immeuble et fait exécuter leurs décisions. *Le syndic a convoqué les copropriétaires.*
▸ REM. Au Canada, la forme féminine de ce mot est *syndique*.

syndical, ale, aux adj. D'un syndicat. *Une réunion syndicale. Des délégués syndicaux.*

syndicalisme n.m. L'organisation en syndicats des travailleurs, pour défendre leurs intérêts ; l'ensemble des syndicats.

syndicaliste n. Personne qui milite dans un syndicat, qui y joue un rôle actif.

syndicat n.m. Groupement organisé de travailleurs ou de personnes ayant la même profession, pour défendre ensemble leurs intérêts et leurs droits. *Il existe des syndicats d'ouvriers ou d'employés mais aussi*

synagogue

des syndicats patronaux. • **Syndicat d'initiative :** en France, organisme chargé du développement touristique d'une localité ou d'une région. *Au syndicat d'initiative, on trouve des renseignements sur les hôtels, les loisirs, les spectacles, les monuments, etc.*

syndiqué, e adj. et **n.** Membre d'un syndicat. *Des ouvriers syndiqués.*

se **syndiquer v.pron.** (CONJUG. **3**). Adhérer à un syndicat, en devenir membre. *Les employés se sont syndiqués pour donner plus de poids à leurs revendications.*

synode n.m. Assemblée, conseil ou réunion de membres éminents d'une communauté religieuse.

synonyme n.m. et **adj.** Mot qui a presque le même sens qu'un autre. *« Rame » et « aviron » sont deux synonymes. Les verbes « casser », « briser » et « rompre » sont synonymes.* CONTR. antonyme, contraire. → VOIR Fiche **9.**
▸ REM. Ne pas confondre avec *homonyme.*

synopsis n.m. Bref exposé écrit constituant l'ébauche du scénario d'un film. *Les acteurs ont lu le synopsis.*

synoptique adj. *Un tableau synoptique* est un résumé qui est disposé de façon à présenter une vue d'ensemble. *À la fin du livre, il y a un tableau synoptique présentant la vie et l'œuvre de l'auteur, les œuvres littéraires et artistiques créées à son époque ainsi que les événements politiques qui eurent lieu de son temps.*

HISTOIRE DU MOT Vient du grec *sunoptikos* qui signifie « qui voit ensemble ».

syntaxe n.f. Partie de la grammaire qui décrit les règles par lesquelles les mots se combinent en phrases.

HISTOIRE DU MOT Vient du grec *suntaksis* qui signifie « mise en ordre ».

syntaxique adj. De la syntaxe.

synthèse n.f. ❶ *Faire la synthèse d'un exposé, d'une question*, c'est en rassembler les points essentiels de façon à former un ensemble cohérent et structuré. ❷ Fabrication artificielle d'une substance à partir des éléments qui la constituent. *Il existe de nombreux produits de synthèse, parmi lesquels le caoutchouc de synthèse qui remplace le caoutchouc naturel.* • **Images, sons de synthèse :** images, sons produits artificiellement par des moyens optiques, électroniques ou informatiques.

synthétique adj. ❶ Qui se rapporte à une synthèse. *Un tableau synthétique.* ❷ Fabriqué par synthèse chimique. *Le polyester est un textile synthétique.* CONTR. naturel.

synthétiseur n.m. Instrument de musique électronique qui permet de produire toutes sortes de sons. *Le synthétiseur peut être utilisé seul, mais il est souvent associé à un autre instrument (piano, orgue électronique, etc.) dont il modifie le son.*
▸ REM. On emploie familièrement l'abréviation *synthé.*

synthétiseur

syntoniseur n.m. Mot qu'il est recommandé d'employer à la place de *tuner.*

systématique adj. ❶ Qui est fait avec méthode, selon un ordre logique. *Une fouille systématique de l'immeuble a permis de retrouver l'arme du crime.* SYN. méthodique, organisé. ❷ Qui se fait de façon rigide, sans tenir compte des circonstances. *Francis fait de l'opposition systématique, il refuse par principe tout ce que ses parents lui proposent.*

systématiquement adv. De façon systématique, par principe. *À chaque fois que je te propose une sortie, tu refuses systématiquement de m'accompagner, pourquoi ?* SYN. automatiquement.

système n.m. ❶ Ensemble organisé qui forme un tout. *Le système nerveux est constitué par l'ensemble des nerfs et des centres nerveux (cerveau, moelle épinière). Un système informatique est constitué d'un ordinateur central relié à des terminaux.* ❷ Méthode ingénieuse. *J'ai trouvé un nouveau système pour classer mes fiches. Il cherche un système pour payer moins cher ses places de cinéma.* SYN. astuce. • (Familier) **Système D :** art de se tirer d'affaire en utilisant sans scrupule tous les moyens possibles (« D » comme « débrouille »). • **Système solaire** → VOIR **solaire** (planche).

A B C D E F G H I J K L M N O P Q R S T U V W X Y Z

ta **adj. possessif.** Désigne la 2e personne du singulier. → VOIR **déterminant** (encadré).

tabac **n.m.** ❶ Plante originaire d'Amérique, que l'on cultive pour ses hautes et larges feuilles riches en nicotine. ❷ Produit tiré des feuilles de tabac séchées et préparées, que l'on fume sous forme de cigarettes, de cigares ou dans une pipe. *La consommation excessive du tabac nuit gravement à la santé.* ❸ Lieu où l'on vend du tabac, des cigarettes, des cigares. (On dit aussi *un bureau de tabac.*) • (Familier) **Faire un tabac :** avoir beaucoup de succès. *Le dernier spectacle du célèbre humoriste belge a fait un tabac.* • (Familier) **Passer à tabac :** frapper quelqu'un, le rouer de coups.

tabac

HISTOIRE DU MOT Vient de l'espagnol *tabaco.*

tabagie **n.f.** ❶ Lieu rempli de fumée et d'odeur de tabac. ❷ Au Canada, bureau de tabac.

tabagisme **n.m.** Intoxication au tabac.

tabasser **v.** (CONJUG. 3). (Familier) Rouer une personne de coups.

HISTOIRE DU MOT Vient de l'expression *passer à tabac.*

tabatière **n.f.** Petite boîte destinée à contenir du tabac.

tabernacle **n.m.** ❶ Chez les juifs, tente où étaient gardées les Tables de la Loi. ❷ Chez les chrétiens, petite armoire, généralement placée sur l'autel d'une église, où sont conservés les hosties et le ciboire.

table **n.f.** ❶ Meuble formé d'un plateau horizontal posé sur un ou plusieurs pieds et servant à divers usages. *Une table de cuisine. Une table de travail. Une table de ping-pong. Une table d'opération.* ❷ S'emploie plus particulièrement pour désigner le meuble destiné aux repas. *Mettre, dresser la table* (= le couvert). *Se mettre à table* (= s'installer à table pour prendre un repas). • **Faire table rase :** rejeter ce qui a été dit, écrit ou fait auparavant. • **Table de multiplication :** tableau donnant le produit des multiplications entre les dix premiers nombres. • **Table de Pythagore :** table de multiplication se présentant sous la forme d'un tableau à double entrée et qui donne un résultat au croisement de la colonne verticale et de la ligne horizontale. → VOIR noms propres : **Pythagore.** • **Table des matières :** liste des chapitres d'un livre, généralement située à la fin de celui-ci. • **Table d'orientation :** table circulaire ou semi-circulaire placée sur un endroit élevé et qui indique par des flèches les détails d'un panorama. • **Table ronde :** réunion où plusieurs personnes discutent de questions d'intérêt commun. *Organiser une table ronde sur l'écologie.*

tableau **n.m.** ❶ Peinture, généralement encadrée. *Maria a accroché son tableau au mur.* → VOIR AUSSI **toile.** ❷ Panneau mural sur lequel on écrit. *Éric a été appelé au tableau pour faire un exercice.* ❸ Description imagée de quelque chose. *Jean a brossé un tableau fidèle et détaillé de la situation.* SYN. peinture. ❹ Liste d'informations présentées le plus souvent en colonnes. *Les tableaux de conjugaison donnent les différentes formes des verbes.* ❺ Panneau destiné à recevoir des informations. *Le tableau d'affichage est situé dans le couloir du club.* • **Jouer sur les deux tableaux :** ménager les intérêts de deux parties adverses pour être sûr d'obtenir des avantages quel que soit le vainqueur. • **Tableau de bord :** panneau placé devant le pilote ou le conducteur d'un véhicule et où sont réunis les cadrans, les voyants et les commandes qui permettent d'en contrôler le fonctionnement.

tablée **n.f.** L'ensemble des personnes qui sont en train de manger à la même table. *Les huit amis formaient chaque soir une joyeuse tablée.*

tabler **v.** (CONJUG. 3). Compter sur quelque chose. *Tabler sur la chance ne suffit pas pour réussir !* SYN. miser.

tablette **n.f.** ❶ Petite plaque horizontale sur laquelle on peut poser divers objets. *Le dentifrice est dans la salle de bains, sur la tablette au-dessus du lavabo.* SYN. étagère. ❷ Présentation, sous forme de plaque, de certains produits, en particulier alimentaires. *Une tablette de chocolat.* • **Tablette électronique** ou **tablette tactile :** appareil très plat équipé

A B C D E F G H I J K L M N O P Q R S T U V W X Y Z

d'un écran tactile, sans clavier, qui se connecte à Internet et permet d'afficher des livres et des journaux électroniques.

tablier **n.m.** ❶ Vêtement de travail que l'on met par-dessus ses habits pour ne pas les salir. *Les cuisiniers portent de grands tabliers blancs.* ❷ La partie du pont qui supporte la chaussée ou la voie ferrée. ❸ Rideau de tôle qui se monte et s'abaisse devant le foyer d'une cheminée d'appartement. • **Rendre son tablier :** se démettre de ses fonctions.

1 tabou **n.m.** Ce qui est interdit pour des raisons religieuses, sociales ou morales. *Le tabou de l'inceste.*

HISTOIRE DU MOT Vient du polynésien *tapu*, « interdit, sacré ».

2 tabou, e **adj.** *Un sujet tabou* est un sujet dont il ne faut pas parler. *Dans certaines familles, la sexualité est encore un sujet tabou.*

taboulé **n.m.** Plat à base de semoule de blé crue mélangée à des tomates, du persil, des oignons et des feuilles de menthe, et arrosé d'huile d'olive et de citron.

HISTOIRE DU MOT Vient de l'arabe *tabbula* qui signifie « mélange ».

tabouret **n.m.** Siège très simple sans dossier ni bras. *On peut régler la hauteur d'un tabouret de piano.*

du **tac au tac** **adv.** *Répondre du tac au tac*, c'est répondre immédiatement et avec vivacité. *Quand mon frère m'a fait des reproches, je lui ai répondu du tac au tac.*

tache **n.f.** ❶ Marque qui salit. *Il y a des taches de vin et de graisse sur la nappe.* ❷ Marque naturelle. *Le dalmatien est un chien blanc à taches noires. Jane a des taches de rousseur sur les joues.*

▸ REM. Ne pas confondre avec *tâche*.

HISTOIRE DU MOT Vient du latin *tacca* qui signifie « signe ».

tâche **n.f.** Travail à faire. *Sa démission ne nous a pas facilité la tâche.* SYN. besogne, ouvrage. *Être payé à la tâche* (= au travail effectué).

▸ REM. Ne pas confondre avec *tache*.

HISTOIRE DU MOT Vient du latin *taxa* qui signifie « travail rémunéré ».

tacher **v.** (CONJUG. 3). Salir en faisant une ou plusieurs taches. *J'ai taché mon pull en mangeant une pêche.* ◆ **se tacher** **v.pron.** Salir ses vêtements, y faire des taches.

▸ REM. Ne pas confondre avec *tâcher*.

tâcher **v.** (CONJUG. 3). Faire son possible. *Je tâcherai d'aller te voir en sortant du bureau.* SYN. s'efforcer de, essayer.

▸ REM. Ne pas confondre avec *tacher*.

tacheté, e **adj.** Marqué de nombreuses petites taches. *La panthère a un pelage jaune tacheté de noir.* SYN. moucheté.

tacite **adj.** Qui n'est pas exprimé par des mots mais qui est sous-entendu. *Un accord tacite.* SYN. implicite.

HISTOIRE DU MOT Vient du latin *tacitus* qui signifie « qui se tait », de *tacere*, « taire ».

taïga (vue du ciel)

tacitement **adv.** De façon tacite. *Il m'a donné tacitement son accord.*

taciturne **adj.** Qui parle peu et exprime peu ses sentiments. *Fabrice est un garçon taciturne, on ne l'entend jamais !* SYN. renfermé, silencieux. CONTR. bavard, communicatif, loquace.

tacot **n.m.** (Familier) Vieille voiture. *Un vieux tacot essayait de grimper la côte.* SYN. (Fam.) guimbarde.

tact **n.m.** Délicatesse d'une personne qui cherche à ne pas blesser les autres. *Delphine a eu le tact de ne pas trop parler de son succès devant Daniel, qui a échoué.* SYN. discrétion, doigté.

HISTOIRE DU MOT Vient du latin *tactus*, de *tangere*, « toucher », que l'on retrouve dans *intact*. Autrefois, le toucher était aussi appelé le *tact*.

tactile **adj.** Qui se rapporte au toucher. • **Écran tactile :** écran d'ordinateur, de téléphone mobile, de console de jeux qui réagit au simple contact du doigt.

tactique **n.f.** Ensemble des moyens utilisés pour arriver à un résultat voulu, à une victoire. *Puisque l'on ne réussit pas comme ça, on va changer de tactique.* SYN. méthode, plan.

taffetas **n.m.** Toile de soie à reflets changeants. *La mariée portait une robe de taffetas couleur champagne.*

HISTOIRE DU MOT Vient du persan *tafta*, « tissé, tressé ».

tag **n.m.** Inscription dont le graphisme est proche de l'écriture. *Un mur couvert de tags.* → VOIR AUSSI **graffiti.**

taie **n.f.** Enveloppe de tissu qui recouvre un oreiller ou un traversin.

taïga **n.f.** Forêt de conifères dans le nord de l'Europe, de l'Asie et de l'Amérique, au sud de la toundra.

HISTOIRE DU MOT C'est un mot russe.

taillable **adj.** • **Être taillable et corvéable à merci :** être soumis à de multiples travaux pénibles.

HISTOIRE DU MOT Au Moyen Âge, les serfs étaient corvéables, c'est-à-dire soumis à l'obligation de la corvée, et taillables, c'est-à-dire assujettis à payer la *taille*.

taillade **n.f.** Coupure faite dans la peau par un objet tranchant.

taillader **v.** (CONJUG. 3). Faire des entailles dans une surface. *Ce vandale a tailladé la table avec son couteau !*

1 taille **n.f.** ❶ Hauteur d'une personne, grosseur d'un animal, dimension d'un objet. *Une personne de taille moyenne.* SYN. stature. *Des aiguilles de toutes les tailles.* ❷ Dimensions conventionnelles d'un vêtement qui correspondent à une personne. *J'achèterais bien ce pull, mais il n'y a plus ma taille.* ❸ La partie du corps humain qui se situe entre le bas des côtes et les hanches. ❹ L'opération par laquelle on taille quelque chose. *La taille d'un diamant.* • **De taille :** suffisamment fort. *Te sens-tu de taille à te défendre ?*

2 taille **n.f.** Sous l'Ancien Régime, impôt payé par les roturiers.

taillé, e **adj.** *Être taillé pour quelque chose*, c'est en avoir les capacités. *Ne t'en fais pas pour Paul, il est taillé pour l'aventure !*

taille-crayon **n.m.** (PLUR. : **taille-crayons**). Instrument qui sert à tailler la mine d'un crayon.

tailler **v.** (CONJUG. 3). ❶ Couper l'extrémité des branches d'un arbre, d'un arbuste afin qu'ils aient plus de vigueur. *En novembre, on taille les arbres fruitiers.* ❷ Couper une matière pour lui donner une forme précise. *Tailler des diamants.* ❸ *Tailler un vêtement*, c'est couper dans un tissu les éléments nécessaires à sa confection. ◆ **se tailler** **v.pron.** (Familier) Partir, s'enfuir.

tailleur, euse **n.** ❶ Artisan dont le métier est de tailler et de confectionner des vêtements sur mesure. ❷ Vêtement féminin composé d'une veste et d'une jupe assorties. ◆ **tailleur** **n.m.** • **S'asseoir en tailleur :** s'asseoir par terre, les jambes repliées et croisées, dans la position des tailleurs d'autrefois.
▸ REM. Le *tailleur* travaille surtout pour les hommes, pour les femmes, on parle de *couturière*.

échoppe de **tailleur** (XIIe siècle)

taillis **n.m.** Bois fait de petits arbres qu'on coupe près de la souche quand ils grandissent. *Jean est allé se cacher dans le taillis.*

tain **n.m.** Couche de métal contenant de l'étain, appliquée sur du verre pour faire un miroir.

taire **v.** (CONJUG. 72). Ne pas dire quelque chose, le passer sous silence. *Taire la vérité.* SYN. cacher. • **Faire taire :** empêcher de parler ou de se manifester. *Faites taire ce bavard ! Faire taire sa colère.* ◆ **se taire** **v.pron.** ❶ Cesser de parler. *Tais-toi pendant que je parle !* ❷ Cesser de faire du bruit. *Le vent s'est tu.*

taiseux, euse **n.** En Belgique, personne qui parle peu.

HISTOIRE DU MOT Vient de *se taire.*

talc **n.m.** Poudre blanche d'origine minérale utilisée pour les soins de la peau. *Le talc rend la peau douce.*

talent **n.m.** ❶ Capacité particulière, don d'une personne dans un domaine. *Il a un réel talent pour raconter des histoires.* SYN. don. *Un peintre de talent.* ❷ Personne qui a un don artistique. *Encourager les jeunes talents.*

HISTOIRE DU MOT Le talent était une monnaie de l'Antiquité. Dans l'Évangile, un maître donne un talent à chacun de ses trois serviteurs. Deux le font fructifier, le troisième l'enterre. Talent a pris alors le sens figuré de « aptitude à faire fructifier quelque chose ».

talentueux, euse **adj.** Qui a du talent. *Une chanteuse talentueuse.*

taliban **n.m.** Étudiant en théologie islamique.

talion **n.m.** • **Loi du talion :** loi selon laquelle il faut punir une offense par une peine du même ordre.

ENCYCLOPÉDIE « Œil pour œil, dent pour dent », dit la loi du talion. C'est une règle que s'étaient donnée les anciens Hébreux pour éviter que la punition ne soit plus cruelle que l'offense.

talisman **n.m.** Objet auquel on attribue un pouvoir magique, le plus souvent celui de porter bonheur. *Éric portait une médaille comme talisman.* → VOIR AUSSI **amulette, fétiche.**

HISTOIRE DU MOT Vient de l'arabe *tilasm* qui signifie « image magique ».

talkie-walkie **n.m.** (PLUR. : **talkies-walkies**). Appareil de radio qui permet de parler avec quelqu'un muni du même appareil à une faible distance.
▸ REM. On prononce [tokiwoki].

HISTOIRE DU MOT Vient de l'anglais *to talk*, « parler », et *to walk*, « marcher ».

talle **n.f.** Au Canada, plantes de la même espèce qui poussent en touffe dense. *Une talle de bleuets.*

Talmud **n.m.** Livre de la religion juive qui contient l'ensemble des commentaires sur la Loi écrite. → VOIR AUSSI **Torah.**

HISTOIRE DU MOT C'est un mot hébreu qui signifie « étude ».

talmudique **adj.** Du Talmud. *Dans une école talmudique, on étudie les enseignements des rabbins sur la loi religieuse.*

taloche **n.f.** (Familier) Gifle.

talon n.m. ❶ Partie arrière du pied en contact avec le sol. ❷ La partie d'une chaussette, d'un bas ou d'une chaussure qui correspond au talon. *Des chaussures à talons hauts.* ❸ Partie d'une feuille de carnet à souche ou de registre qui reste quand on l'a détachée. *Le talon d'un chèque.* • **Talon d'Achille :** point faible d'une personne. → VOIR noms propres : Achille. • **Marcher sur les talons de quelqu'un :** le suivre de près.

talonner v. (CONJUG. 3). ❶ Suivre quelqu'un de très près. *Le coureur n° 11 le talonnait dans le dernier tour.* ❷ Se faire vivement ressentir. *La faim le talonnait.*

talquer v. (CONJUG. 3). Saupoudrer, enduire de talc. *On talque les fesses d'un bébé pour éviter les rougeurs.*

talus n.m. Élévation du terrain au bord d'un chemin, d'une route, etc. *La voiture sortit de la route et vint heurter le talus.*

tamanoir n.m. Mammifère d'Amérique du Sud, long de 2,50 m, dont la mâchoire est dépourvue de dents et qui se nourrit de fourmis, de termites capturés avec sa longue langue visqueuse.
▸ REM. Le tamanoir est aussi appelé *grand fourmilier.*

tamanoir

tamarin n.m. Arbre cultivé dans les régions tropicales pour son fruit qui porte le même nom et qu'on utilise comme laxatif.
▸ REM. L'arbre est aussi appelé *tamarinier.*

tamaris n.m. Arbrisseau décoratif à très petites feuilles et à grappes de fleurs roses, commun dans le midi de la France. *Une allée bordée de tamaris.*
▸ REM. On prononce le -*s*.

tambouille n.f. (Familier) Cuisine, nourriture. *Faire la tambouille.*

tambour n.m. ❶ Instrument à percussion fait d'une caisse cylindrique fermée par de la peau tendue sur laquelle on frappe avec des baguettes. *Un roulement de tambour précéda l'entrée de l'équilibriste.* ❷ Musicien qui bat du tambour dans un régiment. *« Trois jeunes tambours s'en revenaient de guerre »* (chanson française). • **Sans tambour ni trompette :** sans bruit, en secret. *Partir sans tambour ni trompette.* • **Tambour battant :** avec vivacité. *Ils ont mené l'affaire tambour battant.* SYN. rondement.

tambourin n.m. Petit tambour muni de grelots.

tambouriner v. (CONJUG. 3). Frapper à coups redoublés et précipités. *Qui tambourine à la porte ?*

tambour-major n.m. (PLUR. : **tambours-majors**). Sous-officier qui dirige les tambours et les clairons d'une troupe.

tamis n.m. Grille à travers laquelle on fait passer une matière pour séparer les gros éléments des petits. *Passer du sable au tamis.*

tamisé, e adj. *Une lumière tamisée* est une lumière faible et diffuse.

tamiser v. (CONJUG. 3). Faire passer à travers un tamis. *Romain tamisait le sable pour récupérer les gravillons.*

tamoul, e adj. et n. Qui se rapporte aux Tamoul.
→ VOIR noms propres.

tampon n.m. ❶ Petite plaque gravée qu'on encre pour imprimer un texte ou une image. *Paul a un tampon portant son nom et son adresse.* ❷ Morceau de tissu ou de coton roulé en boule pour frotter une surface, étaler un liquide. *Passer un tampon imbibé d'alcool sur une plaie.*

tamponner v. (CONJUG. 3). ❶ Appliquer un tampon sur un document. *Tamponnez la carte dans le coin à gauche.* ❷ Heurter violemment. *Jacques n'a pas pu faire autrement que de tamponner la voiture qui était devant lui.*

tamponneur, euse adj. • **Autos tamponneuses :** attraction foraine qui consiste à manœuvrer des petites voitures électriques sur une piste.

tam-tam (PLUR. : **tam-tams**), ✎ ***tamtam*** n.m. Tambour d'Afrique utilisé pour accompagner les danses ou transmettre des messages.

HISTOIRE DU MOT C'est une onomatopée empruntée au créole.

tan n.m. Écorce de chêne réduite en poudre qu'on utilise pour tanner les peaux.

tanche n.f. Poisson dont la chair est appréciée, que l'on trouve dans la vase des étangs.

tandem n.m. ❶ Bicyclette sur laquelle deux personnes peuvent pédaler l'une derrière l'autre. ❷ Groupe de deux personnes qui font quelque chose ensemble. *Travailler en tandem.*
▸ REM. On prononce [tɑ̃dɛm].

HISTOIRE DU MOT C'est un mot latin que les Français ont emprunté aux Anglais. En latin, *tandem* signifie « enfin, à la longue », c'est pourquoi on a utilisé ce terme pour désigner une bicyclette plus longue que de coutume.

tandis que conj. ❶ Indique que quelque chose se produit pendant une autre action. *Aline est entrée tan-*

tambours africains

dis que le professeur distribuait les copies. ❷ Indique que deux faits s'opposent. *Toi, tu as de la chance, tandis que moi je n'en ai pas.* SYN. alors que.

tangage **n.m.** Mouvement d'un bateau qui se balance d'avant en arrière, par opposition à *roulis*. *Il y avait un tel tangage que j'avais le mal de mer.*

tangent, e **adj.** ❶ Se dit, en géométrie, d'une ligne qui touche une courbe ou une surface sans les couper. *Une droite tangente à un cercle.* ❷ (Familier) Qui atteint ou dépasse à peine la limite demandée. *Il est passé dans la classe supérieure, mais c'était tangent.* SYN. juste.

HISTOIRE DU MOT Vient du latin *tangere* qui signifie « toucher ».

tangible **adj.** ❶ Qui peut être touché. *Une preuve tangible.* SYN. concret, palpable. ❷ Dont la réalité est évidente. *Sandrine a fait des progrès tangibles cette année.* SYN. réel, sensible.

tango **n.m.** Danse d'origine argentine au rythme lent mais marqué et qui se danse en couple. *Le tango fait partie des danses de salon.*

tanguer **tanguant, tangué v.** (CONJUG. 6). Pour un bateau, se balancer d'avant en arrière. *Le voilier tanguait si fort qu'il avait l'air de plonger dans la mer.*

tanière **n.f.** ❶ Lieu abrité ou souterrain qui sert d'abri à une bête sauvage. *La tanière d'un loup.* ❷ (Familier) Chambre, maison où l'on s'isole, où l'on se cache. *Depuis quelque temps, Paul ne sort plus de sa tanière.* SYN. antre, repaire.

HISTOIRE DU MOT Vient d'un mot gaulois qui signifiait « blaireau ».

tanin ou **tannin** **n.m.** Substance contenue dans l'écorce de certains végétaux comme le chêne ou le châtaignier et qu'on utilise dans la fabrication du cuir pour tanner les peaux.

tank **n.m.** Char de combat. → VOIR AUSSI **blindé.**
▸ REM. Au Québec, on doit dire *char d'assaut.*

HISTOIRE DU MOT C'est un mot anglais qui signifie « réservoir » ; pendant la Première Guerre mondiale, les Anglais appelaient ainsi les premiers véhicules blindés à chenilles (encore secrets) pour que les espions ne comprennent pas de quoi il était question.

tannage **n.m.** Action de tanner une peau pour en faire du cuir.

tanné, e **adj.** Qui a l'aspect ou la couleur du cuir. *Le vieux marin avait la peau tannée par le soleil et les intempéries.*

tanner **v.** (CONJUG. 3). ❶ Traiter une peau avec du tanin ou des produits chimiques pour la rendre imputrescible et la transformer en cuir. ❷ (Familier) Déranger quelqu'un en lui demandant une chose avec insistance. *Il tannait ses parents pour avoir une console de jeux.*

tannerie **n.f.** Usine où l'on tanne les peaux d'animaux. *Les tanneries sont souvent installées près des rivières car elles utilisent beaucoup d'eau.*

tanneur, euse **n.** Personne qui tanne le cuir dans une tannerie.

tant **adv.** ❶ En si grande quantité, de façon si intense. *Il a tant de problèmes qu'il ne sait par où commencer.* SYN. tellement. *Ils s'aiment tant !* ❷ Dans une phrase interrogative ou négative, indique l'égalité de deux quantités, de deux intensités. *Y a-t-il tant de dégâts qu'on le dit ?* SYN. autant. • **Tant mieux :** cela vaut mieux ainsi. *Il a réussi, tant mieux !* • **Tant pis :** c'est dommage. *Nous avons raté le début, tant pis !* • **Tant soit peu** ou **un tant soit peu :** un tout petit peu, si peu que ce soit. *Si tu écoutais tant soit peu, tu comprendrais.* ◆ **tant que** **conj.** ❶ Aussi longtemps que. *Je t'aiderai tant que je pourrai.* ❷ Pendant que. *Allons à la plage tant qu'il fait beau.*

tante **n.f.** Sœur du père ou de la mère ; femme de l'oncle. *Léa est la sœur de mon père, c'est ma tante paternelle.*

un **tantinet** **adv.** (Familier) Un peu. *Il est un tantinet naïf.*

HISTOIRE DU MOT Vient de *tant.*

tantôt **adv.** À un moment, puis à un autre. *Tantôt il n'est jamais content, tantôt il s'amuse d'un rien.*

taoïsme **n.m.** Religion fondée sur la doctrine philosophique de Lao-tseu.

ENCYCLOPÉDIE Elle se base sur les liens personnels de l'individu avec l'Univers. Le taoïsme est devenu la deuxième religion de Chine, après le bouddhisme.

taon **n.m.** Grosse mouche dont la femelle pique l'homme et le bétail pour se nourrir de leur sang.
▸ REM. On prononce [tɑ̃].

taon

tapage **n.m.** ❶ Grand bruit confus. *Nos voisins du dessus font un de ces tapages ce soir !* SYN. vacarme. ❷ Publicité énorme, grand bruit faits autour de quelque chose. *On a fait beaucoup de tapage autour de cette affaire.*

tapageur, euse **adj.** ❶ Qui fait du tapage. *Les professeurs redoutent les enfants tapageurs.* ❷ Qui cherche à se faire voir sans être discret. *Elle avait horreur du luxe tapageur de ces palaces.*

tapant, e **adj.** (Familier) S'emploie pour indiquer qu'il s'agit d'une heure juste, précise. *À deux heures tapantes, il était là.* SYN. sonnant. → VOIR AUSSI **pile 3.**

tape **n.f.** Coup donné du plat de la main. *Pour le saluer, il lui donna une grande tape dans le dos.* SYN. claque.

tape-à-l'œil **adj.invar.** (Familier) Qui brille et se remarque par son aspect plus que par sa valeur. *Un bijou tape-à-l'œil.*

taper **v.** (CONJUG. 3). ❶ Donner des coups. *Madame ! Zoé m'a tapé avec sa règle !* SYN. frapper. *Rémi tape sur le clou avec son marteau.* SYN. cogner. ❷ Dactylographier un texte. *Je tape mes lettres sur l'ordinateur.* → VOIR AUSSI **saisir.** • (Familier) **Le soleil tape :** il fait très chaud.

tapette **n.f.** ❶ Petite tape. *« Le premier qui rira aura une tapette », dit la chanson.* ❷ Piège à ressort qui se

A B C D E F G H I J K L M N O P Q R S T U V W X Y Z

déclenche quand un rongeur veut prendre l'appât placé à l'intérieur. ❸ Instrument qui sert à taper. *Une tapette pour écraser les mouches.*

en **tapinois** **adv.** En cachette, en cherchant à cacher quelque chose. *Il fait ses coups en tapinois* (= sournoisement).
▸ REM. Ce mot appartient à la langue soutenue.
HISTOIRE DU MOT Vient de *se tapir.*

tapioca **n.m.** Poudre tirée de la racine du manioc, dont on fait des soupes et des bouillies.

1 **tapir** **n.m.** Mammifère d'Asie du Sud-Est et d'Amérique tropicale long de 2 m environ, bas sur pattes, et dont le museau se prolonge en une courte trompe. *Le tapir est herbivore.*

tapir et son petit

2 se **tapir** **tapissant, tapi v.pron.** (CONJUG. 16). Se blottir, se faire tout petit pour ne pas être aperçu. *Le lièvre se tapissait sous le buisson.* SYN. se cacher.

tapis **n.m.** ❶ Pièce de tissu assez épais posée sur le sol. *Un magnifique tapis persan ornait le salon. Un tapis de bain. La table de jeu est recouverte d'un tapis vert.* ❷ Ce qui recouvre une surface, un sol. *Le gazon formait un agréable tapis de verdure.* • **Revenir sur le tapis :** redevenir le sujet de la conversation.
HISTOIRE DU MOT Vient du grec *tapêtion* qui signifie « petite couverture ». Le mot est apparu lors des croisades, quand l'Occident a découvert les tapis orientaux.

tapisser **v.** (CONJUG. 3). ❶ Recouvrir un mur de tissu ou de papier peint. *Il nous reste à tapisser la chambre.* ❷ Recouvrir d'une couche moelleuse, comme un tapis. *Les feuilles mortes tapissaient le sol.* SYN. joncher.

tapisserie **n.f.** ❶ Panneau décoratif tissé au moyen de fils de laine de différentes couleurs et que l'on tend sur un mur ; tissu dont on recouvre un meuble (un fauteuil, une chaise). *La manufacture des Gobelins, à Paris, fabrique des tapisseries.* ❷ Tissu ou papier peint pour recouvrir les murs.

tapissier, ère **n.** Personne qui vend et qui pose des tissus d'ameublement.

tapoter **v.** (CONJUG. 3). Taper légèrement sur une surface avec les doigts ou avec un objet. *Paul tapotait sur la table avec un crayon.*

taquet **n.m.** Pièce de bois ou de métal servant de verrou, que l'on actionne pour ouvrir une porte, une grille, etc.

taquin, e **adj.** et **n.** Qui aime taquiner. *Rassure-toi, Arthur ne t'en veut pas, il sait que tu es taquin.* SYN. malicieux.
HISTOIRE DU MOT Vient d'un mot de l'ancien français *taquehain* qui signifiait « émeute ». Puis il a signifié « bandit » et, en perdant de sa force, « homme violent, querelleur ».

taquiner **v.** (CONJUG. 3). Ennuyer, contrarier quelqu'un sans méchanceté, par des piques, des plaisanteries. *Sophie ne peut pas s'empêcher de taquiner sa petite sœur.*

taquinerie **n.f.** Ce que l'on dit ou ce que l'on fait pour taquiner quelqu'un. *Loïc a mal pris mes taquineries.*

tarabiscoté, e **adj.** Compliqué, embrouillé chargé d'ornements inutiles. *Son écriture est tarabiscotée, j'ai du mal à la lire.*

tarabuster **v.** (CONJUG. 3). (Familier) ❶ Mener durement une personne, la harceler de reproches. ❷ Préoccuper, ennuyer vivement une personne. *Quelque chose me tarabuste dans cette histoire...* SYN. tracasser.

tarama **n.m.** Œufs de poisson pilés avec de la mie de pain, de l'huile d'olive et du citron, qu'on tartine généralement sur du pain et qui est une préparation d'origine grecque.

tard **adv.** ❶ À une heure avancée de la journée, à une époque avancée de la vie, de l'histoire. *Il est tard, allons nous coucher.* ❷ Alors que le moment prévu pour faire quelque chose est passé. *Tu arrives trop tard, le spectacle est fini.* • **Au plus tard :** en ne dépassant pas telle heure, telle date. *Je serai là à neuf heures au plus tard.*

tarder **v.** (CONJUG. 3). Mettre trop longtemps à venir ou à faire quelque chose. *Si tu tardes trop, il n'y aura plus rien à manger. J'ai tardé à vous répondre, veuillez m'en excuser.* • **Il me tarde de :** j'ai hâte de, j'attends avec impatience de. *Il me tarde de partir en vacances.* • **Ne pas tarder à :** être sur le point de. *Il ne va pas tarder à pleuvoir.* • **Sans tarder :** sans attendre plus longtemps. *Partons sans tarder* (= immédiatement).

tardif, ive **adj.** ❶ Qui arrive tard ou très tard. *Son intérêt pour la lecture est tardif, mais véritable.* ❷ Qui a lieu tard. *Rentrer à des heures tardives.* ❸ Qui fleurit ou mûrit plus tard que les autres. *Des rosiers tardifs.*

tardivement **adv.** De façon tardive. *Ce n'est que tardivement qu'il s'est intéressé à la peinture.*

1 **tare** **n.f.** ❶ Poids de l'emballage d'une marchandise. ❷ Poids que l'on met sur un des plateaux d'une balance pour l'équilibrer.
▸ REM. Ne pas confondre avec *tard.*
HISTOIRE DU MOT Vient de l'arabe *taraha* qui signifie « ôter, enlever » ; la tare est ce qu'on enlève pour obtenir le poids net.

2 **tare** **n.f.** Défaut physique ou mental qui existe dès la naissance. *Le cheval avait une tare : il boitait.*

taré, e **adj.** et **n.** ❶ Atteint d'une tare. ❷ (Familier) Imbécile.

tarentule n.f. Grosse araignée venimeuse de l'Europe méridionale.

HISTOIRE DU MOT Vient du nom de la ville de *Tarente*, en Italie du Sud, où cette araignée est commune.

tarentule

targette n.f. Petit verrou plat, fait d'une plaque qu'on fait coulisser avec un bouton pour fermer de l'intérieur une fenêtre ou une porte.

targette

se **targuer** targuant, targué v.pron. (CONJUG. 6). Se vanter, se glorifier d'avoir fait quelque chose. *Loïc se targue d'avoir résolu tout seul le problème.*
▸ REM. Ce mot appartient à la langue soutenue.

tarif n.m. ❶ Prix, fixé à l'avance, d'un service, d'un travail. *Quel est votre tarif pour faire cette traduction ?* ❷ Tableau indiquant le prix de différentes marchandises, de différents services.

HISTOIRE DU MOT Vient de l'italien *tariffa* que les Italiens ont emprunté aux Arabes, au XVIe siècle, lorsqu'ils faisaient du commerce avec eux.

tarification n.f. Fixation d'un tarif. *La nouvelle tarification des chemins de fer.*

tarir v. ou **se tarir** tarissant, tari v.pron. ❶ Pour une source, cesser de couler. *La source a tari.* SYN. s'assécher. *La source s'est tarie.* ❷ Pour la pensée, l'imagination, ne plus avoir de ressources. *Son imagination s'est tarie, il n'a plus d'idées.* • **Ne pas tarir :** ne pas cesser de dire des choses sur quelqu'un. *Il ne tarit pas d'éloges sur elle.*

tarissement n.m. Fait de se tarir. *Le tarissement d'une source.*

tarot n.m. Jeu de 78 cartes, plus longues que les cartes ordinaires et comportant des figures supplémentaires, qu'on utilise pour jouer ou pour faire de la divination. *Le tarot est le plus ancien jeu de cartes européen.*
▸ REM. Ce mot s'emploie au singulier et au pluriel : *une partie de tarot* ou *une partie de tarots*.

tartare adj. • **Steak tartare :** viande de bœuf hachée consommée crue avec un jaune d'œuf, des câpres, de l'oignon, des épices, etc. (On dit aussi *un tartare*.) • **Sauce tartare :** mayonnaise au goût relevé par de la moutarde, des épices, des fines herbes.

HISTOIRE DU MOT Vient des *Tartares*, car ces cavaliers des steppes de l'Asie centrale avaient l'habitude, dit-on, de manger la viande crue.

tarte n.f. Préparation culinaire faite d'une pâte que l'on recouvre de fruits ou de légumes et que l'on fait cuire au four. *Une tarte aux pommes. Une tarte aux poireaux.* • (Familier) **Tarte à la crème :** idée qu'on retrouve partout, qui n'a aucune originalité. ◆ **adj.** (Familier) Stupide, sans intérêt. *Ce film est vraiment tarte.*

tartelette n.f. Petite tarte pour une personne. *Une tartelette au citron.*

tartine n.f. Tranche de pain sur laquelle on étale du beurre, de la confiture, etc.

tartiner v. (CONJUG. 3). Étaler une couche de confiture, de beurre, etc., sur une tranche de pain, une biscotte, un biscuit, etc. *Lise tartine du beurre sur son pain.*

tartre n.m. ❶ Dépôt de calcaire, laissé par l'eau. *Le tartre s'est accumulé au fond de la cafetière électrique.* → VOIR **entartré.** ❷ Matière jaunâtre qui se dépose sur les dents. *Une bonne hygiène dentaire évite la formation du tartre.*

tartufe ou **tartuffe** n.m. Personne hypocrite qui essaie de se faire passer pour meilleure qu'elle n'est.

HISTOIRE DU MOT Vient de *Tartufo*, qui était un personnage hypocrite de la comédie italienne. Molière a écrit une pièce qui a pour titre *le Tartuffe*.

tas n.m. ❶ Amoncellement d'une matière. *Un tas de sable.* ❷ Monceau de choses posées en désordre les unes sur les autres. *Marie laisse traîner ses affaires en tas par terre.* • **Sur le tas :** sur le lieu même du travail, sans faire d'études. *Il a appris le métier de boulanger sur le tas.* • (Familier) **Un tas de** ou **des tas de :** beaucoup de. *Des tas de gens n'ont même pas de toit !*

tasse n.f. Petit récipient à anse dont on se sert pour boire ; ce qu'il contient. *Une tasse à café. Boire une tasse de thé.* • (Familier) **Boire la tasse :** lorsqu'on se baigne, avaler de l'eau sans le vouloir.

tasseau n.m. Chacune des pièces de bois servant à soutenir une étagère.

tassement n.m. Le fait de se tasser. *Il s'est produit à cet endroit un tassement du sol.* SYN. affaissement.

tasser v. (CONJUG. 3). ❶ Presser pour rendre plus compact, moins volumineux. *Paul tassait tranquillement le tabac dans sa pipe.* ❷ Rapprocher des choses, des personnes pour qu'elles prennent moins de place. *Tasse les valises, le panier rentrera !* ◆ **se tasser** v.pron. ❶ S'affaisser sur soi-même. *Le mur s'est tassé.* ❷ Se rapprocher les uns des autres pour prendre moins de place. *Nous nous sommes tassés sur la banquette arrière.* ❸ (Familier) Pour une personne âgée, se voûter. *Il s'est tassé avec l'âge.* ❹ (Familier) Pour une situation, redevenir normale. *Ne vous en faites pas, les choses vont finir par se tasser.*

tatami n.m. Tapis en paille de riz utilisé notamment dans la pratique des arts martiaux comme le judo ou le karaté.

HISTOIRE DU MOT C'est un mot japonais.

tâter v. (CONJUG. 3). ❶ Toucher de la main une chose, sans trop appuyer, pour en connaître la consistance, la texture. *Tâte ce velours et sens comme il est doux.* ❷ (Familier) Essayer quelque chose, en faire l'expérience. *Il a roulé sa bosse et tâté de tous les métiers.* • (Familier)

a b c d e f g h i j k l m n o p q r s t u v w x y z

Tâter le terrain : faire une proposition, sans insister, pour voir ce qu'une personne pense. *« Crois-tu que maman nous laissera aller au cinéma ? – Je vais aller tâter le terrain. »* ◆ **se tâter v.pron.** (Familier) Hésiter, se demander ce que l'on va faire, ne pas savoir exactement ce dont on a envie. *Je me tâte : vacances en France ou au Canada ?*

HISTOIRE DU MOT Vient du latin *taxare* qui signifie « toucher ».

tatillon, onne adj. (Familier) Qui est trop minutieux, qui accorde trop d'attention aux détails. *C'est un employé tatillon, il perd beaucoup de temps sur des choses sans importance.*

tâtonnement n.m. (Surtout au plur.) Fait de tâtonner. *Les tâtonnements d'un aveugle. Après bien des tâtonnements, l'enquête a fini par aboutir.*

tâtonner v. (CONJUG. 3). ❶ Toucher ce qui est autour de soi pour essayer de se repérer lorsqu'on n'y voit pas. *Loïc tâtonnait pour avancer dans la pièce plongée dans l'obscurité.* ❷ Faire des essais, chercher sans être sûr de la direction à prendre. *Pour l'instant, je tâtonne dans mes recherches, je n'ai pas encore vraiment commencé mon dossier.*

à tâtons adv. En tâtonnant. *Zoé cherchait à tâtons l'interrupteur dans le noir.*

tatou n.m. Mammifère d'Amérique tropicale, long de 30 cm sans la queue, au corps couvert de plaques osseuses, et dont certaines espèces peuvent se rouler en boule. *Les tatous se nourrissent de fourmis.*

tatou

tatouage n.m. Dessin ou inscription tatoués sur la peau. *Un magnifique tatouage représentant un crabe ornait la poitrine du matelot.*

tatouer v. (CONJUG. 3). Dessiner sur la peau au moyen de colorants ou de piqûres de telle sorte que le résultat ne puisse s'effacer. *Il s'était fait tatouer un dragon sur la poitrine.*

taudis n.m. Logement insalubre et misérable. *Le pauvre homme vivait dans un taudis humide, sans eau courante ni électricité.*

HISTOIRE DU MOT Vient de l'ancien français *se tauder* qui signifiait « se mettre à l'abri ».

taule n.f. → **tôle 2**

taupe n.f. Mammifère, long de 15 cm environ, dont les pattes avant, larges et fortes, lui permettent de creuser des galeries dans le sol, où il mange insectes et vers. *La taupe est presque aveugle.*

taupinière n.f. Sur un terrain, monticule de terre qui s'élève au-dessus de la galerie d'une taupe. *Il y a des taupinières sur son gazon !*

taureau n.m. ❶ Mâle de la vache, élevé pour la reproduction. → VOIR AUSSI **bœuf.** ❷ (Avec une majuscule.) *Signe du Taureau*, deuxième signe du zodiaque, qui commence le 22 avril et se termine le 21 mai. • **Cou de taureau :** cou très fort. • **Prendre le taureau par les cornes :** attaquer de front une difficulté.

ENCYCLOPÉDIE Cri : Le taureau mugit. Petit : le taurillon.

tauromachie n.f. L'art de combattre les taureaux dans l'arène. *La tauromachie est surtout populaire en Espagne, dans les pays d'Amérique latine de langue espagnole et dans le sud de la France.*

ENCYCLOPÉDIE Le taureau de combat est opposé à un *torero* (assisté de *picadors* et de *bandilleros*) qui, à l'aide d'une petite cape, la *muleta*, provoque l'animal. Il doit esquiver ses charges et le dominer, avant de le mettre à mort par un coup d'épée, l'*estocade*.

Tauromachie (Juan Barjola, 1982)

taux n.m. ❶ Prix fixé par un accord, une coutume, une loi. *À quel taux changez-vous les dollars ?* ❷ Quantité exprimée en pourcentage. *Le taux de natalité baisse dans les pays européens* (= le nombre de naissances par rapport à un groupe de 1 000 personnes). • **Taux d'intérêt :** pourcentage d'une somme prêtée qu'il faudra rembourser en plus. *Pour 100 euros empruntés à un taux annuel de 10 %, il faut rembourser 110 euros au bout d'un an.*

HISTOIRE DU MOT Vient de *taxer*.

taverne n.f. ❶ Autrefois, maison où l'on servait à boire aux clients. ❷ Aujourd'hui, nom donné à certains cafés ou restaurants à l'allure rustique.

taxage n.m. Au Québec, vol d'argent ou d'objet, accompagné de violence ou de menaces.

taxe n.f. Somme prélevée par l'État ou une collectivité sur la vente d'une marchandise ou d'un service. *Les taxes sur les carburants, les alcools. Un prix hors taxes, ou H.T., ne comprend pas les taxes ; le prix toutes taxes comprises, ou T.T.C., les comprend.* → VOIR AUSSI **T.V.A.**

taxer v. (CONJUG. 3). ❶ Soumettre à une taxe. *Le gouvernement taxe les carburants.* ❷ Accuser quelqu'un de quelque chose, lui reprocher un défaut. *Il m'a taxé d'hypocrisie !*

taxi **n.m.** Automobile conduite par un chauffeur et que l'on loue le temps d'un trajet. *Prendre un taxi.*

HISTOIRE DU MOT C'est l'abréviation de *taximètre* qui désignait d'abord le compteur qui permettait aux chauffeurs de calculer le prix de la course ; du grec *taxis* qui signifie « taxe ».

taxidermiste **n.** Personne dont le métier est d'empailler des animaux morts, de manière à leur conserver l'apparence de la vie.

tchador **n.m.** Voile couvrant la tête et l'ensemble du corps des femmes musulmanes, en particulier en Iran. → VOIR AUSSI **burqa, niqab.**

tchèque **adj.** et **n.** De la République tchèque. *Prague est la capitale tchèque.* ◆ **n.m.** Langue parlée dans la République tchèque et appartenant au groupe des langues slaves.
▸ REM. Quand il désigne une personne, le mot prend une majuscule : *une Tchèque, des Tchèques.*

te **pron. personnel.** Représente la 2e personne du singulier. *Sarah va te donner des consignes.* → VOIR **pronom** (encadré).
▸ REM. *Te* devient *t'* devant une voyelle ou un *h* muet : *Elle t'appelle, viens vite !*

té **n.m.** Règle de dessinateur qui a la forme d'un T.

technicien, enne **n.** Personne dont le métier est de pratiquer une technique, d'installer ou de réparer des machines, du matériel électronique, etc. *L'ordinateur est en panne, il faut appeler le technicien.*

1 **technique** **n.f.** ❶ Ensemble de méthodes, de moyens employés pour fabriquer un objet. *Il existe plusieurs techniques pour imprimer un texte.* ❷ Façon de procéder, d'agir pour arriver à un résultat. *Sa technique pour tester les candidats, c'est de leur poser des questions inattendues.*

HISTOIRE DU MOT Vient du grec *tekhnê* qui signifie « arts, industrie », l'art étant la façon de bien faire une chose.

2 **technique** **adj.** ❶ Qui concerne une technique, un métier. *Dans un lycée technique, on apprend un métier de l'industrie ou du commerce.* ❷ Qui concerne les machines, le matériel. *C'est un simple problème technique, appelez le technicien.* SYN. mécanique. ❸ Qui concerne les applications de la science dans la société. *Les transformations techniques sont de plus en plus rapides.* ❹ *Un mot technique*, c'est un mot qui ne s'emploie que dans un domaine particulier, dans un métier, une activité, par opposition à un mot de la langue courante.

techniquement **adv.** Du point de vue technique, en parlant de l'aspect matériel d'un problème. *Techniquement, votre projet est irréalisable.*

techno **adj.** et **n.f.** Style de musique qui utilise les nouvelles technologies, et qui est caractérisé par un rythme très rapide et répétitif.

HISTOIRE DU MOT Ce mot est l'abréviation de *technologie.*

ENCYCLOPÉDIE La musique techno est apparue aux États-Unis au milieu des années 1980.

technocrate **n.** Personne qui a de hautes fonctions dans l'État et qui prend ses décisions en pensant plus aux possibilités techniques ou économiques qu'aux besoins réels des gens concernés.

technologie **n.f.** ❶ Étude scientifique des outils, des machines et des techniques, surtout dans le domaine de l'industrie. ❷ Procédés techniques très élaborés. *Les nouvelles technologies du câble et de l'informatique.*

technologique **adj.** De la technologie. *Le commerce électronique est une révolution technologique.*

technopole **n.f.** Grand centre urbain, industriel et universitaire. *Grenoble est une technopole.*
▸ REM. On prononce [tɛknopɔl].

teck ou **tek** **n.m.** Arbre d'Asie du Sud-Est, au bois dur et imputrescible utilisé dans la construction navale et en menuiserie. *Un clou enfoncé dans du bois de teck ne rouille pas.*

HISTOIRE DU MOT Vient du portugais *teca*, lui-même emprunté à un mot d'une langue de l'Inde.

teckel **n.m.** Basset musclé, de petite taille, à poil ras et dur ou à poil long. *Le teckel est un excellent chien pour la chasse, notamment dans les terriers.*

tectonique **n.f.** Domaine de la géologie qui traite des déformations des roches. • **Tectonique des plaques :** théorie selon laquelle l'écorce terrestre est constituée de plaques qui se déplacent les unes par rapport aux autres, au cours des temps géologiques.

tee-shirt (PLUR. : **tee-shirts**) ou **T-shirt** (PLUR. : **T-shirts**), ✎ ***teeshirt*** **n.m.** Maillot ras du cou, sans col, en forme de T lorsqu'il est posé à plat.
▸ REM. On prononce [tiʃœrt].

HISTOIRE DU MOT C'est un mot anglais formé de *tee*, prononciation anglaise de « t », et *shirt* qui signifie « chemise ».

tégument **n.m.** Enveloppe de la graine d'une plante.

teigne **n.f.** ❶ Maladie du cuir chevelu et des poils due à un champignon microscopique et qui provoque la chute des cheveux ou des poils. ❷ (Familier) Nom que l'on donne à une personne hargneuse, méchante.

teigneux, euse **adj.** et **n.** (Familier) Méchant et agressif.

teindre **teignant, teint v.** (CONJUG. **49**). Donner une couleur, en faisant pénétrer la matière colorante. *Teindre un tissu en bleu.*

teint **n.m.** ❶ Aspect, coloris du visage. *Alice a le teint plutôt pâle, ce matin.* ❷ *Un tissu grand teint* résiste au lavage et à la lumière, et ne déteint pas.

HISTOIRE DU MOT Vient du latin *tinctus* qui signifie « teinture ».

teinte **n.f.** Nuance d'une couleur. *En automne, les érables ont de belles teintes rouges.*

teinter **v.** (CONJUG. **3**). Donner une teinte artificielle. *Nous avons teinté le parquet en brun foncé.*
▸ REM. Ne pas confondre avec *tinter.*

a b c d e f g h i j k l m n o p q r s t u v w x y z

A B C D E F G H I J K L M N O P Q R S T U V W X Y Z

teinture n.f. ❶ L'opération par laquelle on teint quelque chose. ❷ Liquide contenant une substance colorante qui permet de teindre un tissu, des cheveux.

teinturerie n.f. Boutique, entreprise où l'on peut faire nettoyer ou teindre des vêtements. *Déposer ses vêtements à la teinturerie.*

teinturier, ère n. Personne qui tient une teinturerie.

tel, telle adj. ❶ Semblable, pareil. *J'ai déjà vu de tels bateaux à la télévision.* ❷ Si grand, si important. *Il y a un tel désordre dans la chambre qu'on ne peut plus poser le pied par terre.* • **Tel que :** comme. *Il faut voir les choses telles qu'elles sont.* • **Tel quel :** dans le même état, sans rien changer. *Je te rends ta montre telle quelle, je n'ai pas eu le temps de la réparer.*

1 **télé** n.f. (Familier) Abréviation de *téléviseur* et de *télévision.*

2 **télé-** préfixe. Mot invariable tiré du grec qui signifie « loin ».

télécabine n.f. Téléphérique à un seul câble qui sert, en montagne, à transporter des personnes dans des petites cabines fixées au câble à intervalles réguliers.

Télécarte n.f. Carte à mémoire qui sert à obtenir une communication dans les cabines téléphoniques à carte. ▶ REM. 1. C'est un nom de marque, le mot prend une majuscule, en France, dans les textes imprimés. 2. Ce mot n'est pas employé au Canada.

télécommande n.f. Transmission d'une commande à distance ; appareil qui sert à commander une machine à distance. *La télécommande permet de changer de chaîne de télévision sans bouger de son fauteuil.*

télécommandé, e adj. Actionné à distance. *Étienne a une voiture télécommandée.*

télécommander v. (CONJUG. 3). Faire fonctionner, commander à distance à l'aide d'une télécommande. SYN. téléguider.

télécommunications n.f.plur. L'ensemble des moyens de communication à distance. *Le téléphone, le fax, la télévision, Internet, etc., font partie des télécommunications.*

télécopie n.f. Système électronique qui permet de copier un texte, un dessin et de le faire apparaître à distance, sur un autre appareil.

télécopieur n.m. Appareil qui permet la télécopie de documents. SYN. fax.

télédétection n.f. Technique qui permet d'observer et de surveiller la surface de la Terre au moyen d'images provenant d'avions, de satellites, etc.

téléfilm n.m. Film de fiction réalisé spécialement pour la télévision.

télégramme n.m. Message transmis à distance et livré ou téléphoné à son destinataire par la poste.

télégraphe n.m. Système de télécommunication qui permet de transmettre des messages écrits.

ENCYCLOPÉDIE En 1837, l'Américain Samuel Morse fit la première démonstration du télégraphe électrique.

télégraphier v. (CONJUG. 7). Envoyer un télégramme.

télégraphique adj. Qui sert à envoyer des télégrammes. *Un procédé télégraphique.* • **Style télégraphique :** façon de rédiger un texte de façon très concise, comme si on composait un télégramme.

télégraphiste n. Personne qui apportait les télégrammes à domicile.

téléguider v. (CONJUG. 3). Guider, diriger à distance. *Téléguider une voiture miniature.* SYN. télécommander.

téléobjectif n.m. Objectif qui permet de photographier ce qui est éloigné comme si on en était tout près. *On photographie au téléobjectif les animaux sauvages dont on ne peut s'approcher.*

télépathie n.f. Transmission de pensée d'une personne à une autre sans utiliser ni la parole, ni l'écriture, ni aucun signe.

HISTOIRE DU MOT Vient du grec *têle*, qui signifie « loin », et *pathos*, qui signifie « ce que l'on éprouve ».

téléphérique n.m. Moyen de transport composé d'une cabine ou d'une benne tirée par des câbles aériens tendus entre des pylônes. *Un téléphérique permet aux vacanciers d'aller au sommet admirer le panorama.* → VOIR AUSSI **télécabine.**

téléphone n.m. Moyen de communication qui permet de transmettre et de recevoir la parole à distance ; appareil qui permet cette transmission. *Téléphone sans fil. Téléphone portable.* • **Coup de téléphone :** appel téléphonique. SYN. (Fam.) coup de fil. • (Familier) **Téléphone arabe :** transmission d'une nouvelle de bouche à oreille. • **Téléphone intelligent :** ordiphone. • **Téléphone mobile** → VOIR **mobile.**

HISTOIRE DU MOT Vient du grec *têle*, qui signifie « loin », et *phonê*, qui signifie « voix ».

téléphoner v. (CONJUG. 3). Parler à quelqu'un par téléphone. *Je te téléphonerai ce soir pour savoir si tu as trouvé la solution.*

téléphonique adj. Du téléphone. *Il y a eu un appel téléphonique pour vous.*

téléroman n.m. Au Canada, feuilleton télévisé diffusé généralement en début de soirée. *« La famille Plouffe » a été le premier téléroman québécois.*

télescopage n.m. Action de télescoper ; fait de se télescoper.

télescope n.m. Instrument fait d'un long tube et d'un système optique, qui permet d'observer les astres. *L'astronome observe Jupiter avec son télescope.* → VOIR noms propres : **Hubble.**
▶ REM. Le *télescope* fonctionne avec des miroirs et non avec des lentilles comme la *lunette.*

HISTOIRE DU MOT Vient du grec *têle*, « loin », et *skopein*, « examiner, observer ».

télescoper v. (CONJUG. 3). Heurter avec un choc violent. *Le camion a télescopé la voiture arrêtée au feu rouge.* SYN. emboutir, percuter. ♦ **se télescoper** v.pron. Entrer en collision. *Deux trains se sont télescopés à la suite d'une erreur d'aiguillage.*

HISTOIRE DU MOT Vient de l'anglais *to telescope* qui signifie « replier des éléments qui s'emboîtent ».

télescopique adj. Dont les éléments s'emboîtent les uns dans les autres en coulissant. *On peut poser cet appareil photo sur un pied télescopique.*

télésiège n.m. Téléphérique fait d'un câble le long duquel sont suspendus des sièges, ce qui permet à des skieurs de monter au sommet d'une pente.

téléski n.m. Installation permettant aux skieurs de remonter une pente, skis aux pieds, en s'accrochant à un câble qui les tire. SYN. remonte-pente.

téléspectateur, trice n. Personne qui regarde la télévision. *De nombreux téléspectateurs ont regardé le film.*

télévisé, e adj. Transmis par la télévision. *Le journal télévisé.*

téléviseur n.m. Appareil qui permet de recevoir des émissions de télévision sur un écran. SYN. télévision, (Fam.) télé.

télévision n.f. ❶ Transmission, par câble ou par ondes, d'images et de sons. *Une station de télévision. Les chaînes de télévision.* ❷ L'ensemble des services qui travaillent à la réalisation et à la diffusion par télévision d'émissions ou de films. *Les techniciens de la télévision.* ❸ (Familier) Téléviseur.

HISTOIRE DU MOT Vient du grec *têle* qui signifie « loin » et de *vision*.

ENCYCLOPÉDIE La caméra de télévision enregistre des images en mouvement (25 ou 30 images par seconde) et les analyse, c'est-à-dire les découpe en multiples points. Chaque point devient un signal électrique qui est transmis au récepteur de télévision soit par ondes, soit par câble. Pour chaque élément d'image, trois signaux correspondent aux couleurs principales (bleu, rouge et vert). Le développement de la télévision numérique diffusée par voie hertzienne (*télévision numérique terrestre [T.N.T.]*) ou par câble a imposé le remplacement des téléviseurs analogiques.

télescope sur un trépied

télésièges

télex n.m. Service de communication à distance qui permet aux abonnés d'envoyer des messages dactylographiés à un récepteur qui les imprime.

HISTOIRE DU MOT C'est un mot anglais qui est l'abréviation de *tel(egraph) ex(change).*

tellement adv. De façon si intense. *Il a tellement plu que la terre est détrempée.* SYN. tant. *C'est tellement mignon ici !* SYN. si. *On a séparé Pauline et Julie, tellement elles sont bavardes.*

tellurique adj. Qui concerne la planète Terre. *Une secousse tellurique* (= un tremblement de terre).
▸ REM. On dit aussi *tellurien, enne.*

HISTOIRE DU MOT Vient du latin *tellus, telluris* qui signifie « terre ».

téméraire adj. Qui prend des risques inconsidérés, qui est trop audacieux. *C'est un garçon téméraire, il finira par se rompre le cou.* SYN. casse-cou, hardi. *Une entreprise téméraire.* SYN. hasardeux, risqué.

témérité n.f. Audace excessive et dangereuse. CONTR. prudence. « *Qui te rend si hardi de troubler mon breuvage ? / Dit cet animal plein de rage : / Tu seras châtié de ta témérité* » (*le Loup et l'Agneau*, La Fontaine).

témoignage n.m. ❶ Ce que dit une personne pour témoigner d'un fait, pour l'attester. *Son témoignage ne correspond pas à la version officielle des faits.* ❷ Ce qui témoigne de quelque chose. *Voici un cadeau, en témoignage de mon amitié.* SYN. gage, preuve. *Ce film est un témoignage sur notre époque.*

témoigner v. (CONJUG. 3). ❶ Dire devant un tribunal ce qu'on sait d'une personne, d'un événement. *Le chauffeur de taxi est venu témoigner* (= faire une déposition). ❷ Montrer un sentiment par ses paroles ou ses actions. *Il a témoigné une vive surprise en me voyant.* SYN. manifester. ❸ Être la preuve, le signe de quelque chose. *Cette lettre témoigne de sa gentillesse.* SYN. prouver, révéler.

témoin n.m. ❶ Personne qui a assisté à un événement et qui peut en témoigner, notamment devant un tribunal. *Armelle est le seul témoin de l'enlèvement du diplomate.* ❷ Personne qui assiste à un mariage pour pouvoir attester qu'il s'est déroulé dans les règles. *Les deux témoins ont signé le registre.* ❸ Dans une course

de relais, petit bâton que les coureurs se passent de main en main.
▸ REM. Au Canada, ce mot s'emploie aussi au féminin.

tempe **n.f.** Chacun des côtés gauche et droit du front. *Béatrice appuya sa tempe contre la vitre du compartiment et regarda défiler le paysage.*

tempérament **n.m.** Caractère permanent d'une personne qui influe sur sa manière de se comporter. *A-t-il un tempérament plutôt coléreux ou plutôt patient ?* SYN. nature. • **À tempérament :** en échelonnant les paiements. *Alain a acheté sa chaîne hi-fi à tempérament* (= à crédit).

HISTOIRE DU MOT Vient du latin *temperare* qui signifie « combiner des éléments différents dans de justes proportions », que l'on retrouve dans *tempérer.*

tempérance **n.f.** Le fait de boire modérément. *La tempérance est recommandée aux automobilistes.* SYN. sobriété.

température **n.f.** ❶ Degré de chaleur d'un lieu, d'une matière, d'une chose. *Faites chauffer le four pour qu'il atteigne une température de 700 °C. Vérifier la température de l'eau du bain.* ❷ Degré de chaleur du corps humain. *Avoir de la température* (= avoir de la fièvre).

tempéré, e **adj.** *Un climat tempéré* n'est ni trop chaud ni trop froid. *Le climat tempéré se distingue par la succession de quatre saisons.* → VOIR Fiche **34.**

tempérer **v.** (CONJUG. 9, ✎ *10*). Réduire l'intensité de quelque chose. *Il faudrait qu'il tempère son agressivité.* SYN. atténuer, modérer.

tempête **n.f.** ❶ Vent très violent accompagné de pluie ou de neige qui souffle sur la terre ou sur la mer. *Le bateau a été précipité sur les rochers par la tempête.* SYN. ouragan, tornade. *Au Canada, il y a souvent de grosses tempêtes de neige.* ❷ *Une tempête de cris, d'applaudissements,* c'est le bruit violent que fait une foule qui se met brusquement à crier, à applaudir. *L'apparition du chanteur déchaîna une tempête d'acclamations.* SYN. explosion.

le Navire dans la ***tempête*** (Henri Rousseau, dit le Douanier Rousseau, 1896)

tempêter **v.** (CONJUG. 3). S'emporter et manifester sa colère. *Pierre tempête contre tout le monde.* SYN. fulminer.

temple **n.m.** ❶ Édifice religieux consacré au culte d'une divinité. *Un temple grec. Un temple bouddhiste.* ❷ Lieu du culte protestant.

tempo **n.m.** En musique, vitesse, mouvement d'un morceau. *« Allegro » est une indication de tempo.*

HISTOIRE DU MOT C'est un mot italien qui signifie « temps ».

temporaire **adj.** ❶ Qui ne dure qu'un moment. *Une interruption temporaire de courant.* SYN. momentané, provisoire. CONTR. définitif. ❷ *Un travail temporaire,* c'est un travail de courte durée que l'on fait pour remplacer quelqu'un ou quand une entreprise a besoin de travailleurs supplémentaires. SYN. intérimaire.

temporairement **adv.** De façon temporaire, pour un certain temps. *L'accès direct est temporairement fermé.* SYN. provisoirement. CONTR. définitivement.

temporel, elle **adj.** ❶ Du temps. *Une évolution temporelle.* ❷ Qui concerne les choses matérielles, la vie terrestre. *La richesse, la gloire sont des biens temporels.* SYN. matériel. CONTR. spirituel.

temporiser **v.** (CONJUG. 3). Remettre à plus tard dans l'espoir que des circonstances plus favorables se présenteront. *Julien a perdu sa montre et il temporise pour l'annoncer à son père.* SYN. tergiverser.

1 temps **n.m.** ❶ Durée ininterrompue au cours de laquelle les événements se succèdent. *Avec le temps, le présent devient le passé et on oublie les grands chagrins. Le temps passe vite en vacances.* ❷ Durée que l'on peut mesurer. *Combien de temps faut-il pour aller à la gare ?* → VOIR encadré ci-contre et Fiche **18.** ❸ Chacune des étapes successives d'une action. *J'ai monté ma maquette en deux temps.* SYN. phase, stade. ❹ Moment marqué par telle activité, telle caractéristique. *C'est bientôt le temps des vendanges.* SYN. époque, saison. *Je n'aimerais pas revenir au temps du cinéma muet.* SYN. époque, période. ❺ En musique, chacune des divisions de la mesure. *Une valse à deux temps, à trois temps.* ❻ En grammaire, forme du verbe qui indique le moment où a lieu l'action par rapport au moment où l'on parle. *Les trois temps principaux sont le passé, le présent et le futur.* → VOIR Fiche **6.** • **À temps :** au moment voulu, pas trop tard. • **Dans le temps :** autrefois. • **De temps en temps :** quelquefois. • **De tout temps :** toujours. *De tout temps l'homme a rêvé de conquérir l'espace.* • **En même temps :** au même moment. *Aline et Casimir ont trouvé la réponse en même temps.* SYN. simultanément. • **Il est temps de :** le moment est venu de. *Il est temps de te lever* (= il est l'heure). ◆ **n.m.plur.** L'époque dans laquelle on vit. *Les temps sont durs pour les chômeurs. Beaucoup d'enfants savent se servir d'un ordinateur, c'est un signe des temps* (= une caractéristique de notre époque).
▸ REM. Au mot *temps* correspond l'élément tiré du grec *chrono-* que l'on retrouve dans *chronologie, chronomètre.*

A B C D E F G H I J K L M N O P Q R S T U V W X Y Z

Mesure du temps

seconde (s)			
minute (min)	1 minute	=	60 secondes
heure (h)	1 heure	=	60 minutes
		=	3 600 secondes
jour	1 jour	=	24 heures
semaine	1 semaine	=	7 jours
mois*	1 mois	=	30 jours
an**	1 an	=	12 mois
		=	52 semaines et 1 jour
		=	365 jours

* Le mois de février a 28 jours (29 jours les années bissextiles). Les mois de janvier, mars, mai, juillet, août, octobre et décembre ont 31 jours.
** Une année bissextile dure 366 jours. Dix ans font une *décennie*, cent ans un *siècle*, mille ans un *millénaire*. La mesure du temps en heures, minutes et secondes appartient au système sexagésimal.
→ VOIR AUSSI **unités* de mesure.**

2 temps **n.m.** Les conditions météorologiques à un moment donné. *Le beau temps s'installe sur le pays. Le temps se gâte.*

tenable **adj.** • **Ce n'est pas tenable :** c'est insupportable. *Il fait trop froid dans ce bureau, ce n'est pas tenable.*

tenace **adj.** ❶ Qui persévère dans ce qu'il fait. *Audrey est tenace, elle cherchera jusqu'à ce qu'elle ait trouvé la solution.* SYN. acharné, opiniâtre. CONTR. velléitaire, versatile. ❷ Qui est difficile à faire disparaître. *Les taches de cambouis sont tenaces.* SYN. indélébile, ineffaçable.

HISTOIRE DU MOT Vient du latin *tenax*, de *tenere* qui signifie « tenir ».

ténacité **n.f.** Le caractère d'une personne tenace. *Florent a fait preuve de ténacité pour mener à bien son projet.* SYN. persévérance.

tenailles **n.f.plur.** Pince aux extrémités plates ou coupantes qui sert à saisir ou à sectionner. *Arracher un clou, couper un fil de fer avec des tenailles.*

HISTOIRE DU MOT Vient du latin *tenere* qui signifie « tenir ».

tenailler **v.** (CONJUG. 3). Se faire sentir vivement, faire souffrir. *La faim tenaillait les malheureux fugitifs.* SYN. tourmenter.

tenancier, ère **n.** Personne qui tient un café, un hôtel, etc.

1 tenant, e **n.** La personne ou l'équipe qui détient un titre de champion. *Depuis trois ans, il est le tenant du titre.*

2 tenant **n.m.** • **D'un seul tenant :** d'une seule pièce. *Émilie a acheté dix mètres de tissu d'un seul tenant.* • **Les tenants et les aboutissants d'une affaire :** ses origines et ses conséquences, tout ce qui s'y rattache.

tendance **n.f.** ❶ Caractère plus ou moins permanent qui pousse à agir toujours de la même façon. *Lise a tendance à manger trop de sucreries.* SYN. inclination, penchant, propension. ❷ Ce vers quoi tend une situation ; tournure que prennent les choses. *La tendance est à la reprise de l'activité économique.* SYN. orientation. ❸ Mouvement de pensée à l'intérieur d'un groupe. *Tendance socialiste.*

tendancieux, euse **adj.** Qui ne respecte pas l'objectivité. *Ce journaliste a écrit des articles tendancieux.* SYN. partial, orienté. CONTR. objectif.

tendeur **n.m.** Fort élastique muni d'un crochet à chaque bout et qui sert à maintenir des objets sur une bicyclette, sur la galerie d'une voiture, etc.

tendinite **n.f.** Inflammation douloureuse d'un ou de plusieurs tendons. *Pascale a une tendinite à l'épaule.*

tendon **n.m.** La partie d'un muscle qui s'amincit pour venir se fixer sur l'os. • **Tendon d'Achille :** tendon qui permet la fixation des muscles du mollet aux os du talon.

1 tendre **adj.** ❶ Qui peut être facilement coupé, entamé, mâché. *Une escalope tendre.* CONTR. coriace, dur. ❷ Qui est plein de douceur et d'amour. *Il caressa la joue de son enfant d'un geste tendre.* SYN. affectueux. • **L'âge tendre** ou **la tendre enfance :** la première jeunesse, la petite enfance. ◆ **n.** Personne qu'on peut facilement émouvoir, qui est sensible aux problèmes des autres. *Kevin est un tendre.*

HISTOIRE DU MOT Vient du latin *tener* qui signifie « délicat, frêle, jeune ».

2 tendre **tendant, tendu v.** (CONJUG. 46). ❶ Tirer sur quelque chose pour l'allonger ou le rendre droit. *Paul a tendu une corde entre les deux arbres pour étendre le linge.* ❷ Présenter quelque chose en avançant la main pour le donner. *Laurence tend son cahier à la maîtresse. Il m'a tendu la main et m'a dit bonjour.* ❸ Prendre une tournure particulière. *La situation tend à devenir inquiétante* (= avoir tendance). • **Tendre l'oreille :** écouter avec attention. • **Tendre un piège :** disposer un piège pour un animal ; et, au sens figuré, préparer un piège dans lequel doit tomber une personne. ◆ **se tendre** **v.pron.** Devenir tendu, crispé. *La situation se tend entre les deux pays.*

HISTOIRE DU MOT Vient du latin *tenere* qui signifie « tenir ».

tendrement **adv.** Avec tendresse. *Elle regardait tendrement son enfant empiler des cubes.*

tendresse **n.f.** Sentiment de douce affection qui se manifeste par des gestes tendres, des paroles tendres. *Grand-mère a beaucoup de tendresse pour ses petits-enfants.* SYN. affection, amour.

tendreté **n.f.** Qualité d'une viande tendre.

tendu, e **adj.** ❶ *Une personne tendue* est nerveuse et crispée. *Anita est tendue à la veille de l'examen.* CONTR. décontracté, détendu. ❷ *Une situation tendue* est arrivée à un point critique qui peut déboucher sur un conflit.

a b c d e f g h i j k l m n o p q r s t u v w x y z

ténèbres **n.f.plur.** L'obscurité profonde, la nuit. *Nous avancions à tâtons dans les ténèbres.* SYN. noir.
▸ REM. Ce mot appartient à la langue littéraire.

ténébreux, euse **adj.** ❶ Plongé dans les ténèbres. *Le groupe s'avança dans la forêt ténébreuse.* SYN. obscur, sombre. ❷ Difficile à comprendre et un peu effrayant. *Le commissaire dit que c'est une affaire ténébreuse.* SYN. mystérieux.
▸ REM. Ce mot appartient à la langue littéraire.

teneur **n.f.** ❶ La quantité d'une substance contenue dans un mélange. *Quelle est la teneur en fer de ce minerai ?* ❷ Le contenu exact d'un texte. *Le gouvernement analyse la teneur du traité.*

ténia **n.m.** Ver plat qui vit en parasite dans l'intestin des mammifères, et qui peut atteindre une longueur de plusieurs mètres. *Le ténia peut s'attraper en absorbant certaines viandes crues ou pas assez cuites.* (On l'appelle aussi *ver solitaire.)*

HISTOIRE DU MOT Vient du latin *taenia* qui signifie « bandelette » ; ce ver a en effet la forme d'un long ruban.

tenir **tenant, tenu v.** (CONJUG. **20**). ❶ Serrer quelque chose dans sa main ou quelqu'un dans ses bras pour l'empêcher de tomber, de s'échapper, etc. *Tiens bien le marteau quand tu tapes ! Je le tiens, il ne s'échappera plus.* ❷ Rester dans une position, garder une attitude. *Petit Pierre tient à peine debout.* ❸ Rentrer, être contenu dans un espace, une durée. *Les bagages ne tiendront pas dans le coffre.* ❹ Conserver, garder dans un endroit ou dans un état. *Ce médicament est à tenir à l'abri de la lumière.* SYN. maintenir. ❺ S'occuper d'un commerce. *Elle tenait un petit café, place de la Gare.* ❻ Respecter un engagement, faire ce qu'on avait dit. *Tenir une promesse.* ❼ Penser que quelqu'un a telle caractéristique. *On le tenait pour sérieux jusque-là.* ❽ Avoir obtenu, appris quelque chose de quelqu'un. *Je tiens cette information de mon grand-père.* ❾ Être attaché à quelqu'un ou à quelque chose, leur accorder de l'importance. *Elle tenait énormément à son chat.* ❿ Avoir pour cause, être provoqué par quelque chose. *Souvent, une maladie tient à peu de chose.* ⓫ Résister. *Tu crois que la corde va tenir si l'on monte à deux ? Je ne tiendrai jamais cinq heures sans boire par cette chaleur.* • **Être tenu de :** être obligé de. *Vous n'êtes pas tenu de me répondre.* • **Tenir bon :** ne pas abandonner, ne pas céder. • **Tenir tête :** s'obstiner à résister à quelqu'un. ◆ **se tenir v.pron.** ❶ Prendre appui. *Benjamin se tient à la rampe.* SYN. se retenir. ❷ Se saisir l'un l'autre. *Pauline et Bérénice se tiennent par la main.* ❸ Rester dans tel état. *Tiens-toi droit. Tenez-vous tranquilles, les enfants !* ❹ Avoir lieu. *La réunion se tiendra à l'école à 20 heures.* • **S'en tenir à quelque chose :** se contenter de quelque chose. *Elle s'en tient à ce qu'on lui dit de faire et n'en fait jamais plus.*

tennis **n.m.** Sport qui se joue avec des raquettes et une balle que les joueurs s'envoient de part et d'autre d'un filet. • **Tennis de table :** ping-pong. ◆ **n.m.plur.** Chaussures plates et basses en toile et à semelle de caoutchouc.

HISTOIRE DU MOT C'est un mot anglais qui vient de l'ancien français *tenez*, mot que prononçait le joueur qui lançait la balle au jeu de paume.

service au **tennis**

tenon **n.m.** Pièce taillée pour pouvoir s'ajuster à un trou, la mortaise, percé dans une autre pièce avec laquelle elle doit être assemblée.

ténor **n.m.** Voix d'homme haute, aiguë ; le chanteur qui a cette voix. *Dans l'opéra, les ténors incarnent souvent les jeunes héros.*

tension **n.f.** ❶ État de ce qui a été tendu. *La tension d'un ressort.* ❷ État d'une personne tendue, nerveuse. *Il est dans un état de tension permanente.* SYN. nervosité. ❸ Désaccord, hostilité entre des personnes, des États. *La tension dans cette région du monde augmente.* ❹ Pression du sang sur la paroi des artères. *Une chute de tension brutale peut provoquer un malaise.*

tentaculaire **adj.** Qui s'étend, se développe dans toutes les directions. *Une ville tentaculaire.*

tentacule **n.m.** Appendice souple et mobile muni de ventouses dont se servent certains mollusques pour capturer des proies ou se déplacer. *Les tentacules de la pieuvre, du calmar.*
▸ REM. Ce mot est du masculin.

HISTOIRE DU MOT Vient du latin *tentare* qui signifie « tâter, toucher » ; les tentacules sont l'organe du toucher.

tentacules d'une anémone de mer

tentant, e **adj.** Qui fait envie. *Une semaine au Portugal ? c'est tentant.* SYN. attirant, séduisant.

tentation **n.f.** ❶ Tout ce qui tente, attire quelqu'un, lui fait envie. *J'ai eu du mal à résister à la tentation de finir les chocolats.* SYN. désir, envie. ❷ Attrait pour quelque chose de défendu. *Succomber à la tentation.*

tentative **n.f.** Ce qu'on fait pour essayer d'obtenir un résultat. *Après plusieurs tentatives, elle a dû abandonner.* SYN. essai.

HISTOIRE DU MOT Vient du latin *tentativa*, « épreuve universitaire ».

tente **n.f.** Abri en toile que l'on installe en plein air. *Les nomades déplacent leur tente dans le désert. Les campeurs montent leur tente.*
▸ REM. Ne pas confondre avec *tante.*

HISTOIRE DU MOT Vient du latin *tendere* qui signifie « tendre ».

tenter **v.** (CONJUG. **3**). ❶ Faire un essai, avec l'intention d'arriver à un résultat. *La prisonnière a tenté de s'échapper.* SYN. essayer. → VOIR **tentative.** ❷ Pousser, inciter à faire ce qui est interdit. *La Genèse dit que le serpent a tenté Ève.* → VOIR **tentation.** ❸ Faire envie à quelqu'un, lui plaire. *Cette tartelette aux fraises me tente.* SYN. attirer. → VOIR **tentant.**

HISTOIRE DU MOT Vient du latin *temptare* ou *tentare* qui signifie « tâter, toucher ».

tenture **n.f.** Tissu qui garnit une fenêtre, une porte, un mur. *Une tenture de velours rouge camoufle la porte d'entrée.*

tenu, e **adj.** Qui est entretenu, dont on s'occupe. *Sa maison est bien tenue. Ses cahiers sont mal tenus.* → VOIR **tenir.**

ténu, e **adj.** Extrêmement mince, très fin. *Les fils ténus d'une toile d'araignée.*

tenue **n.f.** ❶ Façon de se tenir, de se comporter. *On nous a félicités pour notre bonne tenue pendant la visite* (= sagesse). ❷ Vêtements que l'on porte dans certains métiers, dans certaines circonstances. *Une tenue de soirée.* SYN. habit. *Une tenue de sport.* • **En petite tenue :** peu vêtu. • **Tenue de route :** qualité d'une voiture, d'un camion, etc., qui gardent bien leur trajectoire sur la route.

ter **adv.** Indique que le même numéro est utilisé trois fois, et permet de distinguer le troisième du premier et du deuxième. *Céline habite au 8 ter de la rue de la Gare.*
▸ REM. On prononce [tɛr].

HISTOIRE DU MOT C'est un mot latin qui signifie « trois fois ».

tercet **n.m.** En poésie, strophe de trois vers. *Un sonnet est composé de deux quatrains et de deux tercets.*

HISTOIRE DU MOT Vient de l'italien *terzo* qui signifie « tiers ».

térébenthine **n.f.** • **Essence de térébenthine :** essence extraite de la résine du pin et dont on se sert pour dissoudre des graisses, fabriquer des vernis, délayer des peintures, etc.

Tergal **n.m.** Nom d'une fibre synthétique qui ne se froisse pas. *Un costume en Tergal.*
▸ REM. C'est un nom de marque, le mot prend une majuscule, en France, dans les textes imprimés.

tergiversations **n.f.plur.** Action de tergiverser. *Devant les tergiversations de Léo, nous avons décidé de tout organiser nous-mêmes.* SYN. atermoiements, hésitations.

tergiverser **v.** (CONJUG. **3**). Utiliser des moyens détournés et des faux-fuyants pour ne pas répondre ou ne pas prendre de décision. *Tu ne peux plus tergiverser, c'est oui ou c'est non.* SYN. hésiter, temporiser.

HISTOIRE DU MOT Vient du latin *tergiversari* qui signifie « tourner le dos ».

1 terme **n.m.** Mot qui représente une réalité précise ou qui appartient à un domaine spécialisé. *Essayez d'employer le terme exact. Il y a de nombreux termes anglais dans le langage de l'informatique.* SYN. vocable. • **En d'autres termes :** en disant les choses autrement. • **Être en bons, en mauvais termes avec quelqu'un :** entretenir avec lui des relations cordiales, tendues.
▸ REM. Ne pas confondre avec *thermes.*

HISTOIRE DU MOT Vient du latin *terminus* qui signifie « expression ».

2 terme **n.m.** ❶ Fin. *Il faut mettre un terme à toute cette violence* (= la faire cesser). ❷ Délai fixé pour faire quelque chose. *Passé ce terme, la somme sera majorée de 10 %.* • **À court terme** ou **à long terme :** à courte, à longue échéance. *Faire des prévisions à court terme. La banque accorde des prêts à long terme pour l'achat d'un appartement.* • **À terme** ou **avant terme :** à la date prévue, avant la date prévue. *Madame Versac a accouché à terme. Le bébé est né avant terme* (= il est prématuré).
▸ REM. Ne pas confondre avec *thermes.*

HISTOIRE DU MOT Vient du latin *terminus* qui signifie « borne » mais aussi « limite, fin ».

terminaison **n.f.** Partie finale d'un mot, qui s'ajoute au radical. *La terminaison des verbes du premier groupe est « -er ».* SYN. désinence.

1 terminal, ale, aux **adj.** Qui constitue l'extrémité, la fin de quelque chose. *La phase terminale d'une maladie.* SYN. final. ◆ **terminale** **n.f.** En France, dernière classe de l'enseignement secondaire au cours de laquelle se prépare le baccalauréat.

2 terminal **n.m.** (PLUR. : **terminaux**). ❶ Ordinateur relié à l'ordinateur central. ❷ Appareil qui permet l'accès à distance à un système informatique. ❸ Gare située en ville, qui sert de point de départ et d'arrivée aux passagers d'un aéroport. *Une navette relie l'aéroport au terminal.*

terminer **v.** (CONJUG. **3**). ❶ Finir de faire quelque chose. *Avez-vous terminé la première partie de l'exercice ?* SYN. achever. *Alain n'a pas terminé sa période d'essai* (= il n'a pas accompli toute la période exigée). ❷ Placer à la fin de quelque chose. *Terminer un repas par des pâtisseries.* ◆ **se terminer** **v.pron.** ❶ Prendre fin. *Le film s'est terminé à vingt-deux heures.* ❷ Avoir telle fin. *Les phrases se terminent par un point. L'affaire s'est mal terminée.*

terminus **n.m.** Dernier arrêt sur une ligne d'autobus ou de train. *Terminus ! tout le monde descend !*
▶ REM. On prononce le -s.

termite **n.m.** Insecte ailé qui se nourrit de bois et vit en société. *Un plancher rongé par les termites.*
▶ REM. Ce mot est du masculin.

HISTOIRE DU MOT Vient du latin *termes, termitis* qui signifie « ver rongeur ».

ENCYCLOPÉDIE Les termites vivent dans des sociétés composées d'un roi, d'une reine, d'ouvriers et de soldats. La reine possède un énorme abdomen, qui peut mesurer 15 cm de long. Elle peut pondre 10 000 œufs par jour. Les ouvriers assurent la construction de la termitière et apportent la nourriture, et les soldats sont chargés de défendre le nid, notamment contre un ennemi implacable : les fourmis.

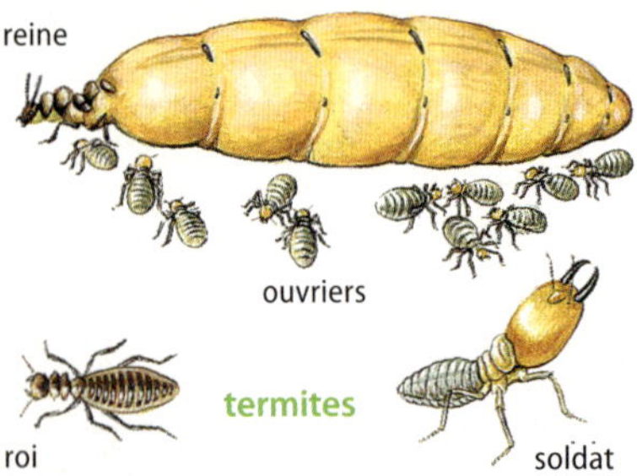

termites

termitière **n.f.** Nid de termites, qui peut atteindre plusieurs mètres de haut et qui se prolonge dans le sol par de nombreuses galeries. *Une termitière peut contenir jusqu'à deux millions de termites.*

ternaire **adj.** Qui est composé de trois éléments. *Un rythme ternaire* (= à trois temps).

terne **adj.** ❶ Qui a peu d'éclat, dont les couleurs ne brillent pas. *Les couleurs deviennent ternes au soleil.* SYN. délavé, pâle. CONTR. brillant. ❷ Qui manque d'intérêt, de vivacité. *Un récit terne.* SYN. fastidieux, insipide. CONTR. pittoresque. *Un élève terne.* SYN. falot. CONTR. brillant.

ternir **ternissant, terni v.** (CONJUG. 16). ❶ Faire perdre de son éclat, rendre terne. *Le soleil a terni les couleurs du tapis.* SYN. décolorer. *Les couleurs ternissent au soleil.* SYN. passer. ❷ Rendre moins honorable, moins pur. *Ses ennemis veulent ternir sa réputation.* SYN. entacher, flétrir.

terrain **n.m.** ❶ Terre, sol considérés du point de vue de leurs caractéristiques. *Ici, le terrain est plutôt marécageux.* ❷ Parcelle de terre. *Acheter un terrain pour construire une maison.* ❸ Lieu aménagé pour une activité précise. *Un terrain de camping. Un terrain d'aviation.* • **Terrain d'entente :** compromis satisfaisant trouvé par des personnes ou des groupes qui s'opposaient. • **Tout-terrain :** VOIR à son ordre alphabétique.

HISTOIRE DU MOT Vient du latin *terrenus* qui signifie « formé de terre ».

cultures en **terrasses** (rizières, Viêt Nam)

terrasse **n.f.** ❶ Plate-forme en plein air sur laquelle ouvre une pièce d'une maison. *La porte-fenêtre du salon ouvre sur une terrasse. Nous avons dîné sur la terrasse.* ❷ Prolongement d'un café, d'un restaurant sur une partie du trottoir. ❸ Terre-plein horizontal aménagé sur la pente d'une colline et maintenu par un mur de soutènement. *Culture en terrasses.*

HISTOIRE DU MOT Vient du provençal *terrassa*, du latin *terra*, « terre ».

terrassement **n.m.** Ensemble des travaux par lesquels on modifie le relief d'un terrain. *Les pelles mécaniques ont commencé les travaux de terrassement.*

terrasser **v.** (CONJUG. 3). ❶ Faire tomber à terre un adversaire, le vaincre définitivement. *Le judoka a terrassé son adversaire.* SYN. renverser. ❷ *Être terrassé par une maladie*, c'est être soudain abattu, ou emporté par cette maladie.

terrassier **n.m.** Ouvrier qui fait des travaux de terrassement.
▶ REM. Au Canada, la forme féminine de ce mot est *terrassière*.

terre **n.f.** ❶ (Avec une majuscule.) La planète du Système solaire sur laquelle vit l'humanité. *Les astronautes voient la Terre depuis l'espace.* → VOIR Fiche **52.** ❷ L'ensemble des parties habitées de la planète, l'ensemble des hommes qui y vivent. *Elle avait envie de dire à la terre entière qu'elle était amoureuse.* SYN. monde. ❸ La partie solide de la surface de cette planète, par opposition aux *océans*. *Les marins aperçurent une terre au loin* (= la terre ferme). ❹ Étendue de terrain. *Sa famille possède une terre en Bretagne.* SYN. propriété. ❺ Matière qui forme la couche supérieure de notre planète, sur laquelle poussent les végétaux et que l'on peut cultiver. *Planter un rosier dans la terre. Une terre fertile.* SYN. sol. ❻ Cette matière utilisée pour façonner des objets. *Un pot en terre cuite.* • **Par terre :** sur le sol. *S'asseoir par terre.* • **Terre à terre :** qui ne se préoccupe que de la vie matérielle, qui n'est ni sensible ni romantique. *Revenons à des considérations plus terre à terre.* SYN. prosaïque. • **Terre promise :** dans la Bible, pays où pourraient vivre les Hébreux, selon la promesse faite

A B C D E F G H I J K L M N O P Q R S T U V W X Y Z

par Dieu à Abraham ; et, au sens figuré, lieu où l'on s'imagine que la vie sera plus facile.
▸ REM. 1. Au mot *terre* correspond l'élément tiré du grec *géo-* que l'on retrouve dans *géologie, géographie*, etc. 2. Ne pas confondre l'expression *par terre* (en deux mots) et le nom *parterre*.

ENCYCLOPÉDIE La Terre est divisée en trois zones concentriques : la croûte, le manteau et le noyau. La croûte a, sous les continents, 30 à 40 km d'épaisseur, et 5 à 10 km sous les océans. Le manteau est solide, le début du noyau est liquide mais son centre, nommé la graine, est à nouveau solide. C'est en étudiant la vitesse de propagation des ondes sismiques lors des tremblements de terre que l'on s'aperçoit qu'en s'enfonçant dans l'écorce terrestre, les ondes ralentissent ou accélèrent selon la zone qu'elles traversent.

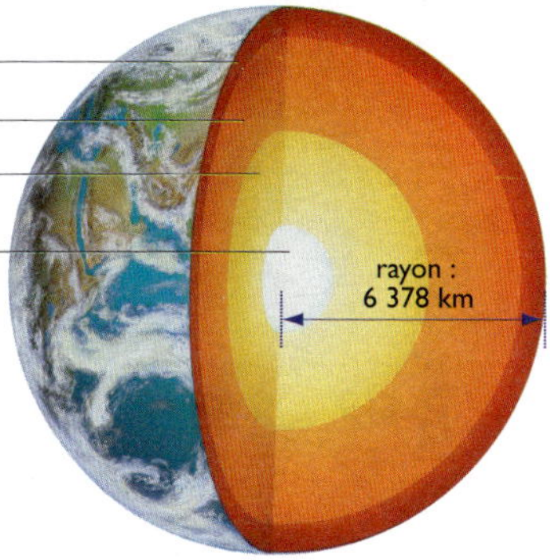

structure interne de la **Terre**

terreau **n.m.** Terre mélangée à des matières végétales ou animales décomposées. *Le terreau est très fertile.* SYN. humus.

terre-neuve **n.m.invar.** Gros chien au poil long très noir, doué d'un instinct de sauvetage. *Le terre-neuve se jette à l'eau lorsqu'il voit une personne se noyer.*

HISTOIRE DU MOT Vient du nom de l'île de *Terre-Neuve* d'où ce chien est originaire.

terre-plein (PLUR. : **terre-pleins**), ✎ ***terreplein*** **n.m.** Masse de terre rapportée à un endroit pour surélever le terrain ; bande gazonnée qui sépare les deux côtés d'une route, d'une autoroute. *On a planté des arbustes sur le terre-plein central de l'autoroute.*

se **terrer** **v.pron.** (CONJUG. **3**). Se cacher quelque part et ne plus en sortir. *Le fugitif se terre dans une maison abandonnée.*

terrestre **adj.** ❶ De la Terre. *L'écorce terrestre. L'orbite terrestre.* ❷ Qui vit sur la terre et non dans les airs ni dans la mer. *L'éléphant est un animal terrestre.* CONTR. aérien, aquatique, maritime.

terreur **n.f.** ❶ Très grande peur qui empêche de réagir. *On entendit un hurlement qui nous emplit de terreur.* SYN. effroi, épouvante, frayeur. ❷ Utilisation systématique de la violence et de la répression pour inspirer la peur. *Le dictateur faisait régner la terreur dans l'île.*

HISTOIRE DU MOT Vient du latin *terror* que l'on retrouve dans *terroriser.*

terreux, euse **adj.** ❶ Couvert de terre, sali par la terre. *Quand papa a jardiné, il a les mains terreuses.* ❷ Qui a la couleur grisâtre de la terre. *La maladie lui donnait un teint terreux.* SYN. blafard, blême.

terrible **adj.** ❶ Très violent, très intense ; difficile à supporter. *Ce tremblement de terre fut une catastrophe terrible.* SYN. effrayant, épouvantable, horrible, terrifiant. *Le marteau piqueur fait un bruit terrible.* SYN. affreux, épouvantable. ❷ Insupportable, avec qui l'on a du mal à vivre. *Leurs enfants étaient terribles ce soir.* SYN. turbulent. CONTR. sage. ❸ (Familier) Qui sort de l'ordinaire. *Son dernier clip est terrible.* SYN. extraordinaire, fantastique.

terriblement **adv.** Beaucoup, énormément. *Elle a terriblement grandi ! J'ai terriblement soif.* SYN. extrêmement.

1 **terrien, enne** **adj.** et **n.** Qui concerne le travail des champs, la vie à la campagne. *Un propriétaire terrien.*

2 **Terrien, enne** **n.** (Avec une majuscule.) Habitant de la Terre, par opposition à *extraterrestre*. *C'est un film de science-fiction qui oppose des Terriens à des créatures venues de l'espace.*

terrier **n.m.** Trou ou galerie que certains animaux creusent dans la terre pour s'y abriter. *Le terrier d'un lapin.*

terrifiant, e **adj.** Qui fait peur, qui terrifie. *On entendit un cri terrifiant dans la nuit.* SYN. effrayant.

terrifier **v.** (CONJUG. **7**). Faire très peur, frapper de terreur. *Je suis terrifié à l'idée de passer la nuit seul dans ce château.* SYN. épouvanter, terroriser.

terril **n.m.** Dans une région minière, monticule constitué des matières inutilisables extraites de la mine. *Les terrils ont transformé le paysage du nord de la France.*

terrine **n.f.** ❶ Plat en terre vernissée qu'on utilise pour faire cuire et conserver des viandes, des pâtés, etc. ❷ Préparation culinaire à base de viande, de poisson ou de légumes, cuite dans ce plat et servie froide. *Une terrine de foie de volaille. Une terrine de légumes.*

HISTOIRE DU MOT Vient de l'ancien français *terrin* qui signifiait « pot, marmite de terre ».

territoire **n.m.** ❶ Région, étendue qui dépend d'un État, d'une commune, etc. *Le territoire du Québec est très étendu.* ❷ Surface de terrain que s'attribue un animal. *Les loups délimitent un territoire où d'autres loups n'ont pas le droit de chasser.* • **Territoire d'outre-mer** ou **T.O.M.** : ancienne collectivité territoriale de la République française. *Créés en 1946 par la France en même temps que les départements d'outre-mer pour intégrer ses colonies, les territoires d'outre-mer possédaient un gouvernement plus autonome. Après l'accession des T.O.M. africains à l'état de pays indépendants et l'évolution de certains T.O.M. vers d'autres statuts, le statut de territoire d'outre-mer a été supprimé en 2003. On parle aujourd'hui de collectivité d'outre-mer.*

HISTOIRE DU MOT Vient, comme *terrain*, du latin *terra*, « terre ».

territorial, ale, aux **adj.** Qui concerne un territoire. *L'administration territoriale.*

terroir **n.m.** ❶ Région agricole spécialisée dans une ou plusieurs cultures. *Des produits du terroir.* ❷ Partie d'une région où restent vivantes des traditions. *Elle a gardé son accent du terroir.*

terroriser **v.** (CONJUG. **3**). ❶ Frapper de terreur, d'épouvante. *Agathe est terrorisée par l'orage.* SYN. terrifier. ❷ Maintenir dans la terreur. *Une bande de voyous terrorisait les commerçants du quartier.*

terrorisme **n.m.** Emploi systématique de la violence, en particulier des attentats contre des civils, dans un but politique. *Le terrorisme est souvent l'œuvre de petits groupes.*

terroriste **n.** et **adj.** Personne qui pratique le terrorisme. *Les terroristes commettent des attentats.*

tertiaire **adj.** • **Ère tertiaire :** ère géologique qui se situe entre l'ère secondaire et l'ère quaternaire. *Les Alpes se sont formées à l'ère tertiaire.*

tertio **adv.** En troisième lieu. *Primo, c'est loin, secundo, je suis fatiguée, et tertio, je n'ai pas envie de la voir.* SYN. troisièmement.
▸ REM. On prononce [tɛrsjo].

HISTOIRE DU MOT Vient du latin *tertius* qui signifie « troisième ».

tertre **n.m.** Petite élévation de terre, butte. *La chapelle est bâtie sur un tertre.* SYN. butte, monticule.

tes **adj. possessif.** Désigne la 2e personne du singulier. → VOIR **déterminant** (encadré).

tesson **n.m.** Morceau cassé de verre ou de céramique. *Ne marche pas pieds nus, il y a des tessons de bouteille par terre. Les archéologues analysent et datent les tessons de poterie qu'ils trouvent.*

HISTOIRE DU MOT Vient du latin *testum* qui signifie « vase d'argile ».

test **n.m.** ❶ Épreuve pour vérifier des connaissances, des aptitudes. *Le professeur d'anglais nous a fait passer un test.* ❷ Épreuve à laquelle on soumet une machine pour vérifier qu'elle fonctionne. *Tous nos appareils subissent des tests avant de quitter l'usine.*

HISTOIRE DU MOT C'est un mot anglais qui signifie « épreuve ».

testament **n.m.** Texte, souvent déposé chez un notaire, par lequel une personne précise ses dernières volontés et indique à qui elle lègue ce qu'elle possède. *La famille est rassemblée pour la lecture du testament.* • **Ancien Testament :** dans la Bible, l'ensemble des livres qui se rapportent aux relations de Dieu avec les Juifs. • **Nouveau Testament :** dans la Bible, l'ensemble des livres qui se rapportent à la vie de Jésus-Christ et de ses disciples.

HISTOIRE DU MOT Vient du latin *testari* qui signifie « témoigner ».

tester **v.** (CONJUG. **3**). Soumettre à un test. *On a testé le nouveau produit sur une souris. Les candidats ont été testés.*

testicule **n.m.** Glande double de l'appareil génital mâle, située sous la verge et qui produit les spermatozoïdes.
▸ REM. Ce mot est du masculin.

HISTOIRE DU MOT Vient du latin *testis*, « témoin », car les testicules étaient considérés comme témoins de la virilité d'un homme.

tétanos **n.m.** Maladie infectieuse grave, caractérisée par la contraction douloureuse de tous les muscles du corps. *On se fait vacciner dès l'enfance contre le tétanos.*
▸ REM. On prononce le *-s*.

têtard **n.m.** Larve des amphibiens tels que la grenouille, le crapaud, etc. *Le têtard, qui vit dans l'eau, subit une métamorphose au bout de quatre mois, qui le mène à la vie adulte.*

HISTOIRE DU MOT Vient de *tête*, car le têtard a une tête énorme.

du têtard
à la grenouille

tête **n.f.** ❶ La partie la plus haute du corps d'un être humain ou la plus avancée du corps d'un animal, dans laquelle se trouvent la bouche, le nez, les yeux, les oreilles, etc. *Mettre un chapeau sur sa tête. Avoir mal à la tête.* ❷ (Familier) Expression du visage, indiquant un sentiment, un état d'esprit, etc. *Elle a une tête qui inspire confiance. Tu en fais, une tête !* ❸ Siège de la pensée, de l'intelligence, du jugement, de l'imagination, de la mémoire, etc. *Mais où as-tu la tête ?* (= à quoi penses-tu ?). *Il s'est mis en tête de faire le tour du monde* (= il a décidé). ❹ Personne, individu. *Le repas nous est revenu à douze euros par tête.* ❺ La partie supérieure et souvent renflée d'un objet. *La tête d'un clou.* ❻ La partie du lit où l'on pose la tête, par opposition au *pied*. ❼ La partie avant de quelque chose. *S'installer en tête de train. Prendre la tête du cortège.* ❽ Les premières places d'un classement. *Il est arrivé en tête du peloton.* CONTR. queue. ❾ *Être à la tête d'une entreprise, d'une équipe*, c'est la diriger. *Elle est à la tête d'une entreprise de transport.* • **Coup de tête :** décision brusque, prise de façon irréfléchie. • **De tête :** sans vérifier dans un livre ; sans écrire. *Pauline a fait le calcul de tête* (= mentalement). • **En tête à tête :** seul à seul. *Dîner en tête à tête.* • **Perdre la tête :** s'affoler. • **Tête de mort :** crâne humain ; emblème représentant un

A B C D E F G H I J K L M N O P Q R S T U V W X Y Z

crâne et deux os. *Sur le mât du navire flottait une tête de mort : c'étaient des pirates.*
▸ REM. Au mot *tête* correspond l'élément tiré du grec *céphal-* que l'on retrouve dans des mots comme *céphalopode*, *hydrocéphale*, etc.

HISTOIRE DU MOT Vient du latin *testa* qui signifie « pot en terre cuite ». Par plaisanterie, on a appelé ainsi le crâne, comme on dit aujourd'hui familièrement *la cafetière*.

tête-à-queue **n.m.invar.** Fait, pour un véhicule, de pivoter brusquement sur lui-même à la suite d'un dérapage. *La voiture fit un tête-à-queue sur le verglas.*

tête-à-tête **n.m.invar.** Entretien entre deux personnes, sans la présence d'aucune autre. *Le tête-à-tête des deux chefs d'État a duré une heure.*

tête-bêche, ✎ ***têtebêche*** **adv.** Dans la position de deux personnes ou de deux objets placés parallèlement mais en sens inverse. *Les deux enfants dormaient tête-bêche sur la couchette.*

tétée **n.f.** Repas d'un bébé qui tète.

téter **v.** (CONJUG. 9, ✎ *10*). Pour un bébé, sucer le sein de sa mère ou la tétine d'un biberon ; pour un petit animal, sucer la mamelle de sa mère.

HISTOIRE DU MOT Vient d'un mot germanique qui signifiait « sein de femme ».

tétine **n.f.** ❶ Mamelle de la vache, de la truie, etc. SYN. pis. ❷ Pièce de caoutchouc percée de trous que l'on adapte à un biberon pour que l'enfant puisse téter. ❸ Embout de caoutchouc que l'on donne à téter à un nourrisson pour le calmer. SYN. sucette.

tétrapode **n.m.** *Les tétrapodes* sont des animaux vertébrés dont le squelette comporte deux paires de membres, apparents ou atrophiés, qui témoignent que, au début de leur évolution, ils pouvaient marcher. *Les oiseaux et les cétacés sont des tétrapodes : les ailes des oiseaux et les nageoires des cétacés sont les restes atrophiés de leurs membres primitifs.*

HISTOIRE DU MOT Vient du grec *tetra*, qui signifie « quatre », et *pous, podos*, qui signifie « pied ».

têtu, e **adj.** et **n.** Qui s'obstine et ne veut pas changer d'avis. *Paul est têtu, il ne veut pas reconnaître qu'il a tort.* SYN. buté, entêté, obstiné.

texte **n.m.** ❶ Ensemble de phrases écrites. *Henri a dactylographié le texte de son exposé.* ❷ Énoncé d'une question, d'un problème. *La maîtresse dicte le texte de la rédaction.* SYN. énoncé, sujet. ❸ Œuvre ou extrait d'une œuvre écrite. *Étudier des textes de Balzac* (= des morceaux choisis). ❹ Partie d'une page où se trouvent les caractères imprimés, par opposition aux marges, aux illustrations. • **Cahier de textes :** cahier sur lequel l'élève écrit, pour chaque jour de la semaine, ce qui doit être fait.

HISTOIRE DU MOT Vient du latin *textus* qui signifie « tissu », de *texere*, « tisser ».

textile **adj.** ❶ *Une matière textile* sert à faire des tissus. *Le lin est une matière textile.* ❷ *L'industrie textile* est l'industrie des tissus, de leur fabrication. ◆ **n.m.** ❶ Fibre que l'on peut tisser ; tissu, étoffe fabriqués en tissant ensemble des fibres. *Le coton est un textile naturel.* ❷ L'industrie textile.

HISTOIRE DU MOT Vient du latin *texere*, « tisser ».

texto **n.m.** Bref message alphanumérique échangé entre téléphones mobiles. SYN. SMS.

textuel, elle **adj.** Qui est exactement fidèle au texte. *C'est une citation textuelle.* SYN. littéral.

textuellement **adv.** Mot à mot. *Voici, textuellement, ce que Jean a dit.*

texture **n.f.** Aspect, consistance et forme que présente une matière. *La crème de beauté de maman a une texture veloutée.*

T.G.V. **n.m.** Sigle de *train à grande vitesse*. *David voudrait bien prendre le T.G.V. pour aller à Londres.*

thalassothérapie **n.f.** Ensemble de soins consistant en bains d'eau de mer, de boue ou d'algues, en général au bord de la mer. *Faire une cure de thalassothérapie.*

HISTOIRE DU MOT Mot créé à partir du grec *thalassa*, qui signifie « mer », et *thérapie*, « soin ».

thé **n.m.** ❶ Feuilles séchées du théier que l'on utilise pour faire une boisson. ❷ Boisson préparée avec ces feuilles que l'on a fait infuser. *Boire une tasse de thé. Faire du thé.* ❸ Aux Antilles, en Belgique et en Suisse, tisane.

culture du **thé** au Japon
(à l'arrière-plan, le Fuji-Yama)

théâtral, ale, aux **adj.** ❶ Qui concerne le théâtre. *Une représentation théâtrale.* ❷ Qui rappelle les effets du théâtre. *Pierre nous a fait une présentation théâtrale de ses nouveaux amis.*

théâtre **n.m.** ❶ Art dans lequel des comédiens représentent une action devant des spectateurs. *Les tragédies, les comédies, les drames sont des pièces de théâtre. Ma cousine veut faire du théâtre.* ❷ Édifice qui contient une scène et une salle dans laquelle le public assiste à une représentation de théâtre, à un spectacle. *Nous sommes allés au théâtre voir une pièce de Molière.* ❸ L'ensemble des œuvres écrites pour le théâtre par

A B C D E F G H I J K L M N O P Q R S T U V W X Y Z

un auteur, ou à une certaine époque. *Le théâtre de Shakespeare. Le théâtre de l'Antiquité grecque.* ❹ *Le théâtre d'un événement*, c'est le lieu où se produit un événement dramatique ou important. *Le village de nos grands-parents a été le théâtre d'une grande bataille de la guerre de Cent Ans.* • **Coup de théâtre :** événement brusque et imprévu qui change toute la situation.
HISTOIRE DU MOT Vient du grec *theatron* qui signifie « lieu où l'on assiste à un spectacle ».

théier **n.m.** Arbrisseau dont les feuilles sont utilisées pour la confection du thé. *Le théier est originaire de Chine.*

théière **n.f.** Récipient dans lequel on fait infuser le thé avant de le servir.

thématique **adj.** Qui est fait, organisé par thème, par sujet. *Les planches thématiques d'un dictionnaire.*

thème **n.m.** ❶ Ce qui constitue le sujet d'une œuvre, d'une discussion. *Le thème du débat était la place des jeunes dans la société.* ❷ En musique, suite de notes qui reviennent fréquemment dans un morceau, une œuvre. SYN. leitmotiv, motif. ❸ Exercice scolaire dans lequel on traduit un texte de sa langue maternelle dans une langue étrangère. *Dans un thème latin, on traduit un texte français en latin.* CONTR. version.

théologie **n.f.** Étude de tout ce qui concerne Dieu, la foi, la religion.
HISTOIRE DU MOT Vient du grec *theos* qui signifie « dieu » et que l'on retrouve dans *athée*, et de *logos*, « science, discours ».

théologique **adj.** Qui concerne la théologie. *Une discussion théologique.*

théorème **n.m.** Dans une science, proposition qui peut être démontrée ; loi scientifique démontrée. *Le théorème de Pythagore dit que le carré du côté opposé à l'angle droit d'un triangle rectangle est égal à la somme des carrés des deux autres côtés.*

théoricien, enne **n.** Personne qui élabore des théories dans un domaine d'étude.
HISTOIRE DU MOT Vient du grec *theôria* qui signifie « action d'observer, d'examiner ».

théorie **n.f.** ❶ Ensemble d'idées et de lois qui cherchent à expliquer un phénomène jusqu'alors inexpliqué, ou à en donner une nouvelle explication. *Cette astronome donne une nouvelle théorie de la naissance de l'Univers.* SYN. conception, doctrine, système. ❷ Ensemble de notions et de principes généraux qui donnent une connaissance abstraite d'une science, d'un art, d'un métier (par opposition à *pratique*). • **En théorie :** dans les idées mais pas dans la réalité. *En théorie, ce que tu dis est juste, mais la réalité vient de le contredire !* SYN. en principe, théoriquement.

théorique **adj.** Qui appartient à la théorie, qui est sans rapport avec la pratique. *Des connaissances théoriques.* CONTR. expérimental. *D'un point de vue théorique, tu as raison.* SYN. abstrait. CONTR. pratique.

théoriquement **adv.** En théorie, si tout se passe comme prévu. *Théoriquement, la voiture devrait redémarrer.* SYN. en principe.

thérapeute **n.** ❶ Médecin. ❷ Psychothérapeute.
▸ REM. Ce mot appartient à la langue soutenue.

thérapeutique **adj.** Qui concerne le traitement des maladies en vue d'une guérison. *Les antibiotiques ont des vertus thérapeutiques.* ◆ **n.f.** Façon de traiter une maladie. *Chaque maladie a une thérapeutique.* SYN. traitement.
HISTOIRE DU MOT Vient du grec *therapeueîn* qui signifie « soigner ».

thérapie **n.f.** ❶ Traitement médical. ❷ Psychothérapie.
HISTOIRE DU MOT Ce mot vient du grec *therapeia*, qui signifie « soin ».

thermal, ale, aux **adj.** ❶ *Des eaux thermales* sont des eaux de source, en général chaudes, utilisées comme traitement pour leurs propriétés naturelles. ❷ *Une station thermale* est une station de cure où l'on trouve des eaux thermales.
HISTOIRE DU MOT Vient du grec *thermos* qui signifie « chaud ».

thermes **n.m.plur.** ❶ Dans l'Antiquité romaine, établissement de bains publics. ❷ Établissement de soins dans une station thermale.
▸ REM. Ne pas confondre avec *terme*.

thermidor **n.m.** Le onzième mois du calendrier révolutionnaire français, qui commençait le 19 ou le 20 juillet et finissait le 17 ou le 18 août.
HISTOIRE DU MOT Vient du grec *thermos*, qui signifie « chaud », et *dôron*, qui signifie « don ». Thermidor est le mois où il fait le plus chaud.

thermique **adj.** Qui concerne la chaleur. *Dans une centrale thermique, on transforme la chaleur en électricité.*

thermomètre **n.m.** Instrument qui indique la température d'un lieu, d'une matière, d'un corps, etc. *Elle a pris sa température et le thermomètre indiquait 38 °C. Le thermomètre, sur le balcon, indique – 5 °C.*

thermonucléaire **adj.** • **Bombe thermonucléaire :** bombe atomique à hydrogène.

Thermos **n.f.** ou **n.m.** Bouteille qui conserve pendant quelques heures un liquide à la même température.
▸ REM. 1. C'est un nom de marque, le mot prend une majuscule en France, dans les textes imprimés. 2. On prononce le -*s*.

thermosphère **n.f.** Couche supérieure de l'atmosphère, dans laquelle la température augmente avec l'altitude.

thermostat **n.m.** Dispositif qui permet de maintenir une température constante. *Les radiateurs, les plaques de cuisson, les fours sont équipés d'un thermostat.*

thésauriser **v.** (CONJUG. **3**). Amasser de l'argent pour le conserver comme un trésor et non pour le dépenser ou le faire fructifier. *Picsou est avare, il thésaurise.* SYN. amasser, entasser, épargner.
▸ REM. Ce mot appartient à la langue soutenue.
HISTOIRE DU MOT Vient du grec *thesauros* qui signifie « trésor ».

thèse n.f. ❶ Façon de voir les choses, de les expliquer. *Les journalistes pensent qu'il a agi par jalousie ; quelle est votre thèse ?* SYN. point de vue, position, théorie. ❷ Travail de recherche qui permet d'obtenir le grade de docteur de l'Université.

thon n.m. Grand poisson marin migrateur, que l'on trouve dans l'Atlantique et en Méditerranée et que l'on pêche pour sa chair très estimée qui se mange fraîche ou en conserve.

thon

thonier n.m. Bateau équipé pour la pêche du thon.

thoracique adj. Du thorax, de la poitrine. *La cage thoracique contient les poumons et le cœur.*

thorax n.m. Partie du corps délimitée par la colonne vertébrale et les côtes, qui contient le cœur et les poumons.

thuya n.m. Arbre d'origine exotique, de la famille du genévrier et du cyprès, que l'on cultive dans les parcs pour son feuillage ornemental.
▸ REM. On prononce [tyja].

thym n.m. Plante aromatique très courante dans le sud de la France et utilisée comme condiment. *Maman a mis un bouquet de thym dans la sauce.*

thyroïde adj. et n.f. • **Glande thyroïde :** glande située dans la gorge, devant la trachée, et qui a une grande importance dans la croissance et dans l'ensemble des fonctions physiologiques.

tiare n.f. Haute coiffure, mitre, composée de trois couronnes, que portaient les papes en dehors des offices.

tibia n.m. Os long de la jambe.

tic n.m. Geste ou mimique que l'on fait malgré soi. *Marie-Ange cligne souvent de l'œil gauche, c'est un tic.*

ticket n.m. Rectangle de papier ou de carton, imprimé, qui donne le droit de circuler dans les transports en commun, d'entrer dans un établissement ou qui atteste qu'une marchandise a bien été payée. *J'ai pris deux tickets pour l'exposition.* SYN. billet. *Un ticket de bus.*

HISTOIRE DU MOT C'est un mot anglais qui vient de l'ancien français *estiquette* qui signifiait « petit écriteau, étiquette ».

tic-tac n.m.invar., ✎ ***tictac*** *n.m.* Bruit régulier que font une horloge, un réveil, une montre. *Le tic-tac lancinant de l'horloge m'empêchait de dormir.*

tiède adj. ❶ Qui n'est ni chaud ni froid. *L'eau du bain est tiède. Ce café est tiède* (= pas assez chaud). ❷ Qui manque d'enthousiasme, qui marque une certaine réserve. *Sa réaction à notre proposition a été plutôt tiède.*

tiédeur n.f. ❶ Température intermédiaire entre le chaud et le froid. *La tiédeur d'une soirée d'été.* SYN. douceur. ❷ Manque d'enthousiasme, d'ardeur. *La tiédeur de son accueil nous a déconcertés.* SYN. froideur. CONTR. chaleur.

tiédir tiédissant, tiédi v. (CONJUG. 16). Rendre ou devenir tiède. *Faire tiédir un biberon. Le soleil a tiédi le sol de la terrasse.*

le **tien**, la **tienne** pron. possessif. Représente la 2e personne du singulier. *Laisse mon stylo et prends le tien.* → VOIR **pronom** (encadré). • **Les tiens :** tes parents, tes amis, ceux qui te sont proches.

tiens interj. Marque l'étonnement. *Tiens ! Il fait déjà nuit !*

tierce n.f. ❶ Dans certains jeux de cartes, série de trois cartes qui se suivent dans la même couleur. ❷ En musique, écart entre trois notes qui se suivent. *L'intervalle de « do » à « mi » est une tierce* (= do, ré, mi).

HISTOIRE DU MOT Vient, comme *tertiaire* et *tertio*, du latin *tertius*, « troisième ».

Tiercé n.m. Pari dans lequel les joueurs doivent deviner les trois chevaux gagnants d'une course. *Tous les dimanches, mon voisin joue au Tiercé.*
▸ REM. C'est un nom déposé, il prend une majuscule dans les textes imprimés.

1 **tiers** n.m. ❶ Partie contenue trois fois dans un tout. *Quatre est le tiers de douze.* ❷ Personne étrangère à un groupe. *Il se disputait souvent avec sa femme, mais jamais devant un tiers.*

HISTOIRE DU MOT Vient, comme *tierce*, du latin *tertius*.

2 **tiers, tierce** adj. • **Une tierce personne :** une troisième personne, qui se joint à deux autres. *Ils firent appel à une tierce personne pour les départager.* • **Tiers état :** en France, sous l'Ancien Régime, l'une des trois classes de la société, avec la noblesse et le clergé, et qui rassemblait la plus grande partie de la population.

tiers-monde n.m. (PLUR. : **tiers-mondes**). *Le tiers-monde*, c'est l'ensemble des pays du monde qui vivent pauvrement car leur économie n'est pas développée.

tige n.f. ❶ Partie mince, cylindrique et allongée des plantes, sur laquelle poussent les feuilles. ❷ Objet mince, droit et allongé. *Avec une tige de fer, on a réussi à déboucher le tuyau.* SYN. barre, tringle.

tignasse n.f. (Familier) Chevelure longue et mal peignée.

tigre n.m. Mammifère carnivore de l'Asie du Sud-Est, long de 2 m et pesant 200 kg environ, au pelage jaune-roux rayé de bandes noires. *Le tigre chasse la nuit ; il peut vivre jusqu'à vingt-cinq ans.* • **Jaloux comme un tigre :** extrêmement jaloux.

ENCYCLOPÉDIE Cri : le tigre feule, râle ou rauque. Femelle : la tigresse.

tigre blanc

a b c d e f g h i j k l m n o p q r s t

tigré, e adj. Rayé de bandes sombres sur fond clair, comme le pelage d'un tigre. *Un petit chat tigré.*

tigresse n.f. Femelle du tigre.

tilleul n.m. ❶ Arbre des régions tempérées, dont les fleurs sont utilisées en infusion et le bois pour la sculpture. *Une allée de tilleuls mène au manoir.* ❷ Infusion de tilleul. *Grand-mère boit un tilleul le soir avant de se coucher.*

tilleul

timbale n.f. ❶ Gobelet en métal. *Je lui offrirais bien une timbale en argent pour son baptême.* ❷ Gros instrument de musique à percussion fait d'une demi-sphère de cuivre sur laquelle est tendue une peau que l'on frappe.

1 timbre n.m. ❶ Vignette que l'on colle sur une lettre pour l'affranchir. *Les philatélistes collectionnent les timbres.* SYN. timbre-poste. ❷ Instrument qui imprime une marque, un cachet. *Les cartes d'identité portent le timbre de la préfecture de police.* SYN. tampon. ❸ *Un timbre fiscal* est, en France, une vignette que l'on colle sur un document pour attester que la taxe exigée a été payée. *Sur le passeport de Paul, il y a un timbre fiscal.* ❹ Petit disque adhésif imprégné d'un produit que l'on colle sur la peau pour faire des tests médicaux.

2 timbre n.m. ❶ Qualité particulière d'un son propre à un instrument ou à une voix. *Le timbre de sa voix était agréable à entendre.* ❷ Sonnette. *Le timbre d'une bicyclette.*

1 timbré, e adj. Qui porte un timbre-poste. *Joignez une enveloppe timbrée pour la réponse.*

2 timbré, e adj. *Une voix bien timbrée* résonne bien, s'entend bien.

timbre-poste n.m. (PLUR. : **timbres-poste**). Timbre pour affranchir les lettres.

timbrer v. (CONJUG. 3). Mettre un timbre sur une lettre, un paquet. *As-tu pensé à timbrer ta lettre ?*

timide adj. Qui n'ose pas s'exprimer en public. *Aline est timide et n'aime pas qu'on l'interroge en classe.* CONTR. hardi.

HISTOIRE DU MOT Vient du latin *timere* qui signifie « craindre, avoir peur ».

timidement adv. Avec timidité. *Aline a timidement demandé si elle pouvait sortir.* CONTR. hardiment.

timidité n.f. Fait d'être timide. *Mado a surmonté sa timidité et a levé le doigt.* SYN. crainte, gêne. CONTR. audace, hardiesse.

timon n.m. Longue pièce de bois ou de métal fixée à l'avant d'une charrette, d'une remorque, etc., et qui sert à atteler des animaux de trait.

HISTOIRE DU MOT Vient du latin *temo* qui signifie « flèche d'un char, traverse ».

timonier n.m. Sur un navire marchand, marin qui tient la barre ; sur un navire de guerre, marin chargé des signaux et de la veille sur la passerelle.

timoré, e adj. Qui n'ose pas agir par peur des risques, des responsabilités, de la nouveauté. *Marika est timorée, et ce voyage lui fait peur.* SYN. craintif, timide. CONTR. audacieux, hardi.

HISTOIRE DU MOT Vient du latin *timor* qui signifie « crainte ».

tintamarre n.m. Ensemble de bruits confus et assourdissants. *Les enfants, arrêtez ce tintamarre, on ne s'entend plus parler !* SYN. tapage, vacarme.
▸ REM. Attention aux deux *r*.

HISTOIRE DU MOT Vient de *tinter.*

tintement n.m. Son léger d'un objet qui tinte. *On entendait le tintement des clés dans son sac.*

tinter v. (CONJUG. 3). Faire entendre un son léger et aigu. *À chaque passage du bus, les verres tintent sur l'étagère.*
▸ REM. Ne pas confondre avec *teinter.*

tintinnabuler v. (CONJUG. 3). Produire une série de tintements. *Les bidons de lait tintinnabulaient sur la remorque.*
▸ REM. 1. Attention aux deux *n*. 2. Ce mot appartient à la langue littéraire.

HISTOIRE DU MOT Vient du latin *tintinnabulum* qui signifie « clochette, grelot ».

tipi n.m. Habitation traditionnelle des Indiens d'Amérique du Nord. → VOIR AUSSI **wigwam.**

tique n.f. Acarien qui vit en parasite sur la peau des ruminants, du chien et parfois de l'homme pour sucer leur sang.
▸ REM. 1. Ne pas confondre avec *tic*. 2. Ce mot est du féminin.

tiquer v. (CONJUG. 3). (Familier) Remarquer un détail qui choque. *Quand Pierre m'a dit qu'il allait à son cours de piano, j'ai tiqué car il emportait un ballon de football.*

tir n.m. ❶ Envoi d'un projectile au moyen d'une arme, d'un instrument. *Les tirs ont fait plusieurs blessés. Annie fait du tir à l'arc.* ❷ Envoi d'une balle, d'une flèche, d'une boule vers un but. *Deux buts à un après un magnifique tir du footballeur italien.*

tirade n.f. ❶ Longue suite de vers ou de phrases qu'un acteur récite sans être interrompu. ❷ Discours souvent ennuyeux que prononce quelqu'un. *Il nous a sorti sa tirade habituelle sur les méfaits de la pollution.*

tirage n.m. ❶ Action de tirer au hasard un certain nombre d'éléments dans un ensemble. *Un tirage au sort.* ❷ Nombre d'exemplaires d'un journal, d'une revue ou d'un livre imprimés en une seule fois. *Le premier tirage de ce roman a été de trois mille exemplaires.* ❸ Différence de pression entre l'entrée d'une cheminée et l'atmosphère extérieure, qui fait que la fumée monte droit. *Il n'y a pas assez de tirage, la fumée rentre dans la pièce.*

tiraillement n.m. ❶ Sensation légèrement douloureuse de contraction des muscles. *Il sentait des tiraillements autour de sa blessure.* ❷ (Surtout au plur.) Tension due à des désaccords à l'intérieur d'un groupe. *Il y avait des tiraillements au sein du parti.*

tirailler v. (CONJUG. 3). ❶ Tirer à petits coups répétés. *Grand-père est inquiet, il tiraille sa moustache.* ❷ Produire des sensations de tiraillement. *La faim me tiraille l'estomac.* ❸ *Être tiraillé entre deux possibilités, deux personnes*, c'est hésiter, ne savoir laquelle choisir. *Victor est tiraillé entre l'envie d'aller à la piscine et l'envie de voir le match à la télévision.*

tirailleur n.m. Soldat détaché en avant pour harceler l'ennemi.

tirant n.m. • **Tirant d'eau :** distance entre la ligne de flottaison d'un navire et le bas de la quille.

tire n.f. Au Canada, friandise ayant la texture d'un miel épais, que l'on obtient en faisant bouillir du sirop d'érable pour en faire évaporer la sève. *Nous avons mangé de la tire à la cabane à sucre.* • **Vol à la tire :** vol d'objets dans la poche d'une personne.

tiré, e adj. • **Avoir les traits tirés :** avoir l'air fatigué, le visage amaigri.

tire-au-flanc n.m.invar. (Familier) Personne qui fait tout pour échapper aux corvées ou pour travailler moins. SYN. paresseux.

tir à l'arc

tire-bouchon (PLUR. : tire-bouchons), ✎ ***tirebouchon*** n.m. Instrument fait en général d'une spirale métallique qui sert à déboucher les bouteilles. • **En tire-bouchon :** en forme de spirale. *Le cochon a une queue en tire-bouchon.*

à **tire-d'aile** adv. *Un oiseau qui s'enfuit à tire-d'aile* bat vigoureusement des ailes. *Le canard, au premier coup de fusil, s'envola à tire-d'aile.*

HISTOIRE DU MOT Vient de l'ancien français *voler à tire* qui signifiait « voler sans s'arrêter ».

à **tire-larigot,** ✎ à ***tirelarigot*** adv. (Familier) En grande quantité. *Au goûter de Joséphine, nous avons mangé des gâteaux à tire-larigot.*

tire-ligne n.m. (PLUR. : tire-lignes). Petit instrument de dessinateur qui sert à tracer des lignes.

tirelire n.f. Objet creux de forme très variée et muni d'une fente pour y glisser les pièces de monnaie que l'on veut économiser. *Basile a cassé sa tirelire pour m'offrir un livre.*

tirer v. (CONJUG. 3). ❶ Exercer une force sur quelque chose pour l'allonger, l'étirer. *Tirer sur un élastique.* ❷ Ramener vers soi ou traîner derrière soi. *Tire la porte, s'il te plaît.* CONTR. pousser. *La voiture tire une caravane.* ❸ *Tirer un trait, une ligne*, c'est les tracer sur une feuille, une surface. ❹ Envoyer un projectile avec une arme, un instrument. *On a tiré trois coups de canon.* ❺ Dans un sport ou un jeu, lancer une balle, une boule. *Il tira droit au but.* ❻ Faire sortir d'un endroit. *Le prestidigitateur a tiré une souris de son chapeau.* ❼ Faire quitter un état, une situation. *C'est difficile de le tirer du sommeil.* ❽ Déduire logiquement une idée. *Quelle leçon tires-tu de cette mésaventure ?* ❾ Prendre au hasard dans un ensemble de choses. *Tirer un billet gagnant.* ❿ Imprimer ou être imprimé. *Son roman est tiré à deux mille exemplaires.* ⓫ Pour une cheminée, avoir du tirage. *Le poêle tirait mal, la pièce était enfumée.* • **Tirer les cartes :** prédire l'avenir d'une personne à l'aide d'un jeu de cartes. ◆ **se tirer** v.pron. ❶ (Familier) Partir. ❷ Réussir à se sortir d'une difficulté, d'un mauvais pas. *Elle sait très bien se tirer d'affaire, laissez-la se débrouiller toute seule.*

tiret n.m. Signe de ponctuation formé d'un trait horizontal qui sert à séparer quelques mots dans une phrase, à indiquer dans un dialogue que ce n'est plus la même personne qui parle, ou à couper un mot qui ne tient pas en entier dans la ligne.

tirette n.f. ❶ Petite tablette à glissière qui peut sortir d'un meuble et y rentrer. *Le bureau de Paul a des tirettes.* ❷ Cordon, lacet qui sert à tirer ou suspendre quelque chose. *Les tirettes d'un livre animé.*

tireur, euse n. Personne qui tire avec une arme. *M. Dupuis est un bon tireur. Une tireuse à l'arc.*

tiroir n.m. Partie d'un meuble en forme de casier que l'on tire pour l'ouvrir. *Il range ses sous-vêtements dans un tiroir de la commode.*

tiroir-caisse **n.m.** (PLUR. : **tiroirs-caisses**). Tiroir contenant l'argent d'un commerçant. *Dans certaines caisses, le tiroir-caisse s'ouvre automatiquement.*

tisane **n.f.** Boisson chaude obtenue en faisant infuser, macérer, etc., des plantes. *Que préférez-vous comme tisane, verveine ou tilleul ?*

HISTOIRE DU MOT Vient du grec *ptisanê* qui signifie « infusion d'orge ».

tison **n.m.** Reste d'un morceau de bois brûlé, encore rougeoyant. *Souffler sur les tisons pour ranimer un feu.*

tisonnier **n.m.** Barre de métal, parfois recourbée au bout, qui sert à attiser un feu.

tissage **n.m.** L'action de tisser. *Le tissage peut se faire au moyen d'un métier à tisser.*

tisser **v.** (CONJUG. **3**). ❶ Entrelacer des fils placés dans le sens de la longueur *(la chaîne)* et des fils placés dans le sens de la largeur *(la trame)* pour fabriquer un tissu. *Tisser de la soie, du coton.* ❷ Construire quelque chose en entrecroisant des filaments, des végétaux, etc., de façon qu'ils tiennent ensemble. *L'araignée tissait sa toile entre deux poutres du grenier.*

HISTOIRE DU MOT Vient du latin *texere* que l'on retrouve dans *textile.*

tisserand, e **n.** Ouvrier qui fabrique des tissus avec un métier à tisser.

tisserande

tisserin **n.m.** Petit oiseau d'Afrique qui construit son nid en entrelaçant des herbes.

HISTOIRE DU MOT Ce mot vient du verbe *tisser.*

tissu **n.m.** ❶ Matière souple obtenue par tissage et dans laquelle on taille des tentures, des vêtements, etc. *Un tissu de laine.* ❷ En anatomie, ensemble de cellules qui ont une même structure et une même fonction. *Le cartilage forme un tissu, de même que les muscles, les os.* ❸ Au sens figuré, ensemble d'éléments ayant une certaine unité. *Le tissu social.* • **Un tissu de mensonges :** une suite de mensonges.

tissu-éponge **n.m.** (PLUR. : **tissus-éponges**). Tissu bouclé, le plus souvent en coton, qui absorbe bien l'eau. *Le linge de bain est souvent en tissu-éponge.*

titan **n.m.** • **Un travail de titan :** un travail surhumain, colossal, qui nécessite énormément de force.

HISTOIRE DU MOT Vient des *Titans.* → VOIR noms propres.

titanesque **adj.** Qui évoque un travail de titan. *Un effort titanesque.* SYN. gigantesque, surhumain.

titiller **v.** (CONJUG. **3**). ❶ Chatouiller légèrement et agréablement. *Le champagne titille le palais.* ❷ Exciter ou énerver. *Cesse de titiller ton frère, cela va mal se terminer.* SYN. agacer, taquiner.

titre **n.m.** ❶ Nom donné à un livre, un film, une chanson, un poème, etc. *Quel est le titre du roman que tu lis ?* ❷ Phrase ou groupe de mots, écrits en gros caractères, qui présentent un article de journal, de revue, etc. *L'article avait pour titre : « Nouvelle défaite pour l'équipe de France. »* → VOIR AUSSI **manchette, sous-titre.** ❸ Document officiel qui atteste quelque chose. *Un titre de propriété. Contrôle des billets, veuillez montrer votre titre de transport.* ❹ Nom donné à une charge, une dignité importantes dans une hiérarchie. *Comte, baron sont des titres de noblesse.* ❺ En sport, rang de vainqueur. *Elle rêvait du titre de championne.* • **À juste titre :** avec raison. *Si elle proteste, c'est à juste titre.* SYN. légitimement. • **À titre de :** en tant que. *Elle a été embauchée à titre de chef de projet.* • **À titre d'exemple :** en guise d'exemple. • **En titre :** qui détient tel titre. *Il est champion du monde en titre.*

HISTOIRE DU MOT Vient du latin *titulus* qui signifie « inscription ».

titrer **v.** (CONJUG. **3**). Mettre tel titre dans un journal. *Ce matin, les journaux titrent : « Mort d'un grand champion »* (= ils en font leur manchette).

tituber **v.** (CONJUG. **3**). Avoir du mal à marcher droit. *Un peu assommé par le coup, il marchait en titubant.* SYN. vaciller.

titulaire **adj.** et **n.** ❶ Qui a été nommé à un poste de façon définitive, après l'obtention d'un titre. *Elle est professeur titulaire depuis qu'elle a réussi le concours.* ❷ Qui détient un titre, un droit. *Être titulaire du permis de conduire.*

HISTOIRE DU MOT Vient, comme *titre,* du latin *titulus.*

titulariser **v.** (CONJUG. **3**). Rendre titulaire d'une fonction, d'un poste. *Titulariser un instituteur.*

1 T.N.T. **n.m.** Explosif particulièrement puissant.

HISTOIRE DU MOT Ce mot est l'abréviation de *trinitrotoluène.*

2 T.N.T. **n.f.** Télévision numérique terrestre. → VOIR AUSSI **numérique.**

toast **n.m.** ❶ Petite tranche de pain grillée. *Bertrand beurre ses toasts.* ❷ *Porter un toast,* c'est pro-

A B C D E F G H I J K L M N O P Q R S T U V W X Y Z

noncer quelques mots pour inviter à boire à la santé de quelqu'un.
▶ REM. On prononce [tost].
HISTOIRE DU MOT Ce mot anglais vient de l'ancien français *toster*, « rôtir, griller ».

toboggan n.m. ❶ Structure en pente que l'on descend en glissant. *Il y avait dans le parc un bac à sable, un toboggan et des balançoires.* ❷ Au Canada, traîneau.
▶ REM. Au Canada, on dit *glissoire* au sens 1.
HISTOIRE DU MOT Ce mot désignait un traîneau dans une langue indienne d'Amérique du Nord.

toc n.m. (Familier) Imitation de mauvaise qualité. *Ce n'est pas de l'or, ta broche, c'est du toc !* SYN. pacotille.

tocade n.m. → **toquade**

toccata n.f. Morceau de musique instrumentale pour orgue, clavecin ou piano. *Bach a composé des toccatas pour orgue.*
HISTOIRE DU MOT C'est un mot italien, du latin *toccare*, « toucher ».

tocsin n.m. Sonnerie de cloche répétée à coups réguliers pour donner l'alarme. *Autrefois, à la campagne, on sonnait le tocsin en cas d'incendie.*

toge n.f. ❶ Ample pièce de tissu de laine dans laquelle les Romains de l'Antiquité se drapaient. *Seuls les hommes libres portaient la toge.* ❷ Robe qu'un magistrat, un avocat, un professeur de droit mettent par-dessus leurs vêtements lorsqu'ils sont en fonction.
HISTOIRE DU MOT Vient du latin *tegere*, « couvrir ».

Romain portant une toge

tohu-bohu n.m.invar., ✎ ***tohubohu*** *n.m.* (Familier) Grand désordre, souvent accompagné de vacarme. *Il y avait un grand tohu-bohu à la gare le jour du départ en vacances.* SYN. remue-ménage, tumulte.
HISTOIRE DU MOT Vient d'un mot hébreu qui désignait le chaos qui régnait avant la création du monde.

toi pron. personnel. Représente la 2e personne du singulier et est employé pour renforcer le sujet ou comme complément. *C'est toi qui me l'as dit. Je viendrai chez toi demain. Toi, tu en es capable.* → VOIR **pronom** (encadré).

toile n.f. ❶ Tissu simple et solide. *Un sac en toile de jute.* ❷ Tissu que l'on tend sur un châssis et que l'on prépare pour peindre dessus ; tableau peint sur ce tissu. *Une toile de Van Gogh.* • **La Toile :** le Web. • **Toile d'araignée :** réseau de fils de soie sécrétés et tissés par l'araignée pour construire son habitation et capturer ses proies.
HISTOIRE DU MOT Vient du latin *texere* qui signifie « tisser ».

toilettage n.m. Ensemble de soins de propreté donnés à un animal domestique.

toilette n.f. ❶ L'ensemble des soins de propreté du corps. *Un cabinet de toilette. Des affaires de toilette.* ❷ *Faire sa toilette*, c'est se laver ou laver une partie de son corps. *Va vite faire ta toilette, tu vas être en retard.* ❸ Ensemble des vêtements et des accessoires que porte une femme. *Maman a mis sa plus belle toilette pour aller à un mariage.* SYN. tenue. ◆ **toilettes** n.f.plur. Local où l'on se retire pour faire ses besoins naturels. SYN. cabinets, W.-C.
▶ REM. En Belgique et au Québec, on dit *la toilette* pour *les toilettes*.

toise n.f. Règle verticale graduée le long de laquelle coulisse un curseur, qui sert à mesurer la taille d'une personne. *Chaque élève est passé sous la toise.*
HISTOIRE DU MOT La *toise* était, jusqu'à l'adoption du système métrique en 1791, une unité de longueur (1,95 m).

toiser v. (CONJUG. 3). Regarder une personne de haut en bas avec dédain ou avec défi. *Valentin a toisé le nouveau lorsqu'il est entré dans la classe.*

toison n.f. ❶ Pelage laineux d'un mouton ; poils bouclés d'un animal. *La toison d'un lama.* ❷ (Familier) Chevelure abondante d'une personne. *Avec cette toison, on ne voit plus ses yeux !*
HISTOIRE DU MOT Vient du latin *tonsio*, de *tondere* qui signifie « tondre ».

toit n.m. ❶ Le dessus d'un bâtiment, qui le protège des intempéries. *Un toit de tuile, d'ardoise.* → VOIR AUSSI **couverture, toiture.** ❷ Le dessus d'un véhicule. *Une voiture avec un toit ouvrant.* ❸ Endroit pour dormir ou pour habiter. *Les jeunes mariés cherchent un toit.* SYN. logement. • **Crier sur les toits :** annoncer, dire à tout le monde. *J'ai quelque chose à te confier, mais ne va pas le crier sur les toits !*

toiture n.f. Ensemble des matériaux qui constituent le toit d'un bâtiment. *La toiture est en bon état.*

1 tôle n.f. Fine plaque de métal produite par laminage. *De la tôle ondulée.*

2 tôle ou **taule** n.f. (Familier) Prison.

araignée tissant sa **toile**

tolérable **adj.** Que l'on peut supporter, tolérer. *Un tel vacarme n'est pas tolérable.* SYN. supportable.

tolérance **n.f.** ❶ Qualité d'une personne qui admet et respecte les opinions et les façons d'agir d'autrui. *Tu dois apprendre à faire preuve de tolérance à l'égard de ceux qui ne pensent pas comme toi.* SYN. compréhension. CONTR. intolérance, sectarisme. ❷ En médecine, capacité de l'organisme à tolérer un médicament.

tolérant, e **adj.** Qui fait preuve de tolérance. *À l'école, on nous apprend à être tolérants.* SYN. compréhensif.

tolérer **v.** (CONJUG. 9, ✎ *10*). ❶ Accepter quelque chose, y consentir et ne pas le sanctionner. *Le stationnement est toléré en dehors des jours de marché.* SYN. permettre. CONTR. interdire. *Je ne tolère aucun bavardage.* SYN. admettre, excuser. ❷ *Tolérer un médicament*, c'est pouvoir le prendre sans subir d'effets désagréables ou nocifs. *Tolérez-vous bien l'aspirine ?* SYN. supporter.

HISTOIRE DU MOT Vient du latin *tolerare* qui signifie « supporter ».

tollé **n.m.** Cris de protestation. *La décision de l'arbitre souleva un tollé.*

HISTOIRE DU MOT Vient de *tolez*, qui signifiait en ancien français « enlevez ».

tomahawk **n.m.** Hache de guerre des Indiens d'Amérique du Nord.
▸ REM. On prononce [tɔmaok].

tomahawk

tomate **n.f.** Plante potagère cultivée pour son fruit rouge charnu que l'on consomme sous des formes très variées. *Une salade de tomates, des tomates farcies. De la sauce tomate.*

HISTOIRE DU MOT Vient d'un mot aztèque, *tomatl*, introduit en France au XVIIe siècle. Avant, on disait *pomme d'amour* ou *pomme d'or.*

tombal, ale **adj.** (PLUR. : **tombals** ou **tombaux**). • **Pierre tombale :** dalle qui recouvre une tombe.

tombe **n.f.** Fosse creusée dans la terre pour enterrer un mort. *Déposer des fleurs sur une tombe.* SYN. sépulture.

HISTOIRE DU MOT Vient du grec *tumbos* qui signifie « tumulus ».

tombeau **n.m.** Construction, monument qui surmonte une tombe. *La basilique de Saint-Denis contient les tombeaux des rois et reines de France.* • **Rouler à tombeau ouvert :** rouler si vite qu'on risque un accident mortel.

tombée **n.f.** • **À la tombée de la nuit :** au moment où la nuit tombe (= crépuscule).
▸ REM. On dit aussi *à la tombée du jour.*

tomber **v.** (CONJUG. 3). ❶ Être entraîné vers le bas, par son propre poids. *Tout objet lâché tombe par terre. Lucie est tombée en courant* (= elle a fait une chute). *La pluie tombe depuis ce matin.* ❷ Se détacher de son support. *En automne, les feuilles jaunissent puis tombent. Les dents de lait tombent vers six ans.* ❸ Perdre en intensité, en valeur, en renommée, etc. *Sa fièvre est tombée grâce aux médicaments.* SYN. cesser. *Le vent tombe.* SYN. faiblir. CONTR. se lever. *Sa cote tombe* (= baisser). ❹ Pour un soldat, être tué au combat. *Cent vingt soldats sont tombés au cours de l'offensive.* ❺ Indique qu'un état arrive subitement. *Tomber malade. Tomber amoureux.* ❻ Arriver à tel moment. *Cette année, Noël tombe un dimanche.* ❼ Rencontrer par hasard, trouver par hasard. *Je suis tombé sur un de mes anciens camarades d'école.* • (Familier) **Laisser tomber quelqu'un, quelque chose :** ne plus s'en occuper ou ne plus s'y intéresser. *Solène a laissé tomber le piano* (= abandonné).

tombereau **n.m.** Petite charrette constituée d'une caisse montée sur deux roues, qui sert à transporter de la terre, du fumier, etc.

HISTOIRE DU MOT Vient de *tomber.*

tombola **n.f.** Loterie où chaque participant gagne un lot. *Acheter un billet de tombola. Gary a gagné un ours en peluche à la tombola.*

HISTOIRE DU MOT C'est un mot italien, de *tombolare* qui signifie « tomber ».

tome **n.m.** Dans un ouvrage en plusieurs volumes, chacun des volumes, portant un numéro. *J'ai les cinq tomes de l'encyclopédie.*

HISTOIRE DU MOT Vient du grec *tomos* qui signifie « morceau, portion ».

tomme **n.f.** • **Tomme de Savoie :** fromage fabriqué en Savoie avec du lait de vache.

tommette ou **tomette** **n.f.** Petite dalle de terre cuite, souvent en forme d'hexagone, de couleur rouge, qu'on emploie pour le dallage des sols.

tomates

1 ton, ta, tes adj. possessif. Désigne la 2e personne du singulier. *Les affaires de ta sœur sont restées sur la table de la cuisine. Ton amie est arrivée.* → VOIR **déterminant** (encadré).
▸ REM. *Ta* devient *ton* devant un nom féminin commençant par une voyelle ou un *h* muet : *ton amie, ton habitude.*

2 ton n.m. ❶ Sonorité particulière d'une voix due à son rythme, à son intensité, à sa hauteur ; ce qu'exprime une voix. *Il parlait d'un ton moqueur.* SYN. intonation. ❷ Couleur ou nuance d'une couleur d'une intensité particulière. *Je voudrais un ton un peu plus clair pour le bleu de la porte.* ❸ En musique, gamme dans laquelle un morceau est composé. *Le ton est trop haut.* ❹ En musique, différence de hauteur entre deux notes qui se suivent dans la gamme et qui correspond à l'intervalle entre *do* et *ré*.

tonalité n.f. ❶ Son caractéristique que l'on entend lorsqu'on décroche un téléphone et qui indique qu'on peut composer un numéro. *Le téléphone est en panne, il n'y a plus de tonalité.* ❷ Ensemble de caractéristiques qui définissent la qualité d'un son, d'un ensemble de sons. *Régler la tonalité d'un poste de radio.* ❸ Impression d'ensemble qui se dégage d'une œuvre. *Le film avait une tonalité tragique.*

tondeuse n.f. ❶ Machine pour tondre l'herbe. *Une tondeuse à gazon.* ❷ Instrument pour tondre la laine des moutons. ❸ Instrument pour raser de près les cheveux.

tondre tondant, tondu v. (CONJUG. 46). ❶ Couper l'herbe, le gazon avec une tondeuse. ❷ Couper à ras la laine ou le poil d'un animal. *On tond parfois les caniches.* ❸ Couper à ras les cheveux d'une personne. *Il s'est fait tondre les cheveux pour faire de la plongée sous-marine.*

tondu, e adj. Dont on a coupé les poils, les cheveux à ras. *Une brebis tondue.*

tonifiant, e adj. Qui donne de la vigueur, qui met en forme. *Au bord de la mer, l'air est tonifiant.* SYN. vivifiant.

tonifier v. (CONJUG. 7). Donner de l'énergie, de la vigueur. *Les bains de mer tonifient l'organisme.* SYN. stimuler.

tonique adj. Qui fortifie ou stimule l'organisme. *L'air est tonique sur les plages du Nord. Un médicament tonique* (= qui donne du tonus).

tonitruant, e adj. Qui retentit presque aussi fort que le tonnerre. *Une voix tonitruante.*
HISTOIRE DU MOT Vient du latin *tonitrus* qui signifie « tonnerre ».

tonnage n.m. Quantité de marchandises qu'un navire peut transporter. SYN. jauge.

tonne n.f. ❶ Unité de mesure de la masse qui vaut mille kilogrammes. *L'éléphant d'Afrique pèse en moyenne onze tonnes.* (On écrit *t* en abrégé). ❷ (Familier) Grande quantité. *Nous avons mangé des tonnes de cerises.*
HISTOIRE DU MOT Vient d'un mot gaulois qui signifiait « tonneau ».

tonneau n.m. ❶ Récipient ventru formé de planches reliées par des cercles de fer et fermé à chaque extrémité par un fond en bois. *Un tonneau de vin.* SYN. barrique. ❷ Tour que fait une voiture sur elle-même au cours d'un accident. *La voiture fit plusieurs tonneaux avant de heurter l'arbre.* ❸ Unité de mesure employée autrefois pour jauger les navires.

tonnelet n.m. Petit tonneau.

tonnelier n.m. Artisan qui fabrique ou répare des tonneaux.

tonnelle n.f. Petit abri en treillage sur lequel grimpent des plantes, installé dans un jardin, une cour, sur une terrasse. *Nous nous sommes mis à l'ombre sous la tonnelle du jardin.*

tonner v. (CONJUG. 3). ❶ *Il tonne*, on entend le bruit du tonnerre. ❷ Faire entendre un bruit semblable à celui du tonnerre. *Au loin, le canon tonnait.*

tonnerre n.m. ❶ Bruit sourd, roulement ou craquement que produit la foudre et qui accompagne l'éclair pendant un orage. *Si l'on entend le tonnerre longtemps après l'éclair, c'est que la foudre est tombée assez loin.* ❷ Grand bruit qui se fait entendre brusquement. *Un tonnerre d'applaudissements retentit dès son entrée en scène.* SYN. tempête.
HISTOIRE DU MOT Vient du latin *tonitrus* que l'on retrouve dans *tonitruant*.

tonsure n.f. Petit cercle rasé au sommet du crâne. *Les moines portaient la tonsure.*
HISTOIRE DU MOT Vient du latin *tonsura*, de *tondere* qui signifie « tondre ».

tonte n.f. Action de tondre un mouton ; l'époque à laquelle on le fait. *La tonte a lieu au printemps.*

tonus n.m. Vigueur, énergie d'une personne. *Adèle a beaucoup de tonus.* SYN. dynamisme.
▸ REM. On prononce le *-s*.
HISTOIRE DU MOT C'est un mot latin qui signifie « tension ».

1 top n.m. Signal sonore très bref qui indique le moment précis où a lieu quelque chose. *Au quatrième top, il sera exactement quinze heures.*

2 top n.m. (Familier) Ce qui existe de mieux dans un domaine. *Le top de l'élégance, de la qualité.*

topaze n.f. Pierre transparente, avec des reflets jaunes, dorés.

topinambour n.m. Plante originaire d'Amérique, qui pousse sur les sols pauvres, et dont les tubercules, qui rappellent les pommes de terre, sont comestibles.
HISTOIRE DU MOT Vient du nom d'une peuplade du Brésil, les *Topinambous*.

top model (PLUR. : **top models**) ou **top-modèle** (PLUR. : **top-modèles**) n.m. Mannequin de renommée internationale.

A B C D E F G H I J K L M N O P Q R S T U V W X Y Z

topo n.m. (Familier) Discours sur un sujet donné. *Il va nous faire un topo sur l'excursion de demain.*

topographie n.f. Représentation, sur une carte, du relief d'un terrain.

HISTOIRE DU MOT Vient du grec *topos*, qui signifie « lieu », et *graphein*, qui signifie « écrire ».

topographique adj. *Une carte topographique*, c'est une carte très détaillée d'une région, avec des indications précises sur son relief.

toquade ou **tocade** n.f. (Familier) Caprice ou brève passion. *Dany veut élever des hamsters, c'est sa dernière toquade.* SYN. lubie.

toque n.f. Coiffure cylindrique, sans bords. *Il neigeait et elle mit sa toque pour sortir. Une toque de cuisinier.*

toqué, e adj. et n. (Familier) Légèrement fou. *Il est toqué, ton ami, non ?*

Torah n.f. Livre de la religion juive comprenant les cinq permiers livres de la Bible. *La Torah est écrite en hébreu et se présente sous la forme de rouleaux.*
▶ REM. *Torah* est un mot hébreu qui signifie « loi ». Dans le langage courant, ce terme désigne l'ensemble de la Loi juive. → VOIR AUSSI **Talmud.**

torche n.f. Flambeau fait d'un bâton de sapin recouvert de cire. *Deux torches brûlaient à l'entrée du château.* • **Torche électrique :** lampe de poche puissante, en forme de long cylindre.

HISTOIRE DU MOT Vient du latin *torques* qui signifie « torsade », de *torquere*, « tordre ».

torchis n.m. Matériau de construction composé de terre et de paille qui sert à remplir les espaces entre les colombages d'une maison. *Des murs de torchis.*

torchon n.m. ❶ Rectangle de toile pour essuyer la vaisselle ou les meubles. ❷ En Belgique et au Québec, serpillière.

tordant, e adj. (Familier) Très drôle. *Mon oncle raconte des histoires tordantes.*

tord-boyaux n.m.invar., ✎ ***tord-boyau*** *n.m.* (PLUR. : ***tord-boyaux***). (Familier) Eau-de-vie très forte ou de mauvaise qualité.

tordre **tordant, tordu** v. (CONJUG. **46**). ❶ Plier un objet rigide pour le faire changer de forme. *Il était si fort qu'il pouvait tordre une barre de fer.* ❷ Tourner en sens contraire les deux extrémités de quelque chose. *Il tordait sa serviette tombée dans l'eau pour l'essorer.* ❸ Tourner avec violence un membre, une partie du corps. *Les malfaiteurs lui tordaient le bras pour lui faire lâcher son sac.* ◆ **se tordre** v.pron. ❶ Se faire une entorse. *Elle s'est tordu la cheville.* ❷ Contracter violemment ses muscles sous l'effet de la douleur. *Il se tordait de douleur dans son lit.* SYN. se contorsionner. • (Familier) **Se tordre de rire** ou **se tordre :** rire très fort.

tordu, e adj. ❶ Plié ou recourbé. *Un arbre tordu.* CONTR. droit. ❷ (Familier) Extravagant, un peu fou ou compliqué. *Il faut être un peu tordu pour sortir par un temps pareil. Avoir l'esprit tordu.*

torrent

torero, torera ou **toréro, toréra** n. Personne qui combat les taureaux dans l'arène, lors d'une corrida. → VOIR AUSSI **matador.**
▶ REM. On a dit aussi *toréador.*

HISTOIRE DU MOT Vient de l'espagnol *toro* qui signifie « taureau ».

tornade n.f. Vent très violent, tourbillonnant et localisé. *Les tornades provoquent d'énormes dégâts.* SYN. bourrasque, ouragan.

HISTOIRE DU MOT Vient de l'espagnol *tornar*, « tournoyer ».

torpeur n.f. Sorte d'engourdissement du corps et de l'esprit. *La chaleur nous plongeait dans la torpeur.* SYN. léthargie, somnolence.

torpille n.f. ❶ Poisson marin carnassier, au corps plat et presque rond comme la raie, et qui possède de chaque côté de la tête des organes produisant une décharge électrique capable de paralyser ses proies. ❷ Engin rempli d'explosif utilisé contre les navires ou les sous-marins.

HISTOIRE DU MOT Vient du latin *torpere* qui signifie « être engourdi » et que l'on retrouve dans *torpeur* : la torpille est un poisson qui engourdit.

torpiller v. (CONJUG. **3**). ❶ Détruire un navire au moyen de torpilles. *Torpiller un navire.* SYN. couler. ❷ Faire échouer par des manœuvres secrètes. *Torpiller un projet.*

torpilleur n.m. Navire de guerre utilisé pour lancer des torpilles.

torque n.m. Collier métallique et rigide porté par les Celtes, fait d'une tige de bronze ou d'or.

torréfaction n.f. Action de torréfier. *La torréfaction du café.*

torréfier v. (CONJUG. **7**). Griller des graines ou des feuilles pour enlever leur humidité et développer leur arôme. *On torréfie le café, le cacao, le thé, le tabac brun.*

torrent n.m. ❶ Cours d'eau qui descend une pente de montagne et qui peut s'assécher entre les crues. ❷ Liquide qui s'écoule avec abondance. *Verser des torrents de larmes.* SYN. flot.

HISTOIRE DU MOT Vient du latin *torreus* qui signifie « impétueux ».

torrentiel, elle adj. Abondant et violent comme un torrent. *Des pluies torrentielles.*

torride adj. Extrêmement chaud, brûlant. *Une chaleur torride. Un été torride.* SYN. caniculaire.

tors, e adj. ❶ Déformé et tordu. *Des jambes torses.* ❷ En forme de spirale. *Le lit à baldaquin avait des colonnes torses.*

HISTOIRE DU MOT C'est l'ancien participe passé de *tordre.*

torsade n.f. ❶ Fils de soie, d'or, de laine tordus en hélice pour faire un rouleau décoratif. *La tenture du salon est retenue par une torsade.* ❷ Motif tricoté qui rappelle une torsade. *Un pull à torsades.*

torsadé, e adj. Qui forme une torsade ou comporte des torsades. *Des colonnes torsadées.*

torse n.m. Le devant du corps, des épaules au bas de la poitrine. *Il s'est présenté torse nu à la visite médicale.* SYN. buste, poitrine.

torsion n.f. ❶ Action de tordre en hélice. *On obtient un câble par torsion de plusieurs cordes ensemble.* ❷ Mouvement tournant. *Faire des exercices de torsion du buste.*

tort n.m. ❶ Fait d'être dans l'erreur, de mal agir. *Ce serait un tort de ne pas la prévenir.* SYN. erreur. *Tu devrais reconnaître tes torts.* SYN. faute. ❷ Mal fait à quelqu'un. *Tu lui as fait du tort en disant qu'elle avait copié* (= tu lui as nui). • **À tort :** pour de mauvaises raisons, en se trompant. *On l'a accusé à tort.* SYN. injustement. • **À tort et à travers :** n'importe comment, sans réfléchir. *Juliette parle à tort et à travers.* SYN. inconsidérément. • **Avoir tort :** commettre une erreur, se tromper. *Vous avez eu tort de les gronder, ils n'y sont pour rien.* • **Donner tort :** contredire quelqu'un. *Les événements vous ont donné tort.* • **Être en tort** ou **dans son tort :** avoir commis une infraction. *Le chauffeur du camion a refusé la priorité, il est en tort.* CONTR. être dans son droit.

HISTOIRE DU MOT Vient du latin *tortus* qui signifie « ce qui est tordu, ce qui est contraire au droit ».

torticolis n.m. Contraction douloureuse des muscles du cou qui empêche de tourner la tête.

HISTOIRE DU MOT Vient du latin *tortum collum* qui signifie « qui a le cou de travers ».

tortillard n.m. (Familier) Petit train qui avance très lentement et fait des détours pour desservir toutes les gares.

tortiller v. (CONJUG. 3). Tordre plusieurs fois un objet sur lui-même. *Elle était intimidée et tortillait son mouchoir.* ◆ **se tortiller** v.pron. Se tourner dans tous les sens, bouger sans cesse. *Il se tortillait sur sa chaise sans répondre.*

tortionnaire n. Personne qui en torture une autre. *Le prisonnier n'a rien dit à ses tortionnaires.* SYN. bourreau.

tortue n.f. ❶ Animal aux membres courts, au bec corné sans dents, dont le corps est entouré d'une carapace osseuse recouverte d'écailles. *Les tortues sont des reptiles terrestres ou marins. Les tortues géantes des îles Galápagos peuvent atteindre 2,50 m de long pour un poids de 250 kg.* ❷ (Familier) Se dit d'une personne très lente.

HISTOIRE DU MOT Vient du latin *tartarucus* qui signifie « qui appartient au Tartare », nom des Enfers. Pour les Anciens, en effet, la tortue était le symbole des ténèbres et de l'esprit du mal.

ENCYCLOPÉDIE Les *tortues terrestres* se déplacent lentement ; elles sont herbivores. Les *tortues d'eau douce* ont une carapace peu bombée ; leurs pattes sont palmées ; elles sont carnivores. Les *tortues de mer* ont les pattes en forme de nageoires ; elles sont très rapides et viennent pondre leurs œufs sur la plage.

tortue de mer

tortueux, euse adj. ❶ Qui fait des détours. *Un sentier tortueux.* SYN. sinueux. CONTR. droit. ❷ Qui essaie de dissimuler ses intentions. *Un esprit tortueux.* SYN. hypocrite, retors. CONTR. direct, franc.

torture n.f. ❶ Supplice physique, qu'un tortionnaire inflige à une personne pour lui faire avouer quelque chose. *La torture a été interdite en France en 1789.* ❷ Très grande souffrance physique ou morale. *Cette rage de dents est une torture.* SYN. calvaire, martyre.

HISTOIRE DU MOT Vient du latin *tortura* qui signifie « action de tordre ».

torturer v. (CONJUG. 3). ❶ Faire subir des tortures à une personne. *Ses bourreaux l'ont torturé jusqu'à ce qu'il parle.* ❷ Faire souffrir, physiquement ou moralement. *Adam est torturé par la jalousie.* SYN. tenailler, tourmenter. ◆ **se torturer** v.pron. *Se torturer l'esprit,* c'est se creuser l'esprit pour trouver une solution à une difficulté.

torve adj. *Un regard torve,* c'est un regard oblique et menaçant.

tôt adv. ❶ De bonne heure dans la journée. *Se lever tôt. Tu es venue tôt ce matin.* CONTR. tard. ❷ En avance sur l'horaire habituel. *C'est trop tôt pour les courses,* *les magasins sont encore fermés.* • **Au plus tôt :** le plus vite possible ; pas avant. *Viens au plus tôt, nous avons besoin de toi. Je serai là samedi au plus tôt.* • **Tôt ou tard :** un jour ou l'autre. *Tôt ou tard, il finira par céder.*

1 total, ale, aux **adj.** ❶ Considéré dans sa globalité, sans rien oublier. *Calculer la hauteur totale du tissu à acheter ainsi que son prix total.* ❷ Complet, absolu, sans réserve. *J'ai une confiance totale en Marie.* SYN. entier. *La victoire a été totale.*

HISTOIRE DU MOT Vient du latin *totus* qui signifie « tout ».

2 total **n.m.** (PLUR. : **totaux**). Résultat d'une addition ; somme. *Il n'obtenait pas le même total que ses camarades. Le total des recettes s'élevait à 7 000 euros.*

totalement **adv.** Complètement. *Depuis qu'il est en pension, mon frère a totalement changé.* SYN. entièrement. *Attends d'être totalement guérie pour sortir.* SYN. tout à fait.

totaliser **v.** (CONJUG. **3**). ❶ Faire le total de quelque chose. *Le soir, elle totalisait les recettes de la journée.* SYN. additionner. ❷ Atteindre tel total. *Si tu additionnes tous tes points, combien totalises-tu ?*

totalitaire **adj.** *Un régime totalitaire* est un régime politique dans lequel le pouvoir est détenu par un dictateur ou un parti unique et où toute opposition est interdite. *L'Allemagne sous Hitler, l'U.R.S.S. à l'époque de Staline avaient des régimes totalitaires.*

totalitarisme **n.m.** Système politique d'un régime totalitaire.

totalité **n.f.** L'ensemble des parties d'un tout. *La totalité des services de l'entreprise est concernée.* CONTR. une partie de. • **En totalité :** complètement. *L'immeuble a brûlé en totalité.*

totem **n.m.** Animal ou plante qu'une tribu ou un clan considèrent comme leur ancêtre et leur protecteur ; représentation, souvent en forme de poteau, de cet ancêtre. *Le totem de cette tribu est un loup.*

HISTOIRE DU MOT Vient d'une langue indienne d'Amérique du Nord.

toubib **n.m.** (Familier) Médecin.

HISTOIRE DU MOT Vient de l'arabe *tabib* qui signifie « savant ».

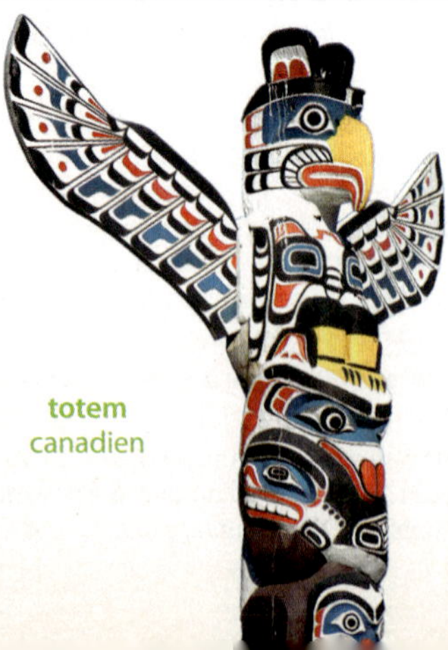

totem canadien

toucan

toucan **n.m.** Oiseau grimpeur des forêts d'Amérique tropicale qui a un bec énorme, mais léger, et un plumage bariolé.

touchant, e **adj.** Qui attendrit, qui émeut. *Le spectacle touchant d'un père avec son bébé.* SYN. attendrissant, émouvant.

touche **n.f.** ❶ Chacune des parties mobiles du clavier d'un piano, d'un accordéon, d'un ordinateur, etc., sur lesquelles on pose les doigts. *Un piano a des touches blanches et des touches noires. Un téléphone à touches.* ❷ Manière personnelle de peindre ; couleur appliquée à chaque coup de pinceau. *On reconnaît la touche de Renoir. Peindre par petites touches.* ❸ Petit détail qui apporte quelque chose de particulier à un ensemble. *Il y a toujours une touche de fantaisie dans sa tenue.* SYN. note. ❹ À la pêche, secousse qui montre que le poisson a mordu à l'appât. ❺ Au football et au rugby, chacune des deux lignes qui délimitent la largeur d'un terrain. *Le ballon sort en touche quand il dépasse cette limite.* • **Être sur la touche :** être tenu à l'écart d'une activité, d'une affaire.

▸ REM. Au sens 5, on dit aussi *une ligne de touche.*

touche-à-tout **n.invar.** (Familier) Personne qui aborde beaucoup de domaines sans rien approfondir. *Il a fait un peu de guitare, un peu de sculpture, c'est un touche-à-tout !*

1 toucher **v.** (CONJUG. **3**). ❶ Mettre la main, le doigt sur une personne ou un objet. *Il est interdit de toucher les fruits à l'étalage.* SYN. palper, tâter. ❷ Être ou entrer en contact avec quelqu'un ou quelque chose. *La barque a touché un rocher.* SYN. heurter. *La balle l'a touché au bras.* SYN. atteindre, blesser. ❸ Être situé juste à côté. *Sa maison touche la mienne.* ❹ Recevoir de l'argent. *J'ai touché une indemnité.* SYN. percevoir. ❺ Atteindre le cœur, la sensibilité d'une personne. *J'ai été très touché de voir qu'il ne m'oubliait pas.* SYN. émouvoir. ❻ Concerner directement une personne. *Ici nous n'avons pas été touchés par l'épidémie de grippe.* SYN. affecter, atteindre. ❼ Porter la main sur un objet pour le déplacer, s'en servir. *Qui a touché à mes affaires ?* ❽ Prendre une petite partie de quelque chose. *Il n'a pas touché à son dîner.* SYN. entamer. ❾ Intervenir sur un travail pour le modifier. *Ton dessin est très joli, n'y touche plus !* ❿ Porter atteinte physiquement ou moralement à une personne, s'en prendre à elle. *Si tu touches à mon frère, tu auras affaire à moi !* • **Toucher à sa fin :** être sur le point de finir. • **Toucher un mot de quelque chose à quelqu'un :** lui en parler brièvement. ◆ **se toucher** **v.pron.** Être en contact ou très près l'un de l'autre. *Nos deux maisons se touchent.*

2 toucher n.m. ❶ L'un des cinq sens par lequel on reconnaît, en les touchant, la forme des choses, leur température, leur consistance. *La peau est l'organe du toucher.* ❷ Manière de jouer d'un musicien. *Le pianiste avait un toucher délicat.*

touffe n.f. Petit bouquet de poils, de brins ou de brindilles. *Une touffe de cheveux, une touffe d'herbe.*

touffu, e adj. Qui est épais et abondant. *Un feuillage touffu.* SYN. dense, fourni, serré. CONTR. clairsemé. *Une barbe touffue.* SYN. broussailleux, dru.

touiller v. (CONJUG. 3). (Familier) Agiter, remuer. *Touiller la salade.* SYN. brasser, mélanger.

HISTOIRE DU MOT Vient du latin *tudiculare* qui signifie « broyer ».

toujours adv. ❶ De tout temps, dans le passé comme dans le futur ; éternellement. *Il y aura toujours des hommes pour défendre la paix.* ❷ Chaque fois et en toutes circonstances. *Marie cherche toujours à faire plaisir.* SYN. continuellement, sans cesse. ❸ Encore maintenant. *Aimes-tu toujours te promener sous la pluie ?* SYN. encore. ❹ Éventuellement. *Ça peut toujours servir.* • **Comme toujours :** comme d'habitude. • **Depuis toujours :** depuis très longtemps. • **Pas toujours :** pas régulièrement. • **Pour toujours :** définitivement. *Il est parti pour toujours.* • **Toujours est-il :** en tout cas. *Je ne sais pas ce que Viviane lui a dit ; toujours est-il que, depuis, il est transformé !* • **Toujours pas :** pas encore.

toundra n.f. Prairie clairsemée des pays très froids faite de mousses, de lichens, de graminées et d'arbres nains. → VOIR AUSSI **taïga.**

toundra (Suède)

toupet n.m. (Familier) Hardiesse effrontée. *Quel toupet ! il est parti sans me dire au revoir.* SYN. effronterie.

toupie n.f. Jouet en forme de poire qu'on fait tourner en équilibre sur la pointe.

1 tour n.f. ❶ Construction élevée, isolée ou faisant partie d'un bâtiment ou de l'enceinte d'une ville. *La tour d'un château.* ❷ Pièce du jeu d'échecs qui a la forme d'une tour. *Échec au roi ! Regarde où est ma tour !* ❸ Immeuble moderne très élevé ou construction en hauteur. *Luce habite au 27e étage d'une tour. La tour Eiffel.* • **S'enfermer dans sa tour d'ivoire :** s'isoler des autres avec orgueil et dédain. • **Tour de contrôle :** bâtiment dominant un aéroport et d'où l'on contrôle la circulation aérienne aux abords des pistes d'atterrissage.

HISTOIRE DU MOT Vient du latin *turris* qui signifie « maison élevée ».

2 tour n.m. ❶ Parcours en rond. *L'aiguille a fait le tour du cadran. Faire un tour de piste.* ❷ Action de tourner un objet sur lui-même ; mouvement de ce qui tourne sur soi-même. *Danseur qui fait des tours. Donner deux tours de clef.* ❸ Le pourtour, plus ou moins circulaire, de quelque chose ; la dimension de ce pourtour. *Elle a souligné d'un trait noir le tour de ses yeux.* SYN. contour. *Quel est ton tour de taille ?* ❹ Petite promenade ou petit voyage. *Qui vient avec moi faire un tour ?* ❺ Ordre dans lequel chacun doit parler, agir. *Cette fois, c'est ton tour, qu'as-tu à dire ?* ❻ Chacune des consultations, dans un vote. *Lucie a été élue au premier tour.* ❼ Numéro qui demande beaucoup d'habileté. *Un tour de passe-passe. Un tour de cartes.* ❽ Plaisanterie perfide ou non faite pour se moquer d'une personne. *On a joué un bon tour à Patricia !* (=on lui a fait une farce). ❾ Manière dont une situation évolue. *Je n'aime pas beaucoup le tour que prend la discussion.* SYN. tournure. • **À double tour :** en faisant tourner deux fois la clef dans la serrure. • **À tour de rôle :** dans l'ordre qui a été fixé. CONTR. ensemble. • **En un tour de main :** avec beaucoup de facilité et très vite. SYN. en un tournemain. • **Tour à tour :** successivement. *Cet écrivain a été tour à tour marin, vendeur de journaux, puis prestidigitateur.* • **Tour de chant :** interprétation, sur scène, d'une suite de chansons par un chanteur.

HISTOIRE DU MOT Vient de *tourner.*

3 tour n.m. ❶ Plateau tournant, actionné au pied, sur lequel le potier travaille l'argile pour faire ses poteries. ❷ Machine-outil, utilisée en usine, comportant un plateau tournant sur lequel on place les pièces pour les façonner.

tourbe n.f. Combustible formé de végétaux en décomposition qu'on extrait des marécages. *Un feu de tourbe chauffe peu.*

tourbière n.f. Marécage d'où l'on extrait la tourbe.

tourbillon n.m. ❶ Masse d'air ou d'eau qui se déplace rapidement en formant une sorte d'entonnoir ; ce qui est entraîné par un tourbillon. *Le canoë disparut, happé par les tourbillons du fleuve. Le sirocco s'était levé, soulevant des tourbillons de poussière.* ❷ Mouvement rapide et circulaire. *Le tourbillon de la valse lui faisait tourner la tête.*

HISTOIRE DU MOT Vient du latin *turbo* qui signifie « tournoiement, mouvement circulaire ».

tourbillonner v. (CONJUG. 3). Tourner très rapidement sur soi-même. SYN. tournoyer. *« La feuille d'automne emportée par le vent/En rondes monotones tombe en tourbillonnant »* (*Colchiques dans les prés*, chanson française).

tourelle n.f. ❶ Petite tour d'un château. ❷ Abri blindé sur la partie supérieure d'un char, qui peut pivoter et qui est équipé d'un canon.

A B C D E F G H I J K L M N O P Q R S T U V W X Y Z

tourisme **n.m.** ❶ Le fait de voyager pour son plaisir. *L'hiver prochain, nous ferons du tourisme en Égypte.* ❷ L'ensemble des activités et des moyens mis en œuvre pour la satisfaction des touristes. *La principale ressource du pays est le tourisme.*

HISTOIRE DU MOT Vient de *tour*, au sens de « voyage, excursion ».

touriste **n.** Personne qui voyage pour son agrément. *Le village est prêt pour l'arrivée des touristes.* SYN. estivant, vacancier.

touristique **adj.** ❶ Qui concerne le tourisme. *Un voyage touristique. Un guide touristique.* ❷ Qui attire les touristes. *La Côte d'Azur est une région touristique.*

tourment **n.m.** Grande inquiétude ou douleur morale. *Son état de santé nous cause bien du tourment.* SYN. inquiétude, souci, tracas. *Les tourments de la jalousie.* SYN. affres, souffrance.
▸ REM. Ce mot appartient à la langue soutenue.

HISTOIRE DU MOT Vient du latin *tormentum* qui signifie « instrument de torture ».

tourmente **n.f.** ❶ Tempête brusque et violente. *Les alpinistes ont été pris dans une tourmente de neige.* SYN. bourrasque, ouragan. ❷ Série de troubles violents qui bouleversent un pays. *La tourmente révolutionnaire.* SYN. agitation, trouble.

tourmenté, e **adj.** ❶ Qui est en proie à des tourments, à des angoisses. *Yannick semble tourmenté.* SYN. angoissé, torturé. CONTR. serein. ❷ Dont les formes sont très irrégulières. *Un paysage tourmenté.*

tourmenter **v.** (CONJUG. 3). ❶ Faire souffrir physiquement. *Arrêtez de tourmenter ce pauvre chien.* SYN. martyriser. ❷ Inquiéter vivement. *Cette histoire le tourmente.* SYN. ronger, tenailler, torturer. ◆ **se tourmenter** **v.pron.** Se faire beaucoup de souci. *Ton examen se passera bien, inutile de te tourmenter.* SYN. s'inquiéter.
▸ REM. Ce mot appartient à la langue soutenue.

tournage **n.m.** Action de tourner un film. *Le tournage a eu lieu en Espagne.*

tournant **n.m.** ❶ Courbe de la route, endroit où elle prend une autre direction. *Attention, ce tournant est dangereux.* SYN. virage. ❷ Moment où quelque chose se transforme, change d'orientation ; changement capital dans une évolution. *L'adolescence est un tournant de la vie. La prise de la Bastille fut un tournant de la Révolution.* • (Familier) **Attendre quelqu'un au tournant :** attendre le moment propice pour se venger de lui.

tourné, e **adj.** ❶ Écrit ou dit d'une certaine façon. *Bravo ! Ta lettre est très bien tournée !* ❷ Qui est gâté, qui est devenu aigre. *Du lait tourné.* • **Avoir l'esprit mal tourné :** avoir tendance à toujours interpréter les choses de façon malveillante ou grossière.

tournebroche **n.m.** Appareil mécanique ou électrique qui sert à faire tourner une broche à rôtir.

tourne-disque **n.m.** (PLUR. : **tourne-disques**). Électrophone.

tournedos **n.m.** Tranche de filet de bœuf assez épaisse et entourée de barde.

tournée **n.f.** ❶ Déplacement pour le travail organisé selon un itinéraire précis. *Le facteur fait sa tournée à bicyclette.* ❷ Série de représentations données par un artiste, des comédiens en différents endroits. *La compagnie de théâtre est en tournée en province.* ❸ (Familier) Ensemble de consommations offertes et payées à un groupe par une personne dans un café. *Allez ! Encore un verre, c'est ma tournée !*

en un **tournemain** **adv.** Très vite. *La table fut débarrassée en un tournemain* (= en un tour de main).
▸ REM. Ce mot appartient à la langue soutenue.

tourner **v.** (CONJUG. 3). ❶ Faire ou faire faire un mouvement circulaire. *La Terre tourne autour du Soleil. Tourner la clé dans la serrure.* ❷ Changer de direction. *Dans les Cévennes, les routes tournent beaucoup.* ❸ Prendre une autre direction. *Au prochain carrefour, tournez à droite.* ❹ Être en marche, fonctionner, en parlant d'un moteur ou, au figuré, d'une entreprise. *La voiture était arrêtée, le moteur tournait au ralenti.* SYN. marcher. *Les affaires tournent.* ❺ Réaliser un film ; jouer, être acteur dans un film. *On tourne un film dans ma rue. Cette actrice a tourné dans de nombreux films.* ❻ Façonner un objet sur un tour. *La potière tourne un pichet.* ❼ Évoluer de telle façon. *Le temps tourne à l'orage. Arrêtez de vous battre, ça va mal tourner !* SYN. finir. ❽ Essayer d'échapper à une contrainte. *N'essayez pas de tourner la difficulté.* SYN. contourner, éviter. ❾ Devenir aigre. *Le lait a tourné.* SYN. se gâter. • **Avoir la tête qui tourne :** avoir des vertiges. • **Tourner la page :** passer à autre chose. *Ne pense plus à cette histoire, il faut savoir tourner la page.* • **Tourner la tête :** faire perdre le sens des réalités. *Son succès lui a tourné la tête.* • **Tourner les talons :** s'en aller rapidement. ◆ **se tourner** **v.pron.** Se placer dans telle direction. *La maîtresse s'est tournée vers le tableau.*

HISTOIRE DU MOT Vient du latin *tornare* qui signifie « arrondir, façonner au tour ».

tournesol **n.m.** Plante dont les grandes fleurs jaunes se tournent vers le soleil et qui est cultivée pour ses graines qui fournissent une huile alimentaire. *Le tournesol peut mesurer jusqu'à 3 m de haut, sa fleur peut atteindre un diamètre de 40 cm et porter jusqu'à 1 500 graines.* SYN. soleil.

HISTOIRE DU MOT Vient de l'italien *tornasole*, de *tornare*, « tourner », et *sole*, « soleil ».

tourneur, euse **n.** Ouvrier qui fabrique des pièces métalliques sur un tour en usine.

tournevis **n.m.** Outil fait d'un manche et d'une tige aplatie à son extrémité, qui sert à visser et à dévisser.
▸ REM. On prononce le *-s* final.

tourniquet **n.m.** ❶ Appareil fait d'une croix qui tourne et qui ne laisse passer qu'une personne à la fois. *Les tourniquets d'accès aux quais du métro.* ❷ Dispositif d'arrosage qui tourne et projette l'eau au loin.

tournis **n.m.** (Familier) Impression d'avoir la tête qui tourne. *Assieds-toi, tu me donnes le tournis à marcher autour de la table !* SYN. vertige.

tournoi **n.m.** ❶ Au Moyen Âge, fête où les chevaliers combattaient à cheval. ❷ Aujourd'hui, compétition qui se dispute en plusieurs matchs. *Un tournoi de bridge.* • **Tournoi ouvert :** expression qu'il est recommandé d'utiliser à la place de *open*.

scène de **tournoi** (XIIIe siècle)

tournoiement **n.m.** Le fait de tournoyer. *Le tournoiement des feuilles dans le vent.*

tournoyer **v.** (CONJUG. 14). Tourner irrégulièrement plusieurs fois sur soi-même. *Des rafales de vent faisaient tournoyer les feuilles mortes.* SYN. tourbillonner.

tournure **n.f.** ❶ Façon dont évolue une situation. *Ma vie a pris une tournure inattendue.* SYN. cours, orientation. ❷ Manière dont on agence les mots dans une phrase ; façon de s'exprimer. *Parfois, la maîtresse emploie des tournures compliquées.* SYN. expression. • **Prendre tournure :** commencer à ressembler au résultat final. *Ah ! Mon gâteau commence à prendre tournure !* • **Tournure d'esprit :** manière d'interpréter les événements, d'y réagir, qui est propre à un individu. *Il a vraiment une tournure d'esprit enjouée et optimiste.*

tourte **n.f.** Tarte ronde, garnie de viande ou de poisson et recouverte d'une mince couche de pâte.

tourteau **n.m.** Gros crabe comestible de l'Atlantique, à large carapace, dont les pinces ont l'extrémité noire.
▸ REM. On l'appelle aussi *dormeur*.

HISTOIRE DU MOT Vient de l'ancien français *tourt* qui signifiait « tordu ».

tourteau

tourtereau **n.m.** Petit de la tourterelle. ◆ **tourtereaux** **n.m.plur.** (Familier) Jeunes amoureux.

tourterelle **n.f.** Petit pigeon au plumage gris, beige ou roux, qui hiverne dans les savanes africaines.

ENCYCLOPÉDIE Cri : la tourterelle roucoule ou gémit. Petit : le tourtereau.

tourtière **n.f.** ❶ Moule pour faire cuire les tartes ou les tourtes. ❷ Au Canada, tourte à la viande.

tous **adj.** et **pron. indéfini** → **tout (1)**

Toussaint **n.f.** Fête catholique, en l'honneur de tous les saints, célébrée le 1er novembre.

tousser **v.** (CONJUG. 3). ❶ Expirer brusquement et bruyamment l'air contenu dans les poumons, parce qu'on a la gorge ou les bronches irritées. *La fumée me fait tousser, ouvre la fenêtre !* ❷ Imiter le bruit de la toux. *Nelly a toussé pour nous avertir que la directrice arrivait.*

HISTOIRE DU MOT Vient du latin *tussire*, de *tussis*, « toux ».

toussotement **n.m.** Le fait de toussoter ; bruit fait en toussotant. *Quand le chef d'orchestre entre, les toussotements s'arrêtent.*

toussoter **v.** (CONJUG. 3). Tousser à petits coups et de façon répétée. *Marie toussota deux ou trois fois puis commença à réciter sa leçon.*

1 tout, toute **adj. indéfini** (PLUR. : tous, toutes). ❶ Exprime la totalité sans exception, l'ensemble. *Toute la classe s'est levée. Tous les hommes sont mortels. Il pleut tout le temps. Tout le monde est content.* ❷ Chaque élément d'un ensemble. *Tout homme peut se tromper.* SYN. chaque. ❸ Exprime l'intensité, l'importance. *Courir à toute vitesse. C'est toute une histoire !* ❹ Indique un intervalle de temps, de distance. *Toutes les semaines, je vais à la piscine.* SYN. chaque. ◆ **pron. indéfini.** ❶ La totalité, l'ensemble des choses, des gens. *Tout est prêt. Ils sont tous venus.* ❷ N'importe quoi. *Tout peut arriver.* • **Tout compris :** sans rien avoir à ajouter. *C'est 50 euros tout compris.* ◆ **tout** **adv.** Exprime l'intensité. *Il est tout content.* SYN. très. *Nils est tout ensommeillé.* SYN. complètement.
▸ REM. 1. Quand il est adverbe, *tout* prend un -*e* devant un adjectif féminin commençant par une consonne : *elle est toute contente*, mais il reste invariable devant un adjectif commençant par une voyelle ou un *h* muet : *elle est tout endormie, elles sont tout heureuses.* 2. Au mot *tout* correspond l'élément tiré du latin *omni-* que l'on retrouve dans des mots comme *omnipotent, omnivore*.

2 tout **n.m.** La totalité, l'ensemble. *Je vous fais le tout pour cinq euros, profitez-en !* • **Comme tout :** très. *C'est gentil comme tout !* • **Du tout :** renforce la négation. *« Je te dérange ? – Pas du tout ! »* • **Du tout au tout :** entièrement. *En un été, Gilles a changé du tout au tout !* SYN. complètement. • **En tout :** au total. *Nous serons cent en tout.* • **Le tout :** l'important, l'essentiel. *Le tout est de ne pas se tromper.* • **Risquer le tout pour le tout :** risquer de tout perdre pour essayer de tout gagner.

tout à coup **adv.** Soudain.

tout à fait **adv.** Entièrement. *Vous avez tout à fait raison.* SYN. absolument. *Je suis tout à fait guérie.* SYN. complètement, totalement.

tout-à-l'égout **n.m.invar.** Système de canalisations qui permet d'évacuer les eaux sales des habitations vers les égouts.

tout à l'heure → **heure**

tout de go **adv.** (Familier) Directement, sans détour. *Il a abordé le problème tout de go.*
HISTOIRE DU MOT Vient de l'ancienne expression *avaler tout de gob* qui signifiait « avaler, gober d'un seul coup ».

tout de même → **même**

tout de suite → **suite**

toutefois **adv.** Indique une restriction. *Il fait doux maintenant, pas assez toutefois pour arrêter le chauffage.* SYN. cependant, néanmoins, pourtant.

tout le monde → **monde**

toutou **n.m.** (Familier) Chien, dans le langage enfantin.

tout-petit **n.m.** (PLUR. : **tout-petits**). Très petit enfant. *Il y a une halte-garderie pour les tout-petits.* SYN. bébé.

tout-puissant, toute-puissante **adj.** (PLUR. : **tout-puissants, toutes-puissantes**). Qui a un pouvoir illimité. *Un roi tout-puissant.* SYN. omnipotent. ◆ **tout-puissant n.m.** • (Avec des majuscules.) **Le Tout-Puissant :** Dieu.

tout-terrain **adj.invar.** et **n.m.invar.** • **Véhicule tout-terrain** ou **tout-terrain :** véhicule capable de rouler sur toutes sortes de terrains. *Un vélo tout-terrain.*

tout-venant **n.m.invar.** Ensemble de personnes ou de choses telles qu'elles se présentent ordinairement. *Ces vêtements sont du tout-venant* (= ce n'est pas la meilleure qualité).

toux **n.f.** Action de tousser ; bruit que l'on fait en toussant. *Un sirop contre la toux. Élise a eu une quinte de toux.*

toxicomane **n.** Personne qui se drogue. *Les pompiers ont conduit un toxicomane à l'hôpital.* SYN. drogué.

toxicomanie **n.f.** Habitude de prendre de la drogue. *Un programme d'information pour lutter contre la toxicomanie.*

toxique **adj.** Qui contient une substance dangereuse pour l'organisme. *Certaines plantes sont toxiques.* ◆ **n.m.** Substance toxique. *Il y a des toxiques animaux et végétaux.* SYN. poison.
HISTOIRE DU MOT Vient du grec *toxikon*, de *toxon* qui signifie « arc », à cause du poison dont on imprégnait l'extrémité des flèches.

trac **n.m.** Sentiment d'angoisse que l'on ressent avant de se produire en public, de passer un examen, une épreuve. *Ce chanteur déclare qu'il a toujours le trac avant d'entrer en scène.*

traçabilité **n.f.** Possibilité de suivre un produit alimentaire aux différents stades de sa production et de sa commercialisation. *La traçabilité de la viande de bœuf.*

tracas **n.m.** Souci, tourment. *L'entretien de cette grande maison me cause bien du tracas.* SYN. embarras, ennui.

tracasser **v.** (CONJUG. 3). Causer du souci. *Cette histoire me tracasse.* SYN. inquiéter, tourmenter. ◆ **se tracasser v.pron.** S'inquiéter. *Ne te tracasse pas, tout va s'arranger.*

tracasserie **n.f.** Ennui causé par des détails, des petites vexations. *Des tracasseries administratives.*

trace **n.f.** ❶ Marque laissée sur le sol par le passage d'un être vivant ou d'un véhicule. *Il y avait des traces de pas sur le sable.* SYN. empreinte. *Suivre un animal à la trace.* ❷ Marque laissée par une chose quelconque. *Sa main porte des traces de brûlure.* SYN. cicatrice. ❸ Ce qui reste du passé. *Ces tablettes sont les traces d'une civilisation disparue.* SYN. vestiges. ❹ Petite quantité d'une substance. *L'analyse révèle des traces d'arsenic dans le verre de la victime.* • **Marcher sur les traces de quelqu'un :** imiter son exemple.

tracé **n.m.** Dessin qui représente l'emplacement, le parcours de quelque chose. *Le tracé de la future autoroute apparaît en bleu sur la carte.*

tracer **traçant, tracé v.** (CONJUG. 4). Dessiner une ligne, un signe. *Le professeur a tracé un cercle avec le compas.*
HISTOIRE DU MOT Vient du latin *trahere* qui signifie « tirer, traîner » et que l'on retrouve dans *tracteur* et *traction*.

trachée **n.f.** Conduit entre la gorge et les bronches par où passe l'air que l'on respire.
▶ REM. On dit aussi : *la trachée-artère* ; au plur. : *des trachées-artères*.

trachéite **n.f.** Irritation de la trachée qui se traduit par des picotements et des accès de toux.
▶ REM. On prononce [trakeit].

tract **n.m.** Feuille imprimée distribuée à un grand nombre de personnes pour faire connaître des idées. *Un tract politique.*
▶ REM. On prononce le *-t* final.
HISTOIRE DU MOT C'est un mot anglais qui est l'abréviation de *tractate*, « traité ».

tractations **n.f.plur.** Négociations plus ou moins secrètes et souvent difficiles. *Après de longues tractations, ils ont enfin conclu l'affaire.* SYN. pourparlers.
HISTOIRE DU MOT Vient du latin *tractare* qui signifie « traiter ».

tracteur **n.m.** Véhicule à moteur qui sert à tirer des remorques ou des machines agricoles.

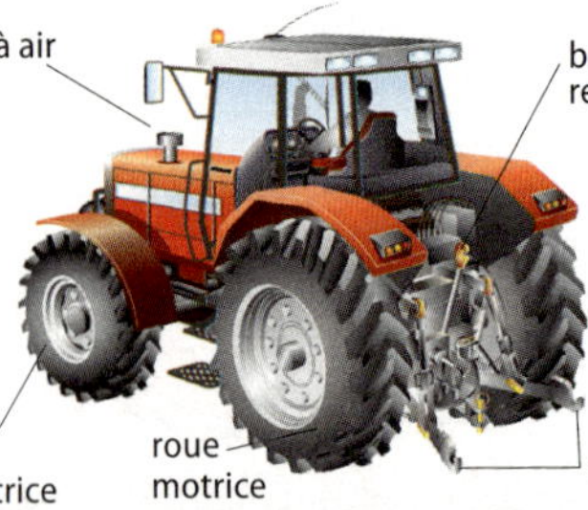

tracteur agricole

traction **n.f.** ❶ Force qui tire un objet. *La traction animale a été remplacée par la traction à vapeur, puis par la traction électrique.* ❷ Mouvement de gymnastique qui consiste à soulever son corps à la force des bras.

tradition **n.f.** Ensemble de coutumes, de manières de penser et d'agir, transmises de génération en génération. *C'est une tradition de présenter ses vœux le jour de l'An.* SYN. usage. *Le repas chez grand-mère le jour de la Saint-Jean est une tradition dans la famille.* SYN. coutume, rite.

HISTOIRE DU MOT Vient du latin *tradere* qui signifie « remettre, transmettre, livrer ».

traditionaliste **adj.** et **n.** Qui a un grand respect pour les traditions.
▸ REM. Attention, un seul *-n-* mais deux dans *traditionnel.*

traditionnel, elle **adj.** ❶ Qui respecte les traditions. *Une cérémonie traditionnelle. Le repas traditionnel de Noël.* ❷ Qui est devenu habituel. *Les traditionnels embouteillages du vendredi soir.* SYN. inévitable.

traditionnellement **adv.** Conformément à la tradition ; de manière habituelle. *Traditionnellement, on s'embrasse aux douze coups de minuit, le 31 décembre.*

traducteur, trice **n.** Personne qui traduit un texte d'une langue dans une autre. *Elle est traductrice à l'O.N.U.* → VOIR AUSSI **interprète.**

traduction **n.f.** ❶ L'action de traduire. *Au Parlement européen, les interprètes font de la traduction simultanée.* ❷ Œuvre, texte obtenus en traduisant. *Il existe d'innombrables traductions de « l'Iliade » et de « l'Odyssée » d'Homère.*

traduire **traduisant, traduit v.** (CONJUG. **60**). ❶ Exprimer dans une langue ce qui était dit ou écrit dans une autre langue. *Traduire du français en anglais.* ❷ Exprimer, manifester un sentiment, une pensée. *Le son de sa voix traduisait son émotion.* SYN. trahir. • **Traduire en justice :** faire comparaître une personne devant un tribunal. ◆ **se traduire v.pron.** S'exprimer de telle façon. *Le contentement du public se traduisait par des acclamations.* SYN. se manifester.

HISTOIRE DU MOT Vient du latin *traducere* qui signifie « faire passer ».

1 trafic **n.m.** Circulation routière, ferroviaire ou aérienne ; transport des marchandises. *Le trafic est interrompu sur la ligne de métro. Le trafic de ce port est en augmentation.*

2 trafic **n.m.** ❶ Commerce illégal et clandestin. *On découvrit alors un important trafic d'armes entre les deux pays.* ❷ Activité mystérieuse, vaguement inquiétante et dérangeante. *Mais qu'est-ce que c'est que tout ce trafic ?*

trafiquant, e **n.** Personne qui se livre à un commerce illégal. *Des trafiquants de voitures volées.*

trafiquer **v.** (CONJUG. **3**). ❶ Acheter et vendre de la marchandise de manière illégale. *Ces escrocs avaient amassé une fortune considérable en trafiquant à l'étranger.* ❷ (Familier) Soumettre un produit à des traitements frauduleux. *Trafiquer du vin.* ❸ (Familier) Faire quelque chose de mystérieux. *Qu'est-ce que les enfants peuvent bien trafiquer dans le grenier ?* SYN. fabriquer, manigancer.

tragédie **n.f.** ❶ Pièce de théâtre dont les héros ont un destin tragique. *« Hamlet » de Shakespeare, « Phèdre » de Racine sont des tragédies.* ❷ Événement funeste. *La tragédie du « Titanic ».* SYN. catastrophe, drame.

HISTOIRE DU MOT Vient du grec *tragôdia* qui désignait le chant religieux dont on accompagnait le sacrifice d'un bouc aux fêtes de Bacchus.

tragédien, enne **n.** Comédien qui interprète surtout des tragédies. *Sarah Bernhardt fut une grande tragédienne.*

tragi-comédie (PLUR. : **tragi-comédies**), ✎ ***tragicomédie*** **n.f.** Pièce de théâtre qui mêle le tragique et le comique.

tragi-comique (PLUR. : **tragi-comiques**), ✎ ***tragicomique*** **adj.** Qui est à la fois tragique et comique. *Un incident tragi-comique.*

masque de théâtre **tragi-comique** (IVe siècle avant J.-C.)

tragique **adj.** ❶ Qui se rapporte à une tragédie. *Un auteur tragique. Une pièce tragique.* ❷ Qui suscite une émotion brutale par son caractère dramatique ou effroyable. *Une mort tragique.* SYN. cruel. *Une situation tragique.* SYN. dramatique, pathétique. ◆ **n.m.** • **Prendre les choses au tragique :** leur donner un caractère excessivement dramatique. • **Tourner au tragique :** devenir très grave, dramatique. *La situation a tourné au tragique.*

tragiquement **adv.** D'une manière tragique. *Il est mort tragiquement dans un accident de montagne.*

trahir **trahissant, trahi v.** (CONJUG. **16**). ❶ Tromper la confiance de ses amis en passant du côté de l'ennemi. *Cet espion a trahi son pays.* ❷ Être infidèle, ne pas respecter un engagement. *Trahir la confiance d'un ami.* ❸ Révéler ce qui aurait dû rester caché. *Trahir un secret.* SYN. divulguer. *Ses larmes trahissaient son chagrin.* ❹ Faire subitement défaut à quelqu'un. *Ses forces l'ont trahi.* ◆ **se trahir v.pron.** Laisser échapper malgré soi ce que l'on aurait voulu tenir secret. *Le coupable s'est trahi en faisant la même faute d'orthographe que celle de la lettre anonyme.*

HISTOIRE DU MOT Vient, comme *tradition*, du latin *tradere.*

trahison **n.f.** Le fait de trahir son pays, sa patrie, son parti ou ses amis. *En temps de guerre, la trahison est punie de mort.*

train **n.m.** ❶ Suite de wagons tirés par une locomotive. *Je prendrai le train du soir. Un train de marchandises.* ❷ Suite de véhicules remorqués ou avançant les uns derrière les autres. *Un train de péniches.* ❸ Allure à laquelle une personne, un véhicule ou une action progressent. *À ce train-là, il nous faudra trois jours pour finir.* SYN. vitesse. • (Familier) **À fond de train :** à

a b c d e f g h j k l m n o p q r s t u v w x y z

toute vitesse. • **En train** : en forme. *Julie n'a pas l'air en train.* • **Être en train de faire quelque chose** : être occupé à faire cette chose. *Je suis en train de lire « les Trois Mousquetaires ».* • **Train d'atterrissage** : les roues d'un avion qui lui permettent d'atterrir. *Le pilote a sorti le train d'atterrissage.* • **Train de vie** : le niveau de vie d'une personne, l'ensemble de ses dépenses courantes.

HISTOIRE DU MOT Vient de *traîner.*

traînant, e, ✎ ***trainant, e*** **adj.** *Une voix traînante* est une voix lente et monotone.

traînard, e, ✎ ***trainard, e*** **n.** (Familier) Personne qui reste à la traîne. *Allons, dépêchez-vous, les traînards !*

traînasser ou **traînailler,** ✎ ***trainasser, trainailler*** **v.** (CONJUG. 3). (Familier) Paresser, rester à ne rien faire ou agir sans se hâter. SYN. lambiner.

traîne, ✎ ***traine*** **n.f.** Partie d'une robe ou d'un manteau de cérémonie qui traîne par-derrière. *Les enfants portent la traîne de la mariée.* • (Familier) **Être à la traîne** : être en retard, ne pas réussir à suivre le même rythme que les autres.

traîneau, ✎ ***traineau*** **n.m.** Véhicule sur patins que l'on fait glisser sur la neige. *Un traîneau tiré par des chiens.*

traînée, ✎ ***trainée*** **n.f.** Trace allongée laissée dans le ciel, par terre, etc. *L'avion à réaction laisse une traînée blanche dans le ciel.*

traîner, ✎ ***trainer*** **v.** (CONJUG. 3). ❶ Tirer derrière soi. *La locomotive traîne les wagons. Alex traîne son petit camion.* ❷ Mener de force quelqu'un là où il ne veut pas aller. *Il a fallu le traîner chez le coiffeur !* ❸ Emporter partout avec soi. *Elle traîne toujours des livres inutiles dans son cartable.* SYN. (Fam.) trimbaler. ❹ Durer trop longtemps. *La discussion a traîné en longueur.* SYN. s'éterniser, se prolonger. ❺ Pendre jusqu'à terre. *Sa grande cape traînait par terre.* ❻ Rester en désordre sans être rangé. *Ses affaires traînent partout.* • **Traîner les pieds** : marcher sans soulever les pieds.

traînerie, ✎ ***trainerie*** **n.f.** Au Québec, objet qu'on laisse traîner.

train-train **n.m.invar.,** ✎ ***traintrain n.m.*** (Familier) L'ensemble des occupations qui se répètent de façon monotone chaque jour. *Le train-train habituel.* SYN. routine.

traire **trayant, trait v.** (CONJUG. 77). Tirer le lait du pis des vaches, des chèvres, des brebis avec les mains ou avec une trayeuse.

HISTOIRE DU MOT Vient du latin *trahere* qui signifie « tirer ».

trait **n.m.** ❶ Petite ligne. *Son nom était souligné d'un trait rouge.* ❷ Caractéristique d'une personne, d'une chose. *La sécheresse est un trait dominant du climat désertique.* SYN. caractère. • **À grands traits** : en ne donnant que les grandes lignes, l'essentiel. *Il nous a brossé à grands traits un tableau de la situation* (= sommairement). • **Animal de trait** : animal employé pour tirer des charges, des charrettes. *Un cheval de trait.* • **Avoir trait à quelque chose** : s'y rapporter. *Paul s'intéresse à tout ce qui a trait à l'astronautique* (= concerner). • **D'un trait** : d'un seul coup, sans s'arrêter. *Vider son verre d'un trait.* • **Tirer un trait sur quelque chose** : y renoncer. *Je crois que je peux tirer un trait sur notre voyage.* • **Trait d'union** : trait qui joint deux mots. *Le mot « tic-tac » s'écrit avec un trait d'union.* ◆ **traits** **n.m.plur.** Les lignes principales du visage d'une personne. *Avoir les traits fins.*

traitant, e **adj.** ❶ *Le médecin traitant* est celui qui soigne habituellement une personne. ❷ *Un produit traitant* est fait pour soigner. *Un shampooing traitant contre les pellicules.*

1 traite **n.f.** L'action de traire. *C'est l'heure de la traite.*

2 traite **n.f.** ❶ Trafic qui consistait à gagner de l'argent en achetant et en vendant des êtres humains. *La traite des Noirs.* → VOIR AUSSI **esclavage.** ❷ Écrit qui indique la somme qu'un débiteur doit payer à une certaine date. *Il nous reste dix traites à payer pour l'achat de la voiture.*

ENCYCLOPÉDIE La traite des Noirs s'est développée au XVIe siècle, avec la découverte de l'Amérique. De un à trois millions d'esclaves y sont transportés depuis les côtes occidentale et orientale de l'Afrique. Ils sont soumis à un travail accablant, soit dans les plantations de canne à sucre du Nord-Est brésilien et des Antilles, soit dans celles de coton du sud des États-Unis. L'esclave peut être vendu, acheté ou échangé. En 1815, le congrès de Vienne condamna la traite des Noirs, mais elle ne disparut vraiment qu'à la fin du XIXe siècle.

3 traite **n.f.** • **D'une traite** ou **d'une seule traite** : sans s'arrêter, sans interruption. *Peut-on faire Ottawa-Montréal d'une seule traite ?*

traité **n.m.** ❶ Convention écrite entre deux ou plusieurs États. *Un traité d'alliance.* SYN. pacte. *Le traité de Versailles mit fin à la Première Guerre mondiale.* ❷ Ouvrage qui traite une matière en détail. *Un traité de mathématiques.* SYN. manuel.

traitement **n.m.** ❶ Manière dont on se comporte à l'égard d'une personne ou d'un animal. *Des mauvais traitements auraient été infligés aux prisonniers.* ❷ Ensemble de soins destinés à guérir une maladie. *Donner un nouveau traitement à un malade.* ❸ Somme d'argent, généralement mensuelle, qu'un fonctionnaire reçoit en échange de son travail. *Il n'a pas un gros traitement.* SYN. rémunération, salaire. ❹ L'ensemble des transformations que l'on fait subir à une matière première. *Le traitement de la houille.* ❺ Manière de traiter un texte, un sujet. *Le traitement de l'information.* • **Traitement de texte** : système qui permet de saisir un texte sur ordinateur et de le corriger à volonté. *Le traitement de texte a remplacé la machine à écrire.*

traiter **v.** (CONJUG. 3). ❶ Agir de telle ou telle manière vis-à-vis d'une personne, d'un animal. *On nous a traités très sévèrement. Il m'a traité en ami.* ❷ Prodiguer des soins à un malade, lutter contre une maladie. *L'aspirine est un remède pour traiter le mal de tête.* SYN. soigner. ❸ Soumettre à une action pour transformer ou pour protéger. *Traiter du minerai. Traiter des poutres contre les vers.* ❹ Soumettre une information à un programme informatique. *L'ordinateur traite des données.* ❺ Négocier en vue de conclure un accord. *Les diplomates traitent avec les gouvernements étrangers.* ❻ Exposer une question à l'écrit ou à l'oral. *Vous n'avez pas traité le sujet.* ❼ Donner un nom déplaisant à quelqu'un. *Elle m'a traité d'idiot !* ❽ Concerner tel ou tel sujet. *Ce livre traite de la protection des éléphants.* SYN. parler de.

HISTOIRE DU MOT Vient du latin *tractare* que l'on retrouve dans *tractation*.

traiteur n.m. Personne qui vend des plats tout préparés et éventuellement les livre à domicile. *Un traiteur nous a apporté les entrées et le plat, nous avons fait les desserts.*
▸ REM. Au Canada, la forme féminine de ce mot est *traiteuse*.

traître, traîtresse, ✎ ***traitre, traitresse*** n. Personne qui trahit la confiance qu'on a mise en elle, qui se rend coupable de trahison. *On a démasqué les traîtres.* SYN. félon. • **En traître** : de manière sournoise. *Vincent m'a attaqué en traître.* SYN. perfidement, traîtreusement. ◆ **adj.** Qui est plus dangereux qu'il ne paraît. *Ce virage est traître, il y a déjà eu plusieurs accidents.* • **Pas un traître mot** : pas un seul mot. *Je n'ai pas compris un traître mot de ce qu'il a dit.*

traîtreusement, ✎ ***traitreusement*** adv. Avec traîtrise. *Tartempion a traîtreusement fait un croche-pied à son adversaire.*

traîtrise, ✎ ***traitrise*** n.f. ❶ Comportement d'un traître. *Il a avoué sa traîtrise.* SYN. déloyauté, trahison. ❷ Acte fourbe ou déloyal. *On pardonne difficilement une traîtrise.* SYN. fourberie, perfidie.

trajectoire n.f. Parcours suivi par un objet en mouvement, par un projectile. *La trajectoire d'une comète. Le service de balistique va analyser la trajectoire de la balle.*

trajet n.m. ❶ Distance à parcourir entre deux lieux. *Le T.G.V. fait le trajet de Paris à Lyon en deux heures.* SYN. parcours. *Elle a été malade pendant le trajet.* SYN. voyage. ❷ Chemin à suivre entre deux lieux. *Paul a étudié le trajet sur la carte.* SYN. itinéraire.

HISTOIRE DU MOT Vient, comme *trajectoire*, du latin *trajectus* qui signifie « traversée ».

tralala n.m. • (Familier) **En grand tralala** : avec une tenue luxueuse et en faisant beaucoup de manières.

tram n.m. (Familier) Tramway.

trame n.f. ❶ *Les fils de trame dans un tissu* sont ceux qui sont tendus dans la largeur du métier à tisser, entre les *fils de chaîne*. ❷ *La trame d'un récit*, c'est le fond sur lequel se déroulent les événements marquants. *La trame de ce roman policier est compliquée.* SYN. canevas.

tramer v. (CONJUG. 3). Préparer une mauvaise action en secret. *Qu'êtes-vous donc en train de tramer tous les deux ?* SYN. comploter, manigancer. → VOIR AUSSI **ourdir.** ◆ **se tramer** v.pron. Être préparé en secret. *La police savait qu'un complot se tramait.*

tramontane n.f. Vent du nord qui souffle sur le Languedoc et le Roussillon. → VOIR AUSSI **mistral.**

HISTOIRE DU MOT Vient de l'italien *tramontana (stella)*, « (étoile) au-delà des monts », c'est-à-dire l'étoile Polaire.

trampoline n.m. Grande toile tendue sur des ressorts d'acier et sur laquelle on fait des bonds.
▸ REM. 1. S'écrit avec *-am-*. 2. Ne pas confondre avec *tremplin*.

tramway n.m. Chemin de fer urbain, qui circule dans les rues des villes.
▸ REM. On dit souvent *un tram*.

HISTOIRE DU MOT C'est un mot anglais formé de *tram* qui signifie « wagonnet » et de *way* qui signifie « voie ».

1 **tranchant, e** adj. ❶ Qui coupe. *Le couteau est un instrument tranchant.* ❷ *Un ton tranchant* est net et ne semble admettre aucune réplique. SYN. cassant, catégorique.

2 **tranchant** n.m. La partie coupante d'une lame. *Le tranchant d'une paire de ciseaux.* • **À double tranchant** : qui peut avoir deux effets opposés. *Un argument à double tranchant* (= qui peut se retourner contre celui qui l'emploie).

tranche n.f. ❶ Morceau d'un aliment plus large qu'épais. *Une tranche de cake, de jambon.* ❷ Chacun des trois côtés d'un livre où l'on voit les feuilles. *Un livre doré sur tranches.* ❸ Subdivision dans un ensemble. *Grouper des enfants par tranches d'âge.*

tranché, e adj. ❶ *Des couleurs tranchées* sont vives, sans mélange et se détachent nettement. ❷ *Des opinions tranchées* sont sans nuances.

tranchée n.f. ❶ Trou long et étroit creusé dans le sol pour y placer des canalisations, des conduites, etc. ❷ Pendant une guerre, fossé dans lequel combattent et vivent les soldats. *La Première Guerre mondiale était une guerre de tranchées.*

soldats dans une **tranchée** (1916)

a b c d e f g h i j k l m n o p q r s t u v w x y z

A B C D E F G H I J K L M N O P Q R S T U V W X Y Z

trancher v. (CONJUG. 3). ❶ Couper d'un seul coup. *Trancher une corde d'un coup de couteau.* SYN. sectionner. ❷ Choisir, donner un avis catégorique pour mettre fin aux hésitations. *Voilà une heure que nous discutons, il faut trancher.* SYN. décider. ❸ Former un contraste très net. *La couleur des rideaux tranche avec celle de la moquette.* SYN. ressortir sur.

HISTOIRE DU MOT Vient du latin populaire *trinicare* qui signifiait « couper en trois ».

tranquille adj. ❶ Qui est sans inquiétude. *Tout se passera bien, soyez tranquille.* SYN. serein. CONTR. anxieux. ❷ Qui est calme. *Paul est un garçon tranquille.* SYN. sage. CONTR. agité, turbulent. *Il mène une vie tranquille.* SYN. paisible. CONTR. mouvementé. *Une rue tranquille.* CONTR. animé, bruyant. • **Laisser tranquille :** cesser d'importuner quelqu'un, ne plus toucher à quelque chose.

tranquillement adv. ❶ Avec calme. *Les enfants jouent tranquillement.* SYN. sagement. ❷ Sans être dérangé. *Je voudrais bien lire tranquillement.*

tranquillisant, e adj. Qui tranquillise. *Les dernières nouvelles reçues sont plutôt tranquillisantes.* SYN. rassurant. ◆ **tranquillisant** n.m. Médicament qui fait cesser l'angoisse. SYN. calmant.

tranquilliser v. (CONJUG. 3). Redonner la tranquillité d'esprit en faisant disparaître un sujet d'inquiétude. *Son coup de téléphone nous a tranquillisés.* SYN. rassurer. ◆ **se tranquilliser** v.pron. Cesser d'être inquiet. *Tranquillisez-vous, il sera vite guéri.* CONTR. s'inquiéter.

tranquillité n.f. ❶ Absence d'inquiétude. *Rien ne trouble sa tranquillité d'esprit.* SYN. sérénité. ❷ Absence de bruit, d'agitation. *La tranquillité du village la reposait des fatigues de la ville.* SYN. calme. CONTR. agitation.

trans- préfixe. Mot invariable tiré du latin *trans* qui signifie « au-delà, de l'autre côté, par-dessus » et qui exprime l'idée de changement, comme dans *transformer*, l'idée de passage au travers, comme dans *transpercer*, ou l'idée de traversée, comme dans *transatlantique*.

transaction n.f. ❶ Accord conclu entre un acheteur et un vendeur. *Une transaction immobilière.* SYN. marché. ❷ Accord obtenu par des concessions réciproques. *Pour éviter un procès, ils ont fait une transaction.* SYN. compromis.

HISTOIRE DU MOT Vient du latin *transactum*, de *transigere* qui signifie « arranger, accommoder, mener à bonne fin ».

transalpin, e adj. Qui est situé au-delà des Alpes par rapport à la France.

1 **transat** n.f. Course transatlantique.
▸ REM. On prononce le *-t* final.

2 **transat** n.m. Chaise longue pliante recouverte de toile. *Suzanna dormait sur un transat.*
▸ REM. On prononce le *-t* final.

HISTOIRE DU MOT Vient de *transatlantique* : ces chaises ont d'abord été employées sur le pont des grands transatlantiques.

transatlantique adj. *Une course transatlantique* est une course de voiliers à travers l'Atlantique. ◆ n.m. Paquebot qui traverse l'Atlantique.

transbahuter v. (CONJUG. 3). (Familier) Transporter d'un lieu à un autre. *Manon a transbahuté tous ses jouets dans la chambre de son petit frère.*

HISTOIRE DU MOT Vient de *bahut*.

transcription n.f. Action et manière de transcrire. *Un exercice de transcription phonétique.*

transcrire transcrivant, transcrit v. (CONJUG. 62). ❶ Reproduire exactement un texte déjà écrit. *Adeline a transcrit au propre sur son cahier les notes prises en classe.* SYN. recopier. ❷ Écrire dans un alphabet différent. *Ma grande sœur a transcrit un mot grec en caractères latins.*

transe n.f. • **Être en transe :** être dans un état émotionnel intense, être très excité ou très inquiet. *En attendant les résultats, j'étais en transe !*

HISTOIRE DU MOT Vient de *transir* qui signifiait « mourir ».

transept n.m. Dans une église, partie transversale qui sépare le chœur de la nef et forme les bras de la croix.
▸ REM. On prononce le *-t* final.

HISTOIRE DU MOT Vient du latin *trans*, qui signifie « au-delà », et *saeptum*, qui signifie « enclos, clôture ».

transférer v. (CONJUG. 9, ✎ *10*). Installer dans un autre endroit. *Le magasin a été transféré 5, rue de la Gare. Transférer un prisonnier dans une autre prison.*

transfert n.m. Action de transférer. *Le transfert d'un prisonnier. Un transfert de fonds.*

HISTOIRE DU MOT C'est un mot latin qui signifie « il transfère ».

transfigurer v. (CONJUG. 3). Changer complètement d'aspect en embellissant. *Il est transfiguré depuis sa rencontre avec Éva.* SYN. métamorphoser, transformer.

transformable adj. Qui peut se transformer. *Un canapé transformable.* SYN. convertible.

transformateur n.m. Appareil qui transforme la tension du courant électrique.
▸ REM. On abrège familièrement en *transfo*.

transformation n.f. ❶ Action de transformer ; fait de se transformer. *La transformation de l'eau en glace sous l'effet du gel.* ❷ Changement complet de forme ou de caractère. *La transformation du têtard en grenouille.* SYN. métamorphose. ❸ Modification apportée en transformant. *Faire des transformations dans une maison.* SYN. aménagement. ❹ *Une transformation géométrique* est l'association d'une figure à une autre par un procédé géométrique particulier. *La symétrie par rapport à un axe est une transformation géométrique.* ❺ Action de transformer un essai au rugby.

transformer v. (CONJUG. 3). ❶ Donner un autre aspect ; faire changer d'état, de nature. *Je voudrais transformer ma chambre.* SYN. changer, modifier. *Et la fée transforma le prince en un affreux crapaud.* SYN. métamorphoser. ❷ Améliorer l'état physique ou moral d'une personne. *Le judo l'a complètement transformé.* ❸ *Transformer un essai*, au rugby, c'est envoyer le ballon d'un coup de pied au-dessus de la barre transversale et entre les poteaux de but. ◆ **se transformer v.pron.** Changer d'aspect, de caractère. *La chenille s'est transformée en papillon.* SYN. se métamorphoser.

transfuge n. Personne qui abandonne un camp pour un autre. *Des transfuges ont fondé un nouveau parti.*

HISTOIRE DU MOT Vient du latin *transfuga* qui signifie « déserteur ».

transfuser v. (CONJUG. 3). Faire une transfusion de sang. *Transfuser un blessé.*

HISTOIRE DU MOT Vient du latin *transfundere* qui signifie « transvaser ».

transfusion n.f. Injection, dans les veines d'un malade ou d'un blessé, du sang d'une personne en bonne santé.

transgresser v. (CONJUG. 3). Passer outre à une interdiction, désobéir à un ordre. *Transgresser la loi.* SYN. enfreindre, violer. CONTR. respecter.

HISTOIRE DU MOT Vient du latin *transgredi* qui signifie « franchir ».

transgression n.f. Action de transgresser. *Toute transgression du règlement sera sanctionnée.* SYN. violation.

transhumance n.f. Déplacement des troupeaux, qui, en été, vont de la vallée vers les pâturages de haute montagne et, en automne, redescendent.

HISTOIRE DU MOT Vient de *trans* et du latin *humus* qui signifie « terre ».

transhumance des moutons (Pays basque)

transi, e adj. Paralysé, engourdi par le froid. *Je l'attendais dans le froid, j'étais transi.* SYN. gelé, glacé.

transiger transigeant, transigé v. (CONJUG. 5). ❶ Se mettre d'accord en faisant des concessions réciproques. *Le vendeur et l'acheteur ont fini par transiger sur un prix moyen.* SYN. s'entendre. ❷ *Ne pas transiger sur quelque chose*, c'est demeurer inflexible en ce qui concerne cette chose. *Maman ne transige pas sur la ponctualité.*

transistor n.m. Composant électronique d'un ordinateur, d'un poste de radio.

transit n.m. *Être en transit*, c'est passer par un lieu sans y séjourner, avant de repartir pour une autre destination. *Les passagers en transit ne sortent pas de l'aéroport. Des marchandises en transit traversent un pays sans payer de droits de douane.*
▸ REM. On prononce le *-t* final.

HISTOIRE DU MOT Vient du latin *transitus* qui signifie « passage ».

transiter v. (CONJUG. 3). Passer par un lieu sans y rester. *Nous avons transité par Rome.*

transitif, ive adj. *Un verbe transitif* est suivi d'un complément d'objet. *Dans la phrase « je regarde la Lune », le verbe « regarder » est transitif.* CONTR. intransitif.

transition n.f. Moment intermédiaire qui marque le passage d'un état à un autre. *L'adolescence est la transition de l'enfance à l'âge adulte.* SYN. passage. • **De transition :** qui constitue un état intermédiaire. *Un gouvernement de transition.* • **Sans transition :** brusquement. *Natacha est passée sans transition de l'enthousiasme à la colère.*

transitoire adj. Qui ne dure pas. *Une situation transitoire.* SYN. momentané, provisoire. CONTR. définitif, durable.

translucide adj. Qui laisse passer la lumière mais ne permet pas de distinguer les objets à travers. *Le verre dépoli est translucide.*
▸ REM. Ne pas confondre avec *transparent*.

transmettre transmettant, transmis v. (CONJUG. 51). ❶ Laisser à ses descendants ou aux nouvelles générations. *Transmettre un héritage. Transmettre un savoir, des coutumes.* ❷ Faire passer à une autre personne. *Transmettre une maladie.* ❸ Communiquer à quelque chose. *Le métal transmet la chaleur.* → VOIR AUSSI **conduire, propager.** ❹ Faire parvenir un message. *On m'a transmis l'information.* ◆ **se transmettre v.pron.** Passer d'une personne à une autre, d'une chose à une autre. *Une maladie qui se transmet par hérédité.*

transmissible adj. Qui peut se transmettre. *Le sida est une maladie sexuellement transmissible.*

transmission n.f. ❶ Action, fait de transmettre. *On ignore encore beaucoup de choses sur la transmission de cette maladie.* ❷ Propagation d'un phénomène physique. *La transmission du son.* → VOIR AUSSI **retransmission.** • **Transmission de pensée :** télépathie. ◆ **transmissions n.f.plur.** Dans l'armée, services chargés des communications (téléphone, radio, etc.).

transparaître, ✎ ***transparaitre*** **transparaissant, transparu v.** (CONJUG. 73). Se manifester, être visible. *Son visage laissait transparaître sa colère.* SYN. paraître.

transparence n.f. Le fait d'être transparent. *La transparence du verre.*

transparent, e adj. ❶ Qui permet de voir à travers. *Le verre de cette vitre est transparent.* ❷ Dont le

A B C D E F G H I J K L M N O P Q R S T U V W X Y Z

sens est facile à deviner. *Faire une allusion transparente aux défauts de quelqu'un.* SYN. clair, évident.
▸ REM. Ne pas confondre avec *translucide*.

transpercer **transperçant, transpercé v.** (CONJUG. 4). ❶ Percer de part en part. *Le clou a transpercé la cloison.* ❷ Passer à travers. *La pluie a transpercé mon blouson, je suis trempé.* SYN. traverser.

transpiration **n.f.** Action de transpirer ; sueur éliminée. *À la fin du match, Paul était en transpiration.*

transpirer **v.** (CONJUG. 3). ❶ Éliminer de la sueur par les pores de la peau. *Il faisait très chaud et nous transpirions à grosses gouttes.* SYN. suer. ❷ Commencer à se savoir malgré les précautions prises. *Rien n'a transpiré de ce que la directrice lui a dit* (= rien n'a été révélé).

transplantation **n.f.** Action de transplanter une plante, un organe. *La première transplantation cardiaque a eu lieu en 1967 au Cap, en Afrique du Sud.*

transplanter **v.** (CONJUG. 3). ❶ Déterrer une plante, un arbre pour les replanter ailleurs. *J'ai transplanté mon magnolia.* ❷ Greffer un organe d'une personne sur une autre. *Transplanter un rein.*

transport **n.m.** Déplacement de choses ou de personnes d'un lieu vers un autre ; manière de les transporter. *Ce car assure le transport de certains colis. La voiture, le train, l'avion sont des moyens de transport.* ◆ **transports n.m.plur.** Ensemble des moyens qui servent à transporter les personnes ou les marchandises. *En ville, nous utilisons les transports en commun* (= le bus, le métro, le tramway).

transportable **adj.** Qu'on peut transporter. *C'est une simple fracture, le blessé est transportable.*

transporter **v.** (CONJUG. 3). ❶ Emporter des choses, emmener des personnes d'un lieu à un autre. *Ce poids lourd transporte des melons de Cavaillon à Rungis.* SYN. acheminer. *Transporter des blessés en ambulance.* ❷ Faire naître un sentiment très fort chez une personne. *Alex était transporté de joie.*

transporteur **n.m.** Chauffeur professionnel qui transporte des marchandises ou des personnes. *Un transporteur routier.*
▸ REM. Au Canada, la forme féminine de ce mot est *transporteuse*.

transposer **v.** (CONJUG. 3). ❶ Placer en un autre lieu, à une autre époque. *Transposer une tragédie de Corneille à notre époque.* ❷ Écrire un morceau de musique dans un ton plus bas ou plus haut pour l'adapter à la voix d'un chanteur ou à un instrument.

transvaser **v.** (CONJUG. 3). Verser un liquide d'un récipient dans un autre. *Transvaser du vin d'une bouteille dans une carafe.*

HISTOIRE DU MOT Vient de *vase 1*.

transversal, ale, aux **adj.** *Une rue transversale* en coupe une autre perpendiculairement. *La moto venait d'une petite rue transversale.*

trapèze **n.m.** ❶ Quadrilatère qui a deux côtés parallèles, appelés *grande base* et *petite base*. → VOIR AUSSI **aire, périmètre.** ❷ Appareil de gymnastique fait d'une barre de bois horizontale attachée par deux cordes à un portique. *Au cirque, les voltigeurs font des sauts périlleux au trapèze volant.*

HISTOIRE DU MOT Vient du grec *trapeza* qui signifie « table à quatre pieds ».

trapéziste **n.** Acrobate spécialiste des exercices au trapèze.

trappe **n.f.** ❶ Panneau mobile bouchant une ouverture du plancher ou du plafond. *Soulevant la trappe, l'homme disparut dans la cave.* ❷ Piège fait d'un trou recouvert de branchages ou d'un panneau qui bascule sous le poids de la bête et se referme sur elle.

HISTOIRE DU MOT Vient d'un mot de la langue des Francs qui signifiait « piège ».

trappeur **n.m.** Chasseur d'Amérique du Nord qui prend au piège les animaux à fourrure et vend leur peau. *Au Canada, les trappeurs chassent toujours le castor et le chat sauvage.*
▸ REM. Au Canada, la forme féminine de ce mot est *trappeuse*.

trapu, e **adj.** Petit, large d'épaules et vigoureux. *Cet haltérophile est trapu.* SYN. râblé. CONTR. svelte.

traquenard **n.m.** Piège soigneusement préparé. *Les mousquetaires tombèrent dans un traquenard.* SYN. guet-apens, souricière.

traquer **v.** (CONJUG. 3). Poursuivre sans relâche une personne. *La police traquait impitoyablement les terroristes.* SYN. pourchasser. *Des journalistes qui traquent une vedette.* SYN. harceler.

HISTOIRE DU MOT Vient de l'ancien français *trac* qui signifiait « piste des bêtes ».

traumatiser **v.** (CONJUG. 3). Causer un choc physique ou moral violent qui laisse des traces profondes. *Des enfants qui ont été traumatisés par la guerre.*

traumatisme **n.m.** Ensemble de troubles causés par un choc physique ou affectif. *Un traumatisme crânien. Les traumatismes de la guerre.*

HISTOIRE DU MOT Vient du grec *trauma* qui signifie « blessure ».

travail **n.m.** (PLUR. : **travaux**). ❶ Activité que l'on fait pour créer ou transformer quelque chose. *Le travail du métal, du fer.* ❷ Toute activité (manuelle ou intellectuelle) qui vise à obtenir un certain résultat. *La réflexion est un travail intellectuel.* ❸ Activité qui permet de gagner sa vie. *Chercher du travail* (= un emploi). *Aller au travail.* ❹ Ce qu'il y a à faire. *J'ai un travail énorme !* SYN. besogne. ❺ Ce qui a été fait. *Les travaux des élèves seront exposés à la fête de fin d'année.* ◆ **travaux n.m. plur.** L'ensemble des opérations nécessaires à l'entretien, à la réparation ou à la construction des routes. *Au mois d'août, dans les villes, les travaux gênent souvent la circulation. J'ai fait faire des travaux chez moi.*

HISTOIRE DU MOT Vient du latin *trepalium* qui signifie « instrument de torture ».

travailler **v.** (CONJUG. 3). ❶ Façonner une matière pour en faire quelque chose. *Le pâtissier travaille la* *pâte. Savoir travailler le bois.* ❷ Fournir un travail. *Pierre a travaillé jour et nuit pour construire son bateau.* ❸ Exercer une activité rémunérée. *Maman a recommencé à travailler quand mon petit frère est entré à l'école.* ❹ Effectuer une action ; s'entraîner. *Le joueur de tennis travaillait son revers.* ❺ Se déformer sous l'effet de l'humidité ou de la sécheresse. *Le bois a travaillé, la porte ne ferme plus.* ❻ Tourmenter, préoccuper. *C'est son examen qui le travaille.* SYN. tracasser.

travailleur, euse adj. Qui travaille beaucoup, qui aime le travail. *Pierre est très travailleur.* CONTR. paresseux. ◆ **n.** Personne qui vit de son salaire, spécialement dans l'industrie. *Les travailleurs de l'usine sont en grève. Un potier est un travailleur manuel.*

travée n.f. ❶ Rangée de sièges alignés les uns derrière les autres ; l'ensemble des personnes qui y sont assises. *Des rires éclatèrent dans les travées de gauche du théâtre.* ❷ Espace compris entre deux points d'appui principaux d'une construction. *La travée d'un pont entre les piles.*

HISTOIRE DU MOT Vient de l'ancien français *tref* qui signifiait « poutre ».

travers n.m. Petit défaut d'une personne. *Grand-mère a un travers, elle veut toujours avoir raison.* CONTR. qualité. • **À travers :** en traversant l'étendue ou l'épaisseur de quelque chose. *J'ai pris le raccourci à travers champs. Jody regarde à travers la vitre.* • **Au travers de quelque chose :** en le traversant de part en part. *La pluie est passée au travers de mon manteau.* • **De travers :** pas droit ; pas comme on le souhaite. *Le poster est de travers. Tout va de travers !* SYN. mal. *Tu as sans doute compris de travers.*

HISTOIRE DU MOT Vient du latin *transversus* que l'on retrouve dans *transversal.*

traverse n.f. ❶ Chacune des pièces de bois, de métal ou de béton sur lesquelles les rails de chemin de fer sont fixés. *L'homme courait sur la voie désaffectée en sautant de traverse en traverse.* ❷ *Un chemin de traverse* est plus direct et plus court que la route normale. *Il a pris un chemin de traverse et il est arrivé avant nous.* SYN. raccourci.

traversée n.f. ❶ Action de traverser un lieu. *Il est recommandé aux automobilistes d'éviter la traversée de la ville.* ❷ Voyage au cours duquel on traverse la mer ou un fleuve. *Nous avons eu une magnifique traversée.*

traverser v. (CONJUG. 3). ❶ Passer d'un côté, d'un bord à l'autre. *Traverser la route. Traverser l'Atlantique à la voile.* SYN. franchir. ❷ Pénétrer de part en part. *La pluie a traversé mon blouson.* SYN. transpercer. ❸ Passer par telle période, telle situation. *Gilles a traversé de mauvais moments. Traverser une crise de désespoir.* ❹ Se présenter, venir à l'esprit subitement et de façon fugitive. *Un doute lui traversa l'esprit.*

traversier n.m. Au Canada, bac, ferry-boat.

traversière adj.f. • **Flûte traversière :** flûte que le musicien tient parallèlement à sa bouche.

traversin n.m. Sorte d'oreiller long et cylindrique placé à la tête du lit et qui en occupe toute la largeur. SYN. (Fam.) polochon.

travesti n.m. ❶ Vêtement pour se déguiser. ❷ Au théâtre, personnage qui joue le rôle d'un autre personnage de sexe opposé. ❸ Homosexuel qui s'habille en femme.

travestir travestissant, travesti v. (CONJUG. 16). ❶ Habiller avec les habits d'un autre sexe, d'un autre personnage. *Maman a travesti Valentin en pirate.* SYN. déguiser. ❷ *Travestir quelque chose*, c'est en changer le caractère ou la nature, le déformer. *Vous avez travesti ma pensée, mes paroles.* SYN. falsifier, fausser. ◆ **se travestir v.pron.** Se déguiser.

HISTOIRE DU MOT Vient de l'italien *travestire*, de *vestire* qui signifie « vêtir ».

trayeuse n.f. Machine à traire les vaches. *Grâce à la trayeuse électrique, on peut traire jusqu'à 80 vaches à l'heure.*

trébucher v. (CONJUG. 3). ❶ Perdre l'équilibre en heurtant quelque chose du pied. *J'ai trébuché sur un caillou et je suis tombé.* ❷ Être arrêté par une difficulté. *Sonia a trébuché sur plusieurs mots en récitant son poème.* SYN. hésiter.

trèfle n.m. ❶ Plante fourragère à trois petites feuilles égales dont la fleur peut être blanche, rose ou pourpre. *On dit que les trèfles à quatre feuilles sont des porte-bonheur.* ❷ Dans les jeux de cartes, l'une des deux couleurs noires dont le dessin rappelle la feuille de la plante. *J'ai l'as de trèfle !*

HISTOIRE DU MOT Vient du grec *triphullon*, de *treîs*, « trois », et *phullon*, « feuille ».

trèfle

tréfonds n.m. Ce qu'il y a de plus profond, de plus secret chez une personne. *Il frémit jusqu'au tréfonds de son être en entendant la nouvelle.*
▸ REM. Ce mot appartient à la langue soutenue.

treillage n.m. ❶ Clôture faite d'un treillis. *La balle de tennis a rebondi sur le treillage.* ❷ Assemblage de minces lattes de bois entrelacées, généralement en croisillons, placé le long des murs pour y faire pousser des plantes grimpantes, une treille, etc. *Des rosiers grimpaient le long du treillage.*

treille n.f. Vigne dont les rameaux sont fixés à un treillage. *Déjeuner sur la terrasse à l'ombre de la treille.*

1 treillis n.m. Clôture à claire-voie formée d'un entrelacement de fils métalliques, de lattes de bois, etc. ; fin grillage métallique. *Le jardin de grand-père est entouré d'un treillis.*

HISTOIRE DU MOT Vient du latin *trilix* qui signifie « à trois fils ».

2 treillis n.m. Uniforme en grosse toile. *Pour l'exercice, les soldats ont mis des treillis de camouflage.*

A B C D E F G H I J K L M N O P Q R S T U V W X Y Z

treize **adj. numéral invar.** et **n.m.invar.** Douze plus un. *Il y a treize bougies sur le gâteau. Ouvrez votre livre page treize. On se voit le treize.*
▶ REM. S'écrit 13 en chiffres arabes et XIII en chiffres romains.

treizième **adj. numéral** et **n.** Qui occupe un rang, une place marqués par le numéro 13. *Ils sont classés treizièmes ex aequo. Anne est la treizième sur la liste.*

trekking ou **trek** **n.m.** Randonnée pédestre en haute montagne.
▶ REM. 1. Ce mot vient de l'anglais *to trek* qui signifie « avancer ». 2. Il se prononce [trɛkiŋ] ou [trɛk].

tréma **n.m.** Signe orthographique fait de deux points placés l'un à côté de l'autre mis sur les voyelles *e, i, u* pour indiquer que la voyelle qui précède se prononce séparément. *Dans le mot « naïf », le tréma signale que l'on entend le « a » puis le « i ».*

HISTOIRE DU MOT Vient du grec *trêma* qui signifie « trou, point sur un dé ».

tremblant, e **adj.** Qui tremble. *Léa est tremblante de fièvre, de froid.*

tremble **n.m.** Sorte de peuplier dont les feuilles s'agitent au moindre vent. *Avec le bois du tremble, on fabrique des allumettes et de la pâte à papier.*

tremblement **n.m.** Mouvement de ce qui tremble. *Je fus soudain prise de tremblements de fièvre.* SYN. frisson. • **Tremblement de terre :** séisme.

trembler **v.** (CONJUG. 3). ❶ Être agité de petits mouvements qu'on ne peut empêcher. *Paule tremblait de froid.* SYN. grelotter. ❷ Être mal assuré et d'intensité inégale. *Arthur a la voix qui tremble, c'est l'émotion.* SYN. chevroter. ❸ Être agité de mouvements répétitifs, de vibrations. *Un camion fit trembler les vitres.* SYN. vibrer. ❹ Avoir une grande peur. *Elle tremblait devant le directeur.* ❺ Être ébranlé lors d'un séisme. *La terre a tremblé près de Nice.*

tremblotant, e **adj.** Agité d'un léger tremblement. *À la lumière tremblotante des bougies, il reconnut Éva.*

tremblote **n.f.** • (Familier) **Avoir la tremblote :** trembler de peur ou de froid.

trembloter **v.** (CONJUG. 3). Trembler légèrement. *La flamme de la bougie tremblotait.* SYN. vaciller.

trémière **adj.f.** • **Rose trémière :** variété de guimauve, très commune en France, et qui fleurit à la fin de l'été.

HISTOIRE DU MOT Vient de rose d'*outre-mer*.

trémolo **n.m.** Tremblement de la voix qui trahit une profonde émotion. *Vania avait des trémolos dans la voix en racontant l'accident.*

se **trémousser** **v.pron.** (CONJUG. 3). Bouger son corps dans tous les sens, s'agiter. *Aïcha se trémousse sur sa chaise.* SYN. se tortiller.

trempage **n.m.** Action de tremper. *Le trempage du linge.*

trempe **n.f.** ❶ Procédé qui consiste à refroidir brusquement un acier porté à une température élevée, afin de lui donner plus de dureté. *Cet acier a subi une trempe spéciale.* ❷ Fermeté de caractère. *Une personne de la trempe de Marguerite ne se laisse pas abattre.* ❸ (Familier) Correction, volée de coups.

trempé, e **adj.** ❶ Complètement mouillé. *Je suis trempée jusqu'aux os !* ❷ *Un acier trempé* a subi une trempe. ❸ *Une personne bien trempée* a de la trempe.

tremper **v.** (CONJUG. 3). ❶ Plonger dans un liquide. *Tremper ses mains dans l'eau. Tremper la plume dans l'encrier.* ❷ Mouiller beaucoup, imbiber de liquide. *Quelle averse ! Mon imperméable est trempé ! Je suis trempé.* ❸ Laisser séjourner dans l'eau. *Si tu fais tremper ta chemise une nuit, la tache disparaîtra.* ❹ Être mêlé à quelque chose de louche. *On disait qu'il avait trempé dans des affaires de drogue.* ◆ **se tremper** **v.pron.** Entrer dans l'eau pour se rafraîchir. *Non je ne vais pas nager, mais je vais me tremper un peu.*

trempette **n.f.** Au Canada, sauce froide dans laquelle on trempe des morceaux de légumes crus, des biscuits salés, etc. • (Familier) **Faire trempette :** prendre un bain très court ou dans très peu d'eau.

tremplin **n.m.** ❶ Planche sur laquelle on prend son élan pour sauter ou plonger. *Plonger dans la piscine du haut du tremplin.* ❷ Plan incliné sur lequel on prend son élan pour sauter à skis.

HISTOIRE DU MOT Vient, comme *trampoline*, de l'italien *trampolino*, de *trampolo* qui signifie « échasse ».

trentaine **n.f.** ❶ Trente ou à peu près trente. *Il y a une trentaine d'invités.* ❷ Âge d'environ trente ans. *Elle a passé la trentaine.*

trente **adj. numéral invar.** et **n.m.invar.** Trois fois dix. *Sa mère a trente ans. Ouvrez votre livre page trente. Il habite au trente de la rue.*
▶ REM. S'écrit 30 en chiffres arabes et XXX en chiffres romains.

trente-et-un **n.m.invar.** • (Familier) **Se mettre sur son trente-et-un :** s'habiller avec ses plus beaux habits.

trente-six **adj. numéral invar.** et **n.m.invar.** Indique une grande quantité, un grand nombre. *Ma sœur commence toujours trente-six choses en même temps !* • **Tous les trente-six du mois :** jamais ou très peu souvent. *Elle me téléphone tous les trente-six du mois !*

trentième **adj. numéral** et **n.** Qui occupe un rang, une place marqués par le numéro 30. *Elle est classée trentième au cross. Pierre est le trentième de la liste.*

trépanation **n.f.** Opération chirurgicale qui consiste à perforer un os, surtout la boîte crânienne.

trépas **n.m.** Mort. • **Passer de vie à trépas :** mourir.
▶ REM. Ce mot appartient à la langue littéraire.

trépasser **v.** (CONJUG. 3). Mourir. *« À la minuit trépasserai » (le Roi Renaud,* vieille chanson française).
▶ REM. Ce mot appartient à la langue littéraire.

trépidant, e **adj.** Plein d'agitation. *La vie trépidante de la capitale.* SYN. agité, mouvementé.

trépidation **n.f.** Tremblement saccadé et continu. *Les trépidations des marteaux piqueurs.*
HISTOIRE DU MOT Vient du latin *trepidare* qui signifie « s'agiter ».

trépied **n.m.** Support ou siège à trois pieds. *Paul a un trépied pour son appareil photo.*

trépigner **v.** (CONJUG. **3**). Taper des pieds par terre avec nervosité pour exprimer une émotion. *Violaine trépignait d'impatience. Le public en délire trépigne d'enthousiasme.*
HISTOIRE DU MOT Vient de l'ancien français *treper* qui signifiait « taper du pied, sauter ».

très **adv.** Indique un haut degré. *Marion travaille très bien.* SYN. extrêmement. *Agnès comprend très vite. J'ai très envie d'une glace.* SYN. terriblement.

trésor **n.m.** ❶ Or, argent, objets précieux. *Les pirates avaient caché leur trésor dans une île.* ❷ Ensemble d'objets très précieux du point de vue artistique, culturel, etc. *L'exposition nous montre les trésors de la peinture italienne.* ❸ Petit mot affectueux. *Oh, mon petit trésor ! Tu t'es fait mal ?* • **Le Trésor public :** l'administration qui s'occupe des finances de l'État.
HISTOIRE DU MOT Vient, comme *thésauriser*, du grec *thêsauros*.

trésorerie **n.f.** ❶ Argent dont une société, une personne disposent pour gérer leurs affaires. *Il se plaint d'avoir des problèmes de trésorerie* (= des ennuis financiers). ❷ Administration de l'argent d'une association. *Pierre est chargé de la trésorerie du club.* ❸ Administration du Trésor public.

trésorier, ère **n.** Personne qui s'occupe des comptes d'un groupe, d'une société. *Francine est la trésorière de notre association.*

tressaillement **n.m.** Brusque secousse de tout le corps due à l'émotion. *En entendant la sonnette, elle eut un léger tressaillement.* SYN. sursaut.

tressaillir **tressaillant, tressailli v.** (CONJUG. **27**). Avoir un mouvement involontaire de tout le corps sous l'effet de la surprise, de l'émotion. *Malika a tressailli en entendant grincer la porte.* SYN. sursauter.

tresse **n.f.** ❶ Coiffure obtenue en entrelaçant trois mèches de cheveux. *Ma sœur se fait des tresses.* SYN. natte. ❷ Forme obtenue en entrelaçant des fils, des brins, etc. *Un rideau fait de tresses de coton.*

tresser **v.** (CONJUG. **3**). ❶ Entrelacer des cheveux, des brins de cuir, de fil pour en faire une tresse. *Babeth tresse ses longs cheveux devant la glace.* ❷ Fabriquer un objet en entrelaçant des brins, des fils. *À la veillée, Aristide tressait des paniers.*

tréteau **n.m.** Support vertical à quatre pieds en forme de V renversé reliés à une barre horizontale. *On a installé la table de ping-pong sur des tréteaux.*
HISTOIRE DU MOT Vient du latin *transtrum* qui signifie « traverse ».

treuil **n.m.** Cylindre sur lequel s'enroule une corde et qui permet de soulever de lourds fardeaux.

trêve **n.f.** Arrêt momentané des combats. *L'O.N.U. a obtenu que les deux pays observent une trêve.* SYN. cessez-le-feu. • **Sans trêve :** sans aucun moment de répit (= sans relâche). • **Trêve de bavardages, de plaisanteries :** cessons de bavarder, de plaisanter.
HISTOIRE DU MOT Vient d'un mot de la langue des Francs qui signifiait « pacte, traité ».

tri **n.m.** Action ou manière de trier. *Le service du tri s'occupe de classer les lettres par destinations.* • **Faire le tri :** faire un choix dans ce que l'on garde et ce que l'on jette. *J'ai fait le tri dans mon armoire, j'ai préparé un sac d'habits à donner.* • **Tri sélectif :** séparation et récupération des déchets selon leur nature. *Le tri sélectif permet de recycler des matériaux et de préserver l'environnement.*

triage **n.m.** Action de trier différents éléments par catégories. *Le triage du linge.* • **Gare de triage :** gare qui sépare les wagons de différents trains de marchandises pour constituer d'autres convois.

trial **n.m.** (PLUR. : **trials**). Course à moto sur tous terrains, faisant surtout appel à la résistance de la machine et à l'habileté du pilote.
HISTOIRE DU MOT C'est un mot anglais, de *to try* qui signifie « essayer ».

triangle **n.m.** ❶ Figure géométrique à trois côtés qui a trois angles et trois sommets. *Un triangle isocèle, rectangle, équilatéral.* → VOIR AUSSI **aire, périmètre** et Fiche **16**. ❷ Instrument de musique à percussion fait d'une tige en acier, repliée en triangle et suspendue à une cordelette, qu'on frappe avec une baguette d'acier pour le faire résonner. • **Triangle de présignalisation :** dispositif en forme de triangle qui réfléchit la lumière et que l'on place avant un véhicule en arrêt d'urgence pour signaler sa présence.

triangulaire **adj.** Qui a la forme d'un triangle. *De succulents petits gâteaux triangulaires.*

trias **n.m.** Première période de l'ère secondaire.
▸ REM. On prononce le -*s*.

triathlon **n.m.** Compétition sportive qui comporte trois exercices : la natation, la course cycliste sur route et la course à pied.

tribord **n.m.** Côté droit d'un bateau quand on se trouve sur le pont et qu'on regarde vers l'avant, par opposition à *bâbord*. *Le navire vira à tribord.*
HISTOIRE DU MOT Vient du néerlandais *stierboard* qui signifie « côté du gouvernail ».

câbles sur un **treuil**

A B C D E F G H I J K L M N O P Q R S T U V W X Y Z

tribu **n.f.** ❶ Groupe de familles partageant la même langue et les mêmes croyances religieuses, issues du même ancêtre et dirigées par le même chef. *Une tribu de Sioux.* ❷ (Familier) Famille nombreuse. *Et voici Benjamin, le dernier de la tribu !*
▸ REM. Ne pas confondre avec *tribut.*

tribulations **n.f.plur.** Série d'aventures plus ou moins agréables, inattendues et parfois périlleuses. *« Les Tribulations d'un Chinois en Chine » est le titre d'un roman de Jules Verne.* SYN. mésaventures.

HISTOIRE DU MOT Vient du latin *tribulare* qui signifie « tourmenter, persécuter ».

tribun **n.m.** ❶ Dans l'Antiquité, magistrat romain chargé de défendre les intérêts de la plèbe. ❷ Orateur populaire qui sait toucher les foules. *Jean Jaurès fut un grand tribun.*

tribunal **n.m.** (PLUR. : **tribunaux**). ❶ L'ensemble des magistrats chargés de rendre la justice. *Le prévenu a comparu devant le tribunal.* ❷ Local où les magistrats exercent leur fonction. *La foule des curieux, qui n'avait pu pénétrer dans l'enceinte du tribunal, attendait dehors le verdict.*

HISTOIRE DU MOT C'est un mot latin qui signifie « tribune ».

tribune **n.f.** ❶ Estrade d'où parlent les orateurs. *Le Premier ministre est monté à la tribune.* ❷ Construction, couverte ou non, munie de gradins pour les spectateurs d'un stade, d'un hippodrome, etc. *Les spectateurs envahissent les tribunes.*

tribut **n.m.** Autrefois, redevance qu'imposait un pays vainqueur au vaincu. • **Payer un lourd tribut :** subir de lourdes pertes, être durement éprouvé. *La région a payé un lourd tribut aux inondations.*
▸ REM. Ne pas confondre avec *tribu.*

HISTOIRE DU MOT Vient du latin *tributum* qui signifie « impôts ».

tributaire **adj.** Qui dépend d'une autre personne ou de quelque chose d'autre. *Comme Alice n'a pas de moyen de locomotion, elle est tributaire de ceux qui veulent bien l'emmener.* CONTR. indépendant. *Notre pays est tributaire de l'étranger pour le pétrole.* SYN. dépendant.

tricentenaire **n.m.** Anniversaire d'un événement qui a eu lieu trois cents ans auparavant. *Le tricentenaire de la révocation de l'édit de Nantes.*

triche **n.f.** (Familier) Le fait de tricher au jeu. *C'est de la triche !* SYN. tricherie.

tricher **v.** (CONJUG. 3). ❶ Violer les règles du jeu pour gagner. *Je ne jouerai plus avec toi, tu triches tout le temps.* ❷ Enfreindre certaines règles ; agir malhonnêtement. *Tricher à un examen. Le garagiste avait triché sur le kilométrage de la voiture.*

tricherie **n.f.** ❶ Le fait de tricher. *Gagner sans tricherie.* ❷ Acte commis en trichant, en trompant quelqu'un.

tricheur, euse **n.** Personne qui triche. *Tricheur ! tu regardes mes cartes.*

tricolore **adj.** Qui a trois couleurs. *Les drapeaux de la Belgique et de la France sont tricolores.* ◆ **adj.** et **n.** Qui est aux couleurs de la France. *Le jour du 14 Juillet, on vend des cocardes tricolores. Les tricolores ont gagné le match* (= l'équipe de France).

tricorne **n.m.** Chapeau d'homme dont les bords sont relevés au-dessus de chaque oreille et sur la nuque, formant trois pointes.

tricot **n.m.** ❶ Technique qui consiste à réaliser un tissu constitué d'un réseau de rangs de mailles entrelacées. *Isabelle apprend à faire du tricot. Maman m'a fait une écharpe en tricot.* ❷ Vêtement tricoté. *Mets un tricot, il fait froid.* SYN. chandail, pull.

tricoter **v.** (CONJUG. 3). Réaliser un ouvrage avec des aiguilles spéciales en entrelaçant des mailles, rang après rang. *Cet hiver, Claude a appris à tricoter. Une machine à tricoter. Je me suis tricoté un pull.*

HISTOIRE DU MOT Vient de l'ancien français *tricoter* qui signifiait « courir, sauter, danser ».

tricycle **n.m.** Vélo d'enfant à trois roues. *Adrien fait du tricycle sur le trottoir.*

trident **n.m.** Fourche à trois dents. *Neptune, le dieu de la Mer, est représenté avec un trident.*

Neptune et son **trident**

trier **v.** (CONJUG. 7). ❶ Classer des choses selon certains critères. *À la poste, les lettres sont triées avant d'être distribuées.* ❷ Sélectionner en se débarrassant de tout ce que l'on ne veut pas garder. *Paul a trié les champignons que nous avions ramassés* (= il a enlevé les mauvais). • **Trier sur le volet :** choisir selon des critères très sévères. *Les invités ont été triés sur le volet.*

HISTOIRE DU MOT Vient du latin *tritare* qui signifie « broyer ».

trière **n.f.** Dans l'Antiquité grecque, navire de guerre à trois rangs de rameurs superposés.
▸ REM. On dit aussi *trirème.*

trifouiller **v.** (CONJUG. 3). (Familier) Fouiller sans y être autorisé et en mettant du désordre. *Je n'aime pas beaucoup qu'il trifouille dans mes affaires.* SYN. (Fam.) farfouiller.

trilingue **adj.** Qui parle trois langues couramment. *Un interprète trilingue.* → VOIR AUSSI **bilingue.**

trille n.m. ❶ Petit ornement musical qui consiste à répéter très rapidement une note et sa voisine. ❷ Chant d'oiseau qui est modulé sur deux notes très proches. *Les trilles d'un rossignol.*
▶ REM. Ce mot est du masculin.
HISTOIRE DU MOT Vient de l'italien *trillo* qui signifie « tremblement ».

trimaran n.m. Voilier constitué de trois coques parallèles. → VOIR AUSSI **catamaran.**

trimbaler ou **trimballer** v. (CONJUG. 3). (Familier) Transporter partout avec soi ; emmener quelqu'un un peu partout. *La petite Léa trimballe toujours sa poupée.* SYN. traîner. *Armelle m'a trimbalée dans toute sa famille.* SYN. promener.

trimer v. (CONJUG. 3). (Familier) Travailler dur. *Mon oncle a beaucoup trimé pour créer son entreprise.* SYN. peiner.

trimestre n.m. ❶ Période de trois mois. *Cette revue paraît tous les trimestres.* ❷ Chacune des trois divisions de l'année scolaire, en France, équivalant à peu près à trois mois. *On dit que le deuxième trimestre est le plus fatigant.*

trimestriel, elle adj. Qui revient tous les trois mois. *J'ai reçu mon bulletin trimestriel.*

tringle n.f. Tige rigide qui sert à suspendre un rideau, une tenture, des cintres.

trinquer v. (CONJUG. 3). ❶ Choquer son verre contre ceux des autres avant de boire. ❷ (Familier) Subir un préjudice, un dommage. *C'est Valéry qui a bavardé et c'est moi qui ai trinqué. C'est l'aile avant de la voiture qui a trinqué.*
HISTOIRE DU MOT Vient de l'allemand *trinken* qui signifie « boire ».

trio n.m. ❶ Groupe de trois personnes. *Damien, Victor et Barnabé forment un joyeux trio.* ❷ Morceau de musique écrit pour trois instruments ou trois voix. ❸ Groupe de trois artistes qui jouent ensemble.

triolet n.m. Groupe de trois notes, surmontées du chiffre 3, qui en valent deux, et qui doivent donc être jouées plus vite. *Une noire vaut deux croches ou trois croches en triolet.*

triomphal, ale, aux adj. Marqué par des acclamations. *Quand il est entré en scène, le chanteur a reçu un accueil triomphal.* SYN. enthousiaste.

triomphalement adv. ❶ Avec les honneurs et les acclamations dus à un triomphe. *L'équipe a été reçue triomphalement.* ❷ D'une manière triomphante. *Pierre est entré triomphalement en criant : « J'ai réussi ! »*

triomphant, e adj. Qui exprime la fierté du succès. *Alexis avait un air triomphant en nous annonçant qu'il était reçu à son examen.*

triomphateur, trice n. Personne qui remporte une victoire éclatante.

triomphe n.m. Très grand succès, victoire éclatante. *Sa dernière pièce est un véritable triomphe.* SYN. réussite. CONTR. échec. *Pierre a remporté un triomphe aux élections.* CONTR. défaite. • **Faire un triomphe à quelqu'un :** l'accueillir par des acclamations. • **Porter en triomphe :** porter quelqu'un sur les épaules pour le faire acclamer. *Les spectateurs ont porté le vainqueur en triomphe.*
HISTOIRE DU MOT Vient du latin *triumphus* qui a signifié « entrée solennelle à Rome d'un général victorieux » puis « victoire ».

triompher v. (CONJUG. 3). ❶ Être le vainqueur d'une compétition, d'un combat. *Notre équipe a triomphé.* SYN. gagner. ❷ Manifester sa joie d'avoir réussi. *Les supporteurs de l'équipe triomphent.* SYN. exulter. ❸ Vaincre un adversaire, venir à bout d'une difficulté. *Marie-José a triomphé de ses adversaires.* SYN. battre. *Ils avaient triomphé de tous les obstacles.*

triperie n.f. Magasin du tripier.

tripes n.f.plur. ❶ Les boyaux d'un animal. ❷ Mets fait de morceaux d'estomac et d'entrailles de bœuf, de veau, de mouton ou de porc accommodés de diverses façons.

tripier, ère n. Commerçant qui vend des tripes et des abats. *Acheter des rognons, du foie de génisse et du mou chez le tripier.*

triple adj. ❶ Qui comporte trois éléments semblables. *Le triple saut périlleux.* ❷ Qui est répété trois fois. *Je l'ai photocopié en triple exemplaire.* ❸ Qui est trois fois plus grand. *Une surface triple.* ❹ (Familier) Indique un degré élevé. *Il est venu au triple galop.* ◆ n.m. Quantité trois fois plus grande. *Je l'ai payé le triple.*

tripler v. (CONJUG. 3). Multiplier ou être multiplié par trois. *La population de la ville a triplé en vingt ans.*

triplés, ées n.plur. Groupe de trois enfants nés en même temps de la même mère.

tripoter v. (CONJUG. 3). (Familier) Toucher sans arrêt.

triptyque n.m. Au Moyen Âge surtout, œuvre peinte ou sculptée en trois panneaux, dont les deux extérieurs, appelés « volets », peuvent se refermer sur celui du milieu.

triptyque : *la Vierge et l'Enfant entre deux anges musiciens* de Gérard David (XVe siècle)

trique n.f. (Familier) Bâton épais utilisé pour frapper. SYN. gourdin, matraque.

trisaïeul, trisaïeule n. (PLUR. : **trisaïeuls, trisaïeules**). Le père ou la mère de l'arrière-grand-père (bisaïeul) ou de l'arrière-grand-mère (bisaïeule).

a b c d e f g h i j k l m n o p q r s t u v w x y z

trisomique **adj.** et **n.** Qui est atteint d'une maladie congénitale grave, provoquant un handicap intellectuel et des malformations du corps.

triste **adj.** ❶ Qui a de la peine, du chagrin ; qui exprime de la tristesse. *« Tu sais [...] quand on est tellement triste on aime les couchers de soleil [...] »* (*le Petit Prince*, Saint-Exupéry). *Un regard triste.* SYN. malheureux. CONTR. gai, joyeux. ❷ Qui fait de la peine, qui donne envie de pleurer. *C'est une triste nouvelle.* SYN. cruel, désolant. ❸ Qui inspire de la tristesse. *Ce temps sombre et pluvieux est bien triste.* SYN. maussade, morne. • **Être dans un triste état :** avoir subi des dégâts ou être très sale. *La voiture qu'il a emboutie est dans un triste état. Il a plu pendant tout le match, les joueurs étaient dans un triste état.*

tristement **adv.** ❶ Avec tristesse. *Je l'ai regardé partir tristement.* CONTR. gaiement, joyeusement. ❷ D'une manière regrettable. *Ce tyran est tristement célèbre pour sa cruauté.*

tristesse **n.f.** ❶ Ce qu'éprouve une personne qui a du chagrin. *J'ai appris cette nouvelle avec beaucoup de tristesse.* SYN. affliction, peine. CONTR. joie, plaisir. ❷ Caractère d'une chose triste. *La tristesse qui se dégage d'une maison abandonnée.* SYN. mélancolie.

triton **n.m.** ❶ Mollusque gastéropode dont la coquille, ou *conque*, peut atteindre 30 cm de long. ❷ Petit animal amphibien des mares et des étangs, au corps allongé et à la queue aplatie, voisin de la salamandre.

HISTOIRE DU MOT Vient du nom du dieu *Triton*, fils du dieu de la Mer, Poséidon. Il soufflait dans une conque marine qui s'entendait aux extrémités de la Terre.

triton à crête

triturer **v.** (CONJUG. 3). ❶ *Triturer une substance*, c'est la réduire en menus morceaux en l'écrasant. *Le dentiste triture des produits dans un mortier.* SYN. malaxer. *Triturer les aliments avec ses dents.* SYN. broyer. ❷ Tordre, tirer en tous sens entre ses doigts. *Léa triturait nerveusement son foulard.* SYN. tortiller.

triumvirat **n.m.** Dans l'Antiquité romaine, groupe de trois magistrats qui exerçaient le pouvoir.
▸ REM. On prononce [triɔmvira].

HISTOIRE DU MOT Vient du latin *tres*, qui signifie « trois », et *vir*, qui signifie « homme » et que l'on retrouve dans *viril*.

trivial, ale, aux **adj.** Grossier et choquant. *Une plaisanterie triviale.* SYN. ordurier, vulgaire.

trivialité **n.f.** Caractère trivial. SYN. grossièreté, vulgarité.

troc **n.m.** Système de commerce dans lequel les marchandises sont échangées directement les unes contre les autres sans que l'on utilise d'argent. *Totoche fait du troc : il propose ses agates contre une montre.* SYN. échange.

troène **n.m.** Arbuste à petites fleurs blanches souvent planté pour faire des haies dans les parcs et les jardins.

troglodyte **n.m.** ❶ Personne qui habite une grotte ou une maison creusée dans la roche. ❷ Petit oiseau passereau brun, aux ailes et à la queue courtes, qui se nourrit d'insectes et niche dans les trous des murs et des arbres.

HISTOIRE DU MOT Vient du grec *trôglê* qui signifie « trou ».

troglodytique **adj.** Relatif aux troglodytes. *Les habitations troglodytiques des vallées de la Loire et du Lot.*

trogne **n.f.** ❶ (Familier) Visage rougeaud aux traits épaissis par l'habitude de bien boire et de bien manger. ❷ (Familier) Physionomie. *Une sale trogne.*

HISTOIRE DU MOT Vient d'un mot gaulois qui signifiait « museau ».

trognon **n.m.** Ce qui reste d'un fruit ou d'un légume quand on en a enlevé la partie comestible. *Un trognon de pomme. Un trognon de chou.*

HISTOIRE DU MOT Vient de l'ancien français *estrogner* qui signifiait « élaguer ».

troïka **n.f.** En Russie, grand traîneau tiré par trois chevaux attelés de front.

trois **adj. numéral invar.** et **n.m.invar.** Deux plus un. *Sa fille a trois mois. Le tome trois d'un livre. J'ai rendez-vous le trois avec Nathalie.*
▸ REM. 1. À *trois* correspond l'élément tiré du latin *tri-* que l'on retrouve dans des mots comme *triangle, trépied*. 2. S'écrit *3* en chiffres arabes et *III* en chiffres romains.

troisième **adj. numéral** et **n.** Qui occupe un rang, une place marqués par le numéro 3. *C'est la troisième fois que je le vois. Il est classé troisième ce trimestre. Elle est la troisième sur la liste.* • **Troisième âge :** période de la vie où une personne cesse d'exercer son métier. ◆ **troisième** **n.f.** En France, quatrième et dernière année du premier cycle de l'enseignement secondaire. *Sébastien a quatorze ans, il entre en troisième.*

troisièmement **adv.** Sert à introduire le troisième point d'une explication, d'une énumération.

trois-mâts **n.m.invar.** Très grand voilier à trois mâts.

trois-quarts **n.m.invar.** Manteau court arrivant à mi-cuisse.

troll **n.m.** Lutin malveillant des forêts et des montagnes, dans les contes scandinaves. *Les trolls ont un nez extraordinairement long, parfois deux têtes, et sont nains ou géants.*

trolleybus ou **trolley** **n.m.** Véhicule électrique monté sur pneus, relié à deux fils électriques aériens par deux perches, qui sert au transport urbain.

HISTOIRE DU MOT Vient de l'anglais *to troll* qui signifie « tourner, rouler ».

trombe **n.f.** Sorte de colonne d'eau ou de nuages qui se déplace en tourbillonnant à très grande vitesse, poussée par un vent très violent. *Les trombes*

A B C D E F G H I J K L M N O P Q R S T U V W X Y Z

font de terribles dégâts. • **Des trombes d'eau :** averse abondante extrêmement violente. *Il est tombé des trombes d'eau.* • **En trombe :** à toute allure. *Un démarrage en trombe.*

HISTOIRE DU MOT Vient d'un mot de la langue des Francs qui signifiait « trompette », que l'on retrouve dans *trombone* et *trompe.*

trombone n.m. ❶ Petite agrafe faite d'un fil de fer recourbé sur lui-même qui permet d'attacher plusieurs feuilles de papier ensemble. ❷ Instrument de musique à vent en cuivre muni d'une partie coulissante ou de pistons pour modifier la hauteur du son.

trompe n.f. ❶ Prolongement du nez ou de la bouche chez certains animaux ou insectes. *L'éléphant s'arrose avec sa trompe. La mouche aspire la confiture avec sa trompe.* ❷ Instrument à vent dont se servent les chasseurs pour appeler. SYN. cor de chasse.

trompe-l'œil n.m.invar. ❶ Peinture qui donne, de loin, l'apparence de la réalité. *Il y avait un trompe-l'œil sur la façade qui représentait une femme à sa fenêtre.* ❷ Apparence trompeuse. *Sa gentillesse n'est qu'un trompe-l'œil.* SYN. façade, faux-semblant.

peinture murale en **trompe-l'œil**

tromper v. (CONJUG. 3). ❶ Abuser de la confiance d'une personne en ne lui disant pas les choses comme elles sont. *La vendeuse nous a trompés en nous disant que cet appareil était automatique.* SYN. duper, flouer. ❷ Être infidèle à une personne. *Toute la ville savait que le chirurgien trompait sa femme.* ❸ *Tromper sa faim, sa soif,* c'est les calmer momentanément. *Bois un verre d'eau pour tromper ta faim.* SYN. apaiser. • **Tromper la vigilance de quelqu'un :** échapper à sa surveillance. ◆ **se tromper** v.pron. ❶ Commettre une erreur, faire une confusion. *Vous vous trompez d'étage.* ❷ Se faire des illusions. *Si tu crois que tu me fais peur, tu te trompes !* SYN. se leurrer.

tromperie n.f. Action qui vise à tromper, à induire en erreur. *Cette garantie était une tromperie.* SYN. duperie, supercherie.

trompette n.f. Instrument de musique à vent au son éclatant, fait d'un tube cylindrique recourbé en U, muni de pistons et terminé par un pavillon. • **Nez en trompette :** nez retroussé.

trombe au-dessus de la mer

trompette-de-la-mort n.f. (PLUR. : **trompettes-de-la-mort**). Champignon comestible en forme d'entonnoir, noir violet.
▸ REM. On dit aussi *trompette-des-morts.*

trompettiste n. Musicien qui joue de la trompette.

trompeur, euse adj. Qui trompe, qui induit en erreur. *Un discours trompeur.* SYN. fallacieux, mensonger.

tronc n.m. ❶ Partie d'un arbre qui va des racines aux grosses branches. *Un vieux chêne au tronc couvert de mousse.* ❷ Le corps humain à l'exclusion de la tête et des membres. ❸ Boîte percée d'une fente et fixée au mur d'une église dans laquelle on peut mettre une offrande.

HISTOIRE DU MOT Vient du latin *truncus* qui signifie « coupé, mutilé, tronqué ».

tronçon n.m. ❶ Morceau coupé ou brisé d'une chose plus ou moins cylindrique. *Couper un poisson en tronçons.* ❷ Portion d'une voie, d'une route. *Un tronçon d'autoroute.*

tronçonner v. (CONJUG. 3). Couper en tronçons. *Les bûcherons ont tronçonné les chênes qu'ils avaient abattus.*

tronçonneuse n.f. Scie portative à moteur qui sert à abattre les arbres, à en couper les branches.

trône n.m. ❶ Siège surélevé sur lequel s'assied un monarque pour exercer ses fonctions. ❷ Pouvoir et fonction du roi. *Monter sur le trône* (= devenir roi).

HISTOIRE DU MOT Vient du grec *thronos* qui signifie « siège ».

trôner v. (CONJUG. 3). ❶ Siéger à la place d'honneur de façon aussi imposante que si l'on était un roi. *Au repas de Noël, grand-père trône en bout de table.* ❷ Être placé bien en vue. *Une statuette en marbre trône sur la cheminée.*

tronquer v. (CONJUG. 3). Retrancher une partie importante d'un texte. *La déclaration du ministre a été tronquée.*

trop adv. ❶ Plus qu'il ne faudrait. *C'est trop difficile.* SYN. excessivement. *Tu roules trop vite. J'ai trop mangé.* SYN. exagérément. *Chut ! Vous faites trop de bruit ! Il y a*

a b c d e f g h i j k l m n o p q r s t u v w x y z

A B C D E F G H I J K L M N O P Q R S T U V W X Y Z

trop de monde ici, allons ailleurs. ❷ Indique un degré très élevé. *Vous êtes trop aimable ! Il est trop mignon.* • **C'en est trop :** cela dépasse les bornes. • **De trop, en trop :** en excédent. *Tu m'as rendu treize euros de trop.*

trophée **n.m.** ❶ Objet que l'on garde en souvenir d'une victoire, d'une compétition sportive, etc. *Les trophées d'un champion de tennis.* ❷ Tête empaillée ou autre partie (défenses, crocs, etc.) d'un animal tué à la chasse.

HISTOIRE DU MOT Vient du grec *tropaion* qui désignait un monument de victoire.

tropical, ale, aux **adj.** Des tropiques. *Un climat tropical.* SYN. intertropical. *Une chaleur tropicale* (= très forte). SYN. torride.

tropique **n.m.** Chacune des lignes imaginaires parallèles à l'équateur. *Le tropique du Cancer est situé dans l'hémisphère Nord ; le tropique du Capricorne, dans l'hémisphère Sud.* ◆ **tropiques** **n.m.plur.** Zone du globe terrestre située à proximité de l'équateur. *Vivre sous les tropiques.*

HISTOIRE DU MOT Vient du grec *tropikos*, de *tropos* qui signifie « tour ».

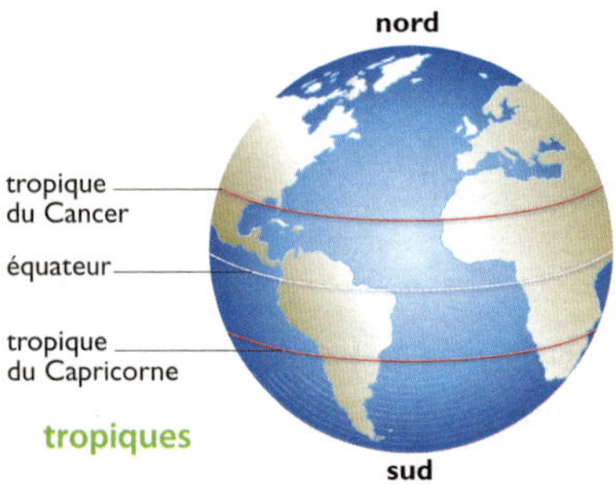

tropiques

trop-plein **n.m.** (PLUR. : **trop-pleins**). ❶ Liquide qui déborde quand un récipient est trop plein. *Le trop-plein du réservoir se déverse dans un bassin.* ❷ Système d'évacuation qui empêche un réservoir de déborder. *Chaque baignoire est munie d'un trop-plein.* ❸ Ce qui est en surabondance chez un individu. *Ils dépensaient leur trop-plein d'énergie dans une partie de football acharnée.*

troquer **v.** (CONJUG. 3). ❶ Échanger en faisant du troc. *Les Indiens troquaient des fourrures contre des armes.* ❷ Laisser une chose pour en prendre une autre. *Je troquerais bien ma situation contre la tienne.* SYN. échanger.

trot **n.m.** Allure du cheval, intermédiaire entre le pas et le galop. « *À cheval mon maître, faut nous dépêcher ! Les autres sont partis, faut les rattraper : au pas [...] au trot [...] au galop !* » (comptine française).

trotte **n.f.** (Familier) Distance à parcourir à pied. *D'ici au prochain poste d'essence, il y a une bonne trotte* (= c'est loin).

trotter **v.** (CONJUG. 3). ❶ Pour un cheval, aller au trot. *La pouliche trotte vers l'écurie.* ❷ Marcher à petits pas pressés. *Judith trottait à côté de sa mère sur le chemin.* SYN. trottiner. • **Trotter dans la tête :** être sans cesse présent à l'esprit. *Cet air me trotte dans la tête depuis ce matin.*

trotteur **n.m.** Cheval que l'on a dressé pour la course au trot. *Thunderhead est un excellent trotteur.*

trotteuse **n.f.** Petite aiguille qui marque les secondes sur un cadran de montre ou d'horloge.

trottiner **v.** (CONJUG. 3). Marcher à tout petits pas pressés. *Juliette trottinait près de sa maman.*

trottinette **n.f.** Jouet d'enfant ou moyen de transport individuel, fait d'une plaque montée sur deux roues et d'un guidon qui oriente la roue avant, que l'on fait avancer en poussant d'un pied par terre. SYN. patinette.

trottoir **n.m.** Espace surélevé de chaque côté de la chaussée, réservé aux piétons.

trou **n.m.** ❶ Cavité plus ou moins profonde ; partie en creux. *Julien a creusé un trou pour planter un arbre. Un trou de souris.* ❷ Ouverture qui traverse quelque chose de part en part ; endroit où quelque chose est percé. *Regarder par le trou de la serrure. Le trou d'une aiguille.* SYN. chas. *J'ai fait un trou dans ma chemise !* SYN. accroc. ❸ Argent qui manque de façon inexplicable. *Il y a un trou dans la caisse du club !* • (Familier) **Faire son trou :** se faire accepter et connaître dans une profession, réussir dans la vie. • **Trou d'air :** courant d'air descendant qui fait perdre tout d'un coup de l'altitude à un avion. • **Trou de mémoire :** brusque défaillance de la mémoire. *J'ai un trou de mémoire, impossible de me rappeler son nom !*

troubadour **n.m.** Poète chanteur du midi de la France, aux XIIe et XIIIe siècles, qui composait ses œuvres en langue d'oc.
▸ REM. Ne pas confondre avec *trouvère*.

HISTOIRE DU MOT Vient du provençal *trobar* qui signifie « trouver, composer ».

troubadour toulousain (miniature du XIIIe siècle)

troublant, e **adj.** Qui trouble, qui rend perplexe. *La ressemblance entre les deux garçons était extrêmement troublante.* SYN. frappant, saisissant. *Des faits troublants.* SYN. déconcertant.

1 trouble **adj.** ❶ *Une eau trouble* contient des impuretés en suspension et manque de limpidité. *L'eau est trouble, on ne voit pas le fond de la rivière.* CONTR. clair, limpide, transparent. ❷ Qui comporte des éléments cachés et inavouables. *Cet homme a un passé trouble.* SYN. louche, suspect. CONTR. limpide. ◆ **adv.** ● **Voir trouble :** voir comme à travers un brouillard. *Sans mes lunettes, je vois trouble.* SYN. flou.

2 trouble **n.m.** ❶ État d'émotion, d'inquiétude ou de confusion. *Tout le monde a regardé Élise et elle n'a pu cacher son trouble.* SYN. embarras, gêne. *La nouvelle a jeté le trouble dans les esprits.* SYN. désarroi. ❷ Désordre dans le fonctionnement du corps ou de l'esprit. *Elle souffre de troubles intestinaux. Des troubles psychologiques.* ◆ **troubles** **n.m.plur.** Série d'événements plus ou moins graves et violents, agitation sociale, politique. *Il y a eu des troubles à la frontière.* SYN. désordre, émeute.

trouble-fête **n.invar.** Personne qui empêche les autres de se réjouir ou gâche leur plaisir. *Jean a joué les trouble-fête en reparlant de cette histoire.* SYN. rabat-joie.

troubler **v.** (CONJUG. **3**). ❶ Rendre trouble, moins limpide. *La vase troublait l'eau de la rivière.* SYN. brouiller. ❷ Interrompre le fonctionnement normal de quelque chose. *Des bruits ont troublé mon sommeil.* SYN. perturber. *Ces événements lui ont troublé l'esprit.* SYN. déranger. ❸ Inquiéter, rendre perplexe. *La question de la maîtresse a troublé Hortense.* SYN. déconcerter, embarrasser. *Le témoin ne s'est pas laissé troubler par l'avocat.* SYN. démonter, désorienter. ◆ **se troubler** **v.pron.** Éprouver une vive émotion. *À l'oral, l'élève s'est troublé* (= il a perdu contenance).

trouée **n.f.** ❶ Ouverture à travers une clôture, un bois, etc., qui permet le passage ou dégage la vue. *On apercevait la mer par une trouée dans la haie.* ❷ Passage naturel très large entre deux montagnes. *La trouée de Belfort.* ❸ Rupture dans les rangs d'une armée.

trouer **v.** (CONJUG. **3**). Faire un trou ; faire un accroc. *Pauline a troué les coquillages pour en faire un collier.* SYN. perforer. *J'ai troué mes chaussettes.* SYN. percer.

trouillard, e **adj.** et **n.** (Familier) Qui est peureux et un peu lâche. SYN. poltron.

trouille **n.f.** (Familier) Peur. *J'ai eu la trouille.*

troupe **n.f.** ❶ Groupe de personnes ou d'animaux allant ensemble. *Une troupe de touristes a envahi le musée.* SYN. bande. *Une troupe de gazelles.* SYN. harde, troupeau. ❷ Groupe de comédiens qui ont l'habitude de jouer ensemble. *La troupe fera une tournée en province cet automne.* SYN. compagnie. ❸ Groupement de soldats. *Le gros de la troupe est resté à la caserne.* SYN. armée. ❹ Groupe formé par plusieurs patrouilles de scouts. *Serge est chef de troupe.*

troupeau **n.m.** Groupe d'animaux qui vivent ensemble. *Un troupeau d'antilopes. La voiture se trouvait bloquée au milieu d'un troupeau de moutons.*

trousse **n.f.** Étui qui sert à ranger des objets. *Pour la rentrée, ma mère m'a acheté une nouvelle trousse. Une trousse de toilette. Une trousse à outils.* ◆ **trousses** **n.f.plur.** ● **Aux trousses de quelqu'un :** à sa poursuite. *La police est aux trousses du bandit.*

HISTOIRE DU MOT Vient de l'ancien français *torser*, « mettre en paquet », du latin *torquere*, « tordre ».

trousseau **n.m.** ❶ *Un trousseau de clefs* est un ensemble de clefs réunies par un anneau. *Le gardien avait un gros trousseau de clefs.* ❷ Ensemble de linge et de vêtements que doit avoir un enfant qui entre en pension ou qui va en colonie de vacances. *Le nom de l'enfant doit être marqué sur chaque pièce du trousseau.* ❸ Autrefois, linge de maison que certaines jeunes filles rassemblaient en vue de leur mariage.

trouvaille **n.f.** ❶ Objet intéressant que l'on trouve par hasard. *J'ai fait une trouvaille dans le grenier de grand-père.* ❷ Idée originale, expression bien tournée. *L'exposé de Julien était plein de trouvailles.*

trouvé, e **adj.** ● **Bien trouvé :** bien imaginé, bien pensé et original. *La fin du film est vraiment bien trouvée.* ● **Tout trouvé :** qui se présente à l'esprit sans qu'on ait besoin de chercher. *La solution est toute trouvée.*

trouver **v.** (CONJUG. **3**). ❶ Découvrir quelque chose par hasard ou après recherche. *J'ai trouvé une pelle sur la plage.* CONTR. perdre. *Je n'arrive pas à trouver mes lunettes.* ❷ Imaginer une solution à un problème. *Elle a trouvé le bon résultat.* ❸ Avoir telle ou telle opinion, éprouver tel sentiment. *Je trouve la soupe trop salée.* SYN. estimer, penser que. *Quel plaisir trouves-tu à la taquiner ?* SYN. éprouver. ❹ Réussir à avoir. *Yvan a trouvé du travail et un appartement.* SYN. obtenir. ● **Aller trouver quelqu'un :** aller le voir. *Ségolène est allée le trouver chez lui.* ◆ **se trouver** **v.pron.** Être à tel endroit. *Où se trouvent les toilettes ?* SYN. être. *Vancouver se trouve au Canada.* SYN. se situer. ● **Se trouver bien quelque part :** s'y plaire. *Elle se trouve très bien dans sa nouvelle maison.* ● **Se trouver mal :** perdre connaissance. SYN. s'évanouir. ● **Il se trouve que :** le hasard fait que. *Il se trouve que Fatou connaît très bien Silfo parce qu'ils sont du même village.*

trouvère **n.m.** Poète chanteur du nord de la France aux XIIe et XIIIe siècles, qui composait ses œuvres en langue d'oïl. *Chrétien de Troyes est un trouvère qui exerçait ses talents à la cour de Champagne.*
▸ REM. Ne pas confondre avec *troubadour*.

HISTOIRE DU MOT Vient, comme *trouver*, du latin populaire *tropare* qui signifiait « composer, inventer ».

truand **n.m.** Malfaiteur. *La police est sur la piste du truand.* SYN. bandit, gangster.

HISTOIRE DU MOT Vient d'un mot gaulois qui signifiait « mendiant, vagabond ».

truc **n.m.** ❶ (Familier) Objet ou personne dont on ne sait pas le nom ou dont on a oublié le nom. *Qu'est-ce que c'est ce truc ?* SYN. (Fam.) chose, machin. *As-tu vu Truc ?* ❷ (Familier) Moyen astucieux ou secret pour réaliser quelque chose. *Voici le truc de la cuisinière pour réus-*

A B C D E F G H I J K L M N O P Q R S T U V W X Y Z

sir votre crème anglaise. SYN. astuce, système. *Il y a un truc pour faire ce tour de cartes.* SYN. secret, stratagème.

trucage n.m. → **truquage**

truchement n.m. • **Par le truchement de quelqu'un :** par son intermédiaire. *Le ministre a eu cette information par le truchement d'un diplomate.*

HISTOIRE DU MOT Vient de l'arabe *tourdjouman* qui signifie « interprète ».

truculent, e adj. Qui est haut en couleur et pittoresque ; qui s'exprime avec des mots un peu crus. *Gargantua est un personnage truculent. Le langage de Rabelais est truculent.*

truelle n.f. Outil du maçon et du plâtrier fait d'une lame triangulaire et d'un manche, qui sert à appliquer le ciment ou le plâtre.

truffe n.f. ❶ Champignon souterrain au goût très délicat qui pousse souvent au pied des chênes. ❷ Confiserie à base de chocolat saupoudrée de cacao. ❸ Nez du chien et du chat.

HISTOIRE DU MOT Vient de l'ancien provençal *trufa*, du latin *tuber* qui signifie « excroissance, tumeur », que l'on retrouve dans *tubercule*.

truffé, e adj. ❶ Garni de truffes. *Du foie gras truffé.* ❷ *Être truffé de fautes, d'erreurs, etc.*, c'est en contenir beaucoup. SYN. bourré, rempli.

truie n.f. Femelle du porc. *Une truie a en moyenne dix porcelets par portée.*

truite n.f. Poisson de rivière, de lac ou de mer proche du saumon, dont la chair est très délicate.

truite de rivière

truquage ou **trucage** n.m. ❶ Au cinéma, procédé que l'on emploie pour créer l'impression de la réalité ou pour créer une illusion. ❷ Ensemble de procédés malhonnêtes qui visent à tromper. *L'opposition a parlé de truquage à propos des élections.* SYN. falsification, fraude.

▸ REM. Au cinéma, on dit aussi *effet spécial*.

truquer v. (CONJUG. 3). Modifier, arranger quelque chose pour tromper. *Truquer des élections.* SYN. falsifier, fausser. *Le magicien a truqué ses cartes, c'est sûr !*

HISTOIRE DU MOT Vient de *truc*.

trust n.m. Grosse entreprise résultant de l'association de plusieurs entreprises plus petites qui veulent avoir une place importante sur le marché et, si possible, dominer un secteur de l'économie.

▸ REM. On prononce [trœst].

HISTOIRE DU MOT Vient de l'anglais *to trust* qui signifie « avoir confiance ».

tsar ou **tzar** n.m. Titre porté par les empereurs de Russie jusqu'en 1917. *Nicolas II fut le dernier tsar de Russie.*

▸ REM. On appelle *tsarine* la femme du tsar ou l'impératrice de Russie.

HISTOIRE DU MOT C'est un mot russe qui vient du latin *caesar*, titre porté par les empereurs romains après Jules César.

tsé-tsé n.f.invar., ✎ ***tsétsé*** *n.f.* • **Mouche tsé-tsé :** grosse mouche africaine qui transmet la maladie du sommeil par ses piqûres.

tsigane ou **tzigane** adj. et n. Qui appartient aux Tsiganes, à la population tsigane. *La musique tsigane.*
→ VOIR noms propres.

tsunami n.m. Énorme vague dévastatrice provoquée par un tremblement de terre, une éruption sous-marine ou un glissement de terrain.

tu pron. personnel. Représente la 2e personne du singulier. *Veux-tu venir au cinéma ?* → VOIR **pronom** (encadré). • (Familier) **Être à tu et à toi avec quelqu'un :** le connaître assez bien pour se permettre de lui dire « tu ».

tuant, e adj. (Familier) Qui fatigue énormément. *Il est tuant avec ses questions.* SYN. épuisant.

tuba n.m. ❶ Gros instrument de musique à vent à pistons, dont le tuyau replié sur lui-même se termine par un large pavillon. ❷ Tube qui permet de respirer en nageant sous l'eau. *Pour faire de la plongée sous-marine, je mets mon masque et mon tuba.*

HISTOIRE DU MOT C'est un mot latin qui signifie « trompette ».

tube n.m. ❶ Cylindre creux et allongé. *Un tube de verre. On a isolé les fils électriques dans un tube de plastique.* SYN. tuyau. ❷ Emballage allongé, fermé par un bouchon. *Un tube d'aspirine. Un tube de dentifrice.* ❸ Conduit organique naturel. *Le tube digestif.* ❹ (Familier) Chanson à succès. *C'est le tube de l'été.* • (Familier) **À plein(s) tube(s) :** au maximum de sa puissance. *Mettre la radio à pleins tubes.*

tubercule n.m. Renflement de la racine ou de la tige d'une plante qui contient des réserves nutritives. *Les pommes de terre, les topinambours sont des tubercules.*

HISTOIRE DU MOT Vient du latin *tuber* qui signifie « excroissance ».

tuberculeux, euse adj. et n. Atteint de tuberculose. *Autrefois, les tuberculeux étaient soignés dans des sanatoriums, à la montagne.*

tuberculose n.f. Grave maladie infectieuse et contagieuse qui se localise surtout dans les poumons. *La vaccination par le B.C.G. permet de se protéger contre la tuberculose.*

tubéreuse n.f. Plante à belles fleurs blanches.

tubulaire adj. Qui a la forme d'un tube ; qui est composé de tubes. *Un échafaudage tubulaire.*

tué, e n. Personne qui est morte de mort violente. *Il y a eu deux tués dans l'accident.* SYN. victime.

tuer **v.** (CONJUG. 3). ❶ Faire mourir une personne, un animal. *Les gangsters n'ont pas tué les otages.* SYN. assassiner. *Le chasseur a tué un faisan.* SYN. abattre. ❷ (Familier) Accabler de fatigue (physique ou morale). *Cette chaleur me tue !* SYN. épuiser. ❸ Causer la disparition de quelque chose. *Son mauvais caractère a tué notre amitié.* SYN. détruire. • **Tuer le temps :** faire quelque chose uniquement pour ne pas s'ennuyer en attendant que le temps passe. ◆ **se tuer v.pron.** ❶ Se donner volontairement la mort. SYN. se suicider. ❷ Trouver la mort dans un accident. *Il s'est tué cet été, en montagne.* ❸ (Familier) Se fatiguer excessivement. *Pierre se tue au travail.* SYN. s'épuiser. *Je me tue à lui répéter qu'il devrait changer de logement.* SYN. s'escrimer, s'évertuer.
▸ REM. Au mot *tuer* correspond l'élément tiré du latin *-cide* que l'on retrouve dans *insecticide, génocide,* etc.

tuerie **n.f.** Massacre d'un grand nombre de personnes. *Cette bataille a été une tuerie.* SYN. carnage, hécatombe.

à **tue-tête** **adv.** De toute la force de sa voix. *Les enfants chantaient à tue-tête.*

tueur, tueuse **n.** ❶ Personne qui commet un meurtre. SYN. assassin, criminel. ❷ Personne qui tue les animaux de boucherie dans un abattoir.

tuile **n.f.** ❶ Petite plaque de terre cuite dont on couvre les toits. *Des tuiles plates, creuses.* ❷ (Familier) Événement imprévu et désagréable. SYN. ennui.
HISTOIRE DU MOT Vient du latin *tegula,* de *tegere* qui signifie « couvrir ».

tuilerie **n.f.** Fabrique de tuiles.

tulipe **n.f.** Plante à bulbe qui a une fleur très décorative. *Les champs de tulipes de Hollande.*

tulipes

tulle **n.m.** Tissu léger et transparent. *La brise agitait les rideaux de tulle.*

tuméfié, e **adj.** Très enflé. *Il avait reçu des coups pendant la bagarre, son visage était tuméfié.*

tumeur **n.f.** Grosseur anormale sur le corps ou sur un organe, due à une multiplication des cellules. *Une tumeur bénigne.*
HISTOIRE DU MOT Vient du latin *tumere* qui signifie « être gonflé ».

tumulte **n.m.** Grand désordre accompagné de bruit, de cris. *La réunion s'est terminée dans le tumulte.* SYN. brouhaha, vacarme.

tumultueux, euse **adj.** Qui est plein de tumulte, d'agitation. *La séance à l'Assemblée nationale fut tumultueuse.* SYN. agité, houleux. CONTR. calme.

tumulus **n.m.** (PLUR. : **tumulus** ou **tumuli**). Monticule fait d'un amas de pierres ou de terre que l'on élevait au-dessus d'une sépulture.
▸ REM. On prononce le *-s.*
HISTOIRE DU MOT C'est un mot latin.

tuner **n.m.** Récepteur radio, spécialement destiné à recevoir les émissions à modulation de fréquence.
▸ REM. 1. On prononce [tynɛr]. 2. Il est recommandé de dire *syntoniseur.*
HISTOIRE DU MOT Vient de l'anglais *to tune* qui signifie « accorder un instrument de musique ».

tunique **n.f.** ❶ Dans l'Antiquité, sorte de chemise longue, avec ou sans manches, portée sous d'autres vêtements. *Une tunique romaine.* ❷ Veste d'uniforme militaire à col droit et sans poches. ❸ Sorte de chemise ample et droite, qui se porte généralement par-dessus une jupe ou un pantalon.

tunisien, enne **adj.** et **n.** De Tunisie.
▸ REM. Quand il désigne une personne, le mot prend une majuscule : *un Tunisien, une Tunisienne.*

tunnel **n.m.** Galerie souterraine creusée pour le passage d'une voie ferrée, d'une route. *Ils passeront par le tunnel du Mont-Blanc pour aller en Italie. Le tunnel sous la Manche a été inauguré le 6 mai 1994.* • **Voir le bout du tunnel :** sortir d'une longue période difficile.
HISTOIRE DU MOT C'est un mot anglais qui signifie « tuyau ».

tuque **n.f.** Au Canada, bonnet de laine.

turban **n.m.** ❶ Coiffure orientale portée par les hommes, faite d'une large bande d'étoffe enroulée autour de la tête. ❷ Coiffure rappelant le turban oriental.
HISTOIRE DU MOT Vient d'un mot turc.

Indiens coiffés de **turbans** (Rajasthan)

turbine **n.f.** Pièce d'un moteur, en forme de roue munie d'ailettes, qui tourne sous l'effet de la pression de la vapeur, d'un gaz ou de la vitesse de l'eau, et dont le mouvement sert à produire une autre forme d'énergie. *La turbine d'une centrale hydroélectrique.*
HISTOIRE DU MOT Vient du latin *turbo* que l'on retrouve dans *tourbillon.*

turbo **adj.invar.** *Un moteur turbo* est un moteur dont la puissance est augmentée par une turbine qui tourne sous l'effet des gaz d'échappement. ◆ **n.m.** ● **Mettre le turbo :** donner toute la puissance.

turboréacteur **n.m.** Moteur à réaction comportant une turbine.

turbot **n.m.** Poisson de la Méditerranée et de l'Atlantique, au corps plat et ovale, dont la chair est appréciée.

turbulence **n.f.** ❶ Mouvement de l'air ou d'un liquide en forme de tourbillons. *L'avion traversait une zone de turbulences.* ❷ Caractère d'une personne turbulente. *En classe, les professeurs lui reprochent souvent sa turbulence.* SYN. agitation. CONTR. sagesse.

turbulent, e **adj.** Très agité, remuant et bruyant. *Des enfants turbulents.* SYN. remuant. CONTR. calme, paisible.
HISTOIRE DU MOT Vient du latin *turbulentus*, « troublé, en désordre ».

turc, turque **adj.** et **n.** De Turquie. ● (Familier) **Fort comme un Turc :** très fort, costaud. ● (Familier) **Tête de Turc :** personne qui est toujours la cible des moqueries, des plaisanteries des autres. ◆ **turc** **n.m.** Langue parlée en Turquie.
▸ REM. Quand il désigne une personne, le mot prend une majuscule : *un Turc, une Turque.*
HISTOIRE DU MOT Vient du persan *tourk* qui signifie « qui a la peau blanche et l'œil noir ».

turf **n.m.** Le milieu des courses de chevaux ; l'ensemble des activités qui s'y rattachent, dont les paris.
▸ REM. On prononce [tœrf] ou [tyrf].
HISTOIRE DU MOT C'est un mot anglais qui signifie « gazon, pelouse ».

turfiste **n.** Amateur de courses de chevaux. *Dans ce café, les turfistes viennent faire leur tiercé.*

turlupiner **v.** (CONJUG. 3). (Familier) Causer du tracas, tourmenter. *Il n'était pas sûr d'avoir fermé sa porte à clé ce matin, cette idée le turlupinait.* SYN. tracasser.

turpitude **n.f.** Action immorale et honteuse. *Jamais on ne l'aurait cru capable de telles turpitudes.* SYN. ignominie, infamie.
▸ REM. Ce mot appartient à la langue soutenue.
HISTOIRE DU MOT Vient du latin *turpitudo* qui signifie « laideur ».

turquoise **n.f.** Pierre fine d'un bleu tirant sur le vert. *Un pendentif en turquoise.* ◆ **adj.invar.** et **n.m.** De la couleur d'une turquoise. *Des yeux turquoise.*
HISTOIRE DU MOT Vient de l'ancien français *turcois* qui signifiait « turc », parce que cette pierre venait de Perse par la Turquie.

tutelle **n.f.** ❶ Charge d'une personne qui est la tutrice d'un enfant mineur ou d'un adulte handicapé. ❷ Contrôle exercé par une autorité politique, administrative sur un pays, un organisme. *Ces territoires sont sous la tutelle de l'O.N.U.*

tuteur, trice **n.** Personne chargée de veiller sur un enfant mineur ou sur un adulte handicapé, de gérer ses biens et de le représenter dans les actes juridiques.

◆ **tuteur** **n.m.** Piquet auquel on attache une plante ou un arbuste pour qu'ils poussent droit.

tutoiement **n.m.** Le fait de tutoyer quelqu'un. *Ils en sont vite venus au tutoiement.* → VOIR AUSSI **vouvoiement.**
▸ REM. Attention, *-oie-*.

tutoyer **v.** (CONJUG. 14). Parler à quelqu'un en lui disant « tu ». *François tutoie ses collègues.* → VOIR AUSSI **vouvoyer.**
HISTOIRE DU MOT Vient de *tu* et *toi*.

tutu **n.m.** Costume de la danse classique dont la jupe est faite de plusieurs épaisseurs de tulle.

tuyau **n.m.** ❶ Tube souple ou rigide, servant au passage d'un liquide ou d'un gaz. *Un tuyau d'arrivée d'eau.* SYN. canalisation, conduite. *Des tuyaux d'arrosage.* ❷ (Familier) Renseignement confidentiel, information secrète. *Benjamin m'a donné des tuyaux pour avoir des places de concert.*

tuyauterie **n.f.** Ensemble des tuyaux d'une installation.

tuyère **n.f.** Conduit par lequel s'échappent les gaz d'un moteur à réaction d'un avion ou d'une fusée.
▸ REM. On prononce [tɥjɛr] ou [tɥijɛr].

T.V.A. **n.f.** En France, taxe payée à l'achat de toute marchandise, de tout service. *Le plombier a ajouté la T.V.A. au prix de la main-d'œuvre.*
HISTOIRE DU MOT *T.V.A.* est le sigle de « taxe sur la valeur ajoutée ».

tweed **n.m.** Tissu de laine, généralement en deux couleurs, utilisé pour la confection de vêtements. *Une veste en tweed.*
▸ REM. On prononce [twid].

tympan **n.m.** ❶ Membrane du fond de l'oreille qui transmet les vibrations sonores. ❷ Espace, lisse ou sculpté, qui se trouve au-dessus du portail, dans les églises romanes ou gothiques.
HISTOIRE DU MOT Vient du grec *tumpanon* qui signifie « tambour », parce que la membrane du conduit auditif vibre, comme la peau d'un tambour.

tympan de la basilique Sainte-Marie-Madeleine de Vézelay (Bourgogne)

type **n.m.** ❶ Ensemble des caractéristiques communes à une catégorie de personnes ou de choses. *Fiona a le type méditerranéen. Il existe divers types*

A B C D E F G H I J K L M N O P Q R S T U V W X Y Z

de bicyclette. SYN. catégorie, genre, sorte. ❷ Modèle de fabrication. *Ce type d'ordinateur est encore peu répandu.* ❸ En apposition, s'emploie pour désigner une référence, un modèle. *C'était l'erreur type qu'il ne fallait pas commettre.* ❹ (Familier) Individu. *C'est un brave type.* SYN. garçon, homme.

typé, e adj. Qui est très représentatif du type dans lequel on le classe. *Un personnage fortement typé.*

typhoïde adj. et n.f. • **Fièvre typhoïde :** maladie infectieuse et contagieuse causée par l'absorption d'aliments ou d'eau contenant des bacilles.

HISTOIRE DU MOT Vient de *typhus.*

typhon n.m. Violente tempête, cyclone qui se produisent dans les mers de Chine et l'océan Indien. SYN. ouragan.

HISTOIRE DU MOT Vient du grec *tuphôn*, « tourbillon ».

typhus n.m. Maladie infectieuse très grave transmise par le pou ou la puce et caractérisée par une forte fièvre qui provoque une sorte de torpeur et des taches rouges sur la peau.

typique adj. Très représentatif d'une catégorie de personnes ou de choses. *C'est la coiffure typique des filles de 20 ans.* SYN. caractéristique.

typiquement adv. De façon typique, caractéristique. *La compassion est un sentiment typiquement humain.*

typographe n. ❶ Ouvrier d'une imprimerie qui compose un texte à imprimer en disposant à la main chaque caractère. ❷ Spécialiste de typographie.

typographie n.f. ❶ Procédé de composition de textes à l'aide de caractères d'imprimerie en relief. ❷ Manière dont un texte est imprimé.

typographique adj. Qui se rapporte à la typographie. *Des signes, des caractères typographiques.*

tyran n.m. ❶ Chef d'État qui exerce un pouvoir autoritaire et cruel. *Le peuple a chassé le tyran.* SYN. despote, dictateur. ❷ Personne qui abuse de son pouvoir et de son autorité en imposant sa volonté à tous. *Il règne en tyran sur toute sa famille.*

HISTOIRE DU MOT Vient du grec *turannos*, « maître ».

tyrannie n.f. Pouvoir autoritaire et cruel. *Lutter contre la tyrannie.* SYN. despotisme, dictature.

tyrannique adj. Autoritaire, injuste et cruel. *Son père est tyrannique.*

tyranniser v. (CONJUG. 3). Exercer son autorité de façon tyrannique. SYN. opprimer, persécuter.

tyrannosaure n.m. Grand reptile fossile bipède, carnivore, d'une taille d'environ 15 m.

tyrolienne n.f. ❶ Chant montagnard du Tyrol caractérisé par le passage rapide de la voix de poitrine à la voix de tête. ❷ Technique qui permet de rallier rapidement deux points en se déplaçant sous une corde avec une poulie.

tzar n.m. → **tsar**

tzigane n. et adj. → **tsigane**

tyrannosaure

a b c d e f g h i j k l m n o p t u v w x y z

ubac **n.m.** Le versant nord d'une montagne, qui est à l'ombre, par opposition à l'*adret*.
HISTOIRE DU MOT Vient du latin *opacus*, « sombre ».

ubiquité **n.f.** • **Ne pas avoir le don d'ubiquité :** ne pas pouvoir être à plusieurs endroits à la fois.
▸ REM. On prononce [ybikɥite].
HISTOIRE DU MOT Vient du latin *ubique* qui signifie « partout ».

ukrainien, enne **adj.** et **n.** De l'Ukraine. *Kiev est la capitale ukrainienne.* ◆ **ukrainien** **n.m.** La langue parlée en Ukraine.
▸ REM. Quand il désigne une personne, le mot prend une majuscule : *un Ukrainien, une Ukrainienne.*

ukulélé **n.m.** Guitare à quatre cordes pincées originaire du Portugal, introduite dans les îles Hawaii à l'époque coloniale.
▸ REM. On prononce [ukulele].

ulcère **n.m.** Lésion de la peau ou de la muqueuse, qui se cicatrise difficilement. *Avoir un ulcère à l'estomac.*
HISTOIRE DU MOT Vient du latin *ulcus, ulceris* qui signifie « blessure à vif ».

ulcérer **v.** (CONJUG. **9**, ✎ *10*). Irriter profondément, blesser moralement. *Il a été ulcéré de ne pas avoir été élu délégué de classe.*

U.L.M. **n.m.** Petit avion à une ou deux places doté d'un moteur de faible puissance.
HISTOIRE DU MOT C'est le sigle de *ultra léger motorisé.*

U.L.M. volant avec des oiseaux

ultérieur, e **adj.** Qui vient après, qui arrivera dans le futur. *Ils se reverront à une date ultérieure* (= plus tard). SYN. postérieur. CONTR. antérieur.

ultérieurement **adv.** Plus tard, après. *Réglons les questions importantes, nous aborderons les points de détail ultérieurement.*

ultimatum **n.m.** Dernières conditions imposées sous peine de conflit par un État à un autre ou par un groupe à un autre. *Les terroristes ont adressé un ultimatum au ministre.*
HISTOIRE DU MOT Vient du latin *ultimus* qui signifie « du dernier degré, le plus éloigné ».

ultime **adj.** Qui vient en tout dernier lieu. *Avant mon départ, mon père m'a fait ses ultimes recommandations.*

ultra- **préfixe.** Mot invariable tiré du latin *ultra* qui signifie « au-delà » ou « plus que ».

ultramoderne **adj.** Très moderne. *Des appareils ménagers ultramodernes.*

ultrason **n.m.** Son d'une fréquence si élevée que l'oreille humaine ne peut le percevoir. *Les ultrasons sont utilisés dans la technique de l'échographie.*

ultraviolet, ette **adj.** *Les rayons ultraviolets* sont des radiations invisibles à l'œil humain, situées dans le spectre des couleurs au-delà du violet. *Les coups de soleil sont des brûlures causées par les rayons ultraviolets.* → VOIR AUSSI **infrarouge.** ◆ **ultraviolets** **n.m.plur.** Rayons ultraviolets.
▸ REM. On utilise parfois l'abréviation U.V.

ululement **n.m.** Nom du cri des oiseaux de nuit. *Les ululements d'un hibou.*
▸ REM. On écrit aussi *hululement.*

ululer **v.** (CONJUG. **3**). Pour le hibou, le chat-huant, faire entendre son cri.
▸ REM. On écrit aussi *hululer.*

1 **un, une, des** **article indéfini.** Désigne un être ou une chose dont on parle pour la première fois ou qui n'est pas identifié. *Donne-moi une feuille.* → VOIR **déterminant** (encadré).

2 **un, une** **adj. numéral.** Le premier des nombres entiers. *Je reviendrai dans une semaine. Un plus un font*

deux. ◆ **un** **n.m.invar.** Le chiffre 1 ou le numéro 1. *Il habite au un, moi au cinq.*
▸ REM. À *un* correspond l'élément tiré du latin *uni-* que l'on retrouve dans des mots comme *unijambiste, unilatéral.*

3 l'un, l'une, les uns, les unes **pron. indéfini.** Désigne une personne, une chose ou plusieurs personnes, plusieurs choses prises dans un ensemble. *L'une des coureuses a déclaré forfait. Les uns étaient contents, les autres se plaignaient.*

unanime **adj.** ❶ Qui est fait ou exprimé par tous, en même temps. *Quand on proposa une excursion, l'approbation fut unanime.* SYN. général. ❷ *Des personnes unanimes* sont du même avis. *Les élèves ont été unanimes pour dire que le film leur avait plu.*

HISTOIRE DU MOT Vient du latin *unus*, qui signifie « un seul », et *animus*, qui signifie « âme, esprit ».

unanimement **adv.** De façon unanime, en étant tous d'accord. *Les enfants ont unanimement décidé d'organiser une fête.*

unanimité **n.f.** Accord complet de tous les membres d'un groupe. *Sa proposition a fait l'unanimité.*

unau **n.m.** (PLUR. : **unaux** ou **unaus**). Autre nom de l'*aï*.

une **n.f.** • (Familier) **La une :** la première page d'un journal. *La photo du vainqueur du tournoi est à la une.*

uni, e **adj.** ❶ Dont la surface est lisse, sans inégalités. *Un sol uni.* SYN. plat. CONTR. accidenté. ❷ D'une seule couleur. *Une jupe unie.* CONTR. bariolé, multicolore. ❸ *Des personnes unies* s'entendent bien et sont liées par l'affection. *Une famille unie.* CONTR. désuni.

unification **n.f.** L'action d'unifier. *L'unification d'un pays.* CONTR. division, morcellement.

unifier **v.** (CONJUG. 7). ❶ Faire de plusieurs éléments une seule chose, ramener à l'unité. *Ce traité vise à unifier le pays.* CONTR. diviser, morceler. ❷ Rendre des choses semblables, les uniformiser. *Unifier les tarifs douaniers de divers pays.*

HISTOIRE DU MOT Vient du latin *unus*, qui signifie « un », et *facere*, qui signifie « faire ».

1 uniforme **adj.** Qui a partout la même forme, le même aspect. *Un paysage uniforme.* SYN. monotone. CONTR. varié.

HISTOIRE DU MOT Vient du latin *uniformis* qui signifie « qui n'a qu'une seule forme ».

2 uniforme **n.m.** ❶ Costume de militaire. *Un général en uniforme* (= en tenue, par opposition à *en civil*). ❷ Costume réglementaire dans certains métiers ou groupes. *Une hôtesse en uniforme. Un uniforme de pensionnat.*

uniformément **adv.** De façon uniforme, sans variante. *Pas un nuage, aujourd'hui, le ciel est uniformément bleu.* CONTR. partiellement.

uniformisation **n.f.** L'action d'uniformiser, de rendre pareil. *L'uniformisation de la production industrielle.* CONTR. diversification.

uniformiser **v.** (CONJUG. 3). Rendre uniforme, semblable. *Uniformiser les programmes scolaires.* CONTR. diversifier.

uniformité **n.f.** État de ce qui est uniforme. *L'uniformité du paysage est lassante.* CONTR. diversité, variété.

unijambiste **adj.** et **n.** Personne qui a été amputée d'une jambe.

unilatéral, ale, aux **adj.** ❶ Situé d'un seul côté. *Dans notre rue, le stationnement est unilatéral.* CONTR. bilatéral. ❷ Qui ne provient que d'une seule personne, d'une seule partie en cause. *Une décision unilatérale.*

union **n.f.** ❶ Le fait de s'unir, de se regrouper. *« L'union fait la force », dit le proverbe.* SYN. alliance, entente. CONTR. division. ❷ Harmonie de pensées, de sentiments. *Vivre en parfaite union.* CONTR. désunion. ❸ Nom donné à différents partis, associations ou groupements. → VOIR noms propres : **Union européenne.** • **Union libre** ou **civile :** vie en commun de deux personnes sans qu'elles soient mariées.

unique **adj.** ❶ Seul. *C'est son unique désir. Cette parure est unique au monde.* ❷ *Un enfant unique* n'a ni frère ni sœur. *Je suis fils unique.* ❸ Exceptionnel, inimitable. *Paul a un talent unique d'imitateur.* SYN. remarquable.

uniquement **adv.** À l'exclusion de toute autre chose. *« Que t'a-t-elle raconté ? – Elle m'a parlé uniquement du film qu'elle avait vu. »* SYN. seulement.

unir **unissant, uni v.** (CONJUG. 16). ❶ Mettre ensemble, joindre. *En unissant nos forces nous réussirons.* ❷ Établir un lien étroit entre des personnes. *Une amitié de longue date les unit.* ❸ Relier. *Ces satellites uniront l'Europe et l'Amérique.* ❹ Avoir ensemble. *Notre monitrice unit la gentillesse à la fermeté.* SYN. allier. ◆ **s'unir** **v.pron.** ❶ Se mettre ensemble en vue d'un but commun. *Les deux bandes rivales se sont unies.* ❷ Se marier.

unisexe **adj.** *Des vêtements unisexes* conviennent aussi bien aux hommes qu'aux femmes.

à l'unisson **adv.** ❶ En chantant ou en jouant ensemble la même note, la même phrase mélodique. *Chanter à l'unisson.* ❷ De façon unanime. *La classe a applaudi à l'unisson.*

HISTOIRE DU MOT Vient du latin *unisonus* qui signifie « qui a un seul son ».

unitaire **adj.** • **Prix unitaire :** prix à l'unité. *Le prix unitaire de ces yaourts est de cinquante centimes.*

unité **n.f.** ❶ Qualité de ce qui forme un tout harmonieux. *Préservons l'unité de notre groupe et ne nous disputons pas pour rien.* SYN. cohésion. *Cette œuvre manque d'unité.* SYN. cohérence. ❷ Chaque élément pris parmi un ensemble. *On peut acheter des œufs à la douzaine ou à l'unité.* SYN. pièce. ❸ Élément arithmétique qui sert à former des nombres. *Un est l'unité. Dans 12, « 2 » est le chiffre des unités.* ❹ Mesure de base qui sert de référence. *Le mètre est l'unité de longueur.* → VOIR encadré page suivante. ❺ Formation militaire. *De petites unités sont stationnées à la frontière.* • **Unité centrale d'un ordinateur :** partie destinée à exécuter le programme d'un ordinateur. *La mémoire fait partie de l'unité centrale.*

Unités de mesure

Unités de longueur*		Unités de surface*		Unités de masse*	
millimètre	mm	millimètre carré	mm^2	milligramme	mg
centimètre	cm	centimètre carré	cm^2	centigramme	cg
décimètre	dm	décimètre carré	dm^2	décigramme	dg
mètre	**m**	**mètre carré**	m^2	**gramme**	**g**
décamètre	dam	décamètre carré	dam^2	décagramme	dag
hectomètre	hm	hectomètre carré	hm^2	hectogramme	hg
kilomètre	**km**	**kilomètre carré**	km^2	**kilogramme**	**kg**

Correspondance entre les unités de volume* et les unités de capacité

1 centimètre cube	cm^3	**1 millilitre**	**ml**
		1 centilitre	cl (= 10 ml)
		1 décilitre	dl (= 100 ml)
1 décimètre cube	dm^3	**1 litre**	**l (= 1 000 ml)**
		1 décalitre	dal (= 10 l)
		1 hectolitre	hl (= 100 l)
1 mètre cube	m^3		**= 1 000 litres**

*Unités de longueur : Le *mille marin* (1 852 m) est une unité de mesure internationale utilisée pour la navigation.
*Unités de surface : Le *centiare* (ca) est égal à 1 m^2, l'*are* (a) vaut 100 m^2 et l'*hectare* (ha) 10 000 m^2. Ce sont des mesures agraires utilisées pour calculer l'aire des terrains.
*Unités de masse : La *livre* (500 g) est une unité de masse couramment utilisée dans le commerce. Le *quintal* est égal à 100 kg et la tonne à 1 000 kg. Le *carat* (2 dg) est employé pour peser l'or.
*Unités de volume : Le *stère* (1 m^3) est une unité de volume employée pour le bois.
→ VOIR AUSSI **temps.**

univers **n.m.** ❶ (Avec une majuscule.) Tout ce qui existe ; l'ensemble des galaxies. *Explorer l'Univers.* ❷ Le monde habité ; l'ensemble des hommes. *Parcourir l'univers.* SYN. globe. ❸ Le milieu dans lequel on vit, le domaine d'activité. *L'univers des scientifiques, des sportifs.* SYN. monde.
HISTOIRE DU MOT Vient du latin *universus*, « tout entier ».

universel, elle **adj.** ❶ Qui concerne le monde entier. *Une exposition universelle.* ❷ Qui s'applique à tous les cas ; qui concerne tout le monde. *Un remède universel. Le respect de la vie est une valeur universelle.* ❸ Qui a des connaissances très larges, couvrant de nombreux domaines. *Ce savant a une culture universelle.* SYN. encyclopédique.

universellement **adv.** Dans le monde entier. *Les Rolling Stones sont universellement connus.* SYN. mondialement.

universitaire **adj.** Qui concerne l'université. *Un diplôme universitaire.* ◆ **n.** Personne qui enseigne à l'université.

université **n.f.** Ensemble administratif d'établissements d'enseignement supérieur. → VOIR AUSSI **faculté.**

uppercut **n.m.** En boxe, coup de poing porté de bas en haut, sous le menton. *Un uppercut du droit.* ▸ REM. On prononce [ypɛrkyt].
HISTOIRE DU MOT Vient de l'anglais *upper*, « supérieur », et *cut*, « coup ».

uranium **n.m.** Métal radioactif gris et dur. *L'uranium est utilisé dans les centrales nucléaires.*
HISTOIRE DU MOT Vient du nom de la planète *Uranus*.

urbain, e **adj.** Qui concerne la ville. *La population urbaine.* CONTR. rural. *Les lampadaires font partie du mobilier urbain.* → VOIR AUSSI **citadin.**
HISTOIRE DU MOT Vient du latin *urbs, urbis* qui signifie « ville ».

urbanisation **n.f.** Concentration de la population d'un pays dans les villes et leur périphérie. *Le phénomène d'urbanisation vide les campagnes de leurs habitants.*

urbanisé, e **adj.** Qui comporte de plus en plus de zones bâties, ayant le caractère d'une ville. *Une région très urbanisée.*

urbanisme **n.m.** Science et technique de la construction et de l'aménagement des villes et des villages. *Un plan d'urbanisme.*

uppercut

A B C D E F G H I J K L M N O P Q R S T U V W X Y Z

urbaniste n. Spécialiste d'urbanisme.

urée n.f. Substance transportée par le sang et éliminée par les reins dans l'urine.

uretère n.m. Chacun des deux canaux qui conduisent l'urine des reins à la vessie.

urètre n.m. Canal qui part de la vessie et permet l'évacuation de l'urine.

HISTOIRE DU MOT Vient du grec *urein*, « uriner ».

urgence n.f. Caractère de ce qui est urgent ; nécessité d'aller très vite. *Tout le monde a compris l'urgence de la situation.* • **D'urgence** ou **de toute urgence** : immédiatement, sans retard. • **État d'urgence** : régime exceptionnel qui renforce les pouvoirs de la police en cas de troubles graves. *Instaurer l'état d'urgence.* • **Service des urgences** : dans un hôpital, service où l'on s'occupe des personnes dont l'état nécessite des soins immédiats.

urgent, e adj. Qui ne peut pas être remis à plus tard. *Ils ont un besoin urgent de vivres.* SYN. immédiat, pressant. *Ce travail est urgent.* SYN. pressé.

HISTOIRE DU MOT Vient du latin *urgere* qui signifie « presser ».

urgentiste n. Médecin qui travaille au service des urgences d'un hôpital.

urine n.f. Liquide de couleur jaune qui se forme dans les reins et s'accumule dans la vessie avant d'être évacué par l'urètre. *Une analyse d'urine.*

uriner v. (CONJUG. 3). Évacuer son urine.

urinoir n.m. Endroit aménagé pour permettre aux hommes d'uriner.

urne n.f. ❶ Boîte dans laquelle les électeurs déposent leur bulletin de vote. ❷ *Une urne funéraire*, c'est un vase dans lequel on recueille les cendres d'un mort que l'on a incinéré.

HISTOIRE DU MOT Vient du latin *urna* qui signifie « vase ».

urticaire n.f. Éruption de petits boutons causant de fortes démangeaisons, souvent due à une allergie à certains aliments.

HISTOIRE DU MOT Vient, comme *ortie*, du latin *urtica*.

us n.m.plur. • **Les us et coutumes** : les usages, les traditions d'un pays, d'une région.

usage n.m. ❶ Emploi que l'on fait d'une chose. *Quel est l'usage de cet appareil ?* (= à quoi sert-il). *Faire usage de la force* (= avoir recours à la force). ❷ Façon de faire commune à un grand nombre de personnes. *L'usage veut que l'on offre un cadeau aux employés qui partent à la retraite.* SYN. coutume. • **Hors d'usage** : dont on ne peut plus se servir. *Ces chaussures sont hors d'usage.* SYN. inutilisable.

usagé, e adj. Qui a beaucoup servi. *Des vêtements usagés.* SYN. défraîchi. CONTR. neuf.

usager, ère n. Personne qui utilise un service public. *Les usagers du chemin de fer.* → VOIR AUSSI **utilisateur.**

USB n.m. Prise qui permet de connecter de nombreux appareils périphériques à un ordinateur. • **Clé USB** : petit périphérique destiné à stocker des données informatiques et qui se raccorde à une prise USB. ▸ REM. Sigle de l'anglais *universal serial bus*, « bus de série universel ».

usé, e adj. ❶ En mauvais état, à force d'avoir servi. *Les pneus de votre voiture sont usés.* CONTR. neuf. ❷ Qui a perdu ses forces, sa santé. *C'était un homme usé avant l'âge.*

1 **user** v. (CONJUG. 3). ❶ Mettre en mauvais état par une utilisation prolongée. *Damien use vite ses chaussures.* SYN. détériorer. ❷ Diminuer, affaiblir la résistance physique d'une personne. *Tu uses ta santé à travailler tard le soir.* SYN. abîmer. ❸ Consommer, utiliser. *Cette lampe use peu d'électricité.* ◆ **s'user** v.pron. ❶ Se détériorer à force d'être utilisé. *Ces baskets se sont usées très vite.* SYN. s'abîmer. ❷ Se fatiguer à l'extrême, abîmer sa santé.

HISTOIRE DU MOT Vient du latin *uti* qui signifie « se servir de ».

2 **user** v. (CONJUG. 3). *User d'une chose*, c'est s'en servir, l'utiliser dans un but précis. *Le maire a usé de son autorité pour faire adopter sa décision.*

usine n.f. Établissement industriel où l'on transforme, à l'aide de machines, des matières premières en produits finis. *Une usine de chaussures, de produits chimiques.*

usiner v. (CONJUG. 3). *Usiner une pièce*, c'est la façonner, la transformer à l'aide d'une machine. *Les pistons de ces moteurs sont usinés en Corée.*

usité, e adj. Employé couramment dans la langue. *Ce mot est très usité.* SYN. courant, usuel. CONTR. rare.

ustensile n.m. Objet qui sert aux travaux de la vie domestique, spécialement à la cuisine. *Les louches, les passoires, les casseroles sont des ustensiles de cuisine.*

HISTOIRE DU MOT Vient du latin *utensilia* qui signifie « objets utiles, nécessaires ».

usuel, elle adj. Que l'on emploie couramment. *Employer des mots usuels.* SYN. courant. CONTR. rare. *Un stylo, un téléphone sont des objets usuels.* SYN. commun.

usuellement adv. De manière usuelle, habituelle. *« Zoo » est l'abréviation usuellement employée pour « jardin zoologique ».* SYN. couramment, habituellement.

1 **usure** n.f. Détérioration due à un usage fréquent ou simplement au temps. *L'usure des pneus. L'usure des roches* (= érosion). • (Familier) **Avoir quelqu'un à l'usure** : triompher de lui en l'importunant ou en résistant plus longtemps que lui.

HISTOIRE DU MOT Vient de *user.*

2 **usure** n.f. Délit qui consiste à prêter de l'argent en prenant un intérêt beaucoup plus élevé que l'intérêt légal.

HISTOIRE DU MOT Vient du latin *usura* qui signifie « intérêt de l'argent ».

usurier, ère n. Personne qui prête de l'argent en pratiquant l'usure.

A B C D E F G H I J K L M N O P Q R S T U V W X Y Z

usurpateur, trice **n.** Personne qui usurpe quelque chose. *Napoléon Ier était surnommé « l'Usurpateur » par les partisans de la monarchie.*

usurpation **n.f.** Le fait d'usurper quelque chose. *Il a été condamné pour usurpation du titre de docteur.*

usurper **v.** (CONJUG. 3). *Usurper un pouvoir, un bien, un titre*, c'est les prendre sans y avoir droit. *Il n'a aucun diplôme, il a usurpé ce titre d'ingénieur.*

ut **n.m.invar.** Autre nom de *do*, la première note de la gamme de *do*.

utérus **n.m.** Organe de la femme et des mammifères femelles dans lequel se développe le fœtus.
▶ REM. On prononce le -*s*.

HISTOIRE DU MOT C'est un mot latin qui signifie « ventre ».

utile **adj.** Qui rend service, qui présente un avantage. *Le plan de la ville nous a été très utile.* CONTR. inutile. *Rends-toi utile* (= aide-moi). *Je vous appellerai en temps utile* (= au moment voulu). ◆ **n.m.** Ce qui est nécessaire. *Joindre l'utile à l'agréable*

utilement **adv.** De façon utile. *Le vendeur te conseillera utilement.* SYN. efficacement. CONTR. inutilement.

utilisable **adj.** Qui peut être utilisé. *Ce sac à dos est encore utilisable.* CONTR. inutilisable.

utilisateur, trice **n.** Personne qui se sert d'un appareil, d'une machine, qui utilise un service. *Cette recommandation s'adresse aux utilisateurs de baladeurs. Les utilisateurs du métro.* → VOIR AUSSI **usager.**

utilisation **n.f.** L'action ou la façon d'utiliser quelque chose, de s'en servir. *Nous étudions les conditions d'utilisation de l'électricité.* SYN. emploi, usage.

utiliser **v.** (CONJUG. 3). ❶ Se servir d'une chose, avoir recours à un service. *J'utilise toujours ma calculatrice pour faire les opérations.* ❷ Tirer profit ou parti de quelque chose. *La maîtresse a su utiliser les compétences de chacun pour la fête de fin d'année.* SYN. exploiter.

utilitaire **adj.** *Un véhicule utilitaire* est destiné au transport des marchandises ou au transport collectif des personnes.

utilité **n.f.** Le fait d'être utile, de servir à quelque chose. *Ton sac m'a été d'une grande utilité, je n'aurais pas pu tout porter à la main.*

utopie **n.f.** Chose impossible à réaliser. *Un monde sans misère et sans guerre est une utopie.* SYN. chimère, rêve.

HISTOIRE DU MOT Vient de *Utopia*, nom d'un pays imaginaire créé par Thomas More au XVIe siècle, du grec *ou*, « non », et *topos*, « lieu ».

utopique **adj.** Qui est irréalisable, qui n'est que de l'utopie. *Ton projet est bien beau, mais il est utopique.* SYN. chimérique.

U.V. → **ultraviolet**

Vv

vacance **n.f.** Le fait qu'un poste, une fonction soient sans titulaire durant un temps. *La vacance du pouvoir.* ◆ **n.f. plur.** ❶ Période de fermeture des écoles, des universités. *Les vacances de Noël, de Pâques. Les grandes vacances* (= les vacances d'été). ❷ Période légale d'arrêt de travail. *Où passerez-vous vos vacances, cette année ?* SYN. congé.

HISTOIRE DU MOT Vient du latin *vacare* qui signifie « être vide ».

vacancier, ère **n.** Personne qui est en vacances.
→ VOIR AUSSI **estivant, touriste.**

vacant, e **adj.** Non occupé, libre. *Un seul siège était vacant.* SYN. disponible. CONTR. occupé.

vacarme **n.m.** Grand bruit qui dérange ou qui assourdit. *Quel vacarme dans cette rue !* SYN. tapage, tintamarre.

HISTOIRE DU MOT Vient de l'ancien néerlandais *wach arme !* qui signifiait « hélas ! ».

vacataire **n.** Personne employée pour un temps déterminé à une fonction précise.

vaccin **n.m.** Substance préparée à partir de microbes que l'on inocule à une personne, à un animal, pour l'immuniser contre la maladie causée par ces microbes. *Le vaccin contre la variole.*

HISTOIRE DU MOT Vient du latin *variola vaccina* qui signifie « variole de la vache » car le premier vaccin contre la variole a été fait à partir du virus de la variole de la vache.

vaccination **n.f.** L'action de vacciner. *La vaccination contre la poliomyélite est obligatoire dans certains pays.*

vacciner **v.** (CONJUG. 3). ❶ Inoculer un vaccin. *Le médecin a vacciné Véronique contre le tétanos.* ❷ (Familier) Faire perdre une mauvaise habitude à quelqu'un. *Cette chute l'a vacciné contre l'envie de descendre l'escalier sur la rampe.*

vache **n.f.** Mammifère ruminant de l'espèce des bovins, femelle du taureau, que l'on élève pour son lait et pour sa viande. *Les bonnes vaches laitières donnent plus de 8 000 l de lait par an.* ● **Manger de la vache enragée :** endurer des privations, faute d'argent.

ENCYCLOPÉDIE Cri : la vache meugle ou beugle. Petits : le veau, la génisse.

vachette **n.f.** Jeune vache.

vacillant, e **adj.** Qui vacille. *Une démarche vacillante.* SYN. chancelant, hésitant. *Une lueur vacillante.* SYN. tremblotant.

vaciller **v.** (CONJUG. 3). ❶ Pencher d'un côté puis de l'autre, être en équilibre instable. *Le malade, encore* *faible, vacille sur ses jambes.* SYN. chanceler. ❷ *Une flamme, une lueur qui vacillent* tremblent, brillent très faiblement. *La flamme de la bougie vacilla avant de s'éteindre.* SYN. trembloter.

vade-mecum **n.m.invar.**, ✎ ***vadémécum*** ***n.m.*** Petit livre ou petit carnet que l'on garde avec soi pour pouvoir le consulter à tout moment.
▸ REM. On prononce [vademekɔm].

HISTOIRE DU MOT Vient du latin *vade mecum* qui signifie « viens avec moi ».

vadrouille **n.f.** (Familier) Promenade, voyage ou déplacement quelconque, sans qu'on sache très bien où. *Pierre est toujours en vadrouille, un jour ici, l'autre là.*

va-et-vient **n.m.invar.** ❶ Mouvement de ce qui va, alternativement, d'un point à un autre. *Le va-et-vient du balancier d'une horloge, d'un piston.* ❷ Mouvement de personnes qui se croisent ou qui font des allées et venues. ❸ Dispositif électrique qui permet d'allumer ou d'éteindre une lampe de deux ou plusieurs endroits différents.

vagabond **n.m.** Personne qui n'a ni domicile fixe ni travail précis. *Des vagabonds se sont abrités dans le hall de la gare.* SYN. clochard, sans-abri.

HISTOIRE DU MOT Vient du latin *vagabundus*, de *vagari* qui signifie « errer », que l'on retrouve dans *divaguer*.

vagabondage **n.m.** État, situation du vagabond. *Ils ont été arrêtés pour vagabondage.*

vagabonder **v.** (CONJUG. 3). Aller sans but précis, à l'aventure. *Vagabonder dans la campagne.* SYN. errer. • **Laisser vagabonder son esprit :** rêvasser.

vagin **n.m.** Partie interne des organes génitaux de la femme, située entre la vulve et l'utérus.

HISTOIRE DU MOT Vient du latin *vagina* qui signifie « gaine ».

vagir **vagissant, vagi v.** (CONJUG. 16). ❶ Pour le nouveau-né, crier. ❷ Pour le lièvre et le crocodile, faire entendre leur cri.

vagissement **n.m.** ❶ Cri d'un nouveau-né. ❷ Cri du lièvre et du crocodile.

1 vague **adj.** Sans précision ni netteté. *Caroline a fait une réponse vague.* SYN. évasif, flou. CONTR. précis. *Il a donné des raisons très vagues à son absence.* SYN. ambigu. CONTR. clair. *J'ai une vague idée de ce que je vais faire.* SYN. confus. CONTR. net. • **Terrain vague :** terrain ni utilisé ni entretenu. ◆ **n.m.** • **Avoir du vague à l'âme :** se sentir un peu mélancolique sans raison précise. • **Rester dans le vague :** ne donner aucune précision.

HISTOIRE DU MOT Vient du latin *vagus* qui signifie « errant ».

2 vague **n.f.** ❶ Mouvement de l'eau de la mer qui se soulève et s'abaisse. *De hautes vagues venaient s'écraser contre les rochers.* SYN. lame. ❷ Phénomène qui apparaît, prend de l'ampleur, puis disparaît. *Une vague de protestations.*

HISTOIRE DU MOT Vient de l'ancien scandinave *vâgr* qui signifiait « mer ».

vaguement **adv.** De façon vague, imprécise ou incertaine. *Cédric a vaguement parlé de nous aider.* SYN. évasivement. CONTR. nettement.

vaguer **v.** (CONJUG. 6). *Laisser vaguer son imagination*, c'est la laisser aller sans la fixer sur une pensée particulière.
▸ REM. Ce mot appartient à la langue soutenue.

vahiné **n.f.** Femme de Tahiti.

vaillamment **adv.** Avec vaillance, courage. *Zoé s'est vaillamment défendue quand les garçons ont essayé de lui prendre ses bonbons.* SYN. bravement.

vaillance **n.f.** Qualité d'une personne brave. SYN. bravoure, courage.

vaillant, e **adj.** Qui a du courage, et sait faire face à l'ennemi, au danger. *Un vaillant chevalier.* SYN. brave, héroïque, valeureux. CONTR. lâche, poltron.

HISTOIRE DU MOT C'est l'ancien participe présent du verbe *valoir.*

vain, e **adj.** Sans valeur et sans utilité. *Tous nos efforts sont restés vains.* SYN. inutile, stérile. CONTR. efficace.

HISTOIRE DU MOT Vient du latin *vanus* qui signifie « vide ».

en vain **adv.** Sans résultat, inutilement. *J'ai essayé de convaincre Constance, mais en vain.* SYN. vainement.

vaincre **vainquant, vaincu v.** (CONJUG. 79). ❶ Remporter une victoire sur l'ennemi ou l'adversaire. *En 1945, les Alliés ont vaincu l'Allemagne nazie. Margot m'a vaincu au tennis.* SYN. battre. ❷ Venir à bout d'une difficulté. *Vaincre sa peur du vide.* SYN. dominer, surmonter.

HISTOIRE DU MOT Vient du latin *vincere* qui signifie « l'emporter dans une lutte, un combat », que l'on retrouve dans *invincible.*

vaincu, e **adj.** et **n.** Qui a subi une défaite, qui a perdu. *À la fin du combat, le vainqueur a serré la main du vaincu.* SYN. perdant. CONTR. gagnant.

vainement **adv.** En vain. *J'ai vainement tenté de le persuader de nous accompagner.* SYN. inutilement.

vague à Teahupoo, lieu très prisé des surfeurs (Polynésie française)

a b c d e f g h i j k l m n o p q r s

vainqueur **n.m.** La personne ou le groupe qui a remporté la victoire, à la guerre ou lors d'une compétition. *Le vainqueur d'un tournoi.* SYN. gagnant. CONTR. perdant.
▸ REM. Au Canada, ce mot s'emploie aussi au féminin.

vair **n.m.** Ancien nom de la fourrure du petit-gris. *Des pantoufles de vair.*
▸ REM. Ne pas confondre avec *ver* et *vers*.

1 vairon **adj.m.** *Avoir des yeux vairons*, c'est avoir des yeux de couleurs différentes.
HISTOIRE DU MOT Vient du latin *varius* qui signifie « varié, nuancé ».

2 vairon **n.m.** Petit poisson d'eau douce.

1 vaisseau **n.m.** En anatomie, petit canal qui sert à la circulation du sang. *Les artères et les veines sont des vaisseaux sanguins.*
HISTOIRE DU MOT Vient du latin *vasculum* qui signifie « petit vase » et que l'on retrouve dans *vasculaire*.

2 vaisseau **n.m.** Navire de taille importante. *Deux vaisseaux se dirigent vers le port.* → VOIR AUSSI **bâtiment.** • **Vaisseau spatial :** engin interplanétaire où prennent place des astronautes.

vaisselier **n.m.** Bahut surmonté d'étagères où l'on range la vaisselle.
▸ REM. Attention, un seul *l* malgré *vaisselle*.

vaisselle **n.f.** L'ensemble des plats, assiettes et récipients dans lesquels on sert les aliments à table. *Un service de vaisselle en porcelaine. Faire la vaisselle* (= la laver).
HISTOIRE DU MOT Vient, comme *vaisseau*, du latin *vasculum*, « petit vase ».

val **n.m.** (PLUR. : **vals** ou **vaux**). Vallée très large. *Le Val de Loire.* • **Par monts et par vaux :** de tous côtés, à travers tout le pays. *La police recherche le fugitif par monts et par vaux.* SYN. partout.
▸ REM. Le pluriel *vaux* n'est utilisé que dans l'expression *par monts et par vaux*.
HISTOIRE DU MOT Vient du latin *vallis* qui signifie « vallée ».

valable **adj.** Qui peut être accepté, admis. *Ces pièces de monnaie ne sont plus valables.* SYN. bon. *Votre ticket n'est pas valable.* SYN. valide. CONTR. périmé. *Alexandre n'avait pas d'excuse valable pour son retard.* SYN. acceptable, admissible.

valet **n.m.** ❶ Domestique masculin. *Un valet de chambre. Un valet de ferme.* ❷ Au sens figuré, se dit d'une personne trop soumise à ses supérieurs hiérarchiques. ❸ Figure d'un jeu de cartes qui représente un écuyer. *Le valet de trèfle.*
HISTOIRE DU MOT Vient du latin populaire *vassellittus* qui signifiait « jeune gentilhomme ».

valeur **n.f.** ❶ Le prix que représente un objet si on le vend ou si on l'échange. *C'est un bijou d'une grande valeur. Le terrain a doublé de valeur en quelques années.* ❷ Importance que l'on donne à quelque chose pour des raisons personnelles. *Son vieil ours en peluche a pour lui une valeur sentimentale.* ❸ Qualité intellectuelle, morale ou physique d'une personne. *Un homme d'État de grande valeur. « La valeur n'attend point le nombre des années »* (*le Cid*, Corneille). ❹ Quantité d'un liquide, d'un produit. *Mettez dans la sauce la valeur d'une cuillerée à soupe de farine.* ❺ Ce qui fait qu'une chose est reconnue comme valable. *Ce contrat n'a aucune valeur, il n'est pas signé.* ❻ En musique, durée d'une note. • **Mettre en valeur :** faire ressortir. *Son maquillage met en valeur la couleur de ses yeux.*

valeureux, euse **adj.** Qui fait preuve d'un grand courage, qui a de la vaillance. *De valeureux soldats.* SYN. brave, héroïque, vaillant.
▸ REM. Ce mot appartient à la langue soutenue.

valide **adj.** ❶ En bonne santé. *Les personnes valides aidèrent à transporter les blessés.* CONTR. impotent, invalide. ❷ Officiellement valable. *La carte de l'association doit avoir un tampon pour être valide.*
HISTOIRE DU MOT Vient du latin *validus* qui signifie « bien portant ».

valider **v.** (CONJUG. **3**). Rendre ou déclarer valide, conforme à la loi ou à un règlement. *Valider son billet de train en le compostant.*

validité **n.f.** Fait d'être valide, officiellement valable. *La validité d'une carte d'identité.*

valise **n.f.** Bagage à main de forme rectangulaire pour le voyage. • **Faire ses valises :** préparer ses bagages ; et au sens figuré, s'en aller.

vallée **n.f.** ❶ Vaste terrain évasé, creusé par un cours d'eau ou un glacier et bordé par les versants d'une montagne. *Les bergers redescendent dans la vallée.* ❷ Région traversée par un fleuve. *La vallée du Rhône.*
HISTOIRE DU MOT Vient de *val*.

vallon **n.m.** Petite vallée. *Une région de collines et de vallons.*

vallonné, e **adj.** Où il y a de nombreux vallons. *Un pays vallonné.*

un **valet** de comédie : Figaro (personnage de Beaumarchais)

valoir **valant, valu v.** (CONJUG. 37). ❶ Avoir tel prix ou telle valeur. *Combien vaut ce livre ?* SYN. coûter. *Ces bijoux valent cher* (= ils sont de grande valeur). *En musique, une blanche vaut deux noires* (= est équivalente à). SYN. égaler. ❷ Avoir de la valeur, des qualités, ou présenter de l'intérêt. *Mon baladeur ne vaut rien, il ne marche jamais. N'allez pas voir ce film, il n'en vaut pas la peine. Ce musée vaut la visite.* SYN. mériter. ❸ Être la cause de quelque chose. *L'émission nous a valu un abondant courrier.* SYN. attirer. *Son insolence lui a valu une punition.* • **Mieux vaut** ou **il vaut mieux :** il est préférable, plus avantageux. *Mieux vaut ne rien dire. Il vaudrait mieux les prévenir.* • **Se faire valoir :** se mettre en valeur, se montrer à son avantage. • **Vaille que vaille :** tant bien que mal. ◆ **se valoir v.pron.** Avoir la même valeur ; aboutir au même résultat. *Leurs motos se valent. Ces deux solutions se valent.*

valorisant, e **adj.** Qui valorise, qui donne du prestige. *La maîtresse nous donne des responsabilités valorisantes.*

valoriser **v.** (CONJUG. 3). ❶ Donner plus de valeur, augmenter le prix. *Si vous installez un ascenseur, cela valorisera l'immeuble.* CONTR. dévaloriser. ❷ Donner plus de prestige. *Sa réussite l'a valorisée auprès de ses camarades.* ❸ Réutiliser des déchets comme matière première.

valse **n.f.** ❶ Danse à trois temps où les couples tournent sur eux-mêmes en se déplaçant ; musique composée sur ce rythme. *Danser la valse. Jouer une valse de Chopin.* ❷ (Familier) Remplacement continuel de personnes, modification de tarifs, etc. *La valse des étiquettes, des prix.*

valser **v.** (CONJUG. 3). Danser la valse. • (Familier) **Envoyer valser :** renvoyer brutalement quelqu'un ; jeter quelque chose au loin. *Laure a envoyé valser son cahier.*

valseur, euse **n.** Personne qui danse la valse.

valve **n.f.** ❶ Dispositif qui permet le passage d'un liquide ou d'un gaz dans un seul sens. *La valve d'une chambre à air.* ❷ Chacune des parties de la coquille double de certains mollusques comme les huîtres, les moules.

HISTOIRE DU MOT Vient du latin *valva* qui signifie « battant de porte ».

vampire **n.m.** ❶ Selon certaines superstitions populaires, mort qui sort la nuit de son tombeau pour sucer le sang des vivants. *Le roman « Dracula » a popularisé le mythe du vampire.* ❷ Chauve-souris d'Amérique tropicale, en général insectivore, mais qui peut mordre des mammifères endormis et boire leur sang.

1 **van** **n.m.** Large corbeille plate en osier, à deux anses, dont on se servait pour vanner le grain.

2 **van** **n.m.** Remorque fermée servant au transport des chevaux.

vandale **n.** Personne qui détruit, saccage. *Des vandales ont peinturluré les statues du parc.*

HISTOIRE DU MOT Vient du nom d'un peuple germanique, les *Vandales.*

vandalisme **n.m.** Attitude qui consiste à saccager, à détériorer les choses pour le plaisir. *Des actes de vandalisme ont été commis dans notre résidence.* SYN. déprédation.

vanille **n.f.** ❶ Fruit d'une plante des régions tropicales (le *vanillier*), qui se présente sous la forme d'une gousse allongée. ❷ Substance aromatique contenue dans ce fruit et que l'on utilise en confiserie et en pâtisserie. *Une glace à la vanille.*

HISTOIRE DU MOT Vient de l'espagnol *vainilla* qui signifie « petite gaine ».

vanille

vanillé, e **adj.** Parfumé à la vanille. *Du sucre vanillé.*

vanité **n.f.** ❶ Défaut d'une personne trop satisfaite d'elle-même et qui montre cette satisfaction. *Junie est d'une vanité incroyable.* SYN. fatuité, prétention, suffisance. CONTR. modestie. ❷ Caractère de ce qui est vain, inefficace, inutile. *J'ai fini par comprendre la vanité de mes efforts.* SYN. inefficacité, inutilité.

vaniteux, euse **adj.** et **n.** Plein de vanité. *Ce qu'il peut être vaniteux !* SYN. prétentieux, suffisant. CONTR. modeste.

1 **vanne** **n.f.** Panneau mobile qui permet de régler le débit dans une canalisation, une écluse. *Une péniche arrive, il faut ouvrir puis fermer les vannes.*

2 **vanne** **n.f.** (Familier) Remarque ou plaisanterie désagréable et méchante.

vanné, e **adj.** (Familier) Très fatigué. *Nous sommes rentrés vannés de notre longue randonnée.* SYN. exténué. CONTR. dispos.

vanneau **n.m.** Oiseau échassier dont une espèce est très commune en Europe et qu'on voit souvent en troupes dans les champs en hiver.

vanner **v.** (CONJUG. 3). *Vanner du grain*, c'est le secouer au moyen d'un van pour le nettoyer, le séparer de la paille.

vannerie **n.f.** Fabrication d'objets en osier, en rotin ; les objets ainsi fabriqués. *Il vendait des articles de vannerie, tels que paniers, nattes, paillassons.*

vannier **n.m.** Artisan qui confectionne de la vannerie.

vantail (PLUR. : **vantaux**), ✎ ***ventail*** (PLUR. : *ventaux*) **n.m.** Battant.

vantard, e **adj.** et **n.** Qui a l'habitude de se vanter, d'exagérer ses qualités. SYN. fanfaron, matamore.

vantardise **n.f.** Comportement et propos d'une personne qui se vante. *Il dit cela par vantardise.* SYN. forfanterie. *N'écoute pas ses vantardises.* SYN. rodomontade.

vanter **v.** (CONJUG. 3). Parler de façon élogieuse d'une personne ou d'une chose. *Le vendeur ne cessait de lui vanter les qualités de ce modèle de planche à voile.*

a b c d e f g h i j k l m n o p q r s t u v w x y z

◆ **se vanter** **v.pron.** ❶ Annoncer avec fierté une réussite, en tirer vanité. *Armelle se vante de son 19 en maths.* ❷ S'attribuer des mérites, des qualités que l'on n'a pas forcément. *Ne crois pas tout ce qu'il dit, il se vante souvent.* ❸ Annoncer qu'on est capable de faire quelque chose. *Elle se vante de pouvoir arriver première.* SYN. se flatter, se targuer.

va-nu-pieds **n.invar.,** ✎ ***vanupied*** ***n.*** (Familier) Personne misérable. SYN. gueux, miséreux.

1 vapeur **n.f.** ❶ Très fines gouttelettes d'eau en suspension dans l'air. *Après la pluie, de la vapeur montait des champs. Quand l'eau bout, elle se transforme en vapeur.* ❷ Énergie obtenue à partir de la vapeur. *Les locomotives à vapeur.* ❸ Gaz qui, parfois, se dégage d'une substance liquide. *Des vapeurs de pétrole.* • **À la vapeur :** en utilisant la vapeur. *Des légumes cuits à la vapeur. Repassage à la vapeur.* • (Familier) **À toute vapeur :** très vite.

2 vapeur **n.m.** Bateau à vapeur.

vaporeux, euse **adj.** Léger, flou et presque transparent. *Des rideaux de tulle vaporeux.*

vaporisateur **n.m.** Appareil qui projette un liquide en fines gouttelettes. *Cette eau de toilette se vend en flacon ou en vaporisateur.* SYN. atomiseur.

vaporiser **v.** (CONJUG. **3**). Projeter un liquide en fines gouttelettes avec un vaporisateur. *Paul vaporise de l'insecticide sur les rosiers.* SYN. pulvériser.

vaquer **v.** (CONJUG. **3**). *Vaquer à ses occupations*, c'est se consacrer à faire ce que l'on a à faire.

varan **n.m.** Lézard carnivore qui atteint 2 à 3 mètres de long.

varan géant d'Australie.

varappe **n.f.** Escalade de rochers. *Faire de la varappe.*

HISTOIRE DU MOT Vient de *Varappe*, nom d'un couloir rocheux situé près de Genève.

varech **n.m.** Nom donné aux algues rejetées par la mer sur les plages, que l'on récolte notamment pour les utiliser comme engrais.

▸ REM. 1. On prononce [varɛk]. 2. Le varech est appelé *goémon* en Bretagne et en Normandie.

vareuse **n.f.** ❶ Veste assez ample. ❷ Blouson de grosse toile que portent les matelots de la Marine nationale.

variable **adj.** ❶ Qui varie, qui change. *Le temps est variable en ce moment.* SYN. changeant, instable. *Ses notes sont très variables ce trimestre.* SYN. inégal. CONTR. constant. ❷ *Un mot variable* varie selon le genre, le nombre et la fonction. CONTR. invariable.

variante **n.f.** Chose qui diffère légèrement d'une autre de la même catégorie. *Cette histoire n'est qu'une variante du conte « Hansel et Gretel ».*

variation **n.f.** ❶ Fait de varier. *Les variations de température.* SYN. changement, écart. ❷ En musique, répétition dans un morceau du même thème, mais avec des variantes, de légères transformations à chaque fois. *Les « Variations Goldberg », de J.-S. Bach.*

varice **n.f.** Gonflement permanent d'une veine. *Ce monsieur souffre de varices aux jambes.*

varicelle **n.f.** Maladie infectieuse et contagieuse, en général peu grave, qui atteint surtout les enfants et qui se caractérise par une éruption de boutons.

varié, e **adj.** Qui présente de la diversité. *Un paysage varié.* CONTR. uniforme. *Des hors-d'œuvre variés.*

varier **v.** (CONJUG. **7**). ❶ Changer, se modifier, présenter des différences. *Au début du printemps, le temps varie souvent. Selon l'éclairage, ce tissu a des reflets qui varient du rouge au mauve.* ❷ Changer de façon de penser, d'opinion. *Héloïse n'a jamais varié dans ses idées.* ❸ Apporter de la diversité, faire changer. *Varier les menus.* SYN. diversifier. ❹ En grammaire, prendre la marque du genre, du nombre ou de la personne. *L'adjectif varie en genre et en nombre avec le mot auquel il se rapporte.*

variété **n.f.** ❶ Caractère varié d'une chose. *La variété d'un paysage.* SYN. diversité. CONTR. monotonie, uniformité. ❷ Subdivision à l'intérieur d'une espèce, ou d'une catégorie. *Il existe diverses variétés de pommes, comme la reinette, la golden.* SYN. sorte, type. ◆ **variétés** **n.f.plur.** ❶ Spectacle où alternent chansons, sketchs, numéros de music-hall, etc. *Nicole aime les émissions de variétés à la télévision.* ❷ Musique et chansons populaires par opposition à un genre bien précis comme le classique ou le jazz. *Un disque de variétés. Un chanteur de variétés.*

variole **n.f.** Maladie contagieuse et épidémique grave, due à un virus et caractérisée par une éruption de taches rouges qui laissent des cicatrices indélébiles. *Il existe une vaccination contre la variole.*

vasculaire **adj.** Qui concerne les vaisseaux sanguins. *Grand-mère souffre de troubles vasculaires.*

HISTOIRE DU MOT Vient du latin *vasculum* qui signifie « vaisseau ».

1 vase **n.m.** Récipient de formes variées servant à divers usages, et en particulier récipient qui sert à mettre des fleurs. *Un vase en cristal.* • **En vase clos :** sans contact avec l'extérieur. *Des enfants élevés en vase clos.*

vase grec antique représentant Ulysse (IVe siècle avant J.-C.)

2 vase **n.f.** Boue qui se dépose au fond des eaux stagnantes. *Un étang plein de vase.*

vaseline **n.f.** Graisse extraite du résidu de la distillation des pétroles, et que l'on utilise en pharmacie, en parfumerie.

vaseux, euse **adj.** ❶ Où il y a de la vase. *Le fond de l'étang est vaseux.* ❷ (Familier) Médiocre. *Des astuces vaseuses.* SYN. lamentable. ❸ (Familier) Sans énergie. *Il se sent vaseux ce matin.* SYN. fatigué.

vasistas **n.m.** Petite lucarne qui s'ouvre en basculant, aménagée dans un mur ou une porte.
▸ REM. On prononce [vazistas].
HISTOIRE DU MOT Vient de l'allemand *was ist das ?* qui signifie « qu'est-ce que c'est ? ».

vasque **n.f.** Bassin peu profond où se déverse l'eau d'une fontaine.

vassal, ale, aux **adj.** Qui est sous la dépendance d'un autre. *Un État vassal de son puissant voisin.* ◆ **n.** (PLUR. : **vassaux**). Au temps de la féodalité, personne liée à un seigneur, son suzerain, par une obligation d'assistance, et qui bénéficiait de sa protection.
HISTOIRE DU MOT Vient du latin *vassus* qui signifie « serviteur », que l'on retrouve dans *valet*.

vaste **adj.** ❶ Très grand. *Une vaste plaine.* SYN. immense. *La maison de ses grands-parents est vaste.* SYN. spacieux. ❷ De grande envergure, d'importance. *La question des origines de l'homme est un vaste sujet.* CONTR. restreint.

va-tout **n.m.invar.**, ✎ ***vatout n.m.*** (PLUR. : *vatouts*). • **Jouer son va-tout :** tenter le tout pour le tout, lorsqu'il n'y a plus d'autre chance de réussir. *Une minute avant la fin du match, il joua son va-tout et marqua un but.*

vaudeville **n.m.** Au théâtre, comédie légère dans laquelle il y a beaucoup d'action et de quiproquos.

vaudou **n.m.** Chez les Noirs d'Haïti, culte où se mêlent des pratiques magiques et des éléments du rituel chrétien. ◆ **vaudou, e** **adj.** Relatif au vaudou. *Des cérémonies vaudoues.*

à **vau-l'eau** **adv.** • **Aller à vau-l'eau :** aller à la dérive, décliner. *Ses affaires vont à vau-l'eau.* SYN. péricliter.
HISTOIRE DU MOT Vient de *aval* et de *eau*.

vaurien, enne **adj.** et **n.** Se dit d'un enfant qui fait des bêtises. *Petits vauriens, que je ne vous reprenne plus à tirer les sonnettes !* SYN. coquin, polisson.
HISTOIRE DU MOT Vient de *vaut* et de *rien*.

vautour **n.m.** ❶ Grand oiseau rapace au bec crochu, à la tête et au cou dénudés, qui vit dans les régions montagneuses et qui se nourrit de charognes.
→ VOIR AUSSI **condor.**
❷ Homme dur et avide.

vautour fauve

se **vautrer** **v.pron.** (CONJUG. 3). Se rouler dans quelque chose ou se coucher de tout son long, en se laissant aller. *Le cochon se vautrait dans la boue. Se vautrer dans un fauteuil.* SYN. s'étaler.

à la **va-vite** **adv.** Avec précipitation et sans beaucoup de soin. *Tu as fait ton devoir à la va-vite.*

veau **n.m.** ❶ Petit de la vache et du taureau, jusqu'à un an. *Le veau tétait sa mère.* ❷ En boucherie, chair de cet animal. *Un rôti de veau.*

vecteur **n.m.** Ce qui véhicule quelque chose. *Les journaux sont les vecteurs de l'information.*

vécu, e **adj.** Qui s'est passé dans la vie réelle. *C'est une histoire vécue.*

vedettariat **n.m.** Le fait d'être, de devenir une vedette, dans le monde du spectacle.

1 vedette **n.f.** Acteur de cinéma ou chanteur de variétés très connu. *Le nom de la vedette est en gros sur l'affiche. Une vedette de la chanson.* SYN. star. • **Avoir la vedette :** avoir une place de premier plan dans l'actualité. • **Mettre en vedette :** attirer l'attention sur une personne ou une chose. *Ce record du monde l'a mis en vedette.*

2 vedette **n.f.** ❶ Petit bateau à moteur. *Une vedette des douanes se dirigea vers le cargo.* ❷ Petit bâtiment de guerre très rapide et puissamment armé.

1 végétal **n.m.** (PLUR. : **végétaux**). Tout être vivant généralement fixé au sol qui se nourrit de sels minéraux et de gaz carbonique. *Le baobab, le pommier, la ronce, la marguerite, la fougère, l'algue, le lichen sont des végétaux.*
HISTOIRE DU MOT Vient du latin *vegetare* qui signifie « croître ».

2 végétal, ale, aux **adj.** ❶ Qui appartient aux végétaux. *Le règne végétal s'oppose au règne animal.* ❷ Qui est fait à partir de plantes, de végétaux. *Les huiles d'olive et d'arachide sont des huiles végétales.*

végétarien, enne **adj.** et **n.** Qui exclut la viande de son alimentation.

végétatif, ive **adj.** ❶ Qui assure l'entretien de la vie et la croissance des animaux et des plantes, sans concerner la reproduction ou l'activité intellectuelle. ❷ *Mener une vie végétative*, c'est être aussi inactif qu'une plante. *Éric mène une vie végétative, il passe la journée devant la télévision.*

végétation **n.f.** L'ensemble des végétaux qui poussent dans un lieu. *La végétation est luxuriante dans les forêts tropicales.* ◆ **végétations** **n.f.plur.** Petites excroissances qui se développent sur la muqueuse du pharynx et des fosses nasales. *Alexandra va se faire opérer des végétations.*

végéter **v.** (CONJUG. 9, ✎ *10*). ❶ Vivre de façon médiocre, sans rien faire d'intéressant. *Voilà des années que Pierre végète dans un bureau.* SYN. (Fam.) vivoter. ❷ Ne pas se développer. *Avec la crise, beaucoup d'entreprises végètent.* SYN. stagner.

A B C D E F G H I J K L M N O P Q R S T U V W X Y Z

véhémence n.f. Caractère véhément, virulent. *L'accusé s'est défendu avec véhémence.* SYN. impétuosité, vivacité. *Malika a critiqué notre projet avec véhémence.* SYN. virulence.

véhément, e adj. Qui montre beaucoup d'ardeur, ou même de l'emportement, une certaine violence. *Maman nous a fait des reproches véhéments.* SYN. vif, violent.

HISTOIRE DU MOT Vient du latin *vehemens* qui signifie « passionné ».

véhicule n.m. ❶ Tout moyen de transport, tout engin qui permet de se déplacer. *L'automobile est un véhicule à moteur.* ❷ Ce qui sert à transmettre, à communiquer quelque chose. *Le langage est le véhicule de la pensée.* SYN. support.

HISTOIRE DU MOT Vient du latin *vehere* qui signifie « porter ».

véhiculer v. (CONJUG. 3). ❶ Transporter au moyen d'un véhicule. *Le camionneur véhicule des marchandises.* ❷ Communiquer, transmettre. *Le langage véhicule la pensée.*

1 **veille** n.f. *La veille*, c'est le jour qui précède celui dont on parle. *La veille de son départ, il est venu me dire au revoir.* → VOIR AUSSI **hier.** • **À la veille de :** juste avant, peu de temps avant. *Nous sommes à la veille de changements importants.*

2 **veille** n.f. ❶ Fait de rester éveillé. *Mon frère a passé de longues nuits de veille à préparer son examen.* CONTR. sommeil. ❷ Action de monter la garde, en particulier de nuit. *L'infirmière qui assure la veille. Le tour de veille d'un marin.*

veillée n.f. Temps qui s'écoule entre le repas du soir et le coucher. *Autrefois, on passait la veillée au coin du feu.* • **Veillée d'armes :** soirée qui précède un jour important, par allusion à la nuit qu'un futur chevalier passait à veiller, avant d'être adoubé.

veiller v. (CONJUG. 3). ❶ Rester éveillé la nuit, ne pas dormir. *Le dernier jour des vacances à la colonie, on a veillé jusqu'au petit matin.* ❷ Rester au chevet de quelqu'un. *Veiller un malade.* ❸ S'occuper avec soin de quelque chose. *Veillez à ce que tout le monde soit prêt à l'heure, demain matin.* SYN. s'assurer. ❹ Exercer une surveillance vigilante pour protéger. *Martine a veillé sur son petit frère pendant que ses parents faisaient les courses.* SYN. garder, surveiller.

HISTOIRE DU MOT Vient du latin *vigilare* qui signifie « être éveillé, être sur ses gardes ».

veilleur, euse n. • **Veilleur de nuit :** personne chargée de surveiller un magasin, des bureaux, un chantier, etc., durant la nuit.

veilleuse n.f. ❶ Petite lampe qui éclaire faiblement et reste allumée toute la nuit. ❷ Petite flamme d'un chauffe-eau à gaz qui brûle en permanence. ◆ **veilleuses** n.f.plur. Les lampes les plus faibles de l'éclairage d'un véhicule automobile, qui servent de feux de position.

veinard, e adj. et n. (Familier) Qui a de la chance, de la veine. *Quelle veinarde ! elle a gagné le gros lot.* SYN. chanceux.

veine n.f. ❶ Vaisseau sanguin qui ramène le sang au cœur. → VOIR AUSSI **artère.** ❷ Trait coloré, mince et sinueux que l'on voit dans certains bois ou dans certaines pierres. *Un marbre gris traversé de veines blanches.* ❸ (Familier) Chance. *J'ai eu de la veine de te rencontrer à temps !* ❹ Filon d'une roche ou d'une espèce minérale. ❺ Inspiration d'un artiste qui fait la qualité de son œuvre. *Son dernier roman est de la même veine que le précédent.*

veiné, e adj. Dont les veines sont visibles, apparentes. *Un bois veiné.*

veineux, euse adj. Qui concerne les veines du corps humain. *Le système veineux.*

vêler v. (CONJUG. 3). Pour une vache, mettre bas. *La vache a vêlé cette nuit.*

vélin n.m. *Le papier vélin* est un papier de luxe qui imite le parchemin.

véliplanchiste n. Personne qui fait de la planche à voile. *Ce plan d'eau attire beaucoup de véliplanchistes.* SYN. planchiste.

véliplanchistes

velléitaire adj. et n. Qui a l'intention de faire quelque chose mais n'agit pas par manque de volonté, de fermeté. *C'est un garçon velléitaire.* SYN. faible. CONTR. opiniâtre, persévérant, tenace.

velléité n.f. (Souvent au plur.) Désir vague ou passager de faire quelque chose, que l'on ne fait finalement pas. *Julien a eu une velléité de commencer ses révisions.* SYN. intention. *Malgré quelques velléités, je n'ai jamais appris à tricoter.* SYN. envie.

HISTOIRE DU MOT Vient du latin *velleitas*, de *velle* qui signifie « vouloir ».

vélo n.m. Bicyclette. *Un vélo tout-terrain. Dimanche, on fait du vélo.*

HISTOIRE DU MOT C'est l'abréviation de *vélocipède*, du latin *velox*, qui signifie « rapide », et *pes, pedis*, qui signifie « pied ».

vélocité n.f. Grande rapidité de mouvement. *Exercices de vélocité au piano.*
▸ REM. Ce mot appartient à la langue soutenue.

vélodrome **n.m.** Piste entourée de gradins aménagée pour les compétitions cyclistes.

vélomoteur **n.m.** Petite motocyclette dont la cylindrée est comprise entre 50 et 125 cm^3.

velours **n.m.** ❶ Tissu très doux au toucher, couvert sur une face de poils dressés, très serrés. *Un pantalon de velours.* ❷ Ce qui produit une impression de douceur. *Elle a des yeux de velours.* • **À pas de velours :** sans bruit. • (Familier) **Jouer sur le velours :** être sûr de gagner sans prendre aucun risque. *Il n'a pas d'adversaire à sa taille dans cette course, il joue sur le velours.*

HISTOIRE DU MOT Vient du latin *villosus* qui signifie « velu ».

velouté, e **adj.** Doux comme du velours. *La peau veloutée d'une pêche.* SYN. satiné. CONTR. rêche, rugueux. *Un vin velouté.* SYN. moelleux. ◆ **velouté** **n.m.** Potage très onctueux. *Un velouté de champignons.*

velu, e **adj.** Couvert de poils. *Des jambes velues.* SYN. poilu.

Velux **n.m.** Fenêtre de toit. *On a installé un Velux au grenier.*

▸ REM. 1. On prononce [velyks]. 2. C'est un nom de marque : il s'écrit avec une majuscule, en France, dans les textes imprimés.

venaison **n.f.** Chair comestible du gros gibier, tels le sanglier, le cerf, etc.

vénal, ale, aux **adj.** ❶ *La valeur vénale d'une chose*, c'est sa valeur marchande, ce qu'elle représente en argent. ❷ *Une personne vénale* est prête à commettre des illégalités en échange d'argent. CONTR. incorruptible.

HISTOIRE DU MOT Vient du latin *venum* qui signifie « vente ».

venant **n.m.** • **À tout venant :** à tout le monde, en toute occasion. *Il distribue son argent à tout venant.*

▸ REM. Ne pas confondre avec le nom *tout-venant*.

vendange **n.f.** Récolte du raisin. *Cet automne nous ferons les vendanges en Bourgogne.*

HISTOIRE DU MOT Vient du latin *vindemia*, de *vinum* qui signifie « vin » et *demere* qui signifie « récolter ».

vendanges à la main (Bordelais)

vendanger **vendangeant, vendangé v.** (CONJUG. **5**). Récolter le raisin, faire les vendanges. *Vendanger une vigne.*

vendangeur, euse **n.** Personne qui fait les vendanges. *Les vendangeurs jettent le raisin dans la hotte.*

vendémiaire **n.m.** Le premier mois du calendrier républicain, qui commençait le 22, le 23 ou le 24 septembre et finissait le 21, le 22 ou le 23 octobre.

HISTOIRE DU MOT Vient du latin *vindemia* qui signifie « vendange ».

vendetta **n.f.** Coutume, répandue autrefois surtout en Corse mais aussi en Sardaigne et en Sicile, selon laquelle tous les membres de la famille d'une victime doivent participer à la vengeance contre les membres de la famille de l'agresseur.

HISTOIRE DU MOT C'est un mot italien qui signifie « vengeance ».

vendeur, euse **n.** ❶ Personne dont la profession est de vendre. *Une vendeuse en parfumerie. Un vendeur de journaux.* ❷ Personne qui vend un bien. *Un acte de vente est signé par le vendeur et par l'acheteur.*

vendre **vendant, vendu v.** (CONJUG. **46**). ❶ Céder un bien contre de l'argent. *Pierre a vendu son vélo.* CONTR. acheter, acquérir. ❷ Être commerçant dans telle branche. *M. Durand vend des voitures.* ❸ Trahir, dénoncer contre de l'argent ou un avantage quelconque. *Le bandit a vendu ses complices.* SYN. dénoncer, livrer. • **Il ne faut pas vendre la peau de l'ours avant de l'avoir tué :** il ne faut pas disposer d'une chose que l'on ne possède pas encore (proverbe). ◆ **se vendre** **v.pron.** Pouvoir être acheté ; trouver un acquéreur. *Ces pastèques se vendent à la pièce. Les appartements se vendent mal en ce moment.*

vendredi **n.m.** Le cinquième jour de la semaine. *Tous les vendredis matin, on a un cours de maths.* • **Vendredi saint :** dans la religion chrétienne, le vendredi de la semaine sainte, jour anniversaire de la mort de Jésus-Christ.

HISTOIRE DU MOT Vient du latin *Veneris dies* qui signifie « jour de Vénus ».

vendu, e **adj.** et **n.** (Familier) Qui s'est laissé acheter, corrompre pour de l'argent. SYN. traître.

venelle **n.f.** Petite rue étroite. *Leur maison est au bout de la venelle.* SYN. ruelle.

▸ REM. Ce mot appartient à la langue littéraire.

HISTOIRE DU MOT C'est un diminutif ancien de *veine*.

vénéneux, euse **adj.** *Une plante vénéneuse* contient un poison et peut causer une intoxication. *Certains champignons sont vénéneux.* CONTR. comestible. *La ciguë est une plante vénéneuse.* SYN. toxique.

▸ REM. Ne pas confondre avec *venimeux*.

HISTOIRE DU MOT Vient du latin *venenum* qui signifie « poison » et que l'on retrouve dans *venin*.

vénérable **adj.** Qui inspire le respect. *Un vénérable vieillard.* SYN. respectable. • **D'âge vénérable :** très vieux.

A B C D E F G H I J K L M N O P Q R S T U V W X Y Z

vénération **n.f.** ❶ Profond respect mêlé d'admiration. *Benjamin a de la vénération pour son père.* SYN. considération, déférence. ❷ Sentiment de respect, de piété pour les choses saintes. SYN. adoration.

vénérer **v.** (CONJUG. 9, ✎ *10*). ❶ Avoir un grand respect mêlé d'affection et d'admiration pour une personne. *Cet homme a été pour lui un maître, il le vénère.* SYN. révérer. ❷ Vouer un culte. *Vénérer un saint.* SYN. adorer.

vénerie, ✎ ***vènerie*** **n.f.** Chasse au gros gibier. SYN. chasse à courre.

HISTOIRE DU MOT Vient, comme *venaison*, du latin *venari* qui signifie « chasser ».

veneur **n.m.** Personne qui, lors d'une chasse à courre, dirige les chiens.

vengeance **n.f.** Action de se venger, représailles. *Sa vengeance ne s'est pas fait attendre.* • **Crier vengeance :** exiger qu'une injustice, un crime soient vengés. • **La vengeance est un plat qui se mange froid :** il faut savoir attendre pour se venger (proverbe).

venger **vengeant, vengé v.** (CONJUG. 5). Réparer le tort fait à une personne en en punissant l'auteur. *Venger son père. Venger son honneur.* ◆ **se venger v.pron.** Punir une personne pour réparer le tort qu'elle vous a fait. *Tu ne perds rien pour attendre, je me vengerai !*

HISTOIRE DU MOT Vient du latin *vindicare* que l'on retrouve dans *vindicatif*.

vengeur, eresse **adj.** et **n.** Animé par la vengeance. *Il y avait sur le mur une inscription vengeresse.*

véniel, elle **adj.** Sans gravité. *Une faute vénielle.* SYN. anodin. CONTR. impardonnable.

HISTOIRE DU MOT Vient du latin *venia* qui signifie « pardon ».

venimeux, euse **adj.** ❶ Qui a du venin. *La vipère est un serpent venimeux.* ❷ Plein de malveillance et de méchanceté. *Zoé m'a jeté un regard venimeux.* SYN. haineux.

▸ REM. Ne pas confondre avec *vénéneux*.

venin **n.m.** Substance toxique sécrétée par certains animaux, et qui peut être injectée par morsure ou piqûre. *Les serpents, les scorpions, les oursins, les vives, les abeilles ont du venin.* • **Cracher son venin :** dire des choses méchantes dans un moment de colère.

HISTOIRE DU MOT Vient, comme *vénéneux*, du latin *venenum*.

venir **venant, venu v.** (CONJUG. 20 ; auxiliaire *être*). ❶ Aller jusqu'au lieu où se trouve la personne qui parle, ou à qui l'on parle. *Hermine est venue me voir.* SYN. passer. *M. Dervon n'est pas venu à la réunion.* SYN. assister. *À quelle heure comptez-vous venir ?* SYN. arriver. ❷ Atteindre une certaine limite, un certain niveau. *L'eau me vient au genou.* SYN. monter. ❸ Avoir lieu, se produire. *Cet incident vient mal à propos.* SYN. survenir, tomber. *Le moment est venu de prendre une décision.* SYN. arriver. ❹ Arriver de tel endroit. *Le train qui vient de Bordeaux entre en gare* (= en provenance de). *Ces fruits viennent d'Australie.* SYN. provenir. ❺ Avoir pour origine ou pour cause. *De nombreux mots français viennent du latin. Cette erreur vient d'un manque d'attention.* SYN. découler de. ❻ S'emploie, suivi de la préposition « de » et de l'infinitif, pour exprimer le passé récent. *Quand je suis arrivé, elle venait de partir.* • **À venir :** qui va arriver. *Penser aux vacances à venir* (= prochaines, futures). • **En venir à :** aborder tel point, telle question. *Venons-en à l'essentiel.* • **En venir aux mains :** en arriver à se battre. • **Savoir où quelqu'un veut en venir :** deviner ses intentions. • **Venir au monde :** naître.

vénitien, enne **adj.** et **n.** De Venise. *Les gondoles vénitiennes.* • **Blond vénitien :** blond tirant sur le roux. • **Store vénitien :** store à lamelles mobiles et orientables.

▸ REM. Quand il désigne une personne, le nom s'écrit avec une majuscule : *un Vénitien, les Vénitiennes.*

vent **n.m.** ❶ Mouvement de l'air. *Le vent soufflait en rafales. Il y a beaucoup de vent ce soir. Le vent du nord.* ❷ Tendance, mouvement qui se fait jour dans un groupe. *Un vent d'optimisme, de révolte.* ❸ Gaz intestinal. *Lâcher un vent.* SYN. (Fam.) pet. • **Avoir vent de quelque chose :** en être plus ou moins informé. • **C'est du vent ! :** ça n'a aucune valeur, ce n'est pas sérieux. *Je ne crois plus ses promesses, c'est du vent !* • **Dans le vent :** à la mode. • **Instrument à vent :** instrument de musique dans lequel on souffle pour produire des sons. *Le saxophone, la trompette sont des instruments à vent.* • **Passer en coup de vent :** venir et repartir aussitôt.

manche à air indiquant la direction et la force du **vent**

vente **n.f.** Action de vendre. *Vente par correspondance. Ses parents ont mis leur maison en vente.*

venter **v.impers.** (CONJUG. 3). • **Il vente :** il fait du vent. *Il ventait depuis le matin.*

venteux, euse **adj.** Où il y a souvent du vent. *Une île venteuse.*

ventilateur **n.m.** ❶ Appareil électrique muni de petites ailes qui, en tournant très vite, agitent l'air et donnent ainsi une impression de fraîcheur. *Un ventilateur à pales était fixé au plafond de la pièce.* ❷ Appareil qui sert à refroidir le radiateur d'une automobile.

ventilation **n.f.** Action de ventiler, d'aérer. *Ces bureaux bénéficient d'une très bonne ventilation.* SYN. aération.

ventiler **v.** (CONJUG. 3). ❶ Renouveler l'air d'un local. *Ventiler un parking souterrain.* SYN. aérer. ❷ Répartir. *Quand le professeur d'anglais a été malade, on a ventilé ses élèves dans les autres classes.*

ventôse **n.m.** Le sixième mois du calendrier républicain, qui commençait le 19, le 20 ou le 21 février et finissait le 20 ou le 21 mars.

HISTOIRE DU MOT Vient du latin *ventosus* qui signifie « venteux ».

ventouse **n.f.** ❶ Organe qu'ont certains animaux comme la sangsue et la pieuvre, et qui leur permet de se fixer à quelque chose. *Les tentacules des calmars ont de nombreuses ventouses.* ❷ Petite calotte de caoutchouc qui se fixe sur une surface plane en appuyant très fort dessus. *Un crochet à ventouse pour suspendre un torchon.*

HISTOIRE DU MOT Vient du latin *ventosa cucurbita* qui signifie « courge pleine de vent ».

ventouses d'une pieuvre

ventral, ale, aux **adj.** Qui se rapporte au ventre ou est situé sur le ventre. *Nageoire ventrale. Parachute ventral* (= qui se porte sur le ventre). CONTR. dorsal.

ventre **n.m.** ❶ Partie du corps qui contient les intestins. *Avoir mal au ventre.* SYN. abdomen. *Marie dort toujours sur le ventre.* CONTR. dos. ❷ Partie du corps de la femme où se développe le bébé, avant de naître. *Maman a senti le bébé remuer dans son ventre.* • **À plat ventre :** complètement allongé sur le ventre. • **Avoir du ventre :** avoir de l'embonpoint. • **Ventre affamé n'a pas d'oreilles :** lorsqu'on a faim, on n'écoute rien (proverbe). • **Ventre à terre :** très vite. *Il courut ventre à terre jusque chez lui.*

ventricule **n.m.** Chacune des deux cavités inférieures du cœur qui se contractent pour envoyer le sang dans les artères.

ventriloque **n.** Artiste de music-hall qui réussit à parler sans remuer les lèvres, de sorte que l'on pourrait croire que la voix vient de la marionnette qui lui sert de partenaire.

HISTOIRE DU MOT Vient du latin *venter*, qui signifie « ventre », et *loqui*, qui signifie « parler ».

ventripotent, e **adj.** (Familier) Qui a un gros ventre. *Un monsieur ventripotent.* SYN. (Fam.) bedonnant, ventru.

ventru, e **adj.** ❶ Qui a un gros ventre. ❷ Renflé, bombé. *Un vase ventru.*

venu, e **adj.** • **Bien, mal venu :** qui arrive bien, mal à propos. *Sa plaisanterie était mal venue.* ◆ **n.** • **Dernier venu, dernière venue :** personne qui arrive la dernière. • **Nouveau venu, nouvelle venue :** personne récemment arrivée, installée quelque part. *C'est un nouveau venu dans l'immeuble.* • **Premier venu, première venue :** n'importe qui. *Patrick raconte sa vie au premier venu.*

venue **n.f.** Le fait de venir, d'arriver quelque part. *Nous attendons sa venue d'un moment à l'autre.* SYN. arrivée. *La venue du printemps.*

vénus **n.f.** ❶ Représentation artistique de la déesse Vénus. ❷ Statuette préhistorique représentant une femme.

HISTOIRE DU MOT Vient du nom de la déesse romaine de l'Amour, *Vénus*. → VOIR noms propres.

vêpres **n.f.plur.** Chez les catholiques, office religieux qui se déroule en fin d'après-midi.

HISTOIRE DU MOT Vient du latin *vesper*, « soir ».

ver **n.m.** ❶ Petit animal au corps mou et long, sans pattes. *La viande avariée était pleine de vers.* SYN. asticot. ❷ Nom donné à la larve de certains insectes, qui a l'aspect du ver. *Le ver à soie est la chenille d'un papillon appelé « bombyx ».* • **Être nu comme un ver :** être tout à fait nu. • **Se tortiller comme un ver :** remuer beaucoup et en tous sens. • **Ver de terre :** lombric. • **Ver luisant :** luciole. • **Ver solitaire :** ténia.

▸ REM. Ne pas confondre avec *vair* et *vers*.

HISTOIRE DU MOT Vient du latin *vermis* que l'on retrouve dans *vermifuge*, *vermine* et *vermisseau*.

véracité **n.f.** Le fait d'être vrai, authentique. *Nul ne mettait en cause la véracité de ses propos.* SYN. exactitude, vérité. CONTR. fausseté.

HISTOIRE DU MOT Vient du latin *verax, veracis* qui signifie « véridique ».

véranda **n.f.** Pièce vitrée accolée à la façade d'une maison. *Nous avons déjeuné dans la véranda.*

verbal, ale, aux **adj.** ❶ Qui est dit oralement et non par écrit. *Une promesse verbale.* SYN. oral. CONTR. écrit. ❷ Qui se rapporte au verbe. *L'impératif est une forme verbale.* • **Adjectif verbal :** adjectif issu du participe présent du verbe. → VOIR AUSSI **participe** (encadré). • **Groupe verbal** ou **GV :** groupe de mots qui contient le verbe et ses éventuels compléments.

verbalement **adv.** De vive voix, par oral. *Donner son accord verbalement.* SYN. oralement. CONTR. par écrit.

verbaliser **v.** (CONJUG. 3). Dresser un procès-verbal.

verbe **n.m.** ❶ En grammaire, mot qui prend la marque de la personne, du nombre, du temps et du mode, et qui décrit les actions, les états ou les modifications. *La conjugaison d'un verbe.* → VOIR encadré page suivante. ❷ Parole, expression de la pensée par des mots. *Ce grand poète a la magie du verbe.* • **Avoir le verbe haut :** parler d'une voix forte ou avec autorité.

HISTOIRE DU MOT Vient du latin *verbum* qui signifie « parole ».

verbeux, euse **adj.** Qui emploie trop de paroles, trop de mots inutiles. *Un commentaire verbeux.* CONTR. concis, lapidaire.

verbiage **n.m.** Flot de paroles qui cache difficilement une absence de réflexion, de pensée. *Votre rédaction n'est que du verbiage.* SYN. remplissage.

a b c d e f g h i j k l m n o p q r s t u v w x y z

A B C D E F G H I J K L M N O P Q R S T U V W X Y Z

Les **verbes**

- Dans une phrase, le verbe exprime l'**action** ou l'**état** du **sujet** :
  Pierre court. **J'ai acheté le journal** (= action).
  Le ciel est bleu. **Tu sembles content** (= état).
- Le verbe se conjugue à un **temps**, une **personne**, une **voix** et un **mode**.
  Il s'accorde en nombre et en personne avec le sujet :
  Je viens. **Nous venons.**
  Lorsqu'il y a plusieurs sujets, le verbe est au pluriel :
  Paul et Marie *viennent*.
- Le verbe est le **noyau du groupe verbal**. Il peut avoir des compléments ou être modifié par un adverbe :
  Il aime *les pommes*. **Il marche *rapidement*.**
  ➤ Un verbe est **transitif direct** s'il peut se construire avec un complément d'objet direct :
  Je mange *une pomme*.
  ➤ Il est **transitif indirect** s'il peut se construire avec un complément d'objet indirect :
  Elle parle *de ses vacances*.
  ➤ Il est **intransitif** s'il ne peut pas se construire avec un complément d'objet :
  Elle vient. **Elle marche dans la rue.**
  ➤ Les **verbes d'état** *(être, paraître, sembler, devenir, rester, demeurer)* sont des verbes **intransitifs** et sont souvent suivis d'un **attribut du sujet** ou d'un **complément circonstanciel** :
  Le ciel est *bleu*. **Marie deviendra *institutrice*.** **Nous resterons *à la maison*.**
- Certains verbes ne se conjuguent qu'à la 3e personne du singulier, avec le pronom ***il***. Ce sont des **verbes impersonnels** :
  Il pleut. **Il neige.**

verdâtre **adj.** D'une couleur qui tire sur le vert, ou qui est d'un vert pâle. *Pierre doit être malade, il a le teint verdâtre.* SYN. olivâtre.

verdeur **n.f.** Vigueur, bonne condition physique chez un homme d'un certain âge. *À soixante-dix ans, il n'a rien perdu de sa verdeur.*

verdict **n.m.** ❶ Déclaration par laquelle le jury et la cour d'assises répondent aux questions qui leur ont été posées sur la culpabilité d'un accusé. *La cour a prononcé un verdict d'acquittement.* SYN. sentence. *Rendre son verdict.* ❷ Jugement, avis, conclusion sur un sujet donné. *Quel est votre verdict sur cette question ?* SYN. opinion. *Le verdict d'un médecin.* SYN. diagnostic.
➤ REM. On prononce [vɛrdikt].
HISTOIRE DU MOT Vient du latin *vere dictum* qui signifie « véritablement dit ».

verdir **verdissant, verdi v.** (CONJUG. 16). Devenir vert. *Les arbres verdissent au printemps.* • **Verdir de peur :** pâlir sous l'effet de la peur. SYN. blêmir.

verdoyant, e **adj.** Qui prend de belles couleurs vertes, en parlant de la végétation. *Une campagne verdoyante.*

verdure **n.f.** Ensemble d'herbes, de plantes, d'arbres qui donne un aspect vert. *Un village perdu dans la verdure.*

verdurier, ère **n.** En Belgique, marchand de quatre-saisons.

véreux, euse **adj.** ❶ Qui contient des vers. *Ne mange pas cette pomme, elle est véreuse.* ❷ Malhonnête. *Un homme d'affaires véreux.* SYN. indélicat.

verge **n.f.** ❶ Organe sexuel de l'homme et des mammifères mâles. SYN. pénis. ❷ Autrefois, baguette de bois flexible qui servait à frapper, à donner une correction.

verger **n.m.** Terrain planté d'arbres fruitiers.

verglacé, e **adj.** Couvert de verglas. *Une route verglacée.*

verglas **n.m.** Mince couche de glace qui se forme sur un sol humide lorsqu'il gèle. *La voiture a dérapé sur une plaque de verglas.*
HISTOIRE DU MOT Vient de *verre* et de *glace*, et signifie littéralement « glace qui est comme du verre ».

sans **vergogne** **adv.** Sans honte aucune, sans scrupule. *Mentir sans vergogne.* SYN. effrontément.

vergue **n.f.** Longue pièce de bois placée en travers d'un mât, qui sert à orienter et à soutenir la voile.

véridique **adj.** Conforme à la vérité. *Un récit véridique.* SYN. authentique, exact. CONTR. mensonger.
HISTOIRE DU MOT Vient du latin *veridicus*, de *verus* qui signifie « vrai » et *dicere* qui signifie « dire ».

vérification **n.f.** Action de vérifier. *Vérification d'identité.* SYN. contrôle. *Les comptes de cette entreprise vont être soumis à une vérification fiscale.* SYN. examen.

vérifier **v.** (CONJUG. 7). ❶ S'assurer qu'une chose est exacte, vraie. *Vérifier un calcul, une information.*

verger (pommiers)

SYN. contrôler. ❷ S'assurer du bon état de marche de quelque chose. *J'ai fait vérifier les freins.* SYN. contrôler. ❸ Montrer, prouver qu'une chose est exacte. *Les expériences ont vérifié l'hypothèse de ce savant.* SYN. corroborer. ◆ **se vérifier v.pron.** Se révéler juste. *Ses prévisions se sont vérifiées.*

véritable adj. ❶ Conforme à la vérité. *Quel est son véritable nom ?* SYN. vrai. CONTR. faux. ❷ Qui est réellement ce qu'il paraît être. *Ce sac est en cuir véritable.* ❸ Qui mérite bien le qualificatif qu'on lui donne. *Pierre est un véritable ami pour moi.* SYN. vrai.

véritablement adv. De fait, réellement. *Le décor était véritablement somptueux.* SYN. vraiment.

vérité n.f. Ce qui est exact, conforme à la réalité. *Le témoin a juré de dire la vérité.* • **À la vérité** ou **en vérité :** pour dire vrai, pour être tout à fait exact. *En vérité, je n'ai pas confiance en elle.* • (Familier) **Dire ses quatre vérités à quelqu'un :** dire franchement à une personne ce que l'on pense d'elle.

verlan n.m. Argot dans lequel on inverse les syllabes des mots. *En verlan, « ripou » signifie « pourri » et « zarbi » signifie « bizarre ».*

HISTOIRE DU MOT C'est l'inversion de *l'envers.*

vermeil, eille adj. D'un rouge vif. *Des lèvres vermeilles.* ◆ **vermeil n.m.** Argent doré. *Des couverts en vermeil.*

HISTOIRE DU MOT Vient du latin *vermiculus* qui signifie « petit ver, cochenille », la cochenille étant un insecte dont on extrayait une teinture rouge très vif.

vermicelle n.m. Petite pâte en forme de filament que l'on met dans certains potages. *Une soupe au vermicelle.*

vermifuge n.m. et **adj.** Médicament qui provoque l'expulsion des vers parasites de l'intestin. *Prendre du vermifuge. Un sirop vermifuge.*

vermillon n.m. et **adj.invar.** Rouge vif tirant sur l'orangé. *Une peinture vermillon.*

vermine n.f. ❶ L'ensemble des insectes parasites de l'homme et des animaux, tels que les poux, puces, punaises, etc. ❷ Au sens figuré, se dit d'individus que l'on considère comme nuisibles, néfastes à la société.

vermisseau n.m. Petit ver de terre. *« Pas un seul petit morceau / De mouche ou de vermisseau » (la Cigale et la Fourmi,* La Fontaine*).*

vermoulu, e adj. Dont le bois est mangé par des larves d'insectes ; qui est piqué aux vers. *Un vieil escalier vermoulu montait au grenier.*

verni, e adj. ❶ Enduit d'une couche de vernis. *Une table en bois verni. Des chaussures vernies.* ❷ (Familier) Chanceux. *On peut dire que vous êtes vernis d'avoir gagné !*

vernir vernissant, verni v. (CONJUG. 16). Couvrir d'une couche de vernis. *Vernir un tableau. Vernir ses ongles.*

vernis n.m. ❶ Matière que l'on applique en couche mince pour protéger ou décorer, et qui donne un aspect très lisse et un peu brillant. *Du vernis pour bois, pour poterie, pour cuir. Du vernis à ongles* (= de la laque). ❷ Apparence séduisante et brillante mais qui n'est que superficielle. *Il n'a qu'un vernis de culture.* SYN. façade, faux-semblant, simulacre.

vernissage n.m. ❶ Action de passer du vernis sur quelque chose. ❷ Inauguration d'une exposition de peinture, où l'on ne vient que sur invitation. *Aurélien a reçu d'une galerie une invitation pour un vernissage.*

HISTOIRE DU MOT L'inauguration d'une exposition de peinture est appelée *vernissage* parce que autrefois les artistes achevaient parfois d'y vernir leurs tableaux.

vernissé, e adj. Enduit d'une couche de vernis. *Un vase en terre vernissée.*

vérole n.f. (Familier) Maladie sexuellement transmissible qui laissait des cicatrices sur la peau. • **Petite vérole :** autrefois, variole.

verrat n.m. Porc mâle apte à la reproduction.

verre n.m. ❶ Matière en général transparente, dure mais cassante, fabriquée à partir de la fusion du sable. *Une bouteille en verre. Emma a cassé une vitre et il y a des morceaux de verre par terre.* ❷ Récipient en verre pour boire ; son contenu. *Des verres à eau, à vin. J'ai bu un verre de jus d'orange.* ❸ Plaque ou lame de verre servant à protéger. *Un verre de montre.* ❹ Plaque ou lentille de verre ou de matière plastique taillée spécialement pour corriger les défauts de la vue, ou protéger contre une trop forte luminosité. *Des verres de lunettes. Des verres de contact* (= lentilles).

HISTOIRE DU MOT Vient du latin *vitrum*, que l'on retrouve dans *vitre* et *vitrine.*

verrerie n.f. ❶ Usine, atelier où l'on fabrique le verre, des objets en verre. ❷ Articles en verre. *Le rayon verrerie d'un grand magasin.*

verrier n.m. Artisan qui fabrique des objets en verre, et spécialement des vitraux.

▶ REM. Au Canada, la forme féminine de ce mot est *verrière.*

verrière n.f. Toit vitré. *La verrière d'une gare.*

verrière du Grand Palais à Paris

verroterie n.f. Verre coloré que l'on façonne pour le faire ressembler à des pierres fines. *Un collier en verroterie. Une boutique de verroterie.*

a b c d e f g h i j k l m n o p q r s t u v w x y z

verrou **n.m.** Serrure faite d'une pièce de métal allongée que l'on fait coulisser dans un boîtier métallique. *Un verrou de sûreté.* ● **Sous les verrous :** en prison.

verrouiller **v.** (CONJUG. 3). ❶ Fermer avec un verrou. *Verrouiller toutes les portes.* ❷ Contrôler un lieu et y interdire tout passage. *Après le cambriolage, la police a verrouillé le quartier.*

verrue **n.f.** Petite excroissance de la peau. *Valentine a une verrue sur la main.*

1 **vers** **n.m.** Chaque ligne d'une poésie caractérisée par son rythme et sa sonorité. *Il aimait bien ces vers du poète Verlaine : « Le ciel est, par-dessus le toit, / Si bleu, si calme ! / Un arbre, par-dessus le toit, / Berce sa palme. »* ● **Vers libres :** vers qui n'ont ni nombre de pieds régulier ni rimes, et qu'emploient souvent les poètes modernes.
▸ REM. Ne pas confondre avec *vair* et *ver*.

2 **vers** **prép.** ❶ Indique une direction. *Je l'ai vu tout à l'heure, il allait vers la gare.* ❷ Indique une approximation. *Je lui ai téléphoné vers cinq heures* (= à peu près à cinq heures).

versant **n.m.** Flanc d'une montagne qui borde une vallée. *Un versant rocailleux, boisé. Le versant espagnol des Pyrénées.*
▸ REM. Attention au *-t* final.

versatile **adj.** Qui change souvent d'opinion, d'avis. *Amélie est versatile.*

à **verse** **adv.** ● **Il pleut à verse :** il pleut très fort.

versé, e **adj.** Qui a beaucoup de connaissances dans un domaine. *Elle est versée en histoire de l'Égypte ancienne.* SYN. fort, savant. CONTR. ignorant.

Verseau **n.m.** *Signe du Verseau*, onzième signe du zodiaque, qui commence le 22 janvier et se termine le 19 février.

HISTOIRE DU MOT Vient de *verser* et de *eau*. Ce signe est souvent représenté par un homme qui verse de l'eau.

versement **n.m.** Action de verser une somme d'argent. *Payer en trois versements.*

verser **v.** (CONJUG. 3). ❶ Faire couler un liquide en penchant le récipient qui le contient. *Julie verse le jus de fruits dans les verres.* ❷ Remettre une somme d'argent à quelqu'un ou la déposer sur un compte. *Verser un acompte à la commande et le reste à la livraison. Les salaires sont versés chaque mois sur les comptes bancaires.* ❸ Joindre un document à d'autres déjà rassemblés. *Votre témoignage sera versé au dossier.* SYN. ajouter. ❹ Pour un véhicule, se renverser, basculer. *La voiture versa dans le fossé.* SYN. culbuter. ● **Verser des larmes :** pleurer.

HISTOIRE DU MOT Vient du latin *versare* qui signifie « tourner » et que l'on retrouve dans *versatile*.

verset **n.m.** Chacun des petits paragraphes numérotés de la Bible, du Coran, ou d'autres textes sacrés.

verseur **adj.m.** *Un bec verseur* permet de faire couler un liquide d'un récipient sans en renverser partout.

versification **n.f.** Art de composer des vers. *Les règles de la versification.*

version **n.f.** ❶ Exercice de traduction d'un texte étranger dans sa langue. *Ils ont fait en classe une version anglaise.* CONTR. thème. ❷ Forme sous laquelle se présente un texte, un film à une étape donnée. *L'auteur n'était pas satisfait de son roman, il en a écrit une nouvelle version.* SYN. mouture. ❸ Manière de raconter un événement, façon de voir les choses. *Les deux témoins ont une version très différente des faits.* → VOIR AUSSI **interprétation.** ● **Film en version originale :** film qui n'est pas doublé et qui est souvent sous-titré.

HISTOIRE DU MOT Vient du latin *versio*, de *vertere* qui signifie « tourner ».

verso **n.m.** L'envers d'une feuille de papier ou d'un imprimé. *D'autres indications étaient données au verso de la feuille, mais je ne les avais pas vues.* SYN. dos. CONTR. recto.

HISTOIRE DU MOT Vient du latin *folio verso* qui signifie « sur le feuillet qui est à l'envers ».

1 **vert, e** **adj.** ❶ De la couleur de l'herbe et des feuilles au printemps. *Une robe vert tendre.* ❷ Se dit de végétaux qui ont encore de la sève, qui ne sont pas secs. *Du bois vert. Les légumes verts se consomment frais.* ❸ Qui n'est pas mûr. *Cette pomme est acide, elle est encore verte.* ❹ Qui reste vigoureux malgré un âge avancé. *Malgré ses 85 ans, mon grand-père est encore vert.* ❺ Qui concerne l'agriculture ou la campagne. *L'Europe verte. Le tourisme vert.* ❻ Relatif au mouvement écologiste. *Mes parents votent pour le candidat vert.* ● (Familier) **Des vertes et des pas mûres :** des choses qui surprennent ou qui choquent. *Il m'en a raconté des vertes et des pas mûres à propos de ce monsieur !*

2 **vert** **n.m.** ❶ La couleur verte. *Yves a une écharpe d'un beau vert foncé.* ❷ Couleur des signaux de circulation indiquant que l'on peut passer. *Le feu est au vert.* CONTR. rouge. ◆ **verts** **n.m.plur.** Les militants écologistes.

vert-de-gris **n.m.invar.** Couche verdâtre qui se forme sur le cuivre quand il est en contact avec de l'air humide.

vertébral, ale, aux **adj.** Qui se rapporte aux vertèbres, ou qui est constitué de vertèbres. *La colonne vertébrale.*

vertèbre **n.f.** Chacun des os courts qui forment la colonne vertébrale. *L'homme a vingt-quatre vertèbres : sept cervicales, douze dorsales et cinq lombaires.*

HISTOIRE DU MOT Vient du latin *vertere*, « tourner ».

vertébré, e **adj.** et **n.m.** *Les animaux vertébrés* ont une colonne vertébrale. *Les mammifères, les poissons, les oiseaux, les reptiles, les batraciens sont des vertébrés.* CONTR. invertébré.

vertement **adv.** Avec rudesse, sans ménagement. *Adèle a répliqué vertement que cela ne me regardait pas.* SYN. vivement. CONTR. délicatement, doucement.

vertical, ale, aux **adj.** Qui suit la direction du fil à plomb, perpendiculaire au plan de l'horizon. *Un trait* *vertical.* CONTR. horizontal. *Ranger des bouteilles en position verticale* (= debout). ◆ **verticale** n.f. Direction ou ligne verticale. *Si je lâche ce caillou, il tombe à la verticale. Le professeur trace une verticale au tableau.*

HISTOIRE DU MOT Vient du latin *vertex, verticis* qui signifie « sommet ».

verticalement adv. À la verticale. *Poser les bouteilles verticalement.* CONTR. horizontalement.

vertige n.m. ❶ Peur et trouble que l'on peut ressentir quand on est au-dessus du vide. *Rémy n'ose pas trop se pencher au balcon pour regarder dans la rue, il a le vertige.* ❷ Malaise donnant la sensation que tout tourne autour de soi. *Lise a souvent des vertiges.* SYN. étourdissement.

HISTOIRE DU MOT Vient du latin *vertigo*, de *vertere*, « tourner ».

vertigineux, euse adj. ❶ Qui donne le vertige, qui est très haut. *L'aigle monte à une hauteur vertigineuse.* ❷ Très fort et très rapide. *Une hausse vertigineuse des prix.*

vertu n.f. ❶ Comportement qui respecte les règles morales. SYN. moralité. ❷ Qualité morale particulière. *L'honnêteté et la franchise sont ses principales vertus.* CONTR. défaut, vice. ❸ Capacité à produire certains effets. *Certaines plantes ont des vertus médicinales.* SYN. propriété. • **En vertu de :** au nom de, conformément à. *Le juge a prononcé la sentence en vertu des pouvoirs qui lui sont conférés.*

HISTOIRE DU MOT Vient du latin *virtus* qui signifie « mérite, courage ».

vertueux, euse adj. Qui a de la vertu, de grandes qualités morales. *Une conduite vertueuse.* SYN. sage. CONTR. dissipé.

verve n.f. Le fait de parler avec aisance, brio, enthousiasme. *Une oratrice pleine de verve.* SYN. éloquence. *Philippe était en verve, aujourd'hui* (= il a beaucoup parlé).

HISTOIRE DU MOT Vient, comme *verbe*, du latin *verbum*.

verveine n.f. ❶ Plante dont une espèce a des vertus calmantes. ❷ Infusion que l'on fait avec de la verveine. *Boire une verveine.*

vésicule n.f. • **Vésicule biliaire :** en anatomie, organe creux, en forme de petite poche, où s'accumule la bile sécrétée par le foie.
▸ REM. On dit aussi *la vésicule.*

HISTOIRE DU MOT Vient du latin *vesicula*, de *vesica* qui signifie « vessie ».

vesse-de-loup n.f. (PLUR. : vesses-de-loup). Champignon en forme de poire retournée qui dégage une sorte de poussière quand il est vieux et qu'on l'écrase.

vesses-de-loup

vessie n.f. Organe en forme de réservoir, situé dans l'abdomen, où s'accumule l'urine qui arrive des reins. • (Familier) **Prendre des vessies pour des lanternes :** se tromper grossièrement. (Des vessies de porc, gonflées d'air, servaient autrefois d'enseignes aux charcutiers. Cette expression commença d'être en usage sous François Ier, c'est-à-dire à l'époque des premiers essais d'éclairage des villes par des lanternes.)

vestale n.f. Dans l'Antiquité romaine, prêtresse qui entretenait le feu sacré.

veste n.f. Vêtement à manches longues, boutonné devant, qui couvre le buste jusqu'aux hanches. *J'ai chaud, j'enlève ma veste.* • (Familier) **Retourner sa veste :** changer d'opinion, de camp.

HISTOIRE DU MOT Vient du latin *vestis*, que l'on retrouve dans *vêtement.*

vestiaire n.m. ❶ Endroit où l'on peut déposer son manteau, son sac, son parapluie, etc., en particulier dans les lieux publics. ❷ (Surtout au plur.) Local où l'on peut se changer, se mettre en tenue dans les salles de sports, les piscines.

vestibule n.m. Entrée d'une maison, d'un appartement. *Le visiteur fut prié d'attendre quelques instants dans le vestibule.* SYN. antichambre, entrée.

vestiges n.m.plur. Ce qui reste d'une époque lointaine, d'un événement passé, d'une chose détruite ou disparue. *Les vestiges d'un château fort.* SYN. ruines.

HISTOIRE DU MOT Vient du latin *vestigium* qui signifie « trace ».

vestimentaire adj. Qui se rapporte aux vêtements. *Sa tenue vestimentaire est négligée.*

veston n.m. Veste d'homme, qui peut faire partie d'un costume. *En hiver, mon père met un veston en tweed.*

vêtement n.m. Pièce d'habillement. *Il sortit ses vêtements de la valise et les rangea.* SYN. habit. *Le veston est un vêtement d'homme, la jupe un vêtement de femme.*

HISTOIRE DU MOT Vient du latin *vestis*, « habit ».

vétéran n.m. ❶ Vieux soldat. *Les vétérans de la Première Guerre mondiale* (= anciens combattants). ❷ Sportif âgé de plus de quarante ans.

HISTOIRE DU MOT Vient du latin *vetus, veteris*, « vieux », que l'on retrouve dans *vétuste.*

vétérinaire adj. Qui concerne la médecine des animaux. *Des soins vétérinaires.* ◆ **n.** Médecin qui soigne les animaux.

HISTOIRE DU MOT Vient du latin *veterina* qui signifie « bêtes de somme ».

vétille n.f. Chose sans importance, insignifiante. *Ne vous disputez pas pour des vétilles !* SYN. bagatelle, broutille.

vêtir vêtant, vêtu v. (CONJUG. 22). Mettre des vêtements à quelqu'un. *Vêtir un enfant.* SYN. habiller. ◆ **se vêtir** v.pron. Mettre des vêtements sur soi. *Les enfants se sont vêtus chaudement.* SYN. s'habiller. CONTR. se dévêtir.
▸ REM. Ce mot appartient à la langue soutenue.

A B C D E F G H I J K L M N O P Q R S T U V W X Y Z

veto, ✎ ***véto*** **n.m.** ❶ En politique, pouvoir de dire non, de s'opposer à une décision. *Les membres permanents du Conseil de sécurité de l'O.N.U. ont un droit de veto.* ❷ *Mettre son veto à quelque chose*, c'est s'y opposer, le refuser. *Mon père a mis son veto à notre excursion à moto.*
▸ REM. On prononce [veto].

HISTOIRE DU MOT C'est un mot latin qui signifie « je m'oppose ».

vétuste adj. Vieux et détérioré. *On va détruire les maisons vétustes du quartier.* SYN. délabré. CONTR. neuf.

vétusté n.f. L'état de ce qui est vétuste. *La vétusté de ces maisons met en danger la sécurité des habitants.* SYN. délabrement.
▸ REM. Ce mot appartient à la langue soutenue.

veuf, veuve n. et **adj.** Personne dont le conjoint est mort et qui ne s'est pas remariée. *Il est veuf depuis deux ans.*

veule adj. Qui n'a aucune volonté, aucune énergie. *Il n'essayait pas de réagir, de se battre, il était veule.* SYN. amorphe, apathique, mou. CONTR. énergique.
▸ REM. 1. On prononce [vøl]. 2. Ce mot appartient à la langue soutenue.

veuvage n.m. Situation d'une personne veuve. *Elle se remaria, après des années de veuvage.*

vexant, e adj. ❶ Qui vexe. *Une remarque vexante.* SYN. blessant, désobligeant. ❷ Qui contrarie. *C'est vexant de manquer son train à une minute près !* SYN. irritant, rageant.

vexation n.f. Action, parole ou situation qui vexent. *Les anciens élèves infligeaient des vexations à tous les nouveaux.* SYN. brimade, sarcasme. *Cet échec fut une grande vexation pour nous.* SYN. humiliation.

vexatoire adj. *Des mesures vexatoires* ont le caractère d'une vexation. *Le prisonnier ne se laissait pas intimider par ces mesures vexatoires.* SYN. humiliant.

vexer v. (CONJUG. 3). Blesser quelqu'un dans son amour-propre. *Tu l'as vexé en lui faisant remarquer qu'il perdait ses cheveux.* SYN. blesser, froisser. ◆ **se vexer v.pron.** Se sentir blessé, froissé. *Pierre est susceptible, il se vexe pour un rien.*

via prép. En passant par tel endroit. *Aller de Paris à Los Angeles via New York.*

HISTOIRE DU MOT C'est un mot latin qui signifie « voie, route ».

viabilité n.f. Aptitude à vivre, à se développer. *La viabilité d'un nouveau-né. La viabilité d'une entreprise.*

viable adj. ❶ Qui peut vivre. *L'enfant est viable, bien qu'il soit né à 6 mois de grossesse.* ❷ Qui peut durer, aboutir. *Son projet n'était pas viable, il a dû l'abandonner.*

viaduc n.m. Grand pont qui permet à une route ou à une voie ferrée de franchir une vallée.

HISTOIRE DU MOT Vient du latin *via* qui signifie « voie » et *ducere* qui signifie « conduire ».

viager, ère adj. *Une rente viagère* est une rente dont on bénéficie durant toute sa vie. ◆ **viager n.m.** • **En viager :** en échange du paiement d'une rente à vie. *Il a vendu sa maison en viager.*

viande n.f. Chair des mammifères et des oiseaux dont l'homme se nourrit. *Le bœuf, le cheval, le mouton sont des viandes rouges ; le veau, le porc, les volailles sont des viandes blanches.*

HISTOIRE DU MOT Vient du latin *vivenda* qui signifie « ce qui sert à la vie ».

vibraphone n.m. Instrument de musique, proche du xylophone, qui est formé de plaques métalliques vibrantes, que l'on frappe à l'aide de baguettes appelées « mailloches ».

vibration n.f. ❶ Mouvement d'oscillation rapide. *La vibration des cordes du violon sous l'archet.* ❷ (Surtout au plur.) Mouvement et bruit de ce qui vibre. *On entendait les vibrations des vitres à chaque passage des trains.*

vibrer v. (CONJUG. 3). ❶ Être soumis à des oscillations, à un tremblement rapide. *Le bruit du marteau piqueur fait vibrer les vitres.* SYN. trembler. ❷ Être vivement ému, exalté. *Les discours de cet homme d'État faisaient vibrer les foules.*

vicaire n.m. Dans la religion catholique, prêtre qui aide et, éventuellement, qui remplace le curé.

HISTOIRE DU MOT Vient du latin *vicarius* qui signifie « remplaçant ».

1 vice n.m. ❶ Défaut moral ; mauvais penchant dont on ne peut se débarrasser. *L'ivrognerie est un vice.* SYN. tare. CONTR. vertu. « *L'oisiveté est la mère de tous les vices* » (proverbe). ❷ Défaut qui rend quelque chose inutilisable. *Ce presse-citron électrique doit avoir un vice de fabrication, il ne marche pas.* SYN. malfaçon.
▸ REM. Ne pas confondre avec *vis*.

2 vice- préfixe. Mot invariable qui signifie « à la place de » et qui s'emploie pour désigner des postes de suppléant ou d'adjoint comme dans *vice-roi* ou *vice-président*.

vice-consul, vice-consule n. (PLUR. : **vice-consuls, vice-consules**). Personne qui aide un consul ou qui remplit les fonctions de consul dans un pays où il n'y en a pas.

viaduc de Millau (Aveyron)

vice-président, vice-présidente n. (PLUR. : **vice-présidents, vice-présidentes**). Personne chargée de seconder et éventuellement de remplacer le président.

vice-roi n.m. (PLUR. : **vice-rois**). Autrefois, gouverneur d'un royaume ou d'une grande province d'un État monarchique, notamment dans les anciennes colonies espagnoles.

vice versa adv. Réciproquement ; inversement. *Julien confond la droite et la gauche et vice versa.*
▸ REM. On prononce [visevɛrsa] ou [visvɛrsa].
HISTOIRE DU MOT C'est une expression latine qui signifie « la place étant retournée ».

vichy n.m. Tissu de coton à carreaux de deux couleurs. *Émilie portait une robe de vichy rose et blanc.*
HISTOIRE DU MOT Vient de *Vichy*, ville de France.

vicié, e adj. Impur et pollué. *L'air vicié des grandes villes est malsain.*

vicieux, euse adj. et n. Qui a des goûts dépravés et pervers. ◆ adj. ❶ Qui est inspiré par un vice. *Un penchant vicieux pour l'alcool.* ❷ Qui part de principes faux. *Votre raisonnement est vicieux.* SYN. fautif, incorrect.

1 **vicinal, ale, aux** adj. *Un chemin vicinal* relie des villages entre eux. *Je me suis promené dans la campagne en prenant des chemins vicinaux.*
HISTOIRE DU MOT Vient du latin *vicinus* qui signifie « voisin ».

2 **vicinal** n.m. (PLUR. : **vicinaux**). En Belgique, nom que l'on donne à un tramway qui dessert la banlieue.

vicissitudes n.f.plur. Événements heureux ou, plus souvent, malheureux de la vie. *La famille est restée soudée face aux vicissitudes de l'existence.* SYN. aléas.
▸ REM. Ce mot appartient à la langue soutenue.

vicomte n.m., **vicomtesse** n.f. Titre de noblesse qui se situe au-dessous du comte et au-dessus du baron. *Le titre de vicomte est porté en particulier par les fils cadets des comtes.*

victime n.f. Personne tuée ou blessée. *Le tremblement de terre a fait plusieurs milliers de victimes. Les pompiers ont eu du mal à dégager les corps des victimes.* ◆ n.f. et adj. Personne qui subit les effets d'un mal ou qui est atteinte d'un mal. *Il a été victime d'un malaise et a perdu le contrôle de son véhicule. Les enfants sont les premières victimes de la guerre.*
HISTOIRE DU MOT Vient du latin *victima*, de *vincere* qui signifie « vaincre ».

victoire n.f. ❶ Le fait de gagner un combat, une bataille, une guerre, de vaincre l'adversaire. *Les alliés remportèrent une éclatante victoire sur l'ennemi.* SYN. triomphe. CONTR. défaite. ❷ Succès remporté sur un adversaire dans une lutte, une compétition. *Cette joueuse de tennis a remporté une brillante victoire.*

victorieux, euse adj. ❶ Qui a remporté la victoire. *Nos joueurs victorieux furent acclamés par la population.* SYN. gagnant. CONTR. perdant. ❷ Qui exprime la joie du succès. *À son air victorieux, on devinait qu'il avait gagné le match.* SYN. triomphant.

victuailles n.f.plur. Les provisions alimentaires. *Nous avons assez de victuailles pour tout le week-end.* SYN. nourriture, vivres.

vidange n.f. Opération qui consiste à vider un objet du liquide qu'il contenait pour le nettoyer, le curer et le rendre à nouveau utilisable. *Mon père a fait faire la vidange de la voiture* (= changer l'huile usée du moteur).
HISTOIRE DU MOT Vient de *vider*.

vidanger vidangeant, vidangé v. (CONJUG. 5). Faire une vidange. *Le plombier a vidangé les canalisations du chauffage central.*

1 **vide** adj. ❶ Qui ne contient rien, ni objet ni matière. *Mon verre est vide, sers-moi à boire.* CONTR. plein, rempli. ❷ Où il n'y a personne ou presque personne. *Cet appartement est vide depuis six mois.* SYN. inoccupé, vacant. CONTR. habité, occupé. *La capitale est vide au mois d'août.* SYN. désert.

2 **vide** n.m. ❶ Espace où l'air est presque entièrement supprimé. *Les emballages sous vide permettent de conserver certains aliments.* ❷ Espace qui ne contient rien. *Raphaël a le vertige, il a peur du vide.* ❸ Espace où il manque quelque chose. *Il y a des vides dans mon album de timbres.* SYN. manque, trou. • **Laisser un vide** : donner un sentiment pénible de manque. *Votre départ laissera un grand vide dans la maison.*

vide-greniers n.m.invar., ✎ ***vide-grenier*** *n.m.* (PLUR. : ***vide-greniers***). Sorte de brocante où des particuliers vendent des objets dont ils souhaitent se débarrasser.

vidéo n.f. Technique qui permet d'enregistrer l'image et le son sur une bande magnétique et de les restituer sur un écran, généralement un téléviseur. *Faire un film en vidéo.* ◆ adj.invar., ✎ ***adj.*** Qui se rapporte à la vidéo, qui utilise la vidéo. *Une caméra vidéo, une cassette vidéo. Des jeux vidéo* (= qui utilisent un écran et des commandes électroniques).
HISTOIRE DU MOT Vient du latin *video* qui signifie « je vois ».

vidéocassette n.f. Cassette pour l'enregistrement et la reproduction d'un programme de télévision, d'un film vidéo.
▸ REM. On dit aussi *une cassette vidéo*.

vidéoclub n.m. Magasin où on vend et où on loue des cassettes enregistrées.

vidéodisque n.m. Disque sur lequel sont enregistrés un grand nombre d'images et de sons pouvant être restitués sur un écran de télévision.

vide-ordures n.m.invar., ✎ ***vide-ordure*** *n.m.* (PLUR. : ***vide-ordures***). Conduit vertical qui, dans certains immeubles, permet de jeter directement les ordures dans une poubelle collective située au rez-de-chaussée.

vidéothèque n.f. ❶ Lieu où l'on peut emprunter des cassettes vidéo. ❷ Collection de cassettes vidéo.

vide-poche **n.m.** (PLUR. : **vide-poches**). ❶ Coupe, corbeille, etc., où l'on dépose les petits objets que l'on transporte dans ses poches. ❷ Dans une voiture, petit compartiment dans lequel on peut mettre divers objets. *J'ai oublié mes lunettes dans le vide-poche.*

vider **v.** (CONJUG. 3). ❶ Enlever tout ce qu'il y a à l'intérieur de quelque chose. *Vider ses tiroirs. On vide l'eau des bassins pour qu'elle ne gèle pas.* ❷ Retirer les entrailles d'un poisson, d'une volaille, etc., pour pouvoir les manger. *Vider le poulet.* • **Vider les lieux :** s'en aller, partir en y étant obligé. *Si vous n'avez pas vidé les lieux d'ici une heure, j'appelle la police !* ◆ **se vider** **v.pron.** Devenir vide. *Après le spectacle, la salle s'est vidée d'un coup.*

vie **n.f.** ❶ L'ensemble des phénomènes qui caractérisent les êtres qui naissent, se nourrissent, se développent et meurent. *Les biologistes étudient la vie.* ❷ Le fait de vivre. *Le chaton était encore en vie, nous avons pu le soigner.* ❸ Temps pendant lequel on vit. *Ce fut le plus beau moment de ma vie.* SYN. existence. ❹ Ensemble des événements qui ont lieu au cours d'une existence. *Une biographie raconte la vie d'une personne.* ❺ Manière de vivre propre à une personne ou à un groupe de personnes. *Marion étudie la vie des femmes au Moyen Âge.* ❻ Ce qu'il faut pour subsister. *La vie est de plus en plus chère, tout augmente. Lise gagne bien sa vie* (= elle a un bon salaire). ❼ Entrain et vitalité. *Maria est une petite fille pleine de vie.* SYN. dynamisme, énergie. • **À vie :** pour tout le temps qui reste à vivre. *Être nommé directeur à vie.* • **À la vie, à la mort :** pour toujours, jusqu'à la mort. • **De ma vie :** jamais. *De ma vie je n'ai vu quelqu'un d'aussi maladroit que toi !*
▸ REM. Au mot *vie* correspond l'élément tiré du grec *bio-* que l'on retrouve dans des mots comme *biographie, biologie*, etc.

HISTOIRE DU MOT Vient du latin *vita*, que l'on retrouve dans *vital*.

vieil, vieille **adj.** → **vieux**

vieillard **n.m.** Homme très âgé. *C'est un vieillard maintenant.* ◆ **vieillards** **n.m.plur.** Ensemble des personnes très âgées, hommes ou femmes. *On a d'abord évacué les enfants et les vieillards.*

vieillerie **n.f.** Objet ancien, usé ou démodé. *Le grenier de la maison de grand-père est plein de vieilleries.*

vieillesse **n.f.** Dernière période de la vie, marquée par un ralentissement des fonctions vitales. *Nous aurons une vieillesse heureuse.*

vieillir **vieillissant, vieilli** **v.** (CONJUG. 16). ❶ Prendre de l'âge, devenir vieux. *Grand-mère n'entend plus très bien, elle vieillit.* ❷ Faire paraître plus âgé. *Cette robe te vieillit.* ❸ Se modifier avec le temps. *Certains vins vieillissent bien, on peut les garder très longtemps.* ❹ Se démoder. *Les jeux vidéo vieillissent vite.*

vieillissement **n.m.** Le fait de vieillir, de prendre de l'âge. *Le vieillissement du corps humain est inévitable. Le vieillissement d'une population* (= l'augmentation de la proportion de personnes âgées).

vieillot, otte **adj.** Qui est ancien et démodé. *Loïc a des idées vieillottes, on ne pense plus de cette manière de nos jours.* SYN. démodé, désuet, suranné.

vielle **n.f.** Ancien instrument de musique dont les cordes étaient frottées par une roue qu'on tournait avec une manivelle.
▸ REM. Ne pas confondre avec *vieille*.

joueuse de **vielle**

1 vierge **adj.** ❶ Qui n'a jamais eu de rapports sexuels. *Dans certaines sociétés, les femmes doivent rester vierges jusqu'au mariage.* ❷ Qui ne porte aucune inscription. *Prendre une cassette vidéo vierge pour enregistrer un film. Une page vierge.* SYN. blanc. • **Forêt vierge :** que l'homme n'habite pas et n'exploite pas.

HISTOIRE DU MOT Vient du latin *virgo, virginis* qui signifie « jeune fille ».

2 vierge **n.f.** ❶ Jeune fille vierge. ❷ (Avec une majuscule.) *Signe de la Vierge*, sixième signe du zodiaque, qui commence le 22 août et se termine le 21 septembre.

vietnamien, enne **adj.** et **n.** Du Viêt Nam. *Hanoi est la capitale vietnamienne.* ◆ **vietnamien** **n.m.** La langue parlée au Viêt Nam.
▸ REM. Quand il désigne une personne, le mot prend une majuscule : *un Vietnamien, une Vietnamienne.*

vieux ou **vieil, vieille** **adj.** ❶ Qui a vécu longtemps, qui est avancé en âge. *Un vieil homme à barbe blanche.* SYN. âgé. CONTR. jeune. ❷ Qui a un âge plus avancé qu'une autre personne. *Marc est plus vieux que son frère.* SYN. âgé. *C'est le plus vieux de la classe.* ❸ Qui est ancien. *Ils habitent une vieille maison. De vieux vêtements.* SYN. usé. *Une vieille coutume.* SYN. ancien. *Papa a rencontré un vieil ami d'enfance.* • **Vieux jeu :** qui a des idées démodées, vieillottes. *Ce que tu es vieux jeu, de nos jours les filles ont le droit de sortir le soir !* ◆ **vieux, vieille** **n.** Personne âgée. *Deux vieux, assis sur un banc, regardaient passer les gens.* • (Familier) **Mon vieux, ma vieille :** terme d'affection, sans rapport avec l'âge. *Non, mon vieux, je ne suis pas d'accord avec toi.* ◆ **vieux** **n.m.** • (Familier) **Prendre un**

coup de vieux : vieillir brusquement. *Elle a pris un coup de vieux, je ne l'avais pas reconnue !*
▸ REM. *Vieil* remplace *vieux* devant un nom masculin commençant par une voyelle ou un *h* muet : *un vieil arbre, un vieil homme.*

HISTOIRE DU MOT Vient du latin *vetus*, que l'on retrouve dans *vétéran* et *vétuste*.

1 vif, vive adj. ❶ Plein d'énergie et de vitalité. *Ces enfants sont très vifs.* SYN. pétulant. ❷ Rapide. *Avoir un geste vif. Sophie a l'esprit vif.* CONTR. lent. ❸ Plein de vigueur ou de violence. *De vifs reproches. Tout à coup, elle ressentit une douleur vive au côté droit.* SYN. intense. ❹ *Une couleur, une lumière vives* sont éclatantes et intenses. *Tu la verras de loin, elle porte une veste rouge vif !* CONTR. pâle. • **Brûler vif :** brûler vivant. • **De vive voix :** oralement. *Je ne peux pas te raconter cette histoire par écrit, je le ferai de vive voix.*

2 vif n.m. • **À vif :** avec la chair à nu. *Le dentiste m'a fait une anesthésie parce que le nerf était à vif.* • **Le vif du sujet :** le point le plus important d'un sujet, d'une question. *Ne perdons pas de temps, entrons dans le vif du sujet.* SYN. cœur. • **Piquer** ou **toucher quelqu'un au vif :** l'attaquer au point le plus sensible. *Lorsque tu lui as parlé de son bégaiement, tu l'as piqué au vif.* • **Sur le vif :** au moment même où quelque chose a lieu. *Ces réactions des joueurs ont été enregistrées sur le vif dans les vestiaires.*

vif-argent n.m. (PLUR. : **vifs-argents**). ❶ Ancien nom du *mercure*. ❷ Mot que l'on emploie parfois pour désigner une personne très vive.

vigie n.f. Homme de veille placé à un poste d'observation sur un navire. *La vigie scrutait l'horizon pour essayer d'apercevoir la terre.*

HISTOIRE DU MOT Vient, comme *vigilance*, du latin *vigilare*, « veiller ».

vigilance n.f. Surveillance attentive ou attention soutenue. *Les voleurs, trompant la vigilance des gardiens, sont entrés dans le musée pendant la nuit.*

vigilant, e adj. Qui fait preuve de vigilance, d'une surveillance soutenue. *Le gardien de notre immeuble est vigilant.* SYN. attentif. *Le blessé a été l'objet de soins vigilants.* SYN. assidu, empressé.

vigile n.m. ❶ Personne chargée de la surveillance de locaux administratifs, industriels, universitaires, etc. *Chaque nuit, des vigiles font des rondes dans le centre commercial.* SYN. veilleur. ❷ Employé recruté par des personnes privées pour veiller à leur sécurité en dehors des services officiels tels que ceux de la police par exemple.

HISTOIRE DU MOT Chez les Romains, les *vigiles* étaient chargés de combattre les incendies et de veiller, la nuit, à la sécurité des villes.

vigne n.f. ❶ Arbrisseau grimpant, muni de vrilles, cultivé pour son fruit, le raisin. *Planter, arracher de la vigne.* ❷ Terrain planté de vignes cultivées. *Les vignes sont souvent situées sur des coteaux afin de permettre une meilleure exposition des grains au soleil.* SYN. vignoble. • **Vigne vierge :** arbrisseau grimpant que l'on fait pousser le long des murs ou sur les tonnelles. *Les feuilles de la vigne vierge prennent, en automne, une belle teinte rouge.*
▸ REM. Au mot *vigne* correspond l'élément tiré du latin *viti-* que l'on retrouve dans des mots comme *viticole, viticulture.*

HISTOIRE DU MOT Vient du latin *vinea*, de *vinum* qui signifie « vin ».

pied de **vigne**

vigneron, onne n. Personne qui cultive la vigne et fait du vin.

vignette n.f. ❶ Petite étiquette portant la marque de l'État qui atteste le paiement de certains droits. Jusqu'en 2001, les automobilistes français devaient acheter une vignette. ❷ En France, étiquette qui se trouve sur certains médicaments et qui sert à se faire rembourser par la Sécurité sociale. ❸ Chacune des illustrations d'une bande dessinée.

vignoble n.m. ❶ Plantation de vignes. *Ce vignoble donne un vin réputé. Un pays de vignobles.* SYN. vigne. ❷ L'ensemble des vignes d'une région, d'un pays. *Le vignoble alsacien, le vignoble espagnol.*

vigoureusement adv. Avec vigueur. *Si tu veux faire partir cette tache, il faut que tu frottes vigoureusement.* SYN. fort. *Nous avons vigoureusement protesté contre cette injustice.* SYN. énergiquement.

vigoureux, euse adj. Plein de santé, de force et d'énergie. *Il nous faudrait un homme vigoureux pour déplacer l'armoire.* SYN. fort, robuste. *Le gouvernement a pris des mesures vigoureuses pour enrayer l'inflation.* SYN. énergique.

vigueur n.f. ❶ Force physique. *Des adolescents pleins de vigueur.* SYN. énergie, vitalité. ❷ Puissance, fermeté qui apparaît dans la pensée, la parole. *Numa a défendu ses idées avec vigueur.* SYN. véhémence. • **En vigueur :** en application, en usage. *Cette loi entrera en vigueur le 1er mars prochain.*

vil, e adj. Qui inspire le plus grand mépris. *C'est un homme vil.* SYN. abject, ignoble, méprisable. *De viles accusations.* SYN. infâme, sordide. • **À vil prix :** très bon marché.
▸ REM. Ce mot appartient à la langue soutenue.

HISTOIRE DU MOT Vient du latin *vilis* qui signifie « à bas prix ».

A B C D E F G H I J K L M N O P Q R

1 vilain **n.m.** Au Moyen Âge, nom que l'on donnait aux paysans libres. → VOIR AUSSI **serf.**

2 vilain, e **adj.** ❶ Désagréable à voir. *Zoé a de vilaines dents.* SYN. laid. CONTR. beau, joli. ❷ Méprisable, non conforme à la morale, au bon usage. *N'emploie pas de vilains mots.* SYN. grossier. *La gourmandise est un vilain défaut.* ❸ *Un vilain temps* est un temps très désagréable. ◆ **adj.** et **n.** *Un enfant vilain* est un enfant désagréable, qui désobéit. *Vous avez été vilains aujourd'hui.* SYN. insupportable. CONTR. sage.

HISTOIRE DU MOT Vient de *vilain 1* parce que les vilains étaient souvent méprisés.

vilebrequin **n.m.** Outil en forme de manivelle qui sert à faire tourner une mèche, pour percer des trous. ▶ REM. Attention, un seul *l*.

vilenie, ✎ ***vilénie*** **n.f.** Action ou parole basse, méprisable. *Tu as commis une vilenie en accusant Marc pour la bêtise que tu as faite.* SYN. bassesse, infamie. ▶ REM. 1. On prononce [vilǝni] ou [vileni]. 2. Ce mot appartient à la langue soutenue.

HISTOIRE DU MOT Vient de *vilain.*

villa **n.f.** ❶ Maison individuelle souvent grande et avec un jardin. *Une villa au bord de la mer.* ❷ *Une villa gallo-romaine* comprenait des terres, des habitations et des bâtiments agricoles.

HISTOIRE DU MOT C'est un mot latin qui signifiait « domaine rural » et que l'on retrouve dans *village.*

village **n.m.** ❶ Groupement d'habitations à la campagne. *Nous habitons un village de six cents habitants.* SYN. bourg, localité. ❷ L'ensemble des habitants d'un village. *Tout le village était là pour la fête.*

villageois, e **n.** Habitant d'un village. *Ce soir, les villageois se réunissent pour une grande fête.* ◆ **adj.** D'un village, de ses habitants.

ville **n.f.** ❶ Agglomération assez importante dont les habitants travaillent surtout dans le commerce, l'industrie, l'Administration, par opposition à la *campagne. Une ville fondée au Moyen Âge.* SYN. cité. ❷ Ensemble des habitants de cette agglomération. *Après les deux explosions de gaz, toute la ville est en émoi.*

Tokyo, la **ville** la plus peuplée du monde

Les villes les plus peuplées du monde

Nombre d'habitants en 2015
(avec les banlieues)

Tokyo (Japon)	37,8 millions
Delhi (Inde)	24,9 millions
Shanghai (Chine)	23,7 millions
Sao Paulo (Brésil)	21,1 millions
Bombay (Inde)	21 millions
Mexico (Mexique)	20,8 millions
Pékin (Chine)	20,4 millions
Osaka (Japon)	20,2 millions
Le Caire (Égypte)	18,8 millions
New York (États-Unis)	18,6 millions
Dacca (Bangladesh)	17,6 millions
Karachi (Pakistan)	16,6 millions

Paris compte 10,8 millions d'habitants, **Londres** 10,2 millions, **Bruxelles** 2 millions et la ville de **Québec** 765 700.

villégiature **n.f.** Séjour à la campagne, à la mer, à la montagne consacré au repos, aux vacances. *Mes cousins sont en villégiature à la montagne.*

HISTOIRE DU MOT Vient de l'italien *villeggiatura*, de *villeggiare* qui signifie « aller à la campagne ».

vin **n.m.** Boisson alcoolique obtenue en faisant fermenter le raisin. *Du vin blanc, du vin rouge.* • **Vin d'honneur :** petite cérémonie au cours de laquelle on boit du vin en l'honneur de quelqu'un ou pour fêter quelque chose.

vinaigre **n.m.** Liquide qui résulte de la fermentation du vin ou d'un autre liquide alcoolisé et que l'on emploie comme assaisonnement. *Du vinaigre de vin, de cidre. Conserver des cornichons dans du vinaigre.*

HISTOIRE DU MOT Vient de *vin* et *aigre.*

vinaigré, e **adj.** Assaisonné avec du vinaigre. *Cette sauce est trop vinaigrée.*

vinaigrette **n.f.** Sauce froide faite avec de l'huile, du vinaigre, du sel, du poivre, parfois de la moutarde. *Des artichauts à la vinaigrette.*

1 vinaigrier **n.m.** Personne qui fabrique ou vend du vinaigre.

2 vinaigrier **n.m.** Récipient qui sert à fabriquer soi-même du vinaigre.

vindicatif, ive **adj.** Qui aime se venger ou qui est inspiré par un désir de vengeance. *Une fillette vindicative.* SYN. rancunier. *Un discours vindicatif.*

vingt **adj. numéral** et **n.m.invar.** Deux fois dix. *Son frère a vingt ans.*
▶ REM. 1. On prononce [vɛ̃] devant une consonne : *vingt chevaux*, et [vɛ̃t] devant une voyelle, un *h* muet ou un autre nombre : *vingt ans, vingt hommes, vingt-quatre.* 2. *Vingt* prend un *-s* dans *quatre-vingts : il a quatre-vingts ans*, sauf s'il est suivi d'un autre nombre : *elle a quatre-vingt-deux ans.* 3. S'écrit *20* en chiffres arabes et *XX* en chiffres romains.

vingtaine **n.f.** Vingt, ou à peu près vingt. *Nous étions une vingtaine à l'anniversaire de Maïté.*

vingtième **adj. numéral** et **n.** Qui occupe un rang, une place marqués par le numéro 20. *Elle est classée vingtième. Anne est la vingtième de la liste.* ◆ **n.m.** Partie contenue vingt fois dans un tout. *Un vingtième de la population.*

vinicole **adj.** Qui concerne la production de vin, la vinification. *L'industrie vinicole.*
▸ REM. Ne pas confondre avec *viticole*.

vinification **n.f.** Ensemble des techniques mises en œuvre pour transformer le raisin en vin.

vinyle **n.m.** Disque noir en matière plastique, 33 tours ou 45 tours, par opposition à *disque compact*.

viol **n.m.** ❶ Rapports sexuels obtenus par la violence, la menace. *Cet individu a été condamné pour viol.* ❷ Action de violer un lieu, une loi. *Le viol d'un sanctuaire. Le viol du secret professionnel.* SYN. violation.

violacé, e **adj.** Qui tire sur le violet. *Pierrot a les lèvres violacées de froid.*

violation **n.f.** ❶ Acte par lequel on viole une loi, une règle. *Toute violation du règlement peut vous valoir l'exclusion.* SYN. infraction, manquement. ❷ Fait de pénétrer de force dans un lieu. *Violation de domicile.*

viole **n.f.** Instrument de musique à cordes et à archet, utilisé en Europe à partir du XVe siècle. *Il existe différentes sortes de violes, notamment la viole d'amour et la viole de gambe.*

le compositeur Marin Marais (1656-1728) avec sa **viole**

violemment **adv.** Avec violence. *Les deux voitures se sont violemment heurtées.* SYN. brutalement.

violence **n.f.** ❶ Force brutale et destructrice. *La violence d'une tempête. Il y a des scènes de violence dans ce film.* SYN. brutalité. ❷ Grande intensité. *La violence d'une passion.*

violent, e **adj.** et **n.** Qui emploie la force, la brutalité. *Quand Yannick est en colère, il devient violent.* SYN. brutal. CONTR. calme, doux. *Attention à lui, c'est un violent !* ◆ **adj.** Qui est d'une grande force. *Le vent était si violent qu'il a déraciné un arbre. Une passion violente.*

violer **v.** (CONJUG. 3). ❶ Commettre un viol sur une personne. ❷ Ouvrir quelque chose de force, pénétrer dans un lieu de force. *Des vandales ont violé des sépultures.* SYN. profaner. ❸ Transgresser une loi, une règle. *Mandrin violait les lois.* SYN. enfreindre, transgresser.

violet, ette **adj.** D'une couleur obtenue en mélangeant le bleu et le rouge. *Pauline préfère les iris violets.* ◆ **violet** **n.m.** La couleur violette.

violette **n.f.** Petite fleur très odorante, de couleur violette, qui pousse dans les bois et les haies au printemps.

violon **n.m.** ❶ Instrument de musique à quatre cordes que l'on frotte avec un archet. *Vivaldi a écrit de nombreux concertos pour violon.* ❷ Personne qui joue du violon dans un orchestre. *Elle est premier violon de l'orchestre de Milan.* • **Violon d'Ingres :** activité secondaire, souvent artistique, exercée par une personne en dehors de sa profession. *Jérôme est comptable mais la peinture est son violon d'Ingres* (= passe-temps favori). SYN. hobby.
▸ REM. L'expression *violon d'Ingres* tire son origine du fait que le peintre Ingres jouait du violon.

violon, violoncelle et archet

violoncelle **n.m.** Instrument de musique à quatre cordes que l'on frotte avec un archet, qui est plus gros et plus grave que le violon. *On joue du violoncelle assis en le tenant entre les jambes.*

violoncelliste **n.** Musicien qui joue du violoncelle.

violoniste **n.** Musicien qui joue du violon.
▸ REM. Attention, un seul *n*.

vipère **n.f.** Serpent venimeux à tête triangulaire, que l'on trouve dans les endroits pierreux et ensoleillés. Petit : le vipereau ou vipéreau. • (Familier) **Langue de vipère :** personne médisante.

vipère

virage **n.m.** ❶ Changement de direction d'un véhicule, d'un skieur, etc. *Faire un virage à droite, à gauche.* ❷ Partie courbe d'une route ou d'une piste. *À la sortie du village, il y a un virage très dangereux.* SYN. tournant.

viral, ale, aux **adj.** Provoqué par un virus. *La grippe est une maladie virale. Une hépatite virale.*

virée **n.f.** (Familier) Promenade rapide, petit tour. *Ils sont partis faire une virée en voiture.* SYN. excursion.

virement **n.m.** Opération qui consiste à virer de l'argent d'un compte sur un autre. *Faire un virement sur le compte de quelqu'un.* SYN. transfert.

virer **v.** (CONJUG. 3). ❶ Changer de direction. *La voiture a brusquement viré à droite.* SYN. tourner. ❷ Faire passer de l'argent d'un compte sur un autre, effectuer un virement. *Son salaire est viré sur son compte à la fin de chaque mois.* SYN. verser. ❸ Changer de couleur, de goût. *Après le coucher de soleil, le ciel a viré au mauve.*

virevolter **v.** (CONJUG. 3). Tourner rapidement sur soi-même. *Les danseurs virevoltent sur la piste.* SYN. tournoyer.

virginité **n.f.** L'état d'une personne qui est vierge.

virgule **n.f.** ❶ Signe de ponctuation (,) qui sert à séparer différentes parties d'une phrase, différents mots d'une énumération, et qui indique une légère pause. ❷ En mathématiques, signe qui sépare la partie entière et la partie décimale d'un nombre décimal (on emploie aussi le point).

viril, e **adj.** ❶ Qui se rapporte à l'homme, au sexe masculin. *Une voix virile.* SYN. mâle. CONTR. efféminé. ❷ Qui a les caractéristiques que l'on attribue généralement à l'homme. *Un langage viril.* SYN. énergique.

HISTOIRE DU MOT Vient du latin *vir* qui signifie « homme » et que l'on retrouve dans *triumvirat*.

virilité **n.f.** L'ensemble des caractéristiques généralement attribuées au sexe masculin. *Un athlète d'une grande virilité.*

virtuel, elle **adj.** Qui est à l'état de possibilité, mais n'est pas encore réalisé, n'existe pas encore. *Chaque élève a la capacité virtuelle de réussir.* SYN. latent, théorique. *Paul a trouvé un acquéreur virtuel pour sa voiture.* SYN. potentiel. • **Images virtuelles :** images créées par ordinateur.

virtuellement **adv.** En principe, en théorie. *Virtuellement, Alexandre est capable de plonger du grand plongeoir.* SYN. théoriquement.

virtuose **n.** ❶ Musicien capable de jouer des morceaux très difficiles parce qu'il possède talent et technique. *Cette violoniste est une virtuose.* ❷ Personne très habile, très douée dans un domaine. *Ce coiffeur est un virtuose, il t'a fait une coupe magnifique.* SYN. as, maître.

HISTOIRE DU MOT Vient de l'italien *virtuoso*, du latin *virtus* qui signifie « mérite, courage ».

virtuosité **n.f.** Talent et habileté d'un virtuose. *La virtuosité d'un pianiste.*

virulence **n.f.** Fait d'être virulent. *Des critiques d'une grande virulence.* SYN. véhémence, violence.

virulent, e **adj.** Qui est agressif et plein de violence. *Fabien a tenu des propos virulents sur son frère.* SYN. acerbe, caustique.

HISTOIRE DU MOT Vient du latin *virulentus* qui signifie « venimeux ».

virus **n.m.** Organisme plus petit qu'un microbe, qui provoque des maladies. *Le virus de la rage. Le virus du sida.* • **Virus informatique :** instruction parasite introduite dans un programme et qui peut perturber le fonctionnement d'un ordinateur. → VOIR AUSSI **antivirus.**
▸ REM. On prononce le *-s*.

HISTOIRE DU MOT C'est un mot latin qui signifie « poison ».

vis **n.f.** Fine tige de métal le long de laquelle est creusée une rainure en hélice, que l'on enfonce ou que l'on retire en tournant. *Avec son tournevis, Manuel a dévissé les deux vis.* • **Escalier à vis :** escalier en colimaçon. • **Serrer la vis** ou **donner un tour de vis :** devenir plus sévère.
▸ REM. 1. On prononce le *-s*. 2. Ne pas confondre avec *vice*.

HISTOIRE DU MOT Vient du latin *vitis* qui signifie « vrille de la vigne ».

visa **n.m.** ❶ Signature apposée sur certains documents pour les valider. ❷ Cachet apposé sur un passeport à la demande de certains pays et qui autorise un étranger à y séjourner.

HISTOIRE DU MOT C'est un mot latin qui signifie « choses vues, vérifiées ».

visage **n.m.** ❶ Le devant de la tête d'un être humain. *Un beau visage ovale.* SYN. figure. ❷ Personne que l'on identifie par sa figure. *Chaque jour dans le bus, elle revoyait les mêmes visages.* ❸ Aspect de quelque chose. *Avec ces nouveaux immeubles, notre ville a un autre visage.* SYN. physionomie. • **À visage découvert :** avec franchise, sans rien cacher.

HISTOIRE DU MOT Vient du latin *visus* qui signifie « aspect ».

1 **vis-à-vis** **adj.** Face à face. *Nos maisons sont situées vis-à-vis.* ◆ **vis-à-vis de** **prép.** En face de quelqu'un ; à l'égard de quelqu'un. *Il était assis vis-à-vis du directeur. La maîtresse est indulgente vis-à-vis des élèves timides.*
▸ REM. On prononce [vizavi].

HISTOIRE DU MOT Vient de l'ancien français *vis* qui signifiait « visage » ; *être vis-à-vis*, c'est être face à face.

2 **vis-à-vis** **n.m.** ❶ Personne en face de qui on se trouve. *À table, j'avais mon cousin pour vis-à-vis.* ❷ Immeuble, bâtiment voisins que l'on voit de la fenêtre. *Notre maison n'a pas de vis-à-vis.*
▸ REM. On prononce [vizavi].

viscéral, ale, aux **adj.** ❶ Relatif aux viscères. *L'abdomen est une cavité viscérale.* ❷ Qui vient du fond de l'être, qu'on ne peut raisonner. *Ma grand-mère a une répulsion viscérale pour les serpents.* SYN. instinctif.

viscéralement **adv.** Très profondément. *Elle le haïssait viscéralement.*

viscère **n.m.** Organe contenu dans les grandes cavités du corps. *Le cœur, les poumons, l'estomac sont des viscères.*
▸ REM. Ce mot est du masculin.

HISTOIRE DU MOT Vient du latin *viscus* qui signifie « entrailles ».

viscosité n.f. Caractère de ce qui est visqueux. *La viscosité du goudron.*

visée n.f. ❶ L'action de diriger une arme, le regard ou un appareil vers un objectif. *La ligne de visée d'un fusil part de l'œil du tireur et va jusqu'au but. Une lunette de visée.* ❷ (Surtout au plur.) Ce que l'on cherche à atteindre. *Son oncle a des visées politiques.* SYN. ambition.

viser v. (CONJUG. 3). ❶ Diriger une arme, un objet vers un objectif. *Il visait le centre de la cible avec sa fléchette. Vise avant de tirer !* ❷ Concerner quelqu'un. *Cette remarque vise tout le monde* (= s'adresse à). ❸ Avoir l'ambition d'atteindre quelque chose. *Son père vise le poste de directeur.* ❹ *Viser à quelque chose*, c'est chercher à l'obtenir, à le réaliser. ❺ *Viser un document*, c'est y apposer sa signature ou un visa pour le valider.
HISTOIRE DU MOT Vient du latin *videre* qui a aussi donné *voir* et *vision*.

viseur n.m. Dispositif qui sert à viser sur une arme ou à cadrer une image dans un appareil photo ou une caméra. *Solange observa la scène dans le viseur avant de prendre la photo.*

visibilité n.f. Possibilité de voir au loin. *Par temps de brouillard, la visibilité est mauvaise sur les routes.*

visible adj. ❶ Que l'on peut voir. *Une étoile visible à l'œil nu.* SYN. observable. ❷ Qui apparaît avec évidence. *Sa satisfaction était visible.* SYN. apparent, manifeste.
HISTOIRE DU MOT Vient, comme *viser*, du latin *videre*.

visiblement adv. De façon visible. *Le niveau de la rivière a visiblement baissé.* SYN. distinctement, nettement. *Visiblement, il n'a encore rien compris.* SYN. apparemment, manifestement.

visière n.f. La partie d'une casquette, d'un képi qui protège le front et les yeux.

vision n.f. ❶ Le fait de voir, de regarder. *La myopie est un trouble de la vision.* SYN. vue. *La vision d'une araignée le met dans tous ses états.* SYN. spectacle. ❷ Le fait de voir ce qui n'existe pas dans la réalité, dans la nature. *Anémone a eu une vision, elle dit qu'elle a vu un éléphant rose.* SYN. hallucination. ❸ Manière de concevoir, de comprendre quelque chose. *Nous n'avons pas la même vision de la situation.* SYN. conception, optique.

visionnaire adj. et n. ❶ Qui a des visions surnaturelles ou croit en avoir. ❷ Qui a l'intuition de l'avenir. *Jules Verne était un visionnaire.*

visionner v. (CONJUG. 3). Regarder un film, une diapositive, un microfilm à l'aide d'une visionneuse.

visionneuse n.f. Appareil qui sert à projeter sur un petit écran des films, des diapositives, des microfilms.

visite n.f. ❶ Fait de se rendre chez une personne pour passer un moment avec elle. *J'ai reçu la visite de ma sœur. Nous lui rendrons visite dimanche.* ❷ Personne qui vient nous voir. *J'ai eu trois visites aujourd'hui.* ❸ Déplacement que fait un médecin auprès de ses patients ou un représentant auprès de ses clients. ❹ Action de visiter une région, un édifice. *Suivre la visite guidée du musée.*

visiter v. (CONJUG. 3). ❶ Parcourir un lieu pour voir les curiosités qui s'y trouvent. *Nous avons visité le château de Versailles. L'an prochain, nous visiterons l'Espagne.* ❷ Examiner un endroit. *Mes parents ont visité la maison mais elle ne leur convient pas.*
▸ REM. *Visiter une personne* appartient à la langue familière, il vaut mieux dire *rendre visite à*.
HISTOIRE DU MOT Vient du latin *visitare* qui signifie « aller voir, voir souvent », de *videre*, « voir ».

visiteur, euse n. ❶ Personne qui rend visite à une autre. *Nous avons des visiteurs demain, mon grand-père et ma grand-mère arrivent.* ❷ Personne qui visite un pays, une région, une ville. *Des milliers de visiteurs se rendent chaque année à l'île de Pâques.*

vison n.m. ❶ Petit mammifère carnassier de la taille d'un putois, dont la fourrure est très recherchée. *On trouve des visons en Europe, en Asie et en Amérique du Nord.* ❷ Fourrure de cet animal.
HISTOIRE DU MOT Vient du latin *vissio* qui signifie « puanteur », car le vison sent mauvais.

vison

visqueux, euse adj. ❶ Dont la consistance est à la fois molle et résistante. *La méduse a une chair visqueuse.* ❷ Recouvert d'un enduit poisseux. *La peau visqueuse d'un crapaud.* SYN. gluant.
HISTOIRE DU MOT Vient du latin *viscum* qui signifie « glu ».

visser v. (CONJUG. 3). ❶ Faire tourner une vis pour fixer quelque chose. *Visser un crochet dans le mur.* CONTR. dévisser. ❷ Fermer quelque chose en tournant comme pour une vis. *Visser le couvercle d'un autocuiseur.*

visualiser v. (CONJUG. 3). ❶ Représenter par un dessin, un schéma. *On peut visualiser par une courbe les fluctuations de la température.* ❷ Se représenter quelque chose en esprit. *Marie essayait de visualiser un diplodocus.*

visuel, elle adj. Qui concerne la vue, les images. *Adrienne a une mémoire visuelle* (= elle se rappelle bien ce qu'elle a vu). *J'aime l'aspect visuel de ce livre.*

vital, ale, aux adj. ❶ Qui permet de maintenir un organisme en vie. *La respiration est une fonction vitale. Le minimum vital est la quantité de nourriture nécessaire pour survivre.* ❷ Qui est absolument nécessaire. *Il est vital pour toi de réussir cet examen.* SYN. capital, essentiel. *L'existence de cette usine est vitale pour la région.* SYN. crucial.

vitalité n.f. Énergie, dynamisme dont fait preuve une personne. *Quelle vitalité pour un enfant qui vient d'être malade !* SYN. entrain.

vitamine **n.f.** Substance que l'organisme ne peut fabriquer lui-même mais qui est indispensable à son bon fonctionnement. *La vitamine C se trouve dans les fruits frais et les légumes, elle renforce les défenses de l'organisme.*

vitaminé, e **adj.** *Un produit vitaminé* contient des vitamines.

vite **adv.** ❶ Avec rapidité. *Dany court plus vite que moi.* CONTR. lentement. *Maman a compris très vite que j'avais menti.* SYN. rapidement. ❷ Au bout d'un court moment. *Ne bouge pas, je vais revenir très vite.* SYN. bientôt.

vitesse **n.f.** ❶ Rapport entre l'espace parcouru et le temps mis à le parcourir. *Cette voiture roulait à une vitesse de 130 km/h.* ❷ Le fait d'aller vite. *Une course de vitesse. J'admire la vitesse avec laquelle elle travaille.* SYN. rapidité. CONTR. lenteur. ❸ Dans une automobile, combinaison d'engrenages qu'il faut adapter à la vitesse de la conduite et à la nature de la route pour que le moteur ne force pas trop. *Les voitures d'aujourd'hui ont quatre ou cinq vitesses.* • **À toute vitesse :** très vite. • **À deux vitesses :** se dit d'un système dont le fonctionnement n'est pas le même selon les personnes qu'il concerne. *Nous ne voulons pas d'une justice à deux vitesses, qui serait différente selon qu'on est riche ou pauvre.* • **Prendre quelqu'un de vitesse :** le devancer, faire quelque chose avant lui.

viticole **adj.** Relatif à la viticulture. *Une région viticole.*
▸ REM. Ne pas confondre avec *vinicole*.

HISTOIRE DU MOT Vient du latin *vitis* qui signifie « vigne ».

viticulteur, trice **n.** Personne qui travaille la vigne pour produire du vin. *Les viticulteurs sont parfois réunis en coopératives.*

viticulture **n.f.** La culture de la vigne pour obtenir du vin, du raisin. *On pratique la viticulture en France, en Californie, en Australie, au Chili, etc.*

vitrage **n.m.** Vitre ou ensemble des vitres d'un appartement, d'un bâtiment. *Après l'explosion, il a fallu remplacer le vitrage de plusieurs maisons.*

vitrail **n.m.** (PLUR. : **vitraux**). Vitre composée de surfaces de verre colorées tenant ensemble au moyen de plomb ou de ciment et sur laquelle est représentée une image. *Les vitraux de la cathédrale de Bourges.*

vitre **n.f.** ❶ Plaque de verre que l'on ajuste dans une fenêtre, dans une porte, etc. *Les enfants jouaient au ballon dans la cour et ont cassé une vitre.* SYN. carreau. ❷ Glace d'une voiture. *Baisser les vitres avant.*

HISTOIRE DU MOT Vient du latin *vitrum* qui signifie « verre ».

vitré, e **adj.** Garni d'une vitre. *Une paroi vitrée. Une porte vitrée.*

vitreux, euse **adj.** *Des yeux vitreux* ont perdu leur éclat, ils ne brillent plus. *Ces poissons sont frais, leurs yeux ne sont pas encore vitreux.* SYN. terne.

vitrier **n.m.** Personne qui vend et pose des vitres. *Le vitrier a changé le carreau cassé.*
▸ REM. Au Canada, la forme féminine de ce mot est *vitrière*.

vitrification **n.f.** Opération par laquelle on vitrifie un parquet.

vitrifier **v.** (CONJUG. 7). *Vitrifier un parquet*, c'est le recouvrir d'une sorte de vernis dur et transparent pour le protéger et lui donner un aspect ciré.

vitrine **n.f.** ❶ Partie d'un magasin, séparée de la rue par un vitrage, où sont exposées les marchandises à vendre ; le vitrage lui-même. *Les passants s'arrêtaient devant la vitrine.* SYN. devanture, étalage. *Plusieurs vitrines ont été brisées.* ❷ Petit meuble fermé par une vitre, dans lequel on expose des objets. *Paul a placé ses trophées sportifs dans la vitrine du salon.*

vitriol **n.m.** Nom que l'on donnait autrefois à l'acide sulfurique qui ronge et détruit les matières.

vitupérations **n.f.plur.** Récriminations violentes.
▸ REM. Ce mot appartient à la langue soutenue.

vitupérer **v.** (CONJUG. 9, ✎ 10). *Vitupérer (contre) quelque chose* ou *quelqu'un*, c'est les critiquer violemment, les blâmer sévèrement. *Les syndicats vitupèrent contre les licenciements abusifs.* SYN. condamner, réprouver. *Journaliste qui vitupère le gouvernement.* SYN. fustiger.
▸ REM. Ce mot appartient à la langue soutenue.

vivable **adj.** Qu'on peut supporter sans trop de difficulté. *Cette angoisse n'est plus vivable.* SYN. supportable.

1 vivace **adj.** ❶ *Une plante vivace* vit longtemps et donne des fruits plusieurs années de suite. ❷ *Une idée vivace* est tenace. *Certains préjugés sont vivaces.* SYN. enraciné, durable.

2 vivace **adv.** Terme porté sur une partition de musique pour indiquer que le mouvement doit être joué de façon vive, rapide et animée.
▸ REM. C'est un mot italien qui se prononce [vivatʃe].

vivacité **n.f.** ❶ Énergie et dynamisme d'une personne. *Mes élèves sont pleins de vivacité.* SYN. entrain. *Une grande vivacité d'esprit.* SYN. agilité. ❷ Caractère vif de quelque chose. *La vivacité d'une réplique.* SYN. véhémence.

vitrail

A B C D E F G H I J K L M N O P Q R S T U V W X Y Z

1 vivant, e **adj.** ❶ Qui vit. *Les pierres ne sont pas des êtres vivants, les végétaux, les animaux sont des êtres vivants.* SYN. animé. ❷ Qui est très animé. *L'instituteur trouvait que la classe était très vivante.* SYN. actif, dynamique, vif. *Il habite un quartier vivant.* SYN. fréquenté, passant. ◆ **adj.** et **n.** Qui est encore en vie. *Son cœur bat, il est toujours vivant.* CONTR. mort.

2 vivant **n.m.** Ce qui vit. *Les biologistes travaillent sur le vivant.* • **Bon vivant :** homme qui aime s'amuser et bien manger. • **Du vivant de quelqu'un :** alors que cette personne vit encore, pendant sa vie. *Seuls quelques-uns de ses poèmes ont été publiés de son vivant.*

vivarium **n.m.** Local où l'on fait vivre de petits animaux dans un environnement qui ressemble à leur milieu d'origine. *Les serpents se trouvent dans le vivarium du zoo.*

HISTOIRE DU MOT C'est un mot latin qui vient de *vivares*, « vivre ».

vivats **n.m.plur.** Acclamations et applaudissements en l'honneur d'une personne. *Le coureur franchit la ligne d'arrivée sous les vivats des spectateurs.* CONTR. huées, sifflets.

▸ REM. On prononce [viva].

HISTOIRE DU MOT Vient du latin *vivat* qui signifie « qu'il vive ».

1 vive **n.f.** Petit poisson comestible des plages de la Méditerranée et de l'Atlantique, redouté pour les épines venimeuses de sa nageoire dorsale.

HISTOIRE DU MOT Vient du latin *vipera* qui signifie « vipère ».

2 vive **interj.** S'emploie pour acclamer, pour crier son enthousiasme. *Lucie a gagné ! Vive Lucie ! Vive la liberté !*

▸ REM. Devant un nom au pluriel, on peut faire l'accord : *vive les vacances !* ou *vivent les vacances !*

HISTOIRE DU MOT Vient de *vivre*.

vivement **adv.** ❶ Avec des mouvements vifs, des réactions rapides. *Au coup de sonnette, il sortit vivement de la pièce.* SYN. rapidement. CONTR. lentement. ❷ Avec agacement ou brusquerie. *Agathe a répliqué vivement.* SYN. sèchement. ❸ Très profondément. *J'ai été vivement touché par votre gentillesse.* SYN. infiniment, très. ◆ **interj.** Indique qu'on aimerait que quelque chose arrive au plus tôt. *Vivement les vacances !*

vivier **n.m.** ❶ Bassin où l'on élève des poissons. ❷ Réservoir d'eau douce ou d'eau salée aménagé pour conserver vivants des poissons ou des crustacés. ❸ Au sens figuré, lieu où se forment des catégories particulières de personnes. *Cette école est un vivier d'ingénieurs.*

HISTOIRE DU MOT Vient du latin *vivarium*, de *vivere* qui signifie « vivre ».

vivifiant, e **adj.** Qui vivifie. *L'air de la mer est vivifiant.* SYN. tonifiant.

vivifier **v.** (CONJUG. 7). Donner de la vitalité, de la vigueur. *Une promenade matinale sur la plage, cela vivifie !*

vivipare **adj.** et **n.** *Un animal vivipare* est un animal dont la femelle met au monde des petits complètement formés. *Les mammifères sont vivipares.* → VOIR AUSSI **ovipare, ovovivipare.**

HISTOIRE DU MOT Vient du latin *vivus*, qui signifie « vivant », et *parere*, qui signifie « mettre au monde ».

vivisection **n.f.** Expérimentation faite en laboratoire sur des animaux vivants.

vivoter **v.** (CONJUG. 3). (Familier) ❶ Vivre difficilement, faute d'argent. *Des retraités qui vivotent.* SYN. végéter. ❷ Fonctionner au ralenti. *Son commerce vivotait.* SYN. stagner.

1 vivre **vivant, vécu v.** (CONJUG. 57). ❶ Être en vie. *Le blessé vit encore.* SYN. respirer. *Les éléphants vivent 70 ans environ. Les chênes vivent plusieurs siècles.* SYN. exister. ❷ Passer un certain temps quelque part. *Natacha a vécu trois ans à Lisbonne.* SYN. résider. *Elle vit dans une maison à la campagne.* SYN. habiter. ❸ Passer sa vie d'une certaine manière. *Mon grand-père vit seul. Ils vécurent heureux et eurent beaucoup d'enfants.* ❹ Avoir tel moyen de subsistance ; se nourrir. *Dans la préhistoire, les hommes vivaient de cueillette, de chasse et de pêche. Vivre d'amour et d'eau fraîche.* ❺ Continuer d'exister. *Faire vivre le souvenir d'un héros.* ❻ Connaître une expérience. *Nous avons vécu des événements tragiques. Vivre une histoire d'amour.* • **Apprendre à vivre à quelqu'un :** le traiter durement pour lui donner une leçon. • **Se laisser vivre :** ne pas faire beaucoup d'efforts. • **Vivre sa vie :** mener son existence comme on en a envie.

2 vivre **n.m.** • **Le vivre et le couvert :** la nourriture et le logement. *Dans ce gîte rural, le fermier offre le vivre et le couvert.* ◆ **vivres** **n.m.plur.** Nourriture en réserve. *Les vivres vinrent à manquer.* SYN. provisions, victuailles. • **Couper les vivres à quelqu'un :** ne plus l'aider financièrement.

▸ REM. Ce mot est du masculin.

vivrier, ère **adj.** *Les cultures vivrières* sont celles qui fournissent des produits destinés à l'alimentation humaine.

vizir **n.m.** ❶ Dans l'Égypte ancienne, Premier ministre du pharaon. ❷ Ministre d'un prince musulman. • **Grand vizir :** Premier ministre de l'Empire ottoman.

HISTOIRE DU MOT Mot turc qui vient de l'arabe *wazir* qui signifie « ministre ».

vlan **interj.** Mot qui imite un bruit violent ou un coup. *Et vlan ! La porte a claqué.*

vocable **n.m.** Mot. *« Fragrance » est un vocable poétique qui signifie « parfum agréable ».* SYN. dénomination, terme.

▸ REM. Ce mot appartient à la langue soutenue.

HISTOIRE DU MOT Vient du latin *vocabulum* qui signifie « nom d'une chose, mot » et que l'on retrouve dans *vocabulaire*.

vocabulaire **n.m.** ❶ L'ensemble des mots d'une langue ou d'un domaine particulier. *Le vocabulaire québécois. Le vocabulaire de la marine.* ❷ L'ensemble

a b c d e f g h i j k l m n o p q r s t u v w x y z

A B C D E F G H I J K L M N O P Q R S T U V W X Y Z

des mots que quelqu'un connaît. *Lorène a un vocabulaire riche pour son âge.* ❸ Petit ouvrage donnant des listes de mots. *Un vocabulaire anglais.*

vocal, ale, aux adj. Relatif à la voix. *Les cordes vocales. La musique vocale est destinée à être chantée* (par opposition à la *musique instrumentale*).

HISTOIRE DU MOT Vient du latin *vox, vocis* qui signifie « voix ».

vocalise n.f. Suite de notes chantées sur une seule voyelle ; exercice vocal qui consiste à chanter ces notes. *La cantatrice fait des vocalises.*

vocation n.f. Disposition ou penchant qui attire vers une activité ou un genre de vie. *Il a la vocation du théâtre.*

HISTOIRE DU MOT Vient du latin *vocatio*, de *vocare* qui signifie « appeler ».

vociférer v. (CONJUG. 9, ✎ *10*). Parler en criant et sur un ton de colère. *L'officier vociféra un ordre.* SYN. hurler.

vodka n.f. Eau-de-vie faite avec du blé ou du seigle, très courante en Russie et en Pologne.

vœu n.m. ❶ Souhait très vif que quelque chose se réalise. *Mon vœu le plus cher est que vous passiez tous en sixième.* SYN. désir. ❷ Souhait que l'on fait dans le secret de son cœur dans des circonstances bien précises, avec un peu de superstition. *Tu as un cil sur une joue, fais un vœu !* • **Faire vœu de quelque chose :** promettre devant Dieu de rester fidèle à un engagement. *Les moines font vœu de pauvreté.* ◆ **vœux** n.m.plur. Souhaits de bonheur que l'on présente à la nouvelle année, ou dans les mariages. *Écrire des cartes de vœux.*

HISTOIRE DU MOT Vient du latin *votum* qui signifie « promesse faite aux dieux ».

vogue n.f. • **Être en vogue :** être à la mode. *Ce chanteur est très en vogue.*

voguer voguant, vogué v. (CONJUG. 6). Avancer sur l'eau. *Le bateau voguait vers l'île.* SYN. naviguer. • **Et vogue la galère ! :** advienne que pourra.

voici prép. Sert à présenter quelqu'un ou quelque chose de proche (par opposition à *voilà*), ou à annoncer ce qu'on va dire. *Voici ma mère. Voici l'arme du crime. Voici ce que j'ai à dire.*

voie n.f. ❶ Tracé, parcours ou installation aménagés pour aller d'un endroit à un autre sur terre, sur l'eau ou dans l'air. *Les routes, les chemins de fer, les canaux sont des voies de communication. Les voies maritimes, aériennes.* ❷ Route ou rue dans le langage de l'Administration. *La voie publique.* ❸ Chacune des divisions de la chaussée délimitée par des traits blancs. *Une route à trois voies.* → VOIR AUSSI **voirie.** ❹ Installation faite de rails qui permet aux trains de circuler. *Il est interdit de traverser les voies.* ❺ Canal, chemin à l'intérieur du corps. *Un médicament à prendre par voie buccale.* ❻ Ligne de conduite, manière d'agir. *Choisir la voie diplomatique pour régler un différend.* ❼ Direction dans laquelle on s'engage. *Matthieu a trouvé sa voie : il sera vétérinaire.* • **En bonne voie :** sur le point d'aboutir, de réussir. *Les négociations sont en bonne voie.* • **En voie de :** dans une évolution qui conduit à tel état. *Une espèce en voie de disparition. Sa plaie est en voie de cicatrisation.* • **La voie est libre ! :** il n'y a plus d'obstacle sur la route, on peut passer ; et au sens figuré, on peut agir tranquillement. • **Mettre sur la voie :** donner quelques indices qui permettent de trouver une solution, d'avancer dans une recherche.
▸ REM. Ne pas confondre avec *voix.*

HISTOIRE DU MOT Vient du latin *via* qui signifie « route ».

voilà prép. ❶ Sert à montrer quelqu'un ou quelque chose d'éloigné (par opposition à *voici*), ou à reprendre ce qu'on vient de dire. *Voilà l'homme qu'il nous faut. Voilà ce que j'avais à vous dire.* ❷ Annonce une durée. *Voilà huit jours que nous n'avons pas de nouvelles d'elle* (= il y a).

voilage n.m. Grand rideau en tissu très léger, coulissant sur une tringle, qui sert à tamiser la lumière.

1 **voile** n.f. ❶ Pièce de toile forte que l'on fixe au mât d'un bateau afin qu'elle se gonfle lorsque le vent souffle, ce qui permet au bateau d'avancer. *Hisser, plier les voiles. Le trois-mâts, toutes voiles dehors, cinglait vers le large.* ❷ Navigation à voile. *Quand il va en vacances à Toulon, Bruno fait de la voile.* • **Faire voile vers un endroit :** s'y diriger à la voile. *Christophe Colomb faisait voile vers les Indes.*

2 **voile** n.m. ❶ Étoffe plus ou moins opaque dont les femmes se couvrent le visage dans certains pays. *En Mauritanie, les Africaines musulmanes portent le voile.* ❷ Tissu très léger. *On a donné aux amis un morceau du voile de la mariée.* ❸ Ce qui cache quelque chose ou le fait paraître flou. *Un voile de brume empêche de voir la montagne.* • **Prendre le voile :** se faire religieuse.

voilé, e adj. ❶ Qui porte un voile sur la tête et une partie du visage. *Dans certains pays musulmans, les femmes ne sortent que voilées.* ❷ Qui est légèrement nuageux. *Le ciel était voilé du côté du couchant.* SYN. couvert. ❸ *Une photo voilée* n'est pas nette. ❹ *Une roue voilée* est déformée, elle n'est plus droite. *La roue de mon vélo est voilée.*

voiler v. (CONJUG. 3). ❶ Recouvrir d'un voile. *Les femmes musulmanes voilent leur visage.* ❷ Faire disparaître comme derrière un léger voile. *Une épaisse fumée noire voilait le soleil.* SYN. cacher, masquer. ❸ Ternir l'éclat d'un regard, d'une voix. *Une expression de tristesse voila un instant son regard.* SYN. assombrir. ❹ Déformer une chose plane. *Il a voilé la roue avant de son vélo dans sa chute.* ◆ **se voiler** v.pron. ❶ Se couvrir le visage d'un voile. ❷ Se déformer. *Le disque s'est voilé à la chaleur.* • **Se voiler la face :** refuser de voir la réalité.

voilette n.f. Petit voile de tulle garnissant le bord d'un chapeau de femme et qui cache le visage. *Chez la modiste, Delphine a essayé d'élégants chapeaux à voilette.*

voilier n.m. Bateau à voiles. *Une course de voiliers.*

voilure n.f. L'ensemble des voiles d'un voilier.

voir **voyant, vu v.** (CONJUG. **38**). ❶ Percevoir par les yeux. *À 80 ans, ma grand-mère voit encore sans lunettes.* ❷ Être le témoin ou le spectateur de quelque chose. *Je l'ai vu se précipiter vers la rivière et plonger.* SYN. apercevoir. *J'ai vu un très bon film hier.* SYN. assister à. ❸ Rencontrer une personne, lui rendre visite. *Nina a vu Naïm hier chez des amis. Tu devrais voir le médecin.* SYN. consulter. ❹ Examiner, étudier quelque chose. *On va voir ce que l'on peut faire.* SYN. regarder. ❺ Saisir par l'esprit. *Je ne vois pas de quoi cette dame veut parler.* SYN. comprendre. ❻ Se faire une opinion, comprendre d'une certaine manière. *Ce n'est pas du tout ma manière de voir les choses.* SYN. concevoir, envisager. ❼ Se représenter une personne dans telle ou telle situation. *Je te verrais bien en Peter Pan à la fête de l'école.* • **Cela n'a rien à voir :** cela n'a aucun rapport avec ce dont on parle. • **Faire voir :** montrer. *Fais-moi voir tes photos.* • **N'avoir rien à voir dans quelque chose :** ne pas être concerné. *Je n'ai rien à voir dans cette histoire !* • **N'y voir que du feu :** ne rien comprendre à ce qui se passe. ◆ **se voir v.pron.** ❶ Être visible, apparent. *La cicatrice se voit encore.* ❷ Se produire. *Des histoires semblables se voient tous les jours.* SYN. arriver. ❸ Se fréquenter. *Valérie et Hortense se voient tous les jours.* SYN. se rencontrer.

voire **adv.** Et peut-être même. *Adeline est spontanée, voire insolente.*
▸ REM. Ce mot appartient à la langue soutenue.

HISTOIRE DU MOT Vient du latin *vera* qui signifie « choses vraies ».

voirie **n.f.** Administration qui s'occupe de l'entretien et du nettoyage de toutes les voies de communication.
▸ REM. Attention, il n'y a pas le *e* de *voie*.

voisin, e **adj.** ❶ Situé à côté, non loin du lieu où l'on se trouve. *Les enfants dorment dans la pièce voisine.* SYN. adjacent, contigu. *Nils et Olga habitent deux maisons voisines.* CONTR. éloigné. ❷ Qui présente beaucoup d'éléments semblables. *Deux couleurs voisines.* SYN. proche, similaire. CONTR. éloigné. *Le loup et le chien sont deux espèces voisines.* SYN. apparenté. CONTR. différent. ◆ **n.** et **adj.** ❶ Personne qui habite près d'une autre. *Depuis que Patricia a déménagé, nous sommes voisins.* ❷ Personne qui occupe la place la plus proche. *Bertrand a copié sur son voisin pendant le contrôle.*

HISTOIRE DU MOT Vient du latin *vicinus*, de *vicus* qui signifie « village, quartier ».

voilier

voisinage **n.m.** ❶ Région proche d'un lieu. *Les Verdant habitent dans le voisinage.* SYN. environs, parages. ❷ L'ensemble des voisins. *Ses cris ont ameuté le voisinage.*

voisiner **v.** (CONJUG. **3**). Être à côté. *Dans le sac de Simon, les baskets voisinent avec les cahiers et les livres.*

voiture **n.f.** ❶ Véhicule qui sert à transporter des personnes et des charges. *La diligence et la calèche étaient des voitures à cheval* (= tirées par des chevaux). *Une voiture d'enfant* (= un landau). ❷ Véhicule automobile. *Mettre sa voiture au garage.* SYN. auto. ❸ Véhicule de chemin de fer pour les voyageurs, par opposition à *wagon*. *Nous étions dans la voiture de tête.*

HISTOIRE DU MOT Vient du latin *vectura* qui signifie « transport », de *vehere* que l'on retrouve dans *véhicule*.

voix **n.f.** ❶ L'ensemble des sons produits par les organes de la parole quand on parle, quand on crie, quand on chante ; manière personnelle que chacun a de parler. *Elle parlait d'une voix douce. J'ai reconnu la voix de Jean au téléphone.* ❷ Personne qui parle mais dont on ne connaît pas l'identité. *Une voix s'éleva du fond de la salle pour protester.* ❸ Manière de chanter plus ou moins grave ou aiguë. *Une voix de basse, de ténor, d'alto, de soprano.* ❹ Ce que l'on ressent au fond de soi, qui avertit de ce que l'on devrait faire. *Écouter la voix de la sagesse.* ❺ Vote exprimé au cours d'élections. *La liste des verts a obtenu la majorité des voix.* SYN. suffrage. ❻ En grammaire, forme que prend le verbe suivant que l'action est faite ou subie par le sujet. → VOIR encadré ci-dessous. • **De vive voix :** en s'adressant directement à quelqu'un. *Je vous expliquerai cela de vive voix.* • **Rester sans voix :** se trouver dans l'incapacité de parler sous le coup de la stupéfaction ou de l'émotion.
▸ REM. Ne pas confondre avec *voie*.

HISTOIRE DU MOT Vient du latin *vox, vocis* que l'on retrouve dans *vocal, vociférer.*

Les voix

Il existe, pour les verbes, **trois voix.**

➤ **À la voix active**, le sujet du verbe fait l'action :
Des milliers de jeunes lisent ce journal.

➤ **À la voix passive,** le sujet du verbe subit l'action (→ VOIR AUSSI **passif**) :
Ce journal est lu par des milliers de jeunes.

➤ **À la voix pronominale,** le sujet fait porter l'action sur lui-même :
Jean se regarde dans la glace.

1 vol **n.m.** ❶ Fait et manière de se déplacer dans l'air. *Olivier observait le vol des oiseaux.* ❷ Groupe d'oiseaux qui se déplacent ensemble. *Un vol d'hirondelles.* ❸ Déplacement d'un avion, d'une fusée. *Il y a sept heures de vol entre Paris et Montréal.* • **À vol d'oiseau :** en ligne droite, sans emprunter les routes. *À vol d'oiseau, il y a trois kilomètres d'ici à la mer.* • **Au vol :** en l'air ; très vite. *Il a attrapé la balle au vol.* • **Prendre son vol :** s'envoler.

a b c d e f g h i j k l m n o p q r s t u v w x y z

A B C D E F G H I J K L M N O P Q R S T U V W X Y Z

2 vol n.m. ❶ Action de voler ce qui appartient à autrui. *Ce magasin est protégé contre le vol.* ❷ Le fait de prendre plus d'argent qu'on ne devrait à un client. *Trente euros, ce tee-shirt, c'est du vol !* SYN. escroquerie.

volage adj. Qui est peu fidèle en amour. *Un mari volage.*

volaille n.f. ❶ L'ensemble des oiseaux de basse-cour ; chacun de ces oiseaux. *Les oies, les dindons, les poules et les coqs sont de la volaille.* ❷ La viande de ces oiseaux. *Nous avons mangé de la volaille à midi.*

volailler, ère n. Marchand, marchande de volaille.

1 volant, e adj. Qui vole. *Le ptérodactyle était un reptile volant de la préhistoire. Une soucoupe volante.* • **Poisson volant** : poisson des mers chaudes dont les nageoires en forme d'ailes lui permettent de faire des sauts de quelques dizaines de mètres. • **Feuille volante** : feuille de classeur ou qui est détachée d'un cahier.

2 volant n.m. ❶ Sorte de roue qui sert à manœuvrer un véhicule. *Jean a donné un brusque coup de volant pour éviter un passant.* ❷ Petite demi-sphère légère garnie de plumes ou de plastique qu'on lance avec une raquette ; jeu ainsi pratiqué. ❸ Bande de tissu léger qui garnit le bas d'une robe.

volatil, e adj. Qui s'évapore facilement. *L'essence est volatile.*
▸ REM. Ne pas confondre avec le nom *volatile*.

HISTOIRE DU MOT Vient du latin *volatilis* qui signifie « qui vole », « léger ».

volatile n.m. Oiseau de basse-cour. *Les poules et les canards sont des volatiles.*
▸ REM. Ne pas confondre avec *volatil*.

HISTOIRE DU MOT Vient du latin *volatilis* qui signifie « qui vole ».

se **volatiliser** v.pron. (CONJUG. 3). ❶ Se transformer en vapeur. *Rebouche bien le flacon pour que le parfum ne se volatilise pas.* SYN. s'évaporer. ❷ Disparaître subitement, sans qu'on s'en aperçoive. *J'ai laissé mon porte-monnaie sur la table et il s'est volatilisé.*

volcan n.m. Montagne dont le sommet est un cratère par où peuvent s'échapper de la lave, des pierres, des gaz. *Certains volcans sont éteints, d'autres sont actifs et entrent régulièrement en éruption.* → VOIR planche ci-contre et Fiche **53**.

HISTOIRE DU MOT Vient de *Vulcain*, nom du dieu romain du Feu.

ENCYCLOPÉDIE Le magma qui est sous la croûte terrestre remonte à la surface par une fissure, une « faille », et s'écoule sous forme de lave, en même temps que sont projetés dans l'atmosphère des gaz, des pierres, des poussières. À force de s'entasser, les cendres et la lave refroidie forment une montagne autour d'une cheminée qui s'évase en cratère au sommet. D'autres planètes, comme Vénus et Mars, ont des volcans.

volcanique adj. D'un volcan. *Une éruption volcanique. La lave est une roche volcanique.*

Principaux **volcans** actifs

AFRIQUE ET OCÉAN INDIEN	
Cameroun	**mont Cameroun** (4 070 m)
Réunion	**piton de la Fournaise** (2 631 m)
République démocratique du Congo	**Nyiragongo** (3 470 m)
AMÉRIQUE DU NORD ET ATLANTIQUE	
États-Unis	**mont Saint Helens** (2 549 m)
Martinique	**montagne Pelée** (1 397 m)
Guadeloupe	**la Soufrière** (1 467 m)
Mexique	**Popocatépetl** (5 452 m)
AMÉRIQUE DU SUD	
Équateur	**Cotopaxi** (5 897 m)
ANTARCTIQUE	**mont Erebus** (3 794 m)
ASIE ET PACIFIQUE	
Hawaii	**Mauna Loa*** (4 170 m), **Kilauea** (1 222 m)
Indonésie	**île de Krakatoa****, **Merapi** (2 950 m)
Philippines	**Pinatubo***** (1 600 m)
EUROPE	
Italie	**Etna** (3 345 m), **Stromboli** (926 m), **Vésuve** (1 277 m)
Islande	**Eyjafjöll** (1 666m)

Plus de 1300 volcans ont manifesté une activité au cours de l'histoire, sans compter les volcans sous-marins. Le *Fuji-Yama*, au Japon, le *Chimborazo*, en Équateur, ainsi que les volcans de la chaîne des Puys, en France, sont éteints.

* Le *Mauna Loa*, dans les îles Hawaii, est le plus gros volcan actif du monde.
** En 1883, des explosions sous-marines ont entièrement détruit l'île et provoqué l'effondrement d'un volcan.
*** L'éruption du *Pinatubo*, en 1991, fut la plus importante éruption volcanique du XXe siècle.

coulée de lave

Des reliefs de l'émission de produits magmatiques de la Terre

On estime qu'il y a environ 40 000 volcans sur la Terre, dont les trois quarts sous les océans. Parmi les 10 000 à l'air libre, quelque 1 550 sont en activité.

Un volcan comprend le plus souvent de bas en haut une **chambre magmatique** et un **cône** traversé par une **cheminée** principale qui débouche par un **cratère** terminal. On distingue différentes formes d'éruptions liées essentiellement à la viscosité de la lave (certaines présentent des **coulées de lave** sans explosion, d'autres sont au contraire explosives).

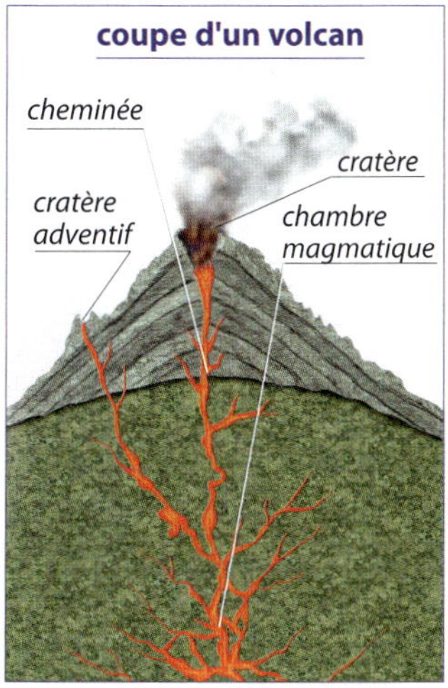

zone de subduction

plaques océanique et continentale

plaques océaniques

Les grands types de volcans

Là où les plaques s'écartent, repoussées par le magma issu des profondeurs, se forment des volcans appelés **volcans des zones d'accrétion** ; ils sont sous-marins ; les rares volcans émergés de ce type sont visibles en Islande.

Lorsqu'une plaque s'enfonce sous une autre, l'ensemble forme des reliefs montagneux. Cet empilement peut donner naissance à des **volcans des zones de subduction**, comme ceux de la « ceinture de feu du Pacifique ».

Enfin, des « panaches » de magma peuvent remonter du plus profond de la Terre et percer la plaque. Il se forme alors, au fur et à mesure du déplacement de la plaque, un chapelet de volcans, tel l'archipel des îles Hawaii ; ce sont des **volcans de points chauds**.

points chauds

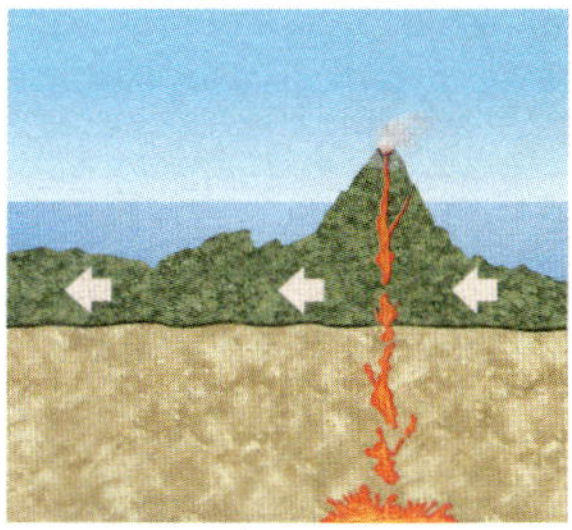

un premier volcan naît…

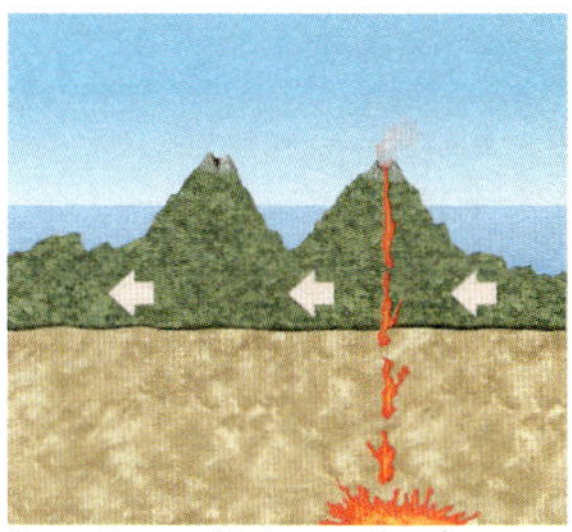

la croûte se déplace et il se forme une chaîne de volcans

zone d'accrétion : *le magma force, les plaques s'écartent, elles sont repoussées par le dépôt de lave solidifiée*

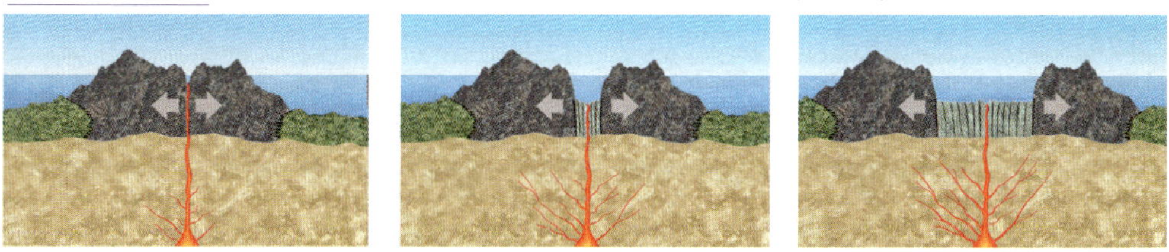

volcanisme **n.m.** Ensemble des phénomènes volcaniques. *Les risques liés au volcanisme sont étudiés par les volcanologues.*

volcanologie **n.f.** Étude des volcans et des phénomènes volcaniques.
▸ REM. On dit aussi *vulcanologie*.

volcanologue **n.** Spécialiste de volcanologie.
▸ REM. On dit aussi *vulcanologue*.

volée **n.f.** ❶ Groupe d'oiseaux qui volent ensemble. *Une volée de moineaux.* ❷ Série de coups. *Marc a reçu une volée parce qu'il avait fait une grosse bêtise.* SYN. (Fam.) raclée. • **À la volée :** au vol. *Éric a rattrapé le ballon à la volée.* • **À toute volée :** avec force. *Luc est parti en claquant la porte à toute volée.*

1 voler **v.** (CONJUG. 3). ❶ Se déplacer ou se maintenir dans l'air grâce à des ailes. *Le temps est orageux, les hirondelles volent bas.* ❷ Piloter un avion ou s'y trouver comme passager. *Pauline apprend à piloter, elle pourra voler dans quelques semaines.* ❸ Aller, venir très vite. *Quand je l'ai entendu crier, j'ai volé à son secours.* SYN. s'élancer, se précipiter. ❹ Être soulevé et flotter dans l'air. *Ferme la fenêtre, les papiers volent.* SYN. s'envoler. • **Voler de ses propres ailes :** être capable d'agir seul, de se passer de l'aide ou de la protection d'autrui.

2 voler **v.** (CONJUG. 3). ❶ Prendre ce qui appartient à autrui ; commettre un vol. *Lise se demandait qui avait pu lui voler son blouson.* SYN. dérober. ❷ Faire payer trop cher ce que l'on vend. *Paul s'est fait voler par le brocanteur qui lui a vendu cher un disque rayé.* SYN. escroquer.

volet **n.m.** ❶ Panneau mobile que l'on rabat devant une fenêtre pour se protéger de la lumière, du bruit, etc. *Cléa ouvre, ferme les volets de sa chambre.* ❷ Chacune des parties d'un dépliant qui peut se rabattre sur les autres. *Les trois volets d'un permis de conduire français.*

voleter **v.** (CONJUG. 12, ✎ *11*). Voler de-ci de-là à petits coups d'ailes, sans s'élever très haut et en se posant souvent. *Le soir, des papillons volettent autour de la lampe.*

voleur, euse **n.** ❶ Personne qui commet des vols. *La police a pris le voleur sur le fait.* ❷ Personne qui vend les choses trop cher. *Cet épicier est un voleur.*

volière **n.f.** Grande cage dans laquelle les oiseaux peuvent voler. *La volière du zoo regroupe des oiseaux exotiques de toutes les couleurs.*

volige **n.f.** Latte sur laquelle sont fixées les ardoises, les tuiles d'un toit.

volley-ball (PLUR. : **volley-balls**), ✎ ***volleyball*** **n.m.** Sport d'équipe qui consiste à se renvoyer à la main, par-dessus un filet haut, un ballon léger sans qu'il touche le sol. *Un match de volley-ball oppose deux équipes de six joueurs chacune.*
▸ REM. 1. C'est un mot anglais, on prononce [vɔlɛbol]. 2. On abrège couramment en *volley*.

volley-ball

volleyeur, euse **n.** Personne qui joue au volley-ball.

volontaire **adj.** ❶ Qui est voulu, qui résulte de la volonté. *Un oubli volontaire.* SYN. intentionnel. CONTR. involontaire. ❷ Qui a beaucoup de volonté. *Fabienne est une fille volontaire, elle ne renoncera pas à ce projet.* SYN. persévérant, tenace. CONTR. faible, velléitaire. ◆ **n.** Personne qui se propose pour une action. *De nombreux volontaires se sont présentés pour aider les pompiers.*

volontairement **adv.** De façon volontaire, intentionnelle. *C'est volontairement que je ne lui ai pas parlé de ce problème.* SYN. délibérément, exprès.

volonté **n.f.** ❶ Fait de vouloir quelque chose. *Ce retard est indépendant de ma volonté* (= je ne l'ai pas voulu). ❷ Énergie, fermeté à réaliser ce que l'on souhaite. *Claire a une volonté de fer.* SYN. ténacité. ❸ Ce que veut une personne, un groupe. *Autrefois, rares étaient ceux qui osaient s'opposer à la volonté du roi.* SYN. désir, dessein. • **À volonté :** autant que l'on veut. *Les enfants adorent ce restaurant où l'on peut manger des desserts à volonté.* • **Bonne volonté :** désir de bien faire ou d'être serviable. *Jacques est trop gentil, tout le monde abuse de sa bonne volonté.* • **Dernières volontés :** désirs qu'une personne manifeste avant de mourir et qu'elle souhaite voir respectés après sa mort. • **Mauvaise volonté :** manque d'enthousiasme, résistance à faire ce qui est demandé.

volontiers **adv.** Avec plaisir, de bon cœur. *J'accepte volontiers ton invitation à la campagne. « Veux-tu du café ? – Volontiers. »* SYN. oui.

volt **n.m.** Unité de mesure de la force d'un courant électrique. *En France les appareils fonctionnent en 220 volts, au Canada en 120 volts.*

HISTOIRE DU MOT Vient du nom du physicien italien *Volta* qui inventa la pile électrique en 1800.

voltage **n.m.** Force du courant pour lequel est prévu un appareil électrique.

volte-face **n.f.invar.**, ✎ ***volteface*** ***n.f.*** ❶ Brusque demi-tour. *Cyril a fait volte-face et m'a souri.* ❷ Changement complet et brusque d'opinion. *Les nombreuses volte-face de Yann à propos de notre projet de voyage ont irrité tout le monde.* SYN. revirement.

HISTOIRE DU MOT Vient de l'italien *volta faccia*, de *voltare*, qui signifie « tourner », et *faccia*, qui signifie « face ».

voltige n.f. ❶ Acrobatie réalisée sur une corde, un trapèze ou à cheval. *Au cirque, nous avons vu des numéros de voltige.* ❷ Acrobatie aérienne. *Voici le pilote qui a gagné le concours de figures de voltige.*

voltiger voltigeant, voltigé v. (CONJUG. 5). Voler çà et là dans l'air. *Le vent d'automne fait voltiger les feuilles mortes.* SYN. tournoyer.

voltigeur, euse n. Acrobate qui fait des numéros de voltige.

volubile adj. Qui parle beaucoup et vite. *Dans le train, j'avais un voisin volubile.* SYN. bavard, loquace. CONTR. silencieux, taciturne.

volubilis n.m. Nom d'une espèce cultivée du liseron, à grandes fleurs colorées. *Un volubilis peut s'enrouler en quelques heures autour d'une canne oubliée dans un jardin !*

▸ REM. On prononce [vɔlybilis].

HISTOIRE DU MOT C'est un mot latin qui signifie « qui tourne aisément ». Pour s'élever, la tige de cette fleur a besoin de s'enrouler en spirale autour d'un support.

volubilité n.f. Abondance et rapidité de parole. *Max parle avec volubilité.*

volume n.m. ❶ En géométrie, espace retenu dans un solide. *Le volume d'un cube, d'une sphère, d'un cône. Le mètre cube (en abrégé m³) est l'unité de mesure des volumes.* → VOIR AUSSI **unité** (encadré) et Fiche **17**. ❷ Place que prend un objet dans l'espace. *Le buffet occupe un grand volume dans le salon* (= il est volumineux). ❸ Quantité globale de quelque chose. *Le volume des dépenses est supérieur à celui des recettes cette année.* ❹ Force, puissance d'un son. *Le voisin avait mis le volume de sa télévision à fond.* ❺ Livre. *Marc a de magnifiques volumes dans sa bibliothèque. Son père s'est offert un dictionnaire en dix volumes.* SYN. tome.

volumineux, euse adj. Qui tient beaucoup de place. *L'armoire était trop volumineuse pour rentrer dans ma chambre.* SYN. encombrant, gros.

volupté n.f. Vif plaisir des sens. *Après un bain froid, Alexis s'étendit avec volupté au soleil.* SYN. délice.

voluptueusement adv. Avec volupté. *Inès restait voluptueusement dans son bain moussant.*

voluptueux, euse adj. Qui fait éprouver de la volupté. *Ingrid ne se lassait pas de respirer le parfum voluptueux et enivrant du lilas.*

volute n.f. *Une volute de fumée*, c'est de la fumée qui s'élève en spirale.

vomir vomissant, vomi v. (CONJUG. 16). Rejeter par la bouche ce que l'on a dans l'estomac. *Clara a eu mal au cœur en voiture et a vomi.* SYN. rendre.

vomissement n.m. Le fait de vomir. *Le malade prend des médicaments contre les vomissements.*

vorace adj. Qui a toujours faim et mange beaucoup et vite. *Mon chien est très vorace, il a avalé sa pâtée en un rien de temps.* SYN. glouton.

HISTOIRE DU MOT Vient du latin *vorax*, de *vorare* qui signifie « dévorer ».

voracement adv. Avec voracité. *Léo s'est jeté voracement sur les frites.* SYN. goulûment.

voracité n.f. Le fait d'être vorace.

vos adj. possessif → **votre**

votant, e n. Chacune des personnes qui participent à un vote. *Il y a eu 800 votants sur 1 000 électeurs inscrits.* CONTR. abstentionniste.

▸ REM. Un *électeur* est une personne qui a le droit de voter alors qu'un *votant* est un électeur qui prend part au vote, qui ne s'abstient pas.

vote n.m. ❶ Acte par lequel une personne exprime son opinion, son choix, lors d'une élection ou d'une prise de décision. *Le droit de vote est le droit qu'a tout citoyen majeur inscrit sur les listes électorales de voter. Vote à main levée. Vote à bulletin secret.* SYN. scrutin. ❷ Opinion exprimée par un électeur. *Compter les votes.* SYN. suffrage, voix. • **Bureau de vote :** pièce aménagée pour permettre aux électeurs de voter.

HISTOIRE DU MOT Vient du latin *votum* qui signifie « vœu ».

voter v. (CONJUG. 3). ❶ Exprimer son opinion par un vote, lors d'une élection. *Chacun vote pour le candidat du parti qu'il soutient.* ❷ Faire accepter, décider par un vote. *Les grévistes ont voté la fin de la grève.*

1 votre, vos adj. possessif. Désigne la 2ᵉ personne du pluriel. *Retirez vos chaussures avant d'entrer.* → VOIR **déterminant** (encadré).

2 le vôtre, la vôtre, les vôtres pron. possessif. Représente la 2ᵉ personne du pluriel. *Le jardin des voisins est très grand, le vôtre est plus petit.* → VOIR **pronom** (encadré).

▸ REM. Le *o* prend un accent circonflexe.

vouer v. (CONJUG. 3). ❶ Consacrer entièrement. *Ce savant a voué sa vie à l'étude des fourmis.* ❷ Manifester un sentiment durable à une personne. *Franck vouait une admiration sans bornes à son professeur de dessin.* SYN. témoigner. ❸ *Être voué à l'échec*, c'est n'avoir aucune chance de réussir. *Ce projet insensé est voué à l'échec.* • **Ne plus savoir à quel saint se vouer :** ne plus savoir à qui demander de l'aide.

1 vouloir voulant, voulu v. (CONJUG. 34). ❶ Avoir l'intention, le désir ou la volonté de faire quelque chose. *Romain veut aller à la chasse avec son père et son oncle dimanche prochain.* SYN. désirer, souhaiter. ❷ Désirer quelque chose. *Christophe veut un jeu vidéo pour son anniversaire. Voulez-vous une autre part de gâteau ?* ❸ Demander vivement et avec force quelque chose. *« Je veux des explications », ordonnait notre professeur.* SYN. exiger. ❹ Attendre quelque chose de quelqu'un. *Que voulez-vous de moi ?* ❺ Accepter de prendre, de recevoir. *La princesse disait qu'elle ne voulait pas de ce vieil homme pour mari.* ❻ Se prêter à une action, être en état de faire quelque chose. *Nous allons partir, si toutefois le moteur veut bien démarrer.* • **En vouloir à quelqu'un :** lui reprocher quelque chose et lui en garder rancune. • **Vouloir bien :** accepter quelque chose, y consentir. *Je veux bien te prêter mon livre.* • **Vouloir dire :** avoir pour sens, pour signification. *Je ne sais pas ce que ce mot veut dire.* • **Vouloir du bien, du mal à quelqu'un :** avoir de bonnes, de mauvaises intentions à son égard.

2 vouloir n.m. • **Le bon vouloir :** l'accord, le consentement d'une personne qui dépend plus ou moins de son humeur du moment. *On n'attendait plus que le bon vouloir du chauffeur du car pour démarrer.*

voulu, e adj. ❶ Qui est fait volontairement. *Les méchancetés de Boris étaient voulues.* SYN. intentionnel. ❷ Qui est imposé, exigé, demandé. *Essaie d'arriver à l'heure voulue.*

vous pron. personnel. ❶ Représente la 2ᵉ personne du pluriel. *Je vous remercie tous d'être venus. C'est à vous que je parle !* → VOIR **pronom** (encadré). ❷ Remplace *tu* quand on parle à une personne qu'on ne connaît pas bien, à qui on parle avec respect. *Marie, je vous remercie bien.*

voûte, ✎ ***voute*** n.f. ❶ Plafond arrondi. *Michel-Ange a peint la voûte de la chapelle Sixtine.* ❷ S'emploie en poésie pour parler du ciel. *La voûte étoilée.* • **Voûte du palais :** la paroi supérieure de la bouche. • **Voûte plantaire :** le dessous du pied, entre le talon et les orteils, qui ne repose pas sur le sol.

voûté, e, ✎ ***vouté, e*** adj. ❶ Dont le plafond forme une voûte. *Les caves des vieux immeubles sont souvent voûtées.* ❷ Qui est courbé, anormalement penché en avant. *Le vieillard avait le dos voûté.* SYN. rond.

se voûter, ✎ ***se vouter*** v.pron. (CONJUG. 3). Avoir le dos qui se courbe. *Avec l'âge, le vieil homme commence à se voûter.*

vouvoiement n.m. Le fait de vouvoyer quelqu'un. → VOIR AUSSI **tutoiement.**

vouvoyer v. (CONJUG. 14). Utiliser le pronom *vous* pour s'adresser à une personne, et non le pronom *tu*. *Elle vouvoie ses collègues.* → VOIR AUSSI **tutoyer.**

vox populi n.f. inv. Expression latine qui signifie « la voix du peuple », donc l'opinion du plus grand nombre.

voyage n.m. ❶ Déplacement dans un autre lieu, action de se rendre ailleurs. *J'ai fait le voyage en avion.* SYN. trajet. ❷ Déplacement dans un pays assez lointain, pour le plaisir de la découverte. *Nous partons en voyage demain, nous allons en Suède.* ❸ Aller et retour pour transporter quelque chose. *Il a dû faire plusieurs voyages pour déménager tous ses livres.*

> **HISTOIRE DU MOT** Vient du latin *viaticum* qui signifie « provisions pour la route », de *via* que l'on retrouve dans *voie.*

voyager voyageant, voyagé v. (CONJUG. 5). ❶ Se rendre ailleurs, en particulier dans un pays étranger. *Alexandre aimerait beaucoup voyager.* ❷ Utiliser un moyen de transport. *Vincent voyage toujours en train.*

voyageur, euse n. ❶ Personne qui fait des voyages. *C'est une grande voyageuse, elle est allée dans le monde entier.* ❷ Personne qui utilise un moyen de transport en commun. *Les voyageurs sont invités à monter en voiture.*

1 voyant, e adj. Qui attire l'œil. *Clotilde portait une robe d'une couleur voyante.* CONTR. discret.

2 voyant, e n. Personne qui prédit l'avenir. *La voyante m'a prédit que je gagnerai le gros lot.*

3 voyant n.m. Appareil, le plus souvent lumineux, qui avertit de quelque chose. *Quand ce voyant s'allume, c'est qu'il n'y a plus d'huile dans le moteur de la voiture.*

voyelle n.f. Son d'une langue prononcé en faisant résonner la voix, par opposition à *consonne*. *« a, e, i, o, u, y » sont les six voyelles de l'alphabet français.*

> **HISTOIRE DU MOT** Vient du latin *vox, vocis* qui signifie « voix ».

voyou n.m. ❶ Personne malhonnête, qui commet des délits. SYN. crapule. ❷ Garçon, plus ou moins délinquant, qui traîne dans les rues.

en vrac adv. ❶ En désordre. *Vania a posé ses affaires en vrac sur son lit.* SYN. pêle-mêle. ❷ Sans emballage. *J'ai acheté des bonbons en vrac* (= pas en paquet).

vrai, e adj. ❶ Conforme à la réalité, à la vérité. *Ce qu'il dit est vrai.* SYN. exact. CONTR. faux. *C'est une histoire vraie.* SYN. véridique. CONTR. imaginaire. ❷ Qui est réellement ceci ou cela. *Êtes-vous sûre qu'il s'agit d'un vrai diamant ?* SYN. authentique. CONTR. artificiel. *Un vrai sportif ne se conduit pas ainsi.* SYN. véritable. ◆ **vrai** n.m. Ce qui est vrai. *Je n'arrive pas à démêler le vrai du faux dans cette affaire.* • **À vrai dire :** pour dire la vérité sans détour. *À vrai dire, je n'avais pas pensé à cette solution.*

vraiment adv. ❶ Réellement. *Ça s'est vraiment passé ainsi.* SYN. véritablement. ❷ Renforce une affirmation, une négation ou une question. *Tu n'as vraiment pas de chance.*

vraisemblable adj. ❶ Qui peut être vrai, qui a l'allure de la vérité. *Son histoire paraît vraisemblable.* SYN. plausible. ❷ Qui a toutes les chances de se produire. *Il est vraisemblable que nous serons plus nombreux que prévu.* SYN. probable.

vraisemblablement adv. Probablement, sans doute. *Paul devrait être là ; il a vraisemblablement raté le train.*

vraisemblance n.f. Caractère de ce qui est vraisemblable. *La fin du film manque de vraisemblance* (= elle n'est pas crédible).

vrille n.f. ❶ Nom donné à la tige fine de certaines plantes qui s'enroule sur un support. *Les vrilles de la vigne.* ❷ Outil dont une extrémité a la forme d'une vis pointue et que l'on fait tourner pour percer des trous.

A B C D E F G H I J K L M N O P Q R S T U V W X Y Z

vrombir vrombissant, vrombi **v.** (CONJUG. 16). Faire entendre un ronflement vibrant, en tournant. *Le moteur de la voiture vrombit.*

vrombissement **n.m.** Bruit de ce qui vrombit. *Bientôt on n'entendit plus le vrombissement du moteur.* SYN. ronflement.

V.T.T. **n.m.** Vélo à pneus épais qu'on utilise sur des terrains accidentés. *Nous faisons du V.T.T. dans le bois.* ▸ REM. Au Québec, *V.T.T.* est l'abréviation de « véhicule tout-terrain ».

HISTOIRE DU MOT *V.T.T.* est l'abréviation de « vélo tout-terrain ».

1 **vu, e** **adj.** • **Bien vu, mal vu :** dont on a une bonne, une mauvaise opinion. *Malika est bien vue des professeurs.*

2 **vu** **prép.** Étant donné. *Vu la situation, il vaut mieux ne pas insister.* ◆ **n.m.invar.** • **Au vu et au su de quelqu'un :** sans se cacher de lui. *Elle a emporté une pomme, au vu et au su de la marchande.* CONTR. à l'insu de.

vue **n.f.** ❶ L'un des cinq sens, qui permet de voir les formes, les couleurs, etc. *J'ai une très bonne vue.* ❷ Le fait de voir, de regarder. *La vue d'une araignée lui donne la chair de poule.* SYN. vision. ❸ Ce que l'on voit du lieu où l'on est. *De ma chambre, on a une vue sur la campagne.* SYN. panorama. ❹ Façon de concevoir les choses, de les envisager. *Vous avez une vue très optimiste de la situation.* SYN. conception, opinion. ❺ Image, photo ou tableau représentant un édifice, un paysage. *Des vues aériennes de Paris.* • **À première vue :** au premier regard, sans examen approfondi. *À première vue, je ne trouvais pas ce tableau très intéressant.* • **À vue d'œil :** si vite que cela devient visible. *Mon chat grandit à vue d'œil.* • **De vue :** par la vue seulement. *« Connais-tu Fabrice ? – De vue seulement. »* • **En vue :** visible, qui apparaît nettement. *Le stylo était bien en vue sur la table mais je le cherchais partout.* • **En vue de :** dans tel objectif. *Étienne s'entraîne en vue du championnat.* ▸ REM. Au mot *vue* correspond l'élément tiré du grec *opt-* que l'on retrouve dans des mots comme *optique, opticien.*

vulcanologie **n.f.** → **volcanologie**

vulcanologue **n.** → **volcanologue**

vulgaire **adj.** ❶ Qui manque d'éducation, et fait preuve de grossièreté. *C'était un homme vulgaire.* SYN. fruste. CONTR. distingué. *Un langage vulgaire.* SYN. grossier, ordurier. CONTR. raffiné. ❷ Qui est très ordinaire et n'a rien de particulier ni de remarquable. *Élise a mis les fleurs dans une vulgaire bouteille en plastique !* SYN. banal, simple. ❸ *Le nom vulgaire d'une plante, d'un animal*, c'est celui que tout le monde emploie, qui appartient à la langue courante, par opposition au *nom savant*. *« Laurier » est le nom vulgaire de « Laurus nobilis ».* SYN. courant, usuel.

HISTOIRE DU MOT Vient du latin *vulgus* qui signifie « le commun des hommes, la foule ».

vulgairement **adv.** ❶ Avec vulgarité. *Yves s'exprime vulgairement.* SYN. grossièrement. ❷ Dans le langage courant. *Le myosotis est appelé vulgairement « ne-m'oubliez-pas ».*

vulgarisation **n.f.** Le fait de vulgariser des connaissances. *J'ai regardé à la télévision une émission de vulgarisation médicale* (= où on expliquait en termes simples des notions compliquées).

vulgariser **v.** (CONJUG. 3). Rendre des connaissances accessibles à tous en les expliquant simplement. *Le journaliste a su vulgariser des notions scientifiques très spécialisées.*

vulgarité **n.f.** Manque de distinction et de délicatesse, fait d'être vulgaire. *Muriel emploie un langage d'une vulgarité choquante.* SYN. grossièreté.

vulnérable **adj.** ❶ Qui peut être atteint par une arme, un mal. *Achille, le héros de la mythologie grecque, n'était vulnérable qu'au talon.* CONTR. invulnérable. ❷ Que l'on peut facilement peiner, blesser. *Sophie est très vulnérable depuis la mort de son père.* SYN. fragile.

HISTOIRE DU MOT Vient du latin *vulnus, vulneris* qui signifie « blessure ».

vulve **n.f.** Organe génital externe de la femme et de certains mammifères.

V.T.T.

a b c d e f g h i j k l m n o p q r s t u v w x y z

Ww Xx Yy Zz

wagon **n.m.** Voiture d'un train qui sert au transport des marchandises et des animaux ou du courrier. *Des wagons de céréales.*
▶ REM. 1. On prononce [vagɔ̃]. 2. Pour les voyageurs, on dit *une voiture*.

HISTOIRE DU MOT C'est un mot anglais qui signifie « chariot ».

wagon-citerne **n.m.** (PLUR. : **wagons-citernes**). Wagon destiné au transport des liquides. *Ces wagons-citernes transportent de l'essence.*

wagon-lit **n.m.** (PLUR. : **wagons-lits**). Voiture de chemin de fer constituée de compartiments aménagés en cabines qui permettent aux voyageurs de dormir pendant un voyage de nuit.
▶ REM. On dit aussi *voiture-lit*.

wagonnet **n.m.** Petit chariot sur rails servant au transport du charbon ou de la terre. *On utilise des wagonnets dans les mines.*

wagon-restaurant **n.m.** (PLUR. : **wagons-restaurants**). Voiture de chemin de fer où l'on sert des repas aux voyageurs.

walkie-talkie **n.m.** (PLUR. : **walkies-talkies**). Au Canada, talkie-walkie.

wallon, onne **adj.** et **n.** De la Wallonie, région de la Belgique. ◆ **wallon** **n.m.** Langue parlée par les Wallons.
▶ REM. 1. Quand il désigne une personne, le mot prend une majuscule : *un Wallon, une Wallonne*. 2. On prononce [walɔ̃, walɔn].

wampum **n.m.** Chez les Indiens d'Amérique, perles cylindriques faites de coquillages polis qui servent d'ornement, de monnaie et parfois d'aide-mémoire.
▶ REM. On prononce [wampum].

wapiti **n.m.** Grand cerf d'Amérique du Nord et d'Asie, dont les bois peuvent atteindre 1,80 m d'envergure.
▶ REM. On prononce [wapiti].

wapiti

water-polo (PLUR. : **water-polos**), ✎ ***waterpolo*** **n.m.** Jeu de ballon qui se joue dans l'eau entre deux équipes de sept joueurs et qui consiste à faire pénétrer un ballon dans les buts adverses.
▶ REM. C'est un mot anglais, on prononce [watɛrpɔlo].

water-polo

waters **n.m.plur.**, ✎ ***water*** ***n.m.*** En France, pièce destinée aux besoins naturels. SYN. cabinets, toilettes, W.-C.
▶ REM. 1. On prononce [watɛr]. 2. *Cabinets* s'emploie surtout dans le langage des enfants ; *W.-C.* est de moins en moins employé ; *toilettes* est le terme le plus utilisé aujourd'hui.

HISTOIRE DU MOT Vient de l'anglais *water closet*, de *water*, « eau », et *closet*, « cabinet ».

watt **n.m.** Unité qui sert à mesurer la puissance de l'électricité. *Une ampoule de 60 watts.*
▶ REM. 1. On prononce [wat]. 2. On écrit *W* en abrégé.

HISTOIRE DU MOT Vient du nom de l'ingénieur écossais *James Watt*.

W.-C. **n.m.plur.** Waters.

Web ou **web** **n.m.** Système qui permet d'avoir accès à Internet.
▶ REM. 1. C'est une abréviation de l'anglais *world wide web*, qui signifie « toile d'araignée mondiale ». 2. On prononce [wɛb]. 3. On dit aussi *la Toile*.

webcam **n.f.** Caméra numérique miniaturisée destinée à enregistrer et à diffuser des images animées sur un site Internet.

week-end (PLUR. : week-ends), ✎ ***weekend*** **n.m.** Congé du samedi et du dimanche.
▸ REM. Au Canada, on dit *une fin de semaine*.
HISTOIRE DU MOT C'est un mot anglais qui signifie « fin de semaine ».

western **n.m.** Film d'aventures dont l'action se situe dans l'ouest des États-Unis, et qui met en scène des cow-boys et des pionniers au moment de la conquête des territoires de l'Ouest sur les Indiens.
HISTOIRE DU MOT C'est un mot américain qui signifie « de l'Ouest ».

western (*les Sept Mercenaires* de John Sturges, 1960)

whisky **n.m.** (PLUR. : **whiskys** ou **whyskies**). Alcool fait avec de l'orge, du seigle, de l'avoine, et que l'on fabrique surtout en Écosse et aux États-Unis.

white-spirit **n.m.** (PLUR. : **white-spirits**). Liquide extrait du pétrole, dont on se sert pour diluer les peintures ou pour enlever des taches sur certains tissus.
▸ REM. On prononce [wajtspirit].
HISTOIRE DU MOT C'est un mot anglais qui signifie « essence blanche ».

wigwam **n.m.** Habitation traditionnelle des Indiens d'Amérique du Nord faite de perches et recouverte d'écorces et de peaux de bêtes. → VOIR AUSSI **tipi**.
▸ REM. On prononce [wigwam].

winchester **n.m.** Fusil américain à répétition créé par F. Winchester, employé pendant la guerre de Sécession.
▸ REM. On prononce [winʃɛstɛr].

wolof → **ouolof**

Xx

xénophobe **adj.** et **n.** Qui n'aime pas les étrangers et leur est hostile.
HISTOIRE DU MOT Vient du grec *xenos* qui signifie « étranger ».

xénophobie **n.f.** Hostilité à l'égard des étrangers.

xylophone **n.m.** Instrument de musique constitué d'une série de lames de bois ou de métal de longueur décroissante sur lesquelles on frappe avec deux baguettes. *Le xylophone est un instrument très répandu en Afrique, en Asie du Sud-Est et en Amérique centrale.*
▸ REM. Attention au *-y-*.

xylophone

Yy

y **pron.** Mot qui remplace un complément introduit par *à*. « *Tu penses à ranger ta chambre ? – J'y pense.* » → VOIR **pronom** (encadré). ◆ **adv.** Dans cet endroit. *Allons-y !*

yacht **n.m.** Bateau de plaisance, à voiles ou à moteur. *L'armateur a donné une réception à bord de son yacht.*
▸ REM. On prononce [jɔt].

yachting **n.m.** Navigation de plaisance sur un yacht. *Nos voisins sont des adeptes du yachting.*
▸ REM. C'est un mot anglais, on prononce [jɔtiŋ].

yack ou **yak** **n.m.** Ruminant au pelage long et à la crinière épaisse vivant dans les montagnes du Tibet, dont les cornes peuvent atteindre 1 m de long et qui a une bosse sur le haut du dos.
ENCYCLOPÉDIE Les Tibétains utilisent les yacks pour porter des fardeaux. Ils tirent parti de son lait, de sa chair et de son cuir.

yack

yaourt ou **yogourt** **n.m.** Lait caillé qui a subi une fermentation acide et que l'on trouve généralement présenté en petit pot. *Un yaourt aux fruits.*
▸ REM. 1. On écrit aussi *yoghourt*. 2. On prononce [jaurt] ou [jogurt].
HISTOIRE DU MOT C'est un mot turc.

yard **n.m.** Unité de longueur anglo-saxonne qui vaut environ 90 cm.

yen **n.m.** Nom de la monnaie du Japon.

yeux **n.m.plur.** → **œil**

yiddish **n.m.invar.** Langue mixte composée d'hébreu et d'allemand, surtout parlée par les Juifs d'Europe de l'Est.

HISTOIRE DU MOT Vient de l'allemand *jüdisch*, « juif ».

yoga **n.m.** Discipline originaire de l'Inde, qui vise à obtenir une maîtrise parfaite de l'esprit et du corps. *Lise fait du yoga.*

HISTOIRE DU MOT C'est un mot sanskrit qui signifie « jonction, union ».

yogourt **n.m.** → **yaourt**

yole **n.f.** Embarcation légère et allongée, propulsée à l'aviron.

Yom Kippour ou **Kippour** **n.m.invar.** Fête juive de pénitence célébrée dix jours après le Nouvel An, et aussi appelée *Grand Pardon*.

yourte ou **iourte** **n.f.** Tente en feutre sous laquelle habitent les nomades turcs et mongols.

yourte (Kazakhstan)

youyou **n.m.** Petit canot que l'on manœuvre à la rame.

Yo-Yo **n.m.invar.** Jouet composé d'un double disque que l'on fait monter et descendre le long d'un fil.
▸ REM. C'est un nom de marque, le mot prend deux majuscules, en France, dans les textes imprimés.

yucca **n.m.** Plante ornementale originaire d'Amérique centrale, qui ressemble à l'aloès.
▸ REM. On prononce [juka].

Zz

zapper **v.** (CONJUG. **3**). Changer de chaîne de télévision à l'aide d'une télécommande. *Benoît n'arrête pas de zapper, je ne peux pas suivre mon film !*

HISTOIRE DU MOT Vient de l'anglais *to zap* qui signifie « bouger vite ou avec force ».

zazou **n.** et **adj.** (Familier) Jeune qui se faisait remarquer par ses vêtements excentriques et son amour du jazz, au lendemain de la Seconde Guerre mondiale, en France.

zèbre **n.m.** ❶ Mammifère d'Afrique, voisin du cheval, au pelage blanchâtre rayé de noir ou de brun, et dont les pattes se terminent par des sabots. ❷ (Familier) Individu bizarre. *Quel drôle de zèbre, celui-là !*

zèbre

zébrer **v.** (CONJUG. **9**, ✎ *10*). Marquer de raies, de lignes sinueuses. *Des éclairs zébraient le ciel.*

zébrure **n.f.** ❶ Rayure du pelage du zèbre, du tigre. ❷ Raie ou marque sur une surface. *On voyait les zébrures d'un coup de fouet sur la peau.*

zébu **n.m.** Grand mammifère ruminant domestique d'Asie et d'Afrique tropicales ainsi que de Madagascar, qui a une bosse sur le haut du dos.
▸ REM. On dit aussi *bœuf à bosse*.

zec **n.f.** Au Québec, territoire délimité par l'État et soumis à une réglementation spéciale pour la protection de l'habitat naturel et de la faune.

HISTOIRE DU MOT Ce mot est le sigle de « zone d'exploitation contrôlée ».

zèle **n.m.** Ardeur et application que l'on met à faire quelque chose ou à servir une personne. *Cet employé travaille avec zèle.* • (Familier) **Faire du zèle :** montrer trop d'empressement dans son travail ou dans son comportement.

zélé, e **adj.** Qui travaille avec zèle. *Des collaborateurs zélés.*

zen **n.m.** Doctrine dérivée du bouddhisme, originaire de Chine et introduite au Japon au XIIe siècle. *Le zen accorde une grande importance à la méditation.*

zénith **n.m.** Point de la sphère céleste situé juste à la verticale d'un observateur. *Lorsque nous partîmes, le soleil était au zénith.*

zébu

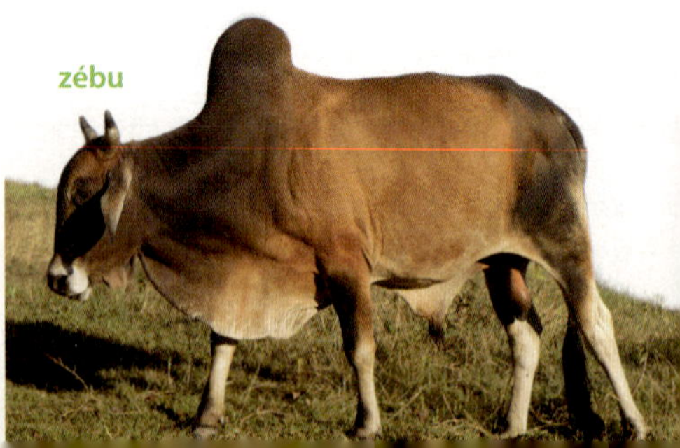

zéphyr **n.m.** Vent doux et agréable. *Un léger zéphyr poussait le bateau vers le rivage.* SYN. brise.
▸ REM. Ce mot appartient à la langue littéraire.

zéro **n.m.** ❶ Nombre qui indique une valeur nulle. *300 s'écrit avec un trois suivi de deux zéros.* ❷ Valeur, quantité ou grandeur nulle. *Ils ont gagné par deux buts à zéro.* ❸ Note la plus basse d'un système de notation. *Brice a eu un zéro en géographie.* ❹ Point à partir duquel on compte ou on mesure quelque chose. *La température est tombée au-dessous de zéro.* • (Familier) **Avoir le moral à zéro :** être extrêmement déprimé. • **Repartir de zéro :** recommencer quelque chose depuis le début. *La police repart de zéro dans cette enquête.* ◆ **adj.** Aucun. *Aglaé a fait zéro faute à sa dictée.*

HISTOIRE DU MOT Vient de l'italien *zero* qui vient de l'arabe *sifr,* qui signifie « vide, zéro » et qui a aussi donné le mot *chiffre* ; ce sont les Arabes qui ont transmis à l'Occident la notion et la notation du zéro que les Romains et les Grecs ne connaissaient pas.

zeste **n.m.** Morceau d'écorce d'orange ou de citron. *J'ai mis des zestes d'orange dans le gâteau pour le parfumer.*

zézaiement **n.m.** Défaut de prononciation d'une personne qui zézaie.
▸ REM. Attention, *-aie-*.

zézayer **v.** (CONJUG. **13**). Prononcer *z* à la place de *j*, et *s* à la place de *ch*. *Cyril zézaye, il dit « zardin » au lieu de « jardin », un « sampion » au lieu d'un « champion ».* SYN. (Fam.) zozoter.

zibeline **n.f.** ❶ Petite martre à poil très fin que l'on trouve en Sibérie et au Japon, dont la fourrure, brun foncé, est très recherchée. ❷ Fourrure de cet animal. *Un manteau de zibeline.*

ziggourat **n.f.** Temple, originaire de Mésopotamie, ayant la forme d'une tour à étages de dimensions décroissantes.
▸ REM. On prononce [zigurat].

zigzag **n.m.** Ligne brisée, formant des angles alternativement saillants et rentrants. *Cette route de montagne fait des zigzags.* SYN. lacet. *Marcher en zigzag.*

zigzaguer **zigzaguant, zigzagué v.** (CONJUG. **6**). Faire des zigzags. *La voiture a zigzagué avant de s'arrêter contre un mur.*

zinc **n.m.** Métal blanc que l'on utilise notamment pour recouvrir les toitures, pour faire des gouttières, etc.
▸ REM. On prononce [zɛ̃g].

zizanie **n.f.** *Semer la zizanie*, c'est faire naître la discorde, provoquer une dispute. *Semer la zizanie dans une famille.* SYN. brouille, dissension.

HISTOIRE DU MOT Vient du latin *zizania* qui signifie « ivraie ».

Zodiac **n.m.** Canot en caoutchouc, qui peut être équipé d'un moteur. *Les sauveteurs ont pris leur Zodiac pour aller chercher un nageur en danger.*
▸ REM. C'est un nom de marque, le mot prend une majuscule, en France, dans les textes imprimés.

zodiaque **n.m.** Zone du ciel divisée en douze parties égales et dans laquelle on voit le Soleil, la Lune et les planètes se déplacer en une année. *Les signes du zodiaque sont le Bélier, le Taureau, les Gémeaux, le Cancer, le Lion, la Vierge, la Balance, le Scorpion, le Sagittaire, le Capricorne, le Verseau et les Poissons.*

HISTOIRE DU MOT Vient du grec *zodiakos* qui signifie « qui concerne les constellations d'animaux », de *zôon*, « être vivant », que l'on retrouve dans *zoo* et *zoologie*.

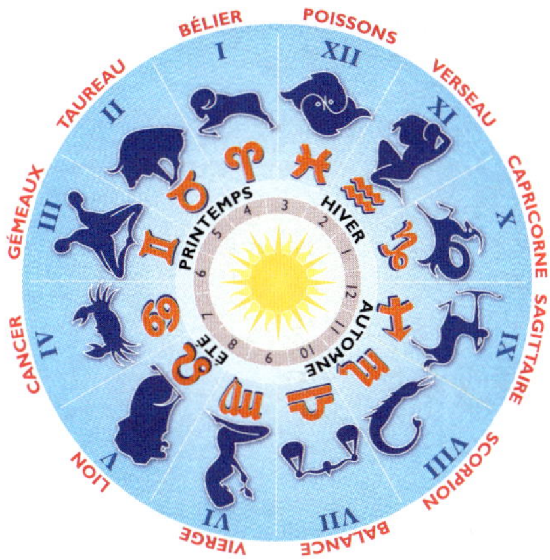

les signes du **zodiaque**

zombie **n.m.** ❶ Dans les croyances populaires des Antilles, mort qui serait sorti du tombeau et qu'un sorcier aurait à son service. ❷ (Familier) Nom que l'on donne à une personne qui a un air absent, qui est molle, sans volonté.

zona **n.m.** Maladie infectieuse qui se caractérise par de vives douleurs sur le trajet des nerfs.

zone **n.f.** ❶ Partie d'un lieu, d'un espace. *Jean habite près de la zone industrielle.* SYN. secteur. ❷ En géographie, espace délimité approximativement par des parallèles et auquel correspond un type de climat. *La zone intertropicale, la zone tempérée et les deux zones polaires.* → VOIR Fiche **34**.

HISTOIRE DU MOT Vient du latin *zona* qui signifie « ceinture ».

zoo **n.m.** Lieu où l'on garde des animaux exotiques ou rares dans des cages ou de vastes enclos pour les faire voir aux visiteurs. *Au zoo, Aurélie a jeté des cacahuètes aux singes.*
▸ REM. 1. On prononce [zo] ou [zoo]. 2. C'est l'abréviation de *jardin zoologique*.

zoologie **n.f.** L'étude des animaux. *L'entomologie est une branche de la zoologie.*

HISTOIRE DU MOT Vient du grec *zôon*, « être vivant ».

zoologique **adj.** ❶ *Un jardin zoologique*, c'est un zoo. ❷ *Un parc zoologique*, c'est une vaste étendue de terrain où des animaux sauvages vivent en semi-liberté et que l'on peut visiter en voiture. *Au parc zoologique de Thoiry, Paul a dû arrêter la voiture pour laisser passer des zèbres.*

A B C D E F G H I J K L M N O P Q R S T U V W X Y Z

zoologiste **n.** Spécialiste de zoologie.

zoom **n.m.** Objectif d'un appareil photo ou d'une caméra qui permet de donner l'impression qu'on se rapproche ou qu'on s'éloigne de l'objet que l'on photographie ou de la scène que l'on filme. *Pendant le safari-photo, Alexandra a filmé des éléphants en utilisant un zoom.*
▸ REM. C'est un mot anglais, on prononce [zum].

zouave **n.m.** Nom donné autrefois à un soldat algérien de l'armée française. • (Familier) **Faire le zouave :** faire le clown, le pitre.

zozoter **v.** (CONJUG. **3**). (Familier) Zézayer.

zucchini **n.m.** Au Canada, courgette.
▸ REM. On prononce [zykini].

zut **interj.** (Familier) Exclamation qui exprime le dépit, l'agacement, la contrariété. *Zut ! j'ai oublié mes clés !*

zythum **n.m.** Nom donné par les savants du XIXe siècle à la bière que les Égyptiens fabriquaient, dans l'Antiquité, avec de l'orge fermentée.
▸ REM. Ce mot est jusqu'à aujourd'hui le dernier mot de tous les grands dictionnaires de français.

Tableaux de conjugaison

1. avoir

INDICATIF		SUBJONCTIF	CONDITIONNEL
présent j'ai tu as il, elle a nous avons vous avez ils, elles ont	**passé composé** j'ai eu tu as eu il, elle a eu nous avons eu vous avez eu ils, elles ont eu	**présent** que j'aie que tu aies qu'il, elle ait que nous ayons que vous ayez qu'ils, elles aient	**présent** j'aurais tu aurais il, elle aurait nous aurions vous auriez ils, elles auraient
imparfait j'avais tu avais il, elle avait nous avions vous aviez ils, elles avaient	**plus-que-parfait** j'avais eu tu avais eu il, elle avait eu nous avions eu vous aviez eu ils, elles avaient eu	**imparfait** que j'eusse que tu eusses qu'il, elle eût que nous eussions que vous eussiez qu'ils, elles eussent	**passé** j'aurais eu tu aurais eu il, elle aurait eu nous aurions eu vous auriez eu ils, elles auraient eu
passé simple j'eus tu eus il, elle eut nous eûmes vous eûtes ils, elles eurent	**passé antérieur** j'eus eu tu eus eu il, elle eut eu nous eûmes eu vous eûtes eu ils, elles eurent eu	**passé** que j'aie eu que tu aies eu qu'il, elle ait eu que nous ayons eu que vous ayez eu qu'ils, elles aient eu	**IMPÉRATIF** aie ayons ayez
futur j'aurai tu auras il, elle aura nous aurons vous aurez ils, elles auront	**futur antérieur** j'aurai eu tu auras eu il, elle aura eu nous aurons eu vous aurez eu ils, elles auront eu	**plus-que-parfait** que j'eusse eu que tu eusses eu qu'il, elle eût eu que nous eussions eu que vous eussiez eu qu'ils, elles eussent eu	**PARTICIPES** **présent** ayant **passé** eu eus eue eues

2. être

INDICATIF		SUBJONCTIF	CONDITIONNEL
présent je suis tu es il, elle est nous sommes vous êtes ils, elles sont	**passé composé** j'ai été tu as été il, elle a été nous avons été vous avez été ils, elles ont été	**présent** que je sois que tu sois qu'il, elle soit que nous soyons que vous soyez qu'ils, elles soient	**présent** je serais tu serais il, elle serait nous serions vous seriez ils, elles seraient
imparfait j'étais tu étais il, elle était nous étions vous étiez ils, elles étaient	**plus-que-parfait** j'avais été tu avais été il, elle avait été nous avions été vous aviez été ils, elles avaient été	**imparfait** que je fusse que tu fusses qu'il, elle fût que nous fussions que vous fussiez qu'ils, elles fussent	**passé** j'aurais été tu aurais été il, elle aurait été nous aurions été vous auriez été ils, elles auraient été
passé simple je fus tu fus il, elle fut nous fûmes vous fûtes ils, elles furent	**passé antérieur** j'eus été tu eus été il, elle eut été nous eûmes été vous eûtes été ils, elles eurent été	**passé** que j'aie été que tu aies été qu'il, elle ait été que nous ayons été que vous ayez été qu'ils, elles aient été	**IMPÉRATIF** sois soyons soyez
futur je serai tu seras il, elle sera nous serons vous serez ils, elles seront	**futur antérieur** j'aurai été tu auras été il, elle aura été nous aurons été vous aurez été ils, elles auront été	**plus-que-parfait** que j'eusse été que tu eusses été qu'il, elle eût été que nous eussions été que vous eussiez été qu'ils, elles eussent été	**PARTICIPES** **présent** étant **passé** été

Remarque : *Le conditionnel est parfois considéré non comme un mode mais comme un temps de l'indicatif, permettant d'exprimer un futur dans le passé, une condition, une éventualité ou la conséquence d'un fait supposé.*

Verbes du 1er groupe en -er

participe présent en -ant, participe passé en -é

3. chanter

INDICATIF		SUBJONCTIF	CONDITIONNEL
présent je chante tu chantes il, elle chante nous chantons vous chantez ils, elles chantent	**passé composé** j'ai chanté tu as chanté il, elle a chanté nous avons chanté vous avez chanté ils, elles ont chanté	**présent** que je chante que tu chantes qu'il, elle chante que nous chantions que vous chantiez qu'ils, elles chantent	**présent** je chanterais tu chanterais il, elle chanterait nous chanterions vous chanteriez ils, elles chanteraient
imparfait je chantais tu chantais il, elle chantait nous chantions vous chantiez ils, elles chantaient	**plus-que-parfait** j'avais chanté tu avais chanté il, elle avait chanté nous avions chanté vous aviez chanté ils, elles avaient chanté	**imparfait** que je chantasse que tu chantasses qu'il, elle chantât que nous chantassions que vous chantassiez qu'ils, elles chantassent	**passé** j'aurais chanté tu aurais chanté il, elle aurait chanté nous aurions chanté vous auriez chanté ils, elles auraient chanté
passé simple je chantai tu chantas il, elle chanta nous chantâmes vous chantâtes ils, elles chantèrent	**passé antérieur** j'eus chanté tu eus chanté il, elle eut chanté nous eûmes chanté vous eûtes chanté ils, elles eurent chanté	**passé** que j'aie chanté que tu aies chanté qu'il, elle ait chanté que nous ayons chanté que vous ayez chanté qu'ils, elles aient chanté	**IMPÉRATIF** chante chantons chantez
futur je chanterai tu chanteras il, elle chantera nous chanterons vous chanterez ils, elles chanteront	**futur antérieur** j'aurai chanté tu auras chanté il, elle aura chanté nous aurons chanté vous aurez chanté ils, elles auront chanté	**plus-que-parfait** que j'eusse chanté que tu eusses chanté qu'il, elle eût chanté que nous eussions chanté que vous eussiez chanté qu'ils, elles eussent chanté	**PARTICIPES** **présent** chantant **passé** chanté chantés chantée chantées

• Les verbes en -cer, -ger, -guer, -ier, -éer.

4. avancer	Les verbes en -cer s'écrivent avec ç devant a et o : *j'avançais, nous avançons.*
5. manger	Les verbes en -ger prennent un e devant a et o : *je mangeais, nous mangeons.*
6. conjuguer	Les verbes en -guer gardent toujours le u après le g : *je conjuguais, nous conjuguons.*
7. copier	Les verbes en -ier gardent le i partout. Attention donc à certaines formes (imparfait de l'indicatif et présent du subjonctif) qui s'écrivent avec deux i : *nous copiions, vous copiiez.*
8. créer	Les verbes en -éer gardent le é partout. Attention donc aux formes du participe passé qui s'écrivent avec deux é : *créé, créés, créée, créées.*

• Les verbes en -é...er et -e...er.

9. céder*	Les verbes en -é...er changent parfois le é en è.		
INDICATIF **présent**	je cède il, elle cède nous cédons ils, elles cèdent	SUBJONCTIF **présent**	que je cède qu'il, elle cède que nous cédions qu'ils, elles cèdent
imparfait	je cédais il, elle cédait nous cédions ils, elles cédaient	CONDITIONNEL **présent**	je céderais il, elle céderait nous céderions ils, elles céderaient
passé simple	je cédai il, elle céda nous cédâmes ils, elles cédèrent	IMPÉRATIF	cède cédons cédez
futur	je céderai il, elle cédera nous céderons ils, elles céderont	PARTICIPES **présent** **passé**	cédant cédé, cédés, cédée, cédées

*Remarque : La nouvelle orthographe permet de conjuguer céder et les verbes du même type sur le modèle de semer (10), au futur et au conditionnel : *il, elle cèdera, il, elle cèderait*.

10. semer	Les verbes en -e...er changent parfois le e en è.		
INDICATIF **présent**	je sème il, elle sème nous semons ils, elles sèment	SUBJONCTIF **présent**	que je sème qu'il, elle sème que nous semions qu'ils, elles sèment
imparfait	je semais il, elle semait nous semions ils, elles semaient	CONDITIONNEL **présent**	je sèmerais il, elle sèmerait nous sèmerions ils, elles sèmeraient
passé simple	je semai il, elle sema nous semâmes ils, elles semèrent	IMPÉRATIF	sème semons semez
futur	je sèmerai il, elle sèmera nous sèmerons ils, elles sèmeront	PARTICIPES **présent** **passé**	semant semé, semés, semée, semées

11. acheter* ou peler*	Les verbes en -eter ou en -eler se conjuguent comme semer ; ils changent le e en è : *j'achète ; je pèle.*

12. jeter* ou appeler*	Ces verbes et leurs composés doublent le t ou le l au présent, futur et conditionnel		
INDICATIF **présent**	je jette il, elle jette nous jetons ils, elles jettent	SUBJONCTIF **présent**	que je jette qu'il, elle jette que nous jetions qu'ils, elles jettent
imparfait	je jetais il, elle jetait nous jetions ils, elles jetaient	CONDITIONNEL **présent**	je jetterais il, elle jetterait nous jetterions ils, elles jetteraient
passé simple	je jetai il, elle jeta nous jetâmes ils, elles jetèrent	IMPÉRATIF	jette jetons jetez
futur	je jetterai il, elle jettera nous jetterons ils, elles jetteront	PARTICIPES **présent** **passé**	jetant jeté, jetés, jetée, jetées

*Remarque : La nouvelle orthographe permet de conjuguer tous les autres verbes en -eter ou en -eler sur le modèle de acheter et peler (11), au présent, futur et conditionnel : *je cachète, il cachètera, elle cachèterait ; j'épèle, il épèlera, elle épèlerait.*

Remarque : *Le conditionnel est parfois considéré non comme un mode mais comme un temps de l'indicatif, permettant d'exprimer un futur dans le passé, une condition, une éventualité ou la conséquence d'un fait supposé.*

• Les verbes en -yer.

13. payer	Les verbes en -ayer peuvent garder le y ou le changer en i devant un e.		
INDICATIF **présent**	je paie ou paye tu paies ou payes il, elle paie ou paye nous payons vous payez ils, elles paient ou payent	SUBJONCTIF **présent**	que je paie ou paye que tu paies ou payes qu'il, elle paie ou paye que nous payions que vous payiez qu'ils, elles paient ou payent
imparfait	je payais il, elle payait nous payions ils, elles payaient	CONDITIONNEL **présent**	je paierais ou payerais il, elle paierait ou payerait nous paierions ou payerions ils, elles paieraient ou payeraient
passé simple	je payai il, elle paya nous payâmes ils, elles payèrent	IMPÉRATIF	paie ou paye payons payez
futur	je paierai ou payerai il, elle paiera ou payera nous paierons ou payerons ils, elles paieront ou payeront	PARTICIPES **présent** **passé**	payant payé, payés, payée, payées

14. essuyer ou nettoyer	Les verbes en -uyer ou en -oyer changent toujours le y en i devant un e muet.		
INDICATIF **présent**	j'essuie il, elle essuie nous essuyons ils, elles essuient	SUBJONCTIF **présent**	que j'essuie qu'il, elle essuie que nous essuyions qu'ils, elles essuient
imparfait	j'essuyais il, elle essuyait nous essuyions ils, elles essuyaient	CONDITIONNEL **présent**	j'essuierais il, elle essuierait nous essuierions ils, elles essuieraient
passé simple	j'essuyai il, elle essuya nous essuyâmes ils, elles essuyèrent	IMPÉRATIF	essuie essuyons essuyez
futur	j'essuierai il, elle essuiera nous essuierons ils, elles essuieront	PARTICIPES **présent** **passé**	essuyant essuyé, essuyés, essuyée, essuyées

• Les verbes irréguliers en -er.

15. envoyer			
INDICATIF **présent**	j'envoie tu envoies il, elle envoie nous envoyons vous envoyez ils, elles envoient	SUBJONCTIF **présent**	que j'envoie que tu envoies qu'il, elle envoie que nous envoyions que vous envoyiez qu'ils, elles envoient
imparfait	j'envoyais il, elle envoyait nous envoyions ils, elles envoyaient	CONDITIONNEL **présent**	j'enverrais il, elle enverrait nous enverrions ils, elles enverraient
passé simple	j'envoyai il, elle envoya nous envoyâmes ils, elles envoyèrent	IMPÉRATIF	envoie envoyons envoyez
futur	j'enverrai il, elle enverra nous enverrons ils, elles enverront	PARTICIPES **présent** **passé**	envoyant envoyé, envoyés, envoyée, envoyées

• Verbes du 2e groupe en -ir

participe présent en -issant, participe passé en -i

16. finir

INDICATIF		SUBJONCTIF	CONDITIONNEL
présent je finis tu finis il, elle finit nous finissons vous finissez ils, elles finissent	**passé composé** j'ai fini tu as fini il, elle a fini nous avons fini vous avez fini ils, elles ont fini	**présent** que je finisse que tu finisses qu'il, elle finisse que nous finissions que vous finissiez qu'ils, elles finissent	**présent** je finirais tu finirais il, elle finirait nous finirions vous finiriez ils, elles finiraient
imparfait je finissais tu finissais il, elle finissait nous finissions vous finissiez ils, elles finissaient	**plus-que-parfait** j'avais fini tu avais fini il, elle avait fini nous avions fini vous aviez fini ils, elles avaient fini	**imparfait** que je finisse que tu finisses qu'il, elle finît que nous finissions que vous finissiez qu'ils, elles finissent	**passé** j'aurais fini tu aurais fini il, elle aurait fini nous aurions fini vous auriez fini ils, elles auraient fini
passé simple je finis tu finis il, elle finit nous finîmes vous finîtes ils, elles finirent	**passé antérieur** j'eus fini tu eus fini il, elle eut fini nous eûmes fini vous eûtes fini ils, elles eurent fini	**passé** que j'aie fini que tu aies fini qu'il, elle ait fini que nous ayons fini que vous ayez fini qu'ils, elles aient fini	IMPÉRATIF finis finissons finissez
futur je finirai tu finiras il, elle finira nous finirons vous finirez ils, elles finiront	**futur antérieur** j'aurai fini tu auras fini il, elle aura fini nous aurons fini vous aurez fini ils, elles auront fini	**plus-que-parfait** que j'eusse fini que tu eusses fini qu'il, elle eût fini que nous eussions fini que vous eussiez fini qu'ils, elles eussent fini	PARTICIPES **présent** finissant **passé** fini finis finie finies

17. haïr	Ce verbe se conjugue comme finir et garde son tréma partout, sauf aux 3 premières personnes du présent de l'indicatif : ***je hais, tu hais, il hait, nous haïssons, vous haïssez, ils haïssent.***

• Verbes irréguliers du 3e groupe

participe présent en -ant, participes passés en -é, -u, -i, -is...

18. aller

INDICATIF **présent**	je vais tu vas il, elle va nous allons vous allez ils, elles vont	SUBJONCTIF **présent**	que j'aille que tu ailles qu'il, elle aille que nous allions que vous alliez qu'ils, elles aillent
imparfait	j'allais il, elle allait nous allions ils, elles allaient	CONDITIONNEL **présent**	j'irais il, elle irait nous irions ils, elles iraient
passé simple	j'allai il, elle alla nous allâmes ils, elles allèrent	IMPÉRATIF	va (ou vas dans vas-y) allons allez
futur	j'irai il, elle ira nous irons ils, elles iront	PARTICIPES **présent** **passé**	allant allé, allés, allée, allées

REMARQUE : *Le conditionnel est parfois considéré non comme un mode mais comme un temps de l'indicatif, permettant d'exprimer un futur dans le passé, une condition, une éventualité ou la conséquence d'un fait supposé.*

	19. partir	20. venir	21. courir
INDICATIF **présent**	je pars tu pars il, elle part nous partons vous partez ils, elles partent	je viens tu viens il, elle vient nous venons vous venez ils, elles viennent	je cours tu cours il, elle court nous courons vous courez ils, elles courent
imparfait	je partais il, elle partait	je venais il, elle venait	je courais il, elle courait
passé simple	je partis il, elle partit ils, elles partirent	je vins il, elle vint ils, elles vinrent	je courus il, elle courut ils, elles coururent
futur	je partirai il, elle partira nous partirons ils, elles partiront	je viendrai il, elle viendra nous viendrons ils, elles viendront	je courrai il, elle courra nous courrons ils, elles courront
CONDITIONNEL **présent**	je partirais il, elle partirait nous partirions ils, elles partiraient	je viendrais il, elle viendrait nous viendrions ils, elles viendraient	je courrais il, elle courrait nous courrions ils, elles courraient
SUBJONCTIF **présent**	que je parte qu'il, elle parte que nous partions qu'ils, elles partent	que je vienne qu'il, elle vienne que nous venions qu'ils, elles viennent	que je coure qu'il, elle coure que nous courions qu'ils, elles courent
IMPÉRATIF	pars, partons, partez	viens, venons, venez	cours, courons, courez
PARTICIPES	partant, parti	venant, venu	courant, couru

	22. revêtir	23. acquérir	24. mourir
INDICATIF **présent**	je revêts tu revêts il, elle revêt nous revêtons vous revêtez ils, elles revêtent	j'acquiers tu acquiers il, elle acquiert nous acquérons vous acquérez ils, elles acquièrent	je meurs tu meurs il, elle meurt nous mourons vous mourez ils, elles meurent
imparfait	je revêtais il, elle revêtait	j'acquérais il, elle acquérait	je mourais il, elle mourait
passé simple	je revêtis il, elle revêtit ils, elles revêtirent	j'acquis il, elle acquit ils, elles acquirent	je mourus il, elle mourut ils, elles moururent
futur	je revêtirai il, elle revêtira nous revêtirons ils, elles revêtiront	j'acquerrai il, elle acquerra nous acquerrons ils, elles acquerront	je mourrai il, elle mourra nous mourrons ils, elles mourront
CONDITIONNEL **présent**	je revêtirais il, elle revêtirait nous revêtirions ils, elles revêtiraient	j'acquerrais il, elle acquerrait nous acquerrions ils, elles acquerraient	je mourrais il, elle mourrait nous mourrions ils, elles mourraient
SUBJONCTIF **présent**	que je revête qu'il, elle revête que nous revêtions qu'ils, elles revêtent	que j'acquière qu'il, elle acquière que nous acquérions qu'ils, elles acquièrent	que je meure qu'il, elle meure que nous mourions qu'ils, elles meurent
IMPÉRATIF	revêts, revêtons, revêtez	acquiers, acquérons, acquérez	meurs, mourons, mourez
PARTICIPES	revêtant, revêtu	acquérant, acquis	mourant, mort

	25. bouillir	26. cueillir	27. assaillir
INDICATIF **présent**	je bous tu bous il, elle bout nous bouillons vous bouillez ils, elles bouillent	je cueille tu cueilles il, elle cueille nous cueillons vous cueillez ils, elles cueillent	j'assaille tu assailles il, elle assaille nous assaillons vous assaillez ils, elles assaillent
imparfait	je bouillais il, elle bouillait	je cueillais il, elle cueillait	j'assaillais il, elle assaillait
passé simple	je bouillis il, elle bouillit ils, elles bouillirent	je cueillis il, elle cueillit ils, elles cueillirent	j'assaillis il, elle assaillit ils, elles assaillirent
futur	je bouillirai il, elle bouillira nous bouillirons ils, elles bouilliront	je cueillerai il, elle cueillera nous cueillerons ils, elles cueilleront	j'assaillirai il, elle assaillira nous assaillirons ils, elles assailliront
CONDITIONNEL **présent**	je bouillirais il, elle bouillirait nous bouillirions ils, elles bouilliraient	je cueillerais il, elle cueillerait nous cueillerions ils, elles cueilleraient	j'assaillirais il, elle assaillirait nous assaillirions ils, elles assailliraient
SUBJONCTIF **présent**	que je bouille qu'il, elle bouille que nous bouillions qu'ils, elles bouillent	que je cueille qu'il, elle cueille que nous cueillions qu'ils, elles cueillent	que j'assaille qu'il, elle assaille que nous assaillions qu'ils, elles assaillent
IMPÉRATIF	bous, bouillons, bouillez	cueille, cueillons, cueillez	assaille, assaillons, assaillez
PARTICIPES	bouillant, bouilli	cueillant, cueilli	assaillant, assailli

	28. ouvrir	29. fuir	30. devoir
INDICATIF **présent**	j'ouvre tu ouvres il, elle ouvre nous ouvrons vous ouvrez ils, elles ouvrent	je fuis tu fuis il, elle fuit nous fuyons vous fuyez ils, elles fuient	je dois tu dois il, elle doit nous devons vous devez ils, elles doivent
imparfait	j'ouvrais il, elle ouvrait	je fuyais il, elle fuyait	je devais il, elle devait
passé simple	j'ouvris il, elle ouvrit ils, elles ouvrirent	je fuis il, elle fuit ils, elles fuirent	je dus il, elle dut ils, elles durent
futur	j'ouvrirai il, elle ouvrira nous ouvrirons ils, elles ouvriront	je fuirai il, elle fuira nous fuirons ils, elles fuiront	je devrai il, elle devra nous devrons ils, elles devront
CONDITIONNEL **présent**	j'ouvrirais il, elle ouvrirait nous ouvririons ils, elles ouvriraient	je fuirais il, elle fuirait nous fuirions ils, elles fuiraient	je devrais il, elle devrait nous devrions ils, elles devraient
SUBJONCTIF **présent**	que j'ouvre qu'il, elle ouvre que nous ouvrions qu'ils, elles ouvrent	que je fuie qu'il, elle fuie que nous fuyions qu'ils, elles fuient	que je doive qu'il, elle doive que nous devions qu'ils, elles doivent
IMPÉRATIF	ouvre, ouvrons, ouvrez	fuis, fuyons, fuyez	dois, devons, devez
PARTICIPES	ouvrant, ouvert	fuyant, fui	devant, dû, dus (due, dues)

Remarque : *Le conditionnel est parfois considéré non comme un mode mais comme un temps de l'indicatif, permettant d'exprimer un futur dans le passé, une condition, une éventualité ou la conséquence d'un fait supposé.*

	31. recevoir	32. émouvoir 33. mouvoir*	34. vouloir
INDICATIF **présent**	je reçois il, elle reçoit nous recevons ils, elles reçoivent	j'émeus il, elle émeut nous émouvons ils, elles émeuvent	je veux il, elle veut nous voulons ils, elles veulent
imparfait	je recevais il, elle recevait	j'émouvais il, elle émouvait	je voulais il, elle voulait
passé simple	je reçus il, elle reçut ils, elles reçurent	j'émus il, elle émut ils, elles émurent	je voulus il, elle voulut ils, elles voulurent
futur	je recevrai il, elle recevra nous recevrons ils, elles recevront	j'émouvrai il, elle émouvra nous émouvrons ils, elles émouvront	je voudrai il, elle voudra nous voudrons ils, elles voudront
CONDITIONNEL **présent**	je recevrais il, elle recevrait nous recevrions ils, elles recevraient	j'émouvrais il, elle émouvrait nous émouvrions ils, elles émouvraient	je voudrais il, elle voudrait nous voudrions ils, elles voudraient
SUBJONCTIF **présent**	que je reçoive qu'il, elle reçoive que nous recevions qu'ils, elles reçoivent	que j'émeuve qu'il, elle émeuve que nous émouvions qu'ils, elles émeuvent	que je veuille qu'il, elle veuille que nous voulions qu'ils, elles veuillent
IMPÉRATIF	reçois, recevons, recevez	émeus, émouvons, émouvez	veux, veuillons, veuillez
PARTICIPES	recevant, reçu	émouvant, ému	voulant, voulu

***Remarque :** 33. Mouvoir se conjugue comme émouvoir mais attention au participe passé :
mû, mus , mue, mues.

	35. pouvoir	36. savoir	37. valoir
INDICATIF **présent**	je peux ou puis il, elle peut nous pouvons ils, elles peuvent	je sais il, elle sait nous savons ils, elles savent	je vaux il, elle vaut nous valons ils, elles valent
imparfait	je pouvais il, elle pouvait	je savais il, elle savait	je valais il, elle valait
passé simple	il, elle put ils, elles purent	il, elle sut ils, elles surent	il, elle valut ils, elles valurent
futur	je pourrai il, elle pourra nous pourrons ils, elles pourront	je saurai il, elle saura nous saurons ils, elles sauront	je vaudrai il, elle vaudra nous vaudrons ils, elles vaudront
CONDITIONNEL **présent**	je pourrais il, elle pourrait nous pourrions ils, elles pourraient	je saurais il, elle saurait nous saurions ils, elles sauraient	je vaudrais il, elle vaudrait nous vaudrions ils, elles vaudraient
SUBJONCTIF **présent**	que je puisse qu'il, elle puisse que nous puissions qu'ils, elles puissent	que je sache qu'il, elle sache que nous sachions qu'ils, elles sachent	que je vaille qu'il, elle vaille que nous valions qu'ils, elles vaillent
IMPÉRATIF	–	sache, sachons, sachez	vaux, valons, valez
PARTICIPES	pouvant, pu	sachant, su	valant, valu

	38. voir	39. prévoir	40. pourvoir
INDICATIF **présent**	je vois tu vois il, elle voit nous voyons vous voyez ils, elles voient	je prévois tu prévois il, elle prévoit nous prévoyons vous prévoyez ils, elles prévoient	je pourvois tu pourvois il, elle pourvoit nous pourvoyons vous pourvoyez ils, elles pourvoient
imparfait	je voyais il, elle voyait	je prévoyais il, elle prévoyait	je pourvoyais il, elle pourvoyait
passé simple	je vis il, elle vit ils, elles virent	je prévis il, elle prévit ils, elles prévirent	je pourvus il, elle pourvut ils, elles pourvurent
futur	je verrai il, elle verra nous verrons ils, elles verront	je prévoirai il, elle prévoira nous prévoirons ils, elles prévoiront	je pourvoirai il, elle pourvoira nous pourvoirons ils, elles pourvoiront
CONDITIONNEL **présent**	je verrais il, elle verrait nous verrions ils, elles verraient	je prévoirais il, elle prévoirait nous prévoirions ils, elles prévoiraient	je pourvoirais il, elle pourvoirait nous pourvoirions ils, elles pourvoiraient
SUBJONCTIF **présent**	que je voie qu'il, elle voie que nous voyions qu'ils, elles voient	que je prévoie qu'il, elle prévoie que nous prévoyions qu'ils, elles prévoient	que je pourvoie qu'il, elle pourvoie que nous pourvoyions qu'ils, elles pourvoient
IMPÉRATIF	vois, voyons, voyez	prévois, prévoyons, prévoyez	pourvois, pourvoyons, pourvoyez
PARTICIPES	voyant, vu	prévoyant, prévu	pourvoyant, pourvu

	41. asseoir a deux conjugaisons		42. pleuvoir*
INDICATIF **présent**	j'assieds tu assieds il, elle assied nous asseyons vous asseyez ils, elles asseyent	j'assois tu assois il, elle assoit nous assoyons vous assoyez ils, elles assoient	– – il pleut – – –
imparfait	j'asseyais il, elle asseyait	j'assoyais il, elle assoyait	– il pleuvait
passé simple	j'assis il, elle assit ils, elles assirent	j'assis il, elle assit ils, elles assirent	– il plut –
futur	j'assiérai il, elle assiéra nous assiérons ils, elles assiéront	j'assoirai il, elle assoira nous assoirons ils, elles assoiront	– il pleuvra – –
CONDITIONNEL **présent**	j'assiérais il, elle assiérait nous assiérions ils, elles assiéraient	j'assoirais il, elle assoirait nous assoirions ils, elles assoiraient	– il pleuvrait – –
SUBJONCTIF **présent**	que j'asseye qu'il, elle asseye que nous asseyions qu'ils, elles asseyent	que j'assoie qu'il, elle assoie que nous assoyions qu'ils, elles assoient	– qu'il pleuve – –
IMPÉRATIF	assieds, asseyons, asseyez	assois, assoyons, assoyez	– –
PARTICIPES	asseyant, assis	assoyant, assis	pleuvant, plu

***Remarque :** 42. Au sens figuré, le verbe pleuvoir s'emploie également à la 3e personne du pluriel : *À Noël, les cadeaux pleuvent.*

REMARQUE : *Le conditionnel est parfois considéré non comme un mode mais comme un temps de l'indicatif, permettant d'exprimer un futur dans le passé, une condition, une éventualité ou la conséquence d'un fait supposé.*

	43. falloir	44. échoir	45. déchoir
INDICATIF **présent**	– il faut – –	– il, elle échoit – ils, elles échoient	je déchois il, elle déchoit nous déchoyons ils, elles déchoient
imparfait	– il fallait	– il, elle échoyait	– –
passé simple	il fallut –	il, elle échut ils, elles échurent	il, elle déchut ils, elles déchurent
futur	– il faudra – –	– il, elle échoira ou écherra ils, elles échoiront ou écherront	je déchoirai il, elle déchoira nous déchoirons ils, elles déchoiront
CONDITIONNEL **présent**	– il faudrait – –	– il, elle échoirait ou écherrait ils, elles échoiraient ou écherraient	je déchoirais il, elle déchoirait nous déchoirions ils, elles déchoiraient
SUBJONCTIF **présent**	– qu'il faille – –	– qu'il, elle échoie – qu'ils, elles échoient	que je déchoie qu'il, elle déchoie que nous déchoyions qu'ils, elles déchoient
IMPÉRATIF	–	–	–
PARTICIPES	–, fallu	échéant, échu	–, déchu

	46. vendre* 47. rompre*	ou tordre	ou répondre
INDICATIF **présent**	je vends il, elle vend nous vendons ils, elles vendent	je tords il, elle tord nous tordons ils, elles tordent	je réponds il, elle répond nous répondons ils, elles répondent
imparfait	je vendais il, elle vendait	je tordais il, elle tordait	je répondais il répondait
passé simple	il, elle vendit ils, elles vendirent	il, elle tordit ils, elles tordirent	il, elle répondit ils, elles répondirent
futur	je vendrai il, elle vendra nous vendrons ils, elles vendront	je tordrai il, elle tordra nous tordrons ils, elles tordront	je répondrai il, elle répondra nous répondrons ils, elles répondront
CONDITIONNEL **présent**	je vendrais il, elle vendrait nous vendrions ils, elles vendraient	je tordrais il, elle tordrait nous tordrions ils, elles tordraient	je répondrais il, elle répondrait nous répondrions ils, elles répondraient
SUBJONCTIF **présent**	que je vende qu'il, elle vende que nous vendions qu'ils, elles vendent	que je torde qu'il, elle torde que nous tordions qu'ils, elles tordent	que je réponde qu'il, elle réponde que nous répondions qu'ils, elles répondent
IMPÉRATIF	vends, vendons, vendez	tords, tordons, tordez	réponds, répondons, répondez
PARTICIPES	vendant, vendu	tordant, tordu	répondant, répondu

***REMARQUES :** 46. Les verbes en **-andre** comme **répandre**, en **-erdre** comme **perdre** se conjuguent comme **vendre**.
47. **Rompre**, **corrompre** et **interrompre** prennent un **t** à la 3e personne du singulier du présent de l'indicatif : ***il rompt, il corrompt, il interrompt.***

	48. prendre	49. craindre, peindre, joindre	50. battre
INDICATIF **présent**	je prends tu prends il, elle prend nous prenons vous prenez ils, elles prennent	je crains tu crains il, elle craint nous craignons vous craignez ils, elles craignent	je bats tu bats il, elle bat nous battons vous battez ils, elles battent
imparfait	je prenais il, elle prenait	je craignais il, elle craignait	je battais il, elle battait
passé simple	il, elle prit ils, elles prirent	il, elle craignit ils, elles craignirent	il, elle battit ils, elles battirent
futur	je prendrai il, elle prendra nous prendrons ils, elles prendront	je craindrai il, elle craindra nous craindrons ils, elles craindront	je battrai il, elle battra nous battrons ils, elles battrons
CONDITIONNEL **présent**	je prendrais il, elle prendrait nous prendrions ils, elles prendraient	je craindrais il, elle craindrait nous craindrions ils, elles craindraient	je battrais il, elle battrait nous battrions ils, elles battraient
SUBJONCTIF **présent**	que je prenne qu'il, elle prenne que nous prenions qu'ils, elles prennent	que je craigne qu'il, elle craigne que nous craignions qu'ils, elles craignent	que je batte qu'il, elle batte que nous battions qu'ils, elles battent
IMPÉRATIF	prends, prenons, prenez	crains, craignons, craignez	bats, battons, battez
PARTICIPES	prenant, pris	craignant, craint	battant, battu

	51. mettre	52. coudre	53. moudre
INDICATIF **présent**	je mets tu mets il, elle met nous mettons vous mettez ils, elles mettent	je couds tu couds il, elle coud nous cousons vous cousez ils, elles cousent	je mouds tu mouds il, elle moud nous moulons vous moulez ils, elles moulent
imparfait	je mettais il, elle mettait	je cousais il, elle cousait	je moulais il, elle moulait
passé simple	il, elle mit ils, elles mirent	il, elle cousit ils, elles cousirent	il, elle moulut ils, elles moulurent
futur	je mettrai il, elle mettra nous mettrons ils, elles mettront	je coudrai il, elle coudra nous coudrons ils, elles coudront	je moudrai il, elle moudra nous moudrons ils, elles moudront
CONDITIONNEL **présent**	je mettrais il, elle mettrait nous mettrions ils, elles mettraient	je coudrais il, elle coudrait nous coudrions ils, elles coudraient	je moudrais il, elle moudrait nous moudrions ils, elles moudraient
SUBJONCTIF **présent**	que je mette qu'il, elle mette que nous mettions qu'ils, elles mettent	que je couse qu'il, elle couse que nous cousions qu'ils, elles cousent	que je moule qu'il, elle moule que nous moulions qu'ils, elles moulent
IMPÉRATIF	mets, mettons, mettez	couds, cousons, cousez	mouds, moulons, moulez
PARTICIPES	mettant, mis	cousant, cousu	moulant, moulu

Remarque : *Le conditionnel est parfois considéré non comme un mode mais comme un temps de l'indicatif, permettant d'exprimer un futur dans le passé, une condition, une éventualité ou la conséquence d'un fait supposé.*

	54. absoudre* 55. résoudre	56. suivre	57. vivre
INDICATIF présent	je résous il, elle résout nous résolvons ils, elles résolvent	je suis il, elle suit nous suivons ils, elles suivent	je vis il, elle vit nous vivons ils, elles vivent
imparfait	je résolvais il, elle résolvait	je suivais il, elle suivait	je vivais il, elle vivait
passé simple	il, elle résolut ils, elles résolurent	il, elle suivit ils, elles suivirent	il, elle vécut ils, elles vécurent
futur	je résoudrai il, elle résoudra nous résoudrons ils, elles résoudront	je suivrai il, elle suivra nous suivrons ils, elles suivront	je vivrai il, elle vivra nous vivrons ils, elles vivront
CONDITIONNEL présent	je résoudrais il, elle résoudrait nous résoudrions ils, elles résoudraient	je suivrais il, elle suivrait nous suivrions ils, elles suivraient	je vivrais il, elle vivrait nous vivrions ils, elles vivraient
SUBJONCTIF présent	que je résolve qu'il, elle résolve que nous résolvions qu'ils, elles résolvent	que je suive qu'il, elle suive que nous suivions qu'ils, elles suivent	que je vive qu'il, elle vive que nous vivions qu'ils, elles vivent
IMPÉRATIF	résous, résolvons, résolvez	suis, suivons, suivez	vis, vivons, vivez
PARTICIPES	résolvant, résolu	suivant, suivi	vivant, vécu

Remarque :** 54. Absoudre fait au participe passé ***absous, ***absoute***.
– La nouvelle orthographe permet d'écrire aussi ***absout***, ***absoute***.

	58. conclure	59. rire	60. conduire 61. nuire, luire, reluire*
INDICATIF présent	je conclus il, elle conclut nous concluons ils, elles concluent	je ris il, elle rit nous rions ils, elles rient	je conduis il, elle conduit nous conduisons ils, elles conduisent
imparfait	je concluais il, elle concluait	je riais il, elle riait	je conduisais il, elle conduisait
passé simple	il, elle conclut ils, elles conclurent	il, elle rit ils, elles rirent	il, elle conduisit ils, elles conduisirent
futur	je conclurai il, elle conclura nous conclurons ils, elles concluront	je rirai il, elle rira nous rirons ils, elles riront	je conduirai il, elle conduira nous conduirons ils, elles conduiront
CONDITIONNEL présent	je conclurais il, elle conclurait nous conclurions ils, elles concluraient	je rirais il, elle rirait nous ririons ils, elles riraient	je conduirais il, elle conduirait nous conduirions ils, elles conduiraient
SUBJONCTIF présent	que je conclue qu'il, elle conclue que nous concluions qu'ils, elles concluent	que je rie qu'il, elle rie que nous riions qu'ils, elles rient	que je conduise qu'il, elle conduise que nous conduisions qu'ils, elles conduisent
IMPÉRATIF	conclus, concluons, concluez	ris, rions, riez	conduis, conduisons, conduisez
PARTICIPES	concluant, conclu	riant, ri	conduisant, conduit

***Remarques :** 61. Nuire se conjugue comme conduire mais son participe passé *nui* est invariable.
Luire et reluire ont deux formes du passé simple : ***il luisit*** ou ***luit*** ; ***je reluisis*** ou ***reluis***.

	62. écrire	63. suffire	64. dire
INDICATIF présent	j'écris tu écris il, elle écrit nous écrivons vous écrivez ils, elles écrivent	je suffis tu suffis il, elle suffit nous suffisons vous suffisez ils, elles suffisent	je dis tu dis il, elle dit nous disons vous dites ils, elles disent
imparfait	j'écrivais il, elle écrivait	je suffisais il, elle suffisait	je disais il, elle disait
passé simple	il, elle écrivit ils, elles écrivirent	il, elle suffit ils, elles suffirent	il, elle dit ils, elles dirent
futur	j'écrirai il, elle écrira nous écrirons ils, elles écriront	je suffirai il, elle suffira nous suffirons ils, elles suffiront	je dirai il, elle dira nous dirons ils, elles diront
CONDITIONNEL présent	j'écrirais il, elle écrirait nous écririons ils, elles écriraient	je suffirais il, elle suffirait nous suffirions ils, elles suffiraient	je dirais il, elle dirait nous dirions ils, elles diraient
SUBJONCTIF présent	que j'écrive qu'il, elle écrive que nous écrivions qu'ils, elles écrivent	que je suffise qu'il, elle suffise que nous suffisions qu'ils, elles suffisent	que je dise qu'il, elle dise que nous disions qu'ils, elles disent
IMPÉRATIF	écris, écrivons, écrivez	suffis, suffisons, suffisez	dis, disons, dites
PARTICIPES	écrivant, écrit	suffisant, suffi	disant, dit

	65. interdire	66. maudire	67. lire
INDICATIF présent	j'interdis tu interdis il, elle interdit nous interdisons vous interdisez ils, elles interdisent	je maudis tu maudis il, elle maudit nous maudissons vous maudissez ils, elles maudissent	je lis tu lis il, elle lit nous lisons vous lisez ils, elles lisent
imparfait	j'interdisais il, elle interdisait	je maudissais il, elle maudissait	je lisais il, elle lisait
passé simple	il, elle interdit ils, elles interdirent	il, elle maudit ils, elles maudirent	il, elle lut ils, elles lurent
futur	j'interdirai il, elle interdira nous interdirons ils, elles interdiront	je maudirai il, elle maudira nous maudirons ils, elles maudiront	je lirai il, elle lira nous lirons ils, elles liront
CONDITIONNEL présent	j'interdirais il, elle interdirait nous interdirions ils, elles interdiraient	je maudirais il, elle maudirait nous maudirions ils, elles maudiraient	je lirais il, elle lirait nous lirions ils, elles liraient
SUBJONCTIF présent	que j'interdise qu'il, elle interdise que nous interdisions qu'ils, elles interdisent	que je maudisse qu'il, elle maudisse que nous maudissions qu'ils, elles maudissent	que je lise qu'il, elle lise que nous lisions qu'ils, elles lisent
IMPÉRATIF	interdis, interdisons, interdisez	maudis, maudissons, maudissez	lis, lisons, lisez
PARTICIPES	interdisant, interdit	maudissant, maudit	lisant, lu

Remarque : *Le conditionnel est parfois considéré non comme un mode mais comme un temps de l'indicatif, permettant d'exprimer un futur dans le passé, une condition, une éventualité ou la conséquence d'un fait supposé.*

	68. croire	69. boire	70. faire
INDICATIF **présent**	je crois tu crois il, elle croit nous croyons vous croyez ils, elles croient	je bois tu bois il, elle boit nous buvons vous buvez ils, elles boivent	je fais tu fais il, elle fait nous faisons vous faites ils, elles font
imparfait	je croyais il, elle croyait	je buvais il, elle buvait	je faisais il, elle faisait
passé simple	il, elle crut ils, elles crurent	il, elle but ils, elles burent	il, elle fit ils, elles firent
futur	je croirai il, elle croira nous croirons ils, elles croiront	je boirai il, elle boira nous boirons ils, elles boiront	je ferai il, elle fera nous ferons ils, elles feront
CONDITIONNEL **présent**	je croirais il, elle croirait nous croirions ils, elles croiraient	je boirais il, elle boirait nous boirions ils, elles boiraient	je ferais il, elle ferait nous ferions ils, elles feraient
SUBJONCTIF **présent**	que je croie qu'il, elle croie que nous croyions qu'ils, elles croient	que je boive qu'il, elle boive que nous buvions qu'ils, elles boivent	que je fasse qu'il, elle fasse que nous fassions qu'ils, elles fassent
IMPÉRATIF	crois, croyons, croyez	bois, buvons, buvez	fais, faisons, faites
PARTICIPES	croyant, cru	buvant, bu	faisant, fait

	71. plaire*	72. taire	73. paraître*
INDICATIF **présent**	je plais tu plais il, elle plaît nous plaisons vous plaisez ils, elles plaisent	je tais tu tais il, elle tait nous taisons vous taisez ils, elles taisent	je parais tu parais il, elle paraît nous paraissons vous paraissez ils, elles paraissent
imparfait	je plaisais il, elle plaisait	je taisais il, elle taisait	je paraissais il, elle paraissait
passé simple	il, elle plut ils, elles plurent	il, elle tut ils, elles turent	il, elle parut ils, elles parurent
futur	je plairai il, elle plaira nous plairons ils, elles plairont	je tairai il, elle taira nous tairons ils, elles tairont	je paraîtrai il, elle paraîtra nous paraîtrons ils, elles paraîtront
CONDITIONNEL **présent**	je plairais il, elle plairait nous plairions ils, elles plairaient	je tairais il, elle tairait nous tairions ils, elles tairaient	je paraîtrais il, elle paraîtrait nous paraîtrions ils, elles paraîtraient
SUBJONCTIF **présent**	que je plaise qu'il, elle plaise que nous plaisions qu'ils, elles plaisent	que je taise qu'il, elle taise que nous taisions qu'ils, elles taisent	que je paraisse qu'il, elle paraisse que nous paraissions qu'ils, elles paraissent
IMPÉRATIF	plais, plaisons, plaisez	tais, taisons, taisez	parais, paraissons, paraissez
PARTICIPES	plaisant, plu	taisant, tu	paraissant, paru

***Remarques :** 71. Plaire (et ses dérivés déplaire, complaire) : la nouvelle orthographe permet d'écrire aussi *il, elle plait* (déplait, complait), sans accent circonflexe sur le i devant un t.
73. La nouvelle orthographe permet d'écrire aussi paraitre (et ses dérivés apparaitre, disparaitre) sans accent circonflexe sur le i devant un t : *il, elle parait* (apparait, disparait).

	74. naître*	75. accroître, décroître*	76. croître*
INDICATIF **présent**	je nais tu nais il, elle naît nous naissons vous naissez ils, elles naissent	j'accrois tu accrois il, elle accroît nous accroissons vous accroissez ils, elles accroissent	je croîs tu croîs il, elle croît nous croissons vous croissez ils, elles croissent
imparfait	je naissais il, elle naissait	j'accroissais il, elle accroissait	je croissais il, elle croissait
passé simple	il, elle naquit ils, elles naquirent	il, elle accrut ils, elles accrurent	il, elle crût ils, elles crûrent
futur	je naîtrai il, elle naîtra nous naîtrons ils, elles naîtront	j'accroîtrai il, elle accroîtra nous accroîtrons ils, elles accroîtront	je croîtrai il, elle croîtra nous croîtrons ils, elles croîtront
CONDITIONNEL **présent**	je naîtrais il, elle naîtrait nous naîtrions ils, elles naîtraient	j'accroîtrais il, elle accroîtrait nous accroîtrions ils, elles accroîtraient	je croîtrais il, elle croîtrait nous croîtrions ils, elles croîtraient
SUBJONCTIF **présent**	que je naisse qu'il, elle naisse que nous naissions qu'ils, elles naissent	que j'accroisse qu'il, elle accroisse que nous accroissions qu'ils, elles accroissent	que je croisse qu'il, elle croisse que nous croissions qu'ils, elles croissent
IMPÉRATIF	nais, naissons, naissez	accrois, accroissons, accroissez	croîs, croissons, croissez
PARTICIPES	naissant, né	accroissant, accru	croissant, crû

*Remarques : 74. La nouvelle orthographe permet d'écrire aussi naitre, renaitre, connaitre, reconnaitre sans accent circonflexe sur le i devant un t : *il*, *elle nait*, *naitra*, *naitrait*.
75. La nouvelle orthographe permet d'écrire aussi accroitre, décroitre sans accent circonflexe sur le i devant un t : *il*, *elle accroit*, *accroitra*, *accroitrait*.
76. La nouvelle orthographe permet d'écrire aussi croitre (à l'infinitif) sans accent circonflexe sur le i. Attention aux accents circonflexes sur certaines formes de ce verbe.

	77. extraire	78. clore	79. vaincre
INDICATIF **présent**	j'extrais tu extrais il, elle extrait nous extrayons vous extrayez ils, elles extraient	je clos tu clos il, elle clôt nous closons vous closez ils, elles closent	je vaincs tu vaincs il, elle vainc nous vainquons vous vainquez ils, elles vainquent
imparfait	j'extrayais il, elle extrayait	– –	je vainquais il, elle vainquait
passé simple	– –	– –	il, elle vainquit ils, elles vainquirent
futur	j'extrairai il, elle extraira nous extrairons ils, elles extrairont	je clorai il, elle clora nous clorons ils, elles cloront	je vaincrai il, elle vaincra nous vaincrons ils, elles vaincront
CONDITIONNEL **présent**	j'extrairais il, elle extrairait nous extrairions ils, elles extrairaient	je clorais il, elle clorait nous clorions ils, elles cloraient	je vaincrais il, elle vaincrait nous vaincrions ils, elles vaincraient
SUBJONCTIF **présent**	que j'extraie qu'il, elle extraie que nous extrayions qu'ils, elles extraient	que je close qu'il, elle close que nous closions qu'ils, elles closent	que je vainque qu'il, elle vainque que nous vainquions qu'ils, elles vainquent
IMPÉRATIF	extrais, extrayons, extrayez	clos, closons, closez	vaincs, vainquons, vainquez
PARTICIPES	extrayant, extrait	closant, clos	vainquant, vaincu

La francophonie

C'est le géographe français Onésime Reclus qui a créé en 1880 le terme de « francophonie » pour désigner l'ensemble des personnes et des pays utilisant la langue française à des titres divers. La francophonie regroupe ainsi les États et les peuples « ayant le français en partage ». Aujourd'hui, on évalue à **274 millions environ le nombre de francophones** dans le monde, contre 500 millions pour les anglophones et 400 millions pour les hispanophones. Mais ce chiffre est très approximatif. La réalité est beaucoup plus complexe et recouvre des situations très variées : elles sont tributaires de l'ancienneté de la présence française dans les pays concernés, de la forme qu'y a prise la colonisation, des rapports entre les différentes langues nationales et locales et du niveau de scolarisation.

Onésime Reclus

Le français dans le monde.

L'implantation du français hors de la France a commencé, à la suite des **grandes découvertes**, au XVIIe siècle dans les continents américain (Canada, à partir de 1608, Guyane, Louisiane), africain (Sénégal, en 1638) et asiatique (avec les comptoirs de Pondichéry et de Chandernagor, en Inde), ainsi que dans les Antilles (Martinique et Guadeloupe, Haïti) et dans l'océan Indien (Madagascar, île Bourbon [aujourd'hui La Réunion]). La colonisation s'est intensifiée au XIXe siècle, au Maghreb (Algérie dès 1830), en Indochine (Cambodge, Laos, Annam, Cochinchine, Tonkin), dans une moindre mesure en Océanie (Tahiti, Nouvelle-Calédonie…), et surtout en Afrique noire. En 1885, à la conférence de Berlin, les grandes puissances européennes se partagent ce continent. En 1904 et en 1908, l'Afrique-Occidentale française (A.-O.F.) et l'Afrique-Équatoriale française (A.-É.F.) sont créées. De son côté, la Belgique possède le Congo belge (depuis 1882), le Burundi (1919) et le Rwanda (1923).

La **décolonisation** débute dans les années 1960. C'est à cette époque que certains chefs d'État africains comme le Sénégalais **Léopold Sédar Senghor** ou le Tunisien **Habib Bourguiba** proposent la création d'institutions chargées de favoriser les liens culturels et linguistiques entre les pays nouvellement indépendants et l'ancienne puissance coloniale. En 1970 est créée l'Agence internationale de la francophonie. En 1986 se tient à Paris le premier **Sommet de la francophonie** et, depuis, une conférence a lieu tous les deux ans. Aujourd'hui, l'Organisation internationale de la francophonie (O.I.F.) rassemble 57 États et gouvernements membres de plein droit ou associés (dont le Nouveau-Brunswick, le Québec et la communauté française de Belgique), et 23 États observateurs.

Les Sommets de la francophonie

Paris (France, 1986).
François Mitterrand convoque à Versailles le premier Sommet de la francophonie. Il rassemble 42 participants, dont 16 chefs d'État et 10 chefs de gouvernement.

Québec (Canada - Québec, 1987).
La fréquence bisannuelle des sommets est décidée.

Dakar (Sénégal, 1989).
La France renonce au remboursement par 35 pays d'Afrique de leur dette publique. Coopération juridique et judiciaire.

Paris (France, 1991).
Création du Conseil permanent de la francophonie (C.P.F.) et institution de la Conférence ministérielle (C.M.F.).

Grand Baie (Maurice, 1993).
La communauté francophone défend l'exception culturelle au sein du GATT (accord général sur les tarifs douaniers et le commerce).

Cotonou (Bénin, 1995).
Révision de la Charte de l'O.I.F.

Hanoi (Viêt Nam, 1997).
Élection du premier secrétaire général de la Francophonie, l'Égyptien Boutros Boutros-Ghali.

Moncton (Canada - Nouveau-Brunswick, 1999).

Boutros Boutros-Ghali

Boutros Boutros-Ghali (1922-2016) fut un homme politique égyptien. Ministre des Affaires étrangères de 1977 à 1991, il fut secrétaire général de l'O.N.U. de 1992 à 1996 et secrétaire général de l'Organisation internationale de la francophonie de 1998 à 2002.

Le français, langue de communication.

Dans 13 pays de l'O.I.F., le français est la seule langue officielle. Dans 16 autres pays membres, il est une langue officielle parmi d'autres. C'est notamment le cas en Belgique (avec le néerlandais et l'allemand), en Suisse (avec l'allemand, l'italien et le romanche) ou au Canada (avec l'anglais). Cela l'est aussi dans d'autres pays comme le Cameroun (avec l'anglais), Madagascar (avec le malgache) ou à Haïti (avec le créole). Dans tous les autres (soit près de la moitié des États membres de la Francophonie), le français tient une place particulièrement importante comme langue de communication. C'est le cas en particulier de trois États du Grand Maghreb, la Tunisie, le Maroc et la Mauritanie, et, au Moyen-Orient, du Liban. Dans ces derniers pays, la langue officielle est l'arabe, mais le français est resté très vivace et constitue une langue d'enseignement privilégiée. Au Liban, même s'il tend à reculer comme deuxième langue au profit de l'anglais, il est encore très utilisé par la communauté chrétienne.
De son côté, l'Algérie, où le français est dans les faits la seconde langue la plus parlée et écrite, n'adhère pas encore à la francophonie. En ce qui concerne les pays d'Asie, l'O.I.F. a accueilli le Viêt Nam dès sa création, mais le Laos et le Cambodge n'en sont membres que depuis 1991 et 1993.

Beyrouth **(Liban, 2002).**
Abdou Diouf, ancien président du Sénégal, est nommé secrétaire général de la Francophonie.

Ouagadougou **(Burkina, 2004).**
Sommet consacré à la « Francophonie, espace solidaire pour un développement durable ».

Bucarest **(Roumanie, 2006).**
Abdou Diouf est reconduit à son poste.

Québec **(Canada - Québec, 2008).**
La paix, la gouvernance démocratique et l'État de droit.

Montreux **(Suisse, 2010).**
La Francophonie et le développement durable.

Kinshasa **(République démocratique du Congo, 2012).**

Dakar **(Sénégal, 2014).**
Michaëlle Jean est nommée secrétaire générale de la Francophonie.

Antanarivo **(Madagascar, 2016).**
Thème du sommet : « croissance partagée et développement responsable : les conditions de la stabilité du monde et de l'espace francophone ».

Née à Port-au-Prince en 1957, la Haïtienne Michaëlle Jean est une ancienne journaliste et animatrice d'émissions d'information à la télévision publique canadienne ainsi qu'à la radio. Depuis le 1er janvier 2015, elle est secrétaire générale de l'Organisation internationale de la francophonie.

Michaëlle Jean

Le français, langue d'enseignement.

Certains États font partie des institutions de la Francophonie en raison de la place qu'ils réservent à l'enseignement et à la diffusion de la langue française. Ainsi, l'Égypte est devenue État associé en 1983. Ce pays abrite l'université Senghor, un établissement d'enseignement supérieur de langue française destiné notamment à former des cadres dirigeants spécialisés dans le développement de l'Afrique. Quatre États africains, dont la langue officielle est en fait le portugais ou l'espagnol, mais qui sont très liés à l'Afrique francophone (São Tomé-et-Príncipe, le Cap-Vert, la Guinée-Bissau et la Guinée-Équatoriale), sont membres de l'O.I.F. Enfin, la communauté francophone s'est ouverte à certains pays de l'Est : la Roumanie et la Bulgarie, membres depuis 1993, la Moldavie, depuis 1996, ont été rejointes par la Macédoine en 2001. Ces quatre pays se distinguent en effet par le nombre d'élèves et d'étudiants en français. Chypre et le Ghana sont associés depuis 2006 et l'Arménie depuis 2008. L'Autriche, la Bosnie-Herzégovine, le Costa Rica, la Croatie, la Rép. dominicaine, les Émirats arabes unis, l'Estonie, la Géorgie, la Hongrie, le Kosovo, la Lettonie, la Lituanie, le Mexique, le Monténégro, le Mozambique, la Pologne, la République tchèque, la Serbie, la Slovaquie, la Slovénie, l'Ukraine et l'Uruguay sont États observateurs.

Petite histoire de la langue française

Arènes de Nîmes

Comme l'italien, l'espagnol, le portugais et le roumain (et comme le catalan, le corse ou le wallon...), le français est une langue romane, c'est-à-dire issue de la conquête romaine et du rayonnement de son empire. Apporté par les Romains, le latin (lui-même originaire du *Latium*, province centrale de l'Empire romain, où est située Rome) a été adopté par les populations celtes qui composaient la Gaule. Le français est ainsi issu de brassages de populations ; il s'est imposé à tout le territoire français au fur et à mesure que se formait un État centralisé. Les frontières géographiques entre parlers et entre langues ont ainsi bougé tout au long de l'histoire de France. En Gaule « *trans*alpine » (*au-delà* des Alpes), la conquête romaine fut suivie d'une « romanisation » rapide des sociétés et d'une « latinisation » des langues. Ainsi les traces de l'ancien gaulois sont-elles très rares dans la langue française.

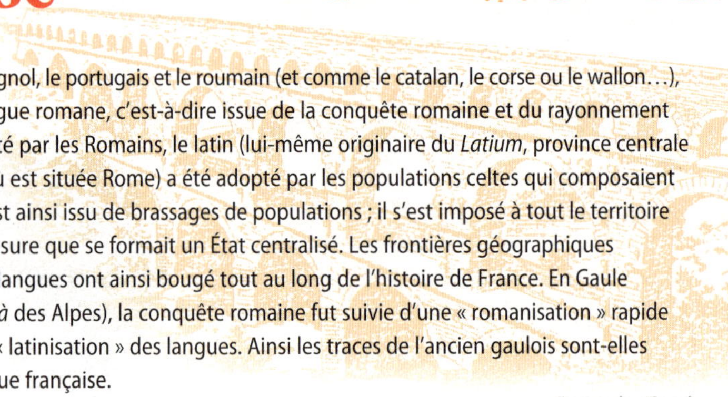
Pont du Gard

Les Francs.

À partir du IIIe siècle après J.-C., la **Gaule romaine** fut envahie par plusieurs tribus d'origine germanique, les « Barbares » (du latin *barbarus*, « étranger »), parmi lesquels les **Francs**. Le plus illustre représentant de ceux-ci est Clovis. Mais, bien que l'Empire romain d'Occident ait été détruit en 476, les Francs s'adaptèrent à leur tour en adoptant le latin et en se convertissant au christianisme (baptême de **Clovis** vers 496 ou 498). Leur langue (le francique) fut donc romanisée pour évoluer progressivement vers le français. D'autres tribus barbares s'étaient également implantées, les Wisigoths dans le Sud-Ouest, les Alamans aux frontières orientales et les Burgondes, qui donnèrent leur nom à la Bourgogne. Mais ils furent battus par les Francs, dont ils adoptèrent la langue (défaites des Wisigoths d'Alaric en 507, des Burgondes en 534), ou demeurèrent maintenus aux frontières du royaume (les Alamans, repoussés au-delà du Rhin par Clovis, laisseront cependant leur empreinte en Alsace et en Suisse alémanique).

Clovis et Clotilde

Charles le Chauve

Le français s'impose lentement.

Hormis le cas de quelques peuples comme les Basques dans l'extrême Sud-Ouest, les Catalans dans le Sud ou encore les Celtes en Bretagne, qui ont su maintenir leurs propres langues, les parlers « gallo-romans » ont évolué très progressivement vers une langue française parlée sur l'ensemble du territoire. Au cours du Moyen Âge, à partir du IXᵉ siècle, une frontière s'est établie de façon assez nette entre des pays de ***langue d'oc***, au Sud, et des pays de ***langue d'oïl***, au Nord. « Oïl » et « oc » sont les deux manières de prononcer « oui » dans l'une et l'autre de ces grandes zones linguistiques.

Troubadours

Certaines régions du Centre ont subi l'influence commune des deux grands groupes tandis que dans le Sud-Est, autour du Rhône, dans une région comprise entre la Franche-Comté, Lyon, Genève et jusqu'au Val d'Aoste, en Italie, se sont formés des parlers spécifiques connus sous le nom de « franco-provençal ». Cette langue n'était pas un mélange de provençal et de français, mais une *langue d'oc* fortement imprégnée de certaines *langues d'oïl*. La langue française a peu à peu été unifiée et codifiée pour être distinguée du latin d'une part, des patois d'autre part. Les parlers gallo-romans s'étaient formés à partir d'un latin « vulgaire » (du mot latin *vulgus,* « la multitude »), c'est-à-dire parlé par le peuple (par les soldats romains par exemple), et avaient évolué chacun différemment. Il semble bien que l'un de ces parlers se soit petit à petit imposé, en tout cas dans sa version écrite ou « lettrée ». Devenu la langue du roi, le ***francien***, ou le français d'Île-de-France, qui était une des langues d'oïl au même titre que le *lorrain* à l'Est, le *picard* au Nord et le *normand* à l'Ouest, a pris le dessus. Il faut attendre le IXᵉ siècle pour pouvoir lire des textes en français. Les ***serments de Strasbourg*** (842) prononcés par Louis le Germanique et Charles le Chauve, à la suite du partage de l'Empire carolingien, sont considérés comme le premier texte écrit en français. Mais il faudra attendre l'**ordonnance de Villers-Cotterêts**, signée par François Iᵉʳ en 1539, pour que le français devienne la langue officielle de l'administration et de la justice. C'est à cette époque, en outre, que se constitue, autour de poètes comme Ronsard, le célèbre groupe de la Pléiade, dont le rôle sera si important dans la constitution d'une littérature nationale. Du Bellay, qui y a appartenu, est l'auteur de ***Défense et illustration de la langue française,*** ouvrage où il défend l'usage du français comme langue de culture face aux adeptes du latin.

Ménestrel

Ronsard

Guerriers gaulois

Quand les mots s'enracinent ou voyagent...

La langue française a une racine avant tout latine, mais elle conserve quand même quelques traces de gaulois et de germanique et a emprunté aussi au grec, souvent par l'entremise du latin. Nos plus célèbres ancêtres ont laissé certains mots de leur vocabulaire d'agriculteurs (comme les mots *char* et *tonneau*) et de *druides* officiant sous un *chêne*. Plus tard, la langue celte, encore vivante aujourd'hui dans le breton, laissera des mots comme *menhir* et *dolmen*. Le grec a légué au français de très nombreuses racines (*acro-*, *amphi-*, *anthropo-*, *auto-*, *crypto-*, *météor[o]-*, *photo-*, etc.) et préfixes (*a[n]-*, *anti-*, *apo-*, *ecto-*, *endo-*, *hypo-*, etc.), et un très grand nombre de mots savants.

Mais il se cache aussi derrière certains mots de la vie quotidienne comme *chaise*, qui vient en fait du grec *cathedra* par l'intermédiaire du latin.

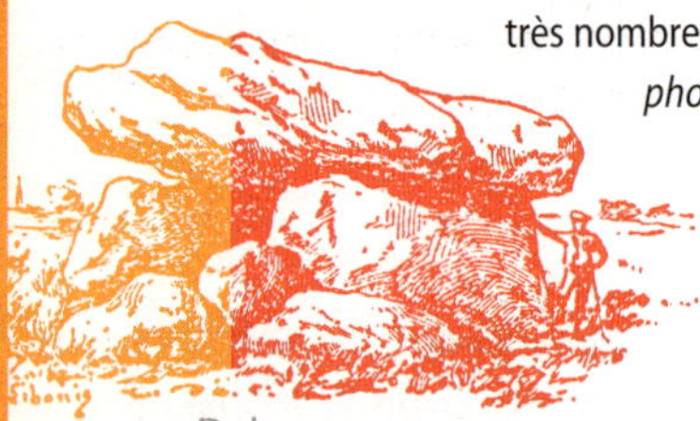

Dolmen

Quelques mots germaniques.

Les racines germaniques de certains mots français se reconnaissent surtout dans le *h* aspiré : *hache, halle, haie, haïr, housse, hareng…* Réciproquement, l'allemand a emprunté au français, une langue qui était particulièrement appréciée à la cour de Frédéric II au XVIIIe siècle, certains mots du vocabulaire militaire *(Regiment, Leutnant, Kapitän…)* mais aussi de l'habillement *(Garderobe…)* et de la cuisine *(Omelett, Frikassee…)*. Par l'intermédiaire du normand, les Vikings ont laissé quelques traces très rares : le mot scandinave ou danois *jul* (qui veut dire Noël et correspond à une très ancienne fête païenne) a donné ainsi l'adjectif *joli*. Une autre langue germanique, le hollandais, a de son côté « exporté » certains mots par l'intermédiaire des marins, des pêcheurs et des marchands, très actifs sur les côtes normandes au Moyen Âge : *matelot, cabillaud* proviennent du néerlandais *mattenoot* et *kabeljauw, amarrer* de *aenmarren, flotter* de *vloten*.

En « échange », les Hollandais ont adopté *locomotive (locomotief), portefeuille, garage, discret (discreet)*, ou encore *plaisir (plezier)*, ainsi que plusieurs suffixes (commiss*ie*, instruct*ie*, assurant*ie*…).

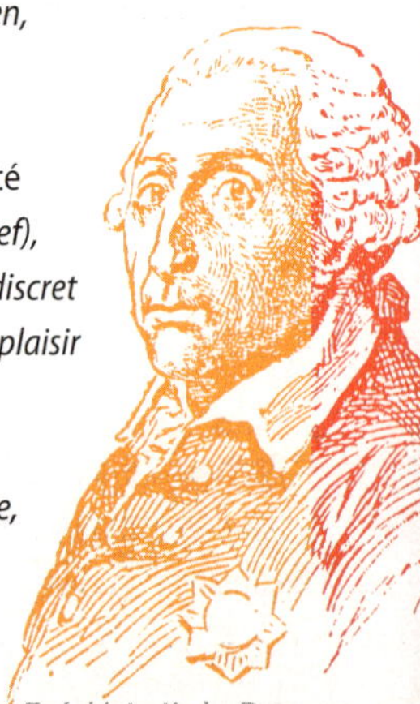

Frédéric II de Prusse

Conquête de l'Angleterre

Les cadeaux des cousines latines.

Dans les langues latines, on retrouve de nombreux emprunts, surtout entre l'italien, le provençal et le français, dès le XIIIe siècle. La diffusion de la littérature des troubadours puis la renaissance des foires marchandes et de change au XVe siècle expliquent en partie ces influences mutuelles. L'italien a donné *banque, banqueroute, changeur, lettre de change*… et une véritable mode *italianizzante* s'est répandue en France au XVIe siècle. De leur côté, de nombreux mots italiens dissimulent aussi, derrière leur apparence, une origine française plutôt que latine : ainsi *mangiare* (manger) est en fait issu de l'ancien français *mangier* (qui vient lui-même du latin *mandicare*), *ristorante* de *restaurant*, *preghiera* (prière) du même mot provençal, et *viaggio* (voyage) vient de *viatge,* un autre mot provençal.

Des mots plus étranges encore.

Présents en Espagne du VIIIe au XVe siècle, et dans le sud-ouest de la France jusqu'en 759, les Arabes nous ont transmis directement ou indirectement de nombreux mots. Par exemple, *alcool, alambic* ou *hasard* sont d'origine arabe, ainsi que *matraque*, qui nous est parvenu par l'intermédiaire de l'italien, et *guitare*, par l'intermédiaire de l'espagnol. D'autres mots ont été importés par les Anglais, les Portugais et les Espagnols de leurs colonies les plus lointaines : d'Inde *(catamaran)* ou d'Amérique latine *(tomate, cacahouète, chocolat)*.

Tennis

Le français et l'anglais : une longue complicité.

On a coutume de dire que le français est menacé par le « franglais », mais il faut rappeler qu'entre les deux langues existe une très ancienne parenté et que l'anglais est profondément imprégné de mots français. À partir de la conquête de l'Angleterre par Guillaume de Normandie au XIe siècle, le français a été, jusqu'au milieu du XIVe siècle, la langue de la cour royale d'Angleterre. La première grammaire française, au XVe siècle, est d'ailleurs… anglaise. Puis les mots sont revenus à leurs expéditeurs. Comme exemple de ces allers et retours d'une langue à l'autre, il y a le mot *budget*, emprunté à l'anglais au XVIIIe siècle : il signifiait d'abord « sac du trésorier » et il n'est autre que l'ancien français *bougette*, petit sac, « parti » sous cette forme en Angleterre au moment de la conquête normande. Mais ce mot vient lui-même de *buge*, sac de cuir, du latin *bulga*, lui-même emprunté sans doute au gaulois. *Cabinet*, un dérivé du picard *cabine*, a suivi un itinéraire comparable : il est passé en Angleterre *(cabin)*, d'où il nous est revenu au XVIIe siècle. *Tennis* n'est pas anglais mais français et renvoie à l'ancêtre de ce sport : le jeu de paume, où le joueur lançait sa balle en avertissant son adversaire par « Tenetz ! ». Un autre mot du sport bien connu des amateurs de football est *penalty* emprunté pourtant au français *pénalité*, et le *toast* du petit déjeuner peut sembler un anglicisme, mais *toster* (rôtir) est indéniablement français…

Le monde de la francophonie

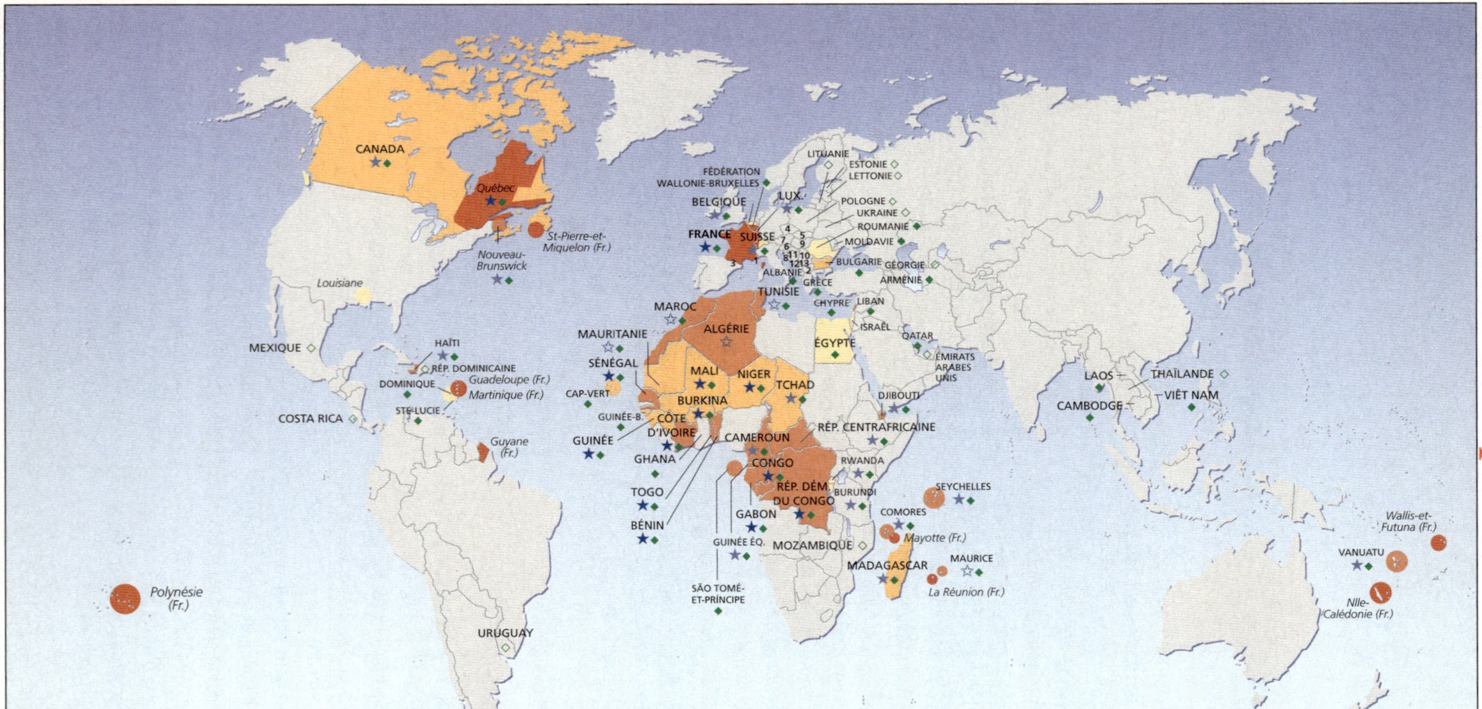

1986 Ier sommet Versailles (France)
1987 IIe sommet Québec (Canada)
1989 IIIe sommet Dakar (Sénégal)
1991 IVe sommet Paris (France)
1993 Ve sommet Grand Baie (Maurice)
1995 VIe sommet Cotonou (Bénin)
1997 VIIe sommet Hanoï (Viêt Nam)
1999 VIIIe sommet Moncton (Canada)
2002 IXe sommet Beyrouth (Liban)
2004 Xe sommet Ouagadougou (Burkina)
2006 XIe sommet Bucarest (Roumanie)
2008 XIIe sommet Québec (Canada)
2010 XIIIe sommet Montreux (Suisse)
2012 XIVe sommet Kinshasa (Rép. dém. du Congo)
2014 XVe sommet Dakar (Sénégal)
2016 XVIe sommet Antananarivo (Madagascar)

LA FRANCOPHONIE DANS LE MONDE

Pays ou régions francophones : part de la population parlant le français

- de 1 % à 10 %
- de 10 % à 25 %
- de 25 % à 75 %
- plus de 75 %

Statut du français

- ★ langue officielle unique
- ★ une des langues officielles
- ☆ langue véhiculaire

Organisation internationale de la francophonie

- ◆ pays membre ou membre associé
- ◇ pays observateur

1 MONACO ★ ◆
2 MACÉDOINE ◆
3 ANDORRE ◆
4 RÉP. TCHÈQUE ◇
5 SLOVAQUIE ◇
6 SLOVÉNIE ◇
7 AUTRICHE ◇
8 CROATIE ◇
9 HONGRIE ◇
10 SERBIE ◇
11 BOSNIE-H. ◇
12 MONTÉNÉGRO ◇
13 KOSOVO ◇

A

Abd el-Kader (1808-1883)

Émir arabe d'Algérie. Au milieu du XIXe siècle, il dirigea pendant quinze ans la résistance algérienne contre la colonisation française. L'un des épisodes marquants de ces années fut, en 1843, la prise par les Français du campement (la smala) d'Abd el-Kader. Abd el-Kader se rendit quatre ans après ; il fut d'abord emprisonné en France, puis il consacra la fin de sa vie à la méditation religieuse.

Abd el-Kader (vers 1835)

Abel → Caïn

Abidjan

Ville de Côte d'Ivoire. 2 878 000 habitants (les *Abidjanais*) ; 4 860 000 avec sa banlieue. Située sur une lagune, Abidjan est le principal port du pays et un centre économique important d'Afrique de l'Ouest. Elle fut la capitale de la Côte* d'Ivoire jusqu'en 1983, avant d'être remplacée par Yamoussoukro*.

Abitibi-Témiscamingue

Région de l'ouest du Québec. Elle est riche en ressources forestières et minières.

Aborigènes

Premières populations humaines connues à avoir vécu en Australie*. Les Aborigènes se sont installés dans cette région du monde il y a 40 000 ans. Au XIXe siècle, les colons britanniques entreprennent de les exterminer et de leur confisquer leurs terres. Elles ne leur seront rendues qu'en 1976. Leurs traditions culturelles sont très riches et s'expriment dans leur peinture et leur mythologie. Le *didjeridoo*, fait d'une longue pièce de bois creuse, est un de leurs instruments (à vent) de musique rituels.

Abraham (XIXe siècle avant J.- C.)

Patriarche biblique. Les juifs, les chrétiens et les musulmans le considèrent comme leur père commun dans la foi en un Dieu unique. Selon la Bible, Abraham, riche Bédouin de la région de Babylone, entendit un jour la voix de Dieu lui ordonner de tout quitter pour aller s'installer dans le pays de Canaan, que nous appelons aujourd'hui la Palestine. Là, il eut deux fils : Ismaël*, l'ancêtre des Arabes, et Isaac*, l'ancêtre des Juifs. → VOIR AUSSI **Kaaba.**

Abraham - bataille des plaines d'Abraham

Bataille de la guerre de Sept Ans. Elle se déroula le 13 septembre 1759 sur un plateau situé près de la ville de Québec* et opposa Français et Anglais. C'est au cours de cette bataille que les généraux Montcalm* et Wolfe furent mortellement blessés, ce qui donna un caractère dramatique à une bataille qui dura moins de 20 minutes.

Académie française

Société de quarante membres élus. Elle a été fondée par Richelieu* au XVIIe siècle. Ses membres (au nombre de 40) se réunissent à Paris pour rédiger un dictionnaire, débattre des problèmes liés à la langue française et décerner des prix.

Acadie

Ancienne région du Canada. Située à l'est de la province de Québec, elle fut la première colonie française d'Amérique du Nord. Au XVIIIe siècle, l'Angleterre et la France se disputèrent la possession de ce territoire qui finit par tomber aux mains des Anglais en 1713. L'Acadie s'étend aujourd'hui sur deux provinces maritimes du Canada.

Achille

Personnage du poème d'Homère *l'Iliade*. Pour le rendre invulnérable, sa mère le plongea dans le Styx, fleuve des Enfers, en le tenant par un talon, qui, lui, resta vulnérable. Au cours de la guerre de Troie*, Achille tua le Troyen Hector pour venger son ami Patrocle. Mécontent, le dieu Apollon fit périr Achille en dirigeant une flèche empoisonnée sur son talon. → VOIR AUSSI **l'Iliade.**

Achille tuant la reine des Amazones

Aconcagua

Point culminant de la chaîne des Andes* (6 959 m). Situé en Argentine, près de la frontière avec le Chili, l'Aconcagua est le sommet le plus élevé du continent américain. La première ascension date de 1897.

Açores

Archipel portugais de l'océan Atlantique. 2 247 km^2. 241 763 habitants (les *Açoréens*). Situées au large des

A B C D E F G H I J K L M N O P Q R S T U V W X Y Z

côtes du Portugal, les Açores sont volcaniques et montagneuses ; leurs principales îles sont très touristiques. Autrefois, les bateaux espagnols en route vers leurs colonies d'Amérique faisaient tous escale aux Açores. On appelle « anticyclone des Açores » une énorme masse d'air qui se forme au-dessus de cet archipel, et qui, en se déplaçant vers le nord-est, en été, apporte le beau temps en Europe.

Acropole

Site de la Grèce antique. Située sur une colline d'Athènes, l'Acropole était, à l'origine, une forteresse. Ravagée par les Perses au Ve siècle avant J.-C., elle fut rénovée sous Périclès qui chargea le sculpteur Phidias des travaux. De magnifiques temples (le Parthénon dédié à Athéna, notamment) furent construits en l'honneur des dieux.

Acropole : le Parthénon (Athènes)

Adam et Ève

Personnages bibliques. Selon la Bible, ils sont le premier homme et la première femme de l'histoire. Dieu a d'abord créé Adam avec de la glaise, puis Ève, à partir d'une côte d'Adam. Il les mit dans le jardin d'Éden en leur demandant de ne pas manger du fruit de l'un des arbres qui s'y trouvaient. Conseillée par le diable, Ève cueillit le fruit défendu. Elle en mangea avec Adam. Dieu les chassa alors du paradis terrestre. Selon la Bible, c'est cette désobéissance qui a amené le mal sur la Terre.

Ader Clément (1841-1925)

Ingénieur français. Précurseur de l'aviation, il construisit deux avions à vapeur, dont l'*Éole*, avec lequel il parvint à décoller et à parcourir quelques dizaines de mètres en 1890.

Adonis

Divinité de la mythologie grecque. Adonis était un très beau jeune homme aimé par Aphrodite*, la déesse de l'Amour. Il fut tué par un sanglier, mais, après sa mort, Zeus l'autorisa à vivre une moitié de l'année aux Enfers et l'autre moitié auprès d'Aphrodite. Il symbolisait la végétation qui meurt en hiver et renaît en été.

Adriatique - mer Adriatique

Partie de la Méditerranée. En forme de golfe étroit (200 km) et allongé (800 km), elle est située entre l'Italie et la péninsule des Balkans. L'Adriatique connut une importante activité commerciale jusqu'au XVIIe siècle. Aujourd'hui, les ports de l'Adriatique, dont Venise, vivent surtout de la pêche, de l'industrie et du tourisme.

Afghanistan (Asie)

- Superficie : 650 000 km^2
- Habitants : 30 552 000 *(les Afghans)*
- Capitale : *Kaboul*
- Langues : *dari (persan), pachto*
- Monnaie : *afghani*

• L'Afghanistan est un pays aride et en grande partie montagneux d'Asie centrale, voisin du Pakistan et de l'Iran. Une agriculture sédentaire et irriguée est développée au pied des montagnes et près des grandes villes, mais la population pratique un élevage souvent nomade. L'Afghanistan a été dirigé par des extrémistes musulmans (les talibans) de 1996 à 2001. Chassés du pouvoir, ceux-ci tentent toujours de le reprendre et le pays reste dans un climat d'insécurité et d'instabilité.

Afrique

L'un des continents. Il s'étend sur 4 000 km de part et d'autre de l'équateur. 30 310 000 km^2. Plus d'1 milliard d'habitants (les *Africains*).

• **Le continent le plus chaud du monde.** Sous l'équateur pousse une forêt très dense. Lorsqu'on s'éloigne de l'équateur, la forêt fait place à la savane, domaine d'immenses troupeaux de mammifères sauvages. Près des tropiques se trouvent les grands déserts : le Sahara au nord, les déserts du Namib et du Kalahari au sud.

• **Une population très ancienne.** C'est en Afrique que l'on a retrouvé les plus anciens squelettes d'hommes préhistoriques. Dans l'Antiquité, l'Égypte possédait une brillante civilisation. Le nord du continent fut colonisé par les Romains, puis par les Arabes, qui remontèrent le cours du Nil et donnèrent naissance à de très grands empires.

• **Colonisation et esclavage.** Un navigateur portugais, Vasco de Gama*, découvrit les côtes de l'Afrique en 1497. À partir du XVIe siècle, l'esclavage fut organisé massivement par les Européens. Des millions d'Africains furent transportés et vendus en Amérique et aux Antilles. Au XIXe siècle, les Européens se disputèrent le partage du continent en colonies.

• **Des problèmes nouveaux.** La plupart des pays africains qui ont obtenu leur indépendance après la Seconde Guerre mondiale sont pauvres et certains ont les niveaux de vie les plus bas du monde. De nombreux habitants souffrent de la famine et de maladies (notamment du sida). L'Afrique connaît des problèmes écologiques : la sécheresse est de plus en plus rude ; la forêt équatoriale et de nombreuses espèces sont menacées de disparition.

Afrique du Sud (Afrique)

- Superficie : 1 221 000 km²
- Habitants : 52 776 000 *(les Sud-Africains)*
- Capitales : *Pretoria, Le Cap*
- Langues : *11 dont afrikaans et anglais*
- Monnaie : *rand*

- **Géographie.** L'Afrique du Sud est située à la pointe méridionale du continent africain. Elle s'étend sur de vastes plateaux qui se relèvent à l'est (massif du Drakensberg). L'altitude modère les températures de ce pays situé juste en dessous de l'Afrique tropicale. Cette situation lui permet de développer des productions agricoles (maïs, vin, sucre) et de l'élevage (bovin et ovin). Son sous-sol est riche en ressources minières : ce pays est l'un des premiers producteurs mondiaux d'or, de diamants, de chrome, de manganèse, de charbon et d'uranium. La population est composée de Noirs à 75 %, tandis que les Blancs ne représentent que 15 % ; s'y ajoutent des minorités métisses ou originaires d'Asie. La disparition de l'apartheid a permis d'élever le niveau de vie de la majorité noire (recul de l'analphabétisme et amélioration de l'emploi). La république d'Afrique du Sud est le pays le plus développé d'Afrique et attire une immigration importante.
- **Histoire.** Peuplée très tôt dans la préhistoire, l'Afrique du Sud est occupée par des populations noires (Bochimans* et Hottentots, dès le XIIe siècle, puis Bantous*). Au XVIe siècle. Les Portugais découvrent le pays, mais ce sont les Hollandais (les Boers*) qui le colonisent et fondent Le Cap*. L'esclavage se développe ; les Hottentots sont décimés par la variole amenée par les colons et les Bochimans sont exterminés. En 1814, la colonie hollandaise passe sous domination britannique. Les Boers migrent vers l'est et le nord (c'est ce qu'on appelle le « Grand Trek ») ; ils fondent les républiques du Transvaal et d'Orange. La découverte d'or au Transvaal déclenche la guerre des Boers, qui se termine par l'annexion des deux républiques des Boers par les Britanniques et la création de l'Union sud-africaine. En 1913, les premières lois de ségrégation raciale sont prises (apartheid) ; elles excluent les métis, les Indiens et surtout les Noirs de la conduite des affaires. En 1961, la république d'Afrique du Sud est créée. La poursuite de la politique d'apartheid conduit à l'isolement international du pays et provoque des émeutes qui amènent à son abolition. En 1994, de premières élections sont organisées, où toutes les populations du pays ont le droit de voter. Le leader noir Nelson Mandela* devient président de la République.

Afrique du Sud, habitation ndebele

Agamemnon

Roi légendaire de Mycènes* et d'Argos (en Grèce). Chef des Grecs qui s'embarquent pour assiéger la ville de Troie* (en Asie Mineure), il sacrifie à la déesse Artémis* sa fille Iphigénie pour faire cesser les vents contraires. De retour de Troie, il est assassiné par son épouse Clytemnestre, qui ne peut lui pardonner d'avoir tué leur enfant. → VOIR AUSSI **Homère, l'Iliade, Troie.**

Agence spatiale européenne → ESA

Aigues-Mortes

Ville française (département du Gard). 8 646 habitants (les *Aigues-Mortais*). Située à 6 km de la Méditerranée, elle fut fondée vers 1240 par Louis IX* qui voulait en faire un grand port. C'est de là qu'il partit pour la croisade vers l'Égypte, en 1248, et vers la Tunisie, en 1270. Ses remparts datent de la fin du XIIIe siècle. → VOIR AUSSI **croisades.**

Airbus

Famille d'avions européens. Les Airbus peuvent transporter un grand nombre de passagers (entre 150 et 400) et franchir de très longues distances sans escale (jusqu'à 13 000 km). Le premier vol de l'Airbus A300 a eu lieu en 1972. La construction de ces avions est assurée par *Airbus Industrie*, à Toulouse. La mise en service, en 2007, de l'A380, pouvant transporter 555 passagers et parcourir 14 200 km, a été suivie, en 2014, de celle du biréacteur long-courrier A350.

Aix-la-Chapelle

Ville d'Allemagne. 236 420 habitants. Fondée par les Romains, Aix-la-Chapelle fut la capitale de l'empire de Charlemagne*. Il y fit construire une cathédrale où ses restes ont été conservés. → VOIR AUSSI **Carolingiens.**

Ajaccio

Ville française. 67 007 habitants (les *Ajacciens*). Chef-lieu de la collectivité territoriale de Corse* et du département de Corse-du-Sud. Cette ville côtière est un important centre commercial et touristique. C'est la ville natale de Napoléon* Bonaparte, dont on peut visiter la maison familiale.

Akhenaton (XIVe siècle avant J.-C.)
Nom que prit le pharaon égyptien Aménophis IV*.
→ VOIR noms communs : **égyptien.**

Aladin
Héros d'un conte des *Mille* et Une Nuits*. Aladin est le fils d'un pauvre tailleur qui va, guidé par un sorcier, chercher au centre de la Terre une lampe magique (un génie y est enfermé) grâce à laquelle il épousera la fille du sultan.

Aladin ou la Lampe merveilleuse, un conte des Mille et Une Nuits

Alaska
État des États-Unis. Il est situé au nord-ouest du Canada. 1 500 000 km^2. 735 132 habitants. C'est le plus grand État des États-Unis. Au nord se trouve la chaîne de Brooks et au sud se dresse la chaîne de l'Alaska avec le mont McKinley qui culmine à 6 194 m. Le climat polaire de l'Alaska favorise la présence des caribous, des renards polaires, des ours appelés grizzlis, des morses et des otaries à fourrure. Autrefois, les seuls habitants de l'Alaska étaient les Inuits*. En 1867, l'Alaska fut vendu par la Russie aux États-Unis.

Albanie (Europe)
- Superficie : 29 000 km^2
- Habitants : 3 173 000 *(les Albanais)*
- Capitale : *Tirana*
- Langue : *albanais*
- Monnaie : *lek*

• Pays des Balkans*, sur la mer Adriatique, la république d'Albanie est le pays le plus pauvre d'Europe. Beaucoup d'Albanais émigrent vers les pays voisins (notamment l'ex-Yougoslavie*) pour trouver du travail. L'agriculture, l'élevage et l'extraction du chrome sont les principales ressources de ce pays, dont l'économie est en voie de développement.

Albert Ier (1875-1934)
Roi des Belges de 1909 à 1934. Il se distingua lors de la Première Guerre* mondiale en prenant le commandement des troupes belges contre l'invasion allemande, ce qui lui valut le nom de « Roi-Chevalier ».

Albert II (né en 1934)
Roi des Belges de 1993 à 2013. Fils de Léopold III*, il devient roi à la mort de son frère Baudouin Ier*.

Alberta
Province du Canada. 661 000 km^2 ; 3 645 257 habitants (les *Albertains*). Capitale : Edmonton ; ville principale : Calgary. Son économie repose sur l'exploitation minière et sur l'agriculture.

Alésia
Ancienne ville gauloise. En 52 avant J.-C., César* assiégea Alésia (qui se situe dans l'actuelle Bourgogne), où s'étaient réfugiées les armées de Vercingétorix*. Aucun des renforts envoyés par les autres Gaulois ne parvint à renverser la situation, et Vercingétorix dut se rendre à César.

Alexandre (III) le Grand (356-323 avant J.-C.)
Roi de Macédoine. Devenu roi à vingt ans, Alexandre combattit victorieusement les Perses de Darius*, puis s'attaqua à l'Asie. Quand il mourut, à trente-trois ans, il était le maître d'un immense empire qui allait de l'Égypte et de la Grèce jusqu'au nord de l'Inde. Après sa mort, ses généraux se partagèrent son empire en prenant chacun le titre de roi. → VOIR AUSSI **Alexandrie.**

Alexandrie
Ville d'Égypte. 4 400 104 habitants (les *Alexandrins*). Située à l'ouest du delta du Nil, Alexandrie est la troisième ville du continent africain, après Le Caire en Égypte et Kinshasa en République démocratique du Congo, et le troisième port de la Méditerranée, après Gênes et Marseille. La ville fut fondée vers 330 avant J.-C. par Alexandre* le Grand. Alexandrie possédait la plus grande bibliothèque de l'Antiquité, qui contint jusqu'à 700 000 ouvrages ; des savants comme Euclide ou Archimède vinrent y travailler. Le célèbre phare d'Alexandrie avait été construit sur une île (l'île de Pharos), située face à la ville et reliée au continent. Il fut détruit au XIVe siècle. → VOIR AUSSI **Sept Merveilles du monde, phare.**

Alger
Capitale de l'Algérie. 2 559 000 habitants dans l'agglomération (les *Algérois*). Située sur la Méditerranée, Alger est construite sur une grande baie, à égale distance entre la Tunisie et le Maroc. Au XVIe siècle, elle fit appel au corsaire Barberousse* qui la défendit contre les Espagnols. Elle devint alors turque pour trois siècles. Alger se développa ensuite pendant la colonisation française, de 1830 à 1962. Aujourd'hui, c'est un grand port et une ville industrielle, où l'on raffine le pétrole venu par pipeline de l'intérieur du pays. La partie la

plus pittoresque de la vieille ville est la Casbah, mot arabe qui désigne le quartier s'étendant autour du palais du souverain.

Algérie (Afrique)

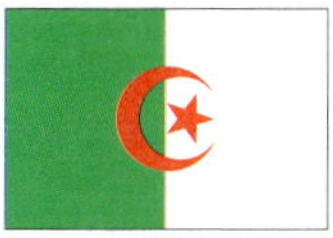

- Superficie : 2 380 000 km²
- Habitants : 39 208 000 *(les Algériens)*
- Capitale : *Alger*
- Langues : *arabe (langue nationale), tamazight*
- Monnaie : *dinar algérien*

Géographie. Pays du Maghreb*, au nord-ouest de l'Afrique, l'Algérie est le premier État de ce continent pour la superficie. Elle est néanmoins peu peuplée car la plus grande partie du territoire est occupée par le désert du Sahara*. Le littoral bénéficie d'un climat méditerranéen qui permet des cultures (orge, blé) parfois irriguées (agrumes). Les Hautes Plaines qui dominent cette zone sont propices à l'élevage (ovin notamment). Au sud, le Sahara recèle des ressources importantes en pétrole et en gaz naturel. La population algérienne (musulmane à 100 %) se répartit entre Arabes* (majoritaires) et Berbères*.

Histoire. Peuplée par des Berbères, l'Algérie passe pendant l'Antiquité* sous domination romaine et connaît un réel essor, dont témoignent des villes comme Timgad ou Tébessa. Elle est christianisée et est envahie par les Vandales, peuple germanique. Elle est ensuite conquise par les Arabes* musulmans au VIIᵉ s. Au XVIᵉ s., face à la menace espagnole, elle fait appel au corsaire turc Barberousse*, qui la place sous la protection de l'Empire ottoman*. Elle est ensuite colonisée par la France à partir de 1830. En 1954 commence la guerre d'Algérie au terme de laquelle le pays accède à l'indépendance. Depuis une vingtaine d'années, l'Algérie connaît de graves difficultés économiques. Des extrémistes musulmans entretiennent un climat de violence, qui menace l'unité du pays.

Alhambra

Forteresse et résidence des souverains arabes jusqu'en 1492, à Grenade*, en Espagne. Elle comprend deux ensembles de bâtiments richement décorés autour de deux cours (dites « des Lions » et « des Myrtes »). L'empereur Charles* Quint y construisit un palais, chef-d'œuvre de la Renaissance*.

Ali (mort en 661)

Quatrième calife musulman. Ali était le cousin et le gendre de Mahomet* et le mari de Fatima*. Après la mort de Mahomet, il reprocha aux chefs de l'islam de trahir le message du Prophète et fut assassiné. Ses partisans ont fondé un courant musulman distinct du sunnisme, le chiisme, qui est devenu la religion de l'Iran.

Ali Muhammad (né en 1942)

Boxeur américain. De son vrai nom Cassius Clay, il fut champion olympique en 1960 et champion du monde des poids lourds en 1964. Il est aussi célèbre pour ses prises de position, notamment contre la discrimination raciale.

Ali Baba

Héros d'un conte des *Mille* et Une Nuits*. Ali Baba est un pauvre artisan qui découvre par hasard la formule magique, « Sésame ouvre-toi », qui permet d'entrer dans la caverne où quarante voleurs entassent leur butin.

Alice au pays des merveilles

Conte de Lewis Carroll*. → VOIR encadré.

Allah

Dieu unique des musulmans. Allah révéla sa pensée à Mahomet* par l'intermédiaire de l'ange Gabriel*. L'ensemble de ces révélations fut consigné dans le Coran*.

Alice au pays des merveilles : à la poursuite d'un lapin blanc...

Alice au pays des merveilles a été écrit en 1865 par l'écrivain anglais Lewis Carroll. Professeur de mathématiques, celui-ci aimait particulièrement la compagnie des enfants et ce livre est né d'un récit qu'il improvisa pour amuser trois fillettes, les sœurs Liddell. Il le dédia à l'une d'entre elles, Alice. Ce conte pour enfants raconte les mésaventures d'une petite fille qui, le temps d'un rêve, est entraînée par un lapin blanc dans un monde extraordinaire où les lois de la logique et du bon sens sont bouleversées. Alice y rencontre des personnages étranges : des animaux à l'allure humaine, des cartes à jouer animées. L'héroïne subit également des transformations étonnantes : elle grandit et rapetisse sans cesse. Dans ce récit qui décrit un univers fantaisiste, instable et parfois inquiétant, Lewis Carroll donne une vision enfantine du monde réel. Il a écrit une suite à cette histoire en 1871 : *Alice à travers le miroir.*

Alice au pays des merveilles a connu un très grand succès : l'œuvre a été traduite et illustrée dans le monde entier et a fait l'objet de plusieurs adaptations cinématographiques, dont un dessin animé de Walt Disney (1951).

Illustration : Alice en compagnie du lièvre de mars, du loir et du chapelier.

Allemagne (Europe)

- Superficie : 357 000 km^2
- Habitants : 80 219 695 *(les Allemands)*
- Capitale : *Berlin*
- Langue : *allemand*
- Monnaie : *euro*

• **Géographie.** L'Allemagne est une république fédérale constituée de 16 États *(Länder)*. Son relief est composé de vastes plaines au nord, de massifs anciens couverts de forêts au centre ; le sud, plus montagneux, est dominé par les Alpes* bavaroises (point culminant, le Zugspitze : 2 963 m). Troisième puissance économique mondiale, l'Allemagne est la première puissance économique de l'Union* européenne, dont elle est l'un des six pays fondateurs. L'Allemagne est le pays d'Europe le plus peuplé après la Russie. Ses ressources économiques sont surtout industrielles et commerciales.

• **Histoire.** Au Ier millénaire avant J.-C., les Germains* refoulent les Celtes* en Gaule* et s'installent sur le territoire actuel de l'Allemagne. Les Romains les repoussent vers l'est et établissent une ligne fortifiée protégeant la partie gallo-romaine de l'Europe occidentale. Les Barbares* germaniques franchissent cette frontière aux IVe et Ve siècles et établissent des royaumes parmi lesquels celui des Francs*. Le roi des Francs, Charlemagne*, fonde en 800 l'Empire carolingien, dont la capitale est Aix-la-Chapelle*. Au traité de Verdun*, cet empire est divisé en trois. Sa partie orientale deviendra ensuite le royaume de Germanie. Le roi de Germanie Otton Ier le Grand fonde le Saint* Empire romain germanique, qui dure jusqu'en 1806. Il est ensuite remplacé par une confédération d'États allemands, dont fait bientôt partie la Prusse*, qui en réalise l'unité. En 1871, l'Empire allemand est proclamé, Il prend fin avec la défaite de l'Allemagne lors de la Première Guerre* mondiale. Le nazi A. Hitler*, qui accède au pouvoir en 1933, fonde un État dictatorial et belliqueux. Il envahit la plupart des pays d'Europe mais doit finalement capituler face aux Alliés. Après sa défaite en 1945, l'Allemagne est divisée en deux États (la République fédérale d'Allemagne et la République démocratique allemande). Elle est réunifiée en 1990.

Alpes

Le plus grand et le plus haut massif montagneux d'Europe de l'Ouest. Les Alpes, qui s'étendent sur 1 200 km, séparent le nord et le sud de l'Europe. Elles traversent le sud-est de la France, le nord de l'Italie, la Suisse, le Liechtenstein, le sud de l'Allemagne, l'ouest de l'Autriche et la Slovénie. Leur sommet le plus élevé est le mont Blanc* (4 810 m), dans les Alpes françaises. La chaîne des Alpes offre de splendides paysages et de nombreuses possibilités de pratiquer des sports de montagne.

Alsace

Anc. Région administrative française regroupant 2 départements : Bas-Rhin et Haut-Rhin. Devenue française à la fin du XVIIe siècle, elle fut annexée par l'Allemagne de 1871 à 1919, puis de 1940 à 1944. → VOIR AUSSI **Alsace – Champagne-Ardenne – Lorraine.**

Alsace – Champagne-Ardenne – Lorraine

Région administrative française. Superficie : 57 433 km^2 ; 5 552 388 hab. Ch.-l. Strasbourg*. La Région regroupe, depuis 2016, 10 départements : Ardennes, Aube, Marne, Haute-Marne, Meurthe-et-Moselle, Meuse, Moselle, Bas-Rhin, Haut-Rhin et Vosges. Vaste région, elle s'étend à l'ouest sur la Champagne, au nord vers les frontières belge et allemande pour se prolonger à l'est vers la plaine d'Alsace. L'ouest de la Région est dominé par le secteur agricole (céréales, betteraves, fourrage, élevage bovin et vignoble), tandis que, dans le Centre, des industries nouvelles (agroalimentaire, construction mécanique, notamment) se sont développées à côté des industries anciennes (métallurgie, textile). Dans la plaine d'Alsace, les grandes cultures dominent (blé, betterave à sucre, houblon, tabac, chou à choucroute, maïs) et la région de Strasbourg est plus orientée vers l'industrie. La Région reste moyennement peuplée (à l'exception de l'extrême Est), mais possède de grandes villes comme Strasbourg, Metz et Nancy, ainsi que Mulhouse, Troyes et Reims.

Altamira

Site préhistorique d'Espagne, dans la province de Santander. Ses grottes sont ornées de peintures bordées de noir qui datent des XIIIe et XIIe millénaires avant J.-C. Découvertes en 1879 par la fille de l'archéologue Marcelino de Sautuola, elles comprennent notamment un magnifique ensemble de bisons. On mit longtemps à admettre qu'elles étaient authentiques.

Amazone

Fleuve de l'Amérique du Sud. L'Amazone est le plus long fleuve du monde (7 000 km environ) et le plus important par son débit. Il prend sa source dans la cordillère des Andes*, traverse le Brésil d'ouest en est et rejoint l'océan Atlantique par un long estuaire. → VOIR noms communs : **fleuve.**

Amazones

Peuple de femmes de la mythologie grecque. Redoutables guerrières, les Amazones vivaient de pillages. Elles n'admettaient les hommes parmi elles qu'un seul jour par an pour qu'ils leur donnent des enfants ; mais elles tuaient les enfants mâles. La légende dit qu'elles se tranchaient un sein pour ne pas être gênées lorsqu'elles tiraient à l'arc.

Amazonie

Vaste région de l'Amérique du Sud. Elle est traversée par le fleuve Amazone* et couverte presque entièrement par une forêt tropicale humide. L'Amazonie a une superficie de 4,5 millions de km^2 et contient plus

guerrier combattant deux **Amazones**

de un cinquième des espèces animales et végétales du globe. Des communautés indiennes y vivent depuis des millénaires. Chaque année, plusieurs dizaines de milliers de kilomètres carrés de forêt sont abattus pour l'agriculture, l'exploitation minière et pour la construction des routes transamazoniennes. La disparition de certaines espèces d'animaux et de plantes est la première conséquence de ce défrichement. L'Amazonie ne sera plus le « poumon de la planète » si la déforestation se poursuit à ce rythme.

Aménophis IV (XIVe siècle avant J.-C.)

Pharaon égyptien. Il prit le nom d'Akhenaton (« celui qui plaît à Aton ») et instaura, avec la reine Néfertiti*, le culte unique d'Aton, dieu du Soleil. La majorité des prêtres s'étant opposée à ce culte, le pharaon quitta Thèbes, la capitale de l'Égypte* antique, pour fonder une nouvelle ville (Akhetaton). Mais sa réforme fut abolie après sa mort. → VOIR AUSSI **Toutankhamon.**

Amérindiens

Indiens d'Amérique (à l'exclusion des Inuits du nord du Canada et de l'Arctique). Victimes des terribles épidémies apportées par les Européens à partir du XVIe siècle, les Amérindiens sont aujourd'hui peu nombreux. Ils vivent notamment dans des réserves. Au Québec, ils se répartissent en dix grandes nations : Abénaquis, Algonquins, Attikameks, Cris, Hurons, Malécites, Micmacs, Mohawks, Montagnais et Naskapis.

Amérique

L'un des continents. 42 millions de km². 972 millions d'habitants. Il s'étend sur plus de 15 000 km du nord au sud, de l'Alaska jusqu'à la Terre de Feu. Il est formé de deux masses triangulaires (Amérique du Nord et Amérique du Sud) reliées par un isthme étroit (Amérique centrale).

- **Les premiers habitants.** Avant l'arrivée des Européens, au XVIe siècle, ce continent était peuplé d'Indiens qui étaient venus d'Asie environ 30 000 ans auparavant par le détroit de Béring. Certains de ces peuples s'étaient installés en Amérique du Nord (Apaches, Cheyennes, Iroquois), d'autres en Amérique centrale (Mayas, Aztèques), d'autres en Amérique du Sud (Incas, peuplades d'Amazonie) et y avaient développé des civilisations très brillantes. La conquête européenne a conduit à la disparition presque totale des Amérindiens. En Amérique du Nord, ils vivent aujourd'hui dans des réserves. → VOIR AUSSI **Christophe Colomb, Hernán Cortés.**

Amérique centrale

Partie la plus étroite de l'Amérique. Elle relie l'Amérique du Nord et l'Amérique du Sud et se compose de sept petits pays : le Belize, le Guatemala, le Salvador, le Honduras, le Nicaragua, le Costa Rica et le Panama.

Amérique du Nord

Partie nord du continent américain. 25 millions de km². 477 millions d'habitants. Principales langues : l'anglais et l'espagnol.

- **Les pays de l'immensité.** Le continent nord-américain est composé des États-Unis, du Canada et du Mexique. À l'ouest s'élèvent les montagnes Rocheuses ; à l'est s'étendent de vastes plaines fertiles arrosées par le Mississippi, le Missouri et le Saint-Laurent. Au nord de ces plaines, d'immenses forêts de résineux couvrent le Canada. L'extrême nord du continent se situe au-delà du cercle polaire.
- **Un mélange de populations.** Conquérants et colons commencèrent à s'installer en Amérique du Nord au XVIe siècle, les Anglais et les Français au Canada et aux États-Unis*, et les Espagnols au Mexique*. Depuis, des millions de personnes, venues de tous les pays du monde, ont émigré en Amérique du Nord, à la recherche de meilleures conditions de vie. Aujourd'hui, la population de l'Amérique du Nord est un mélange de tous ces peuples.

Amérique du Sud

Partie sud du continent américain. 17 830 000 km². 406 millions d'habitants.

- **Des paysages très diversifiés.** Le continent sud-américain est composé de grandes chaînes de montagnes (dont la cordillère des Andes*), d'épaisses forêts, de vastes plaines et de déserts.
- **Le temps des découvreurs.** C'est au cours d'un troisième voyage vers le Nouveau Monde que Christophe Colomb longea les côtes du Venezuela en 1498. L'Espagne et le Portugal régnèrent sur le continent jusqu'au début du XIXe siècle.
- **Le métissage.** La population de l'Amérique du Sud est d'origine indienne, européenne, africaine. La langue principale est l'espagnol, sauf au Brésil, où l'on parle portugais.
- **Les problèmes économiques.** La moitié de la population sud-américaine vit, parfois très difficilement, de l'agriculture. Pourtant, l'Amérique du Sud est potentiellement l'une des zones les plus riches du monde grâce à ses ressources naturelles (pétrole, or, argent, cuivre, fer, plomb).

A B C D E F G H I J K L M N O P Q R S T U V W X Y Z

Amérique latine
Ensemble des pays de l'Amérique du Sud et de l'Amérique centrale (plus le Mexique) qui ont été des colonies espagnoles ou portugaises.

Amiens
Ville française. 135 843 habitants (les *Amiénois*) ; 162 141 habitants dans l'agglomération. Chef-lieu du département de la Somme, Amiens est située sur la Somme, fleuve qui se jette dans la Manche*. C'est un centre administratif et industriel. Sa cathédrale, Notre-Dame, magnifique édifice gothique rayonnant du XIIIe siècle, témoigne de son importance commerciale dès le Moyen Âge.

Amnesty International
Organisation humanitaire privée. Elle s'est donné pour but de faire libérer les personnes emprisonnées pour leurs idées politiques, leur religion ou leur origine ethnique et de lutter contre la torture en alertant l'opinion publique internationale.

Amon
Divinité de l'Égypte antique. Amon était représenté sous la forme d'un homme à tête de bélier ou d'oie. Il était surtout adoré à Thèbes, la capitale de l'Égypte, mais le grand temple de Karnak* lui était aussi dédié. Son culte cessa au VIIe siècle avant J.-C., lorsque Thèbes fut détruite par les Assyriens. Amon fut alors remplacé par le dieu Osiris*.

Amour
Grand fleuve du nord-est de l'Asie. Long de 4 440 km, il sépare la Sibérie et la Chine du Nord-Est. Le fleuve Amour est pris par les glaces pendant une grande partie de l'année. → VOIR noms communs : **fleuve.**
▸ REM. Le mot *amour* signifie « sale, boueux » dans la langue des Bouriates, peuple de Sibérie et de Mongolie.

Ampère André Marie (1775-1836)
Physicien français. Ses plus importantes découvertes concernent l'électricité. Il mena notamment des travaux sur les propriétés des courants électriques et des aimants. Il a donné son nom à l'unité de mesure d'intensité du courant électrique.

Amsterdam
Capitale des Pays-Bas. 799 278 habitants (les *Amstellodamiens* ou *Amstellodamois*) ; 1,1 million d'habitants dans l'agglomération. Amsterdam doit son nom à une digue (*dam*) construite au XIIIe siècle sur la rivière Amstel. Comme la majeure partie des Pays-Bas, Amsterdam est située en dessous du niveau de la mer. La ville est construite sur des pilotis de bois ou de béton plantés dans le sol marécageux et est sillonnée de canaux.

Amundsen Roald (1872-1928)
Explorateur norvégien. Il entreprit une expédition vers le pôle Nord et réussit, pour la première fois, à ouvrir le passage du Nord-Ouest : en août 1906, Amundsen rallia l'Alaska. En 1911, il atteignit le pôle Sud. Amundsen disparut dans l'océan Arctique* en 1928, alors qu'il allait porter secours à une expédition polaire.

Roald **Amundsen** avec un ours

Anatolie
Région d'Asie. Nom souvent donné à l'Asie* Mineure, qui désigne aujourd'hui l'ensemble de la Turquie* d'Asie.

Ancien Régime
Organisation politique et sociale de la France entre le XVe siècle et la Révolution* de 1789. La société d'Ancien Régime était divisée en trois classes : la noblesse, le clergé et le tiers état. Seules les deux premières avaient des privilèges. Le pays était gouverné par un roi au pouvoir absolu, considéré comme le représentant de Dieu sur terre. → VOIR noms communs : **absolutisme, tiers état.**

Andalousie
Région du sud de l'Espagne. 87 300 km^2 ; 8 371 270 habitants (les *Andalous*). Dans la plaine du Guadalquivir, on cultive l'olivier pour fabriquer de l'huile. Entre la chute du royaume des Wisigoths* en 711 et la fin de la Reconquista* en 1492, l'Andalousie fut le centre de la culture musulmane en Espagne. C'est aujourd'hui l'une des communautés autonomes de l'Espagne.

Andersen Hans Christian (1805-1875)
Écrivain danois. Andersen écrit à trente ans son premier recueil de contes intitulé *Contes pour les enfants*, qui connaît aussitôt un grand succès. Il en écrira beaucoup d'autres, puisant son inspiration dans l'imaginaire, l'observation des gens et le folklore populaire.

ŒUVRES PRINCIPALES *Grand Claus et Petit Claus ; la Petite Fille aux allumettes ; la Petite Sirène ; les Habits neufs de l'Empereur ; le Vilain Petit Canard.*

Hans Christian **Andersen**

Andes - cordillère des Andes
Chaîne de montagnes située à l'ouest de l'Amérique du Sud. Le sommet le plus élevé des Andes est l'Aconcagua* (6 959 m). Les Andes sont les plus jeunes montagnes du monde. Elles s'étirent sur près de 8 000 km. Plusieurs capitales situées dans la cordillère sont construites à plus de 2 500 m d'altitude. Les Andins vivent surtout sur les très hauts plateaux ; ils tirent leurs principales ressources de l'élevage, de la culture du café et de l'extraction de minerais. → VOIR AUSSI **Incas.**

Andorre (Europe)
- Superficie : 465 km^2
- Habitants : 79 000 *(les Andorrans)*
- Capitale : *Andorre-la-Vieille*
- Langue : *catalan*
- Monnaie : *euro*

• Située dans les Pyrénées*, entre la France et l'Espagne, la principauté d'Andorre vit essentiellement du tourisme. Le pays est placé sous la souveraineté partagée du président de la République française et de l'évêque de Seo de Urgel (en Espagne) qui sont donc ses coprinces.

Aneto - pic d'Aneto
Point culminant des Pyrénées* (3 404 m). Le pic d'Aneto se trouve en Espagne, dans le massif de la Maladeta.

Angers
Ville française. 153 472 habitants (les *Angevins*) ; 218 657 habitants dans l'agglomération. Chef-lieu du département de Maine-et-Loire. Située sur la Maine, rivière affluente de la Loire*, Angers est un important centre administratif et commercial. Outre sa cathédrale et de nombreux autres édifices gothiques, la ville comprend l'imposant château des comtes d'Anjou (XIIIe siècle), qui abrite un musée des Tapisseries et la célèbre tenture de l'*Apocalypse*.

Angkor
Ancienne capitale du Cambodge. Entre le IXe et le XVe siècle, les empereurs du Cambodge y ont fait construire des temples-montagnes, dont il reste aujourd'hui des ruines monumentales.

Angkor : le temple d'Angkor Vat

Angleterre
Région du sud de la Grande-Bretagne. 53 012 456 habitants (les *Anglais*). L'Angleterre est limitée au nord par l'Écosse, au sud-ouest par le pays de Galles. Le royaume d'Angleterre a été conquis par Guillaume* le Conquérant. C'est autour de ce royaume que la Grande-Bretagne actuelle s'est peu à peu constituée. Pour cette raison, on commet souvent l'erreur de dire « l'Angleterre » quand on veut désigner le pays tout entier. → VOIR AUSSI **Écosse, Élisabeth Ire, Irlande, pays de Galles, Plantagenêt, Richard Cœur de Lion.**

Angola (Afrique)
- Superficie : 1 246 700 km^2
- Habitants : 24 383 301 *(les Angolais)*
- Capitale : *Luanda*
- Langue : *portugais*
- Monnaie : *kwanza*

• Pays du sud de l'Afrique, situé en bordure de l'océan Atlantique, l'Angola est formé d'un haut plateau qui domine une plaine côtière étroite. Ancienne colonie portugaise, cette république est devenue indépendante en 1975. Depuis cette date, le pays a souvent été ravagé par la guerre civile. L'Angola bénéficie d'importantes ressources minières (pétrole, diamants et surtout fer).

Annapurna
Sommet de l'Himalaya (8 078 m), au Népal. Il fut gravi pour la première fois en 1950 par l'équipe des alpinistes français Maurice Herzog et Louis Lachenal et constitua à cette occasion le premier sommet de 8 000 m atteint par l'homme.

Annapurna dans la chaîne de l'Himalaya (Népal)

Anne de la maison aux pignons verts
Roman de l'écrivain canadien Lucy Maud Montgomery (1874-1942). Écrit en 1908, il raconte les aventures d'une jeune orpheline vivant dans l'Île-du-Prince-Édouard, à l'est du Canada.

Anquetil Jacques **(1934-1987)**
Coureur cycliste français. Il remporta notamment cinq fois le Tour* de France (en 1957 et de 1961 à 1964). Il a été détenteur du record de l'heure en 1956 avec 46,159 km.

Antarctique

L'un des continents. 13 millions de km^2 environ. L'Antarctique est compris presque entièrement à l'intérieur du cercle polaire austral, au centre duquel se situe le pôle Sud. Les seuls occupants sont quelques dizaines de scientifiques et d'ingénieurs.

• **Le climat le plus froid du monde.** Presque toutes les terres de l'Antarctique sont recouvertes d'une épaisse couche de glace d'environ 2 000 m d'épaisseur et dont l'étendue varie selon les saisons. En été, les bords de cette couche fondent, se fracturent et forment des icebergs. En hiver, la mer gelant à nouveau, la banquise se reconstitue. Le climat empêche les plantes de pousser. Les animaux (phoques, manchots et oiseaux) vivent tous au bord de la mer. L'Antarctique concentre presque 90 % de la glace du globe : si celle-ci fondait, le niveau des mers monterait de 60 m, ce qui submergerait toutes les côtes du monde. Le record mondial de froid (– 89,2 °C) y a été enregistré en 1983.

• **Un territoire inhabité.** Le premier à atteindre le pôle Sud fut le Norvégien Roald Amundsen*, en décembre 1911. L'Anglais Robert Scott l'atteignit à son tour en janvier 1912. L'Antarctique n'appartient à aucun pays, mais les États-Unis, la Grande-Bretagne, la Russie, la France et l'Australie notamment y ont installé des stations de recherche scientifique.

Antigua-et-Barbuda

(Amérique)
• Superficie : 442 km^2
• Habitants : 90 000 *(les Antiguais et Barbudiens)*
• Capitale : *Saint John's*
• Langue : *anglais*
• Monnaie : *dollar des Caraïbes orientales*

• Formé des îles Antigua et Barbuda, dans l'archipel des Petites Antilles*, le pays est indépendant depuis 1981. Il produit du sucre et du coton.

Antilles

Archipel de l'océan Atlantique. 240 000 km^2. 42 millions d'habitants (les *Antillais*).

• **Grandes et Petites Antilles.** On fait habituellement la distinction entre les Grandes Antilles au nord (Cuba, Haïti, Jamaïque, Porto Rico) et les Petites Antilles au sud et à l'est (Guadeloupe, Martinique, Barbade, Dominique, Trinité, Curaçao). Les Antilles ont souvent un relief volcanique et un climat tropical tempéré par un vent assez doux : l'alizé. Les eaux sont bleues et limpides ; on trouve des récifs de corail sur les rivages. Pendant les orages tropicaux, appelés ouragans, les vents soufflent à plus de 160 km/h et d'énormes vagues provoquent d'importants dégâts.

• **Une histoire de métissage.** Les Antilles étaient peuplées par les Caraïbes* lorsqu'elles furent découvertes par Christophe Colomb. Au XVIe siècle, les Européens y amenèrent de force des esclaves noirs pour les faire travailler dans leurs plantations. Aujourd'hui, la population antillaise est très mélangée. Les principales langues parlées sont l'anglais, l'espagnol, le français et les différents créoles qui sont des parlers nés du contact entre ces langues et des langues africaines.

Antiquité

Période de l'histoire qui va de la fin de la préhistoire (apparition de l'écriture) jusqu'à la chute de l'Empire romain d'Occident (476). On considère parfois que la fin de l'Antiquité se situe en 395 (mort de l'empereur Théodose Ier et séparation définitive en deux parties, occidentale et orientale, de l'Empire romain).

• **Moyen-Orient ancien.** L'invention de l'écriture remonte au IVe millénaire avant J.-C. en Mésopotamie*. Apparaissent ensuite les premières cités-États en Basse-Mésopotamie (Our, Ourouk). Plusieurs empires se succèdent comme les Sumériens*, l'empire d'Assyrie*, Babylone*, les Hittites*, les Perses*. Entre 2000 et 1750 avant J.-C., les Hébreux* migrent de Mésopotamie en Palestine.

• **Antiquité égyptienne.** Période qui a duré 3 000 ans environ et s'est terminée par l'invasion de l'Égypte par les Romains en 31 avant J.-C. Auparavant, l'Égypte avait été intégrée par Alexandre* le Grand dans son empire et dirigée par ses successeurs.

• **Antiquité grecque.** Période qui remonte à 2000 ans avant J.-C. et se termine en 197 avant J.-C. avec la conquête romaine (défaite de Philippe V de Macédoine, aux Cynoscéphales, en Thessalie, Grèce).

• **Antiquité romaine.** Dernière période de l'Antiquité, qui commence avec la création de Rome en 753 av. J.-C.

Anubis

Dieu de la mythologie égyptienne. Souvent représenté sous la forme d'un homme à tête de chien ou de chacal, Anubis aidait les morts à passer dans l'autre monde et gardait les tombeaux. → VOIR AUSSI **Isis, Osiris.**

Anvers

Ville de Belgique. Chef-lieu de la province d'Anvers. 507 911 habitants (les *Anversois*) ; 955 786 habitants dans l'agglomération. Située sur l'Escaut, Anvers est le troisième port européen. Second centre industriel de la Belgique, c'est une ville riche en monuments (cathédrale gothique, hôtel de ville Renaissance) et en musées.

Apaches

Ensemble de tribus indiennes du sud-ouest des États-Unis. Les Apaches vivaient de la chasse des bisons. Au XIXe siècle, ils luttèrent contre les pionniers américains qui progressaient vers l'ouest et furent massivement massacrés. Un de leurs chefs les plus célèbres fut Geronimo*. Les Apaches, qui sont aujourd'hui 50 000 environ, vivent dans des réserves de l'Arizona et du Nouveau-Mexique.

Apennin ou **Apennins**
Massif montagneux d'Italie. Il s'étend sur 1 500 km, du nord au sud du pays. Le sommet le plus élevé de l'Apennin est le Gran Sasso (2 914 m).

Aphrodite (nom romain : Vénus)
Déesse grecque de l'Amour et de la Beauté. Née de l'écume de la mer, Aphrodite était l'épouse infidèle du monstrueux Héphaïstos*. Elle fut désignée comme la plus belle des déesses par le Troyen Pâris, qui la préféra à Héra et à Athéna. Aphrodite ayant promis à Pâris l'amour d'Hélène, celui-ci l'enleva à Ménélas, roi de Sparte, déclenchant ainsi la guerre de Troie*.

Apollinaire Guillaume **(1880-1918)**
Poète français. Apollinaire fut l'ami des peintres d'avant-garde, comme Picasso, et révolutionna la poésie par la forme de ses poèmes (*Calligrammes*), qui expriment à la fois la mélancolie et l'humour. Engagé volontaire lors de la Première Guerre mondiale, il fut blessé à la tête en 1916 et mourut de la grippe en 1918, deux jours avant l'armistice.

ŒUVRES PRINCIPALES *Alcools*, 1913 ; *Calligrammes*, 1918.

Apollo
Programme américain d'exploration de la Lune. Engagé en 1961 par John Kennedy, il permit les premiers pas sur la Lune le 21 juillet 1969. → VOIR AUSSI **Neil Armstrong.**

Apollon
Dieu grec et romain. Fils de Zeus, il était le plus beau des dieux et ses amours étaient célèbres. Protecteur de tous les arts, inspirateur des musiciens et des poètes, personnification du Soleil et de la Lumière, il était aussi le maître des devins et des prophètes.

Apollon

Appalaches
Chaîne de montagnes située à l'est de l'Amérique du Nord. Les Appalaches s'étendent du sud du lac Ontario au sud des États-Unis. Elles culminent au mont Mitchell, à 2 037 m. Les Appalaches ont donné leur nom à un type de relief, le relief appalachien.

Aquitaine
Anc. Région administrative française regroupant 5 départements : Dordogne, Gironde, Landes, Lot-et-Garonne et Pyrénées-Atlantiques. Ce fut un duché indépendant jusqu'en 1137. En 1152, elle passe sous domination anglaise. Elle s'appelait alors la *Guyenne*. Dévastée au cours de la guerre de Cent Ans, elle fut rattachée à la France en 1472. → VOIR AUSSI **Aquitaine – Limousin – Poitou-Charentes.**

Aquitaine – Limousin – Poitou-Charentes
Région administrative française. Superficie : 84 060 km^2 ; 5 844 177 hab. Ch.-l. Bordeaux*. La Région regroupe, depuis 2016, 12 départements : Charente, Charente-Maritime, Corrèze, Creuse, Dordogne, Gironde, Landes, Lot-et-Garonne, Pyrénées-Atlantiques, Deux-Sèvres, Vienne et Haute-Vienne. Elle est ouverte sur la moitié du littoral atlantique français, de La Rochelle, au nord, à Hendaye, au sud. Elle est bordée, à l'extrême sud, par les Pyrénées* et, à l'est, par le Massif central*. La Région est fortement marquée par l'activité agricole : vignoble bordelais, volailles du Périgord et des Landes, fruits et légumes de la vallée de la Garonne, élevage des huîtres en Charente-Maritime, culture de céréales (blé et maïs) dans le haut Poitou, viande bovine dans les Deux-Sèvres et le Limousin. La Région possède peu d'industries : à l'ouest, les principales industries (agroalimentaire, aérospatiale) s'opposent à de petites et moyennes entreprises situées à l'est (porcelaine de Limoges). Le littoral atlantique, avec ses stations balnéaires et ses îles, constitue une destination touristique importante. Bordeaux, 7e agglomération française, exerce sur l'ensemble de la Région une grande influence. Bayonne, Limoges, Poitiers, Pau et La Rochelle complètent un réseau de villes relativement modeste.

Arabes
Ensemble de populations établies dans la péninsule arabique dès le IXe siècle avant J.-C. Les Arabes restèrent divisés en royaumes rivaux jusqu'au VIIe siècle après J.-C., date à laquelle le prophète Mahomet* les unit autour d'une nouvelle religion, l'islam. Ils se lancèrent dans de grandes conquêtes et bâtirent un immense empire qui allait de l'Inde à l'Espagne (leur progression vers l'ouest fut arrêtée en France par Charles* Martel, en 732). En même temps que leur religion et leur langue, les Arabes ont apporté aux pays qu'ils ont conquis leur civilisation et leurs découvertes : l'algèbre, la géométrie moderne, le perfectionnement de l'arithmétique, le développement de la médecine, la philosophie. La civilisation arabe a connu un rayonnement très important, notamment durant tout le Moyen Âge. Depuis, le vaste empire s'est morcelé en divers États indépendants. Les Arabes sont aujourd'hui répartis dans 22 États du Moyen-Orient et d'Afrique du Nord (environ 230 millions).
▶ REM. Ce nom vient de l'arabe *arab* qui signifie « nomade qui vit sous la tente ».

Arabie
Région comprise entre la mer Rouge, le golfe Persique et l'océan Indien. Cette péninsule englobe l'Arabie saoudite, le Yémen, Oman, la fédération des Émirats arabes unis, le Qatar, Bahreïn et le Koweït. Le Nord et le Centre sont surtout peuplés de Bédouins* nomades, tandis que les habitants du Sud sont des agriculteurs sédentaires qui pratiquent depuis des millénaires les cultures en terrasses. C'est dans cette région qu'est

né l'islam. Les villes de Médine et de La Mecque sont depuis ce temps-là des centres religieux importants.

Arabie saoudite (Asie)

- Superficie : 2 150 000 km²
- Habitants : 28 829 000 *(les Saoudiens)*
- Capitale : *Riyad*
- Langue : *arabe*
- Monnaie : *riyal saoudien*

- Le royaume d'Arabie saoudite occupe presque toute la péninsule d'Arabie*. C'est le premier exportateur de pétrole du monde. Les revenus du pétrole ont permis le développement de l'industrie (raffinage, notamment) et la mise en place de cultures, coûteuses sous ce climat désertique. Le pays comprend deux villes saintes de l'islam : Médine et, surtout, La Mecque*.

Arachné

Personnage de la mythologie grecque. Arachné était une jeune fille si douée dans l'art du tissage qu'elle se vanta de pouvoir surpasser la déesse Athéna. La jeune fille fabriqua alors une pièce d'étoffe si parfaite qu'Athéna, jalouse, la transforma en araignée.

Arafat Yasser **(1929-2004)**

Homme politique palestinien. Président de l'Organisation de libération de la Palestine (OLP) depuis 1969, il lutte pour la création d'un État palestinien. En 1994, il a reçu le prix Nobel de la paix avec Yitzhak Rabin* et Shimon Peres* pour sa participation à l'accord de paix signé entre Israéliens et Palestiniens en 1993.

Aragon Louis **(1897-1982)**

Écrivain français. Aragon est l'un des fondateurs du courant artistique et littéraire du surréalisme dont il se détache ensuite. Il rencontre Elsa Triolet, écrivaine française d'origine russe, qu'il épouse, et s'engage au côté du parti communiste. Il a écrit plusieurs poésies militantes ou d'amour, qui ont été mises en chanson par de nombreux chanteurs français (Georges Brassens*, Jean Ferrat*, Léo Ferré*, etc.).

ŒUVRES PRINCIPALES *Il n'y a pas d'amour heureux (la Diane française)*, 1944 ; *l'Affiche rouge ; Que serais-je sans toi ? (Le Roman inachevé)*, 1956.

Aral - mer d'Aral

Mer intérieure située entre le Kazakhstan et l'Ouzbékistan. L'irrigation, en diminuant l'apport en eau des fleuves qui s'y jettent, et la sécheresse sont les causes de l'assèchement de cet immense lac salé, dont la superficie (39 000 km²) a diminué de près de la moitié en quarante ans.

Archimède (vers 287-212 avant J.-C.)

Mathématicien, physicien et ingénieur grec. Considéré comme le plus grand savant de l'Antiquité, il trouva le premier une méthode pour calculer la longueur d'une circonférence (grâce au nombre π) et la surface et le volume de la sphère. Il découvrit aussi le fameux principe qui porte son nom : on raconte que c'est en prenant un bain qu'il observa une diminution du poids de ses membres. Il en conclut que « tout corps plongé dans un liquide subit une poussée verticale, de bas en haut, égale au poids du liquide déplacé ». Il se serait alors écrié *Eurêka* (« J'ai trouvé »).

Arctique

Partie du monde située à l'intérieur du cercle polaire boréal, au centre duquel se situe le pôle Nord. L'Arctique se compose de l'océan Arctique, de nombreuses îles (la plus importante étant le Groenland*) et des régions les plus au nord de l'Amérique du Nord, de l'Europe et de l'Asie.

- **Le pays de la nuit.** Au nord du cercle polaire, pendant quelques mois d'hiver, le soleil ne s'élève pas au-dessus de l'horizon, tandis qu'en plein été il ne se couche pas. Le climat très froid permet cependant l'existence d'une maigre végétation, la toundra.

- **À la conquête de la glace.** Les peuples qui ont su s'adapter à ce rude climat sont les Inuits* et les Lapons. Le premier à avoir cherché à conquérir les terres de l'Arctique fut le Viking Erik* le Rouge, au Xe siècle. Ensuite vinrent les navigateurs qui cherchaient le passage entre l'Amérique et l'Asie. Sous le pôle Nord, il n'y a pas de terre ferme puisque, en 1958, un sous-marin américain réussit à passer sous la couche de glace. Aujourd'hui, des scientifiques et des ingénieurs explorent le sous-sol de l'Arctique et des militaires y sont installés. → VOIR AUSSI **Robert Peary.**

▸ REM. *Arctique* vient du grec *arktos* qui signifie « ours ».

Ardenne ou **Ardennes**

Massif ancien et région partagés entre la Belgique, la France et le Luxembourg. Peu peuplée, l'Ardenne est essentiellement composée de forêts et de marécages. Au début de la Seconde Guerre mondiale, c'est par cette région, pourtant considérée comme infranchissable, que les armées allemandes ont envahi la France. Les Ardennes sont aussi le nom d'un département français.

Arecibo

Ville de Porto Rico, dans les Antilles. Le plus grand radiotélescope du monde y est installé. → VOIR noms communs : **radiotélescope.**

Arès (nom romain : Mars)

Dieu grec de la Guerre. Il était violent et brutal, et les légendes grecques, qui le présentent rarement à son avantage, le montrent souvent vaincu dans les combats.

Argentine (Amérique)

- Superficie : 2 780 000 km^2
- Habitants : 41 446 000 *(les Argentins)*
- Capitale : *Buenos Aires*
- Langue : *espagnol*
- Monnaie : *peso argentin*

• **Géographie.** Bordée à l'est par l'océan Atlantique, la république d'Argentine s'étend du Paraguay* à la Terre de Feu (extrémité sud de l'Amérique). Sa partie occidentale, montagneuse, appartient à la cordillère des Andes* et comprend le plus haut sommet d'Amérique, l'Aconcagua* (point culminant : 6 959 m). Le reste du pays est formé de plaines (Pampa*, Chaco) et des plateaux de la Patagonie (au sud). Buenos Aires*, la capitale, regroupe le tiers de la population du pays. Les produits de l'agriculture et de l'élevage, ainsi que le tourisme, constituent les principales ressources économiques du pays.

• **Histoire.** En 1516, l'Espagnol Díaz de Solís pénètre dans le Río de la Plata, estuaire formé par les fleuves Paraná et Uruguay. Buenos Aires est fondée en 1580. En 1810, l'indépendance de l'Argentine est proclamée. Les conditions du développement se mettent en place, ce qui entraîne une forte immigration européenne (notamment italienne). La crise économique mondiale de 1929 favorise la mise en place d'une succession de régimes militaires et nationalistes pratiquant parfois une répression sanglante. Le retour des civils au gouvernement a lieu en 1982. Depuis les années 2000, le pays connaît une période d'incertitude économique.

Ariane

Lanceur spatial européen. Sa construction fut décidée en 1973 et le premier tir d'essai eut lieu en décembre 1979, depuis le centre spatial de Kourou en Guyane*. En juin 1983, Ariane lança le premier satellite de télécommunications. Depuis, plusieurs versions d'Ariane ont été développées ; la plus performante est Ariane 5, expérimentée de 1996 à 1998 et exploitée commercialement depuis 1999. Le projet Ariane 6 vient d'être lancé.

Aristarque de Samos (310-230 avant J.-C.)

Astronome grec. Dix-sept siècles avant Copernic*, Aristarque eut le premier l'idée du mouvement de la Terre autour du Soleil. Il mit également au point une méthode pour calculer les distances qui séparent la Terre du Soleil et de la Lune.

Aristote (384-322 avant J.-C.)

Philosophe grec. Aristote était le précepteur d'Alexandre* le Grand. Il créa une école à Athènes dans le quartier du Lycée (d'où le mot français *lycée*). Il fut l'un des premiers philosophes à essayer de comprendre la nature en l'observant et en faisant des expériences. Il est l'auteur d'un grand nombre de traités de logique, de politique, de biologie et de physique.

Arlequin

Personnage de la commedia dell'arte. Il porte un habit fait d'un assemblage de morceaux de tissu de toutes les couleurs, un masque noir et un sabre de bois. En France, il devient au XVIIIe siècle le héros de pièces de théâtre où il apparaît en personnage naïf ou en valet philosophe. → VOIR noms communs : **commedia dell'arte.**

Arlequin

Armada

- Invincible Armada

Flotte de guerre constituée par le roi d'Espagne Philippe II en 1588. Comptant 130 vaisseaux, elle fut envoyée en Angleterre pour détrôner la reine Élisabeth Ire et rétablir le catholicisme. L'expédition échoua à cause de la tempête et de la supériorité anglaise.

Arménie (Asie)

- Superficie : 29 800 km^2
- Habitants : 2 977 000 *(les Arméniens)*
- Capitale : *Erevan*
- Langue : *arménien*
- Monnaie : *dram arménien*

• Pays du Caucase*, au nord de la Turquie et de l'Iran, l'Arménie, ancienne république de l'U.R.S.S.*, a proclamé son indépendance en 1991. Situé dans une zone sismique, ce pays a subi plusieurs tremblements de terre. Les Arméniens ont été victimes de graves persécutions et de massacres (comme le génocide de 1915, perpétré par les Turcs). Contraints alors à l'exil, ils forment aujourd'hui des communautés nombreuses dans plusieurs pays.

Armstrong Lance **(né en 1971)**

Coureur cycliste américain. Champion du monde sur route en 1993, il a été vainqueur du Tour* de France pendant sept années consécutives : de 1999 à 2005. Accusé de dopage, il perd tous ses titres en 2012.

Armstrong Louis **(1901-1971)**

Trompettiste, chanteur et chef d'orchestre de jazz américain. Considéré comme l'un des meilleurs musiciens de La Nouvelle-Orléans*, Louis Armstrong a marqué l'histoire du jazz par ses improvisations et ses solos exceptionnels.

ŒUVRES PRINCIPALES *Tiger Rag*, 1930 ; *C'est si bon*, 1950 ; *Hello Dolly*, 1963.

Armstrong Neil **(1930-2012)**
Astronaute américain. Pilote d'essai à la NASA*, Neil Armstrong fut sélectionné en 1962 dans le corps des astronautes. En 1966, il commanda une mission spatiale au cours de laquelle fut établie une liaison rigide entre deux engins spatiaux. À l'occasion de la mission Apollo 11, il fut le premier homme à marcher sur la Lune, le 21 juillet 1969. → VOIR AUSSI **Apollo.**

Arsène Lupin → Lupin

d'**Artagnan → les Trois Mousquetaires**

Artémis (nom romain : Diane)
Déesse grecque de la Chasse. Elle était la sœur jumelle d'Apollon et n'avait ni mari ni amant. Toujours armée d'un arc et d'un carquois, elle tuait impitoyablement ceux qui osaient l'insulter.

Artémis (ou Diane chasseresse)

Arthur
Chef celte du sud de l'Écosse. Il résista à la conquête anglo-saxonne, à la fin du Ve siècle. Arthur devint un personnage légendaire dont les conteurs racontaient les exploits. Ses aventures ont donné naissance aux récits des *Chevaliers de la Table * ronde.*

Asie

Le plus vaste des continents. 44 millions de km^2 (presque 1/3 de la superficie totale des terres du globe). Avec 4,3 milliards d'habitants (les *Asiatiques*), l'Asie est aussi le continent le plus peuplé : 6 personnes sur 10 dans le monde y vivent.

• **Le continent des contrastes.** On trouve en Asie à la fois le point le plus élevé du globe, le mont Everest*, et le point le plus bas, la mer Morte*. L'Asie s'étend de l'Arctique, au nord, jusque sous l'équateur, au sud, et connaît les climats les plus chauds comme les plus froids, les plus secs comme les plus humides. Certaines régions d'Asie (la Chine orientale, l'Asie du Sud-Est) sont extrêmement peuplées alors que d'autres (la Sibérie, le Tibet, le désert de Gobi, l'Himalaya) sont pratiquement inhabitées.

• **L'Asie du Sud-Est.** On appelle Asie du Sud-Est la partie de l'Asie formée d'une péninsule (l'Indochine) et d'archipels dont les principaux forment l'Indonésie et les Philippines. Le climat de l'Asie du Sud-Est, chaud et humide, est rythmé par la mousson. Dans cette vaste zone, la décolonisation a donné lieu à de nombreuses guerres. → VOIR AUSSI **Indochine, mousson.**

Asie Mineure
Région d'Asie. Nom qui était donné autrefois à la partie occidentale de l'Asie située au sud de la mer Noire*.

Asie centrale
Partie de l'Asie qui s'étend de la mer Caspienne à la Chine. Cette région fut, au cours des siècles, occupée par les Grecs avec Alexandre* le Grand, les Mongols avec Gengis* Khan, les Arabes, les Chinois, les Turcs. C'est de là que partirent les Huns* lorsqu'ils envahirent l'Europe.

Assemblée nationale
Institution française qui, avec le Sénat*, forme le Parlement. L'Assemblée nationale est constituée par les 577 députés qui sont élus au suffrage universel pour cinq ans. Elle est chargée de proposer, d'étudier et de voter les lois.
▸ REM. C'est aussi une institution québécoise.

Assouan
Ville du sud de l'Égypte. 266 013 habitants. Assouan est située sur le Nil. Près de la ville, un des plus grands barrages du monde a été construit, créant la retenue du lac Nasser (nom de l'ancien président de l'Égypte). Cette eau sert à l'irrigation et à la production d'électricité. La réalisation de ce barrage a entraîné le déplacement de temples pour éviter qu'ils ne soient submergés.

Assyrie
Grand empire antique de la Mésopotamie*. L'Assyrie fut très puissante du IXe au VIIe siècle avant J.-C., mais elle existait depuis le XXe siècle avant J.-C. Elle avait conquis la ville prestigieuse de Babylone* et détruit Thèbes, la capitale de l'ancienne Égypte. La langue et l'alphabet utilisés en Assyrie remplacèrent l'écriture inventée par les Sumériens*. Le plus célèbre des rois assyriens fut Assourbanipal.

Astérix
Héros de bande dessinée imaginé par René Goscinny* et Albert Uderzo. Les *Aventures d'Astérix le Gaulois* ont pour cadre un petit village de la Gaule, occupée par les Romains, qui résiste grâce à une potion magique qui donne une force surhumaine. Le guerrier Astérix, vif et intelligent, et son compagnon Obélix, livreur de menhirs tombé dans la potion quand il était petit, sont les héros de ces aventures.

ATD Quart Monde

Organisation humanitaire internationale. Créé en 1958 par le père Joseph Wresinski, le mouvement ATD Quart Monde lutte contre la grande pauvreté. Ses équipes sont présentes dans 29 pays.

▶ REM. ATD est l'abréviation de « Agir Tous pour la Dignité ».

Athéna (nom romain : Minerve)

Déesse grecque de la Sagesse, de la Pensée et des Arts. Elle sortit tout armée et casquée de la tête de Zeus en poussant un immense cri de guerre. Athéna était la protectrice de la ville d'Athènes, pour laquelle elle avait créé l'olivier.

Athènes

Capitale de la Grèce. 664 046 habitants (les *Athéniens*) ; 3 millions d'habitants dans l'agglomération, qui englobe le port du Pirée. Athènes est à la fois le centre le plus industriel de la Grèce et une ville très touristique. L'un de ses monuments antiques les plus célèbres est le Parthénon, sur l'Acropole*.

• **L'Antiquité.** Au Vᵉ siècle avant J.-C., Athènes était la ville la plus puissante de la Grèce et ses hommes politiques, philosophes et artistes lui avaient donné une renommée universelle. Athènes avait mis au point un système politique, la démocratie, dans lequel les responsables étaient tirés au sort, et les décisions, prises par les citoyens (à l'exclusion des femmes et des étrangers) réunis en une assemblée appelée « ecclesia ». Mais sa rivalité avec Sparte* déboucha sur une guerre qui se termina par la défaite d'Athènes à la fin du IVᵉ siècle.

→ VOIR AUSSI **Grèce antique, Périclès.**

Atlantide

Île fabuleuse de l'Atlantique, jadis engloutie. Depuis Platon, l'Atlantide a inspiré de nombreux auteurs.

Atlantique - océan Atlantique

Océan qui sépare l'Europe et l'Afrique de l'Amérique. 106 millions de km². Comme la surface émergée de la Terre, le fond de l'océan Atlantique est formé de chaînes de montagnes et de bassins. À proximité des côtes se trouve la plate-forme continentale. En contrebas se succèdent de grandes cuvettes, ou bassins océaniques, séparées au milieu de l'océan par une longue chaîne de montagnes, dont les sommets constituent des îles, comme l'archipel des Açores ou l'île de Sainte-Hélène.

Atlas

Géant de la mythologie grecque. Atlas avait osé combattre les dieux de l'Olympe* avec les autres géants. Zeus, le dieu suprême, le condamna à porter la voûte du ciel sur ses épaules.

Atlas

Massif montagneux d'Afrique du Nord. La chaîne de l'Atlas forme une barrière entre les côtes de la Méditerranée et le désert du Sahara. Sa partie la plus élevée, le Haut Atlas (4 165 m), se trouve au Maroc.

Attila (mort en 453)

Roi des Huns*. Il créa un immense empire situé en Europe centrale et tenta de conquérir l'ouest de l'Europe. Il était si redoutable qu'on disait que là où était passé son cheval l'herbe ne repoussait pas. Il fut vaincu en Gaule par les Romains, les Francs, les Gaulois et les Wisigoths unis contre lui. Son empire s'effondra après sa mort. → VOIR AUSSI **Invasions barbares.**

Attique

Région de la Grèce. Cette péninsule a constitué pendant l'Antiquité le territoire d'Athènes*. Bordée, au nord, par la Béotie (région de Thèbes), à l'est, par la mer Égée*, et à l'ouest par le golfe Saronique, elle se termine au sud par le cap Sounion. Ses principales villes sont de nos jours, outre Athènes, le port du Pirée, Éleusis et Mégare. Son point culminant est le mont Hymette, réputé pour son miel et son marbre.

Auguste (63 avant J.-C.-14 après J.-C.)

Premier empereur romain. D'abord connu sous le nom d'Octave, il fut adopté par Jules César*, qui en fit son héritier. Après une longue guerre civile, il fut reconnu comme l'unique maître de l'État romain, supprima définitivement la république et prit le titre d'empereur et le nom d'Auguste.

Auschwitz

Ville du sud de la Pologne. À proximité, les Allemands créèrent pendant le IIIᵉ Reich le plus grand des camps de concentration et d'extermination (Auschwitz-Birkenau) et un camp de travail. De 1940 à 1945, plus d'un million de personnes y furent déportées et périrent de mauvais traitements ou par asphyxie dans des chambres à gaz. Les corps des victimes étaient brûlés dans des fours crématoires. La majeure partie d'entre elles étaient des Juifs, surtout originaires de Pologne. Une partie du camp a été conservée après la guerre pour témoigner des horreurs commises par les nazis.

→ VOIR AUSSI **Seconde Guerre mondiale.**

Austerlitz - bataille d'Austerlitz

Bataille remportée par Napoléon Iᵉʳ*. Il vainquit les Russes et les Autrichiens à Austerlitz (ville située dans l'actuelle République tchèque), le 2 décembre 1805, le jour du premier anniversaire de son sacre comme empereur.

*la Bataille d'***Austerlitz**
(tableau de Carle Vernet, 1808)

Australie (Océanie)

- Superficie : 7 700 000 km^2
- Habitants : 23 343 000 *(les Australiens)*
- Capitale : *Canberra*
- Langue : *anglais*
- Monnaie : *dollar australien*

• **Géographie.** Très grande île d'Océanie*, peuplée en majorité par des immigrants d'origine européenne, l'Australie constitue à elle seule un véritable continent. C'est un pays désertique en dehors des côtes est et sud, où se concentre la majorité des villes. Les Aborigènes*, premiers habitants connus de l'Australie, représentent environ 1 % de la population, c'est-à-dire moins que les minorités immigrées d'Asie.

• **Histoire.** En 1770, James Cook* explore la côte méridionale de l'Australie. La colonisation du pays commence en 1788. L'Australie est d'abord une terre de déportation pour les détenus (appelés « convicts »). À partir de 1851 a lieu une ruée vers l'or qui favorise l'immigration britannique. Le *Commonwealth of Australia* est proclamé en 1901.
L'Australie participe activement aux deux guerres mondiales aux côtés des Alliés. Depuis 1945, elle est devenue une nation dotée d'une industrie puissante et moderne, qui développe des relations avec les pays de la zone Asie-Pacifique (Japon, Chine, Corée du Sud, États-Unis).

Autriche (Europe)

- Superficie : 84 000 km^2
- Habitants : 8 495 000 *(les Autrichiens)*
- Capitale : *Vienne*
- Langue : *allemand*
- Monnaie : *euro*

• La majeure partie de la république d'Autriche, pays de l'Europe centrale, s'étend sur les Alpes*, massif montagneux découpé par de grandes vallées où se concentrent la population et les principales activités. Les régions montagneuses (Tyrol) permettent de développer un tourisme très actif.

Auvergne
Anc. Région administrative française regroupant 4 départements : Allier, Cantal, Haute-Loire et Puy-de-Dôme. Elle doit son nom aux Arvernes, peuple celte de la Gaule qui occupait la région. L'Auvergne fut rattachée au royaume de France au XVIIe siècle. → VOIR AUSSI **Auvergne – Rhône-Alpes.**

Auvergne – Rhône-Alpes
Région administrative française. Superficie : 69 711 km^2 ; 7 757 595 hab. Ch.-l. Lyon*. La Région regroupe, depuis 2016, 12 départements : Ain, Allier, Ardèche, Cantal, Drôme, Isère, Loire, Haute-Loire, Puy-de-Dôme, Rhône, Savoie et Haute-Savoie. Elle juxtapose ensembles montagneux (Alpes*, Massif central* – monts Dore – et Jura* méridional) entrecoupés de larges vallées (Lyon, Valence, Grenoble, Saint-Étienne, Roanne, Chambéry), plateaux et basses terres (plaines de la Saône et du Rhône, bas Dauphiné). Les montagnes du Massif central sont le domaine de l'élevage bovin et de la production de fromages, tandis que, dans les plaines et les vallées, les cultures, l'élevage, les vignes et les vergers sont privilégiés. Malgré tout, ce sont le secteur industriel et, surtout, le secteur des services qui dominent l'économie de la Région. L'industrie est moderne et diversifiée : aéronautique, automobile, chimie, pharmacie, environnement, production d'électricité (centrales nucléaires de Bugey, Saint-Alban, Cruas et Tricastin). Grâce au tourisme vert, aux sports d'hiver et aux stations thermales, la Région se classe au 2e rang des régions touristiques françaises. Lyon, Grenoble, Saint-Étienne et Clermont-Ferrand sont les villes les plus importantes.

Avatar
Film réalisé par James Cameron. → VOIR encadré.

Averroès en arabe Abu al-Walid ibn Ruchd **(1126-1198)**
Philosophe arabe. Son étude de l'œuvre du grand philosophe grec de l'Antiquité Aristote* a influencé les penseurs chrétiens et juifs du Moyen Âge. Il a aussi été médecin et juriste.

Avery Tex **(1908-1980)**
Dessinateur et réalisateur américain de dessins animés. Tex Avery est notamment le créateur du cochon Porky Pig, du chien Droopy et, en collaboration avec Chuck Jones, du célèbre lapin Bugs* Bunny.
Par son humour féroce et déconcertant, par ses gags et le rythme de ses films, il a renouvelé l'esprit du dessin animé.

Avicenne en arabe Abu Ali al-Husayn ibn Sina **(980-1037)**
Philosophe et médecin iranien. Il fut l'un des plus remarquables savants de son époque. Son livre, le *Canon de la médecine*, a été traduit en latin et a eu une grande influence en Europe jusqu'au milieu du XVIIe siècle. Son œuvre philosophique, écrite en arabe et en persan, est remarquable.

Avignon
Ville française. Chef-lieu du département de Vaucluse. 91 250 habitants (les *Avignonnais*). Une chanson populaire a rendu célèbre son premier pont sur le Rhône, le pont Saint-Bénezet (construit au XIIe siècle). Au XIVe siècle, la ville devint la propriété puis le siège de la papauté, qui y fit construire le palais des Papes. Avignon fut rattachée à la France à la Révolution. Depuis 1947, un festival de théâtre s'y tient chaque été.

Avignon : le palais des Papes

Aymé Marcel **(1902-1967)**
Écrivain français. Il est l'auteur de romans, de nouvelles comme *le Passe-Muraille*, de pièces de théâtre et de trois recueils de contes, les *Contes* du chat perché*.

ŒUVRES PRINCIPALES *Contes du chat perché*, 1934-1958 ; *le Passe-Muraille*, 1943 ; *Clérambard*, 1950.

Azerbaïdjan (Asie)
- Superficie : 87 000 km²
- Habitants : 9 413 000 *(les Azerbaïdjanais)*
- Capitale : *Bakou*
- Langue : *azerbaïdjanais (azéri)*
- Monnaie : *manat azerbaïdjanais*

• Pays du Caucase*, sur la mer Caspienne*, l'Azerbaïdjan est une ancienne république de l'U.R.S.S.*. Elle est devenue indépendante en 1991. Le pays est formé d'une vaste plaine encadrée de montagnes, dont l'aménagement a permis le développement de cultures (coton, notamment). Il est riche en gaz et surtout en pétrole.

AZF-Toulouse - catastrophe d'AZF-Toulouse
Explosion accidentelle survenue dans l'usine chimique AZF le 21 septembre 2001, dans la banlieue de Toulouse. Trente personnes furent tuées et plus de deux mille blessées. Les dégâts matériels furent très importants, privant des milliers de personnes de leur logement.

Azincourt - bataille d'Azincourt
Bataille de la guerre de Cent* Ans. Elle opposa en 1415 l'armée anglaise de Henri V à l'armée française de Charles VI, à Azincourt, dans le Pas-de-Calais. Elle permit aux Anglais victorieux de prendre possession d'une partie de la France.

bataille d'**Azincourt** (miniature du XVe siècle)

Aznavour Charles **(né en 1924)**
Chanteur et compositeur français. De son vrai nom Varenagh Aznavourian, il fut lancé par Édith Piaf*. Ses chansons à la fois réalistes et poétiques l'ont rendu célèbre dans le monde entier et notamment aux États-Unis. Il a également été acteur de cinéma.

ŒUVRES PRINCIPALES *Je m' voyais déjà*, 1961 ; *les Comédiens*, 1962 ; *la Mamma*, 1963 ; *la Bohème*, 1965.

Avatar : quand se heurtent les civilisations.

Film américain de science-fiction du Canadien James Cameron. Sorti en 2009, ***Avatar*** a été réalisé en 3D selon la technique de la captation (ou capture) de mouvement (appelée *motion capture* ou *mocap* en anglais). Cette technique consiste à enregistrer les expressions et les mouvements d'acteurs réels pour les restituer sous la forme d'images virtuelles en relief.

L'action du film se déroule en 2154 sur Pandora, lune d'une planète géante gazeuse. Des humains sont venus y exploiter un minerai rare. Ils se heurtent aux Na'vis, populations autochtones qui se défendent face à cette invasion. Les terriens mettent au point le programme Avatar, qui va leur permettre de contrôler des corps de Na'vis clonés associés à des gènes humains, afin de s'insérer dans la population. Le héros de l'histoire est Jake Sully, un ancien soldat américain handicapé, qui, par son avatar cloné et valide, s'intègre aux Na'vis. Neytiri, une très belle Na'vi, sauve la vie de Jake et l'amène à changer de camp…
Ce film, un des plus coûteux jamais réalisés, était en 2011 le plus gros succès de l'histoire du cinéma, battant *Titanic*, autre film de James Cameron.

Illustration : Scène du film *Avatar*.

Aztèques
Peuple autochtone de l'Amérique centrale. Les Aztèques créèrent une brillante civilisation à partir du XIVe siècle. Leur religion était souvent violente et ils sacrifiaient des hommes au dieu Soleil. Ils fondèrent Mexico*, qui compta plusieurs centaines de milliers d'habitants. Cortés* s'empara de leur empire et fit assassiner le dernier souverain aztèque en 1525.

B

Babylone
Ville ancienne de Mésopotamie*. Les vestiges de Babylone se trouvent à 100 km environ au sud de Bagdad. Elle était la capitale d'un empire très puissant. Elle fut plusieurs fois occupée par ses grands rivaux, les Assyriens. L'un des rois de Babylone, Nabuchodonosor II, qui vivait au VIe siècle avant J.-C., détruisit l'Empire assyrien et fit construire dans Babylone des jardins suspendus qui étaient considérés comme l'une des Sept* Merveilles du monde. Trois siècles plus tard, la ville fut conquise par Alexandre* le Grand, qui la choisit comme capitale de l'Asie et y mourut. → VOIR AUSSI **Assyrie.**

Bacchus
Nom romain du dieu grec Dionysos*.

Bach Jean-Sébastien (1685-1750)
Compositeur allemand. Bach est issu d'une grande famille de musiciens. Il a porté à un degré de perfection jamais atteint les formes musicales qui existaient avant lui. Bach a composé près de 300 cantates, 145 chorals pour orgue, près de 200 œuvres pour clavecin, des concertos et de nombreuses pièces pour instruments à cordes. Il fut le père de vingt enfants, dont plusieurs furent musiciens.

ŒUVRES PRINCIPALES *Toccata et fugue en ré mineur*, 1709 ; *Concertos brandebourgeois*, 1721 ; *Passion selon saint Matthieu*, 1728-1729 ; *les Variations Goldberg*, 1742.

Badinter Robert (né en 1928)
Avocat français. Garde des Sceaux (ministre de la Justice) de 1981 à 1986, il a fait voter l'abolition de la peine de mort en France en 1981.

Bagdad
Capitale de l'Iraq. 6 483 000 habitants (les *Bagdadiens*) dans l'agglomération, soit le quart de la population irakienne. Bagdad fut le lieu de résidence du calife et la ville la plus importante de l'Islam jusqu'à sa destruction par les Mongols en 1258. Située sur le Tigre, elle fut plusieurs fois inondée par les crues du fleuve. Depuis 1980, elle a été touchée par de nombreux conflits (notamment la guerre engagée par les États-Unis et la Grande-Bretagne de 2003 à 2011) qui l'ont partiellement détruite.

Jean-Sébastien **Bach** (1746)

Bahamas (Amérique)
- Superficie : 13 900 km²
- Habitants : 377 000 *(les Bahamiens)*
- Capitale : *Nassau*
- Langue : *anglais*
- Monnaie : *dollar des Bahamas*

Cet archipel des Grandes Antilles*, situé dans l'océan Atlantique, au sud-est de la Floride et des États-Unis, est formé de plus de 700 îles dont 30 seulement sont habitées. Le climat des Bahamas, très doux, attire de nombreux touristes.

Bahreïn (Asie)
- Superficie : 660 km²
- Habitants : 1 332 000 *(les Bahreïniens)*
- Capitale : *Manama*
- Langue : *arabe*
- Monnaie : *dinar de Bahreïn*

Archipel du golfe Persique*, relié par un pont à l'Arabie saoudite, l'émirat du Bahreïn est indépendant depuis 1971. C'est dans ce pays que les premiers gisements de pétrole du Moyen-Orient (grande région qui va de la mer Méditerranée au golfe Persique et à l'océan Indien) ont été découverts par les Britanniques.

Baïkal - lac Baïkal
Lac de Russie. Situé dans le sud-est de la Sibérie, c'est le lac le plus grand de Russie (31 500 km²) et le plus profond du globe (jusqu'à – 1 620 m). Ses eaux, gelées six mois par an, sont très poissonneuses. On a trouvé sur ses rives d'importants vestiges préhistoriques.

Baird John **(1888-1946)**
Ingénieur écossais. Il fut l'un des pionniers de la télévision. Il réussit à transmettre les premières images en couleurs, à Londres, en 1928.

Balanchine George **(1904-1983)**
Danseur et chorégraphe russe, naturalisé américain. Il travailla pour les Ballets* russes avec Serge de Diaghilev* et créa ensuite sa propre compagnie, Les Ballets, à Paris, en 1933. Il travailla également aux États-Unis. Il a développé un style de ballet dépouillé et abstrait.

ŒUVRES PRINCIPALES *Les Quatre Tempéraments*, 1946 ; *Agon*, 1957.

Balaton - lac Balaton
Lac de Hongrie. Situé au sud-ouest de Budapest, c'est le plus grand lac d'Europe de l'Est (596 km²). → VOIR noms communs : **lac.**

Baléares
Archipel espagnol. 5 014 km². 1 100 503 habitants (les *Baléares*). Situées au large des côtes méditerranéennes de l'Espagne, les Baléares sont constituées de quatre îles principales (Majorque, Minorque, Ibiza, Formentera). Leurs belles plages et leur climat très doux attirent de nombreux touristes.

Balkans
Péninsule du sud-est de l'Europe. Limitée au nord par le Danube, baignée au sud par la Méditerranée et au sud-est par la mer Adriatique, elle doit son nom à un massif montagneux bulgare, le mont Balkan. Elle comprend la Croatie, la Bosnie-Herzégovine, la Serbie, le Monténégro, le Kosovo, la Macédoine, l'Albanie, la Bulgarie, la Grèce et la partie européenne de la Turquie. Soumis aux Turcs à partir de la fin du XIVe siècle, puis à l'Autriche, les Balkans se libèrent au XIXe siècle et au début du XXe siècle. Durement touchés par les deux guerres mondiales, ils ont été le théâtre de violents conflits dans les républiques issues de l'éclatement de la Yougoslavie en 1991-1992.

Ballets russes
Compagnie de ballets créée et dirigée par Serge de Diaghilev* de 1909 à 1929, à Saint-Pétersbourg. Celui-ci travailla, notamment à Paris, en collaboration avec des peintres comme Picasso, Matisse et Miró, pour les décors et les costumes, et avec des musiciens d'avant-garde comme Debussy, Ravel, Satie. Le style des Ballets russes rompt avec le style académique des ballets classiques et est à l'origine des ballets modernes. → VOIR AUSSI **Balanchine.**

ŒUVRES PRINCIPALES *L'Oiseau de feu*, 1910 ; *l'Après-midi d'un faune*, 1912 ; *le Sacre du printemps*, 1913.

Baltique - mer Baltique
Partie de l'océan Atlantique. Elle borde l'Allemagne, les États baltes (républiques d'Estonie, de Lituanie et de Lettonie), le Danemark, la Suède, la Finlande, la Pologne et la Russie. 385 000 km². Les eaux de la mer Baltique sont peu profondes, peu salées et souvent prises par les glaces. Les marées sont de faible amplitude. Elle communique avec la mer du Nord par les détroits du Danemark. La mer Baltique doit son nom aux pays Baltes.

Ballets russes
(costume créé par Léon Bakst pour *l'Oiseau de feu*)

Balzac Honoré de **(1799-1850)**
Écrivain français. Dans *la Comédie humaine*, qui rassemble ses 90 romans, Balzac décrit, à travers plus de 2 000 personnages, la société de son époque où se côtoient une aristocratie brillante mais décadente et une petite bourgeoisie mesquine, attirée par l'argent. Son sens de l'observation et du détail, son imagination débordante font de Balzac l'un des plus grands écrivains de la littérature française.

ŒUVRES PRINCIPALES *Eugénie Grandet*, 1833 ; *le Père Goriot*, 1834-1835 ; *le Lys dans la vallée*, 1835 ; *Illusions perdues*, 1837-1843.

Bambara ou **Bamanan**
Peuple d'Afrique. Les Bambara sont sédentaires et vivent surtout au Sénégal et au Mali. Ils formaient un empire très important au XIXe siècle. Aujourd'hui, ils sont deux millions et demi. Ils vivent du travail de la terre et fabriquent des statuettes religieuses qui représentent des scènes de la vie agricole. Ils sont aussi réputés pour leurs masques.

Bangladesh (Asie)
- Superficie : 143 000 km²
- Habitants : 156 595 000 *(les Bangladais)*
- Capitale : *Dacca*
- Langue : *bengali*
- Monnaie : *taka*

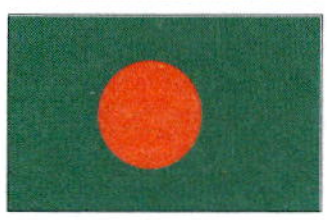

Situé à l'est de l'Inde, sur le golfe du Bengale, le Bangladesh s'est séparé du Pakistan en 1971. C'est un des pays les plus pauvres du monde. S'étendant sur la plus grande partie du delta du Gange* et du Brahmapoutre*, il est souvent soumis à des inondations catastrophiques. Sa population augmente de plus de 3 millions de personnes chaque année.

Bantous

Peuples d'Afrique centrale et méridionale. Ils sont environ 7 millions. Bien qu'ils parlent des langues de la même famille, les Bantous ont des coutumes très diverses. → VOIR AUSSI **Zoulous.**

Barbade (Amérique)

- Superficie : 431 km^2
- Habitants : 285 000 *(les Barbadiens)*
- Capitale : *Bridgetown*
- Langue : *anglais*
- Monnaie : *dollar de la Barbade*

- Cette île de l'archipel des Petites Antilles*, au climat tropical tempéré et aux grandes plages de sable, est devenu un État indépendant en 1966. La Barbade a le meilleur niveau de vie de la région grâce à la production de canne à sucre et au tourisme qui s'est développé avec la construction d'un aéroport international.

Barbara (1930-1997)

Chanteuse française. De son vrai nom Monique Serf, Barbara fut parolière et compositrice de certaines de ses chansons. S'accompagnant souvent au piano, Barbara a également chanté des compositions de J. Brel, G. Brassens ou Ch. Aznavour. Les textes réalistes de ses chansons sont souvent graves et émouvants.

ŒUVRES PRINCIPALES *Nantes*, 1964 ; *le Mal de vivre*, 1965 ; *Göttingen*, 1967 ; *l'Aigle noir*, 1970.

barbares → Invasions barbares

Barbe-Bleue

Conte de Charles Perrault*. → VOIR encadré.

Barberousse (XVIe siècle)

Nom donné à deux frères pirates turcs, qui fondèrent l'État d'Alger au XVIe siècle. L'histoire a surtout retenu le second. Celui-ci plaça l'État d'Alger sous la suzeraineté ottomane en 1518, puis, devenu grand amiral au service du sultan en 1533, il remporta des victoires contre la flotte de l'empereur Charles* Quint.

Barcelone

Ville du nord de l'Espagne. 1 611 013 habitants (les *Barcelonais*) ; plus de 5 millions dans l'agglomération. Située sur la côte méditerranéenne, Barcelone est un port important. Capitale de la Catalogne, elle est le plus grand centre industriel du pays. Au XIXe siècle, un architecte, Gaudí, y a construit des palais, des églises et des maisons dans un style original, parfois fantastique. Son œuvre la plus célèbre est l'église de la Sagrada Familia.

Bardot Brigitte (née en 1934)

Actrice de cinéma française. Son premier grand rôle, dans *Et Dieu créa la femme* de R. Vadim (1928-2000), en 1956, lui apporta la célébrité et fit d'elle le symbole de la beauté et de la sensualité. Elle tourna également sous la direction du cinéaste français Jean-Luc Godard (né en 1930) dans *le Mépris* (1963).

Barnard Christiaan (1922-2001)

Chirurgien sud-africain naturalisé grec. Il réalisa la première greffe du cœur en 1967.

Barbe-Bleue : la curiosité est un vilain défaut !

Barbe-Bleue est un conte de l'écrivain français Charles Perrault*. Il parut en 1697, dans un recueil intitulé *Histoires* ou *Contes du temps passé* (ou encore *Contes de ma mère l'Oye*). L'auteur publia ce livre sous le nom de son jeune fils, Perrault d'Armancour.

Barbe-Bleue, homme très riche mais très laid à cause de sa barbe bleue, a déjà eu six femmes. Il en épouse une septième. Avant de partir en voyage pour régler une affaire, il confie les clés de sa demeure à sa femme, l'autorisant à pénétrer dans toutes les pièces sauf une. Poussée par la curiosité, celle-ci désobéit et ouvre la porte de l'endroit défendu. Elle y découvre les cadavres des six premières femmes de Barbe-Bleue. De retour de voyage, ce dernier constate que sa femme lui a désobéi et, pour la punir, il décide de lui faire subir le même sort que les six autres. La septième épouse est sauvée au dernier moment par l'arrivée de ses deux frères qui tuent Barbe-Bleue.

Les personnages de conte sont souvent inspirés du folklore populaire. Barbe-Bleue, cependant, a peut-être été créé à partir d'un personnage ayant vécu au XVe siècle, Gilles de Rais. Le nom de Barbe-Bleue est parfois utilisé pour désigner le roi d'Angleterre Henri VIII, qui eut six épouses.

Le thème de Barbe-Bleue fut repris par de nombreux artistes, notamment par des musiciens comme Jacques Offenbach dans l'opéra *Barbe-Bleue*, en 1866, ou Béla Bartók dans l'opéra *le Château de Barbe-Bleue*, en 1918.

Illustration : Barbe-Bleue, par G. Doré.

Bart Jean **(1650-1702)**
Marin français. Il servit d'abord dans la flotte hollandaise. Devenu corsaire puis officier de la marine royale française en 1679, il remporta, par la suite, de nombreuses victoires contre les Anglais et les Hollandais.

Bartók Béla **(1881-1945)**
Compositeur hongrois. Initié au piano par sa mère, il mena d'abord une carrière de pianiste. Avec son ami Kodály (1882-1967), il sillonna la Hongrie, où il réalisa près de 30 000 enregistrements de musique populaire. Il réussit une synthèse unique entre cette musique et la musique savante. Hostile au nazisme, il s'exila à New York, où il mourut sans avoir pu revoir son pays.

ŒUVRES PRINCIPALES *Le Château de Barbe-Bleue*, 1918 ; *Mikrokosmos*, 1926-1937.

basque - Pays basque
Région située à l'ouest des Pyrénées. Le Pays basque s'étend des deux côtés de la frontière franco-espagnole, sur environ 20 000 km². 2 millions d'habitants en Espagne, 250 000 en France (les *Basques*). Ville principale en France : Bayonne. On y parle une langue (le *basque*) sans lien avec les autres langues européennes, et dont l'origine demeure mystérieuse. La région vit du tourisme et de l'agriculture et conserve des traditions et un folklore très vivants.

Bas-Saint-Laurent
Région administrative du Québec. Située sur la rive sud de l'estuaire du fleuve Saint-Laurent, elle s'étend jusqu'à la frontière qui sépare le Canada et les États-Unis.

Basse-Terre
Ville française des Antilles. Chef-lieu de la Guadeloupe*. 11 772 habitants (les *Basse-Terriens*). Situé sur la côte sud-ouest de l'île de Basse-Terre, ce port est un centre commercial important.

prise de la **Bastille** (14 juillet 1789)

Bastille
Ancienne forteresse parisienne. Elle fut construite au Moyen Âge pour défendre l'est de Paris. Richelieu* en fit une prison d'État. La foule la prit d'assaut le 14 juillet 1789 parce qu'elle était devenue le symbole du pouvoir absolu du roi et qu'elle contenait des armes. La Bastille fut ensuite entièrement démolie, et un commerçant astucieux fit fortune en en vendant les pierres en guise de souvenir. Le 14 juillet fut choisi comme fête nationale en 1880. → VOIR AUSSI **Révolution française.**

Batman
Héros de bande dessinée. Créé en 1939 aux États-Unis, Batman est un justicier portant une cagoule et une grande cape qui le fait ressembler à une chauve-souris. Il a inspiré plusieurs films. → VOIR AUSSI **Tim Burton.**

Baudelaire Charles **(1821-1867)**
Poète français. Durant toute sa vie, Baudelaire fut à la recherche de la perfection dans l'art. Il écrit *les Fleurs du mal* et les *Petits Poëmes en prose*, traduit et fait connaître les œuvres de l'écrivain et poète américain Edgar Allan Poe (1809-1849). C'est aussi un grand critique d'art et de littérature.

ŒUVRES PRINCIPALES *Les Fleurs du mal*, 1857 ; *Petits Poëmes en prose*, 1869.

Baudouin Ier (1930-1993)
Roi des Belges de 1951 à 1993. Il devint roi à la suite de l'abdication de son père, Léopold III*.

Bavière
Région du sud de l'Allemagne. 70 500 km². 12,4 millions d'habitants (les *Bavarois*). Elle est traversée par le Danube et s'étend jusqu'aux Alpes. Autrefois État indépendant, la Bavière ne fut rattachée à l'Allemagne qu'au début du XXe siècle, et elle a gardé une certaine indépendance. Alors que la majorité des Allemands sont de religion protestante, les Bavarois sont surtout catholiques. Ils ont élevé au XVIIIe siècle de magnifiques églises de style baroque ou rococo. Chaque année, en octobre, se déroule à Munich*, capitale de la Bavière, une très grande fête de la bière.

Bayard - chevalier Bayard **(1476-1524)**
Chef militaire français. Célèbre pour sa bravoure lors des guerres que la France menait alors en Italie, il fut surnommé « le Chevalier sans peur et sans reproche ». François Ier* l'admirait tellement qu'il se fit armer chevalier par Bayard sur le champ de bataille de Marignan (1515).

Bayeux - Tapisserie de Bayeux → ***Reine Mathilde (tapisserie de la)***

The **Beatles**
Groupe de musique pop. Il était composé de quatre musiciens et chanteurs anglais, Paul McCartney (né en 1942), John Lennon (1940-1980), George Harrison (1943-2001) et Ringo Starr (né en 1940). Constitué en 1962, ce groupe connut immédiatement un immense succès, devenant le symbole des désirs et des révoltes de la jeunesse de l'époque grâce à des chansons aux mélodies simples et aux textes convaincants. Les Beatles se séparèrent en 1970, et chacun poursuivit individuellement sa carrière.

ŒUVRES PRINCIPALES *Yesterday*, 1965 ; *The Yellow Submarine*, 1966 ; *Let it be*, 1970.

Beauce
Vaste plaine du Bassin parisien. Habitants : les *Beaucerons*. Ville principale : Chartres. La richesse de son sol, sur lequel on cultive le blé, le maïs et la betterave, l'a fait surnommer « le grenier à blé de la France ».

Beauce
Région du Québec. Elle est située au sud du Saint-Laurent. Habitants : les *Beaucerons*.

Bécassine
Personnage de bande dessinée. Il a été créé en 1905 dans un hebdomadaire français, *la Semaine de Suzette*, par Pinchon et Caumery. Petite paysanne bretonne, Bécassine devient domestique chez la marquise de Grand'Air. Dévouée et naïve, elle connaît de nombreuses aventures.

Bechet Sidney **(1897-1959)**
Musicien américain de jazz. Il fut clarinettiste, saxophoniste, compositeur et chef d'orchestre. Enfant prodige, il joua dans de nombreux ensembles à La Nouvelle-Orléans*, avant de faire carrière en France où il créa sa propre formation.

ŒUVRES PRINCIPALES *Les Oignons*, 1949 ; *Petite Fleur*, 1952.

Becquerel Henri **(1852-1908)**
Physicien français. Fils et petit-fils de physiciens, il étudia l'uranium et découvrit sa radioactivité naturelle en 1896. Il reçut le prix Nobel de physique en 1903, avec Pierre et Marie Curie*.

Bédouins
Arabes nomades. Ils vivent dans les déserts d'Afrique du Nord, d'Égypte, de Syrie et d'Arabie.

Beethoven Ludwig van **(1770-1827)**
Compositeur allemand. Il fut poussé par son père qui voulait exploiter ses dons de jeune pianiste pour en faire un enfant prodige comme Mozart. Beethoven donne très tôt des concerts et acquiert une grande notoriété à Vienne. Dès l'âge de 26 ans, il commence à devenir sourd et le sera totalement à 47 ans. Ce handicap ne l'empêche pas de composer un très grand nombre d'œuvres : concertos, symphonies, quatuors, sonates, et un opéra. Il y exprime ses idées de justice, de liberté, de foi en l'homme, notamment dans l'« Hymne à la joie » de la 9e *Symphonie**.

ŒUVRES PRINCIPALES *Symphonie n° 3 dite « Héroïque »*, 1804 ; *Symphonie n° 6 dite « Pastorale »*, 1808 ; *Concerto n° 5 dit « l'Empereur »*, 1809 ; *9e Symphonie*, 1824.

Beijing → Pékin

Béjart Maurice **(1927-2007)**
Danseur et chorégraphe français. Maurice Béjart donne une nouvelle vision de la danse avec des spectacles comme *Symphonie pour un homme seul* (1955) ou *le Sacre du printemps* (1959). Il aborde les problèmes de l'homme moderne à travers des ballets qui mettent en valeur la puissance physique des corps, les libérant des règles strictes de la danse classique.

Belgique (Europe)

- Superficie : 30 500 km^2
- Habitants : 11 104 000 *(les Belges)*
- Capitale : *Bruxelles*
- Langues : *français, néerlandais, allemand*
- Monnaie : *euro*

Géographie. Située au nord de la France, sur la mer du Nord, la Belgique est un pays de superficie réduite et d'altitude modérée. Il s'élève de la plaine de Flandre, au nord-ouest, à l'Ardenne, au sud-est, et culmine à 694 m. Son climat est océanique, doux et humide. La Belgique a une forte densité de (340 habitants au km^2, soit près de trois fois celle de la France). En dépit de la crise, elle conserve une industrie forte et son agriculture est intensive. Au centre de la région la plus dynamique de l'Europe, elle joue un rôle important dans le développement de l'Union européenne dont elle est un des pays fondateurs. Sa capitale, Bruxelles, est le siège des principales institutions européennes.

Histoire. Entre 57 et 51 avant J.-C., la Gaule, occupée par les Celtes, est conquise par Jules César. Elle fait partie de l'Empire romain jusqu'à son invasion par les Francs* entre le IVe et le VIe siècle. Au Moyen Âge, des petites principautés s'y forment tandis que ses villes deviennent des centres commerciaux européens importants (pour le commerce du drap notamment). Aux XIVe et XVe siècles, le pays est intégré aux « Pays-Bas », sous l'autorité des ducs de Bourgogne. En 1477, les Pays-Bas passent sous la domination des Habsbourg. Leur révolte aboutit en 1579 à leur indépendance dans le cadre des Provinces-Unies. Remis en 1713 à la maison d'Autriche, ils sont ensuite occupés par Napoléon Ier* et deviennent un royaume à la chute de l'Empire. En 1830, les provinces belges se révoltent et la Belgique prend son indépendance. État neutre, la Belgique est pourtant occupée par les Allemands pendant les deux guerres mondiales. En 1977, la Belgique est divisée en trois Régions (Flandre*, Wallonie*, Bruxelles*), qui acquièrent progressivement des pouvoirs accrus.

Belize (Amérique)

- Superficie : 23 000 km^2
- Habitants : 332 000 *(les Beliziens)*
- Capitale : *Belmopan*
- Langue : *anglais*
- Monnaie : *dollar de Belize*

Pays de l'Amérique centrale situé dans la mer des Antilles*, le Belize, ancienne colonie britannique, est indépendant depuis 1981. Ses ressources proviennent de l'exploitation de la forêt et de la canne à sucre.

Bell Alexander Graham **(1847-1922)**
Physicien américain d'origine écossaise. Chargé d'enseigner le langage des signes aux sourds, il chercha un moyen de leur faire entendre des sons. Ses recherches le conduisirent notamment à la mise au point du téléphone (1876). Mais on lui contesta son invention, que l'on attribue aujourd'hui à A. Meucci*.

Du **Bellay** Joachim **(1522-1560)**
Poète français. Son recueil de poèmes le plus célèbre, *les Regrets*, fut écrit à son retour d'Italie. Il exprime dans ces sonnets ses déceptions et sa nostalgie. Le début de l'un des plus connus est « Heureux qui, comme Ulysse, a fait un beau voyage... » → VOIR AUSSI **Ronsard.**

ŒUVRES PRINCIPALES *Les Regrets*, 1558.

la ***Belle et la Bête***
Conte écrit par Mme Leprince de Beaumont. → VOIR encadré.

Belmondo Jean-Paul **(né en 1933)**
Acteur de cinéma français. Il fait ses débuts dans des films de la « nouvelle vague », comme *À bout de souffle* (1960) de Jean-Luc Godard, où il tient souvent des

Joachim du **Bellay**

rôles de mauvais garçon, qui contrastent avec ceux des jeunes premiers du cinéma d'alors. Il acquiert très vite une grande popularité, et tourne ensuite des films spectaculaires, célèbres par les cascades qu'il y exécute (*Peur sur la ville* [1975] d'Henri Verneuil).

Belzébuth
L'un des noms du diable. C'est une déformation de *Baal Zébub*, nom d'un dieu que les habitants de la Palestine adoraient avant l'arrivée des Hébreux. → VOIR AUSSI **Satan.**

La Belle et la Bête : la bonté importe plus que la beauté.

La Belle et la Bête a été écrit en 1757 par l'auteur français Jeanne Marie Leprince de Beaumont (1711-1780).

Un marchand a trois filles très belles. La cadette, plus belle encore que ses sœurs orgueilleuses et égoïstes, est surnommée « la Belle ». De retour d'un voyage, le marchand s'égare et découvre un château mystérieux et désert où il décide de passer la nuit. Le lendemain, avant de repartir, il cueille une rose dans le jardin pour la Belle. Aussitôt, le maître du château, une Bête terrifiante, apparaît et menace le marchand de le tuer, à moins que celui-ci ne lui livre une de ses filles. La Belle se sacrifie et vient vivre au château avec la Bête. D'abord effrayée, elle finit par s'attacher à la Bête qui se montre très bonne et qui lui demande chaque jour de l'épouser, ce que la Belle refuse. De retour de chez son père, où la Bête l'a autorisée à se rendre pour quelques jours, la Belle trouve la Bête presque morte de chagrin. Consciente de son amour pour la Bête, elle lui annonce qu'elle consent à l'épouser. Aussitôt, la Bête se transforme en un beau prince charmant.

Ce conte moral, où la bonté l'emporte sur l'apparence physique, a été adapté au cinéma en 1946 par Jean Cocteau avec René Clément comme conseiller technique. L'acteur français Jean Marais (1913-1998) y interprète le rôle de la Bête. La beauté des décors et des costumes et les maquillages très réussis contribuent à donner au film une atmosphère féerique.

Illustration : Une scène du film de J. Cocteau, avec Jean Marais et Josette Day.

A B C D E F G H I J K L M N O P Q R S T U V W X Y Z

Ben Hur

Film américain. Réalisé en 1959 par le cinéaste William Wyler, ce péplum qui nécessita quatorze mois de tournage est inspiré d'un roman qui avait déjà fait l'objet d'une adaptation cinématographique en 1925. L'action se déroule à l'époque de Jésus-Christ : un prince juif, Ben Hur, entre en conflit avec son ami d'enfance, le commandant des troupes romaines. Ce film connut un immense succès et fut couronné par onze oscars.

Bénin (Afrique)

- Superficie : 113 000 km^2
- Habitants : 10 323 000 *(les Béninois)*
- Capitale : *Porto-Novo*
- Langue : *français*
- Monnaie : *franc C.F.A.*

• **Géographie.** Le sud du pays, de climat équatorial et forestier, s'oppose au nord, couvert de savanes et au climat tropical. Le manioc, base de l'alimentation, est la principale culture vivrière, tandis que l'huile de palme, le coton et l'arachide sont des produits d'exportation, qui passent par le port de Cotonou, principale ville du pays.

• **Histoire.** Au XVIe siècle, les Adja-fon venus du Togo fondent, sur le territoire de l'actuel Bénin, le royaume d'Allada, dont sont ensuite issus les royaumes de Porto-Novo et d'Abomey. Ce dernier, devenu Dahomey, conquiert le port de Ouidah, qui lui offre l'accès au commerce maritime (huile de palme). L'influence française s'accroît en dépit de la résistance du roi Glégé et de son fils Béhanzin, fait prisonnier en 1894. Le Dahomey est inclus dans l'Afrique-Occidentale française. Il accède à l'indépendance en 1960 et devient en 1972 la République populaire du Bénin.

Benoît XVI (né en 1928)

Pape de 2005 à 2013. De son vrai nom Joseph Ratzinger, il a été un proche collaborateur du pape Jean-Paul II* dont il a poursuivi l'œuvre. Il a renoncé à sa charge en mars 2013. Le pape François*lui a succédé.

Berbères

Populations d'Afrique du Nord parlant la même langue. Ils vivent en Algérie, au Maroc et dans le désert du Sahara. Ils sont présents en Afrique du Nord depuis la préhistoire, et ont longtemps lutté contre les Arabes. Ils ont gardé leur langue et leurs traditions dans les montagnes et les déserts, qu'ils occupent encore actuellement. → VOIR AUSSI **Kabyles, Touareg.**

Berger Michel (1947-1992)

Chanteur, auteur et compositeur français. Il a notamment écrit des chansons pour la chanteuse France Gall, son épouse. En 1978, il créa, avec Luc Plamondon, le premier opéra rock francophone, *Starmania*, souvent repris et, en 1990, il composa une comédie musicale, *la Légende de Jimmy*.

ŒUVRES PRINCIPALES *Quelques mots d'amour*, 1980 ; *la Groupie du pianiste*, 1980 ; *Chanter pour ceux qui sont loin de chez eux*, 1985.

Béring - détroit de Béring

Étroit bras de mer entre l'extrémité orientale de l'Asie et l'Alaska. Il réunit l'océan Pacifique à l'océan Arctique. C'est une zone stratégique très importante, puisqu'elle sépare les États-Unis de la Russie.

Berlin

Capitale et région administrative (Land) d'Allemagne. 3 437 916 habitants (les *Berlinois*). Berlin fut au XIXe siècle la capitale d'un puissant royaume, la Prusse. Après la Seconde Guerre mondiale, la ville, presque complètement détruite, fut partagée en quatre zones occupées par les Alliés : France, Grande-Bretagne, États-Unis et U.R.S.S. Le secteur russe devint Berlin-Est, capitale de la R.D.A. (République démocratique allemande, partie orientale de l'Allemagne avant sa réunification), et fut séparé en 1961 de Berlin-Ouest et du monde occidental par un mur que l'on appela le mur* de Berlin. La libre circulation entre les deux parties de la ville fut rétablie en novembre 1989 et Berlin redevint capitale de l'Allemagne. → VOIR AUSSI **Seconde Guerre mondiale, mur de Berlin.**

Berlioz Hector (1803-1869)

Compositeur français. Il entra au Conservatoire de Paris après avoir abandonné des études de médecine. Il obtint le grand prix de Rome en 1830. Représentant de la musique romantique française, il donna à ses œuvres une dimension dramatique et bouleversa l'orchestration traditionnelle. Il composa des mélodies, des symphonies et des opéras. Il fut également chef d'orchestre et critique musical.

ŒUVRES PRINCIPALES *La Symphonie fantastique*, 1830 ; *Roméo et Juliette*, 1839 ; *la Damnation de Faust*, 1846.

Bermudes

Archipel britannique. Situé dans l'Atlantique, au nord-est des Antilles, il fut découvert par les Espagnols vers 1515. Il devint anglais en 1612. Haut lieu du tourisme, les Bermudes sont également célèbres pour avoir été le théâtre de phénomènes restés à ce jour inexpliqués : disparition d'avions, de navires dans un périmètre que l'on appelle le « Triangle des Bermudes ».

Bernard Claude (1813-1878)

Médecin et physiologiste français. Ses recherches portèrent d'abord sur le phénomène de la digestion, en particulier sur les fonctions du foie et du pancréas. Il étudia également le système nerveux et mena des travaux sur les effets des poisons et de certains médicaments. Il est considéré comme l'un des précurseurs de la recherche scientifique.

Berne
Capitale de la Suisse et chef-lieu du canton de Berne. La ville est située sur les rives de l'Aar. 128 848 habitants (les *Bernois*), en majorité de langue allemande, 360 127 habitants avec la banlieue.

Bernhardt Sarah (1844-1923)
Actrice française. Sarah Bernhardt, dont Victor Hugo vanta la « voix d'or », marqua le théâtre classique dans les années 1870-1900 par sa diction chantante et saccadée, son jeu dramatique et passionné. Elle joua à la Comédie-Française* puis au théâtre de boulevard, avant de fonder son propre théâtre. Ses interprétations de *Phèdre*, de *la Dame aux camélias*, de *l'Aiglon* sont restées célèbres. En 1915, elle fut amputée d'une jambe mais continua de jouer.

Sarah **Bernhardt** (photographie de Nadar)

le Bernin (1598-1680)
Sculpteur et architecte italien. De son vrai nom Gian Lorenzo Bernini, le Bernin est considéré comme le maître de l'art baroque. L'Église catholique lui commanda de nombreuses œuvres. Il créa notamment le baldaquin en bronze de la basilique Saint-Pierre* de Rome. Il a su donner à ses compositions une grande force d'expression. → VOIR noms communs : **baroque.**

ŒUVRES PRINCIPALES *Apollon et Daphné*, 1622 ; *l'Extase de sainte Thérèse*, 1645-1652 ; *la Fontaine des Quatre-Fleuves*, 1648-1651.

Besançon
Ville française, sur le Doubs. 120 271 habitants (les *Bisontins*). Chef-lieu du département du Doubs. La ville présente des vestiges romains, des édifices de la Renaissance et une citadelle construite par Vauban, au sein de laquelle se trouve le Musée populaire comtois.

Besson Luc (né en 1959)
Cinéaste français. Avec son film *le Grand Bleu*, qui traite de l'univers sous-marin et de la plongée sous-marine, Luc Besson a connu la gloire (plus de 10 millions d'entrées) notamment auprès des jeunes dont il sait capter les émotions et l'imagination.

ŒUVRES PRINCIPALES *Subway*, 1984 ; *le Grand Bleu*, 1988 ; *Nikita*, 1990 ; *Léon*, 1994 ; *Arthur et les Minimoys* , 2006, 2009, 2010.

Beyrouth
Capitale du Liban. Environ 2 millions d'habitants dans l'agglomération (les *Beyrouthins*). Beyrouth est située sur les rives de la Méditerranée. Elle est peuplée de musulmans, de chrétiens orthodoxes d'Arménie et de Grèce, et de maronites (chrétiens de rite syrien). De 1975 à 1990, la ville a été ravagée par la guerre civile.

Bhopal - catastrophe de Bhopal
Catastrophe écologique. Le 3 décembre 1984 à Bhopal, une ville du centre de l'Inde, une fuite de gaz très toxique provoquée par une explosion dans une usine chimique causa la mort de milliers de personnes.

Bhoutan (Asie)
- Superficie : 47 000 km^2
- Habitants : 754 000 *(les Bhoutanais)*
- Capitale : *Thimbu*
- Langue : *tibétain*
- Monnaies : *ngultrum, roupie indienne*

Situé entre la Chine et l'Inde, sur la bordure de l'Himalaya*, le royaume du Bhoutan, dont le nom signifie « Extrémité du Tibet », est en grande partie couvert par la forêt. Le climat est tempéré ou très humide selon l'altitude. Il est indépendant depuis 1971.

Bible
Recueil de textes sacrés des religions juive et chrétienne. Pour les chrétiens, la Bible est constituée de deux parties : l'Ancien et le Nouveau Testament. Les juifs reconnaissent l'Ancien Testament qui relate l'histoire du peuple juif (les Hébreux*), mais pas le Nouveau Testament qui commence avec la naissance de Jésus*. La rédaction s'est étalée sur plusieurs siècles. Écrite en hébreu, grec et araméen, la Bible a été traduite en plus de 1 300 langues et dialectes. → VOIR AUSSI **Évangiles.**

Biélorussie (Europe) ou Bélarus
- Superficie : 208 000 km^2
- Habitants : 9 357 000 *(les Biélorusses)*
- Capitale : *Minsk*
- Langues : *biélorusse, russe*
- Monnaie : *rouble biélorusse*

Située entre la Lettonie, la Lituanie, la Pologne, l'Ukraine et la Russie, cette ancienne république de l'U.R.S.S.* est indépendante depuis 1991. Ses liens

A B C D E F G H I J K L M N O P Q R S T U V W X Y Z

restent importants avec la Russie (plus d'un habitant sur 10 est d'ailleurs russe). Le pays est essentiellement agricole.

Birmanie (Asie) ou **Myanmar**

- Superficie : 678 000 km^2
- Habitants : 53 259 000 *(les Birmans)*
- Capitale : *Nay Pyi Taw*
- Langue : *birman*
- Monnaie : *kyat*

• État de l'Asie du Sud-Est, la Birmanie, dont le nom officiel est Myanmar, est un pays boisé, arrosé par la mousson (pluies d'été). L'exploitation de la forêt (bois de teck) est une ressource importante. Les plaines du centre, fertilisées par le fleuve Irrawady, produisent du riz mais le pays reste pauvre car la plupart de ses ressources naturelles ne sont pas exploitées.

Bismarck Otto von **(1815-1898)**
Homme d'État prussien. Nommé président du Conseil de Prusse par le roi en 1862, il réalisa l'unité allemande au profit de la Prusse après avoir annexé des territoires appartenant à l'Autriche en 1866 et à la France (l'Alsace-Lorraine) à l'issue de la guerre*franco-allemande de 1870. Il fit proclamer l'Empire allemand à Versailles en 1871 et en devint le chancelier. → VOIR AUSSI **Prusse.**

Blake et Mortimer
Héros de la bande dessinée belge du même nom. Le professeur Philip Mortimer et le capitaine Francis Blake ont été créés en 1946 par le dessinateur Edgar Pierre Jacobs (1904-1987) et repris par un autre dessinateur, Ted Benoit, en 1996. Ces deux personnages sont entraînés au cours de leurs enquêtes dans des aventures où se mêlent réalité et science-fiction.

Blanc - mont Blanc
Point culminant de la chaîne des Alpes (4 810 m). Situé en France, dans la chaîne des Alpes, près de la frontière italienne, c'est le sommet le plus élevé d'Europe. Il fut gravi pour la première fois en 1786 par le Dr Paccard et le guide Balmat. Un tunnel, qui part en France de Chamonix, perce le massif du Mont-Blanc et permet d'accéder rapidement en Italie.

Blanche-Neige
Conte populaire des frères Grimm*. Il fut écrit en 1812. Blanche-Neige, jolie princesse, est victime de la jalousie de la seconde épouse de son père qui veut la faire tuer. Réfugiée dans la maison des sept nains, elle sera sauvée par un beau prince. En 1937, Walt Disney*a réalisé un dessin animé à partir de ce conte.

Blanco Serge **(né en 1958)**
Joueur de rugby français. Serge Blanco fut sélectionné 93 fois dans l'équipe de France entre 1980 et 1991, le plus souvent au poste d'arrière. Il détient le record du nombre d'essais marqués par un Français en match international (38).

Blériot Louis **(1872-1936)**
Ingénieur, industriel et aviateur français. Après quelques vols d'essai sur un modèle qu'il avait lui-même construit, il effectua la première traversée de la Manche en aéroplane, en 1909. Il fut l'un des premiers industriels de l'aviation en France.

traversée du pas de Calais par Louis **Blériot** (arrivée à Douvres le 25 juillet 1909)

Bleu - fleuve Bleu
Nom français du fleuve chinois Yangzi*Jiang.

Blyton Enid **(1897-1968)**
Romancière anglaise. Elle a écrit plus de 600 livres pour enfants, notamment des séries comme *Oui-Oui*, pour les petits, *le Club des cinq*, récits des aventures de quatre enfants et de leur chien, et *le Clan des sept*, pour les plus grands.

Bochimans
Peuple nomade du sud de l'Afrique. Les Bochimans (en anglais *Bushmen*, « hommes de la brousse ») vivent de chasse et de cueillette dans le désert du Kalahari*et en Namibie. Leur langage est un des seuls au monde à utiliser les claquements de langue (dits clics).

Boers
Colons néerlandais qui se sont établis en Afrique du Sud à partir du XVIIe siècle. Leurs descendants sont les Afrikaners, qui forment aujourd'hui la majorité de la population blanche de l'Afrique du Sud. Leur langue est l'afrikaans.
▸ REM. On prononce [bur].

Boléro
Ballet créé en 1928. La musique a été composée par Maurice Ravel*pour la danseuse Ida Rubinstein (1885-1960). Dans une auberge espagnole, une Gitane danse debout sur une table. Le rythme de sa danse envoûte les clients.

Bolivar Simon **(1783-1830)**
Général et homme d'État d'Amérique du Sud. Il combattit les Espagnols pour les chasser de leurs colonies d'Amérique du Sud. Libérateur du Venezuela en 1811, il tenta de créer les États-Unis d'Amérique du Sud, mais la guerre éclata entre les pays qu'il avait libérés et il mourut désespéré.

Bolivie (Amérique)

- Superficie : 1 100 000 km^2
- Habitants : 10 671 000 *(les Boliviens)*
- Capitales : *La Paz (siège du gouvernement), Sucre (capitale constitutionnelle)*
- Langues : *espagnol, aymara, quechua*
- Monnaie : *boliviano*

• L'ouest de la république de Bolivie est constitué par les hauts plateaux de la cordillère des Andes* ; l'est est couvert par la forêt amazonienne. Le pays n'a pas d'ouverture sur la mer, mais il est bordé par le lac Titicaca*, le plus haut lac navigable du monde (3 812 m). Ses habitants descendent des Incas* qui peuplaient cette région avant la conquête espagnole au XVIe siècle.

Bolt Usain **(né en 1986)**
Athlète jamaïquain. En 2008, à Pékin, il a remporté trois titres olympiques (100 m, 200 m et relais 4 × 100 m), en battant à chaque fois le record du monde. Il remporte à nouveau ce triplé olympique à Londres en 2012.

Bombard Alain **(1924-2005)**
Navigateur français. Il a battu en 1952 le record de survie en traversant l'Atlantique sur un canot pneumatique en 64 jours, sans eau ni vivres : il se nourrissait de poisson et de plancton et buvait l'eau douce contenue dans les poissons.

Bombardier Joseph-Armand **(1907-1964)**
Industriel québécois. Il mit au point la motoneige en 1935.

Bombay ou **Mumbai**
Ville d'Inde. 12 478 447 habitants ; près de 20 millions d'habitants dans l'agglomération. Située sur la côte ouest, au bord de l'océan Indien, Bombay est une des principales agglomérations du pays et une des plus grandes villes du monde. C'est également le premier port du pays et un centre industriel important. Aux XVIIe et XVIIIe siècles, sous domination britannique, Bombay fut une grande ville commerciale.

Bonaparte
Nom de famille de Napoléon Ier* et de Napoléon III*. C'est en général sous ce nom qu'on désigne Napoléon Ier avant son sacre, en 1804.

Bond James
Héros de romans d'espionnage. Il fut créé en 1953 par l'écrivain anglais Ian Fleming (1908-1964). James Bond 007 est un agent secret britannique, qui utilise les gadgets les plus sophistiqués pour remplir les missions dangereuses qui lui sont confiées. Parmi les films tirés de ses aventures, on peut citer *James Bond contre Dr. No*, *Goldfinger* et *On ne vit que deux fois*.

Bonne-Espérance - cap de Bonne-Espérance
Cap de l'extrême sud de l'Afrique. Vasco de Gama* fut le premier à le doubler, en 1497, alors qu'il était sur la route des Indes. Le cap de Bonne-Espérance, d'abord appelé *cap des Tempêtes*, a donné son nom à une grande ville d'Afrique du Sud, Le Cap*.

Bordeaux
Ville française. 245 223 habitants (les *Bordelais*) ; 863 391 habitants dans l'agglomération. Chef-lieu de la Région Aquitaine – Limousin – Poitou-Charentes* et du département de la Gironde, Bordeaux est, avec Toulouse, la principale métropole du Sud-Ouest. Située sur la Garonne, c'est un centre administratif et commercial important, ainsi qu'un port de commerce actif. Bordeaux fut la capitale du duché d'Aquitaine au XIe siècle et demeura sous contrôle des Anglais de 1154 à 1453 (fin de la guerre de Cent Ans). La ville fut très prospère au XVIIIe siècle grâce au commerce avec les Antilles et la traite des esclaves.

Borg Björn **(né en 1956)**
Joueur de tennis suédois. Il a remporté cinq fois de suite le tournoi de Wimbledon (de 1976 à 1980) et six fois celui de Roland-Garros (en 1974 et 1975, et de 1978 à 1981).

Borgia
Famille romaine de la Renaissance. La famille Borgia a donné deux papes à l'Église, mais elle est surtout connue pour ses crimes et ses écarts de conduite. Le pape Alexandre VI Borgia mena des guerres, eut des maîtresses et de nombreux enfants, dont un fils, César Borgia, cardinal à quinze ans et coupable de nombreux assassinats.

Bornéo
Île du sud-est de l'Asie. 19,7 millions d'habitants. Troisième île du monde par sa superficie (750 000 km^2), Bornéo est partagée entre l'Indonésie, la Malaisie et le Brunei. Traversée par l'équateur, l'île est recouverte d'une épaisse forêt.

Bosch Jheronimus **Van Aken**, dit Jérôme **(v. 1450-1516)**
Peintre et dessinateur flamand. Puisant son inspiration dans l'alchimie, la magie ou la culture populaire et aidé par une imagination débridée, Bosch crée un univers fantastique. Ses tableaux foisonnent de créatures étranges. → VOIR AUSSI **le Jardin des délices.**

ŒUVRES PRINCIPALES *La Nef des fous*, vers 1485-1500 ; *le Jardin des délices*, vers 1500-1505 ; *la Tentation de saint Antoine*, vers 1500-1516.

A B C D E F G H I J K L M N O P Q R S T U V W X Y Z

Bosnie-Herzégovine
(Europe)

- Superficie : 51 100 km^2
- Habitants : 3 829 000 *(les Bosniens)*
- Capitale : *Sarajevo*
- Langues : *bosniaque, croate, serbe*
- Monnaie : *mark convertible*

État des Balkans* issu de l'éclatement de la Yougoslavie*, la Bosnie-Herzégovine est peuplée de Bosniaques musulmans (4 habitants sur 10), de Serbes orthodoxes (plus de 3 habitants sur 10) et de Croates catholiques (moins de 3 habitants sur 10). Elle a proclamé son indépendance en 1992, mais les Serbes refusant de reconnaître son territoire, une guerre cruelle a ravagé le pays. En 1995, un accord entre les présidents de la Serbie, de la Croatie et de la Bosnie a permis de maintenir un État unique. La reconstruction du pays est cependant difficile.

Bosphore
Détroit situé en Turquie et reliant la mer de Marmara à la mer Noire. Il a une longueur de 30 km. Le Bosphore est une des limites naturelles entre l'Europe et l'Asie. Il est maintenant franchi par deux ponts routiers. On l'appelait autrefois *détroit de Constantinople*. → VOIR AUSSI **Constantinople.**

▸ REM. *Bosphore* vient de deux mots grecs qui signifient « le passage du bœuf » parce qu'il fut traversé par la génisse Io poursuivie par un taon que la déesse Héra avait lancé contre elle.

Botswana (Afrique)

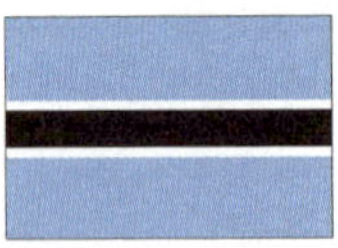

- Superficie : 570 000 km^2
- Habitants : 2 021 000 *(les Botswanais)*
- Capitale : *Gaborone*
- Langue : *anglais, tswana*
- Monnaie : *pula*

Situé au sud de l'Afrique, le Botswana est en grande partie occupé par le désert du Kalahari* et vit sous la menace permanente de la sécheresse. Après avoir été sous la protection et la dépendance de la Grande-Bretagne, le pays est devenu indépendant en 1966. Il possède des mines de diamants.

Botticelli Sandro (1445-1510)
Peintre italien. Il est célèbre pour la grâce de ses personnages. C'est le premier artiste à avoir peint une toile *(le Printemps*)* de grande dimension (environ 2 mètres de haut) dont le sujet ne soit pas tiré de la religion chrétienne.

ŒUVRES PRINCIPALES *Le Printemps*, vers 1478 ; *la Naissance de Vénus*, vers 1485.

Bouddha (VIe-Ve siècle avant J.-C.)
Nom donné au fondateur du bouddhisme, Siddharta Gautama. Il prit le nom de Bouddha après être parvenu à « l'illumination ». Il donna des sermons en Inde.

▸ REM. *Bouddha* vient d'un mot qui signifie « illumination ».

Bouglione
Famille d'artistes de cirque d'origines italienne et gitane. En 1928, Sampion Bouglione créa, avec ses quatre fils, un cirque du nom de « Buffalo-Bill ». En 1934, les Bouglione louèrent le cirque d'Hiver de Paris et créèrent aussi un grand cirque ambulant sous chapiteau.

Boule et Bill
Personnages de la bande dessinée belge du même nom. Boule, un petit garçon, et son fidèle compagnon, Bill, un cocker futé, ont été imaginés par le dessinateur et scénariste Jean Roba. Ils apparaissent pour la première fois en 1957, dans une histoire courte publiée dans le journal *Spirou.*

Boulez Pierre (1925-2016)
Compositeur et chef d'orchestre français. Chef de file, en 1946, de l'école sérielle (musique qui ne fait pas de hiérarchie entre les sons, et donc abandonne la tonalité), il s'occupa ensuite de la recherche sur la synthèse des sons (sons artificiels produits par des moyens informatiques). Il a dirigé les plus grands orchestres du monde.

ŒUVRES PRINCIPALES *Le Marteau sans maître*, 1955.

Boulle André Charles (1642-1732)
Ébéniste français. Il fut le créateur d'un type de meubles luxueux recouverts de marqueterie, d'écaille, de cuivre et de bronze ciselé. Une école qui porte son nom a été créée en 1886. Elle forme aux métiers d'art (ameublement, architecture d'intérieur, bijouterie, etc.).

Bourbons
Famille noble française dont les membres ont régné dans plusieurs pays d'Europe. Les Bourbons accédèrent à la couronne de France avec Henri IV*, roi de Navarre, et régnèrent jusqu'au XIXe siècle, avec Louis XIII*, Louis XIV*, Louis XV*, Louis XVI*, puis, sous la Restauration*, Louis XVIII et Charles X. Une branche de la famille des Bourbons, avec le roi Philippe VI, règne encore aujourd'hui en Espagne.

Bourget - lac du Bourget
Lac des Alpes. Situé dans le département de la Savoie, près de Chambéry, c'est le plus grand lac français, avec une superficie de 44 km^2 et une longueur de 18 km. Il se déverse dans le Rhône. → VOIR noms communs : **lac.**

Bourgogne
Anc. Région administrative française regroupant 4 départements : Côte-d'Or, Nièvre, Saône-et-Loire et Yonne. Aux XIVe et XVe siècles, les États bourguignons formaient une grande puissance européenne concurrente du royaume de France. À la mort de Charles*

le Téméraire, dernier duc de Bourgogne, Louis XI* conquit le duché, qui devint une province française. → VOIR AUSSI **Bourgogne – Franche-Comté.**

Bourgogne – Franche-Comté

Région administrative française. Superficie : 47 784 km^2 ; 2 819 783 hab. Ch.-l. Dijon*. La Région regroupe, depuis 2016, 8 départements : Territoire de Belfort, Côte-d'Or, Doubs, Jura, Nièvre, Haute-Saône, Saône-et-Loire et Yonne. Elle présente des paysages variés (plaines de l'Yonne, de la Saône et du Doubs, plateaux calcaires, massif du Morvan, Jura*, pays comtois, porte d'Alsace et Bresse). La vallée de la Saône, grand axe de circulation nord-sud, est la principale zone économique de la Région avec son célèbre vignoble (Côte-d'Or). Tandis que l'Ouest est dominé par la production de viande bovine, l'Est est plus industriel (automobile, construction ferroviaire, horlogerie et mécanique). L'urbanisation est réduite, et Dijon et Besançon ne rayonnent que très peu sur l'ensemble de la Région en raison de l'influence exercée par Paris et Lyon, mais aussi de la proximité de Bâle (Suisse). La Bourgogne – Franche-Comté reste donc une région de passage.

Bouvines - bataille de Bouvines

Bataille qui eut lieu le 27 juillet 1214. Elle opposa, à Bouvines, près de Lille, les troupes du roi de France Philippe* Auguste à celles du roi d'Angleterre, Jean* sans Terre. La France fut victorieuse.

bataille de **Bouvines** (27 juillet 1214)

la Brabançonne

Hymne national belge. Il fut composé en 1830 par Frans Van Campenhout (1779-1848) pour célébrer l'indépendance des provinces belges.

Brabant

Région historique divisée aujourd'hui entre les Pays-Bas et la Belgique. En 1995, la province belge du Brabant, qui était traversée par la frontière linguistique, est divisée en un Brabant flamand, au nord (chef-lieu *Louvain*), et un Brabant wallon, au sud (chef-lieu *Wavre*), Bruxelles et sa banlieue constituant la région de Bruxelles-Capitale. Le Brabant wallon couvre 1 097 km^2 et a 350 000 habitants (les *Brabançons*).

Bradbury Ray Douglas (1920-2012)

Auteur américain de science-fiction. En 1953, il a écrit *Fahrenheit 451*, dont le cinéaste François Truffaut* a tiré un film. À travers ses écrits d'anticipation, Bradbury aborde les problèmes des sociétés modernes.

ŒUVRES PRINCIPALES *Chroniques martiennes*, 1950 ; *Fahrenheit 451*, 1953.

Brahma

Divinité hindoue. Avec Vishnou* et Shiva*, Brahma est l'une des trois divinités fondamentales de l'hindouisme. Pourvu de quatre bras et de quatre têtes, il est considéré comme le créateur de toutes choses. → VOIR noms communs : **hindouisme.**

Brahmapoutre

Fleuve d'Asie. Long de 2 900 km, il prend sa source au Tibet* et débouche dans le golfe du Bengale. Il forme avec le Gange* un immense delta.

Brahms Johannes (1833-1897)

Pianiste, chef d'orchestre et compositeur allemand. Issu d'une famille pauvre, il est initié à la musique par son père, contrebassiste dans un orchestre municipal. Enfant prodige, il donne son premier récital de piano à dix ans. Ayant le culte de l'ordre et de la rigueur en musique, il a enrichi les cadres classiques sans les modifier.

ŒUVRES PRINCIPALES *Requiem allemand*, 1857-1868 ; *Symphonie n° 4*, 1885.

Brancusi Constantin (1876-1957)

Sculpteur roumain. Ce membre de l'école de Paris fait figure de fondateur de la sculpture moderne. Dans ses œuvres aux formes dépouillées et symboliques, il cherche à exprimer la signification des choses en profondeur.

ŒUVRES PRINCIPALES *la Muse endormie*, 1909 ; *le Baiser*, vers 1912 ; *la Princesse X*, 1919.

Braque Georges (1882-1963)

Peintre français. Il créa avec Picasso* un nouveau mouvement pictural, le cubisme. Marqué par l'œuvre de Paul Cézanne*, Braque cherche dans ses compositions aux formes géométriques à représenter sur un même plan toutes les faces des objets. Il introduit également dans ses tableaux la technique du collage (*le Violon*, 1914). → VOIR noms communs : **cubisme.**

ŒUVRES PRINCIPALES *Violon et Palette*, 1909 ; *le Portugais*, 1911 ; *les Poissons noirs*, 1942.

Brasilia

Capitale du Brésil. 2,5 millions d'habitants (les *Brasiliens*). Située sur un plateau, à l'intérieur du pays, à 1 100 mètres d'altitude, la ville a été construite à la fin des années 1950, selon des plans très modernes (en forme d'oiseau) élaborés par un urbaniste, Lucio Costa (1902-1998), et un architecte, Oscar Niemeyer (1907-2012). Remplaçant Rio de Janeiro*, elle est devenue la capitale du Brésil en 1960.

A B C D E F G H I J K L M N O P Q R S T U V W X Y Z

Brassens Georges **(1921-1981)**
Chanteur, auteur et compositeur français. Ses textes sont d'une grande poésie ; ils parlent de l'amitié *(les Copains d'abord)*, de l'amour *(Jeanne)*, de la mort *(Pauvre Martin)* et se moquent avec humour et tendresse des petitesses de la vie. Il a également mis en musique des poèmes de François Villon* et de Victor Hugo*. Il connut toute sa vie un grand succès.

ŒUVRES PRINCIPALES *Le Petit Cheval*, 1952 ; *Chanson pour l'Auvergnat*, 1954 ; *les Sabots d'Hélène*, 1954 ; *les Copains d'abord*, 1964.

Brel Jacques **(1929-1978)**
Chanteur, auteur et compositeur belge. Dans ses chansons, Jacques Brel a évoqué les hypocrisies de la société et les désespoirs de l'homme. Il l'a fait parfois avec violence *(les Bourgeois)*, avec tendresse *(les Vieux)*, dans des textes d'une grande poésie *(le Plat Pays, Ne me quitte pas)*. Il avait une voix très expressive et une forte présence sur scène. Après avoir connu un grand succès, il abandonna le spectacle pour se retirer aux îles Marquises en 1966.

ŒUVRES PRINCIPALES *Ne me quitte pas*, 1959 ; *les Bourgeois*, 1961 ; *le Plat Pays*, 1962 ; *Amsterdam*, 1964.

Brésil (Amérique)

- Superficie : 8 512 000 km^2
- Habitants : 200 362 000 *(les Brésiliens)*
- Capitale : *Brasilia*
- Langue : *portugais*
- Monnaie : *real brésilien*

• **Géographie.** Le Brésil est le géant de l'Amérique du Sud : sa superficie représente plus de la moitié du continent. Il en est aussi le pays le plus peuplé. Plus des trois quarts de la population se concentre dans les villes, qui se situent le plus souvent sur le littoral. Les populations rurales y affluent alors que sévit le manque d'emploi et que les bidonvilles (appelés « favelas ») se multiplient. Les régions de l'intérieur (bassin de l'Amazone* chaud et humide au nord-ouest, plateaux souvent arides à l'est et au sud) sont fréquemment vides, hormis dans les centres miniers. Le Brésil est un des premiers producteurs mondiaux de café, de cacao, d'agrumes, de sucre et de soja. L'élevage bovin y est développé. Son industrie bénéficie de ses ressources minières. Il possède aussi du pétrole.

• **Histoire.** En 1500, le Portugais Pedro Álvares Cabral découvre le Brésil. Français et Hollandais tentent successivement de s'y installer mais ils en sont chassés et le pays reste une possession portugaise. De 1808 à 1821, la famille royale du Portugal, en fuite devant les armées de Napoléon Ier, vient s'installer au Brésil. En 1822, le roi Pierre Ier du Portugal proclame l'indépendance du Brésil, dont il devient l'empereur. En 1889, son fils Pierre II est renversé et la république est proclamée. De 1964 à 1985, à la suite d'un coup d'État, l'armée prend le pouvoir et impose un régime autoritaire, qui limite les libertés. En 1985, les civils retrouvent le pouvoir, ce qui s'accompagne d'un retour à la démocratie.

Brest
Ville française de Bretagne (département du Finistère). 143 902 habitants (les *Brestois*) ; 199 016 habitants dans l'agglomération. Située sur la rade de Brest, la ville est un port militaire et un centre de construction navale important. Un parc de découverte des océans, « Océanopolis », y a été construit en 1990. Base sous-marine allemande de 1940 à 1944, la ville a été presque entièrement détruite par les bombardements alliés.

Bretagne
Région administrative française. Superficie : 27 200 km^2 ; 3 258 707 habitants (les *Bretons*). Chef-lieu : Rennes*. La Bretagne regroupe 4 départements : Côtes-d'Armor, Finistère, Ille-et-Vilaine et Morbihan. Bordée par la Manche et l'océan Atlantique* et occupant la majeure partie du Massif armoricain, elle est formée de plateaux et bénéficie d'un climat doux et humide. L'agriculture et l'industrie agroalimentaire sont les deux piliers de l'économie. L'élevage bovin (vaches laitières), porcin et avicole (volailles) prédomine à côté de cultures spécialisées (légumes) et des céréales. La pêche est un secteur économique essentiel. Le tourisme reste l'activité principale du littoral avec, au nord, des zones bien aménagées (Côte de Granite rose, Côte d' Émeraude) et, au sud, les stations thermales et la plaisance. Rennes, tiraillée entre Paris et Nantes a du mal à affirmer son rôle de métropole régionale face à des villes à l'identité forte comme Brest, Quimper, Vannes, Lorient, Saint-Malo ou Saint-Brieuc. Appelée Armorique par les Romains, la Bretagne prend son nom actuel avec l'arrivée au Ve siècle de peuples celtiques, les Bretons, venus de l'actuelle Grande-Bretagne. La Bretagne devient un duché en 939 et garde une certaine indépendance jusqu'en 1532, où elle est rattachée à la France par François Ier.

Breton André **(1896-1966)**
Écrivain français. Il fut l'un des des fondateurs du mouvement littéraire et artistique du surréalisme, qui s'est affirmé en France dans les années 1920-1930, notamment par la revue *la Révolution surréaliste* à laquelle participent Aragon*, Desnos* ou Éluard*.

ŒUVRES PRINCIPALES *Manifestes du surréalisme*, 1924-1930 ; *Nadja*, 1928.

Brouillet Chrystine **(née en 1958)**
Romancière québécoise. Elle a écrit de nombreux livres dont plusieurs pour la jeunesse (*Chère Voisine*, *Marie Laflamme*).

Bruegel Pieter, dit **Bruegel l'Ancien**
(vers 1525/1530-1569)
Peintre flamand. Influencé par Jérôme Bosch*, Bruegel l'Ancien a peint aussi bien des scènes fantastiques *(la Chute des anges rebelles)* que des scènes de la vie quotidienne *(les Saisons, la Danse des paysans, les Mendiants)*. Virtuose de la couleur, il est aussi un maître de la perspective, technique qui donne à ses œuvres un relief incomparable et une grande dimension poétique.

ŒUVRES PRINCIPALES *Les Chasseurs dans la neige*, 1565 ; *le Dénombrement de Bethléem*, 1566.

Bruges
Ville de Belgique. Chef-lieu de la Flandre-Occidentale. 117 577 habitants (les *Brugeois*). Principal port belge, Bruges est une cité ancienne et pittoresque parcourue de canaux (d'où son surnom de « Venise du Nord »). On y trouve de beaux monuments bâtis entre le XIIIe et le XVIe siècle, comme les halles, le beffroi, l'hôtel de ville ou la cathédrale.

Brunei (Asie)
- Superficie : 5 765 km²
- Habitants : 418 000 *(les Brunéiens)*
- Capitale : *Bandar Seri Begawan*
- Langue : *malais*
- Monnaie : *dollar de Brunei*

• Situé en Indonésie, dans le nord de l'île de Bornéo*, le Brunei est un petit pays chaud et humide couvert par la forêt tropicale. Après avoir été sous domination britannique, il est devenu indépendant en 1984. Il est gouverné par un sultan qui est l'homme le plus riche du monde grâce aux ressources du pays en pétrole et en gaz naturel.

Bruxelles
Capitale de la Belgique. 168 576 habitants (les *Bruxellois*). La Région *Bruxelles-Capitale* couvre 160 km² et compte 2 millions d'habitants. La majeure partie d'entre eux parlent français, bien que Bruxelles soit située dans une zone de la Belgique où l'on parle flamand. L'un des plus beaux quartiers de Bruxelles est celui de la Grand-Place, avec de très belles maisons décorées datant de la Renaissance.

Bubka Sergueï **(né en 1963)**
Athlète ukrainien. Six fois champion du monde de saut à la perche entre 1983 et 1997, champion olympique en 1988, Sergueï Bubka a battu à dix-sept reprises le record du monde. En 1994, il franchit 6,14 mètres.

Buchenwald - camp de Buchenwald
Camp de concentration allemand. Situé dans l'est de l'Allemagne, il fut ouvert en 1937 par les nazis. Plus de 50 000 personnes y périrent. Il fut délivré par les Américains en 1945.

Budapest
Capitale de la Hongrie. 1 729 040 habitants (les *Budapestois*). La ville est traversée par le Danube qui sépare Buda, quartier historique sur la rive droite, de Pest, quartier moderne situé sur la rive gauche du fleuve. La réunion de ces deux parties, qui forma Budapest, date de 1872.

Buenos Aires
Capitale de l'Argentine. 2 890 151 habitants (les *Buenos-Airiens*) ; plus de 15 millions d'habitants avec la banlieue. Située sur la côte atlantique, Buenos Aires est un grand port de commerce et un centre industriel et culturel important de l'Amérique du Sud. La ville a été fondée au XVIe siècle.

Buffalo Bill (1846-1917)
Pionnier américain. Il fut l'un des personnages mythiques de la conquête de l'Ouest, participant à la ruée vers l'or, à la guerre de Sécession*, luttant contre les Indiens, devenant chasseur de bisons (en anglais, *buffalo* signifie « bison »). Ses aventures lui inspirèrent un spectacle de cirque reconstituant la grande épopée de l'Ouest américain.

Buffon Georges Louis **Leclerc**, comte de **Buffon**
(1707-1788)
Naturaliste français. Il est l'auteur d'une *Histoire naturelle* en 36 volumes. Ses observations de la nature et des animaux, son étude de la formation de la Terre le conduisent à penser que le monde et les espèces vivantes sont le résultat d'une lente transformation. Par ses intuitions, Buffon ouvre la voie à la théorie de l'évolution.

Buffon lisant les premiers feuillets de son *Histoire naturelle* (1776)

Bugs Bunny
Personnage de dessin animé. Créé en 1940 par Tex Avery*, il a évolué au fil des années sous le crayon de dessinateurs tels que Chuck Jones, Friz Freleng, Frank

A B C D E F G H I J K L M N O P Q R S T U V W X Y Z

Tashlin, Bob Clampett. Bugs Bunny est un lapin désinvolte, insolent et vif d'esprit qui est poursuivi par un chasseur stupide.

Bulgarie (Europe)
- Superficie : 111 000 km^2
- Habitants : 7 223 000 *(les Bulgares)*
- Capitale : *Sofia*
- Langue : *bulgare*
- Monnaie : *lev bulgare*

• Au sud-est de l'Europe, la Bulgarie est bordée par la mer Noire* et son territoire est occupé en grande partie par la chaîne montagneuse des Balkans*. Une activité touristique importante se développe sur le littoral de la mer Noire, à l'est du pays. La Bulgarie a rejoint l'Union* européenne en 2007.

Burgondes
Ancien peuple germanique. D'origine scandinave, les Burgondes s'installèrent au Ve siècle dans la région du Rhin, puis occupèrent la vallée du Rhône avant d'être battus par les Francs. Ils ont laissé leur nom à la Bourgogne.

Burkina (Afrique)
- Superficie : 275 000 km^2
- Habitants : 16 935 000 *(les Burkinabés)*
- Capitale : *Ouagadougou*
- Langue : *français*
- Monnaie : *franc C.F.A.*

• **Géographie.** Situé au cœur du Sahel, le Burkina est un pays aride qui connaît de fréquentes sécheresses. Il dispose d'une agriculture vivrière et d'un élevage néanmoins rendu difficile par les conditions climatiques.

• **Histoire.** À partir du XIIe siècle, des royaumes sont fondés par les Gourmantché et les Mossi. Ces derniers créent notamment le royaume de Ouagadougou au XVe siècle. Au XVIIIe siècle, les Dioula du royaume de Kong (Côte d'Ivoire) unifient l'ouest de l'actuel Burkina. La France, victorieuse du chef malinké Samory Touré, occupe cette région et l'inclut dans le Haut-Sénégal-Niger, puis en fait une colonie particulière (la Haute-Volta). En 1960, celle-ci accède à l'indépendance. Le pays prend le nom de Burkina en 1984.

Burton Tim **(né en 1958)**
Cinéaste américain. Après avoir débuté dans les studios d'animation de Walt Disney, il réalise des films fantastiques.

ŒUVRES PRINCIPALES *Batman*, 1989 ; *Edward aux mains d'argent*, 1991 ; *Mars Attacks*, 1996 ; *Charlie et la chocolaterie*, 2005 ; *Sweeney Todd*, 2007.

Burundi (Afrique)
- Superficie : 28 000 km^2
- Habitants : 10 163 000 *(les Burundais)*
- Capitale : *Bujumbura*
- Langues : *français, kirundi*
- Monnaie : *franc du Burundi*

• **Géographie.** Situé en Afrique centrale, le Burundi est un pays de hauts plateaux essentiellement consacrés aux activités agricoles. Il a une population dense composée de Hutu et de Tutsi.

• **Histoire.** Royaume africain fondé au XVIIe siècle, le Burundi fait partie de l'Afrique-Orientale allemande de la fin du XIXe siècle à 1916. De 1923 à 1962, il est, au sein du Ruanda-Urundi, placé sous mandat, puis tutelle belge. En 1962, il accède à l'indépendance. Des rivalités opposent les deux peuples qui l'habitent, donnant lieu parfois à des luttes sanglantes.

Byzance
Ancien nom de l'actuelle ville d'Istanbul*. Byzance fut fondée au VIIe siècle avant J.-C. À partir du IIIe siècle de notre ère, elle joua un grand rôle historique. L'empereur Constantin* lui donna le nom de Constantinople* et en fit la capitale de tout l'Empire romain, mais elle laissa son nom à l'Empire byzantin*. Prise par les Turcs en 1453, elle devint la capitale de l'Empire ottoman sous le nom d'Istanbul.

▸ REM. Le souvenir du luxe qui entourait les empereurs de Byzance est resté célèbre et l'on dit parfois « c'est Byzance » pour exprimer l'abondance de choses luxueuses.

byzantin - Empire byzantin
Autre nom de l'Empire romain d'Orient, qui dura de 395 à 1453. Il doit ce nom à sa capitale : Byzance* (aussi appelée Constantinople*). Après la chute de l'Empire romain d'Occident, l'Empire byzantin a été le continuateur des civilisations grecque et romaine pendant tout le Moyen Âge. Il s'étend d'abord sur tout l'est de la Méditerranée. Les Arabes ayant conquis le Moyen-Orient et l'Afrique du Nord au VIIe siècle, il se trouve réduit à la Grèce et à la Turquie actuelles. Il prend fin avec la chute de Byzance, prise par les Turcs en 1453.

Empire **byzantin :** église des Saints-Apôtres (miniature du XIIe siècle, Constantinople)

C

Caen
Ville française sur l'Orne. 111 342 habitants (les *Caennais*) ; 197 114 habitants dans l'agglomération. Chef-lieu du département du Calvados. On y trouve des laboratoires scientifiques et des activités industrielles (papeterie, électronique). Ses anciennes abbayes aux Hommes et aux Dames sont d'imposants édifices gothiques et romans. On y trouve aussi le Mémorial Cité de l'histoire pour la paix, qui comprend un musée consacré à l'histoire du XXe siècle.

Caïn et Abel
Personnages bibliques. Fils d'Adam et Ève, ils avaient chacun offert un sacrifice à Dieu, qui n'accepta que celui d'Abel. Jaloux, Caïn tua son frère. Selon la Bible, il est le premier criminel de l'histoire.

Le Caire
Capitale de l'Égypte. 8 471 859 habitants (les *Cairotes*) ; 18,4 millions dans l'agglomération. Situé sur le Nil, Le Caire est la plus grande ville d'Afrique. Des années 1950 aux années 1980, elle a connu une forte croissance démographique. Le Caire fut sous domination turque pendant plusieurs siècles. Elle compte plus de 1 000 mosquées.

Calais
Ville française (département du Pas-de-Calais). 73 504 habitants (les *Calaisiens*). Située sur la côte de la Manche, Calais est le premier port français de voyageurs.

Calcutta ou Kolkata
Ville d'Inde. 4,5 millions d'habitants ; 14,4 millions d'habitants dans l'agglomération. Située sur un bras du Gange, Calcutta est la capitale de la région du Bengale-Occidental. Elle fut fondée à la fin du XVIIe siècle par les Britanniques, qui en firent la capitale de l'Inde de 1772 à 1912. Lors de la formation des nouveaux États du Pakistan et du Bangladesh, la ville a accueilli des dizaines de milliers de réfugiés. Un quart de la population vit dans une extrême pauvreté, dans des huttes en terre battue ou même dans la rue.

Californie
État de la côte ouest des États-Unis. 411 000 km^2. 38 millions d'habitants (les *Californiens*). Situé au bord de l'océan Pacifique, c'est l'État le plus peuplé des États-Unis d'Amérique.

- **La ruée vers l'or et le soleil.** Les premiers Européens à s'installer en Californie furent les Espagnols. Vinrent ensuite, au milieu du XIXe siècle, des millions de chercheurs d'or. La plaine californienne est aujourd'hui le lieu d'industries de pointe (l'industrie cinématographique à Hollywood et l'industrie électronique) et d'une agriculture méditerranéenne (agrumes et vins réputés).
- **Les séismes.** Le sous-sol de la Californie est traversé par la faille de San Andreas, le long de laquelle deux plaques de l'écorce terrestre glissent dans des directions opposées. C'est ce qui provoque régulièrement des tremblements de terre.

Callas Maria (1923-1977)
Cantatrice américaine et grecque. Chanteuse soprano d'une très grande virtuosité, Maria Callas avait également des dons de tragédienne. Elle interpréta de manière remarquable les grandes héroïnes de l'opéra italien dans *Norma* de Bellini, *la Traviata* de Verdi, *Tosca* de Puccini. Sa renommée fut mondiale.

Calvin Jean (1509-1564)
Réformateur protestant français. D'abord simple prédicateur, il dut fuir la France quand François Ier* commença à persécuter les protestants et se réfugia à Genève, où il devint le chef de l'Église de la ville en 1541. Partageant en grande partie les idées de Luther*, il affirmait dans ses œuvres que Dieu décide du salut des hommes avant même leur naissance. On dit des protestants influencés par la pensée de Calvin qu'ils sont *calvinistes*. → VOIR AUSSI **Réforme.**

Jean **Calvin**

Calvino Italo (1923-1985)
Écrivain italien. Il est l'auteur de contes *(le Baron perché)* et de romans *(Cosmicomics)* où l'humour se mêle à l'étrange et au fantastique.

ŒUVRES PRINCIPALES *Le Vicomte pourfendu*, 1952 ; *le Baron perché*, 1957 ; *les Villes invisibles*, 1972.

Camargue
Région de Provence située entre les deux principaux bras du delta du Rhône. 60 000 ha. Habitants : les

A B C D E F G H I J K L M N O P Q R S T U V W X Y Z

Camarguais. Zone de marécages, de marais salants et d'étangs, la Camargue constitue une réserve zoologique et botanique. Les *gardians* y pratiquent l'élevage des chevaux et des taureaux. Le parc naturel régional attire de nombreux touristes, notamment aux Saintes-Maries-de-la-Mer.

Cambodge (Asie)

- Superficie : 180 000 km^2
- Habitants : 15 135 000 *(les Cambodgiens)*
- Capitale : *Phnom Penh*
- Langue : *khmer*
- Monnaie : *riel*

Pays de l'Asie du Sud-Est, le Cambodge a été sous la protection et la dépendance de la France jusqu'en 1953, date de son indépendance totale. Ce pays, au climat chaud et humide, est formé de plaines et de plateaux couverts de forêts. Sa population, concentrée dans la vallée du Mékong*, vit surtout de la culture du riz. Le Cambodge a été ravagé par la guerre et par la dictature sanglante des Khmers rouges. Il est redevenu un royaume en 1993.

Cameroun (Afrique)

- Superficie : 475 000 km^2
- Habitants : 22 254 000 *(les Camerounais)*
- Capitale : *Yaoundé*
- Langues : *anglais, français*
- Monnaie : *franc C.F.A.*

Géographie. Le Cameroun est formé de plaines sur sa partie littorale, de massifs montagneux (Adamaoua) et volcaniques (mont Cameroun, 4 070 m) au centre. Aux extrémités sud et nord, on trouve des collines et des plateaux. Le climat est toujours chaud mais il devient très sec au nord. Du sud au nord, on passe de la forêt dense (bois précieux) trouée de cultures d'exportation (cacao, café) à la savane consacrée aux cultures vivrières et à l'élevage. Le Cameroun dispose de ressources en aluminium et en pétrole. Le port Douala est la principale ville économique du pays.

Histoire. Au XIIIe siècle, des Bantous*, les Douala notamment, arrivent du Sud. Les Bamiléké et les Bamoum fondent ensuite des royaumes. Dans la forêt, vivent les Pygmées*, qui en sont les plus anciens habitants. En 1860, les colons européens (Allemands et Anglais) s'installent. Après la Première Guerre* mondiale, les Allemands ayant été expulsés par les Alliés, le Cameroun est placé sous la tutelle des Anglais et des Français. En 1960, la partie française accède à l'indépendance et, en 1961, le sud du Cameroun britannique la rejoint pour former la république fédérale du Cameroun (le Nord rejoint le Nigéria). Depuis 1995, le Cameroun fait partie du Commonwealth.

Canada (Amérique)

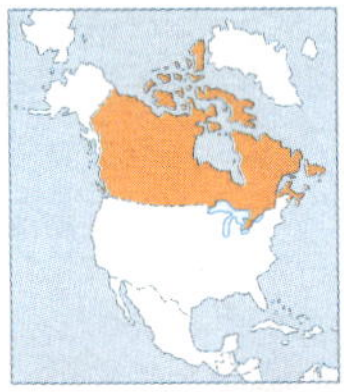

- Superficie : 9 975 000 km^2
- Habitants : 35 182 000 *(les Canadiens)*
- Capitale : *Ottawa*
- Langues : *anglais, français*
- Monnaie : *dollar canadien*

Géographie. Le Canada est divisé en dix provinces (Nouvelle-Écosse*, Nouveau-Brunswick*, Québec*, Ontario*, Manitoba*, Colombie-Britannique*, Île-du-Prince-Édouard*, Alberta*, Saskatchewan*, Terre-Neuve-et-Labrador*) et trois territoires (Territoires* du Nord-Ouest, Nunavut* et Yukon*). Le Canada est le pays le plus vaste du monde après la Russie mais sa population ne dépasse pas la moitié de celle de la France. Celle-ci se concentre dans la région orientale (Saint-Laurent et Grands Lacs), c'est-à-dire dans les provinces du Québec et de l'Ontario. Sa population se divise entre anglophones et francophones. Le Canada, dont la moitié du territoire est couverte de forêts, est un grand producteur agricole (blé et bois) et minier (gaz naturel, fer, nickel, or, uranium, pétrole, etc.).

Histoire. Le premier peuplement du Canada est constitué de tribus amérindiennes. En 1534, Jacques Cartier* prend possession de celui-ci au nom du roi de France, François Ier*. Il remonte le Saint-Laurent*. Au début du XVIIe siècle, Samuel de Champlain* explore l'Acadie, puis fonde Québec en 1608. Les Anglais installés sur la côte atlantique combattent les Français, qui, en 1713, au traité d'Utrecht, perdent la baie d'Hudson, l'Acadie et une partie de Terre-Neuve. Pendant la guerre de Sept Ans, les Anglais s'emparent de Québec, après la défaite de Montcalm* aux plaines d'Abraham*, puis prennent Montréal. Au traité de Paris (1763), la France cède le Canada. L'indépendance des États-Unis en 1783, provoque l'arrivée massive au Canada d'une population américaine restée fidèle à la couronne britannique. Cette affluence amène la création de la province du Nouveau-Brunswick et la division de la province de Québec en deux parties anglophone (Haut-Canada, aujourd'hui Ontario) et francophone (Bas-Canada, aujourd'hui Québec). La Confédération canadienne ainsi créée s'agrandit vers l'ouest. Le Canada participe aux deux guerres mondiales aux côtés des Alliés. Petit à petit se font jour des volontés d'autonomie de la région francophone du pays, qui aboutit au référendum sur l'indépendance et à la défaite des indépendantistes (1980).

Cannes - Festival de Cannes

Festival international de cinéma. Créé en 1946, il a lieu chaque année au mois de mai, en France, à Cannes, sur la Côte d'Azur. Le jury voit les films en compétition et décerne des prix. Le principal prix est la palme d'or.

le ***Cantique suisse***
Hymne national suisse. Il est officiel depuis 1961. Les paroles de cet hymne sont de Leonhard Widmer (1808-1868) et la musique a été composée par Alberik Zwyssig (1808-1854).

Le **Cap**
Une des deux capitales de l'Afrique du Sud. 3,6 millions d'habitants dans l'agglomération. Situé à l'extrémité sud du continent africain, Le Cap est un port important. Il est le siège du Parlement sud-africain.
→ VOIR AUSSI **Pretoria.**

Capa Robert **(1913-1954)**
Photographe américain d'origine hongroise. En 1947, Robert Capa, de son vrai nom Andrei Friedmann, fonda, avec d'autres photographes, la grande agence photographique Magnum. → VOIR AUSSI **Henri Cartier-Bresson.**

Capet → Hugues Ier Capet

Capétiens
Dynastie de rois qui ont régné en France entre 987 et 1328. Les Capétiens doivent leur nom à Hugues Ier* Capet. Les plus célèbres sont Philippe* Auguste, Louis IX* et Philippe IV* le Bel. Les Valois, puis les Bourbons, qui leur succédèrent, appartiennent aussi (de façon indirecte) à la dynastie des Capétiens.

le ***Capitaine Fracasse***
Roman de cape et d'épée de Théophile Gautier*. Écrit en 1863, *le Capitaine Fracasse* raconte les aventures d'une troupe de comédiens ambulants à laquelle se joint, par amour pour l'actrice Isabelle, Sigognac, dernier héritier d'une noble famille désargentée. Sigognac, qui joue le rôle du capitaine Fracasse, est ridicule et poltron sur scène, mais dans la vie parfois courageux. L'action se situe sous le règne de Louis XIII.

Capitale-Nationale
Région du Québec dont Québec est la ville principale.

Capitole
L'une des sept collines de Rome. Le Capitole était le centre religieux et politique de la Rome antique. En 390 avant J.-C., des Gaulois s'étaient emparés de la ville, et seul le Capitole avait résisté, ses occupants ayant été prévenus grâce aux cris des oies sacrées qu'on y élevait.

Carmen

Cap-Vert (Afrique)
- Superficie : 4 000 km²
- Habitants : 499 000 *(les Capverdiens)*
- Capitale : *Praia*
- Langue : *portugais*
- Monnaie : *escudo du Cap-Vert*

• Archipel volcanique de l'océan Atlantique, au large du Sénégal*, le Cap-Vert compte une dizaine d'îles et de nombreux îlots. Il est indépendant depuis 1975. C'est un pays très peuplé et de nombreux Capverdiens doivent émigrer pour trouver du travail. La banane est la principale ressource d'exportation avec les produits de la pêche.

Caraïbes
Peuple qui habitait les Petites Antilles et la Guyane avant l'arrivée des Européens, à la fin du XVe siècle. Les Caraïbes accueillirent les premières expéditions de Christophe Colomb. Ils furent exterminés ou déportés. Des descendants des Caraïbes vivant en Amérique du Sud ont donné leur nom à la partie de l'océan Atlantique qui se situe entre les Antilles et les côtes d'Amérique du Sud.

le **Caravage (vers 1571-1610)**
Peintre italien. De son vrai nom Michelangelo Merisi, le Caravage appartient au courant réaliste de la peinture baroque italienne. Célèbre pour ses clairs-obscurs, il influença de nombreux peintres européens.
→ VOIR noms communs : **clair-obscur.**

Carême Maurice **(1899-1978)**
Poète belge de langue française. Maurice Carême était instituteur. Il a écrit des recueils de poèmes pour enfants, dont certains ont été mis en musique.

ŒUVRES PRINCIPALES *Mère*, 1935 ; *la Lanterne magique*, 1947.

Carlson Carolyn **(née en 1943)**
Danseuse et chorégraphe américaine. Installée en France au début des années 1970, elle devint chorégraphe étoile à l'Opéra de Paris où elle anima, de 1975 à 1980, le Groupe de recherches théâtrales. Elle a joué un rôle important dans le développement de la danse moderne.

Carmen
Opéra-comique en quatre actes. Il fut créé en 1875 par le compositeur français Georges Bizet (1838-1875). Cet opéra est inspiré d'une nouvelle écrite par l'écrivain français Prosper Mérimée*. L'action se déroule en Espagne : une gitane, Carmen, séduit don José, un brigadier. Cette nouvelle a également donné lieu à des adaptations chorégraphiques et cinématographiques.

A B C D E F G H I J K L M N O P Q R S T U V W X Y Z

Carnac
Ville et site préhistorique de Bretagne. Au IIIe millénaire avant J.-C., des hommes ont soulevé à Carnac d'énormes blocs de pierre, les menhirs, et les ont alignés dans un ordre mystérieux, peut-être pour des raisons religieuses. Ce site est souvent appelé *les alignements de Carnac*.

▸ REM. Ne pas confondre avec *Karnak*, ancienne ville d'Égypte.

le ***Carnaval des animaux***
Œuvre musicale du compositeur français Camille Saint-Saëns (1835-1921). Elle fut écrite en 1886. Chacune des quatorze pièces évoque le caractère ou l'allure d'un animal.

Carolingiens
Dynastie des rois francs. Elle fut fondée par Pépin le Bref, père de Charlemagne*, qui a donné son nom (*Carolus*, en latin) à la dynastie. Après le partage de l'empire de Charlemagne, les Carolingiens ont régné en Germanie jusqu'en 911 et en France jusqu'en 987, date de l'élection d'Hugues* Capet.

Carroll Lewis (1832-1898)
Écrivain anglais, auteur de *Alice* au pays des merveilles*.

Carter Howard (1873-1939)
Égyptologue britannique. En 1922, il découvrit le tombeau du pharaon Toutankhamon*, dans la Vallée* des Rois, en Égypte.

Carthage
Ancienne ville d'Afrique du Nord. Située dans la Tunisie actuelle, Carthage fut fondée par des Phéniciens vers 800 avant J.-C. Grâce à ses activités commerciales, elle devint une des grandes puissances de la Méditerranée et une concurrente de Rome. Les deux cités s'affrontèrent aux IIIe et IIe siècles avant J.-C. au cours des guerres puniques*. Rome fut finalement victorieuse, et Carthage, totalement détruite. Il en subsiste des ruines sauvegardées par l'Unesco.

Cartier Jacques (1491-1557)
Navigateur français. Il entreprit trois expéditions vers les terres du nord de l'Amérique pour le compte du roi François Ier*. Il prit possession du Canada en 1534, puis explora, en 1535 et 1536, l'estuaire du Saint-Laurent en remontant le cours du fleuve jusqu'aux sites de Québec et de Montréal.

Cartier-Bresson Henri (1908-2004)
Photographe français. Avec Robert Capa*, il fonda l'agence photographique Magnum en 1947. Grand voyageur, il réalisa des reportages dans le monde entier.

Caruso Enrico (1873-1921)
Ténor italien. Enrico Caruso était un chanteur au timbre exceptionnel. Il connut un succès international.

Jacques **Cartier**

Casablanca
Ville du Maroc. 3 359 818 habitants dans l'agglomération (les *Casablancais*). Située sur l'Atlantique, Casablanca est la plus grande ville du pays. Le port a été aménagé au début du XXe siècle à l'époque où le Maroc était sous domination française. Le nom arabe de la ville est *Dar el-Beida*, ce qui, comme *Casablanca* en espagnol, veut dire « la Maison blanche ».

la ***Case de l'oncle Tom***
Roman de la romancière américaine Harriet Beecher-Stowe (1811-1896). Écrit en 1852, ce livre décrit la vie des esclaves noirs, vendus et revendus, dont la seule issue était leur propre rachat ou la fuite. Traduit en 32 langues, il eut une grande influence en Amérique en rendant populaire le mouvement contre l'esclavagisme.

Caspienne - mer Caspienne
Mer intérieure située entre l'Europe et l'Asie. Elle borde la Russie, le Kazakhstan, le Turkménistan, l'Iran et l'Azerbaïdjan. Avec une superficie de 360 000 km^2, c'est la mer intérieure la plus vaste du monde. On dit souvent que cet immense lac salé est la frontière entre l'Europe et l'Asie.

Casse-Noisette
Ballet en deux actes. Il fut créé en 1892, à Saint-Pétersbourg, avec une musique de Tchaïkovski* et un livret de Marius Petipa*. Il s'inspire d'un conte, mêlant réalité et fantastique : une petite fille, Clara, reçoit comme cadeau une poupée en bois, Casse-Noisette. Cette dernière s'anime et est confrontée au terrible roi des souris. Elle est sauvée par la fillette.

Castro Fidel (né en 1926)
Homme politique cubain. Il organisa une guérilla contre la dictature et prit le pouvoir en 1959. Premier ministre puis chef de l'État en 1976, il établit un régime marxiste soutenu par l'U.R.S.S. À partir du début des

années 1990, il fut confronté à l'effondrement des pays communistes en Europe de l'Est et aux difficultés économiques de son pays. En 2006, malade, il délégua provisoirement ses pouvoirs à son frère Raúl (né en 1931), qui lui succéda à la tête de l'État en 2008.
→ VOIR AUSSI Guevara.

Çatal Höyük
Site archéologique de Turquie. Il fut découvert en 1958. C'est le site du néolithique le plus vaste du Proche-Orient et l'une des plus anciennes villes du monde, datant du VIe millénaire avant J.-C. Les maisons et les sanctuaires sont ornés de peintures, de reliefs et de figurines. Cette découverte a fourni des renseignements importants sur le mode de vie de l'époque.

Catalogne
Région du nord-est de l'Espagne. 32 100 km^2. 7,5 millions d'habitants (les *Catalans*). Sa capitale est Barcelone. C'est une région beaucoup plus industrielle que le reste du pays. La Catalogne a longtemps été un État indépendant, incluant une petite partie de la France actuelle. Au XVIe siècle, elle a été intégrée au royaume d'Espagne, mais elle a toujours parlé sa propre langue, le catalan, et ses habitants se considèrent comme un peuple à part entière. Elle est dirigée par un gouvernement régional (Generalitat de Catalunya).

cathares
Secte religieuse du Moyen Âge. Entre le XIe et le XIIIe siècle, la religion des cathares était répandue dans toute l'Europe mais surtout dans le midi de la France. Les cathares pensaient que le monde, la matière et les corps avaient été créés par le diable pour y enfermer l'âme des hommes. Cette doctrine s'opposait au christianisme, pour lequel le corps et la matière ont été créés par Dieu. L'Église catholique instaura l'Inquisition* pour juger les cathares et organisa une croisade contre ceux du Languedoc, appelés « albigeois ».

Catherine de Médicis (1519-1589)
Reine de France. Femme du roi Henri II, elle devint régente en 1560, à la place de son fils Charles IX. Confrontée aux guerres de Religion* qui ravageaient le royaume, elle est à l'origine du massacre de la Saint-Barthélemy*, où plusieurs milliers de protestants furent tués à Paris puis en province.

Catherine II de Russie (1729-1796)
Impératrice de Russie. Elle régna de 1762 à 1796. Femme cultivée, elle fut l'amie de philosophes français comme Voltaire ou Diderot. Véritable despote, elle agrandit son empire et fit de la Russie une grande puissance européenne. On la surnomma Catherine II la Grande.

Caucase
Chaîne de montagnes située entre la mer Noire et la mer Caspienne. Elle s'étend sur 1 250 km et a une altitude moyenne de 2 000 m. Son sommet le plus élevé est l'Elbrous* (5 642 m). Situé en Russie, c'est aussi le point culminant de l'Europe. Le sud du Caucase (dit « Petit Caucase ») sépare la Turquie et l'Iran de la Géorgie, de l'Arménie et de l'Azerbaïdjan. De nombreuses populations ont depuis longtemps trouvé refuge dans ces montagnes.

Cayenne
Ville française d'Amérique du Sud. 55 499 habitants (les *Cayennais*). Chef-lieu du département de la Guyane. Ce centre administratif et commercial, situé à l'embouchure du fleuve Cayenne, est un petit port de pêche.

ceinture de feu du Pacifique
Archipel du nord-ouest de l'océan Pacifique. Les îles les plus connues de la ceinture de feu du Pacifique sont les Philippines. Au large de ces îles se trouvent les fonds sous-marins les plus profonds du globe (la fosse des Mariannes, – 11 034 m). Les tremblements de terre créent parfois dans la ceinture de feu du Pacifique des vagues énormes qui causent des ravages sur les côtes.

Celtes
Ancien peuple d'Europe. Présents notamment en Gaule, en Espagne et dans les îles Britanniques, les Celtes ont dominé une grande partie de l'Europe pendant le Ier millénaire avant J.-C. C'étaient des guerriers redoutés qui n'étaient pas unis politiquement, mais qui avaient tous la même religion. Leurs prêtres s'appelaient des druides. Comme ils n'écrivaient pas, ils sont surtout connus par les sites, les objets archéologiques et les descriptions que nous en ont laissées les Grecs et les Romains. Les Romains appelaient *Gaulois* les Celtes qui vivaient en Gaule*.

Celtes : gravure sur plaque d'argent (IIe siècle)

Cendrillon
Conte dont Charles Perrault* et les frères Grimm* ont écrit des versions. Il raconte comment Cendrillon, celle que l'on dit juste bonne à ramasser les cendres (d'où son nom), devient une princesse. Ce conte a donné lieu à de nombreuses adaptations cinématographiques (dont le dessin animé dû à l'équipe de W. Disney, en 1950), musicales et chorégraphiques.

Cent Ans - guerre de Cent Ans
Série de conflits qui, de 1337 à 1453, opposèrent la France à l'Angleterre. Les rois d'Angleterre, descen-

dants de Philippe* le Bel par une de ses filles, se disaient les héritiers du royaume de France. C'est pourquoi ils engagèrent les combats. Connaissant tour à tour des victoires (Crécy*, Azincourt*) et des défaites face à Du Guesclin* et Jeanne* d'Arc, ils doivent finalement renoncer, en abandonnant, en 1453, la quasi-totalité de leurs possessions françaises au roi Charles VII.

République **centrafricaine**
(Afrique)

- Superficie : 620 000 km²
- Habitants : 4 616 000 *(les Centrafricains)*
- Capitale : *Bangui*
- Langue : *français, sango*
- Monnaie : *franc C.F.A.*

- **Géographie.** C'est un pays de forêts et de savanes, où, à côté de cultures vivrières (mil, maïs, manioc), on trouve des plantations (coton, café) et les diamants (principale richesse du sous-sol avec l'uranium).
- **Histoire.** Anciennement peuplé de Pygmées*, le pays voit l'arrivée de Bantous*, qui fuient la traite esclavagiste. En 1877, la descente du Congo par Stanley* initie l'exploration européenne. De 1889 à 1910, la France crée le poste de Bangui et constitue , en 1905, l'Oubangui-Chari, qui est intégré à l'Afrique-Équatoriale française. En 1946, l'Oubangui-Chari devient territoire d'outre-mer. Proclamée en 1958, la République centrafricaine devient indépendante en 1960.

Centre-Val de Loire
Région administrative française. Superficie : 39 150 km² ; 2 570 548 habitants. Chef-lieu : Orléans*. La Région regroupe 6 départements : Cher, Eure-et-Loir, Indre, Indre-et-Loire, Loir-et-Cher et Loiret. Située au sud du Bassin parisien, la région, formée de plaines et de plateaux, est traversée par la Loire*, au bord de laquelle se trouvent les principales villes (Orléans, Tours, Blois). Constitué par les anciennes provinces de l'Orléanais, de la Touraine et du Berry, le Centre-Val de Loire est une région très agricole où domine la culture de céréales (en Sologne et dans la Beauce*). On y pratique également la culture de la vigne (vins de la Loire), des légumes et l'élevage. La présence de la Loire a favorisé l'installation de centrales nucléaires sur ses rives. La proximité de Paris, bien reliée par le TGV, joue un rôle important dans le développement économique des départements du nord de la région. Le Centre-Val de Loire, célèbre pour ses châteaux de la Loire (Chambord, Chenonceau, etc.), attire un grand nombre de touristes.

Centre-du-Québec
Région du Québec. Elle est située à mi-chemin entre Québec et Montréal, sur la rive sud du Saint-Laurent. 234 163 habitants. Ville principale : Drummondville. L'agriculture y est prédominante.

Cerbère
Chien à trois têtes, dans la mythologie grecque. Son cou était hérissé de serpents et ses morsures étaient empoisonnées. Il se tenait à l'entrée des Enfers et empêchait les âmes des morts d'en sortir.

Cérès
Déesse romaine du Blé et de la Moisson. Elle a été assimilée à la déesse grecque Déméter*.

Cervantès Miguel de **(1547-1616)**
Écrivain espagnol. Il perdit un bras à la bataille de Lépante face aux Turcs, fut capturé par des pirates, emprisonné à plusieurs reprises et fréquenta la cour du roi d'Espagne à la fin de sa vie. Auteur de pièces de théâtre et de courts récits, il est surtout célèbre pour ses romans satiriques et notamment pour son *Don* Quichotte de la Manche*.

ŒUVRES PRINCIPALES *Numance*, 1582 ; *Don Quichotte de la Manche*, 1605-1615 ; *Nouvelles exemplaires*, 1613.

Cervin - mont Cervin
Sommet des Alpes, à la frontière de la Suisse et de l'Italie. 4 478 m. Il fut escaladé pour la première fois, en 1865, par des alpinistes britanniques. → VOIR noms communs : **alpinisme.**

César Jules **(101-44 avant J.-C.)**
Homme d'État romain. Consul en 59 et 56, il entreprit la conquête des Gaules. Après avoir vaincu le chef gaulois Vercingétorix*, il marcha sur Rome et s'empara du pouvoir politique. Devenu consul et dictateur à vie en 44, il gouverna autoritairement. Il fut assassiné. Après sa mort, ses successeurs prirent tous le titre de *César*. Ce mot, qui avait alors le sens d'« empereur », a donné le mot *tsar* en russe. César, qui fut aussi historien, a écrit des *Commentaires de la guerre des Gaules*.

Jules **César**

césar
Récompense décernée tous les ans, en France, dans le domaine du cinéma. Les personnes ou les œuvres primées reçoivent une statuette imaginée par le sculpteur français César (1921-1998). → VOIR AUSSI **oscar.**

A B C D E F G H I J K L M N O P Q R S T U V W X Y Z

Cézanne Paul **(1839-1906)**
Peintre français. Il a adopté les méthodes de l'impressionnisme mais y a apporté sa touche personnelle. Il utilisa la couleur pour créer les volumes et il simplifia les formes. Il a peint de nombreuses natures mortes, des portraits, des paysages, des scènes de plein air. Son œuvre, qui ne fut pas aimée de ses contemporains, a pourtant influencé la peinture du XXe siècle et notamment le cubisme et la peinture abstraite. → VOIR noms communs : **cubisme.**

ŒUVRES PRINCIPALES *Les Joueurs de cartes* ; *la Montagne Sainte-Victoire* (sujet de plusieurs tableaux).

Chagall Marc **(1887-1985)**
Peintre français d'origine russe. Les couleurs et les motifs de ses toiles expriment le rêve et la poésie. Ses principales sources d'inspiration ont été la Bible, les traditions juives et le folklore russe.

Châlons-en-Champagne
Ville française sur la Marne. 46 529 habitants (les *Châlonnais*). Chef-lieu du département de la Marne. Anciennement nommée Châlons-sur-Marne, cette ville, qui concentre des activités industrielles (mécanique, automobile), possède des églises gothiques des XIIe et XIIIe siècles.

Champagne-Ardenne
Anc. Région administrative française regroupant 4 départements : Ardennes, Aube, Marne et Haute-Marne. La région a beaucoup souffert pendant les deux guerres mondiales. Elle fut le théâtre de combats meurtriers entre Français et Allemands. → VOIR AUSSI **Alsace – Champagne-Ardenne – Lorraine.**

Champlain Samuel de **(vers 1567-1635)**
Colonisateur français. Il dirigea plusieurs expéditions au Canada. Il fonda Québec en 1608 et, grâce à la contribution de certaines tribus indiennes, continua l'exploration du pays vers l'ouest, atteignant la région des Grands Lacs en 1615-1616. Il se consacra, après 1620, à la mise en valeur de la nouvelle colonie.

Champollion Jean-François **(1790-1832)**
Égyptologue français. Il réussit à déchiffrer le premier les hiéroglyphes égyptiens après avoir longtemps étudié les inscriptions gravées sur une pierre découverte par les Français en 1799 dans la ville égyptienne de Rosette. Sur cette plaque de marbre noir, le même texte figurait en trois écritures : l'écriture grecque, l'écriture égyptienne, avec des lettres liées, et les hiéroglyphes.

Champs Élysées
Partie des Enfers où séjournaient les âmes vertueuses, dans les mythologies grecque et romaine.

Chanel Coco **(1883-1971)**
Couturière française. De son vrai nom Gabrielle Chasnel, Coco Chanel ouvrit sa maison de couture en 1916, donnant à la mode un style nouveau, marqué par la simplicité dans l'élégance. Elle fut la première à associer parfum et couture en créant le célèbre « Numéro 5 ».

la ***Chanson de Roland***
Chanson de geste française. → VOIR encadré.

Chantons sous la pluie
Comédie musicale de Stanley Donen et Gene Kelly. → VOIR encadré page suivante.

La Chanson de Roland : le plus ancien poème épique en français.

La Chanson de Roland, qui fut écrite entre 1100 et 1125, est la plus ancienne chanson de geste française. Le manuscrit de ce texte écrit dans un dialecte anglo-normand fut découvert dans une bibliothèque en Angleterre, en 1832. Son auteur est inconnu. Ce long poème de 4 000 vers, composé de 291 strophes de longueur inégale, est inspiré de faits réels (la bataille de Roncevaux, en 778), enrichis d'épisodes imaginaires. Il raconte les exploits légendaires du chevalier Roland, neveu de l'empereur Charlemagne.

Roland commandait l'arrière-garde de l'armée impériale au retour d'une expédition en Espagne contre les musulmans. Trahi par le chevalier Ganelon, Roland tomba dans une embuscade au col de Roncevaux, dans les Pyrénées, se battit vaillamment avec son épée Durandal et ne sonna du cor pour avertir Charlemagne que lorsqu'il sentit la mort proche. Les troupes de l'empereur qui entendirent l'appel de Roland réussirent à mettre les musulmans en fuite.

La Chanson de Roland exalte les valeurs de la société féodale : la fidélité au roi, la foi chrétienne, le dévouement et l'héroïsme. Cette épopée, considérée comme l'une des plus grandes œuvres de l'époque médiévale, inspira d'autres écrivains du Moyen Âge.

Illustration : **Roland sonne du cor.** Miniature du XIIIe siècle.

A B C D E F G H I J K L M N O P Q R S T U V W X Y Z

Chaplin Charlie **(1889-1977)**
Acteur et cinéaste britannique. Charlie Chaplin fit des débuts remarqués comme comédien, puis devint scénariste et réalisa près de 80 films muets et parlants. Avec son personnage de Charlot, il créa un nouveau genre comique et dénonça, avec un humour teinté d'ironie et de tendresse, la misère et l'injustice ou la montée du nazisme. → VOIR AUSSI **le Kid, les Temps modernes.**

ŒUVRES PRINCIPALES *Le Kid*, 1920 ; *la Ruée vers l'or*, 1925 ; *les Lumières de la ville*, 1931 ; *les Temps modernes*, 1936 ; *le Dictateur*, 1940.

Charcot Jean **(1867-1936)**
Médecin et explorateur français. Il fit plusieurs expéditions en mer, dans les régions polaires, où il mena des recherches océanographiques. Son bateau, le *Pourquoi-Pas ?*, fit naufrage.

Charlebois Robert **(né en 1944)**
Chanteur et compositeur canadien de langue française. Avec ses textes en joual et des arrangements musicaux à mi-chemin entre le rock et le jazz, Robert Charlebois s'est démarqué de tout ce qui a existé avant lui.

ŒUVRES PRINCIPALES *Lindberg*, 1968 ; *California*, 1968 ; *Ordinaire*, 1970.

Charlemagne (742 ou 747-814)
Roi des Francs, puis empereur d'Occident. Charlemagne, dont le nom signifie « Charles le Grand », fit la conquête de l'ancienne Gaule, du nord de l'Italie et de la partie de la Germanie qui n'avait pas encore été christianisée. Ayant reconstitué l'Empire romain d'Occident, il fut sacré empereur par le pape en 800, le jour de Noël. Il favorisa l'art et la culture. Après sa mort, son empire fut partagé entre ses fils.

Charlie **Chaplin :** *la Ruée vers l'or* (1925)

Charles V le Sage (1338-1380)
Roi de France de 1364 à 1380. Au cours de la guerre de Cent* Ans, il réussit, grâce au chef de guerre Bertrand Du Guesclin*, à reprendre aux Anglais de nombreuses provinces et à redresser ainsi le royaume de France.

Charles VII (1403-1461)
Roi de France de 1422 à 1461. Après plusieurs échecs contre les Anglais lors de la guerre de Cent* Ans, il reconquiert le royaume avec l'aide de Jeanne* d'Arc qui le fait sacrer roi en 1429. Il réforma les finances en instaurant trois impôts permanents, dont la taille et la gabelle. → VOIR AUSSI **Louis XI.**

Charles X (1757-1836)
Roi de France de 1824 à 1830, sous la Restauration*.

Chantons sous la pluie : du muet au parlant en chansons.

Le film *Chantons sous la pluie* (*Singin' in the Rain*) a été réalisé en 1952 par les cinéastes américains Stanley Donen et Gene Kelly, tous deux danseurs à l'origine. Gene Kelly, également acteur, interprète le rôle principal du film. Cette comédie musicale a été produite par le grand studio de cinéma hollywoodien, la Metro-Goldwyn-Mayer, à l'époque où ce genre cinématographique remportait un grand succès aux États-Unis.
Chantons sous la pluie évoque les débuts du cinéma parlant. Don Lockwood et Lina Lamont, deux stars du cinéma muet, doivent tourner leur premier film parlant. La voix de Lina, femme capricieuse et stupide, se révélant épouvantable, le film est transformé en comédie musicale. La voix de Lina est alors doublée par celle d'une autre actrice, Kathy. Don tombe amoureux de cette dernière et s'arrange pour que le talent de Kathy soit reconnu.
Chantons sous la pluie est une comédie très rythmée où s'enchaînent numéros chantés et numéros de danse. Une des scènes les plus célèbres est celle où Gene Kelly, un parapluie à la main, interprète la chanson-titre et danse dans la rue, sous la pluie. La vitalité, la bonne humeur et l'humour font de cette comédie musicale un modèle du genre. Stanley Donen et Gene Kelly avaient déjà collaboré, en 1949, pour la réalisation d'une autre comédie musicale, *Un jour à New York*. Elle avait également connu un grand succès.

Illustration : G. Kelly interprète la chanson du film *Singin' in the Rain*.

Charles Martel **(vers 688-741)**
Prince des Francs. Maître de deux des trois royaumes que possédaient les Mérovingiens* et maire du palais (dignitaire de la cour du roi), il vainquit les Arabes à Poitiers en 732.

Charles Quint **(1500-1558)**
Empereur d'Allemagne, roi d'Espagne et de Sicile. Grâce à divers héritages, Charles Quint régnait sur l'Italie, l'Autriche, les Pays-Bas, la Franche-Comté et l'Espagne, qui possédait elle-même d'immenses territoires en Amérique. Il fut aussi élu empereur du Saint Empire romain germanique. Combattu par François Ier*, par les protestants allemands et par l'Empire turc de Soliman* le Magnifique, il dut renoncer à son rêve : faire de la moitié de l'Europe un immense royaume catholique. Il se retira dans un couvent en 1556.

Charles le Téméraire **(1433-1477)**
Duc de Bourgogne. Maître des Flandres et de la Bourgogne, il voulut réunir ses terres et en faire un vaste État entre la France et l'Allemagne, en conquérant la Lorraine. Il fut vaincu par Louis XI*, qui annexa définitivement l'État bourguignon à la France.

Charlie et la chocolaterie
Roman fantastique de l'écrivain britannique Roald Dahl*. Charlie est un petit garçon pauvre qui vit dans une ville où est installée une mystérieuse chocolaterie. Il gagne le droit de la visiter, réalisant ainsi son plus grand rêve. Ce roman paru en 1964 a été adapté plusieurs fois au cinéma.

Chaudière-Appalaches
Région du Québec. Elle est bornée au nord par le Saint-Laurent et, au sud, par la frontière américaine. 410 829 habitants. Ville principale : Lévis. Elle jouit d'une réputation légendaire dans le secteur manufacturier.

Chauvet-Pont-d'Arc - grotte Chauvet-Pont-d'Arc
Site préhistorique de la commune de Vallon-Pont-d'Arc. Découverte en 1994 par Jean-Marie Chauvet et deux autres spéléologues, cette grotte contient des peintures rupestres réalisées il y a 25 000 à 35 000 ans.

Chedid Louis **(né en 1948)**
Chanteur et compositeur français. Fils d'Andrée Chedid, grande écrivaine française et égyptienne d'origine libanaise, il a créé des chansons tantôt tendres et amusées, tantôt graves et même cruelles. Il est le père du chanteur Matthieu Chedid, plus connu sous le nom de « M ».

ŒUVRES PRINCIPALES *T'as beau pas être beau*, 1978 ; *Anne, ma sœur Anne*, 1985 ; *le Soldat rose*, 2006.

cheval de Troie → **Troie**

Cheyennes
Indiens des plaines de l'Amérique du Nord. Ils pratiquaient le culte du Soleil et furent autrefois en rivalité avec les Sioux*. Les Cheyennes vivent aujourd'hui dans des réserves du centre des États-Unis et ne sont plus que 10 000 environ.

Chicago
Ville du nord des États-Unis. 2 722 389 habitants ; 9 millions d'habitants dans l'agglomération. Située au bord du lac Michigan, Chicago est un port actif et un grand centre industriel. C'est là que furent construits les premiers gratte-ciel, au début du XXe siècle.

Chili (Amérique)
- Superficie : 757 000 km²
- Habitants : 17 620 000 *(les Chiliens)*
- Capitale : *Santiago*
- Langue : *espagnol*
- Monnaie : *peso chilien*

• Le Chili s'étend sur 4 000 km du nord au sud, entre le Pérou et la Terre de Feu, mais seulement sur 100 à 200 km d'ouest en est, entre le Pacifique et la cordillère des Andes*. Ce pays est le premier producteur mondial de cuivre. Le régime autoritaire instauré en 1973 par le général Pinochet à la suite d'un coup d'État a pris fin en 1990.

Chine (Asie)
- Superficie : 9 600 000 km²
- Habitants : 1 370 137 000 *(les Chinois)*
- Capitale : *Pékin*
- Langue : *chinois*
- Monnaie : *yuan*

• **Géographie.** La Chine regroupe plus du cinquième de la population mondiale. L'Ouest, qui présente des zones montagneuses (Tibet) et des hauts plateaux (Mongolie) au climat rude et aride, est peu peuplé. La plus grande partie de la population, essentiellement formée de Han, se concentre dans la partie orientale du pays, au climat plus doux, surtout au sud. Plus de six Chinois sur dix sont des ruraux. Néanmoins, l'urbanisation a beaucoup progressé depuis 1949. L'agriculture est développée (la Chine est le premier producteur mondial de riz et de blé). Elle est aussi parmi les premiers pour de nombreuses cultures et pour l'élevage. Son industrie connaît une progression spectaculaire. Depuis 2010, la Chine est la deuxième puissance économique mondiale

• **Histoire.** En 1911, la république est instaurée. De 1937 à la fin de la Seconde Guerre mondiale, la Chine subit l'occupation du Japon. De 1945 à 1949, une guerre civile oppose les nationalistes de Jiang Jieshi (Tchang Kaï-chek) aux communistes de Mao* Zedong. Les pre-

A B C D E F G H I J K L M N O P Q R S T U V W X Y Z

miers se replient à Taïwan et les communistes créent la République populaire de Chine. À la mort de Mao Zedong, les dirigeants chinois mènent une politique de réforme économique.

Chine ancienne
Période historique de la Chine. La première dynastie chinoise était établie dans la vallée du fleuve Jaune entre les XVIIIe et XIIe siècles avant J.-C. Après sa chute, de nombreuses guerres ravagèrent le pays jusqu'au IIIe siècle avant J.-C., date à laquelle le roi d'une province du Nord, Qin Shi Huangdi, établit sa domination sur toutes les autres provinces, fondant ainsi l'Empire chinois qui dura jusqu'en 1911. C'est ce roi qui fit édifier la Grande Muraille* et établit le système d'écriture chinoise qui est encore utilisé aujourd'hui. De prestigieuses découvertes chinoises (le papier, l'imprimerie, la boussole, etc.) furent révélées à l'Occident par des visiteurs tel Marco Polo*. → VOIR AUSSI **Confucius.**

Chirac Jacques (né en 1932)
Homme politique français. Membre du principal parti français de droite, le R.P.R. (Rassemblement pour la République), il fut Premier ministre à deux reprises (de 1974 à 1976 et de 1986 à 1988) avant d'être élu président de la République en 1995 et réélu en 2002 (mandat achevé en 2007). Il fut également maire de Paris de 1977 à 1995.

Chopin Frédéric (1810-1849)
Pianiste et compositeur polonais. Enfant prodige, Chopin donne à 8 ans son premier concert. À 21 ans, il quitte la Pologne pour s'installer à Paris. Il eut une longue liaison avec la romancière George Sand*. Pianiste d'une très grande virtuosité, il écrivit presque toutes ses œuvres pour le piano.

ŒUVRES PRINCIPALES *Études ; Nocturnes ; Préludes.*

Chrétien de Troyes (vers 1135-vers 1183)
Poète français. S'inspirant des récits de la Table* ronde, il est l'auteur de romans de chevalerie où se mêlent histoires d'amour, aventures et récits de quête. On y retrouve des personnages légendaires tels que les preux chevaliers du roi Arthur*.

ŒUVRES PRINCIPALES *Lancelot ou le Chevalier à la charrette ; Perceval ou le Conte du Graal.*

Christ
Nom grec donné à Jésus par les chrétiens. Il signifie « Messie ». En l'appelant ainsi, les Évangiles, écrits en grec, affirment que Jésus est bien le Messie que les Juifs attendaient. → VOIR AUSSI **Jésus.**

Christie Agatha (1890-1976)
Romancière britannique. Agatha Christie a écrit environ 70 romans policiers qui le plus souvent mettent en scène le détective Hercule Poirot ou Miss Marple. Ses romans à énigme se déroulent souvent dans des lieux clos, où sont rassemblés des gens distingués, qui semblent au-dessus de tout soupçon. Agatha Christie a également écrit des pièces de théâtre.

ŒUVRES PRINCIPALES *Le Crime de l'Orient-Express*, 1934 ; *Dix Petits Nègres*, 1939.

Churchill Winston (1874-1965)
Homme politique britannique. Premier ministre de 1940 à 1945, puis de 1951 à 1955, il dirigea la lutte de la Grande-Bretagne contre Hitler pendant la Seconde Guerre mondiale. Pour appeler ses concitoyens au combat, il leur avait dit : « Je n'ai rien d'autre à vous offrir que du sang, des peines, des larmes et de la sueur. »

Chypre (Asie)
- Superficie : 9 251 km^2
- Habitants : 1 141 000 *(les Chypriotes ou les Cypriotes)*
- Capitale : *Nicosie*
- Langues : *grec, turc*
- Monnaie : *euro*

• Île de la mer Méditerranée, entre la Grèce et l'Asie, Chypre est peuplée par des Grecs et des Turcs, qui s'opposent fréquemment. Depuis 1974, l'île est partagée en deux : une partie turque au nord, une partie grecque au sud. La partie grecque a rejoint l'Union* européenne en 2004.

CIA
Service d'espionnage et de contre-espionnage des États-Unis, créé en 1946, quand commença leur rivalité avec l'U.R.S.S.

▸ REM. *CIA* est le sigle de l'américain *Central Intelligence Agency* (Agence centrale de renseignements).

Cicéron (106-43 avant J.- C.)
Homme politique, écrivain et orateur romain. Brillant avocat, il fut élu consul. Ses discours ont servi de modèle pendant des siècles. *O tempora ! o mores !* (Ô temps ! ô mœurs !), écrivait-il en regrettant la méchanceté des hommes de son temps. Il est mort assassiné.

le Cid
Tragi-comédie de Pierre Corneille*, créée en 1637. Cette pièce de théâtre est inspirée d'un personnage réel, le Cid Campeador, chevalier espagnol devenu héros légendaire. Elle raconte le dilemme du Cid qui, pour venger l'honneur de son père, tua le père de Chimène, sa fiancée. *Le Cid* est considéré aujourd'hui comme l'un des chefs-d'œuvre du théâtre classique.

Cirque du Soleil
Cirque créé au Québec et qui a la particularité de ne faire appel à aucun animal lors de ses représentations.

Cisjordanie
Région de Palestine, à l'ouest du Jourdain*. Annexée par la Jordanie en 1949, occupée par Israël depuis 1967, elle a été cédée aux Palestiniens par le roi de

Jordanie en 1988. Depuis 1994, certaines zones de la Cisjordanie sont sous contrôle palestinien.

Cité interdite
Palais impérial de Pékin. Sa construction commença au XVe siècle. L'empereur se tenait dans une salle dite « de l'harmonie parfaite », au centre de la Cité interdite, elle-même centre exact de la ville de Pékin. Le palais était le symbole du pouvoir absolu de l'empereur sur la Chine.

la **Cité interdite,** Pékin (Chine)

Clay Cassius → **Ali (Muhammad)**

Clemenceau Georges **(1841-1929)**
Homme politique français. On l'avait surnommé « le Tigre » à cause de la virulence de ses prises de position politiques. En 1917, pendant la Première Guerre mondiale, il fut nommé à la tête du gouvernement français et se rendit populaire en contribuant à la victoire de la France sur l'Allemagne.

Cléopâtre (69-30 avant J.-C.)
Reine d'Égypte. Le nom de Cléopâtre a été porté par de nombreuses reines d'Égypte. La plus célèbre d'entre elles est Cléopâtre VII. Aimée de Jules César*, puis d'Antoine, elle régna sur la Méditerranée orientale. Quand Antoine fut vaincu par Octave, le futur empereur Auguste*, Cléopâtre se donna la mort en se faisant mordre par un serpent. L'Égypte devint alors romaine.

Cléopâtre (monnaie d'Alexandrie)

Clermont-Ferrand
Ville française. 145 520 habitants (les *Clermontois*) ; 262 911 habitants dans l'agglomération. Chef-lieu du département du Puy-de-Dôme. Des activités industrielles s'y sont développés : pneus, armement. Sa cathédrale gothique a été achevée par l'architecte Viollet-le-Duc*, au XIXe siècle. En 1095, le pape Urbain II présida à Clermont un concile où fut décidée la 1re croisade.

Clinton William Jefferson dit Bill **(né en 1946)**
Homme politique américain. Membre du parti démocrate, il fut président des États-Unis de 1993 à 2001.

Clovis (vers 465-511)
Roi franc. Il fit du petit royaume que possédaient les Francs dans le nord de la Gaule un État qui est devenu la France. Comme il a été le premier roi barbare à se convertir au catholicisme, on a longtemps dit que la France était « la fille aînée de l'Église ». → VOIR AUSSI **Francs.**

Cocteau Jean **(1889-1963)**
Écrivain et cinéaste français. Jean Cocteau s'intéressa à la création sous toutes ses formes. Auteur de romans, de pièces de théâtre, de films (*la Belle et la Bête*, 1946), il se définissait avant tout comme poète.

ŒUVRES PRINCIPALES *Les Enfants terribles*, 1929 ; *les Parents terribles*, 1938.

Code civil
Texte juridique. Constitué de 36 lois, il fut instauré par Napoléon Ier* en 1804 pour unifier la législation française. Le Code civil régit les droits et les obligations des personnes (lois sur la famille et sur la propriété notamment). Il est encore aujourd'hui à la base du droit français, mais, pour s'adapter aux évolutions de la société, il a dû subir de nombreuses modifications au cours des XIXe et XXe siècles.
▶ REM. Le Code civil est parfois appelé Code Napoléon.

Code de la route
Texte juridique. Il réglemente la circulation des véhicules et des piétons. Le décret l'instituant date de 1921.

Colbert Jean-Baptiste **(1619-1683)**
Homme d'État français. Recommandé à Louis XIV* par Mazarin*, il administra les affaires du royaume de 1664 à 1671. Il réorganisa les finances et développa l'économie du pays en favorisant l'industrie et le commerce.

Colette Sidonie Gabrielle **(1873-1954)**
Romancière française. Après une enfance à la campagne, Colette a écrit la série des *Claudine* avec son premier mari, lui-même écrivain. Elle fut ensuite actrice de mime puis journaliste. Elle est l'auteur de nombreux livres dans lesquels l'amour, la sensualité et la nature sont très présents.

ŒUVRES PRINCIPALES *Claudine*, 1900-1903 ; *Dialogues de bêtes*, 1904 ; *la Vagabonde*, 1910 ; *Sido*, 1930.

Colisée
Amphithéâtre antique de Rome. → VOIR encadré page suivante.

Colomb Christophe **(1450 ou 1451-1506)**
Navigateur italien et découvreur de l'Amérique. Il parvint, avec le soutien des Rois Catholiques espagnols,

à affréter trois caravelles dans le but d'ouvrir de nouvelles routes maritimes vers l'Orient. En octobre 1492, après deux mois de voyage, l'expédition arriva en vue des îles proches du continent américain. Colomb dirigea ensuite trois autres expéditions. C'est au cours de l'une d'elles qu'il atteignit le continent américain, en 1498. → VOIR AUSSI **Amérique, découverte.**

Colombie (Amérique)

- Superficie : 1 140 000 km^2
- Habitants : 48 321 000 *(les Colombiens)*
- Capitale : *Bogota*
- Langue : *espagnol*
- Monnaie : *peso colombien*

• La Colombie est située au nord-ouest de l'Amérique du Sud, bordée par l'océan Pacifique et la mer des Antilles. Sa population se concentre dans les Andes*, où se trouvent les grandes villes (Bogota, Medellín, Cali). La république de Colombie est le premier exportateur mondial de café et possède aussi du pétrole, mais elle connaît de graves difficultés dues aux trafiquants de drogue et à la guérilla qui sévit dans toute une partie du pays depuis de nombreuses années.

Colombie-Britannique

Province de l'ouest du Canada. 950 000 km^2 ; 4 400 057 habitants. Elle est située entre les Rocheuses et l'océan Pacifique. Sa capitale est Victoria. Son économie repose sur la pêche, l'exploitation minière et forestière ainsi que sur l'industrie.

Coluche (1944-1986)

Artiste de variétés et acteur français. Coluche a débuté au café-théâtre avant de devenir un comique très populaire, incarnant un personnage de Français moyen, râleur et irrespectueux. Il a créé, en 1985, les Restaurants* du cœur pour venir en aide aux plus démunis.

Comaneci Nadia (née en 1961)

Gymnaste roumaine. Elle remporta trois médailles d'or aux jeux Olympiques de 1976, où elle fut la première gymnaste à obtenir la note maximale (10). Elle fut également championne olympique à Moscou en 1980.

Comédie-Française

Troupe de théâtre. La Comédie-Française est née de la fusion, décrétée par Louis XIV en 1680, de la troupe de Molière* avec celles du Marais et de l'Hôtel de Bourgogne. Elle jouait les pièces de Molière, Corneille* ou Racine*, s'opposant à la Comédie-Italienne, où l'improvisation et la farce dominaient. Aujourd'hui, la Comédie-Française joue les œuvres classiques, mais aussi les œuvres modernes. → VOIR AUSSI **Corneille, Molière, Racine.**

Commonwealth

Organisme politique. Il rassemble des États liés par leur ancienne appartenance à l'Empire britannique, devenus indépendants aujourd'hui mais continuant pour certains à reconnaître le souverain de Grande-Bretagne comme leur chef. L'Australie, le Canada, l'Inde, le Pakistan, etc., font partie du Commonwealth. → VOIR noms communs : **colonisation, décolonisation.**

Le Colisée : un amphithéâtre romain de plus de 50 000 places.

Le nom de ***Colisée*** vient d'un mot latin qui signifie « colossal », en référence à la très grande statue de Néron* qui se trouvait à proximité. C'est à l'emplacement du gigantesque lac intérieur de la maison de cet empereur romain que sa construction fut entreprise par Vespasien (9-79) et achevée par Titus (39-81) en 80 après J.-C. Il est également appelé « amphithéâtre Flavien », du nom de la dynastie à laquelle ces deux empereurs appartenaient.

Vu en plan, l'édifice forme une ellipse de 524 m de tour ; sa façade présente quatre étages ornés chacun différemment. L'ensemble des gradins *(cavea)* formait comme un entonnoir ; on y accédait par des passages *(vomitoria)* eux-mêmes distribués par des galeries appelées « ambulacres ». Les gradins les moins élevés dominaient l'arène de 4 mètres. Pour abriter les spectateurs, une sorte de voile (le *velarium* ou *velum*) pouvait être tendue à des mâts par des cordes.

Le Colisée pouvait accueillir plus de 50 000 spectateurs. Il était utilisé pour des combats de gladiateurs ou de bêtes fauves et même, son arène étant inondable, pour des combats navals, les « naumachies ». Il servit aussi pour le supplice des premiers chrétiens.

En souvenir de ces martyres, le Colisée fut protégé et restauré par l'Église à partir du XVIIe siècle. Faisant suite à la Renaissance marquée par une redécouverte de l'Antiquité, le XVIIe siècle voit d'ailleurs naître une discipline nouvelle, l'archéologie.

Illustration : Représentation d'une naumachie dans le Colisée. Gravure du XVIIe siècle.

Commune de Paris
Gouvernement insurrectionnel parisien. À la suite de la défaite française de 1870, face à l'Allemagne, la Commune de Paris fut formée en mars 1871 par des socialistes et des ouvriers pour s'opposer au nouveau gouvernement français dirigé par Auguste Thiers (1797-1877) qui siégeait à Versailles. Ce dernier envoya alors une armée (les « versaillais ») qui réprima durement les « communards » (« semaine sanglante » du 21 au 27 mai 1871).

Comores (Afrique)

- Superficie : 1 900 km²
- Habitants : 735 000 *(les Comoriens)*
- Capitale : *Moroni*
- Langues : *arabe, comorien, français*
- Monnaie : *franc des Comores*

• Archipel de l'océan Indien, au nord-ouest de Madagascar, les îles Comores, au nombre de quatre, ont longtemps été sous la protection et la dépendance de la France. Elles sont indépendantes depuis 1978 (sauf l'une d'entre elles, Mayotte, qui a choisi de rester française). Ses principales ressources sont agricoles (vanille, épices).

le ***Comte de Monte-Cristo***
Roman d'Alexandre Dumas* père. Il fut écrit en 1844 et parut d'abord en feuilleton. Le héros, Edmond Dantès, qui deviendra le comte de Monte-Cristo après s'être emparé d'un trésor, se venge des injustices qu'il a subies. Le roman fut adapté pour le théâtre par Dumas. Il a également été l'objet de nombreuses adaptations cinématographiques.

Concertos brandebourgeois
Œuvre musicale de Jean-Sébastien Bach*. Dédiée au prince de Brandebourg, cette série de six concertos où différents instruments (flûte à bec, hautbois, violon, trompette) alternent avec l'orchestre fut composée en 1721.

Concorde
Avion supersonique de transport sur de longues distances. Construit en collaboration par la France et la Grande-Bretagne, cet appareil volant à plus de 2 300 km/h (plus de deux fois la vitesse du son) a été mis en exploitation en 1976 sur plusieurs lignes transatlantiques. Suspendue à la suite d'un accident survenu le 25 juillet 2000, son exploitation a repris en novembre 2001. Insuffisamment rentable, elle a été définitivement arrêtée en 2003.

Confucius (vers 551-479 avant J.-C.)
Philosophe chinois. Confucius enseignait que celui qui gouverne doit être vertueux pour servir d'exemple au peuple. Il affirmait que l'éducation pouvait améliorer et stabiliser la société. Sa pensée, le *confucianisme*, a influencé l'État chinois pendant vingt-cinq siècles. Le confucianisme a été condamné par Mao* Zedong.

Congo - fleuve Congo
Fleuve d'Afrique centrale. Avec ses 4 700 km, c'est le plus long fleuve d'Afrique après le Nil. De nombreux rapides et plusieurs chutes rendent la navigation difficile. Deux de ces chutes portent le nom de célèbres explorateurs, Stanley* et Livingstone*.

Congo (Afrique)

- Superficie : 342 000 km²
- Habitants : 4 448 000 *(les Congolais)*
- Capitale : *Brazzaville*
- Langue : *français*
- Monnaie : *franc C.F.A.*

• **Géographie.** Chevauchant l'équateur, le pays est essentiellement recouvert de forêt en partie exploitée pour son bois. Le manioc est la principale culture vivrière. Le pétrole est sa première source d'exportations. Le port de Pointe-Noire est la principale ville avec la capitale Brazzaville

• **Histoire.** Du XVe au XVIIIe siècle, deux royaumes existent, celui des Téké, dans le Nord, et celui du Loango. La forêt est occupée par des Pygmées*. En 1875, Pierre Savorgnan* de Brazza explore la région. En 1910, la colonie du Congo est intégrée dans l'Afrique-Équatoriale française (capitale Brazzaville). En 1960, la république du Congo accède à l'indépendance.

Congo (République démocratique du) (Afrique)

- Superficie : 2 345 000 km²
- Habitants : 67 514 000 *(les Congolais)*
- Capitale : *Kinshasa*
- Langue : *français*
- Monnaie : *franc congolais.*

• **Géographie.** Traversé par l'équateur, le pays s'étend sur la cuvette chaude et humide du bassin du Congo et sur les plateaux et les hauteurs de l'Est. La population, inégalement répartie, connaît une forte croissance. Les habitants des campagnes sont venus gonfler les villes (comme Kinshasa). L'agriculture est essentiellement vivrière. Les ressources minières sont abondantes (cuivre, cobalt, diamants).

• **Histoire.** Peuplée de Pygmées* et de Bantous*, la région voit la naissance aux XVIIe et XVIIIe siècles des royaumes kuba et luba (dont se détache ensuite le royaume lunda). En 1876, le roi des Belges Léopold II, crée l'Association internationale africaine. En 1885, l'État indépendant du Congo est la propriété personnelle du souverain belge, qui en fait don à la Belgique en 1908. En 1960, le Congo belge accède

A B C D E F G H I J K L M N O P Q R S T U V W X Y Z

à l'indépendance sous le nom de Congo-Kinshasa, qui devient République démocratique du Congo en 1997.

Constantin Ier le Grand **(vers 280-337)**
Empereur romain. Il est le premier empereur romain à s'être converti au christianisme. À la veille d'une bataille, une apparition lui révéla qu'il serait victorieux s'il dessinait un signe chrétien sur le bouclier de ses soldats. Effectivement vainqueur, il fit du christianisme la religion de l'État romain. → VOIR AUSSI **Constantinople.**

Constantinople
Capitale de l'Empire byzantin. Située sur le Bosphore*, elle doit son nom à l'empereur Constantin* qui en fit la capitale de tout l'Empire romain. Quand l'Empire fut divisé en deux, elle devint la capitale de l'Empire byzantin* et le centre de l'Église chrétienne d'Orient, devenue depuis l'Église orthodoxe. Un successeur des empereurs romains a régné sur Constantinople jusqu'à ce que la ville soit prise par les Turcs en 1453. → VOIR AUSSI **Byzance, Istanbul.**

Consulat
Régime politique de la France entre 1799 et 1804. Le Consulat correspond à la période pendant laquelle Napoléon* Bonaparte disposait déjà de tous les pouvoirs en France mais n'avait pas encore été sacré empereur. Pendant ces années, il porta le titre de Premier consul de la République puis celui de consul à vie. → VOIR AUSSI **Napoléon Ier, Ire République.**

Contes du chat perché
Recueil de contes de Marcel Aymé*. Il date de 1934 et fut complété par deux autres recueils : les *Autres Contes du chat perché* (1950) et les *Derniers Contes du chat perché* (1958). Les héroïnes sont deux fillettes, Delphine et Marinette, qui ont pour amis les animaux de la ferme de leurs parents.

Contre-Réforme → Réforme catholique

la **Convention**
Assemblée de la Révolution française. Elle fut élue au suffrage universel le 20 septembre 1792 et gouverna la France jusqu'en octobre 1795. Elle était composée à l'origine de trois partis : les Girondins, à droite, les membres de la Plaine (ou Marais), au centre, et les Montagnards, à gauche. La Convention abolit la royauté et proclama l'an I de la République. Elle vota la mort du roi Louis XVI en janvier 1793 et instaura un régime de terreur pour éliminer les opposants. → VOIR AUSSI **Révolution française, Danton, Robespierre.**

Cook James **(1728-1779)**
Navigateur britannique. Au cours d'une première expédition de 1768 à 1771, il découvrit, pour le compte du roi d'Angleterre, plusieurs îles de la Polynésie et il explora la Nouvelle-Zélande et l'Australie. De 1772 à 1775, un deuxième voyage le mena jusque dans l'océan Antarctique. Il repartit en 1776 vers le Pacifique nord et découvrit des îles encore inconnues. Il fut tué dans l'une d'elles par les indigènes.

page du **Coran**

Copenhague
Capitale du Danemark. 501 158 habitants (les *Copenhaguois*) ; 1,2 million d'habitants dans l'agglomération. Située sur une île, c'est un port important et un grand centre culturel et industriel.

Copernic Nicolas **(1473-1543)**
Astronome polonais. Il émit l'hypothèse que, contrairement aux idées admises depuis l'Antiquité, la Terre n'occupait pas le centre du monde mais qu'elle tournait autour du Soleil avec les autres planètes. Cette nouvelle conception de l'Univers souleva des critiques, notamment dans l'Église, et ce n'est qu'au début du XVIIe siècle, avec l'invention de la lunette et les observations de Galilée*, que le système de Copernic fut définitivement confirmé. → VOIR noms communs : **astronomie, système solaire.**

Coppens Yves **(né en 1934)**
Paléontologue français. En 1974, il découvrit en Éthiopie un squelette féminin d'australopithèque vieux de 3,3 millions d'années qui fut baptisé Lucy*. → VOIR noms communs : **australopithèque.**

Coppi Fausto **(1919-1960)**
Coureur cycliste italien. Détenteur en 1942 du record du monde de l'heure (avec 45,8 km), il remporta deux fois le Tour* de France (en 1949 et 1952) et cinq fois le Tour d'Italie (entre 1940 et 1953). Il fut également champion du monde en 1953.

Coppola Francis Ford **(né en 1939)**
Cinéaste américain. Il est l'auteur d'œuvres spectaculaires qui ont marqué l'histoire du cinéma, principalement dans les années 1970-1990.

ŒUVRES PRINCIPALES *Le Parrain*, 1972 ; *Apocalypse Now*, 1979 ; *Cotton Club*, 1984.

Coran
Livre sacré des musulmans. Le Coran est à la base de l'islam. Il contient les révélations que le prophète

Mahomet* a reçues de l'ange Gabriel*, messager d'Allah* (nom de Dieu chez les musulmans), entre 612 et 632 à La Mecque*, puis à Médine. Le Coran est composé de 114 surates, ou chapitres, écrites en arabe et dont certaines doivent être récitées quotidiennement par les fidèles. → VOIR noms communs : **islam, surate.**

Corée du Nord (Asie)

- Superficie : 120 500 km^2
- Habitants : 24 895 000 *(les Nord-Coréens)*
- Capitale : *Pyongyang*
- Langue : *coréen*
- Monnaie : *won nord-coréen*

• La Corée du Nord, située au sud de la Chine, est dirigée par une dictature qui l'isole du reste du monde. C'est un pays montagneux, au climat rude, et dont l'économie est assez pauvre, à l'inverse de la Corée du Sud.

Corée du Sud (Asie)

- Superficie : 99 000 km^2
- Habitants : 49 263 000 *(les Sud-Coréens)*
- Capitale : *Séoul*
- Langue : *coréen*
- Monnaie : *won*

• Grâce à une main-d'œuvre de plus en plus qualifiée, la république de Corée est en pleine croissance économique. Elle exporte ses produits industriels dans le monde entier, surtout aux États-Unis et au Japon, ce qui fait d'elle un des « Quatre Dragons » de l'Asie du Sud-Est. Elle partage ce surnom avec Singapour*, Taïwan* et Hongkong*.

Corneille Pierre (1606-1684)

Auteur de théâtre français. Corneille vécut sous les règnes de Louis XIII et de Louis XIV. Il devint célèbre avec sa tragédie *le Cid**. L'un des principaux thèmes de ses pièces est celui de l'homme partagé entre ses sentiments et son devoir. Le public lui préféra peu à peu Racine*, et Corneille renonça au théâtre en 1674.

ŒUVRES PRINCIPALES *L'Illusion comique*, 1635-1636 ; *le Cid*, 1637 ; *Cinna*, 1640-1641.

Pierre **Corneille** (1647)

Corriveau Monique (1925-1976)

Romancière québécoise. Elle a écrit surtout pour les jeunes. Ses livres les plus connus sont *le Secret de Vanille* et *le Wapiti*.

Corse

Île et Région administrative française. Superficie : 8 680 km^2 ; 320 208 habitants (les *Corses*). Chef-lieu de Région : Ajaccio*. La Corse regroupe 2 départements : Corse-du-Sud et Haute-Corse. C'est une île montagneuse de la Méditerranée (2 710 mètres au monte Cinto), au climat généralement chaud et sec l'été et doux et humide l'hiver. Son économie repose essentiellement sur l'élevage de moutons (lait pour la production de roquefort), sur la culture des fruits et des légumes et sur la culture de la vigne. La faiblesse de l'industrie tient à des causes naturelles et humaines difficiles à combattre (pauvreté du sous-sol, éloignement du continent, faiblesse du peuplement). Souvent appelée l'« île de Beauté », la Corse vit surtout du tourisme. La Corse fut sous domination italienne jusqu'au XVIIIe siècle. Elle devint un département français à la Révolution.

Cortés Hernán (1485-1547)

Conquistador espagnol. Il entreprit la conquête du Mexique en 1519. Après la prise et la destruction de l'Empire aztèque, le Mexique devint une colonie espagnole. Nommé gouverneur général par Charles* Quint, Hernán Cortés administra ces nouveaux territoires jusqu'à son retour en Espagne (1540), où il tomba en disgrâce. → VOIR AUSSI **Aztèques, découverte.**

Cosaques

Populations nomades d'Asie centrale. À l'origine, les Cosaques formaient des communautés de paysans libres. Ils perdirent leur autonomie au XVIIIe siècle et servirent comme soldats en Russie et en Pologne. Soumis ensuite à la Russie, ils continuèrent à faire partie de son armée.

Costa Rica (Amérique)

- Superficie : 51 000 km^2
- Habitants : 4 872 000 *(les Costaricains)*
- Capitale : *San José*
- Langue : *espagnol*
- Monnaie : *colón costaricain*

• Le Costa Rica, pays montagneux, est situé sur l'isthme qui relie l'Amérique du Nord à l'Amérique du Sud. Il a un des plus hauts niveaux de vie de l'Amérique latine et exporte du café, des ananas et des bananes.

Côte d'Ivoire (Afrique)

- Superficie : 2 345 000 km^2
- Habitants : 22 671 331 *(les Ivoiriens)*
- Capitale : *Yamoussoukro*
- Langue : *français*
- Monnaie : *franc C.F.A.*

• **Géographie.** Au nord de la région littorale, bordée de lagunes et occupée partiellement de forêt dense, on trouve des plateaux recouverts de savanes. La Côte d'Ivoire associe des cultures d'exportation (cacao, café) et vivrières (manioc, riz) à l'exploitation forestière (acajou). Abidjan est la seule grande ville.

• **Histoire.** Les plus anciennes populations de la Côte d'Ivoire sont les Kru (au sud-ouest) et les Sénoufo (au nord-est). Au XVe siècle, les Kru se replient sous la pression des Mandé, qui fondent le royaume de Kong. Au XVIIe siècle, les Akan fondent de petits royaumes. En 1842, les Français s'emparent du littoral. Vers 1895, la colonie de Côte-d'Ivoire est rattachée à l'Afrique-Occidentale française. En 1960, elle accède à l'indépendance.

Côte-Nord
Région de l'est du Québec. Située sur la rive nord de l'estuaire du fleuve Saint-Laurent, cette région est riche en ressources minières et forestières.

Coubertin Pierre de **(1863-1937)**
Éducateur français. Il contribua à rétablir les jeux Olympiques* qui eurent lieu en 1896, à Athènes. Il fut président du Comité international olympique.

Coupe du monde de football
Compétition internationale de football. Elle a été créée en 1928 par la Fédération internationale de football (FIFA). Elle a lieu tous les quatre ans. → VOIR tableau.

Courbet Gustave **(1819-1877)**
Peintre français. Rompant avec les thèmes romantiques et académiques, Gustave Courbet s'attache à représenter le monde tel qu'il est. Son tableau *Un enterrement à Ornans* (1850) marque la naissance du mouvement réaliste.

ŒUVRES PRINCIPALES *Un enterrement à Ornans*, 1850 ; *les Baigneuses*, 1853 ; *l'Atelier du peintre*, 1855.

Cour pénale internationale
Organisme juridique international. La Cour pénale internationale, qui siège à La Haye, est chargée de juger les personnes poursuivies notamment pour génocide, crimes de guerre (pillage, exécution d'otages, assassinat) ou crimes contre l'humanité (exécution d'un plan d'extermination ou de mise en esclavage à l'encontre d'un groupe de population civile).

Cousteau Jacques-Yves **(1910-1997)**
Officier de marine, océanographe et cinéaste français. Il a dirigé de nombreuses expéditions océanographiques et a réalisé plusieurs films avec son équipe. Il est un des représentants les plus connus de la lutte pour le respect de la nature et des océans.

Crécy - bataille de Crécy
Bataille de la guerre de Cent* Ans. Elle eut lieu le 29 août 1346 dans un village du département de la Somme et opposa les Français de Philippe VI de Valois aux Anglais qui furent victorieux.

Crésus **(VIe siècle avant J.-C.)**
Roi de Lydie. La Lydie était un pays d'Asie Mineure où coulait un fleuve appelé Pactole, roulant des paillettes d'or auxquelles Crésus devait son immense richesse.
▸ REM. On dit de quelqu'un de très fortuné qu'il est « riche comme Crésus ».

Crète
Île grecque. 8 336 km^2. 621 340 habitants (les *Crétois*). Située dans la Méditerranée, la Crète est une île allongée formée de chaînes calcaires. Elle possède les vestiges d'un immense palais construit environ 3 000 ans avant J.-C., le palais de Cnossos. Au cours des siècles, la Crète fut conquise par les Grecs, les Romains, les musulmans, les Vénitiens et en dernier lieu les Turcs, qui la colonisèrent jusqu'au début du XXe siècle.

Croatie (Europe)

- Superficie : 56 500 km^2
- Habitants : 4 290 000 *(les Croates)*
- Capitale : *Zagreb*
- Langue : *croate*
- Monnaie : *kuna*

• Pays des Balkans* issu de l'éclatement de la Yougoslavie*, la Croatie a proclamé son indépendance en 1991, mais le conflit a été sanglant entre Croates et Serbes. À l'ouest et au sud, le littoral de la mer Adriatique (Dalmatie) est une grande région touristique. La Croatie a rejoint l'Union* européenne en 2013.

Coupe du monde de football

pays vainqueurs	nombre de victoires	dates
Brésil	5	1958 ; 1962 ; 1970 ; 1994 ; 2002.
Italie	4	1934 ; 1938 ; 1982 ; 2006.
Allemagne	4	1954 ; 1974 ; 1990 ; 2014.
Uruguay	2	1930 ; 1950.
Argentine	2	1978 ; 1986.
Angleterre	1	1966
France	1	1998
Espagne	1	2010

Crockett Davy **(1786-1836)**
Pionnier américain. Il commença sa carrière comme député, mais devint célèbre en participant à la défense de Fort Alamo contre les assiégeants mexicains. Il y fut massacré avec la garnison.

croisades
Expéditions militaires entreprises par les chrétiens au Moyen-Orient du XIe au XIIIe siècle. Leur but était de libérer les Lieux saints (Jérusalem, notamment) de l'emprise des musulmans. Huit croisades eurent lieu entre 1096 et 1270. → VOIR AUSSI **Louis IX, Palestine, Richard Cœur de Lion.**

Croissant fertile
Ensemble de régions du Moyen-Orient ancien. Le Croissant fertile désigne des régions du Proche-Orient correspondant aux États actuels du Liban, de Chypre, du Koweït, d'Israël, de Palestine ainsi que des parties de la Jordanie, de la Syrie, de l'Iraq, de l'Iran. On y ajoute parfois l'Égypte. Cette dénomination fut donnée par l'archéologue américain James Henry Breasted en raison de la forme de croissant de l'ensemble de ces différentes zones.

Croissant-Rouge
Organisation ayant, dans les pays musulmans, les mêmes fonctions que la Croix-Rouge*.

Croix du Sud
Constellation de l'hémisphère Sud. Elle comprend quatre étoiles disposées en forme de croix, dont la plus grande est orientée vers le pôle Sud. Avant l'invention de la boussole, les marins utilisaient dans l'hémisphère Sud cette constellation pour se repérer.

Croix-Rouge
Organisation humanitaire internationale. Créée par Henri Dunant* en 1863, à Genève, la Croix-Rouge vient au secours des blessés et des prisonniers de guerre ainsi que des victimes des catastrophes naturelles.

Cro-Magnon
Site préhistorique de la Dordogne, dans le sud-ouest de la France. C'est là que furent découverts des ossements d'hommes préhistoriques ayant vécu il y a environ 30 000 ans, à une époque nommée le *paléolithique*. Les hommes de Cro-Magnon sont aussi appelés *Homo sapiens* (mots latins qui signifient « homme savant »).

Cromwell Oliver **(1599-1658)**
Homme d'État anglais. Après la révolution* anglaise, Cromwell fit condamner à mort le roi Charles Ier. Une république fut instaurée, mais il en fit une dictature militaire qu'il imposa par la force à l'Irlande et à l'Écosse. Les Anglais rétablirent la royauté après sa mort.

Cronos (nom romain : Saturne)
Personnage de la mythologie grecque. Cronos est un Titan*. Après avoir mutilé son père, il s'empara du pouvoir. Craignant d'être à son tour détrôné par l'un de ses fils, il dévora les enfants que son épouse lui donna. Un seul lui échappa, Zeus*, que sa mère avait remplacé par une pierre entourée de langes. Celui-ci se révolta, puis détrôna Cronos. Avant de l'envoyer aux Enfers, Zeus obligea Cronos à redonner vie aux dieux qu'il avait avalés.

Cros Charles **(1842-1888)**
Inventeur et poète français. Il imagina un procédé de photographie des couleurs en 1869 et conçut en 1877, indépendamment d'Edison*, un appareil d'enregistrement et de reproduction des sons, ancêtre du phonographe. Son nom reste attaché à un prix récompensant les meilleurs disques.

Cuba (Amérique)

- Superficie : 111 000 km^2
- Habitants : 11 266 000 *(les Cubains)*
- Capitale : *La Havane*
- Langue : *espagnol*
- Monnaie : *peso cubain*

L'île de Cuba, située au sud de la Floride, est la plus vaste île de l'archipel des Grandes Antilles*. Son climat tropical lui permet de produire du sucre de canne, du tabac et des fruits. Le pays, gouverné de façon très autoritaire à partir de 1959 et pendant près de cinquante ans par Fidel Castro*, souffre de son isolement international. Le tourisme représente néanmoins une ressource importante pour l'économie du pays. Avec l'archipel des Bahamas et Haïti, Cuba est l'une des terres américaines découvertes par Christophe Colomb* lors de sa première expédition, en 1492.

Cupidon
Nom donné par les Romains au dieu de l'Amour, appelé Éros* par les Grecs.

Pierre et Marie **Curie**

Curie Pierre **(1859-1906)** et Marie **(1867-1934)**
Physiciens français. Pierre Curie épousa en 1895 Marie, étudiante polonaise venue en France pour poursuivre

A B C D E F G H I J K L M N O P Q R S T U V W X Y Z

ses études. Ils consacrèrent leurs travaux à l'étude de la radioactivité, identifiant à partir de minerais des éléments radioactifs comme le radium. Leurs travaux furent récompensés par le prix Nobel de physique en 1903. Continuant ses recherches après la mort de son époux, Marie Curie reçut le prix Nobel de chimie en 1911. → VOIR AUSSI **Henri Becquerel, radioactivité.**

Cuzco

Ville du Pérou. Située dans les Andes, à plus de 3 500 m d'altitude, Cuzco fut la capitale de l'Empire inca et l'un des plus importants centres de la colonisation espagnole. De cette époque subsistent notamment une forteresse et une cathédrale. → VOIR AUSSI **Incas.**

Cyclopes

Géants de la mythologie grecque. Ils n'avaient qu'un œil, placé au milieu du front. L'un d'entre eux, Polyphème, captura, pour les dévorer, Ulysse* et ses compagnons. Ceux-ci réussirent à lui crever l'œil pendant qu'il dormait. Le Cyclope appela à l'aide, mais on le crut fou parce qu'il disait que « personne » l'avait blessé. C'est en effet sous ce nom que le rusé Ulysse s'était présenté à lui.

Cyrano de Bergerac

Comédie d'Edmond Rostand*. → VOIR encadré.

Cyrus II le Grand (mort vers 530 avant J.- C.)

Roi de Perse. Il se lança à la conquête de l'Orient : il vainquit Crésus* en 546 avant J.-C., prit la ville de Babylone* en 539 et fit de cette région de Basse-Mésopotamie une province de l'Empire perse.

D

Dagobert Ier (mort vers 638)

Roi des Francs. La célèbre chanson *le Bon Roi Dagobert*, écrite avant la Révolution française pour se moquer de la monarchie, le présente comme un niais. En fait, Dagobert fut le dernier grand roi de la dynastie des Mérovingiens*. Il a reconstitué le vaste royaume de Clovis* et l'a administré avec l'aide des évêques saint Éloi et saint Ouen.

Daguerre Louis (1787-1851)

Inventeur français. Associé avec Nicéphore Niépce*, puis seul, il a perfectionné la photographie. Il a réalisé en 1837, les premiers daguerréotypes (images fixées sur une plaque de cuivre argentée).

Dahl Roald (1916-1990)

Écrivain américain. Il est l'auteur de romans (notamment à destination des enfants) qui laissent libre cours à l'humour (parfois noir) et qui ont été souvent adaptés au cinéma (Alfred Hitchcock, Tim Burton, Joe Dante).

ŒUVRES PRINCIPALES *Les Gremlins*, 1943 ; *Coup de gigot*, 1953 ; *Charlie* et la chocolaterie*, 1964.

Cyrano de Bergerac : la générosité, la bravoure et l'éloquence triomphent du ridicule.

Cyrano de Bergerac est une comédie en cinq actes, en vers, écrite en 1897 par l'écrivain français Edmond Rostand. Celui-ci s'est inspiré d'un personnage ayant réellement existé : Savinien de Cyrano de Bergerac, qui était un écrivain du XVIIe siècle.

L'action de la pièce d'Edmond Rostand se déroule au XVIIe siècle, à Paris. Cyrano est à la fois un guerrier courageux et un homme d'esprit, mais il est malheureusement affligé d'un très grand nez qui le défigure. Il est secrètement amoureux de sa cousine Roxane qui, elle, est amoureuse du beau soldat Christian de Neuvillette. Cyrano renonce à son amour pour sa cousine et accepte d'aider Christian de Neuvillette, qui ne possède pas son éloquence, à séduire Roxane. C'est lui qui souffle à Christian les mots que celui-ci répète à Roxane. Celle-ci est conquise et le mariage est conclu, mais Christian meurt au combat. Roxane qui s'est retirée dans un couvent apprendra juste avant la mort de Cyrano que celui-ci était l'auteur des beaux discours et des belles lettres que lui adressait Christian.

L'intrigue amoureuse, les scènes de cape et d'épée, la dimension romantique du héros et des tirades bien enlevées ont contribué au succès immédiat de l'œuvre. La pièce a donné lieu à de nombreuses créations théâtrales, mais également à de nombreuses adaptations cinématographiques. La dernière, du réalisateur français Jean-Paul Rappeneau, date de 1990. Gérard Depardieu y interprète le rôle de Cyrano.

Illustration : Une scène de Cyrano, par P. A. Laurens.

La Dame à la Licorne : six allégories courtoises.

Ces tapisseries de la fin du XVe siècle, du musée national du Moyen Âge (thermes et hôtel de Cluny), à Paris, combinent des éléments identiques : une île plantée de plantes en fleurs, de couleur bleu sombre, qui se détache sur un fond rouge parsemé d'animaux et de rameaux fleuris. Dans ce décor, une femme est entourée d'une licorne, à droite, et d'un lion, à gauche.

Cinq de ces tapisseries constituent chacune une allégorie de l'un des cinq sens reconnaissable à ce que fait la Dame : pour l'ouïe, elle joue de l'orgue ; pour le goût, elle prend une dragée que lui tend sa servante ; pour la vue, la licorne se contemple dans un miroir tenu par la Dame ; pour le toucher, la Dame tient la corne de la licorne ainsi que la hampe d'une oriflamme ; pour l'odorat, un singe respire le parfum d'une fleur qu'il a prise d'une couronne tressée par la Dame. La sixième tenture, qui porte la formule « À mon seul désir », est plus difficile à interpréter. On pense parfois que l'ensemble représenterait six des Vertus allégoriques courtoises du *Roman de la Rose* de Guillaume de Lorris : Oiseuse (la Vue), Richesse (le Toucher), Franchise (le Goût), Liesse (l'Ouïe), Beauté (l'Odorat), Largesse (À mon seul désir).

Le Maître d'Anne de Bretagne (Jean d'Ypres ou son frère Louis) a probablement inspiré les cartons de ces tapisseries.

Illustration : *À mon seul désir.*

Dakar
Capitale du Sénégal. 3,4 millions d'habitants (les *Dakarois*) dans l'agglomération. Située sur l'Atlantique, Dakar est le premier port du pays et un centre industriel et commercial important.

dalaï-lama
Chef spirituel bouddhiste et souverain du Tibet*. L'actuel dalaï-lama est Tenzin Gyatso (né en 1935). Il vit en exil en Inde depuis 1959 et lutte contre la domination chinoise au Tibet. Il reçut le prix Nobel de la paix en 1989.

Dalí Salvador (1904-1989)
Peintre espagnol. Il fit partie à Paris, dès 1929, d'un groupe d'artistes appelés les surréalistes, qui voulaient laisser le rêve et l'imagination s'exprimer librement. Les toiles de Dalí sont parmi les plus célèbres de l'art surréaliste. Elles montrent des scènes mystérieuses qui choquent ou font rêver.

Damas
Capitale de la Syrie. 2,6 millions d'habitants dans l'agglomération (les *Damascènes*). Située dans une oasis, Damas est une ville très ancienne. Elle est célèbre pour sa mosquée des Omeyyades (commencée en 705), qui est considérée comme la première grande réalisation de l'art musulman.

▸ REM On prononce [damas].

la Dame à la licorne
Ensemble de six tapisseries du XVe siècle. → VOIR encadré.

Damoclès (début du IVe siècle avant J.-C.)
Courtisan d'un roi de l'Antiquité. Pour faire comprendre à Damoclès combien le bonheur des rois est fragile, un monarque lui céda sa place pendant un jour et fit suspendre au-dessus de sa tête une épée, retenue par un crin de cheval.

▸ REM. En référence à cette histoire, on appelle *épée de Damoclès* un danger permanent.

Danemark (Europe)

- Superficie : 43 000 km^2
- Habitants : 5 619 000 *(les Danois)*
- Capitale : *Copenhague*
- Langue : *danois*
- Monnaie : *couronne danoise*

• Situé en Scandinavie, au nord de l'Europe, le royaume du Danemark est formé d'une presqu'île et d'une multitude de petites îles. Les plaines sont favorables à l'agriculture, mais c'est à l'industrie que le pays doit son niveau de vie très élevé. La pêche est aussi développée. Le Groenland* est rattaché au Danemark depuis 1953. Le Danemark est entré en 1973 dans le Marché commun, devenu depuis l'Union* européenne.

Dante (1265-1321)
Écrivain italien. Avec son œuvre *la Divine Comédie* (vers 1307-1321), où il raconte son voyage imaginaire dans l'au-delà en compagnie du poète latin Virgile*, il est considéré comme le premier poète italien. Il fut également homme politique et philosophe.

ŒUVRES PRINCIPALES *La Vita nuova*, 1292-1294 ; *la Divine Comédie*, vers 1307-1321.

A B C D E F G H I J K L M N O P Q R S T U V W X Y Z

Danton Georges **(1759-1794)**
Homme politique français. Ce grand orateur joua un rôle important pendant la Révolution française. Il fut député à la Convention* et créa le Tribunal révolutionnaire, qui condamnait à mort sur un simple soupçon. Il réclama la fin du régime de la Terreur et fut condamné à son tour par ce même Tribunal. → VOIR AUSSI **Révolution française, Robespierre.**

Danube
Fleuve d'Europe centrale. Long de 2 850 km, le Danube prend sa source en Allemagne, traverse l'Autriche, la Hongrie, la Croatie, la Serbie, la Bulgarie et la Roumanie, avant de se jeter dans la mer Noire. Le Danube est une importante voie de navigation utilisée depuis le temps des Romains. Il a été célébré par des poètes et des musiciens, comme l'Autrichien Johann Strauss*, qui composa une valse célèbre : *le Beau Danube bleu*.

Darius ou **Darios**
Nom de plusieurs rois de l'Empire perse. Darius Ier (522-486 avant J.-C.) a été vaincu par les Grecs à Marathon*. Darius III (mort en 330 avant J.-C.) est le dernier roi de l'Empire perse. Il a été vaincu par Alexandre* le Grand.
→ VOIR AUSSI **Perses.**

Darwin Charles **(1809-1882)**
Biologiste et naturaliste britannique. Au cours d'une mission autour du monde, il recueillit un grand nombre d'observations. Il développa une théorie de l'évolution, appelée le *darwinisme*, selon laquelle les espèces animales et végétales s'adaptent au milieu par sélection naturelle et luttent pour survivre. Cette théorie fut violemment combattue dans les milieux religieux et scientifiques de l'époque.

Daudet Alphonse **(1840-1897)**
Écrivain français. Né en Provence, Alphonse Daudet a souvent évoqué son pays natal dans ses œuvres. Il a écrit des contes, comme *les Lettres * de mon moulin*, ou des romans, comme *le Petit * Chose*, récit de sa jeunesse, ou *Tartarin de Tarascon*, portrait caricatural d'un chasseur du Midi. Il a dépeint la société de son époque en mêlant réalisme, émotion et fantaisie.

ŒUVRES PRINCIPALES *Les Lettres de mon moulin*, 1866 ; *le Petit Chose*, 1868 ; *Tartarin de Tarascon*, 1872.

Daumier Honoré **(1808-1879)**
Dessinateur et peintre français. Il est célèbre pour ses dessins, mais il a aussi réalisé des peintures et des sculptures. Il a surtout dessiné des caricatures et représenté des scènes de la vie quotidienne en se moquant des mœurs de la France de son époque.

David (vers 1000 avant J.-C.)
Deuxième roi d'Israël. Selon la Bible, David conquit Jérusalem et en fit sa capitale. Les Juifs, qui considèrent son règne comme le plus glorieux de leur histoire, pensent qu'un descendant de David, le Messie, rétablira le royaume d'Israël. Pour les chrétiens, ce descendant est Jésus-Christ. Les musulmans le vénèrent comme un prophète. Traditionnellement, David est considéré comme l'auteur des poèmes bibliques appelés *les Psaumes*. La Bible raconte comment il vainquit le géant Goliath en combat singulier.

David Louis **(1748-1825)**
Peintre français. S'inspirant de la Rome antique, il représente ses personnages dans des attitudes nobles et des décors au dessin précis. Il a été le peintre officiel de la Révolution française et de Napoléon Ier. L'un de ses tableaux les plus célèbres représente le sacre de Napoléon à Notre-Dame de Paris.

ŒUVRES PRINCIPALES *Le Serment des Horaces*, 1784 ; *la Mort de Marat*, 1795 ; *le Sacre*, 1805-1807.

Louis **David :** *le Serment des Horaces* (1784)

David Copperfield
Roman de Charles Dickens*. En grande partie autobiographique, il fut écrit en 1849 et raconte l'histoire du jeune David. Orphelin, maltraité par son beau-père et exploité, il s'enfuit à Londres puis à Douvres où il se marie. L'auteur dénonce dans cette œuvre les injustices de la société britannique de l'époque.

Dean James **(1931-1955)**
Acteur américain. Sa carrière fulgurante marquée par trois films et stoppée par sa mort brutale dans un accident de voiture a fait de cet acteur le symbole de la jeunesse rebelle et tourmentée.

ŒUVRES PRINCIPALES *À l'est d'Eden, 1955* ; *La Fureur de vivre, 1955* ; *Géant, 1956.*

Debussy Claude **(1862-1918)**
Compositeur français. C'est la belle-mère de Verlaine, ancienne élève de Chopin, qui découvrit ses dons musicaux, lui enseigna le piano et le fit entrer au Conservatoire à dix ans. Musicien anticonformiste, Debussy a constamment innové, créant des formes inédites. Il disait « n'écouter les conseils de personne sinon du vent qui passe et nous raconte l'histoire du monde ».

ŒUVRES PRINCIPALES *Prélude à l'après-midi d'un faune*, 1894 ; *Pelléas et Mélisande*, 1902 ; *Children's Corner*, 1908.

Déclaration des droits de l'homme et du citoyen (1789) → noms communs : **droit** (planche)

Déclaration universelle des droits de l'homme (1948) → noms communs : **droit** (planche) → VOIR encadré.

Dédale
Personnage de la mythologie grecque. Dédale était un architecte de génie. Le roi de Crète Minos lui demanda de dessiner les plans d'un labyrinthe pour y enfermer le Minotaure*. Après la mort de ce dernier, Minos enferma Dédale dans le labyrinthe. Ce dernier se fabriqua alors des ailes avec de la cire et des plumes d'oiseau, et tenta de s'envoler en compagnie de son fils Icare*.

Degas Edgar **(1834-1917)**
Peintre et sculpteur français. Impressionniste, il a surtout peint des scènes de la vie quotidienne (danseuses, courses de chevaux, femmes à leur toilette, etc.).

ŒUVRES PRINCIPALES *Danseuse à la barre*, 1880 ; *les Repasseuses*, v. 1884.

Delacroix Eugène **(1798-1863)**
Peintre français. Pleins de mouvement et de couleurs, ses tableaux et ses vastes peintures murales évoquent de grands moments historiques, représentent des scènes d'animaux, notamment des fauves et des chevaux, des paysages ou des portraits. Son goût pour l'Orient s'exprime dans des scènes exotiques et sauvages. Il fut l'un des grands peintres romantiques.

ŒUVRES PRINCIPALES *Scènes des massacres de Scio*, 1824 ; *la Liberté guidant le peuple*, 1830 ; *Entrée des croisés à Constantinople*, 1840.

Delhi
Ville d'Inde. 11 millions d'habitants. Elle est formée d'une vieille ville et d'une ville moderne, New Delhi, qui est la capitale du pays.

Delon Alain **(né en 1935)**
Acteur de cinéma français. Très populaire, il a tourné pour de grands metteurs en scène français (René Clément [*Plein Soleil*, 1960], Jean-Pierre Melville [*le Samouraï*, 1967], Jean-Luc Godard [*Nouvelle Vague*, 1990]) et italien (Luchino Visconti [*Rocco et ses frères*, 1960]).

Delphes
Ville de la Grèce antique. Important centre religieux de l'Antiquité, Delphes était célèbre pour sa pythie, une prêtresse d'Apollon* qui prédisait l'avenir. Assise au-dessus d'une crevasse d'où s'échappaient des vapeurs, elle répondait aux questions qu'on lui posait par des paroles incompréhensibles que des prêtres interprétaient ensuite. Delphes est l'un des sites les mieux conservés de la Grèce antique.

Delvaux Paul **(1897-1994)**
Peintre belge. Ses premiers tableaux traduisent un réalisme impressionniste. À partir de 1935, sous l'influence

Déclaration universelle des droits de l'homme : garantir la paix, la justice et la liberté.

La Déclaration universelle des droits de l'homme est née du désir de paix et de justice au lendemain de la Seconde Guerre mondiale. Elle est principalement l'œuvre du Français René Cassin (1887-1976). Elle a été adoptée par les 58 États membres de l'Assemblée générale de l'O.N.U.* le 10 décembre 1948, avec 48 voix pour et 8 abstentions.

Cette Déclaration des droits de l'homme a une visée universelle : elle proclame les droits civils, politiques, économiques, sociaux et culturels de « tous les membres de la famille humaine » et concerne donc tous les hommes dans le monde. Son texte est composé d'un préambule et de trente articles, il reprend et complète les principes énoncés dans la Déclaration des droits* de l'homme et du citoyen de 1789. Certains droits existants ont été précisés, d'autres ont été ajoutés, comme le droit au travail et aux loisirs, le droit à l'éducation, à la santé. Le texte proclame les libertés de domicile, de circulation, d'association et de réunion, et l'égalité de droits entre les hommes et les femmes dans le mariage. Il protège également les hommes contre tout mauvais traitement, contre toute forme de torture.

La Déclaration universelle des droits de l'homme fut complétée, en 1966, par deux pactes internationaux qui rendaient son application juridiquement obligatoire. L'ensemble forme la Charte des droits de l'homme.

Illustration : Le juriste français René Cassin. Le siège de l'O.N.U. à New York (à g.).

de Magritte* et des surréalistes, il juxtapose dans ses tableaux des éléments sans lien apparent, ce qui crée une atmosphère surnaturelle et un peu inquiétante.

Demers Dominique **(née en 1956)**
Romancière québécoise. Elle a écrit plusieurs livres pour la jeunesse, dont *Les grands sapins ne meurent pas* et *Un hiver de tourmente*.

Déméter (nom romain : Cérès)
Déesse grecque du Blé et de la Moisson. Elle était très aimée des Grecs parce que leur nourriture dépendait de la culture du blé. Déméter assurait la stabilité du monde en faisant renaître chaque année le temps des moissons.

les ***Demoiselles d'Avignon***
Tableau de Pablo Picasso*. → VOIR encadré.

Deneuve Catherine **(née en 1943)**
Actrice de cinéma française. Catherine Deneuve connaît son premier grand succès dans *les Parapluies de Cherbourg* (1964), comédie musicale de Jacques Demy. Elle joue ensuite des rôles très variés, notamment dans *Belle de jour* (1967) de Luis Buñuel, *le Dernier Métro* (1980) de François Truffaut, *Indochine* (1991) de Régis Wargnier, *Ma saison préférée* (1993) d'André Téchiné, *Un conte de Noël* (2008) d'Arnaud Desplechin.

Depardieu Gérard **(né en 1948)**
Acteur de cinéma français. Sa forte personnalité et sa capacité à incarner des personnages très différents ont fait de lui l'un des acteurs les plus renommés de sa génération. Il a joué dans de nombreux films, notamment dans *les Valseuses* (1974) de Bertrand Blier, *le Dernier Métro* (1980) de François Truffaut, *Cyrano de Bergerac* (1990) de Jean-Paul Rappeneau, *1492 Christophe Colomb* (1992) de Ridley Scott.

Depp Johnny **(né en 1963)**
Acteur américain. Johnny Depp s'est fait connaître par la série télévisée *21 Jump Street*. Il a interprété des personnages étranges : Edward dans *Edward aux mains d'argent*, Raoul Duke dans *Las Vegas Parano*, Jack Sparrow dans la tétralogie *Pirates des Caraïbes*, ou plus récemment, Willy Wonka dans *Charlie et la Chocolaterie* et le Chapelier fou dans *Alice au pays des merveilles*. Son nom est souvent attaché à celui de Tim Burton avec qui il a tourné huit films.

le ***Dernier des Mohicans***
Roman de l'écrivain américain James Fenimore Cooper (1789-1851). Il parut en 1826. Se déroulant à l'époque de la lutte entre Anglais et Français pour la possession du Canada, *le Dernier des Mohicans* oppose l'univers des Indiens à celui des Blancs. Ce roman décrit les mœurs indiennes, au travers de nombreuses aventures et de personnages comme « Œil de Faucon », enfant recueilli par les Indiens, et Uncas, le dernier des Mohicans.

Descartes René **(1596-1650)**
Philosophe et mathématicien français. René Descartes a édifié un système qui a bouleversé les conceptions de la philosophie de son époque. Faisant du doute la

Les Demoiselles d'Avignon : un véritable manifeste du cubisme.

Les Demoiselles d'Avignon fut peint par Pablo Picasso en 1906-1907, à Paris. Le souvenir d'une maison de prostitution située dans la rue d'Avignon, à Barcelone, aurait inspiré le peintre pour le sujet de cette grande toile (2,44 m sur 2,33 m) qui nécessita plusieurs mois de travail. Le tableau représente cinq femmes. Leurs visages et leurs corps nus ont des contours anguleux, les formes sont simples et géométriques.

Cette œuvre où l'on peut déceler l'influence du peintre Paul Cézanne* et celle des sculptures africaines marque une rupture avec ce que l'on a appelé les périodes bleue (1901-1904) et rose (1906-1907) de Picasso. Elle rompt également par sa composition et ses volumes simplifiés avec la représentation réaliste issue de la Renaissance. *Les Demoiselles d'Avignon* sont considérées comme le point de départ d'un nouveau mouvement pictural, le cubisme. Les lois de la perspective sont abandonnées, les formes sont mises à plat, ce qui donne à l'ensemble une apparence chaotique.

Ce tableau de Picasso, qui déconcerta ses amis et le milieu artistique de l'époque, et qui marque, avec les œuvres de Braque*, le début du cubisme, préfigure également la peinture moderne. Le peintre refusa de le vendre et le cacha de nombreuses années dans son atelier. L'œuvre est aujourd'hui exposée au musée d'Art moderne de New York.

base de sa méthode, il a remis en question l'existence du monde extérieur, donnant comme seule certitude l'existence de la pensée : « Je pense donc je suis. » Pour lui, les sciences les plus importantes sont la mécanique, la médecine et la morale.

ŒUVRES PRINCIPALES *Discours de la méthode*, 1637.

Desjoyeaux Michel **(né en 1965)**
Navigateur français. Spécialiste des grandes courses à la voile en solitaire, il a notamment remporté le Vendée Globe (tour du monde) en 2001 et 2009, la Route du Rhum (Saint-Malo – Pointe-à-Pitre) en 2002, la Solitaire du *Figaro* (course par étapes qui se dispute au large des côtes de l'Europe occidentale) en 1992, 1998 et 2007.

Desnos Robert **(1900 -1945)**
Poète français. Il a pris part au mouvement surréaliste. Ses poésies mêlent le rêve, le jeu avec les mots et l'humour. Pendant la Seconde Guerre mondiale, il s'engage dans la Résistance. Il est déporté et meurt au camp de Theresienstadt (Terezin).

ŒUVRES PRINCIPALES *Corps et biens*, 1930 ; *Domaine public*, 1953.

2001 : l'Odyssée de l'espace
Film de science-fiction américain. Il a été réalisé en 1968 par Stanley Kubrick*. À l'aube de l'humanité, un grand bloc de pierre noire intrigue les premiers êtres vivants... La découverte en l'an 2001 d'un autre bloc de pierre sur la Lune est le point de départ d'une expédition spatiale vers Jupiter. Ce film marque une étape décisive dans le cinéma de science-fiction, en utilisant des maquettes très perfectionnées, mises au point avec les ingénieurs de la NASA*, et de subtils effets spéciaux. La scène la plus célèbre reste celle de la lutte entre un astronaute et l'ordinateur du vaisseau spatial.

Dhôtel André **(1900-1991)**
Écrivain français. Il a écrit des récits à destination de la jeunesse où se mêlent le merveilleux et la quotidienneté, la nature et la rêverie. Ils se déroulent souvent dans les Ardennes, sa région natale.

ŒUVRES PRINCIPALES *Le Pays où l'on n'arrive jamais*, 1955.

Diaghilev Serge de **(1872-1929)**
Directeur de troupe russe. Entre 1909 et 1929, il créa et anima les Ballets* russes, dont les créations rompaient avec le ballet classique.

Diane
Déesse romaine de la Chasse. Elle a été assimilée à la déesse grecque Artémis*.

Dickens Charles **(1812-1870)**
Romancier anglais. Obligé de travailler à l'âge de douze ans, Charles Dickens évoque sa jeunesse malheureuse et apporte un témoignage sur la société des débuts de l'ère industrielle en Angleterre. Ses romans sensibles et pleins d'humour eurent un immense succès populaire en Grande-Bretagne et en Amérique. → VOIR AUSSI **David Copperfield, Oliver Twist.**

ŒUVRES PRINCIPALES *Les Aventures de M. Pickwick*, 1837 ; *Oliver Twist*, 1838 ; *David Copperfield*, 1849.

le ***Dictateur***
Film muet américain de Charlie Chaplin*. L'ayant réalisé en 1940, celui-ci y incarne plusieurs personnages dont celui de Hynkel, caricature de Hitler. Dans une scène célèbre et parlante (la seule du film), il parodie un discours du dictateur.

Diderot Denis **(1713-1784)**
Écrivain et philosophe français. Homme de génie et penseur éclairé, Diderot écrivit des romans, des pièces de théâtre, des ouvrages philosophiques et de nombreuses critiques. Il est également, avec son ami d'Alembert, à l'origine de l'*Encyclopédie**. → VOIR AUSSI **Lumières.**

ŒUVRES PRINCIPALES *Lettre sur les aveugles*, 1749 ; *le Neveu de Rameau*, 1762 ; *Jacques le Fataliste*, 1796.

Dieppe
Ville française. 31 533 habitants (les *Dieppois*). Située dans le département de la Seine-Maritime, sur la Manche, Dieppe est un port de commerce et de voyageurs.

Diesel Rudolf **(1858-1913)**
Ingénieur allemand. De 1892 à 1897, il conçut et réalisa un moteur à combustion interne, auquel il donna son nom. Devant le succès de son invention, il fut appelé en Angleterre pour réfléchir à de nouvelles applications, mais il disparut mystérieusement en mer pendant le trajet.

Dijon
Ville française. 156 270 habitants (les *Dijonnais*), 238 576 dans l'agglomération. Chef-lieu de la Région Bourgogne – Franche-Comté* et du département de la Côte-d'Or, Dijon est un centre ferroviaire et industriel, qui possède de nombreux monuments anciens : églises Notre-Dame et Saint-Michel, palais ducal, chartreuse de Champmol.

Dion Céline **(née en 1968)**
Chanteuse canadienne. Elle est mondialement connue avec des titres comme *Pour que tu m'aimes encore*, *The Colour of My Love*. En 1997, elle a interprété la chanson du film *Titanic*, *My Heart Will Go on*.

Dionysos (nom romain : Bacchus)
Dieu grec du Vin et de la Vigne. Dionysos était le fils de Zeus et d'une mortelle. Celle-ci, ayant voulu voir Zeus dans toute sa splendeur, fut foudroyée dès que le dieu apparut. Zeus sortit Dionysos du ventre de sa mère et plaça l'enfant dans sa propre cuisse pour qu'il prenne des forces avant de naître. Vêtu de feuilles de vigne et de grappes de raisin, toujours ivre, Dionysos s'entourait de divinités champêtres aux allures monstrueuses

et grotesques. Les Grecs et les Romains voyaient en lui le protecteur de la tragédie et de la comédie.

Dior Christian **(1905-1957)**
Couturier français. Il connut le succès en 1947 en inventant le style « new-look » qui marqua la mode des années 1950.

Disney Walt **(1901-1966)**
Dessinateur, réalisateur et producteur américain de bandes dessinées et de dessins animés. Il a créé des personnages devenus célèbres dans le monde entier, comme Mickey*, la souris, Donald, le canard, ou Pluto, le chien. Il a été l'un des premiers à pratiquer le dessin animé sonore (1928) et en couleurs (1932). Il fit le premier long-métrage animé de l'histoire du cinéma, *Blanche-Neige et les sept nains* (1937). Fondateur des plus grands studios de dessins animés du monde, il a aussi produit des films d'aventures comme *Zorro**. En 1955, il ouvre en Californie le premier de ses parcs d'attractions, Disneyland. Depuis sa mort, sa société de production poursuit son œuvre pour le cinéma et la télévision et crée d'autres parcs d'attractions tels que Euro Disney en France.

ŒUVRES PRINCIPALES *Blanche-Neige et les sept nains*, 1937 ; *Dumbo, l'éléphant volant*, 1941 ; *Bambi*, 1942 ; *Cendrillon*, 1949 ; *le Livre de la jungle*, 1967.

les ***Dix Commandements***
Film américain du cinéaste Cecil B. De Mille. Ce péplum réalisé en 1956 retrace l'histoire de Moïse* qui, selon la Bible, fit sortir les Hébreux d'Égypte et reçut de Dieu les tables de la Loi sur lesquelles étaient gravés les dix commandements de Dieu. Il est considéré comme un chef-d'œuvre du genre, notamment pour la scène du passage de la mer Rouge.

Djibouti (Afrique)
- Superficie : 23 000 km²
- Habitants : 873 000 *(les Djiboutiens)*
- Capitale : *Djibouti*
- Langues : *arabe, français*
- Monnaie : *franc de Djibouti*

Situé au nord-est de l'Afrique, Djibouti est un ancien territoire français devenu une république indépendante en 1977. Cette région aride, dont la population est musulmane, vit surtout de l'élevage ovin. Elle se concentre dans la capitale. À l'entrée de la mer Rouge, elle a un intérêt stratégique important.

Docteur Jekyll et Mister Hyde
Roman fantastique de Robert Louis Stevenson*. Docteur Jekyll et Mister Hyde sont les deux facettes d'un même personnage. Le jour, Docteur Jekyll est un homme bon, médecin connu et respecté ; la nuit, il devient Mister Hyde, criminel livré à ses plus bas instincts.

Doisneau Robert **(1912-1994)**
Photographe français. Il a photographié des scènes de la vie quotidienne, dans les rues de Paris et de sa banlieue.

dominicaine (République) (Amérique)
- Superficie : 48 400 km²
- Habitants : 10 404 000 *(les Dominicains)*
- Capitale : *Saint-Domingue*
- Langue : *espagnol*
- Monnaie : *peso dominicain*

La République dominicaine se situe sur l'île d'Haïti, aux Antilles. Son territoire représente environ les deux tiers de l'île. C'est un pays pauvre. Ses principales ressources sont des produits de l'agriculture : sucre de canne, riz, café, cacao et tabac.

Dominique (Amérique)
- Superficie : 751 km²
- Habitants : 72 000 *(les Dominiquais)*
- Capitale : *Roseau*
- Langue : *anglais*
- Monnaie : *dollar des Caraïbes orientales*

La Dominique est une petite île volcanique de l'archipel des Petites Antilles*, située dans la mer des Caraïbes, entre la Guadeloupe et la Martinique. Elle a appartenu à la Grande-Bretagne avant d'obtenir son indépendance en 1978. Elle produit surtout des fruits (bananes, agrumes).

Don Juan
Personnage légendaire, d'origine espagnole. Ses aventures ont sans doute pour origine des faits réels. Don Juan, séducteur cruel et impie, a inspiré de nombreuses œuvres littéraires et artistiques, notamment *Dom Juan*, pièce de Molière*, et *Don Giovanni*, opéra de Mozart*.

Don Quichotte de la Manche
Roman achevé en 1615 de Miguel de Cervantès*. Don Quichotte est un gentilhomme idéaliste qui a lu trop de romans de chevalerie et qui se met en tête de devenir « chevalier errant » pour défendre les opprimés. Il choisit « la dame de ses pensées », Dulcinée, qui est en fait une servante d'auberge, et un écuyer, Sancho Pança, aussi terre à terre que son maître est rêveur. Un des exploits les plus connus de Don Quichotte est l'assaut qu'il donne à des moulins à vent qu'il prend pour de méchants géants.

Dos de mayo, Tres de mayo
Titres de deux tableaux du peintre espagnol Francisco de Goya*. Ces deux grandes toiles furent peintes en 1814 sur commande du Conseil espagnol. Elles re-

présentent deux événements (2 et 3 mai 1808) de la guerre d'indépendance : la première dépeint la révolte des Espagnols contre les troupes napoléoniennes ; la seconde représente une exécution, qui eut lieu dans le cadre de la répression de cette révolte. Le contraste des couleurs contribue à donner aux deux tableaux une dimension dramatique.

D'où venons-nous ? Que sommes-nous ? Où allons-nous ?
Tableau de Paul Gauguin*. Cette grande toile fut peinte en 1897, à Tahiti, quelques années avant la mort de l'artiste. La scène, qui représente la vie de l'homme, de la naissance à la mort (de la droite à la gauche du tableau) et où l'on retrouve des personnages féminins, traduit les interrogations et les inquiétudes de Paul Gauguin sur la destinée humaine.

Douillet David (né en 1969)
Judoka français. Il a été triple champion du monde (en 1993, 1995 et 1997) et double champion olympique (en 1996 et 2000) dans la catégorie des poids lourds.

Dracula
Roman de l'écrivain irlandais Bram Stoker. Il fut publié en 1897. Dracula est un vampire qui sort la nuit de son tombeau pour se nourrir du sang des vivants, qui deviennent eux-mêmes vampires. De nombreux films ont été tournés à partir de ce récit.

Dreyfus Alfred (1859-1935)
Officier français. Accusé à tort d'avoir fourni des renseignements militaires à l'Allemagne, il fut déporté au bagne de la Guyane en 1894. Défendu par des écrivains, notamment par Émile Zola*, et par des hommes politiques, il fut finalement libéré et reconnu innocent. Alfred Dreyfus était juif, et cette affaire judiciaire provoqua en France une grande vague d'antisémitisme. Elle divisa une grande partie des Français, qui prirent position « pour » ou « contre » Dreyfus.

Alfred **Dreyfus**

Droits de l'enfant - Déclaration des droits de l'enfant
Texte juridique. La Déclaration des droits de l'enfant a été adoptée par l'Assemblée générale de l'O.N.U.* le 20 novembre 1959. Elle est composée d'un préambule et de dix principes qui proclament les droits spécifiques de l'enfant et assurent sa protection juridique.

Droits de l'homme - Déclaration universelle des droits de l'homme
Texte adopté le 10 décembre 1948 par l'Assemblée générale de l'O.N.U.

Droits de l'homme et du citoyen - Déclaration des droits de l'homme et du citoyen
Texte proclamé par l'Assemblée constituante en 1789.

Dublin
Capitale de l'Irlande. 527 612 habitants (les *Dublinois*) ; 1 155 000 habitants dans l'agglomération. Située sur la mer d'Irlande, Dublin est un grand port de pêche et de commerce. La ville devint la capitale de l'État libre d'Irlande en 1922.

Dumas Alexandre (1802-1870)
Écrivain français. Alexandre Dumas fut l'auteur le plus populaire et le plus prolifique de sa génération. Il écrivit, avec de nombreux collaborateurs, environ trois cents pièces de théâtre et romans. Il fut l'un des premiers à publier sous forme de feuilleton ses romans historiques, dont le plus célèbre demeure *les Trois* Mousquetaires*.

ŒUVRES PRINCIPALES *Les Trois Mousquetaires*, 1844 ; *le Comte de Monte-Cristo*, 1846.

Dumas Alexandre (1824-1895)
Écrivain français. On appelle ce fils naturel d'Alexandre Dumas « Dumas fils » pour le distinguer de son père. Il est surtout connu pour *la Dame aux camélias* (1848), roman qui eut un immense succès, qu'il transforma en pièce de théâtre, et qui devint l'intrigue de l'opéra de Verdi*, *la Traviata*.

ŒUVRES PRINCIPALES *La Dame aux camélias*, 1848.

Dunant Henri [ou Henry] (1828-1910)
Philanthrope suisse. L'action d'Henri Dunant en faveur des blessés et des victimes de guerre aboutit à la création de la première organisation humanitaire, la Croix-Rouge*. Il reçut le prix Nobel de la paix en 1901.

Dupleix Joseph François (1696-1763)
Gouverneur colonial français. Il dirigea les établissements de commerce français en Inde et s'opposa à l'Angleterre dans la conquête de nouveaux territoires. Il fut rappelé en France en 1755.

Dürer Albrecht (1471-1528)
Peintre et graveur allemand. Il utilisa diverses techniques : peinture à l'huile, aquarelle et surtout gravure

sur bois et sur cuivre. Ses œuvres sont remarquables par la finesse et la précision du dessin.

ŒUVRES PRINCIPALES *Le Chevalier, la Mort et le Diable*, 1513 ; *Saint Jérôme, la Mélancolie*, 1514.

Duruy Victor **(1811-1894)**
Homme politique et historien français. Ministre de l'Instruction publique de Napoléon III, il a développé l'instruction primaire et ouvert l'enseignement secondaire aux jeunes filles.

E

Écho
Nymphe de la mythologie grecque. → VOIR AUSSI **Narcisse.**

Écosse
Région du nord de la Grande-Bretagne. 78 800 km^2 ; 5,3 millions d'habitants (les *Écossais*). Capitale : Édimbourg. L'Écosse est bordée par l'océan Atlantique et par la mer du Nord. Son relief est essentiellement formé de moyennes montagnes. Les Romains n'ont jamais réussi à conquérir l'Écosse, qui combattit ensuite longtemps pour ne pas passer sous la domination de l'Angleterre. Le royaume d'Écosse est resté indépendant jusqu'en 1603, date à laquelle le roi Jacques VI d'Écosse devint Jacques Ier d'Angleterre. En 1707, les deux royaumes fusionnèrent en un pays unique : la Grande-Bretagne.

Edison Thomas **(1847-1931)**
Inventeur américain. Auteur de plus d'un millier d'inventions, il réalisa notamment, en 1864, un télégraphe permettant de faire passer sur un fil deux dépêches en sens inverse. Il inventa le phonographe en 1877, la lampe à incandescence vers 1878 et le *kinétoscope*, ancêtre du projecteur de cinéma.

édit de Nantes
Édit signé par Henri IV en 1598. Il mit fin aux guerres de Religion* en France. Il autorisait les protestants à pratiquer leur religion et leur donnait des places fortes pour se défendre. Richelieu* trouva ces places fortes dangereuses pour l'État et s'en empara. En 1685, Louis XIV révoqua l'édit de Nantes. Les protestants furent alors persécutés et 200 000 d'entre eux quittèrent la France.

Égée - mer Égée
Partie de la mer Méditerranée entre la Grèce et la Turquie. La mer Égée contient des îles isolées appartenant à l'un ou à l'autre de ces deux pays et des archipels de dizaines d'îles grecques.

Égypte (Afrique)

- Superficie : 1 000 000 km^2
- Habitants : 82 056 000 *(les Égyptiens)*
- Capitale : *Le Caire*
- Langue : *arabe*
- Monnaie : *livre égyptienne*

- **Géographie.** La quasi-totalité de la population de l'Égypte se concentre dans la vallée du Nil qui, pourtant, ne correspond qu'à 5 % de la superficie du pays, dont le reste est formé de déserts parsemés d'oasis. La construction de barrages-réservoirs (dont le célèbre barrage d'Assouan) a permis l'irrigation et le développement de cultures commerciales. Le problème du surpeuplement est grave , notamment au Caire*, la capitale.
- **Histoire.** Antiquité : Égypte* ancienne. Vers 640-642, les troupes arabes d'Amr conquièrent le pays, qui est bientôt intégré à l'empire musulman des Omeyyades, puis des Abbassides. L'Égypte, christianisée à l'époque romaine, est islamisée. Les Coptes, populations chrétiennes, ne représentent plus que 25 % de la population. À partir de 1517, l'Égypte devient une province ottomane. En 1869, le canal de Suez* est inauguré. De 1914 à 1922, l'Égypte passe sous protectorat britannique. En 1936, elle accède à l'indépendance. En 1953, la république est proclamée. En 2011, le président de la république Hosni Moubarak doit démissionner sous la pression populaire. En 2014, Abdel Fattah al-Sissi est élu président.

Égypte ancienne
Période de l'histoire de l'Égypte. Située au nord de l'Afrique et à la bordure ouest de l'Asie, l'Égypte est traversée du sud au nord par le Nil, qui, par sa vallée fertile, assure la richesse du pays. C'est à partir de 3000 avant J.-C. que s'est développée la civilisation égyptienne antique. L'Égypte était alors un empire gouverné par un roi appelé pharaon, et avait pour capitale Thèbes. Des prêtres réglaient les pratiques du culte et administraient les immenses richesses des temples. Les anciens Égyptiens avaient inventé un système d'écriture, les hiéroglyphes, et un calendrier établi en observant les mouvements des planètes dans le ciel. Ils ont laissé des pyramides, où leurs pharaons étaient enterrés dans des sarcophages entourés de trésors et d'œuvres d'art. À partir du IXe siècle avant J.-C., l'Égypte, affaiblie par des luttes de pouvoir, fut successivement envahie par les Assyriens, les Perses, les Grecs, les Romains, puis, au VIIe siècle après J.-C., par les Arabes. → VOIR AUSSI **Champollion, Gizeh, Toutankhamon.**

A B C D E F G H I J K L M N O P Q R S T U V W X Y Z

Eiffel Gustave **(1832-1923)**
Ingénieur français. Il est l'un des plus grands spécialistes mondiaux de la construction métallique : il réalisa des ponts, des viaducs, des charpentes. Mais sa célébrité tient surtout à la tour qui porte son nom, à Paris : d'une hauteur de 300 m à l'origine (aujourd'hui 320 m), la tour Eiffel fut érigée entre 1887 et 1889 pour l'Exposition universelle de 1889. Gustave Eiffel a également réalisé la structure de la statue de la Liberté, à New York.

Einstein Albert **(1879-1955)**
Physicien américain d'origine allemande. Considéré comme le plus grand savant du XXe siècle, il établit une théorie qui bouleversa les lois de la physique et de l'astronomie, la théorie de la relativité. Ses découvertes lui valurent le prix Nobel de physique en 1921. Obligé de fuir l'Allemagne nazie en 1933, Einstein s'est toujours senti concerné par les grands problèmes de son époque, prenant position notamment contre l'arme nucléaire.

Albert **Einstein** (1921)

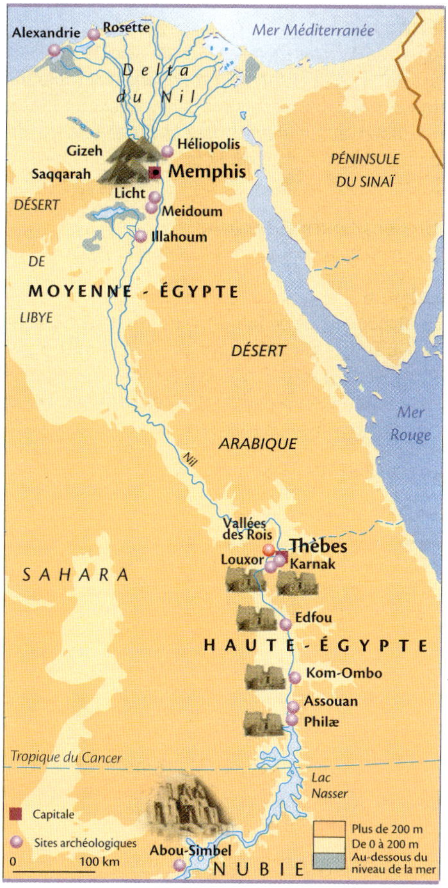

Égypte ancienne

Eisenhower Dwight David **(1890-1969)**
Général et homme politique américain. Commandant en chef des forces alliées, il dirigea le débarquement en Normandie, en 1944, et reçut la capitulation de l'Allemagne en mai 1945. Il fut président des États-Unis de 1953 à 1961.

Eisenstein Sergueï Mikhaïlovitch **(1898-1948)**
Cinéaste soviétique. Il a réalisé des films historiques et politiques (*le Cuirassé « Potemkine »*, *Ivan le Terrible*) qui sont devenus des classiques. Ses écrits théoriques ont également eu une grande influence sur le cinéma mondial.

ŒUVRES PRINCIPALES *La Grève*, 1925 ; *le Cuirassé « Potemkine »*, 1925 ; *Alexandre Nevski*, 1938 ; *Ivan le Terrible*, 1942-1946.

Elbrous ou **Elbrouz**
Point culminant (5 642 m) du Caucase*, en Russie, et de l'Europe. Il est formé par un volcan éteint.

Eldorado
Contrée légendaire de l'Amérique. La conquête par les Espagnols des Empires aztèque et inca et les trésors qu'ils y trouvèrent furent sans doute à l'origine de cette légende. Les conquistadores plaçaient ce pays fabuleux, où tout était en or, dans une région située au nord du fleuve Amazone. La quête de l'Eldorado donna lieu à de nombreuses explorations en Amérique du Sud jusqu'au début du XVIIe siècle.

Élisabeth Ire **(1533-1603)**
Reine d'Angleterre et d'Irlande. Fille d'Henri VIII*, elle institua, au cours de son long règne (1558-1603), une nouvelle religion, la religion anglicane, considérée comme un compromis entre le catholicisme et le protestantisme, et fit de son pays une grande puissance maritime. Son règne fut également marqué par un grand essor culturel et artistique.

A B C D E F G H I J K L M N O P Q R S T U V W X Y Z

Élisabeth II **(née en 1926)**
Reine de Grande-Bretagne. Elle règne depuis 1952. Elle a eu quatre enfants, dont Charles, l'aîné, qui est le prince de Galles et l'héritier du trône.

Ellington Edward Kennedy, dit Duke **(1899-1974)**
Compositeur et chef d'orchestre américain. Considéré comme l'un des plus grands créateurs de jazz, il dirigea un orchestre de jazz dans les années 1920 et fut également un pianiste renommé.

ŒUVRES PRINCIPALES *Mood Indigo*, 1930 ; *Satin Doll*, 1958.

Éluard Paul **(1895-1952)**
Poète français. Souhaitant une « poésie accessible pour tous », il quitta le mouvement surréaliste. Pendant la Seconde Guerre mondiale, il rejoignit la Résistance. Épris de liberté et de justice, Paul Éluard exprime dans sa poésie l'amour de la vie, des êtres et des choses qui lui sont chères, dans un langage simple.

ŒUVRES PRINCIPALES *Capitale de la douleur*, 1926 ; *les Yeux fertiles*, 1936 ; *Donner à voir*, 1939.

Élysée - Palais de l'Élysée
Résidence parisienne. Elle fut construite par l'architecte Claude Mollet pour le comte d'Évreux et fut habitée par Mme de Pompadour. Elle a été affectée à partir de 1873 à la présidence de la République. Le bâtiment a été souvent remanié.

Émirats arabes unis (Asie)

- Superficie : 80 000 km^2
- Habitants : 9 346 000 *(les Émiriens)*
- Capitale : *Abu Dhabi*
- Langue : *arabe*
- Monnaie : *dirham des Émirats arabes unis*

• Les Émirats arabes unis regroupent sept émirats de la péninsule d'Arabie dont une grande partie du territoire est désertique. Des travaux d'irrigation ont permis le développement de l'agriculture mais l'essentiel de l'immense richesse de cette fédération provient de l'exploitation d'énormes ressources de pétrole et de gaz naturel. Le pouvoir est exercé tour à tour par chacun des émirs.

Empire - premier Empire
Gouvernement de la France entre 1804 et 1814, sous le règne de Napoléon Ier*. Sacré empereur des Français, Napoléon a tenté de constituer un grand empire étendu à l'Europe mais il a échoué. Chassé du pouvoir, il a restauré l'Empire pendant les Cent-Jours, avant de connaître la défaite finale à Waterloo*.

Empire - second Empire
Gouvernement de la France entre 1852 et 1870, sous le règne de Napoléon III*. Jusqu'en 1860, le second Empire a été un régime très autoritaire. Puis il a toléré une certaine forme d'opposition et une plus grande liberté d'opinion. Le second Empire fut remplacé par une république quand l'Allemagne écrasa les armées françaises (guerre* de 1870). L'Alsace et la Lorraine devinrent alors allemandes et le restèrent jusqu'à la Première Guerre mondiale.

Empire byzantin → byzantin

Empire ottoman → ottoman

Empire romain → romain

Encyclopédie
Ouvrage encyclopédique dirigé par Denis Diderot*.
→ VOIR encadré.

*l'****Énéide***
Poème épique de Virgile. Écrite de 29 à 19 avant J.-C., cette épopée raconte les voyages d' Énée après l'incendie de Troie* et l'établissement des Troyens en Italie, qui annonce la fondation de Rome. Elle a influencé Hector Berlioz*, qui lui a consacré un opéra, *les Troyens*.

*l'****Enfant noir***
Roman de l'écrivain guinéen Camara Laye (1928-1980). Paru en 1953, *l'Enfant noir* est un roman autobiographique. L'auteur y raconte son enfance dans un village, en Guinée, et son départ pour la capitale. À travers son histoire, l'écrivain décrit la vie quotidienne et la société de son pays.

*l'****Enseigne de Gersaint***
Œuvre de Watteau. → VOIR encadré page 1216.

Éphèse
Site archéologique de Turquie. Dans l'Antiquité, Éphèse était une grande ville grecque sur la mer Égée. On venait y adorer la déesse Artémis*, à laquelle était dédié un temple aujourd'hui disparu, longtemps considéré comme l'une des Sept Merveilles du monde.

Équateur (Amérique)

- Superficie : 270 670 km^2
- Habitants : 15 738 000 *(les Équatoriens)*
- Capitale : *Quito*
- Langue : *espagnol*
- Monnaie : *dollar des États-Unis*

• Pays d'Amérique du Sud, sur l'océan Pacifique, l'Équateur est en grande partie recouvert par la forêt amazonienne et est partagé en son milieu par la cordillère des Andes*. Cette république exporte du café, du cacao, des bananes et surtout du pétrole.

Erik le Rouge **(vers 940-vers 1010)**
Explorateur norvégien. Obligé de fuir son pays à la suite d'un meurtre commis par son père, il se réfu-

gia avec celui-ci en Islande. De là, il partit vers l'ouest à la découverte de terres inconnues, abordant vers 985 les côtes du Groenland. Il y revint en 988 et y installa des colons.

Erika - naufrage de l'*Erika*
Catastrophe écologique. Un pétrolier maltais s'échoua le 12 décembre 1999 au large des côtes de la Bretagne. 10 000 tonnes de fioul s'échappèrent de l'épave du bateau, provoquant une marée noire et polluant le littoral sur 400 km.

Ernst Max **(1891-1976)**
Peintre français d'origine allemande. Il appartenait au mouvement des surréalistes. Il se distingua notamment par les procédés (collage, décalcomanie) qu'il utilisa dans ses œuvres.

ŒUVRES PRINCIPALES *Au rendez-vous des amis*, 1922 ; *la Femme 100 têtes*, 1929.

Éros (nom romain : Cupidon)
Dieu grec de l'Amour. À l'origine, il était considéré comme un principe abstrait, incitant toutes les parties du monde à se rapprocher et à se reproduire. Les poètes grecs ont ensuite vu en lui le fils d'Aphrodite*. Ils l'ont représenté sous la forme d'un enfant qui blesse le cœur des hommes et des femmes avec ses flèches.

Érythrée (Afrique)

- Superficie : 120 000 km^2
- Habitants : 6 333 000 *(les Érythréens)*
- Capitale : *Asmara*
- Langues : *tigrigna, arabe*
- Monnaie : *nakfa*

Située en Afrique orientale, sur la mer Rouge, l'Érythrée est une ancienne province de l'Éthiopie*. Devenue indépendante en 1993, elle est formée d'une plaine côtière aride et d'un plateau plus arrosé où se pratiquent quelques cultures et un élevage parfois encore nomade. La population comprend des chrétiens et des musulmans.

ESA (European Space Agency ou Agence spatiale européenne)
Organisation spatiale européenne dont le siège est à Paris. L'ESA a été créée en 1975. Elle a pour mission d'assurer et de développer, à des fins pacifiques, la coopération des États européens dans le domaine spatial. 20 pays de l'Union européenne (dont la France, l'Allemagne, l'Italie, la Grande-Bretagne) en sont membres, ainsi que deux autres pays européens (Norvège et Suisse). D'autres pays européens on non, comme le Canada, sont membres associés. Les activités de l'agence concernent la recherche scientifique, le développement des lanceurs, la participation à des vols

L'*Encyclopédie* : diffuser les progrès de la science et des idées.

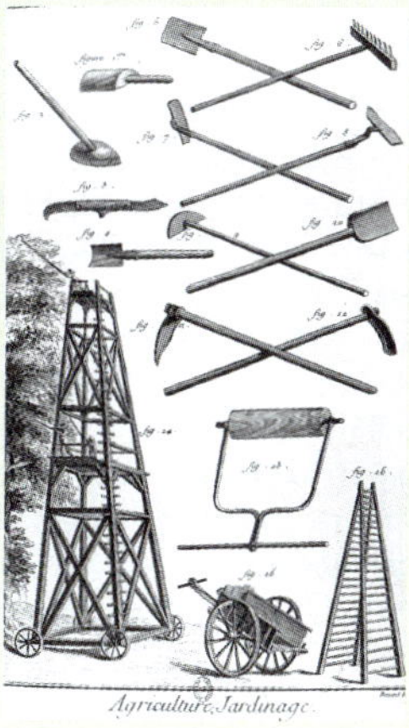

La publication à Londres en 1728 d'un ouvrage anglais donna à Denis Diderot, écrivain et philosophe français, l'idée de l'*Encyclopédie* ou *Dictionnaire raisonné des sciences, des arts et des métiers*.

Cette œuvre monumentale composée de 35 volumes, dont 11 de planches, parut entre 1751 et 1772.

L'*Encyclopédie* avait pour but de faire connaître les progrès de la science et de la pensée dans de nombreux domaines. L'entreprise fut dirigée par Diderot aidé de son ami, le savant et philosophe d'Alembert. Cent cinquante auteurs participèrent à la rédaction de l'ouvrage. On trouve parmi eux des philosophes comme Voltaire*, Jean-Jacques Rousseau* ou Montesquieu*. On fit également appel à de nombreux spécialistes de différentes disciplines pour la rédaction des articles concernant les métiers et les arts. L'*Encyclopédie* occupa au total plus de mille personnes. Le texte de l'ouvrage est complété par des pages d'illustrations (dessins ou gravures) des différents métiers de l'époque, mais aussi par des planches anatomiques ou concernant l'histoire naturelle.

Le contenu de l'*Encyclopédie* est profondément marqué par l'esprit du siècle des Lumières*. Ses auteurs y prônent la foi en la raison, la tolérance, la justice et la liberté, et dénoncent le fanatisme et les préjugés. Le clergé et la noblesse s'opposèrent à la publication de l'ouvrage : l'*Encyclopédie* fut effectivement interdite. Diderot réussit cependant à faire paraître les derniers volumes et les planches.

Illustration : La planche des outils du jardinage, dans l'*Encyclopédie*.

L'Enseigne de Gersaint **: un panneau publicitaire devenu œuvre d'art.**

Cette peinture est une grande toile réalisée en 1720 par Antoine Watteau peu de temps avant sa mort pour servir de panneau publicitaire à son ami marchand de tableaux Edme-François Gersaint, dont la galerie d'art était située à Paris. L'enseigne, accrochée à l'extérieur, fit l'admiration de tout Paris. Le tableau montre une scène de la vie quotidienne et est en cela très original pour son époque. Cette enseigne représente l'intérieur de la boutique du marchand de tableaux (mais elle ne fut utilisée comme enseigne que quelques jours). Son réalisme élégant en fait un témoignage de la vie citadine de l'époque et annonce les grands peintres de la vie parisienne que seront, au XIXe siècle, Daumier ou Degas. Néanmoins, cette toile est une vision idéalisée de la boutique de Gersaint : la devanture n'a pas été représentée, alors que les pavés de la rue le sont et que l'on voit une cliente entrer dans la boutique. Le chef-d'œuvre se trouve au château de Charlottenburg, à Berlin.

habités, la navigation par satellite et les télécommunications spatiales.

Escaut
Fleuve de France, de Belgique et des Pays-Bas. Long de 430 km, l'Escaut prend sa source dans le département de l'Aisne, en France, et se jette dans la mer du Nord.

Esclaves - Grand lac des Esclaves
Lac du Canada. C'est le deuxième lac du Canada par sa superficie (28 930 km^2).

Ésope (VIIe siècle avant J.-C. - VIe siècle avant J.-C.)
Auteur de fables grec. Ce personnage à demi légendaire s'est vu attribué un ensemble de *Fables*, connues dès la fin du Ve siècle avant J.-C., qui eurent une grande influence sur Jean de La Fontaine.

Espagne (Europe)
- Superficie : 505 000 km^2
- Habitants : 46 927 000 *(les Espagnols)*
- Capitale : *Madrid*
- Langue : *espagnol*
- Monnaie : *euro*

• **Géographie.** L'Espagne fait partie de la frange méditerranéenne de l'Europe. Le poids de l'agriculture dans ses activités économiques a diminué au profit de celui de l'industrie et des services. Les cultures (blé, vigne) et l'élevage ovin dominent sur la Meseta, vaste plateau intérieur. Les fruits (agrumes) sont cultivés en bordure de la Méditerranée et dans les vallées fluviales. L'élevage bovin est important dans le Nord-Ouest. En 1986, l'entrée de l'Espagne dans la CEE a accéléré le développement et la modernisation de son économie. Mais le pays a été durement frappé par la crise financière de 2010-2011.

• **Histoire.** L'Espagne a été peuplée dès le paléolithique. Ses premiers habitants historiquement connus sont les Ibères. À la fin du IIe millénaire avant J.-C., les Phéniciens* et les Grecs fondent des comptoirs sur ses côtes. Au VIe siècle avant J.-C., les Celtes* s'y installent. Aux IIIe et IIe siècles avant J.-C., l'Espagne est sous la domination de Carthage*, puis de Rome. Au Ve siècle, les Vandales envahissent le pays. En 412, les Wisigoths s'y installent. En 711 commence la conquête arabe. Au XIe siècle commence la Reconquista* (reconquête de l'Espagne par les rois catholiques). En 1212, les Arabes sont vaincus à la bataille de Las Navas de Tolosa et sont refoulés dans le Sud, où ils sont réduits au royaume de Grenade. Ils en sont chassés en 1492 par Ferdinand d'Aragon et Isabelle de Castille. Le XVIe siècle constitue l'âge d'or de la royauté espagnole, qui prend fin après la défaite de l'Invincible Armada*, face à l'Angleterre. En 1808, Napoléon Ier* impose son frère comme roi d'Espagne, mais la monarchie des Bourbons* est rétablie en 1814. De 1833 à 1936, l'Espagne perd ses colonies d'Amérique et connaît une période de guerres de succession. En 1936, le Front populaire (rassemblement des partis de gauche) gagne les élections, mais le soulèvement du général Franco* marque le début de la guerre civile. De 1939 à 1975, celui-ci gouverne sans partage. À sa mort, Juan Carlos Ier devient roi d'Espagne et démocratise le pays. En 2014, il abdique en faveur de son fils Philippe (Philippe VI).

Espagne - guerre civile d'Espagne
Guerre civile qui dura de 1936 à 1939. Le conflit opposa la République espagnole à une insurrection militaire. Refusant que l'Espagne soit gouvernée par des partis de gauche, le général Franco* prit la tête des partis d'opposition et des garnisons révoltées. Mussolini* et Hitler* l'aidèrent, et Franco s'empara peu à peu de

tout le pays. Opposant les nationalistes d'Europe aux démocrates et aux partis révolutionnaires de gauche, la guerre d'Espagne est considérée comme un prélude à la Seconde Guerre mondiale.

Esquimaux ou **Eskimos**
Peuple de l'Arctique (Groenland ; nord de l'Alaska, du Canada et Sibérie). Le terme *Esquimaux*, ancien, tend à disparaître. Il est aujourd'hui remplacé par celui d'*Inuits**.

Estonie (Europe)
- Superficie : 45 000 km²
- Habitants : 1 287 000 *(les Estoniens)*
- Capitale : *Tallinn*
- Langue : *estonien*
- Monnaie : *euro*

Située sur la mer Baltique, l'Estonie, ancienne république d'U.R.S.S.*, est un pays plat en grande partie recouvert de forêts. Son économie repose sur l'industrie, l'élevage et la pêche. Indépendante depuis 1991, elle a rejoint l'Union* européenne en 2004.

Estrie
Région du sud du Québec. Autrefois appelée Cantons-de-l'Est, l'Estrie longe la frontière séparant le Canada et les États-Unis. C'est une région de parcs naturels et de lacs.

E.T.
Film américain de science-fiction. Il fut réalisé en 1982 par Steven Spielberg*. Elliot, un enfant de dix ans, trouve un jour chez lui une créature qui se révèle avoir été oubliée sur la Terre par une expédition d'extraterrestres. Il le surnomme E.T. Histoire d'une rencontre entre deux individus qui apprennent à s'accepter et à s'aimer, *E.T.*, qualifié de « conte de fées moderne », eut un énorme succès dû à la qualité de sa réalisation et de ses effets spéciaux.

États-Unis (Amérique)
- Superficie : 9 364 000 km²
- Habitants : 320 051 000 *(les Américains)*
- Capitale : *Washington*
- Langue : *anglais*
- Monnaie : *dollar des États-Unis*

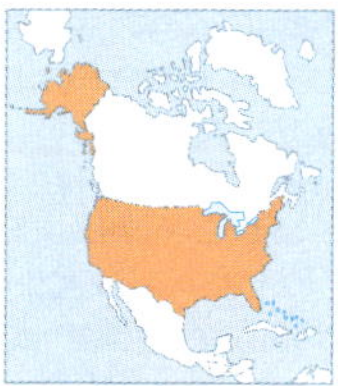

Géographie. Au troisième rang mondial pour la population et au quatrième pour la superficie, les États-Unis constituent la première puissance économique du monde devant la Chine. D'est en ouest, son territoire comprend une étroite plaine sur la côte atlantique, les hauteurs des Appalaches*, les plaines du Midwest et le massif montagneux des Rocheuses*. La population est fortement urbanisée et on compte plus d'une quarantaine de villes de plus d'un million d'habitants. Les Noirs représentent plus de 12 % du nombre d'habitants et sont la minorité la plus importante (devant les Indiens et les Asiatiques). Les trois quarts des activités économiques concernent le secteur tertiaire, l'industrie en représente 20 % et l'agriculture le reste.

Histoire. Le territoire, peuplé par des Amérindiens* semi-nomades, est exploré par les Français et les Britanniques dès le XVIe siècle. Les Anglais y émigrent en masse et, à la fin du XVIIIe siècle, les colonies britanniques se révoltent contre leur métropole. En 1783, la paix de Paris reconnaît l'existence de la république fédérée des États-Unis. En 1860, Abraham Lincoln, opposé à l'esclavage des Noirs, est élu à la présidence. Les États du Sud font sécession. La guerre de Sécession* qui s'ensuit est remportée par les nordistes. Au XXe siècle, les États-Unis participent aux deux guerres mondiales dans le camp des vainqueurs. À la fin de la seconde, ils affirment leur volonté de s'opposer à l'expansion du monde communiste. Cette période dite de la « guerre* froide » prend fin avec l'effondrement de l'U.R.S.S.*. Les États-Unis dominent alors le monde, mais doivent faire face à une crise économique et financière très grave et au terrorisme.

Éthiopie (Afrique)
- Superficie : 1 100 000 km²
- Habitants : 95 045 679 *(les Éthiopiens)*
- Capitale : *Addis-Abeba*
- Langue : *amharique*
- Monnaie : *birr éthiopien*

Située en Afrique orientale, l'Éthiopie est en grande partie montagneuse. On y pratique une agriculture étagée en fonction de l'altitude : au-dessous de 1 800 m, quelques cultures de coton, de maïs et de tabac ; au-dessus, de l'orge et de l'élevage. Les profondes vallées (Rift*Valley) sont l'un des berceaux de l'humanité : on y a en effet trouvé certains squelettes d'australopithèques (ancêtres de l'homme) parmi les plus anciens qui existent, telle la célèbre Lucy*. L'Éthiopie est un royaume d'Afrique très ancien, chrétien depuis l'Antiquité. Elle est devenue une république en 1987. Le pays souffre régulièrement de graves famines, conséquences de la sécheresse et de la guerre civile, qui provoquent des déplacements importants de population. C'est un des États les plus peuplés d'Afrique et un des plus pauvres du monde.

Étienne Jean-Louis **(né en 1946)**
Explorateur et médecin français. Premier homme à atteindre le pôle Nord à pied en solitaire (1986), il a traversé l'Antarctique en traîneau et mené des expéditions permettant d'étudier l'environnement polaire.

Etna
Volcan du nord-est de la Sicile. Culminant à 3 345 m, c'est le plus haut volcan actif d'Europe. Depuis l'An-

A B C D E F G H I J K L M N O P Q R S T U V W X Y Z

tiquité, chaque siècle a connu plusieurs éruptions. Chacune d'elles a recouvert les pentes de l'Etna de cendres et de lave très fertiles. C'est pourquoi, malgré le danger, les paysans y cultivent la vigne et l'olivier. Haroun Tazieff* a étudié et filmé des éruptions de l'Etna.

Étrusques

Ancien peuple d'Italie. Les Étrusques vivaient au sud de l'actuelle Florence depuis le VIIIe siècle avant J.-C. Ils s'étaient aussi installés dans le nord de l'Italie. Ils fondèrent Rome, mais les Romains les chassèrent de la ville et les dépossédèrent de leurs terres. La religion et la civilisation romaines ont de nombreux points communs avec celles des Étrusques.

art **étrusque :** chimère d'Arezzo (IVe siècle avant J.-C., Italie)

Euclide

Mathématicien grec. Il aurait vécu au IIIe siècle avant J.-C. à Alexandrie. Il rassembla toutes les connaissances en géométrie de son époque. Sa méthode est fondée sur un nombre limité de propositions admises sans démonstration, les axiomes, sur lesquelles on établit des raisonnements et des lois.

Euphrate

Fleuve d'Asie. D'une longueur de 2 780 km, l'Euphrate prend sa source en Arménie turque. Il traverse la Syrie et rejoint le Tigre, fleuve de Turquie et d'Iraq. Les deux fleuves forment ainsi le Chatt al-Arab sur 200 km, qui se jette dans le golfe Persique .

euro - zone euro

Région économique européenne. La zone euro est formée des 19 pays (Allemagne, Autriche, Belgique, Chypre, Espagne, Estonie, Finlande, France, Grèce, Irlande, Italie, Lettonie, Lituanie, Luxembourg, Malte, Pays-Bas, Portugal, Slovaquie et Slovénie) de l'Union* européenne qui, après avoir satisfait à un certain nombre de conditions économiques, ont adopté l'euro comme monnaie officielle depuis le 1er janvier 1999.

Europe

L'un des continents. 10,5 millions de km². 742,5 millions d'habitants (les *Européens*). Bordée à l'ouest par l'océan Atlantique, au nord par l'océan Arctique, au sud par la mer Méditerranée et à l'est par les montagnes de l'Oural, en Russie, l'Europe est le plus petit des continents après l'Océanie et le plus peuplé après l'Asie et l'Afrique.

- **Un relief varié.** Autour de la Méditerranée, les paysages sont vallonnés et montagneux. Le sud est séparé du nord de l'Europe par deux hautes chaînes de montagnes : les Pyrénées et les Alpes. Au nord, une immense plaine s'étend, des côtes de l'Atlantique jusqu'à l'Oural. L'extrême nord de l'Europe est occupé par les pays montagneux et froids de la Scandinavie.
- **Une unité récente.** De la fin de la Seconde Guerre mondiale, en 1945, à 1989, date de la chute du mur de Berlin, les pays d'Europe étaient divisés en deux grands ensembles politiques et économiques : les pays d'Europe de l'Est (Bulgarie, Roumanie, Yougoslavie, Hongrie, Tchécoslovaquie, Pologne, Allemagne de l'Est) avaient des régimes communistes proches de l'ancienne U.R.S.S. Les pays d'Europe de l'Ouest sont parmi les plus riches du monde. Quinze d'entre eux, rejoints (à partir de 2004) par onze pays d'Europe de l'Est et deux du Sud, se sont regroupés dans l'Union* européenne.

Eurydice

Nymphe de la mythologie grecque et femme d'Orphée*.

Évangiles

Ensemble de textes de la Bible*. Les Évangiles, qui font partie du Nouveau Testament, racontent la vie de Jésus et transmettent son message. Ils auraient été écrits par Matthieu, Marc, Luc et Jean, entre 70 et 100 après J.-C.

Ève → Adam

Everest

Sommet de l'Himalaya*. Avec ses 8 848 m (altitude traditionnellement admise ; d'autres mesures ont été effectuées : 8 846 m en 1993, 8 850 m en 1999), c'est le plus haut sommet du monde. On l'appelle aussi le « toit du monde ». En 1953, le Néo-Zélandais Edmund Hillary (1919-2008) et le sherpa Tenzing Norgay (1914-1986) réussirent la première ascension. → VOIR noms communs : **alpinisme.**

Excalibur

Épée du roi Arthur*, dans les récits de la Table *ronde. Un film américain de 1981, intitulé *Excalibur*, raconte l'histoire du roi Arthur et de ses chevaliers.

Extrême-Orient

Partie située le plus à l'est du continent asiatique. L'Extrême-Orient englobe la côte orientale de la Russie, la Chine, le Japon, la Corée du Nord, la Corée du Sud et tous les États de l'Asie du Sud-Est. → VOIR AUSSI **Asie.**

F

Fables
Recueil de fables de Jean de La* Fontaine. → VOIR encadré.

Fabre Jean Henri (1823-1915)
Entomologiste français. Grâce à ses observations et à ses recherches sur le comportement des insectes dans leur milieu naturel, Fabre contribua au développement de la science du comportement animal. Ses observations, parues dans une série de volumes intitulés *Souvenirs entomologiques*, lui valurent une grande renommée.

Fangio Juan Manuel (1911-1995)
Coureur automobile argentin. Il fut cinq fois champion du monde des conducteurs (1951, 1954, 1955, 1956 et 1957). Il est considéré comme l'un des plus grands pilotes de l'histoire de la course automobile.

Fantômas
Personnage de roman-feuilleton. Créé en 1911 par les auteurs français Marcel Allain et Pierre Souvestre, Fantômas est un bandit insaisissable qui commet des crimes parfaits. Le roman a fait l'objet d'adaptations cinématographiques.

Fatima (vers 616-633)
Fille de Mahomet. Elle a épousé son cousin Ali* et lui a donné deux fils, Hassan et Hussein, les seuls hommes à descendre de Mahomet*. Ainsi, la famille d'Ali a pu jouer un rôle important dans l'islam. Fatima est vénérée par les musulmans. Son emblème a la forme d'une main.

FBI
Service du département de la Justice des États-Unis. Son nom est le sigle de *Federal Bureau of Investigation* (en français, Bureau fédéral d'enquêtes) ; il est en charge de la police fédérale américaine.
▸ REM. On prononce [ɛfbiaj].

Federer Roger (né en 1981)
Joueur de tennis suisse. Il a remporté sept fois le tournoi de Wimbledon (2003 à 2007, 2009, 2012), cinq fois les Internationaux des États-Unis (2004 à 2008), quatre fois ceux d'Australie (2004, 2006, 2007 et 2010) et une fois Roland-Garros (2009). Il est le meilleur joueur des années 2000.

Ferrat Jean Tenenbaum, dit Jean (1930-2010)
Chanteur français. Il a écrit et interprété des chansons poétiques et engagées et mis en musique des poèmes d'Aragon.

ŒUVRES PRINCIPALES *Nuit et Brouillard*, 1963 ; *la Montagne*, 1964 ; *Que serais-je sans toi ?*, 1964 ; *Ma France*, 1969.

Ferré Léo (1916-1993)
Chanteur français. Il fut également compositeur et parolier. Très poétiques, les textes de ses chansons révèlent parfois ses penchants anarchistes (*Ni dieu, ni maître*, *Graine d'ananar*).

ŒUVRES PRINCIPALES *Graine d'ananar*, 1955 ; *Jolie Môme*, 1961 ; *Avec le temps*, 1970.

Ferry Jules (1832-1893)
Homme politique français. Ministre de l'Éducation nationale (dès 1879) et président du Conseil (Premier

Les *Fables* : une satire des mœurs et de la société.

Les 240 fables du poète Jean de La Fontaine sont parues en trois recueils successifs entre 1668 et 1694. Ce sont de courts récits en vers qui contiennent une morale. Selon La Fontaine, les fables devaient « instruire et plaire ». L'auteur s'inspira des œuvres de deux fabulistes, le Grec Ésope (VIIe-VIe siècle avant J.-C.) et le Latin Phèdre (vers 10 avant J.-C.-vers 54 après J.-C.). L'influence des contes orientaux est perceptible dans le second recueil. Le plus souvent, les *Fables* mettent en scène des animaux. C'est en fait les hommes et leurs défauts (vanité, avarice, ruse, etc.) que l'auteur caricature à travers eux. La Fontaine fait également une critique de la société de son époque. Il dénonce notamment l'injustice en faisant le constat que les plus forts l'emportent toujours sur les plus faibles *(le Loup et l'Agneau ; le Pot de terre et le Pot de fer).* Il vise aussi les courtisans du roi Louis XIV, dont il raille le comportement. Le personnage du renard, dans *le Corbeau et le Renard*, incarne par exemple l'un de ces courtisans rusés et flatteurs.

Le caractère divertissant et gai des *Fables* de La Fontaine et les idées qu'elles véhiculent ont contribué à leur succès. Elles furent étudiées dans les écoles dès le XVIIe siècle.

Illustration : ***Le Renard et la Cigogne*, par J.-B. Oudry.**

ministre), il réforma l'enseignement public en rendant gratuit, laïque et obligatoire l'enseignement primaire et en ouvrant l'enseignement secondaire aux jeunes filles. Il fit voter des lois relatives aux libertés de la presse et des syndicats.

Fidji (Océanie)

- Superficie : 18 300 km^2
- Habitants : 881 000 *(les Fidjiens)*
- Capitale : *Suva*
- Langues : *anglais, fidjien, hindoustani*
- Monnaie : *dollar fidjien*

• Ce pays d'Océanie est formé par un archipel volcanique qui compte plus de 300 îles. La plus grande partie du territoire est recouverte de forêts. Son économie repose sur la culture de la canne à sucre, la pêche, l'extraction de l'or et le tourisme. Cette république est indépendante depuis 1970.

Finlande (Europe)

- Superficie : 338 000 km^2
- Habitants : 5 426 000 *(les Finlandais)*
- Capitale : *Helsinki*
- Langues : *finnois, suédois*
- Monnaie : *euro*

• **Géographie.** En dehors du Nord, domaine de la toundra, le pays est couvert de forêts de conifères, dont l'exploitation constitue une de ses principales ressources. L'élevage et les cultures sont développés dans le Sud, au climat plus clément.

• **Histoire.** Dès le Ier siècle avant J.-C., les Finnois occupent progressivement le sol finlandais. La Finlande devient en 1353 un duché de la Suède, dont le roi, Gustave Vasa, fonde Helsinki. En 1809, la Finlande devient un grand-duché de l'Empire russe, doté d'une certaine autonomie. Une résistance nationale se développe et, en 1917, à la suite de la révolution russe, la Finlande accède à l'indépendance. De 1941 à 1944, la Finlande combat l'U.R.S.S. aux côtés des Allemands. Elle a adhéré à l'Union européenne en 1995.

Fitzgerald Ella **(1917-1996)**
Chanteuse de jazz américaine. Sa grande technique lui permit d'interpréter aussi bien des ballades et des romances que des morceaux très rythmés. Elle accompagna de grands musiciens de jazz, comme Louis Armstrong* ou Duke Ellington*.

ŒUVRES PRINCIPALES *A-Tisket A-Tasket*, 1938 ; *Lady Be Good*, 1946 ; *Mack the Knife*, 1960.

Flandre ou **Flandres**
Région de France et de Belgique. 6,4 millions d'habitants (les *Flamands*). Bordée par la mer du Nord, cette vaste plaine a connu de nombreux envahisseurs (Romains, Francs, Saxons, Normands, Bourguignons, Autrichiens, Espagnols...). Partiellement conquise par Louis XIV, puis totalement annexée à la Révolution, sa partie française fut réduite à la *Flandre intérieure* (une partie du département du Nord actuel) après la bataille de Waterloo.

Fleming Alexander **(1881-1955)**
Médecin et chercheur britannique. En étudiant les propriétés des moisissures, il observa en 1928 que l'une d'elles sécrétait une substance, la pénicilline, remarquable par son action contre certains microbes. Reprenant ses travaux, une équipe de chercheurs réussit à extraire la pénicilline, permettant sa production industrielle. Le prix Nobel de médecine récompensa, en 1945, Alexander Fleming et ses successeurs.

Florence
Ville du nord de l'Italie. 355 342 habitants (les *Florentins*). Florence est une riche ville d'art qui possède de nombreux palais, couvents, églises anciennes et musées. Très puissante à la fin du Moyen Âge et à la Renaissance, elle a accueilli les plus grands architectes, peintres et sculpteurs. → VOIR AUSSI **Michel-Ange.**

la ***Flûte enchantée***
Opéra de Wolfgang Amadeus Mozart*. → VOIR encadré.

Foch Ferdinand **(1851–1929)**
Maréchal de France. En 1918, il commanda les troupes alliées contre les armées allemandes et autrichiennes qui durent reculer et capituler.

football - Coupe du monde de football → **Coupe**

Ford Henry **(1863-1947)**
Industriel américain. Fondateur en 1903 de l'entreprise automobile *Ford Motor Company*, il lança la construction en série et imagina la standardisation des principales pièces, abaissant ainsi le prix des voitures. Sa théorie de l'organisation du travail a fait entrer l'industrie américaine dans les « temps modernes ».

Ford John **(1895-1973)**
Cinéaste américain. John Ford, de son vrai nom Sean Aloysius O'Feeney, fut l'un des grands metteurs en scène du western américain. Il a réalisé une centaine de films remarquables par leur simplicité et la force des personnages, glorifiant la fraternité virile, la justice, l'aventure et l'héroïsme. *Les Cheyennes* furent l'un des premiers westerns à montrer le point de vue des Indiens. → VOIR AUSSI **John Wayne.**

ŒUVRES PRINCIPALES *La Chevauchée fantastique*, 1939 ; *les Cheyennes*, 1964.

Forêt-Noire
Massif montagneux de l'ouest de l'Allemagne, situé en face des Vosges françaises, sur l'autre rive du Rhin. Son point culminant est le Feldberg (1 493 m).

Fort Paul **(1872-1960)**
Poète français. Il a écrit des ballades en prose et en vers où se mêlent simplicité et fantaisie. Certains de ses poèmes furent mis en musique par Georges Brassens* (*le Petit Cheval dans le mauvais temps, Si le Bon Dieu l'avait voulu*).

ŒUVRES PRINCIPALES *Ballades françaises*, 1897-1951.

Fort-de-France
Ville française des Antilles. 87 013 habitants (les *Foyalais*) ; 130 822 dans l'agglomération. Chef-lieu de la Martinique. On y trouve un Musée départemental sur les cultures des Arawaks et des Caraïbes (Amérindiens qui peuplaient la Guyane et les Antilles françaises avant la découverte du Nouveau Monde).

Forum
Ensemble de places de la Rome antique. Il servit de centre politique, commercial et religieux. D'abord place de marché, le Forum fut couvert de temples et de monuments célébrant les victoires. Il fut imité dans toutes les villes de l'Empire. Ses ruines sont les plus célèbres vestiges romains de l'Europe.

Fouquet Nicolas **(1615-1680)**
Homme d'État français. Sous le règne de Louis XIV, il occupa des fonctions importantes dans la justice et les finances. Il possédait une immense fortune et fut un grand mécène, encourageant les écrivains et les artistes (Molière*, La*Fontaine). Jaloux de son prestige, Louis XIV* le fit emprisonner à vie.

Fragonard Jean Honoré **(1732-1806)**
Peintre et graveur français. Il a peint des sujets très variés : des paysages, des portraits ou encore des scènes traitant de l'amour. Ses œuvres allient la fougue à la grâce.

ŒUVRES PRINCIPALES *L'Écrivain*, vers 1769 ; *la Fête à Saint-Cloud*, vers 1775.

France (Europe)

- Superficie : 549 000 km²
- Habitants : 66 627 602 (*les Français)*
- Capitale : *Paris*
- Langue : *français*
- Monnaie : *euro*

• **Géographie.** Puissance moyenne, la France compte 1% de la population mondiale. Le milieu naturel est constitué aux deux tiers de plaines et de bas plateaux et pour un tiers de relief montagneux. Sa latitude et la proximité de l'océan Atlantique lui confèrent un climat à dominante océanique (temps variable avec des écarts de température faibles). La population française s'accroît doucement en raison d'un taux de natalité faible mais qui est néanmoins un des plus élevés d'Europe occidentale. Les Français sont des citadins à 78 %. Les activités économiques sont pour plus des trois quarts tertiaires ; l'industrie représente 20 % et l'agriculture environ 2 %.

• **Histoire.** Peuplée dès le Ier millénaire avant J.-C. par les Celtes*, le territoire actuel de la France (alors appelée la Gaule) est conquis par les Romains en 51 avant J.-C. Au Ve siècle après J.-C., les invasions barbares mettent fin à la domination romaine. Les Francs de Clovis se rendent maîtres de la plus grande partie du territoire. En 800, le roi des Francs, Charlemagne*, est couronné empereur d'Occident à Rome par le pape. En 987, Hugues*Capet devient roi de France et fonde

La Flûte enchantée : un chemin qui mène à la vertu et à l'amour.

La Flûte enchantée, dernier opéra de Mozart, fut composée en 1791, l'année de sa mort. C'est un opéra en deux actes dont le livret, en allemand, fut écrit par Emanuel Schikaneder, metteur et scène et directeur d'un théâtre de Vienne.

Ce conte de fées oppose le monde de la Lumière, celui de Sarastro, et le monde des Ténèbres, celui de la Reine de la Nuit. Faisant croire au jeune prince Tamino que sa fille, la princesse Pamina, est prisonnière de Sarastro, la Reine de la Nuit charge Tamino de la délivrer. Celui-ci et Papageno, un oiseleur qui l'accompagne dans son périple, reçoivent des objets magiques destinés à les protéger : une flûte en or pour le premier et un jeu de cloches pour le second. Grâce à la flûte magique, Tamino traverse victorieusement les épreuves qui le conduisent à la vertu, à la sagesse et à l'amour de la princesse Pamina. Cette série d'épreuves que doit subir Tamino pour acquérir amour et sagesse font de *la Flûte enchantée* un récit d'initiation.

La Flûte enchantée est une œuvre très diverse, où Mozart fait intervenir différentes formes de l'art lyrique et où alternent des passages graves et des passages comiques (avec les interventions de Papageno). Cet opéra connut un triomphe dès sa création en 1791, à Vienne. Mozart, très malade, ne put profiter de son succès. *La Flûte enchantée* reste l'un des opéras les plus représentés au monde. Le réalisateur suédois Ingmar Bergman l'a adapté au cinéma en 1974.

Illustration : Le personnage de Papageno.

la dynastie capétienne, qui va durer plus de 800 ans. Ces souverains vont donner progressivement à la France les frontières qu'on lui connaît aujourd'hui. La Révolution* française (1789-1799) abolit la monarchie et instaure la république. Celle-ci est interrompue par le Consulat* et l'Empire*. La chute de Napoléon Ier voit la restauration de la monarchie, qui s'effondre définitivement en 1848. La IIe république dure trois ans, laissant place au second Empire de Napoléon III. Depuis 1870, la France est une république. Elle a connu une interruption sous l'occupation allemande pendant la Seconde Guerre* mondiale (1940-1944), période où le maréchal Pétain* est à la tête de l'État français, qui collabore avec les occupants nazis. Le général de Gaulle a joué un rôle capital dans la Résistance*. Dans les années 1950 et 1960, la France vit la fin de son empire colonial, ce qui donne lieu à une décennie de guerres de libération. Le général de Gaulle est appelé au pouvoir et fonde la Ve République, régime politique actuel de la France. La France fait partie des six pays qui ont créé le Marché commun, devenu l'Union* européenne.

Francfort

Ville d'Allemagne. 667 925 habitants (les *Francfortois*). Traversée par la rivière le Main, Francfort est un grand centre financier et industriel. Une foire internationale du livre s'y tient chaque année en octobre.

Franche-Comté

Anc. Région administrative française regroupant 4 départements : Territoire de Belfort, Doubs, Jura et Haute-Saône. L'histoire de la Franche-Comté est complexe, en partie à cause de sa position frontalière (frontière avec la Suisse). Elle fut rattachée au duché de Bourgogne en 1384, passa sous domination espagnole en 1556 et devint une province française en 1678. → VOIR AUSSI **Bourgogne – Franche-Comté.**

Franco Francisco (1892-1975)

Général et homme politique espagnol. Chef des armées opposées à la république pendant la guerre civile d'Espagne*, il devint chef de l'État en 1938. Il reçut l'aide de Hitler et de Mussolini pendant la guerre civile et fut soutenu par un parti aux idées fascistes, mais il ne participa pas à la Seconde Guerre mondiale. Il instaura un régime dictatorial et resta au pouvoir jusqu'à la fin de sa vie. C'est seulement après sa mort que l'Espagne redevint une démocratie.

saint François d'Assise (1182-1226)

Religieux italien. Né dans la ville italienne d'Assise, il était le fils d'un riche marchand. Il renonça à sa fortune pour vivre de mendicité et imiter le Christ. Il fut rejoint par d'autres hommes pour lesquels il écrivit une règle de vie commune, fondant ainsi l'ordre des Franciscains. Des femmes suivirent son exemple, comme sainte Claire qui créa l'ordre des Clarisses.

François (né en 1936)

Pape depuis 2013. De son vrai nom Jorge Mario Bergoglio, il devient pape après la renonciation de Benoît XVI à sa charge. Il est le premier pape latino-américain de l'histoire.

François Ier (1494-1547)

Roi de France. Il passa une grande partie de son règne (1515-1547) à combattre Charles* Quint en s'alliant avec des protestants allemands et avec les Turcs de Soliman le Magnifique. Cela choqua les catholiques, qui acceptaient mal que l'on préfère la raison d'État à la religion. D'abord intéressé par la Réforme protestante, il tenta ensuite de l'interdire. Il fit venir d'Italie Léonard de Vinci* et de nombreux artistes qui introduisirent en France l'art de la Renaissance. Il finança les expéditions de Jacques Cartier*. → VOIR AUSSI **Bayard, châteaux de la Loire.**

François-Joseph (1830-1916)

Empereur d'Autriche et roi de Hongrie. À la tête de l'Empire austro-hongrois à partir de 1867, il déclara la guerre à la Serbie en 1914, à la suite de l'assassinat de son neveu François-Ferdinand de Habsbourg. Il déclencha ainsi la Première Guerre* mondiale.

Francs

Peuple germanique. Il donna son nom à la France. Les Francs arrivèrent en Gaule romaine au IVe siècle, au début des Invasions* barbares. Les Romains leur confièrent la garde des frontières. Quand l'autorité romaine s'effondra, les Francs se bâtirent un royaume qui s'étendait sur toute la Belgique, une partie de l'Allemagne et la presque totalité de la France. → VOIR AUSSI **Clovis, Mérovingiens.**

Frank Anne (1929-1945)

Jeune fille allemande, auteur d'un *Journal*. De famille juive émigrée aux Pays-Bas pendant la Seconde Guerre mondiale, Anne Frank a tenu un journal, de 1942 à 1944, dans lequel elle raconte sa vie et celle de sa famille obligée de se cacher pour échapper aux persécutions nazies. Elle fut finalement arrêtée, déportée et assassinée dans un camp de concentration. On a retrouvé son *Journal* après la guerre.

Frankenstein

Roman fantastique. Il fut écrit par la romancière britannique Mary Shelley en 1818. Un savant construit un homme artificiel à partir de morceaux de cadavres. Ce monstre, qui souffre de la peur qu'il inspire et du manque d'amour, se venge en détruisant ses proches puis lui-même. Ce récit a fait l'objet de nombreuses adaptations au cinéma. Le nom de « Frankenstein », couramment attribué au monstre, est en fait celui du savant qui l'a créé.

Franklin Benjamin (1706-1790)

Physicien et homme d'État américain. Homme d'une curiosité insatiable, il inventa le paratonnerre en 1752.

Élu député au premier Congrès américain, il participa à la rédaction de la Déclaration d'indépendance en 1776. Il vint à Versailles pour négocier l'alliance de la France, et signa avec l'Angleterre le traité de paix reconnaissant l'indépendance des États-Unis en 1783.

Benjamin **Franklin** (1779)

Fratellini

Famille d'artistes de cirque. Trois membres de cette famille d'origine italienne (les frères Paul, François et Albert) formèrent un célèbre trio de clowns entre 1920 et 1940. La petite-fille de Paul Fratellini, Annie (1932-1997), fonda en 1972 l'École nationale du cirque, devenue aujourd'hui l'Académie Fratellini, avec l'acteur et cinéaste Pierre Étaix (né en 1928).

Frédéric II de Hohenstaufen (1194-1250)

Roi de Sicile et empereur germanique. Couronné empereur de Germanie en 1220, il vécut essentiellement en Sicile et en Italie. Son règne fut marqué par ses conflits avec le pape dont il voulait réduire le pouvoir. Il participa à la sixième croisade et il se couronna lui-même roi de Jérusalem en 1229.

Frédéric II de Prusse (1712-1786)

Roi de Prusse. Durant son règne (1740 à 1786), il renforça le pouvoir et le prestige de la Prusse en Europe. Il annexa de nouveaux territoires, modernisa l'administration de son royaume et développa une armée puissante. Il était également l'ami d'écrivains et de savants : il accueillit notamment Voltaire* dans son château de Sans-Souci.

Freud Sigmund (1856-1939)

Médecin autrichien, fondateur de la psychanalyse. Ses recherches sur les troubles du système nerveux le conduisirent, dès 1895, à définir sa théorie : selon lui, il existe des désirs ressentis comme honteux que le sujet refoule dans l'inconscient, et qui se manifestent sous forme de rêves ou de troubles de la personnalité. Freud mit alors au point une méthode d'analyse, qu'il appela *psychanalyse*, consistant à laisser parler le malade pour recueillir et interpréter ses rêves, ses souvenirs ou ses angoisses. L'influence de la psychanalyse s'est développée tout au long du XXe siècle.

→ VOIR noms communs : **psychanalyse.**

Frisch Karl von (1886-1982)

Naturaliste autrichien. Il a découvert le « langage » des abeilles, qui prend la forme d'une danse dont l'orientation et la vitesse d'exécution donnent des informations précises sur le trajet à suivre pour trouver les fleurs les plus riches en pollen. Il reçut le prix Nobel en 1973.

la Fronde

Succession de révoltes contre le pouvoir royal de Louis XIV, de 1648 à 1652. La Fronde eut lieu pendant l'enfance du roi et commença par des émeutes parisiennes contre les impôts exigés par Mazarin*. Puis les grands nobles de France levèrent des armées contre le gouvernement mais ils furent vaincus (Fronde des princes). Louis XIV dirigea ensuite le pays de telle manière que l'État ne fut plus jamais contesté.

Front populaire

Période politique de la France. En 1936, les partis de la gauche française s'unirent pour les élections et les remportèrent. Ils constituèrent alors un gouvernement, dirigé par Léon Blum, qui réalisa de nombreuses réformes sociales (congés payés, semaine de travail de quarante heures, hausse des salaires). Le Front populaire prit fin en 1938.

couverture d'une publication du **Front populaire** (1936)

Fuji-Yama

Point culminant (3 776 m) du Japon. C'est un volcan éteint dont la dernière éruption eut lieu en 1708. De forme parfaitement conique et recouvert de neiges éternelles, le mont Fuji est un lieu sacré pour les Japonais.

▶ REM. *Fuji-Yama* est le nom que lui donnent les Occidentaux ; son nom japonais est *Fuji-San*.

Fukushima

Ville du Japon, à environ 200 km au nord-est de Tokyo. À 60 km de cette ville se trouvent deux centrales nucléaires installées en bordure du Pacifique. La détérioration du système de refroidissement de l'une d'elles (*Fukushima-Daiichi*, dite *Fukushima I*) à la suite du séisme et du tsunami du 11 mars 2011 a entraîné un accident nucléaire majeur, comparable à celui de Tchernobyl.

A B C D E F G H I J K L M N O P Q R S T U V W X Y Z

Funès Louis de **(1914-1983)**
Acteur de cinéma français. Son jeu, fondé sur les mimiques et sur une manière de parler rapide et parfois incompréhensible, introduisit une nouvelle forme de comique dans le cinéma des années 1960. Il devint très populaire avec des films comme *la Grande Vadrouille* (1966) de Gérard Oury et, surtout, en incarnant le gendarme Cruchot dans *le Gendarme de Saint-Tropez* (1964), premier d'une série de six films.

Louis de **Funès** et Bourvil
(*le Corniaud*, 1965)

Furies
Divinités de la mythologie romaine. Empruntées aux Érinyes de la mythologie grecque, les trois Furies Alecto, Mégère * et Tisiphone ont un corps ailé et une chevelure entremêlée de serpents. Munies de fouets et de torches, elles sont les instruments de la vengeance des dieux et sont chargées de pourchasser et de tourmenter les criminels.

G

Gabin Jean **(1904-1976)**
Acteur français. Jean Gabin fut une vedette de cinéma très populaire, incarnant un personnage de jeune homme généreux, révolté et têtu, puis un homme mûr autoritaire et énergique, et enfin un vieil homme souvent bougon. Il a tourné dans plus de cent films, dont *la Grande Illusion* (1935) de Jean Renoir, *le Quai des Brumes* (1938) de Marcel Carné, dans lequel il dit à Michèle Morgan cette phrase célèbre : « T'as de beaux yeux, tu sais », et *le Chat* (1971) de Pierre Granier-Deferre.

Gabon (Afrique)

- Superficie : 268 000 km²
- Habitants : 1 672 000 *(les Gabonais)*
- Capitale : *Libreville*
- Langue : *français*
- Monnaie : *franc C.F.A.*

• Situé au sud de l'Afrique, sur le golfe de Guinée, le Gabon est un pays peu peuplé, au climat équatorial chaud et humide. République indépendante depuis 1960, il exporte du pétrole, de l'uranium et du bois, ressource importante que lui offrent ses forêts denses. C'est dans ce pays que le docteur Schweitzer *, médecin et pasteur français, prix Nobel de la paix en 1952, créa à Lambaréné le premier hôpital de brousse.

Gabriel
Ange des religions juive, chrétienne et musulmane. Il est le messager de Dieu par excellence. Dans l'Évangile, c'est Gabriel qui annonce à Marie la naissance de Jésus. Pour les musulmans, c'est lui qui transmet le message de Dieu à Mahomet *.

Gagarine Iouri **(1934-1968)**
Pilote militaire et cosmonaute soviétique. Sélectionné, en 1960, dans la première équipe de cosmonautes, il fut le premier homme à accomplir, le 12 avril 1961, un vol spatial, au cours duquel il effectua une révolution autour de la Terre en 108 minutes.

Gaia ou **Gê**
Divinité de la mythologie grecque. Elle représente la Terre. Elle donna naissance aux Titans *, aux Cyclopes * et aux monstres marins.

Gainsbourg Serge **(1928-1991)**
Auteur, compositeur et interprète français. Volontiers provocateur, une éternelle cigarette à la bouche, Serge Gainsbourg a séduit le public par des chansons aux mélodies riches et aux textes souvent railleurs, jouant sur les mots et leur sonorité. Il a également écrit des chansons pour d'autres interprètes comme Jane Birkin et Vanessa Paradis.

ŒUVRES PRINCIPALES *Le Poinçonneur des Lilas*, 1958 ; *la Javanaise*, 1963 ; *Melody Nelson*, 1971.

Galápagos - îles Galápagos
Archipel du Pacifique. 8 000 km². 22 770 habitants. Il est situé à l'ouest de la République de l'Équateur, dont il dépend. On trouve aux Galápagos des espèces animales uniques au monde, telles que des iguanes de mer ou des tortues géantes.

Galilée (1564-1642)
Astronome et physicien italien. Il est considéré comme l'un des fondateurs de la science moderne. Utilisant le premier, dès 1609, la lunette en astronomie, il fut à l'origine d'une révolution dans l'observation et l'étude

des astres. Galilée se rallia aux théories de Copernic* sur le mouvement de la Terre et des autres planètes autour du Soleil, et dut se rétracter devant le tribunal de l'Inquisition* en 1633.

Galles - pays de Galles
Région de l'ouest de la Grande-Bretagne. 20 800 km^2. 3 063 456 habitants (les *Gallois*). Capitale : Cardiff. À l'origine peuplé de Celtes, le pays de Galles résista fortement à l'invasion normande de Guillaume* le Conquérant. Soumis au XIIIe siècle, il fut incorporé au royaume d'Angleterre au XVIe siècle. Il a conservé de nombreuses particularités culturelles.
▸ REM. *Galles* et *Gaule* viennent du même mot latin.

Gama Vasco de **(1469-1524)**
Navigateur portugais. Il dirigea en 1497, pour le compte du roi de Portugal Manuel Ier, une expédition de quatre navires, au cours de laquelle il ouvrit une route directe vers les terres productrices d'épices, contournant l'Afrique par le cap de Bonne-Espérance, il fit escale sur sa côte orientale et atteignit l'Inde en 1498, où il fonda le premier établissement commercial portugais en Asie.

Gambie (Afrique)

- Superficie : 11 300 km^2
- Habitants : 1 849 000 *(les Gambiens)*
- Capitale : *Banjul*
- Langue : *arabe*
- Monnaie : *dalasi*

- Pays situé à l'ouest de l'Afrique, la Gambie est devenue une république indépendante en 1965. Formant une enclave dans le Sénégal, elle est le plus petit État africain. Entre 1982 et 1989, la Gambie a formé avec le Sénégal une union appelée « Sénégambie ».

Gand
Ville de Belgique. Chef-lieu de la Flandre-Orientale, au confluent de l'Escaut et de la Lys. 248 813 habitants (les *Gantois*). Port relié à la mer par un canal, Gand est aussi un centre textile, métallurgique, chimique et culturel.

Gandhi Mohandas Karamchand **(1869-1948)**
Homme politique indien. Surnommé *le Mahatma*, c'est-à-dire « la Grande Âme », Gandhi lutta pour l'indépendance de l'Inde, qui était alors une colonie anglaise. Son action politique, basée sur la non-violence, s'exprimait par le boycott de tout ce qui était anglais et par des manifestations pacifiques. Il voulait réconcilier les musulmans et les adeptes de l'hindouisme, et rêvait d'abolir la caste des *intouchables* (hommes exclus par leur naissance du reste de la société). Il mourut assassiné un an après la naissance de l'État indien.

Mohandas Karamchand **Gandhi**

Gandhi Indira **(1917-1984)**
Femme politique indienne. Fille de Nehru*, elle fut chef du gouvernement à plusieurs reprises (1966-1977 ; 1980-1984). Elle fut assassinée par des extrémistes. Son fils Rajiv, Premier ministre de 1984 à 1989, fut aussi assassiné (1991).

Gange
Fleuve de l'Inde. Long de 3 090 km, le Gange prend sa source dans le massif de l'Himalaya et se jette dans le golfe du Bengale en formant un vaste delta couvert de rizières. Pour les hindouistes, le Gange est un fleuve sacré. À Bénarès, grande ville sur le Gange, les pèlerins hindous viennent se purifier dans les eaux du fleuve.

Gard - pont du Gard
Pont-aqueduc romain. Construit au Ier siècle après J.-C., il enjambe la rivière du Gard, en Provence. Destiné à amener de l'eau dans la ville de Nîmes, il mesure 273 m de long et 49 m de haut. Les Romains construisaient des aqueducs pour des raisons utilitaires, mais aussi pour prouver leur puissance aux peuples de leur Empire.

Gargantua
Personnage de roman. Créé par Rabelais* dans son roman *Vie inestimable du grand Gargantua* (1534), Gargantua est le fils de la géante Gargamelle, femme de Grandgousier, qui accouche par l'oreille de cet enfant gigantesque. Il doit être allaité par 17 913 vaches et reste toute sa vie un très gros mangeur. À travers des épisodes variés, bouffons ou moqueurs, de la vie de Gargantua, Rabelais développe ses idées humanistes, comme la nécessité d'un développement équilibré entre le corps et l'esprit. → VOIR AUSSI **Pantagruel.**

Garibaldi Giuseppe **(1807-1882)**
Homme politique italien. Alors que l'Italie était composée de plusieurs États, Garibaldi se mit au service du roi de Savoie, qui voulait l'unifier. Il recruta sa propre armée et fut victorieux de l'Autriche qui dominait l'Italie du Nord. En 1860, il fit la conquête de Naples et de la Sicile avec des hommes qu'on appela les *Chemises*

rouges à cause de leur uniforme. Il joua un rôle important dans l'unification de l'Italie.

Garonne
Fleuve du sud-ouest de la France. Long de 575 km, il naît en Espagne et forme avec la Dordogne l'estuaire de la Gironde. Il traverse les villes de Toulouse et Bordeaux.

Gaspésie–Îles-de-la-Madeleine
Région administrative du Québec. Elle comprend la péninsule du même nom et l'archipel des îles de la Madeleine. C'est en Gaspésie que Jacques Cartier* débarqua en 1534. Les nombreux parcs nationaux et le rocher Percé en font une destination touristique importante.

Gaston Lagaffe
Personnage de la bande dessinée du même nom. Créé en 1958 par le dessinateur et scénariste belge André Franquin, Gaston Lagaffe est le « roi des gaffeurs ». Homme à tout faire de la rédaction de *Spirou*, il est le spécialiste des inventions inutiles et farfelues qui provoquent des désastres dans les locaux du journal.

Gates William, dit Bill (né en 1955)
Informaticien et industriel américain. Il a fondé en 1975, avec Paul Allen, la société Microsoft, leader mondial des logiciels pour micro-ordinateurs.

Gauguin Paul (1848-1903)
Peintre français. Impressionniste à ses débuts, il rompit rapidement avec le mouvement. Sa peinture est influencée par les voyages qu'il fit, en Bretagne et sous les tropiques. Il s'installa à Tahiti en 1891. Les couleurs de ses toiles sont vives et appliquées sur de grandes surfaces, la forme du dessin est simplifiée. Il fut l'ami de Vincent Van* Gogh. → VOIR AUSSI **D'où venons-nous ? Que sommes-nous ? Où allons-nous ?**

ŒUVRES PRINCIPALES *La Vision après le sermon*, 1888 ; *D'où venons-nous ? Que sommes-nous ? Où allons-nous ?*, 1897 ; *Cavaliers sur la plage*, 1902.

Paul **Gauguin :** *Arearea - Joyeusetés* (1892)

Gaule
Nom donné par les Romains à un ensemble de territoires peuplés par les Celtes* à partir du Xe siècle avant J.-C. La Gaule comprenait le nord de l'Italie (*Gaule Cisalpine*), la France, la Belgique et une partie de la Suisse et des Pays-Bas actuels (*Gaule Transalpine*). Au temps de Jules César*, la Gaule Transalpine était divisée en *Province* (sud de la Gaule soumis à Rome) et *Gaule Chevelue* (habitée par les Gaulois non encore soumis à Rome).

Gaulle Charles de (1890-1970)
Général et homme d'État français. Quand la France fut envahie par l'Allemagne en mai 1940, le général de Gaulle refusa l'armistice et se réfugia à Londres, d'où il appela les Français à résister, dans un message diffusé à la radio le 18 juin 1940. Il créa un gouvernement en exil qui, allié aux Anglais et aux Américains, participa à la lutte contre l'Allemagne. Après la libération de la France, il resta chef du gouvernement jusqu'en 1946. Revenu au pouvoir en 1958, il fonda la Ve République et fut le premier président élu au suffrage universel. Réélu en 1965, il démissionna en 1969.

Gautier Théophile (1811-1872)
Écrivain français. Il est l'auteur de récits de voyage, de nouvelles fantastiques, de romans et de poèmes. Il fut également critique d'art et de théâtre.

ŒUVRES PRINCIPALES *Tra los montes*, 1843 ; *Émaux et Camées*, 1852 ; *le Capitaine Fracasse*, 1863.

Genève
Ville de Suisse, chef-lieu du canton de Genève. 187 470 habitants (les *Genevois*). Située à l'extrémité sud-ouest du lac Léman, Genève se trouve dans la partie francophone de la Suisse. Elle possède une très vieille université fondée par le théologien protestant Calvin*. La ville est célèbre pour ses nombreuses banques, ses fabriques de montres et de bijoux. La Suisse étant un pays neutre, de nombreuses organisations internationales ont installé leur siège dans cette ville.

Genève - canton de Genève
Canton de Suisse. 282 km^2 ; 457 715 habitants (les *Genevois*). Chef-lieu : Genève. C'est le plus petit mais le plus peuplé des quatre cantons francophones de la Confédération suisse. Il fut créé en 1815, la même année que le canton de Neuchâtel*.

Gengis Khan (vers 1167-1227)
Fondateur et chef de l'Empire mongol. Gengis Khan commença par réunir sous son autorité les tribus nomades qui vivaient en Mongolie et les lança à la conquête de la Chine et de la Russie. Il devint ensuite le maître d'un immense empire, agrandi encore par ses fils. Au XIIIe siècle, l'Empire mongol, le plus vaste qu'ait connu l'histoire du monde, était baigné à la fois par la Méditerranée, la mer du Japon, l'océan Indien et l'océan

Arctique. Mais, trop étendu, il se disloqua au cours des XIVe-XVe siècles. → VOIR AUSSI **Mongols, Marco Polo.**

Géorgie (Asie)

- Superficie : 70 000 km²
- Habitants : 4 341 000 *(les Géorgiens)*
- Capitale : *Tbilissi*
- Langue : *géorgien*
- Monnaie : *lari*

Pays du Caucase* situé sur la mer Noire, la Géorgie, ancienne république d'U.R.S.S.*, est devenue indépendante en 1991. Son climat méditerranéen permet la culture de la vigne, des agrumes et du thé.

Géricault Théodore (1791-1824)

Peintre français. Considéré comme le premier peintre romantique français, Géricault est également un précurseur du réalisme, qui chercha dans ses œuvres à exprimer le monde contemporain et à recréer le mouvement.

ŒUVRES PRINCIPALES *Le Radeau de la Méduse*, 1819 ; *le Derby d'Epsom*, 1821 ; *le Four à plâtre*, 1822.

Théodore **Géricault :** *le Radeau de la Méduse* (seconde esquisse, 1818)

Germains

Ancien peuple d'Europe. Venus de Scandinavie, les Germains peuplèrent de vastes territoires qui s'étendaient du Rhin à la mer Noire au cours du Ier millénaire avant J.-C. Certains envahirent l'Empire romain* d'Occident au Ve siècle. D'autres, les Saxons* et les Vikings*, entrèrent en contact avec l'Europe chrétienne plusieurs siècles plus tard. → VOIR AUSSI **Invasions barbares.**

Geronimo (1829-1909)

Chef apache. Il fut l'un des principaux acteurs de la résistance qu'opposèrent les Indiens à la colonisation blanche, menant des opérations de guérilla dans le sud-ouest des États-Unis entre 1882 et 1885. Après avoir dû fuir au Mexique, Geronimo parvint à obtenir un territoire pour sa tribu. → VOIR AUSSI **Apaches.**

Ghana (Afrique)

- Superficie : 240 000 km²
- Habitants : 25 905 000 *(les Ghanéens)*
- Capitale : *Accra*
- Langue : *anglais*
- Monnaie : *cedi*

Situé à l'ouest de l'Afrique, sur le golfe de Guinée, le Ghana est un pays de forêts denses parsemées de plantations au sud et de savanes au nord. Il a été le premier pays d'Afrique noire à devenir indépendant en 1957. Il connaît une certaine expansion économique grâce à ses exportations de bois, de cacao, de métaux, d'or et de diamants.

Giacometti Alberto (1901-1966)

Sculpteur et peintre suisse. Il fit partie du groupe des surréalistes au début des années 1930. Giacometti créa des sculptures en bronze caractérisées par un allongement extrême des silhouettes et des visages.

ŒUVRES PRINCIPALES *Femme-cuillère*, 1928 ; *Femme debout*, 1948 ; *Homme qui marche*, 1960.

Gibraltar - détroit de Gibraltar

Bras de mer situé entre l'Espagne et le Maroc. Large de 15 km, c'est une importante voie de passage, entre la mer Méditerranée et l'océan Atlantique. Dans l'Antiquité, ce détroit était appelé « les Colonnes d'Hercule » ; ce dernier aurait planté sur chaque rive du détroit deux colonnes pour marquer la fin de ses douze travaux.

Gilgamesh

Roi légendaire d'Ourouk. Gilgamesh est le héros d'épopées poétiques, qui ont été rassemblées en un récit unique au XVIIIe siècle avant J.-C. Des tablettes, écrites en écriture cunéiforme au VIIIe siècle. av. J. C. et trouvées à Ninive, ont fait connaître ce récit, qui contient une allusion au déluge, qui fit sensation au moment de sa découverte. Cette épopée a connu un grand succès dans le Proche-Orient ancien.

Giono Jean (1895-1970)

Romancier français. Il est né, a vécu et est mort à Manosque, petite ville de haute Provence. Il sortit meurtri et résolument pacifiste de la Première Guerre mondiale. Il a dénoncé le machinisme et la ville, et célébré la nature, la terre et la vie paysanne, notamment dans sa trilogie : *Colline* (1929), *Un de Baumugnes* (1929) et *Regain* (1930).

ŒUVRES PRINCIPALES *Colline*, 1929 ; *Regain*, 1930 ; *le Chant du monde*, 1934 ; *Que ma joie demeure*, 1935 ; *le Hussard sur le toit*, 1951.

Giscard d'Estaing Valéry (né en 1926)

Homme politique français. Il fut président de la République de 1974 à 1981. Il fonda le parti de l'U.D.F. (Union pour la démocratie française) en 1978. Il a présidé la Convention européenne, mise en place pour

A B C D E F G H I J K L M N O P Q R S T U V W X Y Z

préparer l'évolution des institutions de l'Union* européenne et élaborer un projet de Constitution européenne (2002-2003).

Gizeh
Ville d'Égypte. 2 572 581 habitants. C'est une banlieue du Caire. À 10 km de Gizeh se trouvent les trois plus grandes pyramides d'Égypte. Considérées autrefois comme l'une des Sept* Merveilles du monde, elles ont été construites vers 2500 avant J.-C. pour abriter les corps momifiés des pharaons. La plus grande, haute de 146 m, est dédiée au pharaon Kheops. Les deux autres sont la pyramide de Khephren (136 m), près de laquelle le Sphinx en pierre de 20 m de haut a été érigé, et celle de Mykerinus (66 m).

Glorieuses - les Trois Glorieuses
Épisode de la révolution de 1830. Les Trois Glorieuses correspondent aux journées des 27, 28 et 29 juillet 1830 pendant lesquelles Paris se souleva contre le pouvoir royal. Elles mirent fin au règne de Charles X* et à la Restauration*. → VOIR AUSSI **Juillet.**

Gobi - désert de Gobi
Désert d'Asie. Il occupe le sud de la Mongolie et le nord de la Chine. Il y fait très chaud en été et très froid (– 25 °C) en hiver.

Godefroi de Bouillon **(vers 1061-vers 1100)**
Duc de Basse-Lorraine. Il fut l'un des chefs de la première croisade*. En 1099, il prit aux Turcs la ville de Jérusalem* qu'il gouverna.

Goethe Johann Wolfgang von **(1749-1832)**
Écrivain allemand. Il est célèbre pour ses romans, ses pièces de théâtre et surtout pour ses poèmes. Son roman *les Souffrances du jeune Werther* (1774) annonça le romantisme.

ŒUVRES PRINCIPALES *Les Souffrances du jeune Werther*, 1774 ; *Faust*, 1808-1832 ; *les Affinités électives*, 1809.

Goldman Jean-Jacques **(né en 1951)**
Chanteur et compositeur français. Influencé par le rock, il a renouvelé la chanson française. Il connut un immense succès dans les années 1980. Il a également écrit des textes pour d'autres interprètes comme Johnny Hallyday*, Patricia Kaas ou Céline Dion*.

ŒUVRES PRINCIPALES *Quand la musique est bonne*, 1982 ; *Au bout de mes rêves*, 1982 ; *Je marche seul*, 1985.

Goscinny René **(1926-1977)**
Auteur et scénariste français de bandes dessinées. Il est l'auteur notamment des histoires de *Lucky* Luke*, dont les dessins sont du Belge Morris (1923-2001), et d'*Astérix* le Gaulois* (dessins du Français Albert Uderzo). Il a aussi écrit les aventures du *Petit* Nicolas*, qui furent illustrées par le dessinateur français Jean-Jacques Sempé.

ŒUVRES PRINCIPALES *Lucky Luke*, à partir de 1955 ; *Astérix le Gaulois*, à partir de 1959 ; *le Petit Nicolas*, à partir de 1960.

Goths
Ancien peuple germanique. Installés d'abord sur les bords du fleuve polonais, la Vistule, puis sur les bords de la mer Noire jusqu'au IVe siècle, les Goths faisaient de fréquentes incursions dans l'Empire romain*. Pourchassés par les Huns*, les Goths se séparèrent en deux groupes, les Wisigoths* et les Ostrogoths*, qui envahirent l'Empire romain. → VOIR AUSSI **Invasions barbares.**

Goya y Lucientes Francisco de **(1746-1828)**
Peintre espagnol. Illustrateur de la vie du peuple et portraitiste de talent, il devient le peintre officiel du roi d'Espagne Charles IV et réalise à ce titre de nombreuses toiles de la cour. Il devient sourd à la suite d'une maladie et son style évolue alors vers plus de gravité. Ses peintures sur la misère humaine et celles dénonçant la guerre napoléonienne en témoignent. On peut voir au musée du Prado de Madrid un panorama exceptionnel de son œuvre.

ŒUVRES PRINCIPALES *La Pradera de San Isodro*, 1788 ; *la Maja desnuda*, entre 1790 et 1800 ; *la Maya vestida*, entre 1802 et 1805 ; *Dos de mayo* et *Tres de mayo*, 1814.

Francisco de **Goya y Lucientes :** *l'Ombrelle* (1776-1778)

Graf Steffi **(née en 1969)**
Joueuse de tennis allemande. Elle remporta de nombreuses victoires. Elle fut notamment sept fois vainqueur à Wimbledon (1988, 1989, 1991 à 1993, 1995, 1996) et six fois à Roland-Garros (1987, 1988, 1993, 1995, 1996, 1999). Elle fut en outre championne olympique en 1988.

Grand Canyon
Gorges du fleuve Colorado aux États-Unis (Arizona). Les à-pics de ses rochers de grès rouge en font un des sites les plus touristiques des États-Unis. Le Grand Canyon a servi de décor à de nombreux westerns.

Grande-Bretagne (Europe)

- Superficie : 243 500 km^2
- Habitants : 63 136 000 *(les Britanniques)*
- Capitale : *Londres*
- Langue : *anglais*
- Monnaie : *livre sterling*

• **Géographie.** Exposées aux vents d'ouest, les hauteurs du Nord et de l'Ouest sont plus arrosées que les plaines du Sud-Est (bassin de Londres). La population doit sa croissance à l'immigration des populations des anciennes colonies, mais aussi des nouveaux pays de l'Union européenne. L'urbanisation est ancienne et forte. Ayant bénéficié dès le XIXe siècle de l'essor de son industrie, la Grande-Bretagne connaît une régression et subit comme tous les pays les effets de la crise économique mondiale. Le Royaume-Uni comprend quatre parties : l'Angleterre, le pays de Galles, l'Écosse et l'Irlande du Nord.

• **Histoire.** Peuplée dès le IIIe millénaire avant J.-C., l'Angleterre est occupée ensuite par les Celtes*. Puis, entre 43 et 83 après J.-C., elle est conquise par les Romains et prend le nom de Bretagne. Au IXe siècle, elle est envahie par les Danois, mais Édouard le Confesseur rétablit une dynastie saxonne. En 1066, son successeur Harold II est vaincu à Hastings par le duc de Normandie Guillaume Ier* le Conquérant. À partir de 1189, le roi d'Angleterre se retrouve pendant trois siècles en conflit avec son suzerain le roi de France. Durant la dynastie des Tudors, le roi d'Angleterre Henri VIII rompt avec Rome et fonde l'Église anglicane. La reine Élisabeth Ire vainc l'Invincible Armada*, flotte du roi d'Espagne, annonçant ainsi l'avènement de la puissance maritime de l'Angleterre. En 1603, les royaumes d'Angleterre et d'Écosse sont réunis sous le règne de Jacques Stuart. Les Stuarts sont renversés par Oliver Cromwell*. Les Stuarts retrouvent le pouvoir, mais, en 1714, le pays passe sous la souveraineté des Hanovre. En 1800, le Royaume-Uni est formé par l'union de la Grande-Bretagne et de l'Irlande. De 1837 à 1901, le règne de la reine Victoria Ire* correspond a une forte domination du Royaume-Uni sur le reste du monde. La Grande-Bretagne participe aux deux guerres mondiales dans le camp des vainqueurs. En 1973, la Grande-Bretagne entre dans le Marché commun , qui est devenue depuis l'Union européenne.

Grande Muraille → Muraille de Chine

Grande Ourse → Ourse

Grand lac Salé

Marécage salé de l'ouest des États-Unis. D'une superficie d'environ 5 000 km^2, et situé en bordure des Rocheuses, il a donné son nom anglais à une grande ville qui se trouve à proximité, Salt Lake City, la capitale de l'Utah.

Grands Lacs

Ensemble de cinq grands lacs d'Amérique du Nord. À l'exception du lac Michigan (totalement inclus dans les États-Unis), les Grands Lacs se partagent entre les États-Unis et le Canada. Il s'agit du lac Supérieur (82 700 km^2), du lac Huron (59 800 km^2), du lac Michigan (58 300 km^2), du lac Érié (25 900 km^2) et du lac Ontario (18 800 km^2), qui est relié au précédent par les chutes du Niagara. Les Grands Lacs, qui communiquent entre eux, forment la plus importante étendue d'eau douce du monde.

Grèce (Europe)

- Superficie : 132 000 km^2
- Habitants : 11 128 000 *(les Grecs)*
- Capitale : *Athènes*
- Langue : *grec*
- Monnaie : *euro*

• **Géographie.** La Grèce est un pays montagneux, du sud de l'Europe, qui comprend une partie continentale et une partie insulaire. Son climat est méditerranéen dans la partie sud et dans les îles et devient plus rude dans la partie nord. L'agriculture y est une ressource essentielle (oliviers, blé, vigne, élevage ovin) mais sa principale source de revenus est le tourisme.

• **Histoire.** Antiquité jusqu'à 1456 : Grèce* antique. Du milieu du XVe siècle à 1829, la Grèce est sous la domination de l'Empire ottoman*. En 1830, le traité de Londres reconnaît la création d'un État grec indépendant, confié à Otton Ier, puis à Georges Ier. Pendant la Première Guerre* mondiale, la Grèce se partage entre partisans des Allemands et partisans des Alliés. Finalement, elle entre en guerre aux côtés de ces derniers. Pendant la Seconde Guerre mondiale, elle est envahie par les Italiens, puis par les Allemands. Un puissant mouvement de résistance se développe. En 1973, la république est proclamée. La Grèce adhère à la CEE (actuelle Union européenne) en 1981. Elle doit faire face à une très grave crise économique et financière depuis 2010.

Grèce antique

Période de l'histoire de la Grèce. La Grèce est le berceau de la civilisation occidentale. Entre le IXe siècle avant J.-C., époque à laquelle Homère écrit ses poèmes, et le Ve siècle avant J.-C. (le siècle de Périclès*), qui est l'apogée de cette civilisation, la Grèce antique, alors dominée par Athènes, est à l'origine du monde artistique, intellectuel et politique dans lequel nous vivons aujourd'hui. Elle nous a légué, outre des œuvres d'art d'une grande beauté, une mythologie très riche que les Romains reprirent en grande partie, la poésie, la tragédie, la philosophie et le système politique qui est en vigueur dans de nombreux pays contemporains, c'est-à-dire la démocratie. Soumise par les rois de Macédoine, Philippe II et Alexandre* le Grand,

A B C D E F G H I J K L M N O P Q R S T U V W X Y Z

la Grèce dut abandonner ses lois et une partie de ses traditions, mais son influence continua de rayonner dans tout le monde antique (sous le nom de civilisation hellénistique). La civilisation romaine lui a d'ailleurs beaucoup emprunté. Intégrée à l'Empire romain d'Orient au Ve siècle après J.-C., la Grèce fut occupée par l'Empire ottoman du XVe au début du XIXe siècle, puis elle conquit son indépendance en 1829. → VOIR AUSSI **Acropole, Athènes, Marathon, Platon, Socrate, Sparte.**

le **Greco** Dhominikos **Theotokopoulos**, dit (1541-1614)
Peintre espagnol d'origine crétoise. Il subit l'influence des peintres italiens de la Renaissance. Son style est marqué par la forme allongée des corps et par le contraste des lumières qui donnent à ses œuvres un caractère irréel.

ŒUVRES PRINCIPALES *Martyre de saint Maurice*, 1582 ; *l'Enterrement du comte d'Orgaz*, 1586.

Greenpeace
Organisation écologiste et pacifiste. Fondée en 1971, à Vancouver, au Canada, elle siège à Amsterdam. Greenpeace lutte pour la protection de l'environnement et contre l'extermination des espèces animales. Elle s'oppose aux essais nucléaires par des actions souvent spectaculaires.
▸ REM. On prononce [grinpis].

Grenade (Amérique)

- Superficie : 344 km²
- Habitants : 106 000 *(les Grenadiens)*
- Capitale : *Saint George's*
- Langue : *anglais*
- Monnaie : *dollar des Caraïbes orientales*

• Île des Antilles*, la Grenade est indépendante depuis 1974. Le tourisme constitue sa principale activité économique.

Grenade
Ville du sud de l'Espagne. 241 003 habitants (les *Grenadins*). Elle fut la capitale du royaume arabe fondé au XIe siècle. De magnifiques monuments, dont le palais de l'Alhambra, témoignent de ce passé. Grenade fut reprise par les catholiques en 1492, lors de la Reconquista*.

Grenoble
Ville française. 161 071 habitants (les *Grenoblois*) ; 504 734 habitants dans l'agglomération. Chef-lieu du département de l'Isère, Grenoble est un centre industriel (construction mécanique et électrique, électronique) et un important centre de recherche scientifique.

Grimm Jacob (1785-1863) et Wilhelm (1786-1859)
Écrivains allemands. Bibliothécaires et professeurs, les frères Grimm réunirent les récits des conteurs et les mirent par écrit, dans un style vivant. Leur premier recueil, *Contes d'enfants et du foyer*, connut un succès auquel eux-mêmes ne s'attendaient pas.

ŒUVRES PRINCIPALES *Blanche-Neige ; Cendrillon ; Hänsel et Gretel ; le Petit Chaperon rouge ; le Petit Poucet.*

Gripari Pierre (1925-1990)
Écrivain français. Bien qu'il ait touché à de nombreux genres littéraires, Pierre Gripari est surtout connu comme un écrivain pour enfants. Son œuvre la plus célèbre, les *Contes de la rue Broca*, parue en 1967, s'adresse à ce public. Elle est composée de plusieurs histoires merveilleuses situées à notre époque dans le cadre familier d'un quartier de Paris entre le Ve et le XIIIe arrondissement.

Groenland
Île appartenant au Danemark (avec une large autonomie). 2 200 000 km² ; 56 462 habitants (les *Groenlandais*). Situé au nord-est de l'Amérique et entouré par l'océan Arctique* et l'océan Atlantique, le Groenland est la plus grande île du monde. Elle est en grande partie recouverte de glace. Sa population, surtout des Inuits*, vit uniquement sur le littoral où elle pratique la pêche et la chasse. L'île fut découverte par le Viking Erik* le Rouge au Xe siècle. Les premières expéditions de scientifiques européens et américains eurent lieu au début du XXe siècle.

Guadeloupe
Département et Région d'outre-mer, aux Antilles. 410 335 habitants (les *Guadeloupéens*). Chef-lieu : Basse-Terre ; ville principale : Pointe-à-Pitre. Découverte en 1493 par Christophe Colomb*, la Guadeloupe, très peuplée, vit essentiellement de ses plantations (canne à sucre, bananes) et du tourisme.

Guatemala (Amérique)

- Superficie : 109 000 km²
- Habitants : 15 468 000 *(les Guatémaltèques)*
- Capitale : *Guatemala*
- Langue : *espagnol*
- Monnaie : *quetzal*

• Pays montagneux de l'Amérique centrale, au sud-est du Mexique, le Guatemala a une population très importante, en grande partie constituée d'Indiens. Le café est la base de ses exportations, dirigées principalement vers les États-Unis.

Guebwiller - ballon de Guebwiller ou Grand Ballon
Point culminant (1 424 m) du massif des Vosges*, en France.

Guernica
Ville espagnole. Guernica fut détruite par l'aviation allemande au service de l'armée de Franco pendant la

guerre civile d'Espagne*. Deux mille civils y furent tués. Pour exprimer la violence de cet événement, Picasso* a peint une toile intitulée *Guernica*, considérée comme un chef-d'œuvre du cubisme. Ce tableau représente un puzzle de personnages, d'animaux et d'objets déformés, dans des tons noirs, blancs et gris, d'où se dégage une forte impression de peur et de souffrance.

guerre de Cent Ans → Cent Ans

guerre d'Espagne → Espagne

guerre de l'Indépendance américaine → Indépendance américaine

la ***Guerre des boutons***
Roman de l'écrivain français Louis Pergaud. Écrit en 1912, il raconte, de façon très réaliste, la guerre que se livrent deux bandes rivales de jeunes garçons, en Franche-Comté. Ce roman a été adapté au cinéma en 1962 puis en 2011 ; les films ont demandé la participation de plus de cent enfants.

guerre de Sécession → Sécession

la ***Guerre des étoiles***
Film de science-fiction de George Lucas. → VOIR encadré.

guerre de Troie → Troie

la ***Guerre du feu***
Roman français. Il fut écrit en 1911 par Joseph Henri Rosny (1856-1940). L'action se déroule pendant la préhistoire. Une tribu a perdu le feu, essentiel à sa survie. Trois guerriers sont chargés de le retrouver. Au cours de leur recherche, ils rencontrent d'autres hommes, qui, eux, savent comment faire du feu. Ce livre a eu un immense succès et a été plusieurs fois adapté au cinéma.

guerre franco-allemande de 1870
Conflit qui opposa la France à la Prusse et aux États allemands, de 1870 à 1871. Napoléon III* déclara la guerre à la Prusse en 1870. L'armée française, mal préparée et mal dirigée, ne put faire face à une armée prussienne très bien organisée. Après une série de défaites, les Français furent écrasés à la bataille de Sedan : Napoléon III dut capituler. Cette défaite entraîna la chute du second Empire*, qui fut remplacé par une république. La France dut céder l'Alsace et la Lorraine aux Allemands. → VOIR AUSSI **Bismarck.**

guerre froide
Période de tension qui, de 1945 à 1989, opposa les pays de l'Europe de l'Ouest regroupés autour des États-Unis aux pays de l'Europe de l'Est, contrôlés par l'U.R.S.S. Les deux blocs défendaient des politiques opposées : libérale à l'ouest, communiste à l'est. Au lendemain de la Seconde Guerre mondiale et jusque dans les années 1960, les conflits se succédèrent, chacun des deux camps menaçant d'avoir recours à l'arme nucléaire. Une période de détente s'installa jusqu'au début des années 1970, puis les tensions s'intensifièrent de nouveau dans les années 1980. La guerre froide prit fin avec l'effondrement du bloc communiste, en 1989.

Guerre mondiale - Première Guerre mondiale
Conflit qui, de 1914 à 1918, opposa l'Allemagne, l'Autriche-Hongrie et l'Empire ottoman à la Serbie, à la France, à la Russie, à la Belgique et à la Grande-Bretagne, qui s'allièrent ensuite à d'autres pays, dont

La Guerre des étoiles : science-fiction et grand spectacle.

La Guerre des étoiles (*Star Wars*, en anglais) est un film de science-fiction. Il fut réalisé en 1977 par le cinéaste américain George Lucas (né en 1944).

Un empire totalitaire fait régner la terreur dans la Galaxie au moyen d'une arme redoutable et mystérieuse, l'« Étoile de la Mort ». Un groupe de rebelles, dirigé par la princesse Leia, tente de résister aux forces impériales et s'empare des plans de cette arme. Leia est capturée, mais deux robots, C3PO et R2D2, alertent Ben Kenobi, le seul survivant des chevaliers Jedi. Les deux camps, celui de la princesse Leia, aidée de Luke Skywalker et du brigand Han Solo, et celui du terrible Darth Vader, vont alors s'affronter lors de batailles dans l'espace.

Le cinéaste eut recours à l'informatique pour réaliser les effets spéciaux du film. Cette façon nouvelle d'envisager la science-fiction à travers des personnages inspirés du Moyen Âge a fait le succès du film qui reçut dix oscars. Les spectateurs ont pu retrouver les héros de *la Guerre des étoiles* dans de nombreux autres films : *L'empire contre-attaque* (1980) réalisé par l'Américain Irvin Kershner ; *le Retour du Jedi* (1983) réalisé par Richard Marquand ; *la Guerre des étoiles. Épisode I, la Menace fantôme* (1999) ; *la Guerre des étoiles. Épisode II, l'Attaque des clones* (2002) ; et *la Guerre des étoiles. Épisode III, la Revanche des Sith* (2005) réalisés par George Lucas ; *la Guerre des étoiles. Épisode VII, le Réveil de la Force* (2015), réalisé par J. J. Abrams.

Illustration : Les robots C3P0 et R2D2 (à dr.).

A B C D E F G H I J K L M N O P Q R S T U V W X Y Z

le Japon et les États-Unis. L'assassinat de l'archiduc héritier d'Autriche-Hongrie à Sarajevo, par un étudiant bosniaque, servit de prétexte au déclenchement de la guerre.

• **Les opérations militaires.** L'armée allemande envahit la Belgique puis la France, mais fut repoussée lors de la bataille de la Marne, en septembre 1914. Les deux armées se firent face pendant trois ans, enterrées dans des tranchées et ne sortant que pour des offensives très meurtrières, comme la bataille de Verdun, en 1916. Les États-Unis, entrés en guerre en 1917, contribuèrent à la victoire des Alliés, en novembre 1918.

• **Les conséquences.** La Première Guerre mondiale fit huit millions de morts et provoqua l'écroulement des empires du XIXe siècle (russe, austro-hongrois, ottoman et allemand). Le traité de Versailles, imposé par les Alliés victorieux, fut signé en juin 1919. Il infligeait des sanctions très sévères à l'Allemagne vaincue et fit naître dans ce pays un sentiment de revanche, que Hitler exploita pour arriver au pouvoir.

Guerre mondiale - Seconde Guerre mondiale

Conflit qui, de 1939 à 1945, opposa les pays d'Europe hostiles au nazisme (France, Angleterre, Pologne, Danemark, Norvège, Belgique, Pays-Bas, Yougoslavie, Grèce, rejoints par d'autres pays, dont l'U.R.S.S., les États-Unis, le Canada et la Chine) aux puissances liées à l'Allemagne par un pacte d'alliance appelé l'*Axe* (dont l'Italie et le Japon). Lorsque, en septembre 1939, l'Allemagne attaqua la Pologne, la France et la Grande-Bretagne lui déclarèrent la guerre.

• **Les opérations militaires.** En mai 1940, l'Allemagne envahit les Pays-Bas, la Belgique, puis la France. Pétain* demanda alors l'armistice et établit à Vichy un gouvernement de collaboration avec l'ennemi, tandis que le général de Gaulle* s'installait à Londres et appelait à la résistance. En 1941, l'U.R.S.S. et les États-Unis entrèrent en guerre aux côtés des Britanniques. L'hiver 1942-1943 vit la défaite des Allemands à Stalingrad et en Afrique du Nord, et les premiers revers des Japonais dans le Pacifique. En 1944, les Alliés débarquèrent en Normandie puis en Provence, libérant la France avec l'aide de la Résistance*. En avril 1945, ils envahirent l'Allemagne, qui capitula le 8 mai, quelques jours après le suicide de Hitler. → VOIR AUSSI **Hiroshima, Nagasaki, Pearl Harbor.**

• **Les crimes contre l'humanité.** À partir de 1942, dans toute l'Europe dominée par Hitler, les Juifs, les Tsiganes et les Slaves furent déportés et exterminés dans les camps de concentration. L'extermination devint massive à partir de 1944, et les massacres de civils par les nazis se multiplièrent. Lors du procès des chefs nazis à Nuremberg en 1945, le tribunal établit la notion de « crime contre l'humanité » grâce aux témoignages des survivants. La Seconde Guerre mondiale provoqua la mort de 40 à 52 millions de personnes (dont 7 millions de déportés) et la ruine des pays engagés dans le conflit, à l'exception des États-Unis. → VOIR AUSSI **Auschwitz, Buchenwald, Shoah.**

guerres de Religion → Religion

guerres d'Italie → Italie

guerres médiques → médiques

guerres puniques → puniques

Guesclin Bertrand Du (vers 1320-1380)

Héros français de la guerre de Cent* Ans. Du Guesclin était un chef de guerre qui combattait les Anglais pour le compte du roi de France Charles V. C'était un homme rusé : un jour, il se déguisa en paysan avec quelques soldats et pénétra dans une forteresse dont il s'empara par surprise. Il devint le symbole de la lutte contre les Anglais.

Guevara Ernesto, dit Che (1928-1967)

Révolutionnaire cubain d'origine argentine. Il participa à la révolution cubaine et mena la guérilla aux côtés de Fidel Castro* de 1956 à 1959. Après avoir quitté Cuba, il développa d'autres foyers révolutionnaires en Amérique latine. Il organisa et dirigea notamment la guérilla en Bolivie où il fut tué.

Guignol

Personnage du théâtre de marionnettes français. Originaire d'Italie, il fut introduit à Lyon, en 1808, par un canut. Guignol dénonce les injustices dont sont victimes les petites gens. Sous Napoléon III*, cette liberté de parole ne plaisait guère à la police. Ce n'est que plus tard qu'on utilisa Guignol dans les spectacles pour enfants, où on le voit donner des coups de bâton aux gendarmes.

Guillaume Ier le Conquérant (vers 1028-1087)

Duc de Normandie et roi d'Angleterre. Par sa naissance, il était le chef des Normands (ou Vikings) installés en Normandie depuis 911. Le roi d'Angleterre l'avait choisi comme héritier, mais il dut faire la guerre pour s'emparer du trône anglais. Il devint roi en 1066, tout en conservant ses possessions normandes. À partir de cette date, les rois d'Angleterre eurent donc en France des domaines, qui s'agrandirent jusqu'au règne de Philippe* Auguste.

Guillaume II (1859–1941)

Roi de Prusse et empereur d'Allemagne. Il imposa un régime autoritaire et chercha à renforcer son empire en développant l'influence de l'Allemagne dans le monde. Il s'allia à l'Autriche-Hongie et déclara la guerre à la France en 1914. Vaincu en 1918, il abdiqua et s'exila.

Guillaume Tell

Héros d'une légende suisse de la fin du XIVe siècle. Guillaume Tell incarne l'indépendance de la Suisse qui voulait s'affranchir de la domination autrichienne. L'épisode le plus célèbre de cette légende est celui où il fut arrêté et condamné à percer d'une flèche une pomme posée sur la tête de son fils. Il sortit victorieux de l'épreuve.

Guimard Hector **1867-1942**
Architecte français. Guimard est le représentant majeur de l'Art nouveau en France. Décorateur de génie, maniant avec habileté la courbe et l'arabesque végétale, il a produit de nombreux hôtels particuliers et marqué de son empreinte le paysage parisien par ses entrées et édicules de métro, qu'on peut encore voir de nos jours (stations Porte Dauphine, Abbesses, etc.).

Guinée (Afrique)

- Superficie : 250 000 km²
- Habitants : 9 402 000 *(les Guinéens)*
- Capitale : *Conakry*
- Langue : *français*
- Monnaie : *franc guinéen*

• Située à l'ouest de l'Afrique, sur l'océan Atlantique, la Guinée présente une plaine côtière, humide et peuplée (cultures de riz et plantations), et une partie orientale plus sèche. Ancienne colonie française, elle est devenue une république indépendante en 1958. Les richesses du sous-sol (notamment la bauxite, roche exploitée comme minerai d'aluminium) sont ses principales ressources.

Guinée-Bissau (Afrique)

- Superficie : 36 125 km²
- Habitants : 1 704 000 *(les Bissau-Guinéens)*
- Capitale : *Bissau*
- Langue : *portugais*
- Monnaie : *franc C.F.A.*

• Pays de l'ouest de l'Afrique, au sud du Sénégal, la Guinée-Bissau a été une colonie portugaise avant de devenir une république indépendante en 1974. L'agriculture (arachide et riz notamment) est une de ses seules ressources.

Guinée équatoriale (Afrique)

- Superficie : 28 100 km²
- Habitants : 757 000 *(les Équato-Guinéens)*
- Capitale : *Malabo*
- Langues : *espagnol, français, portugais*
- Monnaie : *franc C.F.A.*

• Située sur le golfe de Guinée, la Guinée équatoriale comprend plusieurs îles, dont Bioko, où se trouve la capitale du pays, et une partie continentale située entre le Cameroun et le Gabon. Ancienne colonie portugaise, puis espagnole, elle est devenue une république indépendante en 1968.

Gulf Stream
Courant chaud de l'Atlantique. Il prend naissance à l'est de la Floride, remonte jusqu'au sud de Terre-Neuve, dans l'Atlantique nord, puis se divise en plusieurs segments qui dérivent vers l'est. Ce courant chaud adoucit considérablement les climats du littoral européen.

les ***Voyages de Gulliver***
Roman fantastique. Écrit par l'écrivain irlandais Jonathan Swift (1667-1745), il parut en 1726. Il raconte les aventures de Gulliver qui voyage dans des régions très étranges. À Lilliput, il rencontre des êtres minuscules mais prétentieux ; à Brobdingnag, il découvre des géants sans cervelle. Ce livre permet à Swift de critiquer la société de son époque.

Gupta
Dynastie de l'Inde. Les Gupta entrent dans l'histoire avec Candragupta Ier (à la fin du IVe siècle). Son fils Samudragupta est un grand roi conquérant de l'Inde. L'apogée de l'empire se situe sous Candragupta II, qui conquiert Ujjain (Madhya Pradesh) et met fin au règne des Shaka sur cette région. La dynastie Gupta connaît ensuite le déclin et s'éteint au VIe siècle.

Gutenberg (entre 1397 et 1400-1468)
Imprimeur allemand. Vers 1440, il mit au point une technique de composition, appelée *typographie*, avec des caractères d'imprimerie mobiles fondus dans un alliage à base de plomb. Les caractères pouvant être utilisés pour plusieurs impressions, l'invention de Gutenberg eut une influence capitale dans le développement de l'écrit et la diffusion des connaissances. La typographie resta le procédé de base de l'imprimerie jusqu'au début du XXe siècle.

Guyana (Amérique)

- Superficie : 215 000 km²
- Habitants : 747 884 *(les Guyaniens)*
- Capitale : *Georgetown*
- Langue : *anglais*
- Monnaie : *dollar de la Guyana*

• Pays de l'Amérique du Sud, à l'est du Venezuela, la Guyana est une république indépendante depuis 1966. Le pays, au climat chaud et humide, est en grande partie couvert de forêts. Il produit du sucre de canne, du riz, et exploite son sous-sol.

Guyane
Département et Région d'outre-mer. 241 922 habitants (les *Guyanais*). Chef-lieu : Cayenne. La Guyane est située au nord de l'Amérique du Sud. Une forêt dense occupe 90 % du territoire. La population se concentre sur la côte de l'Atlantique. Un bagne fut établi à Cayenne entre 1852 et 1946. Le centre spatial de Kourou, qui fonctionne depuis 1968, assure le lancement des fusées Ariane*.

Gymnopédies
Recueil de trois pièces pour piano d'Erik Satie*. Ces valses lentes furent composées en 1888. Elles figurent parmi les premières œuvres du compositeur. Rompant avec les compositions classiques, elles se caractérisent par un dépouillement et une simplicité mélodiques. Leur titre, surprenant, évoque des danses effectuées lors de fêtes dans la Grèce antique. Les *Gymnopédies* ont influencé des compositeurs comme Claude Debussy* ou Maurice Ravel*.

H

Hadès (nom romain : Pluton)
Dieu grec des Enfers et de la Mort. Il régnait sur le royaume des Morts et jugeait les hommes à la fin de leur vie. Les justes étaient envoyés aux Champs* Élysées, et les mauvais, gardés par Cerbère*, subissaient des tortures éternelles en châtiment de leurs crimes.

Hadrien (76-138)
Empereur romain. Il protégea l'Empire contre les Barbares en faisant construire des fortifications sur les frontières. Homme cultivé et grand voyageur, il fit également bâtir de nombreux monuments.

Hadrien

Haendel ou Händel Georg Friedrich (1685-1759)
Compositeur allemand naturalisé anglais. Musicien baroque, il a composé des opéras *(Rinaldo)*, des sonates, des concerts et des suites, et surtout des oratorios *(le Messie)*.

ŒUVRES PRINCIPALES *Rinaldo*, 1711 ; *le Messie*, 1742.

Hainaut
Province du sud de la Belgique. 3 787 km^2. 1 328 760 habitants (les *Hainuyers* ou les *Hennuyers*). Chef-lieu : Mons. Le Hainaut est une région agricole et d'élevage au nord, et un centre d'industrie métallurgique, au sud.

Haïti (Amérique)
- Superficie : 27 750 km^2
- Habitants : 10 317 000 *(les Haïtiens)*
- Capitale : *Port-au-Prince*
- Langues : *français, créole*
- Monnaies : *gourde, dollar des États-Unis*

Géographie. La république d'Haïti est un pays au climat tropical (fréquemment touché par des cyclones) situé sur une île partagée avec la République dominicaine. Il connaît de graves problèmes économiques dus à ses problèmes de surpopulation et à la faiblesse de son agriculture et de son industrie. Il a été frappé par un grave séisme en 2010.

Histoire. Peuplée d'Indiens Arawak, l'île est découverte par Christophe Colomb*, qui la baptise du nom d'Hispaniola. Au XVIIIe siècle, elle est occupée par la France qui la consacre à la production du café et du sucre. L'île est alors peuplée à 90 % d'esclaves noirs. En 1791, Toussaint* Louverture prend la tête de la révolte des esclaves. En 1804, le Noir Jean-Jacques Dessalines se proclame empereur d'Haïti, mais, en 1859, la république est restaurée.

Halley - comète de Halley
Comète observée en 1705. Elle porte le nom de l'astronome qui l'étudia et qui calcula son orbite. Halley montra que c'était la même comète qui était apparue au cours des siècles précédents. Conformément à ses prévisions, la comète repassa près du Soleil à la fin de l'année 1758. Elle fut ensuite observée de la Terre en 1835, 1910 et 1986. Son prochain passage est attendu en 2062.

Hallyday Johnny (né en 1943)
Chanteur français. De son vrai nom Jean Philippe Smet, il débute en 1959. Il triomphe à l'Olympia, à Paris, en 1961 et devient le chanteur rock le plus célèbre de la vague « yé-yé ». Il a su dépasser les modes et garder une place privilégiée dans la chanson.

ŒUVRES PRINCIPALES *Retiens la nuit*, 1961 ; *l'Idole des jeunes*, 1962 ; *Que je t'aime*, 1969 ; *Quelque chose de Tennessee*, 1985.

Han
Dynastie impériale chinoise. Fondée par Han Gaozu en 206 avant J.-C., elle a affermi le pouvoir central. La Chine connaît alors un grand essor économique et réalise une importante expansion territoriale (en Mandchourie, Corée, Mongolie et Viêt Nam). Son apogée se situe sous l'empereur Han Wudi (140 à 87 avant J.-C.).

Hannibal **(vers 247 avant J.-C.-183 avant J.-C.)**
Général carthaginois. Il s'opposa à Rome dans les guerres puniques*. Vaincu par les Romains, Hannibal s'exila en Orient où il s'empoisonna. → VOIR **Carthage.**

la **Hanse**
Association commerciale des cités du nord de l'Europe. La Hanse regroupait de 70 à 80 villes de la mer du Nord et de la Baltique. Entre le XIIe et le XVIIe siècle, elles eurent le monopole du commerce dans la région. Au XIVe siècle, cette association était si puissante qu'elle disposait d'une armée.

Hanse Joseph **(1902-1992)**
Grammairien belge. Ancien professeur de l'université catholique de Louvain, Joseph Hanse fut membre de l'Académie royale de langue et de littérature françaises, et président du Conseil international de la langue française. Il est l'auteur du *Dictionnaire des difficultés du français moderne*.

Hänsel et Gretel
Conte populaire. Les frères Grimm* en ont écrit une version. Un frère et une sœur, Hänsel et Gretel, sont abandonnés dans la forêt par leurs parents, trop pauvres pour les nourrir. Tombant dans le piège d'une sorcière, dont la maison est bâtie avec des friandises, ils lui échappent et la tuent, grâce à une ruse de Gretel. Ils retrouvent leur chemin et rapportent chez eux le trésor découvert chez la sorcière.

Hardouin-Mansart Jules
Architecte français. → VOIR **Mansart.**

Hardy → Laurel

Harpies
Divinités de la mythologie grecque. Les Harpies, à corps d'oiseau et à tête de femme, volaient les âmes pour les emporter aux Enfers.

Harry Potter
Série de romans écrits par Joanne Kathleen Rowling. → VOIR encadré.

Haussmann Georges **(1809-1891)**
Homme politique français. Préfet de la Seine sous le second Empire (de 1853 à 1870), il dirigea une série de grands travaux qui transformèrent la ville de Paris et lui donnèrent son aspect contemporain (égouts,

***Harry Potter* : les fantastiques aventures d'un jeune orphelin.**

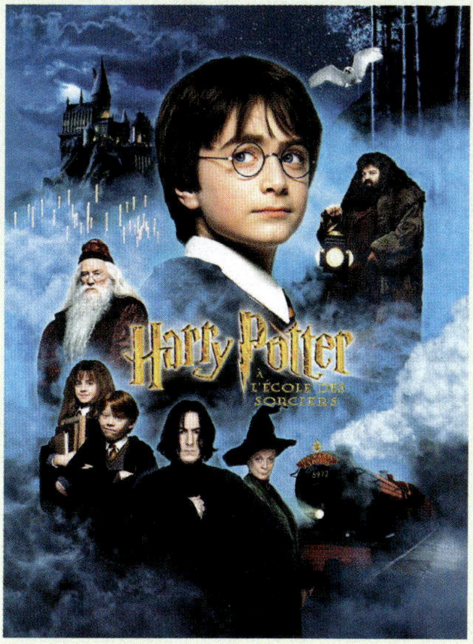

Illustration : L'affiche du premier film, adaptation de ***Harry Potter à l'école des sorciers.***

La série de romans ***Harry Potter*** est l'œuvre de l'écrivain britannique Joanne Kathleen Rowling (née en 1965). Le premier tome parut en 1997 et s'intitule *Harry Potter à l'école des sorciers.* Six autres tomes ont vu le jour depuis *(Harry Potter et la chambre des secrets ; Harry Potter et le prisonnier d'Azkaban ; Harry Potter et la coupe de feu ; Harry Potter et l'ordre du Phénix ; Harry Potter et le Prince de Sang-Mêlé ; Harry Potter et les reliques de la mort).*
Ces romans racontent les aventures de Harry, un jeune orphelin vivant chez son oncle et sa tante qui ne l'aiment pas. Le jour de son onzième anniversaire, sa vie est bouleversée par l'arrivée d'un géant qui l'emmène dans une école de sorcellerie, le collège de Poudlard. Dans cet univers merveilleux, où l'on apprend à préparer des potions et à manier la baguette magique, Harry va vivre une suite d'aventures fantastiques.
Les histoires de *Harry Potter*, pleines d'ingéniosité, ne manquent ni de suspense ni d'humour. Les élèves de Poudlard utilisent, par exemple, tout un vocabulaire inventé. Ainsi le mot « quidditch » désigne-t-il le sport qui se pratique sur des balais volants.
Dès la parution du premier tome, *Harry Potter* a suscité un réel engouement auprès du public des jeunes. Les livres ont été traduits en 65 langues. Ils ont tous été adaptés au cinéma en 2001, 2002, 2004, 2005, 2009 et 2010-2011, où ils ont connu de grands succès.

A B C D E F G H I J K L M N O P Q R S T U V W X Y Z

adduction d'eau, parcs et jardins, gares, etc.). De grandes avenues furent tracées. On lui reprocha d'avoir sacrifié des édifices importants.

Haute-Normandie → Normandie

Le **Havre**

Ville française (département de la Seine-Maritime). 175 788 habitants (les *Havrais*). Situé à l'embouchure de la Seine, le Havre est un important port de commerce, notamment pour l'importation de pétrole. La ville fut en grande partie détruite pendant la Seconde Guerre mondiale, elle fut reconstruite selon un plan géométrique.

Haydn Joseph (1732-1809)

Compositeur autrichien. Son œuvre est très abondante et très variée : il a composé des symphonies, dont il fixa la forme classique, des quatuors, des opéras et des oratorios.

ŒUVRES PRINCIPALES *La Création*, 1798 ; *les Saisons*, 1801.

Hébreux

Peuple de l'Orient ancien. Les Hébreux furent appelés ensuite le peuple d'Israël*. Selon la Bible, ils descendaient d'Abraham*. Devenus esclaves en Égypte, où ils avaient émigré, ils furent reconduits en Palestine par Moïse et fondèrent plus tard le royaume d'Israël.

Helsinki

Capitale de la Finlande. 613 407 habitantss (les *Helsinkiens*). 1 170 000 habitants dans l'agglomération. Helsinki est un port de commerce et de voyageurs, ainsi qu'un grand centre industriel. La ville est réputée pour son architecture moderne des XIXe et XXe siècles.

Hemingway Ernest (1899-1961)

Romancier et journaliste américain. Hemingway fut le témoin des grands événements qui secouèrent l'Europe au XXe siècle : les deux guerres mondiales et la guerre d'Espagne. Son œuvre montre, dans un style simple et réaliste, la solitude de l'homme face à un monde souvent absurde. Il obtint le prix Nobel après la parution du *Vieil Homme et la mer*. Il était aussi grand amateur de chasse, de pêche et de courses de taureaux.

ŒUVRES PRINCIPALES *Pour qui sonne le glas*, 1940 ; *le Vieil Homme et la mer*, 1952.

Henri IV (1553-1610)

Roi de Navarre puis de France. Roi de Navarre, Henri était le chef du parti protestant, à une époque où le royaume de France était plongé dans les guerres de Religion*. Il hérita de la couronne de France. Comme beaucoup de Français refusaient d'avoir un roi protestant, il se fit catholique en déclarant : « Paris vaut bien une messe. » Il mit fin aux guerres de Religion, signa l'édit* de Nantes et apporta à la France une période de paix et de prospérité. Henri IV mourut assassiné par Ravaillac, qui pensait délivrer la France d'un ennemi de l'Église. → VOIR AUSSI **Sully**.

Henri IV

Henri VIII (1491-1547)

Roi d'Angleterre. Henri VIII fut d'abord un ardent défenseur du catholicisme, à une époque où l'Europe entrait dans les guerres de Religion*. Mais, quand il voulut changer d'épouse, le pape refusa l'annulation de son mariage. Henri VIII se proclama alors unique chef de l'Église d'Angleterre et s'autorisa lui-même à divorcer. Il eut cinq autres femmes : il en répudia une, en fit décapiter deux, les deux autres moururent de mort naturelle. Il persécuta les catholiques fidèles au pape. Henri VIII est probablement à l'origine du conte de *Barbe-Bleue** et de ses sept femmes, raconté par Charles Perrault.

Henri le Navigateur (1394-1460)

Prince portugais. Il est à l'origine de l'exploration des côtes africaines, qui permit la découverte de Madère, des Açores et du Sénégal, dans la première moitié du XVe siècle.

Héphaïstos (nom romain : Vulcain)

Dieu grec du Feu et des Forges. Fils de Zeus et d'Héra, c'était un nain difforme qui boitait depuis que Zeus l'avait jeté du haut de l'Olympe. Installé au fond des volcans, il était le forgeron des dieux et des héros, dont il fabriquait les armes.

Héra (nom romain : Junon)

Déesse grecque du Mariage. Héra était l'épouse de Zeus. Dans les légendes, elle se venge souvent des infidélités de son mari : elle persécuta ainsi Héraclès et Dionysos, fils de Zeus et de deux mortelles. Seule déesse mariée de l'Olympe, elle protégeait les couples et les aidait à avoir des enfants.

Héraclès (nom romain : Hercule)
Héros de la mythologie grecque personnifiant la force physique. Il était le fils de Zeus et d'une mortelle, Alcmène. Pour expier le meurtre de son épouse et de ses enfants, il dut exécuter douze travaux, qu'il mena à bien grâce à sa force et à son courage. Héraclès tua le lion de Némée, vainquit l'hydre de Lerne, captura le sanglier d'Érymanthe, prit la biche de Cérynie, abattit les oiseaux du lac Stymphale, nettoya les écuries d'Augias, captura le taureau de Crète, s'empara des chevaux de Diomède, prit la ceinture de la reine des Amazones, captura les bœufs de Géryon, rapporta les pommes d'or du jardin des Hespérides et enchaîna le monstre Cerbère qui gardait l'entrée des Enfers.

Herculanum
Ville de l'Italie ancienne qui fut ensevelie sous les cendres de l'éruption du Vésuve*, en 79.

Hercule
Nom donné par les Romains à un héros appelé Héraclès* par les Grecs.

Hergé **(1907-1983)**
Auteur belge (de son vrai nom Georges Remi) de bandes dessinées, créateur du personnage de Tintin*.

Hermès (nom romain : Mercure)
Dieu grec des Voleurs et des Marchands. Il était aussi le messager des dieux et celui qui menait les âmes des morts vers l'autre monde. Personnification de la ruse et de l'intelligence, il avait inventé les poids et les mesures, ainsi que le premier instrument de musique : la lyre. Il portait un casque ailé et le caducée que lui avait offert Apollon.

Herschel William **(1738-1822)**
Astronome britannique d'origine allemande. Il découvrit la planète Uranus en 1781, puis deux de ses satellites, en 1787, à l'aide de télescopes qu'il construisait lui-même. Il est le fondateur de la partie de l'astronomie qui étudie les étoiles.

Hestia (nom romain : Vesta)
Déesse grecque du Foyer. Sœur de Zeus, elle incarnait le foyer domestique, le feu qui brûle sans cesse dans les demeures et dans les temples. Hestia était vénérée comme la protectrice des familles, des villes et des colonies. Quand les Grecs voulaient fonder une colonie, ils emportaient avec eux le feu d'Hestia destiné à allumer le foyer de la nouvelle patrie.

Himalaya
Chaîne de montagnes d'Asie. L'Himalaya est la plus haute chaîne de montagnes du monde. Il sert de frontière, à l'ouest, entre l'Afghanistan, le Pakistan et l'ex-U.R.S.S., à l'est, entre l'Inde, le Népal et la Chine. La chaîne s'étend sur près de 3 000 km et de nombreux sommets dépassent 8 000 m d'altitude. La jungle recouvre ses basses pentes, laissant place, au-dessus, à la forêt, puis aux alpages, où vivent les yacks et les chèvres. Les populations de l'Himalaya ont été longtemps très isolées. → VOIR AUSSI **Everest.**
▸ REM. *Himalaya* est un mot sanskrit qui signifie « séjour des neiges ».

Hinault Bernard **(né en 1954)**
Coureur cycliste français. Cinq fois vainqueur du Tour* de France (1978, 1979, 1981, 1982 et 1985), il fut champion du monde en 1980.

Hippocrate **(460-377 avant J.- C.)**
Médecin de l'Antiquité. Il rassembla les connaissances médicales de son époque et fut celui qui les mit le mieux en pratique. Malgré des hésitations ou des erreurs, il se distingua par une pratique de la médecine saine et logique. Il est à l'origine du serment que prêtent les médecins avant d'exercer.

Hirohito **(1901-1989)**
Empereur du Japon. Sous son règne, le Japon a tenté de devenir la première puissance d'Extrême-Orient. Pendant la Seconde Guerre mondiale, Hirohito s'est allié à l'Allemagne hitlérienne. Après la défaite du Japon, en 1945, il a dû renoncer aux titres qui donnaient un caractère divin à sa personne et à sa fonction. Le Japon est alors devenu une monarchie constitutionnelle, dont il est néanmoins resté empereur jusqu'à sa mort.

Hiroshima
Ville du Japon. 1,2 million d'habitants. Située dans le sud de l'archipel, Hiroshima est un port. Le 6 août 1945, les Américains larguèrent sur la ville la première bombe atomique, qui fit 150 000 victimes et anéantit la ville. → VOIR AUSSI **Nagasaki.**

Hitchcock Alfred **(1899-1980)**
Cinéaste britannique, naturalisé américain. Considéré comme le maître du suspense, Hitchcock crée des ambiances inquiétantes et tient le spectateur en haleine jusqu'à la fin de ses films. Hitchcock, qui ne manquait pas d'humour, apparaît dans presque tous ses films, quelques secondes, comme figurant.

ŒUVRES PRINCIPALES *Le crime était presque parfait*, 1954 ; *la Mort aux trousses*, 1959 ; *Psychose*, 1960 ; *les Oiseaux*, 1963.

Alfred **Hitchcock** pendant le tournage de son film *les Oiseaux* (1963)

Hitler Adolf **(1889-1945)**
Homme politique allemand. Chef du parti nazi, il élabora une doctrine fondée sur un nationalisme agressif et l'affirmation de la supériorité de la race germanique sur les autres peuples. Arrivé au pouvoir en 1933, il déclencha la Seconde Guerre* mondiale, affirmant ainsi sa volonté de venger l'Allemagne de la défaite de 1918 et de dominer l'Europe. Il organisa la déportation et l'extermination des infirmes, des opposants politiques, des Juifs et des Tsiganes. Vaincu en 1945, il se suicida dans son bunker de Berlin.

Hittites
Ancien peuple d'Asie. Les Hittites vécurent en Anatolie* au IIe millénaire avant J.-C. Leur civilisation fut assez puissante pour inquiéter Babylone et l'Égypte. Mais les guerres menées contre ces deux pays les ont sans doute affaiblis. Les Hittites ont disparu au XIIe siècle avant J.-C.

Hollande
Région des Pays-Bas. Située autour de la ville d'Amsterdam, la Hollande est la partie la plus riche et la plus peuplée des Pays-Bas. C'est une très ancienne région commerçante. Au XVIIe siècle, le port d'Amsterdam devint le centre du commerce mondial. La Hollande joua un grand rôle dans la formation des actuels Pays-Bas.

Hollande François **(né en 1954)**
Homme politique français. Socialiste, député de la Corrèze (1988-1993 et 1997-2012), maire de Tulle (2001-2008) et président du conseil général de la Corrèze (2008-2012), il a été premier secrétaire du PS de 1997 à 2008. Il est élu président de la République en 2012.

Hollywood
Quartier très étendu, situé au nord-ouest de la ville américaine de Los* Angeles. Hollywood est le principal centre de l'industrie du cinéma et de la télévision aux États-Unis. Jusque dans les années 1950, presque tous les films américains y étaient tournés.

Holmes Sherlock
Héros de roman. Créé en 1887 par l'écrivain écossais sir Arthur Conan Doyle (1859-1930), Sherlock Holmes est un détective privé amateur doué d'un génial sens de la déduction. Il est reconnaissable à sa casquette, à sa pipe et à la célèbre phrase « Élémentaire, mon cher Watson », qu'il lance à son fidèle ami, le docteur Watson. Le succès de ses aventures fut tel que Conan Doyle, après avoir fait mourir son héros, dut le ressusciter à la demande du public et de son éditeur.

Homère
Poète grec. Il aurait vécu au VIIIe ou IXe siècle avant J.-C. On lui attribue la création de *l'Iliade** et de *l'Odyssée**, immenses épopées en vers, mais on ne sait pas si Homère a réellement existé. Ses œuvres ont été transmises oralement par d'autres poètes et consignées par écrit au VIe siècle avant J.-C.

ŒUVRES PRINCIPALES *L'Iliade* ; *l'Odyssée*.

Honduras (Amérique)

- Superficie : 112 000 km^2
- Habitants : 8 098 000 *(les Honduriens)*
- Capitale : *Tegucigalpa*
- Langue : *espagnol*
- Monnaie : *lempira*

Situé en Amérique centrale, entre la mer des Antilles* et l'océan Pacifique, le Honduras, devenu indépendant en 1838, est un pays montagneux et forestier au climat tropical. Il a pour ressources essentielles le café et la banane. En 1998, le passage d'un ouragan a entraîné de graves problèmes économiques.

Hongkong
Territoire de la Chine. 1 077 km^2. 7 260 000 habitants (les *Hongkongais*). Située au sud du pays, Hongkong fut territoire britannique sur le littoral chinois de 1842 à 1997. Surpeuplée et couverte de gratte-ciel, Hongkong regroupe de très nombreuses industries (textile et électronique de pointe). C'est l'un des Quatre Dragons (pays en développement qui ont connu une forte croissance économique dès la fin des années 1960) de l'Asie du Sud-Est.

Hongkong

Hongrie (Europe)

- Superficie : 93 000 km^2
- Habitants : 9 955 000 *(les Hongrois)*
- Capitale : *Budapest*
- Langue : *hongrois*
- Monnaie : *forint*

La Hongrie est un pays de l'est de l'Europe. Les Hongrois se nomment aussi Magyars. La population et la langue hongroises sont très différentes de celles des autres peuples de la région. Unie à l'Autriche, la Hongrie a été un des États les plus puissants d'Europe centrale. Sa principale richesse est son agriculture, mais elle exporte aussi des minerais et du textile. La Hongrie a rejoint l'Union* européenne en 2004.

Horn - cap Horn
Cap de l'extrême sud du continent américain, situé sur un îlot de l'archipel de la Terre de Feu. Avant que ne soit creusé le canal de Panama, les navires devaient contourner le cap Horn pour passer de l'océan Atlantique à l'océan Pacifique. Les courants et les vents très violents les repoussaient souvent vers l'Atlantique.

Horus
Dieu de la mythologie égyptienne. Horus est souvent représenté sous la forme d'un faucon ou d'un homme à tête de faucon. Ses deux yeux figuraient le soleil et la lune. Fils d'Isis et d'Osiris, Horus représentait le Bien luttant sans cesse contre le Mal, incarné par son oncle Seth. Les pharaons prenaient tous le nom d'Horus.

Huang He ou **fleuve Jaune**
Fleuve de la Chine du Nord. C'est le deuxième fleuve du pays par sa longueur (4 845 km). Il est appelé « fleuve Jaune » à cause de la couleur de ses alluvions. C'est un fleuve au débit très irrégulier, qui a souvent provoqué des inondations catastrophiques.

Hubble Edwin Powell **(1889-1953)**
Astrophysicien américain. Il établit l'existence de galaxies extérieures à la nôtre. Il découvrit également que plus les galaxies sont éloignées les unes des autres, plus elles s'en éloignent rapidement. → VOIR noms communs : **galaxie.**

Hubble - télescope spatial
Télescope américano-européen. D'un diamètre de 2,40 m, il fut mis en orbite autour de la Terre en 1990. Il a permis de découvrir d'autres galaxies et d'observer la surface de la planète Pluton.

Hudson - baie d'Hudson
Immense plan d'eau maritime du nord du Canada. La baie d'Hudson est prise par les glaces de janvier à mai et n'est navigable que cinq mois par an. Elle a été découverte en 1610 par le navigateur anglais Henry Hudson, qui cherchait un passage pour atteindre l'océan Pacifique par le nord de l'Amérique.

Hugo Victor **(1802-1885)**
Écrivain et poète français. Hugo est considéré comme un « génie » de la littérature. Doué d'une extraordinaire puissance de travail, il a écrit une œuvre colossale et variée : poèmes, pièces de théâtre, romans. Il y évoque les sentiments humains, nobles ou vils, les grandes idées liées à l'art, à la morale, à la politique ou à Dieu. Député en 1848, il s'oppose violemment à Napoléon III*, qu'il surnomme « Napoléon le Petit », et s'exile dans l'île de Guernesey. Lorsque l'Empire s'écroule, en 1870, Hugo rentre en France. Il écrit alors des recueils très populaires, comme *l'Art d'être grand-père* (1877), inspiré par la tendresse pour ses petits-enfants. Lorsqu'il meurt, en 1885, la République lui fait des funérailles nationales et ses cendres sont transférées au Panthéon. → VOIR AUSSI **les Misérables.**

ŒUVRES PRINCIPALES *Hernani*, 1830 ; *Notre-Dame de Paris*, 1831 ; *les Contemplations*, 1856 ; *la Légende des siècles*, 1859-1883 ; *les Misérables*, 1862 ; *les Travailleurs de la mer*, 1866.

Hugues Ier Capet **(vers 941-996)**
Roi de France. Il est le fondateur de la dynastie capétienne. Il fut le premier des trente-six rois qui régnèrent près de neuf siècles sur la France. Hugues Capet fut élu roi de France par les seigneurs féodaux à la place du dernier descendant de Charlemagne. Il chercha à accroître le domaine royal qui correspondait alors à peu près à l'Île-de-France actuelle et fit sacrer son fils de son vivant pour assurer le pouvoir héréditaire de sa famille.

Hugues Capet

Huns
Ancien peuple nomade de l'Asie centrale. Les Huns se mettent en marche vers l'ouest au début de notre ère. Ils sèment la terreur chez les Germains, qui se réfugient en 376 dans l'Empire romain : c'est le début des Invasions* barbares. → VOIR AUSSI **Attila.**

Huron - lac Huron
Un des cinq Grands* Lacs.

Hurons
Indiens d'Amérique du Nord. Ils vivaient au nord des Grands Lacs. Au XVIIe siècle, ils furent les alliés des Français, à qui ils fournissaient des fourrures, contre les Iroquois* qui traitaient plutôt avec les Hollandais et les Anglais. Un groupe de Hurons, qui survécut aux épidémies et à la destruction de villages, se réfugia près de la ville de Québec vers 1650.

Husayn ou **Hussein** Saddam **(1937-2006)**
Homme politique irakien. Président de la République et chef de l'armée à partir de 1979, il attaqua l'Iran en 1980 et s'engagea dans un conflit qui dura huit ans. En 1990, il envahit le Koweït, déclenchant la guerre du Golfe. En 2003, une intervention militaire américano-britannique le chassa du pouvoir ; il a été fait prisonnier, condamné à mort et exécuté.

Noms propres

I

Icare
Personnage de la mythologie grecque. Il est le fils de Dédale*. Lorsqu'il s'enfuit du Labyrinthe avec son père au moyen d'ailes faites de cire et de plumes, Icare s'éleva si haut dans le ciel, malgré les recommandations de son père, que le soleil fit fondre la cire et qu'il tomba dans la mer.

Ienisseï
Fleuve d'Asie. Long de 3 354 km, il prend sa source en Mongolie, traverse la Russie et se jette dans l'océan Arctique.

l'*Île au trésor*
Roman d'aventures de Robert Louis Stevenson*. Paru en 1883, ce livre raconte l'aventure d'un jeune garçon qui part à la recherche d'un trésor caché sur une île déserte et que convoitent des pirates.

Île-de-France
Région administrative française. Superficie : 12 000 km^2. 11 959 807 habitants (les *Franciliens*). Chef-lieu : Paris*. L'Île-de-France regroupe 8 départements : Essonne, Hauts-de-Seine, Paris, Seine-et-Marne, Seine-Saint-Denis, Val-de-Marne, Val-d'Oise et Yvelines. Le territoire de l'Île-de-France, qui correspond en grande partie au centre du domaine royal capétien, se compose de zones fortement urbanisées (agglomération parisienne) mais aussi de grandes forêts (massifs de Fontainebleau, de Rambouillet, de Saint-Germain). L'agriculture est dominée par les grandes cultures (blé, maïs, betterave) des riches plaines (la Brie et la Beauce*) et des plateaux du nord de Paris, notamment. L'industrie est diversifiée (haute technologie, électronique, automobile…) et les activités de services (quartier d'affaires européen, grand pôle d'enseignement et de recherche, banques, commerce de luxe, administrations publiques) sont très développées, surtout à Paris. Compte tenu de l'exceptionnelle richesse de son patrimoine, l'Île-de-France se classe au 1er rang des destinations touristiques mondiales. Regroupant 18 % de la population française (sur 2,1 % du territoire national), elle est de loin la Région la plus peuplée de France. L'agglomération parisienne concentre à elle seule 88 % de la population régionale.

île de Pâques → Pâques

Île-du-Prince-Édouard
Province maritime de l'est du Canada. 5 657 km^2 ; 140 204 habitants. Sa capitale et principale ville est Charlottetown. L'agriculture et la pêche sont les principales ressources de l'île.

Il était une fois dans l'Ouest
Film italien. Réalisé en 1968 par le cinéaste Sergio Leone (1929-1989), *Il était une fois dans l'Ouest* est un classique du western italien. L'histoire se déroule dans l'Ouest américain, à l'époque des pionniers. Un homme qui joue de l'harmonica est à la recherche d'un tueur à gages qui a causé la mort de son frère.

l'*Iliade*
Poème épique attribué à Homère*. *L'Iliade* raconte un épisode de la guerre de Troie*. Humilié par le roi Agamemnon, Achille se retire des combats. Il y retourne pour venger son ami Patrocle, tué par le Troyen Hector. C'est alors l'ultime bataille et *l'Iliade* se termine par la mort d'Hector et ses funérailles. Poème guerrier, *l'Iliade* comporte de nombreux récits de combats mais également des scènes émouvantes comme celle des adieux d'Hector à sa femme. → VOIR AUSSI **l'Odyssée.**

Impression, soleil levant
Tableau de Claude Monet*. → VOIR encadré.

Incas
Ancien peuple d'Amérique du Sud. Les Incas s'établirent le long de la côte ouest de l'Amérique du Sud à partir du XIIe siècle. Leur empire était gouverné par un souverain tout-puissant que l'on appelait l'Inca, c'est-à-dire le « Fils du Soleil ». Les Incas ne connaissaient pas l'écriture, mais leur administration était si bien organisée que, depuis la capitale, elle répartissait les terres et les travaux agricoles entre les huit millions de sujets de l'Empire. Leur civilisation fut détruite lors des conquêtes espagnoles au XVIe siècle. → VOIR AUSSI **Machu Picchu, Pizarro.**

Inde (Asie)
- Superficie : 3 268 000 km^2
- Habitants : 1 252 140 000 *(les Indiens)*
- Capitale : *New Delhi*
- Langues : *anglais, hindi*
- Monnaie : *roupie indienne*

• **Géographie.** L'Inde se situe au deuxième rang mondial pour la population. Plus de la moitié de sa population active est employée dans l'agriculture. Celle-ci est consacrée aux céréales (blé et riz) et à des cultures de plantation issues de la colonisation (thé, canne à sucre, arachide). Elle est rythmée par les moussons sur la façade occidentale (Deccan) dans le Nord-Est. La forte natalité a gonflé la population des villes qui regroupent le tiers de la population totale. Le développement de certaines industries (informatique) et du secteur des services a permis l'éveil économique de l'Inde.

Noms propres

• **Histoire.** La civilisation de l'Indus* est à son apogée entre 2500 et 1800 avant J.-C. Au IIe millénaire avant J.-C., les Aryens, issus d'Asie centrale, colonisent l'Inde du Nord, qui adopte leur langue, le sanskrit, et leur religion védique, qui est à la base de l'hindouisme. Vers 327-325 avant J.-C., Alexandre* le Grand atteint l'Indus et y installe des colonies grecques. Du IIIe siècle avant J.-C. au XIIe siècle, l'Inde est sous la domination des Maurya, des Kushana, des Gupta, qui favorisent la renaissance de l'hindouisme. De 1206 à 1414 est créé le sultanat de Delhi ; l'Inde est placée pour cinq siècles sous l'hégémonie musulmane. En 1497-1498, Vasco de Gama découvre la route maritime vers les Indes. En 1526, Baber fonde la dynastie des Grands Moghols*. Au XVIIe siècle, la Compagnie anglaise des Indes orientales et la Compagnie française des Indes orientales sont fondées, mais, au traité de Paris de 1763, l'Inde française est réduite à cinq comptoirs. L'Inde passe sous la domination britannique. En 1947, elle acquiert l'indépendance et est divisée en deux États : l'Union indienne et le Pakistan.

Indépendance américaine - guerre de l'Indépendance américaine

Conflit anglo-américain qui dura de 1775 à 1782. Les treize colonies anglaises d'Amérique du Nord se révoltèrent contre le roi d'Angleterre. Les habitants de cette région étaient d'origine anglaise et voulaient leur autonomie. Ils furent victorieux et les treize colonies devinrent treize États indépendants. Ensemble, ils fondèrent les États-Unis d'Amérique. → VOIR AUSSI **Benjamin Franklin, Thomas Jefferson, La Fayette, George Washington.**

Inde : femmes du Rajasthan en habits traditionnels

Indiana Jones

Série de films d'aventures américains. Les quatre films (*les Aventuriers de l'arche perdue*, 1981 ; *Indiana Jones et le temple maudit*, 1984 ; *Indiana Jones et la dernière croisade*, 1989 ; *Indiana Jones et le royaume du crâne de cristal*, 2008) ont été réalisés par Steven Spielberg*. Le héros, un archéologue du nom d'Indiana Jones, est interprété par l'acteur américain Harrison Ford (né en 1942). Les aventures d'*Indiana Jones*, qui mêlent suspense, effets spéciaux et humour, ont connu un très grand succès.

Indien - océan Indien

Océan situé entre l'Afrique, l'Asie et l'Australie. 75 millions de km². D'une profondeur moyenne de – 3 900 m, il possède des fosses allant jusqu'à – 7 000 m. Le sud de l'océan Indien, dont les mers sont chaudes, abrite de nombreuses îles, dont la plus importante est Madagascar.

Impression, soleil levant : le premier soleil de l'impressionnisme.

Le titre de ce tableau peint en 1872 donna son nom à l'impressionnisme, mouvement pictural dont Claude Monet est le principal représentant. Le tableau fut exposé, avec les toiles d'autres peintres tels que Pissarro*, Cézanne*, en 1874, dans l'atelier du photographe Nadar, à Paris. Un critique d'art qui visitait l'exposition inventa le terme « impressionniste » pour qualifier le style de Monet et s'en moquer.

La toile *Impression, soleil levant*, d'une largeur de 43 cm et d'une longueur de 63 cm, représente une vue du port du Havre dans la brume matinale. Les couleurs sont claires, les formes, rendues par de petites touches juxtaposées, sont floues. Monet réussit parfaitement à représenter le mouvement de l'eau sur laquelle jouent les reflets du ciel et du soleil. La peinture de Monet et celle de ses contemporains est nouvelle car elle s'attache à reproduire la nature changeante et ses éléments fugitifs. Les impressionnistes peignent très souvent leurs toiles en plein air. Les saisons, l'heure, qui influent sur la lumière, donnent au même motif des aspects très différents. Les peintres impressionnistes vont tenter de rendre sur leurs toiles ces sensations. Rompant avec la peinture traditionnelle, ils renoncent pour cela à dessiner les contours des formes et privilégient les couleurs lumineuses qu'ils appliquent par petites touches. Claude Monet poussera cette recherche jusqu'au bout et peindra à la fin de sa vie une toile intitulée *Nymphéas*, où il s'appliquera à rendre uniquement la vibration de la lumière.

Indochine
Grande péninsule d'Asie du Sud-Est. Elle comprend la Birmanie, la Thaïlande, la Malaisie occidentale, le Cambodge, le Laos et le Viêt Nam. Ces trois derniers pays constituèrent une zone qui fut colonisée par la France à partir du règne de Napoléon III. Ils portèrent alors le nom d'*Indochine française*. Une série de conflits appelés « guerre d'Indochine » (1946-1954) mit fin à la présence française dans la région.

Indonésie (Asie)
- Superficie : 1 900 000 km^2
- Habitants : 249 866 000 *(les Indonésiens)*
- Capitale : *Jakarta*
- Langue : *indonésien*
- Monnaie : *rupiah (roupie indonésienne)*

- Située en Asie du Sud-Est, l'Indonésie est formée des grandes îles de Java et de Sumatra, de la plus grande partie de Bornéo et d'une partie de la Nouvelle-Guinée. Elle a été colonisée par les Pays-Bas et est devenue indépendante entre 1946 et 1949. Le pays, en grande partie montagneux et volcanique, a un climat chaud et humide et est couvert de forêt dense. Surpeuplé par endroits, il compte la plus nombreuse population musulmane du monde. Le pétrole et le gaz naturel sont ses ressources principales. L'agriculture et la pêche sont également développées.

Indonésie : danseur masqué à Bali

Induráin Miguel (né en 1964)
Coureur cycliste espagnol. Il a remporté cinq fois le Tour* de France (de 1991 à 1995) et deux fois le Tour d'Italie (en 1992 et 1993).

Indus
Grand fleuve d'Asie. Long de 3 040 km, il prend sa source au Tibet, traverse la région du Cachemire et le Pakistan avant de déboucher, par un vaste delta, dans la mer d'Oman. La vallée de l'Indus a connu une brillante civilisation qui s'est éteinte au milieu du IIe millénaire avant notre ère, laissant d'importants vestiges architecturaux.

Ingres Dominique (1780-1867)
Peintre français. Élève de Louis David*, il est remarquable pour la pureté et la finesse de ses dessins. Excellent portraitiste, il a réalisé des peintures raffinées. Même s'il a incarné le renouveau de la peinture classique face au romantisme de Géricault* ou de Delacroix*, les peintres modernes (impressionnistes ou cubistes) l'ont célébré. Il était aussi un remarquable violoniste, d'où le nom de « violon d'Ingres » donné à une activité où une personne excelle sans qu'il s'agisse de la spécialité pour laquelle elle est connue en premier lieu.

Inquisition
Tribunal ecclésiastique. Chargée de la répression des hérétiques, l'Inquisition fut instaurée par la papauté au XIIe siècle pour combattre les cathares*, dont l'influence grandissait dans le sud de la France. Allant de ville en ville, le tribunal de l'Inquisition procédait par enquête, interrogeant systématiquement la population et recourant souvent à la torture. Les sentences allaient de la confiscation des biens à la peine de mort en passant par la prison. Les condamnés à mort étaient, pour la plupart, brûlés vifs sur le bûcher. Après avoir étendu son action, notamment en Espagne et en Italie, l'Inquisition s'éteignit à partir du XVe siècle (sauf en Espagne) et disparut au XVIIIe siècle.

INRI
Initiales des mots latins *Iesus Nazarenus Rex Iudaerorum*. Cette inscription, qui signifie « Jésus de Nazareth roi des Juifs » est le motif de la condamnation à la crucifixion de Jésus*. Il fut fixé au sommet de la croix, selon la tradition romaine de faire mention des raisons des condamnations. Dans les représentations qui ont été faites de la mort du Christ, il a été réduit à ces quatre lettres. Néanmoins, dans l'Évangile, à la question de ses juges, « es-tu le roi des Juifs ? », Jésus répond : « Mon royaume n'est pas de ce monde. »

INSEE (Institut national de la statistique et des études économiques)
Organisme public français. Placé sous la tutelle du ministère de l'Économie, il est chargé de la publication des statistiques et de diverses enquêtes et études sur l'économie française.

Interpol
Organisation internationale de police criminelle. Elle fut créée en 1923 à Saint-Cloud ; elle a été depuis transférée à Lyon. La coopération entre les polices de plus de 185 pays facilite l'arrestation des criminels qui opèrent dans plusieurs pays, comme les trafiquants de drogue, ou qui passent la frontière après leur crime.

Inuits

Peuple de l'Arctique (Groenland ; nord de l'Alaska, du Canada et Sibérie). Le terme *Inuit* qui signifie « être humain » dans la langue des Inuits tend à remplacer celui d'*Esquimaux*. Les Inuits sont environ 60 000. Autrefois pêcheurs et chasseurs (caribous et rennes l'été, phoques et morses l'hiver), ils s'étaient adaptés depuis des millénaires au climat rigoureux. Leur vie a été complètement désorganisée par le contact avec la civilisation occidentale. Au début du siècle, une grande partie d'entre eux fut décimée par le virus de la grippe que leur communiquèrent les explorateurs européens. Le mode de vie traditionnel des Inuits du Groenland a été décrit par l'explorateur Paul-Émile Victor* dans son livre *Boréal*.

art **inuit** : masque en bois peint

Invasions barbares (IVe-Ve siècle)

Série d'invasions qui provoquèrent la chute de l'Empire romain* d'Occident. Elles commencèrent lorsque les Germains*, fuyant les Huns*, envahirent le nord de l'Italie. Ces peuples, appelés « Barbares » par les Romains, progressèrent et conquirent les territoires de l'Empire. Un roi barbare détrôna le dernier empereur en 476, mettant fin à l'Empire romain d'Occident. La chute de Rome marque le début du Moyen Âge. → VOIR AUSSI **Clovis, Francs, Ostrogoths, Wisigoths.**

Invincible Armada → **Armada**

Iran (Asie)

- Superficie : 1 650 000 km²
- Habitants : 77 447 000 *(les Iraniens)*
- Capitale : *Téhéran*
- Langue : *persan*
- Monnaie : *rial iranien*

• Situé à l'ouest de l'Asie, entre la mer Caspienne* et le golfe Persique*, l'Iran est un pays de hautes plaines arides, au climat contrasté (chaud en été, froid en hiver), entourées de chaînes de montagnes. Sur les plaines sont pratiqués l'élevage et les cultures irriguées. L'Iran s'est appelé Perse jusqu'en 1935. Il a longtemps été gouverné par la dynastie des Pahlavi. En 1979, après le renversement du dernier souverain (le chah), le pays est devenu une république islamique. C'est aussi un important producteur de pétrole. Partisan d'un islamisme strict, l'Iran est politiquement isolé.

Iraq (Asie)

- Superficie : 434 000 km²
- Habitants : 33 765 000 *(les Irakiens ou les Iraquiens)*
- Capitale : *Bagdad*
- Langues : *arabe, kurde*
- Monnaie : *dinar irakien*

• L'Iraq (ou Irak) occupe la majeure partie de l'ancienne Mésopotamie*. L'économie du pays, qui repose sur le pétrole, a été gravement perturbée par le conflit avec l'Iran (1980-1988) et par la guerre du Golfe (1990-1991). En 2003, une offensive militaire menée par les Américains et les Britanniques a conduit à l'effondrement du régime de Saddam Husayn (ou Hussein) qui dirigeait le pays depuis 1979. Le pays connaît depuis un état de guerre civile permanente, qui rend sa reconstruction difficile.

Irlande

Île située à l'ouest de l'Angleterre. Sous domination anglaise depuis le Moyen Âge, l'Irlande catholique se révolta quand l'Angleterre devint protestante. Vaincus au XVIIe siècle, les Irlandais catholiques furent massacrés, et leurs meilleures terres furent données aux Anglais protestants. Depuis, l'Irlande a cherché à obtenir son indépendance. En 1921, la Grande-Bretagne a reconnu la création d'un État catholique au sud de l'île. Le Nord est resté britannique parce qu'il était majoritairement protestant. La présence de nombreux catholiques dans cette partie irlandaise de la Grande-Bretagne a provoqué, de 1969 à 2005, des conflits violents entre les adeptes des deux religions.

Irlande (Europe)

- Superficie : 70 000 km²
- Habitants : 5 986 267 *(les Irlandais)*
- Capitale : *Dublin*
- Langues : *anglais, gaélique*
- Monnaie : *euro*

• **Géographie.** L'Irlande, au climat humide et doux, est formée sur ses pourtours de hautes collines et de montagnes et au centre d'une vaste plaine tourbeuse que traverse le Shannon. L'agriculture et surtout l'élevage sont une ressource essentielle du pays dont l'industrie et les services ont connu depuis 1990 une forte croissance. La crise économique et financière de 2010 l'a frappée de plein fouet.

• **Histoire.** Peuplée dès le IVe siècle avant J.-C. par des Gaëls, peuples celtes, elle est évangélisée au Ve siècle

A B C D E F G H I J K L M N O P Q R S T U V W X Y Z

par saint Patrick. En 1125, le roi d'Angleterre Henri II impose sa souveraineté à l'Irlande. Sous la domination anglaise, le pays multiplie les révoltes souvent réprimées dans le sang. En 1800 est proclamée l'union de l'Irlande et de l'Angleterre. En 1916, une insurrection nationaliste est durement réprimée, mais, en 1921, le traité de Londres donne naissance à l'État libre d'Irlande, maintenant néanmoins le nord-ouest du pays (Ulster) au sein du Royaume-Uni de Grande-Bretagne.

Iroquois

Ancien peuple amérindien. En Amérique du Nord, ils habitaient au sud des Grands Lacs. Ils luttèrent contre les Français, alliés des Hurons*, jusqu'en 1701. Ils formaient la Fédération des Cinq-Nations. Leurs descendants vivent principalement au Québec et dans l'État de New York.

Isaac

Personnage biblique. Isaac était le fils d'Abraham* et de sa femme Sara. La Bible raconte que, pour éprouver la foi d'Abraham, Dieu lui demanda de tuer en sacrifice Isaac. Abraham s'apprêtait à obéir mais Dieu intervint et sauva Isaac.

Isis

Déesse de la mythologie égyptienne. Sœur et épouse d'Osiris* et mère d'Horus*, elle était le modèle de l'amour conjugal et du dévouement maternel. Elle avait ressuscité Osiris avec l'aide d'Anubis* et fut pour cela considérée comme une magicienne. Le culte d'Isis, très important en Égypte, se répandit dans tout le monde antique, où elle devint la première des déesses.

Isis, Osiris et Horus (pendentif datant du IXe siècle avant J.-C.)

Islande (Europe)

- Superficie : 103 000 km^2
- Habitants : 330 000 *(les Islandais)*
- Capitale : *Reykjavik*
- Langue : *islandais*
- Monnaie : *krona (couronne islandaise)*

• Île du nord de l'océan Atlantique, au sud-est du Groenland*, l'Islande est un pays de glaciers et de volcans, qui vit de l'élevage des moutons et surtout de la pêche. Sa capitale, Reykjavik, regroupe près de la moitié de la population.

Ismaël

Personnage biblique. Il est le fils d'Abraham* et d'une servante. Quand Sara, la femme d'Abraham, eut un fils, Isaac, elle chassa Ismaël et sa mère. Dieu promit alors à Abraham qu'Ismaël donnerait naissance à un grand peuple. Selon la Bible et le Coran, il est l'ancêtre des Arabes.

Israël

Nom que la Bible donne à Jacob, fils d'Isaac*, ainsi qu'au peuple juif et à son territoire. Le royaume d'Israël est l'un des deux royaumes créés à la mort du roi Salomon (vers 931 avant J.-C.). Il fut détruit par les Assyriens en 722 avant J.-C. L'élite de la population fut déportée en Assyrie*, et des colons mésopotamiens furent installés à sa place. L'État fondé par des Juifs en Palestine, en 1948, prit le nom d'Israël. → VOIR AUSSI **Hébreux, Jérusalem, Palestine.**

▶ REM. *Israël* est un mot hébreu qui signifie « que Dieu règne ».

Israël (Asie)

- Superficie : 21 000 km^2
- Habitants : 7 733 000 *(les Israéliens)*
- Capitale : *Jérusalem*
- Langues : *hébreu, arabe*
- Monnaie : *shekel*

• Israël est un État du Proche-Orient créé par l'O.N.U.* en 1948 en Palestine pour donner aux Juifs un pays. Les Palestiniens, réfugiés dans les territoires ou les pays voisins, réclament le droit à un État sur cette même terre. L'accord israélo-palestinien signé en 1993 (par l'Israélien Yitzhak Rabin* et le Palestinien Yasser Arafat*) a abouti à la mise en place d'une autonomie pour certains territoires, qui sont dirigés par l'Autorité nationale palestinienne. Depuis l'assassinat de Yitzhak Rabin* par un extrémiste israélien, en 1995, le processus de paix reste dans l'impasse et les relations entre Israéliens et Palestiniens connaissent de graves tensions.

Istanbul
Ville de Turquie. 8 803 468 habitants (les *Istanbuliotes* ou *Stambouliotes*). Située sur le Bosphore, Istanbul est le principal port et la plus grande ville du pays. Istanbul, qui s'appelait autrefois Constantinople*, est depuis très longtemps une ville cosmopolite, peuplée de chrétiens (Grecs, Arméniens), de juifs et de musulmans d'origines très diverses. Cette diversité est reflétée dans l'architecture de la ville qui possède, outre de magnifiques mosquées, la célèbre église Sainte-Sophie*. → VOIR AUSSI Byzance.

Italie (Europe)

- Superficie : 301 000 km^2
- Habitants : 60 990 000 *(les Italiens)*
- Capitale : *Rome*
- Langue : *italien*
- Monnaie : *euro*

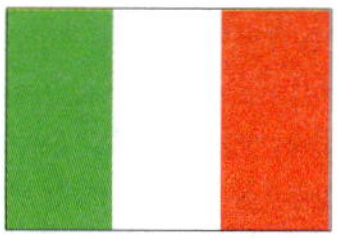

• **Géographie.** Pays du sud de l'Europe, l'Italie englobe une partie péninsulaire et les îles de Sardaigne et de Sicile*. C'est le plus développé des pays méditerranéens. L'agriculture ne représente plus que 4 % de ses activités économiques, mais sa production est importante (céréales, fruits, vigne). La nature des productions va de pair avec un climat chaud l'été, mais froid l'hiver dans le Nord. La richesse du patrimoine culturel de l'Italie et son climat clément expliquent l'importance de ses activités touristiques.

• **Histoire.** Antiquité : Rome* antique. Au Ve siècle, les invasions barbares réduisent l'Empire romain* d'Occicent à l'Italie. Au VIe siècle, l'Italie se développe autour de trois pôles : Milan, centre du royaume lombard, Ravenne, sous la domination de Byzance*, et Rome*, territoire placé sous l'autorité du pape. Au VIIIe siècle, appelé par le pape, le roi des Francs Charlemagne* devient roi des Lombards, puis empereur. Au IXe siècle, les raids sarrasins et normands créent une situation d'anarchie. Au Xe siècle, le roi de Germanie, Otton Ier, est couronné empereur et l'Italie est intégrée dans le Saint* Empire romain germanique. Du XIIe au XVe siècle se développe une nouvelle force, celle des cités, que la croissance économique enrichit : Florence, Pise, Milan, Venise, etc. Du XVIe au milieu du XIXe siècle, l'Italie connaît un certain déclin et passe sous domination autrichienne. Mais, en 1861, le royaume d'Italie est proclamé avec à sa tête le roi de Sardaigne, Victor-Emmanuel. En 1870, Rome devient la capitale du pays. En 1922, le roi appelle Mussolini* au pouvoir. Ce dernier instaure un régime fasciste. En 1940, l'Italie entre en guerre aux côtés de l'Allemagne nazie. En 1945, le régime mussolinien chute et la république est proclamée. En 1958, l'Italie est un des six pays fondateurs de la CEE (qui est devenue depuis l'Union européenne).

Italie - guerres d'Italie
Série de conflits qui opposèrent la France et l'Italie de 1494 à 1559. Ils furent déclenchés par les expéditions militaires que menèrent les rois de France en Italie pour la succession du royaume de Naples et du duché de Milan. La papauté, l'Espagne et la Suisse prirent part aux conflits. Après la victoire française, à la bataille de Marignan en 1515, l'Italie fut partagée entre l'Espagne et la France. Mais les conflits reprirent entre les armées françaises de François Ier* et les armées espagnoles de Charles* Quint. Un traité de paix signé en 1559 mit fin aux guerres et marqua le début de la domination espagnole en Italie.

Ivan IV le Terrible (1530-1584)
Tsar de Russie. Il est le premier prince de Moscou à avoir porté le titre de tsar. Il fut d'abord un grand réformateur mais installa un régime de terreur à la fin de son règne. Devenu fou, il tua son propre fils dans un accès de colère.

Ivanhoé
Roman historique. Il fut écrit en 1819 par l'auteur britannique Walter Scott, que l'on considère comme le créateur du roman historique. Le héros, Ivanhoé, est un chevalier fidèle à Richard* Cœur de Lion. Après avoir suivi celui-ci en croisade, il l'aide dans sa lutte contre Jean* sans Terre, le prince félon.

J

Jackson Michael **(1958-2009)**
Chanteur américain. Il commença à chanter à l'âge de six ans, avec ses quatre frères, dans le groupe les *Jackson Five*. Il poursuivit ensuite sa carrière seul et devint rapidement une très grande vedette de la pop music, avec des morceaux tels que *Thriller* (1983) ou *Bad* (1987).

Jacquard Joseph Marie **(1752-1834)**
Inventeur français. Fils d'un tisserand de Lyon, il inventa le métier à tisser qui porte son nom. Celui-ci utilise des cartes perforées qui sélectionnent automatiquement les fils de chaîne.

Jamaïque (Amérique)

- Superficie : 11 425 km^2
- Habitants : 2 784 000 *(les Jamaïquains)*
- Capitale : *Kingston*
- Langue : *anglais*
- Monnaie : *dollar jamaïquain*

• Île des Antilles* située au sud de Cuba, la Jamaïque a acquis son indépendance en 1962. Elle a un climat tropical. Ses principales ressources sont la canne à sucre, la banane, la bauxite et le tourisme. C'est un pays pauvre dont la musique populaire, le reggae, est connue dans le monde entier.

James - baie James
Baie du nord du Canada. Elle se situe dans le prolongement de la baie d'Hudson*. Un grand complexe hydroélectrique y a été installé.

Janus
Dieu romain. Il connaissait le passé et l'avenir, c'est pourquoi on le représentait avec deux visages regardant en sens opposé. Il était également le gardien des portes. Le mois de janvier (*Januarius* en latin) lui était dédié.

Japon (Asie)

- Superficie : 373 000 km^2
- Habitants : 127 144 000 *(les Japonais)*
- Capitale : *Tokyo*
- Langue : *japonais*
- Monnaie : *yen*

• **Géographie.** Le pays est formé essentiellement de quatre grandes îles (Honshu, Hokkaido, Shikoku et Kyushu). D'une superficie d'environ les deux tiers de celle la France, le Japon a une population deux fois plus importante.Troisième puissance économique mondiale, le Japon ne bénéficie pourtant pas de conditions naturelles très favorables : volcanisme parfois actif, séismes, raz de marée. L'hiver est rigoureux au Nord, tandis qu'au Sud l'archipel, situé dans le domaine de la mousson, connaît un été doux et humide. La forte urbanisation a abouti au développement de mégalopoles dont les centres sont Tokyo, Osaka, Yokohama et Nagoya. Ruiné à la suite de la Seconde Guerre mondiale, le Japon a connu une croissance accélérée. Néanmoins, depuis 2007, l'économie du pays a subi les effets de plusieurs crises.

• **Histoire.** Dès le IXe millénaire avant J.-C., le Japon est peuplé par des populations venues du continent asiatique. Aux Ve et VIe siècles de notre ère, le Japon subit l'influence chinoise qui lui parvient par la Corée. Le bouddhisme est introduit vers 538. En 645 est établi un gouvernement du type de celui des Tang en Chine. Les clans se succèdent et, en 794, la nouvelle capitale Heiankyo (Kyoto) est fondée. En 1185, le clan des Taira est vaincu par celui des Minamoto, qui créent le gouvernement des shoguns. Ce système dure jusqu'en 1867, date à laquelle le dernier shogun démissionne. L'empereur Mutsuhito s'installe alors à Tokyo. Le Japon s'ouvre à la culture occidentale et engage une politique d'expansion. Aux côtés des Alliés pendant la Première Guerre mondiale, le Japon se range aux côtés des Allemands lors de la Seconde Guerre mondiale. Il doit capituler après les bombardements atomiques d'Hiroshima et de Nagasaki. Une nouvelle Constitution institue une monarchie constitutionnelle.

le **Jardin des délices**
Tableau de Jérôme Bosch*. Composé de trois panneaux, il fut réalisé vers 1500-1505. Le panneau de gauche représente le Paradis, celui de droite, l'Enfer, et le panneau central, le Jardin des délices. C'est un paysage fantastique où figurent des animaux et des végétaux fabuleux et une multitude d'hommes et de femmes nus qui s'adonnent aux plaisirs charnels. Cette œuvre, où Jérôme Bosch utilise de nombreux symboles, est l'une des plus énigmatiques du peintre.

Jaune - fleuve Jaune
Nom français du fleuve chinois Huang* He.

Jaurès Jean **(1859-1914)**
Homme politique français. Célèbre pour son talent d'orateur, Jean Jaurès était le leader du Parti socialiste français. À la veille de la Première Guerre mondiale, il lutta pour la paix entre l'Allemagne et la France. Il fut assassiné trois jours avant que l'Allemagne déclare la guerre à la France.

Jean XXIII (1881-1963)
Pape de 1958 à 1963. De son vrai nom Angelo Giuseppe Roncalli, Jean XXIII convoqua le deuxième concile du Vatican en 1962. Ce concile devait envisager les nouveaux rapports de l'Église catholique avec le monde contemporain et favoriser le mouvement œcuménique. Le pape Jean XXIII a été canonisé en 2014.

Japon : Kyoto

Jean sans Terre (1167-1216)
Roi d'Angleterre. Jean sans Terre était le frère de Richard* Cœur de Lion. Après la mort de Richard, Jean

A B C D E F G H I J K L M N O P Q R S T U V W X Y Z

monta sur le trône. Combattu par Philippe* Auguste, il perdit la plus grande partie des terres que l'Angleterre possédait en France.

Jean-Baptiste - saint Jean-Baptiste (Ier siècle)
Prophète des Évangiles*. Il annonça la venue du Christ. Jean-Baptiste, retiré dès son enfance dans le désert, prêchait un message de pénitence sur les bords du Jourdain* et pratiquait le baptême (d'où son surnom) en plongeant dans l'eau du fleuve ceux qui venaient l'écouter, afin de les purifier. Il baptisa Jésus en affirmant qu'il était le Messie annoncé par la Bible. Il fut ensuite arrêté et décapité. Hérode Antipas, souverain de la Galilée devant qui comparut le Christ, aurait offert la tête de Jean-Baptiste à Salomé, sa belle-fille, pour la récompenser d'avoir bien dansé.

Jean-Paul II (1920-2005)
Pape de 1978 à 2005. De son vrai nom Karol Wojtyla, Jean-Paul II est né en Pologne. Il fut archevêque de Cracovie. Il fut le premier pape non italien depuis 1523 et a été canonisé en 2014.

Jeanne d'Arc (1412-1431)
Héroïne française. Elle était âgée de 17 ans quand, à la fin de la guerre de Cent* Ans, elle se présenta devant le roi de France Charles VII. Elle lui expliqua que des voix venues de Dieu lui avaient donné mission de sauver la France, alors envahie par l'Angleterre. Avec une petite armée, elle chassa les Anglais qui assiégeaient Orléans et fit ensuite sacrer Charles VII à Reims. Les Anglais la capturèrent peu après et la firent juger et brûler à Rouen pour sorcellerie. Jeanne d'Arc fut canonisée en 1920.

Jefferson Thomas (1743-1826)
Président des États-Unis. Il est, avec George Washington*, le héros de l'indépendance américaine. Il a rédigé la Déclaration d'indépendance par laquelle les Américains se sont séparés de l'Angleterre, en 1776. Élu président en 1801, il s'attacha à démocratiser les États-Unis.

Jéhovah → VOIR Yahvé.

Jenner Edward (1749-1823)
Médecin britannique. Il découvrit que, en inoculant une faible dose d'une substance d'origine microbienne à une personne, il l'immunisait contre certaines maladies. C'était l'invention du vaccin.

Jérusalem
Ville de Palestine. 790 719 habitants (les *Hiérosolymitains* ou *Hiérosolymites*). Proclamée capitale de l'État d'Israël en 1980, Jérusalem est un lieu de pèlerinage pour les chrétiens, les juifs et les musulmans. Dans l'Antiquité, c'était la capitale de l'État hébreu. Elle fut détruite par les Romains au Ier siècle et passa sous domination arabe au VIIe siècle. Reconquise par les croisés, elle devint la capitale d'un royaume chrétien à deux reprises, entre le XIe et le XIIIe siècle, puis fut occupée par les Turcs. En 1948, elle fut partagée entre le nouvel État d'Israël et le territoire arabe de Cisjordanie*. En 1967, l'armée israélienne occupa les quartiers arabes de la Vieille Ville. Jérusalem possède de nombreux monuments religieux, les plus célèbres étant le Mur* des lamentations et la Coupole du Rocher. → VOIR AUSSI Israël, Palestine.

Jérusalem

Jésus ou **Jésus-Christ** (Ier siècle)
Fondateur du christianisme. Jésus est né à Bethléem en Judée (Palestine), à la fin du Ier siècle avant notre ère. Pour les chrétiens, Jésus est le fils de Dieu et le sauveur de l'humanité. Sa vie et son message d'amour et de fraternité ont été rapportés par les Évangiles*. Il parcourut la Galilée, la Samarie et la Judée, prêchant et annonçant la venue prochaine du royaume de Dieu. Son message d'amour et d'égalité entre les hommes, sa réputation grandissante le firent bientôt considérer comme une menace par les autorités romaines et les dirigeants juifs. Trahi par Judas* Iscariote, l'un de ses disciples, il fut arrêté, condamné à mort et crucifié. Pour les chrétiens, Jésus ressuscita trois jours après sa mort et monta aux cieux rejoindre Dieu, après avoir chargé ses disciples de répandre sa Parole dans le monde entier.

jeux Olympiques → **Olympiques**

Jivaro
Amérindiens de l'ouest du Brésil. Les Jivaro ne sont plus que 5 000 environ. Autrefois, les guerriers jivaro coupaient les têtes de leurs ennemis morts et les rapetissaient en les chauffant et en les trempant dans des bains de plantes. Voilà pourquoi ils ont parfois été surnommés « les réducteurs de têtes ».

Jobs Steven Paul, dit Steve (1950-2011)
Informaticien et industriel américain. Avec Steve Wozniak, il a créé en 1976 la société d'informatique Apple. Il est considéré comme un des pionniers de la micro-informatique. Sous sa direction, sa société a produit le premier ordinateur grand public (MacIntosh, 1984) et a lancé plus récemment l'iPod (2001), l'iPhone (2007) et l'iPad (2010).

la **Joconde**
Tableau de Léonard de Vinci. → VOIR encadré page suivante.

Joliot-Curie Irène **(1897-1956)** et Jean Frédéric **(1900-1958)**
Physiciens français. Fille de Pierre et Marie Curie*, Irène Curie épousa Jean Frédéric Joliot en 1926. Auteurs de recherches en physique nucléaire sur la radioactivité et sur la structure de l'atome, ils furent récompensés par le prix Nobel de chimie en 1935.

Jonas
Personnage biblique. Dieu l'envoie à Ninive, ville de Mésopotamie, pour convertir les habitants. Jonas refuse et s'enfuit par la mer. Dieu provoque alors une tempête ; Jonas se jette à l'eau et est avalé par une baleine. Recraché au bout de trois jours par la baleine, il accomplit finalement sa mission avec succès.

Jordanie (Asie)
- Superficie : 92 000 km²
- Habitants : 7 274 000 *(les Jordaniens)*
- Capitale : *Amman*
- Langue : *arabe*
- Monnaie : *dinar jordanien*

• Le royaume de Jordanie est en grande partie désertique et peu industrialisé. Le fleuve Jourdain permet quelques cultures. Le reste du pays pratique un élevage extensif. Le tourisme constitue une ressource assez importante.

Jourdain
Fleuve du Moyen-Orient. Long de 360 km, il prend sa source au Liban, marque la frontière entre Israël et la Syrie, traverse le lac de Tibériade avant de se jeter dans la mer Morte. La Bible raconte que Jésus a reçu le baptême dans les eaux du Jourdain.

Jouvet Louis **(1887-1951)**
Acteur et metteur en scène français. Jouvet a influencé le théâtre de l'entre-deux-guerres par ses mises en scène originales et ses interprétations de personnages classiques. Son jeu sobre, sa diction et sa voix caractéristiques ont également fait son succès dans des films comme *Hôtel du Nord* (1938) aux côtés d'Arletty. → VOIR AUSSI **Knock.**

Judas Iscariote
Apôtre de Jésus. Il trahit ce dernier pour de l'argent (trente deniers). Les soldats qui devaient arrêter Jésus ne le connaissaient pas, mais Judas le leur désigna par un baiser qu'il lui donna. « Celui que j'embrasserai, c'est lui », avait-il dit. Pris de remords, Judas se pendit.

Juillet - monarchie de Juillet
Régime politique de la France de 1830 à 1848. Après les Trois Glorieuses* qui mirent fin au règne de Charles X, le duc d'Orléans devint roi des Français sous le nom de Louis-Philippe Ier. Il instaura un régime monarchique constitutionnel. La fin de son règne fut marquée par des crises économiques et une agitation sociale crois-

La Joconde : l'énigmatique sourire de Monna Lisa.

La Joconde fut peinte par Léonard de Vinci lors d'un séjour à Florence, vers 1503-1506. Ce portrait est celui de Monna Lisa, l'épouse d'un certain Francesco del Giocondo, qui donna son nom à cette œuvre peinte sur bois. Un manuscrit de 1503, découvert à Heidelberg, permettrait d'écarter les autres hypothèses sur l'identité du modèle.

Léonard de Vinci a cherché à atteindre la perfection dans son art. Il y parvient avec cette œuvre. Le visage de la Joconde est comme animé : le sourire est mystérieux, le regard semble suivre le spectateur et l'ensemble contribue à donner au portrait cette impression de vie. Le paysage peint en arrière-plan est constitué de montagnes aux contours flous. Le peintre a utilisé ici la technique du « sfumato » qui adoucit les formes et crée une ambiance vaporeuse. Léonard de Vinci emporta son œuvre en France et François Ier l'acheta en 1517. Le tableau fit partie des collections royales puis, à partir du début du XIXe siècle, fut conservé au musée du Louvre, où il est aujourd'hui exposé derrière une vitre qui le protège. Il fut volé en 1911 par un peintre italien qui voulait le restituer à son pays d'origine. Il fut retrouvé deux ans plus tard.

Considéré comme l'œuvre majeure de Léonard de Vinci et comme le chef-d'œuvre de la Renaissance, *la Joconde* est probablement le tableau le plus célèbre du monde. Il a donné lieu à de multiples interprétations et a souvent été une source d'inspiration pour d'autres artistes.

sante. Ses opposants exigèrent des réformes, et une insurrection éclata en février 1848. Louis-Philippe dut abdiquer et la république fut proclamée. Durant la monarchie de Juillet, la France étendit ses colonies, elle fit notamment la conquête de l'Algérie.

Junon
Déesse romaine des Femmes et de la Fécondité, assimilée à la déesse grecque Héra*.

Jupiter
Dieu des Romains, assimilé au dieu grec Zeus*.

Jupiter
Planète du Système solaire. Située entre Mars et Saturne, Jupiter est la plus grosse planète connue. Son diamètre (142 796 km) est 11,2 fois celui de la Terre. Elle est essentiellement constituée d'hydrogène et est entourée de bandes horizontales, qui sont en fait des formations nuageuses. Seule reste stable une tache rouge, qui est un gigantesque cyclone permanent. Autour de Jupiter gravitent plus de 60 satellites, dont certains ont la taille d'une planète. → VOIR noms communs : **planète.**

Jura
Chaîne montagneuse de France et de Suisse. Elle est située entre les Vosges et les Alpes. Le sommet le plus haut du Jura est le crêt de la Neige (1 718 m). L'exploitation de la forêt, l'élevage bovin et le tourisme sont les principales ressources de la région. Le Jura est aussi un département.
▸ REM. *Crêt* est un terme géographique qui désigne un sommet montagneux dans le Jura.

Jura - canton du Jura
Canton francophone de la Confédération suisse. 837 km^2 ; 70 032 habitants (les *Jurassiens*). Il a été créé en 1979 pour regrouper les trois régions francophones qui appartenaient auparavant au canton de Berne, où l'on parle allemand.

K

Kaaba ou Kaba
Édifice religieux. Située au centre de la Grande Mosquée de La Mecque, la Kaaba est une construction cubique vers laquelle les musulmans se tournent pour prier. Dans l'une de ses parois se trouve la Pierre noire qui aurait été donnée à Abraham par l'ange Gabriel*.

la **Kaaba**, au centre de la Grande Mosquée de La Mecque (Arabie saoudite)

Kabyles
Peuple de la Kabylie, région du nord de l'Algérie. Les Kabyles, de religion islamique et parlant une langue berbère, sont environ 3,5 millions. Ils se sont fréquemment révoltés contre la colonisation française au cours du XIXe siècle. La Kabylie fut le principal foyer de la lutte pour la libération de l'Algérie entre 1954 et 1962. → VOIR AUSSI **Berbères, Touareg.**

Kairouan
Ville de Tunisie. 139 070 habitants. Située au centre du pays, Kairouan fut fondée en 670. Elle était alors la capitale de la région. Ruinée au XIe siècle, elle fut reconstruite aux XVIIe et XVIIIe siècles. La Grande Mosquée de Sidi Uqba, reconstruite aux VIIIe-IXe siècles, est l'un des chefs-d'œuvre de l'art islamique. Kairouan est aujourd'hui un grand centre artisanal (fabrication de tapis).

Kalahari
Désert situé au sud de l'Afrique. Il s'étend entre les fleuves Zambèze et Orange et occupe le sud-ouest du Botswana. Le Kalahari est habité par les Bochimans*.

Kandinsky Vassily (1866-1944)
Peintre russe, naturalisé allemand puis français. Il a initié l'art abstrait, dès 1910, année où il réalise *Première aquarelle abstraite*. Il crée peu après à Munich le mouvement *Blaue Reiter* (en français, *Cavalier Bleu*). Il participe plus tard à la création de l'école d'art moderne du Bauhaus à Weimar (en Allemagne). Quand les nazis ferment cette école, il vient s'installer en France.

Karnak
Site archéologique d'Égypte. Karnak est situé sur la rive est du Nil, à l'emplacement de l'ancienne ville de Thèbes, qui était une des capitales de l'Égypte dans l'Antiquité. Karnak était le lieu des vivants et des dieux. Sur l'autre rive du Nil se trouvait la cité des morts. Le site de Karnak contient un immense temple dédié au dieu

Amon*, dont les murs sont recouverts de fresques qui racontent les exploits guerriers du pharaon Ramsès II*. Karnak est menacé par la montée des eaux du Nil, due à la construction du barrage d'Assouan*.
▸ REM. Ne pas confondre avec *Carnac* en Bretagne.

Kästner Erich **(1899-1974)**
Écrivain allemand. Il est connu pour sa poésie pleine d'humour, mais surtout pour ses livres pour la jeunesse, qui ont été traduits dans plusieurs langues. Ses œuvres ont été adaptées au cinéma. Sous l'Allemagne nazie, il ne cacha pas son opposition à l'égard du régime hitlérien, ce qui lui valut d'être fréquemment arrêté.

ŒUVRES PRINCIPALES *Émile et les Détectives*, 1929 ; *le 35 Mai*, 1931 ; *la Conférence des animaux*, 1949.

Kazakhstan (Asie)
- Superficie : 2 717 000 km²
- Habitants : 16 441 000 *(les Kazakhs)*
- Capitale : *Astana*
- Langues : *kazakh, russe*
- Monnaie : *tenge*

• Le Kazakhstan est une ancienne république d'U.R.S.S.*, située en Asie centrale, entre la mer Caspienne* et la Chine. Le pays est formé de vastes plaines et de plateaux, en dehors de sa bordure montagneuse orientale. Son climat est aride et rude en hiver. Il était autrefois habité par des populations d'origine turque et musulmane, mais les Russes, qui s'y sont installés au XXe siècle, représentent aujourd'hui plus du tiers de la population. C'est au Kazakhstan, près de la ville de Tiouratam, que se trouve le cosmodrome (base spatiale) de Baïkonour.

Keaton Buster **(1895-1966)**
Acteur et cinéaste américain. Surnommé « l'homme qui ne rit jamais », il fut une grande vedette comique du cinéma muet. Le personnage qu'il interprète, toujours impassible devant les événements, contribua à créer un nouveau genre comique.

ŒUVRES PRINCIPALES *La Croisière du « Navigator »*, 1924 ; *le Mécano* de la « General »*, 1926 ; *le Cameraman*, 1928.

Kemal Mustafa **(1881-1938)**
Homme politique turc. Après l'effondrement de l'Empire ottoman*, Mustafa Kemal prit la tête du mouvement nationaliste qui s'opposait aux exigences des vainqueurs de la Première Guerre mondiale. À la suite des victoires sur les Arméniens, les Kurdes et les Grecs, il obtint la reconnaissance des frontières actuelles de la Turquie. Il s'efforça alors de créer un État de type occidental. Dans ce but, il imposa la laïcité des institutions, c'est-à-dire leur indépendance par rapport aux autorités religieuses, et introduisit l'alphabet latin. En 1934, Mustafa Kemal adopta le nom d'Atatürk.
▸ REM. *Atatürk* signifie « père des Turcs ».

Kennedy John Fitzgerald **(1917-1963)**
Homme politique américain. Élu sénateur démocrate en 1952, il devint président des États-Unis en novembre 1960. En politique intérieure, il favorisa la relance de l'économie et le développement des programmes spatiaux. Il se prononça aussi pour la fin de la discrimination raciale. À l'extérieur, il mena une politique de « coexistence pacifique » avec l'U.R.S.S., menacée un moment par la « crise des missiles » en octobre 1962 : il contraignit alors les Soviétiques à retirer les missiles qu'ils avaient installés à Cuba. Kennedy amorça également l'intervention militaire américaine au Viêt Nam. Il mourut assassiné à Dallas, au Texas, le 22 novembre 1963.

Kenya (Afrique)
- Superficie : 583 000 km²
- Habitants : 44 354 000 *(les Kenyans)*
- Capitale : *Nairobi*
- Langue : *swahili*
- Monnaie : *shilling du Kenya*

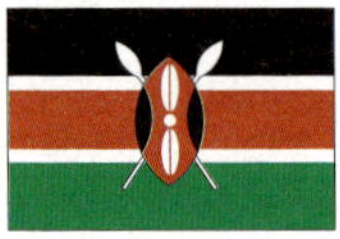

• Situé en Afrique orientale, le Kenya est indépendant depuis 1963. À l'ouest, montagneux et volcanique (point culminant : 5 199 m au mont Kenya), est concentrée une grande partie de la population. Le pays a créé très tôt d'importantes réserves d'animaux sauvages où fauves, antilopes et autres représentants de la faune africaine vivent en liberté. Ces parcs attirent les touristes. L'autre ressource du pays est l'agriculture (exportations de café, de thé et de produits de l'horticulture).

Kepler Johannes **(1571-1630)**
Astronome allemand. Partisan du système de Copernic*, il découvrit les lois qui régissent le mouvement des planètes. Il établit notamment que les orbites des planètes sont des ellipses.

Kessel Joseph **(1898-1979)**
Écrivain et journaliste français. Joseph Kessel fut l'un des premiers grands reporters. Il parcourut le monde, le décrivant de manière réaliste et vivante. Il s'engagea dans l'aviation pendant la Première Guerre mondiale et entra dans la Résistance lors de la Seconde Guerre mondiale. Il a évoqué dans ses romans l'aventure et la fraternité entre les hommes. → VOIR AUSSI **le Lion.**

ŒUVRES PRINCIPALES *L'Équipage*, 1923 ; *l'Armée des ombres*, 1944 ; *le Lion*, 1956 ; *les Cavaliers*, 1967.

le **Kid**
Film muet américain. Il fut réalisé en 1921 par Charlie Chaplin*. Ce dernier y incarne le personnage de Charlot, qui adopte un bébé abandonné, le « kid ». L'enfant

A B C D E F G H I J K L M N O P Q R S T U V W X Y Z

grandit avec son père adoptif, qui est vitrier, jusqu'au jour où le garçon est placé dans un établissement. La mère de celui-ci, devenue riche, retrouve son enfant. Charlie Chaplin s'est inspiré de sa propre histoire pour réaliser ce film drôle et émouvant.

Kilimandjaro

Massif volcanique de l'Afrique. Situé en Tanzanie, près de la frontière du Kenya, le Kilimandjaro est le sommet le plus haut d'Afrique (5 895 m) et le seul sur ce continent, avec le mont Kenya, au Kenya, à être recouvert de neiges éternelles. Il fut escaladé pour la première fois en 1889. → VOIR noms communs : **alpinisme.**

Killy Jean-Claude (né en 1943)

Skieur français. Spécialiste de ski alpin, il remporta trois titres (la descente, le slalom géant et le slalom spécial) aux jeux Olympiques d'hiver, à Grenoble, en 1968. Il fut également président de la Société du Tour* de France.

King Martin Luther (1929-1968)

Pasteur noir américain. Chrétien fervent, s'inspirant des méthodes pacifiques de Gandhi*, Martin Luther King lutta contre la ségrégation dont étaient victimes les Noirs des États-Unis (certains lieux publics leur étaient interdits, ils avaient des places séparées dans les transports, etc.). Les manifestations non violentes qu'il organisa permirent d'obtenir que l'égalité entre les Blancs et les Noirs soit garantie par la loi. Il obtint le prix Nobel de la paix en 1964. Il fut assassiné à Memphis (Tennessee).

King Kong

Film fantastique américain. Il fut réalisé en 1933 par Merian C. Cooper (1893-1973) et Ernest B. Schoedsack (1893-1979). Au cours d'une expédition lointaine, deux explorateurs et une jeune fille découvrent un gorille géant. Ils le capturent et le ramènent à New York. L'animal s'échappe dans la ville en enlevant la jeune femme et se réfugie au sommet d'un gratte-ciel. Ce film demanda un an de tournage, des maquettes et des truquages exceptionnels ; la scène la plus célèbre est celle où le gorille tient la jeune femme dans sa main, articulée grâce à une machinerie très complexe.

Kipling Rudyard (1865-1936)

Écrivain britannique. Né en Inde, Rudyard Kipling fut journaliste avant d'écrire des poèmes et des romans. Il est surtout célèbre pour ses œuvres destinées à la jeunesse, comme *le Livre* de la jungle*, qui décrit la misère en Inde à travers les voyages d'un petit garçon qui accompagne un lama (un moine). Kipling reçut le prix Nobel de littérature en 1907.

ŒUVRES PRINCIPALES *Le Livre de la jungle*, 1894-1895 ; *Kim*, 1901.

Kirghizistan (Asie)

- Superficie : 199 000 km^2
- Habitants : 5 548 000 *(les Kirghiz)*
- Capitale : *Bichkek*
- Langues : *kirghiz, russe*
- Monnaie : *som*

• Pays montagneux de l'Asie centrale, au nord-ouest de la Chine, le Kirghizistan est une ancienne république d'U.R.S.S.*, indépendante depuis 1991. La population, musulmane dans sa grande majorité, comprend d'importantes minorités d'Ouzbeks et de Russes. Le pays vit surtout de l'élevage ovin et de cultures (fruits et légumes) développées dans les zones irriguées.

Kiribati (Océanie)

- Superficie : 900 km^2
- Habitants : 102 000 *(les Kiribatiens)*
- Capitale : *Tarawa*
- Langue : *anglais, gilbertin*
- Monnaie : *dollar australien*

• Cette république d'Océanie est un archipel composé de 33 îles ou îlots dispersés sur environ 5 millions de km^2. L'économie repose sur l'agriculture et la pêche. Ancienne colonie britannique, le Kiribati est indépendant depuis 1979.

Kirikou et la sorcière

Dessin animé franco-belge. Réalisé en 1998 par Michel Ocelot, *Kirikou et la sorcière* s'inspire d'un conte africain. Kirikou, qui naît dans un village en Afrique, n'est pas un petit garçon comme les autres : dès sa naissance, il parle et court très vite. Très volontaire et courageux, il découvre le secret de la méchante sorcière Karaba et réussit ainsi à sauver le village de son emprise. La beauté des dessins et la poésie du film ont contribué à son succès.

Klee Paul (1879-1940)

Peintre allemand. Né dans une famille de musiciens, inspiré à la fois par le surréalisme et l'art abstrait, Klee créa un monde onirique très riche en couleurs. Une grande partie de son œuvre est au Centre Paul-Klee de Berne.

ŒUVRES PRINCIPALES *Villa R*, 1919 ; *Senecio*, 1922 ; *Rue principale et rues secondaires*, 1929.

Knock

Personnage de théâtre. Il apparaît dans *Knock ou le Triomphe de la médecine*, une pièce de théâtre de l'écrivain français Jules Romains (1885-1972). Celle-ci connut un immense succès lors de sa création par l'acteur Louis Jouvet*. Le docteur Knock parvient à amener tous les habitants de sa bourgade à se faire soigner par lui, après les avoir persuadés que « tout homme bien portant est un malade qui s'ignore ».

A B C D E F G H I J K L M N O P Q R S T U V W X Y Z

Kosovo (Europe)
- Superficie : 10 908 km^2
- Habitants : 1 733 872 *(les Kosovars)*
- Capitale : *Pristina*
- Langues : *albanais et serbe*
- Monnaie : *euro*

- Situé dans le Sud-Est de l'Europe, dans le massif des Balkans, le Kosovo, une ancienne région de la Yougoslavie puis de la Serbie, s'est proclamé indépendant en 2008. La population, musulmane et d'origine albanaise dans sa grande majorité, comprend une minorité de Serbes. Elle a été très éprouvée par la guerre en 1999, qui vit le Kosovo attaqué par le pouvoir central serbe et défendu par les armées de l'O.T.A.N. Le Kosovo est le pays le plus pauvre d'Europe. Il ne dispose que de faibles ressources (quelques industries, du charbon, du minerai d'aluminium et du nickel). Il dépend de l'aide internationale, notamment de celle de l'Union européenne.

Koweït (Asie)
- Superficie : 17 800 km^2
- Habitants : 3 369 000 *(les Koweïtiens)*
- Capitale : *Koweït*
- Langue : *arabe*
- Monnaie : *dinar koweïtien*

- L'émirat du Koweït est situé dans le désert d'Arabie*, au bord du golfe Persique*. Le pétrole assure à ses habitants un des plus hauts revenus du monde. En 1990, le Koweït a été envahi par l'Iraq, puis libéré en 1991 par une coalition mise sur pied à la demande de l'O.N.U.* et dirigée par les États-Unis.

Krakatoa
Île de l'océan Pacifique. Située entre les îles de Java et de Sumatra, Krakatoa fut partiellement détruite en 1883 par l'explosion de son volcan, le Perbuatan. C'est la plus grave éruption volcanique de l'histoire : il y eut 36 000 victimes. Le Perbuatan connaît encore de nos jours une activité volcanique intense.

Kremlin
Ancienne forteresse et quartier central de Moscou. Le Kremlin fut l'ancienne résidence des tsars, puis le siège du gouvernement soviétique, de 1918 à 1991. Il est depuis cette date le siège du gouvernement russe. Le quartier contient un grand nombre d'églises et de palais, construits, pour la plupart, par des architectes italiens à la fin du XVe siècle.
▸ REM. *Kremlin* est un mot russe qui signifie « forteresse ».

Krishna
Divinité hindoue. Krishna est la plus célèbre incarnation du dieu Vishnou*. Né dans une famille royale, joyeux et espiègle, Krishna fut élevé par des bergers. Il enseigna par ses paroles et ses actes l'amour de la vie et du plaisir. Il a beaucoup inspiré l'art indien.

Kubilay Khan (1214-1294)
Empereur mongol. Petit-fils de Gengis*Kahn, il établit sa capitale à Pékin en 1264 et acheva la conquête de la Chine en 1279. Il confia plusieurs missions à Marco Polo*, lui permettant ainsi de parcourir le pays pendant seize ans et d'en faire la découverte.

Kubrick Stanley (1928-1999)
Cinéaste américain qui réalisa notamment *2001*: l'Odyssée de l'espace.*

Kurdes
Peuple d'Asie occidentale. Les Kurdes, qui sont environ 25 millions, vivent dans une grande région montagneuse, le Kurdistan, qui n'est pas un État reconnu. Le Kurdistan est partagé entre la Turquie, l'Iran, l'Iraq et la Syrie. Près de la moitié des Kurdes habitent en Turquie. Ils sont traditionnellement agriculteurs et pratiquent la transhumance. Toujours opposés à la domination étrangère, les Kurdes luttent depuis le début du XXe siècle pour leur autonomie à l'intérieur des États où ils résident.

L

Labrador - courant du Labrador
Courant froid du nord-ouest de l'océan Atlantique. Il doit son nom au Labrador, région du Canada dont il longe les côtes vers le sud en charriant des icebergs jusqu'au sud de Terre-Neuve.

La Bruyère Jean de (1645-1696)
Écrivain et moraliste français. La Bruyère est l'auteur des *Caractères*, qui dépeignent la société de la fin du XVIIe siècle. La vérité des propos et l'élégance du style valurent à cet ouvrage un immense succès. Les types du « parvenu », du « distrait » ou de l'« égoïste » n'ont rien perdu de leur justesse.

ŒUVRES PRINCIPALES *Les Caractères*, 1688-1696.

le ***Lac des cygnes***
Ballet de Piotr Ilitch Tchaïkovski*. → VOIR encadré.

Laennec René (1781-1826)
Médecin français. Créateur de la méthode d'auscultation des voies respiratoires et du cœur, il inventa à cet effet le stéthoscope en 1815. Ses travaux firent progresser les connaissances médicales sur les affections pulmonaires.

La Fayette - marquis de La Fayette **(1757-1834)**
Général et homme politique français. Il participa à la guerre de l'Indépendance* américaine en aidant les Américains révoltés contre l'Angleterre. Accueilli avec enthousiasme à son retour en France, il s'engagea dans la préparation des états généraux en 1789 et eut un rôle important pendant la Révolution* française. Mais il protesta lorsque Louis XVI fut suspendu et dut s'exiler jusqu'en 1800.

La Fontaine Jean de **(1621-1695)**
Poète français. Il est l'auteur de *Fables** et de *Contes et Nouvelles en vers.*

ŒUVRES PRINCIPALES *Contes et Nouvelles en vers*, 1664-1685 ; *Fables*, 1668-1694.

la ***Laitière***
Tableau de Johannes Vermeer*. Il aurait été peint vers 1660. Il représente une scène d'intérieur : une femme verse du lait dans une jatte. Le peintre montre une maîtrise parfaite du jeu des lumières et du rendu des matières dans ce tableau où dominent le bleu, le jaune et le blanc.

Lamarck Jean-Baptiste de **(1744-1829)**
Naturaliste français. Il est considéré, avec Darwin*, comme l'un des grands théoriciens de l'évolution. Il a développé la théorie du transformisme selon laquelle les êtres vivants se transforment progressivement sous l'influence directe du milieu dans lequel ils vivent.

La Mecque → **Mecque**

Lanaudière
Région du Québec. Elle est située entre les Laurentides et la Mauricie, sur la rive nord du Saint-Laurent. 471 748 habitants (les *Lanaudois*). Ville principale : Joliette. Depuis 1980, Lanaudière a connu la plus forte croissance démographique au Québec.

Lang Fritz **(1890-1976)**
Cinéaste américain d'origine autrichienne. Il travailla d'abord en Allemagne puis émigra aux États-Unis. Il réalisa des films noirs (*le Docteur Mabuse*, 1922 ; *M. le Maudit*, 1931) et fantastiques (*Metropolis*, 1927).

Languedoc-Roussillon
Anc. Région administrative française. regroupant 5 départements : Aude, Gard, Hérault, Lozère et Pyrénées-Orientales. Le Languedoc était une ancienne région française, plus vaste que l'ancienne Région administrative du Languedoc-Roussillon. La doctrine des cathares* s'y répandit au XIIe siècle. Les guerres de Religion ravagèrent la région au XVIe siècle et le début du XVIIIe siècle fut marqué par la révolte des camisards (montagnards protestants des Cévennes). → VOIR AUSSI **Languedoc-Roussillon – Midi-Pyrénées.**
▶ REM Le nom *Languedoc* vient de la langue que parlaient les habitants de cette région, la *langue d'oc*, ou *occitan*.

Languedoc-Roussillon – Midi-Pyrénées
Région administrative française. Superficie : 72 724 km^2 ; 5 683 878 hab. Ch.-l. Toulouse*. La Région regroupe, depuis 2016, 13 départements : Ariège, Aude, Aveyron, Gard, Haute-Garonne, Gers, Hérault, Lot, Lozère, Hautes-Pyrénées, Pyrénées-Orientales,

Le Lac des cygnes : féerie et virtuosité du ballet romantique.

La musique de ce ballet en quatre actes fut composée en 1877 par le musicien russe Piotr Ilitch Tchaïkovski. Celui-ci trouva son inspiration dans les contes d'Andersen* et de l'écrivain russe Pouchkine.

Ce ballet romantique raconte l'histoire d'un amour impossible entre le prince Siegfried et la princesse Odette, transformée en cygne par le sorcier Rothbart. Celle-ci retrouve sa forme humaine chaque nuit, mais seul un amour éternel et fidèle peut la sauver définitivement du maléfice. Siegfried lui jure de l'aimer pour l'éternité. Mais au cours d'un bal organisé par la reine, sa mère, qui veut le marier, le prince, croyant reconnaître Odette, choisit comme fiancée une jeune femme qui a pris l'apparence de la princesse.

La chorégraphie du ballet est l'œuvre du Français Marius Petipa*, aidé d'un autre chorégraphe, le Russe Lev Ivanov (1834-1901). Le ballet fut créé au théâtre Mariinski de Saint-Pétersbourg en 1895. Depuis cette date, *le Lac des cygnes* fait partie du répertoire classique. Son interprétation (notamment le rôle d'Odette) exige de la part des danseurs une grande technique et une grande capacité d'expression.

Illustration : **Représentation par le Royal Ballet de Londres.**

Tarn et Tarn-et-Garonne. Du Massif central* au littoral bordé d'étangs, et du Bassin aquitain à la basse vallée du Rhône*, la Région s'étend sur un paysage de plaines et de plateaux traversés par les vallées de la Garonne* et de l'Aude. L'agriculture est dominée, à l'ouest, par l'élevage et les cultures de céréales (blé et maïs) et, à l'est, par les vignobles et la culture de légumes. Le secteur industriel est important autour de Toulouse (industrie aéronautique et spatiale), mais il reste secondaire à Montpellier (recherche scientifique) et dans le Gard (nucléaire). Le tourisme s'est fortement développé avec l'aménagement du littoral et aussi grâce au réseau autoroutier. Riche en sites naturels et historiques, la Région attire de nombreux touristes. L'influence de Toulouse, 4e ville française, rejaillit sur un réseau de villes moyennes (Montauban, Albi, Auch, Castres, Carcassonne). La configuration des villes est différente sur le littoral méditerranéen : Montpellier domine de grandes villes comme Nîmes, Béziers et Perpignan.

Laos (Asie)

- Superficie : 236 800 km^2
- Habitants : 6 770 000 *(les Laotiens)*
- Capitale : *Vientiane*
- Langue : *lao*
- Monnaie : *kip*

• Pays de l'Asie du Sud-Est, à l'ouest du Viêt Nam, le Laos, qui était sous la protection et la dépendance de la France, est devenu indépendant en 1949. Il est formé de plateaux recevant des pluies d'été (mousson) et est couvert par la savane et surtout par la forêt. Le riz, cultivé dans les plaines, est la principale production agricole.

Lao-tseu (VIe-Ve siècle avant J.- C.)

Philosophe chinois. Lao-tseu est l'auteur du *Livre du tao*, qui expose une doctrine philosophique, le taoïsme, selon laquelle les liens personnels de l'individu avec l'Univers doivent guider la vie de chacun. Le taoïsme est devenu la deuxième religion de Chine, après le bouddhisme.

La Palice (1470-1525)

Maréchal de France. Il participa aux guerres d'Italie* menées par François Ier et trouva la mort lors d'une bataille. Ses soldats composèrent en son honneur une chanson où l'on dit : « Un quart d'heure avant sa mort, il était encore en vie... », ce qui voulait dire que, jusqu'à sa dernière heure, La Palice s'était bien battu. Mais la postérité n'a retenu que la naïveté de ces vers. Depuis, on emploie l'expression *vérité de La Palice*, ou *lapalissade*, pour désigner une affirmation d'une évidence telle qu'elle en devient ridicule.

Lapointe Robert, dit Boby **(1922-1972)**

Chanteur français. Compositeur, parolier et interprète, il a développé un genre fondé sur l'absurde et les jeux de mots.

ŒUVRES PRINCIPALES *Ta Katie t'a quitté*, 1951 ; *Aragon et Castille*, 1956 ; *le Saucisson de cheval*, 1966.

Laponie

Région du nord de la Scandinavie (Norvège, Suède, Finlande) et de la Russie (presqu'île de Kola). Environ 80 000 habitants (les *Lapons*). Les Lapons sont traditionnellement éleveurs de rennes, pêcheurs ou agriculteurs. De nombreux villages lapons ont été détruits par les armées allemandes ou russes pendant la Seconde Guerre mondiale. → VOIR AUSSI **Arctique.**

Larousse Pierre **(1817-1875)**

Auteur et éditeur de dictionnaires. Instituteur et spécialiste de la langue française, Pierre Larousse écrivit d'abord des ouvrages scolaires de grammaire. Puis, s'entourant de nombreux collaborateurs, il se lança dans la rédaction d'un ouvrage monumental, le *Grand Dictionnaire universel du XIXe siècle*, qui demanda treize années de travail (1863-1876).

Lartigue Jacques-Henri **(1894-1986)**

Photographe français. Il commença à faire des photographies dès l'âge de sept ans. Sa principale source d'inspiration fut sa propre vie. Son œuvre tout entière respire la joie de vivre.

Las Casas Bartolomé de **(1474-1566)**

Prélat espagnol. Fils d'un compagnon de Christophe Colomb, Las Casas fut évêque au Mexique en 1544, et prit la défense des Indiens. Il fit appliquer des lois interdisant les violences contre eux.

Lascaux - grotte de Lascaux

Grotte préhistorique de la Dordogne. → VOIR encadré.

La Tour Georges de **(1593-1652)**

Peintre français. Inspiré par les œuvres du Caravage*, Georges de La Tour est un peintre réaliste. Ses tableaux sont remarquables par les contrastes d'ombre et de lumière et par la force d'expression des visages.

ŒUVRES PRINCIPALES *Le Tricheur à l'as de carreau*, vers 1630 ; *la Madeleine à la veilleuse*, 1645.

Georges de **La Tour :** *le Tricheur à l'as de trèfle* (vers 1635)

A B C D E F G H I J K L M N O P Q R S T U V W X Y Z

Laurel et **Hardy**
Acteurs de cinéma américains. Créés et joués par Stan Laurel (1890-1965) et Oliver Hardy (1892-1957), ces deux personnages provoquent le rire par le contraste de leurs physiques, par des situations absurdes, des gags énormes ou des batailles de tartes à la crème. Laurel et Hardy formèrent le premier duo du cinéma burlesque et connurent un succès mondial.

Laurentides
Région montagneuse de l'est du Canada. Elle traverse la province du Québec d'un bout à l'autre. C'est un parc naturel et un site touristique important et actif.

Lausanne
Ville de la Confédération suisse. Lausanne est le chef-lieu du canton de Vaud*. Sa population a plus que doublé en quarante ans et elle compte aujourd'hui 127 821 habitants (les *Lausannois*) ; 345 293 dans l'agglomération. C'est là que siège le Comité international olympique.

Laval
Région du Québec. Située au nord de l'île de Montréal, Laval est une région fortement urbanisée. 401 553 habitants (les *Lavallois*). On y trouve un parc scientifique et de haute technologie.

Laver Rodney, dit Rod **(né en 1938)**
Joueur de tennis australien. Il remporta la même année les quatre grands tournois mondiaux (les Internationaux de France, de Grande-Bretagne, des États-Unis et d'Australie) en 1962 et 1969.

Lavoisier Antoine Laurent de **(1743-1794)**
Chimiste français. Lavoisier fut l'un des créateurs de la chimie moderne. Au cours de ses expériences, il élucida le mécanisme de l'oxydation des métaux au contact de l'air, puis, entre 1777 et 1781, il établit la composition de l'air, de l'eau et du gaz carbonique. Il proposa un classement de ces composants fondé sur le concept d'élément chimique. Condamné par la Convention* pour avoir occupé des fonctions d'administrateur sous l'Ancien Régime, il fut guillotiné.

Le Brun ou **Lebrun** Charles **(1619-1690)**
Peintre et décorateur français. Protégé par Colbert* et Louis XIV*, il devient le « premier peintre du Roi » et dirige la manufacture des Gobelins. Il préside à la décoration de Versailles*, où il réalise notamment la voûte de la galerie des Glaces. Il avait auparavant participé à la décoration du château de Vaux-le-Vicomte du surintendant Fouquet.

Leclerc Félix **(1914-1988)**
Poète, compositeur et interprète canadien. Il fut le premier à faire connaître la chanson québécoise en France. Ses chansons, telles que *le P'tit Bonheur* et *Moi, mes souliers*, ainsi que ses poèmes lui valurent de nombreux prix.

Le Corbusier (1887-1965)
Architecte et urbaniste français d'origine suisse. Le Corbusier, de son vrai nom Charles Édouard Jeanneret, fut l'un des fondateurs de l'architecture moderne. Ses constructions sont des formes géométriques simples

La grotte de Lascaux : les débuts de l'art.

Située à environ 1 km de la commune de Montignac, en Dordogne, dans le sud-ouest de la France, la **grotte de Lascaux** est ornée de très belles peintures et gravures rupestres datant du paléolithique (vers 17 000 avant notre ère). Elle fut découverte pendant l'été 1940 par des enfants qui jouaient. La grotte, longue d'environ 250 m et formée de plusieurs galeries, fut aussitôt classée monument historique.

De nombreux animaux (des taureaux, des bisons, des cerfs, des bouquetins, des chevaux, des félins) sont représentés sur les murs et le plafond de la grotte. Quelques silhouettes humaines apparaissent également dans des scènes de chasse. Sur les parois, on observe aussi des signes (des traits et des points) dont la signification reste obscure. Les dessins ont été gravés à l'aide de pierres. Les couleurs des peintures, obtenues à partir de minéraux, sont le noir, le rouge et l'ocre. Certaines représentations d'animaux sont très grandes et atteignent 5 m de long.

La grotte de Lascaux constitue l'un des plus beaux exemples d'art rupestre que l'on connaisse aujourd'hui. Ses ornements, qui nous offrent un témoignage précieux sur les premières civilisations, furent étudiés par de nombreux scientifiques et historiens.

La grotte a été fermée au public en 1963 parce que les peintures s'abîmaient au contact de l'air extérieur et du gaz carbonique rejeté par la respiration des visiteurs. Les peintures ont été reproduites dans une grotte artificielle voisine, que l'on peut visiter depuis 1983.

Illustration : **La salle des Taureaux, à Lascaux.**

percées de larges ouvertures qui laissent entrer la lumière. Il fut l'un des premiers à employer le béton sans chercher à le recouvrir. Il a réalisé, entre autres, le grand immeuble de la « Cité radieuse », à Marseille, et la chapelle Notre-Dame-du-Haut, à Ronchamp (en Haute-Saône).

Léman - lac Léman
Lac d'Europe (Suisse et France). La rive nord du lac Léman est suisse, sa rive sud est française. Il a une superficie de 582 km^2. Long de 72 km, il est traversé par le Rhône. On appelle *lac de Genève* la partie du lac située près de cette ville.

Le Moyne d'Iberville Pierre **(1661-1706)**
Marin et explorateur français. Né à Montréal, il prit part à de nombreuses expéditions militaires contre les Anglais à la baie d'Hudson, en Nouvelle-Angleterre, à Terre-Neuve et aux Antilles.

Lena
Fleuve de Russie. Situé en Sibérie et long de 4 270 km, il se jette dans l'océan Arctique. La Lena est peu navigable car ses eaux sont gelées neuf mois par an.

Lénine (1870-1924)
Homme politique russe. Le pseudonyme que choisit Vladimir Ilitch Oulianov pour signer ses écrits révolutionnaires vient du nom du fleuve Lena. Marxiste dès l'âge de dix-huit ans, Lénine fut déporté en Sibérie de 1897 à 1900. Pendant son exil naquit le Parti ouvrier social-démocrate, dans lequel ses partisans devinrent majoritaires. Exilé en Suisse, puis à Paris, Lénine retourna en 1914 en Suisse, d'où il fixa aux révolutionnaires un but : transformer la guerre en révolution. Il revint à Saint-Pétersbourg en 1917 et dirigea l'insurrection d'octobre. La révolution triompha. Lénine entreprit de faire de la Russie un pays socialiste : l'Union soviétique.

Le Nôtre André **(1613-1700)**
Dessinateur de jardins français. Le Nôtre créa un style de jardin dit « à la française ». Il dessina des jardins où la végétation, les allées et les bassins forment des figures régulières et géométriques et offrent de vastes perspectives. Sa création la plus célèbre est le parc du château de Versailles*.

Léonard de Vinci (1452-1519)
Artiste et savant italien. Léonard de Vinci est l'artiste le plus célèbre de la Renaissance. Il était aussi inventeur : il perfectionna les machines de son temps et fut souvent employé comme ingénieur militaire. Aujourd'hui, il est surtout connu pour ses dessins et ses tableaux. Il a créé une technique de peinture qui consiste à envelopper les personnages dans une ambiance vaporeuse pour mieux les intégrer au paysage qui leur sert de décor. François Ier le fit venir en France où il acheva sa vie. → VOIR AUSSI **la Joconde.**

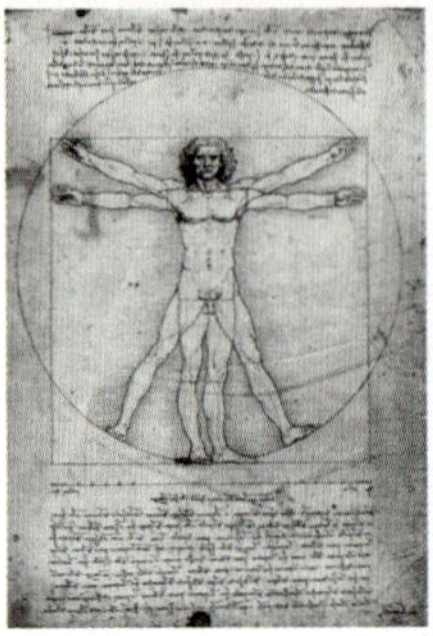

Léonard de Vinci : *Étude de proportions du corps humain selon Vitruve* (vers 1492)

Léopold Ier (1790-1865)
Roi des Belges de 1831 à 1865. Léopold Ier fut le premier souverain de la Belgique indépendante. Il fut à la tête d'une monarchie constitutionnelle.

Léopold II (1835-1909)
Roi des Belges de 1865 à 1909. Fils de Léopold Ier, Léopold II fit de l'État indépendant du Congo sa propriété personnelle en 1885. Il le céda à la Belgique en 1908.

Léopold III (1901-1983)
Roi des Belges de 1934 à 1951. Il donna l'ordre à l'armée de cesser le combat contre les Allemands qui occupaient la Belgique en 1940. Cette décision fut très controversée. Il dut déléguer ses pouvoirs à son fils Baudouin* en 1950 et abdiquer en 1951.

Leroux Gaston **(1868-1927)**
Écrivain et journaliste français. Gaston Leroux fait paraître en 1907 *le Mystère de la chambre jaune*, qui, pour la première fois dans l'histoire du roman policier, pose une énigme apparemment insoluble puisque le meurtre se déroule dans un lieu entièrement clos. Le reporter-détective Rouletabille réussit à résoudre l'énigme.

ŒUVRES PRINCIPALES *Le Mystère de la chambre jaune*, 1907 ; *le Parfum de la dame en noir*, 1909 ; *le Fantôme de l'Opéra*, 1925.

Lesotho (Afrique)

- Superficie : 30 355 km^2
- Habitants : 2 074 000 *(les Lesothans)*
- Capitale : *Maseru*
- Langues : *anglais, sotho*
- Monnaie : *loti*

• Indépendant depuis 1966, le royaume du Lesotho est une enclave dans la république d'Afrique* du Sud. L'industrie textile est la principale activité et la population doit émigrer pour travailler dans les mines sud-africaines.

Lesseps Ferdinand de **(1805-1894)**
Diplomate et ingénieur français. Il fit percer le canal de Suez en 1869. Il fut également chargé de créer un ca-

A B C D E F G H I J K L M N O P Q R S T U V W X Y Z

nal dans l'isthme de Panama en 1876 mais il échoua dans cette entreprise, ce qui provoqua un grand scandale politique et financier.

Lettonie (Europe)

- Superficie : 64 000 km^2
- Habitants : 2 050 000 *(les Lettons)*
- Capitale : *Riga*
- Langue : *letton*
- Monnaie : *euro*

- Située sur la mer Baltique*, la Lettonie, ancienne république d'U.R.S.S.*, est indépendante depuis 1991. Comptant une forte minorité de Russes, le pays est urbanisé et industrialisé. La Lettonie est entrée dans l'Union* européenne en 2004.

les ***Lettres de mon moulin***

Recueil de contes. Écrites par Alphonse Daudet* et parues en 1869, ces histoires malicieuses et tendres, où l'humour se mêle à la mélancolie, se déroulent pour la plupart en Provence. Elles évoquent de manière pittoresque les habitants de cette région et leurs habitudes.

Le Vau Louis **(1612-1670)**

Architecte français. Il réalisa les plans du château de Vaux-le-Vicomte et participa à la transformation du château de Versailles, sous Louis XIV.

Lewis Frederick Carlton, dit Carl **(né en 1961)**

Athlète américain. Il a remporté neuf titres olympiques : le 100 m, le 200 m, le saut en longueur et le 4 × 100 m, en 1984 ; le 100 m et le saut en longueur, en 1988 ; le saut en longueur et le 4 × 100 m, en 1992 ; le saut en longueur en 1996. Il a obtenu huit titres de champion du monde.

Liban (Asie)

- Superficie : 10 400 km^2
- Habitants : 4 822 000 *(les Libanais)*
- Capitale : *Beyrouth*
- Langue : *arabe*
- Monnaie : *livre libanaise*

- **Géographie.** Le mont Liban, dont les versants sont couverts de cultures (blé, vigne, oliviers, arbres fruitiers), domine une étroite plaine littorale, qui borde la mer Méditerranée, où s'est concentrée la population à dominante musulmane.
- **Histoire.** Dès le IIIe millénaire avant J.-C., la côte est occupée par les Cananéens, puis par les Phéniciens*, qui y fondent les cités-États de Sidon, Byblos, Tyr et Berytos (aujourd'hui Beyrouth). Au Ier millénaire, les Phéniciens dominent le commerce dans le monde méditerranéen qu'ils explorent et parcourent. Passant sous les dominations assyrienne, égyptienne, perse, grecque, le pays fait partie en 63-64 avant J.-C. de la province romaine, puis byzantine, de Syrie. Il est conquis en 636 par les Arabes et, à l'époque des croisades, il fait partie des États latins du Levant. Conquis par les Mamelouks d'Égypte, il est annexé en 1516 à l'Empire ottoman. Il reste sous domination ottomane jusqu'à la fin de la Première Guerre mondiale ; il est alors placé sous protectorat français. En 1943, son indépendance est proclamée. Sa situation au milieu d'un Moyen-Orient secoué par les crises et les guerres lui vaut d'être souvent en proie à une guerre civile opposant les différentes communautés (chrétienne, chiite, sunnite, druze) qui l'habitent.

Liberia (Afrique)

- Superficie : 110 000 km^2
- Habitants : 4 294 000 *(les Libériens)*
- Capitale : *Monrovia*
- Langue : *anglais*
- Monnaie : *dollar libérien*

- Situé sur l'océan Atlantique, recouvert en grande partie de forêts denses, le Liberia possède des plantations de palmiers, de caféiers et d'hévéas. Depuis 1847, c'est un État indépendant. Les principales ressources proviennent des mines de diamants et du fer mais aussi d'une très importante flotte (la deuxième du monde en nombre de navires). Entre 1990 et 2003, le Liberia a connu une guerre civile et une succession de périodes de violence.

Libye (Afrique)

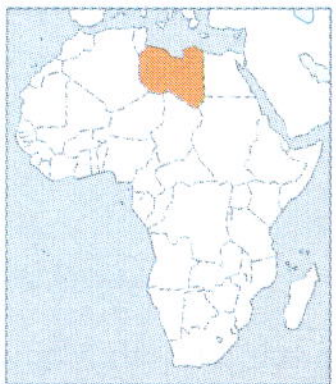

- Superficie : 1 760 000 km^2
- Habitants : 6 202 000 *(les Libyens)*
- Capitale : *Tripoli*
- Langue : *arabe*
- Monnaie : *dinar libyen*

- Pays du nord de l'Afrique, sur la mer Méditerranée, conquis par l'Italie en 1911, la Libye est un État indépendant depuis 1951. Le roi Idris Ier est renversé en 1969 par Muammar al-Kadhafi qui institue un régime autoritaire. Il est lui-même renversé en 2011. En grande partie désertique, la Libye vit principalement de l'exploitation du pétrole. L'agriculture (blé, orge, fruits) se pratique dans les oasis et sur le littoral.

Liechtenstein (Europe)

- Superficie : 160 km^2
- Habitants : 37 000 *(les Liechtensteinois)*
- Capitale : *Vaduz*
- Langue : *allemand*
- Monnaie : *franc suisse*

- Située entre la Suisse et l'Autriche, la principauté du Liechtenstein est l'un des plus petits pays du monde.

A B C D E F G H I J K L M N O P Q R S T U V W X Y Z

Ses principales activités économiques sont le tourisme, la finance et le commerce.

Liège
Ville de Belgique. 195 931 habitants (les *Liégeois*) ; environ 700 000 habitants dans l'agglomération. Chef-lieu de la province du même nom, au confluent de la Meuse et de l'Ourthe, Liège est un port fluvial relié à Anvers par un canal. C'est un centre administratif, commercial, industriel et culturel important.

Lille
Ville française. 235 184 habitants (les *Lillois*) ; plus d'1 million d'habitants dans l'agglomération. Lille est le chef-lieu de la Région Nord – Pas-de-Calais – Picardie* et du département du Nord. Incorporée à la France en 1667, elle fut un important centre industriel au XIXe siècle.

Limoges
Ville française. 138 600 habitants (les *Limougeauds*), 184 624 dans l'agglomération. Chef-lieu du département de la Haute-Vienne. C'est un grand centre de production de porcelaine et d'autres formes de céramiques.

Limousin
Anc. Région administrative française regroupant 3 départements : Corrèze, Creuse et Haute-Vienne. La Région géographique correspond à peu près à l'ancienne province française. Au Moyen Âge, elle fut divisée en seigneuries, avant de passer sous domination anglaise. Elle ne fut rattachée à la couronne française qu'au XVIIe siècle. Grâce à l'administration de grands intendants, qui favorisèrent notamment le développement de l'industrie de la faïence et de la porcelaine, elle connut un essor important au XVIIIe siècle. → VOIR AUSSI **Aquitaine – Limousin – Poitou-Charentes.**

Lincoln Abraham **(1809-1865)**
Homme politique américain. Abraham Lincoln fut élu député en 1846 et se rendit célèbre par ses discours contre l'esclavage. Son élection à la présidence des États-Unis, en 1860, déclencha la guerre de Sécession*. Il mourut assassiné par un fanatique.

Lindbergh Charles **(1902-1974)**
Aviateur américain. Pilote assurant le transport aérien du courrier entre New York et San Francisco, Charles Lindbergh fut le premier, seul à bord de son appareil, le *Spirit of Saint Louis*, à réussir la traversée sans escale de l'Atlantique Nord, entre New York et Le Bourget (1927).

Linné Carl von **(1707-1778)**
Naturaliste suédois. Botaniste du roi et fondateur de l'Académie des sciences de Stockholm, il établit une classification d'une très grande quantité d'espèces animales et végétales. Mais il reste surtout célèbre pour la description précise qu'il en fit et le double nom latin qu'il leur attribua, l'un pour les caractéristiques générales de l'espèce et l'autre pour les particularités des spécimens étudiés. La grande majorité de ces espèces porte encore le nom qu'il leur a donné.

le **Lion**
Roman de Joseph Kessel*. Écrit en 1958, *le Lion* se passe en Afrique, au Kenya, et raconte l'amitié entre une petite fille et un lion. Un jour, devenue adolescente, Patricia doit quitter le lion...

Lisbonne
Capitale du Portugal. 547 733 habitants (les *Lisboètes*), 2,9 millions dans l'agglomération. Lisbonne est située à l'embouchure du Tage. Fondée par les Phéniciens, puis occupée par les Romains, Lisbonne a été dominée par les Maures, qui étaient des peuples nord-africains, du VIIIe siècle au XIIe siècle. La ville s'est beaucoup développée à partir du XVe siècle, quand les Portugais faisaient du commerce avec leurs colonies. Le centre de Lisbonne a brûlé en 1988. La ville avait déjà été détruite en 1755 par un tremblement de terre, décrit par Voltaire dans *Candide*.

Lisbonne : funiculaire de Glória

Little Nemo
Personnage de bande dessinée. Little Nemo fut créé par le dessinateur américain Winsor McCay en 1905. Il était le héros de récits qui paraissaient dans des journaux. À la première image de chaque bande dessinée, Little Nemo, un jeune garçon, s'endort et rêve qu'une princesse lui fait visiter le pays du sommeil. À la dernière image, Little Nemo tombe de son lit et se réveille brutalement.

Lituanie (Europe)

- Superficie : 65 000 km^2
- Habitants : 3 017 000 *(les Lituaniens)*
- Capitale : *Vilnius*
- Langue : *lituanien*
- Monnaie : *euro*

• État de l'Europe orientale, sur la mer Baltique*, cette ancienne république d'U.R.S.S.* est indépendante depuis 1991. C'est le plus vaste et le plus peuplé des

États baltes, qui comprennent aussi la Lettonie et l'Estonie. La Lituanie est entrée dans l'Union* européenne en 2004.

Livingstone David **(1813-1873)**
Explorateur britannique. Parti comme missionnaire, il fit une série de voyages en Afrique centrale et en Afrique australe, au cours desquels il découvrit notamment les chutes du Zambèze en 1855. Puis, avec Stanley*, il tenta en vain de trouver les sources du Nil. Il condamna l'esclavage.

le ***Livre des merveilles du monde***
Récit de voyage de Marco Polo*. Celui-ci passa seize ans en Chine. À son retour en Italie, il fut fait prisonnier et dicta le récit de son voyage à un compagnon de cellule. Paru en français en 1298, le *Livre des merveilles du monde* offre une précieuse description des mœurs et de la géographie de la Chine de cette époque.

Loch Ness
Lac d'Écosse. Il abriterait un monstre marin remontant à la préhistoire. Sur la foi de quelques témoignages et de photographies assez floues, des études scientifiques ont été menées pour tenter d'éclaircir le mystère, mais en vain.

Loeb Sébastien **(né en 1974)**
Coureur automobile français. Il a remporté neuf titres de champion du monde des rallyes (de 2004 à 2012).

Loire
Fleuve de France. C'est le plus long fleuve de France (1 020 km). Il prend sa source dans le Massif central au mont Gerbier-de-Jonc, à 1 408 m d'altitude, traverse le centre puis l'ouest de la France, les villes d'Orléans et de Nantes, avant de rejoindre l'océan Atlantique par un large estuaire. La Loire a de nombreux affluents.

Loire - châteaux de la Loire
Ensemble de châteaux construits sur les bords de la Loire. À la fin du Moyen Âge et à la Renaissance, les seigneurs, les rois de France (dont François Ier*) et de riches bourgeois firent construire sur les bords du fleuve, entre Orléans et Nantes, de magnifiques châteaux. Leur construction s'inspira le plus souvent des demeures italiennes de l'époque. Les principaux châteaux sont ceux de Saumur, de Langeais, d'Azay-le-Rideau, de Villandry, d'Amboise, de Chenonceau, de Chaumont, de Blois, de Chambord et de Valençay. Aujourd'hui, ils sont visités par des millions de touristes.

London Jack **(1876-1916)**
Romancier américain. Né dans une famille très pauvre, Jack London dut travailler dès l'âge de onze ans comme marchand de journaux, blanchisseur, pêcheur, marin, chercheur d'or dans le Grand Nord canadien et correspondant de guerre. Ses nombreux récits d'aventures mettent en scène des pionniers, des petites gens condamnés à devenir des hors-la-loi pour ne pas mourir de faim, ainsi que des animaux.

ŒUVRES PRINCIPALES *L'Appel de la forêt*, 1903 ; *le Loup des mers*, 1904 ; *Croc-Blanc*, 1905.

Londres
Capitale de la Grande-Bretagne. 3 231 901 habitants (les *Londoniens*) ; 10,2 millions d'habitants en comptant les banlieues, qui forment *le Grand Londres*. Londres est un grand port sur la Tamise, c'est aussi un important centre financier et commercial ; les affaires se règlent surtout dans le quartier de la *City*. La ville a été ravagée par la peste en 1665 puis par un immense incendie en 1666. Pendant la Seconde Guerre mondiale, elle a été bombardée par les Allemands. Ses monuments les plus célèbres sont la Tour de Londres, Big Ben et Buckingham Palace, résidence de la famille royale.

Longo Jeannie **(née en 1958)**
Cycliste française. Elle a remporté trois fois le Tour* de France féminin (en 1987, 1988 et 1989) et a été 55 fois championne de France et 13 fois championne du monde. Elle a également remporté le titre olympique sur route en 1996 et a battu le record du monde de l'heure à plusieurs reprises.

Lorenz Konrad **(1903-1989)**
Zoologiste autrichien. Il est l'un des fondateurs de l'éthologie moderne, science qui étudie le comportement des animaux dans leur milieu naturel.

Lorraine
Anc. Région administrative française regroupant 4 départements : Meurthe-et-Moselle, Meuse, Moselle et Vosges. Longtemps déchiré entre la Bourgogne, la France et la Germanie, le duché de Lorraine est devenu français peu avant la Révolution. Comme l'Alsace voisine, la Lorraine fut partiellement annexée par l'Allemagne de 1870 à 1919, puis de 1940 à 1944. → VOIR AUSSI **Alsace – Champagne-Ardenne – Lorraine. Guerre franco-allemande, Première Guerre mondiale, Seconde Guerre mondiale.**

Los Angeles
Ville des États-Unis. 3 928 864 habitants (13,4 millions d'habitants dans l'agglomération). Située au sud-ouest du pays, dans l'État de Californie*, Los Angeles est la deuxième ville des États-Unis, après New York. Bordée par l'océan Pacifique, c'est également un port. La ville a été fondée par des Espagnols à la fin du XVIIIe siècle. Une grande partie de sa population actuelle parle l'espagnol. L'un des quartiers les plus célèbres de Los Angeles est Hollywood*.
▸ REM *Los Angeles* signifie « les anges », en espagnol.

Louis IX ou **Saint Louis** **(1214-1270)**
Roi de France. Chrétien fervent, il fit construire des hôpitaux et mit en place une façon plus équitable de rendre la justice dans son royaume. Il participa à deux croisades*. Rêvant de convertir au christianisme le sou-

A B C D E F G H I J K L M N O P Q R S T U V W X Y Z

verain musulman de Tunisie, il se rendit à Tunis. Mais il y mourut de la peste. Le pape le déclara saint en 1297.

Louis XI (1423-1483)
Roi de France. Il était le fils du roi Charles VII*. Il redressa l'autorité de l'État face aux grands nobles du royaume. Il agrandit considérablement le domaine royal. Très superstitieux, il ne se séparait jamais de ses médailles porte-bonheur. Il pouvait être cruel avec ses ennemis : on dit qu'il les enfermait parfois dans des cages en fer. → VOIR AUSSI Charles le Téméraire.

Louis XIII (1601-1643)
Roi de France. Il n'avait que neuf ans à la mort de son père, Henri IV*. Sa mère, Marie de Médicis*, gouverna à sa place jusqu'au jour où Louis XIII fit assassiner Concini, le ministre qu'elle avait choisi. Marie de Médicis fit alors la guerre à son fils avec l'aide des grands nobles du royaume. Louis XIII rétablit son autorité en s'appuyant sur son ministre, le cardinal de Richelieu*.

Louis XIV (1638-1715)
Roi de France. Surnommé *le Roi-Soleil*, Louis XIV consacra tout son règne à renforcer son pouvoir et à affirmer en Europe la prédominance française. Il fit construire le château de Versailles* et s'entoura d'artistes qui firent de son règne l'un des plus brillants de l'histoire de France. Racine, Molière, Lully et bien d'autres sont associés à sa gloire. Mais les nombreuses guerres qu'il entreprit ruinèrent le pays. → VOIR AUSSI la Fronde.

Louis XIV

Louis XV (1710-1774)
Roi de France. Arrière-petit-fils de Louis XIV, il fut très aimé au début de son règne, à tel point qu'on le surnomma *le Bien-Aimé*. Bien qu'il contribuât à redresser l'économie du royaume, il mourut détesté des Français.

Louis XVI (1754-1793)
Roi de France. Son règne fut d'abord marqué par une grave crise économique, qui provoqua de nombreux troubles sociaux dans le pays. La Révolution* était en marche. Après la prise de la Bastille*, le 14 juillet 1789, le roi resta sur le trône mais en ayant perdu une grande partie de ses pouvoirs. Il tenta de fuir la France, mais fut arrêté à Varennes en 1791. Il fut finalement jugé, condamné à mort pour trahison et décapité en 1793.

Louis XVIII (1755-1824)
Roi de France (1814-1815, 1815-1824), sous la Restauration*.

Louisiane
État des États-Unis. 125 500 km². 4,6 millions d'habitants. Il est situé au sud-est du pays, sur le golfe du Mexique. Un certain nombre de descendants des colons français arrivés à la fin du XVIIIe siècle y parlent encore français. La Louisiane est traversée par un très grand fleuve, le Mississippi*. L'agriculture y est très prospère. Au XIXe siècle, la Louisiane et les autres États du Sud refusèrent d'abolir l'esclavage, ce qui déclencha la guerre de Sécession* avec les États du Nord.

Louis-Philippe Ier (1773-1850)
Roi de France (1830-1848), sous la monarchie de Juillet*.

Lourdes
Ville française (département des Hautes-Pyrénées). 14 788 habitants (les *Lourdais*). En 1858, Bernadette Soubirous affirma avoir vu plusieurs fois la Vierge dans une grotte. Depuis, une immense basilique souterraine a été construite et Lourdes est devenue un lieu de pèlerinage catholique.

Louvain
Ville de Belgique. 97 692 habitants. Louvain est le chef-lieu du Brabant flamand. La ville est particulièrement renommée pour son université, créée en 1425. En 1968, la querelle linguistique provoque la division de l'université et la section francophone s'installe près de Wavre, à Ottignies-Louvain-la-Neuve (en Brabant wallon). Louvain possède d'importants monuments du Moyen Âge et de l'époque baroque.

Louvre
Ancienne résidence royale et musée de Paris. Le Louvre fut d'abord une forteresse construite par Philippe Auguste pour protéger les remparts de Paris. Puis il devint une résidence royale pendant la guerre de Cent Ans. À partir de François Ier, le Louvre fut sans cesse transformé et embelli par les souverains successifs, qui en firent le plus grand palais du monde. La Révolution française le transforma en musée. En 1983, d'importants travaux ont été entrepris, avec la construction d'une pyramide de verre, faisant du « Grand Louvre » le plus vaste musée du monde.

Lucifer
L'un des noms du diable. Ce nom vient du latin et signifie *porte-lumière*. Il a d'abord servi à traduire l'expression *astre brillant*, qui désigne le roi de Babylone dans un passage de la Bible. → VOIR AUSSI Satan.

Lucky Luke
Héros de bande dessinée. Créé en 1946 par le dessinateur belge Morris, Lucky Luke, « l'homme qui tire plus vite que son ombre », est un cow-boy solitaire. Accompagné de son fidèle cheval Jolly Jumper, il vit les grands moments de l'histoire des États-Unis (construction du chemin de fer, ruée vers l'or, etc.) en poursuivant les quatre frères Dalton.

Lucy
Nom donné à un squelette humain vieux de 3,3 millions d'années. Découvert en 1974 dans la Rift*Valley, en Éthiopie, Lucy appartient à la famille des australopithèques, hommes préhistoriques ayant vécu surtout en Afrique. Ils ont donné naissance à l'*Homo habilis*, dont descendent l'homme de Neandertal et l'homme de Cro-Magnon. Lucy ne représente plus les ancêtres directs de l'homme depuis la mise au jour, au début des années 2000, d'autres fossiles remontant à 6 ou 7 millions d'années.

Lully ou **Lulli** Jean-Baptiste **(1632-1687)**
Violoniste et compositeur italien naturalisé français. Excellent violoniste et chorégraphe, Lully bénéficia de la protection de Louis XIV. Il a composé des ballets pour les comédies de Molière, *Monsieur de Pourceaugnac* et *le Bourgeois gentilhomme*. Il est le créateur de l'opéra français.

Lumière Auguste **(1862-1954)** et Louis **(1864-1948)**
Chimistes et industriels français. Inventeurs du premier appareil de prises de vues et de projection, les frères Lumière réalisèrent de nombreux films, dont le premier fut un documentaire sur la sortie des usines Lumière à Lyon. Il fut projeté pour la première fois en public au Grand Café, à Paris, en 1895, avec d'autres films des frères Lumière restés célèbres : *l'Arrivée d'un train en gare de La Ciotat*, qui provoqua l'émoi chez les spectateurs qui croyaient que la locomotive fonçait sur eux, et l'*Arroseur arrosé*, considéré comme le premier récit cinématographique.

Lumières - siècle des Lumières
Mouvement philosophique du XVIIIe siècle. Il se développa dans toute l'Europe. Animés par l'humanisme, la tolérance, la foi dans le progrès et la justice sociale, ses principaux représentants en France collaborèrent à l'*Encyclopédie**et furent les précurseurs de la Révolution de 1789. → VOIR AUSSI **Diderot, Rousseau, Voltaire.**

Lune → noms communs : **lune** (planche)

Lupin Arsène
Héros de romans policiers. Créé en 1905 par l'auteur français Maurice Leblanc (1864-1941), Arsène Lupin est un gentleman-cambrioleur qui porte monocle et haut-de-forme. Il ne tue pas, ridiculise la police et distribue souvent aux pauvres ce qu'il prend aux riches.

Luther Martin **(1483-1546)**
Théologien et réformateur allemand. Martin Luther fut à l'origine de la Réforme protestante. Dans son œuvre, il critiqua certaines pratiques de l'Église catholique de son temps et prit la tête d'un vaste mouvement religieux qui se sépara peu à peu du pape et qui donna naissance à une nouvelle Église, le protestantisme. Le protestantisme luthérien devint la religion officielle de l'Allemagne et de la Scandinavie. → VOIR AUSSI **Calvin, Réforme, protestantisme.**

Luxembourg (Europe)

- Superficie : 2 586 km^2
- Habitants : 530 000 *(les Luxembourgeois)*
- Capitale : *Luxembourg*
- Langues : *luxembourgeois, français, allemand*
- Monnaie : *euro*

- **Géographie.** La région nord du Luxembourg fait partie du plateau des Ardennes, souvent forestier, et présente des vallées encaissées. Dans le Sud, en prolongement de la Lorraine, la fertilité du sol et les conditions climatiques plus favorables ont permis l'essor d'une agriculture variée. Les ressources minières (fer) ont permis dans le Sud-Ouest le développement de la métallurgie et de la sidérurgie.

- **Histoire.** En 963 est créé au sein du Saint*Empire romain germanique un comté du Luxembourg. Charles IV de Luxembourg en fait un duché en 1354. Ce territoire passe ensuite au duc de Bourgogne en 1441, puis devient possession des Habsbourg d'Espagne. En 1714, il est cédé à l'Autriche, mais est annexé par la France en 1795. Avec la chute de Napoléon, il devient membre de la Confédération germanique. Devenu neutre en 1867, il est occupé par les Allemands pendant les deux guerres mondiales. Il fait partie des six pays fondateurs du Marché commun (devenu depuis l'Union européenne).

Luxembourg
Capitale du Luxembourg. 95 058 habitants (les *Luxembourgeois*). La ville abrite de nombreuses institutions de l'Union*européenne (la Cour des comptes, la Cour de justice européenne et la Banque européenne d'investissement). Le Conseil des ministres de l'Union européenne se réunit à Luxembourg trois fois par an.

Lyon
Ville française. 496 343 habitants (les *Lyonnais*) ; 1 536 974 avec la banlieue. Située sur le Rhône et la Saône, Lyon est le chef-lieu de la Région Auvergne – Rhône-Alpes* et du département du Rhône. Fondée par les Romains en 43 avant J.-C., *Lugdunum* (Lyon) devint rapidement la capitale économique et religieuse des Gaules. Elle fut annexée au royaume de France en 1307. Sa situation sur l'axe Nord-Méditerranée et l'in-

troduction de l'industrie de la soie au XVIe siècle favorisèrent son développement. En 1831, les canuts (ouvriers des soieries) s'insurgèrent et furent quelques jours maîtres de la ville. Sous l'Occupation allemande, Lyon fut un grand centre de la Résistance.

Lyon (métropole de)
Collectivité territoriale française créée en 2015 et regroupant 59 communes (1 328 098 habitants).

M

Macao
Territoire de la côte sud de la Chine. 16 km^2 ; 575 000 habitants (les *Macanais*). Ce petit territoire était une possession du Portugal depuis 1557 et a été rendu à la Chine en 1999.

Macédoine (Europe)

- Superficie : 25 700 km^2
- Habitants : 2 413 350 *(les Macédoniens)*
- Capitale : *Skopje*
- Langues : *albanais, macédonien*
- Monnaie : *denar*

• **Géographie.** En grande partie montagneux mais néanmoins ouvert par des vallées et quelques bassins, le pays associe élevage et culture avec quelques activités minières (plomb, zinc). La population se concentre autour de la capitale.

• **Histoire.** Antiquité : Macédoine* ancienne. De 1371 à 1912, la Macédoine fait partie de l'Empire ottoman*. À la suite de la Première Guerre* mondiale, la question du partage de la Macédoine oppose la Bulgarie, la Grèce et la Serbie. En 1945, la Macédoine est érigée en république fédérée de la Yougoslavie. En 1991, elle proclame son indépendance.

Macédoine ancienne
Région historique des Balkans. Venues de Grèce occidentale, les tribus macédoniennes s'unirent puis établirent un royaume entre le VIIe et le VIe siècle avant J.-C. Au IVe siècle avant notre ère, la Macédoine connut son apogée avec Philippe II, qui étendit sa domination sur la Grèce. Son fils, Alexandre* le Grand, conquit l'Égypte et l'Orient. À sa mort, ses successeurs se disputèrent le royaume, qui devint province romaine au IIe siècle après J.-C., puis fut intégré à l'Empire byzantin* au IVe siècle. Du IXe au XIVe siècle, la Macédoine fut convoitée par ses puissants voisins des Balkans, et tomba finalement sous la coupe de l'Empire ottoman*, jusqu'en 1912.

Machiavel Nicolas (1469-1527)
Homme politique et philosophe italien. Dans son livre *le Prince*, il a décrit les moyens d'atteindre et de conserver le pouvoir, y compris la ruse et le mensonge.
▸ REM. Le nom de Machiavel a servi à former l'adjectif *machiavélique* qui signifie « capable de ruse, de mensonge ; qui vise à tromper ».

Machu Picchu
Ancienne cité inca du Pérou. Situé dans les Andes, à 2 430 m d'altitude, le site, ignoré des conquistadores, ne fut découvert qu'en 1911. La cité reste encore aujourd'hui une énigme : on ne sait pas si c'était un temple dédié au Soleil ou une forteresse abritant le dernier Inca.

Mackenzie
Fleuve du Canada. Long de 4 600 km, il prend sa source dans les montagnes Rocheuses* et se jette dans l'océan Arctique.

MacKinley → McKinley

Madagascar (Afrique)

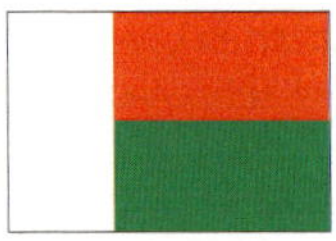

- Superficie : 587 000 km^2
- Habitants : 22 925 000 *(les Malgaches)*
- Capitale : *Antananarivo (Tananarive)*
- Langues : *malgache, français*
- Monnaie : *franc malgache*

• **Géographie.** L'île est formée, au centre, de hauts plateaux granitiques, parfois surmontés de massifs volcaniques au climat tempéré par l'altitude. Ces plateaux retombent brutalement à l'est sur une étroite plaine côtière. On trouve à l'ouest des plateaux et des collines au climat plus sec, domaines de la savane et de la brousse. Le manioc, le riz et l'élevage bovin constituent la base de l'alimentation. Le café, la vanille et le sucre de canne assurent l'essentiel des exportations complétées par des produits du sous-sol (mica, chrome, pierres précieuses).

• **Histoire.** Au XIVe siècle, des commerçants arabes s'installent sur les côtes de l'île peuplées d'Africains et d'Indonésiens. Ils sont suivis par les Portugais, dès 1500, et par les Français, qui ne parviennent pas à créer des comptoirs durables. Des royaumes émergent dans le pays, et, au XVIIIe siècle, le royaume merina domine la quasi-totalité de l'île. Ses souverains finissent néanmoins par devoir accepter le protectorat de la France. En 1895-1896, la reine Ranavalona III est déchue. En 1960, Madagascar obtient son indépendance et la République malgache est proclamée.

Madonna (née en 1958)

Chanteuse américaine. De son vrai nom Louise Ciccone, Madonna débuta sa carrière au début des années 1980. Certaines de ses chansons, au texte parfois très provocant, ont remporté un succès international.

ŒUVRES PRINCIPALES *Like a Virgin*, 1984 ; *Papa Don't Preach*, 1987 ; *Who's That Girl ?*, 1987.

Madrid

Capitale de l'Espagne. 3 198 645 habitants (les *Madrilènes*); 6,1 millions d'habitants dans l'agglomération. Madrid possède de très beaux monuments d'époque classique et baroque. L'un de ses quartiers les plus célèbres se situe autour de la *Plaza Mayor* (la Grand-Place) construite en 1617. Le musée du Prado est l'un des plus importants du monde.

Maeterlinck Maurice (1862-1949)

Écrivain belge de langue française. Maeterlinck crée, dans ses pièces de théâtre, des personnages tourmentés en proie à des forces obscures et malveillantes (*Pelléas et Mélisande*, 1892) ou évoluant dans un monde féerique plein de grâce et de fraîcheur (*l'Oiseau bleu*, 1909). Prix Nobel de littérature en 1911.

Magellan Fernand de (1480-1521)

Navigateur portugais. Au cours d'une expédition, en 1511, il ouvrit la route des épices jusqu'aux îles de l'Indonésie. Il fut le premier à atteindre ces îles par l'ouest, en contournant l'Amérique du Sud, prouvant ainsi que la Terre est ronde. L'expédition parvint en effet, en novembre 1520, à passer le détroit qui prit le nom de *détroit de Magellan*. Il mourut aux Philippines en 1521. Le premier tour du monde fut achevé par son lieutenant Juan Sebastián Elcano (1476-1526), qui ramena l'expédition en Espagne en 1522.

Maghreb

Ensemble des pays arabes du nord-ouest de l'Afrique : Algérie, Maroc, Tunisie. Le Maghreb (mot arabe désignant « le couchant ») est compris entre la Méditerranée et le désert du Sahara. La Libye et la Mauritanie se sont jointes récemment à cette union, créant ainsi le Grand Maghreb.

le Magicien d'Oz

Film musical américain de Victor Fleming. → VOIR encadré.

Magritte René (1898-1967)

Peintre belge. Représentant du surréalisme, Magritte juxtaposa dans sa peinture des objets de la vie contemporaine hors de leur contexte, donnant ainsi à ses tableaux une dimension insolite et poétique.

ŒUVRES PRINCIPALES *Golconde*, 1953 ; *la Grande Famille*, 1963 ; *la Grande Guerre*, 1964.

Le Magicien d'Oz : quelque part au-delà de l'arc-en-ciel.

Réalisé en 1939, d'après le roman de L. Frank Baum, ce film est sans doute l'un de ceux qui ont été le plus vus dans le monde. Il relate l'histoire d'une petite fille du Kansas, Dorothée, enlevée avec sa maison par une tornade et transportée dans le merveilleux pays d'Oz. La maison tombe sur la tête de la méchante sorcière de l'Est et la tue. Dorothée récupère les souliers de la sorcière. Pour trouver un moyen de rentrer au Kansas, suivant les conseils la gentille sorcière du Nord, elle doit se rendre chez le magicien d'Oz, qui habite la cité d'Émeraude. En chemin, elle rencontre un épouvantail qui se lamente d'être dépourvu de cerveau, un bûcheron en fer-blanc qui déplore d'être privé de cœur, et un lion se plaignant de manquer de courage. Tous trois suivent Dorothée chez le magicien pour lui demander ce qu'il leur manque. Le magicien y consent, à condition qu'ils éliminent la méchante sorcière de l'Ouest. Dorothée y parvient. Mais le magicien se trouve ne pas être si puissant et, s'il parvient tout de même à satisfaire l'épouvantail, le bûcheron en fer-blanc et le lion, il peine à ramener Dorothée au Kansas : le ballon, qu'il construit à cette fin, s'envole avec lui mais sans la petite fille. Celle-ci pourra finalement rentrer chez elle grâce à la gentille sorcière du Sud, qui lui apprend que les souliers que Dorothée a pris à la sorcière de l'Est peuvent le lui permettre : il lui suffit de claquer trois fois des talons et de faire un vœu.

Illustration : **Affiche du film.**

A B C D E F G H I J K L M N O P Q R S T U V W X Y Z

Mahler Gustav **(1860-1911)**
Compositeur et chef d'orchestre autrichien. Il mena une longue carrière de chef d'orchestre, à Hambourg, à Vienne et à New York notamment. Il composa une quarantaine de lieder et dix symphonies d'une grande force expressive et d'un grand lyrisme.

ŒUVRES PRINCIPALES *Symphonies*, 1884-1910 ; *Kindertotenlieder*, 1902 ; *le Chant de la terre*, 1908.

Mahomet ou **Muhammad (vers 570-632)**
Fondateur de la religion musulmane. Originaire de la ville de La Mecque, Mahomet convertit les Arabes à une religion dont il disait avoir eu la révélation par l'ange Gabriel*. Mahomet enseignait qu'il n'y avait qu'un seul Dieu, qui l'avait choisi pour lui dicter le Coran*. Mahomet fit la conquête de l'Arabie et y rassembla les tribus nomades en une communauté fondée sur les principes de l'islam.

Maigret - Commissaire Maigret
Héros de romans policiers. Il fut créé en 1929 par l'écrivain belge Georges Simenon (1903-1989). Le commissaire Maigret, de la police judiciaire de Paris, résout les énigmes en s'appuyant davantage sur l'analyse psychologique que sur les indices matériels. Ses enquêtes ont fait l'objet de nombreuses adaptations pour le cinéma et la télévision.

Maison-Blanche
Résidence des présidents des États-Unis, à Washington. Construite à partir de 1792, elle eut pour premier occupant le président John Adams, en 1800. C'est en 1902 qu'elle reçut son appellation de *Maison-Blanche*, par opposition aux maisons en briques rouges des alentours.

Maisonneuve Paul **(1612-1676)**
Noble français. Paul de Chomedey de Maisonneuve fonda Ville-Marie (aujourd'hui Montréal) en 1642.

Malaisie (Asie)
- Superficie : 330 000 km^2
- Habitants : 29 717 000 *(les Malaisiens)*
- Capitale : *Kuala Lumpur*
- Langue : *malais*
- Monnaie : *ringgit (dollar de la Malaisie)*

• Située en Asie du Sud-Est, la Malaisie est formée d'une presqu'île du continent asiatique et d'une partie de l'île de Bornéo*. Le pays est montagneux avec un climat équatorial. L'agriculture se pratique dans les vallées et les plaines le long des côtes mais l'essentiel de ses ressources provient de l'étain, du caoutchouc et du pétrole. Il est indépendant depuis 1957.

Malawi (Afrique)
- Superficie : 118 000 km^2
- Habitants : 16 363 000 *(les Malawites)*
- Capitale : *Lilongwe*
- Langues : *anglais, chichewa (langue nationale)*
- Monnaie : *kwacha*

• Le Malawi s'étend sur la rive ouest du lac Malawi que l'explorateur britannique Livingstone découvrit en 1859. Après avoir été sous la protection et la dépendance de la Grande-Bretagne, le pays est devenu indépendant en 1964. Formé de hauts plateaux, il jouit d'un climat agréable grâce à l'altitude et vit de l'agriculture (thé, tabac).

Maldives (Asie)
- Superficie : 300 km^2
- Habitants : 345 000 *(les Maldiviens)*
- Capitale : *Malé*
- Langue : *divehi*
- Monnaie : *rufiyaa (roupie des Maldives)*

• Îles de l'océan Indien situées au sud de l'Inde, les Maldives ont été un sultanat passé sous protectorat britannique en 1887 avant de devenir indépendantes en 1965. La pêche et le tourisme sont les principales ressources de cet archipel corallien.

Mali (Afrique)
- Superficie : 1 240 000 km^2
- Habitants : 15 302 000 *(les Maliens)*
- Capitale : *Bamako*
- Langue : *français*
- Monnaie : *franc C.F.A.*

• **Géographie.** Le nord et le centre du pays appartiennent au Sahara et à sa bordure. C'est le domaine de l'élevage nomade, sur lequel se fonde l'économie du pays. Le Sud, plus humide, a été mis en valeur par des travaux réalisés dans les vallées du Sénégal et du Niger. On y trouve des cultures de mil, de sorgho, de coton et d'arachide.

• **Histoire.** Du VIIe au XVIe siècle, le pays est le berceau des empires du Ghana et du Mali, puis de l'Empire songhaï. À partir de 1857, les Français entreprennent l'occupation du pays et font prisonnier, en 1898, Samory Touré, qui essayait de constituer dans le Sud un nouvel État. En 1904, la colonie du Haut-Sénégal-Niger est créée, qui devient le Soudan français en 1920. En 1958, la République soudanaise est proclamée. Elle forme avec le Sénégal la fédération du Mali. En 1960, enfin, l'ex-Soudan français devient la république du Mali.

Malot Hector **(1830-1907)**
Écrivain français, auteur de *Sans* famille.*

Malte (Europe)
- Superficie : 316 km^2
- Habitants : 429 000 *(les Maltais)*
- Capitale : *La Valette*
- Langues : *anglais, maltais*
- Monnaie : *euro*

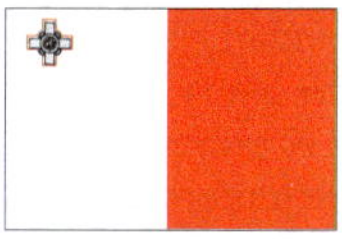

• Île de la mer Méditerranée, la république de Malte a une civilisation très ancienne. Par sa position stratégique au centre de la Méditerranée, elle a toujours joué un rôle important. Elle a rejoint l'Union européenne en 2004.

Manaudou Laure **(née en 1986)**
Nageuse française. Championne olympique en 2004 et championne du monde en 2005 et 2007 du 400 m nage libre, elle a aussi remporté en 2007 le titre mondial du 200 m nage libre.

Manche
Partie de l'océan Atlantique qui sépare la Grande-Bretagne de la France. Des ferry-boats font la liaison entre les deux pays, également reliés depuis 1994 par un tunnel ferroviaire sous la Manche. Le débarquement des Alliés, qui mit fin à la Seconde Guerre mondiale, eut lieu sur les côtes de la Manche. → VOIR **Normandie.**

Mandela Nelson **(1918-2013)**
Homme politique d'Afrique du Sud. Arrêté en 1962 pour avoir lutté contre l'apartheid, Mandela ne fut libéré qu'en 1990. Il a été le premier président noir d'Afrique du Sud (1994-1999). → VOIR noms communs : **apartheid.**

Manet Édouard **(1832-1883)**
Peintre français. Quand il montra son tableau *le Déjeuner sur l'herbe*, les amateurs d'art furent scandalisés. Ils reprochaient à Manet de représenter certains éléments du tableau par de simples taches de couleurs, donnant l'impression que la toile n'était pas terminée. Manet inventa un style nouveau qui donna naissance à l'impressionnisme. Ce courant tentait de créer des sensations grâce à des couleurs plutôt que de reproduire exactement la réalité. Manet eut beaucoup d'influence sur Monet*, Renoir*, Cézanne* et Van* Gogh.

ŒUVRES PRINCIPALES *Le Déjeuner sur l'herbe*, 1862 ; *Olympia*, 1863 ; *le Fifre*, 1866.

Manitoba
Province des Prairies canadiennes. 650 000 km^2 ; 1 208 268 habitants. La capitale et principale ville du Manitoba est Winnipeg. L'économie repose essentiellement sur l'agriculture.

Le **Mans**
Ville française. 148 100 habitants (les *Manceaux*). Chef-lieu du département de la Sarthe. Centre industriel (automobile, télécommunications, produits laitiers), cette ville de la Région Pays de la Loire comprend des vestiges gallo-romains et une cathédrale romane et gothique avec un chœur du XIIIe siècle. À proximité se trouve un circuit automobile où se déroule notamment la fameuse course automobile des Vingt-Quatre Heures du Mans.

Mansart François **(1598-1666)**
Architecte français. Il réalisa divers monuments à Paris (églises et hôtels) et des châteaux. Son style très classique influença de nombreux architectes français et étrangers. Son neveu, Jules Hardouin, dit Hardouin-Mansart, a agrandi le château de Versailles.

Mao Zedong ou **Mao Tsé-toung (1893-1976)**
Homme politique chinois. Il participa à la création du Parti communiste chinois et joua un grand rôle politique et militaire avant et pendant la Seconde Guerre mondiale. Après trois ans de guerre civile, le 1er octobre 1949, Mao et son parti instaurèrent la République populaire de Chine. À la tête de l'État, Mao voulut accélérer l'évolution du pays, en mettant en place la Révolution* culturelle, dont le programme est donné dans son *Petit Livre rouge*. Mais cette politique donna lieu à des abus et des violences, vivement critiqués à sa mort.

Maradona Diego **(né en 1960)**
Footballeur argentin. Il conduisit son équipe à la victoire lors de la Coupe du monde des nations en 1986.

Marathon
Village de la Grèce antique. C'est à Marathon que les Grecs vainquirent les Perses pour la première fois, en 490 avant J.-C., lors des guerres médiques*. Pour annoncer cette victoire, un homme parcourut en courant les 40 km qui séparaient Marathon d'Athènes et mourut d'épuisement à son arrivée. Cet exploit donna

Édouard **Manet :** *le Fifre* (1866)

naissance à la discipline olympique du marathon, qui se court depuis 1908 sur une distance de 42,195 km.
→ VOIR AUSSI **Darius.**

Marceau Marcel **Mangel**, puis Marcel **(1923-2003)**
Mime français. Créateur en 1947 du personnage du bouffon Bip, il a renouvelé l'art de la pantomime en y introduisant des situations de la vie quotidienne. Il avait fondé en 1978, à Paris, l'École internationale de mimodrame.

Marconi Guglielmo **(1874-1937)**
Physicien et inventeur italien. Il est le pionnier de la télégraphie sans fil. En 1901, il réalisa une liaison par ondes hertziennes à travers l'Atlantique, entre le sud de l'Angleterre et Terre-Neuve. Il reçut le prix Nobel de physique en 1909.

Marianne
Symbole de la République française. Celle-ci est représentée par un buste de femme coiffée d'un bonnet phrygien. Ce symbole apparut pour la première fois en 1792.

Marie
Mère de Jésus, appelée aussi la Sainte Vierge. D'après les Évangiles, Marie était encore vierge quand le Christ naquit. Ce fait est essentiel pour les catholiques qui affirment que Jésus n'est pas le fils d'un homme mais le fils de Dieu. Marie est un personnage important dans la religion catholique, bien que les Évangiles en parlent assez peu.

Marivaux (1688-1763)
Écrivain français. Marivaux est l'auteur d'une quarantaine de pièces et de deux romans. Il a renouvelé la comédie en montrant avec une grande finesse les mécanismes de l'amour, sur un ton raffiné et spirituel.

ŒUVRES PRINCIPALES *La Double Inconstance*, 1723 ; *le Jeu de l'amour et du hasard*, 1730.

Marley Robert Nesta, dit Bob **(1945-1981)**
Chanteur jamaïquain. Guitariste et compositeur, il a fait connaître le reggae dans le monde entier, avec des titres comme *I Shot the Sheriff* (1973) ou *No Woman, No Cry* (1974), où il prône la non-violence, l'amour et la tolérance.

Maroc (Afrique)
- Superficie : 710 000 km²
- Habitants : 33 848 242 *(les Marocains)*
- Capitale : *Rabat*
- Langue : *arabe*
- Monnaie : *dirham marocain*

• **Géographie.** Le Maroc offre des paysages variés. Les chaînes de l'Atlas* séparent les plateaux de l'Est du Maroc atlantique constitué de plaines côtières. Le Nord est occupé par la chaîne du Rif, qui retombe brutalement dans la Méditerranée. Le Sud appartient au Sahara. La population en grande partie arabe et islamisée est essentiellement urbanisée. Les principales activités sont l'agriculture et surtout le tourisme. Les phosphates assurent la plus grande partie des exportations.

Maroc : forteresse dans une oasis

• **Histoire.** Aux IXᵉ et VIIIᵉ siècles avant J.-C., les Phéniciens créent des comptoirs marchands sur le littoral de l'actuel Maroc. Ces comptoirs passent sous le contrôle de Carthage puis de Rome. Au Vᵉ siècle, le Maroc est envahi par les Vandales et, entre 700 et 710, il est conquis par les Arabes. Diverses dynasties dirigent le pays (les Berbères kharidjites, les Idrisides, les Almoravides, qui dominent aussi l'Andalousie, les Almohades, les Marinides, les Wattassides, les Sadiens, les Alawites). Au XIXᵉ siècle, le pays s'ouvre aux échanges commerciaux avec les puissances européennes. En 1912, un protectorat français est établi. Il dure jusqu'à l'indépendance du pays en 1956.

Mars
Dieu romain de la Guerre, de la Nature et de la Végétation, assimilé au dieu grec Arès*.

Mars
Planète du Système solaire. Située entre la Terre et Jupiter, Mars a un diamètre de 6 794 km. Célèbre grâce aux œuvres de science-fiction, elle est mieux connue depuis qu'une sonde américaine a atterri sur son sol, en 1976. Sa surface rocailleuse et désertique offre une teinte rougeâtre, d'où son surnom de *planète rouge*. Elle abrite les plus grands volcans (éteints) du Système solaire. Entourée d'une mince atmosphère de gaz carbonique, Mars connaît des températures assez basses avec des écarts importants entre la nuit et le jour. En 2003, la Terre et Mars n'ont jamais été aussi proches depuis 1640. Ce phénomène se reproduira en 2366.
→ VOIR noms communs : **planète.**

la ***Marseillaise***
Hymne national français. → VOIR encadré.

Marseille
Ville française. 861 876 habitants (les *Marseillais*) ; 1,6 million d'habitants dans l'agglomération. Chef-lieu de la Région Provence-Alpes-Côte d'Azur* et du

département des Bouches-du-Rhône, Marseille est un port de la Méditerranée. Massalia (son ancien nom) fut d'abord une colonie grecque. Elle a été fondée au VIe siècle avant J.-C., bien avant l'installation des Gaulois en Provence, par des marins de l'ancienne cité grecque de Phocée, d'où l'appellation de « cité phocéenne ». Marseille vit depuis sa fondation des échanges commerciaux avec le Proche-Orient et l'Afrique du Nord.

Marshall (îles) (Océanie)

- Superficie : 181 km^2
- Habitants : 53 000 *(les Marshallais)*
- Capitale : *Majuro*
- Langues : *anglais, marshallais*
- Monnaie : *dollar des États-Unis*

• Cet archipel d'Océanie composé de 32 îles et atolls est devenu indépendant en 1986. L'économie dépend entièrement de l'aide apportée par les États-Unis qui y ont installé des bases militaires.

Martel → Charles Martel

Martel Suzanne (1924-2012)

Romancière québécoise. Elle a écrit de nombreux romans historiques pour les jeunes, dont *Jeanne, fille du Roy* et *Menfou Carcajou*.

Martinique

Département et Région d'outre-mer, aux Antilles. 395 027 habitants (les *Martiniquais*). Chef-lieu : Fort-de-France. Découverte par Christophe Colomb* en 1502, cette île volcanique (montagne Pelée, 1 397 m) tire ses ressources des plantations (canne à sucre, bananes, ananas) et du tourisme.

Karl **Marx**

Marx Karl (1818-1883)

Philosophe et économiste allemand. Dans *le Capital*, paru en 1867, il prône la suppression du capitalisme et jette les bases de la théorie du socialisme. Pour Marx, l'histoire humaine repose sur la *lutte des classes* : pour faire disparaître l'exploitation dont il est victime, le prolétariat (la classe ouvrière) doit s'emparer du pouvoir, puis abolir les classes sociales, grâce à la propriété collective de l'industrie et de la terre, ce qui mènera au communisme. L'U.R.S.S. et de nombreux États après elle se sont réclamés de la pensée de Marx, le « marxisme ».

Marx Brothers

Groupe d'acteurs américains d'origine allemande. Il était formé par les frères Leonard (1886-1961) dit *Chico*, Adolph (1888-1964) dit *Harpo*, Julius (1890-1977) dit *Groucho* et, jusqu'en 1935, Herbert (1901-

La Marseillaise : la patrie est en danger !

La Marseillaise est un chant de guerre, patriotique et révolutionnaire, dont les paroles furent composées par un jeune officier français, Claude Rouget de Lisle (1760-1836), à Strasbourg, à la suite de la déclaration de guerre à l'Autriche, en avril 1792. Rouget de Lisle est peut-être également l'auteur de la musique.

Le *Chant de guerre pour l'armée du Rhin* (premier titre de cette marche) fut adopté comme chanson de marche par le bataillon de Marseillais appelés à la rescousse à Paris en août 1792. Il prit alors le nom de *Marseillaise.* Il fut déclaré hymne national français en 1795, mais il ne fut définitivement officialisé comme tel qu'en 1879, sous la IIIe République. Son caractère révolutionnaire l'avait fait interdire sous le premier Empire, la Restauration et le second Empire (après avoir été brièvement remis à l'honneur, en 1830, lors des Trois Glorieuses*). *La Marseillaise* est décrétée hymne national dans la Constitution des IVe et Ve Républiques.

L'hymne français est composé de sept couplets et d'un refrain. Une version officielle en a été établie. De nombreux musiciens l'ont adaptée. Elle fut notamment orchestrée par Berlioz. Symbole de la République, *la Marseillaise* était chantée dans les écoles après la Seconde Guerre mondiale. Elle est jouée aujourd'hui à l'occasion des cérémonies officielles et à l'occasion des rencontres sportives internationales. À l'étranger, elle incarne l'esprit révolutionnaire.

Illustration : **La Marche des Marseillais.**

1979) dit *Zeppo*. Les Marx Brothers triomphèrent dans de nombreux films, où leurs gags et leur sens de l'absurde renouvelèrent le cinéma comique.

ŒUVRES PRINCIPALES *Une nuit à l'Opéra*, 1935 ; *Panique à l'hôtel*, 1938 ; *Chercheurs d'or*, 1940.

Masai ou Massaï
Peuple d'Afrique. Vivant à la frontière du Kenya et de la Tanzanie, les Masai sont environ 300 000. Longtemps éleveurs nomades, ils deviennent peu à peu sédentaires. Chaque tribu masai possède une compagnie de guerriers, dont les coutumes ont été décrites dans *le Lion** de Joseph Kessel.
▸ REM. On prononce [masaj].

Masque de fer - L'homme au masque de fer
Personnage mystérieux. Enfermé sur ordre de Louis XIV, il mourut à la Bastille en 1703 après vingt ans d'emprisonnement. Ce prisonnier, contraint de porter un masque de velours noir et de fer, fut à l'origine d'une légende, embellie par Voltaire et Alexandre Dumas. Cette volonté de dissimuler son visage a donné lieu à de nombreuses hypothèses sur la véritable identité de ce personnage (enfant illégitime, agent secret ou frère jumeau du roi Louis XIV...), qui n'ont jamais pu être vérifiées.

Massif central
Région montagneuse du centre et du sud de la France. Dans ce massif ancien, en Auvergne, des volcans aujourd'hui éteints forment les plus hauts sommets, appelés *puys* (1 885 m au puy de Sancy*). Les communications y étant difficiles et la vie généralement rude, l'ensemble du pays souffre d'un grave dépeuplement, malgré le maintien de l'élevage, de la culture du seigle et du tourisme. L'industrie se concentre dans les grandes villes (Clermont-Ferrand, Saint-Étienne).

Matignon - hôtel Matignon
Résidence parisienne. Construite sous la Régence, cette résidence abrite, depuis 1935, les services du Premier ministre.

Matisse Henri (1869-1954)
Peintre français. Il créa une nouvelle école de peinture, le fauvisme, caractérisée par des couleurs très vives appliquées par touches. Puis il peignit en procédant par de larges surfaces de couleurs sur un dessin sobre et précis. Son œuvre comprend également de nombreux dessins, collages, gravures et sculptures.

ŒUVRES PRINCIPALES *La Chambre rouge*, 1908-1909 ; *la Danse*, 1910 ; *la Tristesse du roi*, 1952.

Mauna Kea
Volcan éteint de l'île d'Hawaii. C'est le point culminant de l'île (4 208 m). L'endroit sert d'observatoire astronomique depuis que deux très grands télescopes y ont été installés.

Maupassant Guy de (1850-1893)
Écrivain français. Guy de Maupassant est l'auteur de nombreux contes et nouvelles qui évoquent la vie des paysans normands, des petits-bourgeois de province, avec un grand souci de réalisme. Il a également écrit des romans. Il mourut en proie à la folie.

ŒUVRES PRINCIPALES *Les Contes de la bécasse*, 1883 ; *Une vie*, 1883 ; *Bel-Ami*, 1885, *le Horla*, 1887.

île Maurice (Afrique)

- Superficie : 2 040 km^2
- Habitants : 1 244 000 *(les Mauriciens)*
- Capitale : *Port-Louis*
- Langue : *anglais*
- Monnaie : *roupie mauricienne*

• **Géographie.** La population de cette petite île de l'océan Indien est constituée des descendants d'Indiens venus travailler dans les plantations de canne à sucre (qui reste une ressource essentielle avec l'industrie textile et le tourisme).

• **Histoire.** Au XVIe siècle, les Portugais abordent sur l'île, suivis, en 1598, par les Néerlandais, qui en prennent possession. En 1715, elle tombe sous la domination française et prend le nom d'Île de France. Puis, en 1810, les Anglais s'en emparent. En 1968, elle devient un État indépendant.

Mauricie
Région du Québec. Elle correspond approximativement au bassin du Saint-Maurice, sur la rive nord du Saint-Laurent. Elle englobe le parc national de la Mauricie. Elle comprend de nombreuses industries de papier.

Mauritanie (Afrique)

- Superficie : 1 080 000 km^2
- Habitants : 3 537 368 *(les Mauritaniens)*
- Capitale : *Nouakchott*
- Langue : *arabe*
- Monnaie : *ouguiya*

• Située à l'ouest de l'Afrique, au sud du Maroc, la république de Mauritanie, ancien territoire français d'outre-mer, est indépendante depuis 1960. Les ressources de ce pays en grande partie désertique (Sahara*) sont l'élevage nomade, la pêche et le minerai de fer. Un début d'exploitation de gisements de pétrole suscite l'espoir.

Mayas
Peuple d'Amérique centrale. Les Mayas vivaient sur un territoire correspondant au Guatemala et au sud du Mexique actuels. Entre le IVe siècle et le XIe siècle, leur civilisation fut brillante. Ils avaient une écriture en forme de hiéroglyphes et des connaissances importantes en mathématiques et en astronomie.

Mayotte
Archipel français de l'océan Indien. Située dans la partie orientale des Comores, Mayotte forme un département et une Région d'outre-mer. Son chef-lieu est Mamoudzou et sa superficie est de 374 km^2. Quand les Comores ont pris leur indépendance, Mayotte s'est prononcée pour son maintien dans la République française.

Mazarin - cardinal de Mazarin **(1602-1661)**
Homme d'État français. À la mort de Richelieu, Mazarin gouverna la France, d'abord sous Louis XIII* puis pendant l'enfance de Louis XIV*. Attaché à l'autorité de l'État, il dut faire face à des guerres, au mécontentement populaire et à la révolte de la Fronde*. Mais il fortifia l'État, ce qui permit ensuite à Louis XIV d'être le roi le plus puissant de l'histoire de France.

McKinley - mont McKinley
Point culminant des Rocheuses* (6 194 m), situé en Alaska. Le mont McKinley est le sommet le plus élevé d'Amérique du Nord. Il fut escaladé pour la première fois en 1913. → VOIR noms communs : **alpinisme.**

le ***Mécano de la « General »***
Film comique américain. Il fut réalisé en 1926 par Buster Keaton* et Clyde Bruckman (1894-1955). Buster Keaton y incarne également le rôle principal, celui d'un conducteur de locomotive (surnommée la « General ») pendant la guerre de Sécession.

La **Mecque**
Ville d'Arabie saoudite. À cause de la présence de la Kaaba* en son sein, La Mecque fut désignée par Mahomet comme la ville la plus sainte de l'islam. Les musulmans prient cinq fois par jour dans sa direction et doivent y faire un pèlerinage au moins une fois dans leur vie.

Médicis
Famille italienne de banquiers qui domina Florence de 1434 à 1737. Les Médicis firent de Florence un modèle de la Renaissance en s'entourant de grands artistes (Michel-Ange*, Botticelli*, etc.).

- **Laurent le Magnifique (1449-1492)**. Il dirigea Florence de 1469 à 1492. Il fut à la fois un protecteur des arts et des lettres et un poète. Machiavel* lui dédia son traité de politique, *le Prince*.
- **Catherine de Médicis (1519-1589)**. → VOIR **Catherine.**
- **Marie de Médicis (1573-1642)**. Elle épousa Henri IV puis fut reconnue régente à la mort du roi. Elle conserva son pouvoir sous le règne de son fils, Louis XIII, en lui imposant Richelieu comme principal ministre, puis chercha ensuite à destituer ce dernier. Elle dut finalement s'exiler.

médiques - guerres médiques
Série de conflits qui opposèrent les Grecs à l'Empire perse, entre 490 et 479 avant J.-C. En 499 avant J.-C., Darius* Ier, roi de Perse, s'empara des cités et des îles grecques de la mer Égée. Il débarqua en 490, près d'Athènes, à Marathon*, où il fut vaincu par les troupes grecques. En 480, son fils, Xerxès, envahit de nouveau la Grèce, avec une armée de 300 000 hommes et réussit à s'emparer d'Athènes, qui fut incendiée. Les Grecs ripostèrent et réussirent à repousser définitivement les Perses en 479.

Jules **Mazarin**

Méditerranée - mer Méditerranée
Mer qui borde les côtes de l'Europe du Sud, de l'Afrique du Nord et du Moyen-Orient. Environ 2,5 millions de km^2. La Méditerranée, dont le nom signifie « au milieu des terres », est une mer assez chaude, très salée et aux marées très faibles. Elle communique, à l'ouest, avec l'océan Atlantique par le détroit de Gibraltar et, à l'est, avec la mer Rouge par le canal de Suez.

- **Le carrefour de l'Antiquité.** La Méditerranée reliait les principales civilisations de l'Antiquité, mais perdit peu à peu de son importance à la suite des grandes découvertes des XVe et XVIe siècles. Elle retrouva son rôle de carrefour commercial au moment de l'ouverture du canal de Suez*, en 1869.

Méduse
Divinité de la mythologie grecque. C'était une des trois Gorgones, qui étaient trois sœurs à l'aspect terrifiant : leur chevelure était faite de serpents. Aidé d'Athéna, Persée, l'un des fils de Zeus, vola à Hadès* le casque rendant invisible et s'approcha des Gorgones sans être vu. Comme Méduse transformait en pierre ceux qui la regardaient, Persée la combattit en la regardant dans le reflet de son bouclier et lui trancha la tête.

Mégère
Divinité des mythologies grecque et romaine. Mégère était une des trois Furies* (ou *Érinyes*, en grec). Drapée de noir, elle incarnait la haine, l'envie et provoquait des querelles. Elle punissait également les coupables en les envoyant aux Enfers.

Mékong
Principal fleuve de l'Asie du Sud-Est. Long de 4 200 km, il prend sa source au Tibet. Le Mékong sépare la

Birmanie puis la Thaïlande du Laos. Il pénètre ensuite au Cambodge et son delta se situe au Viêt Nam.

Mélançon André **(né en 1942)**
Cinéaste et acteur québécois. Il a réalisé, entre autres films, *la Guerre des tuques* (1984) et *Bach et Bottine* (1986), deux films de la série des *Contes pour tous*.

Mélanésie
Ensemble d'îles proches de l'Australie. La Mélanésie comprend notamment la Nouvelle-Guinée, les îles Fidji et la Nouvelle-Calédonie. Les peuples mélanésiens sont apparentés aux Aborigènes d'Australie.
▸ REM. Il ne faut pas confondre la Mélanésie avec la Malaisie.

Méliès Georges **(1861-1938)**
Cinéaste français. Georges Méliès construisit en 1897, à Montreuil, le premier studio de cinéma du monde. Il réalisa de nombreux films, dont *le Voyage dans la Lune* (1902), *Vingt Mille Lieues sous les mers* (1907), qui allient la machinerie du théâtre aux premiers truquages cinématographiques dans un spectacle fantastique et féerique.

Mendel Johann, puis Gregor **(1822–1884)**
Religieux et botaniste autrichien. Il a énoncé, en 1866, les lois de la transmission des caractères héréditaires qui portent son nom.

les ***Ménines***
Tableau de Diego Velázquez*. Cette grande toile fut peinte vers 1656. La composition du tableau en différents plans fait toute son originalité. Il représente l'atelier du peintre où plusieurs personnages sont présents : la fille du roi espagnol (l'infante Marguerite) avec deux demoiselles d'honneur, le peintre lui-même en train de réaliser le portrait du roi et de la reine dont l'image se reflète dans un miroir.
▸ REM. En Espagne, les *menins*, les *meninas* étaient les jeunes gens qui étaient au service des enfants royaux.

Merckx Eddy **(né en 1945)**
Coureur cycliste belge. Il fut cinq fois vainqueur du Tour* de France (1969 à 1972 et 1974) et du Tour d'Italie (1968, 1970, 1972 à 1974) et trois fois champion du monde (1967, 1971 et 1974). Il fut également détenteur du record du monde de l'heure de 1972 à 1984.

Mercure
Dieu romain des Marchands, assimilé au dieu grec Hermès*.

Mercure
Planète du Système solaire. Mercure est la planète la plus proche du Soleil. Son diamètre est de 4 878 km. Repérée dès l'Antiquité, Mercure est restée mystérieuse jusqu'à son survol par une sonde spatiale américaine, en 1974. Sa surface aux nombreux cratères rappelle celle de la Lune. Son atmosphère se réduit à un mélange de gaz, s'échappant en permanence du sol ou apportés par le vent solaire. Mercure connaît des écarts de température considérables entre le jour et la nuit.

Mérimée Prosper **(1803-1870)**
Écrivain français. Il doit sa célébrité à ses nouvelles (*Colomba*, *Carmen*). Il se lia avec les souverains du second Empire et fit connaître les écrivains russes aux Français par ses traductions. Il est l'auteur d'une célèbre dictée dans laquelle il a accumulé le plus grand nombre possible de pièges orthographiques. Il la soumit aux membres de la cour de Napoléon III : ce dernier aurait fait soixante-quinze fautes.

Prosper **Mérimée**

ŒUVRES PRINCIPALES *Colomba*, 1840 ; *Carmen*, 1845.

Merlin l'Enchanteur
Personnage fabuleux des récits de la Table* ronde. Magicien et prophète, né d'un démon et d'une nonne, il est le conseiller du roi Arthur et fonde la Table ronde. Mais il tombe amoureux de son élève, la fée Viviane, qui le tient en son pouvoir.

Mérovingiens
Dynastie de rois francs qui régna sur la Gaule de 481 à 751. Elle fut fondée par Clovis*. Les Mérovingiens doivent leur nom à un ancêtre de Clovis, plus ou moins légendaire, qui s'appelait Mérovée. Le fameux Dagobert* fut un roi mérovingien. Les derniers souverains de cette dynastie ont été surnommés les « rois fainéants » car ils laissaient gouverner à leur place les maires du Palais (dignitaires). C'est l'un d'entre eux, Pépin* le Bref, qui renversa en 751 le dernier Mérovingien et qui fonda la dynastie des Carolingiens*.

Merveilles du monde → **Sept Merveilles**

le ***Merveilleux Voyage de Nils Holgersson à travers la Suède***
Roman de l'écrivain suédois Selma Lagerlöf (1858-1940). Écrit en 1906, *le Merveilleux Voyage de Nils Holgersson* est un livre pour enfants destiné à leur apprendre la géographie de leur pays de manière amusante. Le petit Nils, transformé en lutin à cause de sa méchanceté, est emporté par des oies sauvages. Il survole toute la Suède sur leur dos. Ce livre fut traduit dans le monde entier.

Mésopotamie
Région d'Iraq et de Syrie. Elle est située entre les fleuves Tigre et Euphrate. C'est en Mésopotamie que se développa, dans l'Antiquité, la civilisation très brillante des Sumériens*. Les deux plus grands États de Mésopotamie furent longtemps l'Assyrie* et Babylone*. Après de multiples invasions, la Mésopotamie devint arabe au VIIe siècle.

A B C D E F G H I J K L M N O P Q R S T U V W X Y Z

Messi Lionel Andrés, dit Leo **(né en 1987)**
Footballeur argentin (possédant également la nationalité espagnole). Il joue au poste de milieu offensif ou d'attaquant dans son club, le FC Barcelone, et en équipe nationale d'Argentine. Formé dans son club, Messi a fait ses débuts en équipe première en 2003. Ses qualités exceptionnelles lui ont valu de nombreuses récompenses : Ballon d'or, Soulier d'or, etc.

Meteor Crater
Cratère formé par une météorite, en Arizona. Avec ses 1 200 m de diamètre et ses 180 m de profondeur, c'est le plus grand cratère formé par une météorite sur la Terre. Découvert en 1891, il aurait été creusé il y a environ 50 000 ans par une météorite dont le diamètre était d'environ 25 m et le poids de 65 000 tonnes.
→ VOIR noms communs : **météorite.**

Météosat
Satellite météorologique européen. Placé en orbite à 36 000 km d'altitude, il transmet des informations sur l'atmosphère et des images de la Terre. Ces données sont ensuite traitées et utilisées en météorologie. Le premier satellite fut lancé en 1977.

Metz
Ville française. 121 700 habitants (les *Messins*). Metz est le chef-lieu du département de la Moselle. Sa cathédrale date des XIIIe-XVIe siècles. Metz fut occupée par l'Allemagne de 1871 à 1918 et de 1940 à 1944.

Meucci Antonio **(1808-1889)**
Inventeur américain d'origine italienne. Il est considéré depuis peu comme l'inventeur du téléphone, avant A. G. Bell*. Il en découvrit le principe dès 1849 et le perfectionna.

Mexico
Capitale du Mexique. 8 918 653 habitants ; 20,1 millions d'habitants dans l'agglomération. Mexico est située sur un haut plateau à 2 250 m d'altitude. Elle est construite sur l'ancienne capitale aztèque de Tenochtitlán. En 1521, Cortés* la fit raser puis reconstruire selon un plan géométrique. La ville possède de magnifiques églises baroques datant de la colonisation espagnole.
→ VOIR **Aztèques.**

Mexique (Amérique)
- Superficie : 1 970 000 km²
- Habitants : 122 332 000 *(les Mexicains)*
- Capitale : *Mexico*
- Langue : *espagnol*
- Monnaie : *peso mexicain*

• **Géographie.** Deuxième pays de l'Amérique latine pour la population et troisième pour sa superficie, le Mexique est un pays de hautes terres, où l'altitude modère le climat sur les plateaux du centre. Le Nord est aride et désertique, alors que le Sud a un climat tropical humide. Le pétrole, dont le Mexique est l'un des principaux producteurs mondiaux, est devenu la principale richesse, avec les autres ressources minières (argent, cuivre, fer, etc.) et les plantations. La population en forte progression se concentre dans les villes. Mexico, la capitale, est une des villes les plus peuplée du monde.

• **Histoire.** Entre 1519 et 1521, le conquistador espagnol Hernán Cortés* détruit l'Empire aztèque et devient gouverneur de la colonie espagnole. Entre 1810 et 1815, les classes pauvres se révoltent contre les Espagnols, et, en 1821, l'indépendance est proclamée. En 1823, la république est instaurée. Entre 1862 et 1867, la France intervient au Mexique et crée un empire catholique au profit de Maximilien d'Autriche. Les Français l'abandonnent finalement et la république est alors restaurée. De 1914 à 1917, une période révolutionnaire débouche sur la mise en place d'une nouvelle Constitution.

Mexique ancien : Teotihuacán, ancienne cité précolombienne (Mexico)

Mexique ancien
Période historique du Mexique. Au cours du Ier millénaire après J.-C., la civilisation maya s'épanouit en s'appuyant sur de puissantes cités-États. Celles-ci étaient construites autour de pyramides, où se déroulaient des cérémonies rituelles, et de temples funéraires très décorés. Leur écriture, en forme de hiéroglyphes, et leur riche artisanat font des Mayas* l'une des plus importantes civilisations du Mexique ancien. De 950 à 1500 après J.-C., le Mexique connut une période de guerres entre les cités-États et des invasions de tribus nomades. Parmi elles, les Aztèques* s'établirent et étendirent leur influence sur le territoire mexicain. Ils fondèrent au XIVe siècle Tenochtitlán, aujourd'hui Mexico. Dominée par un souverain et une noblesse guerrière, la société aztèque a également développé l'agriculture et le commerce. Dans le domaine des arts, les pyramides, les temples, les sculptures témoignent de la richesse de cette civilisation. Mais elle ne résista pas à la colonisation espagnole, qui dura jusqu'au

début du XIXe siècle. Le Mexique acquit son indépendance en 1821.

Michel-Ange **(1475-1564)**
Sculpteur, architecte et peintre italien. Il travailla à Florence et pour le pape, à Rome. Dans la chapelle Sixtine*, il a peint des fresques représentant la Création du monde et le Jugement dernier. Il réalisa aussi des sculptures et la coupole de l'église Saint-Pierre* de Rome. Il est l'un des artistes les plus importants de l'art occidental.

Michigan - lac Michigan
Un des cinq Grands* Lacs.

Mickey Mouse
Personnage de dessin animé. Créé par Walt Disney* en 1928, Mickey est un souriceau espiègle et rusé qui se comporte comme un être humain. Après le cinéma, Mickey devint un héros de bande dessinée.

Micronésie
Ensemble de petites îles de l'ouest de l'océan Pacifique. Située entre l'Indonésie et la Polynésie, la Micronésie comprend, notamment, les îles Mariannes, au large desquelles se trouvent les fosses sous-marines les plus profondes du monde (– 11 034 m). Les Micronésiens furent de remarquables navigateurs.

Micronésie (États fédérés de) (Océanie)

- Superficie : 707 km²
- Habitants : 104 000 *(les Micronésiens)*
- Capitale : *Palikir*
- Langue : *anglais*
- Monnaie : *dollar des États-Unis*

- Cet archipel de l'océan Pacifique, situé au nord de l'Australie, est composé de plus de 600 îles. Il exporte du coprah mais vit surtout de l'aide américaine. Il est indépendant depuis 1991.

Midi de Bigorre - pic du Midi de Bigorre
Sommet des Pyrénées* françaises (2 872 m), dans le département des Hautes-Pyrénées. Un observatoire astronomique y est installé depuis 1880.

Midi-Pyrénées
Anc. Région administrative française regroupant 8 départements : Ariège, Aveyron, Haute-Garonne, Gers, Lot, Hautes-Pyrénées, Tarn et Tarn-et-Garonne. → VOIR AUSSI **Languedoc-Roussillon – Midi-Pyrénées.**

les ***Mille et Une Nuits***
Recueil de contes orientaux. → VOIR encadré.

Minerve
Déesse romaine de la Sagesse, de la Pensée et des Arts. Avec Junon et Jupiter, Minerve fait partie des dieux auxquels les Romains avaient dédié un temple sur le Capitole*, pour qu'ils préservent l'État romain. Minerve fut assimilée à la déesse grecque Athéna*.

Minos
Personnage de la mythologie grecque. Minos était roi de Crète. Poséidon* le détestait et fit en sorte que sa femme tombe amoureuse d'un taureau. De cet amour monstrueux naquit le Minotaure*. Minos était célèbre pour son sens de la justice et, après sa mort, il siégea au tribunal des Enfers.

Minotaure
Monstre de la mythologie grecque. Il avait un corps d'homme et une tête de taureau, vivait en Crète et avait été enfermé dans le Labyrinthe construit par Dédale*. Le Minotaure se nourrissait de chair humaine et, chaque année, on lui donnait à manger sept jeunes gens d'Athènes. Il fut tué par Thésée*.
→ VOIR AUSSI **Minos.**

Miró Joan **(1893-1983)**
Peintre espagnol. Comme Salvador Dalí*, il fit partie d'un groupe d'artistes, les surréalistes. Il utilisait une technique appelée l'*automatisme*, dessinant les images qui lui venaient à l'esprit. Ses tableaux montrent des scènes étranges, peuplées de créatures imaginaires.

les ***Misérables***
Roman de Victor Hugo*. → VOIR encadré.

Mississippi
Fleuve des États-Unis. Long de 3 780 km, il prend sa source dans le Minnesota, près de la frontière canadienne, traverse les États-Unis du nord au sud et se jette dans le golfe du Mexique, à La Nouvelle-Orléans. Avant le chemin de fer, le Mississippi était la principale voie de communication en Amérique du Nord. Ses crues sont spectaculaires.

Missouri
Rivière des États-Unis. Long de 4 370 km, le Missouri prend sa source dans les Rocheuses et rejoint le Mississippi près de Saint Louis.

Mitterrand François **(1916-1996)**
Homme politique français. Il fut plusieurs fois ministre sous la IVe République*. Devenu premier secrétaire du Parti socialiste, il fut élu président de la République en 1981. Il fut réélu en 1988 pour un second septennat.

Miyazaki Hayao **(né en 1941)**
Cinéaste japonais. Par son goût de la féerie et du fantastique et la beauté de son dessin, il est devenu un des maîtres du cinéma d'animation.

ŒUVRES PRINCIPALES *Nausicaa de la vallée du vent*, 1984 ; *Mon voisin Totoro*, 1988 ; *le Voyage de Chihiro*, 2001.

Moby Dick
Roman de l'écrivain américain Herman Melville (1819-1891). Il parut en 1851. Le capitaine Achab poursuit

A B C D E F G H I J K L M N O P Q R S T U V W X Y Z

Les Mille et Une Nuits : la parole envoûtante de Schéhérazade.

Les Mille et Une Nuits est un recueil de contes orientaux écrits en arabe et rassemblés au XIe siècle. La première traduction en français a été réalisée par l'explorateur Antoine Galland (1646-1715) au XVIIIe siècle.

Le roi de Perse Chahriyar, victime de l'infidélité de son épouse, décide, pour se venger, de prendre chaque nuit une nouvelle épouse et de la faire étrangler le lendemain. Schéhérazade, la fille du vizir, se dévoue à son tour mais parvient à repousser la sentence durant mille et une nuits, en captivant le roi avec d'innombrables histoires dont elle ne raconte la fin que le jour suivant. Le roi, satisfait de l'esprit et de la fidélité de Schéhérazade, lui laisse finalement la vie sauve.

Ce recueil rassemble des contes d'origine arabe, persane et indienne. Les récits, qui mêlent lieux et personnages réels ou imaginaires, références historiques et univers merveilleux, sont emboîtés les uns dans les autres. Leur nature varie : on passe du roman d'amour ou d'aventures à l'épopée. Les contes les plus célèbres sont *Aladin* ou la Lampe merveilleuse, les Aventures d'Ali* Baba et des quarante voleurs.*

Les Mille et Une Nuits connurent et connaissent encore un succès universel. Traduites dans de nombreuses langues, elles furent une source d'inspiration pour les cinéastes.

Illustration : **Schéhérazade et le roi, par K. Nielsen.**

avec acharnement Moby Dick, la baleine (en fait, probablement un cachalot) tueuse d'hommes qui lui a arraché une jambe. Jurant de se venger du grand cétacé, Achab n'hésite pas à se lancer dans un long périple et à sacrifier pour cela son navire et son équipage.

Moghols - Grands Moghols

Dynastie musulmane d'origine turque qui a régné sur l'Inde de 1526 à 1857. Elle fut fondée par Baber et compta deux empereurs exceptionnels, Akbar et Aurangzeb. On leur doit un style architectural caractérisé par des édifices de marbre blanc (Tadj Mahall) ou de grès rouge (fort de Dehli), avec des arcs polylobés et des coupoles bulbeuses.

Moïse

Personnage biblique. Sur l'ordre de Dieu, il libéra le peuple hébreu de l'esclavage qu'il subissait en Égypte et le conduisit en Palestine, vers 1250 avant J.-C. Selon la Bible, Moïse reçut de Dieu les dix commandements

Les Misérables : une grande saga du peuple.

Le roman ***les Misérables*** parut en 1862. Victor Hugo en avait commencé la rédaction en 1845, puis l'avait abandonnée pour la reprendre quinze ans plus tard, alors qu'il était en exil à Guernesey, une île au large des côtes normandes. Cette vaste fresque, dont l'action se déroule sous la Restauration* et le règne de Louis-Philippe Ier*, raconte les aventures d'un ancien forçat, Jean Valjean, qui se révèle être un homme respectable et généreux. Il recueille Cosette, une fillette qui avait été confiée par sa mère à un couple d'aubergistes malhonnêtes et méchants, les Thénardier. Fuyant l'implacable policier Javert, Jean Valjean se trouve mêlé aux émeutes parisiennes de 1832. Il y croise Marius qui tombera amoureux de Cosette, et Gavroche, un gamin frondeur et courageux, qui mourra sur les barricades, en chantant « Je suis tombé par terre, C'est la faute à Voltaire, Le nez dans le ruisseau, C'est la faute à Rousseau ». Jean Valjean meurt en paix après avoir marié Cosette à Marius.

Ce roman réaliste, qui mêle argot, poèmes et chansons, est un témoignage sur le Paris populaire et révolutionnaire du début des années 1830. Hugo y dénonce également la misère et l'injustice sociale dont il était témoin.

Le roman *les Misérables* connut un grand succès dès sa publication. De nombreuses adaptations cinématographiques, théâtrales et musicales en ont été faites. Le rôle de Jean Valjean a été tenu par de grands acteurs comme Jean Gabin*, Lino Ventura (1919-1987) et, plus récemment, Gérard Depardieu*.

Illustration : **Cécile d'Aubray dans le rôle de Cosette. Photographie d'É. Carjat (1878).**

et la Loi qui régit encore aujourd'hui la vie des juifs, la Torah*. → VOIR AUSSI **Sinaï.**

Moldavie (Europe)

- Superficie : 34 000 km²
- Habitants : 3 487 000 *(les Moldaves)*
- Capitale : *Chisinau*
- Langue : *roumain*
- Monnaie : *leu moldave*

• La Moldavie, ancienne république d'U.R.S.S.*, est formée d'une grande plaine traversée par deux grands fleuves, le Dniestr et le Prout. Ses ressources reposent sur l'agriculture, l'élevage et un secteur agroalimentaire en développement. Elle est indépendante depuis 1991.

Molière **(1622-1673)**
Auteur de pièces de théâtre français. De son vrai nom Jean-Baptiste Poquelin, Molière fut auteur, acteur et metteur en scène de ses pièces de théâtre. Pendant quinze ans, il sillonna la France avec sa troupe de comédiens. Puis il s'installa à Paris, où il donna de nombreuses comédies. Il critiqua avec humour la noblesse, le clergé, mais aussi les petits-bourgeois, les médecins, les femmes coquettes et les amants jaloux. Il bénéficia toute sa vie de la protection de Louis XIV et mourut quelques heures après une représentation du *Malade imaginaire* (1673). → VOIR AUSSI **le Médecin malgré lui.**

ŒUVRES PRINCIPALES *Le Médecin malgré lui*, 1666 ; *l'Avare*, 1668 ; *le Bourgeois gentilhomme*, 1670 ; *les Fourberies de Scapin*, 1671.

▸ REM. L'importance de Molière dans la littérature française peut se mesurer dans l'expression « la langue de Molière » qui désigne le français, comme « la langue de Shakespeare » désigne l'anglais et « la langue de Dante » l'italien.

Molière en costume de scène (1656)

Monaco (Europe)

- Superficie : 2 km²
- Habitants : 38 000 *(les Monégasques)*
- Capitale : *Monaco*
- Langue : *français*
- Monnaie : *euro*

• Micro-État de la Côte d'Azur, la principauté de Monaco est un grand centre touristique.

monarchie de Juillet → **Juillet**

Monet Claude **(1840-1926)**
Peintre français. Il fut l'un des principaux représentants de l'impressionnisme. Son tableau, *Impression**, *soleil levant*, donna son nom à ce mouvement pictural. Suivant l'exemple d'Édouard Manet*, Claude Monet fit des tableaux où les couleurs étaient plus importantes que les formes des choses. À la fin de sa vie, il peignit une série de toiles appelées *Nymphéas*, où les formes disparaissent ; il ne reste plus que des couleurs et de la lumière.

ŒUVRES PRINCIPALES *Impression, soleil levant*, 1872 ; *Essai de figure en plein air*, 1886 ; *Nymphéas*, 1895-1926.

Mongolie (Asie)

- Superficie : 1 565 000 km²
- Habitants : 2 839 000 *(les Mongols)*
- Capitale : *Oulan-Bator*
- Langue : *khalkha*
- Monnaie : *tugrik*

• Située en Asie centrale, entre la Russie et la Chine, la Mongolie est indépendante depuis 1945. C'est un pays continental et désertique dont la population a longtemps été nomade. L'élevage est sa principale ressource, mais il possède aussi des réserves minières (cuivre, charbon, uranium).

Mongols
Peuple d'Asie centrale. Ils sont environ 8 millions et vivent principalement en Chine, en Russie et en Mongolie. C'est un peuple de nomades dispersé sur les immenses plateaux de l'Asie centrale. À l'époque de Gengis* Khan, au XIIIe siècle, les tribus mongoles se regroupèrent, créant le plus vaste empire de tous les temps.

Monnet Jean **(1888-1979)**
Homme politique français. Auteur du premier plan de modernisation et d'équipement de l'économie française, en 1945, il devint l'un des pionniers de l'idée d'union européenne, ce qui lui valut le surnom de

« père de l'Europe ». Ses cendres ont été transférées au Panthéon en 1988.

Monroe Marilyn **(1926-1962)**
Actrice de cinéma américaine. De son vrai nom Norma Jean Baker ou Mortenson, Marilyn Monroe incarna le mythe de la star hollywoodienne dans toute sa beauté et sa fragilité. Elle tourna de nombreux films (*Les hommes préfèrent les blondes* [1953] ; *Certains l'aiment chaud* [1959]).

montagne Pelée → Pelée

montagnes Rocheuses → Rocheuses

Montaigne Michel Eyquem de **(1533-1592)**
Écrivain français. Ayant étudié le droit, il travaille au parlement de Bordeaux avant de devenir maire de la ville de 1581 à 1585. Nourri par ses nombreuses lectures, il note ses réflexions et ses réactions qui donneront naissance aux *Essais* (première parution en 1580, édition définitive en 1595). Il s'y décrit lui-même et s'attache à démontrer, à travers ses propres contradictions, l'incapacité de l'homme à se connaître soi-même. Sa profonde amitié avec Étienne de La Boétie, évoquée dans *les Essais* (« Parce que c'était lui, parce que c'était moi », I, 28), est restée célèbre.

Montand Yves **(1921-1991)**
Chanteur et acteur français d'origine italienne. Il fit ses débuts comme chanteur (*les Feuilles mortes*, *les Grands Boulevards*, *À bicyclette*) et fut aussi une grande vedette du cinéma. Il tourna plus de cinquante films (*le Salaire de la peur*, de H. G. Clouzot [1953], *le Milliardaire*, de G. Cukor [1960], *Jean de Florette*, de C. Berri [1986]).

mont Blanc → Blanc

Montcalm de Saint-Véran Louis Joseph, marquis de **(1712-1759)**
Général français. Il fut envoyé en Amérique du Nord pour défendre les possessions françaises du Canada (la Nouvelle-France) contre les Anglais. Il perdit la bataille des plaines d'Abraham*, au cours de laquelle il fut mortellement blessé.

Monténégro (Europe)
- Superficie : 13 812 km^2
- Habitants : 621 000
- Capitale : *Podgorica*
- Langue : *monténégrin*
- Monnaie : *euro*

• Le Monténégro, pays des Balkans*, s'est associé à la Serbie en 1992 pour former la nouvelle république fédérale de Yougoslavie*, devenue Serbie-et-Monténégro en 2003. Le Monténégro est devenu une république indépendante en 2006.

Montérégie
Région du Québec. Elle est formée en majeure partie par la plaine du Saint-Laurent et celle du Richelieu. 1 442 433 habitants (les *Montérégiens*). Ville principale : Longueuil. Elle est au deuxième rang des régions du Québec, après Montréal.

Montesquieu Charles de **Secondat**, baron de **La Brède** et de **Montesquieu (1689-1755)**
Écrivain français. Esprit libre, Montesquieu n'hésita pas à critiquer les mœurs et les institutions de son époque dans ses œuvres *(Lettres persanes)*. Il y défendit également ses idées de liberté, de justice et de tolérance.

ŒUVRES PRINCIPALES *Lettres persanes*, 1721 ; *De l'esprit des lois*, 1748.

Montgolfier Joseph de **(1740-1810)** et Étienne de **(1745-1799)**
Industriels et inventeurs français. Partant du principe que l'air chaud, plus léger que l'air froid, monte, ils réussirent, en juin 1783, à faire s'élever dans le ciel un ballon à air chaud, qu'ils appelèrent *montgolfière*. Après une expérience réussie avec un mouton, un coq et un canard embarqués dans une nacelle, des passagers firent le premier voyage en ballon le 21 novembre de la même année. Les frères Montgolfier collaborèrent ensuite, en 1792, à l'invention d'une machine servant à élever l'eau, appelée « bélier hydraulique ».

Montpellier
Ville française. 272 345 habitants (les *Montpelliérains*). Montpellier est le chef-lieu du département de l'Hérault. La ville devint française en 1349 et fut une importante cité marchande au Moyen Âge. Elle fut également un grand centre calviniste au XVIe siècle.

Montréal
Ville du Canada. 1 649 519 habitants (les *Montréalais*), 3,8 millions d'habitants dans l'agglomération. Située sur le Saint-Laurent, Montréal est la principale ville de la province de Québec. C'est un port très actif et l'une des plus grandes villes du Canada. Les deux tiers de sa population parlent français, faisant de Montréal la deuxième ville francophone du monde. Créé en 1642 par Paul Maisonneuve (1612-1676), le centre missionnaire de Ville-Marie (l'ancien nom de Montréal) s'établit dans l'île que forme le Saint-Laurent à cet endroit. Du haut de la montagne qui lui a donné son nom, le mont Royal, on a un magnifique point de vue sur la ville. Montréal accueillit l'Exposition universelle de 1967 et les jeux Olympiques y ont eu lieu en 1976.

mont Rose → Rose

Le **Mont-Saint-Michel**
Ville du département de la Manche. 42 habitants. Le Mont-Saint-Michel est un îlot rocheux situé à la limite de la Bretagne et de la Normandie. Haut de 78 m, il abrite une magnifique abbaye romane et gothique. Dans la baie du Mont-Saint-Michel, les marées ont de fortes amplitudes : la mer se retire très loin et

A B C D E F G H I J K L M N O P Q R S T U V W X Y Z

remonte très vite, à la vitesse d'un cheval au galop, dit-on. Le Mont-Saint-Michel est accessible par un pont-passerelle.

Mont-Saint-Michel

Morpurgo Michael **(né en 1943)**
Écrivain britannique. Il est auteur de nombreux livres destinés à la jeunesse, traduits dans le monde entier. Certains ont été adaptés au cinéma, dont *Cheval de guerre* mis en scène par Steven Spielberg en 2011.

Morris Maurice **De Bevere**, dit **(1923-2001)**
Dessinateur et scénariste belge de bandes dessinées, créateur du personnage de Lucky*Luke.

Morte - mer Morte
Lac de Palestine. Située entre Israël et la Jordanie, la mer Morte a une superficie d'environ 1 000 km². C'est le point continental le plus bas du globe (400 m au-dessous du niveau de la mer). Le Jourdain * se jette dans la mer Morte, qui est tellement salée qu'on y flotte sans le moindre effort.

Moscou
Capitale de la Russie. 11,5 millions d'habitants (les *Moscovites*). Située sur les bords de la Moskova, Moscou a été la capitale de la Russie jusqu'au XVIIIe siècle, puis celle de l'U.R.S.S., de 1922 à 1991. Au centre de la ville s'élève le Kremlin *.

Moulin Jean **(1899-1943)**
Résistant français. Préfet d'Eure-et-Loir en 1940, il refusa de se soumettre aux Allemands qui occupaient la ville de Chartres et il gagna Londres. En 1943, il devint le premier président du Conseil national de la Résistance *. À son retour en France, ayant été trahi, il fut arrêté et torturé par les nazis. Il mourut lors de son transfert en Allemagne.

Moyen Âge
Période de l'histoire de l'Europe. Elle se situe entre le Ve siècle (chute de l'Empire romain *, en 476) et le XVe siècle (chute de Constantinople [1453] ou découverte de l'Amérique [1492], et début de la Renaissance *). Si le Moyen Âge connut l'Inquisition *, la guerre de Cent * Ans et la Grande Peste, qui tua 25 millions d'Européens entre 1346 et 1353, ce fut aussi une période de redressement après les Invasions * barbares. L'agriculture se développa grâce à l'invention de la charrue et à de grands travaux de défrichement. La toute-puissance de l'Église favorisa un adoucissement de la société féodale, tandis que se construisaient des églises et des cathédrales et que s'organisaient les croisades *. La France prit forme peu à peu, même si de nombreuses régions conservaient encore une large autonomie.

Moyen-Orient
Partie située le plus à l'ouest du continent asiatique. Le Moyen-Orient englobe des pays riverains de la Méditerranée (la Turquie, la Syrie, le Liban, Israël, la Jordanie), ainsi que des pays du pourtour du golfe Persique * (l'Iran, l'Iraq, le Koweït, l'Arabie saoudite, les Émirats arabes unis, le Qatar, Oman et le Yémen). Sur les rives du golfe Persique se trouvent les plus grandes réserves de pétrole du monde. Depuis de longues années, le Moyen-Orient est le cadre de multiples conflits. Il est aussi appelé *Proche-Orient*.

Mozambique (Afrique)
- Superficie : 785 000 km²
- Habitants : 25 834 000 *(les Mozambicains)*
- Capitale : *Maputo*
- Langue : *portugais*
- Monnaie : *metical*

Pays du sud de l'Afrique, sur l'océan Indien, le Mozambique, ancienne province portugaise, est devenu une république indépendante en 1975. L'économie, fondée sur l'agriculture et l'industrie agroalimentaire, a été ruinée par la guerre civile et la sécheresse, qui ont fait affluer la population des campagnes vers les villes.

Mozart Wolfgang Amadeus **(1756-1791)**
Compositeur allemand. Il est l'un des maîtres de l'opéra. Son père, Léopold, violoniste, l'initia au clavecin dès quatre ans. À six ans, Mozart composa ses premières pièces musicales. De 1762 à 1767, son père l'exhiba dans toute l'Europe avec sa sœur Nannerl, claveciniste. Ils jouèrent devant Louis XV. Mozart connaîtra triomphe, disgrâce et misère : on l'enterrera dans la fosse commune. Sa musique, par ses alliances subtiles de joie et d'angoisse, annonçait Beethoven et le romantisme. → VOIR AUSSI **la Flûte enchantée.**

ŒUVRES PRINCIPALES *Les Noces de Figaro*, 1786 ; *la Flûte enchantée*, 1791 ; *Requiem*, 1791.

Muhammad → Mahomet

Munich
Ville d'Allemagne. 1 348 335 habitants (les *Munichois*). Munich est la capitale de la Bavière *. Fondée en 1158, la

ville devint la capitale du royaume de Bavière en 1806. Munich fut l'un des principaux foyers du nazisme dans les années 1920. En 1938, la France et l'Angleterre y signaient des accords avec Hitler* et Mussolini*, qui prévoyaient l'occupation du territoire tchèque des Sudètes par les troupes allemandes.
▸ REM. On prononce [mynik].

la **Muraille de Chine** ou la **Grande Muraille**
Muraille défensive qui sépare la Chine et la Mongolie.
→ VOIR encadré.

le **mur de Berlin**
Mur qui sépara l'Allemagne de l'Ouest de l'Allemagne de l'Est, de 1961 à 1989. Il fut construit à Berlin* en 1961 par le gouvernement de la République démocratique allemande (partie orientale de l'Allemagne avant sa réunification) pour isoler Berlin-Est de Berlin-Ouest et empêcher ses citoyens d'émigrer à l'ouest. L'ouverture du mur par la R.D.A. en novembre 1989 et sa destruction progressive rétablirent la libre circulation entre les deux parties de la ville et furent le prélude à la réunification de l'Allemagne (1990).

le **Mur des lamentations**
Dernier vestige du Temple de Jérusalem. Le Temple fut construit par Salomon, détruit puis reconstruit ; il fut incendié par les Romains en 70. Les juifs viennent devant le Mur des lamentations pour prier et se « lamenter » sur la destruction du Temple, qui était le seul lieu sacré de leur religion.

Muse
Chacune des neuf déesses de la mythologie grecque qui protégeaient les artistes et les poètes. Elles étaient les filles de Mnémosyne, déesse de la Mémoire, et de Zeus. Clio personnifiait l'Histoire, Euterpe la Musique, Thalie la Comédie, Melpomène la Tragédie, Terpsichore la Danse, Érato la Poésie lyrique, Polymnie la Poésie et les Hymnes sacrés, Uranie l'Astronomie et Calliope l'Épopée.

Mussolini Benito **(1883-1945)**
Homme politique italien. Il devint chef du gouvernement, en 1922, en s'appuyant sur le Parti fasciste qu'il avait fondé. En concentrant tous les pouvoirs entre ses mains et en cherchant à diriger l'ensemble de la vie du pays, il fut le premier à avoir construit un « État totalitaire », selon son expression. Il s'allia ensuite avec Hitler et participa à la Seconde Guerre mondiale aux côtés de l'Allemagne et du Japon. Il fut exécuté à la libération de l'Italie.

Mycènes
Ancienne ville grecque. Au IIe millénaire avant J.-C., elle était le centre d'une civilisation brillante, qui a laissé de nombreux vestiges archéologiques. Bien que détruite depuis longtemps quand Athènes et Sparte devinrent les grandes puissances de la Grèce antique, elle resta présente dans les légendes. *L'Iliade* * raconte en effet que c'est le roi de Mycènes, Agamemnon, qui dirigea les armées grecques lors de la guerre de Troie*.

La Muraille de Chine : la plus vaste construction humaine.

Au IIIe siècle avant J.-C., le premier empereur de la Chine unifiée, Qin Shi Huangdi, ordonna la réunion des différents tronçons de murs fortifiés, construits dès le IVe siècle avant J.-C., au nord de la Chine, en une seule muraille continue. Celle-ci devait protéger la frontière nord du pays des Invasions barbares venues d'Asie centrale (des Huns, notamment). Ces travaux nécessitèrent l'emploi de deux millions d'esclaves et de paysans réquisitionnés qui étaient surveillés par 300 000 soldats. La muraille fut par la suite maintes fois démantelée et reconstruite. Son tracé actuel, situé plus au sud que le premier, date de la dynastie des empereurs Ming (XVe-XVIIe siècle).

Constituée de blocs de pierre et de briques, la Grande Muraille mesure près de 6 000 km. Elle a une largeur moyenne de 7 m et ses murs latéraux, légèrement inclinés et garnis de créneaux, ont une hauteur de 9 à 16 m, selon les endroits. Son tracé suit d'est en ouest la ligne des crêtes et passe au nord de Pékin. Des tours de guet se dressent à intervalles réguliers. Depuis ces tours, les soldats émettaient des signaux de fumée qui leur permettaient de communiquer.

À l'origine, cette construction avait une fonction défensive, mais la muraille servit également de voie de communication, notamment pour le commerce.

La Grande Muraille, qui est la plus vaste construction réalisée par les hommes, est aujourd'hui l'un des monuments les plus visités au monde.

N

Nadal Rafael **(né en 1986)**
Joueur de tennis espagnol. Considéré comme l'un des plus grands joueurs du monde sur terre battue, il comptait, à la fin de 2014, 14 victoires dans des tournois du Grand Chelem (dont 9 à Roland-Garros, à Paris) et 4 victoires en Coupe Davis avec l'équipe nationale d'Espagne.

Nadar (1820-1910)
Photographe français. De son vrai nom Félix Tournachon, il débuta par la caricature, puis s'intéressa, vers 1854, à un art qui en était encore à ses débuts : la photographie. Il se fit rapidement connaître en photographiant les célébrités de son époque. Nadar fut également le premier à réaliser des photographies aériennes en ballon.

Nagasaki
Ville du Japon. Ce port fut presque entièrement détruit, le 9 août 1945, par la seconde bombe atomique (après celle d'Hiroshima*) lancée par les Américains. 80 000 personnes moururent des suites de cette explosion.

Namibie (Afrique)

- Superficie : 825 000 km²
- Habitants : 2 303 000 *(les Namibiens)*
- Capitale : *Windhoek*
- Langue : *anglais*
- Monnaie : *dollar namibien*

- Longtemps dominée par l'Afrique du Sud, qui y appliqua le système de l'apartheid, la Namibie est une république de l'Afrique australe, sur l'océan Atlantique. Elle a accédé à l'indépendance en 1990. Son sous-sol est riche en diamants et en uranium. La pêche et l'élevage sont les autres ressources de ce pays faiblement arrosé par les pluies.

Namur
Ville de Belgique. 110 500 habitants (les *Namurois*). Capitale de la Région wallonne et chef-lieu de la province de Namur, au confluent de la Meuse et de la Sambre. C'est un centre administratif, commercial et culturel.

Nancy
Ville française. 107 334 habitants (les *Nancéiens*). Nancy est le chef-lieu du département de Meurthe-et-Moselle. Capitale des ducs de Lorraine, la ville fut convoitée par Charles* le Téméraire, qui mourut sous ses remparts en 1477.

Nantes
Ville française. 299 682 habitants (les *Nantais*). Nantes est le chef-lieu de la Région Pays de la Loire et du département de la Loire-Atlantique. Résidence des ducs de Bretagne, la ville devint française en 1524. Ce port connut son apogée au XVIIIe siècle.

Nantes - édit de Nantes → **édit de Nantes**

Naples
Ville du sud de l'Italie. 947 764 habitants (les *Napolitains*). Naples est un port. Comme la Sicile, le royaume de Naples a subi de multiples invasions, de l'Antiquité jusqu'au milieu du XIXe siècle. La ville possède de nombreuses églises médiévales et baroques.

Napoléon Ier (1769-1821)
Premier consul et empereur des Français. Né en Corse, l'officier Napoléon Bonaparte devint général et participa aux guerres que la France mena en Europe au moment de la Révolution. Ses nombreuses victoires lui donnèrent une grande popularité qui lui permit de prendre le pouvoir en 1799. Après la période du Consulat, il se fit sacrer empereur par le pape en 1804. De 1805 à 1812, Napoléon conquit presque toute l'Europe. Mais il ne réussit jamais à vaincre l'Angleterre et sa défaite en Russie marqua la fin de sa domination. Chassé en 1814, il revint en France l'année suivante, mais fut définitivement vaincu à Waterloo* et abdiqua. Il fut déporté dans l'île britannique de Sainte-Hélène en 1815, il y mourut en 1821. → VOIR AUSSI **premier Empire.**

Napoléon Bonaparte (1802)

A B C D E F G H I J K L M N O P Q R S T U V W X Y Z

Napoléon III **(1808-1873)**
Empereur des Français. Il était le neveu de Napoléon Ier, dont la défaite avait provoqué le retour de la monarchie. En 1848, une révolution ramena la république. Louis Napoléon Bonaparte utilisa la célébrité de son nom pour se faire élire président. Il se fit proclamer empereur en 1852 et prit le nom de Napoléon III (Napoléon II, le fils de Napoléon Ier, n'ayant jamais régné). → VOIR AUSSI **second Empire.**

Narcisse
Personnage de la mythologie grecque. Narcisse, jeune homme d'une beauté éclatante, restait insensible aux sentiments d'amour qu'il éveillait chez les jeunes filles et préférait observer son image dans l'eau. La nymphe Écho, qui éprouvait une grande adoration pour lui, fut rejetée et mourut de chagrin. Narcisse fut puni par les dieux et transformé en une fleur qui porte son nom.

NASA
Organisme américain. Fondée en 1958, la NASA est chargée de diriger les recherches aéronautiques et spatiales. Elle dispose de deux bases de lancement, l'une sur la côte est (cap Canaveral), l'autre sur la côte ouest (Vandenberg), et de plusieurs centres de recherche, dont celui de Pasadena (Californie), chargé des missions d'exploration des planètes par des sondes spatiales, et celui de Houston (Texas), responsable des vols de la navette.

Nasser Gamal Abdel **(1918-1970)**
Homme politique égyptien. Président de la République à partir de 1956, Nasser s'empara de tous les pouvoirs. Pour préserver les ressources des pays arabes que les Occidentaux voulaient s'approprier, il nationalisa le canal de Suez*, en 1956, ce qui amena Israël, la France et la Grande-Bretagne à déclarer la guerre à l'Égypte. Nasser mit également en chantier le barrage d'Assouan*.

Nations unies → O.N.U.

Nauru (Océanie)
- Superficie : 21 km²
- Habitants : 10 000 *(les Nauruans)*
- Capitale : *Yaren*
- Langues : *nauruan, anglais*
- Monnaie : *dollar australien*

• La république de Nauru est formée d'une seule île volcanique, située dans l'océan Pacifique, juste au sud de l'équateur. L'exploitation des phosphates (principale exportation) a gravement endommagé son environnement.

Neandertal - homme de Neandertal
Squelette fossile humain, découvert en 1856 en Allemagne. L'homme de Neandertal est le premier fossile humain qui ait été reconnu comme différent de l'homme actuel, ce qui permit de démontrer que ce dernier résulte d'une longue évolution. Les néandertaliens vivaient entre 80 000 et 35 000 avant J.-C.

Néfertiti **(XIVe siècle avant J.-C.)**
Reine d'Égypte, épouse du pharaon Aménophis IV*. Au musée du Louvre, à Paris, on peut voir une statuette colorée représentant le buste de Néfertiti, qui montre la grande beauté de la reine.

Nehru Jawaharlal **(1889-1964)**
Homme politique indien. Disciple de Gandhi*, il lutta à ses côtés pour l'indépendance de l'Inde. Premier ministre de 1947 à 1964, il développa et modernisa l'industrie du pays.

Neige - crêt de la Neige
Point culminant du massif du Jura* (1 718 m).

Neiges - piton des Neiges
Point culminant de l'île de la Réunion* (3 069 m). C'est le sommet d'un ensemble volcanique qui occupe plus de la moitié de la superficie de la Réunion. Ce volcan, en émergeant de l'océan Indien, a donné ainsi naissance à l'île.

Nemo - capitaine Nemo
Personnage de *Vingt Mille Lieues sous les mers*, roman de Jules Verne*. Nemo commande le *Nautilus*, navire submersible dans lequel il parcourt la mer en exploitant les ressources qu'elle procure.

Népal (Asie)
- Superficie : 140 000 km²
- Habitants : 27 797 000 *(les Népalais)*
- Capitale : *Katmandou*
- Langue : *népalais*
- Monnaie : *roupie népalaise*

• État d'Asie situé au nord de l'Inde, le Népal (royaume, puis république depuis 2008) s'étend sur le versant sud de l'Himalaya*. Il possède plusieurs des plus hauts sommets du monde, dont l'Everest* (point culminant : 8 848 m), sur la frontière avec le Tibet*. Le tourisme est sa principale ressource. La population, concentrée dans les vallées, pratique la culture du riz.

Neptune
Dieu romain de la Mer, assimilé au dieu grec Poséidon*.

Neptune
Planète du Système solaire. Elle est située entre Uranus et Pluton. Son diamètre est de 49 600 km. Découverte au XIXe siècle seulement, Neptune présente de nombreuses similitudes avec Uranus. Sa surface est parsemée de taches irrégulières. Autour gravitent 14 satellites.

Néron **(37-68)**
Empereur romain. Cruel et à moitié fou, il fit assassiner sa mère. Comme on le soupçonnait d'avoir pro-

A B C D E F G H I J K L M N O P Q R S T U V W X Y Z

voqué l'incendie qui dévasta Rome en 64, il accusa les chrétiens de ce crime et déclencha la première grande persécution contre l'Église. Détesté, Néron fut chassé du pouvoir et se suicida.

Neuchâtel - canton de Neuchâtel

Canton francophone de la Confédération suisse. Il couvre 803 km² et compte 172 085 habitants (les *Neuchâtelois*). Son chef-lieu est Neuchâtel. Il fut créé en 1815, en même temps que le canton de Genève. L'horlogerie et l'agroalimentaire constituent ses principales activités.

Newton Isaac **(1642-1727)**

Physicien, mathématicien et astronome anglais. On raconte que c'est la chute d'une pomme qui, vers 1666, permit à Newton de découvrir la loi de la gravitation universelle. Selon lui, en effet, la pesanteur terrestre est identique aux forces d'attraction qui expliquent les mouvements des planètes ou le phénomène des marées. Outre des travaux sur la lumière et les couleurs, Newton réalisa le premier télescope en 1671. Ses découvertes constituent une étape capitale dans le développement des sciences.

New York

Ville des États-Unis. 8 491 079 habitants (les *New-Yorkais*) ; 20,4 millions d'habitants dans l'agglomération. Située sur la côte atlantique, New York est le deuxième port du monde (après Rotterdam).

• **Un centre financier et culturel.** La statue de la Liberté, qui se dresse à l'entrée du port, fut pour des millions d'immigrants leur première vision de l'Amérique. New York est la première place boursière du monde avec Wall Street. Mais c'est aussi la capitale culturelle des États-Unis, avec ses universités, ses musées, son opéra et son célèbre quartier des théâtres, Broadway. Elle abrite également le siège de l'O.N.U.*

• **Une cité cosmopolite.** New York présente une grande variété de quartiers et de populations. Manhattan abrite le secteur des affaires. C'est là que l'on trouve l'Empire State Building, qui fut pendant longtemps le gratte-ciel le plus haut du monde. Les deux tours jumelles du World Trade Center ont été détruites lors des attentats terroristes du 11 septembre 2001*. Les minorités noire et portoricaine sont confinées dans d'anciens quartiers résidentiels délabrés comme Harlem, le Bronx ou Brooklyn. Chinatown est un très grand quartier chinois.

Niagara

Rivière d'Amérique du Nord. Long de 56 km, le Niagara sépare le Canada des États-Unis, unissant deux des Grands Lacs, le lac Érié et le lac Ontario. Il est coupé par les chutes du Niagara (50 m environ), haut lieu touristique.

chutes du **Niagara**

Nicaragua (Amérique)

- Superficie : 148 000 km²
- Habitants : 6 080 000 *(les Nicaraguayens)*
- Capitale : *Managua*
- Langue : *espagnol*
- Monnaie : *córdoba oro*

• Pays le plus vaste d'Amérique centrale, le Nicaragua est montagneux et volcanique. Indépendant depuis 1831, le pays a été déchiré par de violentes luttes internes pendant les années 1980 et a été ravagé par un cyclone en 1998. Il exporte du café et du coton et ses ressources proviennent principalement de l'agriculture et de la pêche.

Nice

Ville française. 347 798 habitants (les *Niçois*). Située sur la Côte d'Azur, Nice est le chef-lieu du département des Alpes-Maritimes. Elle fut une possession de la maison de Savoie, avant de redevenir française de 1793 à 1814. Rattachée ensuite à l'Italie, Nice fut définitivement cédée à la France en 1860.

Nicolas II (1868-1918)

Empereur de Russie. Il exerça un pouvoir absolu durant son règne. Il subit l'influence néfaste de son épouse et de Raspoutine, un aventurier devenu le protégé de l'impératrice. Engagé dans la Première Guerre mondiale, Nicolas II dut faire face à une opposition grandissante. Il fut contraint d'abdiquer après la révolution de février 1917. Il fut massacré en 1918 avec sa famille. Il a été réhabilité depuis et même canonisé par l'Église orthodoxe russe en 2000. → VOIR **Révolution russe.**

Niépce Nicéphore **(1765-1833)**

Inventeur français. Après des années de recherches, il réalisa en 1822 les premières photographies. La première eut pour sujet un jardin près de Chalonsur-Saône. Elle fut restituée sur une plaque d'étain recouverte d'un composé chimique sensible à la lumière. Il fallut près de quatorze minutes de temps d'exposition pour l'obtenir.

Niger

Grand fleuve d'Afrique de l'Ouest. Long de 4 200 km, il traverse le Niger auquel il a donné son nom. Il est navigable jusqu'au delta marécageux qu'il forme en se jetant dans l'océan Atlantique.

Niger (Afrique)

- Superficie : 1 267 000 km²
- Habitants : 17 831 000 *(les Nigériens)*
- Capitale : *Niamey*
- Langue : *français*
- Monnaie : *franc C.F.A.*

Pays situé à l'ouest de l'Afrique, le Niger est une ancienne colonie française devenue une république indépendante en 1960. C'est un pays vaste mais désertique en dehors de la vallée du fleuve Niger* où se concentre une grande partie de la population, qui se consacre aux cultures (arachide, millet) et à l'élevage. Le sous-sol contient de l'uranium.

Nigeria (Afrique)

- Superficie : 924 000 km²
- Habitants : 173 615 000 *(les Nigérians)*
- Capitale : *Abuja*
- Langue : *anglais*
- Monnaie : *naira*

Situé sur le golfe de Guinée, le Nigeria, ancienne colonie britannique, est devenu une république indépendante en 1960. C'est le pays le plus peuplé d'Afrique. Le pétrole constitue sa plus grande richesse.

Nijinski Vaslav Fomitch **(1889-1950)**

Danseur et chorégraphe russe d'origine polonaise. Vedette des Ballets russes de Serge de Diaghilev*, il a créé l'ensemble des œuvres du collaborateur de celui-ci, Michel Fokine (1880-1942). La sœur de Nijinski, Bronislava Nijinska (1891-1972), fut elle-même une grande danseuse et chorégraphe.

Nil

Fleuve du nord-est de l'Afrique. C'est l'un des plus longs fleuves du monde (6 700 km). Sorti du lac Victoria, il traverse le Soudan, puis l'Égypte avant de se jeter dans la Méditerranée par un très vaste delta marécageux. Pendant des millénaires, le Nil a connu chaque année des crues spectaculaires. Il recouvrait totalement et pendant plusieurs mois les terres avoisinantes que son limon fertilisait. Ces inondations n'ont été maîtrisées qu'au XXᵉ siècle, grâce à la construction d'immenses barrages, comme celui d'Assouan*. Le Nil est utilisé depuis très longtemps pour l'irrigation et la navigation. Dans l'Antiquité, une civilisation très brillante s'est développée sur ses rives. → VOIR AUSSI **Égypte ancienne, David Livingstone, John Rowlands Stanley.**

Nîmes

Ville française. 150 019 habitants (les *Nîmois*) ; 180 449 dans l'agglomération. Chef-lieu du département du Gard, cette ville fut à l'époque gallo-romaine une cité brillante, dont témoignent ses nombreux monuments antiques : Maison carrée, arènes, temple de Diane, etc.

El Niño

Phénomène climatique. Il est provoqué par un réchauffement anormal de l'océan Pacifique le long des côtes ouest de l'Amérique du Sud. Causé par un courant chaud qui vient se mélanger aux eaux froides, ce changement de température entraîne des dérèglements climatiques dans la région et dans le monde : sécheresse en Indonésie et pluies diluviennes en Amérique centrale, notamment.

Noah Yannick **(né en 1960)**

Joueur de tennis français. Il remporta le tournoi de Roland-Garros en 1983. Il fut aussi entraîneur et manager de l'équipe de France qui gagna la Coupe* Davis en 1991 et en 1996. Il a aussi entamé une carrière de chanteur (*Saga Africa*).

Nobel Alfred **(1833-1896)**

Industriel et chimiste suédois. Auteur de travaux sur les poudres et inventeur de la dynamite, Alfred Nobel fonda par testament des prix annuels, appelés *prix Nobel*, destinés à récompenser ceux qui ont le plus contribué au progrès de l'humanité dans certains domaines : physique, chimie, physiologie et médecine, littérature et recherche de la paix. Plus tard, on y ajouta un prix de sciences économiques.

Alfred **Nobel** (médaille en or)

les Noces de Cana

Tableau de Véronèse*. → VOIR encadré page suivante.

Noé

Personnage biblique. Selon la Bible, Noé fut, avec sa famille, le seul survivant du Déluge. Dieu avait décidé de noyer toute la terre sous les eaux pour punir les hommes de leurs péchés. Mais il demanda à Noé de construire un grand bateau, appelé « arche », et d'y embarquer sa famille et un couple de chaque espèce animale. Après le Déluge, Noé devint le garant de l'alliance (représentée par un arc-en-ciel) entre Dieu et l'humanité nouvelle.

A B C D E F G H I J K L M N O P Q R S T U V W X Y Z

Noire - mer Noire
Mer intérieure située entre l'Europe et l'Asie. D'une superficie de 420 000 km², la mer Noire borde les côtes de la Russie, de l'Ukraine, de la Roumanie, de la Bulgarie et de la Turquie. Elle ne communique avec la Méditerranée que par le détroit du Bosphore et celui des Dardanelles.

Nord - mer du Nord
Partie de l'océan Atlantique située au nord-ouest de l'Europe. 600 000 km². La mer du Nord baigne les côtes de la Grande-Bretagne, du Danemark, de la Norvège, des Pays-Bas, de l'Allemagne, de la Belgique et du nord de la France. Sur les estuaires qui y débouchent sont établis de grands ports européens : Londres, Rotterdam, Hambourg, Anvers. Le sous-sol de la mer du Nord possède de nombreux gisements de pétrole et de gaz naturel, qui sont exploités.

Nord – Pas-de-Calais
Anc. Région administrative française regroupant 2 départements : Nord et Pas-de-Calais. → VOIR AUSSI **Nord – Pas-de-Calais – Picardie.**

Nord – Pas-de-Calais – Picardie
Région administrative française. Superficie : 31 813 km² ; 5 987 883 hab. Chef-lieu Lille*. La Région regroupe, depuis 2016, 5 départements : Aisne, Nord, Oise, Pas-de-Calais et Somme. Bordée par l'Île-de-France* au sud, par la Manche* et la mer du Nord* au nord et par les Ardennes* et la frontière belge à l'est, la Région est surtout formée de plateaux et de vallées. Au sud, sur les plateaux picards, le climat assez doux a favorisé les grandes cultures (blé, betterave sucrière, légumes), associées à une importante industrie agroalimentaire. Au nord, une agriculture à haute productivité (blé, betteraves, viande, lait) occupe des superficies beaucoup plus réduites. Le secteur industriel est en pleine mutation (automobile, industrie ferroviaire, textiles innovants, pôle scientifique et technologique). Avec la construction du tunnel sous la Manche, la Région bénéficie d'une bonne situation géographique dans l'Union européenne, entre le Benelux, les régions londonienne et parisienne. Dunkerque, Calais et Boulogne-sur-Mer, situées sur la façade maritime du nord de l'Europe (*Northern Range*), qui s'étend de Rotterdam au Havre, profitent de la voie maritime la plus dense du monde. Au nord, la Région est dominée par l'ensemble que forment les villes de Lille, Roubaix et Tourcoing, auquel s'opposent les espaces majoritairement ruraux du Pas-de-Calais, de la Somme (Amiens est la seule grande ville), de l'Oise et de l'Aisne.

Normandie
Région administrative française. Superficie : 29 906 km² ; 3 328 364 hab. Ch.-l. Rouen*. La Région regroupe, depuis 2016, 5 départements : Calvados, Eure, Manche, Orne et Seine-Maritime. La Normandie est une région de plaines, au climat humide, dont l'Ouest appartient au Massif armoricain et l'Est au Bassin parisien. Son agriculture est diversifiée : en dehors de quelques plaines où l'on cultive des céréales et des betteraves, l'élevage bovin domine pour le lait ou la viande. L'industrie (automobile, aéronautique, électronique, pharmacie et parfumerie) est surtout implantée autour du Havre et de Rouen. Le secteur de la haute technologie se développe plutôt à Caen. Tournés vers l'élevage, le Calvados, l'Orne et la Manche sont spécialisés dans l'agroalimentaire (mise en valeur de produits régionaux comme le fromage, le beurre et le cidre) et dans l'industrie de la viande. La façade littorale, adaptée à la pêche, à l'aquaculture et au tourisme, est jalonnée

Les Noces de Cana : une scène biblique dans une ambiance de fête vénitienne.

Le peintre italien Véronèse réalisa cette immense toile de presque 10 m de long sur 6 m de haut en 1563, pour le réfectoire du couvent des bénédictins de San Giorgio Maggiore, à Venise (ce qui explique ses grandes dimensions).

Le tableau représente une scène biblique : Jésus accomplit un miracle en changeant l'eau en vin lors d'un banquet. Une multitude de personnages, vêtus magnifiquement, entourent le Christ et Marie qui occupent le centre de la toile. La scène se déroule dans un décor architectural monumental faisant référence à l'Antiquité : d'immenses colonnes s'élèvent à droite et à gauche du tableau, servant de cadre à la scène. Le peintre montre ici sa maîtrise de la perspective.

Les couleurs du tableau sont claires et lumineuses. Une extraordinaire impression de vie et de mouvement se dégage de la scène. Seules les deux figures centrales sont figées. Le thème religieux servit de prétexte au peintre pour représenter le faste des fêtes vénitiennes de son époque.

Pour Véronèse, ***les Noces de Cana*** furent le premier tableau d'une série qui eut pour thème des festins bibliques. La toile est exposée au musée du Louvre, à Paris, depuis 1798.

de ports (Dieppe, Fécamp, Le Havre), de stations balnéaires, mais aussi de trois centrales nucléaires (Paluel, Penly et Flamanville) et du centre de retraitement des combustibles nucléaires de la Hague. Trois grandes agglomérations dominent : Le Havre, Rouen et Caen, mais, dans l'ensemble, le réseau de villes est peu dense et l'ouest de la Région demeure encore largement rural. La Normandie est une ancienne province française. Elle fut envahie par les Normands* au IXe siècle. De 1066, date de la conquête de l'Angleterre par le duc de Normandie Guillaume le Conquérant, jusqu'en 1468, quand Louis XI la rattacha définitivement à son royaume, la Normandie fut le théâtre d'affrontements entre Français et Anglais. C'est sur son littoral qu'eut lieu, le 6 juin 1944, le débarquement des Alliés.

Normandie - Basse-Normandie
Anc. Région administrative française regroupant 3 départements : Calvados, Manche et Orne. → VOIR AUSSI **Normandie.**

Normandie - Haute-Normandie
Anc. Région administrative française regroupant 2 départements : Eure et Seine-Maritime. → VOIR AUSSI **Normandie.**

Normands
Nom donné aux Vikings du temps des Carolingiens. Les Normands attaquèrent Paris plusieurs fois, et le roi de France fut obligé en 911 de leur donner une région qui porte depuis leur nom, la Normandie, d'où ils partirent pour conquérir l'Angleterre. Les Normands firent également la conquête du sud de l'Italie et de la Sicile, où ils fondèrent des principautés au XIIe siècle. → VOIR AUSSI **Guillaume le Conquérant.**
▸ REM. *Normand* vient d'un mot scandinave qui signifie « homme du Nord ».

Norvège (Europe)

- Superficie : 325 000 km^2
- Habitants : 5 043 000 *(les Norvégiens)*
- Capitale : *Oslo*
- Langue : *norvégien*
- Monnaie : *krone (couronne norvégienne)*

• Le royaume de Norvège occupe l'ouest de la péninsule de Scandinavie. C'est un pays montagneux et forestier, peuplé de descendants des Vikings*. L'élevage, la pêche et l'exploitation du pétrole et du gaz naturel de la mer du Nord constituent ses principales ressources.

Nosferatu le vampire
Film muet allemand. Réalisé en 1922 par le cinéaste allemand Friedrich Wilhelm Murnau (1888-1931), ce film fantastique s'inspire du roman de Bram Stoker, *Dracula*. Un jeune agent immobilier, Thomas Hutter, se rend dans le château du comte Orlok qui n'est autre que le vampire Nosferatu. Fasciné par la femme de Thomas dont il a aperçu une photographie, Nosferatu part s'installer dans une demeure située face à celle du couple. Le film de Murnau fut à l'origine de nombreux films d'épouvante qui s'inspiraient du même thème.

Nostradamus (1503-1566)
Médecin et astrologue français. Appelé à la cour en tant que médecin par Catherine* de Médicis, il s'est surtout rendu célèbre par ses prophéties écrites en vers (*les Centuries astrologiques*, 1555).

Nostradamus

Notre-Dame de Paris
Roman de Victor Hugo*. Paru en 1831, *Notre-Dame de Paris* est un roman historique dont l'action se déroule à Paris, au XVe siècle. Le prêtre Frollo, amoureux de la bohémienne Esméralda, tue son rival Phœbus. Accusée du crime, Esméralda est condamnée à mort. Quasimodo, qui est chargé de sonner les cloches de la cathédrale Notre-Dame, ne réussira pas à la sauver. Pour se venger, il précipite Frollo du haut d'une tour. Des films, un dessin animé et une comédie musicale ont été réalisés à partir de l'œuvre de Victor Hugo.

Noureïev Rudolf (1938-1993)
Danseur et chorégraphe d'origine russe, naturalisé autrichien. Danseur étoile du théâtre Kirov de Leningrad puis dans différentes compagnies internationales, Rudolf Noureïev acquit très vite une renommée mondiale. Possédant une technique parfaite, il fut l'un des meilleurs danseurs classiques de son temps, remarqué notamment dans *Giselle* et *le Lac* des cygnes*, mais il fit aussi ses preuves dans la danse moderne. Il fut directeur de la danse de l'Opéra de Paris de 1983 à 1989.

Nouveau-Brunswick
Province maritime de l'est du Canada. 73 437 km^2 ; 751 171 habitants (les *Néo-Brunswickois*). Elle est située sur l'océan Atlantique. Sa capitale est Fredericton. L'exploitation minière, l'agriculture et la pêche sont les bases de son économie. Jusqu'en 1713, une partie du Nouveau-Brunswick (et de la Nouvelle-Écosse) s'appelait l'« Acadie ».

Nouvelle-Calédonie
Collectivité d'outre-mer. 19 103 km^2 ; 196 800 habitants (les *Néo-Calédoniens*). Ville principale : Nouméa. C'est

une île de l'océan Pacifique, à l'est de l'Australie. Elle fut découverte en 1774 par le capitaine Cook*. La population est composée de Mélanésiens (les *Kanak*) et d'Européens. Les mines de nickel constituent la principale richesse de l'île, où se pratiquent également l'élevage bovin et la pêche. Un pénitencier y fut installé de 1864 à 1896.

Nouvelle-Écosse
Province maritime de l'est du Canada. 55 490 km^2 ; 921 727 habitants (les *Néo-Écossais*). La capitale est Halifax. L'économie repose essentiellement sur la pêche et l'exploitation minière. Jusqu'en 1713, une partie de la Nouvelle-Écosse (et du Nouveau-Brunswick) s'appelait l'« Acadie ».

Nouvelle-Guinée
Île du nord de l'Australie. Cette grande île (800 000 km^2) est partagée entre la Papouasie-Occidentale (indonésienne), à l'ouest, et la Papouasie–Nouvelle-Guinée*, à l'est. L'île est montagneuse, humide et recouverte en grande partie par la forêt. → VOIR AUSSI **Papous.**

La Nouvelle-Orléans
Ville du sud des États-Unis. 384 320 habitants (857 576 habitants dans l'agglomération). La Nouvelle-Orléans se trouve dans l'État de la Louisiane*. Elle fut fondée en 1718 par les Français et ainsi baptisée en l'honneur du Régent, le duc d'Orléans. Elle devint américaine en 1803 lorsque la France céda la Louisiane aux États-Unis. Ces changements se reflètent dans sa population, composée, pour une grande part, de créoles et de Noirs. C'est dans le ghetto noir de La Nouvelle-Orléans que naquit le jazz, au début du XXe siècle. Deux très grands musiciens de jazz, Sidney Bechet* et Louis Armstrong*, sont nés dans cette ville.

Nouvelle-Zélande
(Océanie)

- Superficie : 270 000 km^2
- Habitants : 4 506 000 *(les Néo-Zélandais)*
- Capitale : *Wellington*
- Langues : *anglais, maori*
- Monnaie : *dollar néo-zélandais*

- La Nouvelle-Zélande est formée de deux grandes îles, au sud-est de l'Australie, dans l'hémisphère Sud. Elle a un climat tempéré, et le mois de juillet est le mois le plus froid. C'est un pays peu peuplé, mais très développé, qui exporte principalement de la viande de mouton.

la Nuit étoilée
Tableau de Vincent Van *Gogh. Réalisé en 1889, alors que l'artiste séjournait dans le sud de la France et était sujet à de fréquents accès de folie, ce tableau, où dominent le bleu, le gris et le jaune, représente un village sous une nuit étoilée. Dans le ciel très tourmenté, les étoiles forment des tourbillons et des éclats lumineux. Des cyprès figurent au premier plan.

Numides
Ancien peuple berbère de l'Afrique du Nord. Les Numides constituèrent au IIIe siècle avant J.-C. deux royaumes qui furent réunis en 203 avant J.-C. sous l'autorité de Masinissa, allié des Romains. Ils furent progressivement soumis par Rome (victoire du général Marius sur le roi numide Jugurtha et de César*, alors consul, sur le roi Juba).

Nunavik
Territoire du nord du Québec. Il est peuplé majoritairement d'Inuits (environ 8 000). Ville principale : Kuujjuaq.

Nunavut
Territoire du nord du Canada. Il comprend notamment la majorité des îles de l'Arctique canadien. 31 906 habitants, dont 17 500 Inuits. Capitale : Iqaluit. Créé en 1999, le Nunavut possède ses propres institutions.

Nuremberg - procès de Nuremberg
Procès de membres et d'organisations nazis à la fin de la Seconde Guerre mondiale. Il se déroula à Nuremberg, une ville d'Allemagne, du 20 novembre 1945 au 1er octobre 1946, devant un tribunal militaire international. Douze membres du parti nazi sur les vingt-quatre inculpés de crimes de guerre et de crimes contre l'humanité furent condamnés à la pendaison, et sept à la prison. Quatre organisations du parti nazi furent également condamnées.

Nurmi Paavo (1897-1973)
Athlète finlandais. Il fut notamment champion olympique du 1 500 m et du 5 000 m en 1924, du 10 000 m en 1920 et 1928. Il est l'un des plus grands coureurs de tous les temps.

O

Ob
Fleuve de Russie. Long de 4 345 km, il naît dans les montagnes du sud de la Russie et se jette dans l'océan Arctique en formant un long golfe.

Obama Barack Hussein (né en 1961)
Homme politique américain. Démocrate, il fut sénateur de l'Illinois (2005-2008), avant de devenir président des États-Unis en 2009 (élu en 2008). Il est le premier métis à accéder à cette fonction. Il est réélu en 2012.

Ô Canada
Hymne national du Canada. La version française est l'œuvre d'Adolphe-Basile Routhier (1839-1920) et la

version anglaise celle de Robert S. Weir (1856-1926), la musique a été composée par Calixa Lavallée (1842-1891). Adopté en 1932, il fut déclaré officiel en 1980.

Occident

Nom donné à l'ensemble des pays d'Europe de l'Ouest et d'Amérique du Nord. Ce nom est notamment donné aux pays membres de l'O.T.A.N. *

▸ REM. L'Église d'Occident est le nom que l'on donne aux Églises catholiques de rite latin (par opposition aux Églises orthodoxes).

océan Atlantique, Indien, Pacifique → Atlantique, Indien, Pacifique

Océanie

Une des cinq parties du monde. 9 millions de km², 38,3 millions d'habitants (les *Océaniens*). L'Océanie doit son nom à l'immense océan Pacifique. Elle comprend l'Australie, la Nouvelle-Zélande, la Nouvelle-Guinée et divers groupes d'îles que l'on partage entre la Mélanésie *, la Micronésie * et la Polynésie *. Avant l'arrivée des Européens avec Magellan *, l'Océanie était occupée par des populations diverses (Papous *, Polynésiens). L'isolement de ces terres, qui sont toutes des îles, explique l'originalité de leur flore et de leur faune : on ne trouve nulle part ailleurs à l'état sauvage les marsupiaux d'Australie (kangourous, koalas). L'Océanie connaît aujourd'hui un grand développement touristique.

Odin (nom germanique : Wotan)

Dieu scandinave. Odin est le dieu de la Guerre, de la Sagesse et de la Poésie. Il est borgne et son œil unique symbolise le Soleil. Odin règne sur un immense château, le Val-Hall (Walhalla pour les Germains), où des divinités féminines, les Walkyries, accompagnent les guerriers qui sont morts glorieusement afin qu'ils festoient pour l'éternité.

l'Odyssée

Poème épique attribué à Homère *. → VOIR encadré.

Œdipe

Personnage de la mythologie grecque. Un devin avait prédit qu'Œdipe tuerait son père et épouserait sa mère. Par précaution, ses parents l'abandonnèrent sur une montagne, où il fut recueilli par un berger. Devenu adulte, il rencontra un voyageur sur une route, se querella avec lui et le tua : c'était son père. Peu après, il débarrassa la ville de Thèbes du Sphinx *. En remerciement, la reine de Thèbes, qui venait de perdre son mari, épousa Œdipe : cette reine était sa mère. Quand Œdipe apprit qu'il avait tué son père et épousé sa mère, il se creva les yeux et mena une vie errante.

l'Oiseau bleu

Pièce de théâtre de l'écrivain belge Maurice Maeterlinck *. Publiée en 1909, la pièce raconte l'histoire merveilleuse et symbolique de deux enfants qui partent à la recherche de l'Oiseau bleu qui incarne le bonheur. Au cours de leur voyage, ils traversent des endroits féeriques comme le pays du Souvenir, le palais de la Nuit ou le jardin du Bonheur. La pièce fut adaptée au cinéma.

Oliver Twist

Roman de Charles Dickens *. → VOIR encadré page suivante.

L'Odyssée : le tour de la Méditerranée antique.

Le poème épique ***l'Odyssée***, attribué à Homère, aurait été écrit au VIIIe siècle avant J.-C. Composé de 24 chants, il a pour point de départ la guerre de Troie* dont le récit a été fait dans *l'Iliade**. L'histoire de *l'Odyssée* s'articule autour du personnage d'Ulysse, héros grec rusé et intelligent, qui rentre dans sa patrie d'Ithaque après la guerre qui a opposé les Grecs aux Troyens. Le voyage d'Ulysse et de ses compagnons, qui se déroule principalement sur mer, dure dix ans. Les dieux font partie du voyage : Poséidon, le dieu de la Mer, met plusieurs fois Ulysse à l'épreuve, mais celui-ci bénéficie heureusement de la protection de la déesse Athéna.

Le poème se compose de trois parties : dans la première, Télémaque, le fils d'Ulysse, part à la recherche de son père ; dans la deuxième, Ulysse fait le récit de son voyage, marqué par une succession d'épisodes terrifiants ou merveilleux, au cours desquels il rencontre le Cyclope, un géant cruel qui ne possède qu'un seul œil, la magicienne Circé, qui transforme ses compagnons en cochons, les Sirènes, dont le chant charme les marins et provoque leur naufrage ; la troisième partie est consacrée au retour d'Ulysse à Ithaque, où il retrouve sa femme, la fidèle Pénélope, et son fils Télémaque.

L'Odyssée est un formidable roman d'aventures mais constitue également un témoignage historique de grande valeur en nous fournissant des indications précieuses sur la civilisation grecque.

Illustration : Ulysse résiste aux chants des Sirènes. Motif ornant un vase grec.

Olympe
Massif montagneux de Grèce. L'Olympe était un lieu sacré pour les anciens Grecs, qui pensaient que les dieux habitaient sur cette montagne toujours noyée dans les nuages. Les dieux de l'Olympe régnaient sur le monde depuis qu'ils avaient vaincu les Titans*. Ils y mangeaient une nourriture (l'ambroisie) et y buvaient un breuvage (le nectar) à base de miel qui leur procuraient l'immortalité.

Olympia
Tableau d'Édouard Manet*. Réalisé en 1863, ce tableau fit scandale par son sujet et sa technique lorsqu'il fut exposé pour la première fois en 1865. Il représente une courtisane allongée nue sur un lit, le regard fixé sur le spectateur.

Olympie
Ville de l'ancienne Grèce. Cette cité du Péloponnèse était le théâtre tous les quatre ans des jeux Olympiques*, dont témoignent de nombreux vestiges, comme le temple de Zeus.

Olympiques
- jeux Olympiques

Compétition sportive. Dans la Grèce antique, les jeux Olympiques eurent lieu tous les quatre ans pendant près de treize siècles dans la ville d'Olympie. Toutes les cités grecques y participaient et cessaient tout combat pendant un mois de trêve sacrée. Ces jeux comprenaient non seulement des épreuves sportives mais aussi des concours musicaux et littéraires. Les jeux Olympiques furent supprimés en 394. Pour promouvoir la paix et le sport, le pédagogue Pierre de Coubertin* en organisa de nouveaux, dans la ville d'Athènes, en 1896. Depuis, les compétitions ont lieu tous les quatre ans. On distingue les jeux Olympiques d'hiver, consacrés aux sports de neige et de glace, et les jeux Olympiques d'été, consacrés aux autres sports. Jusqu'en 1992, ils avaient lieu la même année, mais depuis 1994, les Jeux d'été et les Jeux d'hiver se déroulent en alternance tous les deux ans. Les compétitions s'étalent sur seize jours pour les Jeux d'été, et sur douze jours pour les Jeux d'hiver. Le nombre des disciplines varie : une trentaine pour les Jeux d'été et une quinzaine pour les Jeux d'hiver. Les Jeux ont pour emblème les cinq anneaux entrelacés symbolisant l'union des cinq continents. Ils ont pour devise les mots latins *Citius, altius, fortius* (« Plus vite, plus haut, plus fort »). Les Jeux sont organisés par le Comité international olympique (C.I.O.).

Oman (Asie)

- Superficie : 212 000 km^2
- Habitants : 3 632 000 *(les Omanais)*
- Capitale : *Mascate*
- Langue : *arabe*
- Monnaie : *rial omanais*

- Situé à l'est de la péninsule d'Arabie*, Oman est un pays désertique, au climat sec et aride. Sa principale richesse provient de l'exportation du pétrole et du gaz naturel. Dirigé par un sultan, le pays se modernise depuis 1970.

O.M.S. (Organisation mondiale de la santé)
Organisation internationale créée en 1946. Cette institution spécialisée de l'O.N.U.* a pour but de donner à tous les peuples accès à un niveau de santé le plus élevé possible.

Oliver Twist : dans les bas-fonds de Londres, au XIXe siècle.

Le roman fut écrit en 1838 par l'écrivain anglais Charles Dickens. Enfant abandonné, puis placé dans une maison de travail pour les pauvres où il est maltraité, Oliver Twist s'enfuit à Londres. Il y rencontre des malfaiteurs qui tentent de l'entraîner dans le crime en le forçant à participer à un cambriolage. Une prostituée au grand cœur et un homme riche et généreux, M. Brownlow, réussissent à l'arracher à ce milieu et l'aident à découvrir le secret de sa naissance.

À travers les aventures d'Oliver Twist, l'auteur fait une peinture terrible des quartiers misérables de Londres et dénonce la société britannique de son époque. Dans ce roman réaliste, il montre comment l'injustice sociale peut engendrer la criminalité. Le thème de l'enfance malheureuse, qui est au centre du récit, est très présent dans l'œuvre de Charles Dickens, on le retrouve notamment dans son roman *David* Copperfield*.

Cette œuvre de Charles Dickens a donné lieu à de nombreuses adaptations cinématographiques et théâtrales.

Illustration : Oliver Twist demande une ration supplémentaire, par H. Devine.

A B C D E F G H I J K L M N O P Q R S T U V W X Y Z

Ontario
Province canadienne. 1 068 582 km^2 ; 12,9 millions d'habitants (les *Ontariens*). C'est la province la plus peuplée du pays. Sa capitale et principale ville est Toronto. L'exploitation minière et forestière, de même que l'agriculture et les industries en font une des provinces les plus riches du Canada.

O.N.U. (Organisation des Nations unies)

Organisation internationale. Elle fut constituée en 1945 afin de maintenir la paix dans le monde et d'instaurer entre les nations une coopération économique, sociale et culturelle. L'O.N.U. compte aujourd'hui 193 États membres. Son siège est à New York. En plus de l'Assemblée générale où chaque État membre a une voix, l'O.N.U. est dotée d'un Conseil de sécurité qui se réunit quand la situation internationale l'impose. Ce Conseil est composé de cinq membres permanents (Chine, France, Grande-Bretagne, Russie, États-Unis), qui ont un droit de veto, et de dix autres États élus pour deux ans. Les soldats de l'O.N.U. sont appelés les *casques bleus*. Leur mission est de faire respecter un cessez-le-feu, un armistice ou des accords de paix. En 1948, l'O.N.U. adopta la Déclaration universelle des droits* de l'homme. Le prix Nobel de la paix a été décerné à cette organisation internationale ainsi qu'à son secrétaire général, le Ghanéen Kofi Annan, en 2001. Le Sud-Coréen Ban Ki-moon occupe ce poste depuis 2007.

Opéra - théâtre de l'Opéra
Théâtre lyrique national de Paris. Construit par Charles Garnier (1825-1898), dit aussi *palais Garnier* ou *Opéra de Paris,* il est consacré à l'art lyrique et à la danse.

Orange - théâtre d'Orange
Théâtre construit par les Romains au Ier siècle à Orange, en Provence. Ce théâtre antique, parfaitement conservé, est le seul à posséder encore un mur au fond de la scène.

Organisation internationale de la francophonie (O.I.F.)
Organisation à vocation politique et culturelle. Elle rassemble 54 États membres, 23 États observateurs et 3 États associés qui ont en commun la langue française ainsi que certaines valeurs (comme, notamment, la diversité culturelle).

Orient
Ancien nom des pays situés à l'est de l'Europe. L'Orient désignait aussi toutes les civilisations anciennes de ces régions, qui pratiquèrent l'écriture et s'organisèrent en cités. → VOIR AUSSI **Égypte ancienne, Mésopotamie, Sumériens.**

▸ REM. L'Église d'Orient est le nom que l'on donne aux Églises orthodoxes.

Orléans
Ville française. 117 991 habitants (les *Orléanais*) ; 271 550 dans l'agglomération. Chef-lieu de la Région Centre-Val de Loire* et du département du Loiret. Durant la guerre de Cent* Ans, assiégée par les Anglais en 1429, la ville fut délivrée par Jeanne* d'Arc. Elle conserve des monuments de l'époque médiévale et notamment une cathédrale gothique.

Orphée
Personnage de la mythologie grecque. Poète et musicien merveilleux, il jouait d'une lyre offerte par Apollon. Il chantait si bien qu'il domptait les animaux sauvages et calmait les tempêtes avec le son de sa voix. Il épousa la nymphe Eurydice, qui fut tuée par un serpent. Fou de désespoir, il obtint d'Hadès le droit de la ramener des Enfers à la condition de ne pas la regarder avant d'être revenu dans le monde des vivants. Au moment de sortir des Enfers, Orphée oublia la condition imposée et perdit Eurydice pour toujours.

oscar
Récompense cinématographique. Elle est décernée chaque année, aux États-Unis, sous la forme d'une statuette, à des artistes et à des techniciens du cinéma.
→ VOIR AUSSI **césar.**

Osiris
Dieu égyptien de la Végétation et de la Renaissance. Il était souvent représenté sous la forme d'une momie blanche, portant une étroite barbe tressée. On l'associait à tous les éléments de la nature qui donnaient l'impression de renaître : le Soleil, la Lune, le Nil. Il avait été tué par son frère Seth et ressuscité par son épouse Isis*, aidée du dieu Anubis*. Osiris était considéré comme un dieu sauveur et comme le gardien des morts. Pour cette raison, les pharaons défunts prenaient le nom d'Osiris.

Oslo
Capitale de la Norvège. 612 314 habitants. Oslo est un port actif. Incendiée au XVIIe siècle, la ville fut rebâtie et prit le nom de *Christiania*. Elle devint la capitale de la Norvège indépendante en 1905 et reprit son nom d'Oslo en 1925.

Ostrogoths
Peuple germain. Les Ostrogoths, chassés par les Huns*, s'installèrent dans l'Empire romain à la fin du IVe siècle. Au milieu du Ve siècle, ils fondèrent un royaume en Italie, qui dura peu de temps et fut reconquis par l'empereur de Constantinople au VIe siècle. → VOIR AUSSI **Goths, Invasions barbares.**

O.T.A.N. (Organisation du traité de l'Atlantique Nord)
Traité d'alliance entre plusieurs États. L'O.T.A.N. fut fondée en 1949 par les pays de l'Europe occidentale, le Canada et les États-Unis. Ils s'engageaient tous à riposter ensemble en cas d'attaque de l'Union soviétique. En réponse, l'U.R.S.S. et les pays d'Europe de l'Est

signèrent le pacte de Varsovie*, dissous en 1991 lors de l'effondrement des régimes communistes. L'O.T.A.N. compte aujourd'hui 28 États membres (dont 10 de l'ancien « bloc » de l'Est).

Ottawa
Capitale du Canada. 883 391 habitants (les *Outaouais*) [1,3 million d'habitants dans l'agglomération]. Elle est située sur la rivière des Outaouais, affluent du Saint-Laurent, à la frontière du Québec et de l'Ontario. C'est un centre administratif, culturel (université, musées) et industriel (imprimerie, édition). Ottawa est la capitale du Canada depuis 1867.

ottoman - Empire ottoman
Ensemble des territoires conquis et dirigés par les Turcs jusqu'à la Première Guerre mondiale. Les Turcs appartenaient à un groupe de tribus venues d'Asie et converties à l'islam. Ils ont conquis l'Empire byzantin aux XIVe et XVe siècles. À partir de Byzance, rebaptisée Istanbul, ils ont dominé toute l'Afrique du Nord (sauf le Maroc), le Moyen-Orient et une partie de l'Europe. L'Empire ottoman était dirigé par des sultans, qui devinrent califes, c'est-à-dire chefs religieux de la communauté musulmane. Peu à peu affaibli, l'Empire ottoman s'allia à l'Allemagne pendant la Première Guerre mondiale. Vaincu, il fut aboli par Mustafa Kemal* qui créa alors la Turquie moderne.

Empire **ottoman :** conquête de Buda en 1541 (miniature du XVIe siècle)

Ouganda (Afrique)
- Superficie : 237 000 km^2
- Habitants : 34 856 813 *(les Ougandais)*
- Capitale : *Kampala*
- Langue : *anglais*
- Monnaie : *shilling ougandais*

- Situé à l'est de Afrique, l'Ouganda est bordé au sud par le lac Victoria*. Aprés avoir été sous la protection et la dépendance de la Grande-Bretagne, le pays est devenu une république indépendante en 1962. Il exporte de grandes quantités de coton, de thé et de café, mais peut avoir de graves difficultés économiques quand les prix de ces produits baissent.

Ouolof ou Wolof
Peuple du Sénégal et de la Gambie. Les Ouolof formaient des royaumes islamiques, disparus avec la colonisation. Ils sont aujourd'hui agriculteurs et éleveurs.

Oural
Chaîne de montagnes de Russie. L'Oural s'étend sur 2 000 km du nord au sud du pays. Le sous-sol est riche en charbon, en pétrole et en métaux, ce qui en fait une région très industrielle. → VOIR AUSSI Sibérie.

l'Ours
Film français de Jean-Jacques Annaud. Réalisé en 1988 et adapté d'un roman, le film a pour héros un ourson devenu orphelin. Il est recueilli par un ours mâle qui le protège des chasseurs lancés à leur poursuite. Le film comporte très peu de dialogues, les images de paysages et d'ours sont magnifiques. La réalisation de ce film spectaculaire qui est une véritable prouesse (tournage avec de vrais ours) nécessita des moyens énormes. Il connut un grand succès.

Ourse - Grande Ourse - Petite Ourse
Constellations de l'hémisphère Nord. En raison de leur forme, elles sont également appelées *Grand Chariot* et *Petit Chariot*. La Grande Ourse est le groupe d'étoiles le plus facile à distinguer dans la voûte céleste. Les marins l'utilisaient autrefois pour repérer la Petite Ourse, située tout près d'elle et qui renferme l'étoile Polaire*.

Outaouais
Région du sud-ouest du Québec. 34 924 km^2 ; 369 171 habitants. La rivière des Outaouais (du nom d'une tribu amérindienne) qui sépare le Québec et l'Ontario a donné son nom à cette région.

outre-mer - France d'outre-mer
Ensemble des régions françaises dispersées dans le monde. La France d'outre-mer se compose de cinq *départements [et Régions] d'outre-mer* (D.O.M., D.O.M.-R.O.M. ou D.R.O.M.) [la Guadeloupe*, la Guyane*, la Martinique*, Mayotte* et la Réunion*], de cinq *collectivités d'outre-mer* (C.O.M.) [la Polynésie* française, Saint-Barthélemy, Saint-Martin* (partie française), Saint-Pierre-et-Miquelon*, Wallis-et-Futuna*], des terres Australes et Antarctiques, de la Nouvelle-Calédonie* et de quelques îlots de l'océan Indien et du Pacifique. Ces régions sont d'anciennes colonies françaises qui ont obtenu une autonomie administrative plus ou moins importante.

Ovide (43 avant J.-C. - 17 ou 18 après J.-C.)
Poète latin. Auteur apprécié de poèmes légers ou mythologiques, il fut banni pour des raisons restées mystérieuses et mourut en exil.

ŒUVRES PRINCIPALES *L'Art d'aimer ; les Métamorphoses.*

Owens James **Cleveland**, dit Jesse **(1913-1980)**
Athlète américain. Il remporta quatre titres olympiques (100 m, 200 m, relais 4 × 100 m, saut en longueur) à Berlin, en 1936. Lors de la remise des médailles, Hitler refusa de serrer la main de cet athlète noir.

Ouzbékistan (Asie)

- Superficie : 447 000 km²
- Habitants : 28 934 000 *(les Ouzbeks)*
- Capitale : *Tachkent*
- Langue : *ouzbek*
- Monnaie : *soum ouzbek*

• Situé en Asie centrale, au nord de l'Afghanistan, l'Ouzbékistan, ancienne république soviétique, est devenu indépendant en 1991. Désertique dans sa partie ouest, le pays produit grâce à l'irrigation du coton, des fruits et de la vigne, et exploite les ressources de son sous-sol (gaz naturel, pétrole).

P

PACA
Abréviation de la Région Provence*-Alpes-Côte d'Azur. ▸ REM. On prononce [paka].

Pacifique - océan Pacifique
Océan compris entre l'Amérique, l'Asie et l'Australie. C'est la plus grande masse maritime du globe (180 millions de km², près de la moitié de la superficie des océans). De forme circulaire, le Pacifique communique au sud avec l'Antarctique et au nord avec l'océan Arctique. Dans sa partie tropicale, il est parsemé de récifs de corail. Il possède des chaînes de montagnes sous-marines dont les sommets sont des îles (Hawaii, île de Pâques). → VOIR AUSSI **Ceinture de feu du Pacifique, Mélanésie, Micronésie, Océanie, Polynésie.**

Pagnol Marcel **(1895-1974)**
Écrivain et cinéaste français. Marcel Pagnol est l'auteur de pièces de théâtre qui évoquent avec humour et tendresse le folklore marseillais. Il en fit des films qui connurent un grand succès : *Marius* (1929), *Fanny* (1931) et *César* (1937). Il a aussi adapté au cinéma de nombreux romans de Jean Giono*. Dans sa trilogie (*la Gloire de mon père*, 1957, *le Château de ma mère*, 1958, *le Temps des secrets*, 1960), il a raconté de manière émouvante ses souvenirs d'enfance et de jeunesse en Provence.

ŒUVRES PRINCIPALES *Topaze*, 1928 ; *Marius*, 1929 ; *la Femme du boulanger*, 1938.

Pakistan (Asie)

- Superficie : 803 000 km²
- Habitants : 182 143 000 *(les Pakistanais)*
- Capitale : *Islamabad*
- Langues : *ourdou, anglais*
- Monnaie : *roupie pakistanaise*

• Pays situé entre l'Iran et l'Inde, le Pakistan a été créé en 1947, au moment de l'indépendance de l'Inde*. Montagneux au nord et à l'ouest, il est traversé par l'Indus* à l'est. Les secteurs irrigués de la plaine fluviale de ce grand cours d'eau et de ses affluents constituent les parties vitales du pays auquel ils fournissent blé, riz et coton.

Palaos (Océanie)

- Superficie : 487 km²
- Habitants : 21 000 *(les Palauans)*
- Capitale : *Melekeok*
- Langues : *palauan, anglais*
- Monnaie : *dollar des États-Unis*

• Cet archipel de l'océan Pacifique, situé au nord de l'Australie, que l'on appelle aussi *Palau* ou *Belau*, est indépendant des États-Unis depuis 1994. Il comprend environ 200 îles.

Palestine
Région du Moyen-Orient. La Palestine est située entre le Liban au nord, la mer Morte au sud, la Méditerranée à l'ouest et le désert de Syrie à l'est.

• **L'histoire ancienne.** La Palestine, alors appelée « pays de Canaan », était peuplée par les Sémites* et les Hittites* lorsque Moïse y conduisit les Hébreux* au XIIIe siècle avant notre ère. Elle passa ensuite aux mains des Assyriens, des Grecs, puis des Romains qui lui donnèrent son nom, et enfin des Arabes en 636. Jésus-Christ naquit dans cette région et y fonda le christianisme. Des croisades s'y rendirent au Moyen Âge pour chasser les musulmans des Lieux saints. Les croisés prirent Jérusalem en 1099 et s'y maintinrent pendant plus d'un siècle. Mais, dès le XIIIe siècle, la Palestine fut à nouveau administrée par les Arabes. Elle passa ensuite sous la domination de l'Empire ottoman et y resta jusqu'au début du XXe siècle.

• **L'histoire contemporaine.** À la fin du XIXe siècle, les persécutions russes provoquèrent l'émigration des Juifs qui s'installèrent en Palestine pour y fonder des kibboutz. Dans les années 1920, des troubles

A B C D E F G H I J K L M N O P Q R S T U V W X Y Z

éclatèrent entre les Arabes de Palestine et les immigrants juifs, de plus en plus nombreux. Ces troubles s'aggravèrent encore avec la création de l'État d'Israël en 1948. Depuis toujours, la Palestine, terre sacrée pour les musulmans, les juifs et les chrétiens, est le théâtre de nombreux affrontements.

▸ REM. Dans une langue proche de l'hébreu, *Palestine* signifie « pays des Philistins », tribu qui habitait cette région avant que les Hébreux ne s'y installent.

Palissy Bernard **(1510-1589 ou 1590)**

Céramiste français. Perfectionnant les techniques de la céramique, Palissy réalisa de nombreuses pièces de terre cuite émaillée, ornées de moulures représentant des animaux, des plantes ou des fruits. Il exécuta également des grottes en poterie vernissée destinées à orner des jardins. Il mourut à la Bastille où il avait été enfermé en tant que huguenot, pendant les guerres de Religion.

Pampa

Grande plaine herbeuse du centre de l'Argentine. On trouve dans la Pampa d'immenses fermes de plusieurs milliers d'hectares, appelées les *estancias*, où l'on élève de grands troupeaux de bovins gardés par des gauchos. L'Argentine exporte une grande partie de la viande que produit la Pampa.

Pan

Dieu grec. Il était le protecteur des troupeaux et des bergers. Avec son torse humain, sa queue, ses pieds et ses cornes de bouc, Pan était la risée de tous les autres dieux.

▸ REM. Quand il apparaissait aux hommes, il était brutal et terrifiant. C'est pour cette raison que l'on parle aujourd'hui de *peur panique*.

Panama (Amérique)

- Superficie : 77 000 km^2
- Habitants : 3 864 000 *(les Panaméens)*
- Capitale : *Panama*
- Langue : *espagnol*
- Monnaie : *balboa*

• Zone la plus étroite de l'Amérique centrale, le Panama est traversé par le canal de Panama* (80 km), qui relie l'océan Atlantique à l'océan Pacifique. Le pays tire l'essentiel de ses ressources de ce canal qui sera bientôt doublé d'une seconde voie navigable.

Panama - canal de Panama

Canal qui relie la mer des Antilles à l'océan Pacifique. Long de 79,6 km, il est coupé par six écluses. Sa construction fut lancée par le Français Ferdinand de Lesseps* en 1881. Les travaux, interrompus pendant plusieurs années, reprirent en 1904 et l'ouverture du canal à la navigation eut lieu en 1914.

Pantagruel

Personnage de roman. Il fut créé par François Rabelais* dans son livre les *Horribles et Épouvantables Faits et Prouesses du très renommé Pantagruel*, écrit en 1532. Pantagruel est le fils du géant Gargantua. Comme lui, il a une force et un appétit formidables. Dans cette parodie des romans de chevalerie, Rabelais raconte l'enfance de Pantagruel, son tour de France des universités, sa rencontre avec Panurge, qui deviendra son fidèle compagnon, et ses prouesses dans la guerre contre les Dipsodes. → VOIR **Gargantua.**

Panthéon

Temple de Rome. Construit en 27 avant J.-C., le Panthéon était consacré à tous les dieux. Au sommet de sa coupole se trouve la seule ouverture qui en éclaire l'intérieur. Il a été très admiré à partir de la Renaissance et les architectes s'en sont beaucoup inspirés.

▸ REM. *Panthéon* vient du grec *pan* qui signifie « tout » et *theos* qui signifie « dieu ».

▸ REM. Il ne faut pas le confondre avec le *Panthéon* de Paris qui devait être une église dédiée à sainte Geneviève et qui fut transformé en monument dédié aux grands hommes à la Révolution.

Papin Denis **(1647-1712)**

Inventeur français. En 1679, Papin imagina son fameux *digesteur* (appelé aussi *marmite de Papin*), ancêtre de l'autocuiseur, pour lequel il inventa la soupape de sûreté. Sa découverte capitale date de 1690 : il conçut alors un prototype de machine à vapeur à piston. Les premières machines utilisables virent le jour en Angleterre, en 1712.

Papouasie-Nouvelle-Guinée (Océanie)

- Superficie : 463 000 km^2
- Habitants : 7 321 000 *(les Papouans-Néo-Guinéens)*
- Capitale : *Port Moresby*
- Langue : *anglais, hiri motu, tok pisin*
- Monnaie : *kina*

• La Papouasie-Nouvelle-Guinée est formée essentiellement de la moitié est de l'île de Nouvelle-Guinée (le reste de l'île appartient à l'Indonésie*). Plus grande île du monde après l'Australie et le Groenland, elle est en grande partie occupée par des montagnes et des forêts équatoriales, où certaines populations papoues vivent encore de chasse et de cueillette. Quelques plantations (thé, café, cacao, hévéa) et l'extraction du cuivre sont ses principales ressources.

Papous

Groupes de populations de la Nouvelle-Guinée et des îles voisines. Les Papous vivent dans des villages de plusieurs centaines de personnes, souvent isolés. Ils pratiquent l'élevage et la chasse.

Pâques - île de Pâques

Île de l'océan Pacifique. 162 km^2 ; 3 791 habitants. Elle est située à l'ouest du Chili, dont elle dépend. Le peuple polynésien, qui l'habita sans le moindre contact avec d'autres civilisations jusqu'à sa découverte par les Européens en 1722, y érigea des statues monolithiques géantes (les *moaïs*).

île de **Pâques :** moaïs

Paraguay (Amérique)

- Superficie : 407 000 km²
- Habitants : 6 802 000 *(les Paraguayens)*
- Capitale : *Asunción*
- Langues : *espagnol, guarani*
- Monnaie : *guarani*

• Pays du centre de l'Amérique du Sud, le Paraguay est peuplé essentiellement d'Amérindiens* (descendants des peuples qui occupaient le pays avant la colonisation). La population vit de l'élevage bovin, du tabac, du coton, du soja et de la canne à sucre. L'aménagement hydroélectrique du fleuve Paraná* (grand barrage d'Iguaçu) lui permet d'exporter de l'électricité en direction des pays voisins (Brésil, Argentine).

Paraná
Fleuve d'Amérique du Sud. Long de 3 000 km environ (4 200 km avec le Rio de la Plata), il prend sa source au Brésil, traverse le Paraguay et l'Argentine avant de se jeter dans l'océan Atlantique.

Paré Ambroise **(1509-1590)**
Chirurgien français. Considéré comme le père de la chirurgie moderne, il introduisit la technique de la ligature des artères après l'amputation des membres et élucida de très nombreuses questions d'anatomie.

Paris
Capitale de la France. 2 265 886 habitants (les *Parisiens*) ; 10,8 millions d'habitants dans l'agglomération. Paris est née d'un village de pêcheurs gaulois, Lutèce, qui fut conquis par les Romains en 52 avant J.-C. Lutèce s'étendit et fut appelée « Paris » au IIIe siècle, du nom de la tribu celte qui y vivait, les *Parisii*. Clovis fit de Paris la capitale de son royaume. La ville fut la résidence des rois de France jusqu'à ce que Louis XIV s'installe à Versailles*. Elle comptait déjà 600 000 habitants au XVIIIe siècle. Au XIXe siècle, Haussmann fit détruire les quartiers insalubres, et tracer de larges avenues. Située sur la Seine*, Paris est à la fois commune, département et chef-lieu de la Région Île-de-France*. La ville est divisée en 20 arrondissements et couvre 105 km², mais l'agglomération, où s'installent de plus en plus les habitants et les industries, s'étend sur 2 000 km². Chaque année, des millions de touristes visitent la ville riche en monuments et en musées. → VOIR AUSSI **Louvre.**

Parlement européen
Institution de l'Union* européenne. Il est composé de députés qui, depuis 1979, sont élus au suffrage universel direct dans chacun des États membres de l'Union européenne, pour une durée de cinq ans. Les députés, au nombre de 751 aujourd'hui, émettent un avis sur les décisions prises, valident la nomination des membres des commissions, votent le budget annuel et contrôlent son exécution. Le Parlement européen siège à Bruxelles et à Strasbourg*.

Parthénon
Temple d'Athéna situé sur l'Acropole*.

Pascal Blaise **(1623-1662)**
Savant, philosophe et écrivain français. S'intéressant très tôt aux sciences, il écrivit à l'âge de seize ans des traités de géométrie et de physique. À partir de 1654, il décida de consacrer sa vie à la foi religieuse ; il développa et défendit ses idées dans des lettres (*les Provinciales*) et dans un ouvrage philosophique intitulé *Pensées*.

ŒUVRES PRINCIPALES *Les Provinciales*, 1656-1657 ; *Pensées*, 1670.

Pasteur - Institut Pasteur
Établissement scientifique. Fondé en 1888, l'Institut Pasteur est un centre de recherche et d'enseignement médical et biologique. On peut également s'y faire vacciner.
▸ REM. Il doit son nom au chimiste et biologiste Louis Pasteur.

Pasteur Louis **(1822-1895)**
Chimiste et biologiste français. Grâce à ses expériences, Pasteur prouva que les maladies sont dues à des microbes (ou micro-organismes). Entre 1870 et 1886, il découvrit le moyen d'empêcher la prolifération des micro-organismes dans les boissons (pasteurisation) ; il démontra également que ces micro-organismes sont la cause des infections pouvant se produire lors des interventions chirurgicales. Il obtint le vaccin contre la rage en 1885. Couvert d'honneurs, Pasteur fut placé, en 1888, à la tête de l'institut qui porte son nom.

Pau
Ville française. 80 238 habitants (les *Palois*) ; 196 561 habitants dans l'agglomération. Chef-lieu du département des Pyrénées-Atlantiques. C'est la ville natale d'Henri IV*. On y trouve un château des XIIIe-XIVe siècles abritant un Musée national et le Musée béarnais. Y naquit aussi le maréchal de Napoléon, Bernadotte, qui fonda ensuite l'actuelle dynastie régnante de Suède.

saint **Paul** (Ier siècle)
Apôtre de Jésus-Christ. Paul (Saül de son nom juif) n'a pas connu Jésus de son vivant. D'après le Nouveau Testament, c'était un juif attaché aux traditions et qui persécuta les chrétiens jusqu'au jour où le Christ lui apparut sur le chemin de la ville de Damas. Ses épîtres sont les plus anciens textes chrétiens connus.

Pavlov Ivan Petrovitch (1849-1936)
Physiologiste et médecin russe. Menant des travaux sur la digestion, il découvrit les *réflexes conditionnés*. Il démontra, lors d'une expérience sur un chien, qu'en associant la nourriture à un signal sonore, on conditionnait l'animal et que la reproduction de ce signal sonore faisait saliver le chien. Cette découverte influença profondément la psychologie et les méthodes d'apprentissage. Pavlov reçut le prix Nobel de médecine en 1904.

Pays-Bas (Europe)
- Superficie : 34 000 km^2
- Habitants : 16 779 575 *(les Néerlandais)*
- Capitale : *Amsterdam*
- Langue : *néerlandais*
- Monnaie : *euro*

• Situé sur la mer du Nord, c'est un pays plat dont une partie, située au-dessous du niveau de la mer, est protégée par des digues. Le royaume des Pays-Bas présente une exceptionnelle densité de population : près de 400 habitants au km^2. Du fait de la chute du nombre des naissances, la population tend maintenant à stagner. Près de la moitié de sa production est exportée. Rotterdam* est un des premiers ports du monde.

Pays basque → basque

pays de Galles → Galles

Pays de la Loire
Région administrative française. Superficie : 32 082 km^2 ; 3 660 852 hab. Chef-lieu : Nantes*. La Région regroupe 5 départements : Loire-Atlantique, Maine-et-Loire, Mayenne, Sarthe et Vendée. Bordée au sud-ouest par l'océan Atlantique*, entre la Normandie, au nord, et le Poitou, au sud, la Région est essentiellement formée de bas plateaux, de vallées et de marais (Marais poitevin). Elle est traversée par la Loire*. L'agriculture des Pays de la Loire est dynamique et variée : élevage bovin et porcin, culture des céréales, des fruits, des légumes, des fleurs (le muguet du 1er Mai, notamment) et, localement, de la vigne. Avec la présence de ports sur le littoral, la pêche est également une activité importante pour la Région. On y pratique aussi l'élevage des huîtres et des moules. À côté des branches traditionnelles (chantiers navals, métallurgie, agroalimentaire), d'autres secteurs industriels, et notamment des secteurs de pointe, se sont développés dans la Région : aéronautique, informatique, construction mécanique et automobile. Le tourisme estival dans les stations balnéaires de la Loire-Atlantique et de la Vendée, constitue également une ressource importante pour la Région.

Pearl Harbor
Grande baie des îles Hawaii, en Polynésie. Au début de la Seconde Guerre mondiale, Pearl Harbor était l'un des principaux ports de guerre des États-Unis. Le 7 décembre 1941, il fut bombardé sans déclaration de guerre par le Japon, allié de l'Allemagne hitlérienne. La flotte américaine fut détruite, et cet événement provoqua l'entrée en guerre des États-Unis.

Peary Robert Edwin (1856-1920)
Explorateur américain. Il fit plusieurs voyages à travers le Groenland, démontrant que cette terre était une île. Il repartit en 1906 pour une expédition vers les régions polaires et fut le premier à atteindre le pôle Nord, le 6 avril 1909.

Peau d'âne
Conte de Charles Perrault*. Pour fuir son père qui veut l'épouser, une princesse revêt une peau d'âne et vit comme une servante jusqu'à ce que l'amour d'un prince la sauve. En 1970, un film de Jacques Demy a été réalisé à partir de ce conte, avec Catherine Deneuve* dans le rôle de Peau d'âne.

Pékin
Capitale de la Chine. 19 520 000 habitants dans l'agglomération (les *Pékinois*). Située dans le nord-est du pays, Pékin, dont le nom chinois est Beijing, s'étend sur environ 17 000 km^2. Au fur et à mesure que l'on s'enfonce vers le centre de la ville, on traverse « la ville chinoise » ou extérieure, « la ville tartare » ou intérieure, pour atteindre « la ville impériale », qui contient l'ancienne Cité* interdite. Les trois « villes » sont entourées de murs. Non loin de là se trouve la place Tian'anmen, où eut lieu, en 1989, une révolte d'étudiants, qui fut violemment réprimée.

Pelé (né en 1940)
Footballeur brésilien. De son vrai nom Edson Arantes do Nascimento, il a remporté trois fois la Coupe du monde de football avec son équipe (1958, 1962 et 1970). Il a été ministre des Sports du Brésil de 1995 à 1998.

Pelée - montagne Pelée
Volcan de la Martinique. La montagne Pelée culmine à 1 397 m. En 1901, le volcan entra en éruption et détruisit complètement la ville voisine de Saint-Pierre. Sur les 26 000 habitants, un seul survécut : enfermé dans un cachot, il ne fut pas atteint par les gaz asphyxiants.

Péloponnèse - guerre du Péloponnèse **(431-404 avant J.-C.)**
Conflit qui opposa Sparte et Athènes. Les deux cités se disputaient l'hégémonie du monde grec. Jusqu'à la trêve de Nicias, les deux villes alternèrent victoires et défaites. Mais les hostilités reprirent avec la désastreuse expédition en Sicile d'Athènes et sa défaite à Syracuse. La fin du conflit, en dépit des succès athéniens, vit l'anéantissement de la flotte athénienne par Lysandre à l'embouchure de l'Aigos-Potamos. Athènes dut signer une paix qui la dépouilla de son empire.

Pennac Daniel **(né en 1944)**
Écrivain français. Il a écrit d'abord pour la jeunesse, puis a connu le succès avec une série de romans policiers, où apparait notamment le personnage de Malaussène, jeune homme de Belleville, à Paris, chargé de famille.

ŒUVRES PRINCIPALES *Cabot-Caboche*, 1982 ; *la Fée carabine*, 1987 ; *la Petite Marchande de prose*, 1989 ; *Monsieur Malaussène*, 1991.

Pépin le Bref (vers 715-768)
Roi des Francs. Fils de Charles* Martel, il fut proclamé roi des Francs en 751. À sa mort, son royaume fut partagé entre ses fils : Charlemagne* et Carloman.

Perceval ou le Conte du Graal
Roman de Chrétien de Troyes. Cette œuvre inachevée raconte l'initiation et les aventures chevaleresques du jeune Perceval. Elle est à l'origine du mythe européen de la quête du Graal (ou Saint-Graal), vase qui aurait servi à Jésus-Christ pour la Cène.

Perceval : apparition du Graal aux chevaliers de la Table ronde (miniature du XVe siècle)

Pérec Marie-José **(née en 1968)**
Athlète française. Championne du monde du 400 m en 1991 et 1995, elle a été championne olympique du 400 m en 1992 et double championne (200 et 400 m) en 1996.

Peres Shimon **(né en 1923)**
Homme politique israélien. Premier ministre de 1984 à 1986, puis en 1995-1996, il participa à l'accord de paix israélo-palestinien signé en 1993. Il reçut le prix Nobel de la paix en 1994. Il a été président d'Israël de 2007 à 2014. → VOIR AUSSI **Yasser Arafat, Yitzhak Rabin.**

Périclès (vers 495-429 avant J.-C.)
Homme politique grec. Il joua un très grand rôle à Athènes, qu'il dirigea pendant trente ans. Il entreprit de grandes réformes démocratiques, embellit la ville en faisant aménager l'Acropole* et fit d'Athènes la plus grande puissance du monde grec. On donne au Ve siècle grec le nom de *siècle de Périclès*.

Pérou (Amérique)
- Superficie : 1 285 000 km^2
- Habitants : 30 376 000 *(les Péruviens)*
- Capitale : *Lima*
- Langues : *espagnol, aymara, quechua*
- Monnaie : *sol*

Pays d'Amérique du Sud, situé sur l'océan Pacifique, le Pérou fut le centre de la civilisation des Incas* (XIIe-XVIe siècle), détruite par les conquérants espagnols (les conquistadores). La ville de Cuzco et le site de Machu* Picchu témoignent de ce passé. La cordillère des Andes* domine la plaine côtière, où sont situées les villes principales. L'est du pays, région amazonienne humide, est couvert par la forêt. La république du Pérou vit de la pêche et de l'exploitation du sous-sol (argent, cuivre, fer, pétrole) qui assurent l'essentiel des exportations.

Perpignan
Ville française. 122 608 habitants (les *Perpignanais*) ; 190 440 dans l'agglomération. Chef-lieu du département des Pyrénées-Orientales. Située sur la Têt, Perpignan, qui fut autrefois capitale du royaume de Majorque, compte de nombreux édifices des XIIIe-XVe siècles, dont le Palais des rois de Majorque et la cathédrale.

Perrault Charles **(1628-1703)**
Écrivain français. Issu d'une famille de grands bourgeois, Charles Perrault fut l'homme de confiance de Colbert*, qui lui donna pour mission entre autres de réorganiser l'Académie française. Il publia d'abord trois contes en vers, dont *Peau d'âne**, puis un recueil en prose, les *Contes de ma mère l'Oye*, inspirés

A B C D E F G H I J K L M N O P Q R S T U V W X Y Z

pour la plupart du folklore populaire. → VOIR **Barbe-Bleue, Cendrillon, Peau d'âne, le Petit Chaperon rouge, le Petit Poucet.**

ŒUVRES PRINCIPALES *Barbe-Bleue ; la Belle au bois dormant ; Cendrillon ; Peau d'âne ; le Petit Chaperon rouge ; Riquet à la houppe.*

Charles **Perrault** à l'Académie française (1671)

Perses

Peuple ancien. Les Perses sont les ancêtres des Iraniens. Entre le VIe et le IVe siècle avant J.-C., ils furent les maîtres d'un grand empire qui s'étendait de l'Inde à l'Asie Mineure. Alexandre* le Grand anéantit leur empire. En partie reconstitué au IIIe siècle de notre ère, l'Empire perse fut détruit de nouveau par la conquête arabe. → VOIR AUSSI **Darius, Marathon.**

Persique - golfe Persique

Mer qui sépare l'Arabie saoudite de l'Iran. Tout autour du golfe Persique, on a découvert, au début du XXe siècle, les plus importants gisements de pétrole du monde. Ces richesses ont suscité des rivalités et même des guerres entre les États qui bordent le golfe. → VOIR AUSSI **Arabie.**

Peste noire ou Grande Peste

Épidémie de peste, en Europe, entre 1346 et 1351-1352. Venue d'Orient, la peste frappa d'abord les pays méditerranéens et se répandit ensuite dans le reste de l'Europe. Entre 1348 et 1350, un tiers de la population européenne mourut de cette maladie. Elle eut des conséquences économiques graves en Europe occidentale.

Pétain Philippe (1856-1951)

Maréchal et homme politique français. Général puis commandant en chef des armées françaises durant la Première Guerre mondiale, il remporta la bataille de Verdun*. En 1940, il devint chef de l'État français, à la tête du gouvernement de Vichy, où il mena une politique de collaboration avec les Allemands. Il fut jugé puis condamné à mort en 1945. Sa peine fut changée en réclusion à perpétuité. → VOIR AUSSI **Seconde Guerre mondiale.**

Peter Pan

Récit de l'écrivain écossais James Matthew Barrie (1860-1937). Écrit en 1904, *Peter Pan* raconte l'histoire d'un petit garçon qui ne veut pas grandir et se réfugie dans un pays imaginaire. Les studios Walt Disney ont réalisé deux dessins animés à partir de cette histoire en 1953 et 2002.

Petipa Marius (1818-1910)

Danseur et chorégraphe français. Il travailla au Théâtre Marie de Saint-Pétersbourg de 1862 à 1904, où il collabora notamment avec le compositeur russe Tchaïkovski*. Il y réalisa la chorégraphie de nombreux ballets classiques : *Don Quichotte* (1869), *la Belle au bois dormant* (1890), *le Lac des cygnes* (1895).

le Petit Chaperon rouge

Conte de Charles Perrault*. Une grand-mère et sa petite-fille qui porte sur la tête un capuchon (ou *chaperon*) rouge sont mangées par un loup parce qu'elles n'ont pas été prudentes. *Le Petit Chaperon rouge* appartient au cycle des récits qui mettent en garde contre les mauvaises rencontres.

le Petit Chose

Roman d'Alphonse Daudet*. Paru en 1868, ce roman est en grande partie autobiographique. Le héros, Daniel Eyssette, surnommé « le Petit Chose » à cause de sa petite taille, quitte un emploi de surveillant dans un collège pour venir s'installer à Paris, où il retrouve son frère. Après avoir subi de nombreux échecs, il renonce finalement à sa carrière d'écrivain.

Petite Ourse → Ourse

la Petite Sirène

Conte de Hans Christian Andersen*. Il fait partie des recueils de contes publiés de 1835 à 1872. La Petite Sirène est la fille du roi de la Mer. Depuis toujours, elle désire connaître le monde des humains. Un jour, elle sauve de la noyade un jeune prince dont elle tombe amoureuse. Pour pouvoir le rejoindre sur terre, elle sacrifie sa voix, mais le prince s'éprend d'une autre jeune femme. Walt Disney a réalisé un dessin animé à partir de ce conte.

le Petit Nicolas

Personnage d'histoires écrites par René Goscinny* et illustrées par Sempé. Créé en 1960, le Petit Nicolas est un écolier qui raconte, de façon très drôle, sa vie quotidienne d'enfant.

le Petit Poucet

Conte de Charles Perrault*. Le Petit Poucet, un petit garçon abandonné avec ses six frères dans la forêt, retrouve son chemin grâce aux cailloux qu'il a semés. Il échappe à un ogre et revient chez lui chaussé des « bottes de sept lieues ».

le Petit Prince

Conte d'Antoine de Saint-Exupéry*. → VOIR encadré.

Peuls

Ensemble de populations de l'Afrique de l'Ouest. Dispersés du Sénégal au Cameroun (nombreux au

Mali), les Peuls sont encore souvent des nomades, bergers ou éleveurs de bétail. Ceux qui sont sédentaires vivent dans des villages. Leur langue, le peul, est parlée par plus de 12 millions de personnes.

Phelps Michael **(né en 1985)**
Nageur américain. Avec six titres gagnés aux jeux Olympiques d'Athènes, en 2004, huit titres à ceux de Pékin, en 2008 (assortis de nombreux records du monde), et quatre titres aux Jeux de Londres en 2012, il détient le record des victoires obtenues par un sportif en une seule olympiade et aussi dans toute l'histoire olympique (toutes disciplines confondues).

Phéniciens
Ancien peuple des régions côtières du Liban et de la Syrie actuels. Installés dans cette région depuis 3000 avant J.-C., les Phéniciens en firent un pays très riche et fondèrent des villes sur le pourtour de la Méditerranée pour développer leurs activités commerciales. Bâtisseurs, sculpteurs et orfèvres, ils ont beaucoup appris aux Occidentaux. Nous leur devons l'invention de l'alphabet. → VOIR AUSSI **Carthage.**

Philipe Gérard **(1922-1959)**
Acteur français. Sa fougue et son charme ont fait de Gérard Philipe l'un des jeunes premiers les plus appréciés de sa génération. Il a connu un grand succès au Théâtre national populaire et au Festival d'Avignon dans les rôles du *Cid* et du *Prince de Hombourg*. Au cinéma, il a souvent incarné de jeunes héros hardis et tendres comme dans *Fanfan la Tulipe* (1952).

Philippe Auguste ou **Philippe II (1165-1223)**
Roi de France. Quand il monta sur le trône, plus de la moitié du territoire français appartenait au roi d'Angleterre. Philippe Auguste fit successivement la guerre à Richard* Cœur de Lion et à son frère Jean* sans Terre. À la fin de son règne, les Anglais ne possédaient plus qu'une petite partie de la France, correspondant à peu près à l'actuelle Aquitaine. Philippe Auguste organisa le royaume, fit protéger Paris par des remparts, paver ses rues et entreprit la construction du Louvre*.

Philippe le Bel ou **Philippe IV (1268-1314)**
Roi de France. Philippe le Bel s'appuya sur des légistes pour affirmer la puissance absolue de la royauté. À l'extérieur, il chercha à renforcer ses prérogatives et s'opposa violemment au pape Boniface VIII. À l'intérieur, le royaume connut de graves difficultés financières, qui poussèrent le roi à s'attaquer aux Templiers (ordre de moines-soldats riches et puissants) pour s'emparer de leurs richesses.

Philippines (Asie)
- Superficie : 300 000 km^2
- Habitants : 98 394 000 *(les Philippins)*
- Capitale : *Manille*
- Langue : *filipino*
- Monnaie : *peso philippin*

Cet archipel de l'Asie du Sud-Est a été découvert par Magellan* en 1521. Il est formé de plus de 7 000 îles et îlots. C'est une république indépendante depuis 1945. Les Philippines sont un pays pauvre. La population en accroissement rapide se concentre dans les villes où se développent de nombreux bidonvilles.

Le Petit Prince : un message d'amour et d'amitié venu d'une autre planète.

Publié en 1943, *le Petit Prince* est un conte écrit par Antoine de Saint-Exupéry. Celui-ci a également réalisé des dessins pour illustrer son récit. Un aviateur tombé en panne dans le désert voit apparaître un petit garçon, venu d'une autre planète, le Petit Prince. Cet être étrange demande à l'aviateur de lui dessiner un mouton, puis il se confie à lui. Amoureux d'une rose vaniteuse, le Petit Prince a quitté sa planète. Il a fait un long voyage avant d'arriver sur la Terre. Au cours de son périple, de planète en planète, il a rencontré et dialogué avec des individus très différents les uns des autres et très occupés : un roi, un homme d'affaires, un géographe, un allumeur de réverbères, etc. Sur la Terre, il a fait la connaissance d'un renard des sables qui lui a appris ce qu'est l'amitié. Mais le Petit Prince pense toujours à sa rose et décide de quitter la Terre pour aller la retrouver.

Ce récit plein de mystère et de poésie possède les caractères d'un conte pour enfants : simplicité du style, histoire irréelle et fantastique. L'aspect symbolique donne cependant à l'œuvre une autre dimension. À travers les questionnements du Petit Prince, l'auteur fait une critique du monde moderne où les hommes tendent à oublier les choses essentielles que sont l'amour et l'amitié. *Le Petit Prince* connut et connaît encore aujourd'hui un grand succès. Il a été adapté au théâtre.

Illustration : Dessin de Saint-Exupéry.

A B C D E F G H I J K L M N O P Q R S T U V W X Y Z

Piaf Édith **(1915-1963)**
Chanteuse française. De son vrai nom Édith Giovanna Gassion, Édith Piaf fut baptisée ainsi par celui qui la découvrit alors qu'elle chantait dans les rues. Elle connut rapidement un grand succès populaire grâce à ses chansons réalistes et à sa voix émouvante et envoûtante. Elle composa elle-même certaines de ses chansons, comme *la Vie en rose*. Marion Cotillard a reçu en 2008 l'oscar de la meilleure actrice pour avoir interprété son rôle dans le film *la Môme*.
▶ REM. *Piaf* signifie « moineau » dans la langue familière.

ŒUVRES PRINCIPALES *La Vie en rose*, 1946 ; *l'Hymne à l'amour*, 1950 ; *la Foule*, 1958 ; *Non, je ne regrette rien*, 1961.

Piano Renzo **(né en 1937)**
Architecte Italien. En association avec le Britannique Richard Rogers (né en 1933), il a réalisé le Centre national d'art et de culture Georges-Pompidou (appelé aussi Centre Beaubourg) à Paris.

Picardie
Anc. Région administrative française regroupant 3 départements : Aisne, Oise et Somme. L'ancienne province avait été réunie au royaume de France, par Louis XI*, en 1482, après la mort de Charles* le Téméraire. → VOIR AUSSI **Nord – Pas-de-Calais – Picardie.**

Picasso Pablo **(1881-1973)**
Peintre et sculpteur espagnol. Picasso s'installe à Paris en 1904 et connaît très rapidement le succès avec les tableaux de ses périodes *bleue* et *rose* (ainsi désignées à cause de leur couleur dominante). Puis le peintre change de style : sa toile *les Demoiselles* d'Avignon* marque la naissance du cubisme. Il fait ensuite des tableaux abstraits puis peint la réalité mais modifiée et recomposée par son imagination. Picasso est considéré comme le peintre le plus représentatif du XXe siècle.
→ VOIR AUSSI **Guernica.**

ŒUVRES PRINCIPALES *les Demoiselles d'Avignon*, 1906-1907 ; *Guernica*, 1937.

saint **Pierre** **(Ier siècle)**
Apôtre de Jésus-Christ. Les Évangiles racontent qu'il s'appelait Simon et que le Christ en fit le chef de l'Église et le surnomma Pierre en disant : « Sur cette pierre je bâtirai mon Église. » Selon les auteurs chrétiens anciens, saint Pierre s'installa à Rome et y mourut, crucifié la tête en bas, pendant une persécution ordonnée par Néron. Depuis les débuts du christianisme, le pape, qui est évêque de Rome, est considéré comme le successeur de saint Pierre.
▶ REM. C'est en référence à son supplice qu'on appelle « croix de saint Pierre » une croix inversée.

Pierre Ier le Grand **(1672-1725)**
Tsar et empereur de Russie. Prenant modèle sur l'Europe occidentale où il avait voyagé, il modernisa la Russie et développa son commerce. En 1703, il fonda Saint-Pétersbourg* qui devint la capitale de la Russie en 1712. Il transforma la Russie en un empire en 1721.

Pierre - abbé Pierre **(1912-2007)**
Prêtre français. De son vrai nom Henri Grouès, il s'est consacré à la défense des déshérités et des sans-logis. Il a fondé, en 1949, l'association Emmaüs, destinée à venir en aide aux plus démunis.

Pierre et le Loup
Œuvre musicale de Serge Prokofiev. → VOIR encadré.

Pierrot
Personnage de la comédie italienne *(Pedrolino)*, du théâtre de la Foire, puis des pantomimes. Rêveur, il est habillé de blanc et a la figure enfarinée.

Pierrot (lithographie du XIXe siècle)

Pinocchio
Héros de roman. Créé par l'écrivain italien Carlo Collodi (1826-1890), dans son livre *les Aventures de Pinocchio, histoire d'une marionnette* (1883), Pinocchio est un pantin turbulent et désobéissant qui fait un apprentissage difficile du monde réel avant d'être transformé en enfant. En 1940, Walt Disney a réalisé un dessin animé à partir de cette histoire. Luigi Comencini, en 1971, et Roberto Benigni, en 2002, l'ont adaptée au cinéma.

Pise - tour de Pise
Campanile de la cathédrale de la ville de Pise. En Italie, les campaniles sont souvent isolés du reste du bâtiment. C'est le cas de la tour de Pise qui a été construite aux XIIe et XIIIe siècles. Pendant sa construction, un affaissement de terrain fit pencher la tour, qu'on acheva cependant. Depuis, son inclinaison augmentait d'année en année et la « Tour penchée » menaçait de s'effondrer. Des travaux de consolidation qui durèrent plus de dix ans furent entrepris en 1990 : la tour fut redressée d'une quarantaine de centimètres.

Pissarro Camille **(1830-1903)**
Peintre français. Considéré comme l'un des maîtres de l'impressionnisme, il peignit surtout des paysages et des scènes de campagne.

ŒUVRES PRINCIPALES *La Diligence à Louveciennes*, 1870 ; *Entrée du village de Voisins*, 1872 ; *les Toits rouges*, 1877.

Pizarro Francisco **(vers 1475-1541)**
Conquistador espagnol. Il conquit l'empire des Incas* avec l'aide de ses frères. Il s'empara de la ville de Cuzco* et fit tuer le dernier empereur inca, Atahualpa, en 1533.

Plantagenêt
Dynastie qui régna sur l'Angleterre de 1154 à 1485. Les Plantagenêts possédèrent également une partie importante de l'Ouest français du XIIe au XIIIe siècle. Ils rentrèrent en conflit avec la France : Richard* Cœur de Lion et Jean* sans Terre s'opposèrent à Philippe* Auguste et perdirent une grande partie de leurs possessions françaises.

Platini Michel **(né en 1955)**
Footballeur français. Il joua à Saint-Étienne et à la Juventus de Turin. Avec l'équipe de France, il remporta la Coupe d'Europe (1984). Sélectionneur national de 1988 à 1992, il est président de l'U.E.F.A. (Union des associations européennes de football) depuis 2007 (suspendu depuis octobre 2015).

Platon (427-348 avant J.-C.)
Philosophe grec. Platon fut l'élève de Socrate* jusqu'à la mort de celui-ci. Ses livres, qui n'ont jamais cessé d'être lus, ont influencé aussi bien les chrétiens que les musulmans. Platon a notamment répandu l'idée selon laquelle l'être humain est une âme immortelle enfermée dans un corps.

Pluton
Dieu romain des Enfers, assimilé au dieu grec Hadès*.

Pluton
Planète naine (classée planète jusqu'en 2006) du Système solaire. Située au-delà de Neptune, Pluton a un diamètre de 2 200 km. Elle fut découverte en 1930 par un Américain. On lui connaît cinq satellites.

Pô
Principal fleuve d'Italie. Long de 652 km, il prend sa source dans les Alpes, traverse la plaine du Pô et se jette dans la mer Adriatique.

Pocahontas (début du XVIIe siècle)
Fille d'un chef amérindien. Elle servit d'intermédiaire entre sa tribu et les colons anglais de la Nouvelle-Angleterre. En 1995, les studios Walt Disney ont réalisé un dessin animé à partir de cette histoire.

Poil de carotte
Récit de Jules Renard. → VOIR encadré page suivante.

Pointe-à-Pitre
Ville française. 15 755 habitants (les *Pointois*) ; 257 361 dans l'agglomération. Chef-lieu d'arrondissement de la Guadeloupe*, situé dans l'île de la Grande-Terre.

Poitiers
Ville française. 90 339 habitants (les *Poitevins*) ; 128 180 habitants dans l'agglomération. Chef-lieu du département de la Vienne. On y trouve de nombreux édifices religieux romans (Notre-Dame–la-Grande) et gothiques (cathédrale). Le Futuroscope situé à 8 km au nord est un parc de loisirs dédié aux sciences et aux technologies.

Pierre et le Loup : la musique au service du conte.

L'œuvre fut écrite, en 1936, par le compositeur russe Serge Prokofiev (1891-1953). ***Pierre et le Loup*** est un conte musical. Afin d'apprendre aux enfants à reconnaître les principaux instruments d'un orchestre, le compositeur a associé à chaque personnage de l'histoire un timbre de l'orchestre : le petit garçon, Pierre, est représenté par les cordes, le méchant loup par le cor, le canard peureux par le hautbois, l'oiseau étourdi par la flûte, le chat fourbe par la clarinette et les chasseurs par les timbales. L'histoire imaginée par Prokofiev est simple. Pierre habite chez son grand-père, à la lisière d'un bois. Un jour, malgré l'interdiction qui lui a été faite, Pierre sort du jardin de la maison pour venir en aide à ses amis, l'oiseau et le chat, menacés par le loup. Pierre réussit à capturer celui-ci avant l'arrivée des chasseurs qui étaient lancés à la poursuite de l'animal.

En associant la musique et le récit, le compositeur a réussi une œuvre originale. Les instruments de l'orchestre sont mis au service de l'histoire : ils traduisent le caractère des différents personnages et accompagnent la narration.

L'œuvre la plus célèbre de Prokofiev a connu un très grand succès. De nombreux artistes, dont l'acteur Gérard Philipe, ont prêté leur voix à ce conte.

Illustration : La pochette du disque enregistré par Gérard Philipe.

Poitou-Charentes

Anc. Région administrative française regroupant 4 départements : Charente, Charente-Maritime, Deux-Sèvres et Vienne. Elle est formée d'anciennes provinces, parmi lesquelles le Poitou, qui fut longtemps disputé à l'Angleterre, avant d'être réuni à la France à la fin du XIIIe siècle. → VOIR AUSSI **Aquitaine – Limousin – Poitou-Charentes.**

Polaire - étoile Polaire

Étoile qui indique la direction du nord. Elle appartient à la constellation de la Petite Ourse*. Comme la Terre tourne autour de l'axe pôle Nord-pôle Sud et que l'étoile Polaire est à la verticale du pôle Nord, c'est la seule étoile de l'hémisphère Nord à rester toujours à la même place. Depuis l'Antiquité et jusqu'à l'invention de la boussole, cette étoile permit aux marins de savoir où était le nord.

Pôle Emploi

Service public français de l'emploi. Issu de la fusion d'organismes anciens (A.N.P.E., Assedic), il a pour mission d'orienter et d'accompagner les demandeurs d'emploi. Il conseille aussi les entreprises pour leurs recrutements.

Pollock Jackson (1912-1956)

Peintre américain. Influencé par la culture amérindienne, les artistes mexicains ou encore Picasso*, il a créé une peinture gestuelle (*action painting*) représentative d'une tendance de l'art abstrait.

Polo Marco (1254-1324)

Voyageur et marchand vénitien. Il partit pour la Chine en suivant la route de la soie et arriva à Pékin en 1275, après une expédition longue de quatre ans. Chargé de diverses missions par l'empereur de Chine, il effectua plusieurs voyages à l'intérieur du pays, puis regagna enfin Venise, en 1295. Il raconta son voyage dans *le Livre* des merveilles du monde*.

Pologne (Europe)

- Superficie : 313 000 km^2
- Habitants : 38 217 000 *(les Polonais)*
- Capitale : *Varsovie*
- Langue : *polonais*
- Monnaie : *złoty*

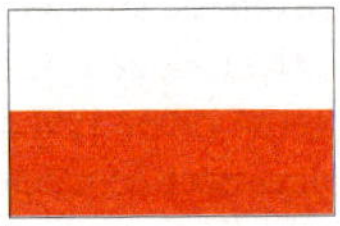

• Pays de l'Europe centrale, sur la mer Baltique*, la Pologne, dont les frontières ont été souvent modifiées au cours de l'histoire, a été dévastée pendant la Seconde Guerre* mondiale. Ses ressources sont agricoles (céréales, pomme de terre, betterave à sucre, élevage) et industrielles (sidérurgie). Le pays a aussi des ressources énergétiques et minières (charbon, gaz naturel), mais doit rénover ses installations industrielles vétustes. Il a rejoint l'Union* européenne en 2004.

Polynésie

Ensemble d'îles volcaniques du Pacifique sud, situées entre la Nouvelle-Zélande, les îles Hawaii et l'île de Pâques.

Poil de carotte : les désarrois d'un petit garçon mal-aimé.

L'écrivain français Jules Renard (1864-1910) a écrit ***Poil de Carotte*** en 1894. Ce récit est composé d'une succession de courts épisodes racontant, dans un style sobre, des moments de la vie de Poil de carotte, qui est un petit garçon que l'on a surnommé ainsi à cause de la couleur rousse de ses cheveux. Il est le dernier enfant de la famille Lepic et doit subir les brimades incessantes de sa mère qui cherche à le faire passer pour un enfant paresseux, sournois et cruel. Son frère, sa sœur et son père sont indifférents à son sort. Poil de carotte, qui grandit dans ce milieu hostile et triste et qui semble incapable de se révolter, ne connaît que solitude et amertume.

Ce récit d'un petit garçon mal-aimé et de sa relation conflictuelle avec sa mère est en grande partie autobiographique. Jules Renard, qui était roux lui-même, écrit dans son *Journal* qu'il prit la décision d'écrire ce livre à la suite d'une remarque désobligeante faite par sa mère à son épouse alors enceinte. En s'inspirant de ses souvenirs d'enfance, l'auteur aurait cherché à se venger. En 1900, il tira de ce récit une pièce de théâtre en un acte où il mit davantage l'accent sur les rapports entre Poil de carotte et son père.

Le réalisme de l'œuvre a contribué à son succès. Elle fut de nombreuses fois montée au théâtre et adaptée au cinéma.

Illustration : Illustration de *Poil de Carotte*, dans la revue *Gil Blas*.

A B C D E F G H I J K L M N O P Q R S T U V W X Y Z

Polynésie française
Collectivité française d'outre-mer. 4 000 km^2 ; 268 270 habitants (les *Polynésiens*). Ville principale : Papeete. Elle comprend notamment les îles de la Société (avec Tahiti), les Tuamotu (avec Mururoa), les Gambier et les Marquises. L'île de Tahiti regroupe à elle seule les deux tiers de la population. L'atoll de Mururoa a été utilisé de 1966 à 1996 pour des essais nucléaires. ▸ REM. Le suffixe *-nésie* que l'on retrouve dans *Mélanésie* et *Micronésie* vient du grec *nêsos* qui signifie « île ».

Pompéi
Ancienne ville d'Italie. Située près de Naples, elle fut entièrement recouverte par une pluie de pierres et de cendres, lors d'une éruption du Vésuve*, en 79. Pendant des siècles, la cendre a protégé Pompéi, qui demeure dans un état de conservation exceptionnel et a fourni aux archéologues de nombreux renseignements sur la civilisation romaine.

Pompidou Georges **(1911-1974)**
Homme politique français. Premier ministre sous le général de Gaulle*, il succéda à celui-ci à la présidence de la République en 1969. Il mourut au cours de son mandat. Il est à l'origine de la création, à Paris, du Centre national d'art et de culture.

pont du Gard → **Gard**

Pontiac **(v. 1720-1769)**
Chef amérindien. Allié des Français, il organisa la révolte des tribus de la région des Grands Lacs contre les Anglais.

Popocatépetl
Volcan du Mexique. Haut de 5 452 m, il est recouvert de neiges éternelles.

Portugal (Europe)

- Superficie : 92 000 km^2
- Habitants : 10 608 000 *(les Portugais)*
- Capitale : *Lisbonne*
- Langue : *portugais*
- Monnaie : *euro*

• Pays du sud-ouest de l'Europe, sur l'océan Atlantique, le Portugal, que les Romains appelaient « Lusitanie », a été riche et puissant pendant la Renaissance. Pays vivant de l'agriculture, il a longtemps connu une forte émigration. Sa croissance économique est importante depuis 1986, date de son entrée dans la Communauté économique européenne (C.E.E., devenue depuis l'Union* européenne).

Poséidon (nom romain : Neptune)
Dieu grec de la Mer. Armé d'un trident, il était le terrible dieu des Tempêtes et des Tremblements de terre, que les marins priaient avant d'entreprendre une traversée. Il régnait également sur l'eau douce et aidait les paysans à fertiliser leurs champs.

Poutine Vladimir **(né en 1952)**
Homme politique russe. Il devient président de la Russie par intérim à la suite de la démission de Boris Eltsine* en 1999. Ses victoires aux élections de 2000 et de 2004 lui permettent de conserver son poste. En 2008, ne pouvant se représenter, il devient le Premier ministre de son successeur, Dmitri Medvedev. Il est de nouveau élu président de la Russie* en mars 2012.

Prague
Capitale de la République tchèque. 1,2 million d'habitants (les *Praguois* ou *Pragois*). Résidence des ducs de Bohême, puis capitale d'Empire, Prague possède de nombreux monuments datant du Moyen Âge et de l'époque baroque (château, cathédrale gothique, pont Charles). Elle fut la capitale de la Tchécoslovaquie de 1918 à 1992.

Prague : les ponts sur la Vltava

premier Empire → **Empire**

Presley Elvis **(1935-1977)**
Chanteur et acteur américain. Surnommé *The King* (le Roi), Elvis Presley fut l'idole de la jeunesse américaine, pour laquelle il a représenté une certaine liberté d'être et d'agir. Pionnier du rock and roll, il s'orienta, après 1960, vers la chanson sentimentale.

Pretoria
Une des deux capitales de l'Afrique du Sud. 927 818 habitants ; près de 2 millions d'habitants dans l'agglomération. Située au nord du pays, Pretoria est le siège du gouvernement. → VOIR AUSSI **Le Cap.**

Prévert Jacques **(1900-1977)**
Poète français. Son recueil *Paroles* l'a rendu très populaire. Pleins de fantaisie, d'humour et de tendresse, ses poèmes sont écrits dans un langage simple qui allie jeux de mots et images quotidiennes ou insolites : « J'ai mis mon képi dans la cage/et je suis sorti avec l'oiseau sur la tête. » Prévert est également le scénariste de plusieurs films célèbres comme *les Visiteurs du soir*, *les Enfants* du paradis* ou *le Roi* et l'oiseau*.

ŒUVRES PRINCIPALES *Paroles*, 1946 ; *la Pluie et le Beau Temps*, 1955.

le ***Printemps***
Tableau de Sandro Botticelli*. → VOIR encadré.

Prométhée
Personnage de la mythologie grecque. Il déroba le feu du ciel et le donna aux hommes. Or, le feu était réservé aux dieux. Furieux, Zeus fit enchaîner Prométhée sur le Caucase et le condamna à avoir le foie éternellement dévoré par un aigle.

Prost Alain (né en 1955)
Coureur automobile français de formule 1. Il a été quatre fois champion du monde des conducteurs (1985, 1986, 1989 et 1993).

Provence – Alpes-Côte d'Azur
Région administrative française. Superficie : 31 400 km^2 ; 4 953 675 hab. Chef-lieu : Marseille*. La Région regroupe 6 départements : Alpes-de-Haute-Provence, Hautes-Alpes, Alpes-Maritimes, Bouches-du-Rhône, Var et Vaucluse. Située au sud-est de la France, bordée par la mer Méditerranée*, au sud, et l'Italie, à l'est, la Région possède un relief varié formé de plaines (vallée du Rhône*), de plateaux et de montagnes (les Alpes*). Son climat est méditerranéen. L'agriculture est concentrée dans l'intérieur, où l'on pratique la culture des fruits, des légumes et de la vigne (vallée du Rhône). L'élevage bovin et surtout ovin est présent dans les zones montagneuses. L'industrie (nucléaire, domaines de l'eau et des déchets, chimie, agroalimentaire et aéronautique) est active dans les départements des Bouches-du-Rhône et du Var. Mais c'est vers les activités de services que l'économie est surtout orientée, en particulier vers le tourisme (mer et montagne), le commerce, les transports et, plus récemment, vers les services aux entreprises. Ces activités sont localisées dans les grandes agglomérations (Marseille, Aix-en-Provence, Nice et Toulon, qui regroupent 78 % de la population de la Région) et sur le littoral (Côte d'Azur). La Région actuelle englobe d'anciennes provinces françaises : la Provence, le Comtat Venaissin, le sud du Dauphiné et le comté de Nice.
▸ REM On emploie parfois l'abréviation PACA [paka].

Prusse
Ancien État d'Allemagne. Le duché de Prusse fut créé au XVIe siècle sur un territoire situé en Pologne, mais habité par des Allemands depuis le Moyen Âge. Au XVIIIe siècle, devenue un royaume, la Prusse possédait l'armée la plus moderne d'Europe. Elle étendit son territoire et consolida sa puissance. À la fin du XIXe siècle, elle unifia toute l'Allemagne autour de Berlin, sa capitale, et de son roi, qui devint empereur. Depuis la Seconde Guerre mondiale, la plus grande partie de l'ancienne Prusse appartient à la Pologne.

Ptolémée Claude (vers 100-vers 170)
Astronome, mathématicien et géographe grec. Dans un ouvrage rassemblant les connaissances astronomiques des Anciens, qui fit autorité jusqu'à la Renaissance, il développa son système du monde : selon lui, chaque planète, tout en décrivant un petit cercle, était animée d'un mouvement plus large autour de la Terre, considérée comme immobile au centre de l'Univers. On lui doit également un ouvrage de géographie dans lequel il dresse les premières cartes du monde antique.

Le Printemps : la splendeur de la Renaissance florentine.

Le tableau fut peint vers 1478 par Sandro Botticelli, à la demande d'un membre de la riche famille italienne des Médicis. C'est un panneau de bois de grande dimension, il mesure plus de 3 m de long sur 2 m de haut. Le peintre se serait inspiré d'un poème pour réaliser son œuvre. La scène représente des dieux et des déesses, célébrant l'arrivée du printemps autour de Vénus et de Cupidon, dans une nature en fleurs. Le personnage de Vénus, vêtue comme une reine, est la figure centrale du tableau et la seule qui soit figée. Les autres sont animées. À gauche, le dieu Mercure chasse les nuages ; trois femmes vêtues de voiles transparents et qui incarnent les trois Grâces, les divinités de la Beauté, dansent une ronde. Au-dessus de Vénus, Cupidon s'apprête à décocher une flèche. À droite, la nymphe Chloris, qui est la déesse des Fleurs, est poursuivie par Zéphyr, le dieu du Vent. Chloris se change alors en Flore, qui est aussi une divinité des Fleurs. Sa robe est ornée de fleurs dont elle parsème le sol.

Dans cette peinture, qui est une allégorie du printemps, l'artiste associe étroitement le thème du printemps à celui de l'amour. Certains critiques ont vu dans ce chef-d'œuvre de la Renaissance la suite d'un autre tableau de Botticelli peint quelques années auparavant intitulé *la Naissance de Vénus*. On y retrouve en effet à peu près la même composition : Vénus entourée d'autres divinités. *Le Printemps* est exposé à la galerie des Offices, à Florence, en Italie.

Claude **Ptolémée** (miniature du XVIe siècle)

puniques - guerres puniques
Série de conflits qui opposèrent Rome et Carthage, entre 264 et 146 avant J.-C. Les deux cités se disputaient le pouvoir dans le bassin méditerranéen. La première guerre punique vit la victoire de Rome qui annexa la Sicile. Lors de la deuxième guerre, le général carthaginois Hannibal*, accompagné d'une armée nombreuse et d'éléphants, gagna la ville de Rome. Il traversa les Alpes enneigées avec ces animaux peu habitués au froid. Malgré les nombreuses défaites infligées aux Romains, Hannibal fut vaincu en 202 avant J.-C. Lors de la troisième guerre punique, Carthage*, dont la nouvelle puissance inquiétait les Romains, fut assiégée pendant trois ans, puis prise et rasée.
▸ REM. L'adjectif *punique* vient d'un mot latin qui signifie « carthaginois ».

Pygmées
Populations africaines vivant dans la forêt équatoriale de la République centrafricaine, du Gabon et du Cameroun. Les Pygmées, qui comptent environ 120 000 personnes, sont de petite taille (1,20 m à 1,50 m). Ils vivent de chasse et de cueillette. Leurs chants à plusieurs voix sont très particuliers.

Pyrénées
Chaîne montagneuse séparant l'Espagne de la France. Elle s'étend sur plus de 400 km d'ouest en est. Son point culminant est le pic d'Aneto (3 404 m). Les montagnards de cette région vivent surtout de l'élevage et du tourisme. Les Pyrénées sont une des dernières régions d'Europe où l'on trouve encore quelques rares spécimens d'ours sauvages. Une légende dit que c'est dans les Pyrénées, au col de Roncevaux, que mourut Roland, le neveu de Charlemagne.

Pythagore **(vers 570-vers 480 avant J.- C.)**
Mathématicien et philosophe grec. Regroupant autour de lui de nombreux disciples, il fonda une école dont l'influence fut considérable en Italie du Sud puis en Grèce. On y étudiait notamment les mathématiques, l'astronomie, la médecine et la politique. On lui attribue, outre des travaux importants en arithmétique, la découverte du théorème qui porte son nom. → VOIR noms communs : **théorème.**

Q

al-**Qaida**
Organisation terroriste islamiste. Elle a été créée en 1998 en Afghanistan, par l'homme d'affaires saoudien Oussama Ben Laden (tué en 2011 au Pakistan par un commando américain) et a revendiqué notamment l'attentat du 11 septembre* 2001.

Qatar (Asie)
- Superficie : 11 400 km^2
- Habitants : 2 169 000 *(les Qatariens)*
- Capitale : *Doha*
- Langue : *arabe*
- Monnaie : *riyal du Qatar*

• Le Qatar est une presqu'île désertique sur le golfe Persique*. C'est un émirat, indépendant depuis 1971. Le niveau de vie des habitants est un des plus élevés du monde grâce au pétrole et au gaz naturel.

les **Quatre Saisons**
Concertos pour violon d'Antonio Vivaldi*. Chacun des quatre concertos correspond à une saison, et Vivaldi leur a donné un ton particulier : gaieté insouciante du *Printemps*, langueur accablante de l'*Été*, danses pour fêter la récolte en *Automne*, grelottements de froid dans l'*Hiver*. Le compositeur a utilisé pour cela les différences de tonalité, les particularités de certains instruments, des mouvements plus ou moins rapides.

Québec

Province de l'est du Canada. 1,5 million de km^2. Près de 8 millions d'habitants (les *Québécois*). Capitale : Québec. Ville principale : Montréal.

• **Le pays du froid.** Le climat du Québec est marqué par quatre saisons. L'enneigement dure de 4 à 5 mois. La majeure partie des Québécois habite le sud de la

A B C D E F G H I J K L M N O P Q R S T U V W X Y Z

province. Les rares habitants du Nord vivent de l'exploitation de la forêt et des mines.

• **Français et Anglais.** Les premiers Européens du Québec furent des Français, arrivés au XVIIe siècle. Au XVIIIe siècle, la Nouvelle-France (province de Québec), cédée à la Grande-Bretagne par la France, devient une province du Canada indépendant. L'influence française demeure très forte au Canada, où une grande partie de la population parle français.

Québec
Ville du Canada, capitale de la province francophone qui porte le même nom. 516 622 habitants (les *Québécois*), 765 706 habitants dans l'agglomération. Fondée par Samuel de Champlain* en 1608, c'est la ville la plus ancienne du Québec. Elle fut le berceau de la civilisation française en Amérique et conserve un caractère européen. Seule ville fortifiée d'Amérique du Nord, elle est le siège administratif du seul gouvernement francophone du Canada. C'est aussi un centre culturel (université, musées), commercial et industriel.

Queneau Raymond **(1903-1976)**
Écrivain français. Raymond Queneau a écrit des romans et des poèmes dans lesquels il mêle humour et fantaisie sur le langage : jeux de mots, transcription phonétique du langage parlé, etc. Dans ses *Exercices de style*, il raconte la même histoire de 99 façons différentes.

ŒUVRES PRINCIPALES *Exercices de style*, 1947 ; *Zazie dans le métro*, 1959 ; *Cent Mille Milliards de poèmes*, 1961.

R

Rabat
Capitale du Maroc. 627 932 habitants : près de 2 millions d'habitants dans l'agglomération. Située en bordure de l'océan Atlantique, Rabat est un centre administratif, commercial et industriel. La ville possède de remarquables remparts aux portes fortifiées datant du XIIe siècle.

Rabelais François **(1494-1553)**
Écrivain français. Moine lettré et médecin réputé, Rabelais est l'auteur de romans qui décrivent les aventures du géant Gargantua*, de son fils Pantagruel* et de leurs compagnons, tous « bons vivants ». Homme de la Renaissance, Rabelais allie dans ses œuvres la science la plus savante et le comique le plus cocasse. Il fait également preuve d'une grande invention dans le langage.

ŒUVRES PRINCIPALES *Horribles et Épouvantables Faits et Prouesses du très renommé Pantagruel*, 1532 ; *Vie inestimable du grand Gargantua*, 1534.

François **Rabelais**

Rabin Yitzhak **(1922-1995)**
Général et homme politique israélien. Il fut Premier ministre de 1974 à 1977, puis à partir de 1992. Il relança les négociations israélo-palestiniennes qui aboutirent à l'accord de paix de Washington signé en 1993. Prix Nobel de la paix en 1994, il fut assassiné par un extrémiste israélien en 1995. → VOIR AUSSI **Yasser Arafat, Shimon Peres.**

Racine Jean **(1639-1699)**
Auteur de théâtre français. Racine acquit la célébrité avec *Andromaque*. Les sujets de ses tragédies sont tirés de l'Antiquité grecque et latine. Il y dépeint les passions humaines, qui détruisent fatalement ceux qui en sont possédés. Par la rigueur de la construction et l'élégance du style, son œuvre incarne l'idéal de la tragédie classique. Courtisan de Louis XIV, il fut chargé par celui-ci, en 1677, d'écrire l'histoire officielle de son règne.

ŒUVRES PRINCIPALES *Andromaque*, 1667 ; *Bérénice*, 1670 ; *Phèdre*, 1677.

le ***Radeau de la Méduse***
Tableau de Théodore Géricault*. Réalisée en 1819, cette peinture est exposée au musée du Louvre, à Paris. Géricault s'inspire d'un fait divers et obéit au goût de l'époque pour la peinture spectaculaire. Son tableau représente le radeau sur lequel s'entassèrent les rescapés du naufrage d'un navire appelé la *Méduse*.

Beaucoup se noyèrent, certains furent même mangés par les survivants. Seules quinze personnes en réchappèrent finalement.

Rameau Jean-Philippe **(1683-1764)**
Compositeur français. Il fut organiste avant d'écrire un traité important sur l'harmonie et de composer des œuvres aux formes nouvelles : opéras-ballets, comédies et tragédies lyriques. Il composa également des *Pièces de clavecin*.

ŒUVRES PRINCIPALES *Les Indes galantes*, 1735 ; *Castor et Pollux*, 1737 ; *Pièces de clavecin en concerts*, 1741.

Ramsès II (vers 1304-1236 avant J.-C.)
Pharaon d'Égypte. Il partit avec ses guerriers conquérir des territoires au Moyen-Orient (la Palestine et la Syrie actuelles). Au retour de ses campagnes militaires, il fit construire des temples magnifiques à Karnak*, à Abou-Simbel et à Louqsor.

Raphaël (1483-1520)
Peintre italien. De son vrai nom Raffaello Sanzio ou Santi, il travailla à Florence, puis à Rome, où, appelé par le pape, il fut aussi architecte et décorateur. Il exécuta notamment la décoration des Loges et des Chambres du Vatican. Peintre de la Renaissance, il s'inspira des œuvres de Léonard de Vinci* et de Michel-Ange*. Sa peinture classique allie la précision du dessin et la délicatesse des coloris. Il peignit surtout des paysages, des scènes religieuses, des madones et des portraits.

ŒUVRES PRINCIPALES *Le Mariage de la Vierge*, 1504 ; *la Belle Jardinière*, 1507 ; *la Transfiguration*, 1518-1520.

Ravel Maurice **(1875-1937)**
Compositeur français. Son écriture musicale est d'une telle précision, d'une telle maîtrise qu'il a été surnommé « l'horloger suisse ». Ravel fut peut-être moins novateur que Debussy, mais il introduisit dans sa musique des sonorités d'Extrême-Orient ou celles du jazz. Sa musique est à la fois raffinée et féerique. → VOIR **Boléro.**

ŒUVRES PRINCIPALES *Pavane pour une infante défunte*, 1899 ; *l'Enfant et les sortilèges* (texte de Colette), 1925 ; *Boléro*, 1928.

Rê
Dieu du Soleil dans l'Égypte antique. Représenté par un homme avec une tête de faucon surmontée d'un disque solaire, il était considéré comme le créateur du monde et le père des principaux dieux. On disait qu'il naviguait le jour dans le ciel et qu'il descendait le soir dans le monde inférieur. Pour lui ressembler, beaucoup d'autres dieux égyptiens avaient pris un aspect solaire. Tous les pharaons se proclamaient « fils de Rê », et toutes les pyramides lui étaient dédiées.

Rê devant un harpiste
(stèle du XIe siècle avant J.-C.)

Reconquista
Mot espagnol désignant la reconquête de la péninsule Ibérique par les chrétiens sur les musulmans. La Reconquista a commencé dès la chute du royaume des Wisigoths, au VIIIe siècle, et s'est achevée à la fin du XVe siècle. Roland, le neveu de Charlemagne, et le Cid* font partie des héros de la Reconquista admirés par les chrétiens du Moyen Âge. → VOIR **la Chanson de Roland.**

Reeves Hubert **(né en 1932)**
Astrophysicien québécois. Il est l'auteur d'ouvrages de vulgarisation scientifique, dont *Poussières d'étoiles* (1984).

Réforme
Mouvement religieux. Il a donné naissance au christianisme dit *protestant*. Au début du XVIe siècle, de nombreux catholiques pensaient qu'il fallait rendre à l'Église sa pureté des premiers siècles, c'est-à-dire la « réformer ». L'œuvre et l'action de Martin Luther* ont fait naître une multitude de mouvements de réforme, qui ont abouti à la création des Églises souvent dites *protestantes*, mais qu'il est plus exact d'appeler *réformées*. Séparées de l'Église catholique et du pape, celles-ci diffèrent entre elles sur de nombreux points.

• **La doctrine de la Réforme.** Les Églises réformées enseignent qu'il n'y a pas d'intermédiaire entre l'homme et Dieu, qui s'est exprimé dans la Bible. Elles ne reconnaissent que deux sacrements (le baptême et la communion, ou *cène*) et n'ont pas de prêtres (les pasteurs protestants sont seulement des personnes choisies pour leurs connaissances religieuses). → VOIR AUSSI **Calvin, protestantisme.**

Réforme catholique ou **Contre-Réforme**
Mouvement catholique, en réaction à la Réforme protestante. Ce mouvement se situe au XVIe siècle, dans

le contexte des guerres de Religion*. L'expansion du protestantisme provoquée par la Réforme* poussa l'Église catholique à réaffirmer sa doctrine, ce qu'elle fit lors du concile de Trente (1545-1563), convoqué par le pape Paul III. Celle-ci chercha également à reconquérir les régions passées au protestantisme. Pour cela, elle développa les missions à l'étranger et s'appuya sur les ordres religieux (celui des jésuites, notamment). La Réforme catholique est à l'origine d'un style artistique nouveau : l'art baroque. → VOIR noms communs : **baroque, jésuite.**

Reich - IIIe Reich

Nom donné à l'État nazi fondé par Adolf Hitler* en Allemagne en 1933. La brutalité de sa politique d'annexion et d'extermination conduisit le pays au désastre de 1945. → VOIR **Seconde Guerre mondiale.**

▶ REM. *Reich* signifie « empire » en allemand.

Reims

Ville française. 185 868 habitants (les *Rémois*) ; 210 311 dans l'agglomération. Chef-lieu du département de la Marne. Située sur la Vesle, cette ville possède un des plus beaux exemples de l'architecture gothique française (cathédrale Notre-Dame), à la façade ornée de splendides sculptures *(l'Ange au sourire)*. Le roi des Francs Clovis* fut baptisé à Reims vers 498 et de nombreux rois de France y furent sacrés.

reine Mathilde - Tapisserie de la reine Mathilde

Broderie du XIe siècle. → VOIR encadré.

Religion - guerres de Religion

Conflits qui, en France, opposèrent les protestants et les catholiques, entre 1562 et 1598. Ces guerres furent très violentes. Les grandes familles nobles avaient pris la tête des deux partis religieux et se battaient pour le gouvernement du pays. Henri IV mit fin aux guerres de Religion par l'édit* de Nantes. → VOIR AUSSI **Saint-Barthélemy.**

Rembrandt (1606-1669)

Peintre hollandais. Il est surtout célèbre pour sa maîtrise parfaite de la technique du clair-obscur : l'ensemble du tableau est plongé dans la pénombre, et certains détails surgissent sous la lumière. Il réussit cependant à éviter les contrastes trop violents. → VOIR AUSSI **la Ronde de nuit.**

ŒUVRES PRINCIPALES *La Ronde de nuit*, 1642 ; *Autoportrait au chevalet*, 1660 ; *le Reniement de saint Pierre*, 1660.

Remus → Romulus

Renaissance

Grand mouvement littéraire, artistique et scientifique qui succéda au Moyen Âge. Née en Italie au XVe siècle, la Renaissance se répandit au siècle suivant dans l'ensemble de l'Europe. Marqués par les grandes découvertes qui favorisèrent la naissance d'une bourgeoisie marchande et par l'invention de l'imprimerie qui permit la diffusion de la culture humaniste, les hommes de la Renaissance redécouvrirent l'Antiquité grecque et romaine. C'est, en France, une riche période littéraire, avec Rabelais* et Montaigne*, Ronsard* et Du Bellay*.

Renaud (né en 1952)

Chanteur français. De son vrai nom Renaud Séchan, il connaît un grand succès dans les années 1980 avec

La Tapisserie de la reine Mathilde : une bande dessinée médiévale.

La *Tapisserie de la reine Mathilde* est aussi connue sous le nom de *Tapisserie de Bayeux*. En fait il s'agit d'une broderie plutôt que d'une tapisserie. Elle aurait été commandée par Odon de Bayeux, le demi-frère de Guillaume le Conquérant, et raconte par l'image la conquête par les Normands de l'Angleterre, en 1066. Elle détaille les événements auxquels cette conquête a donné lieu et notamment la bataille de Hastings. Néanmoins, elle ne se concentre par sur ce fait d'armes puisque, pour près de la moitié, les faits qu'elle relate sont antérieurs à l'invasion proprement dite. Il est probable qu'elle soit très favorable à Guillaume le Conquérant, mais elle constitue toutefois un témoignage et un document historique précieux sur le XIe siècle normand et anglais. Elle renseigne sur les vêtements, les châteaux, les navires et les conditions de vie de cette époque. Conservée jusqu'à la fin du XVIIIe siècle dans la collection de la cathédrale de Bayeux, elle est de nos jours présentée au public en un musée particulier. D'une longueur de 68,30 mètres et haute d'environ 50 centimètres, la broderie est amputée. On estime qu'elle devait se terminer par le couronnement de Guillaume. Six cent vingt-six personnages y sont représentés. C'est à tort qu'on a attribué sa réalisation à la reine Mathilde (épouse de Guillaume le Conquérant) aidée de ses dames de compagnie.

des chansons engagées, dont les textes dénoncent les injustices de la société.

ŒUVRES PRINCIPALES *Laisse béton*, 1978 ; *Marche à l'ombre*, 1980 ; *Mistral gagnant*, 1985.

Rennes

Ville française. 215 916 habitants (les *Rennais*) ; 318 127 habitants dans l'agglomération. Rennes est le chef-lieu de la Région Bretagne* et du département d'Ille-et-Vilaine. C'est un centre administratif, universitaire et industriel (industrie automobile). Capitale des ducs de Bretagne au Xe siècle, la ville devint le siège du parlement de Bretagne en 1561.

Renoir Auguste (1841-1919)

Peintre impressionniste français. Influencé par Delacroix et Manet, il s'intéressa davantage à la figure humaine qu'aux paysages, contrairement à son ami Monet*. Il a exprimé son amour de la vie à travers des formes féminines épanouies.

ŒUVRES PRINCIPALES *La Balançoire*, 1876 ; *le Moulin de la Galette*, 1876 ; *les Baigneuses*, vers 1918.

Auguste **Renoir** : *Alphonsine Fournaise* (1879)

Renoir Jean (1894-1979)

Cinéaste français. Fils d'Auguste Renoir, il est considéré comme l'un des plus grands cinéastes français. Il a imposé un style à la fois réaliste et poétique. Il a réalisé de nombreux films, dont certains, comme *la Grande Illusion* ou *la Règle du jeu*, sont devenus des classiques du cinéma français.

ŒUVRES PRINCIPALES *Une partie de campagne*, 1936 ; *la Grande Illusion*, 1937 ; *la Règle du jeu*, 1939.

République - Ire République

Régime politique de la France du 21 septembre 1792 au 18 mai 1804. La Ire République fut mise en place après l'abolition de la royauté par la Convention* en 1792. Celle-ci fut remplacée, en 1795, par le Directoire, composé de Directeurs (pouvoir exécutif) et de deux assemblées (pouvoir législatif). La France s'engagea alors dans des conflits contre l'Autriche et l'Angleterre. Fragilisés par une série de coups d'État, les Directeurs démissionnèrent en 1799, laissant place au Consulat, avec Bonaparte* à sa tête. Sacré empereur des Français le 2 décembre 1804, Bonaparte devint Napoléon Ier.

République - IIe République

Régime politique de la France du 25 février 1848 au 2 décembre 1852. La IIe République fut proclamée à la suite de la révolution de 1848 qui mit fin à la monarchie de Juillet*. Le gouvernement provisoire rétablit le suffrage universel. En décembre 1848, Louis-Napoléon Bonaparte fut élu président de la République. Il s'entoura de ministres réactionnaires et dut faire face au mécontentement populaire. À la suite de son coup d'État en décembre 1851, Louis-Napoléon Bonaparte décida de dissoudre l'Assemblée et il rétablit l'Empire en 1852. → VOIR **Napoléon III.**

République - IIIe République

Régime politique de la France du 4 septembre 1870 au 10 juillet 1940. La IIIe République fut proclamée à la fin de la guerre* de 1870 contre l'Allemagne. Ses débuts furent marqués par l'insurrection parisienne de la Commune*. Après la tentative des royalistes de restaurer la monarchie, les républicains modérés arrivèrent au pouvoir. Le gouvernement dut faire face à de graves crises (affaire Dreyfus*). En 1905, une loi instaura la séparation de l'Église et de l'État. À la veille de la Première Guerre mondiale, les mouvements de gauche se développèrent. La période de l'entre-deux-guerres fut marquée par l'instabilité politique et la crise économique. Le Front* populaire remporta les élections de 1936. Trois ans plus tard, la France déclara la guerre à l'Allemagne à la suite de l'invasion de la Pologne par celle-ci. En 1940, le maréchal Pétain signa l'armistice avec les Allemands et, muni des pleins pouvoirs, prit la tête du gouvernement de Vichy qui mit fin à la IIIe République.

République - IVe République

Régime politique de la France, d'octobre 1946 à octobre 1958. La IVe République naquit avec l'adoption de la Constitution de 1946. Le socialiste Vincent Auriol fut élu président en 1947. Une longue période d'instabilité politique suivit : 22 gouvernements se succédèrent. Ceux-ci durent faire face à une crise économique et à de graves problèmes extérieurs liés à la décolonisation (guerre d'Indochine* et guerre d'Algérie). En 1958, le général de Gaulle* fut rappelé au pouvoir pour résoudre la crise.

République - Ve République

Régime politique de la France depuis le 4 octobre 1958. Le général de Gaulle fut le premier président de la Ve République. Son gouvernement mit fin à la guerre d'Algérie. Réélu à la présidence en 1965, il dut faire face en mai 1968 à une crise politique, marquée par de grands mouvements de grève. Il démissionna en 1969, et Georges Pompidou* lui succéda.

Celui-ci mourut au cours de son mandat, en 1974, et fut remplacé par Valéry Giscard* d'Estaing. En 1981, un candidat de gauche, François Mitterrand*, remporta l'élection présidentielle. Il fut réélu en 1988. L'élection de Jacques Chirac* en 1995 marqua le retour de la droite à la présidence. Il fut réélu en 2002 (mais pour un mandat plus court : 5 ans). Nicolas Sarkozy, également de droite, lui a succédé en 2007. En 2012, le candidat de gauche François Hollande est élu à la présidence de la République.

Résistance

Ensemble d'actions clandestines menées en Europe contre l'occupant allemand, de 1940 à 1945. En France, les mouvements de résistance furent unifiés en 1943 dans le Conseil national de la Résistance (C.N.R.), constitué par Jean Moulin*. Les actions clandestines des résistants (renseignements, sabotages, fourniture de faux papiers, etc.) et leur organisation en armée secrète pour la lutte contre l'occupation allemande contribuèrent à la libération du pays et au soutien de l'action du général de Gaulle*. De nombreux résistants furent arrêtés par la police nazie ou par la milice française du gouvernement de Vichy. Beaucoup furent torturés, déportés ou fusillés. → VOIR noms communs : **maquis.**

les **Restaurants du cœur**

Association caritative française. Fondée en 1985 par Coluche*, animée par des bénévoles, cette association récolte et distribue des denrées aux plus démunis.
▸ REM. On dit aussi les « Restos du cœur ».

Restauration

Régime politique de la France. Durant la Restauration, la monarchie fut rétablie. Après la chute de Napoléon Ier en 1815, le frère de Louis XVI fut appelé sur le trône sous le nom de Louis XVIII. À sa mort, en 1824, Charles X, l'autre frère de Louis XVI, lui succéda. La révolution de 1830 mit fin à ce régime.

La **Réunion**

Île de l'océan Indien, à l'est de l'Afrique, formant un département et une Région d'outre-mer. 2 511 km^2 ; 843 617 habitants (les *Réunionnais*). Ville principale : Saint-Denis. L'île est formée par un grand massif volcanique. Découverte en 1528 par les Portugais, La Réunion est passée sous domination française en 1638, prenant le nom d'« île Bourbon ». Surpeuplée, l'île vit essentiellement de la culture de la canne à sucre et de la production de vanille.

Révolution culturelle chinoise

Mouvement politique et idéologique chinois, mis en place de 1966 à 1976. Mao* Zedong, qui voulait ranimer la révolution et renforcer le communisme en Chine, mit en place la « Révolution culturelle ». Celle-ci s'appuyait sur son *Petit Livre rouge*. Mao Zedong créa les « gardes rouges », une armée composée d'étudiants et d'ouvriers chargés d'éliminer les opposants au régime. La Révolution culturelle, qui fit plusieurs millions de victimes, prit fin avec la mort de Mao en 1976.

Révolution française

Succession d'événements qui ont bouleversé les institutions françaises, entre 1789 et 1799. La Révolution commença quand Louis XVI* fit convoquer les états généraux pour instaurer de nouveaux impôts. Soutenus par le peuple, les députés décidèrent de transformer le système de gouvernement pour le rendre plus démocratique et d'appliquer les idées de liberté et d'égalité. En dix ans, la France changea de nombreuses fois de régime politique. La monarchie fut supprimée et la république créée en 1792 ; un régime sanglant, appelé *la Terreur*, s'instaura pendant quelque temps. Puis une période plus calme, le Directoire, aboutit à la prise du pouvoir par Napoléon Bonaparte en 1799. → VOIR AUSSI **Bastille, Danton, Robespierre, Valmy.**

révolution russe

Ensemble d'événements qui amenèrent Lénine* et son parti au pouvoir en 1917. Pendant la Première Guerre mondiale, la Russie, dirigée par le tsar Nicolas II*, était en guerre contre l'Allemagne. En février 1917, les souffrances provoquées par le conflit entraînèrent un soulèvement populaire. Le tsar fut remplacé par un gouvernement provisoire, qui continua la guerre. En octobre, Lénine et le parti bolchevique, qui avaient promis de mettre fin à la guerre, s'emparèrent du pouvoir.

révolutions d'Angleterre

Révolutions qui aboutirent au renversement de deux rois de la dynastie des Stuarts au XVIIe siècle.

- **La première révolution** ou **la « Grande Rébellion » (1642-1649).** Pour des raisons politiques et religieuses, les Anglais et les Écossais se révoltèrent contre le roi Charles Ier. Après quatre ans de guerre civile, ils renversèrent ce dernier, le jugèrent et le décapitèrent. La République anglaise fut proclamée ; elle fut dirigée, pendant dix ans, d'une main de fer par Oliver Cromwell*, mais disparut peu après sa mort.
- **La seconde révolution** ou **la « Glorieuse Révolution » (1688-1689).** Elle provoqua le départ de Jacques II Stuart et l'avènement de Guillaume III de Nassau, prince d'Orange.

Rhin

Fleuve d'Europe. Long de 1 320 km, il prend sa source dans les Alpes suisses, remonte vers le nord-ouest de l'Allemagne puis traverse les Pays-Bas, avant de se jeter dans la mer du Nord. Navigable sur la plus grande partie de son cours, le Rhin joue depuis toujours un rôle très important pour le transport et le commerce. Dans l'ouest de l'Allemagne, il a creusé des gorges profondes dont les pentes abritent les ruines d'anciens châteaux et des vignobles. Une légende raconte que des navigateurs furent attirés par le chant d'une fée appelée Lorelei et que leur navire se fracassa contre un rocher, qui existe toujours.

Rhône
Fleuve de Suisse et de France. Long de 812 km, dont 522 en France, le Rhône prend sa source en Suisse dans le massif du Saint-Gothard, à 1 750 m d'altitude, traverse le lac Léman, le Jura puis Lyon et sa région. Il coule ensuite du nord au sud, dans une large vallée entre les Alpes et le Massif central, la *vallée du Rhône*, et se jette dans la Méditerranée après avoir formé un vaste delta, la Camargue. Il a été aménagé notamment par des barrages.

Rhône-Alpes
Anc. Région administrative française regroupant 8 départements : Ain, Ardèche, Drôme, Isère, Loire, Rhône, Savoie et Haute-Savoie. La région joua un rôle important à l'époque gallo-romaine : Lyon (*Lugdunum*) était alors la capitale des Gaules. → VOIR AUSSI **Auvergne – Rhône-Alpes.**

Richard Cœur de Lion (1157-1199)
Roi d'Angleterre. Il participa à la croisade organisée contre Saladin*. À son retour, il fut retenu prisonnier par l'empereur d'Allemagne, qui le libéra au bout de quatre ans contre une forte rançon. Il se battit ensuite en France contre Philippe* Auguste, mais il mourut trop tôt pour tirer profit de ses victoires. Richard était un grand guerrier, mais il s'intéressa si peu à l'Angleterre qu'il n'y séjourna que quelques mois. → VOIR AUSSI **Jean sans Terre, Robin des bois.**

Rencontre entre **Richard Cœur de Lion** et Saladin (miniature du XIVe siècle)

Richelieu - cardinal de Richelieu (1585-1642)
Premier ministre de Louis XIII*. Il renforça l'autorité du roi dans tous les domaines. Il assiégea et prit la ville protestante de La Rochelle, parce qu'il pensait qu'elle était devenue une puissance dangereuse pour l'autorité de l'État. Pour encourager la vie intellectuelle, il fonda l'Académie française en 1634 et agrandit l'université de la Sorbonne.

le cardinal de **Richelieu**

Rift Valley
Immense vallée qui s'étend dans l'est de l'Afrique, des côtes du Mozambique à la mer Rouge. Longue de plusieurs milliers de kilomètres, cette vallée est née il y a cinquante millions d'années d'une grande cassure de l'écorce terrestre qui a séparé l'Asie et Madagascar du continent africain et qui a soulevé des volcans (mont Kenya, Kilimandjaro). De grands lacs, comme le lac Tanganyika*, se sont formés dans ce long fossé, où se trouvent des vestiges préhistoriques très importants. → VOIR **Lucy.**

Rimbaud Arthur (1854-1891)
Poète français. Arthur Rimbaud, surnommé « le Voyant », écrivit des poèmes dès l'âge de 17 ans, cessa d'écrire à 20 ans et partit en Afrique où il devint soldat, déserteur, trafiquant d'armes. Malade, il mourut à Marseille à 37 ans. Il fut l'ami de Verlaine*. Révolté contre la société, il a révolutionné la langue poétique, en jouant notamment sur des images, des sonorités capables d'exprimer des sensations nouvelles. Rimbaud a beaucoup influencé la poésie moderne.

ŒUVRES PRINCIPALES *Une saison en enfer*, 1873 ; *Illuminations*, 1886.

Riner Teddy (né en 1989)
Judoka français. Combattant dans la catégorie des plus de 100 kg (poids lourds), il comptait à la fin de 2015 huit titres de champion du monde. Il obtient le titre olympique à Londres en 2012.

Rio de Janeiro
Ville du Brésil. 5 940 224 habitants (les *Cariocas*) ; près de 12 millions d'habitants dans l'agglomération. La ville, qui est aussi un port, est construite dans une baie, au sud-est du Brésil. Les faubourgs populaires et les bidonvilles, appelés *favelas*, ont envahi les pentes abruptes des alentours. Le site le plus célèbre de Rio de Janeiro est le Pain de Sucre, piton de 395 m appelé ainsi à cause de sa forme.

▸ REM *Rio de Janeiro* signifie « fleuve de janvier » car le navigateur portugais qui découvrit le site le 1er janvier 1502 prit la baie pour l'embouchure d'un cours d'eau.

Rio Grande ou Rio Bravo

Grand fleuve d'Amérique du Nord. Long de 3 000 km, il traverse des zones très arides et sert de frontière entre les États-Unis et le Mexique. Beaucoup de Mexicains le franchissent clandestinement pour émigrer aux États-Unis.

Robespierre Maximilien de (1758-1794)

Homme politique français. Député en 1789, ses qualités d'orateur et son idéal de démocratie et de vertu le firent remarquer à la tribune. Surnommé « l'Incorruptible », il défendit les droits du peuple, les libertés publiques et le suffrage universel. En 1793, il vota la mort du roi, puis fut appelé à la tête du gouvernement, nommé alors *Comité de salut public*. Accusé de pratiquer un pouvoir autoritaire, il fit régner la terreur pour éliminer ses adversaires. On appelle d'ailleurs cette période de l'histoire *la Terreur*. Rassemblés par la peur, ses ennemis le firent arrêter et l'envoyèrent à l'échafaud en 1794. → VOIR AUSSI **Révolution française, Danton.**

Robin des bois

Héros légendaire anglais. Les aventures de Robin des bois sont nées d'un fait historique : la résistance de paysans du XIIe siècle à la tyrannie du prince Jean sans Terre, frère de Richard Cœur de Lion, parti en croisade. Archer infaillible, Robin des bois, aidé de quelques joyeux compères installés dans la forêt de Sherwood, résiste au prince Jean, attaque l'envoyé du roi chargé de collecter les impôts et distribue l'or aux pauvres.

Robinson Crusoé

Roman de l'écrivain anglais Daniel Defoe (vers 1660-1731). Écrit en 1719, le roman raconte l'histoire de Robinson Crusoé, échoué sur une île déserte après un naufrage. Il organise sa vie, seul d'abord durant 28 ans, puis avec un indigène qu'il arrache des mains des cannibales et qu'il appelle *Vendredi*. Defoe s'est inspiré de l'histoire vécue d'un marin écossais qui, après une dispute avec son capitaine, fut abandonné cinq ans sur une île déserte. → VOIR AUSSI **Michel Tournier.**

Rocheuses - montagnes Rocheuses

Chaîne montagneuse de l'ouest de l'Amérique du Nord. S'étendant sur 3 500 kilomètres, au Canada et aux États-Unis, les Rocheuses possèdent des sommets de plus de 4 000 mètres et de très nombreuses stations de ski.

Rodin Auguste (1840-1917)

Sculpteur français. Quand il voulait représenter le corps d'un homme ou d'une femme, il lui arrivait souvent de ne pas le sculpter en entier ou de le déformer volontairement. Cela donne à ses œuvres un aspect très expressif et fait de lui un précurseur de l'art moderne. Sa sculpture la plus célèbre s'intitule *le Penseur*. Elle représente un homme qui médite.

ŒUVRES PRINCIPALES *Le Penseur*, 1880 ; *le Baiser*, 1886-1898 ; *les Bourgeois de Calais*, 1884-1895.

Auguste **Rodin** dans son atelier

le *Roi et l'Oiseau*

Dessin animé du cinéaste français Paul Grimault (1905-1994). Réalisé en 1980, sur un scénario de Jacques Prévert*, ce film raconte, de façon poétique, le combat entre la liberté et la tyrannie, incarnée par un roi qui poursuit une bergère qu'il veut épouser, alors qu'elle aime un ramoneur.

Rois mages

Personnages bibliques. Guidés par une étoile, ils seraient venus d'Orient adorer Jésus à sa naissance en apportant des offrandes. Ils sont décrits comme des mages, c'est-à-dire des savants ou des magiciens, et non comme des rois. Plus tard, une légende en a fait des rois et leur a donné des noms : Gaspard, Melchior et Balthazar. → VOIR noms communs : **Épiphanie.**

Rolling Stones

Groupe de rock anglais. Formé en 1962, à Londres, le groupe est composé notamment de Mick Jagger (né en 1943), chanteur, parolier et leader, et de Keith Richard (né en 1943), guitariste et compositeur. Provocateurs dans leurs chansons comme dans leurs attitudes, parfois violents, les Rolling Stones, contemporains des Beatles, connurent aussi un immense succès, en s'inspirant beaucoup des chanteurs noirs américains.

ŒUVRES PRINCIPALES *Satisfaction*, 1965 ; *Paint it Black*, 1966 ; *Angie*, 1973.

romain - Empire romain

Ensemble des territoires conquis et dirigés par la ville de Rome pendant l'Antiquité, de 27 avant J.-C. à 476 après J.-C. On a donné à ces territoires le nom d'Empire à partir du règne d'Auguste*, le premier empereur romain. L'Empire s'étendait sur tous les pays qui bordent la Méditerranée et comprenait aussi l'Angleterre. En 395, il fut divisé en deux et il y eut deux empereurs. À l'ouest, l'*Empire romain d'Occident* conservait Rome pour capitale. À l'est, l'*Empire romain d'Orient* était dirigé depuis Constantinople. Le premier s'est effondré sous les coups des Invasions* barbares. Le second s'est maintenu jusqu'en 1453. → VOIR AUSSI **Empire byzantin.**

Roman de Renart

Suite de récits anonymes en vers. Datant des XIIe et XIIIe siècles, le *Roman de Renart* décrit les luttes entre Renart, le rusé goupil, et Ysengrin, le loup. À travers les animaux, cette œuvre dépeint la société médiévale de manière divertissante et critique. Elle connut un immense succès.

▸ REM. Le mot *goupil* (ancien nom du renard, *vulpiculus* en latin) fut remplacé par celui de *renard*, du nom du personnage de ce récit.

Rome

Capitale de l'Italie. 2 612 068 habitants (les *Romains*). Si, sur le plan économique, Rome est supplantée par les villes du nord de l'Italie, elle joue un rôle politique, administratif et intellectuel important. C'est une capitale d'art et un haut lieu du tourisme, avec ses monuments hérités de l'Antiquité (le Colisée, le Capitole) et de la Renaissance (basilique Saint-Pierre, chapelle Sixtine*). Elle est aussi, depuis la fin du VIe siècle, la capitale du christianisme. Le Vatican*, minuscule État indépendant à l'intérieur de la ville, est depuis le XVe siècle la résidence des papes.

Rome - traité de Rome

Traité qui créa la Communauté économique européenne (C.E.E.). Il fut signé le 25 mars 1957, à Rome, par six pays : l'Allemagne fédérale, la Belgique, la France, l'Italie, le Luxembourg et les Pays-Bas. Il établissait une union douanière entre les pays membres de la C.E.E., visait à harmoniser les politiques économiques et fondaient les institutions communautaires. La C.E.E., qui devint la Communauté européenne (C.E.) en 1992, fut l'une des étapes de la construction de l'Union* européenne.

Rome antique

Période historique de Rome. Selon la légende, Rome fut fondée par Romulus* et Remus en 753 avant J.-C. La ville naquit sans doute du regroupement de plusieurs villages, situés, selon la tradition, sur sept collines. Avec l'arrivée des Étrusques*, Rome devint une véritable ville, puis s'organisa en république. La République romaine (509-27 avant J.-C.) marqua le début des grandes conquêtes, de la Gaule à l'Asie Mineure. Mais la République s'affaiblit politiquement : l'autorité du sénat, instance dirigeante de Rome, fut contestée par les généraux, qui se disputèrent bientôt le pouvoir. Sorti vainqueur, César* obtint les pleins pouvoirs, mais fut assassiné en mars 44. Son successeur, Auguste*, devint le premier empereur romain. Rome connut son apogée entre le Ier et le IIIe siècle. Mais les guerres civiles et la création de Constantinople par Constantin* en 330 affaiblirent sa domination. Au Ve siècle, Rome subit les Invasions* barbares. En 476, l'Empire d'Occident disparut avec son dernier empereur, remplacé par un roi barbare. → VOIR AUSSI **Empire romain.**

Roméo et Juliette

Pièce de William Shakespeare*. Elle fut écrite en 1594-1595. À Vérone, en Italie, malgré la haine qui sépare leurs deux familles, Roméo et Juliette s'aiment et se marient en secret. Mais la fatalité les entraîne dans la mort. Ce drame a été mis en musique et adapté pour la danse et le cinéma. → VOIR AUSSI **West Side Story.**

Romulus et Remus

Fondateurs mythiques de Rome. Romulus et Remus étaient les fils du dieu Mars et d'une prêtresse de la déesse Vesta. La prêtresse n'avait pas le droit d'avoir d'enfants et elle fut mise à mort. Romulus et Remus, jetés dans un fleuve, échouèrent sur la rive. Une louve les découvrit et les nourrit avec son lait. Ils furent ensuite élevés par un berger et fondèrent la ville de Rome en 753 avant J.-C., à l'endroit où la louve les avait sauvés.

Romulus et Remus : *la Louve du Capitole* (VIe siècle avant J.-C.)

la *Ronde de nuit*

Tableau de Rembrandt*. Ce tableau date de 1642. C'est une commande de l'association des arquebusiers (soldats armés d'arquebuses) d'Amsterdam au peintre. Elle représente la *Sortie du capitaine Frans Banning Cocq et de son lieutenant Willem Van Ruytenbuch*. La scène se déroule en plein jour, contrairement à ce que suggère le titre du tableau. On y retrouve les jeux subtils de lumière et d'ombre caractéristiques de la peinture de Rembrandt.

Ronsard Pierre de (1524-1585)

Poète français. Il forma avec d'autres poètes de la Renaissance, dont Joachim Du Bellay*, un groupe appelé *la Pléiade*, qui renouvela la poésie française à partir de l'héritage de l'Antiquité. Proclamé « le prince des poètes », poète de cour, Ronsard connut le succès de son vivant, notamment grâce à ses sonnets célébrant l'amour.

ŒUVRES PRINCIPALES *Les Amours*, 1552-1578 ; *les Sonnets pour Hélène*, 1578.

Roosevelt Franklin (1882-1945)

Homme politique des États-Unis. Élu quatre fois de suite président des États-Unis à partir de 1933, Franklin Roosevelt lutta contre la grave crise que subissait alors l'économie américaine. Il convainquit ses concitoyens de participer à la Seconde Guerre mondiale, ce qui permit la défaite finale de l'Allemagne et du Japon.

Rose - mont Rose
Massif des Alpes. Il est partagé entre la Suisse et l'Italie. Son point culminant est la pointe Dufour (4 634 m).

Rossini Gioacchino **(1792- 1868)**
Compositeur italien. Il a composé notamment des opéras et connut, à Paris, de nombreux succès sous la Restauration*.

ŒUVRES PRINCIPALES *Otello*, 1816 ; *la Pie voleuse*,1817 ; *Guillaume Tell*, 1829.

Rostand Edmond **(1868-1918)**
Écrivain français, auteur de *Cyrano* de Bergerac*.

Rotterdam
Ville des Pays-Bas. 616 294 habitants ; 1 million d'habitants dans l'agglomération. Rotterdam prit son essor au XIXe siècle avec l'aménagement du Rhin et est aujourd'hui le premier port du monde.

Rouen
Ville française. 114 265 habitants (les *Rouennais*) ; 465 879 habitants dans l'agglomération. Rouen est le chef-lieu de la Région Normandie* et du département de la Seine-Maritime. Centre industriel et port fluvial, la ville possède de très beaux monuments. Jeanne* d'Arc y fut brûlée vive en 1431.

Rouge - mer Rouge
Mer qui sépare l'Afrique de l'Arabie saoudite. La mer Rouge communique au nord avec la Méditerranée par le canal de Suez, au sud avec l'océan Indien. Comme très peu de fleuves se jettent dans la mer Rouge, c'est une des mers les plus chaudes et les plus salées du globe. Elle doit son nom à des plantes rouges qui y poussent.

Roumanie (Europe)
- Superficie : 237 000 km²
- Habitants : 21 699 000 *(les Roumains)*
- Capitale : *Bucarest*
- Langue : *roumain*
- Monnaie : *leu*

Pays du sud de l'Europe ouvert sur la mer Noire, la Roumanie vit de l'agriculture (blé, maïs, betterave) et de l'industrie (métallurgie, mécanique). La dictature de Nicolae Ceausescu, dirigeant communiste renversé en 1989, a ruiné l'économie du pays. La Roumanie a rejoint l'Union* européenne en 2007.

Rousseau Henri, dit **le Douanier Rousseau (1844-1910)**
Peintre français. Modeste fonctionnaire, il apprit tout seul à peindre. Il représenta des scènes de rêve et des paysages exotiques mystérieux et poétiques. Si la maladresse de son dessin faisait rire, il fut cependant reconnu comme un grand peintre par Apollinaire* et Picasso*.

Rousseau Jean-Jacques **(1712-1778)**
Écrivain et philosophe de langue française, né à Genève. Tôt orphelin, Rousseau eut une enfance aventureuse et solitaire. Il rencontra Voltaire* à Paris en 1740 et collabora à l'*Encyclopédie**. Amoureux de la nature et convaincu de la bonté naturelle de l'homme, il dénonça dans ses ouvrages la société corrompue. Ses idées ont inspiré la Révolution française et le romantisme.

ŒUVRES PRINCIPALES *Julie ou la Nouvelle Héloïse*, 1761 ; *Confessions*, 1782 et 1789.

Rubens Petrus Paulus **(1577-1640)**
Peintre flamand. Entré à 14 ans comme apprenti dans un atelier de peinture où il resta dix ans, Rubens partit achever sa formation en Italie et s'imprégna des chefs-d'œuvre de la Renaissance. De retour dans son pays, il peignit de grandes compositions religieuses (*la Descente de Croix*) ou mythologiques (*le Combat des Amazones*) qui lui valurent la renommée.

ŒUVRES PRINCIPALES *L'Adoration des Mages*, 1609 ; *la Descente de Croix*, 1612 ; *la Kermesse*, 1636.

Russie (Europe et Asie)
- Superficie : 17 075 000 km²
- Habitants : 142 834 000 *(les Russes)*
- Capitale : *Moscou*
- Langue : *russe*
- Monnaie : *rouble russe*

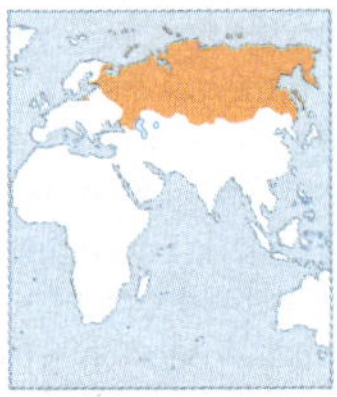

Pays le plus vaste du monde, la Russie s'étend sur 10 000 km, de la mer Baltique* à l'ouest à l'océan Pacifique à l'est. La chaîne de l'Oural* constitue la limite entre la Russie d'Europe et la Russie d'Asie, appelée la Sibérie*. Ancien empire des tsars, la Russie était la plus importante des républiques qui composaient l'U.R.S.S.*. Après l'éclatement de celle-ci en 1991, la Russie, la Biélorussie et l'Ukraine ont constitué une fédération. Depuis cette date, les relations entre les différents peuples (comme les Tchétchènes) sont souvent source de conflits. La Russie est dotée de nombreuses ressources agricoles et minières.

Russie ancienne
Période historique de la Russie. C'est au XVIe siècle que la principauté de Moscou établit sa suprématie sur le territoire russe, tandis que les Mongols* étaient peu à peu chassés, après deux siècles de domination. Avec les tsars, l'histoire de la Russie fut celle de conquêtes successives qui en ont fait le plus grand pays du monde. Mais la misère paysanne et ouvrière, encore accentuée par la Première Guerre mondiale, provoqua la révo-

lution* russe de 1917. → VOIR AUSSI **Catherine II, Ivan le Terrible, Pierre Ier le Grand.**

Rwanda (Afrique)

- Superficie : 26 338 km^2
- Habitants : 11 777 000 *(les Rwandais)*
- Capitale : *Kigali*
- Langues : *français, kinyarwanda, anglais*
- Monnaie : *franc rwandais*

• Situé en Afrique centrale, le Rwanda, autrefois rattaché au Congo belge, est devenu indépendant en 1962. Son climat tempéré permet une agriculture vivrière (banane, haricot) et d'exportation (café, thé). Ce pays, comme le Burundi*, a été dévasté par la guerre civile entre les deux peuples qui l'habitent, les Hutu et les Tutsi.

S

Saguenay–Lac-Saint-Jean

Région du nord-est du Québec. Elle est constituée de la région du lac Saint-Jean, agricole, et de celle du Saguenay, industrielle.

Sahara

Région désertique occupant la majeure partie de l'Afrique du Nord. C'est le plus grand désert du monde (plus de 9 millions de km^2) ; ses dunes de sable sont parfois spectaculaires (jusqu'à 5 km de long et 400 m de haut). Au Sahara, il ne pleut presque pas, les vents sont très violents et la différence de température entre le jour et la nuit est très grande. Ses seuls habitants sont les Touareg*, nomades, et les agriculteurs sédentaires des rares oasis. Le Sahara possède quelques gisements de gaz naturel et de pétrole. Il est délimité au sud par une zone semi-désertique, le Sahel*.

Sahara : dunes dans la vallée du Ziz (Maroc)

Sahel

Région d'Afrique semi-désertique. Située au sud du Sahara, cette zone de transition entre le désert et les régions tropicales humides est occupée, au nord, par la steppe et peuplée de pasteurs nomades ; au sud, plus arrosé, s'étend la savane, peuplée d'agriculteurs. Mais les sécheresses de ces dernières années et la fragilité du milieu naturel ont provoqué une extension dramatique du désert.

la Saint-Barthélemy

Épisode sanglant des guerres de Religion*. Le massacre de la Saint-Barthélemy eut lieu à Paris, le 24 août 1572, jour de la Saint-Barthélemy. Catherine* de Médicis, jalouse de l'influence des chefs protestants, persuada le roi Charles IX que ceux-ci préparaient un complot contre lui. Elle ordonna, avec son accord, leur mise à mort. Venus à Paris pour assister au mariage d'Henri de Navarre, futur Henri IV, ils furent tous massacrés, à l'exception d'Henri de Navarre, qui dut renier sa foi. Le peuple parisien se jeta à son tour sur les protestants. Il y eut plus de trois mille morts. Quelques jours plus tard, des massacres eurent lieu aussi dans les grandes villes de province.

Saint-Denis

Ville française de l'océan Indien. 109 408 habitants (les *Dionysiens*). Chef-lieu de La Réunion*. C'est la plus importante commune d'outre-mer.

Sainte-Lucie (Amérique)

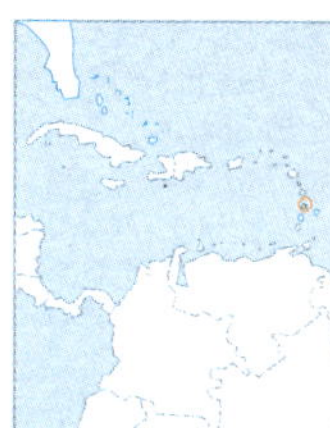

- Superficie : 616 km^2
- Habitants : 182 000 *(les Saint-Luciens)*
- Capitale : *Castries*
- Langue : *anglais*
- Monnaie : *dollar des Caraïbes orientales*

• Cette île volcanique de l'archipel des Petites Antilles*, située au sud de la Martinique, est montagneuse et très boisée. Son économie repose sur l'agriculture (bananes, mangues, noix de coco), la pêche et le tourisme. Ancienne colonie britannique, Sainte-Lucie est indépendante depuis 1979.

Saint Empire romain germanique
Empire fondé en 962 par Otton Ier. Cet empire fut créé dans le but de reconstituer celui de Charlemagne. Il comprenait les royaumes de Germanie, d'Italie et de Bourgogne. Mais, affaibli par des luttes de pouvoir, le Saint Empire perdit une partie de ses territoires et se confondit, au cours du XIVe siècle, avec le royaume de Germanie. Les empereurs germaniques, élus par sept princes, les Grands Électeurs, perdirent peu à peu leur pouvoir. Le titre d'empereur devint seulement honorifique et disparut en 1806, quand Napoléon envahit l'Allemagne.

Saint-Étienne
Ville française. 174 587 habitants (les *Stéphanois*) ; 371 937 dans l'agglomération. Chef-lieu du département de la Loire. Centre industriel. On y trouve un musée de la Mine et une Cité du design, construite sur le site de l'ancienne Manufacture d'armes.

Sainte-Sophie
Basilique d'Istanbul, en Turquie. Cette immense église ornée de coupoles a été construite au VIe siècle. Elle est caractéristique de l'architecture byzantine. Lorsque Constantinople a été prise par les Turcs au XVe siècle, Sainte-Sophie a été transformée en mosquée et on lui a ajouté quatre minarets. Aujourd'hui, c'est un musée où l'on peut admirer de magnifiques mosaïques.
▸ REM. Cet édifice n'est pas dédié à une sainte du nom de Sophie mais à la sainte Sagesse divine (en grec, *sophia*).

Sainte Vierge → Marie

Saint-Exupéry Antoine de (1900-1944)
Écrivain et aviateur français. Il fut avec Jean Mermoz (1901-1936) l'un des pilotes qui assurèrent la première ligne régulière Europe-Amérique du Sud. Il disparut en mission. À travers ses livres, Saint-Exupéry parle de la fraternité humaine et des valeurs morales dans un monde moderne dominé par le progrès technique. *Le Petit* Prince* est la plus connue de ses œuvres.

ŒUVRES PRINCIPALES *Vol de nuit*, 1931 ; *Terre des hommes*, 1939 ; *le Petit Prince*, 1943.

Saint-Kitts-et-Nevis (Amérique)
- Superficie : 261 km²
- Habitants : 54 000 *(les Kittitiens et Néviciens)*
- Capitale : *Basseterre*
- Langue : *anglais*
- Monnaie : *dollar des Caraïbes orientales*

• Cet archipel des Petites Antilles*, situé au nord de la Guadeloupe, s'appelle aussi Saint Christopher and Nevis. Ancienne colonie anglaise devenue indépendante en 1983, il fait partie du Commonwealth (organisme rassemblant les États

Antoine de **Saint-Exupéry** avec son mécanicien (1935)

issus de l'ancien Empire britannique). On y cultive la canne à sucre.

Saint-Laurent
Fleuve du Canada. Long de 1 140 km, il naît dans le lac Ontario et se jette dans l'océan Atlantique après avoir traversé les villes de Montréal et de Québec. Le Saint-Laurent est gelé une grande partie de l'année. Plus de la moitié des Canadiens vivent dans la région du Saint-Laurent et des Grands* Lacs.

Saint Laurent Yves (1936-2008)
Couturier français. Assistant de Christian Dior dans les années 1950, il fonda sa propre maison de couture en 1961. Son style est caractérisé par la simplicité et la rigueur des formes.

Saint Louis → Louis IX

Saint-Marin (Europe)
- Superficie : 61 km²
- Habitants : 31 000 *(les Saint-Marinais)*
- Capitale : *Saint-Marin*
- Langue : *italien*
- Monnaie : *euro*

• La république de Saint-Marin est l'un des plus petits États du monde. Elle est formée d'une ville, enclavée dans l'Italie du Nord. Son économie repose essentiellement sur le tourisme. Admise à l'O.N.U.* en 1992, c'est la plus ancienne république libre d'Europe.

Saint-Martin
Île des Petites Antilles, partagée entre la France (53 km² ; 36 286 habitants) et les Pays-Bas (34 km² ; 31 000 habitants). Longtemps placée sous la dépendance de la Guadeloupe*, la partie française est dotée maintenant du statut de collectivité d'outre-mer (chef-lieu Marigot).

Saint-Pétersbourg
Ville du nord-ouest de la Russie. 4,8 millions d'habitants (les *Pétersbourgeois*). Fondée au XVIIIe siècle par le tsar Pierre* le Grand, Saint-Pétersbourg devint la capitale de la Russie. La ville, où fut construit le magnifique palais d'Hiver, accueillait alors les plus grands savants et artistes d'Europe. Au XIXe siècle, le port de Saint-Pétersbourg devint un centre industriel très important. C'est là qu'éclatèrent les premières révoltes d'ouvriers annonçant les révolutions de 1905 et de 1917. De 1914 à 1924, Saint-Pétersbourg fut rebaptisée Petrograd. C'est à cette période que Moscou devint la capitale de l'U.R.S.S. En 1924, Petrograd fut appelée Leningrad, en hommage à Lénine* qui venait de mourir. Pendant la Seconde Guerre mondiale, la ville subit un siège très pénible, qui dura un an et demi. Saint-Pétersbourg a retrouvé son nom d'origine en 1991.

Saint-Pierre
Basilique du Vatican à Rome. Elle a longtemps été le plus grand lieu de culte chrétien du monde. Elle aurait été construite sur le tombeau de saint Pierre. Consacrée en 326 sous Constantin*, sa reconstruction, commencée en 1506, a duré plus d'un siècle. Michel-Ange* en a dessiné la coupole. Elle a été achevée au XVIIe siècle dans le style baroque. → VOIR noms communs : **baroque.**

Saint-Pierre-et-Miquelon
Archipel français d'Amérique du Nord. 6 299 habitants. Située à l'est du Canada et fréquentées dès le début du XVIe siècle par les pêcheurs français (les *terre-neuvas*), cette collectivité territoriale vit aujourd'hui difficilement de la pêche et du tourisme.

Saint-Vincent-et-les Grenadines (Amérique)

- Superficie : 388 km^2
- Habitants : 109 000 *(les Saint-Vincentais-et-Grenadins)*
- Capitale : *Kingstown*
- Langue : *anglais*
- Monnaie : *dollar des Caraïbes orientales*

• Cet archipel des Petites Antilles*, situé dans la mer des Caraïbes, est constitué d'îles et îlots coralliens. Ses ressources proviennent de l'agriculture et du tourisme. Ancienne colonie britannique, cette république est indépendante et membre du Commonwealth depuis 1979.

Saladin (1138-1193)
Sultan d'Égypte et de Syrie. Alors que les croisés étaient maîtres de Jérusalem depuis un siècle et y avaient fondé un royaume, Saladin unifia l'Égypte, la Syrie, l'Arabie et la Mésopotamie sous son autorité. Il prit Jérusalem en 1187. Richard* Cœur de Lion et Philippe* Auguste organisèrent une croisade pour le combattre, mais la ville resta aux musulmans. Les chevaliers chrétiens respectaient Saladin pour sa bonté envers les prisonniers et pour son sens de l'honneur.

Saladin

Salamine - bataille de Salamine
Bataille de la seconde guerre médique (480 avant J.-C.). Victoire de la flotte grecque commandée par Thémistocle sur les Perses de Xerxès Ier.

Salomon (îles) (Océanie)

- Superficie : 30 000 km^2
- Habitants : 561 000 *(les Salomonais)*
- Capitale : *Honiara*
- Langue : *anglais*
- Monnaie : *dollar des îles Salomon*

• Indépendant depuis 1978, cet archipel a été le théâtre de violents combats entre Américains et Japonais pendant la Seconde Guerre* mondiale. La population se concentre sur le littoral et vit de la pêche. Bois, épices et huile de palme constituent ses principales ressources.

Salvador (Amérique)

- Superficie : 21 000 km^2
- Habitants : 6 340 000 *(les Salvadoriens)*
- Capitale : *San Salvador*
- Langue : *espagnol*
- Monnaies : *colón salvadorien, dollar des États-Unis*

• Situé en Amérique centrale, au sud-est du Guatemala, le Salvador vit surtout du riz, du coton et du café. Le pays a été ravagé pendant près de vingt ans par la guérilla et la guerre civile, qui a pris fin en 1992.

Sa Majesté des Mouches
Roman de l'écrivain britannique William Golding (1911-1993). S'inspirant du thème de *Robinson* Crusoé*, le premier roman (1954) de William Golding raconte l'histoire d'une bande de garçons qui se retrouve isolée sur une île déserte, à la suite d'un accident d'avion.

Petit à petit, les enfants vont organiser leur vie sur l'île, mais l'ambiance se dégrade peu à peu : des jalousies et des rivalités naissent entre les enfants, les conduisant à la barbarie.

Samoa (Océanie)

- Superficie : 2 842 km²
- Habitants : 190 000 *(les Samoans)*
- Capitale : *Apia*
- Langues : *anglais, samoan*
- Monnaie : *tala*

- Cet archipel d'Océanie, montagneux et volcanique, est couvert d'une forêt dense. Tourisme, pêche, agriculture (bananes, agrumes) et exploitation du bois précieux sont ses principales ressources. Il est indépendant depuis 1962.

Sampras Pete **(né en 1971)**
Joueur de tennis américain. Il est considéré comme le meilleur joueur de tennis des années 1990. Il a remporté sept fois le tournoi de Wimbledon (de 1993 à 1995 et de 1997 à 2000), cinq fois les Internationaux des États-Unis (1990, 1993, 1995, 1996, 2002) et deux fois ceux d'Australie (1994 et 1997).

Sancy - puy de Sancy
Point culminant (1 885 m) du Massif* central.

Sand George **(1804-1876)**
Romancière française. De son vrai nom Aurore Dupin, George Sand scandalisa la bourgeoisie de son époque en s'habillant en homme, en fumant la pipe et en signant ses livres sous un pseudonyme masculin. Elle mena une vie indépendante et tumultueuse, et eut de nombreux amants, dont le poète Alfred de Musset (1810-1857) et le compositeur Frédéric Chopin*. Après avoir écrit des romans sentimentaux ou sociaux, elle retourna dans sa région natale où elle écrivit des « romans champêtres », comme *la Mare au diable* (1846).

ŒUVRES PRINCIPALES *La Mare au Diable*, 1846 ; *François le Champi*, 1847-1848 ; *la Petite Fadette*, 1849.

George **Sand** (1832)

San Francisco
Ville des États-Unis. 852 469 habitants ; 3,7 millions d'habitants dans l'agglomération. Située sur une baie, San Francisco est un port de l'État de Californie*. Au milieu du XIXe siècle, la ruée vers l'or contribua au développement de la ville, fondée un peu plus tôt par les Espagnols. L'un de ses monuments les plus célèbres est le pont suspendu du *Golden Gate*. En 1906, un tremblement de terre détruisit une partie de la ville. San Francisco a connu d'autres séismes, dont un très important en 1989.

Sans famille
Roman d'Hector Malot*. Paru en 1878, il raconte l'histoire de Rémi, enfant trouvé, qui parcourt le monde avec le musicien Vitalis et ses animaux savants et finit par retrouver sa famille.

Sao Paulo
Ville du Brésil. 10 659 386 habitants (les *Paulistes*), près de 20 millions dans l'agglomération. Sao Paulo est la métropole économique du pays.

São Tomé et Príncipe (Afrique)

- Superficie : 964 km²
- Habitants : 193 000 *(les Santoméens)*
- Capitale : *São Tomé*
- Langue : *portugais*
- Monnaie : *dobra*

- Formé d'îles, cet État de l'Afrique occidentale est situé sur l'équateur et a un climat chaud et humide. São Tomé et Príncipe est indépendant depuis 1975. L'agriculture (cacao, café) constitue sa principale ressource.

Sarajevo
Capitale de la Bosnie-Herzégovine. 389 042 habitants (les *Sarajéviens*). Fondée par les Turcs au XVe siècle, Sarajevo faisait partie, au XIXe siècle, de l'immense empire d'Autriche-Hongrie. L'archiduc François-Ferdinand y fut assassiné le 28 juin 1914. Cet attentat déclencha la Première Guerre* mondiale. En 1992, la Bosnie-Herzégovine déclara son indépendance, déclenchant une guerre civile entre musulmans, orthodoxes (Serbes) et catholiques (Croates). Sarajevo fut assiégée par les forces serbes de Bosnie jusqu'en 1995.

Sarkozy Nicolas **(né en 1955)**
Homme politique français. Animateur du principal parti politique français de droite, l'U.M.P. (Union pour un mouvement populaire, devenue Les Républicains en 2015), plusieurs fois ministre (de l'Intérieur de 2002 à 2004 et de 2005 à 2007), il fut président de la République de 2007 à 2012.

Saskatchewan
Une des provinces des Prairies canadiennes. 652 000 km² ; 1 033 381 habitants (dont 1 % sont d'ex-

pression française et se nomment les *Fransaskois*). Sa capitale est Regina. L'agriculture et l'élevage sont les bases de son économie. Ville principale : Saskatoon.

Satan
L'un des noms du diable. La tradition chrétienne veut qu'il ait d'abord été un ange très puissant qui se serait révolté contre Dieu et aurait poussé les hommes à faire le mal.
▶ REM. *Satan* signifie « adversaire » en hébreu et a été traduit en grec par *diabolos* (d'où le mot *diable*).

Satie Erik **(1866-1925)**
Compositeur français, auteur des *Gymnopédies**.

Saturne
Dieu romain, assimilé au dieu grec Cronos*.

Saturne
Planète du Système solaire. Elle est située entre Jupiter et Uranus et elle a un diamètre de 120 660 kilomètres. Survolée par une sonde spatiale américaine en 1980, Saturne révèle des caractéristiques assez proches de celles de Jupiter. Elle n'a pas de surface solide et elle est constituée essentiellement d'hydrogène, gazeux dans l'atmosphère, puis liquide et métallique en profondeur. Entourée de plus de 50 satellites, Saturne se caractérise surtout par les anneaux qui l'entourent, formés des débris d'anciens satellites ou de la planète elle-même.

Savorgnan de Brazza Pierre **(1852-1905)**
Explorateur français d'origine italienne. Il explora la région du Congo en 1875, puis organisa la colonie du Congo français entre 1886 et 1898.

Saxons
Ancien peuple germain. Les Saxons vivaient au nord-ouest de l'Allemagne actuelle. Ils furent vaincus par Charlemagne, qui leur imposa la religion chrétienne. Vers 450, certains d'entre eux envahirent l'Angleterre où les Angles, un autre peuple germain, les rejoignirent peu après. C'est pour cette raison qu'on appelle les habitants de la Grande-Bretagne les *Anglo-Saxons*.

Scandinavie
Région du nord de l'Europe qui regroupe le Danemark, la Norvège, la Suède, la Finlande et l'Islande. Les habitants de la Scandinavie sont les descendants des Vikings*, peuple de grands navigateurs. La marine marchande et la flotte de pêche tiennent une grande place dans l'économie nationale. Dans ces pays du Nord, aux hivers longs et rudes, le paysage dominant est celui de la forêt. Mais le paysage scandinave possède d'autres caractéristiques : de nombreux lacs ; de petites baies, longues et bordées de montagnes, appelées *fjords* ; des glaciers et des volcans. L'économie repose sur les industries de transformation du bois, mais aussi sur la production d'énergie hydroélectrique et de pétrole. Le niveau de vie des Scandinaves est l'un des plus élevés en Europe, et leurs régimes politiques sont souvent donnés comme exemples de démocraties modernes.

Schliemann Heinrich **(1822-1890)**
Archéologue allemand. À la suite d'une série de fouilles, il découvrit les ruines des anciennes villes de Troie* (1871-1880) et de Mycènes* (1874-1876).

Schœlcher Victor **(1804-1893)**
Homme politique français. Il prépara le décret d'abolition de l'esclavage dans les colonies. Il s'opposa au coup d'État de Louis-Napoléon Bonaparte et fut proscrit.

les ***Schtroumpfs***
Bande dessinée. Elle fut créée en 1958 par le dessinateur belge Peyo (1928-1992). Les Schtroumpfs sont des petits êtres bleus, qui portent un bonnet blanc. Ils parlent une langue étrange dans laquelle la plupart des noms ont été remplacés par « schtroumpf » et une grande partie des verbes, par « schtroumpfer ».

Schubert Franz **(1797-1828)**
Compositeur autrichien. Fils d'instituteur, Schubert exerça lui aussi cette profession, avant de se consacrer à la musique. Il a laissé plus de 600 lieds, où il exprime une grande sensibilité. Il composa également des symphonies. → VOIR noms communs : **lied.**

ŒUVRES PRINCIPALES *Le Roi des Aulnes*, 1815 ; *la Truite*, 1819 ; *8e Symphonie, dite « inachevée »*, 1822.

Schumacher Michael **(né en 1969)**
Coureur automobile allemand. Il fut champion du monde de formule 1 à sept reprises (en 1994 et 1995, et de 2000 à 2004). Il détient aussi le record du monde des victoires en Grands Prix (91, entre 1992 et 2006).

Schumann Robert **(1810-1856)**
Compositeur allemand. Il étudia le droit puis se consacra à la musique. Il composa d'abord des œuvres pour piano, puis des lieds, des symphonies et de la musique de chambre. Ses œuvres se caractérisent par un grand lyrisme.

ŒUVRES PRINCIPALES *Carnaval*, 1835 ; *Scènes d'enfants*, 1838 ; *l'Amour et la vie d'une femme*, 1840.

Schweitzer Albert **(1875-1965)**
Pasteur, médecin et musicien français. Albert Schweitzer partit au Gabon en 1913 pour fonder l'un des premiers hôpitaux de brousse. Il ne retournait en France que pour donner des concerts d'orgue et faire publier ses écrits. Prix Nobel de la paix en 1952.

Scotland Yard
Siège de la police londonienne. Créé en 1829, il est installé le long de la Tamise.

Scott Walter **(1771-1832)**
Écrivain britannique, auteur du roman *Ivanhoé**.

Scythes
Peuple de langue iranienne. Établis entre le Danube et le Don à partir du XIIe siècle avant J.-C., ces cavaliers

et guerriers redoutables ravagèrent la Syrie et menacèrent l'Égypte. Ils disparurent au IIe siècle avant J.-C.

Sécession - guerre de Sécession
Guerre civile des États-Unis qui opposa les États du Nord aux États du Sud, entre 1861 et 1865. Le Sud était une région de grandes plantations de coton, où travaillaient des esclaves noirs. Quand Abraham Lincoln*, qui était hostile à l'esclavage, fut élu président, les États du Sud décidèrent de faire sécession, c'est-à-dire de ne plus faire partie des États-Unis. Ils furent vaincus par le Nord, qui abolit l'esclavage et les obligea à réintégrer les États-Unis.

second Empire → **Empire**

Sécurité sociale
Organisme social français. Créée en 1945, la Sécurité sociale est un organisme d'État destiné à protéger les travailleurs contre certains risques (maladies, accidents, infirmités) en contrepartie de cotisations versées régulièrement par les assurés. La Sécurité sociale prend en charge les frais occasionnés par un accident du travail et rembourse une partie des frais médicaux. Elle verse une pension aux retraités et vient également en aide aux familles ayant au moins deux enfants en leur versant des allocations.

Ségur - comtesse de Ségur **(1799-1874)**
Romancière française d'origine russe. La comtesse de Ségur, de son vrai nom Sophie Rostopchine, a d'abord écrit des livres pour ses nombreux petits-enfants. Les héros de ses romans sont des enfants espiègles ou très sages ; la bonne morale veut que les gentils gagnent toujours.

ŒUVRES PRINCIPALES *Les Petites Filles modèles*, 1858 ; *les Mémoires d'un âne*, 1860 ; *les Malheurs de Sophie*, 1864 ; *Un bon petit diable*, 1865.

la comtesse de **Ségur :** illustration de l'épisode de la poupée de cire des *Malheurs de Sophie*

le ***Seigneur des anneaux***
Roman fantastique de John Ronald Reuel Tolkien.
→ VOIR encadré.

Seine
Fleuve du nord de la France. Il prend sa source sur le plateau de Langres, à 471 m d'altitude. Longue de 776 km, la Seine traverse la Champagne et la Région Île-de-France*, où elle forme de très nombreux méandres. C'est dans l'un de ces méandres que se situe Paris. La Seine coule ensuite en Normandie puis rejoint Le Havre dans un large estuaire, devenu une vaste zone industrielle. La Seine est navigable entre Le Havre et Paris.

Sémites
Anciens peuples du Proche-Orient. Ils parlaient des langues dites *sémitiques*. Les Sémites vivaient surtout en Assyrie (dans l'Iraq et la Syrie actuels). Les Phéniciens, les Arabes et les Hébreux étaient aussi des Sémites.

Sénat
Institution française qui, avec l'Assemblée* nationale, forme le Parlement. Le Sénat est une assemblée constituée de 348 membres élus au suffrage universel indirect pour six ans et renouvelables par moitié tous les trois ans. Ce sont les députés, les conseillers généraux, les conseillers municipaux, etc., qui élisent les sénateurs. Ces derniers doivent être âgés d'au moins 24 ans. Le Sénat, avec l'Assemblée nationale, étudie et vote les lois. Le président du Sénat est le deuxième personnage de l'État : il assure l'intérim en cas d'empêchement, de démission ou de décès du président de la République.

Sénégal (Afrique)

- Superficie : 197 000 km^2
- Habitants : 14 133 000 *(les Sénégalais)*
- Capitale : *Dakar*
- Langue : *français*
- Monnaie : *franc C.F.A.*

- Pays de l'Afrique occidentale, sur l'océan Atlantique, le Sénégal est une ancienne colonie française. C'est une république indépendante depuis 1960. La population est concentrée dans l'ouest du pays et le long du fleuve Sénégal. Le pays produit de l'arachide, du coton et des phosphates. Ses activités industrielles (agroalimentaire, chimie, raffinage du pétrole) sont concentrées autour de la capitale. Le tourisme est aussi une activité importante.

Senna Ayrton **(1960-1994)**
Coureur automobile brésilien de formule 1. Champion du monde des conducteurs en 1988, 1990 et 1991 et vainqueur de 41 Grands Prix, il trouva la mort sur le circuit d'Imola, en Italie, en 1994.

septembre 2001 - attentats du 11 septembre 2001
Attaques lancées contre les États-Unis. Deux avions de ligne américains détournés par des terroristes furent précipités sur les deux tours du bâtiment du World Trade Center, à New York. Un troisième avion s'écrasa

sur un bâtiment officiel, à Washington. Attribués au réseau terroriste islamiste al-Qaida *, dirigé par Oussama Ben Laden, ces attentats firent près de 3 000 morts et provoquèrent un grave traumatisme aux États-Unis et dans le monde entier.

les **Sept Merveilles du monde**

Nom donné dans l'Antiquité à sept monuments. Leur beauté et leur taille étaient, selon les Anciens, dignes des merveilles de la nature et des dieux. Les Sept Merveilles du monde étaient les pyramides de Gizeh * en Égypte, les jardins suspendus de Babylone *, la statue en or et en ivoire de Zeus à Olympie, le temple d'Artémis à Éphèse *, le mausolée d'Halicarnasse (ancienne cité grecque), le colosse de Rhodes et le phare d'Alexandrie *, sur l'île de Pharos. Une seule subsiste encore aujourd'hui : les pyramides de Gizeh.

Serbie (Europe)

- Superficie : 102 200 km^2
- Habitants : 7 777 128 *(les Serbes)*
- Capitale : *Belgrade*
- Langue : *serbe*
- Monnaie : *dinar yougoslave*

- Située dans les Balkans *, entre le Danube et la mer Adriatique, la Serbie est issue de l'éclatement de la Yougoslavie *. En 2003, elle formait, avec le Monténégro, l'État de Serbie-et-Monténégro. Mais le Monténégro a quitté cette fédération et est devenu indépendant en 2006. Le nord de la Serbie est occupé par les plaines du Danube et de la Save où se développent agriculture et élevage. Le sud du pays est une région plus montagneuse, exploitée notamment pour son bois. La population est en grande partie serbe, mais on trouve une population d'origine hongroise en Vojvodine dans le nord du pays. En 2008, la Serbie a vu une de ses provinces autonomes, le Kosovo *, proclamer son indépendance.

Seveso - catastrophe de Seveso

Catastrophe écologique. Une explosion, survenue en juillet 1976 dans une usine chimique, au nord de l'Italie, entraîna un rejet de substances toxiques dans l'atmosphère, polluant une grande partie de la région.

Séville

Ville d'Espagne. 698 042 habitants (les *Sévillans*). Séville est la capitale de l'Andalousie *. Elle fut l'une des villes les plus belles et les plus prospères de l'Espagne occupée par les Maures (VIIIe-XIIe siècle). De nombreux édifices témoignent encore de la civilisation musulmane, comme l'Alcazar, l'ancienne demeure royale, et la cathédrale, avec sa tour de style purement arabe. La ville vit aujourd'hui surtout du tourisme. C'est à Séville qu'eut lieu l'Exposition universelle de 1992.

Le Seigneur des anneaux : une saga romanesque entre fantastique et merveilleux.

Le Seigneur des anneaux a été écrit en 1954-1955 par l'écrivain britannique John Ronald Reuel Tolkien (1892-1973). Il fait suite à un premier récit que l'auteur avait imaginé pour ses enfants et qui avait été publié en 1937 sous le titre *Bilbo le Hobbit*. *Le Seigneur des anneaux* reprend l'univers de ce premier roman et s'inspire de légendes nordiques. Il comprend trois volumes : *la Communauté de l'anneau, les Deux Tours* et *le Retour du roi*.

Tolkien a créé une contrée imaginaire, la Terre du Milieu, où s'affrontent les forces du bien, incarnées par les Hobbits, créatures semi-humaines, et le magicien Gandalf le Gris, et celles du mal, incarnées par le peuple des Orques et le maître du mal, Sauron.

L'enjeu qui les oppose est la conquête d'un anneau, symbole du pouvoir absolu. Il est détenu par Frodon le Hobbit qui décide de détruire l'objet tant convoité et source de malheur. Pour cela, il entreprend avec ses compagnons un long périple à travers le pays ennemi pour atteindre le mont du Destin, volcan où il jettera l'anneau.

L'univers féerique du *Seigneur des anneaux*, peuplé d'êtres humains et de créatures fantastiques (magiciens, nains, elfes, trolls), suscite toujours une véritable fascination.

À partir de ce récit, le cinéaste néo-zélandais Peter Jackson a réalisé trois films en 2001, 2002 et 2003, qui ont connu un grand succès. De nombreux jeux ont également été créés à partir de l'œuvre de Tolkien.

Illustration : Le magicien Gandalf.

Seychelles (Afrique)

- Superficie : 410 km^2
- Habitants : 93 000 *(les Seychellois)*
- Capitale : *Victoria*
- Langues : *anglais, créole, français*
- Monnaie : *roupie des Seychelles*

• Cet archipel de 86 îles est situé dans l'océan Indien, au nord de Madagascar. La plus grande île est Mahé. Les Seychelles ont appartenu à la France, puis à l'Angleterre, et sont indépendantes depuis 1976. Les plages et le climat permettent d'y développer le tourisme.

Sganarelle

Personnage comique créé par Molière, héros notamment de la pièce *le Médecin* malgré lui*.

Shakespeare William (1564-1616)

Poète et auteur de théâtre anglais. William Shakespeare a écrit de nombreuses pièces de théâtre : fresques historiques (*Richard III, Henri VI*), comédies légères (*la Mégère apprivoisée*), tragédies (*Hamlet, Macbeth*) ou pièces romanesques (*la Tempête*). La diversité des personnages, la variété des thèmes, la maîtrise du style et de la construction ont fait la célébrité de ces pièces, considérées comme des chefs-d'œuvre de la littérature. Elles ont inspiré de nombreux écrivains, musiciens et cinéastes. → VOIR AUSSI **Roméo et Juliette.**

ŒUVRES PRINCIPALES *La Mégère apprivoisée*, 1593-1594 ; *Roméo et Juliette*, 1594-1595 ; *Hamlet*, 1601.

William **Shakespeare** (1847)

Sharon Ariel (1928-2014)

Général et homme politique israélien. Il participa aux guerres israélo-arabes avant d'être plusieurs fois ministre à partir de 1977 et d'être élu Premier ministre en 2001. Fondateur du parti Kadima (2005), il dut interrompre sa carrière politique pour raison de santé en 2006.

Sherlock Holmes → Holmes

Shiva

Divinité hindoue. Avec Brahma* et Vishnou*, Shiva est l'une des trois divinités fondamentales de l'hindouisme. Shiva détruit le monde que Brahma a créé et que Vishnou protège. Dieu régnant sur la Mort avec son épouse la déesse Kali, Shiva est aussi le dieu du Renouvellement qui assure la succession des vies et des mondes. → VOIR noms communs : **hindouisme.**

Shiva (statue en bronze du XIe siècle)

Shoah

Extermination des Juifs par les nazis durant la Seconde Guerre* mondiale.

▸ REM. *Shoah* est un mot hébreu qui signifie « anéantissement ». On dit aussi *Holocauste*.

Sibérie

Région située dans l'est de la Russie. 12,5 millions de km^2. Environ 39 millions d'habitants. À cause de son climat très froid, la Sibérie est une région très peu habitée. Son sol est surtout recouvert de conifères (*taïga*) et de steppe (*toundra*). On y a découvert, congelés dans la glace depuis des millénaires, des ossements de mammouths (un jeune mammouth était même complet). Le sol sibérien étant riche en charbon, le gouvernement soviétique organisa à plusieurs reprises de grandes vagues d'immigration plus ou moins forcée vers cette région, le long de la voie du chemin de fer appelé le Transsibérien. En Sibérie se trouvaient de très nombreux camps de prisonniers politiques.

Sicile

Grande île d'Italie. 25 700 km^2. Près de 5 millions d'habitants (les *Siciliens*). Capitale : Palerme. La Sicile est une île montagneuse de la Méditerranée. Elle possède un grand volcan toujours en activité : l'Etna*. Les coteaux de l'île sont recouverts d'oliviers, d'orangers et de vignobles. La Sicile fut colonisée dès l'Antiquité ; on

A B C D E F G H I J K L M N O P Q R S T U V W X Y Z

peut y admirer de splendides vestiges grecs et romains. Du Moyen Âge au XIXe siècle, l'île subit les Invasions barbares, puis passa sous le pouvoir des différentes couronnes d'Europe. Ce n'est qu'en 1860 qu'elle fut incorporée à l'Italie. Depuis la Seconde Guerre mondiale, l'île souffre d'un grand retard économique et de la terreur semée par une organisation criminelle clandestine : la Mafia. → VOIR noms communs : **volcan.**

Sierra Leone (Afrique)

- Superficie : 72 000 km²
- Habitants : 6 092 000 *(les Sierra-Léonais)*
- Capitale : *Freetown*
- Langue : *anglais*
- Monnaie : *leone*

Située à l'ouest de l'Afrique, la Sierra Leone est une ancienne colonie britannique devenue indépendante en 1961. Café, cacao et diamants sont ses principales ressources.

Sinaï

Presqu'île d'Égypte. Située au sud d'Israël, la presqu'île est montagneuse et désertique. D'après la Bible, les Hébreux y séjournèrent pendant quarante ans, après avoir quitté l'Égypte. Selon la Tradition, c'est sur la plus haute montagne du Sinaï que Dieu a remis les dix commandements de la Loi juive à Moïse*.

Sindbad le Marin

Héros d'un des contes des *Mille* et Une Nuits*.

Singapour (Asie)

- Superficie : 618 km²
- Habitants : 5 517 000 *(les Singapouriens)*
- Capitale : *Singapour*
- Langues : *anglais, chinois, malais, tamoul*
- Monnaie : *dollar de Singapour*

Île de l'Asie du Sud-Est, peuplée en majorité de Chinois, Singapour est située à l'extrémité sud de la Malaisie* dont elle s'est séparée en 1965. En pleine expansion, à la fois base navale, port important, centre financier et industriel, c'est l'un des « Quatre Dragons » de l'Asie du Sud-Est (ce surnom lui a été donné ainsi qu'à Taïwan*, à Hongkong* et à la Corée* du Sud).

Sioux

Ensemble de tribus d'Indiens d'Amérique du Nord. Les Sioux vivaient de la chasse des bisons dont ils tiraient nourriture et vêtements. D'abord établis dans la région des Grands* Lacs, ils émigrèrent au XVIIe siècle vers les immenses plaines des États-Unis. Les Sioux luttèrent longtemps contre l'envahisseur blanc et ne furent soumis qu'à la fin du XIXe siècle. La plupart d'entre eux vivent aujourd'hui à la frontière des États-Unis et du Canada.

Sixtine - chapelle Sixtine

Chapelle du Vatican*. → VOIR encadré.

La chapelle Sixtine : un vrai panthéon de la peinture italienne de la Renaissance.

La chapelle Sixtine fut construite au Vatican entre 1473 et 1481 sur ordre du pape Sixte IV (1414-1484) qui lui donna son nom. Elle mesure environ 40 m de long, 13 m de large et 20 m de haut. Pour sa décoration, le pape fit appel à de prestigieux peintres italiens : Botticelli*, Domenico Ghirlandaio (1449-1494), Cosimo Rosselli (1439-1507), Luca Signorelli (vers 1445-1523), le Pérugin (vers 1448-1523) et il Pinturicchio (1454-1513). Les fresques qu'ils réalisèrent en 1481-1482 illustrent des textes de l'Ancien et du Nouveau Testament, elles représentent la vie de Moïse et celle du Christ. La chapelle fut inaugurée en 1483. Michel-Ange* intervint à partir de 1508 à la demande du pape Jules II qui voulait modifier la décoration, notamment celle de la voûte de la chapelle. Michel-Ange réalisa en quatre ans une fresque évoquant neuf épisodes de la création du monde (la Genèse). Une des scènes les plus célèbres est *la Création d'Adam* (vers 1511), représentant Dieu donnant vie à Adam. En 1536, le pape Paul III fit de nouveau appel à Michel-Ange qui réalisa la fresque monumentale du *Jugement dernier* (1536-1541), sur le mur du fond de la chapelle. Certains personnages dont la nudité avait été jugée indécente dans les œuvres du peintre furent recouverts d'un voile pudique.

Les fresques ont été entièrement restaurées entre 1979 et 1999.

C'est dans cette chapelle que se réunissent les cardinaux pour élire le pape.

Slovaquie (Europe)
- Superficie : 49 000 km²
- Habitants : 5 450 000 *(les Slovaques)*
- Capitale : *Bratislava*
- Langue : *slovaque*
- Monnaie : *euro*

• Après avoir fait partie de la Tchécoslovaquie avec la République tchèque*, la Slovaquie, pays de l'Europe centrale, est devenue indépendante en 1993. Le pays, montagneux, associe l'agriculture et l'élevage aux ressources minières (fer) et industrielles (sidérurgie, chimie). Elle a rejoint l'Union européenne* en 2004.

Slovénie (Europe)
- Superficie : 20 200 km²
- Habitants : 2 072 000 *(les Slovènes)*
- Capitale : *Ljubljana*
- Langue : *slovène*
- Monnaie : *euro*

• Située entre l'Italie, l'Autriche, la Hongrie et la Croatie, la Slovénie, issue de l'éclatement de la Yougoslavie*, est devenue indépendante en 1991. Elle a rejoint l'Union* européenne en 2004.

Société protectrice des animaux → S.P.A.

Socrate **(470-399 avant J.-C.)**
Philosophe grec d'Athènes. Socrate n'a jamais écrit de livre, mais son enseignement nous est connu grâce à son élève Platon*, qui en a fait le personnage principal de ses *Dialogues*. Platon dépeint Socrate comme quelqu'un qui apprenait aux hommes à découvrir par eux-mêmes la vérité sur les choses et sur le monde. Socrate est considéré comme le premier et le plus grand des philosophes. Accusé de corrompre la jeunesse, il fut condamné à se suicider en buvant une coupe pleine de ciguë.

Socrate

Soleil → noms communs : **soleil** (planche)

Soliman le Magnifique **(1494-1566)**
Sultan ottoman. Sous son règne, l'Empire ottoman* atteignit son apogée. Soliman soumit l'ensemble du monde islamique à son autorité, fit la conquête de la Hongrie et tenta même de s'emparer de l'Autriche en attaquant Vienne, mais sans succès.

Somalie (Afrique)
- Superficie : 638 000 km²
- Habitants : 10 496 000 *(les Somaliens)*
- Capitale : *Muqdisho*
- Langues : *somali, arabe*
- Monnaie : *shilling somalien*

• Située à l'est de l'Afrique, sur l'océan Indien, la République démocratique de Somalie est indépendante depuis 1960. L'économie de ce pays d'agriculture et d'élevage est ruinée par la guerre civile.

Songhaï
Peuple du Niger et du Mali. Au XVe siècle, l'Empire songhaï était extrêmement puissant. Ses guerriers avaient vaincu un grand rival, l'empire du Mali, et s'étaient emparés de la prestigieuse ville de Tombouctou. Au XVIe siècle, les Songhaï furent battus par les Peuls* et les Touareg*. Ils sont environ 700 000 aujourd'hui et vivent surtout de l'agriculture. Ils pratiquent l'islam, mais ils ont gardé des coutumes de religions africaines beaucoup plus anciennes.

Souchon Alain **(né en 1944)**
Auteur, compositeur et interprète français. Ses chansons aux mélodies douces et rythmées sont tendres et mélancoliques. Il a également interprété des rôles au cinéma.

ŒUVRES PRINCIPALES *J'ai dix ans*, 1975 ; *Allô Maman bobo*, 1977 ; *Foule sentimentale*, 1993.

Soudan (Afrique)
- Superficie : 2 506 000 km²
- Habitants : 37 964 000 *(les Soudanais)*
- Capitale : *Khartoum*
- Langue : *arabe*
- Monnaie : *dinar soudanais*

• Situé à l'est de l'Afrique, au sud de l'Égypte, le Soudan est indépendant depuis 1956. C'est le plus vaste pays du continent africain. Il compte plus de 500 ethnies composées de populations noires et blanches, de religions et de langues différentes. Ses ressources sont insuffisantes, et le sud-ouest du pays est ravagé par la guerre civile entre chrétiens et musulmans (notamment au Darfour), et par des famines dues à la sécheresse.

A B C D E F G H I J K L M N O P Q R S T U V W X Y Z

Soudan du Sud

- Superficie : 619 745 km^2
- Habitants : 11 296 000 *(les Sud-Soudanais)*
- Capitale : *Djouba*
- Langue : *anglais*
- Monnaie : *livre sud-soudanaise*

• La République du Soudan du Sud est un pays d'Afrique né à la suite d'un référendum d'autodétermination organisé en 2011. Le Soudan du Sud a alors fait sécession, se séparant de la République du Soudan*, qui l'a aussitôt reconnu. Des problèmes subsistent en ce qui concerne les frontières.

la Soufrière

Volcan actif de la Guadeloupe (1 467 m).

S.P.A. (Société protectrice des animaux)

Association française. Fondée en 1845 par le général et homme politique français Jacques Delmas de Grammont (1796-1862) et reconnue d'utilité publique en 1860, la S.P.A. recueille dans des refuges les animaux abandonnés ou maltraités. Elle possède également des dispensaires où les personnes les plus démunies peuvent faire soigner et vacciner leurs animaux.

Spartacus (mort en 71 avant J.-C.)

Chef d'une armée d'esclaves révoltés contre Rome. Échappé d'une école de gladiateurs en 73 avant J.-C., il combattit les légions romaines avec plusieurs dizaines de milliers d'esclaves qu'il avait appelés à se révolter. Après quelques victoires, il fut vaincu par le général romain Crassus, qui fit crucifier six mille de ses partisans.

Sparte

Ancienne ville grecque. Sparte avait un système politique unique en son genre. Dès leur plus jeune âge, les citoyens de Sparte étaient élevés pour être des soldats au service de leur cité. Ces soldats recevaient tous le même revenu et menaient une vie sobre et austère. Ils vivaient grâce au travail des esclaves appelés *ilotes*, sur lesquels ils avaient droit de vie et de mort. Grande puissance militaire de la Grèce antique, Sparte domina le monde grec à la fin du Ve siècle avant J.-C.

Sphinx

Monstre de la mythologie grecque. Il avait un corps de lion, une tête et une poitrine de femme. Installé sur un rocher à l'entrée de Thèbes, en Grèce, il proposait des énigmes aux passants et dévorait ceux qui n'en trouvaient pas la solution. Il demanda à Œdipe : « Quel animal a quatre pieds le matin, deux à midi et trois le soir ? » – « L'homme, répondit Œdipe. Enfant, il marche à quatre pattes ; adulte, sur ses deux jambes et, quand il est vieux, il s'appuie sur un bâton. » Furieux de la victoire d'Œdipe, le Sphinx se jeta de son rocher et se tua.

Spider-Man

Personnage de bande dessinée. Spider-Man (« l'homme-araignée ») est un super-héros créé aux États-Unis par le scénariste Stan Lee et le dessinateur Steve Ditko en 1962. C'est l'un des personnages les plus populaires des comics (bandes dessinées américaines). De nombreux magazines lui sont consacrés. Il a inspiré plusieurs films.

Spielberg Steven (né en 1946)

Cinéaste américain. Ses films, souvent basés sur de multiples effets spéciaux, remportent un très grand succès dans le monde entier. Spielberg a réalisé des films de terreur (*les Dents de la mer*), de science-fiction (*Rencontres du troisième type*, *E.T.*), des films d'aventures (*les Aventuriers de l'arche perdue* et la série des *Indiana Jones*, *Jurassic Park*). À l'écart de ses productions spectaculaires, il réalise des films historiques comme *la Liste de Schindler*.

ŒUVRES PRINCIPALES *Les Dents de la mer*, 1975 ; *les Aventuriers de l'arche perdue*, 1981, et la série des *Indiana Jones*, 1984, 1989, 2008 ; *E.T.*, 1982 ; *Jurassic Park*, 1993 ; *la Liste de Schindler*, 1993.

Spirou

Personnage de bande dessinée. Vêtu d'un costume de groom, le personnage de Spirou fut créé en 1938 et passa entre les mains de plusieurs dessinateurs belges, dont Jijé (1914-1980), qui lui donna pour compagnon Fantasio, et surtout Franquin (1924-1997), qui l'installa dans le village de Champignac et créa le fameux Marsupilami. Spirou nous entraîne dans des aventures à la fois drôles et pleines de suspense.

Spitz Mark (né en 1950)

Nageur américain. Outre les deux titres olympiques remportés en relais en 1968, il en remporta sept en 1972, à Munich, où il battit plusieurs records du monde.

Spoutnik

Nom des premiers satellites soviétiques. Spoutnik 1, lancé en octobre 1957, emportait un simple émetteur radio. Spoutnik 2, lancé en novembre 1957, emportait la chienne Laïka, qui fut le premier être vivant à séjourner en orbite. Un troisième et dernier lancement eut lieu en 1958.

Sri Lanka (Asie)

- Superficie : 66 000 km^2
- Habitants : 21 273 000 *(les Sri Lankais)*
- Capitale : *Colombo*
- Langues : *cinghalais, tamoul*
- Monnaie : *roupie de Sri Lanka*

• Île de l'Asie méridionale, au sud-est de l'Inde, le Sri Lanka, qui s'est appelé Ceylan jusqu'en 1972, est indépendant depuis 1948. Le thé et le riz sont les principales ressources du pays, dont l'économie a été déstabilisée par plusieurs années de

A B C D E F G H I J K L M N O P Q R S T U V W X Y Z

guerre civile entre minorités bouddhiste et hindouiste. Ces tensions ont provoqué le déclin du tourisme, affecté aussi par le tsunami (raz de marée d'origine sismique) de décembre 2004.

Staline Joseph **(1878 [et non 1879, date « officielle »]-1953)**
Homme politique de l'U.R.S.S*. Après la mort de Lénine*, Staline s'empara du pouvoir et fit de l'U.R.S.S. une dictature sanglante. Il fit déporter et massacrer ses ennemis politiques, et organisa une véritable idolâtrie autour de sa personne. Allié de Hitler jusqu'à ce que l'Allemagne envahisse l'U.R.S.S., il fit ensuite partie des vainqueurs de la Seconde Guerre mondiale. Les pays d'Europe centrale que son armée avait libérés du nazisme furent contraints d'adopter le régime communiste. Staline est responsable de la mort de millions de personnes en U.R.S.S.

Stalingrad - bataille de Stalingrad
Bataille de la Seconde Guerre mondiale. En 1941, les armées allemandes envahirent l'U.R.S.S. sans rencontrer de résistance, mais furent arrêtées à Stalingrad (aujourd'hui Volgograd). Entre septembre 1942 et février 1943 s'y déroula une bataille, qui s'acheva par une victoire russe et la première capitulation d'une armée allemande depuis le début de la guerre.

Stanley John Rowlands **(1841-1904)**
Explorateur britannique. Il fut envoyé comme journaliste en Afrique centrale, sur les traces de Livingstone*, dont on était sans nouvelles. Il le retrouva en 1871. Lors d'un second voyage, traversant l'Afrique équatoriale, il découvrit le cours du fleuve Congo, puis participa à la fondation de l'État du Congo, colonie belge jusqu'en 1960, puis république du Zaïre jusqu'en 1997 et aujourd'hui République démocratique du Congo.

Starck Philippe **(né en 1949)**
Designer et architecte français. Il a créé de nombreux meubles et objets de structures simples mais inventives.

Stevenson Robert Louis **(1850-1894)**
Écrivain britannique. Malgré une santé fragile, Stevenson décida de quitter son Écosse natale et de partir en voyage, d'abord en Allemagne et en France, puis en Californie, où il vécut dans une grande pauvreté. Ses ouvrages connurent rapidement un grand succès, comme son roman d'aventures *l'Île* au trésor* ou son roman fantastique *Docteur* Jekyll et Mister Hyde*. Il finit ses jours dans les îles Samoa.

ŒUVRES PRINCIPALES *L'Île au trésor*, 1883 ; *Docteur Jekyll et Mister Hyde*, 1886.

Stockholm
Capitale de la Suède. 911 989 habitants (les *Stockholmois*) ; 1,5 million d'habitants dans l'agglomération. La ville, qui fut fondée au milieu du XIIIe siècle, s'étend sur des îles et des presqu'îles. C'est un port important. Stockholm est le centre administratif, commercial et industriel du pays.

Stockholm

Stonehenge
Site au sud de la Grande-Bretagne. Composé d'énormes blocs de pierre disposés en cercle, le monument date du IIIe ou du IIe millénaire avant J.-C. On pense que c'est un sanctuaire où l'on rendait hommage au dieu du Soleil.

Strasbourg
Ville française. 278 937 habitants (les *Strasbourgeois*) ; 454 475 habitants avec la banlieue. Strasbourg est le chef-lieu de la Région Alsace-Champagne-Ardenne-Lorraine* et du département du Bas-Rhin. Prise par les Allemands en 1870, elle revint à la France en 1918. Strasbourg est le siège du Parlement* européen.

Strasbourg - serments de Strasbourg
Pacte historique. → VOIR encadré.

Strauss Johann **(1825-1899)**
Compositeur autrichien. Son père, compositeur et violoniste très connu à Vienne, s'opposa à ce que Johann fasse, comme lui, une carrière de musicien : il lui fit apprendre le piano, mais il voulait qu'il travaille dans une banque. Johann créa à seize ans son orchestre au café Dommayer, contre la volonté de son père. Il devint le directeur de la Musique de Vienne, puis celui des bals de la Cour. Fêté comme « roi de la valse », il en écrivit plus de deux cents. Ami de Brahms*, il fut enterré à ses côtés, au cours de funérailles nationales.

ŒUVRES PRINCIPALES *Le Beau Danube bleu*, 1867 ; *la Valse de l'Empereur*, 1889.

Stravinsky ou **Stravinski** Igor **(1882–1971)**
Compositeur russe naturalisé français, puis américain. Créateur original dans les domaines du rythme et de l'orchestration, il a créé des œuvres principalement destinées à la danse.

ŒUVRES PRINCIPALES *L'Oiseau de feu*, 1910 ; *Petrouchka*, 1911 ; *le Sacre du printemps*, 1913.

Styx
Fleuve des Enfers, dans la mythologie grecque. Prenant sa source dans un lieu escarpé et isolé, le Styx, qui était le plus grand fleuve des Enfers, se perdait ensuite dans

les entrailles de la terre. Ses eaux boueuses et glacées entouraient le royaume d'Hadès*, envahi par les ténèbres. Elles étaient mortelles pour tout homme ou animal qui en buvait mais avaient la vertu de rendre invulnérable celui qui, comme Achille*, y avait été plongé. On le confond souvent avec un autre fleuve des Enfers, l'Achéron.

Suède (Europe)

- Superficie : 450 000 km^2
- Habitants : 9 571 000 *(les Suédois)*
- Capitale : *Stockholm*
- Langue : *suédois*
- Monnaie : *krona (couronne suédoise)*

• Pays central de la péninsule de Scandinavie*, sur la mer Baltique*, le royaume de Suède a une agriculture très productive, des industries modernes et une des sociétés les plus égalitaires du monde. La Suède a rejoint l'Union* européenne en 1995.

Suez - canal de Suez

Canal d'Égypte. Il s'étend sur 161 kilomètres, de Port-Saïd au nord à Suez au sud. Il relie la mer Rouge à la Méditerranée. Le canal a été construit au milieu du XIXe siècle sous la direction du Français Ferdinand de Lesseps*, contre la volonté des Anglais qui occupaient alors l'Égypte. À partir de 1950, tous les gros pétroliers en route du Moyen-Orient vers l'Europe ont emprunté le canal. Il a ensuite été fermé pendant presque vingt ans à cause des guerres entre Israël et les pays arabes. Aujourd'hui, il est trop étroit pour les pétroliers de fort tonnage, qui passent par le cap de Bonne-Espérance*.

Suisse (Europe)

- Superficie : 41 293 km^2
- Habitants : 8 078 000 *(les Suisses)*
- Capitale : *Berne*
- Langues : *allemand, français, italien, romanche*
- Monnaie : *franc suisse*

• Située au centre de l'Europe, entre la France, l'Allemagne et l'Italie, la Suisse est un pays très peuplé, dont l'actuelle richesse, liée à sa neutralité politique, provient des activités bancaires, industrielles et touristiques.

Sully Maximilien de **Béthune**, duc de **Sully** (1559-1641)

Homme d'État français. Aux côtés d'Henri IV*, il administra les finances du royaume qu'il assainit. Il contribua également au développement de l'agriculture et du commerce.

Les serments de Strasbourg : les plus anciens textes en allemand et en français.

Les serments furent prononcés par deux des fils de Louis le Pieux, Charles le Chauve et Louis le Germanique, petits-fils de Charlemagne, à Strasbourg, le 14 février 842. Ils confirmaient leur alliance contre leur frère Lothaire qui voulait conserver l'intégralité de l'Empire carolingien. Ces serments aboutirent en 843 au partage de Verdun, qui vit l'Empire divisé en trois : une partie revint à Charles le Chauve (le futur royaume de France), une autre à Louis le Germanique (la Germanie) et une troisième à Lothaire (la Lotharingie).

Les serments de Strasbourg sont restés célèbres car ils furent prononcés en langue courante et non pas en latin qui n'était pratiquement plus compris. En effet, dans le royaume des Francs, deux langues dominaient selon que l'on se trouvait à l'est ou à l'ouest : on parlait une langue romane (ancêtre du français) dans la partie occidentale et une langue tudesque (ancêtre de l'allemand) dans la partie orientale. Louis le Germanique prêta serment en langue romane pour être compris des soldats de son frère, tandis que Charles le Chauve fit de même en langue tudesque. Les soldats prêtèrent serment aussi, mais, eux, dans leur propre langue. Les serments furent retranscrits par un historien de l'époque proche de Charles le Chauve et furent donc conservés. Ils constituent le plus ancien témoignage des langues française et allemande.

Illustration : Charles le Chauve, miniature d'un livre de psaumes du IXe siècle.

Sumatra
Île d'Indonésie. 473 600 km^2 ; près de 48 millions d'habitants (les *Sumatrais*). Villes principales : Medan et Palembang. On y pratique la culture du riz, des épices, du café et de l'hévéa.

art **sumérien :** statuette en calcaire (IIIe millénaire avant J.-C., Italie)

Sumériens
Ancien peuple de Mésopotamie. Il doit son nom à la région de Sumer, située dans le sud de la Mésopotamie. Vers 3500 avant J.-C., les Sumériens inventèrent l'écriture, d'abord sous forme de pictogrammes, puis avec des caractères cunéiformes (c'est-à-dire en forme de petits clous). Ils laissèrent d'importants vestiges archéologiques.

Supérieur - lac Supérieur
Un des cinq Grands* Lacs.

Superman
Héros de bande dessinée. Créé aux États-Unis en 1938 par le scénariste Jerry Siegel et le dessinateur Joe Shuster, le timide journaliste Clarke se transforme en Superman, justicier vêtu d'un collant bleu et d'une cape rouge, chaque fois que des méchants menacent Métropolis. Des séries télévisées et des films ont été réalisés à partir de ses aventures.

Surcouf Robert (1773-1827)
Marin français. C'était un corsaire qui mena, dans l'océan Indien, une guerre redoutable contre le commerce anglais, de 1795 à 1802. Échappant à tous les navires de guerre, il parvint à rallier Saint-Malo avec une cargaison de très grand prix, puis il devint un riche armateur.

Suriname (Amérique)

- Superficie : 163 265 km^2
- Habitants : 539 000 *(les Surinamiens)*
- Capitale : *Paramaribo*
- Langue : *néerlandais*
- Monnaie : *florin de Suriname*

Pays du nord de l'Amérique du Sud, le Suriname, ancienne Guyane hollandaise, est devenu indépendant en 1975. Son sous-sol recèle d'importants gisements de bauxite (minerai qui sert à faire de l'aluminium).

La 9e *Symphonie* : un hymne à la fraternité et à l'amour.

La 9e ***Symphonie*** est la dernière symphonie composée par Ludwig van Beethoven. Elle fut écrite de 1822 à 1824, alors que le compositeur était déjà totalement sourd. Elle comprend quatre mouvements pour orchestre, solistes et chœurs.

Cette symphonie rompt avec la forme classique du genre. L'introduction de parties chantées dans l'œuvre est une innovation, notamment dans le dernier mouvement, intitulé l'*Hymne à la joie.* Pour composer ce final, Beethoven s'inspira d'un poème de l'écrivain allemand Friedrich von Schiller (1759-1805). L'originalité de l'œuvre tient également au grand nombre d'instruments qui interviennent dans l'orchestre.

La 9e *Symphonie* fut exécutée pour la première fois lors d'un concert mémorable, à Vienne, le 7 mai 1824. Beethoven assista au concert malgré sa surdité, aux côtés du chef d'orchestre. L'œuvre remporta un triomphe.

La 9e *Symphonie*, par ses innovations, a considérablement influencé les compositeurs qui ont succédé à Beethoven. Le dernier mouvement, l'*Hymne à la joie*, qui chante l'amour et la fraternité, est devenu l'hymne européen en 1972. La partition originale de l'œuvre a été classée au patrimoine mondial de l'humanité par l'Unesco.

Illustration : Beethoven, par J. Stieler.

Swaziland (Afrique)

- Superficie : 17 363 km²
- Habitants : 1 250 000 *(les Swazis)*
- Capitale : *Mbabane*
- Langues : *swazi, anglais*
- Monnaie : *lilangeni*

• Situé au sud de l'Afrique, entre le Mozambique et l'Afrique du Sud, le royaume du Swaziland, qui a des ressources agricoles et minières, est très dépendant de l'Afrique du Sud.

Sydney

Ville d'Australie. 4,4 millions d'habitants. Située au bord de l'océan Pacifique, Sydney est un port et un grand centre industriel et commercial. La ville possède un opéra à l'architecture remarquable, construit dans les années 1970.

9e Symphonie

Œuvre musicale de Ludwig van Beethoven*. → VOIR encadré.

Syrie (Asie)

- Superficie : 185 000 km²
- Habitants : 21 898 000 *(les Syriens)*
- Capitale : *Damas*
- Langue : *arabe*
- Monnaie : *livre syrienne*

• Pays du Proche-Orient situé sur la rive est de la mer Méditerranée, la Syrie a pour principales ressources l'agriculture et l'exploitation des phosphates et du pétrole. Avec Israël et le Liban, la partie côtière de la Syrie correspond aux territoires des États latins du Levant, créés par les chevaliers francs lors des croisades. Des châteaux et des forteresses comme le Krak des Chevaliers témoignent de cette période.

Syrie : Alep

T

Tabarly Éric (1931-1998)

Navigateur français. Il fut deux fois vainqueur de la course transatlantique en solitaire (1964 et 1976) à bord de ses bateaux de la série des *Pen Duick*. En 1980, il battit le record de vitesse de la traversée de l'océan Atlantique en un peu plus de dix jours (le record n'avait pas été battu depuis 1905). Il fut également à l'origine de nombreuses innovations dans le domaine de la conception et de l'architecture des voiliers. Il disparut en mer d'Irlande en 1998.

Table ronde - cycle de la Table ronde

Récits du Moyen Âge. Les premiers récits ont été composés au XIIe siècle au pays de Galles et en Écosse. Ils racontent les aventures légendaires et merveilleuses du roi Arthur* et de ses chevaliers qui accomplissaient mille exploits pour leur « dame » et qui étaient en quête du Graal, un vase sacré dans lequel le sang du Christ avait été recueilli. Les récits font intervenir des êtres surnaturels comme Merlin* l'Enchanteur, la fée Morgane, ainsi que des nains, des géants et des animaux fabuleux.

Tadjikistan (Asie)

- Superficie : 143 000 km²
- Habitants : 8 208 000 *(les Tadjiks)*
- Capitale : *Douchanbe*
- Langue : *tadjik*
- Monnaie : *somoni*

• Situé en Asie centrale, entre la Chine et l'Afghanistan, le Tadjikistan est une ancienne république d'U.R.S.S.* peuplée en majorité de musulmans. Il est devenu indépendant en 1991. Ce pays montagneux au climat rude (hivers rigoureux et étés arides) vit de l'agriculture et de l'élevage.

Tahiti

Île de la Polynésie française. 1 042 km², 183 645 habitants (les *Tahitiens*). L'île, située dans l'océan Pacifique, est constituée de deux volcans éteints unis l'un à l'autre. Les Tahitiens, dont une grande partie habite Papeete, la ville principale, vivent surtout de la pêche et du tourisme.

Taïwan (Asie)

- Superficie : 36 000 km^2
- Habitants : 23 200 000 *(les Taïwanais)*
- Capitale : *Taipei*
- Langue : *chinois*
- Monnaie : *dollar de Taïwan*

Île de l'Asie orientale, au sud-est de la Chine, Taïwan, qui s'appelait autrefois *Formose* (la « Belle Île »), a été restituée par le Japon à la Chine en 1945. Peuplée de Chinois ayant fui la Chine après la révolution de 1949, elle refuse son intégration et est administrée par son propre gouvernement. Une production industrielle variée assure la croissance économique de Taïwan, qui est, avec Singapour*, Hongkong* et la Corée* du Sud, l'un des « Quatre Dragons » de l'Asie du Sud-Est ainsi que l'on surnomme ces pays en fort développement économique depuis quelques dizaines d'années.

Talmud

Recueil de textes sacrés du judaïsme. Ceux-ci furent rédigés en hébreu aux IIIe et IVe siècles. Ils contiennent des commentaires de la Torah*. Le Talmud précise les règles de vie des communautés juives.
▸ REM. *Talmud* est un mot hébreu qui signifie « étude ».

Tamoul

Peuple de l'Inde méridionale et du Sri Lanka. Les Tamoul, de religion hindoue, sont entre 40 et 60 millions. Au Sri Lanka, ils représentent 20 % de la population, qui est pour le reste cinghalaise et de religion bouddhiste. Depuis les années 1980, certains Tamoul se sont organisés en groupes armés qui revendiquent l'autonomie des régions à majorité tamoule et s'affrontent à l'armée sri lankaise.

Tanganyika - lac Tanganyika

Lac d'Afrique. C'est le deuxième lac d'Afrique par sa superficie (31 900 km^2). Il marque la frontière entre le Burundi, la République démocratique du Congo, la Zambie et la Tanzanie. → VOIR AUSSI **Rift Valley.**

Tanzanie (Afrique)

- Superficie : 940 000 km^2
- Habitants : 49 253 000 *(les Tanzaniens)*
- Capitales : *Dar es-Salaam, Dodoma (cap. désignée)*
- Langues : *swahili, anglais*
- Monnaie : *shilling tanzanien*

Située à l'est de l'Afrique, sur l'océan Indien, la Tanzanie est indépendante depuis 1961. Le pays possède le plus haut sommet d'Afrique, le Kilimandjaro* (point culminant : 5 895 m). Il vit principalement de l'élevage et de la culture du café, du thé et du coton. Il possède quelques ressources minières, qui ne sont pas toujours exploitées (diamants, or, étain, phosphates).

Tarzan

Héros des romans de l'écrivain américain Edgar Rice Burroughs (1875-1950). Créé en 1912, Tarzan est un jeune lord anglais qui, perdu dans la jungle après un naufrage, est recueilli et élevé par des gorilles, et devient le roi de la jungle. Ses aventures ont été popularisées par les bandes dessinées et le cinéma.

Tati Jacques (1907-1982)

Cinéaste français. Jacques Tati a renouvelé le cinéma comique français en mettant en valeur les aspects drôles de la vie quotidienne, grâce à une observation minutieuse de la réalité. Il incarnait dans ses films le personnage dégingandé de M. Hulot.

ŒUVRES PRINCIPALES *Jour de fête*, 1949 ; *les Vacances de M. Hulot*, 1953 ; *Mon oncle*, 1958.

Jacques **Tati** (*Jour de fête*, 1947)

Tazieff Haroun (1914-1998)

Géologue français. En tant que volcanologue, il a conduit des travaux de recherche sur les éruptions volcaniques et les tremblements de terre. On lui doit également de nombreux ouvrages et des films documentaires sur ces phénomènes.

Tchad (Afrique)

- Superficie : 1 284 000 km^2
- Habitants : 12 825 000 *(les Tchadiens)*
- Capitale : *Ndjamena*
- Langues : *français, arabe*
- Monnaie : *franc C.F.A.*

Situé en Afrique centrale, le Tchad, ancienne colonie française, est une république indépendante depuis 1960. Le pays, en partie désertique, sans transports intérieurs, a été ruiné par la guerre civile. Près de la moitié de la population est installée à l'ouest du fleuve Chari, principale région de cultures vivrières et d'exportation. La découverte de pétrole, au sud (Doba), constitue un réel espoir de développement.

Tchaïkovski Piotr Ilitch (1840-1893)

Compositeur et chef d'orchestre russe. Entré au Conservatoire de Moscou comme professeur en 1866, il y enseigna l'harmonie pendant dix ans. Il put ensuite se consacrer à la composition grâce à l'aide financière d'une richissime admiratrice, Nadejda von Meck. Il composa surtout des ballets, des symphonies et des pièces pour piano. → VOIR AUSSI **Casse-Noisette, le Lac des cygnes.**

ŒUVRES PRINCIPALES *Le Lac des cygnes*, 1876 ; *Casse-Noisette*, 1892 ; *Symphonie n° 6, « la Pathétique »*, 1893.

tchèque (République)

(Europe)

- Superficie : 79 000 km²
- Habitants : 10 702 000 *(les Tchèques)*
- Capitale : *Prague*
- Langue : *tchèque*
- Monnaie : *koruna (couronne tchèque)*

• Pays d'Europe centrale, la République tchèque est issue du partage de la Tchécoslovaquie en 1993. Urbanisé depuis longtemps, le pays possède une activité commerciale et industrielle ancienne, développée dès le XIXe siècle. Prague* est un lieu important de la culture européenne. La République tchèque a rejoint l'Union* européenne en 2004.

Tchernobyl

Ville d'Ukraine. À proximité se trouve une centrale nucléaire dont l'un des réacteurs a explosé en 1986. La pollution radioactive a tué de nombreuses personnes, et une partie des terres est encore inutilisable. Cette centrale a été définitivement fermée en 2000.

Tchétchénie

République de Russie. Située en bordure du Caucase, elle compte 1 269 095 habitants. Sa capitale est Groznyï. Les Tchétchènes s'opposent au pouvoir central russe depuis qu'ils ont proclamé leur indépendance, en 1991. Les troupes russes ont envahi le pays en 1994, avant de se retirer en 1996. L'armée russe a procédé à de nouvelles offensives à partir de 1999. Depuis 2007, la région connaît une relative stabilisation.

Téléthon

Émission télévisée. Organisé depuis 1987 par l'Association française contre les myopathies (maladies génétiques des muscles), le Téléthon a pour but de récolter des fonds et de sensibiliser le public à ces types de maladies très graves. Une émission de télévision d'une durée de trente heures a lieu chaque année. Des manifestations sont organisées parallèlement dans toute la France.

les Temps modernes

Film de Charlie Chaplin*. → VOIR encadré.

Tenzin Gyatso → dalaï-lama

Teresa Agnes Gonxha Bajaxhiu, dite Mère Teresa

(1910-1997)

Religieuse indienne d'origine albanaise. Elle mena de nombreuses actions en faveur des déshérités et y consacra sa vie. Elle obtint le prix Nobel de la paix en 1979 et fut canonisée en 2003.

Terre → noms communs : terre.

Les Temps modernes : la barbarie du monde industriel.

Charlie Chaplin réalisa cette œuvre en 1936. C'est le dernier film où apparaît le personnage de Charlot créé par le réalisateur en 1914. Charlie Chaplin choisit de faire des *Temps modernes* un film muet, alors que le cinéma parlant existait déjà depuis près de dix ans. Les bruitages superposés à la musique sont cependant nombreux, et Chaplin qui interprète le rôle de Charlot fait entendre sa voix dans une séquence du film où il improvise une chanson.

Charlot travaille à la chaîne dans une usine : toute la journée, il visse des boulons. La cadence croissante et les automatismes de ce travail finissent par le rendre fou. Il est interné. À sa sortie de l'hôpital, il se retrouve à la rue sans travail. À la suite d'un malentendu, il est arrêté puis mis en prison. Il est libéré rapidement. Cherchant de nouveau à se faire emprisonner, il rencontre une orpheline poursuivie par la police.

Les Temps modernes sont une comédie où Charlie Chaplin mêle l'humour au rêve et à l'émotion. Mais le film, qui fut réalisé dans le contexte de la crise économique des années 1930, constitue également une satire du monde moderne et de l'industrialisation. Chaplin y dénonce les conditions de travail inhumaines, le chômage et l'injustice sociale.

Illustration : **Charlot en proie aux cadences infernales.**

Terre-Neuve–et–Labrador
Province de l'est du Canada. 514 536 habitants. Capitale : St. John's. Elle englobe l'île de Terre-Neuve et la péninsule du Labrador.

Territoires du Nord-Ouest
Territoire du Canada. Il est situé au sud du Nunavut. 41 462 habitants. Capitale : Yellowknife.

Thaïlande (Asie)

- Superficie : 514 000 km²
- Habitants : 67 011 000 *(les Thaïlandais)*
- Capitale : *Bangkok*
- Langue : *thaï*
- Monnaie : *baht*

Située en Asie du Sud-Est, entre la Birmanie, le Laos et le Cambodge, la Thaïlande vit essentiellement de l'agriculture (riz) et de la pêche. Le nord et l'ouest du pays, montagneux, fournissent, entre autres, du bois de teck, et le sud (péninsule de Malacca) dispose de plantations d'hévéas. Le tourisme a progressé et constitue une ressource importante, mais il a été très affecté par le tsunami (raz de marée d'origine sismique) de décembre 2004.

Thalès (vers 625-vers 547 avant J.-C.)
Mathématicien et philosophe grec. Thalès, qui dut sa célébrité à la prédiction d'une éclipse de Soleil, aurait rapporté d'Égypte et de Mésopotamie les éléments de l'algèbre et de la géométrie dont il élabora les premiers théorèmes.

Thatcher Margaret (1925-2013)
Femme politique britannique. Chef du Parti conservateur, elle devint Premier ministre en 1979 puis fut réélue en 1983 et 1987. Elle mena une politique de rigueur et d'austérité fondée sur le libéralisme. Elle démissionna en 1990.

Thèbes
Ville de l'Égypte ancienne. Elle fut, sous le Nouvel Empire, la capitale de l'Égypte et une grande métropole religieuse vouée au culte du dieu Amon. Elle fut détruite par les Assyriens au VIIe siècle avant J.-C. et il reste notamment d'elle les temples de Karnak* et de Louqsor.

Thèbes
Ville de la Grèce ancienne. Durant les guerres médiques, elle s'allia avec les Perses et eut, grâce à Épaminondas et Pélipidas, l'hégémonie sur les cités grecques. Elle fut détruite par Alexandre* le Grand en 336 avant J.-C.

Thésée
Personnage de la mythologie grecque. Roi légendaire d'Athènes, il délivra la ville du joug de Minos* en tuant le Minotaure*.

Thor (nom allemand : Donar)
Nom que donnaient les Scandinaves du temps des Vikings au principal dieu des Germains. Armé d'un immense marteau, Thor était le dieu de l'Orage et de la Pluie. Son char, traîné par deux boucs, provoquait le fracas du tonnerre.

Tibet
Région autonome de l'ouest de la Chine. 1 221 000 km² ; 3 002 165 habitants (les *Tibétains*). Ville principale : Lhassa. Situé au nord de l'Himalaya, très isolé et sous-peuplé, le Tibet connaît de nombreux conflits avec la Chine, qui a occupé le pays en 1950 et en a fait une « région autonome ». Le dalaï-lama*, souverain du Tibet et chef spirituel bouddhiste, vit en exil depuis 1959.

Tigre
Fleuve d'Iraq et de Turquie. Il passe à Bagdad et forme avec l'Euphrate* le Chatt al-Arab, qui se jette dans le golfe Persique. Sa longueur est de 1 950 km.

Till l'Espiègle
Personnage légendaire. D'origine allemande, Till l'Espiègle (*Till Uilenspiegel*) est célèbre pour ses farces. C'est un héros joyeux, épris de liberté. Il a inspiré de nombreux récits dans lesquels on le voit se dresser contre l'ordre établi. L'acteur Gérard Philipe incarne ce personnage dans un film réalisé en 1956, *les Aventures de Till l'Espiègle*.

Timor oriental (Asie)

- Superficie : 30 000 km²
- Habitants : 1 133 000 *(les Est-Timorais)*
- Capitale : *Dili*
- Langues : *tetun (ou tetum), portugais*
- Monnaie : *dollar des États-Unis*

Occupée en 1975-1976 par l'Indonésie, la partie portugaise de l'île de Timor est devenue indépendante en 2002 après plus d'un quart de siècle de guérillas, réprimées dans la terreur par des milices soutenues par l'armée indonésienne.

Tintin
Personnage de bande dessinée. Créé par Hergé*, il apparaît en 1929 dans le journal *le Petit Vingtième* sous le nom de Totor, avant de devenir le héros de vingt-trois albums. Tintin est reporter. Accompagné de son chien Milou, il est entraîné dans des aventures aux quatre coins du monde et même sur la Lune. Tintin rencontre le capitaine Haddock dans *le Crabe aux pinces d'or*, et le professeur Tournesol apparaît pour la première fois dans *le Trésor de Rackham le Rouge*. Le succès de ces albums entraîna la création du journal *Tintin*.

Titanic
Paquebot transatlantique britannique. Lors de son premier voyage, en 1912, ce navire immense et très

A B C D E F G H I J K L M N O P Q R S T U V W X Y Z

luxueux heurta un iceberg au sud de Terre-Neuve et coula. Plus de 1 500 personnes périrent dans ce naufrage. L'épave a été localisée en 1985 et visitée à plusieurs reprises depuis 1986. Elle repose par près de 4 000 m de fond. Cette tragédie a inspiré de nombreux cinéastes, dont James Cameron (*Titanic*, 1997).

le **Titanic** rentre en collision avec un iceberg

Titans

Divinités de la mythologie grecque. Ils furent les maîtres de l'Univers. Cronos*, qui était le premier d'entre eux, dévora ses enfants. Le seul à être épargné fut Zeus*, que sa mère avait remplacé par une pierre emmaillotée dans un lange. Devenu adulte, Zeus se révolta contre son père, l'obligea à recracher ses frères et sœurs, et, ensemble, ils combattirent les Titans. Vainqueurs, les enfants de Cronos devinrent les dieux de l'Olympe et se partagèrent l'Univers : Zeus devint le roi du ciel, Poséidon* le maître des océans et Hadès* celui des Enfers.

Titeuf

Personnage de bande dessinée. Créé en 1992 par le dessinateur suisse Zep (né en 1967), Titeuf est un petit garçon curieux et espiègle qui s'interroge sur la vie et le monde des adultes.

Titicaca - lac Titicaca

Lac d'Amérique du Sud. Situé dans le massif des Andes, entre le Pérou et la Bolivie, le lac Titicaca est le plus grand lac d'Amérique du Sud (8 340 km^2). Situé à 3 800 m d'altitude, c'est le lac navigable le plus élevé du monde.

Tito (1892-1980)

Homme politique yougoslave. De son vrai nom Josip Broz, il devint chef du gouvernement en 1945. Il rompit ses relations avec Staline. Il devint président de la République en 1953 et président à vie en 1974.

Togo (Afrique)

- Superficie : 56 600 km^2
- Habitants : 6 817 000 *(les Togolais)*
- Capitale : *Lomé*
- Langue : *français*
- Monnaie : *franc C.F.A.*

• Pays situé à l'ouest de l'Afrique, sur le golfe de Guinée, le Togo est indépendant depuis 1960. Les trois quarts de la population vivent de l'agriculture vivrière et d'exportation (café, cacao, coton). L'économie repose surtout sur l'exportation de phosphates.

Tokyo

Capitale du Japon. 8,9 millions d'habitants (les *Tokyotes* ou les *Tokyoïtes*) ; 37,8 millions d'habitants dans l'agglomération. Tokyo est une très grande place commerciale et industrielle. Elle a été détruite à deux reprises : lors d'un violent tremblement de terre en 1923, puis par un bombardement américain à la fin de la Seconde Guerre mondiale, en 1945. → VOIR noms communs : **ville.**

Tolstoï Léon (1828-1910)

Écrivain russe. Fils de riches propriétaires terriens, il fit une description subtile de la société et de l'âme russes dans ses romans (*Guerre et Paix*, *Anna Karenine*). Sa vision du monde et ses prises de position firent de lui l'idole de la jeunesse russe.

ŒUVRES PRINCIPALES *Guerre et Paix*, 1869 ; *Anna Karenine*, 1875-1877.

Tom Sawyer

Héros de roman. Tom Sawyer apparaît dans les récits de l'Américain Mark Twain* *les Aventures de Tom Sawyer* (1876) et *les Aventures de Huckleberry Finn* (1884). Deux inséparables amis, Tom et Huck, partent une nuit enterrer un chat dans un cimetière. C'est le début de multiples aventures qui les mèneront sur la piste d'un trésor.

Tonga (Océanie)

- Superficie : 700 km^2
- Habitants : 105 000 *(les Tonguiens)*
- Capitale : *Nukualofa*
- Langues : *anglais, tongan*
- Monnaie : *pa'anga*

• Situé à l'est de l'Australie, l'archipel des îles Tonga est composé d'environ 170 îles et îlots volcaniques. L'agriculture (noix de coco, vanille, bananes, fruits exotiques) et le tourisme sont ses principales ressources et sa population s'accroît rapidement. Il est indépendant depuis 1970.

Torah
Recueil de textes sacrés du judaïsme. La Torah comprend les cinq premiers livres de la Bible qui contiennent l'essentiel des lois du judaïsme. → VOIR AUSSI **Talmud.**
▸ REM. *Torah* est un mot hébreu qui signifie « loi ».

rouleau de la **Torah** dans son étui (1860)

Touareg
Peuple nomade du Sahara (Algérie, Maroc, Mali et Niger). On appelle souvent les Touareg « les hommes bleus du désert » à cause de leur voile indigo. Refoulés au centre du Sahara à partir du XVIe siècle, ils ont longtemps vécu de l'élevage et du transport de marchandises sur des dromadaires. Les bouleversements du monde moderne les ont contraints à changer de mode de vie. Ils ont inventé un alphabet. → VOIR AUSSI **Berbères, Kabyles.**

Toulon
Ville française (département du Var). 167 168 habitants (les *Toulonnais*) ; 561 155 habitants dans l'agglomération. Située au bord de la Méditerranée, Toulon est un important port militaire et un centre administratif et commercial.

Toulouse
Ville française. 461 190 habitants (les *Toulousains*) ; 906 457 habitants dans l'agglomération. Toulouse est le chef-lieu de la Région Languedoc-Roussillon – Midi-Pyrénées* et du département de la Haute-Garonne. C'est un centre commercial et industriel (constructions aéronautiques, chimie). Au XIIIe siècle, la ville fut victime de la croisade contre les cathares*.

Toulouse-Lautrec Henri de **(1864-1901)**
Peintre et dessinateur français. Infirme dès l'âge de 14 ans, il quitta Albi pour se rendre à Paris où il devint peintre. Fréquentant les cabarets parisiens, il réalisa essentiellement des scènes de music-hall et des portraits. Son dessin stylisé en fit l'un des pères de l'affiche moderne.

Toumaï
Nom donné à un hominidé fossile. Son crâne, daté de 7 millions d'années, a été découvert au Tchad en 2001.

Tour de France
Course cycliste par étapes. Créé en 1903, le Tour de France suivait, à l'origine, approximativement le contour de la France. Il a lieu chaque année, durant l'été, pendant trois semaines. C'est une des courses cyclistes les plus prestigieuses au monde. Un Tour de France féminin a été créé en 1984. → VOIR tableau.

Tour de France : les principaux vainqueurs.

Nombre de victoires	Coureurs (pays)	Dates
5	Anquetil J. (France)	1957 ; 1961 à 1964.
	Merckx E. (Belgique)	1969 à 1972 ; 1974
	Hinault B. (France)	1978 ; 1979 ; 1981 ; 1982 ; 1985.
	Indurain M. (Espagne)	1991 à 1995.
3	Thys Ph. (Belgique)	1913 ; 1914 ; 1920.
	Bobet L. (France)	1953 à 1955.
	Lemond G. (États-Unis)	1986 ; 1989 ; 1990.
2	Petit-Breton L. (France)	1907 ; 1908.
	Lambot F. (Belgique)	1919 ; 1922
	Bottecchia O. (Italie)	1924 ; 1925.
	Frantz N. (Luxembourg)	1927 ; 1928.
	Leducq A. (France)	1930 ; 1932.
	Magne A. (France)	1931 ; 1934
	Maes S. (Belgique)	1936 ; 1939
	Bartali G. (Italie)	1938 ; 1948.
	Coppi F. (Italie)	1949 ; 1952.
	Thévenet B. (France)	1975 ; 1977.
	Fignon L. (France)	1983 ; 1984.
	Contador A. (Espagne)	2007 ; 2009.
	Froome C. (Grande-Bretagne)	2013 ; 2015

le *Tour du monde en quatre-vingts jours*
Roman de Jules Verne*. → VOIR encadré.

Tournier Michel **(1924-2016)**
Écrivain français. Michel Tournier est l'auteur de romans dont le plus célèbre est *Vendredi ou les Limbes du Pacifique* (1967), qui reprend le mythe de Robinson Crusoé en donnant davantage d'importance à son compagnon Vendredi. L'auteur a par ailleurs réécrit son roman pour le mettre à la portée des enfants, sous le titre de *Vendredi ou la Vie sauvage*.

ŒUVRES PRINCIPALES *Vendredi ou les Limbes du Pacifique*, 1967 ; *Vendredi ou la Vie sauvage*, 1967 ; *le Roi des Aulnes*, 1970.

Tours
Ville française. 138 323 habitants (les *Tourangeaux*) ; 349 427 dans l'agglomération. Chef-lieu du départe-

ment d'Indre-et-Loire. La ville compte de nombreux monuments et des demeures anciennes. À proximité, se trouve le château de Plessis-lès-Tours, résidence du roi de France Louis XI. À l'époque gallo-romaine et au début du Moyen Âge, Tours fut un centre religieux important grâce à ses évêques saint Martin (371-397) et saint Grégoire (573-594).

Toussaint Louverture (1743-1803)
Homme politique haïtien. Esclave dans la colonie française de l'île de Haïti, il dirigea une révolte des Noirs. Il se rallia à la Révolution française quand elle supprima l'esclavage, en 1794. En 1801, il instaura une république noire. Combattu par les troupes françaises de Bonaparte, il fut vaincu et emprisonné en France où il mourut.

Toutankhamon (XIVe siècle avant J.-C.)
Pharaon d'Égypte. Il fut le successeur d'Aménophis* IV. Il s'appelait en fait Toutankhaton, en hommage au dieu du Soleil Aton, mais fut obligé par les prêtres de rétablir le culte de l'ancien dieu Amon* et de changer son nom en Toutankhamon. Il mourut à dix-huit ans et ne devint célèbre que trente-trois siècles plus tard, en 1922, quand des archéologues découvrirent sa tombe pleine de trésors.

Toutatis ou **Teutatès**
Dieu des Celtes. Les Romains racontent que Toutatis était le plus grand dieu des Gaulois et ils l'assimilaient à Mars. Mais *teuta* signifiait « tribu » en celte. Il est donc possible que le mot *Toutatis* ait désigné tout dieu qui protégeait la tribu celte.

Trafalgar
Bataille navale française. Le 21 octobre 1805, au large du cap de Trafalgar, en Espagne, de nombreux navires français furent détruits par la marine anglaise. Napoléon était alors victorieux partout en Europe, mais Trafalgar le priva de sa puissance navale, ce qui joua un rôle important dans sa défaite finale. Le vainqueur, l'amiral Nelson, fut tué pendant la bataille.

la Bataille de **Trafalgar**
(tableau de William Turner, 1822-1824)

Trajan (53-117)
Empereur romain. Par ses conquêtes, il contribua à agrandir l'Empire qu'il étendit jusqu'à l'Arménie, la Mésopotamie et le nord-ouest de l'Arabie. Il fut également un excellent administrateur et un grand bâtisseur.

Trenet Charles (1913-2001)
Chanteur français. Son répertoire à la fois poétique et fantaisiste lui a valu d'être appelé « le fou chantant ».

Le Tour du monde en quatre-vingts jours : le pari fou de Phileas Fogg.

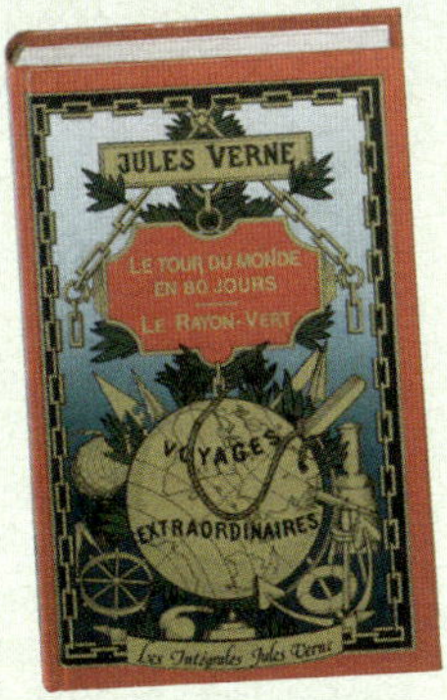

Le Tour du monde en quatre-vingts jours, écrit par Jules Verne, fut publié en feuilleton dès 1872.

À la suite d'un pari, le riche gentleman anglais Phileas Fogg et son domestique français, Passepartout, entreprennent de réaliser le tour du monde en moins de trois mois. Pour mener à bien leur entreprise, ils utilisent divers moyens de transport (paquebot, train, voiture, traîneau, éléphant, etc.). Ils traversent ainsi de nombreux pays où ils vivent une série d'aventures, poursuivis sans le savoir par le détective Fix qui soupçonne Fogg d'être l'auteur d'un vol à la Banque d'Angleterre. Ils effectuent le tour de la Terre en quatre-vingts jours et réussissent ainsi leur pari.

Le suspense et l'humour présents dans l'œuvre font du *Tour du monde en quatre-vingts jours* un roman d'aventures passionnant et divertissant. Jules Verne nous propose une vision du monde dans lequel il vivait : les descriptions géographiques des contrées traversées par les héros tiennent une place importante dans le récit. Il y fait aussi l'apologie des progrès scientifiques et techniques du XIXe siècle : grâce aux nouveaux moyens de transport, la distance, les mers et le relief n'étaient plus des obstacles insurmontables.

Ce roman fut transposé à la scène par Jules Verne lui-même en 1874 et par de nombreux autres metteurs en scène par la suite. Il inspira également les cinéastes, dont Michael Anderson qui adapta le roman au cinéma en 1956.

Illustration : **Couverture de la première édition du roman de Jules Verne de l'éditeur J. Hetzel.**

A B C D E F G H I J K L M N O P Q R S T U V W X Y Z

L'humour et la tendresse de ses chansons, la qualité de ses rythmes et de ses jeux de mots l'ont fait connaître du monde entier.

ŒUVRES PRINCIPALES *Y a d' la joie*, 1937 ; *Je chante*, 1937 ; *Douce France*, 1943.

Trinité-et-Tobago

(Amérique)

- Superficie : 5 128 km²
- Habitants : 1 341 000 *(les Trinidadiens)*
- Capitale : *Port of Spain*
- Langue : *anglais*
- Monnaie : *dollar de Trinité-et-Tobago*

• Cette république, située dans l'archipel des Petites Antilles*, à proximité du Venezuela, est constituée de deux îles : la Trinité, qui rassemble la plus grande partie de la population, et Tobago. La vie économique du pays est dominée par l'extraction du pétrole et du gaz naturel. Le tourisme complète ces activités. Les deux îles, réunies en 1889, sont indépendantes depuis 1962.

Tristan et Iseut

Légende du Moyen Âge. Il existe diverses versions écrites de cette légende d'origine celtique. Tristan et Iseut boivent par erreur un philtre magique qui leur fait ressentir l'un pour l'autre une passion irrésistible. C'est un amour impossible mais auquel ils ne peuvent renoncer. Les amants ne se retrouveront que dans la mort.

Troie

Ancienne ville de l'Asie Mineure. Selon les légendes de l'Antiquité grecque, elle fut le théâtre d'une guerre qui opposa les Grecs aux Troyens. Celle-ci a été racontée, sous une forme poétique, dans *l'Iliade**, par Homère. De nombreux savants pensaient que Troie n'avait jamais existé. Mais, en 1871, des fouilles archéologiques permirent de découvrir les traces d'une ville qui a peut-être été la cité légendaire. Sur ce site occupé depuis 3000 avant J.-C., on a découvert les restes de neuf villes qui se sont succédé.

• **Le cheval de Troie.** L'épisode du cheval de Troie est l'un des plus fameux de la guerre de Troie, racontée dans l'épopée poétique de *l'Iliade*. Pour mettre fin au siège de la ville troyenne, Ulysse* persuada les Grecs de construire un gigantesque cheval de bois et de cacher des guerriers dans ses flancs. Les Troyens l'introduisirent dans la ville ; la nuit venue, les Grecs sortirent du cheval et ouvrirent les portes de la ville à leurs troupes. → VOIR AUSSI **Heinrich Schliemann.**

les Trois Mousquetaires

Roman de cape et d'épée. Il fut écrit en 1844 par Alexandre Dumas* père. L'action se déroule sous le règne de Louis XIII. Les mousquetaires Athos, Porthos et Aramis, auxquels se joint le cadet de Gascogne, d'Artagnan, se dévouent à la cause de la reine Anne d'Autriche, que Richelieu veut compromettre. Les quatre amis devront récupérer des diamants qu'elle a eu l'imprudence de donner au séduisant Buckingham. D'Artagnan, malgré son jeune âge et son inexpérience, s'affirme comme le chef du groupe et lui fournit sa devise : « Un pour tous, tous pour un. » Alexandre Dumas écrira la suite de ces aventures dans *Vingt Ans après* et *le Vicomte de Bragelonne*.

Truffaut François (1932-1984)

Cinéaste français. Il débuta comme critique de cinéma, puis il participa au mouvement des années 1960 que l'on a appelé la « nouvelle vague » et qui imposa un nouveau style de cinéma. Il a réalisé des films pleins de sensibilité.

ŒUVRES PRINCIPALES *les Quatre Cents Coups*, 1959 ; *Jules et Jim*, 1962 ; *l'Enfant sauvage*, 1970 ; *le Dernier métro*, 1980.

Tsiganes ou Tziganes

Ensemble de peuples vivant surtout en Europe. Ils comprennent trois groupes : les Rom, vivant en Europe centrale et de l'Ouest ; les Manouches, vivant en Italie et en France ; les Gitans, vivant surtout en Espagne et au Portugal. On pense que les Tsiganes viennent du nord de l'Inde. Ils ont émigré, puis se sont installés en Moldavie et en Hongrie d'où ils sont partis à nouveau au XVe siècle. La langue tsigane, qui n'est pas écrite, comporte une grande majorité de mots sanskrits. Les Tsiganes ont été persécutés par les nazis pendant la Seconde Guerre mondiale.

Tunis

Capitale de la Tunisie. 638 845 habitants (les *Tunisois*) ; 1 million d'habitants dans l'agglomération. Située au bord de la Méditerranée, Tunis est un centre administratif, commercial et industriel. Louis IX*, qui s'y rendit en 1270 lors de la huitième croisade, y mourut.

Tunisie (Afrique)

- Superficie : 164 000 km²
- Habitants : 10 997 000 *(les Tunisiens)*
- Capitale : *Tunis*
- Langue : *arabe*
- Monnaie : *dinar tunisien*

• Pays de l'Afrique du Nord, sur la mer Méditerranée, la Tunisie est une ancienne colonie française devenue une république indépendante en 1956. Le sud du pays étant désertique, la population se concentre au nord. L'agriculture (oliviers) et l'élevage sont complétés par les ressources du sous-sol (phosphates, pétrole) et par le tourisme. En Tunisie se trouvent les vestiges de l'antique cité de Carthage*, fondée par les Phéniciens* au IXe siècle avant J.-C.

le vicomte de **Turenne**
(tableau de Charles Le Brun)

Turenne Henri de **La Tour d'Auvergne**, vicomte de **Turenne** **(1611-1675)**
Maréchal de France. Pendant la Fronde*, il s'opposa d'abord à Mazarin puis se rallia à la Cour. Il obtint son titre de maréchal en 1660 et commanda l'armée française dans les guerres de conquête que mena Louis XIV contre la Hollande et l'Espagne.

Turkménistan (Asie)

- Superficie : 488 000 km²
- Habitants : 5 240 000 *(les Turkmènes)*
- Capitale : *Achgabat*
- Langue : *turkmène*
- Monnaie : *manat*

• Situé en Asie centrale, sur la mer Caspienne*, le Turkménistan, ancienne république d'U.R.S.S.*, peuplé de musulmans, est indépendant depuis 1991. En grande partie désertique, le pays pratique l'agriculture irriguée (coton) et l'élevage, et produit du pétrole et du gaz naturel.

Turner William **(1775-1851)**
Peintre britannique. Il peignit surtout des paysages où il s'attacha avant tout à rendre la lumière et les couleurs, se préoccupant peu des formes. Sa peinture influença les impressionnistes français comme Pissarro*.

ŒUVRES PRINCIPALES *L'Incendie du Parlement*, 1835 ; *Pluie, vapeur, vitesse*, 1844.

Turquie (Asie)

- Superficie : 780 000 km²
- Habitants : 74 933 000 *(les Turcs)*
- Capitale : *Ankara*
- Langue : *turc*
- Monnaie : *livre turque*

• État de l'ouest de l'Asie, englobant l'extrémité est de la péninsule des Balkans* (la Turquie d'Europe), la Turquie est un pays montagneux (point culminant : 5 135 m, au mont Ararat). Encore essentiellement agricole, la république de Turquie développe son industrie ainsi que le tourisme. La population se concentre dans l'ouest du pays, notamment à Istanbul*. Des négociations ont été ouvertes en 2005 en vue de l'entrée de ce pays dans l'Union* européenne.

Tuvalu (Océanie)

- Superficie : 24 km²
- Habitants : 10 000 *(les Tuvaluans)*
- Capitale : *Funafuti*
- Langues : *anglais, tuvaluan*
- Monnaie : *dollar australien*

• Situé au nord des îles Fidji, ce petit archipel de Polynésie*, composé de 9 atolls coralliens, est l'un des États les plus pauvres du monde. Ses ressources essentielles sont le coprah (extrait de la noix de coco), la pêche et l'édition de timbres. Il est indépendant depuis 1978.

Twain Mark **(1835-1910)**
Écrivain américain, auteur des *Aventures de Tom* Sawyer* et des *Aventures de Huckleberry Finn*.

Tziganes → **Tsiganes**

U

Ukraine (Europe)

- Superficie : 604 000 km²
- Habitants : 45 239 000 *(les Ukrainiens)*
- Capitale : *Kiev*
- Langue : *ukrainien*
- Monnaie : *hrivna*

• Située en Europe orientale, sur la mer Noire, l'Ukraine a été le berceau de la civilisation russe. Ancienne république d'U.R.S.S.*, elle est devenue indépendante en 1991. C'est un pays agricole (blé) et industriel (charbon et acier). En Ukraine, à Tchernobyl, a eu lieu en 1986 l'explosion accidentelle d'un réacteur nucléaire, qui a provoqué une importante pollution radioactive.

Ulysse
Héros grec légendaire. Roi d'Ithaque. Dans *l'Iliade**, Ulysse est l'auteur du stratagème du cheval de Troie. Dans *l'Odyssée**, il est le personnage principal auquel arrivent toutes sortes d'aventures. De retour à Ithaque, il emploie la ruse pour se débarrasser des prétendants qui courtisaient sa femme Pénélope. → VOIR AUSSI **Troie.**

Ulysse attaché au mât du navire pour résister aux Sirènes (mosaïque du IIIe siècle)

Unesco
Organisation de l'O.N.U.* pour l'éducation, la science et la culture. Créée en 1946, l'Unesco a son siège à Paris. Elle se charge, entre autres, de programmes d'alphabétisation et de formation dans les pays en développement. Elle finance aussi des travaux visant à entretenir des sites ou des monuments ayant une grande valeur historique ou artistique dans le monde.

▸ REM. *Unesco* est le sigle de l'anglais *United Nations Educational, Scientific and Cultural Organization.*

Unicef
Organisme humanitaire de l'O.N.U*. Son siège est à New York. L'Unicef a pour mission de venir en aide aux enfants dans les pays du tiers-monde. Il cherche à faire reculer le taux de mortalité infantile grâce à des campagnes de vaccination. Il apporte aussi une aide en matière d'alimentation et d'enseignement. L'Unicef voudrait donner à tout enfant la possibilité de jouir des droits fondamentaux énoncés dans la Déclaration des droits* de l'enfant de 1959.

▸ REM. *Unicef* est le sigle de l'anglais *United Nations International Children's Emergency Fund.*

Union européenne (U.E.)
Union économique et politique. Elle fut instituée par le traité de Maastricht de 1992 (entré en vigueur le 1er octobre 1993). L'Union européenne est l'aboutissement d'un processus de construction européenne engagé après la Seconde Guerre mondiale. La première étape fut la création de la C.E.C.A. en 1951. Puis, le traité de Rome créa la Communauté économique européenne (C.E.E.) en 1957, qui devint la Communauté européenne (C.E.) en 1992. Rassemblant à l'origine des pays d'Europe occidentale, l'Europe communautaire s'est progressivement élargie, intégrant même à partir des années 2000 des pays d'Europe centrale et orientale. L'Union européenne compte aujourd'hui 28 États membres : Allemagne, Belgique, France, Italie, Luxembourg, Pays-Bas (membres fondateurs, 1957-1958), Grande-Bretagne, Danemark, Irlande (1973), Grèce (1981), Espagne, Portugal (1986), Autriche, Finlande, Suède (1995), Chypre, Estonie, Hongrie, Lettonie, Lituanie, Malte, Pologne, Slovaquie, Slovénie, République tchèque (2004), Bulgarie, Roumanie (2007), Croatie (2013). Les principales institutions de l'U.E. sont le Parlement* européen, le Conseil des ministres, le Conseil européen, la Commission européenne, la Cour de justice des communautés européennes et la Banque centrale européenne. Ses objectifs sont l'établissement de l'union économique et monétaire (réalisée avec la création de l'euro*) et la mise en place des bases d'une union politique. L'Union européenne a son drapeau et son hymne (*l'Hymne à la joie*, final de la *9e Symphonie** de Beethoven). Le 9 mai est la fête de l'Europe.

Uranus
Planète du Système solaire. Située entre Saturne et Neptune, elle a un diamètre de 51 100 km. Découverte au XVIIIe siècle, Uranus est mieux connue depuis son survol par une sonde spatiale américaine en 1986. Comme Jupiter, elle possède une épaisse atmosphère, composée surtout d'hydrogène, mais elle semble être constituée en profondeur de couches plus solides. Uranus est entourée d'une série d'anneaux de matière sombre. Autour d'elle gravitent 27 satellites.

U.R.S.S.
Ancien État d'Europe et d'Asie. L'U.R.S.S. est née de la révolution* russe. Composée de quinze Républiques, dont la Russie, elle occupait près de la moitié de l'Asie et dominait de très nombreux pays dans le monde. L'U.R.S.S. était gouvernée par un régime autoritaire qui dirigeait l'ensemble de l'économie, ne respectait pas les libertés fondamentales et prétendait construire une société idéale. Après une ultime tentative de libéralisation du régime, l'U.R.S.S. cessa d'exister en 1991.
→ VOIR AUSSI **Lénine, Staline.**

▸ REM. *U.R.S.S.* est le sigle de *Union des Républiques socialistes soviétiques.*

Uruguay (Amérique)
- Superficie : 177 500 km²
- Habitants : 3 407 000 *(les Uruguayens)*
- Capitale : *Montevideo*
- Langue : *espagnol*
- Monnaie : *peso uruguayen*

• Pays d'Amérique du Sud, l'Uruguay se situe entre le Brésil, l'Argentine et l'océan Atlantique. La moitié de la population est regroupée à Montevideo. La république d'Uruguay vit de l'élevage et des industries agroalimentaires.

V

Vincent **Van Gogh :** *Autoportrait* (1889)

Valais - canton du Valais

Canton de Suisse. Situé dans la haute vallée du Rhône, il couvre 5 226 km^2 et compte 312 684 habitants (les *Valaisans*), en grande majorité francophones. Son chef-lieu est Sion. Il fut créé en 1815.

Vallée de la Mort

Vallée des États-Unis. Située dans le sud-est de la Californie, cette profonde dépression s'enfonce jusqu'à 85 m au-dessous du niveau de la mer. C'est une vallée très aride qui connaît des températures très élevées en été (jusqu'à 55 °C).

Vallée des Rois

Site archéologique d'Égypte. → VOIR encadré page suivante.

Valmy - bataille de Valmy

Bataille qui opposa les Français aux Prussiens. Elle se déroula en 1792, près du village de Valmy (dans la Marne), où, contre toute attente, quelques coups de canon et l'attitude déterminée des soldats français firent fuir les armées ennemies. Après avoir déclaré la guerre aux grandes puissances de l'Europe, la France de la Révolution avait subi une série de défaites. Valmy fut la première d'une longue série de victoires.

Valois

Dynastie des rois de France qui régnèrent de 1328 à 1589. Louis XI* et François Ier* appartiennent à cette dynastie.

Van Gogh Vincent **(1853-1890)**

Peintre néerlandais. Il passa les dernières années de sa vie en France, à Paris et en Provence. Il fut influencé par les peintres impressionnistes (Monet, Cézanne, etc.), mais son style est très original. Pour exprimer la force de ses sentiments, il utilisait des couleurs très vives et déformait violemment les choses qu'il représentait. Inconnu de son vivant, misérable et solitaire, parfois atteint de crises de folie, il finit par se suicider. Il a profondément influencé l'art moderne.

ŒUVRES PRINCIPALES *Quatorze Tournesols dans un vase*, 1888 ; *la Nuit étoilée*, 1889 ; *le Champ de blé aux corbeaux*, 1890 ; *l'Église d'Auvers-sur-Oise*, 1890.

Vanuatu (Océanie)

- Superficie : 12 200 km^2
- Habitants : 253 000 *(les Vanuatuans)*
- Capitale : *Port-Vila*
- Langues : *anglais, bichlamar, français*
- Monnaie : *vatu*

Cet archipel d'Océanie, au nord-est de la Nouvelle-Calédonie, a été découvert en 1606 par les Portugais. Vanuatu, tardivement colonisé, s'appelait les Nouvelles-Hébrides jusqu'à son indépendance, en 1980. La pêche et les plantations de cocotiers sont ses principales ressources.

Varsovie

Capitale de la Pologne. 1,7 million d'habitants (les *Varsoviens*). La ville a appartenu tantôt à la Prusse (XVIIIe siècle), tantôt à la Russie (XIXe siècle), et sa population s'est plusieurs fois révoltée contre les envahisseurs. Occupée par les Allemands dès le début de la Seconde Guerre mondiale, elle a subi d'énormes destructions lors de l'anéantissement de son ghetto en 1943 (extermination des Juifs) et de l'écrasement de l'insurrection de 1944. Sa reconstruction a été entreprise dès la fin de la guerre et son centre historique a été reconstitué avec minutie.

Varsovie - pacte de Varsovie

Traité d'alliance militaire. Conclu en 1955 en réponse à l'entrée de l'Allemagne de l'Ouest dans l'O.T.A.N.*, il regroupait autour de l'U.R.S.S. l'Albanie, l'Allemagne de l'Est, la Bulgarie, la Hongrie, la Pologne, la Roumanie et la Tchécoslovaquie. Il fut dissous en 1991.

Vasco de Gama → Gama

Vatican

État souverain dirigé par le pape. Le Vatican se trouve à l'intérieur de la ville de Rome ; c'est le plus petit

État du monde : 0,4 km². Il se compose, pour l'essentiel, de la place et de la basilique Saint-Pierre*, de jardins et du palais du Vatican, qui abrite notamment la chapelle Sixtine*. Le Vatican dispose aussi d'un journal et d'une station de radio.

Vatican : basilique Saint-Pierre

Vauban Sébastien (1633-1707)

Maréchal de France. Il participa à de nombreux sièges mais il est surtout célèbre pour les constructions qu'il fit réaliser. Il fortifia de nombreuses villes pour protéger les frontières de la France. Certaines fortifications subsistent, à Besançon, Briançon et Mont-Dauphin, notamment.

Vaud - canton de Vaud

Canton de Suisse. C'est le plus vaste et le plus ancien des quatre cantons francophones. Situé sur la rive nord du lac Léman, il couvre 3 219 km² et compte 713 281 habitants (les *Vaudois*). Son chef-lieu est Lausanne*. Il fut créé en 1803.

Veda

Livres sacrés de l'hindouisme. Au nombre de quatre, les Veda contiennent l'ensemble de la sagesse divine et ont été révélés aux premiers sages hindous. Une légende raconte que Brahma*, le dieu créateur, est né en tenant les Veda entre ses mains. → VOIR noms communs : **hindouisme.**

Velázquez Diego de Silva (1599-1660)

Peintre espagnol. Artiste préféré du roi d'Espagne Philippe IV, il travailla à la cour de Madrid où il réalisa de nombreux portraits de la famille royale et de son entourage. Il possédait une très grande maîtrise de la couleur et de la représentation de l'espace (*les Ménines**).

ŒUVRES PRINCIPALES *Vénus au miroir*, 1631 ; *L'Infante Marguerite*, 1654 ; *les Ménines*, vers 1656.

▸ REM. En français, on peut écrire *Vélasquez*.

Vendredi ou les Limbes du Pacifique

Roman de Michel Tournier*. Paru en 1967, ce roman s'inspire du récit de Michel Defoe, *Robinson* Crusoé*. À la suite du naufrage de *la Virginie*, Robinson se retrouve seul sur une île déserte de l'océan Pacifique où il tente de survivre. Il sauve un Indien qu'il surnomme Vendredi (le jour de la semaine où il l'a rencontré) et qui devient son compagnon. Celui-ci apprend à

La Vallée des Rois : le lieu de repos éternel de plus de soixante pharaons.

La Vallée des Rois est située en face de la ville de Louqsor, non loin de l'ancienne capitale égyptienne de Thèbes, sur la rive ouest du Nil. Ce lieu désertique abrite les sépultures des rois de l'ancienne Égypte (les pharaons) qui régnèrent pendant la période que l'on a appelée le Nouvel Empire (vers 1580-1065 avant J.-C.). À cette époque, les pharaons ne se faisaient plus ensevelir dans des pyramides mais se faisaient creuser des tombes souterraines, les hypogées. Ces tombes étaient constituées de plusieurs salles, le sarcophage se trouvait dans la dernière. Les parois sont recouvertes de textes sacrés et de scènes peintes évoquant la vie dans l'au-delà. Les salles étaient remplies d'objets précieux, de bijoux, de statuettes, de meubles qui devaient accompagner le mort dans l'autre monde.

On a découvert 61 tombeaux dans la Vallée des Rois. Le plus ancien est celui du roi Thoutmosis Ier (découvert en 1899). Les tombes furent pillées dès leur construction. Seule celle du roi Toutankhamon*, découverte en 1922 par Howard Carter* et lord Carnarvon, fut épargnée par les pillards. On y trouva un véritable trésor, dont le sarcophage du pharaon qui est en or. Les pièces du trésor sont conservées au musée du Caire.

Le site de la Vallée des Rois a été classé au patrimoine mondial de l'humanité par l'Unesco.

Illustration : **Le dieu Anubis. Tombe du pharaon Horemheb.**

Robinson à vivre autrement. Michel Tournier a écrit une version pour enfants de ce roman : *Vendredi ou la Vie sauvage* (1967).

Venezuela (Amérique)
- Superficie : 912 050 km^2
- Habitants : 30 405 000 *(les Vénézuéliens)*
- Capitale : *Caracas*
- Langue : *espagnol*
- Monnaie : *bolívar*

La république du Venezuela se situe en Amérique du Sud, au nord-ouest du Brésil, sur la mer des Antilles. La population se concentre sur la côte. L'économie du pays repose presque exclusivement sur l'exploitation du pétrole, malgré l'extraction de fer, de bauxite et une agriculture en expansion.

Venise
Ville du nord-est de l'Italie. 263 996 habitants (les *Vénitiens*). Venise, construite sur une centaine d'îlots, est située au bord de la mer Adriatique. La ville fut très puissante du XIIIe au XVe siècle et établit des places commerciales sur tout le pourtour de la mer Méditerranée. Elle attira de grands peintres et de grands architectes. La beauté de ses monuments et de ses canaux fait de Venise l'une des villes les plus visitées du monde. Son carnaval est aussi très réputé.

Vénus
Déesse romaine, assimilée à la déesse grecque Aphrodite*.

Vénus
Planète du Système solaire. Située entre Mercure et la Terre, Vénus a un diamètre de 12 104 km. Appelée aussi *étoile du Berger*, Vénus a été survolée depuis 1962 par diverses sondes spatiales. Dissimulé par une atmosphère nuageuse composée surtout de gaz carbonique, le relief de Vénus, composé de plaines, de montagnes et de volcans, est très varié. À sa surface, la température est voisine de 500 °C.

Vénus de Milo
Sculpture grecque. → VOIR encadré.

Vercingétorix **(vers 72-46 avant J.-C.)**
Chef gaulois. Alors que César utilisait les rivalités entre les tribus gauloises pour s'emparer peu à peu de toute la Gaule, Vercingétorix réussit à unir une grande partie d'entre elles contre l'envahisseur romain. Vainqueur dans la ville de Gergovie en 52 avant J.-C., il fut peu après battu à Alésia*. Fait prisonnier, il fut exécuté à Rome.

Vercingétorix : statue sur le site d'Alésia (Bourgogne)

Verdi Giuseppe **(1813-1901)**
Compositeur italien. Grand maître de l'opéra italien, Verdi y développa son sens du théâtre, traitant avec vérité des personnages souvent en proie aux plus vives passions. Sa renommée fut mondiale, notamment

La *Vénus de Milo* : le charme et la beauté ciselés dans le marbre.

Réalisée au IIe siècle avant J.-C., la *Vénus de Milo* est une statue d'un peu plus de 2 m de haut, en marbre. Des morceaux de la sculpture furent découverts par un paysan, dans l'île grecque de Milo, en 1820, et acquis par l'ambassadeur de France qui en fit don au roi Louis XVIII. Son auteur est inconnu. La statue représente une femme que l'on a identifiée avec Aphrodite, déesse grecque de l'Amour et de la Fécondité, mais à laquelle on a donné l'appellation romaine de Vénus.

Le haut du corps est taillé dans un bloc, les jambes le sont dans un autre. Le buste est dénudé, la partie inférieure du corps est couverte d'un drap enroulé autour des hanches qui masque la jonction des deux blocs de marbre. Il manque à la statue les deux bras ; plusieurs hypothèses ont été émises sur leur position initiale.

La *Vénus de Milo* est exposée au Louvre depuis 1821. L'expression de son visage et l'impression de mouvement donnée au corps firent immédiatement l'admiration des artistes et des écrivains.

Vénus est un thème qui fut souvent traité par les sculpteurs et les peintres, de l'Antiquité au XVIIIe siècle : on peut citer *la Naissance de Vénus* de Botticelli et la *Vénus au miroir* de Velázquez.

On donne également le nom de « Vénus » à des statuettes préhistoriques représentant des figures féminines nues : l'une des plus célèbres est la *Vénus de Willendorf* datant de 20000 avant J.-C. et qui porte le nom du village autrichien où elle fut découverte.

A B C D E F G H I J K L M N O P Q R S T U V W X Y Z

grâce à trois opéras : *Rigoletto* (1851), *le Trouvère* (1853) et *la Traviata* (1853).

ŒUVRES PRINCIPALES *Aïda*, 1871 ; *Requiem*, 1874 ; *Otello*, 1887.

Verdun
Ville de Lorraine.

• **Le traité de Verdun.** En 843, les petits-fils de Charlemagne y signèrent un traité partageant son empire en trois parties : la France à l'ouest du Rhône, la Germanie à l'est du Rhin et la Lotharingie entre le Rhône et le Rhin.

• **La bataille de Verdun.** En 1916, pendant la Première Guerre mondiale, l'armée allemande et l'armée française s'affrontèrent à Verdun pendant presque un an. La bataille s'acheva à l'avantage de la France, mais sept cent mille hommes y trouvèrent la mort.

Verhaeren Émile **(1855-1916)**
Poète belge d'expression française. Verhaeren célèbre notamment la poésie de la foule et des cités industrielles (*les Villes tentaculaires*, 1895) ainsi que les paysages de son pays natal (*Toute la Flandre*, 1911).

Verlaine Paul **(1844-1896)**
Poète français. Nommé « prince des poètes », Verlaine a écrit une poésie délicate et sensible, dans laquelle les sentiments se mêlent aux impressions et aux sensations. La poésie était pour lui *de la musique avant toute chose*. Sa rencontre avec Rimbaud* bouleversa sa vie. Au cours d'une dispute, il le blessa de deux balles de revolver, ce qui lui valut deux ans de prison. Il finit sa vie dans la déchéance. Pendant la Seconde Guerre mondiale, son poème *Les sanglots longs Des violons De l'automne Blessent mon cœur D'une langueur Monotone*... fut le message codé qui annonça aux résistants le débarquement en Normandie.

ŒUVRES PRINCIPALES *Poèmes saturniens*, 1866 ; *Fêtes galantes*, 1869 ; *Romances sans paroles*, 1874.

Paul **Verlaine** et Arthur Rimbaud (détail du tableau de Henri Fantin-Latour : *Un coin de table*, 1872)

Vermeer Johannes **(1632-1675)**
Peintre néerlandais. Vermeer de Delft a peint de nombreuses scènes d'intérieur, des portraits et deux paysages urbains. Il possédait une grande technique et ses tableaux sont remarquables par le rendu des matières, le jeu des lumières et l'accord des couleurs. Il est considéré comme l'un des plus grands peintres du XVIIe siècle.

ŒUVRES PRINCIPALES *Vue de Delft*, vers 1658 ; *la Dentellière*, vers 1660 ; *la Laitière*, vers 1660 ; *l'Atelier*, vers 1665-1670.

Verne Jules **(1828-1905)**
Écrivain français. Jules Verne a été l'un des premiers à écrire des romans de science-fiction. En avance sur son temps, il a raconté l'exploration des espaces aériens (*De la Terre à la Lune*, 1865), celle des abîmes terrestres (*Voyage au centre de la Terre*, 1864) ou océaniques (*Vingt Mille Lieues sous les mers*, 1870). Au cours de voyages extraordinaires, ses héros vivent des aventures fantastiques à bord de machines encore inconnues : sous-marin, fusée interplanétaire, hélicoptère, etc. Son œuvre considérable a été traduite dans plus de quatre-vingts pays. → VOIR AUSSI **le Tour du monde en quatre-vingts jours.**

ŒUVRES PRINCIPALES *Cinq Semaines en ballon*, 1863 ; *le Tour du monde en quatre-vingts jours*, 1873 ; *l'Île mystérieuse*, 1874.

Véronèse (1528-1588)
Peintre italien. Ses tableaux, qui se distinguent par leur coloris clair et leur mouvement, sont d'immenses toiles, telles *les Noces* de Cana* (qui se trouvent au Louvre).

Versailles - château de Versailles
Château commandé par Louis XIV. → VOIR encadré.

Vespucci Amerigo **(1454-1512)**
Navigateur italien. Il participa à deux expéditions d'exploration du continent américain entre 1499 et 1502. Un moine géographe lui attribua la découverte du Nouveau Monde, auquel on donna un nom (Amérique) dérivé du prénom du navigateur.

Vesta
Déesse romaine, assimilée à la déesse grecque Hestia*.

Vésuve
Volcan du sud-ouest de l'Italie. Situé près de Naples, il a une hauteur de 1 277 m. Il a connu une éruption très violente en 79 après J.-C. et a détruit les villes romaines d'Herculanum et de Pompéi*, dont on peut visiter les ruines. Le Vésuve est toujours en activité ; sa dernière éruption date de 1944.

Victoire de Samothrace
Sculpture grecque. Cette sculpture en marbre date du IIe siècle avant J.-C. Elle est exposée au musée du Louvre. Sans doute élevée pour fêter une victoire navale, elle fut trouvée dans l'île grecque de Samothrace, en 1863. Elle était située à l'avant d'un immense na-

vire de pierre, au milieu d'un bassin dans lequel elle se reflétait. C'est un bel exemple de l'art avec lequel les sculpteurs grecs représentaient le mouvement.

Victor Paul-Émile **(1907-1995)**
Explorateur français. Il a réalisé de nombreuses expéditions dans l'Arctique et dans l'Antarctique, et a créé, en 1947, les Expéditions polaires françaises, qu'il a dirigées jusqu'en 1976.

Victoria Ire (1819-1901)
Reine de Grande-Bretagne et d'Irlande. Elle contribua durant son long règne (1837-1901) à faire de son pays une grande puissance économique et coloniale. Elle fut impératrice des Indes de 1876 à 1901. Son austérité et son conservatisme marquèrent profondément la société de l'époque.

Victoria - lac Victoria
Grand lac de l'est de l'Afrique. C'est le plus grand lac d'Afrique (68 100 km²). Le Nil y prend sa source. Il marque la frontière entre l'Ouganda, le Kenya et la Tanzanie.
▸ REM. On ne doit pas le confondre avec les chutes Victoria, situées aussi en Afrique, sur le fleuve Zambèze.

le ***Vieil Homme et la mer***
Roman d'Ernest Hemingway*. Dans ce livre écrit en 1952, la description de la lutte d'un vieux pêcheur avec un énorme espadon est l'occasion pour Hemingway d'exprimer sa vision de la condition de l'homme : la solitude, le poids de la nature, la grandeur de l'homme qui se bat malgré tout.

Vienne
Capitale de l'Autriche. 1 714 227 habitants (les *Viennois*). Vienne se développa sous l'empire des Habsbourg, puis sous l'empire d'Autriche-Hongrie. Elle fut assiégée à deux reprises par les Turcs (1529 et 1683). Au XVIIIe et au XIXe siècle, Vienne devint un grand centre culturel, voué à la musique et au théâtre. L'impératrice viennoise la plus célèbre fut sans doute Élisabeth de Wittelsbach (1837-1898), que l'on surnomma Sissi.

Viêt Nam (Asie)
- Superficie : 335 000 km²
- Habitants : 91 680 000 *(les Vietnamiens)*
- Capitale : *Hanoï*
- Langue : *vietnamien*
- Monnaie : *dông*

• État de l'Asie du Sud-Est, le Viêt Nam est situé sur la mer de Chine. Il a été sous domination française à partir du XIXe siècle et déclara son indépendance en 1945. La guerre d'Indochine l'opposa à la France de 1946 à 1954. Après le départ des Français et

Le château de Versailles : par la volonté du Roi-Soleil.

À l'origine, le château situé dans la ville de Versailles, au sud-ouest de Paris, était un pavillon de chasse de Louis XIII. Louis XIV voulut transformer ce pavillon en palais royal pour pouvoir gouverner loin de la population parisienne, dont il avait peur depuis les émeutes de la Fronde*.

Les travaux débutèrent dans les années 1660 et se poursuivirent durant tout le règne de Louis XIV. Le roi fit d'abord appel à l'architecte français Louis Le Vau (1612-1670) qui réalisa un somptueux château de style classique. Jules Hardouin-Mansart (1646-1708) lui succéda à sa mort. Il construisit la galerie des Glaces qui reliait les appartements du roi à ceux de la reine et dont la voûte fut décorée par Charles Le Brun (1619-1690). À la demande de Louis XIV, Hardouin-Mansart réalisa également une demeure située à l'écart, dans le parc, et appelée *Grand Trianon*. Dès 1662, Louis XIV et sa cour habitèrent Versailles, où se succédaient fêtes et spectacles. Louis XV procéda à quelques aménagements et fit notamment construire le *Petit Trianon*, un bâtiment aux lignes simples et harmonieuses.

Les jardins du château furent dessinés par Le Nôtre*. Il créa le style du jardin « à la française ». Le terrain dut être aplani et les marais asséchés pour aménager l'immense parc agrémenté de bassins, de fontaines et de statues dues aux plus célèbres sculpteurs de l'époque.

Le vaste édifice, symbole de la royauté, fut abandonné de la Révolution au règne de Louis-Philippe ; celui-ci tenta de lui redonner vie en y installant un musée.

Le château servit de modèle dans toute l'Europe et est classé monument historique.

Illustration : **Le château vu du bassin d'Apollon.**

A B C D E F G H I J K L M N O P Q R S T U V W X Y Z

les accords de Genève, deux pays sont créés : le Viêt Nam du Nord et le Viêt Nam du Sud, qui s'affrontent entre 1954 et 1975. Le pays se réunifie en 1976. Les productions agricoles (riz, thé, caoutchouc) sont complétées par un début d'industrialisation et le développement récent du tourisme.

Vigneault Gilles **(né en 1928)**
Poète, compositeur et interprète canadien d'expression française. Ses chansons, dont *Mon pays* et *Gens du Pays*, sont devenues des classiques de la chanson québécoise et francophone.

Vikings
Guerriers et navigateurs de Scandinavie. Aux VIIIe et XIe siècles, ils s'attaquèrent à l'Irlande, à l'Angleterre, à la Russie, mais surtout à l'ancien empire de Charlemagne. Ils remontaient les fleuves sur leurs drakkars et pillaient tout sur leur passage. Ils détruisirent ainsi en partie l'œuvre civilisatrice de Charlemagne. Ces aventuriers découvrirent l'Islande, le Groenland et atteignirent peut-être la côte du Labrador, en Amérique. → VOIR AUSSI **Normands.**

Vikings : assaut des Vikings en Angleterre (miniature du XIe siècle)

Villa Pancho **(1878-1923)**
Révolutionnaire mexicain. De son vrai nom Doroteo Arango, Pancho Villa, qui était paysan, fut l'un des principaux chefs de la révolution mexicaine qui eut lieu entre 1910 et 1920 avant de se rallier au président mexicain Obregón. Il mourut assassiné.

Villers-Cotterêts - ordonnance de Villers-Cotterêts
Ordonnance royale. Elle fut promulguée en 1539 par le roi François Ier*, dans la ville de Villers-Cotterêts, dans le département de l'Aisne. Cette ordonnance imposait notamment l'usage du français dans les actes officiels et de justice et exigeait que les baptêmes, les mariages et les décès soient enregistrés dans les registres paroissiaux. Cette mesure est à l'origine de l'état civil.

Villon François **(1431-après 1463)**
Poète français. François Villon mena une vie aventureuse, échappant plusieurs fois à la potence. Ses *Testaments* et ses poésies (dont la *Ballade des dames du temps jadis*, chantée par Georges Brassens*, et la célèbre *Ballade des pendus*) comportent des textes d'une grande qualité d'écriture et d'imagination qui font de Villon l'un des plus grands poètes français.

saint **Vincent de Paul (1581-1660)**
Prêtre français. Ayant pris conscience de la grande misère dont souffraient de nombreux Français de son temps, il fonda des œuvres de charité pour secourir les pauvres. Il créa une institution religieuse qui recueillait les enfants abandonnés et fonda une congrégation qui existe encore : les Filles de la Charité. Celles-ci se consacrent aux soins des malades et sont plus connues sous le nom de « sœurs de Saint-Vincent-de-Paul ».

Vinci Léonard de → **Léonard de Vinci**

Viollet-le-Duc Eugène **(1814-1879)**
Architecte français. Il restaura un grand nombre de monuments du Moyen Âge, dont la cathédrale Notre-Dame de Paris et la cité de Carcassonne et en réalisa des copies ou des modèles (château de Pierrefonds) Il écrivit également des ouvrages consacrés à l'architecture (*Dictionnaire raisonné de l'architecture française du XIe au XVIe siècle* [1854-1868]).

Virgile (vers 70-19 avant J.-C.)
Poète latin. Il écrivit plusieurs recueils de poèmes : les *Bucoliques* (vers 42-39 avant J.-C.), les *Géorgiques* (39-29 avant J.-C.) et le poème épique *l'Énéide* (29-19 avant J.-C.), inspiré de *l'Iliade** et de *l'Odyssée**. Son œuvre influença les littératures latine et occidentale.

Vishnou
Divinité hindoue. Avec Brahma* et Shiva*, Vishnou est l'une des trois divinités fondamentales de l'hindouisme. Il est le dieu qui protège et conserve le monde. Il le fait du haut de son paradis ou en s'incarnant sur terre sous des formes innombrables appelées *avatars*. On le représente le plus souvent avec quatre bras. → VOIR AUSSI **Krishna, hindouisme.**

Vishnou représenté sur les épaules de Garouda (statue en bronze du XIe siècle)

Vivaldi Antonio **(1678-1741)**
Compositeur et violoniste italien. Vivaldi fut ordonné prêtre à 25 ans, mais, pour des raisons de santé, il n'exerça pas ses fonctions. Il devint maître de violon de l'une des institu-

tions de Venise destinées à recueillir et à éduquer des orphelines. C'est pour ces dernières qu'il écrivit une partie de ses œuvres. Ce violoniste virtuose a composé des musiques nombreuses et variées, mais il est surtout célèbre pour ses sonates et ses concertos, dans lesquels les violons jouent un grand rôle. Oubliée pendant des années, sa musique a été redécouverte à travers des transcriptions de Jean-Sébastien Bach. → VOIR AUSSI **les Quatre Saisons.**

ŒUVRES PRINCIPALES *Gloria*, vers 1713 ; *les Quatre Saisons*, vers 1725.

Volga

Fleuve de Russie. Avec ses 3 688 km, c'est le plus long fleuve d'Europe. Le trafic sur la Volga représente plus de la moitié du trafic fluvial russe. La Volga est reliée par des canaux à la mer Noire et à la mer Baltique. Le canal Volga-mer Baltique est une grande voie navigable (2 500 km). → VOIR noms communs : **fleuve.**

Volta Alessandro (1745-1827)

Physicien italien. Il a découvert la pile électrique. Napoléon le nomma comte et sénateur du royaume d'Italie.

Voltaire (1694-1778)

Écrivain et philosophe français. De son vrai nom François Marie Arouet, Voltaire combattit dans ses œuvres l'injustice, l'intolérance, le fanatisme et les préjugés. Les révolutionnaires de 1789 se sont inspirés de ses idées. Son opposition au pouvoir absolu lui valut d'être emprisonné à la Bastille puis exilé en Angleterre. Il écrivit notamment des contes philosophiques et des pièces de théâtre.

ŒUVRES PRINCIPALES *Zadig*, 1747 ; *Candide*, 1759.

Voltaire assis à sa table de travail

Vosges

Massif montagneux de l'est de la France. Il est situé aux confins de l'Alsace et de la Lorraine (1 424 m au Grand Ballon ou ballon de Guebwiller). La population est concentrée dans les vallées, vivant surtout de l'exploitation forestière (scieries, papeteries) et du tourisme. Les Vosges sont aussi un département.

W

Wagner Richard (1813-1883)

Compositeur et chef d'orchestre allemand. Il fut poursuivi pour ses idées révolutionnaires, et Louis II de Bavière lui offrit son aide et fit liquider ses dettes. Wagner put établir un théâtre à Bayreuth, où son opéra *l'Anneau du Nibelung* fut créé en 1876. Le Festival de Bayreuth qui lui est consacré chaque année est devenu une institution.

ŒUVRES PRINCIPALES *Tannhaüser*, 1845 ; *Lohengrin*, 1850 ; *Tristan et Isolde*, 1865.

Wallis-et-Futuna

Archipel français de l'océan Pacifique. Située au nord-est des îles Fidji, cette collectivité d'outre-mer est formée des îles Wallis, Futuna et Alofi. L'archipel fut découvert en 1767 par le Britannique Samuel Wallis et passa sous protectorat français en 1887.

Wallonie

Région francophone de Belgique. 16 847 km^2 ; 3,6 millions d'habitants (les *Wallons*). Ville principale : Liège. Située dans la moitié sud de la Belgique, la Wallonie doit son nom à l'un des dialectes français qu'on y parle : le wallon. Les Wallons représentent environ un tiers de la population belge. → VOIR AUSSI **Flandre.**

Warhol Andy (1928-1987)

Artiste américain d'origine slovaque. En arts plastiques, il est un des chefs de file du pop art, procédant notamment par multiplication d'un même sujet en en permutant les coloris.

Washington

Capitale des États-Unis. 658 893 habitants (les *Washingtoniens*), près de 5 millions d'habitants dans l'agglomération. Washington a été construite au XIXe siècle. Elle porte le nom d'un grand homme politique américain du XVIIIe siècle, George Washington*. C'est à Washington que se trouve la Maison-Blanche, résidence du président des États-Unis depuis 1800.

▸ REM Il ne faut pas confondre la ville de Washington et l'État de Washington, situé dans le nord-ouest des États-Unis. La ville, elle, appartient au district fédéral de Columbia.

Washington George (1732-1799)

Homme politique américain. George Washington dirigea les armées de la guerre de l'Indépendance américaine et vainquit les Anglais. Les Américains, qui le considéraient comme un héros, lui proposèrent de devenir leur premier président. Il exerça deux mandats consécutifs. Pour l'honorer, on a donné son nom à la capitale et à un État du pays.

Waterloo - bataille de Waterloo
Bataille du premier Empire*. C'est près de Waterloo, en Belgique, le 18 juin 1815, que Napoléon Ier fut définitivement vaincu par la Prusse et l'Angleterre. Ce jour-là, les armées françaises semblaient dominer, mais l'arrivée d'une armée ennemie supplémentaire renversa le cours des choses. Vaincu, alors qu'il venait de reprendre le pouvoir depuis cent jours seulement, Napoléon dut abdiquer et fut exilé dans l'île de Sainte-Hélène.

Watt James **(1736-1819)**
Ingénieur britannique. En améliorant la machine atmosphérique, James Watt créa la machine à vapeur qui devint utilisable dans l'industrie.
▸ REM. James Watt a donné son nom à une unité de mesure.

Watteau Antoine **(1684-1721)**
Peintre français. Influencé par Rubens* et les peintres vénitiens de la Renaissance, il peignit des scènes de théâtre et de fêtes champêtres.

ŒUVRES PRINCIPALES *Pèlerinage à l'île de Cythère*, 1717 ; *l'Enseigne de Gersant*, 1720 ; *Gilles* (ou *Pierrot*), 1721.

Wayne John **(1907-1979)**
Acteur de cinéma américain. John Wayne se spécialisa très tôt dans les films d'action, devenant l'un des acteurs les plus populaires du western. Jouant souvent des rôles de justicier, il tourna avec de grands réalisateurs américains comme John Ford (*la Chevauchée fantastique*, 1939) ou Howard Hawks (*Rio Bravo*, 1959).

Weissmuller John, dit Johnny **(1904-1984)**
Nageur américain. Il fut le premier homme à nager le 100 m nage libre en moins d'une minute. Il fut cinq fois champion olympique en 1924 et 1928. Il fut également acteur de cinéma où il interpréta le rôle de Tarzan.

Welles Orson **(1915-1985)**
Cinéaste et acteur américain. Il révolutionna la mise en scène cinématographique en 1941 avec son premier film (*Citizen Kane*) dans lequel il interprète également le rôle principal.

Wells Herbert George **(1866-1946)**
Écrivain anglais. Il a été l'un des précurseurs de la littérature de science-fiction. À la fin du XIXe siècle, au moment où triomphe la science, les romans de Wells mettent l'humanité en garde contre le danger que peuvent représenter le machinisme et la technologie.

ŒUVRES PRINCIPALES *La Machine à explorer le temps*, 1895 ; *l'Homme invisible*, 1897 ; *la Guerre des mondes*, 1898.

West Side Story
Comédie musicale. Réalisé en 1961 par Robert Wise, producteur et cinéaste américain, et Jerome Robbins, chorégraphe et cinéaste américain, *West Side Story* est une transposition de l'histoire de *Roméo* et Juliette* à New York. Le film montre une certaine réalité sociale à travers l'affrontement de deux bandes rivales. Cet aspect réaliste et la manière dont ont été filmés les ballets ont fait dire de cette œuvre qu'elle avait renouvelé le genre de la comédie musicale filmée.

Wisigoths
Ancien peuple germanique. Les Wisigoths furent les premiers à envahir l'Empire romain, en 376. Ils traversèrent la Grèce et l'Italie, et s'installèrent en Gaule. Clovis les en chassa, et ils fondèrent alors un royaume en Espagne et se convertirent au christianisme. Au VIIIe siècle, la conquête arabe mit fin à leur pouvoir, et l'Espagne devint musulmane. → VOIR AUSSI **Goths, Invasions barbares.**

Wisigoths : fantassin wisigoth (miniature du XIIe siècle)

Wolof → **Ouolof**

Woods Eldrick, dit Tiger **(né en 1975)**
Joueur de golf américain. Très jeune, il remporta des titres de champion. En 2000-2001, il fut vainqueur des quatre plus grands tournois.

WWF
Organisme international écologique. Il fut créé en 1961. Ses fondateurs choisirent comme emblème un panda (faisant référence à l'animal qui venait de naître dans le Jardin zoologique de Londres). Le WWF collecte des capitaux et finance des projets de sauvegarde des espèces et de protection de l'environnement. L'organisation est présente dans plus de 95 pays. Son siège se trouve en Suisse.
▸ REM. *WWF* est l'abréviation de l'anglais *World Wildlife Fund.*

Y

Yahvé ou **Jéhovah**
Traduction française du nom de Dieu en hébreu. Ce nom a été révélé à Moïse sur le mont Sinaï et il signifie « Celui qui est ». Dans le texte hébreu de la Bible, le nom de Dieu est écrit avec une combinaison de lettres imprononçable (à peu près *YHWH*) parce que, pour les juifs, il est interdit de nommer Dieu.

Yalta - conférence de Yalta
Conférence qui eut lieu du 4 au 11 février 1945. Elle réunit, près de Yalta, en Ukraine, Churchill*, Roosevelt* et Staline* à la veille de la défaite allemande, à la fin de la Seconde Guerre mondiale. Il fut décidé qu'une partie de la Pologne de l'Est ainsi que les pays Baltes iraient à l'U.R.S.S. Cette dernière devait s'engager à attaquer le Japon. La conférence décida également la création de l'O.N.U*.

Yamoussoukro
Capitale de la Côte d'Ivoire. 207 412 habitants (les *Yamoussoukrois*). C'est en 1983 que Yamoussoukro devint la capitale du pays à la place d'Abidjan*.

Yangzi Jiang ou **Yang-tseu-kiang**
Fleuve de Chine. On l'appelle aussi parfois le *fleuve Bleu*. C'est le plus long fleuve de Chine (5 980 km). Il prend sa source dans les hauts plateaux du Tibet et traverse tout le sud de la Chine. Son débit moyen de 30 000 m^3/s en fait l'un des plus puissants fleuves du monde. Il déborde souvent au moment de la mousson. À son embouchure se situe Shanghai, la ville la plus peuplée de Chine. → VOIR noms communs : **fleuve.**

Yémen (Asie)
- Superficie : 485 000 km^2
- Habitants : 24 407 000 *(les Yéménites)*
- Capitale : *Sanaa*
- Langue : *arabe*
- Monnaie : *rial yéménite*

• Pays du sud-ouest de la péninsule d'Arabie*, le Yémen est en grande partie désertique. La population se concentre à l'ouest du pays, sur les hauteurs plus humides dominant la mer Rouge. C'est un pays pauvre qui vit surtout de l'agriculture et de l'élevage. Sa seule richesse est le pétrole, mais les réserves ne sont pas suffisantes. Malgré l'unification du Yémen en 1990, les tensions entre le nord et le sud du pays persistent.

Yersin Alexandre **(1863-1943)**
Biologiste français d'origine suisse. Médecin en Asie, il découvrit le bacille de la peste, à Hongkong, en 1894.

Yougoslavie
Ancien État de l'Europe méridionale. À partir de la Seconde Guerre mondiale, la Yougoslavie (officiellement république populaire – puis, à partir de 1963, socialiste – fédérative de Yougoslavie) est composée de six républiques : Bosnie-Herzégovine, Croatie, Macédoine, Monténégro, Serbie et Slovénie. Elle est longtemps dirigée par Tito*. En 1991, cette fédération éclate. La Croatie, la Slovénie, la Macédoine et la Bosnie-Herzégovine proclament leur indépendance, qu'elles doivent imposer souvent au prix de combats meurtriers (notamment en Croatie et en Bosnie-Herzégovine, jusqu'en 1995). Seuls la Serbie et le Monténégro restent unis, créant en 1992 la république fédérale de Yougoslavie (fédération rénovée en 2003 et renommée Serbie-et-Monténégro). En 2006, le Monténégro opte pour l'indépendance, mettant fin à cet État fédéral.

Z

Zaïre
Nom porté de 1971 à 1997 par la République démocratique du Congo*.

Zambie (Afrique)
- Superficie : 746 000 km^2
- Habitants : 14 539 000 *(les Zambiens)*
- Capitale : *Lusaka*
- Langue : *anglais*
- Monnaie : *kwacha*

• Pays de l'Afrique australe, la Zambie (ancienne Rhodésie du Nord) est une république indépendante depuis 1964. Les mines (cuivre, cobalt, or, argent) fournissent la plus grande partie des ressources de ce pays tropical dont la majorité de la population se consacre à l'agriculture.

Zátopek Emil **(1922-2000)**
Athlète tchèque. Champion olympique de l'épreuve de course du 10 000 m en 1948, il fut également vainqueur du 5 000 m, du 10 000 m et du marathon en 1952.

Zeppelin Ferdinand **(1838-1917)**
Industriel allemand. Le comte von Zeppelin se consacra à la construction de dirigeables rigides, dont le premier fut essayé en 1900 et auquel il donna son nom.

Zeus (nom romain : Jupiter)
Dieu suprême des Grecs. Il gouvernait les phénomènes atmosphériques : la pluie, les nuages, le tonnerre et la foudre, qu'il lançait avec ses mains. Il vivait dans son palais de l'Olympe, au milieu des autres dieux. Il était célèbre pour ses aventures amoureuses avec des femmes mortelles. → VOIR AUSSI **Titans.**

Zidane Zinedine **(né en 1972)**
Footballeur français. Il devint champion du monde en 1998 et champion d'Europe en 2000 avec l'équipe de France en occupant le poste de milieu de terrain. Il a joué à Cannes, à Bordeaux, à Turin et à Madrid. Il a été nommé entraîneur du Real Madrid en janvier 2016.

Zimbabwe (Afrique)
- Superficie : 390 000 km^2
- Habitants : 14 150 000 *(les Zimbabwéens)*
- Capitale : *Harare*
- Langue : *anglais*
- Monnaie : *dollar du Zimbabwe*

• Pays de l'Afrique australe, le Zimbabwe (ancienne Rhodésie du Sud) est une république indépendante depuis 1965. Le pays a des ressources agricoles (tabac) et minières (charbon, or). Il est confronté au problème de la répartition des terres entre paysans noirs et fermiers blancs, cause de tensions et de conflits parfois violents.

Zola Émile **(1840-1902)**
Écrivain français. Tout d'abord journaliste, Zola publia, de 1871 à 1893, un ensemble de vingt romans, *les Rougon-Macquart*, qui dépeignent la société du second Empire. Il menait des enquêtes minutieuses pour décrire avec exactitude la vie du petit peuple des villes (*l'Assommoir*, 1877), des mineurs (*Germinal*, 1885) ou des paysans (*la Terre*, 1887. S'engageant dans les luttes de son temps, il prit parti dans l'affaire Dreyfus* pour défendre l'accusé, dans un célèbre article intitulé *J'accuse*. Nombre de ses romans ont été adaptés au cinéma.

ŒUVRES PRINCIPALES *Le Ventre de Paris*, 1873 ; *Nana*, 1880 ; *Au bonheur des dames*, 1883.

Émile **Zola** (tableau d'Édouard Manet, 1868)

Zorro
Personnage de roman. Il fut créé en 1919 par l'écrivain américain Johnston McCulley. Le jour, c'est un jeune aristocrate apparemment insouciant. La nuit, il devient Zorro, justicier masqué tout de noir vêtu qui part sur son cheval secourir les paysans mexicains opprimés par les troupes du gouverneur espagnol. Puis il disparaît, laissant derrière lui sa signature : un « Z » tracé de la pointe de son épée. Zorro devint très populaire grâce au cinéma et à la télévision.

Zoulous
Peuple d'Afrique du Sud. Les Zoulous appartiennent au groupe des Bantous*. Ils sont organisés en société guerrière depuis le XVIe siècle. Ils s'opposèrent violemment aux colons européens au XIXe siècle, puis furent parqués dans d'immenses réserves. Ils sont aujourd'hui environ 7 millions.

Zurich
Ville de Suisse. Avec 384 786 habitants (les *Zurichois*), c'est la ville la plus peuplée du pays. Elle est située au bord du lac de Zurich. C'est la métropole économique de la Suisse et le chef-lieu du canton de Zurich.

A B C D E F G H I J K L M N O P Q R S T U V W X Y Z

Atlas

L'Atlas du *Super Major* donne pour chaque continent :

• une carte physique et politique de l'ensemble continental et éventuellement de quelques pays ou régions (Canada, Québec et États-Unis pour l'Amérique, Belgique, Suisse et France pour l'Europe) ;

• des petites cartes thématiques présentant des aspects de la géographie humaine du continent considéré ; les données concernant les conditions de vie sont fondées sur la valeur de l'indice de développement humain des pays, qui prend en compte l'espérance de vie à la naissance, le niveau d'instruction et le revenu de leurs habitants.

Alaska
(États-Unis)
Cercle polaire arctique
Groenland
(Danemark)
Île Jan Mayen
(Norvège)
ISLANDE
Îles Féroé
(Danemark)
CANADA
GRANDE-
BRETAGNE
IRLANDE
P.-B.
B.
L.
FRANCE
SUISSE
St-Pierre-et-Miquelon
(France)
ÉTATS-UNIS
PORTUGAL
ESPAGNE
Açores
(Portugal)
Bermudes
(Grande-Bretagne)
Madère
(Portugal)
MAROC
Tropique du Cancer
OCÉAN
Îles Canaries
(Espagne)
ALGÉRIE
BAHAMAS
MEXIQUE
CUBA
RÉPUBLIQUE
DOMINICAINE
JAMAÏQUE
Porto Rico (États-Unis)
ST KITTS-ET-NEVIS
ANTIGUA-ET-BARBUDA
Guadeloupe (France)
DOMINIQUE
Martinique (France)
BELIZE
HAÏTI
GUATEMALA
HONDURAS
MAURITANIE
MALI
NIGER
CAP-VERT
SÉNÉGAL
GAMBIE
SALVADOR
NICARAGUA
STE-LUCIE
ST-VINCENT
BARBADE
GRENADE
TRINITÉ-ET-TOBAGO
Clipperton
(France)
COSTA RICA
GUINÉE-BISSAU
GUINÉE
BURKINA
BÉNIN
OCÉAN
PANAMA
VENEZUELA
GUYANA
SIERRA LEONE
CÔTE
D'IVOIRE
TOGO
GHANA
NIGERIA
LIBERIA
CAMEROUN
COLOMBIE
SURINAME
Guyane (France)
GUINÉE
ÉQUATORIALE
Équateur
Îles Galápagos
(Équateur)
ÉQUATEUR
SÃO TOMÉ-
ET-PRINCIPE
GABON
Ascension
(Grande-Bretagne)
BRÉSIL
PÉROU
ATLANTIQUE
Ste-Hélène
(Grande-Bretagne)
PACIFIQUE
BOLIVIE
PARAGUAY
Polynésie
française
CHILI
Tropique du Capricorne
Sala y Gomez
(Chili)
Île de Pâques
(Chili)
URUGUAY
Tristan da Cunha
(Grande-Bretagne)
Îles Juan Fernández
(Chili)
ARGENTINE
Falkland
(Grande-Bretagne)
Géorgie du Sud
(Grande-Bretagne)
A. Autriche
ALB. Albanie
AZ. Azerbaïdjan
B. Belgique
B.-H. Bosnie-Herzégovie
CR. Croatie
É.A.U. Émirats arabes unis
L. Luxemboug
MAC. Macédoine
M. Monténégro
P.-B. Pays-Bas
S. Serbie
SL. Slovénie
SLOV. Slovaquie
TCH. République Tchèque
Cercle polaire antarctique

OCÉAN GLACIAL ARCTIQUE
Alaska
(États-Unis)
RUSSIE
Îles Aléoutiennes
(États-Unis)
Kouriles (Russie)
KAZAKHSTAN
MONGOLIE
GÉORGIE
ARMÉNIE
AZ.
TURQUIE
OUZBÉKISTAN
KIRGHIZISTAN
TURKMÉNISTAN
TADJIKISTAN
CORÉE
DU NORD
CORÉE
DU SUD
JAPON
SYRIE
AFGHANISTAN
CHINE
IRAQ
IRAN
JORDANIE
KOWEÏT
PAKISTAN
NÉPAL
BHOUTAN
Midway
(États-Unis)
BAHREÏN
QATAR
É.A.U.
BANGLADESH
TAÏWAN
OCÉAN
ARABIE
SAOUDITE
INDE
Hongkong
BIRMANIE
LAOS
Mariannes
du Nord
(États-Unis)
Wake
(États-Unis)
OMAN
VIÊT NAM
ÉRYTHRÉE
YÉMEN
THAÏLANDE
Îles Andaman
(Inde)
CAMBODGE
PHILIPPINES
Guam
(États-Unis)
DJIBOUTI
Socotora
(Yémen)
Îles Laquedives
(Inde)
Îles Nicobar
(Inde)
ÉTHIOPIE
SRI LANKA
PALAOS
MICRONÉSIE
MARSHALL
BRUNEI
SOMALIE
MALDIVES
MALAISIE
PACIFIQUE
SINGAPOUR
KENYA
NAURU
KIRIBATI
TANZANIE
SEYCHELLES
INDONÉSIE
PAPOUASIE-
NLLE-GUINÉE
COMORES
OCÉAN
ÎLES SALOMON
TUVALU
Mayotte
(France)
Îles Cocos
(Australie)
Île Christmas
(Australie)
TIMOR ORIENTAL
MOZAMBIQUE
Wallis-et-Futuna
(France)
INDIEN
SAMOA
MAURICE
VANUATU
MADAGASCAR
Réunion
(France)
FIDJI
Nouvelle-
Calédonie
(France)
TONGA
ZILAND
AUSTRALIE
Amsterdam
(France)
Îles Kermadec
(Nouvelle-Zélande)
St-Paul
(France)
Îles Crozet
(France)
NOUVELLE-
ZÉLANDE
Îles du Prince-Édouard
(Afrique du Sud)
Kerguelen
(France)
Îles Chatham
(Nouvelle-Zélande)
Île Heard
(Australie)
Îles Bounty
(Nouvelle-Zélande)
Îles Auckland
(Nouvelle-Zélande)
Îles Antipodes
(Nouvelle-Zélande)
Île Macquarie
(Nouvelle-Zélande)
Îles Campbell
(Nouvelle-Zélande)
Antarctique

AFRIQUE

ASIE
Mer Méditerranée
Mer Rouge
Canal de Suez
Golfe d'Aden
OCÉAN INDIEN
OCÉAN ATLANTIQUE
Golfe de Guinée
Tropique du Cancer
Équateur
Tropique du Capricorne
20°
0°
Madère (Portugal)
Îles Canaries (Espagne)
Cap Blanc
Cap Vert
CAP-VERT
Praia
MAROC
Rabat
Toubkal 4165 m
Atlas
Alger
ALGÉRIE
Tunis
TUNISIE
Tripoli
LIBYE
Alexandrie
Le Caire
ÉGYPTE
Nil
Assouan
Lac Nasser
Désert de Libye
Désert de Nubie
Sahara
Hoggar
Tibesti
Ténéré
Aïr
Ennedi
Darfour
Sahel
MAURITANIE
Nouakchott
Sénégal
SÉNÉGAL
Dakar
GAMBIE
Banjul
GUINÉE-BISSAU
Bissau
GUINÉE
Conakry
Fouta Djalon
SIERRA LEONE
Freetown
LIBERIA
Monrovia
MALI
Bamako
BURKINA
Ouagadougou
CÔTE D'IVOIRE
Yamoussoukro
Abidjan
GHANA
Lac Volta
Accra
TOGO
Lomé
BÉNIN
Porto-Novo
Cotonou
NIGER
Niamey
Niger
NIGERIA
Abuja
Benoué
TCHAD
Ndjamena
Lac Tchad
SOUDAN
Khartoum
Nil Bleu
Atbara
ÉRYTHRÉE
Asmara
DJIBOUTI
Djibouti
Ras Dachan 4620 m
Massif éthiopien
ÉTHIOPIE
Addis-Abeba
SOMALIE
Mogadiscio
Chébéli
Djouba
SOUDAN DU SUD
Djouba
Nil Blanc
RÉPUBLIQUE CENTRAFRICAINE
Bangui
Oubangui
Adamaoua
CAMEROUN
Yaoundé
Mont Cameroun 4070 m
Bioko
Malabo
GUINÉE ÉQUATORIALE
São Tomé
SÃO TOMÉ-ET-PRINCIPE
GABON
Libreville
CONGO
Brazzaville
Kinshasa
RÉP. DÉM. DU CONGO
Bassin du Congo
Congo
Kasaï
OUGANDA
Kampala
Lac Turkana
KENYA
Nairobi
Mont Kenya 5199 m
Ruwenzori 5119 m
Lac Victoria
RWANDA
Kigali
BURUNDI
Bujumbura
Kilimandjaro 5895 m
TANZANIE
Dodoma
Dar es Salam
Zanzibar
ZANZIBAR
Lac Tanganyika
Lac Malawi
MALAWI
Lilongwe
ANGOLA
Luanda
ZAMBIE
Lusaka
Zambèze
ZIMBABWE
Harare
MOZAMBIQUE
Maputo
Limpopo
NAMIBIE
Windhoek
Désert du Namib
BOTSWANA
Gaborone
Désert du Kalahari
AFRIQUE DU SUD
Pretoria
Johannesburg
Vaal
Orange
Le Cap
Cap de Bonne-
Durban
Drakensberg
SWAZILAND
Mbabane
LESOTHO
Maseru
COMORES
Moroni
MAYOTTE (France)
MADAGASCAR
Antananarivo
RÉUNION (France)
MAURICE
Port-Louis
SEYCHELLES
Victoria
Sainte-Hélène (Grande-Bretagne)
Ascension (Grande-Bretagne)
N
Villes et agglomérations
capitale
ville importante
0
1000 km

AFRIQUE : La répartition de la population par pays

Densité de la population en habitants par km²

- plus de 100
- de 50 à 100
- de 10 à 50
- moins de 10

Les régions arides ont de faibles densités de population. Les régions de type méditerranéen du nord et du sud du continent sont assez peuplées.
En général, la population se concentre sur les littoraux, notamment dans les pays du golfe de Guinée (Nigeria, etc.).

AFRIQUE : Le niveau de développement

Les conditions de vie

- moyennes ou bonnes
- très moyennes
- difficiles
- très difficiles

L'Afrique est le plus pauvre des continents. En prenant en compte la production économique des pays, mais aussi l'espérance de vie et le niveau d'éducation de leur population, on peut en comparer le développement. Seuls le nord et le sud du continent parviennent à un niveau de vie moyen.
Les pays d'Afrique sont parfois riches en matières premières, mais la mise en valeur de celles-ci leur échappe souvent, faute de disposer d'industries de transformation.

AMÉRIQUE DU NORD

AMÉRIQUE DU SUD

AMÉRIQUE : La répartition de la population

Densité par régions et grandes villes

- plus de 50 habitants par km^2
- de 10 à 50 habitants par km^2
- de 1 à 10 habitants par km^2
- moins de 1 habitant par km^2
- ville de plus de 10 millions d'habitants
- ville de 5 à 10 millions d'habitants

En moyenne, l'Amérique est peu peuplée (autour de 20 habitants par km^2). Mais ce continent offre des contrastes importants, avec des zones presque vides (Amazonie, Grand Nord du Canada) et des régions très densément peuplées (comme la côte est des États-Unis).

AMÉRIQUE : Le niveau de développement

Les conditions de vie

- très bonnes
- bonnes
- moyennes
- difficiles

Les États-Unis et le Canada comptent parmi les pays les plus riches du monde. Certains États (le Brésil et l'Argentine) ont réussi depuis peu leur décollage économique, même si beaucoup de leurs habitants n'en profitent pas encore. Il reste quelques pays très pauvres, où une très petite partie de la population détient la richesse et le pouvoir.

LES ÉTATS-UNIS

LE CANADA

OCÉAN ARCTIQUE
Mer de Beaufort
OCÉAN PACIFIQUE
OCÉAN ATLANTIQUE
Mer du Labrador
Baie de Baffin
Détroit de Davis
Baie d'Hudson
Baie James
Détroit d'Hudson
Cercle polaire arctique
GROENLAND (Danemark)
ISLANDE
RUSSIE
ALASKA (États-Unis)
ÉTATS-UNIS
YUKON
TERRITOIRES DU NORD-OUEST
NUNAVUT
COLOMBIE-BRITANNIQUE
ALBERTA
SASKATCHEWAN
MANITOBA
ONTARIO
QUÉBEC
TERRE-NEUVE-ET-LABRADOR
NOUVEAU-BRUNSWICK
NOUVELLE-ÉCOSSE
ÎLE-DU-PRINCE-ÉDOUARD
ST-PIERRE-ET-MIQUELON (France)
Îles de la Reine-Élisabeth
Ellesmere
Axel Heiberg
Îles Sverdrup
Devon
Somerset
Bathurst
Melville
Prince-Patrick
Banks
Victoria
Prince-de-Galles
Île de Baffin
Southampton
Péninsule de Melville
Péninsule d'Ungava
Péninsule du Labrador
Île de Terre-Neuve
Île d'Anticosti
Golfe du St-Laurent
Détroit de Cabot
Gaspésie
Île de Vancouver
Haida Gwaii
Détroit d'Amundsen
Montagnes Rocheuses
Chaîne Côtière
Mts du Mackenzie
Prairies
Mont Logan 5959 m
Mont Waddington 4042 m
Mont Columbia 3747 m
Grand lac de l'Ours
Grand lac des Esclaves
Lac Athabasca
Lac Winnipeg
Lac Caribou
Lac Supérieur
Lac Michigan
Lac Huron
Lac Érié
Lac Ontario
Mackenzie
Yukon
Slave
Peace
Athabasca
Churchill
Saskatchewan
Nelson
Severn
Albany
Back
Fraser
La Grande Rivière
Saint-Laurent
Inuvik
Dawson
Whitehorse
Fort Simpson
Nelson Forks
Yellowknife
Pine Point
Kugluktuk
Cambridge Bay
Taloyoak
Iqaluit
Uranium City
Fort Mc Murray
Prince Rupert
Prince George
Vancouver
Victoria
Edmonton
Calgary
Saskatoon
Regina
Flin Flon
Thompson
Lynn Lake
Churchill
Winnipeg
Thunder Bay
Sault Ste. Marie
Cochrane
Grand Sudbury
Toronto
Hamilton
St. Catharines
London
Windsor
Ottawa
Montréal
Rouyn-Noranda
Trois-Rivières
Québec
Saguenay
Baie-Comeau
Sept-Îles
Chisasibi
Schefferville
Labrador City
Happy Valley-Goose Bay
St. John's
Charlottetown
Fredericton
Saint John
Halifax
N
60°
70°
80°
100°
120°
140°
50°
40°
Villes et agglomérations
capitale
plus de 1 million d'habitants
de 100 000 à 1 million d'habitants
moins de 100 000 habitants
0
500 km

LE QUÉBEC

ÎLE DE BAFFIN
Détroit d'Hudson
Salluit
Ivujivik
Baie d'Ungava
Péninsule d'Ungava
Mer du Labrador
Rivière aux Feuilles
Péninsule du Labrador
Lac Minto
TERRE-NEUVE–ET–LABRADOR
Baie d'Hudson
NORD-DU-QUÉBEC
Schefferville
Détroit de Belle Isle
Grande rivière de la Baleine
Labrador City
La Grande Rivière
TERRE-NEUVE–ET–LABRADOR
Havre-Saint-Pierre
CÔTE-NORD
Laurentides
Île d'Anticosti
Chisasibi
Sept-Îles
Port-Menier
Port-Cartier
Golfe du Saint-Laurent
Baie James
Lac Mistassini
Baie-Comeau
Détroit de Cabot
GASPÉSIE–ÎLES-DE-LA-MADELEINE
SAGUENAY–LAC-SAINT-JEAN
Estuaire du Saint-Laurent
Gaspésie
ÎLE-DU-PRINCE-ÉDOUARD
Saguenay
ABITIBI-TÉMISCAMINGUE
MAURICIE
BAS-SAINT-LAURENT
NOUVELLE-ÉCOSSE
CAPITALE-NATIONALE
NOUVEAU-BRUNSWICK
ONTARIO
Québec
Rouyn-Noranda
LANAUDIÈRE
CHAUDIÈRE-APPALACHES
Trois-Rivières
Saint-Laurent
LAURENTIDES
CENTRE-DU-QUÉBEC
OUTAOUAIS
ESTRIE
Montréal
LAVAL
MONTÉRÉGIE
Ottawa
MONTRÉAL
OCÉAN ATLANTIQUE
N
ÉTATS-UNIS
60°
80°
40°
Villes et agglomérations
capitale de province
plus de 1 million d'habitants
de 100 000 à 1 million d'habitants
moins de 100 000 habitants
limites de régions
0
250 km

L'ASIE

Villes et agglomérations
capitale
ville importante
0
1000 km
OCÉAN ARCTIQUE
OCÉAN PACIFIQUE
OCÉAN INDIEN
EUROPE
AFRIQUE
Tropique du Capricorne
Cercle polaire arctique
Équateur
Mer d'Okhotsk
Mer du Japon
Mer de Chine orientale
Mer de Chine méridionale
Golfe du Bengale
Mer d'Oman
Mer Rouge
Mer Noire
Mer Caspienne
Mer d'Aral
Lac Balkhach
Lac Baïkal
RUSSIE
Sibérie
KAZAKHSTAN
OUZBÉKISTAN
TURKMÉNISTAN
KIRGHIZISTAN
TADJIKISTAN
AFGHANISTAN
PAKISTAN
INDE
NÉPAL
BHOUTAN
BANGLADESH
BIRMANIE
CHINE
MONGOLIE
Désert de Gobi
Tibet
Himalaya
Mandchourie
CORÉE DU NORD
CORÉE DU SUD
JAPON
TAÏWAN
PHILIPPINES
VIÊT NAM
LAOS
THAÏLANDE
CAMBODGE
MALAISIE
SINGAPOUR
BRUNEI
INDONÉSIE
TIMOR ORIENTAL
SRI LANKA
MALDIVES
TURQUIE
CHYPRE
LIBAN
SYRIE
ISRAËL
JORDANIE
IRAQ
IRAN
GÉORGIE
ARMÉNIE
AZERBAÏDJAN
KOWEÏT
BAHREÏN
QATAR
ÉMIRATS ARABES UNIS
OMAN
YÉMEN
ARABIE SAOUDITE
Oural
Caucase
Deccan
Sakhaline
Hokkaido
Honshu
Luçon
Mindanao
Bornéo
Célèbes
Sumatra
Java
Bali
Nouvelle-Guinée
Îles de la Sonde
Ob
Irtych
Ienisseï
Angara
Léna
Amour
Houang He
Yangzi Jiang
Mékong
Irrawaddy
Brahmapoutre
Gange
Indus
Syr-Daria
Amou-Daria
Klioutchevskaïa 4750 m
Narodnaïa 1894 m
Pic Pobedy 7439 m
K2 8611 m
Everest 8848 m
Gongga Shan 7590 m
Fuji-Yama 3776 m
Kerinci 3805 m
Semeru 3676 m
Demavend 5671 m
Sapporo
Tokyo
Kyoto
Osaka
Hiroshima
Séoul
Pyongyang
Pékin
Tianjin
Shanghai
Taipei
Hongkong
Manille
Hanoï
Vientiane
Bangkok
Phnom Penh
Kuala Lumpur
Putrajaya
Singapour
Bandar Seri Begawan
Jakarta
Dili
Rangoun
Nay Pyi Taw
Dacca
Calcutta
Thimbu
Lhassa
Katmandou
New Delhi
Delhi
Bombay
Madras
Colombo
Sri Jayawardenepura Kotte
Islamabad
Kaboul
Douchanbe
Bichkek
Tachkent
Achgabat
Astana
Omsk
Krasnoïarsk
Oulan-Bator
Téhéran
Bakou
Tbilissi
Erevan
Bagdad
Koweït
Manama
Doha
Abu Dhabi
Mascate
Riyad
La Mecque
Sanaa
Damas
Amman
Beyrouth
Jérusalem
Nicosie
Ankara
Istanbul

ASIE : La répartition de la population

Densités de population, en habitants par km²

- plus de 200
- de 50 à 200
- de 10 à 50
- de 1 à 10
- moins de 1
- ville de plus de 10 millions d'habitants
- ville de 5 à 10 millions d'habitants

Un homme sur deux vit en Asie et près de 9 Asiatiques sur 10 habitent dans les plaines côtières et les vallées de l'Asie du Sud-Est, qui contrastent avec les immenses déserts de l'Asie occidentale et les steppes de l'Asie centrale. La croissance de la population est sensible dans les villes, qui deviennent énormes (plus de 37 millions d'habitants à Tokyo).

ASIE : Le niveau de développement

Les conditions de vie

- bonnes ou très bonnes
- moyennes
- difficiles
- très difficiles

Un indicateur prenant en compte la production économique et le niveau de vie des habitants permet de distinguer quelques pays riches développés (producteurs de pétrole du Moyen-Orient, Japon ou nouveaux pays industriels, notamment la Chine et l'Inde) face à une majorité de pays pauvres en développement.

L'EUROPE

Cercle polaire arctique
Reykjavik
ISLANDE
OCÉAN
ATLANTIQUE
Ben Nevis
1344 m
Glasgow
Belfast
IRLANDE
Dublin
Manchester
GRANDE-BRETAGNE
Birmingham
Tamise
Londres
Manche
Mer du Nord
NORVÈGE
Oslo
SUÈDE
Lac Vänern
DANEMARK
Copenhague
Mer
Hambourg
Elbe
PAYS-BAS
Amsterdam
La Haye
Berlin
Plaine d'
Oder
BELGIQUE
Bruxelles
Rhin
ALLEMAGNE
LUXEMBOURG
Luxembourg
Seine
Paris
Loire
Prague
RÉP. TCHÈQUE
Danube
Munich
Vienne
LIECHTENSTEIN
AUTRICHE
Grossglockner
3796 m
FRANCE
Berne
SUISSE
Alpes
Lac Léman
Cervin
4478 m
Mont Blanc
4810 m
Milan
Turin
Pô
SLOVÉNIE
Ljubljana
Zag
CROATIE
BOSN
HERZÉGOV
Golfe de Gascogne
Rhône
Pyrénées
Pic d'Aneto
3404 m
ANDORRE
Duero
PORTUGAL
Péninsule Ibérique
Saragosse
Barcelone
Lisbonne
Madrid
Tage
MONACO
SAINT-MARIN
Apennins
Mer Adriatique
Corse
VATICAN
Rome
Valence
Séville
ESPAGNE
Sardaigne
Îles Baléares
Chaînes Bétiques
Mulhacén
3478 m
Détroit de Gibraltar
Málaga
Gibraltar
Cagliari
ITALIE
Mer
Palerme
Sicile
Etna
3345 m
AFRIQUE
La Valette
MALTE
Villes et agglomérations
capitale
ville importante
0
500 km

Crimée* : annexion à la Russie, non reconnue par la communauté internatio

EUROPE : La population européenne

Les régions denses, en habitants par km²

- plus de 200
- de 100 à 200
- de 50 à 100
- moins de 50
- ville de plus de 10 millions d'habitants
- ville importante

La région centrale, de l'Angleterre à l'Italie du Nord, présente les plus grandes densités de population. La population est élevée aussi le long des côtes et des grands fleuves. En revanche, les régions situées au nord et les montagnes demeurent encore peu peuplées.

EUROPE : L'espace européen

Les grands ensembles de pays

- pays de l'Union européenne faisant partie de la zone euro
- pays de l'Union européenne ne faisant pas partie de la zone euro
- pays candidats à l'entrée dans l'Union européenne
- 1986 date d'adhésion à l'Union européenne

Mosaïque d'États, dont la carte devrait encore se modifier, l'Europe cherche depuis la Seconde Guerre mondiale à s'unir pour prévenir les conflits, se défendre et favoriser les liens politiques et culturels, les échanges économiques et son développement dans ce domaine.

LA FRANCE

0
4
8
48
44
ALLEMAGNE
BELGIQUE
LUXEMBOURG
SUISSE
ITALIE
ESPAGNE
ANDORRE
MONACO
OCÉAN
ATLANTIQUE
PAS-DE-CALAIS
Lille
NORD – PAS-
DE-CALAIS –
PICARDIE
Arras
NORD
SEINE-
MARITIME
Amiens
SOMME
AISNE
Laon
Charleville-
Mézières
ARDENNES
Rouen
OISE
Beauvais
St-Lô
Caen
CALVADOS
Évreux
EURE
MANCHE
NORMANDIE
Paris
ÎLE-DE-
FRANCE
MARNE
Châlons-
en-Champagne
MEUSE
Bar-
le-Duc
Metz
MOSELLE
MEURTHE-
ET-MOSELLE
Nancy
BAS-
RHIN
Strasbourg
ALSACE –
CHAMPAGNE-ARDENNE –
LORRAINE
VOSGES
Épinal
Colmar
HAUT-
RHIN
Troyes
AUBE
Chaumont
HAUTE-
MARNE
St-Brieuc
CÔTES-D'ARMOR
FINISTÈRE
Quimper
BRETAGNE
MORBIHAN
Vannes
ILLE-ET-
VILAINE
Rennes
ORNE
Alençon
MAYENNE
Laval
SARTHE
Le Mans
EURE-
ET-LOIR
Chartres
LOIRET
Orléans
Auxerre
YONNE
PAYS DE
LA LOIRE
LOIRE-
ATLANTIQUE
Nantes
Angers
MAINE-
ET-LOIRE
Tours
INDRE-
ET-LOIRE
LOIR-
ET-CHER
Blois
CENTRE-
VAL DE LOIRE
NIÈVRE
Nevers
CÔTE-D'OR
Dijon
BOURGOGNE-
FRANCHE-COMTÉ
HAUTE-
SAÔNE
Vesoul
Belfort
DOUBS
Besançon
TERRITOIRE
DE BELFORT
La Roche-
sur-Yon
VENDÉE
DEUX-
SÈVRES
Niort
Poitiers
VIENNE
Châteauroux
INDRE
Bourges
CHER
Moulins
ALLIER
SAÔNE-ET-LOIRE
Mâcon
Lons-le-
Saunier
JURA
AIN
Bourg-
en-Bresse
HAUTE-
SAVOIE
Annecy
La Rochelle
CHARENTE-
MARITIME
CHARENTE
Angoulême
HAUTE-
VIENNE
Limoges
Guéret
CREUSE
Clermont-
Ferrand
PUY-DE-DÔME
RHÔNE
Lyon
LOIRE
St-Étienne
Chambéry
SAVOIE
AQUITAINE – LIMOUSIN –
POITOU-CHARENTES
CORRÈZE
Tulle
Périgueux
DORDOGNE
GIRONDE
Bordeaux
CANTAL
Aurillac
HAUTE-
LOIRE
Le Puy-
en-Velay
AUVERGNE – RHÔNE-ALPES
Grenoble
ISÈRE
Valence
Privas
ARDÈCHE
DRÔME
HAUTES-ALPES
Gap
LOT
Cahors
LOT-ET-
GARONNE
Agen
Mende
LOZÈRE
Rodez
AVEYRON
ALPES-DE-
HAUTE-PROVENCE
Digne-
les-Bains
ALPES-
MARITIMES
Nice
LANDES
Mont-de-
Marsan
TARN-ET-
GARONNE
Montauban
Albi
GARD
Nîmes
VAUCLUSE
Avignon
PROVENCE-
ALPES-CÔTE D'AZUR
LANGUEDOC-ROUSSILLON –
MIDI-PYRÉNÉES
Montpellier
HÉRAULT
TARN
Toulouse
GERS
Auch
HAUTE-
GARONNE
BOUCHES-
DU-RHÔNE
Marseille
VAR
Toulon
PYRÉNÉES-
ATLANTIQUES
Pau
Tarbes
HAUTES-
PYRÉNÉES
Foix
ARIÈGE
Carcassonne
AUDE
Perpignan
PYRÉNÉES-
ORIENTALES
Bastia
HAUTE-
CORSE
CORSE
Ajaccio
CORSE-
DU-SUD
N
Villes et agglomérations
capitale
chef-lieu de Région
chef-lieu de département
BRETAGNE Région
AUBE département
limite de département
limite de Région
0
100 km

LA BELGIQUE

Mer du Nord
PAYS-BAS
La Haye
Rotterdam
ALLEMAGNE
FRANCE
LUXEMBOURG
4
6
51
50
Dunkerque
Ostende
Bruges
Yser
Flandre
FLANDRE-OCCIDENTALE
Roulers
Courtrai
Lys
Mouscron
Roubaix
Lille
Tournai
Gand
FLANDRE-ORIENTALE
Escaut
Alost
St-Nicolas
Anvers
ANVERS
Campine
FLANDRES
Nèthe
Malines
LIMBOURG
Genk
Hasselt
Demer
BRABANT FLAMAND
Louvain
Bruxelles
BRUXELLES-CAPITALE
Maastricht
Aix-la-Chapelle
Dendre
Brabant
Senne
Wavre
BRABANT WALLON
Dyle
HAINAUT
Mons
La Louvière
Hainaut
Charleroi
Sambre
Namur
NAMUR
Hesbaye
Meuse
Liège
Verviers
LIÈGE
Ourthe
694 m
Signal de Botrange
Hautes Fagnes
Condroz
WALLONIE
Plateau Ardennais
LUXEMBOURG
Semois
Sûre
Lorraine belge
Arlon
Moselle
N
Villes et agglomérations
capitale
plus de 100 000 habitants
moins de 100 000 habitants
NAMUR province
Namur ville
0
50 km
Langues
français
néerlandais
allemand
français et néerlandais (région bilingue)
minorité de langue française protégée
minorité de langue allemande protégée
minorité de langue néerlandaise protégée

LA SUISSE

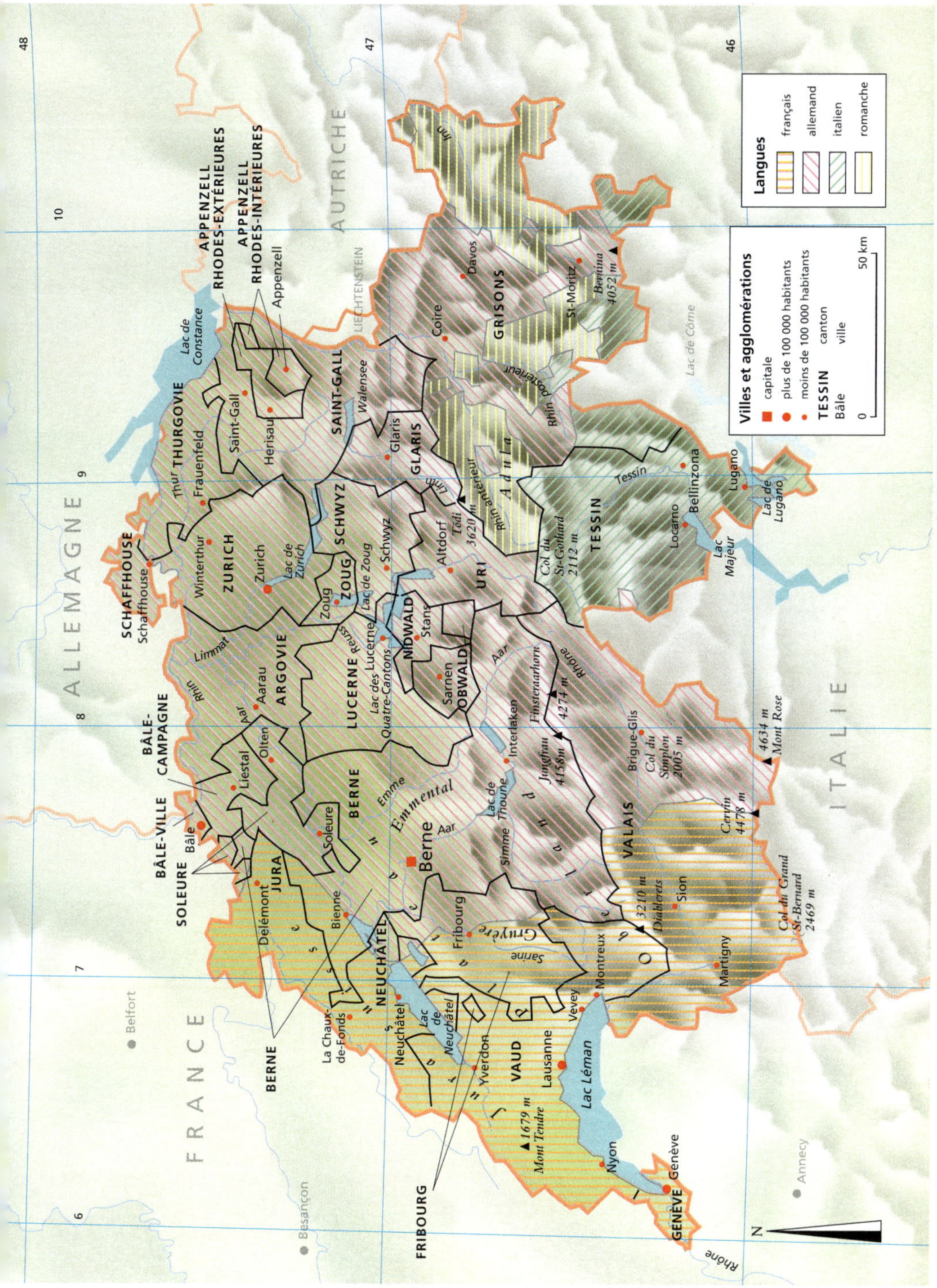
Langues
français
allemand
italien
romanche
Villes et agglomérations
capitale
plus de 100 000 habitants
moins de 100 000 habitants
TESSIN canton
Bâle ville
0
50 km
N
ALLEMAGNE
FRANCE
ITALIE
AUTRICHE
LIECHTENSTEIN
SCHAFFHOUSE
Schaffhouse
THURGOVIE
Frauenfeld
ZURICH
Zurich
Winterthur
APPENZELL RHODES-EXTÉRIEURES
APPENZELL RHODES-INTÉRIEURES
Appenzell
Herisau
Saint-Gall
SAINT-GALL
GLARIS
Glaris
GRISONS
Coire
Davos
St-Moritz
Bernina 4052 m
BÂLE-VILLE
Bâle
BÂLE-CAMPAGNE
Liestal
SOLEURE
Soleure
Olten
ARGOVIE
Aarau
JURA
Delémont
BERNE
Berne
Bienne
Interlaken
LUCERNE
Lucerne
ZOUG
Zoug
SCHWYZ
Schwyz
URI
Altdorf
NIDWALD
Stans
OBWALD
Sarnen
TESSIN
Bellinzona
Locarno
Lugano
NEUCHÂTEL
Neuchâtel
La Chaux-de-Fonds
FRIBOURG
Fribourg
VAUD
Lausanne
Yverdon
Vevey
Montreux
Nyon
GENÈVE
Genève
VALAIS
Sion
Martigny
Brigue-Glis
Belfort
Besançon
Annecy
Lac de Constance
Lac de Zurich
Lac de Zoug
Lac des Quatre-Cantons
Lac de Thoune
Lac de Neuchâtel
Lac Léman
Lac Majeur
Lac de Lugano
Lac de Côme
Walensee
Rhin
Thur
Limmat
Aar
Reuss
Emme
Sarine
Simme
Rhône
Tessin
Linth
Inn
Rhin antérieur
Rhin postérieur
Emmental
Gruyère
Jura
Alpes
Adula
Tödi 3620 m
Col du St-Gothard 2112 m
Finsteraarhorn 4274 m
Jungfrau 4158 m
Col du Simplon 2005 m
4634 m Mont Rose
Cervin 4478 m
3210 m Diablerets
Col du Grand St-Bernard 2469 m
1679 m Mont Tendre
6
7
8
9
10
46
47
48

L'OCÉANIE

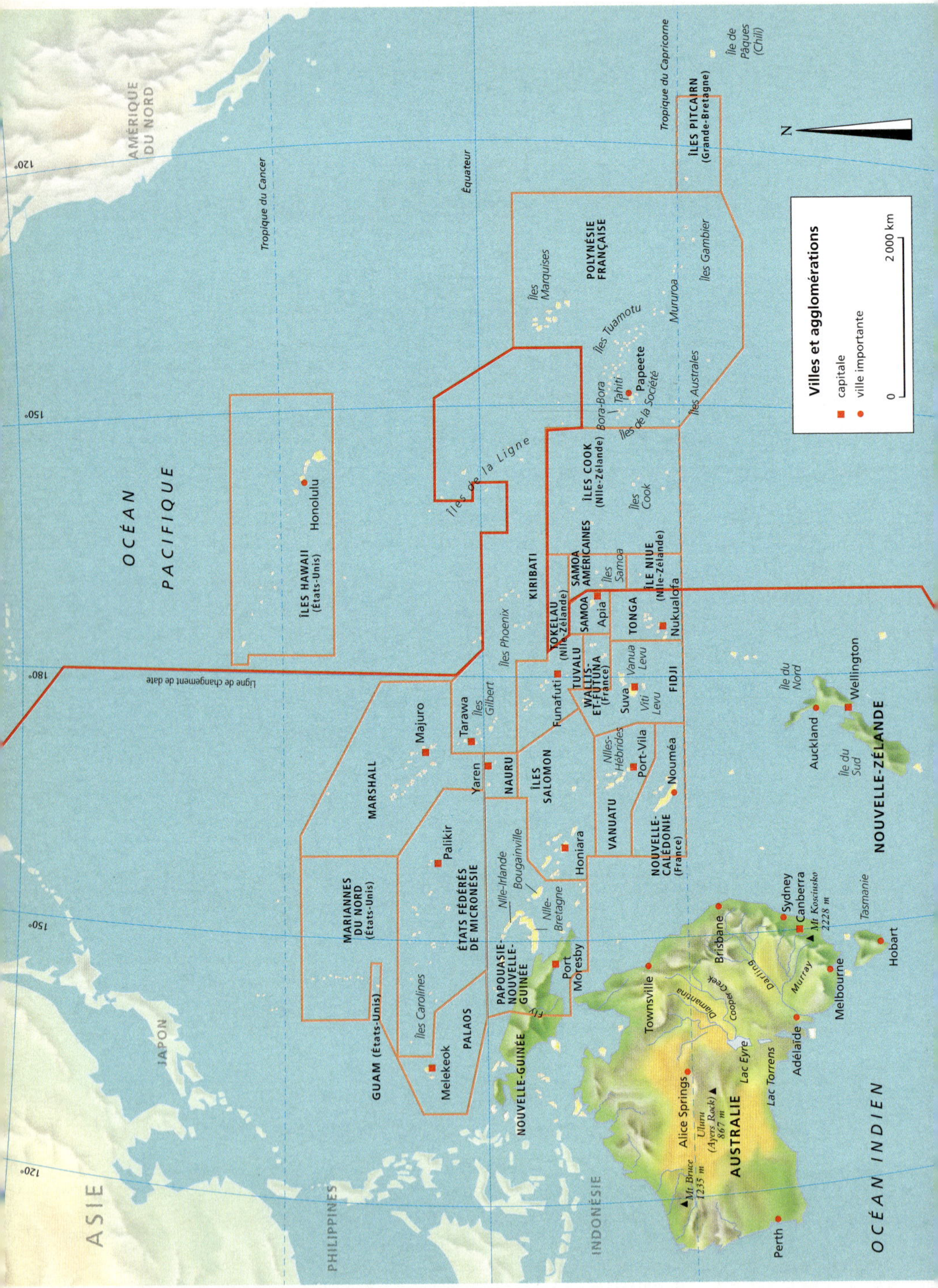

OCÉAN PACIFIQUE
AMÉRIQUE DU NORD
ASIE
JAPON
PHILIPPINES
INDONÉSIE
OCÉAN INDIEN
Tropique du Cancer
Équateur
Tropique du Capricorne
Ligne de changement de date
120°
150°
180°
150°
120°
ÎLES HAWAII (États-Unis)
Honolulu
MARIANNES DU NORD (États-Unis)
GUAM (États-Unis)
PALAOS
Melekeok
ÉTATS FÉDÉRÉS DE MICRONÉSIE
Palikir
Îles Carolines
MARSHALL
Majuro
NAURU
Yaren
Tarawa
Îles Gilbert
KIRIBATI
Îles Phoenix
Îles de la Ligne
TUVALU
Funafuti
TOKELAU (Nlle-Zélande)
WALLIS-ET-FUTUNA (France)
SAMOA
Apia
SAMOA AMÉRICAINES
Îles Samoa
TONGA
Nukualofa
ÎLE NIUE (Nlle-Zélande)
ÎLES COOK (Nlle-Zélande)
Îles Cook
FIDJI
Suva
Vanua Levu
Viti Levu
VANUATU
Port-Vila
Nlles-Hébrides
NOUVELLE-CALÉDONIE (France)
Nouméa
ÎLES SALOMON
Honiara
PAPOUASIE-NOUVELLE-GUINÉE
Port Moresby
Nlle-Irlande
Nlle-Bretagne
Bougainville
Fly
NOUVELLE-GUINÉE
POLYNÉSIE FRANÇAISE
Îles Marquises
Îles Tuamotu
Bora-Bora
Tahiti
Papeete
Îles de la Société
Mururoa
Îles Gambier
Îles Australes
ÎLES PITCAIRN (Grande-Bretagne)
Île de Pâques (Chili)
NOUVELLE-ZÉLANDE
Île du Nord
Île du Sud
Auckland
Wellington
AUSTRALIE
Perth
Adélaïde
Melbourne
Canberra
Sydney
Brisbane
Townsville
Alice Springs
Uluru (Ayers Rock) 867 m
Mt Bruce 1235 m
Mt Kosciusko 2228 m
Lac Eyre
Lac Torrens
Diamantina
Cooper Creek
Darling
Murray
Tasmanie
Hobart
Villes et agglomérations
capitale
ville importante
0
2 000 km
N

Chronologie universelle

La chronologie universelle déroule son axe du temps du big bang originel de l'Univers aux événements de l'actualité récente. Elle propose ainsi quelque 750 repères historiques dans des domaines aussi variés que la politique, l'économie, la culture, les sciences, la vie sociale ou les arts.

On peut l'utiliser en la consultant à partir d'une date. En se reportant à l'époque concernée grâce au sommaire de la chronologie, on trouve une série d'événements contemporains de cette date, où des mots figurant en gras et suivis d'un astérisque renvoient à des articles du dictionnaire. Leur lecture permet d'enrichir sa recherche.

On peut aussi éventuellement partir d'articles du dictionnaire, dans lesquels sont mentionnées des périodes ou des dates, qui permettent de se reporter à la chronologie. On y trouve alors des renseignements et des repères chronologiques sur l'objet de sa recherche.
En rebondissant ainsi du dictionnaire sur la chronologie et inversement, on peut se donner les bases chronologiques et encyclopédiques en vue de la constitution d'un dossier ou d'un exposé.

Vers –15 milliards d'années

L'histoire de l'**Univers*** commence par ce qu'on appelle le big bang, c'est-à-dire un événement assimilable à une gigantesque explosion, à la suite de laquelle un univers primitif très chaud et très condensé serait entré en expansion et ne cesserait depuis de se dilater et de se refroidir. Quelques minutes suffiront pour que soient créés les premiers noyaux atomiques ; 100 000 ans seront nécessaires pour voir apparaître les premiers atomes. Quelques centaines de millions d'années plus tard, les premières galaxies commenceront à se former.

Vers –4,5 milliards d'années

Petit à petit, de la matière minérale de ce disque s'agglutine, donnant naissance aux planètes rocheuses, comme la **Terre***. Celle-ci est alors une boule chaude qui se solidifie progressivement.

▲ *Vue d'artiste de la Terre, il y a 4,5 milliards d'années.*

De –540 à –245 millions d'années

L'ère **primaire*** (qu'on appelle aussi le paléozoïque) voit d'abord une diversification des formes de vie. Les premiers organismes sont tous marins (**mollusques*, poissons***, etc.). La sortie des eaux se fait progressivement, d'abord par des végétaux puis par des animaux. Les premiers **reptiles*** apparaissent dans la dernière partie de l'ère primaire.

À partir de –65 millions d'années

Le cénozoïque, dernière ère géologique, qui mène à nos jours, regroupe les ères tertiaire et quaternaire :

- l'ère **tertiaire*** est caractérisée par l'apparition des plantes à **fleurs***, tandis que les mammifères, encore discrets à l'ère secondaire, profitent du champ libre laissé par les dinosaures, qui ont disparu. Les reptiles qui restent appartiennent à des groupes qui nous sont familiers aujourd'hui : tortues, lézards, crocodiles et serpents. Les oiseaux de type moderne apparaissent. Les continents et les océans que nous connaissons actuellement se mettent en place tout au long de cette période ;
- l'ère **quaternaire*** est marquée par des bouleversements climatiques, qui font alterner des phases froides (glaciations) et des phases tempérées. Les premiers hominidés (ancêtres de l'homme) sont apparus dès la fin du tertiaire, mais l'évolution du genre *Homo* concerne essentiellement cette période-ci.

◀ *Rhinocéros laineux.*

Vers –5 milliards d'années

À la périphérie de notre **galaxie***, un vaste nuage de poussières et de gaz s'aplatit en un disque mince, large de quelques dizaines de milliards de kilomètres, qui va devenir le Système **solaire***.
Le centre de ce disque se concentre en un noyau toujours plus chaud et plus dense ; plus loin, des particules de poussières et de gaz entrent en collision.

Vers –3,6 milliards d'années

En moins de un milliard d'années, la Terre s'est constitué une atmosphère. Le refroidissement de la planète entraîne la condensation de l'eau de sa surface, produisant un milieu propice à l'apparition de la vie.

▲ *La Terre, il y a 3,5 milliards d'années.*

De –245 à –65 millions d'années

L'ère **secondaire*** (qu'on appelle aussi le mésozoïque) est l'âge d'or des grands reptiles **(dinosaures*)**, qui vont se diversifier et conquérir tous les milieux (mer, terre, air). À la fin de cette période, la faune et la flore commencent à ressembler à celles que nous connaissons aujourd'hui, avec l'apparition des premiers **oiseaux*** et **mammifères***.
Ces derniers sont encore de taille réduite.

▲ *Allosaure.*

◀ *Archéoptéryx.*

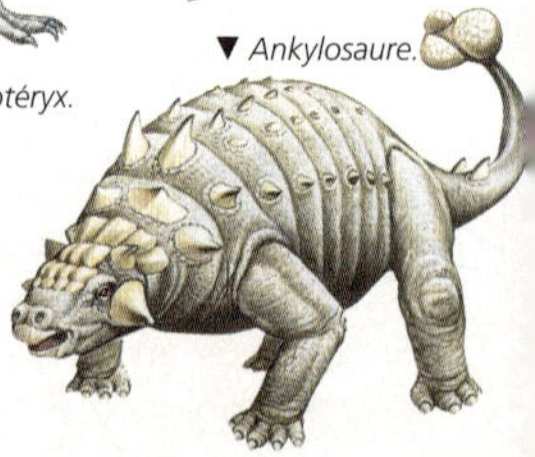

▼ *Ankylosaure.*

Vers –4,5 millions d'années

Les australopithèques sont les premiers **primates*** à devenir bipèdes (à adopter la position debout). Certains d'entre eux sont considérés comme des ancêtres de l'homme.

Vers –3,1 millions d'années

Vie de **Lucy*,** *Australopithecus afarensis,* dont le squelette fut découvert par le Français **Y. Coppens*,** en Éthiopie, en 1974.

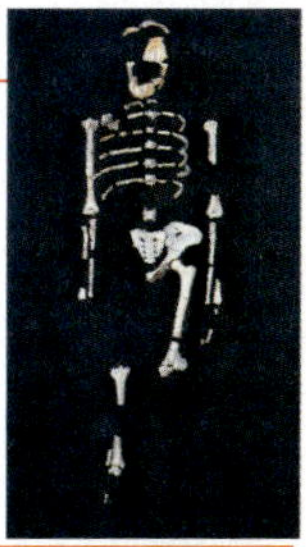

Squelette de Lucy. ►

Vers –2,8 millions d'années

De cette époque datent les plus anciens squelettes d'*Australopithecus africanus* trouvés en Afrique du Sud.

Vers –2,5 millions d'années

Le plus ancien représentant connu du genre *Homo, Homo habilis,* apparaît en Afrique de l'Est : il se sert d'outils en utilisant des galets taillés sur une ou deux faces ; il est pourvu d'un grand volume crânien.

Silex biface, vers – 600 000. ►

Entre –1,8 et –1,3 million d'années

Homo erectus quitte l'Afrique et se répand en Europe et en Asie (il a été parfois appelé pithécanthrope en Indonésie, et sinanthrope en Chine). C'est avec *Homo erectus* que l'on trouve les premières traces de domestication du feu.

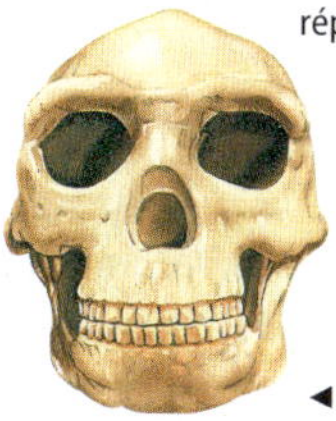

◄ *Crâne du sinanthrope.*

Entre –300 000 et –200 000

De cette période datent les restes d'homme de **Neandertal*** trouvés en Europe, au Proche-Orient et en Asie centrale. Cet *Homo neanderthalensis* enterre ses morts ; il emmanche ses outils et les taille en utilisant la technique « Levallois », où la pierre est préparée pour produire des éclats de forme déterminée. Plusieurs hypothèses sont émises pour expliquer les raisons de la disparition de l'homme de Neandertal, entre –40 000 et –30 000 : extinction génétique, pression de *Homo sapiens,* techniquement mieux préparé, etc.

▲ *Représentation de l'homme de Neandertal.*

Vers –70 000

Apparition en Europe de *Homo sapiens,* que l'on rattache généralement à l'homme actuel. En France, les hommes de **Cro-Magnon*** sont ses représentants. Ses techniques de fabrication d'outils sont perfectionnées et pour la première fois les os et les bois de cervidés sont utilisés (aiguille à chas, poinçon, lissoir, etc.). Ses techniques de chasse sont améliorées par l'usage de nouvelles armes (sagaie, hameçon, harpon) et du propulseur (baguette de bois terminée par un crochet permettant d'augmenter la force de lancer de la sagaie). C'est avec lui que l'art fait son apparition : peintures murales de la grotte Chauvet (Ardèche, France), de **Lascaux*** (Dordogne, France), d'Altamira (Espagne), etc.

▲ *La scène du puits, à Lascaux.*

◄ *Perçoir en pierre provenant de Charente.*

Vers le xe millénaire avant J.-C.

Fin du **paléolithique*** et début du **néolithique*.** On parle parfois de l'âge de la **pierre*** taillée pour désigner le paléolithique (= pierre ancienne) et l'opposer à l'âge de la pierre polie, ou néolithique (pierre nouvelle). Puis vient l'Âge du **cuivre*,** période de la maîtrise de la fusion des métaux (à partir de –7000 environ). Il est suivi de l'âge du **bronze*,** ou âge d'airain (technique des alliages, vers – 3000), et celui du **fer*** (métallurgie du fer, entre 1200 et 1000 avant J.-C.).

◄ *Pic néolithique.*

Vers -9000

Au Proche-Orient, l'homme tend à devenir sédentaire. Son mode de vie passe progressivement de la chasse et de la cueillette à l'élevage des animaux (**domestication***) et à la culture des plantes.

Vers -8000

Le développement de **l'agriculture*** entraîne celui de quelques formes d'artisanat (comme la poterie) liées aux nécessités de stockage, de préparation et de consommation des produits.

Entre les VIIIe et VIIe millénaires avant J.-C.

Apparition des premières villes au Proche-Orient : la plus ancienne connue est Jéricho, en Palestine. Puis, entre -6250 et -5400, en Anatolie (Turquie), **Çatal Höyük*** devient une vaste agglomération de maisons de brique.

Entre -5500 et -2000

Des peintures rupestres datant de cette période et découvertes dans le tassili des Ajjer, au **Sahara***, attestent une présence humaine dans cette région avec des conditions d'aridité moindres que celles d'aujourd'hui.

Ve millénaire avant J.-C.

Premières traces de fabrication d'objets en cuivre, en Anatolie (Turquie). Dans la même région, apparition du métier à tisser.

IVe millénaire avant J.-C.

Plus anciennes traces d'**écriture*** trouvées chez les **Sumériens***, en **Mésopotamie***.

▲ *Tablette en calcaire mésopotamienne.*

IVe et IIIe millénaires avant J.-C.

En Basse-Mésopotamie apparaissent de grandes cités-États, comme Ourouk et, ensuite, Our, gouvernées chacune par un roi.

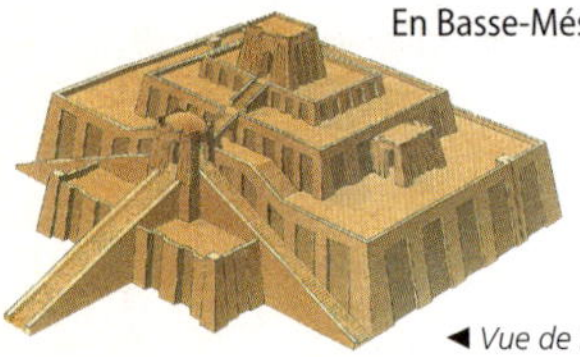

◀ *Vue de la ziggourat d'Our.*

Vers -4000

En Égypte invention du **papyrus***.

Vers -3500

- Les Égyptiens maîtrisent progressivement les techniques de la navigation maritime.
- En Mésopotamie, l'araire, ancêtre de la charrue, remplace la **houe***. La roue vient révolutionner les techniques, notamment en poterie et dans les transports.

Avant -3000

Les besoins du commerce favorisent l'apparition des premiers systèmes permettant d'énumérer les nombres et de les transcrire.

Vers -3000

Début de la métallurgie du bronze, en Mésopotamie puis en **Grèce***.

IIIe millénaire avant J.-C.

Alignements de blocs de pierre de **Carnac***.

▲ *Menhir et dolmen.*

De -2700 environ à -2190

En **Égypte***, période de l'Ancien Empire, qui verra la construction des grandes **pyramides***, de Saqqarah et de **Gizeh*** notamment.

▲ *Pyramide à étages de Saqqarah.*

De -2500 à -1500 environ

Civilisation de l'Indus au nord de l'Inde, dont les vestiges témoignent d'un **urbanisme*** avancé.

Entre -2400 et -1700

En Grande-Bretagne, construction du cromlech (ensemble de pierres dressées) de Stonehenge, dont la signification est probablement astronomique.

▲ *Stonehenge.*

Entre -2350 et -2160

En Mésopotamie, la dynastie akkadienne fondée par Sargon met fin aux règnes des cités-États sumériennes, qui sont réunies en un seul empire.

De –2060 environ à –1785

En **Égypte***, période du Moyen Empire, dont Thèbes est la capitale.

De –2000 à –1750 environ

Les **Hébreux*** migrent de Mésopotamie en Palestine (en pays de Canaan). L'**Ancien Testament*** retrace l'histoire de ce peuple.

◄ *« La Déesse aux serpents », art crétois, XVe siècle avant J.-C.*

IIe millénaire avant J.-C.

Civilisation minoenne en **Crète*** ; construction de vastes palais, comme celui de Cnossos.

Vers –1850

Des papyrus égyptiens de cette époque figurent des calculs d'aires, de volumes et de fractions.

De –1800 à –1200 environ

Composition des **Veda***, livres sacrés de l'**hindouisme***.

Entre –1793 et –1750

Hammourabi, roi de **Babylone***, fait graver le premier code de lois de l'histoire.

▲ *Stèle du Code d'Hammourabi.*

Vers –1700

Composition du plus ancien poème épique connu, *Gilgamesh*, du nom de son héros, le légendaire roi de la ville d'Ourouk.

De –1600 à –1200 environ

Les **Hittites***, peuple indo-européen, migrent en Asie Mineure et créent un vaste empire qui s'oppose à l'Égypte.

Vers –1600

Les Achéens, peuple venu des Balkans, s'installent en **Grèce*** et donnent naissance à la civilisation mycénienne (du nom de la ville de **Mycènes***).

–1595

Babylone est détruite par les Hittites.

De –1580 environ à –1085

▼ *Vue éclatée du temple de Khonsou, à Karnak.*

Période du Nouvel Empire en Égypte. C'est de cette période que datent les temples de **Karnak*** et les sépultures de la **Vallée* des Rois.**

–1550

Des papyrus égyptiens de cette époque donnent la description de maladies et de remèdes pharmaceutiques.

Vers –1500

▲ *Pharaon coiffé de la tiare bleue de combat, ou khepresh.*

- Le pharaon Thoutmosis III conquiert la Palestine, la Phénicie et la Syrie.
- Des papyrus égyptiens de cette époque témoignent de connaissances en anatomie et en chirurgie.

Vers –1400

En Égypte, l'invention de l'horloge à eau (ou clepsydre) fait suite à celle du cadran solaire.

De –1372 à –1354

Règne du pharaon **Aménophis IV***, qui prend le nom d'Akhenaton et instaure le culte du dieu unique Aton (le disque solaire).

De –1290 à –1236

Règne du pharaon **Ramsès II***, l'un des plus grands pharaons de l'histoire de l'Égypte, qui entreprit notamment la construction des temples d'Abou-Simbel.

Vers –1250

▲ *Moïse enseigne la Loi, détail d'un manuscrit carolingien.*

Les Hébreux quittent l'Égypte sous la conduite de **Moïse***. Parvenus sur le mont **Sinaï***, ils auraient reçu de ce dernier les Tables de la Loi.

Vers –1230 à –1191

Les Peuples de la Mer migrent dans le bassin de la Méditerranée et détruisent l'Empire hittite.

Vers –1200

Les **Phéniciens*** créent un alphabet.

Vers -1010
Début du règne du roi hébreu **David***, qui fait de **Jérusalem*** la capitale des douze tribus d'Israël.

-969 à -962
Le roi hébreu **Salomon*** fait construire le premier Temple de Jérusalem.

▲ *Bas-relief assyrien d'un temple de Nimroud.*

De -900 à -450 environ
Premier âge du fer en Europe.

IXe siècle avant J.-C.
Premières poulies en **Assyrie***.

-883 à -823
Règnes des rois d'Assyrie Assournazirpal et Salmanazar III.

-814
Les **Phéniciens*** fondent **Carthage*** (en Tunisie), capitale d'une puissante république maritime.

Vers -800
Début de la civilisation des **Étrusques***, en **Toscane*** (Italie).

VIIIe siècle avant J.-C.
Vie d'**Homère***, poète grec auteur de ***l'Iliade**** et de ***l'Odyssée****.

◀ *Cavalier grec en chlamyde, manteau court.*

-776
Naissance des jeux **Olympiques***. Ils ont lieu tous les quatre ans dans le sanctuaire de Zeus, à Olympie (Péloponnèse, **Grèce***).

-753
Date traditionnelle de la fondation de **Rome***.

De -669 à -627
Règne d'Assourbanipal en Assyrie. Il soumettra **Babylone*** et l'**Égypte*** et constituera dans sa capitale, Ninive, une riche bibliothèque. Son empire s'étendra de l'Égypte au golfe Persique.

Vers -657
Cypsélos devient tyran (chef) de Corinthe ; cette ville sera alors le principal centre de développement économique de la Grèce.

▲ *Détail d'un sarcophage étrusque.*

-616
Les **Étrusques** règnent sur le Latium (région de Rome) ; leur domination s'étendra jusqu'à la plaine du Pô et la région de la ville actuelle de Naples.

-605 à -562
Le roi Nabuchodonosor fait de Babylone la grande métropole du monde antique oriental, qui restera notamment célèbre pour les jardins suspendus de son palais royal.

Vers -600
- L'écrivain grec **Ésope** écrit ses *Fables*.
- Début de l'établissement de la cité maya de Tikal (Guatemala).

-587
Nabuchodonosor s'empare de Jérusalem : les **Hébreux*** sont déportés à Babylone.

VIe siècle avant J.-C.
- Fondation de Massalia (Marseille) par les Grecs de Phocée (Turquie).
- Au Soudan, création de Méroé, capitale du royaume de Koush, territoire africain rattaché à l'Égypte.

Vers -560
Début de la construction du temple d'Artémis à Éphèse par des architectes crétois. C'est l'une des **Sept* Merveilles du monde.**

Reconstitution du temple d'Artémis. ▶

De -570 à -480 environ
Vie de **Pythagore***, mathématicien et philosophe grec.

-556
Le Perse **Cyrus II*** réalise l'union de son peuple et des Mèdes et fonde l'Empire achéménide.

-534
Avènement de Tarquin le Superbe, dernier roi étrusque de Rome.

◀ *Bouddha, statue du Ve siècle après J.-C.*

-523
Le prince Siddharta Gautama reçoit l'illumination qui fait de lui le **Bouddha***. Il prêchera lui-même la doctrine qui deviendra le **bouddhisme***.

-522
Darios Ier devient roi de Perse ; il concevra la ville de Parsa, que les Grecs surnommeront, après sa destruction, Persépolis, « la ville en ruine ».

–509 Les Romains chassent leur dernier roi étrusque. Fondation de la République romaine.

–507 Première Constitution démocratique d'**Athènes***, due à Clisthène ; elle institue la boulê, assemblée représentative de tous les citoyens.

Vᵉ siècle avant J.-C. Vie du médecin grec **Hippocrate***. Vie des historiens et géographes grecs Hérodote et Thucydide.

Vᵉ siècle avant J.-C. Vie des grands dramaturges grecs, Eschyle, Sophocle et Euripide. Vie du philosophe grec **Socrate***.

–490 La victoire des Grecs, commandés par Miltiade (–540 - –489), sur les Perses de Darios Iᵉʳ, à la bataille de **Marathon***, marque le début des guerres médiques, qui vont opposer les cités grecques à l'Empire perse jusqu'en –479.

De –481 à –221 En Chine, période de troubles dite « des Royaumes combattants », où le pays est morcelé en principautés, qui règlent leurs différends par la guerre.

–480 Les Perses de Xerxès Iᵉʳ détruisent l'armée de **Sparte***, commandée par Léonidas (qui est tué), à la bataille des Thermopyles (Grèce). La flotte perse est détruite par les Athéniens à Salamine (Chypre).

◄ ▲ *Guerriers perses.*

–479 Mort de **Confucius***, philosophe chinois.

Confucius, peinture du XVIIᵉ siècle après J.-C. ►

De –468 à –458 Construction du temple de Zeus, à Olympie (Péloponnèse, Grèce).

De –461 à –429 Sous le gouvernement démocratique du stratège (chef principal) **Périclès***, Athènes connaît une période de grandeur et de renom.

Périclès, buste du Vᵉ siècle avant J.-C. ►

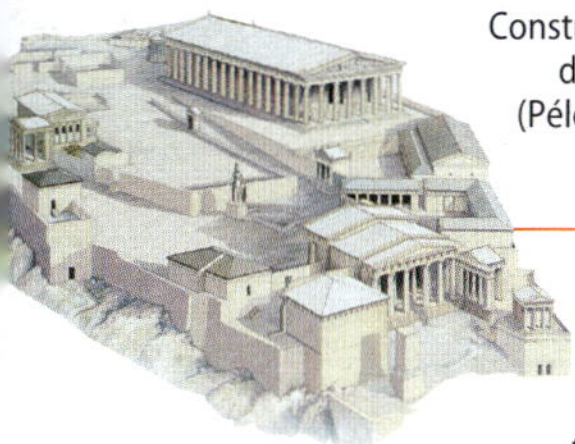

▲ *Acropole d'Athènes.*

Entre –447 et –406 Construction du **Parthénon*** et de l'Érechthéion, temples situés sur l'**Acropole***, à Athènes.

Entre –431 et –404 La guerre du Péloponnèse oppose Athènes à Sparte et à ses alliés.

Fin du Vᵉ siècle avant J.-C. Vie d'Aristophane, le plus grand poète comique grec antique.

À partir de –425 En Europe occidentale, période dite « de La Tène », qui correspond à l'expansion des **Celtes***.

◄ *« La Dame d'Elche », art celte.*

Vers –390 Les **Gaulois*** s'emparent de **Rome***.

Vers –387 Le philosophe grec **Platon*** fonde son école, l'Académie, à Athènes.

De –356 à –336 Règne de Philippe II de Macédoine (vers –382 - –336), qui conquiert la Grèce.

–336 **Alexandre*** le Grand succède à son père Philippe II. Après avoir soumis la Grèce révoltée, il entre en Asie Mineure et vainc les Perses une première fois ; il soumet la Syrie, pénètre en Égypte (où il fonde **Alexandrie***), franchit le Tigre et l'Euphrate et met fin à l'Empire perse de Darios III (mort en –330). Il poursuit ses conquêtes et atteint l'Indus. Il revient alors à **Babylone***, d'où il organise ensuite son empire.

IVᵉ siècle avant J.-C. Les Chinois maîtrisent la technique des hauts-fourneaux et produisent de la fonte.

–323 Mort d'Alexandre le Grand, à Babylone.

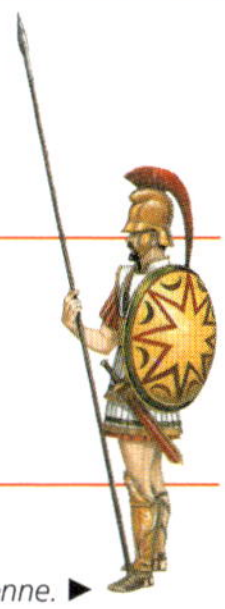

Soldat de la phalange macédonienne. ►

Le monde méditerranéen sous la domination grecque

–321 Partage de l'empire d'**Alexandre*** **le Grand** entre ses généraux. Début de la période (dite « hellénistique ») de rayonnement de la civilisation grecque, qui prendra fin avec l'Empire romain.

–312 Construction de la voie Appienne, qui relie **Rome*** à Brindisi, au sud de l'Italie.

–305 En **Égypte***, Ptolémée Ier Sôtêr (vers –367 - –283) fonde la dynastie hellénistique des Lagides. Sa capitale, **Alexandrie***, devient la ville principale du monde antique.

IIIe siècle avant J.-C.

- En Chine, mise au point de la fabrication du papier.
- Dix-huit siècles avant **Copernic***, **Aristarque*** **de Samos** (–310 - vers –230) fait l'hypothèse du mouvement de la Terre et des autres planètes autour du Soleil.
- Vies des mathématiciens et savants grecs Ératosthène, **Euclide*** et **Archimède***.

▲ *Théâtre d'Épidaure.*

–300 Construction du théâtre d'Épidaure, dans le Péloponnèse, en Grèce.

Vers –290

Construction du musée d'Alexandrie par Ptolémée Ier Sôtêr : sa grande bibliothèque aurait contenu jusqu'à 700 000 volumes.

Vers –280

▲ *Reconstitution du Colosse de Rhodes.*

- Édification de la gigantesque statue du Colosse à l'entrée du port de Rhodes. Elle sera détruite par un séisme en –227 ou –226.
- Construction sur l'île de Pharos, face à Alexandrie, d'une haute tour (130 m) au sommet de laquelle, la nuit, on allume des feux : le premier phare.

De –264 à –146

Guerres puniques : série de trois guerres successives opposant **Rome*** et **Carthage*** (Tunisie). Pendant la deuxième, le général carthaginois **Hannibal*** entre en Italie, bat les Romains à plusieurs reprises mais ne peut s'emparer de Rome.

▲ *Monnaie à l'effigie d'Hannibal.*

–237 Début de la construction du temple d'Horus, à Edfou, en **Égypte***.

–221 Naissance de l'Empire chinois et début de la construction de la **Grande*** **Muraille** afin de le protéger des attaques des peuples de la steppe.

IIe siècle avant J.-C.

- Hipparque fait des observations astronomiques d'une très grande précision.
- **Vénus*** **de Milo** : statue grecque en marbre représentant Aphrodite.
- Invention du parchemin à Pergame (Asie Mineure).

◄ *Centurion romain.*

–197 Les phalanges (formations de soldats) de Philippe V de Macédoine sont battues par les légions romaines, à Cynoscéphales : début de l'hégémonie de Rome.

–103 à –46

Vie de **Cicéron***, homme politique, orateur et écrivain romain.

–73 à –71

Sous le commandement de **Spartacus***, soulèvement des esclaves, qui vainquent l'armée régulière à plusieurs reprises. Ils seront finalement battus par Crassus (–115 - –53).

–52 Le soulèvement des peuples gaulois contre les Romains conduit à la défaite de **Vercingétorix*** à **Alésia*** et à sa reddition à **Jules César***.

–51 **Cléopâtre VII*** devient reine d'**Égypte***.

▲ *Guerriers gaulois.*

–47 Incendie de la bibliothèque d'**Alexandrie*** (Égypte).

–44 Jules César, devenu « dictateur à vie », est assassiné par des conjurés républicains.

–31 Octave remporte la bataille d'Actium sur Cléopâtre.

–30 **Rome*** en annexant l'Égypte achève sa conquête du monde méditerranéen.

▲ *Auguste, statue du Ier siècle.*

–27 Octave, prenant le nom d'**Auguste***, devient le premier empereur romain.

Expansion romaine et naissance du christianisme

14 Tibère (–42 - 37), empereur romain.

30 ou (33) En Palestine, **Jésus***, que ses disciples appellent « le Messie », est crucifié. Le **christianisme*** naissant propagé par les apôtres est combattu par les chefs religieux juifs et les autorités romaines.

Crucifix de Cimabue, vers 1260. ▶

▲ *Légionnaire romain.*

37 Caligula (12-41), empereur romain.

43 Début de la conquête de la Bretagne (actuelle Grande-Bretagne) par les Romains.

Vers 50 La **charrue*** remplace l'araire.

54 Début du règne de l'empereur **Néron***.

64 Après l'incendie de **Rome***, Néron persécute les chrétiens.

70 Rome décide de mater le soulèvement des Juifs contre l'occupation de la Judée, qui devient province impériale. Le Temple de Jérusalem est détruit.

70-100 Écriture des quatre **Évangiles***, recueils où sont rapportés la vie et le message de Jésus-Christ. Ils constituent le **Nouveau Testament***, avec les Actes des Apôtres, les Épîtres et l'Apocalypse.

79 L'éruption du **Vésuve*** détruit les villes d'**Herculanum*** et de **Pompéi***.

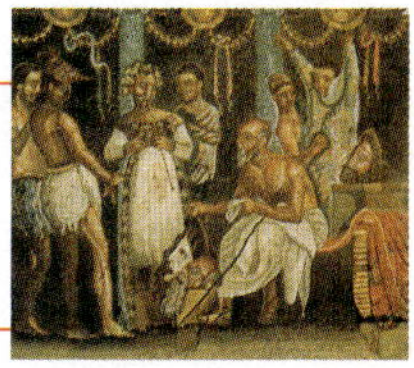

Mosaïque de Pompéi. ▶

80 Début de la construction du **Colisée***, amphithéâtre de Rome.

Vers 95 Flavius Josèphe (vers 37 - après 100) écrit *les Antiquités judaïques,* histoire du peuple juif depuis la création du monde.

96-192 Période de grandeur et de prospérité de l'Empire romain sous le règne des empereurs de la dynastie des Antonins, Trajan (53-117) et Marc Aurèle (121-180).

▲ *Relief représentant Trajan.*

Fin du Ier siècle Construction des arènes d'**Arles***.

Vers 100 Apparition des premières brouettes, en Chine.

113 Consécration de la colonne Trajane, sur le forum de Trajan à Rome.

118-125 Construction du Panthéon de Rome, dont la coupole s'élève à 40 m.

122-127 En Grande-Bretagne, construction du mur d'**Hadrien***, vaste fortification proche de l'actuelle frontière méridionale de l'Écosse et protégeant la partie du territoire soumise aux Romains.

Vers 130-150 Claude **Ptolémée*** donne une représentation de l'Univers, dont la Terre serait le centre.

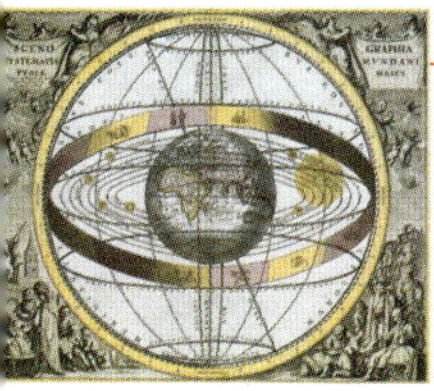

▲ *Système de Ptolémée, gravure du XVIIe siècle.*

161 Marc Aurèle, empereur romain.

Marc Aurèle, buste de la fin du IIe siècle. ▶

235-285 Les frontières de l'Empire romain sont forcées au nord par les Germains et à l'est par les Perses.

284 Dioclétien (245-313), empereur romain.

293 Dioclétien instaure la tétrarchie, gouvernement de l'Empire à quatre (deux empereurs associés à deux césars).

▲ *Monnaie à l'effigie de Constantin le Grand.*

306-337 **Constantin Ier* le Grand,** empereur romain.

313 Par l'édit de Milan, Constantin Ier accorde aux chrétiens la liberté de pratiquer leur culte au grand jour. Lui-même se convertira au **christianisme*** sur son lit de mort.

330 Inauguration de **Constantinople*** (aujourd'hui Istanbul, Turquie), qui devient capitale de l'Empire romain.

337 La mort de Constantin provoque une crise entre ses héritiers : les luttes qui s'ensuivent accélèrent la division de l'Empire romain entre l'Orient et l'Occident.

344 Achèvement de la première basilique **Saint-Pierre***, à **Rome*.**

351-361 Empereur d'Orient depuis 337, Constance II (317-361) règne à la fois sur l'Orient et l'Occident.

▲ *Saint Martin offrant la moitié de son manteau, miniature du XIIIe siècle.*

370 ou 371 Saint Martin (vers 315-397) devient évêque de Tours. Il jouera un grand rôle dans la christianisation de la **Gaule*** des campagnes.

374 Saint Ambroise (vers 340-397) devient évêque de Milan. Il contribuera à la christianisation des institutions de l'Empire romain.

379 Théodose Ier (vers 347-395), empereur romain d'Orient. Entre 392 et 395, il régnera à la fois sur l'Orient et l'Occident. Mais à sa mort, l'Empire romain sera officiellement partagé. Si l'Empire d'Occident est de courte durée (à peine un siècle), l'Empire d'Orient, lui, avec Constantinople pour capitale, dure jusqu'à la fin du **Moyen* Âge,** soit plus d'un millénaire.

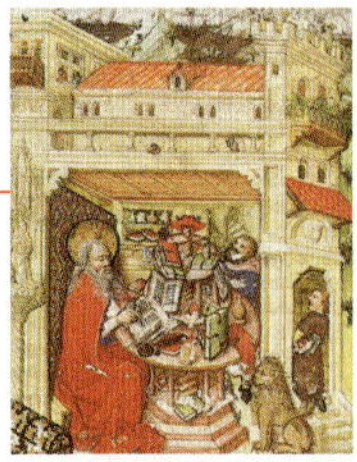
▲ *Saint Jérôme, miniature du XVe siècle.*

391-406 Saint Jérôme (vers 347-419 ou 420) traduit la **Bible*** en latin. Cette traduction donne naissance à la Vulgate, version officielle de l'Église romaine.

394 L'empereur Théodose Ier fait du christianisme une religion d'État et interdit toute pratique de cultes païens. Les jeux **Olympiques*** sont à ce titre abolis et disparaissent pour une période de quelque quinze siècles.

402 Ravenne (Italie) devient la capitale de l'Empire romain d'Occident.

410 Les Wisigoths d'Alaric (vers 370-410) pillent Rome.

425
- Achèvement du **Talmud*,** livre de la religion juive qui contient tous les commentaires de la **Torah*.**
- L'empereur d'Orient Théodose II (401-450) fonde l'université chrétienne de Constantinople.

428-477 Les Vandales, commandés par Geiséric (mort en 477), s'emparent de l'Afrique romaine.

ve siècle Évangélisation de l'Irlande par saint Patrick (mort vers 461).

455 Les Vandales de Geiséric pillent Rome.

▲ *Médaille à l'effigie d'Attila, du XVIe siècle.*

451 **Attila***, qui avait franchi le Rhin à la tête des **Huns*** venus d'Europe centrale, est arrêté à la bataille des champs Catalauniques (dans les plaines de Champagne) par les Romains d'Aetius (mort en 454) alliés des Wisigoths de Théodoric Ier (mort en 451).

476 La prise de Rome par le Barbare Odoacre (vers 434-493), roi des Hérules, marque la chute de l'Empire romain d'Occident et le début du Moyen Âge.

481 **Clovis*** devient roi des **Francs***.

498 Clovis, fondateur de la dynastie des **Mérovingiens***, est baptisé à Reims par l'évêque **saint Remi*** (vers 437 - vers 530).

▲ *Mosaïque de l'église San Vitale à Ravenne.*

VIe siècle Construction de la plupart des basiliques byzantines de Ravenne (Italie).

511 À la mort de Clovis, son royaume est partagé entre ses fils.

Vers 520 Le **bouddhisme*** est introduit en Chine et y obtient les faveurs de la dynastie régnante.

528 et 534 Peu après son avènement, l'empereur byzantin Justinien Ier (vers 482-565) fait rédiger le code qui porte son nom et qui regroupe toutes les lois promulguées depuis l'empereur **Hadrien***.

▲ *Guerriers francs.*

Vers 529 Fondation par saint Benoît de Nursie (vers 480 - vers 537) de l'abbaye du Mont-Cassin (Italie), berceau de l'ordre des Bénédictins.

532 à 537 Construction de la basilique **Sainte-Sophie*** à **Constantinople*** (aujourd'hui Istanbul, Turquie).

574-594 Rédaction de l'*Histoire des Francs* par saint Grégoire de Tours (vers 538 - vers 594).

587 Reccared Ier (mort en 601), roi des **Wisigoths*** d'Espagne, se convertit au **christianisme***.

Vers 610 Selon la tradition musulmane, premières révélations de l'archange **Gabriel*** à **Mahomet***.

613 Clotaire II (584-629), roi de Neustrie (partie nord-ouest de la France), réalise l'unité du royaume franc.

622 Mahomet et ses disciples émigrent à Médine (Arabie saoudite) : cet épisode de l'histoire de l'**islam*** est appelé l'hégire.

▲ *Page du Coran, du XIIe siècle.*

629 Le roi des Francs, **Dagobert Ier***, accède au pouvoir.

630 Mahomet s'empare de **La Mecque*** (Arabie saoudite).

638 Conquête de **Jérusalem*** par les **Arabes***.

644-656 Version écrite du **Coran***.

Vers 650 Premiers moulins à vent, en Iran.

661 Assassinat de **Ali***, gendre de Mahomet. Ses partisans donnent naissance à un courant dissident de l'islam, le chiisme.

677 Premier acte royal sur parchemin en **Gaule*** (auparavant les Mérovingiens utilisaient le papyrus).

Vers 680-730 Naissance du chant grégorien.

691 Construction de la Coupole du Rocher à Jérusalem, premier monument musulman érigé.

▲ *Coupole du Rocher, ou mosquée d'Omar.*

705 Fondation de la Grande Mosquée des Omeyyades à Damas (Syrie).

711 Après avoir conquis le Maroc, les Arabes musulmans franchissent le détroit de Gibraltar et envahissent l'Espagne : ils y resteront pendant près de huit siècles.

Bataille de Poitiers, iniature du XIVe siècle.

732 **Charles*** **Martel,** maire du palais (haut dignitaire de la cour mérovingienne), arrête l'invasion des Arabes musulmans à Poitiers.

Vers 750 Fondation de l'école de **médecine*** de Salerne (Italie).

751 **Pépin*** **le Bref,** fils de Charles Martel, fonde la dynastie franque des **Carolingiens***.

762 Fondation de **Bagdad*** par le calife al-Mansur (mort en 775).

778 De retour d'une expédition contre les Arabes musulmans d'Espagne, le roi des Francs, **Charlemagne***, fils de **Pépin* le Bref,** est défait à Roncevaux. Cet épisode est le sujet de ***la Chanson* de Roland*** (écrite au XIe siècle).

Statue équestre de Charlemagne. ▶

785-987 Construction de la Grande Mosquée de Cordoue (Andalousie, Espagne), siège de l'émirat arabe créé par Abd al-Rahman Ier (731-788).

786-809 Harun al-Rachid (766-809) devient calife à Bagdad.

Fin du VIIIe siècle Construction de la chapelle palatine d'**Aix-la-Chapelle***.

VIIIe et IXe siècles Construction de la Grande Mosquée Sidi Uqba de Kairouan (Tunisie).

▲ *Grande Mosquée de Kairouan.*

IXe siècle

- Le mathématicien arabe al-Kharezmi fonde l'algèbre.
- Construction du grand monument bouddhique de Barabudur à Java (Indonésie).

▲ *Temple de Barabudur.*

800 Charlemagne est couronné empereur d'Occident à Rome.

842 **Serments de Strasbourg*,** prononcés par Charles le Chauve (823-877) et Louis le Germanique (vers 805-876), petits-fils de Charlemagne, pour sceller leur alliance contre leur frère Lothaire (795-855).

843 Par le traité de **Verdun*,** les petits-fils de Charlemagne partagent l'Empire carolingien en trois.

Vers 860 Les moines Cyrille (vers 827-869) et Méthode (vers 825-885) évangélisent les **Slaves*** et mettent au point un système alphabétique dit « **cyrillique*** », qui permettra à la langue slave de se fixer.

867-886 Basile Ier (vers 812-886) devient empereur **byzantin*** et fonde la dynastie dite « macédonienne ». Sous le règne des empereurs de cette dynastie, Byzance connaîtra son apogée.

868 En Chine, impression, au moyen de blocs de bois gravés, du plus ancien ouvrage imprimé conservé.

882 Les Varègues (**Vikings*** immigrés) s'installent à Kiev (Ukraine) et en font la capitale d'un premier État russe.

▲ *Tête de Viking sculptée.*

885-886 Les **Vikings*** assiègent Paris.

Fin du IXe siècle Apparition de l'attelage moderne : avec le collier d'épaule, le cou de l'animal n'est plus soumis aux efforts. Ce dispositif accroît considérablement sa force de traction.

911 Au traité de Saint-Clair-sur-Epte, le roi de France Charles III le Simple (879-929) cède une région (qui devient la **Normandie***) aux Vikings (ou Normands), qui dévastaient les côtes et les vallées des fleuves.

▲ *Courtisan et sa dame, Xe siècle.*

Vers 950 ***Les Mille* et Une Nuits,*** premier recueil de contes et de nouvelles qui ne prendra sa forme définitive que quelque cinq cents ans plus tard.

962-973 Otton Ier (912-973), premier empereur du **Saint* Empire romain germanique.**

966 Fondation de l'abbaye du **Mont-Saint-Michel*.**

984 En Chine, invention de l'écluse.

986 Le Norvégien **Erik* le Rouge** fonde une colonie viking sur la côte sud-ouest du **Groenland*.**

◀ *Hugues Capet, miniature du XIVᵉ siècle.*

987 En France, **Hugues Capet*** est élu roi et fonde la dynastie des **Capétiens***.

Vers 1000 En Frise (Pays-Bas), réalisation des premières digues pour lutter contre les inondations et permettre l'assèchement des sols.

Chevalier de l'an mille. ▶

Xᵉ et XIᵉ siècles En Afrique, fondation de l'empire du Mali.

Début du XIᵉ siècle Dans son *Canon de la médecine*, le savant et philosophe iranien Avicenne (980-1037) fournit une description précise de nombreuses maladies. Son œuvre dominera longtemps l'enseignement de la médecine en Europe.

◀ *Dame, vers 1050.*

Vers 1000-1050 Construction de l'abbatiale Sainte-Gertrude de Nivelles, en Belgique, de style **roman***.

Milieu du XIᵉ siècle

- Construction de la basilique Saint-Marc de **Venise***.
- Première mention de la composition chimique de la poudre en Chine.

1054 Le grand schisme d'Orient aboutit à la division du **christianisme*** et à la naissance de la religion **orthodoxe***.

1066 Le duc de Normandie **Guillaume* le Conquérant** débarque en **Angleterre*** et remporte la bataille de Hastings sur les Anglo-Saxons de Harold II (vers 1020-1066). Il se fait couronner roi d'Angleterre.

▲ *Guillaume le Conquérant fait voile vers l'Angleterre, tapisserie de Bayeux.*

1096-1099 **Iʳᵉ croisade***, prêchée par le pape Urbain II (vers 1042-1099) pour délivrer le tombeau du Christ ; les croisés de **Godefroi* de Bouillon** s'emparent de **Jérusalem***, dont ils font la capitale d'un État latin d'Orient.

Fin du XIᵉ siècle

- ***La Chanson* de Roland,** la plus ancienne et la plus célèbre des chansons de geste françaises, qui fait le récit des guerres de **Charlemagne*** contre les Maures.
- Apogée de l'abbaye de Cluny, qui influence l'art roman, tant en architecture qu'en sculpture.

Reconstitution de l'abbatiale de Cluny. ▲

XIIᵉ siècle Fondation de l'empire des **Incas***.

▲ *Temple d'Angkor.*

1130-1140 Temple d'Angkor Vat, à **Angkor***, au Cambodge.

Vers 1135-1144 Construction de la basilique de Saint-Denis (près de Paris), premier chef-d'œuvre de l'art **gothique***.

1137 Le roi de France Louis VII (1120-1204) épouse Aliénor d'Aquitaine (1122-1204).

1147 Après la reprise d'Édesse (en Turquie) par les musulmans, Bernard de Clairvaux (1090-1153) prêche la IIᵉ croisade.

▲ *Façade de Notre-Dame-la-Grande.*

Milieu du XIIᵉ siècle Construction de Notre-Dame-la-Grande, église romane de Poitiers.

1152 Annulation du mariage de Louis VII et d'Aliénor d'Aquitaine, qui épousera ensuite le futur roi d'Angleterre Henri II Plantagenêt (1133-1189). Déjà possesseur de la Normandie et de l'Anjou, le roi anglais reçoit par ce mariage l'**Aquitaine***.

Chevalier croisé, XIIᵉ siècle. ▲

1154 Début du conflit qui va opposer la papauté et le **Saint* Empire romain germanique** pendant près d'un siècle.

▲ *Chevalier de l'ordre des Templiers, XIIe siècle.*

1171-1193
Le sultan **Saladin*** réalise l'unité d'un territoire qui s'étend de l'Égypte à la Mésopotamie. En 1187, il reprend **Jérusalem*** et Saint-Jean-d'Acre (aujourd'hui Akko, Israël) aux croisés.

1189-1192
Lors de la IIIe **croisade*,** le roi de France **Philippe II* Auguste** et le roi d'Angleterre **Richard Ier* Cœur de Lion** reconquièrent Saint-Jean-d'Acre.

Fin du XIIe siècle
Chrétien* de Troyes écrit ***Tristan* et Yseut,*** chef-d'œuvre de la littérature médiévale.

XIIe et XIIIe siècles
- ***Le Roman* de Renart,*** série de récits en vers où les dames et les héros des chansons de geste sont remplacés par des animaux.
- Construction de Notre-Dame-de-Paris et des cathédrales d'Amiens, de Chartres et de Reims.

▲ Le roman de Renart *miniature du XIVe siècle.*

Vers 1200
Écriture de l'épopée germanique, la ***Chanson des Nibelungen*,*** qui conte les exploits du jeune guerrier Siegfried.

1204 Lors de la IVe croisade, les croisés pillent **Constantinople*** et fondent l'Empire latin de Constantinople.

1206 **Gengis* Khan,** reconnu comme le khan (chef) suprême par les tribus mongoles, entreprend la conquête de l'Asie.

1208-1244
Croisade des albigeois : guerre menée à l'initiative du pape Innocent III (1160-1216) contre le comte de Toulouse Raimond IV (1042-1105) et les albigeois, adeptes d'un mouvement religieux d'origine chrétienne et appelés aussi « **cathares*** ». Considérés comme hérétiques, ceux-ci sont exterminés.

1212 Les rois chrétiens d'Espagne remportent la bataille de Las Navas de Tolosa sur les **Arabes*,** qui ne conservent plus que **Grenade*.**

1214 **Philippe II* Auguste** remporte la bataille de Bouvines sur le roi d'Angleterre **Jean* sans Terre,** qui renonce à ses possessions au nord de la Loire.

▲ *Bataille de Bouvines, miniature du XIVe siècle.*

1217-1219
Échec de la Ve croisade.

◀ *Façade de la cathédrale de Reims.*

1228-1229
Lors de la VIe croisade, l'empereur germanique **Frédéric II* de Hohenstaufen** reprend **Jérusalem*,** Nazareth et Bethléem, en Palestine.

1230-1235
Première partie du *Roman de la Rose,* poème de Guillaume de Lorris (vers 1200 ou 1210 - après 1240). La seconde partie sera écrite vers 1275 par Jean de Meung (vers 1240 - vers 1305).

1241-1248
Construction de la Sainte-Chapelle, église de style **gothique*,** à Paris.

1244 Les Turcs prennent Jérusalem.

1248-1250
Lors de la VIIe croisade, le roi de France **Louis IX*** (Saint Louis) est fait prisonnier et n'est libéré qu'en échange d'une forte rançon.

1257 À Paris, fondation du collège de la Sorbonne par Robert de Sorbon (1201-1274).

1269 Le Français Pierre Pèlerin de Maricourt fait une description de la fabrication d'une boussole.

1270 VIIIe croisade, à l'occasion de laquelle le roi de France **Louis IX*** meurt près de Tunis.

1279 Le Mongol **Kubilay* Khan** règne sur toute la Chine.

Kubilay Khan, miniature du XIIIe siècle. ▲

Vers 1280
Début de l'utilisation du rouet.

1281 Formation de la **Hanse*** teutonique, association de cités marchandes de la mer du Nord et de la Baltique.

1285-1314 En France, règne de **Philippe IV* le Bel** : renforcement du pouvoir royal face aux grands féodaux et au pape.

Philippe IV le Bel. ▲

1298 De retour de la Chine de l'empereur mongol **Kubilay* Khan**, le Vénitien **Marco Polo*** publie ses souvenirs de voyage dans le ***Livre* des merveilles du monde.***

Fin du XIIIe siècle Premières horloges mécaniques.

XIVe siècle

- Reconstruction du palais des Doges de **Venise***.
- Construction du Palais public de Sienne (Italie).

Vers 1300 L'usage de la brouette se répand en Europe.

1307-1314 Procès et condamnation des Templiers, ordre religieux et militaire ; Philippe IV le Bel s'empare ainsi de leur fortune.

Vers 1307-1321 *La Divine Comédie*, œuvre poétique de **Dante***.

Dante tenant la Divine Comédie. ▲

1309-1376 Les papes s'installent en Avignon, où est construit le palais des Papes.

1325 (ou 1345) Les Aztèques fondent la ville de Tenochtitlán, sur le site de l'actuelle ville de Mexico.

1328 En France, mort de Charles IV le Bel (vers 1295-1328), dernier **Capétien*** direct ; avènement de la dynastie des Valois, avec l'accession au trône de Philippe VI (1293-1350).

1333-1347 Voyage du géographe arabe Ibn Battuta (1304 - entre 1368 et 1377) en Inde, dans l'Insulinde et en Chine.

1333-1354 Construction de l'Alhambra de **Grenade***.

1337 Début de la guerre de **Cent* Ans**, longue période de conflits interrompue de trêves, opposant la France à l'Angleterre.

Archer anglais. ▲

1346 Utilisation de bouches à feu à la bataille de **Crécy***, qui voit la défaite de la chevalerie française face aux armées du roi d'Angleterre Édouard III (1312-1377).

▲ *Arbalétrier et bombarde.*

1347 Le roi d'Angleterre Édouard III prend Calais.

1347-1351 La **Peste* noire** ou Grande Peste : une épidémie de peste fait des ravages considérables en Europe (25 millions de victimes).

Seconde moitié du XIVe siècle Guillaume de Machaut (vers 1300-1377) compose ses motets, ses ballades et sa *Messe Notre-Dame*.

Costumes du XIVe siècle. ▲

1352-1353 Le géographe arabe Ibn Battuta parcourt le **Sahara*** et l'empire du Mali ; il relate ses voyages dans son *Journal de route*.

1356 Près de Poitiers, le roi de France Jean II le Bon (1319-1364) est fait prisonnier par les Anglais, qui le retiennent captif à Londres.

Chevalier français, vers 1350. ►

1358 Étienne Marcel (vers 1316-1358), prévôt des marchands, soulève Paris contre le dauphin, le futur **Charles V***. Celui-ci sort vainqueur de l'affrontement qui risquait de livrer Paris aux Anglais.

1364-1380 Pendant la guerre de Cent Ans, un redressement français s'opère grâce aux victoires de **Bertrand Du Guesclin***.

Du Guesclin élevé à la dignité de connétable par Charles V. ►

1373 Début de la réalisation par Nicolas Bataille (entre 1330 et 1340 - vers 1405) de la tenture de l'*Apocalypse* (conservée à Angers).

1378-1417 Au cours du conflit qui divise l'Église catholique, plusieurs papes sont élus simultanément (à Rome, à Pise et en Avignon).

1381 Raids dévastateurs de Timur Lang (1336-1405) en Iran et en Afghanistan.

Timur Lang à la chasse. ▶

1384 Constitution des États bourguignons par Philippe II le Hardi (1342-1404).

1402 La défaite du sultan ottoman Bayezid Ier (vers 1360-1403) place son vainqueur Timur Lang à la tête d'un Empire turc, qui allie loi mongole et islamique ; la capitale de ce dernier, Samarkand (en Ouzbékistan), est un grand centre intellectuel et artistique.

1403-1435 et 1465-1487 Construction de plusieurs tronçons de la **Grande* Muraille** de Chine.

1406 Construction de la **Cité* interdite** à **Pékin*.**

1407 Déclenchement de la guerre civile en France, qui va opposer les factions des Armagnacs, proches du roi de France, et des Bourguignons, alliés des Anglais.

1413-1416 *Très Riches Heures du duc de Berry*, manuscrit orné d'enluminures des frères de Limbourg. ▶

1415
- Défaite de la chevalerie française à **Azincourt*** devant les archers du roi d'Angleterre Henri V (1387-1422).
- Le réformateur tchèque Jan Hus (vers 1370-1415) est condamné par le concile de Constance à être brûlé comme hérétique. Sa mort déclenche une guerre en Bohême.

Vers 1420 Premières **caravelles*** au Portugal.

1420-1434 Réalisation de la coupole de la cathédrale de **Florence*** par F. Brunelleschi (1377-1446).

1421-1460 Construction de l'église S. Lorenzo, à Florence, par F. Brunelleschi.

▲ *Chevalier et fantassin du XVe siècle.*

1426-1427 Fresques de l'église S. Maria del Carmine à Florence par Masaccio (1401-1428).

Vers 1430 *David*, statue en bronze de Donatello (1386-1466), conservée à Florence.

1431 **Jeanne* d'Arc** est brûlée vive à Rouen.

1432 *L'Agneau mystique*, retable de Jan (et/ou Hubert) Van Eyck.

1434 ◀ *Arnolfini et sa femme*, peinture de J. Van Eyck (vers 1390-1441).

1438 Le **Saint* Empire romain germanique** est dirigé par les **Habsbourg*.**

Vers 1440 Peintures du couvent S. Marco, à Florence, par Fra Angelico (vers 1400-1455).

1444 Début de la construction du palais Médicis, à Florence, par Michelozzo (1396-1472).

Vers 1450 Hôtel Jacques-Cœur à Bourges.

◀ *Seigneur et sa dame, XVe siècle.*

1453
- Fin de la guerre de **Cent* Ans.** Les Anglais perdent toutes leurs possessions françaises, sauf Calais.
- **Constantinople*** tombe aux mains des **Ottomans*.**

▲ *Costumes du XVe siècle.*

1454-1456 La *Pietà d'Avignon*, peinture d'Enguerrand Quarton.

1455 Premier ouvrage imprimé par Gutenberg* : la Bible de Mayence.

Vers 1456 La *Bataille de San Romano*, série de trois tableaux de P. Uccello (vers 1397-1475).

1458 En horlogerie, invention du ressort moteur, qui permet l'apparition des premières montres.

1460 Les Portugais atteignent le cap Vert (Sénégal).

1461
- Le *Testament*, poème de **F. Villon***.
- **Louis XI*** succède à **Charles VII*** sur le trône de France.

François Villon. ▲

1467-1477 Louis XI s'affronte au duc de Bourgogne **Charles* le Téméraire**.

▲ *Laurent de Médicis, par B. Gozzoli.*

1469 Par leur mariage, Ferdinand d'Aragon (1452-1516) et Isabelle de Castille (1451-1504) réalisent l'union de leurs royaumes, qui permettra l'avènement de la nouvelle puissance espagnole.

1469-1492 **Laurent de Médicis*** (1449-1492), dit « Laurent le Magnifique », dirige **Florence***.

Vers 1478 ***Le Printemps*****, peinture de **S. Botticelli***.

1479 Statue équestre du condottiere (chef de mercenaires) Bartolomeo Colleoni, à **Venise***, par il Verrocchio (1435-1488).

Vers 1483 *La Vierge au rocher*, peinture de **Léonard* de Vinci.**

Seconde moitié du XVe siècle Le Flamand Ockegem (vers 1410-1497) et le Français Josquin des Prés (vers 1440 - vers 1521 ou 1524) composent des messes, des motets et des chants profanes.

1492
- Découverte de l'Amérique par **C. Colomb***.
- Fin de la **Reconquista***, reconquête de l'Espagne par les chrétiens sur les musulmans, qui s'achève par la prise de **Grenade***.

1498 Le navigateur portugais **Vasco de Gama*** atteint les Indes en passant par le cap de Bonne-Espérance.

XVIe siècle Apogée de l'Empire songhaï, qui domine la région s'étendant depuis le Sénégal jusqu'au-delà de la boucle du Niger.

1500 Le navigateur portugais Pedro Álvares Cabral (1467-1520 ou 1526) prend possession de la « terre de la Vraie Croix » (futur Brésil).

Vers 1500-1505 ***Le Jardin* des délices,*** peinture de **J. Bosch***. ▶

1501-1504 *David*, statue en marbre de **Michel-Ange***.

Vers 1503-1507 **Léonard*** de Vinci peint ***la Joconde****.

1504 L'*Adoration des Mages*, peinture de **A. Dürer***.

1506 Début de la construction de **Saint-Pierre* de Rome,** à laquelle prendront part Bramante (1444-1514), **Raphaël*,** Giuliano da Sangallo (1443-1516) et Michel-Ange. La coupole ne sera achevée qu'en 1593.

1509-1510 *L'École d'Athènes*, grande fresque de **Raphaël***.

1513 *Le Prince*, ouvrage de **Machiavel*** (publié en 1532).

1515 Avènement du roi de France **François Ier***. Il remporte la même année la bataille de Marignan, qui lui ouvre les portes du Milanais (Italie).

1517 **Luther*** publie ses 95 thèses. Cette protestation donnera naissance au mouvement de la **Réforme***.

Luther, par L. Cranach. ►

1519
- **Magellan*** prend la mer pour faire le premier tour du monde. Il trouve la mort en route (aux Philippines) ; c'est son lieutenant Juan Sebastián Elcano (1476-1526) qui achève le voyage en 1522.
- **Charles Quint*** accède au trône du **Saint* Empire romain germanique.**
- Début de la construction du château de Chambord, un des nombreux châteaux de la **Loire*** de la **Renaissance*** française.

1520 Avènement du sultan ottoman **Soliman Ier* le Magnifique.**

1521 Les Espagnols de **H. Cortés*** s'emparent de Tenochtitlán (aujourd'hui Mexico), capitale de l'empire des **Aztèques***.

1526 Les **Ottomans*** installent leur domination sur la Hongrie.

1529 Fondation du Collège de France, par Guillaume Budé (1467-1540).

1532 et 1534 F. Rabelais écrit ***Pantagruel**** et ***Gargantua****.

Gargantua, par G. Doré. ►

1533 **F. Pizarro*** se rend maître de l'empire des **Incas***.

◄ *Lansquenet, mercenaire allemand, vers 1530.*

1534
- **J. Cartier*** prend possession des terres canadiennes au nom du roi de France François Ier.
- Le roi **Henri VIII*** d'Angleterre se fait reconnaître « chef unique et suprême de l'Église d'Angleterre ».

1536-1541 Déjà auteur de la fresque ornant la voûte de la **chapelle Sixtine***, à Rome, au Vatican, **Michel-Ange*** peint sur le mur du fond le *Jugement dernier*.

1538 *La Vénus d'Urbino*, peinture de Titien (1488 ou 1490-1576), peintre vénitien de la Renaissance.

Costume du début du xvie siècle. ►

1539 Par l'ordonnance de **Villers-Cotterêts***, François Ier rend obligatoire l'usage du français dans les actes politiques et judiciaires.

1541 **J. Calvin*** s'installe à Genève, dont il veut faire une cité modèle de la religion réformée.

1543 **N. Copernic*** réfute la thèse selon laquelle la Terre serait au centre de l'Univers et propose un autre système ; où elle est une planète tournant autour du Soleil.

◄ *N. Copernic.*

1545
- Le pape Paul III (1468-1549) convoque le concile de Trente pour mettre en œuvre la **Réforme*** catholique, dite aussi « Contre-Réforme ».
- Naissance de la **commedia* dell'arte** en Italie, à Bergame.

▲ *Acteurs de la commedia dell'arte.*

1546 Soumission de l'empire des **Mayas*** par les Espagnols.

1547 **Ivan IV* le Terrible** devient grand-prince puis tsar de toute la Russie.

1549 *Défense et illustration de la langue française*, ouvrage de **J. Du Bellay***.

1558 **Élisabeth Ire*** accède au trône d'Angleterre.

Costumes vers 1550. ►

1559 Traité du Cateau-Cambrésis : fin des guerres d'**Italie***. La France récupère Calais.

1560 En France, mort de François II (1544-1560), devenu roi à la mort à son père Henri II (1519-1559). Son frère Charles IX (1550-1574) lui succède, mais leur mère **Catherine*** **de Médicis** assure la régence. Elle va être le principal personnage politique du royaume.

1562-1598 En France, **guerres de Religion***, qui dureront jusqu'à la proclamation de l'**édit*** **de Nantes** par **Henri IV***.

1563 ***Les Noces** ***de Cana***, peinture de **Véronèse***.

1564 À Paris, début de la construction, à l'ouest du **Louvre***, du palais des Tuileries, par Philibert Delorme (1514-1570), pour Catherine de Médicis.

1565 *La Fenaison*, peinture du Flamand **Bruegel*** **l'Ancien.**

1566-1569 La Rotonda, villa construite près de Vicence en Italie par l'architecte italien Andrea Palladio (1508-1580). ▶

1569-1574 Mosquée Selimiye, construite à Édirne (Turquie) par l'architecte ottoman Sinan (1489-1588).

1571 La Sainte-Ligue, qui réunit les principales nations européennes, bat les **Ottomans*** à la bataille navale de Lépante (aujourd'hui Népacte, Grèce).

1572 Massacres de **la Saint-Barthélemy** * à Paris.

▲ *Costumes vers 1575.*

1580 Les *Essais*, ouvrage de **Montaigne*,** où l'auteur expose toutes les réflexions que ses lectures et son expérience de la vie lui ont inspirées.

Michel de Montaigne. ▲

1584 Installation du roi Philippe II d'Espagne (1527-1598) dans son palais de l'Escurial, près de Madrid.

1586 *L'Enterrement du comte d'Orgaz*, œuvre du peintre espagnol d'origine grecque **El Greco*.**

1588 L'**Invincible Armada*,** flotte du roi d'Espagne, est vaincue par les Anglais devant Plymouth.

1589 En France, **Henri IV*** succède à Henri III (1551-1589), assassiné par le moine Jacques Clément (1567-1589). Début du règne de la dynastie des **Bourbons***.

1592 Invention du thermomètre par **Galilée*.**

1596 **Sully***, conseiller du roi de France **Henri IV*.**

1598 **Édit*** **de Nantes,** signé par Henri IV qui définit les droits des protestants de France et qui met fin aux guerres de Religion.

1598-1601 *Bacchus adolescent*, peinture du **Caravage*.**

1601-1606 L'Anglais **W. Shakespeare*** écrit ses principales œuvres théâtrales.

▲ *W. Shakespeare.*

1605-1615 L'Espagnol **Cervantès*** écrit ***Don**** ***Quichotte de la Mancha.***

▲ Don Quichotte, *par H. Daumier.*

1607 Le compositeur italien Claudio Monteverdi (1567-1643) écrit *Orphée*, drame lyrique qui préfigure l'**opéra*.**

1608 **S. de Champlain*** fonde la ville de **Québec*,** au Canada.

1610 Le roi de France **Henri IV*** est assassiné par François Ravaillac (1578-1610).

1612-1630 Construction de la Mosquée royale d'Ispahan, en Iran. ▶

1613 En Russie, fondation de la dynastie des Romanov, qui régnera jusqu'en 1917.

1620 Les émigrants du *Mayflower* débarquent en Amérique et fondent Plymouth, en Nouvelle-Angleterre.

1629 **Richelieu*** devient le principal ministre du roi de France **Louis XIII*.**

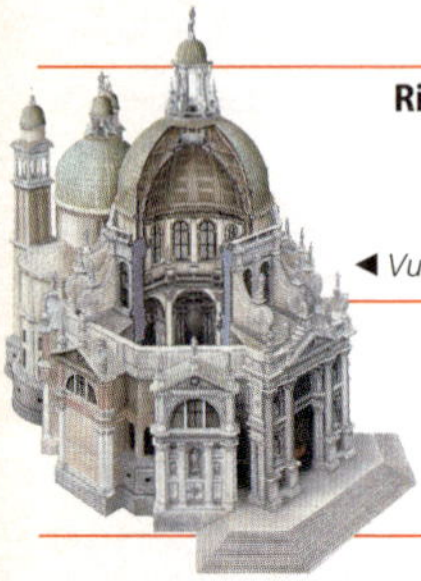

◄ *Vue éclatée de S. Maria della Salute*

1630 *Le Tricheur à l'as de carreau*, peinture de Georges de La Tour (1593-1652).

1631 Construction de l'église S. Maria della Salute, à **Venise*,** par Baldassare Longhena (1598-1682).

1631-1641 Construction du **Tadj* Mahall,** à Agra en Inde.

1633
- Procès et condamnation de **Galilée*** par le tribunal de l'Inquisition pour s'être rallié à la thèse de **N. Copernic*** selon laquelle c'est la Terre qui tourne autour du Soleil (et non l'inverse).
- Fondation des Filles de la Charité par **saint Vincent* de Paul** et sainte Louise de Marillac (1591-1660).

▲ *Cent-suisse, garde, 1650.*

1635 Fondation de l'**Académie* française** par **Richelieu*.**

Mousquetaire, 1630. ►

1637
- ***Le Cid*,*** pièce de théâtre de **P. Corneille*.**
- *Discours de la méthode*, ouvrage de **R. Descartes*.**

1639 *Hélène Fourment au carrosse*, peinture de **Rubens*.**

1642
- **Rembrandt*** peint ***la Ronde* de nuit.***
- Fondation de Ville-Marie (**Montréal***) au Canada.
- Invention d'une machine à calculer, « la Pascaline », par **B. Pascal*** .

◄

1643
- En France, avènement de **Louis XIV*.** Régence d'Anne d'Autriche (1601-1668), dont **Mazarin*** est le principal ministre.
- Invention du baromètre par l'Italien Evangelista Torricelli (1608-1647).

1645-1665 Église du Val-de-Grâce, à Paris, par **F. Mansart*** et Jacques Lemercier (vers 1585-1654).

1648 À la fin de la guerre de Trente Ans, les traités de Westphalie créent un nouvel équilibre en Europe aux dépens du **Saint* Empire romain germanique.**

1648-1653 En France, **la Fronde*,** période de troubles dirigés contre Mazarin.

1649 La première **révolution* d'Angleterre** voit la chute et l'exécution du roi Charles Ier (1600-1649) et la prise du pouvoir par **O. Cromwell*.**

1654 Mise en évidence de la pression atmosphérique par O. von Guericke (1602-1686).

1655 *Le Bœuf écorché*, peinture de **Rembrandt*.**

Vers 1656 ◄ *Les Ménines*, peinture de **Velázquez*.**

1657 Le savant néerlandais Christiaan Huygens (1629-1695) met au point un nouveau type d'horloge : la pendule.

Turenne, par C. Le Brun. ▲

Vers 1658 *Vue de Delft*, peinture de **Vermeer*.**

1658 Victoire de **Turenne*** sur les Espagnols à la bataille des Dunes.

1659 Le traité des Pyrénées met un terme à vingt-quatre ans de guerre entre la France et l'Espagne, qui perd la suprématie en Europe.

1661 Début du règne personnel de **Louis XIV*.**

1663 Création de la Nouvelle-France : les terres françaises du Canada sont intégrées au domaine royal.

1668-1694 **J. de La* Fontaine** écrit ses ***Fables****.

1671 Construction du premier télescope par **I. Newton***.

1676-1706 Construction de la chapelle des Invalides à Paris, par Jules Hardouin-Mansart (1646-1708).

▲ *Forteresse de Neuf-Brisach, par Vauban.*

1678 • **Vauban*** devient commissaire général des fortifications.

• La France colonise la **Louisiane***.

1685 Révocation de l'**édit* de Nantes.**

1689 La seconde **révolution* d'Angleterre** instaure une monarchie constitutionnelle.

Vers 1705 *Toccata et fugue en ré mineur*, par **J.-S. Bach***.

1712 Thomas Newcomen (1663-1729) construit la première machine à vapeur.

1717 *Water Music*, œuvre musicale de **G. F. Haendel***.

1719 ***Robinson* Crusoé,*** roman de l'écrivain anglais Daniel Defoe (1660-1731).

◀ *J.-S. Bach, par E. G. Haussmann.*

Vers 1720 ***Concertos* brandebourgeois*** de J.-S. Bach.

1723 Majorité du roi **Louis XV*** et fin de la régence de Philippe d'Orléans.

1726 ***Les Voyages de Gulliver****, roman de Jonathan Swift (1667-1745).

1731 Réalisation du sextant par le Britannique John Hadley (1682-1744).

1735 • *Les Indes galantes*, opéra-ballet de **J.-P. Rameau***.

• Le Suédois **C. von Linné*** réalise une première classification du vivant.

1666 ***Le Médecin* malgré lui,*** comédie de **Molière***.

Costume d'un opéra-ballet de Lully. ▲

1670 • Publication des *Pensées* de **B. Pascal***.

• *Le Bourgeois gentilhomme*, comédie-ballet par **Molière*** et **J.-B. Lully***.

1672-1679 Guerre de Hollande, qui se termine par la paix de Nimègue : la Franche-Comté est cédée à la France.

1677 *Phèdre*, tragédie de **J. Racine***.

▲ *Carabinier, 1700.*

1680 Fondation de la **Comédie-Française***.

1687 I. Newton formule la loi de la gravitation universelle.

Tambour, 1720. ▲

1697 *Contes de ma mère l'Oye*, de **C. Perrault***.

1705 **Edmond Halley*** (1656-1742) prévoit le retour de la comète observée en 1682.

1715 Mort de **Louis XIV***. Régence de Philippe d'Orléans (1674-1723).

1718 Les Français fondent La Nouvelle-Orléans, capitale de la Louisiane.

1720 • En France, banqueroute de la Banque générale du financier écossais John Law (1671-1729), fondateur de la Compagnie des Indes.

• *L'Enseigne de Gersaint*, peinture de **A. Watteau***. ▶

1721 **Pierre* le Grand** devient « tsar de toutes les Russies ».

1725 ***Les Quatre* Saisons,*** œuvre musicale de **A. Vivaldi***.

1730 *Le Jeu de l'amour et du hasard*, comédie de Marivaux.

1733 Invention de la navette volante, pour le tissage mécanique, par John Kay (1704-1780).

1736 En Grande-Bretagne, première ablation de l'appendice réussie.

▲ *Frédéric II, à g., et Voltaire, à dr.*

1740 Avènement du roi de Prusse **Frédéric II*** et de l'archiduchesse **Marie-Thérèse* d'Autriche.**

1742-1754 **Dupleix***, gouverneur des établissements français de l'Inde.

1747
- *Zadig ou la Destinée*, conte philosophique de **Voltaire***.
- L'Allemand Andreas Sigismund Marggraf (1709-1782) obtient du sucre de betterave à l'état solide.

1748
- *De l'esprit des lois*, ouvrage de **Montesquieu***.
- Premières fouilles de **Pompéi***, au pied du **Vésuve*, près de Naples***.

1751-1772 Publication de l'***Encyclopédie****, sous la direction de **Diderot***.

1752 **B. Franklin*** met au point le premier paratonnerre.

B. Franklin, par J. S. Duplessis. ▶

1754-1762 Construction du Palais d'hiver à **Saint-Pétersbourg***.

Vers 1754-1774 Réalisation de la place de la Concorde (place Louis-XV), à Paris, par Jacques Ange Gabriel (1698-1782).

1756-1763 Guerre de Sept Ans, à l'issue de laquelle la France cède à la Grande-Bretagne, le Canada et ses possessions en Inde.

1759 Mort de **Montcalm***, au siège de Québec, qui tombe aux mains des Anglais.

1762 Début du règne de **Catherine II* de Russie.**

1764 Premier métier à tisser mécanique par le Britannique James Hargreaves (vers 1710-1776).

1764-vers 1790 Construction du Panthéon, à Paris, œuvre de Germain Soufflot (1713-1780).

1765-1784 Perfectionnement de la machine à vapeur par le Britannique **J. Watt***.

▲ *Costume 1778.*

1770 Réalisation du fardier à vapeur, ancêtre de l'**automobile***, par le Français Joseph Cugnot (1725-1804).

◀ *Fantassin de Pennsylvanie, 1777.*

1774
- **J. Cook*** découvre la **Nouvelle-Calédonie***.
- **Louis XVI*** succède à Louis XV sur le trône de France.
- *Les Souffrances du jeune Werther*, roman de **J. W. von Goethe***.

1775 *La Tortue*, premier sous-marin, mis au point par l'Américain David Bushnell (1742-1824).

Vers 1775 *La Fête à Saint-Cloud*, peinture par **J. H. Fragonard***.

1776 Déclaration d'indépendance des États-Unis.

1777 Analyse de l'air par **A. L. de Lavoisier***.

1778 *Les Époques de la nature*, ouvrage de **Buffon***, où il décrit les transformations du globe terrestre.

1782-1789 Les *Confessions*, œuvre de **J.-J. Rousseau***.

1783
- ◀ Premier vol humain dans l'atmosphère en **montgolfière***.
- Première expérimentation d'un bateau à vapeur, par Jouffroy d'Abbans (1731-1832).
- Second traité de Paris qui reconnaît l'indépendance des États-Unis.

1784 *Le Mariage de Figaro*, de Pierre Augustin Caron de Beaumarchais (1732-1799), qui inspira à **W. A. Mozart*** un opéra, *les Noces de Figaro* (1786).

▲ *Chevau-léger, 1786, et garde-française, 178[illegible]*

1785 *Le Serment des Horaces*, peinture de **L. David***.

1788 Colonisation de l'Australie par les Britanniques.

Au grand vent des révolutions

1825

1789
- **G. Washington*** devient le premier président des États-Unis d'Amérique.
- Début de la **Révolution* française** : 14 juillet, prise de la **Bastille*** ; 4 août, abolition des privilèges ; 26 août, **Déclaration des droits* de l'homme et du citoyen.**

1791
- Révolte des esclaves à Haïti, menée par **Toussaint* Louverture.**
- Création du Bas-Canada qui deviendra la province de Québec en 1867.

1792 ◄ Le 20 septembre, victoire française de **Valmy*** face à l'armée prussienne. Le 21 septembre, proclamation de la **Iʳᵉ République***.

1792-1795 La France est gouvernée par la Convention nationale.

Sans-culotte, vers 1792. ►

1793 Le 21 janvier, exécution de Louis XVI ; début de l'insurrection des **chouans*** dans l'ouest de la France ; assassinat de Jean-Paul Marat (1743-1793) par Charlotte Corday (1768-1793).

1794 L'abbé (Henri) Grégoire (1750-1831) fait voter l'abolition de l'**esclavage*** dans les colonies françaises.

1795 En France, instauration du **système métrique***.

1795-1799 En France, régime du **Directoire***.

1796 En Grande-Bretagne, première **vaccination*** par **E. Jenner***.

1798 *La Création*, oratorio de **J. Haydn***.

Première exécution de la Création, à Vienne. ►

1799
- Durant la campagne d'Égypte menée par le général **Bonaparte***, découverte de la pierre de Rosette, portant un texte gravé en grec, en démotique (égyptien ancien) et en **hiéroglyphes***, caractères qui pourront ainsi être déchiffrés par **J.-F. Champollion*** en 1822.
- Alessandro Volta (1745-1827) invente la **pile*** électrique.

◄ *Mamelouk, 1808.*

1799-1804 En France, période du **Consulat***.

Costumes Iᵉʳ Empire. ►

1800 L'Écossais John Loudon MacAdam (1756-1836) met au point le revêtement de chaussée qui porte son nom **(macadam*).**

1800-1824 **L. van Beethoven*** compose ses neuf symphonies.

1801 **J. M. Jacquard*** met au point un nouveau métier à tisser utilisant des cartes perforées et facilitant la reproduction de motifs complexes.

1802 Louis Joseph Gay-Lussac (1778-1850) énonce la loi de dilatation des gaz.

1804-1815 **Napoléon Iᵉʳ***, empereur des Français.

1806 Dissolution du **Saint* Empire romain germanique.**

◄ *Grenadier, 1806.*

1810 Nicolas Appert (1749-1841) met au point le procédé de conservation des aliments par chauffage à l'abri de l'air en récipient clos.

1815 Lors du congrès de Vienne, les vainqueurs de Napoléon (Grande-Bretagne, Prusse, Autriche et Russie) dessinent la nouvelle carte de l'Europe.

1815-1830 En France, régime de monarchie constitutionnelle dit « de la **Restauration*** », qui voit régner successivement deux frères de **Louis XVI***, Louis XVIII (1755-1824) et Charles X (1757-1836).

1816-1822 Sous l'impulsion de **S. Bolivar***, de nombreux pays de l'Amérique latine accèdent à l'indépendance.

S. Bolivar libère des esclaves. ▲

1816-1836 **N. Niépce*** invente la **photographie***.

1825 Première ligne de **chemin* de fer** en Grande-Bretagne.

1830
- Colonisation française de l'Algérie.
- **Les Trois Glorieuses*** (journées révolutionnaires des 27, 28 et 29 juillet) voient l'instauration de la « monarchie de **Juillet*** ». **Louis-Philippe Ier*** devient roi des Français.
- ***La Liberté* guidant le peuple***, peinture de **E. Delacroix***.
- Indépendance de l'État grec, sous la protection de la France, de la Grande-Bretagne et de la Russie.
- ***La Symphonie* fantastique***, de **H. Berlioz***.

1831
- Création d'un royaume belge, dont **Léopold Ier*** devient le premier roi.
- Révolte des ouvriers des manufacture de soie à Lyon (les **canuts***) réprimée dans le sang.

Costume 1830. ▶

1834-1835
Le Père Goriot, un des nombreux romans de **H. de Balzac*** qui seront réunis à partir de 1842 sous le titre de *la Comédie humaine*.

1838 ***Oliver* Twist***, roman de **C. Dickens***.

1838-1839
Les Allemands Matthias Joseph Schleiden (1804-1881) et Theodor Schwann (1810-1882) établissent que la **cellule*** est l'unité élémentaire du vivant.

1848
- Révolutions en France (**IIe République***) et dans différents pays d'Europe (Allemagne, Italie, Europe centrale).
- Décret d'abolition de l'esclavage dans les territoires français, par **V. Schœlcher***.

1850 ◀ *Un enterrement à Ornans*, tableau du peintre réaliste **G. Courbet***.

1851
- Première Exposition universelle, à **Londres***.
- Premier câble télégraphique sous-marin entre Douvres et Calais.

1852 **Napoléon III*** devient empereur des Français.

1857 *Les Fleurs du mal*, recueil de poésies de **C. Baudelaire***.

1859 Dans *De l'origine des espèces par voie de sélection naturelle*, **C. Darwin*** expose sa théorie de l'évolution*.

1861
- Le royaume d'Italie est proclamé ; Victor-Emmanuel II (1820-1878) en devient le premier roi.
- Abolition du **servage*** en Russie.
- Pierre (1813-1883) et Ernest (1842-1882) Michaux créent le vélocipède en fixant des pédales au moyeu de la roue avant d'une draisienne.

1862 ***Les Misérables****, roman de **V. Hugo***.

◀ Costumes 1860.

1863
- À Londres, réalisation du premier **métro***.
- Fondation de la **Croix-Rouge*** à l'initiative du Suisse **H. Dunant***.

1865
- Aux États-Unis, fin de la **guerre de Sécession***.
- Abolition de l'**esclavage***. Assassinat du président **A. Lincoln***.
- ***Alice* au pays des merveilles,*** roman de **L. Carroll***.

1865-1869
Guerre et Paix, roman historique de **L. Tolstoï***.

1866 L'Autrichien Gregor Mendel (1822-1884) énonce la loi de transmission des caractères héréditaires.

1867 Création de la Confédération canadienne.

1868 Début de la publication du *Capital*, critique du capitalisme par **K. Marx***.

Officier de cavalerie sudiste pendant la guerre de Sécession. ▶

1869
- Inauguration du **canal de Suez***.
- Dimitri Ivanovitch Mendeleïev (1834-1907) procède à une classification des éléments chimiques.
- Le poète français **P. Verlaine*** publie les *Fêtes galantes*.

▲ Verlaine (à g.) et Rimbaud.

L'Europe au sommet de sa puissance — 1895

◄ *Cavalier allemand, uhlan, 1870.*

◄ *Mobile français, fantassin, 1870.*

1870 Guerre franco-allemande : la capitulation de Sedan (2 septembre 1870) entraîne la chute de **Napoléon III***et la proclamation de la **IIIe République***.

1871
- Proclamation de l'Empire allemand à Versailles.
- *Aïda*, opéra de **G. Verdi***.
- La **Commune* de Paris,** gouvernement révolutionnaire parisien, est réprimée dans le sang et renversée par les troupes envoyées par Adolphe Thiers (1797-1877), qui deviendra peu après le premier président de la IIIe République.
- Antonio Meucci (1808-1889) obtient le brevet de son invention : le **téléphone***.

De 1871 à 1873 **A. Rimbaud*** révolutionne la poésie.

◄ *Costume 1875.*

1872 *Impression*, soleil levant,* peinture de **C. Monet*, qui donne son nom** au mouvement artistique naissant, l'**impressionnisme***.

1876
- *La Tétralogie*, série de quatre opéras de **R. Wagner*,** est créée dans son intégralité au théâtre de Bayreuth.
- **T. Edison*** met au point le phonographe, premier appareil pour reproduire les sons.
- La reine de Grande-Bretagne **Victoria* Ire** devient impératrice des Indes.

▼ *Victoria Ire.*

1879 Présentation de la première locomotive électrique par Werner von Siemens (1816-1892).

Costumes 1880. ►

1883 Premiers gratte-ciel à **Chicago***.

1885
- Le roi des Belges **Léopold II*** crée l'État indépendant du Congo, qui sera annexé par la Belgique en 1908.
- **L. Pasteur*** applique pour la première fois à l'homme le vaccin contre la rage, qu'il a mis au point avec Émile Roux (1853-1933).

1886 En Allemagne, premières voitures à essence mises au point par Carl Benz (1844-1929) et Gottlieb Daimler (1834-1900).

1888
- Invention du pneu par le Britannique John Boyd Dunlop (1840-1921). Il est utilisé par les Français André (1853-1931) et Édouard (1859-1940) Michelin sur des bicyclettes, puis sur des automobiles, en 1895.
- Première présentation de la statue du *Penseur*, sculpture de **A. Rodin***.

Le Penseur, par Rodin. ►

1889
- *La Nuit étoilée*, une des peintures que le peintre hollandais **V. Van Gogh*** peint pendant son séjour en Provence.
- Inauguration de la **tour Eiffel***.
- *La Belle au bois dormant*, ballet du Français **M. Petipa*,** sur une musique du compositeur russe **P. I. Tchaïkovski***.

1890 Le massacre des **Sioux*** à Wounded Knee par l'armée américaine achève la conquête de l'Ouest par les Blancs.

1893-1897 Mise au point du moteur **Diesel***.

1894 Première course **automobile*,** entre Paris et Rouen ; Panhard et Levassor et Peugeot frères se partagent la première place, à 21 km à l'heure !

1895 Invention du cinématographe par **A.** et **L. Lumière***.

▲ *Affiche du Cinématographe Lumière.*

1896

• **H. Becquerel*** découvre la **radioactivité***.

▲ *Finale du 100 m des Jeux d'Athènes.*

• À Athènes, première célébration des **jeux Olympiques*** rénovés par le baron **P. de Coubertin***.

• **G. Marconi*** réalise les premières liaisons radiotélégraphiques.

1898

J'accuse !, lettre ouverte de **É. Zola*** au président de la République, où l'écrivain dénonce l'erreur judiciaire montée par l'armée contre **A. Dreyfus***, dont il demande la révision du procès.

1900

L'Interprétation des rêves, ouvrage de **S. Freud***, le fondateur de la **psychanalyse***.

1903

• Aux États-Unis, premier vol propulsé d'un avion par les frères Wilbur (1867-1912) et Orville (1871-1948) Wright.

• Premier Tour de France, remporté par le cycliste français Maurice Garin (1871-1957).

1907

Les Demoiselles d'Avignon, peinture de **P. Picasso***, qui inaugure le **cubisme***.

1908-1909

La Chambre rouge, peinture de **H. Matisse***.

1909

◄ Première traversée de la Manche en avion par **L. Blériot***.

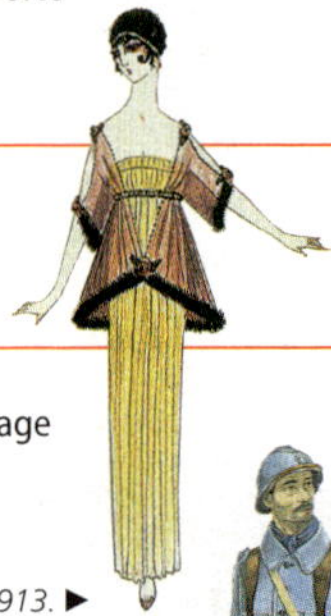

1912

Aux États-Unis, installation de la première chaîne de montage d'automobiles aux usines **Ford*** de Detroit.

La mode en 1913. ►

1914

• Assassinat de **J. Jaurès***, qui s'oppose à la menace de guerre.

• L'assassinat de l'archiduc François-Ferdinand d'Autriche (1863-1914) et de son épouse provoque l'entrée en guerre de l'Autriche contre la Serbie, puis, par l'enchaînement des alliances, de la quasi-totalité des pays d'Europe.

1915

• Alfred Wegener (1880-1930) expose sa théorie selon laquelle les continents se déplacent au cours des temps géologiques.

• Génocide des Arméniens en Turquie.

« Poilu » , soldat français, 1915.▲

1915-1926

◄ *Nymphéas*, série de compositions en couleurs réalisées par **C. Monet*** sur le thème de l'eau, des reflets de la lumière et de la végétation aquatique.

1916

A. Einstein* expose la théorie dite « de la relativité », qui amène à revoir certains aspects fondamentaux de la physique.

• **C. Chanel*** ouvre sa maison de couture.

• Premiers chars d'assaut à l'occasion de la bataille de la Somme, offensive franco-anglaise victorieuse.

• Bataille de **Verdun***, la plus meurtrière de la **Première Guerre* mondiale :** plus de 700 000 Français et Allemands y furent blessés ou tués.

▲ *Tranchée à Verdun, en 1916.*

1917

• La **Révolution* russe** de février renverse le tsar **Nicolas II*** ; elle est suivie par la révolution d'Octobre, qui met au pouvoir **Lénine***, et le **communisme***.

• Les États-Unis entrent en guerre aux côtés de la France, de la Grande-Bretagne et de leurs alliés.

• À la suite de l'offensive anglaise contre les forces germano-turques au Proche-Orient, lord Balfour (1848-1930) promet la création d'un foyer national juif en Palestine.

▲ *Soldat allemand, 1916.*

1918

• L'armistice du 11 novembre 1918 met fin aux combats de la Première Guerre mondiale.

• *Calligrammes*, recueil de poèmes de **G. Apollinaire***.

1919

- La paix est signée à **Versailles***. La Société des Nations est créée pour la garantir.
- Walter Gropius (1883-1969) ouvre à Weimar une école d'arts appliqués et d'architecture : **P. Klee***, **V. Kandinsky*** et de nombreux artistes et architectes modernes y enseigneront.

1922

- En Italie, le parti fasciste de **B. Mussolini*** prend le pouvoir après la Marche sur Rome, imposante manifestation de ses partisans, les « Chemises noires ».

▲ *B. Mussolini.*

- **Mustafa Kemal* Atatürk** instaure la république en Turquie.
- *Senecio*, peinture de **P. Klee***.
- ***Nosferatu le Vampire****, film de Friedrich Wilhelm Murnau (1888-1931). ▶

1923

- En France, mise au point du vaccin antituberculeux du BCG par Albert Calmette (1863-1933) et Camille Guérin (1872-1951).
- Découverte du tombeau de **Toutankhamon*** par **H. Carter***.
- ◀ ***Knock* ou le Triomphe de la médecine,*** comédie de Jules Romains (1835-1972).

1924

Premiers **jeux Olympiques* d'hiver** à Chamonix.

1924-1929

À la mort de **Lénine***, **Staline*** élimine les autres candidats à la succession.

1924-1930

Manifeste du surréalisme, textes rassemblés par André Breton (1896-1966) pour expliquer ce qu'est le nouveau mouvement artistique et littéraire appelé **« surréalisme*»**.

1926

◀ *La mode en 1925.*

- Première fusée à ergols liquides par Robert Hutchings Goddard (1882-1945).
- Le Britannique John Logie Baird invente la télévision.
- *Le Mécano de la « General »*, film de **B. Keaton***.
- Invention du **béton*** précontraint par le Français Eugène Freyssinet (1879-1962).

1927

- **C. Lindberg*** réalise la première traversée aéronautique sans escale de l'Atlantique.
- *Le Chanteur de jazz*, premier film parlant, de Alan Crosland (1894-1936).
- L'Autrichien **K. Lorenz*** commence ses études sur le comportement de certains oiseaux dans la nature.

1928

- **A. Fleming*** découvre le premier antibiotique, la **pénicilline***.
- ◀ ***Boléro****, ballet sur une musique de **M. Ravel***.
- Création du personnage de *Mickey Mouse,* par Walt Disney (1901-1966).

1929

- Krach de la Bourse de New York, le 24 octobre (le « Jeudi noir »), qui entraîne une crise économique mondiale.
- À Bruxelles, création du personnage de *Tintin* par Hergé.

La mode en 1930. ▲

1930

◀ Première **Coupe* du monde de football,** en Uruguay ; remportée par ce pays, elle a été créée par le Français Jules Rimet (1874-1956).

- En France, début de la construction de la ligne de fortifications « Maginot », destinée à protéger l'Alsace et la Lorraine d'une éventuelle invasion allemande.

1931

- *Le Rêve*, tableau de **S. Dalí***, peintre appartenant au surréalisme.
- Le Japon occupe la Mandchourie (Chine).
- En Espagne, à la suite de la victoire de la gauche aux élections municipales, le roi s'exile et la république est proclamée.

1933 **A. Hitler*** accède au pouvoir en Allemagne et **F. D. Roosevelt*** devient président des États-Unis.

1934 Les physiciens français **I.** et **F. Joliot-Curie*** découvrent la radioactivité artificielle.

1935 Invention du radar par Robert Alexander Watson-Watt (1892-1973).

1936
- Le **Front* populaire** ► remporte les élections et confie le gouvernement à Léon Blum (1872-1950) : parmi les principales mesures sociales prises figurent les congés payés.

- ***Les Temps* modernes***, film de **C. Chaplin***.
- ***Pierre* et le Loup,*** œuvre musicale de Sergueï Sergueïevitch Prokofiev (1891-1953).

1936-1939 **Guerre d'Espagne* :** aidé par **B. Mussolini*** et **A. Hitler***, le **général Franco*** renverse la république et prend le pouvoir, imposant un régime très autoritaire.

▲ *A. Hitler, entouré du Français É. Daladier et de l'Italien B. Mussolini, à dr.*

1937
- ***Blanche-Neige* et les sept nains***, dessin animé de W. Disney.
- *La Grande Illusion*, film de **J. Renoir*** avec Pierre Fresnay (1897-1975), Erich von Stroheim (1885-1957) et **J. Gabin***.

▲ *P. Fresnay et E. von Stroheim.*

1938
- Commercialisation du Nylon par la firme Du Pont de Nemours.
- Après avoir annexé l'Autriche, A. Hitler impose à la France et à la Grande-Bretagne les accords de Munich, qui sacrifient la Tchécoslovaquie.

1939
- En Allemagne, premier vol d'un avion à réaction.
- La Pologne est envahie par les troupes hitlériennes, ce qui provoque la déclaration de guerre de la France et de la Grande-Bretagne à l'Allemagne nazie.
- *La Chevauchée fantastique*, western de **J. Ford*** avec **J. Wayne***.

1940
- **W. Churchill*** devient Premier ministre de la Grande-Bretagne.
- L'Allemagne envahit la France, qui demande l'armistice. Le 18 juin, le **général de Gaulle*** lance de Londres son appel à la **Résistance***.
- En France, gouvernement du maréchal **P. Pétain*** qui instaure une politique de collaboration avec les occupants allemands, tandis que des mouvements de résistance se mettent en place progressivement ; **J. Moulin*** entreprendra ensuite de les unifier.

▲ *J. Moulin.*

1941 Le Japon attaque la base américaine de Pearl Harbor. Les États-Unis entrent en guerre contre le Japon, l'Allemagne et l'Italie.

Soldat soviétique. ►

1941-1945 Les nazis planifient l'extermination des Juifs d'Europe : près de 5 millions d'entre eux sont déportés et voués à la mort dans les camps de concentration.

1942-1943 Les armées allemandes envahissent l'U.R.S.S. Leur défaite à Stalingrad marque le tournant décisif de la **Seconde Guerre* mondiale** sur le front russe.

Fantassin américain. ►

1944
- L'Allemagne met au point les V2, projectiles autopropulsés prévus pour bombarder l'Angleterre.
- Les forces anglo-américaines débarquent en Normandie le 6 juin.
- Libération de Paris, le 19 août, et de Strasbourg, le 23 novembre.

▲ *Fantassin allemand.*

1945
- Le 8 mai 1945, capitulation de l'Allemagne nazie.
- ***Les Enfants* du paradis,*** film de Marcel Carné (1906-1996), sur un scénario de J. Prévert.
- À la suite de l'explosion des bombes nucléaires lancées par les Américains sur **Hiroshima*** (6 août) et **Nagasaki*** (9 août), les Japonais capitulent.
- En France, les femmes obtiennent le droit de vote.

▲ *Nehru et Gandhi.*

1947
- Le couturier français **C. Dior*** présente sa première collection.
- La lutte anticoloniale menée par **Gandhi*** aboutit à l'indépendance de l'Inde, dont **Nehru*** devient le Premier ministre.

1948
- Proclamation de l'État d'Israël ; David Ben Gourion (1886-1973) devient Premier ministre.
- Adoption de la Déclaration universelle des **droits* de l'homme**, par l'**O.N.U.***, fondée en 1945.

1949
Création de la République populaire de Chine, que **Mao* Zedong** va diriger jusqu'à sa mort en 1976.

1949-1953
La guerre de Corée constitue le premier conflit majeur de la **guerre* froide,** état de tension opposant les États-Unis, l'U.R.S.S. et leurs alliés respectifs, qui va durer jusqu'à l'effondrement du système communiste en Europe.

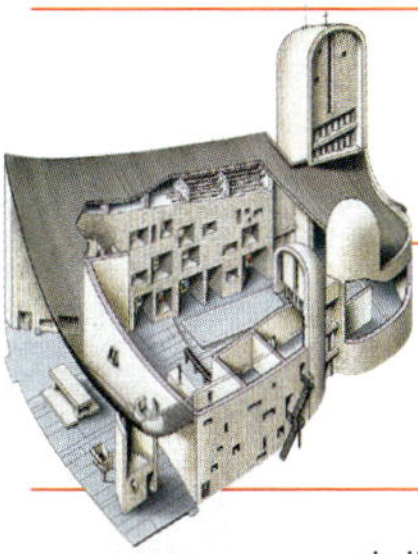
▲ *Vue éclatée de la chapelle de Ronchamp.*

1950-1955
Construction de la chapelle de Ronchamp, par **Le* Corbusier.**

1952
- ***Chantons* sous la pluie,*** comédie musicale de Stanley Donen (né en 1924) avec Gene Kelly (1912-1996) et Cyd Charisse (1921 - 2008).
- ***Le train* sifflera trois fois,*** western de Fred Zinnemann (1907-1997) avec Gary Cooper (1901-1961).

1953
Découverte de la structure de l'**ADN***, par l'Américain James Dewey Watson (né en 1928) et le Britannique F. Crick (1916 - 2004).

1954
- Mise au point de la première pilule contraceptive par Gregory Goodwin Pincus (1903-1967).
- Fin de la guerre d'Indochine et de la présence française dans la région.

1956
- Le président égyptien **G. A. Nasser*** nationalise le canal de Suez.
- ◄ Premiers succès du chanteur de rock américain **E. Presley***.

1957
- Traité de Rome : naissance de la Communauté économique européenne.
- Spoutnik I, premier satellite artificiel de la Terre.

▲ *Maquette de Spoutnik I.*

1959
- **F. Castro*** prend le pouvoir à Cuba.
- *Les Quatre Cents Coups*, film de **F. Truffaut***.
- *Certains l'aiment chaud*, film de Billy Wilder (1906-2002) avec **M. Monroe***.

1959-1969
En France, **C. de Gaulle*** est le premier président de la **Ve République***.

1961
I. Gagarine*, premier homme dans l'espace.

1962
- Les accords d'Évian reconnaissent l'indépendance de l'Algérie.
- Constitution des **Beatles***, groupe de musique pop britannique.

1962-1965
Par le concile de Vatican II, l'Église entend montrer sa volonté d'ouverture sur le monde.

1963
Assassinat du président des États-Unis, **J. F. Kennedy***.

1966
En Chine, début du mouvement de la Révolution culturelle.

1967
En Afrique du Sud, première greffe du cœur réalisée par **C. Barnard***.
- Au Nigeria, début de la sécession de la région du Biafra, qui va opposer les Ibo au pouvoir central et sera écrasée après trente mois d'une guerre civile atroce.
- Guerre des Six-Jours, à la suite de laquelle Israël occupe Gaza, la Cisjordanie, le Golan, le Sinaï et la vieille ville de Jérusalem.

▲ *Affiche contestataire étudiante de 1968.*

1968
- Assassinat du pasteur américain **M. L. King***, militant pour l'égalité des droits entre Noirs et Blancs.
- En France, événements de mai 1968 : contestation étudiante et grève générale.
- En Tchécoslovaquie, le « printemps de Prague », tentative de libéralisation de la société et de l'économie, est arrêté par l'intervention armée des Soviétiques et de leurs alliés.

1969

▲ *B. Aldrin.*

- **G. Pompidou*** est élu président de la République française.
- Les Américains **N. Armstrong*** et Buzz Aldrin (né en 1930) marchent sur la Lune.
- Vol d'essai de l'avion supersonique franco-britannique **Concorde***.

1971

- En astronomie, première présomption d'existence des trous noirs, régions de l'espace si denses que la lumière même ne peut en sortir.
- Saliout I : première station orbitale, conçue par l'**U.R.S.S.*** pour des vols humains de longue durée.

1973

▲ *S. Allende.*

- Premier micro-ordinateur.
- Coup d'État au Chili : le président élu, Salvador Allende (1908-1973), est trouvé mort dans le palais présidentiel et le général Augusto Pinochet (1915 - 2006) s'empare du pouvoir.

1973 et 1979

Chocs pétroliers : fortes hausses des prix du pétrole qui pénalisent les économies des pays industrialisés.

▲ *Soldats américains au Viêt Nam.*

1974

- Au Portugal, la « révolution des œillets » met fin à une dictature de plus de quarante années.
- **V. Giscard* d'Estaing** est élu président de la République française.
- En France, l'âge de la majorité est fixé à 18 ans.
- Invention de la carte à mémoire par le Français Roland Moreno (né en 1945).

1975

- En Espagne, à la mort du **général Franco***, Juan Carlos Ier (né en 1938) accède au pouvoir et entreprend la démocratisation du régime.
- Fin de la guerre du Viêt Nam : défaite de l'armée américaine, qui doit quitter le pays.

1975-1979

Au Cambodge, les Khmers rouges soumettent le pays à une dictature sanglante.

1976

- En Chine, mort de **Mao* Zedong.**
- Atterrissage sur **Mars*** de deux sondes américaines Viking.
- Empoisonnement à la dioxine à **Seveso***, en Italie.

▲ *Vue de la planète Mars.*

1976-1990

Guerre civile au Liban.

1977

- La Belgique est divisée en trois Régions : Wallonie, Flandres et Bruxelles.
- ***La Guerre des étoiles****, film de George Lucas (né en 1944).

1978

- **Jean-Paul II*** devient pape.
- Accords de Camp David à Washington entre le Premier ministre israélien Menahem Begin (1913-1992), le président égyptien Anouar el-Sadate (1918-1981) et le président américain Jimmy Carter (né en 1924), qui scelle la paix entre Israël et l'Égypte.

▲ *A. el-Sadate, J. Carter et M. Begin (de g. à dr.).*

1979

- Premier vol de la fusée européenne **Ariane I***.
- Révolution islamique en Iran. L'ayatollah (chef religieux) Ruhollah Khomeyni (1902-1989) prend le pouvoir.
- Accroissement du nombre des réfugiés de la péninsule indochinoise ; ceux qui fuient par la mer sont appelés les « *boat people* ».

1979-1980

Premiers réseaux commerciaux de téléphone mobile, en Suède et au Japon.

L'effondrement du monde communiste

1990

1980 Création du syndicat *Solidarité* en Pologne, dont le leader est **L. Walesa***.

1981 et 1988 **F. Mitterrand***, président de la République française.

▲ *La navette Columbia.*

1981 et 1985 **R. Reagan*** est élu président des États-Unis.

1981
- Premier vol de la navette spatiale américaine.
- Abolition de la peine de mort en France.
- Premier ordinateur personnel, commercialisé par IBM, le PC (Personal Computer).
- En France, mise en service du TGV (train à grande vitesse), entre Paris et Lyon.

1982
- Développement du CD (disque compact) audionumérique au Japon et aux Pays-Bas.
- Première greffe d'un cœur artificiel sur un homme.

1983 Découverte du virus du **sida*** par l'équipe du professeur Luc Montagnier (né en 1932) de l'Institut Pasteur.

1984 Catastrophe chimique de **Bhopal***, en Inde.

1984-1985 Grave famine en Éthiopie.

▲ *M. Gorbatchev.*

1985 **M. Gorbatchev*** devient premier secrétaire du Parti communiste de l'Union soviétique.

1986
- Survol de la comète de **Halley*** par cinq sondes spatiales.
- Catastrophe nucléaire de **Tchernobyl***, en Ukraine.
- Détection par des équipes britanniques et japonaises d'une importante diminution de la teneur en **ozone*** de la stratosphère au-dessus du pôle Sud. Ce « trou dans la couche d'ozone » va susciter des recherches sur les effets des activités humaines sur l'environnement.

1988
- Un tremblement de terre fait plus de 50 000 morts en Arménie.
- En **U.R.S.S.***, M. Gorbatchev propose une réforme constitutionnelle fondée notamment sur la *glasnost* (transparence), la *perestroïka* (restructuration) et la lutte contre la bureaucratie.

1989
- Le naufrage du pétrolier **Exxon*** **Valdez** provoque une marée noire en Alaska.
- Survol de la planète **Neptune*** et de son principal satellite Triton par la sonde spatiale américaine Voyager 2.
- En Chine, manifestations en faveur de la démocratisation du régime : ce « printemps de Pékin » est réprimé par l'armée.

▲ *Chars sur la place Tian'anmen, à Pékin.*

- Le **dalaï-lama*** Tenzin Gyatso (né en 1935) reçoit le prix Nobel de la paix.
- **Mère Teresa***, prix Nobel de la paix en 1979, fonde la congrégation des Missionnaires de la charité.
- Bouleversements et changements de régime dans les pays communistes d'Europe de l'Est : destruction du **mur* de Berlin.**

▲ *N. Mandela.*

1990
- En Afrique du Sud, libération, après vingt-huit ans d'emprisonnement, de **N. Mandela***, leader de l'A.N.C. (African National Congress), mouvement de lutte contre l'apartheid.
- Mise sur orbite du télescope spatial **Hubble***.

◄ *Hubble.*

1991
- **Guerre du Golfe*** au Moyen-Orient pour rétablir la souveraineté du Koweït, envahi par l'Irak.
- Dissolution de l'**U.R.S.S*.**
- Développement par l'informaticien britannique Tim Berners-Lee (né en 1955) du www (ou Web), système permettant d'accéder aux ressources de l'**Internet*.**

1992
- Création de l'A.L.E.N.A., accord économique conclu entre le Canada, les États-Unis et le Mexique.
- Conférence de l'**O.N.U.*** sur l'environnement à Rio de Janeiro (Brésil), qui traite du changement de climat et de la biodiversité (diversité des espèces vivantes).
- Signature du traité de Maastricht, mettant en place l'**Union* européenne.**

▲ *B. Clinton entre Y. Rabin et Y. Arafat, à droite.*

1993
- Reconnaissance mutuelle d'Israël et de l'Organisation de libération de la Palestine (OLP) et signature, à Washington, des accords d'Oslo par **Y. Rabin*** et **Y. Arafat*.**
- *Jurassic Park*, film d'aventures de **S. Spielberg*,** utilisant des images virtuelles.

1994
- Au Rwanda, le conflit entre les populations Hutu et Tutsi dégénère en une véritable extermination des seconds.
- Mise en service du tunnel sous la **Manche*.**

1994-1996
Les **Tchétchènes*,** qui ont proclamé l'indépendance de leur pays, opposent une forte résistance à l'armée russe. Un accord de paix est conclu mais, dès 1999, une guerre meurtrière reprend.

1995 et 2002
J. Chirac* est élu président de la République française.

1997
Titanic, film de James Cameron (né en 1954), avec Leonardo di Caprio (né en 1974). ►

1998-1999
Guerre du Kosovo en Yougoslavie. Le retour à la paix et à la démocratie n'aura lieu qu'en 2000, avec la chute du régime tyrannique de S. Milošević.

2000
- En Europe, extension de la « maladie de la vache folle » (encéphalopathie spongiforme bovine), qui entraîne la prise de mesures préventives.
- **V. Poutine*** est élu président de la fédération de Russie et **G. W. Bush*** président des États-Unis d'Amérique.

2001
Attentats terroristes du 11 septembre, à New York, qui détruisent les deux tours jumelles du World Trade Center.

Les tours, aujourd'hui détruites. ►

2002
- Mise en circulation de l'euro.
- En Afghanistan, l'intervention militaire américaine précipite la chute du régime des talibans.

2003
En Irak, chute du régime de **S. Hussein*** à la suite de l'invasion du pays par une coalition dirigée par les États-Unis.

2004
Le 26 décembre, au large de Sumatra, dans l'océan Indien, un tsunami, suivi d'un raz-de-marée géant, dévaste les régions côtières faisant plus de 200 000 victimes et 50 000 orphelins.

2005
Mort du pape Jean-Paul II et élection de Benoît XVI.

2006
Propagation de la grippe aviaire (virus H5N1).

2007
N. Sarkozy* est élu président de la République française.

▲ *B. Obama.*

2008
- Grave crise financière et économique mondiale, venue des États-Unis.
- **B. Obama*** est élu président des États-Unis.

2011
- « Printemps arabe » : en Tunisie, Libye et Égypte, les révoltes populaires aboutissent à la chute des régimes en place (Ben Ali, Khadafi, Moubarak).
- Catastrophe nucléaire de **Fukushima**, au Japon, à la suite d'un tsunami.

2012
F. Hollande* est élu président de la République française.

2013
Élection du pape **François*** après la renonciation de Benoît XVI.

Fiches aide-mémoire

Les réponses aux quiz figurant sur ces fiches se trouvent soit dans la fiche elle-même, soit dans les articles du dictionnaire.

Sommaire

Français

Mathématiques

Histoire

Géographie

Éducation civique

Sciences de la vie et de la Terre

Environnement et développement durable

1 Les alphabets, les écritures

L'Histoire commence avec l'écriture, avant on parle de préhistoire.

- L'**écriture** permet à la pensée de s'organiser, car elle est fixée pour être restituée dans le temps et dans l'espace *voir article* ÉCRITURE *et planche*.

La naissance de l'écriture

► L'écriture est née il y a 3000 ans.
► Le premier **alphabet** est l'alphabet phénicien.

- Les Phéniciens ont inventé un ensemble de symboles destiné à représenter les « phonèmes » (les sons) de leur langue. Ces symboles sont appelés **lettres**. L'ensemble constitue l'**alphabet**.

Cet alphabet ne notait que les **consonnes**, comme l'alphabet arabe actuel.

L'évolution de l'écriture

► L'alphabet **grec** ainsi que l'alphabet **arabe** se sont inspirés de l'alphabet phénicien.
► L'alphabet **grec** a introduit les **voyelles**.
► Les alphabets **latin** et **cyrillique** découlent tous les deux de l'alphabet **grec**.

écriture arabe

► L'alphabet latin a connu de nombreuses évolutions depuis son apparition jusqu'à l'invention de l'imprimerie (**Gutenberg**) qui a fixé les caractères de notre écriture actuelle. *voir articles* IMPRIMERIE *et* GUTENBERG.

À travers le monde, il existe différents alphabets (latin, cyrillique, arabe, hébreu, maya…), mais aussi d'autres systèmes d'écriture tels que les **idéogrammes** en Chine et au Japon.

Le seul système universel (commun au monde entier) qui permet de prononcer chaque mot dans presque toutes les langues est l'Alphabet Phonétique International.

Ex. : le mot « oiseau » s'écrit [wazo] en phonétique.

écriture japonaise

Petit quiz
- D'où vient le mot « alphabet » ?
- Dans quel sens doit-on lire en arabe ?
- Comment s'appellent les caractères de l'écriture chinoise ?

2 Les classes de mots

Comment identifier les différents mots qui composent notre langue ?

- Chaque mot de la langue française appartient à une **classe** grammaticale : c'est la **nature** du mot.
  Ce mot ne change pas de nature, quelle que soit sa place dans la phrase.
- La classe grammaticale d'un mot est indiquée dans le dictionnaire sous la forme d'une **abréviation** *voir liste des* ABRÉVIATIONS *page IX du dictionnaire*.

Les 9 classes de mots

On distingue les mots variables et les mots invariables.

- Les **mots variables,** qui varient en **genre** (féminin, masculin) et en **nombre** (singulier, pluriel) :

les verbes :

► les verbes du 1er groupe qui se terminent par **-ER** : *chanter, mener, jeter…*
► les verbes du 2e groupe qui se terminent par **-IR** et **-issons** à la 1re personne du pluriel du présent : *finir* (nous *finissons*).
► les verbes du 3e groupe qui se terminent par **-RE** ou **-IR** : *prendre, courir* (nous *courons*), *vouloir...*
► *aller* se conjugue irrégulièrement et appartient au 3e groupe : *je vais, nous allons, ils vont...*

les noms :

► les **noms propres** ou les **noms communs** *voir article* NOM. Les noms propres s'écrivent avec une majuscule.

les déterminants :

► ce sont les mots qui précèdent le nom : *un, une, le, la, les, notre, ces, son…* *voir article* DÉTERMINANT.

les pronoms :

► ce sont les mots qui remplacent un nom ou une phrase : *je, leur, le sien, le mien, les miennes...* *voir article* PRONOM. Ne pas confondre le déterminant et le pronom : *J'aime* *les* *pommes* (déterminant), *je* *les* *préfère bien rouges* (**les** [pronom] remplace *les pommes*).

les adjectifs qualificatifs :

► ce sont les mots qui qualifient un nom : *noir, noirs, silencieux, silencieuse…*

- Les **mots invariables,** dont l'orthographe ne varie jamais. Ce sont : les **adverbes** (toujours, gentiment…), les **prépositions** (à, de, par, pour…), les **conjonctions** (mais, ou, et, donc, or, ni, car), les **interjections** (aïe !, oh !, ouf !…).

Petit quiz

- Citer 3 types de déterminants.
- Citer 2 types de pronoms.
- Les verbes en -ir sont-ils du 2e ou du 3e groupe ?

3 Les fonctions des mots

Comment identifier les différentes fonctions des mots dans la phrase ?

Les fonctions dans la phrase

- Le **verbe** est le moteur de la phrase : il indique une **action** ou un **état :** *le petit garçon* ***mange*** *une pomme* (action). *Cette voiture* ***semble*** *vieille* (état).
- Le **sujet** indique **qui** fait l'action ou **qui** est dans l'état exprimé par le verbe : *le* ***bateau*** *navigue sur les flots.* (**Qui est-ce qui** navigue ? - le bateau).
- Le **complément d'objet** indique **sur quoi** ou **sur qui** porte l'action du sujet.
  ►Directement placé à côté du verbe, c'est un **complément d'objet direct** (COD) : *le jardinier remplit la* ***brouette****.* (Il remplit **quoi** ? - la brouette).
  ►Séparé du verbe par une *préposition*, c'est un **complément d'objet indirect** (COI) : *je pense* ***à toi****.* (Je pense **à qui** ? - à toi).
- L'**attribut** du sujet est toujours placé après un verbe d'état, comme *être, sembler, demeurer, devenir, rester, avoir l'air.* Il indique dans quel état est le sujet : *cette école est* ***récente****.*
- Le **complément circonstanciel** (CC) donne un supplément d'information sur les circonstances dans lesquelles l'action se produit.
  ►Le CCL précise le lieu (où ?) : *on part se promener* ***dans la forêt****.*
  ►Le CCT précise le temps (quand ?) : ***en automne****, les feuilles tombent.*
  ►Le CCM précise la manière (comment ?) : *le chat avance* ***avec méfiance****.*
- Le **complément d'agent**. À la voix passive, il indique qui fait l'action exprimée par le verbe : *la souris est mangée* ***par le chat****.*

Les fonctions dans le groupe nominal

►Le **complément du nom** (CDN) complète un nom : *le chien* ***de mon père*** *est un bouledogue.*

►L'**épithète** apporte une information sur le nom : *le* ***petit*** *chat* ***perdu*** *a été retrouvé.*

La fonction d'un mot est le rôle qu'il joue dans la phrase.

Petit quiz

- Quelle est la préposition qui indique le complément d'agent ?
- Quelle classe de mots peut être « épithète » ou « attribut du sujet » ?
- Comment s'appelle le verbe qui est suivi d'un complément d'objet direct ?

4 Les types et formes de phrases

Comment identifier les différentes phrases ?

Les 4 types de phrases

► La phrase **déclarative** donne une information et se termine par un point : *Les élèves se mettent en rang.*

► La phrase **interrogative** pose une question et se termine par un point d'interrogation (?) : *Quelle heure est-il ?*

► La phrase **impérative** donne un ordre, un conseil… Elle se termine par un point ou un point d'exclamation (!) : *Prends tes affaires !*

► La phrase **exclamative** exprime un sentiment fort (joie, colère…) et se termine par un point d'exclamation (!) : *Quel beau bouquet !* *voir article* PHRASE / *encadré.*

La forme des phrases

- Une phrase peut être **affirmative** ou **négative**.

► À la forme **négative**, on utilise une locution adverbiale de négation : ne…pas, ne…plus, ne…jamais… : *Je n'aime ni les araignées, ni les serpents.*

- Une phrase peut être à la voix **active** ou **passive**.

► À la voix **active**, le sujet fait l'action, à la voix **passive**, le sujet subit l'action : *Le chat mange la souris* (voix active). *La souris est mangée par le chat* (voix passive).

Phrases simples et phrases complexes

► Une **phrase simple** contient un seul verbe conjugué donc une seule proposition.

► Une **phrase complexe** contient plusieurs verbes conjugués et autant de propositions.

La **phrase complexe** peut être transformée en plusieurs phrases simples : *Mon ami joue aux billes et sa sœur joue aux dés.* (Mon ami joue aux billes. Sa sœur joue aux dés.) La phrase complexe peut être constituée de 2 propositions séparées par une **conjonction de coordination** : elles sont **coordonnées**. La phrase complexe peut être constituée de 2 propositions séparées par une virgule : elles sont **juxtaposées**. La phrase complexe peut être constituée d'une **proposition principale** et d'une **proposition subordonnée** *voir article* PROPOSITION / *encadré.*

► La proposition **principale** et la proposition **subordonnée** dépendent l'une de l'autre.

► La proposition **indépendante** ne dépend d'aucune autre proposition.

Petit quiz

- Citer 7 conjonctions de coordination.
- Avec quel verbe se conjugue la voix passive ?

5 Les différents types de textes

Comment identifier et utiliser les différents types de textes ?

En fonction de ce que l'on veut dire, on utilise différents **types de textes**.

- Le **texte narratif** (**narration**) s'emploie pour raconter une histoire (dans les romans, contes, nouvelles, reportages, récits historiques, pièces de théâtre).
  ► Les temps souvent utilisés sont le présent, l'imparfait, le passé simple, le passé composé. Ex. : *le Tour du monde en quatre-vingts jours* (Jules Verne), *la Petite Sirène* (Andersen), *l'Avare* (Molière)…

- Le **texte descriptif** s'emploie pour montrer, donner à voir (dans les portraits, passages de romans, guides touristiques).
  ► Les temps le plus souvent utilisés sont le présent et l'imparfait. Ex. : le portrait de *Cosette* dans *les Misérables* (Victor Hugo)…

- Le **texte injonctif** (**injonction**) ou **prescriptif** s'emploie pour ordonner ou faire faire (dans les recettes, modes d'emploi, règlements, règles de jeu).
  ► Les temps souvent utilisés sont l'impératif ou l'infinitif. Ex. : le *règlement intérieur du collège*.

- Le **texte informatif** ou **explicatif** s'emploie pour informer, expliquer (dans les articles de presse, dictionnaires, documentaires, lettres). Il peut être illustré de schémas, de planches.
  ► Les temps souvent utilisés sont le présent et le passé composé. Ex. : *les articles des journaux* (quotidiens, mensuels…).

- Le **texte argumentatif** pour convaincre, faire changer d'opinion (dans les publicités, les tracts, les lettres de demande).
  ► Les temps souvent utilisés sont le présent, l'infinitif ou l'impératif. Ex. : *les slogans* des affiches publicitaires.

- Le **texte poétique** pour jouer sur les mots, faire rêver (dans les poèmes, chansons). Les sonorités des mots sont importantes. On utilise des vers. Ex. : *le Corbeau et le Renard* (Jean de La Fontaine), *les Copains d'abord* (Georges Brassens).

Petit quiz

- Qu'est-ce qu'un vers ?
- Que veut dire « narrer » ? Est-ce un verbe de la langue courante ? Par quoi peut-on le remplacer ?

6 L'utilisation des temps, la conjugaison

Comment utiliser correctement les différents temps de conjugaison des verbes ?

La conjugaison

Le verbe prend différentes formes selon le mode, le temps, la personne et le nombre *voir* TABLEAUX DE CONJUGAISON.

Les temps simples de l'indicatif

► Le **présent** exprime une action qui se déroule au moment où l'on parle : *Je **lis** une leçon. Chaque matin, je **me lave** les dents. La Terre **tourne**.*

► L'**imparfait** situe une action dans le passé en exprimant des faits qui durent ou des actions qui se répètent : *La nuit **était** sombre, on n'y **voyait** rien.*

► Le **passé simple** exprime des actions terminées, ponctuelles ou un fait bref dans le passé : *Soudain, j'**aperçus** un renard.*

► Le **futur** exprime des faits qui auront lieu dans l'avenir : *Demain, tu **partiras** en vacances.*

Les temps composés de l'indicatif

Les temps composés des verbes sont formés de l'**auxiliaire** (*être* ou *avoir*) et du **participe passé** du verbe conjugué.

► Le **passé composé** exprime une action antérieure à une action **présente** : *J'**ai** une bonne note car j'**ai révisé** ma leçon.*

► Le **plus-que-parfait** exprime une action antérieure à l'action exprimée à l'**imparfait** ou au passé simple : *J'**avais fait** mon devoir, j'**étais** satisfait.*

► Le **futur antérieur** exprime une action à venir mais antérieure à celle exprimée au **futur simple** : *Quand tu **auras fini** de ranger, tu **pourras** jouer.*

► Le **passé antérieur** exprime une action antérieure aux autres temps du passé : *J'**eus aimé** te voir si je n'avais eu ces béquilles.*

Petit quiz

- L'indicatif est-il un temps ou un mode ?
- Quels sont les deux auxiliaires ?
- Combien y a-t-il de temps en tout à l'indicatif ?

7 L'origine des mots français

D'où viennent les mots que nous utilisons ?

Le français

Le français a des origines multiples et s'est construit au fil des siècles en fonction des différents peuples qui ont occupé la France.
► L'étude de l'origine des mots de la langue s'appelle l'**étymologie**.

Les sources de la langue française

- À l'origine, les Gaulois avaient pour langue le celte. Après la conquête de la **Gaule** par les Romains, ses habitants utilisèrent le **latin** populaire qui comprenait aussi des mots d'origine grecque et d'origine germanique. La prononciation, variable selon les régions, déformait les mots.
- Les mots d'origine latine, grecque, celte, germanique et issus des différents patois des régions de France, constituent le socle de notre langue.
  ► mots d'origine latine : *aquarium, cathédrale, album, discret,...*
  ► mots d'origine grecque : *philosophie, dinosaure, géographie,...*
  ► mots d'origine germanique : *renard, guerre, bleu, framboise,...*
  ► mots d'origine régionale : *cigale* (provençal), *choucroute* (alsacien), *brioche* (normand), *maquis* (corse)...
  ► mots d'origine amérindienne : *hamac* (taïno), *cigare* (maya), *tomate* (aztèque)...

Les emprunts

Le français est une langue vivante qui a continué à se construire au cours des siècles en fonction des circonstances historiques, économiques et des modes.

Notre langue a ainsi adopté des mots d'origine :
► arabe : *matelas, algèbre, caravane, merguez, sirop...*
► italienne : *pantalon, balcon, scénario, pizza...*
► anglaise : *short, sandwich, steak, star, interview, best-seller...*
► espagnole : *camarade, abricot, cédille...*
► tchèque : *obus, calèche, pistolet, robot...*

La langue française continue de s'enrichir, notamment avec des mots d'origine anglaise.

Petit quiz

- Quelle est l'origine des mots : *cinéma, inculper, pamplemousse, armada* ?
- Que veulent dire les expressions latines : « *Ad vitam aeternam* » et « *Errare humanum est* » ?
- Qu'est-ce qu'un anglicisme ?

8 Les niveaux de langue

Quel niveau de langue choisir en fonction de notre interlocuteur ?

Le choix d'un **niveau de langue** (qu'on appelle aussi « **registre** ») dépend de la situation d'énonciation et du contexte dans lequel on s'exprime.
► Il existe **trois niveaux** (registres) de langue : familier, courant, soutenu.

Le registre familier

- Il s'emploie surtout entre amis. Ce registre se caractérise par des tournures de phrases fautives où, par exemple, la négation n'est pas correctement marquée (oubli du « ne »). Le vocabulaire est différent du vocabulaire usuel et est signalé dans le dictionnaire comme « familier ».

Ex. : *Je prends pas ma bagnole aujourd'hui.*

Le registre courant

- Il s'emploie dans la vie courante. Les phrases sont correctement construites mais sans recherche et sont en général assez courtes. Le vocabulaire est simple et accessible à tous. C'est le registre utilisé à l'école, dans la presse, dans les romans pour la jeunesse, etc.

Ex. : *Je ne prends pas ma voiture aujourd'hui.*

Le registre soutenu

- Il s'emploie lorsque l'on veut parler ou écrire avec élégance, en faisant des efforts de style. On utilise un vocabulaire recherché avec des mots rares, précis, parfois spécialisés. Le registre soutenu est surtout réservé à l'écrit. On le retrouve dans les romans classiques (Victor Hugo...) et dans certaines pièces de théâtre (Molière...).

Ex. : *Je ne désire pas utiliser mon automobile ce jour.*

Dans la vie, la maîtrise de ces trois registres est essentielle pour s'adapter à toutes les situations de communication : à qui s'adresse-t-on ? Dans quelle intention ?

Dans le dictionnaire Super Major, lorsqu'un mot appartient au registre familier ou au registre soutenu, on donne son synonyme en registre courant.

Petit quiz

- Citer les équivalents familiers des mots suivants : lit, nez, chien, manger ?
- Quel est l'équivalent, dans le registre courant, de : fat, las, missive, se sustenter ?

9 Synonymes, antonymes, homonymes, paronymes

Quel est l'intérêt de la richesse du vocabulaire ?

Les synonymes

- On appelle **synonymes** des mots qui, dans un même contexte, ont un sens très proche. Ils appartiennent à la même classe grammaticale. Il existe peu de vrais synonymes, totalement interchangeables quel que soit le contexte. À la suite des définitions, le dictionnaire donne souvent des synonymes des mots. Ex. : *beau, joli, mignon.*

Les antonymes

- On appelle **antonymes** des mots de sens contraire. Il faut déterminer le sens d'un mot dans son contexte pour trouver son antonyme. Les antonymes appartiennent en général à la même classe grammaticale. Ex. : *du pain frais* (contraire : *rassis*).

  On peut former des antonymes en ajoutant un **préfixe** négatif : *in, mal, anti, des*… Ex. : *poli/**im**poli ; propre/**mal**propre ; ordonné/**dés**ordonné.*

  On peut également les former en utilisant des préfixes ou des **suffixes** opposés : *hyper/hypo ; phile/phobe*. Ex. : ***hyper**tension/**hypo**tension ; anglo**phile**/anglo**phobe**.*

Les homonymes lexicaux

- On appelle **homonymes** des mots qui se prononcent de la même façon mais qui ont un sens différent. Ils n'appartiennent pas forcément à la même classe grammaticale. Ex. : *vert, ver, verre, vers, vair.*
- Certains homonymes peuvent avoir la même orthographe (ce sont des **homographes**), il faut alors s'aider du contexte pour en comprendre le sens. Ex. : *je **suis** le chemin* (du verbe *suivre*) / *je **suis** malade* (du verbe *être*).

Les paronymes

- On appelle **paronymes** des mots différents dont la sonorité ou l'orthographe est proche. Ils sont à l'origine de nombreuses confusions. Pour choisir le terme correct, il faut faire attention au contexte de la phrase. Ex. : *une **éruption** volcanique/il a fait **irruption** dans ma chambre.*

  Le dictionnaire Super Major indique souvent les confusions possibles.

Petit quiz

- Quels sont les homonymes dans cette phrase : *Il était une fois une marchande de foie qui vendait du foie dans la ville de Foix…*
- Vénéneux et venimeux ont-ils le même sens ?

10 Les grandes dates de la littérature française

Quels sont les grands auteurs français ?

On distingue différents genres littéraires représentés par de grands auteurs à travers les siècles.

Le Moyen Âge

C'est une période très longue, qui a duré environ 1000 ans. On distingue :
- La **chanson de geste** : la plus célèbre est *la Chanson de Roland.*
- Le **roman** : Chrétien de Troyes.
- La **poésie** : **Villon**.

La Renaissance (XVIe siècle)

Cette période est marquée par la découverte de l'imprimerie. On distingue :
- La poésie : Du Bellay, **Ronsard.**
- Les **essais** : **Montaigne**.
- Le roman : **Rabelais** (*Gargantua*).

Le XVIIe siècle

C'est le siècle de Louis XIV, marqué par le classicisme. On distingue :
- La **tragédie** classique : **Racine, Corneille**.
- La **comédie** classique : **Molière**.
- La **philosophie** : **Descartes, Pascal**.
- La **fable** : **La Fontaine**.

Le XVIIIe siècle

C'est le siècle des Lumières. Il s'achève par la Révolution française. On distingue :
- La philosophie : **Voltaire, Rousseau, Montesquieu**.
- Le **théâtre** : **Marivaux, Beaumarchais**.

Le XIXe siècle

C'est un siècle tourmenté au niveau politique. La littérature est marquée par le **romantisme**, le **réalisme**, le naturalisme. Beaucoup d'écrivains de ce siècle écrivent des romans et des poésies. Les principaux auteurs sont : Chateaubriand, Lamartine, **Balzac, Victor Hugo**, Stendhal, **Baudelaire**, Flaubert, **Verlaine, Zola, Maupassant, Daudet.**

Le XXe siècle

C'est un siècle mouvementé, marqué par des conflits mondiaux, mais aussi par des grandes découvertes scientifiques. Il y a eu plusieurs courants littéraires :
- La poésie : **Éluard, Apollinaire**, Paul Valéry…
- Les romans : Proust, **Colette**, Céline, Simone de Beauvoir…
- Le théâtre : Ionesco, Anouilh…

Petit quiz
- Citer un roman de Victor Hugo.
- Pendant quel siècle a vécu François Villon ?
- Quelles sont les œuvres principales d'Alphonse Daudet ?

11 Les chiffres et les nombres

Dénombrer et ordonner.

Les nombres entiers

- Les **nombres entiers** permettent de compter, d'évaluer ou de comparer des quantités. Ils s'écrivent avec les chiffres (caractères de 0 à 9).

Nommer les nombres entiers

milliards			millions			mille			unités		
c	d	u	c	d	u	c	d	u	c	d	u
				1	9	8	3	1	0	0	2

On écrit un nombre dans le tableau en commençant par les chiffres par la droite. Ils sont ainsi regroupés par classes de 3. Dans chaque classe, « u » désigne les unités, « d » les dizaines et « c » les centaines.

On énonce alors le nombre en commençant par la gauche : « 19 millions, 831 mille, 2 (unités) ».

L'écriture des nombres

► Quand on écrit un nombre en **chiffres,** on met un espace entre chaque classe (*19 831 002*) sauf si le nombre représente un ordre dans une série (la page *1234* du roman ; le Nouvel An *2010* ; le *1540*e du classement).

► Pour tous les nombres composés, on met un trait d'union ou bien « et » entre les mots désignant des nombres inférieurs à 100 : *dix-neuf millions huit cent trente **et** un mille deux.*

► **Vingt** et **cent** s'accordent quand ils sont multipliés et non suivis par un autre mot : *trois cent deux, trois cents.*

► **Mille** est toujours invariable : *deux mille, six mille trente.*

Pour former les nombres, les Romains utilisaient des lettres :
I = 1 ; V = 5 ; X = 10 ; C = 100 ; M = 1 000.

Puis ils les associaient par addition (quand un grand chiffre en précédait un plus petit ou égal) ou par soustraction (dans le cas inverse) :
VI = 5 + 1 = 6 ; IV = 5 – 1 = 4.

MCCXXIV = mille deux cent vingt-quatre.

L'ordre des nombres

- Pour classer des nombres par ordre **croissant** ou **décroissant,** on utilise les signes **<** (plus petit que) et **>** (plus grand que).
- Certains nombres sont le **double**, le **triple**, le **quadruple** (la **moitié**, le **triple**, le **tiers**) d'autres nombres : ils en sont **multiples** (ou **sous-multiples**).

Petit quiz

- Qu'est-ce qu'un billion ?
- Quel est le quintuple de 11 ?
- Comment qualifie-t-on les chiffres de 0 à 9 ?

12 Les nombres décimaux, les fractions

Connaître les nombres décimaux, les classer, les écrire.

Tableau des nombres décimaux

Partie entière			,	Partie décimale		
centaines	dizaines	unités	,	dixièmes	centièmes	millièmes
		2	,	4	8	9

- Les **nombres décimaux** comportent une virgule séparant une partie entière (à gauche de la virgule) et une partie décimale (à droite).

  On peut les écrire dans un tableau en écrivant la partie décimale et la partie entière de part et d'autre de la virgule : 2,489 se lit « 2 unités et 489 millièmes » ou « 2 **virgule** 489 ».
- Un **nombre entier** est un nombre décimal dont la partie décimale est nulle (on n'écrit pas la virgule dans ce cas-là).

Classer des nombres décimaux

- Pour classer des **nombres décimaux**, on compare d'abord leurs parties entières. Si elles sont égales, on compare alors les parties décimales, colonne après colonne : 2,489 < 2,63 car 4 < 6

  On peut encadrer un nombre décimal par deux nombres entiers **consécutifs** : 10 < 10,6 < 11

Les fractions

- Une **fraction** comprend deux nombres situés au-dessus (**numérateur**) et au-dessous (**dénominateur)** d'un trait horizontal (la barre de fraction) **:** 6/2 (six **demis**) ; 7/3 (sept **tiers**).
- Tout **nombre décimal** peut s'écrire sous forme d'une **fraction décimale** et **inversement** : 1,25 = 125/100.

Différentes façons d'écrire les nombres décimaux et les fractions

► Un nombre décimal peut s'écrire comme la **somme** d'un nombre entier et d'une (ou plusieurs) fraction(s) **inférieure(s)** à 1 : 67,2 = 67 + 2/10.
► Une fraction est égale à la **somme** ou la **différence** de deux fractions de même dénominateur : 9/12 = 5/12 + 4/12 ; 14/9 = 15/9 – 1/9.

Petit quiz

- Toutes les fractions décimales peuvent-elles s'écrire comme des décimaux ?
- Dans une fraction, comment s'appelle le trait qui sépare le numérateur du dénominateur ?
- Qu'est-ce qu'une décimale ?

13 Les opérations

Calculer avec des nombres décimaux.

L'addition et la soustraction

► Attention ! Aligner les virgules sous les virgules.

L'addition

$$\begin{array}{r} {}^{1}\,{}^{1} \\ 287,32 \\ +\quad 5,84 \\ \hline 293,16 \end{array}$$

2 + 4 = 6

3 + 8 = 11 je pose 1 et je retiens 1

1 + 7 + 5 = 13 je pose 3 et je retiens 1

1 + 8 = 9 et 2 + 0 = 2

La soustraction

$$\begin{array}{r} 8\;7\;{}_{1}3\;{}_{1}1\;,{}_{1}4 \\ -\quad {}_{1}8\;{}_{1}5_{1}\;,\;6 \\ \hline 8\;6\;4\;5\;,\;8 \end{array}$$

4 – 6 est impossible. J'ajoute une dizaine que je reporte en bas. 14 – 6 = 8. 5 + 1 = 6.

1 – 6 est impossible. J'ajoute une centaine que je reporte en bas. 11 – 6 = 5. 8 + 1 = 9

13 – 9 = 4. 7 – 1 = 6. 8 – 0 = 8.

La multiplication

► Attention ! Aligner les chiffres en commençant par la droite.

$$\begin{array}{r} 6,5\,2 \\ \times\quad 1,3 \\ \hline 1\,9\,5\,6 \\ 6\,5\,2\,- \\ \hline 8,4\,7\,6 \end{array}$$

On multiplie 652 par 3, chiffre de droite de 1,3.
On passe au chiffre suivant, 1, en se décalant d'un rang.
On additionne les nombres en plaçant la virgule au rang 3 (2 +1 = 3), somme des rangs des virgules des nombres multipliés.

La division des entiers

Dans la division d'un nombre (**dividende**) par un autre (**diviseur**), on recherche un nombre, appelé « **quotient** ». Celui-ci, multiplié par le diviseur, donne un nombre inférieur et le plus proche possible du dividende.

$$\begin{array}{r|l} 2\,7\,9 & 4 \\ \cline{2-2} 2\,4 & 6\,9 \\ 3\,9 & \\ 3\,6 & \\ 3 & \end{array}$$

En 27, combien de fois 4 ? : 6.
6 × 4 = 24 ; 27 – 24 = 3 et 3 < 4.

J'abaisse le 9. En 39, combien de fois 4 ? : 9.
9 × 4 = 36 ; 39 – 36 = 3 et 3 < 4.

3 est le **reste** de la division.

Petit quiz

- Le reste peut-il être supérieur au diviseur ?
- Dans l'opération 100 : 5, quel nombre est le dividende ?
- Quelle opération utilise-t-on pour trouver une somme ?

14 Les proportions et les ordres de grandeur

Comment calculer un pourcentage ?
Comment évaluer le résultat d'une opération ?

Les proportions

Les échelles :

- L'**échelle** est le rapport de la dimension d'une chose représentée sur un plan à sa dimension dans la réalité.
- Sur une carte routière au 1/100 000, les distances sont 100 000 fois plus petites que celles qu'elles représentent dans la réalité. Cette **proportion** entre une mesure sur la carte et sa valeur dans la réalité s'appelle « l'**échelle** ».

Les pourcentages :

- Un pourcentage équivaut à une fraction dont le dénominateur est 100. Cette fraction exprime la **proportion** qui existe entre une quantité (figurée par le numérateur) et une autre quantité (représentée par le dénominateur).

► Quel pourcentage représentent 8 élèves d'une classe de 32 ?

8 ÷ 32 = 0,25 = 25/100 = 25 % (25 pour cent).

► Combien représente 75 % de l'effectif d'une classe de 28 élèves ?

28 × 75% = 28 × 75/100 = 28 × 0,75 = 21 élèves.

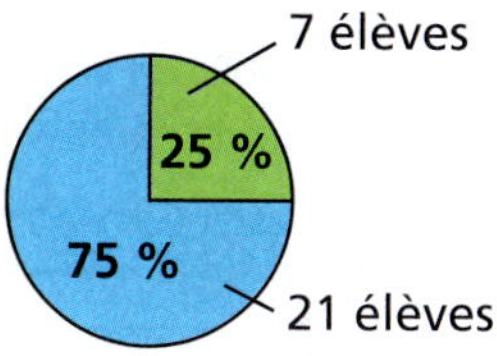

Les ordres de grandeur

- Trouver, de tête, l'ordre de grandeur du résultat d'une opération permet de savoir si le résultat qu'on va trouver par le calcul a des chances d'être exact ou est sûrement faux.

► Pour une multiplication, on arrondit chaque terme à la **dizaine** ou à la **centaine** la plus proche et on calcule de tête :

102 × 53 → 100 × 50 = 5 000 (si notre résultat est proche de 5 000 il a des chances d'être exact, s'il en est très éloigné, il est sûrement faux).

► Avant d'effectuer une division, on cherche le nombre de chiffres au **quotient** :

279 ÷ 4 → 4 × 10 < 279 < 4 × 100. On sait déjà que, sauf erreur, il y aura 2 chiffres au quotient.

Petit quiz

- Quels types de documents utilisent des échelles ?
- Combien y a-t-il de chiffres au quotient pour 697 : 8 ?
- Combien représente 75 % de 80 ?

15 Points, droites, figures, segments

Les figures de base de la géométrie.

Le point, la droite, la demi-droite et le segment

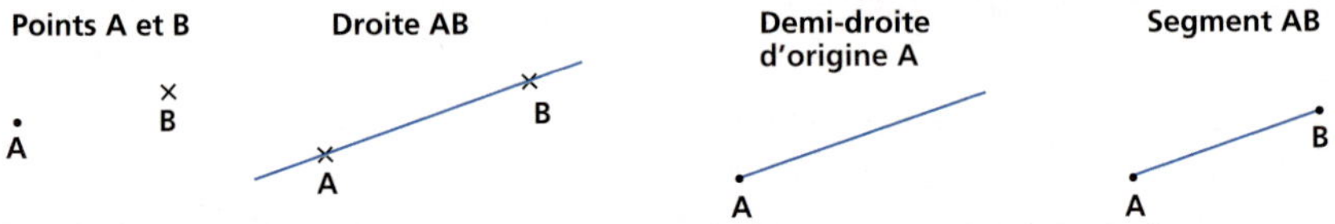

► L'intersection de deux tirets ou la trace de la pointe du crayon donne une idée de **point**

► Un trait tracé entre deux points avec une règle donne l'idée d'une **droite**.

► Un **segment** est une portion de droite limitée par deux points.

► Deux droites possédant un point d'**intersection** sont **sécantes**. Si elles n'ont aucun point d'intersection, elles sont dites « **parallèles** » (on les trace avec la **règle** et l'**équerre**).

Deux droites sécantes peuvent être **perpendiculaires** (on les trace avec l'équerre et la règle). Elles forment des angles droits.

Les figures géométriques

- Le **cercle** est une ligne courbe fermée, caractérisée par son **centre** et son **rayon** (ou son **diamètre**), que le compas permet de tracer.

- Les **figures géométriques** qui possèdent au moins trois côtés sont des **polygones** (**triangle**, **carré**, **rectangle**, **losange**, **parallélogramme**, **pentagone**, etc.).

- Les **quadrilatères** sont des **polygones** qui possèdent 4 côtés.

  ► Le **parallélogramme** est un quadrilatère dont les côtés sont parallèles deux à deux.

  ► Le **rectangle** est un parallélogramme dont les côtés consécutifs sont perpendiculaires.

  ► Le **losange** est un parallélogramme dont les côtés sont égaux.

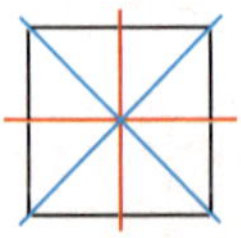

  ► Le **carré** est à la fois un losange et un rectangle. Il possède 4 axes de symétrie, dont ses deux **diagonales**. Si on le plie selon l'un de ces axes, une moitié du carré s'applique exactement sur l'autre.

Petit quiz

- Les diagonales du rectangle sont-elles des axes de symétrie pour lui ?
- Combien d'axes de symétrie a un losange ?
- Combien de côtés le pentagone et l'hexagone ont-ils ?

16 Angles et triangles

Quelles sont les propriétés des angles et des triangles ?

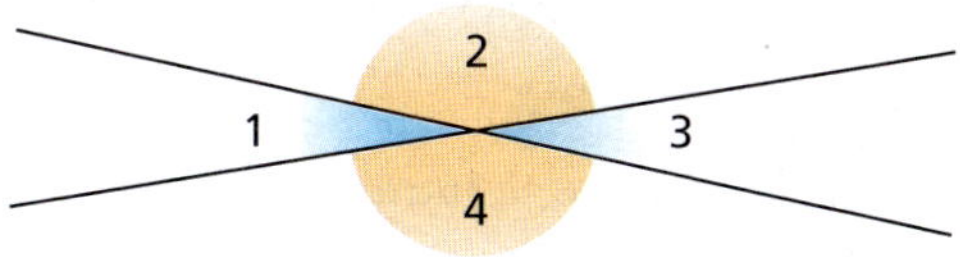

Les angles

- Deux droites sécantes forment quatre **angles** : deux paires d'angles égaux et opposés par le sommet.
  ► Dans une figure géométrique, un angle correspond à une ouverture entre deux **segments** ou deux demi-droites de même **origine**. Un angle a deux **côtés** et un **sommet**. Les sommets des **polygones** sont des angles.
  ► Un angle se mesure en **degrés**, à l'aide d'un **rapporteur**. Un angle qui mesure 90° est dit « droit ».
- Selon leur ouverture, on distingue : l'**angle aigu** (inférieur à l'angle droit), l'**angle droit**, l'**angle obtus** (supérieur à l'angle droit mais inférieur à l'angle plat), l'**angle plat** (c'est le double d'un angle droit et ses deux côtés sont alignés) ; il mesure 180°.
  ► La **bissectrice** d'un angle est une demi-droite issue de son sommet, qui le partage en deux parties égales : c'est l'**axe de symétrie** de l'angle.

Les triangles

- Trois droites qui se coupent en trois points différents forment un **triangle.**

  On le dessine avec la règle et le compas, si l'on connaît les mesures de ses trois côtés, ou avec la règle et le rapporteur, si l'on connaît les mesures d'un angle et de deux côtés ou d'un côté et de deux angles.

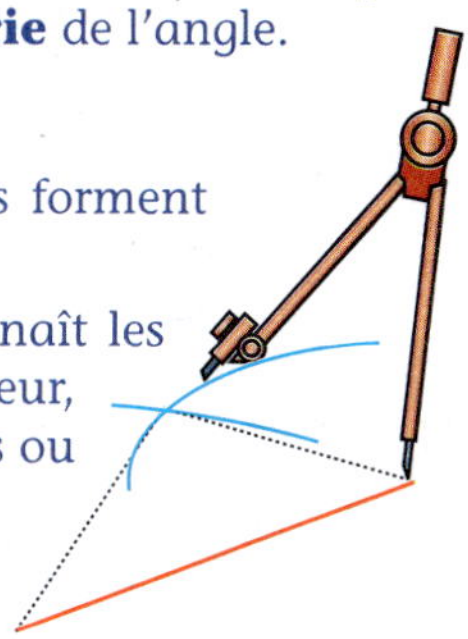

  Les triangles particuliers :
  ► Le **triangle rectangle**, qui a un angle droit.
  ► Le **triangle isocèle**, qui a deux côtés (et deux angles) de même mesure.
  ► Le **triangle isocèle rectangle**, qui a deux côtés (et deux angles) de même mesure et le troisième angle, **droit**.
  ► Le **triangle équilatéral**, qui a trois côtés et trois angles de même mesure. Chaque angle mesure 60°.
- Quand un triangle ne correspond à aucun de ces triangles particuliers (aucun angle droit et ses côtés et ses angles sont de mesures différentes), on dit qu'il est « quelconque ».

Petit quiz

- Quelles sont les caractéristiques du triangle isocèle ?
- Quelle droite partage un angle en deux parties égales ?
- Avec quel instrument mesure-t-on un angle ?

17 Longueurs, surfaces, volumes

Mesurer une longueur, une surface, un volume.

Longueurs

Pour mesurer une **longueur**, on peut utiliser un **mètre ruban**, un **double décimètre**, etc.

► Les **unités de mesure** les plus courantes sont : le **kilomètre**, le **mètre**, le **centimètre**, le **millimètre** *voir article* UNITÉ / *tableau*.

Pour faire des calculs avec des longueurs, il faut d'abord veiller à ce qu'elles soient toutes exprimées dans la même unité de mesure.

Longueur	km	hm	dam	m	dm	cm	mm
		1	2	3	0		

123 m = 12 300 cm

Surfaces

Pour mesurer l'**aire** d'une surface, on choisit une unité adaptée.

► Le **mètre carré** pour une pièce d'habitation.

► L'**are** ou l'**hectare** pour un champ (ce sont des mesures agraires) ; l'are vaut 100 m², l'hectare 10 000 m².

Aires et mesures agraires	km²	hm² ha	dam² a	m² ca	dm²	cm²	mm²
		1	05	40			

105,4 a = 10 540 m²

Pour calculer l'aire d'une figure géométrique, il faut connaître certaines de ses mesures *voir article* AIRE / *tableau*.

Volumes et capacités

On peut mesurer un **volume** ou une **capacité** avec un verre mesureur, ou un autre contenant dont on connaît la capacité.

► Les unités de volume les plus utilisées sont le **centimètre cube**, le **décimètre cube** et le **mètre cube**. Un volume de bois se mesure en **stères**.

► Les unités de capacité les plus courantes sont le **millilitre** et **le litre** *voir article* UNITÉ / *tableau*.

Capacités		hl	dal	l	dl	cl	ml
			1	2	5	3	

125,3 dl = 1,253 dal

Volumes	m³	dm³ l	cm³ ml	mm³
	4	025	5	

4 025,5 l = 4 025 500 cm³

Petit quiz

- Quelle est l'unité de mesure de longueur 100 fois plus petite que le mètre ?
- À combien de mètre cube correspond un stère ?
- Combien y a-t-il de litres dans un mètre cube ?

18 Masse, temps et monnaie

Comment calculer des durées ou des masses ?
Comment utiliser la monnaie ?

Mesure de la masse

La **balance** permet de déterminer la **masse d'un corps**. par comparaison avec des masses connues *voir article* UNITÉ / *tableau*.

On adopte une unité adaptée à l'objet dont on recherche la masse :
- le **milligramme** pour doser des médicaments ;
- le **gramme** pour les ingrédients d'une recette ;
- le **kilogramme** pour des personnes ;
- le **quintal** pour de grosses quantités de marchandises ;
- la **tonne** pour ce qui est encore plus ;

Il existe d'autres mesures comme le carat et la livre.

Mesure du temps

La durée d'un **intervalle** de temps se mesure avec un objet dont la période de fonctionnement ou de mouvement est régulière et connue comme une **pendule**, une **clepsydre**, un **sablier,** un **chronomètre**, la **Lune** ou la **Terre.**

On choisit une unité appropriée à ce que l'on veut mesurer *voir article* TEMPS / *tableau*.

Faire des calculs avec des durées :

Pour additionner des durées :
- on pose l'opération en colonnes en tenant compte des unités ;
- on additionne.

Puis on **convertit** si nécessaire les unités.

9 h 54 + 1 h 28 = 11 h 32

```
   9 h 5 4
 + 1 h 2 8
  1 0 h 8 2

  1 0 h 0 0
 +  1 h 2 2
  1 1 h 2 2
```

Les monnaies

Dans beaucoup de pays de l'**Union européenne**, la **monnaie** utilisée est l'**euro (€).**

► Pour faire ses achats, on dispose de **billets** (5, 10, 50, 100, 200 ou 500 €) et de pièces (1, 2 € et 1, 2, 5, 10, 20, 50 **centimes d'€**, ou **cents**)

► Pour payer un achat, on en décompose le prix :

24,15 euros = 20 euros + 4 euros + 10 centimes + 5 centimes.

Cette somme peut être réglée de différentes façons, par ex. : 1 billet de 10 € + 2 billets de 5 € + 1 pièce de 2 € + 2 pièces de 1 € + 1 pièce de 10 centimes + 1 pièce de 5 centimes.

Petit quiz
- Quelles unités de temps mesure un chronomètre ?
- Combien y a-t-il de grammes dans une livre ?
- Combien de pays ont pour monnaie officielle l'euro ?

19 Solides et patrons

Reconnaître un solide et construire son patron.

Les solides

- Les **solides** sont des volumes comprenant des faces, **arêtes** et **sommets**.
  - ► La **sphère** : une seule face **courbe**.
  - ► Le **cône** : une face courbe et une face **plane**, appelée « la base ».
  - ► Le **cylindre** : une face courbe et deux faces planes, appelées « bases ».
  - ► Le **cube**, le **pavé droit**, le **tétraèdre**, la **pyramide**, le **prisme** droit ne comprennent que des faces planes.
- Les solides dont les faces sont des **polygones** sont des polyèdres.

Tracer le patron d'un solide

Pour tracer le patron d'un solide, il faut connaître ses propriétés.

Le parallélépipède rectangle :

► Le **parallélépipède rectangle** ne comporte que des faces rectangles.
- Deux faces opposées sont égales et n'ont pas d'arêtes en commun.
- Les arêtes qui relient des faces opposées sont de mesures égales.

On trace le patron de façon que les faces que l'on dessine respectent ces propriétés quand on les replie *voir articles* PATRON, SCHÉMA.

Il existe plusieurs patrons possibles pour un même parallélépipède rectangle.

L'octaèdre régulier :

► Un **octaèdre régulier** est un polyèdre à 8 faces, 12 arêtes et 6 sommets. Chaque face est un triangle équilatéral.

Voici un des patrons de l'octaèdre régulier :

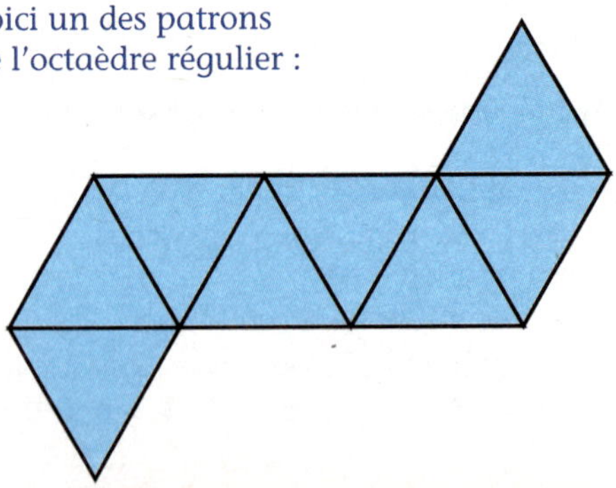

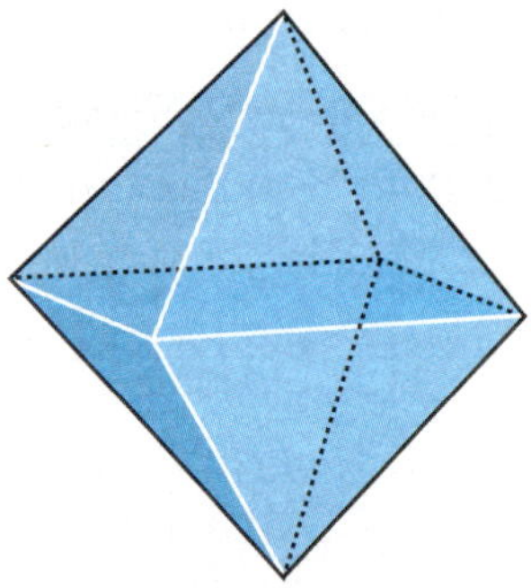

Petit quiz

- Combien le cylindre possède-t-il de faces ?
- Combien l'octogone a-t-il de côtés ?
- Combien le cube possède-t-il de faces ? d'arêtes ? de sommets ?

20 Tableaux et graphiques

À quoi servent les tableaux et les graphiques ?
Comment les lire ?

Tableaux et graphiques

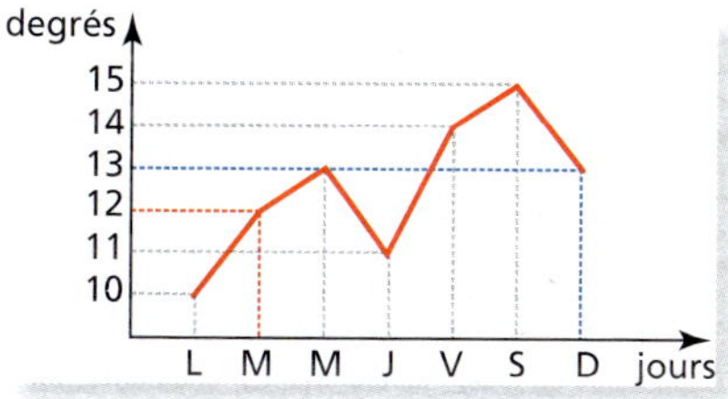

- Les **graphiques** permettent de représenter des **tableaux** de nombres, des données. Le graphique donne souvent une lecture et une interprétation plus facile des données.

► Les points d'un graphique sont représentés par deux données (ou **coordonnées**) : l'**abscisse** (ici, les jours), l'**ordonnée** (ici, les températures). Les axes comportent une légende qui indique les données qui y sont portées.

► **Compléter une liste ou un tableau à partir d'un graphique :**
On part du point sur le graphique, on trace une verticale et on lit son abscisse ; on trace une horizontale et on lit son ordonnée.

Ici, l'abscisse du point est *mardi*, son ordonnée est *12°*.

► **Construire un graphique à partir de données :**
On repère la droite horizontale correspondant à la donnée placée en ordonnée ainsi que celle, verticale, qui correspond à la donnée placée en abscisse.

Le point du graphique est à l'intersection de ces deux droites.

Ici, le *point* correspond à l'**intersection** de l'abscisse *dimanche* et de l'ordonnée *13°*.

Interpréter un graphique

- Pour interpréter un graphique, on observe ses points les plus hauts et les plus bas ainsi que ses **variations** :
  - lundi a été le jour le plus froid ;
  - du lundi au mercredi, la température a augmenté.

Représenter des nombres

- Il existe différentes façons de représenter des données et des **statistiques** : tableau, graphique, **diagramme à bandes**, **diagramme circulaire**, etc.

Petit quiz

- Comment appelle-t-on les données qui permettent de représenter un point sur un graphique ?
- Sous quelles formes différentes peut-on représenter des données ?
- Pour interpréter les variations de données, que faut-il utiliser, un tableau ou un graphique ?

21 La préhistoire

La première apparition de l'homme.

Il y a environ 45 millions d'années, les dinosaures ont disparu depuis très longtemps, les premiers grands singes font leur apparition. 20 millions d'années plus tard apparaît un grand singe plus évolué, nommé le ramapithèque, peut-être le premier ancêtre commun au singe et à l'homme actuels. Plusieurs millions d'années plus tard encore, arrive l'**australopithèque** *voir article* ÉVOLUTION / *planche*.

Le premier homme fait son apparition

► L'**Homo habilis** (*homme habile*) vit en petits groupes **nomades**.
► L'**Homo erectus** (*homme qui se redresse*) lui succède, il invente le **biface**. Il sait produire du feu en frottant deux morceaux de bois ou en frappant un **silex.**
► L'homme de **Neandertal** utilise le silex pour en faire des pointes et des racloirs, c'est un grand chasseur.
► L'**Homo sapiens** (*homme qui pense*) apparaît avec, vers – 35 000, l'homme de **Cro-Magnon** (notre ancêtre direct).

Les grandes périodes de la préhistoire

- Le **paléolithique** (de – 2 millions à – 10 000 ans). L'homme vit de la cueillette, de la pêche et de la chasse (**mammouth, bison, renne**...). Il se déplace pour suivre le gibier. Les habitations sont des huttes en bois et en peaux de bêtes. Certaines tribus vivent dans les cavernes (premières peintures sur les murs) *voir article* LASCAUX / *encadré*.
- Le **néolithique** (de – 10 000 à – 2 000 ans), c'est l'âge de la pierre polie. L'homme devient cultivateur et éleveur. Construction des premiers villages (Çatal Höyük) ou des cités lacustres. Avec la laine qu'il file et tisse, il confectionne des vêtements. Il fabrique des poteries avec de l'argile cuite au four. Il honore ses morts, construit des monuments à l'aide d'énormes blocs de pierre (mégalithes, vers – 4500 à – 2000 [*dolmens, menhirs*]) *voir article* PRÉHISTOIRE / *planche*.
- En fondant le minerai, l'homme produit des métaux : le **cuivre** puis le **bronze**, et enfin le **fer**.

Petit quiz

- Que trouve-t-on à Carnac ?
- Dans quel pays se trouve la grotte de Lascaux ?
- Qui est Lucy ?

22 L'Orient ancien et l'Égypte antique

Premiers États et premières écritures.

Les **Sumériens** occupent la région de l'antique **Mésopotamie,** nom qui signifie « pays d'entre les fleuves », d'après les mots grecs *mesos* (milieu) et *potamos* (fleuve) *voir Chronologie*.

La mise en place des premiers États

- Entre 4000 et 3000 av. J.-C., dans une zone appelée « Croissant fertile », allant de l'Égypte au golfe Persique en englobant la vallée du Nil et la Mésopotamie, les premiers **États** apparaissent. On trouve autour des fleuves du Tigre et de l'Euphrate, Ourouk, première cité-État, puis Our (dont serait originaire **Abraham**). Près de 2 000 tombes témoignent de la grandeur de cette civilisation **sumérienne**.
  ► Le long de la vallée du **Nil**, l'Égypte est dirigée par des **pharaons** qui font ériger dès le milieu du IIIe millénaire av. J.-C. des **pyramides**.
  Dès le XVe s. av. J.-C., ils construisent des **temples** (Louqsor, Karnak). Les Égyptiens adorent de nombreux dieux, dont le dieu-Soleil (**Rê** ou Râ) *voir article* ÉGYPTIEN (ART) / *planche et article* VALLÉE DES ROIS / *encadré*.

Un outil de pouvoir : l'écriture

- Les rois, les marchands et les prêtres utilisent l'**écriture** pour compter leurs biens et faire payer les impôts.
  Celle-ci apparaît vers 3300 av. J.-C. en Mésopotamie. Elle est composée de dessins, images simplifiées des objets désignés, les **pictogrammes.** Puis elle évolue en une écriture cunéiforme gravée sur des tablettes d'argile humide séchées au soleil ou cuites au four. Les **Phéniciens**, peuple de l'actuel Liban, inventent ensuite le premier alphabet.

scribe

- En Égypte, les **hiéroglyphes** apparaissent vers 3100 av. J.-C. ; ils sont peints sur du papyrus ou sculptés dans la pierre. Le Français **Champollion** parviendra, au XIXe siècle, à décoder l'écriture des Égyptiens. Ces derniers pratiquent le culte des morts, dont les dépouilles sont **momifiées**.

Petit quiz

- Dans quel pays actuel se situe l'ancienne Sumer ?
- Quels fleuves traversent la Mésopotamie ?
- Quels noms portent les pyramides de Gizeh ?

23 L'Antiquité : la Grèce et Rome

Les civilisations qui ont fait l'Occident d'aujourd'hui.

Périclès

La Grèce antique

- **Homère** nous renseigne, par ses épopées (*l'Iliade* et *l'Odyssée*), sur les origines de l'histoire grecque. La Grèce est morcelée en petits États : les **cités** (**Athènes**, **Sparte**, Corinthe...).
- Après la victoire des Athéniens contre les **Perses** à Salamine, Athènes prospère et l'**Acropole**, sur les hauteurs, se couvre de **temples** et de **théâtres**, ce qui en augmente le prestige (**siècle de Périclès**) *voir Chronologie*.

Alexandre le Grand

- Au IVe siècle av. J.-C., le roi Philippe de Macédoine soumet les cités grecques à son autorité. En 334 av. J.-C., son fils **Alexandre** écrase le Perse **Darius** et poursuit ses conquêtes jusqu'en Inde. Il fonde des villes (**Alexandrie**, par exemple) où se mêlent les traditions grecque et orientale : c'est la naissance de la civilisation hellénistique *voir Chronologie*.

Rome

- Selon la légende rapportée par **Virgile**, **Rome** trouve ses origines dans la fameuse **Troie**, dont est issu Énée venu s'installer en Italie. **Romulus** fonde Rome sur les bords du Tibre vers 753 av. J.-C. et tue son frère **Remus**.

D'abord dirigée par des rois, Rome se dote, vers 509 av. J.-C., d'une **république**. Comme les Grecs, les Romains honorent une multitude de dieux (**polythéisme**).

Dès le IIIe siècle av. J.-C., Rome conquiert toute l'Italie. Puis, grâce à une puissante armée, elle domine entre les IIIe et Ier siècle, un vaste territoire autour de la Méditerranée. Octave (qui devient ensuite **Auguste**) instaure l'Empire en 27 av. J.-C. Il dispose de tous les pouvoirs (politique, militaire et religieux) et fait l'objet d'un culte impérial. Jusqu'au IIIe siècle, la paix et la prospérité règnent dans l'Empire : c'est la *pax romana*. Puis l'Empire subit les Invasions barbares. En 476, c'est la chute de Rome *voir Chronologie*.

Petit quiz

- Citer un temple situé sur l'Acropole.
- Quel est l'autre nom du Ve siècle av. J.-C. en Grèce ?
- Comment s'appelle le frère de Romulus ?

24 Les débuts du judaïsme, du christianisme et de l'islam

Les religions monothéistes s'affirment et s'imposent.

Moïse

Les débuts du judaïsme

- Menacés par les Assyriens et les Babyloniens au XIXe siècle av. J.-C., les **Hébreux** migrent de **Mésopotamie** en **Palestine** (le pays de Canaan).
  ► Leurs écrits, leurs traditions constituent les premiers livres de la **Bible** : la **Torah**. On y trouve les fondements de leurs croyances : la **Genèse**, l'Alliance avec Dieu et le don des Tables de la Loi à **Moïse.**
- Ils organisent leur culte autour du Temple de **Jérusalem** qui abrite l'Arche d'alliance. Le **judaïsme** devient ainsi la première religion **monothéiste**. Au début de notre ère, les Juifs se dispersent sur le pourtour de la Méditerranée.

Une nouvelle religion monothéiste : le christianisme

- Dans les années 30 de notre ère, dans la province de Palestine occupée par les Romains, un Juif, **Jésus**, prêche des idées religieuses nouvelles. Il est arrêté, condamné et crucifié.
  ► Les **chrétiens** rédigent les textes fondateurs de cette nouvelle religion : les **Évangiles**, les Actes des Apôtres, etc. Ces textes s'adressent aux Juifs, qui attendent un **messie**, mais aussi aux Grecs et aux Romains. Ils racontent la vie de Jésus-Christ.
- Les chrétiens sont persécutés par les autorités romaines mais l'empereur **Constantin** autorise la pratique du culte chrétien par l'**édit de Milan** en 313. Progressivement, le **christianisme** s'impose comme religion officielle de l'Empire romain *voir Chronologie*.

Le monde musulman

- L'**islam** est une religion née en **Arabie** au VIIe siècle. Elle est prêchée par **Mahomet** qui a reçu de Dieu (Allah) des révélations, contenues dans le **Coran**. En 622, il est chassé de **La Mecque**, dont il s'emparera 10 ans plus tard.

  La guerre sainte (djihad) menée par les successeurs de Mahomet, les **califes**, leur permet d'étendre leur empire de l'Espagne à l'**Indus**.

Petit quiz

- Qu'est-ce que le Coran ?
- Comment s'appelle le livre sacré des Juifs ?
- Quels livres relatent la vie de Jésus ?

25 De la chute de Rome à la féodalité

L'époque carolingienne et le début de la féodalité.

- Au ve siècle, les **invasions barbares** morcèlent l'Empire romain. Les **Francs** s'installent en **Gaule** et créent la dynastie **mérovingienne** (**Clovis, Dagobert**...) *voir Chronologie.*

L'empire de Charlemagne

- Les rois **carolingiens** prennent le pouvoir en 751 et, en 800, **Charlemagne** devient empereur d'Occident. De sa capitale, **Aix-la-Chapelle**, il organise son empire en **comtés.** Il développe l'écrit et favorise les écoles *voir Chronologie*.

  Ses trois petits-fils se disputent son héritage et, en 843, par le **traité de Verdun**, ils partagent l'Empire en trois royaumes. Mais ils doivent faire face aux **Normands** (*Vikings*) venus du Nord, qui longent les côtes et remontent les fleuves dans leurs drakkars, pillant tout sur leur passage *voir article* STRASBOURG (SERMENTS DE) / *encadré*.

La chrétienté

- L'**Église**, sous l'autorité du **pape**, appelle les fidèles à participer aux **croisades**.

  Les hommes d'Église, qui vivent parmi les laïcs, sont les *clercs séculiers*, ceux qui vivent dans des **monastères** ou des **abbayes,** forment le *clergé régulier*. L'Église assure l'enseignement, l'aide aux pauvres et aux malades.

La féodalité

- La religion chrétienne rythme la vie quotidienne du **Moyen Âge** et divise la société en 3 catégories :
  - au sommet, le **clergé** qui assure le salut de tous ;
  - ensuite, les **chevaliers** qui protègent la société ;
  - enfin, les plus nombreux, les paysans et les artisans.

  Les seigneurs s'entourent de chevaliers qui combattent à leurs côtés. En échange, les seigneurs protègent leurs **vassaux** et leur donnent une terre : le **fief.** C'est l'époque des **châteaux-forts**.

- La **seigneurie** est un domaine que les paysans cultivent pour le seigneur. Il exerce la justice et prélève des taxes et des impôts.
  - Il y a deux catégories de paysans : les **vilains**, qui sont libres, et les **serfs**, liés à la terre.

Petit quiz

- Pour quelle raison le roi Dagobert est-il plus spécialement connu ?
- D'où vient le mot « carolingien » ?
- Citer un bateau utilisé par les Vikings.

26 La fin du Moyen Âge

Renforcement du pouvoir royal, naissance de la France.

Les **Capétiens** font couronner leur fils aîné de leur vivant et la couronne devient **héréditaire**. Sacré à Reims, le roi tient son pouvoir de Dieu. Tous les habitants du royaume sont ses sujets.

Des grands rois qui renforcent le pouvoir

- **Philippe II Auguste** s'empare de nombreux fiefs que le roi d'Angleterre possédait en France. Il affirme son statut de roi de France (victoire de *Bouvines*, le 27 juillet 1214).
  ► Le règne de **Louis IX** est marqué par la prospérité.
- **Philippe IV le Bel** renforce l'autorité royale en développant l'administration. Pour résoudre ses importants problèmes financiers, il s'empare des biens des Juifs et des Templiers *voir Chronologie*.

La guerre de Cent Ans

- La guerre de **Cent Ans** oppose la France et l'Angleterre.
- La chevalerie française est décimée aux batailles de **Crécy**, Poitiers et **Azincourt**. Le royaume est dévasté. **Du Guesclin**, puis **Jeanne d'Arc**, annoncent le redressement français. Les Anglais quittent le territoire français (sauf Calais) en 1453 *voir Chronologie*.

  Le roi s'appuie sur une armée permanente et les impôts (*taille, gabelle*) pour renforcer son pouvoir.

La vie économique se développe

Grâce à de nouvelles techniques (*moulin, collier d'épaule*), la production agricole augmente.
► La condition paysanne s'améliore, de nombreux serfs sont **affranchis**.

Les conditions de voyage (routes, ponts, auberges…) permettent d'aller de ville en ville, là où se tiennent des foires et où se retrouvent marchands italiens et flamands. Les artisans se regroupent par métiers en corporations. Dans les villes aux maisons en bois resserrées à l'intérieur de remparts : de nouveaux bâtiments apparaissent (*halles, églises, cathédrales*).

Les plus riches artisans et marchands (*bourgeois*) appartiennent au conseil de la ville (*commune*).

Petit quiz

- Quel est le nom du premier roi capétien ?
- Combien de temps a duré la guerre de Cent Ans ?
- Qui était Saint Louis ?

27 Renaissance et découvertes

Les débuts de l'expansion européenne.

En France, les rois imposent leur autorité

- **Louis XI** élimine **Charles le Téméraire** et ajoute de nombreuses provinces, comme la Bourgogne, au domaine royal.
- Malgré la victoire de **Marignan** (1515), les guerres d'Italie sont des échecs, mais elles révèlent l'art de la **Renaissance** aux Français.
  ► **François Ier** impose l'usage du français pour tous les actes officiels par l'édit de **Villers-Cotterêts** *voir Chronologie*.

Les grands voyages de découvertes

- Diverses inventions (**caravelle, boussole**) permettent l'exploration des océans. **Christophe Colomb**, en route vers l'Orient, découvre en 1492 le continent américain.
- En 1498, **Vasco de Gama** ouvre la première route maritime directe vers l'Inde, par le sud de l'Afrique. Le premier tour du monde est accompli par l'expédition de **Magellan** (1519) *voir Chronologie*.
- Les empires amérindiens (**aztèque, inca et maya**) ne peuvent résister aux **conquistadores** et à leurs armes à feu. Massacres, pillages et épidémies mettent fin à leurs brillantes civilisations. C'est le début des empires coloniaux : l'Espagne et le Portugal se partagent l'Amérique du Sud et les Caraïbes. Ils sont rejoints par les Hollandais, les Français et les Anglais.

  Une civilisation coloniale mêlant cultures indienne, européenne et africaine voit le jour ; l'Église y joue un rôle important en convertissant les populations des pays conquis au christianisme.

Exploitation coloniale et esclavagisme

- Les colons organisent à leur profit l'exploitation des ressources coloniales par les populations puis par les **esclaves** africains dans de vastes plantations et les mines (or et argent). La **traite des Noirs** devient une activité économique (*commerce triangulaire*) entre l'Europe, l'Afrique et les Amériques *voir article* ESCLAVAGE.

Petit quiz

- Qu'est-ce qu'un missionnaire ?
- Dans quel pays d'Amérique parle-t-on portugais ?
- Quelle civilisation amérindienne existait au Pérou ?

28 L'humanisme, Louis XIV, les Lumières

Avec les grandes découvertes, le monde se transforme.

Une autre vision artistique, religieuse, scientifique et philosophique va bouleverser le monde.

Le XVIe siècle, la Renaissance

- C'est le siècle des artistes (**Léonard de Vinci**), qui inventent un « beau idéal » inspiré de l'Antiquité et de la géométrie (respect de la **perspective** et des proportions) *voir article* JOCONDE / *encadré*.
  Des écrivains (**Rabelais**) placent l'homme au centre de l'univers (**humanisme**).
- Sous **François I**^{er}, les arts (**châteaux de la Loire, Fontainebleau**) tiennent une place importante.
  ► Les guerres de **Religion** opposent catholiques et protestants. **Henri IV** y met fin en 1598 par l'**édit de Nantes** qui instaure la liberté de culte.

Le siècle de Louis XIV

- Le Roi-Soleil, roi de droit divin, édicte les lois, rend la justice, administre le royaume, impose sa suprématie à ses sujets. Il n'existe pas d'autre pouvoir que le sien (**absolutisme**).
  ► Le **château de Versailles** illustre le **classicisme** de l'époque *voir article* VERSAILLES / *encadré*.
- Contrôlé par des Académies royales, le classicisme s'impose dans la littérature (**Corneille, Molière, Racine, La Fontaine**), les arts (Poussin, Le Brun), l'architecture (**Mansart, Le Vau**), et les jardins (Le Nôtre) *voir article* FABLES / *encadré*.

Roi très catholique, Louis XIV révoque l'édit de Nantes en 1685.

Le siècle des Lumières (XVIIIe siècle)

Des philosophes comme **Voltaire, Montesquieu, Rousseau, Diderot** écrivent sur le progrès de l'esprit humain, les libertés individuelles, de conscience et d'expression. Ils dénoncent l'arbitraire, l'intolérance, le fanatisme religieux.
► Leurs idées sont diffusées dans l'**Encyclopédie** de **Diderot** et d'Alembert.
voir article ENCYCLOPÉDIE / *encadré*.

Petit quiz

- Dans quelle région de France trouve-t-on de nombreux châteaux de la Renaissance ?
- Qui a dessiné les jardins du château de Versailles ?
- Qu'est-ce que les Lumières ?

29 La Révolution française et le XIXe siècle

La fin de la monarchie absolue. L'entrée dans l'ère industrielle.

Devant l'injustice sociale et la misère, les Français se révoltent et mettent fin à l'**Ancien Régime**.

La Révolution française

- En 1789, **Louis XVI** réunit les **états généraux** afin de trouver une solution à la crise financière que traverse la France.

  Les trois ordres (**clergé, noblesse, tiers état**) y présentent leurs cahiers de **doléances**.

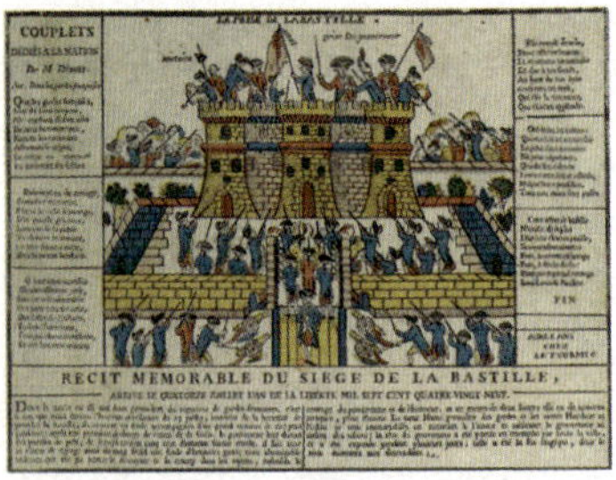

- Les députés du tiers état, représentant la grande partie de la population, se rassemblent dans la salle du Jeu de paume et jurent de ne se séparer qu'après avoir donné une **constitution** à la France. L'**Assemblée nationale** est née.
- Le 14 juillet 1789 : le peuple attaque la **Bastille**. La France est alors dirigée par une monarchie constitutionnelle et doit se défendre contre ses voisins (**Valmy**). Le roi tente de s'enfuir. Il est repris, jugé et guillotiné en 1793. **Robespierre** prend le pouvoir et instaure la Terreur *voir article* MARSEILLAISE / *encadré*.

- Après un coup d'État, **Napoléon Bonaparte** devient Premier consul. Il est sacré empereur le 2 décembre 1804.

Le XIXe siècle

Avec la révolution industrielle, des inventions bouleversent la vie des hommes. : la machine à vapeur de **Watt** permet d'intensifier la production industrielle (textile, métallurgie...). Des réseaux ferroviaires sont développés. En 1870, de nouvelles énergies (électricité, pétrole) permettent l'invention du téléphone, de l'automobile, du cinéma, etc.

► **Pasteur** découvre l'existence des microbes et met au point des vaccins.

Une nouvelle classe sociale apparaît : le **prolétariat**. De grands écrivains (**Hugo, Zola**) s'engagent politiquement. Le **socialisme** voit le jour ***voir article*** LES MISÉRABLES / *encadré*.

Petit quiz

- Quand a été écrite la Déclaration des droits de l'homme et du citoyen ?
- De quel roman Jean Valjean et Cosette sont-ils les héros ?
- Qui était Alfred Dreyfus ?

30 Le XXe siècle

Progrès scientifiques et technologiques mais aussi horreur des conflits et des génocides.

Accélération des découvertes

Le siècle naît avec les premiers avions et, 60 ans environ plus tard, les hommes atteignent la Lune. Des découvertes révolutionnent la médecine et la biologie (antibiotiques, transplantations cardiaques, génétique...). Des matériaux nouveaux et des premières scientifiques (radioactivité, nucléaire) se font jour en physique et en chimie. L'informatique transforme la science et la communication.

Les deux conflits mondiaux

La Première Guerre mondiale (1914 - 1918).

- Elle oppose les empires centraux (Allemagne, Autriche, etc.) aux Alliés (France, Grande-Bretagne, États-Unis, etc.) qui l'emporteront *voir Chronologie*.
  ► Elle fait 8 millions de morts. Elle est la cause de la montée du **nazisme** en Allemagne, du **fascisme** en Italie.

La Seconde Guerre mondiale (1939 - 1945).

- C'est un conflit où la violence se déchaîne aussi contre les populations : bombardements, massacres de civils, déportation et **génocide** (extermination des Juifs). En 1945, l'Allemagne capitule face aux Alliés, suivie par le Japon après les bombardements atomiques d'**Hiroshima** et **Nagasaki** *voir Chronologie*.
  ► Cette guerre fait 50 millions de morts.

Les guerres d'indépendance

- Après la Seconde Guerre mondiale, les pays colonisés d'Afrique et d'Asie accèdent à leur indépendance politique. La France connaît deux conflits graves dans cette **décolonisation** :
  ► la guerre d'**Indochine** (1946-1954) ; la guerre d'**Algérie** (1954-1962).

Les génocides

Le XXe siècle voit plusieurs génocides :

► les Arméniens (1915), en Turquie (1 à 1,5 million de morts) ;
► les Ukrainiens (1932), en Union soviétique (1,5 à 2 millions de morts) ;
► les Juifs d'Europe (1941-1945) [6 millions de morts] ;
► les Cambodgiens (1979) [1,7 million de morts] ;
► les Tutsi au Rwanda (1994) [600 000 morts].

Petit quiz

- Quelle est la racine du mot « génocide » ?
- Où débarquent les Alliés en 1944 ?
- Qu'est-ce que la Shoah ?

31 La Ve République

Un régime parlementaire et présidentiel.

La Constitution de 1958

Qui gouverne ?

- Le **président de la République** est élu au suffrage universel. Il est chef de l'État et chef des armées.
  ► Il peut dissoudre l'Assemblée nationale et consulter le peuple par **référendum**. Il nomme un Premier ministre qui constitue un **gouvernement**. Celui-ci doit avoir la confiance de la majorité à l'**Assemblée nationale**.

- Les **élections législatives** permettent aux citoyens d'élire les députés, c'est-à-dire leurs représentants à l'Assemblée nationale. Elles leur permettent donc de décider de la majorité, dont sont issus le Premier ministre et son gouvernement.

Comment les lois sont-elles mises en place ?

- Le gouvernement élabore des projets de loi. Ceux-ci sont votés par l'Assemblée nationale et le Sénat, qui constituent le **Parlement.** Si ces deux assemblées ne sont pas d'accord, l'Assemblée nationale a la prépondérance.

- Pendant l'examen des projets, les députés et les sénateurs peuvent modifier par des amendements les textes de loi du gouvernement. Si celui-ci s'y oppose, les députés peuvent lui retirer leur confiance et le contraindre à démissionner.

Les différents présidents de la République, depuis 1958

► **Charles de Gaulle :** 1958-1969. Il démissionne en cours de mandat.
► **Georges Pompidou :** 1969-1974. Il meurt pendant son mandat.
► **Valéry Giscard d'Estaing :** 1974-1981.
► **François Mitterrand :** 1981-1995. Pendant ses présidences, l'opposition remporte à deux reprises les élections législatives. Il doit donc choisir un Premier ministre qui n'est pas de son bord. C'est ce qu'on appelle « la cohabitation ».
► **Jacques Chirac :** 1995-2007. Il doit aussi faire face à une cohabitation. Il modifie la durée du mandat présidentiel, le ramenant de 7 à 5 ans.
► **Nicolas Sarkozy**, 2007-2012.
► **François Hollande**, depuis 2012.

Petit quiz

- Quelles autres fonctions que celle de président J. Chirac a-t-il exercées ?
- Par qui sont votées les lois ?
- Qu'est-ce qu'un référendum ?

32 La construction européenne

Qu'est-ce que l'Union européenne (U.E.) ?

L'**Union européenne**, composée de 28 États, est une association économique et politique, établie sur des principes de liberté, démocratie et respect des droits de l'homme *voir Chronologie*.

Les bases de l'U.E.

Au lendemain de la Seconde Guerre mondiale, qui l'a cruellement meurtrie, l'Europe veut tout faire pour qu'à l'avenir la paix soit sauvegardée.

► Sous l'impulsion de R. Schuman et **J. Monnet**, l'idée d'une Europe unie émerge. En 1950, ils appellent la France, l'Allemagne et les pays européens qui le souhaitent à mettre en commun leurs productions de charbon et d'acier. L'Italie, la Belgique, les Pays-Bas et le Luxembourg se joignent à eux pour créer la C.E.C.A.

► En 1957, naît la C.E.E. (Communauté économique européenne) par la signature du traité de Rome. C'est l'Europe des Six. *voir article* SYMPHONIE (9e) / *encadré*.

Les grandes dates de l'U.E.

► 1973 : Le **Royaume-Uni**, le Danemark et l'Irlande rejoignent la C.E.E.
► 1981 : C'est au tour de la Grèce.
► 1986 : L'Espagne et le Portugal y adhèrent.
► 1995 : Adhésion de l'Autriche, la Finlande, la Suède.
► 2004 : Intégration de Chypre et Malte au sud, et de l'Estonie, Hongrie, Lettonie, Lituanie, Pologne, République tchèque, Slovaquie et Slovénie à l'est.
► 2007 : La Roumanie et la Bulgarie deviennent membres de l'Union.
► 2013 : Entrée de la Croatie dans l'Union.

Les apports de l'U.E.

- L'U.E. permet :
  ► la libre circulation des marchandises, en supprimant les frontières entre les États membres ;
  ► la libre circulation des habitants pour étudier, travailler, vivre dans n'importe quel pays membre ;
  ► la mise en place d'une monnaie unique, l'**euro**.
- L'U.E. apporte à ses pays membres :
  ► des garanties de paix, de sécurité ;
  ► des perspectives de développement économique.

Petit quiz

• Comment surnomme-t-on J. Monnet ?
• Où est situé le siège du Parlement européen ?
• Quel est l'hymne européen ?

33 La répartition de la population mondiale

Comment se répartissent les 7 milliards d'habitants sur la Terre ?

La population mondiale

- La **population mondiale,** c'est l'ensemble des êtres humains vivant sur la Terre à un moment donné ; elle évolue en permanence.
  ► L'Asie : 4 300 000 000 habitants.
  ► L'Afrique : 1 136 000 000 habitants.
  ► L'Europe : 741 000 000 habitants.
  ► L'Amérique centrale, l'Amérique du Sud et les Antilles : 498 000 000 habitants.
  ► L'Amérique du Nord (y compris le Mexique) : 473 000 000 habitants.
  ► L'Océanie : 39 000 000 habitants *voir Atlas*.

La répartition de la population

- Les hommes sont inégalement répartis sur la Terre :
  ► Les grands foyers de **peuplement** (forte densité de population) :
  la Chine et le Japon (1 371 000 000 habitants) ; l'Inde (1 296 000 000 habitants) ; l'Europe (742 000 000 habitants) ; l'Afrique du Nord, le Proche-Orient et l'Égypte… *voir Atlas*.

  ► Les grandes **agglomérations** :
  Tokyo : 37 833 000 habitants ; Sao Paulo : 21 066 000 habitants ; Bombay : 21 043 000 habitants ; Mexico : 20 843 000 habitants.

  ► Les **déserts** humains (densité faible) :
  les étendues glacées : le Groenland, la Sibérie… ;
  les déserts chauds : le Sahara… ;
  les régions humides : l'Amazonie…

Les inégalités de richesse

- Il existe dans le monde actuel de grands écarts de richesse entre les pays.

  En Amérique du Nord, Europe, Japon et Australie, la majorité des habitants vit correctement, travaille et a accès aux soins médicaux. L'espérance de vie est de 69 à 84 ans.

  Dans de nombreux pays d'Afrique, beaucoup d'habitants ont des revenus très bas, n'ont accès ni aux soins ni à l'éducation. L'espérance de vie ne dépasse guère 60 ans pour certains d'entre eux.

Petit quiz

- Quel est le pays le plus peuplé et combien d'habitants compte-t-il ?
- Combien la France compte-t-elle d'habitants ?
- Dans quel hémisphère se situent beaucoup de pays riches ?

34 Les grandes zones climatiques

Comment sont répartis les climats sur la Terre ?
Quelle végétation trouve-t-on selon les climats ?

- Selon la situation de la Terre par rapport au Soleil, on distingue 5 zones climatiques aux végétations spécifiques **voir CLIMATS / *carte***.

Les climats

Zone intertropicale :

► La plus chaude, les rayons du Soleil y sont presque verticaux.
► Située de l'équateur aux tropiques.
► On y distingue trois types de climats :
- désertique : chaud et aride toute l'année ;
- tropical : deux saisons chaudes. Une saison des pluies et une saison sèche ;
- équatorial : une saison unique chaude et très pluvieuse toute l'année.

Zone polaire :

► Froid et sec toute l'année. Les rayons du Soleil y sont rasants.
► Située aux deux pôles.

Zone tempérée :

► Située entre la zone intertropicale et les zones polaires. Les rayons du Soleil y sont obliques. Il y a 4 saisons : automne, hiver, printemps, été.
► On distingue 4 types de climats :
- océanique : hiver doux, pluvieux toute l'année ;
- méditerranéen : été sec et chaud, hiver doux et pluvieux ;
- continental : hiver très froid, été très chaud et orageux ;
- continental sec : hiver très froid, été très chaud. Aride toute l'année.

Les précipitations

Zones très arrosées : les régions équatoriales ; l'Asie du Sud exposée aux moussons ; la façade ouest de l'Europe, exposée aux vents dominants.

Zones les plus sèches : le long des tropiques ; l'intérieur du continent asiatique ; les régions polaires.

Les paysages, la végétation

Les paysages varient en fonction des climats :

polaire	océanique	continental	méditerranéen	désertique	tropical	équatorial
banquise toundra	prairies, forêts d'arbres à feuilles **caduques**	**taïga**, forêts	**garrigue, maquis**	dunes de sable, **steppe**	**savane**	**jungle**

Petit quiz

- Quel climat retrouve-t-on en Bretagne ?
- Dans quel paysage trouve-t-on des lions ?
- Quel est le climat de Rio de Janeiro ?

Géographie

35 Les grands ensembles du relief

Quels sont les différents types de paysages que l'on peut observer ?

La Terre n'est pas plate, elle est faite de creux (les régions basses) et de bosses (les régions hautes) qui constituent son **relief**.

Les montagnes

- Elles sont caractérisées par des **altitudes** élevées, des pentes abruptes.
- Elles sont parcourues par des **vallées** profondes :
  ► les montagnes anciennes, usées par l'érosion. Leurs sommets sont arrondis et leur altitude moyenne (les Vosges) ;
  ► les montagnes jeunes, plus élevées et plus découpées. Leurs sommets sont plus pointus (les Alpes).
- On les appelle chaînes de montagnes lorsqu'elles sont alignées, massifs montagneux lorsqu'elles forment un groupe compact. Sur chaque continent, il y a des montagnes. Les plus importantes sont :
  ► En Amérique du Nord : les **Rocheuses** *voir Atlas*.
  ► En Amérique du Sud : la cordillère des **Andes** *voir Atlas*.
  ► En Asie : l'**Himalaya** *voir Atlas*.
  ► En Afrique : l'**Atlas** *voir Atlas*.
  ► En Europe : les **Alpes** *voir Atlas*.

Les régions basses

- Elles couvrent la plus grande partie des continents. Constituées de **plaines** et de **plateaux** (étendues planes), elles sont parcourues par les rivières et les fleuves qui se jettent dans la mer. Sur les plateaux, les rivières et les fleuves coulent dans des vallées creusées dans les roches (gorges ou canyons). Ils ont des altitudes variables.
  Ex. : le Bassin parisien est à une faible altitude. Il couvre le quart de la France et est entaillé par de larges vallées comme celle de la **Seine**.
- Les principales **plaines** sont situées près des côtes ou autour des fleuves. Sur chaque continent, il y a des plaines parcourues par des fleuves :
  ► En Amérique du Nord : plaines du **Mississippi**, du **Saint-Laurent**.
  ► En Amérique du Sud : l'**Amazonie**.
  ► En Asie : plaine du **Gange**.
  ► En Afrique : plaine du **Niger.**
  ► En Europe : plaine du **Danube**.

Petit quiz
- Que signifie Himalaya en sanskrit ?
- Où le Danube prend-il sa source ?
- Comment se nomme le sommet des Andes ?

36 Les grands repères géographiques

Comment se repère-t-on sur la Terre ?

Sur un globe terrestre, on se repère grâce à des lignes imaginaires : les parallèles et les méridiens.

Les lignes imaginaires

L'équateur sépare la Terre en deux hémisphères à égale distance des pôles.

► Les **parallèles** forment des cercles parallèles à l'équateur. Les plus importants sont :

- le tropique du Cancer au nord de l'équateur ;
- le tropique du Capricorne au sud de l'équateur ;
- le cercle polaire arctique au pôle Nord ;
- le cercle polaire antarctique au pôle Sud

les méridiens

► Les **méridiens** (dans le sens nord-sud) sont numérotés en degrés à partir du méridien d'origine (0°) appelé méridien de Greenwich.

Les points cardinaux

La Terre tourne sur elle-même autour de l'axe des pôles.
Le Soleil se lève à l'est et se couche à l'ouest.

● Un point cardinal indique une direction : le nord, le sud, l'est, l'ouest *voir article* ROSE *(rose des vents)*. Les points cardinaux sont des repères précis et constants. La boussole permet de trouver le nord. Sur une carte, le nord se situe en général en haut de la carte.

Les continents

voir planches ATLAS / CAHIER DES PAYS

● Ce sont de grandes étendues de terre limitées par un ou plusieurs océans :

► l'Asie : le plus grand, le plus peuplé ;

► l'Europe : il appartient géographiquement au continent eurasiatique (aucun océan ne le sépare de l'Asie) mais on le distingue pour des raisons culturelles ;

► l'Amérique : Amérique du Nord, Amérique du sud ;

► l'Afrique : le continent le plus chaud ;

► l'Océanie : continent éclaté (l'Australie...) ;

► l'Antarctique : continent glacial.

Les océans

● Ce sont des immenses étendues d'eau salée. Ils représentent 70 % de la surface de la Terre : l'océan Pacifique (le plus grand océan), l'océan Atlantique, l'océan Indien, l'océan Arctique, l'océan Antarctique.

Petit quiz

- Retrouve trois pays situés sur l'équateur.
- Quels sont les océans qui bordent l'Amérique ?
- Par quels pays européens passe le méridien de Greenwich ?

37 Les États du monde

Qu'est-ce qu'un État ? Combien y en a-t-il dans le monde ?

Le nombre de pays constituant le monde a varié tout au long de son histoire et continue d'évoluer.

Définition d'un État

- C'est un territoire délimité par des frontières, dont les habitants sont soumis à un même **gouvernement** et aux mêmes lois. Il a une capitale et est représenté par des symboles (hymne, drapeau). Il peut avoir une ou plusieurs langues officielles.

Les États ont des **régimes** politiques : **république, monarchie, dictature**… Certains États sont très petits (par ex. le **Vatican**), d'autres sont immenses et/ou puissants. Ils peuvent l'être par leur superficie, leur nombre d'habitants, leur rôle économique, militaire…

Les États du monde

► Actuellement, on recense 195 États indépendants (avec le Kosovo et sans Taïwan), dont 193, membres de l'**Organisation des Nations unies (O.N.U.).** En effet, le Vatican n'est qu'observateur à l'O.N.U.

drapeau de l'O.N.U.

Fondée en 1945, l'**Organisation des Nations Unies** regroupe presque tous les États de la planète. Elle s'occupe de droit international, de sécurité entre les pays. Elle possède sa propre armée (les Casques bleus) pour tenter de ramener la paix dans les pays en guerre.
L'O.N.U. s'occupe également du progrès social et des droits de l'homme.

Tous ces États sont présentés dans la partie noms propres avec leur drapeau, leur superficie, le nombre d'habitants, le nom des habitants, la capitale, la langue parlée et la monnaie utilisée. Le nombre de pays a beaucoup augmenté au XXe siècle. En 1914, il y avait 53 États indépendants ; en 1975, on en comptait 156, en 2006, 193 et en 2012, 195.

Petit quiz

- Quelle est la langue officielle du Sénégal (Afrique) ?
- Comment s'appellent les habitants de la Mongolie (Asie) ?
- Combien y a-t-il d'habitants en Chine (Asie) ?

38 L'éducation, un droit

Le droit à l'éducation est indispensable à l'exercice de tous les autres droits !

Progressivement, l'éducation devient un droit pour tous

- La Révolution française est la première à affirmer la nécessité de « mettre l'instruction à la portée de tous », mais ce n'est qu'en 1833 que l'État oblige chaque commune de plus de 500 habitants à avoir une école publique pour les garçons ; pour les filles, il faut attendre 1850 pour les communes de plus de 800 habitants.
- Sous la IIIe République, **Jules Ferry** instaure, par les lois de 1881 et 1882, l'enseignement primaire obligatoire, laïc et gratuit pour les garçons et les filles de 6 à 13 ans.
- Peu à peu, d'autres lois renforcent le droit à l'éducation pour tous :
  - 1930 : l'enseignement au collège devient gratuit.
  - 1936 : l'école devient obligatoire jusqu'à 14 ans et l'enseignement secondaire (lycée) devient gratuit.
  - 1959 : l'enseignement obligatoire est prolongé jusqu'à 16 ans.
  - 1965 : mise en place de la mixité.
  - 1975 : est institué le « collège unique ».
  - 1983 : sont créées les zones d'éducation prioritaires.
  - 2005 : la loi sur le handicap impose l'intégration des handicapés dans tous les établissements scolaires.

De graves inégalités dans le monde pour l'accès à l'éducation

- L'éducation est un puissant outil qui permet aux enfants socialement défavorisés de sortir de la pauvreté et de devenir citoyens.
- Dans le monde, 200 à 250 millions d'enfants travaillent, dont plus de 120 millions ne sont pas scolarisés.
- En 1959, l'**O.N.U.** a proclamé la Déclaration des droits de l'enfant et a adopté en 1989 la **Convention internationale des droits de l'enfant** signée par 60 États pour protéger les enfants et leur développement.
- Chaque année, le 12 juin, est célébrée la « Journée mondiale contre le travail des enfants ».

Petit quiz

- Que veut dire le sigle O.N.U. ?
- Quelles sont les différentes classes du collège ?
- Quelles sont les 2 autres lois qu'a fait voter Jules Ferry ?

39 Liberté et Déclaration des droits de l'homme

La fin des inégalités ?

Les origines

- Au XVe siècle, la Renaissance est marquée par l'**humanisme** qui met en valeur la dignité de l'homme et sa liberté.
- Au XVIIIe siècle, des philosophes (d'Alembert, **Montesquieu, Rousseau, Voltaire, Diderot**…) critiquent le pouvoir absolu du roi et défendent le principe de **séparation des pouvoirs**. Ils dénoncent les inégalités sociales, l'injustice et le manque de libertés.
- **14 juillet 1789**, prise de la **Bastille** qui symbolise le pouvoir absolu du roi. ► Suppression des droits féodaux (*privilèges de la* ***noblesse*** *et du* ***clergé***) le 4 août. L'homme n'est plus sujet du roi, il est citoyen de la nation et tous les citoyens ont les mêmes droits.
- Les députés de l'Assemblée constituante votent la **Déclaration des droits de l'homme et du citoyen** (*26 août 1789*). *voir Chronologie*.

Présentation

- C'est un ensemble de dix-sept articles qui énoncent les droits des citoyens (*ce qu'ils ont le droit de faire*) et leurs devoirs (*ce qu'ils doivent respecter*). *voir article* DROIT *et planche* LES DROITS DE L'HOMME.
- Ces droits sont notamment : l'égalité de tous devant la loi, la liberté de travail, d'expression, de pensée, le droit à la propriété…
- C'est la loi qui garantit la liberté, la possibilité pour chacun et tout au long de sa vie de penser et d'agir comme il le souhaite. C'est en fonction de l'intérêt général que la loi autorise ou interdit.
- Les esclaves dans l'Antiquité n'avaient pas de liberté, ni les serfs au Moyen Âge.
- Les libertés républicaines :
  ► libertés individuelles, droits civils (*qui tiennent à la personne*) ;
  ► libertés politiques, droits civiques (*qui se rapportent au citoyen*) ;
  ► libertés collectives (*réunion, manifestation, association*…).

Petit quiz

- Quel est l'article qui parle de la liberté de chacun ?
- Le droit à la propriété est-il un droit de l'homme et du citoyen ?
- Qu'a écrit Diderot avec son ami d'Alembert ?

40 L'organisation de la démocratie locale

Comment s'organise la vie dans les communes ?

La démocratie municipale

- La **commune** est la plus petite division territoriale. Elle correspond en général au territoire d'une ville ou d'un village et est, elle aussi, organisée sur le modèle démocratique. Il y a plus de 36 000 communes en France.
- Tous les 6 ans, les citoyens élisent (élection au suffrage universel direct) les **conseillers municipaux** qui, à leur tour élisent le **maire**, ainsi que ses adjoints. *voir article* MUNICIPAL.
- Le **conseil municipal** représente les habitants. L'équipe municipale délibère, donne des avis et gère tout ce qui peut concerner la commune et ses habitants. Il crée ou supprime des services publics municipaux, il décide des travaux, il gère le patrimoine communal et accorde des aides favorisant la vie économique. Il agit dans les domaines de la sécurité, de l'assistance aux personnes et de l'environnement.

La démocratie participative

- Chaque habitant contribue à la **vie municipale**. Il peut notamment prendre des initiatives qui facilitent les relations entre les habitants d'un quartier, d'une rue, d'un immeuble, comme la « fête des voisins » (*créée par un habitant, A. Périfan, en 1990, la « fête des voisins, immeubles en fête » est devenue une fête dans toute la France et dans plusieurs villes européennes*).

  Il peut aussi participer directement à la vie de la commune par l'intermédiaire des conseils consultatifs (*de quartier, de jeunesse…*) mis en place par la mairie.

La démocratie associative

- Tout habitant, s'il le veut, a le droit de se regrouper avec d'autres dans le cadre d'une **association**. Les associations sont toutes régies par la loi de 1901 ; elles sont plus d'un million en France, avec près de 14 millions de bénévoles.

  Certaines d'entre elles défendent une cause, le cadre de vie ou favorisent le bien-être de chacun en proposant des activités sportives ou culturelles.

Petit quiz

- Est-ce que Paris est uniquement une commune ?
- Que veut dire l'expression « passer devant Monsieur le maire » ?
- Citer une association fondée par Coluche.

41 Le pouvoir législatif

Qui fait les lois en France ?

Le Parlement détient le pouvoir législatif

- Le **pouvoir législatif** appartient au **Parlement**, qui vote les **lois**.
  ► Le Parlement est constitué de **l'Assemblée nationale** et du **Sénat**.
- L'**Assemblée nationale** compte 577 **députés** élus pour 5 ans au suffrage universel direct (*par les citoyens*). Elle siège au palais Bourbon.
- Le **Sénat** compte 348 **sénateurs** dont le mandat dure 6 ans. Il siège au palais du Luxembourg. C'est le président du Sénat qui remplace le président de la République si celui-ci démissionne ou meurt en cours de mandat, en attendant l'élection du prochain.

L'initiative des lois est le domaine du Premier ministre (*projet de loi*) ou des parlementaires (*proposition de loi*).

Le rôle du Parlement

Même si beaucoup de lois sont à l'initiative des ministres, c'est le Parlement qui les vote.
► Le Parlement participe à l'**élaboration** de la loi.

Le texte de loi est déposé d'abord à l'Assemblée nationale : il est examiné en commission, éventuellement modifié, puis voté. Il est ensuite transmis à l'autre assemblée. Si le texte est modifié par la seconde assemblée, le Sénat, il retourne devant la première pour y être réexaminé.
► Ce passage d'une assemblée à l'autre s'appelle la **navette**.

Un texte de loi, pour être adopté, doit être voté par les deux assemblées. L'Assemblée nationale a plus de pouvoir que le Sénat ; en cas de désaccord, c'est elle qui décide l'adoption de la loi.
► La loi, une fois votée, est **promulguée** par le président de la République puis publiée au *Journal officiel.* C'est le **gouvernement** qui doit la mettre en application.

Le Parlement contrôle l'action du gouvernement.

Petit quiz

- De quoi est composé le Parlement ?
- Qui est élu lors des élections législatives ?
- Sur quel support une loi est-elle publiée ?

42 Le pouvoir exécutif

Qui fait appliquer les lois en France ?

Composition et rôle

- Le **pouvoir exécutif** est chargé de faire appliquer les lois votées par le **Parlement**.
  ► Il est composé du **président de la République** (chef du pouvoir exécutif) et du **gouvernement** (Premier ministre, ministres et secrétaires d'État).
  ► Son rôle : faire respecter l'ordre et la loi ; conduire la politique étrangère de l'État ; diriger la force militaire ; diriger les services publics.

Le président de la République

- Il est élu pour 5 ans directement par les **citoyens** (*suffrage universel direct depuis 1962*).
- Il est le Président de tous les Français. Il est **chef de l'État et des armées** (mais la déclaration de guerre doit être autorisée par le Parlement).
- Il décide des orientations politiques et choisit le **Premier ministre**.
- Il préside le **Conseil des ministres**. Il peut dissoudre l'Assemblée nationale.
- Il conduit la politique étrangère du pays et il a le **droit de grâce** (*en accord avec le Premier ministre et le ministre de la Justice*).

Le gouvernement

- Le **Premier ministre** est **chef du gouvernement**, il est choisi par le président de la République au sein de la majorité politique de l'Assemblée nationale.

  Il applique la politique mise au point pour la France, représente le chef de l'État devant le Parlement et coordonne les actions des différents ministres. Chacun des ministres est responsable d'un grand service public et est le chef de l'administration qu'il dirige.
- Le gouvernement établit la loi autorisant les recettes et les dépenses de l'État (**budget**), mais c'est le Parlement qui vote le budget et qui contrôle l'ensemble des actions du gouvernement.

Petit quiz

- Qui est actuellement le président de la République ?
- Qui étaient Charles de Gaulle, Georges Pompidou, Valéry Giscard d'Estaing, François Mitterrand et Jacques Chirac ?

43 La justice

Qui veille à ce que les lois soient respectées ?

Qu'est-ce que la justice ?

- La justice est l'autorité qui a pour charge de protéger les droits et les intérêts des citoyens. La justice est aussi une valeur (*un principe moral*), un droit pour tous.
- Elle est indépendante du **pouvoir législatif** et du **pouvoir exécutif** *voir fiches :* LE POUVOIR LÉGISLATIF *et* LE POUVOIR EXÉCUTIF.

La justice est gratuite et publique. Elle est assurée par des juges nommés par le ministre de la Justice (appelé aussi **garde des Sceaux**), c'est une **institution**.

Les différentes formes de justice

- La justice **civile** règle les **litiges** entre les gens (*querelles de voisinage, divorces, loyers…*).
- La justice **pénale**, lorsqu'une personne ne respecte pas les lois (*contraventions, délits, crimes*), peut infliger des amendes et des peines de prison.

La justice pour mineurs a pour but de les protéger ou de les punir.

► Justice pénale : tribunal de police (***contraventions***), tribunal **correctionnel** (***délits***), cour d'assises (***crimes***).

► Justice civile : tribunaux spécialisés (**prud'hommes**, tribunal de commerce), tribunal d'instance (pour des petites sommes d'argent), tribunal de grande instance (pour de grosses sommes d'argent, divorces, adoptions).

Il existe aussi des tribunaux administratifs quand les gens ont des litiges avec les administrations publiques.

Constitution d'un tribunal

Un **juge** préside le tribunal et dirige les **audiences**. L'**avocat** représente la personne qu'il défend. Il parle à sa place. Le **greffier** note les déclarations. Le **procureur** de la République propose les condamnations. Les **assesseurs** sont des juges qui assistent le président du tribunal. Le **jury** (*pour les crimes*) est composé de citoyens, appelés **jurés,** qui assistent au procès et qui décident, après avoir délibéré, de la culpabilité ou de l'innocence de l'accusé.

Petit quiz

- Un meurtre est-il un délit ou un crime ?
- Un enfant ou un adolescent peut-il être jugé ?
- Jusqu'à quel âge est-on mineur ?

44 Les droits de l'enfant

Des droits partout dans le monde !

Histoire des droits des enfants en France

- Durant la Révolution française :
  - proposition d'un plan d'éducation nationale et création d'établissements pour les enfants abandonnés et vagabonds ;
  - proposition d'un plan d'instruction publique car la pauvreté des familles les pousse davantage à faire travailler les enfants qu'à les envoyer à l'école ;
  - les parents doivent « surveillance et protection » à leurs enfants.

► 1813 : on interdit de faire descendre dans les mines les enfants de moins de 10 ans.

► 1841 : une loi défend l'embauche des enfants de moins de 8 ans dans les fabriques dont l'effectif est supérieur à 20 ouvriers.

► 1874 : dans les **manufactures**, on ne peut embaucher d'enfants de moins de 12 ans. En général, la journée de travail des enfants ne peut dépasser 6 heures (12 heures pour les enfants de plus de 12 ans).

► 1898 : une loi punit les violences et actes de cruautés commis envers les enfants.

L'enfant est une personne

- À sa naissance, l'enfant a une identité juridique inscrite à l'état civil, garantie par l'État. Cette identité est inscrite sur son acte de naissance et dans le livret de famille.

Il peut posséder une **carte** nationale **d'identité** et un **passeport**.

Tous les enfants ont des droits spécifiques

► 1913 : création de l'Association internationale pour la protection de l'enfance.

► 1946 : création de l'**Unicef** (Fonds des Nations unies pour l'enfance).

- L'enfant bénéficie de tous les droits énoncés dans la **Déclaration universelle des droits de l'homme** de 1948. Il vit sous l'autorité et la protection de ses responsables légaux, généralement ses parents, jusqu'à sa majorité. Il a des droits et des devoirs spécifiques reconnus par la **Convention internationale des droits de l'enfant** de 1989.

Petit quiz

- Quand a eu lieu la Révolution française ?
- À quel âge n'est-on plus mineur en France ?
- Le sigle Unicef vient-il du français ou de l'anglais ?

45 L'information

A-t-on le droit d'écrire tout ce que l'on pense ?

Droit à l'information et liberté d'information

- La liberté d'information, le droit à l'information sont définis par l'O.N.U. comme un droit **universel** d'accéder à l'information tenue par les pouvoirs publics.
- Toute information détenue par les gouvernements est en principe publique et elle ne peut être retenue, sauf si cela concerne l'**intimité** de quelqu'un ou la sécurité.

S'informer : des moyens pour un droit

- L'article 19 de la **Déclaration universelle des droits de l'homme** de 1948 affirme la liberté d'opinion et d'expression et le droit de chercher et de recevoir des informations *voir article* DROIT *et planche*. La qualité, la véracité et la pluralité des informations sont indispensables pour la démocratie.
- Les **moyens d'information** sont aujourd'hui de plus en plus variés et rapides. La presse écrite, la radio et la télévision sont désormais concurrencées par les nouveaux **médias** comme Internet.

Informer : un métier exigeant

- La plupart des informations nous parviennent par l'intermédiaire des journalistes. Cette profession a établi des règles de bonne conduite (charte de Munich, 1971) à respecter : **rigueur** de l'information, respect des personnes, présomption d'innocence.

- La loi peut condamner les journalistes qui **enfreignent** ces règles.

La liberté de la presse, et donc son indépendance, repose sur la liberté d'opinion et d'expression : « *La libre communication des pensées et des opinions est un des droits les plus précieux de l'homme : tout citoyen peut donc parler, écrire, imprimer librement, sauf à répondre à l'abus de cette liberté dans les cas déterminés par la loi* » (article XI de la **Déclaration des droits de l'homme**).

Petit quiz

- Comment appelle-t-on un journal qui paraît toutes les semaines ?
- Que signifie « canard » en langage familier ?
- Citer 4 médias d'aujourd'hui.

46 Égalité et lutte contre les discriminations

Avec une loi équitable !

Les hommes naissent et demeurent libres et égaux en droits

Depuis 1789 et la Révolution française, le principe d'égalité devant la loi est affirmé dans la **Déclaration des droits de l'homme et du citoyen**.

L'abolition de l'esclavage et le droit de vote des femmes sont arrivés bien plus tard *voir article* ESCLAVAGE *et Chronologie*.

« Égalité devant la loi » ou « égalité en droit » signifient que tous les individus doivent être traités de la même façon par la loi.

La loi au service de l'égalité

La loi garantit les mêmes droits pour tous, elle cherche à corriger des inégalités sociales et économiques pour aboutir à l'**équité**.

Ainsi, les impôts sont fixés par la loi. Ils varient en fonction des revenus et de la situation familiale. Les personnes qui ont de faibles revenus sont même **exonérées** d'impôt.

Différence n'est pas discrimination

65 millions d'habitants, 65 millions d'êtres différents : des hommes, des femmes, des jeunes, des vieux, des riches, des pauvres… vivent en France. Distinguer les particularités permet de mieux connaître les autres et de les respecter. En revanche, dominer ou rejeter l'autre parce qu'il est différent est un acte **discriminatoire** qui s'oppose au principe d'égalité.

Lutter contre les discriminations

L'objectif de l'État est de réduire les inégalités dues aux discriminations par : l'origine raciale ou ethnique, la religion ou les convictions, le handicap, la sexualité, l'âge.

La loi condamne les discriminations qui portent atteinte à la **dignité.** Elle a pour objectif l'égalité de traitement dans tous les moments de la vie, aussi bien sur le lieu de travail que pour l'accès à l'éducation, aux soins, aux biens et aux services publics. Mais la lutte contre les discriminations reste l'affaire de tout citoyen dans sa vie quotidienne.

Petit quiz

- En quelle année l'esclavage a-t-il été aboli ?
- Depuis quelle année les femmes votent-elles en France ?

47 Prévention et sécurité

Pour être mieux formé et informé !

La sécurité est l'affaire de l'État et de tous les citoyens

- Les **contraintes** des consignes de sécurité et des normes de sécurité servent à protéger les personnes. Ces règles sont nécessaires pour bien vivre en société.

- Régulièrement, des **campagnes** de prévention et de sensibilisation sont organisées pour responsabiliser les citoyens.

  La police et la gendarmerie assurent l'ordre public et veillent à la sécurité des personnes et des biens. Les sapeurs-pompiers portent secours et assistance aux personnes en danger et luttent contre les incendies.

Faire face aux risques majeurs

- Certaines catastrophes majeures sont naturelles (*séismes, cyclones, inondations*…), d'autres sont provoquées par l'homme (*pollution, marées noires*…) ; elles nécessitent des moyens d'intervention importants.

  La société, comme l'individu, doivent s'organiser pour y faire face.

  ► La **prévention** permet de limiter, voire d'éviter les risques majeurs.

La sécurité routière

- Chaque année, de nombreux jeunes (*piétons, cyclistes* ou *cyclomotoristes*) sont blessés ou tués sur la route, souvent pour non-respect du **Code de la route**.

  Quand on circule à bicyclette, il faut savoir que :
  - les autres véhicules représentent un danger pour soi-même ;
  - un cycliste est un danger pour les autres usagers de la route ;
  - il faut rester maître de son véhicule et veiller à l'état de la chaussée et aux conditions météorologiques (*gravillons, pluie, verglas, vent*…).

  L'enfant, même en tant que piéton, est plus exposé que l'adulte car il est moins bien vu et lui-même voit moins loin.

  Dès le CM2, avec l'**Attestation de Première Éducation à la route**, les élèves préparent le **Brevet de Sécurité Routière**.

Petit quiz

- De quand date le Code de la route ?
- Que faut-il avoir à 14 ans pour avoir le droit de conduire un cyclomoteur ?

48 La vie et l'évolution

Comment identifier et classer les êtres vivants ?
Comment ont-ils pu évoluer ?

Les êtres vivants

- Les êtres **vivants** sont constitués de **cellules**. Certains n'en ont qu'une seule : par exemple, les **bactéries** ; les autres, les **végétaux** et les **animaux**, en ont une multitude.

La classification des êtres vivants

- Les **végétaux** se répartissent en deux grands groupes :
  ► les végétaux à fleurs qui produisent des **graines** (muguet, radis, conifères...) ;
  ► les végétaux sans fleurs qui ne produisent pas de graines (fougères, mousses...) *voir article* PLANTE / *tableau et planche*.
- Les **champignons** (sans chlorophylle) forment un groupe à part avec des caractéristiques particulières *voir article* CHAMPIGNON *et planche*.
- Les **animaux** se répartissent en deux grands groupes qui se divisent eux-mêmes en sous-groupes *voir article* ANIMAL *et tableau*.
  ► Les **vertébrés** qui possèdent un **squelette** (mammifères, reptiles, poissons...).
  ► Les **invertébrés** qui n'ont ni colonne vertébrale ni os (mollusques...).
- Chaque être vivant appartient à une **espèce** (êtres semblables qui peuvent se reproduire entre eux) et à un **genre** qui regroupe des espèces ayant des caractères communs : la panthère et le lion sont des espèces du genre *Panthera*.

- Selon leur mode de vie, leur faculté de déplacement, leur alimentation, les êtres vivants sont répartis dans différents **milieux** (aquatique, terrestre).

L'évolution

- La **vie** est apparue sur la Terre il y a environ 3,5 milliards d'années, sous forme de bactéries *voir article* ÉVOLUTION *et planche*.

  L'évolution, rendue possible par la **reproduction sexuée** qui donne naissance à des êtres différents, a permis l'apparition de nouvelles espèces. Toutes les espèces actuelles sont **descendantes** d'espèces anciennes.

Petit quiz

- Les poissons sont-ils des animaux vertébrés ou invertébrés ?
- Quel est le groupe d'animaux le plus important ?
- À quelle espèce appartient la pieuvre ?

49 Les fonctions vitales

Les animaux se nourrissent, respirent, se déplacent. En quoi est-ce essentiel pour la survie des espèces ?

Se nourrir

- Pour vivre, les animaux doivent **se nourrir**. Selon leur régime alimentaire, ils sont **végétariens**, **carnivores** ou **omnivores** et forment les **maillons** de la **chaîne alimentaire.**
- Chez l'homme, lors de la digestion, les **aliments** sont broyés par les **dents** puis transformés en **nutriments** (nécessaires au bon fonctionnement de notre corps).
Notre alimentation doit être variée et adaptée à nos besoins.

Respirer

- Pour vivre, les animaux doivent **respirer**. La respiration peut être **aquatique,** grâce aux **branchies,** ou **aérienne**, grâce aux **poumons**.
- Chez l'homme, l'air circule dans les **poumons** lors des **inspirations** et des **expirations**. L'**oxygène** ainsi absorbé passe dans le **sang** et est distribué à tous les **organes**. Les échanges **respiratoires** permettent aussi l'évacuation du **gaz carbonique** (le *dioxyde de carbone*).

Se déplacer

- Pour se nourrir, se reproduire ou se protéger, les animaux doivent **se déplacer**. Les modes de déplacement varient et sont adaptés au milieu de vie, **aquatique** (nager), **terrestre** (marcher, courir, sauter) ou **aérien** (voler). Ces déplacements sont rendus possibles grâce :
► aux **nageoires** chez des poissons (le *thon*), des mammifères marins (la *baleine*), des oiseaux (le *manchot*), des reptiles (la *tortue de mer*).
► aux **membres antérieurs ou postérieurs** (le *crocodile*, l'*autruche*, le *chat*, l'*homme*...).
► aux **ailes** (la *chauve-souris*, le *cygne*) *voir articles* POISSON, OISEAU / *planches*.
- Chez les mammifères et chez l'homme, les **os** sont reliés entre eux par des **articulations** et des **ligaments**. Les mouvements résultent de l'intervention des **organes sensoriels**, du **cerveau** et de la **contraction** des **muscles** fixés aux os par les **tendons**.

Petit quiz

- Quel organe permet aux mammifères de respirer en milieu aérien ?
- De quels organes sensoriels dispose l'homme ?
- Quel est le régime alimentaire du porc ?

50 La reproduction

Comment se fait la reproduction entre les êtres vivants ?

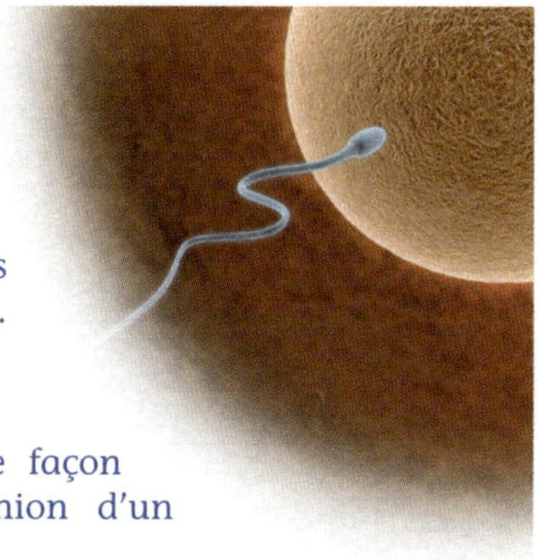

La reproduction asexuée

- Certaines plantes peuvent se multiplier par **bouture**, grâce à leur **bulbe**, leur **tubercule**, leur **rhizome** que l'on replante (l'iris, la tulipe, la pomme de terre...). La reproduction asexuée est très rare chez les animaux : l'hydre d'eau douce bourgeonne.

La reproduction sexuée

- Tous les êtres vivants se reproduisent de façon sexuée, grâce à la **fécondation** : l'union d'un **spermatozoïde** et d'un **ovule**.
  ► Les plantes à fleurs produisent des **graines** contenant la **plantule** et les **cotylédons** nécessaires à la **germination** (pois, cactus, ail...) *voir article* PLANTE / *tableau et planche*.
  ► Les plantes sans fleurs produisent des **spores** (mousses, fougères...).
- Chez la plupart des animaux, l'**accouplement** du **mâle** et de la **femelle** est nécessaire pour assurer la fécondation. Selon l'endroit dans lequel l'embryon se développe, l'animal peut être :
  ► **ovipare** : oiseaux, grenouilles... *voir article* ŒUF / *planche*.
  ► **vivipare** : cela concerne surtout les **mammifères** (l'éléphant, le phoque...) *voir article* MAMMIFÈRE / *planche*.
  ► **ovovivipare** : l'hippocampe, la vipère...

Parfois, à la naissance, le jeune est différent des parents : c'est une **larve** (**chenilles**, **nymphes**, **têtards** ou embryon des **marsupiaux**) qui devra subir des **métamorphoses** avant d'être adulte. Lorsque les êtres vivants sont **sédentaires**, ils se servent du vent, de l'eau, du transport par d'autres animaux pour **disséminer** leurs **graines**, **spores** ou **larves** (le corail).

- Chez l'être humain, le **fœtus** se développe dans l'**utérus** de la femme. La mère lui fournit des aliments et de l'oxygène via le **placenta** et le **cordon ombilical**. La **grossesse** dure 9 mois.

Petit quiz

- Quel est le nom du seul mammifère qui pond des œufs pour se reproduire ?
- À quoi sert la coquille d'un œuf ?
- Quel nom porte la larve de la grenouille ?

51 La matière et ses états : l'eau et l'air

De quoi la matière est-elle constituée ?

Les trois états de la matière

Ce sont :
- les **solides** qui ont une forme propre.
- les **liquides** qui coulent et prennent la forme de leur récipient, avec une surface libre horizontale.
- les **gaz** qui coulent et occupent la totalité du volume de leur récipient.

L'eau

L'eau existe sous trois états : solide (la **glace**), liquide (l'**eau** liquide), gazeux (**vapeur** d'eau).

Les changements d'état de l'eau **pure** se font à 0 °C degré (**fusion** ou **solidification**) et vers 100 °C (**condensation** ou **ébullition** et **évaporation**) :

glace → 0 °C → eau liquide → 100 °C → vapeur d'eau (invisible)

eau solide / eau liquide *eau liquide / eau gazeuse*

L'évaporation de l'eau se produit en surface et à n'importe quelle température ; la vapeur d'eau se dissout dans l'air.

L'air

L'**air** est un mélange de gaz et peut changer d'état (air liquide). Il possède les propriétés de la matière et d'un gaz.
- L'air se déplace.
- Il se conserve (il n'apparaît pas et ne disparaît pas).
- L'air est pesant, il possède un **poids**.
- Il est **compressible**, **extensible**.
- La **densité** de l'air dépend de la température : plus l'air est chaud, plus sa densité est faible.
- L'air exerce des **forces** sur d'autres matières : la **pression** atmosphérique.
- L'air est un **isolant thermique**, phonique (qui concerne le son) et électrique.
- Il est **incolore** et **inodore.**

L'air et l'eau sont indispensables à la vie : l'air permet la respiration et notre corps est composé en grande partie d'eau.

Petit quiz
- Quel nom prend l'eau à l'état gazeux ?
- Comment s'appelle le passage de l'état solide à l'état liquide ?
- À la pression atmosphérique, à quelles températures l'eau change-t-elle d'état ?

52 La Terre et le ciel

Notre système solaire. La Terre et son « univers ».

La Terre dans le Système solaire

La **Terre** est entourée d'une couche de gaz : l'**air**. Lorsqu'on s'éloigne de la Terre, l'air devient plus rare. Après 300 km d'altitude environ, il n'y a plus d'air, on se trouve dans l'**espace**.

- Le **Système solaire** est composé d'une **étoile** (le **Soleil**), de **planètes** (Mercure, Vénus, Terre, Mars, Jupiter, Uranus, Neptune, Saturne), d'**astéroïdes**, de poussières *voir articles* PLANÈTE *et* SOLEIL.
  ► Les planètes tournent autour du Soleil qui se déplace dans la **Galaxie**.
  ► La Terre est la seule planète du Système solaire sur laquelle la vie existe *voir article* SOLAIRE / *planche* SYSTÈME SOLAIRE.

Les jours et les saisons

- Au cours d'une journée, l'**ombre** des objets grandit puis diminue. Cela est dû à la **rotation** de la Terre sur elle-même, autour de l'axe de ses **pôles**, d'ouest en est. Au cours de la rotation qui dure 24 heures, une moitié de la Terre reçoit les rayons du Soleil : il fait jour, de l'autre côté, il fait nuit.
- La Terre tourne autour du Soleil en décrivant une **ellipse** (le Soleil reste fixe). Son tour dure un an ; son axe de rotation étant dirigé vers l'étoile polaire. Les **saisons** de l'année sont déterminées par les **équinoxes** et les **solstices**.

La Lune

- La **Lune** est un **astre,** satellite naturel de la Terre. Le mouvement de la Lune d'est en ouest dans le **ciel** n'est qu'apparent, il est dû à la rotation de la Terre d'ouest en est *voir articles* LUNE *et* CIEL *et planches*.
  ► Deux **phases de Lune** sont séparées par 29,5 jours : c'est la **lunaison**.
  ► Une **éclipse** de Lune ou de Soleil est due à l'alignement de la Terre, de la Lune et du Soleil.

croissant — premier quartier — pleine lune — dernier quartier — croissant

Petit quiz

- À quelles périodes de l'année les jours sont-ils égaux aux nuits ?
- Quel est l'astre le plus proche de la Terre ?
- Combien de temps dure un tour de la Terre autour du Soleil ?

53 Éruptions volcaniques, séismes et risques naturels

En quoi les éruptions volcaniques et les séismes peuvent-ils constituer des risques naturels ?

Les éruptions volcaniques

Lors d'une **éruption volcanique**, de la **lave** remonte depuis la chambre magmatique jusqu'au **cratère** du volcan. En surface, la lave donne naissance à de la **roche** volcanique *voir article* VOLCAN / *planche*.

- Lorsque le **magma** est **visqueux**, les **coulées** de lave sont souvent courtes. Parfois, la lave bouche la **cheminée volcanique** et provoque des explosions : gaz et **projections** arrivent violemment en surface.
- Lorsque le **magma** est **fluide**, les coulées progressent rapidement et vont loin.

► Les volcans sont alternativement **actifs** ou **au repos** *voir article* VOLCAN / *principaux volcans actifs*.

Les séismes

- Un **séisme** a pour origine la rupture et le déplacement de la roche en profondeur qui provoque des **secousses** : les **plaques** de la **croûte terrestre** s'éloignent ou se rapprochent. Des **failles** sont visibles en surface.
- L'enregistrement des **secousses** en différents points du globe renseigne sur le **lieu** précis du séisme, l'**épicentre**, et la **structure** du globe terrestre *voir article* TERRE / *planche*.

Séismes et éruptions volcaniques sont liés et résultent des mouvements des plaques de la croûte terrestre, les unes par rapport aux autres.

Les risques naturels

Lorsque les **phénomènes naturels** (séismes, raz de marée...) présentent un danger pour l'homme, ce sont des **risques naturels**. Pour en limiter les dégâts, l'homme peut agir :

► surveiller des zones à risques ;
► construire des bâtiments antisismiques ;
► interdire la construction d'habitations dans les zones à risques ;
► informer les populations ;
► mettre en place des systèmes d'**alerte** et d'**évacuation**.

Petit quiz

• Citer deux autres planètes que la Terre qui ont des volcans.
• Comment se nomme la zone du volcan dans laquelle est stocké le magma ?
• Comment appelle-t-on une cassure dans l'écorce terrestre ?

54 La qualité de l'air

Comment réduire la pollution de l'air que nous respirons ?

La pollution atmosphérique

- La **pollution atmosphérique** provient en grande partie de l'activité humaine : fumées industrielles, chauffages domestique et urbain, gaz réfrigérants et aérosols, gaz d'échappement des véhicules...
- Ces déchets sont la source de **polluants** : poussières, **hydrocarbures**, **oxyde d'azote**, dioxyde de **soufre**, qui sont transportés par le vent, déposés au sol par les pluies acides, ou stagnent dans l'atmosphère.
- L'**effet de serre :** certains gaz (le méthane, le dioxyde de carbone...) issus de l'activité humaine sont aussi responsables de l'augmentation de l'*effet de serre*.

  Ces gaz piègent les rayons de soleil, les restituent dans l'atmosphère et la réchauffent anormalement. L'effet de serre ainsi augmenté est responsable de changements climatiques ayant une incidence directe sur la vie animale et végétale.

L'air et la santé

- Sous l'action des rayons du Soleil, les oxydes d'azote et les hydrocarbures agissent pour donner en basse altitude un polluant **nocif** pour la santé : l'**ozone**.
- Des gaz fluorés contenus dans certains gaz réfrigérants et aérosols détruisent la **couche d'ozone** nécessaire en haute altitude pour filtrer les U.V. du Soleil qui sont nocifs pour l'homme.

Améliorer la qualité de l'air

Mesures collectives :

- Surveiller la qualité de l'air grâce à des relevés, informer la population et prendre des mesures (réduire la vitesse des véhicules...).
- Voter des lois pour limiter les émissions de polluants, fixer les taux de pollution à ne pas dépasser.
- Taxer les industries polluantes.

Mesures individuelles au quotidien :

- Limiter ses déplacements en voiture. Opter pour le covoiturage.
- Préférer les transports en commun.
- Pour les petits trajets, utiliser le vélo, la trottinette...

Petit quiz

- Citer 3 activités de l'homme qui polluent l'atmosphère.
- Citer 3 façons de limiter la pollution de l'air.

55 La qualité de l'eau

Comment réduire la pollution de l'eau ?
En quoi est-ce essentiel ?

La pollution de l'eau

- L'activité humaine engendre différentes pollutions de l'eau de mer, des rivières, des nappes phréatiques.
  ► **Pollution domestique** : rejet dans la nature d'eaux usées non traitées (eau de lessive, eau des toilettes...) et de **détritus** (bouteilles en plastique, capsules métalliques...).
  ► **Pollution agricole** : eaux chargées en **pesticides**, **engrais** et **excréments** d'animaux, ruisselant et s'infiltrant dans les sols.
  ► **Pollution industrielle** : rejets des usines (**mercure**, produits chimiques...).
  ► **Pollution accidentelle** : marées noires.

  Ces pollutions ont des conséquences sur la faune et la flore aquatiques (poissons empoisonnés ; plantes qui ne poussent plus...).

L'eau et la santé

- Une eau polluée peut rendre malade : par simple contact avec la peau ; si on la boit ; si l'on consomme un poisson pollué par cette eau. Dans les pays pauvres, la consommation d'eau polluée rend malades et tue des millions de personnes.

Améliorer la qualité de l'eau

► Traiter les eaux polluées.
► Surveiller la qualité de l'eau par des contrôles réguliers.
► Limiter l'utilisation des pesticides.
► Voter des lois qui protègent l'eau contre les pollutions.
► Ramasser les déchets.
► Ne pas jeter de produits **toxiques** dans les toilettes, dans le caniveau.
► Ne pas jeter de déchets dans la nature.

Le **traitement de l'eau :** pour être rendue potable, l'eau naturelle doit être traitée dans une usine où elle est filtrée, nettoyée et désinfectée. Elle est ensuite distribuée aux consommateurs. Les eaux usées (eaux utilisées et salies par l'homme) sont collectées dans les égouts, acheminées dans une station d'épuration où elles sont dépolluées avant d'être rejetées dans la nature.

Petit quiz
- Citer 3 activités de l'homme qui polluent l'eau.
- Citer 3 façons de lutter contre la pollution de l'eau.

56 Les sources d'énergie, un capital précieux

Pourquoi et comment économiser l'énergie ?

Nous consommons de l'énergie

- Pour ses activités, l'homme consomme de l'énergie provenant de sources d'énergie non renouvelables (elles sont en quantité limitée sur Terre et s'épuisent) : le **charbon**, le **gaz naturel**, le **pétrole**, l'**énergie nucléaire**.

Énergie et environnement

- La combustion des **hydrocarbures** libère des gaz toxiques dans l'air.
- Les centrales **nucléaires** réchauffent les rivières et perturbent la vie aquatique.
- La surconsommation de **pétrole**, de **gaz** et de **charbon** participe au réchauffement climatique de la Terre, ce qui a de graves conséquences sur la vie végétale et animale.

Des énergies moins polluantes

- Les sources d'énergie **renouvelables** proviennent de phénomènes naturels. Elles sont inépuisables, se renouvellent rapidement :

► le rayonnement du Soleil → l'énergie **solaire** ;
► le vent → l'énergie **éolienne** ;
► les marées, les fleuves → l'énergie **hydraulique** ;
► la chaleur de la Terre → l'énergie **géothermique**.

Ces sources d'énergie sont moins polluantes, elles ne rejettent pas dans l'atmosphère de gaz à effet de serre. Elles sont moins utilisées par l'homme car encore coûteuses et irrégulières (il n'y a pas de vent partout...).

Économiser de l'énergie

Il est nécessaire d'économiser l'énergie afin de limiter les conséquences néfastes de son utilisation massive sur l'environnement :
► limiter les déplacements en avion, voiture ou scooter ;
► limiter la consommation d'électricité ;
► isoler et chauffer modérément les habitations ;
► utiliser des appareils électroménagers peu gourmands en énergie ;
► préférer les circuits courts de consommation (manger des produits de saison, régionaux...) ;
► favoriser le recyclage.

Petit quiz

• Citer 2 conséquences sur l'environnement de la combustion des hydrocarbures.
• Citer 4 façons d'économiser de l'énergie au quotidien.

57 Défendre les espèces vivantes

Un grand nombre d'espèces sont menacées de disparition. Comment l'homme peut-il agir ?

La biodiversité

- Les **espèces** animales (dont l'homme) et végétales présentes sur la surface de la Terre constituent la biodiversité.
- Les espèces vivantes et leur milieu de vie constituent les **écosystèmes**.
- Les espèces dépendent les unes des autres :
  - ► en **s'entraidant** : la fleur de figue est pollinisée par un insecte qui y pond par ailleurs ses œufs ;
  - ► en **se mangeant** : la baleine se nourrit de plancton, le tamanoir de fourmis...
- Le **maintien** de la biodiversité sur Terre est essentiel à notre survie.

La responsabilité de l'homme

- Plus de 16 000 espèces vivantes sont aujourd'hui menacées d'extinction par :
  - ► la **déforestation** qui détruit des écosystèmes, les **habitats** (l'*ara* en Amazonie) ;
  - ► l'activité industrielle, responsable en partie de l'effet de serre et du réchauffement climatique (l'*ours polaire* voit son habitat, la banquise, rétrécir rapidement) ;
  - ► la pêche **intensive** qui épuise les espèces (le *thon rouge* en mer Méditerranée) ;
  - ► la pollution par les **pesticides** (disparition d'*insectes* privant les **insectivores** de nourriture) ;
  - ► l'introduction d'espèces entrant en concurrence avec d'autres (le *crapaud-buffle* en Australie **décime** les serpents) ;
  - ► le commerce **illégal** d'espèces **exotiques** (l'*hippocampe*).

Des solutions

- Pour défendre les espèces vivantes, l'homme doit agir. Il faut :
  - ► diminuer les rejets de gaz à effet de serre dans l'atmosphère : filtrer les rejets industriels, opter pour les **énergies renouvelables** ;
  - ► ne pas acheter de produits du commerce **illégal** ;
  - ► vérifier que du bois acheté provient de forêts gérées durablement ;
  - ► ne pas polluer les milieux naturels (rejets **toxiques**, pesticides).

Petit quiz

• L'homme fait-il partie de la biodiversité ?
• En quoi les espèces vivent-elles en interaction ?
• Citer 5 activités de l'homme qui mettent en danger la vie d'espèces animales ou végétales.

58 L'eau, une ressource vitale

En quoi l'eau est-elle une ressource menacée ?

L'eau dans le monde

- Notre planète est recouverte à 70 % d'eau salée, gelée ou inaccessible. Seul 0,3 % est utilisable par l'homme.
- L'eau est inégalement répartie : les pays qui ont le moins accès à l'eau se trouvent dans l'**hémisphère Sud** (les plus pauvres) : Mali, Éthiopie...
  ► 15 % de la population mondiale n'a pas accès à l'eau potable.
- L'eau est inégalement utilisée : les pays riches consomment beaucoup plus d'eau pour l'agriculture, l'industrie, les besoins domestiques (20 litres par jour et par habitant en **Haïti**, 700 aux **États-Unis**).

Les besoins en eau

L'homme a besoin d'eau pour vivre : pour boire, se laver, cuisiner... Les activités de l'homme (cultures intensives, industries) consomment beaucoup d'eau : il faut 80 litres d'eau pour fabriquer 1 kg de sucre, 300 litres pour 1 kg de papier.

L'eau, une ressource menacée

- La consommation d'eau douce a été multipliée par 7 en 40 ans : la population s'accroît et les besoins en eau augmentent.

  La demande croissante d'eau entraîne une surexploitation des ressources.
  ► La surexploitation a des conséquences sur l'environnement :
  • assèchement de zones humides ;
  • épuisement des nappes phréatiques ;
  • **désertification** de certaines régions.
- Le réchauffement climatique va probablement amplifier ces phénomènes.
  ► Il est donc urgent et vital de **protéger** les ressources en eau :
  • en protégeant les écosystèmes d'eau douce ;
  • en dépolluant les écosystèmes pollués ;
  • en ne gaspillant pas l'eau (ne pas laisser couler l'eau inutilement, préférer une douche courte à un bain, arroser le jardin tôt le matin ou le soir...).

Petit quiz

• Pourquoi l'eau présente sur Terre est-elle souvent non utilisable par l'homme ?
• Citer 3 conséquences de la consommation massive d'eau sur l'environnement.
• Citer 3 façons d'économiser de l'eau à la maison.

Crédits photographiques

1. ©Paparassi/Fotolia.com, **2.** *1.* ©Vinicius Tupinamba/Fotolia.com ◆ *2.* Ph. Coll. Archives Larousse, **4.** ©shadow/Fotolia.com, **5.** Ph. Coll. Archives Larbor -Stedelijk Museum, Amsterdam, **6.** *1.* ©Wong Siew Tung/Fotolia.com ◆ *2.* Ph. O. Ploton ©Archives Larousse, **7.** ©Christophe Baudot/Fotolia.com, **9.** ©Jean-Michel Leclercq/Fotolia.com, **11.** *1.* ©Eric Isselée/Fotolia.com ◆ *2.* ©Doris Grussmann/Fotolia.com, **12.** ©PHB.cz/Fotolia.com, **13.** ©Shmel/Fotolia.com, **17.** Ph. ©Archives Nathan, **18.** Coll.Archives Larbor, **21.** Ph. Jeanbor ©Archives Larbor ©Les Restaurants du cœur, **23.** ©yukosourov/Fotolia.com, **24.** Ph. ©Photocreo/Fotolia.com, **25.** Ph. ©Eric Isselée/Fotolia.com, **26.** ©Jessica Blanc/Fotolia.com, **27.** ©Paparassi/Fotolia.com, **30.** ©Dmitry Vereshchagin/Fotolia.com, **32.** *1.* ©Delphimages/Fotolia.com ◆ *2.* Ph. Coll. Archives Larousse, **34.** ©Archives Larbor, **35.** ©Eric Isselée/Fotolia.com, **37.** ©Guillaume Besnard/Fotolia.com, **38.** Ph. ©The physicist/Fotolia.com, **39.** ©lamax/Fotolia.com, **41.** ©Illimity/Fotolia.com, **42.** ©Dred2010/Fotolia.com, **43.** détail de «la Naisance de Vénus», A. Cabanel, 1863. Ph.H. Josse ©Archives Larbor- Musée d'Orsay, Paris, **44.** *1.* ©Peter Robinson/Fotolia.com ◆ *2.* ©Archives Larbor, **46.** ©romaneau/Fotolia.com, **47.** Ph. Coll. Archives Larbor, **48.** ©Eric Isselée/Fotolia.com, **50.** Ph. ©NASA, **51.** ©Goinyk Volodymyr/Fotolia.com, **53.** ©bobdu11/Fotolia.com, **55.** ©marc munari/Fotolia.com, **57.** ©scorpmad/Fotolia.com, **61.** ©Argonautis/Fotolia.com, **64.** *1.* ©Laurent Carrara/Fotolia.com ◆ *2.* ©Henrik Larsson/Fotolia.com, **65.** ©Cisek Ciesielski/Fotolia.com, **68.** ©Mischa Krumm/Fotolia.com, **70.** Ph. Coll. Archives Larbor, **72.** ©Tilio & Paolo/Fotolia.com, **74.** ©Brian Jackson/Fotolia.com, **75.** ©Edyta Pawlowska/Fotolia.com, **78.** ©Cheryl Davis/Fotolia.com, **79.** Ph. Coll. Archives Nathan, **80.** Ph. ©NASA, **81.** *1.* Ph. ©Bernard Bailly/Fotolia.com ◆ *2.* Ph .©Mermoz/Fotolia.com, **83.** ©Alexander Semenov/Fotolia.com, **84.** ©jeffrey van daele/Fotolia.com, **85.** ©legabatch/Fotolia.com, **89.** Ph. O. Ploton ©Archives Larousse, **90.** Ph. ©Cachou34/Fotolia.com, **91.** *1.* Ph. ©Archives Nathan ◆ *2.* ©StarJumper/Fotolia.com, **94.** Ph. ©Archives Larbor, **95.** ©V.Rumi/Fotolia.com, **97.** *1.* ©raliand/Fotolia.com ◆ *2.* ©raliand/Fotolia.com, **98.** ©Zuboff/Fotolia.com, **99.** *1.* ©allocricetulus/Fotolia.com ◆ *2.* ©allocricetulus/Fotolia.com ◆ *3.* ©Dominique Vernier/Fotolia.com, **100.** Ph. ©Sebastian Kaulitzki/Fotolia.com, **101.** ©Smithore/Fotolia.com, **102.** ©Shopartgallery.com/Fotolia.com, **103.** ©lionel Valenti/Fotolia.com, **105.** *1.* Ph. ©David Granville/Fotolia.com ◆ *2.* ©fotokate/Fotolia.com, **107.** ©gilles vallée/Fotolia.com, **108.** ©Kellis/Fotolia.com, **109.** ©Nazzu/Fotolia.com, **111.** ©majeczka/Fotolia.com, **112.** Ph. ©Paul Yates/Fotolia.com, **113.** Ph. Coll. Archives Larousse, **116.** ©Dario Sabljak/Fotolia.com, **117.** ©fiburas/Fotolia.com, **118.** ©Naturfoto-Ottmann.de/Fotolia.com, **120.** ©Dougle/Fotolia.com, **121.** ©Christopher Meder/Fotolia.com, **122.** ©Callalloo Canis/Fotolia.com, **123.** ©kris-la-Reunion/Fotolia.com, **124.** ©Leonid Nyshko/Fotolia.com, **125.** *1.* Ph. Hubert Josse ©Archives Larbor ◆ *2.* ©Glenda Powers/Fotolia.com, **126.** Ph. Coll. Archives Larousse, **127.** ©Krzysiek/Fotolia.com, **128.** ©Krzysiek/Fotolia.com, **129.** ©Melissa Schalke/Fotolia.com, **130.** ©TDPhotos, **131.** *1.* ©brunoh/Fotolia.com ◆ *2.* Ph. ©Mikhail Tolstoy/Fotolia.com, **133.** ©Steeve Roche/Fotolia.com, **134.** *1.* ©Louis Renaud/Fotolia.com ◆ *2.* ©Michael Gugel/Fotolia.com, **136.** ©Frog 974/Fotolia.com, **137.** ©Sergey Skleznev/Fotolia.com, **138.** ©poco_bw/Fotolia.com, **139.** ©Lismak/Fotolia.com, **142.** *1.* ©Uwe Annas/Fotolia.com ◆ *2.* ©allocricetulus/Fotolia.com, **143.** ©allocricetulus/Fotolia.com, **145.** ©Lulu Berlu/Fotolia.com, **146.** Ph. Jean-Loup Charmet ©Archives Larbor, **148.** ©Eric Isselée/Fotolia.com, **150.** ©Jan Will/Fotolia.com, **151.** *1.* ©Malena und Philipp K/Fotolia.com ◆ *2.* ©dutourdumonde/Fotolia.com, **152.** ©margouillat photo/Fotolia.com, **155.** ©Tilio & Paolo/Fotolia.com, **157.** ©Martine et Stéphane/Fotolia.com, **158.** ©Yai/Fotolia.com, **159.** ©Heiner Witthake/Fotolia.com, **160.** *1.* ©Unclesam/Fotolia.com ◆ *2.* ©mushisushi/Fotolia.com, **161.** *1.* ©ItinerantLens/Fotolia.com ◆ *2.* ©Norman Chan/Fotolia.com, **163.** ©Alexandr/Fotolia.com, **165.** *1.* ©Maria.P./Fotolia.com ◆ *2.* ©tanala/Fotolia.com, **166.** *1.* ©jean marie jardinier/Fotolia.com ◆ *2.* ©Marco Desscouleurs/Fotolia.com, **167.** Ph. ©Pat on Sstock/Fotolia.com, **168.** *1.* ©Unclesam/Fotolia.com ◆ *2.* ©Brad Pict/Fotolia.com, **169.** ©Archives Larbor, **170.** ©Albo/Fotolia.com, **171.** ©Jonathan Bowler/Fotolia.com, **174.** ©il-fede/Fotolia.com, **175.** ©Annerp/Fotolia.com, **176.** Ph. ©Orlando Bellini/Fotolia.com, **177.** ©Archives Larbor, **179.** ©vchphoto/Fotolia.com, **180.** ©Happytof62730/Fotolia.com, **182.** ©Kseniya Abramova/Fotolia.com, **184.** Coll.Archives Larbor, **186.** *1.* ©zonch/Fotolia.com ◆ *2.* ©Acik/Fotolia.com, **187.** Ph. ©volff/Fotolia.com, **188.** ©Laurent Ribes/Fotolia.com, **191.** ©Eric Isselée/Fotolia.com, **194.** Ph. ©Archives Larbor, **195.** *1.* ©Ramon Cami/Fotolia.com ◆ *2.* ©S.R.Miller/Fotolia.com, **198.** *1.* ©Eric Isselée/Fotolia.com ◆ *2.* Ph. ©Robert Wilson/Fotolia.com, **199.** *1.* ©Stefan Andronache/Fotolia.com ◆ *2.* ©Archives Larbor, **200.** *1.* ©aline caldwell/Fotolia.com ◆ *2.* ©javarman/Fotolia.com, **201.** ©Miroslawa Drozdowski/Fotolia.com, **202.** ©ChristopheB/Fotolia.com, **203.** Ph. Ellebé ©Archives Larbor, **204.** *1.* ©Eric Isselée/Fotolia.com ◆ *2.* ©Picture Partners/Fotolia.com, **206.** *1.* ©Eric Isselée/Fotolia.com ◆ *2.* ©Eric Isselée/Fotolia.com, **209.** *1.* Ph. ©felinda/Fotolia.com ◆ *2.* ©Evgeniy/Fotolia.com, **210.** Ph. ©Gaelj/Fotolia.com, **211.** *1.* ©Nikon'as/Fotolia.com ◆ *2.* ©Wild Geese/Fotolia.com, **213.** Ph. Hubert Josse ©Archives Larbor, **214.** ©Jérôme Bertin/Fotolia.com, **215.** *1.* Ph. Coll. Archives Larbor ◆ *2.* ©digitalstock/Fotolia;com, **216.** Ph. Coll. Archives Larousse, **217.** ©Jack.Q/Fotolia.com, **218.** *1.* Ph. ©jeancliclac/Fotolia.com ◆ *2.* Archives Larousse, **219.** Ph. Coll. Archives Larbor, **222.** ©Harald Schmid/Fotolia.com, **223.** ©Patrick Hermans/Fotolia.com, **224.** *1.* Ph. ©Alekss/Fotolia.com ◆ *2.* ©Eric Isselée/Fotolia.com, **225.** *1.* ©Kesu/Fotolia.com ◆ *2.* Ph. ©Alekss/Fotolia.com, **227.** *1.* Ph. ©Robert Young/Fotolia.com ◆ *2.* ©Martine Wagner/Fotolia.com, **228.** ©Archives Larbor, **229.** *1.* ©Adolfo Rodriguez/Fotolia.com ◆ *2.* ©Pascal06/Fotolia.com, **230.** ©Profotokris/Fotolia.com, **231.** Ph. ©Jean-Jacques Cordier/Fotolia.com, **232.** Ph. ©Archives Nathan, **234.** ©Scanrail/Fotolia.com, **235.** Ph. ©Andrzej Tokarski/Fotolia.com, **238.** ©Frédéric Prochasson/Fotolia.com, **239.** ©Kadmy/Fotolia.com, **240.** ©GeoM/Fotolia.com, **242.** ©synto/Fotolia.com, **243.** ©Eric Isselée/Fotolia.com, **244.** ©J-F Perigois/Fotolia.com, **245.** ©Jo Chambers/Fotolia.com, **250.** ©Archives Larbor, **252.** Ph. Jeanbor ©Archives Larbor, **253.** Ph. ©Anyka/Fotolia.com, **254.** ©Viappy/Fotolia.com, **261.** ©Andrzej Tokarski/Fotolia.com, **262.** ©Patrick J./Fotolia.com, **263.** *1.* ©photlook/Fotolia.com ◆ *2.* ©JMB/Fotolia.com, **264.** Clarence Alford/Fotolia.com, **265.** Ph. ©NASA, **266.** *1.* ©phoTQ/Fotolia.com ◆ *2.* ©lightmoon/Fotolia.com, **269.** *1.* ©Olga Rutko/Fotolia.com ◆ *2.* ©Unclesam/Fotolia.com, **270.** Ph. Galeries Lafayette, **271.** ©Szasz-Fabian Erika/Fotolia.com, **272.** Ph. Hubert Josse ©Archives Larbor, **273.** Ph. ©jeanma85/Fotolia.com, **274.** ©willtu/Fotolia.com, **275.** *1.* ©fivespots/Fotolia.com ◆ *2.* ©Denis Pepin/Fotolia.com, **276.** ©Eric Isselée/Fotolia.com, **277.** ©Jean-Paul Demolin/Fotolia.com, **278.** ©Volodymyr Chaban/Fotolia.com, **280.** *1.* ©Duncan Noakes/Fotolia.com ◆ *2.* ©PetrP/Fotolia.com ◆ *3.* ©Archives Larbor, **281.** ©TMAX, **282.** Ph. Coll. Archives Larbor, **283.** ©Adam Middleton/Fotolia.com, **286.** *1.* ©Vasilius/Fotolia.com ◆ *2.* Ph. Coll. Archives Larbor, **287.** *1.* ©Marc Chapelat/Fotolia.com ◆ *2.* ©lite/Fotolia.com ◆ *3.* ©Dmitri Mikitenko/Fotolia.com ◆ *4.* ©Marc Chapelat/Fotolia.com ◆ *5.* ©Torugo/Fotolia.com, **288.** Ph. Coll. Archives Larbor, **289.** Ph. ©Andreas Wechsel/Fotolia.com, **290.** ©Panoramo/Fotolia.com, **291.** Ph. Coll. Archives Larbor, **292.** *1.* ©Studio12/Fotolia.com ◆ *2.* Ph. Jeanbor ©Archives Larbor, **293.** ©Archives Larbor, **294.** Ph.US Army Coll. Archives Larousse, **295.** ©Sima/Fotolia.com, **297.** ©Michael Shake/Fotolia.com, **298.** ©Chehov/Fotolia.com, **300.** ©Arquiplay77/Fotolia.com, **301.** Ph. Jeanbor ©Archiches Larbor, **303.** ©Sébastien Garcia/Fotolia.com, **304.** Ph. Coll. Archives Larbor, **305.** Ph. ©Duncan Noakes/Fotolia.com, **307.** ©Simon Coste/Fotolia.com, **308.** ©Flowerpower/Fotolia.com, **309.** *1.* ©AlexQ/Fotolia.com ◆ *2.* Ph. Hubert Josse ©Archives Larbor, **311.** *1.* ©J.Descloitres,Modis Land Science Team/NASA ◆ *2.* ©nataiki/Fotolia.com, **314.** ©Pierre-Alain Dutheil/Fotolia.com, **315.** ©Pixel & Création/Fotolia.com, **317.** Ph. J.P. Vieil ©Archives Larbor, **319.** ©Volodymyr Krasyuk/Fotolia.com, **321.** ©Richard Villalon/Fotolia.com, **322.** Ph. ©TedNad/Fotolia.com, **323.** Ph. ©Nabil Biyahmadine/Fotolia.com, **324.** ©Moreno Novello/Fotolia.com, **325.** *1.* ©Dmitry Pichugin/Fotolia.com ◆ *2.* Ph. ©Katrina Brown/Fotolia.com ◆ *3.* Ph. ©Sylvaine Thomas/Fotolia.com, **329.** Prod DB ©Pixar Animation Studios-Walt Disney Pictures-DR-S, **330.** ©Dmitriy Lesnyak/Fotolia.com, **334.** ©Carina Hansen/Fotolia.com, **336.** Ph. Coll. Archives Nathan, **337.** ©Rozaliya/Fotolia.com, **339.** Ph. Coll. Archives Larbor, **340.** ©Caroll/Fotolia.com, **341.** ©Noo/Fotolia.com, **344.** Ph. Pedicini ©Archives Larbor, **347.** Ph. ©Archives Larbor, **349.** Ph. Coll. Archives Larbor, **352.** *1.* Ph. ©Richard Villalon/Fotolia.com ◆ *2.* ©Vladitto/Fotolia.com, **353.** ©Christopher Nolan/Fotolia.com, **356.** *1.* ©titimel35/Fotolia.com ◆ *2.* Ph. Coll. Archives Larbor, **358.** Ph. ©F. Ibrahim/PhotoDisc, **360.** Ph. O. Ploton ©Archives Larousse, **361.** Ph. ©Pmphoto/Fotolia.com, **363.** ©Eric Isselée/Fotolia.com, **366.** ©trahcus/Fotolia.com, **367.** Ph. ©lofoto/Fotolia.com, **368.** *1.* ©Jean-Luc Girolet/Fotolia.com ◆ *2.* ©Sergej Razvodovskij/Fotolia.com, **369.** ©Alexey Stiop/Fotolia.com, **370.** *1.* Ph. ©Y. Delaye. Archives Larbor ◆ *2.* Ph. François Varin ©Archives Larbor, **372.** Ph. O. Ploton ©Archives Larousse, **373.** *1.* Ph. Coll. Archives Larousse ◆ *2.* ©Eric Isselée/Fotolia.com, **376.** Ph. Jeanbor ©Archives Larbor - DR, **377.** ©lordbphotos/Fotolia.com, **379.** Ph. ©Archives Nathan, **381.** ©Blu3sky/Fotolia.com, **382.** Ph. ©Paul Hampton/Fotolia.com, **383.** ©Yahia Loukkal/Fotolia.com, **384.** ©Henrik Larsson/Fotolia.com, **385.** Ph. Coll. Archives Larousse, **386.** *1.* ©Speedfighter/Fotolia.com ◆ *2.* Ph. ©Pavel Losevsky/Fotolia.com, **387.** *1.* ©Igor Kali/Fotolia.com ◆ *2.* ©AVD/Fotolia.com, **388.** Ph. O. Ploton ©Archives Larousse, **389.** ©Dmitry Erashov/Fotolia.com, **391.** Ph. Direction régionale des affaires culturelles de Rhône-Alpes, Service régional de l'archéologie, **392.** *1.* ©javarman/Fotolia.com ◆ *2.* ©cristi180884/Fotolia.com, **394.** *1.* ©Julien Rousset/Fotolia.com ◆ *2.* ©PiX'art photographie/Fotolia.com, **395.** Ph. O. Ploton ©Archives Larousse, **397.** Ph. Coll. Archives Larbor, **398.** Ph. ©Kovalenko Inna/Fotolia.com, **399.** *1.* ©GIS/Fotolia.com ◆ *2.* ©Jürgen Fälchle/Fotolia.com, **400.** Ph. Coll. Archives Larousse, **402.** Ph. O. Ploton ©Archives Larousse, **403.** ©OlegD/Fotolia.com, **404.** ©Pavel Losevsky/Fotolia.com, **406.** ©Chlorophylle/Fotolia.com, **408.** ©Visdia/Fotolia.com, **409.** ©HelleM/Fotolia.com, **410.** ©Mikael Miro/Fotolia.com, **411.** ©Leonid Nyshko/Fotolia.com, **412.** ©Gregory Cedenot/Fotolia.com, **413.** ©manfredxy/Fotolia.com, **414.** *1.* ©Paul Prescott/Fotolia.com ◆ *2.* ©JJava/Fotolia.com, **415.** ©pixarno/Fotolia.com, **416.** ©majeczka/Fotolia.com, **417.** *1.* Ph. ©Victor Zastol'skiy/Fotolia.com ◆ *2.* ©Alysta/Fotolia.com, **418.** ©Valeriy Lukyanov/Fotolia.com, **419.** Ph. ©Olly/Fotolia.com, **422.** ©Sally Wallis/Fotolia.com, **424.** Ph. ©Archives Larbor, **425.** ©elenarostunova/Fotolia.com, **427.** ©pheelgood/Fotolia.com, **429.** Ph. Archives Larbor, **430.** ©choucashoot/Fotolia.com, **432.** Ph. ©Marlee/Fotolia.com, **433.** Ph. Coll. Archives Larbor, **436.** ©Ahileos/Fotolia.com, **438.** ©Dean Moriarty/Fotolia.com, **440.** ©Altair de Bruin/Fotolia.com, **441.** ©Noam/Fotolia.com, **442.** Ph. Jean-Loup Charmet ©Archives Larbor, **443.** Ph. Coll. Archives Larousse, **444.** ©pandore/Fotolia.com, **446.** *1.* Ph. H. Josse ©Archives Larbor ◆ *2.* Ph. ©volff/Fotolia.com, **449.** Ph. ©Jean Luc Bohin/Fotolia.com, **450.** ©Schulz-Design/Fotolia.com, **455.** Ph. O. Ploton ©Archives Larousse, **457** ©Mari_art/Fotolia.com, **461.** ©Anna Bausova/Fotolia.com, **462.** Ph. ©volff/Fotolia.com, **463.** ©gparigot/Fotolia.com, **464.** *1.* Charles Chaplin Productions. Ph. Coll. Archives Larbor/DR ◆ *2.* Ph. ©Ivan Kmit/Fotolia.com, **465** © Originalpunkt/Fotolia.com **466.** ©E. O./Fotolia.com, **467.** ©Antonio Nunes/Fotolia.com, **468.** *1.* J.Bottet ©Archives Larbor ◆ *2.* ©Ipstudio/Fotolia.com, **469.** ©Raphael Daniaud/Fotolia.com, **471.** ©Archives Larbor, **472.** ©jjspring/Fotolia.com, **473.** ©illustrez-vous/Fotolia.com, **474.** Ph. ©sportgraphic/Fotolia.com, **475.** ©Andrzej Tokarski/Fotolia.com, **476.** ©lunamarina/Fotolia.com, **477.** ©Julien Leblay/Fotolia.com, **478.** Ph. ©Psamtik/Fotolia.com, **479.** *1.* Ph. ©Lino Beltrame/Fotolia.com ◆ *2.* ©Naty Strawberry/Fotolia.com, **481.** ©Oleg Kulakov/Fotolia.com, **482.** *1.* Ph. ©matin/Fotolia.com ◆ *2.* ©volff/Fotolia.com, **484.** ©Kletr/Fotolia.com, **485.** Ph. © Sophie Rivoire., **486.** ©hal_pand/Fotolia.com, **487.** ©Olivier Poncelet/Fotolia.com, **490** *1.* © Eric Isselée/Fotolia.com ◆ *2.* © Laure Fons/Fotolia.com, **491** © S.Corjava-Arianespace/CNES ESA, **492.** ©photocrew/Fotolia.com, **494.** ©labelverte/Fotolia.com, **496.** *1.* ©Eric Gevaert/Fotolia.com ◆ *2.* O. Ploton ©Archives Larousse, **498.** Ph. Coll. Archives Larbor, **499.** Ph. Philip Bernard ©Archives Larbor, **500.** ©lamax/Fotolia.com, **501.** ©Denis Babenko/Fotolia.com, **503.** Ph. ©romaneau/Fotolia.com, **504.** *1.* Ph. ©Nicolas Berthy/Fotolia ◆ *2.* ©Eric Isselée/Fotolia.com, **505.** *1.* Tombeau de Mlle de Montpensier. Musée Sainte-Croix, Poitiers.©Archives Larbor ◆ *2.* Ph. ©JohanSwanepoel/Fotolia.com, **506.** *1.* ©Sébastien Closs/Fotolia.com ◆ *2.* Ph. G. Tomsich ©Archives Larbor, **507.** *1.* Ph. De la bibliothèque Coll. Archives Larousse ◆ *2.* ©Rémi Cauzid, **508.** ©PeterBetts/Fotolia.com, **509.** Ph. Arborio Mella ©Archives Larbor, **510.** ©Pascal Martin/Fotolia.com, **512.** *1.* Ph. Coll. Archives Larbor ◆ *2.* ©margo555/Fotolia.com, **513.** ©Irina Belousa/Fotolia.com, **514.** Ph. ©Alain Finger/Fotolia.com, **515.** Ph. ©Mist/Fotolia.com, **516.** Ph. ©Donald Swartz/Fotolia.com, **519.** *1.* Ph. ©Auremar/Fotolia.com ◆ *2.* ©volff/Fotolia.com, **522.** Ph. O. Ploton ©Archives Larousse, **523.** Ph. ©Vapios/Fotolia.com, **524.** *1.* Ph. ©Alain Balthazard/Fotolia.com ◆ *2.* ©Eric Isselée/Fotolia.com, **525.** ©grandaded/Fotolia.com, **526.** *1.* ©photocrew/Fotolia.com ◆ *2.* ©alternative photo/Fotolia.com, **527.** *1.* Ph. ©Petro Teslenko/Fotolia.com ◆ *2.* Ph. ©Jérôme Bono/Fotolia.com, **528.** ©Eric Isselée/Fotolia.com, **529.** Ph. ©Sportlibrary/Fotolia.com, **530.** ©Digleye/Fotolia.com, **531.** ©Roman Ivaschenko/Fotolia.com, **532.** ©Brandelet Didier/Fotolia.com, **533.** Ph. H. Josse ©Archives Larbor, **534.** ©Archives Larbor, **535.** ©air/Fotolia.com, **536.** ©Eric Isselée/Fotolia.com, **537.** ©mihailzhukov/Fotolia.com, **539.** *1.* Ph. Hubert Josse ©Archives Larbor ◆ *2.* Ph. ©Steve Mann/Fotolia.com ◆ *3.* ©Onkelchen/Fotolia.com, **540.** ©Eric Isselée/Fotolia.

com, **541.** *1.* Ph. ©Michael Chamberlin/Fotolia.com ◆ *2.* ©Heliosphile/Fotolia.com, **543.** ©Cyril PAPOT/Fotolia.com, **544.** Ph. A. Marnat ©Archives Larousse, **545.** ©Studio12/
Fotolia.com, **549.** *1.* Ph. ©Dmitry Pichugin/Fotolia.com ◆ *2.* Ph. ©Photlook/Fotolia.com, **550.** ©tristantan71/Fotolia.com, **551.** *1.* ©philippe Devanne/Fotolia.com ◆ *2.* ©Sta-
nOd/Fotolia.com, **552.** Ph. O. Ploton ©Archives Larousse, **555.** ©Thierry Lucet/Fotolia.com, **558.** Ph. Coll. Archives Larbor, **559.** Ph. Hubert Josse ©Archives Larbor, **560.** Ph. Coll.
Archives Larbor, **562.** Ph. Coll. Archives Larousse, **566.** *1.* ©Archives Larbor ◆ *2.* ©Ignatius Wooster/Fotolia.com, **568.** *1.* ©pipil7385/Fotolia.com ◆ *2.* ©JeremyRichards/Fotolia.
com, **570.** ©Gilles Paire/Fotolia.com, **572.** Ph. Coll. Archives Larousse, **574.** *1.* ©Danielle Bonardelle/Fotolia.com ◆ *2.* ©Nmedia/Fotolia.com, **575.** ©Feng Yu/Fotolia.com, **578.**
©NoA Production/Fotolia.com, **579.** *1.* Ph. ©Dmitry Pichugin/Fotolia.com ◆ *2.* Ph. Coll. Archives Larbor, **584.** ©Tatesh/Fotolia.com, **586.** ©delkoo/Fotolia.com, **588.** Ph. ©Daniel
Fleck/Fotolia.com, **589.** *1.* ©Hans klein/Fotolia.com ◆ *2.* ©wellphoto/Fotolia.com, **593.** Ph. ©terex/Fotolia.com, **594.** ©Monique Pouzet/Fotolia.com, **595.** ©Sergey Yakovlev/
Fotolia.com, **596.** ©karnizz/Fotolia.com, **597.** *1.* ©Jérôme Salort/Fotolia.com ◆ *2.* ©Ti-to-Tito/Fotolia.com ◆ *3.* Ph. ©MOKreations/Fotolia.com, **598.** ©Delphimages/Fotolia.
com, **599.** *1.* ©fotogisèle/Fotolia.com ◆ *2.* Ph. ©Anna Khomulo/Fotolia.com, **600.** *1.* ©Anion/Fotolia.com ◆ *2.* ©Brenda Carson/Fotolia.com, **602.** *1.* Ph. ©vlevelly/Fotolia.
com ◆ *2.* ©Beboy/Fotolia.com, **605.** ©Ti-to-Tito/Fotolia.com, **606.** Ph. O. Ploton ©Archives Larousse, **609.** *1.* ©Andy Rhodes/Fotolia.com ◆ *2.* Ph. ©Oleg Leshchev/Fotolia.com,
610. *1.* Ph. ©vikiri/Fotolia.com ◆ *2.* Ph. ©Susan Flashman/Fotolia.com, **612.** *1.* Ph. ©olive14/Fotolia.com ◆ *2.* ©Dawn/Fotolia.com, **613.** ©Delphimages/Fotolia.com, **615.** *1.*
©coco194/Fotolia.com ◆ *2.* ©Eric Isselée/Fotolia.com, **616.** ©herreneck/Fotolia.com, **617.** *1.* Ph. Coll. Archives Larbor ◆ *2.* ©Stefan Andronache/Fotolia.com, **618.** ©Secret Side/
Fotolia.com, **619.** Ph. ©photlook/Fotolia.com, **620.** Ph. ©Andreas Karelias/Fotolia.com, **623.** ©Eric Isselée/Fotolia.com, **624.** Ph. Coll. Archives Larbor, **625.** *1.* ©Dmitry Knorre/
Fotolia.com ◆ *2.* ©wiw/Fotolia.com, **627.** *1.* ©avdwolde/Fotolia.com ◆ *2.* ©Jonathan/Fotolia.com ◆ *3.* Ph. Coll. Archives Larbor ◆ *4.* Ph. ©manimulateur/Fotolia.com, **628.** Ph.
Coll. Archives Larbor, **629.** ©Mastrofoto/Fotolia.com, **630.** *1.* ©eblue/Fotolia.com ◆ *2.* Ph. ©Eric Isselée/Fotolia.com, **631.** *1.* ©Giuseppe Porzani/Fotolia.com ◆ *2.* ©Anton Malt-
sev/Fotolia.com, **632.** Ph. ©Archives Larousse, **634.** ©Ferenc Szelepcsenyi/Fotolia.com, **636.** Ph. ©olive14/Fotolia.com, **637.** ©snowpard/Fotolia.com, **641.** Ph. Luc Joubert
©Archives Larbor, **642.** Ph. ©Eric Isselée/Fotolia.com, **643.** ©Roman Sigaev/Fotolia.com, **644.** ©PackShot/Fotolia.com, **646.** ©Nneirda/Fotolia.com, **647.** *1.* ©Leca Isabelle/
Fotolia.com ◆ *2.* ©Pascal06/Fotolia.com, **648.** Ph. ©Johnny Lye/Fotolia.com, **653.** *1.* ©Gentoo Multimedia/Fotolia.com ◆ *2.* Ph. Coll. Archives Larbor ◆ *3.* ©Megan Lorenz/Foto-
lia.com, **656.** ©doris oberfrank-list/Fotolia.com, **657.** ©Unclesam/Fotolia.com, **658.** *1.* ©Roman Milert/Fotolia.com ◆ *2.* ©Eric Isselée/Fotolia.com, **659.** *1.* Ph. ©DX/Fotolia.
com ◆ *2.* ©Unclesam/Fotolia.com, **660.** *1.* ©Willy06/Fotolia.com ◆ *2.* ©Eric Isselée/Fotolia.com, **661.** Ph. ©Jean-Claude Braun/Fotolia.com, **662.** ©Photos Katie/Fotolia.com,
663. *1.* ©Christian Quaquero/Fotolia.com ◆ *2.* ©Monty Chandler/Fotolia.com, **664.** ©susan flashman/Fotolia.com, **666.** ©Franck Lachaud/Fotolia.com, **667.** ©L.Bouvier/Foto-
lia.com, **669.** ©labelverte@Fotolia.com, **670.** Ph. ©Xavier Marchant/Fotolia.com, **671.** ©Daniel Sainthorant/Fotolia.com, **672.** ©Chicoo/Fotolia.com, **673.** Ph. ©Daniel Saintho-
rant/Fotolia.com, **674.** ©Elena Schweitzer/Fotolia.com, **675.** Ph. ©David Turner/Fotolia.com, **676.** Ph. ©C. Musat/Fotolia.com, **677.** Ph. ©Jim Barber/Fotolia.com, **681.** ©DX/
Fotolia.com, **683.** ©tobago77/Fotolia.com, **685.** Ph. ©Dmitriy Melnikov/Fotolia.com, **687.** ©Klaus Eppele/Fotolia.com, **688.** Ph. ©Carmelo Florio/Fotolia.com, **689.** Ph. Coll.
Archives Larousse, **690.** ©Mathieu Leick/Fotolia.com, **691.** Ph. Coll. Archives Larbor, **693.** *1.* ©nikla/Fotolia.com ◆ *2.* Ph. ©daboost/Fotolia.com, **696.** Ph. Coll. Archives Nathan,
697. Ph. ©Sly/Fotolia.com, **699.** ©Archives Larbor, **701.** Ph.©Marta/Fotolia.com, **704.** *1.* ©morchella/Fotolia.com ◆ *2.* ©Silver/Fotolia.com, **705.** ©Tatty/Fotolia.com, **706.** *1.* Ph.
©Delphimages/Fotolia.com ◆ *2.* ©José 16/Fotolia.com, **707.** *1.* ©Aleksandr Popov/Fotolia.com ◆ *2.* Ph. ©Bogdan Dumitru/Fotolia.com, **708.** ©homer2/Fotolia.com, **709.** *1.* Ph.
Coll. Archives Larousse ◆ *2.* ©Heliosphile/Fotolia.com, **710.** ©Henrik Larsson/Fotolia.com, **712.** *1.* Ph. ©photolook/Fotolia.com ◆ *2.* ©nomad/Fotolia.com ◆ *3.* Ph. ©Ghido/Foto-
lia.com, **714.** ©Waring/Fotolia.com, **716.** ©Eric Isselée/Fotolia.com, **717.** ©Giuseppe Porzani/Fotolia.com, **718.** ©Renée Gay/Fotolia.com, **719.** *1.* ©Samantha Roche/Fotolia.
com ◆ *2.* ©9aleksa9/Fotolia.com, **720.** ©Archives Larbor, **721.** *1.* Ph. ©NASA ◆ *2.* ©Dmitry Rukhlenko/Fotolia.com, **722.** Ph.©tom/Fotolia.com, **723.** Ph. Sonneville ©Archives
Nathan, **724.** *1.* ©Eduard Warkentin/Fotolia.com ◆ *2.* ©icholakov/Fotolia.com, **729.** ©Franck Lachaud/Fotolia.com, **731.** Archives Larousse, **732.** *1.* ©Brad Pict/Fotolia.com ◆ *2.*
©Alexandr Ozerov/Fotolia.com, **736.** Ph. Hubert Josse ©Archives Larbor, **737.** *1.* ©Pascal Rateau/Fotolia.com ◆ *2.* ©snowturtle/Fotolia.com, **738.** ©Blue Moon/Fotolia.com,
739. *1.* ©eSchmidt/Fotolia.com ◆ *2.* ©Kseniya Abramova/Fotolia.com, **741.** ©Christian Musat/Fotolia.com, **742.** ©Jonathan/Fotolia.com, **744.** *1.* ©Marco Desscouleurs/Fotolia.
com ◆ *2.* Ph. ©Anyka/Fotolia.com ◆ *3.* Ph. ©iaroslava/Fotolia.com, **746.** Ph. Sonneville ©Archives Nathan, **747.** ©Stephanie Bandmann/Fotolia.com, **752.** Ph. ©Eric Gevaert/
Fotolia.com, **754.** ©felix/Fotolia.com, **756.** ©Chris Loneragan/Fotolia.com, **757.** ©TMAX/Fotolia.com, **759.** ©PackShot/Fotolia.com, **760.** *1.* ©Xavier29/Fotolia.com ◆ *2.* ©Eric
Isselée/Fotolia.com, **761.** *1.* ©Mathias Aoun/Fotolia.com ◆ *2.* ©UryadnikovS/Fotolia.com, **763.** ©Julien Rousset/Fotolia.com, **765.** ©stef/Fotolia.com, **766.** Ph. C. Roux ©Ar-
chives Larbor, **767.** ©Norman Chan/Fotolia.com, **768.** Ph. ©xiaoma/Fotolia.com, **769.** *1.* ©Shawn Hempel/Fotolia.com ◆ *2.* ©manfredxy/Fotolia.com, **770.** *1.* ©Tom Hirtreiter/
Fotolia.com ◆ *2.* Ph. Coll. Archives Larbor, **772.** ©Thierry Burdin/Fotolia.com, **773.** Ph. Coll. Archives Larousse, **775.** ©Charly/Fotolia.com, **777.** ©Sébastien Closs/Fotolia.com,
780. ©helenedevun/Fotolia.com, **781.** ©ErickN/Fotolia.com, **782.** ©Brad Pict/Fotolia.com, **783.** *1.* Ph. ©Arthémus/Fotolia.com ◆ *2.* ©Sébastien Closs/Fotolia.com, **785.** ©Ar-
chives Larbor, **787.** Ph. ©Julian Rovagnati/Fotolia.com, **789.** *1.* ©Dominique Luzy/Fotolia.com ◆ *2.* ©Proma/Fotolia.com, **791.** *1.* ©Tatiana Grozetskaya/Fotolia.com ◆ *2.* ©Igna-
tius Wooster/Fotolia.com, **792.** ©romaneau/Fotolia.com, **793.** *1.* ©PHler/Fotolia.com ◆ *2.* ©Richard Villalon/Fotolia.com, **796.** *1.* ©labelverte/Fotolia.com ◆ *2.* ©Bernard Girar-
din/Fotolia.com, **798.** ©dutourdumonde/Fotolia.com, **802.** Ph. ©Ghost/Fotolia.com, **803.** Ph. ©Bodleaian Library - Archives Larbor, **804.** ©Fabrice Beauchene/Fotolia.com,
805. Ph. Coll. Archives Larbor, **809.** ©PlanctonVideo/Fotolia.com, **810.** *1.* ©Marc Azema/Fotolia.com ◆ *2.* ©mates/Fotolia.com, **811.** Ph. ©Nikolai Sorokin/Fotolia.com, **813.**
©JM-Guyon/Fotolia.com, **814.** ©epanthaFotolia.com, **816.** ©Denis Babenko/Fotolia.com, **817.** ©DX/Fotolia.com, **823.** ©Michel Gatti/Fotolia.com, **826.** Ph. J.J. Hautefeuille
©Archives Larbor, **827.** ©Konstantin Yuganov/Fotolia.com, **829.** ©Rob Bouwman/Fotolia.com, **832.** ©Fifrank/Fotolia.com, **835.** Ph. ©AlexQ/Fotolia.com, **836.** ©lamax/Fotolia.
com, **837.** ©apfelweile/Fotolia.com, **838.** ©Callalloo Twisty/Fotolia.com, **839.** Ph. Jo Bayle ©Archives Larbor, **841.** ©Carlos Santa Maria/Fotolia.com, **842.** ©thieury/Fotolia.
com, **844.** Ph. Coll. Archives Larousse, **846.** ©Chlorophylle/Fotolia.com, **854.** ©Jean-Michel Leclercq/Fotolia.com, **855.** *1.* ©Jacky Jeannet/Fotolia.com ◆ *2.* ©tsach/Fotolia.com,
858. ©Stéphane Morard/Fotolia.com, **859.** Ph. Coll. Archives Larbor, **860.** ©Archives Nathan, **861.** Ph. Coll. Archives Larbor, **862.** *1.* Ph. Coll. Archives Larbor - DR ◆ *2.* Ph. Coll.
Archives Larousse, **864.** ©Rudolf Ullrich/Fotolia.com, **865.** Ph. Sonneville ©Archives Nathan, **871.** ©coco/Fotolia.com, **875.** ©Joshua Haviv/Fotolia.com, **876.** ©Kamil
Cwiklewski/Fotolia.com, **878.** *1.* ©Tassod/Fotolia.com ◆ *2.* ©Arap/Fotolia.com, **879.** Ph. ©Fanfan/Fotolia.com, **880.** *1.* Ph.Jeanbor ©Archives Larbor ◆ *2.* ©Krysek/Fotolia.com,
881. ©nsphotography/Fotolia.com, **882.** Ph. Coll. Archives Larbor, **883.** ©Tassod/Fotolia.com, **886.** ©Spy/Fotolia.com, **888.** *1.* ©Marco Desscouleurs/Fotolia.com ◆ *2.* Ph.
©Dave/Fotolia.com, **889.** ©Dmitry Lavrenyuk/Fotolia.com, **890.** ©lioneldivepix/Fotolia.com, **892.** ©Jackin/Fotolia.com, **896.** ©Olympixel/Fotolia.com, **898.** *1.* ©Eric Isselée/
Fotolia.com ◆ *2.* ©Fernbach Antal/Fotolia.com, **900.** ©Fanchy/Fotolia.com, **901.** Ph. ©Archives Nathan, **904.** ©franck steinberg/Fotolia.com, **905.** ©Gilles Paire/Fotolia.com,
908. Yalayama/Fotolia.com, **909.** ©Archives Larbor, **910.** Ph. O. Ploton ©Archives Larousse, **912.** ©Thierry Burdin/Fotolia.com, **913.** ©G. Rossi/Sipa, **917.** ©Ef-El/Fotolia.com,
918. ©Csschmuck/Fotolia.com, **920.** ©Arnaud Tafilet/Fotolia.com, **921.** ©Vchphoto/Fotolia.com, **922.** ©Petra Eckerl/Fotolia.com, **927.** ©Durluby/Fotolia.com, **929.** Ph. ©Her-
reneck/Fotolia.com, **931.** Ph. ©Richard Carey/Fotolia.com, **933.** ©wellphoto/Fotolia.com, **935.** ©Philophoto/Fotolia.com, **936.** Ph. ©Archives Nathan, **939.** *1.* ©Thomas Pajot/
Fotolia.com ◆ *2.* ©Thomas Pajot/Fotolia.com ◆ *3.* ©Thomas Pajot/Fotolia.com, **941.** ©Arap/Fotolia.com, **943.** *1.* ©Xavier Marchant/Fotolia.com ◆ *2.* ©fotogal/Fotolia.com, **945.**
Ph. ©Synto/Fotolia.com, **947.** *1.* Ph. ©Beboy/Fotolia ◆ *2.* ©Dmitry Vereshchagin/Fotolia.com, **948.** Ph. ©stephane vérot/Fotolia.com, **949.** ©Sergey/Fotolia.com, **951.** Ph. Coll.
Archives Larousse, **953.** ©SFG/Fotolia.com, **954.** *1.* ©Jérôme Dreumont/Fotolia.com ◆ *2.* ©MC/Fotolia.com ◆ *3.* ©Moreno Soppelsa/Fotolia.com, **956.** ©salmagundi/Fotolia.
com, **959.** Ph. Jean Clottes/Direction régionale des affaires culturelles de Rhône-Alpes, **960.** ©guy/Fotolia.com, **962.** ©Herby (Herbert) Me/Fotolia.com, **966.** Ph. Sonneville
©Archives Nathan, **967.** Ph. Coll. Archives Larbor, **968.** ©Netfalls/Fotolia.com, **969.** *1.* ©winni/Fotolia.com ◆ *2.* ©Cristimatei/Fotolia.com, **971.** *1.* Ph. ©Cico/Fotolia.com ◆ *2.*
©soulgems/Fotolia.com, **972.** ©Aurore Esteban/Fotolia.com, **974.** *1.* ©guy/Fotolia.com ◆ *2.* ©margouillat photo/Fotolia.com ◆ *3.* Ph. ©Archives Larbor, **976.** Prod. Star Film. Ph.
Coll. Archives Larbor, **977.** *1.* ©Eric Isselée/Fotolia.com ◆ *2.* ©Archives Larbor, **978.** Ph. ©Cleomiu/Fotolia.com, **979.** Ph. ©Pascal Eisenschmidt/Fotolia.com, **980.** ©Virgilio de
Almeida/Fotolia.com, **981.** ©Sven Brenner/Fotolia.com, **985.** Ph. Coll. Archives Larbor, **986.** Ph. Coll. Archives Larbor, **990.** ©biglama/Fotolia.com, **991.** Ph. Coll. Archives La-
rousse, **992.** Ph. Coll. Archives Larbor, **994.** ©Ulrich Müller/Fotolia.com, **996.** *1.* Ph. ©meliss18/Fotolia.com ◆ *2.* Ph. ©NickR/Fotolia.com, **997.** ©Olympixel/Fotolia.com, **998.** Ph.
©Galina Barskaya/Fotolia.com, **1000.** ©SGV/Fotolia.com, **1003.** ©Michael Flippo/Fotolia.com, **1004.** Ph. ©Nasa, **1005.** Ph. Coll. Archives Larbor, **1007.** ©Laurentiu Iordache/
Fotolia.com, **1009.** ©maigi/Fotolia.com, **1010.** ©Sergii Figurnyi/Fotolia.com, **1011.** ©Andrea Danti/Fotolia.com, **1014.** *1.* ©H. Collart/Hoa Qui ◆ *2.* Ph. ©Barm/Fotolia.com, **1017.**
©Dario Bajurin/Fotolia.com, **1018.** ©synto/Fotolia.com, **1019.** ©Eva Lemonenko/Fotolia.com, **1020.** ©Africa Studio/Fotolia.com, **1021.** ©Zeno/Fotolia.com, **1022.** ©secret
Side/Fotolia.com, **1027.** Ph. G. Tomsich ©Archives Larbor, **1031.** ©Faucilhon/Fotolia.com, **1033.** ©holiday5554/Fotolia.com, **1035.** *1.* Ph. ©Karaboux/Fotolia.com ◆ *2.* ©Otto
Durst/Fotolia.com, **1037.** ©torugo/Fotolia.com, **1038.** ©Vladimir Melnikov/Fotolia.com, **1039.** Ph. Coll. Archives Larbor, **1040.** ©africa/Fotolia.com, **1043.** ©Willy06/Fotolia.
com, **1044.** *1.* ©torugo/Fotolia.com ◆ *2.* Ph. ©Archives Larbor - DR, **1047.** *1.* ©nikolay chervonenko/Fotolia.com ◆ *2.* Ph. ©Elnur/Fotolia.com, **1048.** ©Archives Larbor, **1050.** *1.*
Fotolia ◆ *2.* ©lilufoto/Fotolia.com, **1052.** ©Beboy/Fotolia.com, **1055.** Ph. ©Craig Hanson/Fotolia.com, **1057.** ©judwick/Fotolia.com, **1059.** ©Joe Gough/Fotolia.com, **1060.**
©lukaash/Fotolia.com, **1061.** ©Schwoab/Fotolia.com, **1064.** ©Martin Schlecht/Fotolia.com, **1065.** ©idreamphoto/Fotolia.com, **1066.** *1.* ©trappy76/Fotolia.com ◆ *2.* ©Eduar-
do Rivero/Fotolia.com, **1067.** ©Lars Johansson/Fotolia.com, **1069.** Ph. Coll. Archives Nathan, **1071.** Ph. ©Museo nazionale, Tarente - Archives Larbor, **1073.** Ph. Coll. Archives
Larousse, **1075.** ©Zeno/Fotolia.com, **1077.** ©Unclesam/Fotolia.com, **1079.** ©Ionescu Bogdan/Fotolia.com, **1080.** ©TheSupe87/Fotolia.com, **1081.** Ph. ©Archives Nathan,
1083. *1.* ©Marco Desscouleurs/Fotolia.com ◆ *2.* ©KoMa/Fotolia.com, **1084.** Ph. Coll. Archives Larbor, **1087.** *1.* ©Iraj Bamdeg/Fotolia.com ◆ *2.* ©Josep Pena/Fotolia.com, **1088.**
©Philophoto/Fotolia.com, **1089.** ©DX, **1090.** Ph. ©Christophe Schmid/Fotolia.com, **1092.** ©P. Kovarik/AFP, **1095.** Ph. ©Maiko/Fotolia.com, **1096.** Ph. Coll. Archives Larbor, **1098.**
Ph. Coll. Archives Larbor, **1099.** ©Eric Isselée/Fotolia.com, **1100.** ©Pierre-Yves Babelon/Fotolia.com, **1101.** Ph. O. Ploton ©Archives Larousse, **1102.** ©nito/Fotolia.com, **1103.**
©Kostas Kalpenidis/Fotolia.com, **1104.** ©xalanx/Fotolia.com, **1105.** ©Jean-Jacques Cordier/Fotolia.com, **1108.** ©PHB.cz/Fotolia.com, **1110.** ©bricef/Fotolia.com, **1112.** Ph.
©Delphimages/Fotolia.com, **1113.** Ph. Coll. Archives Larbor, **1116.** ©Marco Desscouleurs/Fotolia.com, **1119.** Ph. ©Giovanni Rinaldi/Fotolia.com, **1122.** ©shock/Fotolia.com,
1126. *1.* ©Delmas Lehman/Fotolia.com ◆ *2.* ©Goran Bogicevic/Fotolia.com, **1127.** Mirisch Corporation, Alpha Productions. Ph. Coll. Archives Larousse - DR, **1128.** *1.* ©Maxim
Petrichuk/Fotolia.com ◆ *2.* ©Philippe Leridon/Fotolia.com ◆ *3.* ©Mohamed El Hajjami/Fotolia.com, **1149.** ©A. Jocard/AFP, **1155.** *1.* Ph. Coll. Archives Larbor ◆ *2.* Ph. ©Archives
Nathan, **1156.** ©Nicolas Denis/Fotolia.com, **1157.** ©Anke van Wyk/Fotolia.com, **1158.** Ph. J.L. Charmet ©Archives Larbor, **1159.** Ph. British Council - Coll. Archives Larbor, **1161.**
Ph. ©Archives Larbor, **1162.** *1.* Ph. Norsk Polarinstitutt Coll. Archives Larousse ◆ *2.* Ph. J.-L. Charmet ©Archives Photeb, **1163.** *1.* ©Forcdan/Fotolia.com ◆ *2.* Ph. ©Tim Hall/Pho-
toDisc, **1165.** Ph. Hubert Josse ©Archives Larbor, **1167.** Ph. Jeanbor ©Archives Larbor, **1168.** Ph. Hubert Josse ©Archives Larbor, **1169.** Ph. Hubert Josse ©Archives Larbor, **1171.**
1. ©Serge di Marco/Fotolia.com ◆ *2.* ©2009 Twentieth Century Fox Film Corporation and Dune Entertainment LLC All Right Reserved ◆ *3.* Ph. Coll. Archives Larbor, **1172.** Coll.
Archives Larousse, **1173.** Ph. M. Didier ©Archives Larbor, **1174.** Ph. Jeanbor ©Archives Larbor, **1175.** ©Archives Larbor, **1176.** Ph. Coll. Archives Larousse, **1177.** Prod. : André

Paulvé. Ph. Aldo G. Rossano/Coll. Archives Larbor, **1179.** Ph. Nadar Coll. Archives Larbor, **1180.** Ph. Jean-Loup Charmet ©Archives Larbor.DR, **1183.** Ph. Coll. Archives Larbor, **1185.** Ph. Luc Joubert ©Archives Larbor, **1186.** Ph. Coll. Archives Nathan, **1187.** Ph. ©Archives Nathan, **1189.** Ph. ©Archives Larbor, **1190.** Ph. Studio Schweisthal ©Archives Larbor, **1191.** Ph. Coll. Archives Larbor, **1192.** Ph. G. Tomsich ©Archives Larbor, **1193.** Ph. Coll. Archives Larbor, **1194.** *1.* Ph. ©J. Springer Collection/Corbis ◆ *2.* Prod. : Charles Chaplin Productions. Ph. Coll. Archives Larousse.DR, **1197.** *1.* Ph. Coll. Archives Larbor ◆ *2.* Ph. Alvaro de Leiva Coll. Archives Larbor, **1198.** Ph. ©Collection Roger-Viollet, **1200.** Ph. Coll. Archives Larbor, **1201.** Ph. H. Josse ©Archives Larbor, **1203.** Ph. Gribayedoff. Coll. Archives Larbor, **1204.** Ph. Coll. Archives Larbor - DR, **1205.** Musée de Cluny, Paris. Ph. H. Josse ©Archives Larbor, **1206.** Ph. ©Archives Nathan, **1207.** Ph. ©D. Pollack/Corbis, **1208.** Museum of Modern Art, New York - Ph. ©Bridgeman -Giraudon/T ©Succession Picasso, **1211.** Ph. Gerschel Coll. Archives Larousse, **1213.** Ph. ©Archives Larbor, **1215.** Ph. Michel Didier ©Archives Larbor, **1216.** Château de Charlottenburg, Berlin. ©Archives Larbor, **1218.** ©Archives Larbor, **1219.** Ph. H. Josse ©Archives Larbor, **1221.** Ph. ©Archives Larbor, **1223.** *1.* Ph. Hubert Josse ©Archives Larbor ◆ *2.* Ph. Coll. Archives Larbor, **1224.** Prod. Films Corona, Explorer Films 58, Robert Dorfmann. Ph. Coll. Archives Larbor.DR, **1225.** Ph. J.-L. Charmet ©Archives Larbor, **1226.** Ph. Coll. Archives Larbor, **1227.** Ph. ©Archives Larbor, **1228.** Ph. ©Archives Larbor, **1231.** Prod DB ©Lucasfilms.DR, **1234.** Ph. ©Archives Larbor, **1235.** Ph. ©Prod DB ©Warner Bros.DR, **1236.** Ph. Luc Joubert ©Archives Larbor, **1237.** Prod. : Alfred J. Hitchcock Productions, Universal Pictures. Ph. ©Coll. Archives Larbor, **1238.** ©pink candy/Fotolia.com, **1239.** Ph. Coll. Archives Larbor, **1241.** *1.* ©Archives Larbor ◆ *2.* Ph. Sonneville ©Archives Nathan, **1242.** Ph. Sonneville ©Archives Nathan, **1243.** Denver Art Museum, Denver. Ph. Coll. Archives Larousse, **1244.** Musée du Louvre, Paris. Ph. ©Archives Nathan, **1246.** ©jojobob/Fotolia.com, **1247.** ©Paul Fisher/Fotolia.com, **1248.** Ph. Jean-Pierre Vieil ©Archives Larbor, **1249.** ©ayazad/Fotolia.com, **1253.** Ph. R. Houston/Coll. Archives Larousse.DR, **1254.** Ph. ©Archives Larbor, **1255.** Ph. C. Roux ©Archives Larbor, **1256.** Ph. Giacomelli, Venise ©Archives Larbor, **1258.** ©mlehmann78/Fotolia.com, **1260.** Ph. ©Archives Larbor, **1263.** Prod. : MGM. Ph. Coll. Archives Larbor.DR, **1265.** ©Archives Larbor, **1266.** ©Thomas Pozzo di Borgo/Fotolia.com, **1267.** *1.* Ph. Coll. Archives Nathan ◆ *2.* Ph. J.-L. Charmet ©Archives Larbor, **1269.** Ph. ©Archives Larousse, **1270.** Ph. Jeanbor ©Archives Larbor, **1271.** ©Steeve Roche/Fotolia.com, **1273.** *1.* Ph. ©Kay Nielsen Memorial Fund Los Angeles Country Museum of Art - Coll. Archives Larbor ◆ *2.* Ph. Coll. Archives Larbor, **1274.** Ph. Luc Joubert ©Archives Larbor, **1276.** ©Beboy/Fotolia.com, **1277.** Ph. ©G. Rossi/Sipa, **1278.** Ph. H. Josse ©Archives Larbor, **1280.** ©Galyna Andrushko/Fotolia.com, **1281.** Ph. Coll. Archives Larbor, **1282.** Musée du Louvre, Paris. Ph. H. Josse ©Archives Larbor, **1283.** ©Archives Larbor, **1285.** Ph. Coll. Archives Larbor, **1286.** Dickens House Museum, Londres - Ph. ©The Bridgeman Art Library, **1287.** ©Alain Rapoport/Fotolia.com, **1288.** Ph. G. Tomsich ©Archives Larbor, **1291.** ©modestlife/Fotolia.com, **1293.** Ph. Coll. Archives Larbor, **1294.** Ph. H. Josse ©Archives Larbor, **1295.** Ph. Coll. Archives Larbor ©Éditions Gallimard, **1296.** Ph. Coll. Archives Larbor, **1297.** Illustration de Marcel Tillard - ©P et C Le Chant du Monde 1956, **1298.** ©Archives Nathan, **1299.** ©sborisov/Fotlia.com, **1300.** Galerie des Offices, Florence. Ph. ©The Bridgeman Art Library, **1301.** Ph. Coll. Archives Nathan, **1302.** Ph. H. Josse ©Archives Larbor, **1303.** ©Archives Larbor, **1304.** Centre Guillaume-le-Conquérant, Bayeux. Ph. Coll. Archives Larousse, **1305.** Ph. Hubert Josse ©Archives Larbor, **1307.** *1.* Ph. Coll. Archives Larbor ◆ *2.* Ph. ©Archives Larbor, **1308.** Ph. Coll. Archives Larousse, **1309.** ©ABLYmedia/Fotolia.com, **1311.** ©AlexQ/Fotolia, **1312.** Ph. Coll. Archives Larbor, **1313.** Ph. Coll. Archives Larbor, **1314.** Ph. J.-L. Charmet ©Archives Larbor, **1316.** Ph. Coll. Archives Larbor, **1317.** Prod DB ©New Line.DR, **1318.** *1.* Ph. ©Archives Nathan ◆ *2.* Ph. Luc Joubert ©Archives Larbor, **1319.** Ph. ©Pizzoli alberto/Corbis Sygma, **1322.** ©Scanrail/Fotolia.com, **1323.** Ph. Coll. Archives Nathan, **1324.** *1.* Ph. Luc Joubert ©Archives Larbor ◆ *2.* Maison de Beethoven, Vienne. Ph. Coll. Archives Larousse, **1325.** ©Dario Bajurin/Fotolia.com, **1326.** Prod. : Cady-Films, Francinex. Ph. André Dino/Coll. Archives Larbor, **1327.** Charles Chaplin Productions. Ph. Coll. Archives Larbor.DR, **1329.** Ph. ©Archives Larousse, **1330.** Ph. Hubert Josse ©Archives Larbor, **1331.** *1.* Ph. ©Archives Larbor ◆ *2.* Ph. Coll. Archives Larousse, **1333.** Ph. S. Guilley-Lagache ©Archives Larbor, **1334.** ©Archives Larbor, **1335.** Ph. Hubert Josse ©Archives Larbor, **1336.** *1.* ©Felix Ellrott/Fotolia.com ◆ *2.* Ph. ©G. Dagli orti/Corbis, **1337.** *1.* ©fm38320/Fotolia.com ◆ *2.* Ph. ©H. Lewandowski/RMN, **1338.** Ph. Hubert Josse ©Archives Larbor, **1339.** Ph. ©Doug Scott/Hoa Qui, **1340.** *1.* Ph. Coll. Archives Larbor ◆ *2.* Ph. ©The Walters Art Museum, **1341.** Ph. Coll. Archives Larbor, **1342.** Ph. British Library. Archives Larbor, **1344.** ©Archives Larbor. **365.** Ph.© Archivo Iconografico, SA/Corbis, **1367.** *1.* Ph © .N. Aujoulat/CNP-Ministère de la Culture ◆ *2.* Ph. J.M. Labat © Archives Larbor ◆ *3.* Ph. Coll Archives Larbor.DR ◆ *4.* Musée des Antiquités nationales, Saint-Germain-en-Laye. Ph. J.M. Labat © Archives Larbor, **1368.** *1.* Ph. Sonneville © Archives Nathan ◆ *2.* Ph © Photodisc ◆ *3.* Musée du Louvre, Paris. Ph. H. Josse © Archives Larbor, **1369.** *1.* Musée archéologique d'Héraklion, Crète, Grèce. Ph. © Archivo Iconografico, S.A./Corbis ◆ *2.* g Ph. Coll Archives Larbor ◆ *3.* Musée du Louvre, Paris. Ph. © H. Lewandowski/ RMN, **1370.** *1.* British Museum, Londres. Ph. G. Tomsich © Archives Larbor ◆ *2.* Musée du Louvre, Paris. Ph. H. Josse © Archives Larbor ◆ *3.* Musée national, Bangkok © Archives Larbor ◆ *4.* Ph. © AKG, **1371.** *1.* Ph. © Archivo Iconografico, S.A./Corbis ◆ *2.* Ph. Coll. Archives Larbor ◆ *3.* British Museum, Londres. Ph. © Archives Nathan, **1372.** *1.* Ph. © Sandro Vannini/Corbis ◆ *2.* Ph. © AKG ◆ *3.* Musée des Thermes, Rome. Ph. Oronoz © Archives Larbor ◆ *4.* British Museum. Ph. © Archives Larbor, **1373.** *1.* Ph. G. Tomsich © Archives Larbor ◆ *2.* Musée national d'Archéologie, Naples. Ph. Pedicini © Archives Larbor ◆ *3.* Ph. Coll. Archives Larbor ◆ *4.* Musée romain d'Avenches, Suisse. Ph. S. Guiley-Lagache © Archives Larbor ◆ *5.* Ph. Scala © Archives Larbor, **1374.** *1.* Ph. Coll. Archives Nathan ◆ *2.* Ph. G. Tomsich © Archives Larbor ◆ *3.* Ph. Coll. Archives Larbor, **1375.** *1.* Ph. Scala © Archives Larbor ◆ *2.* Ph. Coll. Archives Nathan ◆ *3.* Ph. Coll. Archives Nathan ◆ *4.* Ph. © Gyori Antoine/Corbis- Sygma, **1376.** *1.* Ph. © Charles et Josette Lenars/Corbis ◆ *2.* Musée du Louvre, Paris. Ph. Hubert Josse © Archives Larbor ◆ *3.* Musée des Antiquités nationales, Stockholm. Ph. Sören Hallgren © Archives Larbor, **1377.** *1.* Ph. Coll. Archives Larbor ◆ *2.* Ph. © Kevin R. Morris/Corbis ◆ *3.* Centre Guillaume-le-Conquérant, Bayeux. Ph. Coll. Archives Larbor, **1378.** *1.* Ph. Coll. Archives Larbor ◆ *2.* Ph. Coll. Archives Larbor ◆ *3.* Ph. Coll. Archives Larbor, **1379.** *1.* Ph. Henry de Montferrand © Archives Larbor ◆ *2.* Ph. Scala © Archives Larbor ◆ *3.* Ph. Studio Ethel/Archives Larbor, **1380.** *1.* National Gallery, Londres. Ph. E. Tweedy © Archives Larbor ◆ *2.* Ph. Coll. Archives Larbor ◆ *3.* Ph. Coll. Archives Larbor, **1381.** *1.* Ph. Scala © Archives Larbor ◆ *2.* Ph. Coll. Archives Larbor ◆ *3.* Musée du Prado, Madrid. Ph. Oronoz © Archives Larbor, **1382.** *1.* Ph. Coll. Archives Larbor ◆ *2.* Galerie des Offices, Florence. Ph. Scala © Archives Larbor ◆ *3.* Ph. Jeanbor © Archives Larbor ◆ *4.* Musée du Louvre, Paris. Ph. © Archives Nathan, **1383** *1.* Ph. © Archives Nathan ◆ *2.* Ph. Scala © Archives Larbor ◆ *3.* Ph. H. Josse © Archives Larbor ◆ *4.* Neue Pinakothek, Munich. Ph. © AKG/T ◆ *5.* Ph. Coll. Archives Larbor, **1384.** *1.* Ph. Bayle © Archives Nathan ◆ *2.* Musée du Prado, Madrid. Ph. Oronoz © Archives Larbor ◆ *3.* Ph. S. Guilley-Lagache © Archives Larbor, **1385.** *1.* Ph. Michel Didier © Archives Larbor ◆ *2.* Museum für Geschichte der Stadt, Leipzig. Ph. © Archives Larbor ◆ *3.* Musée Carnavalet, Paris. Ph. Michel Didier © Archives Larbor ◆ *4.* Château de Charlottenburg, Berlin © Archives Larbor, **1386.** *1.* Ph. © AKG ◆ *2.* Musée Carnavalet, Paris. Ph. Hubert Josse © Archives Larbor ◆ *3.* Musée de l'Air, Le Bourget © Archives Nathan, **1387.** *1.* National Gallery, Londres. Ph. Coll. Archives Larbor ◆ *2.* Historisches Museum der Stadt, Vienne. Ph. Coll. Archives Larbor ◆ *3.* Musée du 20 juillet, Bogota. Ph. Coll. Archives Larbor, **1388.** Musée d'Orsay, Paris. Ph. H. Josse © Archives Larbor, **1389.** *1.* Ph. Coll. Archives Larbor ◆ *2.* Ph. Jean-Loup Charmet © Archives Larbor ◆ *3.* Musée des Beaux Arts, Lyon. Ph. © Ojéda/Le Mage/RMN, **1390.** *1.* Ph. Coll. Kharbine-Tapabor ◆ *2.* Collection particulière. Ph. Jean-Loup Charmet © Archives Larbor/DR ◆ *3.* Musée de l'Orangerie, Paris. Ph. H. Josse © Archives Larbor ◆ *4.* Ph. Moreau © Archives Larbor, **1391.** *1.* Ph. Jean-Loup Charmet © Archives Larbor/DR ◆ ◆ *2.* Ph. Jeanbor © Archives Larbor ◆ *3.* © FIFA ◆ *4.* Ph. Signal, Coll. Archives Larbor ◆ *5.* Ph. Coll. Archives Larbor, **1392.** *1.* Ph. © Corbis ◆ *2.* Ph. © Keystone/T ◆ *3.* Ph. Coll. Archives Larbor ◆ *4.* Ph. Sam Lévin © Ministère de la Culture France, **1393.** *1.* Ph. Coll. Archives Larbor ◆ *2.* Ph. © Bettmann/Corbis ◆ *3.* Ph. © Corbis ◆ *4.* © Archives Larbor, **1394.** *1.* Ph. © NASA ◆ *2.* Ph. © STF/AFP ◆ *3.* Ph. © Roger-Viollet ◆ *4.* Ph. © Sipa Press ◆ *5.* © NASA/USGS, **1395.** *1.* Ph. © Peter Jordan/Network/Rapho ◆ *2.* Ph. © David Turnley/Corbis ◆ *3.* Ph. © NASA ◆ *4.* Ph. © Rockwell International. Archives Larbor *5* Ph. © Cole Charlie/Sipa Press, **1396.** *1.* Ph. © Downing Larry/Corbis-Sygma ◆ *2.* Ph. Coll. Christophe L ◆ *3.* Ph. © Ginies/Sipa Press ◆ *4.* Ph. © Brooks Kraft/Corbis. **1400.** 1. Ph. Coll. Archives Larbor ◆ *2.* Ph. O. Ploton © Archives Larousse.DR, **1420.** Ph. C. Roux © Archives Larbor, **1421.** 1. Musée du Louvre, Paris. Ph. © Archives Larbor ◆ *2.* Musée du Louvre, Paris. Ph. © Archives Larbor, **1422.** British Museum, Londres. Ph. Coll. Archives Nathan, **1423.** Église Saint-Pierre-aux liens, Rome. Ph. Coll. Archives Larbor, **1425.** Musée du Louvre, Paris. Ph. Josse © Archives Larbor, **1426.** Ph. Coll. Archives Nathan, **1427.** Illustration de Maurice Leloir. Ph. Olivier Ploton © Archives Larousse.DR, **1428.** *1.* Ph. Coll. Archives Larbor ◆ *2.* Ph. Hubert Josse © Archives Larbor, **1429.** Ph. © Archives Larbor, **1431.** © Y. Bogdanski/Fotolia.com, **1434.** © Lars Johansson/Fotolia.com, **1436.** © Arap/Fotolia.com, **1438.** Ph. Jeanbor © Archives Larbor, **1439.** *1.* © Herreneck/Fotolia.com ◆ *2.* © CHG/Fotolia.com, **1440.** © Arap/Fotolia.com, **1442.** © pf30/Fotolia.com, **1443.** © Unicef, **1444.** *1.* © Daniel Fleck/Fotolia.com ◆ *2.* © BVI Média/Fotolia.com, **1447.** © Rangiroa/Fotolia.com, **1449.** *1.* © Ktsdesign/Fotolia.com ◆ *2.* © Susan Flashman/Fotolia.com, **1450.** © Robin Heal/Fotolia.com, **1452.** © Beboy/Fotolia.com, **1453.** © Boojoo/Fotolia.com, **1455.** © Photlook/Fotolia.com, **1456.** © Dreadlock/Fotolia.com, **1457.** © Gaelj/Fotolia.com

planches : 29. © Victor Tyakht/Fotolia.com, **62-63.** © npologuy/Fotolia.com, **67.** © Jan Kranendonk/Fotolia.com, **96.** © rquiplay77/Fotolia.com, **115.** © sbm Hotting/Fotolia.com, **192.** © Dušan Zidar/Fotolia.com, **220-221.** *1.* © z576/Fotolia.com ◆ *2.* © Irochka/Fotolia.com ◆ *3.* © Melking/Fotolia.com ◆ *4.* © Mytho/Fotolia.com ◆ *5.* © Pascal Rateau/Fotolia.com ◆ *6.* © Vladimir Wrangel/Fotolia.com ◆ *7.* © styf/Fotolia.com ◆ *8.* © piratedub/Fotolia.com, **359.** *1.* Musée Carnavalet, Paris. Deny © Archives Larbor ◆ *2.* Musée de Versailles. © Archives Nathan ◆ *3.* Musée Carnavalet, Paris. © Archives Larbor, **364.** *1.* © robinheal/Fotolia.com ◆ *2.* © Štěpán Kápl/Fotolia.com, **380.** © Bradhenge/Fotolia.com, **420.** *1.* C. Carreau © European Space Agency ◆ *2.* Ph. © NASA *3.* © NASA/JPL-Caltech, **460.** *1.* © Frog 974/Fotolia.com ◆ *2.* © Frog 974/Fotolia.com, **470.** © yodm24/Fotolia.com, **581.** © Peter Bialas/Fotolia.com, **640.** Ph. © NASA, **654- 655.** *1.* © Claudia Paulussen/Fotolia.com ◆ *2.* © petrock/Fotolia.com ◆ *3.* © Anna Omelchenko/Fotolia.com, **698.** © ozgur/Fotolia.com, **748-749.** © tobe_dw/Fotolia.com, **818-819.** *1.* © Marc Heiligenstein/Fotolia.com ◆ *2.* © Shawn Stallard/Fotolia.com, **830-831.** © vlad61_61/Fotolia.com, **930.** © berdoulat jerome/Fotolia.com, **950.** © Andrea Paggiaro/Fotolia.com, **1001.** Ph. © NASA, **1121.** © Beboy/Fotolia.com.

PAPIER À BASE DE FIBRES CERTIFIÉES

LAROUSSE s'engage pour l'environnement en réduisant l'empreinte carbone de ses livres. Celle de cet exemplaire est de : 2 kg éq. CO_2 Rendez-vous sur www.larousse-durable.fr

Achevé d'imprimé en France par Pollina - L11666
Dépôt légal : avril 2016 – 317895/01
N° de projet : 11032696- avril 2016